D1201400

Handkonkordanz zum griechischen Neuen Testament

Alfred Schmoller

Pocket Concordance
to the Greek New Testament

Based on Novum Testamentum Graece
Nestle-Aland 26th edition
and The Greek New Testament
of the United Bible Societies
Third Edition (Corrected)
revised by Beate Köster
at the Institute for New Testament Textual Research
Münster/Westphalia

German Bible Society

Alfred Schmoller

Handkonkordanz
zum
griechischen Neuen Testament

Nach dem Text des
Novum Testamentum Graece von Nestle-Aland
26. Auflage
und des Greek New Testament
Third Edition (Corrected)
neu bearbeitet von Beate Köster
im Institut für Neutestamentliche Textforschung
Münster/Westfalen

Deutsche Bibelgesellschaft

ISBN 3-438-06007-8

Handkonkordanz zum griechischen Neuen Testament
© 1938, 1989 Deutsche Bibelgesellschaft Stuttgart

Einführung

Als Otto Schmoller 1869 sein »TAMIEION τῆς καινῆς διαθήκης ʼΕΓΧΕΙΡΙΔΙΟΝ oder Handconcordanz zum griechischen Neuen Testament« vorlegte, füllte er eine absolute »Marktlücke«. Wenn sein Werk bis heute nachgedruckt wird, zeigt sich daran, daß das Bedürfnis nach einer Handkonkordanz unvermindert fortbesteht. Nachdem Alfred Schmoller 1938 in der 7. Auflage die Ausgabe seines Vaters auf die 15./16. Auflage des Novum Testamentum Graece von Erwin Nestle umgestellt hat, ist der »Schmoller« jedoch nicht mehr an die modernen Ausgaben angeglichen worden. Angesichts des Fortschritts der neutestamentlichen Textforschung ist dieser Zustand nicht länger tragbar.

Die Deutsche Bibelgesellschaft hat sich deshalb entschlossen, den Text des »Schmoller« auf den des Nestle-Aland²⁶ bzw. Greek New Testament³ umzustellen. Das war, soweit es den griechischen Wortlaut betraf, ein klarer Auftrag, aber was sollte mit den Angaben über den Wortschatz der Septuaginta und der Vulgata geschehen, die Alfred Schmoller der 7. Auflage der Konkordanz beigegeben hatte? Lohnte sich der Aufwand, diese zwar interessanten, aber die Benutzung einer Septuaginta- bzw. Vulgatakonkordanz doch nicht ersetzenden Beigaben auf moderne Ausgaben umzustellen? Angesichts der Tatsache, daß es dem heutigen Benutzer vor allem, wenn nicht ausschließlich, auf den griechischen Text ankommt, wurde beschlossen, nur den griechischen Text umzustellen, die Angaben zur Vulgata und Septuaginta dagegen unverändert zu lassen. Es wurden also lediglich die Zeilen neu gesetzt, in denen Änderungen im griechischen Text nötig waren. Die Angaben zum Text der Septuaginta und Vulgata spiegeln daher nicht den Stand der modernen Ausgaben wider, doch liefern besonders die Angaben zum Text der Vulgata einem Benutzer, der sich für die Geschichte des lateinischen Bibeltextes interessiert, nach wie vor aufschlußreiche Informationen.

Der »Schmoller« ist überraschend vollständig. Schmollers System hat es ermöglicht, auf kleinstem Raum eine Vielzahl von Informationen zusammenzubringen. Selbst große Artikel mit mehreren hundert Vorkommnissen sind vollständig, d. h. verzeichnen alle Belege zu einem Stichwort. Die Ausnahmen sind durch Setzung des Asterisks gekennzeichnet: Ein * vor dem Stichwort bezeichnet Artikel, die nicht vollständig sind; ein * vor der Überschrift eines Teilabschnittes oder dem ersten Vorkommen einer neutestamentlichen Schrift bedeutet dementsprechend, daß die Stellen dieses Abschnitts bzw. dieser Schrift nicht vollständig verzeichnet sind.

Über die bloße Konkordanz hinaus findet man Angaben zum Wortschatz der Septuaginta und Vulgata. Mit dem Zeichen S° wurden die griechischen Stichworte bezeichnet, die nicht in der Septuaginta vorkommen; alle anderen gehören auch zum Wortschatz der Septuaginta. Für alle Stichworte sind die lateinischen Äquivalente der Vulgata angegeben. Bei verschiedenen lateinischen Wiedergaben ist jede mit einem Verweisbuchstaben versehen, der dann im Artikel selbst hinter dem entsprechenden griechischen Wort bzw. hat die Vulgata hier übersetzt. Der Buchstabe a ist um der Übersichtlichkeit willen dabei meist ausgelassen. Die Notate aus der Vulgata sind stets kursiv gegeben. Der an diesen Angaben nicht interessierte Leser kann sie übergehen, dem interessierten wird, freilich in Latein, eine ausgezeichnete Übersetzungshilfe geboten.

Wenige einfache Elemente ermöglichten Schmoller seine höchst eindrucksvolle Komprimierung. Das wichtigste ist die Zusammenfassung in Sachgruppen, in denen Verse oft nur mit ihrer Stellenangabe oder mit verkürztem Text angeführt werden konnten. Größere Artikel hat Schmoller um der Übersichtlichkeit willen untergliedert, ohne damit den Anspruch auf linguistisch korrekte Strukturierung zu erheben. Daran mußte festgehalten werden, um nicht die Schmollersche Gesamtkonzeption mit ihrem Höchstmaß an Information auf minimalem Raum zu gefährden. Durch die meist in lateinischer Sprache gegebenen Untergliederungen der Artikel findet sich auch der Anfänger leicht hindurch (vgl. z. B. bei ἅγιος, αἰών, ἐπί). Andernfalls bleibt ihm immer die Möglichkeit, sämtliche Unterabschnitte eines Stichwortes mit geringem zeitlichen Mehraufwand auf die gesuchte Stelle hin durchzusehen.

Auch in Artikeln, in denen Untergliederungen mit eigenen Überschriften fehlen, sind vielfach bestimmte Wortkombinationen, grammatikalische und sprachliche Gemeinsamkeiten, feste theologische Begriffe usw. in kleinere Gruppen zusammengefaßt. Identische, parallele oder ähnliche Formulierungen werden nur beim ersten Vorkommen ausführlich zitiert, danach beschränkte sich Schmoller häufig auf bloße Stellenangaben.

Parallelstellen, vorwiegend aus den synoptischen Evangelien, werden ebenfalls nicht mehrfach zitiert, sondern dem ersten Vorkommen eines bestimmten Verses folgen nach einem Doppelstrich (‖) entweder die bloßen Stellenangaben oder, bei leicht abweichendem Text, kurze Zitate.

Ein gutes Beispiel für die Untergliederung in Sachgruppen bietet der Artikel οὐρανός, in dem es eine Vielzahl von kleinen Absätzen gibt, in denen das Wort, mit dem zusammen οὐρανός eine häufiger begegnende Sinneinheit bildet (z. B. mit σημεῖον, οἱ ἄγγελοι usw.), durch Sperrdruck hervorgehoben wird. Damit fällt der Sinnzusammenhang sogleich ins Auge. Aber nicht immer wird die Zuordnung bestimmter Stellen so leicht erkennbar gemacht. Der Benutzer tut also gut daran, eine Stelle nicht nur dort zu suchen, wo sie nach der Reihenfolge der neutestamentlichen Schriften hingehört, sondern den Artikel durchzusehen, ob sie sich nicht in einer Gruppe zusammen mit anderen findet. Er muß außerdem bedenken, daß Schmoller sich durchaus nicht immer starr an seine Regeln gehalten hat. Das wäre bei einer derartigen Konkordanz auch weder möglich noch wünschenswert gewesen. Wer sich in den »Schmoller« eingearbeitet hat, wird jedenfalls dankbar die Vielzahl der Informationen zur Kenntnis nehmen, die hier auf engstem Raum geboten werden, und je länger er mit ihm arbeitet, um so schneller und leichter werden sich ihm die Zusammenhänge erschließen, auch die, auf die hier nur andeutend eingegangen werden konnte.

Das Aufsuchen einer bestimmten Stelle ist nicht immer ganz einfach, denn bei den Sachgruppen ist lediglich die erste Stellenangabe am linken Rand herausgerückt, alle anderen stehen fortlaufend im Text. Die Angabe der Schrift und des Kapitels erfolgt stets nur einmal, danach finden sich nur noch die in Petit gedruckten Verszahlen. Steht eine Verszahl allein vor einem Zitat, bezieht sie sich demnach immer auf das zuletzt genannte Kapitel. Dabei ist nur die Verszahl angegeben, in der das Stichwort des Artikels vorkommt, auch wenn das Zitat um des Sinnzusammenhangs willen im vorhergehenden Vers beginnt bzw. bis in den nachfolgenden reicht (vgl. z. B. im Artikel ἰσχύειν Ap 12,8, wo das Zitat bereits in Vers 7 beginnt). Taucht ein Stichwort in einem Vers zweimal oder öfter auf, kann es vorkommen, daß der Vers entsprechend häufig angeführt wird, wenn das Stichwort in verschiedenen Zusammenhängen gebraucht wird. So wird z. B. im Artikel ὄνομα Ap 3,12 gleich dreimal genannt, in den Gruppen 1, 2f und 3.

Eine wichtige Hilfe, sich im Schmoller'schen Artikelaufbau zurechtzufinden, bietet sein Verweissystem mit Pfeilen (→). Neben dem Hinweis auf andere Artikel kann der Pfeil darauf verweisen, in welchem Abschnitt des Artikels ein bestimmter Vers zitiert wird (vgl. z. B. S. 193 den Artikel ἔργον, wo bei Joh 6,28.29 auf Abschnitt 1 verwiesen wird), aber auch auf den Vers, dem die gesuchte Stelle angefügt ist (vgl. z. B. S. 130 im Artikel δόξα die Stellen Col 1,11 und 1,27, wo auf Eph 3,16 und 1,18 verwiesen wird). Oder aber Schmoller gibt mit dem Pfeil an, welche Verse zu einer zitierten Stelle ihrem Sinnzusammenhang nach noch heranzuziehen wären. Hier wird der Pfeil also in der Bedeutung von »siehe auch« gebraucht; vgl. z. B. S. 201 im Artikel εὐαγγέλιον 1 Th 2,4, wo noch auf 1 Ti 1,11 hingewiesen wird.

Die Zitate selbst sind so kurz wie möglich gehalten, machen aber den Sinnzusammenhang eines Stichwortes deutlich. Häufig werden Texte um der Raumersparnis willen gekürzt, was durch einen Gedankenstrich gekennzeichnet ist. Wird das Stichwort selbst gekürzt, wird das durch zwei Pünktchen im Wort angezeigt, z. B. ἀ..ιν statt ἀποκάλυψιν. Worte, deren Bedeutung im Kontext des Artikels eindeutig ist, werden häufig abgekürzt. Auch werden Ἰησοῦς, Χριστός usw. nicht immer ausgeschrieben, sondern durch entsprechende Abkürzungen ersetzt.

Bei der Umstellung des »Schmoller« auf den Text von Nestle-Aland²⁶ bzw. GNT³ sind auch die eckigen Klammern sowie Doppelklammern von dort übernommen worden, die angeben, daß ein Textteil nicht sicher ([ ]) bzw. sicher nicht (⟦ ⟧) zum ursprünglichen Text gehört. Auch die griechischen Varianten, soweit sie von Schmoller verzeichnet wurden, sind an diesen Editionen nachgeprüft worden. Erwiesen sie sich als zu schlecht bezeugt, wurden sie gestrichen. Die

meisten der von Schmoller angeführten Varianten sind jedoch geblieben. Sie sind daran zu
erkennen, daß sie in runden Klammern stehen und dem Text selbst ein vl (varia lectio) voran-
gestellt ist. Das geschieht immer dann, wenn zwar der größte Teil eines Zitats im Text der Aus-
gaben steht, aber das entscheidende Wort, also das Stichwort des in Frage kommenden Artikels,
nur im Apparat erscheint. Stammt das Stichwort selbst aus einer varia lectio, steht der ganze Ar-
tikel in runden Klammern. Wird in einem Lemma eine varia lectio genannt, die nicht das Stich-
wort tangiert, wird nur diese Variante in Klammern dem Text eingefügt und nicht das ganze
Lemma in runde Klammern gesetzt.

Bei der Umstellung auf die modernen Ausgaben konnte zweierlei leider nicht berücksichtigt
werden, und zwar deren Abgrenzung der alttestamentlichen Zitate (in Anführungszeichen) und
deren Interpunktion. Der technische Aufwand wäre zu groß geworden. Wurde eine Zeile ohnehin
neu gesetzt, wurde nach Möglichkeit beides angeglichen.

Daß die Textumstellung auf den Nestle-Aland[26] und das Greek New Testament[3] in relativ kur-
zer Zeit erfolgen konnte, ist der Hilfe von M. Welte und K. Wachtel im Institut für Neutestament-
liche Textforschung in Münster zu verdanken. Die Notwendigkeit, den alten Seitenumbruch des
»Schmoller« beizubehalten, brachte manche Schwierigkeiten mit sich. Ich hoffe jedoch, daß die
Probleme nicht zum Nachteil der Benutzer gelöst sind. Daß der »Schmoller« gleichzeitig auf das
Format des Greek New Testament verkleinert wurde, bedeutet gewiß eine entscheidende Ver-
besserung, unterstreicht das doch den Charakter des Buches als »Handkonkordanz« und macht
es leichter benutzbar.

Münster/W., 18. Februar 1989 Beate Köster

Zeichen und Abkürzungen

*	vor einem Artikel oder Abschnitt zeigt an, daß hier nur eine Auswahl von Stellen geboten wird
–	Kürzung im Text
..	Kürzung im Wort
‖	trennt Parallelstellen voneinander
→	Verweis auf weitere Vorkommnisse
[ ]	Zugehörigkeit des in Klammern stehenden Textes zum ursprünglichen Text ist nicht gesichert
[[ ]]	der in Doppelklammern stehende Text hat nicht zum ursprünglichen Text gehört
„ ‟	kennzeichnet Zitate aus dem Alten Testament (nicht Nestle-Aland[26], sondern Nestle[15/16])
S°	nicht im Sprachgebrauch der Septuaginta
vg	Vulgata (Sixto-Clementina)
vg°	nicht in der Vulgata an der betreffenden Stelle
vl	varia lectio
vl°, vl om	eine Variante läßt das Wort aus
vl +	eine Variante fügt ein Wort oder mehrere Wörter zu
brev. claus.	brevior clausula (beim Markusschluß)
cfr	confer
s	sequens
sc	scilicet
υἱἀ.	υἱὸς τοῦ ἀνθρώπου
xτλ	xαὶ τὰ λοιπά

Introduction

When Otto Schmoller produced his "TAMIEION τῆς καινῆς διαθήκης ΕΓΧΕΙΡΙΔΙΟΝ oder Hand-concordanz zum griechischen Neuen Testament" in 1869, it filled a real need in the market. The fact that his work has been reprinted up to the present demonstrates that the need for a pocket concordance continues unabated. But since 1938, when Alfred Schmoller adapted his father's work in the seventh edition to the 15th/16th edition of Erwin Nestle's Novum Testamentum Graece, "Schmoller" has not been compared with modern editions. In view of the progress made in New Testament textual criticism this situation requires urgent attention.

The German Bible Society resolved therefore to adapt "Schmoller" to the text of Nestle-Aland[26] and GNT[3]. The Greek vocabulary presented no problem, but the notes on the vocabulary of the Septuagint and the Latin Vulgate which Alfred Schmoller had added in the seventh edition of the concordance raised a question. Would it be worth the expense of correcting this supplemental information against modern critical editions, especially when despite their acknowledged significance they are no substitute for the use of Septuagint and Vulgate concordances? In view of the fact that today's reader is primarily if not exclusively concerned with the Greek text, it was decided to adapt only the Greek text and to let the notes on the Septuagint and Vulgate texts remain unchanged. This would require a resetting of only the lines requiring changes in the Greek text. The data for the text of the Septuagint and the Vulgate, therefore, do not reflect the state of modern critical editions, although the notes on the text of the Vulgate in particular continue to serve as a valuable resource for persons interested in the history of the Latin text of the Bible.

"Schmoller" is remarkably complete. Schmoller's system permits a veritable mass of information to be condensed within the least possible space. Even large entries with hundreds of references are complete, i.e., they report all instances of a key word's occurrence. Exceptions are marked with an asterisk: thus the sign * placed before an entry indicates that the entry is incomplete; when placed before the heading of a subsection or before the first reference in a biblical book the sign * indicates correspondingly that all of the occurrences of the word relevant to the subsection or in the biblical book respectively are not represented.

The concordance furthermore provides information about the vocabulary of the Septuagint and the Latin Vulgate. Entries for all Greek words not found in the Septuagint are marked S°; entries not so marked are also part of the Septuagint vocabulary. All the entries have their Latin equivalents in the Vulgate shown. Where there are several Latin equivalents, each one is identified by a superscript letter which is repeated after its corresponding Greek word in the lines cited and refers to the Vulgate translation; where no Greek text is cited the superscript letter is given after the verse number. For the sake of visual clarity the superscript letter a is usually omitted. Citations from the Vulgate are always in italics. Readers can easily ignore this information if they wish, while for those who are interested it provides (albeit in Latin) a remarkably useful tool for translation.

The impressive compactness of Schmoller is the result of a few simple devices. The most important is an arrangement of citations in related groupings, permitting many instances to be represented simply by references or cited in an abbreviated form. Larger entries were arranged by Schmoller in subgroups for convenience of reference, without claiming to cover every linguistic possibility. This feature has been retained to preserve Schmoller's basic conception which was to present the greatest quantity of data in the smallest space. The titles of these subgroupings, which are generally in Latin, are also helpful for the beginner (cf. e.g., the entries for ἅγιος, αἰών, ἐπί). Meanwhile one can always take just a little more time to look through all the subgroupings of an entry for a given passage.

Even in entries where there is no division into subgroupings with headings, particular combinations of words, or grammatical, linguistic, or theological usages are brought together in smaller paragraph groupings. Identical, parallel, or similar terms are cited in full at their first occurrence, but thereafter they are often only noted by references in "Schmoller".

Parallel passages, especially in the Synoptic Gospels, are not cited more than once, with the first instance followed by the sign ‖ and either simple references to the parallels, or if there are slight differences, citations of them in abbreviated form.

The entry οὐρανός provides a good example of arrangements in subgroups. There are several small paragraphs where a word commonly associated with οὐρανός in a special meaning is highlighted by expanded spacing (e.g., σημεῖον, οἱ ἄγγελοι, etc.). This draws attention to their contexts. But the rationale for associating passages is not always readily apparent, so that the reader is best advised not only to search for a passage where it belongs in the sequence of the New Testament books, but also to review the whole of the entry to see whether the passage has been associated with some special grouping. It should also be remembered that Schmoller has not always observed his principles with rigorous consistency – in a concordance like this it would neither have been possible nor desirable. Anyone working closely with "Schmoller" will gratefully recognize how much information has been made available in such small compass, and greater familiarity will only increase the ease and speed of recognizing associations and relationships which can only be suggested here.

Finding a particular passage is not always easy, because only the first reference of a subgroup extends to the left margin: the others continue in paragraph format. Book and chapter are indicated only once, followed by verse numbers in smaller print. A verse number before a citation always assumes the last chapter number before it. Furthermore, only the number of the verse is given in which the key word of the entry appears, even if the sense requires the citation to begin in the previous verse or extend to the verse following (e.g., in the entry for ἰσχύειν Ap 12,8, where the citation begins in verse 7). If the key word occurs twice or more in a verse, the verse may be cited repeatedly in the different contexts as necessary. Thus in the entry for ὄνομα, Ap 3,12 is cited three times, in groups 1, 2f, and 3.

A significant aid in finding one's way about in Schmoller's system is the cross-reference arrow. Besides referring to another entry, the arrow may specify the relevant section in the same entry where the verse is cited (e.g., p. 193, s.v. ἔργον, Joh 6,28.29, section 1 above is indicated); or it may refer to the verse (e.g., p. 130, s.v. δόξα, Col 1,11 and 1,27 have references to Eph 3,16 and 1,18) under which the passage is to be found. Or again, Schmoller uses the arrow to indicate verses relevant to the theme of a passage, practically in the sense of "see also" (e.g., p. 201, s.v. εὐαγγέλιον, 1 Th 2,4, where the reference is to 1 Ti 1,11).

Scripture citations are kept as brief as possible consistent with clarity of reference. Words abbreviated to save space are replaced by a hyphen. An abbreviation of the key word of an entry is represented by two periods, e.g., ἀ..ιν for ἀποκάλυψιν. Words which are clear from the context are frequently abbreviated. Similarly Ἰησοῦς, Χριστός, etc., are not always written out in full, but represented by abbreviations.

When adapting "Schmoller" to the text of Nestle-Aland[26] and GNT[3] the use of single brackets ([ ]) and double brackets (⟦ ⟧) was also adopted: the former indicates that a text has but dubious claim to originality, while the latter indicates that it can make no claim to originality. Even Greek variant readings, to the extent that they are noted in "Schmoller", have been verified in these editions. Readings with weak attestation have been dropped. Yet most of the variants noted by Schmoller have remained. They are noted in parentheses and preceded by "vl" (varia lectio). This always occurs when most of a citation is found in the text of the editions, but the critical word, that is, the key word of the entry, appears only in the apparatus. If the key word is found only in the apparatus, the whole entry is given in parentheses. If the variant reading occurs in a citation but does not involve the key word of the entry, only this variant reading and not the whole citation is given in parentheses.

We regret that in adapting Schmoller to the modern text there were two matters that could not be accommodated: the indication of Old Testament quotations (by quotation marks), and punctuation. The technical demands would have been too great. But in lines which required resetting, both these concerns were accommodated to the extent possible.

The adaptation of Schmoller to the text of Nestle-Aland[26] and GNT[3] in such a relatively short time has been possible thanks to the help of M. Welte and K. Wachtel at the Institute for New Testament Textual Research at Münster. It was not easy to work within the limitation of using the plates (and pagination) of "Schmoller", and I dare hope that the way we coped was not to the disadvantage of the reader. The fact that "Schmoller" is reduced in size to the format of GNT is certainly a great improvement, underscoring its character as a pocket concordance and making it far more useful.

Münster/W., February 18, 1989   Beate Köster

Symbols and Abbreviations

*	before an entry or one of its subgroups, indicates that only selected passages are given
–	omission of word(s) in the text
..	abbreviation of a word
‖	parallel passages
→	see for further references
[ ]	the text within the brackets is of doubtful originality
⟦ ⟧	the text within the double brackets was not in the original text
" "	quotations from the Old Testament (following Nestle[15/16], not Nestle-Aland[26])
S°	not in the vocabulary of the Septuagint
vg	Latin Vulgate (Sixtine-Clementine)
vg°	not in the Vulgate in the passage indicated
vl	varia lectio (variant reading)
vl°, vl om	a variant omits the word
vl +	a variant adds one or more words
brev. claus.	brevior clausula, Shorter Ending (of Mark)
cfr	confer, compare
s	sequens, following
sc	scilicet, namely
υἱά.	υἱὸς τοῦ ἀνθρώπου
κτλ	καὶ τὰ λοιπά

A

Ἀαρών Luc 1 5 Act 7 40 Hb 5 4 7 11 94

Ἀβαδδών Ap 9 11 ὄνομα αὐτῷ Ἑβραϊστὶ Ἀβ.

ἀβαρής S⁰ – *sine onere* 2 Co 11 9 ἀβαρῆ
    ἐμαυτὸν ὑμῖν ἐτήρησα καὶ τηρήσω

ἀββά S⁰ – *abba* Mar 14 36 ἀ. ὁ πατήρ, πάντα δυ-
    νατά σοι Rm 8 15 πνεῦμα υἱοθεσίας, ἐν ᾧ
    κράζομεν· ἀ. ὁ π. Gal 4 6 κρᾶζον· ἀ. ὁ π.

Ἄβελ Mat 23 35 ‖ Luc 11 51 – Hb 11 4 12 24

Ἀβιά Mat 1 7 Luc 1 5   **Ἀβιαθάρ** Mar 2 26

Ἀβιληνή Luc 3 1   **Ἀβιούδ** Mat 1 13

Ἀβραάμ

Mat 1 1.2 ‖ Luc 3 34 – Mat 1 17 ἀπὸ Ἀ. ἕως Δαυ.
  3 9 πατέρα ἔχομεν τὸν Ἀ. – ἐγεῖραι τέκ-
    να τῷ Ἀ. ‖ Luc 3 8 – Joh 8 33.37.39 S
  8 11 ἀνακλιθήσονται μετὰ Ἀ. ‖ Luc 13 28
    ὅταν ὄψησθε Ἀ. – ἐν τῇ βας. τ. θεοῦ
  22 32 „ὁ θεὸς Ἀ."‖ Mar 12 26 Luc 20 37 – Act
  3 13 ἐδόξασεν τὸν παῖδα αὐτοῦ – 7 32
Luc 1 55 „τῷ Ἀ." καὶ τῷ „σπέρματι" αὐτοῦ
  – 73 „ὤμοσεν πρὸς Ἀ." τὸν πατέρα ἡμῶν
  13 16 ταύτην δὲ θυγατέρα Ἀ. οὖσαν – οὐκ
    ἔδει λυθῆναι –; 19 9 καθότι καὶ αὐ-
    τὸς υἱὸς Ἀ. ἐστιν (sc Zachaeus)
  16 22 ἀπενεχθῆναι – εἰς τὸν κόλπον Ἀ. 23
    ὁρᾷ Ἀ. ἀπὸ μακρόθεν 24 πάτερ Ἀ.,
    ἐλέησόν με 25.29.30 οὐχί, πάτερ Ἀ.,
    ἀλλ' ἐάν τις ἀπὸ νεκρῶν πορευθῇ
Joh 8 33 σπέρμα Ἀ. ἐσμεν 37 οἶδα ὅτι σπ. Ἀ.
    ἐστε 39 ὁ πατὴρ ἡμῶν Ἀ. ἐστιν. – εἰ
    τέκνα τοῦ Ἀ. ἐστε, τὰ ἔργα τοῦ Ἀ.
    ἐποιεῖτε (vl ποιεῖτε) 40 τοῦτο Ἀ. οὐκ
    ἐποίησεν
  – 52 Ἀ. ἀπέθανεν 53 μὴ σὺ μείζων εἶ τοῦ
    πατρὸς ἡμῶν Ἀ. –; 56 Ἀ. ὁ πατὴρ
    ὑμῶν ἠγαλλιάσατο 57 Ἀ. ἑώρακας; (vl

    ἑ..κέν σε) 58 πρὶν Ἀ. γενέσθαι ἐγὼ εἰμί
Act 3 25 πρὸς Ἀ. „καὶ ἐν τῷ σπέρματί σου"
  7 2 ὤφθη τῷ πατρὶ ἡμῶν Ἀ. – „ἔξελθε"
  – 16 „ἐν τῷ μνήματι ᾧ ὠνήσατο Ἀ."
  – 17 ἐπαγγελίας ἧς ὡμολόγησεν – τῷ Ἀ.
  13 26 ἄνδρες ἀδελφοί, υἱοὶ γένους Ἀ.
Rm 4 1 τί – ἐροῦμεν εὑρηκέναι Ἀ. τὸν προ-
    πάτορα ἡμῶν κατὰ σάρκα;
  – 2 εἰ γὰρ Ἀ. ἐξ ἔργων ἐδικαιώθη cfr
    Jac 2 21 Ἀ. ὁ πατὴρ ἡμῶν οὐκ ἐξ ἔρ-
    γων ἐδικαιώθη, ἀνενέγκας Ἰσαάκ –;
  – 3 „ἐπίστευσεν δὲ Ἀ. τῷ θεῷ, καὶ ἐλο-
    γίσθη αὐτῷ εἰς δικαιοσύνην" Gal 3 6
    Jac 2 23 – Rm 4 9 λέγομεν γάρ· „ἐλο-
    γίσθη τῷ Ἀ. ἡ πίστις εἰς δικ."
  – 12 τοῖς στοιχοῦσιν τοῖς ἴχνεσιν τῆς ἐν
    ἀκροβυστίᾳ πίστεως τοῦ π. ἡμ. Ἀ.
  – 13 οὐ – διὰ νόμου ἡ ἐπαγγελία τῷ Ἀ.
  – 16 τῷ σπέρματι, – καὶ τῷ ἐκ πίστεως Ἀ.
  9 7 οὐδ' ὅτι εἰσὶν σπέρμα Ἀ., – τέκνα
  11 1 καὶ γὰρ ἐγὼ – ἐκ σπέρματος Ἀ.
2 Co 11 22 σπέρμα Ἀ. εἰσιν; κἀγώ
Gal (3 6 → Rm 4 3) 37 οἱ ἐκ πίστεως, οὗτοι υἱοί
    εἰσιν Ἀ. 9 οἱ ἐκ πίστεως εὐλογοῦνται
    σὺν τῷ πιστῷ Ἀ.
  – 8 ἡ γραφὴ – προεευηγγελίσατο τῷ Ἀ.
    ὅτι „ἐνευλογηθήσονται ἐν σοὶ – ἔθνη"
  – 14 ἵνα εἰς τὰ ἔθνη ἡ εὐλογία τοῦ Ἀ. γέν.
  – 16 τῷ – Ἀ. ἐρρέθησαν αἱ ἐπαγγελίαι καὶ
    τῷ σπέρματι αὐτοῦ 18 τῷ – Ἀ. δι'
    ἐπαγγελίας κεχάρισται ὁ θεός
  – 29 εἰ δὲ ὑμεῖς Χοῦ, ἄρα τοῦ Ἀ. σπέρμα
    ἐστέ, κατ' ἐπαγγελίαν κληρονόμοι
  4 22 γέγραπται – ὅτι Ἀ. δύο υἱοὺς ἔσχεν
Hb 2 16 ἀλλὰ „σπέρματος Ἀ. ἐπιλαμβάνεται"
  6 13 τῷ γὰρ Ἀ. ἐπαγγειλάμενος ὁ θεός
  7 1.2.4.5.6 δεδεκάτωκεν Ἀ. 9 δι' Ἀ. καὶ
    Λευὶ – δεδεκάτωται
  11 8 πίστει καλούμενος Ἀ. ὑπήκουσεν
  – 17 πίστει „προσενήνοχεν Ἀ. τὸν Ἰσαάκ"
Jac 2 21 → Rm 4 2 – Jac 2 23 → Rm 4 3
1 Pe 3 6 ὡς Σάρρα ὑπήκουσεν τῷ Ἀβραάμ

ἄβυσσος *abyssus*
Luc 8 31 ἵνα μὴ ἐπιτάξῃ – εἰς τὴν ἄ. ἀπελθεῖν
Rm 10 7 „τίς καταβήσεται εἰς τὴν ἄβυσσον;"
Ap 9 1 ἡ κλεὶς τοῦ φρέατος τῆς ἀ. 2 201
– 11 βασιλέα τὸν ἄγγελον τῆς ἀβύσσου
11 7 τὸ „θηρίον" τὸ „ἀναβαῖνον ἐκ τῆς ἀ-
βύσσου" 17 8
20 3 ἔβαλεν αὐτὸν (sc τὸν Σατ.) εἰς τὴν ἄ.

Ἄγαβος Act 11 28 21 10 προφήτης ὀνόματι Ἄ.

ἀγαθοεργεῖν S° – *bene agere* → ..ουργεῖν
1 Ti 6 18 τοῖς πλουσίοις – παράγγελλε – ἀ..εῖν

ἀγαθοποιεῖν *benefacere* [b]*bene facere*
Luc 6 9 εἰ ἔξεστιν τῷ σαββ. ἀ.ῆσαι –;
– 33 ἐὰν ἀ..ῆτε τοὺς ἀ..οῦντας ὑμᾶς
– 35 ἀγαπᾶτε τ. ἐχθροὺς ὑμῶν κ. ἀ.εῖτε
1 Pe 2 15 ἀ..οῦντας φιμοῦν τὴν – ἄγνωσίαν
– 20 εἰ ἀ..οῦντες[b] καὶ πάσχοντες ὑπομε-
νεῖτε 3 17 κρεῖττον – ἀ..οῦντας – πά-
σχειν ἢ κακοποιοῦντας
3 6 ἧς (Sarae) ἐγενήθητε τέκνα ἀ..οῦσαι
3 Jo 11 ὁ ἀγαθοποιῶν ἐκ τοῦ θεοῦ ἐστιν

ἀγαθοποιΐα S° – *benefactum*
1 Pe 4 19 πιστῷ κτίστῃ παρατιθέσθωσαν τὰς
ψυχὰς – ἐν ἀ..ᾳ (vl ..αις vg ..is)

ἀγαθοποιός *bonus*
1 Pe 2 14 πεμπομένοις εἰς – ἔπαινον – ἀ..ῶν

ἀγαθός *bonus*, ..um, ..a [b]*optimus* [c]*benignus*
[d](ἀ..ὸν ποιεῖν) *benefacere*

1) homines, Deus
Mat 5 45 ἐπὶ πονηροὺς καὶ ἀ..οὺς 22 10 συνή-
γαγον πάντας –, πον. τε καὶ ἀ..οὺς
12 35 ὁ ἀγ. ἄνθρωπος ἐκ τοῦ ἀγ. θησαυ-
ροῦ ἐκβάλλει ἀ..ά ‖ Luc 6 45 τὸ ἀγ.
19 16 τί ἀ..ὸν ποιήσω –; 17 τί με ἐρωτᾷς
περὶ τοῦ ἀγ.; εἷς ἐστιν ὁ ἀγ. ‖ Mar
10 17 διδάσκαλε ἀ..έ 18 τί με λέγεις
ἀ..όν; οὐδεὶς ἀ..ὸς εἰ μὴ εἷς ὁ θεός
Luc 18 18. 19
20 15 ἢ ὁ ὀφθαλμός σου πονηρός ἐστιν ὅτι
ἐγὼ ἀγαθός εἰμι;
25 21 εὖ, δοῦλε ἀ..ὲ καὶ πιστέ 23 ‖ Luc 19 17
Luc 23 50 Ἰωσὴφ –, ἀνὴρ ἀγαθὸς καὶ δίκαιος
Joh 7 12 οἱ μὲν ἔλεγον ὅτι ἀγαθός ἐστιν
Act 11 24 ὅτι ἦν ἀνὴρ ἀγαθός (Barnabas)
Rm 5 7 ὑπὲρ γὰρ τοῦ ἀγαθοῦ τάχα τις καὶ
τολμᾷ ἀποθανεῖν

Tit 2 5 τὰς νέας – εἶναι – ἀγαθάς[c]
1 Pe 2 18 οὐ μόνον τοῖς ἀ..οῖς καὶ ἐπιεικέσιν

2) res bonae
a) subst.: (τὸ) ἀγαθόν, (τὰ) ἀγαθά
Mat 7 11 δώσει ἀγαθὰ τοῖς αἰτοῦσιν αὐτόν
12 34 πῶς δύνασθε ἀ..ὰ λαλεῖν πονηροὶ ὄν-
τες; – 35 ‖ Luc 6 45 → supra sub 1)
19 16 τί ἀ..ὸν ποιήσω –; 17 → supra sub 1)
Mar 3 4 ἔξεστιν τοῖς σάββασιν ἀ..ὸν ποιῆσαι[d]
ἢ κακοποιῆσαι (vg *an male*)
Luc 1 53 „πεινῶντας ἐνέπλησεν ἀγαθῶν"
12 18 συνάξω ἐκεῖ – τὰ ἀγαθά μου
– 19 ψυχή, ἔχεις πολλὰ ἀγαθὰ κείμενα
16 25 ἀπέλαβες τὰ ἀ. σου ἐν τῇ ζωῇ σου
Joh 1 46 ἐκ Ναζ. δύναταί τι ἀγαθὸν εἶναι;
5 29 οἱ τὰ ἀγ. ποιήσαντες εἰς ἀνάστ. ζωῆς
Rm 2 10 εἰρήνη παντὶ τῷ ἐργαζομένῳ τὸ ἀγ.
3 8 ποιήσωμεν τὰ κακὰ ἵνα ἔλθῃ τὰ ἀγ.;
5 7 → supra sub 1)
7 13 τὸ – ἀγ. ἐμοὶ ἐγένετο θάνατος; – ἀλ-
λὰ ἡ ἁμαρτία – διὰ τοῦ ἀγ. μοι κατ-
εργαζομένη θάνατον 18 οὐκ οἰκεῖ ἐν
ἐμοί – ἀ..όν 19 οὐ – ὃ θέλω ποιῶ ἀ..όν
8 28 πάντα συνεργεῖ εἰς ἀ..όν
9 11 μηδὲ πραξάντων τι ἀγ. ἢ φαῦλον
10 15 „οἱ πόδες τ. εὐαγγελιζομένων [τὰ] ἀ..ά"
12 2 τί τὸ θέλημα τοῦ θεοῦ, τὸ ἀγ. καὶ
– 9 ἀποστυγοῦντες τὸ πονηρόν, κολλώ-
μενοι τῷ ἀγ. 21 νίκα ἐν τῷ ἀγ. τὸ κακόν
13 3 τὸ ἀγ. ποίει, καὶ ἕξεις ἔπαινον ἐξ αὐ-
τῆς (sc τῆς ἐξουσίας) 4 θεοῦ γὰρ διά-
κονός ἐστιν σοὶ εἰς τὸ ἀγαθόν
14 16 μὴ βλασφημείσθω οὖν ὑμῶν τὸ ἀγ.
15 2 ἕκαστος – τῷ πλησίον ἀρεσκέτω εἰς
τὸ ἀγ. 16 19 ὑμᾶς σοφοὺς – εἰς τὸ ἀγ.
2 Co 5 10 ἃ ἔπραξεν, εἴτε ἀ..ὸν εἴτε φαῦλον
Gal 6 6 κοινωνείτω – τῷ κατηχοῦντι ἐν πᾶ-
σιν ἀγαθοῖς 10 ἐργαζώμεθα τὸ ἀγ.
πρὸς πάντας, μάλιστα – πρὸς τούς
Eph 4 28 ἐργαζόμενος ταῖς [ἰδ.] χερσὶν τὸ ἀγ.
6 8 ἕκαστος ἐάν τι ποιήσῃ ἀγαθόν, τοῦτο
κομίσεται παρὰ κυρίου
1 Th 5 15 πάντοτε τὸ ἀγαθὸν διώκετε
Phm 6 ἐν ἐπιγνώσει παντὸς ἀγαθοῦ τοῦ ἐν
ἡμῖν (vl ὑμῖν) εἰς Χόν 14 ἵνα μὴ ὡς
κατὰ ἀνάγκην τὸ ἀγαθόν σου ᾖ
Hb 9 11 Χὸς – ἀρχιερεὺς τῶν γενομένων (vl
μελλόντων vg) ἀγαθῶν 10 1 σκιὰν –
ἔχων ὁ νόμος τῶν μελλόντων ἀγ.
13 21 θεὸς – καταρτίσαι ὑμᾶς ἐν παντὶ ἀγ.
1 Pe 3 11 „καὶ ποιησάτω ἀ..όν" 13 τίς ὁ κα-

κώσων ὑμᾶς ἐὰν τοῦ ἀγ. ζηλωταί
3 Jo 11 μὴ μιμοῦ τὸ κακὸν ἀλλὰ τὸ ἀγαθόν

b) in coniunctione cum substantivis

Mat 7 11 οἴδατε δόματα ἀ..ὰ διδόναι ‖ Luc 11 13
– 17 πᾶν δένδρον ἀγ. 18 οὐ δύν. δένδ. ἀγ.
12 35 ‖ Luc 6 45 → supra 1) Mat 12 35
Luc 8 8 ἕτερον ἔπεσεν εἰς τὴν γῆν τὴν ἀγ.
– 15 ἐν καρδία καλῇ καὶ ἀγαθῇ ᵇ
10 42 τὴν ἀγαθὴν ᵇ μερίδα ἐξελέξατο
Act 9 36 ἦν πλήρης ἔργων ἀγ. καὶ ἐλεημοσ.
23 1 πάσῃ συνειδήσει ἀ..ῇ πεπολίτευμαι
Rm 2 7 τοῖς μὲν καθ' ὑπομονὴν ἔργου ἀ..οῦ
7 12 ἡ ἐντολὴ ἁγία καὶ δικαία καὶ ἀγαθή
12 2 δοκιμάζειν – τί τὸ θέλημα τοῦ θεοῦ,
τὸ ἀγαθόν → Rm 12 2 sub 2a)
13 3 οὐκ εἰσὶν φόβος τῷ ἀγαθῷ ἔργῳ (vl
ἀγαθοεργῷ) ἀλλὰ τῷ κακῷ
2 Co 9 8 ἵνα – περισσεύητε εἰς πᾶν ἔργον ἀγ.
Eph 2 10 κτισθέντες – ἐπὶ ἔργοις ἀγ., οἷς
4 29 εἴ τις (sc λόγος) ἀγ. πρὸς οἰκοδομήν
Phl 1 6 ὁ ἐναρξάμενος ἐν ὑμῖν ἔργον ἀγ.
Col 1 10 ἐν παντὶ ἔργῳ ἀγ. καρποφοροῦντες
1 Th 3 6 ὅτι ἔχετε μνείαν ἡμῶν ἀ..ὴν πάντοτε
2 Th 2 16 ὁ – δοὺς – ἐλπίδα ἀ..ὴν ἐν χάριτι
– 17 στηρίξαι (sc ὑμῶν τὰς καρδίας) ἐν
παντὶ ἔργῳ καὶ λόγῳ ἀγαθῷ
1 Ti 1 5 ἀγάπη ἐκ – συνειδήσεως ἀγαθῆς
– 19 ἔχων πίστιν καὶ ἀγαθὴν συνείδησιν
2 10 κοσμεῖν ἑαυτάς, –, δι' ἔργων ἀ..ῶν
5 10 εἰ παντὶ ἔργῳ ἀγ. ἐπηκολούθησεν
2 Ti 2 21 σκεῦος – εἰς πᾶν ἔργ. ἀγ. ἡτοιμασμ.
3 17 πρὸς πᾶν ἔργον ἀγ. ἐξηρτισμένος
Tit 1 16 πρὸς πᾶν ἔργον ἀγαθὸν ἀδόκιμοι
2 10 πᾶσαν πίστιν ἐνδεικνυμένους ἀ..ήν
3 1 πρὸς πᾶν ἔργον ἀγ. ἑτοίμους εἶναι
Jac 1 17 πᾶσα δόσις ἀγαθή (*datum optimum*)
3 17 ἡ δὲ ἄνωθεν σοφία – μεστὴ ἐλέους
καὶ καρπῶν ἀγαθῶν
1 Pe 3 10 „ὁ – θέλων – ἰδεῖν ἡμέρας ἀγαθάς"
– 16 ἀλλὰ – συνείδησιν ἔχοντες ἀγαθήν, ἵνα
– καταισχυνθῶσιν οἱ ἐπηρεάζοντες
ὑμῶν τὴν ἀ..ὴν ἐν Χῷ ἀναστροφήν
– 21 συνειδήσεως ἀ..ῆς ἐπερώτημα εἰς θ.

ἀγαθουργεῖν Sᵒ – *benefacere* → ἀ..οεργεῖν
Act 14 17 οὐκ ἀμάρτυρον αὑτὸν ἀφῆκεν ἀ..ῶν

ἀγαθωσύνη *bonitas*
Rm 15 14 καὶ αὐτοὶ μεστοί ἐστε ἀγαθωσύνης
(vl ἀγάπης, vg *dilectione*)
Gal 5 22 ὁ – καρπὸς τοῦ πνεύματός ἐστιν – ἀγ.

Eph 5 9 ὁ – καρπὸς τοῦ φωτὸς ἐν πάσῃ ἀ..ῃ
2 Th 1 11 ἵνα – πληρώσῃ πᾶσαν εὐδοκίαν ἀ..ης

ἀγαλλιᾶσθαι, -ᾶν *exultare* ᵇ*laetari*
Mat 5 12 χαίρετε καὶ ἀγαλλιᾶσθε Ap 19 7
Luc 1 47 „ἠγ..ίασεν" τὸ πνεῦ. μου ἐπὶ τ. θεῷ
Act 2 26 „ἠγ..άσατο ἡ γλῶσσά μου"
10 21 ἠγαλλιάσατο [ἐν] τῷ πνεύματι τ. ἁγίῳ
Joh 5 35 ὑμεῖς δὲ ἠθελήσατε ἀγαλλιαθῆναι
πρὸς ὥραν ἐν τῷ φωτὶ αὐτοῦ
8 56 Ἀβρ. – ἠγ..άσατο ἵνα ἴδῃ τ. ἡμέραν
Act 16 34 ἠγαλλιάσατο πανοικεὶ πεπιστευκώς
1 Pe 1 6 ἐν καιρῷ ἐσχάτῳ. ἐν ᾧ ἀγ..ᾶσθε
– 8 εἰς ὃν – πιστεύοντες – ἀγαλλιᾶσθε
(vl ..ᾶτε) χαρᾷ ἀνεκλαλήτῳ
4 13 ἵνα καὶ ἐν τῇ ἀποκαλύψει τῆς δόξης
αὐτοῦ χαρῆτε ἀγαλλιώμενοι

ἀγαλλίασις *exultatio* ᵇ*gaudium* ᶜ*laetitia*
Luc 1 14 ἔσται χαρά σοι καὶ ἀγαλλίασις 44 ᵇ
Act 2 46 ἐν ἀγ..ει καὶ ἀφελότητι καρδίας
Hb 1 9 „ἔχρισέν σε – ἔλαιον ἀ..εως" (vl ᶜ)
Jud 24 ὑμᾶς – στῆσαι – ἀμώμους ἐν ἀγ..ει

ἄγαμος, ὁ et ἡ, ἄγαμοι ᵃ*non nupti* ᵇ*innupta*
ᶜ*qui sine uxore est*
1 Co 7 8 λέγω – τοῖς ἀγ.ᵃ καὶ ταῖς χήραις 11
μενέτω ἀγ.ᵇ 32 ὁ ἀγ.ᶜ μεριμνᾷ τὰ τοῦ
κυρίου 34 ἡ γυνὴ ἡ ἀγ.ᵇ καὶ ἡ παρθένος
μεριμνᾷ τὰ τοῦ κυρίου, ἵνα ᾖ ἁγία

ἀγανακτεῖν *indignari* ᵇ*indigne ferre*
Mat 20 24 οἱ δέκα ἠγ..ησαν ‖ Mar 10 41 – Mat
21 15 οἱ ἀρχιερεῖς καὶ οἱ γραμματεῖς 26 8
οἱ μαθηταί ‖ Mar 14 4 ἦσαν δέ τινες ἀγ..οῦν-
τες ᵇ πρὸς ἑαυτούς – 10 14 Ἰησοῦς ἠγ-
ανάκτησεν ᵇ Luc 13 14 ὁ ἀρχισυνάγωγος

ἀγανάκτησις *indignatio* 2 Co 7 11

ἀγαπᾶν *diligere* ᵇ*amare*

1) absolute dictum, sine accusativo

Luc 7 47 ὅτι ἠγάπησεν πολύ· – ὀλίγον ἀγαπᾷ
1 Jo 3 14 ὁ μὴ ἀγαπῶν (vl sub 2) μένει ἐν τῷ
θανάτῳ 18 μὴ ἀγαπῶμεν λόγῳ μηδὲ τῇ
γλώσσῃ, ἀλλὰ ἐν ἔργῳ καὶ ἀληθείᾳ 4 7 πᾶς
ὁ ἀγαπῶν ἐκ τοῦ θεοῦ γεγέννηται 8 ὁ
μὴ ἀγ. οὐκ ἔγνω τὸν θεόν 19 ἡμεῖς ἀγα-
πῶμεν (vl τὸν θεὸν vg) ὅτι αὐτὸς πρῶτος

2) homines, Jesum, Deum diligere

Mat 5 43 „ἀγαπήσεις τὸν πλησίον σου"

Mat 19 19 „ὡς σεαυτόν" 22 39 || Mar 12 31.33
τὸ „ἀγ..ᾶν τὸν πλησίον ὡς ἑαυτὸν"
περισσότερόν ἐστιν Luc 10 27 – Rm
13 9 Gal 5 14 Jac 2 8
5 44 ἀγαπᾶτε τοὺς ἐχθροὺς ὑμῶν ||
Luc 6 27.35
– 46 ἐὰν – ἀγαπήσητε τοὺς ἀγαπῶντας
ὑμᾶς || Luc 6 32 εἰ ἀγ..ᾶτε –, ποία ὑμῖν
χάρις ἐστίν; καὶ – οἱ ἁμαρτωλοὶ τοὺς
ἀγ..ῶντας αὐτοὺς ἀγ..ῶσιν
6 24 τὸν ἕτερον (se κύριον) ἀγ..ήσει || Luc
16 13
22 37 „ἀγαπήσεις κύριον τὸν θεόν σου
ἐν ὅλῃ τῇ καρδίᾳ σου" || Mar 12 30 ἐξ
ὅλης 33 τὸ ἀγ..ᾶν αὐτόν Luc 10 27
Mar 10 21 Ἰησοῦς ἐμβλέψας αὐτῷ ἠγ..ησεν αὐτόν
Luc 7 5 ἀγαπᾷ γὰρ τὸ ἔθνος ἡμῶν
– 42 τίς – αὐτῶν πλεῖον ἀγαπήσει αὐτόν;
Joh 3 16 οὕτως – ἠγάπησεν ὁ θεὸς τὸν κόσμον
– 35 ὁ πατὴρ ἀγαπᾷ τὸν υἱόν 10 17 διὰ
τοῦτό με ὁ πατὴρ ἀγαπᾷ ὅτι ἐγὼ τί-
θημι τὴν ψυχήν μου 15 9 καθὼς ἠγά-
πησέν με ὁ πατὴρ 17 23 καθὼς ἐμὲ
ἠγάπησας 24 τὴν δόξαν –, ἣν δέδω-
κάς μοι ὅτι ἠγάπησάς με πρὸ κατα-
βολῆς κόσμου 26 ἵνα ἡ ἀγάπη ἣν
ἠγάπησάς με ἐν αὐτοῖς ᾖ
8 42 ἠγαπᾶτε ἂν ἐμέ 14 15 ἐὰν ἀγαπᾶτέ με
21 ἐκεῖνός ἐστιν ὁ ἀγαπῶν με· ὁ δὲ
ἀγαπῶν με ἀγαπηθήσεται ὑπὸ τοῦ
πατρός μου 23 ἐάν τις ἀγαπᾷ με, –,
καὶ ὁ πατήρ μου ἀγαπήσει αὐτόν 24
ὁ μὴ ἀγαπῶν με 28 εἰ ἠγαπᾶτέ με,
ἐχάρητε ἂν 21 15 ἀγαπᾷς με πλέον
τούτων; – οἶδας ὅτι φιλῶᵇ σε 16 ἀγα-
πᾷς με; – σὺ οἶδας ὅτι φιλῶᵇ σε
11 5 ἠγάπα δὲ ὁ Ἰησοῦς τὴν Μάρθαν καὶ
13 1 ἀγαπήσας τοὺς ἰδίους τοὺς ἐν τῷ κόσ-
μῳ, εἰς τέλος ἠγάπησεν αὐτούς
– 23 ὃν ἠγάπα ὁ Ἰησοῦς 19 26 21 7.20
– 34 ἐντολὴν καινὴν –, ἵνα ἀγαπᾶτε ἀλλή-
λους, καθὼς ἠγάπησα ὑμᾶς ἵνα καὶ
ὑμεῖς ἀγαπᾶτε ἀλλήλους 15 12.17
14 21 ἀγαπηθήσεται ὑπὸ τοῦ πατρός
μου, κἀγὼ ἀγαπήσω αὐτὸν 23 ὁ πα-
τήρ μου ἀγαπήσει αὐτόν 15 9 κἀγὼ
ὑμᾶς ἠγάπησα 17 23 ὅτι σὺ – ἠγάπη-
σας αὐτοὺς καθὼς ἐμὲ ἠγάπησας
– 31 ἵνα γνῷ ὁ κόσμος ὅτι ἀγαπῶ τὸν
πατέρα
Rm 8 28 τοῖς ἀγαπῶσιν τ. θεὸν πάντα συνεργεῖ
– 37 ὑπερνικῶμεν διὰ τοῦ ἀ..ήσαντος ἡμᾶς

Rm 9 13 „τὸν Ἰακὼβ ἠγάπησα, – ἐμίσησα"
– 25 „τὴν οὐκ ἠγαπημένην ἠγ..μένην"
13 8 εἰ μὴ τὸ ἀλλήλους ἀ..ᾶν· ὁ γὰρ ἀ..ῶν
τὸν – νόμον πεπλήρωκεν 9 → Mat 5 43
1 Co 2 9 „ἃ" ἡτοίμασεν „ὁ θεὸς τοῖς ἀγα-
πῶσιν αὐτόν" → Jac 1 12 2 5
8 3 εἰ δέ τις ἀγαπᾷ τὸν θεόν, – ἔγνωσται
2 Co 9 7 „ἱλαρὸν" γὰρ „δότην" ἀγαπᾷ „ὁ θεός"
11 11 διὰ τί; ὅτι οὐκ ἀγαπῶ ὑμᾶς;
12 15 εἰ περισσοτέρως ὑμᾶς ἀγαπῶ[ν], ἧσ-
σον ἀγαπῶμαι;
Gal 2 20 ἐν πίστει ζῶ τῇ – τοῦ ἀγαπήσαντός
με καὶ παραδόντος ἑαυτόν – 5 14
→ Mat 5 43
Eph 1 6 ἐχαρίτωσεν ἡμᾶς ἐν τῷ ἠγαπημένῳ
2 4 διὰ τὴν πολλὴν ἀγάπην αὐτοῦ ἣν
ἠγάπησεν ἡμᾶς
5 2 καθὼς καὶ ὁ Χρ. ἠγάπησεν ἡμᾶς
– 25 ἀγαπᾶτε τὰς γυναῖκας, καθὼς καὶ ὁ
Χρ. ἠγάπησεν τὴν ἐκκλησίαν 28 ἀγα-
πᾶν τὰς – γυν. ὡς τὰ ἑαυτῶν σώματα·
ὁ ἀ..ῶν τὴν – γυν. ἑαυτὸν ἀγαπᾷ 33
Col 3 19
6 24 μετὰ πάντων τῶν ἀγαπώντων τὸν κύ-
ριον ἡμῶν Ἰ. Χόν ἐν ἀφθαρσίᾳ
Col 3 12 ὡς ἐκλεκτοὶ – ἠγαπημένοι 1 Th 1 4 ἀ-
δελφοὶ ἠγ. ὑπὸ [τοῦ] θεοῦ 2 Th 2 13
„ὑπὸ κυρίου" Jud 1 τοῖς ἐν θεῷ πα-
τρὶ ἠγαπημένοις – κλητοῖς
1 Th 4 9 θεοδίδακτοί ἐστε εἰς τὸ ἀγ. ἀλλήλους
2 Th 2 16 [ὁ] θεὸς –, ὁ ἀγαπήσας ἡμᾶς καὶ δοὺς
Hb 12 6 „ὃν γὰρ ἀγαπᾷ κύριος παιδεύει"
Jac 1 12 τὸν στέφανον τῆς ζωῆς, ὃν ἐπηγγείλα-
το τοῖς ἀγαπῶσιν αὐτόν 2 5 τῆς βασιλείας
ἧς ἐπηγγ. τοῖς ἀγ. αὐτόν – 2 8 → Mat 5 43
1 Pe 1 8 Ἰ. Χοῦ, ὃν οὐκ ἰδόντες ἀγαπᾶτε
– 22 ἐκ [καθαρᾶς] καρδίας ἀλλήλους ἀγα-
πήσατε 2 17 τὴν ἀδελφότητα ἀγαπᾶτε
1 Jo 2 10 ὁ ἀγαπῶν τὸν ἀδελφὸν αὐτοῦ –
3 10 ὁ μὴ ἀγ. τὸν ἀδ. αὐτοῦ 14 ὅτι ἀγα-
πῶμεν τοὺς ἀδελφούς· ὁ μὴ ἀγ. (vl
τὸν ἀδ.) 4 20 ὁ – μὴ ἀγ. τὸν ἀδ. αὐτοῦ
ὃν ἑώρακεν 21 ἵνα – ἀγαπᾷ καὶ τὸν ἀδ.
3 11 ἐστὶν ἡ ἀγγελία –, ἵνα ἀγ..ῶμεν
ἀλλήλους 23 4 7 ἀγ..ῶμεν ἀλλ. 11 ὀ-
φείλομεν ἀλλ. ἀγαπᾶν 12 ἐὰν ἀγ..ῶμεν
ἀλλ. 2 Jo 5 ἐντολὴν –, ἣν εἴχομεν
ἀπ' ἀρχῆς, ἵνα ἀγ..ῶμεν ἀλλήλους
4 10 οὐχ ὅτι ἡμεῖς ἠγαπήκαμεν τὸν θεόν,
ἀλλ' ὅτι αὐτὸς ἠγάπησεν ἡμᾶς 11
εἰ οὕτως ὁ θεὸς ἠγ. ἡμᾶς 19 πρῶτος
ἠγάπησεν ἡμᾶς

1 Jo 4 20 ἐάν τις εἴπη ὅτι ἀγαπῶ τὸν θεόν,
– τὸν θεὸν ὃν οὐχ ἑώρακεν οὐ δύνα-
ται ἀγαπᾶν 21 ἵνα ὁ ἀγαπῶν τὸν θεὸν
ἀγαπᾷ καὶ τὸν ἀδελφὸν αὐτοῦ
5 1 πᾶς ὁ ἀγαπῶν τὸν γεννήσαντα ἀγαπᾷ
[καὶ] τὸν γεγεννημένον ἐξ αὐτοῦ 2 γι-
νώσκομεν ὅτι ἀ..ῶμεν τὰ τέκνα τοῦ
θεοῦ, ὅταν τὸν θεὸν ἀγ..ῶμεν
2 Jo 1 οὓς ἐγὼ ἀγαπῶ ἐν ἀληθείᾳ 3 Jo 1 ὃν
Ap 1 5 τῷ ἀγαπῶντι ἡμᾶς καὶ λύσαντι
3 9 ἵνα – γνῶσιν ὅτι „ἐγὼ ἠγάπησά σε"

3) bona huius et aeternae vitae amore
amplecti, mundum, vitam, iustitiam,
spem

Luc 11 43 ἀγαπᾶτε τὴν πρωτοκαθεδρίαν
Joh 3 16 θεὸς τὸν κόσμον → sub 2)
– 19 ἠγάπησαν οἱ ἄνθρωποι μᾶλλον τὸ
σκότος ἢ τὸ φῶς
12 43 ἠγάπησαν – τὴν δόξαν τῶν ἀνθρώπων
μᾶλλον ἤπερ τὴν δόξαν τοῦ θεοῦ
2 Ti 4 8 τοῖς ἠγαπηκόσι τὴν ἐπιφάνειαν αὐτοῦ
– 10 Δημᾶς – ἀγαπήσας τὸν νῦν αἰῶνα
Hb 1 9 „ἠγάπησας δικαιοσύνην κ. ἐμίσησας"
1 Pe 3 10 ὁ γὰρ „θέλων ζωὴν ἀγαπᾶν"
2 Pe 2 15 ὃς μισθὸν ἀδικίας ἠγάπησεν b
1 Jo 2 15 μὴ ἀγ..ᾶτε τὸν κόσμον μηδὲ τὰ ἐν τῷ
κόσμῳ. ἐάν τις ἀγ..ᾷ τὸν κό.. οὐκ
Ap 12 11 οὐκ ἠγάπησαν τὴν ψυχὴν αὐτῶν ἄχρι
θανάτου
20 9 τὴν πόλιν „τὴν ἠγαπημένην"

άγάπη charitas (car.) b dilectio c (αἱ ἀγά-
παι) epulae d (vl αἱ ἀγ.) convivia e (φίλη-
μα τῆς ἀγ.) osculum sanctum
Mat 24 12 ψυγήσεται ἡ ἀγάπη τῶν πολλῶν
Luc 11 42 παρέρχεσθε – τὴν ἀγάπην τοῦ θεοῦ
Joh 5 42 τὴν ἀγ. b τ. θεοῦ οὐκ ἔχετε ἐν ἑαυτοῖς
13 35 ἐὰν ἀγάπην b ἔχητε ἐν ἀλλήλοις
15 9 μείνατε ἐν τῇ ἀγ. b τῇ ἐμῇ 10 μενεῖτε
ἐν τῇ ἀγ. b μου, καθὼς ἐγὼ – μένω
αὐτοῦ ἐν τῇ ἀγ. b
– 13 μείζονα ταύτης ἀγάπην b οὐδεὶς ἔχει
17 26 ἵνα ἡ ἀγ. b ἣν ἠγάπησάς με ἐν αὐτοῖς
ἢ κἀγὼ ἐν αὐτοῖς
Rm 5 5 ἡ ἀγ. τ. θεοῦ ἐκκέχυται ἐν ταῖς καρδ.
– 8 συνίστησιν δὲ τὴν ἑαυτοῦ ἀγ. εἰς ἡμᾶς
ὁ θεὸς ὅτι ἔτι ἁμαρτωλῶν ὄντων ἡμῶν
Χὸς ὑπὲρ ἡμῶν ἀπέθανεν 1 Jo 4 10
8 35 τίς ἡμᾶς χωρίσει ἀπὸ τῆς ἀγ. τ. Χοῦ
(vl θεοῦ); 39 δυνήσεται ἡμᾶς χωρίσαι
ἀπὸ τῆς ἀγ. τοῦ θεοῦ τῆς ἐν Χῷ Ἰοῦ

Rm 12 9 ἡ ἀγ. b ἀνυπόκριτος 2 Co 6 6 ἐν ἀγ. ἀν.
13 10 ἡ ἀγ. b τῷ πλησίον κακὸν οὐκ ἐργά-
ζεται· πλήρωμα οὖν νόμου ἡ ἀγ. b
14 15 οὐκέτι κατὰ ἀγάπην περιπατεῖς
15 30 παρακαλῶ – διὰ τῆς ἀγ. τοῦ πνεύμ.
1 Co 4 21 ἐν ῥάβδῳ ἔλθω –, ἢ ἐν ἀγάπη –;
8 1 ἡ δὲ ἀγ. οἰκοδομεῖ Eph 4 16 αὔξησιν
τοῦ σώματος – εἰς οἰκοδομὴν – ἐν ἀγ.
13 1 ἐὰν –, ἀγάπην δὲ μὴ ἔχω 2.3.4 ἡ ἀγ.
μακροθυμεῖ, χρηστεύεται ἡ ἀγ., –,
[ἡ ἀγ.] οὐ περπερεύεται 8 ἡ ἀγ. οὐδέ-
ποτε πίπτει 13 μένει πίστις, ἐλπίς, ἀγ.,
– μείζων δὲ – ἡ ἀγ. 14 1 διώκετε τ. ἀγ.
16 14 πάντα ὑμῶν ἐν ἀγάπη γινέσθω
– 24 ἡ ἀγ. μου μετὰ πάντων ὑμῶν ἐν Χῷ
2 Co 2 4 τὴν ἀγ. ἵνα γνῶτε ἣν ἔχω – εἰς ὑμ.
– 8 παρακαλῶ – κυρῶσαι εἰς αὐτὸν ἀγ..ην
5 14 ἡ γὰρ ἀγάπη τοῦ Χοῦ συνέχει ἡμᾶς
8 7 περισσεύετε, – τῇ ἐξ ἡμῶν ἐν ὑμῖν
ἀγ. 8 τὸ τῆς ὑμετέρας ἀγ. γνήσιον δο-
κιμάζων
– 24 τὴν οὖν ἔνδειξιν τῆς ἀγ. ὑμῶν – εἰς
αὐτοὺς ἐνδεικνύμενοι
13 11 ὁ θεὸς τῆς ἀγ. b καὶ εἰρήνης – μεθ'
ὑμῶν 13 ἡ ἀγ. τοῦ θεοῦ – μετὰ πάντων
Gal 5 6 πίστις δι' ἀγάπης ἐνεργουμένη
– 13 διὰ τῆς ἀγάπης δουλεύετε ἀλλήλοις
– 22 ὁ δὲ καρπὸς τοῦ πνεύματός ἐστιν ἀγ.
Eph 1 4 εἶναι ἡμᾶς ἁγίους – ἐν ἀγάπη
– 15 ἀκούσας – τὴν ἀγ. b τὴν εἰς πάντας
τοὺς ἁγίους Col 1 4 b Phm 5
2 4 διὰ τὴν πολλὴν ἀγ. αὐτοῦ (sc θεοῦ)
3 17 ἐν ἀγάπη ἐρριζωμένοι καὶ τεθεμελ.
– 19 γνῶναί τε τὴν ὑπερβάλλουσαν τῆς
γνώσεως ἀγάπην τοῦ Χοῦ
4 2 ἀνεχόμενοι ἀλλήλων ἐν ἀγάπη 15 ἀλη-
θεύοντες – ἐν ἀγ. 16 εἰς οἰκοδομὴν –
ἐν ἀγ. 5 2 περιπατεῖτε ἐν ἀγ. b
6 23 εἰρήνη – καὶ ἀγάπη μετὰ πίστεως
Phil 1 9 ἵνα ἡ ἀγ. ὑμῶν ἔτι – περισσεύη
– 16 Χὸν κηρύσσουσιν· οἱ μὲν ἐξ ἀγάπης
2 1 εἴ τι παραμύθιον ἀγάπης, εἴ τις κοιν.
– 2 τὴν αὐτὴν ἀγ. ἔχοντες, σύμψυχοι
Col 1 (4 → Eph 1 15) 8 ὁ καὶ δηλώσας (Epaphr.)
ἡμῖν τὴν ὑμῶν ἀγ. b ἐν πνεύματι
– 13 εἰς τὴν βασιλείαν τοῦ υἱοῦ τῆς ἀγ. b
2 2 συμβιβασθέντες ἐν ἀγάπη [αὐτοῦ
3 14 ἐπὶ πᾶσιν δὲ τούτοις τὴν ἀγ., ὅ ἐστιν
1 Th 1 3 τοῦ ἔργου τῆς πίστεως καὶ τοῦ κόπου
τῆς ἀγ. 3 6 τὴν πίστιν καὶ τὴν ἀγ. ὑμῶν
2 Th 1 3 ἡ πίστις ὑμῶν καὶ πλεονάζει
ἡ ἀγ. ἑνὸς ἑκάστου – ὑμῶν εἰς ἀλλήλ.

1 Th 3 12 ὑμᾶς δὲ ὁ κύριος – περισσεύσαι τῇ
ἀγ. εἰς ἀλλήλους καὶ εἰς πάντας
5 8 „θώρακα" πίστεως καὶ ἀγάπης
– 13 ἡγεῖσθαι αὐτοὺς ὑπερεκπερ. ἐν ἀγ..ῃ
2 Th 2 10 τὴν ἀγ. τῆς ἀληθείας οὐκ ἐδέξαντο
3 5 ὁ δὲ κύριος κατευθύναι ὑμῶν τὰς
καρδίας εἰς τὴν ἀγάπην τοῦ θεοῦ
1 Ti 1 5 ἀγ. ἐκ καθαρᾶς καρδίας καὶ συνειδ.
– 14 μετὰ πίστεως καὶ ἀγάπης^b τῆς ἐν Χῷ
'Ι. 2 Ti 1 13 ἐν π. καὶ ἀγ.^b τῇ ἐν 'Ι. Χῷ
2 15 ἐὰν μείνωσιν ἐν πίστει καὶ ἀγάπῃ^b
4 12 τύπος γίνου – ἐν ἀγάπῃ, ἐν πίστει
6 11 δίωκε – πίστιν, ἀγάπην 2 Ti 2 22
2 Ti 1 7 πνεῦμα – δυνάμεως καὶ ἀγάπης^b
3 10 παρηκολούθησάς μου – τῇ ἀγάπῃ^b
Tit 2 2 ὑγιαίνοντας τῇ πίστει, τῇ ἀγάπῃ
Phm ἀκούων σου τὴν ἀγ. καὶ τὴν πίστιν –
πρὸς τὸν κύριον Ἰησοῦν καὶ εἰς πάν-
τας τοὺς ἁγίους
7 χαρὰν – πολλὴν ἔσχον – ἐπὶ τῇ ἀγ. σου
9 διὰ τὴν ἀγάπην μᾶλλον παρακαλῶ
Hb 6 10 τῆς ἀγ.^b ἧς ἐνεδείξασθε εἰς τὸ ὄνομα
αὐτοῦ, διακονήσαντες τοῖς ἁγίοις
10 21 εἰς παροξυσμὸν ἀγάπης καὶ – ἔργων
1 Pe 4 8 τὴν εἰς ἑαυτοὺς ἀγ. ἐκτενῆ ἔχοντες,
ὅτι „ἀγ. καλύπτει" πλῆθος „ἁμαρτιῶν"
5 14 ἀσπάσασθε – ἐν φιλήματι ἀγάπης^e
2 Pe 1 7 ἐν δὲ τῇ φιλαδελφίᾳ τὴν ἀγάπην
(2 13 vl ἐν ταῖς ἀγ.^d αὐτῶν)
1 Jo 2 5 ἐν τούτῳ ἡ ἀγ. τοῦ θεοῦ τετελείωται
– 15 οὐκ ἔστιν ἡ ἀγ. τοῦ πατρὸς ἐν αὐτῷ
3 17 πῶς ἡ ἀγ. τ. θεοῦ μένει ἐν αὐτῷ;
3 1 ποταπὴν ἀγ. δέδωκεν ἡμῖν ὁ πατήρ
– 16 ἐν τούτῳ ἐγνώκαμεν τὴν ἀγ. 4 9 ἐφα-
νερώθη ἡ ἀγ. τοῦ θεοῦ ἐν ἡμῖν 10 ἐν
τούτῳ ἐστὶν ἡ ἀγ., οὐχ ὅτι ἡμεῖς ἠγα-
πήκαμεν τὸν θεόν 16 πεπιστεύκαμεν
τὴν ἀγ. ἣν ἔχει ὁ θεὸς ἐν ἡμῖν
– 7 ἡ ἀγ. ἐκ τοῦ θεοῦ ἐστιν 8 ὁ θεὸς ἀγά-
πη ἐστίν 16 ὁ θεὸς ἀγ. ἐστίν, καὶ ὁ
μένων ἐν τῇ ἀγ. ἐν τῷ θεῷ μένει
– 12 ἡ ἀγ. αὐτοῦ ἐν ἡμῖν τετελειωμένη ἐστιν
– 17 ἐν τούτῳ τετελείωται ἡ ἀγ. μεθ' ἡμῶν
– 18 φόβος οὐκ ἔστιν ἐν τῇ ἀγ., ἀλλ' ἡ τε-
λεία ἀγ. ἔξω βάλλει τὸν φόβον, –ὁ
δὲ φοβούμενος οὐ τετελ. ἐν τῇ ἀγ.
5 3 αὕτη γάρ ἐστιν ἡ ἀγ. τοῦ θεοῦ, ἵνα
τὰς ἐντολὰς αὐτοῦ τηρῶμεν 2 Jo 6
2 Jo 3 ἐν ἀληθείᾳ καὶ ἀγ.
3 Jo 6 οἳ ἐμαρτύρησάν σου τῇ ἀγ. ἐνώπιον
Jud 2 ἔλεος ὑμῖν – καὶ ἀγ. πληθυνθείη
12 οἱ ἐν ταῖς ἀγ.^c ὑμῶν (vl αὐτῶν) σπι-

λάδες συνευωχούμενοι
Jud 21 ἑαυτοὺς ἐν ἀγάπῃ^b θεοῦ τηρήσατε
Ap 2 4 τὴν ἀγ. σου τὴν πρώτην ἀφῆκες
– 19 οἶδά σου τὰ ἔργα καὶ τὴν ἀγάπην

ἀγαπητός charissimus (car.) ^bdilectus
(dilectissimus)
Mat 3 17 „ὁ υἱός" μου „ὁ ἀγαπητός^b" || Mar 1 11^b
Luc 3 22^b – Mat 17 5^b || Mar 9 7 2 Pe 1 17^b –
Mat 12 18 „ὁ ἀγαπητός^b μου"
Mar 12 6 ἔτι ἕνα εἶχεν, υἱὸν ἀ..όν || Luc 20 13^b
Act 15 25 σὺν τοῖς ἀγαπητοῖς ἡμῶν Βαρναβᾷ
καὶ Παύλῳ, alibi cum nominibus per-
sonarum: Rm 16 5^b 8 τὸν ἀγ.^b μου ἐν
κυρίῳ 9^b 12 τὴν ἀγ..ήν Eph 6 21 ὁ ἀγ. ἀδελ-
φός Col 1 7 τοῦ ἀγ. συνδούλου ἡμῶν 4 7 ὁ
ἀγ. ἀδελφός 9. 14 ὁ ἰατρὸς ὁ ἀγ. 2 Ti 1 2
ἀγαπητῷ τέκνῳ (cfr 1 Co 4 17) Phm 1 τῷ
ἀγαπητῷ^b – 2 Pe 3 15 ὁ ἀγ. ἡμῶν ἀδελφὸς
Παῦλος – 3 Jo 1
Rm 1 7 τοῖς – ἐν Ῥώμῃ ἀγαπητοῖς^b θεοῦ
11 28 κατὰ δὲ τὴν ἐκλογὴν ἀγαπητοί
12 19 ἀγαπητοί, alibi in alloquendo:
1 Co 10 14 μου 15 58 ἀδελφοί μου ἀγ.^b
2 Co 7 1 12 19 Phl 2 12 μου 4 1 ἀδελφοί
μου ἀγ. καὶ ἐπιπόθητοι, – , ἀγαπη-
τοί – Hb 6 9^b – Jac 1 16 ἀδ. μου ἀγ.^b
19^b 2 5^b – 1 Pe 2 11 4 12 2 Pe 3 1.8.
14.17 (vg^o) – 1 Jo 2 7 3 2.21 4 1.7.11
Jud 3. 17. 20
1 Co 4 14 ὡς τέκνα μου ἀγαπητὰ νουθετῶ[ν]
– 17 ὅς ἐστίν μου τέκνον ἀγαπητόν
Eph 5 1 μιμηταὶ τοῦ θεοῦ, ὡς τέκνα ἀγ..ά
1 Th 2 8 διότι ἀγαπητοὶ ἡμῖν ἐγενήθητε
1 Ti 6 2 ὅτι πιστοί εἰσιν καὶ ἀγαπητοί^b
Phm 16 ὑπὲρ δοῦλον, ἀδελφὸν ἀ..όν, – ἐμοί
3 Jo 2 ἀγαπητέ 5. 11

Ἄγαρ Gal 4 24.25 τὸ δὲ Ἀ. Σινᾶ ὄρος ἐστίν

ἀγγαρεύειν S^o – angariare Mat 5 41 ὅστις σε
ἀ..εύσει μίλιον ἓν 27 32 || Mar 15 21

ἀγγεῖον vas Mat 25 4 ἔλαιον ἐν τοῖς ἀγγ.

ἀγγελία annunciatio 1 Jo 1 5 ἔστιν αὕτη ἡ
ἀγγ. ἣν ἀκηκόαμεν ἀπ' αὐτοῦ 3 11 ἡ ἀγγ.
ἣν ἠκούσατε ἀπ' ἀρχῆς, ἵνα

ἀγγέλλειν ^aannunciare ^bnunciare
Joh (4 51 vl ἤγγειλαν^b ὅτι ὁ παῖς αὐτοῦ ζῇ)
20 18 ἀγγέλλουσα^a – ὅτι ἑώρακα τ. κύριον

ἄγγελος *angelus* ᵇ*nuncius*
Mat 1 20 ἄγγελος κυρίου – ἐφάνη 24 2 13.19
28 2 (5 ὁ ἄγγ.) Luc 1 11 (13 ὁ ἄγγ. 18.19.26
ὁ ἄγγ. Γαβριήλ 30.34.35.38) 29 ἄγγ. κυρίου
ἐπέστη (10 ὁ ἄγγ. 13.15 οἱ ἄγγ. 21 κληθὲν
ὑπὸ τοῦ ἄγγ.) – Act 5 19 ἄγγ. δὲ κυρίου
8 26 12 7 (8 ὁ ἄγγ. 9.10) 11 ἐξαπέστειλεν [ὁ]
κύριος τὸν ἄγγ. αὐτοῦ 23 ἐπάταξεν αὐτὸν
ἄγγ. κυρίου – 10 3 ἄγγελον τοῦ θεοῦ εἰσελ-
θόντα (7 ὁ ἄγγ. 22 ὑπὸ ἀγγέλου ἁγίου
11 13) 27 23 τοῦ θεοῦ οὗ εἰμι,– ἄγγελος
4 6 „τοῖς ἄγγ. αὐτοῦ ἐντελεῖται" ‖ Luc 4 10
– 11 ἄγγελοι – διηκόνουν αὐτῷ ‖ Mar 1 13
cfr Joh 1 51 ὄψεσθε – τοὺς ἄγγ. τοῦ
θεοῦ – καταβαίνοντας ἐπὶ τὸν υἱὸν
τοῦ ἀνθρώπου
11 10 „ἀποστέλλω τὸν ἄγγ. μου πρὸ προσ-
ώπου σου" ‖ Mar 1 2 Luc 7 27
13 39 οἱ δὲ θερισταὶ ἄγγελοί εἰσιν 41.49 ἐξ-
ελεύσονται οἱ ἄγγ. καὶ ἀφοριοῦσιν –
24 31 ‖ Mar 13 27
16 27 μέλλει – ἔρχεσθαι – μετὰ τῶν ἄγγ. αὐ-
τοῦ ‖ Mar 8 38 τῶν ἁγίων Luc 9 26 –
Mat 25 31 καὶ „πάντες οἱ ἄγγ. μετ'
αὐτοῦ" 2 Th 1 7 μετ' ἀγγέλων δυνάμε-
ως αὐτοῦ
18 10 οἱ ἄγγ. αὐτῶν ἐν οὐρ. – βλέπουσι
22 30 ὡς ἄγγελοι (vl + θεοῦ) ἐν τῷ οὐ-
ρανῷ εἰσιν ‖ Mar 12 25 ἐν τοῖς οὐρανοῖς
24 36 οὐδὲ οἱ ἄγγ. τῶν οὐρ. ‖ Mar 13 32 ἐν οὐρ.
25 41 τῷ διαβόλῳ καὶ τοῖς ἄγγ. αὐτοῦ
cfr 2 Co 12 7 ἄγγελος σατανᾶ 2 Pe 2 4
ἀγγέλων ἁμαρτησάντων οὐκ ἐφείσατο
Jud 6 ἀγγέλους τε τοὺς μὴ τηρήσαν-
τας τὴν ἑαυτῶν ἀρχὴν Ap 9 11 βασιλέα
τὸν ἄγγ. τῆς ἀβύσσου 12 7 ὁ δράκων
– καὶ οἱ ἄγγ. αὐτοῦ 9 οἱ ἄγγ. αὐ-
τοῦ – ἐβλήθησαν
26 53 πλείω δώδεκα λεγιῶνας ἀγγέλων;
Luc 7 24 ἀπελθόντων – τῶν ἄγγ. ᵇ Ἰωάννου
9 52 ἀπέστειλεν ἀγγέλους ᵇ πρὸ προσώπ.
12 8 ὁμολογήσει ἐν αὐτῷ ἔμπροσθεν
τῶν ἄγγ. τοῦ θεοῦ (Ap 3 5 ὁμ..ω τὸ
ὄνομα αὐτοῦ – ἐνώπιον τῶν ἄγγ. αὐ-
τοῦ) 9 ἀπαρνηθήσεται ἐνώπ. τῶν ἄγγ.
τοῦ θεοῦ 15 10 γίνεται χαρὰ ἐνώπ. κτλ
16 22 ἀπενεχθῆναι αὐτὸν ὑπὸ τῶν ἄγγ.
[22 43 ὤφθη δὲ αὐτῷ ἄγγ. ἀπ' οὐρανοῦ –]
24 23 καὶ ὀπτασίαν ἀγγέλων ἑωρακέναι
Joh 1 51 → Mat 4 11 – Joh 12 29 ἄγγ. αὐτῷ λελάλ.
20 12 θεωρεῖ δύο ἀγγέλους ἐν λευκοῖς
Act 5 19 etc ἄγγ. κυρίου, θεοῦ → Mat 1 20

Act 6 15 τὸ πρόσωπον αὐτοῦ ὡσεὶ πρόσ. ἀ..ου
7 30 „ὤφθη – ἄγγ. ἐν φλογὶ – βάτου"
35 ἀπέσταλκεν σὺν χειρὶ ἀγγέλου 38
– 53 ἐλάβετε τὸν νόμον εἰς διαταγὰς ἀγ-
γέλων Gal 3 19 διαταγεὶς δι' ἀγγέλων
Hb 2 2 ὁ δι' ἀ..ων λαληθεὶς λόγος
12 15 ὁ ἄγγ. ἐστιν αὐτοῦ. ὁ δὲ Πέτρος
23 8 μὴ εἶναι ἀνάστασιν μήτε ἄγγελον
– 9 εἰ δὲ πνεῦμα ἐλάλησεν αὐτῷ ἢ ἄγγ.
Rm 8 38 οὔτε ἄ..οι οὔτε ἀρχαὶ – δυνήσεται
1 Co 4 9 θέατρον – ἀγγέλοις καὶ ἀνθρώποις
6 3 οὐκ οἴδατε ὅτι ἀγγέλους κρινοῦμεν;
11 10 ἐξουσίαν – ἐπὶ τῆς κεφ. διὰ τοὺς ἀ.
13 1 ἐὰν ταῖς γλώσσαις – λαλῶ – τῶν ἀ.
2 Co 11 14 ὁ σατανᾶς μετασχηματίζεται εἰς ἄγ-
γελον φωτός – 12 7 → Mat 25 41
Gal 1 8 καὶ ἐὰν ἡμεῖς ἢ ἄ..ος ἐξ οὐρανοῦ
3 19 → Act 7 53 | 2 Th 1 7 → Mat 16 27
4 14 ὡς ἄγγελον θεοῦ ἐδέξασθέ με
Col 2 18 ἐν – θρησκείᾳ τῶν ἀγγέλων
1 Ti 3 16 ὤφθη ἀ..οις, ἐκηρύχθη ἐν ἔθνεσιν
5 21 ἐνώπιον – τῶν ἐκλεκτῶν ἀγγέλων
Hb 1 4 τοσούτῳ κρείττων γενόμενος τῶν ἀ.
– 5 τίνι γὰρ εἶπέν ποτε τῶν ἄγγ. 13
– 6 „προσκυνησάτωσαν – ἄγγελοι θεοῦ"
– 7 πρὸς μὲν τοὺς ἀ. λέγει· „ὁ ποιῶν τοὺς
ἀ. αὐτοῦ πνεύματα" | 2 2 → Act 7 53
– 2 5 οὐ γὰρ ἀ..οις ὑπέταξεν τὴν οἰκουμ.
– 7 „βραχύ τι παρ' ἀγγέλους" 9
– 16 οὐ γὰρ δήπου ἀ..ων ἐπιλαμβάνεται
12 22 προσεληλύθατε – μυριάσιν ἀγγέλων,
πανηγύρει καὶ ἐκκλησίᾳ πρωτοτόκων
13 2 ἔλαθόν τινες ξενίσαντες ἀγγέλους
Jac 2 25 ὑποδεξαμένη τοὺς ἀγγέλους ᵇ
1 Pe 1 12 εἰς ἃ ἐπιθυμοῦσιν ἄ..οι παρακύψαι
3 22 ὑποταγέντων αὐτῷ ἀγγέλων
2 Pe 2 4 Jud 6 → Mat 25 41
– 11 ἄγγελοι – δυνάμει μείζονες ὄντες
Ap 1 1 ἀποστείλας διὰ τοῦ ἄγγ. αὐτοῦ
– 20 ἀγγέλων τῶν ἑπτὰ ἐκκλησιῶν εἰσιν
21.8.12.18 31.7.14 | 35 → Luc 12 8
5 2 ἄγγελον ἰσχυρόν 10 1 ἄλλον ἄγγ. ἰσχ.
(5.8.9.10) 18 21 εἷς ἄγγ. ἰσχυρός
– 11 ἤκουσα φωνὴν ἀγγέλων πολλῶν 7 11
7 1 τέσσαρας ἀγγέλους 2 ἄλλον ἄγγ.
– καὶ ἔκραξεν – τοῖς τέσσαρσιν ἄγγ.
cfr 9 14 λῦσον τοὺς τέσσ. ἄγγ. 15
8 2 τοὺς ἑπτὰ ἄγγ. – ἐνώπιον τοῦ θεοῦ
6.8.10.12.13 9 1.13.14 10 7 11 15 ὁ ἕββο-
μος ἄγγ. ἐσάλπισεν – 15 1 ἀγγέλους
ἑπτὰ ἔχοντας πληγὰς ἑπτά 6.7.8 16 1
17 1 εἷς ἐκ τῶν ἑ. ἀ. 7 21 9 22 6.8.16

Ap 8 3 ἄλλος ἄ. – ἔχων λιβανωτὸν χρυσ. 4.5
(– 13 vl ἄ..ου πετομένου) – 9 11 12 7 →
Mat 25 41
12 7 ὁ „Μιχαὴλ" καὶ οἱ ἄγγελοι αὐτοῦ
14 6 ἄλλον ἄγγ. – ἔχοντα εὐαγγέλιον αἰώ-
νιον 8 ἄλλος ἄγγ. δεύτερος 9 τρίτος 15
ἄλλος ἄγγ. ἐξῆλθεν ἐκ τοῦ ναοῦ 17.
18. 19 ἔβαλεν ὁ ἄγγ. τὸ δρέπανον
– 10 ἐνώπιον ἄ..ων ἁγίων καὶ – τοῦ ἀρν.
16 5 τοῦ ἄγγ. τῶν ὑδάτων λέγοντος
18 1 ἄλλον ἄγγ. – ἔχοντα ἐξουσίαν μεγά-
λην 20 1 τὴν κλεῖν τῆς ἀβύσσου
19 17 ἕνα ἄγγελον ἑστῶτα ἐν τῷ ἡλίῳ
21 12 ἐπὶ τοῖς πυλῶσιν ἀγγέλους δώδεκα
– 17 μέτρον ἀνθρώπου, ὅ ἐστιν ἀγγέλου

ἄγγος vas Mat 13 48 τὰ καλὰ εἰς ἄγγη

ἄγε, ἄγωμεν eamus ᵇecce ᶜagite
Mat 26 46 Mar 1 38 14 42 Joh 11 7. 15. 16 14 31
Jac 4 13 ἄγεᵇ 5 1 ἄγεᶜ νῦν οἱ πλούσιοι

*ἄγειν ᵃadducere ᵇagere, agi
ᶜducere, ..i (Luc 24 21 infra)
Mat 10 18 ἐπὶ – βασιλεῖς ἀχθήσεσθεᶜ Mar 13 11ᶜ
Luc 4 1 ἤγετοᵇ ἐν τῷ πνεύματι ἐν τῇ ἐρήμῳ
24 21 τρίτην – ἡμέρ. ἄγει (tertia dies est)
Joh 10 16 κἀκεῖνα δεῖ με ἀγαγεῖνᵃ (sc πρόβ.)
Act 19 38 ἀγοραῖοι (conventus forenses) ἄγον-
Rm 2 4 εἰς μετάνοιάν σε ἄγει;ᵃ [ταιᵇ
8 14 ὅσοι γὰρ πνεύματι θεοῦ ἄγονταιᵇ
Gal 5 18 εἰ δὲ πνεύματι ἄγεσθεᶜ
1 Co 12 2 πρὸς τὰ εἴδωλα τὰ ἄφωνα ὡς ἂν
ἤγεσθεᶜ
1 Th 4 14 τοὺς κοιμηθέντας – ἄξειᵃ σὺν αὐτῷ
2 Ti 3 6 ἀγόμεναᶜ ἐπιθυμίαις ποικίλαις
Hb 2 10 πολλοὺς υἱοὺς εἰς δόξαν ἀγαγόνταᵃ

ἀγέλη grex Mat 8 30ss ‖ Mar 5 11. 13 Luc 8 32s

ἀγενεαλόγητος Sº – sine genealogia
Hb 7 3 ἀπάτωρ, ἀμήτωρ, ἄγεν., μήτε ἀρχὴν

ἀγενής Sº – ignobilis
1 Co 1 28 τὰ ἀγενῆ τοῦ κόσμου – ἐξελέξατο

ἁγιάζειν sanctificare – (Act 26 18 infra)
Mat 6 9 ἁγιασθήτω τὸ ὄνομά σου ‖ Luc 11 2
23 17 ὁ ναὸς ὁ ἁγιάσας τὸν χρυσόν 19 το
θυσιαστήριον τὸ ἁγιάζον τὸ δῶρον
Joh 10 36 ὃν ὁ πατὴρ ἡγίασεν καὶ ἀπέστειλεν
17 17 ἁγίασον αὐτοὺς ἐν τῇ ἀληθείᾳ

Joh 17 19 ὑπὲρ αὐτῶν – ἁγιάζω ἐμαυτόν, ἵνα ὦ-
σιν καὶ αὐτοὶ ἡγιασμένοι ἐν ἀληθείᾳ
Act 20 32 „κληρονομίαν" ἐν „τοῖς ἡγιασμένοις
πᾶσιν" 26 18 κλῆρον ἐν τοῖς ἡγ. (inter
sanctos) πίστει τῇ εἰς ἐμέ
Rm 15 16 προσφορὰ – ἡγιασμένη ἐν πνεύματι ἁ.
1 Co 1 2 ἡγιασμένοις ἐν Χῷ Ἰ., κλητοῖς ἁγίοις
6 11 ἀλλὰ ἡγιάσθητε, ἀλλὰ ἐδικαιώθητε
7 14 ἡγίασται – ὁ ἀνὴρ ὁ ἄπιστος ἐν τῇ
γυναικί, καὶ ἡγίασται ἡ γυνὴ ἡ ἄπι-
στος ἐν τῷ ἀδελφῷ
Eph 5 26 ἵνα αὐτὴν (sc τὴν ἐκκλησίαν) ἁγιάσῃ
καθαρίσας τῷ λουτρῷ τοῦ ὕδατος
1 Th 5 23 θεὸς – ἁγιάσαι ὑμᾶς ὁλοτελεῖς
1 Ti 4 5 ἁγιάζεται γὰρ διὰ λόγου θεοῦ
2 Ti 2 21 ἔσται σκεῦος εἰς τιμήν, ἡγιασμένον
Hb 2 11 ὁ – ἁγιάζων καὶ οἱ ἁγ..όμενοι ἐξ ἑνὸς
9 13 ἁγιάζει πρὸς τὴν τ. σαρκὸς καθαρότ.
10 10 ἐν ᾧ θελήματι ἡγιασμένοι ἐσμέν 14
τετελείωκεν – τοὺς ἁγιαζομένους
– 29 τὸ αἷμα τῆς διαθήκ. –, ἐν ᾧ ἡγιάσθη
13 12 διὸ καὶ Ἰησοῦς, ἵνα ἁγιάσῃ διὰ τοῦ
ἰδίου αἵματος τὸν λαόν
1 Pe 3 15 Χὸν „ἁγιάσατε" ἐν τ. καρδίαις ὑμῶν
Ap 22 11 καὶ ὁ ἅγιος ἁγιασθήτω ἔτι

ἁγιασμός sanctificatio ᵇsanctimonia
Rm 6 19 τὰ μέλη ὑμῶν δοῦλα τῇ δικαιοσύνῃ
εἰς ἁγ..όν 22 ἔχετε τὸν καρπὸν – εἰς ἁγ..όν
1 Co 1 30 ὃς ἐγενήθη – ἡμῖν – ἁγ. καὶ ἀπολύ-
1 Th 4 3 θέλημα τοῦ θεοῦ, ὁ ἁγ. ὑμῶν [τρωσις
– 4 κτᾶσθαι ἐν ἁγιασμῷ καὶ τιμῇ
– 7 ἐκάλεσεν ἡμᾶς – ἐν ἁγ..ῷ (s..em)
2 Th 2 13 ἐν ἁγ..ῷ πνεύματος 1 Pe 1 2 (s..em)
1 Ti 2 15 ἐὰν μείνωσιν – ἐν ἁγ..ῷ μετὰ καὶ ἁγ..ῷ
Hb 12 14 διώκετε – τὸν ἁγ..όνᵇ, οὗ χωρὶς οὐ-
δεὶς ὄψεται τὸν κύριον

ἅγιος sanctus (πνεῦμα ἅγιον → πνεῦμα)

1) personae sanctae

a) θεός, Χριστός

Mar 1 24 οἶδά σε τίς εἶ, ὁ ἅγιος τοῦ θεοῦ ‖
Luc 4 34 – Joh 6 69 ὅτι σὺ εἶ ὁ ἅγιος
τ. θεοῦ (vl ὁ χριστὸς ὁ υἱ. τ. θ. vg)
Luc 1 35 τὸ γεννώμενον „ἅγιον κληθήσεται"
Joh 17 11 πάτερ ἅγιε, τήρησον αὐτοὺς ἐν
Act 3 14 τὸν ἅγιον καὶ δίκαιον ἠρνήσασθε
1 Pe 1 15 κατὰ τὸν καλέσαντα ὑμᾶς ἅγιον καὶ
αὐτοὶ ἅγιοι – γενήθητε 16 [ὅτι] „ἅγιοι
ἔσεσθε, ὅτι ἐγὼ ἅγιός [εἰμι]"

1 Jo 2 20 ὑμεῖς χρῖσμα ἔχετε ἀπὸ τοῦ ἁγίου
Ap 3 7 λέγει ὁ ἅγιος, ὁ ἀληθινός, ὁ ἔχων
4 8 „ἅγιος ἅγ. ἅγ. κύριος ὁ θεός"
6 10 „ὁ δεσπότης" ὁ ἅγιος καὶ ἀληθινός
b) ἄγγελοι
Mar 8 38 ὅταν ἔλθῃ – μετὰ τῶν ἀγγ. τῶν ἁγίων
‖ Luc 9 26 ἐν τῇ δόξῃ αὐτοῦ – καὶ τῶν ἁγ.
ἀγγέλων – Jud 14 ἦλθεν κύριος ἐν ἁγίαις
μυριάσιν αὐτοῦ
Act 10 22 ἐχρηματίσθη ὑπὸ ἀγγέλου ἁγίου
1 Th 3 13 2 Th 1 10 → infra sub d)
Ap 14 10 ἐνώπιον ἀγγέλων ἁγ. καὶ – τοῦ ἀρνίου
c) προφῆται, ἀπόστολοι
Luc 1 70 διὰ στόματος τῶν ἁγ. – προφητῶν Act
3 21 – Eph 3 5 ὡς νῦν ἀπεκαλύφθη τοῖς ἁγ. ἀπο-
στόλοις αὐτοῦ καὶ προφήταις – 2 Pe 3 2 τῶν προ-
ειρημένων ῥημάτων ὑπὸ τῶν ἁγ. προφητῶν
d) οἱ ἅγιοι, ἅγιοι ἀδελφοί
Mat 27 52 σώματα τῶν κεκοιμημένων ἁγίων
Act 9 13 ὅσα κακὰ τοῖς ἁγίοις σου ἐποίησεν
– 32 πρὸς τοὺς ἁγ. τοὺς κατοικ. Λύδδα
– 41 φωνήσας – τοὺς ἁγ. καὶ τὰς χήρας
26 10 πολλοὺς – τῶν ἁγ. ἐγὼ – κατέκλεισα
Rm 1 7 κλητοῖς ἁγίοις 1 Co 1 2 2 Co 1 1
σὺν τοῖς ἁγ. πᾶσιν Eph 1 1 τοῖς ἁγ.
τοῖς οὖσιν [ἐν Ἐφ.] Phl 1 1 πᾶσιν τοῖς
ἁγ. ἐν Χῷ Ἰ. τοῖς οὖσιν ἐν Φιλ. Col
1 2 τοῖς ἐν Κολ. ἁγίοις καὶ πιστοῖς
ἀδελφοῖς
8 27 κατὰ θεὸν ἐντυγχάνει ὑπὲρ ἁγίων
12 13 ταῖς χρείαις τῶν ἁγ. κοινωνοῦντες
15 25 διακονῶν τοῖς ἁγ. 26 κοινωνίαν – εἰς
τοὺς πτωχοὺς τῶν ἁγίων τῶν ἐν
Ἱερουσαλήμ 31 ἡ διακονία – εὐ-
πρόσδεκτος τοῖς ἁγ. γένηται – 1 Co
16 1 περὶ δὲ τῆς λογείας τῆς εἰς τοὺς
ἁγ. 2 Co 8 4 τὴν κοινωνίαν τῆς διακο-
νίας τῆς εἰς τοὺς ἁγ. 9 1.12 προσανα-
πληροῦσα τὰ ὑστερήματα τῶν ἁγίων
16 2 αὐτὴν προσδέξησθε – ἀξίως τῶν ἁγ.
– 15 ἀσπάσασθε – τοὺς σὺν αὐτοῖς πάν-
τας ἁγίους Phl 4 21 πάντα ἅγιον ἐν
Χῷ 2 Co 13 12 ἀσπάζονται – οἱ ἅγιοι
πάντες Phl 4 22 Hb 13 24 ἀσπάσασθε –
πάντας τοὺς ἁγ.
1 Co 6 1 κρίνεσθαι – οὐχὶ ἐπὶ τῶν ἁγίων;
– 2 ὅτι οἱ ἁγ. τὸν κόσμον κρινοῦσιν;
14 33 ὡς ἐν πάσαις ταῖς ἐκκλησ. τῶν ἁγ
16 15 εἰς διακονίαν τοῖς ἁγ. ἔταξαν ἑαυτ.
Eph 1 15 τὴν ἀγάπην τὴν εἰς πάντας τοὺς ἁ-

γίους Col 1 4 Phm 5
Eph 1 18 τίς ὁ πλοῦτος – τῆς „κληρονομίας"
αὐτοῦ „ἐν τοῖς ἁγίοις" Col 1 12 τοῦ
κλήρου τῶν ἁγίων ἐν τῷ φωτί
2 19 ἐστὲ συμπολῖται τῶν ἁγ. καὶ οἰκεῖοι
3 8 ἐμοὶ τῷ ἐλαχιστοτέρῳ πάντων ἁγίων
– 18 καταλαβέσθαι σὺν πᾶσιν τοῖς ἁγίοις
4 12 πρὸς – καταρτισμὸν τῶν ἁγ. εἰς ἔργον
5 3 μηδὲ ὀνομαζέσθω ἐν ὑμῖν, καθὼς
πρέπει ἁγίοις
6 18 ἐν πάσῃ – δεήσει περὶ πάντων τῶν ἁγ.
Col 1 26 νῦν δὲ ἐφανερώθη τοῖς ἁγ. αὐτοῦ
3 12 ὡς ἐκλεκτοὶ τοῦ θεοῦ ἅγιοι καὶ ἠγ.
1 Th 3 13 ἐν τῇ παρουσία – Ἰησοῦ μετὰ πάντων
τῶν ἁγίων αὐτοῦ 2 Th 1 10 „ὅταν ἔλθῃ
ἐνδοξασθῆναι ἐν τοῖς ἁγίοις αὐτοῦ"
1 Ti 5 10 εἰ ἁγίων πόδας ἔνιψεν (sc χήρα)
Phm 7 τὰ σπλάγχνα τῶν ἁγ. ἀναπέπαυται
Hb 3 1 ἀδελφοὶ ἅγιοι 6 10 διακονήσαντες τοῖς
ἁγ. καὶ διακονοῦντες – 13 24 → Rm 16 15
Jud 3 τῇ – παραδοθείσῃ τοῖς ἁγίοις πίστει
Ap 5 8 αἵ εἰσιν „αἱ προσευχαί" τῶν ἁγ. 8 3.4
11 18 δοῦναι τὸν μισθόν – τοῖς ἁγίοις
13 7 „ποιῆσαι πόλεμον μετὰ τῶν ἁγ."
– 10 ὧδέ ἐστιν ἡ ὑπομονὴ – τῶν ἁγ. 14 12
16 6 αἷμα ἁγίων καὶ προφητῶν 18 24 17 6
18 20 εὐφραίνου –, οὐρανοὶ καὶ οἱ ἅγιοι
19 8 τὸ – βύσσινον τὰ δικαιώματα τῶν ἁγ.
20 9 ἐκύκλευσαν τὴν παρεμβολὴν τῶν ἁγ.

e) alibi personis attributum

Mar 6 20 ἄνδρα δίκαιον καὶ ἅγιον (Joh.)
Luc 2 23 „πᾶν ἄρσεν – ἅγιον τῷ κυρίῳ κληθ."
1 Co 7 14 νῦν δὲ ἅγιά ἐστιν (sc τὰ τέκνα)
– 34 ἡ ἄγαμος – μεριμνᾷ –, ἵνα ᾖ ἁγία
καὶ τῷ σώματι καὶ τῷ πνεύματι
Eph 1 4 εἶναι ἡμᾶς ἁγίους καὶ ἀμώμους Col
1 22 Eph 5 27 τὴν ἐκκλησίαν, – ἵνα ᾖ
ἁγία καὶ ἄμωμος
1 Pe 1 15 καὶ αὐτοὶ ἅγιοι – γενήθητε 16 „ἅγιοι
ἔσεσθε, ὅτι ἐγὼ ἅγιος [εἰμι]" cfr 1) a)
2 5 εἰς ἱεράτευμα ἅγιον 9 „ἔθνος ἅγιον"
3 5 οὕτως – αἱ ἅγιαι γυναῖκες – ἐκόσμουν
Ap 20 6 μακάριος καὶ ἅγιος ὁ ἔχων μέρος
22 11 καὶ ὁ ἅγιος ἁγιασθήτω ἔτι

2) de rebus dictum

a) τὸ ἅγιον, τὰ ἅγια

Mat 7 6 μὴ δῶτε τὸ ἅγιον τοῖς κυσίν
Hb 8 2 τῶν ἁγίων λειτουργός 9 1 εἶχε – [καὶ]
ἡ πρώτη (sc διαθήκη) δικαιώματα λατρείας
τό τε ἅγιον κοσμικὸν 6 σκηνὴ –, ἥτις λέ-

γεται Ἅγια 3 ἡ λεγομένη Ἅγια Ἁγίων 8
μήπω πεφανερῶσθαι τὴν τῶν ἁγίων ὁδὸν
12 Χὸς – εἰσῆλθεν ἐφάπαξ εἰς τὰ ἅγια 24
οὐ γὰρ εἰς χειροποίητα εἰσῆλθεν ἅγια Χός
25 ὁ ἀρχιερεὺς εἰσέρχεται εἰς τὰ ἅγια κατ'
ἐνιαυτὸν 1311 ὤν – εἰσφέρεται ζῴων τὸ αἷ-
μα – εἰς τὰ ἅγια
Hb 1019 ἔχοντες – παρρησίαν εἰς τὴν εἴσοδον
τῶν ἁγίων –, ἣν ἐνεκαίνισεν ἡμῖν

b) cum nominibus rerum

Mat 4 5 εἰς τὴν ἁγίαν πόλιν 2753
2415 „τὸ βδέλυγμα" – ἑστὸς „ἐν τόπῳ ἅγ."
Act 613 ῥήματα κατὰ τοῦ τόπου τοῦ
ἁγίου 2128 κεκοίνωκεν τὸν ἅγ. τόπον
Luc 149 καὶ „ἅγιον τὸ ὄνομα αὐτοῦ"
– 72 μνησθῆναι διαθήκης ἁγίας αὐτοῦ
Act 733 „ὁ γὰρ τόπος – γῆ ἁγία ἐστίν"
Rm 1 2 ὃ προεπηγγείλατο – ἐν γραφαῖς ἁγ.
712 ὁ – νόμος ἅγιος καὶ ἡ ἐντολὴ ἁγία
1116 εἰ – ἡ ἀπαρχὴ ἁγία · – εἰ ἡ ῥίζα ἁγ
12 1 τὰ σώματα – θυσίαν ζῶσαν ἁγίαν
1616 ἀσπάσασθε ἀλλήλους ἐν φιλήματι
ἁγίῳ 1 Co 1620 2 Co 1312 1 Th 526
1 Co 317 ὁ γὰρ ναὸς τοῦ θεοῦ ἅγιός ἐστιν
Eph 221 αὔξει εἰς ναὸν ἅγιον ἐν κυρίῳ
2 Ti 1 9 τοῦ – καλέσαντος κλήσει ἁγίᾳ
2 Pe 118 σὺν αὐτῷ ὄντες ἐν τῷ ἁγίῳ ὄρει
221 ὑποστρέψαι ἐκ τῆς – ἁγίας ἐντολῆς
311 ἐν ἁγίαις ἀναστροφαῖς καὶ εὐσεβείαις
Jud 20 ἐποικοδομοῦντες ἑαυτοὺς τῇ ἁγιωτά-
τῃ (sanctissimae) ὑμῶν πίστει
Ap 11 2 τὴν πόλιν τὴν ἁγίαν „πατήσουσιν"
21 2 „τὴν πόλιν τὴν ἁγ. Ἱερουσ." καινὴν
εἶδον καταβαίνουσαν 10 2219 ἀφελεῖ ὁ θεὸς
τὸ μέρος αὐτοῦ – ἐκ τῆς πόλεως τῆς ἁγ.

ἁγιότης sanctificatio
(2 Co 112 vl ὅτι ἐν ἁγιότητι καὶ εἰλικρινείᾳ –
ἀνεστράφημεν)
Hb 1210 εἰς τὸ μεταλαβεῖν τῆς ἁγ. αὐτοῦ

ἁγιωσύνη ᵃsanctificatio ᵇsanctitas
Rm 1 4 κατὰ πνεῦμα ἁγιωσύνης ᵃ
2 Co 7 1 ἐπιτελοῦντες ἁγ..ην ᵃ ἐν φόβῳ θεοῦ
1 Th 313 τὰς καρδίας ἀμέμπτους ἐν ἁγ..η ᵇ

ἀγκάλαι ulnae Luc 228 εἰς τὰς ἀγκάλας

ἄγκιστρον hamus Mat 1727 βάλε ἄγκιστρον

ἄγκυρα Sᵒ – anchora Act 2729.30.40

Hb 619 ἐλπίδος· ἣν ὡς ἄγκυραν ἔχομεν τῆς
ψυχῆς ἀσφαλῆ – καὶ „εἰσερχομένην"

ἄγναφος Sᵒ – rudis Mat 916 Mar 221

ἁγνεία castitas
1 Ti 412 τύπος γίνου τῶν πιστῶν – ἐν ἁγνείᾳ
5 2 παρακάλει – νεωτέρας – ἐν πάσῃ ἁγν.

ἁγνίζειν ᵃcastificare ᵇpurificare, ..i
ᶜ(se) sanctificare [τούς
Joh 1155 πρὸ τοῦ πάσχα, ἵνα ἁγνίσωσιν ᶜ ἑαυ-
Act 2124 ἁγνίσθητι ᶜ σὺν αὐτοῖς 26 ἁγνισθεὶς ᵇ
εἰσήει εἰς τὸ ἱερὸν 2418 μὲ ἡγνισμένον ᵇ
Jac 4 8 ἁγνίσατε ᵇ καρδίας, δίψυχοι
1 Pe 122 τὰς ψυχὰς ὑμῶν ἡγνικότες ᵃ ἐν τῇ
ὑπακοῇ τῆς ἀληθείας εἰς φιλαδελφίαν
1 Jo 3 3 ἁγνίζει ᶜ ἑαυτὸν καθὼς ἐκεῖνος ἁγνός

ἁγνισμός purificatio Act 2126

ἀγνοεῖν ignorare ᵇ(part. pass.) ignotus
Mar 932 ἠγνόουν τὸ ῥῆμα ‖ Luc 945
Act 1327 οἱ ἄρχοντες – τοῦτον ἀγνοήσαντες
1723 ὃ – ἀγνοοῦντες εὐσεβεῖτε, τοῦτο ἐγὼ
Rm 113 οὐ θέλω – ὑμᾶς ἀγ. 1125 ἀγ. – τὸ μυ-
στήριον 1 Co 101 121 2 Co 18 1 Th 413
2 4 ἀγνοῶν ὅτι τὸ χρηστὸν τοῦ θεοῦ εἰς
6 3 ἀγνοεῖτε ὅτι ὅσοι ἐβαπτίσθημεν –;
7 1 ἀγνοεῖτε – ὅτι ὁ νόμος κυριεύει –;
10 3 ἀγνοοῦντες – τὴν τοῦ θεοῦ δικαιοσύ.
1 Co 1438 εἰ δέ τις ἀγνοεῖ, ἀγνοεῖται (vl ..εῖτω,
vg ignorabitur)
2 Co 211 οὐ γὰρ αὐτοῦ τὰ νοήματα ἀ..οῦμεν
6 9 ὡς ἀ..ούμενοι ᵇ καὶ ἐπιγινωσκόμενοι
Gal 122 ἤμην – ἀ..ούμενος ᵇ τῷ προσώπῳ ταῖς
1 Ti 113 ἀλλὰ ἠλεήθην, ὅτι ἀ..ῶν ἐποίησα
Hb 5 2 μετριοπαθεῖν δυνάμενος τοῖς ἀ..οῦσιν
2 Pe 212 ἐν οἷς ἀγνοοῦσιν βλασφημοῦντες

ἀγνόημα ignorantia Hb 97 τοῦ λαοῦ

ἄγνοια ignorantia
Act 317 οἶδα ὅτι κατὰ ἄγνοιαν ἐπράξατε
1730 τοὺς – χρόνους τῆς ἀγνοίας ὑπεριδὼν
Eph 418 διὰ τὴν ἄγνοιαν τὴν οὖσαν ἐν αὐτοῖς
1 Pe 114 ταῖς – ἐν τῇ ἀγνοίᾳ ὑμῶν ἐπιθυμίαις

ἁγνός ᵃcastus ᵇincontaminatus
ᶜpudicus ᵈsanctus
2 Co 711 ἑαυτοὺς ἁγνοὺς ᵇ εἶναι τῷ πράγματι
11 2 ὑμᾶς – παρθένον ἁγνὴν ᵃ παραστῆσαι

Phl 4 8 ὅσα δίκαια, ὅσα ἁγνά^d, ὅσα προσ-
1 Ti 5 22 σεαυτὸν ἁγνὸν^a τήρει [φιλῆ
Tit 2 5 τὰς νέας – σώφρονας ἁγνάς^a
Jac 3 17 ἡ δὲ ἄνωθεν σοφία – ἁγνή^c ἐστιν
1 Pe 3 2 τὴν – ἁγνήν^a ἀναστροφὴν ὑμῶν
1 Jo 3 3 καθὼς ἐκεῖνος ἁγνός^d ἐστιν

ἁγνότης castitas 2 Co 6 6 συνιστάντες ἑαυ-
τοὺς ὡς θεοῦ διάκονοι, – ἐν ἁγνότητι 11 3
μή πως – φθαρῇ τὰ νοήματα ὑμῶν ἀπό –
[– τῆς ἁγνότητος vg^o] τῆς εἰς Χόν

ἁγνῶς S^o – sincere Phil 1 17 οἱ δὲ ἐξ ἐριθείας
τ. Χὸν καταγγέλλουσιν, οὐχ ἁγνῶς

ἀγνωσία ignorantia
1 Co 15 34 ἀγνωσίαν γὰρ θεοῦ τινες ἔχουσιν
1 Pe 2 15 φιμοῦν τὴν τῶν ἀφρόνων – ἀγ..αν

ἄγνωστος ignotus Act 17 23 ἀ..ῳ θεῷ

ἀγορά forum
Mat 11 16 καθημένοις ἐν ταῖς ἀγοραῖς‖ Luc 7 32
20 3 ἑστῶτας ἐν τῇ ἀγορᾷ ἀργούς
23 7 φιλοῦσιν τοὺς ἀσπασμοὺς ἐν ταῖς ἀγ.
(in foro) ‖ Mar 12 38 Luc 11 43 20 46
Mar 6 56 ἐν ταῖς ἀγ. ἐτίθεσαν τ. ἀσθενοῦντας
7 4 ἀπ' ἀγορᾶς (aforo vl a foro venien-
tes) ἐὰν μὴ βαπτίσωνται
Act 16 19 17 17 διελέγετο – ἐν τῇ ἀγ. κατὰ –
ἡμέρ.

*ἀγοράζειν emere, emi ^b redimere
1) redemptio per Christum (→ ἐξα..ειν)
1 Co 6 20 ἠγοράσθητε γὰρ τιμῆς 7 23 τιμ. ἠγ.
2 Pe 2 1 τὸν ἀγοράσαντα αὐτοὺς δεσπότην
Ap 5 9 ἠγόρασας^b τῷ θεῷ ἐν τῷ αἵματί σου
ἐκ πάσης φυλῆς
14 3 οἱ ἠγορασμένοι ἀπὸ τῆς γῆς 4 ἠγο-
ράσθησαν – ἀπαρχὴ τῷ θεῷ

2) sententia propria
Mat 21 12 ἐξέβαλεν – τοὺς – ἀγ..οντας ‖ Mar11 15
Luc 14 18 ἀγρὸν ἠγόρασα 19 ζεύγη βοῶν – πέντε
17 28 ἤσθιον, ἔπινον, ἠγόραζον, ἐπώλουν
Joh 13 29 ἀγόρασον ὧν χρείαν ἔχομεν
1 Co 7 30 οἱ ἀγοράζοντες ὡς μὴ κατέχοντες
Ap 3 18 ἀγοράσαι παρ' ἐμοῦ χρυσίον
13 17 ἵνα μή τις δύνηται ἀγοράσαι ἢ πωλ.

ἀγοραῖοι S^o – ^a de vulgo ^b conventus foren-

ses Act 17 5 τῶν ἀ..ων^a 19 38 ἀ.^b ἄγονται

ἄγρα (ἰχθύων) S^o – captura Luc 5 4.9

ἀγράμματος S^o – sine litteris
Act 4 13 ὅτι ἄνθρωποι ἀ..οί εἰσιν καὶ ἰδιῶται

ἀγραυλεῖν S^o – vigilare Luc 2 8

ἀγρεύειν capere Mar 12 13 λόγῳ

ἀγριέλαιος S^o – oleaster Rm 11 17.24

ἄγριος ^a silvestris ^b ferus
Mat 3 4 μέλι ἄγριον^a ‖ Mar 1 6^a – Jud 13^b

Ἀγρίππας (Herodes Agrippa II)
Act 25 13.22-26 – 26 1.2.19.27.28.32

ἀγρός ager ^b villa
Mat 6 28 καταμάθετε τὰ κρίνα τοῦ ἀγροῦ 30
τὸν χόρτον τοῦ ἀγροῦ ‖ Luc 12 28
13 24 καλὸν σπέρμα ἐν τῷ ἀ. 27.31 44 θη-
σαυρῷ – ἐν τῷ ἀ., – ἀγοράζει τὸν ἀ.
– 36 τὴν παραβολὴν τῶν ζιζανίων
τοῦ ἀ. 38 ὁ δὲ ἀ. ἐστιν ὁ κόσμος
19 29 ὅστις ἀφῆκεν – ἀγρούς ‖ Mar 10 29.30
22 5 ἀπῆλθον, ὃς μὲν εἰς τὸν ἴδιον ἀ-
γρόν^b ‖ Luc 14 18 ἀγρὸν^b ἠγόρασα
24 18 ὁ ἐν τῷ ἀ. μὴ ἐπιστρεψάτω ‖ Mar 13 16
ὁ εἰς τὸν ἀ. Luc 17 31 ὁ ἐν ἀγρῷ
– 40 τότε δύο ἔσονται ἐν τῷ ἀ. (Luc 17 [36])
27 7 τὸν ἀ. τοῦ κεραμέως 10. 8 ἐκλήθη ὁ
ἀγρὸς ἐκεῖνος ἀγρὸς αἵματος
Mar 5 14 ‖ Luc 8 34^b – Mar 6 36^b 56^b ‖ Luc 9 12^b
11 8 15 21 ἐρχόμενον ἀπ' ἀγροῦ^b ‖ Luc 23 26^b
16 12 δυσὶν – πορευομένοις εἰς ἀγρόν^b
Luc 15 15 ἔπεμψεν αὐτὸν εἰς τοὺς ἀ.^b αὐτοῦ 25
ἦν δὲ ὁ υἱὸς αὐτοῦ ὁ πρεσβύτερος ἐν ἀ-
γρῷ – 17 7 εἰσελθόντι ἐκ τοῦ ἀ. – Act 4 37

ἀγρυπνεῖν vigilare ^b pervigilare
Mar 13 33 βλέπετε, ἀ..εῖτε Luc 21 36 ἀ..εῖτε
– δεόμενοι – Eph 6 18 εἰς αὐτὸ ἀ..οῦντες
ἐν – δεήσει – Hb 13 17 ἀ..οῦσιν^b ὑπὲρ τῶν
ψυχῶν ὑμῶν

ἀγρυπνία vigiliae
2 Co 6 5 ἐν ἀ..αις 11 27 ἐν ἀ..αις πολλάκις

ἀγωγή institutio
2 Ti 3 10 παρηκολούθησάς μου – τῇ ἀγωγῇ

ἀγών   *certamen* ᵇ*solicitudo*
Phl 1 30 τὸν αὐτὸν ἀγῶνα ἔχοντες οἷον εἴδετε
Col 2 1 ἡλίκον ἀγῶνα ᵇ ἔχω ὑπὲρ ὑμῶν
1 Th 2 2 λαλῆσαι – τὸ εὐαγγ. – ἐν πολλῷ ἀγ. ᵇ
1 Ti 6 12 τὸν καλὸν ἀγ. τῆς πίστεως 2 Ti 4 7
Hb 12 1 τρέχωμεν τὸν προκείμενον ἡμῖν ἀγ.

ἀγωνία *agonia* Luc 22 44 γενόμ. ἐν ἀγ..ᾳ

ἀγωνίζεσθαι ᵃ*certare* ᵇ*contendere*
    ᶜ*decertare* ᵈ(part.) *solicitus*
Luc 13 24 ἀγ..θε ᵇ εἰσελθεῖν διὰ τῆς στενῆς θύ.
Joh 18 36 οἱ ὑπηρέται οἱ ἐμοὶ ἠγ..οντο ᶜ [ἂν]
1 Co 9 25 πᾶς δὲ ὁ ἀγ..όμενος ᵇ (*qui in agone
    contendit*) πάντα ἐγκρατεύεται
Col 1 29 κοπιῶ ἀγ..όμενος ᵃ 1 Ti 4 10 ἀγ..όμεθα
    (vl ὀνειδιζόμεθα, vg *maledicimur*)
    4 12 πάντοτε ἀγωνιζόμενος ᵈ ὑπὲρ ὑμῶν
    ἐν ταῖς προσευχαῖς
1 Ti 6 12 ἀγωνίζου ᵃ τὸν καλὸν ἀγῶνα τῆς πί-
    στεως 2 Ti 4 7 τὸν κ. ἀγ. ἠγώνισμαι ᵃ

Ἀδάμ Luc 3 38 τοῦ Ἀ. τοῦ θεοῦ – Rm 5 14
    ἐβασίλευσεν ὁ θάνατος ἀπὸ Ἀ. – καὶ ἐπὶ
    τοὺς μὴ ἁμαρτήσαντας ἐπὶ τῷ ὁμοιώματι
    τῆς παραβάσεως Ἀ. 1 Co 15 22 ἐν τῷ Ἀ. –
    ἀποθνῄσκουσιν, – ἐν τῷ Χῷ – ζῳοποιηθή-
    σονται 45 ὁ πρῶτος – Ἀ. – ΄ ὁ ἔσχατος Ἀ.
    1 Ti 2 13 Ἀ. – πρῶτος ἐπλάσθη 14 Ἀ. οὐκ
    ἠπατήθη – Jud 14 προεφήτευσεν – τού-
    τοις ἕβδομος ἀπὸ Ἀ. Ἐνώχ

ἀδάπανος Sᵒ – *sine sumptu* 1 Co 9 18 ἵνα
    εὐαγγελιζόμενος ἀδ..ον θήσω τὸ εὐαγγ.

Ἀδδί Luc 3 28   ᾄδειν *cantare* → ᾠδή

ἀδελφή *soror*

1) sorores germanae

Mat 13 56 καὶ αἱ ἀδελφαὶ αὐτοῦ – πᾶσαι ‖ Mar
    6 3 – 3 32 [αἱ ἀδ. σου] ἔξω ζητοῦσίν σε
    19 29 ὅστις ἀφῆκεν – ἀδελφάς ‖ Mar 10 29. 30
    – Luc 14 26 εἰ τις – οὐ μισεῖ – τὰς ἀδ.
Luc 10 39 ἀδ. καλουμένη Μαριάμ 40 Joh 11 1. 3.
    5. 28. 39 – 19 25 ἡ ἀδ. τ. μητρὸς αὐτοῦ
Act 23 16 ὁ υἱὸς τῆς ἀδ. Παύλου – Rm 16 15
1 Ti 5 2 παρακάλει – νεωτέρας ὡς ἀδ..άς

2) animo fideque coniunctae

Mat 12 50 αὐτός μου – καὶ ἀδελφή ‖ Mar 3 35
Rm 16 1 Φοίβην τὴν ἀδ. ἡμῶν Phm 2 Ἀπφίᾳ

1 Co 7 15 οὐ δεδούλωται – ἡ ἀδ. ἐν – τοιούτοις
    9 5 ἀ..ὴν γυναῖκα περιάγειν, ὡς καί
Jac 2 15 ἐὰν ἀ..ὸς ἢ ἀδ. γυμνοὶ ὑπάρχωσιν
2 Jo 13 ἀσπάζεταί σε τὰ τέκνα τῆς ἀδελφῆς
    σου τῆς ἐκλεκτῆς

ἀδελφός *frater*

1) fratres germani

a) Jesu fratres

Mat 12 46 ἡ μήτηρ καὶ οἱ ἀδ. αὐτοῦ [47] 48 τίνες
    εἰσὶν οἱ ἀδ. μου; ‖ Mar 3 31ss Luc 8 19s –
    Mat 13 55 καὶ οἱ ἀδ. αὐτοῦ Ἰάκ. καὶ Ἰωσὴφ
    καὶ Σίμων καὶ Ἰούδας ‖ Mar 6 3
Joh 2 12 ἡ μήτηρ αὐτοῦ καὶ οἱ ἀδ. [αὐτοῦ] καὶ
    οἱ μαθ. αὐτοῦ 7 3 εἶπον – πρὸς αὐτὸν οἱ ἀδ.
    αὐτοῦ 5 οὐδὲ – οἱ ἀδ. αὐτοῦ ἐπίστευον 10
Act 1 14 σὺν – Μαριὰμ – καὶ τοῖς ἀδ. αὐτ.
1 Co 9 5 ὡς καὶ – οἱ ἀδελφοὶ τοῦ κυρίου
Gal 1 19 εἰ μὴ Ἰάκωβον τὸν ἀδ. τοῦ κυρίου

b) alii fratres nomine noti

Mat 12. 11 4 18 (Sim. et Andr. 10 2 Mar 1 16 Luc
    6 14 Joh 1 40. 41 6 8) – 4 21 (Jac. et Joh. 10 2 17 1
    Mar 1 19 3 17 5 37 cfr Mat 20 24 οἱ δέκα ἠγανά-
    κτησαν περὶ τῶν δύο ἀδελφῶν Act 12 2 ἀνεῖλεν
    – Ἰάκωβον τὸν ἀδ. Ἰωάννου) – 14 3 (Phil.,
    Herodis frater Mar 6 17s Luc 3 1. 19) – Joh 11 2
    (Lazarus 19. 21. 23. 32) – Act 7 13 Josephi fratres
1 Jo 3 12 Abel Jud 1 Ἰούδας – ἀδ. – Ἰακώβου

c) cognati non nomine notati

Mat 10 21 παραδώσει – ἀδ. ἀ..όν ‖ Mar 13 12 Luc
    21 16 παραδοθήσεσθε – ὑπὸ – ἀδ..ῶν
    19 29 ὅστις ἀφῆκεν – ἀδελφούς ‖ Mar 10 29.
    30 ἐὰν μὴ λάβῃ – ἀδελφούς Luc 18 29
    22 24 „ἐπιγαμβρεύσει ὁ ἀδ. αὐτοῦ τὴν γυ-
    ναῖκα κτλ" 25 ‖ Mar 12 19s Luc 20 28s
Luc 12 13 εἰπὲ τῷ ἀδ. μου μερίσασθαι μετ' ἐμοῦ
    14 12 μὴ φώνει – μηδὲ τοὺς ἀδ. σου μηδὲ
    – 26 εἴ τις – οὐ μισεῖ – καὶ τοὺς ἀδ. καί
    15 27 ὅτι ὁ ἀδ. σου ἥκει 32 ὅτι ὁ ἀδ. σου
    οὗτος νεκρὸς ἦν καὶ ἔζησεν
    16 28 ἔχω γὰρ πέντε ἀδελφούς

2) populares, fidei socii

a) in alloquio orationis vel epistolae

Act 1 16 ἄνδρες ἀδελφοί 2 29. 37 7 2 (καὶ πατέ-
    ρες) 13 15. 26. 38 15 7. 13 22 1 23 1-6
    28 17 – 3 17 ἀδελφοί 6 3 23 5
    15 23 οἱ ἀπόστολοι καὶ οἱ πρεσβύτεροι ἀδ.
    τοῖς – ἀδ. τοῖς ἐξ ἐθνῶν χαίρειν

Act 2120 θεωρεῖς, ἀδελφέ, πόσαι μυριάδες
Rm 113 ἀδελφοί 71.4 μου 812 101 1125 121
  1514 μου [30] 1617
1 Co 110 ἀδελφοί 11 μου 26 21 31 46 724.29 101
  1133 μου 121 146.20.26.[39] μου 151.[31].50.58
  μου ἀγαπητοί 1615 – 2 Co 18 81 1311
Gal 111 ἀδελφοί 315 412.28.31 511.13 61.18
Eph 623 εἰρήνη τοῖς ἀδελφοῖς καὶ ἀγάπη
Phl 112 ἀδελφοί 31 μου 13.17 41 μου ἀγαπη-
  τοὶ καὶ ἐπιπόθητοι 8
Col 1 2 τοῖς – ἁγίοις καὶ πιστοῖς ἀδ. ἐν Χῷ
1 Th 1 4 ἀ..οἱ ἠγαπημένοι ὑπὸ [τοῦ] θεοῦ 21
  ἀ..οἱ 9.14.17 37 41.10.13 51.4.12.14.25
2 Th 13 ἀδελφοί 21.13 ἤγαπ. ὑπὸ κυρίου 15
  31.6.13 – Phm 7 ἀδελφέ 20
Hb 3 1 ἀδελφοὶ ἄγιοι 12 ἀ..οἱ 1019 1322
Jac 1 2 ἀδελφοί μου 21.14 31.10.12 510.12.19 –
  116 ἀδ. μου ἀγαπητοί 19 25 – ἀδελφοί
  411 57.9 – 2 Pe 110 ἀδελφοί 1 Jo 313

b) fratres nomine appellati

Apollos 1 Co 1612 – Epaphr. Phl 225 – Johannes
Ap 19 ἐγὼ Ἰ., ὁ ἀδ. ὑμῶν – Onesimus Col 49 τῷ
πιστῷ καὶ ἀγ. ἀδ. cfr Phm 16 ὡς – ἀδελφὸν ἀγ.
– Paulus 2 Pe 315 ὁ ἀγ. ἡμῶν ἀδ. – Quartus
Rm 1623 – Saulus Act 917 Σ. ἀδελφέ 2213 – Sil-
vanus 1 Pe 512 τοῦ πιστοῦ ἀδ. – Sosthenes 1 Co
11 – Timotheus 2 Co 11 Col 11 1 Th 32 Phm 1
Hb 1323 τὸν ἀδ. ἡμῶν – Titus 2 Co 213 τὸν ἀδ.
μου – Tychicus Eph 621 ὁ ἀγ. ἀδ. καὶ πιστὸς
διάκονος Col 47 καὶ σύνδουλος

c) reliquis locis = proximus (ὁ πλη-
  σίον), = familiaris fidei (οἰκεῖος τῆς
  πίστεως), eiusdem Dei patris filius

Mat 522 ὁ ὀργιζόμενος τῷ ἀδ. αὐτοῦ – ὃς δ'
  ἂν εἴπῃ τῷ ἀδ. αὐτοῦ ῥακά 23 ὅτι ὁ
  ἀδ. σου ἔχει τι κατὰ σοῦ 24 διαλλά-
  γηθι τῷ ἀδ. σου, καὶ τότε – πρόσφερε
  – 47 ἐὰν ἀσπάσησθε τοὺς ἀδ. ὑμῶν μόνον
  7 3 τὸ κάρφος τὸ ἐν τῷ ὀφθαλμῷ τοῦ ἀδ.
  σου 4 πῶς ἐρεῖς τῷ ἀδ. σου· 5 || Luc 6
  41.42 τῷ ἀδ. σου· ἀδελφέ, ἄφες
  1248 τίνες εἰσὶν οἱ ἀδ. μου; 49 ἰδοὺ – οἱ ἀδ.
  μου 50 αὐτός μου ἀδ. || Mar 333.34.35
  Luc 821 ἀδελφοί μου – οἱ – ἀκούοντες
  1815 δὲ ἁμαρτήσῃ [εἰς σὲ] ὁ ἀδ. σου –,
  ἐχέρδησας τ. ἀδ. σου || Luc 173
  – 21 ποσάκις ἁμαρτήσει εἰς ἐμὲ ὁ ἀδ. μου
  καὶ ἀφήσω αὐτῷ; 35 ἐὰν μὴ ἀφῆτε
  ἕκαστος τῷ ἀδ. αὐτοῦ
  23 8 πάντες δὲ ὑμεῖς ἀδελφοί ἐστε

Mat 2540 ἐφ' ὅσον – ἑνὶ τούτων τῶν ἀδ. μου τῶν
  ἐλαχίστων, ἐμοὶ ἐποιήσατε
  2810 ἀπαγγείλατε τοῖς ἀδ. (vl μαθη.) μου
Luc 2232 ἐπιστρέψας στήρισον τοὺς ἀδ. σου
Joh 2017 πορεύου δὲ πρὸς τοὺς ἀδ. μου
  2123 ἐξῆλθεν – οὗτος ὁ λόγος εἰς τοὺς ἀδ.
Act 1 15 ἀναστὰς Πέτρος ἐν μέσῳ τῶν ἀδ.
  322 "προφήτην – ἐκ τῶν ἀδ. ὑμῶν" 737
  723 ἐπισκέψασθαι "τοὺς ἀδ. αὐτοῦ" 25.26
  930 οἱ ἀδ. κατήγαγον αὐτὸν εἰς Καισάρ.
  1023 τινὲς τῶν ἀδ. τῶν ἀπὸ Ἰόππης
  11 1 οἱ ἀπόστολοι καὶ οἱ ἀδ. οἱ ὄντες κατὰ
  τὴν Ἰουδαίαν 29 τοῖς – ἐν τῇ Ἰουδ. ἀδ.
  – 12 σὺν ἐμοὶ καὶ οἱ ἓξ ἀδελφοί οὗτοι
  1217 ἀπαγγείλατε Ἰακώβῳ καὶ τοῖς ἀδ.
  14 2 τὰς ψυχὰς τῶν ἐθνῶν κατὰ τῶν ἀδ.
  15 1 ἐδίδασκον τοὺς ἀδ. ὅτι ἐὰν μή
  – 3 ἐποίουν χαρὰν μεγάλην πᾶσιν τοῖς ἀδ.
  – 22 ἄνδρας ἡγουμένους ἐν τοῖς ἀδ.
  – 23 οἱ ἀπόστολοι καὶ οἱ πρεσβύτεροι ἀδ.
  τοῖς – ἀδ. τοῖς ἐξ ἐθνῶν χαίρειν
  – 32 παρεκάλεσαν τοὺς ἀδελφούς 1640
  – 33 ἀπελύθησαν μετ' εἰρήνης ἀπὸ τῶν ἀδ.
  – 36 ἐπισκεψώμεθα τοὺς ἀδ. 40 ἐξῆλθεν,
  παραδοθεὶς τῇ χάριτι τοῦ κυρίου ὑπὸ
  τῶν ἀδ. 1818 τοῖς ἀδ. ἀποταξάμενος
  16 2 ὃς ἐμαρτυρεῖτο ὑπὸ τῶν – ἀδελφῶν
  17 6 ἔσυρον Ἰάσονα καί τινας ἀδελφούς
  – 10 οἱ – ἀδ. – ἐξέπεμψαν τόν τε Παῦλ. 14
  1827 οἱ ἀδ. ἔγραψαν τοῖς μαθηταῖς
  21 7 ἀσπασάμενοι τοὺς ἀδ. ἐμείναμεν 17
  ἀσμένως ἀπεδέξαντο ἡμᾶς οἱ ἀδ.
  22 5 ἐπιστολὰς δεξάμενος πρὸς τοὺς ἀδ.
  2814 οὗ εὑρόντες ἀδελφοὺς παρεκλήθημεν
  – 15 οἱ ἀδ. ἀκούσαντες τὰ περὶ ἡμῶν
  21 οὔτε – τις τῶν ἀδ. ἀπήγγειλέν – τι
Rm 829 εἶναι – πρωτότοκον ἐν πολλοῖς ἀδ.
  9 3 ἀνάθεμα εἶναι – ὑπὲρ τῶν ἀδ. μου τῶν
  συγγενῶν μου κατὰ σάρκα
  1410 τί κρίνεις τὸν ἀδ. σου; – τί ἐξουθενεῖς
  τὸν ἀδ. σου; 13 τὸ μὴ τιθέναι πρόσ-
  κομμα τῷ ἀδ. 15 εἰ – ὁ ἀδ. σου λυπεῖ-
  ται 21 μηδὲ ἐν ᾧ ὁ ἀδ. σου προσκόπτει
  1614 ἀσπάσασθε – τοὺς σὺν αὐτοῖς ἀ-
  δελφούς Col 415 τοὺς ἐν Λαοδ. ἀδ.
  1 Th 526 τοὺς ἀδ. πάντας 1 Co 1620
  ἀσπάζονται ὑμᾶς οἱ ἀδ. πάντες Phl
  421 οἱ σὺν ἐμοὶ ἀδ. 2 Ti 421 οἱ ἀδ.
  πάντες
1 Co 511 ἐάν τις ἀδ. ὀνομαζόμενος ἢ πόρνος
  6 5 οὐδεὶς σοφός. ὃς δυνήσεται διακρῖναι
  ἀνὰ μέσον τοῦ ἀδ. (vl add καὶ τοῦ

ἀδελφοῦ) αὐτοῦ; 6 ἀλλὰ ἀδελφὸς μετὰ ἀδελφοῦ κρίνεται –;
1 Co 6 8 ὑμεῖς ἀδικεῖτε –, καὶ τοῦτο ἀδελφούς
7 12 εἴ τις ἀδελφὸς γυναῖκα ἔχει ἄπιστον 14 ἡγίασται ἡ γυνὴ – ἐν τῷ ἀδ.
(vl ἀνδρί, vg vir) 15 οὐ δεδούλωται
ὁ ἀδ. – ἐν τοῖς τοιούτοις
8 11 ἀπόλλυται –, ὁ ἀδ. δι' ὅν Χὸς ἀπέθανεν 12 ἁμαρτάνοντες εἰς τοὺς ἀδ. 13 εἰ βρῶμα σκανδαλίζει τὸν ἀδ. μου, –, ἵνα μὴ τὸν ἀδ. μου σκανδαλίσω
15 6 ὤφθη – πεντακοσίοις ἀδ. ἐφάπαξ
16 11 ἐκδέχομαι – αὐτὸν μετὰ τῶν ἀδ.
– 12 ἵνα ἔλθῃ πρὸς ὑμᾶς μετὰ τῶν ἀδ.
2 Co 8 18 συνεπέμψαμεν – μετ' αὐτοῦ τὸν ἀδ.
(vg vl fr. nostrum) 22 αὐτοῖς τὸν ἀδ. ἡμῶν 12 18 συναπέστειλα τὸν ἀδ.
– 23 εἴτε ἀδελφοὶ ἡμῶν, ἀπόστολοι ἐκκλησιῶν cfr 93.5 παρακαλέσαι τοὺς ἀδ.
11 9 προσανεπλήρωσαν οἱ ἀδ. – ἀπὸ Μακ.
Gal 1 2 Παῦλος – καὶ οἱ σὺν ἐμοὶ πάντες ἀδ.
Phl 1 14 τοὺς πλείονας τῶν ἀδ. – τολμᾶν
1 Th 4 6 μὴ – πλεονεκτεῖν – τὸν ἀδ. αὐτοῦ
– 10 καὶ γὰρ ποιεῖτε αὐτὸ εἰς πάντας τοὺς ἀδ. [τοὺς] ἐν ὅλῃ τῇ Μακεδονίᾳ
5 27 ἀναγνωσθῆναι τὴν ἐπιστολὴν πᾶσιν τοῖς (vl add ἁγίοις vg) ἀδελφοῖς
2 Th 3 6 ἀπὸ παντὸς ἀδ. ἀτάκτως περιπατοῦν– 15 ἀλλὰ νουθετεῖτε ὡς ἀδελφόν　[τος
1 Ti 4 6 ταῦτα ὑποτιθέμενος τοῖς ἀδελφοῖς
5 1 παρακάλει – νεωτέρους ὡς ἀδελφούς
6 2 πιστούς – δεσπότας μὴ καταφρονείτωσαν, ὅτι ἀδελφοί εἰσιν
Hb 2 11 οὐκ ἐπαισχύνεται „ἀδελφοὺς" αὐτοὺς καλεῖν 12 „ἀπαγγελῶ τὸ ὄνομά σου τοῖς ἀδ. μου" 17 „τοῖς ἀδ." ὁμοιωθῆναι
7 5 ἀποδεκατοῦν – τοὺς ἀδ. αὐτῶν
8 11 „οὐ μὴ διδάξωσιν – ἕκαστος τὸν ἀδ."
Jac 1 9 καυχάσθω – ὁ ἀδ. ὁ ταπεινὸς ἐν τῷ
2 15 ἐὰν ἀ.ὸς ἤ ἀ.ἡ γυμνοὶ ὑπάρχωσιν
4 11 ὁ καταλαλῶν ἀδελφοῦ ἤ κρίνων τὸν ἀδ. αὐτοῦ καταλαλεῖ νόμῳ
1 Jo 2 9 ὁ – τὸν ἀδ. αὐτοῦ μισῶν 11 3 15 4 20
– 10 ὁ ἀγαπῶν τὸν ἀδ. αὐτοῦ 3 14 4 21
3 10 ὁ μὴ ἀγαπῶν τὸν ἀδ. αὐτοῦ 4 20
– 16 ὑπὲρ τῶν ἀδ. τὰς ψυχὰς θεῖναι
– 17 θεωρῇ τὸν ἀδ. – χρείαν ἔχοντα
5 16 ἴδῃ τὸν ἀδ. αὐτοῦ ἁμαρτάνοντα
3 Jo 3 ἐχάρην – ἐρχομένων ἀδ. καὶ μαρτυρ.
5 πιστὸν – ὅ ἐὰν ἐργάσῃ εἰς τοὺς ἀδ.
10 οὔτε αὐτὸς ἐπιδέχεται τοὺς ἀδ.
Ap 6 11 ἕως πληρωθῶσιν – καὶ οἱ ἀδ. αὐτῶν

Ap 12 10 ἐβλήθη ὁ κατήγωρ τῶν ἀδ. ἡμῶν
19 10 σύνδουλός σού εἰμι καὶ τῶν ἀδ. σου τῶν ἐχόντων τὴν μαρτυρίαν Ἰησοῦ
22 9 καὶ τῶν ἀδ. σου τῶν προφητῶν

ἀδελφότης fraternitas
1 Pe 2 17 πάντας τιμήσατε, τὴν ἀδ. ἀγαπᾶτε
5 9 τῇ ἐν [τῷ] κόσμῳ ὑμῶν ἀδελφότητι

ἄδηλος ᵃquae non apparent (vl parent) ᵇincertus Luc 11 44 ὡς τὰ μνημεῖα τὰ ἄδηλαᵃ 1 Co 14 8 ἐὰν ἄδηλονᵇ σάλπιγξ φωνὴν δῷ, τίς παρασκευάσεται –;

ἀδηλότης Sᵒ – incertum 1 Ti 6 17 μηδὲ ἠλπικέναι ἐπὶ πλούτου ἀδηλότητι

ἀδήλως Sᵒ – in incertum
1 Co 9 26 ἐγὼ – οὕτως τρέχω ὡς οὐκ ἀδήλως

ἀδημονεῖν Sᵒ – maestum (moe..) esse ᵇtaedēre
Mat 26 37 ἤρξατο – ἀδ. ‖ Mar 14 33 ᵇ – Phl 2 26

ᾅδης ᵃinfernus ᵇinferus
Mat 11 23 „ἕως ᾅδου ᵃ (in inf.) καταβήσῃ" ‖ Luc 10 15 τοῦ ᾅδου ᵃ (ad inf.)
16 18 πύλαι ᾅδου ᵇ οὐ κατισχύσουσιν αὐτῆς
Luc 16 23 ἐν τῷ ᾅδῃᵃ ἐπάρας τοὺς ὀφθαλμοὺς αὐτοῦ
Act 2 27 „οὐκ ἐγκαταλείψεις τὴν ψυχήν μου εἰς ᾅδην" (in inferno) 31 „οὔτε ἐγκατελείφθη εἰς ᾅδην" (in inferno)
Ap 1 18 ἔχω τὰς κλεῖς – τοῦ ᾅδου ᵃ
6 8 „ὁ ᾅδης ᵃ" ἠκολούθει μετ' αὐτοῦ
20 13 ὁ θάνατος καὶ ὁ ᾅδης ᵃ ἔδωκαν τοὺς νεκροὺς τοὺς ἐν αὐτοῖς 14 ᵃ ἐβλήθησαν εἰς τὴν λίμνην τοῦ πυρός

ἀδιάκριτος non iudicans Jac 3 17 ἡ – ἄνωθεν σοφία – ἀδιάκριτος, ἀνυπόκριτος (vg vl iudicans sine simulatione)

ἀδιάλειπτος Sᵒ – ᵃcontinuus ᵇsine intermissione Rm 9 2 ἀδ. ᵃ ὀδύνη τῇ καρδίᾳ μου 2 Ti 1 3 ἀδιάλειπτονᵇ ἔχω – μνείαν

ἀδιαλείπτως sine intermissione
Rm 1 9 ἀδ. μνείαν ὑμῶν ποιοῦμαι 1 Th 1 2
1 Th 2 13 εὐχαριστοῦμεν τῷ θεῷ ἀδιαλείπτως
5 17 πάντοτε χαίρετε, ἀδ. προσεύχεσθε

ἀδικεῖν, ..εῖσθαι ᵃ*inique gerere*
ᵇ*iniuriam accipere* ᶜ*iniu. facere*
ᵈ*iniu. pati* ᵉ*laedere* ᶠ*nocēre*
Mat 20 13 εἶπεν· ἐταῖρε, οὐκ ἀδικῶᶜ σε
Luc 10 19 καὶ οὐδὲν ὑμᾶς οὐ μὴ ἀδικήσῃᶠ
Act 7 24 ἰδών τινα ἀδικούμενονᵈ 26 ἱνατί ἀδι-
κεῖτεᶠ ἀλλήλους; 27 „ὁ δὲ ἀδικῶνᶜ τὸν
πλησίον"
25 10 Ἰουδαίους οὐδὲν ἠδίκησαᶠ 11 εἰ μὲν
οὖν ἀδικῶᶠ (*nocui*)
1 Co 6 7 διὰ τί οὐχὶ μᾶλλον ἀ..εῖσθε;ᵇ 8 ἀλλὰ
ὑμεῖς ἀ..εῖτεᶜ –, καὶ τοῦτο ἀδελφούς
2 Co 7 2 οὐδένα ἠδικήσαμενᵉ 12 οὐχ ἕνεκεν
τοῦ ἀ..ήσαντοςᶜ οὐδὲ ἕν. τοῦ ἀ..η-
Gal 4 12 οὐδέν με ἠδικήσατεᵉ [θέντοςᵈ
Col 3 25 ὁ γὰρ ἀ..ῶνᶜ κομίσεται ὃ ἠ..ησενᵃ
Phm 18 εἰ δέ τι ἠ..ησένᶠ σε ἢ ὀφείλει
2 Pe 2 13 ἀδικούμενοι (vl κομιούμενοι, vg *per-
cipientes*) μισθὸν ἀδικίας
Ap 2 11 οὐ μὴ ἀδικηθῇᵉ ἐκ τοῦ θανάτου τοῦ
δευτέρου – 6 6 τὸν οἶνον μὴ ἀ..ήσῃςᵉ 7 2
ἀ..ῆσαιᶠ τὴν γῆν 3ᶠ 9 4 ἵνα μὴ ἀ..ήσουσινᵉ
τὸν χόρτον 10 ἀ..ῆσαιᶠ τοὺς ἀνθρώπους
19ᶠ 11 5 εἴ τις αὐτοὺς θέλει ἀ..ῆσαιᶠ· –
ἀ..ῆσαιᵉ – 22 11 ὁ „ἀ..ῶνᶠ ἀ..ησάτω!" ἔτι

ἀδίκημα ᵃ*iniquitas* ᵇ*iniquum*
Act 18 14 εἰ μὲν ἦν ἀδ.ᵇ τι – 24 20ᵃ
Ap 18 5 ἐμνημόνευσεν ὁ θεὸς τὰ ἀδ.ᵃ αὐτῆς

ἀδικία ᵃ*iniquitas* ᵇ*iniustitia* ᶜ*iniuria*
Luc 13 27 „πάντες ἐργάται ἀδικίας"ᵃ
16 8 ἐπήνεσεν – τὸν οἰκονόμον τῆς ἀδ.ᵃ
– 9 φίλους ἐκ τοῦ μαμωνᾶ τῆς ἀδ.ᵃ
18 6 τί ὁ κριτής τῆς ἀδικίαςᵃ λέγει
Joh 7 18 καὶ ἀδικίαᵃ ἐν αὐτῷ οὐκ ἔστιν
Act 1 18 χωρίον ἐκ μισθοῦ τῆς ἀδικίαςᵃ
8 23 εἰς – „σύνδεσμον ἀ..αςᵃ" ὁρῶ σε ὄντα
Rm 1 18 ὀργὴ θεοῦ – ἐπὶ – ἀ..ανᵇ ἀνθρώπων
τῶν τὴν ἀλήθ. ἐν ἀ..αᵇ κατεχόντων
– 29 πεπληρωμένους πάσῃ ἀδικίᾳᵃ
2 8 πειθομένοις δὲ τῇ ἀ..ᾳᵃ, ὀργή
3 5 εἰ δὲ ἡ ἀδ.ᵃ ἡμῶν θεοῦ δικαιοσύνην
συνίστησιν, τί ἐροῦμεν;
6 13 μηδὲ – τὰ μέλη ὑμῶν ὅπλα ἀ..αςᵃ
9 14 μὴ ἀδικίαᵃ παρὰ τῷ θεῷ; μὴ γένοιτο
1 Co 13 6 οὐ χαίρει ἐπὶ τῇ ἀδικίᾳᵃ
2 Co 12 13 χαρίσασθέ μοι τὴν ἀδ.ᶜ ταύτην
2 Th 2 10 ἐν πάσῃ ἀπάτῃ ἀδικίαςᵃ 12 πάντες
οἱ – εὐδοκήσαντες τῇ ἀδικίᾳᵃ
2 Ti 2 19 ἀποστήτω ἀπὸ ἀ..αςᵃ πᾶς ὁ ὀνομάζ.
Hb 8 12 „ἵλεως ἔσομαι ταῖς ἀ..αις αὐτῶν"

Jac 3 6 ἡ γλῶσσα πῦρ, ὁ κόσμος τῆς ἀ..ας ᵃ
2 Pe 2 13 ἀδικούμενοι (vl κομιούμενοι) μισθὸν
ἀ..ας ᵇ 15 ὃς μισθὸν ἀ..ας ᵃ ἠγάπησεν
1 Jo 1 9 καθαρίσῃ ἡμᾶς ἀπὸ πάσης ἀ..ας ᵃ
5 17 πᾶσα ἀδικία ᵃ ἁμαρτία ἐστίν

ἄδικος ᵃ*iniquus* ᵇ*iniustus*
Mat 5 45 βρέχει ἐπὶ δικαίους καὶ ἀδίκους ᵇ
Luc 16 10 ὁ ἐν ἐλαχίστῳ ἄδ. ᵃ καὶ ἐν πολλῷ
ἄδ. ᵃ ἐστιν 11 ἐν τῷ ἀδίκῳ ᵃ μαμωνᾷ
18 11 ὥσπερ οἱ λοιποί –, ἅρπαγες, ἄ..οι ᵇ
Act 24 15 ἀνάστασιν – δικαίων τε καὶ ἀδίκων ᵃ
Rm 3 5 μὴ ἄδ. ᵃ ὁ θεὸς ὁ ἐπιφέρων τὴν ὀρ-
γήν; Hb 6 10 οὐ γὰρ ἄδικος ὁ θεὸς
ἐπιλαθέσθαι τοῦ ἔργου ὑμῶν
1 Co 6 1 τολμᾷ τις – κρίνεσθαι ἐπὶ τῶν ἀδ. ᵃ –;
– 9 ἄδ..οι ᵃ θεοῦ βασιλείαν οὐ κληρονομ.
1 Pe 3 18 ἔπαθεν, δίκαιος ὑπὲρ ἀδίκων ᵇ
2 Pe 2 9 οἶδεν κύριος – ἀδίκους ᵃ – εἰς ἡμέραν
κρίσεως κολαζομένους τηρεῖν

ἀδίκως *iniuste* 1 Pe 2 19 πάσχων ἀδίκως

Ἀδμίν Luc 3 33

ἀδόκιμος *reprobus*
Rm 1 28 παρέδωκεν αὐτοὺς – εἰς ἀ..ον νοῦν
1 Co 9 27 μή πως – αὐτὸς ἀδόκιμος γένωμαι
2 Co 13 5 εἰ μήτι ἀ..οί ἐστε 6 ἡμεῖς οὐκ ἐσμὲν
ἀ..οι 7 ἵνα – ἡμεῖς – ὡς ἀ..οι ὦμεν
2 Ti 3 8 ἄνθρωποι – ἀ..οι περὶ τὴν πίστιν
Tit 1 16 πρὸς πᾶν ἔργον ἀγαθὸν ἀδόκιμοι
Hb 6 8 (γῆ) ἀδόκιμος καὶ „κατάρας" ἐγγύς

ἄδολος Sᵒ – *sine dolo* 1 Pe 2 2 ἄ..ον γάλα

Ἀδραμυττηνὸν πλοῖον Act 27 2

Ἀδρίας Act 27 27 διαφερομένων ἡμ. ἐν τῷ Ἀ.

ἁδρότης Sᵒ – *plenitudo* 2 Co 8 20

ἀδυνατεῖν *impossibile esse*
Mat 17 20 καὶ οὐδὲν ἀδυνατήσει ὑμῖν
Luc 1 37 „οὐκ ἀδ..ήσει παρὰ – θεοῦ πᾶν ῥῆμα"

ἀδύνατος *impossibilis* ᵇ*infirmus*
Mat 19 26 παρὰ ἀνθρώποις τοῦτο ἀδ..όν ἐστιν
‖ Mar 10 27 ἀλλ' οὐ παρὰ θεῷ Luc 18 27 τὰ
ἀδ. παρὰ ἀνθρώποις δυνατὰ παρὰ τῷ θ.
Act 14 8 ἀνὴρ ἀδ..ος ᵇ – τοῖς ποσὶν ἐκάθητο
Rm 8 3 τὸ γὰρ ἀδ. τοῦ νόμου, ἐν ᾧ ἠσθένει

Rm 15 1 τὰ ἀσθενήματα τῶν ἀδ.b βαστάζειν
IIb 6 4 ἀδύνατον – ἀνακαινίζειν εἰς μετάνοι-
αν 18 ἐν οἷς ἀδ.ον ψεύσασθαι [τὸν]
θεόν 104 ἀδ.ον γὰρ αἷμα ταύρων –
ἀφαιρεῖν ἁμαρτίας 116 χωρὶς δὲ πίσ-
τεως ἀδ..ον „εὐαρεστῆσαι"

ἀετός aquila Mat 2428 συναχθήσονται οἱ
ἀετοί ‖ Luc 1737 – Ap 47 ὅμοιον „ἀετῷ"
πετομένῳ 813 ἤκουσα – ἀετοῦ (vl ἀγγέ-
λου) πετομένου ἐν μεσουρανήματι – 1214

ἄζυμος, τὰ ἄζυμα azymus, Azyma
Mat 2617 τῇ δὲ πρώτῃ τῶν ἀζ. ‖ Mar 141.12
Luc 221.7 – Act 123 ἡμέραι τῶν ἀζ. 206
1 Co 5 7 καθὼς ἐστε ἄζυμοι 8 ἑορτάζωμεν – ἐν
ἀζύμοις εἰλικρινείας καὶ ἀληθείας

Ἀζώρ Mat 113.14   Ἄζωτος Act 840

ἀήρ aër Act 2223 1 Co 926 149
Eph 2 2 τὸν ἄρχοντα τῆς ἐξουσίας τοῦ ἀέρος
1 Th 417 ἁρπαγησόμεθα – εἰς ἀπάντησιν τοῦ
κυρίου εἰς ἀέρα – Ap 92 1617

ἀθανασία immortalitas
1 Co 1553 δεῖ – τὸ θνητὸν – ἐνδύσασθαι ἀ..αν 54
1 Ti 616 ὁ μόνος ἔχων ἀθανασίαν

ἀθέμιτος a abominatus b illicitus
Act 1028 ὡς ἀθέμιτόν a ἐστιν ἀνδρὶ Ἰουδαίῳ
1 Pe 4 3 πεπορ. ἐν – ἀθ..οις b εἰδωλολατρίαις

ἄθεος S o – sine deo
Eph 212 ἦτε τῷ καιρῷ – ἄθεοι ἐν τῷ κόσμῳ

ἄθεσμος a insipiens b nefandus
2 Pe 2 7 καταπονούμενον ὑπὸ τῆς τῶν ἀθ.b –
ἀναστροφῆς 317 τῇ τῶν ἀθ. a πλάνη

ἀθετεῖν a abiicere b contristare c irritum fa-
cere d reprobare e spernere
Mar 626 οὐκ ἠθέλησεν ἀθετῆσαι b αὐτήν
7 9 καλῶς ἀθ..εῖτε c τὴν ἐντολὴν τ. θεοῦ
Luc 730 βουλὴν τοῦ θ. ἠθ..ησαν e εἰς ἑαυτούς
1016 ὁ ἀθ..ῶν e ὑμᾶς ἐμὲ ἀθ..εῖ· ὁ δὲ ἐμὲ
ἀθ..ῶν e ἀθ..εῖ e τὸν ἀποστείλαντά με
Joh 1248 ὁ ἀθ..ῶν e ἐμὲ – ἔχει τὸν κρίνοντα
1 Co 119 „τὴν σύνεσιν τῶν συνετῶν ἀθ..ήσω d"
Gal 221 οὐκ ἀθετῶ a τὴν χάριν τοῦ θεοῦ
315 ἀνθρώπου κεκυρωμένην διαθήκην οὐ-
δεὶς ἀθ..εῖ e (vlc)

1 Th 4 8 ὁ ἀθ..ῶν e οὐκ ἄνθρ. ἀθ..εῖ e ἀλλὰ τ. θ.
1 Ti 512 ὅτι τὴν πρώτην πίστιν ἠθέτησαν c
Hb 1028 ἀθετήσας c τις νόμον Μωϋσέως
Jud 8 κυριότητα δὲ ἀθετοῦσιν e

ἀθέτησις a destitutio (destruct.) b reprobatio
Hb 718 ἀθ.b – γίνεται προαγούσης ἐντολῆς
926 εἰς ἀθ..ιν a [τῆς] ἁμαρτίας – πεφανέρω.

Ἀθῆναι Act 1715.16 181 1 Th 31 καταλειφθῆ-
ναι ἐν Ἀ..αις – Ἀθηναῖοι Act 1721.22

ἀθλεῖν S o – a certare in agone b certare
2 Ti 2 5 ἐὰν – καὶ ἀθλῇ a τις, οὐ στεφανοῦται
ἐὰν μὴ νομίμως ἀθλήσῃ b

ἄθλησις S o – certamen Hb 1032 παθημάτων

ἀθροίζειν congregare Luc 2433

ἀθυμεῖν pusillo animo fieri
Col 321 τὰ τέκνα ὑμῶν, ἵνα μὴ ἀθυμῶσιν

ἀθῷος innocens Mat 274 παραδοὺς αἷμα
ἀθ..ν (vl δίκαιον vg iustum) 24 ἀθ. εἰμι

αἴγειος caprinus Hb 1137 (δέρμα)

αἰγιαλός littus (litus)
Mat 13 2.48 Joh 214 Act 215 2739.40

Αἰγύπτιος Act 722.24.28 2138 Hb 1129

Αἴγυπτος Mat 213-15.19 Act 210 79-40 1317
Hb 316 89 1126s Jud 5 Ap 118 πόλεως –
ἥτις καλεῖται πνευματικῶς – Αἴγυπτος

ἀΐδιος a aeternus b sempiternus Rm 120 ἡ
– ἀ.b αὐτοῦ δύναμις Jud 6 δεσμοῖς ἀ. a

αἰδώς verecundia 1 Ti 29 μετὰ αἰδοῦς καὶ
σωφροσύνης κοσμεῖν ἑαυτάς

Αἰθίοψ Act 827 εὐνοῦχος

αἷμα sanguis
1) sanguis victimarum
Hb 9 7 οὐ χωρὶς αἵματος ὃ προσφέρει 18
– 12 οὐδὲ δι' αἵματος τράγων 13 εἰ γὰρ τὸ
αἷ. τράγων – ἁγιάζει 19 λαβὼν τὸ αἷ.
– 20 „τοῦτο τὸ αἷ. τῆς διαθήκης" 21 τὴν
σκηνὴν – τῷ αἷ. – ἐρράντισεν 22 ἐν αἷ.

πάντα καθαρίζεται 25 ὁ ἀρχιερεὺς
εἰσέρχεται – ἐν αἵματι ἀλλοτρίῳ
Hb 10 4 ἀδύνατον – αἷμα ταύρων καὶ τράγων
ἀφαιρεῖν ἁμαρτίας
11 28 πεποίηκεν – τὴν πρόσχυσιν „τοῦ αἵμ."
13 11 ὤν – „εἰσφέρεται" ζῴων „τὸ αἷ. περὶ
ἁμαρτίας εἰς τὰ ἅγια"

2) sanguis Christi

Mat 26 28 „τὸ αἷμά" μου „τῆς διαθήκης" ‖ Mar
14 24 Luc 22 20 ἡ καινὴ „διαθ." ἐν „τῷ
αἵμ." μου 1 Co 11 25 τῷ ἐμῷ „αἵμ."
27 4 παραδοὺς αἷ. ἀθῷον 6 τιμὴ αἵματος
– 24 ἀθῷός εἰμι ἀπὸ τοῦ αἷ. τούτου
– 25 τὸ αἷ. αὐτοῦ ἐφ' ἡμᾶς καὶ ἐπὶ τά
Joh 6 53 ἐὰν μὴ φάγητε τὴν σάρκα τοῦ υἱοῦ
τοῦ ἀνθρ. καὶ πίητε αὐτοῦ τὸ αἷ. 54 ὁ
τρώγων μου τὴν σάρκα καὶ πίνων μου
τὸ αἷ. 55 ἡ – σάρξ μου ἀληθής ἐστιν
βρῶσις καὶ τὸ αἷ. μου ἀληθής ἐστιν
πόσις 56 ὁ τρώγων μου τὴν σάρκα
καὶ πίνων μου τὸ αἷ. ἐν ἐμοὶ μένει
κἀγὼ ἐν αὐτῷ
19 34 ἐξῆλθεν εὐθὺς αἷμα καὶ ὕδωρ
Act 5 28 ἐπαγαγεῖν ἐφ' ἡμᾶς τὸ αἷ. τοῦ ἀνθρ.
20 28 „τὴν ἐκκλησίαν τοῦ θεοῦ", ἣν „περι-
εποιήσατο" διὰ τοῦ αἷ. τοῦ ἰδίου
Rm 3 25 ἱλαστήριον – ἐν τῷ αὐτοῦ αἵματι
5 9 δικαιωθέντες νῦν ἐν τῷ αἷ. αὐτοῦ
1 Co 10 16 οὐχὶ κοινωνία ἐστὶν τοῦ αἷ. τοῦ Χοῦ;
11 27 ἔνοχος ἔσται – τοῦ αἷ. τοῦ κυρίου
Eph 1 7 τὴν ἀπολύτρωσιν διὰ τοῦ αἷ. αὐτοῦ
2 13 ἐγενήθητε ἐγγὺς ἐν τῷ αἷ. τοῦ Χοῦ
Col 1 20 εἰρηνοποιήσας διὰ τοῦ αἵματος τοῦ
σταυροῦ αὐτοῦ
Hb 9 12 διὰ – τοῦ ἰδίου αἷ. εἰσῆλθεν ἐφάπαξ
– 14 τὸ αἷ. τοῦ Χοῦ – καθαριεῖ τὴν συνείδ.
10 19 παρρησίαν εἰς τὴν εἴσοδον τῶν ἁγίων
ἐν τῷ αἵματι Ἰησοῦ
– 29 ὁ – „τὸ αἷ. τῆς διαθήκης" κοινὸν ἡ-
γησάμενος, ἐν ᾧ ἡγιάσθη
12 24 προσεληλύθατε – αἵματι ῥαντισμοῦ
κρεῖττον λαλοῦντι παρὰ τὸν Ἅβελ
13 12 ἵνα ἁγιάσῃ διὰ τοῦ ἰδίου αἷ. τ. λαόν
– 20 „ἐν αἵματι διαθήκης αἰωνίου"
1 Pe 1 2 εἰς – ῥαντισμὸν αἵματος Ἰοῦ Χοῦ
– 19 ἐλυτρώθητε – τιμίῳ αἵματι – Χοῦ
1 Jo 1 7 τὸ αἷ. Ἰησοῦ – καθαρίζει ἡμᾶς
5 6 ὁ ἐλθὼν δι' ὕδατος καὶ αἵματος – ·–
ἐν τῷ ὕδατι καὶ ἐν τῷ αἷ. 8 τὸ πνεῦ-
μα καὶ τὸ ὕδωρ καὶ τὸ αἷμα
Ap 1 5 λύσαντι ἡμᾶς – ἐν τῷ αἷ. αὐτοῦ 5 9

ἠγόρασας τῷ θεῷ ἐν τῷ αἵματί σου
Ap 7 14 „ἔπλυναν τὰς στολὰς αὐτῶν – ἐν τῷ
αἵματι" τοῦ ἀρνίου 12 11 ἐνίκησαν αὐ-
τὸν διὰ τὸ αἷ. τοῦ ἀρνίου

3) sanguis caede effusus, s. martyrum

Mat 23 30 κοινωνοὶ ἐν τῷ αἷ. τῶν προφητῶν
– 35 πᾶν αἷ. δίκαιον ἐκχυννόμενον – ἀπὸ
τοῦ αἷ. Ἅβελ – ἕως τοῦ αἷ. Ζαχαρίου
‖ Luc 11 50 πάντων τῶν προφητῶν 51
27 4 παραδοὺς αἷ. ἀθῷον 6 τιμὴ αἵματός
ἐστιν 8 ἀγρὸς αἷ..τος Act 1 19 χωρίον
Luc 13 1 ὧν τὸ αἷ. Πιλᾶτος ἔμιξεν μετά
Act 18 6 τὸ αἷ. ὑμῶν ἐπὶ τὴν κεφαλὴν ὑμῶν
20 26 καθαρός εἰμι ἀπὸ τοῦ αἷ. πάντων
22 20 ὅτε ἐξεχύννετο τὸ αἷ. Στεφάνου
Rm 3 15 „ὀξεῖς οἱ πόδες αὐτῶν ἐκχέαι αἷ."
Hb 12 4 οὔπω μέχρις αἵματος ἀντικατέστητε
Ap 6 10 „ἕως πότε" – οὐ – „ἐκδικεῖς τὸ αἷ."
ἡμῶν –; 19 2 „ἐξεδίκησεν τὸ αἷ. τῶν
δούλων" αὐτοῦ
14 20 ἐξῆλθεν αἷμα ἐκ τῆς ληνοῦ
16 6 „αἷ." ἁγίων καὶ προφητῶν „ἐξέχεαν",
καὶ „αἷ. αὐτοῖς" [δ]έδωκας „πιεῖν"
17 6 μεθύουσαν ἐκ τοῦ αἷ. τῶν ἁγίων καὶ
ἐκ τοῦ αἷ. τῶν μαρτύρων Ἰησοῦ 18 24
19 13 ἱμάτιον βεβαμμένον αἵματι

4) voces σὰρξ καὶ αἷμα coniunctae
    caro et sanguis
    (caro et sanguis Christi → 2) Joh 6 53)

Mat 16 17 σὰρξ καὶ αἷ. οὐκ ἀπεκάλυψέν σοι
Joh 1 13 οἳ οὐκ ἐξ αἱμάτων οὐδὲ ἐκ θελήματος
σαρκὸς – ἐγεννήθησαν
1 Co 15 50 σὰρξ καὶ αἷ. βασιλείαν θεοῦ κληρονο-
μῆσαι οὐ δύναται (vl ..ανται)
Gal 1 16 οὐ προσανεθέμην σαρκὶ καὶ αἵματι
Eph 6 12 οὐκ ἔστιν ἡμῖν ἡ πάλη πρὸς αἷμα
καὶ σάρκα, ἀλλὰ πρὸς τὰς ἀρχάς
Hb 2 14 ἐπεὶ οὖν „τὰ παιδία" κεκοινώνηκεν
αἵματος καὶ σαρκός, καὶ αὐτός

5) reliqui loci

Mar 5 25 γυνὴ – ἐν ῥύσει αἷ..τος 29 ‖ Luc 8 43 s
‖ Luc 22 44 ὁ ἱδρὼς – ὡσεὶ θρόμβοι αἵματος ‖
Act 2 19 σημεῖα – „αἷ. καὶ πῦρ" 20 „ἡ σελήνη
εἰς αἷ." – 15 20 ἀπέχεσθαι – πνικτοῦ
καὶ τοῦ αἷ. 29 21 25 φυλάσσεσθαι – αἷ.
17 26 ἐξ ἑνὸς (vl + αἵματος) πᾶν ἔθνος
Ap 6 12 „ἡ σελήνη" – ἐγένετο ὡς „αἷ." 8 7 χά-
λαζα καὶ πῦρ" μεμιγμένα ἐν „αἵματι" 8 τὸ
τρίτον τῆς θαλάσσης αἷ. 16 3 εἰς – θάλασ-

σαν· „καὶ ἐγένετο αἷμα" ὡς νεκροῦ 4 –
116 „στρέφειν – (sc τὰ ὕδατα) εἰς αἷμα"

αἱματεκχυσία Sº – sanguinis effusio
Hb 922 χωρὶς αἵ..ας οὐ γίνεται ἄφεσις

αἱμορροεῖν sanguinis fluxum pati Mat 920

Αἰνέας Act 933.34 Αἰνών Joh 323

αἰνεῖν τὸν θεόν laudare ᵇcollaudare
ᶜlaudem dicere
Luc 213 (στρατιὰ οὐράνιος) 20 (ποιμένες)
1937 (μαθηταί) (2453 vl) – Act 247ᵇ (οἱ
πιστεύσαντες) 38.9 Rm 1511 „αἰνεῖτε, πάν-
τα τὰ ἔθνη, τὸν κύριον" Ap 195 „αἰνεῖτεᶜ"
τῷ θεῷ ἡμῶν, „πάντες οἱ δοῦλοι" αὐτοῦ

αἴνεσις laus Hb 1315 „θυσίαν αἰνέσεως"

αἴνιγμα aenigma 1 Co 1312 ἐν αἰ..τι

αἶνος laus Mat 2116 Luc 1843 θεῷ

αἴρειν tollere ᵇferre – (sustuli bis: Act 2713
Ap 1821; alibi pro ἦρα et ἦρχα: tuli)
– ᶜauferre ᵈelevare (oculos) ᵉle-
vare (manum, vocem) ᶠportare
Mat 4 6 „ἐπὶ χειρῶν ἀροῦσίν σε" ‖ Luc 411
9 6 ἆρόν σου τὴν κλίνην ‖ Mar 29.11.12
Luc 524.25ᵇ (tulit) Joh 58-12
16 αἴρει – τὸ πλήρωμα – ἀπὸ τοῦ ἱματίου
‖ Mar 221ᶜ
1129 ἄρατε τὸν ζυγόν μου ἐφ' ὑμᾶς
1312 ὃ ἔχει ἀρθήσεταιᶜ ἀπ' αὐτοῦ 2529ᶜ
‖ Luc 1926ᶜ – Mar 425ᶜ ‖ Luc 818ᶜ
1412 ἦρανᵇ τὸ πτῶμα ‖ Mar 629ᵇ
– 20 ἦρανᵇ τὸ περισσεῦον ‖ Mar 643 Luc
917 – Mat 1537ᵇ ‖ Mar 88(19.20ᵇ)
1624 ἀράτω τὸν σταυρὸν αὐτοῦ ‖ Mar 834
Luc 923 καθ' ἡμέραν
1727 τὸν ἀναβάντα πρῶτον ἰχθὺν ἆρον
2014 ἆρον τὸ σὸν καὶ ὕπαγε
2121 ἄρθητι καὶ βλήθητι ‖ Mar 1123
– 43 ἀρθήσεταιᶜ ἀφ' ὑμῶν ἡ βασιλεία
2417 μὴ καταβάτω ἆραι τὰ ἐκ τῆς οἰκίας
18‖ Mar 1315.16 Luc 1731 sc τὰ σκεύη
– 39 ὁ κατακλυσμὸς – ἦρενᵇ ἅπαντας
2528 ἄρατε οὖν ἀπ' αὐτοῦ τὸ τάλαντον ‖
Luc 1924ᶜ τὴν μνᾶν
2732 ἵνα ἄρῃ τ. σταυρὸν αὐτοῦ ‖ Mar 1521
Mar 2 3 παραλυτικὸν αἰρόμενονᶠ ὑπὸ τεσσάρ.

Mar 415 ὁ σατανᾶς – αἴρειᶜ τ. λόγον ‖ Luc 812
6 8 ἵνα μηδὲν αἴρωσιν εἰς ὁδόν ‖ Luc 93ᵇ
1524 βάλλοντες κλῆρον – τίς τί ἄρῃ
‖16 18 ὄφεις ἀροῦσιν‖
Luc 629 αἴροντόςᶜ σου τὸ ἱμάτιον 30ᶜ τὰ σά
1122 τὴν πανοπλίαν αὐτοῦ αἴρειᶜ
– 52 ἤρατεᵇ τὴν κλεῖδα τῆς γνώσεως
1713 ἦρανᵉ φωνήν Act 424ᵉ
1921 αἴρεις ὃ οὐκ ἔθηκας 22 αἴρων
2236 νῦν ὁ ἔχων βαλλάντιον ἀράτω
2318 αἶρε τοῦτον Joh 1915 ἆρον ἆρον Act
2136 2222 αἶρε ἀπὸ τῆς γῆς
Joh 129 ὁ ἀμνὸς τοῦ θεοῦ ὁ αἴρων τὴν ἁμαρ-
τίαν τοῦ κόσμου 1 Jo 35 ἐφανερώθη
ἵνα τὰς ἁμαρτίας (vl + ἡμῶν) ἄρῃ
216 ἄρατεᶜ ταῦτα ἐντεῦθεν 1139 τὸν λί-
θον 41 ἦρανᵇ – τὸν λ. 201 ἠρμένον
859 ἦρανᵇ – λίθους ἵνα βάλωσιν ἐπ' αὐτόν
1018 οὐδεὶς αἴρει (vl ἦρεν) αὐτὴν (sc τὴν
ψυχήν) ἀπ' ἐμοῦ, ἀλλ' ἐγὼ τίθημι
– 24 ἕως πότε τὴν ψυχὴν ἡμῶν αἴρεις;
1141 Ἰησοῦς ἦρενᵈ τοὺς ὀφθαλμοὺς ἄνω
– 48 οἱ Ῥωμαῖοι – ἀροῦσιν ἡμῶν – τὸ ἔθνος
15 2 κλῆμα – μὴ φέρον καρπόν, αἴρει
1622 τὴν χαρὰν ὑμῶν οὐδεὶς αἴρει (vl ἀ-
ρεῖ) ἀφ' ὑμῶν
1715 ἵνα ἄρῃς αὐτοὺς ἐκ τοῦ κόσμου
1931 ἵνα – ἀρθῶσιν (sc de cruce) 38 ἵνα
ἄρῃ τὸ σῶμα τοῦ Ἰησοῦ –. ἦλθεν οὖν
καὶ ἦρενᵇ (vl ..ον καὶ ἦραν)
20 2 ἦρανᵇ τὸν κύριον ἐκ τοῦ μνημείου 13ᵇ
κύριόν μου 15 κἀγὼ αὐτὸν ἀρῶ
Act 833 „ἡ κρίσις αὐτοῦ ἤρθη· – ὅτι αἴρεται
(tolletur vl tollitur) ἀπὸ τῆς γῆς ἡ
ζωὴ αὐτοῦ"
20 9 ἤρθη νεκρός – 2111 ἄραςᵇ τὴν ζώνην
τοῦ Παύλου – 2713 ἄραντες (sc τὰς
ἀγκύρας) 17 ἦν (sc σκάφην) ἄραντες
1 Co 5 2 ἵνα ἀρθῇ ἐκ μέσου ὁ – πράξας
615 ἄραςᶜ – τὰ μέλη τοῦ Χοῦ ποιήσω – ;
Eph 431 πᾶσα – βλασφημία ἀρθήτω ἀφ' ὑμῶν
Col 214 τὸ καθ' ἡμῶν χειρόγραφον – ἦρκενᵇ
ἐκ τοῦ μέσου – 1 Jo 35 → Joh 129
Ap 10 5 „ἦρενᵉ τὴν χεῖρα" 1821 ἦρεν – λίθον

αἱρεῖσθαι eligere Phl 122 τί αἱρήσομαι οὐ
γνωρίζω 2 Th 213 εἵλατο ὑμᾶς ὁ θεὸς –
εἰς σωτηρίαν Hb 1125 μᾶλλον ἑλόμενος
συγκακουχεῖσθαι τῷ λαῷ τοῦ θεοῦ

αἵρεσις haeresis ᵇsecta
Act 517 τῶν Σαδδ. 155 τῶν Φαρ. 265 κατὰ

τὴν ἀκριβεστάτην αἵρεσιν[b] – ἔζησα Φαρι-
σαῖος – 24₅[b] τῶν Ναζωρ. 14 κατὰ τὴν ὁ-
δὸν (vg sectam) ἣν λέγουσιν αἵρεσιν 28₂₂
περὶ – τῆς αἱ.[b] ταύτης γνωστὸν ἡμῖν ἐστιν
1 Co 11 19 δεῖ – καὶ αἱρέσεις ἐν ὑμῖν εἶναι
Gal 5₂₀ διχοστασίαι, αἱρέσεις[b], φθόνοι
2 Pe 2 1 παρεισάξουσιν αἱρέσεις[b] ἀπωλείας

αἱρετίζειν eligere Mat 12 18 „ὃν ᾑρέτισα"

αἱρετικός S⁰ – haereticus Tit 3 10 αἱ..ὸν
ἄνθρωπον μετὰ – νουθεσίαν παραιτοῦ

αἰσθάνεσθαι sentire Luc 9 45 sc τὸ ῥῆμα

αἴσθησις sensus Phl 1 9 ἐν – πάσῃ αἱ..ει

αἰσθητήρια, τά sensus Hb 5 14 αἱ. γεγυμνασμ.

αἰσχροκερδής S⁰ – ᵃturpe lucrum sectans
ᵇturpis lucri cupidus 1 Ti 3 8 διακόνους
– μὴ αἱ..εῖς[a] Tit 1 7 δεῖ – ἐπίσκοπον – εἶ-
ναι – μὴ αἰσχροκερδῆ[b]

αἰσχροκερδῶς S⁰ – turpis lucri gratia
1 Pe 5 2 μηδὲ αἱ. ἀλλὰ προθύμως, μηδ᾽ ὡς

αἰσχρολογία S⁰ – turpis sermo Col 3 8

αἰσχρός turpis
1 Co 11 6 εἰ – αἰσχρὸν γυναικὶ τὸ κείρασθαι
14 35 αἰσχρὸν – γυναικὶ λαλεῖν ἐν ἐκκλησίᾳ
Eph 5 12 τὰ – κρυφῇ γινόμενα ὑπ᾽ αὐτῶν αἰσ-
χρόν ἐστιν καὶ λέγειν
Tit 1 11 διδάσκ. ἃ μὴ δεῖ αἱ..οῦ κέρδους χάρ.

αἰσχρότης S⁰ – turpitudo Eph 5 4

αἰσχύνεσθαι ᵃconfundi ᵇerubescere
Luc 16 3 ἐπαιτεῖν αἱ..ομαι[b] 2 Co 10 8[b] 1 Pe 4 16[b]
Phl 1 20 ὅτι ἐν οὐδενὶ αἰσχυνθήσομαι[a]
1 Jo 2 28 ἵνα – μὴ αἱ..θῶμεν[a] – ἐν τῇ παρουσίᾳ

αἰσχύνη confusio ᵇdedecus ᶜrubor
Luc 14 9 μετὰ αἱ..ης[c] 2 Co 4 2 ἀπειπάμεθα τὰ
κρυπτὰ τῆς αἱ.[b] Phl 3 19 ὧν – ἡ δόξα ἐν τῇ
αἱ. αὐτῶν Hb 12 2 ὑπέμεινεν σταυρὸν αἱ..ης
καταφρονήσας Jud 13 ἐπαφρίζοντα τὰς ἑ-
αυτῶν αἱ. Ap 3 18 ἡ αἱ. τῆς γυμνότητός σου

αἰτεῖν, αἰτεῖσθαι petere ᵇposcere ᶜpostu-
lare ᵈrogare
Mat 5 42 τῷ αἰτοῦντί σε δός ‖ Luc 6 30 παντὶ

Mat 6 8 πρὸ τοῦ ὑμᾶς αἰτῆσαι αὐτόν
7 7 αἰτεῖτε, καὶ δοθήσεται ὑμῖν 8 πᾶς γὰρ
ὁ αἰτῶν λαμβάνει ‖ Luc 11 9. 10
– 9 αἰτήσει ὁ υἱὸς αὐτοῦ ἄρτον 10 ἰχθύν
‖ Luc 11 11. 12 ᾠόν – 7 11 δώσει ἀγαθὰ
τοῖς αἰτ. αὐτόν ‖ Luc 11 13 πνεῦμα ἅγ.
14 7 δοῦναι ὃ ἐὰν αἰτήσηται[c] ‖ Mar 6 22-25
18 19 περὶ – οὗ ἐὰν αἰτήσωνται
20 20 αἰτοῦσά τι ἀπ᾽ αὐτοῦ 22 οὐκ οἴδατε
τί αἰτεῖσθε ‖ Mar 10 35. 38
21 22 ὅσα ἂν αἰτήσητε – πιστεύοντες ‖ Mar
11 24 ὅσα – αἰτεῖσθε, πιστεύετε ὅτι
27 20 ἵνα αἰτήσωνται τὸν Βαραββᾶν Mar
15 8 ἤρξατο αἱ..σθαι[d] καθὼς ἐποίει
αὐτοῖς Luc 23 25 Act 3 14 φονέα
– 58 ᾐτήσατο τὸ σῶμα ‖ Mar 15 43 Luc 23 52
Luc 1 63 αἰτήσας[c] πινακίδιον – Act 3 2 ἐλεη-
μοσύνην 7 46 εὑρεῖν σκήνωμα 9 2 ἐπι-
στολάς 12 20 ᾐτοῦντο[c] εἰρήνην 13 21
ᾐτήσαντο[c] βασιλέα 16 29 φῶτα 25 3
αἰτούμενοι[c] χάριν 15[c] καταδίκην
12 48 περισσότερον αἰτήσουσιν αὐτόν
23 23 αἰτούμενοι[c] αὐτὸν σταυρωθῆναι Act
13 28 ᾐτήσαντο – ἀναιρεθῆναι αὐτόν
Joh 4 9 παρ᾽ ἐμοῦ πεῖν αἰτεῖς[b] – ; 10 σὺ ἂν
ᾔτησας αὐτὸν καὶ ἔδωκεν ἄν σοι
11 22 ὅσα ἂν αἰτήσῃ[b] τὸν θεὸν δώσει σοι
14 13 ὅ τι ἂν αἰτήσητε ἐν τῷ ὀνόματί
μου 14 ἐάν τι αἰ. με 15 7 ὃ ἐὰν θέλητε
αἰτήσασθε 16 ὅ τι ἂν αἰτήσητε τὸν
πατέρα ἐν τῷ ὀν. μου 16 23. 24 ἕως
ἄρτι οὐκ ᾐτήσατε οὐδὲν ἐν τῷ ὀν.
μου· αἰτεῖτε, καὶ λήμψεσθε 26 ἐν ἐκεί-
νῃ τῇ ἡμέρᾳ ἐν τῷ ὀν. μου αἰτήσεσθε
1 Co 1 22 Ἰουδαῖοι σημεῖα αἰτοῦσιν
Eph 3 13 διὸ αἰτοῦμαι μὴ ἐγκακεῖν
– 20 ὑπερεκπερισσοῦ ὧν αἰτούμεθα
Col 1 9 οὐ παυόμεθα – αἰτούμενοι[c] ἵνα πληρ.
Jac 1 5 αἰτείτω[c] παρὰ – θεοῦ 6 αἰτείτω[c] δὲ
ἐν πίστει 4 2 οὐκ ἔχετε διὰ τὸ μὴ αἰ-
τεῖσθαι[c] ὑμᾶς 3 αἰτεῖτε καὶ οὐ λαμ-
βάνετε, διότι κακῶς αἱ..σθε
1 Pe 3 15 παντὶ τῷ αἰτοῦντι[b] ὑμᾶς λόγον
1 Jo 3 22 ὃ ἐὰν αἰτῶμεν λαμβάνομεν
5 14 ἐάν τι αἰτώμεθα κατὰ τὸ θέλημα αὐ-
τοῦ ἀκούει ἡμῶν 15 ἀκούει ἡμῶν ὃ
ἐὰν αἰτώμεθα, – ἔχομεν τὰ αἰτήματα
ἃ ᾐτήκαμεν – ἀπ᾽ αὐτοῦ
– 16 ἐάν τις ἴδῃ – ἀδελφὸν – ἁμαρτάνοντα
–, αἰτήσει, καὶ δώσει αὐτῷ ζωήν

αἴτημα petitio Luc 23 24 γενέσθαι τὸ αἰτ.

Phl 4 6 τὰ αἰτήματα ὑμῶν γνωριζέσθω πρὸς
   τὸν θεόν – 1 Jo 5 15 → αἰτεῖν

αἰτία *causa*

1) – causa, ratio rei

Mat 19 3 κατὰ πᾶσαν αἰτίαν (*quacumque ex
causa*) Luc 8 47 Act 10 21 22 24 28 20 2 Ti 1 6.12
δι' ἣν αἰτίαν – ταῦτα πάσχω Tit 1 13 Hb 2 11

2) – culpa, crimen

Mat 27 37 τὴν αἰτ. αὐτοῦ γεγραμμένη ‖ Mar
15 26 – Joh 18 38 οὐδεμίαν εὑρίσκω ἐν αὐτῷ αἰ.
19 4.6 Act 13 28 θανάτου 28 18 – 23 28 25 18. 27

3) – res (res ita se habet)

Mat 19 10 εἰ οὕτως ἐστὶν ἡ αἰ. τοῦ ἀνθρώπου
  (vl ἀνδρὸς) μετὰ τῆς γυναικός

αἴτιος et **αἴτιον. τό** [a]*causa* [b]*obnoxius*

Luc 23 4 οὐδὲν εὑρίσκω αἴτιον[a] ἐν τῷ ἀνθρώ-
πῳ 14[a] 22[a] θανάτου – ἐν αὐτῷ
Act 19 40 μηδενὸς αἰτίου[b] ὑπάρχοντος (vg *cum
nullus obnoxius sit*)
Hb 5 9 ἐγένετο – αἴτιος[a] „σωτηρίας αἰωνίου"

αἰτιώματα S° – *causae* Act 25 7 βαρέα

αἰφνίδιος *repentinus*
Luc 21 34 ἡ ἡμέρα ἐκείνη 1 Th 5 3 ὄλεθρος

αἰχμαλωσία *captivitas* Eph 4 8 Ap 13 10

αἰχμαλωτεύειν *captivum ducere* Eph 4 8

αἰχμαλωτίζειν [a]*captivum ducere* [b]*capti-
vare* [c]*in captivitatem redigere*
Luc 21 24[a] Rm 7 23 ἕτερον νόμον – αἰ..οντά[b] με
2 Co 10 5 αἰ..οντες[c] πᾶν νόημα 2 Ti 3 6[a] γυναικ.

αἰχμάλωτος *captivus* Luc 4 18

αἰών

1) ἀπὸ, ἐκ, πρὸ αἰῶνος (αἰώνων)
  saeculum, saecula

Luc 1 70 τῶν – ἀπ' αἰῶνος προφητῶν Act 3 21
Joh 9 32 ἐκ τοῦ αἰῶνος οὐκ ἠκούσθη ὅτι
Act 15 18 „γνωστὰ ἀπ' αἰῶνος"
1 Co 2 7 ἣν προώρισεν ὁ θεὸς πρὸ τῶν αἰ.
Eph 3 9 ἀποκεκρυμμ. ἀπὸ τῶν αἰ. Col 1 26
Jud 25 πρὸ παντὸς τοῦ αἰ. καὶ νῦν καὶ εἰς

πάντας τοὺς αἰ. (vl + τῶν αἰ.)

2) εἰς τὸν αἰῶνα (τοῦ αἰ.), ἡμέραν αἰ..ος
  in saeculum, ..a [b]*in aeternum* [c]*in
diem, dies aeternitatis* [d]*in sempi-
ternum*

Mat 21 19 μηκέτι ἐκ σοῦ καρπὸς γένηται εἰς τὸν
  αἰ.[d] ‖ Mar 11 14[b]
Mar 3 29 οὐκ ἔχει ἄφεσιν εἰς τὸν αἰ.[b]
Luc 1 55 καὶ τῷ σπέρματι – εἰς τὸν αἰ. (*s..a*)
Joh 4 14 οὐ μὴ διψήσει εἰς τὸν αἰ.[b]
  6 51 ζήσει εἰς τὸν αἰ.[b] 58[b] 8 51 θάνατον
  οὐ μὴ θεωρήσῃ εἰς – [b] 52[b] 10 28 οὐ μὴ
  ἀπόλωνται εἰς – [b] 11 26 οὐ μὴ ἀποθά-
  νῃ εἰς – [b]
  8 35 ὁ – δοῦλος οὐ μένει ἐν τῇ οἰκίᾳ εἰς
  – [b]· ὁ υἱὸς μένει εἰς – [b]
  12 34 ὅτι ὁ χριστὸς μένει εἰς τὸν αἰ.[b]
  13 8 οὐ μὴ νίψῃς μου τοὺς πόδας εἰς[b]
  14 16 παράκλητον –, ἵνα μεθ' ὑμῶν εἰς[b]
1 Co 8 13 οὐ μὴ φάγω κρέα εἰς τὸν αἰ.[b]
2 Co 9 9 „ἡ δικαιοσύνη αὐτοῦ μένει εἰς τὸν αἰ."
  (vg *in saeculum s..i* vl[b])
Hb 1 8 „ὁ θρόνος σου – εἰς τὸν αἰ. τοῦ αἰ.
  5 6 „σὺ ἱερεὺς εἰς – [b] 7 17[b] 21[b] – 6 20 ἀρ-
  χιερεὺς – εἰς – [b] 7 24 διὰ τὸ μένειν –
  εἰς – [b] ἀπαράβατον ἔχει τ. ἱερωσύνην
  7 28 υἱὸν εἰς τὸν αἰ.[b] τετελειωμένον
1 Pe 1 25 „ῥῆμα κυρίου μένει εἰς τὸν αἰ."[b]
2 Pe 3 18 καὶ νῦν καὶ εἰς ἡμέραν αἰῶνος[c]
1 Jo 2 17 ὁ δὲ ποιῶν τὸ θέλημα – μένει εἰς – [b]
2 Jo 2 μεθ' ἡμῶν ἔσται (ἡ ἀλήθεια) εἰς – [b]
Jud 13 οἷς ὁ ζόφος – εἰς αἰῶνα[b] τετήρηται

3) εἰς τοὺς αἰῶνας
  in saecula [b]*in aeternum*

(Mat 6 13 vl σοῦ – ἡ δόξα εἰς –, vg°)
Luc 1 33 βασιλεύσει ἐπὶ τὸν οἶκ. Ἰακ. εἰς – [b]
Rm 1 25 ὅς ἐστιν εὐλογητὸς εἰς – 9 5 2 Co 11 31
  11 36 αὐτῷ ἡ δόξα εἰς – (vl *s..a s..orum*)
Hb 13 8 καὶ σήμερον ὁ αὐτὸς καὶ εἰς –
Jud 25 καὶ εἰς πάντας τοὺς αἰ. (*s..a s..orum*)

4) εἰς τοὺς αἰῶνας τῶν αἰώνων
  in saecula saeculorum

[Rm 16 27 μόνῳ σοφῷ θεῷ, – ᾧ ἡ δόξα εἰς –]
Gal 1 5 θεοῦ καὶ πατρὸς ἡμῶν, ᾧ ἡ δόξα
  εἰς – Phl 4 20 τῷ δὲ θεῷ – ἡ δόξα εἰς – 1 Ti
  1 17 2 Ti 4 18 Hb 13 21 Χοῦ, ᾧ ἡ δόξα εἰς –
  cfr Eph 3 21 αὐτῷ ἡ δόξα – εἰς πάσας τὰς
  γενεὰς τοῦ αἰῶνος τῶν αἰώνων (vg *s..i
  s..orum* vl *s..is s..orum*)

1 Pe 4 11 δοξάζηται ὁ θεὸς διὰ Ἰ. Χοῦ, ᾧ ἐστιν
ἡ δόξα – εἰς – 5 11 αὐτῷ τὸ κράτος εἰς –
Ap 1 6 αὐτῷ ἡ δόξα καὶ τὸ κράτος εἰς – 5 13
τῷ „καθημένῳ ἐπὶ τῷ θρόνῳ" – εἰς –
– 18 ζῶν εἰμι εἰς – 4 9 τῷ ζῶντι εἰς – 10
7 12 καὶ ἡ ἰσχὺς τῷ θεῷ ἡμῶν εἰς –
10 6 15 7 τοῦ θεοῦ τοῦ ζῶντος εἰς –
11 15 βασιλεύσει εἰς – 22 5 β..ουσιν εἰς –
14 11 ὁ καπνὸς τοῦ βασανισμοῦ αὐτῶν εἰς
αἰῶνας αἰώνων ἀναβαίνει 19 3 20 10

5) ὁ αἰών, ὁ αἰὼν οὗτος – ἐκεῖνος, ὁ νῦν –
ὁ μέλλων, ὁ ἐνεστὼς – ὁ ἐρχόμενος, ἡ
συντέλεια τοῦ αἰῶνος, τῶν αἰώνων
ᵉhoc saeculum ᶠistud s. ᵍillud –
ʰpraesens ⁱfuturum ᵏventurum –
ˡconsummatio saeculi, s..orum

Mat 12 32 οὐκ ἀφεθήσεται αὐτῷ οὔτε ἐν τούτῳᵉ
τῷ αἰῶνι οὔτε ἐν τῷ μέλλοντιⁱ
13 22 ἡ μέριμνα τοῦ αἰ. (νl + τούτου, vgᶠ) ‖
Mar 4 19 αἱ μέρ. τοῦ αἰ. (saeculi)
– 39 ὁ δὲ θερισμὸς συντέλεια αἰῶνόςˡ
ἐστιν 40 οὕτως ἔσται ἐν τῇ σ. τοῦ αἰ.
49ˡ 24 3 τί τὸ σημεῖον τῆς – σ. τοῦ αἰ.ˡ;
28 20 μεθ' ὑμῶν εἰμι – ἕως τῆς σ. τοῦ
αἰ.ˡ – Hb 9 26 ἅπαξ ἐπὶ σ..α τῶν αἰ-
ώνωνˡ (s..orum) – πεφανέρωται
Mar 10 30 ἐν τῷ καιρῷ τούτῳ οἰκίας –, καὶ ἐν
τῷ αἰ. τ. ἐρχ.ⁱ ζωὴν αἰών. ‖ Luc 18 30ᵏ
Luc 16 8 οἱ υἱοὶ τοῦ αἰ. τούτουᵉ φρονιμώτεροι
20 34 οἱ υἱοὶ τοῦ αἰ. τ.ᵉ γαμοῦσιν 35 οἱ δὲ
καταξιωθέντες τοῦ αἰ. ἐκεί.ᵍ τυχεῖν
Rm 12 2 μὴ συσχηματίζεσθε τῷ αἰ. τούτῳᵉ
1 Co 1 20 ποῦ συζητητὴς τοῦ αἰ. τούτουᵉ;
2 6 σοφίαν – οὐ τοῦ αἰ. τ.ᵉ οὐδὲ τῶν ἀρ-
χόντων τοῦ αἰ. τ.ᵉ 8ᵉ 3 18 εἴ τις δοκεῖ
σοφὸς εἶναι ἐν ὑμῖν ἐν τῷ αἰ.ⁱ
2 Co 4 4 ὁ θεὸς τοῦ αἰ. τούτουᵉ ἐτύφλωσεν
Gal 1 4 ἐκ τοῦ αἰ. τοῦ ἐνεστῶτοςʰ πονηροῦ
Eph 1 21 ὀνόματος ὀνομαζομένου οὐ μόνον ἐν
τῷ αἰ. τ.ᵉ ἀλλὰ καὶ ἐν τ. μέλλ.ⁱ
2 2 περιεπατήσατε κατὰ τὸν αἰ. (secun-
dum saeculum) τοῦ κόσμου τούτου
– 7 ἐν τοῖς αἰῶσιν τοῖς ἐπερχομένοις
(supervenientibus) – τὸ πλοῦτος
1 Ti 6 17 τοῖς πλουσίοις ἐν τῷ νῦν αἰῶνιᵉ
2 Ti 4 10 ἀγαπήσας τὸν νῦν αἰῶναᵉ
Tit 2 12 εὐσεβῶς ζήσωμεν ἐν τῷ νῦν αἰῶνιᵉ
Hb 6 5 γευσαμένους – δυνάμεις τε μέλλοντος
αἰῶνοςᵏ – 9 26 → Mat 13 39

6) οἱ αἰῶνες = mundus, mundi
saecula

1 Co 10 11 εἰς οὓς τὰ τέλη τῶν αἰ. κατήντηκεν
Eph 3 11 κατὰ πρόθεσιν τῶν αἰ. ἣν ἐποίησεν
1 Ti 1 17 τῷ δὲ βασιλεῖ τῶν αἰ., – μόνῳ θεῷ
Hb 1 2 δι' οὗ καὶ ἐποίησεν τοὺς αἰῶνας
11 3 κατηρτίσθαι τοὺς αἰ. ῥήματι θεοῦ
(Ap 15 3 νl ὁ βασιλεὺς τῶν αἰώνων)

αἰώνιος aeternus ᵇcaelestis ᵉsaecularis
ᵈsempiternus αἰώνιος ζωή → ζωή
Mat 18 8 εἰς τὸ πῦρ τὸ αἰ. 25 41.46 εἰς κόλασιν
αἰ..ον Jud 7 πυρὸς αἰ..ου δίκην
Mar 3 29 ἔνοχός ἐστιν αἰ..ου ἁμαρτήματος
[16 brevior clausula τὸ – ἄφθαρτον κή-
ρυγμα τῆς αἰ. σωτηρίας vgᵒ]
Luc 16 9 δέξωνται ὑμᾶς εἰς τὰς αἰ. σκηνάς
Rm [16 25 μυστηρίου χρόνοις αἰ..οις σεσιγημέ-
νου] 2 Ti 1 9 χάριν, τὴν δοθεῖσαν ἡ-
μῖν – πρὸ χρόνων αἰ.ᵉ Tit 1 2 ἐπηγ-
γείλατο ὁ ἀψευδὴς θ. πρὸ χρ. αἰ.ᵉ
– [26 κατ' ἐπιταγὴν τοῦ αἰωνίου θεοῦ]
2 Co 4 17 αἰώνιον βάρος δόξης κατεργάζεται
– 18 τὰ δὲ μὴ βλεπόμενα αἰώνια
5 1 οἰκίαν – αἰώνιον ἐν τοῖς οὐρανοῖς
2 Th 1 9 δίκην τίσουσιν ὄλεθρον αἰώνιον
2 16 ὁ – δοὺς παράκλησιν αἰωνίαν
1 Ti 6 16 ᾧ τιμὴ καὶ κράτος αἰώνιονᵈ
2 Ti 2 10 σωτηρίας – μετὰ δόξης αἰ.ᵇ 1 Pe 5 10 ὁ
καλέσας – εἰς τὴν αἰ. αὐτοῦ δόξαν
Phm 15 ἵνα αἰώνιον (νl in aet.) αὐτὸν ἀπέχῃς
Hb 5 9 ἐγένετο – αἴτιος σωτηρίας αἰωνίου
6 2 κρίματος αἰωνίου (sc διδαχήν)
9 12 αἰωνίαν λύτρωσιν εὑράμενος
– 14 διὰ πνεύματος αἰωνίου (νl ἁγίου vg)
ἑαυτὸν προσήνεγκεν – τῷ θεῷ
– 15 οἱ κεκλημένοι τῆς αἰ. κληρονομίας
13 20 „ἐν αἵματι διαθήκης αἰωνίου"
2 Pe 1 11 ἡ εἴσοδος εἰς τὴν αἰ. βασιλείαν
Ap 14 6 εὐαγγέλιον αἰώνιον εὐαγγελίσαι

ἀκαθαρσία immunditia ᵇspurcitia
Mat 23 27 ἔσωθεν – γέμουσιν – πάσης ἀ..αςᵇ
Rm 1 24 παρέδωκεν αὐτοὺς ὁ θεὸς – εἰς ἀκ.
6 19 τὰ μέλη ὑμῶν δοῦλα τῇ ἀκαθ.
2 Co 12 21 τῶν – μὴ μετανοησάντων ἐπὶ τῇ ἀκ.
Gal 5 19 τὰ ἔργα τῆς σαρκός, – πορνεία, ἀκ.
Eph 5 3 πορν. – καὶ ἀκ. πᾶσα Col 3 5
Eph 4 19 εἰς ἐργασίαν ἀκαθαρσίας πάσης
1 Th 2 3 ἢ – παρἁκλησις ἡμῶν οὐκ – ἐξ ἀ..ας
4 7 οὐ γὰρ ἐκάλεσεν ἡμᾶς – ἐπὶ ἀ..ᾳ

ἀκάθαρτος immundus ᵇimmunditia
πνεῦμα, πνεύματα ἀκ. → πνεῦμα 2)

Act 10 14 οὐδέποτε ἔφαγον – κοινὸν καὶ ἀ..ον
11 8 10 28 μηδένα – ἀ..ον λέγειν ἄνϑρ.
1 Co 7 14 ἐπεὶ – τὰ τέκνα ὑμῶν ἀ..τά ἐστιν
2 Co 6 17 „ἀκαθάρτου μὴ ἅπτεσϑε"
Eph 5 5 πᾶς πόρνος ἢ ἀκ. – οὐκ ἔχει κληρον.
Ap 17 4 τὰ ἀκάθαρτα[b] τῆς πορνείας αὐτῆς
18 2 φυλακὴ παντὸς ὀρνέου ἀ..ου

ἀκαιρεῖσϑαι S⁰ – occupatum esse
Phl 4 10 ἐφ' ᾧ καὶ ἐφρονεῖτε, ἠκαιρεῖσϑε δέ

ἀκαίρως importune 2 Ti 4 2 εὐκαίρως ἀκ.

ἄκακος innocens Rm 16 18 Hb 7 26

ἄκανϑαι spinae Mat 7 16 ἀπὸ ἀ..ῶν σταφυ-
λάς ‖ Luc 6 44 σῦκα – Mat 13 7 ἔπεσεν
ἐπὶ τὰς ἀκ. 22 ‖ Mar 4 7.18 Luc 8 7 ἐν μέ-
σῳ τῶν ἀκ., καὶ συμφυεῖσαι αἱ ἄκ. 14 –
Mat 27 29 στέφανον ἐξ ἀκ. Joh 19 2 – Hb
6 8 „γῆ – ἐκφέρουσα – ἀκάνϑας"

ἀκάνϑινος στέφ. spineus Mar 15 17 Joh 19 5

ἄκαρπος [a]infructuosus [b]sine fructu
Mat 13 22 καὶ ἄκαρπος[b] γίνεται ‖ Mar 4 19
1 Co 14 14 ὁ δὲ νοῦς μου ἄκαρπός[b] ἐστιν
Eph 5 11 τοῖς ἔργοις τοῖς ἀκ.[a] τοῦ σκότους
Tit 3 14 ἵνα μὴ ὦσιν ἀ..οι[a] (sc οἱ ἡμέτεροι)
2 Pe 1 8 οὐκ ἀργοὺς οὐδὲ ἀ..ους[b] (sc ὑμᾶς vg)
καθίστησιν εἰς τὴν – Χοῦ ἐπίγνωσιν
Jud 12 δένδρα φϑινοπωρινὰ ἄκαρπα[a]

ἀκατάγνωστος irreprehensibilis
Tit 2 8 λόγον ὑγιῆ ἀ..ον, ἵνα ὁ ἐξ ἐναντίας

ἀκατακάλυπτος non velatus 1 Co 11 5.13

ἀκατάκριτος S⁰ – indemnatus Act 16 37 22 25

ἀκατάλυτος insolubilis Hb 7 16 ζωή

ἀκατάπαυστος (vl ..παστ.) S⁰ – incessabilis
2 Pe 2 14 ὀφθαλμοὺς – ἀκ..ους ἁμαρτίας

ἀκαταστασία [a]dissensio [b]inconstantia
[c]seditio Luc 21 9 πολέμους καὶ ἀ..ας[c]
1 Co 14 33 οὐ γάρ ἐστιν ἀ..ας[a] ὁ θεός 2 Co
6 5 ἐν ἀ..αις[c] 12 20 μή πως ἀ..αι[c] Jac 3 16
ἐκεῖ ἀκ.[b] καὶ πᾶν φαῦλον πρᾶγμα

ἀκατάστατος [a]inconstans [b]inquietus

Jac 1 8 ἀνὴρ δίψυχος, ἀκ.[a] 3 8 ἀ..ον[b] κακόν

Ἀκελδαμάχ Act 1 19 χωρίον αἵματος

ἀκέραιος simplex
Mat 10 16 γίνεσϑε – ἀ..οι ὡς αἱ περιστεραί
Rm 16 19 ὑμᾶς – εἶναι – ἀ..ους – εἰς τὸ κακόν
Phl 2 15 ἵνα γένησϑε ἄμεμπτοι καὶ ἀ..οι

ἀκλινής indeclinabilis Hb 10 23 κατέχωμεν
τὴν ὁμολογίαν τῆς ἐλπίδος ἀκλινῆ

ἀκμάζειν maturum esse Ap 14 18 σταφυλαί

ἀκμήν S⁰ – adhuc Mat 15 16 ἀσύνετοι –;

ἀκοή auditus [b]auris, ..es [c]fama
[d]opinio [e]rumor [f]audire

1) auditus, auris: Mat 13 14 Mar 7 35 ἠνοί-
γησαν – αἱ ἀκοαί[b] Luc 7 1 εἰς τὰς ἀκοὰς[b] τοῦ
λαοῦ Act 17 20[b] ἡμῶν 28 26[b] – 1 Co 12 17 ποῦ
ἡ ἀκοή; 2 Ti 4 3 κνηϑόμενοι τὴν ἀκοήν[b] 4 ἀπὸ
– ἀληθείας τὴν ἀκ. ἀποστρέψουσιν Hb 5 11 νω-
ϑροὶ – ταῖς ἀκοαῖς[f] (ad audiendum) 2 Pe 2 8
βλέμματι – καὶ ἀκοῇ – ψυχὴν δικαίαν ἀνόμοις
ἔργοις ἐβασάνιζεν

2) fama, rumor: Mat 4 24 ἀπῆλϑεν ἡ ἀκ.[d]
αὐτοῦ Mar 1 28[e] – Mat 14 1 ἤκουσεν – τὴν ἀκ.[c]
Ἰησοῦ – 24 6 πολέμους καὶ ἀκοὰς[d] πολέμων
Mar 13 7[d]

3) praedicatio auditus
Joh 12 38 „τίς ἐπίστευσεν τῇ ἀκ. ἡμ.;" Rm 10 16
Rm 10 17 ἄρα ἡ πίστις ἐξ ἀκοῆς, ἡ δὲ ἀκοὴ
διὰ ῥήματος Χοῦ
Gal 3 2 ἢ ἐξ ἀκοῆς πίστεως; 5 idem
1 Th 2 13 παραλαβόντες λόγον ἀ..ῆς Hb 4 2

ἀκολουθεῖν sequi cfr ἐπακολουϑεῖν
1) Jesum sequi, facere cum Jesu
Mat 4 20 ἠκολούθησαν αὐτῷ 22 8 23 Mar 1 18 6 1
Luc 5 11 Joh 1 37.38.40 – Luc 22 39
– 25 ἠκολούθησαν αὐτῷ ὄχλοι 8 1 12 15
14 13 19 2 20 29 (ὄχλος) Mar 3 7 (πολὺ
πλῆϑος) 5 24 Luc 7 9 9 11 23 27 Joh 6 2
8 10 εἶπεν τοῖς ἀκολουϑοῦσιν 21 9 (οἱ
προάγοντες – χαὶ οἱ ἀκ. ἔχραζον Mar
11 9) Mar 10 32 οἱ – ἀκ. ἐφοβοῦντο
– 19 ἀκολουϑήσω σοι ‖ Luc 9 57.61
– 22 ἀκολούϑει μοι ‖ Luc 9 59 – Mat 9 9
(Matth.) ‖ Mar 2 14 (Levi) Luc 5 27.28
– Mat 19 21 (iuveni:) δεῦρο ἀκ. μοι

|| Mar 10₂₁ Luc 18₂₂ – Joh 1₄₃ (Phil.)
12₂₆ ἐὰν ἐμοί τις διακονῇ, ἐμοὶ ἀκο-
λουθείτω 21₁₉ (Petro:) ἀκ..ει μοι ₂₂
– ₂₀ βλέπει τὸν μαθητὴν ὃν ἠγάπα
ὁ Ἰησοῦς ἀκολουθοῦντα
Mat 9₂₇ ἠκολούθησαν [αὐτῷ] δύο τυφλοί 20₃₄
|| Mar 10₅₂ ἠκολούθει αὐτῷ Luc 18₄₃
10₃₈ ὃς οὐ λαμβάνει τὸν σταυρὸν αὐτοῦ
καὶ ἀκ..εῖ ὀπίσω μου 16₂₄ ἄρατω τὸν
στ. – καὶ ἀκ..είτω μοι || Mar 8₃₄ Luc
9₂₃ – Joh 12₂₆ → Mat 8₂₂
19₂₇ ἠκ..ήσαμέν σοι || Mar 10₂₈ Luc 18₂₈
– ₂₈ ὑμεῖς οἱ ἀκολουθήσαντές μοι
26₅₈ Πέτρος ἠκολούθει αὐτῷ || Mar 14₅₄
Luc 22₅₄ Joh 18₁₅ καὶ ἄλλος μαθη.
27₅₅ γυναῖκες–, αἵτινες ἠκ..ησαν τῷ Ἰησ.
|| Mar 15₄₁ ἠκ..ουν αὐτῷ κ. διηκόνουν
Mar 2₁₅ ἠκολούθουν αὐτῷ (sc τελῶναι)
9₃₈ εἴδομέν τινα – (vl +, ὃς οὐκ ἀκ..εῖ
ἡμῖν,) καὶ ἐκωλύομεν αὐτόν, ὅτι οὐκ
ἠκ..ει ἡμῖν || Luc 9₄₉
Joh 8₁₂ ὁ ἀκ..ῶν ἐμοὶ οὐ μὴ περιπατήσῃ ἐν τῇ
σκοτίᾳ, ἀλλ' ἕξει τὸ φῶς
10₄ τὰ πρόβατα αὐτῷ ἀκ..εῖ ₅ ἀλλοτρίῳ
– οὐ μὴ ἀκ..ήσουσιν ₂₇ ἀκ..οῦσίν μοι
13₃₆ οὐ δύνασαί μοι νῦν ἀκ..ῆσαι, ἀκολου-
θήσεις δὲ ὕστερον ₃₇ διὰ τί οὐ δύνα-
μαί σοι ἀκολουθῆσαι ἄρτι;
1₃₇.₃₈.₄₀ → Mat 4₂₀ – Joh 1₄₃ 12₂₆ 21₁₉.
20.₂₂ → Mat 8₂₂ – Joh 6₂ → Mat 4₂₅
Joh 18₁₅ → Mat 26₅₈
Ap 14₄ οἱ ἀκ..οῦντες τῷ ἀρνίῳ ὅπου – ὑπάγῃ

2) reliqui loci

Mat 9₁₉ Mar 14₁₃ || Luc 22₁₀ – Joh 11₃₁ 20₆ 21₂₀
Act 12₈.₉ 13₄₃ ἠκ..ησαν πολλοὶ τῶν Ἰουδ. καὶ
τῶν – προσηλύτων τῷ Παύλῳ 21₃₆ – 1 Co 10₄
ἐκ – ἀκ..ούσης πέτρας – Ap 6₈ ὁ ᾅδης ἠκ..ει
μετ' αὐτοῦ 14₈.₉.₁₃ τὰ γὰρ ἔργα αὐτῶν ἀκ..εῖ
μετ' αὐτῶν – 19₁₄ τὰ στρατεύματα [τα] ἐν τῷ
οὐρανῷ ἠκ..ει αὐτῷ ἐφ' ἵπποις λευκοῖς

*ἀκούειν audire ᵇexaudire
Mat 7₂₄ ὅστις ἀκούει μου τοὺς λόγους–
καὶ ποιεῖ ₂₆ πᾶς ὁ ἀκούων – καὶ μὴ
ποιῶν || Luc 6₄₇ ἀ..ων μου τῶν λό-
γων ₄₉ cfr Luc 8₂₁ οἱ τὸν λόγον
τοῦ θεοῦ ἀ..οντες καὶ ποιοῦντες
11₂₈ καὶ φυλάσσοντες Joh 12₄₇ ἐάν
τίς μου ἀκούσῃ τῶν ῥημάτων καὶ μὴ
φυλάξῃ cfr 5₂₄ ὁ τὸν λόγον μου ἀ..ων
καὶ πιστεύων τῷ πέμψαντί με

Mat 10₁₄ ὃς ἂν μὴ – ἀ..σῃ τοὺς λόγους ὑμῶν
– ₂₇ ὃ εἰς τὸ οὖς ἀκούετε, κηρύξατε
11₅ κωφοὶ ἀ..ουσιν || Luc 7₂₂ cfr Mar 7₃₇
τοὺς κωφοὺς ποιεῖ ἀκούειν
– 15 ὁ ἔχων ὦτα ἀκουέτω 13₉.₄₃ –
Mar 4₉ ὃς ἔχει ὦτα ἀ..ειν ἀ..έτω ₂₃
Luc 8₈ 14₃₅ cfr Ap 2₇ ὁ ἔχων οὖς
ἀ..σάτω τί τὸ πνεῦμα λέγει 11.17.29
3₆.13.22 13₉
13₁₃ ἀ..οντες οὐκ ἀ..ουσιν 16 ὑμῶν δέ μα-
κάριοι–, καὶ τὰ ὦτα – ὅτι ἀ..ουσιν 17
πολλοὶ – ἐπεθύμησαν – ἀ..οῦσαι ἃ ἀ..
ετε καὶ οὐκ ἤκ..σαν || Mar 4₁₂ Luc 8₁₀
10₂₄ cfr Mat 13₁₄ „ἀκοῇ ἀκούσετε
καὶ οὐ μὴ συνῆτε" 15 „βαρέως ἤκου-
σαν – μήποτε – τοῖς ὠσὶν ἀκούσωσιν"
Act 28₂₆.₂₇ cfr Rm 11₈
– 19.20 οὗτός ἐστιν ὁ τὸν λόγον ἀκούων
καὶ – λαμβάνων 22.23 καὶ συνιείς ||
Mar 4₁₅.₁₆.₁₈.₂₀ Luc 8₁₂-₁₅
15₁₀ ἀκούετε καὶ συνίετε || Mar 7₁₄
17₅ ἀκούετε αὐτοῦ || Mar 9₇ Luc 9₃₅
18₁₅ ἐάν σου ἀκούσῃ (ὁ ἀδελφός) 16 μὴ
Mar 4₂₄ βλέπετε τί ἀ..ετε || Luc 8₁₈ πῶς ἀ..ετε
Luc 10₁₆ ὁ ἀκούων ὑμῶν ἐμοῦ ἀκούει
12₃ ὅσα ἐν τῇ σκοτίᾳ εἴπατε ἐν τῷ φωτὶ
ἀκουσθήσεται
15₁ ἐγγίζοντες – τελῶναι – ἀ..ειν αὐτοῦ
16₂ τί τοῦτο ἀκούω περὶ σοῦ; ἀπόδος
– 29 ἀκουσάτωσαν αὐτῶν 31 εἰ Μωϋσέως
καὶ τῶν προφητῶν οὐκ ἀκούουσιν
Joh 3₈ τὴν φωνὴν αὐτοῦ ἀ..εις, ἀλλ' οὐκ
– 32 ὃ ἑώρακεν καὶ ἤκουσεν, – μαρτυρεῖ
cfr 8₂₆ ἃ ἤκουσα παρ' αὐτοῦ, – λαλῶ
40 τὴν ἀλήθειαν –, ἣν ἤ..σα παρὰ τοῦ
θεοῦ (38 ὑμεῖς – ἃ ἠ..σατε (vl ἑωρά-
κατε vg) παρὰ τοῦ πατρὸς (vl + ὑμῶν)
ποιεῖτε) 15₁₅ πάντα ἃ ἤκουσα – ἐγνώ-
ρισα ὑμῖν
4₄₂ αὐτοὶ γὰρ ἀκηκόαμεν, καὶ οἴδαμεν
5₂₅ οἱ νεκροὶ ἀκούσουσιν τῆς φωνῆς
τοῦ υἱοῦ τοῦ θεοῦ καὶ οἱ ἀκούσαντες
ζήσουσιν 28 – 5₂₄ → Mat 7₂₄
– 30 καθὼς ἀκούω κρίνω, καὶ ἡ κρίσις
– 37 οὔτε φωνὴν αὐτοῦ πώποτε ἀκηκόατε
6₄₅ πᾶς ὁ ἀκούσας παρὰ τοῦ πατρὸς καὶ
μαθὼν ἔρχεται πρὸς ἐμέ
– 60 τίς δύναται αὐτοῦ ἀκούειν;
8₄₃ οὐ δύνασθε ἀ..ειν τὸν λόγον τὸν ἐμὸν
– 47 ὁ ὢν ἐκ τοῦ θεοῦ τὰ ῥήματα τ. θεοῦ
ἀ..ει· ὑμεῖς οὐκ ἀ..ετε, ὅτι 18₃₇ ὁ ὢν
ἐκ τῆς ἀληθ. ἀ..ει μου τῆς φωνῆς

Joh 927 εἶπον ὑμῖν – καὶ οὐκ ἡ..σατε· τί πάλιν
θέλετε ἀ.ειν; 31 ἁμαρτωλῶν ὁ θεὸς
οὐκ ἀ..ει, ἀλλ' ἐάν τις θεοσεβὴς ἦ –,
τούτου ἀκούει[b]
10 3 τὰ πρόβατα τῆς φωνῆς αὐτοῦ ἀ..ει
8 οὐκ ἤ..σαν αὐτῶν τὰ πρόβατα 16
τῆς φωνῆς μου ἀ..σουσιν 27 ἀ..ουσιν
– 20 μαίνεται· τί αὐτοῦ ἀκούετε;
1141 εὐχαριστῶ σοι ὅτι ἤκουσάς μου 42
1234 ἡ..σαμεν ἐκ τοῦ νόμου ὅτι ὁ χριστὸς
μένει εἰς τὸν αἰῶνα – 47 –＞ Mat 724
1424 ὁ λόγος ὃν ἀ..ετε οὐκ ἔστιν ἐμός
1613 ὅσα ἀ..ει (sc τὸ πνεῦμα) λαλήσει
Act 233 ἐξέχεεν τοῦτο ὃ ὑμεῖς – ἀ..ετε
322 „αὐτοῦ ἀ..σεσθε" 23 „ψυχὴ ἥτις ἐὰν
μὴ ἀκούσῃ τοῦ προφήτου ἐκείνου"
419 εἰ δίκαιόν ἐστιν –, ὑμῶν ἀκούειν μᾶλ-
λον ἢ τοῦ θεοῦ, κρίνατε 20 οὐ δυνά-
μεθα – ἃ – ἡ..σαμεν μὴ λαλεῖν
13 7 ἐπεζήτησεν ἀκοῦσαι τὸν λόγον τοῦ
θεοῦ 44 1910 τοῦ κυρίου – 157 ἀ..σαι
τὰ ἔθνη τὸν λόγον τοῦ εὐαγγελίου
1721 λέγειν τι ἢ ἀ..ειν τι καινότερον
– 32 ἀ..σαντες – ἀνάστασιν νεκρῶν, –, οἱ
δὲ εἶπαν· ἀ..σόμεθά σου – πάλιν
2424 ἤκουσεν αὐτοῦ περὶ τῆς – πίστεως
2828 αὐτοὶ (sc τὰ ἔθνη) καὶ ἀ..σονται
Rm 1014 πῶς – πιστεύσωσιν οὗ οὐκ ἤ..σαν; πῶς
– ἀ..σωσιν χωρὶς κηρύσσοντος; 18 ἀλ-
λὰ λέγω, μὴ οὐκ ἤ..σαν;
1521 „οἳ οὐκ ἀκηκόασιν συνήσουσιν"
1 Co 2 9 ἃ – „οὓς οὐκ ἤκουσεν"
5 1 ὅλως ἀκούεται ἐν ὑμῖν πορνεία
Eph 1 13 ἀκούσαντες τὸν λόγον τῆς ἀληθ.
421 τὸν Χόν, εἴ γε αὐτὸν ἠκούσατε
1 Ti 416 σεαυτὸν σώσεις καὶ τοὺς ἀ..οντάς σου
2 Ti 214 ἐπὶ καταστροφῇ τῶν ἀκ.
Hb 2 1 δεῖ – προσέχειν ἡμᾶς τοῖς ἀ..σθεῖσιν
3 7 „ἐὰν τῆς φωνῆς αὐτοῦ ἀ..σητε" 15 47
Jac 1 19 πᾶς ἄνθρ. ταχὺς εἰς τὸ ἀκοῦσαι
2 Pe 118 τὴν φωνὴν – ἡ..σαμεν ἐξ οὐρανοῦ
1 Jo 1 1 ὃ ἀκηκόαμεν 3 ὃ – ἀκηκόαμεν, ἀπαγ-
γέλλομεν καὶ ὑμῖν 5 ἔστιν αὕτη ἡ ἀγ-
γελία ἣν ἀκηκόαμεν ἀπ' αὐτοῦ
2 7 ὁ λόγος ὃν ἠ..σατε 24 ὃ ἠ..σατε ἀπ'
ἀρχῆς, ἐν ὑμῖν μενέτω. κτλ 311 ἣ ἀγ-
γελία ἣν ἠ..σατε ἀπ' ἀρχῆς
– 18 καθὼς ἠ..σατε ὅτι ἀντίχριστος ἔρχε-
ται 43 ὃ ἀκηκόατε ὅτι ἔρχεται
4 5 ὁ κόσμος αὐτῶν ἀκούει 6 ὁ γινώσκων
τὸν θεὸν ἀ..ει ἡμῶν, ὃς οὐκ ἔστιν ἐκ
τοῦ θεοῦ οὐκ ἀ..ει ἡμῶν

1 Jo 514 ἐάν τι αἰτώμεθα – ἀκούει ἡμῶν 15
ἀκούει ἡμῶν ὃ ἐὰν αἰτώμεθα
Ap 2 7ss 36ss 139 –＞ Mat 1115

ἀκρασία incontinentia Mat 2325 γέμουσιν ἐξ
– ἀ..ας (vl ἀκαθαρσίας vg immunditia)
– 1 Co 7s ἵνα μὴ πειράζῃ ὑμᾶς ὁ σατα-
νᾶς διὰ τὴν ἀκρασίαν ὑμῶν

ἀκρατής incontinens 2 Ti 33 ἀκρατεῖς

ἄκρατος (οἶνος) merum Ap 1410

ἀκρίβεια veritas Act 223 τοῦ – νόμου

ἀκριβής certus Act 265 αἵρεσις

ἀκριβοῦν S° – [a]diligenter discere [b]exquire-
re Mat 27 ἡ..ωσεν[a] – τὸν χρόνον 16[b]

ἀκριβῶς, ..έστερον diligenter [b]diligentius
[c]caute [d]certius [e]certissime
Mat 28 Luc 13 Act 1825.26[b] 2315[d] 20[d] 2422[e]
Eph 515 βλέπετε – ἀκ.[c] πῶς (vl πῶς ἀκ. vg)
περιπατεῖτε – 1 Th 52 ἀκ. οἴδατε

ἀκρίδες locustae Mat 34 Mar 16 Ap 93.7

ἀκροατήριον S° – auditorium Act 2523

ἀκροατής auditor Rm 213 οὐ γὰρ οἱ ἀκ.
νόμου δίκαιοι – Jac 122 γίνεσθε δὲ – μὴ
μόνον ἀ.αί 23 εἴ τις ἀ.ὴς λόγου ἐστίν 25
οὐκ ἀ..ὴς ἐπιλησμονῆς γενόμενος

ἀκροβυστία praeputium
Act 11 3 εἰσῆλθες πρὸς ἄνδρας ἀ..αν ἔχοντας
Rm 225 ἡ περιτομή σου ἀκ. γέγονεν 26 ἐὰν –
ἡ ἀκ. τὰ δικαιώματα τοῦ νόμου φυ-
λάσσῃ, οὐχ ἡ ἀκ. αὐτοῦ εἰς περιτο-
μὴν λογισθήσεται; 27 καὶ κρινεῖ ἡ ἐκ
φύσεως ἀκ. τὸν νόμον τελοῦσα σὲ
τὸν – παραβάτην νόμου
330 δικαιώσει – ἀ..αν διὰ τῆς πίστεως
4 9 ὁ μακαρισμὸς – ἐπὶ τὴν ἀκ.; 10 πῶς –
ἐλογίσθη; ἐν περιτομῇ ὄντι ἢ ἐν ἀ..
ᾳ; – ἐν ἀ..ᾳ 11 σφραγῖδα τῆς δικαιο-
σύνης τῆς πίστεως τῆς ἐν τῇ ἀκ., εἰς
τὸ εἶναι – πατέρα – τῶν πιστευόντων
δι' ἀ..ας 12 τοῖς στοιχοῦσιν τοῖς ἴχνε-
σιν τῆς ἐν ἀ..ᾳ πίστεως τοῦ – Ἀβραάμ
1 Co 718 ἐν ἀ..ᾳ κέκληταί τις; 19 ἡ ἀκ. οὐδέν

ἐστιν, ἀλλὰ τήρησις ἐντολῶν
Gal 2 7 ὅτι πεπίστευμαι τὸ εὐαγγ. τῆς ἀκρ.
5 6 ἐν – Χῷ 'Ι. οὔτε περιτομή τι ἰσχύει
οὔτε ἀκ., ἀλλὰ πίστις δι' ἀγάπης ἐνερ-
γουμένη 6 15 ἀλλὰ καινὴ κτίσις
Eph 2 11 ὑμεῖς τὰ ἔθνη –, οἱ λεγόμενοι ἀκ.
Col 2 13 ὑμᾶς νεκροὺς – τῇ ἀκ. τῆς σαρκός
3 11 ὅπου οὐκ ἔνι – περιτομὴ καὶ ἀκ.

ἀκρογωνιαῖος (λίθος) *summus angularis*
1 Pe 2 6 Eph 2 20 ὄντος „ἀ..ου" αὐτοῦ Χοῦ 'Ι.

ἀκροθίνια, τά Sᵒ – *praecipua* Hb 7 4

ἄκρον *summum* ᵇ*extremum* ᶜ*fastigium*
ᵈ*terminus* Mat 24 31ᵃ et ᵈ ‖ Mar 13 27 –
Luc 16 24ᵇ τοῦ δακτύλου Hb 11 21ᶜ

'Ακύλας Act 18 2.18.26 Rm 16 3 1 Co 16 19 2 Ti 4 19

ἀκυροῦν *irritum facere* ᵇ*rescindere*
Mat 15 6 ἠκυρώσατε τὸν λόγον (vl νόμον et
τὴν ἐντολὴν) τοῦ θεοῦ ‖ Mar 7 13ᵇ
Gal 3 17 διαθήκην – ὁ – νόμος οὐκ ἀκυροῖ

ἀκωλύτως Sᵒ – *sine prohibitione* Act 28 31

ἄκων *invitus* 1 Co 9 17 εἰ δὲ ἄκων

ἀλάβαστρος, ..ον μύρου *alabastrum*
Mat 26 7 ‖ Mar 14 3 τὴν (vl τόν, τό) ἀ. Luc 7 37

ἀλαζονεία *superbia* Jac 4 16 καυχᾶσθε ἐν
ταῖς ἀλ. ὑμῶν 1 Jo 2 16 ἡ ἀλ. τοῦ βίου

ἀλαζόνες *elati* Rm 1 30 2 Ti 3 2

ἀλαλάζειν ᵃ*eiulare* ᵇ*tinnire* Mar 5 38ᵃ πολ-
λά 1 Co 13 1 γέγονα – κύμβαλον ἀ..ονᵇ

ἀλάλητος Sᵒ – *inenarrabilis* Rm 8 26 τὸ
πνεῦμα ὑπερεντυγχάνει στεναγμοῖς ἀ..οις

ἄλαλος *mutus* Mar 7 37 ποιεῖ – ἀ..ους λαλεῖν
9 17 πνεῦμα ἄ..ον 25 τὸ ἄ. – πνεῦμα

ἅλας (vl ἅλα) *sal* Mat 5 13 ὑμεῖς ἐστε τὸ
ἅλας τῆς γῆς· ἐὰν δὲ τὸ ἅλας μωρανθῇ
‖ Luc 14 34 καλὸν – τὸ ἅλας· ἐὰν δὲ καὶ
τὸ ἅλ. μωρ. Mar 9 50 καλὸν τὸ ἅλας· ἐὰν
δὲ τὸ ἅλας ἄναλον γένηται –; ἔχετε ἐν
ἑαυτοῖς ἅλα (49 vl πᾶς – πυρὶ ἁλισθήσε-

ται καὶ πᾶσα θυσία ἁλὶ ἁλισθήσεται)
Col 4 6 ὁ λόγος ὑμῶν πάντοτε ἐν χάριτι,
ἅλατι ἠρτυμένος

ἀλείφειν *ungere*
Mat 6 17 νηστεύων ἄλειψαί σου τὴν κεφαλήν
Mar 6 13 ἤλειφον ἐλαίῳ – ἀρρώστους καὶ ἐθε-
ράπευον Jac 5 14 ἀλείψαντες [αὐτὸν]
ἐλαίῳ

ἀλεκτοροφωνία Sᵒ – *galli cantus* Mar 13 35

ἀλέκτωρ *gallus* Mat 26 34.74 s ‖ Mar 14 30.68.
72 Luc 22 34.60 s Joh 13 38 18 27

'Αλεξανδρεύς Act 6 9 18 24 'Απολλῶς

'Αλεξανδρῖνον (πλοῖον) Act 27 6 28 11

'Αλέξανδρος Mar 15 21 Simonis Cyrenaei
filius – Act 4 6 ἐκ γένους ἀρχιερατικοῦ
– 19 33 Judaeus quidam Ephesius –
1 Ti 1 20 περὶ τὴν πίστιν ἐναυάγησαν· ὧν
ἐστιν – 'Αλ. 2 Ti 4 14 'Αλ. ὁ χαλκεύς

ἄλευρον *farina* Mat 13 33 ‖ Luc 13 21

ἀλήθεια *veritas* ᵇ(ἐπ' ἀ..ας) *vere*
Mat 22 16 τὴν ὁδὸν τοῦ θεοῦ ἐν ἀ..ᾳ διδάσκεις
‖ Mar 12 14 ἐπ' ἀ..ας Luc 20 21 – Mar
12 32 ἐπ' ἀλ. εἶπες Luc 4 25 ἐπ' ἀλ. –
λέγω ὑμῖν 22 59 ἐπ' ἀλ.ᵇ καὶ οὗτος
μετ' αὐτοῦ ἦν Act 4 27 συνήχθησαν –
ἐπ' ἀλ.ᵇ – ἐπὶ τὸν – παῖδά σου 10 34
ἐπ' ἀλ. καταλαμβάνομαι
Mar 5 33 εἶπεν αὐτῷ πᾶσαν τὴν ἀλήθειαν
Joh 1 14 πλήρης χάριτος καὶ ἀληθείας 17 ἡ
χάρις καὶ ἡ ἀλ. διὰ 'Ι. Χοῦ ἐγένετο
3 21 ὁ – ποιῶν τὴν ἀλ. 1 Jo 1 6 οὐ ποιοῦμεν
4 23 προσκυνήσουσιν – ἐν πνεύματι καὶ ἀλ.
24 ἐν πν. καὶ ἀλ. δεῖ προσκυνεῖν
5 33 μεμαρτύρηκεν (sc 'Ιω.) τῇ ἀληθείᾳ
cfr 18 37 ἵνα μαρτυρήσω τῇ ἀλ. 3 Jo 3
μαρτυρούντων σου τῇ ἀλ.
8 32 γνώσεσθε τὴν ἀλ., καὶ ἡ ἀλ. ἐλευθε-
ρώσει ὑμᾶς 2 Jo 1 οἱ ἐγνωκότες τ. ἀλ.
– 40 ὃς τὴν ἀλ. ὑμῖν λελάληκα, ἣν ἤκουσα 45 ὅτι τὴν ἀλ. λέγω 46 εἰ ἀ..αν λέ-
γω, διὰ τί –; 167 τὴν ἀλ. λέγω ὑμῖν
Joh 8 44 ἐν τῇ ἀλ. οὐκ ἔστηκεν, ὅτι οὐκ ἔστιν
ἀλήθεια ἐν αὐτῷ – 1 Jo 1 8 ἡ ἀλ.
οὐκ ἔστιν ἐν ἡμῖν 2 4 ἐν τούτῳ ἡ ἀλ.
οὐκ ἔστιν

14 6 ἐγώ εἰμι ἡ ὁδὸς καὶ ἡ ἀλήθεια
  – 17 δώσει ὑμῖν – τὸ πνεῦμα τῆς ἀλ. 15 26
  16 13 τὸ πν. τῆς ἀλ., ὁδηγήσει ὑμᾶς
  ἐν τῇ ἀλ. πάσῃ 1 Jo 4 6 γινώσκομεν
  τὸ πν. τῆς ἀλ. καὶ τὸ πν. τ. πλάνης
17 17 ἁγίασον αὐτοὺς ἐν τῇ ἀλ.· ὁ λόγος ὁ
  σὸς ἀλήθειά ἐστιν 19 ἵνα ὦσιν καὶ αὐ-
  τοὶ ἡγιασμένοι ἐν ἀληθείᾳ
18 37 πᾶς ὁ ὢν ἐκ τῆς ἀληθείας ἀκού-
  ει μου τῆς φωνῆς 1 Jo 2 21 πᾶν ψεῦ-
  δος ἐκ τῆς ἀλ. οὐκ ἔστιν 3 19 γνωσό-
  μεθα ὅτι ἐκ τῆς ἀλ. ἐσμέν
  – 38 ὁ Πιλᾶτος· τί ἐστιν ἀλήθεια;
Act 26 25 ἀ..ας καὶ σωφροσύνης ῥήματα
Rm 1 18 ἀνθρώπων τῶν τὴν ἀλ. ἐν ἀδικίᾳ κατ-
  εχόντων
  – 25 μετήλλαξαν τὴν ἀλ. τοῦ θεοῦ ἐν τῷ
  ψεύδει 3 7 εἰ δὲ ἡ ἀλ. τ. θ. ἐν τῷ ἐμῷ
  ψεύσματι ἐπερίσσευσεν εἰς τὴν δόξαν
  αὐτοῦ 15 8 Χὸν διάκονον γεγενῆσθαι
  περιτομῆς ὑπὲρ ἀληθείας θεοῦ
  2 2 τὸ κρίμα τοῦ θεοῦ ἐστιν κατὰ ἀ..αν
  – 8 τοῖς – ἀπειθοῦσι τῇ ἀληθείᾳ
  – 20 ἔχοντα τὴν μόρφωσιν τῆς γνώσεως
  καὶ τῆς ἀληθείας ἐν τῷ νόμῳ
9 1 ἀ..αν λέγω ἐν Χῷ 1 Ti 2 7 ἀ..αν λέγω
1 Co 5 8 ἐν ἀζύμοις εἰλικρινείας καὶ ἀ..ας
  13 6 συγχαίρει δὲ τῇ ἀληθείᾳ
2 Co 4 2 φανερώσει τῆς ἀλ. συνιστάνοντες ἑ-
  αυτοὺς 6 7 ἐν λόγῳ ἀληθείας
  7 14 ὡς πάντα ἐν ἀ..ᾳ ἐλαλήσαμεν ὑμῖν,
  – ἡ καύχησις ἡμῶν – ἀλ. ἐγενήθη
  11 10 ἔστιν ἀλ. Χοῦ ἐν ἐμοί, ὅτι ἡ καύχ.
  12 6 οὐκ ἔσομαι ἄφρων, ἀ..αν γὰρ ἐρῶ
  13 8 οὐ γὰρ δυνάμεθά τι κατὰ τῆς ἀλη-
  θείας, ἀλλὰ ὑπὲρ τῆς ἀληθείας
Gal 2 5 ἵνα ἡ ἀλ. τοῦ εὐαγγελίου διαμείνῃ
  πρὸς ὑμᾶς 14 ὅτι οὐκ ὀρθοποδοῦσιν
  πρὸς τὴν ἀλήθειαν τοῦ εὐαγγελίου
  5 7 τίς – ἐνέκοψεν [τῇ] ἀ..ᾳ μὴ πείθεσθαι;
Eph 1 13 ἀκούσαντες τὸν λόγον τῆς ἀ..ας
  4 21 καθώς ἐστιν ἀλήθεια ἐν τῷ Ἰησοῦ
  – 24 κατὰ θεὸν κτισθέντα ἐν – ὁσιότητι
  τῆς ἀλ. 25 „λαλεῖτε ἀ..αν – μετά"
  5 9 καρπὸς τοῦ φωτὸς ἐν πάσῃ ἀ..ᾳ
  6 14 „περιζωσάμενοι τὴν ὀσφὺν – ἐν ἀ..ᾳ"
Phl 1 18 παντὶ τρόπῳ, εἴτε προφάσει εἴ. ἀ..ᾳ
Col 1 5 ἐλπίδα –, ἣν προηκούσατε ἐν τῷ λό-
  γῳ τῆς ἀλ. τοῦ εὐαγγ. 6 ἐπέγνωτε
  τὴν χάριν τοῦ θεοῦ ἐν ἀ..ᾳ
2 Th 2 10 τὴν ἀγάπην τῆς ἀλ. οὐκ ἐδέξαντο
  – 12 οἱ μὴ πιστεύσαντες τῇ ἀλ. 13 εἵλατο

ὑμᾶς ὁ θεὸς – ἐν – πίστει ἀ..ας
1 Ti 2 4 2 Ti 2 25 3 7 Tit 1 1 → ἐπίγνωσις
  – 7 διδάσκαλος ἐθνῶν ἐν πίστει καὶ ἀλ.
  3 15 στῦλος καὶ ἑδραίωμα τῆς ἀληθείας
  4 3 τοῖς πιστοῖς καὶ ἐπεγνωκόσι τὴν ἀλ.
  6 5 ἀνθρώπων – ἀπεστερημένων τῆς ἀλ.
  2 Ti 3 8 ἀνθίστανται τῇ ἀλ. 4 4 ἀπὸ
  – τῆς ἀλ. τὴν ἀκοὴν ἀποστρέψουσιν
  Tit 1 14 ἀποστρεφομένων τὴν ἀλήθ.
2 Ti 2 15 ὀρθοτομοῦντα τὸν λόγον τῆς ἀλ.
  – 18 οἵτινες περὶ τὴν ἀλ. ἠστόχησαν
Hb 10 26 → ἐπίγνωσις 1 Ti 2 4
Jac 1 18 ἀπεκύησεν ἡμᾶς λόγῳ ἀληθείας
  3 14 μὴ – ψεύδεσθε κατὰ τῆς ἀληθείας
  5 19 ἐάν τις ἐν ὑμῖν πλανηθῇ ἀπὸ τ. ἀλ.
1 Pe 1 22 τὰς ψυχὰς ὑμῶν ἡγνικότες ἐν τῇ ὑπα-
  κοῇ τῆς ἀλ. (vg charitatis)
2 Pe 1 12 ἐστηριγμένους ἐν τῇ παρούσῃ ἀλ.
  2 2 δι' οὓς ἡ ὁδὸς τῆς ἀλ. βλασφημηθή-
1 Jo 1 6.8 24 → Joh 3 21 8 44   [σεται
  2 21 οὐκ ἔγραψα ὑμῖν ὅτι οὐκ οἴδατε τὴν
  ἀλ., ἀλλ' ὅτι οἴδ. αὐτήν → Joh 18 37
  3 18 ἀγαπῶμεν – ἐν ἔργῳ καὶ ἀληθείᾳ
  – 19 → Joh 18 37 – 1 Jo 4 6 → Joh 14 17
  5 6 ὅτι τὸ πνεῦμά ἐστιν ἡ ἀλήθεια
2 Jo 1 οὓς – ἀγαπῶ ἐν ἀ..ᾳ, – καὶ πάντες οἱ
  ἐγνωκότες τὴν ἀλ. – 3 Jo 1
  2 διὰ τὴν ἀλ. τὴν μένουσαν ἐν ἡμῖν
  3 ἔσται μεθ' ἡμῶν χάρις – ἐν ἀ..ᾳ
  4 περιπατοῦντας ἐν ἀ..ᾳ 3 Jo 3.4
3 Jo 3 – Joh 5 33 – 8 συνεργοὶ γινώμεθα τῇ ἀλ.
  12 Δημητρίῳ μεμαρτύρηται ὑπὸ πάντων
  καὶ ὑπὸ αὐτῆς τῆς ἀληθείας

ἀλήθειν molere Mat 24 41 ‖ Luc 17 35

ἀληθεύειν ᵃverum dicere ᵇveritatem facere
Gal 4 16 ἐχθρὸς ὑμῶν γέγονα ἀ..αν ᵃ ὑμῖν;
Eph 4 15 ἀ..οντες ᵇ – ἐν ἀγάπῃ αὐξήσωμεν

ἀληθής verus ᵇverax ᶜvere
Mat 22 16 οἴδαμεν ὅτι ἀληθής ᵇ εἶ ‖ Mar 12 14 ᵇ
Joh 3 33 ὅτι ὁ θεὸς ἀλ. ᵇ ἐστιν 8 26 ὁ πέμψας
  με ἀλ. ᵇ ἐστιν Rm 3 4 γινέσθω – ὁ θ.
  ἀλ. ᵇ, „πᾶς δὲ ἄνθρ. ψεύστης"
  4 18 τοῦτο ἀ..ές ᶜ εἴρηκας 10 41 ὅσα εἶπεν
  Ἰωάννης περὶ τούτου ἀ..ῆ ἦν 19 35
  ἐκεῖνος οἶδεν ὅτι ἀ..ῆ λέγει
Joh 5 31 ἐὰν – περὶ ἐμαυτοῦ, ἡ μαρτυρία
  μου οὐκ ἔστιν ἀλ. 32 οἶδα ὅτι ἀλ. ἐ-
  στιν ἡ μαρτ. 8 13 ἡ μαρτ. σου οὐκ ἔ-
  στιν ἀλ. 14 κἂν – περὶ ἐμαυτοῦ, ἀλ.

ἐστιν ἡ μαρτ. μου 17 ὅτι δύο ἀνθρώ-
πων ἡ μαρτ. ἀλ. ἐστιν 21 24 ἀλ. αὐτοῦ
(sc τοῦ μαθητοῦ) ἡ μαρτ. ἐστιν 3 Jo 12
οἶδας ὅτι ἡ μαρτ. ἡμῶν ἀλ. ἐστιν
Tit 1 13 ἡ μαρτ. αὕτη ἐστὶν ἀλ.
6 55 ἡ – σάρξ μου ἀ..ής (vl ..ῶς^c) ἐστιν
βρῶσις, καὶ τὸ αἷμα μου ἀ..ής (vl
..ῶς^c) ἐστιν πόσις
7 18 ὁ – ζητῶν τὴν δόξαν τοῦ πέμψαντος
αὐτόν, οὗτος ἀλ.^b ἐστιν
Act 12 9 οὐκ ᾔδει ὅτι ἀ..ές ἐστιν τὸ γινόμενον
2 Co 6 8 ὡς πλάνοι καὶ ἀληθεῖς^b
Phl 4 8 ὅσα ἐστιν ἀληθῆ, ὅσα σεμνά
1 Pe 5 12 ταύτην εἶναι ἀ..ῆ χάριν τοῦ θεοῦ
2 Pe 2 22 συμβέβηκεν – τὸ τῆς ἀ..οῦς παροιμίας
1 Jo 2 8 ὅ ἐστιν ἀ..ές ἐν αὐτῷ καὶ ἐν ὑμῖν
– 27 τὸ – χρῖσμα διδάσκει ὑμᾶς –, καὶ ἀ..ές
ἐστιν καὶ οὐκ ἔστιν ψεῦδος

ἀληθινός verus ^bverax
Luc 16 11 τὸ ἀληθινὸν τίς ὑμῖν πιστεύσει;
Joh 1 9 ἦν τὸ φῶς τὸ ἀ..όν 1 Jo 2 8 τὸ φῶς
τὸ ἀληθινὸν ἤδη φαίνει
4 23 νῦν ἐστιν, ὅτε οἱ ἀ..οὶ προσκυνηταὶ
– 37 ἐν – τούτῳ ὁ λόγος ἐστιν ἀ..ὸς ὅτι
6 32 τὸν ἄρτον ἐκ τοῦ οὐρανοῦ τὸν ἀ..όν
7 28 ἀλλ' ἔστιν ἀ..ὸς ὁ πέμψας με
8 16 ἡ κρίσις ἡ ἐμὴ ἀληθινή ἐστιν
15 1 ἐγώ εἰμι ἡ ἄμπελος ἡ ἀληθινή
17 3 γινώσκωσιν σὲ τὸν μόνον ἀ..ὸν θεόν
19 35 ἀ..ῆ αὐτοῦ ἐστιν ἡ μαρτυρία
1 Th 1 9 δουλεύειν θεῷ ζῶντι καὶ ἀληθινῷ
Hb 8 2 λειτουργὸς – τῆς σκηνῆς τῆς ἀ..ῆς
9 24 οὐ γὰρ εἰς χειροποίητα εἰσῆλθεν ἅ-
για –, ἀντίτυπα τῶν ἀληθινῶν
10 22 προσερχώμεθα μετὰ ἀ..ῆς καρδίας
1 Jo 5 20 ἵνα γινώσκωμεν τὸν ἀ..ὸν (vl θεόν,
vg verum Deum) καὶ ἐσμὲν ἐν τῷ
ἀλ., ἐν τῷ υἱῷ αὐτοῦ –. οὗτός ἐστιν
ἀλ. θεὸς καὶ ζωὴ αἰώνιος
Ap 3 7 τάδε λέγει ὁ ἅγιος, ὁ ἀλ. 6 10 ὁ δε-
σπότης ὁ ἅγ. καὶ ἀλ. – 3 14 ὁ ἀμήν,
ὁ μάρτυς ὁ πιστὸς καὶ ἀλ. 19 11 [χα-
λούμενος] πιστὸς καὶ ἀλ.^b
15 3 „δίκαιαι καὶ ἀ..αὶ αἱ ὁδοί" σου 16 7
„αἱ κρίσεις σου" 19 2 „αὐτοῦ"
19 9 οὗτοι οἱ λόγοι ἀλ. τοῦ θεοῦ εἰσιν
21 5 πιστοὶ καὶ ἀ..οί 22 6

ἀληθῶς vere
Mat 14 33 ἀλ. θεοῦ υἱὸς εἶ 27 54 ἦν οὗτος ‖ Mar
15 39 ἀλ. οὗτος – υἱὸς θεοῦ ἦν

26 73 ‖ Mar 14 70 – Luc 9 27 12 44 21 3
Joh 1 47 ἴδε ἀλ. Ἰσραηλίτης, ἐν ᾧ δόλος οὐκ
4 42 οὗτός ἐστιν ἀλ. ὁ σωτὴρ τοῦ κόσμου
6 14 ὁ προφήτης ὁ ἐρχόμ. 7 40 ὁ προφ.
7 26 – 8 31 ἐὰν –, ἀλ. μαθηταί μού ἐστε
17 8 ἔγνωσαν ἀλ. ὅτι παρὰ σοῦ ἐξῆλθον
Act 12 11 – 1 Th 2 13 ἐδέξασθε – καθὼς ἐστιν
ἀλ. λόγον θεοῦ – 1 Jo 2 5 ἀλ. ἐν
τούτῳ ἡ ἀγάπη τοῦ θεοῦ τετελείωται

ἁλιεύειν piscari Joh 21 3 ὑπάγω ἀ..ειν

ἁλιεύς piscator Mat 4 18 Mar 1 16 Luc 5 2
Mat 4 19 ἁλιεῖς ἀνθρώπων ‖ Mar 1 17

ἁλίζειν salire (vl sallire) Mat 5 13 ἐν τίνι ἁ-
λισθήσεται – Mar 9 49 → ἅλας

ἁλίσγημα S° – contaminatio Act 15 20

ἀλλάσσειν mutare ^bimmutare
Act 6 14 ἀλλάξει τὰ ἔθη ἃ παρέδωκεν – Μωϋ.
Rm 1 23 „ἤλλαξαν τὴν δόξαν" τοῦ – θεοῦ „ἐν"
1 Co 15 51 πάντες δὲ ἀλλαγησόμεθα^b 52^b
Gal 4 20 ἤθελον – ἀ..ξαι τ. φωνήν μου – Hb 1 12

ἀλλαχόθεν aliunde Joh 10 1 ἀναβαίνων –
ἀλλαχοῦ S° – vg° Mar 1 38 ἄγωμεν ἀλλ.

ἅλλεσθαι ^asalire ^bexilire Joh 4 14 πηγὴ ὕ-
δατος ἀ..ομένου^a εἰς ζωὴν αἰώνιον
Act 3 8 περιπατῶν καὶ ἀ..όμενος^b 14 10^b

ἀλληγορεῖν S° – per allegoriam dicere
Gal 4 24 ἅτινά ἐστιν ἀλληγορούμενα·

ἀλληλουϊά alleluia Ap 19 1.3.4.6

ἀλλήλων κτλ invicem (ab i., ad i., in i., pro
i.) ^balter, alterius ^calteruter ^din-
ter se, intra se
ἀγαπᾶν ἀλλήλους → ἀγαπᾶν
Mat 24 10 ἀ..ους παραδώσουσιν καὶ μισήσουσιν
ἀ. – 25 32 ἀφορίσει αὐτοὺς ἀπ' ἀλλ.
Mar 4 41 ἔλεγον πρὸς ἀ..ους^c 8 16^c 9 34^d –
Luc 2 15 ἐλάλουν πρὸς ἀ..ους 4 36 6
11 8 25 20 14^d 24 14.17 οἱ λόγοι – οὓς
ἀντιβάλλετε πρὸς ἀ..ους 32 7 32 παι-
δίοις – προσφωνοῦσιν ἀ..οις – Joh
4 33 ἔλεγον – πρὸς ἀ..ους 11 56 μετ' ἀ..
ων 16 17 19 24 – Act 26 31 28 4
9 50 εἰρηνεύετε ἐν ἀ..οις^d (inter vos)

Mar 15₃₁ οἱ ἀρχιερεῖς ἐμπαίζοντες πρὸς ἀ.ᶜ

Luc 12 ₁ ὥστε καταπατεῖν ἀ..ους (se invicem)

     23₁₂ ἐγένοντο – φίλοι – μετ' ἀ..ῶν (ad in.)

Joh 5₄₄ δόξαν παρὰ ἀ..ων λαμβάνοντες

     6₄₃ μὴ γογγύζετε μετ' ἀ..ων (in inv.)

     – 52 ἐμάχοντο – πρὸς ἀ..ους 16₁₉ᵈ

     13₁₄ ἀ..ωνᵇ νίπτειν τοὺς πόδας – 22

     – 35 ἐὰν ἀγάπην ἔχητε ἐν ἀ..οις (ad i.)

Act 4₁₅ συνέβαλλον πρὸς ἀ..ους – 15₃₉ ἀπο-
χωρισθῆναι – ἀπ' ἀ..ων 28₂₅ (ab inv.)

     – 19₃₈ ἐγκαλείτωσαν ἀλλήλοις

     7₂₆ ἱνατί ἀδικεῖτε ἀ..ους;ᶜ (alt..um)

     21 6 ἀπησπασάμεθα ἀλλήλους

Rm 1₁₂ διὰ τῆς ἐν ἀ..οις πίστεως ὑμῶν τε καὶ
ἐμοῦ (quae invicem est)

     – 27 ἐξεκαύθησαν – εἰς ἀ..ους (in inv.)

     2₁₅ μεταξὺ ἀλλήλων (inter se inv.) τῶν
λογισμῶν κατηγορούντων ἢ καὶ ἀπο-
λογουμένων

     12 5 τὸ – καθ' εἷς ἀ..ωνᵇ μέλη Eph 4₂₅ ὅτι
ἐσμὲν ἀ..ων (inv. vl in inv.) μέλη

     – 10 τῇ φιλαδελφίᾳ εἰς ἀ. φιλόστοργοι, τῇ
τιμῇ ἀ..ους προηγούμενοι 16 τὸ αὐτὸ
εἰς ἀ..ους φρονοῦντες 15₅ᶜ

     14₁₃ μηκέτι οὖν ἀλλήλους κρίνωμεν

     – 19 τὰ τῆς οἰκοδομῆς τῆς εἰς ἀ..ους

     15 7 προσλαμβάνεσθε ἀ..ους, καθὼς

     – 14 δυνάμενοι καὶ ἀ..ουςᶜ νουθετεῖν

     16₁₆ ἀσπάσασθε ἀ..ους ἐν φιλήματι ἁγίῳ
1 Co 16₂₀ 2 Co 13₁₂ 1 Pe 5₁₄

1 Co 7 5 μὴ ἀποστερεῖτε ἀ..ους, εἰ μήτι ἂν

     11₃₃ συνερχόμενοι – ἀ..ους ἐκδέχεσθε

     12₂₅ ἵνα – τὸ αὐτὸ ὑπὲρ ἀ..ῶν (pro inv.)
μεριμνῶσιν τὰ μέλη

Gal 5₁₃ διὰ τῆς ἀγάπης δουλεύετε ἀ..οις

     6₂ ἀ..ωνᵇ τὰ βάρη βαστάζετε

     – 15 εἰ δὲ ἀ..ους δάκνετε –, βλέπετε μὴ
ὑπ' ἀ..ων (ab inv.) ἀναλωθῆτε 26 μὴ
γινώμεθα – ἀ..ους προκαλούμενοι, ἀ..
οις φθονοῦντες

     – 17 ταῦτα γὰρ ἀ..οις (sibi inv.) ἀντίκειται

Eph 4 2 ἀνεχόμενοι ἀ..ων ἐν ἀγάπῃ Col 3₁₃

     – 32 γίνεσθε [δὲ] εἰς ἀ..ους χρηστοί

     5₂₁ ὑποτασσόμενοι ἀ..οις ἐν φόβῳ Χοῦ

Phl 2 3 ἀ..ους ἡγούμενοι ὑπερέχοντας ἑαυτ.

Col 3 9 μὴ ψεύδεσθε εἰς ἀλλήλους

1 Th 3₁₂ περισσεύσαι τῇ ἀγάπῃ εἰς ἀ. (in inv.)

     4₁₈ παρακαλεῖτε ἀ..ους 5₁₁ καὶ οἰκοδομ.

     5₁₅ τὸ ἀγαθὸν διώκετε [καὶ] εἰς ἀ..ους

2 Th 1 3 πλεονάζει ἡ ἀγάπη – εἰς ἀ. (in inv.)

Tit 3 3 ἦμεν γάρ ποτε – μισοῦντες ἀ..ους

Hb 10₂₄ κατανοῶμεν ἀ..ους εἰς παροξυσμὸν

ἀγάπης καὶ καλῶν ἔργων

Jac 4₁₁ μὴ καταλαλεῖτε ἀ..ωνᶜ 5₉ μὴ στενά-
ζετε – κατ' ἀ..ωνᶜ (in alterutrum)

     5₁₆ ἐξομολογεῖσθε – ἀ..οιςᶜ τὰς ἁμαρ-
τίας καὶ εὔχεσθε ὑπὲρ ἀ..ων

1 Pe 4 9 φιλόξενοι εἰς ἀ. ἄνευ γογγυσμοῦ

     5 5 πάντες δὲ ἀλλήλοις τὴν ταπεινοφρο-
σύνην ἐγκομβώσασθε

1 Jo 1 7 κοινωνίαν ἔχομεν μετ' ἀ..ων (ad inv.)

Ap 6 4 ἵνα ἀλλήλους (inv. se) σφάξουσιν

     11₁₀ δῶρα πέμψουσιν ἀ..οις (vl ad inv.)

ἀλλογενής alienigena Luc 17₁₈ εἰ μὴ ὁ ἀ.

*ἄλλος alius ᵇalter ᶜalienus

Mat 5₃₉ στρέψον αὐτῷ καὶ τὴν ἄλληνᵇ ‖ Luc
6₂₉ πάρεχε καὶ τὴν ἄλληνᵇ

     27₄₂ ἄλλους ἔσωσεν ‖ Mar 15₃₁ Luc 23₃₅

     – 61 καὶ ἡ ἄλληᵇ Μαρία 28₁

Mar 12₃₁ μείζων – ἄλλη ἐντολὴ οὐκ ἔστιν

Luc 7₁₉ ἢ ἄλλον (vl ἕτερον) προσδοκῶμεν; 20

Joh 4₃₇ ἄλλος ἐστὶν ὁ σπείρων καὶ ἄ. ὁ θερί-
ζων 38 ἄλλοι κεκοπιάκασιν

     5₃₂ ἄλλος ἐστὶν ὁ μαρτυρῶν περὶ ἐμοῦ

     10₁₆ καὶ ἄλλα πρόβατα ἔχω ἃ οὐκ ἔστιν

     14₁₆ ἄλλον παράκλητον δώσει ὑμῖν

     18₁₅ καὶ ἄ. μαθητής 16 ὁ μαθ. ὁ ἄ. 20₂.₃
ὁ ἄ. μαθ. (ille alius) 4 (ille al.) 8

Act 4₁₂ οὐκ ἔστιν ἐν ἄλλῳ οὐδενὶ ἡ σωτηρία

1 Co 3₁₀ ἄλλος – ἐποικοδομεῖ 11 θεμέλιον –
ἄλλον οὐδεὶς δύναται θεῖναι

     9₂₇ μή πως ἄλλοις κηρύξας αὐτὸς ἀδό-
κιμος γένωμαι

     10₂₉ ἱνατί – ἡ ἐλευθερία μου κρίνεται ὑπὸ
ἄλλης συνειδήσεως;

2 Co 1₁₃ οὐ γὰρ ἄλλα γράφομεν ὑμῖν ἀλλ' ἢ

     11 4 εἰ – ὁ ἐρχόμ. ἄλλον Ἰησοῦν κηρύσσει

Gal 1 7 εἰς ἕτερον εὐαγγ., ὃ οὐκ ἔστιν ἄλλο

     5₁₀ πεποίθα – ὅτι οὐδὲν ἄλλο φρονήσετε

Hb 4 8 οὐ περὶ ἄλλης ἐλάλει – ἡμέρας

Ap 17₁₀ ὁ εἷς ἔστιν, ὁ ἄλλος οὔπω ἦλθεν

ἀλλοτριεπίσκοπος Sᵒ – alienorum appeti-
tor 1 Pe 4₁₅ μή – τις – πασχέτω – ὡς ἀλλ.

ἀλλότριος alienus ᵇ(ἀ..οι) exteri

Mat 17₂₅ ἀπὸ τῶν υἱῶν – ἢ ἀπὸ τῶν ἀλλ.; 26

Luc 16₁₂ εἰ ἐν τῷ ἀλλ. πιστοὶ οὐκ ἐγένεσθε

Joh 10 5 ἀ..ῳ – οὐ μὴ ἀκολουθήσουσιν, – ὅτι
οὐκ οἴδασιν τῶν ἀλλ. τὴν φωνήν

Act 7 6 „ἐν γῇ ἀ..ίᾳ" Hb 11₉ „παρῴκησεν"
εἰς γῆν τῆς ἐπαγγελίας ὡς ἀ..ίαν

Rm 14 4 τίς εἶ ὁ κρίνων ἀλλότριον οἰκέτην;
15 20 ἵνα μὴ ἐπ' ἀ..ιον θεμέλιον οἰκοδομῶ
2 Co 10 15 οὐκ – καυχώμενοι ἐν ἀ..ίοις κόποις
– 16 οὐκ ἐν ἀ..ίῳ κανόνι – καυχήσασθαι
1 Ti 5 22 μηδὲ κοινώνει ἁμαρτίαις ἀ..ίαις
Hb 9 25 ἐν αἵματι ἀ..ίῳ – 11 9 → Act 7 6
11 34 παρεμβολὰς ἔκλιναν ἀ..ίων[b]

ἀλλόφυλος *alienigena* Act 10 28

ἄλλως *aliter* 1 Ti 5 25 τὰ ἄλλως ἔχοντα

ἀλοᾶν *triturare* 1 Co 9 9.10 1 Ti 5 18

ἄλογος [a] *irrationabilis* [b] *sine ratione* [c] *mu-
tus* Act 25 27 ἄλογον[b] γάρ μοι δοκεῖ
2 Pe 2 12 ὡς ἄλογα[a] ζῷα γεγεννημένα – εἰς
ἅλωσιν Jud 10 ὡς τὰ ἄλογα[c] ζῷα

ἀλόη *aloe* Joh 19 39 σμύρνης καὶ ἀλόης

ἁλυκός *salsus* Jac 3 12 ἁλυκὸν – ὕδωρ

ἄλυπος S[o] – *sine tristitia* Phl 2 28 ἀ..ότερος

ἅλυσις *catena* Mar 5 3.4 ‖ Luc 8 29 – Act 12
6.7 21 33 28 20 εἵνεκεν γὰρ τῆς ἐλπίδος τοῦ
Ἰσραὴλ τὴν ἅλ. ταύτην περίκειμαι
Eph 6 20 εὐαγγ., ὑπὲρ οὗ πρεσβεύω ἐν ἀ..ει
2 Ti 1 16 τὴν ἅ. μου οὐκ ἐπαισχύνθη – Ap 20 1

ἀλυσιτελής S[o] – *non expedit* Hb 13 17 ἀ..ές

ἄλφα, τό S[o] – vg α Ap 18 21 6 22 13

Ἀλφαῖος Mat 10 3 Ἰάκωβος ὁ τοῦ Ἀ. ‖ Mar
3 18 Luc 6 15 Ἰάκ. Ἀλφαίου Act 1 13 – Mar
2 14 Λευὶν τὸν τοῦ Ἀλφαίου

ἅλων *area* Mat 3 12 τὴν ἅ..α αὐτοῦ ‖ Luc 3 17

ἀλώπηξ *vulpes* Mat 8 20 ‖ Luc 9 58 – 13 32

ἅλωσις *captio* 2 Pe 2 12 γεγεννημ. – εἰς ἅ..ιν

ἀμαθής S[o] – *indoctus* 2 Pe 3 16 οἱ ἀ..εῖς

ἀμᾶν *metere* Jac 5 4 τὰς χώρας ὑμῶν

ἀμαράντινος S[o] – *immarcescibilis* 1 Pe 5 4
κομιεῖσθε τὸν ἀ..ον τῆς δόξης στέφανον

ἀμάραντος *immarcescibilis* 1 Pe 1 4 εἰς κλη-
ρονομίαν ἄφθαρτον καὶ ἀμίαντον
καὶ ἀμάραντον

ἁμαρτάνειν *peccare* [b] *delinquere*
Mat 18 15 ἐὰν δὲ ἁ..τήσῃ [εἰς σὲ] ὁ ἀδελφός σου
21 ποσάκις ἁ.τήσει εἰς ἐμὲ ὁ ἀδελφός
μου –; ‖ Luc 17 3 ἐὰν ἁ.τη ὁ ἀδ. σου
4 ἐὰν ἑπτάκις τῆς ἡμέρας ἁ.τήσῃ εἰς
σέ
27 4 ἥμαρτον παραδοὺς αἷμα ἀθῷον
Luc 15 18 ἥμαρτον εἰς τὸν οὐρ. καὶ ἐνώπιον 21
Joh 5 14 μηκέτι ἁ..ανε, ἵνα μὴ χεῖρ. σοί τι γέ-
νηται [[8 11 ἀπὸ τοῦ νῦν μηκέτι ἁ..ανε]]
9 2 τίς ἥμαρτεν –; ‖ 3 οὔτε οὗτος ἥμ. οὔτε
Act 25 8 οὔτε εἰς τὸν νόμον τῶν Ἰουδ. οὔτε εἰς
τὸ ἱερὸν οὔτε εἰς Καίσ. τι ἥμαρτον
Rm 2 12 ὅσοι γὰρ ἀνόμως ἥμαρτον – καὶ ὅ-
σοι ἐν νόμῳ ἥμαρτον
3 23 πάντες – ἥμαρτον καὶ ὑστεροῦνται
5 12 ἐφ' ᾧ (*in quo*) πάντες ἥμαρτον 14 θά-
νατος – καὶ ἐπὶ τοὺς μὴ ἁ..ήσαντας
ἐπὶ τῷ ὁμοιώματι τῆς παραβ. Ἀδ.
– 16 οὐχ ὡς δι' ἑνὸς ἁ..ήσαντος τὸ δώρημα
6 15 ἁ..ήσωμεν (vl ..σομεν, vg ..bimus vl
..vimus), ὅτι οὐκ ἐσμὲν ὑπὸ νόμ. –;
1 Co 6 18 ὁ – πορνεύων εἰς τὸ ἴδ. σῶμα ἁ..νει
7 28 ἐὰν – γαμήσῃς, οὐχ ἥμαρτες, καὶ ἐὰν
γήμῃ ἡ παρθένος, οὐχ ἥ..τεν
– 36 ὃ θέλει ποιείτω· οὐχ ἁ..ει· γαμείτω.
8 12 οὕτως δὲ ἁμαρτάνοντες εἰς τοὺς ἀ-
δελφοὺς – εἰς Χὸν ἁμαρτάνετε
15 34 ἐκνήψατε δικαίως καὶ μὴ ἁ..άνετε
Eph 4 26 „ὀργίζεσθε καὶ μὴ ἁμαρτάνετε"
1 Ti 5 20 τοὺς ἁ..οντας ἐνώπ. πάντων ἔλεγχε
Tit 3 11 ἁμαρτάνει[b] ὢν αὐτοκατάκριτος
Hb 3 17 „προσώχθισεν" –; οὐχὶ τοῖς ἁ..ήσα-
10 26 ἑκουσίως γὰρ ἁ..όντων ἡμῶν [σιν –;
1 Pe 2 20 ποῖον – κλέος εἰ ἁ..οντες – ὑπομενεῖτε;
2 Pe 2 4 ἀγγέλων ἁ..ησάντων οὐκ ἐφείσατο
1 Jo 1 10 ἐὰν εἴπωμεν ὅτι οὐχ ἡ..ήκαμεν
2 1 γράφω ὑμῖν ἵνα μὴ ἁμάρτητε. καὶ ἐάν
τις ἁμάρτῃ, παράκλητον ἔχομεν
3 6 ὁ ἐν αὐτῷ μένων οὐχ ἁ..νει· πᾶς ὁ
ἁ..νων οὐχ ἑώρακεν αὐτὸν οὐδέ
– 8 ὅτι ἀπ' ἀρχῆς ὁ διάβολος ἁμαρτάνει
– 9 οὐ δύναται ἁμ., ὅτι ἐκ τοῦ θεοῦ γε-
γέννηται 5 18 πᾶς ὁ γεγεννημένος ἐκ
τοῦ θεοῦ οὐχ ἁμαρτάνει
5 16 ἐὰν τις ἴδῃ τὸν ἀδελφὸν – ἁ..οντα
μὴ πρὸς θάνατον, αἰτήσει, καὶ δώσει
αὐτῷ ζωήν, τοῖς ἁ..ουσιν μὴ πρ. θάν.

ἁμάρτημα ᵃpeccatum ᵇdelictum
Mar 3 28 πάντα ἀφεθήσεται – τὰ ἁ..τα ᵃ 29 ἔ-
νοχός ἐστιν αἰωνίου ἁ..τος ᵇ (vl κρί-
σεως et ἁμαρτίας)
Rm 3 25 διὰ τὴν πάρεσιν τῶν προγεγονότων
ἁ..των ᵇ
1 Co 6 18 πᾶν ἁμ. ᵃ – ἐκτὸς τοῦ σώματός ἐστιν
(2 Pe 1 9 vl τῶν πάλαι αὐτοῦ ἁ..των ᵇ)

ἁμαρτία peccatum ᵇdelictum
(ἁμαρτία cum ἄφεσις, ἀφιέναι vide ibi)
Mat 1 21 σώσει τὸν λαὸν – ἀπὸ τῶν ἁμ. αὐτῶν
3 6 ἐξομολογούμενοι τὰς ἁμαρτίας αὐ-
τῶν ‖ Mar 1 5 – cfr Jac 5 16
Joh 1 29 ὁ αἴρων τὴν ἁμ. τοῦ κόσμου 1 Jo 3 5
ἵνα τὰς ἁμ. (vl + ἡμῶν vg) ἄρῃ
8 21 ἐν τῇ ἁμ. ὑμῶν ἀποθανεῖσθε 24 ταῖς
– 34 πᾶς ὁ ποιῶν τὴν ἁμ. δοῦλός ἐστιν τῆς
ἁμ. → Rm 6 16.17
– 46 τίς – ἐλέγχει με περὶ ἁ..ας; → 16 8.9
9 34 ἐν ἁ..αις σὺ ἐγεννήθης ὅλος, –;
– 41 εἰ τυφλοὶ ἦτε, οὐκ ἂν εἴχετε ἁ..αν·
νῦν δὲ λέγετε – ἡ ἁμ. ὑμῶν μένει
15 22 εἰ μὴ ἦλθον –, ἁ..αν οὐκ εἴχοσαν·
νῦν δὲ πρόφασιν οὐκ ἔχουσιν περὶ
τῆς ἁμ. αὐτῶν 24 εἰ τὰ ἔργα μὴ ἐποί-
ησα –, ἁ..αν οὐκ εἴχοσαν
16 8 ἐλέγξει τὸν κόσμον περὶ ἁ..ας 9
19 11 ὁ παραδούς μέ σοι μείζονα ἁμ. ἔχει
Act 3 19 εἰς τὸ ἐξαλειφθῆναι ὑμῶν τὰς ἁμ.
7 60 μὴ στήσῃς αὐτοῖς ταύτην τὴν ἁμ.
22 16 βάπτισαι καὶ ἀπόλουσαι τὰς ἁμ. σου
Rm 3 9 προῃτιασάμεθα – Ἰουδαίους τε καὶ
Ἕλληνας πάντας ὑφ᾽ ἁ..ίαν εἶναι
– 20 διὰ γὰρ νόμου ἐπίγνωσις ἁ..ίας
4 7 „μακάριοι – ὧν ἐπεκαλύφθησαν αἱ ἁμ.
8 οὗ οὐ μὴ λογίσηται κύριος ἁ..αν"
5 12 δι᾽ ἑνὸς – ἡ ἁμ. εἰς τὸν κόσμον εἰσῆλ-
θεν, καὶ διὰ τῆς ἁμ. ὁ θάνατος
– 13 ἁμ. ἦν ἐν κόσμῳ, ἁμ. δὲ οὐκ ἐλλογεῖ-
ται μὴ ὄντος νόμου
– 20 οὗ δὲ ἐπλεόνασεν ἡ ἁμ. ᵇ 21 ὥσπερ
ἐβασίλευσεν ἡ ἁμ. ἐν τῷ θανάτῳ
6 1 ἐπιμένωμεν τῇ ἁμ., ἵνα ἡ χάρις –;
– 2 οἵτινες ἀπεθάνομεν τῇ ἁμ., πῶς ἔτι
ζήσομεν ἐν αὐτῇ;
– 6 ἵνα καταργηθῇ τὸ σῶμα τῆς ἁμ., τοῦ
μηκέτι δουλεύειν ἡμᾶς τῇ ἁμ.
– 7 ὁ – ἀποθανὼν δεδικαίωται ἀπὸ τ. ἁμ.
– 10 ὃ – ἀπέθανεν, τῇ ἁμ. ἀπέθ. ἐφάπαξ
11 ἑαυτοὺς [εἶναι] νεκροὺς μὲν τῇ ἁμ.
– 12 μὴ – βασιλευέτω ἡ ἁμ. ἐν τῷ θνητῷ

ὑμῶν σώματι 13 μηδὲ – τὰ μέλη ὑμῶν
ὅπλα ἀδικίας τῇ ἁμ. 14 ἁμαρτία γὰρ
ὑμῶν οὐ κυριεύσει
Rm 6 16 δοῦλοί ἐστε –, ἤτοι ἁ..ας εἰς θάνατον
– 17 χάρις – θεῷ ὅτι ἦτε δοῦλοι τῆς ἁμ.
18 ἐλευθερωθέντες δὲ ἀπὸ τῆς ἁμ. 20
ὅτε γὰρ δοῦλοι ἦτε τῆς ἁμ. 22 νυνὶ
δὲ ἐλευθερωθέντες ἀπὸ τῆς ἁμ.
– 23 τὰ γὰρ ὀψώνια τῆς ἁμ. θάνατος
7 5 τὰ παθήματα τῶν ἁμ. – ἐνηργεῖτο ἐν
– 7 ὁ νόμος ἁμαρτία; – ἀλλὰ τὴν ἁμ. οὐκ
ἔγνων 8 ἀφορμὴν δὲ λαβοῦσα ἡ ἁμ.
– · χωρὶς γὰρ νόμου ἁμαρτία νεκρά
11.9 ἐλθούσης – τῆς ἐντολῆς ἡ ἁμ.
ἀνέζησεν
– 13 ἀλλὰ ἡ ἁμ., ἵνα φανῇ ἁμαρτία, –, ἵνα
γένηται καθ᾽ ὑπερβολὴν ἁμαρτωλὸς
ἡ ἁμ. διὰ τῆς ἐντολῆς
– 14 ἐγὼ δὲ – πεπραμένος ὑπὸ τὴν ἁμ.
– 17 οὐκέτι ἐγὼ – ἀλλὰ ἡ οἰκοῦσα ἐν
ἐμοὶ ἁμ. 20 οἰκοῦσα 23 βλέπω δὲ ἕτε-
ρον νόμον – αἰχμαλωτίζοντά με ἐν τῷ
νόμῳ τῆς ἁμ. 25 τῇ δὲ σαρκὶ (sc δου-
λεύω) νόμῳ ἁ..ας 8 2 ἠλευθέρωσέν σε
(vl με) ἀπὸ τοῦ νόμου τῆς ἁμ. καὶ
τοῦ θανάτου
8 3 τὸν ἑαυτοῦ υἱὸν πέμψας ἐν ὁμοιώ-
ματι σαρκὸς ἁ..ας καὶ περὶ ἁ..ας κατ-
έκρινεν τὴν ἁμ. ἐν τῇ σαρκί
– 10 τὸ μὲν σῶμα νεκρὸν διὰ ἁμαρτίαν
11 27 „ὅταν ἀφέλωμαι τὰς ἁμ. αὐτῶν"
14 23 πᾶν – ὃ οὐκ ἐκ πίστεως ἁμ. ἐστίν
1 Co 15 3 Χὸς ἀπέθανεν ὑπὲρ τῶν ἁμ. ἡμῶν
– 17 ἔτι ἐστὲ ἐν ταῖς ἁμαρτίαις ὑμῶν
– 56 τὸ δὲ κέντρον τοῦ θανάτου ἡ ἁμ., ἡ
δὲ δύναμις τῆς ἁμ. ὁ νόμος
2 Co 5 21 τὸν μὴ γνόντα ἁ..αν ὑπὲρ ἡμῶν ἁ..αν
ἐποίησεν, ἵνα ἡμεῖς γενώμεθα
11 7 ἁ..αν ἐποίησα ἐμαυτὸν ταπεινῶν –;
Gal 1 4 Χοῦ, τοῦ δόντος ἑαυτὸν ὑπὲρ τῶν
ἁμαρτιῶν ἡμῶν, ὅπως ἐξέληται ἡμᾶς
2 17 ἆρα Χὸς ἁ..ας διάκονος; μὴ γένοιτο
3 22 συνέκλεισεν – τὰ πάντα ὑπὸ ἁ..αν
Eph 2 1 ὑμᾶς ὄντας νεκροὺς – ταῖς ἁμ. ὑμῶν
1 Th 2 16 εἰς τὸ „ἀναπληρῶσαι αὐτῶν τὰς ἁμ."
(2 Th 2 3 vl ὁ ἄνθρ. τῆς ἁμ. vg peccati)
1 Ti 5 22 μηδὲ κοινώνει ἁ..αις ἀλλοτρίαις
– 24 τινῶν – αἱ ἁμ. πρόδηλοί εἰσιν
2 Ti 3 6 γυναικάρια σεσωρευμένα ἁ..αις
Hb 1 3 καθαρισμὸν τῶν ἁμ. ποιησάμενος
2 17 εἰς τὸ ἱλάσκεσθαι τὰς ἁμ. ᵇ τ. λαοῦ
3 13 μὴ σκληρυνθῇ τις – ἀπάτῃ τῆς ἁμ.

Hb 4 15 πεπειρασμένον δὲ – χωρὶς ἁμαρτίας
5 1 ἵνα προσφέρῃ – θυσίας ὑπὲρ ἁ..ῶν 3
περὶ ἁ..ῶν 7 27 ὑπὲρ τῶν ἰδίων ἁμ.ᵇ
θυσίας ἀναφέρειν 10 6 „περὶ ἁ..ας
οὐκ εὐδόκησας" 8.18 ὅπου δὲ ἄφε-
σις –, οὐκέτι προσφορὰ περὶ ἁ..ας
8 12 „τῶν ἁμ. αὐτῶν οὐ μὴ μνησθῶ" 10 17
cfr 3 ἐν αὐταῖς ἀνάμνησις ἁ..ῶν
9 26 εἰς ἀθέτησιν [τῆς] ἁμ. – πεφανέρωται
28 ἅπαξ προσενεχθεὶς εἰς τὸ „πολλῶν
ἀνενεγκεῖν ἁμαρτίας"
– 28 ἐκ δευτέρου χωρὶς ἁ..ας ὀφθήσεται
10 2 μηδεμίαν ἔχειν – συνείδησιν ἁ..ῶν
– 4 ἀδύνατον – αἷμα ταύρων – ἀφαιρεῖν
ἁμαρτίας 11 περιελεῖν ἁμαρτίας
– 12 μίαν ὑπὲρ ἁ..ῶν προσενέγκας θυσίαν
– 26 οὐκέτι περὶ ἁ..ῶν ἀπολείπεται θυσία
11 25 πρόσκαιρον ἔχειν ἁ..ας ἀπόλαυσιν
12 1 ἀποθέμενοι – τὴν εὐπερίστατον ἁμ.
– 4 πρὸς τὴν ἁμ. ἀνταγωνιζόμενοι
13 11 „εἰσφέρεται – τὸ αἷμα περὶ ἁ..ας εἰς"
Jac 1 15 ἡ ἐπιθυμία – τίκτει ἁ..αν, ἡ δὲ ἁμ.
ἀποτελεσθεῖσα ἀποκύει θάνατον
2 9 εἰ δὲ προσωπολημπτεῖτε, ἁ..αν ἐργά-
ζεσθε (pecc. operamini)
4 17 εἰδότι – καὶ μὴ ποιοῦντι, ἁμ. αὐτῷ ἐστ.
5 15 κἂν ἁ..ίας ᾖ πεποιηκώς (vg in pecca-
tis sit), ἀφεθήσεται αὐτῷ
– 16 ἐξομολογεῖσθε – ἀλλήλοις τὰς ἁμ.
– 20 „καλύψει" πλῆθος „ἁ..ῶν 1 Pe 4 8 „ἁ-
γάπη καλύπτει" πλῆθος „ἁ..ῶν"
1 Pe 2 22 ὃς ἁ..αν οὐκ ἐποίησεν οὐδὲ – δόλος
– 24 ὃς „τὰς ἁμ." ἡμῶν „αὐτὸς ἀνήνεγκεν"
3 18 Χὸς ἅπαξ περὶ ἁ..ῶν ἔπαθεν
4 1 ὁ παθὼν σαρκὶ πέπαυται ἁ..ίας
2Pe 1 9 λήθην λαβὼν τοῦ καθαρισμοῦ τῶν
πάλαι αὐτοῦ ἁ..ῶνᵇ (vl ἁμ..μάτων)
2 14 ὀφθαλμοὺς – ἀκαταπαύστους ἁ..ίαςᵇ
1 Jo 1 7 αἷμα 'Ιησοῦ – καθαρίζει ἡμᾶς ἀπὸ
πάσης ἁ..ίας 8 ἐὰν εἴπωμεν ὅτι ἁ..αν
οὐκ ἔχομεν 9 ἐὰν ὁμολογῶμεν τὰς
ἁμ. ἡμῶν, πιστός ἐστιν –, ἵνα ἀφῇ
ἡμῖν τὰς ἁμαρτίας
2 2 αὐτὸς ἱλασμός ἐστιν περὶ τῶν ἁμ. ἡ-
μῶν 4 10 τὸν υἱὸν – ἱλ..ὸν περὶ τ. ἁμ.
3 4 ὁ ποιῶν τὴν ἁμ. καὶ τὴν ἀνομίαν ποι-
εῖ, καὶ ἡ ἁμ. ἐστὶν ἡ ἀν. – 5 → Joh 1 29
– 5 ἁμαρτία ἐν αὐτῷ οὐκ ἔστιν
– 8 ὁ ποιῶν τὴν ἁμ. ἐκ τοῦ διαβ. ἐστίν
– 9 ὁ γεγενν. ἐκ – θεοῦ ἁ..αν οὐ ποιεῖ
5 16 ἁ..αν μὴ πρὸς θάνατον –. ἔστιν ἁμ.
πρὸς θάν. 17 πᾶσα ἀδικία ἁμ. ἐστίν,

καὶ ἔστιν ἁμ. οὐ (vl⁰ vg⁰) πρὸς θάν.
Ap 1 5 τῷ – λύσαντι ἡμᾶς ἐκ τῶν ἁμ. ἡμῶν
ἐν τῷ αἵματι αὐτοῦ
18 4 ἵνα μὴ συγκοινωνήσητε ταῖς ἁμ.ᵇ αὐ-
τῆς 5 ἐκολλήθησαν αὐτῆς αἱ ἁμαρ-
τίαι ἄχρι τοῦ οὐρανοῦ

ἀμάρτυρος S⁰ – sine testimonio Act 14 17
οὐκ ἁ..ον αὐτὸν ἀφῆκεν ἀγαθουργῶν

ἁμαρτωλός peccator ᵇp..trix ᶜpeccans
Mat 9 10 τελῶναι καὶ ἁ..οὶ – συνανέκειντο τῷ
'Ιησοῦ 11 ‖ Mar 2 15.16 Luc 5 30 – Mat
11 19 τελωνῶν φίλος καὶ ἁ..ῶν ‖ Luc
7 34 – 151.2 ἁ..οὺς προσδέχεται
– 13 οὐ – καλέσαι δικαίους ἀλλὰ ἁ..ούς ‖
Mar 2 17 Luc 5 32 εἰς μετάνοιαν
26 45 εἰς χεῖρας ἁ..ῶν ‖ Mar 14 41 Luc 24 7
Mar 8 38 ἐν τῇ γενεᾷ ταύτῃ τῇ – ἁ..ῷᵇ
Luc 5 8 ἔξελθε ἀπ' ἐμοῦ, ὅτι ἀνὴρ ἁμ. εἰμι
6 32 οἱ ἁμ. τοὺς ἀγαπῶντας αὐτοὺς ἀγα-
πῶσιν 33 οἱ ἁμ. τὸ αὐτὸ ποιοῦσιν 34
καὶ ἁ..οὶ ἁ..οῖς δανείζουσιν
7 37 ἰδοὺ γυνὴ – ἁ..ός ᵇ 39 ὅτι ἁμ.ᵇ ἐστίν
13 2 ἁ..οὶ παρὰ πάντας τοὺς Γαλ. ἐγέν. –;
15 1 ἐγγίζοντες πάντες – οἱ ἁμ. ἀκούειν
αὐτοῦ 2 οὗτος ἁ..οὺς προσδέχεται
– 7 χαρὰ – ἐπὶ ἑνὶ ἁμ. μετανοοῦντι 10
18 13 ὁ θεός, ἱλάσθητί μοι τῷ ἁμαρτωλῷ
17 παρὰ ἁ..ῷ – εἰσῆλθεν καταλῦσαι
Joh 9 16 πῶς δύναται ἄνθρωπος ἁμ. τοιαῦτα
σημεῖα ποιεῖν; 24 οἴδαμεν ὅτι – ἁμ.
ἐστιν 25.31 ἁ..ῶν ὁ θεὸς οὐκ ἀκούει
Rm 3 7 τί ἔτι κἀγὼ ὡς ἁμ. κρίνομαι;
5 8 ἔτι ἁ..ῶν ὄντων ἡμῶν Χὸς ὑπὲρ ἡμ.
– 19 ὥσπ. – ἁ..οὶ κατεστάθησαν οἱ πολλοὶ
7 13 ἵνα γένηται καθ' ὑπερβολὴν ἁμ.ᶜ ἡ
ἁμαρτία διὰ τῆς ἐντολῆς
Gal 2 15 ἡμεῖς – οὐκ ἐξ ἐθνῶν ἁ..οί 17 εἰ δὲ –
εὑρέθημεν καὶ αὐτοὶ ἁ..οί, ἄρα
1 Ti 1 9 ἀσεβέσι καὶ ἁ..οῖς (sc νόμος κεῖται)
– 15 ἦλθεν εἰς τὸν κόσμον ἁ..οὺς σῶσαι
Hb 7 26 ἀρχιερ., – κεχωρισμένος ἀπὸ τῶν ἁμ.
13 3 τοιαύτην – ὑπὸ τῶν ἁμ. – ἀντιλογίαν
Jac 4 8 καθαρίσατε χεῖρας, ἁμαρτωλοί
5 20 ὁ ἐπιστρέψας ἁ..ὸν ἐκ πλάνης ὁδοῦ
1 Pe 4 18 „ὁ ἀσεβὴς καὶ ἁμ. ποῦ φανεῖται;"
Jud 15 ὧν ἐλάλησαν κατ' αὐτοῦ ἁ..οί

ἄμαχος S⁰ – non litigiosus
1 Ti 3 3 δεῖ – τὸν ἐπίσκοπον – εἶναι – ἄ..ον
Tit 3 2 ὑπομίμνησκε αὐτοὺς – ἁ..ους εἶναι

ἀμέθυστος *amethystus* Ap 21 20

ἀμελεῖν *negligere* Mat 22 5 οἱ δὲ ἀ..ήσαντες
1 Ti 4 14 μὴ ἀμέλει τοῦ ἐν σοὶ χαρίσματος
Hb 2 3 τηλικαύτης ἀ..ήσαντες σωτηρίας
8 9 „κἀγὼ ἠμέλησα αὐτῶν"

ἄμεμπτος, ἀ..ως *sine querela* [b](ἄμεμπτον
εἶναι) *culpa vacare*
Luc 1 6 ἐν – δικαιώμασιν τοῦ κυρίου ἀ..οι
Phl 2 15 ἵνα γένησθε ἀ..οι καὶ ἀκέραιοι
3 6 κατὰ δικαιοσύνην τὴν ἐν νόμῳ – ἄμ.
1 Th 2 10 ὡς – ἀ..ως ὑμῖν – ἐγενήθημεν 5 23 ὑ-
μῶν τὸ πνεῦμα – ἀ..ως ἐν τῇ παρου-
σίᾳ τοῦ κυρίου ἡμῶν – τηρηθείη
3 13 εἰς τὸ στηρίξαι – τὰς καρδίας ἀ..ους
ἐν ἁγιωσύνῃ ἔμπροσθεν τοῦ θεοῦ
Hb 8 7 εἰ – ἡ πρώτη (sc διαθ.) – ἦν ἀ..ος [b]

ἀμέριμνος [a]*securus* [b]*sine solicitudine*
Mat 28 14 [a] 1 Co 7 32 θέλω – ὑμᾶς ἀ..ους [b] εἶναι

ἀμετάθετος [a]*immobilis* [b](τὸ ἀ..ον) *immo-
bilitas* Hb 6 17 τὸ ἀ..ον [b] τῆς βουλῆς αὐ-
τοῦ 18 ἵνα διὰ δύο πραγμάτων ἀ..ων [a], –,
ἰσχυρὰν παράκλησιν ἔχωμεν

ἀμετακίνητος S⁰ – *immobilis* 1 Co 15 58

ἀμεταμέλητος S⁰ – [a]*sine poenitentia* [b]*sta-
bilis* Rm 11 29 ἀ..α [a] – τὰ χαρίσματα καὶ
ἡ κλῆσις τοῦ θεοῦ 2 Co 7 10 μετάνοιαν εἰς
σωτηρίαν ἀ..ον [b] ἐργάζεται

ἀμετανόητος S⁰ – *impoenitens* Rm 2 5 κα-
τὰ – τὴν – ἀ..ον καρδίαν θησαυρίζεις

εἰς τὰ ἄμετρα S⁰ – *in immensum*
2 Co 10 13 οὐκ εἰς τὰ ἄ. καυχησόμεθα 15

*ἀμήν, ὁ ἀμήν, τὸ ἀμήν *amen*
(ἀμὴν λέγω et ἀ. ἀ. λέγω → λέγειν)
Rm 1 25 ὅς ἐστιν εὐλογητὸς εἰς τοὺς αἰῶνας·
ἀμήν 9 5 11 36 αὐτῷ ἡ δόξα εἰς τοὺς
αἰ.· ἀμήν 15 33 θεὸς – μετὰ πάντων
ὑμῶν· ἀμήν [16 27]
1 Co 14 16 πῶς ἐρεῖ τὸ ἀ. ἐπὶ τῇ σῇ εὐχαριστίᾳ;
2 Co 1 20 δι' αὐτοῦ τὸ ἀ. τῷ θεῷ – δι' ἡμῶν
Gal 1 5 ᾧ ἡ δόξα εἰς τοὺς αἰ. – ἀμήν
6 18 ἡ χάρις τοῦ κυρίου – μετὰ τοῦ πνεύ-
ματος ὑμῶν, ἀδελφοί· ἀμήν
Eph 3 21 αὐτῷ ἡ δόξα – εἰς πάσας τὰς γενεὰς

τοῦ αἰ. τῶν αἰ.· ἀμήν Phl 4 20 1 Ti 1 17
6 16 2 Ti 4 18 – Hb 13 21 – 1 Pe 4 11
ἡ δόξα καὶ τὸ κράτος 5 11 αὐτῷ τὸ
κράτος Jud 25 Ap 1 6 7 12
Ap 1 7 ναί, ἀμήν 5 14 ἔλεγον· ἀμήν 7 12 ἀ-
μήν, ἡ εὐλογία – τῷ θεῷ 19 4 λέγον-
τες· ἀμὴν ἁλληλουϊά 22 20 ἀμήν, ἔρ-
χου κύριε
3 14 τάδε λέγει ὁ ἀμήν, „ὁ μάρτυς ὁ πι-
στὸς" καὶ ἀληθινός

ἀμήτωρ S⁰ – *sine matre* Hb 7 3 ἀπάτωρ, ἀμ.

ἀμίαντος [a]*immaculatus* [b]*impollutus* [c]*in-
contaminatus* Hb 7 26 [b] ἀρχιερεύς
Hb 13 4 τίμιος ὁ γάμος – καὶ ἡ κοίτη ἀμ. [a]
Jac 1 27 θρησκεία καθαρὰ καὶ ἀμ. [a] παρά
1 Pe 1 4 εἰς κληρονομίαν – ἀ..ον [c] καὶ ἀμάρ.

Ἀμιναδάβ Mat 1 4 Luc 3 33

ἄμμος *arena* (vl *harena*)
Mat 7 26 ᾠκοδόμησεν – ἐπὶ τὴν ἄμμον
Rm 9 27 „ὡς ἡ ἄ. τῆς θαλ." Hb 11 12 Ap 20 8
Ap 12 18 ἐστάθη ἐπὶ τὴν ἄ. τῆς θαλάσσης

ἀμνός *agnus* Joh 1 29 ἴδε ὁ ἀ. τ. θεοῦ 36
Act 8 32 „ὡς ἀμνὸς ἐναντίον τ. χείραντος"
1 Pe 1 19 τιμίῳ αἵματι ὡς ἀ..οῦ ἀμώμου

ἀμοιβή S⁰ – *mutuam vicem* (*reddere*)
1 Ti 5 4 μανθανέτωσαν (sc τὰ τέκνα) πρῶτον
– ἀ..ὰς ἀποδιδόναι τοῖς προγόνοις

ἄμπελος *vitis* [b]*vinea*
Mat 26 29 οὐ μὴ πίω – ἐκ – τοῦ γενήματος τῆς
ἀμπέλου ἕως ‖ Mar 14 25 Luc 22 18
Joh 15 1 ἐγώ εἰμι ἡ ἄμ. ἡ ἀληθινή 4 ἐὰν μὴ
μένῃ ἐν τῇ ἀμ. 5 ἐγώ εἰμι ἡ ἄμ.;
Jac 3 12 μὴ δύναται – ποιῆσαι – ἄμ. σῦκα;
Ap 14 18 τρύγησον τοὺς βότρυας τῆς ἀμ. [b] τῆς
γῆς 19 ἐτρύγησεν τὴν ἄμ. [b] τῆς γῆς

ἀμπελουργός *cultor vineae* Luc 13 7

ἀμπελών *vinea*
Mat 20 1 μισθώσασθαι ἐργάτας εἰς τὸν ἀ..ῶνα
αὐτοῦ 2.4.7.8 ὁ κύριος τοῦ ἀ..ῶνος
21 28 σήμερον ἐργάζου ἐν τῷ ἀμπελῶνι
– 33 „ἐφύτευσεν ἀ..ῶνα" 39 αὐτὸν ἐξέβα-
λον ἔξω τοῦ ἀ. 40 ὅταν – ἔλθῃ ὁ κύ-
ριος τοῦ ἀ. 41 τὸν ἀ. ἐκδώσεται ἄλλοις

|| Mar 121.2.8.9 Luc 209.10.13.15.16
Luc 13 6 συκῆν εἶχέν τις – ἐν τῷ ἀμπ. αὐτοῦ
1 Co 9 7 τίς φυτεύει ἀ..ῶνα καὶ – οὐκ ἐσθίει;

Ἀμπλιᾶτος (vl Ἀμπλιᾶς) Rm 168

ἀμύνεσθαι vindicare Act 724

ἀμφιάζειν vestire Luc 1228 τὸν χόρτον

ἀμφιβάλλειν mittere (retia) Mar 116

ἀμφίβληστρον rete Mat 418 βάλλοντας ἀ.

ἀμφιεννύναι vestire ᵇinduere
Mat 630 τὸν χόρτον τοῦ ἀγροῦ – 118 ἄνθρω-
πον ἐν μαλακοῖς ἠμφιεσμένον || Luc 725ᵇ

Ἀμφίπολις Act 171 διοδεύσαντες – τὴν Ἀ.

ἄμφοδον bivium Mar 114 (Act 1928 vl)

ἀμώμητος Sᵒ – inviolatus 2 Pe 314

ἄμωμον Sᵒ – (vl amomum) Ap 1813

ἄμωμος immaculatus ᵇsine macula
ᶜsine reprehensione
Eph 1 4 εἶναι ἡμᾶς ἁγίους καὶ ἀ..ους Col 122
527 ἵνα ᾖ ἁγία καὶ ἄμ. (sc ἡ ἐκκλησία)
Phl 215 „τέκνα θεοῦ ἀ..“ᶜ
Hb 914 ἑαυτὸν προσήνεγκεν ἄ..ον τῷ θεῷ
1 Pe 119 τιμίῳ αἵματι ὡς ἀμνοῦ ἀμώμου
Jud 24 ὑμᾶς – στῆσαι – ἀ..ους ἐν ἀγαλλιάσει
Ap 14 5 παρθένοι γάρ εἰσιν. – ἄ..οιᵇ εἰσιν

Ἀμώς Mat 110 Luc 325

ἀνά ἀνὰ μέσον et ἀνὰ μέρος → μέσος
et μέρος; hic ἀνὰ cum numeralibus vi
distributionis singuli, bini etc
Mat 20 9 ἔλαβον ἀνὰ δηνάριον 10 [τὸ] ἀνὰ δην.
Luc 9 3 μήτε [ἀνὰ] (vlᵒ vgᵒ) δύο χιτῶνας 14
ἀνὰ πεντήκοντα 101 ἀνὰ δύο
Joh 2 6 ἀνὰ μετρητὰς δύο ἢ τρεῖς
Ap 4 8 „ἀνὰ πτέρυγας ἕξ" 2121 ἀνὰ εἷς ἕ-
καστος τῶν πυλώνων – ἐξ ἑνὸς μαργαρίτ.

ἀναβαθμός gradus Act 2135.40

*ἀναβαίνειν ascendere
Mat 316 ἀνέβη ἀπὸ τοῦ ὕδατος || Mar 110
5 1 ἀνέβη εἰς τὸ ὄρος – καὶ – ἐδίδασκεν

Mat 1423 κατ' ἰδίαν προσεύξασθαι 1529
Mar 313 ἀναβαίνει εἰς τὸ ὄρος καὶ
προσκαλεῖται οὓς ἤθελεν Luc 928
ἀνέβη – προσεύξασθαι
2017 καὶ ἀ..ων ὁ Ἰησοῦς εἰς Ἱεροσ. 18 ἀ..ο-
μεν || Mar 1032.33 Luc 1831
Luc 2 4 εἰς πόλιν Δαυίδ 42 ἀναβαινόντων αὐ-
τῶν (vl εἰς Ἱερ. vg) 1810 δύο ἀνέβη-
σαν εἰς τὸ ἱερόν 1928 ἀ..ων εἰς Ἱερ.
2438 διὰ τί διαλογισμοὶ ἀ..ουσιν –; Act 723
ἀνέβη ἐπὶ τὴν καρδίαν αὐτοῦ
Joh 151 ὄψεσθε – τοὺς ἀγγέλους – ἀ..οντας
213 ἀνέβη εἰς Ἱεροσ. 51 1155 πολλοί
313 οὐδεὶς ἀναβέβηκεν εἰς τὸν οὐρ. εἰ μή
662 τὸν υἱὸν – ἀ..οντα ὅπου ἦν τὸ πρότ.
7 8 ὑμεῖς ἀνάβητε εἰς τὴν ἑορτήν· ἐγὼ
οὐκ ἀναβαίνω εἰς 10 ὡς δὲ ἀνέβη-
σαν – εἰς τ. ἑο.,–καὶ αὐτὸς ἀνέβη 14
ἀνέβη – εἰς τὸ ἱερόν 1220 ἐκ τῶν ἀ..
όντων ἵνα προσκυνήσωσιν
2017 οὔπω γὰρ ἀναβέβηκα πρὸς τὸν πα-
τέρα· – ἀναβαίνω πρ. τ. πατέρα μου
Act 234 οὐ – Δαυὶδ ἀνέβη εἰς τοὺς οὐραν.
3 1 ἀνέβαινον εἰς τὸ ἱερὸν ἐπὶ τ. ὥραν
10 4 αἱ προσευχαί σου καὶ αἱ ἐλεημοσύ-
ναι σου ἀνέβησαν εἰς μνημόσυνον
11 2 ἀνέβη – εἰς Ἱερουσ. 152 1822 ἀναβὰς
καὶ ἀσπασάμενος τὴν ἐκκλ. 21 (4 ἐπι-
βαίνειν) 12.15 2411 – 251.9
Rm 10 6 „τίς ἀναβήσεται εἰς τὸν οὐρανόν;"
1 Co 2 9 ἄ – ἐπὶ καρδίαν ἀνθρώπου οὐκ ἀνέβη
Gal 2 1 πάλιν ἀνέβην εἰς Ἱεροσ. 2
Eph 4 8 „ἀναβὰς εἰς ὕψος" 9 τὸ δὲ „ἀνέβη"
τί ἐστιν εἰ μὴ ὅτι καὶ κατέβη –; 10 ὁ
καταβὰς αὐτός ἐστιν καὶ ὁ „ἀναβὰς"
Ap 4 1 „ἀνάβα" ὧδε, καὶ δείξω σοι 1112 ἀνά-
βατε ὧδε· 'κ. ἀνέβησαν εἰς τ. οὐρανόν

ἀναβάλλεσθαι differre Act 2422 αὐτούς

ἀναβιβάζειν educere Mat 1348 σαγήνην

ἀναβλέπειν 1) oculos tollere – ᵃaspicere
ᵇintuēri ᶜrespicere ᵈsuspicere
Mat 1419ᵃ εἰς τὸν οὐρ. || Mar 641ᵇ Luc 916ᶜ
Mar 734ᵈ εἰς τὸν οὐρ. – 824ᵃ 164ᶜ
Luc 19 5ᵈ 211ᶜ Act 2213 ἀνάβλεψον·. κἀγὼ
ἀνέβλεψαᶜ εἰς αὐτόν (nisi ad 2)

2) visum recipere – vidēre ᵇrespicere
ᶜvisum recipere
Mat 11 5 „τυφλοὶ ἀναβλέπουσιν" || Luc 722

Mat 20₃₄ εὐθέως ἀνέβλεψαν ‖ Mar 10₅₁ ἵνα
ἀναβλέψω 52 Luc 18₄₁. 42 ἀνάβλεψον ᵇ
43 – Joh 9₁₁ νιψάμενος ἀνέβλεψα
(*video* vl *vidi*) 15.18

Act 9₁₂ ὅπως ἀναβλέψῃ ᶜ 17.18ᶜ – 22₁₃ᵇ

ἀνάβλεψις *visus* Luc 4₁₈ „τυφλοῖς ἀ..ιν"

ἀναβοᾶν *clamare* Mat 27₄₆ (Jesus)

ἀναβολή *dilatio* Act 25₁₇

ἀνάγαιον Sᵒ – *coenaculum*
Mar 14₁₅ ἀν. μέγα ἐστρωμένον ‖ Luc 22₁₂

ἀναγγέλλειν *annunciare* ᵇ*nunciare*
ᶜ*referre* → ἀπαγγέλλειν
Joh 4₂₅ ἀναγγελεῖ ἡμῖν ἅπαντα 5₁₅
16₁₃ τὰ ἐρχόμενα ἀναγγελεῖ ὑμῖν 14.15
Act 14₂₇ ἀνήγγελλον ᶜ ὅσα ἐποίησεν ὁ θεὸς
μετ' αὐτῶν 15₄ – 19₁₈ 20₂₀.27 τοῦ
μὴ ἀναγγεῖλαι – τὴν βουλὴν τοῦ θ.
Rm 15₂₁ „οἷς οὐκ ἀνηγγέλη περὶ αὐτοῦ"
2 Co 7 7 ἀ..ωνᶜ ἡμῖν τὴν ὑμῶν ἐπιπόθησιν
1 Pe 1 12 ἃ νῦν ἀνηγγέλη ᵇ ὑμῖν – 1 Jo 1 5 καὶ
ἀ..ομεν ὑμῖν, ὅτι ὁ θεὸς φῶς ἐστιν

ἀνάγειν, ..εσθαι ᵃ*ascendere* ᵇ*ducere* ᶜ*edu-
cere* ᵈ*ferre* ᵉ*navigare* ᶠ*offerre* ᵍ*per-
ducere* ʰ*producere* ⁱ*proficisci* ᵏ*tollere*
ˡ*revocare*
Mat 4 1 ἀνήχθη ᵇ εἰς τὴν ἔρημον ‖ Luc 45ᵇ
Luc 2 22ᵈ εἰς Ἱεροσόλ. 8 22 ἀνήχθησαν ᵃ
Act 7 41 „ἀνήγαγον ᶠ θυσίαν" τῷ εἰδώλῳ
9₃₉ᵇ 16₃₄ᵍ – 12₄ ἀναγαγεῖν ʰ – τῷ λαῷ
13₁₃ ἀναχθέντες ᵉ – ἀπὸ τῆς Πάφου 16₁₁ᵉ
18₂₁ⁱ Ἐφέσου 20₃ᵉ εἰς τὴν Συρίαν
13ᵉ ἐπὶ τὴν Ἄσσον 21₁ᵉ 2ᵉ 27₂ᵏ ₄ᵏ
12ᵉ 21 μὴ ἀνάγεσθαι ᵏ ἀπὸ τῆς Κρή-
της 28₁₀ᵉ 11ᵉ ἐν πλοίῳ – Ἀλεξανδρ.
Rm 10 7 Χὸν ἐκ νεκρῶν ἀναγαγεῖνˡ
Hb 13₂₀ „ὁ ἀναγαγὼνᶜ" ἐκ νεκρῶν „τὸν ποι-
μένα τῶν προβάτων" τὸν μέγαν

ἀναγεννᾶν ᵃ*regenerare* ᵇ*renasci*
1 Pe 1 3 ὁ – ἀ..ήσας ᵃ ἡμᾶς εἰς ἐλπίδα ζῶσαν
– 23 ἀναγεγεννημένοι ᵇ – ἐκ σπορᾶς – ἀ-
φθάρτου διὰ λόγου ζῶντος θεοῦ

ἀναγινώσκειν *legere*
Mat 12 3 οὐκ ἀνέγνωτε τί ἐποίησεν Δαυίδ –;
‖ Mar 2₂₅ Luc 6₃ – Mat 12₅ ἐν τῷ

νόμῳ –; 19₄ ὅτι ὁ κτίσας 21₁₆ ὅτι
„ἐκ στόματος νηπίων" 42 ἐν ταῖς γρα-
φαῖς· „λίθον ὃν" ‖ Mar 12₁₀ – Mat
22₃₁ τὸ ῥηθὲν ὑμῖν ὑπὸ τοῦ θεοῦ ‖
Mar 12₂₆ ἐν τῇ βίβλῳ Μωϋσέως ἐπὶ
τοῦ βάτου – Luc 10₂₆ ἐν τῷ νόμῳ –
πῶς ἀναγινώσκεις;
Mat 24₁₅ ὁ ἀναγινώσκων νοείτω ‖ Mar 13₁₄
Luc 4₁₆ καὶ ἀνέστη ἀναγνῶναι Act 13₂₇ τὰς
φωνὰς τῶν προφ. τὰς κατὰ πᾶν σαββ.
ἀ..ομένας 15₂₁ Μωϋσῆς – ἀ..όμενος
Joh 19₂₀ τὸν τίτλον πολλοὶ ἀνέγνωσαν
Act 8₂₈.30 ἆρά γε γινώσκεις ἃ ἀ..εις; 32
15₃₁ ἀναγνόντες δὲ ἐχάρησαν – 23₃₄
2 Co 1 13 οὐ γὰρ ἄλλα γράφομεν ὑμῖν ἀλλ' ἢ
ἃ ἀ..κετε ἢ καὶ ἐπιγινώσκετε
3 2 ἡ ἐπιστολὴ ἡμῶν ὑμεῖς ἐστε – γινω-
σκομένη καὶ ἀ..ομένη ὑπὸ πάντων
ἀνθρώπων
– 15 ἡνίκα ἂν ἀ..ηται Μωϋσῆς κάλυμμα
Eph 3 4 δύνασθε ἀ..οντες νοῆσαι τὴν σύνεσιν
Col 4₁₆ ὅταν ἀναγνωσθῇ παρ' ὑμῖν ἡ ἐπιστ.,
– ἵνα καὶ ἐν τῇ Λαοδ. ἐκκλ. ἀναγνω-
σθῇ καὶ τὴν ἐκ Λαοδ. – ὑμεῖς ἀνα-
γνῶτε – 1 Th 5₂₇ ἀναγνωσθῆναι τὴν
ἐπιστολὴν πᾶσιν τοῖς ἀδελφοῖς
Ap 1 3 μακάριος ὁ ἀ..ων καὶ οἱ ἀκούοντες

ἀναγκάζειν *cogere* ᵇ*compellere*
Mat 14₂₂ᵇ ‖ Mar 6₄₅ – Luc 14₂₃ ἀ..ασον ᵇ εἰσ-
Act 26₁₁ ἠνάγκαζον ᵇ βλασφημεῖν [ἐλθεῖν
28₁₉ ἠ..άσθην ἐπικαλέσασθαι Καίσαρα
2 Co 12₁₁ γέγονα ἄφρων· ὑμεῖς με ἠ..άσατε
Gal 2 3 οὐδὲ Τίτος – ἠ..άσθη ᵇ περιτμηθῆναι
6₁₂ ἀ..ουσιν ὑμᾶς περιτέμνεσθαι
– 14 πῶς τὰ ἔθνη ἀ..ζεις ἰουδαΐζειν;

ἀναγκαῖος *necessarius* – (ἀ..όν ἐστιν):
ᵇ*necesse est* ᶜ*oportet*
Act 10₂₄ τοὺς ἀν. φίλους 13₄₆ ὑμῖν ἦν ἀ..ον ᶜ
πρῶτον λαληθῆναι τὸν λόγον τ. θεοῦ
1 Co 12₂₂ μέλη Tit 3₁₄ εἰς τὰς ἀν..ας χρείας
2 Co 9 5 ἀ..ον – ἡγησάμην Phl 1₂₄ ἐπιμένειν
[ἐν] τῇ σαρκὶ ἀ..ότερον δι' ὑμᾶς 2₂₅
Hb 8 3 ὅθεν ἀ..ον ᵇ ἔχειν – ὃ προσενέγκῃ

ἀναγκαστῶς Sᵒ – *coacte* 1 Pe 5₂ μὴ ἀν.

ἀνάγκη *necessitas* ᵇ*necessitatem habēre*
ᶜ*necesse est* ᵈ*necesse habēre*
ᵉ*pressura*
Mat 18 7 ἀν.ᶜ γὰρ ἐλθεῖν τὰ σκάνδαλα, πλὴν

Luc 14 18 ἔχω ἀ..ην d – ἰδεῖν αὐτόν (sc ἀγρόν)
21 23 ἔσται γὰρ ἀν. e μεγάλη ἐπὶ τῆς γῆς
Rm 13 5 διὸ ἀν. ὑποτάσσεσθαι (vl ..εσθε vg
  nec..tate subditi estote), οὐ μόνον
1 Co 7 26 καλὸν – διὰ τὴν ἐνεστῶσαν ἀ..ην
  – 37 ὃς δὲ ἕστηκεν –, μὴ ἔχων ἀ..ην b
  9 16 ἀν. – μοι ἐπίκειται (sc εὐαγγελίζ.)
2 Co 6 4 ἐν θλίψεσιν, ἐν ἀ..αις 12 10 εὐδοκῶ –
  ἐν ἀ..αις 1 Th 3 7 παρεκλήθημεν – ἐπὶ
  πάσῃ τῇ ἀν. καὶ θλίψει ἡμῶν
  9 7 μὴ ἐκ λύπης ἢ ἐξ ἀ..ης· „ἱλαρὸν γὰρ
  δότην" Phm 14 ἵνα μὴ ὡς κατὰ ἀ..ην
  (ex necessitate) τὸ ἀγαθόν σου ᾖ
Hb 7 12 ἐξ ἀ..ης c καὶ νόμου μετάθεσις γίνε-
  ται 27 ὃς οὐκ ἔχει – ἀ..ην b – ἀναφέρ.
  9 16 θάνατον ἀνάγκη c φέρεσθαι 23 c
Jud 3 ἀ..ην ἔσχον d γράψαι – παρακαλῶν

ἀναγνωρίζεσθαι cognosci Act 7 13

ἀνάγνωσις lectio Act 13 15 νόμου κ. – προφ.
2 Co 3 14 ἐπὶ τῇ ἀν. τῆς παλαιᾶς διαθήκης
1 Ti 4 13 πρόσεχε τῇ ἀν., τῇ παρακλήσει

ἀναδεικνύναι a designare b ostendere
Luc 10 1 a Act 1 24 ἀνάδειξον b ὃν ἐξελέξω

ἀνάδειξις ostensio Luc 1 80 (Ἰωάννου)

ἀναδέχεσθαι suscipere Act 28 7 ἡμᾶς
Hb 11 17 ὁ τὰς ἐπαγγελίας ἀναδεξάμενος

ἀναδιδόναι tradere Act 23 33 ἐπιστολήν

ἀναζῆν S o – revivere Luc 15 24 ὅτι οὗτος
  ὁ υἱός μου νεκρὸς ἦν καὶ ἀνέζησεν
Rm 7 9 ἡ ἁμαρτία ἀνέζησεν, ἐγὼ δὲ ἀπέθαν.

ἀναζητεῖν requirere b quaerere
Luc 2 44. 45 (Jesum) Act 11 25 b Σαῦλον

ἀναζώννυσθαι succingi 1 Pe 1 13 ὀσφύας

ἀναζωπυρεῖν resuscitare 2 Ti 1 6 χάρισμα

ἀναθάλλειν reflorescere Phl 4 10 ὅτι ἤδη ποτὲ
  ἀνεθάλετε τὸ ὑπὲρ ἐμοῦ φρονεῖν

ἀνάθεμα anathema b devotio
Act 23 14 ἀναθέματι b ἀνεθεματίσαμεν ἑαυτούς
Rm 9 3 ηὐχόμην – ἀν. εἶναι αὐτὸς ἐγὼ ἀπὸ
  τοῦ Χοῦ ὑπὲρ τῶν ἀδελφῶν μου

1 Co 12 3 οὐδεὶς ἐν πνεύματι θεοῦ λαλῶν λέ-
  γει· ἀν. Ἰησοῦς 16 22 εἴ τις οὐ φιλεῖ
  τὸν κύριον, ἤτω ἀνάθεμα
Gal 1 8 ἀν. ἔστω 9 εἴ τις –, ἀνάθεμα ἔστω

ἀναθεματίζειν anath..zare b (se) devovēre
Mar 14 71 ὁ δὲ ἤρξατο ἀν. καὶ ὀμνύναι
Act 23 12 b 14 b → ἀνάθεμα 21 b μήτε φαγεῖν

ἀναθεωρεῖν S o – a intuēri b vidēre
Act 17 23 ἀ..ῶν b τὰ σεβάσματα ὑμῶν εὗρον
Hb 13 7 ἀ..οῦντες a τὴν ἔκβασιν τῆς ἀναστρ.

ἀνάθημα donum Luc 21 5 ἀ..σιν κεκόσμηται

ἀναίδεια improbitas Luc 11 8 διὰ – τὴν ἀν.

ἀναιρεῖν interficere b occidere c interimere
  d tollere e auferre
Mat 2 16 ἀνεῖλεν b – τοὺς παῖδας – ἐν Βηθλέ.
Luc 22 2 ἐζήτουν – τὸ πῶς ἀνέλωσιν αὐτόν
  23 32 ἤγοντο – σὺν αὐτῷ ἀναιρεθῆναι
Act 2 23 προσπήξαντες ἀνείλατε c 10 39 ἀνεῖ-
  λαν b „κρεμάσαντες ἐπὶ ξύλου" 13 28
  5 33. 36 b 7 28 9 23 (Saulum) 24. 29 b 12 2 b
  (Jacobum) 16 27 22 20 (Stephanum)
  23 15 (Paulum) 21. 27 25 3 26 10 b
  7 21 „ἀνείλατο d αὐτὸν ἡ θυγάτηρ Φαρ."
2 Th 2 8 ὃν ὁ κύριος [Ἰησοῦς] „ἀνελεῖ τῷ πνεύ-
  ματι τοῦ στόματος αὐτοῦ"
Hb 10 9 ἀναιρεῖ e τὸ πρῶτον ἵνα – στήσῃ

ἀναίρεσις nex Act 8 1 (Stephani)

ἀναίτιος a sine crimine b innocens
Mat 12 5 σάββατον βεβηλοῦσιν καὶ ἀ..οί a εἰσιν
  – 7 οὐκ ἂν κατεδικάσατε τοὺς ἀν. b

ἀνακαθίζειν S o – residēre Luc 7 15 Act 9 40

ἀνακαινίζειν renovare Hb 6 6 ἀδύνατον –
  τοὺς – παραπεσόντας, – ἀν. εἰς μετάνοιαν

ἀνακαινοῦσθαι S o – renovari
2 Co 4 16 ἀλλ' ὁ ἔσω ἡμῶν (sc ἄνθρ.) ἀ..οῦται
Col 3 10 ἐνδυσάμενοι τὸν νέον τὸν ἀ..ούμενον
  εἰς ἐπίγνωσιν κατ' εἰκόνα τοῦ κτίσ.

ἀνακαίνωσις S o – a novitas b renovatio
Rm 12 2 μεταμορφοῦσθε τῇ ἀν. a τοῦ νοός
Tit 3 5 διὰ λουτροῦ – ἀ..εως b πνεύμ. ἁγίου

ἀνακαλύπτειν revelare 2 Co 3 14 κάλυμμα

ἐπὶ τῇ ἀναγνώσει τῆς παλαιᾶς διαθήκης
μένει, μὴ ἀνακαλυπτόμενον 18 ἡμεῖς δὲ–
ἀνακεκαλυμμένῳ προσώπῳ „τὴν δόξαν
κυρίου" κατοπτριζόμενοι

ἀνακάμπτειν reverti [b]redire
Mat 212 μὴ ἀ..ψαι[b] πρὸς Ἥρ. – Act 1821
Luc 10 6 ἐφ' ὑμᾶς ἀ..ψει (sc ἡ εἰρήνη ὑμῶν)
Hb 1115 εἶχον ἂν καιρὸν ἀνακάμψαι

ἀνακεῖσθαι discumbere [b]recumbere
Mat 910 αὐτοῦ ἀ..μένου ἐν τῇ οἰκίᾳ 267[b]
    2210 ἐπλήσθη ὁ γάμος ἀ..μένων 11
    2620 ἀνέκειτο μετὰ τῶν δώδεκα ‖ Mar 1418
Mar 626 διὰ τοὺς ὅρκους καὶ τοὺς ἀ..μένους
    1614 ἀ..μένοις[b]–τοῖς ἔνδεκα ἐφανερώθη
Luc 2227 τίς–μείζων, ὁ ἀ..μενος[b] ἢ ὁ διακο-
    νῶν; οὐχὶ ὁ ἀ..μενος[b]; ἐγὼ δέ
Joh 611 διέδωκεν τοῖς ἀνακειμένοις
    12 2 Λάζ.–ἦν ἐκ τῶν ἀ..μένων σὺν αὐτῷ
    1323 ἦν ἀ..μενος[b] εἷς–ἐν τῷ κόλπῳ–Ἰη-
    σοῦ 28 οὐδεὶς ἔγνω τῶν ἀ..μένων

ἀνακεφαλαιοῦσθαι S° – instaurare
Rm 13 9 ἐν τ. λόγῳ – ἀ..οῦται [ἐν τῷ]˙
Eph 110 ἀ..ώσασθαι τὰ πάντα ἐν τῷ Χῷ

ἀνακλίνειν, ..εσθαι [a]accumbere [b]accumb.
    facere [c]discumbere [d]disc. facere
    [e]reclinare [f]recumbere
Mat 811 ἀ..ιθήσονται[f] μετὰ Ἀβρ. ‖ Luc 1329
    ἀ..ιθήσονται[a] ἐν τῇ βασιλ. τοῦ θεοῦ
    1419 ἀ..ιθῆναι[c] ἐπὶ τοῦ χόρτου ‖ Mar 639[b]
Luc 2 7 ἀνέκλινεν[e] αὐτὸν ἐν φάτνῃ
    1237 ἀνακλινεῖ[d] αὐτοὺς (sc τοὺς δούλους)
    καὶ–διακονήσει αὐτοῖς

ἀνακράζειν exclamare
Mar 123 ‖ Luc 433 cfr 828 – Mar 649 Luc 2318

ἀνακρίνειν iudicare [b]diiudicare
    [c]interrogare [d]interrogationem habēre
    [e]examinare [f]inquisitionem facere
    [g]scrutari
Luc 2314 ἐγὼ–ἀ..ας[c] οὐθὲν εὗρον–αἴτιον
Act 4 9 εἰ ἡμεῖς–ἀ..όμεθα[b] (vl[a]) ἐπὶ εὐερ-
    γεσίᾳ – 1219[f] 248 2818[d]
    1711 ἀ..οντες[g] τὰς γραφὰς εἰ ἔχοι–οὕτ.
1 Co 214 ὅτι πνευματικῶς ἀ..εται[e] 15 ὁ δὲ πνευ-
    ματικὸς ἀ..ει [τὰ] πάντα, αὐτὸς δὲ
    ὑπ' οὐδενὸς ἀ..εται
    4 3 ἐμοὶ–εἰς ἐλάχιστόν ἐστιν ἵνα ὑφ'

ὑμῶν ἀ..ιθῶ–˙ ἀλλ' οὐδὲ ἐμαυτὸν
ἀ..ω 4 ὁ δὲ ἀ..ων με κύριός ἐστιν
1 Co 9 3 ἡ ἐμὴ ἀπολογία τοῖς ἐμὲ ἀ..ουσιν[c]
    1025 τὸ–πωλούμενον ἐσθίετε μηδὲν ἀνα-
    κρίνοντες[c] διὰ τὴν συνείδησιν 27[c]
    1424 ἐλέγχεται–, ἀ..εται[b] ὑπὸ πάντων

ἀνάκρισις interrogatio Act 2526

(ἀνακυλίειν S° – revolvere vl Mar 164 λίθον)

ἀνακύπτειν respicere (Luc 1311 sursum r.)
    [b]se erigere
Luc 1311 μὴ δυναμένη ἀ..ψαι [Joh 87[b] 10[b]]
    2128 ἀνακύψατε καὶ ἐπάρατε τὰς κεφαλάς

ἀναλαμβάνειν assumere [b]suscipere
    [c]recipere [d]accipere [e]sumere
Mar 1619 „ἀνελήμφθη εἰς τὸν οὐρ." Act 12.11
    ὁ ἀναλημφθεὶς ἀφ' ὑμῶν 22 ἕως τῆς
    ἡμέρας ἧς ἀνελ. 1 Ti 316 ἀνελ. ἐν δόξῃ
Act 743 „ἀνελάβετε[b] τὴν σκηνὴν τοῦ Μόλοχ"
    1016 ἀνελήμφθη[c] τὸ σκεῦος – 2013[b] Παῦ-
    λον 14 2331 – 2 Ti 411 Μᾶρκον
Eph 613 ἀναλάβετε[d] τὴν πανοπλίαν τοῦ θεοῦ
    – 16 ἀναλαβόντες[e] τὸν θυρεὸν τῆς πίστ.

ἀνάλημψις S° – assumptio Luc 951 (Jesu)

ἀναλίσκειν (ἀναλοῦν) consumere
Luc 954 „πῦρ καταβῆναι–καὶ ἀ..ῶσαι" αὐτ.
Gal 515 βλέπετε μὴ ὑπ' ἀλλήλων ἀναλωθῆτε
    (2 Th 2 8 vl ὃν ὁ κύριος–ἀναλοῖ vel ἀναλώ-
    σει vg interficiet, → ἀναιρεῖν)

ἀναλογία S° – ratio Rm 126 τῆς πίστεως

ἀναλογίζεσθαι recogitare Hb 123

ἄναλος S° – insulsus Mar 950 ἅλας

ἀναλύειν [a]reverti [b]dissolvi
Luc 1236 πότε ἀναλύσῃ[a] ἐκ τῶν γάμων
Phl 123 ἐπιθυμίαν ἔχων εἰς τὸ ἀναλῦσαι[b]

ἀνάλυσις S° – resolutio
2 Ti 4 6 ὁ καιρὸς τῆς ἀ..εώς μου ἐφέστηκεν

ἀναμάρτητος qui sine peccato est
[[Joh 8 7 ὁ ἀν. ὑμῶν πρῶτος – βαλέτω λίθον]]

ἀναμένειν expectare
1 Th 110 ἀν. τὸν υἱὸν αὐτοῦ ἐκ τῶν οὐρανῶν

ἀναμιμνήσκειν, ..εσθαι [a]admonēre
[b]commonefacere [c]recordari [d]rememorari [e]reminisci
Mar 1121 ἀναμνησθείς[c] ὁ Πέτρ. 1472[c] τὸ ῥῆμα
1 Co 417 ὃς ὑμᾶς ἀναμνήσει[b] τὰς ὁδούς μου
2 Co 715 ἀ..ομένου[e] τὴν – ὑμῶν ὑπακοήν
2 Ti 1 6 ἀ..ω[a] σε ἀναζωπυρεῖν τὸ χάρισμα
Hb 1032 ἀ..εσθε[d] – τὰς πρότερον ἡμέρας

ἀνάμνησις commemoratio
Luc 2219 ποιεῖτε εἰς τὴν ἐμὴν ἀν. 1 Co 1124.25
Hb 10 3 ἐν αὐταῖς ἀν. ἁμαρτιῶν κατ' ἐνιαυτόν

ἀνανεοῦσθαι renovari Eph 423 τῷ πνεύ.

ἀνανήφειν S[o] – resipiscere 2 Ti 226

Ἀνανίας Act 51 (christ. Hieros.) 3.5 – 910
(christ. Damasc.) 12.13.17 2212 – 232 ὁ δὲ
ἀρχιερεὺς Ἀνανίας 241

ἀναντίρρητος S[o] – cui contradici non potest
Act 1936 ἀ..ων οὖν ὄντων τούτων δέον ἐστίν

ἀναντιρρήτως S[o] – sine dubitatione Act 1029

ἀνάξιος indignus
1 Co 6 2 ἀνάξιοί ἐστε κριτηρίων ἐλαχίστων;

ἀναξίως indigne 1 Co 1127 ὃς ἂν ἐσθίῃ τὸν
ἄρτον ἢ πίνῃ τὸ ποτήριον – ἀναξίως

ἀναπαύειν, ..εσθαι requiescere [b]reficere
Mat 1128 δεῦτε πρός με –, κἀγὼ ἀ..σω[b] ὑμᾶς
2645 καθεύδετε – καὶ ἀ..εσθε ‖ Mar 1441
Mar 631 ἀ..σασθε ὀλίγον Luc 1219 ἀ..ου
1 Co 1618 ἀνέπαυσαν[b] – τὸ ἐμὸν πνεῦμα
2 Co 713 ἀναπέπαυται[b] τὸ πνεῦμα αὐτοῦ
Phm 7 τὰ σπλάγχνα τῶν ἁγίων ἀναπέπαυται διὰ σοῦ 20 ἀ..σόν[b] μου τὰ σπλ.
1 Pe 414 μακάριοι, ὅτι – „τὸ τοῦ θεοῦ πνεῦμα"
ἐφ' ὑμᾶς „ἀναπαύεται"
Ap 6 11 ἵνα ἀ..σονται ἔτι χρόνον μικρόν
1413 ἵνα ἀ..σήσονται ἐκ τ. κόπων αὐτῶν

ἀνάπαυσις requies
Mat 1129 „εὑρήσετε ἀ..ιν ταῖς ψυχαῖς ὑμῶν"
1243 ζητοῦν ἀ..ιν, κ. οὐχ εὑρίσκ. ‖ Luc 1124
Ap 4 8 ἀ..ιν οὐκ ἔχουσιν – λέγοντες· 1411

ἀναπείθειν persuadēre Act 1813 παρὰ τὸν
νόμον ἀ..ει – τοὺς ἀνθρ. σέβεσθαι – θεόν

ἀνάπειρος debilis Luc 1413 χάλει – ἀ..ους 21

ἀναπέμπειν S[o] – remittere [b]mittere
Luc 237.11.15 Act 2521[b] Phm 12 ὃν ἀνέπεμψα

ἀναπηδᾶν exilire Mar 1050 ἀ..ήσας ἦλθεν

ἀναπίπτειν discumbere [b]recumbere
Mat 1535 ἀ..σεῖν ἐπὶ – γῆν ‖ Mar 86 640 Joh 610
Luc 1137 εἰσελθὼν – ἀνέπεσεν[b] 2214 ἀνέπεσεν
καὶ οἱ ἀπόστολοι Joh 1312[b] 25[b] 2120
ὃς – ἀνέπεσεν[b] – ἐπὶ τὸ στῆθος αὐτ.
1410 ἀνάπεσε[b] εἰς τὸν ἔσχατον τόπον
17 7 τίς – ἐρεῖ – · εὐθέως – ἀνάπεσε[b] – ;

ἀναπληροῦν [a]adimplēre [b]implēre [c]supplēre
Mat 1314 ἀ..οῦται[a] αὐτοῖς ἡ προφητεία Ἠσ.
1 Co 1416 ὁ ἀ..ῶν[c] τὸν τόπον τοῦ ἰδιώτου
1617 τὸ ὑμέτερον ὑστέρημα – ἀνεπλήρωσαν[c] Phl 230 ἵνα ἀ..ώσῃ[b] τὸ ὑμ. ὑστ.
Gal 6 2 οὕτως ἀ..ώσετε[a] τὸν νόμον τοῦ Χοῦ
1 Th 216 εἰς τὸ „ἀ..ῶσαι[b] αὐτῶν τὰς ἁμαρτ."

ἀναπολόγητος S[o] – inexcusabilis
Rm 1 20 εἰς τὸ εἶναι αὐτοὺς ἀ..ους 21 ἀν. εἶ

ἀνάπτειν [a]accendere [b]incendere
Luc 1249 τί θέλω εἰ ἤδη ἀνήφθη[a] – (sc πῦρ)
Jac 3 5 ἡλίκον πῦρ ἡλίκην ὕλην ἀνάπτει[b]

ἀναπτύσσειν revolvere
Luc 417 ἀναπτύξας τὸ βιβλίον

ἀναρίθμητος innumerabilis Hb 1112

ἀνασείειν S[o] – [a]commovēre [b]concitare
Mar 1511[b] τὸν ὄχλον Luc 235[a] τὸν λαόν

ἀνασκευάζειν S[o] – evertere Act 1524 ψυχάς

ἀνασπᾶν S[o] – [a]extrahere [b]recipere
Luc 14 5 οὐκ εὐθέως ἀνασπάσει[a] αὐτόν –;
Act 1110 ἀνεσπάσθη[b] πάλιν – εἰς τὸν οὐρανόν

ἀνάστασις resurrectio
Mat 2223 λέγοντες μὴ εἶναι ἀνάστασιν ‖ Mar
1218 Luc 2027 [ἀντιλέγοντες Act 238
– 28 ἐν τῇ ἀν. οὖν τίνος – ἔσται γυνή; ‖
Mar 1223 Luc 2033 γίνεται γυνή,
– 30 ἐν γὰρ τῇ ἀν. οὔτε γαμοῦσιν 31 περὶ
δὲ τῆς ἀν. τῶν νεκρῶν οὐκ ἀνέγνωτε –; ‖ Luc 2035 ἀν. τῆς ἐκ νεκρῶν
οὔτε γαμοῦσιν 36 τῆς ἀν. υἱοὶ ὄντες

Luc 2 34 κεῖται εἰς πτῶσιν καὶ ἀ..ιν πολλῶν
14 14 ἀνταποδοθήσεται γάρ σοι ἐν τῇ ἀνα-
στάσει τῶν δικαίων
Joh 5 29 εἰς ἀ..ιν ζωῆς,– εἰς ἀ..ιν κρίσεως
11 24 ἀναστήσεται ἐν τῇ ἀν. ἐν τῇ ἐσχάτῃ
ἡμέρᾳ 25 ἐγώ εἰμι ἡ ἀν. καὶ ἡ ζωή
Act 1 22 μάρτυρα τῆς ἀν. αὐτοῦ σὺν ἡμῖν
2 31 προϊδὼν ἐλάλ. περὶ τῆς ἀν. τοῦ Χοῦ
4 2 καταγγέλλειν ἐν τῷ Ἰησοῦ τὴν ἀν.
τὴν ἐκ νεκ. 33 τὸ μαρτύριον – τῆς ἀν.
17 18 τὸν Ἴησ. καὶ τὴν ἀν. εὐηγγελίζετο
– 32 ἀκούσαντες δὲ ἀνάστασιν νεκρῶν
23 6 περὶ – ἀ..εως νεκρῶν – κρίνομαι 24 21
24 15 ἀ..ιν – ἔσεσθαι δικαίων τε καὶ ἀδίκων
26 23 εἰ πρῶτος ἐξ ἀναστάσεως νεκρῶν
Rm 1 4 τοῦ ὁρισθέντος υἱοῦ θεοῦ ἐν δυνά-
μει – ἐξ ἀναστάσεως νεκρῶν
6 5 καὶ τῆς ἀν. ἐσόμεθα (se σύμφυτοι)
1 Co 15 12 πῶς λέγουσιν – ὅτι ἀν. νεκρῶν οὐκ
ἔστιν; 13 εἰ δὲ ἀν. ν. οὐκ ἔστιν, οὐδὲ
Χὸς ἐγήγερται 21 καὶ δι' ἀνθρώπου
ἀν. ν. 42 οὕτως καὶ ἡ ἀν. τῶν νεκρ.
Phl 3 10 τοῦ γνῶναι αὐτὸν καὶ τὴν δύναμιν
τῆς ἀν. αὐτοῦ → ἐξανάστασις
2 Ti 2 18 [τὴν] ἀνάστασιν ἤδη γεγονέναι
Hb 6 2 θεμελίων – ἀ..εώς τε νεκρῶν
11 35 ἔλαβον – ἐξ ἀ..εως τοὺς νεκροὺς αὐτ.
– – ἵνα κρείττονος ἀναστάσεως τύχωσιν
1 Pe 1 3 ἀναγεννήσας ἡμᾶς εἰς ἐλπίδα ζῶσαν
δι' ἀ..εως Ἰ. Χοῦ ἐκ νεκρῶν
3 21 σῴζει βάπτισμα – δι' ἀ..εως Ἰ. Χοῦ
Ap 20 5 αὕτη ἡ ἀν. ἡ πρώτη 6 μακάριος – ὁ
ἔχων μέρος ἐν τῇ ἀν. τῇ πρώτῃ

ἀναστατοῦν a concitare b tumultum con-
citare c conturbare Act 17 6 οἱ τὴν οἰκου-
μένην ἀ..ώσαντες a 21 38 ὁ – ἀ..ώσας b
Gal 5 12 ἀποκόψονται οἱ ἀ..οῦντες c ὑμᾶς

ἀνασταυροῦν S o – rursum crucifigere
Hb 6 6 ἀ..οῦντας ἑαυτοῖς τὸν υἱὸν τοῦ θεοῦ

ἀναστενάζειν ingemiscere Mar 8 12 τῷ πνεύ.

ἀναστρέφειν, ..σθαι conversari b reverti
Act 5 22 b 15 16 "ἀ..έψω b καὶ ἀνοικοδομήσω"
2 Co 1 12 ἐν ἁπλότητι – ἀνεστράφημεν ἐν τῷ
Eph 2 3 ἐν τοῖς υἱοῖς τῆς ἀπειθείας· ἐν οἷς
καὶ ἡμεῖς πάντες ἀνεστράφημέν ποτε
ἐν ταῖς ἐπιθυμίαις τῆς σαρκός
1 Ti 3 15 πῶς δεῖ ἐν οἴκῳ θεοῦ ἀ..εσθαι
Hb 10 33 κοινωνοὶ τῶν οὕτως ἀ..ομένων

Hb 13 18 ἐν πᾶσιν καλῶς θέλοντες ἀ..εσθαι
1 Pe 1 17 ἐν φόβῳ τὸν τῆς παροικίας ὑμῶν
χρόνον ἀναστράφητε
2 Pe 2 18 τοὺς ὀλίγως ἀποφεύγοντας τοὺς ἐν
πλάνῃ ἀναστρεφομένους

ἀναστροφή conversatio
Gal 1 13 τὴν ἐμὴν ἀν. ποτε ἐν τῷ Ἰουδαϊσμῷ
Eph 4 22 ἀποθέσθαι ὑμᾶς κατὰ τὴν προτέραν
ἀ..ὴν τὸν παλαιὸν ἄνθρωπον
1 Ti 4 12 τύπος γίνου τῶν πιστῶν – ἐν ἀ..ῇ
Hb 13 7 ἀναθεωροῦντες τὴν ἔκβασιν τῆς ἀν.
Jac 3 13 δειξάτω ἐκ τῆς καλῆς ἀν. τὰ ἔργα
1 Pe 1 15 αὐτοὶ ἅγιοι ἐν πάσῃ ἀν. γενήθητε
– 18 ἐκ τῆς ματαίας – ἀν. πατροπαραδότ.
2 12 τὴν ἀν. ὑμῶν ἐν τοῖς ἔθνεσιν ἔχον-
τες καλήν 3 16 οἱ ἐπηρεάζοντες ὑμῶν
τὴν ἀγαθὴν ἐν Χῷ ἀ..ήν
3 1 ἵνα – διὰ τῆς τῶν γυναικῶν ἀ..ῆς –
κερδηθήσονται 2 ἐποπτεύσαντες τὴν
ἐν φόβῳ ἁγνὴν ἀν. ὑμῶν
2 Pe 2 7 ὑπὸ τῆς – ἐν ἀσελγείᾳ ἀναστροφῆς
3 11 ἐν ἁγίαις ἀ..αῖς καὶ εὐσεβείαις

ἀνατάσσεσθαι S o – ordinare Luc 1 1 διήγ.

ἀνατέλλειν oriri b exoriri c oriri facere
Mat 4 16 "φῶς ἀνέτειλεν αὐτοῖς"
5 45 τὸν ἥλιον αὐτοῦ ἀ..ει c ἐπὶ πονηρούς
13 6 ἡλίου δὲ ἀνατείλαντος ἐκαυματίσθη
‖ Mar 4 6 b – Jac 1 11 ἀνέτειλεν b – ὁ
ἥλιος σὺν τῷ καύσωνι καὶ ἐξήρανεν
Mar 16 2 μιᾷ τῶν σαββ. – ἀνατείλαντος τ. ἡλ.
Luc 12 54 ὅταν ἴδητε [τὴν] νεφέλην ἀ..ουσαν
Hb 7 14 ἐξ Ἰούδα ἀνατέταλκεν ὁ κύριος
2 Pe 1 19 ἕως οὗ – φωσφόρος ἀνατείλῃ ἐν ταῖς
καρδίαις ὑμῶν

ἀνατίθεσθαι a indicare b conferre cum
Act 25 14 a Gal 2 2 ἀνεθέμην b αὐτοῖς τὸ εὐαγγ.

ἀνατολή, ἀνατολαί oriens b ortus
Mat 2 1 μάγοι ἀπὸ ἀνατολῶν 2 εἴδομεν – αὐ-
τοῦ τὸν ἀστέρα ἐν τῇ ἀνατολῇ 9
8 11 "ἀπὸ ἀ..ῶν καὶ δυσμῶν" ἥξουσιν ‖
Luc 13 29 – ‖ Mar brev. claus. ἀπὸ
ἀ..ῆς καὶ ἄχρι δύσεως ἐξαπέστειλεν
– τὸ ἱερὸν καὶ ἄφθαρτον κήρυγμα‖
24 27 ὥσπερ – ἡ ἀστραπὴ ἐξέρχεται ἀπὸ
ἀ..ῶν καὶ φαίνεται ἕως δυσμῶν
Luc 1 78 ἐπισκέψεται ἡμᾶς ἀν. ἐξ ὕψους
Ap 7 2 ἀπὸ ἀ..ῆς b ἡλίου 16 12 ἡ ὁδὸς τῶν

βασιλέων τῶν „ἀπὸ ἀ..ῆς^b ἡλίου"
Ap 21 13 „ἀπὸ ἀ..ῆς πυλῶνες τρεῖς – καὶ ἀπὸ
δυσμῶν πυλῶνες τρεῖς"

ἀνατρέπειν subvertere
Joh 2 15 τὰς τραπέζας ἀνέτρεψεν (vl ..στρεψ.)
2 Ti 2 18 ἀνατρέπουσιν τήν τινων πίστιν
Tit 1 11 ὅλους οἴκους ἀ..ουσιν διδάσκοντες

ἀνατρέφεσθαι nutrire, ..ri (vl Luc 4 16 Jesus)
Act 7 20 (Moyses) 21 (vl enutr.) 22 3 (Paulus)

ἀναφαίνειν, ..εσθαι ^a apparēre (vl parēre)
^b manifestari Luc 19 11 ὅτι παραχρῆμα
μέλλει ἡ βασ. τοῦ θεοῦ ἀναφαίνεσθαι^b
Act 21 3 ἀναφάναντες (vl ..έντες^a) – Κύπρον
(vl cum apparuissemus vl par. Cypro)

ἀναφέρειν offerre ^b perferre ^c exhaurire
^d ducere ^e (ἀ..εσθαι) ferri
Mat 17 1 ἀναφέρει^d αὐτοὺς εἰς ὄρος ‖ Mar 9 2^d
Luc 24 51 ἀνεφέρετο^e εἰς τὸν οὐρανόν
Hb 7 27 θυσίας ἀναφέρειν – ‘ τοῦτο – ἐποίη-
σεν ἐφάπαξ ἑαυτὸν ἀνενέγκας
9 28 εἰς τὸ „πολλῶν ἀνενεγκεῖν^c ἁμαρτίας
13 15 „ἀ..ωμεν θυσίαν αἰνέσεως – τῷ θεῷ"
Jac 2 21 „ἀνενέγκας Ἰσαὰκ – ἐπὶ τ. θυσιαστ."
1 Pe 2 5 ἀνενέγκαι πνευματικὰς θυσίας
– 24 „τὰς ἁμαρτίας" ἡμῶν „αὐτὸς ἀνή-
νεγκεν"^b ἐν τῷ σώματι – ἐπὶ τὸ ξύλον

ἀναφωνεῖν exclamare Luc 1 42

ἀνάχυσις S^o – confusio
1 Pe 4 4 εἰς τὴν αὐτὴν τῆς ἀσωτίας ἀ..ιν

ἀναχωρεῖν secedere ^b recedere ^c reverti
Mat 2 12^c 13^b 14 (vl^b) 22 4 12 εἰς τὴν Γαλιλαίαν
9 24^b 12 15^b (vl^a) ‖ Mar 3 7 – Mat 14 13
15 21 εἰς τὰ μέρη Τύρου – 27 5^b (Judas)
Joh 6 15 ἀνεχώρησεν (vl φεύγει vg) πάλιν
εἰς τὸ ὄρος αὐτὸς μόνος
Act 23 19 26 31 ἀ..ήσαντες ἐλάλουν πρὸς ἀλλήλ.

ἀνάψυξις refrigerium
Act 3 20 ὅπως ἂν ἔλθωσιν καιροὶ ἀ..εως

ἀναψύχειν refrigerare 2 Ti 1 16 μὲ ἀνέψυξεν

ἀνδραποδιστής S^o – plagiarius 1 Ti 1 10

Ἀνδρέας Mat 4 18 ‖ Mar 1 16 – Mat 10 2 ‖

Mar 3 18 Luc 6 14 – Mar 1 29 13 3 – Joh
1 40. 44 6 8 12 22 – Act 1 13

ἀνδρίζεσθαι viriliter agere 1 Co 16 13

Ἀνδρόνικος Rm 16 7 ἀσπάσασθε Ἀ..ον

ἀνδροφόνος homicida 1 Ti 1 9 ἀ..οις, πόρν.

ἀνέγκλητος ^a irreprehensibilis ^b sine cri-
mine ^c nullum crimen habens
1 Co 1 8 ἀ..ους^b ἐν τῇ ἡμέρᾳ τοῦ κυρ. Col 1 22
παραστῆσαι ὑμᾶς – ἀ..ους^a κατενώπ.
1 Ti 3 10 εἶτα διακονείτωσαν ἀ..οι^c ὄντες
Tit 1 6 πρεσβυτέρους –, εἴ τίς ἐστιν ἀν.^b
– 7 δεῖ – τὸν ἐπίσκοπον ἀ..ον^b εἶναι

ἀνεκδιήγητος S^o – inenarrabilis
2 Co 9 15 χάρις – ἐπὶ τῇ ἀ..ήτῳ αὐτοῦ δωρεᾷ

ἀνεκλάλητος S^o – inenarrabilis
1 Pe 1 8 ἀγαλλιᾶσθε χαρᾷ ἀ..ήτῳ καὶ δεδοξ.

ἀνέκλειπτος S^o – non deficiens
Luc 12 33 θησαυρὸν ἀ..ον ἐν τοῖς οὐρανοῖς

ἀνεκτότερον ἔσται S^o – ^a remissius erit
^b tolerabilius erit
Mat 10 15^b γῇ Σοδόμων 11 22^a Τύρῳ καὶ Σι-
δῶνι 24^a ‖ Luc 10 12^a Σοδ. 14^a Τ. κ. Σ.

ἀνελεήμων sine misericordia Rm 1 31

ἀνέλεος S^o – sine misericordia
Jac 2 13 ἡ – κρίσις ἀν. τῷ μὴ ποιήσαντι ἔλεος

ἀνεμίζεσθαι S^o – a vento movēri Jac 1 6

ἄνεμος ventus
Mat 7 25 ἔπνευσαν οἱ ἄνεμοι καὶ προσέπεσαν 27
8 26 ἐπετίμησεν τοῖς ἀν. 27 ὅτι καὶ οἱ ἄν.
– αὐτῷ ὑπακούουσιν; ‖ Mar 4 37. 39
ἐκόπασεν ὁ ἄν. 41 Luc 8 23. 24. 25
11 7 κάλαμον ὑπὸ ἀ..ου σαλευόμενον; ‖
Luc 7 24
14 24. 30 βλέπων – τὸν ἄν. – ἐφοβήθη 32
ἐκόπασεν ὁ ἄν. ‖ Mar 6 48. 51 – Joh 6 18
24 31 „ἐκ τῶν τεσσάρων ἄν. ‖ Mar 13 27
Act 27 4. 7. 14. 15 τῷ ἀν. ἐπιδόντες ἐφερόμεθα
Eph 4 14 κλυδωνιζόμενοι καὶ περιφερόμενοι
παντὶ ἀ..ῳ τῆς διδασκαλίας
Jac 3 4 πλοῖα, – ὑπὸ ἀ..ων σκληρῶν ἐλαυνόμ.

Jud 12 νεφέλαι – ὑπὸ ἀ..ων παραφερόμεναι
Ap 6 13 ὡς συκῆ – ὑπὸ ἀ..ου μεγάλου σειομέ-
νη – 71 ἀγγέλους – κρατοῦντας „τοὺς
τέσσ. ἀν." τῆς γῆς, ἵνα μὴ πνέῃ ἄν.

ἀνένδεκτόν ἐστιν Sᵒ – impossibile est
Luc 17 1 ἀν. ἐστ. τοῦ τὰ σκάνδαλα μὴ ἐλθεῖν

ἀνεξερεύνητος Sᵒ – incomprehensibilis
Rm 11 33 ὡς ἀν..εύνητα τὰ κρίματα αὐτοῦ

ἀνεξίκακος Sᵒ – patiens
2 Ti 2 24 δοῦλον – κυρίου – δεῖ – εἶναι – ἀ..ον

ἀνεξιχνίαστος investigabilis
Rm 11 33 ὡς – ἀ..οι αἱ ὁδοὶ αὐτοῦ   [Χοῦ
Eph 3 8 εὐαγγελίσασθαι τὸ ἀν. πλοῦτος τοῦ

ἀνεπαίσχυντος Sᵒ – inconfusibilis
2 Ti 2 15 σεαυτὸν – παραστῆσαι – ἐργάτην ἀν.

ἀνεπίλημπτος Sᵒ – irreprehensibilis
1 Ti 3 2 (ἐπίσκοπος) 5 7 (χήρα) 6 14 (ἐντολή)

ἀνέρχεσθαι ᵃsubire ᵇvenire
Joh 6 3ᵃ Gal 1 17ᵇ (vl ἀπῆλθον) 18ᵇ

ἄνεσις requies ᵇremissio Act 24 23
2 Co 2 13 οὐκ ἔσχηκα ἄνεσιν τῷ πνεύματί 7 5
8 13 οὐ γὰρ ἵνα ἄλλοις ἄ.ᵇ, ὑμῖν θλῖψις
2 Th 1 7 ἀνταποδοῦναι – ὑμῖν – ἄ..ιν μεθ' ἡμῶν

ἀνετάζειν torquêre Act 22 24.29

ἄνευ sine 1 Pe 3 1 ἄ. λόγου 4 9 γογγυσμοῦ
Mat 10 29 ἐν – οὐ πεσεῖται – ἄ. τοῦ πατρὸς ὑμ.

ἀνεύθετος Sᵒ – non aptus Act 27 12

ἀνευρίσκειν invenire Luc 2 16 Act 21 4

ἀνέχεσθαι ᵃpati ᵇsufferre ᶜsupportare
ᵈsustinêre Mat 17 17 ἕως πότε ἀνέξομαιᵃ
ὑμῶν; ‖ Mar 9 19ᵃ Luc 9 41ᵃ – Act 18 14
κατὰ λόγον ἂν ἀνεσχόμηνᵈ ὑμῶν
1 Co 4 12 διωκόμενοι ἀνεχόμεθαᵈ, δυσφημούμ.
2 Co 11 1 ὄφελον ἀνείχεσθέᵈ μου μικρόν τι
ἀφροσύνης· ἀλλὰ καὶ ἀ..σθέᶜ μου 4
εἰ – ἄλλον Ἰησοῦν κηρύσσει –, καλῶς
ἀνέχεσθε (vl ἀνείχεσθε)ᵃ
   – 19 ἡδέως γὰρ ἀνέχεσθεᵇ τῶν ἀφρόνων
   – 20 ἀ..σθεᵈ γὰρ εἴ τις ὑμᾶς καταδουλοῖ

Eph 4 2 ἀνεχόμενοιᶜ ἀλλήλων ἐν ἀγάπῃ Col
3 13 ἀν.ᶜ ἀλλ. καὶ χαριζόμενοι ἑαυτοῖς
2 Th 1 4 ἐν – ταῖς θλίψεσιν αἷς ἀνέχεσθεᵈ
2 Ti 4 3 ἔσται – καιρὸς ὅτε τῆς ὑγιαινούσης
διδασκαλίας οὐκ ἀνέξονταιᵈ
Hb 13 22 ἀ..σθεᵇ τοῦ λόγου τῆς παρακλήσεως

ἀνεψιός consobrinus Col 4 10 ὁ ἀ. Βαρναβᾶ

ἄνηθον Sᵒ – anethum Mat 23 23 (Luc 11 42vl)

ἀνήκει, ἀνῆκεν, τὸ ἀνῆκον ᵃoportet ᵇquod
ad rem pertinet Eph 5 4 ἃ οὐκ ἀνῆκενᵇ
Col 3 18 ὡς ἀνῆκενᵃ ἐν κυρίῳ Phm 8 παρ-
ρησίαν ἔχων ἐπιτάσσειν σοι τὸ ἀνῆκονᵇ

ἀνήμερος Sᵒ – immitis 2 Ti 3 3 ἀν..οι

ἀνήρ vir ᵇhomo

1) vir, a femina distinctus
Mat 1 16 Ἰωσὴφ τὸν ἄνδρα Μαρίας 19 ὁ ἀ. αὐ-
τῆς, δίκαιος ὤν Luc 1 27 ἐμνηστευμέ-
νην ἀνδρί 34 ἐπεὶ ἄνδρα οὐ γινώσκω
14 21 ‖ Mar 6 44 Luc 9 14 (Joh 6 10) – Mat 15 38ᵇ
Mar 10 2 εἰ ἔξεστιν ἀνδρὶ γυναῖκα ἀπολῦσαι
12 ἐὰν αὐτὴ ἀπολύσασα τὸν ἄνδρα
αὐτῆς γαμήσῃ ἄλλον ‖ Luc 16 18 ὁ
ἀπολελυμένην ἀπὸ ἀνδρὸς γαμῶν
μοιχεύει
Luc 2 36 ζήσασα μετὰ ἀνδρὸς ἔτη ἑπτά
Joh 1 13 οὐδὲ ἐκ θελήματος ἀνδρὸς – ἐγεννή-
4 16 φώνησον τὸν ἄνδρα σου 17.18 [θησαν
Act 5 9.10.14 8 3.12 9 2 17 12 22 4
Rm 7 2 τῷ ζῶντι ἀνδρὶ δέδεται – ἐὰν δὲ ἀπο-
θάνῃ ὁ ἀνήρ, κατήργηται ἀπὸ τοῦ
νόμου τοῦ ἀνδρός 3 ζῶντος τοῦ ἀν-
δρὸς μοιχαλὶς – ἐὰν γένηται ἀνδρὶ
ἑτέρῳ· ἐὰν δὲ ἀποθάνῃ ὁ ἀνήρ, ἐ-
λευθέρα –, τοῦ μὴ εἶναι αὐτὴν μοιχα-
λίδα γενομένην ἀνδρὶ ἑτέρῳ
1 Co 7 2 καὶ ἑκάστη τὸν ἴδιον ἄνδρα ἐχέτω
   – 3 τῇ γυναικὶ ὁ ἀνὴρ τὴν ὀφειλὴν ἀπο-
διδότω, – καὶ ἡ γυνὴ τῷ ἀνδρί
   – 4 ἡ γυνὴ τοῦ ἰδίου σώματος οὐκ ἐξου-
σιάζει ἀλλὰ ὁ ἀνήρ· ὁμοίως δὲ καὶ
ὁ ἀνὴρ τοῦ ἰδίου σώμ. οὐκ ἐξουσ.
   – 10 γυναῖκα ἀπὸ ἀνδρὸς μὴ χωρισθῆναι
   11 καὶ ἄνδρα γυναῖκα μὴ ἀφιέναι
   – 11 ἐὰν δὲ καὶ χωρισθῇ, μενέτω ἄγαμος
ἢ τῷ ἀνδρὶ καταλλαγήτω
   – 13 εἴ τις ἔχει ἄνδρα ἄπιστον, – μὴ ἀφιέτω

τὸν ἄνδρα 14 ἡγίασται γὰρ ὁ ἀνὴρ
ὁ ἄπιστος ἐν τῇ γυναικί
1 Co 7 16 τί – οἶδας –, εἰ τὸν ἄνδρα σώσεις; ἢ
τί οἶδας, ἄνερ, εἰ τὴν γυναῖκα σώ.;
– 34 ἡ δὲ γαμήσασα μεριμνᾷ –, πῶς ἀρέ-
σῃ τῷ ἀνδρί
– 39 γυνὴ δέδεται ἐφ' ὅσον – ζῇ ὁ ἀνὴρ
αὐτῆς· ἐὰν δὲ κοιμηθῇ ὁ ἀνήρ
11 3 παντὸς ἀνδρὸς ἡ κεφαλὴ ὁ Χός ἐ-
στιν, κεφαλὴ δὲ γυναικὸς ὁ ἀνὴρ
– 4 πᾶς ἀνὴρ προσευχόμενος 7 ἀνὴρ –
οὐκ ὀφείλει κατακαλύπτεσθαι –· ἡ
γυνὴ δὲ δόξα ἀνδρός ἐστιν
– 8 οὐ γάρ ἐστιν ἀνὴρ ἐκ γυναικός, ἀλλὰ
γυνὴ ἐξ ἀνδρός 9 οὐκ ἐκτίσθη ἀνὴρ
διὰ τὴν γυν., ἀλλὰ γυνὴ διὰ τὸν ἄνδρα
– 11 οὔτε γυνὴ χωρὶς ἀνδρὸς οὔτε ἀνὴρ
χωρὶς γυναικὸς ἐν κυρίῳ· 12 ὥσπερ –
ἡ γυνὴ ἐκ τοῦ ἀνδρός, οὕτως καὶ ὁ
ἀνὴρ διὰ τῆς γυναικός
– 14 ἀνὴρ – ἐὰν κομᾷ, ἀτιμία αὐτῷ ἐστιν
14 35 τοὺς ἰδίους ἄνδρας ἐπερωτάτωσαν
2 Co 11 2 ἡρμοσάμην – ὑμᾶς ἑνὶ ἀνδρί
Gal 4 27 „μᾶλλον ἢ τῆς ἐχούσης τὸν ἄνδρα"
Eph 5 22 αἱ γυναῖκες τοῖς ἰδίοις ἀνδράσιν ὡς
τῷ κυρίῳ 23 ὅτι ἀνήρ ἐστιν κεφαλὴ
τῆς γυναικός 24 Col 3 18 1 Pe 3 1.5
– 25 οἱ ἄνδρες, ἀγαπᾶτε τὰς γυν. 28 οὕ-
τως ὀφείλουσιν [καὶ] οἱ ἄνδρες ἀγα-
πᾶν τὰς ἑαυτῶν γυναῖκας Col 3 19
– 33 ἡ δὲ γυνὴ ἵνα φοβῆται τὸν ἄνδρα
1 Ti 2 8 προσεύχεσθαι τοὺς ἄνδρας ἐν παντί
– 12 οὐδὲ (sc ἐπιτρέπω) αὐθεντεῖν ἀνδρός
3 2 ἐπίσκοπον –, μιᾶς γυναικὸς ἄνδρα
12 διάκονοι ἔστωσαν μι. γυν. ἄνδρες
Tit 1 6 πρεσβυτέρους, – εἴ τίς ἐστιν
ἀνέγκλητος, μι. γυν. ἀνήρ 1 Ti 5 9 χή-
ρα καταλεγέσθω –, ἑνὸς ἀνδρὸς γυνή
Tit 2 5 τὰς νέας φιλάνδρους εἶναι, – ὑπο-
τασσομένας τοῖς ἰδίοις ἀνδράσιν
1 Pe 3 (1.5 → Eph 5 22) 7 οἱ ἄνδρες – συνοικοῦν-
τες κατὰ γνῶσιν ὡς ἀσθενεστ. σκεύει
Ap 21 2 ἡτοιμασμένην „ὡς νύμφην κεκοσμη-
μένην" τῷ ἀνδρὶ αὐτῆς

*2) = homo, sexus ratione non habita

Mat 7 24 ὁμοιωθήσ. ἀνδρὶ φρονίμῳ 26 μωρῷ
12 41 ἄνδρες Νινευῖται ἀναστήσ. ‖ Luc 11 32
Mar 6 20 Ἰωάννην, – ἄνδρα δίκαιον καὶ ἅγιον
Luc 5 8 ἀνήρ ᵇ ἁμαρτωλός εἰμι 19 7 ὅτι παρὰ
ἀμ.ῷ ἀνδρὶᵇ εἰσῆλθεν 23 50 ἀν. ὀνό-
ματι Ἰωσήφ – ἀν. ἀγαθὸς καὶ δίκαι-

ος 24 19 ὃς ἐγένετο ἀνὴρ προφήτης
Luc 8 27 ἀνήρ τις – ἔχων δαιμόνια 38
9 30 ἄνδρες δύο –, Μωϋσῆς καὶ Ἡλίας 32
11 31 μετὰ τῶν ἀνδρῶν τῆς γενεᾶς ταύτης
24 4 ἰδοὺ ἄνδρες δύο ἐπέστησαν αὐταῖς
Joh 1 30 ὀπίσω μου ἔρχεται ἀνὴρ ὃς ἔμπρ.
Act 1 10 ἄνδρες δύο παρειστήκεισαν αὐτοῖς
2 5 ἄνδρες εὐλαβεῖς 3 14 ἄνδρα φονέα
6 5 Στέφ., ἄνδρα πλήρη πίστεως καὶ
πνεύμ. ἁγ. 8 2 ἄνδρες εὐλαβεῖς 10 22
Κορν. –, ἀν. δίκ. καὶ φοβούμ. τὸν θε-
όν 11 24 (Barn.) ἦν ἀν. ἀγαθὸς 13 7
Σεργίῳ Π., ἀνδρὶ συνετῷ 15 22 ἐκλε-
ξαμένους ἄνδρας –, ἄνδρας ἡγουμέ-
νους ἐν τοῖς ἀδελφοῖς 18 24 Ἀπολ-
λῶς – ἀν. λόγιος 22 12 Ἀνανίας –, ἀν.
εὐλαβὴς κατὰ τὸν νόμον
10 28 ἀθέμιτόν ἐστιν ἀνδρὶ Ἰουδαίῳ 11 3 εἰσ-
ῆλθες πρὸς ἄνδρας ἀκροβ. ἔχοντας
– 30 ἰδοὺ ἄνδρ ἔστη ἐνώπιόν μου 16 9
ἀνὴρ Μακεδών τις ἦν ἑστὼς
13 6 εὗρον ἄνδρα τινὰ μάγον ψευδοπροφ.
– 22 „ἄνδρα κατὰ τὴν καρδίαν μου"
17 31 κρίνειν τὴν οἰκ. –, ἐν ἀνδρὶ ᾧ ὥρισεν
25 23 σὺν – ἀνδράσιν τοῖς κατ' ἐξοχὴν
Rm 4 8 „μακάριος ἀν. οὗ οὐ μὴ λογίσηται"
11 4 „κατέλιπον – ἑπτακισχιλίους ἄνδρας"
1 Co 13 11 ἐλογιζόμην ὡς νήπιος· ὅτε γέγονα ἀ.
Eph 4 13 καταντήσωμεν –, εἰς ἄνδρα τέλειον
Jac 1 8 ἀνὴρ δίψυχος, ἀκατάστατος
– 12 μακάριος ἀν. ὃς ὑπομένει πειρασμ.
– 20 ὀργὴ γὰρ ἀνδρὸς δικαιοσύνην θεοῦ
– 23 ἔοικεν ἀνδρὶ κατανοοῦντι τὸ πρόσ.
2 2 ἐὰν – εἰσέλθῃ – ἀν. χρυσοδακτύλιος
3 2 οὗτος τέλειος ἀν., δυνατὸς χαλιναγ.

ἀνθιστάναι, ..ασθαι resistere
Mat 5 39 μὴ ἀντιστῆναι τῷ πονηρῷ
Luc 21 15 σοφίαν, ᾗ οὐ δυνήσονται ἀντιστῆναι
Act 6 10 οὐκ ἴσχυον ἀ. τῇ σοφίᾳ
Act 13 8 ἀ..ατο – αὐτοῖς Ἐλύμας ὁ μάγος
Rm 9 19 βουλήματι αὐτοῦ τίς ἀνθέστηκεν;
13 2 τῇ τ. θεοῦ διαταγῇ ἀνθέστηκεν· οἱ
δὲ ἀνθεστηκότες ἑαυτοῖς κρίμα
Gal 2 11 κατὰ πρόσωπον αὐτῷ ἀντέστην
Eph 6 13 ἀντιστῆναι ἐν τῇ ἡμέρᾳ τῇ πονηρᾷ
2 Ti 3 8 ὃν τρόπον – ἀντέστησαν Μωϋσεῖ, οὕ-
τως – οὗτοι ἀ..νται τῇ ἀληθείᾳ
4 15 λίαν – ἀντέστη τοῖς ἡμετέροις λόγοις
Jac 4 7 ἀντίστητε δὲ τῷ διαβόλῳ 1 Pe 5 9

ἀνθομολογεῖσθαι confitēri Luc 2 38 θεῷ

ἄνθος *flos* Jac 1 10 χόρτου 11 1 Pe 1 24

ἀνθρακιά *prunae* Joh 18 18 21 9

ἄνθραξ *carbo* Rm 12 20 „ἄ..ας πυρός"

ἀνθρωπάρεσκος *hominibus placens*
Eph 6 6 μὴ – ὡς ἀ..οι, ἀλλ' ὡς δοῦλοι Χ. Col 3 22

ἀνθρώπινος *humanus*
Act 17 25 οὐδὲ ὑπὸ χειρῶν ἀ..ων θεραπεύεται
Rm 6 19 ἀ..ον λέγω διὰ τὴν ἀσθένειαν – ὑμῶν
1 Co 2 13 οὐκ ἐν διδακτοῖς ἀ..ης σοφίας λόγοις
4 3 ἵνα – ἀνακριθῶ – ὑπὸ ἀν..ης ἡμέρας
10 13 πειρασμὸς ὑμᾶς οὐκ εἴληφεν εἰ μὴ ἀνθρώπινος· πιστὸς δὲ ὁ θεός
Jac 3 7 δεδάμασται τῇ φύσει τῇ ἀν..ῃ
1 Pe 2 13 ὑποτάγητε πάσῃ ἀν..ῃ κτίσει διὰ

ἀνθρωποκτόνος S° – *homicida*
Joh 8 44 ἀ..ος ἦν ἀπ' ἀρχῆς 1 Jo 3 15 ὁ μισῶν τὸν ἀδελφὸν αὐτοῦ ἀν. ἐστίν, καὶ οἴδατε ὅτι πᾶς ἀν. οὐκ ἔχει ζωὴν αἰώνιον ἐν

*ἄνθρωπος *homo*
ὁ υἱὸς τοῦ ἀνθρώπου → υἱός
Mat 4 4 „οὐκ ἐπ' ἄρτῳ – ζήσεται ὁ ἄ." ‖ Lc 4 4
– 19 ἁλιεῖς ἀ..ων ‖ Mar 1 17 cfr Luc 5 10
5 16 οὕτως λαμψάτω τὸ φῶς ὑμῶν ἔμπροσθεν τῶν ἀν. cfr Phl 4 5
6 1 τὴν δικαιοσύνην ὑμῶν μὴ ποιεῖν ἔμπροσθεν τῶν ἀν. 2 ὅπως δοξασθῶσιν ὑπὸ τῶν ἀν. 5 φανῶσιν τοῖς ἀν. 16.18 ὅπως μὴ φανῇς 23 5 πρὸς τὸ θεαθῆναι τοῖς ἀν. 7.28
– 14 ἐὰν – ἀφῆτε τοῖς ἀν. 15 ἐὰν δὲ μὴ 7 12 ἵνα ποιῶσιν ὑμῖν οἱ ἄν. ‖ Luc 6 31
8 9 ἐγὼ ἄν. εἰμι ὑπὸ ἐξουσίαν ‖ Luc 7 8
9 8 τὸν θεὸν τὸν δόντα ἐξουσίαν τοιαύτην τοῖς ἀνθρώποις
10 17 προσέχετε δὲ ἀπὸ τῶν ἀνθρώπων
– 32 ὅστις ὁμολογήσει ἐν ἐμοὶ ἔμπροσθεν τῶν ἀν. 33 ἀρνήσεταί με ‖ Luc 12 8.9
12 12 πόσῳ – διαφέρει ἄν. προβάτου
– 31 πᾶσα ἁμαρτία – ἀφεθήσεται τοῖς ἀν. ‖ Mar 3 28 τοῖς υἱοῖς τῶν ἀ..ων
– 35 ὁ ἀγαθὸς ἄν. – ἐκβάλλει ἀγαθά, – ὁ πονηρὸς ἄν. – ἐκβ. π..ά ‖ Luc 6 45
15 9 „ἐντάλματα ἀ..ων" ‖ Mar 7 7.8 κρατεῖτε τὴν παράδοσιν τῶν ἀνθρ.
– 11 οὐ – κοινοῖ τὸν ἄν., ἀλλὰ –, τοῦτο κοι. τ. ἄν. 18.20 ‖ Mar 7 15.18.20.21.23
16 13 ‖ Mar 8 27 τίνα με λέγουσιν οἱ ἀν. –;

Mat 16 23 φρονεῖς – τὰ τῶν ἀν. ‖ Mar 8 33
– 26 τί – ὠφεληθήσεται ἄν. –; τί δώσει ἄν. ἀντάλλαγμα –; ‖ Mar 8 36.37 Luc 9 25
17 22 εἰς χεῖρας ἀ..ων ‖ Mar 9 31 Luc 9 44
– 24 7 ἀ..ων ἁμαρτωλῶν
19 5 „καταλείψει ἄνθρωπος τὸν πατέρα καὶ τὴν μητέρα" ‖ Mar 10 7 – Eph 5 31
– 6 ἄνθρωπος μὴ χωριζέτω ‖ Mar 10 9
– 10 ἡ αἰτία τοῦ ἀν. μετὰ τῆς γυναικός
– 12 οἵτινες εὐνουχίσθησαν ὑπὸ τῶν ἀν.
– 26 παρὰ ἀ..οις τοῦτο ἀδύνατον ‖ Mar 10 27 Luc 18 27 τὰ ἀδύνατα παρὰ ἀν. δυν.
21 25 ἐξ οὐρανοῦ ἢ ἐξ ἀνθρώπων; 26 ‖ Mar 11 30.32 Luc 20 4.6
22 16 οὐ γὰρ βλέπεις εἰς πρόσωπον ἀ..ων ‖ Mar 12 14
26 24 οὐαὶ δὲ τῷ ἀν. ἐκείνῳ δι' οὗ – παραδίδοται ‖ Mar 14 21 Luc 22 22
– 72 οὐκ οἶδα τὸν ἄν. 74 ‖ Mar 14 71 τοῦτ.
Mar 2 27 τὸ σάββατον διὰ τὸν ἄν. ἐγένετο, καὶ οὐχ ὁ ἄν. διὰ τὸ σάββατον
8 24 βλέπω τοὺς ἀν., ὅτι ὡς δένδρα ὁρῶ
15 39 ἀληθῶς οὗτος ὁ ἄν. υἱὸς θεοῦ ἦν ‖ Luc 23 47 ὄντως – δίκαιος ἦν
Luc 1 25 ἀφελεῖν ὄνειδός μου ἐν ἀ..οις
2 14 εἰρήνη ἐν ἀ..οις (vg hominibus vl in ho.) εὐδοκίας (bonae voluntatis)
– 52 „χάριτι παρὰ θεῷ καὶ ἀ..οις"
6 22 ὅταν μισήσωσιν ὑμᾶς οἱ ἄν. 26 ὅταν ὑμᾶς καλῶς εἴπωσιν πάντες οἱ ἄν.
16 15 οἱ δικαιοῦντες ἑαυτοὺς ἐνώπ. τῶν ἀν. – · ὅτι τὸ ἐν ἀ..οις ὑψηλὸν βδέλυγμα
18 2 κριτής – ἀ..ον μὴ ἐντρεπόμενος 4
– 11 οὐκ εἰμὶ ὥσπερ οἱ λοιποὶ τῶν ἀνθρ.
Joh 1 4 ἡ ζωὴ ἦν τὸ φῶς τῶν ἀνθρώπων 9 ὃ φωτίζει πάντα ἄνθρωπον
2 25 οὐ χρείαν εἶχεν ἵνα τις μαρτυρήσῃ περὶ τοῦ ἀνθρώπου· – ἐγίνωσκεν τί ἦν ἐν τῷ ἀνθρώπῳ
3 19 ἠγάπησαν οἱ ἄν. μᾶλλον τὸ σκότος
– 27 οὐ δύναται ἄν. λαμβάνειν οὐδὲ ἓν
5 34 οὐ παρὰ ἀ..ου τὴν μαρτυρίαν λαμβάνω 1 Jo 5 9 εἰ τὴν μ. τῶν ἀν. λαμβ.
– 41 δόξαν παρὰ ἀ..ων οὐ λαμβάνω 12 43 ἠγάπησαν – τὴν δ. τῶν ἀν. μᾶλλον
7 22.23 εἰ περιτομὴν λαμβάνει ἄν. ἐν σαββάτῳ –, – ὅτι ὅλον ἄ..ον ὑγιῆ ἐπ.
8 17 οὐ δὲ ἀ..ων ἡ μαρτυρία ἀληθής ἐστιν
10 33 σὺ ἄν. ὢν ποιεῖς σεαυτὸν θεόν
11 50 ἵνα εἷς ἄν. ἀποθάνῃ ὑπὲρ τοῦ λαοῦ 18 14 ἕνα ἄ..ον ἀποθανεῖν
16 21 ὅτι ἐγεννήθη ἄνθρ. εἰς τὸν κόσμον

Joh 17 6 ἐφανέρωσά σου τὸ ὄνομα τοῖς ἀν.
οὓς ἔδωκάς μοι ἐκ τοῦ κόσμου
18 17 ἐκ τῶν μαθητῶν – τοῦ ἀν. τούτου;
– 29 τίνα κατηγορίαν φέρετε [κατὰ] τοῦ
ἀν. τούτου; 19 5 ἰδοὺ ὁ ἄνθρωπος
Act 5 4 οὐκ ἐψεύσω ἀ..οις ἀλλὰ τῷ θεῷ
– 29 πειθαρχεῖν – θεῷ μᾶλλον ἢ ἀ..οις
– 38 ἐὰν ᾖ ἐξ ἀ..ων ἡ βουλὴ αὕτη
10 26 καὶ ἐγὼ αὐτὸς ἀν. εἰμι 14 15 ὁμοιο-
παθεῖς ἐσμεν ὑμῖν ἀ..οι cfr Jac 5 17
– 28 μηδένα κοινὸν – λέγειν ἄ..ον
12 22 θεοῦ φωνὴ καὶ οὐκ ἀνθρώπου
14 11 οἱ θεοὶ ὁμοιωθέντες ἀ..οις κατέβησαν
17 26 ἐξ ἑνὸς πᾶν ἔθνος ἀ..ων κατοικεῖν
– 29 τέχνης καὶ ἐνθυμήσεως ἀ..ου
21 39 ἀν. – εἰμι Ἰουδαῖος 22 25 εἰ ἄ..ον Ῥω-
μαῖον – ἔξεστιν ὑμῖν μαστίζειν;
24 16 πρὸς τὸν θεὸν καὶ τοὺς ἀνθρώπους
Rm 1 18 ἐπὶ πᾶσαν ἀσέβειαν κ. ἀδικίαν ἀ..ων
– 23 ἐν ὁμοιώματι εἰκόνος φθαρτοῦ ἀ..ου
2 1 ὦ ἄ..ε 3 9 20 – Jac 2 20 ὦ ἄ..ε κενέ
– 9 θλῖψις – ἐπὶ πᾶσαν ψυχὴν ἀ..ου τοῦ
κατεργαζομένου τὸ κακόν
– 16 κρίνει ὁ θεὸς τὰ κρυπτὰ τῶν ἀνθ.
– 29 οὗ ὁ ἔπαινος οὐκ ἐξ ἀ..ων ἀλλ᾽ ἐκ
3 4 θεὸς ἀληθής, „πᾶς δὲ ἀν. ψεύστης"
– 5 κατὰ ἄνθρωπον λέγω Gal 3 15 1 Co
9 8 μὴ κατὰ ἀν. ταῦτα λαλῶ; – 15 32
εἰ κατὰ ἀν. ἐθηριομάχησα – cfr 33.4
– 28 λογιζόμεθα – δικαιοῦσθαι πίστει ἄ..ον
Jac 2 24 ἐξ ἔργων δικαιοῦται ἄν.
5 12 δι᾽ ἑνὸς ἀν. ἡ ἁμαρτία –, καὶ οὕτως
εἰς πάντας ἀν. ὁ θάνατος διῆλθεν
– 15 ἡ δωρεὰ ἐν χάριτι τῇ τοῦ ἑνὸς ἀν.
Ἰησοῦ Χοῦ εἰς τοὺς πολλούς
– 18 ὡς – εἰς πάντας ἀν. εἰς κατάκριμα,
οὕτως – εἰς π. ἀν. εἰς δικαίωσιν ζωῆς
– 19 διὰ τῆς παρακοῆς τοῦ ἑνὸς ἀ..ου
6 6 ὁ παλαιὸς ἡμῶν ἀν. συνεσταυρώθη
Eph 4 22 ἀποθέσθαι ὑμᾶς – τὸν παλ.
ἀν. Col 3 9 ἀπεκδυσάμενοι τὸν π. ἀν.
7 22 συνήδομαι – τῷ νόμῳ – κατὰ τὸν ἔσω
ἀνθρ. Eph 3 16 κραταιωθῆναι – εἰς
τὸν ἔσω ἀν. – 2 Co 4 16 εἰ καὶ ὁ ἔξω
ἡμῶν ἀν. διαφθείρεται, ἀλλ᾽ ὁ ἔσω
ἡμῶν ἀνακαινοῦται
– 24 ταλαίπωρος ἐγὼ ἄνθρωπος
12 17 προνοούμενοι καλὰ ἐνώπιον πάντων
ἀ..ων" (2 Co 8 21 „προνοούμεν") 18
μετὰ πάντων ἀ..ων εἰρηνεύοντες
14 18 εὐάρεστος τῷ θ. καὶ δόκιμος τοῖς ἀ.
1 Co 1 25 σοφώτερον τῶν ἀνθρώπων ἐστίν, –

ἰσχυρότερον τῶν ἀνθρώπων
1 Co 2 5 ἵνα ἡ πίστις – μὴ ᾖ ἐν σοφίᾳ ἀ..ων
– 11 τίς γὰρ οἶδεν ἀ..ων τὰ τοῦ ἀ..ου εἰ
μὴ τὸ πνεῦμα τοῦ ἀν. τὸ ἐν αὐτῷ
– 14 ψυχικὸς δὲ ἄνθρ. οὐ δέχεται τὰ τοῦ
πνεύματος τοῦ θεοῦ
3 3 οὐχὶ – κατὰ ἄ..ον περιπατεῖτε; 4 οὐκ
ἄνθρωποί ἐστε;
– 21 ὥστε μηδεὶς καυχάσθω ἐν ἀ..οις
4 1 οὕτως ἡμᾶς λογιζέσθω ἄνθρωπος
– 9 θέατρον – ἀγγέλοις καὶ ἀ..οις
7 1 καλὸν ἀ..ῳ γυναικὸς μὴ ἅπτεσθαι 26
καλ. ἀ..ῳ τὸ οὕτως εἶναι cfr 7 πάν-
τας ἀ..ους εἶναι ὡς καὶ ἐμαυτόν
– 23 μὴ γίνεσθε δοῦλοι ἀνθρώπων
11 28 δοκιμαζέτω δὲ ἄνθρωπος ἑαυτόν
13 1 ἐὰν ταῖς γλώσσαις τῶν ἀν. λαλῶ
14 2 ὁ – λαλῶν γλώσσῃ οὐκ ἀ..οις λαλεῖ
3 ὁ – προφητεύων ἀ..οις λ. οἰκοδομὴν
15 21 δι᾽ ἀ..ου θάνατος, καὶ δι᾽ ἀ..ου ἀνά-
στασις νεκρῶν – 32 → Rm 3 5
– 39 ἄλλη μὲν ἀνθρώπων (sc σάρξ)
– 45 ὁ πρῶτος ἄνθρωπος Ἀδάμ 47 ὁ
πρῶτος ἄνθρωπος ἐκ γῆς χοϊκός, ὁ
δεύτερος ἄνθρωπος ἐξ οὐρανοῦ
2 Co 4 16 → Rm 7 22 – 5 11 ἀ..ους πείθομεν
12 2 οἶδα ἄ..ον ἐν Χῷ 3 τὸν τοιοῦτον ἀν.
– 4 ῥήματα, ἃ οὐκ ἐξὸν ἀ..ῳ λαλῆσαι
Gal 1 1 ἀπόστολος, οὐκ ἀπ᾽ ἀ..ων οὐδὲ δι᾽
ἀ..ου 11 τὸ εὐαγγέλιον – οὐκ ἔστιν
κατὰ ἄ..ον 12 οὐδὲ γὰρ ἐγὼ παρὰ ἀ..
ου παρέλαβον αὐτὸ οὔτε ἐδιδάχθην
– 10 ἀ..ους πείθω ἢ τὸν θεόν; ἢ ζητῶ ἀ..
οις ἀρέσκειν; εἰ ἔτι ἀ..οις ἤρεσκον
2 6 πρόσωπον [ὁ] θεὸς ἀ..ου οὐ λαμβάνει
3 15 κατὰ ἄ..ον λέγω. – ἀ..ου κεκυρωμένην
διαθήκην οὐδεὶς ἀθετεῖ
Eph 2 15 τοὺς δύο κτίσῃ ἐν ἑν. καινὸν ἄ..ον
– 3 5 οὐκ ἐγνωρίσθη τοῖς υἱοῖς τῶν ἀ..ων
– 16 → Rm 7 22 – Eph 4 22 Col 3 9 → Rm 6 6
4 8 „ἔδωκεν δόματα τοῖς ἀ..οις"
– 14 περιφερόμενοι – ἐν τῇ κυβείᾳ τῶν ἀν.
– 24 ἐνδύσασθαι τὸν καινὸν ἄ..ον τὸν κατὰ
5 31 → Mat 19 5 – Eph 6 7 δουλεύοντες ὡς
τῷ κυρίῳ καὶ οὐκ ἀ..οις Col 3 23 ὡς
ἐὰν ποιῆτε, – ὡς τῷ κυρ. καὶ οὐκ ἀν.
Phl 2 7 ἐν ὁμοιώματι ἀ..ων γενόμενος· καὶ
σχήματι εὑρεθεὶς ὡς ἄνθρωπος
– 15 τὸ ἐπιεικὲς – γνωσθήτω πᾶσιν ἀ..οις
Col 2 8 κατὰ τὴν παράδοσιν τῶν ἀ..ων
– 22 κατὰ – „διδασκαλίας τῶν ἀ..ων"
1 Th 2 4 οὐχ ὡς ἀ..οις ἀρέσκοντες, ἀλλὰ θεῷ

1 Th 2 6 οὔτε ζητοῦντες ἐξ ἀ..ων δόξαν
  – 13 ἐδέξασθε οὐ λόγον ἀ..ων ἀλλὰ – θεοῦ
  – 15 Ἰουδαίων, – πᾶσιν ἀ..οις ἐναντίων
  4 8 ὁ ἀθετῶν οὐκ ἄ..ον ἀθετεῖ ἀλλά
2 Th 2 3 ἐὰν μὴ – πρῶτον – ἀποκαλυφθῇ ὁ ἄν.
  τῆς ἀνομίας (vl ἁμαρτίας vg)
1 Ti 2 1 δεήσεις – ὑπὲρ πάντων ἀ..ων, ὑπέρ
  – 4 ὃς πάντας ἀ..ους θέλει σωθῆναι
  – 5 εἷς καὶ μεσίτης θεοῦ καὶ ἀ..ων, ἄν-
  θρωπος Χὸς Ἰησοῦς
  4 10 θεῶ –, ὅς ἐστιν σωτὴρ πάντων ἀ..ων
  6 11 σὺ δέ, ὦ ἄνθρωπε θεοῦ, ταῦτα φεῦγε
2 Ti 2 2 ταῦτα παράθου πιστοῖς ἀ..οις, οἵτινες
  ἱκανοὶ ἔσονται καὶ ἑτέρους διδάξαι
  3 2 ἔσονται γὰρ οἱ ἄνθρωποι φίλαυτοι
  – 17 ἵνα ἄρτιος ᾖ ὁ τοῦ θεοῦ ἄ..ος
Tit 2 11 ἡ χάρις τοῦ θεοῦ σωτήριος πᾶσιν ἀ..
  3 10 αἱρετικὸν ἄνθρωπον – παραιτοῦ [οις
Hb 2 6 „τί ἐστιν ἄν. ὅτι μιμνήσκῃ αὐτοῦ;"
  5 1 ἀρχιερεὺς ἐξ ἀ..ων λαμβανόμενος ὑ-
  πὲρ ἀ..ων καθίσταται 7 28 ὁ νόμος – ἀ..
  ους καθίστησιν ἀρχιερέας ἔχοντας
  ἀσθένειαν
  6 16 ἄ..οι – κατὰ τοῦ μείζονος ὀμνύουσιν
  8 2 ἣν ἔπηξεν ὁ κύριος, οὐκ ἄνθρωπος
  9 27 ἀπόκειται τοῖς ἀν. ἅπαξ ἀποθανεῖν,
  μετὰ δὲ τοῦτο κρίσις   [ἄν.;"
  13 6 „κύριος – βοηθός, – τί ποιήσει μοι
Jac 1 7 μὴ γὰρ οἰέσθω ὁ ἄν. ἐκεῖνος ὅτι
  – 19 ἔστω δὲ πᾶς ἄν. ταχὺς εἰς τ. ἀκοῦσαι
  2 20 → Rm 21 – Jac 2 24 → Rm 3 28
  3 8 γλῶσσαν οὐδεὶς δαμάσαι δύναται ἀ..ων
  – 9 ἐν αὐτῇ καταρώμεθα τοὺς ἀ..ους τοὺς
  „καθ' ὁμοίωσιν θεοῦ" γεγονότας
  5 17 Ἠλίας ἄν. ἦν ὁμοιοπαθὴς ἡμῖν
1 Pe 2 4 ὑπὸ ἀ..ων – ἀποδεδοκιμασμένον
  3 4 ὁ κρυπτὸς τῆς καρδίας ἄνθρωπος
  4 2 μηκέτι ἀ..ων ἐπιθυμίαις – βιῶσαι
  – 6 ἵνα κριθῶσι – κατὰ ἀ..ους σαρκί
2 Pe 1 21 οὐ – θελήματι ἀ..ου ἠνέχθη προφη-
  τεία ποτέ, – ὑπὸ πνεύματος ἁγίου
  φερόμενοι ἐλάλησαν ἀπὸ θεοῦ ἄ..οι
  2 16 ὑποζύγιον – ἐν ἀ..ου φωνῇ φθεγξάμ.
1 Jo 5 9 εἰ τὴν μαρτυρίαν τῶν ἀν. λαμβάνομεν
Ap 4 7 ἔχων „τὸ πρόσωπον" ὡς ἀ..ου 9 7
  9 15 ἀποκτείνωσιν τὸ τρίτον τῶν ἀν. 18. 20
  11 13 ὀνόματα ἀ..ων χιλιάδες ἑπτά
  13 18 ἀριθμός γὰρ ἀνθρώπου ἐστίν
  16 18 ἀφ' οὗ ἄ..ος ἐγένετο (vl ..οι ..οντο)
  18 13 οὐδεὶς ἀγοράζει –, καὶ „ψυχὰς ἀ..ων"
  21 3 ἡ σκηνὴ τοῦ θεοῦ μετὰ τῶν ἀνθρ.
  – 17 μέτρον ἀνθρώπου, ὅ ἐστιν ἀγγέλου

ἀνθύπατος S° – proconsul Act 13 7. 8. 12
  18 12 19 38 (vg vl pro consulibus sunt)

ἀνιέναι ᵃ solvere (num ex vl ἀνελύθη)
  ᵇ laxare ᶜ remittere ᵈ deserere
Act 16 26 τὰ δεσμὰ ἀνέθη ᵃ – 27 40 ᵇ ζευκτηρίας
Eph 6 9 οἱ κύριοι, – ἀνιέντες ᶜ τὴν ἀπειλήν
Hb 13 5 „οὐ μή σε ἀνῶ ᵈ οὐδ' – ἐγκαταλίπω"

ἄνιπτος S° – non lotus
Mat 15 20 τὸ – ἀνίπτοις χερσὶν φαγεῖν ‖ Mar 7 2

*ἀνιστάναι, ἀνίστασθαι cfr ἐγείρειν

1) transitive: ἀναστήσω, ἀνέστησα
  suscitare ᵇ resuscitare ᶜ erigere
Mat 22 24 „ἀναστήσει σπέρμα τῷ ἀδελφῷ"
Joh 6 39 ἀναστήσω ᵇ αὐτὸ [ἐν] τῇ ἐσχάτῃ ἡμέ-
  ρᾳ 40 ᵇ αὐτὸν 44 ᵇ αὐτὸν 54 ᵇ αὐτὸν
Act 2 24 ὃν ὁ θεὸς ἀνέστησεν 32 ᵇ 13 33 ἀναστή-
  σας ᵇ Ἰησοῦν 34 ὅτι δὲ ἀνέστησεν αὐ-
  τὸν ἐκ νεκρῶν 17 31 ἀναστήσας αὐτὸν
  ἐκ νεκρῶν
  3 22 „προφήτην ὑμῖν ἀναστήσει κύριος" 7 37
  – 26 ὑμῖν πρῶτον ἀναστήσας – τὸν παῖδα
  9 41 δοὺς – αὐτῇ χεῖρα ἀνέστησεν ᶜ αὐτήν

2) intransitive: ἀνέστην et formae medii
  a) ad vitam redire
  resurgere ᵇ surgere ᶜ exurgere
Mar 8 31 ὅτι δεῖ – μετὰ τρεῖς ἡμέρας ἀναστῆναι
  9 9 εἰ μὴ ὅταν ὁ υἱὸς τοῦ ἀνθρ. ἐκ νεκρῶν
  ἀναστῇ 10 τί ἐστιν τὸ ἐκ ν. ἀναστῆναι
  – 31 μετὰ τρεῖς ἡμέρας ἀναστήσεται 10 34
  ‖ Luc 18 33 τῇ ἡμέρᾳ τῇ τρίτῃ
  12 23 ἐν τῇ ἀναστάσει, [ὅταν ἀναστῶσιν]
  (vl om ὅτ. ἀν.), τίνος – ἔσται γυνή;
  25 ὅταν γὰρ ἐκ νεκρῶν ἀναστῶσιν
  ‖[16 9 ἀναστὰς ᵇ δὲ πρωῒ – ἐφάνη πρῶτον]‖
Luc 9 8 προφήτης τις τ. ἀρχαίων ἀνέστη ᵇ 19 ᵇ
  16 31 ἐάν τις ἐκ νεκρῶν ἀναστῇ
  24 7 ὅτι δεῖ – τῇ τρίτῃ ἡμέρᾳ ἀναστῆναι
  46 γέγραπται – ἀναστῆναι Joh 20 9
Joh 11 23 ἀναστήσεται ὁ ἀδελφός σου 24 οἶδα
  ὅτι ἀναστήσεται – ἐν τῇ ἐσχάτῃ ἡμέρᾳ
Act 9 40 Ταβιθά, ἀνάστηθι ᵇ
  10 41 οἵτινες συνεφάγομεν – αὐτῷ μετὰ τὸ
  ἀναστῆναι αὐτὸν ἐκ νεκρῶν
  17 3 τ. χριστὸν ἔδει – ἀναστῆναι ἐκ νεκρῶν
Eph 5 14 καὶ ἀνάστα ᶜ ἐκ τῶν νεκρῶν
1 Th 4 14 ὅτι Ἰησοῦς ἀπέθανεν καὶ ἀνέστη
  – 16 οἱ νεκροὶ ἐν Χῷ ἀ..ήσονται πρῶτον

b) existere, prodire, exoriri
ᵃexistere ᵇsurgere ᶜexurgere
ᵈconsurgere

Mat 12₄₁ Νινευῖται ἀναστήσονταιᵇ ‖ Luc 11₃₂ᵇ
Mar 3₂₆ εἰ ὁ σατανᾶς ἀνέστη ᵈ ἐφ' ἑαυτόν
14₅₇ τινὲς ἀναστάντεςᵇ ἐψευδομαρτύρουν
Luc 10₂₅ νομικός τις ἀνέστη ᵇ ἐκπειράζων
Act 5₃₆ ἀνέστη ᵃ Θευδᾶς 37ᵃ Ἰούδας ὁ Γαλιλ.
6 9 ἀνέστησανᵇ δέ τινες τῶν – Λιβερτίν.
7₁₈ „ἀνέστη ᵇ βασιλεὺς ἕτερος [ἐπ' Αἴγ.]"
20₃₀ ἐξ ὑμῶν αὐτῶν ἀναστήσονταιᶜ – λα-
λοῦντες διεστραμμένα
Rm 15₁₂ „ὁ ἀνιστάμενοςᶜ ἄρχειν ἐθνῶν"
Hb 7₁₁ ἕτερον ἀνίστασθαι ἱερέαᵇ 15ᶜ

Ἄννα Luc 2₃₆ προφῆτις, θυγάτηρ Φανουήλ

Ἅννας Luc 3₂ Joh 18₁₃.₂₄ Act 4₆ (5₁₇ vl)

ἀνόητος ᵃinsensatus ᵇinsipiens ᶜstultus
Luc 24₂₅ ὦ ἀνόητοιᶜ καὶ βραδεῖς τῇ καρδίᾳ
Rm 1₁₄ σοφοῖς τε καὶ ἀνοήτοιςᵇ ὀφειλέτης
Gal 3 1 ὦ ἀ..οιᵃ Γαλάται 3 οὕτως ἀ..οίᶜ ἐστε;
1 Ti 6 9 εἰς – ἐπιθυμίας πολλὰς ἀνοήτους καὶ
βλαβεράς
Tit 3 3 ἦμεν γάρ ποτε καὶ ἡμεῖς ἀνόητοιᵇ

ἄνοια insipientia
Luc 6₁₁ – 2 Ti 3₉ ἡ – ἄν. αὐτῶν ἔκδηλος ἔσται

ἀνοίγειν aperire (pass:) apertum esse ᵇpatēre
Mat 2₁₁ ἀνοίξαντες τοὺς θησαυροὺς αὐτῶν
3₁₆ ἠνεῴχθησαν [αὐτῷ] οἱ οὐρανοί ‖
Luc 3₂₁
5 2 ἀνοίξας τὸ στόμα – ἐδίδασκεν 13₃₅
„ἀνοίξω ἐν παραβολαῖς τὸ στόμα
μου" – Act 8₃₅ 10₃₄ 18₁₄ – Ap 13₆ ἤ-
νοιξεν τὸ στόμα αὐτοῦ εἰς βλασφημίας
7 7 κρούετε, καὶ ἀ..ήσεται ὑμῖν 8 ‖ Lc 11₉ₛ
9₃₀ ἠνεῴχθησαν αὐτῶν οἱ ὀφθαλμοί 20₃₃
17₂₇ ἀνοίξας τὸ στόμα αὐτοῦ (sc ἰχθύος)
25₁₁ κύριε, ἄνοιξον ἡμῖν ‖ Luc 13₂₅
27₅₂ τὰ μνημεῖα ἀνεῴχθησαν
Mar 7₃₅ [εὐθέως] ἠνοίγησαν αὐτοῦ αἱ ἀκοαί
Luc 1₆₄ ἀνεῴχθη δὲ τὸ στόμα αὐτοῦ
(4₁₇ vl ἀνοίξας τὸ βιβλίον)
12₃₆ ἵνα – εὐθέως ἀνοίξωσιν αὐτῷ
Joh 1₅₁ ὄψεσθε τὸν οὐρανὸν ἀνεῳγότα
9₁₀ πῶς [οὖν] ἠνεῴχθησάν σου οἱ ὀφθ.;
14.17.21.26.30.32 10₂₁ μὴ δαιμόνιον δύ-
ναται τυφλῶν ὀφθ. ἀνοῖξαι; 11₃₇ οὗ-
τος ὁ ἀνοίξας τοὺς ὀφθ. τοῦ τυφλοῦ

Joh 10 3 τούτῳ ὁ θυρωρὸς ἀνοίγει
Act 5₁₉ ἀνοίξας τὰς θύρας (ianuas) τῆς φυ-
λακῆς 23 12₁₀ αὐτομάτη ἠνοίγη 14.16
16₂₆ (ostia) 27 (ianuae)
8₃₂ „οὕτως οὐκ ἀνοίγει τὸ στόμα"
9 8 ἀνεῳγμένων – τῶν ὀφθ. 40 ἤνοιξεν
10₁₁ θεωρεῖ τὸν οὐρανὸν ἀνεῳγμένον Ap
19₁₁ „εἶδον τὸν οὐρ. ἠνεῳγμένον"
14₂₇ ὅτι ἤνοιξεν τοῖς ἔθνεσιν θύραν (os-
tium) πίστεως 1 Co 16₉ θύρα (ost.)
γάρ μοι ἀνέῳγεν μεγάλη καὶ ἐνεργής
2 Co 2₁₂ θύρας (ost.) μοι ἀνεῳγμένης
Col 4 3 ἵνα ὁ θεὸς ἀνοίξῃ ἡμῖν θύραν
(ost.) τοῦ λόγου – Ap 3 8 δέδωκα ἐνώ-
πιόν σου θύραν (ost.) ἠνεῳγμένην
26₁₈ „ἀνοῖξαι ὀφθαλμοὺς αὐτῶν" (sc ἐθν.)
Rm 3₁₃ „τάφος ἀνεῳγμένοςᵇ ὁ λάρυγξ"
2 Co 6₁₁ τὸ στόμα ἡμῶν ἀνέῳγενᵇ πρὸς ὑμᾶς
Ap 3 7 „ὁ ἀνοίγων καὶ οὐδεὶς κλείσει, καὶ
κλείων καὶ οὐδεὶς ἀνοίγει"
– 20 ἐάν τις – ἀνοίξῃ τὴν θύραν (ian.)
4 1 θύρα (ost.) ἠνεῳγμένη ἐν τῷ οὐρ.
5 2 τίς ἄξιος ἀνοῖξαι τὸ βιβλίον 3.4 οὐ-
δεὶς ἄξιος εὑρέθη ἀνοῖξαι 5.9 ἄξιος
εἶ – ἀνοῖξαι τὰς σφραγῖδας 6₁.₃.₅.₇.₉.
12 8₁ – 10₂ βιβλαρίδιον ἠνεῳγμένον
8 τὸ βιβλίον τὸ ἠνεῳγμένον – 20₁₂
„βιβλία ἠνοίχθησαν·" καὶ ἄλλο „βι-
βλίον" ἠνοίχθη, ὅ ἐστιν „τῆς ζωῆς"
9 2 ἤνοιξεν τὸ φρέαρ τῆς ἀβύσσου
11₁₉ ἠνοίγη ὁ ναὸς τ. θεοῦ ὁ ἐν τῷ οὐρ.
15₅ „τῆς σκηνῆς τοῦ μαρτυρίου"
12₁₆ ἤνοιξεν ἡ γῆ τὸ στόμα αὐτῆς
13 6 → Mat 5₂ – Ap 3₈ → Act 14₂₇

ἀνοικοδομεῖν reaedificare Act 15₁₆ „σκηνήν"

ἄνοιξις Sᵒ – apertio Eph 6₁₉ στόματος

ἀνομία iniquitas
Mat 7₂₃ „οἱ ἐργαζόμενοι τὴν ἀν." 13₄₁ „τὰ
σκάνδαλα καὶ τοὺς ποιοῦντας τὴν ἀν."
23₂₈ ἐστὲ μεστοὶ ὑποκρίσεως καὶ ἀνομίας
24₁₂ διὰ τὸ πληθυνθῆναι τὴν ἀν. ψυχῆς.
Rm 4 7 „μακάριοι ὧν ἀφέθησαν αἱ ἀνομίαι"
6₁₉ τὰ μέλη – δοῦλα – τῇ ἀν. εἰς τὴν ἀν.
2 Co 6₁₄ τίς – μετοχὴ δικαιοσύνῃ καὶ ἀ..ίᾳ, –;
2 Th 2 3 ἐὰν μὴ – ἀποκαλυφθῇ ὁ ἄνθρωπος
τῆς ἀν. (vl ἁμαρτίας, vg peccati)
– 7 τὸ – μυστήριον ἤδη ἐνεργεῖται τῆς ἀν.
Tit 2₁₄ „λυτρώσηται" ἡμᾶς „ἀπὸ πάσης ἀν."
Hb 1 9 „καὶ ἐμίσησας ἀ..ίαν" (vl ἀδικίαν)

Hb 10₁₇ τῶν ἀν. αὐτῶν „οὐ μὴ μνησθήσομαι"
1 Jo 3 4 πᾶς ὁ ποιῶν τὴν ἁμαρτίαν καὶ τὴν ἀν.
ποιεῖ, καὶ ἡ ἁμαρτία ἐστὶν ἡ ἀνομία

ἄνομος iniquus ᵇiniustus ᶜsine lege
Luc 22₃₇ „μετὰ ἀνόμων (vg vl ᵇ) ἐλογίσθη"
Act 2₂₃ διὰ χειρὸς ἀνόμων – ἀνείλατε
1 Co 9₂₁ τοῖς ἀνόμοιςᶜ ὡς ἄνομοςᶜ, μὴ ὢν
ἄν.ᶜ θεοῦ –, ἵνα κερδάνω τοὺς ἀν.ᶜ
2 Th 2 8 ἀποκαλυφθήσεται „ὁ ἄ." (ille iniquus)
1 Ti 1 9 δικαίῳ νόμος οὐ κεῖται, ἀνόμοιςᵇ δέ
2 Pe 2 8 ψυχὴν – ἀ..οις ἔργοις ἐβασάνιζεν

ἀνόμως sine lege Rm 2₁₂ ὅσοι – ἀν. ἥμαρτον,
ἀν. καὶ ἀπολοῦνται. καὶ ὅσοι ἐν νό.

ἀνορθοῦν erigere Luc 13₁₃ Act 15₁₆
Hb 12₁₂ „τὰ παραλελυμένα γόνατα ἀ..ώσατε"

ἀνόσιος ᵃsceleratus ᵇscelestus
1 Ti 1 9 νόμος – κεῖται – ἀ..οιςᵃ καὶ βεβήλοις
2 Ti 3 2 ἔσονται – οἱ ἄνθρωποι – ἀνόσιοιᵇ

ἀνοχή ᵃpatientia ᵇsustentatio
Rm 2 4 ἦ τ. πλούτου – τῆς ἀ.ᵃ – καταφρονεῖς;
3₂₆ διὰ τὴν πάρεσιν τῶν προγεγονότων
ἁμαρτημάτων ἐν τῇ ἀν.ᵇ τοῦ θεοῦ

ἀνταγωνίζεσθαι repugnare
Hb 12 4 πρὸς τὴν ἁμαρτίαν ἀ..όμενοι

ἀντάλλαγμα commutatio
Mat 16₂₆ ἀντ. τῆς ψυχῆς αὐτοῦ ‖ Mar 8₃₇

ἀνταναπληροῦν Sᵒ – adimplēre
Col 1₂₄ ἀ.ῶ τὰ ὑστερήματα τῶν θλίψεων τοῦ
Χοῦ ἐν τῇ σαρκί μου ὑπὲρ τοῦ σώματ.

ἀνταποδιδόναι retribuere
Luc 14₁₄ οὐκ ἔχουσιν ἀ..δοῦναί σοι· ἀνταπο-
δοθήσεται γάρ σοι ἐν τῇ ἀναστάσει
Rm 11₃₅ „καὶ ἀνταποδοθήσεται αὐτῷ;"
12₁₉ „ἐγὼ ἀ..δώσω" Hb 10₃₀ (vl reddam)
1 Th 3 9 τίνα – εὐχαριστίαν – τ. θεῷ ἀ..δοῦναι –;
2 Th 1 6 δίκαιον παρὰ θεῷ ἀ..δοῦναι τοῖς θλί-
βουσιν ὑμᾶς θλῖψιν καὶ ὑμῖν τοῖς θλι-
βομένοις ἄνεσιν

ἀνταπόδομα retributio
Luc 14₁₂ μήποτε – γένηται ἀντ. σοι – Rm 11 9

ἀνταπόδοσις retributio Col 3₂₄ κληρονομίας

ἀνταποκρίνεσθαι respondēre Luc 14 6
Rm 9₂₀ σὺ τίς εἶ ὁ ἀ..όμενος τῷ θεῷ;

ἀντειπεῖν contradicere Luc 21₁₅ Act 4₁₄

ἀντέχεσθαι ᵃadhaerēre ᵇamplecti
ᶜsuscipere ᵈsustinēre
Mat 6₂₄ ἑνὸς ἀνθέξεταιᵈ καὶ τοῦ ἑτέρου κα-
ταφρονήσει ‖ Luc 16₁₃ᵃ
1 Th 5₁₄ ἀντέχεσθεᶜ τῶν ἀσθενῶν
Tit 1 9 (ἐπίσκ.) ἀ..όμενονᵇ τοῦ–πιστοῦ λόγου

ἀντί pro ᵇpropter ᶜquoniam
Mat 2₂₂ βασιλεύει – ἀντὶ τοῦ πατρὸς αὐτοῦ
5₃₈ „ὀφθαλμὸν ἀντὶ ὀ..οῦ κ. ὀδόντα ἀ. ὀ."
17₂₇ δὸς αὐτοῖς ἀντ᾽ ἐμοῦ καὶ σοῦ
20₂₈ διακονῆσαι καὶ δοῦναι τὴν ψυχὴν αὐ-
τοῦ λύτρον ἀντὶ πολλῶν ‖ Mar 10₄₅
Luc 1 20 ἀνθ᾽ ὧν (pro eo quod) οὐκ ἐπίστευ-
σας 19₄₄ ἀνθ᾽ ὧν (eo quod) οὐκ ἔ-
γνως Act 12₂₃ ἀ. ὧ. (eo quod) οὐκ ἔ-
δωκεν τὴν δόξαν τῷ θεῷ 2 Th 2₁₀ ἀ.
ὧ. (eo quod) τὴν ἀγάπην τῆς ἀληθ.
οὐκ ἐδέξαντο – Luc 12₃ᶜ Eph 5₃₁
„ἀντὶᵇ τούτου καταλείψει ἄνθρωπος
[τὸν] πατέρα"
11₁₁ καὶ ἀντὶ ἰχθύος ὄφιν αὐτῷ ἐπιδώσει;
Joh 1₁₆ ἐλάβομεν, καὶ χάριν ἀντὶ χάριτος
Rm 12₁₇ μηδενὶ κακὸν ἀντὶ κακοῦ ἀποδιδόν-
τες 1 Th 5₁₅ 1 Pe 3 9 ἢ λοιδ. ἀντὶ λοιδ.
1 Co 11₁₅ ἡ κόμη ἀντὶ περιβολ. δέδοται [αὐτῇ]
Hb 12 2 ἀντὶ τῆς προκειμένης αὐτῷ χαρᾶς
(proposito sibi gaudio) – σταυρὸν
– 16 ἀντὶᵇ βρώσεως μιᾶς „ἀπέδετο"
Jac 4₁₅ ἀντὶ τοῦ λέγειν (pro eo ut dicatis)

ἀντιβάλλειν conferre Luc 24₁₇ λόγους

ἀντιδιατίθεσθαι Sᵒ – resistere veritati (vl
om ver.) 2 Ti 2₂₅ ἐν πραΰτητι παιδεύον-
τα τοὺς ἀ..θεμένους, μήποτε δῴη – θεός

ἀντίδικος adversarius Mat 5₂₅ ἴσθι εὐνοῶν
τῷ ἀν. σου ταχύ· μήποτέ σε παραδῷ ὁ
ἀν. ‖ Luc 12₅₈ ὡς – ὑπάγεις μετὰ τοῦ ἀν.
σου ἐπ᾽ ἄρχοντα
Luc 18 3 ἐκδίκησόν με ἀπὸ τοῦ ἀν. μου
1 Pe 5 8 ὁ ἀν. ὑμῶν διάβολος „ὡς λέων"

ἀντίθεσις Sᵒ – oppositio 1 Ti 6₂₀ γνώσεως

ἀντικαθιστάναι resistere Hb 12 4 μέχρις αἵμ.

ἀντικαλεῖν S° – reinvitare Luc 14 12

ἀντικεῖσθαι adversari – (part) adversarius
Luc 13 17 κατησχύνοντο – οἱ ἀ..μενοι αὐτῷ 21 15
οὐ δυνήσονται ἀντιστῆναι – οἱ ἀ..μενοι
1 Co 16 9 καὶ ἀ..μενοι πολλοί Phl 1 28 μὴ πτυρό-
μενοι ἐν μηδενὶ ὑπὸ τῶν ἀ..μένων
Gal 5 17 ταῦτα γὰρ ἀλλήλοις ἀντίκειται
2 Th 2 4 ὁ ἀ..μενος (qui adv..tur) „καὶ ὑπερ-
αιρόμενος ἐπὶ πάντα – θεόν"
1 Ti 1 10 εἴ τι ἕτερον τῇ ὑγιαινούσῃ διδασκα-
λίᾳ ἀντίκειται
5 14 μηδεμίαν ἀφορμὴν – τῷ ἀντικειμένῳ

ἄντικρυς contra Act 20 15 ἄ. Χίου

ἀντιλαμβάνεσθαι suscipere bparticipem esse
Luc 1 54 „ἀντελάβετο ᾽Ισραὴλ παιδὸς αὐτοῦ"
Act 20 35 ὅτι οὕτως – δεῖ ἀντ. τῶν ἀσθενούντων
1 Ti 6 2 οἱ τῆς εὐεργεσίας ἀντιλαμβανόμενοι b

ἀντιλέγειν contradicere bnegare
Luc 2 34 οὗτος κεῖται – εἰς σημεῖον ἀ..όμενον
20 27 οἱ [ἀντι]λέγοντες b ἀνάστασιν μὴ εἶναι
Joh 19 12 ἀντιλέγει τῷ Καίσαρι
Act 13 45 ἀντέλεγον τοῖς ὑπὸ Π. λαλουμένοις
28 19 ἀ..όντων – τῶν ᾽Ιουδαίων ἠναγκάσθην
– 22 πανταχοῦ ἀντιλέγεται (sc ἡ αἵρεσις)
Rm 10 21 „πρὸς λαὸν ἀπειθοῦντα καὶ ἀ..οντα"
Tit 1 9 δυνατὸς – τοὺς ἀ..οντας ἐλέγχειν
2 9 δούλους –, μὴ ἀντιλέγοντας

ἀντίλημψις opitulatio
1 Co 12 28 ἀ..εις, κυβερνήσεις, γένη γλωσσῶν

ἀντιλογία contradictio bcontroversia
Hb 6 16 πάσης – ἀ..ας b πέρας – ὁ ὅρκος – 7 7
12 3 τὸν τοιαύτην ὑπομεμενηκότα ὑπὸ τῶν
ἁμαρτωλῶν εἰς ἑαυτὸν ἀντιλογίαν
Jud 11 τῇ ἀντιλογίᾳ τοῦ Κόρε ἀπώλοντο

ἀντιλοιδορεῖν S° – (ex vl) maledicere
1 Pe 2 23 οὐκ ἀντελοιδόρει

ἀντίλυτρον S° – redemptio
1 Ti 2 6 ὁ δοὺς ἑαυτὸν ἀντίλ. ὑπὲρ πάντων

ἀντιμετρεῖν S° – remetiri Luc 6 38 ὑμῖν

ἀντιμισθία S° – amerces bremuneratio
Rm 1 27 τὴν ἀ..αν ἣν ἔδει – ἀπολαμβάνοντες

2 Co 6 13 τὴν δὲ αὐτὴν ἀντιμισθίαν b, ὡς τέ-
κνοις λέγω, πλατύνθητε καὶ ὑμεῖς

᾽Αντιόχεια τῆς Συρίας: Act 11 19. 20. 22. 26. 27
13 1 14 26 15 22. 23. 30. 35 18 22 Gal 2 11 – ἡ
Πισιδία: Act 13 14 14 19. 21 2 Ti 3 11

᾽Αντιοχεύς Act 6 5 Νικόλαον προσήλ. ᾽Α..έα

ἀντιπαρέρχεσθαι apertransire bpraeterire
Luc 10 31 ἰδὼν αὐτὸν ἀ..ῆλθεν b 32 a

᾽Αντιπᾶς Ap 2 13 ὁ μάρτυς μου ὁ πιστός

᾽Αντιπατρίς Act 23 31 εἰς τὴν ᾽Αντιπατρίδα

ἀντιπέρα S° – contra Luc 8 26 τῆς Γαλιλ.

ἀντιπίπτειν resistere Act 7 51 τῷ πνεύματι

ἀντιστρατεύεσθαι S° – repugnare
Rm 7 23 ἀ..όμενον τῷ νόμῳ τοῦ νοός μου

ἀντιτάσσεσθαι acontradicere bresistere
Act 18 6 ἀ..ομένων a – αὐτῶν καὶ βλασφημούν.
Rm 13 2 ὁ ἀντιτασσόμενος b τῇ ἐξουσίᾳ
Jac 4 6 „θεὸς ὑπερηφάνοις ἀ..εται" 1 Pe 5 5
5 6 ἐφονεύσατε τὸν δίκαιον· οὐκ ἀ..εται b
(restitit vl resistit) ὑμῖν

ἀντίτυπος, -ον aexemplar bsimilis formae
Hb 9 24 χειροποίητα – ἅγια –, ἀ..α a τῶν ἀληθ.
1 Pe 3 21 ὃ – ὑμᾶς ἀ..ον b νῦν σῴζει βάπτισμα

ἀντίχριστος S° – antichristus
1 Jo 2 18 ἠκούσατε ὅτι ἀν. ἔρχεται, καὶ νῦν
ἀ..οι πολλοὶ γεγόνασιν 22 οὗτός ἐστιν
ὁ ἀν. 4 3 τοῦτό ἐστιν τὸ τοῦ ἀ..ου
2 Jo 7 οὗτός ἐστιν ὁ πλάνος καὶ ὁ ἀντίχρ.

ἀντλεῖν haurire Joh 2 8.9 4 7.15

ἄντλημα S° – in quo haurias Joh 4 11

ἀντοφθαλμεῖν (ἀνέμῳ) conari in Act 27 15

ἄνυδρος aaridus binaquosus csine aqua
Mat 12 43 δι᾽ ἀνύδρων a τόπων ‖ Luc 11 24 b
2 Pe 2 17 εἰσὶν πηγαὶ ἄνυδροι c Jud 12 c νεφέλαι

ἀνυπόκριτος anon fictus bsimplex
csine simulatione
Rm 12 9 ἡ ἀγάπη ἀν. c 2 Co 6 6 ἐν ἀγ. ἀ..ῳ a

1 Ti 1 5 ἀγάπη ἐκ – πίστεως ἀνυποκρίτου ᵃ
2 Ti 1 5 ὑπόμνησιν – τῆς ἐν σοὶ ἀ..ου ᵃ πίστεως
Jac 3 17 ἡ δὲ ἄνωθεν σοφία –, ἔπειτα – ἀ..ος ᶜ
1 Pe 1 22 τὰς ψυχὰς – εἰς φιλαδελφίαν ἀ..ον ᵇ

ἀνυπότακτος Sᵒ – ᵃinobediens ᵇnon sub-
   ditus ᶜnon subiectus
1 Ti 1 9 νόμος – κεῖται, ἀνόμοις – καὶ ἀ..οις ᵇ
Tit 1 6 τέκνα ἔχων πιστά, μὴ – ἀ..τα ᵇ
   – 10 πολλοὶ [καὶ] ἀ.τοιᵃ, ματαιολόγοι
Hb 2 8 οὐδὲν ἀφῆκεν αὐτῷ ἀ..τον ᶜ

ἄνω ᵃsursum ᵇsupernus ᶜad summum
Joh 2 7 ἐγέμισαν – ἕως ἄ.ᶜ 11 41 τοὺς ὀφθ. ἄ.ᵃ
   8 23 ἐγὼ ἐκ τῶν ἄνω ᵇ (de supernis) εἰμί
Act 2 19 „δώσω τέρατα ἐν τῷ οὐρανῷ ἄνω" ᵃ
Gal 4 26 ἡ δὲ ἄνω ᵃ Ἱερουσαλὴμ ἐλευθέρα
Phl 3 14 εἰς τὸ βραβεῖον τῆς ἄνω ᵇ κλήσεως
Col 3 1 τὰ ἄνω ᵃ ζητεῖτε 2 τὰ ἄ.ᵃ φρονεῖτε
Hb 12 15 „μή τις ῥίζα πικρίας ἄνω ᵃ φύουσα"

ἄνωθεν ᵃab initio ᵇa principio ᶜa summo
   ᵈdenuo ᵉdesuper ᶠdesursum
Mat 27 51ᶜ ‖ Mar 15 38ᶜ – Luc 1 3 ᵇ Joh 19 23ᵉ
Joh 3 3 ἐὰν μή τις γεννηθῇ (vg renatus fu-
   erit vl natus) ἄνωθεν ᵈ 7 δεῖ – γεν-
   νηθῆναι (nasci) ἄνωθεν ᵈ
   – 31 ὁ ἄν.ᶠ ἐρχόμενος ἐπάνω πάντων
   19 11 εἰ μὴ ἦν δεδομένον σοι ἄνωθεν ᵉ
Act 26 5ᵃ – Gal 4 9 πάλιν ἄν.ᵈ δουλεύειν –;
Jac 1 17 ἄν.ᶠ ἐστιν καταβαῖνον ἀπὸ τ. πατρός
   3 15 οὐκ ἔστιν αὕτη ἡ σοφία ἄν.ᶠ κατερ-
   χομένη 17 ἡ δὲ ἄν.ᶠ σοφία – ἁγνή ἐστ.

ἀνωτερικός Sᵒ – superior Act 19 1 μέρη

ἀνώτερον superius Luc 14 10 Hb 10 8 λέγων

ἀνωφελής inutilis ᵇ(τὸ ἀ..ές) inutilitas
Tit 3 9 μωρὰς δὲ ζητήσεις –˙ εἰσὶν γὰρ ἀ..εῖς
Hb 7 18 ἀθέτησις – γίνεται – διὰ τὸ – ἀ..ές ᵇ

ἀξίνη securis Mat 3 10 ‖ Luc 3 9 κεῖται

ἄξιος dignus ᵇcondignus
Mat 3 8 καρπὸν ἄξιον τῆς μετανοίας ‖ Luc 3 8
   καρπούς – Act 26 20 ἄ..α τῆς μετ. ἔργα
10 10 ἄξ. – ὁ ἐργάτης τῆς τροφῆς αὐτοῦ ‖
   Luc 10 7 τοῦ μισθοῦ 1 Ti 5 18 τ. μισθοῦ
   – 11 ἐξετάσατε τίς ἐν αὐτῇ ἄξ. ἐστιν 13 ἐὰν
   μὲν ᾖ ἡ οἰκία ἀξία, – μὴ ᾖ ἀξία
   – 37 οὐκ ἔστιν μου ἄξιος (bis) 38

Mat 22 8 οἱ δὲ κεκλημένοι οὐκ ἦσαν ἄξιοι
Luc 7 4 ἄξιός ἐστιν ᾧ παρέξῃ τοῦτο
   12 48 ὁ –, ποιήσας δὲ ἄξια πληγῶν
   15 19 οὐκέτι – ἄξ. κληθῆναι υἱός σου 21
   23 15 οὐδὲν ἄξιον θανάτου – Act 23 29 ἢ
   δεσμῶν 25 11.25 26 31 ἢ δεσμῶν
   – 41 ἄξια – ὧν ἐπράξαμεν ἀπολαμβάνομεν
Joh 1 27 οὐκ εἰμὶ [ἐγὼ] ἄξ. ἵνα λύσω Act 13 25
Act 13 46 ἐπειδὴ – οὐκ ἄξίους (indignos) κρίνε-
   τε ἑαυτοὺς τῆς αἰωνίου ζωῆς
Rm 1 32 οἱ τὰ τοιαῦτα πράσσοντες ἄξ. θανάτου
   8 18 οὐκ ἄξια ᵇ τὰ παθήματα τοῦ νῦν και-
   ροῦ πρὸς τὴν μέλλουσαν δόξαν
1 Co 16 4 ἐὰν δὲ ἄξιον ᾖ τοῦ κἀμὲ πορεύεσθαι
2 Th 1 3 εὐχαριστεῖν ὀφείλομεν – περὶ ὑμῶν,
   ἀδελφοί, καθὼς ἄξιόν ἐστιν
1 Ti 1 15 ὁ λόγος – πάσης ἀποδοχῆς ἄξιος 4 9
   6 1 πάσης τιμῆς ἀξίους ἡγείσθωσαν
Hb 11 38 ὧν οὐκ ἦν ἄξιος ὁ κόσμος
Ap 3 4 περιπατήσουσιν μετ᾿ ἐμοῦ ἐν λευκοῖς,
   ὅτι ἄξιοί εἰσιν – 16 6 (sc κρίσεως)
   4 11 ἄξ. εἶ, ὁ κύριος –, λαβεῖν – δόξαν 5 12
   5 2 τίς ἄξ. ἀνοῖξαι τὸ βιβλίον –; 4.9

ἀξιοῦν ᵃdignari ᵇdignum arbitrari ᶜdi-
   gnum habēre ᵈrogare ᵉ(pass.) merēri
Luc 7 7 οὐδὲ ἐμαυτὸν ἠξίωσα ᵇ πρὸς σὲ ἐλθ.
Act 15 38ᵈ 28 22 ἀξιοῦμεν ᵈ – παρὰ σοῦ ἀκοῦσαι
2 Th 1 11 ἵνα ὑμᾶς ἀξιώσῃ ᵃ τῆς κλήσεως ὁ θεός
1 Ti 5 17 διπλῆς τιμῆς ἀξιούσθωσαν ᵃ
Hb 3 3 πλείονος – δόξης – ἠξίωται ᶜ
   10 29 χείρονος ἀξιωθήσεται ᵉ τιμωρίας

ἀξίως digne
Rm 16 2 αὐτὴν προσδέξησθε – ἀ. τῶν ἁγίων
Eph 4 1 ἀ. περιπατῆσαι τῆς κλήσεως
Phl 1 27 ἀ. τοῦ εὐαγγελίου – πολιτεύεσθε
Col 1 10 περιπατῆσαι ἀ. τοῦ κυρίου 1 Th 2 12
3 Jo 6 προπέμψας ἀξίως τοῦ θεοῦ

ἀόρατος invisibilis
Rm 1 20 τὰ γὰρ ἀόρατα αὐτοῦ – καθορᾶται
Col 1 15 ἐστιν εἰκὼν τοῦ θεοῦ τοῦ ἀοράτου
   – 16 ἐκτίσθη –, τὰ ὁρατὰ καὶ τὰ ἀό..α
1 Ti 1 17 ἀφθάρτῳ ἀοράτῳ μόνῳ θεῷ
Hb 11 27 τὸν γὰρ ἀό. ὡς ὁρῶν ἐκαρτέρησεν

*ἀπαγγέλλειν annunciare ᵇnunciare
   ᶜpronunciare ᵈrenunciare
Mat 11 4 ἀ..είλατε ᵈ Ἰωάννῃ ‖ Luc 7 22 ᵈ (vl ᵇ)
   12 18 „κρίσιν τοῖς ἔθνεσιν ἀπαγγελεῖ" ᵇ
Joh 16 25 ἀλλὰ παρρησίᾳ – ἀπαγγελῶ ὑμῖν

Act 26 20 τοῖς ἔθνεσιν ἀπήγγελλον μετανοεῖν
1 Co 14 25 ἀ..ων^c ὅτι „ὄντως ὁ θεὸς ἐν ὑμῖν"
Hb 2 12 „ἀ..λῶ^b τὸ ὄνομά σου τοῖς ἀδελφοῖς"
ἐστιν
1 Jo 1 2 ἀ..ομεν ὑμῖν τὴν ζωὴν τὴν αἰώνιον
– 3 ὃ ἑωράκαμεν –, ἀ..ομεν καὶ ὑμῖν

*ἀπάγειν ªducere ᵇ(ἀ..εσθαι) ire
Mat 7 13 ἡ ὁδὸς ἡ ἀπάγουσαª εἰς τὴν ἀπώ-
λειαν 14 ἡ ἀπάγουσαª εἰς τὴν ζωήν
1 Co 12 2 πρὸς τὰ εἴδωλα – ὡς ἂν ἤγεσθε ἀπ-
αγόμενοι ᵇ (ducebamini euntes)

ἀπάγχεσθαι laqueo se suspendere Mat 27 5

ἀπαίδευτος sine disciplina 2 Ti 2 23 ζητήσεις

ἀπαίρεσθαι auferri Mat 9 15 ὅταν ἀπαρθῇ
– ὁ νυμφίος ‖ Mar 2 20 Luc 5 35

ἀπαιτεῖν repetere Luc 6 30 μὴ ἀπαίτει – 12 20
τὴν ψυχήν σου ἀ..οῦσιν ἀπὸ σοῦ

ἀπαλγεῖν Sº – Eph 4 19 ἀπηλγηκότες
(vl ἀπηλπικότες desperantes)

ἀπαλλάσσειν ªliberare, ..ri ᵇrecedere
Luc 12 58 δὸς ἐργασίαν ἀπηλλάχθαιª ἀπ' αὐτ.
Act 19 12 ἀ..εσθαιᵇ ἀπ' αὐτῶν τὰς νόσους
Hb 2 15 ἵνα – ἀπαλλάξῃª τούτους, ὅσοι φόβῳ
θανάτου – ἔνοχοι ἦσαν δουλείας

ἀπαλλοτριοῦσθαι alienari (alienati)
Eph 2 12 ἦτε – ἀπηλλοτριωμένοι τῆς πολιτείας
τοῦ Ἰσραήλ 4 18 τῆς ζωῆς τοῦ θεοῦ
Col 1 21 ὑμᾶς ποτε ὄντας ἀπηλλοτριωμένους

ἀπαλός tener Mat 24 32 ‖ Mar 13 28 κλάδος

ἀπαντᾶν occurrere Mar 14 13 Luc 17 12

ἀπάντησις (εἰς ἀπ.) obviam ᵇoccurrere
Mat 25 6 – Act 28 15 ἦλθαν εἰς ἀπ.ᵇ ἡμῖν
1 Th 4 17 ἁρπαγησόμεθα – εἰς ἀπ. τοῦ κυρίου

ἅπαξ semel 2 Co 11 25 Phl 4 16 1 Th 2 18
Hb 6 4 τοὺς ἅ. φωτισθέντας –, κ. παραπεσόν.
9 7.26.27 ἀπόκειται – ἅ. ἀποθανεῖν 28 οὕ-
τως καὶ ὁ Χρ., ἅπαξ προσενεχθείς
10 2 τ. λατρεύοντας ἅπ. κεκαθαρισμένους;
12 26 „ἔτι ἅ. ἐγὼ σείσω" 27 τὸ δὲ „ἔτι ἅ."
1 Pe 3 18 Χρ. ἅπαξ περὶ ἁμαρτιῶν ἔπαθεν

Jud 3 τῇ ἅ. παραδοθείσῃ τοῖς ἁγίοις πίστει
5 εἰδότας [ὑμᾶς] πάντα ὅτι – ἅπαξ

ἀπαράβατος Sº – sempiternus Hb 7 24

ἀπαρασκεύαστος Sº – imparatus 2 Co 9 4

ἀπαρνεῖσθαι negare ᵇabnegare ᶜdenegare
Mat 16 24 ἀ..ησάσθωᵇ ἑαυτόν ‖ Mar 8 34ᶜ
– Mat 26 34 τρὶς ἀ..ήσῃ με 35 οὐ μή σε ἀ..
ήσομαι 75 ‖ Mar 14 30s.72 Luc 22 34 τρίς
με ἀπ.ᵇ εἰδέναι 61
Luc 12 9 ἀ..ηθήσεται (vlᶜ) ἐνώπ. τῶν ἀγγέλ.

ἀπ' ἄρτι → ἄρτι

ἀπαρτισμός Sº – (εἰς ἀ..όν) ad perficiendum
Luc 14 28 εἰ ἔχει εἰς ἀ..ον; (sc πύργου)

ἀπαρχή primitiae ᵇprimitivus ᶜinitium
ᵈdelibatio
Rm 8 23 τὴν ἀπαρχὴν τοῦ πνεύματος ἔχοντες
11 16 εἰ – ἡ ἀπ.ᵈ ἁγία, καὶ τὸ φύραμα
16 5 ὅς ἐστιν ἀπ.ᵇ τῆς Ἀσίας εἰς Χόν
1 Co 15 20 Χὸς –, ἀπ. τῶν κεκοιμημένων 23
16 15 ὅτι ἐστὶν ἀπαρχὴ τῆς Ἀχαΐας
2 Th 2 13 εἵλατο ὑμᾶς ὁ θεὸς ἀ.ήν
Jac 1 18 εἰς τὸ εἶναι ἡμᾶς ἀπαρχήνᶜ τινα τῶν
αὐτοῦ κτισμάτων
Ap 14 4 ἀπαρχὴ τῷ θεῷ καὶ τῷ ἀρνίῳ

*ἅπας omnis ᵇuniversus
Mat 6 32 ὅτι χρῄζετε τούτων ἁπάντων
‖Mar 16 15 πορευθέντες εἰς τὸν κόσμον ἅπ.ᵇ‖
Luc 4 6 σοὶ δώσω τὴν ἐξουσ. ταύτην ἅπασανᵇ
Act 2 44 εἶχον ἅπαντα κοινά 4 32
(Gal 3 28 vl ἅπαντες γὰρ – εἷς ἐστε ἐν Χῷ)
Eph 6 13 ἅπαντα κατεργασάμενοι στῆναι
Jac 3 2 πολλὰ γὰρ πταίομεν ἅπαντες

ἀπασπάζεσθαι valefacere Act 21 6 ἀλλήλους

ἀπατᾶν seducere cfr ἐξαπατᾶν
Eph 5 6 μηδεὶς ὑμᾶς ἀπατάτω κενοῖς λόγοις
1 Ti 2 14 Ἀδὰμ οὐκ ἠπατήθη, ἡ δὲ γυνή
Jac 1 26 ἀλλὰ ἀπατῶν καρδίαν αὐτοῦ

ἀπάτη ªdeceptio ᵇerror ᶜfallacia ᵈseductio
Mat 13 22 ἡ ἀπάτηᶜ τοῦ πλούτου ‖ Mar 4 19ª
Eph 4 22 κατὰ τὰς ἐπιθυμίας τῆς ἀπάτης ᵇ
Col 2 8 διὰ τῆς φιλοσοφίας καὶ κενῆς ἀ..ηςᶜ
2 Th 2 10 καὶ ἐν πάσῃ ἀπάτῃ ᵈ ἀδικίας
Hb 3 13 μὴ σκληρυνθῇ τις – ἀ..ῃᶜ τῆς ἁμαρτ.

2 Pe 2 13 ἐντρυφῶντες ἐν ταῖς ἀπάταις (vl ἀγάπαις, vg conviviis) αὐτῶν

ἀπάτωρ S⁰ — sine patre Hb 7 3 ἀ., ἀμήτωρ

ἀπαύγασμα splendor Hb 1 3 τῆς δόξης

ἀπείθεια incredulitas ᵇdiffidentia
Rm 11 30 ἠλεήθητε τῇ τούτων ἀπειθείᾳ
— 32 συνέκλεισεν — τοὺς πάντας εἰς ἀ..αν
Eph 2 2 ἐν τ. υἱοῖς τ. ἀ..είας ᵇ 5 6 ἔρχεται ἡ ὀργὴ
— ἐπὶ τ. υἱοὺς τ. ἀ..είας ᵇ Col 3 6
Hb 4 6 οὐκ εἰσῆλθον δι' ἀ..αν 11 ἵνα μὴ ἐν τῷ
αὐτῷ τις ὑποδείγματι πέσῃ τῆς ἀ..ας

ἀπειθεῖν ᵃincredulum esse ᵇinfidelem esse
ᶜnon acquiescere ᵈnon credere
Joh 3 36 ὁ — ἀ..ῶν ᵃ τῷ υἱῷ οὐκ ὄψεται ζωήν
Act 14 2 οἱ δὲ ἀπειθήσαντες ᵃ Ἰουδαῖοι
19 9 τινὲς ἐσκληρύνοντο καὶ ἠπείθουν ᵈ
Rm 2 8 τοῖς δὲ — ἀπειθοῦσι ᶜ τῇ ἀληθείᾳ
10 21 „πρὸς λαὸν ἀ..οῦντα ᵈ καὶ ἀντιλέγ."
11 30 ὑμεῖς ποτε ἠπειθήσατε ᵈ τῷ θεῷ
— 31 οὗτως καὶ οὗτοι νῦν ἠπείθησαν ᵈ
15 31 ἀπὸ τῶν ἀ..ούντων ᵇ ἐν τῇ Ἰουδαίᾳ
Hb 3 18 εἰ μὴ τοῖς ἀπειθήσασιν; ᵃ 11 31 οὐ
συναπώλετο τοῖς ἀπειθήσασιν ᵃ
1 Pe 2(7vl ᵈ)8 προσκόπτουσιν τῷ λόγῳ ἀ..οῦντες ᵈ 31 εἴ τινες ἀ..οῦσιν ᵈ τῷ λόγῳ
3 20 ἀπειθήσασίν ᵃ ποτε — ἐν ἡμέραις Νῶε
4 17 τί τὸ τέλος τῶν ἀπειθούντων ᵈ τῷ τοῦ
θεοῦ εὐαγγελίῳ;

ἀπειθής ᵃincredulus ᵇincredibilis
ᶜnon obediens (vl inoboediens)
Luc 1 17 ἐπιστρέψαι — ἀπειθεῖς ᵃ (vl ᵇ) ἐν φρονήσει δικαίων, ἑτοιμάσαι κυρίῳ λαόν
Act 26 19 οὐκ — ἀπ. ᵃ τῇ οὐρανίῳ ὀπτασίᾳ
Rm 1 30 γονεῦσιν ἀπειθεῖς ᶜ 2 Ti 3 2 ᶜ
Tit 1 16 βδελυκτοὶ ὄντες καὶ ἀπειθεῖς ᵇ
3 3 ἦμεν γάρ ποτε — ἀνόητοι, ἀπειθεῖς ᵃ

ἀπειλεῖν comminari Act 4 17 μηκέτι λαλεῖν
1 Pe 2 23 πάσχων οὐκ ἠπείλει, παρεδίδου δέ

ἀπειλή minae
Act 4 29 κύριε, ἔπιδε ἐπὶ τὰς ἀπειλὰς αὐτῶν
Act 9 1 Σαῦλος ἔτι ἐμπνέων ἀ..ῆς καὶ φόνου
Eph 6 9 οἱ κύριοι, — ἀνιέντες τὴν ἀπειλήν

ἀπεῖναι, ἀπών abesse, absens
1 Co 5 3 2 Co 10 1.11 13 2.10 Phl 1 27 Col 2 5

ἀπειπεῖν (med) abdicare 2 Co 4 2 τὰ κρυπτά

ἀπείραστος S⁰ — intentator Jac 1 13 ὁ γὰρ
θεὸς ἀπείραστός ἐστιν κακῶν, πειράζει δέ

ἄπειρος expers Hb 5 13 λόγου δικαιοσύνης

ἀπεκδέχεσθαι S⁰ — expectare cfr ἐκδέχεσθαι
Rm 8 19 τὴν ἀποκάλυψιν τῶν υἱῶν τοῦ θεοῦ
ἀ..εται 23 στενάζομεν υἱοθεσίαν ἀ..όμενοι 25 δι' ὑπομονῆς ἀπ..όμεθα
1 Co 1 7 ἀ..ομένους τὴν ἀποκάλυψιν τοῦ κυρ.
Gal 5 5 ἐλπίδα δικαιοσύνης ἀπ..όμεθα
Phl 3 20 ἐξ οὗ καὶ σωτῆρα ἀ..όμεθα κύριον
Hb 9 28 ὀφθήσεται τοῖς αὐτὸν ἀπ..ομένοις
1 Pe 3 20 ὅτε ἀπεξεδέχετο ἡ τ.θεοῦ μακροθυμία
(vg expectabant — patientiam, vl ..bat ..ia)

ἀπεκδύεσθαι S⁰ — expoliare (se)
Col 2 15 ἀ..σάμενος τὰς ἀρχὰς καὶ — ἐξουσίας
3 9 ἀ..σάμενοι (vos) τὸν παλαιὸν ἄνθρ.

ἀπέκδυσις S⁰ — expoliatio
Col 2 11 ἐν τῇ ἀ..ει τοῦ σώματος τῆς σαρκός

ἀπελαύνειν minare Act 18 16 ἀπὸ τ. βήματος

ἀπελεγμός S⁰ — redargutio Act 19 27 εἰς ἀ..όν

ἀπελεύθερος S⁰ — libertus 1 Co 7 22 κυρίου

Ἀπελλῆς Rm 16 10 ἀσπάσασθε Ἀ..ῆν

ἀπέναντι ᵃante ᵇin conspectu ᶜcontra
Mat 27 24 ᵇ 61 ᶜ Act 3 16 ᵇ 17 7 ᶜ Rm 3 18 ᵃ

ἀπέραντος interminatus 1 Ti 1 4 γενεαλογίαι

ἀπερισπάστως (S ἀ..ος) — sine impedimento
1 Co 7 35 πρὸς τὸ — εὐπάρεδρον τῷ κυρίῳ ἀπ.

ἀπερίτμητοι incircumcisi Act 7 51 καρδίαις

*ἀπέρχεσθαι abire ᵇire ᶜ(ἀπ. ὀπίσω) sequi
ᵈvadere
Mat 8 19 ὅπου ἐὰν ἀπέρχῃ ᵇ ‖ Luc 9 57 ᵇ
19 22 ἀπῆλθεν λυπούμενος ‖ Mar 10 22
21 29 οὐ θέλω, — μεταμεληθεὶς ἀπῆλθεν
30 ἐγώ, κύριε, καὶ οὐκ ἀπῆλθεν ᵇ

Mar 120 ἀπῆλθον° ὀπίσω αὐτοῦ Joh 1219
Joh 666 πολλοὶ – ἀπῆλθον εἰς τὰ ὀπίσω (186)
  – 68 κύριε, πρὸς τίνα ἀπελευσόμεθα[b];
  16 7 συμφέρει ὑμῖν ἵνα ἐγὼ ἀπέλθω[d]
Jud 7 ἀπελθοῦσαι ὀπίσω σαρκὸς ἑτέρας
Ap 21 1 ὁ – πρῶτος οὐρανὸς καὶ ἡ πρώτη γῆ
  ἀπῆλθαν 4 τὰ πρῶτα ἀπῆλθαν

ἀπέχειν, ..εσθαι [a]recepisse [b]habēre [c]longe
  esse a [d]in spatio esse a [e]sufficit
  [f](ἀπέχεσθαι) (se) abstinēre
Mat 6 2 ἀπέχουσιν[a] τὸν μισθὸν αὐτῶν 5[a] 16[a]
  1424 σταδίους πολλοὺς – ἀπεῖχεν (vg°) cfr
  Luc 76[c] 1520[c] 2413[d] σταδ. ἑξήκοντα
  15 8 „καρδία – πόρρω ἀπέχει"[c] ‖ Mar 76[c]
Mar 1441 ἀναπαύεσθε· ἀπέχει[e]· ἦλθεν ἡ ὥρα
Luc 624 ἀπέχετε[b] τὴν παράκλησιν ὑμῶν
Act 1520[f] 29 ἀπέχεσθαι[f] εἰδωλοθύτων
Phl 418 ἀπέχω[b] δὲ πάντα καὶ περισσεύω
1 Th 4 3 ἀπέχεσθαι[f] ὑμᾶς ἀπὸ τῆς πορνείας
  522 „ἀπὸ παντὸς" εἴδους „πονηροῦ ἀπ-
  έχεσθε"[f]
1 Ti 4 3 κωλυόντων – ἀ..σθαι[f] βρωμάτων
Phm 15 ἵνα αἰώνιον αὐτὸν ἀπέχῃς (reciperes)
1 Pe 211 ἀπέχεσθαι[f] τῶν σαρκικῶν ἐπιθυμιῶν

ἀπιέναι introire Act 1710 εἰς τ. συναγωγήν

ἀπιστεῖν non credere cfr ἀπειθεῖν
‖Mar1611 ἀκούσαντες ὅτι ζῇ – ἠπίστησαν
  – 16 ὁ δὲ ἀπιστήσας κατακριθήσεται‖
Luc 2411 ἠπίστουν αὐταῖς 41 ἀπὸ τῆς χαρᾶς
Act 2824 οἱ δὲ ἠπίστουν (sc τοῖς λεγομένοις)
Rm 3 3 εἰ ἠ..ησάν τινες, μὴ ἡ ἀπιστία αὐτῶν
  τὴν πίστιν τοῦ θεοῦ καταργήσει;
2 Ti 213 εἰ ἀπιστοῦμεν, ἐκεῖνος πιστὸς μένει
1 Pe 2 7 ἀ..οῦσιν δὲ – „λίθος προσκόμματος"

ἀπιστία incredulitas [b]diffidentia
Mat 1358 οὐκ ἐποίησεν – δυνάμεις πολλὰς διὰ
  τὴν ἀπ. αὐτῶν ‖ Mar 66 ἐθαύμαζεν
  διὰ – ‖[16 14 ὠνείδισεν τὴν –]
Mar 924 πιστεύω· βοήθει μου τῇ ἀπιστίᾳ
Rm 3 3 → ἀπιστεῖν – 420 εἰς – τὴν ἐπαγγε-
  λίαν – οὐ διεκρίθη τῇ ἀπιστίᾳ[b]
  1120 καλῶς· τῇ ἀπιστίᾳ ἐξεκλάσθησαν
  – 23 κἀκεῖνοι δέ, ἐὰν μὴ ἐπιμένωσιν τῇ ἀπ.
1 Ti 1 13 ὅτι ἀγνοῶν ἐποίησα ἐν ἀπιστίᾳ
Hb 312 μήποτε ἔσται – καρδία πονηρὰ ἀ..ας
  – 19 οὐκ ἠδυνήθησαν εἰσελθεῖν δι᾽ ἀ..αν

ἄπιστος infidelis [b]incredulus [c]incredibilis
Mat 1717 ὦ γενεὰ ἄπ.[b] ‖ Mar 919[b] Luc 941

Luc 1246 τὸ μέρος αὐτοῦ μετὰ τῶν ἀπ. θήσει
Joh 2027 μὴ γίνου ἄπιστος[b] ἀλλὰ πιστός
Act 26 8 τί ἄπιστον° κρίνεται παρ᾽ ὑμῖν εἰ ὁ
  θεὸς νεκροὺς ἐγείρει;
1 Co 6 6 κρίνεται, καὶ τοῦτο ἐπὶ ἀπίστων;
  712 εἴ τις – γυναῖκα ἔχει ἄπιστον 13 γυνὴ
  εἴ τις ἔχει ἄνδρα ἄπιστον 14.15 εἰ δὲ ὁ
  ἄπιστος χωρίζεται, χωριζέσθω
  1027 εἴ τις καλεῖ ὑμᾶς τῶν ἀπίστων
  1422 αἱ γλῶσσαι εἰς σημεῖον – τοῖς ἀπ., ἡ
  δὲ προφητεία οὐ τοῖς ἀπίστοις
  – 23 εἰσέλθωσιν δὲ ἰδιῶται ἢ ἄπιστοι 24
2 Co 4 4 ἐτύφλωσεν τὰ νοήματα τῶν ἀ..ων
  614 μὴ γίνεσθε ἑτεροζυγοῦντες ἀ..οις
  – 15 τίς μερὶς πιστῷ μετὰ ἀπίστου;
1 Ti 5 8 καὶ ἔστιν ἀπίστου χείρων
Tit 115 τοῖς δὲ – ἀπίστοις οὐδὲν καθαρόν
Ap 21 8 τοῖς δὲ δειλοῖς καὶ ἀ..οις[b] – τὸ μέρος

ἁπλότης simplicitas
Rm 12 8 ὁ μεταδιδοὺς ἐν ἁπλότητι
2 Co 112 ἐν ἁπλότητι – ἀνεστράφημεν
  8 2 εἰς τὸ πλοῦτος τῆς ἁπλότητος αὐτῶν
  911 πλουτιζόμενοι εἰς πᾶσαν ἁπλότητα
  – 13 ἐπὶ τῇ – ἁπλ. τῆς κοινωνίας εἰς αὐτούς
  11 3 ἀπὸ τῆς ἁπλότητος – τῆς εἰς τὸν Χόν
Eph 6 5 ἐν ἁ..τι τῆς καρδίας ὑμῶν Col 322

ἁπλοῦς simplex
Mat 622 ἐὰν – ᾖ ὁ ὀφθαλμός σου ἁ. ‖ Luc 1134

ἁπλῶς affluenter Jac 15 αἰτείτω παρὰ τοῦ
  διδόντος θεοῦ πᾶσιν ἁπλῶς καὶ μή

*ἀπό a, ab, abs [b]de [c]ex [d]prae [e]pro
Usum praepositionis ἀπό vide imprimis sub
his vocabulis:
  ῥύεσθαι, σῴζειν, θεραπεύειν, λύειν, λού-
  ειν, ἀθῷος, ὑγιής
  δικαιοῦν, δικαιοῦσθαι
  ἀπέχειν (..εσθαι), ἀποχωρεῖν, ἀφιστάναι,
  παρέρχεσθαι, φεύγειν, φοβεῖσθαι,
  φυλάσσειν
  μετάνοια, μετανοεῖν
  αἴρειν, ἀπαίρεσθαι, ἀφαιρεῖν, ἐκζητεῖν,
  ἐκλέγεσθαι
  ἀποκαλύπτειν, ἀποκρύπτειν, κρύπτειν
  ἀκούειν, ἐπιγινώσκειν, μανθάνειν
Mat 3 4 ἔνδυμα – ἀπὸ[b] τριχῶν καμήλου
  529 βάλε ἀπὸ σοῦ 30 188.9
  1238 θέλομεν ἀπὸ σοῦ σημεῖον ἰδεῖν
  1344 ἀπὸ[d] τῆς χαρᾶς 1426[d] τοῦ φόβου

284ᵈ Luc 2126ᵈ 2245ᵈ τῆς λύπης
2441ᵈ τῆς χαρᾶς (Act 1214ᵈ) – Luc
193ᵈ τοῦ ὄχλου Joh 216ᵈ τοῦ πλή-
θους Act 2211ᵈ τῆς δόξης
1621 πολλὰ παθεῖν ἀπὸ τῶν πρεσβυτέρων
‖ Luc 922 1725 ἀπὸ τῆς γενεᾶς ταύτης
1725 ἀπὸ τίνων λαμβάνουσιν τέλη –; 26
18 7 οὐαὶ τῷ κόσμῳ ἀπὸ τῶν σκανδάλων
– 35 ἐὰν μὴ ἀφῆτε – ἀπὸᵇ τῶν καρδιῶν ὑμ.
2721 τίνα – ἀπὸᵇ τῶν δύο ἀπολύσω ὑμῖν;
Mar 733 ἀπὸᵇ τοῦ ὄχλου κατ' ἰδίαν
811 σημεῖον ἀπὸᵇ τοῦ οὐρανοῦ Luc 2111ᵇ
1238 βλέπετε ἀπὸ τῶν γραμματέων
Luc 629 ἀπὸ τοῦ αἴροντός σου τὸ ἱμάτιον–
μὴ κωλύσης 30 (vgᵒ) μὴ ἀπαίτει
1257 τί – ἀφ' ἑαυτῶν οὐ κρίνετε τὸ δίκαι-
ον; 2130 ἀφ' ἑαυτῶν γινώσκετε
1418 ἤρξαντο ἀπὸ μιᾶς (vg simul) πάντες
παραιτεῖσθαι
1630 ἐάν τις ἀπὸᶜ νεκρῶν πορευθῇ
Joh 519 οὐ δύναται ὁ υἱὸς ποιεῖν ἀφ' ἑαυ-
τοῦ οὐδέν 30 ἀπ' ἐμαυτοῦ 717 ἢ
ἐγὼ ἀπ' ἐμαυτοῦ λαλῶ 18 828 ἀπ' ἐμ.
ποιῶ οὐδέν 1151 τοῦτο δὲ ἀφ' ἑαυτοῦ
οὐκ εἶπεν 1410 1613 οὐ γὰρ λαλήσει
(sc τὸ πνεῦμα) ἀφ' ἑαυτοῦ – 1834
ἀπὸ σεαυτοῦ (vl ἀφ' ἑαυτοῦ) σὺ
τοῦτο λέγεις, –;
1018 ἐγὼ τίθημι αὐτὴν (sc ψυχήν) ἀπ' ἐμ.
Act 222 ἄνδρα ἀποδεδειγμένον ἀπὸ τοῦ θεοῦ
1119 οἱ – διασπαρέντες ἀπὸ τῆς θλίψεως
12 1 κακῶσαί τινας τῶν ἀπὸᵇ τ. ἐκκλησίας
155 τινὲς τῶν ἀπὸᵇ τ. αἱρέσεως τῶν
Φαρ. 2744 τῶν ἀπὸᵇ τοῦ πλοίου
17 2 διελέξατο αὐτοῖς ἀπὸᵇ τῶν γραφῶν

Usum praepositionis ἀπὸ in epistolis vide
(praeter vocabula supra allata) sub:
εἰρήνη, ἐλευθερία, ἐλεύθερος, ἐλευ-
θεροῦν, λυτροῦν, καθαρίζειν, ῥαν-
τίζειν, καταργεῖν, χωρίζειν, ἀνάθε-
μα εἶναι, μέρος (ἀπὸ μέρους)
1 Co 130 ὃς ἐγενήθη σοφία ἡμῖν ἀπὸ θεοῦ
1123 ἐγὼ γὰρ παρέλαβον ἀπὸ τοῦ κυρίου
2 Co 2 3 λύπην – ἀφ'ᵇ ὧν ἔδει με χαίρειν 35
οὐχ ὅτι ἀφ' ἑαυτῶν ἱκανοί ἐσμεν
2 Co 318 μεταμορφούμεθα ἀπὸ δόξης εἰς δό-
ξαν, καθάπερ ἀπὸ κυρίου πνεύματος
5 6 ἐκδημοῦμεν ἀπὸ τοῦ κυρίου
713 ἀναπέπαυται τὸ πνεῦμα αὐτοῦ ἀπὸ
πάντων ὑμῶν
11 3 μή πως – φθαρῇ τὰ νοήμ. ὑμῶν ἀπὸ τ.

ἀπλότητος (vg et excidant a simpl:)
Gal 1 1 οὐκ ἀπ' ἀνθρώπων οὐδὲ δι' ἀνθρώπου
Phl 128 ἔνδειξις – σωτηρίας, κ. τοῦτο ἀ. θεοῦ
Col 220 ἀπεθάνετε – ἀπὸ τῶν στοιχείων τοῦ
1 Th 2 6 δόξαν, οὔτε ἀφ' ὑμῶν οὔτε ἀπ' ἄλλων
2 Th 1 7 ἐν τ. ἀποκαλύψει – Ἰησ. ἀπ'ᵇ οὐρανοῦ
– 9 ὄλεθρον – „ἀπὸ προσώπου τ. κυρίου
καὶ ἀπὸ τ. δόξης τῆς ἰσχύος αὐτοῦ"
2 2 μὴ – σαλευθῆναι ὑμᾶς ἀπὸ τοῦ νοός
1 Ti 3 7 μαρτυρίαν καλὴν – ἀπὸ τῶν ἔξωθεν
610 ἀπεπλανήθησαν ἀπὸ τῆς πίστεως
Hb 5 7 εἰσακουσθεὶς ἀπὸᵉ τῆς εὐλαβείας
– 8 ἔμαθεν ἀφ'ᶜ ὧν ἔπαθεν τὴν ὑπακοήν
1134 ἐδυναμώθησαν ἀπὸᵇ ἀσθενείας
1215 μή τις ὑστερῶν ἀπὸ τῆς χάριτος τοῦ
θεοῦ (vg nequis desit gratiae)
– 25 τὸν ἀπ'ᵇ οὐρανῶν ἀποστρεφόμενοι
Jac 113 ὅτι ἀπὸ (vl ὑπὸ) θεοῦ πειράζομαι
– 17 ἀπὸ (vl παρὰ) τοῦ πατρὸς τῶν φώτων
– 27 ἄσπιλον ἑαυτὸν τηρεῖν ἀπὸ τ. κόσμου
5 4 ὁ „μισθὸς" – ὁ ἀπεστερημένος „ἀφ'
ὑμῶν κράζει
– 19 ἐάν τις – πλανηθῇ ἀπὸ τῆς ἀληθείας
1 Jo 1 1 ὃ ἦν ἀπ' ἀρχῆς 213 ἐγνώκατε τὸν ἀπ'
ἀρχῆς 14 (vg vl) cfr ἀρχή
220 χρῖσμα ἔχετε ἀπὸ τοῦ ἁγίου 27 ἐλάβ.
– 28 ἵνα – μὴ αἰσχυνθῶμεν ἀπ' αὐτοῦ
317 κλείσῃ τὰ σπλάγχνα αὐτοῦ ἀπ' αὐτοῦ
Jud 23 τὸν ἀπὸ τῆς σαρκὸς (vg quae car-
nalis est) ἐσπιλωμένον χιτῶνα
Ap 1 4 ἀπὸ ὁ ὢν καὶ ὁ ἦν καὶ ὁ ἐρχόμενος,
καὶ ἀπὸ τῶν ἑπτὰ πνευμάτων –, καὶ
ἀπὸ Ἰ. Χοῦ, ὁ μάρτυς ὁ πιστός
918 ἀπὸ τῶν – πληγῶν – ἀπεκτάνθησαν
12 6 ἔχει – τόπον ἡτοιμασμένον ἀπὸ τ. θεοῦ
1814 ἀπῆλθεν ἀπὸ σοῦ, – ἀπώλετο ἀπὸ σοῦ
– 15 οἱ πλουτήσαντες ἀπ' αὐτῆς

ἀποβαίνειν descendere ᵇcontingere in
ᶜprovenire
Luc 5 2 οἱ δὲ ἁλεῖς – ἀποβάντες Joh 219
2113 ἀποβήσεταιᵇ ὑμῖν εἰς μαρτύριον
Phl 119 „τοῦτό μοι ἀποβήσεταιᶜ εἰς σωτηρ."

ἀποβάλλειν ᵃproiicere ᵇamittere
Mar 1050 ἀποβαλὼνᵃ τὸ ἱμάτιον αὐτοῦ
Hb 1035 μὴ ἀποβάλητεᵇ – τὴν παρρησίαν ὑμῶν

ἀποβλέπειν aspicere in
Hb 1126 ἀπέβλεπεν γὰρ εἰς τὴν μισθαποδοσίαν

ἀπόβλητος Sᵒ – reiiciendus 1 Ti44 οὐδέν

ἀποβολή Sᵒ – *amissio* Act 27₂₂ ψυχῆς
Rm 11₁₅ εἰ – ἡ ἀπ. αὐτῶν καταλλαγὴ κόσμου

ἀπογίνεσθαι Sᵒ – *mori* 1 Pe 2₂₄ ἵνα ταῖς
ἁμαρτίαις ἀπογενόμενοι τῇ δικαιοσύνῃ

ἀπογράφεσθαι ᵃ*describi* ᵇ*conscribi*
ᶜ*profitēri* Luc 21ᵃ οἰκουμένην 3ᶜ 5ᶜ
Hb 12₂₃ πρωτοτόκων ἀπογεγραμ.ᵇ ἐν οὐρανοῖς

ἀπογραφή *descriptio* Luc 2₂ ᵇ*professio*
Act 5₃₇ ἀνέστη – ἐν ταῖς ἡμέραις τῆς ἀπ.ᵇ

ἀποδεικνύναι ᵃ*approbare* ᵇ*probare*
ᶜ*ostendere*
Act 2₂₂ ἀποδεδειγμένον ᵃ ἀπὸ – θεοῦ εἰς ὑμᾶς
25 7 αἰτιώματα –, ἃ οὐκ ἴσχυον ἀ..δεῖξαιᵇ
1 Co 4 9 ὁ θεὸς ἡμᾶς τοὺς ἀποστόλους ἐσχά-
τους ἀπέδειξενᶜ ὡς ἐπιθανατίους
2 Th 2 4 ἀ..δεικνύνταᶜ ἑαυτὸν ὅτι ἐστὶν θεός

ἀπόδειξις *ostensio* 1 Co 2₄ πνεύματος καί

ἀποδεκατεύειν Luc 18₁₂, ἀποδεκατοῦν
ᵃ*decimare* ᵇ*decimas dare* ᶜ*dec. sumere*
Mat 23₂₃ᵃ ‖ Luc 11₄₂ᵃ – 18₁₂ᵇ Hb 7₅ᶜ

ἀπόδεκτος Sᵒ – *acceptus* 1 Ti 2₃ τοῦτο
καλὸν καὶ ἀ..ον 5₄ ἐνώπιον τοῦ θεοῦ

ἀποδέχεσθαι ᵃ*excipere* ᵇ*recipere* ᶜ*suscipere*
Luc 8₄₀ᵃ 9₁₁ᵃ Act 18₂₇ᶜ 21₁₇ᵃ 24₃ᶜ 28₃₀ᶜ
Act 2₄₁ οἱ – ἀποδεξάμενοιᵇ τὸν λόγον αὐτοῦ

ἀποδημεῖν ᵃ*peregre esse* ᵇ*peregre proficisci*
ἀπόδημος Sᵒ – ᶜ*peregre profectus*
Mat 21₃₃ᵇ ‖ Mar 12₁ᵇ Luc 20₉ᵃ ἀπεδήμησεν
25₁₄ᵇ 15ᵇ (om *peregre*) ‖ Mar 13₃₄ᶜ
Luc 15₁₃ ὁ νεώτερος – ἀπεδήμησενᵇ εἰς χώραν

ἀποδιδόναι, ..οσθαι *reddere* ᵇ(med) *vendere*
(ἀποδ. λόγον *reddere rationem* →
λόγος 3) sub Mat 12₃₆)
Mat 5₂₆ ἕως ἂν ἀποδῷς τὸν ἔσχατον κοδράν-
την ‖ Luc 12₅₉ τὸ ἔσχατον λεπτόν
– 33 „ἀποδώσεις – τῷ κυρ. τοὺς ὅρκους σου"
6 4 ὁ πατήρ σου – ἀποδώσει σοι 6. 18
16₂₇ τότε ἀποδώσει ἑκάστῳ κατὰ τὴν
πρᾶξιν αὐτοῦ" Rm 26 τὰ ἔργα 2 Ti
4₁₄ (Alexandro) Ap 22₁₂ „ἀποδοῦναι
ἑκάστῳ ὡς τὸ ἔργον" ἐστὶν „αὐτοῦ"
18₂₅ μὴ ἔχοντος δὲ αὐτοῦ ἀποδοῦναι, ἐ-

κέλευσεν αὐτὸν – πραθῆναι –, καὶ
ἀποδοθῆναι 26 πάντα ἀποδώσω σοι
28 ἀπόδος εἴ τι ὀφείλεις 29 καὶ ἀπο-
δώσω σοι 30 ἕως ἀποδῷ τὸ ὀφειλό-
μενον 34 πᾶν τὸ ὀφειλόμενον
Mat 20 8 ἀπόδος αὐτοῖς τὸν μισθόν
21₄₁ οἵτινες ἀποδώσουσιν – τοὺς καρπούς
22₂₁ ἀπόδοτε οὖν τὰ Καίσαρος Καίσαρι
‖ Mar 12₁₇ Luc 20₂₅
27₅₈ ὁ Πιλᾶτος ἐκέλευσεν ἀποδοθῆναι
Luc 4₂₀ 9₄₂ ἀπέδωκεν αὐτὸν τῷ πατρὶ αὐτοῦ
7₄₂ μὴ ἐχόντων αὐτῶν ἀποδοῦναι ἀμφο-
τέροις ἐχαρίσατο
10₃₅ ὅ τι ἂν προσδαπανήσῃς ἐγὼ – ἀπο-
19 8 ἀποδίδωμι τετραπλοῦν [δώσω σοι
Act 4₃₃ δυνάμει – ἀπεδίδουν τὸ μαρτύριον
5 8 εἰ τοσούτου τὸ χωρίον ἀπέδοσθεᵇ;
7 9 „τὸν Ἰωσὴφ ἀπέδοντοᵇ εἰς Αἴγυπτον"
Rm 2 6 → Mat 16₂₇
12₁₇ μηδενὶ κακὸν ἀντὶ κακοῦ ἀποδιδόν-
τες 1 Th 5₁₅ μή τις – ἀποδῷ 1 Pe 3₉
13 7 ἀπόδοτε πᾶσιν τὰς ὀφειλάς, – φόρον,
1 Co 7 3 τῇ γυναικὶ ὁ ἀνὴρ τὴν ὀφειλὴν ἀπο-
διδότω, ὁμοίως δὲ καὶ ἡ γυνὴ τῷ
1 Ti 5 4 ἀμοιβὰς ἀποδιδόναι τοῖς προγόνοις
2 Ti 4 8 ὁ – στέφανος, ὃν ἀποδώσει μοι ὁ κύ-
– 14 Ap 22₁₂ → Mat 16₂₇ [ριος
Hb 12₁₁ καρπὸν εἰρηνικὸν – ἀποδίδωσιν δικ.
– 16 Ἠσαῦ, – „ἀπέδετοᵇ τὰ πρωτοτόκια"
Ap 18 6 „ἀπόδοτε αὐτῇ ὡς καὶ αὐτὴ ἀπέδω-
κεν" (vl + ὑμῖν vg *vobis*)
22 2 ξύλον ζωῆς – ἀποδιδοῦν τὸν καρπόν

ἀποδιορίζειν Sᵒ – *segregare* (*se*, vlᵒ)
Jud 19 οὗτοί εἰσιν οἱ ἀ..οντες, ψυχικοί

ἀποδοκιμάζειν *reprobare*
Mat 21₄₂ „λίθον ὃν ἀπεδοκίμασαν" ‖ Mar 12₁₀
Luc 20₁₇ – 1 Pe 24 ὑπὸ ἀνθρώπων
μὲν ἀποδεδοκιμασμένον 7
Mar 8₃₁ δεῖ – παθεῖν, καὶ ἀποδοκιμασθῆναι
ὑπὸ τῶν πρεσβυτέρων ‖ Luc 9₂₂ ἀπὸ
τῶν – 17₂₅ ἀπὸ τῆς γενεᾶς ταύτης
Hb 12₁₇ ἴστε γὰρ ὅτι – ἀπεδοκιμάσθη (Esau)

ἀποδοχή Sᵒ – *acceptio*
1 Ti 1₁₅ πάσης ἀ..ῆς ἄξιος (sc ὁ λόγος) 4₉

ἀπόθεσις Sᵒ – *depositio*
1 Pe 3₂₁ οὐ σαρκὸς ἀπ. ῥύπου ἀλλὰ – ἐπερώτ.
2 Pe 1₁₄ ταχινή ἐστιν ἡ ἀπ. τοῦ σκηνώματος

ἀποθήκη *horreum* Mat 3₁₂ ‖ Luc 3₁₇
Mat 6₂₆ ‖ Luc 12₂₄ – Mat 13₃₀ Luc 12₁₈

ἀποθησαυρίζειν *thesaurizare*
1 Ti 6₁₉ ἀ..οντας ἑαυτοῖς θεμέλιον καλόν

ἀποθλίβειν *affligere* Luc 8₄₅ Jesum

*ἀποθνῄσκειν *mori* ᵇ*defungi* → θνῄσκειν
ex Evv et Act loci delecti, omnes e
reliquis libris
Mat 9₂₄ οὐ γὰρ ἀπέθανεν τὸ κοράσιον ‖ Mar
5₃₅ ἡ θυγάτηρ σου ἀπέθανεν 39 τὸ
παιδίον οὐκ ἀπ. Luc 8₄₂ αὐτὴ ἀπέ-
θνησκεν 52.53 εἰδότες ὅτι ἀπέθανεν
Luc 20₃₆ οὐδὲ γὰρ ἀποθανεῖν ἔτι δύνανται
Joh 6₅₀ ἵνα τις – φάγῃ καὶ μὴ ἀποθάνῃ 58
8₂₁ ἐν τῇ ἁμαρτίᾳ ὑμῶν ἀποθανεῖσθε 24
11₁₆ ἵνα ἀποθάνωμεν μετ' αὐτοῦ
– 25 ὁ πιστεύων – κἂν ἀποθάνῃ ζήσεται
26 πᾶς ὁ ζῶν καὶ πιστ. – οὐ μὴ ἀ..άνῃ
– 50 ἵνα εἷς ἄνθρ. ἀποθάνῃ ὑπὲρ τοῦ λαοῦ
51 ἐπροφήτευσεν ὅτι ἔμελλεν Ἰησ. ἀπ.
ὑπὲρ τοῦ ἔθνους 18₁₄ ὅτι συμφέρει
ἕνα ἄνθρωπον ἀ..εῖν ὑπὲρ τοῦ λαοῦ
12₂₄ ἐὰν μὴ ὁ κόκκος – ἀποθάνῃ
– 33 ποίῳ θανάτῳ ἤμελλεν ἀ..κειν 18₃₂
19 7 κατὰ τὸν νόμον ὀφείλει ἀποθανεῖν
21₂₃ ἐξῆλθεν–ὁ λόγος–ὅτι ὁ μαθητὴς–
οὐκ ἀ..κει· οὐκ εἶπεν δὲ – ὅτι οὐκ ἀ..
κει, ἀλλ'· ἐὰν αὐτὸν θέλω μένειν
Act 21₁₃ ἀλλὰ καὶ ἀποθανεῖν – ἑτοίμως ἔχω
ὑπὲρ τοῦ ὀνόματος τοῦ κυρίου Ἰησοῦ
25₁₁ οὐ παραιτοῦμαι τὸ ἀποθανεῖν
Rm 5 6 ὑπὲρ ἀσεβῶν ἀπέθανεν 7 μόλις – ὑ-
πὲρ δικαίου τις ἀποθανεῖται· ὑπὲρ
γὰρ τοῦ ἀγαθοῦ τάχα τις καὶ τολμᾷ
ἀποθανεῖν 8 ὅτι ἔτι ἁμαρτωλῶν ὄντων
ἡμῶν Χὸς ὑπὲρ ἡμῶν ἀπέθανεν
– 15 εἰ γὰρ τῷ τοῦ ἑνὸς παραπτώματι οἱ
πολλοὶ ἀπέθανον
6 2 οἵτινες ἀπεθάνομεν τῇ ἁμαρτίᾳ 7 ὁ
γὰρ ἀ..ὼν δεδικαίωται ἀπὸ τῆς ἁμαρτ.
– 8 εἰ δὲ ἀπεθάνομεν σὺν Χῷ 9 Χὸς ἐ-
γερθεὶς – οὐκέτι ἀποθνήσκει 10 ὃ γὰρ
ἀπέθανεν, τῇ ἁμαρτίᾳ ἀπέθ. ἐφάπαξ
7 2 ἐὰν δὲ ἀποθάνῃ ὁ ἀνήρ 3.6 ἀποθα-
νόντες ἐν ᾧ κατειχόμεθα 10 ἡ ἁμαρ-
τία ἀνέζησεν, ἐγὼ δὲ ἀπέθανον
8₁₃ εἰ–κατὰ σάρκα ζῆτε, μέλλετε ἀ..ειν
– 34 Χὸς ['I.] ὁ ἀποθανών, μᾶλλον δὲ ἐγ.
14 7 καὶ οὐδεὶς ἑαυτῷ ἀ..κει 8 ἐάν τε ἀ..

κωμεν, τῷ κυρίῳ ἀ..κομεν. ἐάν τε οὖν
ζῶμεν, ἐάν τε ἀ..κωμεν, τοῦ κυρίου
ἐσμέν 9 εἰς τοῦτο γὰρ Χὸς ἀπέθανεν
καὶ ἔζησεν, ἵνα
Rm 14₁₅ μὴ τῷ βρώματί σου ἐκεῖνον ἀπόλλυε,
ὑπὲρ οὗ Χὸς ἀπέθανεν
1 Co 8₁₁ ἀπόλλυται–ὁ ἀσθενῶν ἐν τῇ σῇ γνώ-
σει, ὁ ἀδελφὸς δι' ὃν Χὸς ἀπέθανεν
9₁₅ καλὸν γάρ μοι μᾶλλον ἀποθανεῖν ἤ –
15 3 ὅτι Χὸς ἀπέθανεν ὑπὲρ τῶν ἁμαρτι-
ῶν ἡμῶν κατὰ τὰς γραφάς
– 22 ὥσπερ – ἐν τῷ Ἀδὰμ πάντες ἀ..ουσιν
– 31 καθ' ἡμέραν ἀποθνήσκω
– 32 „αὔριον γὰρ ἀποθνήσκομεν"
– 36 σὺ ὃ σπείρεις, οὐ ζωοποιεῖται ἐὰν
μὴ ἀποθάνῃ
2 Co 5₁₄ ὅτι εἷς ὑπὲρ πάντων ἀπέθανεν· ἄρα
οἱ πάντες ἀπέθανον· 15 καὶ ὑπὲρ πάν-
των ἀπέθανεν ἵνα – ζῶσιν – τῷ ὑπὲρ
αὐτῶν ἀποθανόντι καὶ ἐγερθέντι
6 9 ὡς „ἀποθνήσκοντες" κ. ἰδοὺ „ζῶμεν"
Gal 2₁₉ ἐγὼ – διὰ νόμου νόμῳ ἀπέθανον
– 21 ἄρα Χὸς δωρεὰν ἀπέθανεν
Phl 1₂₁ ἐμοὶ γὰρ–καὶ τὸ ἀποθανεῖν κέρδος
Col 2₂₀ εἰ ἀπεθάνετε σὺν Χῷ ἀπὸ τῶν στοι-
χείων τοῦ κόσμου 3₃ ἀπεθάνετε γάρ,
καὶ ἡ ζωὴ ὑμῶν κέκρυπται – ἐν τ. θεῷ
1 Th 4₁₄ ὅτι Ἰησοῦς ἀπέθανεν καὶ ἀνέστη
5₁₀ διὰ τοῦ κυρίου ἡμῶν Ἰησοῦ Χοῦ, τοῦ
ἀποθανόντος ὑπὲρ (vl περὶ) ἡμῶν
Hb 7 8 δεκάτας ἀ..κοντες ἄνθρ. λαμβάνουσιν
9₂₇ ἀπόκειται τοῖς ἀνθρ. ἅπαξ ἀ..νεῖν
10₂₈ „ἐπὶ – τρισὶν μάρτυσιν ἀποθνήσκει"
11 4 Ἄβελ – ἀποθανὼν ᵇ ἔτι λαλεῖ
– 13 κατὰ πίστιν ἀπέθανον ᵇ οὗτοι πάντες
– 21 πίστει Ἰακὼβ ἀ..σκων – εὐλόγησεν
– 37 ἐν φόνῳ μαχαίρης ἀπέθανον
1 Pe (3 18 vl sub πάσχειν)
Jud 12 δένδρα φθινοπωρινὰ ἄκαρπα δὶς
ἀποθανόντα
Ap 3 2 στήρισον–ἃ ἔμελλον ἀποθανεῖν
8 9 ἀπέθανεν τὸ τρίτον τῶν κτισμάτων
– 11 πολλοὶ – ἀπέθανον ἐκ τῶν ὑδάτων
9 6 οἱ ἄνθρ. – ἐπιθυμήσουσιν ἀποθανεῖν
14₁₃ μακάριοι – οἱ ἐν κυρίῳ ἀ..σκοντες
16 3 πᾶσα ψυχὴ ζωῆς ἀπέθανεν

ἀποκαθιστάναι, ..άνειν *restituere*
Mat 12₁₃ ἀπεκατεστάθη ὑγιής ‖ Mar 3₅ ἡ χεὶρ
αὐτοῦ Luc 6₁₀ – Mar 8₂₅ ἀπεκατέστη
17₁₁ „Ἡλίας – ἀποκαταστήσει" πάντα ‖
Mar 9₁₂ „ἀποκαθιστάνει" πάντα

Act 1 6 ἀ..άνεις τὴν βασιλείαν τῷ Ἰσραήλ;
Hb 1319 ἵνα τάχιον ἀποκατασταθῶ ὑμῖν

ἀποκαλύπτειν revelare
Mat 1026 ὃ οὐκ ἀποκαλυφθήσεται ‖ Luc 122
1125 ἀπεκάλυψας αὐτὰ νηπίοις ‖ Luc 1021
– 27 ᾧ ἐὰν βούληται ὁ υἱὸς ἀποκαλύψαι
‖ Luc 1022
1617 σὰρξ καὶ αἷμα οὐκ ἀπεκάλυψέν σοι
Luc 235 ὅπως ἂν ἀ..φθῶσιν – διαλογισμοί
1730 ἡ ἡμέρᾳ ὁ υἱὸς τοῦ ἀνθρ. ἀ..εται
Joh 1238 „βραχίων κυρίου τίνι ἀπεκαλύφθη;"
Rm 117 δικαιοσύνη – θεοῦ ἐν αὐτῷ ἀ..εται
– 18 ἀ..εται γὰρ ὀργὴ θεοῦ ἀπ' οὐρανοῦ
818 οὐκ ἄξια τὰ παθήματα – πρὸς τὴν
μέλλουσαν δόξαν ἀ..φθῆναι εἰς ἡμᾶς
1 Co 210 ἡμῖν δὲ ἀπεκάλυψεν ὁ θεὸς διὰ τοῦ
πνεύματος (vl + αὐτοῦ, vg suum)
313 δηλώσει, ὅτι ἐν πυρὶ ἀποκαλύπτεται
1430 ἐὰν δὲ ἄλλῳ ἀ..φθῇ καθημένῳ
Gal 116 ὅτε δὲ εὐδόκησεν – ἀποκαλύψαι τὸν
υἱὸν αὐτοῦ ἐν ἐμοί
323 εἰς τὴν μέλλουσαν πίστιν ἀ..φθῆναι
Eph 3 5 ὡς νῦν ἀπεκαλύφθη (sc myst.Christi)
τοῖς ἁγίοις ἀποστόλοις – καὶ προφήτ.
Phl 315 καὶ τοῦτο ὁ θεὸς ὑμῖν ἀποκαλύψει
2 Th 2 3 ἐὰν μὴ – πρῶτον,– ἀποκαλυφθῇ ὁ ἄν-
θρωπος τῆς ἀνομίας 6 εἰς τὸ ἀποκα-
λυφθῆναι αὐτὸν ἐν τῷ ἑαυτοῦ καιρῷ
8 τότε ἀποκαλυφθήσεται ὁ ἄνομος
1 Pe 1 5 εἰς σωτηρίαν ἑτοίμην ἀποκαλυφθῆναι
ἐν καιρῷ ἐσχάτῳ
– 12 οἷς ἀπεκαλύφθη ὅτι οὐχ ἑαυτοῖς
ὑμῖν δὲ διηκόνουν αὐτά
5 1 ὁ καὶ τῆς μελλούσης ἀποκαλύπτε-
σθαι δόξης κοινωνός

ἀποκάλυψις revelatio ᵇapocalypsis
Luc 232 „φῶς εἰς ἀποκάλυψιν ἐθνῶν"
Rm 2 5 ἐν ἡμέρᾳ – ἀ..εως δικαιοκρισίας
819 ἡ γὰρ ἀποκαραδοκία τῆς κτίσεως τὴν
ἀπ. τῶν υἱῶν τοῦ θεοῦ ἀπεκδέχεται
[1625 κατὰ ἀ..ιν μυστηρίου – σεσιγημένου]
1 Co 1 7 ἀπεκδεχομένους τὴν ἀπ. τοῦ κυρίου
14 6 τί ὑμᾶς ὠφελήσω, ἐὰν μὴ ὑμῖν λα-
λήσω ἢ ἐν ἀ..ει ἢ ἐν γνώσει – ;
– 26 ἕκαστος – ἀ..ινᵇ ἔχει, γλῶσσαν ἔχει
2 Co 12 1 ἐλεύσομαι δὲ εἰς – ἀ..εις κυρίου
– 7 καὶ τῇ ὑπερβολῇ τῶν ἀ..εων. (vg ne
magnitudo r..um extollat me)
Gal 112 παρέλαβον αὐτό – δι' ἀ..εως Ἰ. Χοῦ
2 2 ἀνέβην δὲ κατὰ ἀ..ιν· καὶ ἀνεθέμην

Eph 117 δώῃ ὑμῖν πνεῦμα σοφίας καὶ ἀ..εως
3 3 κατὰ ἀ..ιν ἐγνωρίσθη μοι τὸ μυστήρ.
2 Th 1 7 ἐν τῇ ἀπ. τοῦ κυρίου Ἰησοῦ ἀπ' οὐρ.
1 Pe 1 7 εἰς ἔπαινον καὶ δόξαν καὶ τιμὴν ἐν
ἀ..ει Ἰησοῦ Χοῦ 13 ἐλπίσατε ἐπὶ τὴν
φερομένην ὑμῖν χάριν ἐν ἀ..ει Ἰ. Χοῦ
413 ἵνα καὶ ἐν τῇ ἀποκαλύψει τῆς δόξης
αὐτοῦ χαρῆτε
Ap 1 1 ἀπ.ᵇ Ἰησ. Χοῦ, ἣν ἔδωκεν – ὁ θεός

ἀποκαραδοκία Sº (Aqu.) – expectatio
Rm 819 → ἀποκάλυψις
Phl 120 κατὰ τὴν ἀποκαρ. καὶ ἐλπίδα μου

ἀποκαταλλάσσειν reconciliare
Eph 216 ἵνα – ἀ..άξῃ τοὺς ἀμφοτέρους ἐν ἑνὶ
σώματι τῷ θεῷ διὰ τοῦ σταυροῦ
Col 120 δι' αὐτοῦ ἀ..άξαι τὰ πάντα εἰς αὐτόν
22 νυνὶ δὲ ἀ..ήλλαξεν (vl ..ηλλάγητε
et ἀ..αγέντες) ἐν τῷ σώματι τῆς σαρ-
κὸς αὐτοῦ διὰ τοῦ θανάτου

ἀποκατάστασις Sº – restitutio
Act 321 ἄχρι χρόνων ἀ..εως πάντων

ἀποκεῖσθαι repositum esse ᵇstatutum esse
Luc 1920 ἡ μνᾶ σου, ἣν εἶχον ἀ..μένην ἐν
Col 1 5 διὰ τὴν ἐλπίδα τὴν ἀ..μένην ὑμῖν ἐν
τοῖς οὐρανοῖς 2 Ti 48 ἀπόκειταί μοι
ὁ τῆς δικαιοσύνης στέφανος
Hb 927 ἀπόκειταιᵇ τοῖς ἀνθρ. – ἀποθανεῖν

ἀποκεφαλίζειν decollare
Mat 1410 Ἰωάννην ‖ Mar 616.27 Luc 99

ἀποκλείειν claudere (vl clud.) Luc 1325

ἀποκόπτειν abscidere (..in.) ᵇamputare
Mar 943 ἢ χεῖρ –, ἀπόκοψον αὐτὴν 45ᵇ πούς
Joh 1810 τὸ ὠτάριον 26 Act 2732 τὰ σχοινία
Gal 512 ὄφελον καὶ ἀποκόψονται

ἀπόκριμα Sº – responsum 2 Co 19 ἐν ἑαυ-
τοῖς τὸ ἀπ. τοῦ θανάτου ἐσχήκαμεν

***ἀποκρίνεσθαι** respondēre
Mat 1523 ὁ δὲ οὐκ ἀπεκρίθη αὐτῇ λόγον
2246 οὐδεὶς ἐδύνατο ἀ..θῆναι – λόγον
2662 ἀ..ῃ, –; 2712 οὐδὲν ἀπεκρίνατο
14 οὐκ ἀπεκρίθη αὐτῷ πρὸς οὐδὲ ἓν
ῥῆμα ‖ Mar 1460.61 154.5 – Luc
2268 ἐὰν δὲ ἐρωτήσω, οὐ μὴ ἀποκρι-
θῆτε 239 οὐδὲν ἀπεκρίνατο

Mar 11 29 ἐπερωτήσω ὑμᾶς –, – ἀ..κρίθητέ μοι
12 28 ἰδὼν ὅτι καλῶς ἀπεκρίθη αὐτοῖς 34
ἰδὼν [αὐτὸν] ὅτι νουνεχῶς ἀπεκρίθη
Col 4 6 πῶς δεῖ ὑμᾶς ἑνὶ ἑκάστῳ ἀ..εσθαι

ἀπόκρισις responsum Luc 2 47 20 26
Joh 1 22 19 9 ἀπόκρισιν οὐκ ἔδωκεν αὐτῷ

ἀποκρύπτειν abscondere
Luc 10 21 ὅτι ἀπέκρυψας ταῦτα ἀπὸ σοφῶν
1 Co 2 7 ἀλλὰ λαλοῦμεν θεοῦ σοφίαν ἐν μυ-
στηρίῳ, τὴν ἀποκεκρυμμένην
Eph 3 9 τοῦ μυστηρίου τοῦ ἀποκεκρυμμένου
ἀπὸ τῶν αἰώνων ἐν τῷ θεῷ Col 1 26

ἀπόκρυφος absconditus ᵇoccultus
Mar 4 22 οὐδὲ ἐγένετο ἀπόκρυφονᵇ, ἀλλ' ἵνα
ἔλθῃ εἰς φανερόν ‖ Luc 8 17
Col 2 3 "οἱ θησαυροὶ τῆς σοφίας – ἀ..οι"

ἀποκτείνειν, ἀποκτέννειν
occidere ᵇinterficere ᶜperdere
Mat 10 28 ἀπὸ τῶν ἀποκτεννόντων τὸ σῶμα,
τὴν δὲ ψυχὴν μὴ δυναμένων ἀπο-
κτεῖναι ‖ Luc 12 4.5 φοβήθητε τὸν
μετὰ τὸ ἀ..εῖναι ἔχοντα ἐξουσίαν
14 5 θέλων αὐτὸν ἀποκτεῖναι ‖ Mar 6 19
16 21 ὅτι δεῖ αὐτὸν – παθεῖν – καὶ ἀποκταν-
θῆναι ‖ Mar 8 31 Luc 9 22
17 23 καὶ ἀποκτενοῦσιν αὐτόν ‖ Mar 9 31 id.
καὶ ἀποκτανθεὶς – ἀναστήσεται
21 35 ὃν δὲ ἀπέκτειναν 38 δεῦτε ἀποκτεί-
νωμεν αὐτόν 39 ἐξέβαλον – καὶ ἀπ-
έκτειναν ‖ Mar 12 5.7.8 Luc 20 14.15
22 6 τοὺς δούλους – ὕβρισαν κ. ἀπέκτειναν
23 34 ἐξ αὐτῶν ἀποκτενεῖτε 37 ἡ ἀποκτεί-
νουσα τοὺς προφήτας ‖ Luc 11 47
οἱ δὲ πατέρες ὑμῶν ἀπέκτειναν αὐ-
τούς 48.49 13 34 ἡ ἀποκτείνουσα τοὺς
προφ. – Act 7 52 Rm 11 3 "τοὺς προ-
φήτας σου ἀπέκτειναν" → 1 Th 2 15
24 9 τότε – ἀποκτενοῦσιν ὑμᾶς
26 4 ἵνα τὸν Ἰησοῦν – ἀ..είνωσιν ‖ Mar 14 1
Mar 3 4 ψυχὴν σῶσαι ἢ ἀποκτεῖναι; ᶜ
10 34 καὶ μαστιγώσουσιν αὐτὸν καὶ ἀπο-
κτενοῦσινᵇ ‖ Luc 18 33
Luc 13 4 ἔπεσεν ὁ πύργος – κ. ἀπέ..εν αὐτούς
– 31 Ἡρῴδης θέλει σε ἀποκτεῖναι
Joh 5 18 μᾶλλον ἐζήτουν αὐτὸν – ἀποκτεῖναιᵇ
7 1ᵇ 19 τί με ζητεῖτε ἀπ.; ᵇ 20 τίς σε
ζητεῖ ἀπ.; ᵇ 25 ᵇ 8 37 ζητεῖτέ με ἀπ. ᵇ
40 ᵇ – 11 53 ἐβουλεύσαντο ἵνα ἀποκτεί-

νωσινᵇ αὐτόν – 12 10 καὶ τὸν Λάζ. ᵇ
Joh 8 22 μήτι ἀποκτενεῖ ᵇ ἑαυτόν – ;
16 2 πᾶς ὁ ἀ..είναςᵇ ὑμᾶς δόξῃ λατρείαν
18 31 ἡμῖν οὐκ ἔξεστιν ἀποκτεῖναιᵇ οὐδένα
Act 3 15 τὸν – ἀρχηγὸν τῆς ζωῆς ἀπεκτείνατεᵇ
21 31 ζητούντων τε αὐτὸν (sc Παῦλον) ἀ..
εἶναι 23 12.14 – 27 42 τοὺς δεσμώτας
Rm 7 11 ἡ γὰρ ἁμαρτία – διὰ τῆς ἐντολῆς
ἐξηπάτησέν με καὶ – ἀπέκτεινεν
2 Co 3 6 τὸ γὰρ γράμμα ἀποκτέννει
Eph 2 16 ἀποκτείναςᵇ τὴν ἔχθραν ἐν αὐτῷ
1 Th 2 15 τῶν καὶ τὸν κύριον ἀποκτεινάντων
Ἰησοῦν καὶ τοὺς προφήτας
Ap 2 13 Ἀντιπᾶς –, ὃς ἀπεκτάνθη παρ' ὑμῖν
– 23 τέκνα αὐτῆς ἀποκτενῶᵇ ἐν θανάτῳ
6 8 ἐδόθη αὐτοῖς ἐξουσία – ἀποκτεῖναιᵇ
– 11 οἱ ἀδελφοὶ – οἱ μέλλοντες ἀπ..σθαιᵇ
9 5.15.18.20 11 5.7.13 13 15 19 21
13 10 "εἴ τις ἐν μαχαίρῃ" ἀποκτανθῆναι,
δεῖ αὐτὸν "ἐν μαχ." ἀποκτανθῆναι

ἀποκύειν ᵃgenerare ᵇgignere
Jac 1 15 ἁμαρτία – ἀποκύει (vl ..εῖ) ᵃ θάνατον
– 18 ἀπεκύησενᵇ ἡμᾶς λόγῳ ἀληθείας

ἀποκυλίειν revolvere
Mat 28 2 ἀπεκύλισεν τ. λίθον ‖ Mar 16 3.4 Luc 24 2

ἀπολαμβάνειν, ..εσθαι recipere ᵇaccipere
ᶜ(med) apprehendere
Mar 7 33 ἀπολαβόμενοςᶜ αὐτὸν – κατ' ἰδίαν
Luc 6 34 δανίζουσιν ἵνα ἀπολάβωσιν τὰ ἴσα
15 27 ὅτι ὑγιαίνοντα αὐτὸν ἀπέλαβεν
16 25 ἀπέλαβες τὰ ἀγαθά σου ἐν τῇ ζωῇ
18 30 ὃς οὐχὶ μὴ ἀπο]λάβῃ πολλαπλασίονα
23 41 ἄξια – ὧν ἐπράξαμεν ἀ..άνομεν
Rm 1 27 τὴν ἀντιμισθίαν – ἀπολαμβάνοντες
Gal 4 5 ἵνα τὴν υἱοθεσίαν ἀπολάβωμεν
Col 3 24 ἀπὸ κυρίου ἀπολήμψεσθεᵇ τὴν ἀντ-
απόδοσιν τῆς κληρονομίας
2 Jo 8 ἵνα – μισθὸν πλήρη ἀπολάβητεᵇ

ἀπόλαυσις ᵃad fruendum ᵇiucunditas
1 Ti 6 17 παρέχοντι ἡμῖν πάντα – εἰς ἀ..ινᵃ
Hb 11 25 πρόσκαιρον ἔχειν ἁμαρτίας ἀ..ινᵇ

ἀπολείπειν relinquere ᵇderelinquere
ᶜ(pass) superesse
2 Ti 4 13.20 Tit 1 5 ἀπέλιπόν σε ἐν Κρήτῃ
Hb 4 6 ἀ..εταιᶜ τινὰς εἰσελθεῖν εἰς αὐτήν (sc
τὴν κατάπαυσιν) 9 ἄρα ἀ..εται σαβ-
βατισμὸς τῷ λαῷ τοῦ θεοῦ

Hb 1026 οὐκέτι περὶ ἁμαρτιῶν ἀ..εται θυσία

Jud 6 ἀγγέλους τε τοὺς – ἀπολιπόντας[b] τὸ
ἴδιον οἰκητήριον

ἀπολλύειν, ..ύναι – ἀπόλλυσθαι

1) vi activa vel transitiva *perdere*

Mat 213 ζητεῖν τὸ παιδίον τοῦ ἀπολέσαι αὐτό
1028 τὸν δυνάμενον καὶ ψυχὴν καὶ σῶμα
ἀπολέσαι ἐν γεέννῃ Jac 412 ὁ δυνά-
μενος σῶσαι καὶ ἀπολέσαι
– 39 ὁ εὑρὼν τὴν ψυχὴν αὐτοῦ ἀπολέ-
σει αὐτήν, καὶ ὁ ἀπολέσας τ. ψ. αὐ.
ἕνεκεν ἐμοῦ εὑρήσει αὐτήν 1625 ὃς
– ἐὰν θέλῃ τ. ψ. αὐ. σῶσαι, ἀπολέσει
αὐτήν· ὃς δ᾽ ἂν ἀπολέσῃ –, εὑρήσει
αὐτήν ‖ Mar 835 Luc 924 1733 – Joh
1225 ὁ φιλῶν τ. ψ. – ἀπολλύει αὐτήν
– 42 ὃς ἂν ποτίσῃ ἕνα τῶν μικρῶν –, οὐ
μὴ ἀπολέσῃ τ. μισθὸν αὐτοῦ ‖ Mar 941
1214 ὅπως αὐτὸν ἀπολέσωσιν ‖ Mar 36 –
1118 ἐζήτουν πῶς ‖ Luc 1947 ἀπολέσαι
2141 κακοὺς κακῶς ἀπολέσει αὐτούς ‖
Mar 129 ἀπ. τοὺς γεωργοὺς Luc 2016
22 7 ἀπώλεσεν τοὺς φονεῖς ἐκείνους
2720 ἵνα –, τὸν δὲ Ἰησοῦν ἀπολέσωσιν

Mar 124 ἦλθες ἀπολέσαι ἡμᾶς ‖ Luc 434 – ;
922 καὶ εἰς ὕδατα ἵνα ἀπολέσῃ αὐτόν

Luc 6 9 εἰ ἔξεστιν – ψυχὴν σῶσαι ἢ ἀπολέσαι;
925 κερδήσας τὸν κόσμον ὅλον ἑαυτὸν
δὲ ἀπολέσας ἢ ζημιωθείς; cfr Mat 1039
(– 56 vl οὐκ ἦλθεν ψυχὰς ἀνθρώπων (vg
om ἀνθρ.) ἀπολέσαι ἀλλὰ σῶσαι)
15 4 ἀπολέσας ἐξ αὐτῶν ἓν οὐ – πορεύ-
εται ἐπὶ τὸ ἀπολωλὸς ἕως εὕρῃ –;
– 8 ἐὰν ἀπολέσῃ δραχμὴν μίαν 9
1727 καὶ ἀπώλεσεν (sc diluvium) πάντας 29

Joh 639 ἵνα πᾶν ὃ δέδωκέν μοι μὴ ἀπολέσω
ἐξ αὐτοῦ 189 οὓς δέδωκάς μοι, οὐκ
ἀπώλεσα ἐξ αὐτῶν οὐδένα
1010 ἵνα κλέψῃ καὶ θύσῃ καὶ ἀπολέσῃ

Rm 1415 μὴ τῷ βρώματί σου ἐκεῖνον ἀπόλλυε

1 Co 119 „ἀπολῶ τὴν σοφίαν τῶν σοφῶν"

Jac 412 → Mat 1028

2 Jo 8 ἵνα μὴ ἀπολέσητε ἃ εἰργασάμεθα,
ἀλλὰ μισθὸν – ἀπολάβητε

Jud 5 τοὺς μὴ πιστεύσαντας ἀπώλεσεν

2) vi passiva *perire* [b]*deperire*

Mat 529 ἵνα ἀπόληται ἓν τῶν μελῶν σου 30
825 σῶσον, ἀπολλύμεθα ‖ Mar 438 οὐ μέ-
λει σοι ὅτι ἀπ.; Luc 824 ἀπ..ύμεθα
917 οἱ ἀσκοὶ ἀπόλλυνται ‖ Mar 222 ὁ οἶ-

νος ἀπόλλυται καὶ οἱ ἀσκοί Luc 537

Mat 10 6 πορεύεσθε–πρὸς τὰ πρόβατα τὰ ἀπο-
λωλότα οἴκου Ἰσρ. 1524 ἀπεστάλην
1814 ἵνα ἀπόληται ἐν τῶν μικρῶν τούτων
2652 πάντες – ἐν μαχαίρῃ ἀπολοῦνται

Luc 1151 Ζαχαρίου τοῦ ἀπολομένου μεταξύ
13 3 πάντες ὁμοίως ἀπολεῖσθε 5 ὡσαύτως
– 33 ὅτι οὐκ ἐνδέχεται προφήτην ἀπολέ-
σθαι ἔξω Ἰερουσαλήμ
15 4 τίς ἄνθρωπος – οὐ – πορεύεται ἐπὶ τὸ
ἀπολωλὸς ἕως εὕρῃ αὐτό; 6 ὅτι εὗ-
ρον τὸ πρόβατόν μου τὸ ἀπολωλός
– 17 ἐγὼ – λιμῷ ὧδε ἀπόλλυμαι 24
ἦν ἀπολωλὼς καὶ εὑρέθη 32
1910 „ζητῆσαι" καὶ σῶσαι „τὸ ἀπολωλός"
(Mat 1811 vl, vg in textu)
2118 θρὶξ – οὐ μὴ ἀπόληται Act 2734

Joh 316 ἵνα πᾶς ὁ πιστεύων – μὴ ἀπόληται
612 τὰ – κλάσματα, ἵνα μή τι ἀπόληται
– 27 μὴ τὴν βρῶσιν τὴν ἀπολλυμένην
1028 οὐ μὴ ἀπόλωνται εἰς τὸν αἰῶνα
1150 ἵνα – μὴ ὅλον τὸ ἔθνος ἀπόληται
1712 οὐδεὶς ἐξ αὐτῶν ἀπώλετο εἰ μὴ ὁ

Act 537 κἀκεῖνος ἀπώλετο, καὶ πάντες ὅσοι

Rm 212 ἀνόμως καὶ ἀπολοῦνται

1 Co 118 τοῖς μὲν ἀπολλυμένοις μωρία ἐστίν
811 ἀπόλλυται γὰρ ὁ ἀσθενῶν ἐν τῇ σῇ
γνώσει, ὁ ἀδελφὸς δι᾽ ὃν Χὸς ἀπέθανεν
10 9 καὶ ὑπὸ τῶν ὄφεων ἀπώλλυντο
– 10 καὶ ἀπώλοντο ὑπὸ τοῦ ὀλοθρευτοῦ
1518 οἱ κοιμηθέντες ἐν Χῷ ἀπώλοντο

2 Co 215 Χοῦ εὐωδία – καὶ ἐν τοῖς ἀ..υμένοις
43 ἐν τοῖς ἀπ. ἐστιν κεκαλυμμένον
4 9 καταβαλλόμενοι ἀλλ᾽ οὐκ ἀ..ύμενοι

2 Th 210 οὐ ἐστιν ἡ παρουσία – ἐν πάσῃ ἀπά-
τῃ ἀδικίας τοῖς ἀπολλυμένοις

Hb 111 „αὐτοὶ (sc οἱ οὐρανοὶ) ἀπολοῦνται"

Jac 111 ἡ εὐπρέπεια – αὐτοῦ ἀπώλετο[b]

1 Pe 1 7 πολυτιμότερον χρυσίου τοῦ ἀπολλυ-
μένου (vg[o], vl F *quod perit*)

2 Pe 3 6 ὁ τότε κόσμος – ἀπώλετο
– 9 μὴ βουλόμενός τινας ἀπολέσθαι

Jud 11 τῇ ἀντιλογίᾳ τοῦ Κόρε ἀπώλοντο

Ap 1814 τὰ λαμπρὰ ἀπώλετο ἀπὸ σοῦ

Ἀπολλύων Ap 911 ἐν τῇ Ἑλληνικῇ – Ἀπ.

Ἀπολλωνία Act 171 διοδεύσαντες – Ἀ..ν

Ἀπολλῶς Act 1824 Ἰουδαῖος –, Ἀλεξανδρεὺς
τῷ γένει 191 – 1 Co 112 34ss.22 46 1612
περὶ δὲ Ἀπολλῶ τοῦ ἀδελφοῦ Tit 313

ἀπολογεῖσθαι ᵃdefendere, se defendere
ᵇse excusare ᶜrationem reddere
ᵈrespondēre ᵉsatisfacere pro
Luc 12₁₁ μὴ μεριμνήσητε πῶς ἢ τί ἀπολογή-
σησθεᵈ 21₁₄ θέτε – ἐν ταῖς καρδίαις
ὑμῶν μὴ προμελετᾶν ἀπολογηθῆναιᵈ
Act 19₃₃ ἤθελεν ἀπ.ᶜ τῷ δήμῳ 24₁₀ τὰ περὶ
ἐμαυτοῦ ἀ..οῦμαιᶜ 25₈ᶜ 26₁ᶜ 2ª 24ᶜ
Rm 2₁₅ μεταξὺ ἀλλήλων τῶν λογισμῶν κατ-
ηγορούντων ἢ καὶ ἀπολογουμένωνª
2 Co 12₁₉ δοκεῖτε ὅτι ὑμῖν ἀπολογούμεθαᵇ

ἀπολογία defensio ᵇdefendere
ᶜrationem reddere ᵈsatisfactio
Act 22₁ᶜ 25₁₆ πρὶν ἢ – τόπον – ἀ..αςᵇ λάβοι
1 Co 9 3 ἡ ἐμὴ ἀπολογία – ἐστὶν αὕτη
2 Co 7₁₁ κατειργάσατο ὑμῖν –, ἀλλὰ ἀ..ίαν
Phl 1 7 ἐν τῇ ἀ..ίᾳ καὶ βεβαιώσει τοῦ εὐαγγ.
– 16 ὅτι εἰς ἀ..ίαν τοῦ εὐαγγελίου κεῖμαι
2 Ti 4₁₆ ἐν τῇ πρώτῃ μου ἀ..ίᾳ οὐδείς μοι
1 Pe 3₁₅ ἕτοιμοι ἀεὶ πρὸς ἀ..ανᵈ παντὶ τῷ αἰ-
τοῦντι ὑμᾶς λόγον περὶ τῆς – ἐλπίδος

ἀπολούεσθαι ᵃabluere ᵇablui
Act 22₁₆ ἀπόλουσαιª τὰς ἁμαρτίας σου
1 Co 6₁₁ ἀλλὰ ἀπελούσασθεᵇ, ἀλλὰ ἡγιάσθητε

ἀπολύειν, ..εσθαι dimittere ᵇdiscedere
Mat 1 19 ἐβουλήθη λάθρᾳ ἀπολῦσαι αὐτήν
5₃₁ „ὃς ἂν ἀπολύσῃ τὴν γυναῖκα αὐ-
τοῦ" 32 πᾶς ὁ ἀπολύων –, καὶ ὃς ἐὰν
ἀπολελυμένην γαμήσῃ ‖ Luc 16₁₈ –
Mat 19₃-₉ ‖ Mar 10₂.₄.₁₁ ς ἐὰν αὐτὴ
ἀπολύσασα τὸν ἄνδρα – γαμήσῃ ἄλλον
14₁₅ ἀπόλυσον τοὺς ὄχλους 15₃₂ 15₃₉ ‖
Mar 6₃₆.₄₅ 8₉ Luc 9₁₂ – Mat 15₃₂
ἀπολῦσαι αὐτοὺς νήστεις οὐ θέλω ‖
Mar 8₃ – Mat 15₂₃ ἀπόλυσον αὐτήν
18₂₇ σπλαγχνισθεὶς – ἀπέλυσεν αὐτόν
27₁₅ εἰώθει – ἀπολύειν ἕνα τῷ ὄχλῳ 17.21.
26 ‖ Mar 15₆.₉.₁₁.₁₅ Luc 23₁₆ παι-
δεύσας – αὐτὸν ἀπολύσω 18 ἀπόλυσον
– ἡμῖν τὸν Βαρ. 20.22.25 Joh 18₃₉ –
19₁₀ ἐξουσίαν ἔχω ἀπολῦσαί σε 12
ἐζήτει ἀπολῦσαι αὐτόν· – ἐὰν τοῦτον
ἀπολύσῃς – Act 3₁₃ κρίναντος ἐκεί-
νου (sc Πιλάτου) ἀπολύειν
Luc 2₂₉ νῦν ἀπολύεις τὸν δοῦλόν σου
6₃₇ ἀπολύετε, καὶ ἀπολυθήσεσθε
8₃₈ 14₄ ἰάσατο αὐτὸν καὶ ἀπέλυσεν
13₁₂ γύναι, ἀπολέλυσαι τῆς ἀσθενείας σου
22₆₈ ἐὰν δὲ ἐρωτήσω, οὐ μὴ ἀποκριθῆτε

(vl + μοι ἢ ἀπολύσητε vg)
Act 4₂₁ ἀπέλυσαν αὐτοὺς 23 5 40 17₉ 28₁₈ ἀνα-
κρίναντές με ἐβούλοντο ἀπολῦσαι
13 3 ἐπιθέντες τὰς χεῖρας – ἀπέλυσαν
15₃₀ ἀπολυθέντες κατῆλθον εἰς Ἀντιόχ.
– 33 ἀπελύθησαν μετ᾿ εἰρήνης
16₃₅ ἀπέλυσαν τοὺς ἀνθρώπους 36
19₄₀ ταῦτα εἰπὼν ἀπέλυσεν τὴν ἐκκλησίαν
23₂₂ ὁ – χιλίαρχος ἀπέλυσε τὸν νεανίσκον
26₃₂ ἀπολελύσθαι ἐδύνατο ὁ ἄνθρωπος
28₂₅ ἀσύμφωνοι – ὄντες – ἀπελύοντοᵇ
Hb 13₂₃ γινώσκετε – Τιμόθεον ἀπολελυμένον

ἀπολύτρωσις redemptio
Luc 21₂₈ διότι ἐγγίζει ἡ ἀπολύτρωσις ὑμῶν
Rm 3₂₄ διὰ τῆς ἀ..εως τῆς ἐν Χῷ Ἰησοῦ
8₂₃ στενάζομεν υἱοθεσίαν ἀπεκδεχόμενοι,
τὴν ἀ..ιν τοῦ σώματος ἡμῶν
1 Co 1₃₀ ὃς ἐγενήθη – ἡμῖν – ἁγιασμὸς καὶ ἀπ.
Eph 1 7 ἐν ᾧ ἔχομεν τὴν ἀπ. διὰ τοῦ αἵματος
αὐτοῦ Col 1₁₄ ἄφεσιν τῶν ἁμαρτιῶν
– 14 εἰς ἀπολύτρωσιν τῆς περιποιήσεως
4₃₀ ἐσφραγίσθητε εἰς ἡμέραν ἀ..εως
Hb 9₁₅ θανάτου γενομένου εἰς ἀ..ιν τῶν ἐπὶ
τῇ πρώτῃ διαθήκῃ παραβάσεων
11₃₅ οὐ προσδεξάμενοι τὴν ἀπολύτρωσιν

ἀπομάσσεσθαι extergere Luc 10₁₁ κονιορτόν

ἀπονέμειν impartire (vl ..per.) 1 Pe 3 7 τιμήν

ἀπονίπτεσθαι lavare Mat 27₂₄ χεῖρας

ἀποπίπτειν cadere Act 9₁₈ ὡς λεπίδες

ἀποπλανᾶν, ..σθαι ᵃseducere ᵇerrare a
Mar 13₂₂ πρὸς τὸ ἀ..ᾶνª – τοὺς ἐκλεκτούς
1 Ti 6₁₀ ἀπεπλανήθησανᵇ ἀπὸ τῆς πίστεως

ἀποπλεῖν Sᵒ – navigare Act 13₄ εἰς Κύ-
προν 14₂₆ Ἀντιόχειαν 20₁₅ 27₁ Ἰταλίαν

ἀποπνίγειν suffocare Luc 8₇ – 8₃₃

ἀπορεῖν, ..σθαι ᵃaporiari ᵇconfundi
ᶜmente consternari ᵈhaesitare
Mar 6₂₀ ἀκούσας αὐτοῦ πολλὰ ἠπόρει (vl ἐ-
ποίει, vg multa faciebat)
Luc 24 4 ἐν τῷ ἀ..εῖσθαιᶜ αὐτάς – Joh 13₂₂ᵈ
Act 25₂₀ ἀ..ούμενοςᵈ – τὴν περὶ τούτ. ζήτησιν
2 Co 4 8 ἀ..ούμενοιª ἀλλ᾿ οὐκ ἐξαπορούμενοι
Gal 4₂₀ ὅτι ἀπορούμαιᵇ ἐν ὑμῖν

ἀπορία *confusio* Luc 21 25 ἐν ἀπορίᾳ (vl καὶ ἀπορίᾳ) ἤχους θαλάσσης καὶ σάλου

ἀπορίπτειν *se emittere* (vl *mi.*) Act 27 43

ἀπορφανίζεσθαι Sᵒ – *desolatum esse*
1 Th 2 17 ἀ..ισθέντες ἀφ᾽ ὑμῶν – προσώπῳ

ἀποσκίασμα Sᵒ – *obumbratio* Jac 1 17 παρ᾽ ᾧ οὐκ ἔνι παραλλαγὴ ἢ τροπῆς ἀπ.

ἀποσπᾶν, ..ᾶσθαι ᵃ*abducere* ᵇ*abstrahi* ᶜ*avelli* ᵈ*eximere*
Mat 26 51 ᵈ τὴν μάχαιραν αὐτοῦ – Luc 22 41 ἀπεσπάσθη ᶜ ἀπ᾽ αὐτῶν ὡσεὶ λίθου βολήν
Act 20 30 τοῦ ἀποσπᾶν ᵃ τοὺς μαθητὰς ὀπίσω αὐτῶν – 21 1 ἀ.σθέντας ᵇ ἀπ᾽ αὐτῶν

ἀποστασία *discessio*
Act 21 21 ἀποστασίαν διδάσκεις ἀπὸ Μωϋσέως
2 Th 2 3 ἐὰν μὴ ἔλθῃ ἡ ἀποστασία πρῶτον

ἀποστάσιον (*libellus*) *repudii*
Mat 5 31 „δότω αὐτῇ ἀ..ον" 19 7 ‖ Mar 10 4

ἀποστεγάζειν Sᵒ – *nudare* Mar 24 στέγην

ἀποστέλλειν *mittere* ᵇ*dimittere* ᶜ*expellere*
Mat 2 16 14 35 21 1.3 ᵇ 22 16 27 19 ἀπέστ. – ἡ γυνὴ
  8 31 ἀπόστειλον ἡμᾶς εἰς τὴν ἀγέλην τῶν χοίρων ‖ Mar 5 10 ἵνα μὴ αὐτὰ ἀποστείλῃ ᶜ ἔξω τῆς χώρας
  10 5 τούτους τοὺς δώδεκα ἀπέστειλεν 16 ἐγὼ ἀποστέλλω ὑμᾶς ὡς πρόβατα ‖ Luc 10 3 ὡς ἄρνας – Mar 3 14 ἵνα ἀποστέλλῃ αὐτοὺς κηρύσσειν Luc 9 2 ἀπέστειλεν αὐτοὺς κηρύσσειν
  – 40 δέχεται τὸν ἀποστείλαντά με ‖ Mar 9 37 Luc 9 48 – 10 16 ἀθετεῖ τὸν ἀπ. με
  11 10 „ἀ..ω τὸν ἄγγελόν μου" ‖ Mar 1 2 Lc 7 27
  13 41 ἀποστελεῖ – τοὺς ἀγγέλους αὐτοῦ 24 31 μετὰ σάλπιγγος ‖ Mar 13 27
  15 24 οὐκ ἀπεστάλην εἰ μὴ εἰς τὰ πρόβατα τὰ ἀπολωλότα οἴκου Ἰσραήλ
  20 2 ἀπέστειλεν αὐτοὺς εἰς τὸν ἀμπελῶνα
  21 34 ἀπέστειλεν τοὺς δούλους 36 ἄλλους δούλους πλείονας 37 τὸν υἱὸν αὐτοῦ ‖ Mar 12 2 δοῦλον 3 ἀπέστειλαν ᵇ κενόν 4 ἄλλον δοῦλον 5.6 Luc 20 10
  22 3 ἀπέστειλεν τοὺς δούλους – καλέσαι – εἰς τοὺς γάμους 4 ‖ Luc 14 17

Mat 23 34 ἀποστέλλω πρὸς ὑμᾶς προφήτας 37 ἡ – λιθοβολοῦσα τοὺς ἀπεσταλμένους πρὸς αὐτήν ‖ Luc 11 49 13 34
Mar 3 31 4 29 (ἀποστέλλει τὸ δρέπανον) 6 17. 27 8 26 11 1. 3 ᵇ (πῶλον) 12 13 14 13
  6 7 ἤρξατο αὐτοὺς ἀποστέλλειν δύο δύο ‖ Luc 10 1 ἑτέρους ἑβδομήκοντα – καὶ ἀπέστειλεν αὐτοὺς ἀνὰ δύο
Luc 1 19 ἀπεστάλην λαλῆσαι πρὸς σέ 26
  4 18 „ἀπέσταλκέν με, κηρύξαι αἰχμαλώτοις ἄφεσιν", ἀποστεῖλαι ᵇ τεθραυσμένους ἐν ἀφέσει"
  – 43 ἐπὶ τοῦτο ἀπεστάλην (sc εὐαγγελίσ.)
  7 3 9 52 14 32 19 14. 29. 32 20 20 22 8
  – 20 Ἰωάννης – ἀπέστειλεν ἡμᾶς πρὸς σέ 22 35 ὅτε ἀπέστειλα ὑμᾶς ἄτερ βαλλαντίου 24 49 ἀποστέλλω τὴν ἐπαγγελίαν
Joh 1 6 ἄνθρωπος, ἀπεσταλμένος παρὰ θεοῦ 3 28 ἀπεσταλ. εἰμὶ ἔμπροσθεν ἐκείνου
  – 19. 24 7 32 – 11 3 18 24 ἀπέστ. – "Ἄννας
  3 17 οὐ γὰρ ἀπέστειλεν ὁ θεὸς τὸν υἱὸν – ἵνα κρίνῃ 34 ὃν γὰρ ἀπέστειλεν ὁ θεὸς τὰ ῥήματα τοῦ θεοῦ λαλεῖ
  4 38 ἀπέστειλα ὑμᾶς θερίζειν ὃ οὐχ ὑμεῖς
  5 33 ὑμεῖς ἀπεστάλκατε πρὸς Ἰωάννην
  – 36 ὅτι ὁ πατήρ με ἀπέσταλκεν 38 ὃν ἀπέστειλεν ἐκεῖνος 6 29 πιστεύητε εἰς ὃν ἀπέστ. ἐκ. 57 καθὼς ἀπέστ. με ὁ ζῶν πατὴρ 7 29 κἀκεῖνός με ἀπέστ. 8 42 10 36 ὃν – ἀπέστ. εἰς τὸν κόσμον 9 7 Σιλωάμ (ὃ ἑρμηνεύ. ἀπεσταλμένος) 11 42 ὅτι σύ με ἀπέστειλας 17 8. 21. 23. 25
  17 3 καὶ ὃν ἀπέστειλας Ἰησοῦν Χόν
  – 18 καθὼς ἐμὲ ἀπέστειλας εἰς τὸν κόσμον, κἀγὼ ἀπέστειλα αὐτοὺς εἰς τ. κ.
  20 21 καθὼς ἀπέσταλκέν με ὁ πατήρ, κἀγὼ
Act 3 20 ὅπως – ἀποστείλῃ τὸν – χριστὸν Ἰησ. – 26 ὑμῖν – τὸν παῖδα αὐτοῦ ἀπέστειλεν
  5 21 7 14. 34. 35 8 14 9 38 10 8. 17 11 11. 13. 30 13 15 15 27. 33 16 35. 36 19 22
  9 17 ὁ κύριος ἀπέσταλκέν με, Ἰησοῦς 10 20 ἐγὼ (sc τὸ πνεῦμα) ἀπέσταλκα αὐτούς
  – 36 „τὸν λόγον" [ὃν] „ἀπέστειλεν" – υἱοῖς
  26 17 „εἰς οὓς ἐγὼ ἀποστέλλω σε"   [Ἰσρ.
  28 28 „τοῖς ἔθνεσιν" ἀπεστάλη τοῦτο „τὸ σωτήριον τοῦ θεοῦ"
Rm 10 15 πῶς – κηρύξωσιν ἐὰν μὴ ἀποσταλῶσιν;
1 Co 1 17 οὐ γὰρ ἀπέστειλέν με ὁ Χὸς βαπτίζειν ἀλλὰ εὐαγγελίζεσθαι
2 Co 12 17 μή τινα ὧν ἀπέσταλκα πρὸς ὑμᾶς
2 Ti 4 12 Τυχικὸν δὲ ἀπέστειλα εἰς Ἔφεσον
Hb 1 14 πνεύματα εἰς διακονίαν ἀ..όμενα

1 Pe 1 12 [ἐν] πνεύμ. ἁγ. ἀποσταλέντι ἀπ' οὐρ.
1 Jo 4 9 τὸν υἱὸν αὐτοῦ τὸν μονογενῆ ἀπέ-
σταλκεν 10 ἀπέστειλεν – ἱλασμόν
– 14 ὁ πατὴρ ἀπέσταλκεν τὸν υἱὸν σωτῆρα
Ap 1 1 ἐσήμανεν ἀποστείλας διὰ τοῦ ἀγγ.
5 6 τὰ [ἑπτὰ] πνεύματα τοῦ θεοῦ ἀπε-
σταλμένοι εἰς πᾶσαν τὴν γῆν
22 6 ἀπέστειλεν τὸν ἄγγελον αὐτοῦ δεῖξαι

ἀποστερεῖν, ..εῖσθαι ᵃfraudare ᵇfraudem
facere ᶜfraudem pati ᵈprivari
Mar 10 19 μὴ ἀποστερήσῃςᵇ, „τίμα τ. πατέρα"
1 Co 6 7 διὰ τί οὐχὶ μᾶλλον ἀ..εῖσθε; ᶜ 8 ἀλλὰ
ὑμεῖς – ἀ..εῖτε ᵃ, καὶ τοῦτο ἀδελφούς
7 5 ἢν ἀποστερεῖτε ᵃ ἀλλήλους, εἰ μήτι ἄν
1 Ti 6 5 καὶ ἀπεστερημένων ᵈ τῆς ἀληθείας
Jac 5 4 μισθὸς – ἀπεστερημένος

ἀποστολή apostolatus
Act 1 25 τὸν τόπον τῆς διακονίας – καὶ ἀ..ῆς
Rm 1 5 δι' οὗ ἐλάβομεν χάριν καὶ ἀποστολήν
1 Co 9 2 ἡ – σφραγίς μου τῆς ἀ..ῆς ὑμεῖς ἐστε
Gal 2 8 ὁ γὰρ ἐνεργήσας Πέτρῳ εἰς ἀποστο-
λὴν τῆς περιτομῆς – ἐμοὶ εἰς τὰ ἔθνη

ἀπόστολος (S semel vl) – apostolus
Mat 10 2 τῶν – δώδεκα ἀ..ων ‖ Luc 6 13 δώδ., οὓς
καὶ ἀ..ους ὠνόμασεν [Mar 3 14]
Mar 6 30 συνάγονται οἱ ἀπ. πρὸς τὸν Ἰησ. ‖
Luc 9 10 – 17 5 22 14 οἱ ἀπ. σὺν αὐτῷ 24 10
Luc 11 49 ἀποστελῶ εἰς αὐτοὺς προφήτας κ. ἀπ.
Joh 13 16 οὐδὲ ἀ..ος μείζων τοῦ πέμψαντος
Act 1 2 ἐντειλάμενος τοῖς ἀπ. διὰ πνεύματος
– 26 συγκατεψηφίσθη μετὰ τῶν ἕνδεκα ἀπ.
2 37 4 36 5 29 8 1.14 9 27 11 1 14 4.14
– 42 προσκαρτεροῦντες τῇ διδαχῇ τῶν ἀπ.
– 43 σημεῖα διὰ τῶν ἀποστ. ἐγίνετο 5 12
4 33 ἀπεδίδουν τὸ μαρτύριον οἱ ἀπόστολοι
– 35 ἐτίθουν παρὰ τ. πόδας τῶν ἀπ. 36.37
5 2 μέρος τι π. τ. π. τῶν ἀπ. ἔθηκεν
5 18 ἐπέβαλον τὰς χεῖρας ἐπὶ τοὺς ἀπ. 40
6 6 οὓς ἔστησαν ἐνώπιον τῶν ἀποστόλων
8 18 ἰδὼν – ὅτι διὰ τῆς ἐπιθέσεως τῶν χει-
ρῶν τῶν ἀπ. δίδοται τὸ πνεῦμα
15 2 πρὸς τοὺς ἀπ. καὶ πρεσβυτέρους 4.6
22 ἔδοξε τοῖς ἀπ. καὶ τοῖς πρ. σὺν
ὅλῃ τῇ ἐκκλ. 23 16 4 τὰ δόγματα τὰ
κεκριμένα ὑπὸ τῶν ἀπ. καὶ πρεσβυτ.
Rm 1 1 Παῦλος –, κλητὸς ἀπ. 1 Co 11 Χοῦ
Ἰησοῦ 2 Co 11 ἀπ. Χοῦ Ἰησοῦ Gal 11
ἀπ., οὐκ ἀπ' ἀνθρώπων οὐδὲ δι' ἀν-
θρώπου ἀλλὰ διὰ Ἰησοῦ Χοῦ καὶ θεοῦ

πατρός Eph 11 ἀπ. Χ. Ἰ. Col 11 1 Ti
11 2 Ti 11 Tit 11 δοῦλος θεοῦ, ἀπ.
δὲ Ἰησοῦ Χοῦ
Rm 11 13 ἐφ' ὅσον μὲν – εἰμι ἐγὼ ἐθνῶν ἀπ.
16 7 οἵτινές εἰσιν ἐπίσημοι ἐν τοῖς ἀπ.
1 Co 4 9 ἡμᾶς τοὺς ἀπ. ἐσχάτους ἀπέδειξεν
9 1 οὐκ εἰμὶ ἀπόστολος; 2 εἰ ἄλλοις οὐκ
εἰμὶ ἀπ., ἀλλά γε ὑμῖν 5 γυναῖκα
περιάγειν, ὡς καὶ οἱ λοιποὶ ἀπ.
12 28 οὓς μὲν ἔθετο – πρῶτον ἀ..ους Eph
4 11 ἔδωκεν τοὺς μὲν ἀ..ους, – προφ.
– 29 μὴ πάντες ἀ..οι; μὴ πάντες προφ.;
15 7 ὤφθη –, εἶτα τοῖς ἀποστόλοις πᾶσιν
– 9 ἐγὼ γάρ εἰμι ὁ ἐλάχιστος τῶν ἀπ., ὃς
οὐκ εἰμὶ ἱκανὸς καλεῖσθαι ἀπόστολος
2 Co 8 23 ἀδελφοὶ ἡμῶν, ἀπ..οι ἐκκλησιῶν
11 5 λογίζομαι – μηδὲν ὑστερηκέναι τῶν
ὑπερλίαν ἀ..ων 12 11 οὐδὲν – ὑστέρη-
σα τῶν ὑπ. ἀπ. 12 τὰ μὲν σημεῖα τοῦ
ἀ..ου κατειργάσθη ἐν ὑμῖν
– 13 μετασχηματιζόμενοι εἰς ἀ..ους Χοῦ
Gal 1 17 οὐδὲ ἀνῆλθον – πρὸς τοὺς πρὸ ἐμοῦ
ἀ..ους 19 ἕτερον – τῶν ἀπ. οὐκ εἶδον
Eph 2 20 ἐπὶ τῷ θεμελίῳ τῶν ἀπ. καὶ προφ.
3 5 νῦν ἀπεκαλύφθη τοῖς ἁγίοις ἀπ..οις
αὐτοῦ καὶ προφήταις ἐν πνεύματι
Phl 2 25 Ἐπαφρόδιτον τὸν –, ὑμῶν – ἀ..ον
1 Th 2 7 ἐν βάρει εἶναι ὡς Χοῦ ἀπόστολοι
1 Ti 2 7 εἰς ὃ ἐτέθην ἐγὼ κῆρυξ καὶ ἀπόστο-
λος 2 Ti 1 11 καὶ διδάσκαλος
Hb 3 1 κατανοήσατε τὸν ἀπ. καὶ ἀρχιερέα
τῆς ὁμολογίας ἡμῶν Ἰησοῦν
1 Pe 1 1 Πέτρος ἀπ. Ἰησοῦ Χοῦ 2 Pe 11 Συμε-
ὼν Π. δοῦλος καὶ ἀπ. Ἰησοῦ Χοῦ
2 Pe 3 2 μνησθῆναι – τῆς τῶν ἁγ. ὑμῶν ἀπ.–
τολῆς τοῦ κυρίου Jud 17 τῶν ῥημά-
των τῶν προειρημένων ὑπὸ τῶν ἀ..ων
Ap 2 2 ἐπείρασας τοὺς λέγοντας ἑαυτοὺς
ἀποστόλους καὶ οὐκ εἰσίν
18 20 καὶ οἱ ἅγιοι καὶ οἱ ἀπ. καὶ οἱ προφ.
21 14 ἐπ' αὐτῶν δώδεκα ὀνόματα τῶν δώ-
δεκα ἀποστόλων τοῦ ἀρνίου

ἀποστοματίζειν Sᵒ – os alicuius opprimere
Luc 11 53 ἤρξαντο – δεινῶς ἐνέχειν καὶ ἀπ.
αὐτὸν περὶ πλειόνων

ἀποστρέφειν, ..εσθαι ᵃavertere, averti
ᵇ(se) aversari ᶜ(se) convertere
Mat 5 42 τὸν θέλοντά – ἀπὸ σοῦ δανίσασθαι
μὴ ἀποστραφῇς ᵃ (ne avertaris)
26 52 ἀπόστρεψον ᶜ τὴν μάχαιράν σου εἰς

Luc 23₁₄ ὡς ἀποστρέφοντα° τὸν λαόν
Act 3₂₆ ἐν τῷ ἀποστρέφειν° ἔκαστον ἀπὸ
τῶν πονηριῶν ὑμῶν
Rm 11₂₆ „ἀποστρέψει° ἀσεβείας ἀπὸ Ἰακώβ"
2 Ti 1₁₅ ἀπεστράφησάν° με (aversi sunt a
me) πάντες οἱ ἐν τῇ Ἀσίᾳ
4 4 ἀπὸ—τῆς ἀληθείας τὴν ἀκοὴν ἀπο-
στρέψουσιν° Tit 1₁₄ ἀνθρώπων ἀπο-
στρεφομένων° τὴν ἀλήθειαν
Hb 12₂₅ ἡμεῖς οἱ τὸν ἀπ᾽ οὐρανῶν ἀ..όμενοι°
(qui—nobis avertimus vl ..mur)

ἀποστυγεῖν S° – odire Rm 12₉ τὸ πονηρόν

ἀποσυνάγωγος S°—extra synagogam (fieri,)
e (vl de) sy..a (eiici), absque sy..is (fa-
cere) Joh 9₂₂ ἵνα –, ἀπ. γένηται 12₄₂ ἵνα
μὴ ἀ..οι γένωνται 16₂ ἀ..ους ποιήσουσιν

ἀποτάσσεσθαι °dimittere °renuntiare (re-
nunciare) °valefacere
Mar 6₄₆ ἀποταξάμενος° αὐτοῖς ἀπῆλθεν
Luc 9₆₁ ἐπίτρεψόν μοι ἀποτάξασθαι° τοῖς εἰς
τὸν οἶκόν μου 14₃₃ ὃς οὐκ ἀποτάσ-
σεται° πᾶσιν τοῖς ἑαυτοῦ ὑπάρχουσιν
Act 18₁₈° τοῖς ἀδελφοῖς 21° 2 Co 2₁₃°

ἀποτελεῖν, ..σθαι °perficere °consummari
Luc 13₃₂ ἰάσεις ἀποτελῶ° σήμερον καὶ αὔριον
Jac 1₁₅ ἡ δὲ ἁμαρτία ἀποτελεσθεῖσα°

ἀποτίθεσθαι °abiicere °deponere °ponere
Mat 14 3° ἐν φυλακῇ Act 7₅₈° ἱμάτια
Rm 13₁₂ ἀποθώμεθα° (vl ..βαλώμεθα) οὖν
τὰ ἔργα τοῦ σκότους, ἐνδυσώμεθα
Eph 4₂₂ ἀποθέσθαι° ὑμᾶς—τὸν παλαιὸν ἄν-
θρωπον 25 ἀποθέμενοι° τὸ ψεῦδος
Col 3 8 ἀπόθεσθε° καὶ ὑμεῖς–, ὀργήν, θυμόν
Hb 12 1 ὄγκον ἀποθέμενοι° πάντα Jac 1₂₁°
πᾶσαν ῥυπαρίαν 1 Pe 2₁° πᾶ. κακίαν

ἀποτινάσσειν excutere Luc 9₅ Act 28₅

ἀποτίνειν reddere Phm 19 ἐγὼ ἀποτίσω

ἀποτολμᾶν S° – audēre Rm 10₂₀ Ἡσαΐας

ἀποτομία S° – severitas
Rm 11₂₂ ἴδε οὖν χρηστότητα καὶ ἀποτομίαν
θεοῦ· ἐπὶ μὲν τοὺς πεσόντας ἀ..ία

ἀποτόμως °dure °durius
2 Co 13₁₀ ἵνα—μὴ ἀπ.° χρήσωμαι Tit 1₁₃°

ἀποτρέπεσθαι devitare 2 Ti 3₅ ἀποτρέπου

ἀπουσία S° – absentia Phl 2₁₂ ἐν τῇ ἀπ.

ἀποφέρειν, ..εσθαι °auferre °deferri
°ducere °perferre °portari °tollere
Mar 15 1° Ἰησοῦν Luc 16₂₂° (Laz.) Act 19₁₂°
1 Co 16 3 πέμψω ἀπενεγκεῖν° τὴν χάριν ὑμῶν
Ap 17 3 ἀπήνεγκέν° με εἰς ἔρημον ἐν πνεύ-
ματι 21₁₀° ἐπὶ ὄρος μέγα

ἀποφεύγειν °effugere °fugere °refugere
2 Pe 1 4 ἀποφυγόντες° τῆς ἐν τῷ κόσμῳ—
φθορᾶς 2₁₈ τοὺς ὀλίγως ἀ..οντας° 20
ἀποφυγόντες° τὰ μιάσματα τ. κόσμου

ἀποφθέγγεσθαι °eloqui °loqui
Act 2 4 καθὼς τὸ πνεῦμα ἐδίδου ἀπ.° αὐτοῖς
–14° 26₂₅ σωφροσύνης ῥήματα ἀ..ομαι°

ἀποφορτίζεσθαι S° – exponere Act 21₃

ἀπόχρησις S°—usus Col 2₂₂ εἰς φθορὰν τῇ ἀ.

ἀποχωρεῖν discedere Mat 7₂₃ „ἀ..εῖτε ἀπ᾽
ἐμοῦ" – Luc 9₃₉ Act 13₁₃ Ἰωάν. - ἀ..ήσας

ἀποχωρίζεσθαι °discedere °recedere
Act 15₃₉° – Ap 6₁₄ ὁ οὐρανὸς ἀπεχωρίσθη°

ἀποψύχειν arescere Luc 21₂₆ ἀπὸ φόβου

Ἀππίου φόρον Act 28₁₅ ἄχρι Ἀππίου φόρου

ἀπρόσιτος S° – inaccessibilis
1 Ti 6₁₆ φῶς οἰκῶν ἀπ..ον, ὃν εἶδεν οὐδείς

ἀπρόσκοπος °sine offendiculo °sine offen-
sione °sine offensa
Act 24₁₆ ἀ..ον° συνείδησιν ἔχειν πρὸς τὸν θ.
1 Co 10₃₂ ἀ..οι° καὶ Ἰουδαίοις γίνεσθε κ. Ἕλλ.
Phl 1 10 ἵνα ἦτε–ἀ..οι° εἰς ἡμέραν Χοῦ

ἀπροσωπολήμπτως S° – sine acceptione
personarum 1 Pe 1₁₇ τὸν ἀπρ. κρί-
νοντα κατὰ τὸ ἑκάστου ἔργον

ἅπταιστος sine peccato Jud 24 ὑμᾶς ἀ..ους

ἅπτειν accendere Luc 8₁₆ 11₃₃ 15₈ Act 28₂

ἅπτεσθαι tangere
Mat 8 3 ἥψατο αὐτοῦ–·–καθαρίσθητι ‖ Mar
1₄₁ Luc 5₁₃ – Mat 8₁₅ ἥψ. τῆς χειρός

Mat 9 20 ἥψατο τοῦ κρασπέδου – αὐτοῦ 21 ἐὰν
μόνον ἅψωμαι τοῦ ἱματίου αὐτοῦ ‖
Mar 5 27. 28. 30 τίς μου ἥψατο τῶν ἱμα-
τίων; 31 Luc 8 44-47 – Mat 14 36 ἵνα
μόνον ἅψωνται τοῦ κρασπέδου –˙ καὶ
ὅσοι ἥψαντο διεσώθησαν ‖ Mar 6 56
– 29 ἥψατο τῶν ὀφθαλμῶν 20 34 – Mar
7 33 τῆς γλώσσης Luc 22 51 τοῦ ὠτίου
17 7 ἀψάμενος –˙ ἐγέρθητε καὶ μὴ φοβ.
Mar 3 10 ἵνα αὐτοῦ ἅψωνται ‖ Luc 6 19 – Mar 8 22
10 13 παιδία ἵνα αὐτῶν ἅψηται ‖ Luc 18 15
Luc 7 14 ἥψατο τῆς σοροῦ, οἱ δὲ βαστάζοντες
– 39 ποταπὴ ἡ γυνὴ ἥτις ἅπτεται αὐτοῦ
Joh 20 17 μή μου ἅπτου, οὔπω γὰρ ἀναβέβ.
1 Co 7 1 καλὸν – γυναικὸς μὴ ἅπτεσθαι
2 Co 6 17 „ἀκαθάρτου μὴ ἅπτεσθε"
Col 2 21 μὴ ἅψῃ μηδὲ γεύσῃ μηδὲ θίγῃς
1 Jo 5 18 ὁ πονηρὸς οὐχ ἅπτεται αὐτοῦ

Ἀπφία Phm 2 Ἀπφίᾳ τῇ ἀδελφῇ

ἀπωθεῖσθαι repellere Act 7 27. 39
Act 13 46 ἐπειδὴ ἀ..σθε αὐτὸν (sc λόγον θεοῦ)
Rm 11 1 „μὴ ἀπώσατο ὁ θεὸς τ. λαὸν αὐτοῦ;"
2 „οὐκ ἀπώσατο – τὸν λαὸν αὐτοῦ"
1 Ti 1 19 ἀγαθὴν συνείδησιν, ἥν τινες ἀπωσά-
μενοι περὶ τὴν πίστιν ἐναυάγησαν

ἀπώλεια perditio ᵇ interitus
Mat 7 13 ἡ ὁδὸς ἡ ἀπάγουσα εἰς τὴν ἀπώλειαν
26 8 εἰς τί ἡ ἀπώλεια αὕτη; ‖ Mar 14 4
Joh 17 12 οὐδεὶς – ἀπώλετο εἰ μὴ ὁ υἱὸς τῆς ἀπ.
Act 8 20 τὸ ἀργύριόν σου σὺν σοὶ εἴη εἰς ἀπ.
Rm 9 22 „σκεύη ὀργῆς" κατηρτ. εἰς „ἀ..αν" ᵇ
Phl 1 28 αὐτοῖς ἐνδειξις ἀ..ας, ὑμῶν δὲ σωτηρ.
3 19 ὧν τὸ τέλος ἀπ. ᵇ, ὧν ὁ θεὸς ἡ κοιλ.
2 Th 2 3 ἀποκαλυφθῇ –, ὁ υἱὸς τῆς ἀ..ας
1 Ti 6 9 βυθίζουσιν – εἰς ὄλεθρον καὶ ἀ..αν
Hb 10 39 οὐκ ἐσμὲν ὑποστολῆς εἰς ἀπ..αν
2 Pe 2 1 παρεισάξουσιν αἱρέσεις ἀπωλείας –,
ἐπάγοντες ἑαυτοῖς ταχινὴν ἀπώλει-
αν 3 ἡ ἀπώλεια αὐτῶν οὐ νυστάζει
3 7 εἰς ἡμέραν – ἀ..ας τῶν ἀσεβῶν ἀνθ.
– 16 πρὸς τὴν ἰδίαν αὐτῶν ἀπώλειαν
Ap 17 8 τὸ θηρίον – εἰς ἀ..αν ᵇ ὑπάγει 11 ᵇ

ἀρά maledictio Rm 3 14 „ἀρᾶς – γέμει"

Ἄραβες, Ἀραβία Act 2 11 – Gal 1 17 4 25

Ἀράμ Mat 1 3. 4 (vl Luc 3 33 et vg)

ἄραφος Sᵒ - inconsutilis Joh 19 23 χιτών

ἀργεῖν cessare 2 Pe 2 3 τὸ κρίμα – οὐκ ἀ..εῖ

ἀργός otiosus ᵇ piger ᶜ vacuus
Mat 12 36 πᾶν ῥῆμα ἀργὸν ὃ λαλήσουσιν
20 3 ἑστῶτας ἐν τῇ ἀγορᾷ ἀργούς 6
1 Ti 5 13 ἅμα δὲ καὶ ἀργαὶ (vg vl otiose) –,
οὐ μόνον δὲ ἀργαὶ ἀλλὰ κ. φλύαροι
Tit 1 12 Κρῆτες ἀεὶ –, γαστέρες ἀργαί ᵇ
Jac 2 20 ὅτι ἡ πίστις χωρὶς τῶν ἔργων ἀργή
(vl νεκρά vg mortua vl otiosa) –;
2 Pe 1 8 οὐκ ἀργοὺς ᶜ οὐδὲ ἀκάρπους – εἰς
τὴν τοῦ κυρίου ἡμῶν – ἐπίγνωσιν

ἀργύριον pecunia ᵇ argentum ᶜ argenteus
Mat 25 18 ἔκρυψεν τὸ ἀργ. 27 βαλεῖν τὰ ἀργ.
μου τοῖς τραπεζίταις ‖ Luc 19 15. 23
26 15 „ἔστησαν" αὐτῷ „τριάκοντα ἀργύρια" ᶜ
27 3 ἔστρεψεν τὰ τριάκ. ἀργ. ᶜ 5 ᶜ 6 ᶜ 9
„ἔλαβον τὰ τριάκ. ἀργ." ᶜ ‖ Mar 14 11
ἐπηγγείλαντο αὐτῷ ἀργύριον δοῦναι
Luc 22 5 συνέθεντο
28 12 ἀ..ια ἱκανὰ – τοῖς στρατιώταις 15
Luc 9 3 μήτε ἀργ. μήτε [ἀνὰ] δύο χιτῶνας
Act 3 6 ἀργ. ᵇ καὶ χρυσίον οὐχ ὑπάρχει μοι
7 16 τιμῆς ἀ..ίου ᵇ 19 19 ἀ..ίου μυρ. πέντε
8 20 τὸ ἀργ. σου σὺν σοὶ εἴη εἰς ἀπώλειαν
20 33 ἀ..ίου ᵇ ἢ χρυσ. – οὐδενὸς ἐπεθύμησα
1 Pe 1 18 οὐ φθαρτοῖς, „ἀργυρίῳ ᵇ" ἢ χρυσίῳ,
„ἐλυτρώθητε" ἐκ τῆς ματαίας

ἀργυροκόπος argentarius Act 19 24

ἄργυρος argentum
Mat 10 9 μὴ κτήσησθε χρυσὸν μηδὲ ἄργυρον
Act 17 29 Jac 5 3 ὁ ἄργυρος κατίωται Ap 18 12
1 Co 3 12 εἰ δέ τις ἐποικοδομεῖ – ἄργυρον

ἀργυροῦς argenteus Act 19 24 Ap 9 20
2 Ti 2 20 οὐκ ἔστιν μόνον σκεύη – ἀργυρᾶ

Ἄρειος πάγος Act 17 19. 22

Ἀρεοπαγίτης Act 17 34 Διονύσιος ὁ Ἀρ.

ἀρεσκεία Col 1 10 περιπατῆσαι – εἰς πᾶσαν
ἀρεσκείαν per omnia placentes

ἀρέσκειν placēre
Mat 14 6 Ἡρῴδῃ ‖ Mar 6 22 – Act 6 5 ὁ λόγος
Rm 8 8 θεῷ ἀρέσαι οὐ δύνανται
15 1 ὀφείλομεν – μὴ ἑαυτοῖς ἀρ. 2 ἕκα-
στος ἡμῶν τῷ πλησίον ἀ..έτω 3 καὶ
γὰρ ὁ Χὸς οὐχ ἑαυτῷ ἤρεσεν

1 Co 7 32 ὁ ἄγαμος μεριμνᾷ–, πῶς ἀρέσῃ τῷ
κυρίῳ 33 ὁ δὲ γαμήσας–, πῶς ἀρέ-
σῃ τῇ γυναικί 34 ἡ δὲ γαμήσασα–,
πῶς ἀρέσῃ τῷ ἀνδρί
10 33 καθὼς κἀγὼ πάντα πᾶσιν ἀρέσκω
Gal 1 10 ἢ ζητῶ ἀνθρώποις ἀρέσκειν; εἰ ἔτι
ἀνθρώποις ἤρεσκον, Χοῦ δοῦλος οὐκ
1 Th 2 4 οὐχ ὡς ἀνθρώποις ἀρέσκοντες
– 15 Ἰουδαίων, τῶν–θεῷ μὴ ἀ..όντων
4 1 πῶς δεῖ–περιπατεῖν καὶ ἀ..ειν θεῷ
2 Ti 2 4 ἵνα τῷ στρατολογήσαντι ἀρέσῃ

ἀρεστόν (ἐστιν) ᵃaequum (est) ᵇplacet
ᶜquod placitum est
Joh 8 29 ὅτι–τὰ ἀρ.ᶜ αὐτῷ ποιῶ πάντοτε
Act 6 2 οὐκ ἀρ. ἐστινᵃ ἡμᾶς–διακονεῖν τρα-
πέζαις 12 3 ὅτι ἀρ. ἐστινᵇ τοῖς Ἰουδ.
1 Jo 3 22 τὰ ἀρ.ᶜ ἐνώπιον αὐτοῦ ποιοῦμεν

Ἀρέτας 2 Co 11 32 ὁ ἐθνάρχης Ἁ..α τοῦ βασ.

ἀρετή virtus
Phl 4 8 εἴ τις ἀρετὴ καὶ εἴ τις ἔπαινος
1 Pe 2 9 „ὅπως τὰς ἀρ. ἐξαγγείλητε" τοῦ ἐκ
2 Pe 1 3 τοῦ καλέσαντος ἡμᾶς ἰδίᾳ δόξῃ καὶ
ἀρετῇ (vl διὰ–ἀ..ῆς) 5 ἐπιχορηγή-
σατε ἐν τῇ πίστει ὑμῶν τὴν ἀρετήν,
ἐν δὲ τῇ ἀρετῇ τὴν γνῶσιν

ἀρήν agnus Luc 10 3 ὡς ἄρνας ἐν μέσῳ

ἀριθμεῖν ᵃnumerare ᵇdinumerare
Mat 10 30ᵃ ‖ Luc 12 7ᵃ (τρίχες) – Ap 7 9ᵇ

ἀριθμός numerus Luc 22 3 (vgᵒ)
Joh 6 10 Act 4 4 5 36 6 7 11 21 16 5 Rm 9 27
Ap 5 11 7 4 ἤκουσα τὸν ἀρ. τῶν ἐσφραγισμέ-
νων 9 16 13 17 τὸ ὄνομα τοῦ θηρίου ἢ τὸν
ἀρ. τοῦ ὀνόματος αὐτοῦ (15 2) 13 18 τὸν ἀρ.
τοῦ θηρίου· ἀρ. γὰρ ἀνθρώπου ἐστίν. καὶ
ὁ ἀρ. αὐτοῦ ἑξακόσιοι ἑξήκοντα ἕξ – 20 8

Ἀριμαθαία
Mat 27 57 ‖ Mar 15 43 Luc 23 51 Joh 19 38

ἀριστᾶν prandēre Luc 11 37 Joh 21 12.15

Ἀρίσταρχος Act 19 29 20 4 27 2 – Col 4 10 Ἁ.
ὁ συναιχμάλωτός μου Phm 24 συνεργ.

ἀριστερός sinister
Mat 6 3 μὴ γνώτω ἡ ἀ..ά σου τί ποιεῖ ἡ δεξ.

Mar 10 37 εἷς ἐξ ἀ..ῶν ‖ Luc 23 33 ὃν δὲ ἐξ ἀ.
2 Co 6 7 διὰ τῶν ὅπλων τῆς δικαιοσύνης τῶν
δεξιῶν καὶ ἀριστερῶν (a sinistris)

Ἀριστόβουλος Rm 16 10 τοὺς ἐκ τῶν Ἁ..ου

ἄριστον prandium Mat 22 4 Luc 11 38 14 12

ἀρκεῖν, ..σθαι sufficere ᵇcontentum esse
Mat 25 9 Luc 3 14ᵇ Joh 6 7 14 8 ἀ..εῖ ἡμῖν 3 Jo 10
2 Co 12 9 ἀρκεῖ σοι ἡ χάρις μου· ἡ γὰρ δύν.
1 Ti 6 8 ἔχοντες δὲ διατροφὰς καὶ σκεπάσμα-
τα, τούτοις ἀρκεσθησόμεθαᵇ
Hb 13 5 ἀρκούμενοιᵇ τοῖς παροῦσιν

ἀρκετός, ..όν Sᵒ – sufficit
Mat 6 34 ἀ..όν τῇ ἡμέρᾳ ἡ κακία αὐτῆς
10 25 ἀ..όν τῷ μαθητῇ ἵνα γένηται ὡς
1 Pe 4 3 ἀ..ὸς – ὁ παρεληλυθὼς χρόνος τὸ
βούλημα τῶν ἐθνῶν κατειργάσθαι

ἄρκος ursus Ap 13 2 πόδες – ὡς ἄρκου

ἅρμα currus Act 8 28.29.38 Ap 9 9

Ἀρμαγεδών Ap 16 16

ἁρμόζεσθαι despondēre 2 Co 11 2 ἡρμοσά-
μην – ὑμᾶς ἑνὶ ἀνδρὶ παρθένον ἁγνήν

ἁρμός compages Hb 4 12 ἀ..ῶν – κ. μυελῶν

Ἀρνί Luc 3 33 (vl Ἀράμ)

ἀρνεῖσθαι negare ᵇabnegare
Mat 10 33 ὅστις δ' ἂν ἀρνήσηταί με ἔμπρ. τῶν
ἀνθρ., ἀρνήσομαι κἀγὼ αὐτὸν ἔμπρ.
τοῦ πατρός μου ‖ Luc 12 9 ὁ – ἀρνη-
σάμενός με – ἀπαρνηθήσεται
26 70 ὁ δὲ ἠρνήσατο ἔμπρ. πάντων 72 πάλιν
ἠρν. μετὰ ὅρκου ‖ Mar 14 68.70 Luc
22 57 Joh 13 38 ἕως οὗ ἀρνήσῃ με τρίς
18 25 ἠρνήσατο 27 πάλιν – ἠρνήσατο
Luc 8 45 ἀρνουμένων δὲ πάντων εἶπεν–Πέτρ.
9 23 ἀρνησάσθωᵇ ἑαυτὸν καὶ ἀράτω τὸν στ.
Joh 1 20 ὡμολόγησεν καὶ οὐκ ἠρνήσατο
Act 3 13 ὃν ὑμεῖς – ἠρνήσασθε κατὰ πρόσωπον
Πιλάτου 14 τὸν ἅγιον – ἠρνήσασθε
4 16 φανερόν, καὶ οὐ δυνάμεθα ἀ..σθαι
7 35 Μωϋσῆν, ὃν ἠρνήσαντο
1 Ti 5 8 τὴν πίστιν ἤρνηται καὶ ἔστιν ἄπιστου
2 Ti 2 12 εἰ ἀρνησόμεθα, κἀκεῖνος ἀρνήσεται

ἡμᾶς 13 εἰ ἀπιστοῦμεν, – πιστὸς μένει,
ἀρνήσασθαι γὰρ ἑαυτὸν οὐ δύναται
2 Ti 3 5 ἔχοντες μόρφωσιν εὐσεβείας τὴν δὲ
δύναμιν αὐτῆς ἠρνημένοι[b]
Tit 1 16 τοῖς δὲ ἔργοις ἀρνοῦνται (sc θεόν)
2 12 ἵνα ἀρνησάμενοι[b] τὴν ἀσέβειαν καὶ
τὰς κοσμικὰς ἐπιθυμίας
Hb 11 24 ἠρνήσατο λέγεσθαι υἱὸς θυγατρός
2 Pe 2 1 τὸν ἀγοράσαντα αὐτοὺς – ἀρνούμενοι
1 Jo 2 22 ὁ ἀρνούμενος ὅτι Ἰησοῦς οὐκ ἔστιν
ὁ χριστός; – ὁ ἀρν. τὸν πατέρα καὶ
τὸν υἱόν 23 πᾶς ὁ ἀρνούμενος τὸν
υἱὸν οὐδὲ τὸν πατέρα ἔχει
Jud 4 τὸν – κύριον ἡμῶν Ἰ. Χὸν ἀρνούμενοι
Ap 2 13 οὐκ ἠρνήσω τὴν πίστιν μου
3 8 οὐκ ἠρνήσω τὸ ὄνομά μου

ἀρνίον agnus
Joh 21 15 βόσκε τὰ ἀρνία (vl πρόβατα) μου
Ap 5 6 ἀ. ἑστηκὸς ὡς ἐσφαγμένον 12 13 8
– 8 οἱ – πρεσβ. – ἔπεσαν ἐνώπιον τοῦ ἀρ.
– 13 τῷ ἀρνίῳ ἡ εὐλογία 7 10 ἡ σωτηρία
15 3 ᾄδουσιν – τὴν ᾠδὴν τοῦ ἀρνίου
6 1 ἤνοιξεν τὸ ἀρ. μίαν ἐκ τῶν – σφραγ.
– 16 „πέσετε ἐφ᾽ ἡμᾶς καὶ κρύψατε ἡμᾶς"
– ἀπὸ τῆς ὀργῆς τοῦ ἀρνίου
7 9 ὄχλος πολύς, – ἐνώπιον τοῦ ἀρνίου
– 14 ἐλεύκαναν – ἐν τῷ αἵματι τοῦ ἀρνίου
– 17 τὸ ἀ. τὸ ἀνὰ μέσον τοῦ θρόνου ποι-
μανεῖ αὐτοὺς καὶ ὁδηγήσει
12 11 ἐνίκησαν – διὰ τὸ αἷμα τοῦ ἀρνίου
13 11 εἶχεν κέρατα δύο ὅμοια ἀρνίῳ
14 1 τὸ ἀρνίον ἑστὸς ἐπὶ τὸ ὄρος Σιών
– 4 οὗτοι οἱ ἀκολουθοῦντες τῷ ἀρνίῳ –.
– ἠγοράσθησαν – ἀπαρχὴ – τῷ ἀρνίῳ
– 10 βασανισθήσεται – ἐνώπιον τοῦ ἀρνίου
17 14 μετὰ τοῦ ἀρνίου πολεμήσουσιν καὶ
τὸ ἀρνίον νικήσει αὐτούς
19 7 ἦλθεν ὁ γάμος τοῦ ἀ.ου, καὶ ἡ γυ-
νὴ αὐτοῦ ἡτοίμασεν ἑαυτήν 9 μακά-
ριοι οἱ εἰς τὸ δεῖπνον τοῦ γάμου τοῦ
ἀρνίου κεκλημένοι 21 9 δείξω σοι τὴν
νύμφην τὴν γυναῖκα τοῦ ἀρνίου
21 14 ὀνόματα τῶν – ἀποστόλων τοῦ ἀ.ου
– 22 ναὸς αὐτῆς ἐστιν, καὶ τὸ ἀρνίον 23
καὶ ὁ λύχνος αὐτῆς τὸ ἀρνίον
– 27 ἐν τῷ βιβλίῳ τῆς ζωῆς τοῦ ἀρνίου
22 1 ποταμὸν – , ἐκπορευόμενον ἐκ τοῦ
θρόνου τοῦ θεοῦ καὶ τοῦ ἀρνίου 3

ἀροτριᾶν arare Luc 17 7 δοῦλον ἀ..ιῶντα
1 Co 9 10 ὀφείλει ἐπ᾽ ἐλπίδι ὁ ἀροτριῶν ἀ..ιᾶν

ἄροτρον aratrum Luc 9 62 χεῖρα ἐπ᾽ ἄροτρον

ἁρπαγή rapina Mat 23 25 ‖ Luc 11 39
Hb 10 34 τὴν ἁρ. τῶν ὑπαρχόντων – προσεδέξ.

ἁρπαγμός S° – rapina Phl 2 6 οὐχ ἁρπαγ-
μὸν ἡγήσατο τὸ εἶναι ἴσα θεῷ, ἀλλά

ἁρπάζειν rapere [b]diripere
Mat 11 12 καὶ βιασταὶ ἁρπάζουσιν αὐτήν [σαι[b]
12 29 τὰ σκεύη αὐτοῦ (sc τοῦ ἰσχ.) ἁρπά-
13 19 ἁ..ει τὸ ἐσπαρμένον ἐν τῇ καρδίᾳ
Joh 6 15 ὅτι μέλλουσιν – ἁρ. αὐτόν (sc Ἰησοῦν)
10 12 ὁ λύκος ἁ..ει αὐτὰ καὶ σκορπίζει
– 28 οὐχ ἁ..σει τις αὐτὰ ἐκ τῆς χειρός μου
29 οὐδεὶς δύν. ἁρ. ἐκ τ. χ. τοῦ πατρός
Act 8 39 πνεῦμα – ἥρπασεν τὸν Φίλιππον
23 10 ἐκέλευσεν – ἁ..σαι αὐτόν (sc Παῦλ.)
2 Co 12 2 ἁρπαγέντα – ἕως τρίτου οὐρανοῦ
– 4 ὅτι ἡρπάγη εἰς τὸν παράδεισον
1 Th 4 17 ἁρπαγησόμεθα ἐν νεφέλαις εἰς ἀπάν-
τησιν τοῦ κυρίου εἰς ἀέρα
Jud 23 σῴζετε „ἐκ πυρὸς ἁρπάζοντες"
Ap 12 5 ἡρπάσθη τὸ τέκνον – πρὸς τὸν θεόν

ἅρπαξ rapax [b]raptor
Mat 7 15 ἔσωθεν δέ εἰσιν λύκοι ἅρπαγες
Luc 18 11 οὐκ εἰμὶ ὥσπερ – , ἅρπαγες[b], ἄδικοι
1 Co 5 10 μὴ συναναμίγνυσθαι – , – ἅρπαξιν
– 11 ἐάν τις ἀδελφὸς ὀνομαζόμενος ἢ
πόρνος – ἢ ἅρπαξ, τῷ τοιούτῳ μηδέ
6 10 οὐχ ἅρπαγες βασιλείαν θεοῦ κληρον.

ἀρραβών pignus
2 Co 1 22 θεός, ὁ – δοὺς τὸν ἀρραβῶνα τοῦ
πνεύματος ἐν ταῖς καρδίαις ἡμῶν 5 5
Eph 1 14 ὅ ἐστιν ἀρραβὼν τῆς κληρονομίας
ἡμῶν

ἄρρητος S° – arcanus
2 Co 12 4 ἤκουσεν ἄρρητα ῥήματα ἃ οὐκ ἐξὸν
ἀνθρώπῳ λαλῆσαι

ἄρρωστος [a]aeger (vl aegrotus) [b]imbecillis
[c]infirmus [d]languidus
Mat 14 14 ἐθεράπευσεν τοὺς ἀρρώστους[d] αὐτῶν
Mar 6 5 ὀλίγοις ἀ..οις[c] ἐπιθεὶς τὰς χεῖρας
[[16 18[a]]] – 6 13 ἤλειφον – πολλοὺς ἀ.ους[a]
1 Co 11 30 διὰ τοῦτο ἐν ὑμῖν πολλοὶ – ἄρρωστοι[b]

ἀρσενοκοίτης S° – masculorum concubitor
1 Co 6 9 1 Ti 1 10

ἄρσην, ..εν *masculus,* ..um ᵇ*masculinum*
Mat 19 4 ‖ Mar 10 6 – Luc 2 23 πᾶν ἄρσεν ᵇ
Rm 1 27 – Gal 3 28 οὐκ ἔνι ἄρσεν καὶ θῆλυ
Ap 12 5 ἔτεκεν υἱὸν ἄρσεν 13 τὸν ἄρσενα

Ἀρτεμᾶς Tit 3 12 πέμψω Ἀρτεμᾶν πρὸς σέ

Ἄρτεμις Act 19 24.27.28.34.35

ἀρτέμων S° – *artemon* Act 27 40

*ἄρτι *nunc* *ἀπ᾽ ἄρτι *amodo*
Mat 23 39 οὐ μή με ἴδητε ἀπ᾽ ἄρτι ἕως ἄν
26 29 οὐ μὴ πίω ἀπ᾽ ἄρτι – ἕως τῆς ἡμέρ.
– 64 ἀπ᾽ ἄρτι ὄψεσθε τὸν υἱὸν τοῦ ἀνθρ.
Joh 13 19 ἀπ᾽ ἄρτι λέγω – πρὸ τοῦ γενέσθαι
14 7 ἀπ᾽ ἄρτι γινώσκετε αὐτὸν κ. ἑωράκ.
1 Co 13 12 βλέπομεν γὰρ ἄρτι δι᾽ ἐσόπτρου –᾽
ἄρτι γινώσκω ἐκ μέρους, τότε δέ
1 Pe 1 6 ὀλίγον ἄρτι – λυπηθέντες 8 εἰς ὅν
ἄρτι μὴ ὁρῶντες πιστεύοντες δέ
Ap 14 13 οἱ ἐν κυρίῳ ἀποθνήσκοντες ἀπ᾽ ἄ.

ἀρτιγέννητος S° – *modo genitus*
1 Pe 2 2 ὡς ἄ..α βρέφη – γάλα ἐπιποθήσατε

ἄρτιος S° – *perfectus*
2 Ti 3 17 ἵνα ἄρτιος ᾖ ὁ τοῦ θεοῦ ἄνθρωπος

ἄρτος *panis*
Mat 4 3 ἵνα οἱ λίθοι – ἄ..οι γένωνται ‖ Luc 4 3
– 4 „οὐκ ἐπ᾽ ἄρτῳ μόνῳ ζήσεται" ‖ Luc 4 4
6 11 τὸν ἄρτον ἡμῶν τὸν ἐπιούσιον δὸς ἡ-
μῖν σήμερον ‖ Luc 11 3 τὸ καθ᾽ ἡμέραν
7 9 ὃν αἰτήσει ὁ υἱὸς – ἄ..ον (Luc 11 11 vl)
12 4 „τοὺς ἄρτους τῆς προθέσεως" ἔφαγον
‖ Mar 2 26 Luc 6 4 – Hb 9 2 ἡ πρ. τῶν ἄ.
14 17 οὐκ ἔχομεν ὧδε εἰ μὴ πέντε ἄρ-
τους 19 ‖ Mar 6 37.38.41.44 Luc 9 13.16
Joh 6 5 πόθεν ἀγοράσωμεν ἄρτους –᾽
7.9.11 ἔλαβεν – τοὺς ἄρτους – καὶ εὐ-
χαριστήσας διέδωκεν 13.23
15 2 οὐ γὰρ νίπτονται τὰς χεῖρας [αὐτῶν]
ὅταν ἄρτον ἐσθίωσιν ‖ Mar 7 2.5
– 26 λαβεῖν τὸν ἄ. τῶν τέκνων ‖ Mar 7 27
– 33 πόθεν ἡμῖν ἐν ἐρημίᾳ ἄρτοι τοσοῦ-
τοι –; 34.36 ἔλαβεν τοὺς ἑπτὰ ἄρ-
τους ‖ Mar 8 4.5.6
16 5 ἐπελάθοντο ἄρτους λαβεῖν 7.8.9 οὐδὲ
μνημονεύετε τοὺς πέντε ἄρτους –;
10.11 οὐ νοεῖτε ὅτι οὐ περὶ ἄρτων εἰ-

πον –; 12 οὐκ – ἀπὸ τῆς ζύμης τῶν
ἄρτων ‖ Mar 8 14.16.17.19 – cfr 6 52
Mat 26 26 λαβὼν ὁ Ἰησοῦς ἄρτον καὶ εὐλογή-
σας ἔκλασεν ‖ Mar 14 22 Luc 22 19 εὐ-
χαριστήσας – 1 Co 11 23 εὐχ. ἔκλασεν
Mar 3 20 ὥστε μὴ δύνασθαι – μηδὲ ἄ..ον φαγεῖν
6 8 μὴ ἄρτον, μὴ πήραν ‖ Luc 9 3
– 52 οὐ γὰρ συνῆκαν ἐπὶ τοῖς ἄρτοις
Luc 7 33 Ἰωάννης – μὴ ἐσθίων ἄρτον
11 5 φίλε, χρῆσόν μοι τρεῖς ἄρτους
14 1 φαγεῖν ἄ..ον 15 μακάριος ὅστις φά-
γεται ἄ..ον ἐν τῇ βασιλείᾳ τοῦ θεοῦ
15 17 πόσοι μίσθιοι – περισσεύονται ἄ..ων
24 30 λαβὼν τὸν ἄ. εὐλόγησεν καὶ κλάσας
ἐπεδίδου 35 ἐν τῇ κλάσει τοῦ ἄρτου
Joh 6 23.26 ζητεῖτέ με – ὅτι ἐφάγετε ἐκ τῶν
ἄρτων 31 „ἄρτον ἐκ τοῦ οὐρα-
νοῦ ἔδωκεν αὐτοῖς" 32 οὐ Μωϋσῆς
δέδωκεν – τὸν ἄ. ἐκ τοῦ οὐρ., ἀλλ᾽ ὁ
πατήρ μου δίδωσιν ὑμῖν τὸν ἄ. ἐκ τ.
οὐρ. τὸν ἀληθινόν· 33 ὁ γὰρ ἄ. τοῦ
θεοῦ ἐστιν ὁ καταβαίνων 34 πάντο-
τε δὸς ἡμῖν τὸν ἄρτον τοῦτον
– 35 ἐγώ εἰμι ὁ ἄρτος τῆς ζωῆς 48
– 41 ἐγώ εἰμι ὁ ἄρτος ὁ καταβὰς ἐκ τοῦ
οὐρ. 50 οὗτός ἐστιν ὁ ἄ. ὁ – καταβαί-
νων 51 ἐγώ εἰμι ὁ ἄ. ὁ ζῶν ὁ – κατα-
βάς· ἐὰν τις φάγῃ ἐκ τούτου τοῦ ἄ.
–᾽ καὶ ὁ ἄ. δὲ ὃν ἐγὼ δώσω ἡ σάρξ
μού ἐστιν ὑπὲρ τῆς τοῦ κόσμου ζωῆς
58 οὗτός ἐστιν ὁ ἄ. ὁ – καταβάς –᾽ ὁ
τρώγων τοῦτον τὸν ἄρτον ζήσει εἰς
τὸν αἰῶνα
13 18 „ὁ τρώγων μου (vl μετ᾽ ἐμοῦ) τὸν ἄρ."
21 9 ὀψάριον ἐπικείμενον καὶ ἄρτον
– 13 λαμβάνει τὸν ἄρτον καὶ δίδωσιν
Act 2 42 προσκαρτεροῦντες – τῇ κλάσει τοῦ
ἄρ. 46 κλῶντές τε κατ᾽ οἶκον ἄρτον
20 7 συνηγμένων ἡμῶν κλάσαι ἄρτον 11
κλάσας τὸν ἄρτον καὶ γευσάμενος
27 35 λαβὼν ἄρτον εὐχαρίστησεν – κ. κλάσ.
1 Co 10 16 τὸν ἄ. ὃν κλῶμεν, οὐχὶ κοινωνία –;
– 17 εἷς ἄ., ἓν σῶμα οἱ πολλοί ἐσμεν· οἱ
γὰρ πάντες ἐκ τοῦ ἑνὸς ἄ. μετέχομεν
11 23 ἔλαβεν ἄ..ον καὶ εὐχαριστήσας ἔκλα-
σεν 26 ὁσάκις γὰρ ἐὰν ἐσθίητε τὸν ἄ.
τοῦτον 27 ὃς ἂν ἐσθίῃ τὸν ἄ. 28 οὕτως
ἐκ τοῦ ἄρτου ἐσθιέτω
2 Co 9 10 ὁ – ἐπιχορηγῶν – „ἄρτον εἰς βρῶσιν"
2 Th 3 8 οὐδὲ δωρεὰν ἄρτον ἐφάγομεν παρά
τινος 12 ἵνα μετὰ ἡσυχίας ἐργαζόμε-
νοι τὸν ἑαυτῶν ἄρτον ἐσθίωσιν

ἀρτύειν S° – *condire*
Mar 9 50 ἐν τίνι αὐτὸ ἀρτύσετε; ‖ Luc 1434
Col 4 6 ὁ λόγος ὑμῶν – ἅλατι ἠρτυμένος

Ἀρφαξάδ Luc 336 τοῦ Σήμ

ἀρχάγγελος S° – *archangelus*
1 Th 4 16 ἐν φωνῇ ἀ..ου – Jud 9 „Μιχαὴλ ὁ ἀ."

ἀρχαῖος *antiquus* [b]*originalis* [c]*prior* [d]*vetus*
Mat 5 21 ἠκούσατε ὅτι ἐρρέθη τοῖς ἀ.οις 33
Luc 9 8 προφήτης τις τῶν ἀρχαίων ἀνέστη 19[c]
Act 15 7 ἀφ' ἡμερῶν ἀ..ων 21 ἐκ γενεῶν ἀ..ων
21 16 Μνάσωνί τινι –, ἀρχαίῳ μαθητῇ
2 Co 5 17 τὰ ἀρχ.[d] παρῆλθεν, – γέγονεν καινά
2 Pe 2 5 ἀρχαίου[b] κόσμου οὐκ ἐφείσατο
Ap 12 9 ὁ ὄφις ὁ ἀρχαῖος 202

ἄρχειν [a]*principari* [b]*regere* cfr ἄρχων
Mar 10 42 οἱ δοκοῦντες ἄ.[a] τῶν ἐθνῶν Rm 15 12[b]

*ἄρχεσθαι *incipere* [b]*coepisse*
Mat 20 8 ἀρξάμενος ἀπὸ τῶν ἐσχάτων ἕως
Luc 23 5 ἀπὸ – Γαλιλαίας 24 27 Μωϋσέως
47 Ἱερουσαλήμ ‖Joh 8 9 τῶν πρεσβυτέ-
ρων‖ Act 1 22 ἀπὸ τοῦ βαπτίσματος Ἰω-
άννου 8 35 ἀπὸ τῆς γραφῆς ταύτης
Luc 3 8 μὴ ἄρξησθε[b] λέγειν ἐν ἑαυτοῖς
– 23 ἦν Ἰησοῦς ἀ..όμενος ὡσεὶ ἐτῶν τριάκ.
Act 1 1 ὧν ἤρξατο[b] ὁ Ἰησοῦς ποιεῖν τε καί
11 4 ἀρξάμενος – Πέτρος ἐξετίθετο αὐτοῖς
2 Co 3 1 ἀρχόμεθα πάλιν ἑαυτοὺς συνιστάν.;
1 Pe 4 17 ὅτι [ὁ] καιρὸς τοῦ ἄρξασθαι τὸ κρίμα
ἀπὸ τοῦ οἴκου τοῦ θεοῦ

Ἀρχέλαος Mat 2 22 ὅτι Ἀ. βασιλεύει τῆς Ἰου.

ἀρχή 1) initium, origo
initium [b]*principium* [c]*exordium*
[d]*inchoatio*
Mat 19 4 ὁ κτίσας ἀπ' ἀρχῆς „ἄρσεν καὶ θῆλυ"
‖ Mar 10 6 ἀπὸ δὲ ἀρχῆς κτίσεως – Mat
19 8 ἀπ' ἀρχῆς δὲ οὐ γέγονεν οὕτως
24 8 ἀρχὴ (*initia*) ὠδίνων ‖ Mar 13 8
– 21 „θλῖψις –, οἵα οὐ γέγονεν ἀπ' ἀρχῆς
κόσμου ἕως" ‖ Mar 13 19 „ἀ. κτίσεως"
Mar 1 1 ἀρχὴ τοῦ εὐαγγελίου Ἰησοῦ Χοῦ
Luc 1 2 οἱ ἀπ' ἀ.ῆς αὐτόπται καὶ ὑπηρέται
Joh 1 1 ἐν ἀρχῇ[b] ἦν ὁ λόγος 2[b] πρὸς τ. θεόν
2 11 ταύτην ἐποίησεν ἀ.ὴν τῶν σημείων
6 64 ᾔδει γὰρ ἐξ ἀρχῆς ὁ Ἰησοῦς τίνες
8 25 τὴν ἀρχήν[b] ὅ τι καὶ λαλῶ ὑμῖν

Joh 8 44 ἀνθρωποκτόνος ἦν ἀπ' ἀρχῆς
15 27 ὅτι ἀπ' ἀρχῆς μετ' ἐμοῦ ἐστε
16 4 ταῦτα - ὑμῖν ἐξ ἀρχῆς οὐκ εἶπον
Act 10 11 τέσσαρσιν ἀρχαῖς καθιέμενον 11 5
11 15 ἐπέπεσεν τὸ πνεῦμα – ἐπ' αὐτοὺς ὥσ-
περ καὶ ἐφ' ἡμᾶς ἐν ἀρχῇ
26 4 βίωσίν μου – τὴν ἀπ' ἀρχῆς γενομέν.
Phl 4 15 ἐν ἀρχῇ[b] τοῦ εὐαγγ., ὅτε ἐξῆλθον
Col 1 18 ὅς ἐστιν (vl ἥ) ἀρχή[b], πρωτότοκος
ἐκ τῶν νεκρῶν, – ἐν πᾶσιν αὐτὸς
πρωτεύων
(2 Th 2 13 vl ἀπ' ἀρχῆς, vide sub ἀπαρχή)
Hb 1 10 „κατ' ἀρχὰς[b] – γῆν ἐθεμελίωσας"
2 3 ἥτις (sc σωτηρία) ἀρχὴν λαβοῦσα
3 14 ἐάνπερ τὴν ἀ. τῆς ὑποστάσεως μέ-
χρι τέλους βεβαίαν κατάσχωμεν
5 12 τὰ στοιχεῖα τῆς ἀρχῆς[c] τῶν λογίων
6 1 ἀφέντες τὸν τῆς ἀ.[d] τοῦ Χοῦ λόγον
7 3 μήτε ἀρχὴν ἡμερῶν – ἔχων (sc Μελχ.)
2 Pe 3 4 οὕτως διαμένει ἀπ' ἀρχῆς κτίσεως
1 Jo 1 1 ὃ ἦν ἀπ' ἀρχῆς 2 13 ἐγνώκατε τὸν ἀπ'
ἀρχῆς 14
2 7 ἐντολὴν παλαιὰν ἣν εἴχετε ἀπ' ἀρχῆς
24 ὃ ἠκούσατε ἀπ' ἀ. 3 11 ἡ ἀγγελία
ἣν ἠκ. ἀπ' ἀ. 2 Jo 5 ἐντολήν – ἣν εἴ-
χομεν ἀπ' ἀ. 6 καθὼς ἠκούσ. ἀπ' ἀ.
3 8 ἀπ' ἀρχῆς ὁ διάβολος ἁμαρτάνει
Ap 3 14 „ἡ ἀρχὴ[b] τῆς κτίσεως" τοῦ θεοῦ
21 6 ἐγώ [εἰμι] τὸ ἄλφα κ. τὸ ὦ, ἡ ἀ. κ. τὸ
τέλος 22 13[b] (textus rec 1 8, vg[b])

2) potestas, potestates
principatus [b]*principes* [c]*magistratus*
Luc 12 11 ἐπὶ τὰς συναγωγὰς καὶ τὰς ἀρχάς[c]
20 20 παραδοῦναι – τῇ ἀ. – τοῦ ἡγεμόνος
Rm 8 38 οὔτε ἄγγελοι οὔτε ἀρχαί
1 Co 15 24 ὅταν καταργήσῃ πᾶσαν ἀρχήν
Eph 1 21 ὑπεράνω πάσης ἀρχῆς Col 2 10 ὅς
ἐστιν ἡ κεφαλὴ πάσης ἀ. καὶ ἐξουσ.
3 10 ἵνα γνωρισθῇ νῦν ταῖς ἀρχαῖς (vl[b])
6 12 ἡμῖν ἡ πάλη – πρὸς τὰς ἀ.[b], πρὸς τὰς
ἐξουσίας, πρὸς τοὺς κοσμοκράτορας
Col 1 16 ἐν αὐτῷ ἐκτίσθη τὰ πάντα –, – εἴτε
ἀρχαὶ εἴτε ἐξουσίαι
2 15 ἀπεκδυσάμενος τὰς ἀ. κ. τὰς ἐξουσίας
Tit 3 1 ἀρχαῖς[b] ἐξουσίαις ὑποτάσσ.
Jud 6 ἀγγέλους – τοὺς μὴ τηρήσαντας τὴν
ἑαυτῶν ἀρχήν

ἀρχηγός [a]*auctor* [b]*princeps*
Act 3 15 τὸν – ἀ..ὸν[a] τῆς ζωῆς ἀπεκτείνατε
5 31 τοῦτον ὁ θεὸς ἀ..ὸν[b] καὶ σωτῆρα

ὕψωσεν Hb 2 10 τὸν ἀ.ᵃ τῆς σωτηρίας
αὐτῶν διὰ παθημάτων τελειῶσαι
Hb 12 2 ἀφορῶντες εἰς τὸν τῆς πίστεως ἀ..όνᵃ

ἀρχιερατικός Sᵒ – *sacerdotalis* Act 4 6 γένος

ἀρχιερεύς

1) aetatis Jesu et apostolorum
    princeps sacerdotum ᵇ*summus*
    sacerdos ᶜ*pontifex*

Mat 2 4 τοὺς ἀρχ. καὶ γραμματεῖς τοῦ λαοῦ
16 21 παθεῖν ἀπὸ τῶν πρεσβ. καὶ ἀ. καὶ γρ.
    ‖ Mar 8 31ᵇ Luc 9 22 – Mat 20 18 παρα-
    δοθήσεται τοῖς ἀ. καὶ γρ. ‖ Mar 10 33
21 15 ἰδόντες – οἱ ἀ. καὶ οἱ γρ. τὰ θαυμάσια
– 23 προσῆλθον αὐτῷ – οἱ ἀ. καὶ οἱ πρ. τοῦ
    λαοῦ ‖ Mar 11 27ᵇ Luc 20 1 (vl ἱερεῖς)
    – Mar 11 18 ἤκουσαν οἱ ἀ. καὶ οἱ γρ.
    ‖ Luc 19 47 ἐζήτουν αὐτὸν ἀπολέσαι
– 45 ἀκούσαντες οἱ ἀ. καὶ οἱ Φαρ. τὰς πα-
    ραβολάς ‖ Luc 20 19 οἱ γραμμ. καὶ οἱ ἀ.
26 3 συνήχθησαν οἱ ἀ. καὶ οἱ πρεσβ. τοῦ
    λαοῦ εἰς τὴν αὐλὴν τοῦ ἀ. ‖ Mar 14 1
    οἱ ἀρχ.ᵇ καὶ οἱ γραμματεῖς Luc 22 2
– 14 Ἰούδας – πρὸς τοὺς ἀ. ‖ Mar 14 10ᵇ Luc
    22 4 συνελάλησεν τοῖς ἀ. καὶ στρατηγ.
– 47 ὄχλος – ἀπὸ τῶν ἀ. καὶ πρεσβ. τοῦ
    λαοῦ ‖ Mar 14 43ᵇ – Joh 18 3 ἐκ τῶν
    ἀ.ᶜ καὶ – Φαρισαίων ὑπηρέτας
– 51 τὸν δοῦλον τοῦ ἀ. ‖ Mar 14 47ᵇ Luc
    22 50 Joh 18 10ᶜ – 26 ἐκ τῶν δούλ. τοῦ ἀ.ᶜ
– 57 ἀπήγαγον πρὸς – τὸν ἀ. 62 ἀναστὰς ὁ
    ἀ. 63.65 ὁ ἀ. διέρρηξεν τὰ ἱμάτια –
    Mar 14 53ᵇ 60ᵇ 61 ὁ ἀ.ᵇ ἐπηρώτα αὐτὸν
    63ᵇ Luc 22 54
– 58 Πέτρος ἠκολούθει – ἕως τῆς αὐλῆς
    τοῦ ἀ. ‖ Mar 14 54ᵇ 66ᵇ Joh 18 15 καὶ
    ἄλλος μαθητής. – γνωστὸς τῷ ἀ.ᶜ κτλ
    16 ὁ γνωστὸς τοῦ ἀ.ᶜ 26ᶜ
– 59 οἱ δὲ ἀ. καὶ τὸ συνέδρ. – ἐζήτουν ψευ-
    δομαρτ. ‖ Mar 14 53 (*sacerdotes*) 55ᵇ
27 1 συμβούλιον ἔλαβον πάντες οἱ ἀ. καὶ
    οἱ πρεσβ. ‖ Mar 15 1ᵇ Luc 22 66 τὸ
    πρεσβυτέριον –, ἀ..εῖς τε καὶ γρ.
– 3 τὰ – ἀργύρια τοῖς ἀ..εῦσιν καὶ πρ. 6
– 12 ἐν τῷ κατηγορεῖσθαι – ὑπὸ τῶν ἀ. καὶ
    πρεσβ. 20.41 ‖ Mar 15 3ᵇ 10 διὰ φθό-
    νον παραδεδώκεισαν αὐτὸν οἱ ἀ.ᵇ
    11ᶜ 31ᵇ – Luc 23 10 οἱ ἀ. καὶ οἱ γρ.
    εὐτόνως κατηγοροῦντες αὐτοῦ
– 62 συνήχθησαν οἱ ἀ. καὶ οἱ Φαρισαῖοι

Mat 28 11 ἀπήγγειλαν τοῖς ἀ. – τὰ γενόμενα
Luc 3 2 ἐπὶ ἀρχιερέως Ἅννα καὶ Καϊαφᾶ
22 52 εἶπεν – πρὸς τοὺς – ἀ..εῖς καὶ στρατη-
    γοὺς τοῦ ἱεροῦ καὶ πρεσβυτέρους
23 4 Πιλᾶτος εἶπεν πρὸς τοὺς ἀ. καὶ τοὺς
    ὄχλους 13 συγκαλεσάμενος τοὺς ἀ.
    καὶ τοὺς ἄρχοντας καὶ τὸν λαόν
24 20 ὅπως τε παρέδωκαν αὐτὸν οἱ ἀ.ᵇ καὶ
    οἱ ἄρχοντες ἡμῶν
Joh 7 32 ἀπέστειλαν οἱ ἀ. (*principes*) καὶ οἱ
    Φαρισαῖοι 45ᶜ 11 47ᶜ 57ᶜ
11 49 Καϊαφᾶς, ἀ.ᶜ ὢν τοῦ ἐνιαυτοῦ 51 ἀ.ᶜ
    ὢν – ἐπροφήτευσεν 18 13 ὃς ἦν ἀ.ᶜ
12 10 ἐβουλεύσ. – οἱ ἀ. ἵνα καὶ τὸν Λάζαρ.
18 19 ὁ – ἀ.ᶜ ἠρώτησεν τὸν Ἰησοῦν περὶ τ.
    μαθητῶν – καὶ περὶ τῆς διδαχῆς αὐτοῦ
– 22 οὕτως ἀποκρίνῃ τῷ ἀρχιερεῖ; ᶜ
– 24 δεδεμένον πρὸς Καϊαφᾶν τὸν ἀρχ.ᶜ
– 35 τὸ ἔθνος τὸ σὸν καὶ οἱ ἀ.ᶜ παρέδω-
    κάν σε ἐμοί – 19 6ᶜ 21 οἱ ἀ.ᶜ
19 15 οἱ ἀ..εῖς ᶜ· οὐκ ἔχομεν βασιλέα εἰ
Act (4 1 vl) 4 6 Ἅννας ὁ ἀ. καὶ Καϊαφᾶς –
    καὶ ὅσοι ἦσαν ἐκ γένους ἀρχιερατικοῦ
4 23 ὅσα – οἱ ἀ. καὶ οἱ πρεσβύτεροι εἶπαν
5 17 ἀναστὰς δὲ ὁ ἀ. 21.24 ὅ τε στρατηγὸς
    τοῦ ἱεροῦ καὶ οἱ ἀ., διηπόρουν περὶ
    αὐτῶν 27 ἐπηρώτησεν – ὁ ἀ. 71
9 1 Σαῦλος – προσελθὼν τῷ ἀ. ᾐτήσατο
    – ἐπιστολάς 14 ἔχει ἐξουσίαν παρὰ
    τῶν ἀ. 26 10. 12 – 9 21 ἀγαγῇ ἐπὶ τοὺς ἀ.
19 14 Σκευᾶ Ἰουδαίου ἀ..έως ἑπτὰ υἱοὶ
22 5 ὡς καὶ ὁ ἀ. μαρτυρεῖ μοι 30 συνελθεῖν
    τοὺς ἀ. (*sacerdotes*) καὶ – τὸ συνέδ.
23 2 ὁ δὲ ἀ. Ἁνανίας 4 τὸν ἀ.ᵇ τοῦ θεοῦ
    λοιδορεῖς; 5 24 1 κατέβη ὁ ἀ. Ἁναν.
– 14 προσελθόντες τοῖς ἀ..εῦσιν κ. τοῖς πρ.
25 2 οἱ ἀ. καὶ οἱ πρῶτοι τῶν Ἰουδ. 15 οἱ
    ἀ. καὶ οἱ πρεσβύτεροι τῶν Ἰουδαίων

2) summus sacerdos Veteris Testamenti,
    typus Christi in epist. ad Hebr.
    pontifex ᵇ*princeps sacerdotum*
    ᶜ*sacerdos*

Mar 2 26 πῶς εἰσῆλθεν (sc Δαυίδ) εἰς τὸν
    οἶκον τοῦ θεοῦ ἐπὶ Ἀβιαθὰρ ἀ..έως ᵇ
Hb 2 17 ἵνα ἐλεήμων γένηται καὶ πιστὸς ἀρ-
    χιερεὺς τὰ πρὸς τὸν θεόν
3 1 τὸν ἀπόστολον καὶ ἀ..έα τῆς ὁμολο-
    γίας 4 14 ἔχοντες οὖν ἀ..έα μέγαν
4 15 οὐ γὰρ ἔχομεν ἀ..έα μὴ δυνάμενον
    συμπαθῆσαι ταῖς ἀσθενείαις ἡμῶν
5 1 πᾶς – ἀ. ἐξ ἀνθρώπων λαμβανόμενος

Hb 5 5 Χὸς οὐχ ἑαυτὸν ἐδόξασεν γενηθῆναι
ά..έα 10 προσαγορευθεὶς ὑπὸ τοῦ θε-
οῦ ά. „κατὰ τὴν τάξιν Μελχισ." 620
726 τοιοῦτος – ἡμῖν – ἔπρεπεν ά., ὅσιος
– 27 ὃς οὐκ ἔχει καθ' ἡμέραν ἀνάγκην,
ὥσπερ οἱ ά.ͨ, πρότερον ὑπὲρ τῶν ἰδίων
– 28 ὁ νόμος – ἀνθρώπους καθίστησιν ά..
εἰς (vl ἱερεῖς, vgͨ) ἔχοντας ἀσθένειαν
8 1 τοιοῦτον ἔχομεν ά..έα 3 πᾶς γὰρ ά.
εἰς τὸ προσφέρειν – θυσίας καθίσταται
9 7 ἄπαξ τοῦ ἐνιαυτοῦ μόνος ὁ ἀρχιερεὺς
– 11 Χὸς – ά. τῶν γενομένων (vl μελλόν-
των) ἀγαθῶν – εἰσῆλθεν ἐφάπαξ
– 25 οὐδ' ἵνα πολλάκις –, ὥσπερ ὁ ἀρχ.
1311 εἰσφέρεται – αἷμα – διὰ τοῦ ἀρχιερέως

ἀρχιποίμην Sͦ – princeps pastorum
1 Pe 5 4 φανερωθέντος τοῦ ά..ενος κομιεῖσθε

Ἄρχιππος Col 417 Phm 2 τῷ συστρατιώτῃ ἡμ.

ἀρχισυνάγωγος Sͦ – archisynagogus
ᵇprinceps synagogae Mar 522 Ἰάιρος 35s.
38 ‖ Luc 849ᵇ – 1314 Act 1315ᵇ – 188
(Corinthi) Κρίσπος 17ᵇ Σωσθένης

ἀρχιτέκτων architectus
1 Co 310 ὡς σοφὸς ά. θεμέλιον ἔθηκα, ἄλλος

ἀρχιτελώνης Sͦ – princeps publicanorum
Luc 19 2 Ζακχαῖος. – ά., καὶ αὐτὸς πλούσιος

ἀρχιτρίκλινος Sͦ – architriclinus Joh 28.9

ἄρχων princeps ᵇmagistratus
1) homines, Christus
Mat 918 ά. εἰς ἐλθὼν προσεχύνει αὐτῷ 23 ‖
Luc 841 ά. τῆς συναγωγῆς ὑπῆρχεν
2025 οἱ ά. τῶν ἐθνῶν κατακυριεύουσιν
Luc 1258 μετὰ τοῦ ἀντιδίκου – ἐπ' ἄρχοντα
14 1 εἰς οἶκόν τινος τῶν ά.των [τῶν] Φαρ.
1818 ἐπηρώτησέν τις αὐτὸν ἄρχων
2313 τοὺς ἀρχιερεῖς καὶ τοὺς ἄρχοντας ᵇ
– 35 ἐξεμυκτήριζον – καὶ οἱ ἄρχοντες
2420 οἱ ἀρχιερεῖς καὶ οἱ ά..τες ἡμῶν εἰς
Joh 3 1 Νικόδημος –, ἄρχων τῶν Ἰουδαίων
726 ἔγνωσαν ά. ὅτι οὗτός – ὁ χριστός;
– 48 μή τις ἐκ τῶν ά. ἐπίστευσεν εἰς αὐτ.;
1242 καὶ ἐκ τῶν ά. πολλοὶ ἐπίστευσαν
Act 317 κατὰ ἄγνοιαν ἐπράξατε, ὥσπερ καὶ
οἱ ἄρχοντες ὑμῶν 1327 αὐτῶν

Act 4 5 συναχθῆναι – τοὺς ά. καὶ τοὺς πρεσβ.
8 ἄρχοντες τοῦ λαοῦ καὶ πρεσβ. 26
727 „τίς σε κατέστησεν ά..τα καὶ δικα-
στήν –; 35 τοῦτον ὁ θεὸς [καὶ] ἄρ-
χοντα καὶ λυτρωτὴν ἀπέσταλκεν
14 5 1619 235 „ἄρχοντα τοῦ λαοῦ σου"
Rm 13 3 οἱ γὰρ ά. οὐκ εἰσὶν φόβος τῷ ἀγαθῷ
Ap 1 5 Χοῦ –, „ὁ ά. τῶν βασιλέων τῆς γῆς"

2) τῶν δαιμονίων, τοῦ κόσμου, τοῦ αἰῶνος
Mat 934 ἐν τῷ ά. τῶν δαιμονίων ἐκβάλλει τὰ
δαιμόνια 1224 ἐν τῷ Βεελζεβοὺλ ά..τι
τῶν δαιμονίων ‖ Mar 322 Luc 1115
Joh 1231 νῦν ὁ ά. τοῦ κόσμου τούτου ἐκβλη-
θήσεται 1611 κέκριται 1430 ἔρχεται
–· καὶ ἐν ἐμοὶ οὐκ ἔχει οὐδέν
1 Co 2 6 σοφίαν – οὐδὲ τῶν ά. τοῦ αἰῶνος τού-
του 8 ἣν οὐδεὶς τῶν ά. τοῦ αἰῶνος
τούτου ἔγνωκεν· εἰ γὰρ ἔγνωσαν
Eph 2 2 περιεπατήσατε – κατὰ τὸν ά. τῆς ἐξ-
ουσίας τοῦ ἀέρος, τοῦ πνεύματος

ἀρώματα aromata
Mar 16 1 ‖ Luc 2356 241 Joh 1940

ἀσάλευτος immobilis Act 2741
Hb 1228 βασιλείαν ά..ον παραλαμβάνοντες

Ἀσάφ (vl Ἀσά) Mat 1 7.8

ἄσβεστος inextinguibilis
Mat 312 πυρὶ ά..ῳ ‖ Luc 317 – Mar 943 εἰς τὸ π.

ἀσέβεια impietas
Rm 118 ὀργὴ θεοῦ – ἐπὶ πᾶσαν ά. καὶ ἀδικ.
1126 „ἀποστρέψει ά..ας ἀπὸ Ἰακώβ"
2 Ti 216 ἐπὶ πλεῖον – προκόψουσιν ἀσεβείας
Tit 212 ἵνα ἀρνησάμενοι τὴν ἀσέβειαν
Jud 15 ἐλέγξαι – περὶ – τ. ἔργων ά..ας αὐτῶν
18 πορευόμενοι τῶν ἀσεβειῶν

ἀσεβεῖν impie agere (vl 2Pe26) Jud 15

ἀσεβής impius
Rm 4 5 ἐπὶ τὸν δικαιοῦντα τὸν ἀσεβῆ
5 6 Χὸς – ἔτι – ὑπὲρ ἀσεβῶν ἀπέθανεν
1 Ti 1 9 νόμος – κεῖται, – ἀσεβέσι καὶ ἁμαρτ.
1 Pe 418 „ὁ ά. καὶ ἁμαρτωλὸς ποῦ φανεῖται;"
2 Pe 2 5 κατακλυσμὸν κόσμῳ ά..ῶν ἐπάξας
6 μελλόντων ἀσεβέ[σ]ιν τεθεικώς
3 7 ἀπωλείας τῶν ἀσεβῶν ἀνθρώπων
Jud 4.15 ὧν ἐλάλησαν – ἁμαρτωλοὶ ἀσεβεῖς

ἀσέλγεια *impudicitia* [b]*luxuria*
Mar 7 22 ἀσέλγεια, ὀφθαλμὸς πονηρός
Rm 13 13 ὡς ἐν ἡμέρᾳ – περιπατήσωμεν, – μὴ
κοίταις καὶ ἀ..αις Gal 5 19 τὰ ἔργα
τῆς σαρκός, – ἀκαθαρσία, ἀσέλγεια
2 Co 12 21 μὴ μετανοησάντων ἐπὶ τῇ – ἀ. ᾗ ἔ-
πραξαν Eph 4 19 ἑαυτοὺς παρέδωκαν
τῇ ἀ. εἰς ἐργασίαν ἀκαθαρσίας
1 Pe 4 3 πεπορευμένους ἐν ἀσελγείαις[b]
2 Pe 2 2 πολλοὶ ἐξακολουθήσουσιν αὐτῶν ταῖς
ἀ..αις[b] 7 Λὼτ καταπονούμενον ὑπὸ
τῆς – ἐν ἀ..ᾳ (*luxuriosa*) ἀναστροφῆς
– 18 δελεάζουσιν ἐν ἐπιθυμίαις σαρκὸς
ἀ..αις[b] (vl ..ας, vg *luxuriae*) τοὺς
Jud 4 τὴν τοῦ θεοῦ ἡμῶν χάριτα μετατι-
θέντες εἰς ἀσέλγειαν[b]

ἄσημος *ignotus* Act 21 39 οὐκ ἀ..ου πόλεως

Ἀσήρ Luc 2 36 ἐκ φυλῆς Ἀ. Ap 7 6

ἀσθένεια *infirmitas*

1) morbus, aegrotatio
Mat 8 17 „τὰς ἀσθενείας ἡμῶν ἔλαβεν καὶ τὰς
νόσους ἐβάστασεν"
Luc 5 15 θεραπεύεσθαι ἀπὸ τῶν ἀ..ῶν αὐτῶν
8 2 γυναῖκες – τεθεραπευμέναι ἀπὸ πνευ-
μάτων πονηρῶν καὶ ἀσθενειῶν
13 11 γυνὴ πνεῦμα ἔχουσα ἀσθενείας 12
ἀπόλυσαι τῆς ἀσθενείας σου
Joh 5 5 τριάκοντα – ἔτη ἔχων ἐν τῇ ἀ. αὐτοῦ
11 4 αὕτη ἡ ἀ. οὐκ ἔστιν πρὸς θάνατον
Act 28 9 οἱ – ἔχοντες ἀ..ας – ἐθεραπεύοντο
Gal 4 13 δι' ἀ..αν τῆς σαρκὸς εὐηγγελισάμην
1 Ti 5 23 διὰ – τὰς πυκνάς σου ἀσθενείας
Hb 11 34 ἐδυναμώθησαν ἀπὸ ἀσθενείας

2) imbecillitas, imperfectio
Rm 6 19 ἀνθρώπινον λέγω διὰ τὴν ἀσθένειαν
τῆς σαρκὸς ὑμῶν
8 26 συναντιλαμβάνεται τῇ ἀσθενείᾳ ἡμῶν
1 Co 2 3 ἐν ἀ..ᾳ καὶ – φόβῳ – ἐγενόμην πρὸς ὑ.
15 43 σπείρεται ἐν ἀ..ᾳ, ἐγείρεται ἐν δυν.
2 Co 11 30 τὰ τῆς ἀ..ας μου καυχήσομαι 12 5
ὑπὲρ δὲ ἐμαυτοῦ οὐ καυχήσομαι εἰ
μὴ ἐν ταῖς ἀ. (vl + μου vg) 9 ἡ γὰρ
δύναμις ἐν ἀ..ᾳ τελεῖται. – μᾶλλον
καυχήσομαι ἐν ταῖς ἀ. 10 εὐδοκῶ ἐν
ἀσθενείαις –, ὑπὲρ Χοῦ
13 4 ἐσταυρώθη ἐξ ἀσθενείας, ἀλλὰ ζῇ ἐκ
δυνάμεως θεοῦ

Hb 4 15 μὴ δυνάμενον συμπαθῆσαι ταῖς ἀ.
ἡμῶν 5 2 αὐτὸς περίκειται ἀσθένειαν
7 28 ἀνθρώπους – ἔχοντας ἀσθένειαν

ἀσθενεῖν *infirmari* [b]*infirmum* (*esse*)
[c]*languēre* [d]*languidum* (*esse*)

1) aegrotare
Mat 10 8 ἀσθενοῦντας[b] θεραπεύετε, νεκροὺς
25 36 ἠσθένησα[b] καὶ ἐπεσκέψασθέ με
– 39 πότε δέ σε εἴδομεν ἀσθενοῦντα[b]
Mar 6 56 ἐν ταῖς ἀγοραῖς ἐτίθεσαν τοὺς ἀσθε-
νοῦντας[b] Luc 4 40 ὅσοι εἶχον ἀσθεν.[b]
Joh 4 46 βασιλικὸς οὗ ὁ υἱὸς ἠσθένει
5 3 κατέκειτο πλῆθος τῶν ἀσθενούντων[c]
7 ἀπεκρίθη αὐτῷ ὁ ἀσθενῶν[d]
6 2 τὰ σημεῖα – ἐπὶ τῶν ἀσθενούντων
11 1 ἦν δέ τις ἀσθενῶν[c] 2 Λάζαρος ἠσθέ-
νει 3 ὃν φιλεῖς ἀσθενεῖ 6
Act 9 37 ἀσθενήσασαν αὐτὴν ἀποθανεῖν
19 12 ἐπὶ τοὺς ἀσθενοῦντας[d] – σουδάρια
Phl 2 26 διότι ἠκούσατε ὅτι ἠσθένησεν 27
2 Ti 4 20 ἀπέλιπον ἐν Μιλήτῳ ἀσθενοῦντα[b]
Jac 5 14 ἀσθενεῖ τις ἐν ὑμῖν; προσκαλεσάσθω

2) inopem esse, egenum esse
Act 20 35 ὅτι οὕτως κοπιῶντας δεῖ ἀντιλαμβά-
νεσθαι τῶν ἀσθενούντων[b]

3) invalidum esse animo, fide, vi
Rm 4 19 μὴ ἀσθενήσας τῇ πίστει 14 1 τὸν δὲ
ἀ..οῦντα[b] τῇ πίστει προσλαμβάνεσθε
8 3 τὸ – ἀδύνατον τ. νόμου, ἐν ᾧ ἠσθένει
14 2 ὁ δὲ ἀσθενῶν[b] λάχανα ἐσθίει
(– 21 vl ἐν ᾧ ὁ ἀδελφός σου – σκανδαλίζε-
ται ἢ ἀ..εῖ) 1 Co 8 11 ἀπόλλυται – ὁ
ἀ..ῶν[b] ἐν τῇ σῇ γνώσει, ὁ ἀδελφός
1 Co 8 12 τύπτοντες – τὴν συνείδησιν ἀ..οῦσαν[b]
2 Co 11 21 ὡς ὅτι ἡμεῖς ἠσθενήκαμεν[b]
– 29 τίς ἀσθενεῖ, καὶ οὐκ ἀσθενῶ;
12 10 ὅταν – ἀσθενῶ, τότε δυνατός εἰμι
13 3 Χοῦ, ὃς εἰς ὑμᾶς οὐκ ἀσθενεῖ ἀλλὰ
δυνατεῖ ἐν ὑμῖν 4 ἡμεῖς ἀσθενοῦμεν[b]
ἐν αὐτῷ 9 χαίρομεν – ὅταν ἡμεῖς ἀ-
σθενῶμεν[b], ὑμεῖς δὲ δυνατοὶ ἦτε

ἀσθένημα *imbecillitas* Rm 15 1 ὀφείλομεν –
τὰ ἀ..τα τῶν ἀδυνάτων βαστάζειν

ἀσθενής *infirmus* (Hb ..*itas*) [b]*aeger*

1) invalidus corpore, aegrotus
Mat 25 43 ἤμην – ἀσθενὴς καὶ ἐν φυλακῇ 44

Luc 9 2 ἰᾶσθαι [τοὺς ἀσθενεῖς]
10 9 θεραπεύετε τοὺς ἐν αὐτῇ ἀσθενεῖς
Act 4 9 ἐπὶ εὐεργεσίᾳ ἀνθρώπου ἀσθενοῦς
5 15 ὥστε καὶ εἰς τὰς πλατείας ἐκφέρειν
τοὺς ἀ..εῖς 16 ἀ..εῖς b καὶ ὀχλουμένους
1 Co 11 30 ἐν ὑμῖν πολλοὶ ἀ..εῖς καὶ ἄρρωστοι

2) imbecillus, inconstans, contemptus

Mat 26 41 ἡ δὲ σὰρξ ἀσθενής || Mar 14 38
Rm 5 6 ἔτι γὰρ Χὸς ὄντων ἡμῶν ἀσθενῶν ἔτι
1 Co 1 25 τὸ ἀ..ὲς τοῦ θεοῦ ἰσχυρότερον τῶν
– 27 τὰ ἀ..ῆ τοῦ κόσμου ἐξελέξατο ὁ θεός
4 10 ἡμεῖς ἀσθενεῖς, ὑμεῖς δὲ ἰσχυροί
8 7 ἡ συνείδησις αὐτῶν ἀσθενὴς οὖσα
– 9 πρόσκομμα γένηται τ. ἀσθενέσιν 10 ἡ
συνείδησις αὐτοῦ ἀ..οὺς ὄντος
9 22 ἐγενόμην τοῖς ἀσθενέσιν ἀσθενής,
ἵνα τοὺς ἀσθενεῖς κερδήσω
12 22 τὰ δοκοῦντα μέλη – ἀσθενέστερα
2 Co 10 10 ἡ δὲ παρουσία τοῦ σώματος ἀ..ῆς
Gal 4 9 ἐπὶ τὰ ἀσθενῆ καὶ πτωχὰ στοιχεῖα
1 Th 5 14 ἀντέχεσθε τῶν ἀσθενῶν
Hb 7 18 ἀθέτησις – γίνεται – ἐντολῆς διὰ τὸ
αὐτῆς ἀσθενές (infirmitatem)

1 Pe 3 7 ὡς ἀ..εστέρῳ* σκεύει τῷ γυναικείῳ

Ἀσία Act 29 69 (vl°) 16 6 19(1 vl) 10.22.26.
27 20(4 vl) 16.18 21 27 24 19 27 2
Rm 16 5 ὅς ἐστιν ἀπαρχὴ τῆς Ἀσίας εἰς Χόν
1 Co 16 19 αἱ ἐκκλησίαι τῆς Ἀσίας Ap 14 ταῖς
ἑπτὰ ἐκκλησίαις ταῖς ἐν τῇ Ἀσίᾳ
2 Co 1 8 2 Ti 1 15 – 1 Pe 1 1 ἐκλεκτοῖς παρεπιδή-
μοις διασπορᾶς –, Ἀσίας καὶ Βιθυν.

Ἀσιανοί Act 20 4 Ἀ. δὲ Τυχικὸς καὶ Τρόφιμος

Ἀσιάρχαι Asiae principes Act 19 31

ἀσιτία S° – ieiunatio Act 27 21

ἄσιτος S° – ieiunus Act 27 33

ἀσκεῖν studēre
Act 24 16 ἀσκῶ ἀπρόσκοπον συνείδησιν ἔχειν

ἀσκός uter Mat 9 17 || Mar 2 22 Luc 5 37.38

ἀσμένως libenter Act 21 17 ἀπεδέξαντο

ἄσοφος insipiens Eph 5 15 μὴ ὡς ἄσοφοι

ἀσπάζεσθαι salutare b valedicere
Mat 5 47 ἐὰν ἀσπάσησθε τοὺς ἀδελφοὺς ὑμῶν
μόνον, τί περισσὸν ποιεῖτε;

Mat 10 12 ἀσπάσασθε αὐτήν (sc τὴν οἰκίαν)
Mar 9 15 ἠσπάζοντο αὐτόν 15 18 ἤρξαντο ἀ.
Luc 1 40 ἠσπάσατο τὴν Ἐλισάβετ
10 4 μηδένα κατὰ τὴν ὁδὸν ἀσπάσησθε
Act 18 22 τὴν ἐκκλησίαν 21 7 τοὺς ἀδελφούς
20 1 b 21 19 (Jacobum et seniores) – 25 13
Rm 16 3.5-15 quindecies ἀσπάσασθε 2 Ti 4 19
– 16 ἀσπάσασθε ἀλλήλους ἐν φιλήματι ἁ-
γίῳ 1 Co 16 20 2 Co 13 12 1 Th 5 26 τ. ἀδελ-
φοὺς πάντας 1 Pe 5 14 ἐν φ. ἀγάπης
– 16 ἀ..ονται ὑμᾶς αἱ ἐκκλησίαι πᾶσαι τοῦ
Χοῦ 1 Co 16 19 αἱ ἐκ. τῆς Ἀσίας 20 οἱ
ἀδελφοὶ πάντες Phl 4 21 οἱ σὺν ἐμοὶ
ἀδελφοί – 2 Co 13 12 οἱ ἅγιοι πάντες Phl
4 22 – Tit 3 15 σὲ οἱ μετ' ἐμοῦ πάντες
– 21 ἀσπάζεται ὑμᾶς Τιμόθεος κτλ 23 bis
1 Co 16 19 ἀσπάζεται ὑμᾶς ἐν κυρίῳ
πολλὰ Ἀκύλας καὶ Πρίσκα Col 4 10.
12.14 2 Ti 4 21 Phm 23
– 22 ἀ..ομαι ὑμᾶς ἐγὼ Τέρτιος ὁ γράψας
Phl 4 21 ἀσπάσασθε πάντα ἅγιον ἐν Χῷ
Col 4 15 ἀσπάσασθε τοὺς ἐν Λαοδ. ἀδελφούς
Tit 3 15 ἄσπασαι τοὺς φιλοῦντας ἡμᾶς ἐν
Hb 11 13 μὴ λαβόντες τὰς ἐπαγγελίας, ἀλλὰ
πόρρωθεν – ἰδόντες καὶ ἀ..σάμενοι
13 24 ἀσπάσασθε πάντας τοὺς ἡγουμένους
ὑμῶν καὶ πάντας τοὺς ἁγίους. ἀσπά-
ζονται ὑμᾶς οἱ ἀπὸ τῆς Ἰταλίας
1 Pe 5 13 ἀ..εται ὑμᾶς ἡ ἐν Βαβ. συνεκλεκτή
2 Jo 13 ἀσπάζεταί σε τὰ τέκνα τῆς ἀδελφῆς
σου 3 Jo 15 ἀσπάζονταί σε οἱ φίλοι.
ἀσπάζου τοὺς φίλους κατ' ὄνομα

ἀσπασμός S° – salutatio b salutari
Mat 23 7 φιλοῦσιν – τοὺς ἀ. ἐν ταῖς ἀγοραῖς
|| Mar 12 38 βλέπετε ἀπὸ τῶν – θε-
λόντων – ἀσπασμοὺς b Luc 11 43 20 46
Luc 1 29 ποταπὸς εἴη ὁ ἀ. οὗτος 41 Μαρίας 44
1 Co 16 21 ὁ ἀ. τῇ ἐμῇ χειρί Col 4 18 2 Th 3 17

ἄσπιλος S° – immaculatus b sine macula
c incontaminatus (vl immaculatus)
1 Ti 6 14 τηρῆσαί σε τὴν ἐντολὴν ἄσπιλον b
Jac 1 27 ἄ..ον ἑαυτὸν τηρεῖν ἀπὸ τοῦ κόσμου
1 Pe 1 19 ὡς ἀμνοῦ ἀμώμου καὶ ἀσπίλου c Χοῦ
2 Pe 3 14 ἄ..οι καὶ ἀμώμητοι αὐτῷ εὑρεθῆναι

ἀσπίς aspis Rm 3 13 „ἰὸς ἀσπίδων ὑπό"

ἄσπονδος S° – sine pace b absque foedere
2 Ti 3 3 ἄστοργοι, ἄσπονδοι (Rm 1 31
ἀστόργους vl add ἀσπόνδους b)

ἀσσάριον, ἀσσάρια δύο[b] S[o] – [a]as [b]dipon-
dium Mat 1029[a] ‖ Luc 126[b]

ἄσσον (= propius) S[o] – per errorem de
Asson Act 2713 ἀ. παρελέγοντο – Κρήτην

Ἄσσος Act 2013 ἀνήχθημεν ἐπὶ τὴν Ἄ. 14

ἀστατεῖν S[o] – instabilem esse 1 Co 411

ἀστεῖος [a]gratus [b]elegans
Act 720 „ἀ.[a]” τῷ θεῷ Hb 1123 „ἀ.[b]” τὸ παιδίον

ἀστήρ stella [b]sidus
Mat 2 2 εἴδομεν – αὐτοῦ τὸν ἀστέρα 7 τὸν
χρόνον τοῦ φαινομένου ἀστέρος 9.10
2429 „οἱ ἀστέρες πεσοῦνται” Mar 1325
1 Co 1541 ἄλλη δόξα ἀστέρων· ἀστὴρ γὰρ ἀστέ-
ρος διαφέρει ἐν δόξῃ
Jud 13 ἀστέρες[b] πλανῆται (sidera errantia)
Ap 116 ἐν τῇ δεξιᾷ – ἀστέρας ἑπτά 20 τὸ μυ-
στήριον τῶν ἑπτὰ ἀ..ων –· οἱ ἑπτὰ ἀ.
ἄγγελοι τῶν ἑ. ἐκκλησιῶν εἰσιν 21 ὁ
κρατῶν τοὺς ἑ. ἀ. 31 ὁ ἔχων – τ. ἑ. ἀ.
228 δώσω αὐτῷ τὸν ἀ. τὸν πρωϊνόν 2216 τὸν
ἐγώ εἰμι – ὁ ἀ. ὁ λαμπρὸς ὁ πρωϊνός
613 „οἱ ἀ. τοῦ οὐρανοῦ ἔπεσαν” 810 „ἔπε-
σεν ἐκ τοῦ οὐρανοῦ ἀ.” μέγας καιό-
μενος 11 τὸ ὄνομα τοῦ ἀ. – ὁ Ἄψιν-
θος 91 εἶδον ἀ..α ἐκ τοῦ οὐρ. πεπτω-
κότα 124 σύρει τὸ τρίτον τῶν ἀ..ων
812 ἐπλήγη – τὸ τρίτον τῶν ἀστέρων
12 1 ἐπὶ τῆς κεφαλῆς αὐτῆς (sc τῆς γυ-
ναικός) στέφανος ἀστέρων δώδεκα

ἀστήρικτος S[o] – instabilis 2 Pe 214 δελεά-
ζοντες ψυχὰς ἀ..ους 316 οἱ ἀμαθεῖς καὶ ἀ.

ἄστοργος S[o] – sine affectione
Rm 131 ἀστόργους, ἀνελεήμονας 2 Ti 33

ἀστοχεῖν [a]aberrare [b]excidere a, circa
1 Ti 1 6 συνειδήσεως ἀγαθῆς καὶ πίστεως ἀν-
υποκρίτου, ὧν τινες ἀστοχήσαντες[a] 621
περὶ τὴν πίστιν ἠστόχησαν[b] 2 Ti 218 περὶ
τὴν ἀλήθειαν (a veritate) ἠστόχησαν[b]

ἀστραπή fulgur
Mat 2427 ὥσπερ – ἡ ἀ. ἐξέρχεται ἀπὸ ἀνατο-
λῶν ‖ Luc 1724 ἡ ἀ. ἀστράπτουσα
28 3 ἦν δὲ ἡ ἰδέα αὐτοῦ ὡς ἀστραπή
Luc 1018 τὸν σατανᾶν ὡς ἀστραπὴν – πεσόντα

Luc 1136 Ap 45 85 1119 1618

ἀστράπτειν [a]coruscare [b]fulgēre
Luc 1724[a] 244 ἄνδρες – ἐν ἐσθῆτι ἀ..ούσῃ[b]

ἄστρον stella [b]sidus
Luc 2125 ἔσονται σημεῖα ἐν ἡλίῳ – καὶ ἄστροις
Act 743[b] 2720[b] Hb 1112 „καθὼς τὰ ἄ.[b] τ. οὐρ.”

Ἀσύγκριτος Rm 1614 ἀσπάσασθε Ἀ..ον

ἀσύμφωνοι non consentientes Act 2825

ἀσύνετος insipiens [b]imprudens [c]sine in-
tellectu Mat 1516 ἀκμὴν καὶ ὑμεῖς ἀσύνε-
τοί[c] ἐστε; ‖ Mar 718[b] – Rm 121 ἐσκο-
τίσθη ἡ ἀσύνετος αὐτῶν καρδία 31 1019

ἀσύνθετος incompositus Rm 131

ἀσφάλεια [a]veritas [b]diligentia [c]securitas
Luc 14 ἵνα ἐπιγνῷς – τὴν ἀ.[a] Act
523[b] – 1 Th 53 εἰρήνη καὶ ἀσφάλεια[c]

ἀσφαλής [a]certus [b](adv.) diligentius
[c]necessarius [d]tutus
Act 2134 γνῶναι τὸ ἀ.[a] 2230[b] 2526[a]
Phl 3 1 τὰ αὐτὰ γράφειν –, ὑμῖν – ἀσφαλές[c]
Hb 619 ὡς ἄγκυραν – τῆς ψυχῆς ἀσφαλῆ[d]

ἀσφαλίζεσθαι [a]custodire [b]munire [c]stringere
Mat 2764[a] 65[a] 66[b] Act 1624[c]

ἀσφαλῶς [a]caute [b]certissime [c]diligenter
Mar 1444 ἀπάγετε ἀ.[a] – Act 236[b] 1623[c] τηρεῖν

ἀσχημονεῖν [a]turpem vidēri [b]ambitiosum esse
1 Co 736 ἀσχημονεῖν[a] ἐπὶ τὴν παρθέ-
νον – 13 5 ἡ ἀγάπη – οὐκ ἀσχημονεῖ[b]

ἀσχημοσύνη turpitudo Rm 127 Ap 1615

ἀσχήμων inhonestus 1 Co 1223 (μέλη)

ἀσωτία luxuria Eph 518 Tit 16 1 Pe 44

ἀσώτως S[o] – luxuriose Luc 1513 ζῶν ἀσώτως

ἀτακτεῖν S[o] – inquietum esse
2 Th 3 7 ὅτι οὐκ ἠτακτήσαμεν ἐν ὑμῖν

ἄτακτος inquietus 1 Th 514 νουθετεῖτε τούς

ἀτάκτως Sᵒ – ᵃ*inordinate* ᵇ*inquiete*
2 Th 3 6 ἀπὸ παντὸς ἀδελφοῦ ἀ.ᵃ περιπατοῦν-
τος 11 ἀκούομεν–τινας περιπατοῦντας–ἀ.ᵇ

ἄτεκνος ᵃ*sine liberis* ᵇ*sine filiis*
Luc 2028ᵃ (vl *sine filiis*) 29 ἀπέθανεν ἄτεκνοςᵇ

ἀτενίζειν *intuēri* ᵇ*intendere in*
Luc 420 πάντων οἱ ὀφθαλμοὶ – ἦσαν ἀ..οντεςᵇ
αὐτῷ 2256 Act 110 (εἰς τὸν οὐρανόν 755ᵇ)
34.12 615 104 116 139 149 231ᵇ
2 Co 3 7 μὴ δύνασθαι ἀτενίσαιᵇ – εἰς τὸ πρόσ-
ωπον Μωϋσέως 13 πρὸς τὸ μὴ ἀτενίσαιᵇ
– εἰς τὸ τέλος τοῦ καταργουμένου

ἄτερ *sine* Luc 226 ὄχλου 35 βαλλαντίου

ἀτιμάζειν ᵃ*contumeliis afficere* ᵇ(pass.) *con-
tumelias pati* ᶜ*exhonorare* ᵈ*inhonorare*
Mar 12 4ᵃ| Luc 2011ᵃ – Joh 849 ὑμεῖς ἀ..ετέ μεᵈ
Act 541 ὑπὲρ τοῦ ὀνόματος ἀτιμασθῆναιᵇ
Rm 124 τοῦ ἀ..εσθαιᵃ τὰ σώματα αὐτῶν ἐν
αὐτοῖς 223 τὸν θεὸν ἀτιμάζειςᵈ;
Jac 2 6 ὑμεῖς δὲ ἠτιμάσατεᶜ τὸν πτωχόν

ἀτιμία ᵃ*contumelia* ᵇ*ignobilitas* ᶜ*ignominia*
Rm 126 παρέδωκεν – ὁ θεὸς εἰς πάθη ἀ..αςᶜ
921 ὃ δὲ (sc σκεῦος) εἰς ἀ..ανᵃ; 2 Ti 220ᵃ
1 Co 1114 ἀνὴρ μὲν ἐὰν κομᾷ, ἀ.ᶜ αὐτῷ ἐστιν
1543 σπείρεται ἐν ἀτιμίᾳᵇ, ἐγείρεται ἐν
2 Co 6 8 διὰ δόξης καὶ ἀτιμίαςᵇ |δόξῃ
1121 κατὰ ἀτιμίανᵇ λέγω, ὡς ὅτι ἡμεῖς

ἄτιμος ᵃ*sine honore* ᵇ*ignobilis*
Mat 1357 οὐκ ἔστιν προφήτης ἄτιμοςᵃ εἰ μὴ ἐν
τῇ πατρίδι ∥ Mar 64ᵃ
1 Co 410 ὑμεῖς ἔνδοξοι, ἡμεῖς δὲ ἄτιμοιᵇ
1223 ἃ δοκοῦμεν ἀ..ότεραᵇ εἶναι (sc μέλη)

ἀτμίς *vapor* Act 219 „ἀτμίδα καπνοῦ"
Jac 414 ἀ. γάρ ἐστε ἡ πρὸς ὀλίγ. φαινομένη

ἄτομος Sᵒ – *momentum* 1 Co 1552 ἐν ἀ..ῳ

ἄτοπος, ..ον ᵃ*malum* ᵇ*crimen* ᶜ*importunus*
Luc 2341 οὐδὲν ἄτοπονᵃ ἔπραξεν Act 255ᵇ
Act 28 6 θεωρούντων μηδὲν ἀ..ονᵃ – γινόμενον
2 Th 3 2 ἵνα ῥυσθῶμεν ἀπὸ τῶν ἀ.ᶜ – ἀνθρώπ.

Ἀττάλεια Act 1425 κατέβησαν εἰς Ἀττάλειαν

αὐγάζειν *fulgēre* 2 Co 44 εἰς τὸ μὴ αὐγάσαι
τὸν φωτισμὸν τοῦ εὐαγγελίου

αὐγή *lux* Act 2011 ὁμιλήσας ἄχρι αὐγῆς

Αὔγουστος Luc 21 δόγμα παρὰ Καίσαρος Ἀ.

αὐθάδης ᵃ*superbus* ᵇ*sibi placens*
Tit 1 7 ἐπίσκοπον–μὴ ἀ..ηᵃ – 2 Pe 210 ἀ..ειςᵇ

αὐθαίρετος Sᵒ – ᵃ*voluntarius* ᵇ*sua voluntate*
2 Co 83 αὐθαίρετοιᵃ 17ᵇ

αὐθεντεῖν Sᵒ – *dominari* 1 Ti 212 ἀνδρός

αὐλεῖν Sᵒ – ᵃ*canere* ᵇ*cantare*
Mat 1117 ηὐλήσαμεν ᵃ ὑμῖν καὶ οὐκ ∥ Luc 732ᵇ
1 Co 14 7 πῶς γνωσθήσεται τὸ αὐλούμενονᵃ –;

αὐλή *atrium* ᵇ*ovile*
Mat 26 3 τοῦ ἀρχιερέως 58.69∥ Mar 1454.66 Luc
2255 Joh 1815 – Mar 1516 praetorii
Luc 1121 ὅταν ὁ ἰσχυρὸς–φυλάσσῃ τὴν ἑαυ. αὐ.
Joh 10 1ᵇ τῶν προβάτων 16 ἃ οὐκ ἔστιν ἐκ τῆς
αὐλῆςᵇ ταύτης – Ap 112 τοῦ ναοῦ

αὐλητής Sᵒ – ᵃ*tibicen* ᵇ*tibia canens*
Mat 923ᵃ Ap 1822 φωνὴ – αὐ..ῶνᵇ – οὐ μὴ ἀκ.

αὐλίζεσθαι ᵃ*manēre* ᵇ*morari*
Mat 2117ᵃ Luc 2137ᵇ εἰς τὸ ὄρος – ἐλαιῶν

αὐλός *tibia* 1 Co 147 εἴτε ·αὐ. εἴτε κιθάρα

αὐξάνειν, αὔξειν *crescere* ᵇ*augēre*
ᶜ*incrementum dare*
Mat 628 τὰ κρίνα – πῶς αὐξάνουσιν ∥ Luc 1227
1332 ὅταν δὲ αὐξηθῇ, μεῖζον ∥ Luc 1319
Mar 4 8 ἐδίδου καρπὸν–αὐξανόμενα (vl..νον)
Luc 180 τὸ δὲ παιδίον ηὔξανεν 240
Joh 330 ἐκεῖνον δεῖ αὐξάνειν, ἐμὲ δὲ ἐλαττ.
Act 6 7 ὁ λόγος τοῦ θεοῦ ηὔξανεν 1224 τοῦ
θεοῦ 1920 ηὔξανεν καὶ ἴσχυεν
717 „ηὔξησεν" ὁ λαὸς „καὶ ἐπληθύνθη"
1 Co 3 6 ὁ θεὸς ηὔξανενᶜ 7 ὁ αὐξάνωνᶜ θεός
2 Co 910 αὐξήσειᵇ (*augebit incrementa*) „τὰ
γενήματα τῆς δικαιοσύνης ὑμῶν"
1015 αὐξανομένης τῆς πίστεως ὑμῶν
Eph 221 πᾶσα οἰκοδομή – αὔξει εἰς ναὸν ἅγιον
415 αὐξήσωμεν εἰς αὐτὸν τὰ πάντα
Col 1 6 τοῦ εὐαγγ. –, καθὼς καὶ ἐν παντὶ τῷ
κόσμῳ ἐστίν – αὐξανόμενον
– 10 αὐξανόμενοι τῇ ἐπιγνώσει τοῦ θεοῦ
219 πᾶν τὸ σῶμα – αὔξει τὴν αὔξησιν τοῦ
θεοῦ (*crescit in augmentum Dei*)

1 Pe 2 2 τὸ λογικὸν – γάλα –, ἵνα ἐν αὐτῷ
αὐξηθῆτε εἰς σωτηρίαν
2 Pe 3 18 αὐξάνετε δὲ ἐν χάριτι καὶ γνώσει τοῦ
κυρίου ἡμῶν καὶ σωτῆρος 'I. Χοῦ

αὔξησις augmentum
Eph 4 16 πᾶν τὸ σῶμα – τὴν αὔξησιν – ποιεῖται
Col 2 19 –> αὐξάνειν

αὔριον, εἰς, ἐπὶ τὴν αὔ. cras ᵇcrastinum
(in cr., cr..o) ᶜcrastinus (..a) dies ᵈaltera
die Mat 6 30 αὔριον εἰς κλίβανον βαλλό-
μενον (‖ Luc 12 28) 34 μὴ – μεριμνήσητε εἰς
τὴν αὔριονᵇ, ἡ – αὔριονᶜ μεριμνήσει ἑαυτῆς
Luc 10 35 ἐπὶ τὴν αὔ.ᵈ 13 32 ἰάσεις ἀποτελῶ σή-
μερον καὶ αὔ. 33 αὔ. καὶ τῇ ἐχομένῃ
Act 4 3 εἰς τὴν αὔ.ᵇ 5 ἐπὶ τὴν αὔ.ᵇ 23 20ᶜ 25 22
1 Co 15 32 „αὔριον γὰρ ἀποθνήσκομεν"
Jac 4 13 σήμερον ἢ αὔριονᵇ πορευσόμεθα 14
οὐκ ἐπίστασθε τὸ τῆς αὔριονᵇ

αὐστηρός austerus (vl ..is) Luc 19 21.22

αὐτάρκεια Sº – sufficientia
2 Co 9 8 ἐν παντὶ πάντοτε πᾶσαν αὐ. ἔχοντες
1 Ti 6 6 πορισμὸς – ἡ εὐσέβεια μετὰ αὐ..ας

αὐτάρκης sufficiens Phl 4 11 ἐγὼ γὰρ ἔμα-
θον ἐν οἷς εἰμι αὐτάρκης εἶναι

αὐτοκατάκριτος Sº – proprio iudicio con-
demnatus Tit 3 11 ἁμαρτάνει ὢν αὐ.

αὐτόματος ultro Mar 4 28 Act 12 10

αὐτόπται Sº – qui ipsi viderunt Luc 1 2

ἐπ' αὐτοφώρῳ Sº – modo ‖Joh 8 4‖

αὐτόχειρες Sº – suis manibus Act 27 19

αὐχεῖν Sº – exaltare (vl exultare) Jac 3 5
ἡ γλῶσσα – μεγάλα αὐχεῖ (vl μεγαλαυχεῖ)

αὐχμηρός Sº – caliginos..s 2 Pe 1 19 προσ-
έχοντες ὡς λύχνῳ – ἐν αὐχμηρῷ τόπῳ

ἀφαιρεῖν, ..εῖσθαι auferre ᵇamputare
ᶜdiminuere (vl deminuere)
Mat 26 51ᵇ τὸ ὠτίον ‖ Mar 14 47ᵇ Luc 22 50ᵇ
Luc 1 25 ἐπεῖδεν ἀφελεῖν ὄνειδός μου ἐν ἀνθ.
10 42 τὴν ἀγαθὴν μερίδα ἐξελέξατο, ἥτις

οὐκ ἀφαιρεθήσεται αὐτῆς (ab ea)
Luc 16 3 ἀφαιρεῖται τὴν οἰκονομίαν ἀπ' ἐμοῦ
Rm 11 27 „ὅταν ἀφέλωμαι τὰς ἁμαρτίας αὐτ."
Hb 10 4 ἀδύνατον – αἷμα ταύρων – ἀ. ἁμαρτ.
Ap 22 19 ἐάν τις „ἀφέλῃᶜ ἀπὸ" τῶν λόγων –,
ἀφελεῖ ὁ θεὸς τὸ μέρος αὐτοῦ ἀπὸ
τοῦ ξύλου τῆς ζωῆς

ἀφανής invisibilis Hb 4 13

ἀφανίζειν, ..εσθαι ᵃdemoliri ᵇdisperdi
ᶜexterminare
Mat 6 16 ἀ..ουσιν ᶜ (vl ᵃ) – τὰ πρόσωπα αὐτῶν
– 19 ὅπου σὴς – ἀ..ει ᵃ 20ᵃ – Act 13 41ᵇ
Jac 4 14 ἀτμὶς – φαινομένη, ἔπειτα – ἀ..ομένη ᶜ

ἀφανισμός interitus Hb 8 13 ἐγγὺς ἀ..οῦ

ἄφαντος ἐγένετο evanuit Luc 24 31

ἀφεδρών Sº – secessus Mat 15 17 ‖ Mar 7 19

ἀφειδία non parcere Col 2 23 σώματος

ἀφελότης Sº – simplicitas
Act 2 46 ἐν ἀγαλλιάσει καὶ ἀ..ότητι καρδίας

ἄφεσις remissio
Mat 26 28 ἐκχυννόμενον εἰς ἄφεσιν ἁμαρτιῶν
Mar 1 4 βάπτισμα μετανοίας εἰς ἄ..ιν ἁμαρτι-
ῶν ‖ Luc 3 3 – 24 47 μετάνοιαν εἰς (vl
καὶ) ἄ. ἁμ. Act 2 38 μετανοήσατε, [φη-
σίν,] κ. βαπτισθήτω ἕκαστος – εἰς ἄ. ἁμ.
3 29 οὐκ ἔχει ἄφεσιν εἰς τὸν αἰῶνα
Luc 1 77 γνῶσιν σωτηρίας – ἐν ἀ..ει ἁμαρτιῶν
4 18 „κηρῦξαι αἰχμαλώτοις ἄφεσιν" – .
ἀποστεῖλαι τεθραυσμένους ἐν ἀφέσει
Act 5 31 μετάνοιαν τῷ 'Ισρ. καὶ ἄ..ιν ἁμαρτιῶν
10 43 ἄ..ιν ἁμαρτ. λαβεῖν διὰ τοῦ ὀνόματος
αὐτοῦ 26 18 – 13 38 διὰ τούτου (sc
'Ιησοῦ) ὑμῖν ἄφ. ἁμ. καταγγέλλεται
Eph 1 7 ἐν ᾧ ἔχομεν τὴν ἀπολύτρωσιν –, τὴν
ἄ. τῶν παραπτωμάτων Col 1 14 ἁμαρτ.
Hb 9 22 χωρὶς αἱματεκχυσίας οὐ γίνεται ἄφ.
10 18 ὅπου δὲ ἄφ. τούτων (sc τῶν ἁμαρ-
τιῶν), οὐκέτι προσφορὰ περὶ ἁμαρτίας

ἀφή ᵃiunctura ᵇnexus Eph 4 16ᵃ Col 2 19ᵇ

ἀφθαρσία incorruptio ᵇincorruptela
Rm 2 7 τοῖς – τιμὴν καὶ ἀφθαρσίαν ζητοῦσιν
1 Co 15 42 ἐγείρεται ἐν ἀ..ᾳ 50 οὐδὲ ἡ φθορὰ

τὴν ἀφθαρσίαν[b] κληρονομεῖ 53 δεῖ
γὰρ τὸ φθαρτὸν – ἐνδύσασθαι ἀφθαρ-
σίαν (vg vl [b]) 54 ὅταν – τὸ φθαρτὸν
– ἐνδύσηται ἀφθαρσίαν (vl et vg°)
Eph 6 24 μετὰ – τῶν ἀγαπώντων – Χὸν ἐν ἀ..ᾳ
2 Ti 1 10 φωτίσαντος δὲ ζωὴν καὶ ἀ..αν διά

ἄφθαρτος incorruptibilis [b]incorruptus
[c]incorruptibilitas
Mar brevior clausula τὸ ἱερὸν καὶ ἄφθαρτον
κήρυγμα τῆς αἰωνίου σωτηρίας, vg°
Rm 1 23 ἤλλαξαν τὴν δόξαν τοῦ ἀ..ου θεοῦ
1 Co 9 25 ἡμεῖς δὲ ἄφθαρτον[b] (sc στέφανον)
15 52 οἱ νεκροὶ ἐγερθήσονται ἄφθαρτοι[b]
1 Ti 1 17 ἀφθάρτῳ (vl ἀθανάτῳ, vg immorta-
li) ἀοράτῳ μόνῳ θεῷ τιμή καὶ δόξα
1 Pe 1 4 εἰς κληρονομίαν ἄ..ον καὶ ἀμίαντον
– 23 ἐκ σπορᾶς – ἀ..ου διὰ λόγου ζῶντος
3 4 ἐν τῷ ἀφθάρτῳ[c] τοῦ πραέως καὶ ἡ-
συχίου πνεύματος

ἀφθορία S° – integritas
Tit 2 7 παρεχόμενος –, ἐν τῇ διδασκαλίᾳ ἀ-
φθορίαν (vg in doctr., in integritate)

ἀφιέναι, ἀφίειν

1) ἀφιέναι ὀφειλήματα, παραπτώματα, ἁ-
μαρτίας etc dimittere [b]remittere
Mat 6 12 ἄφες ἡμῖν τὰ ὀφειλήματα ἡμῶν, ὡς
καὶ ἡμεῖς ἀφήκαμεν (vl ..ίομεν, ..ίε-
μεν, vg praes.) || Luc 11 4 τὰς ἁμαρ-
τίας ἡμῶν, καὶ γὰρ αὐτοὶ ἀφίομεν
– 14 ἐὰν – ἀφῆτε τοῖς ἀνθρ. τὰ παραπτώ-
ματα αὐτῶν, ἀφήσει καὶ ὑμῖν ὁ πα-
τὴρ ὑμῶν 15 ἐὰν δὲ μὴ ἀφῆτε –, οὐδὲ
ὁ πατὴρ ὑμῶν ἀφήσει τὰ παρ. ὑμῶν
9 2 ἀφίενταί[b] σου αἱ ἁμαρτίαι 5.6 ἐξουσ-
σίαν ἔχει – ἀφιέναι ἁμαρτίας || Mar
2 5.7 τίς δύναται ἀφιέναι ἁμαρτίας –;
9.10 Luc 5 20 ἀφέωνταί[b] σοι αἱ ἁμ. σου
21 τίς δύναται ἁμαρτ. ἀφεῖναι –; 23.24
12 31 πᾶσα ἁμαρτία καὶ βλασφημία ἀφ-
εθήσεται[b] τοῖς ἀνθρ., ἡ δὲ τοῦ πνεύ-
ματος βλασφημ. οὐκ ἀφεθήσεται[b] 32
ὃς ἐὰν εἴπη λόγον –, ἀφεθήσεται[b]
αὐτῷ· ὃς δ᾽ ἂν εἴπη κατὰ τοῦ πνεύ-
ματος –, οὐκ ἀφεθήσεται[b] αὐτῷ ||
Mar 3 28 Luc 12 10[b]
18 21 ποσάκις ἁμαρτήσει εἰς ἐμὲ – καὶ ἀφ-
ήσω αὐτῷ; 27 τὸ δάνειον ἀφῆκεν αὐ-
τῷ 32 πᾶσαν τὴν ὀφειλὴν – ἀφῆκά σοι

35 ἐὰν μὴ ἀφῆτε[b] – τῷ ἀδελφῷ || Luc
17 3 ἐὰν μετανοήση, ἄφες αὐτῷ 4 καὶ
ἐὰν ἑπτάκις –, ἀφήσεις αὐτῷ [τοῖς"
Mar 4 12 „μήποτε ἐπιστρέψωσιν καὶ ἀφεθῇ αὐ-
11 25 ὅταν στήκετε προσευχόμενοι, ἀφίετε
εἴ τι ἔχετε κατά τινος, ἵνα καὶ ὁ πα-
τὴρ – ἀφῇ ὑμῖν τὰ παραπτώματα ὑ-
μῶν (26 vl εἰ – οὐκ ἀφίετε, οὐδὲ ὁ πα-
τὴρ – ἀφήσει τὰ παραπτ. ὑμῶν, vg)
Luc 7 47 ἀφέωνται[b] (vg praes., vl fut.) αἱ
ἁμαρτίαι αὐτῆς αἱ πολλαί –· ᾧ δὲ
ὀλίγον ἀφίεται, ὀλίγον ἀγαπᾷ 48 ἀφ-
έωνταί[b] σου αἱ ἁμαρτίαι. 49 τίς οὗ-
τός ἐστιν, ὃς καὶ ἁμαρτίας ἀφίησιν;
[[23 34 πάτερ, ἄφες αὐτοῖς· οὐ γὰρ οἴδασιν]]
Joh 20 23 ἄν τινων ἀφῆτε[b] τὰς ἁμ., ἀφέωνται
αὐτοῖς· ἄν τινων κρατῆτε, κεκράτ.
Act 8 22 δεήθητι τοῦ κυρίου εἰ ἄρα ἀφεθή-
σεταί[b] σοι ἡ ἐπίνοια τῆς καρδίας σου
Rm 4 7 „μακάριοι ὧν ἀφέθησαν[b] αἱ ἀνομίαι"
Jac 5 15 κἂν ἁμαρτίας ᾖ πεποιηκώς, ἀφεθή-
σεται[b] (vl dim.) αὐτῷ
1 Jo 1 9 πιστός ἐστιν καὶ δίκαιος, ἵνα ἀφῇ[b]
ἡμῖν τὰς ἁμαρτίας 2 12 ἀφέωνται[b] ὑ-
μῖν αἱ ἁμαρτίαι διὰ τὸ ὄνομα αὐτοῦ

2) reliqui loci. – relinquere [b]sinere
[c]dimittere [d]emitt. [e]emitt. [f]admitt.
[g]permitt. [h]remitt. [i]intermittere
Mat 3 15 ἄφες[b] ἄρτι· – τότε ἀφίησιν[c] αὐτόν
4 11 τότε ἀφίησιν αὐτὸν ὁ διάβολος
– 20 ἀφέντες τὰ δίκτυα || Mar 1 18 – Luc 5 11
ἀφ. πάντα ἠκολούθησαν – Mat 4 22
ἀφ. τὸ πλοῖον καὶ τ. πατέρα || Mar 1 20
5 24 ἄφες – τ. δῶρόν – ἔμπροσθεν τοῦ θυσ.
– 40 ἄφες[c] – (vl [h]) αὐτῷ καὶ τὸ ἱμάτιον
7 4 ἄφες[b] ἐκβάλω τὸ κάρφος || Luc 6 42
8 15 ἀφῆκεν[c] αὐτὴν ὁ πυρετός || Mar 1 31[c]
Luc 4 39[c] – Joh 4 52 ἀφῆκεν αὐτὸν
– 22 ἄφες[c] τοὺς νεκροὺς θάψαι || Luc 9 60[b]
13 30 ἄφετε[b] συναυξάνεσθαι ἀμφότερα
– 36 ἀφεὶς[b] τοὺς ὄχλους Mar 4 36[c] 8 13[c]
15 14 ἄφετε[b] αὐτούς· τυφλοί εἰσιν ὁδηγοί
18 12 οὐχὶ ἀφήσει τὰ ἐνενήκοντα ἐννέα –;
19 14 ἄφετε[b] τὰ παιδία || Mar 10 14 ἄφετε[b]
– ἔρχεσθαι πρός με Luc 18 16[b]
– 27 ἡμεῖς ἀφήκαμεν πάντα 29 πᾶς ὅστις
ἀφῆκεν οἰκίας || Mar 10 28[c] 29 οἰ-
κίαν Luc 18 28 ἀφέντες[b] τὰ ἴδια 29.
22 22 ἀφέντες αὐτὸν ἀπῆλθαν || Mar 12 12
– 25 ἀφῆκεν τὴν γυναῖκα – τ. ἀδελφῷ αὐτοῦ
|| Mar 12 19 „ἐάν τινος ἀδελφὸς – μὴ

ἀφῇ τέκνον" 20 οὐκ ἀφῆκεν σπέρμα 22

Mat 23 13 οὐδὲ τοὺς εἰσερχομένους ἀφίετε[b] εἰσελθεῖν
– 23 ἀφήκατε τὰ βαρύτερα τοῦ νόμου, – '
– κἀκεῖνα (sc ἔδει) μὴ ἀφιέναι[d]
– 38 „ἀφίεται (vg fut., vl praes.) ὑμῖν ὁ οἶκος ὑμῶν" (vl + ἔρημος) Luc 1335
24 2 οὐ μὴ ἀφεθῇ ὧδε λίθος ἐπὶ λίθον ||
Mar 132 Luc 1944 οὐκ ἀφήσουσιν 21 6
– 40 καὶ εἰς ἀφίεται 41 μία ἀφίεται || Luc 1734 ὁ ἕτερος ἀφεθήσεται 35 ἡ δὲ ἕτ.
2644 ἀφεὶς αὐτοὺς πάλιν – προσηῦξατο
– 56 ἀφέντες αὐτὸν ἔφυγον || Mar 1450
2749 ἄφες[b] ἴδωμεν εἰ ἔρχεται Ἠλίας ||
Mar 1536 ἄφετε[b] ἴδωμεν
– 50 ἀφῆκεν[e] τὸ πνεῦμα || Mar 1537 ἀφεὶς[e] φωνὴν μεγάλην ἐξέπνευσεν

Mar 1 34 οὐκ ἤφιεν[b] λαλεῖν τὰ δαιμόνια
5 19 οὐκ ἀφῆκεν[f] αὐτόν (sc μετ' αὐτοῦ εἶναι) 37 οὐκ ἀφῆ.[f] οὐδένα μετ' αὐτοῦ συνακολουθῆσαι || Luc 851[g]–Mar 1116 οὐκ ἤφιεν[b] ἵνα τις διενέγκῃ σκεῦος 146 ἄφετε[b] αὐτήν – 116 ἀφῆκαν[c] αὐτούς
7 8 ἀφέντες τὴν ἐντολὴν τοῦ θεοῦ
– 12 οὐκέτι ἀφίετε[e] αὐτὸν οὐδὲν ποιῆσαι τῷ πατρὶ ἢ τῇ μητρί, ἀκυροῦντες
– 27 ἄφες[b] πρῶτον χορτασθῆναι τ. τέκνα
1334 ὡς ἄνθρωπος – ἀφεὶς τὴν οἰκίαν

Luc 1030 ἀπῆλθον ἀφέντες ἡμιθανῆ
1239 οὐκ ἂν ἀφῆκεν[f] διορυχθῆναι τ. οἶκ.
13 8 ἄφες[c] αὐτὴν καὶ τοῦτο τὸ ἔτος

Joh 4 3 ἀφῆκεν τὴν Ἰουδαίαν
– 28 ἀφῆκεν οὖν τὴν ὑδρίαν αὐτῆς ἡ γυνή
829 ὁ πέμψας με – οὐκ ἀφῆκέν με μόνον
1012 ἀφίησιν[c] τὰ πρόβατα καὶ φεύγει
1144 ἄφετε[b] αὐτὸν ὑπάγειν 188[b] τούτους
– 48 ἐὰν ἀφῶμεν[c] αὐτὸν οὕτως, πάντες
12 7 ἄφες[b] (vg plur., vl sing.) αὐτήν, ἵνα
1418 οὐκ ἀφήσω ὑμᾶς ὀρφανούς, ἔρχομαι
– 27 εἰρήνην ἀφίημι ὑμῖν, εἰρήνην τὴν ἐμὴν
1628 πάλιν ἀφίημι τὸν κόσμον καὶ πορ.
– 32 ἔρχεται ὥρα – ἵνα σκορπισθῆτε – κἀμὲ ἀφῆτε ἀφῆτε

Act 538 ἄφετε[c] αὐτούς (sc τοὺς ἀποστόλους)
1417 οὐκ ἀμάρτυρον αὐτὸν ἀφῆκεν

Rm 1 27 ἀφέντες τὴν φυσικὴν χρῆσιν τῆς θηλ.
1 Co 711 ἄνδρα γυναῖκα μὴ ἀφιέναι[c] 12 μὴ ἀφιέτω[c] αὐτήν (sc γυναῖκα ἄπιστον)
13 μὴ ἀφιέτω[c] τὸν ἄνδρα (sc ἄπιστον)

Hb 2 8 οὐδὲν ἀφῆκεν[c] αὐτῷ ἀνυπότακτον
6 1 ἀφέντες[i] τὸν τῆς ἀρχῆς τ. Χοῦ λόγον

Ap 2 4 τὴν ἀγάπην σου τὴν πρώτην ἀφῆκες

Ap 220 ὅτι ἀφεῖς[g] τὴν γυναῖκα Ἰεζάβελ
11 9 τὰ πτώματα – οὐκ ἀφίουσιν[b] (vl ἀφήσουσι vg, vl praes.) τεθῆναι εἰς μνῆμα

ἀφικνεῖσθαι divulgari (vl prov.) Rm 1619

ἀφιλάγαθος S[o] – sine benignitate
2 Ti 3 3 ἔσονται – οἱ ἄνθρ. – ἀνήμεροι, ἀ..οι

ἀφιλάργυρος S[o] – [a]non cupidus [b]sine avaritia 1 Ti 33 δεῖ – τὸν ἐπίσκοπον
– εἶναι – ἀ..ον[a] Hb 135 ἀ.[b] ὁ τρόπος

ἄφιξις discessio Act 2029 μετὰ – ἄ..ίν μου

ἀφιστάναι discedere [b]recedere [c]avertere
Luc 237 ἢ (sc Ἅννα) οὐκ ἀφίστατο τοῦ ἱεροῦ
4 13 ὁ διάβολος ἀπέστη[b] ἀπ' αὐτοῦ
8 13 ἐν καιρῷ πειρασμοῦ ἀφίστανται[b]
1327 „ἀπόστητε ἀπ' ἐμοῦ – ἐργάται ἀδικ."
Act 537 ἀπέστησεν[c] λαὸν ὀπίσω αὐτοῦ
– 38 ἀπόστητε ἀπὸ τῶν ἀνθρώπων τούτων
1210 εὐθέως ἀπέστη ὁ ἄγγελος ἀπ' αὐτοῦ
1538 ἤξίου, τὸν ἀποστάντα ἀπ' αὐτῶν (sc Μᾶρκον) – μὴ συμπαραλαμβάνειν
19 9 ἀποστὰς ἀπ' αὐτῶν 2229 ἀπέστησαν
2 Co 12 8 παρεκάλεσα, ἵνα ἀποστῇ ἀπ' ἐμοῦ
1 Ti 4 1 ἀποστήσονταί τινες τῆς πίστεως
(6 5 vl ἀφίστασο ἀπὸ τῶν τοιούτων, vg[o])
2 Ti 219 ἀποστήτω ἀπὸ ἀδικίας πᾶς ὁ ὀνομ.
Hb 312 ἐν τῷ ἀποστῆναι ἀπὸ θεοῦ ζῶντος

ἄφνω [a]repente [b]subito Act 22[a] 1626[b] 286[b]

ἀφόβως sine timore 1 Co 1610 Jud 12
Luc 174 τοῦ δοῦναι ἡμῖν ἀφόβως – λατρεύειν
Phl 1 14 ἀφόβως τὸν λόγον λαλεῖν

ἀφομοιοῦσθαι assimilari
Hb 7 3 ἀφωμοιωμένος – τῷ υἱῷ τοῦ θεοῦ

ἀφορᾶν [a]vidēre [b]aspicere Phl 223[a]
Hb 12 2 ἀ..ῶντες[b] εἰς τὸν τῆς πίστ. ἀρχηγόν

ἀφορίζειν segregare (se) [b]separare
Mat 1349 ἀ..ιοῦσιν[b] (sc οἱ ἄγγ.) τοὺς πονηρούς
2532 ἀφορίσει[b] αὐτοὺς ἀπ' ἀλλήλων, ὥσπερ ὁ ποιμὴν ἀφορίζει τὰ πρόβατα
Luc 622 μακάριοι – ὅταν ἀφορίσωσιν[b] ὑμᾶς
Act 13 2 ἀφορίσατε (vl[b]) δή μοι τ. Βαρναβᾶν
19 9 ἀφώρισεν τοὺς μαθητάς
Rm 1 1 ἀφωρισμένος εἰς εὐαγγέλιον θεοῦ

2 Co 6 17 „ἐξέλθατε – καὶ ἀφορίσθητε[b]"
Gal 1 15 ὁ ἀφορίσας με ἐκ κοιλίας μητρός
2 12 ὑπέστελλεν καὶ ἀφώριζεν ἑαυτόν

ἀφορμή *occasio*
Rm 7 8 ἀφορμὴν δὲ λαβοῦσα ἡ ἁμαρτία 11
2 Co 5 12 ἀφορμὴν διδόντες ὑμῖν καυχήματος
11 12 ἵνα ἐκκόψω τὴν ἀφ. τῶν θελόντων
ἀ..ήν 1 Ti 5 14 μηδεμίαν ἀ..ὴν διδό-
ναι τῷ ἀντικειμένῳ λοιδορίας χάριν
Gal 5 13 μὴ τὴν ἐλευθερίαν εἰς ἀφορμὴν τῇ
σαρκί (vg *ne – in occasionem detis*)

ἀφρίζειν, ἀφρός S[o] – *spumare, spuma* Mar
9 18.20 ἐκυλίετο ἀ..ων ‖ Luc 9 39 μετὰ ἀ..οῦ

ἀφροσύνη *insipientia* [b]*stultitia*
Mar 7 22 βλασφημία, ὑπερηφανία, ἀφροσύνη[b]
2 Co 11 1 ὄφελον ἀνείχεσθέ μου μικρόν τι ἀ..ης
– 17 ὃ λαλῶ, – ὡς ἐν ἀ..ῃ 21 ἐν ἀ..ῃ λέγω

ἄφρων *insipiens* [b]*imprudens* [c]*stultus*
Luc 11 40 ἀ..ες[c] 12 20[c] 1 Co 15 36 ἄ., σὺ ὃ σπείρ.
Rm 2 20 σεαυτὸν – εἶναι – παιδευτὴν ἀφρόνων
2 Co 11 16 μή τίς με δόξῃ ἄφρονα εἶναι· – κἂν
ὡς ἄφρονα δέξασθέ με, ἵνα
– 19 ἡδέως γὰρ ἀνέχεσθε τῶν ἀφρόνων
12 6 οὐκ ἔσομαι ἄ., ἀλήθειαν γὰρ ἐρῶ
– 11 γέγονα ἄφρων· ὑμεῖς με ἠναγκάσατε
Eph 5 17 μὴ γίνεσθε ἄφρονες[b], ἀλλὰ συνίετε
1 Pe 2 15 φιμοῦν τὴν τῶν ἀ..ων[b] – ἀγνωσίαν

ἀφυπνοῦν S[o] – *obdormire* Luc 8 23

(**ἀφυστερεῖν** *fraudare* vl Jac 5 4)

ἄφωνος [a]*sine voce* [b]*mutus*
Act 8 32[a] „ἀμνός" – 2 Pe 2 16 ὑποζύγιον ἀ..ον[b]
1 Co 12 2 πρὸς τὰ εἴδωλα τὰ ἄφωνα[b] 14 10[a]

Ἀχάζ Mat 1 9

Ἀχαΐα Act 18 12.27 19 21 Rm 15 26
1 Co 16 15 οἰκίαν Στεφανᾶ, ὅτι – ἀπαρχὴ τῆς Ἀ.
2 Co 1 1 σὺν τοῖς ἁγίοις – ἐν ὅλῃ τῇ Ἀ. 9 2 Ἀ.
παρεσκεύασται ἀπὸ πέρυσι 11 10
1 Th 1 7 γενέσθαι ὑμᾶς τύπον – τοῖς πιστεύ-
ουσιν – ἐν τῇ Ἀ. 8 ἐξήχηται ὁ λό-
γος – ἐν τῇ Μακ. καὶ [ἐν τῇ] Ἀ.

Ἀχαϊκός 1 Co 16 17 ἐπὶ τῇ παρουσίᾳ – Ἀ..οῦ

ἀχάριστος *ingratus* Luc 6 35 χρηστός ἐστιν
ἐπὶ τοὺς ἀχαρίστους καὶ πονηρούς
2 Ti 3 2 ἔσονται – οἱ ἄνθρωποι – ἀ..οι, ἀνόσιοι

ἀχειροποίητος S[o] – *non manu factus*
Mar 14 58 ἄλλον ἀ..ον οἰκοδομήσω (sc ναόν)
2 Co 5 1 οἰκίαν ἀ..ον αἰώνιον ἐν τοῖς οὐραν.
Col 2 11 ἐν ᾧ – περιετμήθητε περιτομῇ ἀ..ῳ

Ἀχίμ Mat 1 14

ἀχλύς S[o] – *caligo* Act 13 11 ἐπ᾽ αὐτόν

ἀχρεῖος *inutilis*
Mat 25 30 τὸν ἀχρεῖον δοῦλον ἐκβάλετε εἰς
Luc 17 10 λέγετε ὅτι δοῦλοι ἀ..οί (vl[o]) ἐσμεν

ἀχρειοῦσθαι *inutilem fieri* Rm 3 12

ἄχρηστος *inutilis* Phm 11 τόν ποτέ σοι ἀ..ον

*ἄχρι, ἄχρις *usque ad, in* [b]*donec*
Luc 4 13 ὁ διάβολος ἀπέστη ἀπ᾽ αὐτοῦ ἄ. και-
ροῦ – Act 13 11 ἔσῃ τυφλὸς – ἄ. καιρ.
21 24 ἄχρι οὗ[b] πληρωθῶσιν καιροὶ ἐθνῶν
Act 3 21 ἄ. χρόνων ἀποκαταστάσεως πάντων
Rm 1 13 ἐκωλύθην ἄ. τοῦ δεῦρο 1 Co 4 11 ἄ.
τῆς ἄρτι ὥρας – πεινῶμεν καὶ διψῶμεν
5 13 ἄ. γὰρ νόμου ἁμαρτία ἦν ἐν κόσμῳ
8 22 ἡ κτίσις συστενάζει – ἄχρι τοῦ νῦν
11 25 ἄ. οὗ[b] τὸ πλήρωμα τ. ἐθνῶν εἰσέλθῃ
1 Co 11 26 ἄχρι οὗ[b] ἔλθῃ (sc ὁ κύριος)
15 25 ἄχρι οὗ[b] θῇ πάντας τοὺς ἐχθροὺς
Gal 3 19 ἄχρις[b] οὗ ἔλθῃ τὸ σπέρμα ᾧ ἐπήγγ.
Phl 1 6 ἐπιτελέσει ἄχρι ἡμέρας Χοῦ Ἰησοῦ
Hb 3 13 ἄχρις οὗ[b] τὸ „σήμερον" καλεῖται
Ap 2 25 ὃ ἔχετε κρατήσατε ἄ. οὗ[b] ἂν ἥξω
– 26 ὁ τηρῶν ἄχρι τέλους τὰ ἔργα μου
17 17 ἄ.[b] τελεσθήσονται οἱ λόγοι τοῦ θεοῦ

ἄχυρον *paleae* Mat 3 12 ‖ Luc 3 17

ἀψευδής *qui non mentitur* Tit 1 2 θεός

Ἄψινθος, ὁ et **ἄψ., ἡ** *absinthium* Ap 8 11

ἄψυχα, τὰ *quae sine anima sunt*
1 Co 14 7 ὅμως τὰ ἄψυχα φωνὴν διδόντα

B

Βάαλ Rm 11₄ „οὐκ ἔκαμψαν γόνυ τῇ Β."

Βαβυλών Mat 1 11.12.17 – Act 7 43
1 Pe 5 13 ἡ ἐν Β..ῶνι (vl + ἐκκλ.) συνεκλεκτή
Ap 14 8 „ἔπεσεν Β. ἡ μεγάλη" 18 2 – 16 19 17 5
ὄνομα –, μυστήριον, Β. ἡ μεγάλη 18 10.21

βαθμός gradus 1 Ti 3 13 βαθμὸν – καλόν

βάθος altitudo ᵇaltum ᶜ(ὁ κατὰ βάθους)
altissimus ᵈprofundum
Mat 13 5 διὰ τὸ μὴ ἔχειν βάθος γῆς ‖ Mar 4 5
Luc 5 4 ἐπανάγαγε εἰς τὸ βάθοςᵇ
Rm 8 39 οὔτε ὕψωμα οὔτε β.ᵈ οὔτε τις κτίσ.
11 33 ὦ β. πλούτου καὶ σοφίας καὶ γνώσ.
1 Co 2 10 πάντα ἐραυνᾷ, καὶ τὰ β.ᵈ τοῦ θεοῦ
2 Co 8 2 ἡ κατὰ βάθουςᶜ πτωχεία αὐτῶν
Eph 3 18 τί τὸ – μῆκος καὶ ὕψος καὶ βάθοςᵈ

βαθύνειν cum σκάπτειν fodere in altum
Luc 6 48 οἰκοδομοῦντι –, ὃς ἔσκαψεν κ. ἐβ..εν

βαθύς ᵃaltus ᵇ(τὰ βαθέα) altitudines ᶜgra-
vis ᵈ(ὀρθρου βαθέως) valde diluculo
Luc 24 1ᵈ Joh 4 11ᵃ τὸ φρέαρ Act 20 9ᶜ ὕπνῳ
Ap 2 24 οὐκ ἔγνωσαν τὰ β..έαᵇ τοῦ σατανᾶ

βαΐον ramus Joh 12 13 τῶν φοινίκων

Βαλαάμ 2 Pe 2 15 Jud 11 Ap 2 14

Βαλάκ Ap 2 14 ἐδίδασκεν τῷ Βαλάκ

βαλλάντιον sacculus Luc 10 4 12 33 βαλλάν-
τια μὴ παλαιούμενα 22 35 ὅτε ἀπέστειλα
ὑμᾶς ἄτερ βαλλαντίου 36 ἀλλὰ νῦν ὁ ἔ-
χων βαλλάντιον ἀράτω, ὁμοίως – πήραν

***βάλλειν** mittere ᵇproiicere ᶜiactare ᵈiacere
Mat 3 10 εἰς πῦρ βάλλεται ‖ Luc 3 9 – Mat
7 19 Joh 15 6 – Mat 18 8 τὸ αἰώνιον
4 6 βάλε σεαυτὸν κάτω ‖ Luc 4 9
5 25 εἰς φυλακὴν βληθήσῃ ‖ Luc 12 58 –
Mat 18 30 Luc 23 19.25 Joh 3 24 · Act
16 23.24.37 – Ap 2 10 μέλλει βάλλειν ὁ
διάβολος ἐξ ὑμῶν εἰς φυλακήν
– 29 βάλεᵇ ἀπὸ σοῦ 30ᵇ 18 8ᵇ 9ᵇ
5 29 μὴ ὅλον τὸ σῶμά σου βληθῇ εἰς γέ-
ενναν 18 9 τὴν γ. τ. πυρός Mar 9 45.47

Mat 7 6 μηδὲ βάλητε τοὺς μαργαρίτας ὑμῶν
9 17 οὐδὲ βάλλουσιν οἶνον νέον εἰς –· ἀλ-
λὰ β. οἶ. νέον ‖ Mar 2 22 Luc 5 37.38
10 34 ὅτι ἦλθον βαλεῖν εἰρήνην ἐπὶ τὴν
γῆν· οὐκ ἦ. β. εἰρ. ἀλλὰ μάχαιραν
Luc 12 49 πῦρ ἦλθον βαλεῖν ἐπὶ τ. γ.
27 35 „βάλλοντες κλῆρον" ‖ Mar 15 24 τίς
τί ἄρῃ Luc 23 34 Joh 19 24 „ἐπὶ τὸν
ἱματισμόν μου ἔβαλον κλῆρον"
Mar 12 41 πῶς ὁ ὄχλος βάλλειᶜ χαλκόν –· καὶ
πολλοὶ πλούσιοι ἔβαλλονᶜ πολλὰ 42
μία χήρα πτωχὴ ἔβαλεν λεπτὰ δύο
43 πλεῖον πάντων ἔβαλεν τῶν βαλλόν-
των 44 πάντα ὅσα εἶχεν ἔβαλεν ‖
Luc 21 1-4
Joh ⟦8 7 πρῶτος ἐπ' αὐτὴν βαλέτω λίθον⟧
– 59 ἦραν – λίθους ἵνα βάλωσινᵈ ἐπ' αὐτόν
12 6 ('Ιούδας) τὰ βαλλόμενα ἐβάσταζεν
13 2 τοῦ διαβόλου ἤδη βεβληκότος εἰς
τὴν καρδίαν ἵνα παραδοῖ αὐτόν
18 11 βάλε τὴν μάχαιραν εἰς τὴν θήκην
20 25 ἐὰν μὴ – βάλω τὸν δάκτυλόν μου 27
Jac 3 3 τοὺς χαλινοὺς εἰς τὰ στόματα β..ομεν
1 Jo 4 18 ἡ τελεία ἀγάπη ἔξω βάλλει τ. φόβον
Ap 8 5 ὁ ἄγγελος – ἔβαλεν εἰς τὴν γῆν 7 12 4.
9 ἐβλήθηᵇ ὁ δράκων – καὶ οἱ ἄγγελοι
αὐτοῦ μετ' αὐτοῦ ἐβλήθησαν 10ᵇ 13ᵇ
14 16 ἔβαλεν – τὸ δρέπανον – ἐπὶ τὴν γῆν 19
– 19 ἔβαλεν εἰς τὴν ληνὸν τοῦ θυμοῦ
18 19 „ἔβαλον χοῦν ἐπὶ τ. κεφαλὰς αὐτῶν"
19 20 ζῶντες ἐβλήθησαν – εἰς τὴν λίμνην
τοῦ πυρός 20 10 ὁ διάβολος 14 ὁ θάνατος
καὶ ὁ ᾅδης ἐβλήθησαν 15 εἴ τις οὐχ εὑ-
ρέθη – γεγραμμένος, ἐβλήθη – 20 3 ἔβα-
λεν αὐτὸν (sc τὸν διάβ.) εἰς τὴν ἄβυσσον

βάπτειν ᵃaspergere ᵇintingere
Luc 16 24 ἵνα βάψῃᵇ τὸ ἄκρον τοῦ δακτύλου
Joh 13 26 ᾧ ἐγὼ βάψωᵇ τὸ ψωμίον –· βάψαςᵇ
Ap 19 13 περιβεβλημένος ἱμάτιον βεβαμμένον
(vl ῥεραντισμένον et al vll)ᵃ αἵματι

βαπτίζειν, ..εσθαι baptizare, ..ari
Mat 3 6 ἐβ..ίζοντο ἐν τῷ 'Ιορδάνῃ ‖ Mar 1 5
– 11 ἐγὼ μὲν ὑμᾶς β..ω ἐν ὕδατι εἰς με-
τάνοιαν· αὐτὸς ὑμᾶς βαπτίσει ἐν
πνεύματι ἁγ. καὶ πυρί ‖ Mar 1 8 ὕδ.
– πνεύμ. ἁγ. Luc 3 16 – Joh 1 26 ἐγὼ

β..ω ἐν ὕδατι 31.33 – Act 15 Ἰωάννης
μὲν ἐβάπτισεν ὕδατι, ὑμεῖς δὲ ἐν
πνεύματι βαπτισθήσεσθε ἁγίῳ 11 16
Mat 3 13 τοῦ β..ισθῆναι ὑπ' αὐτοῦ 14 ὑπὸ σοῦ
βαπτισθῆναι 16 β..ισθεὶς – ἀνέβη ‖ Mar
1 9 ἐβαπτίσθη εἰς τὸν Ἰορδ. – Luc 3 7
τοῖς ἐκπορευομένοις ὄχλοις β..ισθῆ-
ναι ὑπ' αὐτοῦ 12 ἦλθον – καὶ τελῶναι
βαπτισθῆναι 21 ἐν τῷ βαπτισθῆναι –
τὸν λαὸν καὶ Ἰησοῦ βαπτισθέντος
28 19 βαπτίζοντες (vl ..ίσαντες) αὐτοὺς εἰς
τὸ ὄνομα τοῦ πατρὸς καὶ τοῦ υἱοῦ
Mar 1 4 ἐγένετο Ἰω. [ὁ] βαπτίζων ἐν τῇ ἐρή-
μῳ (in deserto baptizans) 6 14 Ἰω. ὁ
βαπτίζων (Baptista) ἐγήγερται 24 κε-
φαλὴν Ἰωάννου τοῦ β..οντος (B..ae)
10 38.39 Luc 12 50 → βάπτισμα
[[16 16 ὁ πιστεύσας καὶ β..ισθεὶς σωθήσεται]]
Luc 7 29 βαπτισθέντες τὸ βάπτισμα Ἰωάννου
30 οἱ – Φαρ. – μὴ β..ισθέντες ὑπ' αὐτοῦ
11 38 ὅτι οὐ πρῶτον ἐβ..ίσθη πρὸ τοῦ ἀ-
ρίστου Mar 7 4 ἐὰν μὴ β..ίσωνται
Joh 1 25 τί οὖν β..εις εἰ σὺ οὐκ εἶ ὁ χρ. –;
– 28 ὅπου ἦν ὁ Ἰω. β..ων 10 40 τὸ πρῶτον
3 22 ἦλθεν ὁ Ἰησοῦς – καὶ ἐβ..ζεν 23 ἦν
δὲ καὶ ὁ Ἰω. β..ων – καὶ παρεγίνον-
το καὶ ἐβ..οντο 26 ἴδε οὗτος βαπτίζει
4 1 ὅτι Ἰησοῦς πλείονας – βαπτίζει ἢ Ἰω.
– 2 καίτοιγε Ἰησ. αὐτὸς οὐκ ἐβάπτιζεν
Act 2 38 βαπτισθήτω ἕκαστος – ἐπὶ (vl ἐν) τῷ
ὀνόματι Ἰ. Χοῦ εἰς ἄφεσιν τῶν ἁμαρ-
τιῶν cfr 10 48 ἐν τ. ὀν. – βαπτισθῆναι
– 41 οἱ – ἀποδεξάμενοι τὸν λόγον αὐτοῦ
ἐβ..ίσθησαν 8 12 ὅτε δὲ ἐπίστευσαν –
ἐβ..οντο 13 18 8 ἐπίστευον κ. ἐβ..οντο
8 16 μόνον δὲ βεβαπτισμένοι ὑπῆρχον εἰς
τὸ ὄνομα τοῦ κυρίου Ἰησοῦ
– 36 τί κωλύει με βαπτισθῆναι; 10 47
– 38 ἐβάπτισεν αὐτόν 9 18 ἐβαπτίσθη
16 15 ὡς δὲ ἐβαπτίσθη καὶ ὁ οἶκος αὐτῆς
– 33 ἐβ..ίσθη αὐτὸς καὶ οἱ αὐτοῦ πάντες
19 3 εἰς τί οὖν ἐβ..ίσθητε; 4 Ἰω. ἐβάπτι-
σεν βάπτισμα μετανοίας 5 ἐβ..ίσθη-
σαν εἰς τὸ ὄνομα τοῦ κυρίου Ἰησοῦ
22 16 ἀναστὰς βάπτισαι καὶ ἀπόλουσαι
τὰς ἁμαρτίας σου, ἐπικαλεσάμενος
Rm 6 3 ὅσοι ἐβαπτίσθημεν εἰς Χὸν Ἰ., εἰς
τὸν θάνατον αὐτοῦ ἐβαπτίσθημεν;
1 Co 1 13 εἰς τὸ ὄνομα Παύλου ἐβαπτίσθητε;
– 14 ὅτι οὐδένα ὑμῶν ἐβάπτισα εἰ μή
– 15 ἵνα μή τις εἴπῃ ὅτι εἰς τὸ ἐμὸν ὄνο-
μα ἐβαπτίσθητε 16 ἐβάπτισα δὲ καὶ

τὸν Στεφανᾶ οἶκον· – οὐκ οἶδα εἴ τι-
να ἄλλον ἐβάπτισα
1 Co 1 17 οὐ γὰρ ἀπέστειλέν με Χὸς βαπτίζειν
10 2 πάντες εἰς τὸν Μωϋσῆν ἐβαπτίσθη-
σαν (vl ἐβαπτίσαντο) ἐν τῇ νεφέλῃ
καὶ ἐν τῇ θαλάσσῃ
12 13 ἐν ἑνὶ πνεύματι – εἰς ἓν σῶμα ἐβα-
πτίσθημεν, εἴτε Ἰουδαῖοι εἴτε Ἕλληνες
15 29 οἱ βαπτιζόμενοι ὑπὲρ τῶν νεκρῶν; –
τί καὶ βαπτίζονται ὑπὲρ αὐτῶν;
Gal 3 27 ὅσοι γὰρ εἰς Χὸν ἐβαπτίσθητε, Χὸν
ἐνεδύσασθε

βάπτισμα Sⁿ – baptismus (vl ..um) ᵇ b..ma
Mat 3 7 ἰδὼν – ἐρχομένους ἐπὶ τὸ β. αὐτοῦ
21 25 τὸ β. τὸ Ἰωάννου πόθεν ἦν; ‖ Mar
11 30 ἐξ οὐρανοῦ ἦν ἢ ἐξ ἀνθρώπων;
Luc 20 4 – 7 29 ὁ λαὸς – καὶ οἱ τελῶ-
ναι –, βαπτισθέντες τὸ β. Ἰωάννου
Mar 1 4 κηρύσσων β. μετανοίας ‖ Luc 3 3 –
Act 13 24 19 4 Ἰω. ἐβάπτισεν β. μεταν.
10 38 δύνασθε – τὸ βάπτισμα ὃ ἐγὼ βαπτί-
ζομαι βαπτισθῆναι; 39 τὸ βάπτισμα –
βαπτισθήσεσθε ‖ Luc 12 50 βάπτισμα
(vg vlᵇ) δὲ ἔχω βαπτισθῆναι, καὶ
πῶς συνέχομαι ἕως ὅτου τελεσθῇ
Act 1 22 ἀρξάμενος ἀπὸ τοῦ β..ατοςᵇ Ἰωάν-
νου 10 37 μετὰ τὸ β. ὃ ἐκήρυξεν Ἰω-
άννης 18 25 ἐπιστάμενος (sc Ἀπολ-
λῶς) μόνον τὸ β.ᵇ Ἰω. 19 3 εἰς τί ἐ-
βαπτίσθητε; – εἰς τὸ Ἰωάννου βάπτ.ᵇ
Rm 6 4 συνετάφημεν οὖν αὐτῷ διὰ τοῦ β.
Eph 4 5 εἷς κύριος, μία πίστις, ἓν βάπτισμαᵇ
1 Pe 3 21 ὃ – ὑμᾶς ἀντίτυπον νῦν σῴζει βάπτ.ᵇ

βαπτισμός Sⁿ – baptisma ᵇ baptismus
Mar 7 4 ἃ παρέλαβον κρατεῖν, β..οὺς ποτηρίων
Col 2 12 συνταφέντες αὐτῷ ἐν τῷ βαπτισμῷ
Hb 6 2 β..ῶν διδαχῆς 9 10 διαφόροις β..οῖς

βαπτιστής Sⁿ – Baptista
Mat 3 1 11 11.12 14 2.8 (Mar 6 25) 16 14 (Mar 8 28
Luc 9 19) 17 13 Luc 7 20.33

Βαραββᾶς Mat 27 16 [Ἰησοῦν] Βαραββᾶν
17.20 s. 26 Mar 15 7.11.15 Luc 23 18 Joh 18 40

Βαράκ Hb 11 32   Βαραχίας Mat 23 35

βάρβαρος barbarus Act 28 2.4
Rm 1 14 Ἕλλησίν τε καὶ β..οις – ὀφειλέτης εἰμί

1 Co 14 11 ἔσομαι τῷ λαλοῦντι βάρβαρος καὶ
ὁ λαλῶν ἐν (vl⁰) ἐμοὶ βάρβαρος
Col 3 11 ὅπου οὐκ ἔνι – βάρβαρος, Σκύθης

βαρεῖσθαι gravari
Mat 26 43 οἱ ὀφθαλμοὶ βεβαρημένοι – Luc 9 32
Luc 21 34 μήποτε βαρηθῶσιν ὑμῶν αἱ καρδίαι
2 Co 1 8 ὅτι – ὑπὲρ δύναμιν ἐβαρήθημεν
5 4 στενάζομεν βαρούμενοι, ἐφ᾽ ᾧ οὐ
1 Ti 5 16 καὶ μὴ βαρείσθω ἡ ἐκκλησία

βαρέως graviter Mat 13 15 „ἤκουσ." Act 28 17

Βαρθολομαῖος Mt 10 3 Mr 3 18 Lc 6 14 Act 1 13

Βαριησοῦς Act 13 6 ψευδοπροφήτην Ἰουδαῖον

Βαριωνᾶ (vl βὰρ Ἰωνά) Mat 16 17 Σίμων Β.

Βαρναβᾶς Act 4 36 Ἰωσὴφ – ὁ ἐπικληθεὶς Β.
Act 9 27 11 22.30 12 25 13 1.2.7.43.46.50 14 12
ἐκάλουν – τὸν Β. Δία 14.20 15 2.12.22.25.35.
36.37.39 1 Co 9 6 μόνος ἐγὼ καὶ Βαρναβᾶς
–; Gal 2 1.9 δεξιὰς ἔδωκαν ἐμοὶ καὶ Βαρ-
ναβᾷ 13 καὶ Βαρναβᾶς συναπήχθη Col 4 10

βάρος ᵃonus ᵇpondus
Mat 20 12 τοῖς βαστάσασι τὸ β.ᵇ τῆς ἡμέρας
Act 15 28 μηδὲν πλέον ἐπιτίθεσθαι ὑμῖν β.ᵃ
2 Co 4 17 αἰώνιον β.ᵇ δόξης κατεργάζεται ἡμῖν
Gal 6 2 ἀλλήλων τὰ βάρηᵃ βαστάζετε
1 Th 2 7 δυνάμενοι ἐν βάρειᵃ εἶναι ὡς Χοῦ
Ap 2 24 οὐ βάλλω ἐφ᾽ ὑμᾶς ἄλλο βάροςᵇ

Βαρσαββᾶς Act 1 23 (Joseph) 15 22 (Judas)

Βαρτιμαῖος Mar 10 46 τυφλὸς προσαίτης

βαρύς gravis ᵇrapax
Mat 23 4 δεσμεύουσιν δὲ φορτία βαρέα
– 23 ἀφήκατε τὰ βαρύτερα τοῦ νόμου
Act 20 29 εἰσελεύσονται – λύκοι βαρεῖςᵇ (vlᵃ)
25 7 βαρέα αἰτιώματα καταφέροντες
2 Co 10 10 αἱ ἐπιστολαὶ μὲν – βαρεῖαι κ. ἰσχυραί
1 Jo 5 3 αἱ ἐντολαὶ αὐτοῦ βαρεῖαι οὐκ εἰσίν

βαρύτιμος S⁰ – pretiosus Mat 26 7 μύρον

βασανίζειν cruciare ᵇtorquēre
(pass:) ᶜiactari ᵈlaborare
Mat 8 6 παραλυτικός, δεινῶς βασανιζόμενοςᵇ
– 29 ἦλθες – πρὸ καιροῦ β..ίσαιᵇ ἡμᾶς; ‖

Mar 5 7 μή με βασανίσῃςᵇ Luc 8 28ᵇ
Mat 14 24 πλοῖον –, βασανιζόμενονᶜ ‖ Mar 6 48ᵈ
2 Pe 2 8 ὁ δίκαιος (Lot) – ψυχὴν δικαίαν ἀνό-
μοις ἔργοις ἐβασάνιζεν
Ap 9 5 ἵνα βασανισθήσονται (vg cruciarent,
vl ..tur) μῆνας πέντε
11 10 οἱ δύο προφῆται ἐβασάνισαν τοὺς
κατοικοῦντας ἐπὶ τῆς γῆς
12 2 „ὠδίνουσα καὶ" β..ομένη „τεκεῖν"
14 10 βασανισθήσεται ἐν πυρὶ καὶ θείῳ
20 10 βασανισθήσονται – εἰς τοὺς αἰῶνας

βασανισμός ᵃcruciatus ᵇtormentum
Ap 9 5 ὁ βασ.ᵃ αὐτῶν ὡς βασ.ᵃ σκορπίου
14 11 ὁ καπνὸς τοῦ β.ᵇ αὐτῶν – ἀναβαίνει
18 7 τοσοῦτον δότε αὐτῇ βασανισμόνᵇ
– 10 μακρόθεν ἑστηκότες διὰ τὸν φόβον
τοῦ β.ᵇ αὐτῆς (sc Βαβυλῶνος) 15ᵇ

βασανιστής S⁰ – tortor Mat 18 34 τοῖς β.

βάσανος tormentum
Mat 4 24 προσήνεγκαν – β..οις συνεχομένους
Luc 16 23.28 εἰς τὸν τόπον τοῦτον τῆς β..ου

βασιλεία regnum

1) regna mundi, regna saecularia

Mat 4 8 δείκνυσιν αὐτῷ πάσας τὰς β. τοῦ
κόσμου ‖ Luc 4 5 τῆς οἰκουμένης
12 25 πᾶσα β. μερισθεῖσα καθ᾽ ἑαυτῆς ἐρη-
μοῦται ‖ Mar 3 24 Luc 11 17
24 7 „ἐγερθήσεται – βασιλεία ἐπὶ βασιλεί-
αν" ‖ Mar 13 8 Luc 21 10
Mar 6 23 δώσω „σοι ἕως ἡμίσους τῆς β. μου"
Luc 19 12 ἐπορεύθη – λαβεῖν ἑαυτῷ β..αν 15
Act 1 6 ἀποκαθιστάνεις τὴν β. τῷ Ἰσραήλ;
Hb 11 33 διὰ πίστεως κατηγωνίσαντο β..ας

2) regnum caelorum, Dei, Christi

a) ἡ βασιλεία τῶν οὐρανῶν

Mat 3 2 ἤγγικεν – ἡ β. τῶν οὐρανῶν 4 17 10 7
5 3 ὅτι αὐτῶν ἐστιν ἡ β. τῶν οὐρ. 10 19
14 τῶν – τοιούτων ἐστὶν ἡ β. τῶν οὐρ.
– 19 ἐλάχιστος –, – μέγας κληθήσεται ἐν
τῇ β. τ. οὐρ. 11 11 ὁ δὲ μικρότερος ἐν
τῇ – 18 1 τίς ἄρα μείζων ἐστίν –; 4
– 20 οὐ μὴ εἰσέλθητε εἰς τὴν β. τ. οὐρ.
18 3 7 21 οὐ πᾶς – εἰσελεύσεται εἰς τὴν
– 19 23 πλούσιος δυσκόλως εἰσελεύ-
σεται εἰς τὴν β. – Joh 3 5
8 11 ἀνακλιθήσονται – ἐν τῇ β. τῶν οὐρ.

Mat 11 12 ἕως ἄρτι ἡ β. τῶν οὐρανῶν βιάζεται
13 11 γνῶναι τὰ μυστήρια τῆς β. τῶν οὐ.
– 24 ὡμοιώθη ἡ β. τ. οὐ. ἀνθρώπῳ σπεί-
ραντι 18 23 βασιλεῖ 22 2 25 1 ὁμοιωθή-
σεται – δέκα παρθένοις
– 31 ὁμοία ἐστὶν ἡ β. τῶν οὐρ. κόκκῳ σι-
νάπεως 33 ζύμῃ 44 θησαυρῷ 45 ἐμ-
πόρῳ 47 σαγήνῃ 20 1 οἰκοδεσπότῃ
– 52 γραμματεὺς μαθητευθεὶς τῇ βασ. –
16 19 δώσω σοὶ τὰς κλεῖδας τῆς βασιλ. –
19 12 εὐνούχισαν ἑαυτοὺς διὰ τὴν βασ. –
23 13 κλείετε τὴν β. – ἔμπροσθεν τῶν ἀνθρ.

b) ἡ βασιλεία τοῦ θεοῦ

Mat 12 28 ἔφθασεν ἐφ' ὑμᾶς ἡ β. τ. θ. ‖ Luc 11 20
19 24 διελθεῖν ἡ πλούσιον εἰσελθεῖν εἰς
τὴν β. τοῦ θεοῦ
21 31 πόρναι προάγουσιν ὑμᾶς εἰς τὴν –
– 43 ἀρθήσεται ἀφ' ὑμῶν ἡ β. τοῦ θεοῦ
Mar 1 15 ἤγγικεν ἡ β. τ. θ. Luc 10 9 ἐφ' ὑμᾶς
11 ἤγγικεν 21 31 ὅτι ἐγγύς ἐστιν ἡ –
4 11 ὑμῖν τὸ μυστήριον δέδοται τῆς βασ.
τ. θ. Luc 8 10 γνῶναι τὰ μυστ. τῆς –
– 26 οὕτως ἐστὶν ἡ β. τ. θ., ὡς ἄνθρω-
πος βάλῃ τὸν σπόρον ἐπὶ τῆς γῆς
– 30 πῶς ὁμοιώσωμεν τὴν – ‖ Luc 13 18 τί-
νι ὁμοία ἐστὶν ἡ – 20 ὁμοιώσω τὴν –;
9 1 ἕως ἂν ἴδωσιν τὴν β. τ. θεοῦ ἐληλυ-
θυῖαν ἐν δυνάμει ‖ Luc 9 27 τ. β. τ. θ.
– 47 μονόφθαλμον εἰσελθεῖν εἰς τὴν β.
τ. θ. 10 23 πῶς δυσκόλως οἱ τὰ χρή-
ματα ἔχοντες εἰς τὴν β. τοῦ θεοῦ
εἰσελεύσονται 24. 25 ‖ Luc 18 24. 25
10 14 τῶν γὰρ τοιούτων ἐστὶν ἡ β. τ. θ. 15
ὃς ἂν μὴ δέξηται τὴν β. τ. θεοῦ ὡς
παιδίον, οὐ μὴ εἰσέλθῃ ‖ Luc 18 16. 17
12 34 οὐ μακρὰν εἶ ἀπὸ τῆς β. τοῦ θεοῦ
14 25 ὅταν αὐτὸ πίνω – ἐν τῇ β. τ. θεοῦ
15 43 ἦν προσδεχόμενος τὴν – ‖ Luc 23 51
Luc 4 43 εὐαγγελίσασθαί με δεῖ τὴν β. τ.
θ. 8 1 16 16 ἀπὸ τότε (sc ἀπὸ Ἰωάν-
νου) ἡ β. τ. θ. εὐαγγελίζεται Act 8 12
εὐαγγελιζομένῳ περὶ τῆς β. τ. θ.
6 20 οἱ πτωχοί, ὅτι ὑμετέρα ἐστὶν ἡ β. τ. θ.
7 28 ὁ δὲ μικρότερος ἐν τῇ β. τ. θ. μείζων
9 2 κηρύσσειν τὴν β. τοῦ θεοῦ Act 28 31
– 11 ἐλάλει αὐτοῖς περὶ τῆς β. τοῦ θεοῦ
– 60 διάγγελλε τὴν βασ. τοῦ θεοῦ
– 62 οὐδεὶς – εὔθετός ἐστιν τῇ β. τ. θεοῦ
13 28 ὅταν ὄψησθε Ἀβρ. – ἐν τῇ β. τ. θεοῦ
– 29 ἀνακλιθήσονται ἐν τῇ β. τοῦ θεοῦ
14 15 μακάριος ὅστις φάγεται ἄρτον ἐν τῇ –

Luc 17 20 πότε ἔρχεται ἡ β. τ. θ., – · οὐκ ἔρχε-
ται ἡ β. τ. θεοῦ μετὰ παρατηρήσεως
– 21 ἰδοὺ γὰρ ἡ β. τ. θ. ἐντὸς ὑμῶν ἐστιν
18 29 ὃς ἀφῆκεν οἰκίαν – ἕνεκεν τῆς –
19 11 διὰ τὸ – δοκεῖν αὐτοὺς ὅτι παραχρῆ-
μα μέλλει ἡ β. τ. θεοῦ ἀναφαίνεσθαι
22 16 ἕως ὅτου πληρωθῇ ἐν τῇ β. τοῦ θεοῦ
18 ἕως οὗ ἡ βασιλεία τοῦ θεοῦ ἔλθῃ
Joh 3 3 οὐ δύναται ἰδεῖν τὴν βασ. τοῦ θεοῦ 5
εἰσελθεῖν εἰς τὴν – (vl τῶν οὐρανῶν)
Act 1 3 λέγων τὰ περὶ τῆς – 19 8 πείθων [τὰ]
π. τῆς – 28 23 διαμαρτυρόμενος τὴν –
14 22 διὰ πολλῶν θλίψεων δεῖ ἡμᾶς εἰσελ-
θεῖν εἰς τὴν βασιλείαν τοῦ θεοῦ
Rm 14 17 οὐ γάρ ἐστιν ἡ β. τ. θεοῦ βρῶσις καὶ
πόσις, ἀλλὰ δικαιοσύνη καὶ εἰρήνη
1 Co 4 20 οὐ γὰρ ἐν λόγῳ ἡ βασιλεία τοῦ θε-
οῦ, ἀλλ' ἐν δυνάμει
6 9 ἄδικοι θεοῦ βασιλείαν οὐ κληρονο-
μήσουσιν 10 15 50 σάρξ καὶ αἷμα βα-
σιλείαν κληρονομῆσαι οὐ δύνα-
ται Gal 5 21 Eph 5 5 πόρνος – οὐκ ἔ-
χει κληρονομίαν ἐν τῇ βασιλείᾳ τοῦ
Χοῦ καὶ θεοῦ
Col 4 11 οὗτοι μόνοι συνεργοὶ εἰς τὴν β. τ. θ.
1 Th 2 12 τοῦ θεοῦ τοῦ καλοῦντος ὑμᾶς εἰς
τὴν ἑαυτοῦ βασιλείαν καὶ δόξαν
2 Th 1 5 εἰς τὸ καταξιωθῆναι ὑμᾶς τῆς β. τ. θ.

c) regnum patris

Mat 6 10 ἐλθέτω ἡ βασιλεία σου ‖ Luc 11 2
– 33 ζητεῖτε δὲ πρῶτον τὴν βασ. [τοῦ
θεοῦ] καὶ τὴν δικαιοσύνην αὐτοῦ ‖
Luc 12 31 τὴν βασιλείαν αὐτοῦ
13 43 τότε οἱ δίκαιοι ἐκλάμψουσιν ὡς ὁ ἥ-
λιος ἐν τῇ βασ. τοῦ πατρὸς αὐτῶν
26 29 ὅταν αὐτὸ πίνω μεθ' ὑμῶν καινὸν ἐν
τῇ βασιλείᾳ τοῦ πατρός μου

d) regnum filii, Christi

Mat 13 41 συλλέξουσιν ἐκ τῆς βασιλείας αὐτοῦ
(sc τοῦ υἱοῦ τοῦ ἀνθρώπου) πάντα
τὰ σκάνδαλα
16 28 ἕως ἂν ἴδωσιν τὸν υἱὸν τοῦ ἀνθρώ-
που ἐρχόμενον ἐν τῇ βασιλείᾳ αὐτοῦ
20 21 καὶ εἷς ἐξ εὐωνύμων ἐν τῇ βασ. σου
Luc 1 33 τῆς βασιλείας αὐτοῦ οὐκ ἔσται τέλος
22 29 καθὼς διέθετό μοι ὁ πατήρ μου βα-
σιλείαν 30 ἵνα ἔσθητε καὶ πίνητε ἐπὶ
τῆς τραπέζης μου ἐν τῇ βασιλείᾳ μου
23 42 ὅταν ἔλθῃς εἰς τὴν β. (vl ἐν τῇ) σου
Joh 18 36 ἡ βασ. ἡ ἐμὴ οὐκ ἔστιν ἐκ τοῦ κόσμου

τούτου· εἰ ἐκ τοῦ κόσμου τούτου ἦν
ἡ βασιλεία ἡ ἐμή, – · νῦν δὲ ἡ βα-
σιλεία ἡ ἐμὴ οὐκ ἔστιν ἐντεῦθεν
Eph 5 5 πόρνος – οὐκ ἔχει κληρονομίαν ἐν τῇ
βασιλείᾳ τοῦ Χοῦ καὶ θεοῦ
Col 1 13 ὃς – ἡμᾶς – μετέστησεν εἰς τὴν βασ.
τοῦ υἱοῦ τῆς ἀγάπης αὐτοῦ
2 Ti 4 1 διαμαρτύρομαι – καὶ (vl κατά, vg per)
τὴν ἐπιφάνειαν – καὶ τὴν βασ. αὐτοῦ·
    – 18 ὁ κύριος – σώσει (sc με) εἰς τὴν βασ.
αὐτοῦ τὴν ἐπουράνιον
Hb 1 8 „ῥάβδος τῆς βασ." σου (vl αὐτοῦ)
2 Pe 1 11 ἡ εἴσοδος εἰς τὴν αἰώνιον βασ. τοῦ
κυρίου ἡμῶν καὶ σωτῆρος Ἰ. Χοῦ

        e) reliqui loci

Mat 4 23 κηρύσσων τὸ εὐαγγ. τῆς βασ. 9 35 24 14
    – 13 19 ἀκούοντος τὸν λόγον τῆς β.
    8 12 οἱ δὲ υἱοὶ τῆς βασ. ἐκβληθήσονται
    13 38 οὗτοί εἰσιν οἱ υἱοὶ τῆς βασιλείας
    12 26 πῶς – σταθήσεται ἡ βασιλεία αὐτοῦ
(sc τοῦ σατανᾶ); || Luc 11 18
    25 34 κληρονομήσατε τὴν ἡτοιμασμένην ὑ-
μῖν βασ. ἀπὸ καταβολῆς κόσμου
Mar 11 10 ἡ ἐρχομένη βασιλεία τοῦ πατρὸς ἡ-
μῶν Δαυίδ Act 1 6 ἀποκαθιστάνεις
τὴν βασιλείαν τῷ Ἰσραήλ;
Luc 12 32 μὴ φοβοῦ, – ὅτι εὐδόκησεν ὁ πατὴρ
ὑμῶν δοῦναι ὑμῖν τὴν βασιλείαν
Act 20 25 ἐν οἷς διῆλθον κηρύσσων τὴν βασι-
λείαν (vl + τοῦ Ἰησοῦ, – θεοῦ, vg Dei)
1 Co 15 24 ὅταν παραδιδῷ τὴν βασ. τῷ θεῷ
Hb 12 28 β..αν ἀσάλευτον παραλαμβάνοντες
Jac 2 5 τοὺς πτωχοὺς – κληρονόμους τῆς β.
ἧς ἐπηγγείλατο τοῖς ἀγαπῶσιν αὐτ.;
Ap 1 6 ἐποίησεν ἡμᾶς βασιλείαν 5 10 αὐτούς
    – 9 συγκοινωνὸς ἐν τῇ θλίψει καὶ βασι-
λείᾳ καὶ ὑπομονῇ ἐν Ἰησοῦ
    11 15 ἐγένετο ἡ β. τοῦ κόσμου τοῦ κυρίου
ἡμῶν καὶ τοῦ χριστοῦ αὐτοῦ 12 10
    16 10 ἐγένετο ἡ βασ. αὐτοῦ ἐσκοτωμένη
    17 12 οἵτινες βασιλείαν οὔπω ἔλαβον
    – 17 δοῦναι τὴν βασ. αὐτῶν τῷ θηρίῳ
    – 18 ἡ ἔχουσα βασιλείαν ἐπὶ τῶν β..έων

βασίλειος regalis   **τὰ βασίλεια** domus
regum Luc 7 25 οἱ ἐν – τρυφῇ ὑπάρχοντες
ἐν τοῖς β..οις εἰσίν – 1 Pe 2 9 ὑμεῖς δὲ –
„βασίλειον ἱεράτευμα, ἔθνος ἅγιον"

βασιλεύειν regnare ᵇ(part) rex
Mat 2 22 ὅτι Ἀρχέλαος β..ει τῆς Ἰουδαίας

Luc 1 33 „βασιλεύσει" ἐπὶ τὸν οἶκον Ἰακώβ
    19 14 οὐ θέλομεν τοῦτον β..σαι ἐφ' ἡμᾶς 27
Rm 5 14 ἐβ..σεν ὁ θάνατος ἀπὸ Ἀδάμ 17 εἰ
    – τῷ τοῦ ἑνὸς παραπτώματι ὁ θά-
νατος ἐβ..σεν –, πολλῷ μᾶλλον – ἐν
    ζωῇ β..σουσιν διὰ τοῦ ἑνὸς Ἰ. Χοῦ
    – 21 ἵνα ὥσπερ ἐβ..σεν ἡ ἁμαρτία –, οὕ-
τως καὶ ἡ χάρις βασιλεύσῃ – εἰς ζωήν
    6 12 μὴ – β..έτω ἡ ἁμαρτία ἐν τῷ θνητῷ
1 Co 4 8 χωρὶς ἡμῶν ἐβασιλεύσατε· καὶ ὄφε-
λόν γε ἐβασιλεύσατε, ἵνα καὶ ἡμεῖς
ὑμῖν συμβασιλεύσωμεν
    15 25 δεῖ – αὐτὸν βασ. ἄχρι οὗ θῇ πάντας
1 Ti 6 15 ὁ βασιλεὺς τῶν β..όντωνᵇ κ. κύριος
Ap 5 10 βασιλεύσουσιν ἐπὶ τῆς γῆς 22 5
    11 15 „βασιλεύσει εἰς τοὺς αἰῶνας"
    – 17 εἴληφας τὴν δύναμιν – καὶ „ἐβασί-
λευσας" 19 6 „ἐβ..σεν κύριος" ὁ θεός
    20 4 ἐβ..σαν μετὰ τοῦ Χοῦ χίλια ἔτη 6
β..σουσιν μετ' αὐτοῦ [τὰ] χίλια ἔτη

βασιλεύς rex

    1) terrae domini

Mat 1 6 Δαυίδ Act 13 22 τὸν Δ. – εἰς βασιλέα
    2 1.3 βασιλεὺς Ἡρῴδης 9 Luc 1 5
    10 18 ἐπὶ – β..εῖς ἀχθήσεσθε Mar 13 9 Lc 21 12
    11 8 ἐν τοῖς οἴκοις τῶν βασιλέων
    14 9 λυπηθεὶς ὁ βασ. Mar 6 14. 22. 25. 26. 27
    17 25 οἱ βασιλεῖς τῆς γῆς ἀπὸ τίνων λαμ-
βάνουσιν τέλη ἢ κῆνσον;
    18 23 ὡμοιώθη – ἀνθρώπῳ βασιλεῖ 22 2.7 ὁ
δὲ βασιλεὺς ὠργίσθη 11. 13
Luc 10 24 πολλοὶ – βασιλεῖς ἠθέλησαν ἰδεῖν
    14 31 τίς βασιλεὺς πορευόμενος ἑτέρῳ βα-
σιλεῖ συμβαλεῖν εἰς πόλεμον – ;
    22 25 οἱ βασιλεῖς τῶν ἐθνῶν κυριεύουσιν
Joh 19 12 πᾶς ὁ βασιλέα ἑαυτὸν ποιῶν
Act 4 26 „παρέστησαν οἱ βασιλεῖς τῆς γῆς"
    7 10 Φαραὼ 18 βασιλεὺς ἕτερος Hb 11 23. 27
    9 15 ἐνώπιον ἐθνῶν τε καὶ βασιλέων
    12 1 Ἡρῴδης (sc Agrippa) 20 – 25 13 Ἀγρίπ-
πας (sc II.) 14. 24. 26 **26** 2. 7. 13. 19. 26. 27. 30
    13 21 ᾐτήσαντο (sc Ἰσραηλῖται) βασιλέα
2 Co 11 32 ὁ ἐθνάρχης Ἀρέτα τοῦ βασιλέως
1 Ti 2 2 ποιεῖσθαι δεήσεις – ὑπὲρ βασιλέων
Hb 7 1.2 βασιλεὺς δικαιοσύνης – καὶ „βασι-
λεὺς Σαλήμ", ὅ ἐστιν βασ. εἰρήνης
    – 1 „ὑποστρέφοντι ἀπὸ τῆς κοπῆς τῶν β."
1 Pe 2 13 ὑποτάγητε – εἴτε β..εῖ ὡς ὑπερέχοντι
    – 17 „τὸν θεὸν φοβεῖσθε", τὸν β. τιμᾶτε
Ap 1 5 „ὁ ἄρχων τῶν β. τῆς γῆς" 6 15 „οἱ

(Ap) β. τῆς γῆς – ἔκρυψαν ἑαυτούς" 16 14
ἐπὶ τοὺς β. τῆς οἰκουμένης ὅλης 17 2.
18 ἡ ἔχουσα βασιλείαν ἐπὶ „τῶν βασ.
τῆς γῆς" 18 3.9 19 19 21 24 „οἱ βασ.
τῆς γῆς φέρουσιν τὴν δόξαν" αὐτῶν

Ap 10 11 „προφητεῦσαι ἐπὶ – β..εῦσιν" πολλοῖς
16 12 ἵνα ἑτοιμασθῇ ἡ ὁδὸς τῶν βασιλέων
τῶν ἀπὸ ἀνατολῆς ἡλίου

17 9 β..εῖς ἑπτά εἰσιν 12 „δέκα β..εῖς εἰ-
σιν"– , – ἐξουσίαν ὡς β..εῖς – λαμβ.

19 18 ἵνα „φάγητε" σάρκας „βασιλέων"

2) Christus rex, Deus rex, rex inferni

Mat 2 2 ὁ τεχθεὶς βασιλεὺς τῶν Ἰουδαίων
5 35 „πόλις ἐστὶν τοῦ μεγάλου βασιλέως"
21 5 „ὁ βασ. σου ἔρχεταί σοι" Joh 12 15
25 34 ἐρεῖ ὁ β. τοῖς ἐκ δεξιῶν αὐτοῦ 40
27 11 σὺ εἶ ὁ β. τῶν Ἰουδαίων 29 χαῖρε,
β..εῦ τ. ᾽Ι. 37 ‖ Mar 15 2.9 θέλετε ἀπο-
λύσω ὑμῖν τὸν β. τ. ᾽Ι.; 12 [ὃν λέ-
γετε] τὸν β. τ. ᾽Ιουδ.; 18.26 Luc 23 3.37
εἰ σὺ εἶ ὁ β. τῶν ᾽Ιουδ., σῶσον σε-
αυτόν 38 Joh 18 33.39 19 3.14 ἴδε ὁ
βασ. ὑμῶν 15 τὸν β. ὑμῶν σταυρώσω;
– οὐκ ἔχομεν βασιλέα εἰ μὴ Καίσα-
ρα 19.21 μὴ γράφε· ὁ β. τ. ᾽Ι., ἀλλ'
ὅτι – εἶπεν· βασ. εἰμι τῶν ᾽Ιουδαίων
– 42 β. ᾽Ισραήλ ἐστιν, καταβάτω ‖ Mar
15 32 ὁ χριστὸς ὁ β. ᾽Ισρ. – Joh 1 49
σὺ βασιλεὺς εἶ τοῦ ᾽Ισραήλ

Luc 19 38 „ὁ ἐρχόμενος" ὁ β. „ἐν ὀνόματι κυ-
ρίου" Joh 12 13 [καὶ] ὁ β. τοῦ ᾽Ισραήλ
23 2 λέγοντα ἑαυτὸν χριστὸν β..έα εἶναι

Joh 6 15 ἁρπάζειν – ἵνα ποιήσωσιν βασιλέα
18 37 Πιλᾶτος· οὐκοῦν β. εἶ σύ; – σὺ λέγεις
ὅτι βασιλεύς εἰμι (vl + ἐγώ, vg ego)

Act 17 7 β..έα ἕτερον λέγοντες εἶναι ᾽Ιησοῦν
1 Ti 1 17 τῷ δὲ βασιλεῖ τῶν αἰώνων – τιμή
6 15 ὁ βασ. τῶν βασιλευόντων καὶ κύριος

Ap 9 11 ἔχουσιν ἐπ' αὐτῶν βασιλέα τὸν ἄγ-
γελον τῆς ἀβύσσου
15 3 „ὁ β. τῶν ἐθνῶν" (vl αἰώνων, vg)
17 14 τὸ ἀρνίον νικήσει αὐτούς, ὅτι – „ἐστιν
– βασιλεὺς βασιλέων" 19 16

βασιλικός ᵃregulus ᵇregius ᶜregalis
Joh 4 46 ἦν τις βασιλικός ᵃ 49 ᵃ
Act 12 20 ἀπὸ τῆς βασιλικῆς (vg ab illo) 21 ᵇ
Jac 2 8 εἰ μέντοι νόμον τελεῖτε βασιλικόν ᶜ

βασίλισσα regina
Mat 12 42 νότου ‖ Luc 11 31 – Act 8 27 Αἰθιόπων

Ap 18 7 „κάθημαι βασ. καὶ χήρα οὐκ εἰμί"

βάσις basis Act 3 7 ἐστερεώθησαν αἱ βάσεις

βασκαίνειν fascinare Gal 3 1 τίς – ἐβ..ανεν;

βαστάζειν portare ᵇbaiulare ᶜsustinēre
ᵈtollere
Mat 3 11 οὐκ εἰμὶ ἱκανὸς τὰ ὑποδήματα β..σαι
8 17 „ἡμῶν – τὰς νόσους ἐβάστασεν"
20 12 τοῖς βαστάσασι τὸ βάρος τῆς ἡμέρας
Mar 14 13 κεράμιον ὕδατος β..ων ᵇ ‖ Luc 22 10
Luc 7 14 οἱ δὲ βαστάζοντες ἔστησαν
10 4 μὴ βαστάζετε βαλλάντιον
11 27 μακαρία ἡ κοιλία ἡ βαστάσασά σε
14 27 ὅστις οὐ β..ει ᵇ τὸν σταυρὸν ἑαυτοῦ
Joh 19 17 β..ων ᵇ ἑαυτῷ τὸν σταυρόν
Joh 10 31 ἐβάστασαν ᵈ – λίθους οἱ ᾽Ιουδαῖοι
12 6 τὰ βαλλόμενα ἐβάσταζεν (Judas)
16 12 ἀλλ' οὐ δύνασθε βαστάζειν ἄρτι
20 15 εἰ σὺ ἐβάστασας αὐτόν
Act 3 2 ἀνὴρ χωλὸς – ὑπάρχων ἐβαστάζετο ᵇ
9 15 τοῦ βαστάσαι τὸ ὄνομά μου ἐνώπιον
15 10 ἐπιθεῖναι ζυγὸν – , ὃν οὔτε οἱ πατέρες
ἡμῶν οὔτε ἡμεῖς ἰσχύσαμεν βαστάσαι
21 35 β..εσθαι αὐτὸν ὑπὸ τῶν στρατιωτῶν
Rm 11 18 οὐ σὺ τὴν ῥίζαν β..εις ἀλλὰ ἡ ῥίζα
15 1 τὰ ἀσθενήματα τῶν ἀδυνάτων β. ᶜ
Gal 5 10 βαστάσει τὸ κρίμα, ὅστις ἐὰν ᾖ
6 2 ἀλλήλων τὰ βάρη βαστάζετε
– 5 ἕκαστος – τὸ ἴδιον φορτίον βαστάσει
– 17 τὰ στίγματα τοῦ ᾽Ιησοῦ – βαστάζω
Ap 2 2 ὅτι οὐ δύνῃ βαστάσαι ᶜ κακούς
– 3 ἐβάστασας ᶜ διὰ τὸ ὄνομά μου
17 7 τοῦ θηρίου τοῦ βαστάζοντος αὐτήν

βάτος, ὁ (Mar) et ἡ rubus
Mar 12 26 ‖ Luc 20 37 – Act 7 30.35
Luc 6 44 οὐδὲ ἐκ βάτου σταφυλὴν τρυγῶσιν

βάτος, ὁ cadus Luc 16 6 ἐλαίου

βάτραχος rana Ap 16 13 ὡς „βάτραχοι"

βατταλογεῖν S ᵒ – multum loqui Mat 6 7 προσ-
ευχόμενοι δὲ μὴ β..ήσητε (Luc 11 2 vl)

βδέλυγμα abominatio
Mat 24 15 „τὸ βδ. τῆς ἐρημώσεως" ‖ Mar 13 14
Luc 16 15 Ap 17 4.5 ἡ μήτηρ – τῶν βδελ. 21 27

βδελυκτός abominatus Tit 1 16 βδελυκτοί

βδελύσσεσθαι ᵃabominari ᵇexecrari
Rm 2 22 ὁ β..όμενος ᵃ τὰ εἴδωλα ἱεροσυλεῖς;
Ap 21 8 τοῖς δὲ – ἐβ..γμένοις ᵇ καὶ φονεῦσιν

βέβαιος firmus ᵇconfirmatus ᶜcertus
Rm 4 16 εἰς τὸ εἶναι βεβαίαν τὴν ἐπαγγελίαν
2 Co 1 7 ἡ ἐλπὶς ἡμῶν βεβαία ὑπὲρ ὑμῶν
Hb 2 2 εἰ – ὁ δι' ἀγγέλων λαληθεὶς λόγος
    ἐγένετο βέβαιος 2 Pe 1 19 ἔχομεν βε-
    βαιότερον τὸν προφητικὸν λόγον
    3(6 vl ἐὰν τὴν παρρησίαν – μέχρι τέ-
    λους βεβαίαν κατάσχωμεν) 14 ἐάνπερ
    τὴν ἀρχὴν τῆς ὑποστάσεως –
    6 19 ὡς ἄγκυραν – τῆς ψυχῆς – βεβαίαν
    9 17 διαθήκη γὰρ ἐπὶ νεκροῖς βεβαία ᵇ
2 Pe 1 10 β..αν ᶜ ὑμῶν τὴν κλῆσιν – ποιεῖσθαι

βεβαιοῦν confirmare ᵇstabilire
‖Mar16 20 τοῦ κυρίου – τὸν λόγον βεβαιοῦντος
    διὰ τῶν ἐπακολουθούντων σημείων‖
Rm 15 8 εἰς τὸ β..ῶσαι τὰς ἐπαγγελίας τῶν
1 Co 1 6 τὸ μαρτύριον τ. Χοῦ ἐβ..ώθη ἐν ὑμῖν
    – 8 ὃς – βεβαιώσει ὑμᾶς – ἀνεγκλήτους
2 Co 1 21 ὁ δὲ β..ῶν ἡμᾶς σὺν ὑμῖν εἰς Χόν
Col 2 7 βεβαιούμενοι (vl + ἐν) τῇ πίστει
Hb 2 3 σωτηρίας, ἥτις – εἰς ἡμᾶς ἐβεβαιώθη
    13 9 χάριτι βεβαιοῦσθαι ᵇ (stabilire vl ..iri)
    τὴν καρδίαν, οὐ βρώμασιν

βεβαίωσις confirmatio
Phl 1 7 ἐν τῇ – βεβαιώσει τοῦ εὐαγγελίου
Hb 6 16 ἀντιλογίας πέρας εἰς β..ιν ὁ ὅρκος

βέβηλος ᵃprofanus ᵇcontaminatus ᶜineptus
1 Ti 1 9 ἀνοσίοις καὶ βεβήλοις ᵇ 4 7 βεβή-
    λους ᶜ – μύθους 6 20 βεβήλους ᵃ κενοφωνίας
    2 Ti 2 16 ᵃ – Hb 12 16 βέβηλος ᵃ ὡς Ἠσαῦ

βεβηλοῦν violare Mat 12 5 οἱ ἱερεῖς ἐν τῷ
    ἱερῷ τὸ σάββατον βεβηλοῦσιν – Act 24 6
    ὃς καὶ τὸ ἱερὸν ἐπείρασεν βεβηλῶσαι

Βεελζεβούλ (vl Βεεζ.) Beelzebub
Mat 10 25 12 24.27 Mar 3 22 Luc 11 15.18.19

Βελιάρ (vl ..ίαλ) Belial 2 Co 6 15

βελόνη Sᵒ – acus Luc 18 25 τρῆμα β..ης

βέλος telum Eph 6 16 τὰ β. τοῦ πονηροῦ

βέλτιον melius 2 Ti 1 18 βέλτιον σὺ γινώσκεις

Βενιαμίν Act 13 21 Rm 11 1 Phl 3 5 Ap 7 8

Βερνίκη Act 25 13.23 26 30

Βέροια, Βεροιαῖος Act 17 10.13 – 20 4

Βηθανία Mat 21 17 26 6 Mar 11 1.11.12 14 3 Luc
    19 29 24 50 Joh 11 1.18 12 1 – 1 28 ταῦτα ἐν
    Β.ᾳ (vl Βηθαβαρᾷ) ἐγένετο πέραν τοῦ
    Ἰορδάνου

Βηθζαθά (vl Βηθεσδά) Joh 5 2

Βηθλέεμ Mat 2 1.5.6.8.16 Luc 2 4.15 Joh 7 42

Βηθσαϊδά, -δάν (Mar) Mat 11 21 Mar 6 45 8 22
    Luc 9 10 10 13 Joh 1 44 12 21 ἀπὸ Βηθσαϊδὰ
    τῆς Γαλιλαίας

Βηθφαγή Mat 21 1 Mar 11 1 Luc 19 29

βῆμα tribunal ᵇpassus Mat 27 19 Joh 19 13
    Act 7 5 ᵇ 12 21 18 12.16.17 25 6.10.17
Rm 14 10 παραστησόμεθα τῷ βήματι τοῦ θεοῦ
2 Co 5 10 πάντας ἡμᾶς φανερωθῆναι δεῖ ἔμ-
    προσθεν τοῦ βήματος τοῦ Χοῦ

βήρυλλος beryllus Ap 21 20 ὁ ὄγδοος βήρ.

βία vis Act 5 26 21 35 (24 7 vl) 27 41

βιάζεσθαι ᵃvim pati ᵇvim facere in
Mat 11 12 ἡ βασιλεία τῶν οὐρ. βιάζεται ᵃ, καὶ
    βιασταὶ ἁρπάζουσιν αὐτήν ‖ Luc 16 16
    πᾶς εἰς αὐτὴν βιάζεται ᵇ

βίαιος vehemens Act 2 2 πνοῆς βιαίας

βιαστής Sᵒ – violentus → βιάζεσθαι

βιβλαρίδιον Sᵒ – liber ᵇlibellus
Ap 10 2 βιβλαρίδιον ᵇ ἠνεῳγμένον (vl 8) 9.10

βιβλίον liber ᵇlibellus
Mat 19 7 „δοῦναι β.ᵇ ἀποστασίου" ‖ Mar 10 4 ᵇ
Luc 4 17 βιβλίον τοῦ προφήτου Ἠσαΐου 17.20
Joh 20 30 ἃ οὐκ ἔστιν γεγραμμένα ἐν τῷ βιβλίῳ
    τούτῳ 21 25 οὐδ' αὐτὸν οἶμαι τὸν κό-
    σμον χωρήσειν τὰ γραφόμενα βιβλία
Gal 3 10 „τοῖς γεγραμμ. ἐν τῷ β. τοῦ νόμου"
2 Ti 4 13 φέρε – τὰ β., μάλιστα τὰς μεμβράνας
Hb 9 19 10 7 „ἐν κεφαλίδι βιβλίου γέγραπται"

Ap 1 11 ὃ βλέπεις γράψον εἰς βιβλίον
5 1 „β. γεγραμμένον ἔσωθεν κ. ὄπισθεν"
– 2 τίς ἄξιος ἀνοῖξαι τὸ β. –; 3.4 οὐ-
δεὶς ἄξ. εὑρέθη ἀν. τὸ β. 5 ἐνίκησεν
↑ἀνοῖξαι τὸ β. 8 ὅτε ἔλαβεν τὸ β. 9
ἄξιος εἶ λαβεῖν τὸ βιβλ. καὶ ἀνοῖξαι
6 14 „ὁ οὐρανὸς – ὡς βιβλ. ἑλισσόμενον"
10 8 λάβε τὸ β. τὸ ἠνεῳγμένον ἐν – χειρί
13 8 „ἐν τῷ β. τῆς ζωῆς" τοῦ „ἀρνίου"
17 8 ἐπὶ τὸ βιβλίον 21 27 – 20 12 ἄλλο
βιβλίον ἠνοίχθη, ὅ ἐστιν τῆς ζωῆς
20 12 „βιβλία ἠνοίχθησαν" – ˙ ἐκρίθησαν οἱ
νεκροὶ ἐκ τῶν γεγραμμ. ἐν τοῖς βιβλ.
22 7 ὁ τηρῶν τοὺς λόγους τῆς προφη-
τείας τοῦ β. τούτου 9.10 μὴ σφραγί-
σῃς τοὺς λόγους – 18 τῷ ἀκούοντι
τοὺς λ. – 19 ἐάν τις ἀφέλῃ ἀπὸ τῶν λ. –
– 18 τὰς πληγὰς „τὰς γεγρ. ἐν τῷ β. τού-
τῳ" 19 ἀπὸ τοῦ ξύλου τῆς ζωῆς καὶ ἐκ
τ. πόλεως –, τῶν γεγρ. ἐν τῷ β. τούτῳ

βίβλος *liber*
Mat 1 1 βίβλος γενέσεως Ἰησοῦ Χοῦ
Mar 12 26 οὐκ ἀνέγνωτε ἐν τῇ βίβλῳ Μωϋσέως
–; Luc 34 ὡς γέγραπται ἐν β. λόγων
Ἡσαΐου 20 42 ψαλμῶν Act 1 20 ψαλ-
μῶν 7 42 τῶν προφητῶν (Amos)
Act 19 19 συνενέγκαντες τὰς βίβλους κατέκαιον
Phl 4 3 ὧν τὰ ὀνόματα „ἐν βίβλῳ ζωῆς"
Ap 3 5 οὐ μὴ ἐξαλείψω τὸ ὄνομα – ἐκ τῆς
β. τῆς ζωῆς" 20 15 εἴ τις οὐχ „εὑρέ-
θη ἐν τῇ β. τῆς ζωῆς γεγραμμένος"

βιβρώσκειν *manducare* Joh 6 13

Βιθυνία Act 16 7 1 Pe 1 1 διασπορᾶς – B..ας

βίος ᵃ*vita* ᵇ*victus* ᶜ*substantia*
Mar 12 44 ὅσα εἶχεν ἔβαλεν, ὅλον τὸν βίον ᵇ
αὐτῆς || Luc 21 4 ᵇ – 8 43 [ἰατροῖς προσ-
αναλώσασα ὅλον τὸν βίον ᶜ]
Luc 8 14 ὑπὸ – ἡδονῶν τοῦ – β. πορευόμενοι
15 12 διεῖλεν αὐτοῖς τὸν βίον ᶜ 30 ὁ κατα-
φαγών σου τὸν βίον ᶜ (vg *suam*)
1 Ti 2 2 ἵνα – ἥσύχιον βίον ᵃ διάγωμεν
2 Ti 2 4 ἐμπλέκεται ταῖς τοῦ βίου πραγμα-
τείαις (vg *negotiis saecularibus*)
1 Jo 2 16 ἡ ἀλαζονεία τοῦ βίου ᵃ
3 17 ὃς δ᾽ ἂν ἔχῃ τὸν βίον ᶜ τοῦ κόσμου

βιοῦν *vivere* 1 Pe 4 2 θελήμασι θεοῦ

βίωσις *vita* Act 26 4 τὴν – β..ίν μου – ἴσασι

βιωτικός Sᵒ – ᵃ*huius vitae* ᵇ*saecularis*
Luc 21 34 ᵃ μέριμναι 1 Co 6 3 ᵇ 4 ᵇ κριτήρια

βλαβερός *nocivus* 1 Ti 6 9 ἐπιθυμίαι

βλάπτειν *nocēre* Mar 16 18 Luc 4 35

βλαστάνειν, βλαστᾶν ᵃ*crescere* ᵇ*frondēre*
ᶜ*germinare* ᵈ*dare*
Mat 13 26 ᵃ Mar 4 27 ᶜ Hb 9 4 ᵇ Jac 5 18 ᵈ

Βλάστος Act 12 20 B..ον τὸν ἐπὶ τοῦ κοιτῶνος

βλασφημεῖν *blasphemare*
Mat 9 3 οὗτος βλασφημεῖ || Mar 2 7
26 65 ἐβλασφήμησεν Joh 10 36 ὃν ὁ πατὴρ
ἡγίασεν – ὑμεῖς λέγετε ὅτι β..εῖς –;
27 39 ἐβ..ουν αὐτόν || Mar 15 29 Luc 22 65
23 39 εἷς – τῶν – κακούργων ἐβ..ει αὐτ.
Mar 3 28 ἀφεθήσεται –, ὅσα ἐὰν β..ήσωσιν 29
ὃς δ᾽ ἂν β..ήσῃ εἰς τὸ πνεῦμα τὸ ἅ-
γιον, οὐκ ἔχει ἄφεσιν || Luc 12 10
Act 13 45 18 6 – 19 37 οὔτε β..οῦντας τὴν θεόν
26 11 τιμωρῶν αὐτοὺς ἠνάγκαζον β..εῖν
Rm 2 24 „ὄνομα τοῦ θεοῦ δι᾽ ὑμᾶς β..εῖται"
3 8 μὴ καθὼς β..ούμεθα κ. καθώς φασιν
14 16 μὴ βλασφημείσθω – ὑμῶν τὸ ἀγαθόν
1 Co 10 30 τί β..οῦμαι ὑπὲρ οὗ ἐγὼ εὐχαριστῶ;
1 Ti 1 20 τῷ σατ., ἵνα παιδευθῶσιν μὴ β..εῖν
6 1 ἵνα μὴ τὸ ὄνομα τοῦ θεοῦ καὶ ἡ δι-
δασκαλία β..ῆται Tit 2 5 ὁ λόγος τ. θ.
Tit 3 2 ὑπομίμνῃσκε αὐτοὺς –, μηδένα β..εῖν
Jac 2 7 οὐκ αὐτοὶ β..οῦσιν τὸ καλὸν ὄνομα
τὸ ἐπικληθὲν ἐφ᾽ ὑμᾶς; – 1 Pe 4 4
2 Pe 2 2 ἡ ὁδὸς τῆς ἀληθείας „β..ηθήσεται"
– 10 δόξας οὐ τρέμουσιν β..οῦντες Jud 8
– 12 ἐν οἷς ἀγνοοῦσιν β..οῦντες Jud 10
Ap 13 6 β..ῆσαι τὸ ὄνομα αὐτοῦ (sc τοῦ θε-
οῦ) καὶ τὴν σκηνὴν αὐτοῦ 16 9.11.21

βλασφημία *blasphemia*
Mat 12 31 πᾶσα – βλ. ἀφεθήσεται –, ἡ δὲ τοῦ
πνεύματος βλ. οὐκ ἀφεθ. || Mar 3 28
15 19 ἐκ – τῆς καρδίας ἐξέρχονται – ψευ-
δομαρτυρίαι, β..ίαι || Mar 7 22 β..ία
26 65 νῦν ἠκούσατε τὴν βλ. || Mar 14 64 τῆς
Luc 5 21 τίς ἐστιν οὗτος ὃς λαλεῖ β..ίας;
Joh 10 33 περὶ βλασφημίας (sc λιθάζομέν σε)
Eph 4 31 κραυγὴ καὶ βλ. ἀρθήτω ἀφ᾽ ὑμῶν
Col 3 8 ἀπόθεσθε – θυμόν, κακίαν, β..ίαν
1 Ti 6 4 ἐξ ὧν γίνεται φθόνος, ἔρις, β..ίαι
Jud 9 οὐκ ἐτόλμησεν κρίσιν ἐπενεγκεῖν β..ίας

Ap 2 9 οἰδά σου – τὴν βλ. (vg blasphemaris)
13 1 ὀνόμα[τα] β..ίας 17 3 γέμον[τα] ὀν. βλ.
– 5 „στόμα λαλοῦν μεγάλα" καὶ β..ίας
(vl β..ίαν et βλάσφημα, vg vl blas-
phemiae)
– 6 ἤνοιξεν τὸ στόμα – εἰς β..ίας πρὸς – ϑ.

βλάσφημος ᵃblasphemus ᵇexecrabilis
Act 6 11 ῥήματα β..α (vl β..ίας, vg blasphe-
miae) εἰς Μωϋσῆν καὶ τὸν ϑεόν
1 Ti 1 13 τὸ πρότερον ὄντα β..ονᵃ κ. διώκτην
2 Ti 3 2 ἔσονται γὰρ οἱ ἄνθρωποι – β..οιᵃ
2 Pe 2 11 οὐ φέρουσιν – β..ονᵇ κρίσιν (Ap 13 5 vl)

βλέμμα Sᵒ – aspectus 2 Pe 2 8

*βλέπειν vidēre ᵇ(τὸ βλ.) visus ᶜ(β..όμενος)
visibilis ᵈaspicere ᵉrespicere
ᶠ(βλέπεσϑαι) apparēre – ᵍcavēre

1) = oculis cernere, intueri, spectare
Mat 5 28 πᾶς ὁ β..ων γυναῖκα πρὸς τὸ ἐπιϑυ-
6 4 ὁ βλέπων ἐν τῷ κρυπτῷ 6.18 [μῆσαι
7 3 τί δὲ βλέπεις τὸ κάρφος –;] Luc 6
41.42 αὐτὸς τὴν – δοκὸν οὐ βλέπων
11 4 ἀπαγγείλατε Ἰωάννῃ ἃ – β..ετε 15 31
12 22 ὥστε τὸν κωφὸν λαλεῖν καὶ βλέπειν
13 13 ὅτι β..οντες οὐ β..ουσιν Mar 8 18 „ὀ-
φϑαλμοὺς ἔχοντες οὐ β..ετε – Mat
13 14 „β..οντες β..ψετε καὶ οὐ μὴ ἴδη-
τε"] Mar 4 12 Luc 8 10 – Act 28 26
– 16 ὑμῶν δὲ μακάριοι οἱ ὀφϑαλμοὶ ὅτι
β..ουσιν 17 πολλοὶ – ἐπεϑύμησαν ἰδεῖν
ἃ βλέπετε] Luc 10 23 μακάριοι οἱ
ὀφϑαλμοὶ οἱ βλέποντες ἃ βλέπετε 24
14 30 βλέπων – ἄνεμον [ἰσχυρὸν] ἐφοβήϑη
18 10 οἱ ἄγγελοι αὐτῶν – διὰ παντὸς β..ου-
σι τὸ πρόσωπον τοῦ πατρός μου
22 16 οὐ – β..εις ᵉ εἰς πρόσωπον ἀνθρώπων
] Mar 12 14 (non vides in faciem)
Mar 8 23 ἐπηρώτα αὐτόν· εἴ τι β..εις (vl ..ει);
24 βλέπω τοὺς ἀνθρ., ὅτι ὡς δένδρα
Luc 7 21 τυφλοῖς πολλοῖς ἐχαρίσατο β..ειν ᵇ
8 16 ἵνα οἱ εἰσπορευόμενοι βλέπωσιν τὸ
φῶς 11 33 τὸ φῶς
9 62 οὐδεὶς – β..ων ᶜ εἰς τὰ ὀπίσω εὔθετος
Joh 5 19 ἂν μή τι βλέπῃ τὸν πατέρα ποιοῦντα
9 7 ἐνίψατο, καὶ ἦλθεν β..ων 15.19.21.25
– 39 ἵνα οἱ μὴ βλέποντες βλέπωσιν καὶ οἱ
βλέποντες τυφλοὶ γένωνται
– 41 νῦν δὲ λέγετε ὅτι βλέπομεν
11 9 ὅτι τὸ φῶς τοῦ κόσμου τούτου βλέπει

Joh 13 22 ἔβλεπον ᵈ εἰς ἀλλήλους – ἀπορούμ.
Act 1 9 βλεπόντων αὐτῶν ἐπήρϑη (11 vl τί
ἑστήκατε βλέποντες ᵈ εἰς τὸν οὐρανόν;)
3 4 βλέψον (vl ἀτένισον) ᵉ εἰς ἡμᾶς
9 8 οὐδὲν ἔβλεπεν 9 ἦν – μὴ βλέπων
27 12 λιμένα – βλέποντα ᵉ κατὰ λίβα
Rm 7 23 βλέπω δὲ ἕτερον νόμον ἐν τοῖς μέλ.
8 24 ἐλπὶς δὲ β..ομένη οὐκ ἔστιν ἐλπίς· ὃ
γὰρ β..ει τις ἐλπίζει; 25 εἰ δὲ ὃ οὐ
β..ομεν ἐλπίζομεν, δι᾽ ὑπομονῆς
11 8 „ὀφϑαλμοὺς τοῦ μὴ βλέπειν" 10
1 Co 1 26 βλέπετε γὰρ τὴν κλῆσιν ὑμῶν
10 18 βλέπετε τὸν Ἰσραὴλ κατὰ σάρκα
13 12 βλέπομεν γὰρ ἄρτι δι᾽ ἐσόπτρου ἐν
2 Co 4 18 μὴ σκοπούντων ἡμῶν τὰ β..όμενα ἀλ-
λὰ τὰ μὴ β..όμενα· τὰ γὰρ β..όμενα
πρόσκαιρα, τὰ δὲ μὴ β..όμενα αἰώνια
10 7 τὰ κατὰ πρόσωπον βλέπετε.
12 6 μή τις εἰς ἐμὲ λογίσηται ὑπὲρ ὃ βλέ-
πει με ἢ ἀκούει [τι] ἐξ ἐμοῦ
Phl 3 2 βλέπετε τοὺς κύνας κτλ
Hb 11 1 πραγμάτων ἔλεγχος οὐ β..ομένων ᶠ (vl
parentum) 3 εἰς τὸ μὴ ἐκ φαινομένων
τὸ β..όμενον ᶜ γεγονέναι 7 χρηματι-
σϑεὶς Νῶε περὶ τῶν μηδέπω β..ομένων
Jac 2 22 βλέπεις ὅτι ἡ πίστις συνήργει τοῖς
Ap 1 11 ὃ βλέπεις γράψον 22 8 κἀγὼ Ἰωάν-
νης ὁ – βλέπων ταῦτα. καὶ ὅτε – ἔ-
βλεψα, ἔπεσα προσκυνῆσαι
– 12 ἐπέστρεψα βλέπειν τὴν φωνήν
3 18 ἐγχρῖσαι τοὺς ὀφϑ. σου ἵνα βλέπῃς
9 20 „τὰ εἴδωλα –, ἃ οὔτε βλ." δύνανται
17 8 βλεπόντων τὸ θηρίον ὅτι ἦν καὶ οὐκ
ἔστιν καὶ παρέσται – 18 9

2) = providere, cavere, curare
Mat 24 4 βλέπετε μή τις ὑμᾶς πλανήσῃ] Mar
13 5 Luc 21 8 μὴ πλανηθῆτε
Mar 4 24 β..ετε τί ἀκούετε] Luc 8 18 πῶς ἀκ.
8 15 βλέπετε ᵍ ἀπὸ τῆς ζύμης τῶν Φαρ.
12 38 βλέπετε ᵍ ἀπὸ τῶν γραμματέων
13 9 βλέπετε δὲ ὑμεῖς ἑαυτούς – 2 Jo 8
– 23 ὑμεῖς δὲ βλέπετε 33 β., ἀγρυπνεῖτε
Act 13 40 βλέπετε – μὴ ἐπέλθῃ τὸ εἰρημένον
1 Co 3 10 ἕκαστος – βλεπέτω πῶς ἐποικοδομεῖ
8 9 β..ετε – μή πως ἡ ἐξουσία ὑμῶν αὕτη
πρόσκομμα γένηται τοῖς ἀσθενέσιν
10 12 ὁ δοκῶν ἑστάναι βλεπέτω μὴ πέσῃ
16 10 β..ετε ἵνα ἀφόβως γένηται πρὸς ὑμᾶς
Gal 5 15 βλέπετε μὴ ὑπ᾽ ἀλλήλων ἀναλωθῆτε
Eph 5 15 βλέπετε – ἀκριβῶς πῶς περιπατεῖτε
Col 2 8 β..ετε μή τις ὑμᾶς ἔσται ὁ συλαγωγ.

Col 417 βλέπε τὴν διακονίαν ἣν παρέλαβες

Hb 312 βλέπετε – μήποτε ἔσται ἔν τινι ὑμῶν
καρδία πονηρὰ ἀπιστίας

1225 β..ετε μὴ παραιτήσησθε τὸν λαλοῦντα

βοᾶν clamare ᵇexclamare ᶜacclamare

Mat 3 3 „φωνὴ βοῶντος ἐν τῇ ἐρήμῳ" ‖ Mar
13 Luc 34 Joh 123

Mar 1534 ἐβόησεν ᵇ ὁ Ἰησοῦς φωνῇ μεγάλῃ

Luc 939 ἀνὴρ – ἐβόησεν ᵇ –˙ διδάσκαλε 1838
18 7 βοώντων αὐτῷ ἡμέρας καὶ νυκτός

Act 8 7 πνεύματα – βοῶντα – ἐξήρχοντο
17 6 2524 βοῶντες ᶜ μὴ δεῖν αὐτὸν ζῆν

Gal 427 „βόησον, ἡ οὐκ ὠδίνουσα"

Βοανηργές Mar 317

Βόες (vl Βόοζ) Mat 15

βοή clamor Jac 54 αἱ β. τῶν θερισάντων

βοήθεια ᵃadiutorium ᵇauxilium

Act 2717ᵃ – Hb 416 χάριν – εἰς εὔκαιρον β.ᵇ

βοηθεῖν adiuvare ᵇauxiliari

Mat 1525 κύριε, β..ει μοι Mar 922 β..ησον ἡμῖν

Mar 924 πιστεύω˙ βοήθει μου τῇ ἀπιστίᾳ

Act 16 9 διαβὰς εἰς Μακεδονίαν β..ησον ἡμῖν
2128 ἄνδρες Ἰσραηλῖται, βοηθεῖτε

2 Co 6 2 „ἐν ἡμέρᾳ σωτηρίας ἐβοήθησά σοι"

Hb 218 δύναται τοῖς πειραζομένοις β..ῆσαι ᵇ

Ap 1216 ἐβοήθησεν ἡ γῆ τῇ γυναικί

βοηθός adiutor Hb 136 „κύριος ἐμοὶ β."

βόθυνος fovea Mat 1211 1514 Luc 639

βολή iactus Luc 2241 ὡσεὶ λίθου βολήν

βολίζειν Sᵒ – summittere bolidem Act 2728

Βόος (vl Βόοζ) Luc 332

βόρβορος lutum 2 Pe 222 εἰς κυλισμὸν β..ου

βορρᾶς aquilo Luc 1329 Ap 2113

βόσκειν pascere ᵇ(β..ων) pastor

Mat 830 ἀγέλη – β..ομένη ‖ Mar 511 Luc 832
– 33 οἱ δὲ β..οντες ᵇ ‖ Mar 514 Luc 834

Luc 1515 ἔπεμψεν αὐτὸν – βόσκειν χοίρους

Joh 2115 βόσκε τὰ ἀρνία μου 17 τὰ πρόβατα

Βοσόρ (vl Βεώρ) 2 Pe 215

βοτάνη herba Hb 67 τίκτουσα βοτάνην

βότρυς botrus Ap 1418 τρύγησον τοὺς β..ας

***βούλεσθαι** velle ᵇvoluntarie ᶜ(μὴ β.) nolle

Mat 1127 ᾧ ἐὰν βούληται ὁ υἱὸς ἀποκαλύψαι
‖ Luc 1022

Luc 2242 εἰ βούλει παρένεγκε – τὸ ποτήριον

1 Co 1211 διαιροῦν – ἑκάστῳ καθὼς βούλεται

Phl 112 γινώσκειν δὲ ὑμᾶς βούλομαι

1 Ti 2 8 βούλομαι – προσεύχεσθαι τ. ἄνδρας
514 νεωτέρας γαμεῖν, τεκνογονεῖν
6 9 οἱ δὲ βουλόμενοι πλουτεῖν

Tit 3 8 βούλομαί σε διαβεβαιοῦσθαι, ἵνα

Hb 617 βουλόμενος ὁ θεὸς ἐπιδεῖξαι

Jac 118 βουληθεὶς ᵇ ἀπεκύησεν ἡμᾶς λόγῳ

2 Pe 3 9 μὴ βουλόμενός ᶜ τινας ἀπολέσθαι

βουλεύεσθαι cogitare Luc 1431 Joh 1153
1210 Act (vl 533) 2739 2 Co 117 ἢ ἃ βου-
λεύομαι κατὰ σάρκα βουλεύομαι, –;

βουλευτής decurio Mar 1543 Luc 2350

βουλή consilium ᵇvoluntas

Luc 730 τὴν β. τοῦ θεοῦ ἠθέτησαν εἰς ἑαυτ.
2351 οὐκ ἦν συγκατατεθειμένος τῇ βουλῇ

Act 223 τῇ ὡρισμένῃ βουλῇ – τοῦ θεοῦ
428 ὅσα – ἡ βουλή [σου] προώρισεν
538 ἐὰν ἦ ἐξ ἀνθρώπων ἡ βουλὴ αὕτη
1336 τῇ τοῦ θεοῦ βουλῇ ᵇ „ἐκοιμήθη"
2027 ἀναγγεῖλαι πᾶσαν τὴν β. τοῦ θεοῦ
2712 ἔθεντο βουλὴν 42 βουλὴ ἐγένετο

1 Co 4 5 φανερώσει τὰς βουλὰς τῶν καρδιῶν

Eph 111 κατὰ τ. βουλὴν τοῦ θελήματος αὐτοῦ

Hb 617 τὸ ἀμετάθετον τῆς βουλῆς αὐτοῦ

βούλημα voluntas Act 2743 (vgᵒ)

Rm 919 τῷ γὰρ β..τι αὐτοῦ τίς ἀνθέστηκεν;

1 Pe 4 3 τὸ βούλημα τῶν ἐθνῶν κατειργάσθαι

βουνός collis Luc 35 2330

βοῦς bos Luc 1315 145.19 Joh 214.15

1 Co 9 9 „οὐ κημώσεις βοῦν ἀλοῶντα". μὴ
τῶν βοῶν μέλει τῷ θεῷ; 1 Ti 518

βραβεῖον Sᵒ – bravium 1 Co 924 οὐκ οἴ-
δατε ὅτι – πάντες –, εἷς δὲ λαμβάνει τὸ β.;

Phl 314 εἰς τὸ βρ. τῆς ἄνω κλήσεως τοῦ θεοῦ

βραβεύειν *exultare* Col 3 15 ἡ εἰρήνη τοῦ
Χοῦ βραβευέτω ἐν ταῖς καρδίαις ὑμῶν

βραδύνειν *tardare* 1 Ti 3 15 ἐὰν – βραδύνω
2 Pe 3 9 οὐ βραδύνει κύριος τῆς ἐπαγγελίας

βραδυπλοεῖν S° – *tarde navigare* Act 27 7

βραδύς S° – *tardus*
Luc 24 25 ὤ – βραδεῖς τῇ καρδίᾳ τοῦ πιστεύειν
Jac 1 19 βραδὺς εἰς τὸ λαλῆσαι, β. εἰς ὀργήν

βραδύτης S° – 2 Pe 3 9 β..τα (vg°) ἡγοῦνται

βραχίων *brachium* Luc 1 51 Joh 12 38
Act 13 17 „μετὰ βραχίονος ὑψηλοῦ ἐξήγαγεν"

βραχύ   ᵃ*ad breve* ᵇ(*post*) *pusillum* ᶜ*mo-*
dicum ᵈ*modico* ᵉ*paulominus* ᶠ(διὰ βρα-
χέων) *perpaucis* Luc 22 58ᵇ Joh 67ᶜ Act
5 34ᵃ 27 28ᵇ Hb 27 „βραχύ τιᵉ παρ᾽ ἀγγέ-
λους" 9ᵈ – 13 22ᶠ

βρέφος *infans* ᵇ(ἀπὸ β..ους) *ab infantia*
Luc 1 41.44 2 12.16 18 15 προσέφερον – τὰ β..η
Act 7 19 – 2 Ti 3 15ᵇ ἱερὰ γράμματα οἶδας
1 Pe 2 2 ὡς ἀρτιγέννητα β..η – γάλα ἐπιποθ.

βρέχειν *pluere* ᵇ*rigare*
Mat 5 45 βρέχει ἐπὶ δικαίους καὶ ἀδίκους
Luc 7 38 δάκρυσι – βρέχεινᵇ τοὺς πόδας 44ᵇ
17 29 „πῦρ καὶ θεῖον" – Jac 5 17 προσηύ-
ξατο τοῦ μὴ βρέξαι κτλ Ap 11 6

βροντή *tonitruum*
Mar 3 17 Βοανηργές, ὅ ἐστιν υἱοὶ βροντῆς
Joh 12 29 βροντὴν γεγονέναι – Ap 4 5 6 1 8 5
10 3.4 11 19 (vg°) 14 2 16 18 19 6

βροχή *pluvia* Mat 7 25.27 κατέβη ἡ βροχή

βρόχος *laqueus*
1 Co 7 35 οὐχ ἵνα βρόχον ὑμῖν ἐπιβάλω

βρυγμός τῶν ὀδόντων *stridor dentium*
Mat 8 12 13 42.50 22 13 24 51 25 30 Luc 13 28

βρύειν S° – *emanare* Jac 3 11 γλυκὺ καί

βρύχειν *stridēre* Act 7 54 τοὺς ὀδόντας

βρῶμα *esca* ᵇ*cibus*
Mat 14 15 Mar 7 19 Luc 3 11 9 13
Joh 4 34 βρ.ᵇ ἐστιν ἵνα ποιήσω τὸ θέλημα
Rm 14 15 εἰ – διὰ βρῶμαᵇ ὁ ἀδελφός σου λυ-
πεῖται –. μὴ τῷ βρώματίᵇ σου ἐκεῖ-
νον ἀπόλλυε 20 μὴ ἕνεκεν βρώματος
κατάλυε τὸ ἔργον τοῦ θεοῦ
1 Co 3 2 γάλα ὑμᾶς ἐπότισα, οὐ βρῶμα
6 13 τὰ βρ. τῇ κοιλίᾳ, καὶ ἡ κοι. τοῖς βρ.
8 8 βρῶμα – ἡμᾶς οὐ παραστήσει τῷ θεῷ
– 13 εἰ βρ. σκανδαλίζει τὸν ἀδελφόν μου,
οὐ μὴ φάγω κρέα εἰς τὸν αἰῶνα
10 3 τὸ αὐτὸ πνευματικὸν βρῶμα ἔφαγον
1 Ti 4 3 ἀπέχεσθαι β..τωνᵇ, ἃ – θεὸς ἔκτισεν
Hb 9 10ᵇ 13 9 χάριτι βεβαιοῦσθαι τὴν καρδί-
αν, οὐ β..σιν, ἐν οἷς οὐκ ὠφελήθησαν

βρώσιμον *quod manducetur* Luc 24 41

βρῶσις *esca* ᵇ*cibus* ᶜ*manducare* ᵈ(σὴς
καὶ βρῶσις) *aerugo et tinea*
Mat 6 19 ὅπου σὴς καὶ βρῶσιςᵈ ἀφανίζει 20ᵈ
Joh 4 32 ἐγὼ β..ινᵇ ἔχω φαγεῖν ἣν ὑμεῖς οὐκ
6 27 ἐργάζεσθε μὴ τὴν βρ.ᵇ τὴν ἀπολλυ-
μένην, ἀλλὰ τ. βρ. (vg°) τ. μένουσαν
– 55 ἡ γὰρ σάρξ μου ἀληθής ἐστιν βρ.ᵇ
Rm 14 17 οὐ γὰρ ἐστιν ἡ βασ. τοῦ θεοῦ βρῶσις
1 Co 8 4 περὶ τῆς β..εως – τῶν εἰδωλοθύτων
2 Co 9 10 „ἄρτον εἰς β..ινᶜ" (*ad m..andum*)
Col 2 16 μή – τις ὑμᾶς κρινέτω ἐν β..ειᵇ καί
Hb 12 16 ὃς ἀντὶ β..εως μιᾶς „ἀπέδετο τὰ πρ."

βυθίζειν ,.εσθαι *mergere, mergi* Luc 5 7
1 Ti 6 9 εἰς – ἐπιθυμίας –, αἵτινες βυθίζουσιν
τοὺς ἀνθρ. εἰς ὄλεθρον καὶ ἀπώλειαν

βυθός *profundum maris* 2 Co 11 25 ἐν τῷ βυθῷ

βυρσεύς S° – *coriarius* Act 9 43 10 6.32

βύσσινος ᵃ*byssinus* ᵇ*byssus*
Ap 18 12ᵇ 16ᵇ (vlᵃ) 19 8ᵃ 14ᵃ

βύσσος *byssus* Luc 16 19 πορφύραν κ. β..ον

βωμός *ara* Act 17 23 εὗρον – βωμὸν ἐν ᾧ

Γ

Γαββαθά Joh 19 13 Λιθόστρωτον, Ἑβρ. δὲ Γ.

Γαβριήλ Luc 1 19 ἐγώ εἰμι Γ. 26 ὁ ἄγγελος Γ.

γάγγραινα S° – cancer
2 Ti 2 17 ὁ λόγος αὐτῶν ὡς γάγγρ. νομὴν ἕξει

Γάδ Ap 7 5 ἐκ φυλῆς Γ. δώδεκα χιλιάδες

Γαδαρηνοί Geraseni Mat 8 28 **Γάζα** Act 8 26

γάζα gaza Act 8 27 ἦν ἐπὶ πάσης τῆς γάζης

γαζοφυλακεῖον gazophylacium
Mar 12 41.43 ‖ Luc 21 1 – Joh 8 20 ἐν τῷ γαζ.

Γάϊος Act 19 29 20 4 Rm 16 23 1 Co 1 14 3 Jo 1

γάλα lac 1 Co 3 2 γάλα ὑμᾶς ἐπότισα
1 Co 9 7 ἐκ τοῦ γάλακτος τῆς ποίμνης οὐκ –;
Hb 5 12 γεγόνατε χρείαν ἔχοντες γάλακτος
– 13 ὁ μετέχων γάλακτος ἄπειρος λόγου
1 Pe 2 2 τὸ λογικὸν ἄδολον γ. ἐπιποθήσατε

Γαλάται Gal 3 1 ὦ ἀνόητοι Γαλ., τίς ὑμᾶς –;

Γαλατία 1 Co 16 1 Gal 1 2 2 Ti 4 10 (vl Γαλ-
λίαν vg vl) 1 Pe 1 1 – **Γαλατικὴ χώρα**
Act 16 6 (G..tiae regio) 18 23 (G..tica regio)

γαλήνη S° – tranquillitas Mat 8 26 ἐγένετο
γαλήνη μεγάλη ‖ Mar 4 39 Luc 8 24

Γαλιλαία
Mat 2 22 εἰς τὰ μέρη τῆς Γ. 3 13 4 12 ἀνεχώ-
ρησεν εἰς τὴν Γ. 15 „Γ. τῶν ἐθνῶν" 18
(τὴν θάλασσαν τῆς Γ. 15 29 Mar 1 16 7 31
Joh 6 1) 4 23.25 17 22 19 1 21 11 (ὁ ἀπὸ Να-
ζαρὲθ τῆς Γ. Mar 1 9 cfr Luc 1 26 24.39)
26 32 (προάξω ὑμᾶς εἰς τὴν Γ. Mar 14 28
16 7) 27 55 28 7.10.16
Mar 1 14.28 εἰς ὅλην τὴν περίχωρον τῆς Γαλ.
39 3 7 6 21 9 30 15 41
Luc 3 1 τετρααρχοῦντος τῆς Γ. Ἡρῴδου 4 14.
31 Καφαρν. πόλιν τῆς Γ. 5 17 8 26 17 11 23 5.
(6 vl).49.55 24 6 ἐλάλησεν ὑμῖν ἔτι ὢν ἐν τῇ Γ.
Joh 1 43 21 (Κανὰ τῆς Γ. 11 4 46 21 2 ὁ ἀπὸ
Κ. τῆς Γ.) 4 3.43.45.47.54 7 1.9.41 μὴ γὰρ
ἐκ τῆς Γ. ὁ χριστὸς ἔρχεται; 52 μὴ καὶ
σὺ ἐκ τῆς Γ. (Galilaeus) εἶ; – ἐκ τῆς Γαλ.

προφήτης οὐκ ἐγείρεται 12 21 Βηθσαϊδὰ
τῆς Γαλιλαίας
Act 9 31 ἡ – ἐκκλησία καθ' ὅλης τῆς – Γ. 10 37
ἀρξάμενος ἀπὸ τῆς Γ. 13 31 ὤφθη –
τοῖς συναναβᾶσιν αὐτῷ ἀπὸ τῆς Γ.

Γαλιλαῖος
Mat 26 69 καὶ σὺ ἦσθα μετὰ Ἰησοῦ τοῦ Γαλιλ.
Mar 14 70 καὶ γὰρ Γαλιλ. εἶ ‖ Luc 22 59 ἐστιν
Luc 13 1.2 ὅτι οἱ Γαλιλ. οὗτοι ἁμαρτωλοὶ πα-
ρὰ πάντας τοὺς Γαλιλ. ἐγένοντο, –;
23 6 ἐπηρώτησεν εἰ ὁ ἄνθρωπ. Γαλ. ἐστιν
Joh 4 45 ἐδέξαντο αὐτὸν οἱ Γαλ., – ἑωρακότες
Act 1 11 ἄνδρες Γ..οι, τί ἑστήκατε [ἐμ]βλέποντες
2 7 οὐχ – ἅπαντες οὗτοί εἰσιν – Γαλιλαῖοι;
5 37 ἀνέστη Ἰούδας ὁ Γαλιλαῖος

(Γαλλία vl 2 Ti 4 10 → Γαλατία)

Γαλλίων Act 18 12.14.17 **Γαμαλιήλ** Act 5 34 22 3

γαμεῖν ducere ᵇuxorem ducere ᶜuxorem
accipere ᵈcum uxore esse ᵉnubere
ᶠnuptam esse ᵍmatrimonio iungere,
iungi
Mat 5 32 ὃς ἐὰν ἀπολελυμένην γαμήσῃ ‖ Luc
16 18 ὁ – γαμῶν ἑτέραν –, καὶ ὁ ἀπο-
λελυμένην ἀπὸ ἀνδρὸς γαμῶν
19 9 ὃς ἂν ἀπολύσῃ – καὶ γαμήσῃ ἄλλην
‖ Mar 10 11.12 καὶ ἐὰν αὐτὴ ἀπολύσα-
σα τὸν ἄνδρα αὐτῆς γαμήσῃᵉ ἄλλον
– 10 εἰ οὕτως ἐστὶν ἡ αἰτία τοῦ ἀνθρώπου
μετὰ τῆς γυν., οὐ συμφέρει γ..ῆσαιᵉ
22 25 ὁ πρῶτος γήμαςᵇ ἐτελεύτησεν
– 30 οὔτε γαμοῦσινᵉ (nubent) οὔτε γαμί-
ζονταιᵉ (nubentur) ‖ Mar 12 25ᵉ Luc
20 34 οἱ υἱοὶ τοῦ αἰῶνος τούτου γα-
μοῦσινᵉ (nubunt) καὶ γαμίσκονται
(traduntur ad nuptias) 35 οἱ δὲ –
οὔτε γαμοῦσινᵉ οὔτε γαμίζονταιᵇ
24 38 ἦσαν – γαμοῦντεςᵉ καὶ γαμίζοντες
(nuptui tradentes) ‖ Luc 17 27 ἐγά-
μουνᵇ, ἐγαμίζοντο (dabantur ad nup-
tias), ἄχρι ἧς ἡμέρας εἰσῆλθεν Νῶε
Mar 6 17 ὅτι αὐτὴν ἐγάμησεν (sc Ἡρῳδιάδα)
Luc 14 20 γυναῖκα ἔγημα, καὶ διὰ τοῦτο οὐ
1 Co 7 9 εἰ δὲ οὐκ ἐγκρατεύονται, γαμησάτω-
σανᵉ· κρεῖττον – ἐστιν γαμῆσαιᵉ

1 Co 7 10 τοῖς δὲ γεγαμηκόσιν⁸ παραγγέλλω
 – 28 ἐὰν – γαμήσῃς°, οὐχ ἥμαρτες, καὶ
  ἐὰν γήμῃ° ἡ παρθένος, οὐχ ἥμαρτεν
 – 33 ὁ δὲ γαμήσας ᵈ μεριμνᾷ τὰ τοῦ κό-
  σμου 34 ἡ δὲ γαμήσασα ᶠ μ. τὰ τοῦ κ.
 – 36 ὃ θέλει ποιείτω· οὐχ ἁμαρτάνει· γα-
  μείτωσαν (vl ..είτω, vg nubat)
 – 38 ὁ γαμίζων⁸ τὴν ἑαυτοῦ παρθένον
  καλῶς ποιεῖ, καὶ ὁ μὴ γαμίζων⁸
  κρεῖσσον ποιεῖ
 – 39 ἐλευθέρα ἐστὶν ᾧ θέλει γαμηθῆναι°
1 Ti 4 3 κωλυόντων γαμεῖν°
 5 11 γαμεῖν° θέλουσιν (sc νεώτ. χῆραι)
 14 βούλομαι οὖν νεωτέρας γαμεῖν°

γαμίζειν S°, γαμίσκεσθαι S° → γαμεῖν Mat
 22 30 ‖, Mat 24 38 ‖, 1 Co 7 38

γάμος, γάμοι nuptiae ᵇconnubium (vl co-
 nubium) °(γάμου) nuptialis
Mat 22 2 ἐποίησεν γάμους τῷ υἱῷ αὐτοῦ
 – 3 καλέσαι τοὺς κεκλημένους εἰς τοὺς
  γάμους 4 δεῦτε εἰς τοὺς γ. 8 ὁ μὲν
  γάμος ἕτοιμός ἐστιν 9 ὅσους ἐὰν εὕ-
  ρητε καλέσατε εἰς τοὺς γάμους 10
  ἐπλήσθη ὁ γ. 11 ἔνδυμα γάμου° 12°
 25 10 εἰσῆλθον μετ' αὐτοῦ εἰς τοὺς γάμους
Luc 12 36 πότε ἀναλύσῃ ἐκ τῶν γάμων
 14 8 ὅταν κληθῇς ὑπό τινος εἰς γάμους
Joh 2 1 γάμος ἐγένετο ἐν Κανᾷ 2 ἐκλήθη δὲ
  καὶ ὁ Ἰησοῦς – εἰς τὸν γάμον
Hb 13 4 τίμιος ὁ γάμος ᵇ ἐν πᾶσιν
Ap 19 7 ὅτι ἦλθεν ὁ γ. τοῦ ἀρνίου 9 οἱ εἰς τὸ
  δεῖπνον τοῦ γ. τοῦ ἀρν. κεκλημένοι

γαστήρ uterus ᵇventer °(ἐν γαστρὶ ἔχου-
 σαι Mat 24 ‖) praegnantes (vl ..ates)
Mat 1 18 εὑρέθη ἐν γαστρὶ ἔχουσα 23 „παρθέ-
  νος ἐν γαστρὶ ἕξει" Luc 1 31 συλλήμ-
  ψῃ ἐν γαστρὶ καὶ τέξῃ υἱόν
 24 19 οὐαὶ δὲ ταῖς ἐν γαστρὶ ἐχούσαις° ‖
  Mar 13 17° Luc 21 23°
1 Th 5 3 ὥσπερ ἡ ὠδὶν τῇ ἐν γαστρὶ ἐχούσῃ
Tit 1 12 Κρῆτες ἀεὶ –, γαστέρες ᵇ ἀργαί
Ap 12 2 γυνὴ – ἐν γαστρὶ ἔχουσα, καὶ κράζει

Γεδεών Hb 11 32 διηγούμενον – περὶ Γεδεών

γέεννα S° – gehenna
Mat 5 22 ἔνοχος ἔσται εἰς τὴν γ. τοῦ πυρός
 – 29 μὴ ὅλον τὸ σῶμά σου βληθῇ εἰς γέ-
  ενναν 30 ἀπέλθῃ 18 9 ἢ δύο ὀφθαλ-

μοὺς ἔχοντα βληθῆναι εἰς τὴν γ. τοῦ
 πυρός ‖ Mar 9 43 τὰς δύο χεῖρας ἔχον-
 τα ἀπελθεῖν εἰς τὴν γέενναν 45. 47
Mat 10 28 τὸν δυνάμενον καὶ ψυχὴν καὶ σῶμα
 ἀπολέσαι ἐν γεέννῃ ‖ Luc 12 5 ἔχοντα
 ἐξουσίαν ἐμβαλεῖν εἰς τὴν γέενναν
 23 15 ποιεῖτε αὐτὸν υἱὸν γεέννης διπλότ.
 – 33 πῶς φύγητε ἀπὸ τῆς κρίσεως τῆς γ.;
Jac 3 6 φλογιζομένη ὑπὸ τῆς γεέννης

Γεθσημανί Mat 26 36 Mar 14 32

γείτων vicinus, vicina
Luc 14 12 μὴ φώνει – μηδὲ γ..ονας πλουσίους
 15 6 συγκαλεῖ τοὺς 9 τὰς – γείτ. – Joh 9 8

γελᾶν ridēre Luc 6 21. 25 οὐαί, οἱ γελῶντες νῦν

γέλως risus Jac 4 9 γέλως ὑμῶν εἰς πένθος

γέμειν plenum esse, (part.) plenus
Mat 23 25 ἔσωθεν δὲ γέμουσιν (pleni estis vl
 sunt) ἐξ ἁρπαγῆς καὶ ἀκρασίας 27
 ὀστέων νεκρῶν καὶ – ἀκαθαρσίας ‖
 Luc 11 39 τὸ δὲ ἔσωθεν ὑμῶν γέμει
 ἁρπαγῆς καὶ πονηρίας
Rm 3 14 „τὸ στόμα ἀρᾶς καὶ πικρίας γέμει"
Ap 4 6 „τέσσερα ζῷα γέμοντα ὀφθαλμῶν" 8
 – 17 3 ἐπὶ θηρίον κόκκινον, γέμον[τα]
 ὀνόματα βλασφημίας
 5 8 φιάλας – γεμούσας θυμιαμάτων 15 7
 τοῦ θυμοῦ τοῦ θεοῦ 17 4 ποτήριον
 χρυσοῦν – γέμον βδελυγμάτων
 21 9 τῶν ἐχόντων τὰς ἑπτὰ φιάλας, τῶν
 γεμόντων (vl τὰς γεμούσας) τῶν
 ἑπτὰ πληγῶν τῶν ἐσχάτων

γεμίζειν implēre
Mar 4 37 ὥστε – γ..εσθαι τὸ πλοῖον – 15 36 σπόγ-
Luc 14 23 ἵνα γεμισθῇ μ. ὁ οἶκος (vl 15 16) [γον
Joh 2 7 ὑδρίας 6 13 κοφίνους – Ap 8 5
Ap 15 8 „ἐγεμίσθη ὁ ναὸς καπνοῦ ἐκ τ. δόξης"

γενεά generatio ᵇnatio °progenies
 ᵈtempora

 1) homines aetatis Jesu
Mat 11 16 τίνι – ὁμοιώσω τὴν γ. ταύτην; ‖ Lc 7 31
 12 39 γ. πονηρὰ καὶ μοιχαλὶς σημεῖον ἐπι-
  ζητεῖ ‖ Luc 11 29 ἡ γ. αὕτη γ. πονη-
  ρά ἐστιν· σημεῖον ζητεῖ – Mat 16 4 ‖
  Mar 8 12 τί ἡ γ. αὕτη ζητεῖ σημεῖον·

−εἰ δοθήσεται τῇ γ. ταύτῃ σημεῖον
Mat 12 41 Νινευῖται ἀναστήσονται − μετὰ τῆς γ.
ταύτης 42 βασίλ. νότου ἐγερθήσεται
45 οὕτως ἔσται καὶ τῇ γ. ταύτῃ τῇ
πονηρᾷ ‖ Luc 11 30 οὕτως ἔσται καὶ
ὁ υἱὸς τοῦ ἀνθρ. τῇ γ. ταύτῃ 31.32
17 17 ὦ γενεὰ ἄπιστος καὶ διεστραμμένη ‖
Mar 9 19 ἄπ. Luc 9 41 ἄπ. καὶ διεστρ.
23 36 ἥξει ταῦτα πάντα ἐπὶ τὴν γ. ταύτην
‖ Luc 11 50 ἵνα ἐκζητηθῇ τὸ αἷμα −
τῶν προφητῶν − ἀπὸ τῆς γ. ταύτης 51
24 34 οὐ μὴ παρέλθῃ ἡ γ. αὕτη ἕως ἂν −
ταῦτα γένηται ‖ Mar 13 30 Luc 21 32
Mar 8 38 ὃς − ἐὰν ἐπαισχυνθῇ με − ἐν τῇ γ.
ταύτῃ τῇ μοιχαλίδι καὶ ἁμαρτωλῷ
Luc 17 25 ἀποδοκιμασθῆναι ἀπὸ τῆς γ. ταύτης

2) voces γενεά et γενεαί latius conceptae

Mat 1 17 πᾶσαι − αἱ γ. ἀπὸ Ἀβρ. ἕως Δαυ.
Luc 1 48 „μακαριοῦσίν με πᾶσαι αἱ γενεαί
− 50 „ἔλεος αὐτοῦ εἰς γ..ὰς ͨ καὶ γ..άς ͨ"
16 8 φρονιμώτεροι − εἰς τὴν γ. τὴν ἑαυτῶν
Act 2 40 σώθητε ἀπὸ τῆς γ. τῆς σκολιᾶς ταύ-
της cfr Phl 2 15 „τέκνα θεοῦ ἄμωμα"
μέσον „γ..ᾶς ᵇ σκολιᾶς καὶ διεστραμμ."
8 33 „τὴν γενεὰν αὐτοῦ τίς διηγήσεται;"
13 36 Δαυὶδ − ἰδίᾳ γενεᾷ ὑπηρετήσας τῇ
τοῦ θεοῦ βουλῇ − 14 16 ἐν ταῖς παρῳ-
χημέναις γ. 15 21 ἐκ γ..ῶν ᵈ ἀρχαίων
Eph 3 5 ὃ ἑτέραις γενεαῖς οὐκ ἐγνωρίσθη
τοῖς υἱοῖς τῶν ἀνθρώπων 21 αὐτῷ ἡ
δόξα − εἰς πάσας τὰς γ. τοῦ αἰῶνος
Col 1 26 τὸ μυστήριον τὸ ἀποκεκρυμμένον ἀπὸ
τῶν αἰώνων καὶ ἀπὸ τῶν γενεῶν
Hb 3 10 διὸ „προσώχθισα τῇ γενεᾷ" ταύτῃ

γενεαλογούμενος cuius generatio annume-
ratur in (aliqua gente) Hb 7 6 ὃ − μὴ γ.
(sc Melchis.) ἐξ αὐτῶν (sc in filiis Levi)

γενεαλογία S° − genealogia 1 Ti 1 4 Tit 3 9

γενέσια S° − (dies) natalis Mat 14 6 ‖ Mar 6 21

γένεσις generatio ᵇ nativitas
Mat 1 1 βίβλος γ..εως Ἰησοῦ Χοῦ 18 Ἰησοῦ
Χοῦ ἡ γένεσις (vl γέννησις) οὕτως ἦν
Luc 1 14 πολλοὶ ἐπὶ τῇ γενέσει ᵇ (vl γεννήσει)
αὐτοῦ χαρήσονται
Jac 1 23 ἔοικεν ἀνδρὶ κατανοοῦντι τὸ πρόσ-
ωπον τῆς γεν. ᵇ αὐτοῦ ἐν ἐσόπρῳ
3 6 φλογίζουσα τὸν τροχὸν τῆς γ..εως ᵇ

γενετή nativitas Joh 9 1 τυφλὸν ἐκ γενετῆς

γένημα ᵃ genimen ᵇ generatio
ͨ incrementum frugum
Mat 26 29 ᵃ τῆς ἀμπέλου ‖ Mar 14 25 ᵃ Luc 22 18 ᵇ
(Luc 12 18 vl τὰ γ. μου, vg quae nata sunt mihi)
2 Co 9 10 αὐξήσει „τὰ γ. ͨ τῆς δικαιοσ. ὑμῶν"

γεννᾶν (pass.) nasci ᵇ gignere ͨ parere
ᵈ generare

1) proprie dictum
a) γεννᾶν (active), de viro dictum:
Mat 1 2-16 ᵇ (16 vl Ἰωσὴφ δέ, −, ἐγέννησεν Ἰη-
σοῦν) Act 7 8 ᵇ 29 ᵈ − de matre dictum: (Mat
1 16 vl παρθένος Μαρ. ἐγέννησεν Ἰησοῦν) Luc
1 13 Ἐλισάβετ γεννήσει ͨ υἱόν σοι 57 ͨ 23 29 αἱ
κοιλίαι αἳ οὐκ ἐγέννησαν ᵇ − Joh 16 21 ὅταν
δὲ γεννήσῃ ͨ τὸ παιδίον − Gal 4 24 μία μὲν
−, εἰς δουλείαν γεννῶσα ᵈ, ἥτις ἐστὶν Ἁγάρ

b) γεννᾶσθαι (vi passiva) nasci
Jesu de natu dictum:
Mat 1 16 ἐξ ἧς ἐγεννήθη Ἰησοῦς 20 τὸ γὰρ ἐν
αὐτῇ γεννηθὲν ἐκ πνεύματός ἐστιν
ἁγίου 21 τοῦ δὲ Ἰησοῦ γεννηθέντος
ἐν Βηθλέεμ 4 ποῦ ὁ χριστὸς γεννᾶται
Luc 1 35 διὸ καὶ τὸ γεννώμενον (vl + ἐκ σοῦ,
vg quod nascetur ex te) „ἅγιον κλη-
θήσεται" υἱὸς θεοῦ
Joh 18 37 ἐγὼ εἰς τοῦτο γεγέννημαι καὶ − ἐλήλ.
aliorum de natu dictum
Mat 19 12 εἰσὶν − εὐνοῦχοι οἵτινες ἐκ κοιλίας
μητρὸς ἐγεννήθησαν οὕτως
26 24 καλὸν ἦν αὐτῷ εἰ οὐκ ἐγεννήθη ὁ
ἄνθρωπος ἐκεῖνος ‖ Mar 14 21
Joh 3 4 πῶς δύναται ἄνθρωπος γεννηθῆναι
γέρων ὤν; μὴ δύναται − δεύτερον −
γεννηθῆναι; (vg renasci, vl nasci)
− 6 τὸ γεγεννημένον ἐκ τῆς σαρκὸς σάρξ
8 41 ἐκ πορνείας οὐ γεγεννήμεθα
9 2 τίς ἥμαρτεν −, ἵνα τυφλὸς γεννηθῇ;
19 ὅτι τυφλὸς ἐγεννήθη 20 idem 32
τυφλοῦ γεγεννημένου 34 ἐν ἁμαρτί-
αις σὺ ἐγεννήθης ὅλος, −;
16 21 ὅτι ἐγεννήθη ἄνθρωπος εἰς τ. κόσμ.
Act 2 8 ἰδίᾳ διαλέκτῳ − ἐν ᾗ ἐγεννήθημεν
7 20 ἐν ᾧ καιρῷ ἐγεννήθη Μωϋσῆς
22 3 γεγεννημένος ἐν Τάρσῳ 28 ἐγὼ δὲ
καὶ γεγέννημαι (sc Ῥωμαῖος)
Rm 9 11 μήπω γὰρ γεννηθέντων μηδὲ πραξ.
Gal 4 23 ὁ μὲν − κατὰ σάρκα γεγέννηται 29
ὁ κατὰ σάρκα γεννηθείς

Hb 11 12 ἀφ' ἑνὸς ἐγ.ήθησαν vg *orti sunt*
– 23 πίστει Μωϋσῆς γεννηθεὶς ἐκρύβη
2 Pe 2 12 ἄλογα ζῷα γεγεννημένα (vl ..γενη.
vgᵒ) φυσικὰ εἰς ἅλωσιν καὶ φθοράν

2) γεννᾶν, ..ᾶσθαι – metaphorice

Joh 1 13 τοῖς πιστεύουσιν εἰς τὸ ὄνομα αὐ-
τοῦ, οἳ – ἐκ θεοῦ ἐγεννήθησαν (vl
qui – natus est Ju Ir Tert)
3 3 ἐὰν μή τις γεννηθῇ (*renatus* vl *na-
tus fuerit*) ἄνωθεν (*denuo*) 7 δεῖ ὑ-
μᾶς γεννηθῆναι ἄνωθεν (*denuo*)
– 5 ἐὰν μή τις γεννηθῇ (vg *renatus fue-
rit*) ἐξ ὕδατος καὶ πνεύμ.
– 6 τὸ γεγεννημένον ἐκ τοῦ πνεύματος
8 οὕτως ἐστὶν πᾶς ὁ γεγ. ἐκ τ. πνεύ.
Act 13 33 ,,υἱός μου εἶ σύ, ἐγὼ σήμερον γεγέν-
νηκά ᵇ σε" Hb 1 5ᵇ 5 5ᵇ
1 Co 4 15 διὰ τοῦ εὐαγγελίου ἐγὼ ὑμᾶς ἐγέν-
νησαᵇ Phm 10 ὂν ἐγέννησαᵇ ἐν τοῖς
δεσμοῖς, 'Ονήσιμον
2 Ti 2 23 ζητήσεις.. – ὅτι γεννῶσινᵈ μάχας
1 Jo 2 29 ὁ ποιῶν τὴν δικαιοσύνην ἐξ αὐτοῦ
γεγέννηται 3 9 πᾶς ὁ γεγεννημένος ἐκ
τοῦ θεοῦ ἁμαρτίαν οὐ ποιεῖ – · καὶ
οὐ δύναται ἁμαρτάνειν, ὅτι ἐκ τοῦ
θεοῦ γεγέννηται 5 18 ὁ γεγ. –οὐχ ἁμ..ει
4 7 ὁ ἀγαπῶν ἐκ τοῦ θεοῦ γεγέννηται 5 1
ὁ πιστεύων ὅτι 'Ιησοῦς ἐστιν ὁ χρι-
στὸς ἐκ τοῦ θεοῦ γεγέννηται
5 1 ὁ ἀγαπῶν τὸν γεννήσανταᵇ ἀγαπᾷ
[καὶ] τὸν (vl τὸ) γεγεννημένον ἐξ αὐ-
τοῦ 4 πᾶν τὸ γεγεννημένον ἐκ τοῦ
θεοῦ νικᾷ τὸν κόσμον
– 18 ἀλλ' ὁ γεννηθεὶς ἐκ τοῦ θεοῦ (vl ἡ
γέννησις τοῦ θεοῦ vg *generatio Dei*)
τηρεῖ αὐτόν (vl ἑαυτόν)

γεννήματα ἐχιδνῶν ᵃ*progenies viperarum*
ᵇ*genimina v.* Mat 37ᵃ 1234ᵃ 2333ᵇ Luc 37ᵇ

Γεννησαρέτ (vl Mat Mar ..σάρ)
Mat 1434 Mar 653 Luc 51 παρὰ τ. λίμνην Γεν.

(**γέννησις** vl → γένεσις Mat 1 18 Luc 1 14 et
γεννᾶν 2) sub finem 1 Jo 5 18)

γεννητοὶ γυναικῶν *nati mulierum*
Mat 11 11 οὐκ – ἐν γ..οῖς γυν. μείζων ‖ Luc 7 28

γένος *genus* ᵇ*natio* Mat 13 47 (sc ἰχθύων)
Mar 7 26 Συροφοινίκισσα τῷ γένει Act 4 36 Κύ-
πριος 18 2 Ποντικὸς 24 'Αλεξανδρεύς (vlᵇ)

Mar 9 29 τοῦτο τὸ γ. ἐν οὐδενὶ δύναται ἐξελ-
θεῖν (‖ Mat 17 21 rec οὐκ ἐκπορεύεται)
Act 4 6 ὅσοι ἦσαν ἐκ γένους ἀρχιερατικοῦ
7 13 φανερὸν ἐγένετο – τὸ γένος 'Ιωσήφ
– 19 οὗτος ,,κατασοφισάμενος τὸ γ." ἡμῶν
13 26 υἱοὶ γένους 'Αβρ. καὶ οἱ – φοβούμενοι
17 28 τοῦ γὰρ καὶ γένος ἐσμέν 29 γένος
οὖν ὑπάρχοντες τοῦ θεοῦ
1 Co 12 10 ἑτέρῳ γένη γλωσσῶν 28 γένη γλωσ.
14 10 τοσαῦτα εἰ τύχοι γένη φωνῶν εἰσιν
2 Co 11 26 κινδύνοις ἐκ γένους, – ἐξ ἐθνῶν
Gal 1 14 ὑπὲρ πολλοὺς – ἐν τῷ γένει μου
Phl 3 5 ἐκ γένους 'Ισραήλ, φυλῆς Βενιαμίν
1 Pe 2 9 ὑμεῖς δὲ ,,γένος ἐκλεκτόν"
Ap 22 16 ἐγώ εἰμι ἡ ῥίζα καὶ τὸ γένος Δαυίδ

Γερασηνός (vl Γεργεσ., Γαδαρ.)
Mar 5 1 ‖ Luc 8 26.37

γερουσία *seniores* Act 5 21 υἱῶν 'Ισραήλ

γέρων *senex* Joh 3 4 γεννηθῆναι γέρων ὤν

γεύεσθαι *gustare*
Mat 16 28 οὐ μὴ γεύσωνται θανάτου ‖ Mar 9 1
Luc 9 27 – Joh 8 52 οὐ μὴ γεύσηται
θανάτου εἰς τὸν αἰῶνα – Hb 2 9 ὅ-
πως – ὑπὲρ παντὸς γεύσηται θανάτου
27 34 γευσάμενος οὐκ ἠθέλησεν πιεῖν
Luc 14 24 οὐδεὶς – γεύσεταί μου τοῦ δείπνου
Joh 2 9 τὸ ὕδωρ Act 10 10 ἤθελεν γεύσασθαι
20 11 23 14 μηδενὸς γεύσασθαι ἕως οὗ
Col 2 21 μὴ ἅψῃ μηδὲ γεύσῃ μηδὲ θίγῃς
Hb 6 4 γευσαμένους τε τῆς δωρεᾶς τῆς ἐπ-
ουρανίου 5 καὶ καλὸν γευσαμένους
θεοῦ ῥῆμα δυνάμεις τε μέλλ. αἰῶνος
1 Pe 2 3 εἰ ,,ἐγεύσασθε ὅτι χρηστὸς ὁ κύριος"

γεωργεῖν *colere* Hb 6 7 γ..εῖται (sc γῆ)

γεώργιον *agricultura*
1 Co 3 9 θεοῦ γεώργιον, θεοῦ οἰκοδομή ἐστε

γεωργός *agricola* ᵇ*colonus* ᶜ*cultor*
Mat 21 33 ἐξέδοτο αὐτὸν γεωργοῖς 34.35.38.40 τί
ποιήσει τοῖς γ. ἐκείνοις; 41 ἐκδώσεται
ἄλλοις γ. ‖ Mar 12 1.2.7ᵇ 9 ἀπολέσει
τοὺς γεωργ.ᵇ Luc 20 9ᵇ 10ᶜ 14ᵇ 16ᵇ
Joh 15 1 καὶ ὁ πατήρ μου ὁ γεωργός ἐστιν
2 Ti 2 6 τὸν κοπιῶντα γεωργὸν δεῖ πρῶτον
τῶν καρπῶν μεταλαμβάνειν
Jac 5 7 ἰδοὺ ὁ γ. ἐκδέχεται τὸν τίμιον καρ-
πὸν τῆς γῆς, μακροθυμῶν ἐπ' αὐτῷ

γῆ *terra* (βασιλεῖς τῆς γῆς → βασιλεύς)

1) caelum et terra (coniuncta et adversa)

Mat 5 18 ἕως ἂν παρέλθῃ ὁ οὐρ. καὶ ἡ γῆ ||
     Luc 16 17 εὐκοπώτερον – τὸν οὐρανὸν
     καὶ τὴν γῆν παρελθεῖν – Mat 24 35
     ὁ οὐρανὸς καὶ ἡ γῆ παρελεύσεται,
     οἱ δὲ λόγοι μου || Mar 13 31 Luc 21 33
     – 34.35 μὴ ὁμόσαι –· μήτε ἐν τῷ οὐρα-
     νῷ, –· μήτε ἐν τῇ γῆ Jac 5 12 μὴ ὀ-
     μνύετε, μήτε τὸν οὐρ. μήτε τὴν γῆν
     6 10 ὡς ἐν οὐρανῷ καὶ ἐπὶ (vl + τῆς) γῆς
     – 19 μὴ – θησαυροὺς ἐπὶ τῆς γῆς 20 θη-
     σαυροὺς ἐν οὐρανῷ
     9 6 ἐξουσίαν ἔχει – ἐπὶ τῆς γῆς ἀφιέναι
     ἁμαρτίας || Mar 2 10 ἀφιέναι ἁμαρτίας
     ἐπὶ τῆς γῆς Luc 5 24
     11 25 κύριε τοῦ οὐρ. καὶ τῆς γῆς || Luc
     10 21 cfr Act 17 24 οὐρ. καὶ γῆς ὑπάρ-
     χων κύριος 4 24 ὁ „ποιήσας τὸν
     οὐρ. καὶ τὴν γῆν" 14 15 Ap 14 7 –
     Ap 10 6 „ὃς ἔκτισεν τὸν οὐρανὸν –
     καὶ τὴν γῆν καὶ τὰ ἐν αὐτῇ"
     16 19 ὃ ἐὰν δήσῃς ἐπὶ τῆς γῆς ἔσται δεδε-
     μένον ἐν τοῖς οὐρ., καὶ ὃ ἐὰν λύσῃς
     ἐπὶ τ. γῆς ἔσται λελυμένον ἐν τ. οὐρ.
     18 18 δήσητε – οὐρανῷ, – λύσητε – οὐρ.
     18 19 ἐὰν δύο συμφωνήσωσιν – ἐπὶ τῆς γῆς
     περὶ – οὗ ἐὰν αἰτήσωνται, γενήσεται
     αὐτοῖς παρὰ τοῦ πατρός μου τοῦ ἐν
     οὐρανοῖς
     23 9 πατέρα μὴ καλέσητε – ἐπὶ τῆς γῆς·
     εἷς γάρ ἐστιν ὑμῶν ὁ π. ὁ οὐράνιος
     28 18 πᾶσα ἐξουσία ἐν οὐρ. καὶ ἐπὶ [τ.] γῆς
Mar 13 27 „ἀπ' ἄκρου" γῆς „ἕως ἄκ. οὐρανοῦ"
Luc 2 14 δόξα ἐν ὑψίστοις θεῷ καὶ ἐπὶ γῆς
     εἰρήνη ἐν ἀνθρώποις εὐδοκίας
     12 56 τὸ πρόσωπον τῆς γῆς καὶ τοῦ οὐρα-
     νοῦ οἴδατε δοκιμάζειν
Joh 3 31 ὁ ὢν ἐκ τῆς γῆς ἐκ τ. γῆς ἐστιν καὶ
     ἐκ τῆς γῆς λαλεῖ. ὁ ἐκ τοῦ οὐρανοῦ
     ἐρχόμενος [ἐπάνω πάντων ἐστίν]
     12 32 κἀγὼ ἐὰν ὑψωθῶ ἐκ τῆς γῆς
     17 4 ἐγώ σε ἐδόξασα ἐπὶ τῆς γῆς
Act 2 19 „τέρατα ἐν τῷ οὐρανῷ" ἄνω καὶ ση-
     μεῖα „ἐπὶ τῆς γῆς" κάτω
     7 49 „ὁ οὐρ. μοι θρόνος, ἡ δὲ γῆ ὑποπόδ."
     10 11 τὸν οὐρ. ἀνεῳγμένον καὶ – σκεῦός τι
     – καθιέμενον ἐπὶ τῆς γῆς 12 τὰ τετρά-
     ποδα – τῆς γ. καὶ πετεινὰ τοῦ οὐρ. 11 6
1 Co 8 5 εἴπερ εἰσὶν λεγόμενοι θεοὶ εἴτε ἐν
     οὐρανῷ εἴτε ἐπὶ γῆς

1 Co 15 47 ὁ πρῶτος „ἄνθρωπος ἐκ γῆς χοϊ-
     κός", ὁ δεύτερος ἄνθρ. ἐξ οὐρανοῦ
Eph 1 10 τὰ ἐπὶ τοῖς οὐρ. καὶ τὰ ἐπὶ τῆς γῆς
     3 15 πᾶσα πατριὰ ἐν οὐ..οῖς καὶ ἐπὶ γῆς
     4 9 ὅτι καὶ κατέβη εἰς τὰ κατώτερα
     [μέρη] τῆς γῆς; 10 – ὁ „ἀναβὰς" ὑπερ-
     άνω πάντων τῶν οὐρανῶν
Col 1 16 τὰ πάντα ἐν τοῖς οὐρ. καὶ ἐπὶ τ. γ. 20
     3 2 τὰ ἄνω φρονεῖτε, μὴ τὰ ἐπὶ τῆς γῆς
     – 5 νεκρώσατε οὖν τὰ μέλη τὰ ἐπὶ τ. γῆς
Hb 1 10 „γῆν ἐθεμελίωσας, καὶ ἔργα τῶν χει-
     ρῶν σού εἰσιν οἱ οὐρανοί"
     8 4 εἰ – ἦν ἐπὶ γῆς, οὐδ' ἂν ἦν ἱερεύς
     11 13 „ξένοι καὶ παρεπίδημοι – ἐπὶ τῆς γ."
     12 25 ἐπὶ γῆς παραιτησάμενοι τὸν χρη-
     ματίζοντα, πολὺ μᾶλλον ἡμεῖς οἱ
     τὸν ἀπ' οὐρανῶν ἀποστρεφόμενοι
     – 26 οὗ ἡ φωνὴ τὴν γῆν ἐσάλευσεν τότε –·
     „σείσω" οὐ μόνον „τὴν γῆν" ἀλλὰ καὶ
     „τὸν οὐρανόν" – Jac 5 12 → Mat 5 35
Jac 5 18 ὁ οὐρ. ὑετὸν ἔδωκεν καὶ ἡ γῆ ἐβλά-
     στησεν τὸν καρπὸν αὐτῆς
2 Pe 3 5 οὐρανοὶ ἦσαν ἔκπαλαι καὶ γῆ ἐξ ὕ-
     δατος 7 οἱ δὲ νῦν οὐρ. καὶ ἡ γῆ – τη-
     ρούμενοι εἰς ἡμέραν κρίσεως 10 οἱ
     οὐρ. – παρελεύσονται, – καὶ γῆ καὶ
     τὰ ἐν αὐτῇ ἔργα εὑρεθήσεται 12 οὐρα-
     νοὶ – λυθήσονται 13 „καινοὺς δὲ οὐρ."
     καὶ „γῆν καινὴν" – προσδοκῶμεν
Ap 5 3 οὐδεὶς – ἐν τῷ οὐρ. οὐδὲ ἐπὶ τῆς γῆς
     οὐδὲ ὑποκάτω τῆς γῆς 13 πᾶν κτίσμα
     ὃ ἐν τῷ οὐρ. καὶ ἐ. τ. γ. κ. ὑ. τῆς γῆς
     6 13 „οἱ ἀστέρες τοῦ οὐρ. ἔπεσαν" εἰς τ. γῆν
     12 4 – 9 ἱ ἀστέρας ἐκ τοῦ οὐρ. πεπτωκό-
     τα εἰς τὴν γῆν – 10 6 14 7 → Mat 11 25
     12 9 ἐβλήθη ὁ δράκων – εἰς τὴν γῆν 13 –
     16 ἐβοήθησεν ἡ γῆ τῇ γυναικί, καὶ
     ἤνοιξεν ἡ γῆ τὸ στόμα αὐτῆς
     13 13 πῦρ – ἐκ τοῦ οὐρ. καταβαίν. εἰς τ. γῆν
     20 11 „ἔφυγεν ἡ γῆ" καὶ ὁ οὐρανός
     21 1 εἶδον οὐρανὸν καινὸν καὶ γῆν και-
     νήν"· ὁ γὰρ πρῶτος οὐρανὸς καὶ ἡ
     πρώτη γῆ ἀπῆλθαν

2) terra sedes hominum (non singulae
     terrae, neque solum vel ager)

Mat 5 5 „κληρονομήσουσιν τὴν γῆν"
     – 13 ὑμεῖς ἐστε τὸ ἅλας τῆς γῆς
     9 6 || Mar 2 10 Luc 5 24 → 1) sub Mat 9 6
     10 34 βαλεῖν εἰρήνην ἐπὶ τὴν γῆν || Luc 12 49
     πῦρ ἦλθον β. ἐ. τ. γῆν 51 δοκεῖτε ὅτι
     εἰρ. παρεγενόμην δοῦναι ἐν τῇ γῇ;

Mat 12 42 ἦλθεν ἐκ τῶν περάτων τῆς γ. ‖ Luc
11 31 – Act 18 μάρτυρες – ἕως ἐσχά-
του τῆς γ. 13 47 „εἰς σωτηρίαν ἕως κτλ"
23 35 αἷμα – ἐκχυννόμενον ἐπὶ τῆς γῆς
24 30 „κόψονται – αἱ φυλαὶ τῆς γῆς" Ap 17
Mar 9 3 οἷα γναφεὺς ἐπὶ τῆς γ. οὐ δύναται
Luc 18 8 ἆρα εὑρήσει τὴν πίστιν ἐπὶ τῆς γῆς;
21 23 ἔσται – ἀνάγκη μεγάλη ἐπὶ τῆς γ. 25
ἐπὶ τῆς γ. (in terris) συνοχὴ „ἐθνῶν"
– 35 „τοὺς καθημένους ἐπὶ" πρόσωπον
πάσης „τῆς γῆς" Act 17 26 ἐπὶ – πρ..ου
Act 3 25 „[ἐν]ευλογηθήσονται – αἱ πατριαὶ τ. γ."
8 33 „αἴρεται ἀπὸ τῆς γῆς ἡ ζωὴ αὐτοῦ"
22 22 αἶρε ἀπὸ τῆς γῆς τὸν τοιοῦτον
Rm 9 17 „διαγγελῇ τὸ ὄνομά μου ἐν πάσῃ τ. γῇ"
– 28 „λόγον – συντελῶν – ποιήσει – ἐπὶ τ. γ."
10 18 „εἰς πᾶσαν τὴν γ. ἐξῆλθεν ὁ φθόγγος"
1 Co 10 26 „τοῦ κυρίου – ἡ γῆ καὶ τὸ πλήρωμα"
Eph 6 3 „καὶ ἔσῃ μακροχρόνιος ἐπὶ τῆς γ."
Hb 11 13 „ξένοι καὶ παρεπίδημοι – ἐπὶ τ. γῆς"
Jac 5 5 ἐτρυφήσατε ἐπὶ τῆς γ. καὶ ἐσπαταλ.
– 17 οὐκ ἔβρεξεν ἐπὶ τῆς γῆς 18 ἡ γῆ ἐ-
βλάστησεν τὸν καρπὸν αὐτῆς
Ap 3 10 πειράσαι τοὺς κατοικοῦντας ἐπὶ
τῆς γ. 6 10 ἐκ τῶν κατ. – 8 13 οὐαὶ
τοὺς – 11 10 οἱ κατ. – χαίρουσιν 13 8
προσκυνήσουσιν αὐτὸν πάντες οἱ
κατ. – 12 ποιεῖ τὴν γῆν καὶ τοὺς ἐν αὐ-
τῇ κατ. ἵνα προσκυν. τὸ θηρίον 14
πλανᾷ τοὺς κατ. – 17 2 ἐμεθύσθη-
σαν οἱ κατ. τὴν γ. 8 θαυμασθήσον-
ται οἱ κατ. – 14 6 εὐαγγελίσαι ἐπὶ
τοὺς καθημένους ἐπὶ τῆς γῆς
5 6 τὰ [ἑπτὰ] πνεύματα τοῦ θεοῦ ἀπε-
σταλμένοι „εἰς πᾶσαν τὴν γῆν"
– 10 καὶ βασιλεύσουσιν ἐπὶ τῆς γῆς
6 4 ἐδόθη αὐτῷ λαβεῖν τ. εἰρήνην ἐκ τ. γ.
– 8 ἐξουσία ἐπὶ τὸ τέταρτον τῆς γ., ἀπο-
κτεῖναι – ὑπὸ τῶν „θηρίων τῆς γῆς"
7 1 ἑστῶτας „ἐπὶ τὰς τέσσαρας γωνίας
τῆς γῆς" (20 8 τὰ ἔθνη τὰ ἐν ταῖς
κτλ), κρατοῦντας „τοὺς τέσσαρας
ἀνέμους τῆς γ., ἵνα μὴ πνέῃ ἄνε-
μος ἐπὶ τῆς γ. 2 οἷς ἐδόθη – ἀδικῆ-
σαι τὴν γ. 3 μὴ ἀδικήσητε τὴν γ. 9 4
„τὸν χόρτον τῆς γῆς"
8 5 ἔβαλεν (sc τὸ πῦρ) εἰς τὴν γ. 7 ἐβλή-
θη „εἰς τὴν γ."· καὶ τὸ τρίτ. τῆς γ. κατ-
εκάη – 93 ἐξῆλθον „ἀκρίδες εἰς τὴν γ."
– ὡς ἔχουσιν ἐξουσίαν οἱ σκορπίοι τ. γ.
11 4 „ἐνώπιον τοῦ κυρίου τῆς γ. ἑστῶτες"
– 6 πατάξαι τὴν γῆν ἐν πάσῃ πληγῇ

Ap 11 18 διαφθεῖραι τοὺς διαφθείροντας τὴν γ.
13 3 ἐθαυμάσθη ὅλη ἡ γ. ὀπίσω τοῦ θηρ.
14 3 εἰ μὴ – οἱ ἠγορασμένοι ἀπὸ τῆς γῆς
– 15 ἐξηράνθη ὁ θερισμὸς τῆς γ. 16 ἔβα-
λεν – τὸ δρέπανον – ἐπὶ τὴν γῆν, καὶ
ἐθερίσθη ἡ γῆ – 18 τρύγησον τοὺς
βότρυας τῆς ἀμπέλου τῆς γῆς 19
16 1 „ἐκχέετε" τὰς ἑπτὰ φιάλας „τοῦ θυ-
μοῦ" τοῦ θεοῦ „εἰς τὴν γῆν" 2
– 18 „ἀφ' οὗ" ἄνθρ. ἐγένετο ἐπὶ τῆς γῆς"
17 5 „μήτηρ – τῶν βδελυγμάτων τῆς γῆς"
18 1 ἡ γῆ ἐφωτίσθη ἐκ τῆς δόξης αὐτοῦ
– 3 „οἱ βασιλεῖς τῆς γ. μετ' αὐτῆς ἐπόρ-
νευσαν", – οἱ ἔμποροι τῆς γ. – ἐπλού-
τησαν 11..23 ἦσαν „οἱ μεγιστᾶνες τῆς γ."
– 24 ἐν αὐτῇ αἷμα – εὑρέθη – „πάντων τῶν
ἐσφαγμένων" ἐπὶ „τῆς γῆς"
19 2 τὴν πόρνην – ἥτις ἔφθειρεν τὴν γῆν
20 9 ἀνέβησαν „ἐπὶ τὸ πλάτος τῆς γῆς"

3) terra, aridum (opp aqua, mare)

Mat 14 24.34 Mar 4 1 6 47.53 Luc 5 3.11 8 27 Joh 6 21
21 8.9.11 Act 27 39.43.44 Hb 11 29 Ap 12 12
Ap 10 2 τὸν δὲ εὐώνυμον (sc πόδα) ἐπὶ τ. γῆς
5.8 13 11 ἄλλο θηρίον ἀναβαῖνον ἐκ τ. γῆς

4) solum, ager, humus

Mat 10 29 ἓν ἐξ αὐτῶν οὐ πεσεῖται ἐπὶ τὴν γῆν
12 40 ἔσται – ἐν τῇ καρδίᾳ τῆς γ. τρεῖς ἡμέ.
13 5 ὅπου οὐκ εἶχεν γῆν πολλήν, – διὰ τὸ
μὴ ἔχειν βάθος γῆς 8 ἔπεσεν ἐπὶ τὴν γ.
τὴν καλήν 23 ‖ Mar 4 5.8.20 Luc 8 8 εἰς
τὴν γ. τὴν ἀγαθήν 15 τὸ δὲ ἐν τῇ καλῇ γ.
15 35 ἀναπεσεῖν ἐπὶ τὴν γ. ‖ Mar 8 6 – 9 20
14 35 Act 9 4.8 ἠγέρθη – ἀπὸ τῆς γ. 26 14
25 18 ὤρυξεν γῆν 25 ἔκρυψα – ἐν τῇ γῇ
27 51 ἡ γῆ ἐσείσθη, καὶ αἱ πέτραι ἐσχίσθ.
Mar 4 26 ὡς ἄνθρωπος βάλῃ τὸν σπόρον ἐπὶ
τῆς γ. 28 αὐτομάτη ἡ γ. καρποφορεῖ
– 31 ὅταν σπαρῇ ἐπὶ τῆς γ., μικρότερον ὂν
πάντων τῶν σπερμάτων τῶν ἐπὶ τῆς γ.
Luc 6 49 οἰκίαν ἐπὶ τὴν γῆν χωρὶς θεμελίου
13 7 ἱνατί καὶ τὴν γῆν καταργεῖ;
14 35 οὔτε εἰς γῆν οὔτε εἰς κοπρίαν εὔθετ.
[[22 44 θρόμβοι – καταβαίνοντες ἐπὶ τὴν γ.]]
24 5 κλινουσῶν τὰ πρόσωπα εἰς τὴν γῆν
Joh [[8 6 κατέγραφεν εἰς τὴν γῆν 8 ἔγραφεν]]
12 24 ἐὰν μὴ ὁ κόκκος – πεσὼν εἰς τὴν γ.
Act 7 33 „ὁ γὰρ τόπος – γῆ ἁγία ἐστίν"
1 Co 15 47 „ὁ" πρῶτος „ἄνθρ. ἐκ γῆς χοϊκός"
Hb 6 7 „γῆ" γὰρ ἡ πιοῦσα τὸν – ὑετόν
11 38 ἐπὶ – ταῖς ὀπαῖς τῆς γ. (sc πλανώμενοι)

Jac 5 7 ἐκδέχεται τὸν τίμιον καρπὸν τῆς γῆς
– 17.18 → sub parte 2)

5) singulae terrae (nominatae)

Mat 2 6 „Βηθλέεμ", γῆ Ἰούδα
– 20 πορεύου εἰς γῆν Ἰσραήλ 21 εἰσῆλθεν εἰς
4 15 „γῆ Ζαβουλὼν καὶ γῆ Νεφθαλίμ"
9 26 εἰς ὅλην τὴν γῆν ἐκείνην 31 ἐν ὅλη –
10 15 γῆ Σοδόμων καὶ Γομ. 11 24 γῆ Σοδ.
27 45 σκότος – ἐπὶ πᾶσαν τὴν γ. ‖ Mar 15 33
ἐφ' ὅλην Luc 23 44 – 4 25 λιμός
Joh 3 22 ἦλθεν ὁ Ἰησοῦς – εἰς τὴν Ἰουδαίαν γ.
Act 7 3 „ἔξελθε ἐκ τῆς γ. σου, – εἰς τὴν γ. ἣν
ἄν σοι δείξω" 4 ἐκ γῆς Χαλδαίων –.
– μετῴκισεν αὐτὸν εἰς τ. γ. ταύτην
– 6 „ἔσται τὸ σπέρμα αὐτοῦ πάροικον ἐν
γῆ ἀλλοτρίᾳ" 29 „Μωϋσῆς – ἐγέ-
νετο πάροικος ἐκ γῆ Μαδιάμ"
– 36 „σημεῖα ἐν γ. Αἰγ." 40 „ἐξήγαγεν–ἐκ γ."
13 17 ἐν τῆ παροικίᾳ ἐν γῆ Αἰγύπτου
– 19 „καθελὼν ἔθνη ἑπτὰ ἐν γῆ Χανάαν
κατεκληρονόμησεν" τὴν γῆν αὐτῶν
Hb 8 9 „ἐξαγαγεῖν αὐτοὺς ἐκ γῆς Αἰγ."
11 9 „παρῴκησεν" εἰς γῆν τῆς ἐπαγγελίας
Jud 5 κύριος – λαὸν ἐκ γῆς Αἰγύπτ. σώσας

γῆρας   senectus (vl ..ta) Luc 1 36 ἐν γήρει

γηράσκειν   senescere Hb 8 13 τὸ – γηράσκον
Joh 21 18 ὅταν δὲ γηράσῃς, – ἄλλος σε ζώσει

*γίνεσθαι   fieri ᵇesse ᶜ(μὴ γένοιτο) absit
Mat 1 22 τοῦτο – γέγονεν ἵνα πληρωθῆ 21 4
26 56 cfr 54 πῶς – πληρωθῶσιν αἱ γρα-
φαὶ ὅτι οὕτως δεῖ γενέσθαι; 24 6 ‖
Mar 13 7 Luc 21 9 – Joh 19 36
5 18 ἰῶτα ἓν – οὐ μὴ παρέλθη, – ἕως ἂν
πάντα γένηται – 24 34 οὐ μὴ παρέλθη
ἡ γενεὰ αὕτη ἕως – ‖ Mr 13 30 Lc 21 32
6 10 γενηθήτω τὸ θέλημά σου cfr 26 42 ‖ Lc
22 42 μὴ τ. θ. μου ἀλλὰ τ. σὸν γινέσθω
8 13 ὡς ἐπίστευσας γενηθήτω σοι
9 29 κατὰ τὴν πίστιν ὑμῶν γενηθήτω ὑ-
μῖν 15 28 μεγάλη σου ἡ πίστις· γενη-
θήτω σοι ὡς θέλεις
18 19 ἐὰν δύο συμφωνήσωσιν –, γενήσεται
αὐτοῖς παρὰ τοῦ πατρός μου
21 19 μηκέτι ἐκ σοῦ καρπὸς γένηται (vg
nascatur) εἰς τὸν αἰῶνα
– 21 κἂν τῶ ὄρει – εἴπητε· ἄρθητι –, γενή-
σεται ‖ Mar 11 23 ὃς ἂν – πιστεύη ὅτι
ὃ λαλεῖ γίνεται, ἔσται αὐτῶ
– 42 „παρὰ κυρίου ἐγένετο αὕτη ‖ Mr 12 11

Luc 1 38 γένοιτό μοι κατὰ τὸ ῥῆμά σου
14 22 γέγονεν ὃ ἐπέταξας, καὶ ἔτι τόπος
19 19 καὶ σὺ ἐπάνω γίνουᵇ πέντε πόλεων
20 16 μὴ γένοιτοᶜ, itemᶜ: Rm 3 4.6.31 6 2.
15 7 7.13 9 14 11 1.11 1 Co 6 15 Gal 2 17
3 21 – 6 14 ἐμοὶ δὲ μὴ γέν.ᶜ καυχᾶσθαι
21 7 τί τὸ σημεῖον ὅταν μέλλη – γίνεσθαι;
Joh 1 3 πάντα δι' αὐτοῦ ἐγένετο καὶ χωρὶς
αὐτοῦ ἐγένετο οὐδὲ ἓν ὃ γέγονεν
10 καὶ ὁ κόσμος δι' αὐτοῦ ἐγένετο
– 6 ἐγένετοᵇ ἄνθρωπος, ἀπεσταλμένος
– 15 ἔμπροσθέν μου γέγονεν 30
– 17 ἡ χάρις – διὰ Ἰησοῦ Χοῦ ἐγένετο
8 58 πρὶν Ἀβραὰμ γενέσθαι ἐγὼ εἰμί
10 35 πρὸς οὓς ὁ λόγος τοῦ θεοῦ ἐγένετο
13 19 λέγω ὑμῖν πρὸ τοῦ γενέσθαι, ἵνα πι-
στεύσητε ὅταν γένηται 14 29
14 22 τί γέγονεν ὅτι ἡμῖν μέλλεις ἐμφανί-
ζειν σεαυτὸν καὶ οὐχὶ τῶ κόσμῳ;
15 7 αἰτήσασθε, καὶ γενήσεται ὑμῖν
Act 21 14 τοῦ κυρίου τὸ θέλημα γινέσθω
Rm 1 3 τοῦ γενομένου ἐκ σπέρματος Δαυίδ
Gal 4 4 τὸν υἱὸν αὐτοῦ γενόμενον ἐκ
γυναικός, γενόμενον ὑπὸ νόμον
3 4 γινέσθωᵇ (vg est) δὲ ὁ θεὸς ἀληθής
7 3 ἐὰν γένηταιᵇ (fuerit cum) ἀνδρὶ ἑτέρῳ
4 εἰς τ. γενέσθαιᵇ ὑμᾶς ἑτέρῳ (alterius)
16 7 οἳ καὶ πρὸ ἐμοῦ γέγονανᵇ ἐν Χῷ
1 Co 4 5 ὁ ἔπαινος γενήσεταιᵇ ἑκάστῳ ἀπὸ
9 15 οὐκ ἔγραψα – ἵνα οὕτ. γένηται ἐν ἐμοί
15 37 οὐ τὸ σῶμα τὸ γενησόμενονᵇ σπείρ.
– 54 τότε γενήσεται ὁ λόγος ὁ γεγραμμ.
2 Co 1 19 Ἰησοῦς Χὸς –, οὐκ ἐγένετοᵇ ναὶ καὶ
οὔ, ἀλλὰ ναὶ ἐν αὐτῶ γέγονενᵇ
Gal 3 14 ἵνα εἰς τὰ ἔθνη ἡ εὐλογία – γένηται
4 12 γίνεσθεᵇ ὡς ἐγώ, ὅτι κἀγὼ ὡς ὑμεῖς
Eph 6 3 „ἵνα εὖ σοι γένηταιᵇ"
1 Th 1 5 τὸ εὐαγγέλιον ἡμῶν οὐκ ἐγενήθηᵇ
εἰς (vl πρὸς) ὑμᾶς ἐν λόγῳ μόνον
2 Th 2 7 ὁ κατέχων – ἕως ἐκ μέσου γένηται
Hb 11 3 εἰς τὸ μὴ ἐκ φαινομένων τὸ βλεπό-
μενον (vl τὰ βλ..να vg) γεγονέναι
–(12 vl ἀφ' ἑνὸς ἐγενήθησαν –, „καθὼς
τὰ ἄστρα τοῦ οὐρ.")
Jac 3 10 οὐ χρή, –, ταῦτα οὕτως γίνεσθαι
2 Jo 12 ἀλλὰ ἐλπίζω γενέσθαιᵇ πρὸς ὑμᾶς
Ap 1 1 „ἃ δεῖ γενέσθαι" ἐν τάχει 22 6 – 1 19
„ἃ μέλλει γενέσθαι μετὰ ταῦτα" 4 1
11 15 ἐγένετο ἡ βασιλεία τοῦ κόσμου „τοῦ
κυρίου" ἡμῶν „καὶ τοῦ χριστοῦ αὐτοῦ"
12 10 ἄρτι ἐγένετο ἡ σωτηρία καὶ ἡ δύναμις
16 17 φωνὴ – λέγουσα· γέγονεν 21 6 γέ..αν

γινώσκειν cognoscere ᵇnosse (notum esse,
fieri) ᶜscire ᵈagnoscere ᵉintelligere ᶠsen-
tire – (οὐ γιν.)ᵍ ignorare ʰnescire

Mat 1 25 οὐκ ἐγ..εν αὐτήν Luc 134 ἄνδρα οὐ γ..ω
6 3 μὴ γνώτωʰ ἡ ἀριστερά σου τί ποιεῖ
7 23 ὅτι οὐδέποτε ἔγνωνᵇ ὑμᾶς cfr 1Co 83
930 ὁρᾶτε μηδεὶς γ..έτωᶜ Mar 543ᶜ
1026 οὐδὲν – κρυπτὸν ὃ οὐ γνωσθήσεταιᶜ
‖ Luc 122ᶜ 817 ὃ οὐ μὴ γνωσθῇ
12 7 εἰ δὲ ἐγνώκειτεᶜ τί ἐστιν· "ἔλεος"
– 15 Ἰησ. γνοὺςᶜ ἀνεχώρησεν – 168ᶜ ‖ Mar
817 – Mat 2218 τὴν πονηρίαν – 2610ᶜ
– 33 ἐκ – τοῦ καρποῦ τὸ δένδρον γ..εταιᵈ
‖ Luc 644 ἐκ τοῦ ἰδίου καρποῦ γ..εται
1311 ὑμῖν δέδοται γνῶναιᵇ τὰ μυστήρια
τῆς βασιλείας τῶν οὐρ. ‖ Luc 810ᵇ
[16 3 τὸ – πρόσωπον τοῦ οὐρανοῦ γ..ετεᵇ
διακρίνειν, τὰ δὲ σημεῖα τῶν καιρῶν
οὐ δύνασθε (vl + γνῶναι vgᶜ vl°);]
2145 ἔγνωσαν ὅτι περὶ αὐτῶν λέγει ‖ Mar
1212 Luc 2019
2432 γινώσκετεᶜ ὅτι ἐγγὺς τὸ θέρος 33ᶜ
ἐγγύς ἐστιν ἐπὶ θύραις 39 οὐκ ἔγνω-
σαν ἕως ἦλθεν ὁ κατακλυσμός ‖
Mar 1328,29ᶜ Luc 21 30ᶜ.31ᶜ
– 43 γ..ετεᶜ ὅτι εἰ ᾔδει ὁ οἰκοδεσπότης –
Luc 1239ᶜ – Mat 2450 ἥξει – ἐν ὥρᾳ
ᾗ οὐ γινώσκειᵍ ‖ Luc 1246ʰ
2524 ἔγνωνᶜ σε ὅτι σκληρὸς εἶ ἄνθρωπος

Mar 413 πῶς ἔγνωσαν οἱ γυνεῖς αὐτοῦ
529 ἔγνωᶠ τῷ σώματι ὅτι ἴαται cfr Luc
846 ἔγνωνᵇ δύναμιν ἐξεληλυθυῖαν
638 καὶ γνόντες λέγουσιν· πέντε (sc ἄρτ.)
7 24 οὐδένα ἤθελεν γνῶναιᶜ 930 καὶ οὐκ
ἤθελεν ἵνα τις γνοῖᶜ
1510 ἐγίνωσκενᶜ γὰρ ὅτι διὰ φθόνον
– 45 γνοὺς ἀπὸ τοῦ κεντυρίωνος

Luc 1 18 „κατὰ τί γνώσομαιᶜ" τοῦτο;
243 οὐκ ἔγνωσαν οἱ γονεῖς αὐτοῦ
739 ἐγίνωσκενᶜ ἂν τίς καὶ ποταπὴ ἡ γυνὴ
911 οἱ δὲ ὄχλοι γνόντες ἠκολούθησαν
1011 πλὴν τοῦτο γ..ετεᶜ, ὅτι ἤγγικεν ἡ βα-
σιλεία τοῦ θεοῦ 2120 γνῶτεᶜ ὅτι ἤγ-
γικεν ἡ ἐρήμωσις αὐτῆς (sc Ἱερουσ.)
– 22 οὐδεὶς γ..ειᶜ τίς ἐστιν ὁ υἱὸς εἰ μὴ
1247 ὁ γνοὺς τὸ θέλημα τοῦ κυρίου 48
16 4 ἔγνωνᶜ τί ποιήσω, ἵνα – δέξωνται
– 15 ὁ δὲ θεὸς γ..ειᵇ τὰς καρδίας ὑμῶν
1834 οὐκ ἐγίνωσκονᶜ τὰ λεγόμενα
1915 ἵνα γνοῖᶜ τί διεπραγματεύσαντο
– 42 εἰ ἔγνωςᶜ – καὶ σὺ τὰ πρὸς εἰρήνην
– 44 ἀνθ᾽ ὧν οὐκ ἔγνως τὸν καιρόν

Luc 2418 σὺ μόνος – οὐκ ἔγνως τὰ γενόμενα –;
– 35 ὡς ἐγνώσθη αὐτοῖς ἐν τῇ κλάσει

Joh 1 10 καὶ ὁ κόσμος αὐτὸν οὐκ ἔγνω
– 48 πόθεν με γ..εις ᵇ; – 224 διὰ τὸ αὐ-
τὸν γινώσκεινᵇ πάντας 25 αὐτὸς
γὰρ ἐγίνωσκενᶜ τί ἦν ἐν τῷ ἀνθρώπῳ
310 σὺ εἶ ὁ διδάσκαλος τοῦ Ἰσραὴλ καὶ
ταῦτα οὐ γινώσκειςᵍ;
4 1 ὡς οὖν ἔγνω ὁ Ἰησοῦς ὅτι ἤκουσαν
– 53 ἔγνω – ὁ πατὴρ ὅτι [ἐν] ἐκείνῃ τ. ὥρᾳ
5 6 γνοὺς ὅτι πολὺν ἤδη χρόνον ἔχει
– 42 ἔγνωκα ὑμᾶς ὅτι τὴν ἀγάπην τ. θεοῦ
615 γνοὺς ὅτι μέλλουσιν ἔρχεσθαι
– 69 πεπιστεύκαμεν καὶ ἐγνώκαμεν ὅτι σὺ
εἶ ὁ ἅγιος τοῦ θεοῦ 1038 τοῖς ἔργοις
πιστεύετε, ἵνα γνῶτε καὶ γινώσκητε
(vl πιστεύσητε, vg credatis) ὅτι ἐν ἐ-
μοὶ ὁ πατὴρ 178 ἔγνωσαν ἀληθῶς ὅτι
παρὰ σοῦ ἐξῆλθον, καὶ ἐπίστευσαν –
1 Jo 416 ἐγνώκαμεν καὶ πεπιστεύκαμεν
(vl ..ομεν) τὴν ἀγάπην ἣν ἔχει ὁ θεός
7 17 γνώσεται περὶ τῆς διδαχῆς, πότερον ἐκ
– 26 μήποτε ἀληθῶς ἔγνωσαν – ὅτι οὗτος –;
– 27 οὐδεὶς γ..ειᶜ πόθεν ἐστίν (sc ὁ χριστ.)
– 49 ὁ ὄχλος οὗτος ὁ μὴ γ..ωνᵇ τὸν νόμον
– 51 μὴ ὁ νόμος ἡμῶν κρίνει τὸν ἄνθρω-
πον ἐὰν μὴ – πρῶτον – γνῷ τί ποιεῖ;
827 οὐκ ἔγνωσαν ὅτι τὸν πατέρα – ἔλεγεν
– 28 τότε γνώσεσθε ὅτι ἐγώ εἰμι
– 32 γνώσεσθε τὴν ἀλήθειαν, καὶ ἡ ἀλ.
– 43 διὰ τί τὴν λαλιὰν τὴν ἐμὴν οὐ γ..ετε;
– 52 νῦν ἐγνώκαμεν ὅτι δαιμόνιον ἔχεις
– 55 οὐκ ἐγνώκατε αὐτόν, ἐγὼ – οἶδα αὐτ.
10 6 οὐκ ἔγνωσαν τίνα ἦν ἃ ἐλάλει αὐτοῖς
– 14 καὶ γ..ω τὰ ἐμὰ καὶ γ..ουσί με τὰ
ἐμὰ 15 καθὼς γ..ειᵇ με ὁ πατὴρ κἀγὼ
γ..ωᵈ τὸν πατέρα 27 κἀγὼ γ..ω αὐτά
1157 ἵνα ἐάν τις γνῷ ποῦ ἐστιν – 129
1216 οὐκ ἔγνωσαν – οἱ μαθηταὶ τὸ πρῶτον
13 7 οὐκ οἶδας ἄρτι, γνώσῃᶜ δὲ μετὰ ταῦ-
τα 12 γ..ετεᶜ τί πεποίηκα ὑμῖν;
– 28 οὐδεὶς ἔγνωᶜ τῶν ἀνακειμένων
– 35 ἐν τούτῳ γνώσονται πάντες ὅτι ἐμοὶ
μαθηταί ἐστε, ἐὰν ἀγάπην ἔχητε
14 7 εἰ ἐγνώκατέ με (vl ἐ.χειτέ με), καὶ
τὸν πατέρα μου γνώσεσθε (vl ἂν
ᾔδειτε, ἐγνώκειτε ἄν). καὶ ἀπ᾽ ἄρτι
γινώσκετε αὐτὸν καὶ ἑωράκατε αὐ-
τόν.
– 9 καὶ οὐκ ἔγνωκάς (vg ..istis) με –;
– 17 τὸ πνεῦμα τῆς ἀληθείας, ὃ ὁ κόσμος
–, ὅτι οὐ θεωρεῖ αὐτὸ οὐδὲ γ..ειᶜ·

ὑμεῖς γινώσκετε (vg cognoscetis vl
..*itis*) αὐτό → 1 Co 2 11. 14
Joh 14 20 γνώσεσθε – ὅτι ἐγὼ ἐν τῷ πατρί μου
– 31 ἵνα γνῷ ὁ κόσμος ὅτι ἀγαπῶ τὸν πα.
15 18 γ..ετε^c ὅτι ἐμὲ πρῶτον ὑμῶν μεμίση.
16 3 ὅτι οὐκ ἔγνωσαν^b τὸν πατ. οὐδὲ ἐμέ
– 19 ἔγνω [ὁ] Ἰησ. ὅτι ἤθελον – ἐρωτᾶν
17 3 ἵνα γ..ωσιν σὲ τὸν μόνον – θεὸν καί
– 7 νῦν ἔγνωκαν ὅτι πάντα ὅσα δέδω-
κάς μοι παρὰ σοῦ εἰσιν 8 → 6 69
– 23 ἵνα γινώσκῃ ὁ κόσμος ὅτι σύ με
– 25 ὁ κόσμος σε οὐκ ἔγνω, ἐγὼ δέ σε
ἔγνων, καὶ οὗτοι ἔγνωσαν ὅτι σύ με
19 4 ἵνα γνῶτε ὅτι οὐδεμίαν αἰτίαν εὑρ.
21 17 σὺ γινώσκεις^c ὅτι φιλῶ σε
Act 1 7 γνῶναι^b – καιροὺς οὓς ὁ πατὴρ ἔθετο
2 36 ἀσφαλῶς – γ..έτω^c πᾶς οἶκος Ἰσρ.
8 30 ἆρά γε γ..εις^e ἃ ἀναγινώσκεις;
– 9 24 ἐγνώσθη (*notae factae sunt*) – Σαύ-
λῳ ἡ ἐπιβουλή – 17 13 20 34^c 21 24^c 34
γνῶναι τὸ ἀσφαλές 22 30^c 23 6^c
17 19 δυνάμεθα γνῶναι^c τίς ἡ καινὴ αὕτη
– διδαχή; 20^c τίνα θέλει ταῦτα εἶναι
19 15 Ἰησοῦν γ..ω^b καὶ – Παῦλον ἐπίσταμαι
– 35 τίς – ἐστιν – ὃς οὐ γ..ει^h τὴν Ἔφεσ.
21 37 Ἑλληνιστὶ γινώσκεις^b;
22 14 προεχειρίσατό σε γνῶναι τὸ θέλημα
Rm 1 21 γνόντες τὸν θεὸν οὐχ ὡς θεὸν ἐδόξ.
2 18 καυχᾶσαι ἐν θεῷ καὶ γ..εις^b τὸ θέλημα
3 17 „ὁδὸν εἰρήνης οὐκ ἔγνωσαν"
6 6 γ..οντες^c ὅτι ὁ παλαιὸς ἡμῶν ἄνθρ.
7 1 γινώσκουσιν^c γὰρ νόμον λαλῶ
– 7 τὴν ἁμαρτίαν οὐκ ἔγνων εἰ μὴ διά
– 15 ὃ γὰρ κατεργάζομαι οὐ γινώσκω^e
10 19 μὴ Ἰσραὴλ οὐκ ἔγνω; – 11 34 „τίς –
ἔγνω νοῦν κυρίου;" 1 Co 2 16
1 Co 1 21 ἐν τῇ σοφίᾳ τοῦ θεοῦ οὐκ ἔγνω ὁ
κόσμος διὰ τῆς σοφίας τὸν θεόν
2 8 θεοῦ σοφίαν – ἣν οὐδεὶς τῶν ἀρχόν-
των τοῦ αἰῶνος – ἔγνωκεν· εἰ γὰρ
ἔγνωσαν, οὐκ ἂν τὸν κύριον – ἐσταύρ.
– 11 τὰ τοῦ θεοῦ οὐδεὶς ἔγνωκεν εἰ μὴ τό
– 14 ψυχικὸς – ἄνθρ. – τὰ τοῦ πνεύματος
τοῦ θεοῦ – οὐ δύναται γνῶναι^e
3 20 „γ..ει^b τοὺς διαλογισμοὺς τῶν" σοφῶν
4 19 γνώσομαι οὐ τὸν λόγον τῶν πεφυσιω-
μένων ἀλλὰ τὴν δύναμιν
8 2 εἴ τις δοκεῖ ἐγνωκέναι^c τι, οὔπω ἔγνω
καθὼς δεῖ γνῶναι^c 3 εἰ δέ τις ἀγαπᾷ
τὸν θεόν, οὗτος ἔγνωσται ἀπ᾽ αὐτοῦ
13 9 ἐκ μέρους γὰρ γ..ομεν 12 ἄρτι γ..ω
14 7 πῶς γνωσθήσεται^c τὸ αὐλούμενον – ;

9 πῶς γνωσθήσεται^c τὸ λαλούμενον;
2 Co 2 4 τὴν ἀγάπην ἵνα γνῶτε^e ἣν ἔχω – εἰς
– 9 ἔγραψα, ἵνα γνῶ τὴν δοκιμὴν ὑμῶν
3 2 ἐπιστολὴ –, γ..ομένη^c καὶ ἀναγινω-
σκομένη ὑπὸ πάντων ἀνθρώπων
5 16 εἰ καὶ ἐγνώκαμεν κατὰ σάρκα Χόν,
ἀλλὰ νῦν οὐκέτι γινώσκομεν^b
– 21 τὸν μὴ γνόντα^b ἁμαρτίαν ὑπὲρ ἡμ.
8 9 γ..ετε^c – τὴν χάριν τοῦ κυρίου ἡμῶν
13 6 γνώσεσθε ὅτι – οὐκ ἐσμὲν ἀδόκιμοι
Gal 2 9 γνόντες τὴν χάριν τὴν δοθεῖσάν μοι
3 7 γ..ετε ἄρα ὅτι οἱ ἐκ πίστεως, – υἱοί
4 9 γνόντες θεόν, μᾶλλον δὲ γνωσθέντες
ὑπὸ θεοῦ, πῶς ἐπιστρέφετε πάλιν – ;
Eph 3 19 γνῶναί^c τε τὴν ὑπερβάλλουσαν τῆς
γνώσεως ἀγάπην τοῦ Χοῦ
5 5 τοῦτο – ἴστε γ..οντες^c ὅτι πᾶς πόρνος
6 22 ἵνα γνῶτε τὰ περὶ ἡμῶν Col 4 8
Phl 1 12 γινώσκειν^c δὲ ὑμᾶς βούλομαι
2 19 ἵνα – εὐψυχῶ γνοὺς τὰ περὶ ὑμῶν
– 22 τὴν δὲ δοκιμὴν αὐτοῦ γινώσκετε
3 10 τοῦ γνῶναι (vg vl^d) αὐτὸν καὶ τὴν
δύναμιν τῆς ἀναστάσεως αὐτοῦ
4 5 τὸ ἐπιεικὲς ὑμῶν γνωσθήτω (*mode-
stia – nota sit*) πᾶσιν ἀνθρώποις
1 Th 3 5 γνῶναι^c τὴν ὑμῶν πίστιν ὑμῶν
2 Ti 1 18 ὅσα – διηκόνησεν, βέλτιον σὺ γ..εις^b
2 19 „ἔγνω κύριος τοὺς ὄντας αὐτοῦ"
3 1 τοῦτο δὲ γ..ε^c, ὅτι ἐν ἐσχάταις ἡμέρ.
Hb 3 10 „οὐκ ἔγνωσαν τὰς ὁδούς μου"
8 11 „λέγων· γνῶθι τὸν κύριον"
10 34 γ..οντες ἔχειν – κρείττονα ὕπαρξιν
13 23 γ..ετε – Τιμόθεον ἀπολελυμένον
Jac 1 3 γ..οντες^c ὅτι τὸ δοκίμιον ὑμῶν τῆς
πίστεως κατεργάζεται ὑπομονήν
2 20 θέλεις δὲ γνῶναί^c, –, ὅτι ἡ πίστις
5 20 γ..έτω^c (vl ..ετε, vg *scire debet*) ὅτι
ὁ ἐπιστρέψας ἁμαρτωλὸν – σώσει
2 Pe 1 20 πρῶτον γ..οντες^e, ὅτι πᾶσα προφη-
τεία 3 3^c ὅτι ἐλεύσονται – ἐμπαῖκται
1 Jo 2 3 ἐν τούτῳ γ..ομεν^c ὅτι ἐγνώκαμεν αὐ-
τόν, ἐὰν τὰς ἐντολὰς αὐτοῦ τηρῶμεν
– 4 ὁ λέγων ὅτι ἔγνωκα^b αὐτόν, καὶ τάς
– 5 ἐν τούτῳ γ..ομεν^c ὅτι ἐν αὐτῷ ἐσμεν
3 24^c ὅτι μένει ἐν ἡμῖν 4 13 (vl^e) ὅτι
ἐν αὐτῷ μένομεν καὶ αὐτὸς ἐν ἡμῖν
– 13 ἐγνώκατε τὸν ἀπ᾽ ἀρχῆς 14 τὸν πα-
τέρα. – τὸν ἀπ᾽ ἀρχῆς (vg vl)
– 18 ὅθεν γ..ομεν^c ὅτι ἐσχάτη ὥρα ἐστίν
– 29 γινώσκετε^c ὅτι καὶ πᾶς ὁ ποιῶν τὴν
δικαιοσύνην ἐξ αὐτοῦ γεγέννηται
3 1 ὁ κόσμος οὐ γ..ει^b ἡμᾶς (vl ὑμᾶς),

ὅτι οὐκ ἔγνω[b] αὐτόν 6 πᾶς ὁ ἁμαρτά-
νων οὐχ ἑώρακεν αὐτὸν οὐδὲ ἔγνωκεν
1 Jo 3 16 ἐν τούτῳ ἐγνώκαμεν τὴν ἀγάπην
— 19 ἐν τούτῳ γνωσόμεθα ὅτι ἐκ τῆς ἀλη-
θείας ἐσμέν 20 ὁ θεὸς – γ..ει[b] πάντα
4 2 ἐν τούτῳ γ..ετε (vl ..εται vg) τὸ
πνεῦμα τοῦ θεοῦ 6 γ..ομεν τὸ πν.
τῆς ἀληθείας καὶ τὸ πν. τῆς πλάνης
— 6 ὁ γ..ων[b] τὸν θεὸν ἀκούει ἡμῶν 7 ὁ
ἀγαπῶν – γ..ει τὸν θεόν 8 ὁ μὴ ἀγαπῶν
οὐκ ἔγνω[b] τὸν θεόν, ὅτι ὁ θ. ἀγάπη
— 16 → Joh 6 69 – 1 Jo 5 2 ἐν τούτῳ γ..ομεν
ὅτι ἀγαπῶμεν τὰ τέκνα τοῦ θεοῦ, ὅταν
5 20 διάνοιαν ἵνα γ..ωμεν τὸν ἀληθινόν
2 Jo 1 πάντες οἱ ἐγνωκότες τὴν ἀλήθειαν
Ap 2 23 γνώσονται[c] πᾶσαι αἱ ἐκκλησίαι
— 24 οὐκ ἔγνωσαν τὰ βαθέα τοῦ σατανᾶ
3 3 οὐ μὴ γνῷς[h] (vl γνώσῃ, vg nescies)
ποίαν ὥραν ἥξω ἐπὶ σέ
— 9 ποιήσω αὐτοὺς ἵνα – γνῶσιν[c] (vl
γνώσῃ) ὅτι „ἐγὼ ἠγάπησά σε"

γλεῦκος *mustum* Act 2 13 γ..ους μεμεστωμένοι

γλυκύς *dulcis* Jac 3 11 τὸ γλυκύ 12 Ap 10 9. 10

γλῶσσα, ..αι *lingua, ..ae* [b]*sermones*

1) lingua, flamma similis linguae
Mar 7 33 ἥψατο τῆς γλώσσης αὐτοῦ 35 ἐλύθη
ὁ δεσμὸς τῆς γλ. αὐτοῦ – Luc 1 64
Luc 16 24 ἵνα – καταψύξῃ τὴν γλῶσσάν μου
Act 2 3 διαμεριζόμεναι γλῶσσαι ὡσεὶ πυρός
— 26 „διὰ τοῦτο – ἠγαλλιάσατο ἡ γλ. μου"
Rm 3 13 „ταῖς γλώσσαις αὐτῶν ἐδολιοῦσαν"
14 11 „πᾶσα γλ. ἐξομολογήσεται τῷ θεῷ"
Phl 2 11 ἵνα – „πᾶσα γλ. ἐξομ..ηται" ὅτι κύριος
Jac 1 26 μὴ χαλιναγωγῶν γλῶσσαν αὐτοῦ
3 5 οὕτως καὶ ἡ γλ. μικρὸν μέλος ἐστὶν
καὶ μεγάλα αὐχεῖ 6 καὶ ἡ γλ. πῦρ, ὁ
κόσμος τῆς ἀδικίας, ἡ γλ. καθίσταται
ἐν τοῖς μέλεσιν ἡμῶν
— 8 τὴν δὲ γλ. οὐδεὶς δαμάσαι δύναται
1 Pe 3 10 „παυσάτω τὴν γλῶσσαν ἀπὸ κακοῦ"
1 Jo 3 18 μὴ ἀγαπῶμεν λόγῳ μηδὲ τῇ γλώσσῃ
Ap 16 10 ἐμασῶντο τὰς γλ. αὐτῶν ἐκ τ. πόνου

2) sermo, oratio vel precatio divinitus
inspirata
[[Mar 16 17 γ..αις λαλήσουσιν καιναῖς (vl° x.)]]
Act 2 4 ἤρξαντο λαλεῖν ἑτέραις γλώσσαις 11
ἀκούομεν λαλούντων αὐτῶν ταῖς ἡ-
μετέραις γ..αις τὰ μεγαλεῖα τ. θεοῦ

Act 10 46 ἤκουον – αὐτῶν λαλούντων γλώσσαις
19 6 ἐλάλουν τε γ..αις καὶ ἐπροφήτευον
1 Co 12 10 ἑτέρῳ γένη γλωσσῶν, ἄλλῳ δὲ ἑρμη-
νεία γλωσσῶν[b] 28 γένη γ..ῶν (vg add
interpretationes sermonum, vl°)
— 30 μὴ πάντες γλώσσαις λαλοῦσιν;
13 1 ἐὰν ταῖς γλ. τῶν ἀνθρώπων λαλῶ καὶ
τῶν ἀγγέλων 8 εἴτε γ..αι, παύσονται
14 2 ὁ – λαλῶν γλώσσῃ οὐκ ἀνθρώποις λα-
λεῖ ἀλλὰ θεῷ 4 ἑαυτὸν οἰκοδομεῖ 5
θέλω δὲ πάντας – λαλεῖν γ..αις – · μεί-
ζων δὲ ὁ προφητεύων ἢ ὁ λαλῶν γ..αις
— 6 ἐὰν ἔλθω – γ..αις λαλῶν 9 διὰ τῆς γλ.
ἐὰν μὴ εὔσημον λόγον δῶτε, πῶς – ;
— 13 ὁ λαλῶν γ..ῃ προσευχέσθω ἵνα διερ-
μηνεύῃ 14 ἐὰν – προσεύχωμαι γ..ῃ, τὸ
πνεῦμά μου προσεύχεται, ὁ δὲ νοῦς
— 18 πάντων – μᾶλλον γ..αις (vl γ..ῃ vg)
λαλῶ 19 ἀλλὰ ἐν ἐκκλησίᾳ θέλω πέν-
τε λόγους τῷ νοΐ μου λαλῆσαι – ἢ
μυρίους λόγους ἐν γλώσσῃ
— 22 αἱ γλ. εἰς σημεῖόν εἰσιν – τοῖς ἀπί-
στοις, ἡ δὲ προφητεία – τοῖς πιστεύ-
— 23 ἐὰν – πάντες λαλῶσιν γλώσσαις, – οὐκ
ἐροῦσιν ὅτι μαίνεσθε;
— 26 ἕκαστος – γ..αν ἔχει, ἑρμηνείαν ἔχει
— 27 εἴτε γλώσσῃ τις λαλεῖ, κατὰ δύο ἢ τὸ
πλεῖστον τρεῖς, καὶ ἀνὰ. μέρος, καὶ
εἷς διερμηνευέτω
— 39 τὸ λαλεῖν μὴ κωλύετε γλώσσαις

3) gentes sermone dissonae
Ap 5 9 ἐκ πάσης φυλῆς καὶ γλώσσης 7 9 10 11
„προφητεῦσαι ἐπὶ – ἔθνεσιν καὶ γ..αις" 11 9
13 7 ἐξουσία ἐπὶ πᾶσαν – γ..αν καὶ ἔθνος
14 6 εὐαγγελίσαι – ἐπὶ πᾶν ἔθνος – καὶ γ..
αν 17 15 τὰ ὕδατα – εἰσὶν – ἔθνη καὶ γ..αι

γλωσσόκομον *loculi* Joh 12 6 13 29 τὸ γλ. εἶχεν

γναφεύς *fullo* Mar 9 3 οὐ δύναται – λευκᾶναι

γνήσιος [a]*germanus* [b](τὸ γνήσιον) *inge-
nium bonum* [c]*dilectus* 2 Co 8 8 τὸ τῆς
ὑμετέρας ἀγάπης γνήσιον[b] δοκιμάζων
Phl 4 3 ἐρωτῶ καὶ σέ, γ..ε[a] σύζυγε
1 Ti 1 2 γ..ῳ[c] τέκνῳ ἐν πίστει Tit 1 4 Τίτῳ
γνησίῳ[c] τέκνῳ κατὰ κοινὴν πίστιν

γνησίως *sincera affectione* Phl 2 20

γνόφος *turbo* Hb 12 18 „γνόφῳ καὶ ζόφῳ"

γνώμη *consilium* [b]*placitum* [c]*sententia*
Act 20 3 ἐγένετο γ..ης τοῦ ὑποστρέφειν διὰ Μ.
1 Co 1 10 κατηρτισμένοι ἐν τῷ αὐτῷ νοΐ καὶ ἐν
τῇ αὐτῇ γνώμῃ[c] (vl *scientia*)
7 25 γνώμην δὲ δίδωμι 2 Co 8 10 γ..ην ἐν
τούτῳ δίδ. 40 κατὰ τὴν ἐμὴν γνώμην
Phm 14 χωρὶς δὲ τῆς σῆς γ..ης οὐδὲν ἠθέλ.
Ap 17 13 μίαν γνώμην ἔχουσιν 17 θεὸς ἔδωκεν
εἰς τὰς καρδίας αὐτῶν ποιῆσαι τὴν
γνώμην[b] αὐτοῦ, καὶ ποιῆσαι μίαν
γνώμην (vg[o] καὶ – μίαν γνώμην)

γνωρίζειν *notum facere* [b]*ostendere* [c]*co-
gnoscere,* ..*sci* [d](pass) *innotescere*
[e]*agnosci* [f](οὐ γν.) *ignorare*
Luc 2 15 ὃ ὁ κύριος ἐγνώρισεν[b] ἡμῖν
– 17 ἐγνώρισαν[c] (vl διεγν.) περὶ τοῦ ῥήμ.
Joh 15 15 πάντα ἃ ἤκουσα – ἐγνώρισα ὑμῖν
17 26 ἐγνώρισα αὐτοῖς τὸ ὄνομά σου καὶ
γνωρίσω, ἵνα ἡ ἀγάπη – ἐν αὐτοῖς ᾖ
Act 2 28 "ἐγνώρισάς μοι ὁδοὺς ζωῆς"
(7 13 vl "ἐγ..σθη" Ἰωσήφ", vide sub ἀναγ.)
Rm 9 22 θέλων ὁ θεὸς – γνωρίσαι τὸ δυνα-
τὸν αὐτοῦ 23 ἵνα γ..σῃ[b] τὸν πλοῦτον
τῆς δόξης αὐτοῦ ἐπὶ σκεύη ἐλέους
[16 26 μυστηρίου, –, εἰς ὑπακοὴν πίστεως
εἰς πάντα τὰ ἔθνη γνωρισθέντος[c]]
1 Co 12 3 γνωρίζω ὑμῖν ὅτι οὐδεὶς ἐν πνεύματι
θεοῦ λαλῶν λέγει· ἀνάθεμα Ἰησοῦς
15 1 γνωρίζω δὲ ὑμῖν – τὸ εὐαγγέλιον –,
– τίνι λόγῳ εὐηγγελισάμην ὑμῖν
2 Co 8 1 γ..ομεν δὲ ὑμῖν – τὴν χάριν τοῦ θεοῦ
τὴν δεδομένην ἐν ταῖς ἐκκλησίαις
Gal 1 11 γ..ίζω – ὑμῖν – τὸ εὐαγγ. τὸ εὐαγγελι-
σθὲν ὑπ' ἐμοῦ ὅτι οὐκ ἔστιν κατὰ ἄνθρ.
Eph 1 9 γνωρίσας (vl ..ίσαι, vg *ut n. faceret*)
ἡμῖν τὸ μυστήριον τοῦ θελήματος
αὐτοῦ 3 3 κατὰ ἀποκάλυψιν ἐγ..ίσθη
μοι τὸ μυστ. 5 ὃ ἑτέραις γενεαῖς οὐκ
ἐγ..ίσθη[e] 10 ἵνα γ..ισθῇ[d] νῦν ταῖς ἀρ-
χαῖς – ἡ πολυποίκιλος σοφία τ. θεοῦ
6 19 ἐν παρρησίᾳ γ..ίσαι τὸ μυστ. τοῦ εὐαγγ.
– 21 πάντα γ..ίσει ὑμῖν Τύχικος Col 4 7. 9
Phl 1 22 καὶ τί αἱρήσομαι οὐ γνωρίζω[f]
4 6 ἐν – τῇ δεήσει – τὰ αἰτήματα ὑμῶν
γνωριζέσθω[d] πρὸς τὸν θεόν
Col 1 27 οἷς ἠθέλησεν ὁ θ. γ..ίσαι τί τὸ πλ.
2 Pe 1 16 οὐ – μύθοις ἐξακολουθήσαντες ἐγνω-
ρίσαμεν ὑμῖν τὴν – Χοῦ δύναμιν

γνῶσις *scientia* [b]*notitia* [c]*cognitio*
Luc 1 77 δοῦναι γ..ιν σωτηρίας τῷ λαῷ αὐτοῦ

Luc 11 52 ὅτι ἤρατε τὴν κλεῖδα τῆς γνώσεως
Rm 2 20 ἔχοντα τὴν μόρφωσιν τῆς γνώσεως
καὶ τῆς ἀληθείας ἐν τῷ νόμῳ
11 33 ὦ βάθος πλούτου καὶ σοφίας καὶ
γνώσεως θεοῦ
15 14 πεπληρωμένοι (sc ἐστὲ) πάσης [τῆς] γν.
1 Co 1 5 ἐπλουτίσθητε –, ἐν – πάσῃ γνώσει
8 1 πάντες γνῶσιν ἔχομεν. ἡ γν. φυσιοῖ,
ἡ δὲ ἀγάπη 7 ἀλλ' οὐκ ἐν πᾶσιν ἡ
γν. 10 ἐάν – τις ἴδῃ σὲ (vl[o], vg *eum*)
τὸν ἔχοντα γνῶσιν 11 ἀπόλλυται – ὁ
ἀσθενῶν ἐν τῇ σῇ γνώσει
12 8 ἄλλῳ δὲ (sc δίδοται) λόγος γ..εως
13 2 καὶ ἐὰν – εἰδῶ – πᾶσαν τὴν γνῶσιν
– 8 εἴτε γνῶσις, καταργηθήσεται
14 6 ἐὰν μὴ ὑμῖν λαλήσω – ἐν γνώσει
2 Co 2 14 ὀσμὴν τῆς γν.[b] αὐτοῦ φανεροῦντι
4 6 πρὸς φωτισμὸν τῆς γνώσεως τῆς δό-
ξης τ. θεοῦ ἐν προσώπῳ ['Ιησ.] Χοῦ
6 6 ἐν ἁγνότητι, ἐν γ..ει, ἐν μακροθυμίᾳ
8 7 ὥσπερ – περισσεύετε, – λόγῳ καὶ γ..ει
10 5 καθαιροῦντες – πᾶν ὕψωμα ἐπαιρό-
μενον κατὰ τῆς γνώσεως τοῦ θεοῦ
11 6 εἰ δὲ καὶ ἰδιώτης τῷ λόγῳ, ἀλλ' οὐ
τῇ γνώσει
Eph 3 19 γνῶναί τε τὴν ὑπερβάλλουσαν τῆς
γνώσεως ἀγάπην τοῦ Χοῦ
Phl 3 8 διὰ τὸ ὑπερέχον τῆς γν. Χοῦ Ἰησοῦ
Col 2 3 ἐν ᾧ εἰσιν πάντες "οἱ θησαυροὶ τῆς
σοφίας" καὶ γνώσεως "ἀπόκρυφοι"
1 Ti 6 20 τὰς – ἀντιθέσεις τῆς ψευδωνύμου γν.
1 Pe 3 7 συνοικοῦντες κατὰ γνῶσιν ὡς ἀσθε-
νεστέρῳ σκεύει τῷ γυναικείῳ
2 Pe 1 5 ἐπιχορηγήσατε –, ἐν δὲ τῇ ἀρετῇ τὴν
γν. 6 ἐν δὲ τῇ γ..ει τὴν ἐγκράτειαν
3 18 αὐξάνετε δὲ ἐν χάριτι καὶ γνώσει[c]
τοῦ κυρίου ἡμῶν καὶ σωτῆρος

γνώστης *sciens* Act 26 3 τῶν κατὰ Ἰουδ. ἐθῶν

γνωστός *notus*
Luc 2 44 ἀνεζήτουν αὐτὸν ἐν – τοῖς γ..οῖς 23 49
Joh 18 15 ἦν γν. τῷ ἀρχιερεῖ 16 ὁ γν. τοῦ ἀρχ.
Act 1 19 γνωστὸν ἐγένετο πᾶσι 2 14 γνωστὸν
ἔστω 4 10 9 42 13 38 19 17 28 22. 28
4 16 γνωστὸν σημεῖον γέγονεν δι' αὐτῶν
15 18 "γ..ἀ ἀπ' αἰῶνος" (vl "γ..ὸν – κυρίῳ τὸ
ἔργον αὐτοῦ, vg *domino opus suum*)
Rm 1 19 τὸ γν. τοῦ θεοῦ φανερόν ἐστιν ἐν αὐ-
τοῖς· – θεὸς – αὐτοῖς ἐφανέρωσεν

γογγύζειν *murmurare*
Mar 20 11 κατὰ τοῦ οἰκοδεσπότου Lc 5 30 οἱ Φαρ.

-πρὸς τοὺς μαθητάς Joh 6 41 οἱ Ἰουδαῖοι
περὶ αὐτοῦ 7 32 ὄχλου γ..οντος περὶ αὐτοῦ
Joh 6 43 μὴ γ..ετε μετ' ἀλλήλων – 61 οἱ μαθ.
1 Co 10 10 μηδὲ γ..ετε καθάπερ τινὲς – ἐγ..υσαν

γογγυσμός ᵃmurmur ᵇmurmuratio
Joh 7 12 γο.ᵃ περὶ αὐτοῦ ἦν πολὺς ἐν τ. ὄχλοις
Act 6 1 γο.ᵃ τῶν Ἑλληνιστῶν πρὸς τοὺς Ἑβρ.
Phl 2 14 πάντα ποιεῖτε χωρὶς γογγυσμῶνᵇ
1 Pe 4 9 φιλόξενοι εἰς ἀλλήλους ἄνευ γ..οῦᵇ

γογγυστής Sᵒ – murmurator Jud 16 γ..αί

γόης Sᵒ – seductor 2 Ti 3 13 γόητες

Γολγοθά Mat 27 33 Mar 15 22 Joh 19 17

Γόμορρα Mat 10 15 Rm 9 29 2 Pe 2 6 Jud 7

γόμος ᵃonus ᵇmerces Act 21 3ᵃ
Ap 18 11 τὸν γ.ᵇ – οὐδεὶς ἀγοράζει 12ᵇ χρυσοῦ

γονεῖς parentes
Mat 10 21 "τέκνα ἐπὶ γ." || Mar 13 12 Luc 21 16
Luc 2 27.41 ἐπορεύοντο οἱ γονεῖς αὐτοῦ 43
8 56 ἐξέστησαν οἱ γονεῖς αὐτῆς
18 29 ὃς ἀφῆκεν – γο. – ἕνεκεν τῆς βασιλ.
Joh 9 2 τίς ἥμαρτεν, οὗτος ἢ οἱ γο. αὐτοῦ, –;
3 οὔτε αὐ γονεῖς αὐτοῦ 18. 20. 22. 23
Rm 1 30 γονεῦσιν ἀπειθεῖς 2 Ti 3 2
2 Co 12 14 οὐ γὰρ ὀφείλει τὰ τέκνα τοῖς γο. θη-
σαυρίζειν, ἀλλὰ οἱ γο. τοῖς τέκνοις
Eph 6 1 ὑπακούετε τοῖς γο. Col 3 20 κατὰ πάντα

γόνυ genu, ponere genua ᵇgenua flec-
tuntur (vl flectunt) ᶜcurvare genua
Mar 15 19 τιθέντες τὰ γόνατα προσεκύνουν
Luc 5 8 προσέπεσεν τοῖς γόνασιν Ἰησοῦ
22 41 θεὶς τὰ γό. προσηύχετο Act 7 60 ἔκρα-
ξεν 9 40 προσηύξατο 20 36 21 5 θέντες
τὰ γόνατα ἐπὶ τὸν αἰγιαλόν
Rm 11 4 "οὐκ ἔκαμψαν γόνυᶜ τῇ Βάαλ"
14 11 "ἐμοὶ κάμψει πᾶν γόνυᵇ"
Eph 3 14 κάμπτω τὰ γό. μου ᵇ πρὸς τὸν πατέρα
Phl 2 10 ἵνα – "πᾶν γόνυ κάμψῃ ᵇ" ἐπουρανί-
ων καὶ ἐπιγείων καὶ καταχθονίων
Hb 12 12 "τὰ παραλελυμένα γό. ἀνορθώσατε"

γονυπετεῖν Sᵒ – ᵃ(γ..ῶν) genibus provolu-
tus ᵇ(γ..ήσας) genu flexo
Mat 17 14ᵃ Mar 1 40ᵇ λεπρὸς 10 17ᵇ
27 29 γ..ήσαντεςᵇ ἔμπρ. αὐτοῦ ἐνέπαιξαν

γράμμα, ..τα littera, ..ae ᵇcautio
Luc 16 6 δέξαι σου τὰ γρ.ᵇ καὶ – γράψον 7
(23 38 vl γράμμασιν Ἑλληνικοῖς κτλ vg)
Joh 5 47 εἰ δὲ τοῖς ἐκείνου γρ. οὐ πιστεύετε
7 15 πῶς – γ..τα οἶδεν μὴ μεμαθηκώς;
Act 26 24 τὰ πολλά σε γ..τα εἰς μανίαν περιτρ.
28 21 οὔτε γράμματα περὶ σοῦ ἐδεξάμεθα
Rm 2 27 σὲ τὸν διὰ γ..τος καὶ περιτομῆς πα-
ραβάτην νόμου 29 περιτομὴ καρδί-
ας ἐν πνεύματι οὐ γράμματι
7 6 δουλεύειν – οὐ παλαιότητι γράμματος
2 Co 3 6 διακόνους καινῆς διαθήκης, οὐ γ..τος
ἀλλὰ πνεύματος· τὸ γὰρ γρ. ἀπο-
κτέννει, τὸ δὲ πνεῦμα ζωοποιεῖ
– 7 ἡ διακονία τοῦ θανάτου ἐν γράμμα-
σιν (vl ..ατι) ἐντετυπωμένη λίθοις
Gal 6 11 πηλίκοις ὑμῖν γράμμασιν ἔγραψα
2 Ti 3 15 ἀπὸ βρέφους [τὰ] ἱερὰ γ..τα οἶδας

γραμματεύς scriba
Mat 2 4 συναγαγὼν – τοὺς ἀρχιερεῖς καὶ γρ.
5 20 ἐὰν μὴ περισσεύσῃ ὑμῶν ἡ δικαιο-
σύνη πλεῖον τῶν γρ. καὶ Φαρισαίων
7 29 ὡς ὡς οἱ γραμμ. αὐτῶν || Mar 1 22
8 19 εἷς γρ. εἶπεν – · – ἀκολουθήσω σοι
9 3 τινὲς τῶν γρ. εἶπαν ἐν ἑαυτοῖς· οὗ-
τος βλασφημεῖ || Mar 2 6 Luc 5 21
12 38 τινὲς τῶν γρ. καὶ Φαρ. λέγοντες· –
θέλομεν ἀπὸ σοῦ σημεῖον ἰδεῖν
13 52 πᾶς γρ. μαθητευθεὶς τῇ βασ. τ. οὐρ.
15 1 Φαρ. καὶ γρ. λέγοντες· διὰ τί οἱ μα-
θηταί σου παραβαίνουσιν τὴν παρά-
δοσιν τῶν πρεσβυτέρων || Mar 7 1.5
16 21 παθεῖν ἀπὸ τῶν πρεσβ. καὶ ἀρχι. καὶ
γρ. || Mar 8 31 Luc 9 22 – Mat 20 18 παρα-
δοθήσεται τοῖς ἀρχι. καὶ γρ. || Mar
10 33 – 11 18 ἐζήτουν πῶς αὐτὸν ἀπολέ-
σωσιν || Luc 19 47 – Mar 14 1 || Luc 22 2
17 10 τί οὖν οἱ γρ. λέγουσιν ὅτι Ἠλίαν δεῖ
ἐλθεῖν πρῶτον; || Mar 9 11
21 15 ἰδόντες – οἱ ἀρχι. καὶ οἱ γρ. τὰ θαυ-
μάσια ἃ ἐποίησεν –, ἠγανάκτησαν
23 2 ἐπὶ τῆς Μωϋσέως καθέδρας ἐκάθι-
σαν οἱ γρ. καὶ οἱ Φαρ. 13 οὐαὶ δὲ
ὑμῖν, γρ. καὶ Φαρ. [14]. 15. 23. 25. 27. 29
|| Mar 12 38 βλέπετε ἀπὸ τῶν γραμμ.
Luc 20 46 προσέχετε ἀπὸ τῶν γραμμ.
23 34 ἀποστέλλω πρὸς ὑμᾶς προφήτας καὶ
σοφοὺς καὶ γρ.· ἐξ αὐτῶν ἀποκτε-
νεῖτε καὶ σταυρώσετε
26 57 ὅπου οἱ γρ. καὶ οἱ πρεσβ. συνήχθη-
σαν || Mar 14 43.53 – Mat 27 41 Mar

151.31 || Luc 22 66 — 20 19 23 10
Mar 2 16 οἱ γραμμ. τῶν Φαρ. ἰδόντες ὅτι ἐσθίει
μετὰ τῶν ἁμαρτωλῶν || Luc 5 30 15 2
3 22 οἱ γρ. οἱ ἀπὸ Ἱεροσολ. καταβάντες
9 14 γραμματεῖς συζητοῦντας πρὸς αὐτούς
11 27 οἱ ἀρχι. καὶ οἱ γρ. καὶ οἱ πρεσβ. -·
ἐν ποίᾳ ἐξουσίᾳ – ποιεῖς; Luc 20 1
12 28 εἷς τῶν γρ. -· ποία ἐστὶν ἐντολὴ πρώ-
τη πάντων; 32 – Luc 20 39
– 35 πῶς λέγουσιν οἱ γρ. ὅτι ὁ χριστός
Luc 6 7 παρετηροῦντο – αὐτὸν οἱ γρ. καὶ οἱ
Φαρ. εἰ ἐν τῷ σαββάτῳ θεραπεύει
11 53 ἤρξαντο οἱ γρ. (vl νομικοὶ vg legis-
periti) καὶ οἱ Φαρ. δεινῶς ἐνέχειν
[[Joh 8 3 ἄγουσιν – οἱ γρ. καὶ οἱ Φαρ. γυναῖκα]]
Act 4 5 συναχθῆναι αὐτῶν τοὺς ἄρχοντας κ.
τοὺς πρεσβυτέρους καὶ τοὺς γρ. 6 12
19 35 καταστείλας δὲ ὁ γραμμ. τὸν ὄχλον
23 9 τινὲς τῶν γρ. τοῦ μέρους τῶν Φαρ.
(vg quidam Pharisaeorum)
1 Co 1 20 „ποῦ γρ.; ποῦ" συζητητὴς τοῦ αἰῶ.

γραπτός scriptus Rm 2 15 ἐνδείκνυνται τὸ ἔρ-
γον τοῦ νόμου γ..ὸν ἐν ταῖς καρδίαις

γράφειν scribere

1) ubi affertur vetus testamentum

a) γέγραπται scriptum est

Mat 2 5 οὕτως γὰρ γέγρ. διὰ τοῦ προφήτου
4 4 γέγρ.· „οὐκ ἐπ᾿ ἄρτῳ μόνῳ" 6 γέγρ.
γὰρ ὅτι „τοῖς ἀγγέλοις αὐτοῦ" 7 πά-
λιν γέγρ.· „οὐκ ἐκπειράσεις" 10 „κύ-
ριον – προσκυνήσεις" || Luc 4 4.8.10
11 10 οὗτός ἐστιν περὶ οὗ γέγρ. || Luc 7 27
cfr Mar 1 2 καθὼς γέγρ. ἐν τῷ 'Ησ.
Luc 3 4 ἐν βίβλῳ λόγων 'Ησ. τ. προφ.
21 13 γέγρ. „ὁ οἶκός μου" || Mar 11 17 οὐ γέγ.
–; Luc 19 46 „καὶ ἔσται ὁ οἶκός μου"
26 24 ὑπάγει καθὼς γέγρ. περὶ αὐτοῦ 31
γέγρ. γάρ· „πατάξω τὸν ποιμένα" ||
Mar 14 21.27 – Luc 24 46 οὕτως γέγρ.
παθεῖν τὸν χριστὸν καὶ ἀναστῆναι
Mar 7 6 ὡς γέγρ. [ὅτι] „οὗτος ὁ λαὸς – με τιμᾷ"
9 12 πῶς γέγρ. ἐπὶ τὸν υἱὸν τοῦ ἀνθρ.
ἵνα πολλὰ πάθῃ καὶ ἐξουδενηθῇ;
– 13 'Ηλίας ἐλήλυθεν, καὶ ἐποίησαν αὐτῷ
–, καθὼς γέγρ. ἐπ᾿ αὐτόν
Luc 2 23 καθὼς γέγραπτ. ἐν νόμῳ κυρίου ὅτι
10 26 ἐν τῷ νόμῳ τί γέγρ.; πῶς ἀναγινώσ.;
Joh 8 17 ἐν τῷ νόμῳ δὲ τῷ ὑμετέρῳ γέγραπτ.
Act 1 20 γέγραπτ. - ἐν βίβλῳ ψαλμῶν 7 42 τῶν

προφητῶν 13 33 ἐν τῷ ψαλμῷ γέγρ.
τῷ δευτέρῳ· „υἱός μου εἶ σύ" 15 15
Act 23 5 γέγρ. – ὅτι „ἄρχοντα τοῦ λαοῦ σου"
Rm 1 17 καθὼς γέ.· „ὁ δὲ δίκαιος" 2 24 „βλασ-
φημεῖται ἐν τοῖς ἔθνεσιν", καθὼς γ.
3 10 καθ. γ. ὅτι „οὐκ ἔστιν δίκαιος"
4 17 „πατέρα πολλῶν ἐθνῶν" 8 36 „ἕ-
νεκεν σοῦ θανατούμεθα" 9 33 καθ. γ.·
– τίθημι „ἐν Σιὼν λίθον προσκόμμα-
τος" 11 26 „ἥξει ἐκ Σιὼν ὁ ῥυόμενος"
15 3 „οἱ ὀνειδισμοί" 9.21 „οἷς οὐκ ἀνηγ-
γέλη – ὄψονται" – 3 4 καθὼς γέγρ.
„ὅπως ἂν δικαιωθῇς" 9 13 „τὸν 'Ια-
κὼβ ἠγάπησα" 10 15 „ὡς ὡραῖοι οἱ
πόδες" 11 8 „ἔδωκεν αὐτοῖς – πνεῦμα
κατανύξεως"
12 19 γέγρ. γάρ· „ἐμοὶ ἐκδίκησις" 14 11 „ζῶ
ἐγώ, –, ὅτι ἐμοὶ κάμψει πᾶν γόνυ"
1 Co 1 19 γέγρ. γάρ· „ἀπολῶ τὴν σοφίαν" 31
καθὼς γέγρ. „ὁ καυχώμενος ἐν κυ-
ρίῳ καυχάσθω" 3 19 γέγρ. γάρ· „ὁ
δρασσόμενος τοὺς σοφούς"
2 9 καθὼς γέγρ.· ἃ „ὀφθαλμὸς οὐκ εἶ-
δεν" 10 7 ὥσπερ γέγρ.· „ἐκάθισεν ὁ
λαός" 15 45 οὕτως καὶ γέγρ.· „ἐγέ-
νετο ὁ" πρῶτος „ἄνθρωπος"
4 6 ἵνα – μάθητε τὸ μὴ ὑπὲρ ἃ γέγραπται
9 9 ἐν γὰρ τῷ Μωϋσέως νόμῳ γέγρ.· „οὐ
κημώσεις" 14 21 ἐν τῷ νόμῳ γέγρ. ὅτι
„ἐν ἑτερογλώσσοις – λαλήσω τῷ λ."
2 Co 8 15 καθὼς γέγρ.· „ὁ τὸ πολὺ οὐκ ἐπλε-
όνασεν" 9 9 „ἐσκόρπισεν, ἔδωκεν τοῖς"
Gal 3 10 γέγρ. γὰρ ὅτι „ἐπικατάρατος πᾶς" 13
4 22 γέγρ. γὰρ ὅτι 'Αβρ. δύο υἱοὺς ἔσχεν
– 27 γέγρ. γάρ· „εὐφράνθητι, στεῖρα"
Hb 10 7 „ἐν κεφαλίδι βιβλίου γέγρ. περὶ ἐμοῦ"
1 Pe 1 16 διότι γέγρ. [ὅτι] „ἅγιοι ἔσεσθε"

b) ἔγραψεν (Μωϋσῆς), ἐγράφη, γεγραμ-
μένον ἐστίν, ἦν, – τὸ γεγραμμένον,
ὁ λόγος ὁ γεγραμμένος

Mar 10 5 πρὸς τὴν σκληροκαρδίαν ὑμῶν ἔγρα-
ψεν (sc Μωϋ.) ὑμῖν τὴν ἐντολὴν ταύ-
την (sc γράψαι βιβλίον ἀποστασίου)
12 19 Μωϋσῆς ἔγραψεν ἡμῖν ὅτι „ἐάν τι-
νος ἀδελφὸς ἀποθάνῃ || Luc 20 28
Luc 4 17 τόπον οὗ ἦν γεγρ. · γεγραμμένον
18 31 τελεσθήσεται πάντα τὰ γεγρ. διὰ τῶν
προφητῶν τῷ υἱῷ τοῦ ἀνθρ. 21 22 τοῦ
πλησθῆναι πάντα τὰ γεγρ. 22 37 τοῦ-
το τὸ γεγρ. δεῖ τελεσθῆναι ἐν ἐμοί,
τό· „καὶ μετὰ ἀνόμων" 24 44 δεῖ πλη-

ρωθῆναι πάντα τὰ γεγρ. ἐν τ. νόμῳ –
καὶ τοῖς προφ. καὶ ψαλμοῖς περὶ ἐμοῦ
Luc 2017 τί οὖν ἐστιν τὸ γεγρ. τοῦτο· „λίθον
ὃν ἀπεδοκίμασαν –;"
Joh 145 ὃν ἔγραψεν Μωϋσῆς ἐν τῷ νόμῳ καὶ
οἱ προφῆται εὑρήκαμεν – 546 περὶ
γὰρ ἐμοῦ ἐκεῖνος ἔγραψεν
217 ὅτι γεγρ. ἐστίν· „ὁ ζῆλος τοῦ οἴκου"
631 καθὼς ἐστιν γεγρ.· „ἄρτον ἐκ τοῦ
οὐρανοῦ" 1214 „μὴ φοβοῦ, θυγάτηρ"
–45 ἔστιν γεγρ. ἐν τοῖς προφήταις· „ἔ-
σονται πάντες διδακτοὶ θεοῦ"
1034 οὐκ ἔστιν γεγρ. ἐν τῷ νόμῳ ὑμῶν ὅτι
„ἐγὼ εἶπα· θεοί ἐστε";
1216 ἐμνήσθησαν ὅτι ταῦτα ἦν ἐπ' αὐτῷ
γεγραμμένα 1525 ἵνα πληρωθῇ ὁ λό-
γος ὁ ἐν τῷ νόμῳ αὐτῶν γεγρ. ὅτι
„ἐμίσησάν με δωρεάν"
Act 1329 ὡς – ἐτέλεσαν – τὰ περὶ αὐτοῦ γεγρ.
2414 πιστεύων πᾶσι τοῖς κατὰ τὸν νόμον
καὶ τοῖς ἐν τοῖς προφήταις γεγρ..οις
Rm 423 οὐκ ἐγράφη – δι' αὐτὸν μόνον ὅτι „ἐ-
λογίσθη αὐτῷ", ἀλλὰ καὶ δι' ἡμᾶς –
1 Co 910 δι' ἡμᾶς γὰρ ἐγράφη, ὅτι
10 5 Μωϋσῆς γὰρ γράφει τὴν δικαιοσύνην
15 4 ὅσα γὰρ προεγράφη (vl ἐγρ. vg), εἰς
τὴν ἡμετέραν διδασκαλίαν ἐγράφη
1 Co 1011 τυπικῶς συνέβαινεν ἐκεί-
νοις, ἐγράφη δὲ πρὸς νουθεσίαν ἡμῶν
1 Co 1554 τότε γενήσεται ὁ λόγος ὁ γεγραμ-
μένος· „κατεπόθη ὁ θάνατος"
2 Co 413 κατὰ τὸ γεγρ.· „ἐπίστευσα, διὸ ἐλάλ."
Gal 310 „ὃς οὐκ ἐμμένει πᾶσι τοῖς γεγρ. ἐν
τῷ βιβλίῳ τοῦ νόμου"

2) non habita Veteris Testamenti ratione

Mat 2737 τὴν αἰτίαν αὐτοῦ γεγραμμένην Joh 19
19 ἔγραψεν – τίτλον –· ἦν δὲ γεγραμ-
μένον· Ἰησοῦς – ὁ βασιλεὺς τῶν Ἰ. 20
ἦν γεγρ. Ἑβραϊστὶ 21 μὴ γράφε· ὁ βα-
σιλεύς 22 ὃ γέγραφα, γέγραφα
Mar 10 4 „βιβλίον ἀποστασίου γράψαι"
Luc 1 3 ἔδοξε κἀμοὶ – καθεξῆς σοι γράψαι
–63 ἔγραψεν λέγων· Ἰωάννης ἐστὶν ὄνομα
16 6 ταχέως γράφον πεντήκ. 7 ὀγδοήκ.
Joh [[8 8 κατακύψας ἔγραφεν εἰς τὴν γῆν]]
2030 ἄλλα σημεῖα –, ἃ οὐκ ἔστιν γεγραμ-
μένα ἐν τῷ βιβλίῳ τούτῳ 31 ταῦτα
δὲ γέγραπται ἵνα πιστεύσητε ὅτι Ἰησ.
2124 ἐστὶν ὁ μαθητής – ὁ γράψας ταῦτα
–25 ἅτινα ἐὰν γράφηται καθ' ἕν, οὐδ'
αὐτὸν οἶμαι τὸν κόσμον χωρήσειν

τὰ γραφόμενα βιβλία (vl om vers)
Act 1523 1827 2325 2526 ἀσφαλές τι γράψαι
Rm 1515 τολμηρότερον δὲ ἔγραψα ὑμῖν
1622 ἐγὼ Τέρτιος ὁ γράψας τὴν ἐπιστολήν
1 Co 414 οὐκ ἐντρέπων ὑμᾶς γράφω ταῦτα
5 9 ἔγραψα ὑμῖν – μὴ συναναμίγνυσθαι
πόρνοις 11 νῦν δὲ ἔγραψα ὑμῖν
7 1 περὶ δὲ ὧν ἐγράψατε (vl + μοι, vg
mihi, vl°), καλὸν ἀνθρώπῳ
915 οὐκ ἔγραψα δὲ ταῦτα ἵνα οὕτως γένη.
1437 ἐπιγινωσκέτω ἃ γράφω ὑμῖν ὅτι
2 Co 113 οὐ γὰρ ἄλλα γράφομεν ὑμῖν ἀλλ' ἤ
2 3 ἔγραψα (vl + ὑμῖν vg, vl°) τοῦτο αὐ-
τὸ ἵνα μὴ ἐλθὼν λύπην σχῶ ἀφ' ὧν
–4 ἔγραψα ὑμῖν διὰ πολλῶν δακρύων
–9 εἰς τοῦτο γὰρ καὶ ἔγραψα, ἵνα γνῶ
712 εἰ καὶ ἔγραψα ὑμῖν, οὐχ ἕνεκεν τοῦ
9 1 περισσόν μοί ἐστιν τὸ γράφειν ὑμῖν
1310 ταῦτα διὰ γράφω, ἵνα παρὼν μή
Gal 120 ἃ δὲ γράφω ὑμῖν, οὐ ψεύδομαι
611 πηλίκοις ὑμῖν γράμμασιν ἔγραψα τῇ
ἐμῇ χειρί Phm 19 2 Th 317 σημεῖον
ἐν πάσῃ ἐπιστολῇ· οὕτως γράφω
Phl 3 1 τὰ αὐτὰ γράφειν ὑμῖν ἐμοὶ – οὐκ
1 Th 4 9 οὐ χρείαν ἔχετε γράφειν ὑμῖν 51
1 Ti 314 ταῦτά σοι γράφω ἐλπίζων ἐλθεῖν
Phm 21 πεποιθὼς τῇ ὑπακοῇ – ἔγραψά σοι
1 Pe 512 διὰ Σίλου. ὑμῖν – δι' ὀλίγων ἔγραψα
2 Pe 3 1 δευτέραν ὑμῖν γράφω ἐπιστολήν
–15 καθὼς καὶ – Παῦλος – ἔγραψεν ὑμῖν
1 Jo 1 4 ταῦτα γράφομεν (vl + ὑμῖν vg) ἡμεῖς
ἵνα ἡ χαρὰ ἡμῶν ᾖ πεπληρωμένη
2 1 γράφω ὑμῖν ἵνα μὴ ἁμάρτητε 7 οὐκ
ἐντολὴν καινὴν γράφω ὑμῖν 8 πάλιν
ἐντ. καιν. γράφω ὑμῖν 2 Jo 5 οὐχ ὡς
ἐντολὴν καινὴν γράφων σοι
–12 γράφω ὑμῖν, τεκνία, ὅτι ἀφέωνται 13
γ. ὑ., πατέρες, ὅτι ἐγνώκατε –. γ. ὑ.,
νεανίσκοι, ὅτι νενικήκατε 14 ἔγραψα
ὑμῖν, παιδία, ὅτι ἐγνώκατε –. ἔγρ. ὑ.,
πατέρες, ὅτι ἐγν. –. ἔγρ. ὑ., νεανί-
σκοι, ὅτι ἰσχυροί ἐστε
–21 οὐκ ἔγραψα ὑμῖν ὅτι οὐκ οἴδατε
–26 ἔγραψα ὑμῖν περὶ τ. πλανώντων ὑμᾶς
513 ἔγραψα ὑμῖν ἵνα εἰδῆτε ὅτι ζωὴν
2 Jo 12 πολλὰ ἔχων ὑμῖν γράφειν οὐκ ἐβου-
λήθην διὰ χάρτου καὶ μέλανος 3 Jo 13
3 Jo 9 ἔγραψά τι (vl ἄν) τῇ ἐκκλησίᾳ· ἀλλ'
ὁ φιλοπρ.
Jud 3 σπουδὴν ποιούμενος γράφειν ὑμῖν
περὶ τῆς κοινῆς ἡμῶν σωτηρίας, ἀνάγ-
κην ἔσχον γράψαι ὑμῖν παρακαλῶν

Ap 1 3 τὰ ἐν αὐτῆ (sc τῆ προφ.) γεγραμμένα
– 11 ὃ βλέπεις γράψον εἰς βιβλίον 19 14 13
19 9 21 5 – 10 4 ἤμελλον γράφειν –
σφράγισον –, καὶ μὴ αὐτὰ γράψῃς
2 1 τῷ ἀγγέλῳ τῆς ἐν Ἐφέσῳ ἐκκλησίας
γράψον· 8. 12. 18 31. 7. 14
– 17 ἐπὶ τὴν ψῆφον ὄνομα καινὸν γεγραμ-
μένον – 3 12 γράψω ἐπ' αὐτὸν (sc
τὸν νικῶντα) τὸ ὄν. τοῦ θεοῦ μου –
14 1 τὸ ὄν. τοῦ πατρὸς αὐτοῦ (sc τοῦ
ἀρνίου) γεγραμμ. ἐπὶ τῶν μετώπων
17 5 ἐπὶ τὸ μέτωπον αὐτῆς ὄνομα
γεγραμμένον, μυστήριον, Βαβυλών
5 1 εἶδον – „βιβλίον γεγραμμένον ἔσω-
θεν καὶ ὄπισθεν"
13 8 „οὖ" οὐ „γέγραπται" τὸ ὄνομα – „ἐν
τῷ βιβλίῳ τῆς ζωῆς" 17 8 20 15 21 27
19 12 ἔχων ὄνομα γεγραμμένον ὃ οὐδεὶς
οἶδεν εἰ μὴ αὐτός 16 ἐπὶ τὸν μηρὸν
20 12 ἐκρίθησαν οἱ νεκροὶ ἐκ τῶν γεγραμ-
μένων ἐν τοῖς βιβλίοις
22 18 τὰς πληγὰς τὰς γεγρ. ἐν τῷ βιβλίῳ
τούτῳ 19 ἀφελεῖ ὁ θεὸς – ἀπὸ τοῦ
ξύλου τῆς ζωῆς καὶ ἐκ τῆς πόλεως –,
τῶν γεγρ. ἐν τῷ βιβλίῳ τούτῳ

γραφή *scriptura*
Mat 21 42 οὐδέποτε ἀνέγνωτε ἐν ταῖς γραφαῖς·
„λίθον ὃν –"; ‖ Mar 12 10 τὴν γρ. –;
22 29 μὴ εἰδότες τὰς γραφάς ‖ Mar 12 24
26 54 πῶς – πληρωθῶσιν αἱ γρ. –; 56 γέγο-
νεν ἵνα πλ. αἱ γρ. τῶν προφητῶν ‖
Mar 14 49 ἀλλ' ἵνα πλ. αἱ γρ. – (Mar
15 28 vl ἐπληρώθη ἡ γρ. ἡ λέγουσα·
„καὶ μετὰ ἀνόμων" vg cfr Luc 22 37)
Luc 4 21 σήμερον πεπλήρωται ἡ γραφὴ αὕτη
24 27 διηρμήνευσεν – ἐν πάσαις ταῖς γρ.
τὰ περὶ ἑαυτοῦ 32 διήνοιγεν – τὰς γρ.
45 τὸν νοῦν τοῦ συνιέναι τὰς γραφάς
Joh 2 22 ἐπίστευσαν τῇ γρ. 20 9 οὐδέπω γὰρ
ᾔδεισαν τὴν γρ., ὅτι δεῖ – ἀναστῆναι
5 39 ἐραυνᾶτε τὰς γρ., ὅτι – δοκεῖτε ἐν αὐ-
ταῖς ζωὴν – ἔχειν· καὶ ἐκεῖναί εἰσιν
αἱ μαρτυροῦσαι περὶ ἐμοῦ
7 38 καθὼς εἶπεν ἡ γρ., ποταμοὶ ἐκ τῆς
– 42 οὐχ ἡ γρ. εἶπεν ὅτι ἐκ – σπέρμ. –;
10 35 οὐ δύναται λυθῆναι ἡ γραφή
13 18 ἀλλ' ἵνα ἡ γρ. πληρωθῇ 17 12 19 24 –
„διεμερίσαντο" 28 ἵνα τελειωθῇ ἡ γρ.,
λέγει· „διψῶ" 36 πλ.· „ὀστοῦν οὐ" 37
καὶ πάλιν ἑτέρα γρ. λέγει· „ὄψονται"
Act 1 16 ἔδει πληρωθῆναι τὴν γρ. (vl + ταύτην)

Act 8 32 ἡ δὲ περιοχὴ τῆς γραφῆς – ἦν αὕτη·
– 35 ἀρξάμενος ἀπὸ τῆς γραφῆς ταύτης
17 2 διελέξατο αὐτοῖς ἀπὸ τῶν γραφῶν
– 11 ἀνακρίνοντες τὰς γρ. εἰ ἔχοι – οὕτως
18 24 δυνατὸς ὢν ἐν ταῖς γρ. 28 ἐπιδεικνὺς
διὰ τῶν γρ. εἶναι τὸν χριστὸν Ἰησοῦν
Rm 1 2 ὃ προεπηγγείλατο – ἐν γ..αῖς ἁγίαις
4 3 τί γὰρ ἡ γρ. λέγει; „ἐπίστευσεν δὲ
Ἀβρ." 9 17 λέγει γὰρ ἡ γρ. τῷ Φαρα-
ώ 10 11 11 2 ἐν Ἠλίᾳ τί λέγει ἡ γρ. –;
15 4 διὰ τῆς παρακλήσεως τῶν γραφῶν
[16 26 μυστηρίου –, φανερωθέντος – νῦν διά
τε γραφῶν προφητικῶν – εἰς πάντα
τὰ ἔθνη γνωρισθέντος]
1 Co 15 3 Χὸς ἀπέθανεν – κατὰ τὰς γραφάς 4
Gal 3 8 προϊδοῦσα δὲ ἡ γρ. ὅτι ἐκ πίστεως
– 22 συνέκλεισεν ἡ γρ. τὰ πάντα ὑπὸ ἁμ.
4 30 τί λέγει ἡ γρ.; „ἔκβαλε τὴν παιδίσκ."
1 Ti 5 18 λέγει γὰρ ἡ γρ.· „βοῦν ἀλοῶντα οὐ"
2 Ti 3 16 πᾶσα γρ. θεόπνευστος καὶ ὠφέλιμος
Jac 2 8 εἰ – νόμον τελεῖτε βασιλικὸν κατὰ τὴν
γρ.· „ἀγαπήσεις τὸν πλησίον σου"
– 23 ἐπληρώθη ἡ γρ. ἡ λέγουσα· „ἐπίστευ."
4 5 κενῶς ἡ γρ. λέγει· „πρὸς φθόνον" –;
1 Pe 2 6 διότι περιέχει ἐν γραφῇ· „ἰδοὺ τίθημι"
2 Pe 1 20 πᾶσα προφητεία γραφῆς ἰδίας ἐπι-
λύσεως οὐ γίνεται
3 16 δυσνόητά τινα, ἃ οἱ ἀμαθεῖς – στρε-
βλοῦσιν ὡς καὶ τὰς λοιπὰς γραφάς

γραώδης Sᵒ – *anilis* 1 Ti 4 7 γ..εις μύθους

γρηγορεῖν *vigilare*
Mat 24 42 γ..εῖτε οὖν, ὅτι οὐκ οἴδατε 25 13 τὴν ἡ-
μέραν ‖ Mar 13 34 τῷ θυρωρῷ ἐνετεί-
λατο ἵνα γ..ῇ 35 γ..εῖτε οὖν 37 πᾶσιν
λέγω, γ..εῖτε – Mat 24 43 εἰ ᾔδει ὁ οἰ-
κοδεσπότης –, ἐγ..ησεν ἄν (Lc 12 39 vl)
26 38 γ..εῖτε μετ' ἐμοῦ 40 οὕτως οὐκ ἰσχύσα-
τε – γ..ῆσαι μετ' ἐμοῦ; 41 γ..εῖτε καὶ
προσεύχεσθε ‖ Mar 14 34. 37 Πέτρῳ· –
οὐκ ἴσχυσας – γ..ῆσαι; 38 γ..εῖτε
Luc 12 37 οὓς ἐλθὼν ὁ κύριος εὑρήσει γ..οῦντας
Act 20 31 διὸ γ..εῖτε, μνημονεύοντες ὅτι τριετ.
1 Co 16 13 γρηγορεῖτε, στήκετε ἐν τῇ πίστει
Col 4 2 τῇ προσευχῇ προσκαρτερεῖτε, γ..οῦν-
τες ἐν αὐτῇ ἐν εὐχαριστίᾳ
1 Th 5 6 γ..ῶμεν καὶ νήφωμεν 1 Pe 5 8 γ..ήσατε
– 10 ἵνα εἴτε γ..ῶμεν εἴτε καθεύδωμεν
Ap 3 2 γίνου γρηγορῶν 3 ἐὰν – μὴ γρηγορή-
σῃς, ἥξω ὡς κλέπτης 16 15 μακάριος
ὁ γρηγορῶν καὶ τηρῶν τὰ ἱμάτια

γυμνάζειν, γεγυμνασμένος *exercēre, exercitatus* γυμνασία *exercitatio*

1 Ti 4 7 γύμναζε – σεαυτὸν πρὸς εὐσέβειαν
  8 ἡ γὰρ σωματικὴ γυμνασία πρὸς ὀλίγον ἐστὶν ὠφέλιμος

Hb 5 14 τῶν – τὰ αἰσθητήρια γ..σμένα ἐχόντων πρὸς διάκρισιν καλοῦ τε καὶ κακοῦ
  12 11 τοῖς δι' αὐτῆς (sc παιδείας) γ..σμένοις

2 Pe 2 14 καρδίαν γ..σμένην πλεονεξίας ἔχοντες

γυμνιτεύειν S° – *nudum esse* 1 Co 4 11 γ..ομεν

γυμνός *nudus* (Mar 14 51 γυμνόν)

Mat 25 36 ἤμην – γυ. καὶ περιεβάλετέ με 38. 43 καὶ οὐ περιεβ. με 44 – Jac 2 15 ἐὰν ἀδελφὸς ἢ ἀδελφὴ γ..οὶ ὑπάρχωσιν

Mar 14 51 ἐπὶ γ..οῦ 52 – Joh 21 7 – Act 19 16
1 Co 15 37 ἀλλὰ γ..ὸν κόκκον εἰ τύχοι σίτου
2 Co 5 3 εἴ γε καὶ ἐκδυσάμενοι (sc τὸ ἐξ οὐρ. οἰκητήριον) οὐ γ..οὶ εὑρεθησόμεθα

Hb 4 13 πάντα δὲ γ..ὰ – τοῖς ὀφθαλμ. αὐτοῦ
Ap 3 17 οὐκ οἶδας ὅτι σὺ εἶ ὁ – γυμνός
  16 15 μακάριος ὁ – τηρῶν τὰ ἱμάτια αὐτοῦ, ἵνα μὴ γυμνὸς περιπατῇ
  17 16 ποιήσουσιν αὐτὴν (sc πόρνην) – γ..ήν

γυμνότης *nuditas*

Rm 8 35 ἢ διωγμὸς ἢ λιμὸς ἢ γυμνότης – ;
2 Co 11 27 ἐν ψύχει καὶ γυμνότητι
Ap 3 18 μὴ φανερωθῇ ἡ αἶσχ. τῆς γ..τός σου

γυναικάριον S° – *muliercula* 2 Ti 3 6 γ..ια

γυναικεῖος *muliebris* 1 Pe 3 7 (σκεῦος)

γυνή *mulier* [b]*uxor* [c]*coniux*

Mat 1 20 Μαρίαν τὴν γυναῖκά[c] σου 24[c] αὐτοῦ
  5 28 ὁ βλέπων γ..κα πρὸς τὸ ἐπιθυμῆσαι
  – 31 „ὃς ἂν ἀπολύσῃ τὴν γ..κα[b] αὐτοῦ" 32[b] 19 3 εἰ ἔξεστιν – ἀπολῦσαι τὴν γ.[b] αὐτοῦ –; 5 „κολληθήσεται τῇ γ..κι[b] αὐτοῦ" 8 ἐπέτρεψεν – ἀπολῦσαι τὰς γ..ας[b] ὑμῶν 9 ὃς ἂν ἀπολύσῃ τὴν γ.[b] αὐτοῦ μὴ ἐπὶ πορνείᾳ καὶ γαμήσῃ ἄλλην 10 εἰ οὕτως ἐστὶν ἡ αἰτία τοῦ ἀνθρώπου μετὰ τῆς γ.[b] (vl *muliere*) ‖ Mar 10 2 εἰ ἔξεστιν ἀνδρὶ γ..κα[b] ἀπολῦσαι 11[b] [7][b] (vl 12[b]) Luc 16 18[b]
  9 20 γυνὴ αἱμορροοῦσα 22 ἐσώθη ἡ γυνὴ ‖ Mar 5 25. 33 φοβηθεῖσα Luc 8 43. 47
  11 11 οὐκ ἐγήγερται ἐν γεννητοῖς γυναικῶν μείζων ‖ Luc 7 28 οὐδείς ἐστιν

Mat 13 33 ζύμη, ἣν – γυνὴ ἐνέκρυψεν ‖ Luc 13 21
  14 3 διὰ Ἡρῳδιάδα τὴν γ..κα[b] Φιλίππου ‖ Mar 6 17[b] 18 οὐκ ἔξεστίν σοι ἔχειν τὴν γ.[b] τοῦ ἀδελφοῦ σου Luc 3 19[b]
  – 21 χωρὶς γυναικῶν καὶ παιδίων 15 38
  15 22 γυνὴ Χαναναία 28 ὦ γύναι ‖ Mar 7 25 ἀκούσασα γυνὴ περὶ αὐτοῦ 26 ἡ δὲ γυνὴ ἦν Ἑλληνίς, Συροφοινίκισσα
  18 25 αὐτὸν – πραθῆναι καὶ τὴν γ..κα[b]
  22 24 „ἐπιγαμβρεύσει ὁ ἀδελφὸς αὐτοῦ τὴν γ.[b] αὐτοῦ" 25 ἀφῆκεν τὴν γ.[b] αὐτοῦ τῷ ἀδελφῷ αὐτοῦ 27 ἀπέθανεν ἡ γυνὴ 28 τίνος – ἔσται γυνή[b]; ‖ Mar 12 19 ἐὰν – καταλίπῃ γ..κα[b] –, ἵνα „λάβῃ ὁ ἀδ. αὐτοῦ τὴν γ.[b]" 20 ἔλαβεν γ..κα[b] 22. 23[b] Luc 20 28[b] 29[b] 32. 33 ἡ γυνὴ (vg°) οὖν – τίνος – γίνεται γυνή[b]; οἱ γὰρ ἑπτὰ ἔσχον αὐτὴν γ..κα[b]
  26 7 γυνὴ ἔχουσα ἀλάβαστρον ‖ Mar 14 3 – 10 τί κόπους παρέχετε τῇ γυναικί;
  27 19 ἀπέστειλεν – ἡ γυνὴ[b] αὐτοῦ λέγουσα
  – 55 γυναῖκες – ἀπὸ μακρόθεν θεωροῦσαι ‖ Mar 15 40 Luc 23 27 αἳ – ἐθρήνουν αὐτὸν 49. 55 κατακολουθήσασαι
  28 5 ὁ ἄγγελος εἶπεν ταῖς γυναιξίν

Luc 1 5 γυνὴ αὐτῷ –, Ἐλισάβετ 13[b] 18[b] 24[b]
  – 42 εὐλογημένη σὺ ἐν γυναιξίν (2 5 vl σὺν Μαριὰμ τῇ μεμνηστευμένῃ αὐτῷ γυναικί, vg *uxore*)
  4 26 „εἰς Σάρεπτα – πρὸς γ..κα χήραν"
  7 37 γυνὴ – ἁμαρτωλός 39 τίς καὶ ποταπὴ ἡ γ. 44 στραφεὶς πρὸς τὴν γ. – βλέπεις ταύτην τὴν γ.; 50 εἶπεν – πρὸς τὴν γ.
  8 2 γυναῖκές τινες αἳ ἦσαν τεθεραπευμέναι 3 Ἰωάννα γυνὴ[b] Χουζᾶ
  10 38 γυνὴ δέ τις ὀνόματι Μάρθα ὑπεδέξ.
  11 27 ἐπάρασά τις φωνὴν γυνὴ ἐκ τ. ὄχλου
  13 11 γυνὴ πνεῦμα ἔχουσα ἀσθενείας 12 γύναι, ἀπολέλυσαι τῆς ἀσθεν. σου
  14 20 γυναῖκα[b] ἔγημα, καὶ διὰ τοῦτο οὐ – 26 εἴ τις – οὐ μισεῖ – τὴν γυναῖκα[b] καί
  15 8 τίς γυνὴ δραχμὰς ἔχουσα δέκα – ;
  17 32 μνημονεύετε τῆς γυναικὸς[b] Λώτ
  18 29 οὐδείς – ὃς ἀφῆκεν οἰκίαν ἢ γ..κα[b]
  22 57 ἠρνήσατο – οὐκ οἶδα αὐτόν, γύναι
  24 22 γ..κές τινες ἐξ ἡμῶν ἐξέστησαν ἡμ. 24

Joh 2 4 „τί ἐμοὶ καὶ σοί," γύναι; 19 26 γύναι, ἴδε ὁ υἱός σου – 20 13 γύναι, τί κλαίεις; 15 γ., τί κλαίεις; τίνα ζητεῖς;
  4 7 γ. ἐκ τ. Σαμαρείας 9 ἡ γ. ἡ Σαμαρῖτις – παρ' ἐμοῦ – γ..χὸς Σ..ιδος οὔσης; [11]. 15. 17. 19. 21. 25. 27 ὅτι μετὰ γ..-

χὸς ἐλάλει 28.39 διὰ τὸν λόγον τῆς γυ-
ναικός 42 τῇ τε γυναικὶ ἔλεγον
Joh [8 3 γ..χα ἐπὶ μοιχείᾳ χατειλημμένη 4.9
ἢ γ. ἐν μέσῳ 10 γύναι, ποῦ εἰσιν;]]
162ι ἡ γυνὴ ὅταν τίκτῃ λύπην ἔχει
Act 114 σὺν γυναιξὶν καὶ Μαριὰμ τῇ μητρί
5 ι σὺν Σαπφίρῃ τῇ γ.b αὐτοῦ 2b 7b
- 14 πλήθη ἀνδρῶν τε καὶ γ..κῶν 83.12 92
1712 τῶν Ἑλληνίδων γυναικῶν τῶν
εὐσχημόνων καὶ ἀνδρῶν 224
1350 τὰς σεβομένας γ..κας τὰς εὐσχήμ.
16 ι Τιμ., υἱὸς γ..κὸς Ἰουδαίας πιστῆς
- 13 ἐλαλοῦμεν ταῖς συνελθούσαις γυν.
- 14 καί τις γυνὴ ὀνόματι Λυδία
17 4 γ..κῶν τε τῶν πρώτων οὐκ ὀλίγαι
34 γυνὴ ὀνόματι Δαμαρίς
18 2 καὶ Πρίσκιλλαν γυναῖκαb αὐτοῦ
21 5 προπεμπόντων – σὺν γ..ξὶb καὶ τέκν.
2424 σὺν – τῇ ἰδίᾳ γ..κὶb οὔσῃ Ἰουδαίᾳ
Rm 7 2 ἡ – ὕπανδρος γ. τῷ ζῶντι – δέδεται
1 Co 5 ι ὥστε γ..κάb τινα τοῦ πατρὸς ἔχειν
7 ι καλὸν – γ..κὸς μὴ ἅπτεσθαι 2 ἕκα-
στος τὴν ἑαυτοῦ γ..καb ἐχέτω 3 τῇ γ..
κὶb ὁ ἀνὴρ τὴν ὀφειλὴν ἀποδιδότω,
- καὶ ἡ γ.b τῷ ἀνδρί 4 ἡ γυνὴ τοῦ
ἰδίου σώματος οὐκ ἐξουσιάζει –·–
καὶ ὁ ἀνὴρ – οὐκ ἔξουσ. ἀλλὰ ἡ γυνή
- 10 γυναῖκαb ἀπὸ ἀνδρὸς μὴ χωρισθῆ-
ναι 11 καὶ ἄνδρα γ..καb μὴ ἀφιέναι
- 12 εἴ τις ἀδελφὸς γ..καb ἔχει ἄπιστον 13
γυνὴ εἴ τις ἔχει ἄνδρα ἄπιστον 14 ἡ-
γίασται γὰρ ὁ ἀνὴρ ὁ ἄπ. ἐν τῇ γ..
κί, καὶ – ἡ γυνὴ ἡ ἄπ. ἐν τῷ ἀδελφῷ
- 16 τί γὰρ οἶδας, γύναι, εἰ τὸν ἄνδρα
σώσεις; ἢ τί οἶδας, ἄνερ, εἰ τὴν γυ-
ναῖκα σώσεις;
- 27 δέδεσαι γ..κίb; μὴ ζήτει λύσιν· λέλυ-
σαι ἀπὸ γ..όςb; μὴ ζήτει γυναῖκαb
- 29 ἵνα – οἱ ἔχοντες γυναῖκαςb ὡς μὴ ἔ-
χοντες ὦσιν
- 33 μεριμνᾷ – πῶς ἀρέσῃ τῇ γ..κίb 34 ἡ
γυνὴ ἡ ἄγαμος – μερ. τὰ τοῦ κυρίου
- 39 γυνὴ δέδεται ἐφ' ὅσον χρόνον ζῇ ὁ
9 5 ἀδελφὴν γυναῖκα (vg mul. sor.) πε-
ριάγειν
11 3 κεφαλὴ δὲ γυναικὸς ὁ ἀνήρ
- 5 γυνὴ προσευχομένη ἢ προφητεύουσα
ἀκατακαλύπτῳ τῇ κεφαλῇ 6 εἰ γὰρ
οὐ κατακαλύπτεται γυνή, καὶ κει-
ράσθω· εἰ δὲ αἰσχρὸν γυναικὶ τὸ
κείρασθαι –, κατακαλυπτέσθω
- 7 ἡ γυνὴ δὲ δόξα ἀνδρός ἐστιν 8 οὐ

γάρ ἐστιν ἀνὴρ ἐκ γ..κός, ἀλλὰ γυνὴ
ἐξ ἀνδρός 9 οὐκ ἐκτίσθη ἀνὴρ διὰ
τὴν γ..κα, ἀλλὰ γυνὴ διὰ τὸν ἄνδρα
1 Co 1110 ὀφείλει ἡ γυνὴ ἐξουσίαν ἔχειν ἐπὶ
- 11 οὔτε γυνὴ χωρὶς ἀνδρὸς οὔτε ἀνὴρ
χωρὶς γ..κὸς ἐν κυρίῳ· 12 ὥσπερ γὰρ
ἡ γυνὴ ἐκ τοῦ ἀνδρός, οὕτως καὶ
ὁ ἀνὴρ διὰ τῆς γυναικός
- 13 κρίνατε· πρέπον ἐστὶν γ..κα ἀκατακά-
λυπτον τῷ θεῷ προσεύχεσθαι; 15 γυ-
νὴ δὲ ἐὰν κομᾷ, δόξα αὐτῇ ἐστιν
1434 αἱ γ..κες ἐν ταῖς ἐκκλησίαις σιγάτω-
σαν 35 αἰσχρὸν γάρ ἐστιν γυναικὶ
λαλεῖν ἐν ἐκκλησίᾳ → 1 Ti 212
Gal 4 4 γενόμενον ἐκ γ..κός, γεν. ὑπὸ νόμον
Eph 522 αἱ γ..κες τοῖς ἰδίοις ἀνδράσιν 23 ὅτι
ἀνήρ ἐστιν κεφαλὴ τῆς γ..κός 24 καὶ
αἱ γ..κες τοῖς ἀνδράσιν ἐν παντί Col
318 αἱ γ..κες, ὑποτάσσεσθε τοῖς ἀνδ.
- 25 ἀγαπᾶτε τὰς γ..καςb 28 ἀγαπᾶν τὰς
ἑαυτῶν γ..καςb –· ὁ ἀγαπῶν τὴν ἑαυ-
τοῦ γ..καb ἑαυτὸν ἀγαπᾷ 33 ἕκαστος
τὴν ἑαυτοῦ γ..καb οὕτως ἀγαπάτω ὡς
ἑαυτόν, ἡ δὲ γυνὴb ἵνα φοβῆται τὸν
ἄνδρα Col 319 ἀγαπᾶτε τὰς γ..καςb
- 31 „προσκολληθήσεται πρὸς τὴν γυναῖ-
καb (vl τῇ γυναικὶ) αὐτοῦ"
1 Ti 2 9 γυναῖκας ἐν καταστολῇ κοσμίῳ 10 ὃ
πρέπει γυναιξὶν ἐπαγγελλομέναις
θεοσέβειαν
- 11 γυνὴ ἐν ἡσυχίᾳ μανθανέτω ἐν πά-
σῃ ὑποταγῇ 12 διδάσκειν δὲ γ..κὶ οὐκ
ἐπιτρέπω 14 ἡ δὲ γυνὴ ἐξαπατηθεῖσα
ἐν παραβάσει γέγονεν
3 2 ἐπίσκοπον –, μιᾶς γ..ὸςb ἄνδρα 12 διά-
κονοι – μιᾶς γ..κὸςb ἄνδρες 5 9 χήρα
–, ἑνὸς ἀνδρὸς γυνὴb Tit 16 πρε-
σβυτέρους –, εἴ τίς ἐστιν – μιᾶς γυναι-
κὸςb ἀνήρ
- 11 γυναῖκας ὡσαύτως σεμνάς
Hb 1135 ἔλαβον γ..κες – τοὺς νεκροὺς αὐτῶν
1 Pe 3 1 ὁμοίως [αἱ] γ..κες, ὑποτασσόμεναι τ.
ἰδίοις ἀνδράσιν, ἵνα – διὰ τῆς τῶν
γ..κῶν ἀναστροφῆς – κερδηθήσονται
- 5 οὕτως – αἱ ἅγιαι γ..κες αἱ ἐλπίζου-
σαι εἰς θεὸν ἐκόσμουν ἑαυτάς
Ap 220 ὅτι ἀφεῖς τὴν γ..κα Ἰεζάβελ, ἡ λέγου-
σα ἑαυτὴν προφῆτιν, καὶ διδάσκει
9 8 εἶχον τρίχας ὡς τρίχας γυναικῶν
12 1 γυνὴ περιβεβλημένη τὸν ἥλιον
- 4 ἐνώπιον τῆς γ..κὸς τῆς μελλούσης
τεκεῖν 6 ἡ γυνὴ ἔφυγεν εἰς τὴν ἐρη-

(Ap 12) μον 13 ὁ δράκων – ἐδίωξεν τὴν γυ-
ναῖκα 14 ἐδόθησαν τῇ γυναικὶ αἱ δύο
πτέρυγες 15.16 ἐβοήθησεν ἡ γῆ τῇ
γυναικί 17 ὠργίσθη ὁ δράκων ἐπὶ τῇ
γυναικί
Ap 14 4 οἳ μετὰ γυναικῶν οὐκ ἐμολύνθησαν
17 3 εἶδον γυναῖκα καθημένην ἐπὶ θηρίον
4 ἡ γυνὴ ἦν περιβεβλημένη πορφυ-
ροῦν 6 εἶδον τὴν γυναῖκα μεθύουσαν
7 ἐρῶ σοι τὸ μυστήριον τῆς γυναικός
9 ἑπτὰ ὄρη εἰσίν, ὅπου ἡ γυνὴ κάθη-
ται ἐπ' αὐτῶν 18 ἡ γυνὴ ἣν εἶδες ἔ-
στιν ἡ πόλις ἡ μεγάλη

Ap 19 7 ἡ γυνὴ[b] αὐτοῦ (sc τοῦ ἀρνίου) ἡτοί-
μασεν ἑαυτήν 219 δείξω σοι τὴν νύμ-
φην τὴν γυναῖκα[b] τοῦ ἀρνίου

Γώγ Ap 208 „τὸν Γώγ" καὶ „Μαγώγ"

γωνία angulus
Mat 6 5 ἐν ταῖς γω. τῶν πλατειῶν ἑστῶτες
2142 „οὗτος ἐγενήθη εἰς κεφαλὴν γωνίας"
|| Mar1210 Luc2017 – Act411 1Pe27
Act 2626 οὐ γάρ ἐστιν ἐν γωνίᾳ πεπραγμένον
Ap 7 1 „ἐπὶ τὰς τέσσαρας γωνίας τῆς γῆς"
208 τὰ ἔθνη τὰ ἐν „ταῖς τέσσ. γω.-"

Δ

δαιμονίζεσθαι S° – daemonium, ..a habēre
[b]a daemonio vexari
Mat 424 προσήνεγκαν–δ..ομένους816||Mar132
– Mat 932 κωφὸν δ..όμενον 1222προσ-
ηνέχθη – δ..όμενος τυφλὸς καὶ κωφός
828 δύο δ..όμενοι 33 τὰ τῶν δ. || Mar515
τὸν δ..όμενον[b] – σωφρονοῦντα 16.18
παρεκάλει αὐτὸν ὁ δ..ισθεὶς[b] ἵνα μετ'
αὐτοῦ ᾖ Luc836 ἀπήγγειλαν – αὐτοῖς
– πῶς ἐσώθη ὁ δ..ισθείς (vg quo-
modo sanus factus esset a legione)
1522 ἡ θυγάτηρ μου κακῶς δ..ίζεται[b]
Joh 1021 ταῦτα τὰ ῥήματα οὐκ ἔστιν δ..ομένου

δαιμόνιον daemonium [b]daemon
Mat 722 οὐ – τῷ σῷ ὀνόμ. δ..α ἐξεβάλομεν –;
933 ἐκβληθέντος τοῦ δ. (vg vl[b]) ἐλάλ.
– 34 ἐν τῷ ἄρχοντι τῶν δ. ἐκβάλλει τὰ
δ.[b] 1224 οὐκ ἐκβάλλει τὰ δ.[b] εἰ μὴ ἐν
τῷ Βεελζ. ἄρχοντι τῶν δ. (vl[b]) 27 εἰ
ἐγὼ ἐν Β. ἐκβάλλω τὰ δ.[b] 28 εἰ δὲ ἐν
πνεύματι θεοῦ ἐγὼ ἐκβ. τὰ δ.[b] ||
Mar 322 ἐν τῷ ἄρχ. τῶν δ. (vg vl[b])
ἐκβάλλει τὰ δ. Luc1114 ἦν ἐκβάλ-
λων δ..ον,–·¹ τοῦ δ..ου ἐξελθόντος
ἐλάλησεν 15 ἐν Βεελζ. τῷ ἄρχ. τῶν
δαιμ. ἐκβάλλει τὰ δ. 18.19.20 εἰ δὲ ἐν
δακτύλῳ θεοῦ [ἐγὼ] ἐκβάλλω τὰ δ.
10 8 δ..ια[b] ἐκβάλλετε Mar315 ἔχειν ἐξουσ-
ίαν ἐκβάλλειν τὰ δ. Luc 91 ἐξουσί-
αν ἐπὶ πάντα τὰ δ. – Mar613 δ..ια
πολλὰ ἐξέβαλλον (sc οἱ δώδεκα)
1118 δ..ιον ἔχει (sc Ἰωάννης) || Luc733
1718 ἐξῆλθεν ἀπ' αὐτοῦ τὸ δαιμόνιον

Mar 134 δ..ια πολλὰ ἐξέβαλεν, καὶ οὐκ ἤφιεν
λαλεῖν τὰ δ. (vg ea) 39 || Luc441
ἐξήρχετο – δ..ια – κρ[αυγ]άζοντα καὶ
λέγοντα ὅτι σὺ εἶ ὁ υἱὸς τοῦ θεοῦ
726 ἵνα τὸ δ. ἐκβάλῃ ἐκ τῆς θυγατρός
29 ἐξελήλυθεν–τὸ δ. 30 τὸ δ. ἐξ..θός
938 εἴδομέν τινα ἐν τῷ ὀνόματί σου ἐκ-
βάλλοντα δ..ια || Luc949
[[16 9 παρ' ἧς ἐκβεβλήκει ἑπτὰ δ..ια]] Luc
82 ἀφ' ἧς δ..ια ἑπτὰ ἐξεληλύθει
[– 17 σημεῖα δὲ τοῖς πιστεύσασιν –· ἐν τῷ
ὀνόματί μου δ..ια ἐκβαλοῦσιν]]
Luc 433 ἔχων πνεῦμα δ..ίου ἀκαθάρτου (vg
habens daemonium immundum)
– 35 ῥῖψαν αὐτὸν τὸ δ. εἰς τὸ μέσον ἐξ-
ῆλθεν 942 ἔρρηξεν αὐτὸν τὸ δ. καὶ
συνεσπάραξεν
827 ἀνὴρ – ἔχων δ..ια (vg d..ium) 29 ἠ-
λαύνετο ὑπὸ (vl ἀπὸ) τοῦ δ.ίου εἰς
τὰς ἐρήμους 30 λεγιών, ὅτι εἰσῆλθεν
δ..ια πολλὰ εἰς αὐτόν 33 ἐξελθόντα
δὲ τὰ δ.–εἰσῆλθον εἰς τοὺς χοίρους
35.38 ἐδεῖτο – ὁ ἀνὴρ ἀφ' οὗ ἐξεληλύ-
θει τὰ δ. εἶναι σὺν αὐτῷ
1017 καὶ τὰ δ. ὑποτάσσεται ἡμῖν ἐν τῷ ὀν.
1332 ἰδοὺ ἐκβάλλω δ..ια καὶ ἰάσεις ἀποτ.
Joh 720 δ..ιον ἔχεις 848 οὐ καλῶς λέγομεν
ἡμεῖς ὅτι–δ..ιον ἔχεις; 49 ἐγὼ δ..ιον
οὐκ ἔχω, ἀλλὰ τιμῶ τὸν πατέρα μου
52 νῦν ἐγνώκαμεν ὅτι δ..ιον ἔχεις
1020 δ..ιον ἔχει καὶ μαίνεται 21 ἄλλοι
ἔλεγον·– μὴ δ..ιον δύναται τυφλῶν
ὀφθαλμοὺς ἀνοῖξαι;
Act 1718 ξένων δ..ίων δοκεῖ καταγγελεὺς εἶναι

1 Co 10 20 ἃ θύουσιν, „δ.ίοις καὶ οὐ θεῷ [θύ-
ουσιν]" οὐ θέλω δὲ ὑμᾶς κοινωνοὺς
τῶν δ. γίνεσθαι 21 – καὶ ποτήριον δ..
ίων·– καὶ τραπέζης δ..ίων (sc μετέχ.)

1 Ti 4 1 προσέχοντες – διδασκαλίαις δ..ίων
Jac 2 19 καὶ τὰ δαιμόνια[b] πιστεύουσιν καὶ
φρίσσουσιν
Ap 9 20 ἵνα μὴ προσκυνήσουσιν τὰ δαιμόνια
16 14 πνεύματα δ..ίων ποιοῦντα σημεῖα
18 2 ἐγένετο „κατοικητήριον δαιμονίων"

δαιμονιώδης S° – diabolicus
Jac 3 15 ἐπίγειος, ψυχική, δ..ης (sc σοφία)

δαίμων daemon Mat 8 31 οἱ – δαί. παρεκά-
λουν αὐτόν –· εἰ ἐκβάλλεις ἡμᾶς,
ἀπόστειλον ἡμᾶς εἰς τὴν ἀγέλην

δάκνειν mordēre Gal 5 15 εἰ – ἀλλήλους δ..τε

δάκρυ, δάκρυον lacryma
Luc 7 38 τοῖς δ..σιν – βρέχειν τοὺς πόδας 44
Act 20 19 δουλεύων τῷ κυρίῳ μετὰ – δακρύων
31 μετὰ δ. νουθετῶν ἕνα ἕκαστον
2 Co 2 4 ἔγραψα ὑμῖν διὰ πολλῶν δακρύων
2 Ti 1 4 μεμνημένος σου τῶν δακρύων
Hb 5 7 μετὰ κραυγῆς ἰσχυρᾶς καὶ δακρύων
12 17 καίπερ μετὰ δ..ων ἐκζητήσας (Esau)
Ap 7 17 „ἐξαλείψει ὁ θεὸς πᾶν δάκρυον" 21 4

δακρύειν lacrymari Joh 11 35 Ἰησοῦς

δακτύλιος annulus Luc 15 22 δότε δ..ον

δάκτυλος digitus
Mat 23 4 τῷ δ. αὐτῶν οὐ θέλουσιν κινῆσαι ‖
Luc 11 46 ἑνὶ τῶν δ. – οὐ προσψαύετε
Mar 7 33 ἔβαλεν τοὺς δ. – εἰς τὰ ὦτα αὐτοῦ
Luc 11 20 εἰ δὲ ἐν δακτύλῳ θεοῦ – ἐκβάλλω
16 24 ἵνα βάψῃ τὸ ἄκρον τοῦ δ. – ὕδατος
Joh [[8 6 τῷ δ. κατέγραφεν εἰς τὴν γῆν]]
20 25 ἐὰν μὴ – βάλω τὸν δ. μου εἰς τὸν τό-
πον τῶν ἥλων 27 φέρε τὸν δ. σου ὧδε

Δαλμανουθά Mar 8 10 εἰς τὰ μέρη Δ.

Δαλματία 2 Ti 4 10 ἐπορεύθη – Τίτος εἰς Δ.

δαμάζειν domare Mar 5 4 – Jac 3 7.8 τὴν δὲ
γλῶσσαν οὐδεὶς δαμάσαι δύναται

δάμαλις vitula Hb 9 13 σποδὸς δαμάλεως

Δάμαρις Act 17 34 γυνὴ ὀνόματι Δαμαρίς

Δαμασκηνός 2 Co 11 32 τὴν πόλιν Δ..ῶν

Δαμασκός Act 9 2 ἐπιστολὰς εἰς Δ. πρὸς τὰς
συναγωγάς 3. 8. 10 μαθητὴς ἐν Δ. 19. 22. 27
22 5. 6. 10. 11 26 12. 20 2 Co 11 32 Gal 1 17 εἰς
Ἀραβίαν, καὶ πάλιν ὑπέστρεψα εἰς Δ.

δάνειον debitum Mat 18 27 τὸ δάν. ἀφῆκεν

δανίζειν, ..εσθαι [a]mutuum dare [b]mutuari
[c]foenerari Mat 5 42 τὸν θέλοντα ἀπὸ σοῦ
δανίσασθαι[b] μὴ ἀποστραφῇς ‖ Luc 6 34[a]
et[c].35 δανίζετε[a] μηδὲν ἀπελπίζοντες

Δανιήλ Mat 24 15 τὸ ῥηθὲν διὰ Δ. τοῦ πρ.

δανιστής foenerator Luc 7 41

δαπανᾶν [a]consummare [b]erogare
[c]impendere [d]insumere
Mar 5 26 δαπανήσασα[b] τὰ παρ' αὐτῆς πάντα
Luc 15 14[a] πάντα Act 21 24 δ..ησον[c] ἐπ' αὐτοῖς
2 Co 12 15 ἐγὼ δὲ ἥδιστα δ..ήσω[c] καὶ ἐκδαπα-
νηθήσομαι (superimpendar ipse) ὑ-
πὲρ τῶν ψυχῶν ὑμῶν
Jac 4 3 ἵνα ἐν ταῖς ἡδοναῖς ὑμῶν δ..ήσητε[d]

δαπάνη sumptus Luc 14 28 ψηφίζει τὴν δαπ.

Δαυίδ
1) υἱὸς Δ., ῥίζα Δ. (nomen Messiae)
Mat 1 1 Ἰησοῦ Χοῦ υἱοῦ Δ. υἱοῦ Ἀβραάμ
9 27 ἐλέησον ἡμᾶς, υἱὸς Δ. 15 22 ἐλ. με,
κύριε υἱὸς Δ. 20 30. 31 ‖ Mar 10 47 υἱὲ
Δ. Ἰησοῦ, ἐλ. με 48 Luc 18 38. 39
12 23 μήτι οὗτός ἐστιν ὁ υἱὸς Δαυίδ;
21 9 ὡσαννὰ τῷ υἱῷ Δαυίδ 15
22 42 τίνος υἱός ἐστιν (sc ὁ χριστός); λέγου-
σιν αὐτῷ· τοῦ Δ. 45 ‖ Mar 12 35. 37
πόθεν αὐτοῦ ἐστιν υἱός; Luc 20 41 πῶς
λέγουσιν τὸν χρ. εἶναι Δ. υἱόν; 44
Luc 1 32 „τὸν θρόνον Δ." τοῦ πατρὸς αὐτοῦ
Joh 7 42 ὅτι ἐκ „τοῦ σπέρματος Δ.", καὶ „ἀπὸ
Βηθλεέμ" – ὅπου ἦν Δ., ἔρχεται ὁ χρ.
Rm 1 3 γενομένου ἐκ σπέρματος Δ. κατὰ σάρ-
κα 2 Ti 2 8 Ἰησοῦν Χὸν –, ἐκ σπ. Δ.
Ap 5 5 ἐνίκησεν –, ἡ ῥίζα Δ. 22 16 ἐγὼ εἰμι
ἡ ῥίζα καὶ τὸ γένος Δ., ὁ ἀστήρ

2) reliqui loci

Mat 1 6 ἐγέννησεν τὸν Δ. τ. βασιλέα. Δ. – τὸν
Σολ. 17 ἕως Δ. – · καὶ ἀπὸ Δ. ‖ Luc 3 31
– 20 Ἰωσὴφ υἱὸς Δ. ‖ Luc 1 27 ἐξ οἴκου Δ.
12 3 τί ἐποίησεν Δ. ‖ Mar 2 25 Luc 6 3
22 43 πῶς – Δ. – καλεῖ αὐτὸν κύριον –;
45 ‖ Mar 12 36 Δ. εἶπεν ἐν τῷ πνεύ-
ματι 37 Δ. λέγει αὐτὸν κύριον Luc
20 42 Δ. λέγει ἐν βίβλῳ ψαλμῶν· 44

Mar 11 10 ἡ ἐρχομένη βασιλεία τοῦ πατρ. ἡ. Δ.
Luc 1 69 ἐν οἴκῳ Δ. παιδὸς αὐτοῦ
2 4 εἰς πόλιν Δ. – διὰ τὸ εἶναι αὐτὸν ἐξ
οἴκου καὶ πατριᾶς Δ. 11 ἐν πόλει Δ.

Act 1 16 προεῖπεν – διὰ στόματος Δ. 2 25.34
4 25 – Rm 46 καθάπερ καὶ Δ. λέγει
τ. μακαρισμὸν 11 9 Hb 4 7 ἐν Δ. λέγων
2 29 εἰπεῖν – περὶ τοῦ πατριάρχου Δ. – 34
7 45 13 22.34 δώσω „ὑμῖν τὰ ὅσια Δ. τὰ
πιστά" 36 Δ. – εἶδεν διαφθοράν

Hb 11 32 περὶ – Δ. τε καὶ – τῶν προφητῶν

Ap 3 7 ὁ ἔχων „τὴν κλεῖν Δ., ὁ ἀνοίγων"

δέησις obsecratio ᵇdeprecatio ᶜoratio
ᵈpreces

Luc 1 13 διότι „εἰσηκούσθη" ἡ δέησίςᵇ „σου"
2 37 νηστείαις καὶ δεήσεσιν λατρεύουσα
5 33 νηστεύουσιν πυκνὰ κ. δ..εις ποιοῦνται

Rm 10 1 ἡ δέησις πρὸς τὸν θεὸν ὑπὲρ αὐτῶν
(vg fit pro illis) εἰς σωτηρίαν

2 Co 1 11 συνυπουργούντων καὶ ὑμῶν ὑπὲρ ἡ-
μῶν τῇ δεήσειᶜ, ἵνα
9 14 δεήσει ὑπὲρ ὑμ. ἐπιποθούντων ὑμᾶς

Eph 6 18 διὰ πάσης προσευχῆςᶜ καὶ δεήσεως,
– ἀγρυπνοῦντες ἐν πάσῃ – δεήσει περι-
ρὶ – τῶν ἁγίων, καὶ ὑπὲρ ἐμοῦ, ἵνα

Phl 1 4 ἐν πάσῃ δεήσειᶜ μου ὑπὲρ – ὑμῶν
μετὰ χαρᾶς τὴν δέησινᵇ ποιούμενος
– 19 „τοῦτό μοι ἀποβήσεται εἰς σωτηρίαν"
διὰ τῆς ὑμῶν δεήσεωςᶜ
4 6 τῇ προσευχῇᶜ καὶ τῇ δεήσει μετὰ εὐ-
χαριστίας τὰ αἰτήματα – γνωριζέσθω

1 Ti 2 1 ποιεῖσθαι (vg fieri) δ..εις, προσευχ.ᶜ
5 5 προσμένει καὶ δ. καὶ ταῖς προσευχ.ᶜ

2 Ti 1 3 ἐν ταῖς δ.ᶜ μου νυκτὸς καὶ ἡμέρας

Hb 5 7 δεήσειςᵈ τε καὶ ἱκετηρίας πρὸς τὸν
δυνάμενον σώζειν – προσενέγκας

Jac 5 16 πολὺ ἰσχύει δ.ᵇ δικαίου ἐνεργουμένη

1 Pe 3 12 „ὦτα αὐτοῦ εἰς δέησινᵈ αὐτῶν"

δεῖ, δέον ἐστίν, τὰ δέοντα, ἔδει oportet,
..ebat etc ᵇdebet ᶜnecesse est, erat

Mat 16 21 ὅτι δεῖ αὐτὸν – πολλὰ παθεῖν ‖ Mar
8 31 Luc 9 22 17 25 καὶ ἀποδοκιμασθῆ-
ναι 24 7 παραδοθῆναι 26 οὐχὶ ταῦτα
ἔδει παθεῖν τὸν χριστόν –; (46 vl, vg)
Act 17 3 ὅτι τὸν χριστὸν ἔδει παθεῖν
17 10 ὅτι Ἠλίαν δεῖ ἐλθεῖν πρῶτον ‖ Mar 9 11
18 33 οὐκ ἔδει καὶ σὲ ἐλεῆσαι –;
23 23 ταῦτα [δὲ] ἔδει ποιῆσαι κἀκεῖνα μὴ
ἀφιέναι ‖ Luc 11 42 μὴ παρεῖναι
24 6 „δεῖ – γενέσθαι", ἀλλ' οὔπω ἐστὶν τὸ
τέλος 26 54 ‖ Mar 13 7 Luc 21 9
25 27 ἔδει σε – βαλεῖν τὰ ἀργύριά μου τοῖς
26 35 κἂν δέῃ με – ἀποθανεῖν ‖ Mar 14 31

Mar 13 10 πρῶτον δεῖ κηρυχθῆναι τὸ εὐαγγέλ.
– 14 βδέλυγμα – ἑστηκότα ὅπου οὐ δεῖᵇ

Luc 2 49 ἐν τοῖς τοῦ πατρός μου δεῖ εἶναί με;
4 43 ἑτέραις πόλεσιν εὐαγγελίσασθαί με
12 12 διδάξει ὑμᾶς – ἃ δεῖ εἰπεῖν   [δεῖ
13 14 ἐξ ἡμέραι – ἐν αἷς δεῖ ἐργάζεσθαι
– 16 ταύτην – οὐκ ἔδει λυθῆναι ἀπό –;
– 33 δεῖ με σήμερον κ. αὔρ. – πορεύεσθαι
15 32 χαρῆναι ἔδει, ὅτι ὁ ἀδελφός σου
18 1 πρὸς τὸ δεῖν πάντοτε προσεύχεσθαι
19 5 σήμερον – ἐν τῷ οἴκῳ σου δεῖ με μεῖναι
22 7 ἡμέρα –, [ἐν] ἦ ἔδειᶜ θύεσθαι τ. πάσχα
– 37 τὸ γεγραμμένον δεῖ τελεσθῆναι ἐν
ἐμοί 24 44 δεῖᶜ πληρωθῆναι

Joh 3 7 δεῖ ὑμᾶς γεννηθῆναι ἄνωθεν
– 14 ὑψωθῆναι δεῖ τὸν υἱὸν τ. ἀνθρ. 12 34
– 30 ἐκεῖνον δεῖ αὐξάνειν, ἐμὲ δὲ ἐλαττοῦ.
4 4 ἔδει δὲ αὐτὸν διέρχεσθαι διὰ – Σαμ.
– 20 ὅπου προσκυνεῖν δεῖ 24 ἐν πνεύμα-
τι καὶ ἀληθείᾳ δεῖ προσκυνεῖν
9 4 ἡμᾶς (vl ἐμὲ vg) δεῖ ἐργάζεσθαι τὰ
ἔργα τοῦ πέμψαντός με (vl ἡμᾶς)
10 16 κἀκεῖνα δεῖ με ἀγαγεῖν (sc πρόβατα)
20 9 ὅτι δεῖ αὐτὸν ἐκ νεκρῶν ἀναστῆναι

Act 1 16 ἔδει (vl δεῖ vg) πληρωθῆναι τὴν γρα-
φὴν ἣν προεῖπεν τὸ πνεῦμα
– 21 δεῖ οὖν – μάρτυρα – γενέσθαι ἕνα
3 21 Ἰησοῦν, ὃν δεῖ οὐρανὸν – δέξασθαι
4 12 ὄνομα – ἐν ᾧ δεῖ σωθῆναι ἡμᾶς
5 29 πειθαρχεῖν δεῖ θεῷ μᾶλλον ἢ ἀνθρ.
9 6 ὅ τί σε δεῖ ποιεῖν
– 16 ὅσα δεῖ αὐτὸν ὑπὲρ τοῦ ὀν. – παθεῖν
14 22 διὰ πολλῶν θλίψεων δεῖ ἡμᾶς εἰσελ-
θεῖν εἰς τὴν βασιλείαν τοῦ θεοῦ
15 5 ὅτι δεῖ περιτέμνειν αὐτούς
16 30 κύριοι, τί με δεῖ ποιεῖν ἵνα σωθῶ;
(18 21 vl δεῖ με πάντως τὴν ἑορτὴν τὴν ἐρ-
χομένην ποιῆσαι εἰς Ἱεροσ., vgᵒ)
19 21 δεῖ με καὶ Ῥώμην ἰδεῖν

Act 1936 δέον ἐστὶν ὑμᾶς κατεσταλμένους ὑπ-
 άρχειν – (2122 vl, vg)
 2035 δεῖ ἀντιλαμβάνεσθαι τῶν ἀσθενούντ.
 2311 σὲ δεῖ καὶ εἰς Ῥώμην μαρτυρῆσαι
 2419 2510 οὗ με δεῖ κρίνεσθαι 24 μὴ δεῖν
 αὐτὸν ζῆν μηκέτι 269ᵇ 2721.26
 2724 Καίσαρί σε δεῖ παραστῆναι
Rm 127 τὴν ἀντιμισθίαν ἣν ἔδει τῆς πλάνης
 826 τί προσευξώμεθα καθὸ δεῖ οὐκ οἴδ.
 12 3 μὴ ὑπερφρονεῖν παρ' ὃ δεῖ φρονεῖν
1 Co 8 2 οὔπω ἔγνω καθὼς δεῖ γνῶναι
 1119 δεῖ γὰρ καὶ αἱρέσεις ἐν ὑμῖν εἶναι
 1525 δεῖ γὰρ αὐτὸν βασιλεύειν ἄχρι οὗ
 – 53 δεῖ – τὸ φθαρτὸν – ἐνδύσ. ἀφθαρσίαν
2 Co 2 3 λύπην – ἀφ' ὧν ἔδει με χαίρειν
 510 ἡμᾶς φανερωθῆναι δεῖ ἔμπροσθεν
 1130 εἰ καυχᾶσθαι δεῖ 121 καυχᾶσθαι δεῖ
Eph 620 ἵνα – παρρησιάσωμαι ὡς δεῖ με λαλῆ-
 σαι Col 44 – 6 εἰδέναι πῶς δεῖ ὑμᾶς
 ἑνὶ ἑκάστῳ ἀποκρίνεσθαι
1 Th 4 1 παρελάβετε παρ' ἡμῶν τὸ πῶς δεῖ
 ὑμᾶς περιπατεῖν καὶ ἀρέσκειν θεῷ
2 Th 3 7 οἴδατε πῶς δεῖ μιμεῖσθαι ἡμᾶς
1 Ti 3 2 δεῖ – τὸν ἐπίσκοπον ἀνεπίλημπτον εἶ-
 ναι 7 δεῖ δὲ καὶ μαρτυρίαν καλὴν ἔ-
 χειν Tit 17 ἀνέγκλητον εἶναι
 – 15 πῶς δεῖ ἐν οἴκῳ θεοῦ ἀναστρέφεσθαι
 513 λαλοῦσαι τὰ μὴ δέοντα
2 Ti 2 6 τὸν κοπιῶντα γεωργὸν δεῖ πρῶτον
 τῶν καρπῶν μεταλαμβάνειν
 – 24 δοῦλον δὲ κυρίου οὐ δεῖ μάχεσθαι
 ἀλλὰ ἤπιον εἶναι πρὸς πάντας
Tit 111 οἳ ἐκ τῆς περιτομῆς, οὓς δεῖ ἐπιστο-
 μίζειν, – διδάσκοντες ἃ μὴ δεῖ
Hb 2 1 δεῖ – προσέχειν – τοῖς ἀκουσθεῖσιν
 928 ἐπεὶ ἔδει αὐτὸν πολλάκις παθεῖν
 11 6 πιστεῦσαι γὰρ δεῖ τὸν προσερχόμενον
 τῷ θεῷ, ὅτι ἔστιν καὶ – μισθαποδ.
1 Pe 1 6 ὀλίγον ἄρτι εἰ δέον [ἐστὶν] λυπηθέντ.
2 Pe 311 ποταποὺς δεῖ ὑπάρχειν [ὑμᾶς]
Ap 1 1 „ἃ δεῖ γενέσθαι" ἐν τάχει 41 μετὰ
 ταῦτα 226 ἐν τάχει
 1011 „δεῖσε"πάλιν„προφητεῦσαιἐπὶλαοῖς"
 11 5 δεῖ αὐτὸν ἀποκτανθῆναι (1310 vl)
 1710 ὅταν ἔλθῃ ὀλίγον αὐτὸν δεῖ μεῖναι
 20 3 δεῖ λυθῆναι αὐτὸν μικρὸν χρόνον

δεῖγμα Sᵒ – exemplum Jud7 πρόκεινται δ.

δειγματίζειν Sᵒ – traducere
Mat 119 μὴ θέλων αὐτὴν δ..ίσαι (vl παραδ.)
Col 215 τὰς ἐξουσίας ἐδ..ισεν ἐν παρρησίᾳ

δεικνύναι, δεικνύειν ostendere ᵇdemon-
 strare ᶜmonstrare ᵈpalam facere
Mat 4 8 δείκνυσιν αὐτῷ πάσας τὰς βασιλείας
 τοῦ κόσμου ‖ Luc 45 ἐν στιγμῇ χρόνου
 8 4 σεαυτὸν „δεῖξον τῷ ἱερεῖ" καὶ προσ-
 ένεγκον τὸ δῶρον ‖ Mar 144 Luc 514
 1621 ἤρξατο – δ..ειν τοῖς μαθηταῖς – ὅτι δεῖ
Mar 1415 ὑμῖν δείξει ᵇ ἀνάγαιον ‖ Luc 2212
Luc 2024 δείξατέ μοι δηνάριον· τίνος ἔχει
 2440 ἔδειξεν – τὰς χεῖρας Joh 2020
Joh 218 τί σημεῖον δεικνύεις ἡμῖν, ὅτι –;
 520 πάντα δείκνυσιν ᵇ αὐτῷ ἃ αὐτὸς ποι-
 εῖ, καὶ μείζονα – δείξει ᵇ αὐτῷ ἔργα
 1032 πολλὰ ἔργα καλὰ ἔδειξα ὑμῖν ἐκ
 14 8 δεῖξον ἡμῖν τὸν πατέρα, καὶ ἀρκεῖ 9
Act 7 3 „δεῦρο εἰς τ. γῆν ἣν ἄν σοι δείξω ᶜ"
 1028 κἀμοὶ ὁ θεὸς ἔδειξεν μηδένα κοινὸν
 ἢ ἀκάθαρτον λέγειν ἄνθρωπον
1 Co 1231 καθ' ὑπερβολὴν ὁδὸν ὑμῖν δείκνυμιᵇ
1 Ti 615 τῆς ἐπιφανείας – Χοῦ, ἣν καιροῖς ἰδί-
 οις δείξει ὁ – μόνος δυνάστης
Hb 8 5 „κατὰ τὸν τύπον τὸν δειχθέντα σοι"
Jac 218 δεῖξόν μοι τὴν πίστιν σου χωρὶς τῶν
 ἔργων, κἀγώ σοι δείξω ἐκ τῶν ἔργων
 μου τὴν πίστιν
 313 δειξάτω ἐκ τῆς καλῆς ἀναστροφῆς τὰ
 ἔργα αὐτοῦ ἐν πραΰτητι σοφίας
Ap 1 1 δεῖξαι ᵈ τοῖς δούλοις αὐτοῦ „ἃ δεῖ γε-
 νέσθαι" 226 41 δεῖξαι σοι – 171 δείξω
 σοι τὸ κρίμα τῆς πόρνης 219 τὴν νύμ-
 φην 10 ἔδειξέν μοι τὴν πόλιν τὴν ἁγίαν
 221 „ποταμὸν ὕδατος ζωῆς" λαμπρὸν
 22 8 τοῦ ἀγγέλου τ. δεικνύοντός μοι ταῦτα

δειλία timor 2 Ti 17 οὐ – πνεῦμα δειλίας

δειλιᾶν formidare Joh 1427 μηδὲ δειλιάτω

δειλός timidus
Mat 826 τί δειλοί ἐστε, ὀλιγόπιστοι; ‖ Mar 440
Ap 21 8 τοῖς δὲ δ..οῖς – τὸ μέρος – ἐν τ. λίμνῃ

δεῖν alligare ᵇligare ᶜvincire
Mat 1229 ἐὰν μὴ – δήσῃ τὸν ἰσχυρόν ‖ Mar 327
 1330 δήσατε αὐτὰ εἰς [v1ᵇ, vg, vl ᵇ] δεσμάς
 14 3 Ἰωάννην ἔδησεν ‖ Mar 617ᶜ ἐν φυλακῇ
 1619 ὃ ἐὰν δήσῃςᵇ ἐπὶ τῆς γῆς ἔσται δεδε-
 μένονᵇ ἐν τοῖς οὐρ. 1818 ὅσα ἐὰν δήσῃ-
 τε ἐπὶ τ. γ. ἔσται δεδεμένα ᵇ ἐν οὐ..ῷ
 21 2 ὄνον δεδεμένην ‖ Mar 112ᵇ.4ᵇ Luc 1930
 2213 δήσαντες ᵇ αὐτοῦ πόδας καὶ χεῖρας
 27 2 δήσαντες ᶜ αὐτὸν ἀπήγαγον ‖ Mar
 151ᶜ Joh 1812ᵇ 24ᵇ

Mar 5 3 οὐδεὶς ἐδύν. αὐτὸν δῆσαι[b] 4[c] – 157[c]
Luc 1316 ἣν ἔδησεν ὁ σατανᾶς ἰδοὺ δέκα – ἔτη
Joh 1144[b] κειρίαις 1940[b] ὀθονίοις
Act 9 2[c] 14.21[c] 225[c] 126 Πέτρος – δεδεμένος[c]
    2022 δεδεμένος ἐγὼ τῷ πνεύματι πορεύομ.
    2111 δήσας ἑαυτοῦ τοὺς πόδας καὶ τὰς
    χεῖρας – · – οὗ ἐστιν ἡ ζώνη – οὕτως
    δήσουσιν 13 δεθῆναι – ἑτοίμως ἔχω 33
    2229 ἐφοβήθη – ὅτι αὐτὸν ἦν δεδεκὼς
    2427 κατέλιπε τὸν Παῦλον δεδεμένον[c]
Rm 7 2 ἡ – γυνὴ τῷ ζῶντι ἀνδρὶ δέδεται νόμῳ
1 Co 727 δέδεσαι γυναικί; 39 γυνὴ δέδεται (vl
    + νόμῳ vg) ἐφ' ὅσον – ζῇ ὁ ἀνήρ
Col 4 3 μυστήριον τ. Χοῦ, δι' ὃ καὶ δέδεμαι[c]
2 Ti 2 9 ἀλλὰ ὁ λόγος τοῦ θεοῦ οὐ δέδεται
Ap 914 λῦσον τοὺς – ἀγγέλους τ. δεδεμένους
    20 2 ἔδησεν[b] αὐτὸν (sc τὸν δράκ.) χίλια ἔτη

δεῖνα   quidam Mat 2618 πρὸς τὸν δεῖνα

δεινῶς   male Mat 86, graviter Luc 1153

δειπνεῖν   coenare Luc 178 τί δειπνήσω
Luc 2220 μετὰ τὸ δειπνῆσαι 1 Co 1125
Ap 320 δειπνήσω μετ' αὐτοῦ καὶ αὐτὸς μετ'

δεῖπνον   coena [b]convivium
Mat 23 6 φιλοῦσιν – τὴν πρωτοκλισίαν ἐν τοῖς
    δείπνοις ‖ Mar 1239 Luc 2046[b]
Mar 621 δ. ἐποίησεν τοῖς μεγιστᾶσιν αὐτοῦ
Luc 1412 ὅταν ποιῇς – δ., μὴ φώνει τοὺς φίλους
    16 ἐποίει δ. μέγα 17.24 οὐδεὶς τῶν ἀν-
    δρῶν – γεύσεταί μου τοῦ δείπνου
Joh 12 2 ἐποίησαν – αὐτῷ δ. – 132.4 ἐγείρεται
    ἐκ τοῦ δ. 2120 ἀνέπεσεν ἐν τῷ δ. ἐπί
1 Co 1120 οὐκ ἔστιν κυριακὸν δ. φαγεῖν 21 ἕκα-
    στος γὰρ τὸ ἴδιον δ. προλαμβάνει
Ap 19 9 εἰς τὸ δ. τοῦ γάμου τοῦ ἀρνίου κεκλ.
    – 17 συνάχθητε εἰς τὸ δ. τὸ μέγα τ. θεοῦ

δεῖσθαι   rogare [b]obsecrare [c]orare [d]precari
    [e]deprecari
Mat 938 δεήθητε – τοῦ κυρίου τοῦ θερισμοῦ
    ὅπως ἐκβάλῃ ἐργάτας ‖ Luc 102
Luc 512 ἐδεήθη αὐτοῦ 838 ἐδεῖτο – αὐτοῦ
    828 δέομαί[b] σου, μή με βασανίσῃς 938
    δ.[e] σ. ἐπιβλέψαι ἐπὶ τὸν υἱόν μου 40
    ἐδεήθην τῶν μαθητῶν σου
    2136 δεόμενοι[c] ἵνα κατισχύσητε ἐκφυγεῖν
    2232 ἐγὼ δὲ ἐδεήθην περὶ σοῦ ἵνα μή
Act 431 δεηθέντων[c] αὐτῶν ἐσαλεύθη ὁ τόπος
    822 δεήθητι τοῦ κυρίου εἰ – ἀφεθήσεταί
    – 24 δεήθητε[d] ὑμεῖς ὑπὲρ ἐμοῦ πρὸς τόν

Act 834 δέομαί[b] σου, περὶ τίνος 2139 δ. – σ.,
    ἐπίτρεψόν μοι 263 δ.[b] – ἀκοῦσαί μου
    10 2 δεόμενος[e] τοῦ θεοῦ διὰ παντός
Rm 110 δεόμενος[b] εἴ πως – εὐοδωθήσομαι
2 Co 520 δεόμεθα[b] ὑπὲρ Χοῦ, καταλλάγητε
    8 4 δεόμενοι[b] ἡμῶν τὴν χάριν – τῆς διακ.
    10 2 δέομαι δὲ τὸ μὴ παρὼν θαρρῆσαι
Gal 412 γίνεσθε ὡς ἐγώ, –, δέομαι[b] ὑμῶν
1 Th 310 νυκτὸς καὶ ἡμέρας ὑπερεκπερισσοῦ δε-
    όμενοι[c] εἰς τὸ ἰδεῖν ὑμῶν τὸ πρόσωπον

δεισιδαιμονία   S° – superstitio
Act 2519 ζητήματα – περὶ τῆς ἰδίας δ. εἶχον

δεισιδαίμων   S° – superstitiosus Act 1722 κα-
    τὰ πάντα ὡς δ..ονεστέρους ὑμᾶς θεωρῶ

δέκα   decem
Mat 2024 οἱ δέκα ἠγανάκτησαν ‖ Mar 1041
    25 1 δ. παρθένοις – 28 τὰ δ. τάλαντα ‖
    Luc 1913 δ. δούλους – δ. μνᾶς 16.17
    ἐπάνω δ. πόλεων 24.25 ἔχει δ. μνᾶς
Luc 1431 – 15 8 γυνὴ δραχμὰς ἔχουσα δέκα
    1712 δ. λεπροί 17 οὐχὶ οἱ δ. ἐκαθαρίσθ.;
Act 25 6 – Ap 210 ἕξετε θλίψιν „ἡμερῶν δ."
Ap 12 3 „κέρατα δέκα" 131 173.7.12 „τὰ δ.
    κέρατα" ἃ εἶδες „δ. βασιλεῖς εἰσιν" 16

δεκαοκτώ, δ. καὶ ὀ.   Luc 134 οἱ δ. – 11 ἔτη 16

δεκαπέντε   Joh 1118 Act 2728 Gal 118 ἡμέρας

Δεκάπολις   Mat 425 Mar 520 731

δεκατέσσαρες   Mat 117 – 2 Co 122 Gal 21

δεκάτη   decima Hb 72.4.8.9

δέκατος   decimus Joh 139 – Ap 1113 2120

δεκατοῦν   decimas sumere ab Hb 76 δεδ..ωκεν
    Ἀβρ. – (pass.) decimari Hb 79 δεδ..ωται

δεκτός   acceptus
Luc 4 19 „κηρῦξαι ἐνιαυτὸν κυρίου δεκτόν"
    – 24 οὐδεὶς προφήτης δ. – ἐν τῇ πατρίδι
Act 1035 ὁ φοβούμενος αὐτὸν – δ. αὐτῷ ἐστιν
2 Co 6 2 „καιρῷ δεκτῷ ἐπήκουσά σου"
Phl 418 θυσίαν δεκτήν, εὐάρεστον τῷ θεῷ

δελεάζειν   S° – [a]illicere [b]pellicere (vl pelic.)
Jac 114 ὑπὸ τῆς ἰδίας ἐπιθυμίας – δ..όμενος[a]

2 Pe 2 14 δελεάζοντες[b] ψυχὰς ἀστηρίκτους 18
δελεάζουσιν[b] ἐν – ἀσελγείαις

δένδρον *arbor*
Mat 3 10 ἡ ἀξίνη πρὸς τὴν ῥίζαν τῶν δένδρων
κεῖται· πᾶν οὖν δ. μὴ ποιοῦν καρπὸν
καλὸν (7 19) ‖ Luc 3 9
7 17 πᾶν δ. ἀγαθὸν καρποὺς καλοὺς ποιεῖ,
τὸ δὲ σαπρὸν δ. – πονηροὺς 18 οὐ δύ-
ναται δ. ἀγ. καρπ. πον. ποιεῖν, οὐ-
δὲ δ. σαπρὸν – καλούς 19 ‖ Luc 6 43
12 33 ποιήσατε τὸ δ. καλὸν καὶ τὸν καρπὸν
αὐτοῦ καλόν, ἢ ποιήσατε τὸ δ. σα-
πρόν – · ἐκ γὰρ τοῦ καρποῦ τὸ δ.
γινώσκεται ‖ Luc 6 44
13 32 γίνεται δ., ὥστε ‖ Luc 13 19 ἐγέν. εἰς
21 8 ἔκοπτον κλάδους ἀπὸ τῶν δένδρων
Mar 8 24 ὅτι ὡς δένδρα ὁρῶ περιπατοῦντας
Luc 21 29 ἴδετε τὴν συκῆν καὶ πάντα τὰ δένδρα
Jud 12 εἰσὶν – δένδρα φθινοπωρινὰ ἄκαρπα
Ap 7 1.3 8 7 τὸ τρίτον τῶν δ. κατεκάη 9 4

δεξιολάβοι S° – *lancearii* Act 23 23

δεξιός *dexter* (..ra, ..era) [b] *ad d..eram*
[c] *a d..ris* [d] *in d..era, ..ris* [e] *de d..era*

1) dextra Dei, Messiae

Mat 20 21 ἵνα καθίσωσιν – εἷς ἐκ δεξιῶν[b] σου –
ἐν τῇ βασ. σου 23 [b] ‖ Mar 10 37 [b] 40 [b]
22 44 „κάθου ἐκ δεξιῶν[c] μου" ‖ Mar 12 36 [c]
Luc 20 42 [c] – Act 2 34 [c] Hb 1 13 [c]
25 33 τὰ – πρόβατα ἐκ δ..ῶν[c] αὐτοῦ 34 ἐρεῖ
ὁ βασιλεὺς τοῖς ἐκ δεξιῶν[c] αὐτοῦ
26 64 „καθήμενον ἐκ δ..ῶν[c] τῆς δυνάμεως
‖ Mar 14 62 [c] Luc 22 69 [c]
‖[Mar 16 19 „ἐκάθισεν ἐκ δεξιῶν[c] τοῦ θεοῦ"]‖
Act 2 33 τῇ δεξιᾷ οὖν τοῦ θεοῦ ὑψωθείς
5 31 τοῦτον ὁ θεὸς – ὕψωσεν τῇ δ. αὐτοῦ
7 55 εἶδεν – Ἰησοῦν ἑστῶτα ἐκ δ..ῶν[c] τοῦ
θεοῦ 56 τὸν υἱὸν τοῦ ἀνθρώπου[c]
Rm 8 34 ὅς καί ἐστιν ἐν δεξιᾷ[b] τοῦ θεοῦ
Eph 1 20 „καθίσας ἐν δεξιᾷ[b] αὐτοῦ" Col 3 1 ὁ
Χός – „ἐν δ..ᾷ[d] τοῦ θεοῦ καθήμενος"
Hb 1 3 „ἐκάθισεν ἐν δ..ᾷ[b]" τῆς μεγαλωσύνης
ἐν ὑψηλοῖς 8 1 [d] τοῦ θρόνου τῆς μεγ.
ἐν τοῖς οὐρ. 12 2 ἐν δ..ᾷ[d] τε τοῦ θρό-
νου τοῦ θεοῦ „κεκάθικεν" 10 12 „ἐκά-
θισεν ἐν δεξιᾷ[d] τοῦ θεοῦ"
1 Pe 3 22 ὅς ἐστιν ἐν δ.[d] [τοῦ] θεοῦ, πορευθείς
Ap 5 1 ἐπὶ τὴν δ..ὰν[d] τοῦ „καθημένου ἐπὶ
τοῦ θρόνου βιβλίον" 7 ἐκ τῆς δ..ᾶς[e]

2) reliqui loci

Mat 5 29 εἰ – ὁ ὀφθαλμός σου ὁ δεξιὸς σκαν-
δαλίζει σε 30 εἰ ἡ δεξιά σου χείρ 39
ὅστις σε ῥαπίζει εἰς τὴν δεξιὰν σιαγόνα
6 3 μὴ γνώτω – τί ποιεῖ ἡ δεξιά σου
27 29 κάλαμον ἐν τῇ δεξιᾷ αὐτοῦ
– 38 εἷς ἐκ δ..ῶν[c] ‖ Mar 15 27 [c] Luc 23 33 [c]
Mar 16 5 νεανίσκον καθήμενον ἐν τοῖς δεξιοῖς[d]
Luc 1 11 ἑστὼς ἐκ δεξιῶν[c] τοῦ θυσιαστηρίου
6 6 ἡ χείρ – ἡ δ. ἦν ξηρά – 22 50 τὸ οὖς
αὐτοῦ τὸ δ. ‖ Joh 18 10 – 21 6 εἰς τὰ
δεξιὰ μέρη (*in dexteram*) τοῦ πλοίου
Act 2 25 „ὅτι ἐκ δεξιῶν[c] μού ἐστιν" – 3 7
2 Co 6 7 διὰ τῶν ὅπλων τῆς δικαιοσύνης τῶν
δεξιῶν[c] καὶ ἀριστερῶν
Gal 2 9 δεξιὰς ἔδωκαν ἐμοὶ – κοινωνίας
Ap 1 16 ἐν τῇ δ. χειρὶ αὐτοῦ ἀστέρας 20 21
– 17 ἔθηκεν τὴν δεξιὰν αὐτοῦ ἐπ' ἐμέ
10 2.5 „ἦρεν τὴν χεῖρα – τὴν δεξιὰν (vg°)
εἰς τὸν οὐρανόν, καὶ ὤμοσεν"
13 16 χάραγμα ἐπὶ τῆς χειρός – τῆς δεξιᾶς

δέος *metus* Hb 12 28 λατρεύωμεν – τῷ θεῷ,
μετὰ εὐλαβείας καὶ δέους (vl αἰδοῦς)

Δερβαῖος Act 20 4 **Δέρβη** Act 14 6. 20 16 1

δέρειν *caedere* [b] *verberare* [c] (pass) *vapulare*
Mat 21 35 ὃν μὲν ἔδειραν ‖ Mar 12 3.5 Lc 20 10.11
Mar 13 9 εἰς συναγωγὰς δαρήσεσθε[c]
Luc 12 47 δαρήσεται[c] πολλάς 48 [c] ὀλίγας
22 63 ἐνέπαιζον αὐτῷ (Jesu) δέροντες
Joh 18 23 εἰ δὲ καλῶς (sc ἐλάλησα), τί με δ..εις;
Act 5 40 δείραντες παρήγγειλαν μὴ λαλεῖν
16 37 δείραντες ἡμᾶς – ἀκατακρίτους
22 19 ἤμην – δέρων – τοὺς πιστεύοντας
1 Co 9 26 οὕτως πυκτεύω ὡς οὐκ ἀέρα δέρων[b]
2 Co 11 20 εἴ τις εἰς πρόσωπον ὑμᾶς δέρει

δέρμα *pellis* Hb 11 37 ἐν αἰγείοις δέρμασιν

δερμάτινος *pelliceus* (vl ..ius) Mat 3 4 ‖ Mar 1 6

δεσμεύειν *alligare* [b] *vincire*
Mat 23 4 δεσμεύουσιν δὲ φορτία βαρέα
Luc 8 29 ἐδ..ετο[b] ἁλύσεσιν κ. πέδαις – Act 22 4

δέσμη *fasciculus* Mat 13 30 δήσατε – εἰς δ..ας

δέσμιος *vinctus* [b] *qui in custodia est*
Mat 27 15 ἀπολύειν ἕνα – δέσμιον 16 ‖ Mar 15 6
Act 16 25 [b]. 27 νομίζων ἐκπεφευγέναι τοὺς δ.

Act 23 18 ὁ δέσμιος Παῦλος 25 14.27 28 17
Eph 3 1 ἐγὼ – ὁ δέσμιος τ. Χοῦ 41 ἐν κυρίῳ
2 Ti 1 8 μὴ – ἐπαισχυνθῇς – ἐμὲ τὸν δ. αὐτοῦ
Phm 1 Παῦλος δέσμιος Χοῦ Ἰ. 9 νυνὶ δὲ καί
Hb 10 34 καὶ γὰρ τοῖς δεσμίοις συνεπαθήσατε
 13 3 μιμνήσκεσθε τῶν δεσμίων ὡς συνδε-
 δεμένοι (*tamquam simul vincti*)

δεσμός (pl ..οί et ..ά) *vinculum*
Mar 7 35 ἐλύθη ὁ δεσμὸς τῆς γλώσσης αὐτοῦ
Luc 8 29 διαρρήσσων τὰ δεσμὰ ἠλαύνετο – εἰς
 13 16 οὐκ ἔδει λυθῆναι ἀπὸ τοῦ δεσμοῦ –;
Act 16 26 πάντων τὰ δεσμὰ ἀνέθη (vl ἀνελύθη)
 20 23 ὅτι δεσμὰ καὶ θλίψεις με μένουσιν
 23 29 μηδὲν – ἄξιον – δεσμῶν – ἔγκλημα 26 31
 26 29 ὁποῖος – ἐγώ –, παρεκτὸς τῶν δ. τούτ.
Phl 1 7 ἔν τε τοῖς δ. μου καὶ – τῇ ἀπολογίᾳ
 – 13 τοὺς δ. μου φανεροὺς ἐν Χῷ γενέ-
 σθαι 14 ἐν κυρίῳ πεποιθότας τοῖς δ.
 μου 17 θλῖψιν ἐγείρειν τοῖς δ. μου
Col 4 18 μνημονεύετέ μου τῶν δεσμῶν
2 Ti 2 9 κακοπαθῶ μέχρι δ..ῶν ὡς κακοῦργος
Phm 10 ἐν ἐγέννησα ἐν τοῖς δ., Ὀνήσιμον
 13 ἐν τοῖς δεσμοῖς τοῦ εὐαγγελίου
Hb 11 36 πεῖραν ἔλαβον, – δ..ῶν καὶ φυλακῆς
Jud 6 δ..οῖς ἀϊδίοις ὑπὸ ζόφον τετήρηκεν

δεσμοφύλαξ Sᵒ – *custos carceris* ᵇ*custos*
Act 16 23ᵇ 27 ἔξυπνος – γενόμενος ὁ δ. 36

δεσμωτήριον *carcer* ᵇ*vincula*
Mat 11 2ᵇ (Ἰωάννης) Act 5 21.23 16 26

δεσμῶται *custodiae* Act 27 1 ἑτέρους δ..ας 42

δεσπότης *dominus* (*Dom.*) ᵇ*dominator*
Luc 2 29 ἀπολύεις τ. δοῦλόν σου, δέσποτα Act
 4 24 δ..α, σὺ ὁ „ποιήσας τὸν οὐραν."
1 Ti 6 1 τοὺς – δεσπότας – τιμῆς ἀξίους ἡγεί-
 σθωσαν 2 οἱ δὲ πιστοὺς ἔχοντες δ..ας
2 Ti 2 21 ἔσται σκεῦος – εὔχρηστον τῷ δ..ῃ
Tit 2 9 ἰδίοις δ..αις ὑποτάσσεσθαι ἐν πᾶσιν
1 Pe 2 18 ὑποτασσόμενοι ἐν – φόβῳ τοῖς δ..αις
2 Pe 2 1 τὸν ἀγοράσαντα αὐτοὺς δ..ην ἀρνού-
 μενοι Jud 4 τὸν μόνον δ..ην ᵇ καὶ κύ-
 ριον – Ἰησοῦν Χὸν ἀρνούμενοι
Ap 6 10 „ἕως πότε, ὁ δ." ὁ ἅγ. καὶ ἀληθινός, –;

δεῦρο *veni* ᵇ(ἄχρι τοῦ δ.) *usque adhuc*
Mat 19 21 δ. ἀκολούθει μοι ‖ Mar 10 21 Luc 18 22
Joh 11 43 Λάζαρε, δ. ἔξω Act 7 3.34 Ap 17 1 21 9
Rm 1 13 καὶ ἐκωλύθην ἄχρι τοῦ δεύρο ᵇ

δεῦτε *venite*
Mat 4 19 δεῦτε ὀπίσω μου ‖ Mar 1 17
 11 28 δεῦτε πρός με πάντες οἱ κοπιῶντες
 21 38 ‖ Mar 12 7 – Mat 22 4 δ. εἰς τ. γάμους
 25 34 δ. οἱ εὐλογημένοι τοῦ πατρός μου
 28 6 Mar 6 31 Joh 4 29 21 12 δ. ἀριστήσατε
Ap 19 17 „δ. συνάχθητε" εἰς τὸ δεῖπνον – θεοῦ

δευτεραῖος Sᵒ – *secunda die* Act 28 13

(**δευτερόπρωτος** vl Luc 6 1 ἐν σαββάτῳ δ..ῳ
 secundo primo vl *secundoprimo*)

***δεύτερος** *secundus*
Mat 22 39 δευτέρα δὲ ὁμοία αὐτῇ ‖ Mar 12 31
Joh 4 54 τοῦτο – πάλιν δ..ον σημεῖον ἐποίησεν
1 Co 15 47 ὁ δεύτερος ἄνθρωπος ἐξ οὐρανοῦ
2 Co 1 15 πρὸς ὑμ. ἐλθεῖν ἵνα δ..αν χάριν σχῆτε
Tit 3 10 μετὰ μίαν καὶ δευτέραν νουθεσίαν
Ap 2 11 οὐ μὴ ἀδικηθῇ ἐκ τοῦ θανάτου τοῦ
 δ. 20 6 ὁ δ. θάνατος οὐκ ἔχει ἐξουσίαν
 14 οὗτος ὁ θάν. ὁ δ. ἐστιν 21 8

δέχεσθαι *recipere* ᵇ*suscipere* ᶜ*accipere*
 ᵈ*excipere* ᵉ*percipere* ᶠ*assumere*
Mat 10 14 ὃς ἂν μὴ δέξηται ὑμᾶς ‖ Mar 6 11 ὃς
 ἂν τόπος Luc 9 5 ὅσοι ἂν μὴ δέχων-
 ται ὑμᾶς 10 8 εἰς ἣν ἂν πόλιν εἰσέρ-
 χησθε καὶ δέχωνται ᵇ ὑμᾶς 10 καὶ μὴ
 δέχωνται ᵇ (vl *rec.*) ὑμᾶς
 – 40 ὁ δεχόμενος ὑμᾶς ἐμὲ δέχεται, καὶ
 ὁ ἐμὲ δεχ. δέχεται τὸν ἀποστείλαντά
 με 41 ὁ δεχ. δίκαιον εἰς ὄν. δικαίου
 11 14 εἰ θέλετε δέξασθαι, αὐτός ἐστιν Ἠλ.
 18 5 ὃς ἐὰν δέξηται ᵇ ἓν παιδίον τοιοῦτο
 ἐπὶ τῷ ὀνόματί μου, ἐμὲ δέχεται ᵇ ‖
 Mar 9 37 – αὐ ὃς ἂν ἓν ἐμὲ δέχηται ᵇ,
 οὐκ ἐμὲ δέχεται ᵇ ἀλλὰ Luc 9 48 ὃς
 ἐὰν δέξηται ᵇ τοῦτο τὸ παιδίον κτλ
Mar 10 15 ὃς ἂν μὴ δέξηται τὴν βασιλείαν
 τοῦ θεοῦ ὡς παιδίον ‖ Luc 18 17ᶜ
Luc 2 28 ἐδέξατο ᶜ αὐτὸ εἰς τὰς ἀγκάλας
 8 13 μετὰ χαρᾶς δέχονται ᵇ τὸν λόγον
 9 53 οὐκ ἐδέξαντο αὐτόν, ὅτι τὸ πρόσωπον
 16 4 ἵνα – δέξωνταί με εἰς τοὺς οἴκους
 αὐτῶν 19 ἵνα ὅταν ἐκλίπη δέξωνται
 ὑμᾶς εἰς τὰς αἰωνίους σκηνάς
 – 6 δέξαι ᶜ σου τὰ γράμματα 7ᶜ
 22 17 δεξάμενος ᶜ ποτήριον εὐχαριστήσας
Joh 4 45 ἐδέξαντο ᵈ αὐτὸν οἱ Γαλιλαῖοι
Act 3 21 Ἰησοῦν, ὃν δεῖ οὐρανὸν – δέξασθαι ᵇ

Act 7 38 ὃς ἐδέξατο^c λόγια ζῶντα δοῦναι ἡμῖν
 – 59 κύριε Ἰησοῦ, δέξαι^b τὸ πνεῦμά μου
 8 14 ὅτι δέδεκται ἡ Σαμάρεια τὸν λόγον
 τοῦ θεοῦ 11 1 ὅτι καὶ τὰ ἔθνη ἐδέξαν-
 το τὸν λ. τ. ϑ. 17 11 οἵτινες ἐδέξαντο^b
 τὸν λόγον μετὰ πάσης προθυμίας
 22 5 ἐπιστολὰς δεξάμενος^c 28 21^c γράμμ.
1 Co 2 14 οὐ δέχεται^e τὰ τοῦ πνεύματος
2 Co 6 1 παρακαλοῦμεν μὴ εἰς κενὸν τὴν χά-
 ριν τοῦ θεοῦ δέξασθαι ὑμᾶς
 7 15 ὡς μετὰ φόβου – ἐδέξασθε^d αὐτόν
 8 17 ὅτι τὴν μὲν παράκλησιν ἐδέξατο^b
 11 4 εὐαγγέλιον ἕτερον ὃ οὐκ ἐδέξασθε
 – 16 κἂν ὡς ἄφρονα δέξασθέ^e με
Gal 4 14 ἀλλὰ ὡς ἄγγελον θεοῦ ἐδέξασθέ^d με
Eph 6 17 „περικεφαλαίαν τοῦ σωτηρίου" δέ-
Phl 4 18 δεξάμενος^c – τὰ παρ' ὑμῶν [ξασθε^f
Col 4 10 ἐὰν ἔλθῃ πρὸς ὑμᾶς, δέξασθε^d αὐτόν
1 Th 1 6 δεξάμενοι^d τὸν λόγον ἐν θλίψει –
 μετὰ χαρᾶς 2 13 λόγον ἀκοῆς – θεοῦ
 ἐδέξασθε^c οὐ λόγον ἀνθρώπων
2 Th 2 10 ἀγάπην τῆς ἀληθείας οὐκ ἐδέξαντο
Hb 11 31 δεξαμένη^d τοὺς κατασκόπους
Jac 1 21 ἐν πραΰτητι δέξασθε^b τὸν – λόγον

δῆλος manifestus ^bsine dubio
Mat 26 73 ἡ λαλιά σου δῆλόν σε ποιεῖ
1 Co 15 27 δῆλον ὅτι^b Gal 3 11 δῆλον, ὅτι ὁ δίκ.

δηλοῦν significare ^bdeclarare ^cmanifestare
1 Co 1 11 ἐδηλώθη – μοι περὶ ὑμῶν, –, ὅτι
 3 13 ἡ γὰρ ἡμέρα δηλώσει^b, ὅτι ἐν πυρί
Col 1 8 ὁ – δηλώσας^c ἡμῖν τὴν ὑμῶν ἀγάπ.
Hb 9 8 τοῦτο δηλοῦντος τοῦ πνεύματος
 12 27 τὸ – „ἔτι ἅπαξ" δηλοῖ^b [τὴν] – μετάθ.
1 Pe 1 11 εἰς τίνα – καιρὸν ἐδήλου τὸ – πνεῦμα
2 Pe 1 14 καθὼς καὶ ὁ κύριος – ἐδήλωσέν μοι

Δημᾶς Col 4 14 2 Ti 4 10 Phm 24

δημηγορεῖν concionari Act 12 21 (Herod.)

Δημήτριος Act 19 24 ἀργυροκόπος 38 – 3 Jo 12

δημιουργός conditor Hb 11 10 ἧς – δ. ὁ θεός

δῆμος populus Act 12 22 17 5 19 30.33

δημόσιος, δημοσίᾳ publicus, publice
Act 5 18 τήρησις – 16 37 18 28 20 20 διδάξαι – δ.

δηνάριον S^o – denarius
Mat 18 28 ὤφειλεν αὐτῷ ἑκατὸν δηνάρια

Mat 20 2 συμφωνήσας – ἐκ δ..ου τὴν ἡμέραν 9
 ἔλαβον ἀνὰ δ. 10 [τὸ] ἀνὰ δηνάριον 13
 22 19 ‖ Mar 12 15 φέρετέ μοι δ. Luc 20 24
Mar 6 37 ‖ Joh 6 7 – Mar 14 5 ‖ Joh 12 5
Luc 7 41 ὁ εἷς ὤφειλεν δηνάρια πεντακόσια
 10 35 ἐκβαλὼν ἔδωκεν δύο δ..α τῷ πανδ.
Ap 6 6 χοῖνιξ σίτου δ..ου – τρεῖς – κριθῶν δ..ου

*διά

1) cum genetivo per ^babl. instr. allati
 sunt omnes loci, qui habent verba
 διὰ (Ἰησοῦ) Χοῦ, αὐτοῦ etc. – δι' ὀνό-
 ματος, διὰ πίστεως, νόμου, πνεύ-
 ματος, τοῦ προφήτου → ὄνομα etc
Joh 1 3 πάντα 10 ὁ κόσμος δι' αὐτοῦ ἐγένετο
 – 7 ἵνα πάντες πιστεύσωσιν δι' αὐτοῦ
 17 20 τῶν πιστευόντων διὰ τοῦ λόγου
 αὐτῶν εἰς ἐμέ
 – 17 ὁ νόμος διὰ Μωϋσέως ἐδόθη, ἡ χά-
 ρις – διὰ Ἰ. Χοῦ ἐγένετο
 3 17 ἵνα σωθῇ ὁ κόσμος δι' αὐτοῦ
 10 9 δι' ἐμοῦ ἐάν τις εἰσέλθῃ 14 6 οὐδεὶς
 ἔρχεται πρὸς τὸν πατ. εἰ μὴ δι' ἐμοῦ
 11 4 ἵνα δοξασθῇ ὁ υἱὸς τοῦ θεοῦ δι' αὐ-
 τῆς (sc τῆς ἀσθενείας)
Act 2 22 σημείοις, οἷς ἐποίησεν δι' αὐτοῦ ὁ
 θεός 43 σημεῖα διὰ τῶν ἀποστόλων
 ἐγίνετο 4 16 5 12 14 3 15 12 19 11
 3 16 ἡ πίστις ἡ δι' αὐτοῦ ἔδωκεν αὐτῷ
 10 36 „εὐαγγελιζόμενος εἰρήνην" διὰ Ἰ. Χοῦ
 13 38 διὰ τούτου ὑμῖν ἄφεσις ἁμαρ-
 τιῶν καταγγέλλεται
 14 22 διὰ – θλίψεων δεῖ ἡμᾶς εἰσελθεῖν εἰς
 15 11 διὰ τῆς χάριτος τοῦ κυρίου Ἰησοῦ
 πιστεύομεν σωθῆναι
 18 27 συνεβάλετο πολὺ τοῖς πεπιστευκόσιν
 διὰ τῆς χάριτος (vg om διὰ τῆς χ.)
 20 28 ἣν περιεποιήσατο διὰ^b τοῦ αἵματος
 τοῦ ἰδίου (sanguine suo)
Rm 1 5 δι' οὗ ἐλάβομεν χάριν καὶ ἀποστολήν
 – 8 εὐχαριστῶ – διὰ Ἰ. Χοῦ 7 25 χάρις
 2 16 κρίνει ὁ θεὸς – διὰ Χοῦ Ἰησοῦ
 – 27 σὲ τὸν διὰ γράμματος καὶ περιτομῆς
 παραβάτην 4 11 πατέρα πάντων τῶν
 πιστευόντων δι' ἀκροβυστίας
 5 1 εἰρήνην ἔχομεν – διὰ τοῦ κυρίου – Ἰ.
 Χοῦ 2 δι' οὗ καὶ τὴν προσαγωγὴν ἐ-
 σχήκαμεν 9 σωθησόμεθα δι' αὐτοῦ 10
 κατηλλάγημεν – διὰ τοῦ θανάτου τοῦ
 υἱοῦ 11 καυχώμενοι – διὰ – Ἰ. Χοῦ, δι'
 οὗ νῦν τὴν καταλλαγὴν ἐλάβομεν

Rm 5 12 ὥσπερ δι' ἑνὸς – ἡ ἁμαρτία –, καὶ διὰ
τῆς ἁμ. ὁ θάνατος 16 οὐχ ὡς δι' ἑνὸς
ἁμαρτήσαντος 17 εἰ – ὁ θάν. ἐβασί-
λευσεν διὰ τοῦ ἑνός, – βασιλεύσου-
σιν διὰ τοῦ ἑνὸς 'Ι. Χοῦ 18 ὡς δι' ἑ-
νὸς παραπτώματος, οὕτως καὶ δι'
ἑνὸς δικαιώματος 19 διὰ τῆς παρα-
κοῆς τοῦ ἑνὸς – ἁμαρτωλοὶ –, – διὰ
τῆς ὑπακοῆς τοῦ ἑνὸς δίκαιοι 21 ἵνα
– καὶ ἡ χάρις βασιλεύσῃ διὰ δικαιο-
σύνης – διὰ 'Ι. Χοῦ
7 4 ἐθανατώθητε τῷ νόμῳ διὰ τοῦ σώ-
ματος τοῦ Χοῦ
8 3 ἐν ᾧ ἠσθένει (sc ὁ νόμ.) διὰ τ. σαρκὸς
– 25 δι' ὑπομονῆς ἀπεκδεχόμεθα
– 37 ὑπερνικῶμεν διὰ τοῦ ἀγαπήσαντος
(vl τὸν ..ντα, vg propter eum) ἡμᾶς
11 36 ἐξ αὐτοῦ καὶ δι' αὐτοῦ – τὰ πάντα
12 1 παρακαλῶ – διὰ τῶν οἰκτιρμῶν τ. θεοῦ
– 3 λέγω – διὰ τῆς χάριτος τῆς δοθείσης
14 14 οὐδὲν κοινὸν δι' ἑαυτοῦ 20 κακὸν –
τῷ διὰ προσκόμματος ἐσθίοντι
15 30 παρακαλῶ – διὰ – Χοῦ καὶ διὰ τῆς
ἀγάπης τοῦ πνεύματος 2 Co 10 1 διὰ
τῆς πραΰτητος κ. ἐπιεικείας τοῦ Χοῦ
[16 27 μόνῳ – θεῷ, διὰ 'Ι. Χοῦ, ᾧ ἡ δόξα]
1 Co 8 6 εἷς κύριος 'Ι. Χός, δι' οὗ (vl ὃν) τὰ
πάντα καὶ ἡμεῖς δι' αὐτοῦ
11 12 οὕτως καὶ ὁ ἀνὴρ διὰ τῆς γυναικός
15 21 δι' ἀνθρώπου θάνατος, καὶ δι' ἀν-
θρώπου ἀνάστασις 57 τῷ διδόντι ἡμῖν
τὸ νῖκος διὰ τοῦ κυρίου – 'Ι. Χοῦ
2 Co 1 5 διὰ τοῦ Χοῦ περισσεύει καὶ ἡ παρά-
κλησις ἡμῶν
– 20 καὶ δι' αὐτοῦ τὸ ἀμὴν τῷ θεῷ πρὸς
δόξαν δι' ἡμῶν (vg nostram)
2 4 ἔγραψα ὑμῖν διὰ πολλῶν δακρύων
3 4 πεποίθησιν – διὰ τοῦ Χ. πρὸς – θεόν
5 7 διὰ πίστεως – περιπατ., οὐ διὰ εἴδους
– 10 ἵνα κομίσηται ἕκαστος τὰ διὰ (vl
ἴδια vg propria) τοῦ σώματος
– 18 καταλλάξαντος ἡμᾶς ἑαυτῷ διὰ Χοῦ
9 13 διὰ τῆς δοκιμῆς τῆς διακονίας ταύ-
της δοξάζοντες τὸν θεόν
Gal 1 1 ἀπόστολος, – οὐδὲ δι' ἀνθρώπου ἀλ-
λὰ διὰ 'Ι. Χοῦ καὶ θεοῦ 12 παρέλα-
βον αὐτὸ – δι' ἀποκαλύψεως 'Ι. Χοῦ
4 7 εἰ δὲ υἱός, καὶ κληρονόμος διὰ θεοῦ
5 6 πίστις δι' ἀγάπης ἐνεργουμένη 13 διὰ
τῆς ἀγάπης δουλεύετε ἀλλήλοις
6 14 εἰ μὴ ἐν τῷ σταυρῷ – Χοῦ, δι' οὗ ἐ-
μοὶ κόσμος ἐσταύρωται κἀγὼ κόσμῳ

Eph 1 5 προορίσας ἡμᾶς εἰς υἱοθεσίαν διὰ 'Ι.
Χοῦ εἰς αὐτόν
– 7 ἐν ᾧ ἔχομεν τὴν ἀπολύτρωσιν διὰ
τοῦ αἵματος αὐτοῦ Col 1 20 εὐδόκη-
σεν – δι' αὐτοῦ ἀποκαταλλάξαι τὰ
πάντα –, εἰρηνοποιήσας διὰ τοῦ αἵ-
ματος τοῦ σταυροῦ αὐτοῦ, [δι' αὐτοῦ]
(vl et vg°) εἴτε τὰ ἐπὶ τῆς γῆς
2 16 ἵνα – ἀποκαταλλάξῃ – τῷ θεῷ διὰ τοῦ
σταυροῦ Col 1 22 διὰ τοῦ θανάτου
– 18 δι' αὐτοῦ ἔχομεν τὴν προσαγωγὴν
4 6 ὁ ἐπὶ πάντων καὶ διὰ πάντων κ. ἐν
Phl 1 11 καρπὸν δικαιοσύνης τὸν διὰ 'Ι. Χοῦ
Col 1 16 τὰ πάντα δι' αὐτοῦ καὶ εἰς αὐτὸν (vg
in ipso) ἔκτισται → Rm 11 36 1 Co 8 6
3 17 εὐχαριστοῦντες τῷ θεῷ – δι' αὐτοῦ
1 Th 4 2 οἴδατε γὰρ τίνας παραγγελίας ἐδώ-
καμεν ὑμῖν διὰ τοῦ κυρίου 'Ιησοῦ
– 14 τοὺς κοιμηθέντας διὰ τ. 'Ιησοῦ ἄξει
5 9 εἰς περιποίησιν σωτηρίας διὰ τοῦ κυ-
ρίου ἡμῶν 'Ιησοῦ Χοῦ
2 Ti 2 2 ἃ ἤκουσας παρ' ἐμοῦ διὰ πολλῶν
μαρτύρων
Tit 3 5 ἔσωσεν ἡμᾶς διὰ λουτροῦ παλιγγεν.
– 6 οὗ ἐξέχεεν ἐφ' ἡμᾶς – διὰ 'Ι. Χοῦ
Hb 1 2 δι' οὗ καὶ ἐποίησεν τοὺς αἰῶνας
2 10 ἔπρεπεν – αὐτῷ, δι' ὃν τὰ πάντα καὶ
δι' οὗ τὰ πάντα → Col 1 16
7 25 τοὺς προσερχομένους δι' αὐτοῦ τῷ θ.
13 15 δι' αὐτοῦ – „ἀναφέρωμεν θυσίαν αἰ-
νέσεως – τῷ θεῷ" 1 Pe 2 5 ἀνενέγκαι
πνευματικὰς θυσίας – διὰ 'Ι. Χοῦ
– 21 ποιῶν ἐν ἡμῖν τὸ εὐάρεστον ἐνώπιον
αὐτοῦ διὰ 'Ιησοῦ Χοῦ
1 Pe 1 21 τοὺς δι' αὐτοῦ πιστοὺς εἰς θεόν
4 11 ἵνα – δοξάζηται ὁ θεὸς διὰ 'Ι. Χοῦ
1 Jo 4 9 τὸν υἱὸν – ἵνα ζήσωμεν δι' αὐτοῦ
Jud 25 θεῷ σωτῆρι ἡμῶν διὰ 'Ι. Χοῦ – δόξα

2) cum accusativo propter (propterea)
omnes loci, qui habent verba διὰ
(τὸν) 'Ιησοῦν, Χόν. – διὰ τὸ ὄνομα
→ ὄνομα

Mat 13 21 διωγμοῦ διὰ τὸν λόγον ‖ Mar 4 17
27 19 πολλὰ – ἔπαθον – κατ' ὄναρ δι' αὐτόν
Mar 7 29 διὰ τοῦτον τὸν λόγον ὕπαγε
Joh 6 57 κἀγὼ ζῶ διὰ τὸν πατέρα, καὶ ὁ τρώ-
γων με κἀκεῖνος ζήσει δι' ἐμέ
7 43 σχίσμα οὖν ἐγένετο – δι' αὐτόν
11 42 διὰ τὸν ὄχλον τὸν περιεστῶτα εἶπον
12 9 ἦλθον οὐ διὰ τὸν 'Ιησοῦν μόνον
– 27 διὰ τοῦτο ἦλθον εἰς τὴν ὥραν ταύτην

Joh 1230 οὐ δι' ἐμὲ ἡ φωνὴ αὕτη γέγονεν ἀλλὰ δι' ὑμᾶς
1411 διὰ τὰ ἔργα αὐτὰ πιστεύετε
Rm 423 οὐκ ἐγράφη – δι' αὐτὸν (Abr.) μόνον
24 ἀλλὰ καὶ δι' ἡμᾶς 1 Co 910 δι' ἡμᾶς πάντως λέγει; δι' ἡμᾶς γὰρ ἐγράφη
– 25 „παρεδόθη διὰ τὰ παραπτώματα" – καὶ ἠγέρθη διὰ τὴν δικαίωσιν ἡμῶν
810 τὸ μὲν σῶμα νεκρὸν διὰ ἁμαρτίαν, τὸ δὲ πνεῦμα ζωὴ διὰ δικαιοσύνην
– 20 οὐχ ἑκοῦσα, ἀλλὰ διὰ τ. ὑποτάξαντα
1128 ἐχθροὶ δι' ὑμᾶς, – ἀγαπητοὶ διὰ τοὺς πατέρας
13 5 ὑποτάσσεσθαι, οὐ μόνον διὰ τὴν ὀργήν, ἀλλὰ καὶ διὰ τὴν συνείδησιν
1 Co 410 ἡμεῖς μωροὶ διὰ Χόν, ὑμεῖς – φρόνιμ.
811 ὁ ἀδελφὸς δι' ὃν Χὸς ἀπέθανεν
1025 ἐσθίετε μηδὲν ἀνακρίνοντες διὰ τὴν συνείδησιν 27.28 μὴ ἐσθίετε δι' ἐκεῖνον τὸν μηνύσαντα καὶ τὴν συνείδησιν
11 9 οὐκ ἐκτίσθη ἀνὴρ διὰ τὴν γυναῖκα, ἀλλὰ γυνὴ διὰ τὸν ἄνδρα
2 Co 4 5 ἑαυτοὺς δὲ δούλους ὑμῶν διὰ 'Ιησοῦν (vl 'Ιησοῦ, vg per Jesum)
– 11 εἰς θάνατον παραδιδόμ. διὰ 'Ιησοῦν
8 9 δι' ὑμᾶς ἐπτώχευσεν πλούσιος ὤν
Gal 413 οἴδατε – ὅτι δι' (vg per) ἀσθένειαν τῆς σαρκὸς εὐηγγελισάμην ὑμῖν
Phl 3 7 ἥγημαι διὰ τὸν Χὸν ζημίαν 8 δι' ὃν τὰ πάντα ἐζημιώθην, – ἵνα Χόν κερδή.
Hb 210 δι' ὃν τὰ πάντα κ. δι' οὗ τὰ πάντα
1 Pe 213 ὑποτάγητε πάσῃ ἀνθρωπίνῃ κτίσει διὰ τὸν κύριον 19 χάρις εἰ διὰ συνείδησιν θεοῦ ὑποφέρει τις λύπας
Ap 1 9 διὰ τὸν λόγον τοῦ θεοῦ καὶ τὴν μαρτυρίαν 'Ιησοῦ 69 204 – 1211

διαβαίνειν transire Luc 1626 Act 169
Hb 1129 πίστει διέβησαν τὴν – θάλασσαν

διαβάλλειν diffamare Luc 161 διεβλήθη

διαβεβαιοῦσθαι S° – affirmare ᵇconfirmare
1 Ti 1 7ᵃ Tit 38 περὶ τούτων βούλομαί σε δ.ᵇ

διαβλέπειν S° – ᵃperspicere ᵇvidēre ᶜcoepisse vidēre Mat75ᵇ ‖ Luc642ᵃ – Mar825ᶜ

διάβολος diabolus ᵇdetrahens ᶜcriminator, criminatrix
Mat 4 1 πειρασθῆναι ὑπὸ τοῦ δ. 5.8.11 ‖ Luc
42 πειραζόμενος 3.6.13 συντελέσας

πάντα πειρασμὸν ὁ διάβολος ἀπέστη
Mat 1339 ὁ – ἐχθρὸς ὁ σπείρας αὐτά ἐστιν ὁ δ.
2541 τὸ πῦρ τὸ αἰώνιον τὸ ἡτοιμασμένον τῷ δ. καὶ τοῖς ἀγγέλοις αὐτοῦ
Luc 812 ἔρχεται ὁ δ. καὶ αἴρει τὸν λόγον ἀπὸ
Joh 670 καὶ ἐξ ὑμῶν εἷς διάβολός ἐστιν
844 ὑμεῖς ἐκ τοῦ πατρὸς τοῦ δ. ἐστέ
13 2 τοῦ δ. ἤδη βεβληκότος εἰς τὴν καρδ.
Act 1038 τοὺς καταδυναστευομένους ὑπὸ τ. δ.
1310 υἱὲ δ..ου, ἐχθρὲ πάσης δικαιοσύνης
Eph 427 μηδὲ δίδοτε τόπον τῷ διαβόλῳ
611 στῆναι πρὸς τὰς μεθοδείας τοῦ δ.
1 Ti 3 6 ἵνα μὴ – εἰς κρίμα ἐμπέσῃ τοῦ δ.
7 εἰς – παγίδα τοῦ δ. 2 Ti 226 ἀνανήψωσιν ἐκ τῆς τοῦ δ. παγίδος
– 11 γυναῖκας –, μὴ διαβόλουςᵇ
2 Ti 3 3 ἄστοργοι, ἄσπονδοι, διάβολοιᶜ
Tit 2 3 πρεσβύτιδας –, μὴ διαβόλουςᶜ
Hb 214 ἵνα – καταργήσῃ τὸν τὸ κράτος ἔχοντα τοῦ θανάτου, τοῦτ' ἔστιν τὸν δ.
Jac 4 7 ἀντίστητε δὲ τῷ δ., καὶ φεύξεται
1 Pe 5 8 ὁ ἀντίδικος ὑμῶν δ. – περιπατεῖ ζητῶν
1 Jo 3 8 ὁ ποιῶν τὴν ἁμαρτίαν ἐκ τοῦ δ. ἐστίν, ὅτι ἀπ' ἀρχῆς ὁ δ. ἁμαρτάνει. –
ἵνα λύσῃ τὰ ἔργα τοῦ δ. 10 ἐν τούτῳ φανερά ἐστιν – τὰ τέκνα τοῦ δ.
Jud 9 Μιχαὴλ – τῷ διαβόλῳ διακρινόμενος
Ap 210 μέλλει βάλλειν ὁ διάβολος ἐξ ὑμῶν εἰς φυλακὴν ἵνα πειρασθῆτε
12 9 ἐβλήθη ὁ δράκων ὁ μέγας, – ὁ καλούμενος „Διάβ." – εἰς τὴν γῆν 202
– 12 κατέβη ὁ δ. πρὸς ὑμᾶς ἔχων θυμόν
2010 ὁ δ. – ἐβλήθη εἰς τὴν λίμνην τ. πυρός

διαγγέλλειν annunciare (Mar 519 vl)
Luc 960 σὺ δὲ – δ..ε τὴν βασιλείαν τοῦ θεοῦ
Act 2126 δ..ων τὴν ἐκπλήρωσιν – τοῦ ἁγνισμοῦ
Rm 917 „ὅπως δ..ελῇ τὸ ὄνομά μου ἐν πάσῃ"

διάγειν agere 1 Ti 22 ἡσύχιον βίον Tit 33
ἦμεν – ἐν κακίᾳ καὶ φθόνῳ δ..οντες

διαγίνεσθαι transire ᵇtransigi ᶜperagi
Mar 16 1 σαββ. Act 2513ᵇ ἡμερῶν 279ᶜ χρόνου

διαγινώσκειν ᵃcognoscere ᵇaudire
Act 2315ᵃ τὰ περὶ αὐτοῦ 2422ᵇ τὰ καθ' ὑμᾶς

διάγνωσις cognitio Act 2521 Σεβαστοῦ

διαγογγύζειν murmurare Luc 152 197

διαγρηγορεῖν S° – evigilare Luc 932

διαδέχεσθαι *suscipere* Act 745 (sc σκηνήν)

διάδημα *diadema* Ap 123 131 1912 δ..τα πολλά

διαδιδόναι *distribuere* ᵇ*dare* ᶜ*dividere*
Luc 1122 – 1822 διάδος (vl δὸς)ᵇ πτωχοῖς
Joh 611 εὐχαριστήσας διέδωκεν (sc ἄρτους)
Act 435 διεδίδετοᶜ – καθότι ἄν τις χρείαν εἶχεν

διάδοχος *successor* Act 2427 ἔλαβεν δ..ον

διαζωννύναι *praecingere* ᵇ*succingere se*
Joh 13 4 ἑαυτόν 5 – 217 διεζώσατοᵇ (Πέτρος)

διαθήκη *testamentum* → διατίθεσθαι
Mat 2628 „τὸ αἷμά" μου „τῆς (vl + καινῆς vg)
  διαθήκης" ‖ Mar 1424 Luc 2220 ἡ και-
  νὴ δ. ἐν τῷ αἵματί μου – 1 Co 1125 ἡ
  καινὴ „δ." ἐστὶν ἐν „τῷ" ἐμῷ „αἵματι"
Luc 172 „μνησθῆναι δ..ης" ἁγίας „αὐτοῦ"
Act 325 οἱ υἱοὶ τῶν προφητῶν καὶ τῆς δ..ης
  7 8 ἔδωκεν αὐτῷ „διαθήκην περιτομῆς"
Rm 9 4 „Ἰσραηλῖται, ὧν – αἱ δ..αι (vl ἡ δ., vg
  t..um vl *t..a*) καὶ ἡ νομοθεσία
  1127 „αὕτη αὐτοῖς ἡ παρ' ἐμοῦ διαθήκη"
2 Co 3 6 ἱκάνωσεν ἡμᾶς διακόνους καινῆς
  δ.ης 14 τὸ αὐτὸ κάλυμμα ἐπὶ τῇ ἀνα-
  γνώσει τῆς παλαιᾶς δ..ης μένει
Gal 315 ἀνθρώπου κεκυρωμένην δ..ην οὐδεὶς
  – 17 δ..ην προκεκυρωμένην ὑπὸ τοῦ θεοῦ
  424 αὗται γάρ εἰσιν δύο δ..αι, μία μέν
Eph 212 ἦτε – ξένοι τῶν δ. τῆς ἐπαγγελίας
Hb 722 κρείττονος δ..ης γέγονεν ἔγγυος Ἰη-
  σοῦς 86 ἐστὶν – μεσίτης
  8 8 „συντελέσω – δ..ην καινὴν 9 οὐ κατὰ
  τὴν δ. ἣν ἐποίησα τοῖς πατράσιν αὐ-
  τῶν –, ὅτι αὐτοὶ οὐκ ἐνέμειναν ἐν τῇ
  δ. μου 10 αὕτη ἡ δ. ἣν διαθήσομαι τῷ
  οἴκῳ Ἰσραὴλ" 1016
  9 4 τὴν κιβωτὸν τῆς δ., – αἱ πλάκες τ. δ.
  – 15 δ..ης καινῆς μεσίτης ἐστὶν 1224
  – τῶν ἐπὶ τῇ πρώτῃ δ. παραβάσεων
  – 16 ὅπου γὰρ δ., θάνατον ἀνάγκη φέ-
  ρεσθαι 17 δ. γὰρ ἐπὶ νεκροῖς βεβαία
  – 20 „τοῦτο τὸ αἷμα τῆς δ. ἧς ἐνετείλατο"
  1029 „τὸ αἷμα τῆς δ." κοινὸν ἡγησάμενος
  1320 „ἐν αἵματι διαθήκης αἰωνίου"
Ap 1119 ὤφθη „ἡ κιβωτὸς τῆς δ." αὐτοῦ

διαιρεῖν *dividere* Luc 1512 διεῖλεν – τὸν βίον
1 Co 1211 πνεῦμα, δ..οῦν ἰδίᾳ ἑκάστῳ καθὼς

διαίρεσις *divisio* 1 Co 124 δι..εις – χαρισμά-
  των εἰσίν 5 διακονιῶν 6 ἐνεργημάτων

διακαθαίρειν, ..αρίζειν Sᵒ – *purgare* ᵇ*per-*
  mundare Luc 317 τὴν ἅλωνα ‖ Mat 312ᵇ

διακατελέγχεσθαι Sᵒ – *revincere* Act 1828

διακονεῖν Sᵒ – *ministrare* ᵇ*administrare*
Mat 411 ἄγγελοι – διηκόνουν αὐτῷ ‖ Mar 113
  815 ἠγέρθη, καὶ διηκόνει αὐτῷ (vl αὐτοῖς
  vg) ‖ Mar 131 αὐτοῖς Luc 439
  2028 οὐκ ἦλθεν δ..ηθῆναι, ἀλλὰ δ..ῆσαι ‖
  Mar 1045 cfr Luc 2226 ὁ ἡγούμενος
  (sc γινέσθω) ὡς ὁ δ..ῶν (*ministrator*)
  27 τίς γὰρ μείζων, ὁ ἀνακείμενος ἢ
  ὁ δ..ῶν; – ἐγὼ δὲ ἐν μέσῳ ὑμῶν εἰμι
  ὡς ὁ διακονῶν (*qui ministrat*)
  2544 πότε – οὐ διηκονήσαμέν σοι;
  2755 αἵτινες ἠκολούθησαν – διακονοῦσαι
  αὐτῷ ‖ Mar 1541 cfr Luc 83 αἵτινες
  διηκόνουν αὐτοῖς (vl αὐτῷ vg) ἐκ
  τῶν ὑπαρχόντων αὐταῖς
Luc 1040 μόνην με κατέλιπεν δ..εῖν; Joh 122
  1237 παρελθὼν (sc ὁ κύριος) διακονήσει
  αὐτοῖς 178 οὐχὶ ἐρεῖ – · – διακονεῖ
  μοι ἕως φάγω καὶ πίω –;
Joh 1226 ἐὰν ἐμοὶ τις διακονῇ, ἐμοὶ ἀκολου-
  θείτω · ἐάν τις ἐμοὶ διακονῇ, τιμή-
  σει αὐτὸν ὁ πατήρ
Act 6 2 οὐκ ἀρεστόν – ἡμᾶς δ..εῖν τραπέζαις
  1922 δύο τῶν δ..ούντων αὐτῷ, Τιμόθεον
Rm 1525 πορεύομαι εἰς Ἱερουσ. δ..ῶν (vl ..ῆ-
  σαι vg) τοῖς ἁγίοις Hb 610 δ..ήσαν-
  τες τοῖς ἁγίοις καὶ διακονοῦντες
2 Co 3 3 φανερούμενοι ὅτι ἐστὲ ἐπιστολὴ Χοῦ
  διακονηθεῖσα ὑφ' ἡμῶν
  819 σὺν τῇ χάριτι ταύτῃ 20 ἐν τῇ ἁδρότη-
  τι ταύτῃ τῇ δ..ουμένῃ ὑφ' ἡμῶν
1 Ti 310 εἶτα δ..είτωσαν ἀνέγκλητοι ὄντες
  – 13 οἱ γὰρ καλῶς δ..ήσαντες βαθμόν
2 Ti 118 ὅσα ἐν Ἐφέσῳ διηκόνησεν (vl + μοι)
Phm 13 ἵνα ὑπὲρ σοῦ μοι δ..ῇ ἐν τ. δεσμοῖς
1 Pe 112 οὐχ ἑαυτοῖς ὑμῖν δὲ διηκόνουν (sc
  οἱ προφῆται) αὐτά, ἃ νῦν ἀνηγγέλη
  410 εἰς ἑαυτοὺς αὐτὸ (sc τὸ ἑκάστου χά-
  ρισμα) δ..οῦντεςᵇ 11 εἴ τις δ..εῖ, ὡς ἐξ
  ἰσχύος ἧς χορηγεῖ (*admin.*) ὁ θεός

διακονία *ministerium* ᵇ*ministratio*
  ᶜ*administratio* ᵈ*obsequii oblatio*
Luc 1040 Μάρθα περιεσπᾶτο περὶ πολλὴν δ..αν

Act 1 17 ἔλαχεν τὸν κλῆρον τῆς διακ. ταύτης
25 λαβεῖν τὸν τόπον τῆς δ. ταύτης
6 1 παρεθεωροῦντο ἐν τῇ δ. τῇ καθημερ.
– 4 τῇ δ. τοῦ λόγου προσκαρτερήσομεν
11 29 εἰς δ..αν πέμψαι τοῖς – ἐν τῇ Ἰουδαίᾳ
ἀδελφοῖς 12 25 πληρώσαντες τὴν δ.
20 24 ὡς τελειῶσαι – τὴν δ. (vl + τοῦ λόγου
vg, vl °) ἣν ἔλαβον (vl ὃν παρέλαβ.)
21 19 ἕκαστον ὧν ἐποίησεν ὁ θεὸς ἐν τοῖς
ἔθνεσιν διὰ τῆς διακονίας αὐτοῦ
Rm 11 13 τὴν δ. μου δοξάζω, εἴ πως παραζηλ.
12 7 εἴτε δ..αν, ἐν τῇ δ. (in min..ando)
15 31 ἡ διακονία (vl δωροφορία, vg ᵈ, vl
ministerium) μου ἡ εἰς Ἰερουσαλήμ
1 Co 12 5 καὶ διαιρέσεις διακονιῶν ᵇ εἰσιν
16 15 εἰς δ..ων τοῖς ἁγίοις ἔταξαν ἑαυτούς
2 Co 3 7 εἰ δὲ ἡ διακ.ᵇ τοῦ θανάτου – ἐγενήθη
ἐν δόξῃ 8 πῶς οὐχὶ μᾶλλον ἡ δ.ᵇ τοῦ
πνεύματος –; 9 τῇ διακ.ᵇ (vl ἡ δ.,
vg vl ministerio) τῆς κατακρίσεως
δόξα, – ἡ διακ. τῆς δικαιοσύνης
4 1 ἔχοντες τὴν διακ.ᶜ (vl ᵇ) ταύτην
5 18 δόντος ἡμῖν τὴν δ. τῆς καταλλαγῆς
6 3 ἵνα μὴ μωμηθῇ ἡ δ. (vl + ἡμῶν vg)
8 4 τὴν κοινωνίαν τῆς διακ. τῆς εἰς τοὺς
ἁγίους 9 1.12 ἡ δ. τῆς λειτουργίας 13
διὰ τῆς δοκιμῆς τῆς διακ. ταύτης
11 8 λαβὼν ὀψώνιον πρὸς τὴν ὑμῶν διακ.
Eph 4 12 πρὸς τὸν καταρτισμὸν τῶν ἁγίων εἰς
ἔργον διακονίας
Col 4 17 βλέπε τὴν διακ. ἣν παρέλαβες ἐν κυ.
1 Ti 1 12 πιστόν με ἡγήσατο θέμενος εἰς δ..αν
2 Ti 4 5 τὴν διακονίαν σου πληροφόρησον
– 11 ἔστιν γάρ μοι εὔχρηστος εἰς δ..αν
Hb 1 14 οὐχὶ – εἰσὶν λειτουργικὰ πνεύματα εἰς
διακονίαν ἀποστελλόμενα –;
Ap 2 19 οἶδά σου – τὴν πίστιν καὶ τὴν διακ.

διάκονος minister ᵇ quae est in ministerio
ᶜ diacon ᵈ diaconus
Mat 20 26 ἔσται (vl ἔστω vg) ὑμῶν διάκ. 23 11
|| Mar 10 43 – 9 35 ἔσται – πάντων δ.
22 13 ὁ βασιλεὺς εἶπεν τοῖς διακόνοις
Joh 2 5 λέγει ἡ μήτηρ αὐτοῦ τοῖς διακ. 9
12 26 ἐκεῖ καὶ ὁ διάκονος ὁ ἐμὸς ἔσται
Rm 13 4 θεοῦ γὰρ διάκονός ἐστιν σοὶ εἰς τὸ
ἀγαθόν. – θ. γ. δ. ἐ. ἔκδικος εἰς ὀργὴν
15 8 Χὸν διάκονον γεγενῆσθαι περιτομῆς
16 1 Φοίβην –, οὖσαν – δ..ον ᵇ τῆς ἐκκλ.
1 Co 3 5 δ..οι δι' ὧν (vg eius, cui) ἐπιστεύσατε
2 Co 3 6 ἱκάνωσεν ἡμᾶς δ..ους καινῆς διαθή.
6 4 συνιστάντες ἑαυτοὺς ὡς θεοῦ δ..οι

2 Co 11 15 εἰ καὶ οἱ διάκ. αὐτοῦ μετασχηματί-
ζονται ὡς διάκονοι δικαιοσύνης
– 23 διάκονοι Χοῦ εἰσιν; – ὑπὲρ ἐγώ
Gal 2 17 ἆρα Χὸς ἁμαρτίας διάκονος;
Eph 3 7 εὐαγγελίου, οὗ ἐγενήθην διάκονος
6 21 Τύχικος ὁ – πιστὸς διάκ. ἐν κυρίῳ Col
4 7 ὁ – πιστὸς διάκ. καὶ σύνδουλος
Phl 1 1 σὺν ἐπισκόποις καὶ διακόνοις ᶜ
Col 1 7 Ἐπαφρᾶ –, ὅς ἐστιν πιστὸς ὑπὲρ ὑ-
μῶν διάκ. τοῦ Χοῦ – (1 Th 3 2 vl Τιμό-
θεον, τὸν – διάκ. τοῦ θεοῦ ἐν τῷ
εὐαγγελίῳ τ. Χοῦ)
– 23 εὐαγγ. –, οὗ ἐγενόμην ἐγὼ – διάκ.
– 25 ἡ ἐκκλησία, ἧς ἐγενόμην ἐγὼ διάκ.
1 Ti 3 8 διακόνους ᵈ ὡσαύτως σεμνούς
– 12 διάκονοι ᵈ – μιᾶς γυναικὸς ἄνδρες
4 6 καλὸς ἔσῃ διάκονος Χοῦ Ἰησοῦ

διακόσιοι ducenti Mar 6 37 || Joh 6 7
Joh 21 8 Act 23 23 27 37 Ap 11 3 12 6

διακούειν audire Act 23 35 δ..σομαί σου

διακρίνειν

1) verbum activum: ᵃ diiudicare
ᵇ discernere ᶜ iudicare ᵈ haesitare
[Mat 16 3 τὸ μὲν πρόσωπον τοῦ οὐρανοῦ γινώ-
σκετε διακρίνειν ᵃ]
Act 11 12 συνελθεῖν αὐτοῖς μηδὲν δ..αντα ᵈ
15 9 θεὸς – οὐδὲν διέκρινεν ᵇ μεταξὺ ἡμῶν
τε καὶ αὐτῶν (sc τῶν ἐθνῶν)
1 Co 4 7 τίς γάρ σε διακρίνει ᵇ;
6 5 οὐκ ἔνι –, ὃς δυνήσεται διακρῖναι ᶜ
ἀνὰ μέσον τοῦ ἀδελφοῦ αὐτοῦ;
11 29 μὴ δ..ων ᵃ (vl ᵇ) τὸ σῶμα (vl + τοῦ κυρ.)
– 31 εἰ δὲ ἑαυτοὺς διεκρίνομεν ᵃ (vl ᶜ), οὐκ
ἂν ἐκρινόμεθα (iudicaremur)
14 29 καὶ οἱ ἄλλοι διακρινέτωσαν ᵃ

2) medium et passivum: ᵇ discernere
ᶜ iudicare ᵈ haesitare ᵉ dubitare
ᶠ disceptare ᵍ disputare
Mat 21 21 ἐὰν ἔχητε πίστιν καὶ μὴ διακριθῆτε ᵈ
|| Mar 11 23 ὃς ἂν εἴπῃ τῷ ὄρει – καὶ
μὴ διακριθῇ ᵈ ἐν τῇ καρδίᾳ αὐτοῦ
Act 10 20 πορεύου σὺν αὐτοῖς μηδὲν δ..όμενος ᵉ
11 2 διεκρίνοντο ᶠ πρὸς αὐτὸν (sc Πέτρον)
οἱ ἐκ περιτομῆς·
Rm 4 20 εἰς – τὴν ἐπαγγελίαν – οὐ διεκρίθη ᵈ
14 23 ὁ δὲ διακρινόμενος ᵉ ἐὰν φάγῃ κατα-
κέκριται, ὅτι οὐκ ἐκ πίστεως

Jac 1 6 αἰτείτω δὲ ἐν πίστει, μηδὲν διακρινό-
μενος ^d· ὁ γὰρ διακρινόμενος ^d ἔοι-
κεν κλύδωνι – ἀνεμιζομένῳ
2 4 οὐ διεκρίθητε ^c ἐν ἑαυτοῖς –;
Jud 9 Μιχαὴλ – τῷ διαβόλῳ δ..όμενος ^g
22 οὓς μὲν ἐλεᾶτε (vl ἐλέγχετε vg ar-
guite) δ..ομένους ^c (iudicatos)

διάκρισις discretio ^bdisceptatio
Rm 14 1 μὴ εἰς διακρίσεις ^b διαλογισμῶν
1 Co 1210 ἄλλῳ – δ..εις (vl ..ις vg) πνευμάτων
Hb 514 πρὸς διάκρισιν καλοῦ τε καὶ κακοῦ

διακωλύειν prohibere Mat 314 διεκώλυεν

διαλαλεῖν S^o – ^adivulgare ^bcolloqui
Luc 165 δ..εῖτο ^a πάντα 611 δ..ουν ^b πρὸς ἀλλήλ.

διαλέγεσθαι disputare ^bdisserere ^caltercari
^dloqui
Mar 934 πρὸς ἀλλήλ. – διελέχθησαν – τίς μείζ.
Act 17 2 διελέξατο ^b αὐτοῖς ἀπὸ τῶν γραφῶν
17 διελέγετο – τοῖς Ἰουδαίοις καὶ τοῖς
σεβομένοις 184.19 198.9 ἐν τῇ σχολῇ
Τυράννου 207.9 2412.25 περὶ δικαιο-
σύνης καὶ ἐγκρατείας καὶ τοῦ κρίμ.
Hb 12 5 ἐκλέλησθε τῆς παρακλήσεως, ἥτις
ὑμῖν ὡς υἱοῖς διαλέγεται ^d
Jud 9 διελέγετο ^c περὶ τοῦ Μωϋσ. σώματος

διαλείπειν cessare Luc 745 οὐ διέλιπεν

διάλεκτος lingua Act 119 τῇ ἰδίᾳ δ..ῳ 26.8
Act 2140 τῇ Ἑβραΐδι διαλέκτῳ 222 2614

διαλλάσσεσθαι reconciliari
Mat 524 πρῶτον δ..γηθι τῷ ἀδελφῷ σου

διαλογίζεσθαι cogitare ^btractare
Mat 16 7.8 ‖ Mar 816.17 – Mat 2125 ‖ Mar 1131
Mar 2 6 δ..όμενοι – · – βλασφημεῖ 8 ‖ Luc 521s
933 τί ἐν τῇ ὁδῷ διελογίζεσθε ^b;
Luc 1 29 3 15 δ..ομένων – περὶ – Ἰωάν. 12 17 20 14

διαλογισμός cogitatio ^bhaesitatio
^cdisceptatio
Mat 1519 ἐξέρχονται δ..οὶ πονηροί ‖ Mar 721
Luc 235 ὅπως ἂν ἀποκαλυφθῶσιν ἐκ πολλῶν
καρδιῶν διαλογισμοί
522 ἐπιγνοὺς – τοὺς δ. αὐτῶν 68 ᾔδει 946.
47 εἰδὼς τὸν δ. τῆς καρδίας αὐτῶν
2438 διὰ τί δ..οὶ ἀναβαίνουσιν ἐν τ. καρ.

Rm 121 ἐματαιώθησαν ἐν τοῖς διαλογ. αὐτῶν
14 1 μὴ εἰς διακρίσεις διαλογισμῶν
1 Co 320 „γινώσκει τοὺς δ. τῶν" σοφῶν, ὅτι
Phl 214 ποιεῖτε χωρὶς γογγυσμῶν καὶ δ..ῶν ^b
1 Ti 2 8 ὁσίους χεῖρας χωρὶς ὀργῆς καὶ δ..οῦ ^c
Jac 2 4 ἐγένεσθε κριταὶ δ..ῶν πονηρῶν

διαλύειν dissipare Act 536 διελύθησαν

διαμαρτύρεσθαι testificari ^btestari
^cprotestari
Luc 1628 ὅπως δ..ηται ^b αὐτοῖς (sc τοῖς ἀδελφ.)
Act 2 40 διεμαρτύρατο, καὶ παρεκάλει 825 1042
ὅτι οὗτός ἐστιν ὁ – κριτὴς ζώντων καὶ
νεκρῶν 185 δ..όμενος τοῖς Ἰουδ. εἶναι
τὸν χριστὸν Ἰησοῦν 2021 μετάνοιαν
καὶ πίστιν 23 τὸ πνεῦμα – δ..εταί ^c μοι
– ὅτι δεσμά 24 διαμ. τὸ εὐαγγέλιον
2311 ὡς – διεμαρτύρω τὰ περὶ ἐμοῦ
εἰς Ἱερου. 2823 δ..όμενος τὴν βασι-
λείαν τοῦ θεοῦ
1 Th 4 6 καθὼς – προείπαμεν – καὶ δ..άμεθα
1 Ti 521 δ..ομαι ^b ἐνώπιον τοῦ θεοῦ – ἵνα
2 Ti 214 δ..όμενος ἐνώπ. τ. θεοῦ μὴ λογομαχεῖν
41 διαμαρτύρομαι ἐνώπ. τ. θ. καὶ Χοῦ
Ἰησοῦ –, καὶ (vl κατὰ vg per) τὴν
ἐπιφάνειαν αὐτοῦ – · κήρυξον τ. λόγον
Hb 2 6 διεμαρτύρατο ^b δέ πού τις λέγων·

διαμάχεσθαι pugnare Act 239 λέγοντες

διαμένειν permanēre ^bperseverare
Luc 1 22 διέμενεν κωφός (sc Ζαχαρ.)
2228 ἐστὲ οἱ διαμεμενηκότες μετ' ἐμοῦ
Gal 2 5 ἵνα ἡ ἀλήθεια τοῦ εὐαγγελίου δια-
μείνῃ (vl ..μένῃ) πρὸς ὑμᾶς
Hb 1 11 „σὺ δὲ διαμένεις" (vl ..νεῖς vg)
2 Pe 3 4 πάντα οὕτως διαμένει ^b ἀπ' ἀρχῆς
κτίσεως

διαμερίζειν dividere ^bdispertire ^cpartiri
Mat 2735 ‖ Mar 1524 Luc 2334 Joh 1924 ^c
Luc 1117 βασιλεία ἐφ' ἑαυτὴν δ..ισθεῖσα 18 εἰ
δὲ καὶ ὁ σατανᾶς ἐφ' ἑαυτὸν διαμε-
ρίσθη – 1252 πέντε ἐν ἑνὶ οἴκῳ δια-
μεμερισμένοι 53 δύο ἐπὶ τρισίν
2217 λάβετε – καὶ δ..ίσατε εἰς ἑαυτούς
Act 2 3 ὤφθησαν αὐτοῖς δ..όμεναι ^b γλῶσσαι
– 45 διεμέριζον αὐτὰ πᾶσιν, καθότι ἄν τις

διαμερισμός separatio
Luc 1251 οὐχί, λέγω ὑμῖν, ἀλλ' ἢ διαμερισμόν

διανέμεσθαι *divulgari* Act 4 17

διανεύειν *innuere* Luc 1 22 (sc τῷ λαῷ)

διανόημα *cogitatio* Luc 11 17 εἰδὼς – τὰ δ.

διάνοια *mens* [b]*sensus* [c]*cogitatio* [d]*intellectus*
Mat 22 37 „ἐν ὅλῃ τῇ διανοίᾳ σου" ‖ Mar 12 30
„ἐξ ὅλης" Luc 10 27 „ἐν ὅλῃ"
Luc 1 51 ὑπερηφάνους δ..ᾳ καρδίας αὐτῶν
Eph 2 3 θελήματα τῆς σαρκὸς καὶ τῶν δ.[c]
4 18 ἐσκοτωμένοι τῇ διανοίᾳ[d] ὄντες
Col 1 21 ὑμᾶς ποτε – ἐχθροὺς τῇ διανοίᾳ[b]
Hb 8 10 „διδοὺς νόμους μου εἰς τὴν δ. αὐ-
τῶν" 10 16 „ἐπὶ τὴν δ. – ἐπιγράψω"
1 Pe 1 13 ἀναζωσάμενοι τὰς ὀσφύας τῆς δ.
2 Pe 3 1 διεγείρω ὑμῶν – τὴν εἰλικρινῆ δ.
1 Jo 5 20 δέδωκεν ἡμῖν διάνοιαν[b] ἵνα γινώσκω-
μεν τὸν ἀληθινόν (vl + θεόν vg)

διανοίγειν *aperire* [b]*adaperire*
Mar 7 34 ἐφφαθά, ὅ ἐστιν διανοίχθητι[b]
Luc 2 23 „πᾶν ἄρσεν διανοῖγον[b] μήτραν"
24 31 αὐτῶν – διηνοίχθησαν οἱ ὀφθαλμοί
– 32 ὡς διήνοιγεν ἡμῖν τὰς γραφάς
– 45 διήνοιξεν αὐτῶν τὸν νοῦν
Act 7 56 θεωρῶ τοὺς οὐρανοὺς διηνοιγμένους
16 14 ἧς ὁ κύριος διήνοιξεν τὴν καρδίαν
17 3 διανοίγων[b] καὶ παρατιθέμενος ὅτι
τὸν χριστὸν ἔδει παθεῖν

διανύειν *explēre* (vl *explicare*) Act 21 7

διανυκτερεύειν *pernoctare* Luc 6 12

διαπαρατριβή S[o] – *conflictatio* 1 Ti 6 5

διαπερᾶν *transfretare* [b]*transmeare* [c]*tran-
scendere* Mat 9 1 14 34 Mar 5 21[c] 6 53[c]
Luc 16 26[b] ἐκεῖθεν Act 21 2

διαπλεῖν S[o] – *navigare* Act 27 5

διαπονεῖσθαι *dolēre* Act 4 2 16 18

διαπορεῖν, ..σθαι S[o] – *haesitare* [b]*mirari*
[c]*ambigere* Luc 9 7 Act 2 12[b] 5 24[c] 10 17

διαπορεύεσθαι *praeterire* [b]*pertransire*
[c]*transire* [d]*ire* – (Mar 2 23 vl)
Luc 6 1[c] διὰ σπορίμων 13 22[d] 18 36 Act 16 4[b]
Rm 15 24 ἐλπίζω – δ..όμενος θεάσασθαι ὑμᾶς

διαπραγματεύεσθαι S[o] – *negotiari* Luc 19 15

διαπρίεσθαι *dissecari* Act 5 33 7 54

διαρπάζειν *diripere* Mat 12 29 ‖ Mar 3 27

διαρήσσειν *scindere* [b]*conscindere* [c]*rumpere*
Mat 26 65 ‖ Mar 14 63 – Act 14 14[b]
Luc 5 6 διερρήσσετο[c] – τὰ δίκτυα 8 29[c] δεσμά

διασαφεῖν [a]*edisserere* (vl *diss.*) [b]*narrare*
Mat 13 36 (vl φράσον, vg[a]) παραβολήν – 18 31[b]

διασείειν *concutere* Luc 3 14 μηδένα

διασκορπίζειν *dispergere* [b]*dissipare*
[c]*spargere* Mat 25 24[c] 26[c]
Mat 26 31 „δ..σθήσονται τὰ πρόβ." ‖ Mar 14 27
Luc 1 51 „διεσκόρπισεν ὑπερηφάνους"
15 13[b] τὴν οὐσίαν 16 1[b] τὰ ὑπάρχοντα
Joh 11 52 τὰ τέκνα τοῦ θεοῦ τὰ δie..ισμένα
Act 5 37 ὅσοι ἐπείθοντο αὐτῷ διε..ίσθησαν

διασπᾶν [a]*dirumpere* [b]*discerpere*
Mar 5 4[a] ἁλύσεις Act 23 10 μὴ δ..σθῇ[b] – Παῦ.

διασπείρεσθαι *dispergi* Act 8 1.4 11 19

διασπορά *dispersio* Joh 7 35 τῶν Ἑλλήνων
Jac 1 1 ταῖς δώδεκα φυλαῖς ταῖς ἐν τῇ δ..ᾳ
1 Pe 1 1 ἐκλεκτοῖς παρεπιδήμοις δ..ᾶς Πόντου

διαστέλλεσθαι *praecipere* [b]*mandare* [c]*dicere*
(τὸ δ..όμενον *quod dicebatur*)
Mat 16 20 Mar 5 43 7 36 8 15 9 9 – Act 15 24[b]
Hb 12 20 οὐκ ἔφερον γὰρ τὸ διαστελλόμενον[c]

διάστημα *spatium* Act 5 7 ὡς ὡρῶν τριῶν

διαστολή *distinctio* 1 Co 14 7 τοῖς φθόγγοις
Rm 3 22 οὐ γάρ ἐστιν δ.· πάντες γὰρ ἥμαρτον
10 12 οὐ γ. ἐστιν δ. Ἰουδαίου τε καὶ Ἕλλ.

διαστρέφειν (διεστραμμένος) *perversus*
[b]*subvertere* [c]*avertere*
Mat 17 17 ὦ γενεὰ – διεστραμμένη ‖ Luc 9 41
Phl 2 15 μέσον „γενεᾶς – διεστραμ-
μένης"
Luc 23 2 δ..οντα[b] τὸ ἔθνος Act 13 8 ζητῶν δια-
στρέψαι[c] – ἀπὸ τῆς πίστεως 10 δ..ων[b]
„τὰς ὁδοὺς [τοῦ] κυρίου τὰς εὐθείας"
Act 20 30 ἄνδρες λαλοῦντες διεστραμμένα

διασῴζειν, ..εσθαι ᵃservare ᵇsalvare (vl
sanare) ᶜsalvum perducere ᵈsalvum
fieri ᵉevadere
Mat 14₃₆ ὅσοι ἥψαντο διεσώθησανᵈ
Luc 7 ₃ ὅπως–διασώθῃᵇ τὸν δοῦλον αὐτοῦ
Act 23₂₄ᶜ – 27₄₃ᵃ 44ᵉ ἐπὶ τὴν γῆν 281ᵉ 4ᵉ
1 Pe 3₂₀ ὀλίγοι–διεσώθησανᵈ δι' ὕδατος

διαταγή dispositio ᵇordinatio
Act 7₅₃ ἐλάβετε τὸν νόμον εἰς διαταγὰς (in
d..ne, vl ...nem) ἀγγέλων
Rm 13 ₂ τῇ τοῦ θεοῦ διαταγῇᵇ ἀνθέστηκεν

διάταγμα edictum Hb 11₂₃ τοῦ βασιλέως

διαταράσσεσθαι Sᵒ – turbari Luc 1₂₉

διατάσσειν, ..εσθαι ᵃpraecipere ᵇdisponere
ᶜordinare ᵈiubēre ᵉconstituere ᶠim-
perare ᵍdocēre
Mat 11 ₁ διατάσσωνᵃ τοῖς δώδεκα μαθηταῖς
Luc 3₁₃ μηδὲν–παρὰ τὸ διατεταγμένονᵉ ὑμῖν
8₅₅ᵈ 17₉ᶠ 10ᵃ Act 7₄₄ καθὼς διετάξατοᵇ
„ὁ λαλῶν τῷ Μωϋσῇ" – 18₂ᵃ 20₁₃ᵇ
23₃₁ᵃ 24₂₃ᵈ
1 Co 7₁₇ οὕτως ἐν ταῖς ἐκκλησίαις–δ..ομαιᵍ
16₁ ὥσπερ διέταξαᶜ ταῖς ἐκκλησίαις
11₃₄ ὡς ἂν ἔλθω διατάξομαιᵇ
9₁₄ οὕτως καὶ ὁ κύριος διέταξενᶜ
Gal 3₁₉ διαταγεὶςᶜ δι' ἀγγέλων (sc ὁ νόμος)
Tit 1 ₅ ὡς ἐγώ σοι διεταξάμηνᵇ

διατελεῖν permanēre Act 27₃₃ ἄσιτοι

διατηρεῖν conservare ᵇcustodire
Luc 2₅₁ διετήρει πάντα τὰ ῥήματα ἐν τῇ καρ.
Act 15₂₉ ἐξ ὧν δ..οῦντεςᵇ ἑαυτοὺς εὖ πράξ.

διατίθεσθαι disponere ᵇtestari
ᶜ(ὁ διαθέμενος) testator
Luc 22₂₉ κἀγὼ δ..εμαι ὑμῖν καθὼς διέθετό μοι
ὁ πατήρ μου βασιλείαν
Act 3₂₅ υἱοί – τῆς διαθήκης ἧς διέθετο ὁ
θεὸς πρὸς τοὺς πατέρας ὑμῶν
Hb 8₁₀ „ἡ διαθήκη ἣν διαθήσομαι" 10₁₆ᵇ
9₁₆ ὅπου–διαθήκη, θάνατον ἀνάγκη φέ-
ρεσθαι τοῦ διαθεμένου ᶜ 17ᵇ

διατρίβειν demorari ᵇcommorari ᶜmorari
ᵈconferre (vl consistere)
Joh 3₂₂ ἐκεῖ διέτριβεν–καὶ ἐβάπτιζεν

Joh(11₅₄ vl ᶜ) – Act 12₁₉ᵇ 14₃.₂₈ᶜ 15₃₅ 16₁₂ᵈ
20₆ 25₆.₁₄ (vl ᶜ)

διατροφή alimentum 1 Ti 6₈ ἔχοντες – δ..άς

διαυγάζειν Sᵒ – elucescere (vl luc.) 2 Pe 1₁₉

διαυγής Sᵒ – perlucidus Ap 21₂₁ ὕαλος

διαφέρειν ᵃpluris esse ᵇmeliorem esse ᶜdif-
ferre ᵈinteresse ᵉtransferre – διαφέ-
ρεσθαι: ᶠdisseminari ᵍnavigare – τὰ
διαφέροντα: ʰutiliora ⁱpotiora
Mat 6₂₆ οὐχ ὑμεῖς μᾶλλον διαφέρετεᵃ αὐτῶν; ‖
Lc 12₂₄ᵃ τῶν πετεινῶν – Mt 10₃₁ πολ-
λῶν στρουθίων διαφέρετεᵇ ‖ Lc 12₇ᵃ
12₁₂ πόσῳ – δ..ειᵇ ἄνθρωπος προβάτου
Mar 11₁₆ᵉ Act 13₄₉ δ..εοᶠ – ὁ λόγος 27₂₇ᵍ
Rm 2₁₈ δοκιμάζεις τὰ δ..ονταʰ Phl 1₁₀ⁱ
1 Co 15₄₁ ἀστὴρ – ἀστέρος δ..εινᶜ ἐν δόξῃ
Gal 2 ₆ ὁποῖοί ποτε ἦσαν οὐδέν μοι δ..ειᵈ
4 ₁ οὐδὲν δ..ειᶜ δούλου κύριος – ὤν

διαφεύγειν effugere Act 27₄₂

διαφημίζειν Sᵒ – diffamare ᵇdivulgare
Mat 9₃₁ διεφήμισαν αὐτόν (sc Jesum)
28₁₅ διεφημίσθηᵇ ὁ λόγος οὗτος Mar 1₄₅

διαφθείρειν, ..εσθαι ᵃcorrumpere, ..pi ᵇex-
terminare ᶜinterire
Luc 12₃₃ ὅπου – οὐδὲ σὴς διαφθείρει
2 Co 4₁₆ εἰ καὶ ὁ ἔξω – ἄνθρωπος δ..εται
1 Ti 6 ₅ διεφθαρμένων ἀνθρώπων τὸν νοῦν
Ap 8 9ᶜ 11₁₈ δ..εῖραιᵇ τοὺς δ..οντας τὴν γῆν

διαφθορά corruptio Act 2₂₇ „τὸν ὅσιόν σου
ἰδεῖν δ..άν" 31 13₃₅ss – 34 ὑποστρέφειν

διάφορος, ..ώτερος differens, ..tior ᵇmelior
ᶜvarius
Rm 12 ₆ ἔχοντες δὲ χαρίσματα – διάφορα
Hb 1 ₄ ὅσῳ δ..ώτερον – κεκληρονόμ. ὄνομα
8 ₆ δ..ωτέραςᵇ τέτυχεν λειτουργίας
9₁₀ μόνον ἐπὶ – διαφόροιςᶜ βαπτισμοῖς

διαφυλάσσειν conservare Luc 4₁₀ σέ

διαχειρίζεσθαι Sᵒ – ᵃinterimere ᵇinterficere
Act 5₃₀ᵃ Ἰησοῦν 26₂₁ᵇ (Paulum)

διαχλευάζειν Sᵒ – irridēre Act 2₁₃

διαχωρίζεσϑαι *discedere* Luc 933

διδακτικός S° – ᵃ*doctor* ᵇ*docibilis*
1 Ti 3 2 δεῖ – τὸν ἐπίσκοπον – εἶναι – δ..όνᵃ
2 Ti 224 δοῦλον – κυρίου – δεῖ – εἶναι – δ..όνᵇ

διδακτός ᵃ*docibilis* ᵇ*doctus* ᶜ*doctrina*
Joh 645 „ἔσονται πάντες διδακτοίᵃ ϑεοῦ"
1 Co 213 οὐκ ἐν δ..οῖςᵇ ἀνϑρωπίνης σοφίας
        λόγοις, ἀλλ' ἐν δ..οῖςᶜ πνεύματος

διδασκαλία *doctrina* ᵇ(πρὸς δ..αν) *ad do-
        cendum*
Mat 15 9 „διδάσκοντες δ..ίας ἐντάλματα ἀν-
        ϑρώπων" ‖ Mar 77 – Col 222 κατὰ τὰ
        „ἐντάλματα καὶ δ..ίας τῶν ἀνϑρ."
Rm 12 7 εἴτε ὁ διδάσκων, ἐν τῇ διδασκαλίᾳ
   15 4 εἰς τὴν ἡμετέραν δ..ίαν ἐγράφη
Eph 414 περιφερόμενοι παντὶ ἀνέμῳ τῆς δ.
1 Ti 1 10 εἴ τι ἕτερον τῇ ὑγιαινούσῃ δ..ίᾳ ἀντί-
        κειται 2 Ti 43 ὅτε τῆς ὑγ. δ..ίας οὐκ
        ἀνέξονται Tit 1 9 δυνατὸς – παρακα-
        λεῖν ἐν τῇ δ. τῇ ὑγ. 21 λάλει ἃ πρέ-
        πει τῇ ὑγ. διδασκαλίᾳ
   4 1 προσέχοντες – δ..ίαις δαιμονίων
   – 6 τοῖς λόγοις – τῆς καλῆς διδασκαλίας
   – 13 πρόσεχε – τῇ παρακλήσει, τῇ δ..ίᾳ
   – 16 ἔπεχε σεαυτῷ καὶ τῇ διδ., ἐπίμενε
   5 17 οἱ κοπιῶντες ἐν λόγῳ καὶ δ..ίᾳ
   6 1 ἵνα μὴ – ἡ διδ. βλασφημῆται
   – 3 τῇ κατ' εὐσέβειαν διδασκαλίᾳ
2 Ti 310 παρηκολούϑησάς μου τῇ δ..ίᾳ
   – 16 ϑεόπνευστος καὶ ὠφέλιμος πρὸς δ.ᵇ
Tit 2 7 παρεχόμενος – ἐν τῇ διδ. ἀφϑορίαν
   – 10 ἵνα τὴν διδ. τὴν τοῦ σωτῆρος ἡμῶν
        ϑεοῦ κοσμῶσιν ἐν πᾶσιν (sc δοῦλοι)

διδάσκαλος (S bis) *magister* ᵇ*praeceptor*
        ᶜ*doctor*
1) διδάσκαλε, Jesu et Joannis appellatio
Mat 819 δ., ἀκολουϑήσω σοι 1238 δ., ϑέλομεν –
σημεῖον ἰδεῖν 1916 δ. (vl add ἀγαϑέ vg), τί ἀ-
γαϑὸν ποιήσω –; ‖ Mar 1017 δ. ἀγαϑέ, τί ποιή-
σω –; Luc 1818 δ. ἀγαϑέ, τί ποιήσας –; – Mat
2216 δ., οἴδαμεν ὅτι ἀληϑὴς εἶ ‖ Mar 1214 Luc
2021 ὅτι ὀρϑῶς λέγεις – Mat 2224 δ., Μωϋσῆς
εἶπεν ‖ Mar 1219 Luc 2028.39 δ., καλῶς εἶπας
– Mat 2236 δ., ποία ἐντολὴ μεγάλη ‖ Luc 10
25 δ., τί ποιήσας ζωὴν αἰών. κληρονομήσω; cfr
Mar 1232 καλῶς, δ., ἐπ' ἀληϑείας εἶπες – Mar
438 δ., οὐ μέλει σοι –; 917 δ., ἤνεγκα τὸν υἱόν

μου πρὸς σέ ‖ Luc 938 δ., δέομαί σου – Mar
938 δ., εἴδομέν τινα – ἐκβάλλοντα δαιμόνια 10
20 δ., ταῦτα πάντα ἐφυλαξάμην 35 δ., ϑέλομεν
ἵνα ὃ ἐὰν αἰτήσωμέν σε 131 δ., ἴδε ποταποὶ
λίϑοι – Luc 312 δ. (Joan.), τί ποιήσωμεν; 740
δ., εἰπέ 1145 δ., ταῦτα λέγων καὶ ἡμᾶς ὑβρί-
ζεις 1213 δ., εἰπὲ τῷ ἀδελφῷ μου 1939 δ., ἐπι-
τίμησον τοῖς μαϑηταῖς σου 217 δ.ᵇ, πότε οὖν
ταῦτα ἔσται; – Joh 138 ῥαββί, ὃ λέγεται μεϑ-
ερμ. διδ. ‖84 δ., αὕτη ἡ γυνὴ κατείληπται‖
20 16 ῥαββουνι (ὃ λέγεται διδάσκαλε)

2) reliqui loci: ὁ διδάσκαλος, οἱ δ..οι
Mat 9 11 μετὰ τ. τελωνῶν - ἐσϑίει ὁ δ. ὑμῶν;
    1024 οὐκ ἔστιν μαϑητὴς ὑπὲρ τὸν δ. 25
        ἵνα γένηται ὡς ὁ δ. αὐτοῦ ‖ Luc 640
        οὐκ ἔ. μ. ὑπὲρ τὸν δ.· κατηρτισμένος
        δὲ πᾶς ἔσται ὡς ὁ δ. αὐτοῦ
    17 24 ὁ δ. ὑμῶν οὐ τελεῖ [τὰ] δίδραχμα;
    23 8 ὑμεῖς – μὴ κληϑῆτε ῥαββί· εἷς γάρ
        ἐστιν ὑμῶν ὁ δ. (vl καϑηγητής)
    2618 ὁ δ. λέγει· ὁ καιρός μου ἐγγύς ἐστιν
        ‖ Mar 1414 Luc 2211
Mar 535 τί ἔτι σκύλλεις τὸν δ.; ‖ Luc 849 μη-
        κέτι σκύλλε τὸν δ. (vg *illum*)
Luc 246 καϑεζόμενον ἐν μέσῳ τῶν δ..ωνᶜ
Joh 3 2 ῥαββί, – ἀπὸ ϑεοῦ ἐλήλυϑας δ..ος
   – 10 σὺ εἶ ὁ δ. τοῦ Ἰσραὴλ καὶ ταῦτα –;
    1128 ὁ διδ. πάρεστιν καὶ φωνεῖ σε
    1313 φωνεῖτέ με· ὁ δ. καὶ ὁ κύριος
   – 14 εἰ – ἐγὼ ἔνιψα – ὁ κύριος καὶ ὁ δ.
Act 13 1 ἐν Ἀντιοχ. – προφῆται καὶ δ..οιᶜ
Rm 220 σεαυτὸν – εἶναι – δ..ον νηπίων
1 Co 1228 οὓς μὲν ἔϑετο ὁ ϑεὸς –, τρίτον δ..
        ουςᶜ 29 μὴ πάντες διδάσκαλοιᶜ;
Eph 411 ἔδωκεν – τοὺς δὲ ποιμένας καὶ δ..ᶜ
1 Ti 2 7 ἐτέϑην ἐγὼ – δ.ᶜ ἐϑνῶν ἐν πίστει καὶ
        ἀληϑείᾳ 2 Ti 1 11 ἀπόστολος καὶ δ.
2 Ti 4 3 ἑαυτοῖς ἐπισωρεύσουσιν δ..ους
Hb 512 ὀφείλοντες εἶναι διδάσκαλοι διὰ τὸν
        χρόνον

Jac 3 1 μὴ πολλοὶ διδάσκαλοι γίνεσϑε

διδάσκειν *docēre* pass: ᵇ*edocēri* ᶜ*discere*
Mat 423 διδάσκων ἐν ταῖς συναγωγαῖς 935
    1354 ‖ Mar 62 – 121 Luc 415.31 ἐν
        τοῖς σάββασιν 66 εἰσελϑεῖν – εἰς τὴν
        συν. καὶ διδ. 1310 δ..ων ἐν μιᾷ τῶν
        συν. – Joh 659 ἐν συναγωγῇ δ..ων
        ἐν Καφ. 1820 ἐδίδαξα ἐν συναγωγῇ
        καὶ ἐν τῷ ἱερῷ
    5 2 ἐδίδασκεν αὐτοῦς 111 μετέβη – τοῦ δ.

καὶ κηρύσσειν – Mar 2 13 ἐδίδ. αὐτούς
41 ἤρξατο δ. παρὰ τὴν θάλασσαν 2
ἐδίδ. αὐτοὺς ἐν παραβολαῖς πολλά
66 περιῆγεν – δ..ων 34 ἤρξατο δ. αὐ-
τοὺς πολλὰ 101 ὡς εἰώθει πάλιν ἐ-
δίδασκεν αὐτούς – Luc 53 ἐκ τοῦ
πλοίου ἐδίδ. τοὺς ὄχλους 17 ἦν δ..ων
1322 διεπορεύετο – διδάσκων
Mat 519 ὃς ἐὰν – λύσῃ – καὶ διδάξῃ οὕτως –·
ὃς δ' ἂν ποιήσῃ καὶ διδάξῃ, – μέγας
729 ἦν – διδάσκων αὐτοὺς ὡς ἐξουσίαν
ἔχων, καὶ οὐχ ὡς οἱ γραμμ. ‖ Mar 1 22
15 9 „διδάσκοντες διδασκαλίας ἐντάλματα
ἀνθρώπων" ‖ Mar 7 7
21 23 προσῆλθον αὐτῷ δ..οντι οἱ ἀρχιερεῖς
‖ Luc 201 ἐν τῷ ἱερῷ – Mat 26 55 καθ'
ἡμέραν ἐν τῷ ἱερῷ ἐκαθεζόμην δ..ων
‖ Mar 14 49 – 12 35 11 17 Luc 19 47 21 37
22 16 τὴν ὁδὸν τοῦ θεοῦ ἐν ἀληθείᾳ δ..εις
‖ Mar 12 14 Luc 20 21 ὀρθῶς – δ..εις –,
ἀλλ' ἐπ' ἀληθείας τὴν ὁδὸν τ. θ. δ..εις
28 15 ἐποίησαν ὡς ἐδιδάχθησαν b
– 20 δ..οντες αὐτοὺς τηρεῖν – ὅσα ἐνετειλ.
Mar 630 ὅσα ἐποίησαν καὶ ὅσα ἐδίδαξαν
831 ἤρξατο δ. αὐτοὺς ὅτι δεῖ – πολλὰ πα-
θεῖν 931 ἐδίδασκεν – τοὺς μαθητάς
Luc 11 1 δίδαξον ἡμᾶς προσεύχεσθαι, καθὼς
καὶ Ἰωάννης ἐδίδαξεν τοὺς μαθητάς
1212 τὸ γὰρ ἅγιον πνεῦμα διδάξει ὑμᾶς
1326 ἐν ταῖς πλατείαις ἡμῶν ἐδίδαξας
23 5 δ..ων καθ' ὅλης τῆς Ἰουδαίας
Joh 7 14 ἀνέβη – εἰς τὸ ἱερὸν καὶ ἐδίδασκεν
28 ἐν τῷ ἱερῷ δ..ων 8‖2 καθίσας ἐδίδ.
αὐτούς‖ 20 δ..ων ἐν τῷ ἱερῷ
– 35 μέλλει – διδάσκειν τοὺς Ἕλληνας;
828 καθὼς ἐδίδαξέν με ὁ πατήρ
934 καὶ σὺ διδάσκεις ἡμᾶς;
1426 ἐκεῖνος ὑμᾶς διδάξει πάντα
Act 1 1 ὧν ἤρξατο – ποιεῖν τε καὶ διδάσκειν
4 2 διαπονούμενοι διὰ τὸ δ. αὐτοὺς τὸν
λαὸν 521.25 1126 ὄχλον ἱκανόν
– 18 μηδὲ δ. ἐπὶ τῷ ὀνόματι – Ἰησοῦ 528
542 οὐκ ἐπαύοντο δ..οντες καὶ εὐαγγελι-
ζόμενοι τὸν χριστὸν Ἰ. 15 35 τὸν λό-
γον τοῦ κυρίου 18 11 δ..ων – τὸν λό-
γον τοῦ θεοῦ 25 ἐδίδ. ἀκριβῶς τὰ πε-
ρὶ τοῦ Ἰησοῦ 2831 δ..ων – ἀκωλύτως
15 1 ἐδίδ. τ. ἀδελφοὺς ὅτι ἐὰν μὴ περιτμ.
2020 οὐδὲν ὑπεστειλάμην – τοῦ μὴ διδά-
ξαι ὑμᾶς δημοσίᾳ καὶ κατ' οἴκους
2121 ἀποστασίαν δ..εις ἀπὸ Μωϋσέως
– 28 ὁ κατὰ – τοῦ νόμου καὶ τοῦ τόπου

τούτου πάντας πανταχῇ διδάσκων
Rm 221 ὁ οὖν δ..ων ἕτερον σεαυτὸν οὐ δ..εις;
12 7 εἴτε ὁ διδάσκων, ἐν τῇ διδασκαλίᾳ
1 Co 417 καθὼς – ἐν πάσῃ ἐκκλησίᾳ διδάσκω
1114 οὐδὲ ἡ φύσις αὐτὴ διδάσκει ὑμᾶς –;
Gal 1 12 οὔτε ἐδιδάχθην c (sc τὸ εὐαγγέλιον)
Eph 421 εἴ γε – ἐν αὐτῷ (sc Χῷ) ἐδιδάχθητε b
Col 1 28 δ..οντες πάντα ἄνθρωπον ἐν πάσῃ
σοφίᾳ 316 ἐν π. σο. δ..οντες – ἑαυτούς
2 7 βεβαιούμενοι τῇ πίστει καθὼς ἐδιδά-
χθητε c 2 Th 215 κρατεῖτε τὰς παρα-
δόσεις ἃς ἐδιδάχθητε c εἴτε διὰ λόγου
1 Ti 212 διδάσκειν δὲ γυναικὶ οὐκ ἐπιτρέπω
411 παράγγελλε ταῦτα καὶ δίδασκε 62
2 Ti 2 2 οἵτινες ἱκανοὶ – καὶ ἑτέρους διδάξαι
Tit 1 11 δ..οντες ἃ μὴ δεῖ – κέρδους χάριν
Hb 512 χρείαν ἔχετε τοῦ δ. (vl δ.εσθαι vg)
ὑμᾶς τινὰ τὰ στοιχεῖα
811 „οὐ μὴ διδάξωσιν – τὸν ἀδελφόν"
1 Jo 227 οὐ χρείαν ἔχετε ἵνα τις διδάσκῃ ὑ-
μᾶς·– τὸ αὐτοῦ χρῖσμα διδάσκει ὑ-
μᾶς περὶ πάντων, – καὶ καθὼς ἐδίδα-
ξεν ὑμᾶς, μένετε ἐν αὐτῷ
Ap 214 Βαλαάμ, ὃς ἐδίδασκεν τῷ Βαλὰκ βα-
λεῖν σκάνδαλον ἐνώπιον – Ἰσραήλ
– 20 δ..ει καὶ πλανᾷ τοὺς ἐμοὺς δούλους

διδαχή (Sept semel) doctrina
Mat 7 28 ἐξεπλήσσοντο – ἐπὶ τῇ δ. αὐτοῦ 22 33
Mar 122 1118 Luc 432 ὅτι ἐν ἐξουσίᾳ
ἦν ὁ λόγος αὐτοῦ Mar 1 27 ἐθαμβή-
θησαν ἅπαντες –·– διδαχὴ καινὴ κατ'
ἐξουσίαν
1612 προσέχειν – ἀπὸ τῆς διδαχῆς τῶν
Φαρισαίων
Mar 4 2 ἔλεγεν αὐτοῖς ἐν τῇ δ. αὐτοῦ· 1238
Joh 716 ἡ ἐμὴ δ. οὐκ ἔστιν ἐμή 17 γνώσεται
περὶ τῆς δ., πότερον ἐκ τ. θεοῦ ἐστιν
1819 ἠρώτησεν τὸν Ἰησ. – περὶ τῆς δ. αὐτοῦ
Act 242 προσκαρτεροῦντες τῇ δ. τῶν ἀποστ.
528 πεπληρώκατε τὴν Ἱερ. τῆς δ. ὑμῶν
1312 ἐκπλησσόμενος ἐπὶ τῇ δ. τοῦ κυρίου
1719 τίς ἡ καινὴ αὕτη ἡ ὑπὸ σοῦ λαλου-
μένη διδαχή;
Rm 617 ὑπηκούσατε – εἰς ὃν παρεδόθητε τύ-
πον διδαχῆς 16 17 σκάνδαλα παρὰ
τὴν δ. ἣν ἐμάθετε ποιοῦντας
1 Co 14 6 ἐὰν μὴ – λαλήσω – ἢ ἐν προφητείᾳ
ἢ [ἐν] δ..ῇ; 26 ἕκαστος – δ.ὴν ἔχει
2 Ti 4 2 ἐπιτίμησον, παρακάλεσον, ἐν πάσῃ
μακροθυμίᾳ καὶ διδαχῇ
Tit 1 9 τοῦ κατὰ τὴν διδαχὴν πιστοῦ λόγου

Hb 6 2 βαπτισμῶν διδαχῆς (vl ..ήν)
13 9 διδαχαῖς ποικίλαις καὶ ξέναις μὴ παραφέρεσθε (vl περιφ.)
2 Jo 9 ὁ – μὴ μένων ἐν τῇ δ. τοῦ Χοῦ – · κτλ
10 εἴ τις – ταύτην τὴν δ. οὐ φέρει
Ap 2 14 ἔχεις – κρατοῦντας τὴν δ. Βαλαάμ
15 τὴν δ. [τῶν] Νικολαϊτῶν ὁμοίως
- 24 ὅσοι οὐκ ἔχουσιν τὴν δ. ταύτην

*διδόναι dare ᵇtribuere
Mat 4 9 ταῦτά σοι πάντα δώσω ‖ Luc 46 σοὶ δώσω τὴν ἐξουσίαν ταύτην ἅπασαν –, – ᾧ ἐὰν θέλω δίδωμι αὐτήν
542 τῷ αἰτοῦντί σε δός ‖ Luc 630 παντὶ αἰτ. σε δίδουᵇ 38 δίδοτε, καὶ δοθήσεται ὑμῖν· μέτρον καλὸν – δώσουσιν εἰς τὸν κόλπον ὑμῶν
7 6 μὴ δῶτε τὸ ἅγιον τοῖς κυσίν, μηδέ
- 7 αἰτεῖτε, καὶ δοθήσεται ὑμῖν 11 δόματα ἀγαθὰ διδόναι τοῖς τέκνοις ὑμῶν, πόσῳ μᾶλλον – δώσει ἀγαθὰ τοῖς αἰτοῦσιν ‖ Luc 11 9.13 πνεῦμα ἅγιον
10 8 δωρεὰν ἐλάβετε, δωρεὰν δότε
- 19 δοθήσεται – ὑμῖν – τί λαλήσητε Mar 1311 δ ἐὰν δοθῇ ὑμῖν –, τοῦτο λαλεῖτε Luc 21 15 ἐγὼ γὰρ δώσω ὑμῖν στόμα καὶ σοφίαν
1311 ὑμῖν δέδοται γνῶναι τὰ μυστήρια –, ἐκείνοις δὲ οὐ δέδοται ‖ Mar 411 τὸ μυστ. δέδοται τῆς βασιλ. Luc 810
- 12 ὅστις – ἔχει, δοθήσεται αὐτῷ 2529 ‖ Mar 425 Luc 818 1926 παντὶ τ. ἔχοντι
1911 οὐ πάντες –, ἀλλ᾿ οἷς δέδοται
- 21 πώλησον – δὸς – πτωχοῖς ‖ Mar 1021 Luc 1233 π..ατε– καὶ δότε ἐλεημοσ.
20 4 δ ἐὰν ᾖ δίκαιον δώσω ὑμῖν 14 θέλω – τῷ ἐσχάτῳ δοῦναι ὡς καὶ σοί
- 23 οὐκ ἔστιν ἐμὸν [τοῦτο] δοῦναι ‖ Mar 1037 δὸς ἡμῖν ἵνα – καθίσωμεν 40
- 28 δοῦναι τὴν ψυχὴν αὐτοῦ λύτρον ἀντὶ πολλῶν ‖ Mar 1045
2615 τί θέλετέ μοι δοῦναι, κἀγὼ –;
2818 ἐδόθη μοι πᾶσα ἐξουσία ἐν οὐρανῷ καὶ ἐπὶ [τῆς] γῆς
Luc 1248 παντὶ – ᾧ ἐδόθη πολύ, πολὺ ζητηθ.
16 12 τὸ ὑμέτερον (vl ἡμ.) τίς ὑμῖν δώσει;
22 19 τὸ σῶμά μου τὸ ὑπὲρ ὑμ. διδόμενον
Joh 3 27 ἐὰν μὴ ᾖ δεδομένον αὐτῷ ἐκ τ. οὐρ.
- 35 πάντα δέδωκεν ἐν τῇ χειρὶ αὐτοῦ 133 ὅτι – ἔδωκεν αὐτῷ – εἰς τὰς χεῖρας
536 τὰ – ἔργα ἃ δέδωκέν μοι ὁ πατὴρ
174 τὸ ἔργον – ὃ δέδωκάς μοι ἵνα

Joh 637 πᾶν ὃ δίδωσίν μοι ὁ πατὴρ πρὸς ἐμὲ ἥξει 39 ἵνα πᾶν ὃ δέδωκέν μοι μὴ ἀπολέσω ἐξ αὐτοῦ
- 65 ἐὰν μὴ ᾖ δεδομένον αὐτῷ ἐκ τ. πατρ.
1029 ὁ πατήρ μου ὃ δέδωκέν μοι πάντων μεῖζόν ἐστιν (vl ὃς – μείζων)
11 22 ὅσα ἂν αἰτήσῃ τὸν θεὸν δώσει σοι ὁ θεός 15 16 ἵνα ὅ τι ἂν αἰτήσητε – ἐν τῷ ὀνόμ. μου δῷ ὑμῖν 1623 δώσει ὑμῖν
1427 εἰρήνην τὴν ἐμὴν δίδωμι ὑμῖν· οὐ καθὼς ὁ κόσμος δίδωσιν ἐγὼ δίδωμι
17 2 ἔδωκας αὐτῷ ἐξουσίαν πάσης σαρκός, ἵνα πᾶν ὃ δέδωκας αὐτῷ δώσῃ αὐτοῖς ζωὴν αἰώνιον 6 οὓς ἔδωκάς μοι ἐκ τοῦ κόσμου. σοὶ ἦσαν κἀμοὶ αὐτοὺς ἔδωκας 7 ὅσα δέδωκάς μοι παρὰ σοῦ εἰσιν 8 τὰ ῥήματα ἃ ἔδωκάς μοι δέδωκα αὐτοῖς 9 περὶ ὧν δέδωκάς μοι (sc ἐρωτῶ)
- 11 τήρησον αὐτοὺς ἐν τῷ ὀνόματί σου ᾧ (vl οὓς vg) δέδωκάς μοι 12
- 14 ἐγὼ δέδωκα αὐτοῖς τὸν λόγον σου
- 22 τὴν δόξαν ἣν δέδωκάς μοι δέδωκα αὐτοῖς 24 πάτερ, ὃ (vl οὓς vg) δέδωκάς μοι, θέλω –, ἵνα θεωρῶσιν τὴν δόξαν –, ἣν δέδωκάς μοι
18 9 οὓς δέδωκάς μοι, οὐκ ἀπώλεσα
1911 εἰ μὴ ἦν δεδομένον σοι ἄνωθεν
Act 3 6 ὃ δὲ ἔχω, τοῦτό σοι δίδωμι
2035 μακάριόν ἐστιν μᾶλλον διδόναι ἤ
Rm 15 5 δῴη ὑμῖν τὸ αὐτὸ φρονεῖν ἐν ἀλλήλ.
1 Co 3 5 ἑκάστῳ ὡς ὁ κύριος ἔδωκεν
2 Co 8 5 ἑαυτοὺς ἔδωκαν – τῷ κυρ. καὶ ἡμῖν
Gal 1 4 τοῦ δόντος ἑαυτὸν ὑπὲρ τῶν ἁμαρτ.
Eph 3 16 ἵνα δῷ ὑμῖν – κραταιωθῆναι διά
2 Th 3 9 ἵνα ἑαυτοὺς τύπον δῶμεν ὑμῖν
1 Ti 2 6 ὁ δοὺς ἑαυτὸν ἀντίλυτρον ὑπὲρ πάντ.
2 Ti 118 δῴη αὐτῷ ὁ κύριος εὑρεῖν ἔλεος 16
Tit 214 ὃς ἔδωκεν ἑαυτὸν ὑπὲρ ἡμῶν
Jac 1 5 παρὰ τοῦ διδόντος θεοῦ πᾶσιν ἁπλῶς
2 16 ἐὰν –, μὴ δῶτε δὲ αὐτοῖς τὰ ἐπιτήδ.

δίδραχμον, τό Mat 17 24

Δίδυμος Joh 11 16 ὁ λεγόμενος Δ. 2024 21 2

διεγείρειν ᵃsuscitare ᵇexcitare
διεγείρεσθαι ᶜexurgere ᵈsurgere
Mar 439 δ..ερθείςᶜ ‖ Luc 824ᵃetᵈ Joh 618ᶜ
2 Pe 13 διεγείρεινᵃ ὑμᾶς ἐν ὑπομνήσει
3 1 ἐπιστολήν, ἐν αἷς διεγείρωᵇ ὑμῶν ἐν ὑπομνήσει τὴν εἰλικρινῆ διάνοιαν

διενθυμεῖσθαι Sᵒ – cogitare Act 10₁₉ περί

διέξοδος exitus Mat 22₉ ἐπὶ τὰς διεξ.

διερμηνεύειν interpretari Luc 24₂₇ διερμήνευσεν αὐτοῖς ἐν πάσαις ταῖς γραφαῖς τὰ περὶ ἑαυτοῦ – Act 9₃₆ δ..ομένη – Δορκάς
1 Co 12₃₀ μὴ πάντες δ..ουσιν; 14₅ ἐκτὸς εἰ μὴ δ..η 13 προσευχέσθω ἵνα δ..η 27 εἴς δ..έτω

διερμηνευτής Sᵒ – interpres 1 Co 14₂₈

διέρχεσθαι transire ᵇpertransire ᶜambulare per ᵈperambulare ᵉire ᶠcircuire ᵍpraeterire ʰpenetrare ⁱperagrare ᵏtransfretare ˡvenire
Mat 12₄₃ᶜ δι' ἀνύδρων τόπων ‖ Luc 11₂₄ᶜ vlᵈ
19₂₄ διὰ τρυπήματος ῥαφίδος ‖ Mar 10₂₅
Mar 4₃₅ διέλθωμεν εἰς τὸ πέραν ‖ Luc 8₂₂ᵏ
Luc 2₁₅ ἕως Βηθλέεμ 4₃₀ διὰ μέσου αὐτῶν 9₆ᶠ κατὰ τὰς κώμας 17₁₁ διὰ μέσον Σαμαρείας 19₁ᵈ τὴν Ἱεριχώ 4 ἐκείνης ἤμελλεν διέρχεσθαι
– 35 τὴν ψυχὴν διελεύσεται ᵇ ῥομφαία
5₁₅ διήρχετοᵈ – ὁ λόγος περὶ αὐτοῦ
Joh 4 4 ἔδει – αὐτὸν διέρχ. διὰ τῆς Σαμαρ.
– 15 ἵνα μὴ διψῶ μηδὲ δ..ωμαι (vl ἔρχωμαι vg veniam) ἐνθάδε ἀντλεῖν
Act 8 4 διῆλθονᵇ εὐαγγελιζόμενοι 40ᵇ 9₃₂ᵇ 38ˡ
10₃₈ ὃς διῆλθενᵇ εὐεργετῶν καὶ ἰώμενος
11₁₉ᵈ ἕως Φοινίκης καὶ Κύπρου 22 ἕως Ἀντ. – 12₁₀ 13₆ᵈ 14ᵇ ἀπὸ τῆς Πέργης
14₂₄ Πισιδίαν 15₃ᵇ Φοινίκην 41ᵈ Συρίαν
16 6 Φρυγίαν 17₂₃ᵍ (Athenis) 18₂₃ᵈ Γαλ.
18₂₇ᵉ εἰς τὴν Ἀχαῖαν 19₁ⁱ τὰ ἀνωτερικὰ μέρη 21 Μακεδονίαν 20₂ᵈ 25 πάντες ἐν οἷς διῆλθον κηρύσσων τὴν βασ.
Rm 5₁₂ οὕτως εἰς πάντας ἀνθρώπους ὁ θάνατος διῆλθενᵇ
1 Co 10 1 πάντες διὰ τῆς θαλάσσης διῆλθον
16 5 ὅταν Μακεδονίαν διέλθωᵇ· κτλᵇ
2 Co 1₁₆ ἐβουλόμην – δι' ὑμῶν διελθεῖν εἰς Μ.
Hb 4₁₄ διεληλυθόταʰ τοὺς οὐρανούς

διερωτᾶν Sᵒ – inquirere Act 10₁₇

διετής, ἀπὸ διετοῦς a bimatu Mat 2₁₆

διετία Sᵒ – biennium Act 24₂₇ 28₃₀

διηγεῖσθαι narrare ᵇenarrare
Mar 5₁₆ 9₉ ἵνα μηδενὶ ἃ εἶδον διηγήσωνται

Luc 8₃₉ διηγοῦ ὅσα σοι ἐποίησεν ὁ θεός 9₁₀
Act 8₃₃ᵇ 9₂₇ 12₁₇ – Hb 11₃₂ᵇ περὶ Γεδεών

διήγησις narratio Luc 1₁

διηνεκές, εἰς τὸ Sᵒ – ᵃin perpetuum ᵇin sempiternum ᶜindesinenter
Hb 7 3 μένει „ἱερεὺς" εἰς τ. δ.ᵃ 10₁ᶜ 12 μίαν – προσενέγκας θυσίαν εἰς τ. δ.ᵇ ἐκάθισεν 14 μιᾷ – προσφορᾷ τετελείωκεν εἰς τ. δ.ᵇ

διθάλασσος Sᵒ – dithalassus (vl bi.) Act 27₄₁

διϊκνεῖσθαι pertingere Hb 4₁₂

διϊστάναι ᵃintervallum facere ᵇrecedere ᶜseparari Luc 22₅₉ διαστάσηςᵃ – ὥρας
Luc 24₅₁ διέστηᵇ ἀπ' αὐτῶν – Act 27₂₈ᶜ

διϊσχυρίζεσθαι Sᵒ – affirmare
Luc 22₅₉ Act 12₁₅ διϊσχυρίζετο οὕτως ἔχειν

δικαιοκρισία Sᵒ – iustum iudicium Rm 2₅

δίκαιος iustus

1) proprium Dei vel Christi

Mat 27₁₉ μηδὲν σοὶ καὶ τῷ δικαίῳ ἐκείνῳ
(– 24 vl ἀπὸ τοῦ αἵματος τοῦ δικαίου τούτου vg sanguine iusti huius)
Luc 23₄₇ ὄντως ὁ ἄνθρωπος οὗτος δ. ἦν
Joh 17₂₅ πάτερ δίκαιε, καὶ ὁ κόσμος σε οὐκ
Act 3₁₄ τὸν ἅγιον καὶ δ..ον ἠρνήσασθε 7₅₂ προκαταγγείλαντας περὶ τῆς ἐλεύσεως τοῦ δ., οὗ νῦν ὑμεῖς – φονεῖς
22₁₄ ἰδεῖν τὸν δ. καὶ ἀκοῦσαι φωνήν
Rm 3₂₆ εἰς τὸ εἶναι αὐτὸν δ..ον καὶ δικαιοῦντα τὸν ἐκ πίστεως Ἰησοῦ
2 Ti 4 8 ὁ κύριος –, ὁ δίκαιος κριτής
1 Pe 3₁₈ ἔπαθεν, δίκαιος ὑπὲρ ἀδίκων
1 Jo 1 9 πιστός ἐστιν καὶ δίκ., ἵνα ἀφῇ ἡμῖν
2 1 παράκλητον –, Ἰησοῦν Χ. δίκαιον
– 29 ἐὰν εἰδῆτε ὅτι δίκαιός ἐστιν
3 7 καθὼς ἐκεῖνος δίκαιός ἐστιν → 2)
Ap 16 5 „δίκαιος εἶ, ὁ ὤν" καὶ ὁ ἦν

2) homines iusti

Mat 1₁₉ Ἰωσὴφ –, δίκαιος ὢν καὶ μὴ θέλων
5₄₅ βρέχει ἐπὶ δικαίους καὶ ἀδίκους
9₁₃ οὐ γὰρ ἦλθον καλέσαι δ..ους ἀλλὰ ἁμαρτ. ‖ Mar 2₁₇ Luc 5₃₂ εἰς μετάν.
10₄₁ ὁ δεχόμενος δ..ον εἰς ὄνομα δικαίου μισθὸν δικαίου λήμψεται

Mat 13 17 πολλοὶ προφῆται καὶ δ..οι ἐπεθύμη.
   – 43 „οἱ δ..οι ἐκλάμψουσιν" – ἐν τῇ βασιλ.
   – 49 οἱ ἄγγελοι – ἀφοριοῦσιν τοὺς πονη-
     ροὺς ἐκ μέσου τῶν δικαίων
   23 28 ἔξωθεν μὲν φαίνεσθε τοῖς ἀνθρ. δ..οι
   – 29 κοσμεῖτε τὰ μνημεῖα τῶν δικαίων
   – 35 ἀπὸ τοῦ αἵματος Ἄβελ τοῦ δικαίου
   25 37 ἀποκριθήσονται αὐτῷ οἱ δ.. – ̇ κύριε
   – 46 οἱ δὲ δίκαιοι εἰς ζωὴν αἰώνιον
Mar 6 20 εἰδὼς αὐτὸν ἄνδρα δ..ον καὶ ἅγιον
Luc 1 6 ἦσαν – δ..οι ἀμφότεροι ἐναντ. τ. θεοῦ
   – 17 ἀπειθεῖς ἐν φρονήσει δικαίων
   2 25 δ..ος καὶ εὐλαβής (Symeon) 23 50 ἀγα-
     θὸς καὶ δ..ος (Joseph) Act 10 22 ἀνὴρ
     δ. καὶ φοβούμενος τὸν θ. (Cornel.)
   14 14 ἐν τῇ ἀναστάσει τῶν δ. Act 24 15 ἀνά-
     στασιν – ἔσεσθαι δ..ων τε καὶ ἀδίκων
   15 7 ἢ ἐπὶ ἐνενήκοντα ἐννέα δικαίοις
   18 9 τοὺς πεποιθότας – ὅτι εἰσὶν δίκαιοι
   20 20 ὑποκρινομένους ἑαυτοὺς δ..ους εἶναι
Rm 1 17 „ὁ – δίκαιος ἐκ πίστεως ζήσεται" Gal
   3 11 Hb 10 38 „ὁ – δίκαιός μου"
   2 13 οὐ γὰρ οἱ ἀκροαταὶ νόμου δίκαιοι
     παρὰ [τῷ] θεῷ, ἀλλ' οἱ ποιηταὶ
   3 10 „οὐκ ἔστιν δίκαιος οὐδὲ εἷς"
   5 7 μόλις – ὑπὲρ δ..ου τις ἀποθανεῖται
   – 19 δίκαιοι κατασταθήσονται οἱ πολλοί
1 Ti 1 9 εἰδὼς – ὅτι δικαίῳ νόμος οὐ κεῖται
Tit 1 8 δεῖ – ἐπίσκοπον – εἶναι – δ..ον, ὅσιον
Hb 11 4 δι' ἧς ἐμαρτυρήθη εἶναί δ..ος (Abel)
   12 23 πνεύμασι δικαίων τετελειωμένων
Jac 5 6 κατεδικάσατε, ἐφονεύσατε τὸν δ..ον
   – 16 πολὺ ἰσχύει δέησις δ..ου ἐνεργουμένη
1 Pe 3 12 „ὀφθαλμοὶ κυρίου ἐπὶ δικαίους"
   4 18 „εἰ ὁ δ. μόλις σῴζεται, ὁ ἀσεβὴς –;
2 Pe 2 7 δ..ον Λώτ – ἐρρύσατο 8 ὁ δίκ. – ψυ-
     χὴν δ..αν ἀνόμοις ἔργοις ἐβασάνιζεν
1 Jo 3 7 ὁ ποιῶν τὴν δικαιοσύνην δίκ. ἐστιν
Ap 22 11 ὁ δίκ. δικαιοσύνην ποιησάτω ἔτι

   3) res iustae – τὸ δίκαιον, δίκαιόν ἐστιν

Mat 20 4 ὃ ἐὰν ᾖ δίκαιον δώσω ὑμῖν
   23 35 πᾶν αἷμα δίκαιον ἐκχυννόμενον (27 4
     vl παραδοὺς αἷ. δίκαιον vg)
Luc 12 57 τί – ἀφ' ἑαυτῶν οὐ κρίνετε τὸ δ.;
Joh 5 30 ἡ κρίσις ἡ ἐμὴ δικαία ἐστὶν
   7 24 ἀλλὰ τὴν δικαίαν κρίσιν κρίνετε
Act 4 19 εἰ δίκαιόν ἐστιν ἐνώπιον τοῦ θεοῦ
Rm 7 12 ἡ ἐντολὴ ἁγία καὶ δικαία καὶ ἀγαθή
Eph 6 1 τοῦτο γάρ ἐστιν δίκαιον
Phl 1 7 καθώς ἐστιν δ..ον ἐμοὶ τοῦτο φρονεῖν
   4 8 ὅσα σεμνά, ὅσα δίκαια, ὅσα ἁγνά

Col 4 1 τὸ δίκαιον καὶ τὴν ἰσότητα τοῖς δού-
     λοις παρέχεσθε
2 Th 1 5 ἔνδειγμα τῆς δ..ας κρίσεως τ. θεοῦ
   – 6 εἴπερ δ..ον παρὰ θεῷ ἀνταποδοῦναι
2 Pe 1 13 δ..ον δὲ ἡγοῦμαι – διεγείρειν ὑμᾶς
   2 8 ψυχὴν δικαίαν – ἐβασάνιζεν
1 Jo 3 12 τὰ δὲ τοῦ ἀδελφοῦ (sc ἔργα) – δ..α
Ap 15 3 „δίκαιαι καὶ ἀληθιναὶ αἱ ὁδοί" σου
     16 7 „αἱ κρίσεις σου" 19 2 „κρίσεις"

δικαιοσύνη iustitia [b]aequitas [c]iustificatio
Mat 3 15 πρέπον – ἡμῖν πληρῶσαι πᾶσαν δ..ην
   5 6 οἱ πεινῶντες καὶ διψῶντες τὴν δικ.
   – 10 οἱ δεδιωγμένοι ἕνεκεν δ..ης
   – 20 ἐὰν μὴ περρισσεύσῃ ὑμῶν ἡ δ. πλεῖ-
     ον τῶν γραμματέων καὶ Φαρισ.
   6 1 προσέχετε – τὴν δ. ὑμῶν μὴ ποιεῖν
     ἔμπροσθεν τῶν ἀνθρώπων πρὸς τό
   – 33 ζητεῖτε – τ. βασιλ. [τ. θεοῦ] κ.τ.δ. αὐτοῦ
   21 32 ἦλθεν – Ἰωάννης – ἐν ὁδῷ δ..ης
Luc 1 75 λατρεύειν – ἐν ὁσιότητι καὶ δ..ῃ
Joh 16 8 ἐλέγξει τὸν κόσμον – περὶ δ..ης 10
Act 10 35 ὁ – ἐργαζόμενος δ..ην δεκτὸς αὐτῷ
   13 10 ἐχθρὲ πάσης δ..ης (Bariesus)
   17 31 μέλλει „κρίνειν τὴν οἰκουμ. ἐν δ..ῃ[b]"
   24 25 διαλεγομένου – αὐτοῦ περὶ δ..ης
Rm 1 17 δικαιοσύνη – θεοῦ ἐν αὐτῷ ἀπο-
     καλύπτεται 3 5 ἡ ἀδικία ἡμῶν θεοῦ
     δ..ην συνίστησιν 21 χωρὶς νόμου δ.
     θεοῦ πεφανέρωται 22 δ. δὲ θεοῦ διὰ
     πίστεως – Χοῦ 25 εἰς ἔνδειξιν τῆς δικ.
     αὐτοῦ 26 10 3 ἀγνοοῦντες – τὴν τοῦ
     θ. δικ. καὶ τὴν ἰδίαν [δ..ην] ζητοῦντες
     στῆσαι, τῇ δικ. τοῦ θ. οὐχ ὑπετάγη-
     σαν → 2 Co 5 21 Phl 3 9
   4 3 „ἐλογίσθη αὐτῷ εἰς δ..ην" 5 λογί-
     ζεται ἡ πίστις – εἰς δ..ην 9 „ἐλογί-
     σθη κτλ" 22 Gal 3 6 Jac 2 23
   – 6 ᾧ ὁ θεὸς λογίζεται δ..ην χωρὶς ἔργ.
   – 11 ἔλαβεν – σφραγῖδα τῆς δικ. τῆς πί-
     στεως τῆς ἐν τῇ ἀκροβυστίᾳ, – εἰς τὸ
     λογισθῆναι [καὶ] αὐτοῖς [τὴν] δικ.
   – 13 ἡ ἐπαγγελία – διὰ δ..ης πίστεως
   5 17 οἱ τὴν περισσείαν τῆς χάριτος καὶ
     τῆς δωρεᾶς τῆς δικ. λαμβάνοντες
   – 21 ἡ χάρις βασιλεύσῃ διὰ δ..ης εἰς ζω.
   6 13 τὰ μέλη ὑμῶν ὅπλα δ..ης τῷ θεῷ
   – 16 δοῦλοί ἐστε – ἢ ὑπακοῆς εἰς δ..ην 18
     ἐδουλώθητε τῇ δικ. 19 παραστήσατε
     τὰ μέλη ὑμῶν δοῦλα τῇ δικ. εἰς ἁγια-
     σμόν 20 ἐλεύθεροι ἦτε τῇ δικ.
   8 10 τὸ δὲ πνεῦμα ζωὴ διὰ δ..ην[c]

Rm 9 30 ἔθνη τὰ μὴ διώκοντα δ..ην κατέλαβεν
δ..ην, δ..ην δὲ τὴν ἐκ πίστεως 31 Ἰσρα-
ὴλ – διώκων νόμον δ..ης εἰς νόμον
(vl + δ..ης vg) οὐκ ἔφθασεν
10 4 τέλος – νόμου Χὸς εἰς δ..ην – τῷ πι-
στεύοντι 5 Μωϋσῆς γὰρ γράφει τὴν
δικ. τὴν ἐκ [τοῦ] νόμου ὅτι ὁ ποιήσας 6
ἡ δὲ ἐκ πίστεως δικ. – λέγει· 10 καρδίᾳ
γὰρ πιστεύεται εἰς δ..ην
14 17 δικ. καὶ εἰρήνη καὶ χαρὰ ἐν πνεύ.
1 Co 1 30 ὃς ἐγενήθη σοφία ἡμῖν ἀπὸ θεοῦ,
δικ. τε καὶ ἁγιασμός
2 Co 3 9 περισσεύει ἡ διακονία τῆς δικ. δόξῃ
5 21 ἵνα – γενώμεθα δικ. θεοῦ ἐν αὐτῷ
6 7 διὰ τῶν ὅπλων τῆς δ. τῶν δεξιῶν
– 14 τίς γὰρ μετοχὴ δ..η καὶ ἀνομία;
9 9 „ἡ δικ. αὐτοῦ μένει εἰς τὸν αἰῶνα"
– 10 αὐξήσει „τὰ γενήματα τῆς δ. ὑμῶν"
11 15 μετασχηματίζονται ὡς διάκονοι δ..ης
Gal 2 21 εἰ – διὰ νόμου δικ., – Χὸς δωρεάν
3 21 ὄντως ἐκ νόμου ἂν ἦν ἡ δικ.
5 5 ἐκ πίστεως ἐλπίδα δ..ης ἀπεκδεχό.
Eph 4 24 τὸν κατὰ θεὸν κτισθέντα ἐν δικαιο-
σύνῃ καὶ ὁσιότητι τῆς ἀληθείας
5 9 ἐν πάσῃ ἀγαθωσύνῃ καὶ δ..η κ. ἀλ.
6 14 „ἐνδυσάμενοι τὸν θώρακα τῆς δ."
Phl 1 11 πεπληρωμένοι καρπὸν δ..ης τὸν
διὰ Ἰησοῦ Χοῦ Hb 12 11 καρπὸν εἰ-
ρηνικὸν – ἀποδίδωσιν δ..ης Jac 3 18
καρπὸς – δ..ης ἐν εἰρήνη σπείρεται
3 6 κατὰ δ..ην τὴν ἐν νόμῳ – ἄμεμπτος
9 μὴ ἔχων ἐμὴν δ..ην τὴν ἐκ νόμου,
ἀλλὰ τὴν διὰ πίστεως Χοῦ, τὴν ἐκ
θεοῦ δικ. ἐπὶ τῇ πίστει
1 Ti 6 11 δίωκε δὲ δ..ην. εὐσέβειαν 2 Ti 2 22
2 Ti 3 16 ὠφέλιμος – πρὸς παιδείαν τὴν ἐν δ..η
4 8 ἀπόκειταί μοι ὁ τῆς δικ. στέφανος
Tit 3 5 οὐκ ἐξ ἔργων τῶν ἐν δ..η ἃ ἐποιή-
σαμεν ἡμεῖς
Hb 1 9 „ἠγάπησας δ..ην καὶ ἐμίσησας ἀνο."
5 13 ἄπειρος λόγου δ..ης, νήπιος γάρ ἐστιν
7 2 ἑρμηνευόμενος βασιλεὺς δ..ης
11 7 Νῶε – τῆς κατὰ πίστιν δ..ης ἐγένετο
κληρονόμος 33 οἳ διὰ πίστεως – ἠργά-
σαντο δ..ην – 12 11 Jac 3 18 → Phl 1 11
Jac 1 20 ὀργὴ – δ..ην θεοῦ οὐκ ἐργάζεται
1 Pe 2 24 ἵνα – τῇ δικαιοσύνῃ ζήσωμεν
3 14 εἰ καὶ πάσχοιτε διὰ δ..ην, μακάριοι
2 Pe 1 1 τοῖς ἰσότιμον ἡμῖν λαχοῦσιν πίστιν
ἐν δ..η τοῦ θεοῦ ἡμῶν καὶ σωτῆρος
2 5 Νῶε δικαιοσύνης κήρυκα ἐφύλαξεν
– 21 μὴ ἐπεγνωκέναι τὴν ὁδὸν τῆς δικ.

2 Pe 3 13 ἐν οἷς δικαιοσύνη κατοικεῖ
1 Jo 2 29 πᾶς ὁ ποιῶν τὴν δικ. 3 7:10 ὁ μὴ ποι-
ῶν δ..ην (vl ὢν δίκαιος vg)
Ap 19 11 „ἐν δ..η κρίνει" καὶ πολεμεῖ
22 11 ὁ δίκαιος δ..ην ποιησάτω (vl δικαιω-
θήτω vg, vl iustitiam faciat) ἔτι

δικαιοῦν iustificare
Mat 11 19 ἐδικαιώθη ἡ σοφία ἀπὸ τῶν ἔργων
(vl τέκνων vg) αὐτῆς ‖ Luc 7 35 τέκ.
12 37 ἐκ γὰρ τῶν λόγων σου δικαιωθήσῃ
Luc 7 29 καὶ οἱ τελῶναι ἐδικαίωσαν τὸν θεόν,
βαπτισθέντες τὸ βάπτισμα Ἰωάννου
10 29 ὁ δὲ θέλων δικαιῶσαι ἑαυτὸν εἶπεν
16 15 ὑμεῖς ἐστε οἱ δ..οῦντες ἑαυτοὺς ἐνώ-
πιον τῶν ἀνθρ., ὁ δὲ θεὸς γινώσκει
18 14 κατέβη οὗτος δεδικαιωμένος – παρ'
Act 13 38.39 ἀπὸ πάντων ὧν οὐκ ἠδυνήθητε ἐν
νόμῳ Μωϋσέως δ..ωθῆναι, ἐν τούτῳ
πᾶς ὁ πιστεύων δ..οῦται
Rm 2 13 ἀλλ' οἱ ποιηταὶ νόμου δ..ωθήσονται
3 4 „ὅπως ἂν δ..ωθῇς ἐν τοῖς λόγοις σου"
– 20 ἐξ ἔργων νόμου „οὐ δ..ωθήσεται πᾶ-
σα σάρξ" Gal 2 16
– 24 δ..ούμενοι δωρεὰν τῇ αὐτοῦ χάριτι
– 26 εἰς τὸ εἶναι – δίκαιον καὶ δ..οῦντα
– 28 δ..οῦσθαι πίστει ἄνθρωπον χωρὶς ἔργ.
– 30 ὃς δ..ώσει περιτομὴν ἐκ πίστεως καὶ
ἀκροβυστίαν διὰ τῆς πίστεως
4 2 εἰ γὰρ Ἀβρ. ἐξ ἔργων ἐδικαιώθη
– 5 τῷ δὲ μὴ ἐργαζομένῳ, πιστεύοντι δὲ
ἐπὶ τὸν δ..οῦντα τὸν ἀσεβῆ
5 1 δ..ωθέντες οὖν ἐκ πίστεως 9 μᾶλλον
δ..ωθέντες νῦν ἐν τῷ αἵματι αὐτοῦ
6 7 ὁ γὰρ ἀποθανὼν δεδικαίωται ἀπὸ
τῆς ἁμαρτίας
8 30 τούτους καὶ ἐδικαίωσεν· οὓς δὲ ἐδι-
καίωσεν, τούτους καὶ ἐδόξασεν
– 33 τίς ἐγκαλέσει –; θεὸς „ὁ δ..ῶν"
1 Co 4 4 ἀλλ' οὐκ ἐν τούτῳ δεδικαίωμαι
6 11 ἐδ..ώθητε ἐν τῷ ὀνόματι – Ἰ. Χοῦ
Gal 2 16 οὐ δικαιοῦται ἄνθρ. – ἐὰν μὴ διὰ πί-
στεως Ἰ. Χοῦ, καὶ ἡμεῖς – ἐπιστεύσα-
μεν, ἵνα δικαιωθῶμεν ἐκ πίστεως
– 17 εἰ δὲ ζητοῦντες δ..ωθῆναι ἐν Χῷ
3 8 ὅτι ἐκ πίστεως δ..οῖ τὰ ἔθνη ὁ θεός
– 11 ὅτι δὲ ἐν νόμῳ οὐδεὶς δικαιοῦται πα-
ρὰ τῷ θεῷ δῆλον
– 24 ὁ νόμος παιδαγωγὸς ἡμῶν – εἰς Χόν,
ἵνα ἐκ πίστεως δικαιωθῶμεν
5 4 οἵτινες ἐν νόμῳ δ..οῦσθε, – ἐξεπέσ.
1 Ti 3 16 ἐδ..ώθη (vg ..catum est) ἐν πνεύματι

Tit 3 7 δικαιωθέντες τῇ ἐκείνου χάριτι
Jac 2 21 Ἀβρ. – οὐκ ἐξ ἔργων ἐδικαιώθη –;
– 24 ὁρᾶτε ὅτι ἐξ ἔργων δ..οῦται ἄνθρ.
– 25 Ῥαὰβ – οὐκ ἐξ ἔργων ἐδ..ώθη, –;
(Ap 22 11 vl → δικαιοσύνη)

δικαίωμα ᵃiustificatio ᵇiustitia ᶜiudicium
Luc 1 6 πορευόμενοι ἐν – δ..σιν ᵃ τοῦ κυρίου
Rm 1 32 τὸ δικαίωμα ᵇ τοῦ θεοῦ ἐπιγνόντες
2 26 ἐὰν – ἡ ἀκροβυστία τὰ δικαιώματα ᵇ
τοῦ νόμου φυλάσσῃ
5 16 τὸ δὲ χάρισμα ἐκ πολλῶν παραπτω-
μάτων εἰς δικ.ᵃ 18 δι᾿ ἑνὸς δ..τος ᵇ εἰς
πάντας – εἰς δικαίωσιν ᵃ ζωῆς
8 4 ἵνα τὸ δικ.ᵃ τοῦ νόμου πληρωθῇ ἐν
ἡμῖν τοῖς μὴ κατὰ σάρκα περιπατ.
Hb 9 1 εἶχε – [καὶ] ἡ πρώτη δ.τα ᵃ λατρείας
– 10 δ..τα ᵇ σαρκὸς μέχρι καιροῦ διορθώ-
σεως ἐπικείμενα
Ap 15 4 ὅτι τὰ δικ.ᶜ σου ἐφανερώθησαν
19 8 τὸ γὰρ βύσσινον τὰ δ.ᵃ τῶν ἁγίων

δικαίως iuste
Luc 23 41 καὶ ἡμεῖς μὲν δ., ἄξια γὰρ ὧν ἐπράξ.
1 Co 15 34 ἐκνήψατε δ. (vg iusti vl iuste)
1 Th 2 10 ὡς ὁσίως καὶ δ. – ὑμῖν – ἐγενήθημεν
Tit 2 12 ἵνα – δ. καὶ εὐσεβῶς ζήσωμεν ἐν
1 Pe 2 23 παρεδίδου δὲ τῷ κρίνοντι δικαίως (vl
ἀδίκως vg iudicanti se iniuste)

δικαίωσις iustificatio
Rm 4 25 ἠγέρθη διὰ τὴν δικαίωσιν ἡμῶν
5 18 εἰς πάντας ἀνθρ. εἰς δ..σιν ζωῆς

δικαστής iudex Act 7 27.35 (vl Luc 12 14)

δίκη poena ᵇultio
Act 28 4 ὃν – ἡ δίκη ᵇ ζῆν οὐκ εἴασεν
2 Th 1 9 δίκην (..nas) τίσουσιν ὄλεθρον αἰώ.
Jud 7 πυρὸς αἰωνίου δίκην ὑπέχουσαι

δίκτυον rete
Mat 4 20.21 ‖ Mar 1 18.19 Luc 5 2.4.5.6
Joh 21 6.8.11 οὐκ ἐσχίσθη τὸ δίκτυον

δίλογος Sᵒ – bilinguis 1 Ti 3 8 μὴ δ..ους

διοδεύειν ᵃiter facere ᵇperambulare
Luc 8 1 ᵃ κατὰ πόλιν καὶ κώμην Act 17 1 ᵇ

Διονύσιος Act 17 34 ὁ Ἀρεοπαγίτης

τὸ διοπετές Sᵒ – Iovis proles Act 19 35

διορθώματα Sᵒ γίνονται multa corriguntur
Act 24 2 τῷ ἔθνει τούτῳ

διόρθωσις Sᵒ – correctio
Hb 9 10 μέχρι καιροῦ διορθώσεως

διορύσσειν effodere ᵇperfodere (vl ..ire)
Mat 6 19s – 24 43 διορυχθῆναι ᵇ ‖ Luc 12 39 ᵇ

Διόσκουροι Castores Act 28 11

Διοτρέφης 3 Jo 9 ὁ φιλοπρωτεύων

διπλοῦν Sᵒ – duplicare Ap 18 6 διπλᾶ

διπλοῦς ᵃduplex ᵇduplus ᶜduplo quam
Mat 23 15 υἱὸν γεέννης διπλότερον ᶜ ὑμῶν
1 Ti 5 17 διπλῆς ᵃ τιμῆς ἀξιούσθωσαν
Ap 18 6 διπλώσατε τὰ διπλᾶ ᵃ „κατὰ τὰ ἔργα
αὐτῆς"· ἐν τῷ ποτηρίῳ ᾧ ἐκέρασεν
κεράσατε αὐτῇ διπλοῦν ᵇ (duplum)

δίς bis ᵇiterum Mar 14 30.72
Luc 18 12 νηστεύω δὶς τοῦ σαββάτου
Phl 4 16 1 Th 2 18 ἅπαξ καὶ δίς ᵇ Jud 12

δισμυριάς Sᵒ – vicies millies Ap 9 16

διστάζειν Sᵒ – dubitare
Mat 14 31 εἰς τί ἐδίστασας; 28 17 οἱ δὲ ἐδίστ.

δίστομος anceps ᵇutraque parte acutus
Hb 4 12 τομώτερος ὑπὲρ – μάχαιραν δ..ον
Ap 1 16 ῥομφαία δ.ᵇ ὀξεῖα 2 12 ᵇ (vl 19 15 ᵇ)

δισχίλιοι duo millia Mar 5 13 ὡς δισχ.

διϋλίζειν excolare Mat 23 24 κώνωπα

διχάζειν Sᵒ – separare Mat 10 35 ἄνθρωπον

διχοστασία dissensio Gal 5 20
Rm 16 17 σκοπεῖν τοὺς τὰς δ..ας – ποιοῦντας

διχοτομεῖν dividere Mat 24 51 ‖ Luc 12 46

διψᾶν sitire
Mat 5 6 οἱ – διψῶντες τὴν δικαιοσύνην
25 35 ἐδίψησα καὶ ἐποτίσατέ με 37.42.44
Joh 4 13 διψήσει πάλιν 14 οὐ μὴ διψήσει εἰς
τὸν αἰῶνα 15 – 6 35 ὁ πιστεύων εἰς
ἐμὲ οὐ μὴ διψήσει πώποτε

Joh 7 37 ἐάν τις διψᾷ, ἐρχέσθω πρός με καί
19 28 ἵνα τελειωθῇ ἡ γραφή, λέγει· „διψῶ"
Rm 12 20 „ἐὰν διψᾷ, πότιζε αὐτόν"
1 Co 4 11 πεινῶμεν καὶ διψῶμεν καὶ γυμνιτ.
Ap 7 16 „οὐδὲ διψήσουσιν" ἔτι, οὐδὲ μὴ πέσῃ
21 6 ἐγὼ „τῷ διψῶντι" δώσω ἐκ τῆς πη-
γῆς 22 17 „ὁ διψῶν ἐρχέσθω"

δίψος sitis 2 Co 11 27 ἐν λιμῷ καὶ δίψει

δίψυχος Sᵒ – duplex animo Jac 1 8 4 8

διωγμός persecutio
Mat 13 21 διωγμοῦ διὰ τὸν λόγον ‖ Mar 4 17
Mar 10 30 ἐὰν μὴ λάβῃ ἑκατονταπλασίονα νῦν
– μετὰ διωγμῶν, καὶ ἐν τῷ αἰ. τ. ἐρχ.
Act 8 1 ἐγένετο – διωγμὸς μέγας ἐπὶ τὴν ἐκ-
κλησίαν τὴν ἐν Ἱεροσολύμοις
13 50 ἐπήγειραν δ..ὸν ἐπὶ τὸν Παῦλον καί
Rm 8 35 θλῖψις ἢ στενοχωρία ἢ διωγμός –;
2 Co 12 10 εὐδοκῶ – ἐν διωγμοῖς – ὑπὲρ Χοῦ
2 Th 1 4 ὑπομονῆς – ἐν πᾶσιν τοῖς δ. ὑμῶν
2 Ti 3 11 παρηκολούθησάς μου – τοῖς δ. – · οἵ-
ους δ..οὺς ὑπήνεγκα, καὶ ἐκ πάντων

διώκειν persequi ᵇsectari ᶜsequi
ᵈpersecutionem pati
Mat 5 10 οἱ δεδιωγμένοι ᵈ ἕνεκεν δικαιοσύνης
11 ὅταν ὀνειδίσωσιν ὑμᾶς καὶ διώξω-
σιν 12 οὕτως – ἐδίωξαν τοὺς προφή-
τας → Act 7 52
– 44 προσεύχεσθε ὑπὲρ τῶν δ..όντων ὑμᾶς
10 23 ὅταν δὲ δ..ωσιν ὑμᾶς ἐν τῇ πόλει
23 34 ἐξ αὐτῶν – διώξετε ἀπὸ πόλεως εἰς
πόλιν ‖ Luc 11 49 διώξουσιν
Luc 17 23 μὴ ἀπέλθητε μηδὲ διώξητε ᵇ
21 12 πρὸ δὲ τούτων – διώξουσιν (sc ὑμᾶς)
Joh 5 16 ἐδίωκον οἱ Ἰουδαῖοι τὸν Ἰησοῦν
15 20 εἰ ἐμὲ ἐδίωξαν, καὶ ὑμᾶς διώξουσιν
Act 7 52 τίνα τῶν προφητῶν οὐκ ἐδίωξαν –;
9 4 τί με διώκεις; 5 ἐγώ εἰμι Ἰησοῦς ὃν
σὺ διώκεις 22 7.8 26 14.15
22 4 ὃς ταύτην τὴν ὁδὸν ἐδίωξα ἄχρι θα-
νάτου 26 11 1 Co 15 9 διότι ἐδίωξα τὴν
ἐκκλησίαν Gal 1 13 καθ' ὑπερβολὴν ἐ-
δίωκον τὴν ἐκκλ. 23 ὁ διώκων ἡμᾶς
ποτε Phl 3 6 κατὰ ζῆλος διώκων
Rm 9 30 ἔθνη τὰ μὴ δ..οντα ᵇ δικαιοσύνην 31
Ἰσραὴλ – δ..ων ᵇ νόμον δικαιοσύνης
12 13 τὴν φιλοξενίαν διώκοντες ᵇ 14 εὐλο-
γεῖτε τοὺς διώκοντας [ὑμᾶς]
14 19 τὰ τῆς εἰρήνης δ..ωμεν (vl ..ομεν)ᵇ

καὶ τὰ τῆς οἰκοδομῆς – εἰς ἀλλήλους
1 Co 4 12 διωκόμενοι ᵈ ἀνεχόμεθα
14 1 διώκετε ᵇ τὴν ἀγάπην, ζηλοῦτε
2 Co 4 9 δ..όμενοι ᵈ ἀλλ' οὐκ ἐγκαταλειπόμενοι
Gal 4 29 ἐδίωκεν τὸν κατὰ πνεῦμα
5 11 εἰ περιτομὴν ἔτι κηρύσσω, τί ἔτι διώ-
κομαι ᵈ; 6 12 ἀναγκάζουσιν ὑμᾶς πε-
ριτέμνεσθαι, μόνον ἵνα τῷ σταυρῷ
τοῦ Χοῦ μὴ διώκωνται ᵈ
Phl 3 12 διώκω ᶜ δὲ εἰ καὶ καταλάβω
– 14 κατὰ σκοπὸν διώκω εἰς τὸ βραβεῖον
1 Th 5 15 τὸ ἀγαθὸν διώκετε ᵇ [καὶ] εἰς ἀλλήλ.
1 Ti 6 11 δίωκε ᵇ δὲ δικαιοσύνη 2 Ti 2 22 ᵇ
2 Ti 3 12 πάντες – οἱ θέλοντες εὐσεβῶς ζῆν ἐν
Χῷ Ἰησοῦ διωχθήσονται ᵈ
Hb 12 14 εἰρήνην διώκετε ᶜ μετὰ πάντων
1 Pe 3 11 „ὁ – θέλων ζωὴν ἀγαπᾶν – ζητησάτω
εἰρήνην καὶ διωξάτω ᶜ αὐτήν"
Ap 12 13 ἐδίωξεν τὴν γυναῖκα (sc ὁ δράκων)

διώκτης Sᵒ – persecutor 1 Ti 1 13

δόγμα ᵃdecretum ᵇedictum ᶜdogma
Luc 2 1 ᵇ παρὰ Καίσαρος Act 17 7 ᵃ
Act 16 4 φυλάσσειν τὰ δόγματα ᶜ τὰ κεχρημέ-
να ὑπὸ τῶν ἀποστόλων καὶ πρεσβυτ.
Eph 2 15 τὸν νόμον τῶν ἐντολῶν ἐν δόγμασιν ᵃ
καταργήσας Col 2 14 ἐξαλείψας τὸ
καθ' ἡμῶν χειρόγραφον τοῖς δόγμα-
σιν ᵃ (decreti vl decretis)

δογματίζεσθαι decernere
Col 2 20 τί ὡς ζῶντες ἐν κόσμῳ δ..εσθε· –;

*δοκεῖν videri ᵇexistimare, ..ari (Hb 4 1) ᶜpu-
tare ᵈplacere ᵉ(οὐ δ.) nescire
Mat 17 25 τί σοι δοκεῖ, Σίμων; 18 12 ὑμῖν –; 21
28 22 17 τί σοι δοκεῖ, ἔξεστιν δοῦναι
κῆνσον –; 42 τί ὑμῖν δοκεῖ περὶ τοῦ
χριστοῦ; τίνος υἱός ἐστιν; 26 66 Joh
11 56 ᶜ – Luc 10 36 τίς – πλησίον δο-
κεῖ σοι γεγονέναι –; 12 51 δοκεῖτε ᶜ
ὅτι εἰρήνην παρεγενόμην δοῦναι –;
24 44 ᵇ οὐ δοκεῖτε ᵉ ὥρᾳ ‖ Luc 12 40 ᶜ
Mar 10 42 οἱ δοκοῦντες ἄρχειν τῶν ἐθνῶν
Joh 5 39 ὅτι – δοκεῖτε ᶜ ἐν αὐταῖς ζωὴν – ἔχειν
Act 15 22 ἔδοξε ᵈ τοῖς ἀποστόλοις 25 ἔδοξεν ᵈ ἡ-
μῖν γενομένοις ὁμοθυμαδὸν 28 ἔδοξεν
– τῷ πνεύματι – καὶ ἡμῖν – [34]
1 Co 3 18 εἴ τις δοκεῖ σοφὸς εἶναι – ἐν τῷ αἰῶνι
τούτῳ 8 2 εἴ τις δοκεῖ ᵇ ἐγνωκέναι τι
Gal 6 3 ᵇ εἶναί τι μηδὲν ὤν

1 Co 740 δοκῶ^c δὲ κἀγὼ πνεῦμα θεοῦ ἔχειν
1012 ὁ δοκῶν^b ἑστάναι βλεπέτω μὴ πέση
Gal 2 2 κατ' ἰδίαν δὲ τοῖς δοκοῦσιν (vg add
aliquid esse, vl °) 6 ἀπὸ δὲ τῶν δοκ.
εἶναί τι, – ἐμοὶ – οἱ δοκ. οὐδὲν προσ-
ανέθεντο 9 οἱ δοκ. στῦλοι εἶναι
Phl 3 4 εἴ τις δοκεῖ ἄλλ. πεποιθέναι ἐν σαρκί
Hb 4 1 μήποτε – δοκῆ^b τις – ὑστερηκέναι
1211 παιδεία – οὐ δοκεῖ χαρᾶς εἶναι
Jac 1 26 εἴ τις δοκεῖ^c θρησκὸς εἶναι

δοκιμάζειν probare ^bcomprobare
Luc 1256 τὸ πρόσωπον τ. γῆς – οἴδατε δοκ., τ.
καιρὸν – τοῦτον πῶς οὐκ οἴδ. δοκ.;
1419 πορεύομαι δ..άσαι αὐτά (sc ζεύγη)
Rm 1 28 καθὼς οὐκ ἐδοκίμασαν τὸν θεὸν ἔ-
χειν ἐν ἐπιγνώσει
2 18 δ..εις τὰ διαφέροντα Phl 110 ἐν – αἰσθή-
σει, εἰς τὸ δ..ειν ὑμᾶς τὰ διαφέροντα
12 2 τῇ ἀνακαινώσει τοῦ νοός, εἰς τὸ δ..ειν
ὑμᾶς τί τὸ θέλημα τοῦ θεοῦ Eph 5 10
δ..οντες τί ἐστιν εὐάρεστον τῷ κυρίῳ
1422 ὁ μὴ κρίνων ἑαυτὸν ἐν ᾧ δ..άζει
1 Co 3 13 ἑκάστου τὸ ἔργον ὁποῖόν ἐστιν τὸ
πῦρ [αὐτὸ] δοκιμάσει
1128 δοκιμαζέτω δὲ ἄνθρωπος ἑαυτόν
16 3 οὓς ἐὰν δ..σητε, – τούτους πέμψω
2 Co 8 8 τὸ τῆς ὑμετ. ἀγάπης γνήσιον δ..ων^b
– 22 ὃν ἐδοκιμάσαμεν – σπουδαῖον δ..τα
13 5 ἑαυτοὺς πειράζετε εἰ ἐστὲ ἐν τῇ πί-
στει, ἑαυτοὺς δοκιμάζετε
Gal 6 4 τὸ δὲ ἔργον ἑαυτοῦ δ..έτω ἕκαστος
1 Th 2 4 καθὼς δεδοκιμάσμεθα ὑπὸ τοῦ θεοῦ
πιστευθῆναι τὸ εὐαγγ. – λαλοῦμεν –
θεῷ τῷ „δ..οντι τὰς καρδίας" ἡμῶν
521 πάντα – δ..ετε, τὸ καλὸν κατέχετε
1 Ti 3 10 δ..έσθωσαν –, εἶτα διακονείτωσαν
1 Pe 1 7 χρυσίου –, διὰ πυρὸς – δ..ομένου
1 Jo 4 1 δ..ετε τὰ πνεύματα εἰ ἐκ τοῦ θεοῦ

δοκιμασία probaverunt ex vl Hb 39 „οὗ ἐ-
πείρασαν (vl + με vg) οἱ πατέρες ὑ-
μῶν ἐν δ..ίᾳ (vl ἐδοκίμασαν vg)"

δοκιμή S° – ^aexperimentum ^bprobatio
Rm 5 4 ἡ δὲ ὑπομονὴ δοκιμήν^b (sc κατερ-
γάζεται), ἡ δὲ δοκιμή^b ἐλπίδα
2 Co 2 9 ἔγραψα, ἵνα γνῶ τὴν δοκ.^a ὑμῶν
8 2 ὅτι ἐν πολλῇ δοκιμῇ^a θλίψεως
913 διὰ τῆς δοκ.^b τῆς διακονίας ταύτης
13 3 ἐπεὶ δοκιμήν^a ζητεῖτε τοῦ ἐν ἐμοὶ
λαλοῦντος Χοῦ
Phl 2 22 τὴν δὲ δοκιμήν^a αὐτοῦ γινώσκετε

δοκίμιον, τό probatio Jac 1 3 τὸ δ. ὑμῶν τῆς
πίστεως κατεργάζεται ὑπομονήν 1 Pe 1 7
ἵνα τὸ δ. ὑμῶν τῆς πίστεως πολυτιμότε-
ρον χρυσίου –, εὑρεθῇ εἰς ἔπαινον – ἐν
ἀποκαλύψει Ἰησοῦ Χοῦ

δόκιμος probatus ^bprobus ^cprobabilis
Rm 1418 εὐάρεστος – θεῷ κ. δόκ. τοῖς ἀνθρ.
1610 Ἀπελλῆν τὸν δόκιμον^b ἐν Χῷ
1 Co 1119 ἵνα – οἱ δ. φανεροὶ γένωνται ἐν ὑμ.
2 Co 1018 οὐ γὰρ ὁ ἑαυτὸν συνιστάνων, ἐκεῖ-
νός ἐστιν δ., ἀλλὰ ὃν ὁ κύρ. συνίστ.
13 7 οὐχ ἵνα ἡμεῖς δόκιμοι φανῶμεν
2 Ti 215 σπούδασον σεαυτὸν δόκιμον^c παρα-
στῆσαι τῷ θεῷ
Jac 112 δόκ. γενόμενος λήμψεται τὸν στέφ.

δοκός trabs (vl ..bes) Mat 7 3 ss ‖ Luc 641 s

δόλιος subdolus 2 Co 1113 ἐργάται δ..οι

δολιοῦν dolose agere Rm 3 13 „γλώσσαις"

δόλος dolus
Mat 26 4 ἵνα – δόλῳ κρατήσωσιν ‖ Mar 14 1 ἐν
Mar 7 22 πλεονεξίαι, πονηρίαι, δόλος
Joh 1 47 Ἰσραηλίτης, ἐν ᾧ δόλος οὐκ ἔστιν
Act 1310 ὦ πλήρης παντὸς δόλου
Rm 1 29 μεστοὺς – ἔριδος δόλου κακοηθείας
2 Co 1216 ἀλλὰ – δόλῳ ὑμᾶς ἔλαβον
1 Th 2 3 ἡ – παράκλησις ἡμῶν – οὐδὲ ἐν δόλῳ
1 Pe 2 1 ἀποθέμενοι – πάντα δόλον κ. ὑποκρ.
– 22 „οὐδὲ εὑρέθη δ. ἐν τῷ στόματι αὐτ."
310 „χείλη τοῦ μὴ λαλῆσαι δόλον"

δολοῦν adulterare 2 Co 4 2 λόγον – θεοῦ

δόμα ^adatum ^bdonum
Mat 711 δόματα^a (vl vg°) ἀγαθὰ διδόναι
τοῖς τέκνοις ὑμῶν ‖ Luc 1113^a
Eph 4 8 „ἔδωκεν δόματα^b τοῖς ἀνθρώποις"
Phl 417 οὐχ ὅτι ἐπιζητῶ τὸ δόμα^a, ἀλλά

δόξα gloria ^bclaritas ^cmaiestas
^dhonor (2 Pe 210 secta)
Mat 4 8 πάσας τὰς βασιλείας τοῦ κόσμου καὶ
τὴν δόξαν αὐτῶν ‖ Luc 46 σοὶ δώ-
σω – τὴν δόξαν αὐτῶν
[613 vl ὅτι σοῦ ἐστιν – ἡ δόξα, vg°]
– 29 Σολ. ἐν πάσῃ τῇ δ. αὐτοῦ ‖ Luc 1227
1627 ἔρχεσθαι ἐν τῇ δόξῃ τοῦ πατρὸς αὐ-
τοῦ ‖ Mar 838 Luc 926 δ.^c αὐτοῦ

Mat 19₂₈ ὅταν καθίση – ἐπὶ θρόνου δόξης^c αὐ-
τοῦ 25₃₁ ἔλθη – ἐν τῇ δ.^c αὐτοῦ –, τό-
τε καθίσει ἐπὶ θρόνου δόξης^c αὐτοῦ
24₃₀ ἐρχόμενον – μετὰ δυνάμεως καὶ δό-
ξης^c πολλῆς ‖ Mar 13₂₆ Luc 21₂₇^c
Mar 10₃₇ ἵνα – καθίσωμεν ἐν τῇ δόξῃ σου
Luc 2 9 δόξα^b κυρίου περιέλαμψεν αὐτούς
– 14 δόξα ἐν ὑψίστοις θεῷ 19₃₈
– 32 „δόξαν" λαοῦ σου „Ἰσραήλ"
9₃₁ οἳ ὀφθέντες ἐν δόξῃ^c ἔλεγον
– 32 εἶδον τὴν δόξαν^c αὐτοῦ
14₁₀ τότε ἔσται σοι δόξα ἐνώπιον πάντων
17₁₈ δοῦναι δόξαν τῷ θεῷ εἰ μὴ ὁ ἀλλογ.
24₂₆ εἰσελθεῖν εἰς τὴν δόξαν αὐτοῦ
Joh 1 14 ἐθεασάμεθα τὴν δόξαν αὐτοῦ, δόξαν
ὡς μονογενοῦς παρὰ πατρός
2 11 ἐφανέρωσεν τὴν δόξαν αὐτοῦ
5 41 δόξαν^b παρὰ ἀνθρώπων οὐ λαμβάνω
44 δόξαν παρὰ ἀλλήλων λαμβάνον-
τες καὶ τὴν δ. τὴν παρὰ – θεοῦ οὐ
ζητεῖτε; 12₄₃ ἠγάπησαν – τὴν δ. τῶν
ἀνθρ. μᾶλλον ἤπερ τὴν δ. τοῦ θεοῦ
7 18 ὁ ἀφ' ἑαυτοῦ λαλῶν τὴν δ. τὴν ἰδίαν
ζητεῖ· ὁ δὲ ζητῶν τὴν δόξαν τοῦ πέμ-
ψαντος αὐτόν, οὗτος ἀληθής ἐστιν
8 50 ἐγὼ – οὐ ζητῶ τὴν δόξαν μου, ἔστιν
ὁ ζητῶν καὶ κρίνων 54 ἐὰν ἐγὼ δοξά-
σω ἐμαυτόν, ἡ δόξα μου οὐδέν ἐστιν
9₂₄ δὸς δόξαν τῷ θεῷ· ἡμεῖς οἴδαμεν
11 4 οὐκ ἔστιν πρὸς θάνατον ἀλλ' ὑπὲρ τῆς
δ. τοῦ θεοῦ 40 ὄψῃ τὴν δ. τοῦ θεοῦ
12₄₁ Ἡσαΐας ὅτι εἶδεν τὴν δόξαν αὐτοῦ
17 5 δόξασόν με σύ, – τῇ δόξῃ^b ᾗ εἶχον –
παρὰ σοί 22 κἀγὼ τὴν δόξαν^b ἣν δέ-
δωκάς μοι δέδωκα αὐτοῖς 24 ἵνα θεω-
ρῶσιν τὴν δόξαν^b τὴν ἐμήν
Act 7 2 „ὁ θεὸς τῆς δ." ὤφθη τῷ πατρὶ ἡμ.
– 55 εἶδεν δόξαν θεοῦ καὶ Ἰησοῦν ἑστῶτα
12₂₃ ἀνθ' ὧν οὐκ ἔδωκεν τὴν δ.^d τῷ θεῷ
22₁₁ ἀπὸ τῆς δόξης^b τοῦ φωτὸς ἐκείνου
Rm 1 23 „ἤλλαξαν τὴν δ." τοῦ ἀφθάρτου θ.
2 7 τοῖς μὲν – δόξαν καὶ τιμὴν – ζητοῦσιν
10 δόξα δὲ καὶ τιμὴ – τῷ ἐργαζομένῳ
τὸ ἀγαθόν
3 7 ἐπερίσσευσεν εἰς τὴν δόξαν αὐτοῦ
– 23 ὑστεροῦνται τῆς δόξης τοῦ θεοῦ
4₂₀ δοὺς δόξαν τῷ θεῷ (sc Ἀβραάμ)
5 2 καυχώμεθα ἐπ' ἐλπίδι τῆς δόξης (vg
add filiorum) τοῦ θεοῦ
6 4 ἠγέρθη Χὸς – διὰ τῆς δ. τοῦ πατρός
8₁₈ πρὸς τὴν μέλλουσαν δόξαν ἀποκα-
λυφθῆναι 21 εἰς τὴν ἐλευθερίαν τῆς

δόξης τῶν τέκνων τοῦ θεοῦ
Rm 9 4 ἡ υἱοθεσία καὶ ἡ δ. καὶ αἱ διαθῆκαι
– 23 ἵνα γνωρίσῃ τὸν πλοῦτον τῆς δ. αὐ-
τοῦ ἐπὶ σκεύη ἐλέους, ἃ προητοίμα-
σεν εἰς δόξαν
11₃₆ αὐτῷ ἡ δόξα εἰς τοὺς αἰῶνας
[16₂₇] Gal 1 5 Phl 4₂₀ τῷ δὲ θεῷ
καὶ πατρὶ ἡμῶν ἡ δ. εἰς 2 Ti 4₁₈ Eph
3₂₁ αὐτῷ ἡ δ. ἐν τῇ ἐκκλησίᾳ καὶ ἐν
Χῷ Ἰ. εἰς πάσας τὰς γενεάς – 1 Ti 1
17 θεῷ τιμὴ καὶ δόξα εἰς τοὺς αἰῶνας
15 7 καθὼς καὶ ὁ Χὸς προσελάβετο ἡμᾶς
εἰς δόξαν^d τοῦ θεοῦ
1 Co 2 7 ἣν προώρισεν ὁ θεὸς – εἰς δ..αν ἡμῶν
– 8 οὐκ ἂν τὸν κύριον τῆς δόξης ἐσταύ-
ρωσαν cfr Jac 2₁ τὴν πίστιν τοῦ κυ-
ρίου ἡμῶν Ἰησοῦ Χοῦ τῆς δόξης
10₃₁ πάντα εἰς δόξαν θεοῦ ποιεῖτε
11 7 ἀνήρ – εἰκὼν καὶ δόξα θεοῦ ὑπάρ-
χων· ἡ γυνὴ δὲ δόξα ἀνδρός ἐστιν
– 15 γυνὴ – ἐὰν κομᾷ, δόξα αὐτῇ ἐστιν
15₄₀ ἑτέρα – ἡ τῶν ἐπουρανίων δόξα 41
ἄλλη δόξα^b ἡλίου, καὶ ἄλλη δόξα^b
σελήνης, καὶ ἄλλη δόξα^b ἀστέρων·
ἀστὴρ γὰρ ἀστέρος διαφέρει ἐν δ.^b
– 43 σπείρεται ἐν ἀτιμίᾳ, ἐγείρεται ἐν δόξῃ
2 Co 1₂₀ τὸ ἀμὴν τῷ θεῷ πρὸς δόξαν δι' ἡμῶν
3 7 εἰ – ἡ διακονία τοῦ θανάτου – ἐγενή-
θη ἐν δόξῃ, ὥστε – – διὰ „τὴν δόξαν
τοῦ προσώπου αὐτοῦ" τὴν καταργου-
μένην 8 πῶς οὐχὶ μᾶλλον ἡ διακ. τοῦ
πνεύμ. ἔσται ἐν δόξῃ; 9 εἰ – τῇ διακ.
τῆς κατακρίσεως δόξα, – περισσεύει
ἡ διακ. τῆς δικαιοσύνης δόξῃ 10 εἵ-
νεκεν τῆς ὑπερβαλλούσης δόξης 11 εἰ
– τὸ καταργούμενον διὰ δόξης, πολ-
λῷ μᾶλλον τὸ μένον ἐν δόξῃ
– 18 „τὴν δόξαν κυρίου" κατοπτριζόμενοι
– μεταμορφούμεθα ἀπὸ δόξης^b εἰς
4 4 τοῦ εὐαγγελίου τῆς δόξης τοῦ Χοῦ
– 6 πρὸς φωτισμὸν τῆς γνώσεως τῆς δό-
ξης^b τοῦ θεοῦ ἐν προσώπῳ [Ἰ.] Χοῦ
– 15 περισσεύσῃ εἰς τὴν δόξαν τοῦ θεοῦ
– 17 αἰώνιον βάρος δόξης κατεργάζεται
6 8 διὰ δόξης καὶ ἀτιμίας
8₁₉ πρὸς τὴν [αὐτοῦ] τοῦ κυρίου δόξαν
– 23 ἀπόστολοι ἐκκλησιῶν, δόξα Χοῦ
Eph 1 6 εἰς ἔπαινον δόξης τῆς χάριτος αὐ-
τοῦ 12 δόξης αὐτοῦ 14 τῆς δ. αὐτοῦ
– 17 ὁ πατὴρ τῆς δόξης
– 18 τίς ὁ πλοῦτος τῆς δόξης τῆς κληρονο-

μίας Col 1 27 τῆς δ. τοῦ μυστηρίου –,
ὅ ἐστιν Χὸς ἐν ὑμῖν, ἡ ἐλπὶς τῆς δ.
Eph 3 13 μὴ ἐγκακεῖν ἐν ταῖς θλίψεσίν μου ὑ-
πὲρ ὑμῶν, ἥτις ἐστὶν δόξα ὑμῶν
– 16 κατὰ τὸ πλοῦτος τῆς δόξης αὐτοῦ
Col 1 11 τὸ κράτος τῆς δόξης[b] αὐτοῦ
Phl 1 11 εἰς δόξαν καὶ ἔπαινον θεοῦ 2 11 εἰς
δόξαν θεοῦ πατρός
3 19 ὧν – ἡ δόξα ἐν τῇ αἰσχύνῃ αὐτῶν
– 21 σύμμορφον τῷ σώματι τῆς δ.[b] αὐτοῦ
4 19 πληρώσει – ἐν δόξῃ ἐν Χῷ Ἰησοῦ
Col 1 11 → Eph 3 16 – Col 1 27 → Eph 1 18
3 4 καὶ ὑμεῖς – φανερωθήσεσθε ἐν δόξῃ
1 Th 2 6 οὔτε ζητοῦντες ἐξ ἀνθρώπων δόξαν,
οὔτε ἀφ' ὑμῶν οὔτε ἀπ' ἄλλων
– 12 εἰς τὴν ἑαυτοῦ βασιλείαν καὶ δόξαν
– 20 ὑμεῖς γάρ ἐστε ἡ δόξα ἡμῶν
2 Th 1 9 „ἀπὸ τῆς δόξης τῆς ἰσχύος αὐτοῦ"
2 14 εἰς περιποίησιν δόξης – Ἰησοῦ Χοῦ
1 Ti 1 11 εὐαγγελίου τῆς δ. τοῦ μακαρ. θεοῦ
3 16 ἀνελήμφθη ἐν δόξῃ
2 Ti 2 10 σωτηρίας τύχωσιν – μετὰ δόξης αἰω.
Tit 2 13 ἐπιφάνειαν τῆς δ. τοῦ μεγάλου θεοῦ
Hb 1 3 ὢν ἀπαύγασμα τῆς δόξης – αὐτοῦ
2 7 „δόξῃ καὶ τιμῇ ἐστεφάνωσας" 9
– 10 πολλοὺς υἱοὺς εἰς δόξαν ἀγαγόντα
3 3 πλείονος – οὗτος δόξης – ἠξίωται
9 5 ὑπεράνω – αὐτῆς Χερουβὶν δόξης
13 21 Χοῦ, ᾧ ἡ δόξα εἰς τοὺς αἰῶνας
1 Pe 4 11 καὶ τὸ κράτος 2 Pe 3 18 Jud
25 θεῷ – δόξα μεγαλωσύνη κράτος
Jac 2 1 → 1 Co 2 8
1 Pe 1 7 εἰς ἔπαινον καὶ δόξαν καὶ τιμὴν ἐν
ἀποκαλύψει Ἰησοῦ Χοῦ
– 11 τὰ εἰς Χριστὸν παθήματα καὶ τὰς
μετὰ ταῦτα δόξας
– 21 τὸν ἐγείραντα – καὶ δόξαν αὐτῷ δόντα
– 24 „πᾶσα δόξα" αὐτῆς „ὡς ἄνθος χόρ."
4 13 ἵνα – ἐν τῇ ἀποκαλύψει τῆς δόξης
αὐτοῦ χαρῆτε 51 τῆς μελλούσης ἀπο-
καλύπτεσθαι δόξης κοινωνός
– 14 τὸ τῆς δ.[d] et[a] (vl[a]) καὶ „τὸ τοῦ θεοῦ
πνεῦμα" ἐφ' ὑμᾶς „ἀναπαύεται"
5 4 τὸν ἀμαράντινον τῆς δόξης στέφανον
– 10 εἰς τὴν αἰώνιον αὐτοῦ δόξαν
2 Pe 1 3 τοῦ καλέσαντος ἡμᾶς ἰδίᾳ δόξῃ καὶ
ἀρετῇ (vl διὰ δόξης καὶ ἀρετῆς)
– 17 παρὰ θεοῦ πατρὸς τιμὴν καὶ δόξαν
– – ὑπὸ τῆς μεγαλοπρεποῦς δόξης
2 10 δόξας οὐ τρέμουσιν βλασφημοῦντες
(vg sectas non metuunt introducere
blasphemantes) Jud 8 κυριότητα –

ἀθετοῦσιν, δόξας[c] δὲ βλασφημοῦσιν
Jud 24 στῆσαι κατενώπιον τῆς δόξης αὐτοῦ
Ap 1 6 αὐτῷ ἡ δόξα καὶ τὸ κράτος εἰς
4 9 δώσουσιν – δόξαν καὶ τιμὴν – τῷ καθ-
ημένῳ ἐπὶ τῷ θρόνῳ 11 ἄξιος εἶ –
λαβεῖν τὴν δόξαν 5 12.13 7 12 ἡ εὐλο-
γία καὶ ἡ δόξα[b] – τῷ θεῷ ἡμῶν
11 13 ἔδωκαν δόξαν τῷ θεῷ τοῦ οὐρανοῦ
14 7 δότε αὐτῷ δόξαν[d] 19 1 ἡ δόξα
καὶ ἡ δύναμις τοῦ θεοῦ ἡμῶν 7 δώ-
σωμεν τὴν δόξαν αὐτῷ
15 8 „ἐγεμίσθη ὁ ναὸς καπνοῦ" ἐκ „τῆς
δόξης[c]" τοῦ θεοῦ καὶ ἐκ τῆς δυνάμ.
16 9 οὐ μετενόησαν δοῦναι αὐτῷ δόξαν
18 1 ἡ γῆ ἐφωτίσθη ἐκ τῆς δόξης αὐτοῦ
21 11 πόλιν – ἔχουσαν „τὴν δ.[b] τοῦ θεοῦ"
– 23 „ἡ – δ.[b] τοῦ θεοῦ ἐφώτισεν" αὐτήν
– 24 „οἱ βασιλεῖς τῆς γῆς φέρουσιν τὴν
δόξαν" αὐτῶν εἰς αὐτήν 26 „οἴσουσιν
τὴν δ." καὶ τὴν τιμὴν „τῶν ἐθνῶν"

δοξάζειν glorificare ᵇclarificare ᶜmagnifi-
care ᵈhonorificare ᵉhonorare ᶠ(pass.)
gloriari ᵍ(perf. pass.) claruisse
Mat 5 16 ὅπως – δοξάσωσιν τὸν πατέρα ὑμῶν
6 2 ὅπως δοξασθῶσιν ὑπὸ τῶν ἀνθρώπ.
9 8 ἐδόξασαν τὸν θεόν ‖ Mar 2 12[d] Luc
5 25[c].26[c] – Mat 15 31[c] τὸν θ. Ἰσραήλ
Luc 2 20 δ..οντες καὶ αἰνοῦντες τὸν θεὸν ἐπὶ
4 15 δοξαζόμενος[c] ὑπὸ πάντων
7 16 ἐδόξαζον τὸν θεόν 13 13 17 15[c] 18 43[c]
23 47 – Act 11 18 ἐδόξασαν 21 20[c]
Joh 7 39 ὅτι Ἰησοῦς οὐδέπω ἐδοξάσθη
8 54 ἐὰν ἐγὼ δοξάσω ἐμαυτόν, – · ἔστιν ὁ
πατήρ μου ὁ δοξάζων με
11 4 ἵνα δοξασθῇ ὁ υἱὸς τοῦ θεοῦ δι' αὐ-
τῆς (sc τῆς ἀσθενείας)
12 16 ἀλλ' ὅτε ἐδοξάσθη Ἰησοῦς 23 ἡ ὥρα
ἵνα δοξασθῇ (vl[a]) ὁ υἱὸς τοῦ ἀνθρ.
28 πάτερ, δόξασόν[b] σου τὸ ὄνομα. –
καὶ ἐδόξασα[b] καὶ πάλιν δοξάσω[b]
13 31 νῦν ἐδοξάσθη[b] ὁ υἱὸς τοῦ ἀνθρώ-
που, καὶ ὁ θεὸς ἐδοξάσθη[b] ἐν αὐτῷ
32 [εἰ ὁ θεὸς ἐδοξάσθη[b] ἐν αὐτῷ],
καὶ ὁ θεὸς δοξάσει[b] αὐτὸν ἐν αὐτῷ,
καὶ εὐθὺς δοξάσει[b] αὐτόν
14 13 ἵνα δοξασθῇ ὁ πατὴρ ἐν τῷ υἱῷ
15 8 ἐν τούτῳ ἐδοξάσθη[b] ὁ πατήρ μου
16 14 ἐκεῖνος ἐμὲ δοξάσει[b]
17 1 δόξασόν[b] σου τὸν υἱόν, ἵνα ὁ υἱὸς
δοξάσῃ[b] σέ 4 ἐγώ σε ἐδόξασα[b] ἐπὶ
τῆς γῆς 5 νῦν δόξασόν[b] με σύ

Joh 17₁₀ δεδόξασμαιᵇ ἐν αὐτοῖς (sc τοῖς ἐμοῖς)
21₁₉ ποίῳ θανάτῳ δοξάσειᵇ τὸν θεόν
Act 3₁₃ „ἐδόξασεν τὸν παῖδα αὐτοῦ" Ἰησοῦν
4₂₁ ἐδόξαζονᵇ τὸν θεὸν ἐπὶ τῷ γεγονότι
13₄₈ ἐδόξαζον τὸν λόγον τοῦ κυρίου
Rm 1₂₁ τὸν θεὸν οὐχ ὡς θεὸν ἐδόξασαν
8₃₀ οὓς δὲ ἐδικαίωσεν, τούτους καὶ ἐδό-
ξασεν
11₁₃ ἐφ᾽ ὅσον - εἰμὶ ἐγὼ ἐθνῶν ἀπόστολος,
τ. διακονίαν μου δ.ζωᵈ (vl ..ἄσω vg)
15 ₆ ἵνα – ἐν ἑνὶ στόματι δ..ητεᵈ τὸν θεόν
– ₉ τὰ δὲ ἔθνη ὑπὲρ ἐλέους δοξάσαιᵉ
τὸν θεόν
1 Co 6₂₀ δοξάσατε δὴ τὸν θ. ἐν τῷ σώμ. ὑμῶν
12₂₆ εἴτε δοξάζεταιᶠ (gloriatur) [ἐν] μέλος
2 Co 3₁₀ οὐ „δεδόξασται τὸ δεδοξασμένονᵍ
(quod claruit) ἐν τούτῳ τῷ μέρει
9₁₃ δοξάζοντες τὸν θεὸν ἐπὶ τῇ ὑποταγῇ
Gal 1₂₄ ἐδόξαζονᵇ ἐν ἐμοὶ τὸν θεόν
2 Th 3 ₁ ἵνα ὁ λόγος – τρέχῃ καὶ δοξάζηταιᵇ
Hb 5 ₅ καὶ ὁ Χὸς οὐχ ἑαυτὸν ἐδόξασενᵇ
γενηθῆναι ἀρχιερέα, ἀλλ᾽ ὁ λαλήσ.
1 Pe 1 ₈ ἀγαλλιᾶσθε χαρᾷ – δεδοξασμένῃ
2₁₂ ἵνα – δοξάσωσιν τὸν θεὸν „ἐν ἡμέρᾳ
ἐπισκοπῆς" → Mat 5₁₆
4₁₁ ἵνα ἐν πᾶσιν δ.ηταιᵈ ὁ θ. διὰ – Χοῦ
(– ₁₄ vl κατὰ δὲ ὑμᾶς δοξάζεται, vg vlᵈ)
– ₁₆ δ..έτω δὲ τὸν θ. ἐν τῷ ὀνόματι τούτῳ
Ap 15 ₄ „τίς οὐ – δοξάσειᶜ τὸ ὄνομά σου;"
18 ₇ ὅσα ἐδόξασεν αὐτήν (vl ἑαυτήν)

Δορκάς Act 9₃₆.₃₉ ὅσα ἐποίει – ἡ Δορκάς

δόσις *datum*
Phl 4₁₅ εἰς λόγον δόσεως καὶ λήμψεως
Jac 1₁₇ πᾶσα δόσις ἀγαθή (optimum)

δότης *dator* 2 Co 9₇ „ἱλαρὸν – δότην"

δουλαγωγεῖν Sᵒ – *in servitutem redigere*
1 Co 9₂₇ ὑπωπιάζω μου τὸ σῶμα καὶ δ..ῶ

δουλεία *servitus*
Rm 8₁₅ οὐ γὰρ ἐλάβετε πνεῦμα δουλείας
– ₂₁ ἀπὸ τῆς δουλείας τῆς φθορᾶς
Gal 4₂₄ μία –, εἰς δουλείαν γεννῶσα
5 ₁ μὴ πάλιν ζυγῷ δουλείας ἐνέχεσθε
Hb 2₁₅ ὅσοι φόβῳ θανάτου διὰ παντὸς τοῦ
ζῆν ἔνοχοι ἦσαν δουλείας

δουλεύειν *servire*
Mat 6₂₄ δυσὶ κυρίοις δουλεύειν· – οὐ δύνασθε

θεῷ δουλεύειν καὶ μαμωνᾷ || Luc 16₁₃
Luc 15₂₉ τοσαῦτα ἔτη δ..ω σοι καὶ οὐδέποτε
Joh 8₃₃ οὐδενὶ δεδουλεύκαμεν πώποτε
Act 7 ₇ „ἔθνος ᾧ ἐὰν δ..σουσιν κρινῶ ἐγώ"
20₁₉ δ..ων τῷ κυρίῳ μετὰ – ταπεινοφροσ.
Rm 6 ₆ τοῦ μηκέτι δ..ειν ἡμᾶς τῇ ἁμαρτίᾳ
7 ₆ ὥστε δ. ἡμᾶς ἐν καινότητι πνεύμ.
– ₂₅ τῷ – νοΐ δουλεύω νόμῳ θεοῦ
9₁₂ „ὁ μείζων δουλεύσει τῷ ἐλάσσονι"
12₁₁ τῷ κυρίῳ (vl καιρῷ) δουλεύοντες
14₁₈ ὁ – ἐν τούτῳ δ..ων τῷ Χῷ εὐάρεστος
16₁₈ Χῷ οὐ δουλεύουσιν ἀλλὰ τῇ – κοιλίᾳ
Gal 4 ₈ ἐδουλεύσατε τοῖς φύσει μὴ οὖσιν θε-
οῖς 9 ἐπὶ τὰ – πτωχὰ στοιχεῖα, οἷς
πάλιν ἄνωθεν δουλεύειν θέλετε
– ₂₅ δουλεύει γὰρ μετὰ τῶν τέκνων αὐτῆς
5₁₃ διὰ τῆς ἀγάπης δουλεύετε ἀλλήλοις
Eph 6 ₇ μετ᾽ εὐνοίας δουλεύοντες ὡς τῷ κυ-
ρίῳ καὶ οὐκ ἀνθρώποις
Phl 2₂₂ ὡς πατρὶ τέκνον σὺν ἐμοὶ ἐδούλευ-
σεν εἰς τὸ εὐαγγέλιον
Col 3₂₄ τῷ κυρίῳ Χῷ δουλεύετε
1 Th 1 ₉ δουλεύειν θεῷ ζῶντι καὶ ἀληθινῷ
1 Ti 6 ₂ οἱ δὲ πιστοὺς ἔχοντες δεσπότας –
μᾶλλον δ..έτωσαν, ὅτι πιστοί εἰσιν
Tit 3 ₃ δουλεύοντες ἐπιθυμίαις καὶ ἡδοναῖς

δούλη *ancilla* Luc 1₃₈ κυρίου 48 – Act 2₁₈

δοῦλος, ..η, ..ον *servire* (infin. finalis)
Rm 6₁₉ παρεστήσατε τὰ μέλη ὑμῶν δοῦλα τῇ
ἀκαθαρσίᾳ –, – νῦν παραστήσατε τὰ
μέλη ὑμῶν δοῦλα τῇ δικαιοσύνῃ

δοῦλος *servus*
Mat 8 ₉ || Luc 7₂ δοῦλος κακῶς ἔχων 3.8.10
10₂₄ οὐδὲ δ. ὑπὲρ τὸν κύριον αὐτοῦ 25 ὁ
δ. ὡς ὁ κύριος αὐτοῦ Joh 13₁₆ οὐκ
ἔστιν δοῦλος μείζων τοῦ κυρίου 15₂₀
13₂₇.₂₈ – 18₂₃ συνᾶραι λόγον μετὰ τῶν
δούλων αὐτοῦ 26.27.28.32 δ..ε πονηρέ
20₂₇ ὃς ἂν θέλῃ – εἶναι πρῶτος, ἔσται ὑ-
μῶν δοῦλος || Mar 10₄₄ πάντων δ.
21₃₄ ἀπέστειλεν τοὺς δ. αὐτοῦ – λαβεῖν
τοὺς καρπούς 35.36 ἄλλους δ. πλείο-
νας || Mar 12₂ δοῦλον 4 Luc 20₁₀.₁₁
22 ₃ ἀπέστειλεν τοὺς δ. αὐτοῦ καλέσαι
τοὺς κεκλημένους εἰς τοὺς γάμους 4
ἄλλους δ. 6 κρατήσαντες τοὺς δ. 8.10
|| Luc 14₁₇ τὸν δοῦλον αὐτοῦ 21.22.23
24₄₅ τίς ἄρα – ὁ πιστὸς δ. καὶ φρόνιμος
–; 46 μακάριος ὁ δοῦλ. ἐκεῖνος 48 ὁ

(Mat 24) κακὸς δ. 50 ἥξει ὁ κύριος τοῦ δούλου ἐκείνου ‖ Luc 1237 μακάριοι οἱ δ. ἐκ., οὓς – ὁ κύρ. εὑρήσει γρηγοροῦντας 43.45.46.47 ὁ δοῦλ. ὁ γνοὺς τὸ θέλημα τοῦ κυρίου – δαρήσεται πολλάς
Mat 2514 ἐκάλεσεν τοὺς ἰδίους δ. καὶ παρέδωκεν αὐτοῖς 19.21 δοῦλε ἀγαθὲ καὶ πιστέ 23.26 πονηρὲ δοῦλε καὶ ὀκνηρέ 30 τὸν ἀχρεῖον δ. ἐκβάλετε ‖ Mar 1334 δοὺς τοῖς δ. αὐτοῦ τὴν ἐξουσίαν Luc 1913 δέκα δούλους ἑαυτοῦ 15.17 ἀγαθὲ δοῦλε 22 πονηρὲ δοῦλε
2651 πατάξας τὸν δοῦλ. τοῦ ἀρχιερέως ‖ Mar 1447 Luc 2250 Joh 1810 cfr 18.26
Luc 229 νῦν ἀπολύεις τὸν δ. σου, δέσποτα
1522 177 δοῦλον ἔχων ἀροτριῶντα 9 μὴ ἔχει χάριν τῷ δ. –; 10 καὶ ὑμεῖς – λέγετε ὅτι δοῦλοι ἀχρεῖοί ἐσμεν
Joh 451 οἱ δοῦλοι αὐτοῦ ὑπήντησαν αὐτῷ
834 δοῦλός ἐστιν τῆς ἁμαρτίας 35 ὁ δὲ δ. οὐ μένει ἐν τῇ οἰκίᾳ εἰς τὸν αἰῶ.
1316 1520 → Mat 1024 – Joh 1515 οὐκέτι λέγω ὑμᾶς δούλους, ὅτι ὁ δοῦλος οὐκ οἶδεν τί ποιεῖ αὐτοῦ ὁ κύριος
Act 218 „ἐπὶ τοὺς δ. μου – ἐκχεῶ ἀπὸ τ. πν."
429 δὸς τοῖς δ. σου – λαλεῖν τὸν λόγον
1617 δοῦλοι τοῦ θεοῦ τοῦ ὑψίστου εἰσίν
Rm 11 Παῦλος δοῦλος Χοῦ Ἰ. Phl 11 Π. καὶ Τιμ. δοῦλοι Χοῦ Ἰ. Tit 11 Π. δ. θεοῦ – Gal 110 Χοῦ δ. οὐκ ἂν ἤμην
616 ᾧ παριστάνετε ἑαυτοὺς δούλους εἰς ὑπακοήν, δοῦλοί ἐστε ᾧ ὑπακούετε – 17 χάρις – τῷ θεῷ ὅτι ἦτε δοῦλοι τῆς ἁμαρτίας 20 ὅτε – δ..οι ἦτε τῆς ἁμαρτ.
1 Co 721 δοῦλος ἐκλήθης; 22 ὁ γὰρ ἐν κυρίῳ κληθεὶς δοῦλος ἀπελεύθερος κυρίου ἐστίν· ὁ ἐλεύθερος κληθεὶς δοῦλός ἐστιν Χοῦ 23 μὴ γίνεσθε δοῦλοι ἀνθρώπων
1213 εἴτε δοῦλοι εἴτε ἐλεύθεροι
2 Co 45 ἑαυτοὺς δὲ δ..ους ὑμῶν διὰ Ἰησοῦν
Gal 328 οὐκ ἔνι δ. οὐδὲ ἐλεύθερος Col 311
41 οὐδὲν διαφέρει δούλου κύριος πάντων ὢν 7 οὐκέτι εἶ δοῦλος ἀλλὰ υἱός
Eph 65 οἱ δοῦλοι, ὑπακούετε (Col 322) 6 ὡς δοῦλοι Χοῦ 8 κομίσεται παρὰ κυρίου, εἴτε δοῦλος εἴτε ἐλεύθερος
Phl 27 μορφὴν δούλου λαβών
Col 41 τὴν ἰσότητα τοῖς δούλοις παρέχεσθε – 12 Ἐπαφρᾶς –, δοῦλος Χοῦ [Ἰησοῦ]
1 Ti 61 ὅσοι εἰσὶν ὑπὸ ζυγὸν δοῦλοι
2 Ti 224 δοῦλον – κυρίου οὐ δεῖ μάχεσθαι

Tit 29 δούλους – δεσπόταις ὑποτάσσεσθαι
Phm 16 οὐκέτι ὡς δοῦλον ἀλλ᾽ ὑπὲρ δοῦλον
Jac 11 Ἰάκ. θεοῦ καὶ κυρίου Ἰ. Χοῦ δοῦλος
1 Pe 216 ὡς ἐλεύθεροι, – ἀλλ᾽ ὡς θεοῦ δοῦλοι
2 Pe 11 Συμ. Πέτρ. δ. καὶ ἀπόστολος Ἰ. Χοῦ
219 ἐλευθερίαν – ἐπαγγελλόμενοι, αὐτοὶ δοῦλοι ὑπάρχοντες τῆς φθορᾶς
Jud 1 Ἰούδας Ἰησοῦ Χοῦ δοῦλος
Ap 11 δεῖξαι τοῖς δ. αὐτοῦ „ἃ δεῖ γενέσθαι" 226 – 11 τῷ δ. αὐτοῦ Ἰωάννῃ
220 πλανᾷ τοὺς ἐμοὺς δούλους
615 πᾶς δοῦλος καὶ ἐλεύθερος 1316 1918
73 σφραγίσωμεν τοὺς δ. τοῦ θεοῦ ἡμῶν
107 ὡς εὐηγγέλισεν „τοὺς ἑαυτοῦ δούλους τοὺς προφήτας" 1118 δοῦναι τὸν μισθὸν „τοῖς δ. σου τοῖς προφήταις"
153 „Μωϋσέως τοῦ δούλου τοῦ θεοῦ"
192 „ἐξεδίκησεν τὸ αἷμα τῶν δ." αὐτοῦ – 5 „αἰνεῖτε –, πάντες οἱ δοῦλοι" αὐτοῦ
22 3 οἱ δοῦλοι αὐτοῦ λατρεύσουσιν αὐτῷ 6

δουλοῦν ᵃservituti subiicere ᵇservum facere ᶜ(pass.) servire ᵈservum esse
Act 76 „δ..ώσουσιν ᵃ αὐτό" (sc σπέρμα Ἀβρ.)
Rm 618 ἐδουλώθητε ᵇ τῇ δικαιοσύνῃ 22 δουλωθέντες ᵇ δὲ τῷ θεῷ
1 Co 715 οὐ δεδούλωται ᵃ ὁ ἀδελφὸς ἢ ἡ ἀδελφὴ ἐν τοῖς τοιούτοις
919 πᾶσιν ἐμαυτὸν ἐδούλωσα ᵇ
Gal 43 ὑπὸ τὰ στοιχεῖα τοῦ κόσμου ἤμεθα δεδουλωμένοι ᶜ
Tit 23 μὴ οἴνῳ πολλῷ δεδουλωμένας ᶜ
2 Pe 219 ᾧ γάρ τις ἥττηται, τούτῳ (vl + καὶ) δεδούλωται ᵈ

δοχή convivium Luc 529 1413

δράκων draco
Ap 123 δράκων μέγας πυρρός 4 ὁ δρ. ἕστηκεν ἐνώπιον τῆς γυναικός 7 πόλεμος – μετὰ τοῦ δράκοντος. καὶ ὁ δρ. ἐπολέμησεν καὶ οἱ ἄγγελοι αὐτοῦ 9 ἐβλήθη ὁ δρ. ὁ μέγας 13.16 τὸν ποταμὸν ὃν ἔβαλεν ὁ δρ. 17 ὠργίσθη ὁ δ. ἐπὶ τῇ γυναικί – 132 ἔδωκεν αὐτῷ (sc τῷ θηρίῳ) ὁ δρ. τὴν δύναμιν αὐτοῦ 4 προσεκύνησαν τῷ δρ. 11 ἐλάλει ὡς δράκων 1613 – 202 ἐκράτησεν (sc ὁ ἄγγελος) τὸν δράκοντα – καὶ ἔδησεν αὐτὸν

δράσσεσθαι comprehendere 1 Co 319 „σοφούς"

δραχμή drachma (vl ..gma) Luc 158.9

δρέπανον *falx* Mar 4 29 Ap 14 14-19

δρόμος *cursus*
Act 13 25 ὡς – ἐπλήρου Ἰωάννης τὸν δρόμον
20 24 ὡς τελειῶσαι τὸν δρόμον μου καὶ τὴν
διακονίαν ἣν ἔλαβον
2 Ti 4 7 τὸν δρόμον τετέλεκα, τὴν πίστιν

Δρουσίλλα Act 24 24

δύναμις *virtus* b*potestas* c*fortitudo* d*impetus*
Mat (6 13 vl ὅτι – σοῦ ἐστιν – ἡ δύναμις, vg°)
7 22 οὐ – δυνάμεις πολλὰς ἐποιήσαμεν;
11 20 ἐν αἷς ἐγένοντο αἱ πλεῖσται δ..εις αὐ-
τοῦ 21.23 ‖ Luc 10 13 εἰ – ἐγενήθησαν
13 54 πόθεν τούτῳ – αἱ δυν.; 58 οὐκ ἐποί-
ησεν ἐκεῖ δυνάμεις πολλὰς ‖ Mar 6 2
καὶ αἱ δυνάμεις τοιαῦται 5 οὐκ ἐδύ-
νατο ἐκεῖ ποιῆσαι οὐδεμίαν δύναμιν
14 2 διὰ τοῦτο αἱ δυνάμεις ἐνεργοῦσιν ἐν
αὐτῷ ‖ Mar 6 14
22 29 μὴ εἰδότες – τὴν δ. τ. θεοῦ ‖ Mar 12 24
24 29 „αἱ δ. τῶν οὐρανῶν" σαλευθήσονται
‖ Mar 13 25 αἱ ἐν τοῖς οὐρ. Luc 21 26
– 30 ἐρχόμενον – μετὰ δυνάμεως καὶ δό-
ξης πολλῆς ‖ Mar 13 26 Luc 21 27 b
25 15 ἑκάστῳ κατὰ τὴν ἰδίαν δύναμιν
26 64 „καθήμενον ἐκ δεξιῶν τῆς δυνάμεως"
‖ Mar 14 62 Luc 22 69 τοῦ θεοῦ
Mar 5 30 ἐπιγνοὺς – τὴν ἐξ αὐτοῦ δύν. ἐξελ-
θοῦσαν ‖ Luc 8 46 cfr 6 19 δύναμις
παρ' αὐτοῦ ἐξήρχετο καὶ ἰᾶτο πάντας
9 1 τὴν βασ. τ. θεοῦ ἐληλυθυῖαν ἐν δ..ει
– 39 οὐδεὶς – ποιήσει δ..ιν ἐπὶ τῷ ὀνόματί
μου καὶ δυνήσεται – κακολογῆσαί με
Luc 1 17 ἐν πνεύματι καὶ δυνάμει Ἠλίου
– 35 δύναμις ὑψίστου ἐπισκιάσει σοι
4 14 ὑπέστρεψεν – ἐν τῇ δ. τοῦ πνεύματος
– 36 ἐν – δυνάμει ἐπιτάσσει τοῖς – πνεύ-
μασιν 9 1 ἔδωκεν αὐτοῖς δύναμιν – ἐπὶ
– τὰ δαιμόνια καὶ νόσους θεραπεύ-
ειν 10 19 ἐξουσίαν – ἐπὶ πᾶσαν τὴν
δύναμιν τοῦ ἐχθροῦ
5 17 δύν. κυρίου ἦν εἰς τὸ ἰᾶσθαι αὐτόν
19 37 περὶ πασῶν ὧν εἶδον δυνάμεων
24 49 ἕως οὗ ἐνδύσησθε ἐξ ὕψους δύναμιν
Act 1 8 λήμψεσθε δύναμιν ἐπελθόντος τοῦ
ἁγίου πνεύματος ἐφ' ὑμᾶς
2 22 ἀποδεδειγμένον ἀπὸ τοῦ θεοῦ εἰς
ὑμᾶς δυνάμεσι 6 8 πλήρης χάριτος
καὶ δ..εως c ἐποίει τέρατα 8 13 θεω-
ρῶν τε – δυνάμεις μεγάλας γινομένας

Act 3 12 ἡμῖν τί. ἀτενίζετε ὡς ἰδίᾳ δυνάμει –
πεποιηκόσιν –; 4 7 ἐν ποίᾳ δυνάμει ἢ
ἐν ποίῳ ὀνόματι ἐποιήσατε τοῦτο –;
4 33 δυνάμει μεγάλῃ ἀπεδίδουν τὸ μαρ-
τύριον – τῆς ἀναστάσεως
8 10 οὗτός ἐστιν ἡ δύναμις τοῦ θεοῦ ἡ
καλουμένη μεγάλη
10 38 Ἰησοῦν –, ὡς ἔχρισεν αὐτὸν ὁ θεὸς
πνεύματι ἁγίῳ καὶ δυνάμει
19 11 δ..εις τε οὐ τὰς τυχούσας ὁ θ. ἐποίει
Rm 1 4 ὁρισθέντος υἱοῦ θεοῦ ἐν δυνάμει
– 16 δύναμις γὰρ θεοῦ ἐστιν εἰς σωτηρίαν
– 20 ἥ τε ἀΐδιος αὐτοῦ δύν. καὶ θειότης
8 38 οὔτε δ..εις c (vg sing, vl plur) οὔτε
ὕψωμα οὔτε βάθος οὔτε τις κτίσις
9 17 „ὅπως ἐνδείξωμαι – τὴν δύναμίν μου"
15 13 ἐν δ..ει πνεύματος ἁγίου 19 ἐν δ. ση-
μείων καὶ τεράτων, ἐν δυν. πν. [θεοῦ]
1 Co 1 18 σωζομένοις ἡμῖν δύναμις θεοῦ ἐστιν
– 24 Χὸν θεοῦ δύναμιν καὶ θεοῦ σοφίαν
2 4 ἐν ἀποδείξει πνεύματος καὶ δυνάμεως
– 5 ἵνα ἡ πίστις ὑμῶν μὴ ᾖ ἐν σοφίᾳ ἀν-
θρώπων ἀλλ' ἐν δυνάμει θεοῦ
4 19 γνώσομαι οὐ τὸν λόγον τῶν πεφυσι-
ωμένων ἀλλὰ τὴν δύναμιν
– 20 οὐ γὰρ ἐν λόγῳ ἡ βασιλεία τοῦ θε-
οῦ, ἀλλ' ἐν δυνάμει
5 4 σὺν τῇ δυν. τοῦ κυρίου ἡμῶν Ἰησοῦ
6 14 ἡμᾶς ἐξεγερεῖ διὰ τῆς δυνάμ. αὐτοῦ
12 10 ἄλλῳ δὲ ἐνεργήματα δυνάμεων
– 28 ἔπειτα ὁ θεός –, ἔπειτα δυνάμεις
– 29 μὴ πάντες δυνάμεις;
14 11 ἐὰν – μὴ εἰδῶ τὴν δύναμιν τῆς φωνῆς
15 24 ὅταν καταργήσῃ πᾶσαν – δύναμιν
– 43 ἐγείρεται ἐν δυνάμει
– 56 ἡ δὲ δύναμις τῆς ἁμαρτίας ὁ νόμος
2 Co 1 8 ὑπὲρ δύναμιν ἐβαρήθημεν
4 7 ἵνα ἡ ὑπερβολὴ τῆς δυνάμεως ᾖ τοῦ
θεοῦ καὶ μὴ ἐξ ἡμῶν
6 7 ἐν λόγῳ ἀληθείας, ἐν δυνάμει θεοῦ
8 3 κατὰ δύναμιν – καὶ παρὰ δύναμιν
12 9 ἡ γὰρ δύναμις ἐν ἀσθενείᾳ τελεῖται.
– ἵνα ἐπισκηνώσῃ ἐπ' ἐμὲ ἡ δύναμις
τοῦ Χριστοῦ
– 12 τὰ – σημεῖα τοῦ ἀποστόλου κατειρ-
γάσθη ἐν ὑμῖν ἐν – δυνάμεσιν
13 4 ζῇ ἐκ δυνάμεως θεοῦ. – ζήσομεν σὺν
αὐτῷ ἐκ δυνάμεως θεοῦ εἰς ὑμᾶς
Gal 3 5 ὁ – ἐνεργῶν δυνάμεις ἐν ὑμῖν
Eph 1 19 τί ἐ- μέγεθος τῆς δ. αὐτοῦ εἰς ἡμ.
– 21 ὑπεράνω πάσης ἀρχῆς – καὶ δ..εως
3 7 κατὰ τὴν ἐνέργειαν τῆς δ. αὐτοῦ 20

κατὰ τὴν δύναμιν τὴν ἐνεργουμένην
ἐν ἡμῖν Col 1 29 κατὰ τὴν ἐνέργειαν
αὐτοῦ τὴν ἐν..μένην ἐν ἐμοὶ ἐν δ..ει
Eph 3 16 ἵνα δῷ ὑμῖν – δυνάμει κραταιωϑῆναι
Phl 3 10 γνῶναι αὐτὸν καὶ τὴν δύναμιν τῆς
ἀναστάσεως αὐτοῦ
Col 1 11 ἐν πάσῃ δυνάμει δυναμούμενοι
1 Th 1 5 τὸ εὐαγγ. – οὐκ ἐγενήϑη – ἐν λόγῳ
μόνον, ἀλλὰ καὶ ἐν δυνάμει καί
2 Th 1 7 μετ' ἀγγέλων δυνάμεως αὐτοῦ
– 11 πληρώσῃ – ἔργον πίστεως ἐν δυνάμει
2 9 ἐν πάσῃ δ..ει – καὶ τέρασιν ψεύδους
2 Ti 1 7 οὐ – πνεῦμα δειλίας, ἀλλὰ δυνάμεως
καὶ ἀγάπης καὶ σωφρονισμοῦ
– 8 συγκακοπάϑησον – κατὰ δ..ιν ϑεοῦ
3 5 ἔχοντες μόρφωσιν εὐσεβείας τὴν δὲ
δύναμιν αὐτῆς ἠρνημένοι
Hb 1 3 τῷ ῥήματι τῆς δυνάμεως αὐτοῦ
2 4 τέρασιν καὶ ποικίλαις δυνάμεσιν
6 5 δυνάμεις τε μέλλοντος αἰῶνος
7 16 κατὰ δύναμιν ζωῆς ἀκαταλύτου
11 11 Σάρρα – δ..ιν εἰς καταβολὴν σπέρμα-
τος ἔλαβεν 34 ἔσβεσαν δ..ινᵈ πυρός
1 Pe 1 5 τοὺς ἐν δ..ει ϑεοῦ φρουρουμένους
3 22 ἀγγέλων καὶ ἐξουσιῶν καὶ δυνάμεων
(4 14 νὶ τὸ τῆς δόξης καὶ δ..εως – πνεῦμα)
2 Pe 1 3 ὡς πάντα ἡμῖν τῆς ϑείας δυνάμεως
αὐτοῦ – δεδωρημένης
– 16 τὴν – Χοῦ δύναμιν καὶ παρουσίαν
2 11 ἄγγελοι ἰσχύϊ καὶ δυνάμει μείζονες
Ap 1 16 ὡς „ὁ ἥλιος – ἐν τῇ δυνάμει αὐτοῦ"
3 8 ὅτι μικρὰν ἔχεις δύναμιν
4 11 ἄξιος εἶ – λαβεῖν – τὴν δύν. 5 12 7 12
ἡ δύναμις – τῷ ϑεῷ ἡμῶν 12 10 19 1
11 17 εἴληφας τὴν δύν. σου τὴν μεγάλην
13 2 ἔδωκεν αὐτῷ ὁ δράκων τὴν δύν. αὐ-
τοῦ 17 13 τὴν δ. – τῷ ϑηρίῳ διδόασιν
15 8 ἐκ τῆς δόξης τοῦ ϑεοῦ καὶ ἐκ τῆς δυν.
18 3 ἐκ τῆς δυνάμεως τοῦ στρήνους αὐ-
τῆς ἐπλούτησαν

δυναμοῦσϑαι ᵃconfortari ᵇconvalescere
Col 1 11 ἐν πάσῃ δυνάμει δυναμούμενοιᵃ
Hb 11 34 ἐδυναμώϑησανᵇ ἀπὸ ἀσϑενείας

✻δύνασϑαι posse ᵇpotentem esse
Mat 3 9 δύναταιᵇ (νι aᵃ) ὁ ϑεὸς ἐκ τῶν λίϑων
– ἐγεῖραι τέκνα ‖ Luc 3 8ᵇ (νι aᵃ)
7 18 οὐ δύναται δένδρον ἀγαϑὸν καρποὺς
πονηροὺς ποιεῖν, κτλ 12 34 πῶς δύ-
νασϑε ἀγαϑὰ λαλεῖν πονηροὶ ὄντες;
8 2 ἐὰν ϑέλῃς, δύνασαί με καϑαρίσαι ‖

Mar 1 40 Luc 5 12 – Mat 9 28 πιστεύε-
τε ὅτι δύναμαι τοῦτο ποιῆσαι;
Mat 17 16 οὐκ ἠδυνήϑησαν αὐτὸν ϑεραπεῦσαι
19 διὰ τί ἡμεῖς οὐκ ἠδυνήϑημεν ἐκ-
βαλεῖν αὐτό; ‖ Mar 9 28. 29 Luc 9 40
19 25 τίς ἄρα δύναται σωϑῆναι; ‖ Mar 10 26
Luc 18 26 – Act 15 1 ἐὰν μὴ περιτμη-
ϑῆτε –, οὐ δύνασϑε σωϑῆναι
20 22 δύνασϑε πιεῖν τὸ ποτήριον ὃ ἐγὼ μέλ-
λω πίνειν; – ' δυνάμεϑα ‖ Mar 10 38. 39
26 61 δύναμαι καταλῦσαι τ. ναὸν τοῦ ϑεοῦ
27 42 ἑαυτὸν οὐ δύναται σῶσαι ‖ Mar 15 31
Mar 2 7 τίς δύναται ἀφιέναι ἁμαρτίας εἰ μὴ
εἷς ὁ ϑεός; ‖ Luc 5 21 μόνος ὁ ϑεός;
4 33 παραβολαῖς – ἐλάλει αὐτοῖς τὸν λό-
γον, καϑὼς ἠδύναντο ἀκούειν
6 5 οὐκ ἐδύνατο ἐκεῖ ποιῆσαι οὐδεμίαν
δύναμιν, εἰ μὴ ὀλίγοις ἀρρώστοις
9 22 ἀλλ' εἴ τι δύνῃ, βοήϑησον ἡμῖν 23 τὸ
εἰ δύνῃ, πάντα δυνατὰ τῷ πιστεύοντι
Luc 6 42 πῶς δύνασαι λέγειν τῷ ἀδελφῷ σου
12 26 εἰ οὖν οὐδὲ ἐλάχιστον δύνασϑε, τί
14 26 οὐ δύναται εἶναί μου μαϑητής 27. 33
20 36 οὐδὲ γὰρ ἀποϑανεῖν ἔτι δύνανται
Joh 3 2 οὐδεὶς – δύναται – τὰ σημεῖα ποιεῖν
– 3 οὐ δύναται ἰδεῖν τὴν βασ. τοῦ ϑεοῦ 4.
5 οὐ δύν. εἰσελϑεῖν εἰς τὴν β. τοῦ ϑ.
5 19 οὐ δύναται ὁ υἱὸς ποιεῖν ἀφ' ἑαυτοῦ
οὐδέν 30 οὐ δύναμαι ἐγὼ ποιεῖν
– 44 πῶς δύνασϑε ὑμεῖς πιστεῦσαι, –;
6 44 οὐδεὶς δύναται ἐλϑεῖν πρός με 65
– 60 τίς δ..ται αὐτοῦ (sc τ. λόγου) ἀκούειν;
7 34 ὅπου εἰμὶ ἐγὼ ὑμεῖς οὐ δύνασϑε ἐλ-
ϑεῖν 36 8 21 ὅπου ἐγὼ ὑπάγω – 22 13 33
8 43 ὅτι οὐ δ..σϑε ἀκούειν τ. λόγον τ. ἐμόν
9 4 νὺξ ὅτε οὐδεὶς δύναται ἐργάζεσϑαι
– 16 πῶς δύναται – ἁμαρτωλὸς τοιαῦτα
σημεῖα ποιεῖν; 33 εἰ μὴ ἦν οὗτος πα-
ρὰ ϑεοῦ, οὐκ ἠδύνατο ποιεῖν οὐδέν
10 21 μὴ δαιμόνιον δύναται τυφλῶν ὀφϑαλ-
μοὺς ἀνοῖξαι; 11 37 οὐκ ἐδύνατο –
ποιῆσαι ἵνα καὶ οὗτος μὴ ἀποϑάνῃ;
– 29 οὐδεὶς δύναται ἁρπάζειν ἐκ τῆς χει-
ρὸς τοῦ πατρός
12 39 διὰ τοῦτο οὐκ ἠδύναντο πιστεύειν
15 5 χωρὶς ἐμοῦ οὐ δύνασϑε ποιεῖν οὐδέν
16 12 ἀλλ' οὐ δύνασϑε βαστάζειν ἄρτι
Act 20 32 τῷ ϑεῷ – τῷ δ..μένῳᵇ οἰκοδομῆσαι
Rm 8 7 τῷ – νόμῳ τοῦ ϑεοῦ οὐχ ὑποτάσσε-
ται, οὐδὲ γὰρ δύναται· οἱ δὲ ἐν σαρ-
κὶ ὄντες ϑεῷ ἀρέσαι οὐ δύνανται
[16 25 τῷ – δυναμένῳᵇ ὑμᾶς στηρίξαι] Eph

3₂₀ τῷ δὲ δυναμένῳᵇ ὑπὲρ πάντα
ποιῆσαι Jud 24 (vlᵃ) φυλάξαι ὑμᾶς
1 Co 3 2 οὔπω γὰρ ἐδύνασθε. ἀλλ᾽ οὐδὲ – νῦν
δύνασθε, ἔτι γὰρ σαρκικοί ἐστε
10₁₃ οὐκ ἐάσει ὑμᾶς πειρασθῆναι ὑπὲρ ὃ
δύνασθε, ἀλλὰ ποιήσει – καὶ τὴν ἔκ-
βασιν τοῦ δύνασθαι ὑπενεγκεῖν
12 3 οὐδεὶς δύναται εἰπεῖν· κύριος Ἰησοῦς
2 Co 13 8 οὐ – δυνάμεθά τι κατὰ τῆς ἀληθείας
Gal 3₂₁ εἰ – ἐδόθη νόμος ὁ δυνάμενος ζωο-
ποιῆσαι, – ἐκ νόμου ἂν ἦν ἡ δικαιοσ.
Eph 6₁₁ πρὸς τὸ δύνασθαι ὑμᾶς στῆναι πρὸς
τὰς μεθοδείας τοῦ διαβόλου – 13.16
Phl 3₂₁ τοῦ δύνασθαι – ὑποτάξαι – τὰ πάντα
Hb 2₁₈ δ..ταιᵇ τοῖς πειραζομένοις βοηθῆσαι
10 1 οὐδέποτε δύναται (vl ..νται) τοὺς
προσερχομένους τελειῶσαι 11 οὐδέ-
ποτε δύνανται περιελεῖν ἁμαρτίας
Jac 4₁₂ ὁ δυνάμενος σῶσαι καὶ ἀπολέσαι
1 Jo 3 9 οὐ δύναται ἁμαρτάνειν, ὅτι ἐκ τ. ϑ.
Ap 13 4 τίς δύναται πολεμῆσαι μετ᾽ αὐτοῦ;

δυνάστης potens Luc 1 52 Act 8 27
1 Ti 6₁₅ ὁ μακάριος καὶ μόνος δυνάστης

δυνατεῖν Sᵒ – potentem esse
Rm 14 4 δυνατεῖ γὰρ ὁ κύριος στῆσαι αὐτόν
2 Co 9 8 δ..εῖ – ὁ ϑ. – χάριν περισσεῦσαι εἰς ὑμ.
13 3 Χοῦ, ὃς εἰς ὑμᾶς οὐκ ἀσθενεῖ ἀλλὰ
δυνατεῖ ἐν ὑμῖν

δυνατός potens ᵇpossibilis (imposs.) ᶜfieri
potest ᵈposse ᵉ(τὸ δυνατόν) poten-
tia ᶠ(οἱ δυνατοί) firmiores
Mat 19₂₆ „παρὰ δὲ θεῷ πάντα δυνατάᵇ" ‖
Mar 10₂₇ᵇ Luc 18₂₇ᵇ
24₂₄ πλανῆσαι, εἰ δυνατόνᶜ ‖ Mar 13₂₂ᶜ
26₃₉ εἰ δυνατόνᵇ ἐστιν, παρελθάτω – τὸ
ποτήριον ‖ Mar 14₃₅ᶜ ἡ ὥρα 36 πάν-
τα δυνατάᵇ σοι· παρένεγκε τὸ ποτ.
Mar 9₂₃ πάντα δυνατάᵇ τῷ πιστεύοντι
Luc 1 49 ἐποίησέν μοι μεγάλα ὁ δυνατός
14₃₁ εἰ δυνατός ἐστιν ἡ – ὑπαντῆσαι τῷ
24₁₉ δ..ὸς ἐν ἔργῳ καὶ λόγῳ Act 7 22 (Mo-
ses) 18₂₄ (Apollos) δ. – ἐν τ. γραφαῖς
Act 2₂₄ οὐκ ἦν δυνατὸνᵇ κρατεῖσθαι αὐτόν
11₁₇ ἐγὼ τίς ἤμην δ.ᵈ κωλῦσαι τὸν θεόν;
20₁₆ εἰ δυνατὸνᵇ εἴη αὐτῷ
25 5 οἱ οὖν ἐν ὑμῖν – δυνατοί
Rm 4₂₁ ὃ ἐπήγγελται δυν. ἐστιν καὶ ποιῆσαι
9₂₂ θέλων ὁ θεὸς – γνωρίσαι τὸ δ.ᵉ αὐτοῦ
11₂₃ δ. – ἐστιν ὁ θεὸς πάλιν ἐγκεντρίσαι

Rm 12₁₈ εἰ δυνατόνᶜ, τὸ ἐξ ὑμῶν, μετὰ πάν-
των ἀνθρώπων εἰρηνεύοντες
15 1 ὀφείλομεν δὲ ἡμεῖς οἱ δυνατοίᶠ τὰ
ἀσθενήματα τῶν ἀδυνάτων βαστάζειν
1 Co 1 26 οὐ πολλοὶ δυνατοί, οὐ π. εὐγενεῖς
2 Co 10 4 τὰ – ὅπλα – δυνατὰ τῷ θεῷ πρός
12₁₀ ὅταν – ἀσθενῶ, τότε δυνατός εἰμι
13 9 χαίρομεν γὰρ ὅταν ἡμεῖς ἀσθενῶμεν,
ὑμεῖς δὲ δυνατοὶ ἦτε
Gal 4₁₅ εἰ δυνατόνᶜ τοὺς ὀφθαλμοὺς ὑμῶν
2 Ti 1 12 δ..ὸς ἐστιν τὴν παραθήκην μου φυ-
λάξαι Hb 11₁₉ ἐκ νεκρῶν ἐγείρειν
Tit 1 9 ἵνα δ. ἦ – παρακαλεῖν ἐν τῇ διδασκ.
Jac 3 2 δυνατόςᵈ χαλιναγωγῆσαι – τὸ σῶμα

δύνειν occidere Mar 1 32 ‖ Luc 4 40

*δύο duo, duae ᵇbini
Mat 18₁₉ ἐὰν δ. συμφωνήσωσιν – περὶ – οὗ ἐὰν
αἰτήσωνται 20 οὗ γάρ εἰσιν δύο ἢ
τρεῖς συνηγμένοι εἰς τὸ ἐμὸν ὄνομα
19 6 „ἔσονται οἱ δύο εἰς σάρκα μίαν." ὥσ-
τε οὐκέτι εἰσὶν δύο ‖ Mar 10 8 –
1 Co 6₁₆ Eph 5₃₁
21 1 ἀπέστειλεν δύο μαθητάς ‖ Mar 11 1
Luc 19₂₉
24 40 δύο ἔσονται ἐν τῷ ἀγρῷ 41 δύο (du-
ae) ἀλήθουσαι ‖ Luc 17 34.35
Mar 6 7 ἤρξατο αὐτοὺς ἀποστέλλειν δύο δύοᵇ
‖ Luc 10 1 ἀνὰ δύο [δ.]ᵇ – Mar 14 13 δ.
τ. μαθητῶν – ‖[16₁₂ δυσὶν – περιπα-
τοῦσιν ἐφανερώθη] ‖ Luc 24₁₃ – 7 18
δύο τινὰς τῶν μαθητῶν (sc Ἰωάν-
νου) – Joh 1₃₅ Ἰωάννης καὶ ἐκ τῶν
μαθητῶν αὐτοῦ δύο 37. 40 Ἀνδρέας –
εἷς ἐκ τῶν δύο 20 4 ἔτρεχον – οἱ δύο
ὁμοῦ 21₂ ἄλλοι ἐκ τῶν μαθητ. – δύο
Joh 8₁₇ δύο ἀνθρώπων ἡ μαρτυρία ἀληθής
2 Co 13 1 „ἐπὶ στόματος δύο μαρτύρων καὶ
τριῶν" 1 Ti 5₁₉ Hb 10₂₈
Eph 2₁₅ ἵνα τοὺς δύο κτίσῃ – εἰς ἕνα καινόν

δυσβάστακτος ᵃimportabilis ᵇquae portare
(sc homines, vl ..tari) non possunt
Mat 23 4 βαρέα [καὶ δ..α] ‖ Luc 11 46ᵇ

δυσεντέριον Sᵒ – dysenteria Act 28 8

δυσερμήνευτος Sᵒ – ininterpretabilis
Hb 5₁₁ πολὺς ἡμῖν ὁ λόγος καὶ δυσ. λέγειν

δύσις vgᵒ ‖Mar brev. claus. ἄχρι δύσεως‖

δύσκολος, δυσκόλως difficilis, ..le
Mat 19 23 πλούσιος δυσκόλως εἰσελεύσεται ‖
Mar 10 23.24 πῶς δ..όν ἐστιν Luc 18 24

δυσμή occidens ᵇoccasus Mat 8 11 ‖ Luc
13 29 – Mat 24 27 Luc 12 54 ᵇ Ap 21 13 ᵇ

δυσνόητος Sᵒ – difficilis intellectu
2 Pe 3 16 ἐν αἷς ἐστιν δυσνόητά τινα

δυσφημεῖν blasphemare 1 Co 4 13 δ..ούμενοι

δυσφημία infamia 2 Co 6 8 διὰ δυσφημίας

*δώδεκα duodecim
Mat 10 1 προσκαλεσάμενος τοὺς δ. μαθητὰς
αὐτοῦ ‖ Mar 6 7 τοὺς δώδεκα Luc 9 1
– 2 τῶν δὲ δ. ἀποστόλων τὰ ὀνόματα ‖
Mar 3 14 ἐποίησεν δ. – ἵνα ὦσιν μετ'
αὐτοῦ 16 [τοὺς δώδεκα] Luc 6 13 ἐκλε-
ξάμενος – δώδεκα, οὓς καὶ ἀποστό-
λους ὠνόμασεν – Joh 6 70 οὐκ ἐγὼ
ὑμᾶς τοὺς δώδεκα ἐξελεξάμην;
– 5 τούτους τοὺς δ. ἀπέστειλεν ὁ Ἰησοῦς
11 1 ὅτε ἐτέλεσεν – διατάσσων τοῖς δώδεκα
19 28 ἐπὶ δώδεκα θρόνους κρίνοντες τὰς
δώδεκα φυλὰς τοῦ Ἰσραήλ ‖ Luc 22 30
20 17 παρέλαβεν τοὺς δώδεκα [μαθητάς] ‖
Mar 10 32 cfr 9 35 ἐφώνησεν Luc 18 31
26 14 πορευθεὶς εἷς τῶν δώδ. ‖ Mar 14 10 ὁ
εἷς τῶν δώδεκα 20.43 Luc 22 3 ὄντα ἐκ
τοῦ ἀριθμοῦ τῶν δώδεκα 47 Joh 6 71
– 20 24 Θωμᾶς – εἷς ἐκ τῶν δώδεκα
– 20 ἀνέκειτο μετὰ τῶν δώδεκα ‖ Mar
14 17 ἔρχεται μετὰ τῶν δώδεκα
Mar 4 10 ἠρώτων αὐτὸν οἱ περὶ αὐτὸν σὺν (vgᵒ
vl cum) τοῖς δώδεκα τὰς παραβολὰς
11 11 ἐξῆλθεν εἰς Βηθανίαν μετὰ τῶν δώδ.
Luc 8 1 καὶ οἱ δώδεκα σὺν αὐτῷ – 9 12
Joh 6 67 τοῖς δ.· μὴ καὶ ὑμεῖς θέλετε ὑπάγειν;
Act 6 2 προσκαλεσάμενοι – οἱ δ. τὸ πλῆθος
7 8 περιέτεμεν – τοὺς δώδεκα πατριάρχας
1 Co 15 5 ὤφθη Κηφᾷ, εἶτα τοῖς δώδεκα (vl
ἕνδεκα vg undecim)
Jac 1 1 ταῖς δώδεκα φυλαῖς – ἐν τῇ διασπορᾷ
Ap 12 1 στέφανος ἀστέρων δώδεκα
21 12 ἔχουσα πυλῶνας δ., – ἀγγέλους δ., –
[τὰ ὀνόματα] τ. δ. φυλῶν 14 θεμελίους
δ., καὶ ἐπ' αὐτῶν δώδεκα ὀνόματα
τῶν δώδεκα ἀποστόλων τοῦ ἀρνίου

δωδέκατος duodecimus Ap 21 20 θεμέλιος

δωδεκάφυλον Sᵒ – duodecim tribus
Act 26 7 τὸ δωδ. ἡμῶν ἐν ἐκτενείᾳ – λατρεῦον

δῶμα tectum ᵇsuperiora
Mat 10 27 κηρύξατε ἐπὶ τῶν δωμάτων ‖ Luc 12 3
24 17 ὁ ἐπὶ τοῦ δ..τος ‖ Mar 13 15 Luc 17 31
Luc 5 19 Act 10 9 ἐπὶ τὸ δῶμα ᵇ προσεύξασθαι

δωρεά donum ᵇdonatio ᶜgratia
Joh 4 10 εἰ ᾔδεις τὴν δωρεὰν τοῦ θεοῦ
Act 2 38 λήμψεσθε τὴν δ. τοῦ ἁγ. πνεύματος
8 20 ὅτι τὴν δωρεὰν τοῦ θεοῦ ἐνόμισας
διὰ χρημάτων κτᾶσθαι
10 45 ἐπὶ τὰ ἔθνη ἡ δ.ᶜ τοῦ ἁγίου πνεύμα-
τος ἐκκέχυται 11 17 εἰ – τὴν ἴσην δ.ᶜ
ἔδωκεν αὐτοῖς ὁ θεὸς ὡς – ἡμῖν
Rm 5 15 ἡ δ. ἐν χάριτι – Ἰησοῦ – ἐπερίσσευσεν
– 17 οἱ τὴν περισσείαν – τῆς δωρεᾶς ᵇ τῆς
δικαιοσύνης λαμβάνοντες
2 Co 9 15 ἐπὶ τῇ ἀνεκδιηγήτῳ αὐτοῦ δωρεᾷ
Eph 3 7 κατὰ τὴν δ. τῆς χάριτος τοῦ θεοῦ
4 7 κατὰ τὸ μέτρον τῆς δωρεᾶς ᵇ τοῦ Χρ.
Hb 6 4 γευσαμένους – τῆς δ. τῆς ἐπουρανίου

δωρεάν gratis
Mat 10 8 δωρεὰν ἐλάβετε, δωρεὰν δότε
Joh 15 25 ὅτι „ἐμίσησάν με δωρεάν"
Rm 3 24 δικαιούμενοι δωρεὰν τῇ αὐτοῦ χάριτι
2 Co 11 7 ὅτι δ. τὸ – εὐαγγέλιον εὐηγγελισάμην
Gal 2 21 ἄρα Χὸς δωρεὰν ἀπέθανεν
2 Th 3 8 οὐδὲ δ. ἄρτον ἐφάγομεν παρά τινος
Ap 21 6 „τῷ διψῶντι" δώσω ἐκ τῆς πηγῆς
„τοῦ ὕδατος τῆς ζωῆς δωρεάν"
22 17 λαβέτω „ὕδωρ ζωῆς δωρεάν"

δωρεῖσθαι donare Mar 15 45 πτῶμα
2 Pe 1 3 ὡς πάντα ἡμῖν τῆς θείας δυνάμεως
αὐτοῦ – δεδωρημένης (vg donata sunt,
vl donavit F) 4 τὰ τίμια καὶ μέγιστα ἡ-
μῖν ἐπαγγέλματα δεδώρηται (vg donavit)

δώρημα donum Rm 5 16 καὶ οὐχ ὡς δι' ἑνὸς
ἁμαρτήσαντος (vl ..ήματος) τὸ δώρημα
Jac 1 17 καὶ πᾶν δώρημα τέλειον ἄνωθέν ἐστιν

δῶρον munus ᵇdonum
Mat 2 11 προσήνεγκαν αὐτῷ δῶρα
5 23 ἐὰν οὖν προσφέρῃς τὸ δῶρόν σου 24
ἄφες ἐκεῖ τὸ δῶρόν σου –, καὶ τότε
ἐλθὼν πρόσφερε τὸ δῶρόν σου
8 4 προσένεγκον τὸ δῶρ. – εἰς μαρτύριον
15 5 ὃς ἂν εἴπῃ –· δῶρον ὃ ἐὰν ἐξ ἐμοῦ

ὠφεληθῇς ‖ Mar 7 11 κορβᾶν, ὅ ἐστιν
δῶρον [b], ὃ ἐὰν ἐξ ἐμοῦ ὠφεληθῇς
Mat 23 18 ὃς δ᾽ ἂν ὀμόσῃ ἐν τῷ δώρῳ [b] τῷ ἐπά-
νω αὐτοῦ 19 τί – μεῖζον, τὸ δῶρον [b] ἢ
τὸ θυσιαστήριον τὸ ἁγιάζον τὸ δ. [b];
Luc 21 1 εἰς τὸ γαζοφυλάκιον τὰ δῶρα 4

Eph 2 8 οὐκ ἐξ ὑμῶν, θεοῦ τὸ δῶρον [b]
Hb 5 1 ἵνα προσφέρῃ δῶρά [b] τε καὶ θυσίας
ὑπὲρ ἁμαρτιῶν 8 3.4 9 9
11 4 μαρτυροῦντος „ἐπὶ τοῖς δώροις αὐ-
τοῦ (sc ῎Αβελ) τοῦ θεοῦ"
Ap 11 10 δῶρα πέμψουσιν ἀλλήλοις

Ε

ἔα *sine* Luc 4 34 ἔα, τί ἡμῖν καὶ σοί, Ἰησοῦ –;

ἐᾶν *sinere* [b]*permittere* [c]*pati* [d]*dimittere*
[e]*se committere*
Mat 24 43 οὐκ ἂν εἴασεν διορυχθῆναι τὴν οἰκ.
Luc 4 41 ἐπιτιμῶν οὐκ εἴα αὐτὰ λαλεῖν
22 51 Ἰησοῦς εἶπεν· ἐᾶτε ἕως τούτου
Act 14 16 εἴασεν [d] – τὰ ἔθνη πορεύεσθαι τ. ὁδοῖς
16 7 οὐκ εἴασεν [b] αὐτοὺς τ. πνεῦμα Ἰησοῦ
19 30 οὐκ εἴων [b] αὐτὸν οἱ μαθηταί
23 32 ἐάσαντες [d] τοὺς ἱππεῖς ἀπέρχεσθαι
27 32 [c] 40 εἴων [e] εἰς τὴν θάλασσαν
28 4 ὃν – ἡ δίκη ζῆν οὐκ εἴασεν (*sinit*)
1 Co 10 13 πιστός – ὁ θεός, ὃς οὐκ ἐάσει [c] ὑμᾶς
πειρασθῆναι ὑπὲρ ὃ δύνασθε

ἑβδομήκοντα *septuaginta*
Luc 10 1 ἑτέρους ἑβδ. [δύο] 17 ὑπέστρεψαν οἱ
ἑβδομήκ. [δύο] – Act 7 14 23 23 27 37

ἑβδομηκοντάκις *septuagies* Mat 18 22

ἕβδομος, ..η *septimus* [b]*dies septima*
Joh 4 52 ἐχθὲς ὥραν ἑβδόμην ἀφῆκεν αὐτόν
Hb 4 4 εἴρηκεν – περὶ τῆς ἑβδόμης [b] – ᾿ –
„κατέπαυσεν – ἐν τῇ ἡμέρᾳ τῇ ἑβδ."
Jud 14 ἕβδομος ἀπὸ Ἀδὰμ Ἐνώχ
Ap 8 1 τὴν σφραγῖδα τὴν ἑβ. 10 7 τοῦ ἑβ. ἀγ-
γέλου 11 15 16 17 – 21 20 ὁ ἕβ. (sc θεμέλιος)

῎Εβερ Luc 3 35

(Ἑβραϊκός *Hebraicus* Luc 23 38 vl γράμμα-
σιν – Ἑβραϊκοῖς)

Ἑβραῖος *Hebraeus*
Act 6 1 τῶν Ἑλληνιστῶν πρὸς τοὺς Ἑ..ους
2 Co 11 22 Ἑβραῖοί εἰσιν; κἀγώ. Ἰσραηλῖται –;
Phl 3 5 Ἑβραῖος ἐξ Ἑβραίων, κατὰ νόμον

Ἑβραῒς διάλεκτος *lingua Hebraea* [b]*lingua
Hebraica* Act 21 40 22 2 26 14 [b]

Ἑβραϊστί *Hebraice*
Joh 5 2 Βηθζαθά 19 13 Γαββαθά 17 Γολγοθά
20 Ἑβραϊστί, Ῥωμαϊστί, Ἑλληνιστί 20 16
Ἑβραϊστί (vg [o])· Ῥαββουνί – Ap 9 11 Ἀ-
βαδδών 16 16 Ἁρμαγεδών

ἐγγίζειν *appropinquare* [b]*appropiare* [c]*prope
esse* [d]*accedere* [e]*proximare*
Mat 3 2 ἤγγικεν – ἡ βασιλεία τῶν οὐρανῶν 4 17
‖ Mar 1 15 τοῦ θεοῦ – Mat 10 7 οὐρα-
νῶν Luc 10 9 ἤγγ. ἐφ᾽ ὑμᾶς – θεοῦ 11 θ.
21 1 ἤγγισαν εἰς Ἱεροσ. ‖ Mar 11 1 Luc 19 41
– 34 ὅτε – ἤγγισεν ὁ καιρὸς τῶν καρπῶν
26 45 ἤγγικεν ἡ ὥρα 46 ἰδοὺ ἤγγικεν ὁ πα-
ραδιδούς με ‖ Mar 14 42 (vl ἤγγισεν) [c]
Luc 7 12 12 33 κλέπτης οὐκ ἐγγίζει [b] 15 1.25 18
35.40 19 29 εἰς Βηθφαγή 37
21 8 λέγοντες·– ὁ καιρὸς ἤγγικεν· μή
– 20 γνῶτε ὅτι ἤγγικεν ἡ ἐρήμωσις αὐτῆς
– 28 διότι ἐγγίζει ἡ ἀπολύτρωσις ὑμῶν
22 1.47 24 15 Ἰησοῦς ἐγγίσας 28
Act 7 17 ἤγγιζεν ὁ χρόνος τῆς ἐπαγγελίας
9 3 10 9 21 33 [d] 22 6 23 15 [b]
Rm 13 12 νὺξ προέκοψεν, ἡ δὲ ἡμέρα ἤγγικεν
Phl 2 30 μέχρι θανάτου ἤγγισεν [d] ‖(vg vl [b])
Hb 7 19 ἐλπίδος, δι᾽ ἧς ἐγγίζομεν [e] τῷ θεῷ
10 25 ὅσῳ βλέπετε ἐγγίζουσαν τὴν ἡμέραν
Jac 4 8 ἐγγίσατε τῷ θεῷ, καὶ ἐγγιεῖ ὑμῖν
5 8 ἡ παρουσία τοῦ κυρίου ἤγγικεν
1 Pe 4 7 πάντων δὲ τὸ τέλος ἤγγικεν

ἐγγράφειν *scribere* Luc 10 20 ὅτι τὰ ὀνόματα
ὑμῶν ἐγγέγραπται ἐν τοῖς οὐρανοῖς
2 Co 3 2 ἡ ἐπιστολὴ ἡμῶν ὑμεῖς ἐστε, ἐγγε-
γραμμένη ἐν ταῖς καρδίαις ἡμῶν 3
„ἐγγεγραμμένη" –, – ἐν „πλαξὶν καρ-
δίαις σαρκίναις"

ἔγγυος *sponsor* Hb 7 22 κατὰ τοσοῦτο [καὶ]
κρείττονος διαθήκης γέγονεν ἔ. Ἰησοῦς

ἐγγύς, ἐγγύτερον *prope* (*est*) [b]proximus
[c]in proximo [d]iuxta

Mat 24 32 ὅτι ἐγγὺς τὸ θέρος 33 ἐγγύς ἐστιν ἐπὶ
θύραις ‖ Mar 13 28[c] 29[c] Luc 21 30. 31
ἐγγύς ἐστιν ἡ βασιλεία τοῦ θεοῦ
26 18 ὁ καιρός μου ἐγγύς ἐστιν
Luc 19 11 διὰ τὸ ἐγγὺς εἶναι Ἰερουσαλ. αὐτόν
Joh 2 13 ἐγγὺς ἦν τὸ πάσχα 6 4[b] 11 55[b] – 7 2
ἦν δὲ ἐγγὺς[c] – ἡ σκηνοπηγία
3 23 ἐγγὺς[d] τοῦ Σαλείμ – 6 19[b] 23[d] 11 18[d]
τῶν Ἱεροσ. 54[d] τῆς ἐρήμου 19 20 τῆς
πόλεως 42 ἐγγὺς[d] ἦν τὸ μνημεῖον
Act 1 12[d] Ἰερουσαλήμ 9 38 τῇ Ἰόππῃ 27 8[d]
Rm 10 8 „ἐγγύς σου τὸ ῥῆμά ἐστιν"
13 11 ἐγγύτερον (*propior*) ἡμῶν ἡ σωτηρία
Eph 2 13 ἐγενήθητε „ἐγγύς" 17 „εἰρήνην" ὑμῖν
„τοῖς μακρὰν καὶ εἰρήνην τοῖς ἐγγύς"
Phl 4 5 ὁ κύριος ἐγγύς (*prope est*)
Hb 6 8 „γῆ – ἐκφέρουσα ἀκάνθας – κατάρας"
ἐγγύς[b] – 8 13 τὸ δὲ παλαιούμενον
καὶ γηράσκον ἐγγὺς ἀφανισμοῦ
Ap 1 3 ὁ γὰρ καιρὸς ἐγγύς 22 10 ἐγγύς ἐστιν

ἐγείρειν, ἐγείρεσθαι

1) e morte revocare, excitari
vg *resurgere* [b]*suscitare* [c]*surgere*
[d]*excitare* → ἀνιστάναι, συνεγείρειν

Mat 9 25 ἠγέρθη[c] τὸ κοράσιον ‖ Mar 5 41 ἔγειρε[c] Luc 8 54[c] – 7 14 νεανίσκε – ἐγέρ-
10 8 νεκροὺς ἐγείρετε[b] |θητι[c]
11 5 νεκροὶ ἐγείρονται ‖ Luc 7 22
14 2 ἠγέρθη[c] ἀπὸ τῶν νεκρῶν (Joh.) ‖
Mar 6 14 ἠγέρθη 16 ἠγέρθη Luc 9 7[c]
16 21 τῇ τρίτῃ ἡμέρᾳ ἐγερθῆναι ‖ Luc 9 22
– Mat 17 23 ἐγερθήσεται 20 19 – 27 63
ὅτι – εἶπεν · μετὰ τρεῖς ἡμ. ἐγείρομαι
17 9 ἕως οὗ ὁ υἱὸς τοῦ ἀνθρώπου ἐκ νε-
κρῶν ἐγερθῇ (vl ἀναστῇ)
26 32 μετὰ δὲ τὸ ἐγερθῆναί με προάξω ὑ-
μᾶς εἰς τὴν Γαλιλ. ‖ Mar 14 28 (vl[c])
27 52 σώματα τῶν – ἁγίων ἠγέρθησαν[c]
– 64 εἴπωσιν – · ἠγέρθη[c] ἀπὸ – νεκρῶν
28 6 ἠγέρθη[c] – καθὼς εἶπεν 7 εἴπατε – ὅτι
ἠγέρθη[c] ἀπὸ τῶν νεκρῶν ‖ Mar 16 6
ἠγέρθη[c], οὐκ ἔστιν ὧδε Luc 24 6[c] –
‖Mar 16 14 τοῖς θεασαμένοις αὐτὸν
ἐγηγερμένον‖ Luc 24 34 λέγοντες ὄντως ἠγέρθη[c] – Joh 21 14 τρίτον
ἐφανερώθη – ἐγερθεὶς ἐκ νεκρῶν
Mar 12 26 περὶ δὲ τῶν νεκρῶν ὅτι ἐγείρονται ‖
Luc 20 37 ὅτι – ἐγείρονται οἱ νεκροὶ

Joh 2 22 ὅτε οὖν ἠγέρθη ἐκ νεκρῶν
5 21 ὥσπερ – ὁ πατὴρ ἐγείρει[b] τοὺς νεκρ.
12 1 Λάζ., ὃν ἤγειρεν[b] ἐκ νεκρῶν 9[b]. 17[b]
Act 3 15 ὃν ὁ θεὸς ἤγειρεν[b] ἐκ νεκρῶν 4 10[b]
5 30[b] 10 40[b] [ἐν] τῇ τρίτῃ ἡμέρᾳ 13 30[b]
37 ὃν δὲ ὁ θεὸς ἤγειρεν[b], οὐκ εἶδεν
διαφθοράν
26 8 τί ἄπιστον κρίνεται παρ' ὑμῖν εἰ ὁ
θεὸς νεκροὺς ἐγείρει[b];
Rm 4 24 τοῖς πιστεύουσιν ἐπὶ τὸν ἐγείραντα[b]
Ἰησοῦν – ἐκ νεκρῶν 1 Pe 1 21 πιστοὺς
εἰς θεὸν τὸν ἐγείραντα[b] αὐτὸν ἐκ νεκ.
– 25 ἠγέρθη διὰ τὴν δικαίωσιν ἡμῶν
6 4 ὥσπερ ἠγέρθη[c] Χὸς ἐκ νεκρῶν
– 9 εἰδότες ὅτι Χὸς ἐγερθεὶς (vl[c]) ἐκ
νεκρῶν οὐκέτι ἀποθνῄσκει
7 4 εἰς τὸ γενέσθαι ὑμᾶς ἑτέρῳ, τῷ ἐκ
νεκρῶν ἐγερθέντι
8 11 εἰ – τὸ πνεῦμα τοῦ ἐγείραντος[b] τὸν
Ἰησοῦν ἐκ νεκρῶν οἰκεῖ ἐν ὑμῖν, ὁ
ἐγείρας[b] Χὸν ἐκ νεκρῶν ζωοποιήσει –
τὰ θνητὰ σώματα ὑμῶν
– 34 Χὸς [Ἰησοῦς] ὁ ἀποθανών, μᾶλλον
δὲ ἐγερθείς
10 9 ἐὰν – πιστεύσῃς – ὅτι ὁ θεὸς αὐτὸν
ἤγειρεν[b] (vl[d]) ἐκ νεκρῶν
1 Co 6 14 ὁ – θεὸς καὶ τὸν κύριον ἤγειρεν[b] καὶ
ἡμᾶς ἐξεγερεῖ (*suscitabit*)
15 4 ὅτι ἐγήγερται (vl[c]) τῇ ἡμέρᾳ τῇ τρ.
– 12 εἰ – Χὸς κηρύσσεται ὅτι ἐκ νεκρῶν
ἐγήγερται 13 οὐδὲ Χὸς ἐγήγ. 14 εἰ
δὲ Χὸς οὐκ ἐγήγ. 15 ὅτι ἐμαρτυρή-
σαμεν κατὰ τοῦ θεοῦ ὅτι ἤγειρεν[b]
τὸν Χόν, ὃν οὐκ ἤγειρεν[b] εἴπερ –
νεκροὶ οὐκ ἐγείρονται 16 εἰ γὰρ νε-
κροὶ οὐκ ἐγείρ., οὐδὲ Χὸς ἐγήγερται
17 εἰ δὲ Χὸς οὐκ ἐγήγερται, ματαία
ἡ πίστις ὑμῶν
– 20 νυνὶ δὲ Χὸς ἐγήγερται ἐκ νεκρῶν
– 29 εἰ ὅλως νεκροὶ οὐκ ἐγείρονται, τί καὶ
βαπτίζονται ὑπὲρ αὐτῶν;
– 32 εἰ νεκροὶ οὐκ ἐγείρονται, „φάγωμεν
καὶ πίωμεν, αὔριον γὰρ ἀποθνῄσκ."
– 35 πῶς ἐγείρονται οἱ νεκροί; 42 ἐγείρε-
ται[c] ἐν ἀφθαρσίᾳ 43 ἐγείρεται[c] ἐν
δόξῃ · ἐγ.[c] ἐν δυνάμει 44 ἐγείρεται[c]
σῶμα πνευματικόν 52 οἱ νεκροὶ ἐγερ-
θήσονται ἄφθαρτοι καὶ ἡμεῖς
2 Co 1 9 ἵνα – πεποιθότες ὦμεν – ἐπὶ τῷ θεῷ
τῷ ἐγείροντι[b] τοὺς νεκρούς
4 14 ὁ ἐγείρας[b] τὸν κύριον Ἰησοῦν καὶ
ἡμᾶς σὺν Ἰησοῦ ἐγερεῖ[b]

2 Co 5 15 ἵνα οἱ ζῶντες – ζῶσιν – τῷ ὑπὲρ αὐ-
τῶν ἀποθανόντι καὶ ἐγερθέντι
Gal 1 1 τοῦ ἐγείραντος[b] αὐτὸν ἐκ νεκρῶν
Eph 1 20 ἐνέργειαν –, ἣν ἐνήργησεν ἐν τῷ Χῷ
ἐγείρας[b] αὐτὸν ἐκ νεκρῶν Col 2 12[b]
1 Th 1 10 ἀναμένειν τὸν υἱὸν αὐτοῦ ἐκ τῶν οὐ-
ρανῶν, ὃν ἤγειρεν[b] ἐκ [τῶν] νεκρῶν
2 Ti 2 8 Ἰησοῦν Χὸν ἐγηγερμένον ἐκ νεκρῶν
Hb 11 19 ὅτι καὶ ἐκ νεκρῶν ἐγείρειν[b] δυνατὸς
ὁ θεός – 1 Pe 1 21 → Rm 4 24

2) non habita mortis ratione

vg surgere   [b]exurgere   (vl exsurg.)
[c]consurgere   [d]excitare   [e]suscitare
[f]allevare   [g]alleviare   [h]elevare   [i]le-
vare   [k]erigere

Mat 1 24 ἐγερθεὶς[b] – ἀπὸ τοῦ ὕπνου
2 13 ἐγερθεὶς παράλαβε τὸ παιδίον 14[e]
20. 21[c] (vl surgens)
3 9 ἐγεῖραι[e] τέκνα τῷ Ἀβραάμ ‖ Luc 3 8[e]
8 15 ἠγέρθη, καὶ διηκόνει ‖ Mar 1 31 ἤγει-
ρεν[h] αὐτήν – 9 27[h] αὐτόν
– 25 ἤγειραν[e] αὐτόν 26 ἐγερθεὶς ἐπετί-
μησεν τοῖς ἀνέμοις ‖ Mar 4 38[d]
9 5 ἔγειρε κ. περιπάτει 6 ἐγερθεὶς ἆρον 7
ἐγερθεὶς ἀπῆλθεν ‖ Mar 2 9. 11. 12 Luc
5 23. 24 (cfr Mat 9 25 ἠγέρθη τὸ κορά-
σιον ‖ Mar 5 41 Luc 8 54) – Mar 3 3
ἔγειρε εἰς τὸ μέσον ‖ Luc 6 8 – Joh
5 8 ἔγειρε ἆρον τὸν κράβαττόν σου
– 19 ἐγερθεὶς ὁ Ἰησ. ἠκολούθησεν αὐτῷ
11 11 οὐκ ἐγήγερται – μείζων Ἰωάννου cfr
Luc 7 16 προφήτης μέγας ἠγέρθη ἐν
ἡμῖν Joh 7 52 ἐκ τῆς Γαλιλαίας προ-
φήτης οὐκ ἐγείρεται
12 11 οὐχὶ κρατήσει αὐτὸ καὶ ἐγερεῖ[i];
– 42 βασίλισσα νότου ἐγερθήσεται ἐν τῇ
κρίσει μετὰ τῆς γενεᾶς ‖ Luc 11 31
17 7 ἐγέρθητε καὶ μὴ φοβεῖσθε
24 7 „ἐγερθήσεται[c] – ἔθνος ἐπὶ ἔθνος" ‖
Mar 13 8[b] Luc 21 10
– 11 ψευδοπροφῆται ἐγερθήσονται 24 ψευ-
δόχριστοι καὶ ψευδοπροφ. ‖ Mar 13 22[b]
25 7 ἠγέρθησαν πᾶσαι αἱ παρθένοι
26 46 ἐγείρεσθε, ἄγωμεν ‖ Mar 14 42 Joh
14 31 ἐγείρεσθε, ἄγωμεν ἐντεῦθεν
Mar 4 27 ἐγείρηται[b] νύκτα καὶ ἡμέραν
10 49 θάρσει, ἔγειρε, φωνεῖ σε
Luc 1 69 „ἤγειρεν[k] κέρας" σωτηρίας ἡμῖν
11 8 ἐγερθεὶς δώσει αὐτῷ ὅσων χρῄζει
13 25 ἀφ᾽ οὗ ἂν ἐγερθῇ (vl εἰσέλθῃ, vg
intraverit) ὁ οἰκοδεσπότης

Joh 2 19 ἐν τρισὶν ἡμέραις ἐγερῶ[d] αὐτόν 20
σὺ ἐν τρισὶν ἡμέραις ἐγερεῖς[d] αὐτόν;
11 29 ἠγέρθη ταχὺ 13 4 ἐκ τοῦ δείπνου
Act 3 7 πιάσας αὐτὸν – ἤγειρεν[f] αὐτόν [6]
9 8 ἠγέρθη δὲ Σαῦλος ἀπὸ τῆς γῆς
10 26 Πέτρος ἤγειρεν[h] (vl[i]) αὐτὸν 12 7 ἤ-
γειρεν[d] (vl[e]) αὐτόν (sc Πέτρον)
13 22 ἤγειρεν[e] τὸν Δαυὶδ – εἰς βασιλέα (23
vl ἤγειρε τῷ Ἰσραὴλ σωτῆρα Ἰησοῦν)
Rm 13 11 ὥρα ἤδη ὑμᾶς ἐξ ὕπνου ἐγερθῆναι
Eph 5 14 ἔγειρε, ὁ καθεύδων
Phl 1 17 θλῖψιν ἐγείρειν[e] τοῖς δεσμοῖς μου
Jac 5 15 καὶ ἐγερεῖ[g] αὐτὸν ὁ κύριος (sc τὸν
κάμνοντα)
Ap 11 1 ἔγειρε καὶ μέτρησον τὸν ναόν

ἔγερσις resurrectio Mat 27 53 μετὰ τὴν ἔγ.

ἐγκάθετος insidiator Luc 20 20

ἐγκαίνια encaenia (vl ence.) Joh 10 22

ἐγκαινίζειν [a]dedicare [b]initiare
Hb 9 18 οὐδὲ ἡ πρώτη (sc διαθήκη) χωρὶς
αἵματος ἐγκεκαίνισται[a]
10 20 εἰς τὴν εἴσοδον τῶν ἁγίων –, ἣν ἐνε-
καίνισεν[b] ἡμῖν ὁδὸν πρόσφατον

ἐγκακεῖν S° – deficere
Luc 18 1 πάντοτε προσεύχεσθαι – καὶ μὴ ἐγκ.
2 Co 4 1 ἔχοντες τὴν διακονίαν ταύτην, – οὐκ
ἐγκακοῦμεν 16 διὸ οὐκ ἐγκακοῦμεν
Gal 6 9 τὸ – καλὸν ποιοῦντες μὴ ἐγκακῶμεν
Eph 3 13 μὴ ἐγκακεῖν ἐν ταῖς θλίψεσίν μου
2 Th 3 13 μὴ ἐγκακήσητε καλοποιοῦντες

ἐγκαλεῖν accusare [b]arguere [c]obicere
Act 19 38. 40[b] 23 28[c]. 29 26 2. 7 περὶ ἧς ἐλπίδος
ἐγκαλοῦμαι ὑπὸ Ἰουδαίων
Rm 8 33 τίς ἐγκαλέσει κατὰ ἐκλεκτῶν θεοῦ;

ἐγκαταλείπειν derelinquere [b]relinquere
[c]deserere
Mat 27 46 „ἱνατί με ἐγκατέλιπες;" ‖ Mar 15 34
Act 2 27 „ὅτι οὐκ ἐ..είψεις τὴν ψυχήν μου εἰς
ᾅδην" 31 „οὔτε ἐ..ελείφθη" (sc Χρ.)
Rm 9 29 „εἰ μὴ κύριος Σαβαὼθ ἐγκατέλιπεν[b]
ἡμῖν σπέρμα"
2 Co 4 9 διωκόμενοι ἀλλ᾽ οὐκ ἐ..όμενοι
2 Ti 4 10 Δημᾶς – με ἐγκατέλιπεν[b] (vl der.)
– 16 ἀλλὰ πάντες με ἐγκατέλιπον
Hb 10 25 μὴ ἐ..οντες[c] τὴν ἐπισυναγωγὴν
13 5 „οὐδ᾽ οὐ μή σε ἐγκαταλίπω"

ἐγκατοικεῖν Sᵒ – habitare 2 Pe 2₈ ἐν αὐτοῖς

ἐγκαυχᾶσθαι gloriari 2 Th 1₄ ἐν ὑμῖν

ἐγκεντρίζειν inserere Rm 11₁₇.₁₉.₂₃.₂₄

ἔγκλημα crimen Act 23₂₉ 25₁₆ περὶ τοῦ ἐγκλ.

ἐγκομβοῦσθαι Sᵒ – insinuare
1 Pe 5 ₅ ἀλλήλοις τὴν ταπεινοφροσύνην ἐγ-
κομβώσασθε, ὅτι „ὁ θεὸς ὑπερηφάνοις"

ἐγκοπή Sᵒ – offendiculum 1 Co 9₁₂ ἵνα μή
τινα ἐγκοπὴν δῶμεν τῷ εὐαγγ. τοῦ Χοῦ

ἐγκόπτειν Sᵒ – impedire ᵇprotrahere
Act 24 ₄ ἵνα – μὴ ἐπὶ πλεῖόν σε ἐγκόπτωᵇ
Rm 15₂₂ ἐνεκοπτόμην τὰ πολλὰ τοῦ ἐλθεῖν
Gal 5 ₇ τίς – ἐνέκοψεν [τῇ] ἀληθείᾳ μὴ πείθε-
1 Th 2₁₈ ἐνέκοψεν ἡμᾶς ὁ σατανᾶς [ὁσθαι;
1 Pe 3 ₇ εἰς τὸ μὴ ἐ..σθαι τὰς προσευχὰς ὑ.

ἐγκράτεια abstinentia ᵇcastitas ᶜcontinentia
Act 24₂₅ περὶ δικαιοσύνης καὶ ἐγκρατείαςᵇ
Gal 5₂₃ πίστις, πραΰτης, ἐγκράτειαᶜ
2 Pe 1 ₆ ἐν – τῇ γνώσει τὴν ἐγκράτειαν, ἐν δὲ
τῇ ἐγκρατείᾳ τὴν ὑπομονήν

ἐγκρατεύεσθαι se abstinēre ᵇse continēre
1 Co 7 ₉ εἰ δὲ οὐκ ἐ..ονταιᵇ, γαμησάτωσαν
9₂₅ πᾶς δὲ ὁ ἀγωνιζόμενος πάντα ἐ..εται

ἐγκρατής continens Tit 1₈ ἐπίσκοπον – ἐ..ῆ

ἐγκρίνειν Sᵒ – se inserere → συγκρίνειν
2 Co 10₁₂ οὐ – τολμῶμεν ἐγκρῖναι – ἑαυτούς

ἐγκρύπτειν abscondere Mat 13₃₃ ‖ [Luc 13₂₁]

ἔγκυος praegnans (vl ..as) Luc 2₅

ἐγχρίειν inungere Ap 3₁₈ ὀφθαλμούς

*ἐγώ et casus obliqui, ἡμεῖς ego etc
(in sermone Jesu Christi de se ipso et
de unitate patris filiique testimonium
perhibentis. → πέμπειν, ὄνομα)
Mat 5₂₂ ἐγὼ δὲ λέγω ὑμῖν 28.32.34.39.44
8 ₇ ἐγὼ ἐλθὼν θεραπεύσω αὐτόν
10₁₆ ἐγὼ ἀποστέλλω ὑμᾶς ὡς πρόβατα
– 32 ὅστις ὁμολογήσει ἐν ἐμοὶ –, ὁμολο-
γήσω κἀγὼ ἐν αὐτῷ 33 ‖ Luc 12₈

Mat 10₃₇ ὁ φιλῶν πατέρα ἢ μητέρα ὑπὲρ ἐμὲ
οὐκ ἔστιν μου ἄξιος· κτλ 38.39
– 40 ὁ δεχόμενος ὑμᾶς ἐμὲ δέχεται, καὶ
ὁ ἐμὲ δεχόμενος δέχεται τὸν ἀπο-
στείλαντά με ‖ Luc 10₁₆ ὁ ἀκούων
ὑμῶν ἐμοῦ ἀκούει, καὶ ὁ ἀθετῶν ὑ-
μᾶς ἐμὲ ἀθετεῖ· ὁ δὲ ἐμὲ ἀθετῶν ἀ-
θετεῖ τὸν ἀποστείλαντά με
11₂₇ πάντα μοι παρεδόθη ὑπὸ τοῦ πατρός
μου ‖ Luc 10₂₂ – Mat 11₂₈ δεῦτε πρός
με – οἱ – πεφορτισμένοι, κἀγὼ ἀνα-
παύσω ὑμᾶς. ἄρατε τὸν ζυγόν μου
– καὶ μάθετε ἀπ' ἐμοῦ κτλ
14₂₇ ἐγώ εἰμι· μὴ φοβεῖσθε ‖ Mr 6₅₀ Jo 6₂₀
16₁₈ κἀγὼ δέ σοι λέγω ὅτι σὺ εἶ Πέτρος
18 ₅ ὃς ἐὰν δέξηται – παιδίον – ἐπὶ τῷ ὀνό-
ματί μου, ἐμὲ δέχεται ‖ Mar 9₃₇ –
καὶ ὃς ἂν ἐμὲ δέχηται, οὐκ ἐμὲ δέ-
χεται ἀλλὰ τὸν ἀποστείλ. με Luc 9₄₈
20₂₂ τὸ ποτήριον ὃ ἐγὼ μέλλω πίνειν; 23
τὸ – ποτ. μου πίεσθε κτλ ‖ Mar 10₃₈.39
21₂₄ ἐρωτήσω ὑμᾶς κἀγὼ λόγον ἕνα, –,
κἀγὼ ὑμῖν ἐρῶ ἐν ποίᾳ ἐξουσίᾳ ταῦ-
τα ποιῶ 27 οὐδὲ ἐγὼ λέγω ὑμῖν ἐν
ποίᾳ ἐξουσίᾳ ‖ Mar 11₃₃ Luc 20₃.8
23₃₄ ἰδοὺ ἐγὼ ἀποστέλλω – προφήτας καί
– 39 οὐ μή με ἴδητε ἀπ' ἄρτι ἕως ἂν εἴπ.
24 ₅ πολλοὶ – ἐλεύσονται ἐπὶ τῷ ὀνόματί
μου –· ἐγώ εἰμι ὁ χριστός ‖ Mar 13₆
Luc 21₈ κἀγώ εἰμι, καί – ὁ καιρὸς ἤγγ.
26₃₉ οὐχ ὡς ἐγὼ θέλω ἀλλ' ὡς σύ ‖ Mar
14₃₆ Luc 22₄₂ μὴ τὸ θέλημά μου
28₁₈ ἐδόθη μοι πᾶσα ἐξουσία – 19 πορευ-
θέντες οὖν μαθητεύσατε – τὰ ἔθνη
– 20 ἐγὼ μεθ' ὑμῶν εἰμι – ἕως τῆς συντελ.
Mar 9₂₅ ἐγὼ ἐπιτάσσω σοι, ἔξελθε ἐξ αὐτοῦ
14₅₈ ἐγὼ καταλύσω τὸν ναὸν τοῦτον
– 62 σὺ εἶ ὁ χριστός –;–· ἐγώ εἰμι ‖ Luc
22₆₇.₇₀ ὑμεῖς λέγετε ὅτι ἐγώ εἰμι
Luc 4₁₈ „πνεῦμα κυρίου ἐπ' ἐμέ, οὗ εἵνεκεν
ἔχρισέν με –, ἀπέσταλκέν με"
22₃₂ ἐγὼ δὲ ἐδεήθην περὶ σοῦ ἵνα μή
24₃₉ ἴδετε –, ὅτι ἐγώ εἰμι αὐτός
– 49 ἐγὼ ἐξαποστέλλω τὴν ἐπαγγελίαν
τοῦ πατρός Act 1 ₄ ἣν ἠκούσατέ μου
Joh 4₂₆ ἐγώ εἰμι (sc ὁ λεγόμενος χριστός
vel 42 ὁ σωτὴρ τοῦ κόσμου)
5₃₆ ἐγὼ – ἔχω τὴν μαρτυρίαν μείζω τοῦ
Ἰωάννου· τὰ – ἔργα – μαρτυρεῖ περὶ
ἐμοῦ 39 ἐραυνᾶτε τὰς γραφάς, – ·
ἐκεῖναί εἰσιν αἱ ..οῦσαι περὶ ἐμοῦ
6₃₅ ἐγώ εἰμι ὁ ἄρτος τῆς ζωῆς 4: ὁ ἄρτος

(Joh 6) ὁ καταβάς 48.51 ὁ ἄρτος ὁ ζῶν 54
κἀγὼ ἀναστήσω αὐτόν
Joh 729 ἐγὼ οἶδα αὐτόν, ὅτι παρ' αὐτοῦ εἰμι
812 ἐγώ εἰμι τὸ φῶς τοῦ κόσμου 1246
ἐγὼ φῶς εἰς τὸν κόσμον ἐλήλυθα
– 23 ἐγὼ ἐκ τῶν ἄνω εἰμί· –, ἐγὼ οὐκ
εἰμὶ ἐκ τοῦ κόσμου 24 ἐὰν – μὴ πι-
στεύσητε ὅτι ἐγώ εἰμι 28 τότε γνώ-
σεσθε ὅτι ἐγώ εἰμι 29 ἐγὼ τὰ ἀρεστὰ
αὐτῷ ποιῶ πάντοτε
939 εἰς κρίμα ἐγὼ εἰς τ. κόσμον – ἦλθον
10 7 ἐγώ εἰμι ἡ θύρα τῶν προβάτων 9 ἡ
θύρα 10 ἐγὼ ἦλθον ἵνα ζωὴν ἔχωσιν
11 ἐγώ εἰμι ἡ ποιμὴν ὁ καλός 14.17
ἐγὼ τίθημι τὴν ψυχήν μου 18
– 30 ἐγὼ καὶ ὁ πατὴρ ἕν ἐσμεν 38 ἐν ἐμοὶ
ὁ πατὴρ κἀγὼ ἐν τῷ πατρί 1420 ἐγὼ
ἐν τῷ πατρί μου καὶ ὑμεῖς ἐν ἐμοὶ
κἀγὼ ἐν ὑμῖν
1125 ἐγώ εἰμι ἡ ἀνάστασις καὶ ἡ ζωή
14 3 ἵνα ὅπου εἰμὶ ἐγὼ καὶ ὑμεῖς ἦτε
– 4 ὅπου [ἐγὼ] ὑπάγω οἴδατε τὴν ὁδόν
– 6 ἐγώ εἰμι ἡ ὁδὸς καὶ ἡ ἀλήθεια καὶ ἡ
ζωή 9 ὁ ἑωρακὼς ἐμὲ ἑώρακεν τὸν
πατέρα 11
15 1 ἐγώ εἰμι ἡ ἄμπελος ἡ ἀληθινή 5 ἐγώ
εἰμι ἡ ἄμπελος, ὑμεῖς τὰ κλήματα. –
χωρὶς ἐμοῦ οὐ δύνασθε ποιεῖν οὐδέν
1711 τήρησον αὐτοὺς –, ἵνα ὦσιν ἓν καθ-
ὼς ἡμεῖς 21 ἵνα καὶ αὐτοὶ ἐν ἡμῖν
ὦσιν 22 ἵνα ὦσιν ἓν καθὼς ἡμεῖς ἕν
23 ἐγὼ ἐν αὐτοῖς καὶ σὺ ἐν ἐμοί
18 5 ἐγὼ εἰμι 8.37 ἐγὼ εἰς τοῦτο γεγέννη-
μαι –, ἵνα μαρτυρήσω τῇ ἀληθείᾳ
Act 9 5 ἐγώ εἰμι Ἰησοῦς 228 2615
Ap 117 „ἐγώ εἰμι" ὁ πρῶτος καὶ ὁ ἔσχατος
καὶ ὁ ζῶν, καὶ ἐγενόμην νεκρός
223 ἐγώ εἰμι ὁ „ἐραυνῶν νεφρούς"
– 28 ὡς κἀγὼ εἴληφα (sc ἐξουσίαν) πα-
ρὰ τοῦ πατρός μου 321 ὡς κἀγὼ
ἐνίκησα καὶ ἐκάθισα – ἐν τῷ θρόνῳ
3 9 ἵνα – γνῶσιν ὅτι „ἐγὼ ἠγάπησά σε" 10
κἀγώ σε τηρήσω ἐκ τ. ὥρας τοῦ πειρ.
– 19 ἐγὼ „ὅσους ἐὰν φιλῶ ἐλέγχω"
2213 „ἐγώ" τὸ ἄλφα καὶ τὸ ὦ, ὁ πρῶτος
καὶ ὁ ἔσχατος, ἡ ἀρχὴ καὶ τὸ τέλος
– 16 ἐγὼ Ἰησοῦς ἔπεμψα τὸν ἄγγελόν
μου –. ἐγώ εἰμι „ἡ ῥίζα" καὶ τὸ γέ-
νος Δαυίδ, ὁ ἀστήρ – ὁ πρωϊνός

ἐδαφίζειν ad terram prosternere Luc 1944

ἔδαφος terra Act 227 ἔπεσα – εἰς τὸ ἔδαφος

ἑδραῖος Sᵒ – ᵃfirmus ᵇstabilis
1 Co 737 ὃς – ἔστηκεν ἐν τῇ καρδίᾳ αὐτοῦ ἑ.ᵃ
1558 ἑδραῖοιᵇ γίνεσθε, ἀμετακίνητοι
Col 123 τεθεμελιωμένοι καὶ ἑδραῖοιᵇ

ἑδραίωμα Sᵒ – firmamentum 1 Ti 315

Ἐζεκίας Ezechias Mat 19.10

(ἔθειν) εἴωθα ᵃconsuevi ᵇ(κατὰ τὸ εἰωθός)
secundum consuetudinem Mat 2715ᵃ
Mar 101ᵃ Luc 416ᵇ Act 172ᵇ

ἐθελοθρησκία Sᵒ – superstitio
Col 223 λόγον – ἔχοντα σοφίας ἐν ἐθ..ίᾳ

ἐθίζειν, τὸ εἰθισμένον consuetudo
Luc 227 τοῦ ποιῆσαι – κατὰ τὸ εἰ. τοῦ νόμου

ἐθνάρχης praepositus gentis 2 Co 1132

ἐθνικός Sᵒ – ethnicus
Mat 547 οὐχὶ καὶ οἱ ἐθνικοὶ τὸ αὐτὸ ποιοῦ-
σιν; 67 μὴ βατταλογήσητε ὥσπερ οἱ
ἐθνικοί – 1817 ἔστω σοι ὥσπερ ὁ
ἐθνικὸς καὶ ὁ τελώνης
3 Jo 7 μηδὲν λαμβάνοντες ἀπὸ τῶν ἐθνικῶν
(vl ἐθνῶν, vg gentibus)

ἐθνικῶς Sᵒ – gentiliter Gal 214 ζῇς

ἔθνος
1) sing.: ἔθνος gens ᵇnatio ᶜgenus
a) populus Judaeorum
Luc 7 5 ἀγαπᾷ γὰρ τὸ ἔθνος ἡμῶν
23 2 διαστρέφοντα τὸ ἔθνος ἡμῶν
Joh 1148 ἀροῦσιν ἡμῶν – καὶ τὸ ἔθνος 50 ἵνα
– μὴ ὅλον τὸ ἔθνος ἀπόληται 51 ὅτι
ἔμελλεν Ἰησοῦς ἀποθνῄσκειν ὑπὲρ
τοῦ ἔθνους 52 καὶ οὐχ ὑπὲρ τοῦ ἔ-
θνους μόνον, ἀλλ' ἵνα καὶ τὰ τέκνα
1835 τὸ ἔθνος τὸ σὸν καὶ οἱ ἀρχιερεῖς
Act 1022 μαρτυρούμενός τε ὑπὸ ὅλου τοῦ ἔ-
θνους τῶν Ἰουδαίων
24 2 διορθωμάτων γινομένων τῷ ἔθνει
(vgᵒ) τούτῳ 10 κριτὴν τῷ ἔ. τούτῳ
– 17 ἐλεημοσύνας – εἰς τὸ ἔθνος μου
26 4 βίωσίν μου – ἐν τῷ ἔθνει μου
2819 οὐχ ὡς τοῦ ἔθνους μου ἔχων τι
κατηγορεῖν
1 Pe 2 9 ὑμεῖς δὲ – „ἔθνος ἅγιον. λαὸς εἰς"

b) ἔθνος in universum

Mat 21 43 ἡ βασιλεία τοῦ θεοῦ – δοθήσεται ἔ- θνει ποιοῦντι τοὺς καρποὺς αὐτῆς
24 7 „ἐγερθήσεται – ἔθνος ἐπὶ ἔθνος" || Mar 13 8 Luc 21 10
Act 2 5 εἰς Ἱερουσ. κατοικοῦντες Ἰουδαῖοι, ἄνδρες εὐλαβεῖς ἀπὸ παντὸς ἔθν.b
7 7 „τὸ ἔθνος ᾧ ἐὰν δουλεύσουσιν"
8 9 ἐξιστάνων τὸ ἔθνος τῆς Σαμαρείας
10 35 ἐν παντὶ ἔθνει ὁ φοβούμενος αὐτόν
17 26 ἐξ ἑνὸς πᾶν ἔ.c ἀνθρώπων κατοικ.
Rm 10 19 „παραζηλώσω" ὑμᾶς „ἐπ' οὐκ ἔθνει, ἐπ' ἔθνει ἀσυνέτῳ παροργιῶ" ὑμᾶς
1 Pe 2 9 „ἔθνος ἅγιον, λαὸς εἰς περιποίησιν"
Ap 5 9 ἠγόρασας τῷ θεῷ – ἐκ πάσης φυλῆς – καὶ ἔθνους b 7 9 13 7 14 6

2) plur.: τὰ ἔθνη, sive gentiles sive chri- stiani e gentibus
gentes b *nationes* c *gentiles*

Mat 4 15 „Γαλιλαία τῶν ἐθνῶν"
6 32 πάντα – ταῦτα τὰ ἔθνη ἐπιζητοῦσιν || Luc 12 30 τὰ ἔθνη τοῦ κόσμου
10 5 εἰς ὁδὸν ἐθνῶν μὴ ἀπέλθητε
– 18 εἰς μαρτύριον αὐτοῖς καὶ τοῖς ἔθνεσιν
12 18 „κρίσιν τοῖς ἔθνεσιν ἀπαγγελεῖ"
– 21 „τῷ ὀνόματι αὐτοῦ ἔθνη ἐλπιοῦσιν"
20 19 παραδώσουσιν αὐτὸν τοῖς ἔ. || Mar 10 33 Luc 18 32 – Act 21 11 εἰς χεῖρ. ἐ.
– 25 οἱ ἄρχοντες τῶν ἐθνῶν κατακυριεύ- ουσιν αὐτῶν || Mar 10 42 Luc 22 25
24 9 ἔσεσθε μισούμενοι ὑπὸ πάντων τῶν ἐ. 14 κηρυχθήσεται – τὸ εὐαγγέλιον – εἰς μαρτύριον πᾶσιν τοῖς ἔθνεσιν || Mar 13 10 εἰς πάντα τὰ ἔθνη πρῶ- τον δεῖ κηρυχθῆναι τὸ εὐαγγέλιον
25 32 ἔμπροσθεν αὐτοῦ πάντα τὰ ἔθνη
28 19 μαθητεύσατε πάντα τὰ ἔθνη
Mar 11 17 „οἶκος προσευχῆς – πᾶσιν τοῖς ἔ."
Luc 2 32 „φῶς εἰς ἀποκάλυψιν ἐθνῶν"
21 24 αἰχμαλωτισθήσονται εἰς τὰ ἔθνη πάν- τα, καὶ Ἱερουσαλὴμ ἔσται „πατου- μένη ὑπὸ ἐθνῶν," ἄχρι οὗ πληρωθῶ- σιν καιροὶ ἐθνῶν b 25 καὶ ἐπὶ τῆς γῆς συνοχὴ „ἐθνῶν" ἐν ἀπορίᾳ
24 47 γέγραπται – κηρυχθῆναι – μετάνοιαν εἰς ἄφεσιν – εἰς πάντα τὰ ἔθνη
Act 4 25 „ἱνατί ἐφρύαξαν ἔθνη καὶ λαοί" – ;
– 27 „συνήχθησαν" – Ἡρῴδ. τε καὶ – Πιλᾶ- τος σὺν „ἔθνεσιν καὶ λαοῖς" Ἰσραήλ
7 45 ἐν τῇ „κατασχέσει" τῶν ἐθνῶν 13 19
9 15 ἐνώπιον ἐθνῶν τε καὶ βασιλέων

Act 10 45 ἐξέστησαν – ὅτι καὶ ἐπὶ τὰ ἔθνη b ἡ δωρεὰ τοῦ – πνεύματος ἐκκέχυται
11 1 ὅτι καὶ τὰ ἔθνη ἐδέξαντο τὸν λόγον
– 18 καὶ τοῖς ἔ. – τὴν μετάνοιαν – ἔδωκεν
13 46 ἰδοὺ στρεφόμεθα εἰς τὰ ἔθνη 18 6 ἀπὸ τοῦ νῦν εἰς τὰ ἔθνη πορεύσομαι
– 47 „τέθεικά σε εἰς φῶς ἐθνῶν"
– 48 ἀκούοντα δὲ τὰ ἔθνη ἔχαιρον
14 2 ἐκάκωσαν τὰς ψυχὰς τῶν ἐθνῶν
– 5 ὁρμὴ τῶν ἐθνῶν c τε καὶ Ἰουδαίων
– 16 ὃς – εἴασεν πάντα τὰ ἔθνη πορεύε- σθαι ταῖς ὁδοῖς αὐτῶν
– 27 ἤνοιξεν τοῖς ἔθνεσιν θύραν πίστεως
15 3 ἐκδιηγούμενοι τὴν ἐπιστροφὴν τῶν ἐ.
– 7 ἀκοῦσαι τὰ ἔ. τὸν λόγον τοῦ εὐαγγ.
– 12 ὅσα ἐποίησεν – τέρατα ἐν τοῖς ἔθνεσ.
– 14 λαβεῖν ἐξ ἐθνῶν λαὸν τῷ ὀνόματι
– 17 „πάντα τὰ ἔθνη ἐφ' οὓς ἐπικέκληται τὸ ὄνομά μου ἐπ' αὐτούς"
– 19 μὴ παρενοχλεῖν τοῖς ἀπὸ τῶν ἐθνῶν ἐπιστρέφουσιν ἐπὶ τὸν θεόν
– 23 τοῖς – ἀδελφοῖς τοῖς ἐξ ἐθνῶν χαίρειν
21 19 ὧν ἐποίησεν ὁ θεὸς ἐν τοῖς ἔθνεσιν
– 21 τοὺς κατὰ τὰ ἔ. πάντας Ἰουδαίους
– 25 περὶ δὲ τῶν πεπιστευκότων ἐθνῶν
22 21 εἰς ἔθνη b μακρὰν ἐξαποστελῶ σε
26 17 „ἐξαιρούμενός σε – ἐκ τῶν ἐθνῶν, εἰς οὓς ἐγὼ ἀποστέλλω σε"
– 20 καὶ τοῖς ἔθν. ἀπήγγελλον μετανοεῖν
– 23 φῶς μέλλει καταγγέλλειν τῷ τε λαῷ (populo) καὶ τοῖς ἔθνεσιν
28 28 „τοῖς ἔ." ἀπεστάλη – „τὸ σωτήριον τοῦ θεοῦ." αὐτοὶ καὶ ἀκούσονται
Rm 1 5 ἀποστολὴν εἰς ὑπακοὴν πίστεως ἐν πᾶσιν τοῖς ἔθνεσιν 15 18 εἰς ὑπακοὴν ἐθνῶν [16 26 εἰς ὑπαχοὴν πίστεως εἰς πάντα τὰ ἔθνη]
– 13 ἵνα τινὰ καρπὸν σχῶ καὶ ἐν ὑμῖν καθ- ὼς καὶ ἐν τοῖς λοιποῖς ἔθνεσιν
2 14 ὅταν γὰρ ἔθνη τὰ μὴ νόμον ἔχοντα
– 24 „βλασφημεῖται ἐν τοῖς ἔθνεσιν"
3 29 ἢ Ἰουδαίων ὁ θεὸς μόνον; οὐχὶ καὶ ἐθνῶν; ναὶ καὶ ἐθνῶν
4 17 „πατέρα πολλῶν ἐθν. τέθεικά σε" 18
9 24 ἐκάλεσεν ἡμᾶς οὐ μόνον ἐξ Ἰουδαί- ων ἀλλὰ καὶ ἐξ ἐθνῶν
– 30 ἔθνη τὰ μὴ διώκοντα δικαιοσύνην
11 11 τῷ αὐτῶν παραπτώματι ἡ σωτηρία τοῖς ἔθνεσιν 12 τὸ ἥττημα αὐτῶν πλοῦτος ἐθνῶν
– 13 ὑμῖν δὲ λέγω τοῖς ἔθνεσιν. ἐφ' ὅσον – οὖν εἰμι – ἐθνῶν ἀπόστολος

Rm 1125 πώρωσις – τῷ Ἰσραὴλ γέγονεν ἄχρι
οὗ τὸ πλήρωμα τῶν ἐθνῶν εἰσέλθῃ
15 9 τὰ δὲ ἔ. ὑπὲρ ἐλέους δοξάσαι τὸν
θεόν, –.–"ἐξομολογήσομαί σοι ἐν ἔ-
θνεσιν" 10 "εὐφράνθητε, ἔθνη, μετὰ
τοῦ λαοῦ αὐτοῦ" 11 "αἰνεῖτε, πάντα
τὰ ἔθνη, τὸν κύριον" 12 "ὁ ἀνιστάμε-
νος ἄρχειν ἐθνῶν· ἐπ' αὐτῷ ἔθνη ἐλ-
πιοῦσιν"
– 16 εἰς τὸ εἶναί με λειτουργὸν Χοῦ – εἰς
τὰ ἔθνη, –"ἵνα γένηται ἡ προσφορὰ
τῶν ἐθνῶν εὐπρόσδεκτος
– 27 εἰ γὰρ τοῖς πνευματικοῖς αὐτῶν ἐκοι-
νώνησαν τὰ ἔθνη[c]
16 4 οἷς – ἐγὼ – εὐχαριστῶ – καὶ πᾶσαι αἱ
ἐκκλησίαι τῶν ἐθνῶν
1 Co 123 σκάνδαλον, ἔθνεσιν δὲ μωρίαν
5 1 πορνεία ἥτις οὐδὲ ἐν τοῖς ἔθνεσιν
(1020 νl ἃ θύουσιν τὰ ἔθνη, δαιμονίοις –
[θύουσιν])
12 2 ὅτε ἔθνη ἦτε πρὸς τὰ εἴδωλα
2 Co 1126 κινδύνοις ἐκ γένους, – ἐξ ἐθνῶν
Gal 116 ἵνα εὐαγγελίζωμαι αὐτὸν ἐν τοῖς ἔ-
θνεσιν 22 ὃ κηρύσσω ἐν τοῖς ἔθνεσιν
2 8 ἐνήργησεν καὶ ἐμοὶ εἰς τὰ ἔθνη
– 9 ἵνα ἡμεῖς εἰς τὰ ἔθνη, αὐτοὶ δὲ εἰς
– 12 μετὰ τῶν ἐθνῶν συνήσθιεν 14 πῶς τὰ
ἔθνη ἀναγκάζεις ἰουδαΐζειν; 15 ἡμεῖς
– οὐκ ἐξ ἐθνῶν ἁμαρτωλοί
3 8 ὅτι ἐκ πίστεως δικαιοῖ τὰ ἔθνη ὁ θε-
ός, – ὅτι "ἐνευλογηθήσονται ἐν σοὶ
πάντα τὰ ἔθνη" 14 ἵνα εἰς τὰ ἔθνη ἡ
εὐλογία τοῦ Ἀβραὰμ γένηται
Eph 211 ὅτι ποτὲ ὑμεῖς τὰ ἔθνη ἐν σαρκί, –
ἦτε τῷ καιρῷ ἐκείνῳ χωρὶς Χοῦ
3 1 ἐγὼ Παῦλος ὁ δέσμιος τοῦ Χοῦ
[Ἰησοῦ] ὑπὲρ ὑμῶν τῶν ἐθνῶν
– 6 εἶναι τὰ ἔθνη συγκληρονόμα – ἐν Χῷ
– 8 ἐμοὶ – ἐδόθη – τοῖς ἔθνεσιν εὐαγγελί-
σασθαι τὸ – πλοῦτος τοῦ Χοῦ
417 καθὼς καὶ τὰ ἔθνη περιπατεῖ ἐν μα-
ταιότητι τοῦ νοὸς αὐτῶν
Col 127 τί τὸ πλοῦτος – τοῦ μυστηρίου τού-
του ἐν τοῖς ἔ., ὅ ἐστιν Χὸς ἐν ὑμῖν
1 Th 216 κωλυόντων ἡμᾶς τοῖς ἔθνεσ. λαλῆσαι
4 5 "τὰ ἔθνη τὰ μὴ εἰδότα τὸν θεόν"
1 Ti 2 7 διδάσκαλος ἐθνῶν ἐν πίστει
316 ἐκηρύχθη ἐν ἔθνεσιν, ἐπιστεύθη
2 Ti 417 ἵνα – ἀκούσωσιν πάντα τὰ ἔθνη
1 Pe 212 τὴν ἀναστροφὴν ὑμῶν ἐν τοῖς ἔθνεσ.
4 3 τὸ βούλημα τῶν ἐθνῶν κατειργάσθαι
Ap 226 ἐξουσίαν ἐπὶ "τῶν ἐθνῶν" 125 "ποι-

μαίνειν – τὰ ἔθνη ἐν ῥάβδῳ σιδηρᾷ"
1915 ἵνα – "πατάξῃ τὰ ἔθνη"
Ap 1011 "προφητεῦσαι ἐπὶ λαοῖς καὶ ἔθνεσιν"
11 2 αὐλὴν –, ὅτι ἐδόθη "τοῖς ἔθνεσιν"
– 9 βλέπουσιν ἐκ τῶν – ἐθνῶν τὸ πτῶμα
– 18 καὶ "τὰ ἔθνη ὠργίσθησαν"
14 8 ἥ – "πεπότικεν πάντα τὰ ἔθνη" 183
15 3 "ὁ βασιλεὺς τῶν ἐ. (νl αἰώνων νg)
4 πάντα τὰ ἔθνη – προσκυνήσουσιν"
1619 αἱ πόλεις τῶν ἐθνῶν ἔπεσαν
1715 τὰ ὕδατα – ὄχλοι εἰσὶν καὶ ἔθνη
1823 ἐπλανήθησαν πάντα τὰ ἔθνη 203 ἵνα
μὴ πλανήσῃ ἔτι τὰ ἔθνη 8 ἐξελεύσε-
ται πλανῆσαι τὰ ἔθνη
2124 "περιπατήσουσιν τὰ ἔθνη διὰ τοῦ
φωτὸς" αὐτῆς 26 "οἴσουσιν τὴν δό-
ξαν – τῶν ἐθνῶν" εἰς αὐτήν
22 2 "τὰ φύλλα – εἰς θεραπείαν" τῶν ἐ.

ἔθος consuetudo [b]mos [c]traditio
Luc 1 9 κατὰ τὸ ἔθος τῆς ἱερατείας 242 τῆς
ἑορτῆς 2239 ἐπορεύθη κατὰ τὸ ἔθος
εἰς τὸ ὄρος τῶν ἐλαιῶν
Joh 1940 καθὼς ἔθος[b] ἐστὶν τοῖς Ἰουδαίοις
Act 614 ἀλλάξει τὰ ἔθη[c] ἃ παρέδωκεν – Μω.
15 1 περιτμηθῆτε τῷ ἔθει[b] τῷ Μωϋσέως
1621 ἔθη[b] ἃ οὐκ ἔξεστιν – παραδέχεσθαι
2121 λέγων – μηδὲ τοῖς ἔθεσιν περιπατεῖν
2516 οὐκ ἔστιν ἔθος Ῥωμαίοις χαρίζεσθαι
26 3 γνώστην – τῶν κατὰ Ἰουδαίους ἐθῶν
2817 οὐδὲν ἐναντίον ποιήσας τῷ λαῷ ἢ
τοῖς ἔθεσι[b] τοῖς πατρῴοις
Hb 1025 καθὼς ἔθος (cons..nis est) τισίν

εἰδέα aspectus Mat 28 3 ὡς ἀστραπὴ

*εἰδέναι, οἶδα scire [b]nosse, novi [c]vidēre
neg.: [d]nescire [e]ignorare
Mat 6 8 οἶδεν – ὧν χρείαν ἔχετε 32 ὅτι χρή-
ζετε τούτων ‖ Luc 1230 ὅτι χρ. τούτ.
7 11 οἴδατε[b] δόματα ἀγαθὰ διδόναι τοῖς
τέκνοις ὑμῶν ‖ Luc 1113[b]
9(4 νl ἰδὼν – τὰς ἐνθυμήσεις αὐτῶν)
1225 ‖ Luc 1117[c] τὰ διανοήματα –
6 8 διαλογισμους
– 6 ἵνα – εἰδῆτε ὅτι ἐξουσίαν ἔχει – ἀ-
φιέναι ἁμαρτίας ‖ Mar 2 10 Luc 5 24
2022 οὐκ οἴδατε[d] τί αἰτεῖσθε ‖ Mar 1038[d]
2127 οὐκ οἴδαμεν[d] ‖ Mar 1133[d] Luc 207[d]
2216 οἴδαμεν ὅτι ἀληθὴς εἶ[c] ‖ Mar 1214
Luc 2021 ὀρθῶς λέγεις – Joh 32 ὅτι
ἀπὸ θεοῦ ἐλήλυθας διδάσκαλος cfr
Act 2 22 καθὼς αὐτοὶ οἴδατε

Mat 2229 μὴ εἰδότες^d τὰς γραφὰς μηδὲ τὴν
δύναμιν τοῦ θεοῦ ‖ Mar 1224
2436 περὶ δὲ τῆς ἡμέρας – οὐδεὶς οἶδεν 42
ὅτι οὐκ οἴδατε^d ποίᾳ ἡμέρᾳ 43 εἰ ᾔ-
δει ὁ οἰκοδεσπότης 2513^d ‖ Mar 13
32.33^d 35^d Luc 1239 εἰ ᾔδει
2512 οὐκ οἶδα^d ὑμᾶς ‖ Luc 1325^d 27^d
2670 οὐκ οἶδα^d τί λέγεις 72 οὐκ οἶδα^b τὸν
ἄνθρωπον 74^b ‖ Mar 1468.71^d Luc
2234 ἕως τρίς με ἀπαρνήσῃ μὴ εἰδέ-
ναι^b 57 οὐκ οἶδα^b αὐτόν 60 οὐκ οἶ-
δα^d ὃ λέγεις
Mar 124 οἶδά σε τίς εἶ 34 οὐκ ἤφιεν λαλεῖν τὰ
δαιμόνια, ὅτι ᾔδεισαν αὐτόν ‖ Luc
434.41 ᾔδεισαν τὸν χὸν αὐτὸν εἶναι
413 οὐκ οἴδατε^d τὴν παραβολήν –;
620 εἰδὼς αὐτὸν ἄνδρα δίκαιον καὶ ἅγιον
9 6 οὐ γὰρ ᾔδει τί ἀποκριθῇ ‖ Luc 933^d
1019 τὰς ἐντολὰς οἶδας^b ‖ Luc 1820^b
1228 ἰδὼν (vl εἰδὼς^c) ὅτι καλῶς ἀπεκρίθη
Luc 249 οὐκ ᾔδειτε^d ὅτι ἐν τοῖς τοῦ πατρός
(6 4 vl εἰ μὲν οἶδας τί ποιεῖς, – εἰ δὲ μὴ
οἶδας – παραβάτης εἶ τοῦ νόμου, vg°)
(955 vl οὐκ οἴδατε^d ποίου πνεύματός
[2334 οὐ γὰρ οἴδασιν τί ποιοῦσιν] [ἐστε;)
Joh 126 ὃν ὑμεῖς οὐκ οἴδατε^d (vl non scitis)
31 κἀγὼ οὐκ ᾔδειν^d αὐτόν 33^d
311 ὃ οἴδαμεν λαλοῦμεν καὶ ὃ ἑωράκαμ.
422 ὑμεῖς προσκυνεῖτε ὃ οὐκ οἴδατε^d, ἡ-
μεῖς προσκυνοῦμεν ὃ οἴδαμεν
– 32 βρῶσιν ἔχω – ἣν ὑμεῖς οὐκ οἴδατε^d
(vl non scitis)
715 πῶς οὗτος γράμματα οἶδεν –;
– 27 τοῦτον οἴδαμεν πόθεν ἐστίν· ὁ δὲ
χριστὸς ὅταν ἔρχηται, οὐδεὶς γινώ-
σκει πόθεν ἐστίν 28 κἀμὲ οἴδατε καὶ
οἴδατε πόθεν εἰμί· – ἔστιν ἀληθινὸς ὁ
πέμψας με, ὃν ὑμεῖς οὐκ οἴδατε^d 29
ἐγὼ οἶδα αὐτόν 855^b 1521^d
814 οἶδα πόθεν ἦλθον· – ὑμεῖς δὲ οὐκ
οἴδατε^d 19 οὔτε ἐμὲ οἴδατε οὔτε τὸν
πατέρα μου· εἰ ἐμὲ ᾔδειτε, καὶ τὸν
πατέρα μου ἂν ᾔδειτε 929 οἴδαμεν
ὅτι Μωϋσεῖ λελάληκεν ὁ θεός, τοῦ-
τον δὲ οὐκ οἴδαμεν^d πόθεν ἐστίν 30^d
(14 7 vl εἰ ἐγνώκατέ με, καὶ τὸν πατέρα
μου ἂν ᾔδειτε)
924 ἡμεῖς οἴδαμεν ὅτι οὗτος ὁ ἄνθρωπος
ἁμαρτωλός ἐστιν 25 οὐκ οἶδα· – ἓν
οἶδα 31 οἴδαμεν ὅτι ἁμαρτωλῶν ὁ
θεὸς οὐκ ἀκούει
10 4 οἴδασιν τὴν φωνὴν αὐτοῦ 5^b

Joh 1149 ὑμεῖς οὐκ οἴδατε^d οὐδέν
13 7 ὃ ἐγὼ ποιῶ σὺ οὐκ οἶδας^d ἄρτι
– 17 εἰ ταῦτα οἴδατε, μακάριοι – ἐὰν ποι.
14 4 ὅπου [ἐγὼ] ὑπάγω οἴδατε τὴν ὁδόν
5 οὐκ οἴδαμεν^d ποῦ ὑπάγεις· πῶς
δυνάμεθα τὴν ὁδὸν εἰδέναι;
1630 νῦν οἴδαμεν ὅτι οἶδας πάντα
2115 σὺ οἶδας ὅτι φιλῶ σε 16.17 πάντα σὺ οἶ-
δας^b (vl scis), σὺ γινώσκεις ὅτι φιλῶ σε
– 24 οἴδαμεν ὅτι ἀληθής – ἡ μαρτυρία
Act 26 4 τὴν – βίωσίν μου [τὴν] ἐκ νεότητος –
ἴσασι^b πάντες [οἱ] Ἰουδαῖοι
Rm 7 7 ἐπιθυμίαν οὐκ ᾔδειν^d εἰ μὴ ὁ νόμος
1311 εἰδότες τὸν καιρόν, ὅτι ὥρα ἤδη
1 Co 2 2 οὐ γὰρ ἔκρινά τι εἰδέναι ἐν ὑμῖν εἰ
μὴ Ἰησοῦν Χὸν – ἐσταυρωμένον
13 2 ἐὰν – εἰδῶ^b τὰ μυστήρια πάντα
1411 ἐὰν – μὴ εἰδῶ^d τὴν δύναμιν τῆς φω-
νῆς 16 ἐπειδὴ τί λέγεις οὐκ οἶδα^d
2 Co 511 εἰδότες οὖν τὸν φόβον τοῦ κυρίου
– 16 ἡμεῖς – οὐδένα οἴδαμεν^b κατὰ σάρκα
1111 ὁ θεὸς οἶδεν 31 ὅτι οὐ ψεύδομαι
12 2 οἶδα ἄνθρωπον ἐν Χῷ – ἁρπαγέντα 3
Gal 4 8 τότε μὲν οὐκ εἰδότες^e θεόν 1 Th 45
"τὰ ἔθνη τὰ μὴ εἰδότα^e τὸν θεόν"
2 Th 18 "τοῖς μὴ εἰδόσιν^b θεόν"
Eph 118 εἰς τὸ εἰδέναι ὑμᾶς τίς ἐστιν ἡ ἐλπὶς
τῆς κλήσεως αὐτοῦ
5 5 τοῦτο γὰρ ἴστε γινώσκοντες, ὅτι πᾶς
πόρνος – οὐκ ἔχει κληρονομίαν
Phl 412 οἶδα καὶ ταπεινοῦσθαι, οἶδα καὶ πε-
ρισσεύειν
1 Th 512 ἐρωτῶμεν – εἰδέναι^b τοὺς κοπιῶντας
2 Ti 112 οἶδα γὰρ ᾧ πεπίστευκα
315 ὅτι – ἱερὰ γράμματα οἶδας^b
Tit 116 θεὸν ὁμολογοῦσιν εἰδέναι^b, τοῖς δὲ
Hb 811 "ὅτι πάντες εἰδήσουσίν με" |ἔργοις
1030 οἴδαμεν – τὸν εἰπόντα· "ἐμοὶ ἐκδίκ."
1217 ἴστε γὰρ ὅτι Jac 119 ἴστε, ἀδελφοί
Jac 417 εἰδότι οὖν καλὸν ποιεῖν καὶ μὴ ποι.
2 Pe 2 9 οἶδεν^b κύριος εὐσεβεῖς ἐκ πειρα-
σμοῦ ῥύεσθαι, ἀδίκους δέ
1 Jo 220 οἴδατε^b πάντες (vl πάντα vg) 21 οὐκ
ἔγραψα ὑμῖν ὅτι οὐκ οἴδατε^e τὴν
ἀλήθειαν, ἀλλ᾽ ὅτι οἴδατε αὐτήν
Jud 5 εἰδότας [ὑμᾶς] πάντα 10 οὗτοι δὲ ὅσα
– οὐκ οἴδασιν^e βλασφημοῦσιν
Ap 2 2 οἶδα τὰ ἔργα σου 9 τὴν θλῖψιν 19^b
31.8.15 – 213 οἶδα ποῦ κατοικεῖς
– 17 "ὄνομα καινὸν", ὃ οὐδεὶς οἶδεν εἰ
μὴ ὁ λαμβάνων 1912^b εἰ μὴ αὐτός
714 εἴρηκα· – "κύριέ μου, σὺ οἶδας"

εἶδος *species*
Luc 3 22 σωματικῷ εἴδει ὡς περιστεράν
9 29 ἐγέν. – τὸ εἶ. τοῦ προσώπου – ἕτερον
Joh 5 37 οὔτε εἶδος αὐτοῦ ἑωράκατε
2 Co 5 7 διὰ πίστεως γὰρ περιπατοῦμεν, οὐ
διὰ εἴδους
1 Th 5 22 „ἀπὸ παντὸς" εἴδους „πονηροῦ (spe-
cie mala) ἀπέχεσθε"

εἰδωλεῖον *idolium* 1 Co 8 10 ἐάν – τις ἴδῃ σε
– ἐν εἰδωλείῳ κατακείμενον

εἰδωλόθυτον *idolothytum* [b]*idolis immola-*
tum [c]*quae idolis sacrificantur* [d]*quae id.*
immolantur [e]*immolata simulachrorum*
→ ἱερόθυτον
Act 15 29 ἀπέχεσθαι εἰδ..ων[e] καὶ αἵματος 21 25[b]
1 Co 8 1 περὶ δὲ τῶν εἰδ.[c], οἴδαμεν ὅτι πάντες
γνῶσιν ἔχομεν 4 βρώσεως – τῶν εἰδ.[d] 7 ὡς
εἰδ. ἐσθίουσιν 10 οὐχὶ ἡ συνείδησις αὐτοῦ
– οἰκοδομηθήσεται εἰς τὸ τὰ εἰδωλόθυτα
ἐσθίειν; 10 19 ὅτι εἰδωλόθυτόν[b] τί ἐστιν;
Ap 2 14 „φαγεῖν εἰ..α (vg[o]) καὶ πορνεῦσαι" 20

εἰδωλολάτρης S[o] – *idolis serviens* [b]*idolo-*
latres [c]*idolorum servitus*
1 Co 5 10 μὴ συναναμίγνυσθαι – εἰδ..αις 11 ἐάν
τις ἀδελφὸς ὀνομαζόμενος ἢ – εἰδ. –,
τῷ τοιούτῳ μηδὲ συνεσθίειν
6 9 οὔτε εἰδ..αι – βασ. θεοῦ κληρονομήσ.
10 7 μηδὲ εἰδ..αι[b] (*id..ae* vl *idolorum cul-*
tores F) γίνεσθε, καθώς τινες
Eph 5 5 πλεονέκτης, ὅ ἐστιν εἰδωλολάτρης[c]
Ap 21 8 εἰδ..αις[b] (vl *idolatris*) – τὸ μέρος –
ἐν τῇ λίμνῃ τῇ καιομένῃ πυρί
22 15 ἔξω – οἱ εἰδ. καὶ πᾶς φιλῶν – ψεῦδος

εἰδωλολατρία S[o] – [a]*idolorum cultus* [b]*id.*
cultura [c]*id. servitus* [d]*simulacrorum*
servitus
1 Co 10 14 φεύγετε ἀπὸ τῆς εἰδ.[b] Gal 5 20 τὰ
ἔργα τῆς σαρκός, ἅτινα – εἰδ.[c]
Col 3 5 τὴν πλεονεξίαν ἥτις ἐστὶν εἰδ.[d]
1 Pe 4 3 πεπορευμένους ἐν – ἀθεμίτοις εἰδω-
λολατρίαις[a]

εἴδωλον *simulacrum* [b]*idolum*
Act 7 41 „ἀνήγαγον θυσίαν" τῷ εἰδώλῳ
15 20 ἀπέχεσθαι τῶν ἀλισγημάτων τῶν εἰ.
Rm 2 22 ὁ βδελυσσόμενος τὰ εἴ.[b] ἱεροσυλ.;
1 Co 8 4 οἴδαμεν ὅτι οὐδὲν εἴδωλ. ἐν κόσμῳ
– 7 τῇ συνηθείᾳ ἕως ἄρτι τοῦ εἰδώλου[b]

1 Co 10 19 τί οὖν φημι; – ὅτι εἴδωλόν[b] τί ἐστιν;
12 2 πρὸς τὰ εἴ. τὰ ἄφωνα ὡς ἂν ἤγεσθε
2 Co 6 16 τίς δὲ συγκατάθεσις ναῷ θεοῦ μετὰ
εἰδώλων[b]; 1 Th 1 9 ἐπεστρέψατε πρὸς
τὸν θεὸν ἀπὸ τῶν εἰδώλων
1 Jo 5 21 τεκνία, φυλάξατε ἑαυτὰ ἀπὸ τῶν εἰ.
Ap 9 20 „τὰ δαιμόνια καὶ τὰ εἴ. τὰ χρυσᾶ"

εἴκειν *cedere* Gal 2 5 τῇ ὑποταγῇ

εἰκῇ *sine causa* [b]*frustra*
(Mat 5 22 vl πᾶς ὁ ὀργιζόμενος τῷ ἀδελφῷ
αὐτοῦ εἰκῇ, ἔνοχος ἔσται τῇ κρίσει)
Rm 13 4 οὐ γὰρ εἰκῇ τὴν μάχαιραν φορεῖ
1 Co 15 2 ἐκτὸς εἰ μὴ εἰκῇ[b] ἐπιστεύσατε
Gal 3 4 τοσαῦτα ἐπάθετε εἰκῇ; εἴ γε καὶ εἰκῇ
4 11 μή πως εἰκῇ κεκοπίακα
Col 2 18 εἰκῇ[b] φυσιούμενος ὑπὸ τοῦ νοός

εἰκών *imago*
Mat 22 20 τίνος ἡ εἰκὼν αὕτη –; ‖ Mar 12 16
Luc 20 24 τίνος ἔχει εἰκόνα –;
Rm 1 23 ἤλλαξαν τὴν δόξαν – θεοῦ ἐν ὁμοιώ-
ματι εἰκόνος φθαρτοῦ ἀνθρώπου
8 29 συμμόρφους τῆς εἰκ. τοῦ υἱοῦ αὐτοῦ
1 Co 11 7 ἀνήρ –, „εἰκὼν" καὶ δόξα „θεοῦ"
15 49 καθὼς ἐφορέσαμεν τὴν εἰκόνα τοῦ
χοϊκοῦ, φορέσομεν (vl .σωμεν) καὶ
τὴν εἰκόνα τοῦ ἐπουρανίου
2 Co 3 18 τὴν αὐτὴν εἰκ. μεταμορφούμεθα
4 4 Χοῦ, ὅς ἐστιν εἰκὼν τοῦ θεοῦ Col 1 15
εἰκὼν τοῦ θεοῦ τοῦ ἀοράτου
Col 3 10 „κατ' εἰκόνα" τοῦ κτίσαντος αὐτόν
Hb 10 1 σκιὰν – ἔχων ὁ νόμος τῶν μελλόντων
ἀγαθῶν, οὐκ αὐτὴν τὴν εἰκόνα
Ap 13 14 ποιῆσαι εἰκόνα τῷ θηρίῳ 15 δοῦναι
πνεῦμα τῇ εἰκ. –, ἵνα – λαλήσῃ ἡ εἰκ.
τοῦ θηρίου, – [ἵνα] „ὅσοι ἐὰν μὴ
προσκυνήσωσιν τῇ εἰκ." τοῦ θηρίου
ἀποκτανθῶσιν 14 9.11
15 2 τοὺς νικῶντας – ἐκ τῆς εἰκόνος αὐτοῦ
16 2 τοὺς προσκυνοῦντας τῇ εἰκ. 19 20 20 4
οἵτινες οὐ προσεκύνησαν – τὴν εἰκόνα

εἰλικρίνεια (S semel vl) *sinceritas*
1 Co 5 8 ἐν ἀζύμοις εἰ..ας καὶ ἀληθείας
2 Co 1 12 ὅτι ἐν ἁπλότητι καὶ εἰλ. τοῦ θεοῦ –
ἀνεστράφημεν 2 17 ὡς ἐξ εἰλικρινείας,
– ὡς ἐκ θεοῦ – ἐν Χῷ λαλοῦμεν

εἰλικρινής *sincerus*
Phl 1 10 ἵνα ἦτε εἰ..εῖς (vl .res) κ. ἀπρόσκοποι
2 Pe 3 1 διεγείρω ὑμῶν – τὴν εἰ..ῆ διάνοιαν

*εἰπεῖν, ἐρεῖν cum formis derivatis: εἴρηκα
εἴρηται, ἐρρέθη, τὸ εἰρημένον, ῥηθέν
dicere ᵇ(καλῶς εἰπ.) benedicere (vl
bene dicere) ᶜ(κακῶς) maledicere
ᵈpraecipere ᵉpraedicere

1) εἰπεῖν, εἶπον, εἶπα

Mat 4 ₃ εἰπὲ ἵνα οἱ λίθοι οὗτοι ἄρτοι γένων-
ται ‖ Luc 4 ₃ – Mat 20 ₂₁ εἰπὲ ἵνα
καθίσωσιν – οἱ δύο υἱοί μου
  5 ₂₂ ὃς δ᾽ ἂν εἴπῃ τῷ ἀδελφῷ – ῥακά, ·
ὃς δ᾽ ἂν εἴπῃ μωρέ
  8 ₄ ὅρα μηδενὶ εἴπῃς ‖ Mar 1 ₄₄ Luc 5 ₁₄
– Mat 16 ₂₀ ἵνα μηδενὶ εἴπωσιν ὅτι
αὐτός – ὁ χριστός 17 ₉ μηδενί εἴπητε
τὸ ὅραμα Mar (8 ₂₆ vl, vg) 16 ₈ οὐδενὶ
οὐδὲν εἶπαν Luc 8 ₅₆
 – 8 ἀλλὰ μόνον εἰπὲ λόγῳ ‖ Luc 7 ₇
  9 ₅ εἰπεῖν· ἀφίενται –, ἢ εἰπεῖν· ἔγειρε
καὶ περιπάτει; ‖ Mar 2 ₉ Luc 5 ₂₃
 10 ₂₇ εἴπατε ἐν τῷ φωτί ‖ Luc 12 ₃ ὅσα ἐν
τῇ σκοτίᾳ εἴπατε ἐν τῷ φωτὶ ἀκου-
σθήσεται (vg dicentur)
 12 ₃₂ ὃς ἐὰν εἴπῃ λόγον κατὰ τοῦ υἱοῦ –·
ὃς δ᾽ ἂν εἴπῃ κατὰ τοῦ πνεύματος ‖
Luc 12 ₁₀ πᾶς ὃς ἐρεῖ λόγον
 15 ₄ ὁ – θεὸς εἶπεν· „τίμα τὸν πατέρα –"
5 ὑμεῖς δὲ λέγετε· ὃς ἂν εἴπῃ τῷ
πατρί –· δῶρον" ‖ Mar 7 ₁₀.₁₁
 18 ₁₇ εἰπὲ τῇ ἐκκλησίᾳ
 21 ₅ „εἴπατε τῇ θυγατρὶ Σιών· ἰδού"
 – 21 κἂν τῷ ὄρει – εἴπητε· ‖ Mar 11 ₂₃
 – 24 ἐρωτήσω ὑμᾶς – λόγον ἕνα, ὃν ἐὰν
εἴπητέ μοι, κἀγὼ ὑμῖν ἐρῶ 25.26 ‖
Mar 11 ₂₉.₃₁.₃₂ Luc 20 ₂ εἰπὸν ἡμῖν ἐν
ποίᾳ ἐξουσίᾳ 3.5.6
 23 ₃ ὅσα ἐὰν εἴπωσιν ὑμῖν ποιήσατε
 24 ₃ εἰπὲ ἡμῖν, πότε ταῦτα ἔσται‖Mar 13 ₄
 26 ₂₅ σὺ εἶπας – 63 ἵνα ἡμῖν εἴπῃς εἰ σὺ
εἶ ὁ χριστός 64 σὺ εἶπας· πλὴν λέγω
 28 ₆ ἠγέρθη – καθὼς εἶπεν 7 εἴπατε τοῖς
μαθηταῖς – ὅτι ἠγέρθη –. ἰδοὺ εἶπονᵉ
ὑμῖν ‖ Mar 16 ₇ καθὼς εἶπεν ὑμῖν

Luc 6 ₂₆ οὐαὶ ὅταν ὑμᾶς καλῶς εἴπωσινᵇ
 7 ₄₀ ἔχω σοί τι εἰπεῖν. – διδάσκαλε, εἰπέ
 9 ₅₄ θέλεις εἴπωμεν „πῦρ καταβῆναι"
 10 ₄₀ εἰπὲ – αὐτῇ ἵνα μοι συναντιλάβηται
 11 ₄₉ ἡ σοφία τοῦ θεοῦ εἶπεν· ἀποστελῶ
 12 ₁₁ μὴ μεριμνήσητε – τί εἴπητε
Joh 2 ₂₂ ἐπίστευσαν – τῷ λόγῳ ὃν εἶπεν ὁ
Ἰησοῦς 4 ₅₀ – 7 ₃₆ τίς ἐστιν ὁ λόγος
οὗτος ὃν εἶπεν·–; 14 ₂₆ ὑπομνήσει

ὑμᾶς – ἃ εἶπον ὑμῖν 15 ₂₀ μνημονεύ-
ετε τοῦ λόγου οὗ ἐγὼ εἶπον 16 ₄
ταῦτα – ὑμῖν ἐξ ἀρχῆς οὐκ εἶπον 15
 – 18 ₉ ἵνα πληρωθῇ ὁ λόγος ὃν εἶ-
πεν 32 ὃν εἶπεν σημαίνων
Joh 3 ₁₂ εἰ τὰ ἐπίγεια εἶπον ὑμῖν –, πῶς ἐὰν
εἴπω ὑμῖν τὰ ἐπουράνια πιστεύσετε;
 7 ₃₈ καθὼς εἶπεν ἡ γραφή 42 οὐχ – εἶπ. –;
 10 ₂₄ εἰπὲ ἡμῖν παρρησίᾳ 25 εἶπον ὑμῖν, καὶ
οὐ πιστεύετε
 – 34 „ἐγὼ εἶπα· θεοί ἐστε;" 35 εἶπεν
 11 ₅₁ τοῦτο δὲ ἀφ᾽ ἑαυτοῦ οὐκ εἶπεν
 12 ₄₉ μοὶ ἐντολὴν δέδωκεν τί εἴπω
(13 ₂₄ vl εἰπὲ τίς ἐστιν περὶ οὗ λέγει)
 14 ₂ εἰ δὲ μή, εἶπον ἂν ὑμῖν
 18 ₂₁ ἴδε οὗτοι οἴδασιν ἃ εἶπον ἐγώ
 19 ₂₁ ἀλλ᾽ ὅτι – εἶπεν· βασιλεύς εἰμι
1 Jo 1 ₆ ἐὰν εἴπωμεν ὅτι κοινωνίαν ἔχομεν
μετ᾽ αὐτοῦ 8 ὅτι ἁμαρτίαν οὐκ ἔχο-
μεν 10 ὅτι οὐχ ἡμαρτήκαμεν
 4 ₂₀ ἐάν τις εἴπῃ ὅτι ἀγαπῶ τὸν θεόν
Ap 22 ₁₇ ὁ ἀκούων εἰπάτω· ἔρχου

2) ἐρεῖν

Mat 7 ₄ πῶς ἐρεῖς τῷ ἀδελφῷ σου· –;
 – 22 πολλοὶ ἐροῦσίν μοι ἐν ἐκείνῃ τ. ἡμέρᾳ
 17 ₂₀ ἐρεῖτε τῷ ὄρει τούτῳ· μετάβα
21 ₂₄ → 1)
Luc 2 ₄₃ πάντως ἐρεῖτέ μοι τὴν παραβολήν
 12 ₁₉ ἐρῶ τῇ ψυχῇ μου· ψυχή, ἔχεις
 17 ₂₁ οὐδὲ ἐροῦσιν· ἰδοὺ ὧδε 23
 23 ₂₉ ἡμέραι ἐν αἷς ἐροῦσιν· μακάριαι
Act 23 ₅ „ἄρχοντα – οὐκ ἐρεῖς κακῶςᶜ"
Rm 3 ₅ τί ἐροῦμεν; 4 ₁ εὑρηκέναι Ἀβρ. 6 ₁ 7 ₇
  8 ₃₁ τί οὖν ἐροῦμ. πρὸς ταῦτα; 9 ₁₄.₁₉
ἐρεῖς μοι οὖν 30 11 ₁₉ ἐρεῖς οὖν 1 Co
15 ₃₅ ἀλλὰ ἐρεῖ τις Jac 2 ₁₈
1 Co 14 ₁₆ πῶς ἐρεῖ τὸ ἀμὴν ἐπὶ τῇ σῇ εὐχαρ.;
2 Co 12 ₆ ἀλήθειαν γὰρ ἐρῶ· φείδομαι δέ
Phl 4 ₄ πάλιν ἐρῶ, χαίρετε

3) εἴρηκα, εἴρηται, τὸ εἰρημένον

Luc 2 ₂₄ κατὰ τὸ εἰρ. ἐν τῷ νόμῳ Act 2 ₁₆ διὰ
τοῦ προφήτου Ἰωήλ 13 ₄₀ Rm 4 ₁₈
 4 ₁₂ ὅτι εἴρηται· „οὐκ ἐκπειράσεις κύριον"
Joh 4 ₁₈ τοῦτο ἀληθὲς εἴρηκας
 12 ₅₀ καθὼς εἴρηκέν μοι ὁ πατήρ
 14 ₂₉ νῦν εἴρηκα ὑμῖν, πρὶν γενέσθαι
 15 ₁₅ ὑμᾶς δὲ εἴρηκα φίλους
2 Co 12 ₉ εἴρηκέν μοι· ἀρκεῖ σοι ἡ χάρις μου
Hb 1 ₁₃ πρὸς τίνα – τῶν ἀγγ. εἴρηκέν ποτε –;
 4 ₃ καθὼς εἴρηκεν· „ὡς ὤμοσα ἐν τῇ

(Hb 4) ὀργῆ μου" 4 εἴρηκέν – που περὶ τῆς
ἑβδόμης 10 9.15 13 5 αὐτὸς γὰρ εἴρ.

4) ἐρρέθη, ὁ ῥηθείς, τὸ ῥηθέν

Mat 1 22 ἵνα πληρωθῇ τὸ ῥηθὲν ὑπὸ κυρίου
διὰ τοῦ προφήτου 2 15.17.23 4 14 8 17
12 17 13 35 21 4 22 31 οὐκ ἀνέγνωτε τὸ
ῥηθὲν ὑμῖν ὑπὸ τοῦ θεοῦ –; 24 15 τὸ
βδέλυγμα – τὸ ῥηθέν 27 9 (35 vl)
3 3 οὗτος (sc Joh.) γάρ ἐστιν ὁ ῥηθείς
5 21 ἐρρέθη τοῖς ἀρχαίοις 33. 27. 31. 38. 43
Rm 9 12 ἐρρέθη αὐτῇ 26 „οὐ ἐρρ. αὐτοῖς"
Gal 3 16 τῷ – Ἀβ. ἐρρέθησαν αἱ ἐπαγγελίαι
Ap 6 11 ἐρρέθη αὐτοῖς ἵνα 94 d ἵνα μή

εἰρηνεύειν pacem habēre
Mar 9 50 εἰρηνεύετε ἐν ἀλλήλοις 1 Th 5 13 ἐν
ἑαυτοῖς (vl αὐτοῖς vg cum eis)
Rm 12 18 μετὰ πάντων ἀνθρώπων εἰρηνεύοντες
2 Co 13 11 τὸ αὐτὸ φρονεῖτε, εἰρηνεύετε

εἰρήνη pax b (1 Pe 5 14) gratia
Mat 10 (12 vl ἀσπάσασθε αὐτὴν λέγοντες· εἰρήνη
τῷ οἴκῳ τούτῳ) 13 ἐλθάτω ἡ εἰρ.
ὑμῶν ἐπ' αὐτήν· –, ἡ εἰρ. ὑμῶν πρὸς
ὑμᾶς ἐπιστραφήτω ‖ Luc 10 5 πρῶτον
λέγετε· εἰρ. τῷ οἴκῳ τούτῳ 6 ἐὰν
ἐκεῖ ᾖ υἱὸς εἰρήνης, ἐπαναπαήσεται
ἐπ' αὐτὸν ἡ εἰρ. ὑμῶν· εἰ δὲ μή γε,
ἐφ' ὑμᾶς ἀνακάμψει
– 34 βαλεῖν εἰρήνην ἐπὶ τὴν γῆν· οὐκ ἦλ-
θον β. εἰρ. ‖ Luc 12 51 δοῦναι ἐν τ. γῇ
Mar 5 34 ὕπαγε „εἰς εἰρήνην" ‖ Luc 8 48 „πορεύ-
ου εἰς εἰρ." 7 50 Act 16 36 ἐν εἰρ. Jac
2 16 ὑπάγετε ἐν εἰρ. Act 15 33 ἀπελύ-
θησαν μετ' εἰρήνης cfr Luc 2 29 ἀπο-
λύεις τὸν δοῦλόν σου – ἐν εἰρ. 1 Co
16 11 προπέμψατε – αὐτὸν ἐν εἰρήνῃ
Luc 1 79 πόδας ἡμῶν εἰς „ὁδὸν εἰρήνης"
2 14 ἐπὶ γῆς εἰρ. ἐν ἀνθρώποις εὐδοκίας
11 21 ἐν εἰρ. ἐστὶν τὰ ὑπάρχοντα αὐτοῦ
14 32 ἐρωτᾷ τὰ πρὸς εἰρήνην (quae pacis
sunt) Act 12 20 ᾐτοῦντο εἰρήνην
19 38 ἐν οὐρανῷ εἰρ. καὶ δόξα ἐν ὑψίστοις
– 42 εἰ ἔγνως – καὶ σὺ τὰ πρὸς εἰρ. (vl +
σου vel σοί, vg quae ad pacem tibi)
24 36 εἰρήνη ὑμῖν Joh 20 19.21.26
Joh 14 27 εἰρήνην ἀφίημι ὑμῖν, εἰρήνην τὴν ἐμὴν
δίδωμι ὑμῖν· οὐ καθὼς
16 33 λελάληκα – ἵνα ἐν ἐμοὶ εἰρήνην ἔχητε
Act 7 26 συνήλλασσεν αὐτοὺς εἰς εἰρήνην
9 31 ἡ μὲν οὖν ἐκκλησία – εἶχεν εἰρήνην

Act 10 36 „εὐαγγελιζόμενος εἰρήνην" διὰ – Χοῦ
24 2 πολλῆς εἰρήνης τυγχάνοντες διὰ σοῦ
Rm 1 7 χάρις ὑμῖν καὶ εἰρήνη ἀπὸ θεοῦ
πατρός 1 Co 1 3 2 Co 1 2 Gal 1 3 Eph
1 2 Phl 1 2 Col 1 2 1 Th 1 1 2 Th 1 2
Tit 1 4 Phm 3 cfr Ap 1 4 ἀπὸ „ὁ ὢν"
καὶ ὁ ἦν καὶ ὁ ἐρχόμενος
2 10 τιμὴ καὶ εἰρ. – τῷ ἐργαζομ. τὸ ἀγαθ.
3 17 „ὁδὸν εἰρήνης οὐκ ἔγνωσαν"
5 1 εἰρήνην ἔχομεν (vl ἔχωμεν) πρὸς τὸν
θεὸν διὰ – Χοῦ
8 6 φρόνημα – τοῦ πνεύμ. ζωὴ καὶ εἰρήνη
(10 15 vl „τῶν εὐαγγελιζομένων εἰ..ην" vg)
14 17 ἀλλὰ δικαιοσύνη καὶ εἰρήνη καὶ χαρὰ
ἐν πνεύματι ἁγίῳ
– 19 τὰ τῆς εἰρ. διώκωμεν (vl .ομεν) καὶ
τὰ τῆς οἰκοδομῆς
15 13 πληρῶσαι ὑμᾶς – χαρᾶς καὶ εἰρήνης
– 33 ὁ δὲ θεὸς τῆς εἰρ. μετὰ πάντων ὑ-
μῶν 16 20 συντρίψει τὸν σατανᾶν 2 Co
13 11 ὁ θεὸς τῆς ἀγάπης καὶ εἰρήνης
ἔσται μεθ' ὑμῶν Phl 4 9 1 Th 5 23 ἁ-
γιάσαι ὑμᾶς Hb 13 20 καταρτίσαι ὑ-
μᾶς – 2 Th 3 16 ὁ κύριος τῆς εἰρή-
νης δῴη ὑμῖν τὴν εἰρήνην διὰ παντός
1 Co 7 15 ἐν δὲ εἰρήνῃ κέκληκεν ὑμᾶς ὁ θεός
14 33 οὐ γάρ ἐστιν ἀκαταστασίας ὁ θεὸς
ἀλλὰ εἰρήνης
Gal 5 22 ἀγάπη, χαρά, εἰρήνη, μακροθυμία
6 16 „εἰρήνη" ἐπ' αὐτοὺς καὶ ἔλεος
Eph 2 14 αὐτὸς γάρ ἐστιν ἡ „εἰρήνη" ἡμῶν
– 15 εἰς ἕνα καινὸν ἄνθρ. ποιῶν εἰρήνην
17 „εὐηγγελίσατο εἰρήνην" ὑμῖν „τοῖς
μακρὰν καὶ εἰρήνην τοῖς ἐγγύς"
4 3 ἐν τῷ συνδέσμῳ τῆς εἰρήνης
6 15 „ἐν ἑτοιμασίᾳ τοῦ εὐαγγ. τῆς εἰρ."
– 23 εἰρήνη τοῖς ἀδελφοῖς καὶ ἀγάπη
Phl 4 7 ἡ εἰρήνη τοῦ θεοῦ ἡ ὑπερέχουσα
πάντα νοῦν φρουρήσει τὰς καρδίας
Col 3 15 ἡ εἰρ. τοῦ Χοῦ βραβευέτω ἐν ταῖς
1 Th 5 3 ὅταν λέγωσιν· εἰρήνη καὶ ἀσφάλεια
1 Ti 1 2 χάρις, ἔλεος, εἰρ. ἀπὸ θεοῦ πατρός
2 Ti 1 2 – 2 Jo 3 παρὰ θεοῦ πατρός
2 Ti 2 22 δίωκε – πίστιν, ἀγάπην, εἰρήνην
Hb 7 2 „βασιλεὺς Σαλήμ", ὅ ἐστιν β. εἰ..ης
11 31 δεξαμένη τ. κατασκόπους μετ' εἰ..ης
12 14 „εἰρήνην διώκετε" μετὰ πάντων
Jac 3 18 καρπὸς δὲ δικαιοσύνης ἐν εἰρήνῃ
σπείρεται τοῖς ποιοῦσιν εἰρήνην
1 Pe 1 2 χάρις ὑμῖν καὶ εἰρ. πληθυνθείη 2 Pe
1 2 Jud 2 ἔλεος ὑμῖν καὶ εἰρήνη καὶ
ἀγάπη πληθυνθ. – 1 Pe 5 14 εἰρ. b ὑμῖν

πᾶσιν τοῖς ἐν Χῷ 3 Jo 15 εἰρήνη σοι
1 Pe 311 „ζητησάτω εἰ..ην καὶ διωξάτω αὐτήν"
2 Pe 314 ἀμώμητοι – εὑρεθῆναι ἐν εἰρήνῃ
Ap 6 4 λαβεῖν τὴν εἰρήνην ἐκ τῆς γῆς

εἰρηνικός ᵃpacatissimus ᵇpacificus
IIb 1211 καρπὸν εἰρηνικὸνᵃ – δικαιοσύνης
Jac 317 ἡ δὲ ἄνωθεν σοφία – εἰρηνική ᵇ

εἰρηνοποιεῖν pacificare Col 120 εἰ..ήσας διὰ
τοῦ αἵματος τοῦ σταυροῦ αὐτοῦ

εἰρηνοποιός Sᵒ – pacificus Mat 59 μακάρ.

*εἷς, μία, ἕν unus ᵇalius ᶜprimus ᵈsolus
ᵉ(καθ' εἷς, εἷς ἕκαστος) singuli ᶠ(εἷς
κατὰ εἷς) singulatim (vl singill.) ᵍ(ἓν
ἕκαστον) unumquodque ʰ(οὐδὲ εἷς) non
– quisquam ⁱ(τὸ ἕν) idipsum ᵏ(μιᾷ
ψυχῇ) unanimes ˡ(ἀπὸ μιᾶς) simul
Mat 518 ἰῶτα ἓν ἢ μία κεραία ‖ Luc 1617
624 τὸν ἕνα μισήσει –, ἢ ἑνὸς ἀνθέξεται
‖ Luc 1613
19 5 „ἔσονται – εἰς σάρκα μίαν" 6 ὥστε
οὐκέτι εἰσὶν δύο ἀλλὰ σὰρξ μία ‖
Mar 108 – 1 Co 616 Eph 531
– 17 εἷς ἐστιν ὁ ἀγαθός ‖ Mar 1018 οὐδεὶς
ἀγ. εἰ μὴ εἷς ὁ θεός Luc 18 19ᵈ ὁ θ.
23 8 εἷς γάρ ἐστιν ὑμῶν ὁ διδάσκαλος 9
εἷς–ὑμῶν ὁ πατὴρ ὁ οὐράνιος 10 καθ-
ηγητὴς ὑμῶν – εἷς ὁ Χός
– 15 ποιῆσαι ἕνα προσήλυτον
2440 εἷς παραλαμβάνεται καὶ εἷς ἀφίεται
41 μία – καὶ μία – ‖ Luc 1734.35
2515 ᾧ δὲ ἕν (sc τάλαντον ἔδωκεν) 18.24
– 40 ἐφ' ὅσον ἐποιήσατε ἑνί 45 οὐκ ἐποι.
2614 εἷς τῶν δώδεκα 21 εἷς ἐξ ὑμῶν παρα-
δώσει με 22 ἤρξαντο λέγειν – εἷς ἕκα-
στοςᵉ 47 ‖ Mar 1410 ὁ εἷς τῶν δώ-
δεκα 18.19 εἷς κατὰ εἷςᶠ 20.43 Luc 22
47 Joh 1321 – 670 ἐξ ὑμῶν εἷς διά-
βολός ἐστιν 71
– 40 οὐκ ἰσχύσατε μίαν ὥραν γρηγορῆσαι
μετ' ἐμοῦ; ‖ Mar 1437 οὐκ ἴσχυσας –;
28 1 τῇ ἐπιφωσκούσῃ εἰς μίανᶜ σαββάτων
‖ Mar 162 πρωΐ τῇ μιᾷ τῶν σ. Luc
241 Joh 201.19 – Act 207 1 Co 162
Mar 2 7 τίς δύναται ἀφιέναι ἁμαρτίας εἰ μὴ
εἷς ᵈ ὁ θεός;
1021 ἕν σε ὑστερεῖ ‖ Luc 1822 ἕν σοι λείπει
12 6 ἔτι ἕνα εἶχεν, υἱὸν ἀγαπητόν
– 29 „κύριος ὁ θ. ἡμῶν κύριος εἷς ἐστιν"

Mar 1232 ὅτι „εἷς ἐστιν καὶ οὐκ ἔστιν ἄλλος"
Luc 1042 ἑνὸς δέ ἐστιν χρεία (vl ὀλίγων δέ
ἐστιν χρεία ἢ ἑνός)
1418 ἤρξαντο ἀπὸ μιᾶς¹ πάντ. παραιτεῖσθ.
15 7 ἐπὶ ἑνὶ ἁμαρτωλῷ μετανοοῦντι 10
Joh 841 ἕνα πατέρα ἔχομεν τὸν θεόν
1016 γενήσονται μία ποίμνη, εἷς ποιμήν
– 30 ἐγὼ καὶ ὁ πατὴρ ἕν ἐσμεν 1711 ἵνα
ὦσιν ἓν καθὼς ἡμεῖς 21 ἵνα πάντες
ἓν ὦσιν, –, ἵνα καὶ αὐτοὶ ἐν ἡμῖν (vl +
ἓν vg) ὦσιν 22 ἵνα ὦσιν ἓν καθὼς ἡμεῖς
ἕν 23 ἵνα ὦσιν τετελειωμένοι εἰς ἕν
1150 ἵνα εἷς ἄνθρωπος ἀποθάνῃ 1814
– 52 ἵνα καὶ τὰ τέκνα τοῦ θεοῦ τὰ διε-
σκορπισμένα συναγάγῃ εἰς ἕν
Act 432 ἡ καρδία καὶ ψυχὴ μία
1726 ἐξ ἑνὸς πᾶν ἔθνος ἀνθρώπων
Rm 310 „οὐκ ἔστιν δίκαιος οὐδὲ εἷςʰ" 12
– 30 εἴπερ εἷς ὁ θεὸς ὃς δικαιώσει
512 ὥσπερ δι' ἑνὸς ἀνθρώπου 15 εἰ–τῷ
τοῦ ἑνὸς παραπτώματι –, ἐν χάριτι
τῇ τοῦ ἑνὸς ἀνθρ. 'Ι. Χοῦ 16 οὐχ ὡς
δι' ἑνὸς ἁμαρτήσαντος (vl ἁμ..ήματος,
vg per unum peccatum) τὸ δώ-
ρημα· τὸ – κρῖμα ἐξ ἑνὸς εἰς κατά-
κριμα 17 εἰ – τῷ τοῦ ἑνὸς παραπτώ-
ματι ὁ θάνατος ἐβασίλευσεν διὰ τοῦ
ἑνός, – ἐν ζωῇ βασιλεύσουσιν διὰ τοῦ
ἑνὸς 'Ι. Χοῦ 18 ὡς δι' ἑνὸς παραπτώ-
ματος (per unius delictum) –, οὕτως
– δι' ἑνὸς δικαιώματος 19 διὰ τῆς
παρακοῆς τοῦ ἑνὸς ἀνθρ. ἁμαρτω-
λοὶ – οἱ πολλοί, οὕτως – διὰ τῆς ὑπα-
κοῆς τοῦ ἑνὸς δίκαιοι – οἱ πολλοί
12 4 ἐν ἑνὶ σώματι πολλὰ μέλη 5 οἱ πολ-
λοὶ ἓν σῶμά ἐσμεν ἐν Χῷ, τὸ δὲ καθ'
εἷςᵉ ἀλλήλων μέλη → 1 Co 1212
15 6 ἐν ἑνὶ στόματι δοξάζητε τὸν θεόν
1 Co 4 6 ἵνα μὴ εἷς ὑπὲρ τ. ἑνὸςᵇ φυσιοῦσθε
616 ὁ κολλώμενος τῇ πόρνῃ ἓν σῶμα 17
ὁ δὲ κολλώμενος τῷ κυρίῳ ἓν πνεῦμα
8 4 οὐδεὶς θεὸς εἰ μὴ εἷς 6 ἀλλ' ἡμῖν εἷς
θεὸς ὁ πατήρ, – καὶ εἷς κύριος
1017 εἷς ἄρτος, ἓν σῶμα οἱ πολλοί ἐσμε-
οἱ γὰρ πάντες ἐκ τοῦ ἑνὸς ἄρτου
μετέχομεν
12 9 χαρίσμ. ἰαμάτων ἐν τῷ ἑνὶ πνεύματι
– 11 πάντα – ἐνεργεῖ τὸ ἓν κ. – αὐτὸ πνεῦ.
– 12 τὸ σῶμα ἕν ἐστιν, πάντα δὲ τὰ μέ-
λη – ἕν ἐστιν σῶμα 13 ἐν ἑνὶ πνεύμα-
τι – εἰς ἓν σῶμα ἐβαπτίσθημεν – καὶ
– ἓν πνεῦμα ἐποτίσθημεν

1 Co 12 14 σῶμα οὐκ ἔστιν ἓν μέλος 18 θεὸς ἔ-
θετο τὰ μέλη, ἓν ἕκαστον⁸ – καθὼς
ἠθέλησεν 19 εἰ – ἦν τὰ πάντα ἓν μέ-
λος 20 πολλὰ μὲν μέλη, ἓν δὲ σῶμα
– 26 εἴτε πάσχει ἓν μέλος, συμπάσχει

2 Co 5 14 ὅτι εἷς ὑπὲρ πάντων ἀπέθανεν

Gal 3 16 ἀλλ᾽ ὡς ἐφ᾽ ἑνός (in uno)· (sc λέγει)
– 20 ὁ – μεσίτης ἑνὸς οὐκ ἔστιν, ὁ δὲ θε-
ὸς εἷς ἐστιν
– 28 ὑμεῖς εἷς (unum) ἐστε ἐν Χῷ Ἰησοῦ

5 14 εἷς – νόμος ἐν ἑνὶ λόγῳ πεπλήρωται – ·

Eph 2 14 ὁ ποιήσας τὰ ἀμφότερα ἓν
– 15 ἵνα τοὺς δύο κτίσῃ – εἰς ἕνα καινὸν
ἄνθρωπον 16 καὶ ἀποκαταλλάξῃ τοὺς
ἀμφοτέρους ἐν ἑνὶ σώματι τῷ θεῷ 18
ἔχομεν τὴν προσαγωγὴν οἱ ἀμφότε-
ροι ἐν ἑνὶ πνεύματι

4 4 ἓν σῶμα καὶ ἓν πνεῦμα, καθὼς – ἐ-
κλήθητε ἐν μιᾷ ἐλπίδι 5 εἷς κύριος,
μία πίστις, ἓν βάπτισμα· 6 εἷς θεὸς
καὶ πατὴρ πάντων

Phl 1 27 ὅτι στήκετε ἐν ἑνὶ πνεύματι, μιᾷ ψυ-
χῇᵏ συναθλοῦντες τῇ πίστει

2 2 σύμψυχοι, τὸ ἕνⁱ φρονοῦντες

Col 3 15 ἡ εἰρήνη τοῦ Χοῦ – εἰς ἣν καὶ ἐκλή-
θητε ἐν ἑνὶ σώματι

1 Ti 2 5 εἷς – θεός, εἷς καὶ μεσίτης θεοῦ
3 2 ἐπίσκοπον – , μιᾶς γυναικὸς ἄνδρα
12 διάκονοι – μ. γ. ἄνδρες 5 9 χήρα – ,
ἑνὸς ἀνδρὸς γυνή Tit 1 6 πρεσβυτέ-
ρους – , εἴ τις – μιᾶς γυναικὸς ἀνήρ

Tit 3 10 μετὰ μίαν καὶ δευτέραν νουθεσίαν

Hb 2 11 ὅ τε γὰρ ἁγιάζων καὶ οἱ ἁγιαζόμενοι
ἐξ ἑνὸς πάντες

10 12 μίαν ὑπὲρ ἁμαρτιῶν – θυσίαν
– 14 μιᾷ – προσφορᾷ τετελείωκεν – τούς

Jac 2 10 ὅστις – , πταίσῃ δὲ ἐν ἑνί, – ἔνοχος
– 19 πιστεύεις ὅτι εἷς ἐστιν ὁ θεός;

4 12 εἷς ἐστιν [ὁ] νομοθέτης καὶ κριτής

2 Pe 3 8 ἓν – τοῦτο μὴ λανθανέτω ὑμᾶς – , ὅτι
μία ἡμέρα παρὰ κυρίῳ ὡς χίλια ἔτη
καὶ „χίλια ἔτη ὡς ἡμέρα" μία

1 Jo 5 8 οἱ τρεῖς εἰς τὸ ἕν (unum) εἰσιν

Ap 17 12 ἐξουσίαν – μίαν ὥραν λαμβάνουσιν
– 13 οὗτοι μίαν γνώμην ἔχουσιν 17 (vgᵒ)

18 8 „ἐν μιᾷ ἡμέρᾳ ἥξουσιν" αἱ πληγαί
10 ἦλθεν ἡ κρίσις σου 17 ἠρημώθη ὁ
τοσοῦτος πλοῦτος 19 „ἠρημώθη"

εἷς in cum acc. ᵇin cum abl. ᶜad ᵈpro ᵉpropter
ᶠsine praepositione ᵍ(εἰς τί) quare ʰ(εἷς
τί) ut quid → βαπτίζειν, βάπτισμα –

ἁμαρτάνειν, βλασφημεῖν, ἔνοχος, λό-
γον λέγειν – ἐλπίς, ἐλπίζειν, θαρρεῖν,
πεποιθέναι, πιστεύειν, πίστις – ἀγάπη,
διακονία, κοινωνία – ὁμνύειν, μεριμνᾶν,
μετανοεῖν, ἔχειν, καλεῖν, λογίζεσθαι – εἰς
αἰῶνα, ἀνάμνησιν, ἄφεσιν, εἰρήνην, ζωήν,
τὸν κόσμον, μαρτύριον, μνημόσυνον, ὄ-
νομα, τέλος

Mat 14 31 εἰς τίᵍ ἐδίστασας; 26 8 εἰς τίʰ ἡ ἀπ-
ώλεια αὕτη; ‖ Mar 14 4ʰ – 15 34
„εἰς τίʰ ἐγκατέλιπές με;"

19 5 „ἔσονται οἱ δύο εἰςᵇ σάρκα μίαν" ‖
Mar 10 8ᵇ 1 Co 6 16ᵇ Eph 5 31ᵇ

21 42 „ἐγενήθη εἰς κεφαλὴν γωνίας" ‖ Mar
12 10 Luc 20 17 Act 4 11 1 Pe 2 7 – Rm
11 9 „ἡ τράπεζα αὐτῶν εἰς παγίδα"
– Luc 3 5 „ἔσται τὰ σκολιὰ εἰς εὐ-
θείαν" (in directa) 13 19 ἐγένετο εἰς
δένδρον Joh 16 20 λύπη – εἰς χαρὰν
γενήσεται

22 16 οὐ – βλέπεις εἰς πρόσωπον (non re-
spicis personam) ἀνθρώπων ‖ Mar
12 14 (nec vides in faciem)

Mar 1 39 κηρύσσων εἰςᵇ τὰς συναγωγάς ‖ Luc
4 44ᵇ Mar 13 10 εἰς – τὰ ἔθνη 14 9 εἰςᵇ
– τὸν κόσμον Luc 24 47 εἰς – τὰ ἔ-
θνη 1 Th 2 9 ἐκηρύξαμεν εἰςᵇ ὑμᾶς τὸ
εὐαγγέλιον – Mar 13 9 εἰςᵇ συνα-
γωγὰς δαρήσεσθε

10 10 εἰςᵇ τὴν οἰκίαν – ἐπηρώτων αὐτόν
13 16 ὁ εἰςᵇ τὸν ἀγρὸν μὴ ἐπιστρεψάτω

Luc 1 20 πληρωθήσονται εἰςᵇ τ. καιρὸν αὐτῶν
4 23 γενόμενα εἰς τὴν Καφαρναούμ
5 17 δύναμις κυρίου ἦν εἰςᶜ τὸ ἰᾶσθαι
7 30 βουλὴν – θεοῦ ἠθέτησαν εἰς ἑαυτούς
9 61 τοῖς εἰς τὸν οἶκόν (domi) μου

11 7 τὰ παιδία – εἰςᵇ τὴν κοίτην εἰσίν
12 21 ὁ – μὴ εἰς θεὸν πλουτῶν → Rm 10 12
16 16 πᾶς εἰς αὐτήν (sc τὴν βασ.) βιάζεται

Joh 1 18 ὁ ὢν εἰςᵇ τὸν κόλπον τοῦ πατρός
8 26 ταῦτα λαλῶ εἰςᵇ τὸν κόσμον
(16 13 vl ὁδηγήσει ὑμᾶς εἰς τὴν ἀλήθειαν
πᾶσαν)

17 23 ἵνα ὦσιν τετελειωμένοι εἰς ἕν

21 4 ἔστη Ἰησοῦς εἰςᵇ τὸν αἰγιαλόν

Act 2 22 ἀποδεδειγμένον – εἰςᵇ ὑμᾶς δυνάμε-
σι 39 „τοῖς εἰς μακράν" (qui longe)

7 4 γῆν – εἰςᵇ ἣν – νῦν κατοικεῖτε 8 40 εὑ-
ρέθη εἰςᶜ Ἄζωτον (14 25 vl λαλήσαν-
τες εἰς τὴν Πέργην τὸν λόγον)

– 53 ἐλάβετε τὸν νόμον εἰς διαταγὰς (in
dispositione vl ..em) ἀγγέλων

Rm 10 12 κύριος –, πλουτῶν εἰς πάντας
11 36 ἐξ αὐτοῦ καὶ δι' αὐτοῦ καὶ εἰς[b] αὐ-
τὸν τὰ πάντα Col 1 16 πάντα – εἰς[b]
αὐτὸν ἔκτισται 1 Co 8 6 ἐξ οὗ τὰ πάν-
τα καὶ ἡμεῖς εἰς αὐτόν (in illum)
1 Co 4 3 ἐμοὶ δὲ εἰς[d] ἐλάχιστόν ἐστιν
14 22 αἱ γλῶσσαι εἰς σημεῖόν εἰσιν
2 Co 2 12 ἐλϑὼν – εἰς[f] – Τρωάδα εἰς[e] τὸ εὐαγγ.
6 18 „ἔσομαι" ὑμῖν „εἰς πατέρα –" Hb 1 5
8 10 „ἔσομαι αὐτοῖς εἰς ϑεόν –"
7 15 τὰ σπλάγχνα αὐτοῦ – εἰς[b] ὑμᾶς ἐστ.
9 11 πλουτιζόμενοι εἰς – ἁπλότητα
10 16 εἰς τὰ ὑπερέκεινα ὑμῶν εὐαγγελίσα-
σϑαι, οὐκ. εἰς[b] – τὰ ἕτοιμα καυχήσασϑ.
11 10 ἡ καύχησις – οὐ φραγήσεται εἰς ἐμέ
Gal 3 24 παιδαγωγὸς ἡμῶν – εἰς[b] Χόν
Eph 2 15 ἵνα τοὺς δύο κτίσῃ – εἰς ἕνα καινὸν
3 16 κραταιωϑῆναι – εἰς (vg vl[b]) τὸν ἔσω
– 19 πληρωϑῆτε εἰς πᾶν τ. πλήρω. [ἄνϑρ.
3 52 λέγω εἰς[b] Χὸν καὶ εἰς[b] τὴν ἐκκλησ.
Col 1 20 ἀποκαταλλάξαι τὰ πάντα εἰς αὐτόν
Hb 10 39 οὐκ ἐσμὲν ὑποστολῆς εἰς ἀπώλειαν,
ἀλλὰ πίστεως εἰς περιποίησιν ψυχῆς
12 7 εἰς[b] (vl εἰ) παιδείαν ὑπομένετε
1 Pe 1 11 τὰ εἰς[b] Χὸν παϑήματα
– 25 ῥῆμα – εὐαγγελισϑὲν εἰς (vl[b]) ὑμᾶς
2 8 εἰς[b] ὃ καὶ ἐτέϑησαν
3 20 κιβωτοῦ, εἰς[b] ἣν – διεσώϑησαν
– 21 συνειδήσεως – ἐπερώτημα εἰς ϑεόν
5 12 χάριν τοῦ ϑεοῦ, εἰς[b] ἣν στῆτε [σα"]
2 Pe 1 17 „ὁ υἱός" μου –, „εἰς[b] ὃν ἐγὼ εὐδόκη-
3 9 μακροϑυμεῖ εἰς (vl δι' vg[e]) ὑμᾶς
1 Jo 5 8 οἱ τρεῖς εἰς[f] τὸ ἕν (unum) εἰσιν

εἰσάγειν introducere [b]inducere
Luc 2 27[b] παιδίον Ἰησοῦν 14 21 τυφλοὺς καὶ
χωλοὺς 22 54 (vg[o]) – Joh 18 16 Πέτρον
Act 7 45[b] 9 8 Σαῦλον 21 28[b] Ἕλληνας – εἰς τὸ
ἱερόν 29. 37[b] Παῦλος 22 24[b]
Hb 1 6 ὅταν δὲ πάλιν εἰσαγάγῃ τὸν πρωτό-
τοκον εἰς τὴν οἰκουμένην, λέγει·

εἰσακούειν exaudire
Mat 6 7 ὅτι ἐν τῇ πολυλογίᾳ – ἐ.σϑήσονται
Luc 1 13 „εἰσηκούσϑη" ἡ δέησίς „σου" Act
10 31 εἰσηκούσϑη σου ἡ προσευχή
1 Co 14 21 „οὐδ'" οὕτως „εἰσακούσονται" μου
Hb 5 7 εἰσακουσϑεὶς ἀπὸ τῆς εὐλαβείας

εἰσδέχεσϑαι recipere 2 Co 6 17 „ὑμᾶς"

*εἰσέρχεσϑαι intrare [b]introire [c]ingredi
[d]incedere [e]transire

Mat 5 20 οὐ μὴ εἰσέλϑητε εἰς τὴν βασ. τῶν
οὐρ. 7 21 οὐ πᾶς ὁ λέγων μοι κύριε
–, εἰσελεύσεται εἰς – 18 3 ἐὰν μὴ –
γένησϑε ὡς τὰ παιδία, οὐ μὴ εἰσέλ-
ϑητε εἰς – ‖ Mar 10 15 ὃς ἂν μὴ δέ-
ξηται τὴν βασιλείαν – ὡς παιδίον, οὐ
μὴ εἰσέλϑῃ εἰς αὐτήν Luc 18 17
7 13 εἰσέλϑατε διὰ τῆς στενῆς πύλης· –
πολλοὶ – οἱ εἰσερχόμενοι ‖ Luc 13 24
15 11 οὐ τὸ εἰσερχόμενον εἰς τὸ στόμα
18 8 εἰσελϑεῖν[c] εἰς τὴν ζωὴν κυλλὸν 9
μονόφϑαλμον ‖ Mar 9 43[b] 45[b] 47[b]
19 17 εἰ – ϑέλεις εἰς τὴν ζωὴν εἰσελϑεῖν[c]
– 23 πλούσιος δυσκόλως εἰσελεύσεται εἰς
τὴν βασ. τ. οὐρ. 24 κάμηλον – δι-
ελϑεῖν (vl εἰσελϑ.) ἢ πλούσιον εἰσ-
ελϑ. εἰς – ‖ Mar 10 23 πῶς δυσκ.
οἱ τὰ χρήματα ἔχοντες εἰς – εἰσελεύ-
σονται[b] 24 πῶς δύσκολον – εἰσελϑεῖν[b]
25[e] ἢ πλούσιον εἰς – εἰσελϑεῖν Luc
18 25 (vl διελϑεῖν[e]) ἢ πλούσιον εἰς –
εἰσελϑεῖν → Joh 3 5 Act 14 22
22 12 πῶς εἰσῆλϑες ὧδε μὴ ἔχων ἔνδυμα
23 13 ὑμεῖς – οὐκ ἐ.εσϑε, οὐδὲ τοὺς ἐ.ο-
μένους[b] ἀφίετε εἰσελϑεῖν ‖ Luc 11 52[b]
25 10 αἱ ἕτοιμοι εἰσῆλϑον – εἰς τοὺς γάμους
– 21 εἴσελϑε εἰς τ. χαρὰν τοῦ κυρ. σου 23
26 41 ἵνα μὴ εἰσέλϑητε εἰς πειρασμόν ‖
Luc 22 40 προσεύχεσϑε μὴ ἐ.εῖν 46
Mar 9 25 τὸ ἄλαλον – πνεῦμα, – μηκέτι εἰσέλ-
ϑῃς[b] εἰς αὐτόν Luc 8 30 λεγιών, ὅτι
εἰσῆλϑεν δαιμόνια πολλὰ εἰς αὐτόν
32[c] 33 εἰς τοὺς χοίρους 11 26 εἰσελϑόν-
τα[c] κατοικεῖ ἐκεῖ 22 3 εἰσῆλϑεν – σατα-
νᾶς εἰς Ἰούδαν Joh 13 27[b] ὁ σατανᾶς
Luc 14 23 ἀνάγκασον (vl ποίησον) εἰσελϑεῖν
24 26 ἔδει – εἰσελϑεῖν εἰς τ. δόξαν αὐτοῦ·
– 29 εἰσῆλϑεν τοῦ μεῖναι σὺν αὐτοῖς
Joh 3 5 οὐ δύναται εἰσελϑεῖν[b] εἰς τὴν β. τ. ϑ.
10 1 ὁ μὴ εἰσερχόμενος διὰ τῆς ϑύρας 2
ὁ δὲ εἰσερχ. – ποιμήν ἐστιν 9 δι' ἐμοῦ
ἐάν τις εἰσέλϑῃ[b], – εἰσελεύσεται[c] καὶ
Act 14 22 διὰ πολλῶν ϑλίψεων δεῖ ἡμᾶς εἰσελ-
ϑεῖν εἰς τὴν βασιλείαν τοῦ ϑεοῦ
Rm 5 12 ὥσπερ δι' ἑνὸς ἀνϑρώπου ἡ ἁμαρτία
εἰς τὸν κόσμον εἰσῆλϑεν
11 25 ἄχρι οὗ τὸ πλήρωμα τ. ἐϑν. εἰσέλϑῃ
Hb 3 11 „εἰ εἰσελεύσονται[b] εἰς τὴν κατάπαυ-
σίν μου" 18[b] 19[b] 4 1[b] 3 εἰσερχόμεϑα[c]
– εἰς [τὴν] κατ. οἱ πιστεύσαντες 3[b] 5[b]
6 ἀπολείπεται τινὰς εἰσελϑεῖν[b] 10[c]
11 σπουδάσωμεν οὖν εἰσελϑεῖν[c]

Hb 6 19 ἐλπίδος· ἣν ὡς ἄγκυραν ἔχομεν –
   „εἰσερχομένην^d εἰς τὸ ἐσώτερον"
 – 20 ὅπου πρόδρομος – εἰσῆλθεν^b Ἰησοῦς
 9 12 διὰ – τοῦ ἰδίου αἵματος εἰσῆλθεν^b
 – 24 οὐ γὰρ εἰς χειροποίητα εἰσῆλθεν^b
   ἅγια Χός 25 ὥσπερ ὁ ἀρχιερ. εἰ..εται
 10 5 εἰσερχόμενος^c εἰς τὸν κόσμον λέγει
Ap 3 20 [καὶ] εἰσελεύσομαι (vl^b) πρὸς αὐτὸν
   καὶ δειπνήσω μετ' αὐτοῦ

εἰσιέναι *introire* ^b*intrare*
Act 3 3 21 18. 26^b Hb 9 6 εἰσίασιν οἱ ἱερεῖς

εἰσκαλεῖσθαι S° – *introducere* Act 10 23

εἴσοδος *introitus* ^b*adventus*
Act 13 24 πρὸ προσώπου τῆς εἰσόδου^b αὐτοῦ
1 Th 1 9 ὁποίαν εἴσοδον ἔσχομεν πρὸς ὑμᾶς
 2 1 οἴδατε – τὴν εἴσοδον ἡμῶν τὴν πρὸς
   ὑμᾶς, ὅτι οὐ κενὴ γέγονεν
Hb 10 19 παρρησίαν εἰς τὴν εἴσοδον τῶν ἁγίων
2 Pe 1 11 πλουσίως ἐπιχορηγηθήσεται ὑμῖν ἡ
   εἴσοδος εἰς τὴν αἰώνιον βασιλείαν

εἰσπηδᾶν *introgredi* Act 16 29

εἰσπορεύεσθαι *intrare* ^b*introire* ^c*ingredi*
Mat 15 17 πᾶν τὸ εἰσπορευόμενον εἰς τὸ στόμα
   ‖ Mar 7 15^b 18^b 19 οὐκ εἰσπορεύεται
   (vl^b) αὐτοῦ εἰς τὴν καρδίαν
Mar 1 21^c 5 40^c 6 56^b – 11 2^b ‖ Luc 19 30^b
 4 19 ἐπιθυμίαι εἰσ..όμεναι^b συμπνίγουσιν
Luc 8 16 ἵνα οἱ εἰσπορ. βλέπωσιν 11 33^c – 22 10
 18 24 πῶς δυσκόλως – εἰς τὴν βασιλείαν τ.
   θεοῦ εἰσ..ονται → εἰσέρχ. Mat 19 23
Act 3 2^b 8 3 Σαῦλος 9 28 28 30 ἀπεδέχετο πάν-
   τας τοὺς εἰσ..ομένους^c πρὸς αὐτόν

εἰστρέχειν *intro currere* Act 12 14

εἰσφέρειν *inferre* ^b*inducere*
Mat 6 13 μὴ εἰσενέγκῃς^b ἡμᾶς εἰς πειρασμόν
   ‖ Luc 11 4^b – 5 18. 19 12 11^b
Act 17 20 ξενίζοντα – εἰσφέρεις εἰς τὰς ἀκοάς
1 Ti 6 7 οὐδὲν – εἰσηνέγκαμεν εἰς τὸν κόσμον
Hb 13 11 „εἰσφέρεται – αἷμα – εἰς τὰ ἅγια"

＊ἐκ *ex* ^b*de* ^c*a* ^d*prae* ^e*ad*
 → ἀνιστάναι, ἀνάστασις, γεννᾶν (im-
   primis γεννηθῆναι, γεγεννημένον εἶναι),
   ἐγείρειν – δικαιοῦν, δικαιοσύνη –
   ἐλεύθερος, λύειν, λυτροῦν, μετανοεῖν,

σώζειν, ῥύεσθαι – ἐξ ἐπαγγελίας, ἐξ
   ἔργων, ἐκ νόμου, ἐκ πίστεως – ἐκ τοῦ
   κόσμου, οὐρανοῦ – ἐκ (τοῦ) θεοῦ εἶναι
   → θεός Joh 8 42 Act 5 39 1 Jo 3 10 3 Jo 11
Mat 1 18 ἐν γαστρὶ ἔχουσα ἐκ^b πνεύματος ἁ-
   γίου 20 ἐκ^b πνεύματός ἐστιν ἁγίου
 5 37 τὸ δὲ περισσὸν – ἐκ^c τοῦ πονηροῦ
   cfr 1 Jo 3 12 Κάϊν ἐκ τοῦ πονηροῦ ἦν
 15 5 ὃ ἐὰν ἐξ ἐμοῦ ὠφεληθῇς ‖ Mar 7 11
Luc 23 5 ὅπως ἂν ἀποκαλυφθῶσιν ἐκ πολλῶν
   καρδιῶν διαλογισμοί
 16 9 φίλους ἐκ^b τοῦ μαμωνᾶ τῆς ἀδικίας
Joh 3 31 ὁ ὢν ἐκ^b τῆς γῆς ἐκ^b τῆς γῆς ἐστιν
   καὶ ἐκ^b τῆς γ. λαλεῖ. ὁ ἐκ^b τοῦ οὐρ.
 – 34 οὐ γὰρ ἐκ^e μέτρου δίδωσιν τὸ πν.
 4 22 ἡ σωτηρία ἐκ τῶν Ἰουδαίων ἐστίν
 5 24 μεταβέβηκεν ἐκ^c τοῦ θανάτου εἰς
   τὴν ζωήν 1 Jo 3 14^b μεταβεβήκαμεν
 6 65 ἐὰν μὴ ᾖ δεδομένον αὐτῷ ἐκ^c τοῦ
   πατρός 12 49 ἐξ ἐμαυτοῦ οὐκ ἐλάλησα
 8 23 ὑμεῖς ἐκ^b τῶν κάτω ἐστέ, ἐγὼ ἐκ^b
   τῶν ἄνω εἰμί· κτλ 42 ἐκ τοῦ θεοῦ ἐξ-
   ῆλθον καὶ ἥκω 44 ὑμεῖς ἐκ τοῦ – δια-
   βόλου ἐστέ –· ἐκ τῶν ἰδίων λαλεῖ,
   ὅτι ψεύστης ἐστίν
 10 32 ἔργα καλὰ ἔδειξα ὑμῖν ἐκ τ. πατρ.
 12 32 ἐὰν ὑψωθῶ ἐκ^c τῆς γῆς
 16 14 ἐκ^b τοῦ ἐμοῦ λήμψεται 15^b
 – (28 vl ἐξῆλθον ἐκ^c τοῦ πατρός)
 18 37 πᾶς ὁ ὢν ἐκ τῆς ἀληθείας
Act 5 38 ἐὰν ᾖ ἐξ ἀνθρώπων ἡ βουλὴ αὕτη
   39 εἰ δὲ ἐκ θεοῦ ἐστιν
Rm 11 36 ἐξ αὐτοῦ – τὰ πάντα 1 Co 8 6 – 11 12
   12 18 τὸ ἐξ ὑμῶν, μετὰ πάντων – εἰρηνεύ.
1 Co 1 30 ἐξ αὐτοῦ – ὑμεῖς ἐστε ἐν Χῷ Ἰησοῦ
   7 5 εἰ μήτι ἂν ἐκ συμφώνου πρὸς καιρ.
   10 17 ἐκ^b τοῦ ἑνὸς ἄρτου μετέχομεν
   12 15 ἐὰν εἴπῃ ὁ πούς· – οὐκ εἰμὶ ἐκ^b τοῦ
   σώματος, οὐ παρὰ τοῦτο οὐκ ἔστιν
   ἐκ^b τοῦ σώματος 16^b
   15 47 ὁ πρῶτος „ἄνθρ. ἐκ^b γῆς χοϊκός,"
   ὁ δεύτερος ἄνθρωπος ἐξ^b οὐρανοῦ
2 Co 3 5 λογίσασθαί τι ὡς ἐξ ἑαυτῶν, ἀλλ' ἡ
   ἱκανότης ἡμῶν ἐκ τοῦ θεοῦ 4 7
   8 7 τῇ ἐξ ἡμῶν (vl ὑμ., vg *vestra*) ἐν ὑ-
   μῖν (vl ἡμ.) ἀγάπῃ (9 2 vl ἐξ ὑμ. vg
 – 11 τὸ ἐπιτελέσαι ἐκ τοῦ ἔχειν |*vestra*)
   9 7 μὴ ἐκ λύπης ἢ ἐξ ἀνάγκης
   11 26 κινδύνοις ἐκ γένους, – ἐξ ἐθνῶν
 13 4 ἐσταυρώθη ἐξ ἀσθενείας, – ζῇ ἐκ δυ-
   νάμεως θεοῦ. – ἡμεῖς – ζήσομεν σὺν
   αὐτῷ ἐκ δυνάμεως θεοῦ

Eph 2 8 τοῦτο οὐκ ἐξ ὑμῶν, θεοῦ τὸ δῶρον
3 15 ἐξ οὗ πᾶσα πατριὰ – ὀνομάζεται
4 16 Χριστός, ἐξ οὗ πᾶν τὸ σῶμα συναρμολογούμενον Col 2 19
Phl 1 16 οἱ μὲν ἐξ ἀγάπης 17 ἐξ ἐριθείας
Col 4 9 Ὀνησίμῳ –, ὅς ἐστιν ἐξ ὑμῶν 12
Tit 2 8 ἵνα ὁ ἐξ ἐναντίας ἐντραπῇ
Hb 2 11 ὅ τε γὰρ ἁγιάζων καὶ οἱ ἁγιαζόμενοι ἐξ ἑνὸς πάντες
1 Jo 2 16 οὐκ ἔστιν ἐκ τοῦ πατρός, ἀλλ᾽ ἐκ τοῦ κόσμου ἐστίν
– 19 ἐξ ἡμῶν ἐξῆλθαν, ἀλλ᾽ οὐκ ἦσαν ἐξ ἡμῶν 21 πᾶν ψεῦδος ἐκ τῆς ἀληθείας οὐκ ἔστιν 3 8 ἐκ τοῦ διαβόλου ἐστίν 10 οὐκ ἔστιν ἐκ (νl b) τοῦ θεοῦ 3 19 ὅτι ἐκ τῆς ἀληθείας ἐσμέν
– 24 γινώσκομεν ὅτι μένει ἐν ἡμῖν, ἐκ b τοῦ πνεύματος οὗ ἡμῖν ἔδωκεν 4 13 ὅτι ἐκ b τοῦ πνεύμ. αὐτοῦ δέδωκεν ἡμῖν
Ap 15 2 τοὺς νικῶντας ἐκ τοῦ θηρίου (accus.)
16 10 ἐμασῶντο τὰς γλώσσας – ἐκ d τοῦ πόνου 11 ἐβλασφήμησαν – ἐκ d τ. πόνων

•ἕκαστος unusquisque b singuli
Mat 16 27 „ἀποδώσει ἑ.ῳ κατὰ τὴν πρᾶξιν αὐτοῦ" Rm 2 6 „τὰ ἔργα" 2 Co 5 10 ἵνα κομίσηται ἕκ. – πρὸς ἃ ἔπραξεν 1 Pe 1 17 τὸν – κρίνοντα κατὰ τὸ ἑ..ου ἔργον
18 35 ἐὰν μὴ ἀφῆτε ἕκαστος τῷ ἀδελφῷ
Act 20 31 οὐκ ἐπαυσάμην – νουθετῶν ἕνα ἕκ.
Rm 12 3 ἑκάστῳ ὡς ὁ θεὸς ἐμέρισεν μέτρον πίστεως → 1 Co 3 5 7 17 κτλ
14 5 ἕκαστ. ἐν τῷ ἰδίῳ νοΐ πληροφορείσθω
– 12 ἕκ. ἡμῶν λόγον δώσει [τῷ θεῷ]
15 2 ἕκαστος ἡμῶν τῷ πλησίον ἀρεσκέτω
1 Co 3 5 ἑκάστῳ ὡς ὁ κύριος ἔδωκεν 8 ἕκ. δὲ τὸν ἴδιον μισθὸν λήμψεται 10 ἕκ. δὲ βλεπέτω πῶς ἐποικοδομεῖ 13 ἑκάστου τὸ ἔργ. φανερ. γενήσεται – ἑκάστου τὸ ἔργ. – τὸ πῦρ [αὐτὸ] δοκιμάσει
4 5 τότε ὁ ἔπαινος γενήσεται ἑ.ῳ ἀπὸ
7 2 ἕκαστος τὴν ἑαυτοῦ γυναῖκα ἐχέτω, καὶ ἑκάστη τὸν ἴδιον ἄνδρα ἐχέτω
– 7 ἕκαστος ἴδιον ἔχει χάρισμα ἐκ θεοῦ
– 17 ἑκάστῳ ὡς ἐμέρισεν ὁ κύριος, ἕκαστον ὡς κέκληκεν ὁ θεός, οὕτως περιπατείτω 20 ἕκαστος ἐν τῇ κλήσει ᾗ ἐκλήθη, – μενέτω 24
12 7 ἑ..ῳ – δίδοται ἡ φανέρωσις τοῦ πνεύματος πρὸς τὸ συμφέρον 11 πνεῦμα, διαιροῦν ἰδίᾳ ἑ.ῳ b 18 ἔθετο τὰ μέλη, ἓν ἕκαστον – καθὼς ἠθέλησεν

1 Co 14 26 ἕκαστος ψαλμὸν ἔχει, διδαχὴν ἔχει
15 23 ἕκαστος δὲ ἐν τῷ ἰδίῳ τάγματι
2 Co 9 7 ἕκαστος καθὼς προῄρηται τῇ καρδίᾳ
Gal 6 4 τὸ – ἔργον ἑαυτοῦ δοκιμαζέτω ἕκαστ.
– 5 ἕκαστος – τὸ ἴδιον φορτίον βαστάσει
Eph 4 7 ἑνὶ – ἑκάστῳ ἡμῶν ἐδόθη ἡ χάρις
– 16 ἐν μέτρῳ ἑνὸς ἑκάστου μέρους
– 25 „λαλεῖτε ἀλήθ. ἕκ. μετὰ τοῦ πλησ."
5 33 ἕκαστ. τὴν ἑαυτοῦ γυναῖκα – ἀγαπάτω ὡς ἑαυτόν – 6 8 ἕκ. ἐάν τι ποιήσῃ ἀγαθόν, τοῦτο κομίσεται παρὰ
Phl 2 4 μὴ τὰ ἑαυτῶν ἕκαστος b σκοποῦντες ἀλλὰ [καὶ] τὰ ἑτέρων ἕκαστοι (vg o)
Col 4 6 πῶς δεῖ – ἑνὶ ἑκάστῳ ἀποκρίνεσθαι
1 Th 2 11 ἕνα ἕκαστον ὑμῶν – παρακαλοῦντες
4 4 εἰδέναι ἕ..ον ὑμῶν τὸ ἑαυτοῦ σκεῦος κτᾶσθαι ἐν ἁγιασμῷ καὶ τιμῇ
2 Th 1 3 πλεονάζει ἡ ἀγάπη ἑνὸς ἑ..ου – ὑμῶν
Hb 3 13 παρακαλεῖτε ἑαυτοὺς καθ᾽ ἑκάστην b ἡμέραν, ἄχρις οὗ τὸ „σήμερον"
Jac 1 14 ἕκ. δὲ πειράζεται ὑπὸ τῆς ἰδίας ἐπ.
1 Pe 4 10 ἕκαστος καθὼς ἔλαβεν χάρισμα
Ap 2 23 „δώσω" ὑμῖν „ἑ..ῳ κατὰ τὰ ἔργα"
20 13 ἐκρίθησαν ἕκαστος b „κατὰ τὰ ἔργα"
22 12 „ἀποδοῦναι ἑ..ῳ ὡς τὸ ἔργ. – αὐτοῦ"

ἑκάστοτε S o – frequenter 2 Pe 1 15

ἑκατονταέτης centum annorum Rm 4 19

ἑκατονταπλασίων a centies tantum b centuplus
Mat 19 29 b Mar 10 30 a Luc 8 8 b χαρ ός

ἑκατόνταρχος, ..άρχης centurio
Mat 8 5 προσῆλθεν αὐτῷ ἑκ. 8.13 ‖ Luc 7 2.6
27 54 ‖ Luc 23 47 ὁ ἑκ. – ἐδόξαζεν τ. θεόν
Act 10 1 Κορνήλιος 22 – 21 32 22 25.26 23 17.23 24 23 27 1 ὀνόματι Ἰουλίῳ 6. 11. 31. 43

ἐκβαίνειν exire Hb 11 15 ἀπὸ πατρίδος

ἐκβάλλειν eiicere b expellere c emittere d mittere e proferre f iactare

1) ἐκβάλλειν δαιμόνια, πνεύματα → δαιμόνιον, πνεῦμα 2); hic nonnulli loci illa nomina non continentes
Mat 8 31 οἱ δὲ δαίμονες παρεκάλουν αὐτὸν – εἰ ἐκβάλλεις ἡμᾶς, ἀπόστειλον ἡμᾶς 12 26 εἰ ὁ σατανᾶς τὸν σατ. ἐκβάλλει ‖ Mar 3 23 πῶς δύναται σατανᾶς σ..ᾶν ἐκβ.
– 27 εἰ ἐγὼ ἐν Βεελζεβοὺλ ἐκβάλλω τ. δαιμόνια, οἱ υἱοὶ ὑμ. ἐν τίνι ἐκβάλλουσιν;

Mat 17 19 διὰ τί ἡμεῖς οὐκ ἠδυνήθημεν ἐκβαλεῖν αὐτό; ‖ Mar 9 18 εἶπα τοῖς μαθηταῖς σου ἵνα αὐτὸ ἐκβάλωσιν 28 Luc 9 40 ἐδεήθην – ἵνα ἐκβάλωσιν

2) ceteri loci

Mat 7 4 ἄφες ἐκβάλω τὸ κάρφος 5 ἔκβαλε πρῶτον – τὴν δοκόν, καὶ τότε διαβλέψεις ἐκβαλεῖν τὸ κάρφος ‖ Luc 6 42 – ἐκβαλεῖν (ut educas)
8 12 οἱ δὲ υἱοὶ τῆς βασιλείας ἐκβληθήσονται ‖ Luc 13 28 ὑμᾶς – ἐ..ομένους[b]
9 25 ὅτε – ἐξεβλήθη ὁ ὄχλος Mar 5 40 ἐκβαλὼν πάντας – Act 9 40 ὁ Πέτρος
– 38 ὅπως ἐκβάλῃ[d] (vl[a]) ἐργάτας ‖ Lc 10 2[d]
12 20 „ἕως ἂν ἐκβάλῃ εἰς νῖκος τ. κρίσιν"
– 35 ὁ ἀγαθὸς ἄνθρ. – ἐκβάλλει[e] ἀγαθά, καὶ ὁ πονηρὸς – ἐκβάλλει[e] πονηρά
13 52 οἰκοδεσπότῃ, ὅστις ἐκβάλλει[e] ἐκ τοῦ θησαυροῦ αὐτοῦ καινὰ καὶ παλαιά
15 17 εἰς ἀφεδρῶνα ἐκβάλλεται[c]
21 12 ἐξέβαλεν – τοὺς πωλοῦντας ‖ Mar 11 15 Luc 19 45 Joh 2 15 τὰ πρόβατα
– 39 ἐξέβαλον ἔξω τοῦ ἀμπελῶνος καὶ ἀπέκτειναν ‖ Mar 12 8 Luc 20 12. 15
22 13 ἐκβάλετε[d] αὐτὸν εἰς τὸ σκότος τὸ ἐξώτερον 25 30 τὸν ἀχρεῖον δοῦλον
Mar 1 12 τὸ πνεῦμα αὐτὸν ἐκβάλλει[b] εἰς τὴν ἔρημον – 43 ἐξέβαλεν αὐτὸν
9 47 ἔκβαλε αὐτόν (sc τὸν ὀφθαλμόν)
Luc 4 29 ἐξέβαλον αὐτὸν ἔξω τῆς πόλεως
6 22 ὅταν – ὀνειδίσωσιν καὶ ἐκβάλωσιν τὸ ὄνομα ὑμῶν ὡς πονηρόν
10 35 ἐκβαλὼν[e] ἔδωκεν δύο δηνάρια
Joh 6 37 τὸν ἐρχόμενον πρός με οὐ μὴ ἐκβάλω
9 34 καὶ ἐξέβαλον αὐτὸν ἔξω 35   ‖ἔξω
10 4 ὅταν τὰ ἴδια πάντα ἐκβάλῃ[c]
12 31 νῦν ὁ ἄρχων τοῦ κόσμου τούτου ἐκβληθήσεται ἔξω
Act 7 58 ἐκβαλόντες ἔξω τῆς πόλεως ἐλιθοβόλουν 13 50 16 37 νῦν λάθρα ἡμᾶς ἐκβάλλουσιν; – 27 38[f] τὸν σῖτον
Gal 4 30 „ἔκβαλε τὴν παιδίσκην καὶ τὸν υἱόν"
Jac 2 25 ἑτέρᾳ ὁδῷ ἐκβαλοῦσα (sc Ῥαάβ)
3 Jo 10 ἐκ τῆς ἐκκλησίας ἐκβάλλει
Ap 11 2 τὴν αὐλὴν – ἔκβαλε ἔξωθεν

ἔκβασις [a]proventus [b]exitus
1 Co 10 13 ποιήσει σὺν τῷ πειρασμῷ καὶ τὴν ἔκβασιν[a] τοῦ δύνασθαι ὑπενεγκεῖν
Hb 13 7 τῶν ἡγουμένων –, ὧν ἀναθεωροῦντες τὴν ἔκβασιν[b] τῆς ἀναστροφῆς

ἐκβολή iactus Act 27 18 ἐκβολὴν ἐποιοῦντο

ἔκγονα nepotes 1 Ti 5 4 εἰ – χήρα – ἔ. ἔχει

ἐκδαπανᾶσθαι S° → δαπανᾶν 2 Co 12 15

ἐκδέχεσθαι expectare (Joh 53 vl πλῆθος – ἐκδεχομένων τὴν τοῦ ὕδατος κίνησιν vg)
Act 17 16 ἐκδεχομένου αὐτοὺς τοῦ Παύλου
1 Co 11 33 συνερχόμενοι – ἀλλήλους ἐ..σθε – 16 11
Hb 10 13 11 10 τὴν – θεμελίους ἔχουσαν πόλιν
Jac 5 7 γεωργὸς ἐ..εται τὸν τίμιον καρπόν

ἔκδηλος manifestus 2 Ti 3 9 ἡ – ἄνοια

ἐκδημεῖν S° – [a]peregrinari [b]abesse
2 Co 5 6 ἐ..οῦμεν[a] (vl ἀπoδ.) ἀπὸ τοῦ κυρίου – 8 εὐδοκοῦμεν – μᾶλλον ἐ..ῆσαι[a] ἐκ (a) τοῦ σώματος 9 εἴτε ἐνδημοῦντες εἴτε ἐ..οῦντες[b] (absentes – praesentes)

ἐκδίδοσθαι locare Mat 21 33 ἐξέδετο αὐτὸν γεωργοῖς 41 ‖ Mar 12 1 Luc 20 9

ἐκδιηγεῖσθαι [a]enarrare [b]narrare
Act 13 41[a] 15 3[b] τὴν ἐπιστροφὴν τῶν ἐθνῶν

ἐκδικεῖν vindicare [b]defendere [c]ulcisci
Luc 18 3 ἐ..ησόν με ἀπὸ τοῦ ἀντιδίκου μου 5
Rm 12 19 μὴ ἑαυτοὺς ἐκδικοῦντες[b]
2 Co 10 6 ἐκδικῆσαι[c] πᾶσαν παρακοήν
Ap 6 10 „ἕως πότε" – οὐ „χρίνεις καὶ ἐκδικεῖς τὸ αἷμα" ἡμῶν ἐκ –; 19 2 „ἐξεδίκησεν τὸ αἷμα τῶν δούλων" αὐτοῦ „ἐκ χειρὸς" αὐτῆς (sc τῆς πόρνης)

ἐκδίκησις vindicta [b]ultio
Luc 18 7 οὐ μὴ ποιήσῃ τὴν ἐκδίκ. τῶν ἐκλεκτῶν –; 8 ποιήσει τὴν ἐκδ. – ἐν τάχει
21 22 „ἡμέραι ἐκδικήσεως[b]" αὗταί εἰσιν
Act 7 24 ἐποίησεν ἐ..ιν[b] τῷ καταπονουμένῳ
Rm 12 19 „ἐμοὶ ἐκδ.", ἐγὼ „ἀνταποδ." Hb 10 30
2 Co 7 11 πόσην κατειργάσατο ὑμῖν – ἐκδίκησιν
2 Th 1 8 „διδόντος ἐ..ιν τοῖς μὴ" εἰδόσιν θεόν"
1 Pe 2 14 πεμπομένοις εἰς ἐκδίκησιν κακοποιῶν

ἔκδικος vindex Rm 13 4 ἔκδ. (sc ἡ ἐξουσία) εἰς ὀργὴν τῷ τὸ κακὸν πράσσοντι
1 Th 4 6 „ἔκδικος κύριος" περὶ πάντων τούτων

ἐκδιώκειν persequi 1 Th 2 15 ἡμᾶς

ἔκδοτος traditus Act 2 23 βουλῇ – θεοῦ

ἐκδοχή S° – expectatio Hb 10 27 κρίσεως

ἐκδύειν, ..εσθαι exuere ᵇdespoliare ᶜexpoliari Mat 27₂₈ ('Ιησοῦν) 31 ‖ Mar 15₂₀ – Luc 10₃₀ᵇ – 2Co 5₃.₄ ἐφ' ᾧ οὐ θέλομεν ἐκδύσασθαι ᶜ ἀλλ' ἐπενδύσασθαι

ἐκζητεῖν inquirere ᵇrequirere ᶜexquirere
Luc 11₅₀ ἵνα ἐκζητηθῇ τὸ αἷμα – τῶν προφητῶν – ἀπὸ τῆς γενεᾶς ταύτης 51ᵇ
Act 15₁₇ „ὅπως ἂν ἐκ..ήσωσιν ᵇ – τὸν κύριον"
Rm 3₁₁ „οὐκ ἔστιν ὁ ἐκζητῶν ᵇ τὸν θεόν"
Hb 11.₆ τοῖς ἐκ..οῦσιν αὐτὸν μισθαποδότης γίν. 12₁₇ καίπερ μετὰ δακρύων ἐκζητήσας αὐτήν (sc τὴν μετάνοιαν)
1 Pe 1₁₀ περὶ ἧς σωτηρίας ἐξεζήτησαν ᶜ καὶ ἐξηραύνησαν (scrutati sunt) προφῆται

ἐκζήτησις Sº – quaestio 1 Ti 1₄ ἐκζητήσεις

ἐκθαμβεῖσθαι ᵃstupefieri ᵇpavēre ᶜobstupescere (vl .stipescere) ᵈexpavescere
Mar 9₁₅ᵃ 14₃₃ ἤρξατο ἐκθ.ᵇ 16₅ᶜ.₆ μὴ ἐκθ.ᵈ

ἔκθαμβος Sº – stupens Act 3₁₁ ὁ λαός

ἐκθαυμάζειν mirari Mar 12₁₇ ἐπ' αὐτῷ

ἔκθετον ποιεῖν Sº – exponere Act 7₁₉ βρέφη

ἐκκαθαίρειν ᵃexpurgare ᵇemundare
1 Co 5 7ᵃ τὴν παλαιὰν ζύμην 2 Ti 2₂₁ᵇ ἑαυτόν

ἐκκαίεσθαι exardescere
Rm 1₂₇ ἐξεκαύθησαν ἐν τῇ ὀρέξει αὐτῶν

ἐκκεντεῖν ᵃtransfigere ᵇpungere
Joh 19₃₇ „ὄψονται εἰς ὃν ἐξεκέντησαν ᵃ" Ap 1₇ οἵτινες αὐτὸν „ἐξεκέντησαν ᵇ"

ἐκκλᾶσθαι frangi Rm 11₁₇.₁₉.₂₀

ἐκκλείειν excludere Rm 3₂₇ ποῦ – ἡ καύχησις; ἐξεκλείσθη – Gal 4₁₇ ἐκκλεῖσαι ὑμᾶς θέλουσιν, ἵνα αὐτοὺς ζηλοῦτε

ἐκκλησία ecclesia
Mat 16₁₈ οἰκοδομήσω μου τὴν ἐκ., καὶ πύλαι
18₁₇ ἐὰν – παρακούσῃ αὐτῶν, εἰπὲ τῇ ἐκ.'
ἐὰν δὲ καὶ τῆς ἐκκλησίας παρακούσῃ
Act 5₁₁ φόβος μέγας ἐφ' ὅλην τὴν ἐκκλησίαν
7₃₈ ὁ γενόμενος ἐν τῇ ἐκ. ἐν τῇ ἐρήμῳ
8 1 διωγμὸς – ἐπὶ τὴν ἐκ. τὴν ἐν Ἱεροσ.
3 Σαῦλος – ἐλυμαίνετο τὴν ἐκκλησίαν
9₃₁ ἡ – ἐκ. – εἶχεν εἰρήνην οἰκοδομουμένη

Act 11₂₂ ἠκούσθη – εἰς τὰ ὦτα τῆς ἐκ. – ἐν Ἱερουσαλήμ 12 1 κακῶσαί τινας τῶν ἀπὸ τῆς ἐκ. 5 προσευχὴ – ὑπὸ τῆς ἐκ.ίας
– 26 συναχθῆναι ἐν τῇ ἐκ. (Antiochiae)
13 1 κατὰ τὴν οὖσαν ἐκ. προφῆται
14₂₃ κατ' ἐκκλησίαν πρεσβυτέρους
– 27 συναγαγόντες τὴν ἐκ. (Antiochiae)
15 3 προπεμφθέντες ὑπὸ τῆς ἐκ. (Ant.)
– 4 παρεδέχθησαν ἀπὸ τῆς ἐκ. (Ieros.)
– 22 ἔδοξε – τοῖς πρεσβυτ. σὺν ὅλῃ τῇ ἐκ.
– 41 [τὴν] Κιλικίαν ἐπιστηρίζων τὰς ἐκ.
16 5 αἱ – ἐκκλησίαι ἐστερεοῦντο τῇ πίστει
18₂₂ ἀσπασάμενος τὴν ἐκκλησίαν (Ieros.)
19₃₂ ἡ γὰρ ἡ ἐκ. συγκεχυμένη 39 ἐν τῇ ἐννόμῳ ἐκκλησίᾳ ἐπιλυθήσεται 40 ἀπέλυσεν τὴν ἐκκλησίαν
20₁₇ μετεκαλέσατο τοὺς πρεσβυτ. τῆς ἐκ.
– 28 ποιμαίνειν „τὴν ἐκ. τοῦ θεοῦ", ἥν ἐκ.
Rm 16 1 οὖσαν [καὶ] διάκονον τῆς ἐκ.
– 4 οἷς – ἐγὼ – εὐχαριστῶ – καὶ πᾶσαι αἱ ἐκ. τῶν ἐθνῶν 5 ἀσπάσασθε – καὶ τὴν κατ' οἶκον αὐτῶν ἐκ. 1 Co 16₁₉ σὺν τῇ κατ' οἶκον αὐτ. ἐκ. Col 4₁₅ Phm 2
– 16 ἀσπάζονται ὑμᾶς αἱ ἐκ. πᾶσαι τοῦ Χοῦ 23 ὁ ξένος μου καὶ ὅλης τῆς ἐκ.
1 Co 1 2 τῇ ἐκ. τοῦ θεοῦ τῇ οὔσῃ ἐν Κορίνθῳ 2 Co 1 1 σὺν τοῖς ἁγίοις – ἐν – Ἀχαΐᾳ
4₁₇ καθὼς – ἐν πάσῃ ἐκ.ίᾳ διδάσκω 7₁₇
6 4 τοὺς ἐξουθενημένους ἐν τῇ ἐκ., τούτους καθίζετε (vg + ad iudicandum);
10₃₂ ἀπρόσκοποι – γίνεσθε – τῇ ἐκ. τ. θεοῦ
11₁₆ ἡμεῖς τοιαύτην συνήθειαν οὐκ ἔχομεν, οὐδὲ αἱ ἐκκλησίαι τοῦ θεοῦ
– 18 συνερχομένων ὑμῶν ἐν ἐκκλησίᾳ
– 22 τῆς ἐκκλ. τοῦ θεοῦ καταφρονεῖτε –;
12₂₈ ἔθετο ὁ θεὸς ἐν τῇ ἐκ. – ἀποστόλους
14 4 ὁ – προφητεύων ἐκ..ίαν οἰκοδομεῖ 5 ἵνα ἡ ἐκκλ. οἰκοδομὴν λάβῃ 12 πρὸς τὴν οἰκοδομὴν τῆς ἐκκλ. ζητεῖτε ἵνα περισσεύητε 19 ἐν ἐκκλησίᾳ θέλω πέντε λόγους τῷ νοΐ μου λαλῆσαι
– 23 ἐὰν οὖν συνέλθῃ ἡ ἐκκλ. ὅλη ἐπὶ τὸ αὐτὸ 28 ἐὰν δὲ μὴ ᾖ διερμηνευτής, σιγάτω ἐν ἐκκλησίᾳ, ἑαυτῷ – λαλείτω
– 33 ὡς ἐν πάσαις ταῖς ἐκ.ίαις τῶν ἁγίων
– 34 αἱ γυναῖκες ἐν ταῖς ἐκκλ. σιγάτωσαν
– 35 αἰσχρὸν – γυναικὶ λαλεῖν ἐν ἐκκλησίᾳ
15 9 διότι ἐδίωξα τὴν ἐκ. τοῦ θεοῦ Gal 1₁₃ καθ' ὑπερβολὴν ἐδίωκον τὴν ἐκ.
Phl 3₆ κατὰ ζῆλος διώκων τὴν ἐκ.
16 1 ὥσπερ διέταξα ταῖς ἐκ. τῆς Γαλατίας
– 19 ἀσπάζονται ὑμᾶς αἱ ἐκ. τῆς Ἀσίας

2 Co 8 1 τὴν χάριν τοῦ θεοῦ τὴν δεδομένην
ἐν ταῖς ἐκκλησίαις τῆς Μακεδονίας
– 18 τὸν ἀδελφὸν οὗ ὁ ἔπαινος – διὰ πα-
σῶν τῶν ἐκκλ. 19 χειροτονηθεὶς ὑπὸ
τῶν ἐκκλ. συνέκδημος 23 ἀπόστολοι
ἐκκλησιῶν 24 εἰς πρόσωπον τῶν ἐκκλ.
11 8 ἄλλας ἐκκλησίας ἐσύλησα λαβὼν ὀψ.
– 28 ἡ μέριμνα πασῶν τῶν ἐκκλησιῶν
12 13 τί – ἡσσώθητε ὑπὲρ τὰς λοιπὰς ἐκ. –;
Gal 1 2 ταῖς ἐκ. τῆς Γαλατ. – 1 13 → 1 Co 15 9
– 22 ἤμην – ἀγνοούμενος – ταῖς ἐκκλησίαις
τῆς Ἰουδαίας ταῖς ἐν Χῷ
Eph 1 22 αὐτὸν ἔδωκεν κεφαλὴν – τῇ ἐκκλησίᾳ
5 23 ὡς – ὁ Χὸς κεφαλὴ τῆς ἐκκλησίας
Col 1 18 αὐτός ἐστιν ἡ κεφ. τοῦ σώ-
ματος, τῆς ἐκκλησίας 24 ὑπὲρ τοῦ
σώματος αὐτοῦ, ὅ ἐστιν ἡ ἐκκλησία
3 10 ἵνα γνωρισθῇ – διὰ τῆς ἐκκλησίας ἡ
πολυποίκιλος σοφία τοῦ θεοῦ
– 21 αὐτῷ ἡ δόξα ἐν τῇ ἐκ..ίᾳ καὶ ἐν Χῷ
5 24 ὡς ἡ ἐκ. ὑποτάσσεται τῷ Χῷ 25 καθ-
ὼς καὶ ὁ Χὸς ἠγάπησεν τὴν ἐκ..ίαν
καὶ ἑαυτὸν παρέδωκεν ὑπὲρ αὐτῆς
– 27 ἵνα παραστήσῃ – ἑαυτῷ ἔνδοξον τὴν
ἐκ. 29 καθὼς – ὁ Χὸς (sc θάλπει) τὴν
ἐκ. 32 τὸ μυστήριον – μέγα –, ἐγὼ δὲ
λέγω εἰς Χὸν καὶ εἰς τὴν ἐκκλησίαν
Phl 4 15 οὐδεμία μοι ἐκκλησία ἐκοινώνησεν
3 6 → 1 Co 15 9 – Col 4 15 → Rm 16 4
Col 4 16 ἵνα καὶ ἐν τῇ Λαοδ. ἐκ. ἀναγνωσθῇ
1 Th 1 1 τῇ ἐκκλησίᾳ Θεσσαλονικέων ἐν θεῷ
πατρὶ καὶ κυρίῳ Ἰησοῦ Χῷ 2 Th 1 1
2 14 μιμηταὶ ἐγενήθητε – τῶν ἐκ. τοῦ θεοῦ
τῶν οὐσῶν ἐν τῇ Ἰουδαίᾳ ἐν Χῷ
2 Th 1 4 ἐγκαυχᾶσθαι ἐν ταῖς ἐκκλ. τοῦ θεοῦ
1 Ti 3 5 πῶς ἐκκλησίας θεοῦ ἐπιμελήσεται;
– 15 ἥτις ἐστὶν ἐκκλ. θεοῦ ζῶντος, στῦλος
5 16 μὴ βαρείσθω ἡ ἐκ. – Phm 2 → Rm 16 4
Hb 2 12 „ἐν μέσῳ ἐκκλησίας ὑμνήσω σε"
12 23 προσεληλύθατε – ἐκ..ίᾳ πρωτοτόκων
Jac 5 14 προσκαλεσάσθω τοὺς πρεσβ. τῆς ἐκ.
3 Jo 6 ἐμαρτύρησάν σου τῇ ἀγάπῃ ἐνώπιον
ἐκκλησίας 9 ἔγραψά τι τῇ ἐκ. 10 τοὺς
βουλομένους – ἐκ τῆς ἐκκλ. ἐκβάλλει
Ap 1 4 ταῖς ἑπτὰ ἐκ..ίαις ταῖς ἐν τῇ Ἀσίᾳ 11
– 20 ἄγγελοι τῶν ἑπτὰ ἐκκλ. εἰσιν, καὶ αἱ
λυχνίαι αἱ ἑπτὰ ἑπτὰ ἐκκλησίαι εἰσίν
2 1 τῷ ἀγγέλῳ τῆς ἐν Ἐφ. ἐκ. γράψον·
8 ἐν Σμύρ. 12 ἐν Περγ. 18 ἐν Θυατ.
31 ἐν Σάρδ. 7 ἐν Φιλαδ. 14 ἐν Λαοδ.
– 7 ἀκουσάτω τί τὸ πνεῦμα λέγει ταῖς
ἐκκλησίαις 11. 17. 29 36. 13. 22

Ap 2 23 γνώσονται πᾶσαι αἱ ἐκκλησίαι ὅτι ἐγώ
22 16 μαρτυρῆσαι ὑμῖν ταῦτα ἐπὶ ταῖς ἐκ.

ἐκκλίνειν declinare Rm 3 12 „πάντες ἐξέκλι-
ναν" 16 17 ἐκκλίνετε ἀπ᾽ αὐτῶν – 1 Pe 3 11
„ἐ..άτω – ἀπὸ κακοῦ καὶ ποιησάτω ἀγαθ."

ἐκκολυμβᾶν S° – enatare Act 27 42

ἐκκομίζειν S° – efferre Luc 7 12

ἐκκόπτειν excidere ᵇsuccidere ᶜabscidere
(..ind.) ᵈamputare
Mat 3 10 ἐκκόπτεται κ. εἰς πῦρ βάλλεται 7 19 ‖
Luc 3 9 – 13 7 ἔκκοψον^b [οὖν] αὐτήν 9^b
5 30 εἰ ἡ δεξιά σου – σκανδαλίζει σε, ἔκ-
κοψον^c αὐτήν 18 8 ἢ ὁ πούς σου^c
Rm 11 22 ἐπεὶ καὶ σὺ ἐκκοπήσῃ 24 εἰ – ἐκ τῆς
κατὰ φύσιν ἐξεκόπης ἀγριελαίου
2 Co 11 12 ἵνα ἐκκόψω^d τὴν ἀφορμὴν τῶν θελόντ.

ἐκκρεμάσθαι suspensum esse Luc 19 48 ὁ
λαὸς – ἅπας ἐξεκρέματο αὐτοῦ ἀκούων

ἐκλαλεῖν loqui Act 23 22 μηδενὶ ἐκλαλῆσαι

ἐκλάμπειν fulgēre Mat 13 43 „δίκαιοι ἐκλάμψ."

ἐκλανθάνεσθαι S° – oblivisci
Hb 12 5 ἐκλέλησθε τῆς παρακλήσεως, ἥτις

ἐκλέγεσθαι eligere
Mar 13 20 διὰ τοὺς ἐκλεκτοὺς οὓς ἐξελέξατο
Luc 6 13 ἐκλεξάμενος – δώδεκα Act 1 2
9 35 „ὁ υἱός μου ὁ ἐκλελεγμένος (vl ἀγα-
πητός vg dilectus), αὐτοῦ ἀκούετε"
10 42 τὴν ἀγαθὴν μερίδα ἐξελέξατο
14 7 πῶς τὰς πρωτοκλισίας ἐξελέγοντο
Joh 6 70 οὐκ ἐγὼ ὑμᾶς τοὺς δώδεκα ἐξελε-
ξάμην; 13 18 οἶδα τίνας ἐξελεξάμην
15 16 οὐχ ὑμεῖς με ἐξελέξασθε, ἀλλ᾽ ἐγὼ
ἐξελεξάμην ὑμᾶς 19 ἐκ τοῦ κόσμου
Act 1 24 ἀνάδειξον ὃν ἐξελέξω ἐκ τούτων
6 5 ἐξελέξαντο Στέφανον, – καὶ Φίλιππ.
13 17 ἐξελέξατο τοὺς πατέρας ἡμῶν
15 7 ἐξελέξατο ὁ θεὸς διὰ τοῦ στόματός
μου ἀκοῦσαι τὰ ἔθνη τὸν λόγον
– 22 ἔδοξε – ἐκλεξαμένους ἄνδρας ἐξ αὐ-
τῶν πέμψαι εἰς Ἀντιόχειαν 25
1 Co 1 27 τὰ μωρὰ τοῦ κόσμου ἐξελέξατο ὁ
θεός –, τὰ ἀσθενῆ – 28 τὰ ἀγενῆ
Eph 1 4 καθὼς ἐξελέξατο ἡμᾶς ἐν αὐτῷ
Jac 2 5 οὐχ ὁ θεὸς ἐξελέξατο τ. πτωχούς –;

ἐκλείπειν *deficere*
Luc 16 9 ἵνα ὅταν ἐκλίπῃ (sc ὁ μαμωνᾶς) –
23 45 τοῦ ἡλίου ἐκλιπόντος (vl καὶ
ἐσκοτίσθη ὁ ἥλιος vg *et obscuratus
est sol*)
22 32 ἵνα μὴ ἐκλίπῃ ἡ πίστις σου
Hb 1 12 „τὰ ἔτη σου οὐκ ἐκλείψουσιν"

ἐκλεκτός *electus*
Mat 22 14 πολλοὶ – κλητοί, ὀλίγοι δὲ ἐκλεκτοί
24 22 διὰ – τοὺς ἐκλεκτοὺς κολοβωθήσον-
ται αἱ ἡμέραι 24 πλανῆσαι – καὶ τοὺς
ἐκλεκτοὺς 31 ἐπισυνάξουσιν τοὺς ἐκ-
λεκτοὺς αὐτοῦ || Mar 13 20.22.27
Luc 18 7 τὴν ἐκδίκησιν τῶν ἐκλεκτῶν αὐτοῦ –;
23 35 ὁ χριστὸς τοῦ θ. ὁ ἐκλ. (vl Joh 1 34)
Rm 8 33 τίς ἐγκαλέσει κατὰ ἐκλεκτῶν θεοῦ;
16 13 Ῥοῦφον τὸν ἐκλεκτὸν ἐν κυρίῳ
Col 3 12 ἐνδύσασθε –, ὡς ἐ..οἱ τοῦ θεοῦ ἅγιοι
1 Ti 5 21 ἐνώπιον – τῶν ἐκλεκτῶν ἀγγέλων
2 Ti 2 10 πάντα ὑπομένω διὰ τοὺς ἐκλεκτοὺς
Tit 1 1 κατὰ πίστιν ἐκλεκτῶν θεοῦ
1 Pe 1 1 ἐκλεκτοῖς παρεπιδήμοις διασπορᾶς
2 4 „λίθον" –, – παρὰ δὲ θεῷ „ἐκλεκτὸν
ἔντιμον" 6 „ἐν Σιὼν λίθον – ἐκλεκτ."
– 9 ὑμεῖς δὲ „γένος ἐ..όν, βασίλειον ἱερ."
2 Jo 1 ἐκλεκτῇ (vg *El.* vl *el.*) κυρίᾳ (*domi-
nae*) 13 τῆς ἀδελφῆς σου τῆς ἐκλε-
κτῆς (vg *El.* vl *el.*)
Ap 17 14 οἱ μετ' αὐτοῦ κλητοὶ καὶ ἐκλεκτοί

ἐκλογή *electio*
Act 9 15 ὅτι σκεῦος ἐκλογῆς ἐστίν μοι οὗτος
Rm 9 11 ἡ κατ' ἐκλογὴν πρόθεσις τοῦ θεοῦ
11 5 λεῖμμα κατ' ἐκλογὴν χάριτος γέγονεν
– 7 ὃ ἐπιζητεῖ Ἰσραήλ, – οὐκ ἐπέτυχεν,
ἡ δὲ ἐκλογὴ ἐπέτυχεν 28 κατὰ – τὴν
ἐκλογὴν ἀγαπητοὶ διὰ τοὺς πατέρας
1 Th 1 4 εἰδότες – τὴν ἐκλογὴν ὑμῶν, ὅτι
2 Pe 1 10 σπουδάσατε βεβαίαν ὑμῶν τὴν κλῆ-
σιν καὶ ἐκλογὴν ποιεῖσθαι

ἐκλύεσθαι *deficere* ᵇ*fatigari*
Mat 15 32 μήποτε ἐκλυθῶσιν ἐν τῇ ὁδῷ || Mar 8 3
Gal 6 9 καιρῷ – ἰδίῳ θερίσομεν μὴ ἐ..όμενοι
Hb 12 3 μὴ κάμητε ταῖς ψυχαῖς – ἐκλυόμενοι
– 5 „μηδὲ ἐκλύου ᵇ – ἐλεγχόμενος"

ἐκμάσσειν ᵃ*tergere* ᵇ*extergere*
Luc 7 38ᵃ ταῖς θριξὶν 44ᵃ Joh 11 2ᵇ 12 3ᵇ
Joh 13 5ᵇ τῷ λεντίῳ ᾧ ἦν διεζωσμένος

ἐκμυκτηρίζειν *deridēre* Luc 16 14 23 35

ἐκνεύειν *declinare* Joh 5 13 Ἰησοῦς ἐξένευσεν

ἐκνήφειν *evigilare* 1 Co 15 34 δικαίως

ἐκούσιος *voluntarius* Phm 14 κατὰ ἑκούσιον

ἑκουσίως ᵃ*voluntarie* ᵇ*spontanee*
Hb 10 26 ἑκουσίως ᵃ γὰρ ἁμαρτανόντων ἡμῶν
1 Pe 5 2 μὴ ἀναγκαστῶς ἀλλὰ ἑ.ᵇ κατὰ θεόν

ἔκπαλαι Sᵒ – *iam olim* 2 Pe 2 3, *prius* 3 5

ἐκπειράζειν *tentare*
Mat 4 7 „οὐκ ἐκπειράσεις κύριον" || Luc 4 12
Luc 10 25 ἀνέστη ἐκπειράζων αὐτόν (Jesum)
1 Co 10 9 μηδὲ ἐκ..ζωμεν τὸν Χόν (vl κύριον)

ἐκπέμπειν *mittere* Act 13 4, *dimittere* 17 10

ἐκπερισσῶς Sᵒ – *amplius* Mar 14 31 ἐλάλει

ἐκπετανvύναι *expandere* Rm 10 21 χεῖρας

ἐκπηδᾶν *exilire* Act 14 14 εἰς τὸν ὄχλον

ἐκπίπτειν *excidere* ᵇ*incidere* ᶜ*decidere*
ᵈ*cadere* *e devenire*
Act 12 7ᵈ 27 17ᵇ 26ᵉ 29ᵇ 32
Rm 9 6 οὐχ – ὅτι ἐκπέπτωκεν ὁ λόγος τοῦ
Gal 5 4 τῆς χάριτος ἐξεπέσατε |θεοῦ
Jac 1 11 „τὸ ἄνθος – ἐξέπεσεν ᶜ" 1 Pe 1 24ᶜ
2 Pe 3 17 ἵνα μὴ – ἐκπέσητε τοῦ ἰδίου στηριγμοῦ

ἐκπλεῖν Sᵒ – *navigare*
Act 15 39 (vl ἔπλευσεν) 18 18 (vl ἔπλευσεν) 20 6

ἐκπληροῦν *adimplēre* Act 13 33 ἐπαγγελίαν

ἐκπλήρωσις *expletio* Act 21 26 ἡμερῶν

ἐκπλήσσεσθαι *admirari* (vl *ammirari*)
ᵇ*mirari* ᶜ*stupēre*
Mat 7 28 ἐξεπλήσσοντο – ἐπὶ τῇ διδαχῇ αὐτοῦ
|| Mar 1 22ᶜ Luc 4 32ᶜ – Mat 22 33ᵇ Mar
11 18 – Mat 13 54 ἐδίδασκεν – ὥστε ἐκπλ.ᵇ
αὐτούς || Mar 6 2 – Mat 19 25 οἱ μαθη-
ταὶ ἐξεπλήσσοντο ᵇ σφόδρα || Mar 10 26
περισσῶς – 7 37 ὑπερπερισσῶς
Luc 2 48 ἰδόντες αὐτὸν ἐξεπλάγησαν
9 43 ἐξεπλήσσοντο ᶜ – ἐπὶ τῇ μεγαλειότητι
Act 13 12 ἐκ..όμενος ἐπὶ τῇ διδαχῇ τοῦ κυρίου

ἐκπνεῖν Sᵒ – *expirare*
Mar 15 37 Ἰησοῦς – ἐξέπνευσεν 39 || Luc 23 46

ἐκπορεύεσθαι procedere [b]exire [c]egredi
[d]divulgari [e]eiici [f]proficisci
Mat 3 5[b] ‖ Mar 1 5[c] ἡ 'Ιουδαία χώρα Luc 37[b]
4 4 „ἐπὶ παντὶ ῥήματι ἐκπορευομένῳ διὰ
στόματος θεοῦ"
15 11 τὸ ἐ..όμενον ἐκ τοῦ στόματος – κοι-
νοῖ 18 τὰ δὲ ἐκπ. ἐκ τοῦ στόματος ἐκ
τῆς καρδίας ἐξέρχεται ‖ Mar 7 15 τὰ
ἐκ τοῦ ἀνθρ. ἐ..όμενά ἐστιν τὰ κοι-
νοῦντα 19 εἰς τὸν ἀφεδρῶνα ἐκπο-
ρεύεται[b] 20 τὸ ἐκ τοῦ ἀνθρ. ἐ..όμε-
νον[b] – χοινοῖ 21 ἔσωθεν – οἱ διαλο-
γισμοὶ οἱ κακοὶ ἐκπορεύονται 23
ταῦτα τὰ πονηρὰ ἔσωθεν ἐκπορεύεται
καὶ χοινοῖ
(17 21 vl τοῦτο – τ. γένος οὐκ ἐ..εται[e] εἰ μή)
20 29 ἐ..ομένων[c] – ἀπὸ 'Ιεριχώ ‖ Mar 10 46[f]
Mar 6 11 ἐκπορευόμενοι[b] – ἐκτινάξατε – 10 17[c]
11 19[c] ἔξω τ. πόλεως 13 1[c] ἐκ τ. ἱεροῦ
Luc 4 22 ἐπὶ τοῖς λόγοις τῆς χάριτος τοῖς ἐκ-
πορευομένοις ἐκ τοῦ στόματος αὐτοῦ
– 37 ἐξεπορεύετο[d] ἦχος περὶ αὐτοῦ
Joh 5 29 ἐκπορεύονται – εἰς ἀνάστασιν ζωῆς,
– εἰς ἀνάστασιν κρίσεως
15 26 τὸ πνεῦμα τῆς ἀληθείας ὃ παρὰ τοῦ
πατρὸς ἐκπορεύεται
Act 9 28[b] εἰς 'Ιερουσαλήμ – 19 12 τά τε πνεύ-
ματα τὰ πονηρὰ ἐ..εσθαι[c] – 25 4[f]
Eph 4 29 πᾶς λόγος σαπρὸς ἐκ τοῦ στόματος
ὑμῶν μὴ ἐκπορευέσθω, ἀλλὰ εἴ τις
Ap 1 16 ἐκ τοῦ στόματος αὐτοῦ ῥομφαία δί-
στομος – ἐκπορευομένη[b] 19 15 ῥ. ὀξεῖα
4 5 „ἐκπορεύονται ἀστραπαὶ καὶ φωναί"
9 17 ἐκ τῶν στομάτων – ἐκπ. πῦρ 18 11 5[b]
16 14 πνεύματα δαιμονίων –, ἃ ἐκπορεύεται
ἐπὶ τοὺς βασιλεῖς τῆς οἰκουμένης
22 1 „ποταμὸν ὕδατος ζωῆς –, ἐκπορευ-
όμενον" ἐκ τοῦ θρόνου τοῦ θεοῦ

ἐκπορνεύειν exfornicari Jud 7 ὡς Σόδομα

ἐκπτύειν S[o] – respuere Gal 4 14

ἐκριζοῦν, ..οῦσθαι eradicare, ..ri
Mat 13 29 15 13 Luc 17 6 ἐκριζώθητι Jud 12

ἔκστασις stupor [b]stupor mentis [c]excessus
mentis [d]extasis [e]pavor
Mar 5 42 ἐξέστησαν [εὐθὺς] ἐκστάσει μεγάλη
16 8 εἶχεν – αὐτὰς τρόμος καὶ ἔκστασις[e]
Luc 5 26 ἔκστασις ἔλαβεν ἅπαντας
Act 3 10 ἐπλήσθησαν θάμβους καὶ ἐκστάσεως[d]

Act 10 10 ἐγένετο ἐπ' αὐτὸν ἔκστ.[c] 11 5 εἶδον
ἐν ἐ..ει[c] ὅραμα, καταβαῖνον σκεῦος
22 17 ἐγένετο – γενέσθαι με ἐν ἐκστάσει[b]

ἐκστρέφεσθαι (pass) subverti Tit 3 11 εἰδώς
ὅτι ἐξέστραπται ὁ τοιοῦτος (se αἱρετικός)

ἐκταράσσειν conturbare Act 16 20 πόλιν

ἐκτείνειν extendere
Mat 8 3 ἐ..ας τὴν χεῖρα ἥψατο αὐτοῦ ‖ Mar
14 1 Luc 5 13 – Mat 14 31 ἐπελάβετο αὐ-
τοῦ – 12 49 ἐπὶ τοὺς μαθητὰς αὐτοῦ
12 13 ἔκτεινόν σου τὴν χεῖρα. καὶ ἐξέτεινεν
καὶ ἀπεκατεστάθη ‖ Mar 3 5 Luc 6 10
26 51 ἐ..ας τὴν χεῖρα ἀπέσπασεν τὴν μάχ.
Luc 22 53 οὐκ ἐξετείνατε τὰς χεῖρας ἐπ' ἐμέ
Joh 21 18 ἐκτενεῖς τὰς χεῖ. σου, κ. ἄλλος σε ζώ.
Act 4 30 ἐν τῷ τὴν χ. [σου] ἐ..ειν σε εἰς ἴασιν
καὶ σημεῖα – γίνεσθαι διὰ τοῦ ὀνόματ.
26 1 – 27 30 ἀγκύρας μελλόντων ἐκτείνειν

ἐκτελεῖν [a]perficere [b]consummare
Luc 14 29 μὴ ἰσχύοντος ἐ..έσαι[a] 30 οὐκ ἴσχυσα.[b]

ἐκτένεια vg[o] Act 26 7 ἐν ἐκτενείᾳ – λατρεῦον

ἐκτενής continuus 1 Pe 4 8 πρὸ πάντων τὴν
εἰς ἑαυτοὺς ἀγάπην ἐκτενῆ ἔχοντες

ἐκτενῶς, ἐκτενέστερον [a]attentius [b]sine
intermissione [c]prolixius
‖[Luc 22 44 γενόμ. ἐν ἀγωνίᾳ ἐ..ον[c] προσηύχετο]‖
Act 12 5 προσευχὴ – ἦν ἐ..ῶς[b] γινομένη ὑπὸ
1 Pe 1 22 ἐκ [καθαρᾶς] καρδίας – ἀγαπ. ἐ..ῶς[a]

ἐκτίθεσθαι exponere Act 7 21 (Moses)
Act 11 4 Πέτρος ἐξετίθετο αὐτοῖς – λέγων·
18 26 αὐτῷ ἐξέθεντο τὴν ὁδὸν [τοῦ θεοῦ]
28 23 οἷς ἐξετίθετο διαμαρτυρόμενος τὴν
βασιλείαν τοῦ θεοῦ

ἐκτινάσσειν, ..εσθαι excutere
Mat 10 14 τὸν κονιορτόν ‖ Mar 6 11 – Act 13 51 18 6

∗ἐκτός, τὸ ἐκτός extra [b]quod deforis est
Mat 23 26 ἵνα γένηται καὶ τὸ ἐκτός[b] – καθαρόν
1 Co 6 18 πᾶν ἁμάρτημα – ἐκτὸς τοῦ σώματος
2 Co 12 2 εἴτε ἐκτὸς τοῦ σώματος οὐκ οἶδα

ἐκτρέπεσθαι converti [b]devitare [c]errare
1 Ti 1 6 ἐξετράπησαν εἰς ματαιολογίαν

1 Ti 5 15 τινὲς ἐξετράπησαν ὀπίσω τοῦ σατανᾶ
6 20 ἐκτρεπόμενος^b τὰς – κενοφωνίας
2 Ti 4 4 ἐπὶ – τοὺς μύθους ἐκτραπήσονται
Hb 12 13 ἵνα μὴ τὸ χωλὸν ἐκτραπῇ^c, ἰαθῇ δέ

ἐκτρέφειν ^anutrire ^beducare
Eph 5 29^a τὴν ἑαυτοῦ σάρκα 64^b ἐν παιδείᾳ

ἔκτρωμα abortivum 1 Co 15 8 ὡσπερεὶ τῷ ἐ.

ἐκφέρειν efferre ^bproferre ^cauferre ^deducere
^eeiicere
Mar 8 23 (vl ἐξήγαγεν)^d Luc 15 22^b στολὴν
Act 5 6 ἐξενέγκαντες ἔθαψαν 9.10 – 15^e
1 Ti 6 7 οὐδὲ ἐξενεγκεῖν^c τι δυνάμεθα
Hb 6 8 „ἐκφέρουσα^b (sc γῆ) δὲ ἀκάνθας"

ἐκφεύγειν effugere ^bfugere
Luc 21 36 κατισχύσητε ἐκφυγεῖν^b ταῦτα πάντα
Act 16 27^b 19 16 – 2 Co 11 33 τὰς χεῖρας αὐτοῦ
Rm 2 3 ὅτι σὺ ἐκφεύξῃ τὸ κρίμα τοῦ θεοῦ;
1 Th 5 3 καὶ οὐ μὴ ἐκφύγωσιν
Hb 2 3 πῶς ἡμεῖς ἐκφευξόμεθα –;
12 25 εἰ γὰρ ἐκεῖνοι οὐκ ἐξέφυγον

ἐκφοβεῖν terrēre 2 Co 10 9 διὰ – ἐπιστολῶν

ἔκφοβος exterritus ^btimore exterritus
Mar 9 6^b Hb 12 21 „ἔκφοβός εἰμι" κ. ἔντρομος

ἐκφύειν S° – nasci (ex lectione ἐκφυῇ)
Mat 24 32 ὅταν – τὰ φύλλα ἐκφύῃ ‖ Mar 13 28
(vg nata fuerint)

ἐκχέειν, ἐκχύννειν effundere ^bfundere
^cdiffundere
Mat 9 17 ὁ οἶνος ἐκχεῖται ‖ Luc 5 37 ἐκχυθήσε.
23 35 πᾶν αἷμα δίκαιον ἐκχυννόμενον ἐπὶ
τῆς γῆς ‖ Luc 11 50 ἐκχυννόμενον
26 28 τὸ περὶ πολλῶν ἐκχυννόμενον ‖ Mar
14 24 ὑπὲρ π. Luc 22 20^b ὑπὲρ ὑμῶν
Joh 2 15 τῶν κολλυβιστῶν ἐξέχεεν τὸ κέρμα
Act 1 18 ἐξεχύθη^c – τὰ σπλάγχνα αὐτοῦ
2 17 „ἐκχεῶ ἀπὸ τοῦ πνεύμ. μου" 18.33
10 45 ὅτι καὶ ἐπὶ τὰ ἔθνη ἡ δωρεὰ τοῦ ἁ-
γίου πνεύματος ἐκκέχυται
22 20 ὅτε ἐξεχύννετο^b τὸ αἷμα Στεφάνου
Rm 3 15 „ὀξεῖς οἱ πόδες αὐτῶν ἐκχέαι αἷμα"
5 5 ἡ ἀγάπη τοῦ θεοῦ ἐκκέχυται^c ἐν
ταῖς καρδίαις ἡμῶν διὰ πνεύματος
Tit 3 6 πνεύματος ἁγίου, οὗ ἐξέχεεν ἐφ' ἡ-
μᾶς πλουσίως διὰ Ἰησοῦ Χοῦ

Jud 11 τῇ πλάνῃ τοῦ Βαλαὰμ – ἐξεχύθησαν
Ap 16 1 „ἐκχέετε" τὰς ἑπτὰ φιάλας „τοῦ θυ-
μοῦ τοῦ θεοῦ" 2. 3. 4. 8. 10. 12. 17
– 6 „αἷμα" ἁγίων καὶ προφ. „ἐξέχεαν"

ἐκχωρεῖν discedere Luc 21 21 ἐκχωρείτωσαν

ἐκψύχειν expirare Act 5 5 ἐξέψυξεν 10 12 23

ἑκών volens Rm 8 20 τῇ – ματαιότητι ἡ
κτίσις ὑπετάγη, οὐχ ἑκοῦσα
1 Co 9 17 εἰ – ἑκὼν τοῦτο πράσσω, μισθὸν ἔχω

ἐλαία oliva ^b(Mons) oliveti → ἐλαιών
Mat 21 1 εἰς τὸ ὄρος τῶν ἐλαιῶν^b (oliveti) ‖
Mar 11 1 – Mat 24 3 ἐπὶ τοῦ ὄρους τῶν
ἐλ.^b ‖ Mar 13 3 – Mat 26 30 ἐξῆλθον
εἰς τὸ ὄ. τῶν ἐλ.^b ‖ Mar 14 26 Luc 22
39 – 19 37 πρὸς τῇ καταβάσει τοῦ ὄ.
τ. ἐλ.^b [Joh 8 1 εἰς τὸ ὄρος τῶν ἐλ.^b]
Rm 11 17 συγκοινωνὸς τῆς ῥίζης τῆς πιότητος
τῆς ἐλαίας ἐγένου 24
Jac 3 12 μὴ δύναται – συκῆ ἐλαίας (vg uvas
vl olivas) ποιῆσαι –;
Ap 11 4 οὗτοί εἰσιν „αἱ δύο ἐλαῖαι"

ἔλαιον oleum
Mat 25 3. 4. 8 δότε ἡμῖν ἐκ τοῦ ἐλαίου ὑμῶν
Mar 6 13 ἤλειφον ἐλαίῳ πολλοὺς ἀρρώστους
Luc 7 46 ἐ.ῳ τὴν κεφαλήν μου οὐκ ἤλειψας
10 34 ἐπιχέων ἔλαιον καὶ οἶνον
16 6 ὁ δὲ εἶπεν· ἑκατὸν βάτους ἐλαίου
Hb 1 9 „ἔχρισέν σε – ἔλαιον ἀγαλλιάσεως"
Jac 5 14 προσευξάσθωσαν ἐπ' αὐτὸν ἀλείψαν-
τες [αὐτὸν] ἐλαίῳ ἐν τῷ ὀνόμ. τοῦ χ.
Ap 6 6 τὸ ἔλ. καὶ τ. οἶνον μὴ ἀδικήσῃς 18 13

ἐλαιών Olivetum (qui vocatur Oliveti)
Luc 19 29 πρὸς τὸ ὄρος τὸ καλούμενον Ἐλαιῶν
21 37 ηὐλίζετο εἰς τὸ –
Act 1 12 ἀπὸ ὄρους τοῦ καλουμένου Ἐλαιῶνος

Ἐλαμῖται Aelamitae (vl Elamitae) Act 2 9

ἐλάσσων, ἔλαττον (neutr. et adv.)
minor ^bdeterior ^cminus (adv.)
Joh 2 10 τίθησιν, – τὸν ἐλάσσω^b (sc οἶνον)
Rm 9 12 „ὁ μείζων δουλεύσει τῷ ἐλάσσονι"
1 Ti 5 9 χήρα – μὴ ἔλαττον^c ἐτῶν ἑξήκοντα
Hb 7 7 τὸ ἔ..ον ὑπὸ τ. χρείττονος εὐλογεῖται

ἐλαττονεῖν minorare 2 Co 8 15 „οὐκ ἠλαττ."

ἐλαττοῦν *minuere* ᵇ*minorare*
Joh 3 30 ἐμὲ δὲ (sc δεῖ) ἐλαττοῦσθαι (..*ui*)
Hb 2 7 „ἠλάττωσας αὐτὸν βραχύ τι παρ'
ἀγγέλους" 9 τὸν – „ἠλαττωμένονᵇ"

ἐλαύνειν *remigare* ᵇ*agere* ᶜ*minare*
ᵈ*exagitare* Mar 6 48 ‖ Joh 6 19
Luc 8 29 ἠλαύνετοᵇ ὑπὸ (vl ἀπὸ) τοῦ δαιμο-
νίου εἰς τὰς ἐρήμους
Jac 3 4 πλοῖα – ὑπὸ ἀνέμων – ἐλαυνόμεναᶜ
2 Pe 2 17 ὁμίχλαι ὑπὸ λαίλαπος ἐλαυνόμεναιᵈ

ἐλαφρία Sᵒ – *levitas* 2 Co 1 17 τοῦτο – βου-
λόμενος μήτι ἄρα τῇ ἐλαφρίᾳ ἐχρησάμην;

ἐλαφρός *levis*
Mat 11 30 τὸ φορτίον μου ἐλαφρόν ἐστιν
2 Co 4 17 τὸ – παραυτίκα ἐλαφρὸν τῆς θλίψεως

ἐλάχιστος, ..ιστότερος *minimus* ᵇ(εἰς ἐ..ον)
pro minimo ᶜ*minor* ᵈ*modicus*
Mat 2 6 οὐδαμῶς „ἐλαχίστη εἶ ἐν τοῖς ἡγ."
5 19 ὃς ἐὰν – λύσῃ μίαν τῶν ἐντολῶν – τῶν
ἐλαχίστων–, ἐλάχιστος κληθήσεται
25 40 ἑνὶ – τῶν ἀδελφῶν μου τῶν ἐλαχίστων
45 οὐκ – ἑνὶ τούτων τῶν ἐλαχίστωνᶜ
Luc 12 26 εἰ – οὐδὲ ἐλάχιστον δύνασθε, – ;
16 10 ὁ πιστὸς ἐν ἐ..ῳ –, καὶ ὁ ἐν ἐ..ῳᵈ
ἄδικος 19 17 ἐν ἐ..ῳᵈ πιστὸς ἐγένου
1 Co 4 3 ἐμοὶ δὲ εἰς ἐλάχιστόνᵇ ἐστιν ἵνα
6 2 ἀνάξιοί ἐστε κριτηρίων ἐλαχίστων;
15 9 ἐγὼ γάρ εἰμι ὁ ἐλ. τῶν ἀποστόλων
Eph 3 8 ἐμοὶ τῷ ἐλαχιστοτέρῳ πάντων ἁγίων
Jac 3 4 μετάγεται ὑπὸ ἐλαχίστουᵈ πηδαλίου

Ἐλεαζάρ Mat 1 15

ἐλεᾶν *misereri* → ἐλεεῖν

ἐλεγμός 2 Ti 3 16 πρὸς ἐ..όν *ad arguendum*

ἔλεγξις *correptio* 2 Pe 2 16 ἔλεγξιν – ἔσχεν

ἐλέγχειν *arguere* ᵇ*redarguere* ᶜ*corripere*
ᵈ*convincere* ᵉ*increpare*
Mat 18 15 ἔλεγξονᶜ αὐτὸν μεταξὺ σοῦ καὶ αὐ-
τοῦ μόνου Luc 3 19 ἐ..όμενοςᶜ ὑπ' αὐ-
τοῦ περὶ Ἡρῳδιάδος – καὶ περὶ – ὧν
Joh 3 20 ἵνα μὴ ἐλεγχθῇ τὰ ἔργα αὐτοῦ
8([9] vl·ὑπὸ τῆς συνειδήσεως ἐ..όμενοι)
46 τίς – ἐ..ει με περὶ ἁμαρτίας;
16 8 ἐλέγξει τὸν κόσμον περὶ ἁμαρτίας
1 Co 14 24 ἐλέγχεταιᵈ ὑπὸ πάντων, ἀνακρίνεται

Eph 5 11 μᾶλλον – ἐλέγχετεᵇ (sc τὰ ἔργα τοῦ
σκότους) 13 τὰ δὲ πάντα ἐλεγχόμενα
ὑπὸ τοῦ φωτὸς φανεροῦται
1 Ti 5 20 τοὺς ἁμαρτάνοντας ἐνώπιον πάντων
ἔλεγχε 2 Ti 4 2 ἔλεγξον, ἐπιτίμησον
Tit 1 9 δυνατὸς – τοὺς ἀντιλέγοντας ἐ..ειν
– 13 ἔλεγχεᵉ αὐτοὺς ἀποτόμως (*dure*)
2 15 ἔλεγχε μετὰ πάσης ἐπιταγῆς
Hb 12 5 „μηδὲ ἐκλύου ὑπ' αὐτοῦ ἐ..όμενος"
Jac 2 9 ἐ..όμενοιᵇ ὑπὸ τ. νόμου ὡς παραβ.
Jud 15 ἐλέγξαι πᾶσαν ψυχὴν περὶ πάντων
(22 vl ἐλέγχετε διακρινομένους 23)
Ap 3 19 ἐγὼ „ὅσους ἐὰν φιλῶ ἐλέγχω"

ἔλεγχος *argumentum*
Hb 11 1 πραγμάτων ἔλεγχος οὐ βλεπομένων

ἐλεεῖν (ἐλεᾶν) *misereri* ᵇ(pass.) *misericor-
diam consequi*
Mat 5 7 οἱ ἐλεήμονες, ὅτι αὐτοὶ ἐλεηθήσονταιᵇ
9 27 ἐλέησον ἡμᾶς 20 30.31 ‖ Mar 10 47 με
48 Luc 18 38.39 – Mat 15 22 με 17 15
μου τὸν υἱόν Luc 17 13 ἡμᾶς – 16 24
πάτερ Ἀβρ., ἐλέησόν με καὶ πέμψον
18 33 οὐκ ἔδει καὶ σὲ ἐλεῆσαι τὸν σύνδου-
λόν σου, ὡς κἀγὼ σὲ ἠλέησα;
Mar 5 19 ὅσα ὁ κύριος – ἠλέησέν σε
Rm 9 15 „ἐλεήσω ὃν ἂν ἐλεῶ" 18 ὃν θέλει
ἐλεεῖ, ὃν δὲ θέλει „σκληρύνει"
– 16 ἄρα οὖν οὐ τοῦ θέλοντος οὐδὲ τοῦ
τρέχοντος, ἀλλὰ τοῦ ἐλεῶντος θεοῦ
11 30 νῦν – ἠλεήθητεᵇ τῇ τούτων ἀπειθείᾳ
31 ἵνα καὶ αὐτοὶ [νῦν] ἐλεηθῶσινᵇ 32
ἵνα τοὺς πάντας ἐλεήσῃ
12 8 ὁ ἐλεῶν ἐν ἱλαρότητι
1 Co 7 25 ὡς ἠλεημένοςᵇ ὑπὸ κυρίου πιστὸς
εἶναι 2 Co 4 1 ἔχοντες τὴν διακονίαν
ταύτην, καθὼς ἠλεήθημενᵇ
Phl 2 27 ἀλλὰ ὁ θεὸς ἠλέησεν αὐτόν
1 Ti 1 13 ἀλλὰ ἠλεήθηνᵇ, ὅτι ἀγνοῶν 16ᵇ [τεςᵇ
1 Pe 2 10 οἱ „οὐκ ἠλεημένοιᵇ", νῦν δὲ ἐλεηθέν-
Jud 22 οὓς μὲν ἐλεᾶτε (vl ἐλέγχετε vg) δια-
κρινομένους 23 οὓς δὲ ἐλεᾶτε (vl ἐ-
λέγχετε vg *miseremini*) ἐν φόβῳ

ἐλεεινός Sᵒ – *miserabilis*
1 Co 15 19 ἐ..ότεροι πάντων ἀνθρώπων ἐσμέν
Ap 3 17 οὐκ οἶδας ὅτι σὺ εἶ ὁ – ἐλεεινός

ἐλεημοσύνη *eleemosyna* (vl *elemosyna*)
Mat 6 2 ὅταν – ποιῇς ἐλεημοσύνην 3.4 ὅπως
ᾖ σου ἡ ἐλεημοσύνη ἐν τῷ κρυπτῷ

Luc 1141 πλὴν τὰ ἐνόντα δότε ἐ..ην 1233 πω-
λήσατε τὰ ὑπάρχ. ὑμῶν καὶ δότε ἐλ.
Act   3 2 τοῦ αἰτεῖν ἐ..ην 3 ἠρώτα ἐ..ην λαβεῖν
10 ὁ πρὸς τὴν ἐ..ην καθήμενος
936 αὕτη ἦν πλήρης – ἐ..ῶν ὧν ἐποίει
10 2 ποιῶν ἐ..ας πολλὰς τῷ λαῷ 4 αἱ ἐλ.
σου ἀνέβησαν εἰς μνημόσυνον 31 ἐ-
μνήσθησαν ἐνώπιον τοῦ θεοῦ
2417 ἐ..ας ποιήσων εἰς τὸ ἔθνος μου

ἐλεήμων misericors
Mat   5 7 μακάριοι οἱ ἐλεήμονες, ὅτι αὐτοὶ
Hb   217 ἵνα ἐλ. γένηται καὶ πιστὸς ἀρχιερεύς

ἔλεος misericordia
Mat   913 „ἔλεος θέλω καὶ οὐ θυσίαν" 127
2323 ἀφήκατε τὰ βαρύτερα τοῦ νόμου, τὴν
κρίσιν καὶ τὸ ἔλεος καὶ τὴν πίστιν
Luc   150 „τὸ ἔλεος αὐτοῦ εἰς γενεὰς" 54 „μνη-
σθῆναι ἐλέους" 58 ἐμεγάλυνεν κύριος
τὸ ἔλεος αὐτοῦ μετ' αὐτῆς 72 ποιῆ-
σαι „ἔλεος μετὰ τῶν πατέρων ἡμῶν"
78 διὰ σπλάγχνα ἐλέους θεοῦ ἡμῶν
1037 ὁ ποιήσας τὸ ἔλεος μετ' αὐτοῦ
Rm   923 ἐπὶ σκεύη ἐλέους, ἃ προητοίμασεν
11 31 τῷ ὑμετέρῳ ἐλέει ἵνα – [νῦν] ἐλεηθῶσιν
15 9 ἔθνη ὑπὲρ ἐλέους δοξάσαι τὸν θεόν
Gal   616 εἰρήνη ἐπ' αὐτοὺς καὶ ἔλεος
Eph   2 4 ὁ – θεὸς πλούσιος ὢν ἐν ἐλέει
1 Ti   1 2 χάρις, ἔλεος, εἰρήνη   2 Ti 12   2 Jo 3
Jud 2 ἔλ. ὑμῖν καὶ εἰρ. – πληθυνθείη
2 Ti   116 δῴη ἔλεος ὁ κύριος τῷ 'Ονησ. οἴκῳ
– 18 εὑρεῖν ἔλεος παρὰ κυρίου ἐν – τ. ἡμέ.
Tit   3 5 κατὰ τὸ αὐτοῦ ἔλεος ἔσωσεν ἡμᾶς
Hb   416 ἵνα λάβωμεν ἔλ. καὶ χάριν εὕρωμεν
Jac   213 κρίσις ἀνέλεος τῷ μὴ ποιήσαντι ἐλ.·
κατακαυχᾶται ἔλεος κρίσεως
317 μεστὴ ἐλέους καὶ καρπῶν ἀγαθῶν
1 Pe   1 3 ὁ κατὰ τὸ πολὺ αὐτοῦ ἔλ. ἀναγενν.
Jud   21 προσδεχόμενοι τὸ ἔλεος τοῦ κυρίου
ἡμῶν 'Ιησοῦ Χοῦ εἰς ζωὴν αἰώνιον

ἐλευθερία libertas
Rm   821 εἰς τὴν ἐλευθερίαν τῆς δόξης τῶν
τέκνων τοῦ θεοῦ
1 Co 1029 ἱνατί – ἡ ἐλευθερία μου κρίνεται ὑπὸ
ἄλλης συνειδήσεως;
2 Co   317 οὗ δὲ τὸ πνεῦμα κυρίου, ἐλευθερία
Gal   2 4 παρεισῆλθον κατασκοπῆσαι τὴν ἐλευ-
θερίαν ἡμῶν ἣν ἔχομεν ἐν Χῷ
5 1 τῇ ἐλευθερίᾳ ἡμᾶς Χριστὸς ἠλευ-
θέρωσεν· στήκετε οὖν

Gal   513 ἐπ' ἐ..ίᾳ (in l..tem) ἐκλήθητε –·–
μὴ τὴν ἐλευθ. εἰς ἀφορμὴν τῇ σαρκὶ
Jac   1 25 εἰς νόμον τέλειον τὸν τῆς ἐλ. 212 ὡς
διὰ νόμου ἐ..ίας μέλλοντες κρίνεσθαι
1 Pe   216 μὴ ὡς ἐπικάλυμμα ἔχοντες τῆς κα-
κίας τὴν ἐλευθερίαν
2 Pe   219 ἐλευθερίαν αὐτοῖς ἐπαγγελλόμενοι

ἐλεύθερος liber   ᵇliberatus
Mat 1726 ἄρα γε ἐλεύθεροί εἰσιν οἱ υἱοί
Joh   833 πῶς σὺ λέγεις ὅτι ἐλεύθεροι γενή-
σεσθε; 36 ὄντως ἐλεύθεροι ἔσεσθε
Rm   620 ἐλεύθεροι ἦτε τῇ δικαιοσύνῃ
7 3 ἐ..ἐραᵇ ἐστὶν ἀπὸ τοῦ νόμου 1 Co 739
ἐλευθέραᵇ ἐστὶν ᾧ θέλει γαμηθῆναι
1 Co   721 εἰ καὶ δύνασαι ἐλεύθερος γενέσθαι
– 22 ὁ ἐλεύθ. κληθεὶς δοῦλός ἐστιν Χοῦ
9 1 οὐκ εἰμὶ ἐλεύθερος; 19 ἐλ. γὰρ ὢν ἐκ
πάντων πᾶσιν ἐμαυτὸν ἐδούλωσα
1213 εἴτε δοῦλοι εἴτε ἐλεύθεροι
Gal   328 οὐκ ἔνι δοῦλος οὐδὲ ἐλεύθερος
422 ἕνα ἐκ τῆς ἐλευθέρας 23.26 ἡ δὲ ἄνω
'Ιερουσαλὴμ ἐλευθέρα ἐστὶν 30 μετὰ
τοῦ υἱοῦ τῆς ἐλ. 31 οὐκ ἐσμὲν παι-
δίσκης τέκνα, ἀλλὰ τῆς ἐλευθέρας
Eph   6 8 κομίσεται –, εἴτε δοῦλος εἴτε ἐλεύθ.
Col   311 ὅπου οὐκ ἔνι – δοῦλος, ἐλεύθερος
1 Pe   216 ὡς ἐ..οι, καὶ μὴ ὡς ἐπικάλυμμα ἔχ.
Ap   615 πᾶς δοῦλος καὶ ἐλεύθερος 1316 1918

ἐλευθεροῦν liberare
Joh   832 ἡ ἀλήθεια ἐλευθερώσει ὑμᾶς
– 36 ἐὰν οὖν ὁ υἱὸς ὑμᾶς ἐλευθερώσῃ
Rm   618 ἐλ..ωθέντες – ἀπὸ τῆς ἁμαρτίας ἐ-
δουλώθητε τῇ δικαιοσύνῃ 22 τῷ θεῷ
8 2 ὁ – νόμος τοῦ πνεύμ. τῆς ζωῆς – ἠλευ-
θέρωσέν σε (vl με vg) ἀπὸ τοῦ νό-
μου τῆς ἁμαρτίας καὶ τοῦ θανάτου
– 21 καὶ αὐτὴ ἡ κτίσις ἐλευθερωθήσεται
ἀπὸ τῆς δουλείας τῆς φθορᾶς
Gal   5 1 τῇ ἐλευθερίᾳ ἡμᾶς Χὸς ἠλευθέρωσεν

ἔλευσις Sᵒ – adventus
Luc 21 7 τί τὸ σημεῖον (vl Cod. D+τῆς σῆς
ἐλεύσεως) 2342 μνήσθητί μου (vl
Cod. D ἐν τῇ ἡμέρᾳ τῆς ἐλ. σου)
Act   752 περὶ τῆς ἐλεύσεως τοῦ δικαίου

ἐλεφάντινος (vasa) eboris   Ap 1812

Ἐλιακίμ   Mat 113 Luc 330

Ἐλιέζερ   Luc 329   **Ἐλιούδ**   Mat 114.15

Ἐλισάβετ Luc 1 5. 7. 13. 24. 36. 40. 41. 57

Ἐλισαῖος Luc 4 27 ἐπὶ Ἐ..ου τοῦ προφήτου

ἐλίσσειν involvere Hb 1 12 „ἑλίξεις (vl ἀλλά-
ξεις, vg mutabis) αὐτούς Ap 6 14 „ὁ οὐ-
ρανὸς – ὡς βιβλίον ἑλισσόμενον (vl ..ος)

ἕλκειν, ἑλκύειν trahere ᵇeducere ᶜperducere
Joh 6 44 ἐὰν μὴ ὁ πατὴρ – ἑλκύσῃ αὐτόν
       12 32 κἀγὼ – πάντας ἑλκύσω πρὸς ἐμαυτόν
       18 10ᵇ μάχαιραν 21 6 τὸ δίκτυον 11
Act 16 19ᶜ εἰς τὴν ἀγοράν 21 30 ἔξω τοῦ ἱεροῦ
Jac 2 6 οὐχ – ἕλκουσιν ὑμᾶς εἰς κριτήρια;

ἕλκος ᵃulcus ᵇvulnus Luc 16 21 ἕλκη ᵃ
Ap 16 2 „ἐγένετο ἕ.ᵇ" κακόν 11 ἐκ τῶν ἑ..ῶν ᵇ

ἑλκοῦσθαι Sᵒ – εἱλκωμένος ulceribus ple-
nus Luc 16 20 Λάζ. ἐβέβλητο – εἱλκ.

Ἑλλάς Graecia Act 20 2 εἰς τὴν Ἑλλάδα

Ἕλλην, Ἕλληνες Graecus, ..i ᵇgentilis, ..es
ᶜgentes
Joh 7 35 μὴ εἰς τὴν διασπορὰν τῶν Ἑ.ᶜ μέλ-
       λει πορεύ. καὶ διδάσκειν τοὺς Ἕ.ᶜ;
       12 20 Ἕ.ές ᵇ τινες ἐκ τῶν ἀναβαινόντων
(Act 11 20 vl ἐλάλουν καὶ πρὸς τοὺς Ἕλληνας)
       14 1 Ἰουδαίων τε καὶ Ἑλλήνων πολὺ πλῆ-
       θος 18 4 19 10ᵇ 17ᵇ 20 21ᵇ
       16 1ᵇ 3 Ἕλλην ᵇ ὁ πατὴρ αὐτοῦ ὑπῆρχεν
       17 4 τῶν τε σεβομένων Ἑλλήνων ᵇ πλῆθος
       Ἕλληνας ᵇ εἰσήγαγεν εἰς τὸ ἱερόν
Rm 1 14 Ἕ..σίν τε καὶ βαρβάροις – ὀφειλέτης
     – 16 Ἰουδαίῳ τε πρῶτον καὶ Ἕ..ι 2 9. 10
       3 9 Ἰ..ους τε καὶ Ἕ..ας 10 12 οὐ γάρ
       ἐστιν διαστολὴ Ἰ..ου τε καὶ Ἕ..ος
1 Co 1 22 Ἰουδαῖοι σημεῖα αἰτοῦσιν καὶ Ἕ..ες
       σοφίαν ζητοῦσιν 24 τοῖς κλητοῖς, Ἰ..
       οις τε καὶ Ἕ..σιν, Χὸν – θεοῦ σοφίαν
       10 32 ἀπρόσκοποι καὶ Ἰ..οις – καὶ Ἕ..σιν ᶜ
       12 13 εἴτε Ἰ..ον σῶμα ἐβαπτίσθημεν, εἴτε Ἰου-
       δαῖοι εἴτε Ἕλληνες ᵇ Gal 3 28 οὐκ ἔνι
       Ἰουδαῖος οὐδὲ Ἕλλην Col 3 11 ὅπου
       οὐκ ἔνι Ἕλλην ᵇ καὶ Ἰουδαῖος
Gal 2 3 οὐδὲ Τίτος ὁ σὺν ἐμοί, Ἕλλην ᵇ ὢν

Ἑλληνικός Graecus (Luc 23 38 vl γράμμασιν
       Ἑλληνικοῖς) Ap 9 11 ἐν τῇ Ἑλληνικῇ
       (Graece) ὄνομα ἔχει Ἀπολλύων

Ἑλληνίς gentilis Mar 7 26 Act 17 12

Ἑλληνισταί Graeci Act 6 1 9 29 11 20

Ἑλληνιστί Graece Joh 19 20 Act 21 37

ἑλλογεῖν, ..ᾶν Sᵒ – imputare
Rm 5 13 ἁμαρτία – οὐκ ἐλλογεῖται (vl ἐνελο-
       γεῖτο vg) μὴ ὄντος νόμου
Phm 18 τοῦτο ἐμοὶ ἐλλόγα

Ἑλμαδάμ Luc 3 28

ἐλπίζειν sperare
Mat 12 21 „τῷ ὀνόματι αὐτοῦ ἔθνη ἐλπιοῦσιν"
       Rm 15 12 „ἐπ' αὐτῷ ἔθνη ἐλπιοῦσιν"
Luc 6 34 ἐὰν δανίσητε παρ' ὧν ἐ.ετε λαβεῖν
       23 8 ἤλπιζέν τι σημεῖον ἰδεῖν ὑπ' αὐτοῦ
       24 21 ἠλπίζομεν ὅτι αὐτός ἐστιν ὁ μέλλων
       λυτροῦσθαι τὸν Ἰσραήλ
Joh 5 45 Μωϋσῆς, εἰς ὃν ὑμεῖς ἠλπίκατε
Act 24 26 ἐλπίζων ὅτι χρήματα δοθήσεται
       26 7 ἐπαγγελίας –, εἰς ἣν τὸ δωδεκάφυ-
       λον – λατρεῦον ἐλπίζει καταντῆσαι
Rm 8 24 ὃ γὰρ βλέπει τίς ἐλπίζει;
     – 25 εἰ δὲ ὃ οὐ βλέπομεν ἐλπίζομεν, δι'
       ὑπομονῆς ἀπεκδεχόμεθα
       15 24 ἐλπίζω – θεάσασθαι ὑμᾶς 1 Co 16 7
       χρόνον τινὰ ἐπιμεῖναι πρὸς ὑμᾶς
Phl 2 19 ἐλπίζω – ἐν κυρίῳ – Τιμόθεον
       ταχέως πέμψαι 23 1 Ti 3 14 ἐλθεῖν
       πρὸς σέ Phm 22 2 Jo 12 3 Jo 14
1 Co 13 7 ἡ ἀγάπη – πάντα ἐλπίζει
       15 19 εἰ ἐν τῇ ζωῇ ταύτῃ ἐν Χριστῷ ἠλπι-
       κότες ἐσμὲν μόνον   [ῥύσεται
2 Co 1 10 θεῷ –, εἰς ὃν ἠλπίκαμεν [ὅτι] καὶ ἔτι
     – 13 ἐλπίζω – ὅτι ἕως τέλους ἐπιγνώσεσθε
       5 11 ἐλπίζω δὲ καὶ ἐν ταῖς συνειδήσεσιν
       ὑμῶν πεφανερῶσθαι
       8 5 καὶ οὐ καθὼς ἠλπίσαμεν, ἀλλά
       13 6 ἐλπίζω δὲ ὅτι γνώσεσθε ὅτι ἡμεῖς οὐκ
       ἐσμὲν ἀδόκιμοι
1 Ti 4 10 ὅτι ἠλπίκαμεν (speramus vl speravi-
       mus) ἐπὶ θεῷ ζῶντι
       5 5 ἡ – ὄντως χήρα – ἤλπικεν (speret vl
       speravit, sperat) ἐπὶ θεόν
       6 17 μηδὲ ἠλπικέναι ἐπὶ πλούτου ἀδηλό-
       τητι, ἀλλ' ἐπὶ θεῷ
Hb 11 1 πίστις ἐλπιζομένων ὑπόστασις
1 Pe 1 13 τελείως ἐλπίσατε ἐπὶ τὴν φερομένην
       ὑμῖν χάριν ἐν ἀποκαλύψει Ἰησ. Χοῦ
       3 5 γυναῖκες αἱ ἐλπίζουσαι εἰς θεόν

ἐλπίς spes
Act 2 26 „ἔτι δὲ καὶ ἡ σάρξ μου κατασκηνώ-
σει ἐπ' ἐλπίδι"
16 19 ἐξῆλθεν ἡ ἐλπὶς τῆς ἐργασίας αὐτῶν
23 6 περὶ ἐλπίδος καὶ ἀναστάσεως νεκρῶν
[ἐγὼ] κρίνομαι 24 15 ἐλπίδα ἔχων εἰς τ.
θεόν. – ἀνάστασιν μέλλειν ἔσεσθαι
26 6 ἐπ' ἐλπίδι τῆς – ἐπαγγελίας 7 περὶ ἧς
ἐλπίδος ἐγκαλοῦμαι 28 20 εἵνεκεν –
τῆς ἐλπίδος τοῦ Ἰσραήλ
27 20 περιῃρεῖτο ἐλπ. πᾶσα τοῦ σῴζεσθαι
Rm 4 18 παρ' ἐλπίδα ἐπ' ἐλπίδι ἐπίστευσεν
5 2 καυχώμεθα ἐπ' ἐλπίδι τῆς δόξης
– 4 ἡ δὲ δοκιμὴ ἐλπίδα (sc κατεργάζε-
ται)· 5 ἡ δὲ „ἐλπὶς οὐ καταισχύνει"
8 20 ἡ κτίσις ὑπετάγη –, ἐφ' ἐλπίδι
– 24 τῇ γὰρ ἐλπίδι ἐσώθημεν· ἐλπὶς δὲ
βλεπομένη οὐκ ἔστιν ἐλπίς
12 12 τῇ ἐλπίδι χαίροντες, τῇ θλίψει ὑπομ.
15 4 ἵνα διὰ τῆς ὑπομονῆς – τὴν ἐλ. ἔχωμεν
– 13 ὁ δὲ θεὸς τῆς ἐλπ. πληρώσαι ὑμᾶς
–, εἰς τὸ περισσεύειν – ἐν τῇ ἐλπίδι
1 Co 9 10 ὀφείλει ἐπ' ἐλπίδι – ἀροτριᾶν, καὶ ὁ
ἀλοῶν ἐπ' ἐλπίδι τοῦ μετέχειν
13 13 μένει πίστις, ἐλπίς, ἀγάπη
2 Co 1 7 ἡ ἐλπὶς ἡμῶν βεβαία ὑπὲρ ὑμῶν
3 12 ἔχοντες οὖν τοιαύτην ἐλπίδα [θῆναι
10 15 ἐλπίδα δὲ ἔχοντες – ἐν ὑμῖν μεγαλυν-
Gal 5 5 ἐλπίδα δικαιοσύνης ἀπεκδεχόμεθα
Eph 1 18 τίς ἐστιν ἡ ἐλπ. τῆς κλήσεως αὐτοῦ
4 4 ἐκλήθητε ἐν μιᾷ ἐλπίδι τῆς κλήσεως
– 4 ἐλπίδα μὴ ἔχοντες καὶ ἄθεοι
Phl 1 20 κατὰ τὴν ἀποκαραδοκίαν καὶ ἐλπίδα
μου ὅτι ἐν οὐδενὶ αἰσχυνθήσομαι
Col 1 5 διὰ τὴν ἐλπίδα τὴν ἀποκειμένην ὑμῖν
ἐν τοῖς οὐρανοῖς, ἣν προηκούσατε
– 23 μὴ μετακινούμενοι ἀπὸ τῆς ἐλπίδος
τοῦ εὐαγγελίου
– 27 Χὸς ἐν ὑμῖν, ἡ ἐλπὶς τῆς δόξης
1 Th 1 3 μνημονεύοντες ὑμῶν – τῆς ὑπομονῆς
τῆς ἐλπίδος τοῦ κυρίου ἡμῶν Ἰ. Χοῦ
2 19 τίς γὰρ ἡμῶν ἐλπὶς ἢ χαρά – ;
4 13 οἱ λοιποὶ οἱ μὴ ἔχοντες ἐλπίδα
5 8 „περικεφαλαίαν" ἐλπίδα „σωτηρίας"
2 Th 2 16 δοὺς – ἐλπίδα ἀγαθὴν ἐν χάριτι
1 Ti 1 1 Χοῦ Ἰησοῦ τῆς ἐλπίδος ἡμῶν
Tit 1 2 ἐπ' ἐλπίδι ζωῆς αἰωνίου, ἣν ἐπηγγ.
2 13 προσδεχόμενοι τὴν μακαρίαν ἐλπίδα
καὶ ἐπιφάνειαν τῆς δόξης – θεοῦ
3 7 κατ' ἐλπίδα ζωῆς αἰωνίου [σχω.
Hb 3 6 ἐάν[περ] – τὸ καύχημα τῆς ἐλ. – κατά-
6 11 πρὸς τὴν πληροφορίαν τῆς ἐλπίδος

Hb 6 18 κρατῆσαι τῆς προκειμένης ἐλπίδος
7 19 ἐπεισαγωγὴ δὲ κρείττονος ἐλπίδος
10 23 τὴν ὁμολογίαν τῆς ἐλπίδος ἀκλινῆ
1 Pe 1 3 ἀναγεννήσας ἡμᾶς εἰς ἐλπίδα ζῶσαν
– 21 ὥστε τὴν πίστιν ὑμῶν καὶ ἐλπίδα εἶ-
ναι εἰς θεόν
3 15 αἰτοῦντι – λόγον περὶ τῆς ἐν ὑμ. ἐλπ.
1 Jo 3 3 ὁ ἔχων τὴν ἐλπίδα ταύτην ἐπ' αὐτῷ

Ἐλύμας Act 13 8 ἀνθίστατο – αὐτ. Ἐ. ὁ μάγος

ἐλωΐ Sᵒ – eloi (vl heloi) (Mat 27 46 vl) Mar 15 34

*ἀπ', ἐξ, περὶ ἐμαυτοῦ, ἐμαυτόν a, ex, de
meipso, me ipsum, ad meipsum
Joh 5 30 οὐ δύναμαι – ποιεῖν ἀπ' ἐμαυτοῦ οὐ-
δέν 8 28 ἀπ' ἐμαυτοῦ ποιῶ οὐδὲν
– 31 ἐὰν ἐγὼ μαρτυρῶ περὶ ἐμαυτοῦ 8 14
18 ἐγώ εἰμι ὁ μαρτυρῶν περὶ ἐμαυ-
τοῦ 54 ἐὰν ἐγὼ δοξάσω ἐμαυτὸν
7 17 ἢ ἐγὼ ἀπ' ἐμαυτοῦ λαλῶ 12 49 ἐξ ἐμ.
οὐκ ἐλάλησα 14 10 ἀπ' ἐμ. οὐ λαλῶ
– 28 ἀπ' ἐμαυτοῦ οὐκ ἐλήλυθα 8 42
10 18 ἐγὼ τίθημι αὐτὴν ἀπ' ἐμαυτοῦ
12 32 πάντας ἑλκύσω πρὸς ἐμαυτόν
14 3 παραλήμψομαι ὑμᾶς πρὸς ἐμαυτὸν
1 Co 4 3 ἀλλ' οὐδὲ ἐμαυτὸν ἀνακρίνω
7 7 θέλω – πάντας – εἶναι ὡς καὶ ἐμαυτόν
2 Co 12 5 ὑπὲρ δὲ ἐ..οῦ (pro me) οὐ καυχήσ.
Gal 2 18 παραβάτην ἐμαυτὸν (me) συνιστάνω
Phl 3 13 ἐγὼ ἐμαυτὸν (me) οὐ λογίζομαι κατ-
ειληφέναι

ἐμβαίνειν εἰς πλοῖον ascendere
Mat 8 23 ‖ Luc 8 22 – Mat 9 1 13 2 ‖ Mar
4 1 – Mat 14 22 ‖ Mar 6 45 Joh 6 17 – Mat
15 39 ‖ Mar 8 10 – 5 18 ‖ Luc 8 37 – Mar
8 13 Luc 5 3 Joh 6 24 21 3 (vl Act 21 6) – (vl
Joh 5 4 ὁ οὖν πρῶτος ἐμβὰς – ὑγιὴς ἐγί-
νετο)

ἐμβάλλειν mittere Luc 12 5 εἰς – γέενναν

ἐμβάπτειν, ..εσθαι Sᵒ – intingere
Mat 26 23 ὁ ἐμβάψας μετ' ἐμοῦ ‖ Mar 14 20

ἐμβατεύειν ambulare Col 2 18 ἃ ἑόρακεν

ἐμβιβάζειν transponere Act 27 6 εἰς πλοῖον

ἐμβλέπειν ᵃaspicere ᵇintuēri ᶜrespicere
ᵈvidēre
Mat 6 26 ἐμβλέψατεᶜ εἰς τὰ πετεινὰ τοῦ οὐρ.

Mat 19 26ᵃ ¦ Mar 10 21 Ἰησοῦς ἐμβλέψας ᵇ αὐ-
τῷ 27 ᵇ αὐτοῖς – Luc 20 17ᵃ 22 61 ἐνέ-
βλεψεν ᶜ τῷ Πέτρῳ Joh 1 42 ᵇ
Mar 8 25 ἀπεκατέστη, καὶ ἐνέβλεπεν (vl ὥστε
ἀναβλέψαι ᵈ) τηλαυγῶς ἅπαντα
14 67ᵃ – Joh 1 36 ἐμβλέψας ᶜ τῷ Ἰησοῦ
Act 22 11 ὡς δὲ οὐκ ἐνέβλεπον (vl οὐδὲν ἔβλ. ᵈ)
ἀπὸ τ. δόξης τ. φωτός – 1 11 [ἐμ]βλ.

ἐμβριμᾶσθαι comminari ᵇ fremere ᶜ infremere
Mat 9 30 ἐνεβριμήθη αὐτοῖς Mar 1 43 αὐτῷ
Mar 14 5 ἐνεβριμῶντο ᵇ αὐτῇ. ὁ δὲ Ἰησοῦς
Joh 11 33 ἐνεβριμήσατο ᶜ (vl ᵇ) τῷ πνεύματι 38
πάλιν ἐμβριμώμενος ᵇ ἐν ἑαυτῷ

ἐμεῖν evomere Ap 3 16 ἐκ – στόματός μου

ἐμμαίνεσθαι Sº – insanire Act 26 11

Ἐμμανουήλ Mat 1 23 Ἐμμαοῦς Luc 24 13

ἐμμένειν permanēre ᵇ manēre
Act 14 22 παρακαλοῦντες ἐμμένειν τῇ πίστει
28 30 ἐνέμεινεν δὲ ᵇ ὁ Παῦλος
Gal 3 10 „ὃς οὐκ ἐ..ει – τοῖς γεγραμμένοις"
Hb 8 9 „οὐκ ἐνέμειναν ἐν τῇ διαθήκῃ"

Ἐμμώρ Act 7 16 „παρὰ τῶν υἱῶν Ἐμμώρ"

*ἐμός meus ᵇ quod meum est
Mat 20 15 ὃ θέλω ποιῆσαι ἐν τοῖς ἐμοῖς; (vgº)
– 23 οὐκ ἔστιν ἐμὸν – δοῦναι ‖ Mar 10 40
25 27 ἐκομισάμην ἂν τὸ ἐμὸν ᵇ σὺν τόκῳ
Luc 15 31 καὶ πάντα τὰ ἐμὰ σά ἐστιν
22 19 τοῦτο ποιεῖτε εἰς τὴν ἐμὴν ἀνάμνησιν
1 Co 11 24. 25 ἡ καινὴ διαθήκη – ἐν τῷ
ἐμῷ αἵματι" – εἰς τὴν ἐμὴν ἀνάμνησιν
Joh 5 30 οὐ ζητῶ τὸ θέλημα τὸ ἐμὸν 6 38 οὐχ
ἵνα ποιῶ τὸ θέλημα τὸ ἐμὸν
7 6 ὁ καιρὸς ὁ ἐμὸς οὔπω πάρεστιν 8
– 16 ἡ ἐμὴ διδαχὴ οὐκ ἔστιν ἐμή 14 24 ὁ
λόγος ὃν ἀκούετε οὐκ ἔστιν ἐμὸς
8 56 ἵνα ἴδῃ τὴν ἡμέραν τὴν ἐμήν
10 14 γινώσκω τὰ ἐμὰ (sc πρόβατα) καὶ
γινώσκουσί με τὰ ἐμά
14 27 εἰρήνην τὴν ἐμὴν δίδωμι ὑμῖν
16 14 ἐκ τοῦ ἐμοῦ λήμψεται 15 λαμβάνει
– 15 ὅσα ἔχει ὁ πατὴρ ἐμά ἐστιν
17 10 τὰ ἐμὰ πάντα σά ἐστιν καὶ τὰ σὰ ἐμά
1 Co 1 15 ὅτι εἰς τὸ ἐμὸν ὄνομα ἐβαπτίσθητε
5 4 συναχθέντων ὑμῶν καὶ τ. ἐμοῦ πνεύ-
ματος σὺν τῇ δυνάμει τοῦ κυρίου

1 Co 16 18 ἀνέπαυσαν – τὸ ἐμὸν πν. καὶ τὸ ὑμῶν
– 21 ὁ ἀσπασμὸς τῇ ἐμῇ χειρὶ Παύλου
Gal 6 11 Col 4 18 2 Th 3 17 – Phm 19
Phl 3 9 μὴ ἔχων ἐμὴν δικαιοσύνην τὴν ἐκ

ἐμπαιγμονή Sº – deceptio 2 Pe 3 3

ἐμπαιγμός ludibrium Hb 11 36

ἐμπαίζειν illudere
Mat 2 16 ὅτι ἐνεπαίχθη ὑπὸ τῶν μάγων
20 19 εἰς τὸ ἐμπαῖξαι (vg vl deludere) καὶ
μαστιγῶσαι ‖ Mar 10 34 Luc 18 32
27 29 ἐνέπαιξαν αὐτῷ –‘ χαῖρε 31. 41 ‖ Mar
15 20. 31 (vg vl ludere) Luc 22 63 23 11. 36
Luc 14 29 ἵνα μήποτε – ἄρξωνται αὐτῷ ἐμπαίζειν

ἐμπαῖκται illusores 2 Pe 3 3 Jud 18

ἐμπεριπατεῖν inambulare 2 Co 6 16

ἐμπιπλάναι, ἐμπιπλᾶν implēre ᵇ saturare
ᶜ (pass.) frui
Luc 1 53 „πεινῶντας ἐνέπλησεν ἀγαθῶν"
6 25 οὐαὶ ὑμῖν, οἱ ἐμπεπλησμένοι ᵇ νῦν, ὅτι
Joh 6 12 ὡς δὲ ἐνεπλήσθησαν (sc οἱ ἀνάκειμ.)
Act 14 17 ἐμπιπλῶν τροφῆς καὶ εὐφροσύνης
Rm 15 24 ἐὰν ὑμῶν πρῶτον – ἐμπλησθῶ ᶜ

ἐμπίπτειν incidere ᵇ cadere in
Mat 12 11 ᵇ εἰς βόθυνον Luc 6 39 ᵇ (sc τυφλοί)
Luc 10 36 τοῦ ἐμπεσόντος εἰς τοὺς λῃστάς;
1 Ti 3 6 ἵνα μή – εἰς κρίμα ἐμπέσῃ τοῦ δια-
βόλου 7 εἰς ὀνειδισμὸν – καὶ παγίδα
τοῦ διαβόλου 6 9 οἱ – βουλόμενοι πλου-
τεῖν ἐμπίπτουσιν εἰς πειρασμὸν καὶ
παγίδα καὶ ἐπιθυμίας
Hb 10 31 φοβερὸν τὸ ἐμπεσεῖν εἰς χεῖρας θεοῦ

ἐμπλέκεσθαι ᵃ se implicare ᵇ implicari
2 Ti 2 4 ἐ..ται ᵃ ταῖς τοῦ βίου πραγματείαις
2 Pe 2 20 τούτοις δὲ πάλιν ἐμπλακέντες ᵇ (sc
τοῖς μιάσμασιν τοῦ κόσμου)

ἐμπλοκή τριχῶν Sº – capillatura 1 Pe 3 3

ἐμπνεῖν spirare (vl asp.) Act 9 1 ἀπειλῆς

ἐμπορεύεσθαι ᵃ mercari ᵇ negotiari de
Jac 4 13ᵃ – 2 Pe 2 3 λόγοις ὑμᾶς ἐ..σονται ᵇ

ἐμπορία negotiatio Mat 22 5 ἐπὶ τὴν ἐμπορίαν

ἐμπόριον *negotiatio* Joh 2₁₆ οἶκον ἐμπορίου

ἔμπορος *mercator* ᵇ*negotiator*
Mat 13₄₅ ἀνθρώπῳ ἐμπόρῳ ζητοῦντι καλοὺς μαργαρίτας Ap 18₃ οἱ ἔμποροι τῆς γῆς 11ᵇ κλαίουσιν – ἐπ' αὐτήν 15.23

ἐμπρήθειν *succendere* Mat 22₇ πόλιν

*ἔμπροσθεν *ante* ᵇ*coram* ᶜ*in conspectu* ᵈ(τὰ ἔμπροσθεν) *quae sunt priora*
Mat 6 ₁ μὴ ποιεῖν ἔμπροσθενᵇ τῶν ἀνθρώπων 10₃₂ ὁμολογήσει ἐν ἐμοὶ ἔμ.ᵇ τῶν ἀνθρ.. ὁμολογήσω – ἐν αὐτῷ ἔμ.ᵇ τοῦ πατρός μου 33ᵇ ‖ Luc 12₈ ἔμ.ᵇ τ. ἀνθρ.. – ἔμ.ᵇ τῶν ἀγγέλων τοῦ θεοῦ – Mat 26₇₉ ὁ δὲ ἠρνήσατο ἔμπρ.ᵇ πάντων 11₂₆ οὕτως εὐδοκία ἐγένετο ἔμπρ. σου ‖ Luc 10₂₁ – Mat 18₁₄ οὕτως οὐκ ἔστιν θέλημα ἔμπρ. τοῦ πατρὸς ὑμῶν 25₃₂ συναχθήσονται ἔμ. αὐτοῦ – τὰ ἔθνη Luc 21₃₆ ἵνα κατισχύσητε – σταθῆναι ἔμπροσθεν τοῦ υἱοῦ τοῦ ἀνθρώπου
Joh 1₁₅ ἔμ. μου γέγονεν 30 ὃς ἔμ. μου γέγ. 3₂₈ ἀπεσταλμένος εἰμὶ ἔμπροσθεν ἐκείνου
Act 10 ₄ εἰς μνημόσυνον ἔμπροσθενᶜ τοῦ θεοῦ
2 Co 5₁₀ ἔμπροσθεν τοῦ βήματος τοῦ Χοῦ
Gal 2₁₄ εἶπον τῷ Κηφᾷ ἔμπροσθενᵇ πάντων
Phl 3₁₃ τοῖς δὲ ἔμπροσθενᵈ ἐπεκτεινόμενος
1 Th 1 ₃ μνημονεύοντες – ἔμ. τοῦ θεοῦ 3₉ χαίρομεν – ἔμ. τοῦ θεοῦ ἡμῶν 13 ἀμέμπτους ἐν ἁγιωσύνῃ ἔμπρ. τοῦ θεοῦ 2₁₉ τίς γὰρ ἡμῶν ἐλπὶς – ἔμπροσθεν τοῦ κυρίου – ἐν τῇ αὐτοῦ παρουσίᾳ;
1 Jo 3₁₉ ἔμπρ.ᶜ αὐτοῦ πείσομεν τὴν καρδίαν

ἐμπτύειν *conspuere* ᵇ*expuere*
Mat 26₆₇ᵇ 27₃₀ᵇ ‖ Mar 14₆₅ 15₁₉
Mar 10₃₄ ἐμπτύσουσιν αὐτῷ ‖ Luc 18₃₂

ἐμφανῆ γενέσθαι ᵃ*manifestum fieri* ᵇ*palam apparēre*
Act 10₄₀ ἔδωκεν αὐτὸν (sc Ἰησ.) ἐ. γενέσθαιᵃ
Rm 10₂₀ "ἐμφανὴς ἐγενόμηνᵇ τοῖς ἐμὲ μὴ ἐπερωτῶσιν"

ἐμφανίζειν ᵃ*manifestare* ᵇ*notum facere* ᶜ*significare* ᵈ*adire aliquem* ᵉ(pass) *apparēre*
Mat 27₅₃ ἐνεφανίσθησανᵉ πολλοῖς
Joh 14₂₁ κἀγὼ – ἐμφανίσωᵃ αὐτῷ ἐμαυτόν – 22 [καὶ] τί γέγονεν ὅτι ἡμῖν μέλλεις

ἐ. σεαυτὸν καὶ οὐχὶ τῷ κόσμῳ;
Act 23₁₅ᵇ 22ᵇ 24₁ᵈ τῷ ἡγεμόνι 25₂ᵈ 15ᵈ
Hb 9₂₄ ἐ..ισθῆναιᵉ τῷ προσώπῳ τοῦ θεοῦ 11₁₄ ἐ..ζουσινᶜ ὅτι πατρίδα ἐπιζητοῦσιν

ἔμφοβον γενέσθαι *timēre* Luc 24₅, *conterrēri* 37, *timore corripi* Act 10₄, *tremefieri* (vl *timef.*) 24₂₅, *in timorem mitti* Ap 11₁₃

ἐμφυσᾶν *insufflare* (vl *..sufl.*) Joh 20₂₂

ἔμφυτος *insitus* Jac 1₂₁ τὸν ἔμφυτον λόγον

*ἐν Imprimis sunt allati loci omnes hasce formulas complectentes: ἐν Χριστῷ. Χῷ Ἰησοῦ, Ἰησοῦ, ἐν κυρίῳ, αὐτῷ (sc Χῷ), τούτῳ. ἐμοί (sc Χῷ), ἐν θεῷ, τῷ πατρί. – μένειν ἐν, ἐλπίζειν ἐν, πιστεύειν ἐν, σωθῆναι ἐν → μένειν κτλ, – item ἐν αἵματι, ὀνόματι, πνεύματι, σαρκί → αἷμα κτλ *in* cum abl. ᵇ*in* cum acc. ᶜ*inter* ᵈ*intra* ᵉ*ad* ᶠ*apud*
Mat 6₂₃ τὸ φῶς τὸ ἐν σοί ‖ Luc 11₃₅ 10₂₀ τὸ πνεῦμα – τὸ λαλοῦν ἐν ὑμῖν 14 ₂ διὰ τοῦτο αἱ δυνάμεις ἐνεργοῦσιν ἐν αὐτῷ ‖ Mar 6₁₄ 17₁₂ ἐποίησαν ἐν αὐτῷ ὅσα ἠθέλησαν 20₁₅ ὃ θέλω ποιῆσαι ἐν τοῖς ἐμοῖς (vgᵒ) – 26 οὐχ οὕτως ἔσται ἐνᶜ ὑμῖν· – ὃς ἐὰν θέλῃ ἐνᶜ ὑμῖν μέγας γενέσθαι 27 ἐνᶜ ὑμῖν εἶναι πρῶτος ‖ Mar 10₄₃.₄₄ 23₃₀ οὐκ ἂν ἤμεθα αὐτῶν κοινωνοὶ ἐν τῷ αἵματι τῶν προφητῶν
Mar 2₁₉ ἐν ᾧ (*quamdiu*) ὁ νυμφίος μετ' αὐτῶν ἐστιν ‖ Luc 5₃₄ (*dum*) – 19₁₃ ἐν ᾧ (*dum*) ἔρχομαι – Joh 5₇ (*dum*)
Luc 1₁₇ ἀπειθεῖς ἐνᶜ φρονήσει δικαίων 9₄₆ εἰσῆλθεν – διαλογισμὸς ἐνᵇ αὐτοῖς 12₁₅ οὐκ ἐν τῷ περισσεύειν τινὶ ἡ ζωὴ 17 ₆ φυτεύθητι ἐνᵇ τῇ θαλάσσῃ 22₃₇ δεῖ τελεσθῆναι ἐν ἐμοί 23₁₂ ἐν ἔχθρᾳ ὄντες (*inimici*) πρὸς αὐτ.
Joh 1 ₄ ἐν αὐτῷ ζωὴ ἦν 5₂₆ ὁ πατὴρ ἔχει ζωὴν ἐν ἑαυτῷ, – καὶ τῷ υἱῷ ἔδωκεν ζωὴν ἔχειν ἐν ἑαυτῷ – 6₅₃ οὐκ ἔχετε ζωὴν ἐν ἑαυτοῖς 2₂₅ ἐγίνωσκεν τί ἦν ἐν τῷ ἀνθρώπῳ 3₂₁ ὅτι ἐν θεῷ ἐστιν εἰργασμένα 4₁₁ γενήσεται ἐν αὐτῷ πηγὴ ὕδατος 5₄₂ τὴν ἀγάπην τοῦ θεοῦ οὐκ ἔχετε ἐν ἑαυτοῖς – 1 Jo 4₁₂ ἡ ἀγ. αὐτοῦ ἐν ἡμῖν τετελειωμένη ἐστίν 16 τὴν ἀγ. ἣν ἔχει ὁ θεὸς ἐν ἡμῖν 17.18 φόβος οὐκ

ἔστιν ἐν τῇ ἀγάπῃ, – ὁ – φοβούμενος
οὐ τετελείωται ἐν τῇ ἀγάπῃ
Joh 6 61 εἰδὼς δὲ ὁ Ἰησοῦς ἐνʳ ἑαυτῷ
7 18 ἀδικία ἐν αὐτῷ οὐκ ἔστιν
10 38 ὅτι ἐν ἐμοὶ ὁ πατὴρ κἀγὼ ἐν τῷ
πατρί 14 10 ὅτι ἐγὼ ἐν τῷ π. καὶ ὁ
π. ἐν ἐμοί ἐστιν; 11. 20 ὅτι ἐγὼ ἐν τῷ
π. μου καὶ ὑμεῖς ἐν ἐμοὶ κἀγὼ ἐν
ὑμῖν 17 21 καθὼς σύ, πάτερ, ἐν ἐμοὶ
κἀγὼ ἐν σοί, ἵνα καὶ αὐτοὶ ἐν ἡμῖν
(vl + ἕν, vg unum) ὦσιν 23 ἐγὼ ἐν αὐ-
τοῖς καὶ σὺ ἐν ἐμοί 26 ἵνα ἡ ἀγάπη
– ἐν αὐτοῖς ἡ κἀγὼ ἐν αὐτοῖς
11 10 τὸ φῶς οὐκ ἔστιν ἐν αὐτῷ
12 35 ἔτι μικρὸν – τὸ φῶς ἐν ὑμῖν ἐστιν
14 17 ἐν ὑμῖν ἔσται (sc τὸ πνεῦ. τῆς ἀλ.)
– 30 ἐν ἐμοὶ οὐκ ἔχει οὐδέν
15 2 πᾶν κλῆμα ἐν ἐμοὶ μὴ φέρον καρπόν
– 24 εἰ τὰ ἔργα μὴ ἐποίησα ἐν αὐτοῖς
16 33 ἵνα ἐν ἐμοὶ εἰρήνην ἔχητε
Act 4 2 καταγγέλλειν ἐν τῷ Ἰησοῦ τὴν ἀνά-
στασιν τὴν ἐκ νεκρῶν
– 9 ἐν τίνι οὗτος σέσωται 10 ἐν τῷ ὀνό-
ματι Ἰησοῦ Χοῦ –, ἐν τούτῳ οὗτος
– ὑγιής 12 οὐκ ἔστιν ἐν ἄλλῳ οὐδενὶ
ἡ σωτηρία· οὐδὲ γὰρ ὄνομά ἐστιν
ἕτερον – ἐν ᾧ δεῖ σωθῆναι ἡμᾶς
12 11 ἐνᵉ ἑαυτῷ γενόμενος (reversus)
13 15 εἴ τίς ἐστιν ἐν ὑμῖν λόγος παρακλήσ.
– 39 ἐν τούτῳ πᾶς ὁ πιστεύων δικαιοῦται
17 28 ἐν αὐτῷ γὰρ ζῶμεν καὶ – ἐσμέν
– 31 μέλλει „κρίνειν τὴν οἰκουμένην" – ἐν
ἀνδρὶ ᾧ ὥρισεν
22 17 γενέσθαι με ἐν ἐκστάσει
26 28 ἐν ὀλίγῳ με πείθεις 29 ἐν μεγάλῳ
Rm 1 4 ὁρισθέντος υἱοῦ θεοῦ ἐν δυνάμει
– 6 ἔθνεσιν –, ἐν οἷς ἐστε καὶ ὑμεῖς
– 12 διὰ τῆς ἐν ἀλλήλοις (invicem) πίστ.
– 19 τὸ γνωστὸν τοῦ θεοῦ φανερόν ἐστιν
ἐν αὐτοῖς
– 27 τὴν ἀντιμισθίαν ἣν ἔδει τῆς πλάνης
– ἐν ἑαυτοῖς ἀπολαμβάνοντες
– 28 τὸν θεὸν ἔχειν ἐν ἐπιγνώσει (vlᵇ)
3 19 τοῖς ἐν τῷ νόμῳ λαλεῖ (sc ὁ νόμος)
– 24 ἀπολυτρώσεως τῆς ἐν Χῷ Ἰησοῦ
6 11 ζῶντας δὲ τῷ θεῷ ἐν Χῷ Ἰησοῦ
– 23 ζωὴ αἰώνιος ἐν Χῷ Ἰ. τῷ κυρίῳ ἡμῶν
8 1 οὐδὲν – κατάκριμα τοῖς ἐν Χῷ Ἰησοῦ
– 2 ὁ – νόμος τοῦ πνεύματος τῆς ζωῆς
ἐν Χῷ Ἰησοῦ ἠλευθέρωσέν σε
– 10 εἰ – Χὸς ἐν ὑμῖν, τὸ μὲν σῶμα νεκρόν
– 23 αὐτοὶ ἐνᵈ ἑαυτοῖς στενάζομεν

Rm 8 39 χωρίσαι ἀπὸ τῆς ἀγάπης τοῦ θεοῦ
τῆς ἐν Χῷ Ἰησοῦ τῷ κυρίῳ ἡμῶν
9 1 ἀλήθειαν λέγω ἐν Χῷ – συμμαρτυ-
ρούσης μοι τῆς συνειδήσεώς μου ἐν
πνεύματι ἁγίῳ
(11 25 vl ἵνα μὴ ἦτε ἐν ἑαυτοῖς φρόνιμοι)
12 3 λέγω – παντὶ τῷ ὄντι ἐνᶜ ὑμῖν
– 5 οἱ πολλοὶ ἓν σῶμά ἐσμεν ἐν Χῷ
14 14 πέπεισμαι ἐν κυρίῳ Ἰησοῦ
15 17 ἔχω – [τὴν] καύχησιν ἐν Χῷ Ἰησοῦ τὰ
πρὸς τὸν θεόν
16 2 ἵνα αὐτὴν προσδέξησθε ἐν κυρίῳ
– 3 τοὺς συνεργούς μου ἐν Χῷ Ἰησοῦ 9
– 7 οἳ καὶ πρὸ ἐμοῦ γέγοναν ἐν Χῷ
– 8 τὸν ἀγαπητόν μου ἐν κυρίῳ
– 10 τὸν δόκιμον ἐν Χῷ 11 τοὺς ὄντας ἐν
κυρίῳ 12 τὰς κοπιώσας ἐν κυρίῳ. –
ἥτις πολλὰ ἐκοπίασεν ἐν κυρίῳ 13
τὸν ἐκλεκτὸν ἐν κυρίῳ – 22 ἀσπά-
ζομαι ὑμᾶς – ἐν κυρίῳ 1 Co 16 19
1 Co 1 2 ἡγιασμένοις ἐν Χῷ Ἰησοῦ –> Phl 1 1
– 4 χάριτι – τῇ δοθείσῃ ὑμῖν ἐν Χῷ Ἰησοῦ
– 5 ἐν παντὶ ἐπλουτίσθητε ἐν αὐτῷ
– 30 ἐξ αὐτοῦ – ὑμεῖς ἐστε ἐν Χῷ Ἰησοῦ
2 6 σοφίαν – λαλοῦμεν ἐνᶜ τοῖς τελείοις
7 θεοῦ σοφίαν ἐν μυστηρίῳ
3 1 λαλῆσαι ὑμῖν – ὡς νηπίοις ἐν Χῷ
4 10 ἡμεῖς μωροὶ διὰ Χόν. ὑμεῖς δὲ φρό-
νιμοι ἐν Χῷ
– 15 ἐὰν – μυρίους παιδαγωγοὺς ἔχητε ἐν
Χῷ, – ἐν γὰρ Χῷ Ἰησοῦ διὰ τοῦ εὐ-
αγγελίου ἐγὼ ὑμᾶς ἐγέννησα
– 17 τέκνον ἀγαπητόν – ἐν κυρίῳ
– – τὰς ὁδούς μου τὰς ἐν Χῷ [Ἰησοῦ]
6 2 εἰ ἐν ὑμῖν κρίνεται ὁ κόσμος
7 22 ὁ – ἐν κυρίῳ κληθεὶς δοῦλος
– 39 ἐλευθέρα ἐστὶν ᾧ θέλει γαμηθῆναι,
μόνον ἐν κυρίῳ
9 1 οὐ τὸ ἔργον μου ὑμεῖς ἐστε ἐν κυ-
ρίῳ; 2 ἡ γὰρ σφραγίς μου τῆς ἀπο-
στολῆς ὑμεῖς ἐστε ἐν κυρίῳ
11 11 οὔτε ἀνὴρ χωρὶς γυναικὸς ἐν κυρίῳ
14 25 ὅτι „ὄντως ὁ θεὸς ἐν ὑμῖν ἐστιν"
15 18 οἱ κοιμηθέντες ἐν Χῷ –> 1 Th 4 16
– 22 ἐν τῷ Ἀδὰμ – ἀποθνήσκουσιν, – ἐν
τῷ Χῷ – ζωοποιηθήσονται
– 28 ἵνα ᾖ ὁ θεὸς [τὰ] πάντα ἐν πᾶσιν
– 31 νὴ τ. ὑμετέραν καύχησιν, [ἀδελφοί], ἣν
ἔχω ἐν Χῷ Ἰησοῦ τ. κυρίῳ ἡμῶν
– 58 ὁ κόπος – οὐκ ἔστιν κενὸς ἐν κυρίῳ
16 24 ἡ ἀγάπη μου μετὰ πάντων ὑμῶν ἐν
Χῷ Ἰησοῦ

2 Co 1 19 ναὶ ἐν αὐτῷ γέγονεν 20 ὅσαι γὰρ ἐπ-
αγγελίαι θεοῦ, ἐν αὐτῷ τὸ ναί
2 12 θύρας μοι ἀνεῳγμένης ἐν κυρίῳ
– 14 θριαμβεύοντι ἡμᾶς ἐν τῷ Χῷ
– 17 ἐν Χῷ λαλοῦμεν 12 19
3 14 ὅτι ἐν Χῷ καταργεῖται (sc V. Test.)
4 3 ἐν τοῖς ἀπολλυμένοις ἐστὶν κεκαλυμ-
μένον 4 ἐν οἷς – ἐτύφλωσεν τὰ νοή-
ματα τῶν ἀπίστων
5 17 εἴ τις ἐν Χῷ, καινὴ κτίσις
– 19 θεὸς ἦν ἐν Χῷ κόσμον καταλλάσσων
ἑαυτῷ 21 ἵνα ἡμεῖς γενώμεθα δικαιο-
σύνη θεοῦ ἐν αὐτῷ
8 7 τῇ ἐξ ἡμῶν ἐνᵇ ὑμῖν (vl ἡμ. vg) ἀγάπῃ
11 6 ἐν παντὶ φανερώσαντες ἐν πᾶσιν
(vgᵒ) εἰς ὑμᾶς
– 10 ἔστιν ἀλήθεια Χοῦ ἐν ἐμοί
12 2 οἶδα ἄνθρωπον ἐν Χῷ
13 3 τοῦ ἐν ἐμοὶ λαλοῦντος Χοῦ, ὃς – δυ-
νατεῖ ἐν ὑμῖν 4 ἀσθενοῦμεν ἐν αὐτῷ
5 οὐκ ἐπιγινώσκετε ἑαυτοὺς ὅτι Ἰη-
σοῦς Χός ἐν ὑμῖν;
Gal 1 16 ἀποκαλύψαι τὸν υἱὸν αὐτοῦ ἐν ἐμοί
– 22 ταῖς ἐκκλησίαις – ταῖς ἐν Χῷ
– 24 ἐδόξαζον ἐν ἐμοὶ τὸν θεόν
2 4 κατασκοπῆσαι τὴν ἐλευθερίαν ἡμῶν
ἣν ἔχομεν ἐν Χῷ Ἰησοῦ
– 17 ζητοῦντες δικαιωθῆναι ἐν Χῷ
– 20 ζῶ – οὐκέτι ἐγώ, ζῇ δὲ ἐν ἐμοὶ Χός
3 14 ἵνα εἰς τὰ ἔθνη ἡ εὐλογία τοῦ Ἀ-
βραὰμ γένηται ἐν Χῷ Ἰησοῦ
– 26 υἱοὶ θεοῦ – διὰ τῆς πίστεως ἐν Χ. Ἰ.
– 28 πάντες – εἷς ἐστε ἐν Χῷ Ἰησοῦ
4 19 μέχρις οὗ μορφωθῇ Χὸς ἐν ὑμῖν
5 6 ἐν – Χῷ Ἰησ. οὔτε περιτομή τι ἰσχύει
– 10 ἐγὼ πέποιθα εἰς ὑμᾶς ἐν κυρίῳ
Eph 1 1 τοῖς ἁγίοις – καὶ πιστοῖς ἐν Χῷ Ἰησ.
– 3 ὁ εὐλογήσας ἡμᾶς – ἐν τοῖς ἐπουρα-
νίοις ἐν Χῷ 4 καθὼς ἐξελέξατο ἡμᾶς
ἐν αὐτῷ 6 ἐχαρίτωσεν ἡμᾶς ἐν τῷ ἠ-
γαπημένῳ 7 ἐν ᾧ ἔχομεν τὴν ἀπολύ-
τρωσιν Col 1 14
– 9 κατὰ τὴν εὐδοκίαν –, ἣν προέθετο
ἐν αὐτῷ 10 ἀνακεφαλαιώσασθαι τὰ
πάντα ἐν τῷ Χῷ – ἐν αὐτῷ 11 ἐν ᾧ
καὶ ἐκληρώθημεν 12 εἶναι ἡμᾶς – τοὺς
προηλπικότας ἐν τῷ Χῷ 13 ἐν ᾧ καὶ
ὑμεῖς, –, ἐν ᾧ – πιστεύσαντες ἐσφρα-
γίσθητε τῷ πνεύματι
– 15 πίστιν ἐν τῷ κυρίῳ Ἰησοῦ Col 1 4
– 20 ἣν ἐνήργησεν ἐν τῷ Χῷ ἐγείρας
2 6 συνεκάθισεν ἐν τοῖς ἐπουρανίοις ἐν

Χῷ Ἰησοῦ 7 ἵνα ἐνδείξηται – τὸ –
πλοῦτος τῆς χάριτος – ἐν Χῷ Ἰησοῦ
Eph 2 10 κτισθέντες ἐν Χῷ Ἰ. ἐπὶ ἔργοις ἀγ.
– 13 ἐν Χῷ Ἰησ. ὑμεῖς – ἐγενήθητε ἐγγύς
– 15 ἵνα τοὺς δύο κτίσῃ ἐν (vg vlᵇ) αὐτῷ
εἰς ἕνα καινὸν ἄνθρ. 16 ἀποκαταλ-
λάξῃ τ. ἀμφοτέρους ἐν ἑνὶ σώματι τῷ
θεῷ – ἀποκτείνας τ. ἔχθραν ἐν αὐτῷ
– 20.21 Χοῦ Ἰησοῦ, ἐν ᾧ πᾶσα οἰκοδομὴ
– αὔξει εἰς ναὸν ἅγιον ἐν κυρίῳ, 22
ἐν ᾧ καὶ ὑμεῖς συνοικοδομεῖσθε
3 6 συμμέτοχα τῆς ἐπαγγελίας ἐν Χῷ Ἰ.
– 11 πρόθεσιν – ἣν ἐποίησεν ἐν τῷ Χῷ Ἰ.
τῷ κυρίῳ ἡμῶν
– 12 ἐν ᾧ ἔχομεν τὴν παρρησίαν
– 21 αὐτῷ ἡ δόξα ἐν τῇ ἐκκλησίᾳ καὶ ἐν
Χῷ Ἰησοῦ
4 1 ἐγὼ ὁ δέσμιος ἐν κυρίῳ
– 6 θεὸς –, ὁ – διὰ πάντων καὶ ἐν πᾶσιν
– 17 λέγω καὶ μαρτύρομαι ἐν κυρίῳ
– 21 εἰ – ἐν αὐτῷ ἐδιδάχθητε καθώς ἐ-
στιν ἀλήθεια ἐν τῷ Ἰησοῦ
– 32 καθὼς – ὁ θεὸς ἐν Χῷ ἐχαρίσατο ὑ.
5 8 νῦν δὲ φῶς (sc ἐστε) ἐν κυρίῳ
6 1 ὑπακούετε τοῖς γονεῦσιν – [ἐν κυρίῳ]
2 ἥτις – ἐντολὴ πρώτη ἐν ἐπαγγελίᾳ
– 10 ἐνδυναμοῦσθε ἐν κυρίῳ
– 21 πιστὸς διάκονος ἐν κυρίῳ Col 4 7
Phl 1 1 τοῖς ἁγίοις ἐν Χῷ Ἰησοῦ 4 21
– 13 δεσμούς μου φανεροὺς ἐν Χῷ
– 14 ἐν κυρίῳ πεποιθότας τοῖς δεσμοῖς
– 26 ἵνα τὸ καύχημα ὑμῶν περισσεύῃ ἐν
Χῷ Ἰησοῦ ἐν ἐμοί
– 30 ἀγῶνα – οἷον εἴδετε ἐν ἐμοὶ καὶ νῦν
ἀκούετε ἐν (de) ἐμοί 4 9
2 1 εἴ τις οὖν παράκλησις ἐν Χῷ
– 5 φρονεῖτε ἐν ὑμῖν ὃ καὶ ἐν Χῷ Ἰησοῦ
42 τὸ αὐτὸ φρονεῖν ἐν κυρίῳ
– 19 ἐλπίζω δὲ ἐν κυρίῳ Ἰησοῦ – πέμψαι
24 πέποιθα – ἐν κυρίῳ ὅτι
– 29 προσδέχεσθε οὖν αὐτὸν ἐν κυρίῳ
3 1 χαίρετε ἐν κυρίῳ 44 χ. ἐν κ. πάντο-
τε 10 ἐχάρην – ἐν κυρίῳ μεγάλως
3 κατακαυχώμενοι ἐν Χῷ Ἰησοῦ
– 9 ἵνα Χὸν κερδήσω καὶ εὑρεθῶ ἐν αὐτῷ
– 14 τῆς ἄνω κλήσεως – ἐν Χῷ Ἰησοῦ
4 1 στήκετε ἐν κυρίῳ → 1 Th 3 8
– 7 φρουρήσει τὰς καρδίας ὑμῶν-ἐν Χῷ Ἰ.
– 11 ἔμαθον ἐν οἷς εἰμι αὐτάρκης εἶναι 12
ἐν παντὶ (ubique) καὶ ἐν πᾶσιν μεμύ-
ημαι 13 πάντα ἰσχύω ἐν τῷ ἐνδυνα-
μοῦντί με

Phl 4 19 πληρώσει – χρείαν ὑμῶν – ἐν Χῷ 'I.
Col 1 2 ἁγίοις καὶ πιστοῖς ἀδελφοῖς ἐν Χῷ
– 16 ἐν αὐτῷ ἐκτίσθη τὰ πάντα 17 συν-
   έστηκεν 19 ἐν αὐτῷ εὐδόκησεν πᾶν
   τὸ πλήρωμα κατοικῆσαι 29 ἐν αὐτῷ
   κατοικεῖ – τὸ πλήρωμα τῆς θεότητος
– 27 τί τὸ πλοῦτος – τοῦ μυστηρίου τούτου
   –, ὅ ἐστιν Χὸς ἐν ὑμῖν
– 28 πάντα ἄνθρωπον τέλειον ἐν Χῷ
2 3 Χοῦ, ἐν ᾧ εἰσιν πάντες „οἱ θησαυροὶ
   τῆς σοφίας – ἀπόκρυφοι"
– 6 ἐν αὐτῷ (sc Χῷ 'I.) περιπατεῖτε 7 ἐπ-
   οικοδομούμενοι ἐν αὐτῷ 10 ἐστὲ ἐν
   αὐτῷ πεπληρωμένοι 11 ἐν ᾧ καὶ πε-
   ριετμήθητε 12 ἐν ᾧ καὶ συνηγέρθητε
   15 θριαμβεύσας αὐτοὺς (sc τὰς ἀρ-
   χὰς καὶ τὰς ἐξουσίας) ἐν αὐτῷ
– 23 λόγον – ἔχοντα σοφίας ἐν ἐθελοθρη-
   σκίᾳ –, οὐκ ἐν τιμῇ τινι πρὸς –
3 3 ἡ ζωὴ ὑμῶν κέκρυπται σὺν τῷ Χῷ
   ἐν τῷ θεῷ
– 11 ἀλλὰ [τὰ] πάντα καὶ ἐν πᾶσιν Χός
– 18 ὡς ἀνῆκεν ἐν κυρίῳ 20 τοῦτο γὰρ εὐ-
   άρεστόν ἐστιν ἐν κυρίῳ
4 17 διακονίαν ἣν παρέλαβες ἐν κυρίῳ
1 Th 1 1 τῇ ἐκκλησίᾳ – ἐν θεῷ πατρὶ καὶ κυ-
   ρίῳ Ἰησοῦ Χῷ 2 Th 1 1
2 2 ἐπαρρησιασάμεθα ἐν τῷ θεῷ ἡμῶν
– 14 τῶν ἐκκλησιῶν τοῦ θεοῦ τῶν οὐσῶν
   ἐν τῇ Ἰουδαίᾳ ἐν Χῷ Ἰησοῦ
3 8 ζῶμεν ἐὰν ὑμεῖς στήκετε ἐν κυρίῳ
4 1 παρακαλοῦμεν ἐν κυρίῳ Ἰησοῦ 2 Th
   3 12 Ἰησοῦ Χῷ
– 16 οἱ νεκροὶ ἐν Χῷ ἀναστήσονται
5 12 τοὺς – προϊσταμένους ὑμῶν ἐν κυρίῳ
– 18 θέλημα θεοῦ ἐν Χῷ Ἰησοῦ εἰς ὑμᾶς
2 Th 1 12 „ὅπως ἐνδοξασθῇ τὸ ὄνομα" – Ἰησοῦ
   „ἐν ὑμῖν," καὶ ὑμεῖς ἐν αὐτῷ
3 4 πεποίθαμεν – ἐν κυρίῳ ἐφ' ὑμᾶς
1 Ti 1 14 μετὰ πίστεως καὶ ἀγάπης τῆς ἐν Χῷ
   Ἰησοῦ 3 13 2 Ti 1 13 ἐν πίστει – 3 15
4 15 ταῦτα μελέτα, ἐν τούτοις ἴσθι
2 Ti 1 1 ἐπαγγελίαν ζωῆς τῆς ἐν Χῷ Ἰησοῦ
– 5 τῆς ἐν σοὶ ἀνυποκρίτου πίστεως 6
– 9 χάριν, τὴν δοθεῖσαν ἡμῖν ἐν Χῷ 'I.
2 1 χάριτι τῇ ἐν Χῷ 'I. 10 ἵνα – σω-
   τηρίας τύχωσιν τῆς ἐν Χῷ Ἰησοῦ
3 12 οἱ θέλοντες εὐσεβῶς ζῆν ἐν Χῷ Ἰησ.
Phm 6 ἐν ἐπιγνώσει παντὸς ἀγαθοῦ τοῦ ἐν
   ἡμῖν εἰς Χόν (vg in Christo J.)
8 πολλὴν ἐν Χῷ παρρησίαν ἔχων
16 ἀδελφόν – καὶ ἐν σαρκὶ καὶ ἐν κυρ.

Phm 20 ἐγώ σου ὀναίμην ἐν κυρίῳ· ἀνάπαυ-
   σόν μου τὰ σπλάγχνα ἐν Χῷ
23 ὁ συναιχμάλωτός μου ἐν Χῷ Ἰησοῦ
1 Pe 1 11 εἰς – ποῖον καιρὸν ἐδήλου τὸ ἐν αὐ-
   τοῖς πνεῦμα Χοῦ
2 12 ἐν ᾧ καταλαλοῦσιν ὑμῶν 3 16 ἐν ᾧ
   καταλαλεῖσθε 4 4 ἐν ᾧ ξενίζονται
3 16 τὴν ἀγαθὴν ἐν Χῷ ἀναστροφήν
– 19 πνεύματι· ἐν ᾧ καὶ τοῖς ἐν φυλακῇ
   πνεύμασιν – ἐκήρυξεν
5 10 ὁ καλέσας ὑμᾶς – ἐν Χῷ ['Ἰησοῦ]
– 14 εἰρήνη ὑμῖν πᾶσιν τοῖς ἐν Χῷ
2 Pe 1 4 ἀποφυγόντες τῆς ἐν τῷ κόσμῳ ἐν ἐπι-
   θυμίᾳ (vl vg concupiscentiae) φθορᾶς
1 Jo (→ μένειν) 2 8 ὅ ἐστιν ἀληθὲς ἐν αὐτῷ
   καὶ ἐν ὑμῖν
3 5 ἁμαρτία ἐν αὐτῷ οὐκ ἔστιν
4 9 ἐφανερώθη ἡ ἀγάπη τοῦ θεοῦ ἐν ἡ-
   μῖν 16 τὴν ἀγ. ἣν ἔχει ὁ θεὸς ἐν ἡμῖν
5 10 ἔχει τὴν μαρτυρίαν ἐν ἑαυτῷ (se)
– 11 ἡ ζωὴ ἐν τῷ υἱῷ αὐτοῦ ἐστιν
– 19 ὁ κόσμος – ἐν τῷ πονηρῷ κεῖται
– 20 ἐσμὲν ἐν τῷ ἀληθινῷ, ἐν τῷ υἱῷ (vg
   simus in vero Filio) αὐτοῦ Ἰησοῦ Χῷ
Jud 1 τοῖς ἐν θεῷ πατρὶ ἠγαπημένοις καὶ
   Ἰησοῦ Χῷ τετηρημένοις
Ap 1 9 ὁ ἀδελφὸς ὑμῶν καὶ συγκοινωνὸς ἐν
   τῇ – ὑπομονῇ ἐν Ἰησοῦ
14 13 οἱ νεκροὶ οἱ ἐν κυρίῳ ἀποθνήσκοντες

ἐναγκαλίζεσθαι [a]complecti [b]complexari
   Mar 9 36[a] παιδίον 10 16[b] παιδία

ἐνάλια, τὰ S[o] – cetera (sic pro ceti?)

Jac 3 7 πᾶσα – φύσις – ἐναλίων δαμάζεται

ἔναντι [a]ante [b]coram Luc 1 8 ἔναντι[a] τοῦ
   θεοῦ Act 8 21 οὐκ – εὐθεῖα ἔν.[b] τοῦ θεοῦ

ἐναντίον, τοὐναντίον [a]ante [b]coram [c]in
   conspectu [d]econtrario [e]econtra
Luc 1 6 ἐν.[a] τοῦ θεοῦ 24 19[b] – 20 26[b] τοῦ λαοῦ
Act 7 10 ἐν.[c] Φαραώ 8 32[b] „τοῦ χείραντος"
2 Co 2 7 τοὐναντ.[d] μᾶλλον ὑμᾶς χαρίσασθαι
Gal 2 7[e] 1 Pe 3 9 τοὐναντίον[d] δὲ εὐλογοῦντες

ἐναντίος contrarius [b](ἐ..οι) qui adversantur
   [c]adversus (praepos. c. acc.) [d](ὁ ἐξ
   ἐναντίας) qui ex adverso est
Mat 14 24 ἄνεμος Mar 6 48 – Act 27 4 ἄνεμοι
Mar 15 39[d] Act 26 9 πολλὰ ἐναντία πρᾶξαι
Act 28 17 οὐδὲν ἐναντίον[c] ποιήσας τῷ λαῷ

1 Th 2 15 τῶν – πᾶσιν ἀνθρώποις ἐναντίων[b]

Tit 2 8 ἵνα ὁ ἐξ ἐναντίας[d] ἐντραπῇ

ἐνάρχεσθαι coepisse Gal 3 3 ἐναρξάμενοι
πνεύματι νῦν σαρκὶ ἐπιτελεῖσθε;

Phl 1 6 ὁ ἐναρξάμενος ἐν ὑμῖν ἔργον ἀγαθόν

ἔνατος (ἐνάτη ὥρα) hora nona [b]nonus

Mat 20 5 – 27 45.46 ‖ Mar 15 33.34 Luc 23 44

Act 3 1 ἐπὶ τὴν ὥραν τῆς προσευχῆς τὴν ἐ-
νάτην 10 3.30 τὴν ἐν. προσευχόμενος

Ap 21 20 ὁ ἔνατος[b] (sc θεμέλιος) τοπάζιον

ἐνδεής egens Act 4 34 οὐδὲ – ἐνδεής τις ἦν

ἔνδειγμα S⁰ – exemplum 2 Th 1 5 ἔν. (in
ex.) τῆς δικαίας κρίσεως τοῦ θεοῦ

ἐνδείκνυσθαι [b]ostentare

Rm 2 15 ἐνδείκνυνται τὸ ἔργον τοῦ νόμου γρα-
πτὸν ἐν ταῖς καρδίαις αὐτῶν
9 17 „ἐνδείξωμαι ἐν σοὶ τὴν δύναμίν μου"
– 22 θέλων ὁ θεὸς ἐνδείξασθαι τὴν ὀργήν

2 Co 8 24 τὴν – ἔνδειξιν (ostensionem) τῆς ἀγά-
πης ὑμῶν – εἰς αὐτοὺς ἐνδεικνύμενοι
εἰς πρόσωπον τῶν ἐκκλησιῶν

Eph 2 7 ἵνα ἐνδείξηται – τὸ ὑπερβάλλον πλοῦ-
τος τῆς χάριτος αὐτοῦ

1 Ti 1 16 ἵνα ἐν ἐμοὶ πρώτῳ ἐνδείξηται Χὸς Ἰ.
τὴν ἅπασαν μακροθυμίαν

2 Ti 4 14 Ἀλέξ. – πολλά μοι κακὰ ἐνεδείξατο

Tit 2 10 πᾶσαν πίστιν ἐ..υμένους ἀγαθήν 3 2
πᾶσαν ἐνδεικνυμένους πραΰτητα

Hb 6 10 τῆς ἀγάπης ἧς ἐνεδείξασθε εἰς τὸ ὄν.
– 11 ἕκαστον ὑμῶν τὴν αὐτὴν ἐ..σθαι[b]
σπουδὴν πρὸς τὴν πληροφ. τῆς ἐλπ.

ἔνδειξις S⁰ – ostensio [b]causa

Rm 3 25 εἰς ἔνδειξιν τῆς δικαιοσύνης αὐτοῦ 26

2 Co 8 24 → ἐνδείκνυσθαι – Phl 1 28 αὐτοῖς
ἔνδ.[b] ἀπωλείας, ὑμῶν δὲ σωτηρίας

ἔνδεκα, οἱ undecim Mat 28 16 μαθηταί [Mar
16 14] Luc 24 9.33 Act 1 26 2 14

ἐνδέχατος undecimus Mat 20 6.9 περὶ τὴν ἐν-
δεκάτην ὥραν – Ap 21 20

ἐνδέχεσθαι capere Luc 13 33 οὐκ ἐνδέχεται

ἐνδημεῖν S⁰ – [a]esse in [b]praesentem esse
2 Co 5 6 ἐνδημοῦντες[a] ἐν τῷ σώματι 8 εὐδο-

κοῦμεν μᾶλλον – ἐνδημῆσαι[b] πρὸς τὸν
κύριον 9 εἴτε ἐνδημοῦντες εἴτε ἐκδημοῦν-
τες (absentes – praesentes)

ἐνδιδύσκειν, ..εσθαι induere [b]indui
Mar 15 17 αὐτὸν πορφύραν Luc 16 19[b] βύσσον

ἔνδικος S⁰ – iustus Rm 3 8 ὧν τὸ κρίμα ἔν-
δικόν ἐστιν Hb 2 2 εἰ – πᾶσα παράβασις
– ἔλαβεν ἔνδικον μισθαποδοσίαν

ἐνδοξάζεσθαι [a]glorificari [b]clarificari
2 Th 1 10 „ἐ..σθῆναι[a] ἐν τοῖς ἁγίοις αὐτοῦ"
– 12 „ὅπως ἐ..σθῇ[b] τὸ ὄνομα" τοῦ κυρίου

ἔνδοξος gloriosus (Luc 13 17 quae gloriose
fiebant) [b]nobilis [c]pretiosus
Luc 7 25 οἱ ἐν ἱματισμῷ ἐνδόξῳ[c] καὶ τρυφῇ
13 17 ἐπὶ πᾶσιν τοῖς ἐνδ. τοῖς γινομένοις

1 Co 4 10 ὑμεῖς ἔνδοξοι[b], ἡμεῖς δὲ ἄτιμοι

Eph 5 27 ἵνα παραστήσῃ – ἔνδοξον τὴν ἐκκλη-
σίαν, – ἵνα ᾖ ἁγία καὶ ἄμωμος

ἐνδύειν, ..εσθαι induere [b]indui [c]vestire
[d]vestiri
Mat 6 25 τί ἐνδύσησθε[b] ‖ Luc 12 22[b] (vl[d])
22 11 οὐκ ἐνδεδυμένον[d] ἔνδυμα γάμου
27 31 ἐνέδυσαν αὐτὸν τὰ ἱμάτια αὐτοῦ ‖
Mar 15 20

Mar 1 6 ἐνδεδυμένος[d] τρίχας καμήλου
6 9 μὴ ἐνδύσησθε[b] δύο χιτῶνας

Luc 8 27 χρόνῳ ἱκανῷ οὐκ ἐνεδύσατο[b] ἱμάτιον
15 22 στολὴν – καὶ ἐνδύσατε αὐτόν
24 49 ἕως οὗ ἐνδύσησθε[b] ἐξ ὕψους δύναμιν

Act 12 21 ἐνδυσάμενος[d] ἐσθῆτα βασιλικήν

Rm 13 12 ἐνδυσώμεθα[b] [δὲ] τὰ ὅπλα τ. φωτός
– 14 ἐνδύσασθε[b] τὸν κύριον Ἰησοῦν Χόν

1 Co 15 53 δεῖ – τὸ φθαρτὸν – ἐνδύσασθαι ἀφθαρ-
σίαν καὶ τὸ θνητὸν – ἐνδύσασθαι ἀθα-
νασίαν 54 ὅταν – τὸ φθ. – ἐνδύσηται
ἀφθ. καὶ (vg om τ. φθ. – ἐνδ. ἀφθ.
καί) τὸ θνητὸν ἐνδύσηται ἀθανασίαν
(2 Co 5 3 vl εἴ γε καὶ ἐ..σάμενοι[d] οὐ γυμν.)

Gal 3 27 εἰς Χὸν ἐβαπτίσθητε, Χὸν ἐνεδύσασθε

Eph 4 24 ἐνδύσασθε τὸν καινὸν ἄνθρωπον
Col 3 10 ἐ..σάμενοι τ. νέον (sc ἄνθρ.)
6 11 ἐνδύσασθε τὴν πανοπλίαν τοῦ θεοῦ
– 14 „ἐνδυσάμενοι[b] τὸν θώρακα τῆς δι-
καιοσύνης" 1 Th 5 8[b] πίστεως

Col 3 12 ἐνδύσασθε – σπλάγχνα οἰκτιρμοῦ

Ap 1 13 „ἐνδεδυμένον[d] ποδήρη" 15 6 „ἐνδεδυ-
μένοι[d] λίνον" καθαρὸν 19 14[d] βύσσι-
νον λευκὸν καθαρόν

ἔνδυμα *vestimentum* [b]*vestis*
Mat 3 4 εἶχεν τὸ ἔνδ. - ἀπὸ τριχῶν καμήλου
625 οὐχὶ - πλεῖόν ἐστιν - τὸ σῶμα τοῦ ἐν-
δύματος; 28 περὶ ἐνδύματος τί μερι-
μνᾶτε; ‖ Luc 1223
715 ἔρχονται - ἐν ἐνδύμασι προβάτων
2211[b] 12 μὴ ἔχων ἔνδυμα[b] γάμου;
28 3 τὸ ἔνδυμα αὐτοῦ λευκὸν ὡς χιών

ἐνδυναμοῦν, ..οῦσθαι *confortare*, ..*ari*
[b]*convalescere*
Act 922 Σαῦλος - μᾶλλον ἐνεδυναμοῦτο[b]
Rm 420 (Ἀβραὰμ) ἐνεδυναμώθη τῇ πίστει
Eph 610 ἐνδυναμοῦσθε ἐν κυρίῳ καὶ ἐν τῷ
κράτει τῆς ἰσχύος αὐτοῦ
Phl 413 πάντα ἰσχύω ἐν τῷ ἐνδυναμοῦντί με
1 Ti 112 χάριν ἔχω τῷ ἐνδυναμώσαντί με Χῷ
2 Ti 2 1 ἐνδυναμοῦ ἐν τῇ χάριτι τῇ ἐν Χῷ Ἰ.
417 ὁ δὲ κύριος - ἐνεδυνάμωσέν με

ἐνδύνειν *penetrare*
2 Ti 3 6 οἱ ἐνδύνοντες εἰς τὰς οἰκίας

ἔνδυσις *indumentum* 1 Pe 33 ἱματίων

ἐνδώμησις S° - *structura* Ap 2118 τείχους

ἐνέδρα *insidiae* Act 2316 253

ἐνεδρεύειν *insidiari* Luc 1154 Act 2321

ἐνειλεῖν *involvere* Mar 1546 σινδόνι

ἐνεῖναι, τὰ ἐνόντα *quod superest*
Luc 1141 πλὴν τὰ ἐνόντα δότε ἐλεημοσύνην

*ἕνεκεν, ἕνεκα, εἵνεκεν *propter*
Mat 510 οἱ δεδιωγμ. ἕ. δικαιοσύνης 11 ὅταν -
ὑμᾶς - διώξωσιν - [ψευδόμενοι] ἕ.
ἐμοῦ ‖ Luc 622 ἕν. τοῦ υἱοῦ τ. ἀνθ.
1018 ἐπὶ ἡγεμόνας - ἀχθήσεσθε ἕν. ἐμοῦ
‖ Mar 139 Luc 2112 ἕν. τοῦ ὀνόμ. μου
- 39 ὁ ἀπολέσας τὴν ψυχὴν αὐτοῦ ἕνεκεν
ἐμοῦ 1625 ‖ Mar 835 ἕνεκεν ἐμοῦ καὶ
τοῦ εὐαγγελίου Luc 924
19 5 "ἕνεκα τούτου καταλείψει ἄνθρωπος
τὸν πατέρα καὶ τ. μητέρα" ‖ Mar 107
- 29 ὅστις ἀφῆκεν οἰκίας - ἕνεκεν τοῦ ὀνό-
ματός μου ‖ Mar 1029 ἕνεκεν ἐμοῦ καὶ
ἕνεκεν τοῦ εὐαγγελίου Luc 1829 ἕνε-
κεν τῆς βασιλείας τοῦ θεοῦ

ἐνενήκοντα ἐννέα *nonagintanovem*
Mat 1812 ἀφήσει τὰ ἔ. ἔ. 13 χαίρει - μᾶλλον ἢ

ἐπὶ τοῖς ἐ. ἐ. ‖ Luc 154.7 ἐπὶ ἑνὶ ἁ-
μαρτωλῷ - ἢ ἐπὶ ἐ. ἐ. δικαίοις

ἐνεός *stupefactus* Act 9 7 εἱστήκεισαν ἐνεοί

ἐνέργεια *operatio*
Eph 119 κατὰ τὴν ἐνέργειαν - τῆς ἰσχύος αὐ-
τοῦ 20 ἣν ἐνήργησεν (*operatus est*)
ἐν τῷ Χῷ ἐγείρας αὐτόν
3 7 κατὰ τὴν ἐνέργ. τῆς δυνάμεως αὐτοῦ
416 κατ᾿ ἐνέργειαν ἐν μέτρῳ ἑνὸς ἑκά-
στου μέρους τὴν αὔξησιν - ποιεῖται
Phl 321 κατὰ τὴν ἐνέργειαν τοῦ δύνασθαι αὐ-
τὸν καὶ ὑποτάξαι αὐτῷ τὰ πάντα
Col 129 κοπιῶ - κατὰ τὴν ἐνέργειαν αὐτοῦ
τὴν ἐνεργουμένην (*quam operatur*)
ἐν ἐμοὶ ἐν δυνάμει
212 διὰ τῆς πίστεως τῆς ἐνεργ. τοῦ θεοῦ
2 Th 2 9 κατ᾿ ἐνέργ. τοῦ σατανᾶ ἐν - δυνάμει
- 11 πέμπει αὐτοῖς ὁ θεὸς ἐν..αν πλάνης

ἐνεργεῖν, ..εῖσθαι *operari* [b]*inoperari*
[c]*perficere* [d](ἐνεργουμένη) *assidua*
Mat 14 2 ἠγέρθη -, καὶ διὰ τοῦτο αἱ δυνάμεις
ἐνεργοῦσιν ἐν αὐτῷ ‖ Mar 614 (vl[b])
Rm 7 5 τὰ παθήματα τῶν ἁμαρτιῶν - ἐνηρ-
γεῖτο ἐν τοῖς μέλεσιν ἡμῶν
1 Co 12 6 ὁ δὲ αὐτὸς θεὸς ὁ ἐνεργῶν τὰ πάν-
τα ἐν πᾶσιν Eph 111 τοῦ τὰ πάντα
ἐ..οῦντος κατὰ τὴν βούλησιν - αὐτοῦ
- 11 πάντα - ἐ..εῖ τὸ ἓν καὶ τὸ αὐτὸ πνεῦ.
2 Co 1 6 παρακλήσεως τῆς ἐνεργουμένης ἐν
ὑπομονῇ τῶν αὐτῶν παθημάτων
412 ὁ θάνατος ἐν ἡμῖν ἐνεργεῖται, ἡ δὲ
ζωὴ ἐν ὑμῖν
Gal 2 8 ὁ - ἐνεργήσας Πέτρῳ - ἐνήργησεν καὶ
ἐμοὶ εἰς τὰ ἔθνη
3 5 ὁ - ἐνεργῶν δυνάμεις ἐν ὑμῖν
5 6 πίστις δι᾿ ἀγάπης ἐνεργουμένη
Eph 111 → 1 Co 126 - Eph 119.20 → ἐνέργεια
2 2 τοῦ πνεύματος τοῦ νῦν ἐνεργοῦντος
ἐν τοῖς υἱοῖς τῆς ἀπειθείας
320 κατὰ τὴν δύναμιν τὴν ἐνεργουμένην
ἐν ἡμῖν - Col 129 → ἐνέργεια
Phl 213 θεός - ἐστιν ὁ ἐνεργῶν ἐν ὑμῖν καὶ
τὸ θέλειν καὶ τὸ ἐνεργεῖν[c]
1 Th 213 λόγον θεοῦ, ὃς καὶ ἐνεργεῖται ἐν ὑ-
μῖν τοῖς πιστεύουσιν
2 Th 2 7 τὸ γὰρ μυστήριον ἤδη ἐνεργεῖται τῆς
ἀνομίας
Jac 516 πολὺ ἰσχύει δέησις δικαίου ἐνεργου-
μένη[d]

ἐνέργημα S° – operatio
1 Co 12 6 διαιρέσεις ἐνεργημάτων εἰσίν
– 10 ἄλλῳ δὲ ἐνεργήματα δυνάμεων (vl ἐνέργεια δ..εως, vg op..o virtutum)

ἐνεργής S° – ᵃefficax ᵇevidens (= ἐναργής?)
1 Co 16 9 θύρα – μοι ἀνέῳγεν – ἐνεργής ᵇ
Phm 6 ὅπως ἡ κοινωνία τῆς πίστεώς σου ἐν.ᵇ γένηται ἐν ἐπιγνώσει – ἀγαθοῦ
Hb 412 ζῶν – ὁ λόγος τοῦ θεοῦ καὶ ἐνεργής ᵃ

ἐνευλογεῖν benedicere Act [3 25] Gal 3 8

ἐνέχειν, ..σθαι ᵃinsidiari ᵇinsistere ᶜcontinēri
Mar 619 Ἡρῳδιὰς ἐνεῖχεν ᵃ αὐτῷ Luc 1153ᵇ
Gal 5 1 μὴ πάλιν. ζυγῷ δουλείας ἐνέχεσθε ᶜ

ἐνθυμεῖσθαι cogitare Mat 120 94

ἐνθύμησις S° – cogitatio
Mat 9 4 ἰδὼν – τὰς ἐνθυμήσεις αὐτῶν 1225
Act 1729 χαράγματι – ἐνθυμήσεως ἀνθρώπου
Hb 412 κριτικὸς ἐνθυμήσεων καὶ ἐννοιῶν

οὐκ ἔνι non est
1 Co 6 5 οὕτως οὐκ ἔνι ἐν ὑμῖν – σοφός, – ;
Gal 328 οὐκ ἔνι Ἰουδαῖος οὐδὲ Ἕλλην, οὐκ ἔνι δοῦλος –, οὐκ ἔνι ἄρσεν –
Col 311 τὸν νέον (sc ἄνθρ.) –, ὅπου οὐκ ἔνι Ἕλλην καὶ Ἰουδαῖος, περιτομὴ καὶ ἀκροβυστία, βάρβαρος
Jac 117 παρ' ᾧ οὐκ ἔνι παραλλαγή

ἐνιαυτός annus ᵇper singulos annos
Luc 419 „κηρῦξαι ἐνιαυτὸν κυρίου δεκτόν"
Joh 1149 ἀρχιερεὺς ὢν τοῦ ἐνιαυτοῦ 51 1813
Act 1126 ἐνιαυτὸν ὅλον συναχθῆναι ἐν τῇ ἐκκλησίᾳ 1811 ἑκάδησεν – ἐνιαυτὸν καὶ μῆνας ἓξ διδάσκων ἐν αὐτοῖς
Gal 410 παρατηρεῖσθε – καιροὺς καὶ ἐ..ούς
Hb 9 7 ἅπαξ τοῦ ἐν. 25 ὁ ἀρχιερεὺς εἰσέρχεται – κατ' ἐνιαυτόν ᵇ 101 κατ' ἐνιαυτὸν ᵇ ταῖς αὐταῖς θυσίαις 3 ἐν αὐταῖς ἀνάμνησις ἁμαρτιῶν κατ' ἐνιαυτόν ᵇ
Jac 413 καὶ ποιήσομεν ἐκεῖ ἐνιαυτὸν 517 οὐκ ἔβρεξεν ἐπὶ τῆς γῆς ἐ..οὺς τρεῖς
Ap 915 ἡτοιμασμένοι εἰς – μῆνα καὶ ἐνιαυτόν

ἐνιστάναι instare ᵇ(part.) praesens, ..tia
Rm 838 οὔτε ἐνεστῶτα (instantia) οὔτε μέλλοντα 1 Co 322 εἴτε ἐν.ᵇ εἴτε μέλλ.
1 Co 726 καλὸν – διὰ τὴν ἐνεστῶσαν ἀνάγκην

Gal 1 4 ὅπως ἐξέληται ἡμᾶς ἐκ τοῦ αἰῶνος τοῦ ἐνεστῶτος ᵇ πονηροῦ
2 Th 2 2 ὡς ὅτι ἐνέστηκεν ἡ ἡμέρα τοῦ κυρίου
2 Ti 3 1 ἐνστήσονται καιροὶ χαλεποί
Hb 9 9 ἥτις παραβολὴ εἰς τὸν καιρὸν τὸν ἐνεστηκότα

ἐνισχύειν ᵃconfortare ᵇconfortari
[[Luc 2243 ὤφθη – ἄγγελος – ἐνισχύων ᵃ αὐτόν]]
Act 919 λαβὼν τροφὴν ἐν..σεν (vl ἐνισχύθη) ᵇ

ἐννέα novem Luc 1717 οἱ δὲ ἐννέα που;
→ ἐνενήκοντα ἐννέα

ἐννεύειν innuere Luc 162 τῷ πατρί

ἔννοια ᵃintentio ᵇcogitatio
Hb 412 κριτικὸς – ἐννοιῶν ᵃ καρδίας
1 Pe 4 1 ὑμεῖς τὴν αὐτὴν ἔννοιαν ᵇ ὁπλίσασθε

ἔννομος ᵃlegitimus ᵇin lege
Act 1939 ἐν τῇ ἐ..ῳ ᵃ ἐκκλησίᾳ ἐπιλυθήσεται
1 Co 921 μὴ – ἄνομος θεοῦ ἀλλ' ἔννομος ᵇ Χοῦ

ἔννυχα diluculo Mar 135 ἔννυχα – ἀναστάς

ἐνοικεῖν inhabitare ᵇhabitare
Rm (717 vl ἡ ἐνοικοῦσα ᵇ ἐν ἐμοὶ ἁμαρτία) 811 διὰ τοῦ ἐνοικοῦντος αὐτοῦ πνεύματος ἐν ὑμῖν 2 Ti 114ᵇ ἐν ἡμῖν
2 Co 616 εἶπεν ὁ θ. ὅτι „ἐνοικήσω ἐν αὐτοῖς"
Col 316 ὁ λόγος τοῦ Χοῦ ἐνοικείτω ᵇ ἐν ὑμῖν πλουσίως
2 Ti 1 5 τῆς – ἀνυποκρίτου πίστεως, ἥτις ἐνῴκησεν ᵇ πρῶτον ἐν τῇ μάμμῃ σου

ἐνορκίζειν adiurare aliquem per
1 Th 527 ἐν..ω ὑμᾶς τὸν κύριον ἀναγνωσθῆναι

ἑνότης S° – unitas
Eph 4 3 τηρεῖν τὴν ἑνότητα τοῦ πνεύματος – 13 εἰς τὴν ἑν. τῆς πίστεως καὶ τῆς ἐπιγνώσεως τοῦ υἱοῦ τοῦ θεοῦ

ἐνοχλεῖν, ..εῖσθαι ᵃimpedire ᵇvexari
Luc 618 οἱ ἐ..ούμενοι ᵇ ἀπὸ πνευμάτων ἀκαθ.
Hb 1215 „μή τις ῥίζα πικρίας – ἐνοχλῇ ᵃ" (S Deut 2917 ἐν χολῇ, vl ἐνοχλῇ)

ἔνοχος reus ᵇobnoxius (servituti)
Mat 5 21 ὃς δ' ἂν φονεύσῃ, ἔν. ἔσται τῇ κρίσει 22 ὁ ὀργιζόμενος – ἔνοχος ἔσται τῇ κρίσει· – ῥακά, ἔνοχος – τῷ συνεδρίῳ· – μωρέ, ἔνοχος – εἰς τὴν γέενναν

Mat 26 66 ἔνοχος θανάτου ἐστίν ‖ Mar 14 64
Mar 3 29 ἔνοχός ἐστιν αἰωνίου ἁμαρτήματος
1 Co 11 27 ἔνοχος ἔσται τοῦ σώματος καὶ τοῦ
αἵματος τοῦ κυρίου
Hb 2 15 ὅσοι φόβῳ θανάτου διὰ παντὸς τοῦ
ζῆν ἔνοχοι^b ἦσαν δουλείας
Jac 2 10 γέγονεν πάντων ἔνοχος

ἔνταλμα praeceptum ^b mandatum
Mat 15 9 „ἐ..τα^b ἀνθρώπων" ‖ Mar 7 7 – Col 2 22

ἐνταφιάζειν sepelire Mat 26 12 Joh 19 40

ἐνταφιασμός S° – sepultura
Mar 14 8 Joh 12 7 εἰς – ἡμέραν τοῦ ἐντ. μου

ἐντέλλεσθαι mandare ^b praecipere
Mat 4 6 „τοῖς ἀγγέλοις αὐτοῦ ἐντελεῖται (mandavit, vl ..bit) περὶ σοῦ" ‖ Luc 4 10
17 9 ἐνετείλατο^b αὐτοῖς ὁ Ἰησοῦς
19 7 Μωϋσῆς ἐνετείλατο ‖ Mar 10 3^b –
‖[Joh 8 5 τὰς τοιαύτας λιθάζειν]‖
28 20 τηρεῖν πάντα ὅσα ἐνετειλάμην ὑμῖν
Mar 13 34 θυρωρῷ ἐνετείλατο^b ἵνα γρηγορῇ
Joh 14 31 καθὼς ἐνετείλατό (vl ἐντολὴν ἔδωκέν vg mandatum dedit) μοι ὁ πατήρ
15 14 ἃ ἐγὼ ἐντέλλομαι^b ὑμῖν 17 ταῦτα ἐ..
ομαι ὑμῖν, ἵνα ἀγαπᾶτε ἀλλήλους
Act 1 2 ἐντειλάμενος^b τοῖς ἀποστόλοις
13 47 οὕτως – ἐντέταλται^b ἡμῖν ὁ κύριος
Hb 9 20 „τῆς διαθήκης ἧς ἐνετείλατο πρὸς ὑ-
μᾶς ὁ θεός"
11 22 περὶ τῶν ὀστέων αὐτοῦ ἐνετείλατο

ἔντευξις ^a postulatio ^b oratio
1 Ti 2 1 ποιεῖσθαι – ἐντεύξεις^a 4 5 ἁγιάζεται
– διὰ λόγου θεοῦ καὶ ἐντεύξεως^b

(ἐντιθέναι interponere Act 18 4 vl ἐντιθεὶς
τὸ ὄνομα τοῦ κυρίου Ἰησοῦ vg)

ἔντιμος ^a honoratus ^b honorificatus ^c cum
honore (habere) ^d pretiosus
Luc 7 2 δοῦλος –, ὃς ἦν αὐτῷ ἔντιμος^d
14 8 μήποτε ἐ..ότερός^a σου ᾖ κεκλημένος
Phl 2 29 τοὺς τοιούτους ἐντίμους^c ἔχετε
1 Pe 2 4 „λίθον" ζῶντα, – παρὰ δὲ θεῷ „ἐκ-
λεκτὸν ἔντιμον^b" 6^d

ἐντολή mandatum ^b praeceptum
Mat 5 19 ὃς ἐὰν – λύσῃ μίαν τῶν ἐντολῶν τού-
των τῶν ἐλαχίστων

Mat 15 3 παραβαίνετε τὴν ἐντ. τοῦ θεοῦ ‖ Mar
7 8 ἀφέντες τὴν ἐντ. τοῦ θεοῦ 9 κα-
λῶς ἀθετεῖτε τὴν ἐντολὴν^b τοῦ θεοῦ
19 17 τήρησον τὰς ἐντολάς ‖ Mar 10 19 τὰς
ἐντολὰς^b οἶδας Luc 18 20
22 36 ποία ἐντολὴ μεγάλη ἐν τῷ νόμῳ; 38
αὕτη ἐστὶν ἡ μεγ. καὶ πρώτη ἐντολή
40 ἐν ταύταις ταῖς δυσὶν ἐντ. ‖ Mar
12 28 ποία – ἐντ. πρώτη πάντων; (30
vl) 31 μείζων – ἄλλη ἐντ. οὐκ ἔστιν
Mar 10 5 ἔγραψεν ὑμῖν τὴν ἐντολὴν^b ταύτην
Luc 1 6 πορευόμενοι ἐν πάσαις ταῖς ἐντολαῖς
15 29 οὐδέποτε ἐντολήν σου παρῆλθον
23 56 τὸ – σάββ. ἡσύχασαν κατὰ τὴν ἐντ.
Joh 10 18 ταύτην τὴν ἐντολὴν ἔλαβον παρὰ τοῦ
πατρός μου 12 49 ὁ – πατὴρ αὐτὸς
μοι ἐντολὴν δέδωκεν τί εἴπω 50 ἡ ἐν-
τολὴ αὐτοῦ ζωὴ αἰώνιός ἐστιν
11 57 δεδώκεισαν – οἱ ἀρχιερεῖς – ἐντολάς
13 34 ἐντολὴν καινὴν δίδωμι ὑμῖν 15 12 αὕ-
τη ἐστὶν ἡ ἐντολὴ^b ἡ ἐμή
14 15 τὰς ἐντ. τὰς ἐμὰς τηρήσετε 21 ὁ ἔχων
τὰς ἐντ. μου καὶ τηρῶν (31 vl) 15 10 ἐὰν
τὰς ἐντ.^b μου τηρήσητε, – καθὼς ἐγὼ
τὰς ἐντ.^b τοῦ πατρός μου τετήρηκα
Act 17 15 λαβόντες ἐντολὴν πρὸς τὸν Σιλᾶν
Rm 7 8 ἀφορμὴν – λαβοῦσα ἡ ἁμαρτία διὰ
τῆς ἐντολῆς 11 – 9 ἐλθούσης – τῆς
ἐντ. ἡ ἁμαρτία ἀνέζησεν 10 εὑρέθη
μοι ἡ ἐντ. ἡ εἰς ζωήν, – εἰς θάνατον
– 12 ἡ ἐντολὴ ἁγία καὶ δικαία καὶ ἀγαθή
– 13 ἵνα γένηται καθ' ὑπερβολὴν ἁμαρτω-
λὸς ἡ ἁμαρτία διὰ τῆς ἐντολῆς
13 9 εἴ τις ἑτέρα ἐντ., ἐν τῷ λόγῳ τούτῳ
1 Co 7 19 ἀλλὰ τήρησις ἐντολῶν θεοῦ
14 37 ἃ γράφω – ὅτι κυρίου ἐστὶν ἐντολή
Eph 2 15 τὸν νόμον τῶν ἐντολῶν ἐν δόγμασιν
6 2 ἐστὶν ἐντολὴ πρώτη ἐν ἐπαγγελίᾳ
Col 4 10 Μᾶρκος –, περὶ οὗ ἐλάβετε ἐντολάς
1 Ti 6 14 τηρῆσαί σε τὴν ἐντολὴν ἄσπιλον
Tit 1 14 μὴ προσέχοντες – ἐντολαῖς ἀνθρώπων
Hb 7 5.16 κατὰ νόμον ἐ..ῆς σαρκίνης 18 ἀθέ-
τησις – γίνεται προαγούσης ἐ..ῆς 9 19
2 Pe 2 21 ἐκ τῆς παραδοθείσης – ἁγίας ἐντολῆς
3 2 μνησθῆναι – τῆς τῶν ἀποστόλων ὑμῶν
ἐντολῆς^b τοῦ κυρίου καὶ σωτῆρος
1 Jo 2 3 ἐὰν τὰς ἐντ. αὐτοῦ τηρῶμεν 4 ὁ – τὰς
ἐντ. αὐτοῦ μὴ τηρῶν 3 22 ὅτι τὰς ἐν-
τολὰς αὐτοῦ 5 2 ὅταν τὸν θεὸν ἀγα-
πῶμεν καὶ τὰς ἐντολὰς αὐτοῦ ποι-
ῶμεν 3 αὕτη – ἐστὶν ἡ ἀγάπη τοῦ θεοῦ,

ἵνα τὰς ἐντολὰς αὐτοῦ τηρῶμεν· καὶ
αἱ ἐντολαὶ αὐτοῦ βαρεῖαι οὐκ εἰσίν
1 Jo 2 7 οὐκ ἐντολὴν καινὴν γράφω ὑμῖν, ἀλλ'
ἐντολὴν παλαιάν –· ἡ ἐντολὴ ἡ πα-
λαιά ἐστιν ὁ λόγος ὃν ἠκούσατε 8
πάλιν ἐντολὴν καινὴν γράφω ὑμῖν
3 23 αὕτη ἐστὶν ἡ ἐντολὴ αὐτοῦ, ἵνα πι-
στεύσωμεν – καὶ ἀγαπῶμεν ἀλλήλους
καθὼς ἔδωκεν ἐντολὴν ἡμῖν
4 21 ταύτην τὴν ἐντολ. ἔχομεν ἀπ' αὐτοῦ
2 Jo 4 καθὼς ἐ..ὴν ἐλάβομεν παρὰ τ. πατρός
5 οὐχ ὡς ἐ.ὴν καινὴν γράφων σοι ἀλ-
λὰ ἣν εἴχομεν ἀπ' ἀρχῆς, ἵνα ἀγαπ.
6 ἵνα περιπατῶμεν κατὰ τὰς ἐντ. αὐτοῦ·
αὕτη ἡ ἐντ. ἐστιν, –ἵνα ἐν αὐτῇ περ.
Ap 12 17 πόλεμον μετὰ – τῶν τηρούντων τὰς
ἐντ. τοῦ θεοῦ 14 12 οἱ τηρ. τὰς ἐντ.

ἐντόπιοι S° – qui loci illius erant Act 21 12

ἐντός ᵃintus ᵇintra
Mat 23 26 καθάρισον – τὸ ἐντὸςᵃ τοῦ ποτηρίου
Luc 17 21 ἡ βασιλεία τ. θεοῦ ἐντὸςᵇ ὑμῶν ἐστιν

ἐντρέπειν, ..εσθαι ᵃconfundere, ..di ᵇverēri
                    ᶜreverēri
Mat 21 37 ἐντραπήσονταιᵇ τὸν υἱόν μου ‖ Mar
    12 6ᶜ Luc 20 13 ἴσως τοῦτον ἐντρ.ᵇ
Luc 18 2 ἄνθρωπον μὴ ἐ..όμενοςᶜ 4 ἐ..ομαιᶜ
1 Co 4 14 οὐκ ἐντρέπωνᵃ ὑμᾶς γράφω ταῦτα
2 Th 3 14 τοῦτον σημειοῦσθε, μὴ συναναμίγνυ-
σθαι αὐτῷ, ἵνα ἐντραπῇᵃ
Tit 2 8 ἵνα ὁ ἐξ ἐναντίας ἐντραπῇᵇ
Hb 12 9 τοὺς – τῆς σαρκὸς ἡμῶν πατέρας εἴ-
χομεν παιδευτὰς καὶ ἐνετρεπόμεθαᶜ

ἐντρέφειν S° – enutrire 1 Ti 4 6 ἐντρεφό-
μενος τοῖς λόγοις τῆς πίστεως

ἔντρομος (ἔ. γενόμ.) tremefactus ᵇtremebun-
dus Act 7 32 Μωϋ. ‖ Hb 12 21ᵇ – Act 16 29

ἐντροπή ᵃverecundia ᵇreverentia
1 Co 6 5 πρὸς ἐντροπὴνᵃ ὑμῖν λέγω 15 34ᵇ

ἐντρυφᾶν deliciis affluere 2 Pe 2 13

ἐντυγχάνειν interpellare ᵇpostulare
Act 25 24 περὶ οὗ – τὸ πλῆθος τῶν Ἰουδαίων
ἐνέτυχόν μοι –, βοῶντες μὴ δεῖν
Rm 8 27 κατὰ θεὸν ἐ..νειᵇ (sc πνεῦμα) ὑπὲρ
ἁγίων 34 Χ. [Ἰησοῦς] –, ὃς καὶ ἐ..νει

ὑπὲρ ἡμῶν 11 2 ὡς ἐντυγχάνει (sc
Ἡλίας) τῷ θεῷ κατὰ τοῦ Ἰσραήλ
Hb 7 25 ζῶν εἰς τὸ ἐντυγχάνειν ὑπὲρ αὐτῶν

ἐντυλίσσειν S° – involvere Mat 27 59 [ἐν] σιν-
δόνι ‖ Luc 23 53 – Joh 20 7 σουδάριον

ἐντυποῦν deformare 2 Co 3 7 λίθοις

ἐνυβρίζειν S° – contumeliam facere alicui
Hb 10 29 τὸ πνεῦμα τῆς χάριτος ἐνυβρίσας

ἐνυπνιάζεσθαι somniare Act 2 17
Jud 8 ὁμοίως – καὶ οὗτοι ἐ..όμενοι (vg°)

ἐνύπνιον somnium Act 2 17

ἐνώπιον coram ᵇante ᶜante faciem ᵈin con-
spectu ᵉante conspectum
Luc 1 15 ἔσται (Ἰωάν.) – μέγας ἐν. [τοῦ] κυρίου
– 17 προελεύσεται ἐν.ᵇ αὐτοῦ 76 προπο-
ρεύσῃ γὰρ –ἐν.ᶜ κυρίου ἑτοιμάσαι"
– 19 Γαβριὴλ ὁ παρεστηκὼς ἐν.ᵇ τοῦ θεοῦ
– 75 λατρεύειν – ἐν – δικαιοσύνῃ ἐν. αὐτοῦ
4 7 ἐὰν προσκυνήσῃς ἐν. ἐμοῦ, ἔσται σοῦ
5 18 ἐζήτουν αὐτὸν – θεῖναι [αὐτὸν] ἐν.ᵇ
αὐτοῦ 25 ἀναστὰς ἐνώπιον αὐτῶν
8 47 ἀπήγγειλεν ἐνώπιον παντὸς τοῦ λαοῦ
12 6 ἓν ἐξ αὐτῶν (sc τῶν στρουθίων) οὐκ
ἔστιν ἐπιλελησμένον ἐνώπιον τοῦ θεοῦ
– 9 ὃ δὲ ἀρνησάμενός με ἐν. τῶν ἀνθρ.
ἀπαρνηθήσεται ἐν. τῶν ἀγγ. τ. θεοῦ
13 26 ἐφάγομεν ἐνώπιόν σου καὶ ἐπίομεν
14 10 ἔσται σοι δόξα ἐνώπιον πάντων
15 10 χαρὰ γίνεται ἐνώπιον τῶν ἀγγέλων τοῦ θεοῦ
– 18 πάτερ, ἥμαρτον – ἐνώπιόν σου 21
16 15 ὑμεῖς ἐστε οἱ δικαιοῦντες ἑαυτοὺς
ἐν. τῶν ἀνθρ. –· ὅτι τὸ ἐν ἀνθρώποις
ὑψηλὸν βδέλυγμα ἐνώπιονᵇ τοῦ θεοῦ
23 14 ἐνώπιον ὑμῶν ἀνακρίνας οὐθὲν εὗρον
24 11 ἐφάνησαν ἐνώπ.ᵇ αὐτῶν ὡσεὶ λῆρος
– 43 λαβὼν ἐνώπιον αὐτῶν ἔφαγεν
Joh 20 30 σημεῖα ἐποίησεν – ἐν.ᵈ τῶν μαθητῶν
Act 2 25 "προορώμην τὸν κύριον ἐνώπιόνᵈ
μου (vg vlᵃ) διὰ παντός"
4 10 οὗτος παρέστηκεν ἐνώπ. ὑμῶν ὑγιής
– 19 εἰ δίκαιόν ἐστιν ἐνώπιονᵈ τοῦ θεοῦ
6 5 ἤρεσεν ὁ λόγος ἐν. – τοῦ πλήθους
– 6 οὓς ἔστησαν ἐνώπ.ᵉ τῶν ἀποστόλων
7 46 ὃς εὗρεν χάριν ἐνώπιονᵇ τοῦ θεοῦ
9 15 βαστάσαι τὸ ὄνομά μου ἐνώπ. ἐθνῶν
τε καὶ βασιλέων υἱῶν τε Ἰσραήλ

Act 10₃₀ ἀνὴρ ἔστη ἐν.ᵇ μου ἐν ἐσθῆτι λαμπρᾷ
- 31 αἱ ἐλεημοσύναι σου ἐμνήσθησαν ἐνώ-
πιονᵈ τοῦ θεοῦ → Ap 16₁₉
- 33 πάντες ἡμεῖς ἐνώπιονᵈ τοῦ θεοῦ
πάρεσμεν ἀκοῦσαι
19 ₉ κακολογοῦντες τὴν ὁδὸν ἐνώπιον τοῦ
πλήθους 19 κατέκαιον ἐνώπ. πάντων
27₃₅ εὐχαρίστησεν τῷ θεῷ ἐνώπ.ᵈ πάντων
Rm 3₂₀ „οὐ δικαιωθήσεται – ἐνώπιον αὐτοῦ"
12₁₇ „προνοούμενοι καλὰ ἐνώπ." πάντων
„ἀνθρώπων" 2 Co 8₂₁ „προνοοῦμεν
– καλὰ" οὐ μόνον „ἐνώπιον κυρίου"
ἀλλὰ „καὶ" ἐνώπιον „ἀνθρώπων"
14₂₂ σὺ πίστιν [ἣν] ἔχεις κατὰ σεαυτὸν
ἔχε ἐνώπιον τοῦ θεοῦ
1 Co 1₂₉ μὴ καυχήσηται – σὰρξ ἐν.ᵈ τοῦ θεοῦ
2 Co 4 2 συνιστάνοντες ἑαυτοὺς πρὸς πᾶσαν
συνείδησιν ἀνθρώπων ἐν. τοῦ θεοῦ
7₁₂ φανερωθῆναι τὴν σπουδὴν ὑμῶν –
πρὸς ὑμᾶς ἐνώπιον τοῦ θεοῦ
Gal 1₂₀ ἰδοὺ ἐν. τοῦ θεοῦ ὅτι οὐ ψεύδομαι
1 Ti 2 3 καλὸν καὶ ἀπόδεκτον ἐν. τοῦ σωτῆρος
ἡμῶν θεοῦ 5₄ ἐνώπιον τοῦ θεοῦ
5₂₀ ἁμαρτάνοντας ἐνώπ. πάντων ἔλεγχε
- 21 διαμαρτύρομαι ἐνώπιον τοῦ θεοῦ καὶ
Χοῦ Ἰ. καὶ τῶν ἐκλεκτῶν ἀγγέλων
2 Ti 2₁₄ ἐν. τ. θεοῦ 4₁ ἐν. τ. θεοῦ καὶ
Χοῦ Ἰησοῦ, τοῦ μέλλοντος κρίνειν
6₁₂ ὡμολόγησας τὴν καλὴν ὁμολογίαν
ἐν. πολλῶν μαρτύρων 13 παραγγέλ-
λω [σοι] ἐν. τ. θεοῦ – καὶ Χοῦ Ἰ.
Hb 4₁₃ οὐκ ἔστιν κτίσις ἀφανὴς ἐν.ᵈ αὐτοῦ,
πάντα δὲ γυμνὰ – τοῖς ὀφθ. αὐτοῦ
13₂₁ ποιῶν ἐν ἡμῖν τὸ εὐάρεστον ἐνώπιον
αὐτοῦ διὰ Ἰησοῦ Χοῦ
Jac 4₁₀ ταπεινώθητε ἐνώπιονᵈ κυρίου
1 Pe 3 4 ὅ ἐστιν ἐνώπιονᵈ τοῦ θεοῦ πολυτελές
1 Jo 3₂₂ τὰ ἀρεστὰ ἐνώπιον αὐτοῦ ποιοῦμεν
3 Jo 6 οἳ ἐμαρτύρησάν σου τῇ ἀγάπῃ ἐνώ-
πιονᵈ ἐκκλησίας
Ap 1 4 τῶν ἑπτὰ πνευμάτων ἃ ἐνώπιονᵈ τοῦ
θρόνου αὐτοῦ 4₅ ἑπτὰ λαμπάδες –
ἐν.ᵇ τοῦ θρόν. 6 ἐν.ᵈ τοῦ θρ. ὡς θά-
λασσα ὑαλίνη 10 βαλοῦσιν τοὺς στε-
φάνους – ἐνώπιονᵇ τοῦ θρ. 7₉ ὄχλος
πολὺς –, ἑστῶτες ἐν.ᵇ τοῦ θρόν. καὶ
ἐν.ᵈ τοῦ ἀρνίου 11 ἔπεσαν ἐν.ᵈ τοῦ
θρόν. 15 διὰ τοῦτό εἰσιν ἐν.ᵇ τοῦ θρ.
τοῦ θεοῦ 83 τὸ θυσιαστήριον – τὸ
ἐν.ᵇ τοῦ θρ. 14₃ ᾄδουσιν – ἐν.ᵇ τοῦ
θρόν. καὶ ἐν.ᵇ τῶν – ζῴων 20₁₂ τοὺς
νεκροὺς – ἑστῶτας ἐν.ᵈ τοῦ θρόνου

Ap 2₁₄ βαλεῖν σκάνδαλον ἐν. – υἱῶν Ἰσραήλ
3 2 οὐ γὰρ εὕρηκά σου τὰ ἔργα πε-
πληρωμένα ἐνώπιον τοῦ θεοῦ μου
- 5 ὁμολογήσω τὸ ὄνομα αὐτοῦ ἐνώπιον
τοῦ πατρός μου καὶ ἐν. τῶν ἀγγέλ.
- 8 δέδωκα ἐν. σου θύραν ἠνεῳγμένην
- 9 „προσκυνήσουσιν ἐν.ᵇ τῶν ποδῶν σ."
4₁₀ πεσοῦνται – ἐν.ᵇ τ. „καθημένου ἐπὶ
τοῦ θρόνου" 5₈ ἐνώπιον τοῦ ἀρνίου
8 2 ἀγγέλους οἳ ἐν.ᵈ τοῦ θεοῦ ἑστήκασιν
- 4 ἀνέβη ὁ καπνὸς – ἐνώπιον τοῦ θεοῦ
9₁₃ τοῦ θυσιαστηρίου – τοῦ ἐνώπιον (an-
te oculos) τοῦ θεοῦ
11 4 „αἱ ἐν.ᵈ τοῦ κυρίου τῆς γῆς ἑστῶτ."
– 16 [οἱ] ἐνώπιονᵈ τοῦ θεοῦ καθήμενοι
12 4 δράκων ἔστηκεν ἐνώπ.ᵇ τῆς γυναικός
– 10 ὁ κατηγορῶν αὐτοὺς ἐν.ᵉ τοῦ θεοῦ
13₁₂ τὴν ἐξουσίαν τοῦ πρώτου θηρίου –
ποιεῖ ἐνώπιονᵈ αὐτοῦ 13 πῦρ – ἐκ τοῦ
οὐρανοῦ – ἐνώπιονᵈ τῶν ἀνθρώπων
14 σημεῖα – ποιῆσαι ἐνώπιονᵈ τοῦ θη-
ρίου 19₂₀ ὁ ψευδοπροφήτης ὁ ποιή-
σας τὰ σημεῖα ἐνώπιον αὐτοῦ
14₁₀ βασανισθήσεται – ἐνώπιονᵈ ἀγγέλων
ἁγίων καὶ ἐνώπιονᵉ τοῦ ἀρνίου
15 4 „προσκυνήσουσιν ἐνώπιονᵈ σου," ὅτι
16₁₉ Βαβυλὼν – ἐμνήσθη ἐνώπ.ᵇ τοῦ θεοῦ
δοῦναι αὐτῇ τὸ ποτήριον – τῆς ὀργῆς

Ἐνώς   Luc 3₃₈ τοῦ Ἑ. τοῦ Σὴθ τοῦ Ἀδάμ

ἐνωτίζεσθαι   auribus percipere   Act 2₁₄

Ἐνώχ   Luc 3₃₇ Hb 11₅ Jud 14 προεφήτευσεν

ἐξαγγέλλειν   annunciare ‖Mar brev. claus.
vg° τοῖς περὶ τὸν Πέτρον – ἐξήγγειλαν‖
1 Pe 2 9 „ὅπως τὰς ἀρετὰς ἐξαγγείλητε" τοῦ
– ὑμᾶς καλέσαντος εἰς τ. – αὐτοῦ φῶς

ἐξάγειν   educere   ᵇeiicere
Mar 15₂₀ ἐξάγουσιν αὐτὸν ἵνα σταυρώσωσιν
Luc 24₅₀ ἐξήγαγεν – αὐτοὺς [ἔξω] ἕως πρὸς
Βηθ. – Joh 10 3 ἐξάγει αὐτὰ (πρόβ.)
Act 5₁₉ 12₁₇ ἐκ τῆς φυλακῆς 16₃₇ αὐτοὶ ἡμᾶς
ἐξαγαγέτωσανᵇ 39 ἐξαγαγόντες
7₃₆.₄₀ „ἐκ γῆς Αἰγύπτου" 13₁₇ Hb 8₉
21₃₈ εἰς τὴν ἔρημον (sc σικαρίους)

ἐξαγοράζειν, ..εσθαι   redimere
Gal 3₁₃ Χὸς ἡμᾶς ἐξηγόρασεν ἐκ τῆς κατ-
άρας τοῦ νόμου 4₅ ἵνα τοὺς ὑπὸ

νόμον ἐξαγοράσῃ, ἵνα τὴν υἱοθεσίαν
Eph 5 16 ἐξαγοραζόμενοι τὸν καιρόν Col 4 5

ἐξαιρεῖν,..εῖσθαι eripere [b]eruere [c]liberare
Mat 5 29 ἔξελε[b] αὐτὸν καὶ βάλε ἀπὸ σοῦ 18 9[b]
Act 7 10 ἐξείλατο αὐτὸν ἐκ – τῶν θλίψεων
– 34 „κατέβην ἐξελέσθαι[c] αὐτούς"
12 11 ἐξείλατό με ἐκ χειρὸς Ἡρῴδου 23 27
26 17 „ἐξαιρούμενός σε" ἐκ τοῦ λαοῦ
Gal 1 4 ὅπως ἐξέληται ἡμᾶς ἐκ τοῦ αἰῶνος
τοῦ ἐνεστῶτος πονηροῦ

ἐξαίρειν auferre
1 Co 5 13 „ἐξάρατε τὸν πονηρὸν ἐξ ὑμῶν"

ἐξαιτεῖσθαι S[o] – expetere Luc 22 31 ὁ σα-
τανᾶς ἐξῃτήσατο ὑμᾶς τοῦ σινιάσαι

ἐξαίφνης subito [b]repente Mar 13 36 μὴ ἐλ-
θὼν ἐξ.[b] εὕρῃ ὑμᾶς καθεύδοντας
Luc 2 13 9 39 κράζει – Act 9 3 φῶς 22 6

ἐξακολουθεῖν sequi
2 Pe 1 16 οὐ – σεσοφισμένοις μύθοις ἐξ..ήσαν-
τες 2 2 πολλοὶ ἐξ..ήσουσιν – ταῖς ἀσελγεί-
αις 15 ἐξ..ήσαντες τῇ ὁδῷ τοῦ Βαλαάμ

ἐξακόσιοι sexcenti Ap 13 18 14 20

ἐξαλείφειν delēre [b]abstergere
Act 3 19 εἰς τὸ ἐξ..θῆναι ὑμῶν τὰς ἁμαρτ.
Col 2 14 ἐξαλείψας τὸ καθ' ἡμῶν χειρόγραφον
Ap 3 5 οὐ μὴ „ἐξαλείψω" τὸ ὄνομα αὐτοῦ
„ἐκ τῆς βίβλου τῆς ζωῆς"
7 17 „ἐξαλείψει[b] ὁ θεὸς πᾶν δάκρυον ἐκ"
τῶν ὀφθαλμῶν αὐτῶν 21 4[b]

ἐξάλλεσθαι exilire Act 3 8 ἐξαλλόμενος

ἐξανάστασις S[o] – resurrectio
Phl 3 11 εἴ πως καταντήσω εἰς τὴν ἐξανάστα-
σιν τὴν ἐκ νεκρῶν

ἐξανατέλλειν exoriri Mat 13 5 ‖ Mar 4 5

ἐξανιστάναι [a]resuscitare [b]suscitare [c](aor. II.
act.) surgere Act 15 5 ἐ..έστησαν[c]
Mar 12 19[a] „σπέρμα – ἀδελφῷ" ‖ Luc 20 28[b]

ἐξαπατᾶν seducere
Rm 7 11 ἡ γὰρ ἁμαρτία – ἐξηπάτησέν με
16 18 ἐξαπατῶσιν τὰς καρδίας τῶν ἀκάκων

1 Co 3 18 μηδεὶς ἑαυτὸν ἐξαπατάτω
2 Co 11 3 ὡς „ὁ ὄφις ἐξηπάτησεν" Εὔαν 1 Ti
2 14 ἡ δὲ γυνὴ ἐξαπατηθεῖσα
2 Th 2 3 μή τις ὑμᾶς ἐξαπατήσῃ κατὰ μηδένα

ἐξάπινα statim Mar 9 8 οὐδένα εἶδον ἀλλά

ἐξαπορεῖσθαι taedet nos c. inf. [b]destitui
2 Co 1 8 ὥστε ἐξαπορηθῆναι ἡμᾶς καὶ τοῦ ζῆν
4 8 ἀπορούμενοι ἀλλ' οὐκ ἐξ..ούμενοι[b]

ἐξαποστέλλειν mittere [b]dimittere
[[Mar brev. claus. ἐξαπέστειλεν δι' αὐτῶν τὸ
ἱερὸν καὶ ἄφθαρτον κήρυγμα vg[o]]]
Luc 1 53 „πλουτοῦντας ἐξαπέστειλεν[b] κενούς"
20 10 ἐξαπέστειλαν[b] αὐτὸν – κενὸν 11[b]
(24 49 vl ἐξ..ω τὴν ἐπαγγελίαν – ἐφ' ὑμᾶς)
Act 7 12 9 30[b] εἰς Τάρσον 11 22 Βαρναβᾶν [διελ-
θεῖν] ἕως Ἀντιοχείας 17 14[b] Παῦλον –
ἕως ἐπὶ τὴν θάλασσαν
12 11 ἐξαπέστειλεν [ὁ] κύρ. τὸν ἄγγ. αὐτοῦ
13 26 ἡμῖν „ὁ λόγος" τῆς σωτηρίας ταύ-
της „ἐξαπεστάλη"
22 21 εἰς ἔθνη μακρὰν ἐξαποστελῶ σε
Gal 4 4 ἐξαπέστειλεν ὁ θεὸς τὸν υἱὸν αὐτοῦ
– 6 ἐξαπέστειλεν ὁ θεὸς τὸ πνεῦμα τοῦ
υἱοῦ αὐτοῦ εἰς τὰς καρδίας ἡμῶν

ἐξαρτίζειν [a]explere (vl ..plicare) [b]instruere
Act 21 5 ἐγένετο ἡμᾶς ἐξαρτίσαι[a] τὰς ἡμέρας
2 Ti 3 17 πρὸς πᾶν ἔργον ἀγαθὸν ἐξηρτισμέ-
νος[b] (sc ὁ τοῦ θεοῦ ἄνθρωπος)

ἐξαστράπτειν refulgēre Luc 9 29 ἱματισμός

ἐξαυτῆς S[o] – confestim [b]mox [c]protinus
[d]statim Mar 6 25 θέλω ἵνα ἐξ.[c] δῷς μοι
Act 10 33 11 11 21 32[d] 23 30 ἐξ. (vg[o]) ἔπεμψα
Phl 2 23 ὡς ἂν ἀφίδω τὰ περὶ ἐμὲ ἐξαυτῆς[b]

ἐξεγείρειν [a]excitare [b]suscitare
Rm 9 17 „εἰς αὐτὸ τοῦτο ἐξήγειρά[a] σε"
1 Co 6 14 τὸν κύριον ἤγειρεν καὶ ἡμᾶς ἐξεγε-
ρεῖ[b] διὰ τῆς δυνάμεως αὐτοῦ

ἐξέλκεσθαι abstrahi (abstractus)
Jac 1 14 ὑπὸ τῆς ἰδίας ἐπιθυμίας ἐξ..όμενος

ἐξέραμα S[o] – vomitus 2 Pe 2 22 ἴδιον ἐξέραμα

ἐξεραυνᾶν scrutari → ἐχζητεῖν 1 Pe 1 10

*ἐξέρχεσθαι exire ᵇegredi ᶜprocedere ᵈproficisci ᵉabire ᶠprodire ᵍvenire
Mat 2 6 „ἐκ σοῦ – ἐξελεύσεται ἡγούμενος" (4 24 vl ἐξῆλθενᵉ ἡ ἀκοὴ αὐτοῦ εἰς ὅλην)
5 26 οὐ μὴ ἐξέλθῃς ἐκεῖθεν ἕως ἄν ‖ Luc 12 59 – Act 16 40 ἀπὸ τῆς φυλακῆς
8 32 ἐξελθόντες (sc οἱ δαίμονες) ἀπῆλθον εἰς τοὺς χοίρους ‖ Mar 5 8 ἔξελθε – ἐκ τοῦ ἀνθρώπου 13 Luc 8 29.33. 35.38 ἀφ' οὗ ἐξεληλύθει τὰ δαιμόνια – Mat 12 43 ὅταν δὲ τὸ ἀκάθαρτον πνεῦμα ἐξέλθῃ ἀπὸ τοῦ ἀνθρώπου 44 ἐπιστρέψω ὅθεν ἐξῆλθον ‖ Luc 11 24 – Mat 17 18 ἐξῆλθεν ἀπ' αὐτοῦ τὸ δαιμόνιον ‖ Mar 9 25 ἔξελθε ἐξ αὐτοῦ 26.29 ἐν οὐδενὶ δύναται ἐξελθεῖν εἰ μὴ ἐν προσευχῇ
10 11 κἀκεῖ μείνατε ἕως ἂν ἐξέλθητε ‖ Mar 6 10 Luc 9 4 καὶ ἐκεῖθεν ἐξέρχεσθε
13 49 ἐξελεύσονται οἱ ἄγγελοι
15 18.19 ἐκ – τῆς καρδίας ἐξέρχονται διαλογισμοὶ πονηροί, φόνοι, μοιχεῖαι
24 26 ἰδοὺ ἐν τῇ ἐρήμῳ –, μὴ ἐξέλθητε 27 ὥσπερ γὰρ ἡ ἀστραπὴ ἐξέρχεται
Mar 1 25 φιμώθητι καὶ ἔξελθε ἐξ αὐτοῦ 26 ‖ Luc 4 35 ἀπ' αὐτοῦ 36 ἐπιτάσσει τοῖς – πνεύμασιν καὶ ἐξέρχονται 41 ἐξήρχετο – δαιμόνια ἀπὸ πολλῶν – Mar 7 29.30 – Luc 8 2 ἀφ' ἧς δαιμόνια ἑπτὰ ἐξεληλύθει 11 14 τοῦ δαιμ. ἐξελθόντος (cum eiecisset daemonium) – 38 εἰς τοῦτο γὰρ ἐξῆλθονᵍ (veni)
2 12 ἐξῆλθενᵉ (abiit) ἔμπροσθεν πάντων
5 30 ἐπιγνοὺς – τὴν ἐξ αὐτοῦ δύναμιν ἐξελθοῦσαν ‖ Luc 8 46 – 6 19 ἅπτεσθαι αὐτοῦ, ὅτι δύν. παρ' αὐτοῦ ἐξήρχετο
Luc 5 8 ἔξελθε ἀπ' ἐμοῦ, ὅτι – ἁμαρτωλός
Joh 8 ⟦9 ἐξήρχοντο εἷς καθ' εἷς⟧ – 42 ἐκ τοῦ θεοῦ ἐξῆλθονᶜ 13 3 εἰδὼς – ὅτι ἀπὸ θεοῦ ἐξῆλθεν 16 27 παρὰ [τοῦ] θεοῦ ἐξῆλθον 28 ἐξῆλθον παρὰ τοῦ πατρός 30 ἀπὸ θεοῦ ἐξῆλθες 17 8 ὅτι παρὰ σοῦ ἐξῆλθον
10 9 εἰσελεύσεται (ingredietur) καὶ ἐξελεύσεταιᵇ καὶ νομὴν εὑρήσει
19 34 ἐξῆλθεν εὐθὺς αἷμα καὶ ὕδωρ
Act 1 21 ἐν – χρόνῳ ᾧ εἰσῆλθεν (intravit) καὶ ἐξῆλθεν ἐφ' ἡμᾶς ὁ κύριος Ἰησοῦς
8 7 βοῶντα – ἐξήρχοντο (sc τὰ πνεύματα) 16 18 παραγγέλλω σοι – ἐξελθεῖν ἀπ' αὐτῆς· καὶ ἐξῆλθεν 19 ὅτι ἐξῆλθεν ἡ ἐλπὶς τῆς ἐργασίας αὐτῶν

1 Co 5 10 ὠφείλετε – ἐκ τοῦ κόσμου ἐξελθεῖν 14 36 ἀφ' ὑμῶν ὁ λόγος τ. θ. ἐξῆλθενᶜ –;
2 Co 2 13 ἐξῆλθονᵈ εἰς Μακεδονίαν Phl 4 15 ὅτε ἐξῆλθονᵈ ἀπὸ Μακεδονίας
6 17 „ἐξέλθατε ἐκ μέσου αὐτῶν" 8 17 αὐθαίρετος ἐξῆλθενᵈ πρὸς ὑμᾶς
1 Th 1 8 ἡ πίστις ὑμῶν – ἐξελήλυθενᵈ
Hb 3 16 οὐ πάντες οἱ ἐξελθόντεςᵈ ἐξ Αἰγύπ. 7 5 ἐξεληλυθότας ἐκ τῆς ὀσφύος Ἀβρ. 11 8 Ἀβρ. ὑπήκουσεν „ἐξελθεῖν" –, καὶ „ἐξῆλθεν" μὴ ἐπιστάμενος ποῦ ἔρχ. 13 13 τοίνυν ἐξερχώμεθα πρὸς αὐτὸν „ἔξω τῆς παρεμβολῆς"
Jac 3 10 ἐκ τοῦ αὐτοῦ στόματος ἐξέρχεταιᶜ (procedit) εὐλογία καὶ κατάρα
1 Jo 2 19 ἐξ ἡμῶν ἐξῆλθανᶠ (prodierunt), ἀλλ' οὐκ ἦσαν ἐξ ἡμῶν
4 1 ψευδοπροφῆται ἐξεληλύθασιν εἰς τὸν κόσμον 2 Jo 7 πλάνοι ἐξῆλθον
3 Jo 7 ὑπὲρ τοῦ ὀνόματος ἐξῆλθονᵈ
Ap 3 12 ἔξω οὐ μὴ ἐξέλθῃᵇ (egredietur) ἔτι 6 2 ἐξῆλθεν νικῶν καὶ ἵνα νικήσῃ 4 14 15 ἄγγελος ἐξῆλθεν ἐκ τοῦ ναοῦ 17.18 ἐκ τοῦ θυσιαστηρίου 15 6 ἑπτὰ ἄγγ. 18 4 „ἐξέλθατε ὁ λαός μου ἐξ αὐτῆς" 20 8 ἐξελεύσεται (sc ὁ σατανᾶς) πλανῆσαι τὰ ἔθνη –, τὸν Γὼγ καὶ Μαγώγ

ἔξεστιν, ἐξόν (ἐστιν) licet ᵇliceat
Mat 12 2 ὃ οὐκ ἔξ. ποιεῖν ἐν σαββάτῳ 4 ὃ οὐκ ἐξὸν ἦν (licebat) αὐτῷ φαγεῖν ‖ Mar 2 24.26 (licebat vl licet) Luc 6 2.4 – 10 εἰ ἔξ. τοῖς σάββασιν θεραπεῦσαι; 12 ἔξ. τοῖς σάββασιν καλῶς ποιεῖν ‖ Mar 3 4 ἔξ. τοῖς σάββασιν ἀγαθὸν ποιῆσαι –; Luc 6 9 ἀγαθοποιῆσαι –; – 14 3 θεραπεῦσαι ἢ οὔ; → Joh 5 10
14 4 οὐκ ἔξ. σοι ἔχειν αὐτήν ‖ Mar 6 18
19 3 εἰ ἔξ. – ἀπολῦσαι τὴν γυναῖκα αὐτοῦ κατὰ πᾶσαν αἰτίαν; ‖ Mar 10 2
20 15 [ἢ] οὐκ ἔξ. μοι ὃ θέλω ποιῆσαι ἐν –;
22 17 ἔξ. δοῦναι κῆνσον Καίσαρι ἢ οὔ; ‖ Mar 12 14 Luc 20 22 ἔξεστιν ἡμᾶς –;
27 6 οὐκ ἔξ. βαλεῖν αὐτὰ εἰς τὸν κορβανᾶν
Joh 5 10 οὐκ ἔξ. σοι ἆραι τὸν κράβαττον 18 31 ἡμῖν οὐκ ἔξεστιν ἀποκτεῖναι οὐδένα
Act 2 29 ἐξὸνᵇ εἰπεῖν μετὰ παρρησίας 21 37 16 21 ἔθη ἃ οὐκ ἔξεστιν ἡμῖν παραδέχεσθαι – Ῥωμαίοις οὖσιν ([8 37] vl) 22 25 εἰ – Ῥωμαῖον – ἔξεστιν ὑμῖν μαστίζειν;
1 Co 6 12 πάντα μοι ἔξεστιν (licent), ἀλλ' οὐ πάντα συμφέρει. πάντα μοι ἔξεστιν,

ἀλλ' οὐκ ἐγὼ ἐξουσιασθήσομαι 10 23
2 Co 12 4 ῥήμ., ἃ οὐκ ἐξὸν ἀνθρώπῳ λαλῆσαι

ἐξετάζειν *interrogare* Mat 2 8 Joh 21 12
Mat 10 11 ἐξετάσατε τίς ἐν αὐτῇ ἄξιός ἐστιν

ἐξηγεῖσθαι *narrare* [b]*enarrare*
Luc 24 35 ἐξηγοῦντο τὰ ἐν τῇ ὁδῷ καὶ ὡς
Joh 1 18 ὁ ὢν εἰς τὸν κόλπον τοῦ πατρός, ἐ-
κεῖνος ἐξηγήσατο[b] (vl + ἡμῖν)
Act 10 8 15 12 ἐξηγουμένων ὅσα ἐποίησεν ὁ
θεὸς σημεῖα 14 21 19 ἐξηγεῖτο καθ' ἕν

ἐξῆς τῇ ἐξῆς (ἡμέρᾳ): (*in*) *sequenti die*
[b]ἐν τῷ ἐξῆς: *deinceps*
Luc 7 11[b] 9 37 Act 21 1 εἰς - Ῥόδον 25 17 27 18

ἐξηχεῖσθαι *diffamari* 1 Th 1 8 ἀφ' ὑμῶν γὰρ
ἐξήχηται ὁ λόγος τοῦ κυρίου

ἐξιέναι (ἔξειμι) *exire* [b]*proficisci*
Act 13 42 17 15[b] 20 7[b] 27 43 ἐπὶ τὴν γῆν ἐξιέναι

ἕξις *consuetudo* Hb 5 14 διὰ τὴν ἕξιν

ἐξιστάναι, ..νειν, ἐξίστασθαι *stupēre* [b]*ob-
stupescere* (vl ..*ip.*) [c]*mirari* (vl *adm.*)
[d]*stupentem admirari* [e]*mente excedere*
[f]*in furorem verti* [g]*terrēre* [h]*seducere*
[i]*dementare*
Mat 12 23 ἐξίσταντο - οἱ ὄχλοι - Mar 2 12[c]
Mar 3 21 ἔλεγον γὰρ ὅτι ἐξέστη[f]
5 42 ἐξέστησαν[b] [εὐθὺς] ἐκστάσει μεγάλη
6 51 λίαν [ἐκ περισσοῦ] - ἐξίσταντο
Luc 2 47 ἐξίσταντο - ἐπὶ τῇ συνέσει - αὐτοῦ
8 56 ἐξέστησαν οἱ γονεῖς αὐτῆς
24 22 γυναῖκές τινες - ἐξέστησαν[g] ἡμᾶς
Act 2 7. 12 8 13[d] 9 21 10 45[b] 12 16[b]
8 9 ἐξιστάνων[h] τὸ ἔθνος τῆς Σαμαρείας
11 διὰ τὸ - ταῖς μαγείαις ἐξεστακέ-
ναι[i] αὐτούς
2 Co 5 13 εἴτε γὰρ ἐξέστημεν[e], θεῷ· εἴτε σω-
φρονοῦμεν, ὑμῖν

ἐξισχύειν *posse* Eph 3 18 καταλαβέσθαι

ἔξοδος [a]*excessus* [b]*profectio* [c]*obitus*
Luc 9 31 οἳ ὀφθέντες - ἔλεγον τὴν ἔξ.[a] αὐτοῦ
Hb 11 22 Ἰωσὴφ - περὶ τῆς ἐξ.[b] τῶν υἱῶν Ἰσ.
2 Pe 1 15 μετὰ τὴν ἐμὴν ἔξοδον[c]

ἐξολεθρεύεσθαι *exterminari* Act 3 23

ἐξομολογεῖν, ..εῖσθαι (med.) *confitēri*
[b](act.) *spondēre*
Mat 3 6 ἐξ..ούμενοι τὰς ἁμαρτίας ‖ Mar 1 5
11 25 ἐξ..οῦμαί σοι, πάτερ, - ὅτι ἔκρυψας
ταῦτα ἀπὸ σοφῶν ‖ Luc 10 21
Luc 22 6 ἐξωμολόγησεν[b] καὶ ἐζήτει εὐκαιρίαν
Act 19 18 ἤρχοντο ἐξ..ούμενοι καὶ ἀναγγέλλον-
τες τὰς πράξεις αὐτῶν
Rm 14 11 „πᾶσα γλῶσσα ἐξ..ήσεται τῷ θεῷ"
15 9 „ἐξομολογήσομαί σοι ἐν ἔθνεσιν"
Phl 2 11 „πᾶσα γλῶσσα ἐξ..ήσεται" ὅτι κύ-
ριος Ἰησοῦς Χὸς εἰς δόξαν „θεοῦ"
Jac 5 16 ἐξ..εῖσθε - ἀλλήλοις τὰς ἁμαρτίας

ἐξορκίζειν *adiurare* Mat 26 63 ἐξορκίζω σε

ἐξορκιστής S[o] - *exorcista* Act 19 13 Ἰουδ.

ἐξορύσσειν [a]*patefacere* [b]*eruere*
Mar 2 4[a] (sc στέγην) - Gal 4 15[b] ὀφθαλμούς

ἐξουδενεῖσθαι *contemni* Mar 9 12

ἐξουθενεῖν *spernere* [b]*aspernari* [c]*reprobare*
[d](prt. pf. pass.) *contemptibilis*
Luc 18 9 πρός τινας - ἐξ..οῦντας[b] τοὺς λοιπ.
23 11 ἐξ..ήσας δὲ αὐτὸν [καὶ] ὁ Ἡρῴδης
Act 4 11 „ὁ λίθος ὁ ἐξ..ηθείς[c]" ὑφ' ὑμῶν
Rm 14 3 τὸν μὴ ἐσθίοντα μὴ ἐξουθενείτω
- 10 σὺ τί ἐξουθενεῖς τὸν ἀδελφόν σου;
1 Co 1 28 τὰ ἐξουθενημένα[d] ἐξελέξατο ὁ θεός
6 4 τοὺς ἐξουθενημένους[d] ἐν τ. ἐκκλησίᾳ
16 11 μή τις - αὐτὸν (Tim.) ἐξουθενήσῃ
2 Co 10 10 καὶ ὁ λόγος (Pauli) ἐξουθενημένος[d]
Gal 4 14 τὸν πειρασμὸν ὑμῶν ἐν τῇ σαρκί μου
οὐκ ἐξουθενήσατε
1 Th 5 20 προφητείας μὴ ἐξουθενεῖτε

ἐξουσία *potestas* [b]*licentia*
Mat 7 29 διδάσκων - ὡς ἐξουσίαν ἔχων Mar
1 22 διδάσκων αὐτοὺς ὡς ἐξουσίαν
ἔχων 27 διδαχῇ καινὴ κατ' ἐξουσίαν
Luc 4 32 ἐν ἐξουσίᾳ ἦν ὁ λόγος αὐ-
τοῦ 36 ἐν ἔξουσ. καὶ δυνάμει ἐπι-
τάσσει τοῖς ἀκαθάρτοις πνεύμασιν
8 9 ἄνθρωπός εἰμι ὑπὸ ἐξουσίαν (vl +
τασσόμενος, vg *constitutus* vl[o]) ‖
Luc 7 8 τασσόμενος
9 6 ἐξουσίαν ἔχει - ἐπὶ τῆς γῆς ἀφιέναι
ἁμαρτίας ‖ Mar 2 10 Luc 5 24 - Mat
9 8 ἐδόξασαν τὸν δόντα ἐξουσίαν
τοιαύτην τοῖς ἀνθρώποις
10 1 ἔδωκεν αὐτοῖς ἐξουσίαν πνευμάτων

‖ Mar 6 7 (3 15 ἔχειν ἐξουσίαν ἐκβάλ-
λειν τὰ δαιμόνια) Luc 9 1 ἐπὶ πάντα
τὰ δαιμόνια – 10 19 τὴν ἐξουσίαν τοῦ
„πατεῖν ἐπάνω ὄφεων" – καὶ ἐπὶ – τὴν
δύναμιν τοῦ ἐχθροῦ

Mat 21 23 ἐν ποίᾳ ἐξουσίᾳ ταῦτα ποιεῖς; καὶ
τίς σοι ἔδωκεν τὴν ἐξουσίαν ταύτην;
24.27 ‖ Mar 11 28.29.33 Luc 20 2.8

28 18 ἐδόθη μοι πᾶσα ἐξουσία ἐν οὐρανῷ
καὶ ἐπὶ [τῆς] γῆς

Mar 13 34 δοὺς τοῖς δούλοις αὐτοῦ τὴν ἐξουσίαν
Luc 4 6 σοὶ δώσω τὴν ἐξουσ. ταύτην ἅπασαν

12 5 τὸν – ἔχοντα ἐξουσίαν ἐμβαλεῖν εἰς
τὴν γέενναν. – τοῦτον φοβήθητε
– 11 ὅταν – εἰσφέρωσιν ὑμᾶς ἐπὶ τὰς – ἀρ-
χὰς καὶ τὰς ἐξουσίας

19 17 ἴσθι ἐξ..αν ἔχων ἐπάνω δέκα πόλεων

20 20 παραδοῦναι – τῇ ἐξουσ. τοῦ ἡγεμόνος

22 53 αὕτη ἐστὶν – ἡ ἐξουσία τοῦ σκότους

23 7 ὅτι ἐκ τῆς ἐξουσίας Ἡρῴδου ἐστὶν

Joh 1 12 ἐξουσίαν τέκνα θεοῦ γενέσθαι

5 27 ἐξουσίαν ἔδωκεν αὐτῷ κρίσιν ποιεῖν

10 18 ἐξ..αν ἔχω θεῖναι αὐτήν, καὶ ἐξουσίαν
ἔχω πάλιν λαβεῖν αὐτήν (sc ψυχήν)

17 2 ἔδωκας αὐτῷ ἐξουσίαν πάσης σαρκός

19 10 ἐξουσίαν ἔχω ἀπολῦσαί σε καὶ ἐξουσ.
ἔχω σταυρῶσαί σε; 11 οὐκ εἶχες ἐξ.
κατ' ἐμοῦ – εἰ μὴ ἦν δεδομένον σοι

Act 1 7 καιροὺς οὓς ὁ πατὴρ ἔθετο ἐν τῇ
ἰδίᾳ ἐξουσίᾳ (in sua potestate)

5 4 οὐχὶ – πραθὲν ἐν τῇ σῇ ἐξ. ὑπῆρχεν;

8 19 δότε κἀμοὶ τὴν ἐξουσίαν ταύτην ἵνα

9 14 ἔχει ἐξουσίαν παρὰ τῶν ἀρχιερέων

26 10.12 μετ' ἐξουσίας καὶ ἐπιτροπῆς

26 18 ἀπὸ – τῆς ἐξ. τοῦ σατανᾶ ἐπὶ τ. θεόν

Rm 9 21 οὐκ ἔχει ἐξουσίαν „ὁ κεραμεὺς" – ;

13 1 ἐξ..αις ὑπερεχούσαις ὑποτασσέσθω.
οὐ γὰρ ἔστιν ἐξ. εἰ μὴ ὑπὸ θεοῦ 2 ὁ
ἀντιτασσόμενος τῇ ἐξ. 3 θέλεις δὲ
μὴ φοβεῖσθαι τὴν ἐξουσίαν;

1 Co 7 37 ὃς δὲ ἕστηκεν –, μὴ ἔχων ἀνάγκην,
ἐξ..αν δὲ ἔχει περὶ τ. ἰδίου θελήματος

8 9 μὴ πως ἡ ἐξουσία[b] αὕτη ὑμῶν πρόσ-
κομμα γένηται τοῖς ἀσθενέσιν

9 4 μὴ οὐκ ἔχομεν ἐξουσίαν φαγεῖν καὶ
πεῖν; 5 ἐξ..αν ἀδελφὴν γυναῖκα περι-
άγειν – ; 6 ἐξ..αν μὴ ἐργάζεσθαι; (vg
hoc operandi) 12 εἰ ἄλλοι τῆς ὑμῶν
ἐξ. μετέχουσιν, οὐ μᾶλλον ἡμεῖς; ἀλλ᾽
οὐκ ἐχρησάμεθα τῇ ἐξ. ταύτῃ 18 εἰς
τὸ μὴ καταχρήσασθαι τῇ ἐξουσίᾳ μου
ἐν τῷ εὐαγγελίῳ

1 Co 11 10 ὀφείλει ἡ γυνὴ ἐξουσίαν ἔχειν ἐπὶ
τῆς κεφαλῆς διὰ τοὺς ἀγγέλους

15 24 ὅταν καταργήσῃ πᾶσαν ἀρχὴν καὶ
πᾶσαν ἐξουσίαν καὶ δύναμιν

2 Co 10 8 ἐὰν [τε] – καυχήσωμαι περὶ τ. ἐξ..ας ἡ-
μῶν, ἧς ἔδωκεν ὁ κύριος εἰς οἰκοδο-
μήν 13 10 κατὰ τ. ἐξ..αν ἣν – ἔδωκεν

Eph 1 21 ὑπεράνω πάσης ἀρχῆς καὶ ἐξουσίας
καὶ δυνάμεως καὶ κυριότητος 3 10 ἵνα
γνωρισθῇ – ταῖς ἀρχαῖς καὶ ταῖς ἐξ.
ἐν τοῖς ἐπουρανίοις 6 12 ἡμῖν ἡ πά-
λη – πρὸς τὰς ἀ., πρὸς τὰς ἐξ., πρὸς
τοὺς κοσμοκράτορας τοῦ σκότους

2 2 κατὰ τὸν ἄρχοντα τῆς ἐξ..ας τοῦ ἀέ-
ρος Col 1 13 ἐρρύσατο ἡμᾶς ἐκ τῆς
ἐξουσίας τοῦ σκότους

Col 1 16 ἐν αὐτῷ ἐκτίσθη τὰ πάντα –, εἴτε
ἀρχαὶ εἴτε ἐξουσίαι 2 10 κεφαλὴ πά-
σης ἀρχῆς καὶ ἐξουσίας 15 ἀπεκδυ-
σάμενος τὰς ἀρχὰς καὶ τὰς ἐξουσίας

2 Th 3 9 οὐχ ὅτι οὐκ ἔχομεν ἐξουσίαν

Tit 3 1 ὑπομιμνῃσκε αὐτοὺς ἀρχαῖς ἐξουσίαις
ὑποτάσσεσθαι

Hb 13 10 ἐξ οὗ φαγεῖν οὐκ ἔχουσιν ἐξουσίαν

1 Pe 3 22 ὑποταγέντων αὐτῷ ἀγγέλων καὶ ἐξ-
ουσιῶν καὶ δυνάμεων

Jud 25 μόνῳ θεῷ – δόξα μεγαλωσύνη κρά-
τος καὶ ἐξουσία

Ap 2 26 δώσω αὐτῷ ἐξουσίαν ἐπὶ τῶν ἐθνῶν

6 8 ἐδόθη αὐτοῖς ἐξ. ἐπὶ τὸ τέταρτον τῆς γῆς

9 3 ἐδόθη αὐταῖς ἐξουσία ὡς ἔχουσιν
ἐξουσίαν οἱ σκορπίοι τῆς γῆς 10 ἡ ἐξ.
αὐτῶν ἀδικῆσαι τοὺς ἀνθρώπους
– 19 ἡ – ἐξουσία τῶν ἵππων ἐν τῷ στόματι

11 6 ἐξουσίαν κλεῖσαι τὸν οὐρανόν, – καὶ
ἐξουσίαν ἔχουσιν ἐπὶ τῶν ὑδάτων

12 10 ἐγένετο – ἡ ἐξ..α τοῦ χριστοῦ αὐτοῦ

13 2 ἔδωκεν αὐτῷ (sc τῷ θηρίῳ) ὁ δρά-
κων – ἐξουσίαν μεγάλην 4.5 ἐδόθη
αὐτῷ ἐξουσία „ποιῆσαι" μῆνας τεσσε-
ράκοντα [καὶ] δύο 7 ἐξ. ἐπὶ πᾶσαν
φυλήν 12 τὴν ἐξουσίαν τοῦ πρώτου
θηρίου πᾶσαν ποιεῖ (sc ἄλλο θηρίον)

14 18 ἄγγελος – ἔχων ἐξ..αν ἐπὶ τοῦ πυρός

16 9 θεοῦ τοῦ ἔχοντος τὴν ἐξουσίαν ἐπὶ
τὰς πληγὰς ταύτας

17 12 ἐξουσίαν ὡς βασιλεῖς μίαν ὥραν λαμ-
βάνουσιν 13 τὴν – ἐξουσίαν αὐτῶν τῷ
θηρίῳ διδόασι

18 1 ἄγγελον – ἔχοντα ἐξουσίαν μεγάλην

20 6 ἐπὶ τούτων ὁ δεύτερος θάνατος οὐκ
ἔχει ἐξουσίαν

Ap 22 14 ἵνα ἔσται ἡ ἐξουσία αὐτῶν ἐπὶ „τὸ
ξύλον τῆς ζωῆς"

ἐξουσιάζειν, ..εσθαι *potestatem habēre*
  ᵇ*sub potestate* (vl ..*em*) *redigi*
Luc 22 25 οἱ ἐξ..οντες αὐτῶν εὐεργέται καλοῦν.
1 Co 6 12 ἀλλ' οὐκ – ἐξ..σθήσομαι ᵇ ὑπό τινος
  7 4 ἡ γυνὴ τοῦ ἰδίου σώματος οὐκ ἐξου-
σιάζει ἀλλὰ ὁ ἀνὴρ κτλ

οἱ κατ' ἐξοχήν *principales* Act 25 23 πόλεως

ἐξυπνίζειν *a somno excitare* (vl *exsuscitare*)
Joh 11 11 ἀλλὰ πορεύομαι ἵνα ἐξυπνίσω αὐτόν

ἔξυπνος γενόμενος *expergefactus* Act 16 27

***ἔξω** *foris* ᵇ*foras* ᶜ*extra*
Mar 4 11 τοῖς ἔξω ἐν παραβολαῖς – γίνεται
Luc 8 20 ἑστήκασιν ἔξω ἰδεῖν θέλοντές σε
  13 25 ἄρξησθε ἔξω ἑστάναι καὶ κρούειν
1 Co 5 12 τί γάρ μοι τοὺς ἔξω κρίνειν; 13 τοὺς
  δὲ ἔξω ὁ θεὸς κρινεῖ
2 Co 4 16 εἰ καὶ ὁ ἔ. ἡμῶν ἄνθρ. διαφθείρεται
Col 4 5 ἐν σοφίᾳ περιπατεῖτε πρὸς τοὺς ἔξω
1 Th 4 12 περιπατ. εὐσχημόνως πρὸς τοὺς ἔξω
Hb 13 11ᶜ 12 ἔξωᶜ τῆς πύλης ἔπαθεν 13 ἐξερ-
  χώμεθα πρὸς αὐτὸν „ἔξωᶜ τῆς πα-
  ρεμβολῆς" τὸν ὀνειδισμὸν – φέροντες
1 Jo 4 18 ἡ – ἀγάπη ἔξωᵇ βάλλει τὸν φόβον
Ap 22 15 ἔξω οἱ κύνες καὶ οἱ φάρμακοι

ἐξωθεῖν *expellere* Act 7 45 *eiicere* 27 39

ἔξωθεν ᵃ*aforis* ᵇ*deforis* ᶜ*foris* ᵈ*foras*
  ᵉ*extra* ᶠ*extrinsecus*
Mat 23 25 καθαρίζετε τὸ ἔ.ᵇ τοῦ ποτηρίου 27
  ἔ.ᵃ μὲν φαίνονται ὡραῖοι 28 καὶ ὑμεῖς
  ἔ.ᵃ μὲν φαίνεσθε – δίκαιοι ‖ Luc 11 39ᵇ
  40 οὐχ ὁ ποιήσας τὸ ἔ.ᵇ καὶ τὸ ἔσω-
  θεν (*quod deintus est*) ἐποίησεν;
Mar 7 15 οὐδέν ἐστιν ἔξ.ᶜ τοῦ ἀνθρ. εἰσπορευ-
  όμενον εἰς αὐτὸν ὃ δύναται κοινῶ-
  σαι αὐτόν 18 πᾶν τὸ ἔξ.ᶠ εἰσπορευόμ.
2 Co 7 5 ἔξωθενᶜ μάχαι, ἔσωθεν (*intus*) φόβοι
1 Ti 3 7 μαρτυρίαν καλὴν – ἀπὸ τῶν ἔξωθενᶜ
1 Pe 3 3 ὧν ἔστω οὐχ ὁ ἔξωθενᶠ – κόσμος
Ap 11 2 αὐλὴν τὴν ἔξωθενᶜ – ἔκβαλε ἔξωθενᵈ
  14 20 „ἐπατήθη ἡ ληνὸς" ἔξ.ᵉ τῆς πόλεως

ἐξώτερος *exterior*
Mat 8 12 εἰς τὸ σκότος τὸ ἔξ..ον 22 13 25 30

ἐοικέναι ᵃ*similem esse* ᵇ*comparari*
Jac 1 6 ἔοικενᵃ κλύδωνι 23ᵇ ἀνδρὶ κατανο-
  οῦντι τὸ πρόσωπον – ἐν ἐσόπτρῳ

ἑορτάζειν *epulari*
1 Co 5 8 ἑορτάζωμεν μὴ ἐν ζύμῃ παλαιᾷ μηδέ

ἑορτή *dies festus* ᵇ*dies sollemnis* ᶜ*festivitas*
Mat 26 5 μὴ ἐν τῇ ἑορτῇ ‖ Mar 14 2
  27 15 κατὰ δὲ ἑορτὴνᵇ εἰώθει ὁ ἡγεμών ‖
  Mar 15 6 ἀπέλυεν αὐτοῖς ἕνα
Luc 2 41 κατ' ἔτος – τῇ ἑορτῇᵇ τοῦ πάσχα 42
  22 1 ἤγγιζεν – ἡ ἑ. τ. ἀζύμων ([Luc 23 17] vl)
Joh 2 23 ἦν – ἐν τῷ πάσχα ἐν τῇ ἑορτῇ
  4 45 ὅσα ἐποίησεν – ἐν τῇ ἑορτῇ· καὶ αὐ-
  τοὶ γὰρ ἦλθον εἰς τὴν ἑορτήν
  5 1 ἦν ἑορτὴ τῶν Ἰουδ., καὶ ἀνέβη Ἰησ.
  6 4 ἐγγὺς τὸ πάσχα, ἡ ἑορτὴ τῶν Ἰουδ.
  7 2 ἐγγὺς ἡ ἑορτὴ τῶν Ἰ. ἡ σκηνοπηγία
  – 8 ὑμεῖς ἀνάβητε εἰς τὴν ἑορτήν· ἐγὼ
  οὐκ (vl οὔπω) ἀναβαίνω εἰς τὴν
  ἑορτὴν ταύτην 10 ὡς δὲ ἀνέβησαν –
  εἰς τὴν ἑορτήν 11 οἱ – Ἰουδαῖοι ἐζή-
  τουν αὐτὸν ἐν τῇ ἑορ. 14 τῆς ἑορτῆς
  μεσούσης ἀνέβη Ἰησοῦς εἰς τὸ ἱερὸν
  37 ἐν δὲ τῇ ἐσχάτῃ ἡμέρᾳ τῇ μεγάλῃ
  τῆς ἑορτῆςᶜ – ἔκραξεν
  11 56 ὅτι οὐ μὴ ἔλθῃ εἰς τὴν ἑορτήν;
  12 12 ὁ ὄχλος – ὁ ἐλθὼν εἰς τὴν ἑορτὴν
  – 20 Ἕλληνές τινες ἐκ τῶν ἀναβαινόντων
  ἵνα προσκυνήσωσιν ἐν τῇ ἑορτῇ
  13 1 πρὸ δὲ τῆς ἑορτῆς τοῦ πάσχα εἰδώς
  – 29 ὧν χρείαν ἔχομεν εἰς τὴν ἑορτήν
Col 2 16 μή – τις ὑμᾶς κρινέτω – ἐν μέρει ἑορ-
  τῆς ἢ νεομηνίας ἢ σαββάτων

ἐπαγγελία *promissio* ᵇ*repromissio* ᶜ*promis-
  sum* ᵈ*pollicitatio*
Luc 24 49 ἀποστέλλω τὴν ἐπ.ᶜ τοῦ πατρός μ.
Act 1 4 περιμένειν τὴν ἐπαγγ. τοῦ πατρός
  2 33 τὴν – ἐπαγγ. τοῦ πνεύματος – λαβὼν
  παρὰ τοῦ πατρὸς ἐξέχεεν τοῦτο
  – 39 ὑμῖν γάρ ἐστιν ἡ ἐπ.ᵇ καὶ τοῖς τέκν.
  7 17 ἤγγιζεν ὁ χρόνος τῆς ἐπ. (vg vlᵇ)
  13 23 κατ' ἐπ..αν ἤγαγεν τῷ Ἰσρ. σωτῆρα
  – 32 τὴν πρὸς τοὺς πατέρας ἐπ.ᵇ γενομέ-
  νην 26 6 ἐπ' ἐλπίδι τῆς – ἐπ.ᵇ γενομ.
  23 21 προσδεχόμενοι τὴν ἀπὸ σοῦ ἐπαγγ.
Rm 4 13 οὐ – διὰ νόμου ἡ ἐπαγγ. τῷ Ἀβραάμ
  – 14 κατήργηται ἡ ἐπαγγ. 16 εἰς τὸ εἶναι βε-
  βαίαν τὴν ἐπαγγ. παντὶ τῷ σπέρματι
  – 20 εἰς – τὴν ἐπ.ᵇ τοῦ θεοῦ οὐ διεκρίθη

Rm 9 4 Ἰσραηλῖται, ὧν – αἱ ἐπ.ᵉ 8 τὰ τέκνα
τῆς ἐπαγγελίας λογίζεται εἰς σπέρ-
μα 9 ἐπαγγελίας γὰρ ὁ λόγος οὗτος·
15 8 εἰς τὸ βεβαιῶσαι τὰς ἐπ. τῶν πατέ.
2 Co 1 20 ὅσαι γὰρ ἐπ..αι θεοῦ, ἐν αὐτῷ τὸ ναί
7 1 ταύτας – ἔχοντες τὰς ἐπ., – καθαρίσ.
Gal 3 14 ἵνα τὴν ἐπ.ᵈ (vl εὐλογίαν) τοῦ πνεύ-
ματος λάβωμεν διὰ τῆς πίστεως
– 16 τῷ δὲ Ἀβραὰμ ἐρρέθησαν αἱ ἐπαγγ.
– 17 εἰς τὸ καταργῆσαι τὴν ἐπαγγελίαν
– 18 εἰ – ἐκ νόμου ἡ κληρονομία, οὐκέτι
ἐξ ἐπ..ίας (vg vl ᵇ)· τῷ δὲ Ἀβραὰμ
δι' ἐπαγγελίας ᵇ κεχάρισται ὁ θεός
– 21 ὁ οὖν νόμος κατὰ τῶν ἐπ.ᶜ [τ. θεοῦ];
– 22 ἵνα ἡ ἐπ. ἐκ πίστεως Ἰησ. Χοῦ δοθῇ
– 29 ἄρα –, κατ' ἐπαγγελίαν κληρονόμοι
4 23 ὁ δὲ ἐκ τῆς ἐλευθέρας δι' ἐπ..ίας ᵇ
– 28 κατὰ Ἰσαὰκ ἐπαγγελίας τέκνα ἐστέ
Eph 1 13 ἐσφραγίσθητε τῷ πνεύματι τῆς ἐπαγ-
γελίας τῷ ἁγίῳ
2 12 ξένοι τῶν διαθηκῶν τῆς ἐπαγγελίας
3 6 τὰ ἔθνη – συμμέτοχα τῆς ἐπαγγελίας
6 2 ἥτις ἐστὶν ἐντολὴ πρώτη ἐν ἐπ..ίᾳ
1 Ti 4 8 ἡ δὲ εὐσέβεια –, ἐπ..ίαν ἔχουσα ζω-
ῆς τῆς καὶ τῆς μελλούσης
2 Ti 1 1 κατ' ἐπ..ίαν ζωῆς τῆς ἐν Χῷ Ἰησοῦ
Hb 4 1 καταλειπομένης ἐπ..ίας ᵈ εἰσελθεῖν
6 12 τῶν διὰ πίστεως καὶ μακροθυμίας
κληρονομούντων τὰς ἐπαγγελίας
– 15 μακροθυμήσας ἐπέτυχεν τῆς ἐπ..ας ᵇ
– 17 ἐπιδεῖξαι τοῖς κληρονόμοις τῆς ἐπ.ᵈ
7 6 τὸν ἔχοντα τὰς ἐπ..ας ᵇ εὐλόγηκεν
8 6 διαθήκης –, ἥτις ἐπὶ κρείττοσιν ἐπαγ-
γελίαις ᵇ νενομοθέτηται
9 15 ὅπως – τὴν ἐπ.ᵇ λάβωσιν οἱ κεκλημ.
10 36 ἵνα – κομίσησθε τὴν ἐπαγγελίαν
11 9 εἰς γῆν τῆς ἐπ.ᵇ – μετὰ – τῶν συγκλη-
ρονόμων τῆς ἐπ..ας ᵇ τῆς αὐτῆς
– 13 ἀπέθανον –, μὴ λαβόντες τὰς ἐπ.ᵇ
39 οὐκ ἐκομίσαντο τὴν ἐπαγγελίαν ᵇ
– 17 ὁ τὰς ἐπ.ᵇ ἀναδεξάμενος (sc Ἀβρ.)
– 33 οἳ διὰ πίστεως – ἐπέτυχον ἐπ..ιῶν
2 Pe 3 4 ποῦ ἐστιν ἡ ἐπ. τῆς παρουσίας αὐ-
τοῦ; 9 οὐ βραδύνει κύριος τῆς ἐπ..ας
(vg promissionem, vl promissis)
1 Jo 2 25 αὕτη ἐστὶν ἡ ἐπ.ᵇ ἣν αὐτὸς ἐπηγγεί-
λατο (pollicitus est) ἡμῖν, τὴν ζωήν

ἐπαγγέλλεσθαι promittere ᵇrepromittere
ᶜpolliceri
Mar 14 11 ἐπηγγείλαντο αὐτῷ ἀργύριον δοῦναι
Act 7 5 ἐπηγγείλατο ᵇ „δοῦν. – εἰς κατάσχες."

Rm 4 21 ὃ ἐπήγγελται δυνατός ἐστιν – ποιῆσαι
Gal 3 19 προσετέθη (sc ὁ νόμος), ἄχρις οὗ
ἔλθῃ τὸ σπέρμα ᾧ ἐπήγγελται
1 Ti 2 10 γυναιξὶν ἐπ..ομέναις θεοσέβειαν
6 21 γνώσεως, ἥν τινες ἐπαγγελλόμενοι
Tit 1 2 ζωῆς αἰωνίου, ἥν ἐπηγγείλατο
Hb 6 13 τῷ – Ἀβραὰμ ἐπ..ειλάμενος ὁ θεός
10 23 πιστὸς γὰρ ὁ ἐπαγγειλάμενος ᵇ 11 11
ἐπεὶ πιστὸν ἡγήσατο τὸν ἐπ.ᵇ (vl ᵃ)
12 26 νῦν δὲ ἐπήγγελται ᵇ λέγων· ἔτι ἅπαξ
Jac 1 12 τὸν στέφανον –, ὃν ἐπηγγείλατο ᵇ τ.
ἀγαπῶσιν αὐτόν 2 5 τῆς βασιλείας
ἧς ἐπηγγείλατο ᵇ (vl ᵃ) τοῖς ἀγ. αὐτόν
2 Pe 2 19 ἐλευθερίαν αὐτοῖς ἐπαγγελλόμενοι
1 Jo 2 25 ᶜ → ἐπαγγελία

ἐπάγγελμα Sº – promissum
2 Pe 1 4 τὰ – μέγιστα ἡμῖν ἐπαγγέλματα δε-
δώρηται 3 13 „γῆν καινὴν" κατὰ τὸ ἐπ.
(vl τὰ ἐπαγγ. vg) αὐτοῦ προσδοκῶμεν

ἐπάγειν inducere ᵇsuperducere
Act 5 28 βούλεσθε ἐπαγαγεῖν ἐφ' ἡμᾶς τὸ αἷμα
2 Pe 2 1 ἐ..οντες ᵇ ἑαυτοῖς ταχινὴν ἀπώλειαν
– 5 κατακλυσμὸν κόσμῳ ἀσεβῶν ἐπάξας

ἐπαγωνίζεσθαι Sº – supercertari
Jud 3 παρακαλῶν ἐπαγωνίζεσθαι τῇ ἅπαξ
παραδοθείσῃ τοῖς ἁγίοις πίστει

ἐπαθροίζεσθαι Sº – concurrere Luc 11 29

ἐπαινεῖν laudare ᵇmagnificare
Luc 16 8 ἐπῄνεσεν ὁ κύριος τὸν οἰκονόμον
Rm 15 11 „ἐπαινεσάτωσαν ᵇ αὐτὸν – οἱ λαοί"
1 Co 11 2 ἐπαινῶ – ὑμᾶς ὅτι – μου μέμνησθε
– 17 οὐκ ἐπαινῶ ὅτι οὐκ εἰς τὸ κρεῖσσον
– συνέρχεσθε 22 ἐπαινέσω ὑμᾶς; ἐν
τούτῳ οὐκ ἐπαινῶ

Ἐπαίνετος Rm 16 5 ἀπαρχὴ τῆς Ἀσίας

ἔπαινος laus
Rm 2 29 οὗ ὁ ἔπ. οὐκ ἐξ ἀνθρώπων ἀλλ' ἐκ
13 3 τὸ ἀγαθὸν ποίει, καὶ ἕξεις ἐπ..ον ἐξ
αὐτῆς (sc τῆς ἐξουσίας) 1 Pe 2 14 πεμ-
πομένοις εἰς – ἔπαινον – ἀγαθοποιῶν
1 Co 4 5 τότε ὁ ἔπ. γενήσεται ἑκάστῳ ἀπὸ – ϑ.
2 Co 8 18 ἀδελφὸν οὗ ὁ ἔπ. ἐν τῷ εὐαγγελίῳ
Eph 1 6 εἰς ἔπ..ον δόξης τῆς χάριτος αὐτοῦ
– 12 εἶναι ἡμᾶς εἰς ἔπ..ον δόξης αὐτοῦ
τοὺς προηλπικότας ἐν τῷ Χῷ 14

Phl 1 11 εἰς δόξαν καὶ ἔπαινον θεοῦ
4 8 εἴ τις ἔπαινος
1 Pe 1 7 εὑρεθῇ εἰς ἔπαινον καὶ δόξαν

ἐπαίρειν, ..εσθαι *levare* b*elevare, ..i* c*suble-vare* d*extollere, ..i* e*se extollere*
Mat 17 8 ἐπάραντες – τοὺς ὀφθαλμούς Luc
6 20 ἐπάρας b 16 23 ἐν τῷ ᾄδῃ ἐπάρας b
18 13 οὐκ ἤθελεν οὐδὲ τοὺς ὀφ. ἐπᾶραι εἰς τὸν οὐρανόν Joh 4 35 ἐπάρα-
τε 6 5 ἐπάρας c (11 41 → αἴρειν) 17 1
ἐπάρας c τοὺς ὀφθαλμοὺς αὐτοῦ εἰς
τὸν οὐρανὸν εἶπεν· πάτερ, ἐλήλυθεν
Luc 11 27 d φωνήν Act 2 14 14 11 22 22
21 28 ἐπάρατε τὰς κεφαλὰς ὑμῶν, διότι
24 50 ἐπάρας b τὰς χεῖρας – εὐλόγησεν αὐτ.
Joh 13 18 „ἐπῆρεν ἐπ’ ἐμὲ τὴν πτέρναν"
Act 1 9 βλεπόντων αὐτῶν ἐπήρθη b
27 40 ἐπάραντες (*levato*) τὸν ἀρτέμωνα
2 Co 10 5 πᾶν ὕψωμα ἐπαιρόμενον e κατὰ τῆς
γνώσεως τοῦ θεοῦ
11 20 ἀνέχεσθε γὰρ – εἴ τις ἐπαίρεται d
1 Ti 2 8 βούλομαι οὖν προσεύχεσθαι τοὺς
ἄνδρας – ἐπαίροντας ὁσίους χεῖρας

ἐπαισχύνεσθαι a*confundi* b*erubescere*
Mar 8 38 ὃς – ἐὰν ἐπαισχυνθῇ a με (*me confu-sus fuerit*) καὶ τοὺς ἐμοὺς λόγους –, καὶ
ὁ υἱὸς τοῦ ἀνθρώπου ἐπαισχυνθήσεται a
αὐτόν ‖ Luc 9 26 b b
Rm 1 16 οὐ γὰρ ἐπ..ομαι b τὸ εὐαγγέλιον
6 21 τίνα – καρπὸν εἴχετε τότε; ἐφ’ οἷς
νῦν ἐπαισχύνεσθε b· τὸ γὰρ τέλος
2 Ti 1 8 μὴ – ἐπαισχυνθῇς b τὸ μαρτύριον τοῦ
κυρίου ἡμῶν μηδὲ ἐμέ
– 12 ταῦτα πάσχω, ἀλλ’ οὐκ ἐπ..ομαι a
– 16 τὴν ἅλυσίν μου οὐκ ἐπαισχύνθη b
Hb 2 11 οὐκ ἐπ..εται a ἀδελφοὺς αὐτ. καλεῖν
11 16 οὐκ ἐπαισχύνεται a αὐτοὺς ὁ θεὸς
θεὸς ἐπικαλεῖσθαι αὐτῶν

ἐπαιτεῖν *mendicare* Luc 16 3 18 35 (vl προσαι.)

ἐπακολουθεῖν *sequi* b*subsequi*
[[Mar16 20 διὰ τῶν ἐπακολουθούντων σημείων]]
1 Ti 5 10 εἰ παντὶ ἔργῳ ἀγαθῷ ἐπηκ..ησεν b
– 24 τισὶν – καὶ ἐπ..οῦσιν b (sc αἱ ἁμαρτίαι)
1 Pe 2 21 ἵνα ἐπ..ήσητε τοῖς ἴχνεσιν αὐτοῦ

ἐπακούειν *exaudire*
2 Co 6 2 „καιρῷ δεκτῷ ἐπήκουσά σου"

ἐπακροᾶσθαι S o – *audire* Act 16 25

ἐπανάγειν a*reverti* b*reducere* c*ducere*
Mat 21 18 a εἰς τὴν πόλιν Luc 53 b ἀπὸ – γῆς 4 c

τὰ ἐπάναγκες *necessaria* (vl ..*io*) Act 15 28

ἐπαναμιμνῄσκειν S o – *in memoriam redu-cere* Rm 15 15 ὡς ἐπ..ων ὑμᾶς

ἐπαναπαύεσθαι *requiescere* Luc 10 6 ἐπανα-
παήσεται ἐπ’ αὐτὸν ἡ εἰρήνη ὑμῶν
Rm 2 17 εἰ δὲ σὺ Ἰουδαῖος – ἐπαναπαύῃ νόμῳ

ἐπανέρχεσθαι *redire* Luc 10 35 19 15

ἐπανίστασθαι a*insurgere* b*consurgere*
Mat 10 21 a „τέκνα ἐπὶ γονεῖς" ‖ Mar 13 12 b

πρὸς ἐπανόρθωσιν *ad corripiendum* (vl *ad corrigendum*) 2 Ti 3 16 γραφὴ θεόπνευ-
στος καὶ ὠφέλιμος – πρὸς ἐπανόρθωσιν

*ἐπάνω *super c. acc.* (Joh vl *supra*)
Joh 3 31 ὁ ἄνωθεν ἐρχόμενος ἐπάνω πάντων
ἐστίν· – ὁ ἐκ τοῦ οὐρ ἔρχ. [ἐπ. πάντ. ἐστ.]
Ap 20 3 ἔκλεισεν καὶ ἐσφράγισεν ἐπ. αὐτοῦ

ἐπάρατος S o – *maledictus* Joh 7 49 ὁ ὄχλος

ἐπαρκεῖν *subministrare* b*sufficere*
1 Ti 5 10 εἰ θλιβομένοις ἐπήρκεσεν (sc χήρα)
– 16 εἴ τις πιστὴ ἔχει χήρας, ἐπαρκείτω
αὐταῖς, –, ἵνα ταῖς ὄντως χήραις ἐπ-
αρκέσῃ b (sc ἡ ἐκκλησία)

ἐπαρχεία *provincia* Act 23 34 25 1

(ἐπάρχειος, ἡ S o – *provincia* vl Act 25 1)

ἔπαυλις *commoratio* Act 1 20 „ἔρημος"

Ἐπαφρᾶς Col 1 7 4 12 ὁ ἐξ ὑμῶν Phm 23 ὁ
συναιχμάλωτός μου ἐν Χῷ Ἰησοῦ

ἐπαφρίζειν S o – *despumare* Jud 13 αἰσχύνας

Ἐπαφρόδιτος Phl 2 25 ὑμῶν – ἀπόστολον 4 18

ἐπεγείρειν a*excitare* b*suscitare*
Act 13 50 a διωγμὸν 14 2 b τὰς ψυχὰς τ. ἐθνῶν

ἐπεισαγωγή S o – *introductio* Hb 7 19 ἐλπίδος

ἐπεισέρχεσθαι *supervenire* Luc 21 35 ἡμέρα

ἐπεκτείνεσθαι S⁰ – *extendere seipsum*
Phl 3 13 τοῖς δὲ ἔμπροσθεν ἐπεκτεινόμενος

ἐπενδύεσθαι S⁰ – ᵃ*superindui* ᵇ*supervestiri*
2 Co 5 2 τὸ οἰκητήριον – τὸ ἐξ οὐρανοῦ ἐπεν-
δύσασθαιᵃ ἐπιποθοῦντες 4 ἐφ' ᾧ οὐ θέ-
λομεν ἐκδύσασθαι ἀλλ' ἐπενδύσασθαιᵇ

ἐπενδύτης *tunica* Joh 21 7 τὸν ἐπ. διεζώσατο

ἐπέρχεσθαι *supervenire* ᵇ*venire* (*super*)
ᶜ*advenire*
Luc 1 35 πνεῦμα ἅγιον ἐπελεύσεται ἐπὶ σέ
11 22 ἐπὰν – ἰσχυρότερος – ἐπελθὼν νικήσῃ
21 26 ἀπὸ φόβου καὶ προσδοκίας τῶν ἐπ-
ερχομένων τῇ οἰκουμένῃ
Act 1 8 ἐπελθόντος τοῦ ἁγ. πνεύμ. ἐφ' ὑμᾶς
8 24 ὅπως μηδὲν ἐπέλθῃᵇ ἐπ' ἐμὲ ὧν
13 40 βλέπετε – μὴ ἐπέλθῃ τὸ εἰρημένον
14 19 ἐπῆλθαν – ἀπὸ Ἀντιοχ. – Ἰουδαῖοι
Eph 2 7 ἐν τοῖς αἰῶσιν τοῖς ἐπερχομένοις
Jac 5 ι ἐπὶ – ταλαιπωρίαις ταῖς – ἐπ..ομέναιςᶜ

*ἐπερωτᾶν *interrogare* ᵇ*rogare*
Mat 16 ι ἐπηρώτησανᵇ αὐτὸν σημεῖον
22 46 οὐδὲ ἐτόλμησέν τις – ἐπερωτῆσαι αὐ-
τὸν οὐκέτι ‖ Mar 12 34 Luc 20 40
Mar 9 32 ἠγνόουν –, καὶ ἐφοβοῦντο – ἐπ..ῆσαι
11 29 ἐπερωτήσω ὑμᾶς ἕνα λόγον
Luc 2 46 ἀκούοντα αὐτῶν καὶ ἐπ..ῶντα αὐτούς
6 9 ἐπ..ῶ ὑμᾶς εἰ ἔξεστιν τῷ σαββάτῳ
Rm 10 20 „ἐμφανὴς – τοῖς ἐμὲ μὴ ἐπερωτῶσιν"
1 Co 14 35 τοὺς ἰδίους ἄνδρας ἐπερωτάτωσαν

ἐπερώτημα (S semel) *interrogatio*
1 Pe 3 21 συνειδήσεως ἀγαθῆς ἐπ. εἰς θεόν

ἐπέχειν *intendere* ᵇ*attendere* ᶜ*continēre*
ᵈ*remanēre*
Luc 14 7 ἐπέχων πῶς τὰς πρωτοκλισίας ἐξε-
λέγοντο Act 3 5 ἐπεῖχεν αὐτοῖς
Act 19 22 αὐτὸς ἐπέσχενᵈ χρόνον εἰς τ. Ἀσίαν
Phl 2 16 λόγον ζωῆς ἐπέχοντεςᶜ
1 Ti 4 16 ἔπεχεᵇ σεαυτῷ καὶ τῇ διδασκαλίᾳ

ἐπηρεάζειν S⁰ – *calumniari* Luc 6 28 προσ-
εύχεσθε περὶ τῶν ἐπηρεαζόντων ὑμᾶς
1 Pe 3 16 ἵνα – καταισχυνθῶσιν οἱ ἐπ..οντες ὑ-
μῶν τὴν ἀγαθὴν ἐν Χῷ ἀναστροφήν

*ἐπί 1) cum genitivo
apud ᵇ*ante* ᶜ*ad* ᵈ*in* ᵉ*sub* ᶠ*super*
ἐπ' ἀληθείας → ἀλήθεια Mat 22 16
Mar 13 9 ἐπὶᵇ ἡγεμόνων καὶ βας. σταθήσεσθε –

Act 24 19 ἐπὶ σοῦ παρεῖναι 20 ἐπὶᵈ τοῦ
συνεδρίου 25 9 θέλεις – κριθῆναι ἐπ'
ἐμοῦ; 10 ἐπὶᶜ τοῦ βήματος Καίσα-
ρος ἑστώς εἰμι 26 2 ἐπὶ σοῦ μέλλων –
ἀπολογεῖσθαι – 1 Co 6 1 κρίνεσθαι
ἐπὶ τῶν ἀδίκων, καὶ οὐχὶ ἐπὶ τῶν ἁ-
γίων; 6 καὶ τοῦτο ἐπὶ ἀπίστων;
Joh 6 2 σημεῖα – ἐπὶᶠ τῶν ἀσθενούντων
Rm 1 10 ἐπὶᵈ τῶν προσευχῶν μου Eph 1 16ᵈ
1 Th 1 2ᵈ Phm 4ᵈ
9 5 ὁ ὢν ἐπὶᶠ πάντων θεός Eph 4 6ᶠ
2 Co 10 7 τοῦτο λογιζέσθω πάλιν ἐφ' ἑαυτοῦ
Gal 3 16 οὐ λέγει· –, ὡς ἐπὶᵈ πολλῶν, ἀλλ'
ὡς ἐφ'ᵈ ἑνός· – ὅς ἐστιν Χός
1 Ti 5 19 „ἐπὶᵉ δύο ἢ τριῶν μαρτύρων"

2) cum dativo

→ ὄνομα – πιστεύειν, πεποιθέναι,
ἐλπίζειν, χαίρειν, χαρά – εὐχαριστεῖν,
καυχᾶσθαι, θαυμάζειν. μακροθυμεῖν, παρ-
ρησιάζεσθαι, σπλαγχνίζεσθαι, ἐκπλήττε-
σθαι, αἰσχύνεσθαι, μετανοεῖν

in c. acc. et abl. ᵇ*ob* ᵉ*sub* ᵈ(ἐφ' ᾧ) *in
quo* ᵉ(ἐφ' ᾧ) *eo quod* ᶠ(ἐφ' ᾧ) *sicut*
Mat 19 9 ὃς ἂν ἀπολύσῃ – μὴ ἐπὶᵇ πορνείᾳ
Luc 12 52 τρεῖς ἐπὶ δυσὶν – διαμερισθήσονται,
53 πατὴρ ἐπὶ υἱῷ κτλ
Act 3 16 ἐπὶ τῇ πίστει τοῦ ὀνόματος αὐτοῦ
τοῦτον – ἐστερέωσεν τὸ ὄνομα αὐτοῦ
11 19 τῆς θλίψεως τ. γενομένης ἐπὶᶜ Στεφ.
26 6 ἐπ' ἐλπίδι τῆς – ἐπαγγελίας – ἕστηκα
κρινόμενος
Rm 5 12 ἐφ' ᾧᵈ πάντες ἥμαρτον 2 Co 5 4 ἐφ'
ᾧᵉ οὐ θέλομεν ἐκδύσασθαι Phl 3 12
ἐφ' ᾧᵈ καὶ κατελήμφθην 4 10 ἐφ' ᾧᶠ
καὶ ἐφρονεῖτε, ἠκαιρεῖσθε δέ
– 14 μὴ ἁμαρτήσαντας ἐπὶ τῷ ὁμοιώματι
τῆς παραβάσεως Ἀδάμ
8 20 ἐφ' ἐλπίδι (*in spe* vl *spem*) 1 Co 9 10
ἐπ' ἐλπίδι (*in spe*) – ἀροτριᾶν, κτλ
10 19 „παραζηλώσω ὑμᾶς ἐπ' οὐκ ἔθνει –"
2 Co 9 14 διὰ τὴν – χάριν τοῦ θεοῦ ἐφ' ὑμῖν
Gal 5 13 ὑμεῖς γὰρ ἐπ' ἐλευθερίᾳ ἐκλήθητε
1 Th 4 7 οὐ γὰρ ἐκάλεσεν – ἐπὶ ἀκαθαρσίᾳ
Hb 9 10 θυσίαι –, μόνον ἐπὶ βρώμασιν
– 15 εἰς ἀπολύτρωσιν τῶν ἐπὶᶜ τῇ πρώτῃ
διαθήκῃ παραβάσεων

3) cum accusativo

→ πιστεύειν, πίστις, πεποιθέναι,
ἐλπίζειν – σπλαγχνίζεσθαι – εἰ-
ρήνη, ὀργή, κρίμα, φόβος, χάρις
in ᵇ*super* ᶜ*supra·* ᵈ*ad* – ἐπὶ τὸ

αὐτό: ᵉin unum ᶠin idipsum ᵍin eodem loco ʰsimul ⁱpariter

Mat 1228 ἄρα ἔφθασεν ἐφ' ὑμᾶς ἡ βασιλεία τοῦ θεοῦ ‖ Luc 1120

2234 οἱ – Φαρ. – συνήχθησαν ἐπὶ τὸ αὐτόᵉ

2335 ὅπως ἔλθῃ ἐφ'ᵇ ὑμᾶς πᾶν αἷμα 36ᵇ

2725 τὸ αἷμα αὐτοῦ ἐφ'ᵇ ἡμᾶς – Act

186 αἷμα ὑμῶν ἐπὶᵇ τὴν κεφαλὴν ὑ.

2650 ἑταῖρε, ἐφ' ὅᵈ πάρει. (; vg ad quid venisti? vl ad quod)

Luc 1253 μήτηρ ἐπὶ τὴν θυγατέρα καὶ „θυγάτηρ ἐπὶ τὴν μητέρα" κτλ

1735 δύο ἀλήθουσαι ἐπὶ τὸ αὐτόᵉ

Joh 132 πνεῦμα –, καὶ ἔμεινεν ἐπ'ᵇ αὐτὸν 33ᵇ

336 ὀργὴ τοῦ θεοῦ μένει ἐπ'ᵇ αὐτόν

Act 115 ἦν τε ὄχλος ὀνομάτων ἐπὶ τὸ αὐτόʰ
ὡσεὶ ἑκατὸν εἴκοσι 21 ἦσαν πάντες ὁμοῦ ἐπὶ τὸ αὐτόᵍ 44 οἱ πιστεύοντες ἦσαν ἐπὶ τὸ αὐτόⁱ 47 προσετίθει τοὺς σῳζομένους – ἐπὶ τὸ αὐτόʲ

426 „οἱ ἄρχ. συνήχθησαν ἐπὶ τὸ αὐτόᵉ"

1517 „ἐφ'ᵇ οὓς ἐπικέκληται τὸ ὄν. μου"

1 Co 7 5 ἵνα –πάλιν ἐπὶ τὸ αὐτόᶠ ἦτε

1120 συνερχομένων – ὑμῶν ἐπὶ τὸ αὐτὸ οὐκ ἔστιν κυριακὸν δεῖπνον φαγεῖν

1423 ἐὰν –συνέλθῃ ἡ ἐκκλησία ὅλη ἐπὶ τὸ αὐτόᵉ καὶ πάντες λαλῶσιν γλώσσαις

2 Co 123 μάρτυρα τὸν θεὸν ἐπικαλοῦμαι ἐπὶ τὴν ἐμὴν ψυχήν

Phl 227 ἵνα μὴ λύπην ἐπὶᵇ λύπην σχῶ

1 Th 216 ἔφθασεν δὲ ἐπ'ᵇ αὐτοὺς ἡ ὀργή

2 Th 110 ὅτι ἐπιστεύθη τὸ μαρτύριον ἡμῶν ἐφ'ᵇ ὑμᾶς

2 1 τῆς – ἡμῶν ἐπισυναγωγῆς ἐπ' αὐτόν

– 4 ὁ –„ὑπεραιρόμενος ἐπὶᶜ πάντα" λεγόμενον „θεὸν" ἢ σέβασμα

1 Ti 118 προαγούσας ἐπὶ σὲ προφητείας

Hb 6 1 ἐπὶᵈ τὴν τελειότητα φερώμεθα

Jac 2 7 βλασφημοῦσιν τὸ καλὸν ὄνομα τὸ ἐπικληθὲν ἐφ'ᵇ ὑμᾶς

514 προσευξάσθωσαν ἐπ'ᵇ αὐτόν

1 Pe 414 θεοῦ πνεῦμα ἐφ'ᵇ ὑμᾶς ἀναπαύεται

Ap 2218 ἐάν τις „ἐπιθῇ ἐπ'ᵈ αὐτά," ἐπιθήσει ὁ θεὸς „ἐπ'ᵇ αὐτὸν" τὰς πληγάς

ἐπιβαίνειν ascendere ᵇingredi ᶜvenire ᵈ(perf.) sedēre Mat 215ᵈ Act 2018ᵇ
212 272 – 214 – 251ᶜ τῇ ἐπαρχείᾳ

ἐπιβάλλειν iniicere ᵇmittere ᶜimmittere ᵈimponere ᵉcontingere ᶠcoepisse
Mat 916 οὐδεὶς – ἐ..ειᶜ ἐπίβλημα ‖ Luc 536ᶜ

Mat 2650 ἐπέβαλον τὰς χεῖρας ἐπὶ –'Ἰησοῦν'‖
Mar 1446 – Luc 2019ᵇ 2112 ἐπιβαλοῦσιν ἐφ' ὑμᾶς τὰς χ. Joh 730 οὐδεὶς ἐπέβαλενᵇ ἐπ' αὐτὸν τὴν χ. 44ᵇ –
Act 43 ἐπέβαλον αὐτοῖς τὰς χ. 518 ἐπὶ τοὺς ἀποστόλους 121 ἐπέβαλενᵇ Ἡρῴδης – τὰς χ. κακῶσαί τινας 2127

Mar 437 κύματα ἐπέβαλλενᵇ εἰς τὸ πλοῖον 11 7 ἐπ..ουσινᵈ αὐτῷ τὰ ἱμάτια αὐτῶν
1472 (Πέτρος) ἐπιβαλὼνᶠ ἔκλαιεν (vl ἤρξατο κλαίειν)

Luc 962 ἐπιβαλὼνᵇ τὴν χεῖρα ἐπ' ἄροτρον
1512 δός μοι τὸ ἐ..ονᵉ μέρος τῆς οὐσίας

1 Co 735 οὐχ ἵνα βρόχον ὑμῖν ἐπιβάλω

ἐπιβαρεῖν Sᵒ – gravare ᵇonerare 2 Co 25 ἵνα μὴ ἐπιβαρῶᵇ – 1 Th 29 πρὸς τὸ μὴ ἐπιβαρῆσαί τινα ὑμῶν 2 Th 38

ἐπιβιβάζειν imponere Luc 1034 ἐπὶ – κτῆνος 1935 τὸν Ἰησοῦν Act 2324 Παῦλον

ἐπιβλέπειν respicere ᵇintendere
Luc 148 938 ἐπὶ τὸν υἱόν μου – Jac 23ᵇ

ἐπίβλημα commissura ᵇassumentum
Mat 916 ἐπ. ῥάκους ἀγνάφου ‖ Mar 221ᵇ
Luc 536 ἐπ. ἀπὸ ἱματίου καινοῦ – ᶜ – οὐ συμφωνήσει τὸ ἐπ. τὸ ἀπὸ τοῦ καινοῦ

ἐπιβουλή insidiae Act 924 203.19 2330

ἐπιγαμβρεύειν ducere Mat 2224

ἐπίγειος Sᵒ – terrenus ᵇterrester, ..ris
Joh 312 εἰ τὰ ἐπίγεια εἶπον ὑμῖν καὶ οὐ πιστ.
1 Co 1540 καὶ σώματα ἐπίγειαᵇ - ἑτέρα δὲ ἡ τῶν ἐπιγείωνᵇ (sc δόξα)
2 Co 5 1 ἐὰν ἡ ἐπ. ἡμῶν οἰκία – καταλυθῇ
Phl 210 „πᾶν γόνυ κάμψῃ" ἐπουρανίων καὶ ἐπιγείωνᵇ καὶ καταχθονίων
319 οἱ τὰ ἐπίγεια φρονοῦντες
Jac 315 ἀλλὰ ἐπίγειος, ψυχική, δαιμονιώδης (sc σοφία)

ἐπιγίνεσθαι flare Act 2813 ἐπιγενομ. νότου

ἐπιγινώσκειν (loci delecti e Luc et Act) cognoscere ᵇagnoscere ᶜnovisse
Mat 716 ἀπὸ τῶν καρπῶν αὐτῶν ἐπιγνώσεσθε αὐτούς (sc τοὺς ψευδοπροφ.) 20
1127 οὐδεὶς ἐπ..ειᶜ τὸν υἱὸν εἰ μὴ ὁ πατήρ,

οὐδὲ τὸν πατέρα τις ἐπιγινώσκει[c] εἰ
Mat 14 35 ἐπιγνόντες αὐτὸν (Jesum) οἱ ἄνδρες
τοῦ τόπου ἐκείνου ‖ Mar 6 54
17 12 Ἠλίας ἤδη ἦλθεν, καὶ οὐκ ἐπέγνω-
σαν αὐτόν, ἀλλὰ ἐποίησαν ἐν αὐτῷ
Mar 2 8 ἐπιγνοὺς ὁ Ἰησοῦς τῷ πνεύματι αὐ-
τοῦ ‖ Luc 5 22 τοὺς διαλογισμοὺς
5 30 ἐπιγνοὺς ἐν ἑαυτῷ τὴν – δύν. ἐξελθ.
6 33 ἐπέγνωσαν (vl + αὐτοὺς) πολλοί
*Luc 1 4 ἵνα ἐπιγνῷς περὶ ὧν κατηχήθης λό-
γων τὴν ἀσφάλειαν
24 16 τοῦ μὴ ἐπιγνῶναι[b] αὐτόν 31 καὶ ἐπ-
έγνωσαν αὐτόν (sc Ἰησοῦν)
*Act 4 13 ἐπεγίνωσκόν τε αὐτοὺς ὅτι σὺν τῷ
Ἰησοῦ ἦσαν
Rm 1 32 τὸ δικαίωμα τοῦ θεοῦ ἐπιγνόντες
1 Co 13 12 τότε δὲ ἐπιγνώσομαι καθὼς καὶ ἐπ-
εγνώσθην
14 37 ἐπιγινωσκέτω ἃ γράφω ὑμῖν ὅτι κυ-
ρίου ἐστὶν ἐντολή· εἰ δέ τις ἀγνοεῖ
16 18 ἐπιγινώσκετε οὖν τοὺς τοιούτους
2 Co 1 13 ἢ ἃ ἀναγινώσκετε ἢ καὶ ἐπιγινώσκε-
τε, ἐλπίζω δὲ ὅτι ἕως τέλους ἐπιγνώ-
σεσθε 14 καθὼς καὶ ἐπέγνωτε ἡμᾶς
ἀπὸ μέρους
6 9 ὡς ἀγνοούμενοι καὶ ἐπιγινωσκόμενοι
13 5 ἢ οὐκ ἐπιγινώσκετε ἑαυτοὺς ὅτι Ἰη-
σοῦς Χὸς ἐν ὑμῖν;
Col 1 6 ἀφ' ἧς ἡμέρας ἠκούσατε καὶ ἐπέγνω-
τε τὴν χάριν τοῦ θεοῦ ἐν ἀληθείᾳ
1 Ti 4 3 τοῖς – ἐπεγνωκόσι τὴν ἀλήθειαν
2 Pe 2 21 κρεῖττον – ἦν αὐτοῖς μὴ ἐπεγνωκέναι
τὴν ὁδὸν τῆς δικαιοσύνης, ἢ ἐπιγνοῦ-
σιν (post agnitionem) ὑποστρέψαι
ἐκ τῆς – ἁγίας ἐντολῆς

ἐπίγνωσις cognitio [b]agnitio [c]notitia [d]scientia
Rm 1 28 καθὼς οὐκ ἐδοκίμασαν τὸν θεὸν ἔ-
χειν ἐν ἐπιγνώσει[c], παρέδωκεν
3 20 διὰ γὰρ νόμου ἐπίγνωσις ἁμαρτίας
10 2 ζῆλον θεοῦ ἔχουσιν, ἀλλ' οὐ κατ' ἐπί-
γνωσιν[d]· ἀγνοοῦντες – τὴν τ. θ. δικαι.
Eph 1 17 πνεῦμα σοφίας – ἐν ἐπιγνώσει[b] αὐτοῦ
4 13 εἰς τὴν ἑνότητα – τῆς ἐπ.[b] τοῦ υἱοῦ
Phl 1 9 ἵνα ἡ ἀγάπη ὑμῶν – περισσεύῃ ἐν
ἐπιγνώσει[d] καὶ πάσῃ αἰσθήσει
Col 1 9 ἵνα πληρωθῆτε τὴν ἐπ.[b] τοῦ θελήμα-
τος αὐτοῦ 10 αὐξανόμενοι τῇ ἐπ.[d]
τοῦ θεοῦ 22 συμβιβασθέντες – εἰς
ἐπ.[b] τοῦ μυστηρίου τοῦ θεοῦ, Χοῦ
3 10 τὸν ἀνακαινούμενον εἰς ἐπίγνωσιν[b]
κατ' εἰκόνα τοῦ κτίσαντος αὐτόν

1 Ti 2 4 πάντας – θέλει – εἰς ἐπ..ιν[b] ἀληθεί-
ας ἐλθεῖν 2 Ti 3 7 μηδέποτε εἰς ἐπ.[d]
ἀλ. ἐλθεῖν δυνάμενα – 2 25 μετάνοιαν
εἰς ἐπ. (ad cognoscendam) ἀλ. Tit
1 1 ἀπόστολος – κατὰ – ἐπ..ιν[b] ἀλ. τῆς
κατ' εὐσέβειαν – Hb 10 26 μετὰ τὸ
λαβεῖν τὴν ἐπίγνωσιν[c] τῆς ἀληθείας
Phm 6 ἐν ἐπιγνώσει[b] παντὸς ἀγαθοῦ
2 Pe 1 2 εἰρήνη – ἐν ἐπ..ει τοῦ θεοῦ καὶ Ἰησ.
– 3 διὰ τῆς ἐπ. τοῦ καλέσαντος ἡμᾶς
– 8 οὐκ ἀργοὺς οὐδὲ ἀκάρπους καθίστη-
σιν εἰς τὴν τοῦ κυρίου ἡμῶν – ἐπ..ιν
2 20 ἀποφυγόντες τ. μιάσματα τ. κόσμου
ἐν ἐπ..ει τ. κυρίου [ἡμῶν] – Ἰ. Χοῦ

ἐπιγράφειν inscribere [b]superscribere
[c]scribere
Mar 15 26 ἐπιγραφὴ τῆς αἰτίας – ἐπιγεγραμμένη
Act 17 23 ἐν ᾧ ἐπεγέγραπτο[c]· ἀγνώστῳ θεῷ
Hb 8 10 ἐπὶ καρδίας – ἐπιγράψω[b] αὐτούς·
(sc νόμους) 10 16[b] „ἐπὶ τ. διάνοιαν"
Ap 21 12 ὀνόματα ἐπιγεγραμμένα, – [τὰ ὀνόμ.]
τῶν δώδεκα φυλῶν υἱῶν Ἰσραήλ

ἐπιγραφή S° – inscriptio [b]superscriptio
(vl suprascriptio) [c]titulus
Mat 22 20 τίνος – ἡ ἐπ.[b]; ‖ Mar 12 16 Luc 20 24
Mar 15 26 ἡ ἐπιγραφή[c] τῆς αἰτίας ‖ Luc 23 38[b]

ἐπιδεικνύναι, ..υσθαι ostendere
Mat 16 1 σημεῖον ἐκ τοῦ οὐρανοῦ ἐπιδεῖξαι
22 19 ἐπιδείξατέ μοι τὸ νόμισμα τοῦ κήνσου
24 1 ἐπ. αὐτῷ τὰς οἰκοδομὰς τοῦ ἱεροῦ
Luc 17 14 „ἐ..ξατε" ἑαυτοὺς „τοῖς ἱερεῦσιν"
Act 9 39 ἱμάτια – 18 28 ἐ..νὺς διὰ τῶν γρα-
φῶν εἶναι τὸν χριστὸν Ἰησοῦν
Hb 6 17 βουλόμενος ὁ θεὸς ἐπιδεῖξαι – τὸ
ἀμετάθετον τῆς βουλῆς αὐτοῦ

ἐπιδεῖν (ἐπεῖδον) respicere Luc 1 25 ἀφελεῖν
Act 4 29 ἔπιδε ἐπὶ τὰς ἀπειλὰς αὐτῶν

ἐπιδέχεσθαι [a]recipere [b]suscipere
3 Jo 9[a] 10 οὔτε αὐτὸς ἐ..εται[b] τ. ἀδελφούς

ἐπιδημοῦντες S° – advenae Act 2 10 17 21

ἐπιδιατάσσεσθαι S° – superordinare
Gal 3 15 διαθήκην οὐδεὶς ἀθετεῖ ἢ ἐ..εται

ἐπιδιδόναι porrigere [b]dare [c]tradere [d]offerre
Mat 7 9 μὴ λίθον ἐπιδώσει αὐτῷ; 10 ὄφιν –;

‖ Luc 11 11ᵇ ὄφιν –; 12 σκορπίον;
Luc 4 17 ἐπεδόθη ᶜ αὐτῷ βιβλίον – Ἠσαίου
2430 ἄρτον – ἐπεδίδου αὐτοῖς – 42ᵈ
Act 15 30ᶜ ἐπιστολήν 27 15 ἀνέμῳ ἐπιδόντες ᵇ

ἐπιδιορθοῦν Sᵒ – corrigere Tit 1 5 τὰ λείπ.

ἐπιδύειν occidere Eph 4 26 ἥλιος μὴ ἐπιδυέτω

ἐπιείκεια ᵃclementia ᵇmodestia
Act 24 4 ἀκοῦσαί σε ἡμῶν – τῇ σῇ ἐπιεικείᾳ ᵃ
2 Co 10 1 παρακαλῶ ὑμᾶς διὰ τῆς – ἐπ.ᵇ τ. Χοῦ

ἐπιεικής modestus ᵇ(τὸ ἐπιεικές) modestia
Phl 4 5 τὸ ἐπ.ᵇ ὑμῶν γνωσθήτω πᾶσιν ἀνθρ.
1 Ti 3 3 δεῖ – ἐπίσκοπον – εἶναι – ἐ..ῆ, ἄμαχον
Tit 3 2 ὑπομίμνησκε – ἀμάχους εἶναι, ἐ..εῖς
Jac 317 ἡ δὲ ἄνωθεν σοφία – εἰρηνική, ἐ..ής
1 Pe 2 18 δεσπόταις, οὐ μόνον τοῖς – ἐ..έσιν

ἐπιέναι, ἡ ἐπιοῦσα ἡμέρα, νὺξ sequens
Act 7 26 τῇ – ἡμέρᾳ 16 11 20 15 21 18 – 23 11 νυκτί

ἐπιζητεῖν quaerere ᵇinquirere ᶜrequirere
ᵈdesiderare
Mat 6 32 ταῦτα τὰ ἔθνη ἐ..οῦσιν ᵇ ‖ Luc 12 30
1239 γενεὰ πονηρὰ – σημεῖον ἐπιζητεῖ 164
Luc 4 42 οἱ ὄχλοι ἐπεζήτουν ᶜ αὐτόν
Act 12 19ᶜ (Petrum) 137 ἐπεζήτησεν ᵈ ἀκοῦσαι
τὸν λόγον τοῦ θεοῦ – 19 39
Rm 11 7 ὃ ἐ..εῖ Ἰσραήλ, τοῦτο οὐκ ἐπέτυχεν
Phl 4 17 οὐχ ὅτι ἐπιζητῶ τὸ δόμα, ἀλλὰ ἐπι
ζητῶ ᶜ τὸν καρπὸν – εἰς λόγον ὑμῶν
Hb 11 14 ἐμφανίζουσιν ὅτι πατρίδα ἐ..οῦσιν ᵇ
1314 τὴν μέλλουσαν (sc πόλιν) ἐ..οῦμεν ᵇ

ἐπιθανάτιος morti destinatus
1 Co 4 9 ἡμᾶς τοὺς ἀποστόλους – ὡς ἐπι..ους

ἐπίθεσις (τῶν χειρῶν) impositio Act 8 18
1 Ti 4 14 τοῦ πρεσβυτερίου 2 Ti 1 6 μου Hb 6 2

ἐπιθυμεῖν concupiscere, (πρὸς τὸ ἐ. ad c..endum) ᵇcupere ᶜdesiderare
Mat 5 28 ὁ βλέπων γυναῖκα πρὸς τὸ ἐπιθυμῆ
σαι αὐτήν (vl αὐτῆς)
1317 πολλοὶ – ἐπεθύμησαν ᵇ ἰδεῖν ἃ βλέπετε
Luc 15 16ᵇ 1621ᵇ – Act 2033 ἀργυρίου – οὐδενός
1722 ἡμέραι ὅτε ἐ..ήσετε ᶜ μίαν τῶν ἡμερῶν
τοῦ υἱοῦ τοῦ ἀνθρώπου ἰδεῖν
2215 ἐπιθυμίᾳ (desiderio) ἐπεθύμησα ᶜ τοῦ
το τὸ πάσχα φαγεῖν μεθ' ὑμῶν

Rm 7 7 εἰ μὴ ὁ νόμ. ἔλεγ.· „οὐκ ἐπιθυμήσεις"
1 Co 10 6 καθὼς κἀκεῖνοι „ἐπεθύμησαν" ‖139
Gal 517 ἡ – σὰρξ ἐ..εῖ κατὰ τοῦ πνεύματος
1 Ti 3 1 εἴ τις ἐπισκοπῆς ὀρέγεται (desiderat),
καλοῦ ἔργου ἐπιθυμεῖ ᶜ
Hb 611 ἐπιθυμοῦμεν ᵇ – ἕκαστον ὑμῶν τὴν
αὐτὴν ἐνδείκνυσθαι σπουδήν
Jac 4 2 ἐπιθυμεῖτε, καὶ οὐκ ἔχετε
1 Pe 1 12 εἰς ἃ ἐ..οῦσιν ᶜ ἄγγελοι παρακῦψαι
Ap 9 6 ἐ..ήσουσιν ᶜ ἀποθανεῖν καὶ φεύγει

ἐπιθυμηταί concupiscentes 1 Co 10 6 κακῶν

ἐπιθυμία desiderium ᵇconcupiscentia
Mar 4 19 αἱ περὶ τὰ λοιπὰ ἐ..αι ᵇ – συμπνίγου
σιν τὸν λόγον –. Luc 22 15 → ἐπιθυμεῖν
Joh 8 44 τὰς ἐπιθυμίας τοῦ πατρὸς ὑμῶν θέ
λετε ποιεῖν
Rm 1 24 παρέδωκεν αὐτοὺς ὁ θεὸς ἐν ταῖς
ἐπ. τῶν καρδιῶν – εἰς ἀκαθαρσίαν
612 εἰς τὸ ὑπακούειν ταῖς ἐπ.ᵇ αὐτοῦ
(sc τοῦ θνητοῦ ὑμῶν σώματος)
7 7 τὴν – ἐπ.ᵇ οὐκ ᾔδειν εἰ μὴ ὁ νόμος
ἔλεγεν· 8 ἡ ἁμαρτία – κατειργάσατο
ἐν ἐμοὶ πᾶσαν ἐπιθυμίαν ᵇ
1314 τῆς σαρκὸς πρόνοιαν μὴ ποιεῖσθε εἰς
ἐπιθυμίας (in desideriis)
Gal 516 ἐπιθυμίαν (vg d..ia vl ..ium) σαρκὸς
οὐ μὴ τελέσητε 24 σάρκα ἐσταύρω
σαν σὺν – ταῖς ἐπιθυμίαις ᵇ
Eph 2 3 ἐν οἷς – ἀνεστράφημέν ποτε ἐν ταῖς
ἐπιθυμίαις τῆς σαρκὸς ἡμῶν
422 τὸν παλαιὸν ἄνθρ. τὸν φθειρόμενον
κατὰ τὰς ἐπιθυμίας τῆς ἀπάτης
Phl 1 23 τὴν ἐπιθυμίαν ἔχων εἰς τὸ ἀναλῦσαι
Col 3 5 νεκρώσατε – πάθος, ἐ..αν ᵇ κακήν
1 Th 2 17 ἐσπουδάσαμεν τὸ πρόσωπον ὑμῶν ἰ
δεῖν ἐν πολλῇ ἐπιθυμίᾳ
1 Ti 6 9 εἰς – ἐ..ας – ἀνοήτους καὶ βλαβεράς
2 Ti 2 22 τὰς δὲ νεωτερικὰς ἐπιθυμίας φεῦγε
3 6 ἀγόμενα ἐπιθυμίαις ποικίλαις
4 3 κατὰ τὰς ἰδίας ἐπιθυμίας ἑαυτοῖς ἐπι
σωρεύσουσιν διδασκάλους
Tit 2 12 ἀρνησάμενοι – τὰς κοσμικὰς ἐπ. 3 3
ἡμεν – δουλεύοντες ἐπιθυμίαις
Jac 1 14 ὑπὸ τῆς ἰδίας ἐπ.ᵇ ἐξελκόμενος
– 15 ἡ ἐπ.ᵇ συλλαβοῦσα τίκτει ἁμαρτίαν
1 Pe 1 14 ταῖς πρότερον ἐν τῇ ἀγνοίᾳ – ἐ..αις
211 ἀπέχεσθαι τῶν σαρκικῶν ἐπιθυμιῶν
4 2 μηκέτι ἀνθρώπων ἐ..αις – βιῶσαι 3
πεπορευμένους ἐν – ἐπιθυμίαις

2 Pe 1 4 ἀποφυγόντες τῆς – ἐν ἐ..αᵇ φθορᾶς
2 10 τοὺς ὀπίσω σαρκὸς ἐν ἐπιθυμίᾳᵇ μι-
ασμοῦ πορευομένους Jud 16 κατὰ τὰς
ἐπ. ἑαυτῶν πορ..οι 18 τῶν ἀσεβειῶν
– 18 δελεάζουσιν ἐν ἐπιθυμίαις σαρκός
3 3 κατὰ τὰς ἰδίας ἐπ.ᵇ – πορευόμενοι
1 Jo 2 16 πᾶν τὸ ἐν τῷ κόσμῳ, ἡ ἐπιθυμίαᵇ
τῆς σαρκὸς καὶ ἡ ἐπιθυμίαᵇ τῶν ὀ-
φθαλμῶν 17 ὁ κόσμος παράγεται καὶ
ἡ ἐπιθυμίαᵇ αὐτοῦ
Ap 18 14 ἡ ὀπώρα σου τῆς ἐπιθυμίας τῆς ψυ-
χῆς ἀπῆλθεν ἀπὸ σοῦ

ἐπικαθίζειν   sedēre facere
Mat 21 7 καὶ ἐπεκάθισεν ('Ιησ.) ἐπάνω αὐτῶν

ἐπικαλεῖν, ..σθαι   invocare ᵇappellare ᶜco-
gnominari ᵈvocare
Mat 10 25 εἰ τὸν οἰκοδεσπότην Βεελζεβοὺλ ἐπ-
εκάλεσανᵈ
Act 1 23 ὃς ἐπεκλήθηᶜ 'Ιοῦστος 4 36 ὁ ἐπικλη-
θεὶςᶜ Βαρναβᾶς 10 5 ὃς ἐπικαλεῖταιᶜ
Πέτρος 18ᶜ 32ᶜ 11 13ᶜ 12 12 'Ιωάννου
τοῦ ἐπικαλουμένουᶜ Μάρκου 25ᶜ
2 21 „ὃς ἂν ἐπικαλέσηται τὸ ὄνομα κυ-
ρίου" Rm 10 13 – Act 9 14 τοὺς ἐ..ου-
μένους τὸ ὄνομά σου 21 τὸ ὄν. τοῦτο
22 16 ἐπικαλεσάμενος τὸ ὄν. αὐτοῦ
1 Co 1 2 σὺν πᾶσιν τοῖς ἐ..ουμένοις
τὸ ὄνομα τοῦ κυρίου ἡμῶν 'Ιησ. Χοῦ
7 59 Στέφανον, ἐ..ούμενον καὶ λέγοντα·
15 17 „ἐφ' οὓς ἐπικέκληται (invocatum est)
τὸ ὄνομά μου ἐπ' αὐτούς" → Jac 2 7
25 11 Καίσαρα ἐ..οῦμαιᵇ 12 ἐπικέκλησαι ᵇ
21 τοῦ δὲ Παύλου ἐ..εσαμένουᵇ 25ᵇ
τὸν Σεβαστόν 26 32 εἰ μὴ ἐπεκέκλη-
τοᵇ Καίσαρα 28 19 ἠναγκάσθην ἐπι-
καλέσασθαιᵇ Καίσαρα
Rm 10 12 πλουτῶν εἰς πάντας τοὺς ἐ..ουμένους
αὐτόν 13. 14 πῶς οὖν ἐ..έσωνται – ;
2 Co 1 23 μάρτυρα τὸν θεὸν ἐ..οῦμαι ἐπὶ τὴν
2 Ti 2 22 μετὰ τῶν ἐπικαλουμένων τὸν κύριον
ἐκ καθαρᾶς καρδίας
Hb 11 16 οὐκ ἐπαισχύνεται αὐτοὺς ὁ θεὸς θεὸς
ἐπικαλεῖσθαι (vocari) αὐτῶν
Jac 2 7 οὐκ αὐτοὶ βλασφημοῦσιν τὸ καλὸν
ὄνομα τὸ ἐπικληθὲν ἐφ' ὑμᾶς;
1 Pe 1 17 εἰ „πατέρα ἐ..εῖσθε" τὸν ἀπροσωπολ.

ἐπικάλυμμα   velamen 1 Pe 2 16 κακίας

ἐπικαλύπτειν   tegere Rm 4 7 „μακάριοι – ὧν
ἐπεκαλύφθησαν αἱ ἁμαρτίαι"

ἐπικατάρατος   maledictus Gal 3 10. 13

ἐπικεῖσθαι   ªirruere ᵇinstare ᶜsuperpositum
esse ᵈimminēre ᵉincumbere ᶠimpo-
situm esse
Luc 5 1 ὄχλον ἐπ.ª αὐτῷ 23 23ᵇ φωναῖς μεγ.
Joh 11 38 λίθος ἐπέκειτοᶜ – 21 9ᶜ ὀψάριον
Act 27 20ᵈ χειμῶνος – 1 Co 9 16ᵉ ἀνάγκη – μοι
Hb 9 10 δικαιώματα σαρκὸς μέχρι καιροῦ δι-
ορθώσεως ἐπικείμεναᶠ

ἐπικέλλειν   Sᵒ – impingere Act 27 41 ναῦν

'Επικούρειοι φιλόσοφοι   Act 17 18

ἐπικουρία   auxilium Act 26 22 ἀπὸ – θεοῦ

ἐπικρίνειν   adiudicare Luc 23 24 Πιλᾶτος

ἐπιλαμβάνεσθαι   apprehendere ᵇcapere
ᶜreprehendere
Mat 14 31 ὁ 'Ιησοῦς – ἐπελάβετο αὐτοῦ
Mar 8 23 ἐπιλαβόμενος τῆς χειρὸς τοῦ τυφλοῦ
Luc 9 47 ἐπιλαβόμενος παιδίον 14 4 ἐπ. ἰάσατο
20 20 ἵνα ἐπιλάβωνταιᵇ αὐτοῦ λόγου 26ᶜ
23 26 ἐπιλαβόμενοι Σίμωνά τινα Κυρηναῖον
Act 9 27 16 19 17 19 18 17 21 30. 33 23 19 χειρός
1 Ti 6 12 ἐπιλαβοῦ τῆς αἰωνίου ζωῆς 19 ἵνα
ἐπιλάβωνται τῆς ὄντως ζωῆς
Hb 2 16 οὐ – δήπου ἀγγέλων ἐπιλαμβάνεται,
ἀλλὰ „σπέρματος 'Αβραὰμ ἐ..εται"
8 9 „ἐπιλαβομένου μου τ. χειρὸς αὐτῶν"

ἐπιλανθάνεσθαι   oblivisci ᵇ – Luc 12 6
Mat 16 5 ἐπελάθοντο ἄρτους λαβεῖν ‖ Mar 8 14
Luc 12 6 ἓν ἐξ αὐτῶν οὐκ ἔστιν ἐπιλελησμέ-
νον (est in oblivione) ἐνώπ. τοῦ θεοῦ
Phl 3 13 τὰ μὲν ὀπίσω ἐπιλανθανόμενος
Hb 6 10 οὐ γὰρ ἄδικος ὁ θεὸς ἐπιλαθέσθαι
τοῦ ἔργου ὑμῶν καὶ τῆς ἀγάπης
13 2 τῆς φιλοξενίας μὴ ἐπιλανθάνεσθε 16
εὐποιΐας καὶ κοινωνίας μὴ ἐπιλανθ.
Jac 1 24 εὐθέως ἐπελάθετο ὁποῖος ἦν

ἐπιλέγεσθαι   ªcognominari ᵇeligere
Joh 5 2 ἡ ἐ..ομένηª 'Εβραϊστὶ Βηθζαθά
Act 15 40 Παῦλος – ἐπιλεξάμενοςᵇ Σιλᾶν

ἐπιλείπειν   Sᵒ – deficere Hb 11 32 χρόνος

ἐπιλείχειν   Sᵒ – lingere Luc 16 21 τὰ ἕλκη

ἀκροατὴς ἐπιλησμονῆς   obliviosus Jac 1 25

ἐπίλοιπος *reliquus* 1 Pe 42 τὸν ἐ..ον – χρόνον

ἐπιλύειν S° – ᵃ *disserere* ᵇ *absolvere*
Mar 434 τοῖς – μαθηταῖς ἐπέλυεν ᵃ πάντα
Act 1939 ἐν τῇ ἐννόμῳ ἐκκλησίᾳ ἐπιλυθήσεται ᵇ

ἐπίλυσις S° – *interpretatio* 2 Pe 120 πᾶσα προ-
φητεία γραφῆς ἰδίας ἐ..εως οὐ γίνεται

ἐπιμαρτυρεῖν S° – *contestari* 1 Pe 512

ἐπιμέλεια *cura* Act 273 ἐπιμελείας τυχεῖν

ἐπιμελεῖσθαι ᵃ *curam agere, habēre*
ᵇ *diligentiam habēre* Luc 1034 ᵃ 35 ᵃ
1 Ti 3 5 πῶς ἐκκλησίας θεοῦ ἐπιμελήσεται ᵇ;

ἐπιμελῶς *diligenter* Luc 158 ζητεῖ ἐπιμελῶς

ἐπιμένειν *permanēre* ᵇ *manēre* ᶜ *remanēre*
ᵈ *perseverare* ᶠ *morari* ᶠ *instare*
[Joh 8 7 ὡς δὲ ἐπέμενον ᵈ ἐρωτῶντες]
Act 1048 ᵇ 1216 ᵈ ([1534] vlᶜ) 214 ᵇ 10ᶜ 2812 ᵇ 14 ᵇ
1 Co 167 ᵇ 8 ἐν Ἐφέσῳ – Gal 118 ᵇ
Rm 6 1 ἐπιμένωμεν τῇ ἁμαρτίᾳ, ἵνα ἡ χάρις –;
1122 ἐὰν ἐπιμένῃς τῇ χρηστότητι
– 23 ἐὰν μὴ ἐπιμένωσιν τῇ ἀπιστίᾳ
Phl 1 24 τὸ – ἐπ. [ἐν] τῇ σαρκὶ ἀναγκαιότερον
Col 1 23 εἴ γε ἐπιμένετε τῇ πίστει
1 Ti 416 ἐπίμενε ᶠ αὐτοῖς· τοῦτο γὰρ ποιῶν

ἐπινεύειν *consentire* Act 1820 οὐκ ἐπέ..σεν

ἐπίνοια *cogitatio* Act 822 εἰ – ἀφεθήσεταί σοι
ἡ ἐπίνοια τῆς καρδίας σου

ἐπιορκεῖν *periurare* (vl *peierare*)
Mat 533 „οὐκ ἐπιορκήσεις, ἀποδώσεις δέ"

ἐπίορκος *periurus* 1 Ti 110 ψεύσταις, ἐπ..οις

ἐπιούσιος S° – ᵃ *supersubstantialis* ᵇ *quo-
tidianus* Mat 611 ᵃ ἄρτος ‖ Luc 113 ᵇ

ἐπιπίπτειν *cadere* (*super, supra*) ᵇ *incumbere*
ᶜ *irruere* ᵈ *procumbere* ᵉ *venire*
Mar 310 ὥστε ἐπ.ᶜ αὐτῷ ἵνα αὐτοῦ ἅψωνται
Luc 112 φόβος ἐπέπεσεν ᶜ Act 1917 Ap 1111
1520 ἐπέπεσεν ᵈ ἐπὶ τ. τράχηλον αὐτοῦ Act
2037 ἐπιπεσόντες ᵈ ἐ. τ. τρ. τοῦ Παύλ.
Act 816 οὐδέπω – ἦν ἐπ' οὐδενὶ αὐτῶν ἐπιπε-
πτωκός ᵉ (sc τὸ πνεῦμα) 1044 ἐπέ-

πεσεν – ἐπὶ πάντας 1115 (vl *decidit*)
Act 2010 Παῦλ. ἐπέπεσεν ᵇ αὐτῷ (sc Εὐτύχῳ)
Rm 15 3 „οἱ ὀνειδισμοὶ – ἐπέπεσαν ἐπ' ἐμέ"

ἐπιπλήσσειν S° – *increpare* 1 Ti 51 μὴ ἐ..ξῃς

ἐπιποθεῖν *desiderare* ᵇ *cupere* ᶜ *concupiscere*
Rm 111 ἐ..ῶ γὰρ ἰδεῖν ὑμᾶς 1 Th 36 2 Ti 14
2 Co 5 2 τὸ ἐξ οὐρανοῦ (sc οἰκητήριον) ἐπεν-
δύσασθαι ἐπιποθοῦντες ᵇ
914 αὐτῶν δεήσει – ἐπιποθούντων ὑμᾶς
Phl 1 8 ὡς ἐ..ῶ ᵇ πάντας ὑμᾶς ἐν σπλάγχ-
νοις Χοῦ Ἰ. – 226 ἐ..ῶν ἦν πάν. ὑμᾶς
Jac 4 5 πρὸς φθόνον ἐπιποθεῖ ᶜ τὸ πνεῦμα
1 Pe 2 2 τὸ λογικὸν ἄδολον γάλα ἐ..ήσατε ᶜ

ἐπιπόθησις S° – *desiderium* 2 Co 77.11

ἐπιπόθητος S° – *desideratissimus* (vl ..*ant.*)
Phl 4 1 ἀδελφοί μου ἀγαπητοὶ καὶ ἐ..ητοι

ἐπιποδία S° – *cupiditas*
Rm 1523 ἐ..αν δὲ ἔχων τοῦ ἐλθεῖν πρὸς ὑμᾶς

ἐπιπορεύεσθαι *properare* Luc 84 πρός

ἐπιράπτειν S° – *assuere* Mar 221 ἐπίβλημα

ἐπιρίπτειν ᵃ *iactare* (*supra*) ᵇ *proiicere in*
Luc 1935 ᵃ ἱμάτια – 1 Pe 57 ᵇ „τὴν μέριμναν"

ἐπίσημος ᵃ *insignis* ᵇ *nobilis* Mat 2716 ᵃ δέ-
σμιον – Rm 167 ἐ..οι ᵇ ἐν τοῖς ἀποστόλοις

ἐπισιτισμός *esca* Luc 912 ἵνα – εὕρωσιν ἐ..όν

ἐπισκέπτεσθαι *visitare* ᵇ *considerare*
Mat 2536 καὶ ἐπεσκέψασθέ με 43 οὐκ ἐπεσκ.
Luc 168 ἐπεσκέψατο καὶ ἐποίησεν „λύτρωσιν
τῷ λαῷ αὐτοῦ" 716 τὸν λαὸν αὐτοῦ
– 78 ἐπισκέψεται (vl ἐπεσκέψατο vg) ἡ-
μᾶς ἀνατολὴ ἐξ ὕψους
Act 6 3 ἐ..ψασθε ᵇ – ἄνδρας – μαρτυρουμέν.
723 ἐ..ψασθαι „τοὺς ἀδελφοὺς αὐτοῦ"
1514 ὁ θεὸς ἐπεσκέψατο λαβεῖν – λαόν
– 36 ἐπισκεψώμεθα τοὺς ἀδελφούς
Hb 2 6 „υἱὸς ἀνθρ. ὅτι ἐπισκέπτῃ αὐτόν;"
Jac 127 ἐπ. ὀρφανοὺς καὶ χήρας ἐν τῇ θλ.

ἐπισκευάζεσθαι *praeparari* Act 2115

ἐπισκηνοῦν S° – *inhabitare in* 2 Co 129
ἵνα ἐ..ώσῃ ἐπ' ἐμὲ ἡ δύναμις τοῦ Χοῦ

ἐπισκιάζειν *obumbrare*
Mat 17 5 νεφέλη φωτεινή ‖ Mar 9 7 Luc 9 34
Luc 1 35 δύναμις ὑψίστου ἐπισκιάσει σοι
Act 5 15 ἵνα – κἂν ἡ σκιὰ ἐ..ση τινὶ αὐτῶν

ἐπισκοπεῖν *contemplari* Hb 1215 ἐπισκοποῦν-
τες μή τις ὑστερῶν ἀπὸ τῆς χάριτος
1 Pe 5 2 [ἐπισκοποῦντες] (*providentes*) μὴ ἀν-
αγκαστῶς ἀλλὰ ἑκουσίως

ἐπισκοπή ᵃ*visitatio* ᵇ*episcopatus*
Luc 19 44 οὐκ ἔγνως τὸν καιρὸν τῆς ἐπ.ᵃ σου
Act 1 20 „τὴν ἐπ.ᵇ αὐτοῦ λαβέτω ἕτερος"
1 Ti 3 1 εἴ τις ἐ..ῆςᵇ ὀρέγεται, καλοῦ ἔργου
1 Pe 2 12 ἵνα – δοξάσωσιν τὸν θεὸν „ἐν ἡμέρᾳ
ἐπισκοπῆςᵃ" (vl 56ᵃ)

ἐπίσκοπος *episcopus*
Act 20 28 παντὶ τῷ ποιμνίῳ, ἐν ᾧ ὑμᾶς τὸ πνεῦ-
μα τὸ ἅγιον ἔθετο ἐπισκόπους
Phl 1 1 σὺν ἐπισκόποις καὶ διακόνοις
1 Ti 3 2 δεῖ – τὸν ἐπ. ἀνεπίλημπτον εἶναι Tit
1 7 ἀνέγκλητον – ὡς θεοῦ οἰκονόμον
1 Pe 2 25 ἐπεστράφητε νῦν ἐπὶ τὸν ποιμένα
καὶ ἐπίσκοπον τῶν ψυχῶν ὑμῶν

ἐπισπᾶσθαι *adducere praeputium* 1 Co 7 18

ἐπισπείρειν Sᵒ – *superseminare* Mat 13 25

ἐπίστασθαι *scire* ᵇ*nosse* – negative:
ᶜ*ignorare* ᵈ*nescire*
Mar 14 68 οὔτε ἐπίσταμαιᵇ σὺ τί λέγεις
Act 10 28 ὑμεῖς ἐπίστασθε ὡς ἀθέμιτόν ἐστιν
15 7 ἐ..σθε ὅτι – ἐξελέξατο ὁ θεὸς διὰ τοῦ
στόματός μου ἀκοῦσαι τὰ ἔθνη
18 25 ἐ..άμενος μόνον τὸ βάπτισμα Ἰωάν.
19 15 καὶ τὸν Παῦλον ἐπίσταμαι· ὑμεῖς δὲ
τίνες ἐστέ; – 19 25 20 18 22 19 24 10 26 26
1 Ti 6 4 τετύφωται, μηδὲν ἐπιστάμενος, ἀλλὰ
Hb 11 8 ἐξῆλθεν μὴ ἐ..μενοςᵈ ποῦ ἔρχεται
Jac 4 14 οὐκ ἐπίστασθεᶜ τὸ τῆς αὔριον
Jud 10 ὅσα δὲ φυσικῶς – ἐπίστανταιᵇ

ἐπίστασις (vl ..σύστ.) ᵃ*concursus* ᵇ*instantia*
Act 24 12 οὔτε – εὑρόν με – ἐ..ινᵃ ποιοῦντα ὄχ.
2 Co 11 28 ἡ ἐπίστασίςᵇ μοι ἡ καθ' ἡμέραν

ἐπιστάτης *praeceptor* Luc 5 5 8 24.45 9 33.49
17 13 Ἰησοῦ ἐπιστάτα, ἐλέησον ἡμᾶς

ἐπιστέλλειν *scribere*
Act 15 20 κρίνω – ἐπιστεῖλαι αὐτοῖς τοῦ ἀπέ-

χεσθαι 21 25 ἐπεστείλαμεν κρίναντες
Hb 13 22 καὶ γὰρ διὰ βραχέων ἐπέστειλα ὑμῖν

(ἐπιστήμη *disciplina* Phl 4 8 vl)

ἐπιστήμων *disciplinatus*
Jac 3 13 τίς σοφὸς καὶ ἐπ. ἐν ὑμῖν; δειξάτω

ἐπιστηρίζειν *confirmare*
Act 14 22 ἐ..οντες τὰς ψυχὰς τῶν μαθητῶν
15 32 τοὺς ἀδελφοὺς 41 τὰς ἐκκλησίας
18 23 ἐπιστηρίζων πάντας τοὺς μαθητάς

ἐπιστολή *epistola*
Act 9 2 ᾐτήσατο – ἐ..ὰς εἰς Δαμασκόν 22 5
ἐπιστολὰς δεξάμενος – 15 30 23 25.33
Rm 16 22 Τέρτιος ὁ γράψας τὴν ἐπιστολήν
1 Co 5 9 ἔγραψα ὑμῖν ἐν τῇ ἐπ. μὴ συναναμ.
16 3 δι' ἐ..ῶν τούτους πέμψω ἀπενεγκεῖν
2 Co 3 1 χρῄζομεν – συστατικῶν ἐ..ῶν πρὸς ὑ-
μᾶς ἢ ἐξ ὑμῶν; 2 ἡ ἐπιστολὴ ἡμῶν
ὑμεῖς ἐστε 3 ὅτι ἐστὲ ἐπιστολὴ Χοῦ
διακονηθεῖσα ὑφ' ἡμῶν
7 8 εἰ καὶ ἐλύπησα ὑμᾶς ἐν τῇ ἐπιστολῇ
– ὅτι ἡ ἐπ. ἐκείνη
10 9 ἵνα μὴ δόξω ὡς ἂν ἐκφοβεῖν ὑμᾶς
διὰ τῶν ἐπ. 10 ὅτι αἱ ἐπ. μέν, φησίν,
βαρεῖαι καὶ ἰσχυραί 11 οἷοί ἐσμεν τῷ
λόγῳ δι' ἐπιστολῶν ἀπόντες
Col 4 16 ὅταν ἀναγνωσθῇ παρ' ὑμῖν ἡ ἐπ.,–
ἵνα καὶ ἐν τῇ Λαοδικέων ἐκκλ. ἀνα-
γνωσθῇ 1 Th 5 27 ἀναγνωσθῆναι τὴν
ἐπιστολὴν πᾶσιν τοῖς ἀδελφοῖς
2 Th 2 2 μηδὲ θροεῖσθαι, – μήτε διὰ λόγου μή-
τε δι' ἐπιστολῆς ὡς δι' ἡμῶν 15 κρα-
τεῖτε τὰς παραδόσεις ἃς ἐδιδάχθητε
εἴτε διὰ λόγου εἴτε δι' ἐ..ῆς ἡμῶν
3 14 εἴ – τις οὐχ ὑπακούει τῷ λόγῳ ἡμῶν
διὰ τῆς ἐπ. – 17 ὅ ἐστιν σημεῖον ἐν
πάσῃ ἐπιστολῇ· οὕτως γράφω
2 Pe 3 1 δευτέραν ὑμῖν γράφω ἐπιστολήν
– 16 ὡς καὶ ἐν πάσαις (vl + ταῖς) ἐ..αῖς

ἐπιστομίζειν Sᵒ – *redarguere* Tit 1 11

ἐπιστρέφειν, ..εσθαι *converti* ᵇ*convertere*
ᶜ*converti facere* ᵈ*reverti* ᵉ*redire*
Mat 10 13 ἡ εἰρήνη ὑμῶν ἐλ..αφήτωᵈ
12 44 εἰς τὸν οἶκόν μου ἐπιστρέψωᵈ ὅθεν
13 15 „μήποτε – ἐπιστρέψωσιν, καὶ ἰάσομαι
αὐτούς" ‖ Mar 4 12 – Act 28 27
24 18 ὁ ἐν τῷ ἀγρῷ μὴ ἐπιστρεψάτωᵈ ὀπίσω

|| Mar 13₁₆ᵈ εἰς τὰ ὀπίσω Luc 17₃₁ᵉ
Mar 5₃₀ Ἰησοῦς – ἐπιστραφεὶς ἐν τῷ ὄχλῳ 8₃₃
Luc 1₁₆ πολλοὺς – ἐπιστρέψειᵇ ἐπὶ – τὸν θεόν
– 17 ..ἐ..έψαιᵇ καρδίας πατέρων ἐπὶ τέκ."
2₃₉ ἐπέστρεψανᵈ εἰς τὴν Γαλιλαίαν
8₅₅ ἐπέστρεψενᵈ τὸ πνεῦμα αὐτῆς
17 ₄ ἐὰν – ἑπτάκις ἐπιστρέψῃ πρὸς σὲ λέ-
γων· μετανοῶ, ἀφήσεις αὐτῷ
22₃₂ σύ ποτε ἐ..ψας στήρισον τοὺς ἀδελ-
Joh 21₂₀ ἐπιστραφεὶς ὁ Πέτρος βλέπει ǀφούς
Act 3₁₉ μετανοήσατε οὖν καὶ ἐπιστρέψατε
9₃₅ οἵτινες ἐπέστρεψαν ἐπὶ τὸν κύρ. 11₂₁
– 40 ἐπιστρέψας πρὸς τὸ σῶμα εἶπεν·
14₁₅ ἐπιστρέφειν ἐπὶ θεὸν ζῶντα 15₁₉ τοῖς
ἀπὸ τῶν ἐθνῶν ἐ..ουσιν ἐπὶ τὸν θεόν
26₂₀ μετανοεῖν καὶ ἐπ. ἐπὶ τὸν θεόν
15₃₆ᵈ 16₁₈ – 26₁₈ τοῦ ἐπιστρέψαι „ἀπὸ
σκότους εἰς φῶς" καὶ τῆς ἐξουσίας
τοῦ σατανᾶ ἐπὶ τὸν θεόν
2 Co 3₁₆ „ἡνίκα – ἐὰν ἐπιστρέψῃ πρὸς κύριον"
Gal 4 9 πῶς ἐ..εῖσθε–ἐπὶ τὰ–πτωχὰ στοιχεῖα–;
1 Th 1 9 πῶς ἐπεστρέψατε πρὸς τ. θεὸν ἀπὸ
τῶν εἰδώλων δουλεύειν θεῷ ζῶντι
Jac 5₁₉ ἐάν τις – πλανηθῇ – κ. ἐπιστρέψῃᵇ τις
αὐτόν 20 ὁ ἐπιστρέψαςᶜ ἁμαρτωλὸν
ἐκ πλάνης ὁδοῦ αὐτοῦ
1 Pe 2₂₅ ἐπεστράφητε νῦν ἐπὶ τὸν ποιμένα
2 Pe 2₂₂ „κύων ἐ..ψαςᵈ ἐπὶ τὸ ἴδ. ἐξέραμα"
Ap 1₁₂ ἐπέστρεψα βλέπειν τὴν φωνήν–· καὶ
ἐπιστρέψας εἶδον ἑπτὰ λυχνίας

ἐπιστροφή conversio Act 15₃ ἐθνῶν

ἐπισυνάγειν congregare
Mat 23₃₇ ἠθέλησα ἐπισυναγεῖν τὰ τέκνα σου,
ὃν τρόπον ὄρνις ἐπισυνάγει τὰ νοσ-
σία || Luc 13₃₄ ἐπισυνάξαι
24₃₁ „ἐπισυνάξουσιν" τοὺς ἐκλεκτοὺς αὐ-
τοῦ „ἐκ τῶν τεσσ. ἀνέμων" || Mar 13₂₇
Mar 1₃₃ ἦν ὅλη ἡ πόλις ἐπισυνηγμένη
Luc 12 1 ἐπισυναχθεισῶν τῶν μυριάδων τοῦ
ὄχλου
17₃₇ οἱ ἀετοὶ ἐπισυναχθήσονται

ἐπισυναγωγή ᵃcongregatio ᵇcollectio
2 Th 2 1 ὑπὲρ τῆς–ἡμῶν ἐ..ῆςᵃ ἐπ' αὐτόν
Hb 10₂₅ μὴ ἐγκαταλείποντες τὴν ἐπ.ᵇ ἑαυτῶν

ἐπισυντρέχειν Sᵒ – concurrere Mar 9₂₅

ἐπισφαλής non tutus Act 27₉ (πλοῦς)

ἐπισχύειν invalescere Luc 23₅ λέγοντες

ἐπισωρεύειν Sᵒ – coacervare 2 Ti 4₃ ἑαυτοῖς

ἐπιταγή imperium ᵇpraeceptum
[Rm 16₂₆ κατ' ἐπιταγὴνᵇ τοῦ αἰωνίου θεοῦ]
1 Co 7 6 λέγω κατὰ συγγνώμην, οὐ κατ' ἐπ.
2 Co 8₈ οὐ κατ' ἐπ. (quasi imperans)
– 25 περὶ – τῶν παρθένων ἐπιταγὴνᵇ κυ-
ρίου οὐκ ἔχω, γνώμην δὲ δίδωμι
1 Ti 1 1 ἀπόστολος–κατ' ἐπ. θεοῦ σωτῆρος
ἡμῶν Tit 1₃ κηρύγματι ὃ ἐπιστεύ-
θην ἐγὼ κατ' ἐπ.ᵇ τοῦ σωτ. ἡμ. θεοῦ
Tit 2₁₅ ἔλεγχε μετὰ πάσης ἐπιταγῆς

ἐπιτάσσειν imperare ᵇpraecipere
Mar 1₂₇ τοῖς πνεύμασι–ἐπιτάσσει || Luc 4₃₆
6₂₇ᵇ 39 ἐπέταξενᵇ αὐτοῖς ἀνακλῖναι
9₂₅ ἐγὼ ἐ..ωᵇ σοι, ἔξελθε Luc 8₃₁ ἵνα μὴ
ἐπιτάξῃ αὐτοῖς εἰς τὴν ἄβυσσον ἀπ.
Luc 8₂₅ καὶ τοῖς ἀνέμοις ἐ..ει καὶ τῷ ὕδατι
14₂₂ γέγονεν ὃ ἐπέταξας – Act 23₂ᵇ
Phm 8 παρρησίαν ἔχων ἐπ. σοι τὸ ἀνῆκον

ἐπιτελεῖν, ..εῖσθαι consummare (Gal 3₃ ..ari)
ᵇperficere ᶜ(1 Pe 5₉) fieri
Rm 15₂₈ τοῦτο οὖν ἐπιτελέσας – ἀπελεύσομαι
2 Co 7 1 ἐ..οῦντεςᵇ ἁγιωσύνην ἐν φόβῳ θεοῦ
8 6 ἵνα–ἐ..έσῃᵇ εἰς ὑμᾶς–τὴν χάριν
– 11 καὶ τὸ ποιῆσαι ἐπιτελέσατεᵇ, ὅπως–
καὶ τὸ ἐπιτελέσαιᵇ ἐκ τοῦ ἔχειν
Gal 3 3 ἐναρξάμενοι πνεύματι νῦν σαρκὶ ἐπι-
τελεῖσθε; (vg c..emini vl ..amini)
Phl 1 6 ὁ ἐναρξάμενος ἐν ὑμῖν ἔργον ἀγα-
θὸν ἐπιτελέσειᵇ ἄχρι ἡμέρας Χοῦ
Hb 8 5 Μωϋσῆς μέλλων ἐπ. τὴν σκηνήν
9 6 οἱ ἱερεῖς τὰς λατρείας ἐπιτελοῦντες
1 Pe 5 9 τὰ αὐτὰ τῶν παθημάτων τῇ ἐν [τῷ]
κόσμῳ ὑμῶν ἀδελφότητι ἐ..εῖσθαιᶜ

ἐπιτήδειος ᵃnecessarius ᵇopportunus
Jac 2₁₆ μὴ δῶτε δὲ αὐτοῖς τὰ ἐπιτήδειαᵃ τοῦ
σώματος

ἐπιτιθέναι, ..εσθαι imponere ᵇapponere,
..ni ᶜponere ᵈ(ex vl) linire
Mat 9₁₈ ἐπίθες τὴν χεῖρά σου ἐπ' αὐτήν ||
Mar 5₂₃ ἵνα–ἐπιθῇς τὰς χεῖρας αὐτῇ – 65
ὀλίγοις ἀρρώστοις ἐπιθεὶς τὰς χεῖρας Luc 4 40
ἑνὶ ἑκάστῳ – τὰς χεῖρας ἐπιτιθεὶς ἐθεράπευεν
Mar 7₃₂ ἵνα ἐπιθῇ αὐτῷ τὴν χεῖρα 8₂₃ ἐπιθεὶς
τὰς χεῖρας 25 πάλιν ἐπέθηκεν Luc 13₁₃ ἐπέθη-
κεν αὐτῇ τὰς χεῖρας – [Mar 16₁₈ ἐπὶ ἀρρώ-
στους χεῖρας ἐπιθήσουσιν] Act 28 8 ἐπιτιθεὶς
τὰς χεῖρας – ἰάσατο – non aegrotis: Mat 19₁₃

παιδία, ἵνα τὰς χεῖρας ἐπιθῇ αὐτοῖς 15 Act
66 προσευξάμενοι ἐπέθηκαν–τὰς χεῖρας 817
ἐπετίθεσαν τὰς χεῖρας ἐπ' αὐτούς, καὶ ἐλάμ-
βανον πνεῦμα ἅγιον 19 ἵνα ᾧ ἐὰν ἐπιθῶ τὰς
χεῖρας 912.17 133 196 – 1 Ti 522 χεῖρας τα-
χέως μηδενὶ ἐπιτίθει → τιθέναι
Mat 21 7 ἐπέθηκαν – τὰ ἱμάτια (vl + αὐτῶν)
23 4 φορτία βαρέα [καὶ δυσβάστακτα] καὶ
ἐ..ασιν ἐπὶ τ. ὤμους τῶν ἀνθρ.
2729 ἐπέθηκαν^c ἐπὶ τῆς κεφαλῆς Joh 192
– 37 ἐπέθηκαν – τὴν αἰτίαν – γεγραμμένην
Mar 316 ἐπέθηκεν ὄνομα τῷ Σίμωνι Πέτρον
17 αὐτοῖς ὀνόμα[τα] Βοανηργές
Luc 1030 πληγὰς ἐπιθέντες Act 1623 αὐτοῖς
15 5 εὑρὼν ἐ..ησιν ἐπὶ τοὺς ὤμους αὐτοῦ
2326 ἐπέθηκαν αὐτῷ τὸν σταυρὸν φέρειν
Joh 9(6 vl ἐπέθηκεν – τὸν πηλὸν ἐπὶ τοὺς
ὀφθαλμούς) 15^c
Act 1510 ἐπιθεῖναι ζυγὸν 28 μηδὲν πλέον ἐπι-
τίθεσθαι ὑμῖν βάρος |1623 → Luc 1030
1810 οὐδείς ἐπιθήσεταί^b (apponetur) σοι
τοῦ κακῶσαί σε – 283 ἐπὶ τὴν πυράν
2810 ἐπέθεντο τὰ πρὸς τὰς χρείας
Ap 2218 ἐάν τις „ἐπιθῇ^b ἐπ' αὐτά," ἐπιθήσει^b
ὁ θεὸς „ἐπ' αὐτὸν" τὰς πληγάς

ἐπιτιμᾶν increpare ^{b}comminari ^{c}imperare
^{d}praecipere
Mat 826 ἐπετίμησεν^c (vl increpavit) τοῖς ἀνέ-
μοις καὶ τῇ θαλ. || Mar 439^b Luc 824
1216 ἐπετίμησεν^d αὐτοῖς ἵνα μὴ φανερὸν
αὐτὸν ποιήσωσιν || Mar 312^b Luc 441
– (Mat 1620 vl ἐπετίμησεν) || Mar
830^b Luc 921 μηδενὶ λέγειν τοῦτο
1622 Πέτρος ἤρξατο ἐπιτιμᾶν αὐτῷ || Mar
832.33 ἐπετίμησεν^b Πέτρῳ
1718 ἐπετίμησεν αὐτῷ –, καὶ ἐξῆλθεν – τὸ
δαιμ. || Mar 925^b Luc 942 – Mar 125^b
|| Luc435 – 39 ἐπετίμησεν^c τῷ πυρετῷ
1913 οἱ δὲ μαθηταὶ ἐπετίμησαν αὐτοῖς ||
Mar 1013^b Luc 1815
2031 ὄχλος ἐπετίμησεν αὐτοῖς (sc τυφλοῖς)
ἵνα σιωπήσωσιν || Mar 1048^b Luc 1839
Luc 955 ἐπετίμησεν αὐτοῖς (sc τοῖς μαθηταῖς)
17 3 ἐὰν ἁμάρτῃ ὁ ἀδελφός σου, ἐπιτίμη-
σον αὐτῷ, καὶ ἐὰν μετανοήσῃ, ἄφες
1939 ἐπιτίμησον τοῖς μαθηταῖς σου
2340 ὁ ἕτερος ἐπιτιμῶν αὐτῷ ἔφη· οὐδὲ–σύ
2 Ti 4 2 ἔλεγξον, ἐπιτίμησον, παρακάλεσον (vg
inverso ordine: obsecra, increpa)
Jud 9 Μιχαὴλ ὁ ἀρχάγγ. – εἶπεν· „ἐπιτιμή-
σαι^c (nonne increpet?) σοι κύριος"

ἐπιτιμία obiurgatio 2 Co 26 τῶν πλειόνων

ἐπιτρέπειν permittere ^{b}concedere
Mat 821 ἐπίτρεψόν μοι πρῶτον–θάψαι || Luc
959.61 ἀποτάξασθαι τοῖς εἰς τ. οἶκον
19 8 Μωϋσ.–ἐπέ..ψεν–ἀπολῦσαι || Mar104
Mar 513 ἐπέτρεψεν^b αὐτοῖς || Luc 832
Joh 1938 ἐπέτρεψεν ὁ Πιλᾶτος
Act 2139.40 261 273 2816 μένειν καθ' ἑαυτόν
1 Co 1434 οὐ γὰρ ἐ..εται αὐταῖς λαλεῖν 1 Ti 212
διδάσκειν δὲ γυναικὶ οὐκ ἐπιτρέπω
16 7 ἐὰν ὁ κύριος ἐπιτρέψῃ Hb 63 ποιή-
σομεν, ἐάνπερ ἐπιτρέπῃ ὁ θεός

μετ' ἐπιτροπῆς cum permissu Act 2612

ἐπίτροπος procurator ^{b}tutor
Mat 20 8 Luc 83 – Gal 42 ὑπὸ ἐπιτρόπους^b
ἐστίν

ἐπιτυγχάνειν adipisci ^{b}consequi
Rm 11 7 ὃ ἐπιζητεῖ Ἰσραήλ, τοῦτο οὐκ ἐπέτυ-
χεν^b, ἡ δὲ ἐκλογὴ ἐπέτυχεν^b
Hb 615 μακροθυμήσας ἐπέτυχεν τῆς ἐπαγγε-
λίας (Abr.) 1133 ἐπέτυχον ἐπ..λιῶν
Jac 4 2 ζηλοῦτε, καὶ οὐ δύνασθε ἐπιτυχεῖν

ἐπιφαίνειν apparēre ^{b}illuminare
Luc 179 „ἐπιφᾶναι^b τοῖς ἐν σκότει–καθημ."
Act 2720 μήτε ἄστρων ἐπιφαινόντων
Tit 211 ἐπεφάνη γὰρ ἡ χάρις τοῦ θεοῦ–πᾶ-
σιν 34 ὅτε δὲ ἡ χρηστότης καὶ ἡ φιλ-
ανθρωπία ἐπεφάνη τοῦ–θεοῦ

ἐπιφάνεια adventus ^{b}illuminatio ^{c}illustratio
2 Th 2 8 ὃν ὁ κύριος [Ἰησοῦς] – καταργή-
σει τ. ἐπιφανείᾳ^c τ. παρουσίας αὐτοῦ
1 Ti 614 μέχρι τῆς ἐπ. τοῦ κυρίου ἡμ. Ἰ. Χοῦ
2 Ti 110 χάριν, – φανερωθεῖσαν – νῦν διὰ τῆς
ἐπ.^{b} τοῦ σωτῆρος ἡμῶν Χοῦ Ἰησοῦ
4 1 διαμαρτύρομαι –, καὶ (vl κατὰ vg
per) τὴν ἐπ.–καὶ τὴν βασιλ. αὐτοῦ
– 8 πᾶσι τοῖς ἠγαπηκόσι τὴν ἐπ. αὐτοῦ
Tit 213 προσδεχόμενοι τὴν–ἐλπίδα καὶ ἐπ.
τῆς δόξης τοῦ μεγάλου θεοῦ

ἐπιφανής manifestus Act 220 ἡμέρα κυρίου

ἐπιφαύσκειν illuminare
Eph 514 ἐπιφαύσει σοι (te vl tibi) ὁ Χός

ἐπιφέρειν inferre (Act 2518 vl deferre)
Rm 3 5 μὴ ἄδικος ὁ θ. ὁ ἐπιφέρων τ. ὀργήν;
Jud 9 κρίσιν ἐπενεγκεῖν βλασφημίας

έπιφωνεῖν acclamare ᵇclamare ᶜsucclamare
Luc 23₂₁ᶜ Act 12₂₂ 21₃₄ᵇ 22₂₄

έπιφώσκειν ᵃlucescere ᵇillucescere
Mat 28 1 τῇ έ..ούσῃᵃ εἰς μίαν σαββ. Luc 23₅₄ᵇ

έπιχεῖν infundere Luc 10₃₄ ἔλαιον καὶ οἶνον

έπιχειρεῖν ᵃconari ᵇquaerere ᶜtentare
Luc 1 1ᵃ άνατάξασθαι διήγησιν Act 9₂₉ᵇ 19₁₃ᶜ

έπιχορηγεῖν ᵃadministrare ᵇministrare
ᶜsubministrare ᵈtribuere
2 Co 9₁₀ ὁ δὲ έ..ῶνᵃ "σπόρον - καὶ ἄρτον"
Gal 3 5 ὁ οὖν έπιχορηγῶνᵈ ὑμῖν τὸ πνεῦμα
Col 2₁₉ τὸ σῶμα διὰ τῶν ἁφῶν - έ..ούμενονᶜ
2 Pe 1 5 έ..ήσατεᵇ έν τῇ πίστει - τὴν άρετήν
- 11 πλουσίως έ..γηθήσεταιᵇ ὑμῖν ἡ εἴσ-
οδος εἰς τὴν αἰώνιον βασιλείαν

έπιχορηγία Sº – subministratio Eph 4₁₆
συμβιβαζόμενον διὰ πάσης ἁφῆς τῆς έπ.
Phl 1₁₉ διὰ - έ..ίας τοῦ πνεύματος Ἰησ. Χοῦ

έπιχρίειν Sº – ᵃlinire (vl linere) ᵇungere
Joh 9 6 πηλόν 11ᵇ τοὺς ὀφθαλμούς

έποικοδομεῖν Sº – superaedificare
1 Co 3₁₀ ἄλλος δὲ έ..εῖ. ἔκαστος δὲ βλεπέτω
πῶς έ..εῖ 12 εἰ δέ τις έ..ει - χρυσόν
14 εἴ τινος τὸ ἔργον μενεῖ ὃ έ..ησεν
Eph 2₂₀ έποικοδομηθέντες έπὶ τῷ θεμελίῳ τῶν
άποστόλων καὶ προφητῶν
Col 2 7 έρριζωμένοι καὶ έ..ούμενοι έν αὐτῷ
(1 Pe 2 5 vl καὶ αὐτοὶ ὡς λίθοι ζῶντες έ..εῖσθε)
Jud 20 έ..οῦντες έαυτοὺς τῇ - ὑμῶν πίστει

έπονομάζεσθαι cognominari Rm 2₁₇ Ἰουδ.

έποπτεύειν Sº – considerare
1 Pe 2₁₂ έκ τῶν καλῶν ἔργων έποπτεύοντες
3 2 έ..σαντες τὴν - ἀγνὴν ἀναστροφὴν ὑμ.

έπόπτης speculator 2 Pe 1₁₆ ἀλλ' έπόπται γε-
νηθέντες τῆς έκείνου μεγαλειότητος

ὡς ἔπος εἰπεῖν ut ita dictum sit Hb 7₉

έπουράνιος caelestis (Mat 18₃₅ vl)
Joh 3₁₂ πῶς έὰν εἴπω ὑμῖν τὰ έπ. πιστεύσετε;
1 Co 15₄₀ καὶ σώματα έ..α - '- έτέρα μὲν ἡ τῶν
έπ. δόξα - 48 οἷος ὁ έπ., τοιοῦτοι

καὶ οἱ έπουράνιοι 49 φορέσομεν (vl
..σωμεν) καὶ τὴν εἰκόνα τοῦ έπουρ.
Eph 1 3 ὁ εὐλογήσας ἡμᾶς έν πάσῃ εὐλογία
πνευματικῇ έν τοῖς έπουραν. έν Χῷ
- 20 καθίσας - έν τοῖς έπ. 26 συνήγειρεν
καὶ συνεκάθισεν έν τοῖς έπ. έν Χῷ
3₁₀ ἵνα γνωρισθῇ - ταῖς έξουσίαις έν τοῖς
έπουρανίοις 6₁₂ πρὸς τὰ πνευματικὰ
τῆς πονηρίας έν τοῖς έπουρανίοις
Phl 2₁₀ ἵνα - "πᾶν γόνυ κάμψῃ" έπουρανίων
2 Ti 4₁₈ εἰς τὴν βασιλείαν αὐτοῦ τὴν έπουρ.
Hb 3 1 κλήσεως έπουρανίου μέτοχοι
6 4 γευσαμένους τε τῆς δωρεᾶς τῆς έπ.
8 5 οἵτινες - σκιᾷ λατρεύουσιν τῶν έπ.
9₂₃ τὰ μὲν ὑποδείγματα τῶν έν τοῖς οὐ-
ρανοῖς (caelestium) - , αὐτὰ δὲ τὰ έπ.
κρείττοσιν θυσίαις (sc καθαρίζεσθαι)
11₁₆ κρείττονος ὀρέγονται (sc πατρίδος),
τοῦτ' ἔστιν έπουρανίου
12₂₂ προσεληλύθατε - Ἰερουσαλὴμ έ..ίῳ

έπτά septem ᵇsepties ᶜseptimus
Mat 12₄₅ έπτὰ ἔτερα πνεύματα ‖ Luc 11₂₆
15₃₄ έπτὰ (sc ἄρτους) 36.37 σπυρίδας πλή-
ρεις 16₁₀ ‖ Mar 8 5.6.8.20
18₂₂ ἕως έβδομηκοντάκις έπτάᵇ
22₂₅ ἦσαν - έ. άδελφοί 26ᶜ 28 τίνος τῶν έ.
- ; ‖ Mar 12₂₀.₂₂.₂₃ Luc 20₂₉.₃₁.₃₃
‖Mar16 9 παρ' ἧς έκβεβλήκει έπτὰ δαιμόνια‖
Luc 8 2 άφ' ἧς δαιμόνια έ. έξεληλύθει
Luc 2₃₆ ζήσασα μετὰ άνδρὸς ἔτη έπτά
Act 6 3 ἄνδρας έξ ὑμῶν μαρτυρουμένους έ.
21 8 Φιλίππου - ὄντος έκ τῶν έπτά
13₁₉ „καθελὼν ἔθνη έπτὰ έν γῇ Χανάαν"
19₁₄ 20 6 21 4.₂₇ 28₁₄ - Hb 11₃₀
Ap 1 4 ταῖς έπτὰ έκκλησίαις 11.₂₀
- - άπὸ τῶν έ. πνευμάτων 3₁ θεοῦ 4 5 5 6
- 12 έπτὰ λυχνίας χρυσᾶς (13 vl) 20 21
- 16 άστέρας έ. 20 τὸ μυστήριον τῶν έπτὰ
άστέρων - ' οἱ έ. άστέρες ἄγγελοι τῶν
έ. έκκλ. εἰσιν 21 ὁ κρατῶν τοὺς έπτὰ
άστέρας 3₁ ὁ ἔχων - τοὺς έ. άστέρας
4 5 έπτὰ λαμπάδες πυρὸς καιόμεναι
5 1 σφραγῖσιν έ. 5 6₁ μίαν έκ τῶν έ. σφρ.
- 6 ἔχων κέρατα έ. καὶ ὀφθαλμοὺς έπτὰ
8 2 εἶδον τοὺς έ. άγγέλους - , - έδόθησαν
αὐτοῖς έ. σάλπιγγες 6 - 15₁ άγγέ-
λους έ. ἔχοντας „πληγὰς έ." τὰς έ-
σχάτας 6.7 τοῖς έ. άγγ. έπτὰ φιάλας
8 16₁ 17₁ εἷς έκ τῶν έ. άγγ. κτλ 21 9
10 3 έλάλησαν αἱ έπτὰ βρονταί 4
11₁₃ ὀνόματα άνθρώπων χιλιάδες έπτὰ

Ap 12 3 δράκων –, ἔχων κεφαλὰς ἑπτὰ – καὶ
– ἑπτὰ διαδήματα 13 1 κεφαλὰς ἑπτά
17 3.7.9 αἱ ἑπτὰ κεφαλαὶ ἑπτὰ ὄρη εἰ-
σίν –, καὶ βασιλεῖς ἑπτά εἰσιν
17 11 ὄγδοός ἐστιν, καὶ ἐκ τῶν ἑπτά ἐστιν

ἑπτάκις septies Mat 18 21 ποσάκις – ἀφήσω
αὐτῷ; ἕως ἑ.; 22 ‖ Luc 17 4 ἑ. τῆς ἡμ.

ἑπτακισχίλιοι septem millia Rm 11 4

Ἔραστος Act 19 22 Rm 16 23 2 Ti 4 20

ἐραυνᾶν scrutari
Joh 5 39 ἑ..ᾶτε τὰς γραφάς, ὅτι ὑμεῖς δοκεῖτε
7 52 ἐραύνησον (vg + scripturas vl°) καὶ
ἴδε ὅτι ἐκ τῆς Γαλιλ. προφήτης οὐκ
Rm 8 27 ὁ δὲ ἐραυνῶν τὰς καρδίας οἶδεν
1 Co 2 10 τὸ – πνεῦμα πάντα ἑ.ᾷ, καὶ τὰ βάθη
1 Pe 1 11 ἐραυνῶντες εἰς τίνα ἢ ποῖον καιρόν
Ap 2 23 ἐγώ εἰμι ὁ „ἑ..ῶν νεφροὺς κ. καρδ."

ἐργάζεσθαι operari ᵇfacere
Mat 7 23 „ἀποχωρεῖτε – οἱ ἑ..όμενοι τ. ἀνομίαν"
21 28 ὕπαγε σήμερον ἑ..ου ἐν τ. ἀμπελῶνι
25 16 ὁ τὰ πέντε – λαβὼν ἠ..σατο ἐν αὐτοῖς
26 10 ἔργον – καλὸν ἠργάσατο εἰς ἐμέ ‖
Mar 14 6 ἐν ἐμοί
Luc 13 14 ἓξ ἡμέραι εἰσὶν ἐν αἷς δεῖ ἐργάζεσθ.
Joh 3 21 ὅτι ἐν θεῷ ἐστιν εἰργασμέναᵇ
5 17 ὁ πατήρ μου ἕως ἄρτι ἐργάζεται,
κἀγὼ ἐργάζομαι
6 27 ἐργάζεσθε μὴ τὴν βρῶσιν τὴν ἀπολ-
λυμένην, ἀλλὰ τὴν – μένουσαν
– 28 τί ποιῶμεν ἵνα ἐργαζώμεθα τὰ ἔργα
τοῦ θεοῦ;
– 30 τί – ποιεῖς σὺ σημεῖον –; τί ἐργάζῃ;
9 4 ἡμᾶς (vl ἐμὲ vg) δεῖ ἐργ. τὰ ἔργα
τοῦ πέμψαντός με – · ἔρχεται νὺξ ὅτε
οὐδεὶς δύναται ἐργάζεσθαι
Act 10 35 ὁ – ἑ..όμενος δικαιοσύνην δεκτός
13 41 „ἔργον ἑ..ομαι – ἐν ταῖς ἡμέρ. ὑμῶν"
18 3 ἔμενεν παρ' αὐτοῖς, καὶ ἠργάζετο
Rm 2 10 δόξα – παντὶ τῷ ἑ..ομένῳ τὸ ἀγαθόν
4 4 τῷ – ἑ..ομένῳ ὁ μισθὸς – κατὰ ὀφεί-
λημα 5 τῷ δὲ μὴ ἑ..ομένῳ, πιστεύ-
οντι δὲ –, λογίζεται ἡ πίστις – εἰς δικ.
13 10 ἡ ἀγάπη τῷ πλησίον (vg proximi)
κακὸν οὐκ ἐργάζεται
1 Co 4 12 κοπιῶμεν ἑ..όμενοι ταῖς ἰδίαις χερσίν
9 6 οὐκ ἔχομεν ἐξουσίαν μὴ ἑ..σθαι (vg
hoc operandi); 13 οἱ τὰ ἱερὰ ἑ..όμενοι

[τὰ] ἐκ τοῦ ἱεροῦ ἐσθίουσιν
16 10 τὸ – ἔργον κυρίου ἑ..εται ὡς κἀγώ
2 Co 7 10 μετάνοιαν εἰς σωτηρίαν – ἐργάζεται
Gal 6 10 ἑ..ώμεθα τὸ ἀγαθὸν πρὸς πάντας
Eph 4 28 κοπιάτω ἑ..όμενος ταῖς [ἰδίαις] χερ-
σὶν τὸ ἀγαθόν, ἵνα ἔχῃ μεταδιδόναι
Col 3 23 ἐκ ψυχῆς ἐργάζεσθε ὡς τῷ κυρίῳ
1 Th 2 9 νυκτὸς καὶ ἡμέρας ἑ..όμενοι 2 Th 3 8
4 11 ἐργ. τ. [ἰδίαις] χερσίν 2 Th 3 10 εἴ τις
οὐ θέλει ἐργ., μηδὲ ἐσθιέτω 11 τινὰς –
μηδὲν ἑ..ομένους 12 ἵνα μετὰ ἡσυχίας
ἑ..όμενοι τὸν ἑαυτῶν ἄρτον ἐσθίωσιν
Hb 11 33 διὰ πίστεως – ἠργάσαντο δικαιοσύνην
Jac 1 20 ὀργὴ – δικαιοσύνην θεοῦ οὐκ ἑ..ται
2 9 εἰ – προσωπολημπτ., ἁμαρτίαν ἑ.σθε
2 Jo 8 ἵνα μὴ ἀπολέσητε ἃ εἰργασάμεθα
(vl εἰργάσασθε vg operati estis)
3 Jo 5 πιστὸν ποιεῖς ὃ ἐὰν ἐργάσῃ εἰς τοὺς
ἀδελφοὺς καὶ τοῦτο ξένους
Ap 18 17 ὅσοι τὴν θάλασσαν ἐργάζονται

ἐργασία quaestus ᵇoperatio ᶜopera ᵈarti-
ficium Luc 12 58 δὸς ἑ..ανᶜ ἀπηλλάχθαι
Act 16 16 ἑ..αν πολλὴν παρεῖχεν 19 ἐλπὶς τῆς ἑ.
19 24 παρείχετο – οὐκ ὀλίγην ἐργασίαν 25 ᵈ
Eph 4 19 εἰς ἑ..ανᵇ ἀκαθαρσίας – ἐν πλεονεξίᾳ

ἐργάτης operarius ᵇopifex
Mat 9 37 οἱ δὲ ἐργάται ὀλίγοι 38 ὅπως ἐκβάλῃ
ἑ..ας εἰς τ. θερισμὸν αὐτοῦ ‖ Luc 10 2
10 10 ἄξιος – ὁ ἐργ. τῆς τροφῆς αὐτοῦ ‖
Luc 10 7 τοῦ μισθοῦ 1 Ti 5 18 τ. μισθοῦ
20 1 μισθώσασθαι ἑ..ας 2 συμφωνήσας –
μετὰ τῶν ἐργατῶν ἐκ δηναρίου 8 κά-
λεσον τοὺς ἐργ. κ. ἀπόδος – τ. μισθόν
Luc 13 27 „ἀπόστητε ἀπ' ἐμοῦ – ἑ..αι ἀδικίας"
Act 19 25 καὶ τοὺς περὶ τὰ τοιαῦτα ἐργάταςᵇ
2 Co 11 13 ψευδαπόστολοι, ἐργάται δόλιοι
Phl 3 2 βλέπετε τοὺς κακοὺς ἐργάτας
2 Ti 2 15 σπούδασον σεαυτὸν δόκιμον παρα-
στῆσαι τῷ θεῷ, ἑ..ην ἀνεπαίσχυντον
Jac 5 4 μισθὸς τῶν ἐργ. – ὁ ἀπεστερημένος

ἔργον opus ᵇfactum ᶜoperatio
1) Χριστοῦ, θεοῦ, τοῦ κυρίου, τῆς
σοφίας, – τοῦ διαβόλου
Mat 11 2 ὁ δὲ Ἰωάννης ἀκούσας – τὰ ἔργα τοῦ
Χριστοῦ (vl Ἰησοῦ)
– 19 ἐδικαιώθη ἡ σοφία ἀπὸ τῶν ἔργων
(vl τέκνων vg a filiis) αὐτῆς
Luc 24 19 δυνατὸς ἐν ἔργῳ καὶ λόγῳ (Jesus)
Joh 4 34 ἵνα – τελειώσω αὐτοῦ τὸ ἔργον

520 μείζονα τούτων δείξει αὐτῷ ἔργα
– 36 τὰ – ἔργα ἃ δέδωκέν μοι ὁ πατὴρ ἵνα
τελειώσω αὐτά, αὐτὰ τὰ ἔργα ἃ ποιῶ,
μαρτυρεῖ περὶ ἐμοῦ 1025
628 τί ποιῶμεν ἵνα ἐργαζώμεθα τὰ ἔργα
τοῦ θεοῦ; 29 τοῦτό ἐστιν τὸ ἔργον
τοῦ θεοῦ, ἵνα πιστεύητε εἰς ὃν ἀπέστ.)
7 3 ἵνα – θεωρήσουσιν σοῦ τὰ ἔργα
– 21 ἓν ἔργον ἐποίησα καὶ – θαυμάζετε
Joh 841 ὑμεῖς ποιεῖτε τὰ ἔ. τοῦ πατρὸς ὑμῶν
9 3 ἵνα φανερωθῇ τὰ ἔργα τοῦ θεοῦ ἐν
– 4 ἡμᾶς (vl ἐμὲ vg) δεῖ ἐργάζεσθαι τὰ
ἔργα τοῦ πέμψαντός με
1032 πολλὰ ἔργα καλὰ ἔδειξα ὑμῖν ἐκ τοῦ
πατρός· διὰ ποῖον αὐτῶν ἔργον ἐμὲ
λιθάζετε; 33 περὶ καλοῦ ἔργου οὐ
λιθάζομέν σε
– 37 εἰ οὐ ποιῶ τὰ ἔ. τοῦ πατρός μου, μὴ
πιστεύετέ μοι 38 εἰ δὲ ποιῶ, – τοῖς ἔρ-
γοις πιστεύετε 1410 ὁ – πατὴρ ἐν ἐ-
μοὶ μένων ποιεῖ τὰ ἔργα αὐτοῦ (vl
αὐτός vg) 11 διὰ τὰ ἔ. αὐτὰ πιστεύετε
1412 ὁ πιστεύων εἰς ἐμὲ τὰ ἔργα ἃ ἐγὼ
ποιῶ κἀκεῖνος ποιήσει καὶ μείζονα
1524 εἰ τὰ ἔργα μὴ ἐποίησα ἐν αὐτοῖς
17 4 τὸ ἔργον τελειώσας ὃ δέδωκάς μοι
Act 1341 „ἔργον ἐργάζομαι ἐγὼ ἐν ταῖς ἡμέ-
ραις ὑμῶν, ἔργον ὃ οὐ μὴ πιστεύσητε"
(1518 vl „γνωστὸν ἀπ' αἰῶνος – τῷ κυρίῳ
τὸ ἔ. αὐτοῦ" vg, et γνωστὰ – τὰ ἔ.)
Rm 1420 μὴ – κατάλυε τὸ ἔργον τοῦ θεοῦ
1 Co 1558 περισσεύοντες ἐν τῷ ἔργῳ τοῦ κυρ.
1610 τὸ – ἔργον κυρίου ἐργάζεται ὡς κἀγὼ
Phl 1 6 ὁ ἐναρξάμενος ἐν ὑμῖν ἔργον ἀγα-
θὸν ἐπιτελέσει ἄχρι ἡμέρας Χοῦ Ἰ.
230 διὰ τὸ ἔ. Χοῦ μέχρι θανάτου ἤγγισ.
Hb 110 „ἔργα τῶν χειρῶν σου – οἱ οὐρανοί"
3 9 „εἶδον τὰ ἔ. μου τεσσεράκοντα ἔτη"
4 3 καίτοι „τῶν ἔργων" ἀπὸ καταβολῆς
κόσμου γενηθέντων 4 „κατέπαυσεν
– ἀπὸ πάντων τῶν ἔργων αὐτοῦ" 10
1 Jo 3 8 ἵνα λύσῃ τὰ ἔργα τοῦ διαβόλου
Ap 226 ὁ τηρῶν ἄχρι τέλους τὰ ἔργα μου
15 3 „θαυμαστὰ τὰ ἔργα σου, κύριε"

2) hominum opera
ἔργον ἀγαθόν, ἔργα ἀγαθά → ἀγα-
θός 2b) inde ab Act 936

a) ἔργα, ἔργα νόμου opp πίστις, χά-
ρις, ἔλεος, δῶρον, πρόθεσις

Rm 320 ἐξ ἔργων νόμου „οὐ δικαιωθήσεται
πᾶσα σάρξ" 28 δικαιοῦσθαι πίστει ἄν-

θρωπον χωρὶς ἔργων νόμου
– 27 ἐξεκλείσθη. διὰ ποίου νόμου; τῶν
ἔργων b; οὐχί, ἀλλὰ διὰ νό. πίστεως
4 2 εἰ – Ἀβραὰμ ἐξ ἔργων ἐδικαιώθη
– 6 ᾧ ὁ θ. λογίζεται δικ..ην χωρὶς ἔργων
912 ἵνα ἡ – πρόθεσις – μένῃ, οὐκ ἐξ ἔ..ων
– 32 ὅτι οὐκ ἐκ πίστεως ἀλλ' ὡς ἐξ ἔργων
11 6 εἰ δὲ χάριτι, οὐκέτι ἐξ ἔργων (sc ἡ
ἐκλογή)
Gal 216 οὐ δικαιοῦται ἄνθρ. ἐξ ἔργων νόμου
–, καὶ ἡμεῖς – ἐπιστεύσαμεν, ἵνα δι-
καιωθῶμεν – οὐκ ἐξ ἔ. νόμου, ὅτι ἐξ
ἔ. νόμου „οὐ δικαιωθήσεται π. σάρξ"
3 2 ἐξ ἔργων νόμου τὸ πνεῦμα ἐλάβετε
ἢ ἐξ ἀκοῆς πίστεως; 5
– 10 ὅσοι γὰρ ἐξ ἔργων νόμου εἰσίν
Eph 2 9 θεοῦ τὸ δῶρον· οὐκ ἐξ ἔργων, ἵνα μὴ
2 Ti 1 9 οὐ κατὰ τὰ ἔργα ἡμῶν ἀλλὰ κατὰ
ἰδίαν πρόθεσιν καὶ χάριν
Tit 3 5 οὐκ ἐξ ἔργων τῶν ἐν δικαιοσύνῃ –,
ἀλλὰ κατὰ τὸ αὐτοῦ ἔλεος ἔσωσεν
Jac 214 ἐὰν πίστιν λέγῃ τις ἔχειν ἔργα δὲ
μὴ ἔχῃ; 17 ἡ πίστις, ἐὰν μὴ ἔχῃ ἔρ-
γα, νεκρά ἐστιν καθ' ἑαυτήν 26
– 18 σὺ πίστιν ἔχεις, κἀγὼ ἔργα ἔχω· δεῖ-
ξόν μοι τὴν πίστιν σου χωρὶς τῶν ἔ.,
κἀγώ σοι δείξω ἐκ τῶν ἔργων μου
τὴν πίστιν 20 ἡ πίστις χωρὶς τῶν ἔ.
ἀργή (vl νεκρὰ vg mortua vl otiosa)
– 21 Ἀβρ. – ἐξ ἔργων ἐδικαιώθη – ;
25 καὶ ʽΡαὰβ ἡ πόρνη οὐκ ἐξ ἔ.;
– 22 ἡ πίστις συνήργει τοῖς ἔργοις αὐτοῦ,
καὶ ἐκ τῶν ἔργων ἡ πίστις ἐτελειώθη
– 24 ὁρᾶτε ὅτι ἐξ ἔ. δικαιοῦται ἄνθρωπος

b) hominum ἔργον, ἔργα – collata
verbo vel confessioni

Mat 23 3 κατὰ – τὰ ἔργα αὐτῶν μὴ ποιεῖτε
Luc 2419 δυνατὸς ἐν ἔργῳ καὶ λόγῳ Act 722
δυνατὸς ἐν λόγοις καὶ ἔργοις αὐτοῦ
Rm 1518 ὧν οὐ κατειργάσατο Χὸς δι' ἐμοῦ –,
λόγῳ καὶ ἔργῳ b (factis)
2 Co 1011 οἷοί ἐσμεν τῷ λόγῳ δι' ἐπιστολῶν –,
τοιοῦτοι καὶ παρόντες τῷ ἔργῳ b
Col 317 ὅ τι ἐὰν ποιῆτε ἐν λόγῳ ἢ ἐν ἔργῳ
2 Th 217 στηρίξαι (sc ὑμῶν τὰς καρδίας) ἐν
παντὶ ἔργῳ καὶ λόγῳ ἀγαθῷ
Tit 116 τοῖς δὲ ἔργοις b ἀρνοῦνται (sc θεόν)
1 Jo 318 μὴ ἀγαπῶμεν λόγῳ μηδὲ τῇ γλώσ-
σῃ, ἀλλὰ ἐν ἔργῳ καὶ ἀληθείᾳ

c) reliqui loci

Mat 516 ὅπως ἴδωσιν ὑμῶν τὰ καλὰ ἔργα

23 5 πάντα – τὰ ἔργα αὐτῶν ποιοῦσιν πρὸς
  τὸ θεαθῆναι τοῖς ἀνθρώποις
26 10 ἔ. – καλὸν ἠργάσατο εἰς ἐμέ ‖ Mar 14 6 | Hb
Mar 13 34 δοὺς – ἑκάστῳ τὸ ἔργον αὐτοῦ
Luc 11 48 συνευδοκεῖτε τοῖς ἔ. τῶν πατέρ. ὑμῶν
Joh 3 19 ἦν γὰρ αὐτῶν πονηρὰ τὰ ἔργα
  – 20 ἵνα μὴ ἐλεγχθῇ τὰ ἔργα αὐτοῦ
  – 21 ἵνα φανερωθῇ αὐτοῦ τὰ ἔργα ὅτι ἐν
  θεῷ ἐστιν εἰργασμένα
Joh 6 28. 29 → supra sub 1)
  7 7 μαρτυρῶ – ὅτι τὰ ἔργα αὐτοῦ (sc τοῦ
  κόσμου) πονηρά ἐστιν
  8 39 τὰ ἔ. τοῦ Ἀβρ. ἐποιεῖτε (vl ποιεῖτε)
Act 5 38 ἡ βουλὴ αὕτη ἢ τὸ ἔργον τοῦτο
  7 41 εὐφρ. ἐν τοῖς ἔ. τῶν χειρῶν αὐτῶν
  13 2 εἰς τὸ ἔργον ὃ προσκέκλημαι αὐτούς
  14 26 εἰς τὸ ἔργον ὃ ἐπλήρωσαν
  15 38 τὸν – μὴ συνελθόντα – εἰς τὸ ἔργον
  26 20 ἄξια τῆς μετανοίας ἔργα πράσσοντας
Rm 2 6 „ἀποδώσει ἑκάστῳ κατὰ τὰ ἔργα
  αὐτοῦ" 2 Ti 4 14 αὐτῷ (Alexandro)
  – 15 ἐνδείκνυνται τὸ ἔργον τοῦ νόμου
  γραπτὸν ἐν ταῖς καρδίαις αὐτῶν
  13 12 ἀποθώμεθα – τὰ ἔργα τοῦ σκότους
1 Co 3 13 ἑκάστου τὸ ἔ. φανερὸν γενήσεται·
  – ἑκ. τὸ ἔ. ὁποῖόν ἐστιν τὸ πῦρ [αὐτὸ]
  δοκιμάσει 14 εἴ τινος τὸ ἔργον με-
  νεῖ 15 εἴ τινος τὸ ἔργον κατακαήσεται
  5 2 ἵνα ἀρθῇ – ὁ τὸ ἔργον τοῦτο πράξας
  9 1 οὐ τὸ ἔργον μου ὑμεῖς ἐστε ἐν κυρίῳ;
2 Co 11 15 ὧν τὸ τέλος ἔσται κατὰ τὰ ἔ.
Gal 5 19 φανερά – ἐστιν τὰ ἔργα τῆς σαρκός
  6 4 τὸ – ἔργ. ἑαυτοῦ δοκιμαζέτω ἕκαστος
Eph 4 12 καταρτισμὸν – εἰς ἔργον διακονίας
  5 11 μὴ συγκοινωνεῖτε τοῖς ἔργοις τοῖς
  ἀκάρποις τοῦ σκότους
Phl 1 22 τοῦτό μοι καρπὸς ἔργου
Col 1 21 ὑμᾶς ποτε – ἐχθροὺς τῇ διανοίᾳ ἐν
  τοῖς ἔργοις τοῖς πονηροῖς
1 Th 1 3 ὑμῶν τοῦ ἔργου τῆς πίστεως
  5 13 ἡγεῖσθαι αὐτοὺς – διὰ τὸ ἔργ. αὐτῶν
2 Th 1 11 ἵνα – πληρώσῃ – ἔργον πίστεως
1 Ti 3 1 ἐπισκοπῆς –, καλοῦ ἔργου ἐπιθυμεῖ
  5 10 χήρα –, ἐν ἔργοις καλοῖς μαρτυρουμ.
  – 25 καὶ τὰ ἔργα ᵇ τὰ καλὰ πρόδηλα
  6 18 παράγγελλε – πλουτεῖν ἐν ἔ..οις κα-
2 Ti 4 5 ἔργον ποίησον εὐαγγελιστοῦ |λοῖς
  – 18 ῥύσεται (vg liberavit vl ..bit) με ὁ
  κύριος ἀπὸ παντὸς ἔργου πονηροῦ
Tit 2 7 σεαυτὸν παρεχόμενος τύπον καλῶν ἔ.
  – 14 λαὸν περιούσιον, ζηλωτὴν καλῶν ἔ.
  3 8 ἵνα φροντίζωσιν καλῶν ἔργων προ-

ἵστασθαι 14 μανθανέτωσαν – καλῶν ἔ.
  προΐστασθ. εἰς τὰς ἀναγκαίας χρείας
4 10 ὁ – „εἰσελθὼν εἰς τὴν κατάπαυσιν
  αὐτοῦ" καὶ αὐτὸς „κατέπαυσεν ἀπὸ
  τῶν ἔργων" αὐτοῦ, ὥσπερ – „ὁ θεός"
6 1 μετανοίας ἀπὸ νεκρῶν 9 14 κα-
  θαριεῖ τὴν συνείδησιν – ἀπὸ νεκρ.
  – 10 ἐπιλαθέσθαι τοῦ ἔ. ὑμῶν καὶ τῆς ἀγ.
10 24 εἰς παροξυσμὸν – καλῶν ἔργων
Jac 1 4 ἡ – ὑπομονὴ ἔργον τέλειον ἐχέτω
  – 25 οὐκ ἀκροατὴς – ἀλλὰ ποιητὴς ἔ..ου
  3 13 δειξάτω ἐκ τῆς καλῆς ἀναστροφῆς
  τὰ ἔ.ᶜ (vl operam et opera) αὐτοῦ
1 Pe 1 17 τὸν – κρίνοντα κατὰ τὸ ἑκάστου ἔ.
  2 12 ἵνα – ἐκ τῶν καλῶν ἔ. (vg add vos)
  ἐποπτεύοντες δοξάσωσιν τὸν θεόν
2 Pe (1 10 vl σπουδάσατε ἵνα διὰ τῶν καλῶν
  ἔργων βεβαίαν ὑμῶν τὴν κλῆσιν –
  ποιεῖσθαι)
  2 8 ψυχὴν δικαίαν ἀνόμοις ἔ. ἐβασάνιζεν
  3 10 γῆ καὶ τὰ ἐν αὐτῇ ἔργα
1 Jo 3 12 ὅτι τὰ ἔργα αὐτοῦ πονηρὰ ἦν, τὰ δὲ
  τοῦ ἀδελφοῦ – δίκαια
2 Jo 11 κοινωνεῖ τοῖς ἔ. αὐτοῦ τοῖς πονηροῖς
3 Jo 10 ὑπομνήσω αὐτοῦ τὰ ἔργα ἃ ποιεῖ
Jud 15 περὶ πάντων τῶν ἔ. ἀσεβείας αὐτῶν
Ap 2 2 οἶδα τὰ ἔργα σου 19 3 1. 8. 15
  – 5 τὰ πρῶτα ἔργα ποίησον 19 τὰ ἔ. σου
  τὰ ἔσχατα πλείονα τῶν πρώτων
  – 6 μισεῖς τὰ ἔ.ᵇ τῶν Νικολαϊτῶν, ἃ κἀγὼ
  – 22 ἐὰν μὴ μετανοήσωσιν ἐκ τῶν ἔργων
  αὐτῆς – 9 20 „τῶν χειρῶν αὐτῶν" 16 11
  – 23 „δώσω – ἑκάστῳ κατὰ τὰ ἔργα" ὑμῶν
  18 6 διπλώσατε τὰ διπλᾶ „κατὰ τὰ
  ἔργα αὐτῆς" 20 12 ἐκρίθησαν – „κατὰ
  τὰ ἔργα αὐτῶν" 13 22 12 „ἀποδοῦναι
  ἑκάστῳ ὡς τὸ ἔργον" ἐστὶν „αὐτοῦ"
  3 2 οὐ – εὕρηκά σου τὰ ἔ. πεπληρωμένα
  14 13 τὰ γὰρ ἔργα αὐτῶν ἀκολουθεῖ μετ'
  αὐτῶν

ἐρεθίζειν provocare ᵇad indignationem
  provocare
2 Co 9 2 τὸ ὑμῶν ζῆλος ἠ..ισεν τοὺς πλείονας
Col 3 21 μὴ ἐρεθίζετεᵇ τὰ τέκνα ὑμῶν, ἵνα μὴ

ἐρείδειν figi Act 27 41 πρῷρα ἐρείσασα

ἐρεῖν, εἴρηκα → εἰπεῖν

ἐρεύγεσθαι eructare Mat 13 35 „κεκρυμμένα"

ἐρημία *desertum* [b]*solitudo*
Mat 15 33 πόθεν ἡμῖν ἐν ἐ..ᾳ ἄρτοι –; ‖ Mar 8 4[b]
2 Co 11 26 κινδύνοις ἐν πόλει, – ἐν ἐρημίᾳ[b]
Hb 11 38 ἐπὶ ἐρημίαις[b] πλανώμενοι καὶ ὄρεσιν

ἔρημος, ..ον et ἡ ἔρημος *desertus, ..a, ..um*
– (ἡ ἔρ.) *desertum* [b]*solitudo*
Mat 3 1 κηρύσσων ἐν τῇ ἐρ. τῆς Ἰουδαίας 3
„φωνὴ βοῶντος ἐν τῇ ἐρ." ‖ Mar 1 3.4
Luc 32.4 Joh 1 23 – Mat 11 7 τί ἐξήλ-
θατε εἰς τὴν ἔρημον –; ‖ Luc 7 24
4 1 Ἰησ. ἀνήχθη εἰς τὴν ἐρ. ‖ Mar 1 12.
13 ἦν ἐν τῇ ἐρ. Luc 4 1 ἤγετο – ἐν
14 13 εἰς ἔρημον τόπον κατʼ ἰδίαν 15 ἔρη-
μός ἐστιν ὁ τόπος ‖ Mar 6 31 δεῦτε
ὑμεῖς – εἰς ἔρ. τόπον καὶ ἀναπαύ-
σασθε ὀλίγον 32.35 Luc 9 12
23 38 „ἀφίεται ὑμῖν ὁ οἶκος ὑμῶν ἔρημος
‖ Luc 13 35 (vl +ἔρ. vg, vl°)
24 26 ἐὰν – εἴπωσιν · ἰδοὺ ἐν τῇ ἐρ. ἐστίν
Mar 1 35 εἰς ἐρ. τόπον, κἀκεῖ προσηύχετο ‖
Luc 4 42 ἐπορεύθη εἰς ἔρ. τόπον 5 16
ἦν ὑποχωρῶν ἐν ταῖς ἐρ. (vg *in de-
sertum* vl *deserto*) κ. προσευχόμενος
– 45 ἀλλʼ ἔξω ἐπʼ ἐρήμοις τόποις ἦν
Luc 1 80 ἦν ἐν ταῖς ἐρ. (vg vl *deserto*) ἕως
8 29 ἠλαύνετο ὑπὸ τοῦ δαιμ. εἰς τὰς ἐρ.
15 4 τὰ ἐνενήκοντα ἐννέα ἐν τῇ ἐρήμῳ
Joh 3 14 Μωϋσῆς ὕψωσεν τὸν ὄφιν ἐν τῇ ἐρ.
6 31 τὸ μάννα ἔφαγον ἐν τῇ ἐρήμῳ 49
11 54 εἰς τὴν χώραν ἐγγὺς τῆς ἐρήμου
Act 1 20 „γενηθήτω ἡ ἔπαυλις αὐτοῦ ἔρημος"
7 30 „ἐν τῇ ἐρήμῳ τοῦ ὄρους" Σινᾶ 36.38
ὁ γενόμενος ἐν τῇ ἐκκλησίᾳ ἐν τῇ
ἐρήμῳ[b] 42.44 ἡ σκηνὴ – ἦν τοῖς πα-
τράσιν – ἐν τῇ ἐρήμῳ – 13 18 „ἐτρο-
ποφόρησεν αὐτοὺς ἐν τῇ ἐρήμῳ"
8 26 αὕτη (sc ἡ ὁδὸς) ἐστὶν ἔρημος
21 38 ὁ – ἐξαγαγὼν εἰς τὴν ἐρ. τοὺς – ἄνδρ.
1 Co 10 5 „κατεστρώθησαν – ἐν τῇ ἐρήμῳ"
Gal 4 27 „πολλὰ τὰ τέκνα τῆς ἐρ." (*desertae*)
Hb 3 8 „ἡμέραν τοῦ πειρασμοῦ ἐν τῇ ἐρήμῳ"
– 17 ὧν „τὰ κῶλα ἔπεσεν ἐν τῇ ἐρήμῳ"
Ap 12 6 ἡ γυνὴ ἔφυγεν εἰς τὴν ἔρημον[b]
– 14 ἵνα πέτηται (sc ἡ γυνὴ) εἰς τὴν ἔρ.
17 3 ἀπήνεγκέν με εἰς ἔρημον ἐν πνεύματι

ἐρημοῦσθαι *desolari* [b]*destitui*
Mat 12 25 βασιλεία μερισθεῖσα καθʼ ἑαυτῆς ἐ..
οῦται (vg fut, vl praes) ‖ Luc 11 17 (it.)
Ap 17 16 ἠρημωμένη ποιήσουσιν αὐτὴ
18 17 ἠρημώθη[b] ὁ τοσοῦτος πλοῦτος 19
μιᾷ ὥρᾳ „ἠρημώθη" (sc ἡ πόλις)

ἐρήμωσις *desolatio*
Mat 24 15 „τὸ βδέλυγμα τῆς ἐ..εως" ‖ Mar 13 14
Luc 21 20 ὅτι ἤγγικεν ἡ ἐρ. αὐτῆς (sc Ἱερουσ.)

ἐρίζειν *contendere* Mat 12 19 „οὐκ ἐρίσει"

ἐριθεία Sº – *contentio* [b]*dissensio* [c]*rixa*
Rm 2 8 τοῖς δὲ ἐξ ἐριθείας καὶ ἀπειθοῦσι
2 Co 12 20 μή πως – θυμοί, ἐ..αι[b] Gal 5 20 ἐ..αι[c]
Phl 1 17 ἐξ ἐριθείας τὸν Χὸν καταγγέλλουσιν
2 3 τὸ ἓν φρονοῦντες, μηδὲν κατʼ ἐριθείαν
Jac 3 14 εἰ – ἔχετε – ἐριθείαν ἐν τῇ καρδίᾳ ὑ-
μῶν 16 ὅπου γὰρ ζῆλος καὶ ἐριθεία

ἔριον *lana* Hb 9 19 Ap 1 14 λευκαὶ ὡς ἔριον

ἔρις *contentio*
Rm 1 29 μεστοὺς φθόνου φόνου ἔριδος
13 13 μὴ ἔριδι (vl ἐν ἔρισι) καὶ ζήλῳ
1 Co 1 11 ὅτι ἔριδες ἐν ὑμῖν εἰσιν 3 3 ὅπου –
ἐν ὑμῖν ζῆλος καὶ ἔρις, οὐχὶ σαρκικοί
2 Co 12 20 μή πως ἔρις (vl ἔρεις vg), ζῆλος
Gal 5 20 ἔρις (vl ἔρεις vg), ζῆλος
Phl 1 15 τινὲς μὲν καὶ διὰ φθόνον καὶ ἔριν
1 Ti 6 4 ἐξ ὧν γίνεται – ἔρις (vl ἔρεις vg)
Tit 3 9 ἔρεις (vl ἔριν) καὶ μάχας νομικὰς
περιΐστασο

ἐρίφιον, ἔριφος *hoedus* (vl *haed.*)
Mat 25 32.33 Luc 15 29 οὐδέποτε ἔδωκας ἔριφον

Ἑρμᾶς Rm 16 14 Ἑρμῆς Act 14 12 Rm 16 14

ἑρμηνεία *interpretatio*
1 Co 12 10 ἄλλῳ δὲ ἑρ. (vl διερμη.) γλωσσῶν
14 26 ἕκαστος – γλῶσσαν ἔχει, ἑ..αν ἔχει

ἑρμηνεύειν *interpretari* (vi passiva)
Joh 1 (vl 38) 42 Κηφᾶς (ὃ ἑ..εται Πέτρος)
9 7 Σιλωάμ (ὃ ἑ..εται ἀπεσταλμένος)
Hb 7 2 πρῶτον – ἑ..όμενος βασιλ. δικαιοσύν.

Ἑρμογένης 2 Ti 1 15 ὧν ἐστιν Φύγ. καὶ Ἑ.

ἑρπετόν, τὸ *serpens* [b]*reptile*
Act 10 12 11 6[b] Rm 1 23 Jac 3 7 (vl *repentium*)

ἐρυθρός *ruber* Act 7 36 θάλασσα Hb 11 29

*ἔρχεσθαι *venire* [b]*venturum esse* [c](ἐρχό-
μενος) *venturus* [d]*futurus* – [e]*per-
venire* [f]*reverti*
ἔρχεσθαι coniunctum cum verbis
βασιλεία, ἡμέρα (ἡμέραι), ὥρα

→ ibi | ἡμέρα κυρίου → κύριος
| → ἐξέρχεσθαι (Mar 138)

Mat 311 ὁ δὲ ὀπίσω μου ἐρχόμενος[b] || Mar
17 ἔρχεται ὁ ἰσχυρότερος Luc 316 (vg
veniet vl venit) Joh 115 ὁ ὀπίσω μου
ἐρχόμενος[b] ἔμπροσθέν μου γέγονεν
27[b] 30 ὀπίσω μου ἔρχεται ἀνήρ Act
– 14 καὶ σὺ ἔρχῃ πρὸς μέ; |1325
– 16 [τὸ] πνεῦμα – ἐρχόμενον ἐπ᾽ αὐτόν –
Act 196 ἦλθε τὸ πν. τὸ ἅγ. ἐπ᾽ αὐτούς
517 ὅτι ἦλθον καταλῦσαι – · οὐκ ἦλθ. κατ.
ἀλλὰ πληρῶσαι – 610 → βασιλ. 2c)
8 9 καὶ ἄλλῳ· ἔρχου, καὶ ἔρχεται || Luc 78
– 29 ἦλθες – βασανίσαι ἡμᾶς; Mar 124 ἀπο-
λέσαι ἡμᾶς. || Luc 434 ἡμᾶς;
913 οὐ γὰρ ἦλθον καλέσαι δικαίους ||
Mar 217 Luc 532 οὐκ ἐλήλυθα
1013 ἐλθάτω (vg veniet vl veniat) ἡ εἰρή-
νη ὑμῶν ἐπ᾽ αὐτήν (sc τὴν οἰκίαν)
– 23 ἕως ἂν ἔλθῃ ὁ υἱὸς τοῦ ἀνθρώπου
– 34 ὅτι ἦλθον βαλεῖν εἰρήνην – · οὐκ ἦλ-
θον βαλεῖν εἰρ. ἀλλὰ μάχαιραν 35 ἦ.
– διχάσαι || Luc 1249 πῦρ ἦλθ. βαλεῖν
11 3 σὺ εἶ ὁ ἐρχόμενος[b] – ; || Luc 719[b] 20[b]
– 14 αὐτός ἐστιν Ἠλίας ὁ μέλλων ἔρχε-
σθαι[b] 1710 τί – λέγουσιν ὅτι Ἠλίαν
δεῖ ἐλθεῖν πρῶτον; 11 Ἠλίας μὲν ἔρ-
χεται[b] 12 Ἠλίας ἤδη ἦλθεν || Mar
911.12.13 – Mat 2749 εἰ ἔρχεται Ἠ-
λίας σώσων αὐτόν || Mar 1536
– 18 ἦλθεν – Ἰωάννης 19 ἦλθεν ὁ υἱὸς τοῦ
ἀνθρώπου ἐσθίων || Luc 733.34
1319 ἔρχεται ὁ πονηρός || Mar 415 ὁ σα-
τανᾶς Luc 812 – ὁ διάβολος – Mat
1325 ἦλθεν αὐτοῦ ὁ ἐχθρός
1425.28 κέλευσόν με ἐλθεῖν πρὸς σὲ ἐπὶ
τὰ ὕδατα 29 εἶπεν· ἐλθέ
1624 εἴ τις θέλει ὀπίσω μου ἐλθεῖν (post
me venire) || (Mar 834 vl) Luc 923
1427
– 27 μέλλει – ἔρχεσθαι[b] ἐν τῇ δόξῃ 28 ἐρ-
χόμενον ἐν τῇ βασιλείᾳ αὐτοῦ || Mar
838 91 τὴν βασιλείαν τοῦ θεοῦ ἐλη-
λυθυῖαν ἐν δυνάμει Luc 926 – Mat
2531 ὅταν δὲ ἔλθῃ – ἐν τῇ δόξῃ αὐ-
τοῦ Luc 2342 ὅταν ἔλθῃς εἰς τὴν βα-
σιλείαν σου (vl ἐν τῇ βασιλείᾳ σου)
18 7 ἀνάγκη – ἐλθεῖν τὰ σκάνδαλα, πλὴν
οὐαὶ – δι᾽ οὗ τὸ σκ. ἔρχεται Luc 171
1914 μὴ κωλύετε αὐτὰ ἐλθεῖν πρός με ||
Mar 1014 ἄφετε – ἔρχεσθαι Luc 1816
2028 οὐκ ἦλθεν διακονηθῆναι || Mar 1045

Mat 21 5 „ὁ βασιλεύς σου ἔρχεταί σοι πραΰς"
Joh 1215 „ἔρχεται, καθήμενος ἐπὶ – "
– 9 „ὁ ἐρχόμενος (vg vl[b]) ἐν ὀνόματι
κυρίου" || Mar 1110 – Mat 2339 || Luc
1335 – 1938 „ὁ ἐρχ.," ὁ βασ. Joh 1213
– 32 ἦλθεν – Ἰωάνν. – ἐν ὁδῷ δικαιοσύνης
22 3 καὶ οὐκ ἤθελον ἐλθεῖν || Luc 1417.20
2335 ὅπως ἔλθῃ ἐφ᾽ ὑμᾶς πᾶν αἷμα
24 5 πολλοὶ – ἐλεύσονται ἐπὶ τῷ ὀνόματί
μου – · ἐγώ εἰμι || Mar 136 Luc 218
– 30 „ἐρχόμενον ἐπὶ τῶν νεφελῶν || Mar
1326 ἐν νεφέλαις Luc 2127 νεφέλῃ –
Mat 2664 || Mar 1462 μετὰ τῶν νεφ.
– Ap 17 „ἔρχεται μετὰ τῶν νεφελ."
– 42 ποίᾳ ἡμέρᾳ ὁ κύριος ὑμῶν ἔρχεται[b]
43 ὁ κλέπτης[c] 44 ὁ υἱὸς τοῦ ἀνθρώ-
που[b] 46 ὃν ἐλθὼν – εὑρήσει || Mar
1335.36 Luc 1236 – 40.43.45 χρονίζει ὁ
κύριός μου ἔρχεσθαι
2510 ἦλθεν ὁ νυμφίος, καὶ αἱ ἕτοιμοι
– 36 ἐν φυλακῇ ἤμην καὶ ἤλθατε πρός
με 39 πότε – ἤλθομεν πρός σέ;
Mar 422 οὐδὲ ἐγένετο ἀπόκρυφον, ἀλλ᾽ ἵνα
ἔλθῃ εἰς φανερόν || Luc 817
526 ἀλλὰ μᾶλλον εἰς τὸ χεῖρον ἐλθοῦσα
(magis deterius habebat)
1030 ἐν τῷ αἰῶνι τῷ ἐρχομένῳ[d] ζωὴν αἰ-
ώνιον || Luc 1830[c]
Luc 227 ἦλθεν ἐν τῷ πνεύματι εἰς τὸ ἱερόν
647 πᾶς ὁ ἐρχόμενος πρός με 1426 εἴ
τις ἔρχεται πρός με καὶ οὐ μισεῖ
11 2 ἐλθέτω ἡ βασιλεία σου
1431 ὑπαντῆσαι τῷ – ἐρχομένῳ ἐπ᾽ αὐτόν;
1517 εἰς ἑαυτὸν δὲ ἐλθὼν[f] ἔφη· πόσοι
1910 ἦλθεν – „ζητῆσαι" καὶ σῶσαι „τὸ ἀπ-
ολωλός" (|| Mat 1811 vl Luc 956 vl
οὐκ ἦλθεν – ἀπολέσαι ἀλλὰ σῶσαι)
Joh 1 9 ἦν τὸ φῶς τὸ ἀληθινόν, – , ἐρχόμε-
νον εἰς τὸν κόσμον (vg illuminat –
hominem venientem in – mundum)
319 τὸ φῶς ἐλήλυθεν εἰς τὸν κόσμον
1246 ἐγὼ φῶς εἰς τ. κόσμον ἐλήλυθα
– 11 εἰς τὰ ἴδια ἦλθεν, καὶ οἱ ἴδιοι αὐτόν
– 31 ἦλθον ἐγὼ ἐν ὕδατι βαπτίζων
– 39 ἔρχεσθε καὶ ὄψεσθε 46 ἔρχου κ. ἴδε
3 2 ἀπὸ θεοῦ ἐλήλυθας διδάσκαλος
– 8 οὐκ οἶδας πόθεν ἔρχεται καὶ ποῦ
– 20 ὁ φαῦλα πράσσων – οὐκ ἔρχεται
πρὸς τὸ φῶς 21 ὁ δὲ ποιῶν τὴν ἀλή-
θειαν ἔρχεται πρὸς τὸ φῶς, ἵνα φαν.
– 26 καὶ πάντες ἔρχονται πρὸς αὐτόν
– 31 ὁ ἄνωθεν ἐρχόμενος – · ὁ ἐκ τοῦ οὐ-

ρανοῦ ἐρχόμενος [ἐπάνω πάντ. ἐστίν]
Joh 425 οἶδα ὅτι Μεσσίας ἔρχεται –· ὅταν
ἔλϑη ἐκεῖνος, ἀναγγελεῖ ἡμῖν ἅπαντα
524 εἰς κρίσιν οὐκ ἔρχεται → ὥρα
– 40 οὐ ϑέλετε ἐλϑεῖν πρός με ἵνα ζωήν
– 43 ἐγὼ ἐλήλυϑα ἐν τῷ ὀνόματι τοῦ πα-
τρός μου –· ἐὰν ἄλλος ἔλϑη ἐν τῷ
ὀνόματι τῷ ἰδίῳ, ἐκεῖνον λήμψεσϑε
614 οὗτός ἐστιν – ὁ προφήτης ὁ ἐρχόμε-
νος[b] εἰς τὸν κόσμον 1127 σὺ εἶ ὁ
χριστὸς – ὁ εἰς τὸν κόσμον ἐρχόμε-
νος (vg qui – venisti)
– 35 ὁ ἐρχόμενος πρὸς ἐμὲ οὐ μὴ πεινά-
σῃ 37 τὸν ἐρχ. πρός με οὐ μὴ ἐκβά-
λω 44 οὐδεὶς δύναται ἐλϑεῖν πρός με
45 ὁ ἀκούσας παρὰ τοῦ πατρός – ἔρ-
χεται πρὸς ἐμέ 65 εἴρηκα – ὅτι οὐδεὶς
δύναται ἐλϑεῖν πρός με 737 ἐάν τις
διψᾷ, ἐρχέσϑω πρός με καὶ πινέτω
727 ὁ δὲ χριστὸς ὅταν ἔρχηται 31 ἔλϑη
41 μὴ γὰρ ἐκ τῆς Γαλιλαίας ὁ χρ.
ἔρχεται; 42 „ἀπὸ Βηϑλ. – ἔρχεται" – ;
– 28 ἀπ' ἐμαυτοῦ οὐκ ἐλήλυϑα 842
– 34 ὅπου εἰμὶ ἐγὼ – οὐ δύνασϑε ἐλϑεῖν
36 814 οἶδα πόϑεν ἦλϑον – · – οὐκ
οἴδατε πόϑεν ἔρχομαι 21 ὅπου ἐγὼ
ὑπάγω – οὐ δύνασϑε ἐλϑεῖν 22 1333
939 εἰς κρίμα – εἰς τὸν κόσμον – ἦλϑον
10 8 ὅσοι ἦλϑον [πρὸ ἐμοῦ] κλέπται εἰσὶν
10 ὁ κλέπτης οὐκ ἔρχεται εἰ μὴ ἵνα –
ἀπολέσῃ· ἐγὼ ἦλϑον ἵνα ζωὴν ἔχωσιν
1227 διὰ τοῦτο ἦλϑον εἰς τὴν ὥραν ταύ.
– 47 οὐ γὰρ ἦλϑον ἵνα κρίνω τὸν κόσμον,
ἀλλ' ἵνα σώσω τὸν κόσμον
14 3 πάλιν ἔρχομαι καὶ παραλήμψ. ὑμᾶς
– 6 οὐδεὶς ἔρχεται πρὸς τὸν πατέρα εἰ
– 18 ἔρχομαι (veniam) πρὸς ὑμᾶς 28
– 23 πρὸς αὐτὸν ἐλευσόμεϑα καὶ μονήν
– 30 ἔρχεται γὰρ ὁ τοῦ κόσμου ἄρχων
1526 ὅταν ἔλϑη ὁ παράκλητος 167 ὁ πα-
ράκλ. οὐκ ἐλεύσεται πρὸς ὑμᾶς 8.13
1613 τὰ ἐρχόμενα[b] ἀναγγελεῖ ὑμῖν
– 28 ἐλήλυϑα εἰς τ. κόσμον· πάλιν ἀφίημι
1711 κἀγὼ πρὸς σὲ ἔρχομαι 13 νῦν δέ
18 4 εἰδὼς – τὰ ἐρχόμενα[b] ἐπ' αὐτόν
– 37 εἰς τοῦτο ἐλήλυϑα εἰς τὸν κόσμον,
ἵνα μαρτυρήσω τῇ ἀληϑείᾳ
2019 ἦλϑεν ὁ 'Ἰησοῦς 26 ἔρχεται ὁ 'Ἰησοῦς
2122 ἐὰν αὐτὸν ϑέλω μένειν ἕως ἔρχομαι 23
Act 111 οὗτος ὁ 'Ἰησοῦς – οὕτως ἐλεύσεται
320 ὅπως ἂν ἔλϑωσιν καιροὶ ἀναψύξεως
1927 κινδυνεύει ἡμῖν – εἰς ἀπελεγμὸν ἐλϑεῖν

Rm 3 8 μὴ (sc ἔστιν) – ὅτι ποιήσωμεν τὰ κα-
κὰ ἵνα ἔλϑη τὰ ἀγαϑά;
7 9 ἐλϑούσης δὲ τῆς ἐντολῆς ἡ ἁμαρτία
1 Co 4 5 μή – τι κρίνετε, ἕως ἂν ἔλϑη ὁ κύριος
– 21 ἐν ῥάβδῳ ἔλϑω πρὸς ὑμᾶς, – ;
1126 καταγγέλλετε, ἄχρι οὗ ἔλϑη (sc ὁ κύρ.)
1310 ὅταν δὲ ἔλϑη τὸ τέλειον, τὸ ἐκ μέρ.
1535 ποίῳ δὲ σώματι ἔρχονται;
2 Co 2 1 μὴ πάλιν ἐν λύπη πρὸς ὑμᾶς ἐλϑεῖν
12 1 ἐλεύσομαι – εἰς ὀπτασίας – κυρίου
Gal 319 ἄχρις οὗ ἔλϑη τὸ σπέρμα ᾧ ἐπήγγ.
– 23 πρὸ τοῦ δὲ ἐλϑεῖν τὴν πίστιν 25 ἐλ-
ϑούσης δὲ τῆς πίστεως οὐκέτι ὑπὸ
4 4 ὅτε δὲ ἦλϑεν τὸ πλήρωμα τοῦ χρόνου
Eph 217 ἐλϑὼν „εὐηγγελίσατο εἰρήνην"
5 6 ἔρχεται ἡ ὀργὴ τοῦ ϑεοῦ Col 36
Phl 112 τὰ κατ' ἐμὲ μᾶλλον εἰς προκοπὴν
τοῦ εὐαγγελίου ἐλήλυϑεν
1 Th 110 ἐκ τῆς ὀργῆς τῆς ἐρχομένης[c]
2 Th 110 „ὅταν ἔλϑη ἐνδοξασϑῆναι" (sc 'Ἰησ.)
2 3 ἐὰν μὴ ἔλϑη ἡ ἀποστασία πρῶτον
1 Ti 115 Χὸς 'Ἰ. ἦλϑεν – ἁμαρτωλοὺς σῶσαι
2 4 εἰς ἐπίγνωσιν ἀληϑείας ἐλϑεῖν
2 Ti 3 7 γυναικάρια – μηδέποτε εἰς ἐπίγνωσιν
ἀληϑείας ἐλϑεῖν[b] δυνάμενα
Hb 1037 ὁ „ἐρχόμενος[b] ἥξει καὶ οὐ χρον."
2 Pe 3 3 ἐλεύσονται – [ἐν] ἐμπαιγμονῇ ἐμπαῖχται
1 Jo 218 ὅτι ἀντίχριστος ἔρχεται 43 τὸ τοῦ
ἀντιχρίστου, ὃ ἀκηκόατε ὅτι ἔρχεται
4 2 ὁμολογεῖ 'Ἰησ. Χὸν ἐν σαρκὶ ἐληλυ-
ϑότα (vl .ϑέναι) 2 Jo7 ἐρχόμενον
5 6 ὁ ἐλϑὼν δι' ὕδατος καὶ αἵματος
2 Jo 10 εἴ τις ἔρχεται πρὸς ὑμᾶς καὶ ταύτην
Ap 1 4 ἀπὸ – ὁ ἐρχόμενος[b] 8 „ἐγώ εἰμι" –
ὁ ἐρχ.[b] 48 „ἅγιος" – καὶ – ὁ ἐρχόμ.[b]
2 5 εἰ δὲ μή, ἔρχομαί σοι 16 ταχύ 311
ἔ. ταχύ 227.12.20 1615 ὡς κλέπτης
6 1 ἔρχου 3.5.7 2217.20 κύριε 'Ἰησοῦ
– 17 ἦλϑεν „ἡ ἡμέρα – τῆς ὀργῆς" αὐτῶν
1118 ἦλϑεν „ἡ ὀργή" σου
713 τίνες εἰσὶν καὶ πόϑεν ἦλϑον; 14 εἰσὶν
οἱ ἐρχόμενοι (qui venerunt vl veni-
unt) ἐκ τῆς ϑλίψεως τῆς μεγάλης
1710 ὁ ἄλλος οὔπω ἦλϑεν, καὶ ὅταν ἔλϑη
ὀλίγον αὐτὸν δεῖ μεῖναι
1810 μιᾷ ὥρᾳ ἦλϑεν ἡ κρίσις σου
19 7 ἦλϑεν ὁ γάμος τοῦ ἀρνίου
2217 „ὁ διψῶν ἐρχέσϑω", ὁ ϑέλων λαβέτω

*ἐρωτᾶν rogare [b]interrogare

1) quaerere ex aliquo
Mat 1613 ἠρώτα[b] τοὺς μαϑητὰς αὐτοῦ λέγων

Mat 19 17 τί με ἐρωτᾶς[b] περὶ τοῦ ἀγαθοῦ;
21 24 ἐρωτήσω[b] ὑμᾶς κἀγὼ λόγον ἕνα ‖
   Luc 20 3[b] λόγον, καὶ εἴπατέ μοι
Mar 4 10 ἠρώτων[b] αὐτὸν – τὰς παραβολάς
Luc 9 45 ἐφοβοῦντο ἐρωτῆσαι[b] αὐτὸν περὶ
   τοῦ ῥήματος τούτου
22 68 ἐὰν δὲ ἐ..ήσω[b], οὐ μὴ ἀποκριθῆτε
Joh 16 5 οὐδεὶς ἐξ ὑμῶν ἐρωτᾷ[b] με· ποῦ ὑπάγ.
– 23 ἐν ἐκείνῃ τῇ ἡμέρᾳ ἐμὲ οὐκ ἐρωτή-
   σετε (rogabitis) οὐδέν 30 οὐ χρείαν
   ἔχεις ἵνα τίς σε ἐρωτᾷ[b]
18 19 ἠρώτησεν[b] τὸν Ἰησοῦν περὶ τῶν μα-
   θητῶν – καὶ περὶ τῆς διδαχῆς 21 τί
   με ἐρωτᾷς[b]; ἐρώτησον[b] τοὺς ἀκηκο-
   ότας τί ἐλάλησα αὐτοῖς [τούτῳ
Act 1 6 ἠρώτων[b] αὐτὸν – · εἰ ἐν τῷ χρόνῳ

   2) precari aliquid ab aliquo

Mar 7 26 ἠρώτα αὐτὸν ἵνα τὸ δαιμόν. ἐκβάλῃ
Luc 4 38 ἠρώτησαν αὐτὸν περὶ αὐτῆς
14 18 ἐρωτῶ σε, ἔχε με παρῃτημένον 19
– 32 ἐρωτᾷ τὰ πρὸς εἰρήνην
16 27 ἐρωτῶ σε οὖν, πάτερ, ἵνα πέμψῃς
Joh 14 16 κἀγὼ ἐρωτήσω τὸν πατέρα 16 26
17 9 ἐγὼ περὶ αὐτῶν ἐρωτῶ· οὐ περὶ τοῦ
   κόσμου ἐρωτῶ, ἀλλὰ περὶ ὧν δέδωκας
– 15 οὐκ ἐρωτῶ ἵνα ἄρῃς αὐτοὺς ἐκ τοῦ
   κόσμου 20 οὐ περὶ τούτων δὲ ἐρωτῶ
   μόνον, ἀλλὰ καὶ περὶ τῶν πιστευόν-
   των διὰ τοῦ λόγου αὐτῶν
Act 3 3 ἠρώτα ἐλεημοσύνην λαβεῖν
Phl 4 3 ἐρωτῶ καὶ σέ, – συλλαμβάνου αὐταῖς
1 Th 4 1 ἐρωτῶμεν ὑμᾶς καὶ παρακαλοῦμεν
5 12 ἐ..ῶμεν – ὑμᾶς, – εἰδέναι τοὺς κοπιῶν-
   τας ἐν ὑμῖν 2 Th 2 1 ἐ..ῶμεν – ὑμᾶς –
   ὑπὲρ τῆς παρουσίας τοῦ κυρίου
– 2 εἰς τὸ μὴ ταχέως σαλευθῆναι ὑμᾶς
1 Jo 5 16 ἁμαρτία πρὸς θάνατον· οὐ περὶ ἐκεί-
   νης λέγω ἵνα ἐρωτήσῃ
2 Jo 5 νῦν ἐρωτῶ σε, κυρία, – ἵνα ἀγαπῶμεν
   ἀλλήλους

ἐσθής vestis [b]habitus
Luc 23 11 περιβαλὼν ἐσθῆτα λαμπράν
24 4 ἄνδρες δύο – ἐν ἐσθῆτι ἀστραπτού-
   σῃ Act 1 10 ἐν ἐσθήσεσι λευκαῖς 10 30
   ἀνὴρ ἔστη – ἐν ἐσθῆτι λαμπρᾷ
Act 12 21 ἐσθῆτα βασιλικήν – Jac 2 2 ἐν ἐσθῆ-
   τι λαμπρᾷ, – ἐν ῥυπαρᾷ ἐσθῆτι[b] 3

*ἐσθίειν, ἔσθειν manducare [b]edere [c]come-
dere [d]consumere → φαγεῖν, τρώγειν
Mat 9 11 διὰ τί μετὰ τῶν – ἁμαρτωλῶν ἐσθίει

– ; ‖ Mar 2 16 Luc 5 30 ἐσθίετε – ;
Mat 11 18 Ἰωάννης μήτε ἐσθίων μήτε πίνων 19
   ὁ υἱὸς τοῦ ἀνθρ. ἐσθίων καὶ πίνων ‖
   Luc 7 33 μὴ ἐσθίων ἄρτον 34 ἐσθίων
15 2 οὐ γὰρ νίπτονται τ. χεῖρας [αὐτῶν]
   ὅταν ἄρτον ἐσθίωσιν ‖ Mar 7 2.3.4[c] 5
   κοιναῖς χερσὶν ἐσθίουσιν τὸν ἄρτον
– 27 καὶ γὰρ τὰ κυνάρια ἐσθίει[b] ἀπὸ τῶν
   ψιχίων ‖ Mar 7 28 ἐσθίουσιν[c]
Mar 1 6 ἐσθίων[b] ἀκρίδας καὶ μέλι ἄγριον
14 18 παραδώσει με, „ὁ ἐ..ίων μετ’ ἐμοῦ”
Luc 5 33 οἱ δὲ σοὶ ἐσθίουσιν[b] καὶ πίνουσιν
10 7 μένετε, ἐσθίοντες[b] – τὰ παρ’ αὐτῶν 8
   ἐσθίετε τὰ παρατιθέμενα ὑμῖν
17 27 ἤσθιον[b], ἔπινον, ἐγάμουν 28
22 30 ἵνα ἔσθητε[b] – ἐν τῇ βασιλείᾳ μου
Rm 14 2 ὁ δὲ ἀσθενῶν λάχανα ἐσθίει 3 ὁ ἐσθίων
   τὸν μὴ ἐσθίοντα μὴ ἐξουθενείτω, ὁ
   δὲ μὴ ἐσθίων τὸν ἐσθίοντα μὴ κρι-
   νέτω 6 ὁ ἐσθίων κυρίῳ ἐσθίει; – χ. ὁ μὴ
   ἐσθίων κυρίῳ οὐκ ἐσθίει 20 κακὸν –
   τῷ διὰ προσκόμματος ἐσθίοντι
1 Co 8 7 τινὲς – ὡς εἰδωλόθυτον ἐσθίουσιν 10
   οὐχὶ – οἰκοδομηθήσεται εἰς τὸ τὰ εἰδ.
   ἐσθίειν; 10 18 οὐχ οἱ ἐσθίοντες[b] τὰς
   θυσίας κοινωνοὶ τοῦ θυσιαστηρίου
   εἰσίν; 25 τὸ ἐν μακέλλῳ πωλούμενον
   ἐσθίετε 27 τὸ παρατιθέμενον – ἐσθίετε
   28 μὴ ἐσθίετε δ. ἐκεῖνον τὸν μηνύσαν-
   τα 31 εἴτε οὖν ἐσθίετε εἴτε πίνετε –,
   πάντα εἰς δόξαν θεοῦ ποιεῖτε
   9 13 οἱ τὰ ἱερὰ ἐργαζόμενοι [τὰ] ἐκ τοῦ
   ἱεροῦ ἐσθίουσιν[b]
11 26 ἐὰν ἐσθίητε τ. ἄρτον τοῦτον 27 ὃς
   ἂν ἐσθίῃ τ. ἄρτον – ἀναξίως 28 οὕ-
   τως ἐκ τ. ἄρτου ἐσθιέτω 29 ὁ – ἐσ-
   θίων χ. πίνων κρίμα ἑαυτῷ ἐσθίει
2 Th 3 10 εἴ τις οὐ θέλει ἐργάζεσθαι, μηδὲ ἐ-
   σθιέτω 12 ἵνα μετὰ ἡσυχίας ἐργαζόμε-
   νοι τὸν ἑαυτῶν ἄρτον ἐσθίωσιν
Hb 10 27 „πυρὸς ζῆλος ἐσθίειν[d]” μέλλοντος
   „τοὺς ὑπεναντίους”

Ἐσλί Luc 3 25   **Ἐσρώμ** Mat 1 3 Luc 3 33

ἔσοπτρον speculum
1 Co 13 12 βλέπομεν – ἄρτι δι’ ἐ..ου ἐν αἰνίγματι
Jac 1 23 κατανοοῦντι τὸ πρόσωπον – ἐν ἐ..ῳ

ἑσπέρα vespera [b]advesperascit
Luc 24 29 πρὸς ἑσπέραν ἐστὶν[b] Act 4 3 28 23

ἐσσοῦσθαι minus habēre 2 Co 12 13

ἔσχατος *novissimus* ᵇ(adv ἔσχατον et ἐπ'
ἐσχάτου) *novissime* – (ἔσχατον:)
ᶜ*ultimum* ᵈ*extremum* ᵉ(τὰ ἔσχα-
τα) *posteriora*

Mat 5 26 τὸν ἔσχατον κοδράντην ‖ Luc 12 59
12 45 γίνεται τὰ ἔσχ. τοῦ ἀνθρ. – χείρονα
τῶν πρώτων ‖ Luc 11 26 → 2 Pe 2 20
19 30 ἔσονται πρῶτοι ἔσχατοι καὶ ἔσχατοι
πρῶτοι ‖ Mar 10 31 Luc 13 30 εἰσὶν ἔ-
σχατοι οἳ ἔσονται πρῶτοι, καὶ εἰσὶν
πρῶτοι οἳ ἔσονται ἔσχατοι – Mat
20 16 οὕτως ἔσονται οἱ ἔσχατοι πρῶ-
τοι καὶ οἱ πρῶτοι ἔσχατοι
20 8 ἀρξάμενος ἀπὸ τῶν ἐσχ. 12 οἱ ἔσχ.
μίαν ὥραν ἐποίησαν 14 θέλω δὲ τού-
τῳ τῷ ἐσχάτῳ δοῦναι ὡς καὶ σοί
27 64 ἡ ἐσχάτη πλάνη χείρων τῆς πρώτης
Mar 9 35 εἴ τις θέλει πρῶτος εἶναι, ἔσται πάν-
των ἔσχατος καὶ πάντων διάκονος
12 6 ἀπέστειλεν αὐτὸν ἔ..ον πρὸς αὐτούς
– 22 ἔσχατον (*nov..a*) – ἡ γυνὴ ἀπέθανεν
Luc 14 9 τὸν ἔσχ. τόπον κατέχειν 10 εἰς τόν
Joh 6 39 ἀναστήσω αὐτὸ [ἐν] τῇ ἐσχάτῃ ἡμ.
40 αὐτὸν 44.54 τῇ ἐσχάτῃ ἡμέρᾳ 11
24 ἐν τῇ ἀναστάσει ἐν τῇ ἐσχ. ἡμέρᾳ
12 48 κρινεῖ αὐτὸν ἐν τῇ ἐσχάτῃ ἡμ.
7 37 ἐν δὲ τῇ ἐσχάτῃ ἡμέρᾳ τῇ μεγάλῃ
τῆς ἑορτῆς
Act 1 8 ἕως ἐσχάτου ᶜ τῆς γῆς 13 47 ᵈ
2 17 ἔσται ἐν ταῖς ἐσχ. ἡμέραις – „ἐκχεῶ"
1 Co 4 9 ὁ θεὸς ἡμᾶς – ἐσχάτους ἀπέδειξεν
15 8 ἔσχατον ᵇ – πάντων – ὤφθη κἀμοί
– 26 ἔ..ος ἐχθρὸς καταργεῖται ὁ θάνατος
– 45 ὁ ἔσχ. Ἀδὰμ εἰς πνεῦμα ζωοποιοῦν
– 52 ἀλλαγησόμεθα, – ἐν τῇ ἐσχ. σάλπιγγι
2 Ti 3 1 ἐν ἐσχάταις ἡμέραις ἐνστήσονται και-
ροὶ χαλεποί
Hb 1 2 ἐπ' ἐσχάτου ᵇ τῶν ἡμερῶν τούτων
Jac 5 3 „ἐθησαυρίσατε" ἐν ἐσχάταις ἡμέραις
1 Pe 1 5 εἰς σωτηρίαν ἑτοίμην ἀποκαλυφθῆ-
ναι ἐν καιρῷ ἐσχάτῳ
– 20 Χοῦ, – φανερωθέντος – ἐπ' ἐ..ου (vl
..των) τ. χρόνων (*nov..is temporibus*)
2 Pe 2 20 γέγονεν αὐτοῖς τὰ ἔσχατα ᵉ χείρονα
τῶν πρώτων → Mat 12 45
3 3 ἐλεύσονται ἐπ' ἐσχάτων τῶν ἡμερῶν
– ἐμπαῖχται Jud 18 ἐπ' ἐ..ου [τοῦ]
1 Jo 2 18 ἐσχάτη ὥρα ἐστίν bis   [χρόν.
Ap 1 17 ὁ πρῶτος καὶ ὁ ἔσχατος 2 8 22 13
2 19 οἶδα – τὰ ἔργα σου τὰ ἔσχατα πλεί-
ονα τῶν πρώτων
15 1 „πληγὰς ἑπτὰ" τὰς ἐσχάτας 21 9

ἐσχάτως ἔχειν Sᵒ – *in extremis esse*
Mar 5 23 τὸ θυγάτριόν μου ἐσχάτως ἔχει

ἔσω *intus* ᵇ(ὁ ἔ.) *interior* ᶜ*intro* ᵈ*in*
Mat 26 58 ᶜ Mar 14 54 ᶜ 15 16 ᵈ Joh 20 26 Act 5 23
Rm 7 22 συνήδομαι – τῷ νόμῳ τοῦ θεοῦ κατὰ
τὸν ἔσω ᵇ ἄνθρωπον
1 Co 5 12 οὐχὶ τοὺς ἔσω ὑμεῖς κρίνετε;
2 Co 4 16 ἀλλ' ὁ ἔσω ἡμῶν ἀνακαινοῦται
Eph 3 16 κραταιωθῆναι – εἰς τὸν ἔ.ᵇ ἄνθρωπ.

ἔσωθεν *intus* ᵇ*deintus* ᶜ*abintus* ᵈ*intrinsecus*
Mat 7 15 ἔσωθεν ᵈ δέ εἰσιν λύκοι ἅρπαγες
23 25 ἔσωθεν δὲ γέμουσιν ἐξ ἁρπαγῆς 27
ὀστέων νεκρῶν 28 ἐστὲ μεστοὶ ὑπο-
κρίσεως ‖ Luc 11 39 τὸ δὲ ἔ. ὑμῶν γέ-
μει ἁρπαγῆς 40 οὐχ ὁ ποιήσας τὸ ἔξ-
ωθεν καὶ τὸ ἔσωθεν ᵇ ἐποίησεν;
Mar 7 21 ἔσ.ᶜ – ἐκ τῆς καρδίας – οἱ διαλογι-
σμοὶ οἱ κακοὶ ἐκπορεύονται 23 ᶜ
Luc 11 7 κἀκεῖνος ἔσωθεν ᵇ ἀποκριθεὶς εἴπῃ·
2 Co 7 5 ἔξωθεν μάχαι, ἔσωθεν φόβοι
Ap 4 8 ἔσ. „γέμουσιν ὀφθαλμῶν" 51 „βιβλί-
ον γεγραμμένον ἔσωθεν καὶ ὄπισθεν"

ἐσώτερος *interior* Act 16 24 φυλακή
Hb 6 19 ὡς ἄγκυραν – „εἰσερχομένην εἰς τὸ
ἐ..ον (*interiora*) τοῦ καταπετάσματος"

ἑταῖρος *amicus* ᵇ*coaequalis*
Mat (11 16 vl προσφωνοῦντα τοῖς ἑταίροις ᵇ)
20 13 ἑταῖρε, οὐκ ἀδικῶ σε 22 12 ἑτ., πῶς
εἰσῆλθες ὧδε –; 26 50 ἑτ., ἐφ' ὃ πάρει

ἑτερόγλωσσοι Sᵒ – 1 Co 14 21 „ἐν ἑ..οις (*in
aliis linguis*) – λαλήσω τῷ λαῷ τούτῳ"

ἑτεροδιδασκαλεῖν Sᵒ – *aliter docēre*
1 Ti 1 3 μὴ ἑτεροδιδασκαλεῖν 6 3 εἴ τις ἑτ..εῖ

ἑτεροζυγεῖν Sᵒ – *iugum ducere cum*
2 Co 6 14 μὴ γίνεσθε ἑ..ζυγοῦντες ἀπίστοις

*ἕτερος *alius* ᵇ*alter* ᶜ*proximus* ᵈ*varius*
Mat 6 24 τὸν ἕτερον ᵇ ἀγαπήσει, – τοῦ ἑτέρου ᵇ
καταφρονήσει ‖ Luc 16 13 ᵇ ᵇ
10 23 φεύγετε εἰς τὴν ἑτέραν (vl ἄλλην)
11 3 ἢ ἕτερον (sc ἐρχόμ.) προσδοκῶμεν;
– 16 προσφωνοῦντα τοῖς ἑ..οις → ἑταῖρος
12 45 παραλαμβάνει – ἑπτὰ ἕτερα πνεύμα-
τα πονηρότερα ἑαυτοῦ ‖ Luc 11 26
‖Mar16 12 ἐφανερώθη ἐν ἑτέρᾳ μορφῇ‖

Luc 9 29 ἐγένετο – τὸ εἶδος – αὐτοῦ ἕτερον[b]
   17 34 ὁ ἕτ.[b] ἀφεθήσεται 35 ἡ – ἑτ.[b] (36[b] vl)
Joh 19 37 καὶ πάλιν ἑτέρα γραφὴ λέγει·
Act 2 4 λαλεῖν ἑτέραις[d] (vl aliis) γλώσσαις
   4 12 οὐδὲ – ὄνομά ἐστιν ἕτερον – ἐν ᾧ
   17 21 εἰς οὐδὲν ἕτερον ηὐκαίρουν ἢ λέγειν
Rm 2 1 ἐν ᾧ γὰρ κρίνεις τὸν ἕτερον[b] 21 ὁ
   – διδάσκων ἕτερον σεαυτὸν οὐ διδ.;
   7 3 ἐὰν γένηται ἀνδρὶ ἑτέρῳ· – γενομέ-
   νην ἀνδρὶ ἑτέρῳ 4 εἰς τὸ γενέσθαι
   ὑμᾶς ἑτέρῳ[b], τῷ – ἐγερθέντι
   – 23 βλέπω δὲ ἕτερον νόμον ἐν τοῖς μέλ.
   13 8 ὁ – ἀγαπῶν τὸν ἕτ.[c] νόμον πεπλήρ.
   – 9 καὶ εἴ τις ἑτέρα ἐντολή, ἐν – τούτῳ
1 Co 4 6 ἵνα μὴ εἷς ὑπὲρ τοῦ ἑνὸς φυσιοῦσθε
   κατὰ τοῦ ἑτέρου[b] 61 πρᾶγμα ἔχων
   πρὸς τὸν ἕτ.[b] 10 24 μηδεὶς τὸ ἑαυτοῦ
   ζητείτω ἀλλὰ τὸ τοῦ ἑτ.[b] 29 συνείδη-
   σιν – λέγω – τὴν τοῦ ἑτέρου[b] 14 17
   ἀλλ᾽ ὁ ἕτερος[b] οὐκ οἰκοδομεῖται
2 Co 11 4 εἰ – πνεῦμα ἕτερον λαμβάνετε –, ἢ
   εὐαγγέλιον ἕτ. –, καλῶς ἀνέχεσθε
Gal 1 6 θαυμάζω ὅτι – μετατίθεσθε – εἰς ἕτε-
   ρον εὐαγγέλιον, ὃ οὐκ ἔστιν ἄλλο
   6 4 εἰς ἑαυτὸν μόνον τὸ καύχημα ἕξει
   καὶ οὐκ εἰς τὸν ἕτερον[b]
Eph 3 5 ὃ ἑτέραις γενεαῖς οὐκ ἐγνωρίσθη
Phl 2 4 [καὶ] τὰ ἑ..ων ἕκαστοι (sc σκοποῦντες)
1 Ti 1 10 εἴ τι ἕτερον τῇ ὑγιαινούσῃ διδασκα-
   λίᾳ ἀντίκειται
2 Ti 2 2 οἵτινες ἱκανοὶ – καὶ ἑτέρους διδάξαι
Jud 7 ἀπελθοῦσαι ὀπίσω σαρκὸς ἑτέρας[b]

ἑτέρως S° – aliter Phl 3 15 εἴ τι ἑτ. φρο-
   νεῖτε, – τοῦτο ὁ θεὸς ὑμῖν ἀποκαλύψει

ἑτοιμάζειν parare [b]praeparare
Mat 3 3 „ἑτοιμάσατε τὴν ὁδὸν κυρίου" ‖ Mar
   1 3 Luc 3 4 – 1 76 προπορεύσῃ – ἑ..σαι
   20 23 οὐκ ἔστιν ἐμὸν [τοῦτο] δοῦναι, ἀλλ᾽ οἷς
   ἡτοίμασται ‖ Mar 10 40
   22 4 ἰδοὺ τὸ ἄριστόν μου ἡτοίμακα
   25 34 τὴν ἡτοιμασμένην ὑμῖν βασιλείαν
   – 41 εἰς τὸ πῦρ – τὸ ἡτοιμασμένον (vg vl[b]
   – vl ὃ ἡτοίμασεν ὁ πατήρ μου) τῷ
   διαβόλῳ καὶ τοῖς ἀγγέλοις αὐτοῦ
   26 17 ποῦ θέλεις ἑτοιμάσωμέν σοι φαγεῖν
   τὸ πάσχα; 19 ἡτοίμασαν τὸ πάσχα
   ‖ Mar 14 12. 15 ἑτοιμάσατε ἡμῖν 16 Luc
   22 8. 9. 12 ἐκεῖ ἑτοιμάσατε 13
(Mar 15 1 vl συμβούλιον ἑτοιμάσαντες οἱ ἀρ-
   χιερεῖς)

Luc 1 17 ἑτοιμάσαι κυρίῳ λαὸν κατεσκευασμ.
   2 31 „τὸ σωτήριόν σου," ὃ ἡτοίμασας
   9 52 εἰς κώμην Σαμ., ὡς ἑ.άσαι αὐτῷ
   12 20 ἃ δὲ ἡτοίμασας, τίνι ἔσται;
   – 47 ὁ δοῦλος ὁ – μὴ ἑτοιμάσας[b]
   17 8 ἑτοίμασον (vl + μοι) τί δειπνήσω
   23 56 ἡτοίμασαν ἀρώματα καὶ μύρα 24 1
Joh 14 2 ἑτοιμάσαι τόπον ὑμῖν 3 ἑτοιμάσω[b]
Act 23 23 ἑτοιμάσατε στρατιώτας διακοσίους
1 Co 2 9 „ἃ ἡτοίμασεν[b] ὁ θεὸς τοῖς ἀγαπῶ-
   σιν αὐτόν"
2 Ti 2 21 ἔσται σκεῦος εἰς τιμήν, –, εἰς πᾶν
   ἔργον ἀγαθὸν ἡτοιμασμένον
Phm 22 ἅμα δὲ καὶ ἑτοίμαζέ μοι ξενίαν
Hb 11 16 ἡτοίμασεν γὰρ αὐτοῖς πόλιν
Ap 8 6 ἡτοίμασαν[b] (vl[a]) αὐτοὺς ἵνα σαλπίσ.
   9 7 ἵπποις ἡτοιμασμένοις εἰς πόλεμον 15
   οἱ – ἄγγελοι οἱ ἡτοιμ. εἰς τὴν ὥραν
   12 6 ἔχει – τόπον ἡτ..σμένον ἀπὸ τ. θεοῦ
   16 12 ἵνα ἑτοιμασθῇ ἡ ὁδὸς τῶν βασιλέων
   τῶν „ἀπὸ ἀνατολῆς ἡλίου"
   19 7 ἡ γυνὴ αὐτοῦ (sc τοῦ ἀρνίου) ἡτοί-
   μασεν[b] ἑαυτήν 21 2 Ἰερ. καινήν –,
   ἡτ..σμένη „ὡς νύμφην κεκοσμημέν."

ἑτοιμασία praeparatio Eph 6 15 ὑποδησάμε-
   νοι – „ἐν ἑτοιμασίᾳ τοῦ εὐαγγελίου"

ἕτοιμος paratus [b]praeparatus [c](ἐν ἑτοίμῳ
   ἔχειν) in promptu habēre
Mat 22 4 πάντα ἕτοιμα 8 ὁ μὲν γάμος ἕτοιμός
   ἐστιν ‖ Luc 14 17 ἤδη ἕτοιμά ἐστιν
   24 44 καὶ ὑμεῖς γίνεσθε ἕτοιμοι ‖ Luc 12 40
   – Mat 25 10 αἱ ἕτοιμοι εἰσῆλθον
Mar 14 15 ἀνάγαιον μέγα – ἕτοιμον (vl° vg°)
Luc 22 33 μετὰ σοῦ ἕτοιμός εἰμι καὶ εἰς φυλα-
   κὴν καὶ εἰς θάνατον πορεύεσθαι
Joh 7 6 ὁ δὲ καιρὸς ὁ ὑμέτερος πάντοτε – ἕτ.
Act 23 15 ἕτοιμοί ἐσμεν τοῦ ἀνελεῖν αὐτὸν 21
2 Co 9 5 ταύτην (sc εὐλογίαν) ἑτοίμην εἶναι
   10 6 ἐν ἑτοίμῳ ἔχοντες[c] ἐκδικῆσαι πᾶσαν
   παρακοήν
   – 16 οὐκ – εἰς τὰ ἕτ.[b] (vl[a]) καυχήσασθαι
Tit 3 1 πρὸς πᾶν ἔργον ἀγαθὸν ἑ..ους εἶναι
1 Pe 1 5 εἰς σωτηρίαν ἑ..ην ἀποκαλυφθῆναι
   3 15 ἕτοιμοι ἀεὶ πρὸς ἀπολογίαν παντὶ

ἑτοίμως ἔχειν paratum esse
Act 21 13 ἀποθανεῖν εἰς Ἰερ. – 2 Co 12 14 ἐλθεῖν
1 Pe 4 5 τῷ ἑτ. ἔχοντι κρῖναι ζῶντας καὶ νεκ.

*ἔτος annus
Luc 12 19 ἔχεις – ἀγαθὰ κείμενα εἰς ἔτη πολλά

Luc 13 7 τρία ἔτη ἀφ' οὗ ἔρχομαι ζητῶν καρ-
πόν 8 ἄφες αὐτὴν καὶ τοῦτο τὸ ἔτος
15 29 τοσαῦτα ἔτη δουλεύω σοι καὶ οὐδέπ.
Act 24 17 δι' ἐτῶν – πλειόνων ἐλεημοσύνας ποι-
ήσων εἰς τὸ ἔθνος μου
Rm 15 23 ἐπιποθίαν – ἔχων τοῦ ἐλθεῖν πρὸς ὑ-
μᾶς ἀπὸ πολλῶν (vl ἱκανῶν) ἐτῶν
2 Co 12 2 πρὸ ἐτῶν δεκατεσσ. – Gal 21 διά
Gal 1 18 μετὰ ἔτη τρία ἀνῆλθον εἰς Ἱεροσόλ.
1 Ti 5 9 χήρα καταλεγέσθω μὴ ἔλαττον ἐτῶν
ἑξήκοντα γεγονυῖα
Hb 1 12 „τὰ ἔτη σου οὐκ ἐκλείψουσιν"
2 Pe 3 8 μία ἡμέρα παρὰ κυρίῳ ὡς χίλια ἔτη
καὶ χίλια ἔτη ὡς ἡμέρα" μία
Ap 20 2 ἔδησεν αὐτὸν χίλια ἔτη 3.4 ἐβασίλευ-
σαν μετὰ τοῦ Χοῦ χίλια ἔτη 5.6.7

εὖ, εὖ γε euge bene
Mat 25 21 εὖ, δοῦλε ἀγαθέ 23 ‖ Luc 19 17 εὖ γε
Mar 14 7 δύνασθε αὐτοῖς εὖ b ποιῆσαι
Act 15 29 διατηροῦντες ἑαυτοὺς εὖ b πράξετε
Eph 6 3 „ἵνα εὖ b σοι γένηται καὶ ἔσῃ μακ."

Εὖα Heva 2 Co 11 3 1 Ti 2 13

εὐαγγελίζειν, ..εσθαι evangelizare (alicui)
b evangelizari c annunciare (alicui)
d nunciare e praedicare evangelium
1) εὐαγγελίζειν τινά, ἐπί τινα
Ap 10 7 ὡς εὐηγγέλισεν „τοὺς ἑαυτοῦ δού-
λους (vg per servos suos) τ. προφ."
14 6 ἔχοντα εὐαγγέλιον – εὐαγγελίσαι ἐπὶ
τοὺς καθημένους ἐπὶ τῆς γῆς
2) εὐαγγελίζεσθαι (passivum)
Mat 11 5 „πτωχοὶ εὐ..ονται b" ‖ Luc 7 22 b
Luc 16 16 ὁ νόμος καὶ οἱ προφῆται μέχρι Ἰω-
άννου· ἀπὸ τότε ἡ βασιλεία τοῦ θε-
οῦ εὐαγγελίζεται b
Gal 1 11 τὸ εὐαγγ. τὸ εὐ..ισθὲν b ὑπ' ἐμοῦ
Hb 4 2 ἐσμὲν εὐηγγελισμένοι d (nobis nun-
ciatum est) καθάπερ κἀκεῖνοι (illis)
6 οἱ πρότερον εὐαγγελισθέντες c (qui-
bus – ann. est) οὐκ „εἰσῆλθον"
1 Pe 1 25 „τὸ ῥῆμα" τὸ „εὐαγγελισθὲν b" εἰς
ὑμᾶς (in vos vl in vobis)
4 6 καὶ νεκροῖς εὐηγγελίσθη b, ἵνα
3) εὐαγγελίζεσθαι (medium)
Luc 1 19 ἀπεστάλην λαλῆσαι πρὸς σὲ καὶ
εὐαγγελίσασθαί σοι ταῦτα
2 10 εὐαγγελίζομαι ὑμῖν χαρὰν μεγάλην
3 18 εὐη..ετο τὸν λαόν (vg dat vl acc)

Luc 4 18 „ἔχρισέν με εὐαγγελίσασθαι πτωχοῖς"
– 43 καὶ ταῖς ἑτέραις πόλεσιν εὐ..ίσασθαί
με δεῖ τὴν βασιλείαν τοῦ θεοῦ 81
εὐ..όμενος τὴν βασ. τ. θ. Act 8 12 τῷ
Φιλ. εὐ..ομένῳ περὶ τῆς βασ. τ. θεοῦ
9 6 εὐαγγελιζόμενοι καὶ θεραπεύοντες
20 1 διδάσκοντος αὐτοῦ – καὶ εὐ..ομένου
Act 5 42 εὐ..όμενοι τὸν χριστὸν Ἰησοῦν 8 35
εὐηγγελίσατο αὐτῷ τὸν Ἰησοῦν 11 20
εὐ..όμενοι c τὸν κύριον Ἰησοῦν
8 4 διῆλθον εὐ..όμενοι τὸν λόγον 15 35
εὐ..όμενοι – τὸν λόγον τοῦ κυρίου
– 25 κώμας τῶν Σαμαριτῶν εὐηγγελίζον-
το 40 Φιλ. – εὐηγγελίζετο τὰς πόλεις
14 21 εὐ..όμενοι – τὴν πόλιν ἐκείνην
10 36 „εὐ..όμενος c εἰρήνην" διὰ Ἰησ. Χοῦ
13 32 ὑμᾶς εὐ..ομεθα c τὴν – ἐπαγγελίαν
14 7 κἀκεῖ εὐ..όμενοι ἦσαν (Lycaon.)
– 15 εὐ..όμενοι c ὑμᾶς – ἐπιστρέφειν ἐπί
16 10 προσκέκληται ἡμᾶς ὁ θεὸς εὐαγγελί-
σασθαι αὐτούς (eis)
17 18 ὅτι τὸν Ἰησοῦν καὶ τὴν ἀνάστασιν
εὐηγγελίζετο c (vg add eis)
Rm 1 15 καὶ ὑμῖν τοῖς ἐν Ῥώμῃ εὐαγγελί-
σασθαι
10 15 „οἱ πόδες (vl + τῶν εὐ..ομένων εἰρή-
νην, vg) τ. εὐ..ομένων [τὰ] ἀγαθά
15 20 φιλοτιμούμενον (vl ..οῦμαι) εὐ..εσθαι e
οὐχ ὅπου ὠνομάσθη Χός
1 Co 1 17 οὐ – βαπτίζειν ἀλλὰ εὐ..ίζεσθαι
9 16 ἐὰν – εὐ..ίζωμαι, οὐκ ἔστιν μοι καύ-
χημα· – οὐαί – μοί ἐστιν ἐὰν μὴ εὐ.
ίσωμαι (vl ..ίζωμαι)
– 18 τίς – μού ἐστιν ὁ μισθός; ἵνα εὐ..ό-
μενος e ἀδάπανον θήσω τὸ εὐαγγ.
15 1 τὸ εὐαγγ. ὃ εὐηγγελισάμην e ὑμῖν 2
τίνι λόγῳ εὐηγγελισάμην e ὑμῖν
2 Co 10 16 εἰς τὰ ὑπερέκεινα ὑμῶν εὐ..ασθαι
11 7 ἢ ἁμαρτίαν ἐποίησα –, ὅτι δωρεὰν
τὸ – εὐαγγέλιον εὐηγγελισάμην ὑμῖν;
Gal 1 8 καὶ ἐὰν – ἄγγελος – εὐ..ζηται [ὑμῖν]
παρ' ὃ εὐηγγελισάμεθα ὑμῖν 9 εἴ τις
ὑμᾶς εὐ..ζεται παρ' ὃ παρελάβετε
– 16 ἵνα εὐ..ζωμαι αὐτὸν ἐν τοῖς ἔθνεσιν
– 23 νῦν εὐ..ζεται τὴν πίστιν, ἥν ποτε
4 13 οἴδατε – ὅτι δι' ἀσθένειαν τῆς σαρκὸς
εὐηγγελισάμην ὑμῖν τὸ πρότερον
Eph 2 17 „εὐη..σατο εἰρήνην – τοῖς μακράν"
3 8 τοῖς ἔθνεσιν εὐαγγελίσασθαι τὸ ἀν-
εξιχνίαστον πλοῦτος τοῦ Χοῦ
1 Th 3 6 Τιμοθέου – εὐαγγελισαμένου c ἡμῖν
τὴν πίστιν καὶ τὴν ἀγάπην ὑμῶν

1 Pe 1 12 ἃ νῦν ἀνηγγέλη ὑμῖν διὰ τῶν εὐ..
σαμένων ὑμᾶς [ἐν] πνεύματι ἁγίῳ

εὐαγγέλιον *evangelium*

Mat 4 23 κηρύσσων τὸ εὐ. τῆς βασιλείας 9 35
24 14 κηρυχθήσεται τοῦτο τὸ εὐ. τῆς βασ.
26 13 ὅπου ἐὰν κηρυχθῇ τὸ εὐ. τοῦτο ἐν
ὅλῳ τῷ κόσμῳ ‖ Mar 14 9

Mar 1 1 ἀρχὴ τοῦ εὐαγγελίου Ἰησοῦ Χοῦ
– 14 κηρύσσων τὸ εὐ. (vl + τῆς βασιλείας
vg) τοῦ θεοῦ 15 πιστεύετε ἐν τῷ εὐ.
8 35 ἕνεκεν ἐμοῦ καὶ τοῦ εὐαγγελίου 10 29
13 10 εἰς πάντα τὰ ἔθνη πρῶτον δεῖ κη-
ρυχθῆναι τὸ εὐ. ‖[16 15 κηρύξατε τὸ
εὐαγγέλ. πάσῃ τῇ κτίσει]‖ → Col 1 5

Act 15 7 διὰ τοῦ στόματός μου (sc Petri) ἀ-
κοῦσαι τὰ ἔθνη τὸν λόγον τοῦ εὐ.
20 24 τὴν διακονίαν ἣν ἔλαβον –, διαμαρ-
τύρασθαι τὸ εὐ. τῆς χάριτος τοῦ θεοῦ

Rm 1 1 ἀφωρισμένος εἰς εὐ. θεοῦ, ὃ προεπ-
ηγγείλατο – περὶ τοῦ υἱοῦ αὐτοῦ
– 9 ᾧ λατρεύω – ἐν τῷ εὐ. τ. υἱοῦ αὐτοῦ
– 16 οὐ γὰρ ἐπαισχύνομαι τὸ εὐαγγέλιον,
δύναμις γὰρ θεοῦ ἐστιν εἰς σωτη-
ρίαν παντὶ τ. πιστεύοντι
2 16 κρίνει ὁ θεὸς – κατὰ τὸ εὐ. μου διὰ
Χοῦ Ἰησοῦ [16 25 ὑμᾶς στηρίξαι κα-
τὰ τὸ εὐαγγέλιόν μου] → 2 Ti 2 8
10 16 ἀλλ' οὐ πάντες ὑπήκουσαν τῷ εὐαγγ.
11 28 κατὰ μὲν τὸ εὐαγγ. ἐχθροὶ δι' ὑμᾶς
15 16 ἱερουργοῦντα τὸ εὐαγγέλ. τοῦ θεοῦ
– 19 πεπληρωκέναι τὸ εὐαγγέλ. τοῦ Χοῦ
– (29 vl ἐν πληρώματι εὐλογίας τοῦ εὐαγ-
γελίου τοῦ Χοῦ ἐλεύσομαι)

1 Co 4 15 διὰ τοῦ εὐαγγ. ἐγὼ ὑμᾶς ἐγέννησα
9 12 πάντα στέγομεν ἵνα μή τινα ἐγκο-
πὴν δῶμεν τῷ εὐαγγελίῳ τοῦ Χοῦ
– 14 ὁ κύριος διέταξεν τοῖς τὸ εὐαγγ. κατ-
αγγέλλουσιν ἐκ τοῦ εὐαγγελίου ζῆν
– 18 ἵνα – ἀδάπανον θήσω τὸ εὐαγγέλιον
εἰς τὸ μὴ καταχρήσασθαι τῇ ἐξου-
σίᾳ μου ἐν τῷ εὐαγγελίῳ 23 πάντα –
ποιῶ διὰ τὸ εὐαγγ., ἵνα συγκοινω-
νὸς αὐτοῦ γένωμαι
15 1 γνωρίζω – ὑμῖν – τὸ εὐ. ὃ εὐηγγελι-
σάμην ὑμῖν, ὃ καὶ παρελάβετε, ἐν ᾧ
καὶ ἑστήκατε, δι' οὗ καὶ σῴζεσθε

2 Co 2 12 ἐλθὼν – εἰς τὸ εὐαγγέλιον τοῦ Χοῦ
4 3 εἰ – ἔστιν κεκαλυμμένον τὸ εὐ. ἡμῶν
– 4 εἰς τὸ μὴ αὐγάσαι τὸν φωτισμὸν
τοῦ εὐαγγελίου τῆς δόξης τοῦ Χοῦ
8 18 τὸν ἀδελφὸν οὗ ὁ ἔπαινος ἐν τῷ εὐ.

2 Co 9 13 ἐπὶ τῇ ὑποταγῇ τῆς ὁμολογίας ὑμῶν
εἰς τὸ εὐαγγέλιον τοῦ Χοῦ
10 14 ἄχρι γὰρ καὶ ὑμῶν ἐφθάσαμεν ἐν τῷ
εὐαγγελίῳ τοῦ Χοῦ
11 4 εἰ – εὐαγγ. ἕτερον ὃ οὐκ ἐδέξασθε
– 7 ἁμαρτίαν ἐποίησα –, ὅτι δωρεὰν τὸ
τοῦ θεοῦ εὐ. εὐηγγελισάμην ὑμῖν;

Gal 1 6 ὅτι – μετατίθεσθε – εἰς ἕτερον εὐαγ-
γέλιον, ὃ οὐκ ἔστιν ἄλλο
– 7 οἱ – θέλοντες μεταστρέψαι τὸ εὐ. τοῦ
Χοῦ 11 τὸ εὐ. τὸ εὐαγγελισθὲν ὑπ'
ἐμοῦ – οὐκ ἔστιν κατὰ ἄνθρωπον
2 2 ἀνεθέμην αὐτοῖς τὸ εὐ. ὃ κηρύσσω
– 5 ἵνα ἡ ἀλήθεια τοῦ εὐαγγ. διαμείνῃ
– 7 ὅτι πεπίστευμαι τὸ εὐαγγ. τῆς ἀκρο-
βυστίας καθὼς Πέτρ. τῆς περιτομῆς
– 14 ὅτε εἶδον ὅτι οὐκ ὀρθοποδοῦσιν
πρὸς τὴν ἀλήθειαν τοῦ εὐαγγελίου

Eph 1 13 ἀκούσαντες –, τὸ εὐ. τῆς σωτ. ὑμῶν
3 6 εἶναι τὰ ἔθνη – συμμέτοχα τῆς ἐπαγ-
γελίας ἐν Χῷ Ἰησοῦ διὰ τοῦ εὐαγ-
γελίου, οὗ ἐγενήθην διάκονος
6 15 „ἐν ἑτοιμασίᾳ τοῦ εὐ. τῆς εἰρήνης"
– 19 γνωρίσαι τὸ μυστήριον τοῦ εὐαγγ.

Phl 1 5 ἐπὶ τῇ κοινωνίᾳ ὑμῶν εἰς τὸ εὐαγγ.
– 7 ἐν τῇ ἀπολογίᾳ καὶ βεβαιώ. τοῦ εὐ.
– 12 εἰς προκοπὴν τοῦ εὐαγγ. ἐλήλυθεν
– 16 ὅτι εἰς ἀπολογίαν τοῦ εὐαγγ. κεῖμαι
– 27 ἀξίως τοῦ εὐ. τοῦ Χοῦ πολιτεύεσθε,
– συναθλοῦντες τῇ πίστει τοῦ εὐαγγ.
2 22 σὺν ἐμοὶ ἐδούλευσεν εἰς τὸ εὐ. 4 3
αἵτινες ἐν τῷ εὐ. συνήθλησάν μοι
4 15 ἐν ἀρχῇ τοῦ εὐ., ὅτε ἐξῆλθον ἀπὸ

Col 1 5 ἐν τῷ λόγῳ τῆς ἀληθείας τοῦ εὐαγγ.
– 23 μὴ μετακινούμενοι ἀπὸ τῆς ἐλπίδος
τοῦ εὐαγγελίου οὗ ἠκούσατε

1 Th 1 5 τὸ εὐ. ἡμῶν οὐκ ἐγενήθη εἰς ὑμᾶς
ἐν λόγῳ μόνον
2 2 λαλῆσαι πρὸς ὑμᾶς τὸ εὐ. τοῦ θεοῦ
ἐν πολλῷ ἀγῶνι 8 μεταδοῦναι ὑμῖν
οὐ μόνον τὸ εὐ. τοῦ θεοῦ 9 νυκτὸς
καὶ ἡμέρας ἐργαζόμενοι – ἐκηρύξαμεν
εἰς ὑμᾶς τὸ εὐ. τοῦ θεοῦ
– 4 καθὼς δεδοκιμάσμεθα ὑπὸ τοῦ θεοῦ
πιστευθῆναι τὸ εὐαγγέλ. → 1 Ti 1 11
3 2 συνεργὸν τοῦ θεοῦ ἐν τῷ εὐ. τ. Χοῦ

2 Th 1 8 „τοῖς μὴ ὑπακούουσιν" τῷ εὐαγγε-
λίῳ τοῦ κυρίου ἡμῶν Ἰησοῦ
2 14 ἐκάλεσεν ὑμᾶς διὰ τοῦ εὐαγγ. ἡμῶν

1 Ti 1 11 κατὰ τὸ εὐαγγέλιον τῆς δόξης τοῦ
μακαρίου θεοῦ, ὃ ἐπιστεύθην ἐγὼ

2 Ti 1 8 ἀλλὰ συγκακοπάθησον τῷ εὐαγγελίῳ

2 Ti 1 10 φωτίσαντος δὲ ζωὴν – διὰ τοῦ εὐαγγ.
2 8 ἐγηγερμένον ἐκ νεκρῶν, ἐκ σπέρματος Δαυίδ, κατὰ τὸ εὐαγγέλιόν μου
Phm 13 διακονῇ ἐν τοῖς δεσμοῖς τοῦ εὐαγγ.
1 Pe 4 17 τῶν ἀπειθούντων τῷ τοῦ θεοῦ εὐ.
Ap 14 6 ἄγγελον –, ἔχοντα εὐ. αἰώνιον εὐαγγελίσαι ἐπὶ τοὺς καθημένους ἐπὶ

εὐαγγελιστής Sº – evangelista
Act 21 8 Φιλίππου τοῦ εὐ. ὄντος ἐκ τῶν ἑπτά
Eph 4 11 αὐτὸς „ἔδωκεν"–, τοὺς δὲ εὐ..άς
2 Ti 4 5 ἔργον ποίησον εὐ..οῦ, τὴν διακονίαν

εὐαρεστεῖν placēre ᵇ(pass) promerēri
Hb 11 5 μεμαρτύρηται „εὐ..ηκέναι τῷ θεῷ"
– 6 χωρὶς – πίστεως ἀδύνατον „εὐ..ῆσαι"
13 16 τοιαύταις – θυσίαις εὐ..εῖταιᵇ ὁ θεός

εὐάρεστος, εὐαρέστως placens ᵇbeneplacens ᶜplacitum ᵈbeneplacitum ᵉ(τὸ εὐ.) quod placeat ᶠ(εὐ..ον εἶναι) placēre
Rm 12 1 τὰ σώματα ὑμῶν θυσίαν – εὐάρεστον
– 2 τί τὸ θέλημα τοῦ θεοῦ, τὸ – εὐ..ονᵇ (voluntas – beneplacens vl placens)
14 18 ὁ – ἐν τούτῳ δουλεύων τῷ Χῷ εὐ.ᶠ τῷ θεῷ καὶ δόκιμος τοῖς ἀνθρώποις
2 Co 5 9 φιλοτιμούμεθα – εὐ..οι αὐτῷ εἶναιᶠ
Eph 5 10 δοκιμάζοντες τί ἐστιν εὐ..ονᵈ τῷ κυρ.
Phl 4 18 θυσίαν δεκτήν, εὐάρεστον τῷ θεῷ
Col 3 20 τοῦτο γὰρ εὐ..ὀνᶜ ἐστιν ἐν κυρίῳ
Tit 2 9 δούλους – δεσπόταις – εὐ..ους εἶναι
Hb 12 28 λατρεύωμεν εὐ..ως (placentes) τῷ θεῷ 13 21 ποιῶν (sc ὁ θεός) ἐν ἡμῖν τὸ εὐ..ονᵉ ἐνώπιον αὐτοῦ διὰ Ἰ. Χοῦ

Εὔβουλος 2 Ti 4 21 ἀσπάζεταί σε Εὔβουλος

εὐγενής nobilis Luc 19 12 Act 17 11
1 Co 1 26 οὐ πολλοὶ δυνατοί, οὐ πολλοὶ εὐ..εῖς

εὐδία serenum erit [Mat 16 2 εὐ., πυρράζει]

εὐδοκεῖν (bene) complacēre (sibi) in aliquo ᵇplacēre (sibi in) ᶜbeneplacitum esse in ᵈbonam voluntatem habēre ᵉconsentire ᶠcupide velle ᵍprobare
Mat 3 17 „ἐν ᾧ εὐδόκησα" ‖ Mar 1 11 ἐν σοί – Luc 3 22 ἐν σοί (vl complacuit) –
Mat 17 5 ἐν ᾧ 2 Pe 1 17 „εἰς ὃν" Mat 12 18 „ὃν εὐδόκησεν ἡ ψυχή μου" (vlᵇ bene placuit animae meae)
Luc 12 32 μὴ φοβοῦ, –˙ ὅτι εὐδόκησεν ὁ πατὴρ ὑμῶν δοῦναι ὑμῖν τὴν βασιλείαν

Rm 15 26 εὐδόκησανᵍ – κοινωνίαν τινὰ ποιήσασθαι εἰς τοὺς πτωχοὺς 27ᵇ
1 Co 1 21 εὐδόκησενᵇ ὁ θεὸς διὰ τῆς μωρίας τοῦ κηρύγματος σῶσαι τοὺς πιστεύ.
10 5 οὐκ ἐν τοῖς πλείοσιν – εὐδόκησενᶜ
2 Co 5 8 εὐδοκοῦμενᵈ μᾶλλον ἐκδημῆσαι
12 10 εὐδοκῶᵇ ἐν ἀσθενείαις – ὑπὲρ Χοῦ
Gal 1 15 εὐδόκησενᵇ [ὁ θεὸς] ὁ ἀφορίσας με – ἀποκαλύψαι τὸν υἱόν – ἐν ἐμοί
Col 1 19 ἐν αὐτῷ εὐδόκησεν πᾶν τὸ πλήρωμα κατοικῆσαι
1 Th 2 8 εὐδοχοῦμενᶠ μεταδοῦναι ὑμῖν οὐ μόνον τὸ εὐαγγ. – ἀλλὰ κ. τὰς – ψυχάς
3 1 εὐδοκήσαμενᵇ καταλειφθῆναι ἐν Ἀθ.
2 Th 2 12 οἱ – εὐδοκήσαντεςᵍ τῇ ἀδικίᾳ
Hb 10 6 „ὁλοκαυτώματα – οὐκ εὐ..ησαςᵇ" 8ᵇ
– 38 „ἐὰν ὑποστείληται, οὐκ εὐδοκεῖᵇ ἡ ψυχή μου ἐν αὐτῷ

εὐδοκία voluntas ᵇbona voluntas ᶜpropositum ᵈbeneplacitum – ᵉ(εὐδοκία ἐγένετο) placuit ᶠplacitum fuit
Mat 11 26 οὕτως εὐδοκία ἐγένετοᶠ ἔμπροσθέν σου ‖ Luc 10 21ᵉ
Luc 2 14 ἐπὶ γῆς εἰρήνη ἐν ἀνθρώποις εὐδοκίαςᵇ (vl .χία)
Rm 10 1 ἡ μὲν εὐδ. τῆς ἐμῆς καρδίας καὶ ἡ δέησις – ὑπὲρ αὐτῶν εἰς σωτηρίαν
Eph 1 5 κατὰ τὴν εὐδ.ᶜ τοῦ θελήματος αὐτοῦ 9 κατὰ τὴν εὐδοκίανᵈ (vl bonum pl.) αὐτοῦ, ἣν προέθετο ἐν αὐτῷ
Phl 1 15 τινὲς δὲ καὶ δι᾽ εὐδοκίανᵇ τὸν Χὸν κηρύσσουσιν
2 13 ὁ ἐνεργῶν ἐν ὑμῖν καὶ τὸ θέλειν καὶ τὸ ἐνεργεῖν ὑπὲρ τῆς εὐδοκίαςᵇ
2 Th 1 11 ἵνα – πληρώσῃ πᾶσαν εὐδοκίαν ἀγαθωσύνης καὶ ἔργον πίστεως

εὐεργεσία ᵃbenefactum ᵇbeneficium
Act 4 9 ἐπὶ εὐ..ίᾳᵃ ἀνθρώπου ἀσθενοῦς
1 Ti 6 2 οἱ τῆς εὐ..ίαςᵇ ἀντιλαμβανόμενοι

εὐεργετεῖν benefacere (part. b..iendo)
Act 10 38 ὃς διῆλθεν εὐεργετῶν καὶ ἰώμενος

εὐεργέτης beneficus Luc 22 25 καὶ οἱ ἐξουσιάζοντες αὐτῶν εὐ..έται καλοῦνται

εὔθετος ᵃaptus ᵇopportunus ᶜutilis
Luc 9 62 οὐδεὶς – εὔθ.ᵃ ἐστιν τῇ βασ. τ. θεοῦ
14 35 οὔτε εἰς κοπρίαν εὔθετονᶜ Hb 6 7 γῆ – τίκτουσα βοτάνην εὔθετονᵇ

*εὐθέως et adverbium ***εὐθύς** *statim*
   ᵇ*confestim* ᶜ*continuo* ᵈ*protinus*

Mat 4 20 εὐθέωςᶜ ἀφέντες τὰ δίκτυα 22 τὸ
   πλοῖον ‖ Mar 1 18 εὐθὺςᵈ – τὰ δίκτ.
  8 3 εὐθέωςᵇ ἐκαθαρίσθη αὐτοῦ ἡ λέπρα
   ‖ Mar 1 42 ἀπῆλθεν Luc 5 13ᵇ
  13 5 εὐθέωςᶜ ἐξανέτειλεν ‖ Mar 4 5
 – 20 εὐθὺςᶜ μετὰ χαρᾶς λαμβάνων (sc
   τὸν λόγον) 21 εὐθὺςᶜ σκανδαλίζεται
   ‖ Mar 4 15 εὐθὺςᵇ ἔρχ. ὁ σατ. 16.17ᵇ
 20 34 εὐθέωςᵇ ἀνέβλεψαν ‖ Mar 10 52ᵇ
 24 29 εὐθέως – μετὰ τὴν θλῖψιν τῶν ἡμερῶν
   ἐκείνων „ὁ ἥλιος σκοτ." → Luc 21 9
 25 15 εὐθέως πορευθεὶς – ἠργάσατο
Mar 2 8 εὐθὺς ἐπιγνοὺς ὁ Ἰης. τῷ πνεύματι
   5 30 ἐν ἑαυτῷ τὴν – δύν. ἐξελθοῦσαν
 – 12 εὐθὺς ἄρας τὸν κράβαττον 5 29 εὐθὺςᵇ
   ἐξηράνθη ἡ πηγὴ τοῦ αἵματος 42 εὐ-
   θὺςᵇ ἀνέστη τὸ κοράσιον (7 35 vl εὐ-
   θὺς ἐλύθη ὁ δεσμὸς τῆς γλώσσης)
  14 72 εὐθὺς ἐκ δευτέρου ἀλέκτωρ ἐφώνη-
   σεν Joh 18 27 εὐθέως ἀλ. ἐφώνησεν
Luc 12 36 ἵνα – εὐθέωςᵇ ἀνοίξωσιν αὐτῷ
 – 54 εὐθέως λέγετε ὅτι ὄμβρος ἔρχεται
 14 5 οὐκ εὐθέωςᶜ ἀνασπάσει αὐτόν – ;
 17 7 τίς – ἐρεῖ – ᶜ εὐθέως – ἀνάπεσε – ;
 21 9 ἀλλ' οὐκ εὐθέως τὸ τέλος
Joh 5 9 εὐθέως ἐγένετο ὑγιὴς ὁ ἄνθρωπος
 6 21 εὐθέως ἐγέν. τὸ πλοῖον ἐπὶ τῆς γῆς
 13 30 ἐξῆλθεν εὐθύςᶜ· ἦν δὲ νύξ
 – 32 καὶ εὐθὺςᶜ δοξάσει αὐτόν
 19 34 ἐξῆλθεν εὐθὺςᶜ αἷμα καὶ ὕδωρ
Act 9 18 εὐθέωςᵇ ἀπέπεσαν – ὡς λεπίδες
 – 34 εὐθέωςᶜ ἀνέστη (sc Αἰνέας)
Gal 1 16 εὐθέωςᶜ οὐ προσανεθέμην σαρκί
Jac 1 24 εὐθέωςᶜ ἐπελάθετο ὁποῖος ἦν
3 Jo 14 ἐλπίζω δὲ εὐθέωςᵈ σε ἰδεῖν
Ap 4 2 εὐθέως ἐγενόμην ἐν πνεύματι

εὐθυδρομεῖν Sº – *recto cursu venire*
Act 16 11 εἰς Σαμοθρᾴκην 21 1 εἰς τὴν Κῶ

εὐθυμεῖν Sº – *bono* ᵇ*aequo animo esse*
Act 27 22 παραινῶ ὑμᾶς εὐθ. 25 διὸ εὐθυμεῖτε
Jac 5 13 εὐθυμεῖᵇ τις; ψαλλέτω

εὔθυμος *animaequior* Act 27 36 εὔθυμοι

εὐθύμως Sº – *bono animo*
Act 24 10 εὐθύμως – ἀπολογοῦμαι

εὐθύνειν *dirigere* Joh 1 23 „ὁδὸν κυρίου"
Jac 3 4 ὅπου ἡ ὁρμὴ τοῦ εὐ..οντος βούλεται

εὐθύς, εὐθεῖα, εὐθύ *rectus* ᵇ*directus*
   (adverbium εὐθύς → εὐθέως)
Mat 3 3 „εὐθείας ποιεῖτε τὰς τρίβους" αὐτοῦ
   ‖ Mar 1 3 Luc 34.5 „ἔσται τὰ σκολιὰ
   εἰς εὐθείανᵇ" (*in directa*)
Act 8 21 ἡ γὰρ „καρδία" σου „οὐκ ἔστιν εὐ-
   θεῖα" ἔναντι τοῦ θεοῦ
 9 11 ἐπὶ τὴν ῥύμην τὴν καλουμ. εὐθεῖαν
 13 10 „τὰς ὁδοὺς [τοῦ] κυρίου τὰς εὐθ.;"
2 Pe 2 15 καταλείποντες εὐθεῖαν ὁδόν

εὐθύτης *aequitas* Hb 1 8 „ῥάβδος – εὐ..τος"

εὐκαιρεῖν Sº – ᵃ*spatium habēre* ᵇ*vacare*
   ᶜ*vacuum mihi est*
Mar 6 31 καὶ οὐδὲ φαγεῖν εὐκαίρουνᵃ
Act 17 21 εἰς οὐδὲν ἕτερον ηὐκαίρουνᵇ ἢ λέγ.
1 Co 16 12 ἐλεύσεται δὲ ὅταν εὐκαιρήσῃᶜ

εὐκαιρία *opportunitas*
Mat 26 16 ἐζήτει εὐκ. ἵνα – παραδῷ ‖ Luc 22 6

εὔκαιρος *opportunus* Mar 6 21 ἡμέρα
Hb 4 16 ἵνα – χάριν εὕρωμεν εἰς εὔκαιρον
   βοήθειαν

εὐκαίρως *opportune*
Mar 14 11 ἐζήτει πῶς αὐτὸν εὐκαίρως παραδοῖ
2 Ti 4 2 ἐπίστηθι εὐκαίρως ἀκαίρως

εὐκοπώτερον *facilius*
Mat 9 5 τί – ἐστιν εὐκ., εἰπεῖν· ἀφίενται –, ἢ
   εἰπεῖν· ἔγειρε – ; ‖ Mar 2 9 Luc 5 23
 19 24 εὐκ. ἐστιν κάμηλον – διελθεῖν ἢ πλού-
   σιον ‖ Mar 10 25 διελθεῖν Luc 18 25
Luc 16 17 εὐκ. – τὸν οὐρ. καὶ τὴν γῆν παρελθεῖν

εὐλάβεια *reverentia*
Hb 5 7 εἰσακουσθεὶς ἀπὸ τῆς εὐλαβείας
  12 28 λατρεύωμεν –, μετὰ εὐλαβείας καὶ
   δέους (*cum metu et reverentia*)

εὐλαβεῖσθαι *metuere* Hb 11 7 πίστει – Νῶε –,
   εὐλαβηθεὶς κατεσκεύασεν κιβωτόν

εὐλαβής *timoratus* ᵇ*religiosus*
Luc 2 25 Συμεών, – δίκαιος καὶ εὐλαβής
Act 2 5 Ἰουδαῖοι, ἄνδρες εὐλαβεῖςᵇ 8 2
  22 12 Ἀνανίας –, ἀνὴρ εὐλ. (vgº) κατὰ τὸν
   νόμον (*vir sec. legem test. habens*)

εὐλογεῖν *benedicere* → ἐνευλ., κατευλογεῖν
Mat 14 19 ἀναβλέψας – εὐλόγησεν, καὶ κλάσας
   ἔδωκεν ‖ Mar 6 41 (87) Luc 9 16

Mat 21 9 „εὐλογημένος ὁ ἐρχόμενος" ‖ Mar
11 9. 10 εὐ..η ἡ ἐρχομένη βασιλεία τοῦ
πατρὸς ἡμῶν Δαυίδ Luc 19 38 Joh
12 13 – Mat 23 39 ‖ Luc 13 35
25 34 δεῦτε οἱ εὐ..ημένοι τοῦ πατρός μου
26 26 εὐλογήσας ἔκλασεν ‖ Mar 14 22
Luc 1 42 εὐλογημένη σὺ ἐν γυναιξίν, καὶ εὐ..
νος ὁ καρπὸς τῆς κοιλίας σου
– 64 ἐλάλει εὐλογῶν τὸν θεόν 2 28
2 34 εὐλόγησεν αὐτοὺς Συμεών
6 28 εὐ..εῖτε τοὺς καταρωμένους ὑμᾶς
24 30 λαβὼν τὸν ἄρτον εὐλόγησεν
– 50 ἐπάρας τὰς χεῖρας – εὐλόγησεν αὐ-
τούς 51 ἐν τῷ εὐλογεῖν – αὐτούς
– 53 ἐν τῷ ἱερῷ εὐλογοῦντες τὸν θεόν
Act 3 26 ἀπέστειλεν αὐτὸν εὐλογοῦντα ὑμᾶς
ἐν τῷ ἀποστρέφειν – ἀπὸ τ. πονηριῶν
Rm 12 14 εὐ..εῖτε τοὺς διώκοντας [ὑμᾶς], εὐ..εῖτε
καὶ μὴ καταρᾶσθε
1 Co 4 12 λοιδορούμενοι εὐλογοῦμεν, διωκόμ.
10 16 τὸ ποτήριον τῆς εὐλογίας ὃ εὐλο-
γοῦμεν, οὐχὶ κοινωνία ἐστιν – ;
14 16 ἐὰν εὐλογῇς [ἐν] πνεύματι, – πῶς – ;
Gal 3 9 ὥστε οἱ ἐκ πίστεως εὐλογοῦνται (bene-
dicentur) σὺν τῷ πιστῷ Ἀβραάμ
Eph 1 3 ὁ εὐλογήσας ἡμᾶς ἐν πάσῃ εὐλογίᾳ
πνευματικῇ ἐν τοῖς ἐπουρανίοις
Hb 6 14 „εἰ μὴν εὐλογῶν εὐλογήσω σε"
7 1. 6 τῷ ἔχοντα τὰς ἐπαγγελίας „εὐ-
λόγηκεν" 7 τὸ ἔλαττον ὑπὸ τοῦ κρείτ-
τονος εὐλογεῖται
11 20 εὐλόγησεν Ἰσαὰκ τὸν Ἰακὼβ 21
Jac 3 9 ἐν αὐτῇ εὐλογοῦμεν τὸν κύριον
1 Pe 3 9 τοὐναντίον δὲ εὐλογοῦντες

εὐλογητός benedictus
Mar 14 61 σὺ εἶ ὁ χριστὸς ὁ υἱὸς τοῦ εὐλογ.;
Luc 1 68 „εὐλογ. κύριος ὁ θεὸς τοῦ Ἰσραήλ"
Rm 1 25 ὅς ἐστιν εὐλ. εἰς τοὺς αἰῶνας 9 5 ὁ
ὢν ἐπὶ πάντων θεὸς εὐλογητὸς εἰς
τοὺς αἰῶνας 2 Co 11 31 ὁ ὢν εὐλογ.
2 Co 1 3 εὐλ. ὁ θεὸς κ. πατὴρ Eph 1 3 1 Pe 1 3

εὐλογία benedictio (Rm 16 18 ..nes)
Rm 15 29 ἐν πληρώματι εὐ..ας Χοῦ ἐλεύσομαι
16 18 διὰ τῆς χρηστολογίας (per dulces
sermones) καὶ εὐλογίας ἐξαπατῶσιν
τὰς καρδίας τῶν ἀκάκων
1 Co 10 16 et Eph 1 3 → εὐλογεῖν
2 Co 9 5 ἵνα – προκαταρτίσωσιν τὴν – εὐλογίαν
ὑμῶν, – ὡς εὐλογίαν καὶ μὴ ὡς πλεον.
– 6 ὁ σπείρων ἐπ' εὐλογίαις (in ben.)

ἐπ' εὐλογίαις (de ben.) καὶ θερίσει
Gal 3 14 ἵνα εἰς τὰ ἔθνη ἡ εὐλογία τοῦ Ἀβρ.
Hb 6 7 μεταλαμβάνει εὐ..ας ἀπὸ τοῦ θεοῦ
12 17 θέλων κληρονομῆσαι τὴν εὐλογίαν
Jac 3 10 ἐξέρχεται εὐλογία καὶ κατάρα
1 Pe 3 9 ἐκλήθητε ἵνα εὐ..αν κληρονομήσητε
Ap 5 12 ἄξιόν ἐστιν – λαβεῖν τὴν – εὐλογίαν
– 13 τῷ „καθημένῳ ἐπὶ τῷ θρόνῳ" καὶ τῷ
ἀρνίῳ ἡ εὐλογία 7 12 τῷ θεῷ ἡμῶν

εὐμετάδοτον εἶναι S° – facile tribuere
1 Ti 6 18 εὐμεταδότους εἶναι, κοινωνικούς

Εὐνίκη 2 Ti 1 5 ἐν – τῇ μητρί σου Εὐνίκη

εὐνοεῖν consentire
Mat 5 25 ἴσθι εὐνοῶν τῷ ἀντιδίκῳ σου ταχύ

εὔνοια bona voluntas Eph 6 7 μετ' εὐνοίας
δουλεύοντες ὡς τῷ κυρίῳ

εὐνοῦχος et εὐνουχίζειν S° – eunuchus
ᵇeunuchum facere ᶜcastrare
Mat 19 12 εἰσὶν – εὐνοῦχοι οἵτινες – ἐγεννήθη-
σαν οὕτως, καὶ εἰσὶν εὐνοῦχοι οἵτινες εὐ-
νουχίσθησανᵇ ὑπὸ τῶν ἀνθρώπων, καὶ εἰ-
σὶν εὐνοῦχοι οἵτινες εὐνούχισανᶜ ἑαυτοὺς
διὰ τὴν βασιλείαν τῶν οὐρανῶν
Act 8 27 Αἰθίοψ εὐνοῦχος δυνάστης 34. 36. 38. 39

Εὐοδία Evodia (vl Euhodia) Phl 4 2

εὐοδοῦσθαι ᵃprosperum iter habēre ᵇbene
placēre ᶜprospere ingredi ᵈprospere
agere Rm 1 10 εἴ πως – ποτὲ εὐοδωθήσο-
μαιᵃ – ἐλθεῖν πρὸς ὑμᾶς
1 Co 16 2 θησαυρίζων ὅ τι ἐὰν εὐοδῶταιᵇ
3 Jo 2 εὔχομαί σε εὐοδοῦσθαιᶜ καὶ ὑγιαί-
νειν, καθὼς εὐοδοῦταιᵈ σου ἡ ψυχή

τὸ εὐπάρεδρον S° – τῷ κυρίῳ quod facul-
tatem praebeat – dominum obsecrandi
(vl observandi) 1 Co 7 35 πρὸς τὸ εὔσχη-
μον καὶ εὐπάρεδρον τῷ κυρίῳ

εὐπειθής suadibilis Jac 3 17 ἡ – ἄνωθεν σο-
φία –, ἔπειτα – ἐπιεικής, εὐπειθής

εὐπερίστατος S° – circumstans nos
Hb 12 1 ἀποθέμενοι – τὴν εὐ..ον ἁμαρτίαν

εὐποιΐα S° – beneficentia Hb 13 16 κ. κοιν.

εὑπορεῖσθαι *habēre* Act 11 29 καθὼς εὑ..τό τις

εὑπορία S vl – *acquisitio* Act 19 25 ἡμῖν ἐστ.

εὐπρέπεια *decor* Jac 1 11 ἡ εὑ. – ἀπώλετο

εὐπρόσδεκτος Sᵒ – *acceptus* ᵇ*acceptabilis*
Rm 15 16 ἡ προσφορὰ τῶν ἐθνῶν εὑ..ος
 – 31 ἵνα – ἡ διακονία μου ἡ εἰς Ἱερουσα-
  λὴμ εὑπ. τοῖς ἁγίοις γένηται
2 Co 6 2 ἰδοὺ νῦν „καιρὸς εὐπρόσδεκτοςᵇ"
 8 12 καθὸ ἐὰν ἔχῃ εὑπ., οὐ καθὸ οὐκ ἔχει
1 Pe 2 5 ἀνενέγκαι πνευματικὰς θυσίας εὑ-
  προσδέκτουςᵇ [τῷ] θεῷ διὰ Ἰ. Χοῦ

εὑπροσωπεῖν Sᵒ – *placēre* Gal 6 12 ἐν σαρκί

εὑρακύλων Sᵒ – *euroaquilo* Act 27 14

*εὑρίσκειν *invenire*
 (omnes loci allati sunt ex epist. et Apc)
Mat 7 7 ζητεῖτε, καὶ εὑρήσετε 8 ὁ ζητῶν εὑρί-
  σκει || Luc 11 9.10
 – 14 ὀλίγοι εἰσὶν οἱ εὑρίσκοντες αὐτήν
 8 10 παρ' οὐδενὶ τοσαύτην πίστιν ἐν τῷ Ἰσ-
  ραὴλ εὗρον || Luc 7 9 οὐδὲ ἐν τῷ Ἰορ.
 10 39 ὁ εὑρὼν τὴν ψυχὴν αὐτοῦ ἀπολέσει
  αὐτήν, καὶ ὁ ἀπολέσας – ἕνεκεν ἐ-
  μοῦ εὑρήσει αὐτήν 16 25
 11 29 „εὑρήσετε ἀνάπαυσιν ταῖς ψυχ. ὑμ."
 12 43 ζητοῦν ἀνάπαυσιν, καὶ οὐχ εὑρίσκει 44
  || Lc 11 24 μὴ εὑ..ον' [τότε] λέγει' 25
 13 44 θησαυρῷ –, ὃν εὑρὼν ἄνθρ. ἔκρυψεν
  – 46 εὑρὼν – ἕνα πολύτιμον μαργαρίτην
 18 13 ἐὰν γένηται εὑρεῖν αὐτό || Luc 15 5
 20 6 ἐξελθὼν εὗρεν ἄλλους ἑστῶτας
 21 19 οὐδὲν εὗρεν – εἰ μὴ φύλλα μόνον ||
  Mar 11 13 εἰ ἄρα τι εὑρήσει ἐν αὐτῇ,
  καὶ – οὐδὲν εὗρεν cfr Luc 13 6.7
 22 9 ὅσους ἐὰν εὕρητε καλέσατε 10
 24 46 ὃν – ὁ κύριος αὐτοῦ εὑρήσει οὕτως
  ποιοῦντα || Luc 12 43 – Mar 13 36
Luc 1 30 εὗρες γὰρ χάριν παρὰ τῷ θεῷ
 15 4 τίς – οὐ – πορεύεται – ἕως εὕρῃ αὐτό;
 5.6 εὗρον τὸ πρόβατόν μου 8 ζητεῖ
  – ἕως οὗ εὕρῃ; 9 εὑροῦσα συγκαλεῖ
  τὰς φίλας –· – εὗρον τὴν δραχμήν
  24 ἦν ἀπολωλὼς καὶ εὑρέθη 32
 17 18 οὐχ εὑρέθησαν – δοῦναι δόξαν τ. θεῷ –;
 18 8 ἆρα εὑρήσει τὴν πίστιν ἐπὶ τῆς γῆς;
 23 4 οὐδὲν εὑρίσκω αἴτιον 14. 22 Joh 18 38
  19 4.6 Act 13 28 23 9 24 20
Joh 1 41 εὑρίσκει – Σίμωνα –· εὑρήκαμεν τὸν

Μεσσίαν 45 εὑρίσκει – τὸν Ναθαναήλ
 – · ὃν ἔγραψεν Μωϋσῆς – εὑρήκαμεν
Joh 7 34 ζητήσετέ με καὶ οὐχ εὑρήσετε 36
Act 4 21 μηδὲν εὑ..οντες τὸ πῶς κολάσωνται
 5 39 μήποτε καὶ θεομάχοι εὑρεθῆτε
 7 46 Δαυίδ· ὃς εὗρεν χάριν ἐνώπ. τ. θεοῦ
 8 40 Φίλιππος δὲ εὑρέθη εἰς Ἄζωτον
 17 27 ζητεῖν τὸν θεόν, εἰ ἄρα γε ψηλαφή-
  σειαν αὐτὸν καὶ εὕροιεν, καί γε οὐ
Rm 4 1 τί – ἐροῦμεν εὑρηκέναι Ἀβραάμ –;
 7 10 εὑρέθη μοι ἡ ἐντολὴ – εἰς θάνατον
 – 21 εὑρίσκω ἄρα τὸν νόμον –, ὅτι ἐμοὶ
 10 20 „εὑρέθην [ἐν] τοῖς ἐμὲ μὴ ζητοῦσιν"
1 Co 4 2 ζητεῖται – ἵνα πιστός τις εὑρεθῇ
 15 15 εὑ..όμεθα δὲ καὶ ψευδομάρτυρες
2 Co 2 13 τῷ μὴ εὑρεῖν με Τίτον τὸν ἀδελφόν
 5 3 εἴ γε – οὐ γυμνοὶ εὑρεθησόμεθα
 9 4 ἐὰν – εὕρωσιν ὑμ. ἀπαρασκευάστους
 11 12 ἵνα – εὑρεθῶσιν καθὼς καὶ ἡμεῖς
 12 20 μή πως – οὐχ οἵους θέλω εὕρω ὑμᾶς,
  κἀγὼ εὑρεθῶ ὑμῖν οἷον οὐ θέλετε
Gal 2 17 εἰ – εὑρέθημεν καὶ αὐτοὶ ἁμαρτωλοί
Phl 2 7 σχήματι εὑρεθεὶς ὡς ἄνθρωπος
 3 9 ἵνα – εὑρεθῶ ἐν αὐτῷ (sc Χῷ)
2 Ti 1 17 ἐζήτησέν με καὶ εὗρεν 18 δῴη αὐτῷ
  ὁ κύριος εὑρεῖν ἔλεος παρὰ κυρίου
Hb 4 16 ἵνα – χάριν εὕρωμεν εἰς – βοήθειαν
 9 12 αἰωνίαν λύτρωσιν εὑράμενος
 11 5 Ἐνὼχ – „οὐχ ηὑρίσκετο διότι μετέ-
  θηκεν αὐτὸν ὁ θεός"
 12 17 μετανοίας γὰρ τόπον οὐχ εὗρεν
1 Pe 1 7 ἵνα τὸ δοκίμιον ὑμῶν τῆς πίστεως
  πολυτιμότερον χρυσίου – εὑρεθῇ
 2 22 „οὐδὲ εὑρέθη δόλος ἐν τῷ στόματι
  αὐτοῦ" cfr Ap 14 5 αὐτῶν – „ψεῦδος"
2 Pe 3 10 γῆ καὶ τὰ ἐν αὐτῇ ἔργα εὑρεθήσε-
  ται
 – 14 σπουδάσατε ἄσπιλοι καὶ ἀμώμητοι
  αὐτῷ εὑρεθῆναι ἐν εἰρήνῃ
2 Jo 4 ἐχάρην – ὅτι εὕρηκα ἐκ τῶν τέκνων
  σου περιπατοῦντας ἐν ἀληθείᾳ
Ap 2 2 εὗρες αὐτοὺς ψευδεῖς 3 2 οὐ γὰρ εὕ-
  ρηκά σου τὰ ἔργα πεπληρωμένα
 5 4 οὐδεὶς ἄξιος εὑρέθη ἀνοῖξαι τὸ βιβλ.
 9 6 οὐ μὴ εὑρήσουσιν αὐτόν (sc θάνατ.)
 12 8 16 20 18 14. 21. 22. 24 20 11
 20 15 εἴ τις οὐχ „εὑρέθη ἐν τῇ βίβλῳ τῆς
  ζωῆς γεγραμμένος"

εὑρύχωρος *spatiosus* Mat 7 13 ἡ ὁδός

εὐσέβεια *pietas*
Act 3 12 ἡμῖν τί ἀτενίζετε ὡς ἰδίᾳ – εὐσεβείᾳ

(vg *potestate*, vl *pietate*) πεποιηκό-
σιν τοῦ περιπατεῖν αὐτόν;
1 Ti   2 2 βίον διάγωμεν ἐν πάσῃ εὐσεβείᾳ
    3 16 μέγα ἐστὶν τὸ τῆς εὐσεβ. μυστήριον
    4 7 γύμναζε δὲ σεαυτὸν πρὸς εὐσέβειαν
   – 8 ἡ δὲ εὐσ. πρὸς πάντα ὠφέλιμός ἐστ.
    6 3 τῇ κατ᾽ εὐσέβειαν διδασκαλίᾳ
   – 5 νομιζόντων πορισμὸν εἶναι τὴν εὐσ.
   – 6 ἔστιν δὲ πορισμὸς – ἡ εὐσ. μετὰ αὐτ-
    αρκείας 11 δίωκε – εὐσέβειαν, πίστιν
2 Ti   3 5 ἔχοντες μόρφωσιν εὐσεβείας τὴν δὲ
    δύναμιν αὐτῆς ἠρνημένοι
Tit   1 1 ἐπίγνωσιν ἀληθείας τῆς κατ᾽ εὐ.αν
2 Pe   1 3 πάντα – τὰ πρὸς ζωὴν καὶ εὐσέβειαν
   – 6 ἐν δὲ τῇ ὑπομονῇ τὴν εὐσέβειαν 7 ἐν
    δὲ τῇ εὐσεβείᾳ τὴν φιλαδελφίαν
    3 11 ποταποὺς δεῖ ὑπάρχειν [ὑμᾶς] ἐν ἁ-
    γίαις ἀναστροφαῖς καὶ εὐσεβείαις

εὐσεβεῖν [a]*colere* [b]*regere*
Act 17 23 ὃ οὖν ἀγνοοῦντες εὐσεβεῖτε [a]
1 Ti   5 4 πρῶτον τὸν ἴδιον οἶκον εὐσεβεῖν [b]

εὐσεβής [a]*religiosus* [b]*metuens dominum*
   [c]*pius*   Act 10 2 Κορνήλ., – εὐσ. [a] καὶ φο-
βούμενος τὸν θεόν 7 στρατιωτῶν εὐ.η [b]
2 Pe   2 9 οἶδεν κύριος εὐσεβεῖς [c] ἐκ πειρασμοῦ
ῥύεσθαι, ἀδίκους δὲ εἰς

εὐσεβῶς *pie* 2 Ti 3 12 οἱ θέλοντες εὐσ. ζῆν
– διωχθήσονται Tit 2 12 ἵνα – εὐσ. ζήσωμ.

εὔσημος *manifestus* 1 Co 14 9 εὔσ.ον λόγον

εὔσπλαγχνος S[o] – *misericors* Eph 4 32 εὔσ.οι,
χαριζόμενοι ἑαυτοῖς 1 Pe 3 8 πάντες – εὔσ.οι

εὐσχημόνως S[o] – *honeste*
Rm 13 13 εὐσχημόνως περιπατήσωμεν 1 Th 4 12
1 Co 14 40 πάντα – εὐσχ. χ. κατὰ τάξιν γινέσθω

εὐσχημοσύνη *honestas* 1 Co 12 23 τὰ ἀσχή-
μονα ἡμῶν εὐ.ην περισσοτέραν ἔχει

εὐσχήμων *honestus* [b]*nobilis*
Mar 15 43 Ἰωσὴφ [ὁ] ἀπὸ Ἁρ., εὐ.[b] βουλευτής
Act 13 50 τὰς σεβομ. γυναῖκας τὰς εὐσχ. 17 12
1 Co   7 35 πρὸς τὸ εὔσχημον καὶ εὐπάρεδρον
    12 24 τὰ δὲ εὐσ.ονα ἡμῶν οὐ χρείαν ἔχει

εὐτόνως [a]*constanter* [b]*vehementer*
Luc 23 10 εὐτόνως [a] κατηγοροῦντες αὐτοῦ
Act 18 28 εὐτ. [b] – τοῖς Ἰουδαί. διακατηλέγχετο

εὐτραπελία S[o] – *scurrilitas* Eph 5 4

Εὔτυχος Act 20 9 νεανίας ὀνόματι Εὔτυχος

εὐφημία S[o] – *bona fama* 2 Co 6 8 διὰ – εὐ.ας

εὔφημος S[o] – *bonae famae* Phl 4 8 ὅσα εὔ.α

εὐφορεῖν S[o] – *uberes fructus afferre* Luc 12 16

εὐφραίνειν (2 Co) *laetificare* – εὐ..εσθαι:
    epulari [b]*laetari* [c]*exultare* [d]*iucundari*
Luc 12 19 φάγε, πίε, εὐφραίνου 15 23. 24. 29. 32
    16 19 εὐφρανόμενος καθ᾽ ἡμέραν λαμπρῶς
Act   2 26 „ηὐφράνθη [b] ἡ καρδία μου"
    7 41 εὐ..οντο [b] ἐν τοῖς ἔργοις τῶν χειρῶν
Rm 15 10 „εὐφράνθητε [b] ἔθνη, μετὰ τοῦ λαοῦ"
2 Co   2 2 τίς ὁ εὐ..ων με εἰ μὴ ὁ λυπούμενος
Gal   4 27 „εὐφράνθητι [b], στεῖρα –, ῥῆξον"
Ap   11 10[d] – 12 12 „εὐ..εσθε [b], [οἱ] οὐρανοὶ" καὶ
    οἱ ἐν αὐτοῖς σκηνοῦντες 18 20[c] „οὐρανέ"

Εὐφράτης *Euphrates* (vl *Eufr.*) Ap 9 14 16 12

εὐφροσύνη [a]*iucunditas* [b]*laetitia*
Act   2 28[a] 14 17 ἐμπιπλῶν – εὐ..ης[b] τὰς καρδίας

εὐχαριστεῖν *gratias agere*
Mat 15 36 εὐ..ήσας ἔκλασεν καὶ ἐδίδου ‖ Mar
    8 6 – Joh 6 11. 23 εὐ..ήσαντος τοῦ κυρ.
    26 27 ποτήριον – εὐ..ήσας ἔδωκεν αὐτοῖς ‖
    Mar 14 23 Luc 22 17 εὐ..ήσας εἶπεν·
    λάβετε – καὶ διαμερίσατε 19 εὐ..ήσας
    ἔκλασεν καὶ ἔδωκεν 1 Co 11 24 εὐ..
    ήσας ἔκλασεν καὶ εἶπεν· τοῦτό μου
Luc 17 16 εὐ..ῶν αὐτῷ· καὶ αὐτὸς ἦν Σαμαρ.
    18 11 ὁ θεός, εὐ..ῶ σοι ὅτι οὐκ εἰμὶ ὥσπερ
Joh 11 41 πάτερ, εὐ..ῶ σοι ὅτι ἤκουσάς μου
Act 27 35 λαβὼν ἄρτον εὐχαρίστησεν τῷ θεῷ
    28 15 εὐ..ήσας τῷ θεῷ ἔλαβε θάρσος
Rm   1 8 πρῶτον – εὐ..ῶ τῷ θεῷ μου διὰ Ἰ.
    Χοῦ περὶ – ὑμῶν, ὅτι 1 Co 1 4 τῷ θεῷ
    μου πάντοτε περὶ ὑμῶν ἐπὶ τῇ χάριτι
    Phl 1 3 τῷ θεῷ μου ἐπὶ πάσῃ τῇ
    μνείᾳ ὑμῶν Phm 4 πάντοτε μνείαν
    σου ποιούμενος Eph 1 16 οὐ παύο-
    μαι εὐ..ῶν ὑπὲρ ὑμῶν Col 1 3 εὐχαρι-
    στοῦμεν τῷ θεῷ πατρὶ τοῦ κυρίου
    1 Th 1 2 τῷ θεῷ πάντοτε περὶ – ὑμῶν
    2 Th 1 3 εὐχαριστεῖν ὀφείλομεν τῷ
    θεῷ πάντοτε περὶ ὑμῶν 2 13
   – 21 οὐχ ὡς θεὸν ἐδόξασαν ἢ ηὐχ..ησαν
    14 6 ὁ ἐσθίων κυρίῳ ἐσθίει, εὐχαριστεῖ γὰρ

τῷ θεῷ· καὶ ὁ μὴ ἐσθίων κυρίῳ οὐκ
ἐσθίει, καὶ εὐχαριστεῖ τῷ θεῷ

Rm 16 4 οἷς (sc Priscae et Aqu.) οὐκ ἐγὼ μό-
νος εὐ..ῶ ἀλλὰ καὶ πᾶσαι αἱ ἐκκλησ.

1 Co 1 14 εὐ..ῶ [τῷ θεῷ] ὅτι οὐδένα ὑμῶν ἐβά-
πτισα – ἵνα μή τις εἴπῃ

10 30 τί βλασφημοῦμαι ὑπὲρ οὗ – εὐ..ῶ;

14 17 σὺ – καλῶς εὐ..εῖς, ἀλλ' ὁ ἕτερος
– 18 εὐχαριστῶ τῷ θεῷ, πάντων ὑμῶν
μᾶλλον γλώσσαις λαλῶ

2 Co 1 11 ἵνα – τὸ εἰς ἡμᾶς χάρισμα διὰ πολ-
λῶν εὐχαριστηθῇ ὑπὲρ ἡμῶν

Eph 5 20 εὐ..οῦντες πάντοτε ὑπὲρ πάντων ἐν
ὀνόματι τοῦ κυρίου – τῷ θεῷ καὶ π.

Col 1 12 εὐ..οῦντες τῷ πατρὶ τῷ ἱκανώσαντι
ὑμᾶς 3 17 ὅ τι ἐὰν ποιῆτε – εὐχαρι-
στοῦντες τῷ θεῷ πατρὶ δι' αὐτοῦ

1 Th 2 13 ἡμεῖς εὐ..οῦμεν τῷ θεῷ ἀδιαλείπτως
5 18 ἐν παντὶ εὐ..εῖτε· τοῦτο – θέλημα

Ap 11 17 εὐ..οῦμέν σοι, κύριε ὁ θεός –, ὅτι

εὐχαριστία *gratarum actio* [b]*benedictio*

Act 24 3 ἀποδεχόμεθα – μετὰ πάσης εὐ..ας

1 Co 14 16 πῶς ἐρεῖ τὸ ἀμὴν ἐπὶ τῇ σῇ εὐ..ᾳ[b];

2 Co 4 15 διὰ τῶν πλειόνων τὴν εὐχαριστίαν
9 11 ἁπλότητα, ἥτις κατεργάζεται δι' ἡμῶν
εὐχαριστίαν τῷ θεῷ 12 ἡ διακονία –
περισσεύουσα διὰ πολλῶν εὐ..ῶν τῷ θ.

Eph 5 4 ἃ οὐκ ἀνῆκεν, ἀλλὰ μᾶλλον εὐ..α

Phl 4 6 τῇ δεήσει μετὰ εὐ..ας τὰ αἰτήματα

Col 2 7 περισσεύοντες ἐν εὐχαριστίᾳ
4 2 γρηγοροῦντες ἐν αὐτῇ ἐν εὐχαριστίᾳ

1 Th 3 9 τίνα – εὐχαριστίαν δυνάμεθα τῷ θεῷ
ἀνταποδοῦναι περὶ ὑμῶν –;

1 Ti 2 1 παρακαλῶ – ποιεῖσθαι *(fieri)* – εὐ..ας,
ὑπὲρ πάντων ἀνθρ., ὑπὲρ βασιλέων
4 3 ἃ ὁ θεὸς ἔκτισεν εἰς μετάλημψιν με-
τὰ εὐ..ας 4 μετὰ εὐχ. λαμβανόμενον

Ap 4 9 ὅταν δώσουσιν – εὐ..αν[b] τῷ καθημ.
7 12 ἡ εὐχαρ. καὶ ἡ τιμή – τῷ θεῷ ἡμῶν

εὐχάριστος *gratus* Col 3 15 εὐ..οι γίνεσθε

εὔχεσθαι *optare* [b]*orare* [c]*orationem facere*

Act 26 29 εὐξαίμην ἂν τῷ θεῷ – 27 29

Rm 9 3 ηὐχόμην – ἀνάθεμα εἶναι αὐτὸς

2 Co 13 7 εὐχόμεθα[b] – πρὸς τὸν θεὸν μὴ ποι-
ῆσαι ὑμᾶς κακὸν μηδέν 9 τοῦτο καὶ
εὐχόμεθα[c], τὴν ὑμῶν κατάρτισιν

Jac 5 16 εὔχεσθε ὑπὲρ ἀλλήλων

3 Jo 2 εὔχομαί[c] σε εὐοδοῦσθαι καὶ ὑγιαίν.

εὐχή [a]*oratio* [b]*votum* Act 18 18[b] 21 23[b]
Jac 5 15 ἡ εὐ.[a] τῆς πίστεως σώσει τὸν κάμν.

εὔχρηστος *utilis* 2 Ti 2 21 4 11 εἰς διακ. Phm 11

εὐψυχεῖν S⁰ – *bono animo esse* Phl 2 19

εὐωδία [a]*bonus odor* [b]*suavitas*
2 Co 2 15 Χοῦ εὐ.[a] ἐσμὲν τῷ θεῷ ἐν τοῖς σῳζ.
Eph 5 2 „θυσίαν – εἰς ὀσμὴν εὐ..ας[b]" Phl 4 18[b]

εὐώνυμος *sinister (ad s..tram, a s..tris)*
Mat 20 21 καὶ εἷς ἐξ εὐ..ων σου 23 ‖ Mar 10 40
25 33 τὰ δὲ ἐρίφια ἐξ εὐ..ων 41 τοῖς ἐξ εὐ.
27 38 καὶ εἷς ἐξ εὐ..ων ‖ Mar 15 27 αὐτοῦ
Act 21 3 καταλιπόντες αὐτὴν (Cyprum) εὐ..ον
Ap 10 2 τὸν δὲ εὐ..ον (sc πόδα) ἐπὶ τῆς γῆς

ἐφάλλεσθαι *insilire* Act 19 16 ἐπ' αὐτούς

ἐφάπαξ S⁰ – *semel* [b]*simul*
Rm 6 10 τῇ ἁμαρτίᾳ ἀπέθανεν ἐφάπαξ
1 Co 15 6 ἐπάνω πεντακοσίοις ἀδελφοῖς ἐφ.[b]
Hb 7 27 ἐποίησεν ἐφάπαξ ἑαυτὸν ἀνενέγκας
9 12 εἰσῆλθεν ἐφάπαξ εἰς τὰ ἅγια
10 10 ἡγιασμένοι ἐσμὲν διὰ – Ἰησ. Χοῦ ἐφ.

Ἐφέσιος Act 19 28 ἡ "Αρτ. Ἐφεσίων 34 – 35
Act 21 29 προεωρακότες Τρόφιμον τὸν Ἐ. – σύν

Ἔφεσος Act 18 19. 21. 24 19 1. 17. 26 20 16. 17
1 Co 15 32 ἐθηριομάχησα ἐν Ἐφέσῳ – 16 8
Eph 1 1 τοῖς ἁγίοις τοῖς οὖσιν [ἐν Ἐφέσῳ]
1 Ti 1 3 παρεκάλεσά σε προσμεῖναι ἐν Ἐφ.
2 Ti 1 18 ὅσα ἐν Ἐφ. διηκόνησεν (Onesiph.)
4 12 Τύχικον – ἀπέστειλα εἰς Ἔφεσον
Ap 1 11 2 1 τῷ ἀγγέλῳ τῆς ἐν Ἐφ. ἐκκλησίας

ἐφευρετής S⁰ – *inventor* Rm 1 30 ἐ..ὰς κακῶν

ἐφημερία [a](gen.) *vicis* [b]*de vice* Luc 1 5 ἐξ
ἐ..ας[b] Ἀβιὰ 8 ἐν τῇ τάξει τῆς ἐφ.[a] αὐτοῦ

ἐφήμερος S⁰ – *quotidianus*
Jac 2 15 λειπόμενοι τῆς ἐφημέρου τροφῆς

ἐφικνεῖσθαι *pertingere (ad)* 2 Co 10 13. 14

ἐφιστάναι (intrans.) *astare* [b]*stare* [c]*stare
iuxta* [d]*stare secus* [e]*stare (super)*
[f]*instare* [g]*assistere* [h]*supervenire*
[i]*convenire* [k]*concurrere* [l]*imminēre*
Luc 2 9 ἄγγελος κυρίου ἐπέστη[e] αὐτοῖς 24 4

ἄνδρες δύο ἐπέστησαν[d] αὐταῖς Act
12₇ 23₁₁ ἐπιστάς[g] αὐτῷ ὁ κύριος
Luc 238[h] 439[e] 1040[b] Μάρθα 201[i] ἀρχιερεῖς
21₃₄ μήποτε – ἐπιστῇ[h] ἐφ' ὑμᾶς αἰφνίδιος
ἡ ἡμέρα ἐκείνη 1 Th 5₃ τότε αἰφνίδιος αὐτοῖς ἐφίσταται[h] ὄλεθρος
Act 4 ₁ ἐπέστησαν[h] αὐτοῖς οἱ ἱερεῖς 612[k] 10
17 11₁₁ 175[g] 22₁₃.₂₀ αὐτὸς ἤμην ἐφεστώς καὶ συνευδοκῶν 23₂₇[h] 28₂[l] ὑετός
2 Ti 4 2 ἐπίστηθι[f] εὐκαίρως ἀκαίρως
– 6 ὁ καιρὸς τῆς ἀναλύσεώς μου ἐφέστηκεν[f] (instat)

Ἐφράιμ Joh 11₅₄ εἰς Ἐφρ. λεγομένην πόλιν

ἐφφαθά S° – ephphetha (vl eff.) Mar 7₃₄

*ἔχειν, ἔχεσθαι habēre [b]male, bene, melius (se) habēre [c]se habet [d]habēre aliquid adversus (..um) [e](ἐχόμενος) proximus, sequens, alius, posterus, vicinior
ἁμαρτίαν, ἀνάγκην, ἀνάπαυσιν ἔχειν, ἐν
γαστρὶ ἔχειν, εἰρήνην, ἐλπίδα, ἐξουσίαν
ἔχειν, ἑξάτως, ἐν ἑτοίμῳ, ἑτοίμως ἔχειν,
ζωὴν (αἰώνιον), μισθόν, νόμον, πίστιν,
συνείδησιν, τέλος, χρείαν ἔχειν → ἁμαρτία, ἀνάγκη κτλ
Mat 3 9 πατέρα ἔχομεν τὸν Ἀβρ. || Luc 3₈
4₂₄ τοὺς κακῶς ἔχοντας[b] 816[b] || Mar 132[b]
₃₄ (qui vexabantur) – Mat 9₁₂ ἀλλ'
οἱ κακῶς ἔχοντες[b] || Mar 2₁₇[b] Luc
5₃₁[b] – Mat 14₃₅[b] || Mar 6₅₅[b] – (Mat
17₁₅ vl κακῶς ἔχει) Luc 7 2[b] – (Mar
16₁₈ καλῶς ἔξουσιν[b]] Joh 4₅₂ ἐπύθετο οὖν τὴν ὥραν – ἐν ᾗ κομψότερον ἔσχεν[b]
5₂₃ ὅτι ὁ ἀδελφός σου ἔχει τι κατὰ
σοῦ[d] Mar 11₂₅ ἀφίετε εἴ τι ἔχετε κατά τινος[d] cfr Ap 24 ἔχω κατὰ σοῦ[d]
ὅτι τὴν ἀγάπην – ἀφῆκες 14[d] ὀλίγα
20[d] – Act 24₁₉ εἴ τι ἔχοιεν πρὸς ἐμέ[d]
8₂₀ οὐκ ἔχει ποῦ τὴν κεφ. κλίνῃ || Luc 9₅₈
11₁₈ δαιμόνιον ἔχει || Luc 7₃₃ – Mar 3₂₂
Βεελζεβοὺλ ἔχει ₃₀ πνεῦμα ἀκάθαρτον
ἔχει – Joh 7₂₀ ἀπεκρίθη ὁ ὄχλος·
δαιμόνιον ἔχεις 8₄₈.₄₉ δαιμόνιον οὐκ
ἔχω 52 10₂₀ δαιμ. ἔχει καὶ μαίνεται
13₁₂ ὅστις – ἔχει, δοθήσεται αὐτῷ· ὅστις
δὲ οὐκ ἔχει, καὶ ὃ ἔχει ἀρθήσεται ||
Mar 4₂₅ Luc 8₁₈ – Mat 25₂₉ || Luc 19₂₆
– 44 πωλεῖ – ὅσα ἔχει 46 πέπρακεν – ὃ. εἶχεν
14 4 οὐκ ἔξεστίν σοι ἔχειν αὐτήν || Mar 6₁₈

Mat 14 5 ὅτι ὡς προφήτην αὐτὸν εἶχον 21₂₆.₄₆
εἰς προφήτην Mar 11₃₂ εἶχον τὸν
Ἰωάννην ὄντως ὅτι προφήτης ἦν
18₂₅ μὴ ἔχοντος – αὐτοῦ ἀποδοῦναι, ἐκέλευσεν – ὁ κύριος πραθῆναι – ὅσα
ἔχει (vl εἶχεν vg) Luc 7₄₂ 14₁₄ ὅτι
οὐκ ἔχουσιν ἀνταποδοῦναί σοι
19₂₁ ἕξεις θησαυρὸν ἐν οὐρανοῖς || Mar
10₂₁ ὅσα ἔχεις πώλησον κτλ Luc 18₂₂
– 22 ἦν γὰρ ἔχων κτήμ. πολλά || Mar 10₂₂s.
22₂₈ πάντες γὰρ ἔσχον αὐτήν || Mar 12₂₃
ἔσχον αὐτὴν γυναῖκα Luc 20₃₃ γυν.
26₁₁ πάντοτε – τοὺς πτωχοὺς ἔχετε μεθ'
ἑαυτῶν, ἐμὲ δὲ οὐ πάντοτε ἔχετε ||
Mar 14₇ Joh 12₈ – Mar 2₁₉ ὅσον χρόνον ἔχουσιν τὸν νυμφίον μετ' αὐτῶν
Mar 1 38 εἰς τὰς ἐχομένας[e] (prox.) κωμοπόλεις – Luc 13₃₃ τῇ ἐχομένῃ[e] (sequenti
die) Act 20₁₅[e] (alia) 21₂₆[e] (postera)
5₁₅ τὸν ἐσχηκότα τὸν λεγιῶνα (qui a
daemonio vexabatur) 7₂₅ ἧς εἶχεν
τὸ θυγάτριον – πνεῦμα ἀκάθαρτον
9₁₇ ἔχοντα πνεῦμα ἄλαλον Luc 4₃₃
ἔχων πνεῦμα δαιμονίου ἀκαθάρτου
8₂₇ ἔχων δαιμόνια 13₁₁ πνεῦμα ἔχουσα ἀσθενείας
12₄₄ πάντα ὅσα εἶχεν ἔβαλεν || Luc 21₄
14 8 ὃ ἔσχεν ἐποίησεν cfr 2 Co 8₁₁
16 8 εἶχεν (invaserat) – αὐτὰς τρόμος
Luc 3₁₁ ὁ ἔχων δύο χιτῶνας μεταδότω τῷ
μὴ ἔχοντι, καὶ ὁ ἔχων βρώματα 9₃
μήτε [ἀνὰ] δύο χιτῶνας ἔχειν
11₃₆ σῶμα –, μὴ ἔχον μέρος τι σκοτεινόν
12₅₀ βάπτισμα δὲ ἔχω βαπτισθῆναι
14₁₈ ἔχω ἀνάγκην – ἰδεῖν αὐτόν (sc τὸν
ἀγρόν)· – ἔχε με παρῃτημένον 19
Joh 4 17 οὐκ ἔχω ἄνδρα. – καλῶς εἶπας ὅτι
ἄνδρα οὐκ ἔχω 18 πέντε – ἄνδρας
ἔσχες, καὶ νῦν ὃν ἔχεις οὐκ ἔστιν
5₃₈ τὸν λόγον αὐτοῦ οὐκ ἔχετε ἐν ὑμῖν
μένοντα 42 τὴν ἀγάπην τοῦ θεοῦ οὐκ
ἔχετε ἐν ἑαυτοῖς 8₁₂ ἕξει τὸ φῶς τῆς
ζωῆς 12₃₅ περιπατεῖτε ὡς τὸ φῶς ἔχετε 36 13₃₅ ἐὰν ἀγάπην ἔχητε ἐν
ἀλλήλοις 16₃₃ ἵνα ἐν ἐμοὶ εἰρήνην
ἔχητε. ἐν τῷ κόσμῳ θλῖψιν ἔχετε 17₁₃
ἵνα ἔχωσιν τὴν χαρὰν τὴν ἐμὴν πεπληρωμένην ἐν ἑαυτοῖς
6₆₈ ῥήματα ζωῆς αἰωνίου ἔχεις
8₄₁ ἕνα πατέρα ἔχομεν τὸν θεόν
12₄₈ ἔχει τὸν κρίνοντα αὐτόν· ὁ λόγος
14₂₁ ὁ ἔχων τὰς ἐντολάς μου καὶ τηρῶν

Joh 14₃₀ ἐν ἐμοὶ (in me) οὐκ ἔχει οὐδέν
16₁₅ πάντα ὅσα ἔχει ὁ πατὴρ ἐμά ἐστιν
17 5 τῇ δόξῃ ᾗ εἶχον – παρὰ σοί
Act 7 1 εἰ ταῦτα οὕτως ἔχειᶜ; – 12₁₅ᶜ 17₁₁
ἀνακρίνοντες τὰς γραφὰς εἰ ἔχοιᶜ –
οὕτως – 24₉ ταῦτα οὕτως ἔχεινᶜ
8 7 τῶν ἐχόντων πνεύματα ἀκάθαρτα 16
16 ἔχουσαν πνεῦμα πύθωνα 19₁₃ ἐπὶ
τοὺς ἔχοντας τὰ πνεύματα τὰ πονηρά
15₃₆ ἐπισκεψώμεθα –, πῶς ἔχουσινᶜ
18₁₈ εἶχεν γὰρ εὐχήν 21₂₃ ἔχοντες ἐφ᾽ ἑαυ.
Rm 1 13 ἵνα τινὰ καρπὸν σχῶ καὶ ἐν ὑμῖν
– 28 τὸν θεὸν ἔχειν ἐν ἐπιγνώσει
5 2 δι᾽ οὗ καὶ τ. προσαγωγὴν ἐσχήκαμεν
6₂₁ τίνα οὖν καρπὸν εἴχετε τότε; 22 ἔχε-
τε τὸν καρπὸν ὑμῶν εἰς ἁγιασμόν
8 9 εἰ δέ τις πνεῦμα Χοῦ οὐκ ἔχει 23
τὴν ἀπαρχὴν τοῦ πν. ἔχοντες 1 Co 6₁₉
τ. ἐν ὑμῖν – πν. –, οὐ ἔχετε ἀπὸ θεοῦ
7 40 δοκῶ δὲ κἀγὼ πν. θεοῦ ἔχειν 2 Co
4₁₃ ἔχοντες – τὸ αὐτὸ πν. τῆς πίστεως
– 1 Co 2₁₆ „τίς – ἔγνω νοῦν κυρίου,
–;" ἡμεῖς δὲ νοῦν Χοῦ ἔχομεν –
Jud 19 ψυχικοί, πνεῦμα μὴ ἔχοντες
1 Co 4 7 τί δὲ ἔχεις, ὃ οὐκ ἔλαβες;
11₂₂ ἢ – καταισχύνετε τοὺς μὴ ἔχοντας;
15₃₄ ἀγνωσίαν γὰρ θεοῦ τινες ἔχουσιν
2 Co 1 15 ἵνα δευτέραν χάριν (vl χαρὰν) σχῆτε
2 3 ἵνα μὴ – λύπην σχῶ ἀφ᾽ ὧν ἔδει με
χαίρειν Phl 2₂₇ λύπην ἐπὶ λύπην σχῶ
6₁₀ ὡς μηδὲν ἔχοντες καὶ πάντα κατέ-
χοντες (possidentes)
7 5 οὐδεμίαν ἔσχηκεν ἄνεσιν ἡ σάρξ
8₁₁ ὅπως – καὶ τὸ ἐπιτελέσαι ἐκ τοῦ ἔ-
χειν 12 καθὸ ἐὰν ἔχῃ εὐπρόσδεκτος,
οὐ καθὸ οὐκ ἔχει 9 8 ἵνα – πᾶσαν
αὐτάρκειαν ἔχοντες περισσεύητε εἰς
πᾶν ἔργον ἀγαθόν
Gal 4₂₂ Ἀβραὰμ δύο υἱοὺς ἔσχεν, ἕνα ἐκ
Eph 1 7 ἐν ᾧ ἔχομεν τὴν ἀπολύτρωσιν Col
1₁₄ – Eph 2₁₈ τὴν προσαγωγὴν 3₁₂
τὴν παρρησίαν καὶ προσαγωγήν
4₂₈ ἵνα ἔχῃ μεταδιδόναι τῷ χρείαν ἔχοντι
(necessitatem patienti)
Phl 1 7 διὰ τὸ ἔχειν με ἐν τῇ καρδίᾳ ὑμᾶς
2₂₉ τοὺς τοιούτους ἐντίμους ἔχετε (cum
honore habetote)
Col 2₂₃ ἅτινά ἐστιν λόγον – ἔχοντα σοφίας
4 1 ὅτι καὶ ὑμεῖς ἔχετε κύριον ἐν οὐρ.
1 Th 1 9 ὁποίαν εἴσοδον ἔσχομεν πρὸς ὑμᾶς
1 Ti 6₁₆ ὁ μόνος ἔχων ἀθανασίαν
Tit 2 8 μηδὲν ἔχων λέγειν περὶ ἡμ. φαῦλον

Phm 7 χαρὰν – πολλ. ἔσχον καὶ παράκλησιν
8 πολλὴν ἐν Χῷ παρρησίαν ἔχων
17 εἰ οὖν με ἔχεις κοινωνόν, προσλαβοῦ
Hb 4₁₄ ἔχοντες οὖν ἀρχιερέα μέγαν 15 οὐ
γὰρ ἔχομεν ἀρχ. μὴ δυνάμενον συμ-
παθῆσαι 81 τοιοῦτον ἔχομεν ἀρχ.,
ὃς „ἐκάθισεν ἐν δεξιᾷ" τοῦ θρόνου
6 9 πεπείσμεθα – περὶ ὑμῶν, –, τὰ κρείσ-
σονα κ. ἐχόμεναᵉ (viciniora) σωτηρ.
– 13 κατ᾽ οὐδενὸς εἶχεν μείζονος ὀμόσαι
– 18 ἵνα – ἰσχυρὰν παράκλησιν ἔχωμεν
– 19 ἣν ὡς ἄγκυραν ἔχομεν τῆς ψυχῆς
10₁₉ ἔχοντες – παρρησίαν εἰς τὴν εἴσοδον
– 34 γινώσκοντες ἔχειν ἑαυτοὺς κρείττο-
να ὕπαρξιν 35 τὴν παρρησίαν ὑμῶν,
ἥτις ἔχει μεγάλην μισθαποδοσίαν
Jac 4 2 ἐπιθυμεῖτε, καὶ οὐκ ἔχετε᾽ – οὐκ ἔ-
χετε διὰ τὸ μὴ αἰτεῖσθαι ὑμᾶς
2 Pe 1₁₉ ἔχομεν βεβαιότερον τὸν προφ. λόγον
2₁₆ ἔλεγξιν δὲ ἔσχεν ἰδίας παρανομίας
1 Jo 1 3 ἵνα καὶ ὑμεῖς κοινωνίαν ἔχητε μεθ᾽
ἡμῶν 6 ἐὰν εἴπωμεν ὅτι κοινωνίαν ἔ-
χομεν μετ᾽ αὐτοῦ 7
2 1 παράκλητον ἔχομεν πρὸς τὸν πατέ-
ρα 23 ὁ ἀρνούμενος τὸν υἱὸν οὐδὲ
τὸν πατέρα ἔχει· ὁ ὁμολογῶν – καὶ
τὸν πατέρα ἔχει 5₁₂ ὁ ἔχων τὸν
υἱὸν ἔχει τὴν ζωήν· ὁ μὴ ἔχων τὸν
υἱὸν τοῦ θεοῦ τὴν ζωὴν οὐκ ἔχει 13
2 Jo 9 θεὸν οὐκ ἔχει· – τὸν πατέρα
καὶ τὸν υἱὸν ἔχει
– 28 ἵνα ἐὰν φανερωθῇ σχῶμεν παρρησίαν
3₂₁ παρρησίαν ἔχομεν πρὸς τ. θεόν
4₁₇ ἵνα π..αν ἔχωμεν ἐν τῇ ἡμέρα
5₁₀ ἔχει τὴν μαρτυρίαν ἐν ἑαυτῷ
– 14 αὕτη ἐστὶν ἡ παρρ. ἣν ἔχομεν πρὸς
αὐτόν, ὅτι ἐάν τι αἰτώμεθα 15
Ap 1₁₈ ἔχω τὰς κλεῖς τοῦ θανάτου καὶ τοῦ
ᾅδου 2₁₂ ὁ ἔχων τὴν ῥομφαίαν 31
τὰ ἑπτὰ πνεύματα τοῦ θεοῦ 7 ὁ ἔχων
„τὴν κλεῖν Δαυίδ" – 20₁ ἄγγελον –,
ἔχοντα τὴν κλεῖν τῆς ἀβύσσου
2 6 τοῦτο ἔχεις, ὅτι μισεῖς τὰ ἔργα τῶν
– 14 ἔχεις ἐκεῖ κρατοῦντας τὴν διδαχὴν
Βαλαάμ 15 – 24.14.20 → Mat 5₂₃
– 25 ὃ ἔχετε κρατήσατε ἄχρι[ς] οὗ ἂν ἥξω
311 κράτει ὃ ἔχεις, ἵνα μηδεὶς λάβῃ
3 1 ὄνομα ἔχεις ὅτι ζῇς, καὶ νεκρὸς εἶ
13₁₈ ὁ ἔχων νοῦν ψηφισάτω τὸν ἀριθμόν
17₉ ὧδε ὁ νοῦς ὁ ἔχων σοφίαν
21₁₁ „τὴν πόλιν τὴν ἁγίαν" – ἔχουσαν
„τὴν δόξαν τοῦ θεοῦ" 12.14.23

ἐχθές *heri* Joh 4 52 Act 7 28
Hb 13 8 'I. Χϑὸς ἐχϑὲς καὶ σήμερον ὁ αὐτός

ἔχθρα *inimicitia* ᵇ(ἐν ἔχϑρᾳ ὄντες) *inimici*
Luc 23 12 ἐν ἔχϑρᾳ ὄντες ᵇ πρὸς αὐτούς
Rm 8 7 φρόνημα (*sapientia*) τῆς σαρκὸς ἔ.
εἰς ϑεόν (*i..ca Deo* vl *i..tia in Deum*)
Gal 5 20 ἔχϑραι, ἔρις, ζῆλος, ϑυμοί
Eph 2 14 τὸ μεσότοιχον – λύσας, τὴν ἔχϑραν
(*in..tias* vl *..am*), ἐν τῇ σαρκὶ αὐτοῦ
– 16 ἀποκτείνας τὴν ἔ. (*..tias* vl *..tiam*)
Jac 4 4 ἡ φιλία τοῦ κόσμου ἔχϑρα τοῦ ϑεοῦ
(*inimica Dei* vl *Deo*)

ἐχθρός *inimicus* ᵇ(1 Co 15 26) *inimica*
Mat 5 43 καὶ μισήσεις τὸν ἐχϑρόν σου
– 44 ἀγαπᾶτε τοὺς ἐ. ὑμῶν || Luc 6 27.35
10 36 „ἐχϑροὶ τοῦ ἀνϑρώπου οἱ οἰκιακοί"
13 25 ἦλϑεν αὐτοῦ ὁ ἐχϑρὸς καὶ ἐπέσπει-
ρεν 28 ἐχϑρὸς ἄνϑρωπος – ἐποίησεν
39 ὁ δὲ ἐχϑρός – ἐστιν ὁ διάβολος
22 44 „ἕως ἂν ϑῶ τοὺς ἐχϑρούς σου ὑπο-
κάτω τ. ποδῶν σου" || Mar 12 36 Luc
20 43 – Act 2 35 1 Co 15 25 Hb 1 13 10 13

Luc 1 71 σωτηρίαν „ἐξ ἐχϑρῶν" ἡμῶν
– 74 ἐκ χειρὸς ἐχϑρῶν ῥυσϑέντας
10 19 ἐξουσίαν – ἐπὶ – τὴν δύναμιν τοῦ ἐχϑ.
19 27 τοὺς ἐχ. μου τούτους – ἀγάγετε ὧδε
– 43 παρεμβαλοῦσιν οἱ ἐχ. σου χάρακα
Act 13 10 ἐχϑρὲ πάσης δικαιοσύνης
Rm 5 10 ἐχϑροὶ ὄντες κατηλλάγημεν τῷ ϑεῷ
11 28 κατὰ μὲν τὸ εὐαγγ. ἐχϑροὶ δι' ὑμᾶς
12 20 ἀλλὰ „ἐὰν πεινᾷ ὁ ἐχϑρός σου"
1 Co 15 26 ἔσχατος ἐχϑρὸς ᵇ καταργεῖται ὁ ϑά-
νατος (*novissima – inimica – mors*)
Gal 4 16 ἐχϑρὸς ὑμῶν γέγονα ἀληϑεύων ὑμῖν;
Phl 3 18 τοὺς ἐχϑροὺς τοῦ σταυροῦ τοῦ Χοῦ
Col 1 21 ὑμᾶς ποτε ὄντας – ἐχϑροὺς τῇ δια-
νοίᾳ ἐν τοῖς ἔργοις τοῖς πονηροῖς
2 Th 3 15 μὴ ὡς ἐχϑρὸν ἡγεῖσϑε, ἀλλὰ – ὡς
Jac 4 4 ἐχϑρὸς τοῦ ϑεοῦ καϑίσταται
Ap 11 5 „πῦρ – κατεσϑίει τοὺς ἐχϑ." αὐτῶν
– 12 ἐϑεώρησαν αὐτοὺς οἱ ἐχϑροὶ αὐτῶν

ἔχιδνα Sᵒ – *vipera*
Mat 3 7 γεννήματα ἐχιδνῶν || Luc 3 7 – Mat
12 34 23 33 ὄφεις, γεννήματα ἐχιδνῶν
Act 28 3 ἔχιδνα – καϑῆψεν τῆς χειρὸς αὐτοῦ

Z

Ζαβουλών Mat 4 13 ἐν ὁρίοις Ζαβ. 15 Ap 7 8

Ζακχαῖος Luc 19 2.5.8   Ζάρα Mat 1 3

Ζαχαρίας Mat 23 35 υἱὸς Βαραχίου || Luc
11 51 – Luc 1 5. 12. 13. 18. 21. 40. 59. 67 3 2

Ζεβεδαῖος Mat 4 21 || Mar 1 19.20 – Mat 10 2 ||
Mar 3 17 – Mat 20 20 ἡ μήτηρ τῶν υἱ-
ῶν Ζ.ου || Mar 10 35 οἱ υἱοὶ Ζ..ου –
Mat 26 37 27 56 καὶ ἡ μήτηρ τῶν υἱῶν
Ζ..ου Luc 5 10 Joh 21 2 οἱ τοῦ Ζ..ου

ζέειν τῷ πνεύματι *fervēre spiritu*
Act 18 25 Ἀπολλὼς Rm 12 11 τῷ πνεύμ. ζέοντες

ζεστός Sᵒ – *calidus* Ap 3 15 οὔτε ψυχρὸς
εἶ οὔτε ζεστός. ὄφελον ψυχρὸς ἦς ἢ ζ. 16

ζεῦγος *par* Luc 2 24 „τρυγόνων" 14 19 βοῶν

ζευκτηρίαι Sᵒ – *iuncturae* Act 27 40 πηδαλίων

Ζεύς *Iuppiter* Act 14 12 Βαρναβᾶν Δία 13

ζηλεύειν Sᵒ – et ζηλοῦν *aemulari* ᵇ*zelare*
Act 7 9 „ζηλώσαντες τὸν Ἰωσὴφ ἀπέδοντο"
17 5 ζηλώσαντες ᵇ δὲ οἱ Ἰουδαῖοι
1 Co 12 31 ζηλοῦτε δὲ τὰ χαρίσματα τὰ μείζο-
να 14 1 τὰ πνευματικά, μᾶλλον δὲ
ἵνα προφητεύητε 39 τὸ προφητεύειν
13 4 χρηστεύεται ἡ ἀγάπη, οὐ ζηλοῖ
2 Co 11 2 ζηλῶ γὰρ ὑμᾶς ϑεοῦ ζήλῳ
Gal 4 17 ζηλοῦσιν ὑμᾶς οὐ καλῶς, – ἵνα αὐ-
τοὺς ζηλοῦτε 18 καλὸν δὲ ζηλοῦσϑαι
(vl ..σϑε vg) ἐν καλῷ πάντοτε
Jac 4 2 φονεύετε καὶ ζηλοῦτε ᵇ, καὶ οὐ δύν.
Ap 3 19 ζήλευε οὖν καὶ μετανόησον

ζῆλος, ὁ et τό *aemulatio* ᵇ*zelus* (masc.)
Joh 2 17 „ὁ ζ.ᵇ τοῦ οἴκου σου καταφάγεταί
Act 5 17 ἐπλήσϑησαν ζήλου ᵇ 13 45 ᵇ |με"
Rm 10 2 ζῆλον ϑεοῦ ἔχουσιν, ἀλλ' οὐ
13 13 μὴ ἔριδι καὶ ζήλῳ (vl ..οις vg sing)
1 Co 3 3 ὅπου γὰρ ἐν ὑμῖν ζῆλος ᵇ καὶ ἔρις
2 Co 7 7 ἀναγγέλλων – τὸν ὑμῶν ζ. ὑπὲρ ἐμοῦ
– 11 κατειργάσατο ὑμῖν – , ἀλλὰ ζῆλον
9 2 τὸ ὑμῶν ζ. ἠρέϑισεν τοὺς πλείονας

2 Co 11 2 ζηλῶ γὰρ ὑμᾶς θεοῦ ζήλω
 12 20 μὴ πως ἔρις, ζῆλος (vl ..οι vg) Gal
 5 20 ἅτινά ἐστιν – ἔρις, ζ. (vl ..οι vg)
Phl 3 6 κατὰ ζῆλος διώκων τὴν ἐκκλησίαν
Hb 10 27 „πυρὸς ζ. ἐσθίειν" μέλλοντος „τούς"
Jac 3 14 εἰ δὲ ζῆλονᵇ πικρὸν ἔχετε καὶ ἐρι-
 θείαν 16 ὅπου γὰρ ζ.ᵇ καὶ ἐριθεία

ζηλωτής *aemulator* ᵇ*sectator* ᶜ*zelotes*
Luc 6 15 Σίμωνα τὸν καλούμενον ζηλωτήνᶜ
 Act 1 13 καὶ Σίμων ὁ ζηλωτής᷎
Act 21 20 πάντες ζ..αὶ τοῦ νόμου ὑπάρχουσιν
 22 3 ζηλωτὴς ὑπάρχων τοῦ θεοῦ καθὼς
 πάντες ὑμεῖς ἐστε σήμερον Gal 1 14
 περισσοτέρως ζ. ὑπάρχων τῶν πατρι-
 κῶν μου παραδόσεων
1 Co 14 12 ἐπεὶ ζηλωταί ἐστε πνευμάτων
Tit 2 14 „ἵνα – καθαρίση ἑαυτῷ λαὸν περιού-
 σιον," „ζηλωτὴν" καλῶν ἔργων
1 Pe 3 13 τίς ὁ κακώσων ὑμᾶς ἐὰν τοῦ ἀγα-
 θοῦ ζηλωταὶ γένησθε;

ζημία *damnum* ᵇ*detrimentum* ᶜ*iactura*
Act 27 10 μετὰ ὕβρεως καὶ πολλῆς ζ..ας 21ᶜ
Phl 3 7 ταῦτα ἥγημαι διὰ τὸν Χρ. ζημίανᵇ
 (..*ta*) 8 ἡγοῦμαι πάντα ζημίανᵇ εἶναι
 διὰ τὸ ὑπερέχον τῆς γνώσεως Χοῦ

ζημιοῦσθαι *detrimentum facere* ᵇ*d. pati*
Mat 16 26 τὴν δὲ ψυχὴν αὐτοῦ ζημιωθῇᵇ; ‖ Mar
 8 36 Luc 9 25 ἑαυτὸν δὲ ἀπολέσας ἢ
 ζημιωθείς; (*d. sui faciat*)
1 Co 3 15 ζημιωθήσεταιᵇ, αὐτὸς δὲ σωθήσεται,
 οὕτως δὲ ὡς διὰ πυρός
2 Co 7 9 ἵνα ἐν μηδενὶ ζημιωθῆτεᵇ ἐξ ἡμῶν
Phl 3 8 Χοῦ –, δι' ὃν τὰ πάντα ἐζημιώθην

ζῆν *vivere (vivens, qui vivit)* ᵇ*reviviscere*
 ᶜ(ζῶν, ωῶζ) *vivus* ᵈ(τὸ ζῆν) *vita*
Mat 4 4 „οὐκ ἐπ' ἄρτῳ μόνῳ ζήσεται (*vivit*)
 ὁ ἄνθρ." ‖ Luc 4 4 (*vivit* vl *vivet*)
 9 18 ἐπίθες τὴν χεῖρά σου –, καὶ ζήσε-
 ται ‖ Mar 5 23 ἵνα σωθῇ καὶ ζήσῃ
 16 16 σὺ εἶ – ὁ υἱὸς τοῦ θεοῦ τοῦ ζῶντοςᶜ
 22 32 οὐκ ἔστιν [ὁ] θεὸς νεκρῶν ἀλλὰ ζών-
 των ‖ Mar 12 27ᶜ Luc 20 38ᶜ · „πάντες
 γὰρ αὐτῷ ζῶσιν
 26 63 ἐξορκίζω σε κατὰ τ. θεοῦ τ. ζῶντοςᶜ
 27 63 ἐκεῖνος ὁ πλάνος εἶπεν ἔτι ζῶν
Mar [16 11 ἀκούσαντες ὅτι ζῇ καὶ ἐθεάθη]]
Luc 2 36 ζήσασα μετὰ ἀνδρὸς ἔτη ἑπτά
 10 28 „τοῦτο ποίει καὶ ζήσῃ"

Luc 15 13 ζῶν ἀσώτως 32 νεκρὸς ἦν καὶ ἔζησεν
 (vl ἀνέζησεν vgᵇ *revixit*)
 24 5 τί ζητεῖτε τὸν ζῶντα μετὰ τῶν νε-
 κρῶν; 23 οἳ λέγουσιν αὐτὸν ζῆν
Joh 4 10 ἔδωκεν ἄν σοι ὕδωρ ζῶνᶜ 11 πόθεν –
 ἔχεις τὸ ὕδωρ τὸ ζῶνᶜ 7 38 ποταμοὶ
 ἐκ τῆς κοιλίας αὐτοῦ ῥεύσουσιν ὕδα-
 τος ζῶντοςᶜ
 – 50 ὁ υἱός σου ζῇ 51 ὅτι ὁ παῖς – ζῇ 53
 5 25 καὶ οἱ ἀκούσαντες ζήσουσιν
 6 51 ἐγώ εἰμι ὁ ἄρτος ὁ ζῶνᶜ – ἐάν τις
 φάγῃ –, ζήσει (vl ..εται) εἰς τ. αἰῶνα
 – 57 ἀπέστειλέν με ὁ ζῶν πατὴρ κἀγὼ ζῶ
 διὰ τὸν πατέρα, καὶ ὁ τρώγων με –
 ζήσει δι' ἐμέ 58 ὁ τρώγων τοῦτον τὸν
 ἄρτον ζήσει εἰς τὸν αἰῶνα
 11 25 κἂν ἀποθάνῃ ζήσεται 26 καὶ πᾶς ὁ
 ζῶν καὶ πιστεύων εἰς ἐμὲ οὐ μή
 14 19 ἐγὼ ζῶ καὶ ὑμεῖς ζήσετε (vl ..σθε)
Act 1 3 οἷς – παρέστησεν ἑαυτὸν ζῶνταᶜ
 7 38 ὃς ἐδέξατο λόγια ζῶντα (*vitae*)
 9 41 παρέστησεν αὐτὴν (Tab.) ζῶσανᶜ
 10 42 ὁ ὡρισμένος – κριτὴς ζώντωνᶜ καί
 νεκρῶν 2 Ti 4 1 τοῦ μέλλοντος κρί-
 νειν ζῶνταςᶜ καὶ νεκρούς 1 Pe 4 5ᶜ
 14 15 ἐπιστρέφειν ἐπὶ θεὸν ζῶνταᶜ
 17 28 ἐν αὐτῷ – ζῶμεν καὶ κινούμεθα
 20 12 ἤγαγον δὲ τὸν παῖδα ζῶντα
 22 22 οὐ – καθῆκεν αὐτὸν ζῆν 25 24 βοῶντες
 μὴ δεῖν αὐτὸν ζῆν μηκέτι
 25 19 ὃν (sc Jesum) ἔφασκεν ὁ Παῦλος ζῆν
 26 5 ὅτι κατὰ τὴν ἀκριβεστάτην αἵρεσιν –
 ἔζησα Φαρισαῖος
 28 4 ὃν – ἡ δίκη ζῆν οὐκ εἴασεν
Rm 1 17 „ὁ δὲ δίκαιος ἐκ πίστεως ζήσεται"
 (*vivit*) Gal 3 11 Hb 10 38
 6 2 πῶς ἔτι ζήσομεν (vl ..ωμ.) ἐν αὐτῇ;
 – 10 ὃ δὲ ζῇ, ζῇ τῷ θεῷ 11 λογίζεσθε ἑαυ-
 τοὺς – ζῶντας – τῷ θεῷ ἐν Χῷ
 – 13 ἑαυτοὺς – ὡσεὶ ἐκ νεκρῶν ζῶντας
 7 1 ἐφ' ὅσον χρόνον ζῇ 2 τῷ ζῶντι ἀν-
 δρὶ δέδεται νόμῳ 3 ζῶντος τοῦ ἀν-
 δρὸς μοιχαλὶς – ἐάν 1 Co 7 39
 – 9 ἐγὼ δὲ ἔζων χωρὶς νόμου ποτέ
 8 12 ὀφειλέται ἐσμέν, οὐ – τοῦ κατὰ σάρ-
 κα ζῆν 13 εἰ γὰρ κατὰ σάρκα ζῆτε – ·
 εἰ δὲ – θανατοῦτε, ζήσεσθε
 9 26 „κληθήσονται υἱοὶ θεοῦ ζῶντοςᶜ"
 10 5 τὴν δικαιοσύνην – „ὁ ποιήσας – ζήσε-
 ται ἐν αὐτοῖς" Gal 3 12
 12 1 θυσίαν ζῶσαν ἁγίαν – τῷ θεῷ
 14 7 οὐδεὶς γὰρ ἡμῶν ἑαυτῷ ζῇ 8 ἐάν τε

γὰρ ζῶμεν, τῷ κυρίῳ ζῶμεν –. ἐάν
τε οὖν ζῶμεν –, τοῦ κυρίου ἐσμέν
Rm 14 9 εἰς τοῦτο γὰρ Χὸς ἀπέθανεν καὶ ἔ-
ζησεν (vl ἀνέστη vg resurrexit), ἵνα
καὶ νεκρῶν καὶ ζώντωνᶜ κυριεύσῃ
– 11 „ζῶ ἐγώ, λέγει κύριος, ὅτι ἐμοί”
1 Co 9 14 διέταξεν – ἐκ τοῦ εὐαγγελίου ζῆν
15 45 ἐγένετο – „Ἀδὰμ „εἰς ψυχὴν ζῶσαν”
2 Co 1 8 ὥστε ἐξαπορηθῆναι ἡμᾶς καὶ τοῦ ζῆν
3 3 ἐστὲ ἐπιστολὴ Χοῦ –, ἐγγεγραμμένη
– πνεύματι θεοῦ ζῶντοςᶜ
4 11 ἀεὶ γὰρ ἡμεῖς οἱ ζῶντες εἰς θάνατον
παραδιδόμεθα
5 15 ἵνα οἱ ζῶντες μηκέτι ἑαυτοῖς ζῶσιν
ἀλλὰ τῷ ὑπὲρ αὐτῶν ἀποθανόντι
6 9 ὡς „ἀποθνῄσκοντες” καὶ ἰδοὺ „ζῶμεν”
– 16 ἡμεῖς – ναὸς θεοῦ ἐσμεν ζῶντοςᶜ
13 4 ζῇ ἐκ δυνάμεως θεοῦ. καὶ – ἡμεῖς –
ζήσομεν σὺν αὐτῷ ἐκ δυνάμεως θεοῦ
εἰς ὑμᾶς (vg in vobis)
Gal 2 14 εἰ σὺ – ἐθνικῶς καὶ οὐχὶ Ἰουδ. ζῇς
– 19 νόμῳ ἀπέθανον ἵνα θεῷ ζήσω
– 20 ζῶ δὲ οὐκέτι ἐγώ, ζῇ δὲ ἐν ἐμοὶ Χός·
ὃ δὲ νῦν ζῶ ἐν σαρκί, ἐν πίστει ζῶ
τ. υἱοῦ τ. θ. – 3 11.12 → Rm 1 17 10 5
5 25 εἰ ζῶμεν πνεύματι, πν. καὶ στοιχῶμεν
Phl 1 21 ἐμοὶ γὰρ τὸ ζῆν Χός 22 εἰ δὲ τὸ ζῆν
ἐν σαρκί, τοῦτό μοι καρπός
Col 2 20 τί ὡς ζῶντες ἐν κόσμῳ δογματίζεσθε·
μὴ ἅψῃ μηδὲ γεύσῃ –;
3 7 ἐν οἷς καὶ ὑμεῖς περιεπατήσατέ ποτε,
ὅτε ἐζῆτε ἐν τούτοις
1 Th 1 9 δουλεύειν θεῷ ζῶντιᶜ καὶ ἀληθινῷ
3 8 νῦν ζῶμεν ἐὰν ὑμεῖς στήκετε ἐν κυρ.
4 15 ἡμεῖς οἱ ζῶντες οἱ περιλειπόμενοι εἰς
τὴν παρουσίαν 17 ἡμεῖς οἱ ζῶντες
5 10 ἵνα – ἅμα σὺν αὐτῷ ζήσωμεν
1 Ti 3 15 ἥτις ἐστὶν ἐκκλησία θεοῦ ζῶντοςᶜ
4 10 ὅτι ἠλπίκαμεν ἐπὶ θεῷ ζῶντιᶜ (6 17 vl
ζῶντι vg, vlᵒ)
5 6 ἡ δὲ σπαταλῶσα ζῶσα τέθνηκεν
2 Ti 3 12 οἱ θέλοντες εὐσεβῶς ζῆν ἐν Χῷ
4 1 → Act 10 42
Tit 2 12 ἵνα – δικαίως καὶ εὐσεβῶς ζήσωμεν
Hb 2 15 διὰ παντὸς τοῦ ζῆνᵈ ἔνοχοι – δουλ.
3 12 ἐν τῷ ἀποστῆναι ἀπὸ θεοῦ ζῶντοςᶜ
4 12 ζῶνᶜ γὰρ ὁ λόγος τοῦ θεοῦ καὶ ἐν.
7 8 ἐκεῖ δὲ μαρτυρούμενος ὅτι ζῇ
– 25 πάντοτε ζῶν εἰς τὸ ἐντυγχάνειν ὑπέρ
9 14 εἰς τὸ λατρεύειν θεῷ ζῶντι
– 17 μήποτε ἰσχύει ὅτε ζῇ ὁ διαθέμενος
10 20 ἡμῖν ὁδὸν πρόσφατον καὶ ζῶσαν

Hb 10 31 εἰς χεῖρας θεοῦ ζῶντος – 38 → Rm 1
12 9 οὐ – μᾶλλον ὑποταγησόμεθα τῷ πα-
τρὶ τῶν πνευμάτων καὶ ζήσομεν;
– 22 πόλει θεοῦ ζῶντος, Ἱερ. ἐπουρανίῳ
Jac 4 15 καὶ ζήσομεν καὶ ποιήσομεν τοῦτο
1 Pe 1 3 ἀναγεννήσας – εἰς ἐλπίδα ζῶσανᶜ
– 23 ἀναγεγεννημένοι – διὰ λόγου ζῶν-
τοςᶜ θεοῦ καὶ μένοντος
2 4 πρὸς ὃν προσερχόμ., λίθον ζῶνταᶜ
– 5 ὡς λίθοι ζῶντεςᶜ οἰκοδομεῖσθε
– 24 ἵνα – τῇ δικαιοσύνῃ ζήσωμεν
4 5 (→ Act 10 42) 6 ἵνα κριθῶσι μὲν –
σαρκί, ζῶσι δὲ κατὰ θεὸν πνεύματι
1 Jo 4 9 τὸν υἱὸν – ἵνα ζήσωμεν δι' αὐτοῦ
Ap 1 18 ὁ πρῶτος καὶ ὁ ἔσχατος καὶ ὁ ζῶνᶜ,
καὶ ἐγενόμην νεκρὸς καὶ – ζῶν εἰμι
εἰς τοὺς αἰῶνας 2 8 ὃς ἐγένετο νε-
κρὸς καὶ ἔζησεν (vivit)
3 1 ὄνομα ἔχεις ὅτι ζῇς, καὶ νεκρὸς εἶ
4 9 „τῷ ζῶντι εἰς τοὺς αἰῶνας” 10 10 6
„ὤμοσεν ἐν τῷ ζῶντι εἰς –” 15 7
7 2 ἔχοντα σφραγῖδα θεοῦ ζῶντοςᶜ
13 14 ὃς ἔχει τὴν πληγὴν – καὶ ἔζησεν
19 20 ζῶντεςᶜ ἐβλήθησαν – εἰς τὴν λίμνην
20 4 ἔζησαν καὶ ἐβασίλευσαν – χίλια ἔτη
5 οἱ λοιποὶ τ. νεκρῶν οὐκ ἔζησαν ἄχρι
τελεσθῇ τ. χίλια ἔτη

Ζηνᾶς ὁ νομικός Tit 3 13

ζητεῖν *Joh Act quaerere ᵇinquirere
Mat 2 13 μέλλει – Ἡρώδης ζητεῖν τὸ παιδίον
– 20 οἱ ζητοῦντες τὴν ψυχὴν τοῦ παιδίου
Rm 11 3 „ζητοῦσιν τὴν ψ. μου” (Eliae)
6 33 ζητεῖτε – τ. βασιλείαν [τοῦ θεοῦ] καὶ
τὴν δικαιοσύνην αὐτοῦ ‖ Luc 12 31
7 7 ζητεῖτε, καὶ εὑρήσετε 8 ὁ ζητῶν εὑ-
ρίσκει ‖ Luc 11 9.10
12 43 ζητοῦν ἀνάπαυσιν ‖ Luc 11 24
– 46 ζητοῦντες αὐτῷ λαλῆσαι [47 σοι] ‖
Mar 3 32 ἔξω ζητοῦσίν σε
13 45 ἐμπόρῳ ζητοῦντι καλοὺς μαργαρίτας
18 12 οὐχὶ – ζητεῖ τὸ πλανώμενον; ‖ Luc 15 8
οὐχὶ – ζητεῖ ἐπιμελῶς ἕως οὗ εὕρῃ;
21 46 ζητοῦντες αὐτὸν κρατῆσαι ‖ Mar 12 12
ἐζήτουν Luc 20 19 ἐπιβαλεῖν – χεῖρας
26 16 ἀπὸ τότε ἐζήτει εὐκαιρίαν ‖ Mar 14 11
ἐξ. πῶς – εὐκαίρως παραδοῖ Luc 22 6
– 59 ἐζήτουν ψευδομαρτυρίαν ‖ Mar 14 55
ἐζήτουν κατὰ τοῦ Ἰησοῦ μαρτυρίαν
28 5 Ἰησοῦν τὸν ἐσταυρωμένον ζητεῖτε ‖
Mar 16 6 Luc 24 5 τί ζητεῖτε τὸν ζῶν-
τα μετὰ τῶν νεκρῶν;

Mar 1 37 πάντες ζητοῦσίν σε Joh 624 ζ..οῦντες
  811 ζητοῦντες παρ' αὐτοῦ σημεῖον 12 τί
    ἡ γενεὰ αὕτη ζητεῖ σημεῖον; Luc 11
    16.29 — cfr Joh 626
  1118 ἐζήτουν πῶς αὐτὸν ἀπολέσωσιν ‖
    Luc 1947 — Mar 141 ἀποκτείνωσιν ‖
    Luc 222 ἀνέλωσιν → Joh 518
Luc 248 ὀδυνώμενοι ἐζητοῦμέν (vl ζητοῦμέν)
    σε 49 τί ὅτι ἐζητεῖτέ με;
  518 619 ἐζήτουν ἅπτεσθαι αὐτοῦ 99 ἐζή-
    τει (Herod.) ἰδεῖν αὐτόν 193 (Zach.)
  1229 μὴ ζητεῖτε τί φάγητε καὶ τί πίητε
    – 48 πολὺ ζητηθήσεται παρ' αὐτοῦ
  13 6 ἦλθεν ζητῶν καρπὸν 7 ἔρχομαι ζ..ῶν
    – πολλοὶ–ζητήσουσιν (vg vl quaerunt)
    εἰσελθεῖν καὶ οὐκ ἰσχύσουσιν
  1733 ὃς ἐὰν ζητήσῃ τὴν ψυχὴν αὐτοῦ πε-
    ριποιήσασθαι, ἀπολέσει αὐτήν
  1910 ἦλθεν–ὁ υἱὸς τοῦ ἀνθρώπου „ζη-
    τῆσαι" καὶ σῶσαι „τὸ ἀπολωλός"
*Joh 423 ὁ πατὴρ τοιούτους ζητεῖ τοὺς προσ-
    κυνοῦντας αὐτόν
  518 μᾶλλον ἐζήτουν αὐτὸν – ἀποκτεῖναι
    71.19 τί με ζητεῖτε ἀποκτεῖναι; 20 τίς
    σε ζ. ἀπ.; 25 οὐχ οὗτός ἐστιν ὃν ζη-
    τοῦσιν ἀποκτ.; 30 ἐζήτουν – αὐτὸν
    πιάσαι 837 ζητεῖτέ με ἀποκτεῖναι 40
    1039 ἐζήτουν – πιάσαι cfr 118 νῦν
    ἐζήτουν σε λιθάσαι οἱ Ἰουδαῖοι
    – 30 ὅτι οὐ ζητῶ τὸ θέλημα τὸ ἐμόν
    – 44 τὴν δόξαν τὴν παρὰ – θεοῦ οὐ ζη-
    τεῖτε 718 τὴν δόξαν τὴν ἰδίαν ζητεῖ·
    ὁ δὲ ζητῶν τὴν δόξαν τοῦ πέμψαν-
    τος αὐτὸν 850 οὐ ζητῶ τὴν δόξαν
    μου· ἔστιν ὁ ζητῶν καὶ κρίνων
  626 ζητεῖτέ με οὐχ ὅτι εἴδετε σημεῖα, ἀλλ'
    ὅτι ἐφάγετε ἐκ τῶν ἄρτων
  734 ζητήσετέ (vl quaeritis) με καὶ οὐχ
    εὑρήσετέ [με] 36 821 1333
  1619 περὶ τούτου ζητεῖτε μετ' ἀλλήλων
  18 4 τίνα ζητεῖτε; 7.8 εἰ–ἐμὲ ζητεῖτε –
    2015 γύναι, τί κλαίεις; τίνα ζητεῖς;
*Act1727 ζητεῖν τὸν θεόν, εἰ ἄρα γε – εὕροιεν
Rm 2 7 τοῖς – τιμὴν καὶ ἀφθαρσίαν ζητοῦσιν
  10 3 τ. ἰδίαν [δικαιοσύνην] ζ.ντες στῆσαι
    – 20 „εὑρέθην [ἐν] τοῖς ἐμὲ μὴ ζητοῦσιν"
1 Co 122 ἐπειδὴ – Ἕλληνες σοφίαν ζητοῦσιν
  4 2 ζητεῖται ἐν τ. οἰκονόμοις ἵνα πιστός
  727 μὴ ζήτει λύσιν· – μὴ ζήτει γυναῖκα
  1024 μηδεὶς τὸ ἑαυτοῦ ζητείτω ἀλλὰ τό
    – 33 μὴ ζητῶν τὸ ἐμαυτοῦ σύμφορον ἀλ-
    λὰ τὸ τῶν πολλῶν, ἵνα σωθῶσιν

1 Co 13 5 [ἡ ἀγάπη] – οὐ ζητεῖ τὰ ἑαυτῆς
  1412 ἐπεὶ ζηλωταί (aemulatores) ἐστε πνευ-
    μάτων, – ζητεῖτε ἵνα περισσεύητε
2 Co 1214 οὐ γὰρ ζητῶ τὰ ὑμῶν ἀλλὰ ὑμᾶς
  13 3 ἐπεὶ δοκιμὴν ζητεῖτε τοῦ ἐν ἐμοὶ λα-
    λοῦντος Χοῦ
Gal 110 ἢ ζητῶ ἀνθρώποις ἀρέσκειν;
  217 εἰ δὲ ζητοῦντες δικαιωθῆναι ἐν Χῷ
Phl 221 πάντες – τὰ ἑαυτῶν ζητοῦσιν, οὐ τά
Col 3 1 τὰ ἄνω ζητεῖτε, οὗ ὁ Χριστός ἐστιν
1 Th 2 6 οὔτε ζητοῦντες ἐξ ἀνθρώπων δόξαν
2 Ti 117 σπουδαίως ἐζήτησέν με καὶ εὗρεν
Hb 8 7 οὐκ ἂν δευτέρας ἐζητεῖτο^b τόπος
1 Pe 311 „ζητησάτω^b εἰρήνην καὶ διωξάτω"
  5 8 περιπατεῖ ζητῶν [τινα] καταπιεῖν (vl
    τίνα καταπίῃ vg quem devoret)
Ap 9 6 „ζητήσουσιν – τὸν θάνατον καὶ οὐ"

ζήτημα (S semel vl) – quaestio
Act 15 2 ἀναβαίνειν – εἰς Ἱερουσαλ. περὶ τοῦ
    ζ..τος τούτου 1815 εἰ δὲ ζ..τά ἐστιν περὶ
    – νόμου τοῦ καθ' ὑμᾶς 2329 περὶ ζ..των
    τοῦ νόμου αὐτῶν 2519 ζητήματα – περὶ
    τῆς ἰδίας δεισιδαιμονίας – καὶ περί τινος
    Ἰησοῦ 263 γνώστην – τῶν κατὰ Ἰουδαίους
    ἐθῶν τε καὶ ζητημάτων

ζήτησις S^o – quaestio ^b conquisitio
Joh 325 ἐγένετο – ζήτησις – περὶ καθαρισμοῦ
Act 15 2 γενομένης – ζητήσεως (vg^o) οὐκ ὀλί-
    γης τῷ Παύλῳ 7^b
    2520 ἀπορούμενος – τὴν περὶ τούτων ζ..ιν
1 Ti 6 4 νοσῶν περὶ ζητήσεις καὶ λογομαχίας
2 Ti 223 τὰς δὲ μωρὰς – ζητήσεις παραιτοῦ
Tit 3 9 μωρὰς δὲ ζητήσεις – περιΐστασο

ζιζάνια, τά S^o – zizania
Mat 1325 ὁ ἐχθρὸς – ἐπέσπειρεν ζ. 26 ἐφάνη
    καὶ τὰ ζ. 27 πόθεν οὖν ἔχει (vl + τά) ζ.; 29.
    30 συλλέξατε πρῶτον τὰ ζ. 36 διασάφησον
    ἡμῖν τὴν παραβολὴν τῶν ζ..ων 38 τὰ δὲ
    ζιζάνιά εἰσιν οἱ υἱοὶ τοῦ πονηροῦ 40

Ζοροβαβέλ Mat 112.13 Luc 327

ζόφος S^o – caligo ^b infernum ^c procella
Hb 1218 „γνόφῳ καὶ ζόφῳ καὶ θυέλλῃ"
2Pe 2 4 σειραῖς ζόφου^b ταρταρώσας
    – 17 οἷς ὁ ζόφος τοῦ σκότους τετήρηται
    Jud 13 ὁ ζ.^c τοῦ σκ. εἰς αἰῶνα τετ.
Jud 6 δεσμοῖς – ὑπὸ ζόφον. τετήρηκεν

ζυγός, ὁ iugum ᵇstatera (= libra)
Mat 11₂₉ ἄρατε τὸν ζυγόν μου ἐφ' ὑμᾶς
 – 30 ὁ γὰρ ζ. μου χρηστὸς καὶ τὸ φορτίον
Act 15₁₀ ἐπιθεῖναι ζυγόν ἐπὶ τὸν τράχηλον
  τῶν μαθητῶν, ὃν – οὔτε ἡμεῖς ἰσχ.
Gal 5 ₁ μὴ πάλιν ζυγῷ δουλείας ἐνέχεσθε
1 Ti 6 ₁ ὅσοι εἰσὶν ὑπὸ ζυγὸν δοῦλοι
Ap 6 5 ἔχων ζυγὸνᵇ ἐν τῇ χειρὶ αὐτοῦ

ζύμη fermentum
Mat 13₃₃ ὁμοία ἐστὶν ἡ βασ. τῶν οὐρ. ζύμῃ,
  ἣν – γυνὴ ἐνέκρυψεν ‖ Luc 13₂₁
16 6 προσέχετε ἀπὸ τῆς ζ. τῶν Φαρ. καὶ
  Σαδδ. 11.12 συνῆκαν ὅτι οὐκ εἶπεν
  προσέχειν ἀπὸ τῆς ζ. τῶν ἄρτων,
  ἀλλὰ ἀπὸ τῆς διδαχῆς ‖ Mar 8₁₅ τῶν
  Φ. καὶ τῆς ζ. Ἡρῴδου Luc 12₁ ἀπὸ
  τῆς ζ., ἥτις ἐστὶν ὑπόκρισις, τῶν Φαρ.
1 Co 5 6 μικρὰ ζύμη ὅλον τὸ φύραμα ζυμοῖ
  Gal 5₉
 – 7 ἐκκαθάρατε τὴν παλαιὰν ζύμην
 – 8 ἑορτάζωμεν μὴ ἐν ζύμῃ παλαιᾷ μη-
  δὲ ἐν ζύμῃ κακίας καὶ πονηρίας

ζυμοῦν fermentare 1 Co 5₆ Gal 5₉ → ζύμη
Mat 13₃₃ ἕως οὗ ἐζυμώθη ὅλον ‖ Luc 13₂₁

ζωγρεῖν ᵃcapere ᵇcaptivum (vl ..tum) tenēre
Luc 5₁₀ ἀπὸ τοῦ νῦν ἀνθρώπους ἔσῃ ζ..ῶνᵃ
2 Ti 2₂₆ ἐζωγρημένοιᵇ ὑπ' αὐτοῦ (sc διαβ.)

ζωή vita (ζωῆς): ᵇvivens ᶜvivus
  βιβλίον, βίβλος ζωῆς → βιβλίον, βίβλος
Mat 7₁₄ ἡ ὁδὸς ἡ ἀπάγουσα εἰς τὴν ζωήν
18 8 εἰσελθεῖν εἰς τὴν ζωὴν κυλλόν 9 μον-
  όφθαλμον ‖ Mar 9₄₃.₄₅ χωλόν
19₁₆ τί ἀγαθὸν ποιήσω ἵνα σχῶ ζωὴν αἰ-
  ώνιον; 17 εἰ δὲ θέλεις εἰς τὴν ζωὴν
  εἰσελθεῖν, τήρησον ‖ Mar 10 17 ἵνα ζωὴν
  αἰώνιον κληρονομήσω; Luc 18₁₈
 – 29 ἑκατονταπλασίονα λήμψεται κ. ζωὴν
  αἰ. κληρονομήσει ‖ Mar 10₃₀ ἐὰν μὴ
  λάβῃ –, καὶ ἐν τῷ αἰῶνι τ. ἐρχομέ-
  νῳ ζωὴν αἰ. Luc 18 30 [ἀπολάβῃ]
25₄₆ οἱ δὲ δίκαιοι „εἰς ζωὴν αἰώνιον"
Luc 10₂₅ τί ποιήσας ζωὴν αἰ. κληρονομήσω;
12₁₅ οὐκ ἐν τῷ περισσεύειν – ἡ ζ. – ἐστίν
16₂₅ ἀπέλαβες τὰ ἀγαθά – ἐν τῇ ζωῇ σου
Joh 1 4 ἐν αὐτῷ ζωὴ ἦν (vl ἐστίν), καὶ ἡ ζωὴ
  ἦν τὸ φῶς τῶν ἀνθρώπων → 8₁₂
3₁₅ ἵνα πᾶς ὁ πιστεύων ἐν αὐτῷ ἔχῃ ζω-
  ὴν αἰώνιον 16 μὴ ἀπόληται ἀλλ' ἔχῃ

Joh 3₃₆ ὁ πιστεύων εἰς τὸν υἱὸν ἔχει ζωὴν
  αἰ.· ὁ δὲ ἀπειθῶν – οὐκ ὄψεται ζωὴν
4₁₄ πηγὴ ὕδατος ἁλλομένου εἰς ζωὴν αἰ.
 – 36 συνάγει καρπὸν εἰς ζωὴν αἰώνιον
5₂₄ ὁ τὸν λόγον μου ἀκούων – ἔχει ζωὴν
  αἰ., καὶ – μεταβέβηκεν – εἰς τὴν ζωὴν
 – 26 ὥσπερ – ὁ πατὴρ ἔχει ζωὴν ἐν ἑαυτῷ,
  – καὶ τ. υἱῷ ἔδωκεν ζω. ἔχ. ἐν ἑαυτῷ
 – 29 ἐκπορεύσονται – εἰς ἀνάστασιν ζωῆς
 – 39 δοκεῖτε ἐν αὐταῖς ζωὴν αἰώνιον ἔχειν
 – 40 οὐ θέλετε ἐλθεῖν πρός με ἵνα ζωὴν
  ἔχητε 10₁₀ ἦλθον ἵνα ζωὴν ἔχωσιν
  καὶ περισσὸν ἔχωσιν
6₂₇ τὴν βρῶσιν τὴν μένουσαν εἰς ζωὴν
  αἰώνιον 33 ὁ – ἄρτος τοῦ θεοῦ ἐστιν
  ὁ – ζωὴν διδοὺς τῷ κόσμῳ
 – 35 ἐγώ εἰμι ὁ ἄρτος τῆς ζωῆς 48
 – 40 ἵνα πᾶς ὁ – πιστεύων εἰς αὐτὸν ἔχῃ
  ζωὴν αἰώνιον 47 ὁ πιστ. ἔχει ζωὴν αἰ.
 – 51 ὁ ἄρτος – ὃν ἐγὼ δώσω ἡ σάρξ μού
  ἐστιν ὑπὲρ τῆς τοῦ κόσμου ζωῆς
 – 53 ἐὰν μὴ φάγητε – καὶ πίητε –, οὐκ ἔ-
  χετε (vg habebitis vl ..etis) ζωὴν ἐν
  ἑαυτοῖς 54 ὁ τρώγων – καὶ πίνων – ἔ-
  χει ζωὴν αἰ., κἀγὼ ἀναστήσω αὐτόν
 – 63 τ. ῥήματα ἃ ἐγὼ λελάληκα – πνεῦμά
  ἐστιν καὶ ζωή ἐστιν 68 ῥήματα ζωῆς
  αἰωνίου ἔχεις
8₁₂ ὁ ἀκολουθῶν ἐμοὶ – ἕξει τὸ φῶς τῆς
  ζωῆς → 1₄
10₂₈ κἀγὼ δίδωμι αὐτοῖς ζωὴν αἰώνιον
11₂₅ ἐγώ εἰμι ἡ ἀνάστασις καὶ ἡ ζωή
12₂₅ ὁ μισῶν τὴν ψυχὴν αὐτοῦ – εἰς ζωὴν
  αἰώνιον φυλάξει αὐτήν
 – 50 ἡ ἐντολὴ αὐτοῦ ζωὴ αἰώνιός ἐστιν
14 6 ἐγώ εἰμι – ἡ ἀλήθεια καὶ ἡ ζωή
17 2 ἵνα – δώσῃ αὐτοῖς ζωὴν αἰώνιον
 – 3 αὕτη δέ ἐστιν ἡ αἰ. ζωή, ἵνα γινώσκ.
20₃₁ ἵνα πιστεύοντες ζωὴν ἔχητε ἐν τῷ
  ὀνόματι αὐτοῦ
Act 2₂₈ „ἐγνώρισάς μοι ὁδοὺς ζωῆς"
3₁₅ τὸν δὲ ἀρχηγὸν τῆς ζ. ἀπεκτείνατε
5₂₀ λαλεῖτε – τὰ ῥήματα τῆς ζωῆς ταύτης
8₃₃ „αἴρεται ἀπὸ τῆς γῆς ἡ ζωὴ αὐτοῦ"
11₁₈ ἄρα καὶ τοῖς ἔθνεσιν ὁ θεὸς τὴν με-
  τάνοιαν εἰς ζωὴν ἔδωκεν
13₄₆ ἐπειδὴ – οὐκ ἀξίους κρίνετε ἑαυτοὺς
  τῆς αἰωνίου ζωῆς 48 ἐπίστευσαν ὅ-
  σοι ἦσαν τεταγμένοι εἰς ζωὴν αἰώνιον
17₂₅ „διδοὺς" πᾶσι ζωὴν καὶ „πνοήν"
Rm 2 7 „ἀποδώσει –"· τοῖς μὲν – δόξαν – καὶ
  ἀφθαρσίαν ζητοῦσιν ζωὴν αἰώνιον

Rm 5 10 σωθησόμεθα ἐν τῇ ζωῇ αὐτοῦ
- 17 ἐν ζωῇ βασιλεύσουσιν διὰ τοῦ ἑνός
- 18 εἰς πάντας ἀνθρ. εἰς δικαίωσιν ζωῆς
- 21 ἵνα – ἡ χάρις βασιλεύσῃ διὰ δικαιο-
σύνης εἰς ζωὴν αἰώνιον διὰ Ἰ. Χοῦ
6 4 ἵνα – καὶ ἡμεῖς ἐν καινότητι ζωῆς πε-
ριπατήσωμεν
- 22 ἔχετε –, τὸ δὲ τέλος ζωὴν αἰώνιον
- 23 τὸ δὲ χάρισμα τοῦ θεοῦ ζωὴ αἰώνιος
7 10 εὑρέθη μοι ἡ ἐντολὴ ἡ εἰς ζωήν, αὕ-
τη εἰς θάνατον
8 2 ὁ – νόμος τοῦ πνεύματος τῆς ζωῆς
- 6 φρόνημα τοῦ πνεύμ. ζωὴ καὶ εἰρήνη
- 10 τὸ δὲ πνεῦμα ζωὴ (vivit vl vita) διὰ
δικαιοσύνην
- 38 ὅτι οὔτε θάνατος οὔτε ζ. – δυνήσεται
11 15 τίς ἡ πρόσλημψις (sc τοῦ Ἰσραήλ)
εἰ μὴ ζωὴ ἐκ νεκρῶν;
1 Co 3 22 πάντα – ὑμῶν ἐστιν, – εἴτε ζ. εἴτε θάν.
15 19 εἰ ἐν τῇ ζωῇ ταύτῃ ἐν Χῷ ἠλπικότες
ἐσμὲν μόνον
2 Co 2 16 οἷς δὲ ὀσμὴ ἐκ (vl º) ζωῆς εἰς ζωήν
4 10 ἵνα καὶ ἡ ζωὴ τοῦ Ἰησοῦ ἐν τῷ σώ-
ματι ἡμῶν φανερωθῇ 11 ἐν τῇ θνητῇ
σαρκὶ ἡμῶν 12 ὥστε ὁ θάνατος ἐν ἡ-
μῖν ἐνεργεῖται, ἡ δὲ ζωὴ ἐν ὑμῖν
5 4 ἵνα καταποθῇ τὸ θνητὸν ὑπὸ τῆς ζ.
Gal 6 8 ἐκ τοῦ πνεύματος θερίσει ζωὴν αἰ.
Eph 4 18 ἀπηλλοτριωμένοι τῆς ζωῆς τοῦ θεοῦ
Phl 1 20 μεγαλυνθήσεται Χὸς ἐν τῷ σώματί
μου, εἴτε διὰ ζωῆς εἴτε διὰ θανάτου
2 16 λόγον ζωῆς ἐπέχοντες
Col 3 3 ἡ ζωὴ ὑμῶν κέκρυπται σὺν τῷ Χῷ
ἐν τῷ θεῷ 4 ὅταν ὁ Χὸς φανερωθῇ,
ἡ ζωὴ ὑμῶν (vl ἡμῶν)
1 Ti 1 16 πιστεύειν ἐπ' αὐτῷ εἰς ζωὴν αἰώνιον
4 8 εὐσέβεια –, ἐπαγγελίαν ἔχουσα ζωῆς
τῆς νῦν καὶ τῆς μελλούσης
6 12 ἐπιλαβοῦ τῆς αἰ. ζ., εἰς ἣν ἐκλήθης
- 19 ἵνα ἐπιλάβωνται τῆς ὄντως ζωῆς
2 Ti 1 1 κατ' ἐπαγγελίαν ζωῆς τῆς ἐν Χῷ Ἰ.
- 10 φωτίσαντος δὲ ζωὴν καὶ ἀφθαρσίαν
Tit 1 2 ἐπ' ἐλπίδι ζωῆς αἰων. 3 7 κατ' ἐλπίδα
Hb 7 3 μήτε ἀρχὴν – μήτε ζωῆς τέλος ἔχων
- 16 κατὰ δύναμιν ζωῆς ἀκαταλύτου
Jac 1 12 λήμψεται τὸν στέφανον τῆς ζωῆς
4 14 ποία (vl + γὰρ vg) ἡ ζωὴ ὑμῶν
1 Pe 3 7 ὡς – συγκληρονόμοις χάριτος ζωῆς
- 10 ὁ – θέλων ζωὴν ἀγαπᾶν"
2 Pe 1 3 πάντα – τὰ πρὸς ζωὴν καὶ εὐσέβ.
1 Jo 1 1 περὶ τοῦ λόγου τῆς ζωῆς 2 καὶ ἡ
ζωὴ ἐφανερώθη, καὶ – ἀπαγγέλλομεν

ὑμῖν τὴν ζωὴν τὴν αἰώνιον, ἥτις ἦν
1 Jo 2 25 ἣν – ἐπηγγείλατο ἡμῖν, τὴν ζ. τὴν αἰ.
3 14 ὅτι μεταβεβήκαμεν – εἰς τὴν ζωὴν
- 15 πᾶς ἀνθρωποκτόνος οὐκ ἔχει ζωὴν
αἰώνιον ἐν αὐτῷ μένουσαν
5 11 ζωὴν αἰών. ἔδωκεν ἡμῖν ὁ θεός, καὶ
αὕτη ἡ ζωὴ ἐν τῷ υἱῷ αὐτοῦ ἐστιν
- 12 ὁ ἔχων τὸν υἱὸν ἔχει τὴν ζωήν· ὁ
μὴ ἔχων τ. υἱ. τ. θεοῦ τὴν ζ. οὐκ ἔχει
- 13 ἵνα εἰδῆτε ὅτι ζωὴν ἔχετε αἰώνιον
- 16 αἰτήσει, καὶ δώσει αὐτῷ ζωήν
- 20 οὗτός ἐστιν ὁ ἀληθινὸς θεὸς καὶ ζωὴ
αἰώνιος
Jud 21 προσδεχόμενοι τὸ ἔλεος τοῦ κυρίου
ἡμῶν Ἰησοῦ Χοῦ εἰς ζωὴν αἰώνιον
Ap 2 7 δώσω αὐτῷ „φαγεῖν ἐκ τοῦ ξύλου
τῆς ζωῆς" 22 2 „ξύλον ζωῆς" ποιοῦν
καρποὺς δώδεκα 14 ἡ ἐξουσία αὐτῶν
ἐπὶ „τὸ ξύλον τῆς ζωῆς" 19 ἀφελεῖ
ὁ θεὸς τὸ μέρος αὐτοῦ ἀπὸ „τοῦ ξύ-
λου (vg libro vl ligno) τῆς ζωῆς"
- 10 δώσω σοι τὸν στέφανον τῆς ζωῆς
7 17 „ὁδηγήσει αὐτοὺς ἐπὶ ζωῆς πη-
γὰς ὑδάτων" 21 6 δώσω ἐκ τῆς πη-
γῆς „τοῦ ὕδ. τῆς ζωῆς (vg vlᶜ) δω-
ρεάν" 22 1 „ποταμὸν ὕδατος ζωῆς"
λαμπρόν 17 ὁ θέλων λαβέτω „ὕδωρ
ζωῆς δωρεάν"
11 11 „πνεῦμα ζωῆς" ἐκ τοῦ θεοῦ
16 3 πᾶσα ψυχὴ ζωῆς (vl ζῶσαᵇ) „ἀπέ-
θανεν, τὰ ἐν" τῇ θαλάσσῃ

ζώνη zona
Mat 3 4 εἶχεν – ζώνην δερματίνην || Mar 1 6
10 9 μηδὲ χαλκὸν εἰς τὰς ζώνας || Mar 6 8
Act 21 11 ἄρας τὴν ζώνην τοῦ Παύλου, – · τὸν
ἄνδρα οὗ ἐστιν ἡ ζώνη αὕτη
Ap 1 13 ζώνην „χρυσᾶν" 15 6 ζώνας χρυσᾶς

ζώννυναι, ..ύειν cingere ᵇpraecingere
Joh 21 18 ἐζώννυες σεαυτὸν – · – ἄλλος σε ζώ-
σει καὶ οἴσει ὅπου οὐ θέλεις
Act 12 8 ζῶσαιᵇ καὶ ὑπόδησαι τὰ σανδάλια

ζωογονεῖν vivificare
Luc 17 33 ὃς δ' ἂν ἀπολέσῃ, ζωογονήσει αὐτήν
Act 7 19 εἰς τὸ μὴ „ζ. εἴσθαι" (sc τὰ βρέφη)
1 Ti 6 13 θεοῦ τοῦ ζωογονοῦντος τὰ πάντα

ζῶον animal ᵇpecus (pecora)
Hb 13 11 ὧν – „εἰσφέρεται" ζῴων „τὸ αἷμα"
2 Pe 2 12 ὡς ἄλογα ζῷαᵇ Jud 10 ὡς τὰ ἄ. ζῷα
Ap 4 6 „τέσσαρα ζῷα γέμοντα ὀφθαλμῶν"

(Ap 4) 7 τὸ ζῷον τὸ πρῶτον κτλ 8.9 δώσουσιν
τὰ ζῷα δόξαν – τῷ „καθημένῳ ἐπὶ τῷ
θρόνῳ 5 6.8.11.14 τὰ τέσσαρα ζῷα ἔλε-
γον· ἀμήν 6 1.3.5.6.7 7 11 14 3 15 7 19 4

ζωοποιεῖν *vivificare*
Joh 5 21 ὥσπερ – ὁ πατὴρ ἐγείρει – καὶ ζ..εῖ,
οὕτως καὶ ὁ υἱὸς οὓς θέλει ζωοποιεῖ
6 63 τὸ πνεῦμά ἐστιν τὸ ζ..οῦν, ἡ σάρξ

Rm 4 17 θεοῦ τοῦ ζ..οῦντος τοὺς νεκρούς
8 11 ζ..ήσει καὶ τὰ θνητὰ σώματα ὑμῶν
1 Co 15 22 ἐν τῷ Χῷ πάντες ζωοποιηθήσονται
– 36 σὺ ὃ σπείρεις, οὐ ζωοποιεῖται ἐὰν
μὴ ἀποθάνῃ
– 45 ὁ ἔσχατος Ἀδὰμ εἰς πνεῦμα ζ..οῦν
2 Co 3 6 τὸ δὲ πνεῦμα ζωοποιεῖ
Gal 3 21 εἰ – ἐδόθη νόμος ὁ δυνάμενος ζ..ῆσαι
1 Pe 3 18 Χὸς –, ζωοποιηθεὶς δὲ πνεύματι

H

ἡγεῖσθαι *arbitrari* [b] *aestimare* [c] *credere*
[d] *ducere* [e] *existimare* [f] *habēre* –
ἡγούμενος [g] *dux* [h] *praecessor*
[i] *praepositus* [k] *primus*
Mat 2 6 „ἐκ σοῦ – ἐξελεύσεται ἡγούμενος[g]"
Luc 22 26 καὶ ὁ ἡγούμενος[h] ὡς ὁ διακονῶν
Act 7 10 „ἡγούμενον[i] ἐπ' Αἴγυπτον"
14 12 ἐπειδὴ αὐτὸς ἦν ὁ ἡγ.[g] τοῦ λόγου
15 22 ἄνδρας ἡγ..ους[k] ἐν τοῖς ἀδελφοῖς
26 2 ἥγημαι[b] ἐμαυτὸν μακάριον
2 Co 9 5 ἀναγκαῖον – ἡγησάμην[e] Phl 2 25[e]
Phl 2 3 ἀλλήλους ἡγούμενοι ὑπερέχοντας
– 6 οὐχ ἁρπαγμὸν ἡγήσατο τὸ εἶναι ἴσα
3 7 ταῦτα ἥγημαι – ζημίαν 8 καὶ ἡγοῦμαι[e]
πάντα ζημίαν εἶναι –, καὶ ἡγοῦμαι
σκύβαλα ἵνα Χὸν κερδήσω
1 Th 5 13 ἡγεῖσθαι[f] αὐτοὺς ὑπερεκπερισσοῦ ἐν
ἀγάπῃ διὰ τὸ ἔργον αὐτῶν
2 Th 3 15 μὴ ὡς ἐχθρὸν ἡγεῖσθε[e], ἀλλὰ νουθ.
1 Ti 1 12 πιστόν με ἡγήσατο[e] θέμενος εἰς δι.
6 1 πάσης τιμῆς ἀξίους ἡγείσθωσαν
Hb 10 29 ὁ – „τὸ αἷμα τῆς διαθήκης" κοινὸν
ἡγησάμενος[d], ἐν ᾧ ἡγιάσθη
11 11 πιστὸν ἡγήσατο[c] τὸν ἐπαγγειλάμενον
– 26 μείζονα πλοῦτον ἡγησάμενος[b] – „τὸν
ὀνειδισμὸν τοῦ Χοῦ"
13 7 μνημονεύετε τῶν ἡγουμένων[i] ὑμῶν
17 πείθεσθε τοῖς ἡγ.[i] ὑμῶν 24 ἀσπά-
σασθε πάντας τοὺς ἡγ.[i] ὑμῶν
Jac 1 2 πᾶσαν χαρὰν ἡγήσασθε[e], –, ὅταν
2 Pe 1 13 δίκαιον δὲ ἡγοῦμαι, – διεγείρειν ὑμᾶς
2 13 ἡδονὴν ἡγούμενοι[e] τὴν ἐν ἡμ. τρυφήν
3 9 ὥς τινες βραδυτῆτα ἡγοῦνται[e]
– 15 τὴν τοῦ κυρίου ἡμῶν μακροθυμίαν
σωτηρίαν ἡγεῖσθε

ἡγεμονεύειν S° – [a] *procurare* [b] (ἡ..ων) *prae-*
ses Luc 22[b] τῆς Συρίας 31[a] τῆς Ἰουδ.

ἡγεμονία *imperium* Luc 31 Τιβερίου Καίσ.

ἡγεμών *praeses* [b] *princeps* [c] *dux*
Mat 2 6 „ἐν τοῖς ἡγεμόσιν[b] Ἰούδα"
10 18 ἐπὶ ἡγεμόνας δὲ καὶ βασιλεῖς ἀχθή-
σεσθε ‖ Mar 13 9 Luc 21 12
27 2 παρέδωκαν Πιλάτῳ τῷ ἡγεμόνι 11.14.
15.21.27 28 14 Luc 20 20 παραδοῦναι –
τῇ ἐξουσίᾳ τοῦ ἡγεμόνος
Act 23 24 Felix 26.33 24 1.10 – 26 30 Festus
1 Pe 2 14 ὑποτάγητε – ' εἴτε βασιλεῖ –, εἴτε ἡ-
γεμόσιν[c] ὡς δι' αὐτοῦ πεμπομένοις

ἡδέως, ἥδιστα *libenter* [b] *libentissime*
Mar 6 20 ἡδέως αὐτοῦ (sc Joh.) ἤκουεν – 12 37
2 Co 11 19 ἡδέως γὰρ ἀνέχεσθε τῶν ἀφρόνων
12 9 ἥδ. – καυχήσομαι ἐν ταῖς ἀσθενείαις
– 15 ἐγὼ δὲ ἥδ.[b] δαπανήσω καὶ ἐκδαπαν.

ἡδονή [a] *concupiscentia* [b] *voluptas*
Luc 8 14 ὑπὸ μεριμνῶν καὶ – ἡδονῶν[b] τοῦ βίου
πορευόμενοι συμπνίγονται
Tit 3 3 δουλεύοντες – ἡδοναῖς[b] ποικίλαις
Jac 4 1 οὐκ – ἐκ τῶν ἡδ.[a] ὑμῶν τῶν στρατευο-
μένων ἐν τοῖς μέλεσιν ὑμῶν;
– 3 ἵνα ἐν ταῖς ἡδ.[a] ὑμῶν δαπανήσητε
2 Pe 2 13 ἡδονὴν[b] ἡγούμενοι τὴν – τρυφήν

ἡδύοσμον S° – *mentha* (vl ..ta) Mat 23 23
ἀποδεκατοῦτε τὸ ἡδύοσμον ‖ Luc 11 42

ἦθος *mos* 1 Co 15 33 φθείρουσιν ἤθη χρηστά

ἥκειν *venire* [b] *advenire*
Mat 8 11 πολλοὶ „ἀπὸ ἀνατολῶν καὶ δυσμῶν"
ἥξουσιν ‖ Luc 13 29 καὶ ἀπὸ βορρᾶ
23 36 ἥξει ταῦτα πάντα ἐπὶ τὴν γενεάν
24 14 τότε ἥξει τὸ τέλος (*consummatio*)

Mat 24 50 ἥξει ὁ κύριος τοῦ δούλου ‖ Luc 12 46
Mar 8 3 καί τινες αὐτῶν ἀπὸ μακρόθεν ἥκα-
σιν (vl εἰσίν)
Luc 13 35 ἕως [ἥξει ὅτε] εἴπητε˙ „εὐλογημένος
15 27 ὁ ἀδελφός σου ἥκει [ὁ ἐρχόμ.]"
19 43 ὅτι ἥξουσιν ἡμέραι ἐπὶ σέ (Jerus.)
Joh 2 4 οὔπω ἥκει ἡ ὥρα μου
4 47 ὅτι Ἰησοῦς ἥκει b – εἰς τὴν Γαλιλαίαν
6 37 ὃ δίδωσίν μοι ὁ πατὴρ πρὸς ἐμὲ ἥξει,
καὶ τὸν ἐρχόμενον πρὸς ἐμὲ οὐ μὴ
ἐκβάλω
8 42 ἐγὼ – ἐκ τοῦ θεοῦ ἐξῆλθον καὶ ἥκω
Rm 11 26 „ἥξει ἐκ Σιὼν ὁ ῥυόμενος"
Hb 10 7 „τότε εἶπον˙ ἰδοὺ ἥκω 9 τοῦ ποιῆσαι"
– 37 „ὁ ἐρχόμενος ἥξει καὶ οὐ χρονίσει"
2 Pe 3 10 ἥξει b – ἡμέρα κυρίου ὡς κλέπτης
1 Jo 5 20 οἴδαμεν – ὅτι ὁ υἱὸς τοῦ θεοῦ ἥκει
Ap 2 25 ὃ ἔχετε κρατήσατε ἄχρι[ς] οὗ ἂν ἥξω
3 3 ἥξω ὡς κλέπτης, καὶ οὐ μὴ γνῷς
ποίαν ὥραν ἥξω ἐπὶ σέ
– 9 „ἥξουσιν καὶ προσκυνήσουσιν" 15 4
18 8 ἥξουσιν αἱ πληγαὶ αὐτῆς, θάνατος

ἠλί (vl ἐλωί) S° – eli (vl heli) Mat 27 46

Ἠλί Luc 3 23 ὢν υἱός, –, Ἰωσήφ, τοῦ Ἠλί

Ἠλίας Elias (vl Helias)
Mat 11 14 αὐτός ἐστιν Ἠλ. ὁ μέλλων ἔρχεσθαι
16 14 ἄλλοι δὲ Ἠλίαν ‖ Mar 8 28 Luc 9 19
– 8 ὅτι Ἠλ. ἐφάνη ‖ Mar 6 15 ἐστίν
17 3 ὤφθη αὐτοῖς Μωϋσῆς καὶ Ἠλ. 4 καὶ
Ἠλίᾳ μίαν ‖ Mar 9 4 Ἠλ. σὺν Μωϋ-
σεῖ 5 Luc 9 30 Μωϋσῆς καὶ Ἠλίας 33
– 10 Ἠλίαν δεῖ ἐλθεῖν πρῶτον 11 Ἠλ. μὲν
ἔρχεται καὶ „ἀποκαταστήσει" πάντα
12 Ἠλ. ἤδη ἦλθεν, καὶ οὐκ ἐπέγνω-
σαν αὐτόν ‖ Mar 9 11. 12. 13 ἐλήλυθεν
27 47 Ἠλίαν φωνεῖ οὗτος 49 εἰ Ἔρχεται Ἠ-
λίας σώσων ‖ Mar 15 35. 36 καθελεῖν
Luc 1 17 ἐν πνεύματι καὶ δυνάμει Ἠλίου
4 25 πολλαὶ χῆραι ἦσαν ἐν ταῖς ἡμέραις
Ἠλίου 26 πρὸς οὐδεμίαν – ἐπέμφθη
Ἠλ. εἰ μὴ εἰς Σάρεπτα – πρὸς – χήρ.
(9 54 vl ὡς καὶ Ἠλίας ἐποίησεν vg°)
Joh 1 21 σὺ Ἠλ. εἶ; 25 τί – βαπτίζεις εἰ σὺ
οὐκ εἶ ὁ χριστὸς οὐδὲ Ἠλίας –;
Rm 11 2 ἐν Ἠλίᾳ τί λέγει ἡ γραφή, –;
Jac 5 17 Ἠλ. ἄνθρωπος ἦν ὁμοιοπαθὴς ἡμῖν

ἡλικία aetas b statura
Mat 6 27 προσθεῖναι ἐπὶ τὴν ἡλ. b ‖ Luc 12 25 b

Luc 2 52 προέκοπτεν [ἐν τῇ] σοφίᾳ καὶ ἡλικίᾳ
19 3 ὅτι τῇ ἡλικίᾳ b μικρὸς ἦν
Joh 9 21 αὐτὸν ἐρωτήσατε, ἡλικίαν ἔχει 23
Eph 4 13 μέχρι καταντήσωμεν – εἰς μέτρον ἡλι-
κίας τοῦ πληρώματος τοῦ Χοῦ
Hb 11 11 καὶ παρὰ καιρὸν ἡλικίας (Sara)

ἡλίκος S° – a qualis b quantus c quam
magnus Col 2 1 ἡλίκον a ἀγῶνα ἔχω ὑπὲρ
Jac 3 5 ἡλίκον b πῦρ ἡλίκην c ὕλην ἀνάπτει

ἥλιος sol quoad ortum solis → ἀνατέλλειν
Mat 13 43 „οἱ δίκαιοι ἐκλάμψουσιν" ὡς ὁ ἥλιος
17 2 ἔλαμψεν τὸ πρόσωπον αὐτοῦ ὡς ὁ ἥ.
24 29 „ὁ ἥλιος σκοτισθήσεται" ‖ Mar 13 24
Luc 21 25 ἔσονται σημεῖα ἐν ἡλίῳ
Mar 1 32 ὅτε ἔδυ ὁ ἥλιος ‖ Luc 4 40
Luc 23 45 τοῦ ἡλίου ἐκλιπόντος
Act 2 20 „ὁ ἥ. μεταστραφήσεται εἰς σκότος"
13 11 ἔσῃ τυφλὸς μὴ βλέπων τὸν ἥλιον
26 13 ὑπὲρ τὴν λαμπρότητα τοῦ ἡλίου
27 20 μήτε δὲ ἡλίου μήτε ἄστρων ἐπιφαιν.
1 Co 15 41 ἄλλη δόξα ἡλίου, καὶ ἄλλη – σελήνης
Eph 4 26 ὁ ἥ. μὴ ἐπιδυέτω ἐπὶ [τῷ] παροργισμῷ
Ap 1 16 ἡ ὄψις αὐτοῦ ὡς ὁ ἥλιος φαίνει 10 1
6 12 ὁ ἥλιος ἐγένετο μέλας 8 12 ἐπλήγη τὸ
τρίτον τοῦ ἡλ. 9 2 „ἐσκοτώθη ὁ ἥλιος
7 2 ἀπὸ ἀνατολῆς ἡλίου 16 12
– 16 „οὐδὲ μὴ πέσῃ ἐπ' αὐτοὺς ὁ ἥλιος"
12 1 γυνὴ περιβεβλημένη τὸν ἥλιον
16 8 ἐξέχεεν τὴν φιάλην – ἐπὶ τὸν ἥλιον
19 17 εἶδον – ἄγγελον ἑστῶτα ἐν τῷ ἡλίῳ
21 23 ἡ πόλις οὐ χρείαν ἔχει τοῦ ἡλ. 22 5
οὐκ ἔχουσιν χρείαν – „φωτὸς ἡλίου"

ἧλος, ὁ clavus Joh 20 25 ἐὰν μὴ ἴδω – τὸν
τύπον τῶν ἥ. καὶ – εἰς τὸν τύπον τῶν ἥ.

ἡμέρα dies b (τρεῖς ἡμέραι) triduum – τῇ
τρίτῃ ἡμέρᾳ, μετὰ τρεῖς ἡμέρας →
sub ἐγείρειν et ἀνιστάναι

1) in sermone prophetico de novissimo
die vel tempore adventus Christi
Mat 7 22 πολλοὶ ἐροῦσίν μοι ἐν ἐκείνῃ τῇ ἡμ.
9 15 ἐλεύσονται δὲ ἡμέραι, καὶ τότε νη-
στεύσουσιν ‖ Mar 2 20 ἐν ἐκείνῃ τῇ
ἡμέρᾳ Luc 5 35 ἐν ἐκείναις ταῖς ἡμ.
10 15 ἀνεκτότερον ἔσται – ἐν ἡμέρᾳ κρίσε-
ως 11 22. 24 ‖ Luc 10 12 ἐν τῇ ἡμ. ἐκ.
12 36 ἀποδώσουσιν περὶ αὐτοῦ (sc ῥήμα-
τος ἀργοῦ) λόγον ἐν ἡμέρᾳ κρίσεως
– 40 „Ἰωνᾶς – τρεῖς ἡμέρας" καὶ τρεῖς νύ-

κτας," ούτως έσται ό υἱ. τοῦ άνθρ. έν
τῇ καρδία τῆς γῆς τρεῖς ἡμ. κ. τ. ν.
Mat 24 19 οὐαὶ – ταῖς θηλαζούσαις ἐν ἐκείναις
ταῖς ἡμέραις 22 εἰ μὴ ἐκολοβώθησαν
αἱ ἡμέραι ἐκεῖναι – · διὰ δὲ τοὺς ἐκ-
λεκτοὺς κολοβωθήσονται αἱ ἡμέραι
ἐκ. 29 μετὰ τὴν θλῖψιν τῶν ἡμ. ἐκ.
36 περὶ δὲ τῆς ἡμέρας ἐκείνης – οὐ-
δεὶς οἶδεν ‖ Mar 13 17.19 ἔσονται – αἱ
ἡμέραι ἐκεῖναι θλῖψις 20.24.32 Luc 21
22 „ἡμέραι ἐκδικήσεως" αὐταί εἰσιν 23
– 37 ὥσπερ – αἱ ἡμέραι τοῦ Νῶε 38 ὡς –
ἦσαν ἐν τ. ἡμέραις [ἐκ.] – ἄχρι ἧς ἡ-
μέρας εἰσῆλθεν Νῶε 42 οὐκ οἴδατε
ποία ἡμέρᾳ ὁ κύριος ὑμῶν ἔρχεται
50 ἥξει ὁ κύριος τοῦ δούλου ἐκείνου
ἐν ἡμέρᾳ ᾗ οὐ προσδοκᾷ ‖ Luc 17 26
καθὼς ἐγένετο ἐν ταῖς ἡμέραις Νῶε,
οὕτως ἔσται – ἐν ταῖς ἡμέραις τοῦ
υἱοῦ τοῦ ἀνθρώπου 27.28 ἐν ταῖς ἡμ.
Λὼτ 29.30 κατὰ τὰ αὐτὰ ἔσται ᾗ ἡμέ-
ρᾳ ὁ υἱὸς τ. ἀνθρώπου ἀποκαλύπτε-
ται 31 ἐν ἐκ. τῇ ἡμ. ὃς ἔσται ἐπὶ τοῦ
δώματος 12 46 – 1 Pe 3 20 ἐν ἡ..αις N.
25 13 οὐκ οἴδατε τὴν ἡμ. οὐδὲ τὴν ὥραν
26 29 οὐ μὴ πίω – ἕως τῆς ἡμέρας ἐκείνης
ὅταν αὐτὸ πίνω ‖ Mar 14 25 καινὸν
– 61 τὸν ναὸν – διὰ τριῶν ἡμ.ᵇ οἰκοδομῆ-
σαι 27 40ᵇ ‖ Mar 14 58ᵇ 15 29 – Joh 2 19
ἐν τρισὶν ἡμέραις ἐγερῶ αὐτόν 20
27 64 ἀσφαλισθῆναι τὸν τάφον ἕως τῆς
τρίτης ἡμέρας → ἐγείρειν, ἀνιστάναι
28 20 μεθ' ὑμῶν εἰμι πάσας τὰς ἡμέρ. ἕως
Luc 6 23 χάρητε ἐν ἐκείνῃ τῇ ἡμ. καὶ σκιρτήσ.
17 22 ἐλεύσονται ἡμέραι ὅτε ἐπιθυμήσετε
μίαν τῶν ἡμερῶν τοῦ υἱοῦ τοῦ ἀνθρ.
ἰδεῖν 24 ὥσπερ – ἡ ἀστραπὴ –, οὕτως
ἔσται ὁ υἱὸς τ. ἀνθρ. [ἐν τῇ ἡμ. αὐτοῦ]
19 42 εἰ ἔγνως ἐν τῇ ἡμέρᾳ ταύτῃ καὶ
σὺ τὰ πρὸς εἰρήνην 43 ἥξουσιν ἡ-
μέραι ἐπὶ σέ 21 6 ἐλεύσονται ἡμέραι
ἐν αἷς οὐκ ἀφεθήσεται λίθος ἐπὶ λίθῳ
21 34 μήποτε – ἐπιστῇ ἐφ' ὑμᾶς αἰφνίδιος
ἡ ἡμέρα ἐκείνη ὡς παγίς
23 29 ἔρχονται ἡμέραι ἐν αἷς ἐροῦσιν·
(– 42 D μνήσθητί μου ἐν τῇ ἡμέρᾳ τῆς ἐ-
λεύσεώς σου)
Joh 6 39 ἵνα – ἀναστήσω αὐτὸ [ἐν] τῇ ἐσχάτῃ
ἡμέρᾳ 40.44.54 11 24 ἐν τῇ ἀναστάσει
ἐν τῇ ἐσχάτῃ ἡμέρᾳ 12 48 ὁ λόγος –,
κρινεῖ αὐτὸν ἐν τῇ ἐσχάτῃ ἡμέρᾳ
8 56 ἠγαλλιάσατο ἵνα ἴδῃ τὴν ἡμέραν

τὴν ἐμήν, καὶ εἶδεν καὶ ἐχάρη
Joh 14 20 ἐν ἐκείνῃ τῇ ἡμέρᾳ γνώσεσθε – ὅτι
ἐγὼ 16 23 ἐμὲ οὐκ ἐρωτήσετε οὐδέν
26 ἐν τῷ ὀνόματί μου αἰτήσεσθε
Act 2 17 „ἔσται" ἐν ταῖς ἐσχάταις ἡμέραις, –
„ἐκχεῶ" 18.20 „πρὶν ἐλθεῖν ἡμέραν
κυρίου τὴν μεγάλην καὶ ἐπιφανῆ"
17 31 ἔστησεν ἡμέραν ἐν ᾗ μέλλει κρίνειν
Rm 2 5 ἐν ἡμέρᾳ ὀργῆς καὶ – δικαιοκρισίας
– 16 ἐν ἡμέρᾳ ὅτε κρίνει ὁ θεὸς τ. κρυπτά
13 12 νὺξ προέκοψεν, ἡ δὲ ἡμέρα ἤγγικεν
1 Co 1 8 ἀνεγκλήτους ἐν τῇ ἡμέρᾳ τοῦ κυρίου
3 13 ἡ – ἡμ. δηλώσει, ὅτι ἐν πυρὶ ἀποκαλ.
5 5 ἵνα τὸ πνεῦμα σωθῇ ἐν τῇ ἡμέρᾳ
τοῦ κυρίου (vl + ἡμῶν 'I. Χοῦ vg)
2 Co 1 14 καύχημα – ἡμῶν ἐν τῇ ἡμ. τ. κυρίου
Eph 4 30 τὸ πνεῦμα – τοῦ θεοῦ, ἐν ᾧ ἐσφρα-
γίσθητε εἰς ἡμέραν ἀπολυτρώσεως
Phl 1 6 ἐπιτελέσει ἄχρι ἡμέρας Χοῦ Ἰησοῦ
– 10 ἵνα ἦτε – ἀπρόσκοποι εἰς ἡμέραν Χοῦ
2 16 εἰς καύχημα ἐμοὶ εἰς ἡμέραν Χοῦ
1 Th 5 2 ἡμέρα κυρίου ὡς κλέπτης – ἔρχεται
4 ἵνα ἡ ἡμέρα ὑμᾶς ὡς κλέπτης κα-
ταλάβῃ 2 Pe 3 10 ἥξει – ὡς κλέπτης
2 Th 1 10 „ὅταν ἔλθῃ ἐνδοξασθῆναι ἐν τοῖς ἁ-
γίοις αὐτοῦ – ἐν τῇ ἡμέρᾳ ἐκείνῃ"
2 2 ὡς ὅτι ἐνέστηκεν ἡ ἡμ. τοῦ κυρίου
2 Ti 1 12 τὴν παραθήκην μου φυλάξαι εἰς ἐκ.
τὴν ἡμ. 18 εὑρεῖν ἔλεος – ἐν ἐκ. τ. ἡμ.
3 1 ἐν ἐσχάταις ἡμέραις – καιροὶ χαλεποί
4 8 ὃν ἀποδώσει μοι – ἐν ἐκείνῃ τῇ ἡμ.
Hb 4 7 πάλιν τινὰ ὁρίζει ἡμέραν, „σήμερον"
8 οὐκ ἂν περὶ ἄλλης ἐλάλει – ἡμέρας
8 8 „ἰδοὺ ἡμέραι ἔρχονται, – καὶ συντε-
λέσω – διαθήκην καινὴν" 10 10 16
10 25 ὅσῳ βλέπετε ἐγγίζουσαν τὴν ἡμέραν
Jac 5 3 „ἐθησαυρίσατε" ἐν ἐσχάταις ἡμέραις
1 Pe 2 12 ἵνα – δοξάσωσιν (sc τὰ ἔθνη) τὸν
θεὸν „ἐν ἡμέρᾳ ἐπισκοπῆς"
3 10 „ὁ – θέλων – ἰδεῖν ἡμέρας ἀγαθάς"
2 Pe 1 19 ἕως οὗ (vl + ἡ) ἡμέρα διαυγάσῃ
2 9 ἀδίκους δὲ εἰς ἡμέραν κρίσεως – τη-
ρεῖν 3 7 τηρούμενοι εἰς ἡμ. κρίσεως
3 3 ἐλεύσονται ἐπ' ἐσχάτων τῶν ἡμερῶν
– 10 ἥξει δὲ ἡμέρα κυρίου ὡς κλέπτης
– 12 τὴν παρουσίαν τῆς τοῦ θεοῦ ἡμέρας
– 18 αὐτῷ ἡ δόξα – εἰς ἡμέραν αἰῶνος
1 Jo 4 17 παρρησίαν – ἐν τῇ ἡμ. τῆς κρίσεως
Jud 6 εἰς κρίσιν μεγάλην ἡ..ας – τετήρηκεν
Ap 2 10 ἕξετε θλῖψιν „ἡμερῶν δέκα"
6 17 ἦλθεν „ἡ ἡμ. ἡ μεγάλη τῆς ὀργῆς"
9 6 ἐν ταῖς ἡμ. ἐκ. „ζητήσουσιν" οἱ ἄν-

θρωποι „τὸν θάνατον καὶ οὐ μή" εὕρ.

Ap 10 7 ἐν ταῖς ἡμ. τῆς φωνῆς τοῦ ἑβδ. ἀγγ.

11 3 προφητεύσουσιν ἡμέρας χιλίας κτλ. 6

τὰς ἡμ. τῆς προφητείας αὐτῶν – 12 6

– 9 ἡμέρας τρεῖς καὶ ἥμισυ 11

16 14 εἰς τὸν πόλεμον τῆς ἡμέρας τῆς με-
γάλης τοῦ θεοῦ

18 8 „ἐν μιᾷ ἡμέρᾳ ἥξουσιν" αἱ πληγαί

2) καθ' ἡμέραν, ἡμέρα καὶ ἡμέρα, ἡμέραν
ἐξ ἡμέρας κτλ.

dies (de die in diem, per singulos dies
etc.) ᵇquotidie (vl cot.) ᶜquotidianus

Mat 26 55 καθ' ἡμ.ᵇ ἐν τῷ ἱερῷ ἐκαθεζόμην ‖
Mar 14 49ᵇ Luc 22 53ᵇ – 19 47 ἦν δι-
δάσκων τὸ καθ' ἡμ.ᵇ 21 37 τὰς ἡμ.ας

Luc 9 23 ἀράτω τὸν σταυρὸν αὐτοῦ καθ' ἡμ.ᵇ

11 3 τὸν ἄρτον – δίδου ἡμῖν τὸ καθ' ἡμέ-
ραν (vl σήμερον vg hodie vl cotidie)

16 19 εὐφραινόμενος καθ' ἡμ.ᵇ λαμπρῶς

17 4 ἐὰν ἑπτάκις τῆς ἡμ. ἁμαρτήσῃ εἰς

Act 2 46 καθ' ἡμ.ᵇ – ὁμοθυμαδὸν ἐν τῷ ἱερῷ
– 47 προσετίθει τοὺς σωζομένους καθ' ἡμ.ᵇ

3 2ᵇ 5 42 πᾶσάν τε ἡμέραν – διδάσκοντες

16 5 ἐπίστευον τῷ ἀριθμῷ καθ' ἡμέρανᵇ

17 11 καθ' ἡμ.ᵇ ἀνακρίνοντες τ. γραφάς
– 17 διελέγετο – κατὰ πᾶσαν ἡμέραν 19 9ᵇ

1 Co 15 31 καθ' ἡμέρανᵇ ἀποθνῄσκω

2 Co 4 16 ἀνακαινοῦται ἡμέρᾳ καὶ ἡμέρᾳ

11 28 ἡ ἐπίστασίς μοι ἡ καθ' ἡμέρανᶜ

Hb 3 13 παρακαλεῖτε ἑαυτοὺς καθ' ἑκάστην
ἡμ., ἄχρις οὗ τὸ „σήμερον" καλεῖται

7 27 οὐκ ἔχει καθ' ἡμ.ᵇ ἀνάγκην – θυσίας
ἀναφέρειν 10 11 καθ' ἡμ.ᵇ λειτουργῶν

2 Pe 2 8 ἡμέραν ἐξ ἡμέρας – ἐβασάνιζεν
– 13 τὴν ἐν ἡμέρᾳ (diei) τρυφήν

3) ἡμέρα, ἡμέραι cum genitivo hominum
insignium, rei gestae vel gerendae,
sollemnitatis etc. praeter locos sub
1) allatos

Mat 2 1 ἐν ἡμέραις Ἡρῴδου τοῦ βασ. Luc 1 5

11 12 ἀπὸ – τῶν ἡμ. Ἰωάννου – ἕως ἄρτι

23 30 εἰ ἤμεθα ἐν ταῖς ἡμ. τῶν πατέρων

24 37 αἱ ἡμ. τοῦ Νῶε → sub 1) Mat 24 37

Mar 14 12 τῇ πρώτῃ ἡμ. τῶν ἀζύμων ‖ Luc 22 7

ἡ ἡμέρα τῶν ἀζύμων – Act 12 3 20 6

Luc 1 80 ἕως ἡ..ας ἀναδείξεως αὐτοῦ (Joh)

4 16 ἦν τῇ ἡμ. τῶν σαββάτων 13 14 ἐξ
ἡ..αι εἰσὶν ἐν αἷς – · – μὴ τῇ ἡμ. τοῦ σ.

16 14 5 οὐκ – ἀνασπάσει αὐτὸν ἐν ἡ..ᾳ
τοῦ σ.; cfr Joh 5 9 ἦν δὲ σάββατον

(Joh) ἐν ἐκ. τῇ ἡμ. 9 14 19 31 ἦν – μεγάλη ἡ
ἡμέρα ἐκείνου τοῦ σαββάτου 20 19

Act 13 14 τῇ ἡμέρᾳ τῶν σαββ. 16 13

Luc 4 25 πολλαὶ χῆραι – ἐν ταῖς ἡμέρ. Ἠλίου

9 51 ἐν τῷ συμπληροῦσθαι τὰς ἡμέρας
τῆς ἀναλήμψεως αὐτοῦ Act 1 22

Joh 7 37 ἐν – τῇ ἐσχάτῃ ἡμέρᾳ τῇ μεγάλῃ τῆς
ἑορτῆς εἱστήκει ὁ Ἰησοῦς

12 7 εἰς τὴν ἡμέραν τοῦ ἐνταφιασμοῦ μου

Act 2 1 τὴν ἡμέραν τῆς πεντηκοστῆς 20 16

5 37 ἐν ταῖς ἡμέραις τῆς ἀπογραφῆς

7 45 ἕως τῶν ἡμερῶν Δαυίδ

13 41 „ἴδετε, – ὅτι ἔργον ἐργάζομαι ἐγὼ ἐν
ταῖς ἡμέραις ὑμῶν"

21 26 ἐκπληρωσιν „τῶν ἡμ. τοῦ ἁγνισμοῦ"

Hb 3 8 „κατὰ τὴν ἡμ. τοῦ πειρασμοῦ ἐν τῇ

5 7 ἐν ταῖς ἡμ. τῆς σαρκὸς αὐτοῦ δεήσεις

8 9 „ἐν ἡμέρᾳ ἐπιλαβομένου μου τῆς
χειρὸς αὐτῶν ἐξαγαγεῖν αὐτούς"

Jac 5 5 „ἐν ἡμέρᾳ σφαγῆς"

Ap 2 13 ἐν ταῖς ἡμ. Ἀντιπᾶς ὁ μάρτυς μου

11 6 τὰς ἡμέρας τῆς προφητείας αὐτῶν

*4) ex iis, qui restant, insigniores loci:

Mat 4 2 νηστεύσας ἡμέρας τεσσεράκοντα ‖
Mar 1 13 πειραζόμενος Luc 4 2

6 34 ἀρκετὸν τῇ ἡμέρᾳ ἡ κακία αὐτῆς

20 2 συμφωνήσας – ἐκ δηναρίου τὴν ἡμέ-
ραν (ex den. diurno) 6 τί ὧδε ἑστή-
κατε ὅλην τὴν ἡμέραν ἀργοί; 12 τοῖς
βαστάσασι τὸ βάρος τῆς ἡμέρας

26 2 ὅτι μετὰ δύο ἡμέρας (biduum) τὸ
πάσχα γίν. ‖ Mar 14 1 (bid.) 12 Luc 22 7

Mar 4 27 ὡς – ἐγείρηται νύκτα καὶ ἡμέραν
cfr 5 5 Luc 2 37 18 7 βοώντων αὐτῷ
ἡμέρας καὶ νυκτός Act 9 24 20 31 26 7
1 Th 2 9 ἐργαζόμενοι 3 10 δεόμενοι
2 Th 3 8 ἐργαζόμενοι 1 Ti 5 5 προσ-
μένει – ταῖς προσευχαῖς 2 Ti 1 3 Ap
4 8 7 15 12 10 ὁ κατηγορῶν – ἡμέρας
καὶ νυκτός 14 11 20 10

Luc 9 12 ἡ δὲ ἡμέρα ἤρξατο κλίνειν 24 29
– 36 οὐδενὶ ἀπήγγειλαν ἐν ἐκ. ταῖς ἡμέρ.

13 14 ἐξ ἡμέραι εἰσὶν ἐν αἷς δεῖ ἐργάζεσθαι

21 37 ἦν – τὰς ἡμέρας – διδάσκων, τὰς δὲ
νύκτας ἐξερχόμενος ηὐλίζετο

23 54 ἡμέρα ἦν παρασκευῆς

Joh 9 4 δεῖ ἐργάζεσθαι – ἕως ἡμέρα ἐστίν

11 9 οὐχὶ δώδεκα ὧραί εἰσιν τῆς ἡμέρας;
ἐάν τις περιπατῇ ἐν τῇ ἡμέρᾳ

Rm 8 36 „θανατούμεθα ὅλην τὴν ἡμέραν"

10 21 „ὅλην τὴν ἡμ. ἐξεπέτασα τὰς χεῖρ."

Rm 11 8 „τοῦ μὴ ἀκούειν, ἕως τῆς σήμ. ἡμ."
13 12 ἡ δὲ ἡμέρα ἤγγικεν 13 ὡς ἐν ἡμέρᾳ
εὐσχημόνως περιπατήσωμεν
14 5 ὃς μὲν–κρίνει ἡμέραν παρ' ἡμέραν,
ὃς δὲ κρίνει πᾶσαν ἡμέραν 6 ὁ φρο-
νῶν τὴν ἡμέραν κυρίῳ φρονεῖ
1 Co 4 3 ἵνα–ἀνακριθῶ–ὑπὸ ἀνθρωπίνης ἡ.
2 Co 6 2 „ἐν ἡμέρᾳ σωτηρίας ἐβοήθησά σοι·"
–ἰδοὺ νῦν „ἡμέρα σωτηρίας"
Gal 1 18 ἐπέμεινα πρὸς αὐτὸν ἡ..ας δεκαπέντε
4 10 ἡμέρας παρατηρεῖσθε καὶ μῆνας
Eph 5 16 ὅτι αἱ ἡμέραι πονηραί εἰσιν
6 13 ἀντιστῆναι ἐν τῇ ἡμέρᾳ τῇ πονηρᾷ
Phl 1 5 ἀπὸ τῆς πρώτης ἡμέρ. ἄχρι τοῦ νῦν
Col 1 6 ἀφ' ἧς ἡμέρας ἠκούσατε 9 ἠκούσαμεν
1 Th 5 5 πάντες – ὑμεῖς υἱοί – ἐστε – ἡμέρας
– 8 ἡμεῖς δὲ ἡμέρας ὄντες νήφωμεν
Hb 1 2 ἐπ' ἐσχάτου τῶν ἡμερῶν τούτων
4 4 „κατέπαυσεν–ἐν τῇ ἡμ. τῇ ἑβδόμῃ"
7 πάλιν τινὰ ὁρίζει ἡμέραν, „σήμερον"
7 3 μήτε ἀρχὴν ἡμερῶν–ἔχων
10 32 ἀναμιμνῄσκεσθε–τὰς πρότερον ἡμ.
11 30 κυκλωθέντα ἐπὶ ἑπτὰ ἡμέρας
12 10 οἱ μὲν–πρὸς ὀλίγας ἡμ.–ἐπαίδευον
2 Pe 3 8 μία ἡμέρα παρὰ κυρίῳ ὡς χίλια ἔτη
καὶ „χίλια ἔτη ὡς ἡμέρα" μία
Ap 1 10 ἐν πνεύματι ἐν τῇ κυριακῇ ἡμέρᾳ
8 12 ἵνα–ἡ ἡμ. μὴ φάνῃ τὸ τρίτον αὐτῆς
9 15 οἱ ἡτοιμασμένοι εἰς τὴν ὥραν κ. ἡμ.
21 25 „οὐ μὴ κλεισθῶσιν ἡμέρας"

ἡμέτερος noster
(Luc 16 12 vl τὸ ἡμέτερον τίς ὑμῖν δώσει;) –
Act 2 11 (vl 24 6) 26 5
Rm 15 4 εἰς τὴν ἡ..αν διδασκαλίαν ἐγράφη
2 Ti 4 15 λίαν–ἀντέστη τοῖς ἡμετέροις λόγοις
Tit 3 14 μανθανέτωσαν δὲ καὶ οἱ ἡμέτεροι
καλῶν ἔργων προΐστασθαι
1 Jo 1 3 ἡ κοινωνία–ἡ ἡμ. μετὰ τοῦ πατρός
2 2 οὐ περὶ τῶν ἡμετέρων δὲ μόνον ἀλλά

ἡμιθανής semivivus Luc 10 30 ἀφέντες ἡ..ῆ

ἡμισυς dimidium (ἕως ἡμίσους licet di.)
Mar 6 23 „ἕως ἡμίσους τῆς βασιλείας μου"
Luc 19 8 τὰ ἡμίσιά μου τῶν ὑπαρχόντων
Ap 11 9 ἡμέρας τρεῖς καὶ ἥ. 11 12 14 ἥ. καιροῦ

ἡμιώριον S° – media hora Ap 8 1 σιγὴ – ὡς

ἤπιος S° – mansuetus (ἠπιότης S)
(1 Th 2 7 vl ἀλλὰ ἐγενήθημεν ἤπιοι ἐν μέσῳ
ὑμῶν)

2 Ti 2 24 δοῦλον δὲ κυρίου–δεῖ–ἤπιον εἶναι

Ἤρ Luc 3 28

ἤρεμος S vl – quietus 1 Ti 2 2 ἤρεμον–βίον

Ἡρῴδης
1) Herodes Magnus Mat 2 1.3 (ὁ βασιλ.) 7.
12. 13. 15. 16. 19. 22 Luc 1 5 (βασ.) – Act 23 35
2) Herodes Antipas Mat 14 1 (ὁ τετράρχης)
3. 6 Mar 6 14 (ὁ βασ. cfr Mat 14 9) 16. 17. 18.
20. 21. 22 8 15 Luc 3 1. 19 8 3 9 7.9 13 31 23 7.
8. 11. 12. 15 Act 4 27 13 1
3) H. Agrippa I Act 12 1 (ὁ βασ.) 6. 11. 19. 21

Ἡρῳδιανοί Mat 22 16 ‖ Mar 12 13 – 3 6

Ἡρῳδιάς Mat 14 3.6 ‖ Mar 6 17. 19. 22 Luc 3 19

Ἡρῳδίων Rm 16 11 Ἡ..να τὸν συγγενῆ μου

Ἡσαΐας Mat 3 3 ‖ Mar 1 2 Luc 3 4 Joh 1 23
Mat 4 14 8 17 12 17 13 14 (35 vl) 15 7 ‖ Mar 7 6
Luc 4 17 βιβλίον τοῦ πρ. Ἡ. – Joh 12 38. 39. 41
Act 8 28 ἀνεγίνωσκεν τὸν προφήτην Ἡσ. 30
28 25 – Rm 9 27. 29 10 16. 20 15 12

Ἡσαῦ Rm 9 13 „ἐμίσησα" Hb 11 20 12 16

τὸ **ἧσσον** deterius, **ἧσσον** (adv.) minus
1 Co 11 17 ὅτι–εἰς τὸ ἧσσον συνέρχεσθε
2 Co 12 15 εἰ περισσοτέρως ὑμᾶς ἀγαπῶ[ν], ἧσ-
σον ἀγαπῶμαι;

ἡσυχάζειν [a]quiescere [b]quietum esse [c]silēre
[d]tacēre
Luc 14 4 οἱ δὲ ἡσύχασαν[d] Act 11 18[d] ἀκούσα-
ντες – ἡσύχασαν καὶ ἐδόξασαν
23 56 τὸ μὲν σάββατον ἡσύχασαν[c] κατὰ
τὴν ἐντολήν
Act 21 14 μὴ πειθομένου – αὐτοῦ ἡσυχάσαμεν[a]
1 Th 4 11 παρακαλοῦμεν – περισσεύειν μᾶλλον
καὶ φιλοτιμεῖσθαι ἡσυχάζειν[b]

ἡσυχία silentium Act 22 2 παρέσχον ἡ..αν
2 Th 3 12 ἵνα μετὰ ἡσυχίας ἐργαζόμενοι
1 Ti 2 11 γυνὴ ἐν ἡσυχίᾳ μανθανέτω
– 12 οὐκ ἐπιτρέπω, –, ἀλλ' εἶναι ἐν ἡσυχίᾳ

ἡσύχιος [a]quietus [b]tranquillus
1 Ti 2 2 ἵνα ἤρεμον καὶ ἡ..ον[b] βίον διάγωμεν

1 Pe 3 4 ἐν τῷ ἀφθάρτῳ τοῦ πραέως καὶ
ἡσυχίου[a] πνεύματος

ἡττᾶσθαι superari → ἡσσοῦσθαι
2 Pe 2 19 ᾧ γάρ τις ἥττηται, τούτῳ (vl + καὶ)
δεδούλωται 20 εἰ – τούτοις δὲ (sc τοῖς
μιάσμασιν) πάλιν ἐμπλακέντες ἡττῶνται

ἥττημα [a] delictum [b] diminutio (vl dem.)
Rm 11 12 εἰ – τὸ ἥ.[b] αὐτῶν πλοῦτος ἐθνῶν

1 Co 6 7 ὅλως ἥττημα[a] ὑμῖν ἐστιν ὅτι κρίματα

ἠχεῖν sonare 1 Co 13 1 γέγονα χαλκὸς
ἠχῶν ἢ κύμβαλον ἀλαλάζον

ἦχος, ὁ et τό [a] fama [b] sonitus [c] sonus
Luc 4 37 ἦχος[a] περὶ αὐτοῦ 21 25 ἐν ἀπορίᾳ
„ἤχους[b] θαλάσσης" καὶ „σάλου"
Act 2 2 ἦχος[c] ὥσπερ φερομένης πνοῆς
Hb 12 19 „σάλπιγγος ἤχῳ[c] καὶ φωνῇ ῥημ."

Θ

Θαδδαῖος (vl Λεββαῖος) Mat 10 3 Mar 3 18

θάλασσα mare
Mat 4 15 „ὁδὸν θαλάσσης" (via maris)
– 18 παρὰ τὴν θάλ. τῆς Γαλιλαίας ‖ Mar
1 16 – Mat 15 29 ‖ Mar 7 31 – Joh 6 1 πέ-
ραν τῆς θαλ. τῆς Γαλ. τῆς Τιβεριάδος
21 1 ἐφανέρωσεν – ἐπὶ τῆς θ. τῆς Τιβ.
– – βάλλοντας ἀμφίβληστρον εἰς τὴν θ.
‖ Mar 1 16 ἀμφιβάλλοντας ἐν τῇ θ. –
Mat 13 47 σαγήνη βληθείση εἰς τὴν θ.
8 24 σεισμὸς – ἐν τῇ θαλ. 26 ἐπετίμησεν –
τῇ θ. 27 ὅτι καὶ οἱ ἄνεμοι καὶ ἡ θάλ.
αὐτῷ ὑπακούουσιν; ‖ Mar 4 39 εἶπεν
τῇ θαλάσσῃ· σιώπα, πεφίμωσο 41
– 32 ὥρμησεν – ἡ ἀγέλη – εἰς τὴν θ. ‖ Mar
5 13 – καὶ ἐπνίγοντο ἐν τῇ θαλάσσῃ
13 1 ἐκάθητο παρὰ τὴν θάλ. ‖ Mar (2 13)
4 1 ἤρξατο διδάσκειν παρὰ τὴν θ. –,
ὥστε αὐτὸν – καθῆσθαι ἐν τῇ θ. 5 21
14 (24 vl μέσον τῆς θαλ. ἦν) 25 περιπατῶν
ἐπὶ τὴν θ. 26 ‖ Mar 6 47 ἦν τὸ πλοῖ-
ον ἐν μέσῳ τῆς θ. 48 περιπατῶν ἐπὶ
τῆς θ. 49 – Joh 6 16 κατέβησαν – ἐπὶ
τὴν θάλ. 17 πέραν τῆς θ. εἰς Καφ. 18
ἥ τε θάλ. – διεγείρετο 19 θεωροῦσιν
τὸν Ἰησοῦν περιπατοῦντα ἐπὶ τῆς θ.
17 27 πορευθεὶς εἰς θάλ. βάλε ἄγκιστρον
18 6 ἵνα – καταποντισθῇ ἐν τῷ πελάγει τῆς
θ. ‖ Mar 9 42 εἰ – βέβληται εἰς τὴν θ.
Luc 17 2 εἰ – ἔρριπται εἰς τὴν θάλ.
21 21 βλήθητι εἰς τὴν θάλ. ‖ Mar 11 23 Luc
17 6 φυτεύθητι ἐν τῇ θαλάσσῃ
23 15 παράγετε τὴν θάλ. καὶ τὴν ξηράν
Mar 3 7 Ἰησοῦς – ἀνεχώρησεν πρὸς τὴν θάλ.
5 1 ἦλθον εἰς τὸ πέραν τῆς θαλάσσης
Luc 21 25 ἐν ἀπορίᾳ „ἤχους θαλάσσης"

Joh 6 22 ὁ ὄχλος ὁ ἑστηκὼς πέραν τῆς θαλ.
25 εὑρόντες αὐτὸν πέραν τῆς θαλ.
21 7 Πέτρος – ἔβαλεν ἑαυτὸν εἰς τὴν θάλ.
Act 4 24 σὺ ὁ „ποιήσας – τὴν γῆν καὶ τὴν θ."
14 15 Ap 10 6 „ὃς ἔκτισεν" 14 7
7 36 „τέρατα" – ἐν ἐρυθρᾷ θαλάσσῃ
10 6 ᾧ ἐστιν οἰκία παρὰ θάλασσαν 32
17 14 τὸν Παῦλον – ἕως ἐπὶ τὴν θάλασσαν
27 30.38.40 28 4 διασωθέντα ἐκ τ. θαλάσσης
Rm 9 27 – ὡς ἡ ἄμμος τῆς θ." Hb 11 12 Ap 20 8
1 Co 10 1 οἱ πατέρες ἡμῶν – διὰ τῆς θαλ. δι-
ῆλθον 2 ἐβαπτίσθησαν – ἐν τῇ θαλ.
2 Co 11 26 κινδύνοις ἐν θαλάσσῃ
Hb 11 29 πίστει διέβησαν τὴν ἐρυθρὰν θάλ.
Jac 1 6 ἔοικεν κλύδωνι θ..ης ἀνεμιζομένῳ
Jud 13 κύματα ἄγρια θαλάσσης
Ap 4 6 ὡς θάλασσα ὑαλίνη 15 2
5 13 πᾶν κτίσμα ὃ – ἐπὶ τῆς θαλάσσης
7 1 ἵνα μὴ πνέῃ ἄνεμος – ἐπὶ τὴν θαλ.
– 2 οἷς ἐδόθη – ἀδικῆσαι – τ. θάλασσαν 3
8 8 „ὡς ὄρος" – ἐβλήθη εἰς τὴν θάλασ-
σαν· καὶ ἐγένετο τὸ τρίτον τῆς θαλ.
„αἷμα" 9 ἀπέθανεν τὸ τρίτον τῶν κτι-
σμάτων τῶν ἐν τῇ θαλάσσῃ 16 3 εἷς-
έχεεν – εἰς τὴν θάλ.· – πᾶσα ψυχὴ
ζωῆς ἀπέθανεν, τὰ ἐν τῇ θαλάσσῃ
10 2 ἔθηκεν τὸν πόδα – ἐπὶ τῆς θαλ. 5.8
12 12 οὐαὶ τὴν γῆν καὶ τὴν θάλασσαν
– 18 καὶ ἐστάθη ἐπὶ τὴν ἄμμον τῆς θα-
λάσσης.
13 1 „ἐκ τῆς θαλ. θηρίον ἀναβαῖνον"
18 17 „ναῦται καὶ ὅσοι τὴν θ." ἐργάζον-
ται 19 οἱ ἔχοντες „τὰ πλοῖα ἐν τῇ θ."
– 21 λίθον – καὶ ἔβαλεν εἰς θάλασσαν
20 13 ἔδωκεν ἡ θάλασσα τοὺς νεκροὺς
τοὺς ἐν αὐτῇ
21 1 ἡ θάλασσα οὐκ ἔστιν ἔτι

θάλπειν *fovēre* Eph 5 29 ἀλλὰ – θάλπει αὐτήν (sc τὴν ἑαυτοῦ σάρκα), καθὼς καὶ ὁ Χριστὸς τὴν ἐκκλησίαν, ὅτι μέλη ἐσμέν 1 Th 2 7 ὡς ἐὰν τροφὸς ϑ..ῃ τὰ ἑαυτ. τέκνα

Θαμάρ Mat 1 3 καὶ τὸν Ζάρα ἐκ τῆς Θαμάρ

ϑαμβεῖσϑαι ᵃ *mirari* ᵇ *obstupescere* ᶜ *stupēre* Mar 1 27ᵃ 10 24ᵇ ἐπὶ τοῖς λόγοις αὐτοῦ 32ᶜ

ϑάμβος *stupor* ᵇ *pavor* Luc 4 36ᵇ Luc 5 9 ϑ. – περιέσχεν αὐτ. (Petrum) Act 3 10

ϑανάσιμόν τι Sᵒ – *mortiferum quid* [[Mar 16 18 κἂν ϑαν. τι πίωσιν οὐ μὴ – βλάψῃ]]

ϑανατηφόρος *mortifer* Jac 3 8 μεστὴ ἰοῦ ϑανατηφόρου (sc γλῶσσα)

ϑάνατος *mors* (2 Co 11 23 ϑ..οι *mortes*) ϑανάτου γεύεσϑαι → γεύεσϑαι Mat 4 16 „τοῖς καθημένοις ἐν χώρᾳ καὶ σκιᾷ ϑανάτου φῶς ἀνέτειλεν" ‖ Luc 1 79 „ἐν σκότει καὶ σκιᾷ ϑανάτου" 10 21 ἀδελφὸς ἀδελφὸν εἰς ϑ. ‖ Mar 13 12 15 4 „ϑανάτῳ τελευτάτω" ‖ Mar 7 10 20 18 καταχρινοῦσιν αὐτὸν ϑανάτῳ (vl εἰς ϑάνατον) ‖ Mar 10 33 26 38 περίλυπος – ἕως ϑανάτου ‖ Mar 14 34 – 66 ἔνοχος ϑανάτου ἐστίν ‖ Mar 14 64 Luc 2 26 μὴ ἰδεῖν ϑάνατον πρὶν [ἢ] ἂν ἴδῃ τὸν χριστὸν κυρίου → Hb 11 5 22 33 μετὰ σοῦ – εἰς ϑάνατον πορεύεσϑαι 23 15 οὐδὲν ἄξιον ϑ..ου ἐστὶν πεπραγμένον αὐτῷ 22 οὐδὲν αἴτιον (vl οὐδεμίαν αἰτίαν, *causam*) ϑανάτου εὗρον ἐν αὐτῷ – Act 23 29 25 11.25 26 31 24 20 παρέδωκαν αὐτὸν – εἰς κρίμα ϑ..ου Joh 5 24 μεταβέβηκεν ἐκ τοῦ ϑ. εἰς τὴν ζωὴν 1 Jo 3 14 οἴδαμεν ὅτι μεταβεβήκαμεν 8 51 ϑ..ον οὐ μὴ θεωρήσῃ εἰς τὸν αἰῶνα 11 4 ἡ ἀσθένεια οὐκ ἔστιν πρὸς ϑάνατον – 13 εἰρήκει δὲ ὁ Ἰης. περὶ τοῦ ϑ. αὐτοῦ 12 33 σημαίνων ποίῳ ϑανάτῳ ἤμελλεν ἀπο– ϑνήσκειν 18 32 – 21 19 ποίῳ ϑανάτῳ δοξάσει (sc ὁ Πέτρος) τὸν θεόν Act 2 24 ὃν ὁ θεὸς ἀνέστησεν λύσας τὰς ὠ– δῖνας τοῦ ϑανάτου (vl ᾅδου, *inferni*) 13 28 μηδεμίαν αἰτίαν ϑανάτου 28 18 22 4 ταύτην τὴν ὁδὸν ἐδίωξα ἄχρι ϑ..ου Rm 1 32 οἱ τὰ τοιαῦτα πράσσοντες ἄξιοι ϑ..ου 5 10 κατηλλάγημεν τῷ θεῷ διὰ τοῦ ϑανά– του τοῦ υἱοῦ αὐτοῦ

Rm 5 12 διὰ τῆς ἁμαρτίας ὁ ϑάν., – εἰς πάν– τας ἀνθρώπους ὁ ϑάνατος διῆλθεν – 14 ἐβασίλευσεν ὁ ϑάνατος ἀπὸ Ἀδὰμ μέχρι Μωϋσέως 17 τῷ τοῦ ἑνὸς παρα– πτώματι ὁ ϑ. ἐβασ. διὰ τοῦ ἑνὸς 21 ἐβασίλευσεν ἡ ἁμαρτία ἐν τῷ ϑανάτῳ 6 3 εἰς τὸν ϑάνατον αὐτοῦ ἐβαπτίσϑημεν – 4 συνετάφημεν – διὰ τοῦ βαπτίσματος εἰς τὸν ϑάνατον 5 σύμφυτοι γεγόνα– μεν τῷ ὁμοιώματι τοῦ ϑανάτου αὐτοῦ – 9 ϑάνατος αὐτοῦ οὐκέτι κυριεύει – 16 δοῦλοι –, ἤτοι ἁμαρτίας εἰς ϑάνατον – 21 τὸ γὰρ τέλος ἐκείνων ϑάνατος – 23 τὰ γὰρ ὀψώνια τῆς ἁμαρτίας ϑάν. 7 5 εἰς τὸ καρποφορῆσαι τῷ ϑαν. (6 vl ἀπὸ τοῦ νόμου τοῦ ϑανάτου vg) – 10 εὑρέθη μοι ἡ ἐντολὴ – εἰς ϑάνατον – 13 τὸ οὖν ἀγαθὸν ἐμοὶ ἐγένετο ϑάνα– τος; – ἡ ἁμαρτία, – διὰ τοῦ ἀγαθοῦ μοι κατεργαζομένη ϑάνατον – 24 ἐκ τοῦ σώματος τοῦ ϑαν. τούτου; 8 2 ἠλευθέρωσέν σε ἀπὸ τοῦ νόμου τῆς ἁμαρτίας καὶ τοῦ ϑανάτου – 6 τὸ γὰρ φρόνημα τῆς σαρκὸς ϑάν. – 38 οὔτε ϑάνατος οὔτε ζωὴ – δυνήσεται ἡμᾶς χωρίσαι ἀπὸ τῆς ἀγάπης 1 Co 3 22 πάντα – ὑμῶν ἐστιν, – εἴτε ϑάνατος 11 26 τὸν ϑάν. τοῦ κυρίου καταγγέλλετε 15 21 δι' ἀνθρώπου ϑάν., καὶ – ἀνάστασις – 26 ἔσχατος ἐχθρὸς καταργεῖται ὁ ϑάν. – 54 „κατεπόθη ὁ ϑάνατος εἰς νῖκος 55 ποῦ σου ϑάνατε τὸ νῖκος; ποῦ σου ϑά– νατε τὸ κέντρον; 56 τὸ δὲ κέντρον τοῦ ϑανάτου ἡ ἁμαρτία 2 Co 1 9 τὸ ἀπόκριμα τοῦ ϑανάτου ἐσχήκαμεν – 10 ὃς ἐκ τηλικούτου ϑανάτου (vl ..των ϑανάτων vg *tantis periculis*) ἐρρύ– σατο ἡμᾶς καὶ ῥύσεται 2 16 οἷς μὲν ὀσμὴ ἐκ (vl om ἐκ) ϑανά– του εἰς ϑάνατον, οἷς δὲ ὀσμὴ 3 7 ἡ διακονία τοῦ ϑαν. ἐν γράμμασιν 4 11 εἰς ϑ..ον παραδιδόμεθα διὰ Ἰησοῦν – 12 ὥστε ὁ ϑάνατος ἐν ἡμῖν ἐνεργεῖται 7 10 ἡ δὲ τοῦ κόσμου λύπη ϑάνατον κατ– εργάζεται 11 23 ἐν ϑανάτοις πολλάκις Phl 1 20 ὅτι – καὶ νῦν μεγαλυνθήσεται Χὸς ἐν τῷ σώματί μου, εἴτε διὰ ζωῆς εἴτε διὰ ϑανάτου 2 8 γενόμενος ὑπήκοος μέχρι ϑανάτου, ϑανάτου δὲ σταυροῦ – 27 ἠσθένησεν παραπλήσιον ϑανάτῳ

Phl 2 30 ὅτι διὰ τὸ ἔργον Χοῦ μέχρι θανάτου
ἤγγισεν
3 10 συμμορφιζόμενος τῷ θανάτῳ αὐτοῦ
Col 1 22 ἀποκατήλλαξεν – διὰ τοῦ θανάτου
2 Ti 1 10 Χου Ἰ., καταργήσαντος μὲν τὸν θ.
Hb 2 9 διὰ τὸ πάθημα τοῦ θανάτου „δόξῃ
καὶ τιμῇ ἐστεφανωμένον"
– 14 ἵνα διὰ τοῦ θαν. καταργήσῃ τὸν τὸ
κράτος ἔχοντα τοῦ θαν. 15 καὶ ἀπ-
αλλάξῃ τούτους, ὅσοι φόβῳ θανά-
του – ἔνοχοι ἦσαν δουλείας
5 7 δυνάμενος σῴζειν αὐτὸν ἐκ θανάτου
7 23 διὰ τὸ θ..ῳ κωλύεσθαι παραμένειν
9 15 θ..ου γενομένου εἰς ἀπολύτρωσιν
– 16 ὅπου γὰρ διαθήκη, θάνατον ἀνάγκη
φέρεσθαι τοῦ διαθεμένου
11 5 Ἐνὼχ μετετέθη τοῦ μὴ ἰδεῖν θ..ον
Jac 1 15 ἡ δὲ ἁμαρτία – ἀποκύει θάνατον
5 20 σώσει ψυχὴν αὐτοῦ ἐκ θανάτου
1 Jo 3 14 μεταβεβήκαμεν ἐκ τοῦ θανάτου εἰς τὴν
ζωήν – ὁ μὴ ἀγαπῶν μένει ἐν τῷ θα-
νάτῳ
5 16 ἁμαρτίαν μὴ πρὸς θάνατον, αἰτήσει,
καὶ δώσει – ζωήν, τοῖς ἁμαρτάνουσιν
μὴ πρὸς θάνατον. ἔστιν ἁμαρτία πρὸς
θ..ον 17 καὶ ἔστιν ἁμαρτία οὐ πρ. θ.
Ap 1 18 τὰς κλεῖς τοῦ θανάτου καὶ τοῦ ᾅδου
2 10 γίνου πιστὸς ἄχρι θανάτου 12 11 οὐκ
ἠγάπησαν τὴν ψυχὴν αὐτῶν ἄχρι θ.
– 11 οὐ μὴ ἀδικηθῇ ἐκ τοῦ θανάτου τοῦ
δευτέρου 20 6 ἐπὶ τούτων ὁ δεύτε-
ρος θάνατος οὐκ ἔχει ἐξουσίαν 14
οὗτος ὁ θάνατος ὁ δεύτερός ἐστιν
21 8 ὅ ἐστιν ὁ θάνατος ὁ δεύτερος
– 23 τὰ τέκνα αὐτῆς ἀποκτενῶ ἐν θ.
6 8 ὄνομα αὐτῷ „[ὁ] θάνατος. – ἀπο-
κτεῖναι – ἐν λιμῷ καὶ ἐν θανάτῳ"
9 6 „ζητήσουσιν – τὸν θάνατον"–καὶ φεύ-
γει ὁ θάνατος ἀπ᾽ αὐτῶν
13 3 μίαν ἐκ τῶν κεφαλῶν – ἐσφαγμένη
εἰς θάνατον, καὶ ἡ πληγὴ τοῦ θανά-
του αὐτοῦ ἐθεραπεύθη 12
18 8 θάνατος καὶ πένθος καὶ λιμός
20 13 ὁ θάνατος καὶ ὁ ᾅδης ἔδωκαν τοὺς
νεκρούς 14 ὁ θάνατος καὶ ὁ ᾅδης
ἐβλήθησαν εἰς τὴν λίμνην τοῦ πυρός
21 4 ὁ θάνατος οὐκ ἔσται ἔτι

θανατοῦν mortificare ᵇmorte afficere
ᶜmorti tradere
Mat 10 21 „τέκνα ἐπὶ γονεῖς" καὶ θ..ώσουσινᵇ
αὐτούς ‖ Mar 13 12ᵇ Luc 21 16 ὑπὸ –

φίλων, καὶ θανατώσουσινᵇ ἐξ ὑμῶν
Mat 26 59 ὅπως αὐτὸν θ..ώσωσινᶜ ‖ Mar 14 55
εἰς τὸ θανατῶσαιᶜ – Mat 27 1ᶜ
Rm 7 4 καὶ ὑμεῖς ἐθανατώθητε τῷ νόμῳ
8 13 εἰ δὲ πνεύματι τὰς πράξεις τοῦ σώ-
ματος θανατοῦτε, ζήσεσθε
– 36 „ἕνεκεν σοῦ θανατούμεθα ὅλην τήν"
2 Co 6 9 ὡς „παιδευόμενοι καὶ μὴ θανατού-
μενοι," ὡς λυπούμενοι ἀεὶ δὲ χαίρ.
1 Pe 3 18 θανατωθεὶς (sc Χός) μὲν σαρκὶ ζωο-
ποιηθεὶς δὲ πνεύματι

θάπτειν sepelire
Mat 8 21 θάψαι τὸν πατέρα μου 22 ἄφες τοὺς
νεκροὺς θάψαι τοὺς ἑαυτῶν νεκρούς
‖ Luc 9 59.60 σὺ δὲ – διάγγελλε
14 12 οἱ μαθηταὶ αὐτοῦ – ἔθαψαν αὐτὸ[ν]
Luc 16 22 ὁ πλούσιος – ἐτάφη. (vg + in infer-
no.) – Act 2 29 5 6.9.10
1 Co 15 4 καὶ ὅτι ἐτάφη, καὶ ὅτι ἐγήγερται

Θάρα Luc 3 34 τοῦ Ἀβραὰμ τοῦ Θάρα

θαρρεῖν audēre ᵇconfidere
2 Co 5 6 θαρροῦντες οὖν πάντοτε καὶ εἰδότες
– 8 θαρροῦμεν δὲ καὶ εὐδοκοῦμεν
7 16 χαίρω ὅτι ἐν παντὶ θαρρῶᵇ ἐν ὑμῖν
10 1 ἀπὼν δὲ θαρρῶᵇ εἰς ὑμᾶς (vg in vo-
bis) 2 δέομαι δὲ τὸ μὴ παρὼν θαρ-
ρῆσαι τῇ πεποιθήσει ᾗ λογίζομαι
Hb 13 6 ὥστε θαρροῦντας (confidenter) ἡμᾶς
λέγειν· „κύριος ἐμοὶ βοηθός"

θαρσεῖν confidere ᵇfiduciam habēre ᶜani-
maequiorem esse ᵈconstantem esse
Mat 9 2 θάρσει, τέκνον, ἀφιενταί σου αἱ ἁμ.
– 22 θάρσει, θύγατερ· ἡ πίστις σου
14 27 θαρσεῖτεᵇ, ἐγώ εἰμι ‖ Mar 6 50
Mar 10 49 θάρσειᶜ, ἔγειρε, φωνεῖ σε
Joh 16 33 ἐν τῷ κόσμῳ θλῖψιν ἔχετε· ἀλλὰ θαρ-
σεῖτε, ἐγὼ νενίκηκα τὸν κόσμον
Act 23 11 ἐπιστὰς – ὁ κύριος εἶπεν· θάρσειᵈ

θάρσος fiducia Act 28 15 ἔλαβε θάρσος

θαῦμα ᵃmirum ᵇadmiratio
2 Co 11 14 οὐ θαῦμαᵃ Ap 17 6 θαῦμαᵇ μέγα

θαυμάζειν mirari ᵇadmirari ᶜ(pass.) ad-
mirabilem fieri
Mat 8 10 ὁ Ἰησοῦς ἐθαύμασεν ‖ Luc 7 9 αὐτόν
– Mar 6 6 διὰ τὴν ἀπιστίαν αὐτῶν

Mat 8 27 οἱ δὲ ἄνθρωποι ἐθαύμασαν ‖ Luc
8 25 φοβηθέντες – ἐθ. – Mat 9 33 ἐ-
θαύμασαν οἱ ὄχλοι ‖ Luc 11 14ᵇ
15 31 ὥστε τὸν ὄχλον θαυμάσαι 21 20 οἱ
μαθηταὶ ἐθαύμασαν 22 22 ἀκούσαν-
τες ἐθ. ‖ Luc 20 26 ἐπὶ τῇ ἀποκρίσει
αὐτοῦ – Mar 5 20 πάντες ἐθαύμαζον
– Luc 4 22 ἐπὶ τοῖς λόγοις τῆς χάρι-
τος 9 43 ἐπὶ πᾶσιν οἷς ἐποίει
27 14 ὥστε θ. τὸν ἡγεμόνα λίαν ‖ Mar 15 5
Mar 15 44 ἐθαύμασεν εἰ ἤδη τέθνηκεν
Luc 1 21 ἐθαύμαζον ἐν τῷ χρονίζειν – αὐτὸν
– 63 ἐθαύμασαν πάντες 2 18 περὶ τῶν λα-
ληθέντων 33 ἐπὶ τοῖς λαλουμένοις
περὶ αὐτοῦ (sc Ἰησοῦ)
11 38 ἰδὼν ἐθαύμασεν (vl ἤρξατο διακρινό-
μενος ἐν ἑαυτῷ λέγειν vg)
24 12 πρὸς ἑαυτὸν θ.ζων τὸ γεγονός
– 41 ἀπιστούντων αὐτῶν – καὶ θ..όντων
Joh 3 7 μὴ θαυμάσῃς ὅτι εἶπόν σοι· δεῖ ὑμᾶς
4 27 ἐθαύμαζον ὅτι μετὰ γυναικὸς ἐλάλει
5 20 δείξει αὐτῷ ἔργα, ἵνα ὑμεῖς θαυμά-
ζητε 28 μὴ θαυμάζετε τοῦτο
7 15 ἐθαύμαζον –· πῶς οὗτος γράμματα
– 21 ἓν ἔργον ἐποίησα καὶ πάντες θαυμά-
ζετε.
Act 2 7 ἐξίσταντο – καὶ ἐθαύμαζον λέγοντες·
3 12 τί θαυμάζετε ἐπὶ τούτῳ, –;
4 13 ἐθαύμαζον, ἐπεγίνωσκόν τε αὐτοὺς
7 31 Μωϋσῆς ἰδὼν ἐθαύμαζενᵇ τὸ ὅραμα
13 41 „θαυμάσατεᵇ καὶ ἀφανίσθητε"
Gal 1 6 θαυμάζω ὅτι οὕτως ταχέως μετατίθ.
2 Th 1 10 „ὅταν ἔλθῃ – θαυμασθῆναιᶜ" ἐν πᾶ-
σιν τοῖς πιστεύσασιν
1 Jo 3 13 μὴ θαυμάζετε, –, εἰ μισεῖ ὑμᾶς ὁ κόσ.
Jud 16 θ.ζοντες πρόσωπα ὠφελείας χάριν
Ap 13 3 ἐθαυμάσθη (vl ..ασεν)ᵇ ὅλη ἡ γῆ
ὀπίσω τοῦ θηρίου
17 6 ἐθαύμασα ἰδὼν αὐτὴν θαῦμα (admi-
ratione) μέγα 7 διὰ τί ἐθαύμασας;
– 8 θαυμασθήσονται (vl ..άσονται) οἱ
κατοικοῦντες ἐπὶ τῆς γῆς

θαυμάσια, τά mirabilia Mat 21 15 ἰδόντες

θαυμαστός mirabilis ᵇadmirabilis
Mat 21 42 „ἔστιν θ..ὴ (vg mirabile) ἐν ὀφθαλ-
μοῖς ἡμῶν" ‖ Mar 12 11
Joh 9 30 ἐν τούτῳ–τὸ θ. ἐστιν, ὅτι ὑμεῖς οὐκ
1 Pe 2 9 εἰς τὸ θαυμαστὸνᵇ αὐτοῦ φῶς
Ap 15 1 σημεῖον – μέγα καὶ θαυμαστόν
– 3 „μεγάλα καὶ θ..ὰ τὰ ἔργα σου"

θεά, ἡ Sº vgº – Act 19 27 τῆς μεγάλης θ.

θεᾶσθαι vidēre ᵇperspicere
Mat 6 1 πρὸς τὸ θεαθῆναι (ut videamini)
αὐτοῖς 23 5 τοῖς ἀνθρώποις
11 7 τί ἐξήλθατε – θεάσασθαι; ‖ Luc 7 24
22 11 θεάσασθαι τοὺς ἀνακειμένους
Mar 16 ⟦11 ὅτι ζῇ καὶ ἐθεάθη ὑπ' αὐτῆς⟧
– ⟦14 τοῖς θεασαμένοις – ἐγηγερμένον⟧
Luc 5 27 ἐθεάσατο τελώνην – καθήμενον
23 55 ἐθεάσαντο τὸ μνημεῖον καὶ ὡς ἐτέθη
Joh 1 14 ἐθεασάμεθα τὴν δόξαν αὐτοῦ
– 32 τεθέαμαι τὸ πνεῦμα καταβαῖνον
– 38 θεασάμενος αὐτοὺς ἀκολουθοῦντας
4 35 θεάσασθε τὰς χώρας, ὅτι λευκαί
6 5 θεασάμενος ὅτι – ὄχλος ἔρχεται
11 45 θεασάμενοι ἃ ἐποίησεν, ἐπίστευσαν
Act 1 11 ὃν τρόπον ἐθεάσασθε αὐτὸν πορευ-
όμενον εἰς τὸν οὐρανόν
21 27 θεασάμενοι αὐτὸν ἐν τῷ ἱερῷ
22 9 τὸ μὲν φῶς ἐθεάσαντο, τὴν δὲ φωνήν
Rm 15 24 ἐλπίζω γὰρ – θεάσασθαι ὑμᾶς
1 Jo 1 1 ὃ ἑωράκαμεν (vidimus) τοῖς ὀφθ. – .
ὃ ἐθεασάμεθαᵇ καὶ αἱ χεῖρες ἡμῶν
4 12 θεὸν οὐδεὶς πώποτε τεθέαται
– 14 τεθεάμεθα καὶ μαρτυροῦμεν ὅτι ὁ
πατὴρ ἀπέσταλκεν τὸν υἱὸν σωτῆρα

θεατρίζεσθαι Sº – spectaculum fieri
Hb 10 33 τοῦτο μὲν ὀνειδισμοῖς τε καὶ θλίψε-
σιν θεατριζόμενοι

θέατρον Sº – theatrum ᵇspectaculum
Act 19 29.31 ὥρμησαν – ὁμοθυμαδὸν εἰς τὸ θέατρον
1 Co 4 9 θέατρονᵇ ἐγενήθημεν τῷ κόσμῳ καὶ
ἀγγέλοις καὶ ἀνθρώποις

θεῖον sulphur Luc 17 29 „ἔβρεξεν – θεῖον"
Ap 9 17.18 14 10 19 20 20 10 21 8

θεῖος, ..α, ..ον (τὸ θεῖον Sº) divinus
Act 17 29 χρυσῷ – τὸ θεῖον εἶναι ὅμοιον
2 Pe 1 3 τῆς θείας δυνάμεως αὐτοῦ
– 4 γένησθε θείας κοινωνοὶ φύσεως

θειότης divinitas → θεότης
Rm 1 20 ἥ τε ἀΐδιος αὐτοῦ δύναμις καὶ θ.

θειώδης Sº – sulphureus Ap 9 17 θώρακας

*θέλειν (ἤθελον, ἠθέλησα) velle ᵇ(οὐ θ.)
nolle ᶜ(τὸ θ.) voluntas
Mat 7 12 ὅσα ἐὰν θέλητε ἵνα ποιῶσιν ὑμῖν

οἱ ἄνθρωποι ‖ Luc 631 καθὼς θέλετε
Mat 8 2 κύριε, ἐὰν θέλῃς, δύνασαί με καθα-
ρίσαι 3 θέλω, καθαρίσθητι ‖ Mar 140.
41 Luc 512.13
913 „ἔλεος θέλω καὶ οὐ θυσίαν" 127
1114 εἰ θέλετε δέξασθαι, αὐτός ἐστιν Ἠλί.
1528 γενηθήτω σοι ὡς θέλεις
1624 εἴ τις θέλει ὀπίσω μου ἐλθεῖν 25 ὃς
– ἐὰν θέλῃ τὴν ψυχὴν αὐτοῦ σῶσαι
‖ Mar 834.35 Luc 923.24
1712 ἐποίησαν ἐν αὐτῷ (Elia) ὅσα ἠθέ-
λησαν ‖ Mar 913 ὅσα ἤθελον
1830 ὁ δὲ οὐκ ἤθελεν^b 2129 οὐ θέλω^b
22 3 οὐκ ἤθελον^b ἐλθεῖν
1917 εἰ θέλεις εἰς τὴν ζωήν εἰσελθεῖν
21 εἰ θέλεις τέλειος εἶναι
2014 θέλω – τῷ ἐσχάτῳ δοῦναι ὡς καὶ σοί
15 οὐκ ἔξεστίν μοι ὃ θέλω ποιῆσαι
ἐν τοῖς ἐμοῖς;
– 21 τί θέλεις; 26 ὃς ἐὰν θέλῃ ἐν ὑμῖν μέ-
γας γενέσθαι 27 εἶναι πρῶτος ‖ Mar
1035.36.43.44 935
– 32 τί θέλετε ποιήσω ὑμῖν; ‖ Mar 1051
τί σοι θέλεις ποιήσω; Luc 1841
2337 ποσάκις ἠθέλησα ἐπισυναγαγεῖν τὰ
τέκνα σου, –, καὶ οὐκ ἠθελήσατε^b
(noluisti) ‖ Luc 1334^b
2639 πλὴν οὐχ ὡς ἐγὼ θέλω ἀλλ᾽ ὡς σύ
‖ Mar 1436 τί ἐγὼ θέλω ἀλλὰ τί σύ
2734 γευσάμενος οὐκ ἠθέλησεν^b πιεῖν
– 43 „ῥυσάσθω" νῦν „εἰ θέλει αὐτόν"
Mar 313 προσκαλεῖται οὓς ἤθελεν αὐτός
622 αἴτησόν με ὃ ἐὰν θέλῃς 25.26^b
724 οὐδένα ἤθελεν (vl ἠθέλησεν) γνῶναι
930 οὐκ ἤθελεν ἵνα τις γνοῖ
14 7 ὅταν θέλητε δύνασθε – εὖ ποιῆσαι
Luc 4 6 ᾧ ἐὰν θέλω δίδωμι αὐτήν
954 θέλεις εἴπωμεν „πῦρ καταβῆναι"
1024 ἠθέλησαν ἰδεῖν ἃ ὑμεῖς βλέπετε
– 29 ὁ δὲ θέλων δικαιῶσαι ἑαυτόν
1249 καὶ τί θέλω εἰ ἤδη ἀνήφθη
Joh 3 8 τὸ πνεῦμα ὅπου θέλει πνεῖ
5 6 θέλεις ὑγιὴς γενέσθαι;
– 21 καὶ ὁ υἱὸς οὓς θέλει ζωοποιεῖ
– 40 οὐ θέλετε ἐλθεῖν πρός με ἵνα ζωήν
667 μὴ καὶ ὑμεῖς θέλετε ὑπάγειν;
717 ἐάν τις θέλῃ τὸ θέλημα αὐτοῦ ποι-
εῖν, γνώσεται περὶ τῆς διδαχῆς
15 7 ὃ ἐὰν θέλητε αἰτήσασθε, καὶ γενή-.
1724 θέλω ἵνα ὅπου εἰμὶ ἐγὼ κἀκεῖνοι
21 18 περιεπάτεις ὅπου ἤθελες˙ – σε ζώσει
καὶ οἴσει ὅπου οὐ θέλεις

Joh 2123 ἐὰν αὐτὸν θέλω μένειν ἕως ἔρχομαι
Act 1821 ἀνακάμψω – τοῦ θεοῦ θέλοντος
Rm 113 οὐ θέλω^b – ὑμᾶς ἀγνοεῖν 1125^b 1 Co
101^b 121^b 2 Co 18 1 Th 413^b – 1 Co
113 θέλω – ὑμᾶς εἰδέναι Col 21
715 οὐ γὰρ ὃ θέλω τοῦτο πράσσω 16 εἰ
δὲ ὃ οὐ θέλω^b τοῦτο ποιῶ 18 τὸ –
θέλειν παράκειταί μοι 19 οὐ γὰρ ὃ
θέλω ποιῶ ἀγαθόν, ἀλλὰ ὃ οὐ θέλω^b
κακόν 20 εἰ δὲ ὃ οὐ θέλω^b [ἐγὼ] τοῦ-
το ποιῶ 21 εὑρίσκω – τὸν νόμον τῷ
θέλοντι ἐμοὶ ποιεῖν τὸ καλόν
916 οὐ τοῦ θέλοντος οὐδὲ τοῦ τρέχον-
τος, ἀλλὰ τοῦ ἐλεῶντος θεοῦ
– 18 ἄρα οὖν ὃν θέλει ἐλεεῖ, ὃν δὲ θέλει
„σκληρύνει"
– 22 θέλων ὁ θεὸς ἐνδείξασθαι τὴν ὀργήν
13 3 θέλεις – μὴ φοβεῖσθαι τὴν ἐξουσίαν
1619 θέλω – ὑμᾶς σοφοὺς εἶναι εἰς τὸ ἀ-
γαθόν, ἀκεραίους δὲ εἰς τὸ κακόν
1 Co 419 ἐὰν ὁ κύριος θελήσῃ
732 θέλω δὲ ὑμᾶς ἀμερίμνους εἶναι
1218 ἔθετο τ. μέλη – καθὼς ἠθέλησεν 1538
2 Co 5 4 ἐφ᾽ ᾧ οὐ θέλομεν^b ἐκδύσασθαι
810 οὐ μόνον τὸ ποιῆσαι ἀλλὰ καὶ τὸ
θέλειν (velle) προενήρξασθε 11 καθ-
άπερ ἡ προθυμία τοῦ θέλειν^c
1220 μή πως ἐλθὼν οὐχ οἵους θέλω εὕρω
ὑμᾶς, κἀγὼ εὑρεθῶ ὑμῖν οἷον οὐ θέλ.
Gal 4 9 στοιχεῖα, οἷς πάλιν – δουλεύειν θέ-
λετε 21 ὑπὸ νόμον θέλοντες εἶναι
517 ἵνα μὴ ἃ ἐὰν θέλητε ταῦτα ποιῆτε
Phl 213 ὁ ἐνεργῶν ἐν ὑμῖν καὶ τὸ θέλειν
(velle) καὶ τὸ ἐνεργεῖν
Col 127 οἷς ἠθέλησεν ὁ θεὸς γνωρίσαι
218 θέλων ἐν ταπεινοφροσύνη
2 Th 310 εἴ τις οὐ θέλει ἐργάζεσθαι
1 Ti 1 7 θέλοντες εἶναι νομοδιδάσκαλοι
2 4 ὃς πάντας ἀνθρώπους θέλει σωθῆναι
Hb 10 5 „θυσίαν – οὐκ ἠθέλησας^b" 8^b
Jac 415 ἐὰν ὁ κύριος θελήσῃ, καὶ ζήσομεν
1 Pe 310 „ὁ – θέλων ζωὴν ἀγαπᾶν"
– 17 εἰ θέλοι τὸ θέλημα τοῦ θεοῦ
2 Pe 3 5 λανθάνει – αὐτοὺς τοῦτο θέλοντας ὅτι
Ap 221 οὐ θέλει μετανοῆσαι ἐκ τῆς πορνείας
2217 ὁ θέλων λαβέτω „ὕδωρ ζωῆς"

θέλημα voluntas → βούλημα
Mat 610 γενηθήτω τὸ θ. σου, ὡς ἐν οὐρανῷ
721 ἀλλ᾽ ὁ ποιῶν τὸ θ. τοῦ πατρός μου
1250 ὅστις – ἂν ποιήσῃ τὸ θέλημα τοῦ πα-
τρός μου ‖ Mar 335˙ θελ. τοῦ θεοῦ

Mat 18₁₄ οὐκ ἔστιν θ. ἔμπροσθεν τοῦ πατρ. ὑμ.
21₃₁ τίς – ἐποίησεν τὸ θέλ. τοῦ πατρός;
26₄₂ γενηθήτω τὸ θ. σου ‖ Luc 22₄₂ μὴ
τὸ θέλημά μου ἀλλὰ τὸ σὸν γινέσθω
Luc 12₄₇ ὁ γνοὺς τὸ θέλημα τοῦ κυρίου – καὶ
μὴ – ποιήσας πρὸς τὸ θέλημα αὐτοῦ
23₂₅ παρέδωκεν τῷ θελήματι αὐτῶν
Joh 1₁₃ οἳ – οὐδὲ ἐκ θελήματος σαρκὸς οὐδὲ
ἐκ θελήματος ἀνδρὸς – ἐγεννήθησαν
4₃₄ ἐμὸν βρῶμά ἐστιν ἵνα ποιήσω τὸ θέ-
λημα τοῦ πέμψαντός με
5₃₀ οὐ ζητῶ τὸ θ. τὸ ἐμὸν ἀλλὰ τὸ θέλ.
τοῦ πέμψαντός με 6₃₈.₃₉ τοῦτο δέ
ἐστιν τὸ θέλημα τοῦ πέμψαντός με
40 τὸ θέλημα τοῦ πατρός μου
7₁₇ ἐάν τις θέλῃ τὸ θέλημα αὐτοῦ ποιεῖν
9₃₁ ἐάν τις – τὸ θέλημα αὐτοῦ ποιῇ
Act 13₂₂ ὃς „ποιήσει πάντα τὰ θελήματά μου"
21₁₄ τοῦ κυρίου τὸ θέλημα γινέσθω
22₁₄ γνῶναι τὸ θέλημα αὐτοῦ καὶ ἰδεῖν
Rm 1₁₀ εἴ πως – εὐοδωθήσομαι ἐν τῷ θελή-
ματι τοῦ θεοῦ ἐλθεῖν πρὸς ὑμᾶς
2₁₈ εἰ δὲ σὺ Ἰουδαῖος – γινώσκεις τὸ θέλ.
12₂ τί τὸ θέλ. τοῦ θεοῦ, τὸ ἀγαθὸν –
καὶ τέλειον (vg bona – et perfecta)
15₃₂ ἐλθὼν πρὸς ὑμᾶς διὰ θ..τος θεοῦ
1 Co 1₁ ἀπόστολος – διὰ θελήματος θεοῦ 2 Co
1₁ Eph 1₁ Col 1₁ 2 Ti 1₁
7₃₇ ἐξουσίαν – ἔχει περὶ τοῦ ἰδίου θ..τος
16₁₂ πάντως οὐκ ἦν θέλημα ἵνα νῦν ἔλθῃ
2 Co 8₅ ἑαυτοὺς ἔδωκαν πρῶτον τῷ κυρίῳ
καὶ ἡμῖν διὰ θελήματος θεοῦ
Gal 1₄ κατὰ τὸ θέλημα τοῦ θεοῦ καὶ πατρός
Eph 1₅ κατὰ τὴν εὐδοκίαν τοῦ θ..τος αὐτοῦ
– 9 τὸ μυστήριον τοῦ θελήματος αὐτοῦ
– 11 κατὰ τὴν βουλὴν τοῦ θελήμ. αὐτοῦ
2₃ ποιοῦντες τὰ θελήματα (voluntatem)
τῆς σαρκὸς καὶ τῶν διανοιῶν
5₁₇ ἀλλὰ συνίετε τί τὸ θέλ. τοῦ κυρίου
6₆ ποιοῦντες τὸ θέλ. τ. θεοῦ ἐκ ψυχῆς
Col 1₉ ἵνα πληρωθῆτε τὴν ἐπίγνωσιν τοῦ
θελήματος αὐτοῦ ἐν πάσῃ σοφίᾳ
4₁₂ τέλειοι – ἐν παντὶ θελήματι τοῦ θεοῦ
1 Th 4₃ τοῦτο γάρ ἐστιν θέλημα τοῦ θεοῦ, ὁ
ἁγιασμὸς ὑμῶν 5₁₈ τοῦτο γὰρ θέλη-
μα θεοῦ ἐν Χῷ Ἰησοῦ εἰς ὑμᾶς
2 Ti 2₂₆ ἐζωγρημένοι – εἰς τὸ ἐκείνου θέλημα
Hb 10₇ „τοῦ ποιῆσαι ὁ θεὸς τὸ θέλ. σου" 9
– 10 ἐν ᾧ „θελήματι" ἡγιασμένοι ἐσμὲν
– 36 ἵνα τὸ θέλημα τοῦ θεοῦ ποιήσαντες
13₂₁ εἰς τὸ ποιῆσαι τὸ θέλημα αὐτοῦ
1 Pe 2₁₅ οὕτως ἐστὶν τὸ θέλημα τοῦ θεοῦ

1 Pe 3₁₇ εἰ θέλοι τὸ θέλ. τοῦ θεοῦ, πάσχειν
4₂ ἀλλὰ θελήματι θεοῦ – βιῶσαι (3 vl)
– 19 οἱ πάσχοντες κατὰ τὸ θέλ. τοῦ θεοῦ
2 Pe 1₂₁ οὐ – θελήματι ἀνθρώπου ἠνέχθη προ-
φητεία ποτέ
1 Jo 2₁₇ ὁ δὲ ποιῶν τὸ θέλημα τ. θεοῦ μένει
5₁₄ ἐάν τι αἰτώμεθα κατὰ τὸ θέλ. αὐτοῦ
Ap 4₁₁ διὰ τὸ θέλ. σου ἦσαν καὶ ἐκτίσθησαν

θέλησις voluntas Hb 2₄ κατὰ τὴν αὐτοῦ θέλ.

θεμέλιος et θεμέλιον fundamentum
Luc 6₄₈ ἔθηκεν θεμέλιον ἐπὶ τὴν πέτραν
– 49 οἰκίαν ἐπὶ τὴν γῆν χωρὶς θεμελίου
14₂₉ θέντος αὐτοῦ θ..ον καὶ μὴ ἰσχύοντος
Act 16₂₆ σαλευθῆναι τὰ θεμ. τοῦ δεσμωτηρίου
Rm 15₂₀ ἵνα μὴ ἐπ' ἀλλότριον θ..ον οἰκοδομῶ
1 Co 3₁₀ θ..ον ἔθηκα, ἄλλος δὲ ἐποικοδομεῖ
– 11 θεμέλιον – ἄλλον οὐδεὶς δύναται θεῖ-
ναι 12 εἰ δέ τις ἐποικοδομεῖ ἐπὶ τὸν
θεμέλιον χρυσόν, – χαλάμην
Eph 2₂₀ ἐπὶ τῷ θεμελίῳ τῶν ἀποστόλων
1 Ti 6₁₉ ἀποθησαυρίζοντας ἑαυτοῖς θεμέλιον
καλὸν εἰς τὸ μέλλον
2 Ti 2₁₉ ὁ – στερεὸς θεμέλ. τοῦ θεοῦ ἕστηκεν
Hb 6₁ μὴ πάλιν θεμέλιον καταβαλλόμενοι
μετανοίας ἀπὸ νεκρῶν ἔργων
11₁₀ τὴν τοὺς θεμελίους ἔχουσαν πόλιν
Ap 21₁₄ τεῖχος – ἔχων θεμελίους δώδεκα 19

θεμελιοῦν fundare
Mat 7₂₅ τεθεμελίωτο γὰρ ἐπὶ τὴν πέτραν (Luc
6₄₈ vl et vg)
Eph 3₁₇ ἐν ἀγάπῃ – τεθεμελιωμένοι Col 1₂₃
τῇ πίστει τεθεμελιωμένοι καὶ ἑδραῖοι
Hb 1₁₀ „κατ' ἀρχὰς – τὴν γῆν ἐθεμελίωσας"
1 Pe 5₁₀ σθενώσει, θεμελιώσει (vl° vg°)

θεοδίδακτοί ἐστε S° – a deo didicistis
1 Th 4₉ αὐτοὶ – θ..οί ἐστε εἰς τὸ ἀγαπᾶν

θεομάχος S° – qui deo repugnat
Act 5₃₉ μήποτε καὶ θεομάχοι εὑρεθῆτε

θεόπνευστος S° – divinitus inspiratus
2 Ti 3₁₆ πᾶσα γραφὴ θεόπνευστος καὶ ὠφέ-
λιμος πρὸς διδασκαλίαν

θεός, ἡ S° – dea Act 19₃₇ τὴν θεὸν ἡμῶν

*θεός, ὁ – θεοί Deus – dii
sub titulis hic latius scriptis (ἀγα-

πᾶν, ἀγάπη aliisque) has quaeras
dictiones:

ἀγαπᾶν τὸν θεόν | ἀγάπη τοῦ θεοῦ
ἄγγελος, ἄγγελοι τοῦ θεοῦ
αἰνεῖν τὸν θεόν | ἀλήθεια τοῦ θεοῦ
βασιλεία τοῦ θεοῦ | δεξιὰ τοῦ θεοῦ
δικαιοσύνη τοῦ θεοῦ
δόξα τοῦ θεοῦ | δοξάζειν τὸν θεόν
δύναμις τοῦ θεοῦ | ἐκκλησία τοῦ θ.
ἔμπροσθεν, ἐναντίον, ἔναντι, κατ-
  έναντι, ἐνώπιον τοῦ θεοῦ
ἐντολή, ἐντολαὶ τοῦ θεοῦ
εὐαγγέλιον τοῦ θεοῦ
εὐλογεῖν τὸν θ. | εὐχαριστεῖν τῷ θ.
ὁ θεὸς ὁ ζῶν → ζῆν
θέλημα τοῦ θεοῦ | θρόνος τοῦ θεοῦ
θυμὸς τοῦ θεοῦ
κύριος ὁ θεός (σου κτλ.)
λόγος, λόγοι τοῦ θ. | ναὸς τοῦ θεοῦ
ὁδὸς τοῦ θεοῦ | οἶκος τοῦ θεοῦ
ὀργὴ τοῦ θεοῦ | θεός cum πατήρ
πνεῦμα, πνεύματα θεοῦ
σέβεσθαι τὸν θεόν | στόμα θεοῦ
τέκνον, τέκνα τ. θ. | υἱός, υἱοὶ τ. θ.
φοβεῖσθαι τὸν θ. | φόβος τοῦ θεοῦ
χάρις τοῦ θεοῦ, παρὰ θεῷ, χάρις θεῷ

Mat 1 23 „Ἐμμανουήλ — μεθ᾽ ἡμῶν ὁ θεός“
  3 9 δύναται ὁ θεὸς ἐκ τῶν λίθων – ἐγεῖ-
      ραι τέκνα τῷ Ἀβραάμ | Luc 3 8
  5 8 ὅτι αὐτοὶ τὸν θεὸν ὄψονται
  6 24 οὐ δύνασθε θεῷ δουλεύειν καὶ μαμω-
      νᾷ || Luc 16 13
 – 30 εἰ δὲ τὸν χόρτον τοῦ ἀγροῦ – ὁ θεὸς
      οὕτως ἀμφιέννυσιν || Luc 12 28
 15 4 ὁ – θεὸς εἶπεν· „τίμα τὸν πατέρα“
 16 23 οὐ φρονεῖς τὰ τοῦ θεοῦ || Mar 8 33
 19 6 ὃ οὖν ὁ θεὸς συνέζευξεν || Mar 10 9
 – 26 „παρὰ δὲ θεῷ πάντα δυνατά“ || Mar
      10 27 παρὰ ἀνθρώποις ἀδύνατον, ἀλλ᾽
      οὐ παρὰ θεῷ· πάντα γὰρ δυν. π. τῷ
      θεῷ Luc 18 27 – 1 37 „οὐκ ἀδυνατή-
      σει παρὰ τοῦ θεοῦ πᾶν ῥῆμα“
 21 12 εἰς τὸ ἱερόν (vl + τοῦ θεοῦ vg dei)
 22 21 ἀπόδοτε – τὰ τοῦ θεοῦ τῷ θεῷ || Mar
      12 17 Luc 20 25
 – 31 τὸ ῥηθὲν ὑμῖν ὑπὸ τοῦ θεοῦ
 – 32 „ἐγώ εἰμι ὁ θεὸς Ἀβραάμ κτλ.; οὐκ
      ἔστιν [ὁ] θ. νεκρῶν ἀλλὰ ζώντων ||
      Mar 12 26.27 Luc 20 37.38 → Act 3 13
 27 43 „πέποιθεν ἐπὶ τὸν θεόν, ῥυσάσθω“
 – 46 „θεέ μου θεέ μου, ἱνατί με ἐγκατέ-
      λιπες;“ || Mar 15 34 ὁ θεός μου

Mar 1 24 οἶδά σε τίς εἶ, ὁ ἅγιος τοῦ θεοῦ ||
      Luc 4 34 → Joh 6 69 ὅτι σὺ εἶ ὁ
  2 7 τίς δύναται ἀφιέναι ἁμαρτίας εἰ μὴ
      εἷς ὁ θ.; || Luc 5 21 μόνος ὁ θεός;
  5 7 ὁρκίζω σε τὸν θ., μή με βασανίσῃς
 10 18 οὐδεὶς ἀγαθὸς εἰ μὴ εἷς ὁ θεός (Mat
      19 17 vl vg) Luc 18 19 ὁ θεός
 11 22 λέγει αὐτοῖς· ἔχετε πίστιν θεοῦ
 13 19 κτίσεως ἣν ἔκτισεν ὁ θεός
Luc 1 26 ἀπεστάλη – Γαβριὴλ ἀπὸ τοῦ θεοῦ
 – 47 „ἐπὶ τῷ θεῷ τῷ σωτῆρί μου“
 – 68 „κύριος ὁ θεὸς τοῦ Ἰσραήλ“
 – 78 διὰ σπλάγχνα ἐλέους θεοῦ ἡμῶν
  2 14 δόξα ἐν ὑψίστοις θεῷ
  3 2 ἐγένετο ῥῆμα θεοῦ ἐπὶ Ἰωάννην
 – 6 „ὄψεται πᾶσα σὰρξ τὸ σωτήριον τοῦ
      θεοῦ“ Act 28 28 „τοῖς ἔθνεσιν“ ἀπε-
      στάλη τοῦτο „τὸ σωτήριον τοῦ θεοῦ“
 – 38 τοῦ Σὴθ τοῦ Ἀδὰμ τοῦ θεοῦ
  6 12 διανυκτερεύ. ἐν τῇ προσευχῇ τοῦ θ.
  7 16 ἐπεσκέψατο ὁ θεὸς τὸν λαὸν αὐτοῦ
 – 29 καὶ οἱ τελῶναι ἐδικαίωσαν τὸν θεόν
 – 30 τὴν βουλὴν τοῦ θεοῦ ἠθέτησαν εἰς
  8 39 διηγοῦ ὅσα σοι ἐποίησεν ὁ θεός
  9 20 Πέτρ.— εἶπεν· τὸν χριστὸν τοῦ θεοῦ
 – 43 ἐξεπλήσσοντο – πάντες ἐπὶ τῇ μεγα-
      λειότητι τοῦ θεοῦ → Act 2 11
 11 20 εἰ – ἐν δακτύλῳ θεοῦ [ἐγὼ] ἐκβάλλω
 – 49 ἡ σοφία τοῦ θεοῦ εἶπεν· ἀποστελῶ
 12 20 εἶπεν – αὐτῷ ὁ θεός· ἄφρων, ταύτῃ
 – 21 οὕτως ὁ – μὴ εἰς θεὸν πλουτῶν
 – 24 ὁ θ. τρέφει αὐτούς (sc τοὺς κόρακ.)
 16 15 ὁ δὲ θ. γινώσκει τὰς καρδίας ὑμῶν
 17 18 δοῦναι δόξαν τῷ θεῷ εἰ μὴ ὁ ἄλλος.
 18 7 ὁ δὲ θεὸς οὐ μὴ ποιήσῃ τὴν ἐκδίκη-
      σιν τῶν ἐκλεκτῶν αὐτοῦ –;
 – 11 ὁ θεός, εὐχαριστῶ σοι 13 ὁ θεός, ἱλά-
      σθητί μοι τῷ ἁμαρτωλῷ
 – 43 πᾶς ὁ λαὸς – ἔδωκεν αἶνον τῷ θεῷ
 23 35 σωσάτω ἑαυτόν, εἰ οὗτός ἐστιν ὁ χρι-
      στὸς τοῦ θεοῦ, ὁ ἐκλεκτός
Joh 1 1 ὁ λόγος ἦν πρὸς τὸν θεόν, καὶ θεὸς
      ἦν ὁ λόγος 2 οὗτος ἦν ἐν ἀρχῇ πρὸς
      τὸν θεόν Ap 19 13 ὁ λόγος τοῦ θεοῦ
 – 6 ἄνθρωπος, ἀπεσταλμένος παρὰ θεοῦ
 – 13 οἳ – ἐκ θεοῦ ἐγεννήθησαν
 – 18 θεὸν οὐδεὶς ἑώρακεν πώποτε· μονο-
      γενὴς θεὸς (vl ὁ μονογενὴς υἱὸς vg)
      –, ἐκεῖνος ἐξηγήσατο (vl + ἡμῖν)
 – 29 ἴδε ὁ ἀμνὸς τοῦ θεοῦ ὁ αἴρων 36
  3 2 ἀπὸ θεοῦ ἐλήλυθας διδάσκαλος·
      ἐὰν μὴ ᾖ ὁ θεὸς μετ᾽ αὐτοῦ

Joh 3 16 οὕτως – ἠγάπησεν ὁ θεὸς τὸν κόσμον
17 οὐ γὰρ ἀπέστειλεν ὁ θεὸς τὸν
υἱὸν – ἵνα κρίνῃ τὸν κόσμον
– 21 ὅτι ἐν θεῷ ἐστιν εἰργασμένα
– 33 ἐσφράγισεν ὅτι ὁ θεὸς ἀληθής ἐστιν
34 ὃν – ἀπέστειλεν ὁ θεὸς τὰ ῥήματα
τοῦ θεοῦ λαλεῖ· οὐ γὰρ ἐκ μέτρου
δίδωσιν (vl + ὁ θεὸς vg) τὸ πνεῦμα
4 10 εἰ ᾔδεις τὴν δωρεὰν τοῦ θεοῦ
– 24 πνεῦμα ὁ θ., καὶ τοὺς προσκυνοῦν.
5 18 ὅτι – καὶ πατέρα ἴδιον ἔλεγεν τὸν
θεόν, ἴσον ἑαυτὸν ποιῶν τῷ θεῷ
– 44 τὴν δόξαν τὴν παρὰ τοῦ μόνου θεοῦ
οὐ ζητεῖτε; → δόξα Joh 12 43
6 27 τοῦτον – ὁ πατὴρ ἐσφράγισεν ὁ θεός
– 28 τί ποιῶμεν ἵνα ἐργαζώμεθα τὰ ἔργα
τοῦ θεοῦ; 29 τοῦτό ἐστιν τὸ ἔργον
τοῦ θεοῦ, ἵνα πιστεύητε
– 33 ὁ – ἄρτος τοῦ θ. ἐστιν ὁ καταβαίνων
– 45 „ἔσονται πάντες διδακτοὶ θεοῦ"
– 46 ὁ ὢν παρὰ τοῦ θ., – ἑώρακεν τ. πατ.
– 69 ἐγνώκαμεν ὅτι σὺ εἶ ὁ ἅγιος τοῦ θεοῦ
(vl ὁ υἱὸς τοῦ θεοῦ vg)
7 17 διδαχῆς, πότερον ἐκ τοῦ θεοῦ ἐστιν
8 40 ἀλήθειαν –, ἣν ἤκουσα παρὰ τοῦ θ.
– 41 ἕνα πατέρα ἔχομεν τὸν θεόν 42 εἰ ὁ
θεὸς πατὴρ ὑμῶν ἦν
– 42 ἐγὼ – ἐκ τοῦ θεοῦ ἐξῆλθον 47 ὁ ὢν
ἐκ τοῦ θεοῦ τὰ ῥήματα τοῦ θεοῦ ἀ-
κούει· – ὑμεῖς οὐκ ἀκούετε, ὅτι ἐκ
τοῦ θεοῦ οὐκ ἐστέ 54 ὃν ὑμεῖς λέγε-
τε ὅτι θεὸς ἡμῶν ἐστιν
9 3 ἵνα φανερωθῇ τὰ ἔργα τοῦ θεοῦ ἐν
– 16 οὐκ ἔστιν – παρὰ θεοῦ ὁ ἄνθρωπος
– 24 δὸς δόξαν τῷ θεῷ → δόξα, δοξάζειν
– 29 ὅτι Μωϋσεῖ λελάληκεν ὁ θεός
– 31 ὅτι ἁμαρτωλῶν ὁ θεὸς οὐκ ἀκούει
– 33 εἰ μὴ ἦν οὗτος παρὰ θεοῦ
10 33 σὺ ἄνθρωπος ὢν ποιεῖς σεαυτὸν θεόν
34 „ἐγὼ εἶπα· θεοί ἐστε" 35 εἰ ἐκεί-
νους εἶπεν θεοὺς πρὸς οὓς ὁ λόγος
τοῦ θεοῦ ἐγένετο → λόγος
11 22 νῦν οἶδα ὅτι ὅσα ἂν αἰτήσῃ τὸν θεὸν
δώσει σοι ὁ θεός
13 3 ὅτι ἀπὸ θεοῦ ἐξῆλθεν καὶ πρὸς τὸν
θεὸν ὑπάγει· – 16 27.30
14 1 πιστεύετε εἰς τὸν θεόν, καὶ εἰς ἐμέ
16 2 δόξῃ λατρείαν προσφέρειν τῷ θεῷ
17 3 γινώσκ. σὲ τὸν μόνον ἀληθινὸν θεόν
20 17 ἀναβαίνω πρὸς τὸν – θεόν μου καὶ
θεὸν ὑμῶν
– 28 ὁ κύριός μου καὶ ὁ θεός μου

Act 2 11 λαλούντων – τὰ μεγαλεῖα τοῦ θεοῦ
– 17 λέγει ὁ θ., „ἐκχεῶ ἀπὸ τοῦ πνεύμ."
– 22 ἀποδεδειγμένον ἀπὸ τοῦ θεοῦ – ση-
μείοις, οἷς ἐποίησεν – ὁ θεός
– 23 τῇ ὡρισμένῃ βουλῇ καὶ προγνώσει
τοῦ θεοῦ ἔκδοτον
– 24 ὃν ὁ θεὸς ἀνέστησεν 32 3 15 ἤγει-
ρεν 26 4 10 10 40 13 30.37
– 30 εἰδὼς ὅτι – „ὤμοσεν αὐτῷ" ὁ θεός
– 36 ὅτι καὶ κύριον αὐτὸν καὶ χριστὸν ἐ-
ποίησεν ὁ θεός
3 13 „ὁ θεὸς Ἀβραὰμ –, ὁ θεὸς τῶν πα-
τέρων ἡμῶν" 5 30 7 32 22 14
– 18 ὁ δὲ θεὸς ἃ προκατήγγειλεν 21
– 25 τῆς διαθήκης ἧς διέθετο ὁ θεός
4 19 ὑμῶν ἀκούειν μᾶλλον ἢ τοῦ θεοῦ
– 24 ἦραν φωνὴν πρὸς τὸν θεόν
5 4 οὐκ ἐψεύσω ἀνθρώποις ἀλλὰ τῷ θεῷ
– 29 πειθαρχεῖν δεῖ θεῷ μᾶλλον ἢ ἀνθρ.
– 31 τοῦτον ὁ θεὸς – σωτῆρα ὕψωσεν
– 32 τὸ πνεῦμα – ὃ ἔδωκεν ὁ θεός
– 39 εἰ δὲ ἐκ θεοῦ ἐστιν (sc τὸ ἔργον)
6 11 βλάσφημα εἰς Μωϋσῆν καὶ τὸν θεόν
7 2 „ὁ θεὸς τῆς δόξης" ὤφθη – Ἀβραὰμ
– 6 ἐλάλησεν – οὕτως ὁ θεός 7
– 9 „ἦν ὁ θεὸς μετ' αὐτοῦ" 10 38 (Jes.)
– 17 τῆς ἐπαγγελίας ἧς ὡμολόγησεν ὁ θ.
– 20 ἦν „ἀστεῖος" τῷ θεῷ (Moses)
– 25 ὅτι ὁ θεὸς – δίδωσιν σωτηρίαν αὐτοῖς
– 35 τοῦτον ὁ θ. – λυτρωτὴν ἀπέσταλκεν
– 40 „ποίησον ἡμῖν θεοὺς οἳ προπορεύ."
– 42 ἔστρεψεν δὲ ὁ θεὸς καὶ παρέδωκεν
– 43 „τὸ ἄστρον τοῦ θεοῦ [ὑμῶν] Ῥαιφάν"
– 45 τῶν ἐθνῶν, ὧν ἐξῶσεν ὁ θεός
8 20 ὅτι τὴν δωρεὰν τοῦ θεοῦ ἐνόμισας
διὰ χρημάτων κτᾶσθαι
10 2 καὶ δεόμενος τοῦ θεοῦ διὰ παντός
– 15 ἃ ὁ θεὸς ἐκαθάρισεν σὺ μὴ 11 9
– 28 κἀμοὶ ὁ θεὸς ἔδειξεν μηδένα κοινόν
– 34 „οὐκ ἔστιν προσωπολήμπτης ὁ
θεός" Rm 2 11 οὐ γάρ ἐστιν πρ..ψία
παρὰ τῷ θεῷ Gal 2 6 „πρόσωπον [ὁ]
θεὸς" ἀνθρώπου „οὐ λαμβάνει"
– 38 „ἔχρισεν" αὐτὸν „θεὸς πνεύματι"
– 41 προκεχειροτονημένοις ὑπὸ τοῦ θεοῦ
– 42 ὡρισμένος ὑπὸ τοῦ θεοῦ κριτής
– 46 μεγαλυνόντων τὸν θεόν
11 17 εἰ – τὴν ἴσην δωρεὰν ἔδωκεν αὐτοῖς
ὁ θεὸς –, ἐγὼ τίς ἤμην δυνατὸς κω-
λῦσαι τὸν θεόν;
– 18 καὶ τοῖς ἔθνεσιν ὁ θεὸς τὴν μετάνοι-
αν εἰς ζωὴν ἔδωκεν

Act 12 5 προσευχή – πρὸς τὸν ϑ. περὶ αὐτοῦ
– 22 ϑεοῦ φωνὴ καὶ οὐκ ἀνϑρώπου
– 23 οὐκ ἔδωκεν τὴν δόξαν τῷ ϑεῷ
1317 ὁ ϑεὸς τοῦ λαοῦ τούτου Ἰσραήλ
– 21 ἔδωκεν αὐτοῖς ὁ ϑεὸς τὸν Σαούλ
– 23 ὁ ϑεὸς – ἤγαγεν – σωτῆρα Ἰησοῦν
– 33 ταύτην (sc τὴν ἐπαγγελίαν) ὁ ϑεὸς
    ἐκπεπλήρωκεν – ἀναστήσας Ἰησοῦν
– 36 „Δαυὶδ" – τῇ τ. ϑ. βουλῇ „ἐκοιμήϑη"
1411 οἱ ϑεοὶ ὁμοιωϑέντες ἀνϑρώποις κατ-
    έβησαν πρὸς ἡμᾶς
– 27 ὅσα ἐποίησεν ὁ ϑεὸς μετ' αὐτῶν 154
    – 12 σημεῖα – δι' αὐτῶν
15 7 ἐξελέξατο ὁ ϑεὸς διὰ τοῦ στόματός
    μου ἀκοῦσαι τὰ ἔϑνη τὸν λόγον
– 8 ὁ καρδιογνώστης ϑεὸς ἐμαρτύρησεν
– 10 νῦν οὖν τί πειράζετε τὸν ϑεόν – ;
– 14 ὁ ϑεὸς ἐπεσκέψατο λαβεῖν – λαόν
– 19 τοῖς ἀπὸ τῶν ἐϑνῶν ἐπιστρέφουσιν
    ἐπὶ τὸν ϑεὸν 2618.20
1610 ὅτι προσκέκληται ἡμᾶς ὁ ϑεὸς
– 17 δοῦλοι τοῦ ϑεοῦ τοῦ ὑψίστου εἰσίν
– 25 προσευχόμενοι ὕμνουν τὸν ϑεόν
– 34 πανοικεὶ πεπιστευκὼς τῷ ϑεῷ
1723 ἐν ᾧ ἐπεγέγραπτο· ἀγνώστῳ ϑεῷ
– 24 „ὁ ϑεὸς ὁ ποιήσας" τὸν κόσμον
– 27 ζητεῖν τὸν ϑεόν, εἰ ἄρα γε ψηλαφήσ.
– 29 γένος οὖν ὑπάρχοντες τοῦ ϑεοῦ
– 30 ὑπεριδὼν ὁ ϑεὸς τὰ νῦν παραγγέλλει
1821 ἀνακάμψω – τοῦ ϑεοῦ ϑέλοντος
1911 δυνάμεις – ὁ ϑ. ἐποίει διὰ – Παύλου
– 26 οὐκ εἰσὶν ϑεοὶ οἱ διὰ χειρῶν γινόμεν.
2021 διαμαρτυρ. – τὴν εἰς ϑεὸν μετάνοιαν
– 27 ἀναγγεῖλαι πᾶσαν τὴν βουλὴν τ. ϑ.
– 28 ποιμαίνειν „τὴν ἐκκλησίαν τοῦ ϑεοῦ"
2119 ὧν ἐποίησεν ὁ ϑεὸς ἐν τοῖς ἔϑνεσιν
22 3 ζηλωτὴς ὑπάρχων τοῦ ϑεοῦ καϑὼς
    πάντες ὑμεῖς
23 1 συνειδήσει ἀγαϑῇ πεπολίτευμαι τῷ
    ϑεῷ ἄχρι ταύτης τῆς ἡμέρας
– 3 τύπτειν σε μέλλει ὁ ϑεός
– 4 τὸν ἀρχιερέα τοῦ ϑεοῦ λοιδορεῖς;
2414 λατρεύω τῷ πατρῴῳ ϑεῷ 15 ἐλπίδα
    ἔχων εἰς τὸν ϑεόν 16 ἄσκω ἀπρόσ-
    κοπον συνείδησιν ἔχειν πρὸς τὸν ϑ.
26 6 ἐπαγγελίας γενομένης ὑπὸ τοῦ ϑεοῦ
– 8 ἄπιστον – εἰ ὁ ϑεὸς νεκροὺς ἐγείρει;
– 22 ἐπικουρίας – τυχὼν τῆς ἀπὸ τοῦ ϑεοῦ
– 29 εὐξαίμην ἂν τῷ ϑεῷ
2724 κεχάρισταί σοι ὁ ϑεὸς πάντας τοὺς
– 25 πιστεύω – τῷ ϑεῷ ὅτι οὕτως ἔσται
28 6 μεταβαλόμ. ἔλεγον αὐτὸν εἶναι ϑεόν

Act 2828 τοῦτο „τὸ σωτήριον τ. ϑ." → Luc 36
Rm 1 7 τοῖς – ἐν Ῥώμη ἀγαπητοῖς ϑεοῦ
– 9 μάρτυς – μού ἐστιν ὁ ϑεός Phl 18
    1 Th 25 ϑεὸς μάρτυς 10 ὑμεῖς μάρ-
    τυρες καὶ ὁ ϑεὸς – 2 Co 123 μάρ-
    τυρα τὸν ϑεὸν ἐπικαλοῦμαι
– 19 τὸ γνωστὸν τοῦ ϑ. φανερόν ἐστιν ἐν
    αὐτοῖς· ὁ ϑεὸς – αὐτοῖς ἐφανέρωσεν
– 21 γνόντες τὸν ϑεὸν οὐχ ὡς ϑεὸν ἐδό-
    ξασαν ἢ ηὐχαρίστησαν
– 23 τὴν δόξαν τοῦ ἀφϑάρτου ϑεοῦ
– 24 παρέδωκεν αὐτοὺς ὁ ϑεὸς – εἰς ἀκα-
    ϑαρσίαν 26 εἰς πάϑη ἀτιμίας 28 καϑ-
    ὼς οὐκ ἐδοκίμασαν τὸν ϑεὸν ἔχειν
    ἐν ἐπιγνώσει, παρέδωκεν αὐτοὺς ὁ
    ϑεὸς εἰς ἀδόκιμον νοῦν
– 32 τὸ δικαίωμα τοῦ ϑεοῦ ἐπιγνόντες
2 2 τὸ κρίμα τοῦ ϑ. ἐστιν κατὰ ἀλήϑει-
    αν 3 ὅτι σὺ ἐκφεύξῃ τὸ κρ. τοῦ ϑ.;
– 4 ἀγνοῶν ὅτι τὸ χρηστὸν τοῦ ϑεοῦ εἰς
    μετάνοιάν σε ἄγει;
– 5 ὀργὴν ἐν ἡμέρᾳ ὀργῆς καὶ ἀποκα-
    λύψεως δικαιοκρισίας τοῦ ϑεοῦ
– 11 οὐ – προσωπολ. Gal 26 → Act 1034
– 13 οὐ γὰρ οἱ ἀκροαταὶ νόμου δίκαιοι
    παρὰ [τῷ] ϑεῷ
– 16 ἐν ἡμέρᾳ ὅτε κρίνει ὁ ϑεὸς τὰ κρυ-
    πτὰ τῶν ἀνϑρώπων
– 17 εἰ – σὺ Ἰουδαῖος – καυχᾶσαι ἐν ϑεῷ
– 23 διὰ τῆς παραβάσεως – τὸν ϑεὸν ἀτι-
    μάζεις; 24 „τὸ – ὄνομα τοῦ ϑεοῦ δι'
    ὑμᾶς βλασφημεῖται" 29 ὁ ἐν τῷ κρυ-
    πτῷ Ἰουδαῖος, 29 οὗ ὁ ἔπαινος οὐκ
    ἐξ ἀνϑρώπων, ἀλλ' ἐκ τοῦ ϑεοῦ
3 2 ἐπιστεύϑησαν τὰ λόγια τοῦ ϑεοῦ
– 3 τὴν πίστιν τοῦ ϑεοῦ καταργήσει;
– 4 γινέσϑω δὲ ὁ ϑεὸς ἀληϑής
– 5 μὴ ἄδικος ὁ ϑεός – ; 6 πῶς κρινεῖ ὁ
    ϑεὸς τὸν κόσμον;
– 11 „οὐκ ἔστιν ὁ ἐκζητῶν τὸν ϑεόν"
– 19 ὑπόδικος – πᾶς ὁ κόσμος τῷ ϑεῷ
– 25 ὃν προέϑετο ὁ ϑεὸς ἱλαστήριον
– 26 πάρεσιν – ἐν τῇ ἀνοχῇ τοῦ ϑεοῦ
– 29 ἢ Ἰουδαίων ὁ ϑεὸς μόνον;
– 30 εἴπερ εἷς ὁ ϑεὸς ὃς δικαιώσει περιτο.
4 2 ἔχει καύχημα· ἀλλ' οὐ πρὸς ϑεόν
– 3 „ἐπίστευσεν δὲ Ἀβραὰμ τῷ ϑεῷ" 17
    κατέναντι οὗ ἐπίστευσεν ϑεοῦ τοῦ
    ζωοποιοῦντος τοὺς νεκροὺς
– 6 ᾧ ὁ ϑεὸς λογίζεται δικαιοσύνην
– 20 εἰς – τὴν ἐπαγγελίαν τοῦ ϑεοῦ οὐ
    διεκρίϑη –, δοὺς δόξαν τῷ ϑεῷ

Rm 5 1 εἰρήνην ἔχομεν (vl ἔχωμεν) πρὸς τὸν
θεόν
— 8 συνίστησιν – τὴν ἑαυτοῦ ἀγάπην εἰς
ἡμᾶς ὁ θεός → ἀγάπη
— 10 ἐχθροὶ ὄντες κατηλλάγημεν τῷ θεῷ
— 11 ἀλλὰ καὶ καυχώμενοι ἐν τῷ θεῷ
6 10 ὃ δὲ ζῇ, ζῇ τῷ θεῷ 11 ζῶντας δὲ τῷ
θεῷ ἐν Χῷ Gal 2 19 ἵνα θεῷ ζήσω
— 13 παραστήσατε ἑαυτοὺς τῷ θεῷ ὡσεὶ
ἐκ νεκρῶν ζῶντας καὶ τὰ μέλη ὑμῶν
ὅπλα δικαιοσύνης τῷ θεῷ
— 22 δουλωθέντες δὲ τ. θεῷ, ἔχετε τ. καρπ.
— 23 τὸ δὲ χάρισμα τοῦ θεοῦ ζωὴ αἰώνιος
7 4 ἵνα καρποφορήσωμεν τῷ θεῷ
— 22 συνήδομαι – τῷ νόμῳ τοῦ θεοῦ 25 τῷ
μὲν νοΐ δουλεύω νόμῳ θεοῦ
8 7 διότι τὸ φρόνημα τῆς σαρκὸς ἔχθρα
εἰς θεόν· τῷ – νόμῳ τοῦ θεοῦ οὐχ
ὑποτάσσεται 8 οἱ – ἐν σαρκὶ ὄντες
θεῷ ἀρέσαι οὐ δύνανται
— 17 κληρονόμοι μὲν θεοῦ → Gal 4 7
— 27 κατὰ θεὸν ἐντυγχάνει (sc τὸ πνεῦ-
μα) ὑπὲρ ἁγίων
— 31 εἰ ὁ θεὸς ὑπὲρ ἡμῶν, τίς καθ' ἡμῶν;
33 τίς ἐγκαλέσει κατὰ ἐκλεκτῶν θεοῦ;
θεὸς „ὁ δικαιῶν"
9 5 ὁ ὢν ἐπὶ πάντων θεὸς εὐλογητὸς εἰς
τοὺς αἰῶνας
— 11 ἵνα ἡ – πρόθεσις τοῦ θεοῦ μένῃ
— 14 μὴ ἀδικία παρὰ τῷ θεῷ; 16 ἄρα οὖν
– τοῦ ἐλεῶντος θεοῦ 20 σὺ τίς εἶ ὁ
ἀνταποκρινόμενος τῷ θεῷ;
— 22 θέλων ὁ θεὸς ἐνδείξασθαι τὴν ὀργήν
10 1 ἡ δέησις πρὸς τὸν θεὸν ὑπὲρ αὐτῶν
— 2 ζῆλον θεοῦ ἔχουσιν → 2 Co 11 2
— 9 ὅτι ὁ θεὸς αὐτὸν ἤγειρεν → 1 Co 6 14
11 1 μὴ „ἀπώσατο ὁ θεὸς τὸν λαὸν αὐ-
τοῦ;" 2 „οὐκ ἀπώσατο ὁ θεὸς – "
— 2 ὡς ἐντυγχάνει τῷ θεῷ κατὰ τοῦ Ἰσρ.
— 8 „ἔδωκεν αὐτοῖς ὁ θεὸς πνεῦμα κα-
τανύξεως"
— 21 εἰ – ὁ θεὸς τῶν κατὰ φύσιν κλάδων
οὐκ ἐφείσατο 22 ἴδε – χρηστότητα καὶ
ἀποτομίαν θεοῦ· –, ἐπὶ δὲ σὲ χρη-
στότης θεοῦ 23 δυνατὸς – ὁ θεὸς πά-
λιν ἐγκεντρίσαι αὐτούς
— 29 ἀμεταμέλητα γὰρ τὰ χαρίσματα καὶ
ἡ κλῆσις τοῦ θεοῦ
— 30 ὥσπερ – ὑμεῖς – ἠπειθήσατε τῷ θεῷ
— 32 συνέκλεισεν – ὁ θ. τοὺς πάντας εἰς
ἀπείθειαν ἵνα τοὺς πάντας ἐλεήσῃ
— 33 ὦ βάθος – σοφίας καὶ γνώσεως θεοῦ

Rm 12 1 παρακαλῶ – διὰ τῶν οἰκτιρμῶν τοῦ
θεοῦ, παραστῆσαι τὰ σώματα – θυ-
σίαν ζῶσαν ἁγίαν εὐάρεστον τῷ θεῷ
— 3 ὡς ὁ θεὸς ἐμέρισεν μέτρον πίστεως
13 1 οὐ γὰρ ἔστιν ἐξουσία εἰ μὴ ὑπὸ θεοῦ,
αἱ δὲ οὖσαι ὑπὸ θεοῦ τεταγμέναι 2
τῇ τοῦ θεοῦ διαταγῇ ἀνθέστηκεν 4
θεοῦ – διάκονός ἐστιν σοὶ εἰς τὸ ἀγα-
θόν. – · θεοῦ – διάκονός ἐστιν ἔκδικος
6 λειτουργοὶ – θεοῦ εἰσιν εἰς αὐτὸ
τοῦτο προσκαρτεροῦντες
14 3 ὁ θεὸς γὰρ αὐτὸν προσελάβετο
— 10 παραστησόμεθα τῷ βήματι τοῦ θεοῦ
(vl Χοῦ vg Christi, vl dei) 11 „πᾶσα
γλῶσσα ἐξομολογήσεται τῷ θεῷ" 12
ἕκαστος – λόγον δώσει [τῷ θεῷ]
— 18 εὐάρεστος τῷ θεῷ καὶ δόκιμος τοῖς
— 20 μὴ – κατάλυε τὸ ἔργον τοῦ θεοῦ
15 5 ὁ δὲ θεὸς τῆς ὑπομονῆς 13 τῆς ἐλ-
πίδος 33 τῆς εἰρήνης 16 20 Phl 4 9
1 Th 5 23 Hb 13 20 – 2 Co 13 ὁ – θεὸς
πάσης παρακλήσεως 13 11 τῆς ἀ-
γάπης καὶ εἰρήνης
— 15 διὰ τὴν χάριν τὴν δοθεῖσάν μοι ὑπὸ
τοῦ θεοῦ εἰς τὸ εἶναι – λειτουργόν
— 17 [τὴν] καύχησιν – τὰ πρὸς τὸν θεόν
— 30 ταῖς προσευχαῖς – πρὸς τὸν θεόν
[16 26 κατ' ἐπιταγὴν τοῦ αἰωνίου θεοῦ]
[— 27 μόνῳ σοφῷ θεῷ, διὰ Ἰησοῦ Χοῦ]
1 Co 1 9 πιστὸς ὁ θεός, δι' οὗ ἐκλήθητε
— 20 οὐχὶ „ἐμώρανεν" ὁ θεὸς „τὴν σοφί-
αν" τοῦ κόσμου; 21 ἐπειδὴ – ἐν τῇ
σοφίᾳ τοῦ θεοῦ οὐκ ἔγνω ὁ κόσμος
– τὸν θεόν, εὐδόκησεν ὁ θεὸς διὰ
τῆς μωρίας τοῦ κηρύγματος σῶσαι
— 24 Χὸν θεοῦ δύναμιν καὶ θεοῦ σοφίαν
25 τὸ μωρὸν τοῦ θεοῦ –, καὶ τὸ ἀ-
σθενὲς τοῦ θεοῦ 27 τὰ μωρὰ – ἐξελέ-
ξατο ὁ θεός –, καὶ τὰ ἀσθενῆ – ἐξε-
λέξατο ὁ θεός 28 τὰ ἀγενῆ – καὶ τὰ
ἐξουθενημένα ἐξελέξατο ὁ θεός
— 30 ὃς ἐγενήθη σοφία ἡμῖν ἀπὸ θεοῦ
2 1 καταγγέλλων – τὸ μυστήριον τοῦ θ.
— 7 λαλοῦμεν θεοῦ σοφίαν –, ἣν προ-
ώρισεν ὁ θεὸς 9 „ἃ" ἡτοίμασεν „ὁ
θεὸς τοῖς ἀγαπῶσιν αὐτόν"
— 10 ἡμῖν – ἀπεκάλυψεν ὁ θεός – · τὸ γὰρ
πνεῦμα πάντα ἐραυνᾷ, καὶ τὰ βάθη
τοῦ θεοῦ 11 τὰ τοῦ θεοῦ οὐδεὶς ἔ-
γνωκεν εἰ μὴ τὸ πνεῦμα τοῦ θεοῦ
— 12 ἐλάβομεν – τὸ πνεῦμα τὸ ἐκ τ. θ. ἵνα
εἰδῶμεν τὰ ὑπὸ τ. θ. χαρισθέντα ἡμῖν

1 Co 3 6 ὁ θεὸς ηὔξανεν 7 ὁ αὐξάνων θεός
- 9 θεοῦ γάρ ἐσμεν συνεργοί· θεοῦ γε-
ώργιον, θεοῦ οἰκοδομή ἐστε
- 17 φθερεῖ τοῦτον ὁ θεός → ναός
- 19 μωρία παρὰ τῷ θεῷ ἐστιν
- 23 Χὸς δὲ θεοῦ (sc ἐστιν) → 11 3
4 1 ὡς – οἰκονόμους μυστηρίων θεοῦ
- 5 τότε ὁ ἔπαινος – ἑκάστῳ ἀπὸ τοῦ θ.
- 9 δοκῶ γάρ, ὁ θεὸς ἡμᾶς τοὺς ἀπο-
στόλους ἐσχάτους ἀπέδειξεν
5 13 τοὺς δὲ ἔξω ὁ θεὸς κρινεῖ
6 13 ὁ δὲ θεὸς καὶ ταύτην (sc κοιλίαν)
καὶ ταῦτα καταργήσει
- 14 ὁ δὲ θεὸς καὶ τὸν κύριον ἤγειρεν καὶ
ἡμᾶς ἐξεγερεῖ 15 15 ψευδομάρτυρες
τοῦ θεοῦ, ὅτι ἐμαρτυρήσαμεν κατὰ
τοῦ θεοῦ ὅτι ἤγειρεν τὸν Χόν
- 19 πνεύματος –, οὗ ἔχετε ἀπὸ θεοῦ
7 7 ἕκαστος ἴδιον ἔχει χάρισμα ἐκ θεοῦ
- 15 ἐν – εἰρήνῃ κέκληκεν ὑμᾶς ὁ θεός
- 17 ἕκαστον ὡς κέκληκεν ὁ θεός 24 ἐν ᾧ
ἐκλήθη –, ἐν τούτῳ μενέτω παρὰ θεῷ
8 4 ὅτι οὐδεὶς θεὸς εἰ μὴ εἷς 5 εἴπερ εἰ-
σὶν λεγόμενοι θεοί –, ὥσπερ εἰσὶν
θεοὶ πολλοί 6 ἀλλ' ἡμῖν εἷς θ. ὁ πα-
τήρ, ἐξ οὗ τὰ πάντα καὶ ἡμ. εἰς αὐτ.
- 8 βρῶμα – ἡμᾶς οὐ παραστήσει τῷ θεῷ
→ Rm 14 17 sub βασιλεία τοῦ θ.
9 9 μὴ τῶν βοῶν μέλει τῷ θεῷ;
- 21 μὴ ὢν ἄνομος θεοῦ ἀλλ' ἔννομος Χ.
10 5 οὐκ ἐν τοῖς πλείοσιν αὐτῶν (sc τῶν
πατέρων) εὐδόκησεν ὁ θεός
- 13 πιστὸς δὲ ὁ θεός, ὃς οὐκ ἐάσει
- 20 "δαιμονίοις καὶ οὐ θεῷ [θύουσιν]"
11 3 κεφαλὴ δὲ τοῦ Χοῦ ὁ θεός
- 12 τὰ δὲ πάντα ἐκ τοῦ θεοῦ
- 13 πρέπον ἐστὶν γυναῖκα ἀκατακάλυ-
πτον τῷ θεῷ προσεύχεσθαι;
12 6 ὁ δὲ αὐτὸς θεὸς ὁ ἐνεργῶν τὰ πάντα
- 18 νυνὶ δὲ ὁ θεὸς ἔθετο τὰ μέλη, ἓν ἕκ.
- 24 ἀλλὰ ὁ θεὸς συνεκέρασεν τὸ σῶμα
- 28 οὓς μὲν ἔθετο ὁ θεὸς – ἀποστόλους
14 2 οὐκ ἀνθρώποις λαλεῖ ἀλλὰ θεῷ
- 25 προσκυνήσει τῷ θεῷ, ἀπαγγέλλων
ὅτι "ὄντως ὁ θεὸς ἐν ὑμῖν ἐστιν"
- 28 ἑαυτῷ δὲ λαλείτω καὶ τῷ θεῷ
- 33 οὐ γάρ ἐστιν ἀκαταστασίας ὁ θεὸς
ἀλλὰ εἰρήνης | 15 15 → 1 Co 6 14
15 24 ὅταν παραδιδῷ τὴν βασιλείαν τῷ θεῷ
- 28 ἵνα ᾖ ὁ θεὸς [τὰ] πάντα ἐν πᾶσιν
- 34 ἀγνωσίαν γὰρ θεοῦ τινες ἔχουσιν
- 38 ὁ δὲ θεὸς δίδωσιν αὐτῷ σῶμα καθὼς

2 Co 1 4 διὰ τῆς παρακλήσεως ἧς παρακα-
λούμεθα αὐτοὶ ὑπὸ τοῦ θεοῦ
- 9 ἵνα – πεποιθότες ὦμεν – ἐπὶ τῷ θεῷ
τῷ ἐγείροντι τοὺς νεκρούς
- 12 ἐν ἁπλότητι καὶ εἰλικρινείᾳ τοῦ θεοῦ
- 18 πιστὸς δὲ ὁ θεὸς ὅτι ὁ λόγος ἡμῶν
- 20 ὅσαι – ἐπαγγελίαι θεοῦ, ἐν αὐτῷ τὸ
ναί· διὸ καὶ δι' αὐτοῦ τὸ ἀμὴν τῷ
θεῷ πρὸς δόξαν δι' ἡμῶν
- 21 ὁ δὲ – χρίσας ἡμᾶς θεός
2 15 ὅτι Χοῦ εὐωδία ἐσμὲν τῷ θεῷ
- 17 ὡς ἐκ θεοῦ κατέναντι θεοῦ ἐν Χῷ
λαλοῦμεν | → λόγος τοῦ θεοῦ
3 4 πεποίθησιν – ἔχομεν – πρὸς τὸν θεόν
- 5 ἀλλ' ἡ ἱκανότης ἡμῶν ἐκ τοῦ θεοῦ
4 4 ὁ θ. τοῦ αἰῶνος τούτου ἐτύφλωσεν
- – Χοῦ, ὅς ἐστιν εἰκὼν τοῦ θεοῦ
- 6 ὁ θεὸς ὁ εἰπών· ἐκ σκότους φῶς
- 7 ἵνα ἡ ὑπερβολὴ τῆς δυνάμεως ᾖ τοῦ
θεοῦ καὶ μὴ ἐξ ἡμῶν
5 1 ὅτι – οἰκοδομὴ ἐκ θεοῦ ἔχομεν
- 5 ὁ – κατεργασάμενος ἡμᾶς – θεός
- 11 θεῷ δὲ πεφανερώμεθα· ἐλπίζω δέ
- 13 εἴτε – ἐξέστημεν, θεῷ· εἴτε σωφρον.
- 18 ἐκ τοῦ θεοῦ τοῦ καταλλάξαντος ἡ-
μᾶς ἑαυτῷ 19 θεὸς ἦν ἐν Χῷ κόσμον
καταλλάσσων ἑαυτῷ 20 ὡς τοῦ θεοῦ
παρακαλοῦντος δι' ἡμῶν· – καταλλά-
γητε τῷ θεῷ
6 4 ὡς θεοῦ διάκονοι 7 ἐν λόγῳ ἀληθεί-
ας, ἐν δυνάμει θεοῦ
- 16 εἶπεν ὁ θεὸς – "ἔσομαι αὐτῶν θεός"
7 6 παρεκάλεσεν ἡμᾶς ὁ θεὸς ἐν τῇ
- 9 ἐλυπήθητε – κατὰ θεόν 10 ἡ – κατὰ
θεὸν λύπη 11 τὸ κατὰ θ. λυπηθῆναι
9 7 "ἱλαρὸν – δότην" ἀγαπᾷ „ὁ θεός"
- 8 δυνατεῖ – ὁ θεὸς – χάριν περισσεῦσαι
- 11 κατεργάζεται δι' ἡμῶν εὐχαριστίαν
τῷ θεῷ 12 περισσεύουσα διὰ πολλῶν
εὐχαριστιῶν τῷ θεῷ
10 4 τὰ – ὅπλα – δυνατὰ τῷ θεῷ
- 5 ἐπαιρόμεν. κατὰ τῆς γνώσεως τοῦ θ.
- 13 οὗ ἐμέρισεν ἡμῖν ὁ θεὸς μέτρου
11 2 ζηλῶ γὰρ ὑμᾶς θεοῦ ζήλῳ
- 11 ὁ θεὸς οἶδεν 12 2.3
12 21 μὴ – ταπεινώσῃ με ὁ θεός μου πρός
- 13 εὐχόμεθα δὲ πρὸς τὸν θ. μὴ ποιῆσαι
Gal 1 1 διὰ – θεοῦ πατρὸς τοῦ ἐγείραντος
- 10 ἄρτι – ἀνθρώπους πείθω ἢ τὸν θεόν;
2 19 νόμῳ ἀπέθανον ἵνα θεῷ ζήσω
3 6 Ἀβραὰμ „ἐπίστευσεν τῷ θεῷ"
- 8 ἐκ πίστεως δικαιοῖ τὰ ἔθνη ὁ θεός

Gal 3 11 ἐν νόμῳ οὐδεὶς δικαιοῦται παρά τ. θ.
 – 17 διαθήκην προκεκυρωμένην ὑπὸ τοῦ θ.
 – 18 δι' ἐπαγγελίας κεχάρισται ὁ θεός
 – 20 ὁ δὲ θεὸς εἷς ἐστιν 21 ὁ οὖν νόμος
　　κατὰ τῶν ἐπαγγελιῶν [τοῦ θεοῦ];
 4 4 ἐξαπέστειλεν ὁ θεὸς τὸν υἱὸν αὐτοῦ
 6 τὸ πνεῦμα τοῦ υἱοῦ αὐτοῦ
 – 7 εἰ δὲ υἱός, καὶ κληρονόμος διὰ θεοῦ
 – 8 οὐκ εἰδότες θεὸν ἐδουλεύσατε τοῖς
　　φύσει μὴ οὖσιν θεοῖς 9 νῦν δὲ γνόν-
　　τες θεόν, μᾶλλον δὲ γνωσθέντες ὑπὸ
　　θεοῦ, πῶς ἐπιστρέφετε –;
 6 7 θεὸς οὐ μυκτηρίζεται
 – 16 „εἰρήνη – ἐπὶ τὸν 'Ισραὴλ" τοῦ θεοῦ
Eph 1 17 ὁ θεὸς τοῦ κυρίου ἡμῶν 'Ιησοῦ Χοῦ
 2 4 ὁ δὲ θεὸς πλούσιος ὢν ἐν ἐλέει
 – 8 οὐκ ἐξ ὑμῶν, θεοῦ τὸ δῶρον
 – 10 ἐπὶ ἔργοις ἀγαθοῖς, οἷς προητοίμα-
　　σεν ὁ θεὸς ἵνα ἐν αὐτοῖς περιπατήσ.
 – 16 ἵνα – ἀποκαταλλάξῃ τοὺς ἀμφοτέρους
　　ἐν ἑνὶ σώματι τῷ θεῷ
 – 19 ἀλλὰ ἐστὲ – οἰκεῖοι τοῦ θεοῦ
 – 22 εἰς κατοικητήριον τοῦ θ. ἐν πνεύματι
 3 9 μυστηρίου τοῦ ἀποκεκρυμμένου – ἐν
　　τῷ θεῷ τῷ τὰ πάντα κτίσαντι
 – 10 ἡ πολυποίκιλος σοφία τοῦ θεοῦ
 – 19 ἵνα πληρωθῆτε εἰς πᾶν τὸ πλήρωμα
　　τοῦ θεοῦ
 4 6 εἷς θεὸς καὶ πατὴρ πάντων, ὁ ἐπὶ
　　πάντων καὶ διὰ πάντων καὶ ἐν πᾶσιν
 – 18 ἀπηλλοτριωμένοι τῆς ζωῆς τοῦ θεοῦ
 – 24 τὸν κατὰ θεὸν κτισθέντα ἐν δικαιοσ.
 – 32 καθὼς καὶ ὁ θεὸς – ἐχαρίσατο ὑμῖν
 5 1 γίνεσθε οὖν μιμηταὶ τοῦ θεοῦ
 – 2 παρέδωκεν ἑαυτὸν – θυσίαν τῷ θεῷ
 6 11 τὴν πανοπλίαν τοῦ θεοῦ 13
 – 17 „τὴν μάχαιραν –", ὅ ἐστιν „ῥῆμα θ."
Phl 1 11 εἰς δόξαν καὶ ἔπαινον θεοῦ
 – 28 σωτηρίας, καὶ τοῦτο ἀπὸ θεοῦ
 2 6 ὃς ἐν μορφῇ θεοῦ ὑπάρχων οὐχ ἁρ-
　　παγμὸν ἡγήσατο τὸ εἶναι ἴσα θεῷ
 – 9 διὸ καὶ ὁ θεὸς αὐτὸν ὑπερύψωσεν
 – 13 θεός – ἐστιν ὁ ἐνεργῶν ἐν ὑμῖν
 – 27 ἀλλὰ ὁ θεὸς ἠλέησεν αὐτὸν
 3 3 ἡμεῖς – ἐσμεν ἡ περιτομή, οἱ πνεύματι
　　θεοῦ (vl θεῷ vg) λατρεύοντες
 – 9 ἔχων – τὴν ἐκ θεοῦ δικαιοσύνην
 – 14 τῆς ἄνω κλήσεως τοῦ θεοῦ ἐν Χῷ
 – 15 τοῦτο ὁ θεὸς ὑμῖν ἀποκαλύψει
 – 19 ὦν ὁ θεὸς ἡ κοιλία καὶ ἡ δόξα ἐν τῇ
 4 6 τὰ αἰτήμ. – γνωριζέσθω πρὸς τὸν θ.
 – 7 ἡ εἰρήνη τοῦ θεοῦ ἡ ὑπερέχουσα

Phl 4 18 θυσίαν δεκτήν, εὐάρεστον τῷ θεῷ
 – 19 ὁ δὲ θεός μου πληρώσει – χρείαν
Col 1 10 αὐξανόμενοι τῇ ἐπιγνώσει τοῦ θεοῦ
 – 15 ὅς ἐστιν εἰκὼν τοῦ θεοῦ τοῦ ἀοράτου
 – 25 κατὰ τὴν οἰκονομίαν τοῦ θεοῦ
 – 27 οἷς ἠθέλησεν ὁ θεὸς γνωρίσαι
 2 2 εἰς ἐπίγνωσιν τοῦ μυστηρίου τοῦ θε-
　　οῦ, Χοῦ, ἐν ᾧ εἰσιν – „οἱ θησαυροὶ"
 – 12 διὰ τῆς πίστεως τῆς ἐνεργείας τοῦ
　　θ. τοῦ ἐγείραντος αὐτὸν ἐκ νεκρῶν
 – 19 αὔξει τὴν αὔξησιν τοῦ θεοῦ
 3 3 ἀπεθάνετε γάρ, καὶ ἡ ζωὴ ὑμῶν κέ-
　　κρυπται σὺν τῷ Χῷ ἐν τῷ θεῷ
 – 12 ὡς ἐκλεκτοὶ τοῦ θεοῦ ἅγιοι
 – 16 ᾄδοντες ἐν ταῖς καρδίαις – τῷ θεῷ
 4 3 ἵνα ὁ θεὸς ἀνοίξῃ ἡμῖν θύραν
1 Th 1 4 ἀδελφοὶ ἠγαπημένοι ὑπὸ [τοῦ] θεοῦ
 – 8 ἡ πίστις ὑμῶν ἡ πρὸς τὸν θεόν
 – 9 πῶς ἐπεστρέψατε πρὸς τὸν θεὸν –
　　δουλεύειν θεῷ ζῶντι καὶ ἀληθινῷ
 2 2 ἐπαρρησιασάμεθα ἐν τῷ θεῷ ἡμῶν
　　λαλῆσαι – τὸ εὐαγγέλιον τοῦ θεοῦ
 – 4 καθὼς δεδοκιμάσμεθα ὑπὸ τοῦ θεοῦ
 – ἀλλὰ θεῷ (sc θέλοντες) τῷ „δο-
　　κιμάζοντι τὰς καρδίας" ἡμῶν
 – 12 περιπατεῖν – ἀξίως τοῦ θεοῦ 3 Jo 6
 – 13 παραλαβόντες λόγον ἀκοῆς – τοῦ θ.
 – 15 'Ιουδαίων, – θεῷ μὴ ἀρεσκόντων
 3 2 συνεργὸν τοῦ θεοῦ ἐν τῷ εὐαγγελίῳ
 – 9 τίνα – εὐχαριστίαν δυνάμεθα τῷ θεῷ
　　ἀνταποδοῦναι περὶ ὑμῶν –;
 4 1 πῶς δεῖ – περιπατ. καὶ ἀρέσκειν θεῷ
 – 5 „τὰ ἔθνη τὰ μὴ εἰδότα τὸν θεόν"
 – 7 οὐ γὰρ ἐκάλεσεν ἡμᾶς ὁ θεὸς ἐπὶ
　　ἀκαθαρσίᾳ
 – 8 ἀθετεῖ – τὸν θεὸν τὸν [καὶ] „διδόντα
　　τὸ πνεῦμα αὐτοῦ – εἰς ὑμᾶς"
 – 14 οὕτως καὶ ὁ θεὸς τοὺς κοιμηθέντας
　　διὰ τοῦ 'Ιησοῦ ἄξει σὺν αὐτῷ
 – 16 ἐν σάλπιγγι θεοῦ, καταβήσεται
 5 9 οὐκ ἔθετο ἡμᾶς ὁ θεὸς εἰς ὀργήν
2 Th 1 5 ἔνδειγμα τῆς δικαίας κρίσεως τοῦ θ.
 – 6 εἴπερ δίκαιον παρὰ θεῷ ἀνταποδοῦν.
 – 8 „ἐκδίκησιν τοῖς μὴ εἰδόσιν θεόν"
 – 11 ἵνα ὑμᾶς ἀξιώσῃ τῆς κλήσεως ὁ θεὸς
　　ἡμῶν 12 → χάρις θεοῦ
 2 4 „ὑπεραιρόμενος ἐπὶ πάντα" λεγόμε-
　　νον „θεὸν" ἢ σέβασμα, – ἀποδει-
　　κνύντα ἑαυτὸν ὅτι ἐστὶν „θεός"
 – 11 πέμπει αὐτοῖς ὁ θ. ἐνέργειαν πλάνης
 – 13 εἴλατο ὑμᾶς ὁ θεὸς ἀπαρχὴν (vl ἀπ'
　　ἀρχῆς) εἰς σωτηρίαν

1 Ti 1 1 κατ' ἐπιταγὴν θεοῦ σωτῆρος ἡμῶν
2 3 τοῦ σωτῆρος ἡμῶν θεοῦ 4 10 ἐπὶ
θεῷ ζῶντι, ὅς ἐστιν σωτὴρ πάντων
ἀνθρώπων → Tit 1 3 etc.
– 4 ἐκζητήσεις – μᾶλλον ἢ οἰκονομίαν θε-
οῦ τὴν ἐν πίστει
– 11 εὐαγγέλ. τῆς δόξης τοῦ μακαρίου θ.
– 17 ἀφθάρτῳ ἀοράτῳ μόνῳ θεῷ
2 5 εἷς – θεός, εἷς καὶ μεσίτης θεοῦ καὶ
ἀνθρώπων
3 15 πῶς δεῖ ἐν οἴκῳ θεοῦ ἀναστρέφεσθαι
4 3 βρωμάτων, ἃ ὁ θεὸς ἔκτισεν εἰς με-
τάλημψιν 4 πᾶν κτίσμα θεοῦ καλόν
5 5 ὄντως χήρα – ἤλπικεν ἐπὶ θεόν
6 1 ἵνα μὴ τὸ ὄνομα τοῦ θεοῦ καὶ ἡ δι-
δασκαλία βλασφημῆται
– 11 σὺ δέ, ὦ ἄνθρωπε θεοῦ, – φεῦγε
– 17 ἠλπικέναι – ἐπὶ θεῷ τῷ παρέχοντι –
πάντα πλουσίως

2 Ti 1 6 ἀναζωπυρεῖν τὸ χάρισμα τοῦ θεοῦ
– 7 οὐ – ἔδωκεν ἡμῖν ὁ θ. πνεῦμα δειλίας
2 15 σεαυτὸν δόκιμον παραστῆσαι τῷ θεῷ
– 19 ὁ – θεμέλιος τοῦ θεοῦ ἕστηκεν
– 25 μήποτε δώη αὐτοῖς ὁ θεὸς μετάνοιαν
3 17 ἵνα ἄρτιος ᾖ ὁ τοῦ θεοῦ ἄνθρωπος

Tit 1 1 δοῦλος θεοῦ 1 Pe 2 16 ὡς θεοῦ δοῦ-
λοι Ap 7 3 ἄχρι σφραγίσωμεν τοὺς
δούλους τοῦ θεοῦ ἡμῶν 15 3 „Μωϋ-
σέως τοῦ δούλου τοῦ θεοῦ"
– – κατὰ πίστιν ἐκλεκτῶν θεοῦ
– 2 ἣν ἐπηγγείλατο ὁ ἀψευδὴς θεός
– 3 κατ' ἐπιταγὴν τοῦ σωτῆρος ἡμῶν θε-
οῦ 2 10 τὴν διδασκαλίαν τὴν τοῦ σω-
τῆρος ἡμῶν θεοῦ 13 τῆς δόξης τοῦ
μεγάλου θ. καὶ σωτῆρος ἡμ. Ἰησοῦ
Χοῦ 3 4 ἡ φιλανθρωπία ἐπεφάνη τοῦ
σωτῆρος ἡμῶν θεοῦ → Jud 25
– 7 ἐπίσκοπον – ὡς θεοῦ οἰκονόμον
– 16 θεὸν ὁμολογοῦσιν εἰδέναι, τοῖς δὲ
3 8 οἱ πεπιστευκότες θεῷ   [ἔργοις

Hb 1 1 πάλαι ὁ θεὸς λαλήσας τοῖς πατράσιν
– 9 „ἔχρισέν σε, ὁ θεός, ὁ θεός σου"
2 4 συνεπιμαρτυροῦντος τοῦ θεοῦ ση-
μείοις 11 4 μαρτυροῦντος – τοῦ θεοῦ
– 13 „τὰ παιδία ἅ μοι ἔδωκεν ὁ θεός"
– 17 πιστὸς ἀρχιερεὺς τὰ πρὸς τὸν θ. 5 1
3 4 ὁ δὲ πάντα κατασκευάσας θεός
4 4 „κατέπαυσεν ὁ θ. – ἀπὸ – τῶν ἔργων"
10 ὥσπερ ἀπὸ τῶν ἰδίων ὁ θεός
– 9 σαββατισμὸς τῷ λαῷ τοῦ θεοῦ
5 4 ἀλλὰ καλούμενος ὑπὸ τοῦ θεοῦ
– 10 προσαγορευθεὶς ὑπὸ τοῦ θεοῦ ἀρχ-

ἱερεὺς „κατὰ τὴν τάξιν Μελχισέδεκ"
Hb 5 12 τὰ στοιχεῖα – τῶν λογίων τοῦ θεοῦ
6 1 θεμέλιον –, καὶ πίστεως ἐπὶ θεόν
– 3 ποιήσομεν, ἐάνπερ ἐπιτρέπῃ ὁ θεός
– 5 καλὸν γευσαμένους θεοῦ ῥῆμα
– 7 „γῆ" – τίκτουσα „βοτάνην" εὔθετον –,
μεταλαμβάνει εὐλογίας ἀπὸ τοῦ θ.
– 10 οὐ γὰρ ἄδικος ὁ θεὸς ἐπιλαθέσθαι
– 13 τῷ – Ἀβρ. ἐπαγγειλάμενος ὁ θεός,
–, „ὤμοσεν καθ' ἑαυτοῦ" 17 βουλό-
μενος ὁ θεὸς ἐπιδεῖξαι – τὸ ἀμετά-
θετον τῆς βουλῆς αὐτοῦ 18 ἐν οἷς
ἀδύνατον ψεύσασθαι [τὸν] θεόν
7 1 „ἱερεὺς τοῦ θεοῦ τοῦ ὑψίστου"
– 19 ἐλπίδος, δι' ἧς ἐγγίζομεν τῷ θεῷ
– 25 τοὺς προσερχομ. δι' αὐτοῦ τῷ θεῷ
8 10 „ἔσομαι αὐτοῖς εἰς θεόν"
9 14 ἑαυτὸν προσήνεγκεν ἄμωμον τῷ θεῷ
– 20 „τὸ αἷμα τῆς διαθήκης ἧς ἐνετείλατο
πρὸς ὑμᾶς ὁ θεός"
– 24 ἐμφανισθῆναι τῷ προσώπῳ τοῦ θεοῦ
11 3 πίστει νοοῦμεν κατηρτίσθαι τοὺς αἰ-
ῶνας ῥήματι θεοῦ
– 4 πλείονα θυσίαν – προσήνεγκεν τῷ θ.
– 5 „μετέθηκεν αὐτὸν ὁ θεός." – μεμαρ-
τύρηται „εὐαρεστηκέναι τῷ θεῷ"
– 6 πιστεῦσαι – δεῖ τὸν προσερχόμενον
τῷ θεῷ, ὅτι ἔστιν καὶ – μισθαποδότ.
– 10 πόλιν, ἧς – δημιουργὸς ὁ θεός
– 16 οὐκ ἐπαισχύνεται αὐτοὺς ὁ θεὸς θε-
ὸς ἐπικαλεῖσθαι αὐτῶν
– 19 καὶ ἐκ νεκρῶν ἐγείρειν δυνατὸς ὁ θ.
– 25 συγκακουχεῖσθαι τῷ λαῷ τοῦ θεοῦ
– 40 τοῦ θ. – κρεῖττόν τι προβλεψαμένου
12 7 ὡς υἱοῖς ὑμῖν προσφέρεται ὁ θεός
– 23 προσεληλύθατε – κριτῇ θεῷ πάντων
– 28 δι' ἧς λατρεύωμεν εὐαρέστως τῷ θεῷ
– 29 „ὁ θεὸς" ἡμῶν „πῦρ καταναλίσκον"
13 4 πόρνους – καὶ μοιχοὺς κρινεῖ ὁ θεός
– 15 „θυσίαν αἰνέσεως – τῷ θεῷ" 16 τοιαύ-
ταις γὰρ θυσίαις εὐαρεστεῖται ὁ θ.

Jac 1 1 θεοῦ καὶ κυρίου Ἰησοῦ Χοῦ δοῦλος
– 5 παρὰ τ. διδόντος θεοῦ πᾶσιν ἁπλῶς
– 13 ὅτι ἀπὸ θεοῦ πειράζομαι· ὁ γὰρ θε-
ὸς ἀπείραστός ἐστιν κακῶν, πειράζει
δὲ αὐτὸς οὐδένα
– 27 θρησκεία – ἀμίαντος παρὰ τῷ θεῷ
2 5 οὐχ ὁ θ. ἐξελέξατο τοὺς πτωχούς – ;
– 19 πιστεύεις ὅτι εἷς ἐστιν ὁ θεός;
– 23 „ἐπίστευσεν – Ἀβραὰμ τῷ θεῷ," – καὶ
„φίλος θεοῦ" ἐκλήθη
3 9 τοὺς „καθ' ὁμοίωσιν θεοῦ" γεγονότας

Jac 4 4 ἔχϑρα (vg inimica) τοῦ ϑεοῦ ἐστιν;
– ἐχϑρὸς τοῦ ϑεοῦ καϑίσταται
– 6 „ὁ ϑεὸς ὑπερηφάνοις ἀντιτάσσεται"
7 ὑποτάγητε οὖν τ. ϑεῷ 1 Pe 5 5 „[ὁ]
ϑ. ὑπερηφ. ἀντιτ." 6 ταπεινώϑητε οὖν
ὑπὸ τὴν κραταιὰν χεῖρα τοῦ ϑεοῦ
– 8 ἐγγίσατε τῷ ϑεῷ, καὶ ἐγγιεῖ ὑμῖν
1 Pe 1 2 κατὰ πρόγνωσιν ϑεοῦ πατρός
– 21 τοὺς δι' αὐτοῦ πιστοὺς εἰς ϑεὸν –,
ὥστε τὴν πίστιν ὑμῶν καὶ ἐλπίδα εἶ-
ναι εἰς ϑεόν
– 23 διὰ λόγου ζῶντος ϑεοῦ καὶ μένοντος
2 4 παρὰ δὲ ϑεῷ „ἐκλεκτὸν ἔντιμον"
– 5 ϑυσίας εὐπροσδέκτους [τῷ] ϑεῷ
– 10 οἵ ποτε „οὐ λαός," νῦν δὲ λαὸς ϑεοῦ
– 16 → Tit 11 – 19 εἰ διὰ συνείδησιν ϑε-
οῦ ὑποφέρει τις λύπας
3 5 γυναῖκες αἱ ἐλπίζουσαι εἰς ϑεόν
– 18 ἵνα ὑμᾶς προσαγάγῃ τῷ ϑεῷ
– 20 ὅτε ἀπεξεδέχετο ἡ τοῦ ϑ. μακροϑυμία
– 21 συνειδήσεως – ἐπερώτημα εἰς ϑεόν
4 6 ἵνα –, ζῶσι δὲ κατὰ ϑεὸν πνεύματι
– 11 εἴ τις λαλεῖ, ὡς λόγια ϑεοῦ· εἴ τις δια-
κονεῖ, ὡς ἐξ ἰσχύος ἧς χορηγεῖ ὁ ϑ.
5 2 τὸ ἐν ὑμῖν ποίμνιον τοῦ ϑεοῦ, – ἀλλὰ
ἑκουσίως κατὰ ϑεόν – 5.6 → Jac 46
– 10 ὁ δὲ ϑεὸς πάσης χάριτος, ὁ καλέσας
2 Pe 1 2 ἐν ἐπιγνώσει τοῦ ϑεοῦ καὶ Ἰησοῦ
– 21 ὑπὸ πνεύμ.-φερόμενοι ἐλάλησαν ἀπὸ
ϑεοῦ (vl ἅγιοι ϑεοῦ vg) ἄνϑρωποι
2 4 εἰ – ὁ ϑεὸς ἀγγέλων – οὐκ ἐφείσατο
3 12 τὴν παρουσίαν τῆς τοῦ ϑεοῦ ἡμέρας
1 Jo 1 5 ὁ ϑ. φῶς ἐστιν καὶ σκοτία ἐν αὐτῷ
3 9 ὁ γεγεννημένος ἐκ τοῦ ϑεοῦ ἁμαρ-
τίαν οὐ ποιεῖ, – · – ὅτι ἐκ τοῦ ϑεοῦ
γεγέννηται 4 7 51.4 πᾶν τὸ γεγεννημ.
18 πᾶς ὁ γεγεννημένος ἐκ τοῦ ϑεοῦ
οὐχ ἁμαρτάνει, ἀλλ' ὁ γεννηϑεὶς ἐκ
τοῦ ϑεοῦ τηρεῖ αὐτόν
– 10 φανερά ἐστιν τὰ τέκνα τοῦ ϑεοῦ – ·
– οὐκ ἔστιν ἐκ τοῦ ϑεοῦ 43.6 – 41
τὰ πνεύματα εἰ ἐκ τοῦ ϑεοῦ ἐστιν 2.4
ὑμεῖς ἐκ τοῦ ϑεοῦ ἐστε 6 ἡμεῖς ἐκ
τοῦ ϑεοῦ ἐσμεν 5 19 οἴδαμεν ὅτι –
– 20 μείζων ἐστὶν ὁ ϑ. τῆς καρδίας ἡμῶν
– 21 παρρησίαν ἔχομεν πρὸς τὸν ϑεόν
4 6 ὁ γινώσκων τὸν ϑεὸν ἀκούει ἡμῶν
– 7 ἡ ἀγάπη ἐκ τοῦ ϑεοῦ ἐστιν, καὶ πᾶς
ὁ ἀγαπῶν ἐκ τοῦ ϑ. γεγέννηται καὶ
γινώσκει τὸν ϑ. 8 ὁ μὴ ἀγ. οὐκ ἔγνω
τὸν ϑ., ὅτι ὁ ϑ. ἀγάπη ἐστίν 16 ὁ ϑ.
ἀγάπη ἐ., καὶ – ἐν τῷ ϑεῷ μένει καὶ

ὁ ϑεὸς ἐν αὐτῷ μένει 15 ὁ ϑεὸς ἐν
αὐτῷ μένει καὶ αὐτὸς ἐν τῷ ϑεῷ
1 Jo 4 9 τὸν υἱόν – ἀπέσταλκεν ὁ ϑεὸς εἰς
– 10 οὐχ ὅτι ἡμεῖς ἠγαπήκαμεν τὸν ϑεόν
– 11 εἰ οὕτως ὁ ϑεὸς ἠγάπησεν ἡμᾶς
– 12 ϑεὸν οὐδεὶς πώποτε τεϑέαται· ἐὰν ἀ-
γαπῶμεν ἀλλήλ., ὁ ϑεὸς ἐν ἡμῖν μένει
– 16 τὴν ἀγάπην ἣν ἔχει ὁ ϑεὸς ἐν ἡμῖν
– 20 τὸν ϑ. ὃν οὐχ ἑώρακεν οὐ δύναται
5 9 ἡ μαρτυρία τοῦ ϑ. μείζων ἐστίν, ὅτι
αὕτη ἐστὶν ἡ μαρτυρία τοῦ ϑεοῦ 10
– 10 ὁ μὴ πιστεύων τῷ ϑεῷ (vl υἱῷ vg)
ψεύστην πεποίηκεν αὐτόν
– 11 ζωὴν αἰώνιον ἔδωκεν ἡμῖν ὁ ϑεός
– 20 οὗτός ἐστιν ὁ ἀληϑινὸς ϑ. καὶ ζωὴ
2 Jo 9 ὁ – μὴ μένων – ϑεὸν οὐκ ἔχει
3 Jo 6 οὓς – προπέμψας ἀξίως τοῦ ϑεοῦ
11 ὁ ἀγαϑοποιῶν ἐκ τοῦ ϑεοῦ ἐστιν· ὁ
κακοποιῶν οὐχ ἑώρακεν τὸν ϑεόν
Jud 25 μόνῳ ϑεῷ σωτῆρι ἡμῶν – δόξα
Ap 1 1 ἀποκάλυψις –, ἣν ἔδωκεν αὐτῷ ὁ ϑ.
– 6 ἐποίησεν ἡμᾶς – „ἱερεῖς τῷ ϑεῷ"
2 7 „ἐν τῷ παραδείσῳ τοῦ ϑεοῦ"
3 12 γράψω ἐπ' αὐτὸν τὸ ὄνομα τοῦ ϑεοῦ
μου καὶ „τὸ ὄνομα τῆς πόλεως" τοῦ
ϑεοῦ μου –, ἡ καταβαίνουσα ἐκ τοῦ
οὐρανοῦ ἀπὸ τοῦ ϑεοῦ μου
– 14 „ἡ ἀρχὴ τῆς κτίσεως" τοῦ ϑεοῦ
4 11 ἄξιος εἶ, ὁ κύριος καὶ ὁ ϑεὸς ἡμῶν,
λαβεῖν τὴν δόξαν –, ὅτι σὺ ἔκτισας
5 9 ἠγόρασας τῷ ϑεῷ ἐν τῷ αἵματί σου
– 10 „τῷ ϑεῷ" ἡμῶν „βασιλείαν" καί
7 2 ἔχοντα σφραγῖδα ϑεοῦ ζῶντος 3 ἄχρι
σφραγίσωμεν τοὺς δούλους τοῦ ϑεοῦ
ἡμῶν 9 4 οἵτινες οὐκ ἔχουσιν τὴν
σφραγῖδα τοῦ ϑεοῦ ἐπὶ τῶν μετώπων
– 10 ἡ σωτηρία τῷ ϑεῷ ἡμῶν 12 10 ἐγένετο
ἡ σωτηρία – τοῦ ϑεοῦ ἡμῶν 19 1
– 11 προσεκύνησαν τῷ ϑεῷ 11 16 19 4. 10
τῷ ϑεῷ προσκύνησον 22 9
– 12 ἡ δύναμις καὶ ἡ ἰσχὺς τῷ ϑεῷ ἡμῶν
– 17 „ἐξαλείψει ὁ ϑεὸς πᾶν δάκρυον"
10 7 ἐτελέσϑη „τὸ μυστήριον τοῦ ϑεοῦ"
11 11 „πνεῦμα ζωῆς" ἐκ τοῦ ϑ. „εἰσῆλϑεν"
– 13 ἔδωκαν δόξαν „τῷ ϑ. τοῦ οὐρανοῦ"
12 5 ἡρπάσϑη τὸ τέκνον – πρὸς τὸν ϑεόν
– 6 τόπον ἡτοιμασμένον ἀπὸ τοῦ ϑεοῦ
13 6 εἰς βλασφημίας πρὸς τὸν ϑεόν
14 4 ἀπαρχὴ τῷ ϑεῷ καὶ τῷ ἀρνίῳ
– 10. 19 15 1. 7 16 1. 19 19 15 → ϑυμός
15 2 ἔχοντας κιϑάρας τοῦ ϑεοῦ
16 9 ἐβλασφήμησαν τὸ ὄνομα τοῦ ϑεοῦ

11 „τὸν θ. τοῦ οὐρανοῦ" 21 τὸν θεόν
Ap 16 14 τῆς ἡμέρας τῆς μεγάλης τοῦ θεοῦ
17 17 ὁ–θεὸς ἔδωκεν εἰς τὰς καρδίας αὐ-
τῶν ποιῆσαι τὴν γνώμην αὐτοῦ
18 5 ἐμνημόνευσεν ὁ θεὸς τὰ ἀδικήματα
– 8 „ἰσχυρὸς κύριος" ὁ θεὸς ὁ „κρίνας"
αὐτὴν 20 „ἔκρινεν" ὁ θεὸς τὸ κρίμα
ὑμῶν ἐξ αὐτῆς
19 17 εἰς τὸ δεῖπνον τὸ μέγα τοῦ θεοῦ
20 6 ἔσονται „ἱερεῖς τοῦ θ." καὶ τοῦ Χοῦ
21 2 καταβαίνουσαν–ἀπὸ τοῦ θεοῦ 10
– 3 „ἰδοὺ ἡ σκηνὴ" τοῦ θεοῦ–,–καὶ αὐ-
τὸς ὁ θεὸς „μετ' αὐτῶν ἔσται"
– 7 „ἔσομαι αὐτῷ θεὸς καὶ αὐτὸς ἔσται"
22 18 ἐπιθήσει ὁ θεὸς ἐπ' αὐτὸν τὰς πλη-
γὰς 19 ἀφελεῖ ὁ θεὸς τὸ μέρος αὐτοῦ

θεοσέβεια *pietas* 1 Ti 2 10 ἀλλ' ὃ πρέπει γυ-
ναιξὶν ἐπαγγελλομέναις θεοσέβειαν

θεοσεβής *dei cultor* Joh 9 31 ἀλλ' ἐάν τις
θεοσεβὴς ᾖ –, τούτου ἀκούει

θεοστυγής S° – *deo odibilis* Rm 1 30

θεότης S° – *divinitas* (→ Ap 5 12 vg)
Col 2 9 κατοικεῖ–τὸ πλήρωμα τῆς θεότητος

Θεόφιλος Luc 1 3 κράτιστε Θεόφιλε Act 1 1

θεραπεία ᵃ*cura* ᵇ*sanitas* ᶜ*familia*
Luc 9 11 τοὺς χρείαν ἔχοντας θ..ας ᵃ ἶᾶτο
12 42 καταστήσει – ἐπὶ τῆς θ..ας ᶜ αὐτοῦ
Ap 22 2 „εἰς θεραπείαν ᵇ" τῶν ἐθνῶν

θεραπεύειν *curare* ᵇ*sanare* ᶜ*colere*
Mat 4 23 θεραπεύων ᵇ πᾶσαν νόσον 24 ἐθερά-
πευσεν αὐτούς 9 35 – 8 16 πάντας
τοὺς κακῶς ἔχοντας ἐθεράπευσεν ‖
Mar 1 34 πολλούς Luc 4 40

8 7 ἐγὼ ἐλθὼν θεραπεύσω αὐτόν.
10 1 ἐξουσίαν–θεραπεύειν πᾶσαν νόσον
καὶ πᾶσαν μαλακίαν 8 ἀσθενοῦντας
θεραπεύετε ‖ Luc 9 1 10 9
12 10 εἰ ἔξεστιν τοῖς σάββασιν θ..εῦσαι;
‖ Mar 3 2 παρετήρουν – εἰ – θ..σει αὐ-
τόν Luc 6 7 θ..ει – 13 14 ὅτι τῷ σαβ-
βάτῳ ἐθ..ευσεν – ἐν αὐταῖς – ἐρχό-
μενοι θεραπεύεσθε 14 3 ἔξεστιν τῷ
σαββάτῳ θεραπεῦσαι ἢ οὔ;
– 15 ἐθ..ευσεν–πάντας ‖ Mar 3 10 πολλοὺς
– ἐθεράπευσεν ᵇ Luc 6 18 οἱ ἐνοχλού-

μενοι ἀπὸ πνευμάτων–ἐθεραπεύοντο
Mat 12 22 ἐθεράπευσεν αὐτόν 14 14 τοὺς ἀρρώ-
στους αὐτῶν 15 30 αὐτούς
17 16 οὐκ ἠδυνήθησαν αὐτὸν θεραπεῦσαι
18 καὶ ἐθεραπεύθη ὁ παῖς
19 2 ἐθεράπευσεν αὐτοὺς ἐκεῖ (in Judaea)
21 14 ἐθ..σεν ᵇ αὐτούς (in templo)
Mar 6 5 εἰ μὴ ὀλίγοις ἀρρώστοις ἐπιθεὶς τὰς
χεῖρας ἐθεράπευσεν
– 13 ἤλειφον–πολλοὺς ἀρρώστους καὶ
ἐθ..ον ᵇ ‖ Luc 9 6 θ..οντες πανταχοῦ
Luc 4 23 ἰατρέ, θεράπευσον σεαυτόν
5 15 συνήρχοντο – ἀκούειν καὶ θεραπεύ-
εσθαι ἀπὸ τῶν ἀσθενειῶν αὐτῶν
7 21 ἐθεράπευσεν πολλοὺς ἀπὸ νόσων
8 2 γυναῖκές τινες–τεθεραπευμέναι ἀπὸ
πνευμάτων πονηρῶν καὶ ἀσθενειῶν
– 43 ἥτις – οὐκ ἴσχυσεν – θεραπευθῆναι
Joh 5 10 τῷ τεθ..μένῳ ᵇ· σάββατόν ἐστιν
Act 4 14 βλέποντες – ἑστῶτα τὸν τεθ..μένον
5 16 οἵτινες ἐθ..οντο ἅπαντες 8 7 χωλοὶ
ἐθ..θησαν 28 9 ἔχοντες ἀσθενείας
17 25 οὐδὲ ὑπὸ χειρῶν ἀνθρωπίνων θερα-
πεύεται· προσδεόμενός τινος
Ap 13 3 ἡ πληγή–αὐτοῦ ἐθεραπεύθη 12

θεράπων *famulus* Hb 3 5 Μωϋσῆς–ὡς θερ.

θερίζειν *metere* ᵇ*demetere*
Mat 6 26 οὐ σπείρουσιν οὐδὲ θ..ουσιν ‖ Lc 12 24
25 24 θερίζων ὅπου οὐκ ἔσπειρας 26 ὅτι
θ..ζω ὅπου οὐκ ἔσπειρα ‖ Luc 19 21.22
Joh 4 36 ἤδη ὁ θερίζων μισθὸν λαμβάνει –,
ἵνα ὁ σπείρων ὁμοῦ χαίρῃ καὶ ὁ θε-
ρίζων 37 καὶ ἄλλος ὁ θερίζων
– 38 ἀπέστειλα ὑμᾶς θερίζειν ὃ οὐχ ὑμεῖς
1 Co 9 11 εἰ – ὑμῖν τὰ πνευματικὰ ἐσπείραμεν,
μέγα εἰ – ὑμῶν τὰ σαρκικὰ θερίσομεν;
2 Co 9 6 φειδομένως καὶ θερίσει, – ἐπ' εὐλο-
γίαις καὶ θερίσει
Gal 6 7 ὃ – ἐὰν σπείρῃ ἄνθρ., τοῦτο καὶ θε-
ρίσει 8 ἐκ τῆς σαρκὸς θερίσει φθο-
ράν,–ἐκ τοῦ πνεύμ. θ..ει ζωὴν αἰών.
– 9 καιρῷ – ἰδίῳ θερίσομεν μὴ ἐκλυόμενοι
Jac 5 4 καὶ αἱ βοαὶ τῶν θερισάντων „εἰς τὰ
ὦτα κυρίου σαβαὼθ" εἰσεληλύθασιν
ὦτα κυρίου"–εἰσελήλυθαν
Ap 14 15 θέρισον, „ὅτι ἦλθεν ἡ ὥρα θερίσαι"
16 καὶ ἐθερίσθη ᵇ (νᵃ) ἡ γῆ

θερισμός *messis* **θεριστής** *messor* (Mat 13)
Mat 9 37 ὁ μὲν θ. πολύς 38 δεήθητε οὖν τοῦ

κυρίου τοῦ θερισμοῦ ὅπως ἐκβάλη
ἐργάτας εἰς τὸν θ..ὸν αὐτοῦ ‖ Luc 10 2
Mat 13 30 ἄφετε συναυξάνεσθαι – ἕως τοῦ θ. ·
  – ἐν καιρῷ τοῦ θ. ἐρῶ τοῖς θερισταῖς
  39 ὁ δὲ θερισμὸς συντέλεια αἰῶνός
  ἐστιν, οἱ – θερισταὶ ἄγγελοί εἰσιν
Mar 4 29 „ὅτι παρέστηκεν ὁ θερισμός"
Joh 4 35 ὅτι – ὁ θ. ἔρχεται; – θεάσασθε τὰς
  χώρας, ὅτι λευκαί εἰσιν πρὸς θ..όν
Ap 14 15 ἐξηράνθη ὁ θερισμὸς τῆς γῆς

θερμαίνεσθαι se calefacere [b]calefieri
Mar 14 54 θ..όμενος πρὸς τὸ φῶς 67 Πέτρον
  θερμαινόμενον Joh 18 18 (vl[b]) 25
Jac 2 16 θερμαίνεσθε[b] καὶ χορτάζεσθε

θέρμη calor Act 28 3 ἀπὸ τῆς θέρμης

θέρος aestas Mat 24 32 ‖ Mar 13 28 Luc 21 30

Θεσσαλονικεύς Act 20 4 27 2 1 Th 11 2 Th 11

Θεσσαλονίκη Act 17 1.11.13 Phl 4 16 2 Ti 4 10

Θευδᾶς Theodas Act 5 36

θεωρεῖν videre [b]aspicere [c]intueri [d]spectare
Mat 27 55 γυναῖκες – ἀπὸ μακρόθεν θεωροῦ-
  σαι (vg[o]) 28 1 θεωρῆσαι τὸν τάφον
  ‖ Mar 15 40[b] 47[b] ποῦ τέθειται – 16 4
  θεωροῦσιν ὅτι ἀποκεκύλισται ὁ λίθος
Mar 3 11 τὰ πνεύματα –, ὅταν αὐτὸν ἐθ..ουν
  5 15 θ..οῦσιν τὸν δαιμονιζόμενον – σωφρο-
  νοῦντα – 38 θεωρεῖ θόρυβον
  12 41 ἐθεώρει[b] πῶς ὁ ὄχλος βάλλει χαλκ.
Luc 10 18 ἐθ..ουν τὸν σατανᾶν ὡς ἀστραπήν
  14 29 οἱ θεωροῦντες ἄρξωνται – ἐμπαίζειν
  21 6 ταῦτα ἃ θεωρεῖτε, – οὐκ ἀφεθήσεται
  λίθος ἐπὶ λίθῳ
  23 35 εἱστήκει ὁ λαὸς „θεωρῶν"[d]
  – 48 θεωρήσαντες τὰ γενόμενα, τύπτοντες
  24 37 ἐδόκουν πνεῦμα θεωρεῖν 39 σάρκα –
  οὐκ ἔχει καθὼς ἐμὲ θεωρεῖτε ἔχοντα
Joh 2 23 θ..οῦντες αὐτοῦ τὰ σημεῖα – 6 2 7 3 σοῦ
  τὰ ἔργα Act 8 13 σημ. καὶ δυνάμεις
  4 19 θεωρῶ ὅτι προφήτης εἶ σύ
  6 19 θ..οῦσιν τὸν Ἰησοῦν περιπατοῦντα
  – 40 πᾶς ὁ θεωρῶν τὸν υἱὸν καὶ πιστεύων
  – 62 ἐὰν – θ..ῆτε τὸν υἱὸν – ἀναβαίνοντα
  8 51 θάνατον οὐ μὴ θ..ήσῃ εἰς τ. αἰῶνα
  9 8 οἱ θ..οῦντες αὐτὸν τὸ πρότερον, ὅτι
  10 12 θεωρεῖ τὸν λύκον ἐρχόμενον
  12 19 θεωρεῖτε ὅτι οὐκ ὠφελεῖτε οὐδέν

Joh 12 45 ὁ θ..ῶν ἐμὲ θεωρεῖ τὸν πέμψαντά με
  14 17 ὅτι οὐ θεωρεῖ αὐτό (sc τὸ πνεῦμα
  τῆς ἀληθείας) οὐδὲ γινώσκει
  – 19 ἔτι μικρὸν καὶ ὁ κόσμος με οὐκέτι
  θεωρεῖ, ὑμεῖς δὲ θεωρεῖτέ με
  16 10 ὑπάγω καὶ οὐκέτι θεωρεῖτέ με 16 μι-
  κρὸν καὶ οὐκέτι θεωρεῖτέ με 17.19
  17 24 ἵνα θεωρῶσιν τὴν δόξαν τὴν ἐμήν
  20 6 θεωρεῖ τὰ ὀθόνια κείμενα 12 δύο ἀγ-
  γέλους 14 τὸν Ἰησοῦν ἑστῶτα
Act 3 16 τοῦτον, ὃν θεωρεῖτε καὶ οἴδατε
  4 13 θ..οῦντες – τὴν τ. Πέτρου παρρησίαν
  7 56 τοὺς οὐρανοὺς διηνοιγμένους 10 11
  9 7 ἀκούοντες –, μηδένα δὲ θεωροῦντες
  17 16 θεωροῦντος κατείδωλον – τὴν πόλιν
  – 22 δεισιδαιμονεστέρους ὑμᾶς θεωρῶ
  19 26 20 38 21 20 25 24 27 10 28 6
Hb 7 4 θεωρεῖτε[c] δὲ πηλίκος οὗτος
1 Jo 3 17 ὃς δ' ἂν – θεωρῇ τὸν ἀδελφὸν – χρεί-
  αν ἔχοντα καὶ κλείσῃ τὰ σπλάγχνα
Ap 11 11 φόβος – ἐπὶ τοὺς θ..οῦντας αὐτούς
  – 12 ἐθεώρησαν αὐτοὺς οἱ ἐχθροὶ αὐτῶν

θεωρία spectaculum Luc 23 48 ἐπὶ τ. θεωρίαν

θήκη vagina Joh 18 11 μάχαιραν εἰς τὴν θ.

θηλάζειν [a]lactere (vl ..are) [b]nutrire [c]sugere
Mat 21 16 ἐκ στόματος νηπίων καὶ θ..όντων[a]
  24 19 οὐαὶ – ταῖς θ..ούσαις[b] ἐν ἐκείναις ταῖς
  ἡμέραις ‖ Mar 13 17[b] Luc 21 23[b]
Luc 11 27 καὶ μαστοὶ οὓς ἐθήλασας[c]

θῆλυς, ..εια, ..υ femina
Mat 19 4 „ἄρσεν καὶ θῆλυ ἐποίησεν αὐτούς"
  ‖ Mar 10 6 – Gal 3 28 οὐκ ἔνι ἄ. καὶ θ.
Rm 1 26 αἵ τε γὰρ θήλειαι αὐτῶν μετήλλαξαν
  27 οἱ ἄρσενες ἀφέντες τὴν φυσικὴν
  χρῆσιν τῆς θηλείας

θήρα captio (θήρα Ps 69 23 non in Sept)
Rm 11 9 „γενηθήτω ἡ τράπεζα αὐτῶν εἰς πα-
  γίδα καὶ εἰς θήραν"

θηρεύειν capere Luc 11 54 θηρεῦσαί τι ἐκ
  τοῦ στόματος (de vl ex ore) αὐτοῦ

θηριομαχεῖν S[o] – ad bestias pugnare
1 Co 15 32 εἰ κατὰ ἄνθρωπον ἐθ..ησα ἐν Ἐφέσῳ

θηρίον bestia
Mar 1 13 ἦν μετὰ τῶν θηρίων καὶ οἱ ἄγγελοι

Act 11 6 εἶδον – τὰ θηρία καὶ τὰ ἑρπετά
    28 4 κρεμάμενον τὸ θηρ. ἐκ τῆς χειρός 5
Tit 1 12 Κρῆτες ἀεὶ ψεῦσται, κακὰ θηρία
Hb 12 20 „κἂν θηρίον θίγῃ τοῦ ὄρους"
Jac 3 7 πᾶσα – φύσις θηρίων – δαμάζεται
Ap 6 8 „ἀποκτεῖναι" – ὑπὸ τῶν –, ϑ. τῆς γῆς"
    11 7 τὸ „θηρίον" τὸ „ἀναβαῖνον ἐκ τῆς
      ἀβύσσου" 17 8 μέλλει „ἀναβαίνειν"
    13 1 „ἐκ τῆς θαλάσσης θηρ. ἀναβαῖνον"
      2.3.4.11 ἄλλο ϑ. ἀναβαῖν. ἐκ τῆς γῆς
      12.14.15 δοῦναι πνεῦμα τῇ εἰκόνι τοῦ
      θηρίου 17 τὸ χάραγμα τὸ ὄνομα τοῦ
      ϑ. 18 ψηφισάτω τὸν ἀριθμὸν τοῦ ϑ.
    14 9 εἴ τις προσκυνεῖ τὸ θηρίον 11 20 4 οἴ-
      τινες οὐ προσεκύνησαν τὸ θηρίον
    15 2 εἶδον – τοὺς νικῶντας ἐκ τοῦ θηρίου
    16 2 ἐπὶ – τοὺς ἔχοντας τὸ χάραγμα τοῦ
      ϑ. 10 ἐπὶ τὸν θρόνον τοῦ θηρίου 13
      ἐκ τοῦ στόματος τοῦ ϑ. – πνεύματα
    17 3 καθημένην ἐπὶ θηρίον κόκκινον 7.8
      „τὸ ϑ." – ἦν καὶ οὐκ ἔστιν 11.12 ἐξ-
      ουσίαν ὡς βασιλεῖς – μετὰ τοῦ ϑ. 13
      τὴν – ἐξουσίαν – τῷ θηρ. διδόασιν 16.17
      δοῦναι τὴν βασιλείαν – τῷ θηρ. [18 2]
    19 19 εἶδον τὸ θηρ. καὶ τοὺς βασιλεῖς τῆς
      γῆς 20 ἐπιάσθη τὸ ϑ. καὶ – ὁ ψευδο-
      προφήτης 20 10 εἰς τὴν λίμνην –, ὅ-
      που καὶ τὸ ϑ. καὶ ὁ ψευδοπροφήτης

θησαυρίζειν thesaurizare [b]reponere
    [c]recondere
Mat 6 19 μὴ ϑ..ετε ὑμῖν θησαυροὺς ἐπὶ τῆς
    γῆς 20 ϑ..ετε – ὑμῖν ϑ..οὺς ἐν οὐρανῷ
Luc 12 21 οὕτως ὁ θησαυρίζων ἑαυτῷ καὶ μὴ
    εἰς θεὸν πλουτῶν
Rm 2 5 ϑ..εις σεαυτῷ ὀργὴν ἐν ἡμέρᾳ ὀργ.
1 Co 16 2 ἕκαστος – τιθέτω ϑ..ων[c] ὅ τι ἐὰν εὐοδ.
2 Co 12 14 οὐ – τὰ τέκνα τοῖς γονεῦσιν ϑ..ειν
Jac 5 3 „ἐθησαυρίσατε" ἐν ἐσχάταις ἡμέ-
    ραις
2 Pe 3 7 οἱ δὲ νῦν οὐρανοὶ καὶ ἡ γῆ – τεθη-
    σαυρισμένοι[b] εἰσὶν πυρὶ τηρούμενοι

θησαυρός thesaurus
Mat 2 11 ἀνοίξαντες τοὺς θησαυρούς
    6 19.20 → ϑ..ίζειν 21 ὅπου γάρ ἐστιν ὁ ϑ.
    σου || Luc 12 33 ποιήσατε ἑαυτοῖς –,
    ϑ..ὸν ἀνέκλειπτον ἐν τοῖς οὐρανοῖς
    34 ὅπου γάρ ἐστιν ὁ ϑ. ὑμῶν, ἐκεῖ
    12 35 ἐκ τοῦ ἀγαθοῦ ϑ..οῦ –, – ἐκ τοῦ πο-
    νηροῦ ϑ..οῦ || Luc 6 45 ἐκ τ. ἀγαθοῦ
    ϑ..οῦ τ. καρδίας –, – ἐκ τοῦ πονηροῦ

Mat 13 44 ὁμοία – θησαυρῷ κεκρυμμένῳ ἐν τῷ
    – 52 ἐκ τοῦ ϑ. αὐτοῦ καινὰ καὶ παλαιά
    19 21 ἕξεις ϑ..ὸν ἐν οὐρανοῖς (vl ..ῷ vg) ||
    Mar 10 21 ἐν οὐ..ῷ Luc 18 22 οὐ..οῖς
2 Co 4 7 τὸν ϑ. τοῦτον ἐν ὀστρακίνοις σκεύε.
Col 2 3 ἐν ᾧ εἰσιν πάντες „οἱ ϑ..οὶ τῆς σοφί-
    ας" καὶ γνώσεως „ἀπόκρυφοι"
Hb 11 26 μείζονα πλοῦτον ἡγησάμενος τῶν
    Αἰγύπτου θησαυρῶν (vg thesauro)

θιγγάνειν [a]contrectare (vl ..tract.) [b]tangere
Col 2 21 μὴ ἅψῃ μηδὲ γεύσῃ μηδὲ θίγῃς[a]
    (contrectaveritis vl c..averis)
Hb 11 28 ἵνα μὴ „ὁ ὀλοθρεύων" τὰ πρωτότο-
    χα θίγῃ[b] αὐτῶν 12 20 „κἂν θηρίον
    θίγῃ[b] τοῦ ὄρους"

θλίβειν [a]angustiare [b](τεθλιμμένος) arctus
    (vl artus) [c]comprimere [d]tribulare
    [e](pass) tribulationem (..es) pati
Mat 7 14 τεθλιμμένη[b] ἡ ὁδὸς ἡ – εἰς τὴν ζωήν
Mar 3 9 ἵνα μὴ θλίβωσιν[c] αὐτόν
2 Co 1 6 εἴτε – θλιβόμεθα[d], ὑπὲρ τῆς ὑμῶν
    παρακλήσεως καὶ σωτηρίας
    4 8 ἐν παντὶ θλιβόμενοι[e] ἀλλ' οὐ 7 5[e]
1 Th 3 4 προελέγομεν – ὅτι μέλλομεν ϑ..σθαι[e]
2 Th 1 6 ἀνταποδοῦναι τοῖς ϑ..ουσιν[d] ὑμᾶς
    θλῖψιν 7 ὑμῖν τοῖς ϑ..ομένοις[d] ἄνεσιν
1 Ti 5 10 εἰ θλιβομένοις[e] ἐπήρκεσεν (sc χήρᾳ)
Hb 11 37 θλιβόμενοι[a], κακουχούμενοι

θλῖψις tribulatio [b]pressura [c]passio
Mat 13 21 γενομένης δὲ θλίψεως ἢ διωγμοῦ διὰ
    τὸν λόγον || Mar 4 17
    24 9 παραδώσουσιν ὑμᾶς εἰς θλῖψιν 21 ἔ-
    σται – τότε θλ. μεγάλη 29 μετὰ τὴν
    θλ. τῶν ἡμερῶν ἐκείν. || Mar 13 19.24
Joh 16 21 οὐκέτι μνημονεύει τῆς θλίψεως[b]
    – 33 ἐν τῷ κόσμῳ ϑ..ιν[b] ἔχετε (vl ἕξ. vg)
Act 7 10 ἐξείλατο αὐτὸν ἐκ – τῶν θλ. αὐτοῦ
    – 11 ἦλθεν – λιμὸς – καὶ θλῖψις μεγάλη
    11 19 οἱ – διασπαρέντες ἀπὸ τῆς θλίψεως
    14 22 διὰ πολλῶν θλ. δεῖ ἡμᾶς εἰσελθεῖν
    20 23 ἐμοὶ καὶ θλίψεις με μένουσιν
Rm 2 9 θλῖψις καὶ στενοχωρία ἐπὶ πᾶσαν ψυ-
    χὴν 8 35 θλ. ἢ στενοχ. ἢ διωγμός –;
    5 3 καυχώμεθα ἐν ταῖς θλίψεσιν, εἰδότες
    ὅτι ἡ θλῖψις ὑπομονὴν κατεργάζεται
    12 12 τῇ θλίψει ὑπομένοντες
1 Co 7 28 θλῖψιν – τῇ σαρκὶ ἕξουσιν οἱ τοιοῦτ.
2 Co 1 4 ὁ παρακαλῶν ἡμᾶς ἐπὶ πάσῃ τῇ θλί-
    ψει ἡμῶν, εἰς τὸ δύνασθαι ἡμᾶς πα-
    ρακαλεῖν τοὺς ἐν πάσῃ θλίψει[b]

2 Co 1 8 ὑμᾶς ἀγνοεῖν – ὑπὲρ τῆς θλίψ. ἡμῶν
  2 4 ἐκ – πολλῆς θλ. καὶ συνοχῆς καρδίας
  4 17 τὸ – παραυτίκα ἐλαφρὸν τῆς θλίψεως
  6 4 ἐν θλίψεσιν, ἐν ἀνάγκαις, ἐν στενο.
  7 4 τῇ χαρᾷ ἐπὶ πάσῃ τῇ θλίψει ἡμῶν
  8 2 ἐν πολλῇ δοκιμῇ (experim.) θλίψεως
  – 13 οὐ – ἵνα ἄλλοις ἄνεσις, ὑμῖν θλῖψις
Eph 3 13 διὸ αἰτοῦμαι μὴ ἐγκακεῖν ἐν ταῖς θλί-
    ψεσίν μου ὑπὲρ ὑμῶν
Phl 1 17 θλίψιν[b] ἐγείρειν τοῖς δεσμοῖς μου
  4 14 συγκοινωνήσαντές μου τῇ θλίψει
Col 1 24 τὰ ὑστερήματα τῶν θλίψ.[c] τοῦ Χοῦ
1 Th 1 6 δεξάμενοι τὸν λόγον ἐν θλίψει πολ-
    λῇ μετὰ χαρᾶς πνεύματος ἁγίου
  3 3 μηδένα σαίνεσθαι ἐν ταῖς θλ. ταύταις
  – 7 παρεκλήθημεν – ἐφ' ὑμῖν ἐπὶ πάσῃ τῇ
    ἀνάγκῃ καὶ θλίψει ἡμῶν
2 Th 1 4 πίστεως ἐν – ταῖς θλ. αἷς ἀνέχεσθε
  – 6 δίκαιον παρὰ θεῷ ἀνταποδοῦναι τοῖς
    θλίβουσιν ὑμᾶς θλῖψιν
Hb 10 33 ὀνειδισμοῖς – κ. θ..εσιν θεατριζόμενοι
Jac 1 27 ἐπισκέπτεσθαι – χήρας ἐν τῇ θλίψει
Ap 1 9 συγκοινωνὸς ἐν τῇ θλ. καὶ βασιλείᾳ
  2 9 οἶδά σου τὴν θλ. καὶ τὴν πτωχείαν
  – 10 ἕξετε θλῖψιν – "ἡμερῶν δέκα"
  – 22 βάλλω – εἰς θλῖψιν μεγάλην
  7 14 οἱ ἐρχόμενοι ἐκ τῆς θλ. τῆς μεγάλης

θνήσκειν defungi [b]mori [c]obire
Mat 2 20 τεθνήκασιν – οἱ ζητοῦντες τὴν ψυχήν
Mar 15 44 ἐθαύμασεν εἰ ἤδη τέθνηκεν[c]
Luc 7 12 ἐξεκομίζετο τεθνηκὼς μονογενὴς υἱός
  8 49 τέθνηκεν[b] ἡ θυγάτηρ σου, μηκέτι
Joh 11 44 ἐξῆλθεν ὁ τεθνηκὼς[b] δεδεμένος
  19 33 ὡς εἶδον ἤδη αὐτὸν τεθνηκότα[b]
Act 14 19 νομίζοντες αὐτὸν τεθνηκέναι[b]
  25 19 περὶ τινος Ἰησοῦ τεθνηκότος
1 Ti 5 6 ἡ – σπαταλῶσα ζῶσα τέθνηκεν[b]

θνητός mortalis (cfr vg Act 14 15)
Rm 6 12 μὴ οὖν βασιλευέτω ἡ ἁμαρτία ἐν τῷ
    θνητῷ ὑμῶν σώματι
  8 11 ζωοποιήσει καὶ τὰ θν. σώματα ὑμῶν
1 Co 15 53 δεῖ – τὸ θνητὸν τοῦτο ἐνδύσασθαι
    ἀθανασίαν 54 ὅταν – τὸ θνητὸν τοῦ-
    το ἐνδύσηται ἀθανασίαν
2 Co 4 11 ἵνα καὶ ἡ ζωὴ τοῦ Ἰησοῦ φανερωθῇ
    ἐν τῇ θνητῇ σαρκὶ ἡμῶν
  5 4 ἵνα καταποθῇ τὸ θν. ὑπὸ τῆς ζωῆς

θορυβάζεσθαι S° – turbari (erga vl circa)
Luc 10 41 μεριμνᾷς καὶ θορυβάζῃ περὶ πολλά

θορυβεῖν, ..εῖσθαι [a]concitare [b]tumultuari
    [c]turbari
Mat 9 23 τὸν ὄχλον θ..ούμενον[b] ‖ Mar 5 39[c]
Act 17 5[a] πόλιν 20 10 μὴ θ..σθε[c]· ἡ – ψυχή

θόρυβος tumultus
Mat 26 5 ἵνα μὴ θόρ. γένηται 27 24 ‖ Mar 14 2
Mar 5 38 θεωρεῖ θ..ον – Act 20 1 21 34 24 18

θραύεσθαι confringi Luc 4 18 "τεθ..σμένους"

θρέμματα S° – pecora Joh 4 12 αὐτοῦ

θρηνεῖν lamentare, ..ri [b]flēre
Mat 11 17 ἐθρηνήσαμεν καὶ οὐκ ‖ Luc 7 32
Luc 23 27 αἳ ἐκόπτοντο καὶ ἐθρήνουν αὐτόν
Joh 16 20 θ..ήσετε[b] ὑμεῖς, ὁ δὲ κόσμος χαρήσ.

θρησκεία religio
Act 26 5 αἵρεσιν τῆς ἡμετέρας θρησκείας
Col 2 18 ἐν – θρησκείᾳ τῶν ἀγγέλων
Jac 1 26 τούτου μάταιος ἡ θρ. 27 θρησκεία
    καθαρὰ καὶ ἀμίαντος παρὰ τῷ θεῷ

θρησκός S° – religiosus Jac 1 26 εἴ τις δο-
    κεῖ θρ. εἶναι, μὴ χαλιναγωγῶν γλῶσσαν

θριαμβεύειν S° – triumphare aliquem
2 Co 2 14 τῷ – θεῷ – τῷ πάντοτε θ..οντι ἡμᾶς
Col 2 15 θριαμβεύσας αὐτοὺς ἐν αὐτῷ

θρίξ, τρίχες capillus [b]pilus [c](ἐμπλοκὴ τρι-
    χῶν) capillatura
Mat 3 4 ἀπὸ τριχῶν[b] καμήλου ‖ Mar 1 6[b]
  5 36 μίαν τρίχα λευκὴν ποιῆσαι ἢ μέλαιν.
  10 30 ὑμῶν – καὶ αἱ τρίχες – πᾶσαι ἠριθμη-
    μέναι ‖ Luc 12 7 21 18 θρὶξ ἐκ τῆς κε-
    φαλῆς ὑμῶν οὐ μὴ ἀπόληται
Luc 7 38 ταῖς θριξὶν – αὐτῆς ἐξέμασσεν 44
Joh 11 2 Μαριὰμ ἡ – ἐκμάξασα τοὺς πόδας
    αὐτοῦ ταῖς θριξὶν αὐτῆς 12 3
Act 27 34 οὐδενὸς – ὑμῶν θρὶξ – ἀπολεῖται
1 Pe 3 3 οὐχ ὁ – ἐμπλοκῆς τριχῶν[c] – κόσμος
Ap 1 14 "αἱ τρίχες λευκαὶ ὡς ἔριον" λευκὸν
    9 8 εἶχον τρίχας ὡς τρίχας γυναικῶν

θροεῖσθαι [a]turbari [b]timēre [c]terrēri
Mat 24 6 ὁρᾶτε, μὴ θροεῖσθε[a] ‖ Mar 13 7[b]
2 Th 2 2 μηδὲ θρ.[c], μήτε διὰ πνεύματος

θρόμβος S° – gutta ‖Luc 22 44 θ..οι αἵματ.‖

θρόνος *sedes* ᵇ*thronus* ᶜ*sedile*
Mat 5 34 μήτε ἐν „τῷ οὐρανῷ", ὅτι „θρ.ᵇ ἐστὶν
τοῦ θεοῦ" 23 22 ὁ ὀμόσας ἐν τῷ οὐρ.
ὀμνύει ἐν τῷ θρόνῳᵇ τοῦ θεοῦ
19 28 ὅταν καθίσῃ – ἐπὶ θρόνου δόξης αὐ-
τοῦ, καθήσεσθε – ἐπὶ δώδεκα θ..ους
‖ Luc 22 30ᵇ – Mat 25 31 τότε καθίσει
Luc 1 32 δώσει αὐτῷ κύριος – „τὸν θρ. Δαυίδ"
– 52 „καθεῖλεν δυνάστας" ἀπὸ θρόνων
Act 2 30 „ἐκ καρποῦ τῆς ὀσφύος αὐτοῦ καθ-
ίσαι ἐπὶ τὸν θρόνον αὐτοῦ"
7 49 „ὁ οὐρανός μοι θρόνος, ἡ δὲ γῆ"
Col 1 16 εἴτε θρόνοιᵇ, εἴτε κυριότητες
Hb 1 8 „ὁ θρ.ᵇ σου ὁ θεὸς εἰς τὸν αἰῶνα"
4 16 προσερχώμεθα οὖν μετὰ παρρησίας
τῷ θρόνῳᵇ τῆς χάριτος
8 1 ἐν δεξιᾷ τοῦ θρ. τῆς μεγαλωσύνης
12 2 ἐν δεξιᾷ – τοῦ θρόνου τοῦ θεοῦ
Ap 1 4 ἀπὸ τῶν – πνευμάτων ἃ ἐνώπιον
τοῦ θρόνουᵇ αὐτοῦ 4 5 ἑπτὰ λαμ-
πάδες – ἐν. τ. θρ.ᵇ 6 ἐν. τ. θρ. ὡς θά-
λασσα ὑαλίνη 10 βαλοῦσιν τοὺς στε-
φάνους – ἐν. τ. θρ.ᵇ 7 9 ὄχλος πολὺς
– ἐν. τ. θρ.ᵇ 11 οἱ ἄγγελοι – ἔπεσαν
ἐν. τ. θρ.ᵇ 15 εἰσὶν ἐν. τ. θρ. τοῦ
83 τὸ θυσιαστήριον – τὸ ἐν. τ. θρ.ᵇ
14 3 ᾄδουσιν – ἐν. τ. θρ. 20 12 τοὺς νε-
κροὺς – ἑστῶτας ἐνώπιον τοῦ θρόν.ᵇ
2 13 ὅπου ὁ θρόνος τοῦ σατανᾶ
3 21 καθίσαι μετ' ἐμοῦ ἐν τῷ θρόνῳᵇ μου,
ὡς κἀγὼ – ἐκάθισα μετὰ τοῦ πατρός
μου ἐν τῷ θρόνῳᵇ αὐτοῦ
4 2 θρόνος ἔκειτο – καὶ „ἐπὶ τὸν θρ. καθ-
ήμενος" 3 „Ἶρις κυκλόθεν τοῦ θρ."
4 κυκλόθεν τοῦ θρ. θρόνουςᶜ εἴκοσι
τέσσαρες, καὶ ἐπὶ τοὺς θρ.ᵇ 5 ἐκ τοῦ
θρ.ᵇ – ἀστραπαί 6 „ἐν μέσῳ τοῦ θρ.
καὶ κύκλῳ τοῦ θρόνου τέσσαρα ζῷα"
– 9 τῷ „καθημένῳ ἐπὶ τῷ θρόνῳᵇ"
10ᵇ 51ᵇ 7ᵇ 13ᵇ 6 16ᵇ 7 10ᵇ 15 „ὁ καθ-
ήμενος ἐπὶ τοῦ θρόνουᵇ" σκηνώσει
ἐπ' αὐτούς 19 4ᵇ 21 5ᵇ
5 6 ἐν μέσῳ τοῦ θρόνουᵇ – ἀρνίον ἑστη-
κός 11ᵇ 7 11ᵇ 17 τὸ ἀρνίον τὸ ἀνὰ μέ-
σον τοῦ θρόνουᵇ 22 1 ποταμὸν – ἐκ
τοῦ θρ. τοῦ θεοῦ καὶ τοῦ ἀρνίου 3
11 16 οἱ – πρεσβύτεροι, [οἱ] – καθήμενοι ἐπὶ
τοὺς θρόνους αὐτῶν – 20 4 „εἶδον
θρόνους", καὶ „ἐκάθισαν" ἐπ' αὐτούς
12 5 ἡρπάσθη τὸ τέκνον – πρὸς τ. θεὸν
καὶ πρὸς τὸν θρ.ᵇ αὐτοῦ – 16 17 φω-
νὴ μεγάλη – ἀπὸ τοῦ θρόνουᵇ 19 5ᵇ

21 3 φωνῆς μεγάλης ἐκ τοῦ θρόνου
Ap 13 2 ἔδωκεν αὐτῷ (sc τῷ θηρίῳ) ὁ δρά-
κων – τὸν θρ. (vgᵒ) αὐτοῦ 16 10 φιά-
λην – ἐπὶ τὸν θρόνον τοῦ θηρίου
20 11 „εἶδον θρόνονᵇ" μέγαν λευκόν

Θυάτειρα, ..ων Act 16 14 Ap 1 11 2 18.24

θυγάτηρ et θυγάτριον Sᵒ *filia*
Mat 9 18 ἡ θ. μου ἄρτι ἐτελεύτησεν ‖ Mar 5 23
τὸ θ..όν μου ἐσχάτως ἔχει 35 ἡ θ.
σου ἀπέθανεν Luc 8 42 θ. μονογενής
ἦν αὐτῷ 49 τέθνηκεν ἡ θυγάτηρ σου
– 22 θάρσει, θύγατερ· ἡ πίστις σου ‖ Mar
5 34 θυγάτηρ, ἡ πίστις σου Luc 8 48
10 35 διχάσαι – „θυγατέρα κατὰ τῆς μη-
τρός" ‖ Luc 12 53 διαμερισθήσονται –
μήτηρ ἐπὶ τ. θ.α κ. „θ. ἐπὶ τὴν μητ."
– 37 ὁ φιλῶν υἱὸν ἢ θυγατέρα ὑπὲρ ἐμέ
14 6 ἡ θυγάτ. τῆς Ἡρῳδιάδος ‖ Mar 6 22
15 22 ἡ θυγάτηρ μου κακῶς δαιμονίζεται 28
ἰάθη ἡ θ. αὐτῆς ‖ Mar 7 25 ἧς εἶχεν
τὸ θ..ον – πνεῦμα ἀκάθαρτον 26 ἵνα
τὸ δαιμόνιον ἐκβάλῃ ἐκ τῆς θυγ. 29
ἐξελήλυθεν ἐκ τῆς θ. σου τὸ δαιμόν.
21 5 „εἴπατε τῇ θυγατρὶ Σιών" Joh 12 15
„μὴ φοβοῦ, θυγάτηρ Σιών"
Luc 1 5 γυνὴ αὐτῷ ἐκ τῶν θ..τέρων Ἀαρών
2 36 Ἅννα προφῆτις, θυγάτηρ Φανουήλ
13 16 ταύτην δὲ θυγατέρα Ἀβραὰμ οὖσαν
– οὐκ ἔδει λυθῆναι –;
23 28 θυγατέρες Ἱερ., μὴ κλαίετε ἐπ' ἐμέ
Act 2 17 „προφητεύσουσιν – αἱ θ..ες ὑμῶν"
7 21 „ἡ θυγ. Φαραώ" Hb 11 24 υἱὸς θ..ός
21 9 τούτῳ – ἦσαν θυγατέρες τέσσαρες
παρθένοι προφητεύουσαι
2 Co 6 18 ἔσεσθέ „μοι εἰς υἱοὺς" καὶ θ..τέρας

θύειν *occidere* ᵇ*immolare* ᶜ*mactare*
ᵈ*sacrificare*
Mat 22 4 τὰ σιτιστὰ τεθυμένα – Luc 15 23 θύ-
σατε 27 ἔθυσεν ὁ πατήρ σου 30
Mar 14 12 ὅτε τὸ πάσχα ἔθυονᵇ ‖ Luc 22 7
Joh 10 10 ἵνα κλέψῃ καὶ θύσῃᶜ καὶ ἀπολέσῃ
Act 10 13 θῦσον καὶ φάγε 11 7 – 14 13ᵈ 18ᵇ
1 Co 5 7 „τὸ πάσχα" ἡμῶν „ἐτύθηᵇ" Χός
10 20 ἃ θύουσινᵇ (vl θύει τὰ ἔθνη vg),
„δαιμονίοις καὶ οὐ θεῷ [θύουσινᵇ]"

θύελλα *procella* Hb 12 18 „ζόφῳ καὶ θ..ῃ"

θύϊνος Sᵒ – *thyinus* Ap 18 12 ξύλον θ..ον

θυμίαμα *incensum* [b]*odoramentum*
Luc 1 10 προσευχόμενον – τῆ ὥρᾳ τοῦ θ..ατος
  – 11 ἐκ δεξιῶν τοῦ θυσιαστηρίου τοῦ θ.
Ap 5 8 φιάλας – γεμούσας θ..των[b] 83.4 ἀνέ-
  βη ὁ καπνὸς „τῶν θ. ταῖς προσευ-
  χαῖς" τῶν ἁγίων 18 13 θ..τα[b] καὶ μύρον

θυμιᾶν *incensum ponere* Luc 1 9

θυμιατήριον *thuribulum* (vl *tu.*) Hb 9 4

θυμομαχεῖν S[o] – *irasci* Act 12 20 Τυρίοις

θυμός *ira* [b]*animositas* [c]*indignatio*
  [d]*iracundia* [e]*furor*
Luc 4 28 ἐπλήσθησαν – θ..οῦ Act 19 28 πλήρεις
Rm 2 8 τοῖς – ἀπειθοῦσι τῆ ἀληθείᾳ –, ὀργὴ
  καὶ θυμός[c]
2 Co 12 20 μή πως – θυμοί[b], ἐριθεῖαι Gal 5 20
Eph 4 31 πᾶσα πικρία καὶ θυμός[c] Col 3 8[c]
Hb 11 27 μὴ φοβηθεὶς τὸν θ.[b] τοῦ βασιλέως
Ap 12 12 ὁ διάβολος – ἔχων θυμὸν μέγαν
  14 8 Βαβ. –, ἥ „ἐκ τοῦ οἴνου" τοῦ θυμοῦ
  τῆς πορνείας „αὐτῆς πεπότικεν – τὰ
  ἔθνη" 18 3 „πέπωκαν – τὰ ἔθνη"
  – 10 „πίεται ἐκ τοῦ οἴνου" τοῦ θυμ. τοῦ
  θεοῦ 16 19 „τὸ ποτήριον τ. οἴ. τοῦ
  θυμοῦ[c] – αὐτοῦ" – 14 19 ἔβαλεν εἰς
  τὴν ληνὸν τοῦ θυμοῦ τοῦ θεοῦ 19 15
  „πατεῖ τὴν ληνὸν" τοῦ οἴνου τοῦ
  θυμοῦ[e] τῆς ὀργῆς τοῦ θεοῦ
  15 1 ἐν αὐταῖς (sc πληγαῖς) ἐτελέσθη ὁ
  θυμὸς τοῦ θεοῦ 7 ἑπτὰ φιάλας – γε-
  μούσας τοῦ θυμοῦ[d] τοῦ θεοῦ 16 1

θυμοῦσθαι *irasci* Mat 2 16 ἐθυμώθη λίαν

θύρα *ostium* [b]*ianua* [c]*fores* [d]*porta*
  θύρα cum ἀνοίγειν → ἀνοίγειν
Mat 6 6 „κλείσας τὴν θύραν σου πρόσευξαι"
  24 33 ἐγγύς – ἐπὶ θύραις[b] ‖ Mar 13 29
  25 10 καὶ ἐκλείσθη ἡ θύρα[b] Luc 13 25 ἀφ᾽
  οὗ ἂν – ἀποκλείση τὴν θύραν, καὶ
  ἄρξησθε – κρούειν τὴν θύραν
  27 60 τῆ θύρᾳ τοῦ μνημείου ‖ Mar 15 46 ἐπὶ
  τὴν θύραν 16 3 ἐκ τῆς θύρας
Mar 1 33 πρὸς τὴν θύραν[b] 2 2[b] 11 4[b]
Luc 11 7 ἤδη ἡ θύρα κέκλεισται καὶ τὰ παιδία
  13 24 ἀγωνίζεσθε εἰσελθεῖν διὰ τῆς στενῆς
  θύρας (vl πύλης vg[d])
Joh 10 1 ὁ μὴ εἰσερχόμενος διὰ τῆς θ. 2 ὁ δὲ
  εἰσερχ. διὰ τῆς θύρας 7 ἐγώ εἰμι ἡ θ.
  τῶν προβάτων 9 ἐγώ εἰμι ἡ θύρα
  18 16 Πέτρος εἱστήκει πρὸς τῆ θύρᾳ ἔξω

Joh 20 19 τῶν θυρῶν[c] κεκλεισμένων 26[b]
Act 3 2 ὃν ἐτίθουν – πρὸς τὴν θ.[d] τοῦ ἱεροῦ
  5 9 οἱ πόδες τῶν θαψάντων – ἐπὶ τῆ θύρᾳ
  – 19.23[b] 12 6.13 κρούσαντος – τὴν θύ-
  ραν 21 30 ἐκλείσθησαν αἱ θύραι[b]
Jac 5 9 ὁ κριτὴς πρὸ τῶν θυρῶν[b] ἔστηκεν
Ap 3 20 ἔστηκα ἐπὶ τὴν θύραν καὶ κρούω

θυρεός *scutum* Eph 6 16 τῆς πίστεως

θυρίς *fenestra* Act 20 9 2 Co 11 33

θυρωρός [a]*ianitor* [b]*ostiarius* [c]*ostiaria*
Mar 13 34[a] Joh 10 3 ὁ θ.[b] ἀνοίγει 18 16[c].17[c]

θυσία *hostia* [b]*sacrificium* [c]*victima*
Mat 9 13 „ἔλεος θέλω καὶ οὐ θυσίαν[b]" 12 7[b]
Mar (9 49 vl πᾶσα – θυσία[c] – ἁλισθήσεται)
  12 33 περισσότερόν ἐστιν – „τῶν – θυσιῶν[b]"
Luc 2 24 τοῦ δοῦναι θυσίαν κατὰ τὸ εἰρημένον
  13 1 ἔμιξεν μετὰ τῶν θυσιῶν[b] αὐτῶν
Act 7 41 „ἀνήγαγον θυσίαν" τῷ εἰδώλω
  – 42 „μὴ – θυσίας προσηνέγκατέ μοι –;"
Rm 12 1 παραστῆσαι τὰ σώματα ὑμῶν θυσίαν
  ζῶσαν ἁγίαν εὐάρεστον τῷ θεῷ
1 Co 10 18 οὐχ οἱ ἐσθίοντες τὰς θυσίας κοινω-
  νοὶ τοῦ θυσιαστηρίου εἰσίν;
Eph 5 2 παρέδωκεν ἑαυτὸν – „θυσίαν" τῷ θεῷ
Phl 2 17 εἰ καὶ σπένδομαι ἐπὶ τῆ θυσίᾳ[b] καὶ
  λειτουργίᾳ τῆς πίστεως ὑμῶν
  4 18 τὰ παρ᾽ ὑμῶν, –, θυσίαν δεκτήν
Hb 5 1 ἵνα προσφέρη – θυσίας[b] ὑπὲρ ἁμαρ-
  τιῶν 7 27 ὑπὲρ τῶν ἰδίων ἁμ. θυσίας
  ἀναφέρειν 8 3 εἰς τὸ προσφέρειν –
  θυσίας καθίσταται 9 9 10 11 τὰς αὐ-
  τὰς πολλάκις – θυσίας 12 οὗτος δὲ
  μίαν – θυσίαν 11 4 πλείονα θυ. Ἄβελ
  9 23 τὰ ἐπουράνια κρείττοσιν θυσίαις (sc
  καθαρίζεσθαι) παρὰ ταύτας
  – 26 εἰς ἀθέτησιν [τῆς] ἁμαρτίας διὰ τῆς
  θυσίας αὐτοῦ πεφανέρωται
  10 1 κατ᾽ ἐνιαυτὸν ταῖς αὐταῖς θυσίαις –
  οὐδέποτε δύναται – τελειῶσαι
  – 5 „θυσίαν – οὐκ ἠθέλησας" 8 „θυσίας"
  – 26 οὐκέτι περὶ ἁμαρ. ἀπολείπεται θυσία
  13 15 δι᾽ αὐτοῦ – „ἀναφέρωμεν θυσίαν αἰ-
  νέσεως" διὰ παντός „τῷ θεῷ"
  – 16 τοιαύταις – θ..αις εὐαρεστεῖται ὁ θεός
1 Pe 2 5 ἀνενέγκαι πνευματικὰς θυσίας

θυσιαστήριον *altare* (vl *altarium*)
Mat 5 23 ἐὰν – προσφέρης τὸ δῶρόν σου ἐπὶ
  τὸ θ. 24 ἄφες – τ. δῶρ. – ἔμπρ. τοῦ θ.

Mat 23₁₈ ὃς ἂν ὀμόσῃ ἐν τῷ θ. 19 τί γὰρ μεῖ-
ζον, τὸ δῶρον ἢ τὸ θ. τὸ ἁγιάζον τὸ
δῶρον; 20 ὁ οὖν ὀμόσας ἐν τῷ θυσ.
– 35 μεταξὺ τοῦ ναοῦ καὶ τοῦ θυσιαστ. ‖
    Luc 11₅₁ τοῦ θυσιαστ. καὶ τοῦ οἴκου
Luc 1₁₁ ἐκ δεξιῶν τοῦ θυσ. τοῦ θυμιάματος
Rm 11 3 „τὰ θυσιαστήριά σου κατέσκαψαν"
1 Co 9₁₃ οὐκ οἴδατε ὅτι – οἱ τῷ θυσ. παρεδρεύ-
οντες τῷ θυσιαστηρίῳ συμμερίζονται;
10₁₈ οὐχ οἱ ἐσθίοντες τὰς θυσίας κοινω-
νοὶ τοῦ θυσιαστηρίου εἰσίν;
Hb 7₁₃ φυλῆς – μετέσχηκεν, ἀφ' ἧς οὐδεὶς
προσέσχηκεν τῷ θυσιαστηρίῳ
13₁₀ ἔχομεν θ. ἐξ οὗ φαγεῖν οὐκ ἔχουσιν
Jac 2₂₁ „ἀνενέγκας Ἰσαὰκ – ἐπὶ τὸ θυσιαστ."
Ap 6 9 ὑποκάτω τοῦ θυσ. τὰς ψυχὰς τῶν
8 3 ἄγγελος – „ἐστάθη ἐπὶ τοῦ θ." – , ἵνα

δώσει – ἐπὶ τὸ θυσιαστ. τὸ χρυσοῦν
Ap 8 5 ἐκ „τοῦ πυρὸς τοῦ θυσιαστηρίου"
9₁₃ φωνὴν – ἐκ τῶν – κεράτων τοῦ θυσ.
11 1 μέτρησον τὸν ναὸν – καὶ τὸ θυσιαστ.
14₁₈ ἄγγελος [ἐξῆλθεν] ἐκ τοῦ θυσιαστηρ.
16 7 ἤκουσα τοῦ θ..ίου (vg alterum ab
altari, vl altare) λέγοντος· ναί

Θωμᾶς   Mat 10₃ Mar 3₁₈ Luc 6₁₅ Act 1₁₃
Joh 11₁₆ ὁ λεγόμενος Δίδυμος 14₅ 20₂₄ ὁ λεγ.
Δίδ. 26.27.28 21₂ ὁ λεγόμενος Δίδ.

θώραξ   lorica
Eph 6₁₄ „ἐνδυσάμενοι τὸν θώρακα τῆς δικαιο-
σύνης" 1 Th 5₈ πίστεως καὶ ἀγάπης
Ap 9 9 εἶχον θώρακας ὡς θ..ας σιδηροῦς 17
θώρακας πυρίνους καὶ ὑακινθίνους

Ἰάϊρος   Mar 5₂₂ Luc 8₄₁

Ἰακώβ   1) auctor gentis Israel
Mat 1 2 Luc 3₃₄ Joh 4₅.₆ πηγὴ τοῦ Ἰ. 12 μὴ
σὺ μείζων εἶ τοῦ πατρὸς ἡμῶν Ἰ. – ;
Act 7₈.₁₂.₁₄.₁₅.₄₆ „τῷ οἴκῳ Ἰακώβ"
8₁₁ ἀνακλιθήσονται μετὰ Ἀβρ. καὶ Ἰσαὰκ
καὶ Ἰακώβ ‖ Luc 13₂₈ ὅταν ὄψησθε
Ἀβρ. καὶ Ἰσ. καὶ Ἰ. καὶ – τοὺς προφ.
22₃₂ „καὶ ὁ θεὸς Ἰακ." ‖ Mar 12₂₆ Luc
20₃₇ Act 3₁₃ 7₃₂ (46 vl „θεῷ Ἰακ.")
Luc 1₃₃ βασιλεύσει ἐπὶ τὸν οἶκον Ἰακὼβ εἰς
Rm 9₁₃ „τὸν Ἰακὼβ ἠγάπησα" – 11₂₆ „ἀπο-
στρέψει ἀσεβείας ἀπὸ Ἰακώβ"
Hb 11 9.₂₀ πίστει – εὐλόγησεν – τὸν Ἰ. 21 Ἰ. –
ἕκαστον τῶν υἱῶν Ἰωσὴφ εὐλόγησεν

2) Josephi pater Mat 1₁₅.₁₆

Ἰάκωβος   1) Zebedaei filius
Mat 4₂₁ ‖ Mar 1₁₉ – Luc 5₁₀ 9₅₄
10 2 ‖ Mar 3₁₇ Luc 6₁₄ Act 1₁₃a
17 1 Πέτρον καὶ Ἰ. καὶ Ἰωάννην Mar 5₃₇
9₂ 14₃₃ Luc 8₅₁ 9₂₈ – Mar 1₂₉ μετὰ
Ἰ..ου καὶ Ἰω. 10₃₅.₄₁ 13₃ Πέτρος καὶ
Ἰάκ. καὶ Ἰωάννης καὶ Ἀνδρέας
Act 12 2 ἀνεῖλεν – Ἰάκωβον – μαχαίρῃ

2) Alphaei filius
Mat 10 3 ‖ Mar (2₁₄vl) 3₁₈ Luc 6₁₅ – Act 1₁₃b

– idem esse videtur: Mat 27₅₆ Mar 15₄₀ Ἰα-
κώβου τοῦ μικροῦ – μήτηρ 16₁ Luc 24₁₀

3) apostoli Judae pater
Luc 6₁₆ Ἰούδαν Ἰακώβου Act 1₁₃c

4) domini Jesu frater
Mat 13₅₅ ‖ Mar 6₃ – Act 12₁₇ 15₁₃ 21₁₈ εἰσῄει
ὁ Παῦλος σὺν ἡμῖν πρὸς Ἰάκωβον 1 Co 15₇
ὤφθη Ἰακώβῳ Gal 1₁₉ ἕτερον – οὐκ εἶδον, εἰ
μὴ Ἰάκωβον τὸν ἀδελφὸν τοῦ κυρίου 2₉ Ἰάκ.
καὶ Κηφᾶς καὶ Ἰωάννης 12 ἐλθεῖν τινας ἀπὸ
Ἰακώβου – eundum dicere videtur: Jac 1₁
Jud 1 Ἰούδας – ἀδελφὸς – Ἰακώβου

ἴαμα   ᵃcuratio ᵇsanitas
1 Co 12 9 ἄλλῳ – χαρίσματα ἰαμάτωνᵇ 28ᵃ 30ᵃ

Ἰανναί   Luc 3₂₄   Ἰάρετ (vl ..εδ) Luc 3₃₇

Ἰάννης καὶ Ἰαμβρῆς
2 Ti 3 8 ἀντέστησαν Μωϋσεῖ

ἰᾶσθαι   sanare, ..ri ᵇsalvare, ..ri
ᶜ(ἰαθῆναι) sanum effici

1) formae medii = medēri alicui
Mat 13₁₅ „μήποτε – ἐπιστρέψωσιν, καὶ ἰάσομαι
αὐτούς" Joh 12₄₀ Act 28₂₇
Luc (4 18 vl ἀπέσταλκέν με ἰάσασθαι τοὺς
συντετριμμένους τ. καρδίαν)

Luc 5 17 δύναμις κυρίου ἦν εἰς τὸ ἰᾶσθαι αὐ-
τόν (vl αὐτούς, vg ad sanandum e-
os) 6 19 ἰᾶτο πάντας 9 2 ἀπέστειλεν
αὐτοὺς – ἰᾶσθαι [τοὺς ἀσθενεῖς]
(vl ..οῦντας vg) 11 τοὺς χρείαν ἔ-
χοντας θεραπείας ἰᾶτο 42 ἰάσατο τὸν
παῖδα 14 4 αὐτὸν 22 51

Joh 4 47 ἠρώτα ἵνα – ἰάσηται αὐτοῦ τὸν υἱόν

Act 9 34 Αἰνέα, ἰᾶταί σε Ἰησοῦς Χριστός
10 38 ὃς διῆλθεν εὐεργετῶν καὶ ἰώμενος
πάντας τοὺς καταδυναστευομένους
ὑπὸ τοῦ διαβόλου – 28 8 Παῦλος –
ἐπιθεὶς τὰς χεῖρας – ἰάσατο [b] αὐτόν

2) formae passivi = sanum fieri

Mat 8 8 καὶ ἰαθήσεται ὁ παῖς μου 13 ἰάθη ὁ
παῖς ‖ Luc 7 7 ἰαθήτω (vl ..ήσεται)
15 28 ἰάθη ἡ θυγάτηρ αὐτῆς

Mar 5 29 ἔγνω – ὅτι ἴαται ‖ Luc 8 47 ἀπήγγειλεν
– ὡς ἰάθη παραχρῆμα – 17 15 ἰδὼν
ὅτι ἰάθη (vl ἐκαθαρίσθη vg)

Luc 6 18 ἦλθον ἀκοῦσαι αὐτοῦ καὶ ἰαθῆναι

Joh 5 13 ὁ δὲ ἰαθείς [c] οὐκ ᾔδει τίς ἐστιν

Hb 12 13 ἵνα μὴ τὸ χωλὸν ἐκτραπῇ, ἰαθῇ δὲ
μᾶλλον

Jac 5 16 εὔχεσθε (vl προσεύχεσθε) ὑπὲρ ἀλ-
λήλων ὅπως ἰαθῆτε [b]. πολὺ ἰσχύει

1 Pe 2 24 οὗ „τῷ μώλωπι ἰάθητε"

ἴασις   sanitas

Luc 13 32 ἰάσεις ἀποτελῶ σήμερον καὶ αὔριον

Act 4 22 τὸ σημεῖον τοῦτο τῆς ἰάσεως 30

ἴασπις   iaspis Ap 4 3 21 11.18.19 θεμέλιος

Ἰάσων   Act 17 5.6.7.9 (21 16 vl) Rm 16 21

ἰατρός   medicus

Mat 9 12 οὐ χρείαν ἔχουσιν οἱ ἰσχύοντες ἰ..οῦ
‖ Mar 2 17 Luc 5 31 οἱ ὑγιαίνοντες

Mar 5 26 πολλὰ παθοῦσα ὑπὸ πολλῶν ἰα. ‖
Luc 8 43 ἥτις [ἰατροῖς προσαναλώ-
σασα ὅλον τὸν βίον] οὐκ ἴσχυσεν
ἀπ' οὐδενὸς θεραπευθῆναι

Luc 4 23 ἰατρέ, θεράπευσον σεαυτόν

Col 4 14 Λουκᾶς ὁ ἰατρὸς ὁ ἀγαπητός

ἰδέα → εἰδέα

*ἰδεῖν, εἶδον   videre [b] perspicere [c] invenire
[d] (ἴδε) ecce

Mat 9 2 ἰδὼν – τὴν πίστιν ‖ Mar 2 5 Luc 5 20

Mat 11 8 τί ἐξήλθατε ἰδεῖν; 9 τί ἐξήλθατε ἰδεῖν;
προφήτην; ‖ Luc 7 25.26

12 38 θέλομεν – σημεῖον ἰδεῖν – Luc 23 8

13 14 „καὶ οὐ μὴ ἴδητε" 15 „μήποτε ἴδωσιν
τοῖς ὀφθαλμοῖς" ‖ Mar 4 12 Joh 12 40
Act 28 26 [b] 27

– 17 ἐπεθύμησαν ἰδεῖν ἃ βλέπετε καὶ οὐκ
εἶδαν ‖ Luc 10 24 ἠθέλησαν ἰδεῖν

16 28 ἕως ἂν ἴδωσιν τὸν υἱὸν τοῦ ἀνθρώ-
που ἐρχόμενον ‖ Mar 9 1 τὴν βασι-
λείαν τοῦ θεοῦ ἐληλυθυῖαν Luc 9 27

17 8 οὐδένα εἶδον εἰ μὴ αὐτὸν Ἰησοῦν
μόνον ‖ Mar 9 8.9 ἵνα μηδενὶ ἃ εἶδον
διηγήσωνται

21 32 ὑμεῖς – ἰδόντες οὐδὲ μετεμελήθητε

23 39 οὐ μή με ἴδητε ἀπ' ἄρτι ‖ Luc 13 35

24 15 ὅταν οὖν ἴδητε „τὸ βδέλυγμα" 33
πάντα ταῦτα ‖ Mar 13 14.29 Luc 21 20
κυκλουμένην – Ἱερουσαλήμ 29 ἴδετε
τὴν συκῆν 31 ὅταν ἴδ. ταῦτα γινόμενα

27 49 ἴδωμεν εἰ ἔρχεται Ἠλίας ‖ Mar 15 36

28 6 ἴδετε τὸν τόπον ὅπου ἔκειτο ‖ Mar
16 6 ἴδε [d] ὁ τόπος ὅπου ἔθηκαν

Mar 2 12 οὕτως οὐδέποτε εἴδαμεν ‖ Luc 5 26
εἴδομεν παράδοξα σήμερον

5 14 ἦλθον ἰδεῖν τί ἐστιν τὸ γεγονός
6 49.50 πάντες – αὐτὸν εἶδον καὶ ἐταράχθ.

9 38 εἴδομέν τινα ἐν τῷ ὀνόματί σου ἐκ-
βάλλοντα δαιμόνια ‖ Luc 9 49

12 34 ἰδὼν [αὐτὸν] ὅτι νουνεχῶς ἀπεκρίθη

15 32 ἵνα ἴδωμεν καὶ πιστεύσωμεν

Luc 2 15 ἴδωμεν τὸ ῥῆμα – τὸ γεγονός 17
– 26 μὴ ἰδεῖν θάνατον πρὶν [ἢ] ἂν ἴδῃ τὸν
χριστὸν κυρίου – Hb 11 5 θάνατον
– 30 ὅτι „εἶδον" οἱ ὀφθαλμοί μου „τὸ σω-
τήριόν σου"

7 22 Ἰωάννῃ ἃ εἴδετε καὶ ἠκούσατε

9 32 εἶδον τὴν δόξαν αὐτοῦ

– 47 εἰδὼς (vl ἰδὼν vg) τὸν διαλογισμὸν
τῆς καρδίας αὐτῶν

10 31 ἰδὼν αὐτὸν ἀντιπαρῆλθεν 32.33 ἦλθεν
κατ' αὐτὸν καὶ ἰδὼν ἐσπλαγχνίσθη

17 22 μίαν τῶν ἡμερῶν τοῦ υἱοῦ τοῦ ἀν-
θρώπου ἰδεῖν καὶ οὐκ ὄψεσθε

19 3 ἐζήτει ἰδεῖν τὸν Ἰησοῦν τίς ἐστιν
– 37 περὶ πασῶν ὧν εἶδον δυνάμεων

23 8 Ἡρῴδης ἰδὼν τὸν Ἰησ. – ἦν – θέλων
ἰδεῖν αὐτὸν – καὶ ἤλπιζέν τι σημεῖον
ἰδεῖν ὑπ' αὐτοῦ γινόμενον

24 24 αὐτὸν δὲ οὐκ εἶδον (vg [c] vl vid.)
– 39 ἴδετε τὰς χεῖράς μου – ψηλαφήσατέ
με καὶ ἴδετε, ὅτι πνεῦμα

Joh 1 39.46 ἔρχου καὶ ἴδε – 4 29 11 34
– 48 ὑπὸ τὴν συκῆν εἶδόν σε 50
3 3 οὐ δύναται ἰδεῖν τὴν βασ. τοῦ θεοῦ
4 48 ἐὰν μὴ σημεῖα καὶ τέρατα ἴδητε 6 30
τί – ποιεῖς σὺ σημεῖον, ἵνα ἴδωμεν καὶ
πιστεύσωμέν σοι;
6 14 ἰδόντες ὃ ἐποίησεν σημεῖον 26 ζητεῖτέ
με οὐχ ὅτι εἴδετε σημεῖα
8 56 ἠγαλλιάσατο ἵνα ἴδῃ τὴν ἡμέραν τὴν
ἐμήν, καὶ εἶδεν καὶ ἐχάρη
20 8 εἶδεν καὶ ἐπίστευσεν 25 ἐὰν μὴ ἴδω –
τὸν τύπον τῶν ἥλων 27 ἴδε τὰς χεῖ-
ράς μου 29 μακάριοι οἱ μὴ ἰδόντες
καὶ πιστεύσαντες

Act 2 27 „ἰδεῖν διαφθοράν" 31 13 35.36.37
4 20 οὐ δυνάμεθα – ἃ εἴδαμεν καὶ ἠκού-
σαμεν μὴ λαλεῖν
15 6 συνήχθησαν – ἰδεῖν περὶ τοῦ λόγου
τούτου
26 16 μάρτυρα ὧν τε εἶδές [με] ὧν τε ὀφθή-
σομαί (apparebo) σοι

Rm 1 11 ἐπιποθῶ – ἰδεῖν ὑμᾶς cfr 1 Co 16 7
Phl 1 27 2 28 1 Th 2 17 3 6.10 2 Ti 1 4
3 Jo 14
1 Co 2 9 ἃ „ὀφθαλμὸς οὐκ εἶδεν"
Gal 6 11 ἴδετε πηλίκοις – γράμμασιν ἔγραψα
Phl 1 30 ἀγῶνα – οἷον εἴδετε ἐν ἐμοί
4 9 ἃ – εἴδετε ἐν ἐμοί, ταῦτα πράσσετε
1 Ti 6 16 ὃν εἶδεν οὐδεὶς ἀνθρώπων οὐδὲ ἰδεῖν
δύναται – Hb 11 5 → Luc 2 26
Jac 5 11 τὸ τέλος κυρίου εἴδετε
1 Pe 1 8 ὃν οὐκ ἰδόντες (vl εἰδότες) ἀγαπᾶτε
3 10 „ὁ – θέλων – ἰδεῖν ἡμέρας ἀγαθάς"
1 Jo 3 1 ἴδετε ποταπὴν ἀγάπην δέδωκεν
Ap 18 7 „καὶ πένθος οὐ μὴ ἴδω"

ἴδιος, – adv. κατ᾽ ἰδίαν, ἰδίᾳ

1) ἴδιος, τὸ ἴδιον, τὰ ἴδια

vg plerumque pronomine reddit:
tuus, suus, noster, vester ᵇ*proprius*

Mat 9 1 ἦλθεν εἰς τὴν ἰδίαν πόλιν 22 5 εἰς τὸν
ἴδιον ἀγρόν 25 14 ἐκάλεσεν τοὺς ἰδί-
ους δούλους 15 ἑκάστῳ κατὰ τὴν ἰδί-
αν ᵇ δύναμιν Mar 4 34 τοῖς ἰδίοις μα-
θηταῖς ἐπέλυεν πάντα
Luc 6 41 τὴν – δοκὸν τὴν ἐν τ. ἰδίῳ ὀφθαλμῷ
– 44 δένδρον ἐκ τοῦ ἰδ. καρποῦ γινώσκετ.
10 34 ἐπιβιβάσας – ἐπὶ τὸ ἴδιον κτῆνος
18 28 ἡμεῖς ἀφέντες τὰ ἴδια (vg omnia)
Joh 1 11 εἰς τὰ ἴδια ᵇ ἦλθεν καὶ οἱ ἴδιοι (sui)
αὐτὸν οὐ παρέλαβον

Joh 1 41 τὸν ἀδελφὸν τὸν ἴδιον Σίμωνα
4 44 προφήτης ἐν τῇ ἰδίᾳ πατρίδι
5 18 πατέρα ἴδιον ἔλεγεν τὸν θεόν
– 43 ἐὰν ἄλλος ἔλθῃ ἐν τῷ ὀνόματι τῷ
ἰδίῳ, ἐκεῖνον λήμψεσθε
7 18 τὴν δόξαν τὴν ἰδίαν ᵇ ζητεῖ
8 44 ἐκ τῶν ἰδίων ᵇ (ex propriis) λαλεῖ
10 3 τὰ ἴδια ᵇ πρόβατα φωνεῖ κατ᾽ ὄνομα
4 ᵇ 12 οὗ οὐκ ἔστιν τὰ πρόβατα ἴδια ᵇ
13 1 ἀγαπήσας τοὺς ἰδ. τοὺς ἐν τ. κόσμῳ
15 19 ὁ κόσμος ἂν τὸ ἴδιον (quod suum
erat) ἐφίλει
16 32 σκορπισθῆτε ἕκαστος εἰς τὰ ἴδια ᵇ
19 27 ἔλαβεν – αὐτὴν εἰς τὰ ἴδια (in sua)
Act 1 7 καιροὺς οὓς ὁ πατὴρ ἔθετο ἐν τῇ
ἰδίᾳ ἐξουσίᾳ (posuit in sua potest.)
– 19 τῇ ἰδ. διαλέκτῳ αὐτῶν 2 6 εἷς ἕκα-
στος τῇ ἰδ. διαλέκτῳ 8
– 25 Ἰούδας – εἰς τὸν τόπον τὸν ἴδιον
3 12 ὡς ἰδίᾳ δυνάμει ἢ εὐσεβείᾳ πε-
ποιηκόσιν τοῦ περιπατεῖν
4 23 ἦλθον πρὸς τοὺς ἰδίους 24 23 μηδένα
κωλύειν τῶν ἰδίων αὐτοῦ ὑπηρετεῖν
– 32 οὐδὲ εἷς τι – ἔλεγεν ἴδιον εἶναι
13 36 Δαυίδ – ἰδίᾳ γενεᾷ ὑπηρετήσας
20 28 „τὴν ἐκκλησίαν τοῦ θεοῦ, ἣν περι-
εποιήσατο" διὰ τοῦ αἵματος τοῦ ἰδί-
ου (sanguine suo)
21 6 ὑπέστρεψαν εἰς τὰ ἴδια (in sua)
24 24 σὺν Δρουσίλλῃ τῇ ἰδίᾳ γυναικί
25 19 περὶ τῆς ἰδίας δεισιδαιμονίας
28 30 ἐνέμεινεν – ἐν ἰδίῳ μισθώματι
Rm 8 32 τοῦ ἰδίου ᵇ υἱοῦ οὐκ ἐφείσατο
10 3 τὴν ἰδ. [δικαιοσ.] ζητοῦντες στῆσαι
11 24 ἐγκεντρισθήσονται τῇ ἰδίᾳ ἐλαίᾳ
14 4 τῷ ἰδίῳ κυρίῳ στήκει ἢ πίπτει
– 5 ἕκαστος ἐν τῷ ἰδ. νοΐ πληροφορείσθω
1 Co 3 8 ἕκαστος – τὸν ἴδιον ᵇ μισθὸν λήμψε-
ται κατὰ τὸν ἴδιον (suum) κόπον
4 12 ἐργαζόμενοι ταῖς ἰδ. (nostris) χερσίν
Eph 4 28 ἐ.όμενος τ. [ἰδίαις] χερσίν
6 18 εἰς τὸ ἴδιον σῶμα ἁμαρτάνει
7 2 ἑκάστη τὸν ἴδιον ἄνδρα ἐχέτω
– 4 γυνὴ τοῦ ἰδίου σώματος οὐκ ἐξουσι-
άζει – ὁμοίως – ὁ ἀνὴρ τοῦ ἰδ. σώ.
– 7 ἕκαστ. ἴδιον ᵇ ἔχει χάρισμα ἐκ θεοῦ
– 37 ἐξουσίαν – ἔχει περὶ τοῦ ἰδίου θελή-
ματος, καὶ τοῦτο κέκρικεν ἐν τῇ ἰδίᾳ
καρδίᾳ (in corde suo)
9 7 τίς στρατεύεται ἰδίοις ὀψωνίοις –;
11 21 ἕκαστος – τὸ ἴδ. δεῖπνον προλαμβάνει
14 35 τοὺς ἰδίους ἄνδρας ἐπερωτάτωσαν

1 Co 15 23 ἕκαστος – ἐν τῷ ἰδίῳ τάγματι
– 38 ἑκάστῳ τῶν σπερμάτων ἴδιον[b] σῶμα
(2 Co 5 10 vl ἵνα κομίσηται ἕκαστος τὰ ἴδια
τοῦ σώματος πρὸς ἃ ἔπραξεν)
Gal 6 5 ἕκαστος – τὸ ἴδιον φορτίον βαστάσει
– 9 καιρῷ γὰρ ἰδίῳ (suo) θερίσομεν
Eph 5 22 αἱ γυναῖκες τοῖς ἰδίοις ἀνδράσιν Tit
2 5 1 Pe 3 1.5
1 Th 2 14 ὑπὸ τῶν ἰδίων (vestris) συμφυλετῶν
4 11 ἡσυχάζειν καὶ πράσσειν τὰ ἴδια καὶ
ἐργάζεσθαι τ. [ἰδίαις] χερσίν
1 Ti 2 6 τὸ μαρτύριον καιροῖς ἰδίοις 6 15 ἐπι-
φανείας –, ἣν καιροῖς ἰδίοις δείξει
3 4 τοῦ ἰδίου οἴκου καλῶς προϊστάμε-
νον 5 εἰ δέ τις τοῦ ἰδίου οἴκου προ-
στῆναι οὐκ οἶδεν 12 5 4 μανθανέτωσαν
– τὸν ἴδιον οἶκον εὐσεβεῖν
4 2 κεκαυστηριασμένων τὴν ἰδ. συνείδησιν
5 8 εἰ δέ τις τῶν ἰδίων – οὐ προνοεῖ
6 1 τοὺς ἰδίους δεσπότας – τιμῆς ἀξίους
Tit 2 9 ἰδίοις δεσπόταις ὑποτάσσεσθαι
2 Ti 1 9 κατὰ ἰδίαν πρόθεσιν καὶ χάριν
4 3 κατὰ τὰς ἰδ. ἐπιθυμίας – διδασκάλους
Tit 1 3 ἐφανέρωσεν – καιροῖς ἰδίοις τὸν λόγον
– 12 εἶπέν τις – ἴδιος[b] αὐτῶν προφήτης
Hb 4 10 ὥσπερ ἀπὸ τ. ἰδίων (sc ἔργων) ὁ θεός
7 27 ὑπὲρ τῶν ἰδίων ἁμαρτιῶν θυσίας
9 12 διὰ – τοῦ ἰδίου[b] αἵματος εἰσῆλθεν
13 12 ἵνα ἁγιάσῃ διὰ τοῦ ἰδίου αἵματος
Jac 1 14 ὑπὸ τῆς ἰδίας ἐπιθυμίας ἐξελκόμενος
– 1 Pe 3 1 → Eph 5 22
2 Pe 1 3 τοῦ καλέσαντος ἡμᾶς ἰδίᾳ[b] δόξῃ (vl
διὰ δόξης) καὶ ἀρετῇ (vl ἀρετῆς)
– 20 ἰδίας[b] ἐπιλύσεως οὐ γίνεται
2 16 ἔλεγξιν – ἔσχεν ἰδίας παρανομίας
– 22 „ἐπιστρέψας ἐπὶ τὸ ἴδιον ἐξέραμα"
3 3 κατὰ τὰς ἰδ.[b] ἐπιθυμίας – πορευόμ.
– 16 ἃ οἱ ἀμαθεῖς – στρεβλοῦσιν – πρὸς
τὴν ἰδίαν αὐτῶν ἀπώλειαν
– 17 ἵνα μὴ – ἐκπέσητε τοῦ ἰδ.[b] στηριγμοῦ
Jud 6 ἀπολιπόντας τὸ ἴδιον οἰκητήριον

2) κατ᾽ ἰδίαν, ἰδίᾳ
seorsum [b]secreto [c]separatim
[d]solus [e](ἰδίᾳ ἑκάστῳ) singulis

Mat 14 13 εἰς ἔρημον τόπον κατ᾽ ἰδίαν ‖ Mar
6 31.32 Luc 9 10 εἰς πόλιν – Βηθσαϊδά
– 23 εἰς τὸ ὄρος κατ᾽ ἰδ.[d] προσεύξασθαι
17 1 ἀναφέρει αὐτοὺς εἰς ὄρος ὑψηλὸν
κατ᾽ ἰδ. ‖ Mar 9 2 κατ᾽ ἰδίαν μόνους
– 19 προσελθόντες οἱ μαθηταὶ τῷ Ἰησοῦ
κατ᾽ ἰδίαν[b] ‖ Mar 9 28[b] ἐπηρώτων

Mat 20 17 παρέλαβεν τοὺς δώδεκα – κατ᾽ ἰδ.[b]
24 3 προσῆλθον αὐτῷ – κατ᾽ ἰδίαν[b] ‖ Mar
13 3 ἐπηρώτα αὐτὸν κατ᾽ ἰδ.[c] Πέτρος
Mar 4 34 κατ᾽ ἰδίαν – τοῖς ἰδίοις μαθηταῖς ἐπέ-
λυεν πάντα – 7 33 ἀπολαβόμενος
αὐτὸν ἀπὸ τοῦ ὄχλου κατ᾽ ἰδίαν
Luc 10 23 στραφεὶς πρὸς τοὺς μαθητὰς κατ᾽ ἰδ.
εἶπεν· μακάριοι οἱ ὀφθαλμοί
Act 23 19 ἀναχωρήσας κατ᾽ ἰδίαν ἐπυνθάνετο
1 Co 12 11 διαιροῦν ἰδίᾳ[e] ἑκάστῳ καθὼς βούλ.
Gal 2 2 κατ᾽ ἰδίαν δὲ τοῖς δοκοῦσιν

Ἰδιώτης idiota [b]imperitus
Act 4 13 ὅτι – ἀγράμματοί εἰσιν καὶ ἰδιῶται
1 Co 14 16 ὁ ἀναπληρῶν τὸν τόπον τοῦ ἰδιώτου
– 23 ἐὰν – εἰσέλθωσιν δὲ ἰ..αι ἢ ἄπιστοι 24
2 Co 11 6 εἰ δὲ καὶ ἰδιώτης[b] τῷ λόγῳ, ἀλλ᾽ οὐ
τῇ γνώσει

Ἰδουμαία Mar 3 8 ἀπὸ τῆς Ἰδουμ. – πλῆθος

ἱδρώς sudor [[Luc 22 44 ὡσεὶ θρόμβοι αἵμ.]]

Ἰεζάβελ Ap 2 20 τὴν γυναῖκα Ἰεζάβελ

Ἱεράπολις Col 4 13 ὑπὲρ – τῶν ἐν Ἱ..ει

ἱερατεία sacerdotium Luc 1 9 Hb 7 5

ἱερατεύειν sacerdotio fungi Luc 1 8 (Zach.)

ἱεράτευμα sacerdotium
1 Pe 2 5 εἰς ἱεράτ. ἅγιον 9 „βασίλειον ἱεράτ."

Ἱερεμίας Mat 2 17 16 14 27 9

ἱερεύς sacerdos [b]princeps sacerdotum
Mat 8 4 σεαυτὸν „δεῖξον τῷ ἱερεῖ" ‖ Mar 1 44[b]
Luc 5 14 – 17 14 „τοῖς ἱερεῦσιν"
12 4 ὃ οὐκ ἐξὸν ἦν – φαγεῖν – εἰ μὴ τοῖς
ἱερεῦσιν μόνοις ‖ Mar 2 26 Luc 6 4
– 5 ὅτι – οἱ ἱερεῖς – τὸ σάββ. βεβηλοῦσιν
Luc 1 5 ἱερεύς τις ὀνόματι Ζαχαρίας
10 31 κατὰ συγκυρίαν – ἱερ. τις κατέβαινεν
Joh 1 19 ἀπέστειλαν – ἱερεῖς καὶ Λευίτας
Act 4 1 ἐπέστησαν αὐτοῖς οἱ ἱερεῖς (vl ἀρχιε-
ρεῖς) καὶ ὁ στρατηγὸς τοῦ ἱεροῦ
6 7 ὄχλος τῶν ἱερέων ὑπήκουον τῇ πίστει
14 13 ὅ τε ἱερεὺς τοῦ Διὸς – ἤθελεν θύειν
Hb 5 6 „σὺ ἱερεὺς εἰς τὸν αἰῶνα κατὰ τὴν
τάξιν Μελχ." 7 17.21 – 1 „Μ. – ἱερεὺς
τοῦ θεοῦ τοῦ ὑψίστου" 3 μένει ἱερεὺς

εἰς τὸ διηνεκές 11 τίς ἔτι χρεία „κατὰ
τὴν τάξιν Μ." ἕτερον ἀνίστασθαι ἱε-
ρέα –; 15 εἰ κατὰ τὴν ὁμοιότητα Μ.
ἀνίσταται ἱερεὺς ἕτερος
Hb 7 14 ἐξ Ἰούδα –, εἰς ἣν φυλὴν περὶ ἱερέ-
ων οὐδὲν Μωϋσῆς ἐλάλησεν
– 20 οἱ μὲν – χωρὶς ὁρκωμοσίας εἰσὶν ἱε-
ρεῖς γεγονότες, ὁ δὲ μετά – 23
8 4 εἰ – ἦν ἐπὶ γῆς, οὐδ' ἂν ἦν ἱερεύς
9 6 εἰσίασιν οἱ 1. 10 11 πᾶς – 1. (vl ἀρχι.)
ἕστηκεν καθ' ἡμέραν λειτουργῶν
10 21 ἔχοντες – „ἱερέα μέγαν ἐπὶ τὸν οἶκον
τοῦ θεοῦ", προσερχώμεθα
Ap 1 6 ἐποίησεν ἡμᾶς – „ἱερεῖς τῷ θεῷ"
5 10 ἐποίησας αὐτοὺς „τῷ θεῷ – ἱερεῖς"
20 6 ἔσονται „ἱερεῖς τοῦ θεοῦ" καὶ τ. Χ.

Ἱεριχώ Mat 20 29 Mar 10 46 Luc 10 30 18 35 19 1
Hb 11 30 πίστει τὰ τείχη Ἱεριχὼ ἔπεσαν

ἱερόθυτον (vl εἰδωλόθ.) S° – immolatum (vl
..ticium) idolis 1 Co 10 28 τοῦτο ἱερ. ἐστιν

ἱερόν, τό templum ᵇsacrarium (1 Co 9 13)
Mat 4 5 ἐπὶ τὸ πτερύγιον τοῦ ἱεροῦ ‖ Luc 4 9
12 5 ἐν τῷ ἱερῷ τὸ σάββατον βεβηλοῦσιν
– 6 ὅτι τοῦ ἱεροῦ μεῖζόν ἐστιν ὧδε
21 12 εἰσῆλθεν – εἰς τὸ 1. (vl + τοῦ θεοῦ
vg) καὶ ἐξέβαλεν – τοὺς πωλοῦντας
– ἐν τῷ 1. ‖ Mar 11 11 εἰς τὸ 1.· καὶ
περιβλεψάμενος πάντα 15.16 οὐκ ἤ-
φιεν ἵνα τις διενέγκῃ σκεῦος διὰ τοῦ
ἱεροῦ Luc 19 45 Joh 2 14.15
– 14 προσῆλθον αὐτῷ – τυφλοὶ ἐν τῷ 1. 15
τοὺς παῖδας τοὺς κράζοντας ἐν τῷ 1.
– 23 ἐλθόντος αὐτοῦ εἰς τὸ 1. ‖ Mar 11 27
ἐν τῷ 1. περιπατοῦντος Luc 20 1 δι-
δάσκοντος – Mar 12 35 διδάσκων ἐν
τῷ 1. Luc 19 47 τὸ καθ' ἡμέραν 21 37
ἦν – τὰς ἡμέρας ἐν τῷ 1. διδάσκων 38
ὁ λαὸς ὤρθριζεν πρὸς αὐτὸν ἐν τῷ
1. ἀκούειν αὐτοῦ – Mat 26 55 καθ' ἡ-
μέραν ἐν τῷ 1. ἐκαθεζόμην ‖ Mar
14 49 πρὸς ὑμᾶς Luc 22 53
24 1 ἐξελθὼν – ἀπὸ τοῦ 1. –, – ἐπιδεῖξαι
αὐτῷ τὰς οἰκοδομὰς τοῦ 1. ‖ Mar
13 1.3 κατέναντι τοῦ ἱεροῦ Luc 21 5
Luc 2 27 ἦλθεν ἐν τῷ πνεύματι εἰς τὸ ἱερὸν
– 37 χήρα –, ἣ οὐκ ἀφίστατο τοῦ ἱεροῦ
– 46 εὗρον αὐτὸν ἐν τῷ 1. καθεζόμενον
18 10 ἄνθρωποι δύο ἀνέβησαν εἰς τὸ ἱερὸν
22 52 πρὸς τοὺς – στρατηγοὺς τοῦ 1. Act

41 ὁ στρ. τοῦ 1. 5 24 ὅ τε στρ. τοῦ 1.
Luc 24 53 ἦσαν διὰ παντὸς ἐν τῷ ἱερῷ εὐλογ.
Joh 5 14 εὑρίσκει αὐτὸν ὁ Ἰησοῦς ἐν τῷ ἱερῷ
7 14 ἀνέβη Ἰησοῦς εἰς τὸ 1. καὶ ἐδίδασκεν
28 ἐν τῷ ἱερῷ διδάσκων 8 [[2]] 20.59 ἐξ-
ῆλθεν ἐκ τοῦ ἱεροῦ 10 23 περιεπάτει
– ἐν τ. ἱερῷ ἐν τῇ στοᾷ – Σολομῶνος
11 56 ἔλεγον μετ' ἀλλήλων ἐν τῷ ἱερῷ
18 20 ἐδίδαξα ἐν συναγωγῇ καὶ ἐν τῷ ἱερῷ,
ὅπου πάντες οἱ Ἰουδ. συνέρχονται
Act 2 46 καθ' ἡμέραν – ὁμοθυμαδὸν ἐν τῷ ἱερῷ
3 1 ἀνέβαινον εἰς τὸ 1. 2 ἐτίθουν – πρὸς
τὴν θύραν τοῦ 1. – τοῦ αἰτεῖν – παρὰ
τῶν εἰσπορευομένων εἰς τὸ ἱερόν 3.
8 εἰσῆλθεν σὺν αὐτοῖς εἰς τὸ ἱερόν 10
5 20 λαλεῖτε ἐν τῷ ἱερῷ τῷ λαῷ 21. 25. 42
ἐν τῷ 1. καὶ κατ' οἶκον – διδάσκοντες
19 27 τὸ τῆς – θεᾶς Ἀρτέμιδος ἱερόν
21 26 Παῦλος – εἰσῄει εἰς τὸ 1. 27 θεασά-
μενοι αὐτὸν ἐν τῷ ἱερῷ 28 Ἕλληνας
εἰσήγαγεν εἰς τὸ ἱερόν 29. 30 εἵλκον –
ἔξω τοῦ 1. 24 6 τὸ ἱερὸν ἐπείρασεν βε-
βηλῶσαι 12.18 εὗρόν με ἡγνισμένον
ἐν τῷ 1. 25 8 οὔτε εἰς τὸ ἱερόν – τι
ἥμαρτον 26 21 συλλαβόμενοι [ὄντα]
ἐν τῷ ἱερῷ
22 17 προσευχομένου μου ἐν τῷ ἱερῷ
1 Co 9 13 οὐκ οἴδατε ὅτι οἱ τὰ ἱερὰ ἐργαζόμε-
νοι [τὰ] ἐκ τοῦ ἱεροῦᵇ ἐσθίουσιν –;

ἱεροπρεπής sanctus Tit 2 3 πρεσβύτιδας – ἐν
καταστήματι 1..εῖς (vl ..εῖ vg)

ἱερός, ..ά, ..όν sacer [Mar brev. claus. τὸ
ἱερὸν καὶ ἄφθαρτον κήρυγμα]
1 Co 9 13 → ἱερόν, τό – 2 Ti 3 15 ὅτι ἀπὸ βρέ-
φους [τὰ] ἱερὰ γράμματα οἶδας

Ἱεροσόλυμα, Ἱεροσολυμῖται (Mr 1 5 Jo 7 25)
Ierosolyma (ntr. pl.) ᵇIerosolyma, ..ae
(fem. sing.) ᶜIerusalem ᵈIerosolymitae
Mat 2 1 παρεγένοντο εἰς Ἱ.ᵇ 3 ἐταράχθη, καὶ
πᾶσα Ἱ.ᵇ – 3 5 ἐξεπορεύετο – Ἱ.ᵇ ‖
Mar 1 5 οἱ Ἱ.ῖταιᵈ πάντες – Joh 1 19
4 25 ὄχλοι πολλοὶ ἀπὸ – Ἱ..ων ‖ Mar 3 8
5 35 μήτε (sc ὀμόσαι) εἰς Ἱεροσόλυμαᵇ
15 1 ἀπὸ Ἱ..ων Φαρισαῖοι ‖ Mar 7 1 – 3 22
16 21 δεῖ αὐτὸν εἰς Ἱεροσόλυμαᵇ ἀπελθεῖν
20 17 ἀναβαίνων ὁ Ἰησοῦς εἰς Ἱ.ᵇ 18 ἰδοὺ
ἀναβαίνομεν εἰς Ἱ.ᵇ ‖ Mar 10 32ᵇ (vlᵃ)
33ᵇ (vlᵃ) Luc 13 22 εἰς Ἱεροσόλυμαᶜ
21 1 ὅτε ἤγγισαν εἰς Ἱ. 10 εἰσελθόντος

αὐτοῦ εἰς Ἱ.ᵇ ‖ Mar 11 1ᵇ 11ᵇ 15ᵇ 27
ἔρχονται πάλιν εἰς Ἱ.ᵇ Luc 19 28ᵇ
Mar 15 41 πολλαὶ αἱ συναναβᾶσαι αὐτῷ εἰς Ἱ.ᵇ
Luc 2 22 ἀνήγαγον αὐτὸν εἰς Ἱ.ᶜ παραστῆσαι
23 7 Ἡρῴδην, ὄντα καὶ αὐτὸν ἐν Ἱεροσ.
Joh 2 13 ἀνέβη εἰς Ἱ.ᵇ (vlᵃ) 23 ὡς δὲ ἦν ἐν
τοῖς Ἱ. 5 1 ἀνέβη – εἰς Ἱ.ᵇ (vlᵃ) 12 12
ἔρχεται [ὁ] Ἰησοῦς εἰς Ἱεροσόλυμαᵇ
4 20 ὅτι ἐν Ἱ.οις ἐστὶν ὁ τόπος 21 οὔτε ἐν
Ἱ.οις προσκυνήσετε τῷ πατρί
– 45 ὅσα ἐποίησεν ἐν Ἱ.οις ἐν τῇ ἑορτῇ
5 2 ἔστιν – ἐν τοῖς Ἱ.οις – κολυμβήθρα
7 25 ἔλεγον – τινὲς ἐκ τῶν Ἱ.ιτῶνᵈ
10 22 τότε τὰ ἐγκαίνια ἐν τοῖς Ἱ.οις
11 18 ἦν δὲ Βηθανία ἐγγὺς τῶν Ἱ.ᵇ (vlᵃ)
– 55 ἀνέβησαν πολλοὶ εἰς Ἱ.ᵇ (vlᵃ)
Act 1 4 ἀπὸ Ἱ.ων μὴ χωρίζεσθαι, ἀλλά
8 1 ἐπὶ τὴν ἐκκλησίαν τὴν ἐν Ἱ.οις
– 14 ἀκούσαντες – οἱ ἐν Ἱ.οις ἀπόστολοι
– 25 ὑπέστρεφον εἰς Ἱεροσόλυμαᵇ 13 13ᵇ
11 27 κατῆλθον ἀπὸ Ἱ.ων προφῆται εἰς
(15 4 vl παραγενόμενοι – εἰς Ἱεροσόλυμα)
19 21 εἰς Ἱεροσόλυμαᵇ
16 4 τὰ κεκριμένα ὑπὸ τῶν ἀποστόλων
καὶ πρεσβυτέρων τῶν ἐν Ἱ.οις
20 16 ἔσπευδεν – γενέσθαι εἰς Ἱ. (vl Ἱερου-
σαλήμ) 21 4 μὴ ἐπιβαίνειν εἰς Ἱ.ᵇ 15
ἀνεβαίνομεν εἰς Ἱ.ᶜ 17 γενομένων –
ἡμῶν εἰς Ἱεροσόλυμαᵇ
25 1 Φῆστος – ἀνέβη εἰς Ἱ.ᵇ 7 οἱ ἀπὸ Ἱ.ᵇ
9 εἰς Ἱ.ᵇ 15 εἰς Ἱ. 20 εἰς Ἱ.ᵇ 24
26 4 βίωσίν μου – ἔν τε Ἱ. ἴσασι πάντες
– 10 ὃ καὶ ἐποίησα ἐν Ἱεροσολύμοις
– 20 τοῖς ἐν Δαμασκῷ – τε καὶ Ἱ.οις
28 17 δέσμιος ἐξ Ἱεροσολύμων παρεδόθην
Gal 1 17 οὐδὲ ἀνῆλθον εἰς Ἱ.ᵇ 18 ἔπειτα με-
τὰ ἔτη τρία ἀνῆλθον εἰς Ἱ.ᵇ
2 1 πάλιν ἀνέβην εἰς Ἱ.ᵇ μετὰ Βαρναβᾶ

ἱεροσυλεῖν sacrilegium facere (vl execrari)
Rm 2 22 ὁ βδελυσσόμενος τὰ εἴδωλα Ἱ..εῖς;

ἱερόσυλος sacrilegus Act 19 37 τοὺς ἄνδρας
– οὔτε Ἱ..ους οὔτε βλασφημοῦντας

ἱερουργεῖν Sᵒ – sanctificare
Rm 15 16 Ἱ..οῦντα τὸ εὐαγγέλιον τοῦ θεοῦ

Ἱερουσαλήμ Ierusalem ᵇIerosolyma
Mat 23 37 Ἱ. Ἱ., ἡ ἀποκτείνουσα τοὺς προφή-
τας ‖ Luc 13 34 – 33 ὅτι οὐκ ἐνδέχε-
ται προφήτην ἀπολέσθαι ἔξω Ἱ.
Luc 2 25.41 κατ' ἔτος εἰς Ἱ. 43 ὑπέμεινεν – ὁ

παῖς ἐν Ἱ. 45 – 49 ἤγαγεν – εἰς Ἱ.
Luc 2 38 πᾶσιν τοῖς προσδεχομένοις λύτρωσιν
Ἱερουσαλήμ
5 17 οἳ ἦσαν ἐληλυθότες ἐκ – Ἱ. 6 17
9 31 ἔξοδον –, ἣν ἤμελλεν πληροῦν ἐν Ἱ.
– 51 τοῦ πορεύεσθαι εἰς Ἱ. 53 17 11 19 11
διὰ τὸ ἐγγὺς εἶναι Ἱ. αὐτόν
10 30 κατέβαινεν ἀπὸ Ἱ. εἰς Ἱεριχώ
13 4 δοκεῖτε ὅτι – ὀφειλέται ἐγένοντο παρὰ
πάντας – τοὺς κατοικοῦντας Ἱ.;
18 31 ἰδοὺ ἀναβαίνομεν εἰς Ἱ.ᵇ, καὶ τελεσθ.
21 20 ὅταν – ἴδητε κυκλουμένην – Ἱ. 24 „Ἱ."
ἔσται „πατουμένη ὑπὸ ἐθνῶν"
23 28 θυγατέρες Ἱ., μὴ κλαίετε ἐπ' ἐμέ
24 13.18 σὺ μόνος παροικεῖς Ἱ. καὶ οὐκ –;
– 33 ὑπέστρεψαν εἰς Ἱ. 52 Act 1 12ᵇ
– 47 ἀρξάμενοι ἀπὸ Ἱ.ᵇ Act 1 8 ἔσεσθέ
μου μάρτυρες ἔν τε Ἱ. καί 5 28 πεπλη-
ρώκατε τὴν Ἱ. τῆς διδαχῆς ὑμῶν
Act 1 12 ἀπὸ ὄρους –, ὅ ἐστιν ἐγγὺς Ἱ. σαββ.
– 19 γνωστὸν – τοῖς κατοικοῦσιν Ἱ. 2 14
4 16 13 27 21 31 ὅλη συγχύννεται Ἱ.
2 5 εἰς Ἱ. κατοικοῦντες Ἰουδαῖοι 45 συν-
αχθῆναι – τοὺς ἄρχοντας – ἐν Ἱ. 5 16
6ᵇ 8 26.27 προσκυνήσων εἰς Ἱ.
9 2 ὅπως – δεδεμένους ἀγάγῃ εἰς Ἱ. 22 5
– 13 ὅσα κακὰ τοῖς ἁγίοις σου ἐποίησεν
ἐν Ἱ. 21 ὁ πορθήσας εἰς Ἱ. τούς
– 26.28 10 39 11 2 12 25ᵇ 13 31
11 22 τῆς ἐκκλησίας τῆς οὔσης ἐν Ἱ.ᵇ
15 2 πρὸς τοὺς ἀποστ. κ. πρεσβυτ. εἰς Ἱ. 4
20 22 δεδεμένος ἐγὼ τῷ πνεύματι πορεύ-
ομαι εἰς Ἱ. 21 11 δήσουσιν ἐν Ἱ. οἱ
Ἰουδαῖοι 12 μὴ ἀναβαίνειν – εἰς Ἱ.ᵇ
13 ἀποθανεῖν εἰς Ἱ. ἑτοίμως ἔχω
22 17.18 σπεύσον καὶ ἔξελθε ἐν τάχει ἐξ Ἱ.
23 11 ὡς – διεμαρτύρω τὰ περὶ ἐμοῦ εἰς
Ἱερουσαλήμ – 24 11 προσκυνήσων εἰς
Ἱερουσαλήμ 25 3
Rm 15 19 ἀπὸ Ἱ. καὶ – μέχρι τοῦ Ἰλλυρικοῦ
– 25 πορεύομαι εἰς Ἱ. 26 εἰς τοὺς πτωχοὺς
τῶν ἁγίων – ἐν Ἱ. 31 ἵνα – ἡ διακονία
μου ἡ εἰς Ἱ. εὐπρόσδεκτος – γένηται
1 Co 16 3 ἀπενεγκεῖν τὴν χάριν ὑμῶν εἰς Ἱ.
Gal 4 25 συστοιχεῖ – τῇ νῦν Ἱ. 26 ἡ δὲ ἄνω Ἱ.
Hb 12 22 πόλει θεοῦ ζῶντος, Ἱ. ἐπουρανίῳ
Ap 3 12 τὸ ὄνομα –, τῆς καινῆς Ἱ. ἡ κατα-
βαίνουσα 21 2 „τὴν πόλιν τὴν ἁγίαν
Ἱ." καινὴν – καταβαίνουσαν 10

ἱερωσύνη sacerdotium Hb 7 11.12.24 ὁ δὲ –
ἀπαράβατον ἔχει τὴν ἱερωσύνην

Ἰεσσαί   Mat 15.6 Luc 332 Act 1322
Rm 1512 „ἔσται ἡ ῥίζα τοῦ Ἰεσσαί"

Ἰεφθάε   Hb 1132   **Ἰεχονίας** Mat 1 11.12

Ἰησοῦς Nazarenus

   Ἰησοῦς Χριστός, κύριος Ἰησοῦς → Χρι-
   στός, κύριος – Ἰησοῦς cum διά et ἐν
   → διά, ἐν

*1) delecti ex evangeliis loci

Mat 116 ἐξ ἧς ἐγεννήθη Ἰ. ὁ λεγόμενος χρ.
  – 21 καλέσεις τὸ ὄνομα αὐτοῦ Ἰησοῦν·
    αὐτὸς γὰρ σώσει 25 Luc 131 221
  2 1 τοῦ δὲ Ἰησοῦ γεννηθέντος ἐν Βηθλ.
  313 παραγίνεται ὁ Ἰ. – ἐπὶ τὸν Ἰορδάνην
    15.16 βαπτισθεὶς δὲ ὁ Ἰ. ‖ Mar 19
    Luc 321 – Joh 129 βλέπει τὸν Ἰησ.
    ἐρχόμενον 36 τῷ Ἰησοῦ περιπατοῦντι
  4 1 ὁ Ἰ. ἀνήχθη εἰς τὴν ἔρημον 7.10 ‖
    Luc 41 Ἰ. δὲ πλήρης πνεύματος –,
    καὶ ἤγετο – ἐν τῇ ἐρήμῳ 4.8.12
  – 17 ἤρξατο ὁ Ἰησ. κηρύσσειν ‖ Mar 114
    Luc 414 ὑπέστρεψεν ὁ Ἰησ. – εἰς τὴν
    Γαλιλαίαν – Mat 935 περιῆγεν ὁ Ἰ.
    τὰς πόλεις – διδάσκων
  10 5 τούτους τοὺς δώδεκα ἀπέστειλεν ὁ
    Ἰ. 111 ὅτε ἐτέλεσεν ὁ Ἰ. διατάσσων
  1215 ὁ δὲ Ἰ. γνοὺς ἀνεχώρησεν ἐκεῖθεν
  14 1 ἤκουσεν Ἡρῴδης – τὴν ἀκοὴν Ἰησοῦ
  – 29 Πέτρος – ἦλθεν πρὸς τὸν Ἰ. 31 ὁ Ἰ.
    ἐκτείνας τὴν χεῖρα ἐπελάβετο αὐτοῦ
  1529 μεταβὰς ἐκεῖθεν ὁ Ἰ. 1613 ἐλθὼν – ὁ
    Ἰ. εἰς τὰ μέρη Καισαρείας 17.21 ἤρξα-
    το ὁ Ἰ. (vl Ἰ. Χρ.) δεικνύειν τοῖς μα-
    θηταῖς – ὅτι δεῖ αὐτὸν 24 ‖ Mar 827
  17 8 οὐδένα εἶδον εἰ μὴ αὐτὸν Ἰησοῦν
    μόνον ‖ Mar 98 Luc 936 εὑρέθη Ἰ. μ.
  2017 καὶ ἀναβαίνων ὁ Ἰ. εἰς Ἱεροσόλυμα
    ‖ Mar 1032 ἦν προάγων – ὁ Ἰησοῦς
  – 30 ὅτι Ἰ. παράγει ‖ Mar 1047 ὅτι Ἰ. ὁ
    Ναζαρηνός ἐστιν – · υἱὲ Δαυὶδ Ἰησοῦ
    Luc 1837 ὅτι Ἰησοῦς ὁ Ναζωραῖος
    παρέρχεται 38
  2111 οὗτός ἐστιν ὁ προφήτης Ἰησοῦς ὁ
    ἀπὸ Ναζαρὲθ τῆς Γαλιλαίας
  2651 εἷς τῶν μετὰ Ἰησοῦ – ἀπέσπασεν τήν
  – 69 καὶ σὺ ἦσθα μετὰ Ἰησοῦ τοῦ Γαλι-
    λαίου 71 τοῦ Ναζωραίου 75 ἐμνήσθη
    – τοῦ ῥήματος Ἰησοῦ ‖ Mar 1467
    μετὰ τοῦ Ναζαρηνοῦ ἦσθα τοῦ Ἰ. 72
  2717 [Ἰησοῦν τὸν] Βαραββᾶν ἢ Ἰησοῦν

    τὸν λεγόμενον χριστόν; 22 τί οὖν·
    ποιήσω Ἰησοῦν τὸν λεγ. χρ.;
Mat 2737 οὗτός ἐστιν Ἰ. ὁ βασιλεὺς τῶν Ἰουδ.
  – 58 ᾐτήσατο τὸ σῶμα τοῦ Ἰ. ‖ Mar 1543
    Luc 2352 Joh 19 38.40.42 2012
  28 5 Ἰησοῦν τὸν ἐσταυρωμένον ζητεῖτε ‖
    Mar 166 Ἰησοῦν – τὸν Ναζαρηνόν
Mar 124 τί ἡμῖν καὶ σοί, Ἰησοῦ Ναζαρηνέ; 57
    τί ἐμοὶ καὶ σοί, Ἰησοῦ υἱὲ τοῦ θεοῦ
    ‖ Luc 434 Ἰ. Ναζαρηνέ; 828 Ἰ. υἱὲ
    τοῦ θεοῦ (vl Mat 829 Ἰησοῦ vg, vl⁰)
  520 ὅσα ἐποίησεν αὐτῷ ὁ Ἰησ. ‖ Luc 839
  – 27 ἀκούσασα περὶ τοῦ Ἰησ. Luc 73
  1021 ὁ δὲ Ἰησ. ἐμβλέψας αὐτῷ ἠγάπησεν
    αὐτόν 27 ἐμβλέψας αὐτοῖς ὁ Ἰησοῦς
    λέγει· παρὰ ἀνθρώποις ἀδύνατον
  [1619 ὁ – κύριος Ἰησοῦς – ἀνελήμφθη]]
  [brev. claus. αὐτὸς ὁ Ἰησ. – ἐξαπέστειλεν
    δι᾽ αὐτῶν τὸ ἱερὸν – κήρυγμα]]
Luc 227 ἐν τῷ εἰσαγαγεῖν τοὺς γονεῖς τὸ παι-
    δίον Ἰησοῦν 43 Ἰ. ὁ παῖς 52 Ἰησοῦς
    προέκοπτεν [ἐν τῇ] σοφίᾳ καὶ ἡλικίᾳ
  323 αὐτὸς ἦν Ἰησοῦς ἀρχόμενος ὡσεὶ ἐ-
    τῶν τριάκοντα
  611 τί ἂν ποιήσαιεν τῷ Ἰησοῦ
  7 3 ἀκούσας δὲ περὶ τοῦ Ἰ. ἀπέστειλεν
  1713 Ἰησοῦ ἐπιστάτα, ἐλέησον ἡμᾶς
  19 3 ἐζήτει ἰδεῖν τὸν Ἰησοῦν τίς ἐστιν
  2342 Ἰησοῦ, μνήσθητί μου ὅταν ἔλθῃς
  2419 τὰ περὶ Ἰησοῦ τοῦ Ναζαρηνοῦ
Joh 145 Ἰησοῦν υἱὸν τοῦ Ἰωσὴφ τὸν ἀπὸ Να-
    ζαρέτ 642 Ἰησοῦς ὁ υἱὸς Ἰωσήφ
  911 ὁ ἄνθρωπος ὁ λεγόμενος Ἰησοῦς
  1151 ὅτι ἔμελλεν Ἰησ. ἀποθνήσκειν ὑπέρ
  – 54 ὁ – Ἰησ. οὐκέτι παρρησίᾳ περιεπάτει
  12 9 ἦλθον οὐ διὰ τὸν Ἰησοῦν μόνον 11
    πολλοὶ δι᾽ αὐτὸν – ἐπίστευον εἰς τὸν Ἰ.
  – 16 ὅτε ἐδοξάσθη Ἰησοῦς – 739
  – 21 κύριε, θέλομεν τὸν Ἰησοῦν ἰδεῖν
  1323 εἷς – ἐν τῷ κόλπῳ τοῦ Ἰ., ὃν ἠγάπα
    ὁ Ἰ. 25 202 ἐφίλει 217 ἠγάπα 20 ἠγ.
  18 5 τίνα ζητεῖτε; – Ἰησοῦν τὸν Ναζωραῖον
    7 1919 Ἰ. ὁ Ναζωρ. ὁ βασ. τῶν Ἰουδ.
  12 ἵνα ὁ λόγος τοῦ Ἰησοῦ πληρωθῇ
  1918 ἐντεῦθεν καὶ ἐντ., μέσον δὲ τὸν Ἰησ.
  2014 θεωρεῖ τὸν Ἰησοῦν ἑστῶτα, καὶ οὐκ
    ᾔδει ὅτι Ἰησοῦς ἐστιν – 214
  – 31 ἵνα πιστεύ[σ]ητε (vl .ητε) ὅτι Ἰησοῦς
    ἐστιν ὁ χριστὸς ὁ υἱὸς τοῦ θεοῦ
  21 1 ἐφανέρωσεν ἑαυτὸν πάλιν ὁ Ἰ. (2019.
    26) 2114 τρίτον ἐφανερώθη Ἰησοῦς
  – 25 καὶ ἄλλα πολλὰ ἃ ἐποίησεν ὁ Ἰησοῦς

9

2) loci e ceteris libris omnes

ὄνομα Ἰησοῦ → ὄνομα, – πιστεύ-
ειν εἰς Ἰ., ἐπὶ Ἰ. – πιστεύειν, –
πίστις Ἰησοῦ, ἐν Ἰ., εἰς Ἰησοῦν →
πίστις, – χάρις Ἰησοῦ → χάρις

Act 1 1 ὧν ἤρξατο ὁ Ἰ. ποιεῖν τε καὶ διδάσκ.
– 11 οὗτος ὁ Ἰ. ὁ ἀναλημφθεὶς ἀφ' ὑμῶν
– 14 σὺν – Μαριὰμ τῇ μητρὶ τοῦ Ἰησοῦ
καὶ τοῖς ἀδελφοῖς αὐτοῦ
– 16 τοῦ – ὁδηγοῦ τοῖς συλλαβοῦσιν Ἰησ.
2 22 Ἰησοῦν τὸν Ναζωραῖον, – ἀνείλατε
– 32 τοῦτον τὸν Ἰησοῦν ἀνέστησεν ὁ θεός
13 33 ἀναστήσας Ἰησοῦν 5 30 ὁ θεὸς
τῶν πατέρων ἡμῶν ἤγειρεν Ἰησοῦν
– 36 τοῦτον τὸν Ἰ. ὃν ὑμεῖς ἐσταυρώσατε
3 13 „ἐδόξασεν τὸν παῖδα αὐτοῦ" Ἰησοῦν
4 27 ἐπὶ τὸν ἅγιον παῖδά σου Ἰησ. 30
4 2 διὰ τὸ – καταγγέλλειν ἐν τῷ Ἰησοῦ
τὴν ἀνάστασιν τὴν ἐκ νεκρῶν
– 13 ἐπεγίνωσκόν τε – ὅτι σὺν τῷ Ἰ. ἦσαν
6 14 Ἰ. ὁ Ναζωρ. οὗτος καταλύσει τ. τόπον
7 55 Ἰησοῦν ἑστῶτα ἐκ δεξιῶν τοῦ θεοῦ
8 35 εὐηγγελίσατο αὐτῷ τὸν Ἰησοῦν 17 18
τὸν Ἰ. καὶ τὴν ἀνάστασιν εὐηγγ..ζετο
9 5 ἐγώ εἰμι Ἰ. ὃν σὺ διώκεις 22 8 Ἰησοῦς
ὁ Ναζωραῖος 26 15 Ἰ. ὃν σὺ διώκεις
– 17 Ἰησοῦς ὁ ὀφθείς σοι ἐν τῇ ὁδῷ
– 20 ἐκήρυσσεν τὸν Ἰησοῦν, ὅτι οὗτός ἐ-
στιν ὁ υἱὸς τοῦ θεοῦ
10 38 οἴδατε – Ἰησοῦν τὸν ἀπὸ Ναζαρέθ
13 23 ἤγαγεν τῷ Ἰσραὴλ σωτῆρα Ἰησοῦν
16 7 οὐκ εἴασεν αὐτοὺς τὸ πνεῦμα Ἰ..οῦ
17 3 οὗτός ἐστιν ὁ χριστός, [ὁ] Ἰ., ὃν ἐγὼ
– 7 βασιλέα ἕτερον – εἶναι Ἰησοῦν
18 5 διαμαρτυρ. – εἶναι τὸν χριστὸν Ἰ. 28
– 25 ἐδίδασκεν ἀκριβῶς τὰ περὶ τοῦ Ἰησ.
19 13 ὁρκίζω ὑμᾶς τὸν Ἰ. ὃν Παῦλος κη-
ρύσσει 15 τὸν [μὲν] Ἰησοῦν γινώσκω
25 19 περί τινος Ἰησοῦ τεθνηκότος
28 23 πείθων τε αὐτοὺς περὶ τοῦ Ἰησοῦ
Rm 8 11 τοῦ ἐγείραντος τὸν Ἰησ. ἐκ νεκρῶν
1 Co 12 3 οὐδεὶς ἐν πνεύματι θεοῦ λαλῶν λέ-
γει· ἀνάθεμα Ἰησοῦς, καὶ οὐδεὶς δύ-
ναται εἰπεῖν· κύριος Ἰησοῦς, εἰ μὴ ἐν
2 Co 4 5 δούλους ὑμῶν διὰ Ἰησοῦν (vl ..οῦ)
– 10 τὴν νέκρωσιν τοῦ Ἰησοῦ –, ἵνα καὶ ἡ
ζωὴ τοῦ Ἰ. 11 εἰς θάνατον παραδι-
δόμεθα διὰ Ἰησοῦν, ἵνα καὶ ἡ ζωὴ
τοῦ Ἰησοῦ φανερωθῇ 14 καὶ ἡμᾶς
σὺν Ἰησοῦ ἐγερεῖ καὶ παραστήσει
11 4 εἰ – ὁ ἐρχόμ. ἄλλον Ἰησοῦν κηρύσσει

Gal 6 17 τὰ στίγματα τοῦ Ἰησοῦ – βαστάζω
Eph 4 21 καθώς ἐστιν ἀλήθεια ἐν τῷ Ἰησοῦ
1 Th 1 10 Ἰησοῦν τὸν ῥυόμενον ἡμᾶς ἐκ τ. ὀργ.
4 14 εἰ – πιστεύομεν ὅτι Ἰησοῦς ἀπέθανεν
καὶ ἀνέστη, – ὁ θεὸς τοὺς κοιμηθέν-
τας διὰ τοῦ Ἰησοῦ ἄξει σὺν αὐτῷ
Hb 2 9 τὸν δὲ „βραχύ τι παρ' ἀγγέλους ἠ-
λαττωμένον" βλέπομεν Ἰησοῦν – „δό-
ξῃ καὶ τιμῇ ἐστεφανωμένον"
3 1 τὸν ἀπόστολον καὶ ἀρχιερέα τῆς ὁ-
μολογίας ἡμῶν Ἰησοῦν 4 14 ἀρχιερέα
μέγαν –, Ἰησοῦν τὸν υἱὸν τοῦ θεοῦ
6 20 πρόδρομος ὑπὲρ ἡμῶν εἰσῆλθεν Ἰησ.
7 22 κρείττονος διαθήκης γέγ. ἔγγυος Ἰ.
12 24 διαθήκης νέας μεσίτῃ Ἰησοῦ
10 19 παρρησίαν – ἐν τῷ αἵματι Ἰησοῦ
12 2 εἰς τὸν τῆς πίστεως – τελειωτὴν Ἰν
13 12 διὸ καὶ Ἰησ. – ἔξω τῆς πύλης ἔπαθεν
1 Jo 1 7 τὸ αἷμα Ἰησοῦ τοῦ υἱοῦ αὐτοῦ
2 22 ὅτι Ἰησοῦς οὐκ ἔστιν ὁ χριστός
4 3 πᾶν πνεῦμα ὃ μὴ ὁμολογεῖ τὸν Ἰ. 15
ὃς ἐὰν ὁμολογήσῃ ὅτι Ἰησοῦς ἐστιν
ὁ υἱὸς τοῦ θεοῦ 5 1 ἐστὶν ὁ χριστός
5 Ἰησοῦς ἐστιν ὁ υἱὸς τοῦ θεοῦ
Ap 1 9 συγκοινωνὸς ἐν τῇ – ὑπομονῇ ἐν Ἰη-
σοῦ, ἐγενόμην ἐν – Πάτμῳ διὰ – τὴν
μαρτυρίαν Ἰησοῦ
12 17 πόλεμον μετὰ τῶν – ἐχόντων τὴν μαρ-
τυρίαν Ἰησοῦ 19 10 τῶν ἀδελφῶν σου
τῶν ἐχόντων τὴν μαρτ. Ἰ. –. ἡ γὰρ
μαρτυρία Ἰησ. ἐστιν τὸ πνεῦμα τῆς
προφητείας 20 4 τὰς ψυχὰς τῶν πε-
πελεκισμένων διὰ τὴν μαρτ. Ἰησοῦ
17 6 ἐκ τοῦ αἵματος τῶν μαρτύρων Ἰ..οῦ
22 16 ἐγὼ Ἰησοῦς ἔπεμψα τὸν ἄγγελόν μου

Ἰησοῦς (Mosis successor) Act 7 45 Hb 4 8

Ἰησοῦς τοῦ Ἐλιέζερ Luc 3 29

[Ἰησοῦς] Βαραββᾶς Mat 27 16.17

Ἰησοῦς ὁ λεγόμενος Ἰοῦστος Col 4 11

ἱκανός multus [b]copiosus [c]dignus [d]idoneus
[e]magnus [f]plurimus [g](τὸ ἱκ. ποιεῖν) sa-
tisfacere [h](τὸ ἱκ.) satisfactio, (ἱκ..όν)
satis [i](ἱκ..όν) sufficit [k]sufficiens
Mat 3 11 οὗ οὐκ εἰμὶ ἱκανός[c] τὰ ὑποδήματα
βαστάσαι ‖ Mar 1 7[c] Luc 3 16[c]
8 8 οὐκ εἰμὶ ἱκανός[c] ἵνα μου ὑπὸ τὴν
στέγην εἰσέλθῃς ‖ Luc 7 6[c]

Mat 28₁₂ ἀργύρια ἱκανὰ ᵇ ἔδωκαν τοῖς στρατ.
Mar 10₄₆ ὄχλου ἱ..οῦ ᶠ Luc 7₁₂ ὅ. τῆς πόλ. ἱκ.
  15₁₅ τῷ ὄχλῳ τὸ ἱκανὸν ποιῆσαι ᵍ
Luc 8₂₇ χρόνῳ ἱκανῷ 20₉ χρόνους ἱκανούς
  23₈ ἐξ ἱκανῶν χρ. Act 8₁₁ ἱκανῷ χρ.
  14₃ ἱκανὸν – χρ. 27₉ ἱκανοῦ – χρόνου
  διαγενομένου – 9₂₃ ἐπληροῦντο ἡ-
  μέραι ἱκ. 43 ἡμέρας ἱκανάς 18₁₈ 27₇
  – 32 ἦν – ἐκεῖ ἀγέλη χοίρων ἱκανῶν βοσκ.
  22₃₈ ἱκανόν ʰ (satis) ἐστιν
  23₉ ἐπηρώτα – αὐτὸν ἐν λόγοις ἱκανοῖς
Act 11₂₄ προσετέθη ὄχλος ἱκ. τῷ κυρίῳ 26 δι-
  δάξαι ὄχλον ἱκ. 19₂₆ μετέστησεν ἱ. ὅ.
  12₁₂ ἦσαν ἱκανοὶ συνηθροισμένοι 14₂₁ μα-
  θητεύσαντες ἱκανούς 19₁₉ ἱκανοὶ –
  τῶν τὰ περίεργα πραξάντων
  17₉ λαβόντες τὸ ἱκανόν ʰ
  20₈ λαμπάδες ἱκαναί ᵇ 37 ἱκανὸς ᵉ – κλαυθ-
  μός 22₆ φῶς ἱκανὸν ᵇ περὶ ἐμέ
  – 11 ἐφ' ἱκανὸν (satis) τε ὁμιλήσας ἄχρι
(Rm 15₂₃ vl ἐπιποθίαν δὲ ἔχων τοῦ ἐλθεῖν
  πρὸς ὑμᾶς ἀπὸ ἱκανῶν ἐτῶν)
1 Co 11₃₀ ἐν ὑμῖν – καὶ κοιμῶνται ἱκανοί
  15₉ οὐκ εἰμὶ ἱκ. ᶜ καλεῖσθαι ἀπόστολος
2 Co 2₆ ἱκανὸν ⁱ τῷ τοιούτῳ ἡ ἐπιτιμία αὕτη
  – 16 πρὸς ταῦτα τίς ἱκανός ᵈ;
  3₅ οὐχ ὅτι ἀφ' ἑαυτῶν ἱκανοί ᵏ ἐσμεν
2 Ti 2₂ πιστοῖς ἀνθρώποις οἵτινες ἱκανοὶ ᵈ
  ἔσονται καὶ ἑτέρους διδάξαι

ἱκανότης Sᵒ – sufficientia
2 Co 3₅ ἀλλ' ἡ ἱκανότης ἡμῶν ἐκ τοῦ θεοῦ

ἱκανοῦν ᵃidoneum facere ᵇdignum facere
2 Co 3₆ ὃς καὶ ἱκάνωσεν ᵃ ἡμᾶς διακόνους
  καινῆς διαθήκης
Col 1₁₂ τῷ ἱκανώσαντι ᵇ ὑμᾶς (vl ἡμᾶς vg)
  εἰς τὴν μερίδα τοῦ κλήρου τῶν ἁγίων

ἱκετηρία supplicatio Hb 5₇ δεήσεις τε καὶ
  ἱκετηρίας πρὸς τὸν δυνάμενον σῴ-
  ζειν αὐτὸν – προσενέγκας

ἱκμάς humor Luc 8₆ διὰ τὸ μὴ ἔχειν ἱ..δα

Ἰκόνιον Act 13₅₁ 14₁.19.21 16₂ 2 Ti 3₁₁

ἱλαρός hilaris 2 Co 9₇ „ἱ..ὸν – δότην" ἀγα.

ἱλαρότης hilaritas Rm 12₈ ὁ ἐλεῶν ἐν ἱλ.

ἱλάσκεσθαι ᵃpropitium esse ᵇrepropitiare
Luc 18₁₃ ἱλάσθητί ᵃ μοι τῷ ἁμαρτωλῷ
Hb 2₁₇ εἰς τὸ ἱλ. ᵇ τὰς ἁμαρτίας τοῦ λαοῦ

ἱλασμός propitiatio 1 Jo 2₂ αὐτὸς ἱλασμός
  ἐστιν περὶ τῶν ἁμαρτιῶν ἡμῶν 4₁₀
  ἀπέστειλεν τὸν υἱὸν αὐτοῦ ἱλασμὸν
  περὶ τῶν ἁμαρτιῶν ἡμῶν

ἱλαστήριον ᵃpropitiatio (vl propitiator –
  ἱλαστήριος) ᵇpropitiatorium
Rm 3₂₅ ὃν προέθετο ὁ θεὸς ἱλαστήριον ᵃ
Hb 9₅ Χερουβὶν – κατασκιάζοντα τὸ ἱλαστ. ᵇ

ἵλεως ᵃ(ἵ. σοι) absit a te ᵇpropitius
Mat 16₂₂ ἵλεώς σοι ᵃ, κύριε· οὐ μὴ ἔσται σοι
Hb 8₁₂ „ἵλ. ᵇ ἔσομαι ταῖς ἀδικίαις αὐτῶν"

Ἰλλυρικόν Rm 15₁₉ κύκλῳ μέχρι τοῦ Ἰλλυρ.

ἱμάς corigia (vl corr.) ᵇlorum
Mar 1₇ ‖ Luc 3₁₆ Joh 1₂₇ – Act 22₂₅ ᵇ

ἱματίζειν Sᵒ – vestire Mar 5₁₅ ‖ Luc 8₃₅

ἱμάτιον vestimentum ᵇpallium ᶜtunica
  ᵈvestis
Mat 5₄₀ ἄφες αὐτῷ καὶ τὸ ἱμάτιον ᵇ ‖ Luc 6₂₉
  9₁₆ ἐπὶ ἱματίῳ παλαιῷ· αἴρει – ἀπὸ τοῦ
  ἱματίου ‖ Mar 2₂₁ Luc 5₃₆ ἀπὸ ἱμα-
  τίου καινοῦ σχίσας – ἐπὶ ἱμ. παλαιόν
  – 20 γυνὴ – ἥψατο τοῦ κρασπέδου τοῦ ἱμ.
  αὐτοῦ 21 ‖ Mar 5₂₇.₂₈.₃₀ Luc 8₄₄ –
  Mat 14₃₆ ἵνα μόνον ἅψωνται τοῦ κρα-
  σπέδου τοῦ ἱματίου ‖ Mar 6₅₆
  17₂ τὰ – ἱμ. αὐτοῦ ἐγένετο λευκὰ ὡς τὸ
  φῶς ‖ Mar 9₃ στίλβοντα λευκὰ λίαν
  21₇ ἐπέθηκαν – τὰ ἱμάτια 8 ἔστρωσαν – τὰ
  ἱμ. ἐν τῇ ὁδῷ ‖ Mar 11₇.₈ Luc 19₃₅s
  24₁₈ μὴ ἐπιστρεψάτω ὀπίσω ἆραι τὸ ἱμά-
  τιον ᶜ αὐτοῦ ‖ Mar 13₁₆
  26₆₅ διέρρηξεν τὰ ἱμάτια αὐτοῦ Act 14₁₄ ᶜ
  27₃₁ ἐνέδυσαν αὐτὸν τὰ ἱμ. αὐτοῦ ‖ Mar
  15₂₀ – Joh 19₂ ἱμ. ᵈ πορφυροῦν περι-
  έβαλον αὐτὸν 5 φορῶν – τὸ πορφ. ἱμ.
  – 35 „διεμερίσαντο τὰ ἱμάτια" αὐτοῦ „βάλ-
  λοντες κλῆρον" ‖ Mar 15₂₄ Luc 23₃₄
  Joh 19₂₃.₂₄ „διεμερίσαντο τὰ ἱμάτιά
  μου ἑαυτοῖς"
Mar 10₅₀ ἀποβαλὼν τὸ ἱμάτιον αὐτοῦ – ἦλθεν
Luc 7₂₅ ἄνθρωπον ἐν μαλακοῖς ἱματίοις – ;
  8₂₇ οὐκ ἐνεδύσατο ἱμάτιον, καὶ ἐν οἰκίᾳ
  22₃₆ πωλησάτω τὸ ἱμ. ᶜ αὐτοῦ καὶ ἀγορ.
Joh 13₄ τίθησιν τὰ ἱμ. 12 ἔλαβεν τὰ ἱμ. αὐτοῦ
Act 7₅₈ ἀπέθεντο τὰ ἱμάτια αὐτῶν παρὰ 22₂₀
  9₃₉ ἐπιδεικνύμεναι χιτῶνας. καὶ ἱμάτια ᵈ
  12₈ περιβαλοῦ τὸ ἱμ. σου καὶ ἀκολούθει

Act 16 22 περιρήξαντες αὐτῶν τὰ ἱμάτια[c]
18 6 ἐκτιναξάμενος τὰ ἱμάτια εἶπεν πρός
22 23 αὐτῶν – ῥιπτούντων τὰ ἱμάτια
Hb 1 11 „ὡς ἱμ. παλαιωθήσονται" 12 ὡς ἱμ.
Jac 5 2 τὰ ἱμάτια ὑμῶν σητόβρωτα γέγονεν
1 Pe 3 3 ὧν – οὐχ ὁ – ἐνδύσεως ἱ..ων κόσμος
Ap 3 4 ἃ οὐκ ἐμόλυναν τὰ ἱμάτια αὐτῶν
– 5 περιβαλεῖται ἐν ἱ..οις λευκοῖς 18 4 4
πρεσβυτέρους – ἐν ἱματίοις λευκοῖς
16 15 μακάριος ὁ – τηρῶν τὰ ἱμάτια αὐτοῦ
19 13 περιβεβλημ. ἱμ.[d] βεβαμμένον αἵματι
– 16 ἐπὶ τὸ ἱμάτιον – ὄνομα γεγραμμένον

ἱματισμός vestis [b]vestitus
Luc 7 25 οἱ ἐν ἱματισμῷ ἐνδόξῳ καὶ τρυφῇ
9 29 ὁ ἱμ.[b] αὐτοῦ λευκὸς ἐξαστράπτων
Joh 19 24 „ἐπὶ τὸν ἱμ. μου ἔβαλον κλῆρον"
Act 20 33 χρυσίου ἢ ἱ..οῦ οὐδενὸς ἐπεθύμησα
1 Ti 2 9 μὴ ἐν – ἱματισμῷ πολυτελεῖ

Ἰόππη Act 9 36. 38. 42. 43 10 5. 8. 23. 32 11 5. 13

Ἰορδάνης
Mat 3 5 πᾶσα ἡ περίχωρος τοῦ Ἰ..ου ‖ Luc 3 3
– 6 ἐβαπτίζοντο ἐν τῷ Ἰ. ποταμῷ ‖ Mar
1 5 – Mt 3 13 παραγίνεται ὁ Ἰησ. – ἐπὶ
τὸν Ἰ. ‖ Mar 1 9 ἐβαπτίσθη εἰς τὸν Ἰ.
4 15. 25 19 1 Mar 3 8 10 1 Luc 4 1
Joh 1 28 ἐν Βηθανίᾳ – πέραν τοῦ Ἰ. 3 26 10 40

ἰός venenum [b]aerugo
Rm 3 13 „ἰὸς ἀσπίδων ὑπὸ τὰ χείλη αὐτῶν"
Jac 3 8 μεστὴ ἰοῦ θανατηφόρου. ἐν αὐτῇ
5 3 ὁ ἰὸς[b] αὐτῶν εἰς μαρτύρ. ὑμῖν ἔσται

Ἰουδαία Iudaea [b]Iuda indecl. [c]Iudae
Mat 2 1 ἐν Βηθλέεμ τῆς Ἰ..ας[b] 5[c]
– 22 ὅτι Ἀρχέλαος βασιλεύει τῆς Ἰουδ.
3 1 κηρύσσων ἐν τῇ ἐρήμῳ τῆς Ἰουδαίας
5 πᾶσα ἡ Ἰ. ‖ Mar 1 5 → Ἰουδαῖος
4 25 ὄχλοι – ἀπὸ – Ἰ..ας ‖ Mar 3 7 Luc 6 17
19 1 ἦλθεν εἰς τὰ ὅρια τῆς Ἰ. πέραν τοῦ
24 16 οἱ ἐν τῇ Ἰουδαίᾳ φευγέτωσαν εἰς τὰ
ὄρη ‖ Mar 13 14 Luc 21 21
Luc 1 5 Ἡρῴδου βασιλέως τῆς Ἰ. 31 ἡγεμο-
νεύοντος Ποντίου Πιλάτου τῆς Ἰουδ.
– 65 ἐν ὅλῃ τῇ ὀρεινῇ τῆς Ἰουδ. διελαλεῖτο
2 4 εἰς τὴν Ἰουδαίαν εἰς πόλιν Δαυίδ
4 44 ἦν κηρύσσων εἰς τὰς συναγωγὰς τῆς
Ἰουδαίας (vl Γαλιλαίας vg) – 23 5
5 17 ἐκ πάσης κώμης τῆς Γαλ. καὶ Ἰουδ.

Luc 7 17 ἐξῆλθεν ὁ λόγος οὗτος ἐν ὅλῃ τῇ Ἰ.
Joh 3 22 → Ἰουδαῖος 4 3 ἀφῆκεν τὴν Ἰουδ. 47
ἥκει ἐκ τῆς Ἰ. 54 ἐλθὼν ἐκ τῆς Ἰουδ. εἰς
τὴν Γαλ. 7 1 οὐ γὰρ ἤθελεν ἐν τῇ Ἰου-
δαίᾳ περιπατεῖν 3 ὕπαγε εἰς τὴν Ἰουδ.
11 7 ἄγωμεν εἰς τὴν Ἰουδαίαν πάλιν
Act 1 8 μάρτυρες – [ἐν] πάσῃ τῇ Ἰ. καὶ Σαμ.
2 9 οἱ κατοικοῦντες τὴν Μεσοποταμίαν,
Ἰουδαίαν τε καὶ Καππαδοκίαν
8 1 διεσπάρησαν κατὰ τὰς χώρας τῆς Ἰ.
καὶ Σαμ. 9 31 ἡ – ἐκκλησία καθ᾽ ὅλης
τῆς Ἰουδ. καὶ Γαλιλ. καὶ Σαμαρείας
10 37 τὸ γενόμενον ῥῆμα καθ᾽ ὅλης τῆς Ἰ.
11 1 οἱ ἀδελφοὶ οἱ ὄντες κατὰ τὴν Ἰουδ.
– 29 τοῖς κατοικοῦσιν ἐν τῇ Ἰ. ἀδελφοῖς
12 19 κατελθὼν ἀπὸ τῆς Ἰ. εἰς Καισάρειαν
15 1 τινὲς κατελθόντες ἀπὸ τῆς Ἰουδαίας
21 10 κατῆλθέν τις ἀπὸ τῆς Ἰ. προφήτης
26 20 πᾶσάν τε τὴν χώραν τῆς Ἰ. – ἀπήγ-
γελλον μετανοεῖν
28 21 οὔτε γράμματα περὶ σοῦ ἐδεξάμεθα
ἀπὸ τῆς Ἰουδαίας
Rm 15 31 ἀπὸ τῶν ἀπειθούντων ἐν τῇ Ἰουδαίᾳ
2 Co 1 16 ὑφ᾽ ὑμῶν προπεμφθῆναι εἰς τὴν Ἰ.
Gal 1 22 ἤμην δὲ ἀγνοούμενος τῷ προσώπῳ
ταῖς ἐκκλησίαις τῆς Ἰ. ταῖς ἐν Χῷ
1 Th 2 14 μιμηταὶ ἐγενήθητε – τῶν ἐκκλησιῶν –
τῶν οὐσῶν ἐν τῇ Ἰουδαίᾳ ἐν Χῷ

ἰουδαΐζειν Iudaizare Gal 2 14

Ἰουδαϊκός Iudaicus Tit 1 14 Ἰ..οῖς μύθοις

Ἰουδαϊκῶς S[o] – Iudaice Gal 2 14 ζῆν

Ἰουδαῖος, ..αία et adj. Ἰουδαῖος, ..αία, ..ον
Iudaeus, Iudaea
Mat 2 2 ποῦ ἐστιν ὁ τεχθεὶς βασιλεὺς τῶν Ἰ.;
27 11 σὺ εἶ ὁ βασιλεὺς τῶν Ἰ.; 29 χαῖρε,
βασιλεῦ τῶν Ἰ. 37 Ἰησοῦς ὁ β. τ. Ἰ.
‖ Mar 15 2. 9 ἀπολύσω ὑμῖν τὸν β. τ.
Ἰ.; 12 τί – ποιήσω [ὃν λέγετε] τὸν
β. τ. Ἰ.; 18 χαῖρε, β. τ. Ἰ. 26 Luc 23 3.
37 εἰ σὺ εἶ ὁ β. τ. Ἰ., σῶσον σεαυτόν
38 Joh 18 33. 39 19 3. 14 λέγει τοῖς Ἰ.·
ἴδε ὁ β. ὑμῶν 19. 21 ἔλεγον – οἱ ἀρχ-
ιερεῖς τῶν Ἰ.· μὴ γράφε· ὁ β. τ. Ἰ.,
ἀλλ᾽ ὅτι – εἶπεν· βασ. εἰμὶ τῶν Ἰουδ.
28 15 διεφημίσθη ὁ λόγος – παρὰ Ἰ..οις
Mar 1 5 ἐξεπορεύετο – πᾶσα ἡ Ἰ..αία χώρα
7 3 πάντες οἱ Ἰουδ. ἐὰν μὴ – νίψωνται
Luc 7 3 ἀπέστειλεν – πρεσβυτέρους τῶν Ἰ.
23 51 ἀπὸ Ἀριμαθαίας πόλεως τῶν Ἰουδ.

Joh 1 19 ἀπέστειλαν [πρὸς αὐτὸν] οἱ 'I. – ἱερεῖς
2 6 κατὰ τὸν καθαρισμὸν τῶν 'Iουδαίων
– 13 ἐγγὺς ἦν τὸ πάσχα τῶν 'I. 51 ἡ ἑορ-
τῇ τῶν 'I. 64 τὸ πάσχα, ἡ ἑορτὴ τῶν
'I. – 72 ἡ ἑορτὴ τῶν 'I. ἡ σκηνοπη-
γία 1155 τὸ πάσχα τῶν 'Iουδαίων –
1931 οἱ οὖν 'I., ἐπεὶ παρασκευὴ ἦν
42 διὰ τὴν παρασκευὴν τῶν 'Iουδαίων
– 18 ἀπεκρίθησαν οὖν οἱ 'Iουδ. 20 εἶπαν
3 1 Νικόδημος –, ἄρχων τῶν 'Iουδαίων
– 22 ἦλθεν – εἰς τὴν 'Iουδαίαν γῆν
– 25 ζήτησις – μετὰ 'I..ου (vl 'I..ων vg)
4 9 πῶς σὺ 'Iουδαῖος ὢν –; οὐ γὰρ συγ-
χρῶνται 'Iουδαῖοι Σαμαρίταις
– 22 ὅτι ἡ σωτηρία ἐκ τῶν 'Iουδαίων ἐστίν
5 10 ἔλεγον – οἱ 'I. – σάββατόν ἐστιν 15
– 16 ἐδίωκον οἱ 'Iουδαῖοι τὸν 'Iησοῦν 18
ἐζήτουν αὐτὸν – ἀποκτεῖναι 7 1
641 ἐγόγγυζον οὖν οἱ 'Iουδ. περὶ αὐτοῦ
– 52 ἐμάχοντο – πρὸς ἀλλήλους οἱ 'Iουδ.
711 οἱ – 'I. ἐζήτουν αὐτὸν ἐν τῇ ἑορτῇ
– 13 διὰ τὸν φόβον τῶν 'Iουδ. 1938 (Jos.
ab Arim.) 2019 (discipuli) 922 ὅτι
ἐφοβοῦντο τοὺς 'I. (parentes cae-
ci) ἤδη γὰρ συνετέθειντο οἱ 'Iουδ.
– 15 ἐθαύμαζον οἱ 'Iουδ. – πῶς οὗτος
γράμματα οἶδεν –; 35 εἶπον – οἱ 'I.
πρὸς ἑαυτούς' ποῦ – μέλλει πορεύε-
σθαι –; 822 μήτι ἀποκτενεῖ ἑαυτόν –;
831 πρὸς τοὺς πεπιστευκότας αὐτῷ 'I.
– 48.52.57 – 918 οὐκ ἐπίστευσαν – οἱ 'I.
περὶ αὐτοῦ ὅτι ἦν τυφλός
1019 σχίσμα πάλιν ἐγένετο ἐν τοῖς 'Iουδ.
– 24 ἐκύκλωσαν οὖν αὐτὸν οἱ 'Iουδαῖοι
– 31 ἐβάστασαν πάλιν λίθους οἱ 'Iουδ. 33
118 νῦν ἐζήτουν σε λιθάσαι οἱ 'Iουδ.
1119 πολλοὶ – ἐκ τῶν 'Iουδαίων ἐληλύθει-
σαν 31.33.36.45 ἐπίστευσαν εἰς αὐτόν
129.11 ἐπίστευον εἰς τὸν 'Iησοῦν
– 54 ὁ οὖν 'Iησοῦς οὐκέτι παρρησίᾳ περι-
επάτει ἐν τοῖς 'Iουδαίοις
1333 καθὼς εἶπον τοῖς 'I. ὅτι ὅπου ἐγώ
1812 οἱ ὑπηρέται τῶν 'Iουδ. συνέλαβον 14
Καϊαφᾶς ὁ συμβουλεύσας τοῖς 'I.
– 20 ὅπου πάντες οἱ 'Iουδ. συνέρχονται
– 31 οἱ 'I.' ἡμῖν οὐκ ἔξεστιν ἀποκτεῖναι
– 35 μήτι ἐγὼ 'Iουδαῖός εἰμι;
– 36 ἵνα μὴ παραδοθῇ τοῖς 'Iουδαίοις
– 38 197.12.20 – 40 καθὼς ἔθος ἐστὶν τοῖς
'Iουδαίοις ἐνταφιάζειν
Act 2 5 εἰς 'Iερους. κατοικοῦντες 'Iουδαῖοι, –
ἀπὸ παντὸς ἔθνους 11 'Iουδαῖοί τε

καὶ προσήλυτοι 14 ἄνδρες 'Iουδαῖοι
Act 922 συνέχυννεν [τοὺς] 'I. τοὺς – ἐν Δαμα-
σκῷ 1828 τοῖς 'Iουδ. διακατηλέγχετο
– 23 συνεβουλεύσαντο οἱ 'I. ἀνελεῖν αὐτόν
1022 μαρτυρούμενος – ὑπὸ ὅλου τοῦ ἔ-
θνους τῶν 'I. (Corn.) 2212 (Anan.)
– 28 ἀθέμιτόν ἐστιν ἀνδρὶ 'Iουδαίῳ
– 39 ὧν ἐποίησεν ἔν τε τῇ χώρᾳ τῶν 'I.
1119 μηδενὶ λαλοῦντες τὸν λόγον εἰ μὴ
μόνον (vl μόνοις vg) 'Iουδαίοις
12 3 ἰδὼν – ὅτι ἀρεστόν ἐστιν τοῖς 'Iουδ.
– 11 ἐκ – τῆς προσδοκίας τοῦ λαοῦ τῶν 'I.
13 5 κατήγγελλον τὸν λόγον – ἐν ταῖς συν-
αγωγαῖς τῶν 'I. 141 171.10.17 διελέ-
γετο – ἐν τῇ συναγ. τοῖς 'I. καὶ τοῖς
σεβομένοις 184 ἔπειθέν τε 'I..ους καὶ
Ἕλλ. (vg vl°) 19 διελέξατο τοῖς 'Iουδ.
– 6 εὗρον – ψευδοπροφήτην 'Iουδαῖον
– 43 ἠκολούθησαν πολλοὶ τῶν 'Iουδαίων
– 45 ἰδόντες δὲ οἱ 'Iουδαῖοι τοὺς ὄχλους
– 50 οἱ δὲ 'I. παρώτρυναν τὰς σεβομένας
14 1 ὥστε πιστεῦσαι 'I..ων τε καὶ Ἑλλ.
– πλῆθος 184 19 10 ἀκοῦσαι τὸν λό-
γον –, 'I..ους τε καὶ Ἕλλ. 2021 δια-
μαρτυρόμενος 'I..οις τε καὶ Ἕλλησιν
– 2 οἱ δὲ ἀπειθήσαντες 'I. 4 οἱ μὲν ἦσαν
σὺν τοῖς 'Iουδ. 5 ὁρμὴ τῶν ἐθνῶν τε
καὶ 'Iουδαίων 19 ἀπὸ – 'Iκονίου 'I..οι
16 1 Τιμόθ., υἱὸς γυναικὸς 'Iουδαίας πι-
στῆς 3 περιέτεμεν αὐτ. διὰ τοὺς 'I.
– 20 'I..οι ὑπάρχοντες 1934 ὅτι 'I. ἐστιν
17 5 ζηλώσαντες δὲ οἱ 'I. 13 οἱ ἀπὸ τῆς
Θεσσ. 'I. –, ἦλθον κἀκεῖ σαλεύοντες
18 2 εὑρών τινα 'I..ον ὀνόματι 'Ακύλαν
– χωρίζεσθαι – τοὺς 'I. ἀπὸ τῆς 'Ρώμης
– 5 διαμαρτυρ. τοῖς 'I. εἶναι τὸν χριστόν
– 12 κατεπέστησαν – οἱ 'I. τῷ Παύλῳ 14
– 24 'I. δέ τις 'Απολλῶς –, 'Αλεξανδρεύς
1913 τινὲς – τῶν 'Iουδαίων ἐξορκιστῶν 14
Σκευᾶ 'I..ου ἀρχιερέως ἑπτὰ υἱοὶ 17
ἐγένετο γνωστὸν πᾶσιν 'I. τε καὶ Ἑλλ.
– 33 προβαλόντων αὐτὸν τῶν 'Iουδαίων
20 3 ἐπιβουλῆς αὐτῷ ὑπὸ τῶν 'Iουδ. 19
2111 οὕτως δήσουσιν ἐν 'Iερουσ. οἱ 'Iουδ.
– 20 πόσαι μυριάδες εἰσὶν ἐν τοῖς 'I. τῶν
πεπιστευκότων 21 ὅτι ἀποστασίαν δι-
δάσκεις – τοὺς κατὰ τὰ ἔθνη – 'I..ους
– 27 οἱ ἀπὸ τῆς 'Ασίας 'I. θεασάμενοι αὐ-
τὸν ἐν τῷ ἱερῷ 2419 διὰ τῆς 'Α. 'I..οι
– 39 ἄνθρωπος – εἰμι 'I. 223 ἀνὴρ 'I..ος
2230 τὸ τί κατηγορεῖται ὑπὸ τῶν 'I. 249
258 οὔτε εἰς τὸν νόμον τῶν 'I. – τι

(Act25) ἥμαρτον 10 Ἰουδαίους οὐδὲν ἠδίκησα 262 ὧν ἐγκαλοῦμαι ὑπὸ Ἰ..ων 7 περὶ ἧς ἐλπίδος ἐγκαλοῦμαι ὑπὸ Ἰ..ων

Act 2312 οἱ Ἰουδαῖοι ἀνεθεμάτισαν ἑαυτούς – 20.27 – 245 κινοῦντα στάσεις – τοῖς Ἰ. τοῖς κατὰ τὴν οἰκουμένην 2524 2621 2424 σὺν Δρουσίλλη – οὔση Ἰουδαίᾳ – 27 χάριτα καταθέσθαι τοῖς Ἰ. 259 χάριν 25 2 οἱ πρῶτοι τῶν Ἰουδ. 7.15 – 2817.19 26 3 γνώστην ὄντα σε πάντων τῶν κατὰ Ἰουδαίους ἐθῶν τε καὶ ζητημάτων – 4 τὴν μὲν οὖν βίωσίν μου [τὴν] ἐκ νεότητος – ἴσασι πάντες [οἱ] Ἰουδαῖοι

Rm 116 τῷ πιστεύοντι, Ἰ..ῳ τε πρῶτον καὶ Ἕλληνι 29.10 – 39 Ἰ..ους τε καὶ Ἕλληνας – ὑφ' ἁμαρτίαν εἶναι 1012 οὐ γάρ ἐστιν διαστολὴ Ἰ..ου τε καὶ Ἕλληνος 217 εἰ δὲ σὺ Ἰουδαῖος ἐπονομάζῃ – 28 οὐ γὰρ ὁ ἐν τῷ φανερῷ Ἰουδ. ἐστιν 29 ἀλλ' ὁ ἐν τῷ κρυπτῷ Ἰουδαῖος 3 1 τί οὖν τὸ περισσὸν τοῦ Ἰουδαίου, –; – 29 ἦ Ἰ..ων ὁ θεὸς μόνον (vl μόνων); 924 ἐκάλεσεν ἡμᾶς οὐ μόνον ἐξ Ἰουδαίων – ἀλλὰ καὶ ἐξ ἐθνῶν

1 Co 122 ἐπειδὴ καὶ Ἰουδαῖοι σημεῖα αἰτοῦσιν – 23 Ἰουδαίοις μὲν σκάνδαλον, ἔθνεσιν δέ – 24 τοῖς κλητοῖς, Ἰουδαίοις τε καὶ Ἕλλ. 920 ἐγενόμην τοῖς Ἰουδαίοις ὡς Ἰουδαῖος, ἵνα Ἰουδαίους κερδήσω 1032 ἀπρόσκοποι καὶ Ἰ..οις γίνεσθε καὶ Ἕλλησιν καὶ τῇ ἐκκλησίᾳ τοῦ θεοῦ 1213 εἰς ἓν σῶμα –, εἴτε Ἰ..οι εἴτε Ἕλλ.

2 Co 1124 ὑπὸ Ἰ..ων πεντάκις τεσσεράκοντα

Gal 213 συνυπεκρίθησαν – οἱ λοιποὶ Ἰουδαῖοι – 14 εἰ σὺ Ἰ. ὑπάρχων ἐθνικῶς – ζῆς 15 ἡμεῖς φύσει Ἰουδαῖοι 328 οὐκ ἔνι Ἰ. οὐδὲ Ἕλλην Col 311 ὅπου οὐκ ἔνι Ἕλλην καὶ Ἰουδαῖος

1 Th 214 τὰ αὐτὰ ἐπάθετε καὶ ὑμεῖς –, καθὼς καὶ αὐτοὶ ὑπὸ τῶν Ἰουδαίων

Ap 2 9 βλασφημίαν ἐκ τῶν λεγόντων Ἰ..ους εἶναι ἑαυτούς, καὶ οὐκ εἰσίν 39

Ἰουδαϊσμός Iudaismus Gal 113.14 ἐν τῷ Ἰ.

Ἰούδας, ..α Iudas, Iuda

1) filius Jacob, tribus Juda

Mat 12.3 26 Βηθλέεμ, γῆ Ἰούδα Luc 139 εἰς πόλιν Ἰούδα 333 Hb 714 ἐξ Ἰούδα ἀνατέταλκεν ὁ κύριος ἡμῶν 88 ἐπὶ τὸν οἶκον Ἰούδα

διαθήκην καινήν" Ap 55 ὁ „λέων" ὁ ἐκ τῆς φυλῆς „Ἰούδα" 75 ἐκ φυλῆς Ἰούδα

2) nomen e genealogia Jesu: Luc 3 30.33

3) apostolus: Luc 616 Ἰούδαν Ἰακώβου Act 113 Joh 1422 Ἰούδας, οὐχ ὁ Ἰσκαριώτης

4) Judas Jscariotes – vg Iscariotes, ..ta (Joh 132.26) ᵇScariotes, ..is ᶜScarioth Mat 104 Ἰ. ὁ Ἰσκαριώτης (vlᵇ) ‖ Mar 319 Ἰ. Ἰσκαριὼθ (vlᶜ) Luc 616 Ἰ. Ἰ..ὼθ (vlᶜ) – Mat 2614 ὁ λεγόμενος Ἰ. Ἰσ..ης (vlᶜ) 25 Ἰ. ὁ παραδιδοὺς αὐτόν 47 273 Ἰ. ὁ παραδιδούς ‖ Mar 1410 Ἰ. Ἰσ..ὼθ (vlᵇ) 43 Ἰούδας (vg addᵃ vlᶜ) Luc 223 εἰς Ἰ..αν τὸν καλούμενον Ἰσ..ην (vlᶜ) 47 Ἰ. 48 Ἰούδα – Joh 671 Ἰ..αν Σίμωνος Ἰσ..του (vl ἀπὸ Καρυώτου) 124 Ἰ. ὁ Ἰσ..της (vlᵇ) 132 Ἰ. Σίμωνος Ἰσκαριώτου 26.29 Ἰ. 182.3.5 – Act 116.25

5) Jesu frater: Mat 1355 ‖ Mar 63, eundem dicere videtur Jud 1 ἀδελφὸς – Ἰακώβου

6) Judas Galilaeus: Act 537 ἀνέστη

7) Barsabbas: Act 1522.27.32

8) Damascenus quidam: Act 911

Ἰουλία Rm 1615 **Ἰούλιος** Act 271.3

Ἰουνιᾶς Rm 167 Ἰουνιᾶν (vl Ἰουλίαν)

Ἰοῦστος 1) Joseph Barsabbas: Act 123 2) Titius Justus: Act 187 3) Jesus Justus: Col 411

ἱππεύς eques Act 2323.32

ἱππικός equester Ap 916 στρατεύμ. τοῦ ἱππ.

ἵππος equus Jac 3 3 τῶν ἵ. τοὺς χαλινοὺς εἰς τὰ στόματα Ap 6 2 „ἵππος λευκός" 4 „ἵππος πυρρός" 5 „μέλας" 8 χλωρὸς 97 „ὅμοια ἵπποις" ἡτοιμασμένοις „εἰς πόλεμον" 9.17.19 14 20 1813 1911 ἰδοὺ ἵππ. λευκός 14 ἐφ' ἵπποις λευκοῖς 18.19 ποιῆσαι τὸν πόλεμον μετὰ τοῦ καθημένου ἐπὶ τοῦ ἵππου 21

Ἶρις iris Ap 43 Ἶρις κυκλόθεν τοῦ θρόνου" 101 ἄγγελον –, καὶ ἡ ἶ. ἐπὶ τῆς κεφαλῆς

Ἰσαάκ Mat 12 ‖ Luc 334 – Act 78 Mat 811 μετὰ Ἀβρ. καὶ Ἰσ. καὶ Ἰακ. ‖ Luc 1328

Mat 22 32 καὶ ὁ θεὸς Ἰσαάκ" ‖ Mar 12 26 Luc
20 37 Act 3 13 7 32
Rm 9 7 „ἐν Ἰσαὰκ κληθήσεταί σοι σπέρμα"
Hb 11 18 – Rm 9 10 καὶ Ῥεβέκκα ἐξ
ἑνός –, Ἰσαὰκ τοῦ πατρὸς ἡμῶν
Gal 4 28 κατὰ Ἰσαὰκ ἐπαγγελίας τέκνα ἐστέ
Hb 11 9.17 πίστει „προσενήνοχεν Ἀβρ. τ. Ἰσ."
– 20 πίστει – εὐλόγησεν Ἰσαὰκ τὸν Ἰακώβ
Jac 2 21 „ἀνενέγκας Ἰσαὰκ τὸν υἱὸν αὐτοῦ"

ἰσάγγελος S⁰ – aequalis angelis
Luc 20 36 οὐδὲ – ἀποθανεῖν ἔτι δύνανται, ἰσ-
άγγελοι γάρ εἰσιν, καὶ υἱοί – θεοῦ

Ἰσκαριώθ, ..ώτης –→ Ἰούδας 4) et 3)

ἴσος et ἴσα (adv.) aequalis ᵇconveniens
ᶜpar, paris ᵈidem, eadem
Mat 20 12 ἴσους ᶜ ἡμῖν αὐτοὺς ἐποίησας τοῖς
Mar 14 56 ἴσαι ᵇ αἱ μαρτυρίαι οὐκ ἦσαν 59 ᵇ
Luc 6 34 δανίζουσιν ἵνα ἀπολάβωσιν τὰ ἴσα
Joh 5 18 ἴσον ἑαυτὸν ποιῶν τῷ θεῷ
Act 11 17 εἰ – τὴν ἴσην ᵈ δωρεὰν ἔδωκεν αὐτοῖς
ὁ θεὸς ὡς καὶ ἡμῖν, πιστεύσασιν
Phl 2 6 οὐχ ἁρπαγμὸν ἡγήσατο τὸ εἶναι ἴσα
(esse se aequalem) θεῷ
Ap 21 16 τὸ πλάτος καὶ τὸ ὕψος αὐτῆς ἴσα

ἰσότης aequalitas ᵇquod aequum est
2 Co 8 13 ἀλλ᾽ ἐξ ἰ.τος 14 ὅπως γένηται ἰσότης
Col 4 1 τὴν ἰσότητα ᵇ τοῖς δούλοις παρέχεσθε

ἰσότιμος S⁰ – coaequalis
2 Pe 1 1 τοῖς ἰσότιμον ἡμῖν λαχοῦσιν πίστιν

ἰσόψυχος unanimis Phl 2 20 οὐδένα γὰρ ἔχω
ἰσόψυχον, ὅστις γνησίως τὰ περὶ ὑ-
μῶν μεριμνήσει

Ἰσραήλ
Mat 2 6 „ποιμανεῖ τὸν λαόν μου τὸν Ἰσραήλ"
– 20 πορεύου εἰς γῆν Ἰσραήλ 21
8 10 παρ᾽ οὐδενὶ τοσαύτην πίστιν ἐν τῷ Ἰ.
εὗρον (vl οὐδὲ ἐν τῷ Ἰ. vg) ‖ Luc
7 9 οὐδὲ ἐν τῷ Ἰ. τοσ. πίστιν εὗρον
9 33 οὐδέποτε ἐφάνη οὕτως ἐν τῷ Ἰσραήλ
10 6 πορεύεσθε – μᾶλλον πρὸς τὰ πρό-
βατα τὰ ἀπολωλότα οἴκου Ἰ. 15 24
οὐκ ἀπεστάλην εἰ μὴ εἰς τὰ πρόβ.
– 23 οὐ μὴ τελέσητε τὰς πόλεις τοῦ Ἰ.
15 31 ἐδόξασαν τὸν θεὸν Ἰ. Luc 1 68 „κύ-
ριος ὁ θ. τοῦ Ἰ." Act 13 17 λαοῦ – Ἰ.

Mat 19 28 κρίνοντες τὰς δώδεκα φυλὰς τοῦ Ἰ.
‖ Luc 22 30 – →· Ap 7 4 21 12
27 9 „ὃν ἐτιμήσαντο ἀπὸ υἱῶν Ἰσραήλ"
– 42 βασιλεὺς Ἰσρ. ἐστιν ‖ Mar 15 32 – Joh
1 49 σὺ βασ. εἶ τοῦ Ἰ. 12 13 ὁ β. τοῦ Ἰ.
Mar 12 29 „ἄκουε, Ἰσρ., κύριος ὁ θεὸς ἡμῶν"
Luc 1 16 πολλοὺς τῶν υἱῶν Ἰ. ἐπιστρέψει ἐπὶ
– τὸν θεὸν αὐτῶν 2 34 εἰς πτῶσιν καὶ
ἀνάστασιν πολλῶν ἐν τῷ Ἰσραήλ
– 54 „ἀντελάβετο Ἰσραὴλ παιδὸς αὐτοῦ"
– 80 ἕως – ἀναδείξεως αὐτοῦ πρὸς τὸν Ἰ.
2 25 προσδεχόμενος παράκλησιν τοῦ Ἰσρ.
– 32 φῶς εἰς ἀποκάλυψιν ἐθνῶν καὶ δό-
ξαν λαοῦ σου Ἰσραήλ
4 25 πολλαὶ χῆραι 27 π. λεπροὶ – ἐν τῷ Ἰ.
24 21 ἐστὶν ὁ μέλλων λυτροῦσθαι τὸν Ἰσρ.
Joh 1 31 ἀλλ᾽ ἵνα φανερωθῇ τῷ Ἰσραήλ
3 10 σὺ εἶ ὁ διδάσκαλος τοῦ Ἰσρ. καὶ –;
Act 1 6 εἰ – ἀποκαθιστάνεις τὴν βασ. τῷ Ἰ.;
2 36 γινωσκέτω πᾶς οἶκος Ἰσρ. 4 10 γνω-
στὸν ἔστω – παντὶ τῷ λαῷ Ἰσραήλ
4 27 σὺν „ἔθνεσιν καὶ λαοῖς" (vl λαὸς) Ἰ.
5 21 πᾶσαν τὴν γερουσίαν τῶν υἱῶν Ἰσρ.
– 31 [τοῦ] δοῦναι μετάνοιαν τῷ Ἰσραήλ
7 23 „τοὺς ἀδελφοὺς αὐτοῦ τ. υἱοὺς Ἰ."
– 37 Μωϋσῆς ὁ εἴπας τοῖς υἱοῖς Ἰσραήλ·
– 42 „μὴ – θυσίας προσηνέγκατέ μοι – ἐν
τῇ ἐρήμῳ, οἶκος Ἰσραήλ;"
9 15 ἐνώπιον – βασιλέων υἱῶν τε Ἰσραήλ
10 36 „λόγον" [ὃν] „ἀπέστειλεν – υἱοῖς Ἰ."
13 23 ἤγαγεν τῷ Ἰσραὴλ σωτῆρα Ἰησοῦν
– 24 βάπτισμα μετανοίας – τῷ λαῷ Ἰσρ.
28 20 εἵνεκεν γὰρ τῆς ἐλπίδος τοῦ Ἰσραήλ
Rm 9 6 οὐ γὰρ πάντες οἱ ἐξ Ἰσραήλ, οὗτοι
Ἰσραήλ (vl Ἰσραηλῖται vg)
– 27 Ἠσ. – κράζει ὑπὲρ τοῦ Ἰ.· „ἐὰν ᾖ ὁ
ἀριθμὸς τῶν υἱῶν Ἰσρ. ὡς" – 10 21
– 31 Ἰ. δὲ διώκων νόμον δικαιοσύνης εἰς
νόμον οὐκ ἔφθασεν
10 19 ἀλλὰ λέγω, μὴ Ἰσραὴλ οὐκ ἔγνω;
11 2 ὡς ἐντυγχάνει τῷ θεῷ κατὰ τοῦ Ἰσρ.
– 7 ὃ ἐπιζητεῖ Ἰσρ., τοῦτο οὐκ ἐπέτυχεν
– 25 πώρωσις ἀπὸ μέρους τῷ Ἰ. γέγονεν
– 26 καὶ οὕτως πᾶς Ἰσραὴλ σωθήσεται
1 Co 10 18 βλέπετε τὸν Ἰσραὴλ κατὰ σάρκα
2 Co 3 7 μὴ δύνασθαι ἀτενίσαι τοὺς υἱ. Ἰ. 13
Gal 6 16 „εἰρήνη" ἐπ᾽ αὐτοὺς καὶ ἔλεος, καὶ
ἐπὶ τὸν Ἰσραὴλ" τοῦ θεοῦ
Eph 2 12 ἦτε τῷ καιρῷ ἐκείνῳ χωρὶς Χοῦ, ἀπ-
ηλλοτριωμένοι τῆς πολιτείας τοῦ Ἰσρ.
Phl 3 5 ἐκ γένους Ἰσραήλ, φυλῆς Βενιαμίν
Hb 8 8 „συντελέσω ἐπὶ τὸν οἶκον Ἰ. – δια-

θήκην καινήν" 10 „τῷ οἴκῳ Ἰσραήλ"
Hb 1122 περὶ τῆς ἐξόδου τῶν υἱῶν Ἰσραήλ
Ap 214 βαλεῖν σκάνδαλον ἐνώπιον τῶν υἱ. Ἰ.
7 4 ἐκ πάσης φυλῆς υἱῶν Ἰσραήλ
2112 „[τὰ ὀνόματα] τῶν – φυλῶν υἱῶν Ἰ."

Ἰσραηλίτης Israelita
Joh 147 ἴδε ἀληθῶς Ἰ., ἐν ᾧ δόλος οὐκ ἔστιν
Act 222 ἄνδρες Ἰ..αι, ἀκούσατε 312 535 1316
καὶ οἱ φοβούμενοι τὸν θεόν 2128
Rm 9 4 οἵτινές εἰσιν Ἰ..αι, ὧν ἡ υἱοθεσία
(– 6 vl vg) 111 καὶ γὰρ ἐγὼ Ἰ. εἰμί
2 Co 1122 Ἑβραῖοί εἰσιν; κἀγώ. Ἰ..αί εἰσιν; κἀγώ

Ἰσσαχάρ Ap 77 ἐκ φυλῆς Ἰ. δώδεκα χιλιάδες

ἱστάναι, ἱστάνειν

1) ἱστάνω, στήσω, ἔστησα (transitive)
   statuere ᵇconstituere

Mat 4 5 ἔστησεν (vl ἵστησιν) αὐτὸν ἐπὶ τὸ πτε-
ρύγιον τοῦ ἱεροῦ ‖ Luc 49 ἔστησεν
18 2 ἔστησεν αὐτὸ ἐν μέσῳ αὐτῶν ‖ Mar
936 Luc947 παρ' ἑαυτῷ – [[Joh83
στήσαντες αὐτὴν ἐν μέσῳ]] Act47
2533 στήσει τὰ μὲν πρόβατα ἐκ δεξιῶν
2615 „ἔστησαν" ᵇ αὐτῷ „τριάκ. ἀργύρια"
Mar 7 9 ἵνα τὴν παράδοσιν ὑμῶν στήσητε
Act 123 ἔστησαν δύο, „Ἰωσὴφ – καὶ Μαθθίαν
527 αὐτοὺς ἔστησαν ἐν τῷ συνεδρίῳ
6 6 οὓς ἔστησαν ἐνώπ. τῶν ἀποστόλων
– 13 ἔστησάν τε μάρτυρας ψευδεῖς
760 μὴ στήσῃς αὐτοῖς – τὴν ἁμαρτίαν
1731 ἔστησεν ἡμέραν ἐν ᾗ μέλλει κρίνειν
2230 τὸν Παῦλον ἔστησεν εἰς αὐτούς
Rm 331 μὴ γένοιτο, ἀλλὰ νόμον ἱστάνομεν
10 3 τ. ἰδίαν [δικαιοσύνην] ζητοῦντες στῆ-
14 4 δυνατεῖ – ὁ κύριος στῆσαι αὐτόν [σαι
Hb 10 9 ἀναιρεῖ τὸ πρῶτον ἵνα τὸ δεύτερον
(vg sequens) στήσῃ
Jud 24 τῷ δὲ δυναμένῳ – ὑμᾶς – στῆσαιᵇ κατ-
ενώπιον τῆς δόξης αὐτοῦ ἀμώμους

2) ἔστηκα (ἑστηκώς et ἑστώς, ἑστηκέναι
   et ἑστάναι), εἱστήκειν, ἔστην (intran-
   sitive) stare ᵇassistere ᶜpraesto esse
   ᵈstatuere → στήκειν
   *selecti loci ex Evang. et Act.

Mat 6 5 ἑστῶτες προσεύχεσθαι cfr Luc 1811
1246 εἱστήκεισαν ἔξω 47 [ἑστήκασιν] ‖ Luc
820 ἑστήκασιν ἔξω ἰδεῖν θέλοντές σε
1628 εἰσίν τινες τῶν ὧδε ἑστώτων οἵτινες

οὐ μὴ γεύσ. θαν. ‖ Mar 91 Luc 927
Mat 20 3 ἄλλους ἑστῶτας ἐν τῇ ἀγορᾷ ἀργούς
6 εὗρεν ἄλλους ἑστῶτας – ˙ τί ὧδε
ἑστήκατε – ἀργοί;
2415 „βδέλυγμα" – ἑστός „ἐν τόπῳ ἁγίῳ"
‖ Mar 1314 ἑστηκότα ὅπου οὐ δεῖ
Mar 324.25 οὐ δυνήσεται ἡ οἰκία – σταθῆναι
(vl στῆναι) 26 οὐ δύναται στῆναι
(sc ὁ σατ.) ἀλλὰ τέλος ἔχει
Luc 111 ἄγγελος – ἑστὼς ἐκ δεξιῶν τοῦ θυ-
σιαστηρίου Act 755 Ἰησοῦν ἑστῶτα
ἐκ δεξ. τοῦ θεοῦ 56 τὸν υἱ. τοῦ ἀνθρ.
6 8 ἀναστὰς ἔστη Act 38
1325 ἄρξησθε ἔξω ἑστάναι καὶ κρούειν
Joh 1 26 – (8 44 vl ἐν τῇ ἀληθείᾳ οὐχ ἔστηκεν)
Act 838 ἐκέλευσεν στῆναι τὸ ἅρμα
2510 ἐπὶ τοῦ βήματος Καίσαρος ἑστώς
εἰμι 266 ἕστηκα κρινόμενος
2622 ἕστηκα μαρτυρόμενος μικρῷ τε καί
Rm 5 2 εἰς ἣν χάριν – ἐν ᾗ ἑστήκαμεν
1120 σὺ δὲ τῇ πίστει ἕστηκας
1 Co 737 ὃς δὲ ἕστηκενᵈ ἐν τῇ καρδίᾳ αὐτοῦ
ἑδραῖος 1012 ὁ δοκῶν ἑστάναι
15 1 τὸ εὐαγγέλιον –, ἐν ᾧ καὶ ἑστήκατε
2 Co 124 τῇ γὰρ πίστει ἑστήκατε
Eph 611 στῆναι πρὸς τὰς μεθοδείας τοῦ δια-
βόλου 13 ἵνα δυνηθῆτε – ἅπαντα κατ-
εργασάμενοι στῆναι 14 στῆτε οὖν
„περιζωσάμενοι – ἐν ἀληθείᾳ"
(Col 412 vl ἵνα στῆτε τέλειοι → 3)
2 Ti 219 ὁ – θεμέλιος τοῦ θεοῦ ἕστηκεν
Hb 1011 ἱερεὺς ἕστηκενᶜ καθ' ἡμέραν λειτουρ.
Jac 2 3 σὺ στῆθι ἐκεῖ ἢ κάθου ὑπὸ τὸ ὑπ.
5 9 ὁ κριτὴς πρὸ τῶν θυρῶν ἕστηκενᵇ
1 Pe 512 ταύτην εἶναι ἀληθῆ χάριν τοῦ θεοῦ,
εἰς ἣν στῆτε (vl ἑστήκατε vg statis
vl state)
Ap 320 ἕστηκα ἐπὶ τὴν θύραν καὶ κρούω
5 6 εἶδον ἐν μέσῳ τοῦ θρόνου – ἀρνίον
ἑστηκός (vl ..κώς) 141 ἰδοὺ τὸ ἀρ-
νίον ἑστὸς ἐπὶ τὸ ὄρος Σιών
7 1 τέσσ. ἀγγέλους ἑστῶτας 105.8 1917
– 9 ἑστῶτες ἐνώπ. τοῦ θρόνου 11 82 οἳ
ἑνώπ. τοῦ θεοῦ ἑστήκασιν 114 2012
1111 „ἔστησαν ἐπὶ τοὺς πόδας αὐτῶν"
12 4 ὁ δράκων ἕστηκεν ἐνώπιον τῆς γυν.
15 2 ἑστῶτας ἐπὶ τὴν θάλασ. τὴν ὑαλίνην
1810 ἀπὸ μακρόθεν ἑστηκότες 17

3) στήσομαι (med.), – ἐστάθην, σταθήσο-
μαι (intrans.) stare
Mat 2 9 ἕως – ἐστάθη ἐπάνω οὗ ἦν τὸ παιδ.

Mat 1225 οἰκία μερισθεῖσα – οὐ σταθήσεται 26
πῶς – στ. ἡ βασ. αὐτοῦ (sc τοῦ σατ.);
‖ Mar 324 Luc 1118 → 2) Mar 324s
1816 ἵνα „ἐπὶ στόματος δύο μαρτύρων ἢ
τριῶν σταθῇ πᾶν ῥῆμα" 2 Co 131
2711 ἐστάθη (vl ἔστη) ἔμπρ. τ. ἡγεμόνος
Mar 13 9 ἐπὶ – βασιλέων σταθήσεσθε ἕνεκεν
Luc 1811 ὁ Φαρ. σταθείς (cfr 13 ὁ δὲ τελώνης
μακρόθεν ἑστώς) 40 198
2136 ἵνα κατισχύσητε – σταθῆναι ἔμπρο-
σθεν τοῦ υἱοῦ τοῦ ἀνθρώπου
2417 τίνες οἱ λόγοι – οὓς ἀντιβάλλετε –
περιπατοῦντες; καὶ ἐστάθησαν σκυ-
θρωποί. (vl τίνες – περιπατοῦντες καί
ἐστε σκ.; vg et estis tristes)
Act 214 σταθεὶς 520 1113 1722 2518 2721
Rm 14 4 τῷ ἰδίῳ κυρίῳ στήκει ἢ πίπτει· στα-
θήσεται δέ, δυνατεῖ γάρ → 1)
Col 412 ἵνα σταθῆτε (vl στῆτε) τέλειοι
Ap 617 „καὶ τίς δύναται σταθῆναι;"
8 3 1218 1815 ἀπὸ μακρόθεν στήσονται

ἱστορεῖν videre Gal 118 ἱστορῆσαι Κηφᾶν

ἰσχύειν posse bvalere c(ἰσχύων) sanus
dinvalescere econfirmari
Mat 513 εἰς οὐδὲν ἰσχύειb ἔτι εἰ μὴ βληθέν
828 ὥστε μὴ ἰσχύειν τινὰ παρελθεῖν
912 οὐ χρείαν ἔχουσιν οἱ ἰσχύοντεςb ἰα-
τροῦ ‖ Mar 217c
2640 οὕτως οὐκ ἰσχύσατε – γρηγορῆσαι –;
‖ Mar 1437 καθεύδεις; οὐκ ἴ..σας –;
Mar 5 4 καὶ οὐδεὶς ἴσχυεν αὐτὸν δαμάσαι
918 οὐκ ἴσχυσαν (sc ἐκβαλεῖν οἱ μαθ.)
Luc 648 οὐκ ἴσχυσεν σαλεῦσαι αὐτήν
843 ἥτις – οὐκ ἴσχυσεν – θεραπευθῆναι
1324 καὶ οὐκ ἰσχύσουσιν (sc εἰσελθεῖν)
14 6 οὐκ ἴ..σαν ἀνταποκριθῆναι 29 μὴ ἴ..
οντος ἐκτελέσαι 30 οὐκ ἴσχυσεν
16 3 σκάπτειν οὐκ ἰσχύωb – Joh 216b
2026 οὐκ ἴ..σαν ἐπιλαβέσθαι αὐτοῦ ῥήμ.
Act 610 οὐκ ἴσχυον ἀντιστῆναι τῇ σοφίᾳ
1510 ζυγὸν –, ὃν – οὔτε ἡμεῖς ἰσχύσαμεν
βαστάσαι; 1916 ἰσχύσενd κατ' αὐτῶν
257 οὐκ ἴσχυον ἀποδεῖξαι 2716
1920 ὁ λόγος ηὔξανεν καὶ ἴσχυενe
Gal 5 6 ἐν – Χῷ – οὔτε περιτομή τι ἰσχύειb
Phl 413 πάντα ἰσχύω ἐν τῷ ἐνδυναμοῦντί με
Hb 917 μήποτε ἰσχύειb ὅτε ζῇ ὁ διαθέμενος
Jac 516 πολὺ ἰσχύειb δέησις δικαίου ἐνεργου.
Ap 12 8 ὁ δράκων ἐπολέμησεν καὶ οἱ ἄγγελοι
–, καὶ οὐκ ἴσχυσεν (vl ..σαν vg)b

ἰσχυρός fortis bmagnus cvalidus
Mat 311 ἰσχυρότερός μού ἐστιν ‖ Mar 17 ἔρ-
χεται ὁ ἰσχυρότερός μου Luc 316
1229 εἰσελθεῖν εἰς τὴν οἰκίαν τοῦ ἰσχυροῦ
–, ἐὰν μὴ – δήσῃ τὸν ἰσχυρόν ‖ Mar
327 Luc 1121 ὅταν ὁ ἰσχ. – φυλάσσῃ
22 ἐπὰν δὲ ἰ..ότερος αὐτοῦ – νικήσῃ
1430 βλέπων – τὸν ἄνεμον [ἰσχυρόν]
Luc 1514 ἐγένετο λιμὸς ἰ..ἀᶜ κατὰ τὴν χώραν
1 Co 125 τὸ ἀσθενὲς τοῦ θεοῦ ἰ..ότερον τῶν
ἀνθρώπων 27 ἵνα καταισχύνῃ τὰ ἰσ.
410 ἡμεῖς ἀσθενεῖς, ὑμεῖς δὲ ἰσχυροί
1022 μὴ ἰσχυρότεροι αὐτοῦ ἐσμεν;
2 Co 1010 αἱ ἐπιστολαὶ – βαρεῖαι καὶ ἰσχυραί
Hb 5 7 μετὰ κραυγῆς ἰ..ᾶςᶜ καὶ δακρύων
618 ἵνα – ἰσχυρὰν παράκλησιν (fortissi-
mum solatium) ἔχωμεν
1134 ἐγενήθησαν ἰσχυροὶ ἐν πολέμῳ
1 Jo 214 ὑμῖν, νεανίσκοι, ὅτι ἰσχυροί ἐστε
Ap 5 2 εἶδον ἄγγελον ἰσχυρὸν 101 1821
615 οἱ πλούσιοι καὶ οἱ ἰσ. 1918 „ἰσχυρῶν"
18 2 ἔκραξεν ἐν ἰσχυρᾷ φωνῇ
– 8 ἰσχυρὸς κύριος ὁ θεὸς ὁ κρίνας
αὐτήν
– 10 οὐαὶ – „Βαβυλὼν ἡ πόλις ἡ ἰσχυρά"
19 6 ἤκουσα – ὡς φωνὴν βροντῶν ἰ..ῶνb

ἰσχύς virtus bvires cfortitudo
Mar 1230 „ἐξ ὅλης τῆς ἰσχύος σου" 33 ἰσχύοςᶜ
‖ Luc 1027 „ἐν ὅλῃ τῇ ἰσχύϊb σου"
Eph 119 κατὰ τὴν ἐνέργειαν τοῦ κράτους τῆς
ἰσ. αὐτοῦ 610 ἐν τῷ κράτει τῆς ἰσχ.
2 Th 1 9 „ἀπὸ τῆς δόξης τῆς ἰσχύος αὐτοῦ"
1 Pe 411 εἴ τις διακονεῖ, ὡς ἐξ ἰσχύος ἧς χο-
ρηγεῖ ὁ θεός
2 Pe 211 ὅπου ἄγγελοι ἰσχύϊᶜ – μείζονες
Ap 512 ἄξιόν ἐστιν – λαβεῖν – ἰσχύνᶜ
712 ἀμήν, – ἡ ἰσχὺςᶜ τῷ θεῷ ἡμῶν

ἴσως forsitan
Luc 2013 ἴσως τοῦτον ἐντραπήσονται

Ἰταλία Act 182 271.6 Hb 1324 οἱ ἀπὸ τῆς Ἰ.

Ἰταλική Act 101 ἐκ σπείρης τῆς καλ. Ἰ..ῆς

Ἰτουραία Luc 31 τῆς Ἰτουραίας – χώρας

ἰχθύδιον Sᵒ – pisciculus Mat 1534 ‖ Mar 87

ἰχθύς piscis → ὀψάριον
Mat 710 ἢ καὶ ἰχθὺν αἰτήσει ‖ Luc 1111 τίνα
– αἰτήσει ὁ υἱὸς ἰχθύν, καὶ ἀντὶ ἰχθύ-
ος ὄφιν αὐτῷ ἐπιδώσει;

Mat 14 17 καὶ δύο ἰχθύας 19 15 36 τοὺς ἰχθύας
‖ Mar 6 38. 41. 43 Luc 9 13. 16
17 27 τὸν ἀναβάντα πρῶτον ἰχθὺν ἆρον
Luc 5 6 πλῆθος ἰχθύων πολύ 9 Joh 21 6. 8. 11
ἰ..ων μεγάλων ἑκατὸν πεντήκ. τριῶν
24 42 ἐπέδωκαν αὐτῷ ἰχθύος ὀπτοῦ μέρος
1 Co 15 39 ἄλλη δὲ (sc σάρξ) ἰχθύων

ἴχνη, τά vestigia
Rm 4 12 τοῖς στοιχοῦσιν τοῖς ἴχνεσιν τῆς ἐν
ἀκροβυστίᾳ πίστεως
2 Co 12 18 οὐ τοῖς αὐτοῖς ἴχν.; (sc περιεπατήσ.)
1 Pe 2 21 ἵνα ἐπακολουθήσητε τοῖς ἴχν. αὐτοῦ

Ἰωαθάμ Mat 1 9   Ἰωανάν Luc 3 27

Ἰωάννα Luc 8 3 γυνὴ Χουζᾶ 24 10

Ἰωάννης 1) ὁ βαπτιστής
Mat 3 1 παραγίνεται Ἰ. ὁ βαπτιστής 4 ‖ Mar
1 4 [ὁ] βαπτίζων 6 Luc 3 2 ἐγένετο ῥῆ-
μα θεοῦ ἐπὶ Ἰ..ην τὸν Ζαχαρίου υἱόν
– 13 ὁ Ἰησοῦς – πρὸς τὸν Ἰ. τοῦ βαπτισθῆ-
ναι 14 Mar 1 9 ἐβαπτ. – ὑπὸ Ἰ..ου
4 12 ὅτι Ἰ. παρεδόθη ‖ Mr 1 14 μετὰ – τὸ π.
9 14 οἱ μαθηταὶ Ἰωάννου ‖ Mar 2 18 ἦσαν
οἱ μαθηταὶ Ἰ. – νηστεύοντες. – διὰ τί
οἱ μαθ. Ἰ. – νηστεύουσιν, –; Luc 5 33
11 2 ὁ δὲ Ἰ. ἀκούσας ἐν τῷ δεσμωτηρίῳ 4
ἀπαγγείλατε Ἰ..ῃ ‖ Luc 7 18. 20. 22
– 7 ἤρξατο ὁ Ἰησοῦς λέγειν – περὶ Ἰ..ου
11 οὐκ ἐγήγερται – μείζων Ἰ..ου τοῦ
βαπτ. 12 ἀπὸ δὲ τῶν ἡμερῶν Ἰ..ου
τοῦ βαπτ. 13 ἕως Ἰ..ου ἐπροφήτευ-
σαν 18 ἦλθεν – Ἰ. μήτε ἐσθίων μήτε
πίνων ‖ Luc 7 24. 28. 29 οἱ τελῶναι –,
βαπτισθέντες τὸ βάπτισμα Ἰωάννου
33 Ἰ. ὁ βαπτιστὴς μὴ ἐσθίων 16 16 ὁ
νόμος καὶ οἱ προφῆται μέχρι Ἰ..ου
14 2 Ἰ. ὁ βαπτ.· αὐτὸς ἠγέρθη 3 κρατή-
σας τὸν Ἰ. ἔδησεν [αὐτὸν] 4.8 τ. κεφαλὴν
Ἰ..ου τ. βαπτιστοῦ 10 ἀπεκεφάλισεν
[τὸν] Ἰ. ‖ Mar 6 14 Ἰ. ὁ βαπτίζων ἐγή-
γερται 16 ὃν ἐγὼ ἀπεκεφάλισα Ἰωάν-
νην 17. 18. 20 ἐφοβεῖτο τὸν Ἰωάννην
24. 25 Luc 9 7 διηπόρει διὰ τὸ λέ-
γεσθαι – ὅτι Ἰωάννης ἠγέρθη 9
16 14 οἱ μὲν Ἰωάννην τὸν βαπτ. ‖ Mar 8 28
Luc 9 19 – Mat 17 13 συνῆκαν – ὅτι
περὶ Ἰ..ου τοῦ βαπτ. εἶπεν αὐτοῖς
21 25 τὸ βάπτισμα τὸ Ἰωάννου πόθεν ἦν;
26 ὡς προφήτην ἔχουσιν τὸν Ἰ..ην ‖
Mar 11 30. 32 Luc 20 4. 6

Mat 21 32 ἦλθεν γὰρ Ἰωάννης πρὸς ὑμᾶς ἐν
ὁδῷ δικαιοσύνης cfr Luc 7 29
Luc 1 13 καλέσεις τὸ ὄνομα αὐτοῦ Ἰ..ην 60. 63
3 15 διαλογιζομένων – περὶ τοῦ Ἰ., μήποτε
αὐτὸς εἴη ὁ χριστός 16 Joh 1 19 αὕτη
ἐστὶν ἡ μαρτυρία τοῦ Ἰωάννου 26
– 20 [καὶ] κατέκλεισεν τὸν Ἰ..ην ἐν φυλακῇ
11 1 καθὼς καὶ Ἰ. ἐδίδαξεν τοὺς μαθητάς
Joh 1 6 ἐγένετο ἄνθρωπος, ἀπεσταλμένος πα-
ρὰ θεοῦ, ὄνομα αὐτῷ Ἰωάννης
– 15 Ἰωάννης μαρτυρεῖ 19. 26. 32. 35. 40
– 28 ὅπου ἦν ὁ Ἰωάννης βαπτίζων 10 40
3 23 ἦν δὲ κ. ὁ Ἰ. βαπτίζων ἐν Αἰνών 24. 25
ζήτησις ἐκ τῶν μαθητῶν Ἰωάννου με-
τὰ Ἰουδαίου 26. 27 ἀπεκρίθη Ἰωάννης
4 1 πλείονας – βαπτίζει ἢ Ἰωάννης
5 33 ἀπεστάλκατε πρὸς Ἰ..ην 36 ἐγὼ – ἔχω
τὴν μαρτυρίαν μείζω τοῦ Ἰωάννου
10 41 Ἰ. μὲν σημεῖον ἐποίησεν οὐδέν, – ὅσα
εἶπεν Ἰωάννης περὶ τούτου ἀληθῆ ἦν
Act 1 5 Ἰωάννης μὲν ἐβάπτισεν ὕδατι 11 16
– 22 ἀρξάμενος ἀπὸ τοῦ βαπτίσματος Ἰ.,
ου 10 37 13 24 προκηρύξαντος Ἰωάν-
νου – βάπτισμα μετανοίας 25 ὡς δὲ
ἐπλήρου Ἰωάννης τὸν δρόμον
18 25 ἐπιστάμενος μόνον τὸ βάπτ. Ἰ..ου
19 3 εἰς τὸ Ἰωάννου βάπτισμα 4

2) Zebedaei filius (eundem dicere vide-
tur apocalypsis)
Mat 4 21 ‖ Mar 1 19 – Mat 10 2 ‖ Mar 3 17 Luc
6 14 Act 1 13 – Mat 17 1 παραλαμβά-
νει – τὸν Πέτρον καὶ Ἰάκωβον καὶ Ἰ.
ην ‖ Mar 9 2 Luc 9 28 – Mar 14 33
Mar 1 29 μετὰ Ἰακ. καὶ Ἰ..ου 5 37 Πέτρον καὶ
Ἰάκωβον καὶ Ἰωάννην ‖ Luc 8 51
9 38 ἔφη αὐτῷ ὁ Ἰωάννης ‖ Luc 9 49
10 35 προσπορεύονται αὐτῷ Ἰάκ. καὶ Ἰ..ης
41 ἤρξαντο ἀγανακτεῖν περὶ Ἰακ. καὶ
Ἰωάννου – 13 3 ἐπηρώτα αὐτὸν κατ'
ἰδίαν Πέτ. καὶ Ἰάκ. καὶ Ἰ. καὶ Ἀνδ.
Luc 5 10 Ἰάκ. καὶ Ἰ..ην 9 54 22 8 Πέτ. καὶ Ἰ..ην
Act 3 1 Πέτρος – καὶ Ἰωάννης 3. 4. 11 4 13. 19
8 14 ἀπέστειλαν – Πέτρον καὶ Ἰωάννην
12 2 Ἰάκωβον τὸν ἀδελφὸν Ἰωάννου
Gal 2 9 Ἰάκωβος καὶ Κηφᾶς καὶ Ἰωάννης,
οἱ δοκοῦντες στῦλοι εἶναι
Ap 1 1 ἐσήμανεν – τῷ δούλῳ αὐτοῦ Ἰωάννῃ
4 Ἰωάννης ταῖς ἑπτὰ ἐκκλησίαις ταῖς
ἐν τῇ Ἀσίᾳ 9 ἐγὼ Ἰωάννης, ὁ ἀδελ-
φὸς ὑμῶν 22 8 κἀγὼ Ἰωάννης ὁ ἀκού-
ων καὶ βλέπων ταῦτα

3) pater Petri (→ Βαριωνά)

Joh 142 σὺ εἶ Σίμων ὁ υἱὸς Ἰωάννου (vl Ἰωνᾶ vg) 2115 Σίμων Ἰωάννου, ἀγαπᾷς με πλέον τούτων; 16 ἀγ. με; 17 φιλεῖς με;

4) Johannes Marcus

Act 1212.25 135.13 1537

5) vir quidam de genere sacerdotali

Act 4 6 Καϊαφᾶς καὶ Ἰωάννης

Ἰώβ   Jac 511 τὴν ὑπομονὴν Ἰ. ἠκούσατε

Ἰωβήδ   Mat 15 Luc 332 (vl Ὠβήδ vg)

Ἰωδά Luc 326   Ἰωήλ Act 216   Ἰωνάμ Luc 330

Ἰωνᾶς   Mat 1239 εἰ μὴ τὸ σημεῖον Ἰωνᾶ τοῦ προφήτου 40 „ἦν Ἰωνᾶς ἐν τῇ κοιλίᾳ τοῦ κήτους" 41 μετενόησαν εἰς τὸ κήρυγμα Ἰωνᾶ, καὶ – πλεῖον Ἰωνᾶ ὧδε ‖ Luc 11 29.30 ἐγένετο Ἰωνᾶς τοῖς Νινευίταις σημεῖον 32 εἰς τὸ κήρυγμα Ἰωνᾶ, καὶ – πλεῖον Ἰωνᾶ ὧδε – Mat 164 εἰ μὴ τὸ σημεῖον Ἰωνᾶ → Ἰωάννης 3)

Ἰωράμ   Mat 18   Ἰωρίμ Luc 329

Ἰωσαφάτ   Mat 18   Ἰωσίας Mat 110.11

Ἰωσῆς   1) Jesu frater

Mar 6 3 ἀδελφὸς Ἰακώβου καὶ Ἰωσῆτος (vl Ἰωσῆ et Ἰωσήφ vg) ‖ Mat 1355 οἱ ἀδελφοὶ αὐτοῦ Ἰάκ. καὶ Ἰωσήφ (vg, vl Ἰωσῆς)

2) Jacobi minoris frater

Mar 1540 Μαρία ἡ Ἰακώβου τοῦ μικροῦ καὶ Ἰωσῆτος (vl Ἰωσῆ, vg Ioseph) μήτηρ 47 Μαρία ἡ Ἰωσῆτος (vl Ἰωσῆ et Ἰωσήφ vg) ‖ Mat 2756 Ἰωσήφ (vl Ἰωσῆ vg Ioseph)

Ἰωσήφ   1) patriarchae Jacobi filius

Joh 4 5 ὃ ἔδωκεν Ἰακὼβ [τῷ] Ἰωσήφ Act 79 „ζηλώσαντες τὸν Ἰ." 13.14.18 „ὃς οὐκ ᾔδει τὸν Ἰ." Hb 1121.22 Ap 78 ἐκ φυλῆς Ἰωσ.

2) maiores Jesu Luc 324.30

3) maritus Mariae, matris Jesu

Mat 1 16 Ἰωσὴφ τὸν ἄνδρα Μαρίας 18 μνηστευθείσης – τῷ Ἰωσ. 19 Ἰ. δὲ ὁ ἀνὴρ αὐτῆς, δίκαιος ὤν 20 Ἰ. υἱὸς Δαυίδ 24 213 ἄγγελος – φαίνεται – τῷ Ἰωσ. 19 ἐν Αἰγύπτῳ

Luc 1 27 ἐμνηστευμένην ἀνδρὶ ᾧ ὄνομα Ἰωσ. 2 4 ἀνέβη – Ἰ. – εἰς πόλιν Δαυίδ 16 (33 vl) 323 ὢν υἱός, ὡς ἐνομίζετο, Ἰωσὴφ 422 οὐχὶ υἱός ἐστιν Ἰωσὴφ οὗτος;

Joh 145 Ἰησοῦν υἱὸν τοῦ Ἰωσὴφ 642 οὐχ οὗτός ἐστιν Ἰησοῦς ὁ υἱὸς Ἰωσήφ–;

4) Jesu frater → Ἰωσῆς 1)

5) Joseph ab Arimathaea

Mat 2757.59 ‖ Mar 1543.45 Luc 2350 Joh 1938

6) Joseph Barsabbas Act 123

7) Joseph Barnabas Act 436

Ἰωσήχ Luc 326 (vg Ioseph, vl Iosech)

ἰῶτα Sᵒ – iota Mat 518 ἰ. ἓν ἢ μία κεραία

K

(κάδος, ὁ vl Luc 166 vg cadus)

καθαιρεῖν deponere ᵇdestruere

Mar 1536 εἰ ἔρχεται Ἠλίας καθελεῖν αὐτόν – 46 καθελὼν αὐτόν (sc Ἰησ.) ‖ Luc 2353 – Act 1329 καθελόντες ἀπὸ τοῦ ξύλου

Luc 1 52 „καθεῖλεν δυνάστας" ἀπὸ θρόνων 1218 καθελῶᵇ μου τὰς ἀποθήκας

Act 1319 „καθελὼνᵇ ἔθνη ἑπτὰ ἐν γῇ Χαν." 1927 κ..εῖσθαιᵇ τῆς μεγαλειότητος αὐτῆς 2 Co10 4 λογισμοὺς καθαιροῦντεςᵇ

καθαίρειν purgare Joh 152 πᾶν τὸ καρπὸν φέρον, καθαίρει (purgabit) αὐτό

καθαίρεσις destructio 2 Co104 πρὸς κ..ιν ὀχυρωμάτων 8 ἐξουσίας –, ἧς ἔδωκεν – εἰς οἰκοδομὴν καὶ οὐκ εἰς καθαίρεσιν ὑμῶν 1310 καὶ οὐκ εἰς καθαίρεσιν

καθάπτειν Sᵒ – invadere Act 283 τ. χειρός

καθαρίζειν mundare ᵇemundare ᶜpurgare ᵈpurificare

Mat 8 2 δύνασαί με κ.ίσαι 3 κ.ίσθητι· καὶ – ἐκ..ίσθη – ἡ λέπρα ‖ Mar 140.41.42 ἐκ.. ίσθη Luc 512.13 καθαρίσθητι

10 8 λεπροὺς κ..ετε – 115 λεπροὶ κ..ονται ‖ Luc 722 – 427 οὐδεὶς αὐτῶν

ἐκ..ίσθη εἰ μὴ Ναιμάν – Luc 17 14 ἐν
τῷ ὑπάγειν – ἐκαθαρίσθησαν 17 οὐχ
οἱ δέκα ἐκ..ίσθησαν; οἱ – ἐννέα ποῦ;
Mat 23 25 ὅτι κ..ετε τὸ ἔξωθεν τοῦ ποτηρίου 26
κ..ισον πρῶτον τὸ ἐντός ‖ Luc 11 39
Mar 7 19 καθαρίζων[c] πάντα τὰ βρώματα
Act 10 15 ἃ ὁ θεὸς ἐκαθάρισεν[d], σὺ μὴ κοίνου
11 9
15 9 τῇ πίστει καθαρίσας[d] τὰς καρδίας αὐ-
τῶν
2 Co 7 1 κ..ίσωμεν ἑαυτοὺς ἀπὸ παντὸς μο-
λυσμοῦ σαρκὸς καὶ πνεύματος
Eph 5 26 καθαρίσας τῷ λουτρῷ τοῦ ὕδατος ἐν
Tit 2 14 ἵνα – „κ..ίσῃ ἑαυτῷ λαὸν περιούσ."
Hb 9 14 τὸ αἷμα τοῦ Χ. – καθαριεῖ[b] τὴν συν-
είδησιν ἡμῶν ἀπὸ νεκρῶν ἔργων
– 22 σχεδὸν ἐν αἵματι πάντα καθαρίζεται
– 23 ἀνάγκη – τὰ – ὑποδείγματα τῶν ἐν
τοῖς οὐρανοῖς τούτοις καθαρίζεσθαι
10 2 λατρεύοντας ἅπαξ κεκαθαρισμένους
Jac 4 8 καθαρίσατε[b] χεῖρας, ἁμαρτωλοί
1 Jo 1 7 τὸ αἷμα Ἰησοῦ – καθαρίζει[b] (vl[a]) ἡ-
μᾶς ἀπὸ πάσης ἁμαρτίας 9 πιστός ἐστιν
καὶ δίκαιος, ἵνα ἀφῇ ἡμῖν – καὶ καθαρί-
σῃ[b] ἡμᾶς ἀπὸ πάσης ἀδικίας

καθαρισμός emundatio [b]purgatio
[c]purificatio
Mar 1 44 προσένεγκε περὶ τοῦ κ. σου ‖ Luc 5 14
Luc 2 22 „ἐπλήσθησαν αἱ ἡμέραι τοῦ κ..οῦ[b]"
Joh 2 6 ὑδρίαι ἓξ κατὰ τὸν κ.[c] τῶν Ἰουδαίων
3 25 ζήτησις – μετὰ Ἰουδαίου περὶ κ..οῦ[c]
Hb 1 3 κ..ὸν[b] τῶν ἁμαρτιῶν ποιησάμενος
2 Pe 1 9 λήθην λαβὼν τοῦ καθαρισμοῦ[b] τῶν
πάλαι αὐτοῦ ἁμαρτιῶν

καθαρός mundus [b]purus [c]candidus
Mat 5 8 μακάριοι „οἱ καθαροὶ τῇ καρδίᾳ"
23 26 ἵνα γένηται καὶ τὸ ἐκτός – κ..όν ‖ Luc
11 41 ἰδοὺ πάντα καθαρὰ ὑμῖν ἐστιν
27 59 ἐνετύλιξεν – [ἐν] σινδόνι καθαρᾷ
Joh 13 10 ἀλλ' ἔστιν καθ. ὅλος· καὶ ὑμεῖς κ..οί
ἐστε 11 οὐχὶ πάντες καθαροί ἐστε
15 3 κ..οί ἐστε διὰ τὸν λόγον ὃν λελάληκα
Act 18 6 καθαρὸς – εἰς τὰ ἔθνη πορεύσομαι
20 26 κ..ός εἰμι ἀπὸ τοῦ αἵματος πάντων
Rm 14 20 πάντα μὲν καθαρά, ἀλλὰ κακὸν τῷ
– διὰ προσκόμματος ἐσθίοντι
1 Ti 1 5 ἀγάπη ἐκ κ..ᾶς[b] καρδίας καὶ συνει-
δήσεως ἀγαθῆς 2 Ti 2 22 ἐπικαλουμέ-
νων τὸν κύριον ἐκ κ..ᾶς[b] καρδίας
3 9 ἔχοντας τὸ μυστ. τῆς πίστ. ἐν κ..ᾷ[b]

συνειδήσει 2 Ti 1 3 ᾧ λατρεύω – ἐν[b]
Tit 1 15 πάντα καθαρὰ τοῖς καθ.· τοῖς δὲ με-
μιαμμένοις καὶ ἀπίστοις οὐδὲν κ..όν
Hb 10 22 λελουσμένοι τὸ σῶμα ὕδατι καθαρῷ
Jac 1 27 θρησκεία καθαρὰ καὶ ἀμίαντος
1 Pe 1 22 ἐκ [καθαρᾶς] καρδίας ἀλλήλους ἀγα-
πήσατε ἐκτενῶς
Ap 15 6 „ἐνδεδυμένοι λίνον" (vl λίθον vg)
κ..όν 19 8 βύσσινον – καθαρόν[c] 14
21 18 ἡ πόλις χρυσίον καθαρὸν ὅμοιον ὑ-
άλῳ καθαρῷ 21 χρυσίον καθαρόν

καθαρότης emundatio Hb 9 13 τῆς σαρκός

καθέδρα cathedra Mat 21 12 ‖ Mar 11 15
Mat 23 2 ἐπὶ τῆς Μωϋσέως καθέδρας ἐκάθισαν

καθέζεσθαι sedēre
Mat 26 55 ἐν τῷ ἱερῷ ἐκαθεζόμην διδάσκων
Luc 2 46 ἐν τῷ ἱερῷ καθεζόμενον ἐν μέσῳ τῶν
Joh 4 6 11 20 20 12 δύο ἀγγέλους – κ..ομένους
Act 6 15 οἱ κ..όμενοι ἐν τῷ συνεδρίῳ – 20 9

καθεξῆς S[o] – deinceps [b]ex ordine [c]ordinem
Luc 1 3 κ.[b] σοι γράψαι 8 1 Act 3 24 114[c] 18 23[b]

καθεύδειν dormire
Mat 8 24 αὐτὸς δὲ ἐκάθευδεν ‖ Mar 4 38 κ..ων
9 24 ἀλλὰ καθεύδει ‖ Mar 5 39 Luc 8 52
13 25 ἐν – τῷ καθ. τοὺς ἀνθρ. ἦλθεν – ὁ ἐχ.
25 5 ἐνύσταξαν πᾶσαι καὶ ἐκάθευδον
26 40 εὑρίσκει αὐτοὺς καθεύδοντας 43. 45
κ.ετε [το] 46 ‖ Mar 14 37 Σίμων,
κ..εις; 40.41 Luc 22 46 τί καθεύδετε;
Mar 4 27 ὡς ἄνθρωπος βάλῃ τὸν σπόρον ἐπὶ
τῆς γῆς, καὶ καθεύδῃ καὶ ἐγείρηται
13 36 μὴ ἐλθὼν – εὕρῃ ὑμᾶς καθεύδοντας
Eph 5 14 ἔγειρε, ὁ κ..ων, καὶ ἀνάστα ἐκ τ. νε.
1 Th 5 6 μὴ καθεύδωμεν ὡς οἱ λοιποί, ἀλλὰ
– 7 οἱ – καθεύδοντες νυκτὸς καθεύδουσιν
– 10 ἵνα εἴτε γρηγορῶμεν εἴτε καθεύδωμεν
ἅμα σὺν αὐτῷ ζήσωμεν

καθηγητής S[o] – magister Mat 23 (8 vl) 10 μη-
δὲ κληθῆτε καθηγηταί, ὅτι καθηγη-
τὴς ὑμῶν ἐστιν εἷς ὁ Χριστός

καθήκει S[o] – fas est [b]convenit
Act 22 22 Rm 1 28 ποιεῖν τὰ μὴ καθήκοντα[b]

καθημερινός quotidianus Act 6 1 διακονία

καθῆσθαι *sedēre* (→ καθίζειν)

Mat 4 16 „ὁ λαὸς ὁ καθήμενος ἐν σκότει –,
καὶ τοῖς καθ. ἐν χώρᾳ καὶ σκιᾷ θα-
νάτου" Luc 1 79 „ἐπιφᾶναι τοῖς – καθ."
9 9 ἐπὶ τὸ τελώνιον ‖ Mar 2 14 Luc 5 27
11 16 ἐν ταῖς ἀγοραῖς ‖ Luc 7 32
13 1 παρὰ τὴν θάλασσαν 2 ‖ Mar 4 1 ἐν
15 29 ἀναβὰς εἰς τὸ ὄρος ἐκάθητο ἐκεῖ
19 28 καθήσεσθε καὶ ὑμεῖς ἐπὶ δώδεκα
θρόνους κρίνοντες ‖ Luc 22 30
20 30 τυφλοὶ καθήμενοι παρὰ τὴν ὁδόν ‖
Mar 10 46 τυφλὸς προσαίτης Luc 18 35
cfr Joh 9 8 ὁ κ..μενος καὶ προσαιτῶν
Act 3 10 ὁ πρὸς τὴν ἐλεημοσύνην κ..
μενος 14 8 ἐκάθητο, χωλὸς ἐκ κοιλίας
22 44 „κάθου ἐκ δεξιῶν μου" ‖ Mar 12 36
Luc 20 42 – Act 2 34 Hb 1 13 – Mat
26 64 „καθήμενον ἐκ δεξιῶν τῆς δυνά-
μεως" ‖ Mar 14 62 Luc 22 69 → Col 3 1
23 22 ὀμνύει ἐν τῷ θρόνῳ τοῦ θεοῦ καὶ ἐν
τῷ καθημένῳ ἐπάνω αὐτοῦ
24 3 ἐπὶ τοῦ ὄρους τῶν ἐλαιῶν ‖ Mar 13 3
26 58.69 ἐν τῇ αὐλῇ ‖ Luc 22 55.56
27 19 ἐπὶ τοῦ βήματος cfr Act 23 3 σὺ κά-
θῃ κρίνων με κατὰ τὸν νόμον
– 36.61 28 2 ἄγγελος – ἐκάθητο Mar 16 5
Mar 2 6 ‖ Luc 5 17 ἦσαν καθήμενοι Φαρισαῖοι
3 32 ἐκάθητο περὶ αὐτὸν ὄχλος 34
5 15 ‖ Luc 8 35 καθήμ.–παρὰ τ. πόδας–Ἰησ.
Luc 10 13 ἐν σάκκῳ καὶ σποδῷ καθήμενοι
21 35 „ἐπὶ–τοὺς καθημέν. ἐπὶ–τῆς γῆς"
Ap 14 6 εὐαγγελίσαι ἐπὶ τοὺς –
Joh 2 14 τοὺς κερματιστὰς καθημένους
6 3 ἐκεῖ ἐκάθητο μετὰ τῶν μαθητῶν
12 15 „ὁ βασιλεύς σου", καθήμ. ἐπὶ πῶλον"
Act 2 2 – 8 28 καθήμενος ἐπὶ τοῦ ἅρματος
1 Co 14 30 ἐὰν δὲ ἄλλῳ ἀποκαλυφθῇ κ..μένῳ
Col 3 1 οὗ ὁ Χός ἐστιν „ἐν δεξιᾷ τοῦ θεοῦ
καθήμενος"
Jac 2 3 σὺ κάθου ὧδε καλῶς –· σὺ στῆθι ἐ-
κεῖ ἢ κάθου ὑπὸ τὸ ὑποπόδιόν μου
Ap 4 2 καὶ „ἐπὶ τὸν θρόνον καθήμενος" 3.9.
10 5 1.7.13 6 16 7 10.15 19 4 20 11 21 5
– 4 ἐπὶ τοὺς θρόνους – πρεσβυτέρους
καθημένους 11 16
6 2 „ἵππος λευκός", καὶ ὁ καθήμενος
ἐπ' αὐτόν 4.5.8 9 17 τοὺς καθημένους
ἐπ' αὐτῶν 19 11.18 ἐπ' αὐτῶν 19.21
14 14 ἐπὶ τὴν νεφέλην καθήμενον 15.16
17 1 τῆς πόρνης – τῆς καθημένης „ἐπὶ ὑ-
δάτων πολλῶν" 15 οὗ – κάθηται
– 3 γυναῖκα καθημ. ἐπὶ θηρίον κόκκινον

Ap 17 9 ἑπτὰ ὄρη –, ὅπου ἡ γυνὴ κάθηται
18 7 „λέγει ὅτι κάθημαι βασίλισσα"

καθιέναι *summittere* (*subm.*) [b]*dimittere*
Luc 5 19 διὰ τῶν κεράμων καθῆκαν αὐτόν
Act 9 25 καθῆκαν[b] αὐτόν (Saul.) – 10 11 11 5

καθίζειν *sedēre* [b]*considere* [c]*residere*
[d](trans.) *constituere*
Mat 5 1 13 48 – 26 36 κ..σατε αὐτοῦ ‖ Mar 14 32
19 28 ὅταν καθίζῃ ὁ υἱὸς τοῦ ἀνθρώπ. ἐπὶ
θρόνου δόξης αὐτοῦ, καθήσεσθε (vl
κ..ίσεσθε) καὶ ὑμεῖς 25 31 τότε κ..ίσει
20 21 εἰπὲ ἵνα καθίσωσιν – εἷς ἐκ δεξιῶν σου
καὶ εἷς ἐξ εὐωνύμων σου 23 ‖ Mar
10 37 δὸς ἡμῖν ἵνα – καθίσωμεν 40
23 2 ἐπὶ τῆς Μωϋσέως καθέδρας ἐκ..σαν
Mar 9 35 καθίσας[c] ἐφώνησεν τοὺς δώδεκα
11 2 7 ‖ Luc 19 30 ἐφ' ὃν οὐδεὶς – ἐκάθισεν
12 41 καθίσας κατέναντι τοῦ γαζοφυλακ.
[16 19 „ἐκάθισεν (vg *sedet* vl *sedit*) ἐκ δε-
ξιῶν τοῦ θεοῦ"] Eph 1 20 „καθί-
σας[d] ἐν δεξιᾷ αὐτοῦ" Hb 1 3 „ἐκάθι-
σεν (vg *sedet* vl *sedit*) ἐν δ. τῆς
μεγαλωσύνης 8 1 „ἐκάθ.[b] ἐν δ." τοῦ
θρόνου τῆς μεγ. 10 12 εἰς τὸ διηνεκὲς
„ἐκάθισεν ἐν δεξιᾷ τοῦ θεοῦ" 12 2
„ἐν δεξιᾷ" – τοῦ θρόνου τοῦ θεοῦ
„κεκάθικεν" (vg *sedit* vl *sedit*)
Luc 4 20 (in synagoga) 5 3 14 28.31 16 6
24 49 καθίσατε ἐν τῇ πόλει ἕως οὗ ἐνδύ.
Joh [8 2 καθίσας ἐδίδασκεν αὐτούς] – 12 14
19 13 ἐπὶ βήματος – Act 12 21 25 6.17
Act 2 3 ἐκάθισεν (vl ..σαν) ἐφ' ἕνα ἕκαστον
– 30 „καθίσαι ἐπὶ τ. θρόνον αὐτοῦ" (Dav.)
8 31 13 14 (in synag.) 16 13 18 11 (Corinthi)
1 Co 6 4 τοὺς ἐξουθενημένους –, τούτους καθ-
ίζετε[d] (vg + *ad iudicandum*);
10 7 „ἐκάθισεν ὁ λαὸς φαγεῖν καὶ πεῖν"
2 Th 2 4 „εἰς τὸν ναὸν τοῦ θεοῦ καθίσαι"
Ap 3 21 δώσω αὐτῷ καθίσαι μετ' ἐμοῦ ἐν τῷ
θρόνῳ μου, ὡς κἀγὼ – ἐκάθισα μετὰ
τοῦ πατρός μου ἐν τῷ θρόνῳ αὐτοῦ
20 4 θρόνους, καὶ „ἐκάθισαν" ἐπ' αὐτούς

καθιστάναι, ..ειν *constituere* [b]*deducere*
Mat 24 45 ὃν κατέστησεν ὁ κύριος ἐπὶ τῆς οἰκε-
τείας αὐτοῦ 47 ἐπὶ πᾶσιν τοῖς ὑπάρ-
χουσιν αὐτοῦ καταστήσει αὐτόν ‖ Luc
12 42 ἐπὶ τῆς θεραπείας αὐτοῦ 44
25 21 ἐπὶ πολλῶν σε καταστήσω 23
Luc 12 14 τίς με κατέστησεν κριτὴν – ἐφ' ὑμᾶς;

Act 6 3 οὓς καταστήσομεν ἐπὶ τῆς χρείας
7 10 „κατέστησεν – ἡγούμενον ἐπ' Αἴγυπ.
– 27 „τίς σε κατέστησεν – δικαστήν –;" 35
17 15 οἱ δὲ καθιστάνοντες^b τὸν Παῦλον
Rm 5 19 ὥσπερ – ἁμαρτωλοὶ κατεστάθησαν οἱ
πολλοί, οὕτως καὶ – δίκαιοι κατασταθήσονται οἱ πολλοί
Tit 1 5 ἵνα – καταστήσῃς – πρεσβυτέρους
Hb 5 1 ἀρχιερεὺς – ὑπὲρ ἀνθρώπων καθίσταται τὰ πρὸς τὸν θεόν 7 28 8 3
Jac 3 6 ἡ γλῶσσα καθίσταται ἐν τοῖς μέλεσιν
4 4 ἐχθρὸς τοῦ θεοῦ καθίσταται
2 Pe 1 8 οὐκ ἀργοὺς οὐδὲ ἀκάρπους καθίστησιν εἰς τὴν – Ἰησοῦ Χοῦ ἐπίγνωσιν

καθόλου omnino Act 4 18 μὴ φθέγγεσθαι

καθοπλίζεσθαι armari Luc 11 21

καθορᾶν conspicere Rm 1 20 τὰ γὰρ ἀόρατα αὐτοῦ – νοούμενα καθορᾶται

Καϊάφας Mat 26 3.57 Luc 3 2 Joh 11 49 18 13.14 24.28 Act 4 6

καίειν, ..εσθαι (pass.) ardēre ^b(κεκαυμένος) accensibilis ^c(act.) accendere
Mat 5 15 οὐδὲ καίουσιν^c λύχνον καὶ τιθέασιν
Luc 12 35 ἔστωσαν ὑμῶν – οἱ λύχνοι κ..όμενοι
24 32 οὐχὶ ἡ καρδία ἡμῶν καιομένη ἦν –;
Joh 5 35 ἦν ὁ λύχνος ὁ καιόμενος καὶ φαίνων
15 6 εἰς τὸ πῦρ βάλλουσιν, καὶ καίεται
(1 Co 13 3 vl ἐὰν παραδῶ τὸ σῶμά μου ἵνα καυθήσομαι)
Hb 12 18 οὐ – προσεληλύθατε ψηλαφωμένῳ (vl + ὄρει vg, vl°) καὶ „κεκαυμένῳ^b πυρί"
Ap 4 5 ἑπτὰ λαμπάδες πυρὸς καιόμεναι
8 8 „ὡς ὄρος" μέγα „πυρὶ καιόμενον"
– 10 ἀστὴρ – καιόμενος ὡς λαμπάς
19 20 εἰς τὴν λίμνην τοῦ πυρὸς τῆς „καιομένης ἐν θείῳ" 21 8

Κάϊν Hb 11 4 1 Jo 3 12 Jud 11 τῇ ὁδῷ τοῦ Κάϊν

Καϊνάμ Luc 3 36.37

καινός novus
Mat 9 17 οἶνον νέον εἰς ἀσκοὺς καινούς ‖ Mar
2 21 αἴρει – τὸ καινὸν τοῦ παλαιοῦ 22
Luc 5 36 ἀπὸ ἱματίου καινοῦ σχίσας –·
– καὶ τὸ καινὸν σχίσει – τὸ ἐπίβλημα Mar

τὸ ἀπὸ τοῦ καινοῦ 38 εἰς ἀσκ. καιν.
Mat 13 52 ἐκβάλλει – καινὰ καὶ παλαιά
26 28 τὸ αἷμά μου „τῆς (vl + καινῆς vg) διαθήκης" 29 ἕως – ὅταν αὐτὸ πίνω – καινόν ‖ Mar 14(24 vl, vg) 25
27 60 ἐν τῷ καινῷ αὐτοῦ μνημείῳ Joh 19 41
Mar 1 27 διδαχὴ καινὴ κατ' ἐξουσίαν·
[‖ 16 17 γλώσσαις λαλήσουσιν καιναῖς]
Luc 22 20 ἡ καινὴ „διαθήκη" ἐν „τῷ αἵμ. μου"
Joh 13 34 ἐντολὴν καινὴν δίδωμι ὑμῖν 1 Jo 2 7
οὐκ ἐντ. καινὴν γράφω 8 πάλιν ἐντ. και. 2 Jo 5 οὐχ ὡς ἐντολὴν καιν.
Act 17 19 τίς ἡ καινὴ αὕτη – διδαχή; 21 λέγειν τι ἢ ἀκούειν τι καινότερον
1 Co 11 25 τοῦτο τὸ ποτήριον ἡ καινὴ „διαθήκη" ἐστὶν ἐν „τῷ" ἐμῷ „αἵματι"
2 Co 3 6 ἡμᾶς διακόνους καινῆς διαθήκης
5 17 εἴ τις ἐν Χῷ, καινὴ κτίσις· – ἰδοὺ γέγονεν καινά Gal 6 15 καινὴ κτίσις
Eph 2 15 ἵνα τοὺς δύο κτίσῃ ἐν αὐτῷ εἰς ἕνα καινὸν ἄνθρωπον ποιῶν εἰρήνην
4 24 ἐνδύσασθαι τὸν καινὸν ἄνθρωπον
Hb 8 8 „συντελέσω – διαθήκην καινήν" 13 ἐν τῷ λέγειν „καινήν" πεπαλαίωκεν τὴν πρώτην 9 15 διαθήκης κ..ῆς μεσίτης
2 Pe 3 13 „καινοὺς δὲ οὐρανοὺς καὶ γῆν καινήν" – προσδοκῶμεν Ap 21 1 εἶδον „οὐρανὸν καινὸν καὶ γῆν καινήν"
Ap 2 17 „ὄνομα καινὸν" γεγραμμένον 3 12
3 12 τῆς καινῆς Ἱερουσαλήμ 21 2
5 9 „ᾄδουσιν ᾠδὴν καινήν" 14 3
21 5 „ἰδοὺ καινὰ ποιῶ" πάντα

καινότης novitas Rm 6 4 ἵνα – καὶ ἡμεῖς ἐν κ..τι ζωῆς περιπατήσωμεν 7 6 ὥστε δουλεύειν ἡμᾶς ἐν καινότητι πνεύματος

καιρός tempus ^bmomentum
Mat 8 29 ἦλθες – πρὸ καιροῦ βασανίσαι ἡμᾶς;
11 25 ἐν ἐκείνῳ τῷ κ. 12 1 14 1 – Luc 13 1
13 30 ἐν καιρῷ τοῦ θερισμοῦ ἐρῶ 21 34 ὅτε – ἤγγισεν ὁ κ. τῶν καρπῶν 41 τοὺς καρποὺς ἐν τοῖς κ. αὐτῶν ‖ Mar 12 2
τῷ καιρῷ Luc 20 10 καιρῷ – Mar 11
13 ὁ γὰρ καιρὸς οὐκ ἦν σύκων
[16 3 τὰ δὲ σημεῖα τῶν καιρῶν οὐ δύνασθε;] ‖ Luc 12 56 τὸν καιρὸν δὲ τοῦτον πῶς οὐκ οἴδατε δοκιμάζειν;
24 45 τοῦ δοῦναι αὐτοῖς τὴν τροφὴν ἐν καιρῷ; ‖ Luc 12 42 [τὸ] σιτομέτριον
26 18 ὁ καιρός μου ἐγγύς ἐστιν
Mar 1 15 πεπλήρωται ὁ κ. καὶ ἤγγικεν ἡ βασ.

Mar 10 30 ἐὰν μὴ λάβῃ ἑκατονταπλασίονα νῦν
ἐν τῷ κ. τούτῳ ‖ Luc 18 30 πολλαπλ.
13 33 οὐκ οἴδατε γὰρ πότε ὁ καιρός ἐστιν
Luc 1 20 πληρωθήσονται εἰς τὸν καιρ. αὐτῶν
4 13 ἀπέστη ἀπ' αὐτοῦ ἄχρι καιροῦ
8 13 οἳ πρὸς καιρὸν πιστεύουσιν καὶ ἐν
καιρῷ πειρασμοῦ ἀφίστανται
19 44 ἀνθ' ὧν οὐκ ἔγνως τὸν καιρὸν τῆς
ἐπισκοπῆς σου
21 8 λέγοντες· – ὁ καιρὸς ἤγγικεν
– 24 ἄχρι οὗ πληρωθῶσιν καιροὶ ἐθνῶν
– 36 ἀγρυπνεῖτε – ἐν παντὶ και. δεόμενοι
Joh (5 4 vl ἄγγελος – κατὰ καιρὸν κατέβαινεν)
7 6 ὁ καιρὸς ὁ ἐμὸς οὔπω πάρεστιν, ὁ
δὲ κ. ὁ ὑμέτ. πάντοτέ ἐστιν ἕτοιμος
– 8 ὁ ἐμὸς καιρὸς οὔπω πεπλήρωται
Act 1 7 οὐχ ὑμῶν ἐστιν γνῶναι χρόνους (tem-
pora) ἢ καιροὺς[b] οὓς ὁ πατὴρ ἔθετο
3 20 ὅπως ἂν ἔλθωσιν καιροὶ ἀναψύξεως
7 20 ἦν χρ. 12 1 κατ' ἐκεῖνον – τὸν κ. 19 23
13 11 ἔσῃ τυφλὸς – ἄχρι καιροῦ
14 17 ὑετοὺς διδοὺς καὶ καιροὺς καρποφό-
ρους
17 26 ὁρίσας προστεταγμένους καιρούς
24 25 καιρὸν δὲ μεταλαβὼν
Rm 3 26 πρὸς – ἔνδειξιν τῆς δικαιος. αὐτοῦ ἐν
τῷ νῦν καιρῷ 8 18 τὰ παθήματα τοῦ
νῦν κ. 11 5 καὶ ἐν τῷ νῦν κ. λεῖμμα
2 Co 8 14 ἐν τῷ νῦν κ. τὸ ὑμῶν περίσσ.
5 6 ἔτι κατὰ καιρὸν ὑπὲρ ἀσεβῶν ἀπέθα-
νεν
9 9 „κατὰ τὸν καιρὸν τοῦτον ἐλεύσομαι"
13 11 καὶ τοῦτο εἰδότες τὸν καιρόν, ὅτι
ὥρα ἤδη
1 Co 4 5 ὥστε μὴ πρὸ καιροῦ τι κρίνετε
7 5 εἰ μήτι ἂν – πρὸς καιρόν – 1 Th 2 17
ἀπορφανισθέντες – πρὸς καιρὸν ὥρας
– 29 ὁ καιρὸς συνεσταλμένος ἐστίν
2 Co 6 2 „καιρῷ δεκτῷ ἐπήκουσά σου" – · ἰδοὺ
νῦν „καιρὸς εὐπρόσδεκτος"
Gal 4 10 παρατηρεῖσθε – μῆνας καὶ καιρούς
6 9 καιρῷ – ἰδίῳ θερίσομεν 10 ὡς καιρὸν
ἔχομεν (vl ἔχωμεν), ἐργαζώμεθα
Eph 1 10 εἰς οἰκονομίαν τοῦ πληρώμ. τῶν και.
2 12 ὅτι ἦτε τῷ καιρῷ ἐκείνῳ χωρὶς Χοῦ
5 16 ἐξαγοραζόμενοι τὸν καιρὸν Col 4 5
6 18 προσευχόμενοι ἐν παντὶ καιρῷ
1 Th 5 1 περὶ – τῶν χρόνων (temp.) καὶ τῶν
κ.[b] – οὐ χρείαν ἔχετε ὑμῖν γράφεσθαι
2 Th 2 6 εἰς τὸ ἀποκαλυφθῆναι αὐτὸν ἐν τῷ
ἑαυτοῦ καιρῷ
1 Ti 2 6 τὸ μαρτύριον καιροῖς ἰδίοις

1 Ti 4 1 ἐν ὑστέροις κ..οῖς ἀποστήσονταί τινες
6 15 ἐπιφανείας – Χοῦ, ἣν καιροῖς ἰδίοις
δείξει ὁ – μόνος δυνάστης
2 Ti 3 1 ἐνστήσονται κ..οὶ χαλεποί 4 3 ἔσται –
καιρὸς ὅτε τῆς ὑγιαινούσης διδασκα-
λίας οὐκ ἀνέξονται
4 6 ὁ κ. τῆς ἀναλύσεώς μου ἐφέστηκεν
Tit 1 3 ἐφανέρωσεν – κ..οῖς ἰδίοις τὸν λόγον
Hb 9 9 παραβολὴ εἰς τὸν καιρὸν τὸν ἐνεστη-
κότα 10 μέχρι καιροῦ διορθώσεως
11 11 παρὰ καιρὸν ἡλικίας
– 15 εἶχον ἂν καιρὸν ἀνακάμψαι
1 Pe 1 5 εἰς σωτηρίαν ἑτοίμην ἀποκαλυφθῆ-
ναι ἐν καιρῷ ἐσχάτῳ 11 εἰς τίνα ἢ
ποῖον καιρὸν ἐδήλου τὸ – πνεῦ. Χοῦ
4 17 [ὁ] καιρὸς τοῦ ἄρξασθαι τὸ κρίμα
5 6 ἵνα ὑμᾶς ὑψώσῃ ἐν καιρῷ (vl + ἐπι-
σκοπῆς vg visitationis)
Ap 1 3 ὁ γὰρ καιρὸς ἐγγύς 22 10
11 18 ἦλθεν – ὁ και. τῶν νεκρῶν κριθῆναι
12 12 εἰδὼς ὅτι ὀλίγον καιρὸν ἔχει
– 14 „καιρὸν καὶ κ..οὺς καὶ ἥμισυ κ..οῦ"

Καῖσαρ Caesar
Mat 22 17 δοῦναι κῆνσον Κ..ι ἢ οὔ; 21 λέγου-
σιν – Κ.ος. – ἀπόδοτε – τὰ Κ.ος Κ..ι ‖ Mar
12 14.16.17 Luc 20 22 Κ..ι φόρον δοῦναι 24.
25 – 23 2 κωλύοντα φόρους Κ..ι διδόναι
Luc 2 1 δόγμα παρὰ Καίσαρος Αὐγούστου
3 1 τῆς ἡγεμονίας Τιβερίου Καίσαρος
Joh 19 12 οὐκ εἶ φίλος τοῦ Κ.· – ἀντιλέγει τῷ
Κ. 15 οὐκ ἔχομεν βασιλέα εἰ μὴ Κ..α
Act 17 7 ἀπέναντι τῶν δογμάτων Κ.ος πράσ-
σουσιν 25 8 οὔτε εἰς Κ.ά τι ἥμαρτον 10
ἐπὶ τοῦ βήματος Κ.ος ἑστώς εἰμι 11 Κ..α
ἐπικαλοῦμαι 12 26 32 28 19 – 25 21 27 24
Phl 4 22 μάλιστα – οἱ ἐκ τῆς Καίσαρος οἰκίας

Καισάρεια 1) ἡ Φιλίππου Mat 16 13 ‖ Mar 8 27
2) Caes. Palaestinae Act 8 40 9 30 10 1.24
11 11 12 19 18 22 21 8.16 23 23.33 25 1.4.6.13

κακία malitia [b] nequitia
Mat 6 34 ἀρκετὸν τῇ ἡμέρᾳ ἡ κακία αὐτῆς
Act 8 22 μετανόησον – ἀπὸ τῆς κακίας[b] σου
Rm 1 29 πεπληρωμένους πάσῃ – κακίᾳ[b]
1 Co 5 8 μηδὲ ἐν ζύμῃ κακίας καὶ πονηρίας
14 20 ἀλλὰ τῇ κακίᾳ νηπιάζετε
Eph 4 31 ἀρθήτω ἀφ' ὑμῶν σὺν πάσῃ κακίᾳ
Col 3 8 ἀπόθεσθε καὶ ὑμεῖς – θυμόν, κακίαν
Tit 3 3 ἐν κακίᾳ καὶ φθόνῳ διάγοντες
Jac 1 21 ἀποθέμενοι – περισσείαν κακίας

1 Pe 2 1 ἀποθέμενοι – πᾶσαν κ..αν καὶ – δόλον
– 16 μὴ ὡς ἐπικάλυμμα ἔχοντες τῆς κα-
κίας τὴν ἐλευθερίαν

κακοήθεια *malignitas* Rm 1 29 μεστούς – κ..ας

κακολογεῖν *maledicere* (vl *male dicere*) ali-
cui ᵇ*male loqui de*
Mat 15 4 „ὁ κ..ῶν πατέρα ἢ μητέρα" ‖ Mar 7 10
Mar 9 39 οὐδείς – δυνήσεται ταχὺ κ..ῆσαί ᵇ με
Act 19 9 κ..οῦντες τὴν ὁδὸν ἐνώπ. τοῦ πλήθ.

κακοπαθεῖν *laborare* ᵇ*tristari*
2 Ti 2 9 ἐν ᾧ (sc εὐαγγ.) κ..ῶ μέχρι δεσμῶν
4 5 κ..ησον, ἔργον ποίησον εὐαγγελιστοῦ
Jac 5 13 κ..εῖ ᵇ τις ἐν ὑμῖν; προσευχέσθω

κακοπαθία *labor* Jac 5 10 ὑπόδειγμα λάβετε,
–, τῆς κ..ίας – τοὺς προφήτας, οἵ

κακοποιεῖν *malefacere* (*male facere*)
Mar 3 4 ἔξεστιν τοῖς σάββασιν ἀγαθὸν ποιῆ-
σαι ἢ κακοποιῆσαι –; ‖ Luc 6 9
1 Pe 3 17 κρεῖττον – ἀγαθοποιοῦντας, –, πά-
σχειν ἢ κακοποιοῦντας
3 Jo 11 ὁ κακοποιῶν οὐχ ἑώρακεν τὸν θεόν

κακοποιός *malefactor* ᵇ*maledicus* (..*fic.*?)
1 Pe 2 12 ἐν ᾧ καταλαλοῦσιν ὑμῶν ὡς κ..ῶν
– 14 πεμπομένοις εἰς ἐκδίκησιν κ..ῶν
4 15 μή – τις – πασχέτω ὡς – κακοποιός ᵇ

κακός *malus* et *malum* ᵇ*saevus*
1) personis attributum
Mat 21 41 κακοὺς κακῶς ἀπολέσει αὐτούς
24 48 ἐὰν δὲ εἴπη ὁ κακὸς δοῦλος ἐκεῖνος
Phl 3 2 βλέπετε τοὺς κακοὺς ἐργάτας
Tit 1 12 κακὰ θηρία, γαστέρες ἀργαί
Ap 2 2 ὅτι οὐ δύνη βαστάσαι κακούς
2) de rebus dictum
Mar 7 21 οἱ διαλογισμοὶ οἱ κακ. ἐκπορεύονται
Rm 13 3 οὐκ εἰσὶν φόβος τῷ ἀγαθῷ ἔργῳ
ἀλλὰ τῷ κακῷ
1 Co 15 33 φθείρουσιν ἤθη χρηστὰ ὁμιλίαι κακαί
Col 3 5 νεκρώσατε – πάθος, ἐπιθυμίαν κακήν
Ap 16 2 ἐγένετο ἕλκος κακὸν ᵇ καὶ πονηρόν
3) κακόν, τὸ κακόν
Mat 27 23 τί γὰρ κακὸν ἐποίησεν; ‖ Mar 15 14
Luc 23 22 cfr Joh 18 30 εἰ μὴ ἦν οὗτος κα-
κὸν ποιῶν (vl κακοποιός vg *malefactor*)

Luc 16 25 Λάζαρ. ὁμοίως τὰ κ. (sc ἀπέλαβεν)
Joh 18 23 μαρτύρησον περὶ τοῦ κακοῦ· εἰ δέ
Act 9 13 ὅσα κακὰ τοῖς ἁγίοις – ἐποίησεν ἐν
16 28 μηδὲν πράξης σεαυτῷ κακόν
23 9 οὐδὲν κακὸν εὑρίσκομεν ἐν τῷ ἀνθ.
28 5 (Παῦλος) ἔπαθεν οὐδὲν κακόν
Rm 1 30 ἀλαζόνας, ἐφευρετὰς κακῶν
2 9 τοῦ κατεργαζομένου τὸ κακόν
3 8 ποιήσωμεν τὰ κ. ἵνα ἔλθη τὰ ἀγαθά
7 19 ὃ οὐ θέλω κακὸν τοῦτο πράσσω 21
εὑρίσκω ἄρα –, ὅτι ἐμοὶ τὸ κακὸν
παράκειται
12 17 μηδενὶ κακὸν ἀντὶ κακοῦ ἀποδι-
δόντες 1 Th 5 15 μή τις κακὸν ἀντὶ
κακοῦ τινι ἀποδῷ 1 Pe 3 9
– 21 μὴ νικῶ ὑπὸ τοῦ κακοῦ, ἀλλὰ νίκα
ἐν τῷ ἀγαθῷ τὸ κακόν
13 4 ἐὰν δὲ τὸ κακὸν ποιῇς, φοβοῦ· – ἔκ-
δικος εἰς ὀργὴν τῷ τὸ κ. πράσσοντι
– 10 τῷ πλησίον κακὸν οὐκ ἐργάζεται
14 20 πάντα μὲν καθαρά, ἀλλὰ κακὸν – τῷ
διὰ προσκόμματος ἐσθίοντι
16 19 ὑμᾶς – εἶναι – ἀκεραίους – εἰς τὸ κακ.
1 Co 10 6 μὴ εἶναι ἡμᾶς ἐπιθυμητὰς κακῶν
13 5 [ἡ ἀγάπη] – „οὐ λογίζεται τὸ κακόν"
2 Co 13 7 μὴ ποιῆσαι ὑμᾶς κακὸν μηδέν
1 Ti 6 10 ῥίζα – πάντων τῶν κ.. ἡ φιλαργυρία
2 Ti 4 14 Ἀλέξ. – πολλά μοι κακὰ ἐνεδείξατο
Hb 5 14 πρὸς διάκρισιν καλοῦ τε καὶ κακοῦ
Jac 1 13 ὁ – θεὸς ἀπείραστός ἐστιν κακῶν
3 8 ἀκατάστατον κακόν, μεστὴ ἰοῦ
1 Pe 3 9 → Rm 12 17 – 1 Pe 3 10 „παυσάτω
τὴν γλῶσσαν ἀπὸ κακοῦ" 11 „ἐκκλινάτω
– ἀπὸ κακοῦ" 12 „ἐπὶ ποιοῦντας κακά"
3 Jo 11 μὴ μιμοῦ τὸ κακὸν ἀλλὰ τὸ ἀγαθόν

κακοῦν *affligere* ᵇ*male tractare* ᶜ*nocēre*
ᵈ*ad iracundiam concitare*
Act 7 6ᵇ 19 12 ι κακώσαί τινας – ἀπὸ τῆς ἐκ-
κλησίας 14 2 ἐκάκωσαν ᵈ τὰς ψυχὰς τῶν
ἐθνῶν κατὰ τῶν ἀδελφῶν 18 10 οὐδεὶς
ἐπιθήσεταί σοι τοῦ κακῶσαί ᶜ σε
1 Pe 3 13 τίς ὁ κακώσων ᶜ ὑμᾶς ἐὰν τοῦ ἀγα-
θοῦ ζηλωταὶ γένησθε;

κακοῦργος *latro* ᵇ*nequam* ᶜ*male operans*
Luc 23 32 ἕτεροι κακοῦργοι ᵇ δύο 33.39
2 Ti 2 9 ἐν ᾧ κακοπαθῶ – ὡς κακοῦργος ᶜ

κακουχεῖσθαι *affligi* ᵇ*laborare*
Hb 11 37 θλιβόμενοι, κακουχούμενοι
13 3 μιμνήσκεσθε –, τῶν κακουχουμένων ᵇ

κακῶς *male*, (κ. ἔχειν) *male (se) habere* ᵇ(κ. ἔχ.) *vexari* ᶜ(κ. εἰπεῖν) *maledicere*
Mat 4 24 προσήνεγκαν – τοὺς κ. ἔχοντας 8 16 ‖ Mar 1 32.34 ᵇ – Mat 14 35 ‖ Mar 6 55 – Mat 17 15 κ. πάσχει (vl ἔχει) Luc 7 2
9 12 ἀλλ᾽ οἱ κακῶς ἔχοντες (sc χρείαν ἔχουσιν ἰατροῦ) ‖ Mar 2 17 Luc 5 31
15 22 ἡ θυγάτηρ μου κακῶς δαιμονίζεται
21 41 κακοὺς κακῶς ἀπολέσει αὐτούς
Joh 18 23 εἰ κακῶς ἐλάλησα, μαρτύρησον
Act 23 5 „ἄρχοντα τοῦ λαοῦ – οὐκ ἐρεῖς κ.ᶜ"
Jac 4 3 οὐ λαμβάνετε, διότι κακῶς αἰτεῖσθε

κάκωσις *afflictio* Act 7 34 „ἐν Αἰγύπτῳ"

καλάμη *stipula* 1 Co 3 12 χόρτον, καλάμην

κάλαμος *arundo* (har.) ᵇ*calamus*
Mat 11 7 κ..ον ὑπὸ ἀνέμου σαλευόμ. ‖ Luc 7 24
12 20 „κ..ον συντετριμμένον οὐ κατεάξει"
27 29 κ..ον ἐν τῇ δεξιᾷ αὐτοῦ 30 ‖ Mar 15 19 – 48 σπόγγον – περιθεὶς κ..ῳ ‖ Mar 15 36 ᵇ
3 Jo · οὐ θέλω διὰ μέλανος καὶ καλάμου ᵇ
Ap 11 1 ἐδόθη μοι κ.ᵇ 21 15 „μέτρον κ..ον"
(*mensura arundinea*) χρυσοῦν 16

καλεῖν *vocare* ᵇ*invitare* ᶜ*appellare* ᵈ*citare* ᵉ*cognominare* ᶠ*nominare*

1) advocare, arcessere, invitare
Mat 2 7 λάθρα καλέσας τοὺς μάγους – 15 „ἐξ Αἰγύπτου ἐκάλεσα τὸν υἱόν μου"
4 21 καὶ ἐκάλεσεν αὐτούς ‖ Mar 1 20
9 13 οὐ γὰρ ἦλθον καλέσαι δικαίους ἀλλὰ ἁμαρτωλούς ‖ Mar 2 17 Luc 5 32 ἁμαρτ.
(vl ἀσεβεῖς) εἰς μετάνοιαν
20 8 κάλεσον τοὺς ἐργάτας 22 3 καλέσαι τοὺς κεκλημένους ᵇ εἰς τοὺς γάμους 4 ᵇ 8 οἱ δὲ κεκλ.ᵇ οὐκ ἦσαν ἄξιοι 9 ὅσους ἐὰν εὕρητε καλέσατε ‖ Luc 14 16 ἐκάλεσεν πολλούς 17 εἰπεῖν τοῖς κεκλ.ᵇ 24 οὐδεὶς – τῶν κεκλ. γεύσεταί μου τοῦ δείπνου
25 14 ἐκάλεσεν τοὺς – δούλους ‖ Luc 19 13
Mar 3 31 καλοῦντες αὐτόν
Luc 7 39 ὁ Φαρισαῖος ὁ καλέσας αὐτόν
14 7 πρὸς τοὺς κεκλημένους ᵇ 8 ὅταν κληθῇς ᵇ ὑπό τινος –, μήποτε ἐντιμότερός σου ᾖ κεκλ.ᵇ 9.10.10 ᵇ.12 ἔλεγεν – τῷ κεκληκότι ᵇ 13 ὅταν δοχὴν ποιῇς, κάλει πτωχούς – 16 → Mat 20 8
Joh 2 2 ἐκλήθη – καὶ ὁ Ἰησ. καὶ οἱ μαθηταί
Act 4 18 24 2 κληθέντας ᵈ δὲ αὐτοῦ

Rm 4 17 τοῦ – καλοῦντος τὰ μὴ ὄντα ὡς ὄντα
8 30 τούτους καὶ ἐκάλεσεν· καὶ οὓς ἐκάλεσεν, τούτους καὶ ἐδικαίωσεν
9 12 οὐκ ἐξ ἔργων ἀλλ᾽ ἐκ τοῦ κ..οῦντος – 24 οὓς καὶ ἐκάλεσεν ἡμᾶς οὐ μόνον ἐξ Ἰουδαίων ἀλλὰ καὶ ἐξ ἐθνῶν
1 Co 1 9 θεός, δι᾽ οὗ ἐκλήθητε εἰς κοινωνίαν
7 15 ἐν – εἰρήνῃ κέκληκεν ὑμᾶς ὁ θεός
– 17 ἕκαστον ὡς κέκληκεν ὁ θεός, οὕτως περιπατείτω 18 περιτετμημένος τις ἐκλήθη; – ἐν ἀκροβυστίᾳ κέκληταί τις; 20 ἐν τῇ κλήσει ᾗ ἐκλήθη, ἐν ταύτῃ μενέτω
– 21 δοῦλος ἐκλήθης; 22 ὁ – ἐν κυρίῳ κληθεὶς δοῦλος ἀπελεύθερος κυρίου – · ὁ ἐλεύθερος κληθεὶς δοῦλός ἐστιν Χοῦ 24 ἐν ᾧ ἐκλήθη, – μενέτω
10 27 εἴ τις καλεῖ ὑμᾶς τῶν ἀπίστων
Gal 1 6 ὅτι οὕτως ταχέως μετατίθεσθε ἀπὸ τοῦ καλέσαντος ὑμᾶς 5 8 ἡ πεισμονὴ οὐκ ἐκ τοῦ καλοῦντος ὑμᾶς
– 15 [ὁ θεὸς] ὁ ἀφορίσας με – κ. χαλέσας
5 13 ὑμεῖς – ἐπ᾽ ἐλευθερίᾳ ἐκλήθητε
Eph (1 11 vl ἐν ᾧ καὶ ἐκλήθημεν)
4 1 ἀξίως – τῆς κλήσεως ἧς ἐκλήθητε – 4 ἐκλήθητε ἐν μιᾷ ἐλπίδι τῆς κλήσεως
Col (1 12 vl τῷ καλέσαντι ὑμᾶς εἰς τ. μερίδα)
3 15 ἡ εἰρήνη τοῦ Χοῦ –, εἰς ἣν καὶ ἐκλήθητε ἐν ἑνὶ σώματι
1 Th 2 12 τοῦ καλοῦντος (vl καλέσαντος vg) ὑμᾶς εἰς τὴν ἑαυτοῦ βασ. καὶ δόξαν 4 7 οὐ γὰρ ἐκάλεσεν ἡμᾶς ὁ θεὸς ἐπὶ ἀκαθαρσίᾳ ἀλλ᾽ ἐν ἁγιασμῷ 5 24 πιστὸς ὁ καλῶν (vg *vocavit*) ὑμᾶς
2 Th 2 14 εἰς ὃ [καὶ] ἐκάλεσεν ὑμᾶς διὰ τοῦ εὐ..
1 Ti 6 12 αἰων. ζωῆς, εἰς ἣν (vl + καὶ) ἐκλήθης
2 Ti 1 9 τοῦ – ἡμᾶς – καλέσαντος κλήσει ἁγίᾳ
Hb 5 4 ἀλλὰ καλούμενος ὑπὸ τοῦ θεοῦ
9 15 ὅπως – τὴν ἐπαγγελίαν λάβωσιν οἱ κεκλημένοι τῆς αἰωνίου κληρονομίας
11 8 πίστει καλούμενος Ἀβρ. ὑπήκουσεν
1 Pe 1 15 κατὰ τὸν καλέσαντα ὑμᾶς ἅγιον
2 9 τοῦ ἐκ σκότους ὑμᾶς καλέσαντος εἰς τὸ θαυμαστὸν αὐτοῦ φῶς
– 21 εἰς τοῦτο – ἐκλήθητε (sc εἰς τὸ πάσχοντας ὑπομένειν) 3 9 εἰς τοῦτο ἐκλήθητε ἵνα εὐλογίαν κληρονομήσητε
5 10 ὁ καλέσας ὑμᾶς εἰς τὴν αἰώνιον αὐτοῦ δόξαν ἐν Χριστῷ [Ἰησοῦ]
2 Pe 1 3 τοῦ καλέσαντος ἡμᾶς ἰδίᾳ δόξῃ
Ap 19 9 μακάριοι οἱ εἰς τὸ δεῖπνον τοῦ γάμου τοῦ ἀρνίου κεκλημένοι

*2) nomen alicui dare, appellare

Mat 5 9 υἱοὶ θεοῦ κληθήσονται 19 ἐλάχιστος
κληθήσεται – · – μέγας κληθήσεται ἐν
τῇ βασιλείᾳ τῶν οὐρανῶν
21 13 „οἶκος προσευχῆς κληθήσεται" ‖
Mar 11 17 „πᾶσιν τοῖς ἔθνεσιν"
22 43 πῶς – Δαυὶδ ἐν πνεύματι καλεῖ αὐ-
τὸν κύριον – ; 45 ‖ Luc 20 44
23 7 φιλοῦσιν – καλεῖσθαι – ῥαββί 8 ὑμεῖς
δὲ μὴ κληθῆτε ῥαββί 9 καὶ πατέρα
μὴ καλέσητε ὑμῶν ἐπὶ τῆς γῆς 10
μηδὲ κληθῆτε καθηγηταί
Luc 1 32 υἱὸς ὑψίστου κληθήσεται 35 θεοῦ
– 76 προφήτης ὑψίστου κληθήσῃ
2 23 „ἅγιον τῷ κυρίῳ κληθήσεται"
6 46 τί – με καλεῖτε· κύριε κύριε
15 19 οὐκέτι εἰμὶ ἄξ. κληθῆναι υἱός σου 21
22 25 οἱ ἐξουσιάζοντες αὐτῶν εὐεργέται
καλοῦνται
Act 8 10 οὗτός ἐστιν ἡ δύναμις τοῦ θεοῦ ἡ
καλουμένη (vl λεγομένη) μεγάλη
Rm 9 7 „ἐν Ἰσαὰκ κληθήσεταί σοι σπέρμα"
Hb 11 18 – Rm 9 25 „καλέσω τὸν οὐ
λαόν μου λαόν μου" 26 „κληθήσον-
ται υἱοὶ θεοῦ ζῶντος"
1 Co 15 9 οὐκ εἰμὶ ἱκανὸς καλεῖσθαι ἀπόστολος
Hb 2 11 δι' ἣν αἰτίαν οὐκ ἐπαισχύνεται „ἀδελ-
φοὺς" αὐτοὺς καλεῖν
3 13 ἄχρις οὗ τὸ „σήμερον" καλεῖται e
Jac 2 23 καὶ „φίλος θεοῦ" ἐκλήθη e
1 Pe 3 6 Σάρρα –, „κύριον αὐτὸν καλοῦσα"
1 Jo 3 1 ποταπὴν ἀγάπην δέδωκεν ἡμῖν – ἵνα
τέκνα θεοῦ κληθῶμεν f, καὶ ἐσμέν
Ap 11 8 ἥτις καλεῖται πνευματικῶς „Σόδομα"
καὶ Αἴγυπτος 12 9 ὁ ὄφις – ὁ καλού-
μενος „Διάβολος" καὶ „ὁ Σατανᾶς"
16 16 τόπον τὸν καλούμ. Ἑβρ. Ἁρμαγεδών
19 11 [καλούμενος] πιστὸς καὶ ἀληθινός
– 13 κέκληται τὸ ὄνομα αὐτοῦ ὁ λόγος
τοῦ θεοῦ

καλλιέλαιος S° – bona oliva Rm 11 24

καλοδιδάσκαλος S° – bene docens Tit 2 3

Καλοὶ λιμένες Boniportus Act 27 8

καλοποιεῖν S° – benefacere
2 Th 3 13 μὴ ἐγκακήσητε καλοποιοῦντες

καλός bonus b optimus (Hb 13 9)
1) personis attributum
Joh 10 11 ἐγώ εἰμι ὁ ποιμὴν ὁ καλός. ὁ ποιμὴν

ὁ καλὸς τὴν ψυχὴν αὐτοῦ τίθησιν 14
1 Ti 4 6 καλ. ἔσῃ διάκονος Χοῦ 2 Ti 2 3 συγ-
κακοπάθησον ὡς κ. στρατιώτης Χοῦ
1 Pe 4 10 ὡς καλοὶ οἰκονόμοι – χάριτος θεοῦ

2) rebus attributum
ἔργον καλόν, ἔργα καλά → ἔργον 1)
Joh 10 32 et 2c) Mat 5 16 26 10 1 Ti 3 1
5 10.25 6 18 Tit 27.14 38.14 Hb 10 24 1 Pe
2 12 – vg ubique bonum, bona habet
Mat 3 10 δένδρον μὴ ποιοῦν καρπὸν καλόν ‖
Luc 3 9
7 17 δένδρον ἀγαθὸν καρποὺς καλοὺς ποι-
εῖ 18.19 δένδρον μὴ ποιοῦν καρπὸν
καλὸν Mat 12 33 ποιήσατε τὸ δένδρον
καλὸν καὶ τὸν καρπὸν αὐτοῦ καλὸν
‖ Luc 6 43 οὐ – δένδρον καλὸν ποι-
οῦν καρπὸν σαπρόν, οὐδὲ – δένδρον
σαπρὸν ποιοῦν καρπὸν καλόν
13 8 ἐπὶ τὴν γῆν τὴν κ. 23 ‖ Mar 4 8.20 Luc
8 15 τὸ – ἐν τῇ κ. γῇ, – οἵτινες ἐν καρ-
δίᾳ καλῇ – τὸν λόγον κατέχουσιν
– 24 σπείραντι καλὸν σπέρμα 27.37.38
– 45 ζητοῦντι καλοὺς μαργαρίτας
– 48 συνέλεξαν τὰ κ. (vg bonos) εἰς ἄγγη
Mar 9 50 καλὸν τὸ ἅλας ‖ Luc 14 34
Luc 6 38 μέτρον καλὸν πεπιεσμένον σεσαλευ.
21 5 ὅτι λίθοις καλοῖς – κεκόσμηται
Joh 2 10 πρῶτον τὸν καλὸν οἶνον τίθησιν, – ·
σὺ τετήρηκας τὸν καλὸν οἶνον
Rm 7 16 σύμφημι τῷ νόμῳ ὅτι καλός 1 Ti 1 8
1 Co 5 6 οὐ καλὸν τὸ καύχημα ὑμῶν
1 Ti 1 18 ἵνα στρατεύῃ – τὴν καλὴν στρατείαν
2 3 τοῦτο καλὸν καὶ ἀπόδεκτον ἐνώπιον
τοῦ – θεοῦ Tit 3 8 ταῦτά ἐστιν καλὰ
καὶ ὠφέλιμα τοῖς ἀνθρώποις
3 7 δεῖ – καὶ μαρτυρίαν καλὴν ἔχειν
– 13 βαθμὸν ἑαυτοῖς καλὸν περιποιοῦνται
4 4 ὅτι πᾶν κτίσμα θεοῦ καλόν
– 6 τοῖς λόγοις – τῆς καλῆς διδασκαλίας
6 12 τὸν καλὸν ἀγῶνα τῆς πίστ. 2 Ti 4 7
– – τὴν καλὴν ὁμολογίαν 13 (Jesu)
– 19 ἑαυτοῖς θεμέλιον καλ. εἰς τὸ μέλλον
2 Ti 1 14 τὴν καλὴν παραθήκην φύλαξον
Hb 6 5 καλὸν γευσαμένους θεοῦ ῥῆμα
13 18 πειθόμεθα γὰρ ὅτι καλὴν συνείδησιν
ἔχομεν
Jac 2 7 οὐκ αὐτοὶ βλασφημοῦσιν τὸ καλὸν
ὄνομα τὸ ἐπικληθὲν ἐφ' ὑμᾶς;
3 13 δειξάτω ἐκ τῆς καλῆς ἀναστροφῆς
1 Pe 2 12 τὴν ἀναστροφὴν ὑμῶν ἐν τοῖς ἔθνε-
σιν ἔχοντες καλήν

3) (τὸ) καλόν, (τὰ) καλά (subst.)

Rm 718 τὸ δὲ κατεργάζεσθαι τὸ καλὸν οὔ
  – 21 τῷ θέλοντι ἐμοὶ ποιεῖν τὸ καλόν
  1217 „προνοούμενοι καλὰ ἐνώπ." πάντων
2 Co 821 „προνοοῦμεν – καλὰ – ἐνώπ. κυρίου"
  13 7 ἀλλ' ἵνα ὑμεῖς τὸ καλὸν ποιῆτε
Gal 418 καλὸν – ζηλοῦσθαι ἐν καλῷ πάντοτε
  6 9 τὸ – καλὸν ποιοῦντες μὴ ἐγκακῶμεν
1 Th 521 πάντα – δοκιμάζετε, τὸ κ. κατέχετε
Hb 514 πρὸς διάκρισιν καλοῦ τε καὶ κακοῦ
Jac 417 εἰδότι – καλὸν ποιεῖν καὶ μὴ ποιοῦντι

4) καλόν (ἐστιν) sequ. inf., ἐάν, εἰ

Mat 1526 οὐκ ἔστιν καλὸν λαβεῖν τὸν ἄρτον
  τῶν τέκνων || Mar 727
  17 4 καλόν ἐστιν ἡμᾶς ὧδε εἶναι || Mar 95
  καὶ ποιήσωμεν τρεῖς σκηνάς Luc 933
  18 8 καλόν σοί ἐστιν εἰσελθεῖν – κυλλὸν ἢ
  χωλὸν 9 μονόφθαλμον || Mar 943.45.47
  2624 καλὸν ἦν αὐτῷ εἰ οὐκ ἐγεννήθη ὁ
  ἄνθρωπος ἐκεῖνος || Mar 1421
Mar 942 καλόν ἐστιν αὐτῷ μᾶλλον εἰ περίκει-
  ται μύλος – περὶ τὸν τράχηλον
Rm 1421 καλὸν τὸ μὴ φαγεῖν κρέα μηδέ
1 Co 7 1 καλὸν ἀνθρώπῳ γυναικὸς μὴ ἅπτε-
  σθαι 8 καλὸν αὐτοῖς (sc τοῖς ἀγά-
  μοις καὶ ταῖς χήραις) ἐὰν μείνωσιν
  ὡς κἀγώ 26 νομίζω – τοῦτο καλὸν ὑπ-
  άρχειν διὰ τὴν ἐνεστῶσαν ἀνάγκην,
  ὅτι καλὸν ἀνθρώπῳ τὸ οὕτως εἶναι
  915 καλόν – μοι μᾶλλον ἀποθανεῖν ἢ
Gal 418 καλὸν – ζηλοῦσθαι ἐν καλῷ
Hb 13 9 καλὸν[b] – χάριτι βεβαιοῦσθαι τὴν καρ-
  δίαν, οὐ βρώμασιν

κάλυμμα velamen   2 Co 313.14.15.16

καλύπτειν operire
Mat 824 πλοῖον Luc 816 λύχνον 2330 „ἡμᾶς"
  1026 οὐδέν – ἐστιν κεκαλυμμένον ὃ οὐκ
  (Luc 2432 vl D οὐχὶ ἡ καρδία ἦν ἡμῶν κεχα-
  λυμμένη ὡς ἐλάλει ἡμῖν –;)
2 Co 4 3 εἰ – καὶ ἔστιν κεκαλυμμένον τὸ εὐαγ-
  γέλιον ἡμῶν, ἐν τοῖς ἀπολλυμένοις
  ἐστὶν κεκαλυμμένον
Jac 520 „καλύψει" πλῆθος „ἁμαρτιῶν"
1 Pe 4 8 „ἀγάπη καλύπτει" πλῆθος „ἁμ..ῶν"

καλῶς, κάλλιον bene – (κ. ποιεῖν) bene-
facere et bene facere – (κ. εἰπεῖν, λέ-
γειν) benedicere (b. d.) [b]recte [c]melius
Mat 1212 ἔξεστιν τοῖς σάββασιν καλῶς ποιεῖν
  15 7 καλῶς ἐπροφήτευσεν – Ἠσαΐ. || Mr 76

Mar 7 9 καλῶς ἀθετεῖτε τὴν ἐντολὴν τ. θεοῦ
  – 37 καλῶς πάντα πεποίηκεν
  1228 ἰδὼν ὅτι καλῶς ἀπεκρίθη αὐτοῖς
  – 32 καλῶς, διδάσκαλε Rm 1120 καλῶς·
  [1618 καὶ καλῶς ἔξουσιν] (sc aegroti)
Luc 626 οὐαὶ ὅταν ὑμᾶς καλῶς εἴπωσιν
  – 27 καλῶς ποιεῖτε τοῖς μισοῦσιν ὑμᾶς
  – 48 διὰ τὸ καλῶς οἰκοδομῆσθαι αὐτήν (vl
  τεθεμελίωτο γὰρ ἐπὶ τὴν πέτραν vg)
  2039 καλῶς εἶπας Joh 417 848 οὐ καλῶς
  λέγομεν –; 1313 καλῶς λέγετε·
Joh 1823 εἰ δὲ καλῶς (sc ἐλάλησα), τί με –;
Act 1033 κ. ἐποίησας παραγενόμενος cfr Phl
  414 κ. ἐποιήσατε συγκοινωνήσαντές
  μου τῇ θλίψει 2 Pe 119 ᾧ (sc λόγῳ)
  κ. ποιεῖτε προσέχοντες – 3 Jo 6 οὓς
  κ. ποιήσεις προπέμψας (vl καλ. ποι-
  ήσας πρ..εις vg benefaciens, dedu-
  ces vl bene facies deducens)
  2510 ὡς καὶ σὺ κάλλιον[c] ἐπιγινώσκεις
  2825 καλῶς τὸ πνεῦμα – ἐλάλησεν διὰ Ἠσ.
1 Co 737 ὃς – τοῦτο κέκρικεν –, τηρεῖν τὴν ἑ-
  αυτοῦ παρθένον, καλῶς ποιήσει 38 ὁ
  γαμίζων – καλῶς ποιεῖ, καὶ ὁ μὴ γα-
  μίζων κρεῖσσον (melius) ποιήσει
  1417 σὺ μὲν – κ. εὐχαριστεῖς, ἀλλ' ὁ ἕτερ.
2 Co 11 4 εἰ – εὐαγγ. ἕτερον –, καλ.[b] ἀνέχεσθε
Gal 417 ζηλοῦσιν ὑμᾶς οὐ καλῶς
  5 7 ἐτρέχετε καλ.· τίς ὑμᾶς ἐνέκοψεν –;
1 Ti 4 τοῦ ἰδίου οἴκου καλῶς προϊστάμενον
  12 τέκνων 13 οἱ – κ. διακονήσαντες 517
  οἱ καλῶς προεστῶτες πρεσβύτεροι
Hb 1318 καλῶς θέλοντες ἀναστρέφεσθαι
Jac 2 3 ἐὰν – εἴπητε· σὺ κάθου ὧδε καλῶς
  – 8 εἰ – νόμον τελεῖτε βασιλικὸν –, καλῶς
  ποιεῖτε 19 πιστεύεις –; καλῶς ποιεῖς

κάμηλος camelus Mat 34 || Mar 16
Mat 1924 κάμηλον διὰ τρυπήματος ῥαφίδος
  διελθεῖν || Mar 1025 Luc 1825
  2324 τὴν δὲ κάμηλον καταπίνοντες

κάμινος caminus [b]fornax
Mat 1342 πυρός 50 Ap 115 ἐν κ..ῳ 92[b] μεγάλ.

καμμύειν claudere (clud.) [b]comprimere
Mat 1315 „ὀφθαλμοὺς – ἐκάμμυσαν" Act 2827[b]

κάμνειν fatigari [b](κάμνων) infirmus
Hb 12 3 ἵνα μὴ κάμητε ταῖς ψυχαῖς – ἐκλυό-
  μενοι – Jac 515 σώσει τὸν κ..οντα[b]

κάμπτειν γόνυ, γόνατα → γόνυ

Κανά τῆς Γαλιλαίας Joh 21.11 446 212

Κανανάιος (vl ..νίτης) Mat 104 Mar 318

Κανδάκη Act 827 δυνάστης Κανδάκης

κανών regula
2 Co 1013 κατὰ τὸ μέτρον τοῦ κ. οὗ ἐμέρισεν
 – 15 μεγαλυνθῆναι κατὰ τὸν κανόνα ἡμῶν
 – 16 οὐκ ἐν ἀλλοτρίῳ κ. – καυχήσασθαι
Gal 616 ὅσοι τῷ κανόνι τούτῳ στοιχήσουσιν
(Phl 316 vl τῷ αὐτῷ στοιχεῖν κανόνι vg)

καπηλεύειν (S κάπηλος) adulterare
2 Co 217 οὐ – ἐσμέν – κ..οντες τὸν λόγον τ. θ.

καπνός fumus Act 219 Ap 84 92.3.17.18 1411
 158 189.18 (vg locum incendii) 193

Καππαδοκία Act 29 1 Pe 11

καρδία cor
Mat 5 8 μακάριοι „οἱ καθαροὶ τῇ καρδίᾳ"
 – 28 ἤδη ἐμοίχευσεν αὐτὴν ἐν τῇ καρδίᾳ
 621 ἐκεῖ ἔσται καὶ ἡ κ. σου ‖ Luc 1234
 9 4 ἱνατί ἐνθυμεῖσθε πονηρὰ ἐν ταῖς καρ-
  δίαις ὑμῶν; ‖ Mar 26.8 Luc 522 – 315
 1129 πραΰς εἰμι καὶ ταπεινὸς τῇ καρδίᾳ
 1234 ἐκ γὰρ τοῦ περισσεύματος τῆς καρ-
  δίας τὸ στόμα λαλεῖ ‖ Luc 645
 – 40 ἐν τῇ καρδίᾳ τῆς γῆς τρεῖς ἡμέρας
 1315 „ἐπαχύνθη – ἡ κ., – μήποτε – τῇ καρ-
  δίᾳ συνῶσιν" Act 2827 → Joh 1240
 – 19 ἁρπάζει τὸ ἐσπαρμένον ἐν τῇ κ. αὐ-
  τοῦ ‖ (vl Mar 415 vg) Luc 812 αἴρει
  τὸν λόγον ἀπὸ τῆς κ. 15 ἐν καρδίᾳ
  καλῇ καὶ ἀγαθῇ – τ. λόγον κατέχουσιν
 15 8 „ἡ δὲ καρδία αὐτῶν πόρρω ἀπέχει
  ἀπ᾽ ἐμοῦ" ‖ Mar 76
 – 18 ἐκ τῆς κ. ἐξέρχεται 19 ἐκ γὰρ τῆς κ.
  ἐξέρχονται διαλογισμοὶ πονηροί ‖
  Mar 721 ἔσωθεν – ἐκ τῆς καρ. 19 οὐκ
  εἰσπορεύεται αὐτοῦ εἰς τὴν καρδίαν
 1835 ἐὰν μὴ ἀφῆτε – ἀπὸ τῶν καρδ. ὑμῶν
 2237 „ἀγαπήσεις κύριον – ἐν ὅλῃ τῇ καρδ.
  σου" ‖ Mar 1230.33 ἐξ ὅλης – Luc 1027
 2448 ἐὰν δὲ εἴπῃ – ἐν τῇ καρδ. ‖ Luc 1245
Mar 3 5 ἐπὶ τῇ πωρώσει τῆς καρδίας αὐτῶν
 652 ἦν αὐτῶν ἡ καρδία πεπωρωμένη
 817 πεπωρωμένην ἔχετε τὴν καρδ. ὑμῶν;
 1123 ὃς ἂν – μὴ διακριθῇ ἐν τῇ καρδ. αὐ-
  τοῦ ἀλλὰ πιστεύῃ ὅτι – γίνεται
Luc 1 17 „ἐπιστρέψαι κ..ας πατέρων ἐπὶ τέκ."
 – 51 ὑπερηφάνους διανοίᾳ κ..ας αὐτῶν

Luc 166 ἔθεντο πάντες – ἐν τῇ καρδίᾳ αὐτῶν
 219 συμβάλλουσα ἐν τῇ καρδίᾳ αὐτῆς
 – 35 ὅπως ἂν ἀποκαλυφθῶσιν ἐκ πολλῶν
  καρδιῶν διαλογισμοί
 – 51 διετήρει – τὰ ῥήματα ἐν τῇ κ. αὐτῆς
 645 ὁ ἀγαθὸς ἄνθρωπος ἐκ τοῦ ἀγαθοῦ
  θησαυροῦ τῆς καρδίας
 947 εἰδὼς τὸν διαλογισμὸν τῆς κ. αὐτῶν
 1615 θεὸς γινώσκει τὰς καρδίας ὑμῶν
 2114 θέτε – ἐν ταῖς κ. ὑμῶν μὴ προμελετᾶν
 – 34 μήποτε βαρηθῶσιν ὑμῶν αἱ καρδίαι
 2425 ὦ – βραδεῖς τῇ καρδίᾳ τοῦ πιστεύειν
 – 32 οὐχὶ ἡ καρδία ἡμῶν καιομένη ἦν –;
 – 38 διὰ τί διαλογισμοὶ ἀναβαίνουσιν ἐν
  τῇ κ. (vl ταῖς κ. vg in corda) ὑμῶν;
Joh 1240 „ἐπώρωσεν αὐτῶν τὴν καρ., ἵνα μὴ –
  νοήσωσιν τῇ καρδίᾳ" → Mat 1315
 13 2 διαβόλου ἤδη βεβληκότος εἰς τὴν κ.
 14 1 μὴ ταρασσέσθω ὑμῶν ἡ καρδία 27 μὴ
  ταρασσέσθω ὑμῶν ἡ κ. μηδὲ δειλιάτω
 16 6 ἡ λύπη πεπλήρωκεν ὑμῶν τὴν καρδ.
 – 22 καὶ χαρήσεται ὑμῶν ἡ καρδία
Act 2 26 „διὰ τοῦτο ηὐφράνθη ἡ καρδία μου"
 – 37 ἀκούσαντες – κατενύγησαν τὴν καρδ.
 – 46 ἐν ἀγαλλιάσει καὶ ἀφελότητι καρδίας
 432 τοῦ – πλήθους τῶν πιστευσάντων ἦν
  καρδία καὶ ψυχὴ μία
 5 3 διὰ τί ἐπλήρωσεν ὁ σατανᾶς τὴν κ.
  σου –; 4 τί ὅτι ἔθου ἐν τῇ κ. σου –;
 723 ἀνέβη ἐπὶ τὴν καρδ. αὐτοῦ ἐπισκέψ.
 – 39 ἐστράφησαν ἐν ταῖς καρδίαις αὐτῶν
 – 51 „ἀπερίτμητοι καρδίαις (vl καρδίας)"
 – 54 διεπρίοντο ταῖς καρδίαις αὐτῶν
 821 „ἡ" – „καρδία" σου „οὐκ ἔστιν εὐθεῖα"
  ἔναντι τοῦ θεοῦ 22 μετανόησον οὖν –
  εἰ ἄρα ἀφεθήσεταί σοι ἡ ἐπίνοια τῆς
  καρδίας σου
 (837 vl εἰ πιστεύεις ἐξ ὅλ. τῆς κ. vg, vl⁰)
 1123 παρεκάλει πάντας τῇ προθέσει τῆς
  καρδίας προσμένειν τῷ κυρίῳ
 1322 „ἄνδρα κατὰ τὴν καρ. μου" (David)
 1417 ἐμπιπλῶν τροφῆς καὶ εὐφροσύνης
  τὰς καρδίας ὑμῶν (vg nostra)
 15 9 τῇ πίστει καθαρίσας τὰς καρ. αὐτῶν
 1614 ἧς ὁ κύριος διήνοιξεν τὴν καρδίαν
 2113 συνθρύπτοντές μου τὴν καρδίαν;
Rm 1 21 ἐσκοτίσθη ἡ ἀσύνετος αὐτῶν καρδία
 – 24 παρέδωκεν αὐτοὺς ὁ θεὸς ἐν ταῖς
  ἐπιθυμίαις τῶν καρδιῶν αὐτῶν εἰς
 2 5 κατὰ δὲ τὴν – ἀμετανόητον καρδίαν
 – 15 ἐνδείκνυνται τὸ ἔργον τοῦ νόμου
  γραπτὸν ἐν ταῖς καρδίαις αὐτῶν

Rm 2 29 περιτομὴ κ..ας ἐν πνεύματι οὐ γρ.
5 5 ἐκκέχυται ἐν ταῖς κ. ἡμῶν διὰ πνεύ.
6 17 ὑπηκούσατε δὲ ἐκ καρδίας εἰς ὃν
παρεδόθητε τύπον διδαχῆς
8 27 ὁ δὲ ἐραυνῶν τὰς καρδίας → Ap 2 23
9 2 ἀδιάλειπτος ὀδύνη τῇ καρδίᾳ μου
10 1 ἡ μὲν εὐδοκία τῆς ἐμῆς καρδίας
– 6 „μὴ εἴπῃς ἐν τῇ κ. σου· τίς ἀναβ.‟
– 8 „ἐγγύς σου τὸ ῥῆμά ἐστιν, ἐν τῷ
στόματι – καὶ ἐν τῇ καρδίᾳ σου‟
– 9 ἐὰν – πιστεύσῃς „ἐν τῇ καρδίᾳ σου‟
– 10 καρδίᾳ γὰρ πιστεύεται εἰς δικαιος.
16 18 ἐξαπατῶσιν τὰς καρδίας τῶν ἀκάκων
1 Co 2 9 ἃ – ἐπὶ κ..αν ἀνθρώπου οὐκ ἀνέβη
4 5 φανερώσει τὰς βουλὰς τῶν καρδιῶν
7 37 ὃς δὲ ἕστηκεν ἐν τῇ καρδίᾳ αὐτοῦ
ἑδραῖος –, καὶ τοῦτο κέκρικεν ἐν τῇ
ἰδίᾳ καρδίᾳ, τηρεῖν τὴν – παρθένον
14 25 τὰ κρυπτὰ τῆς καρδίας αὐτοῦ φα-
νερὰ γίνεται
2 Co 1 22 θεός, ὁ καὶ σφραγισάμενος ἡμᾶς καὶ
δοὺς τὸν ἀρραβῶνα τοῦ πνεύματος
ἐν ταῖς καρδίαις ἡμῶν
2 4 ἐκ γὰρ πολλῆς θλίψεως καὶ συνο-
χῆς καρδίας ἔγραψα
3 2 ἐγγεγραμμένη ἐν ταῖς κ. ἡμῶν 3 ἐν
„πλαξὶν κ..αις (vl ..ας vg) σαρκίναις‟
– 15 κάλυμμα ἐπὶ τὴν καρδ. αὐτῶν κεῖται
4 6 ὃς ἔλαμψεν ἐν ταῖς καρδίαις ἡμῶν
5 12 ἵνα ἔχητε πρὸς τοὺς ἐν προσώπῳ
καυχωμένους καὶ μὴ ἐν καρδίᾳ
6 11 „ἡ καρδία‟ ἡμῶν „πεπλάτυνται‟
7 3 ἐν ταῖς καρδίαις ἡμῶν ἐστε → Phl 1 7
8 16 δόντι – σπουδὴν – ἐν τῇ καρ. Τίτου
9 7 ἕκαστος καθὼς προῄρηται τῇ καρδίᾳ
Gal 4 6 τὸ πνεῦμα – εἰς τὰς καρδίας ἡμῶν
Eph 1 18 δῴη ὑμῖν – πεφωτισμένους τοὺς ὀ-
φθαλμοὺς τῆς καρδίας [ὑμῶν]
3 17 κατοικῆσαι τὸν Χ. – ἐν ταῖς κ. ὑμῶν
4 18 διὰ τὴν πώρωσιν τῆς καρδίας αὐτῶν
5 19 ψάλλοντες τῇ καρδίᾳ (vl ἐν ταῖς κ.
vg) ὑμῶν τῷ κυρίῳ Col 3 16 ᾄδοντες
ἐν ταῖς καρδίαις ὑμῶν τῷ θεῷ
6 5 ὑπακούετε – ἐν ἁπλότητι τῆς κ. ὑμῶν
Col 3 22 ἐν ἁπλότητι κ..ας φοβούμενοι
– 22 ἵνα – παρακαλέσῃ τὰς κ. ὑμῶν Col
4 8 2 παρακληθῶσιν αἱ καρδ. αὐτῶν
Phl 1 7 διὰ τὸ ἔχειν με ἐν τῇ καρδίᾳ ὑμᾶς
4 7 ἡ εἰρ. τοῦ θ. – φρουρήσει τὰς κ. ὑμῶν
Col 3 15 ἡ εἰρήνη τοῦ Χοῦ βραβευέτω ἐν ταῖς
καρδίαις ὑμῶν → Eph 5 19 6 5.22
1 Th 2 4 θεῷ τῷ „δοκιμάζοντι τὰς κ.‟ ἡμῶν

1 Th 2 17 ἀπορφανισθέντες – προσώπῳ οὐ κ..ᾳ
3 13 στηρίξαι ὑμῶν τὰς καρδ. ἀμέμπτους
2 Th 2 17 [ὁ] θ. – παρακαλέσαι ὑμῶν τὰς καρδ.
3 5 ὁ – κύριος κατευθύναι ὑμῶν τὰς καρ-
δίας εἰς τὴν ἀγάπην τοῦ θεοῦ
1 Ti 1 5 ἀγάπη ἐκ καθαρᾶς καρδίας
2 Ti 2 22 μετὰ τῶν ἐπικαλουμένων τὸν κύριον
ἐκ καθαρᾶς καρδίας
Hb 3 8 „μὴ σκληρύνητε τὰς κ. ὑμῶν‟ 15 4 7
– 3 10 „ἀεὶ πλανῶνται τῇ καρδίᾳ‟
– 12 μήποτε ἔσται ἔν τινι ὑμῶν καρδία
πονηρὰ ἀπιστίας ἐν τῷ ἀποστῆναι
4 12 ὁ λόγος τοῦ θεοῦ –, – κριτικὸς ἐν-
θυμήσεων καὶ ἐννοιῶν καρδίας
8 10 „ἐπὶ κ..ας αὐτῶν ἐπιγράψω αὐτούς‟
10 16 „διδοὺς νόμους μου ἐπὶ κ..ας αὐτ.‟
– 22 προσερχώμεθα μετὰ ἀληθινῆς καρ-
δίας –, ῥεραντισμένοι τὰς καρδίας
ἀπὸ συνειδήσεως πονηρᾶς
13 9 καλὸν – χάριτι βεβαιοῦσθαι τὴν καρ.
Jac 1 26 ἀλλὰ ἀπατῶν καρδίαν αὐτοῦ
3 14 εἰ δὲ ζῆλον – ἔχετε – ἐν τῇ καρ. ὑμῶν
4 8 ἁγνίσατε καρδίας, δίψυχοι
5 5 ἐθρέψατε τὰς καρδίας ὑμῶν „ἐν ἡμέρᾳ
– 8 στηρίξατε τὰς καρ. ὑμῶν |σφαγῆς‟
1 Pe 1 22 ἐκ [καθαρᾶς] καρδίας ἀλλήλους
ἀγαπήσατε ἐκτενῶς
3 4 ὁ κρυπτὸς τῆς καρδίας ἄνθρωπος
– 15 „κύριον – ἁγιάσατε‟ ἐν ταῖς κ. ὑμῶν
2 Pe 1 19 ἕως οὗ – φωσφόρος ἀνατείλῃ ἐν ταῖς
καρδίαις ὑμῶν
2 14 καρδίαν γεγυμνασμένην πλεονεξίας
(vg avaritia vl ..iae) ἔχοντες
1 Jo 3 19 ἔμπροσθεν αὐτοῦ πείσομεν τὴν κ. (vl
τὰς κ. vg) ἡμῶν 20 ὅτι ἐὰν καταγι-
νώσκῃ ἡμῶν ἡ κ., ὅτι μείζων – ὁ θεὸς
τῆς κ. ἡμῶν καὶ γινώσκει πάντα 21
ἐὰν ἡ κ. [ἡμῶν] μὴ καταγινώσκῃ
(vl + ἡμῶν vg)
Ap 2 23 ὁ „ἐραυνῶν νεφροὺς καὶ καρδίας‟
17 17 ὁ γὰρ θεὸς ἔδωκεν εἰς τὰς καρδίας
αὐτῶν ποιῆσαι τὴν γνώμην αὐτοῦ
18 7 „ἐν τῇ καρδίᾳ αὐτῆς λέγει ὅτι κάθη-
μαι βασίλισσα‟

καρδιογνώστης S° – qui corda novit
Act 1 24 σὺ κύριε κ..α (nosti) 15 8 ὁ κ. θεός

Κάρπος 2 Ti 4 13 ἐν Τρῳάδι παρὰ Κάρπῳ

καρπός fructus
Mat 3 8 ποιήσατε οὖν καρπὸν ἄξιον τῆς με-

τανοίας ‖ Luc 38 καρπούς → ἔργον
Mat 310 πᾶν – δένδρον μὴ ποιοῦν καρπὸν κα-
λὸν ἐκκόπτεται ‖ Luc 39 (vl et vg
vl om καλόν) – Mat 719
716 ἀπὸ τῶν καρπῶν αὐτῶν ἐπιγνώσεσθε
αὐτούς 20 – 17 δένδρον ἀγαθὸν καρ-
ποὺς καλοὺς ποιεῖ, τὸ δὲ σαπρὸν
δένδρον καρποὺς πονηροὺς ποιεῖ 18
οὐ δύναται δ. ἀγ. καρποὺς πονηροὺς
ποιεῖν, οὐδὲ δ. σαπ. καρποὺς καλ.
19 ‖ Luc 643.44 ἕκαστον – δένδρον ἐκ
τοῦ ἰδίου καρποῦ γινώσκεται
1233 ποιήσατε τὸ δένδρον καλὸν καὶ τὸν
καρπὸν αὐτοῦ καλόν, ἢ – τὸ δ. σα-
πρὸν καὶ τὸν καρπὸν αὐτοῦ σαπρόν·
ἐκ γὰρ τοῦ κ..οῦ τὸ δ. γινώσκεται
13 8 ἐδίδου καρπόν, ὃ μὲν ἑκατόν ‖ Mar
48 καρπὸν ἀναβαίνοντα Luc 88
– 26 ὅτε δὲ – καρπὸν ἐποίησεν, τότε ἐφάνη
2119 μηκέτι ἐκ σοῦ καρπὸς γένηται ‖ Mar
1114 μηδεὶς καρπὸν φάγοι
– 34 ὅτε – ἤγγισεν ὁ καιρὸς τῶν καρπῶν,
ἀπέστειλεν – λαβεῖν τοὺς κ. αὐτοῦ ‖
Mar 122 ἀπὸ τῶν κ. Luc 2010 τοῦ κ.
– 41 οἵτινες ἀποδώσουσιν αὐτῷ τοὺς καρ-
πούς 43 ἡ βασ. τοῦ θεοῦ – δοθήσεται
ἔθνει ποιοῦντι τοὺς καρποὺς αὐτῆς
Mar 4 7 καὶ καρπὸν οὐκ ἔδωκεν
– 29 ὅταν δὲ παραδοῖ ὁ καρπός
Luc 142 εὐλογημένος ὁ καρ. τῆς κοιλίας σου
1217 οὐκ ἔχω ποῦ συνάξω τοὺς καρ. μου
13 6 ἦλθεν ζητῶν καρπόν 7.9 κἂν μὲν ποι-
ήσῃ καρπὸν εἰς τὸ μέλλον· εἰ δὲ μή
2130 ὅταν προβάλωσιν (vl + τὸν κ. vg)
Joh 436 συνάγει καρπὸν εἰς ζωὴν αἰώνιον
1224 ἐὰν δὲ ἀποθάνῃ, πολὺν κ..ὸν φέρει
15 2 πᾶν κλῆμα – μὴ φέρον καρπόν, – καὶ
πᾶν τὸ καρπὸν φέρον, – ἵνα καρπὸν
πλείονα φέρῃ 4 τὸ κλῆμα οὐ δύνα-
ται καρπὸν φέρειν ἀφ' ἑαυτοῦ
– 5 οὗτος φέρει καρπὸν πολύν 8 ἵνα καρ-
πὸν πολὺν φέρητε 16 ἔθηκα ὑμᾶς ἵνα
– κ. φέρητε καὶ ὁ καρπὸς ὑμῶν μένῃ
Act 230 „ἐκ κ..οῦ τῆς ὀσφύος αὐτοῦ καθίσαι"
Rm 113 ἵνα τινὰ καρπὸν σχῶ καὶ ἐν ὑμῖν
621 τίνα οὖν καρπὸν εἴχετε τότε; ἐφ' οἷς
– 22 ἔχετε τὸν καρπὸν ὑμῶν εἰς ἁγιασμόν
1528 σφραγισάμενος αὐτοῖς τὸν κ. τοῦτον
1 Co 9 7 καὶ τὸν καρπὸν αὐτοῦ οὐκ ἐσθίει;
Gal 522 ὁ δὲ κ. τοῦ πνεύματός ἐστιν ἀγάπη
Eph 5 9 ὁ – κ. τοῦ φωτὸς ἐν πάσῃ ἀγαθωσύνῃ
Phl 111 ἵνα ἦτε –, πεπληρωμένοι καρπὸν δι-

καιοσύνης τὸν διὰ Ἰησοῦ Χριστοῦ
Phl 122 εἰ δὲ τὸ ζῆν ἐν σαρκί, τοῦτό μοι καρ-
πὸς ἔργου, – τί αἱρήσομαι οὐ γνωρίζω
417 ἀλλὰ ἐπιζητῶ τὸν καρπὸν τὸν πλεο-
νάζοντα εἰς λόγον ὑμῶν
2 Ti 2 6 δεῖ πρῶτον τῶν καρπ. μεταλαμβάνειν
Hb 1211 καρπὸν εἰρηνικὸν – ἀποδίδωσιν δικαι-
οσύνης Jac 318 καρπὸς – δικαιοσύνης
ἐν εἰρήνῃ σπείρεται
1315 „καρπὸν χειλέων" ὁμολογούντων
Jac 317 μεστὴ ἐλέους καὶ καρπῶν ἀγαθῶν
5 7 ἐκδέχεται τὸν τίμιον καρπὸν τῆς γῆς
– 18 ἡ γῆ ἐβλάστησεν τὸν καρπὸν αὐτῆς
Ap 22 2 „ξύλον ζωῆς" ποιοῦν καρποὺς δώ-
δεκα, „κατὰ μῆνα" – ἀποδιδοῦν „τὸν
καρπὸν αὐτοῦ"

καρποφορεῖν fructificare ᵇ fructam afferre
Mat 1323 ὃς δὴ κ..εῖ ᵇ ‖ Mar 420 οἵτινες – κ..οῦ-
σιν Luc 815 κ..οῦσιν ᵇ ἐν ὑπομονῇ
Mar 428 αὐτομάτη ἡ γῆ κ..εῖ, πρῶτον χόρτον
Rm 7 4 ἵνα καρποφορήσωμεν τῷ θεῷ
– 5 εἰς τὸ καρποφορῆσαι τῷ θανάτῳ
Col 1 6 ἐν παντὶ τῷ κόσμῳ ἐστὶν κ..ούμενον
καὶ αὐξανόμενον (sc τὸ εὐαγγέλιον)
– 10 ἐν παντὶ ἔργῳ ἀγαθῷ κ..οῦντες

καρποφόρος fructifer
Act 1417 ὑετοὺς διδοὺς καὶ καιροὺς κ..ους

καρτερεῖν sustinere Hb 1127 τὸν γὰρ ἀόρα-
τον ὡς ὁρῶν ἐκαρτέρησεν (Moses)

κάρφος ἐν τῷ ὀφθαλμῷ festuca
Mat 7 3.4 ἄφες ἐκβάλω τὸ κ. 5 ‖ Luc 641.42

*κατά cum genitivo (om cum accus.)
ἔχειν τι κατά τινος habere aliquid ad-
versus (..sum) aliquem Mat 523 ὅτι ὁ ἀδελφός
σου ἔχει τι κατὰ σοῦ ‖ Mar 1125 ἀφίετε εἴ τι
ἔχετε κατά τινος – Ap 24 ἔχω κατὰ σοῦ ὅτι
τὴν ἀγάπην – ἀφῆκες 20 ὅτι ἀφεῖς τὴν γυναῖκα
Ἰεζάβελ 14 ὀλίγα, ὅτι ἔχεις ἐκεῖ κρατοῦντας
τὴν διδαχὴν Βαλαάμ
εἶναι κατά τινος esse contra vel ad-
versus (..sum) aliquem Mat 1230 ὁ μὴ ὢν μετ'
ἐμοῦ κατ' ἐμοῦ ἐστιν ‖ Luc 1123 – Mar 940
ὃς – οὐκ ἔστιν καθ' ἡμῶν, ὑπὲρ ἡμῶν ἐστιν ‖
Luc 950 ὑμῶν – Rm 831 εἰ ὁ θεὸς ὑπὲρ ἡμῶν,
τίς καθ' ἡμῶν; Gal 321 ὁ οὖν νόμος κατὰ τῶν
ἐπαγγελιῶν [τοῦ θεοῦ]; 523 κατὰ τῶν τοιούτων
οὐκ ἔστιν νόμος adversus:

Rm 8 33 τίς ἐγκαλέσει κατὰ ἐκλεκτῶν θεοῦ;
2 Co 13 8 οὐ – δυνάμεθά τι κατὰ τῆς ἀληθείας
Col 2 14 ἐξαλείψας τὸ καθ' ἡμῶν χειρόγραφον

*καταβαίνειν descendere ᵇdemergi
Mat 3 16 πνεῦμα [τοῦ] θεοῦ καταβαῖνον ὡσεὶ
  περιστερὰν ‖ Mar 1 10 εἰς αὐτόν Luc
  3 22 σωματικῷ εἴδει Joh 1 32.33
  11 23 „ἕως ᾅδου καταβήσῃ (vl καταβιβα-
  σθήσῃ)" ‖ Luc 10 15 (ead. vlᵇ, ..gēris)
  24 17 ὁ ἐπὶ τοῦ δώματος μὴ καταβάτω ἆραι
  τὰ ἐκ τῆς οἰκίας ‖ Mar 13 15 Luc 17 31
  27 40 κατάβηθι ἀπὸ τοῦ σταυροῦ 42 κατα-
  βάτω νῦν ‖ Mar 15 30.32 [νοῦ
28 2 ἄγγελος – κυρίου καταβὰς ἐξ οὐρα-
Luc 9 54 θέλεις εἴπωμεν „πῦρ καταβῆναι" – ;
Joh 1 51 ὄψεσθε – τοὺς ἀγγέλους – καταβαί-
  νοντας ἐπὶ τὸν υἱὸν τοῦ ἀνθρώπου
  3 13 εἰ μὴ ὁ ἐκ τοῦ οὐρανοῦ καταβάς
  (5 4 vl ἄγγελος – κατὰ καιρὸν – κατέβ..εν)
  6 33 ὁ – ἄρτος τοῦ θεοῦ ἐστιν ὁ καταβαί-
  νων ἐκ τοῦ οὐρανοῦ 38 καταβέβηκα
  ἀπὸ τοῦ οὐρ. 41 ἐγώ εἰμι ὁ ἄρτος ὁ
  καταβὰς ἐκ τ. οὐρ. 42 πῶς – λέγει ὅτι
  – καταβέβηκα; 50.51.58
Act 7 34 „καὶ κατέβην ἐξελέσθαι αὐτούς"
  8 38 κατέβησαν ἀμφότεροι εἰς τὸ ὕδωρ
  10 11 θεωρεῖ – καταβαῖνον σκεῦός τι 11 5
Rm 10 7 „τίς καταβήσεται εἰς τὴν ἄβυσσον;"
Eph 4 9 τί ἐστιν εἰ μὴ ὅτι καὶ κατέβη εἰς τὰ
  κατώτερα [μέρη] τῆς γῆς; 10 ὁ κατα-
  βὰς αὐτός ἐστιν καὶ ὁ „ἀναβάς"
1 Th 4 16 αὐτὸς ὁ κύρ. – καταβήσεται ἀπ' οὐρ.
Jac 1 17 πᾶν δώρημα τέλειον ἄνωθέν ἐστιν
  κ..ον ἀπὸ τοῦ πατρὸς τῶν φώτων
Ap 3 12 τῆς καινῆς Ἱερουσ. ἡ κ..ουσα ἐκ τοῦ
  οὐρ. 21 2.10 – 10 1 ἄγγελον ἰσχυρὸν
  κ..οντα ἐκ τ. οὐραν. 18 1 20 1 – 13 13
  ἵνα καὶ πῦρ ποιῇ ἐκ τ. οὐρ. κ..ειν 20 9
  – 16 21 „χάλαζα μεγάλη" – κατα-
  βαίνει – ἐπὶ τοὺς ἀνθρώπους
  12 12 ὅτι κατέβη ὁ διάβολος πρὸς ὑμᾶς

καταβάλλεσθαι ᵃ(pass) deiici ᵇ(med) iacere
2 Co 4 9 κ..όμενοιᵃ ἀλλ' οὐκ ἀπολλύμενοι
Hb 6 1 μὴ πάλιν θεμέλιον κ..όμενοιᵇ μετανοί.

καταβαρεῖν Sᵒ – gravare 2 Co 12 16 ὑμᾶς

καταβαρύνειν gravare (vl ingr.) Mar 14 40

κατάβασις descensus Luc 19 37 ὄρους τ. ἐλαι.

καταβιβάζεσθαι → καταβαίνειν Mat 11 23

καταβολή constitutio ᵇinstitutio ᶜorigo –
  ᵈconceptio
Mat 13 35 κεκρυμμένα ἀπὸ καταβολῆς [κόσμου]
  25 34 τὴν ἡτοιμασμένην ὑμῖν βασι-
  λείαν ἀπὸ κ..ῆς κόσμου
Luc 11 50 αἷμα – τὸ ἐκκεχυμένον ἀπὸ κ..ῆς κόσ.
Joh 17 24 ὅτι ἠγάπησάς με πρὸ κ..ῆς κόσμου
Eph 1 4 ἐξελέξατο ἡμᾶς – πρὸ κ..ῆς κόσμου
Hb 4 3 τῶν ἔργων ἀπὸ κ..ῆςᵇ κ. γενηθέντων
  9 26 ἐπεὶ ἔδει αὐτὸν πολλάκις παθεῖν ἀπὸ
  κ..ῆςᶜ κόσμου – 11 11 δύναμιν εἰς κα-
  ταβολὴνᵈ σπέρματος ἔλαβεν (Sara)
1 Pe 1 20 Χοῦ, προεγνωσμένου–πρὸ κ..ῆς κόσ.
Ap 13 8 οὗ οὐ γέγραπται τὸ ὄνομα – ἐν τ. βι-
  βλίῳ τῆς ζωῆς – ἀπὸ κ..ῆςᶜ κόσ. 17 8

καταβραβεύειν seducere
Col 2 18 μηδεὶς ὑμᾶς καταβραβευέτω

καταγγελεύς Sᵒ – annunciator Act 17 18 ξέ-
  νων δαιμονίων δοκεῖ κατ..εὺς εἶναι

καταγγέλλειν annunciare ᵇpraedicare
Act 3 24 οἱ προφῆται – κατήγγειλαν τὰς ἡμέ-
  ρας ταύτας 4 2 καταγγέλλειν ἐν τῷ
  Ἰησοῦ τὴν ἀνάστασιν τὴν ἐκ νεκρῶν
  13 5 κατήγγελλονᵇ τ. λόγον τ. θεοῦ 15 36ᵇ
  κυρίου 17 13 ὅτι – κατηγγέληᵇ – ὁ λόγ.
  – 38 ὅτι διὰ τούτου ὑμῖν ἄφεσις ἁμαρτιῶν
  καταγγέλλεται
  16 17 κ..ουσιν ὑμῖν ὁδὸν σωτηρίας 21 ἔθη
  ἃ οὐκ ἔξεστιν ἡμῖν παραδέχεσθαι
  17 3 οὗτος – [ὁ] Ἰησοῦς ὃν ἐγὼ κ..ω ὑμῖν
  – 23 ὃ – ἀγνοοῦντες εὐσεβεῖτε, – κ..ω ὑμῖν
  26 23 εἰ – φῶς μέλλει κ..ειν τῷ τε λαῷ
Rm 1 8 ἡ πίστις ὑμῶν κ..εται ἐν ὅλῳ τ. κόσ.
1 Co 2 1 κ..ων ὑμῖν τὸ μυστήριον (vl μαρτύ-
  ριον) τοῦ θεοῦ (vg Christi)
  9 14 διέταξεν τοῖς τὸ εὐαγγέλιον κ..ουσιν
  11 26 τὸν θάνατον τοῦ κυρίου κ..ετε (vg
  ann..bitis vl adnuntiatis), ἄχρι οὗ
Phl 1 17 οἱ δὲ ἐξ ἐριθείας τὸν Χὸν κ..ουσιν
  – 18 πλὴν ὅτι παντὶ τρόπῳ – Χὸς κ..εται
Col 1 28 (Χός) ὃν ἡμεῖς κ..ομεν νουθετοῦντες

κατάγειν, ..εσθαι deducere ᵇproducere
  ᶜsubducere – pass: ᵈdevenire ᵉvenire
Luc 5 11ᶜ πλοῖα ἐπὶ τὴν γῆν – Act 9 30 22 30ᵇ
Act 23 15ᵇ 20ᵇ εἰς τὸ συνέδριον 28 27 3ᵈ 28 12ᵉ
Rm 10 6 τοῦτ' ἔστιν Χριστὸν καταγαγεῖν

καταγελᾶν *deridēre* [b]*irridēre*
Mat 9 24 κατεγέλων αὐτοῦ || Mar 5 40 [b] Luc 8 53

καταγινώσκειν *reprehendere* [b](part prf
pass) *reprehensibilis* (vel lat *r..sus*)
Gal 2 11 ὅτι κατεγνωσμένος [b] ἦν (sc Κηφᾶς)
1 Jo 3 20.21 → καρδία sub 1 Jo 3 19.20.21

καταγνύναι *frangere* [b]*confringere*
Mat 12 20 [b] „κάλαμον συντετριμμένον" Joh 19
31-33 σκέλη

χαταγράφειν *scribere* [[Joh 8 6 εἰς τὴν γῆν]]

καταγωνίζεσθαι S⁰ – *vincere* (vl *devinc.*)
Hb 11 33 διὰ πίστεως κατηγωνίσαντο βασιλείας

καταδεῖν *alligare* Luc 10 34 τὰ τραύματα

κατάδηλος S⁰ – *manifestus* Hb 7 15

καταδικάζειν *condemnare* [b]*addicere*
Mat 12 7 οὐκ ἂν κατεδικάσατε τοὺς ἀναιτίους
– 37 ἐκ τῶν λόγων σου καταδικασθήσῃ
Luc 6 37 μὴ κ..άζετε, καὶ οὐ μὴ κ..ασθῆτε
Jac 5 6 κατεδικάσατε [b], – τὸν δίκαιον

καταδίκη *damnatio* Act 25 15 κατ' αὐτοῦ

καταδιώκειν *prosequi* (vl *pers.*) Mar 1 36

καταδουλοῦν *in servitutem redigere*
2 Co 11 20 ἀνέχεσθε – εἴ τις ὑμᾶς καταδουλοῖ
Gal 2 4 ἵνα ἡμᾶς καταδουλώσουσιν

καταδυναστεύειν [a]*opprimere* [b]*per poten
tiam opprimere* Act 10 38 Ἰώμενος – τοὺς
κ..ομένους [a] ὑπὸ τοῦ διαβόλου Jac 2 6
οὐχ οἱ πλούσιοι κ..ουσιν [b] ὑμῶν –;

κατάθεμα S⁰ – *maledictum* Ap 22 3

καταθεματίζειν S⁰ – *detestari* Mat 26 74

καταισχύνειν, ..εσθαι *confundere*, ..di
[b]*deturpare* [c]*erubescere*
Luc 13 17 κατῃσχύνοντο [c] – οἱ ἀντικείμενοι
Rm 5 5 ἡ δὲ „ἐλπὶς οὐ καταισχύνει"
9 33 „ὁ πιστεύων ἐπ' αὐτῷ οὐ κ..θήσεται"
10 11 1 Pe 2 6 „οὐ μὴ καταισχυνθῇ"
1 Co 1 27 ἵνα κ..νῃ τοὺς σοφούς, – τὰ ἰσχυρά
11 4 ἀνὴρ – κατὰ κεφαλῆς ἔχων κ..νει [b]
τὴν κεφαλὴν αὐτοῦ 5 γυνὴ – ἀκατα-
καλύπτῳ τῇ κεφ. κ..νει [b] τὴν κ. αὐτῆς

1 Co 11 22 καταισχύνετε τοὺς μὴ ἔχοντας;
2 Co 7 14 ὅτι εἴ τι αὐτῷ – κεκαύχημαι, οὐ κατ-
ῃσχύνθην – 9 4 μή πως – κ..θῶμεν [c]
1 Pe 3 16 ἵνα – κ..ῶσιν οἱ ἐπηρεάζοντες

κατακαίειν, ..εσθαι *comburere*, ..i [b]*ardēre*
[c]*concremare* [d]*cremari* [e]*exuri*
Mat 3 12 τὸ δὲ ἄχυρον κατακαύσει πυρὶ ἀσβέ-
στῳ || Lc 3 17 – Mat 13 30 τὰ ζιζάνια [40]
Act 19 19 τὰς βίβλους κατέκαιον ἐνώπ. πάντων
1 Co 3 15 εἴ τινος τὸ ἔργον κατακαήσεται [b]
Hb 13 11 σώματα „κ..εται [d] ἔξω τῆς παρεμβολ."
2 Pe 3 10 γῆ καὶ τὰ ἐν αὐτῇ ἔργα εὑρεθήσεται
(vl κατακαήσεται [e] *exurentur* vl⁰)
Ap 8 7 τὸ τρίτον τῆς γῆς κατεκάη, καὶ τὸ
τρίτον τῶν δένδρων κατεκάη [c] (vl [a]),
καὶ πᾶς χόρτος χλωρὸς κατεκάη
17 16 αὐτὴν κατακαύσουσιν [c] ἐν πυρί
18 8 καὶ ἐν πυρὶ κ..καυθήσεται (sc ἡ πόρνη)

κατακαλύπτεσθαι *velare*, *velari*
1 Co 11 6 εἰ – οὐ κ..εται γυνή – ' εἰ δὲ –, κ..έσθω
– 7 ἀνὴρ – οὐκ ὀφείλει κ. τὴν κεφαλήν

κατακαυχᾶσθαι *gloriari* (*adversus*) [b]*super-
exaltare* (vl *.exultare*) *aliquid*
Rm 11 18 μὴ κ..χῶ τῶν κλάδων· εἰ δὲ κ..χᾶσαι
Jac 2 13 κατακαυχᾶται [b] ἔλεος κρίσεως
3 14 εἰ – ζῆλον πικρὸν ἔχετε –, μὴ κ..ᾶσθε
καὶ ψεύδεσθε κατὰ τῆς ἀληθείας

κατακεῖσθαι *iacēre* [b]*accumbere* [c]*decumbere*
[d]*discumbere* [e]*recumbere*
Mar 1 30 κατέκειτο [c] πυρέσσουσα 2 4 ὅπου ὁ
παραλυτικὸς κατέκειτο Luc 5 25 ἄρας
ἐφ' ὃ κατέκειτο Joh 5 3.6 Act 9 33 28 8
2 15 κ..σθαι [b] αὐτῶν ἐν τῇ οἰκίᾳ αὐτοῦ (Le-
vi) || Luc 5 29 μετ' αὐτῶν κ..μενοι [d]
14 3 κατακειμένου [e] αὐτοῦ ἦλθεν γυνή
Luc 7 37 γυνὴ – ἐπιγνοῦσα ὅτι κατάκειται [b] ἐν
τῇ οἰκίᾳ τοῦ Φαρισαίου
1 Co 8 10 ἐάν – τις ἴδῃ σὲ τὸν ἔχοντα γνῶσιν
ἐν εἰδωλείῳ κατακείμενον [e]

κατακλᾶν *frangere* Mar 6 41 ἄρτους || Luc 9 16

κατακλείειν *includere* Luc 3 20 Act 26 10

κατακληρονομεῖν *sorte distribuere* Act 13 19

κατακλίνειν *facere discumbere* – κατακλί-
νεσθαι [b]*discumbere* [c]*recumbere*
Luc 7 36 κατεκλίθη [b] 9 14 κ..ατε αὐτούς 15 καὶ

κατέκλιναν (vl[b]) ἅπαντας 14 8 μὴ κατα-
κλιθῆς[b] εἰς τὴν πρωτοκλισίαν 24 30[c]

κατακλύζεσθαι *inundari* 2 Pe 3 6 ὕδατι

κατακλυσμός *diluvium* Mat 24 38 ἐν ταῖς ἡ-
μέραις – πρὸ τοῦ κ. 39 ‖ Luc 17 27 – 2 Pe 2 5

κατακολουθεῖν *subsequi* Luc 23 55 Act 16 17

κατακόπτειν *concidere* Mar 5 5 ἑαυτ. λίθοις

κατακρημνίζειν *praecipitare* Luc 4 29 (Ἰησν)

κατάκριμα *condemnatio* [b]*damnatio*
Rm 5 16 τὸ – κρίμα ἐξ ἑνὸς εἰς κατάκριμα 18
8 1 οὐδὲν ἄρα νῦν κατ.[b] τοῖς ἐν Χῷ Ἰησ.

κατακρίνειν *condemnare* [b]*damnare*
Mat 12 41 Νινευῖται – κ..οῦσιν αὐτὴν 42 βασί-
λισσα νότου – κ..εῖ αὐτήν ‖ Luc 11 31 s
20 18 κ..οῦσιν αὐτὸν θανάτῳ ‖ Mar 10 33[b]
27 3 ἰδὼν Ἰούδας – ὅτι κατεκρίθη[b]
Mar 14 64 οἱ δὲ κατέκριναν αὐτὸν ἔνο-
χον εἶναι θανάτου
‖16 16 ὁ δὲ ἀπιστήσας κατακριθήσεται‖
‖Joh 8 10 οὐδείς σε κατέκρινεν; 11 οὐδὲ ἐγώ σε
κατακρίνω‖
Rm 2 1 ἐν ᾧ – κρίνεις (*iudicas*) τὸν ἕτερον,
σεαυτὸν κατακρίνεις
8 3 κατέκρινεν[b] τὴν ἁμαρτ. ἐν τῇ σαρκί
– 34 θεὸς „ὁ δικαιῶν· τίς ὁ κατακρινῶν;"
14 23 ὁ δὲ διακρινόμενος ἐὰν φάγῃ κατα-
κέκριται[b], ὅτι οὐκ ἐκ πίστεως
1 Co 11 32 ἵνα μὴ σὺν τῷ κόσμῳ κ..ιθῶμεν[b]
Hb 11 7 δι᾽ ἧς κατέκρινεν[b] τὸν κόσμον (Noe)
2 Pe 2 6 πόλεις Σοδόμων καὶ Γομόρρας τε-
φρώσας [καταστροφῇ] κατέκρινεν[b]

κατάκρισις S[o] – [a]*condemnatio* [b]*damnatio*
2 Co 3 9 εἰ – τῇ διακονίᾳ τῆς κ..εως[b] δόξα
7 3 πρὸς κατάκρισιν[a] οὐ λέγω

κατακύπτειν *se inclinare* ‖Joh 8 8 κ.ψας‖

κατακυριεύειν *dominari*
Mat 20 25 (ἐθνῶν) ‖ Mar 10 42 – Act 19 16
1 Pe 5 3 μηδ᾽ ὡς κ..οντες τῶν κλήρων ἀλλά

καταλαλεῖν *detrahere* [b]*detrectare* (vl ..*act.*)
Jac 4 11 μὴ κ..εῖτε ἀλλήλων – . ὁ κ..ῶν ἀδελ-
φοῦ ἢ κρίνων τὸν ἀδ. – κ..εῖ νόμου

1 Pe 2 12 ἐν ᾧ κ..οῦσιν[b] ὑμῶν ὡς κακοποιῶν
3 16 ἵνα ἐν ᾧ κ..σθε καταισχυνθῶσιν

καταλαλιαί *detractiones* 2 Co 12 20 1 Pe 2 1

κατάλαλος S[o] – *detractor* Rm 1 30 κ..ους

καταλαμβάνειν, ..εσθαι *comprehendere*
[b]*apprehend.* [c]*depreh.* [d]*comperire*
Mar 9 18 ὅπου ἐὰν αὐτὸν καταλάβῃ[b]
Joh 1 5 ἡ σκοτία αὐτὸ οὐ κατέλαβεν
(6 17 vl κατέλαβεν – αὐτοὺς ἡ σκοτία vg[o])
‖8 3 ἐπὶ μοιχείᾳ κατειλημμένην[c] 4[c]‖
12 35 ἵνα μὴ σκοτία ὑμᾶς καταλάβῃ
Act 4 13 κ..βόμενοι[d] ὅτι – ἀγράμματοί εἰσιν
10 34 ἐπ᾽ ἀληθείας κ..ομαι[d] ὅτι -- 25 25[d]
Rm 9 30 ἔθνη – κατέλαβεν[b] δικαιοσύνην
1 Co 9 24 οὕτως τρέχετε ἵνα καταλάβητε
Eph 3 18 καταλαβέσθαι – τί τὸ πλάτος καὶ μῆ.
Phl 3 12 διώκω – εἰ κ. καταλάβω, ἐφ᾽ ᾧ κ. κατε-
λήμφθην ὑπὸ Χοῦ [Ἰησ.] 13 ἐγὼ ἐμαυ-
τὸν οὐ λογίζομαι κατειληφέναι
1 Th 5 4 οὐκ ἐστὲ ἐν σκότει, ἵνα ἡ ἡμέρα ὑμᾶς
ὡς κλέπτης καταλάβῃ

καταλέγειν *eligere* 1 Ti 5 9 χήρα κ..έσθω μὴ
ἔλαττον ἐτῶν ἑξήκοντα γεγονυῖα

καταλείπειν *relinquere* [b]*derelinquere* [c]*di-
mittere* [d]*reicere* [e](pass.) *remanēre*
Mat 4 13 καταλιπὼν τὴν Ναζαρά – 16 4 21 17
19 5 „καταλείψει[c] ἄνθρωπος τὸν πατέρα
καὶ τὴν μητέρα" ‖ Mar 10 7 Eph 5 31
Mar 12 19[c] 21 ἀπέθανεν μὴ καταλιπὼν σπέρμα
‖ Luc 20 31 – Mar 14 52[d] τὴν σινδόνα
Luc 5 28 καταλιπὼν πάντα – ἠκολούθει αὐτῷ
10 40 ὅτι – μόνην με κατέλιπεν διακονεῖν;
15 4 οὐ κ..εῖ[c] τὰ ἐνενήκοντα ἐννέα –;
‖Joh 8 9 κατελείφθη[e] μόνος, καὶ ἡ γυνὴ ἐν‖
Act 6 2 ἡμᾶς κ..ψαντας[b] τ. λόγον – διακονεῖν
18 19 21 3 24 27 Παῦλον δεδεμένον 25 14[b]
Rm 11 4 „κατέλιπον" ἐμαυτῷ „ἑπτακισχιλ."
Eph 5 31 → Mt 19 5 – 1 Th 3 1 κ..φθῆναι[e] ἐν Ἀθ.
Hb 4 1 κ..ομένης ἐπαγγελίας εἰσελθεῖν εἰς
11 27 πίστει κατέλιπεν Αἴγυπτον, μὴ φοβ.
2 Pe 2 15 κ..οντες[b] εὐθεῖαν ὁδὸν ἐπλανήθησαν

καταλιθάζειν S[o] – *lapidare* Luc 20 6 ἡμᾶς

καταλλαγή *reconciliatio*
Rm 5 11 δι᾽ οὗ νῦν τὴν καταλλαγὴν ἐλάβομεν
11 15 εἰ – ἡ ἀποβολὴ αὐτῶν κ..γὴ κόσμου·

2 Co 518 δόντος ἡμῖν τὴν διακονίαν τῆς κατ.
– 19 θέμενος ἐν ἡμῖν τὸν λόγον τῆς κατ.

καταλλάσσειν, ..εσθαι *reconciliare*, ..*ri*
Rm 510 εἰ – κατηλλάγημεν τῷ θεῷ διὰ τοῦ
θανάτου τοῦ υἱοῦ –, – μᾶλλον κ..γέν-
τες σωθησόμεθα ἐν τῇ ζωῇ αὐτοῦ
1 Co 711 ἢ τῷ ἀνδρὶ καταλλαγήτω
2 Co 518 θεοῦ τοῦ κ..άξαντος ἡμᾶς ἑαυτῷ
– 19 θεὸς ἦν ἐν Χῷ κόσμον καταλλάσσων
ἑαυτῷ 20 καταλλάγητε τῷ θεῷ

κατάλοιποι *ceteri* Act 1517 „οἱ κ. τῶν ἀνθρ."

καταλύειν *destruere* [b]*dissolvere* [c]*divertere*
(vl *dev.*) [d]*solvere*
Mat 517 κ..ῦσαι[d] τὸν νόμον ἢ τοὺς προφήτας˙
οὐκ ἦλθον κ..ῦσαι[d] ἀλλὰ πληρῶσαι
24 2 οὐ μὴ ἀφεθῇ – λίθος ἐπὶ λίθον ὃς οὐ
καταλυθήσεται ‖ Mar 132 Luc 216
2661 δύναμαι καταλῦσαι τὸν ναὸν τοῦ θε-
οῦ 2740 ὁ καταλύων τὸν ναόν ‖ Mar
1458[b] 1529 – Act 614 ὅτι 'Ἰησοῦς –
καταλύσει τὸν τόπον τοῦτον
Luc 912 ἵνα – εἰς τὰς – κώμας – καταλύσωσιν[c]
19 7 παρὰ ἁμαρτωλῷ – εἰσῆλθεν κ..ῦσαι[c]
Act 538 ἐὰν ᾖ ἐξ ἀνθρώπων ἡ βουλή –, κατα-
λυθήσεται[b] 39 εἰ δὲ ἐκ θεοῦ ἐστιν,
οὐ δύνησθε καταλῦσαι[b] αὐτούς
Rm 1420 μὴ – κατάλυε τὸ ἔργον τοῦ θεοῦ
2 Co 5 1 ἐὰν ἡ ἐπίγειος ἡμῶν οἰκία – κ.λυθῇ[b˙]
Gal 218 εἰ – ἃ κατέλυσα – πάλιν οἰκοδομῶ

κατάλυμα *diversorium* [b]*refectio*
Mar 1414 ποῦ ἐστιν τὸ κ.[b] μου –; ‖ Luc 2211
Luc 2 7 οὐκ ἦν αὐτοῖς τόπος ἐν τῷ κ..ατι

καταμανθάνειν *considerare* Mat 628 κρίνα

καταμαρτυρεῖν *testificari adversum* [b]*testi-
monium dicere adv.* [c]*obiicere alicui*
Mat 2662 τί οὗτοί σου κ..οῦσιν 2713[b] ‖ Mr 1460[c]

καταμένειν *manēre* Act 113 (vl 1 Co 166)

καταναλίσκειν *consumere* Hb 1229 „πῦρ"

καταναρκᾶν Sᵒ – [a]*gravare* [b]*gravem esse*
[c]*onerosum esse* 2 Co 119 οὐ κατενάρκη-
σα[c] οὐθενός 1213[a] 14 οὐ καταναρκήσω[b]

κατανεύειν Sᵒ – *annuere* Luc 57 κατέ..σαν

κατανοεῖν *considerare* [b]*vidēre*
Mat 7 3 τὴν – δοκὸν οὐ κ..εῖς[b]; ‖ Luc 641

Luc 1224 κ..ήσατε τοὺς κόρακας 27 τὰ κρίνα
2023 κ..ήσας – αὐτῶν τὴν πανουργίαν
Act 731.32 οὐκ ἐτόλμα κ..ῆσαι 116 ἀτενίσας
κατενόουν 2739 κόλπον – κατενόουν
Rm 419 μὴ ἀσθενήσας τῇ πίστει (vl + οὐ vg
nec) κατενόησεν τὸ ἑαυτοῦ σῶμα
[ἤδη] νενεκρωμένον
Hb 3 1 κατανοήσατε τ. ἀπόστολον καὶ ἀρχ-
ιερέα τῆς ὁμολογίας ἡμῶν 'Ἰησοῦν
1024 κατανοῶμεν ἀλλήλους εἰς παροξυ-
σμὸν ἀγάπης καὶ καλῶν ἔργων
Jac 123 κ..οῦντι τὸ πρόσωπον – ἐν ἐσόπτρῳ
– 24 κατενόησεν – ἑαυτὸν καὶ ἀπελήλυθεν

καταντᾶν *devenire* [b]*pervenire* [c]*venire*
[d]*occurrere* [e]*descendere*
Act 16 1[b] εἰς Δέρβην 1819 "Ἐφ. 24 2015[c] ἄντι-
κρυς Χίου 217 κατηντήσαμεν (vl κατ-
έβημεν vg)[e] εἰς Πτολ. 2513[e] Καισ.
2712 Φοίνικα 2813 'Ῥήγιον
26 7 τῆς – ἐπαγγελίας –, εἰς ἣν τὸ δωδε-
κάφυλον ἡμῶν – ἐλπίζει καταντῆσαι
1 Co 1011 ἡμῶν, εἰς οὓς τὰ τέλη τῶν αἰώνων
κατήντηκεν 1436 ἢ εἰς ὑμᾶς μόνους
κατήντησεν[b] (sc ὁ λόγος τοῦ θεοῦ);
Eph 413 μέχρι καταντήσωμεν[d] οἱ πάντες εἰς
τὴν ἑνότητα τῆς πίστεως
Phl 311 εἴ πως καταντήσω[d] εἰς τὴν ἐξανά-
στασιν τὴν ἐκ νεκρῶν

κατάνυξις *compunctio* Rm 118 „πνεῦ. κ..εως"

κατανύσσεσθαι *compungi* Act 237 τὴν καρδ.

καταξιοῦσθαι *dignum haberi*
Luc 2035 οἱ – κ..ωθέντες τοῦ αἰῶνος ἐκείνου
τυχεῖν – 2136 ἵνα κατισχύσητε (vl
καταξιωθῆτε vg) ἐκφυγεῖν – τὰ μέλ-
λοντα γίνεσθαι
Act 541 χαίροντες –, ὅτι κατηξιώθησαν ὑπὲρ
τοῦ ὀνόματος ἀτιμασθῆναι
2 Th 1 5 εἰς τὸ κ..ωθῆναι ὑμᾶς τῆς βασιλείας

καταπατεῖν *conculcare*
Mat 513 εἰ μὴ βληθὲν ἔξω καταπατεῖσθαι
7 6 μήποτε κ..ήσουσιν αὐτούς (sc μαργ.)
Luc 8 5 παρὰ τὴν ὁδὸν καὶ κατεπατήθη
12 1 ὄχλου, ὥστε καταπατεῖν ἀλλήλους
Hb 1029 ὁ τὸν υἱὸν τοῦ θεοῦ καταπατήσας

καταπαύειν *requiescere* [b]*requiem praestare*
[c]*sedare* Act 1418 μόλις κατέπαυ-

σαν^c τοὺς ὄχλους τοῦ μὴ θύειν αὐτοῖς
Hb 4 4 „κατέπαυσεν – ἀπὸ – τ. ἔργων αὐτοῦ"
 – 8 εἰ γὰρ αὐτοὺς Ἰησοῦς κατέπαυσεν^b
 – 10 ὁ – „εἰσελθὼν εἰς τὴν κατάπαυσιν αὐ-
 τοῦ" καὶ αὐτὸς „κατέπαυσεν ἀπὸ τῶν
 ἔργων" αὐτοῦ, ὥσπερ – „ὁ θεός"

κατάπαυσις requies ^brequietio
Act 7 49 „τίς τόπος τῆς καταπαύσεώς^b μου;"
Hb 3 11 „εἰ εἰσελεύσονται εἰς τὴν κ..ίν μου"
 4 3.5 – 3 18 τίσιν – „ὤμοσεν μὴ εἰσ-
 ελεύσεσθαι εἰς τὴν κ..ιν αὐτοῦ" – ;
 4 1 ἐπαγγελίας εἰσελθεῖν εἰς τὴν κ..ιν
 – 3 „εἰσερχόμεθα – εἰς [τὴν] κατάπαυσιν"
 οἱ πιστεύσαντες 10 → καταπαύειν
 – 11 σπουδάσωμεν οὖν „εἰσελθεῖν εἰς"
 ἐκείνην „τὴν κατάπαυσιν"

καταπέτασμα velum ^bvelamen ^cvelamen-
 tum Mat 27 51 τὸ κατ. τοῦ ναοῦ ἐσχί-
 σθη ‖ Mar 15 38 εἰς δύο Luc 23 45 μέσον
Hb 6 19 „εἰσερχομένην εἰς τὸ ἐσώτ. τοῦ κ.^b"
 9 3 μετὰ – τὸ δεύτερον κατ.^c σκηνὴ ἥ λεγ.
10 20 ἐνεκαίνισεν – ὁδὸν – ζῶσαν διὰ τοῦ
 κατ.^b, τοῦτ' ἔστιν τῆς σαρκὸς αὐτοῦ

καταπίνειν absorbēre ^bdevorare ^cglutire
Mat 23 24 τὴν δὲ κάμηλον καταπίνοντες^c
1 Co 15 54 „κατεπόθη ὁ θάνατος εἰς νῖκος"
2 Co 2 7 μή πως τῇ – λύπῃ καταποθῇ ὁ τοιοῦτ.
 5 4 ἵνα καταποθῇ τὸ θνητὸν ὑπὸ τ. ζωῆς
Hb 11 29 οἱ Αἰγύπτιοι κατεπόθησαν^b
1 Pe 5 8 ζητῶν [τινα] καταπιεῖν^b (vl κατα-
 πίῃ vg devoret)
Ap 12 16 ἡ γῆ – κατέπιεν τὸν ποταμόν

καταπίπτειν cadere ^bdecidere Luc 8 6 ἐπὶ τ.
 πέτραν Act 26 14^b εἰς τὴν γῆν 28 6 νεκρόν

καταπλεῖν S^o – navigare (vl enav.) Luc 8 26

καταπονεῖσθαι iniuriam sustinēre ^bopprimi
 Act 7 24 2 Pe 2 7 Λὼτ κ..ούμενον^b

καταποντίζεσθαι mergi ^bdemergi Mat 14 30
Mat 18 6 ἵνα – κ..ισθῇ^b ἐν τῷ πελάγ. τῆς θαλ.

κατάρα maledictum ^bmaledictio
Gal 3 10 ὑπὸ κατάραν εἰσίν· γέγραπται γάρ
 – 13 ἡμᾶς ἐξηγόρασεν ἐκ τῆς κατ. τοῦ νό-
 μου γενόμενος ὑπὲρ ἡμῶν κατάρα
Hb 6 8 ἀδόκιμος (sc γῆ) καὶ „κ..ας ἐγγύς"

Jac 3 10 ἐξέρχεται εὐλογία καὶ κατάρα^b
2 Pe 2 14 κατάρας^b τέκνα

καταρᾶσθαι maledicere
Mat 25 41 πορεύεσθε ἀπ' ἐμοῦ [οἱ] κατηραμένοι
Mar 11 21 ἴδε ἡ συκῆ ἣν κατηράσω ἐξήρανται
Luc 6 28 εὐλογεῖτε τοὺς καταρωμένους ὑμᾶς
Rm 12 14 εὐλογεῖτε καὶ μὴ καταρᾶσθε
Jac 3 9 ἐν αὐτῇ κ..ώμεθα τοὺς ἀνθρώπους

καταργεῖν evacuare ^bdestruere ^cabolēre
 ^doccupare ^esolvere
Luc 13 7 ἱνατί καὶ τὴν γῆν καταργεῖ^d;
Rm 3 3 μὴ ἡ ἀπιστία αὐτῶν τὴν πίστιν τοῦ
 θεοῦ καταργήσει; μὴ γένοιτο
 – 31 νόμον οὖν κ..οῦμεν^b διὰ τ. πίστεως;
 4 14 κατήργηται^c ἡ ἐπαγγελία
 6 6 ἵνα κ..ηθῇ^b τὸ σῶμα τῆς ἁμαρτίας
 7 2 κατήργηται^e ἀπὸ τ. νόμου τ. ἀνδρός
 – 6 νυνὶ – κατηργήθημεν^e ἀπὸ τ. νόμου
1 Co 1 28 τὰ μὴ ὄντα, ἵνα τὰ ὄντα καταργήσῃ^b
 2 6 σοφίαν – οὐδὲ τῶν ἀρχόντων τοῦ αἰ-
 ῶνος τούτου τῶν καταργουμένων^b
 6 13 θεὸς καὶ ταύτην καὶ ταῦτα κ..ήσει^b
 13 8 εἴτε – προφητεῖαι, κ..ηθήσονται· – εἴτε
 γνῶσις, κ..ηθήσεται^b (vl ..εις, ..ονται)
 – 10 τὸ ἐκ μέρους καταργηθήσεται
 – 11 κατήργηκα τὰ τοῦ νηπίου
 15 24 ὅταν κ..ήσῃ πᾶσαν ἀρχὴν καὶ – ἔξουσ.
 – 26 ἔσχατος ἐχθρὸς κ..εῖται^b ὁ θάνατος
2 Co 3 7 διὰ „τὴν δόξαν τοῦ προσώπου αὐτοῦ"
 τὴν κ..ουμένην 11 εἰ – τὸ κ..ούμενον
 διὰ δόξης 13 μὴ ἀτενίσαι – εἰς τὸ τέ-
 λος (vl τὸ πρόσωπον vg) τοῦ κ..ουμένου
 – 14 ὅτι ἐν Χῷ κ..εῖται (sc τὸ κάλυμμα)
Gal 3 17 εἰς τὸ καταργῆσαι τὴν ἐπαγγελίαν
 5 4 κατηργήθητε ἀπὸ Χοῦ οἵτινες ἐν νό.
 – 11 ἄρα κατήργηται τὸ σκάνδ. τ. σταυροῦ
Eph 2 15 τὸν νόμον τῶν ἐντολῶν – καταργήσας
2 Th 2 8 ὃν ὁ κύριος – κ..ήσει^b τῇ ἐπιφανείᾳ
2 Ti 1 10 Χοῦ Ἰ., κ..ήσαντος^b – τὸν θάνατον
Hb 2 14 ἵνα διὰ τοῦ θανάτου καταργήσῃ^b
 τὸν τὸ κράτος ἔχοντα τοῦ θανάτου

καταριθμεῖν connumerare Act 1 17 ἐν ἡμῖν

καταρτίζειν, ..εσθαι perficere ^baptare (Rm
 9 22 aptus) ^ccomplēre ^dcomponere
 ^einstruere ^freficere
Mat 4 21 κ..ίζοντας^f τὰ δίκτυα ‖ Mar 1 19^d
 21 16 „ἐκ στόμ. νηπίων – κατηρτίσω αἶνον"
Luc 6 40 κατηρτισμένος – πᾶς ἔσται ὡς ὁ διδ.

Rm 9 22 „ἤνεγκεν – σκεύη ὀργῆς" κατηρτισμέ-να b (apta vl aptata) εἰς „ἀπώλειαν"

1 Co 1 10 ἦτε – κατηρτισμένοι ἐν τῷ αὐτῷ νοΐ

2 Co 13 11 χαίρετε, κ..ίζεσθε (perfecti estote)

Gal 6 1 κ..ετε e τ. τοιοῦτον ἐν πνεύ. πραΰτητος

1 Th 3 10 εἰς τὸ – καταρτίσαι c τὰ ὑστερήματα τῆς πίστεως ὑμῶν

Hb 10 5 „σῶμα δὲ κατηρτίσω b μοι"
    11 3 κατηρτίσθαι b τοὺς αἰῶνας ῥήματι θ.
    13 21 θεὸς – καταρτίσαι b ὑμᾶς ἐν παντὶ ἀ-γαθῷ εἰς τὸ ποιῆσαι τὸ θέλ. αὐτοῦ

1 Pe 5 10 θεὸς – αὐτὸς καταρτίσει, στηρίξει

κατάρτισις S⁰ – consummatio
2 Co 13 9 τοῦτο καὶ εὐχόμεθα, τὴν ὑμῶν κ..ιν

καταρτισμός S⁰ – consummatio
Eph 4 12 πρὸς τὸν κατ. τῶν ἁγίων εἰς ἔργον

κατασείειν τῇ χειρί, τὴν χεῖρα annuere
b silentium indicere c silent. postulare
Act 12 17 σιγᾶν 13 16 b 19 33 c 21 40 τῷ λαῷ

κατασκάπτειν suffodere Act 15 16 Rm 11 3

κατασκευάζειν praeparare b aptare c com-ponere d creare e fabricare f facere g (κατ-εσκευασμένος) perfectus
Mat 11 10 „κ..άσει τ. ὁδόν σου" ‖ Mar 12 Luc 7 27
Luc 1 17 ἑτοιμάσαι κυρίῳ λαὸν κ..μένον g
Hb 3 3 πλείονα τιμὴν ἔχει τ. οἴκου ὁ κ..ά-σας e αὐτὸν 4 πᾶς – οἶκος κ..εται e ὑπό τινος, ὁ δὲ πάντα κ..άσας d θεός
    9 2 σκηνὴ – κατεσκευάσθη f ἡ πρώτη
    – 6 τούτων δὲ οὕτως κατεσκευασμένων c
    11 7 κατεσκεύασεν b κιβωτόν 1 Pe 3 20 e

κατασκηνοῦν habitare b requiescere
Mat 13 32 „ἐν τ. κλάδοις" ‖ Mar 4 32 „ὑπὸ τὴν σκιὰν αὐτοῦ" Luc 13 19 b „ἐν τ. κλάδοις"
Act 2 26 „ἔτι δὲ καὶ ἡ σάρξ μου κατασκηνώ-σει b ἐπ' ἐλπίδι"

κατασκήνωσις nidus Mat 8 20 ἔχουσιν – κ.. εἰς (vg vl tabernacula) ‖ Luc 9 58

κατασκιάζειν S⁰ – obumbrare Hb 9 5

κατασκοπεῖν explorare Gal 2 4 τὴν ἐλευθερ.

κατάσκοπος explorator Hb 11 31 δεξ. τοὺς κ.

κατασοφίζεσθαι circumvenire Act 7 19

καταστέλλειν sedare Act 19 35 ὄχλον 36

κατάστημα (S ..στε.) habitus Tit 2 3 ἱεροπρ.

καταστολή habitus 1 Ti 2 9 ἐν κ..ῇ κοσμίῳ

καταστρέφειν evertere b diruere
Mat 21 12 τραπέζας ‖ Mar 11 15 – (vl Act 15 16 b)

καταστρηνιᾶν S⁰ – luxuriari 1 Ti 5 11 Χοῦ

καταστροφή a eversio b subversio [2 Pe 2 6 a]
2 Ti 2 14 λογομαχεῖν, – ἐπὶ κ..ῇ b τῶν ἀκουόντ.

καταστρώννυσθαι prosterni 1 Co 10 5

κατασύρειν trahere Luc 12 58 πρὸς τ. κριτήν

κατασφάζειν interficere Luc 19 27 ἐχθρούς

κατασφραγίζειν signare Ap 5 1 βιβλίον

κατάσχεσις possessio Act 7 5 „εἰς κ..ιν" 45

κατατιθέναι, ..εσθαι ponere b praestare
(Mar 15 46 vl κατέθηκεν αὐτὸν ἐν μνημείῳ)
Act 24 27 χάριτα καταθέσθαι b τοῖς Ἰουδ. 25 9 b

κατατομή S⁰ – concisio Phl 3 2 βλέπετε τὴν κ.

κατατρέχειν decurrere Act 21 32 ἐπ' αὐτούς

καταφαγεῖν → κατεσθίειν

καταφέρειν, ..εσθαι a deferre b obicere c mer-gi d duci (vl educi) Act 20 9 κ..όμενος c ὕπνῳ βαθεῖ, –, κατενεχθεὶς d ἀπὸ τοῦ ὕπνου – 25 7 βαρέα αἰτιώματα κ..οντες b 26 10 ἀναιρουμένων – κατήνεγκα a ψῆφον

καταφεύγειν confugere Act 14 6 εἰς – Λύστρ.
Hb 6 18 οἱ καταφυγόντες κρατῆσαι τῆς προ-κειμένης ἐλπίδος

καταφθείρειν corrumpere
2 Ti 3 8 ἄνθρωποι κατεφθαρμένοι τὸν νοῦν

καταφιλεῖν osculari
Mat 26 49 ‖ Mar 14 45 – Luc 7 38 τοὺς πόδας 45
Luc 15 20 Act 20 37 κατεφίλουν αὐτόν (Παῦλον)

καταφρονεῖν contemnere
Mat 6 24 καὶ τοῦ ἑτέρου κ..ήσει ‖ Luc 16 13

Mat 1810 ὁρᾶτε μὴ κ..ήσητε ἑνὸς τῶν μικρῶν
Rm 2 4 ἢ τοῦ πλούτου τῆς χρηστότητος αὐ-
τοῦ καὶ τῆς ἀνοχῆς – καταφρονεῖς, –;
1 Co 1122 ἢ τῆς ἐκκλησίας τοῦ θεοῦ κ..εῖτε –;
1 Ti 412 μηδείς σου τῆς νεότητος κ..είτω
6 2 μὴ κ..είτωσαν, ὅτι ἀδελφοί εἰσιν
Hb 12 2 ἀφορῶντες – Ἰησοῦν, ὃς – ὑπέμεινεν
σταυρὸν αἰσχύνης καταφρονήσας
2 Pe 210 τοὺς – κυριότητος καταφρονοῦντας

καταφρονητής contemptor Act 1341 „οἱ κ."

καταχεῖν effundere Mat 267 ‖ Mar 143

καταχθόνιοι Sº – inferni Phl 210 „πᾶν γόνυ"

καταχρῆσθαι ᵃuti ᵇabuti 1 Co 731 οἱ χρώ-
μενοι τὸν κόσμον ὡς μὴ κ..ώμενοι ᵃ 918
εἰς τὸ μὴ κ..ήσασθαι ᵇ τῇ ἐξουσίᾳ μου
ἐν τῷ εὐαγγελίῳ

καταψύχειν refrigerare Luc 1624 γλῶσσαν

κατείδωλος Sº – idololatriae (vl idolat.)
deditus
Act 1716 θεωροῦντος κ..ον οὖσαν τὴν πόλιν

κατέναντι contra ᵇante ᶜcoram
Mat 21 2 κώμην τὴν κατέναντι ὑμῶν ‖ Mar 112
Luc 1930 Mar 1241 13 3 χ. τοῦ ἱεροῦ
Rm 417 κατέναντι ᵇ οὗ ἐπίστευσεν θεοῦ
2 Co 217 κ.ᶜ θεοῦ ἐν Χῷ λαλοῦμεν 1219ᶜ

κατενώπιον ᵃin conspectu ᵇante conspec-
tum ᶜcoram Eph 14 εἶναι ἡμᾶς – ἀμώ-
μους κατ.ᵃ αὐτοῦ Col 122 παραστῆσαι ὑ-
μᾶς – ἀμώμους – κατ.ᶜ αὐτοῦ Jud 24 στῆ-
σαι κατ.ᵇ τῆς δόξης αὐτοῦ ἀμώμους

κατεξουσιάζειν Sº – ᵃpotestatem exercēre
ᵇpot. habēre Mat 2025ᵃ ‖ Mar 1042ᵇ

κατεργάζεσθαι operari ᵇefficere ᶜfacere
ᵈperficere ᵉconsummare
Rm 127 τὴν ἀσχημοσύνην κατεργαζόμενοι 29
ἀνθρώπου τοῦ κ..ομένου τὸ κακὸν
415 ὁ – νόμος ὀργὴν κ..εται 53 ἡ θλῖψις
ὑπομονὴν κ..εται, ἡ – ὑπ. δοκιμὴν
7 8 ἡ ἁμαρτία διὰ τῆς ἐντολῆς κατειργά-
σατο ἐν ἐμοὶ πᾶσαν ἐπιθυμίαν 13 διὰ
τοῦ ἀγαθοῦ μοι κ..ομένη θάνατον
– 15 ὃ – κ..ομαι οὐ γινώσκω 17 οὐκέτι ἐγὼ

κ..ομαι αὐτὸ ἀλλὰ ἡ – ἁμαρτία 18ᵃ τὸ
δὲ κ..εσθαι ᵈ τὸ καλὸν οὔ (sc παρά-
κειταί μοι) 20 οὐκέτι ἐγὼ κ..ομαι
Rm 1518 οὐ – τολμήσω τι λαλεῖν ὧν οὐ κατειρ-
γάσατο ᵇ Χὸς δι' ἐμοῦ – λόγῳ καὶ ἔρ.
1 Co 5 3 κέκρικα – τὸν – τοῦτο κ..σάμενον
2 Co 417 αἰώνιον βάρος δόξης κ..εται ἡμῖν
5 5 ὁ δὲ κατεργασάμενος ᵇ (vl „ζόμενος
vg) ἡμᾶς εἰς αὐτὸ τοῦτο θεός
710 ἡ – τοῦ κόσμου λύπη θάνατον κ..εται
11 πόσην κατειργάσατο ὑμῖν σπουδήν
911 ἥτις κ..εται – εὐχαριστίαν τῷ θεῷ
1212 τὰ – σημεῖα τοῦ ἀποστόλου κατειρ-
γάσθη ᶜ ἐν ὑμῖν ἐν πάσῃ ὑπομονῇ
Eph 613 ἵνα δυνηθῆτε – ἅπαντα κ..σάμενοι ᵈ
(in omnibus perfecti) στῆναι
Phl 212 τὴν ἑαυτῶν σωτηρίαν κατεργάζεσθε
Jac 1 3 ὅτι τὸ δοκίμιον ὑμῶν τῆς πίστεως
κατεργάζεται ὑπομονήν
1 Pe 4 3 τὸ βούλημα τῶν ἐθνῶν κατειργάσθαι ᵉ

κατέρχεσθαι descendere ᵇvenire ᶜsuper-
venire ᵈdevenire ᵉabire
Luc 431 937 Act 85 932ᵈ 1127ᶜ 1219 134ᵉ 15
1.30 185ᵇ 22 [19 1ᵇ] 21 3ᵇ 10ᶜ 27 5ᵇ
Jac 315 οὐκ ἔστιν αὕτη ἡ σοφία ἄνωθεν κατ-
ερχομένη, ἀλλὰ ἐπίγειος

κατεσθίειν, κατέσθειν, καταφαγεῖν come-
dere ᵇdevorare Mat 134 ‖ Mar 44 Luc 85
Mar 1240 οἱ κατεσθίοντες ᵇ τὰς οἰκίας τῶν χη-
ρῶν ‖ Luc 2047 ᵇ (vl Mat 2314 vg, vlº)
Luc 1530 ὁ καταφαγών ᵇ σου (suam) τὸν βίον
Joh 217 „ὁ ζῆλος τοῦ οἴκου σου καταφάγε-
ταί με"
2 Co 1120 ἀνέχεσθε – εἴ τις ὑμᾶς – κατεσθίει ᵇ
Gal 515 εἰ δὲ ἀλλήλους δάκνετε καὶ κ..ίετε
Ap 10 9 λάβε „καὶ κατάφαγε" ᵇ αὐτὸ 10ᵇ
11 5 „πῦρ – κ..ίει ᵇ τοὺς ἐχθρούς" 209ᵇ
12 4 ἵνα – τὸ τέκνον αὐτῆς καταφάγῃ ᵇ

κατευθύνειν dirigere
Luc 179 κ..αι τοὺς πόδας – εἰς ὁδὸν εἰρήνης
1 Th 311 ὁ θεὸς – κ..αι τὴν ὁδὸν ἡμ. πρὸς ὑμ.
2 Th 3 5 ὁ δὲ κύριος κατευθύναι ὑμῶν τὰς
καρδίας εἰς τὴν ἀγάπην τοῦ θεοῦ
καὶ εἰς τὴν ὑπομονὴν τοῦ Χοῦ

κατευλογεῖν benedicere Mar 1016 (sc παιδία)

κατεφιστάναι Sº – insurgere in aliquem
Act 1812 κατεπέστησαν ὁμοθυμαδὸν – τ. Παύλῳ

κατέχειν *tenēre* [b]*detinēre* [c]*retinēre* [d]*possidēre* [e]*tendere* (Act 2740)

Luc 442 οἱ ὄχλοι – κατεῖχον[b] αὐτὸν τοῦ μὴ πορεύεσθαι ἀπ' αὐτῶν
815 ἀκούσαντες τὸν λόγον κατέχουσιν[c]
14 9 ἄρξῃ μετὰ αἰσχύνης τὸν ἔσχατον τόπον κατέχειν
Act 2740 κατεῖχον[e] εἰς τὸν αἰγιαλόν
Rm 118 τῶν τὴν ἀλήθειαν ἐν ἀδικίᾳ κ..όντων[b]
7 6 ἀποθανόντες ἐν ᾧ κατειχόμεθα[b]
1 Co 730 οἱ ἀγοράζοντες ὡς μὴ κατέχοντες[d]
11 2 ὅτι – τὰς παραδόσεις κατέχετε
15 2 τίνι λόγῳ εὐηγγελισάμην ὑμῖν εἰ κ..ετε
2 Co 610 ὡς μηδὲν ἔχοντες καὶ πάντα κ..οντες[d]
1 Th 521 πάντα – δοκιμάζετε, τὸ καλὸν κ..ετε
2 Th 2 6 τὸ κατέχον[b] οἴδατε 7 μόνον ὁ κατέχων ἄρτι ἕως ἐκ μέσου γένηται
Phm 13 ὅν – ἐβουλόμην πρὸς ἐμαυτὸν κ..ειν[b]
Hb 3 6 ἐάν[περ] τὴν παρρησίαν καὶ τὸ καύχημα τῆς ἐλπίδος κατάσχωμεν[c] 14 τὴν ἀρχὴν τῆς ὑποστάσεως (vl + αὐτοῦ vg) – κατάσχωμεν[c]
1023 κατέχωμεν τὴν ὁμολογίαν – ἀκλινῆ

κατηγορεῖν *accusare*
Mat 1210 ἵνα κ..ήσωσιν αὐτοῦ ‖ Mar 32 Luc 67 εὕρωσιν κ..εῖν – ‖[Joh 8 6 ἔχωσιν κ..εῖν]
2712 ἐν τῷ κ..σθαι αὐτόν ‖ Mar 153.4 ἴδε πόσα σου κ..οῦσιν Luc 232.10 εὐτόνως κ..οῦντες αὐτοῦ 14 οὐθὲν εὗρον – αἴτιον ὧν κατηγορεῖτε κατ' αὐτοῦ
Joh 545 μὴ δοκεῖτε ὅτι ἐγὼ κ..ήσω ὑμῶν πρὸς τὸν πατέρα· ἔστιν ὁ κ..ῶν ὑμῶν Μω.
Act 2230 τὸ τί κ..εῖται ὑπὸ τῶν Ἰουδ. 242 ἤρξατο κ..εῖν 8.13.19 255 κ..εἴτωσαν αὐτοῦ 11.16 πρὶν ἢ ὁ κ..ούμενος κατὰ πρόσωπον ἔχοι τοὺς κατηγόρους
2819 οὐχ ὡς τοῦ ἔθνους μου ἔχων τι κ..εῖν
Rm 215 μεταξὺ ἀλλήλων τῶν λογισμῶν κατηγορούντων ἢ καὶ ἀπολογουμένων
Ap 1210 ὁ κ..ῶν αὐτοὺς ἐνώπιον τ. θεοῦ ἡμῶν

κατηγορία S° – *accusatio* Joh 1829 τίνα κ.. αν φέρετε [κατὰ] τοῦ ἀνθρώπου τούτου;
1 Ti 519 κατὰ πρεσβυτέρου κ..αν μὴ παραδέχου, ἐκτὸς εἰ μὴ „ἐπὶ δύο – μαρτύρων"
Tit 1 6 τέκνα –, μὴ ἐν κατηγορίᾳ ἀσωτίας

κατήγορος *accusator* Act 2330.35 2516.18

κατήγωρ S° – *accusator* Ap 1210 ὁ κ. τῶν ἀδ.

κατήφεια S° (S κατηφής) – *moeror*
Jac 4 9 μετατραπήτω – ἡ χαρὰ εἰς κατήφειαν

κατηχεῖν, ..εῖσθαι S° – [a]*edocēre* [b]*erudire* [c]*instruere* [d]*catechizare* [e](pass.) *audire*
Luc 1 4 περὶ ὧν κατηχήθης[b] λόγων τὴν ἀσφ.
Act 1825 ἦν κ..ημένος[a] τὴν ὁδὸν τοῦ κυρίου
2121 κ..ήθησαν[e] – περὶ σοῦ ὅτι 24 ὅτι ὧν κατήχηνται[e] περὶ σοῦ οὐδέν ἐστιν
Rm 218 κατηχούμενος[c] ἐκ τοῦ νόμου
1 Co 1419 ἵνα καὶ ἄλλους κατηχήσω[c]
Gal 6 6 κοινωνείτω – ὁ κ..ούμενος[d] τὸν λόγον τῷ κατηχοῦντι[d] ἐν πᾶσιν ἀγαθοῖς

κατιοῦσθαι *aeruginare* Jac 53 ὁ χρυσὸς ὑμ.

κατισχύειν [a]*praevalēre advers.* [b]*invalescere*
Mat 1618 πύλαι ᾅδου οὐ κ..ύσουσιν[a] αὐτῆς
Luc 2136 ἵνα κ..ύσητε (vl καταξιωθῆτε vg *digni habeamini*) ἐκφυγεῖν ταῦτα
2323 κατίσχυον[b] αἱ φωναὶ αὐτῶν

κατοικεῖν *habitare* [b]*inhabitare* [c]*cohabitare* [d]*morari*
Mat 223 εἰς πόλιν – Ναζαρ. 413 εἰς Καφαρν.
Act 25 εἰς Ἰερουσαλήμ 74 εἰς ἣν (sc γῆν) ὑμεῖς νῦν κατοικεῖτε
1245 κ..εῖ ἐκεῖ (sc πνεύματα) ‖ Luc 1126
2321 ὀμνύει – ἐν τῷ κ..οῦντι (vl[b]) αὐτόν
Luc 13 4 παρὰ πάντας – κ..οῦντας Ἱερουσ.
Act 1 19 214 416 – 29 τὴν Μεσοπ. 932 Λύδδα
35 1910 τὴν Ἀσίαν 17 Ἔφεσον
– 20 „μὴ ἔστω ὁ κ..ῶν[b] (vl[a]) ἐν αὐτῇ"
7 2[d] ἐν Χαρράν 4 922 ἐν Δαμασκῷ 1129 ἐν τῇ Ἰουδαίᾳ 1327 ἐν Ἱερουσαλήμ – 48 οὐχ ὁ ὕψιστος ἐν χειροποιήτοις κ..εῖ 1724 ἐν χειροπ. ναοῖς κ..εῖ (vg vl[b])
1726 ἐποίησεν – πᾶν ἔθνος – κ..εῖν[b] ἐπί 2212 ὑπὸ – τῶν κ..ούντων[c] (vl[a]) Ἰουδαίων
Eph 317 κατοικῆσαι τὸν Χὸν διὰ τῆς πίστεως ἐν ταῖς καρδίαις ὑμῶν
Col 119 ἐν αὐτῷ εὐδόκησεν πᾶν τὸ πλήρωμα κ..ῆσαι[b] (vl[a]) 29 κ..εῖ[b] πᾶν τὸ πλήρωμα τῆς θεότητος σωματικῶς
Hb 11 9 ἐν σκηναῖς κ..ήσας (sc Ἀβραάμ)
2 Pe 313 ἐν οἷς δικαιοσύνη κατοικεῖ
Ap 213 οἶδα ποῦ κατοικεῖς· – ἀπεκτάνθη παρ' ὑμῖν, ὅπου ὁ σατανᾶς κατοικεῖ
310 πειράσαι τοὺς κ..οῦντας ἐπὶ τῆς γῆς 610 813 1110[b] 138[b] 12.14 172[b] 8[b]

κατοίκησις *domicilium* Mar 53 ἐν – μνήμασιν

κατοικητήριον [a]*habitaculum* [b]*habitatio*
Eph 222 εἰς κατοικ.[a] τοῦ θεοῦ ἐν πνεύματι
Ap 18 2 ἐγένετο „κατοικητήριον[b] δαιμονίων"

κατοικία *habitatio* Act 17₂₆ ὁροθεσ. τῆς κ.

κατοικίζειν Jac 4₅ τὸ πνεῦμα ὃ κατῴκισεν

κατοπτρίζεσθαι S° – *speculari*
2 Co 3₁₈ ἡμεῖς – „τὴν δόξαν κυρίου" κ..όμενοι

κάτω *deorsum* – κατωτέρω *infra*
Mat 2₁₆ παῖδας – ἀπὸ διετοῦς καὶ κατωτέρω
4 6 βάλε σεαυτὸν κάτω ‖ Luc 4₉
27₅₁ ἀπ' ἄνωθεν ἕως κάτω ‖ Mar 15₃₈;
Mar 14₆₆ κάτω ἐν τῇ αὐλῇ – [Joh 8₆ κ. κύψας]
Joh 8₂₃ ὑμεῖς ἐκ τῶν κάτω ἐστέ, ἐγὼ ἐκ
Act 2₁₉ δώσω – σημεῖα „ἐπὶ τῆς γῆς" κάτω
20 9 ἔπεσεν ἀπὸ τοῦ τριστέγου κάτω

κατώτερος *inferior* Eph 4₉ ὅτι καὶ κατέβη
(vl + πρῶτον) εἰς τὰ κ.α [μέρη] τῆς γῆς;

Καῦδα (vl Κλαῦδα vg) Act 27 ₁₆ νησίον

καῦμα *aestus* Ap 7₁₆ „οὐδὲ πᾶν κ." 169

καυματίζειν, ..εσθαι S° – ᵃ*aestu affligere*
(vl *afficere*) ᵇ*aestuare* ᶜ*exaestuare*
Mat 13 6 ἐκαυματίσθηᵇ ‖ Mar 4₆ᶜ (sc σπόρος)
Ap 16 8 καυματίσαιᵃ τοὺς ἀνθρ. ἐν πυρὶ 9ᵇ

καῦσις *combustio* Hb 6₈ ἧς τ. τέλος εἰς κ.ιν

καυσοῦσθαι S° – 2 Pe 3₁₀ στοιχεῖα – καυ-
σούμενα λυθήσεται 12 κ.ούμενα τήκεται

καυστηριάζειν (vl καυτ.) S° – 1 Ti 4₂ ψευ-
δολόγων, κεκαυστηριασμένων (*cauteria-
tam habentium*) τὴν ἰδίαν συνείδησιν

καύσων *aestus* ᵇ*ardor* Mat 20₁₂ ἡμῖν – τοῖς
βαστάσασι – τὸν καύσωνα (sc τῆς ἡμέρ.)
Luc 12₅₅ καύσων ἔσται, καὶ γίνεται Jac 1₁₁ᵇ

καυχᾶσθαι *gloriari* ᵇ*exultare*
Rm 2₁₇ εἰ – ἐπαναπαύῃ νόμῳ καὶ καυχᾶσαι
ἐν θεῷ 23 ὃς ἐν νόμῳ καυχᾶσαι, – ;
5 2 καυχώμεθα ἐπ' ἐλπίδι τῆς δόξης 3 ἐν
ταῖς θλίψεσιν 11 κ..ώμενοι ἐν τῷ θεῷ
1 Co 1₂₉ ὅπως μὴ καυχήσηται πᾶσα σάρξ
– 31 „ὁ καυχώμενος ἐν κυρίῳ καυχάσθω"
3₂₁ μηδεὶς καυχάσθω ἐν ἀνθρώποις
4 7 εἴ ἔλαβες, τί καυχᾶσαι ὡς μὴ λαβών;
13 3 ἐὰν παραδῶ τὸ σῶμά μου ἵνα καυ-
χήσωμαι (vl καυθήσομαι)
2 Co 5₁₂ ἵνα ἔχητε πρὸς τοὺς ἐν προσώπῳ
καυχωμένους καὶ μὴ ἐν καρδίᾳ

2 Co 7₁₄ εἴ τι αὐτῷ ὑπὲρ ὑμῶν κεκαύχημαι
9 2 οἶδα γὰρ τὴν προθυμίαν ὑμῶν ἣν ὑ-
πὲρ ὑμῶν καυχῶμαι Μακεδόσιν
10 8 ἐὰν [τε] γὰρ περισσότερόν τι καυχή-
σωμαι περὶ τῆς ἐξουσίας ἡμῶν
– 13 οὐκ εἰς τὰ ἄμετρα καυχησόμεθα 15
ἐν ἀλλοτρίοις κόποις 16 οὐκ ἐν ἀλλο-
τρίῳ κανόνι εἰς τὰ ἕτοιμα κ..ήσασθαι
17 „ὁ – κ..ώμενος ἐν κυρίῳ κ..άσθω"
11₁₂ ἵνα ἐν ᾧ κ..ῶνται εὑρεθῶσιν καθὼς
– ἡμεῖς 16 ἵνα κἀγὼ μικρόν τι κ..ή-
σωμαι 18 ἐπεὶ πολλοὶ κ..ῶνται κατὰ
σάρκα, κἀγὼ καυχήσομαι
– 30 εἰ καυχᾶσθαι δεῖ, τὰ τῆς ἀσθενείας
μου καυχήσομαι
12 1 κ..ᾶσθαι δεῖ, οὐ συμφέρον μέν 5 ὑπὲρ
τοῦ τοιούτου κ..ήσομαι, ὑπὲρ δὲ ἐ-
μαυτοῦ οὐ κ..ήσομαι εἰ μὴ ἐν ταῖς
ἀσθενείαις 6 ἐὰν – θελήσω κ..ήσασθαι
οὐκ ἔσομαι ἄφρων 9 ἥδιστα – καυχή-
σομαι ἐν ταῖς ἀσθενείαις μου
Gal 6₁₃ ἵνα ἐν τῇ ὑμετέρᾳ σαρκὶ κ..ήσωνται
14 ἐμοὶ δὲ μὴ γένοιτο καυχᾶσθαι εἰ
μὴ ἐν τῷ σταυρῷ τοῦ κυρίου
Eph 2 9 οὐκ ἐξ ἔργων, ἵνα μή τις κ..ήσηται
Phl 3 3 ἡμεῖς –, οἱ – κ..ώμενοι ἐν Χῷ Ἰησοῦ
Jac 1 9 καυχάσθω – ὁ ἀδελφὸς ὁ ταπεινὸς
ἐν τῷ ὕψει αὐτοῦ, 10 ὁ δὲ πλούσιος
ἐν τῇ ταπεινώσει αὐτοῦ
4₁₆ νῦν–κ..ᾶσθεᵇ ἐν ταῖς ἀλαζονείαις ὑμ.

καύχημα *gloria* ᵇ*gloriatio* ᶜ*gloriari*
ᵈ*gratulatio*
Rm 4 2 ἔχει καύχημα· ἀλλ' οὐ πρὸς θεόν
1 Co 5 6 οὐ καλὸν τὸ καύχημαᵇ ὑμῶν
9₁₅ τὸ καύ. μου οὐδεὶς κενώσει 16 ἐὰν–
εὐαγγελίζωμαι, οὐκ ἔστιν μοι καύχ.
2 Co 1₁₄ καύ. ὑμῶν ἐσμεν καθάπερ καὶ ὑμεῖς
ἡμῶν 5₁₂ ἀφορμὴν διδόντες ὑμῖν καυ-
χήματοςᶜ (*gloriandi*) ὑπὲρ ἡμῶν
9 3 ἵνα μὴ τὸ κ.ᵉ ἡμῶν (*quod gloriamur*)
τὸ ὑπὲρ ὑμῶν κενωθῇ ἐν τῷ μέρει
Gal 6 4 εἰς ἑαυτὸν μόνον τὸ καύχημα ἕξει
Phl 1₂₆ ἵνα τὸ καύχημαᵈ ὑμῶν περισσεύῃ ἐν
Χῷ Ἰησοῦ ἐν ἐμοί
2₁₆ εἰς καύχημα ἐμοὶ εἰς ἡμέραν Χοῦ
Hb 3 6 ἐάν[περ] – τὸ κ. τῆς ἐλπ. κατάσχωμεν

καύχησις *gloria* ᵇ*gloriatio* ᶜ*exultatio*
Rm 3₂₇ ποῦ οὖν ἡ καύχησιςᵇ; ἐξεκλείσθη
15₁₇ ἔχω – τὴν κ. ἐν Χῷ – τὰ πρὸς τ. θεόν
1 Co 15₃₁ νὴ τὴν ὑμετέραν κ. –, ἣν ἔχω ἐν Χῷ

2 Co 1 12 ἡ – καύχησις ἡμῶν αὕτη ἐστίν, τὸ μαρ-
τύριον τῆς συνειδήσεως ἡμῶν
7 4 πολλή μοι κ.ᵇ ὑπὲρ ὑμῶν 14 ἡ κ.ᵇ ἡ-
μῶν ἡ ἐπὶ Τίτου ἀλήθεια ἐγενήθη
8 24 τὴν – ἔνδειξιν τῆς – ἡμῶν καυχήσεως
ὑπὲρ ὑμῶν εἰς αὐτοὺς ἐνδεικνύμενοι
11 10 ἡ κ.ᵇ (vlª) αὕτη οὐ φραγήσεται εἰς
ἐμέ 17 ὡς ἐν ἀφροσύνῃ (sc λαλῶ),
ἐν ταύτῃ τῇ ὑποστάσει τῆς κ..εως
1 Th 2 19 τίς γὰρ ἡμῶν – στέφανος κ..εως –;
Jac 4 16 πᾶσα καύχ.ᶜ τοιαύτη πονηρά ἐστιν

Καφαρναούμ Mat 4 13 τὴν παραθαλασσίαν –
85 ‖ Luc 7 1 – Mat 11 23 μὴ „ἕως οὐρανοῦ
ὑψωθήσῃ"; ‖ Luc 10 15 – Mat 17 24 – Mar
1 21 ‖ Luc 4 31 – Mar 2 1 πάλιν εἰς Κ. 9 33 –
Luc 4 23 ὅσα ἠκούσαμεν γενόμενα εἰς τὴν
Κ. – Joh 2 12 4 46 (βασιλικός) 6 17.24.59 ἐν
συναγωγῇ διδάσκων ἐν Καφαρναούμ

Κεγχρεαί Act 18 18 Rm 16 1 ἐκκλησ. – ἐν Κ.

Κεδρών Joh 18 1 πέραν τοῦ χειμάρρου τοῦ Κ.

κείρειν, ..εσθαι tondēre, ..ēri Act 8 32 18 18
1 Co 11 6 εἰ – οὐ κατακαλύπτεται γυνή, καὶ κει-
ράσθω· εἰ δὲ αἰσχρὸν – τὸ κείρασθαι

κειρία instita Joh 11 44 δεδεμένος – κ..ίαις

κεῖσθαι positum esse
Mat 3 10 ἡ ἀξίνη πρὸς τ. ῥίζαν – κεῖται ‖ Luc 3 9
5 14 πόλις – ἐπάνω ὄρους κειμένη
28 6 ἴδετε τὸν τόπον ὅπου ἔκειτο Joh 20 12
Luc 2 12 εὑρήσ. βρέφος – κείμενον ἐν φάτνῃ 16
– 34 κεῖται εἰς πτῶσιν καὶ ἀνάστασιν πολ-
λῶν – καὶ εἰς σημεῖον ἀντιλεγόμενον
12 19 ἔχεις πολλὰ ἀγαθὰ κείμενα εἰς ἔτη
23 53 οὗ ἦν οὐδεὶς οὔπω κείμενος
Joh 2 6 ὑδρίαι – κείμεναι 19 29 20 5 κείμενα τὰ
ὀθόνια 6,7 21 9 ἀνδρακιὰν κειμένην
1 Co 3 11 θεμέλιον – θεῖναι παρὰ τὸν κείμενον
2 Co 3 15 κάλυμμα ἐπὶ τὴν καρδίαν – κεῖται
Phl 1 16 εἰς ἀπολογίαν τοῦ εὐαγγελίου κεῖμαι
1 Th 3 3 οἴδατε ὅτι εἰς τοῦτο κείμεθα
1 Ti 1 9 εἰδὼς –, ὅτι δικαίῳ νόμος οὐ κεῖται
1 Jo 5 19 ὁ κόσμος ὅλος ἐν τῷ πονηρῷ κεῖται
Ap 4 2 ἰδοὺ θρόνος ἔκειτο ἐν τῷ οὐρανῷ
21 16 ἡ πόλις „τετράγωνος" κεῖται

κελεύειν iubēre Mat 8 18 14 9.19.28 (κέλευσόν
με ἐλθεῖν πρὸς σέ) 18 25 (ἐκέλευσεν αὐ-

τὸν – πραθῆναι) 27 58.64 – Luc 18 40 –
Act 4 15 5 34 8 38 12 19 16 22 21 33.34 22 24.30
23 3 (παρανομῶν κελεύεις με τύπτεσθαι;)
10.35 (vl 24 7) 25 6.17.21.23 27 43

κέλευσμα iussi 1 Th 4 16 ἐν κ..τι – καταβήσ.

κενοδοξία inanis gloria Phl 2 3 μηδὲν κατ'
ἐριθείαν μηδὲ κατὰ κ..αν, ἀλλὰ τῇ ταπ.

κενόδοξος Sᵒ – inanis gloriae cupidus
Gal 5 26 μὴ γινώμεθα κενόδοξοι

κενός inanis ᵇvacuus ᶜin vacuum
Mar 12 3 ἀπέστειλαν κενόνᵇ ‖ Luc 20 10.11
Luc 1 53 „πλουτοῦντας ἐξαπέστειλεν κενούς"
Act 4 25 „ἱνατί – λαοὶ ἐμελέτησαν κενά;"
1 Co 15 10 ἡ χάρις αὐτοῦ – οὐ κενὴᵇ ἐγενήθη
– 14 κενὸν ἄρα [καὶ] τὸ κήρυγμα ἡμῶν,
κενὴ καὶ ἡ πίστις ὑμῶν (vl ἡμῶν)
– 58 ὁ κόπος ὑμῶν οὐκ ἔστιν κ. ἐν κυρ.
2 Co 6 1 μὴ εἰς κενόνᶜ τὴν χάριν τοῦ θεοῦ
δέξασθαι ὑμᾶς Gal 2 2 μή πως εἰς κε-
νόνᶜ τρέχω ἢ ἔδραμον Phl 2 16 ὅτι
οὐκ εἰς κενόνᶜ ἔδραμον οὐδὲ „εἰς
κενόνᶜ ἐκοπίασα" 1 Th 3 5 μή πως –
εἰς κενὸν γένηται ὁ κόπος ἡμῶν
Eph 5 6 μηδεὶς ὑμᾶς ἀπατάτω κενοῖς λόγοις
Col 2 8 ὁ συλαγωγῶν διὰ – κενῆς ἀπάτης
1 Th 2 1 οἴδατε – τὴν εἴσοδον ἡμῶν τὴν πρὸς
ὑμᾶς, ὅτι οὐ κενὴ γέγονεν
Jac 2 20 θέλεις δὲ γνῶναι, ὦ ἄνθρωπε κενέ

κενοῦν evacuare ᵇexinanire
Rm 4 14 κεκένωταιᵇ ἡ πίστις καὶ κατήργηται
1 Co 1 17 ἵνα μὴ κενωθῇ ὁ σταυρὸς τοῦ Χοῦ
9 15 τὸ καύχημά μου οὐδεὶς κενώσει
2 Co 9 3 ἵνα μὴ τὸ καύχημα ἡμῶν τὸ ὑπὲρ
ὑμῶν κενωθῇ ἐν τῷ μέρει τούτῳ
Phl 2 7 ἑαυτὸν ἐκένωσενᵇ μορφὴν δούλου λα-
βών, ἐν ὁμοιώματι ἀνθρώπων γενόμ.

κενοφωνία Sᵒ – vaniloquium (vl inaniloqu.)
1 Ti 6 20 ἐκτρεπόμενος τὰς βεβήλους κ..ίας
(vl καινοφωνίας vg vocum novitates)
2 Ti 2 16 τὰς – βεβήλους κενοφωνίας (vl και-
νοφωνίας) περιΐστασο

κέντρον stimulus ᵇaculeus
Act 26 14 σκληρόν σοι πρὸς κέντρα λακτίζειν
1 Co 15 55 „ποῦ σου, θάνατε, τὸ κέντρον;" 56 τὸ
δὲ κέντρον τοῦ θανάτου ἡ ἁμαρτία
Ap 9 10 οὐρὰς ὁμοίας σκορπίοις καὶ κέντραᵇ

κεντυρίων S° – *centurio* Mar 15 39. 44. 45

κενῶς *inaniter* Jac 45 κ. ἡ γραφὴ λέγει –;

κεραία S° – *apex* Mat 5 18 μία κ. ‖ Luc 16 17

κεραμεύς *figulus* Mat 27 7. 10 Rm 9 21

κεραμικὰ σκεύη *vas figuli* Ap 2 27

κεράμιον *lagena* (vl *laguena*) ᵇ*amphora*
Mar 14 13 κερ. ὕδατος βαστάζων ‖ Luc 22 10ᵇ

κέραμος *tegula* Luc 5 19 διὰ τῶν κεράμων

κεραννύναι *miscēre* Ap 14 10 18 6

κέρας *cornu*
Luc 1 69 „ἤγειρεν κέρας" σωτηρίας ἡμῖν
Ap 5 6 „ἀρνίον" –, ἔχων κέρατα ἑπτά
  9 13 ἐκ τῶν [τεσσάρων] κ. τοῦ θυσιαστηρ.
  12 3 δρακων –, ἔχων – „κέρατα δέκα"
  13 1 „θηρίον", ἔχον „κέρατα δέκα" –,
  καὶ ἐπὶ τῶν κερ. αὐτοῦ δέκα διαδήμα-
  τα 17 3. 7. 12 „τὰ δέκα κέρ. – δέκα βα-
  σιλεῖς εἰσιν" 16 – 13 11 ἄλλο θηρίον
  –, καὶ εἶχεν κ..τα δύο ὅμοια ἀρνίῳ

κεράτιον S° – *siliqua* Luc 15 16 ἐκ τῶν κ..ων

κερδαίνειν S° – *lucrari* ᵇ*lucrifacere* (*lucri facere, lucrum f., lucrifieri*)
Mat 16 26 ἐὰν τὸν κόσμον ὅλον κερδήσῃ ‖ Mar
  8 36 τί – ὠφελεῖ – κ..ῆσαι Luc 9 25
  18 15 ἐὰν σου ἀκούσῃ, ἐκ..ησας τ. ἀδελφόν
  25 16 ἐκέρδησεν (vl ἐποίησεν) ἄλλα πέντε
  17 δύο 20 ἐκέρδησα (vl ἐπεκέρδησα
  vg *superlucratus sum*) 22 (vl ἐπεκ.)
Act 27 21 ἔδει μέν, – κερδῆσαίᵇ τε τὴν ὕβριν
  ταύτην καὶ τὴν ζημίαν
1 Co 9 19 ἵνα τοὺς πλείονας κερδήσωᵇ 20 ἵνα
  Ἰουδαίους κερδήσω· – ἵνα τοὺς ὑπὸ
  νόμον κ..ήσωᵇ 21 ἵνα κερδάνωᵇ τοὺς
  ἀνόμους 22 ἵνα τοὺς ἀσθενεῖς κ..ήσωᵇ
Phl 3 8 ἵνα Χὸν κερδήσωᵇ καὶ εὑρεθῶ ἐν
Jac 4 13 ἐμπορευσόμεθα καὶ κερδήσομενᵇ
1 Pe 3 1 ἵνα – ἄνευ λόγου κερδηθήσονταιᵇ

κέρδος S° – *lucrum*
Phl 1 21 ἐμοὶ γὰρ – τὸ ἀποθανεῖν κέρδος
  3 7 ἅτινα ἦν μοι κέρδη, – ἥγημαι – ζημίαν
Tit 1 11 διδάσκοντες ἃ μὴ δεῖ αἰσχροῦ κέρ-
  δους χάριν

χέρμα S° – *aes* Joh 2 15 ἐξέχεεν τὸ χέρμα

κερματιστής S° – *numularius* Joh 2 14

κεφάλαιον *summa* ᵇ*capitulum*
Act 22 28 πολλοῦ κ..ου Hb 81 κ..ονᵇ δὲ ἐπί

κεφαλή *caput*
Mat 5 36 μήτε ἐν τῇ κεφαλῇ σου ὀμόσῃς
  6 17 νηστεύων ἄλειψαί σου τὴν κεφαλήν
  8 20 οὐκ ἔχει ποῦ τὴν κ. κλίνη ‖ Luc 9 58
  10 30 ὑμῶν δὲ καὶ αἱ τρίχες τῆς κεφ. πᾶσαι
  ἠριθμημέναι εἰσίν ‖ Luc 12 7 → 21 18
  14 8 τὴν κεφ. Ἰωάννου 11 ‖ Mar 6 24-28
  21 42 „οὗτος ἐγενήθη εἰς κεφ. γωνίας" ‖
  Mar 12 10 Luc 20 17 Act 4 11 1 Pe 2 7
  26 7 κατέχεεν ἐπὶ τῆς κεφ. αὐτοῦ ‖ Mar 14
  3 – Luc 7 38 ταῖς θριξὶν τῆς κεφ. αὐ-
  τῆς ἐξέμασσεν 46 ἐλαίῳ τὴν κεφ. μου
  οὐκ ἤλειψας· αὕτη δὲ – τοὺς πόδας
  27 29 στέφανον – ἐπέθηκαν ἐπὶ τ. κεφαλῆς
  – 30 ἔτυπτον εἰς τὴν κ. αὐτοῦ ‖ Mar 15 19
  – 37 ἐπάνω τῆς κ. αὐτοῦ τὴν αἰτίαν αὐτοῦ
  – 39 „κινοῦντες τὰς κ. αὐτῶν" ‖ Mar 15 29
Luc 21 18 θρὶξ ἐκ τῆς κ. ὑμῶν οὐ μὴ ἀπόληται
  Act 27 34 οὐδενὸς γὰρ ὑμῶν θρὶξ ἀπὸ
  τῆς κεφαλῆς ἀπολεῖται
  – 28 ἐπάρατε τὰς κεφ. ὑμῶν, διότι ἐγγίζει
Joh 13 9 ἀλλὰ καὶ τὰς χεῖρας καὶ τὴν κεφαλ.
  19 30 κλίνας τὴν κ. παρέδωκεν τὸ πνεῦμα
  20 7 δ ἦν ἐπὶ τῆς κ. αὐτοῦ 12 ἕνα πρὸς
  τῇ κεφαλῇ καὶ ἕνα πρὸς τοῖς ποσίν
Act 18 6 τὸ αἷμα ὑμῶν ἐπὶ τὴν κεφαλὴν ὑμῶν
  – 18 Ἀκύλας, κειράμενος ἐν Κεγχρ. τὴν κ.
  21 24 ἵνα ξυρήσονται τὴν κ., καὶ γνώσον.
Rm 12 20 „ἄνθρακας πυρὸς σωρεύσεις ἐπὶ τὴν
  κεφαλὴν αὐτοῦ" (sc τοῦ ἐχθροῦ)
1 Co 11 3 ἀνδρὸς ἡ κεφ. ὁ Χός ἐστιν, κεφ. δὲ
  γυναικὸς ὁ ἀνήρ, κεφ. – Χοῦ ὁ θεός
  – 4 ἀνὴρ προσευχόμενος – κατὰ κεφαλῆς
  ἔχων καταισχύνει τὴν κ. αὐτοῦ 5 γυ-
  νὴ προσευχομένη – ἀκατακαλύπτῳ τῇ
  κεφαλῇ καταισχύνει τὴν κεφ. αὐτῆς
  – 7 ἀνήρ – οὐκ ὀφείλει κατακαλύπτεσθαι
  τὴν κεφ. 10 ὀφείλει ἡ γυνὴ ἐξουσίαν
  ἔχειν ἐπὶ τῆς κεφαλῆς διὰ τοὺς ἀγγ.
  12 21 ἢ – ἡ κεφ. τοῖς ποσίν· χρείαν ὑμῶν
Eph 1 22 αὐτὸν ἔδωκεν κεφαλὴν – τῇ ἐκκλησίᾳ
  4 15 εἰς αὐτὸν –, ὅς ἐστιν ἡ κεφαλή, Χός
  5 23 ἀνὴρ ἐστιν κεφαλὴ τῆς γυναικὸς ὡς
  καὶ ὁ Χὸς κεφαλὴ τῆς ἐκκλησίας
Col 1 18 αὐτός ἐστιν ἡ κεφ. τοῦ σώματος, τῆς

ἐκκλησίας· ὅς ἐστιν ἀρχή
210 ὅς ἐστιν ἡ κεφαλὴ πάσης ἀρχῆς καὶ
ἐξουσίας
– 19 οὐ κρατῶν τὴν κ., ἐξ οὗ πᾶν τὸ σῶ.
Ap 114 „ἡ – κ. αὐτοῦ καὶ αἱ τρίχες λευκαί"
1414 ἐπὶ τῆς κ. αὐτοῦ στέφανον χρυ-
σοῦν 1912 διαδήματα πολλά – 44 ἐπὶ
τὰς κ. αὐτῶν στεφάνους χρυσοῦς 97
917 αἱ κεφ. τῶν ἵππων ὡς κ.αὶ λεόντων
– 19 αἱ – οὐραὶ αὐτῶν –, ἔχουσαι κεφαλάς
10 1 ἄγγελον –, καὶ ἡ ἶρις ἐπὶ τῆς κ. αὐ-
τοῦ 121 γυνή –, καὶ ἐπὶ τῆς κεφαλῆς
αὐτῆς στέφανος ἀστέρων δώδεκα
12 3 δράκων –, ἔχων κεφαλὰς ἑπτὰ – καὶ
ἐπὶ τὰς κεφαλὰς – ἑπτὰ διαδήματα
13 1 θηρίον –, ἔχον – κ.ὰς ἑπτὰ –, καὶ ἐπὶ
τὰς κ. αὐτοῦ ὀνόμα[τα] βλασφημίας
– 3 μίαν ἐκ τῶν κεφαλ. – ὡς ἐσφαγμένη
17 3 θηρίον κόκκινον, – ἔχων κ.ὰς ἑπτὰ
7.9 αἱ ἑπτὰ κεφαλαὶ ἑπτὰ ὄρη εἰσίν
1819 „ἔβαλον χοῦν ἐπὶ τὰς κεφ. αὐτῶν"

κεφαλιοῦν S⁰ – in capite vulnerare Mar 124

κεφαλίς caput Hb 107 „ἐν κ..δι βιβλίου"

κημοῦν S⁰ – alligare os 1 Co 99 „οὐ κημώ-
σεις (vl φιμώσεις) βοῦν ἀλοῶντα"

κῆνσος S⁰ – census ᵇtributum
Mat 1725 ἀπὸ τίνων λαμβάνουσιν τέλη ἢ κ..ον;
2217 ἔξεστιν δοῦναι κ..ον Καίσαρι ἢ οὔ;
19 τὸ νόμισμα τοῦ κήνσου ‖ Mar 1214 ᵇ

κῆπος hortus Luc 1319 Joh 181.26 1941

κηπουρός hortulanus Joh 2015 ὅτι ὁ κ. ἐστιν

κήρυγμα praedicatio
Mat 1241 μετενόησαν εἰς τὸ κ. Ἰωνᾶ ‖ Luc 1132
‖[Mar brev. claus. τὸ ἱερὸν καὶ ἄφθαρτον κή-
ρυγμα τῆς αἰωνίου σωτηρίας]‖
[Rm 1625 ὑμᾶς στηρίξαι κατὰ – τὸ κήρ. Ἰ. Χοῦ]
1 Co 121 διὰ τῆς μωρίας τοῦ κ..ατος σῶσαι
2 4 ὁ λόγος μου καὶ τὸ κήρ. μου οὐκ ἐν
1514 κενὸν ἄρα [καὶ] τὸ κήρυγμα ἡμῶν
2 Ti 417 ἵνα δι' ἐμοῦ τὸ κήρ. πληροφορηθῇ
Tit 1 3 ἐφανέρωσεν – τὸν λόγον αὐτοῦ ἐν
κηρύγματι ὃ ἐπιστεύθην ἐγώ

κῆρυξ praedicator ᵇpraeco
1 Ti 2 7 ἐτέθην ἐγὼ κ. καὶ ἀπόστολος 2 Ti 111
2 Pe 2 5 Νῶε δικαιοσύνης κήρυκαᵇ ἐφύλαξεν

κηρύσσειν praedicare
Mat 3 1 ὁ βαπτιστὴς κηρύσσων –· μετανοεῖτε
‖ Mar 14 κ..ων βάπτισμα μετανοίας
7 Luc 33 – Act 1037 μετὰ τὸ βάπτι-
σμα ὃ ἐκήρυξεν Ἰωάννης
417 ἤρξατο ὁ Ἰησοῦς κ..ειν –· μετανοεῖτε
– 23 κ..ων τὸ εὐαγγ. τῆς βασιλείας 935
10 7 κ..ετε – ὅτι ἤγγικεν ἡ βασ. τῶν οὐρ.
‖ Luc 92 ἀπέστειλεν – κ..ειν τὴν βασ.
τοῦ θεοῦ – Mar 314 ἐποίησεν δώδε-
κα – ἵνα ἀποστέλλῃ αὐτοὺς κ..ειν
– 27 ὃ εἰς τὸ οὖς ἀκούετε, κηρύξατε ἐπὶ
τῶν δωμάτων ‖ Luc 123 κηρυχθήσεται
11 1 μετέβη – τοῦ – κ..ειν ἐν ταῖς πόλεσιν
2414 κηρυχθήσεται τοῦτο τὸ εὐ. τῆς βασ.
2613 ὅπου ἐὰν κηρυχθῇ τὸ εὐαγγ. τοῦτο
ἐν ὅλῳ τῷ κόσμῳ ‖ Mar 149
Mar 114 ἦλθεν – κ..ων τὸ εὐαγγέλιον τοῦ θεοῦ
– 38 ἵνα καὶ ἐκεῖ κηρύξω· εἰς τοῦτο γάρ
– 39 ἦλθεν κ..ων εἰς τὰς συναγωγὰς ‖
Luc 444 ἦν κηρύσσων – Mar 145 ἤρ-
ξατο κ..ειν – καὶ διαφημίζειν τ. λόγον
520 ἤρξατο κηρ. ἐν τῇ Δεκαπόλει ὅσα
ἐποίησεν αὐτῷ ὁ Ἰησοῦς ‖ Luc 839
καθ' ὅλην τὴν πόλιν κηρύσσων
612 ἐξελθόντες ἐκήρυξαν ἵνα μετανοῶσιν
736 μᾶλλον περισσότερον ἐκήρυσσον
1310 εἰς πάντα τὰ ἔθνη πρῶτον δεῖ κηρυ-
χθῆναι τὸ εὐαγγέλιον
‖[1615 κηρύξατε τὸ εὐαγγ. πάσῃ τῇ κτίσει]‖
‖[– 20 ἐξελθόντες ἐκήρυξαν πανταχοῦ]‖
Luc 418 „κηρύξαι αἰχμαλώτοις ἄφεσιν" 19 „κη-
ρύξαι ἐνιαυτὸν κυρίου δεκτόν"
8 1 κ..ων καὶ εὐαγγελιζόμενος τὴν βασ.
2447 γέγραπται – κηρυχθῆναι ἐπὶ τῷ ὀνό-
ματι αὐτοῦ μετάνοιαν – εἰς – τὰ ἔθνη
Act 8 5 ἐκήρυσσεν αὐτοῖς τὸν Χὸν 920 τὸν
Ἰησοῦν, ὅτι – ἐστὶν ὁ υἱὸς τοῦ θεοῦ
– 1913 Ἰησοῦν ὃν Παῦλος κηρύσσει
1042 κηρύξαι τῷ λαῷ – ὅτι οὗτός ἐστιν
1521 Μωϋσῆς – τοὺς κ..οντας αὐτὸν ἔχει
2025 διῆλθον κ..ων τὴν βασ. 2831 τοῦ θ.
Rm 221 ὁ κηρύσσων μὴ κλέπτειν κλέπτεις;
10 8 τὸ ῥῆμα τῆς πίστεως ὃ κηρύσσομεν
– 14 πῶς – ἀκούσωσιν χωρὶς κηρύσσοντος;
– 15 πῶς – κ..ξωσιν ἐὰν μὴ ἀποσταλῶσιν;
1 Co 123 ἡμεῖς – κ..ομεν Χὸν ἐσταυρωμένον
927 μή πως ἄλλοις κηρύξας αὐτὸς ἀδό-
κιμος γένωμαι
1511 οὕτως κ..ομεν καὶ οὕτως ἐπιστεύσατε
– 12 εἰ δὲ Χὸς κηρύσσεται ὅτι – ἐγήγερται
2 Co 119 Ἰησ. Χὸς ὁ ἐν ὑμῖν δι' ἡμῶν κ.χθεὶς

2Co 4 5 οὐ – ἑαυτοὺς κηρύσσομεν ἀλλὰ 'Ιησοῦν Χριστὸν κύριον
11 4 εἰ – ὁ ἐρχόμενος ἄλλον 'Ιησοῦν κηρύσσει ὃν οὐκ ἐκηρύξαμεν,– ἀνέχεσθε
Gal 2 2 τὸ εὐαγγέλιον ὃ κ..ω ἐν τοῖς ἔθνεσιν
5 11 ἐγὼ –, εἰ περιτομὴν ἔτι κηρύσσω
Phl 1 15 τινὲς – διὰ φθόνον καὶ ἔριν, τινὲς – καὶ δι' εὐδοκίαν τὸν Χὸν κ..ουσιν
Col 1 23 τοῦ εὐαγγ. –, τοῦ κηρυχθέντος ἐν πάσῃ κτίσει τῇ ὑπὸ τὸν οὐρανόν
1 Th 2 9 ἐκηρύξαμεν εἰς ὑμᾶς τὸ εὐαγγέλιον
1 Ti 3 16 ἐκηρύχθη ἐν ἔθνεσιν, ἐπιστεύθη
2 Ti 4 2 κήρυξον τὸν λόγον, ἐπίστηθι εὐκαίρως
1 Pe 3 19 τοῖς ἐν φυλακῇ πνεύμασιν – ἐκήρυξεν
Ap 5 2 ἄγγελον – κ..οντα ἐν φωνῇ μεγάλῃ

κῆτος cetus Mat 12 40 ἐν τῇ κοιλίᾳ τοῦ κ.

Κηφᾶς
Joh 1 42 σὺ κληθήσῃ Κηφ. (ὃ ἑρμην. Πέτρος)
1 Co 1 12 ἐγὼ δὲ 'Απολλῶ, ἐγὼ δὲ Κηφᾶ
3 22 εἴτε 'Απολλῶς εἴτε Κηφᾶς
9 5 ὡς καὶ – οἱ ἀδελφοὶ τοῦ κυρ. καὶ Κ.
15 5 ὅτι ὤφθη Κηφᾷ, εἶτα τοῖς δώδεκα
Gal 1 18 ἱστορῆσαι Κηφᾶν (vl Πέτρον vg)
2 9 'Ιάκωβος καὶ Κηφᾶς καὶ 'Ιωάννης
– 11 ὅτε δὲ ἦλθεν Κηφᾶς εἰς 'Αντιόχειαν
– 14 εἶπον τῷ Κηφᾷ ἔμπροσθεν πάντων

κιβωτός arca Mat 24 38 ἄχρι ἧς ἡμέρας „εἰσῆλθεν – εἰς τὴν κ..όν" || Luc 17 27 Hb 11 7 κατεσκεύασεν κ..ὸν εἰς σωτηρίαν 1 Pe 3 20
Hb 9 4 τῆς διαθήκης Ap 11 19 ὤφθη ἡ κιβ.

κιθάρα cithara 1 Co 14 7 Ap 5 8 14 2 15 2 θεοῦ

κιθαρίζειν citharizare 1 Co 14 7 Ap 14 2

κιθαρῳδός S° – citharoedus Ap 14 2 18 22

Κιλικία Act 6 9 15 23 Συρ. καὶ Κ. 41 Gal 1 21
– Act 21 39 Ταρσεύς, τῆς Κ. οὐκ ἀσήμου πόλεως πολίτης 22 3 23 34 – 27 5

κινδυνεύειν periclitari Luc 8 23 Act 19 27.40
1 Co 15 30 τί καὶ ἡμεῖς κ..ομεν πᾶσαν ὥραν;

κίνδυνος periculum (2 Co 1 10 vg)
Rm 8 35 ἢ κίνδ. ἢ μάχαιρα; 2 Co 11 26 octies

κινεῖν movēre b commovēre c concitare
Mat 23 4 δακτύλῳ – οὐ θέλουσιν κ..ῆσαι αὐτά

Mat 27 39 „κ..οῦντες τὰς κεφαλάς" || Mar 15 29
Act 17 28 ἐν αὐτῷ – ζῶμεν καὶ κ..ούμεθα καί
21 30 ἐκ..ήθη b – πόλις 24 5 κ..οῦντα c στάσεις
Ap 2 5 κινήσω τὴν λυχνίαν σου ἐκ τ. τόπου
6 14 πᾶν ὄρος καὶ νῆσος – ἐκινήθησαν

(κίνησις motus Joh 5 3 vl τοῦ ὕδατος)

κιννάμωμον cinnamomum Ap 18 13

Κίς Act 13 21 τὸν Σαοὺλ υἱὸν Κίς

κιχράναι (aor χρῆσαι) commodare Luc 11 5

κλάδος ramus
Mat 13 32 „κατασκηνοῦν ἐν τοῖς κλάδοις αὐτοῦ" || Mar 4 32 Luc 13 19
21 8 ἔκοπτον κλάδους ἀπὸ τῶν δένδρων
24 32 ὅταν – ὁ κλ. – γέν. ἁπαλός || Mar 13 28
Rm 11 16 εἰ ἡ ῥίζα ἁγία, καὶ οἱ κλάδοι
– 17 εἰ δέ τινες τῶν κλ. ἐξεκλάσθησαν 19
– 18 μὴ κατακαυχῶ τῶν κλ. 21 εἰ – ὁ θεὸς τῶν κατὰ φύσιν κλάδ. οὐκ ἐφείσατο

κλαίειν flēre b plorare
Mat 2 18 „Ραχὴλ κλαίουσα b τὰ τέκνα αὐτῆς"
26 75 ἔκλαυσεν (vg vl b) πικρῶς || Mar 14
72 ἐπιβαλὼν ἔκλαιεν Luc 22 62
Mar 5 38 θεωρεῖ –, κλαίοντας – πολλὰ 39 τί κλαίετε b; || Luc 8 52 ἔκλαιον – πάντες
–.– μὴ κλαίετε· οὐ γὰρ ἀπέθανεν
[16 10 ἀπήγγειλεν – πενθοῦσι κ. κλαίουσιν]
Luc 6 21 μακάριοι οἱ κλαίοντες νῦν, ὅτι γελάσ.
– 25 οὐαί, – ὅτι πενθήσετε καὶ κλαύσετε
7 13 ὁ κύριος – εἶπεν αὐτῇ· μὴ κλαῖε
– 32 ἐθρηνήσαμεν καὶ οὐκ ἐκλαύσατε b
– 38 στᾶσα ὀπίσω – κλαίουσα (vg°)
19 41 ἰδὼν τὴν πόλιν ἔκλαυσεν ἐπ' αὐτήν
23 28 μὴ κλαίετε ἐπ' ἐμέ· πλὴν ἐφ' ἑαυτὰς κλαίετε καὶ ἐπὶ τὰ τέκνα ὑμῶν
Joh 11 31 εἰς τὸ μνημεῖον ἵνα κλαύσῃ b ἐκεῖ
– 33 ὡς εἶδεν αὐτὴν κλαίουσαν b καὶ τοὺς συνελθόντας – 'Ιουδαίους κλαίοντας b
16 20 ὅτι κλαύσετε b καὶ θρηνήσετε ὑμεῖς
20 11 πρὸς τῷ μνημείῳ ἔξω κλαίουσα b. ὡς οὖν ἔκλαιεν 13 γύναι, τί κλαίεις b; 15 'Ιησοῦς· γύναι, τί κλαίεις b; τίνα
Act 9 39 πᾶσαι αἱ χῆραι κλαίουσαι
21 13 τί ποιεῖτε κλαίοντες καὶ συνθρύπτ.
Rm 12 15 κλαίειν μετὰ κλαιόντων
1 Co 7 30 οἱ κλαίοντες ὡς μὴ κλαίοντες
Phl 3 18 νῦν δὲ καὶ κλαίων λέγω, τοὺς ἐχθρ.

Jac 4 9 πενθήσατε καὶ κλαύσατε^b· ὁ γέλως
  5 1 οἱ πλούσιοι, κλαύσατε^b ὁλολύζοντες
Ap 5 4 (vl ἐγὼ vg) ἔκλαιον πολύ 5 μὴ κλαῖε
  18 9 „κλαύσουσιν – οἱ βασιλεῖς τῆς γῆς"
    11 οἱ „ἔμποροι – κλαίουσιν καὶ πεν-
    θοῦσιν" ἐπ᾽ αὐτήν 15.19

κλᾶν *frangere*
Mat 1419 κλάσας ἔδωκεν – τοὺς ἄρτους
  1536 εὐχαριστήσας ἔκλασεν καὶ ἐδίδου ‖
    Mar 86.19 ὅτε τοὺς – ἄρτους ἔκλασα
  2626 εὐλογήσας ἔκλασεν καὶ δούς ‖ Mar
    1422 Luc 2219 εὐχ. ἔκλ. καὶ ἔδωκεν
    1 Co 1124 εὐχαρ. ἔκλασεν καὶ εἶπεν·
Luc 2430 εὐλόγησεν καὶ κλάσας ἐπεδίδου
Act 246 κλῶντές τε κατ᾽ οἶκον ἄρτον
  20 7 συνηγμένων ἡμῶν κλάσαι ἄρτον
  – 11 κλάσας τὸν ἄρτον καὶ γευσάμενος
  2735 εὐχαρίστησεν – καὶ κλάσας ἦρξ. ἐσθ.
1 Co 1016 τὸν ἄρτον ὃν κλῶμεν, οὐχὶ κοινωνία
  1124 καὶ εὐχαριστήσας ἔκλασεν καὶ εἶπεν·
    τοῦτό μού ἐστιν τὸ σῶμα

κλάσις S^o – τοῦ ἄρτου *fractio panis*
Luc 2435 ὡς ἐγνώσθη αὐτοῖς ἐν τῇ κλ. τ. ἄρτου
Act 242 προσκαρτεροῦντες – τῇ κοινωνίᾳ, τῇ
  κλάσει τ. ἄρτου (vg *fractionis panis*)

κλάσματα *fragmenta* Mat 1420 τὸ περισσεῦ-
  ον τῶν κ..ων ‖ Mar 643 Luc 917 – Mat
  1537 ‖ Mar 88.19.20 – Joh 612.13

Κλαυδία
2 Ti 421 ἀσπάζεταί σε – Κλαυδία

Κλαύδιος
Act 1128 182 – Act 2326 Κ. Λυσίας

κλαυθμός *fletus* ^b*ploratus* Mat 218^b
Mat 812 ὁ κλ. καὶ ὁ βρυγμὸς τῶν ὀδόντων
  1342.50 2213 2451 2530 Luc 1328
Act 2037 ἱκανὸς δὲ κλαυθμὸς ἐγένετο πάντων

κλείειν *claudere*
Mat 6 6 „κλείσας τὴν θύραν σου πρόσευξαι"
  2313 κλείετε τὴν βασιλείαν τῶν οὐρανῶν
    ἔμπροσθεν τῶν ἀνθρώπων
  2510 ἦλθ. ὁ νυμφίος, – καὶ ἐκλείσθη ἡ θ.
Luc 425 ὅτε ἐκλείσθη ὁ οὐρανὸς ἐπὶ ἔτη τρία
  11 7 ἤδη ἡ θύρα κέκλεισται
Joh 2019 τῶν θυρῶν κεκλεισμένων 26
Act 523 τὸ δεσμωτήριον 2130 αἱ θύραι

1 Jo 317 ὃς δ᾽ ἂν – κλείσῃ τὰ σπλάγχνα αὐ-
  τοῦ ἀπ᾽ αὐτοῦ (sc τοῦ ἀδελφοῦ)
Ap 3 7 „ὁ ἀνοίγων καὶ οὐδεὶς κλείσει, καὶ
  κλείων καὶ οὐδεὶς ἀνοίγει" 8 θύραν
  –, ἣν οὐδεὶς δύναται κλεῖσαι
  11 6 τὴν ἐξουσίαν κλεῖσαι τὸν οὐρανόν
  20 3 ἔκλεισεν καὶ ἐσφράγισεν ἐπάνω
  2125 „οἱ πυλῶνες – οὐ μὴ κλεισθῶσιν"

κλείς *clavis*
Mat 1619 δώσω σοι τὰς κλεῖδας τῆς βασιλείας
  τῶν οὐρανῶν, καὶ ὃ ἐὰν δήσῃς
Luc 1152 ὅτι ἤρατε τὴν κλεῖδα τῆς γνώσεως
Ap 1 18 ἔχω τὰς κλεῖς τοῦ θαν. καὶ τοῦ ᾅδου
  3 7 ὁ ἅγιος –, ὁ ἔχων „τὴν κλεῖν Δαυίδ"
  9 1 ἐδόθη αὐτῷ ἡ κλ. τ. φρέατος τῆς ἀ-
  βύσσου 201 ἔχοντα τὴν κλεῖν τῆς ἀβ.

κλέμμα (S = res furtiva) – *furtum* Ap 921
  οὐ μετενόησαν – ἐκ τῶν κλ..ων αὐτῶν

Κλεοπᾶς Luc 2418 εἷς ὀνόματι Κλεοπᾶς

κλέος *gloria* 1 Pe 220 ποῖον – κλ. εἰ ἁμαρτάν.

κλέπτειν *furari* ^b*furtum facere*
Mat 6 19 διορύσσουσιν καὶ κ..ουσιν 20 οὐδὲ κλ.
  1918 τὸ – „οὐ κλέψεις"^b ‖ Mar 1019 „μὴ
  κλέψῃς" Luc 1820^b Rm 139 „οὐ κλ."
  2764 μήποτε – κλέψωσιν αὐτὸν 2813 ἔκλεψ.
Joh 1010 οὐκ ἔρχεται εἰ μὴ ἵνα κλέψῃ
Rm 221 ὁ κηρύσσων μὴ κλέπτειν κλέπτεις;
Eph 428 ὁ κλέπτων μηκέτι κλεπτέτω

κλέπτης *fur*
Mat 6 19 ὅπου κλ..αι διορύσσουσιν 20 οὐ διορ.
  ‖ Luc 1233 ὅπου κλέπτης οὐκ ἐγγίζει
  2443 ποίᾳ φυλακῇ ὁ κλ. ἔρχεται ‖ Luc 1239
Joh 10 1 ὁ – ἀναβαίνων ἀλλαχόθεν, – κλ. ἐστίν
  – 8 ὅσοι ἦλθον [πρὸ ἐμοῦ] κ..αι εἰσίν 10 ὁ
  κλέπτης οὐκ ἔρχεται εἰ μὴ ἵνα κλέψῃ
  12 6 ἀλλ᾽ ὅτι κλ. ἦν καὶ – τὰ βαλλόμενα
1 Co 610 οὔτε κλέπται οὔτε πλεονέκται
1 Th 5 2 ἡμέρα κυρίου ὡς κλέπτης ἐν νυκτί
  – 4 ἵνα ἡ ἡμέρα ὑμᾶς ὡς κλ. καταλάβῃ
1 Pe 415 μή – τις ὑμῶν πασχέτω ὡς – κλέπτης
2 Pe 310 ἥξει – ἡμέρα κυρίου ὡς κλέπτης
Ap 3 3 ἥξω ὡς κλέπτης 1615 ἔρχομαι ὡς κλ.

κλῆμα *palmes* Joh 152 πᾶν κλῆμα ἐν ἐμοὶ
  μὴ φέρον καρπόν 4 καθὼς τὸ κλ. οὐ δύ-
  ναται καρπὸν φέρειν ἀφ᾽ ἑαυτοῦ 5 ὑμεῖς
  τὰ κλήματα 6 ἐβλήθη ἔξω ὡς τὸ κλῆμα

Κλήμης Phl 43 συνήθλησάν μοι μετὰ – Κλήμ.

κληρονομεῖν possidēre ᵇconsequi ᶜpercipere ᵈhereditare ᵉhereditatem capere ᶠhereditate possidēre ᵍheredem esse

Mat 5 5 ὅτι αὐτοὶ „κληρονομήσουσιν τὴν γῆν"
19 29 καὶ ζωὴν αἰώνιον κληρονομήσει
25 34 κλ..ήσατε τὴν ἡτοιμασμένην ὑμῖν βασιλείαν ἀπὸ καταβολῆς κόσμου

Mar 10 17 τί ποιήσω ἵνα ζωὴν αἰών. κλ..ήσωᶜ; ||
Luc 18 18 τί ποιήσας – κλ..ήσω; – 10 25

1 Co 6 9 οὐκ οἴδατε ὅτι ἄδικοι θεοῦ βασιλείαν οὐ κλ..ήσουσιν; 10 οὐχ ἅρπαγες
β. θ. κλ..ήσουσιν Gal 5 21 οἱ – τοιαῦτα πράσσοντες βασ. θ. οὐ κλ..ήσουσινᵇ
15 50 σὰρξ καὶ αἷμα βασιλείαν θεοῦ κληρονομῆσαι οὐ δύναται, οὐδὲ ἡ φθορὰ τὴν ἀφθαρσίαν κληρονομεῖ

Gal 4 30 „οὐ – μὴ κλ..ήσειᵍ ὁ υἱὸς τῆς παιδίσκης μετὰ τοῦ υἱοῦ" τῆς ἐλευθέρας

Hb 1 4 ὅσῳ διαφορώτερον παρ᾽ αὐτοὺς κεκληρονόμηκενᵈ ὄνομα
– 14 διὰ τοὺς μέλλοντας κλ.ᵉ σωτηρίαν
6 12 μιμηταὶ – τῶν διὰ πίστεως καὶ μακροθυμίας κλ..ούντωνᵈ τὰς ἐπαγγελίας
12 17 ὅτι καὶ μετέπειτα θέλων κλ..ῆσαιᵈ τὴν εὐλογίαν ἀπεδοκιμάσθη

1 Pe 3 9 ἐκλήθητε ἵνα εὐλογίαν κλ..ήσητεᶠ

Ap 21 7 ὁ νικῶν κληρονομήσει ταῦτα

κληρονομία hereditas

Mat 21 38 καὶ σχῶμεν τὴν κλ. αὐτοῦ || Mar 12 7 ἡμῶν ἔσται ἡ κλ. Luc 20 14 γένηται
Luc 12 13 εἰπὲ – μερίσασθαι μετ᾽ ἐμοῦ τὴν κλ.

Act 7 5 οὐκ ἔδωκεν αὐτῷ κλ..αν ἐν αὐτῇ
20 32 τῷ δυναμένῳ – δοῦναι τὴν „κληρονομίαν ἐν τοῖς ἡγιασμένοις πᾶσιν"

Gal 3 18 εἰ – ἐκ νόμου ἡ κλ., οὐκέτι ἐξ ἐπαγγ.

Eph 1 14 ὅ ἐστιν ἀρραβὼν τῆς κληρον. ἡμῶν
– 18 τίς ὁ πλοῦτος τῆς δόξης τῆς „κληρονομίας" αὐτοῦ „ἐν τοῖς ἁγίοις"
5 5 οὐκ ἔχει κλ..αν ἐν τῇ βασ. τοῦ Χοῦ

Col 3 24 εἰδότες ὅτι ἀπὸ κυρίου ἀπολήμψεσθε τὴν ἀνταπόδοσιν τῆς κληρονομίας

Hb 9 15 ὅπως – τὴν ἐπαγγελίαν λάβωσιν οἱ κεκλημένοι τῆς αἰωνίου κληρονομίας
11 8 τόπον ὃν ἤμελλεν λαμβάνειν εἰς κλ.

1 Pe 1 4 εἰς κλ..αν ἄφθαρτον καὶ ἀμίαντον –, τετηρημένην ἐν οὐρανοῖς εἰς ὑμᾶς

κληρονόμος heres

Mat 21 38 οὗτός ἐστιν ὁ κλ. || Mar 12 7 Luc 20 14

Rm 4 13 τὸ κλ..ον αὐτὸν (sc Ἀβ.) εἶναι κόσμ.
– 14 εἰ – οἱ ἐκ νόμου κλ..οι, κεκένωται
8 17 εἰ – τέκνα, καὶ κληρονόμοι· κλ..οι μὲν θεοῦ, συγκληρονόμοι δὲ Χοῦ

Gal 3 29 εἰ – ὑμεῖς Χοῦ, –, κατ᾽ ἐπαγγ. κλ..οι
4 1 ἐφ᾽ ὅσον χρόνον ὁ κλ. νήπιός ἐστιν
– 7 εἰ δὲ υἱός, καὶ κληρονόμος διὰ θεοῦ

Tit 3 7 ἵνα δικαιωθέντες – κληρονόμοι γενηθῶμεν κατ᾽ ἐλπίδα ζωῆς αἰωνίου

Hb 1 2 ἐν υἱῷ, ὃν ἔθηκεν κλ..ον πάντων
6 17 ἐπιδεῖξαι τοῖς κλ. τῆς ἐπαγγελίας
11 7 τῆς κατὰ πίστιν δικαιοσύνης ἐγένετο κληρονόμος (sc Νῶε)

Jac 2 5 ἐξελέξατο τοὺς πτωχοὺς τῷ κόσμῳ – κληρονόμους τῆς βασιλείας

κλῆρος sors ᵇclerus, i

Mat 27 35 βάλλοντες κλῆρον || Mar 15 24 Luc 23 34
„ἔβαλον κλήρους" Joh 19 24 „καὶ ἐπὶ τὸν ἱματισμόν μου ἔβαλον κλῆρον"

Act 1 17 ἔλαχεν τὸν κλ. τῆς διακονίας ταύτης
– 26 ἔδωκαν κλήρους αὐτοῖς, καὶ ἔπεσεν ὁ κλῆρος ἐπὶ Μαθθίαν
8 21 οὐκ ἔστιν σοι μερὶς οὐδὲ κλῆρος ἐν τῷ λόγῳ τούτῳ
26 18 λαβεῖν – κλῆρον ἐν τοῖς ἡγιασμένοις

Col 1 12 τῷ ἱκανώσαντι ὑμᾶς (vl ἡμᾶς vg) εἰς τὴν μερίδα τοῦ κλήρου τῶν ἁγίων

1 Pe 5 3 μηδ᾽ ὡς κατακυριεύοντες τῶν κλήρωνᵇ (in cleris) ἀλλὰ τύποι γινόμ.

κληροῦν sorte vocare Eph 1 11 ἐν ᾧ καὶ ἐκληρώθημεν – εἰς τὸ εἶναι ἡμᾶς – τοὺς προηλπικότας ἐν τῷ Χῷ

κλῆσις vocatio

Rm 11 29 ἀμεταμέλητα – καὶ ἡ κλῆσις τοῦ θεοῦ
1 Co 1 26 βλέπετε γὰρ τὴν κλ. ὑμῶν, ἀδελφοί
7 20 ἕκαστος ἐν τῇ κλ. ᾗ ἐκλήθη, – μενέτω

Eph 1 18 τίς ἐστιν ἡ ἐλπὶς τῆς κλήσεως αὐτοῦ
4 1 ἀξίως περιπατῆσαι τῆς κλ. ἧς ἐκλήθ.
– 4 ἐκλήθητε ἐν μιᾷ ἐλπίδι τῆς κλ. ὑμῶν

Phl 3 14 εἰς τὸ βραβεῖον τῆς ἄνω κλ. τοῦ θ.
2 Th 1 11 ἵνα ὑμᾶς ἀξιώσῃ τῆς κλήσεως ὁ θεὸς
2 Ti 1 9 τοῦ – ἡμᾶς – καλέσαντος κλήσει ἁγίᾳ
Hb 3 1 κλήσεως ἐπουρανίου μέτοχοι
2 Pe 1 10 σπουδάσατε βεβαίαν ὑμῶν τὴν κλῆσιν καὶ ἐκλογὴν ποιεῖσθαι

κλητός vocatus

Mat 22 14 πολλοὶ γάρ εἰσιν κλητοί (vl 20 16 vg)

Rm 1 1 κλητὸς ἀπόστολος 1 Co 11 Χοῦ Ἰησ.
 – 6 ἐν οἷς ἐστε καὶ ὑμεῖς κλητοὶ Ἰ. Χοῦ
 – 7 κλητοῖς ἁγίοις 1 Co 12
 828 τοῖς κατὰ πρόθεσιν κλητοῖς οὖσιν
1 Co 124 αὐτοῖς δὲ τοῖς κλ. – Χὸν θεοῦ δύναμιν
Jud 1 τοῖς ἐν – Ἰ. Χῷ τετηρημένοις κλητοῖς
Ap 1714 οἱ μετ᾽ αὐτοῦ κλητοὶ καὶ ἐκλεκτοί

κλίβανος clibanus Mat 630 ‖ Luc 1228

κλίματα S° – regiones ᵇpartes Rm 1523
2 Co 1110 Ἀχαΐας Gal 121 ᵇ Συρίας καὶ Κιλικ.

κλινάριον S° – lectulus Act 515 ἐπὶ κ..ίων

κλίνειν ᵃdeclinare ᵇinclinare, ..ri
  ᶜreclinare ᵈvertere
Mat 820 οὐκ ἔχει ποῦ τὴν κεφαλὴν κλίνῃᶜ ‖
  Luc 958ᶜ – Joh 1930 κλίνας ᵇ τὴν κεφ.
Luc 912 ἡμέρα ἤρξατο κλίν.ᵃ 2429 κέκλικεν ᵇ
  24 5 κλινουσῶν ᵃ τὰ πρόσωπα εἰς τὴν γῆν
Hb 1134 παρεμβολὰς ἔκλιναν ᵈ ἀλλοτρίων

κλίνη lectus – κλινίδιον S° – lectus
Mat 9 2 παραλυτικὸν ἐπὶ κλίνης βεβλημένον
  6 ἆρόν σου τὴν κλ. ‖ Luc 518.19 σὺν
  τῷ κλινιδίῳ 24 ἄρας τὸ κλινίδιόν σου
Mar 421 ὑπὸ τὴν κλ. ‖ Luc 816 – [Mar 74]
  730 τὸ παιδίον βεβλημένον ἐπὶ τὴν κλίνην
Luc 1734 ἔσονται δύο ἐπὶ κλίνης μιᾶς, ὁ εἷς
Ap 222 ἰδοὺ βάλλω αὐτὴν (sc Ἰεζ.) εἰς κλίνην

κλισία convivium Luc 914 κ..ας – ἀνὰ πεντ.

κλοπή furtum Mat 1519 κλοπαί ‖ Mar 721

κλύδων tempestas Luc 824 fluctus Jac 16

κλυδωνίζεσθαι fluctuari Eph 414 ἵνα μη-
  κέτι ὦμεν – κ..όμενοι καὶ περιφερό-
  μενοι παντὶ ἀνέμῳ τῆς διδασκαλίας

Κλωπᾶς Cleophas Joh 1925 Μαρία ἡ τοῦ Κλ.

κνήθεσθαι S° – prurire 2 Ti 43 τὴν ἀκοήν

Κνίδος Act 277 μόλις γενόμενοι κατὰ τὴν Κ.

κοδράντης S° – quadrans Mt 526 Mr 1242

κοιλία venter ᵇuterus
Mat 1240 „ἦν Ἰωνᾶς ἐν τῇ κοιλίᾳ τοῦ κήτους"

Mat 1517 πᾶν – εἰς τὴν κοιλίαν χωρεῖ ‖ Mar 719
  1912 οἵτινες ἐκ κοιλίας ᵇ μητρὸς ἐγεν-
  νήθησαν οὕτως Luc 115 πνεύματος
  ἁγίου πλησθήσεται ἔτι ἐκ κ.ᵇ μ. αὐτοῦ
Act 32 χωλὸς ἐκ κ.ᵇ μ. 148 ᵇ – Gal 115
  ὁ ἀφορίσας με „ἐκ κ.ᵇ μητρός μου"
Luc 141 τὸ βρέφος ἐν τῇ κ.ᵇ αὐτῆς 44 ᵇ μου
  – 42 εὐλογημένος ὁ καρπὸς τῆς κ. σου
  221 πρὸ τοῦ συλλημφθῆναι αὐτὸν ἐν τ. κ.ᵇ
  1127 μακαρία ἡ κοιλία ἡ βαστάσασά σε
  (1516 νl ἐπεθύμει γεμίσαι τὴν κοιλ. αὐτοῦ)
  2329 μακάριαι – αἱ κοιλ. αἳ οὐκ ἐγέννησαν
Joh 3 4 εἰς τὴν κ. τῆς μητρὸς – δεύτ. εἰσελθεῖν
  738 ποταμοὶ ἐκ τῆς κ. αὐτοῦ ῥεύσουσιν
Rm 1618 Χῷ οὐ δουλεύουσιν ἀλλὰ τῇ – κ..ᾳ
1 Co 613 τὰ βρώματα τῇ κ., καὶ ἡ κ. τοῖς βρ.
Phl 319 ὧν ὁ θεὸς ἡ κοιλία καὶ ἡ δόξα ἐν τῇ
Ap 10 9 πικρανεῖ „σου τὴν κ." 10 ἐπικράνθη

κοιμᾶσθαι dormire ᵇobdormire
Mat 2752 σώματα τῶν κεκοιμημένων ἁγίων
  2813 ἔκλεψαν αὐτὸν ἡμῶν κοιμωμένων
Luc 2245 εὗρεν κοιμωμένους – ἀπὸ τῆς λύπης
Joh 1111 ὁ φίλος ἡμῶν κεκοίμηται 12 εἰ κεκ.
Act 760 τοῦτο εἰπὼν ἐκοιμήθη ᵇ (sc Στέφ.)
  12 6 ἦν ὁ Πέτρ. κοιμώμενος – δεδεμένος
  1336 Δαυὶδ – τῇ τοῦ θεοῦ βουλῇ ἐκ..ήθη
1 Co 739 ἐὰν δὲ κοιμηθῇ ὁ ἀνήρ, ἐλευθέρα
  1130 ἐν ὑμῖν πολλοὶ – ἄρρωστοι καὶ κοιμῶν-
  ται ἱκανοί – 156 οἱ πλείονες μένουσιν
  ἕως ἄρτι, τινὲς δὲ ἐκοιμήθησαν
  1518 καὶ οἱ κοιμηθέντες ἐν Χῷ ἀπώλοντο
  – 20 Χὸς ἐγήγερται –, ἀπαρχὴ τῶν κεκοιμ.
  – 51 πάντες οὐ κοιμηθησόμεθα (vg°)
1 Th 413 περὶ τῶν κ..ωμένων (νl κεκοιμ. vg),
  ἵνα μὴ λυπῆσθε 14 ὁ θεὸς τοὺς κοιμη-
  θέντας διὰ τοῦ Ἰησοῦ ἄξει σὺν αὐτῷ
  – 15 οὐ μὴ φθάσωμεν τοὺς κοιμηθέντας
2 Pe 3 4 ἀφ᾽ ἧς – οἱ πατέρες ἐκοιμήθησαν

κοίμησις dormitio Joh 1113 ἐκεῖνοι δὲ ἔδο-
  ξαν ὅτι περὶ τῆς κ..εως τοῦ ὕπνου λέγει

κοινός communis ᵇcoinquinatus ᶜpollutus
Mar 7 2 ὅτι κοιναῖς χερσὶν – ἐσθίουσιν 5
Act 244 εἶχον ἅπαντα κοινά 432 ἦν αὐτοῖς
  1014 οὐδέποτε ἔφαγον πᾶν κοινὸν 118 10
  28 μηδένα κοινὸν – λέγειν ἄνθρωπον
Rm 1414 πέπεισμαι ἐν κυρίῳ Ἰησοῦ ὅτι οὐδὲν
  κοινὸν δι᾽ ἑαυτοῦ· εἰ μὴ τῷ λογιζο-
  μένῳ τι κοινὸν εἶναι, ἐκείνῳ κοινόν
Tit 1 4 γνησίῳ τέκνῳ κατὰ κοινὴν πίστιν

Hb 10₂₉ „τὸ αἷμα τῆς διαθήκης" κοινὸνᵉ ἡ-
γησάμενος, ἐν ᾧ ἡγιάσθη
Jud 3 περὶ τῆς κοινῆς ἡμῶν σωτηρίας
Ap 21₂₇ „οὐ μὴ εἰσέλθῃ εἰς αὐτὴν πᾶν κ..νᵇ"

κοινοῦν coinquinare ᵇinquinare ᶜcommune
dicere ᵈcommunicare ᵉviolare
Mat 15₁₁ οὐ τὸ εἰσερχόμενον εἰς τὸ στόμα κοι-
νοῖ τὸν ἄνθρ., ἀλλὰ τὸ ἐκπορευόμενον ἐκ
τοῦ στ., τοῦτο κοινοῖ τὸν ἄν. 18.20 ταῦτά
ἐστιν τὰ κοινοῦντα –' τὸ δὲ ἀνίπτοις χερ-
σὶν φαγεῖν οὐ κοινοῖ || Mar 7₁₅ ὃ δύναται
κοινῶσαι αὐτόν' – τὰ – ἔκπορ. ἐστιν τὰ κοι-
νοῦνταᵈ (vlᵃ) 18ᵈ (vlᵃ) 20ᵈ (vlᵃ) 23ᵈ (vlᵃ)
Act 10₁₅ ἃ ὁ θ. ἐκαθάρισεν σὺ μὴ κ..ουᵉ 11₉ᶜ
21₂₈ κεκοίνωκενᵉ τὸν ἅγιον τόπον
Hb 9₁₃ τοὺς κεκοινωμένουςᵇ ἁγιάζει

κοινωνεῖν communicare ᵇparticipem fieri
Rm 12₁₃ ταῖς χρείαις τῶν ἁγίων κοινωνοῦντες
15₂₇ εἰ – τοῖς πνευματικοῖς αὐτῶν ἐκοινώ-
νησανᵇ τὰ ἔθνη, ὀφείλουσιν καί
Gal 6 6 κ..είτω – ὁ κατηχούμενος τὸν λόγον
τῷ κατηχοῦντι ἐν πᾶσιν ἀγαθοῖς
Phl 4₁₅ οὐδεμία μοι ἐκκλησία ἐκ..ησεν εἰς λό-
γον δόσεως καὶ λήμψεως εἰ μὴ ὑμεῖς
1 Ti 5₂₂ μηδὲ κ..ώνει ἁμαρτίαις ἀλλοτρίαις
Hb 2₁₄ ἐπεὶ – τὰ παιδία κεκοινώνηκεν αἵμα-
τος καὶ σαρκός, καὶ αὐτὸς – μετέσχεν
1 Pe 4₁₃ καθὸ κ..εῖτε τοῖς τοῦ Χοῦ παθήμασιν
2 Jo 11 ὁ λέγων – αὐτῷ χαίρειν κοινωνεῖ τοῖς
ἔργοις αὐτοῦ τοῖς πονηροῖς

κοινωνία communicatio ᵇcommunio
ᶜcollatio ᵈparticipatio ᵉsocietas
Act 2₄₂ προσκαρτεροῦντες – τῇ κοινωνίᾳ, τῇ
κλάσει τοῦ ἄρτου (fractionis panis)
Rm 15₂₆ κ..ίανᶜ τινὰ ποιήσασθαι εἰς τοὺς πτω-
χοὺς τῶν ἁγίων τῶν ἐν Ἱερουσαλήμ
1 Co 1 9 ἐκλήθητε εἰς κ..ανᵉ τοῦ υἱοῦ αὐτοῦ
10₁₆ οὐχὶ κοινωνία ἐστὶν τοῦ αἵματος τοῦ
Χοῦ; – οὐχὶ κοινω.ᵈ τοῦ σώματος –;
2 Co 6₁₄ τίς κοινωνίαᵉ φωτὶ πρὸς σκότος;
8 4 δεόμενοι – τὴν κοινων. τῆς διακονίας
9₁₃ ἐπὶ τῇ – ἁπλότητι τῆς κοι. εἰς αὐτούς
13₁₃ καὶ ἡ κοινωνία τοῦ ἁγίου πνεύματος
Gal 2 9 δεξιὰς ἔδωκαν ἐμοὶ – κοινωνίαςᵉ
Phl 1 5 ἐπὶ τῇ κοι. ὑμῶν εἰς τὸ εὐαγγέλιον
2 1 εἴ τις κοινωνίαᵉ πνεύματος
3₁₀ τοῦ γνῶναι αὐτὸν – καὶ [τὴν] κοι-
νωνίανᶜ [τῶν] παθημάτων αὐτοῦ
Phm 6 ὅπως ἡ κοι. τῆς πίστεώς σου ἐνερ-

γῆς γένηται ἐν ἐπιγνώσει παντός
Hb 13₁₆ τῆς δὲ – κ..ίαςᵇ μὴ ἐπιλανθάνεσθε
1 Jo 1 3 ἵνα καὶ ὑμεῖς κ..ανᵉ ἔχητε μεθ' ἡμῶν.
καὶ ἡ κοι.ᵉ δὲ ἡ ἡμετέρα μετὰ τοῦ πα-
τρὸς καὶ μετὰ τοῦ υἱοῦ αὐτοῦ 6 ἐὰν εἴ-
πωμεν ὅτι κοινωνίανᵉ ἔχομεν μετ' αὐτοῦ
7 κοινωνίανᵉ ἔχομεν μετ' ἀλλήλων

κοινωνικόν εἶναι Sº – communicare 1 Ti 6₁₈

κοινωνός socius ᵇcommunicator ᶜconsors
ᵈparticeps
Mat 23₃₀ οὐκ ἂν ἤμεθα αὐτῶν κοινωνοὶ ἐν τῷ
αἵματι τῶν προφητῶν
Luc 5₁₀ οἳ ἦσαν κοινωνοὶ τῷ Σίμωνι
1 Co 10₁₈ οὐχ οἱ ἐσθίοντες τὰς θυσίας κ..οὶᵈ
τοῦ θυσιαστηρίου εἰσίν; 20 οὐ θέλω
δὲ ὑμᾶς κ..οὺς τῶν δαιμον. γίνεσθαι
2 Co 1 7 εἰδότες ὅτι ὡς κ..οίᵉ ἐστε τῶν παθη-
μάτων, οὕτως καὶ τῆς παρακλήσεως
8₂₃ κ..ὸς ἐμὸς καὶ εἰς ὑμᾶς συνεργός
Phm 17 εἰ οὖν με ἔχεις κ..όν, προσλαβοῦ
Hb 10₃₃ κ..οὶ τῶν οὕτως ἀναστρεφομένων
1 Pe 5 1 ὁ καὶ τῆς μελλούσης – δόξης κοι.ᵇ
2 Pe 1 4 ἵνα – γένησθε θείας κ..οιᶜ φύσεως

κοίτη ᵃconcubitus ᵇcubile ᶜthorus (vl to.)
Luc 11 7 τὰ παιδία μου μετ' ἐμοῦ εἰς τὴν κ.ᵇ
Rm 9₁₀ᵃ – 13₁₃ μὴ κοίταιςᵇ καὶ ἀσελγείαις
Hb 13 4 καὶ ἡ κοίτηᶜ ἀμίαντος

κοιτών cubiculum Act 12₂₀ τὸν ἐπὶ τοῦ κ..ος

κόκκινος, ..ον coccineus ᵇcoccinum ᶜcoccus
Mat 27₂₈ χλαμύδα κ..ην Hb 9₁₉ ἐρίου κ..ου
Ap 17 3 ἐπὶ „θηρίον" κ..ον 4 περιβεβλημένη –
κ..ονᵇ 18₁₆ᶜ 12 γόμον – κοκκίνουᶜ

κόκκος granum
Mat 13₃₁ ὁμοία – κόκκῳ σινάπεως || Mar 4₃₁
Luc 13₁₉ – Mat 17₂₀ ἐὰν ἔχητε πίστιν
ὡς κ..ον σιν. || Lc 17 6 εἰ ἔχετε
Joh 12₂₄ ἐὰν μὴ ὁ κόκ. τοῦ σίτου – ἀποθάνῃ
1 Co 15₃₇ ἀλλὰ γυμνὸν κ..ον εἰ τύχοι σίτου ἢ

κολάζεσθαι ᵃ(med) punire ᵇ(pass) cruciari
Act 4₂₁ᵃ 2 Pe 2₉ οἶδεν – ἀδίκους – εἰς ἡμέραν
κρίσεως κολαζομένουςᵇ τηρεῖν

κολακεία Sº – adulatio 1 Th 2₅ οὔτε γάρ
ποτε ἐν λόγῳ κολακείας ἐγενήθημεν

κόλασις ᵃpoena ᵇsupplicium
Mat 25₄₆ ἀπελεύσονται – εἰς κόλασινᵇ αἰώνιον
1 Jo 4₁₈ ὅτι ὁ φόβος κόλασινᵃ ἔχει

κολαφίζειν Sᵒ – colaphis caedere ᵇc..izare
Mat 26₆₇ ‖ Mar 14₆₅ – 1 Co 4₁₁ κ..όμεθα
2 Co 12 ₇ ἄγγελος σατανᾶ, ἵνα με κολαφίζῃᵇ
1 Pe 2₂₀ εἰ ἁμαρτάνοντες καὶ κολαφιζόμενοιᵇ
    (vl κολαζόμενοι) ὑπομενεῖτε

κολλᾶσθαι adhaerēre ᵇse adiungere ᶜconiungi, se c..ere ᵈse iungere ᵉpervenire
Mat 19 ₅ „κολληθήσεται τῇ γυναικὶ αὐτοῦ"
Luc 10₁₁ τὸν κονιορτὸν τὸν κολληθέντα ἡμῖν
   15₁₅ ἐκολλήθη ἑνὶ τῶν πολιτῶν τῆς χώρ.
Act 5₁₃ οὐδεὶς ἐτόλμα κολλᾶσθαιᶜ αὐτοῖς
   8₂₉ κολλήθητιᵇ τῷ ἅρματι τούτῳ
   9₂₆ ἐπείραζεν κ..σθαιᵈ τοῖς μαθηταῖς
   10₂₈ κ..σθαιᶜ ἢ προσέρχεσθαι ἀλλοφύλῳ
   17₃₄ τινὲς – κολληθέντες αὐτῷ ἐπίστευσαν
Rm 12 ₉ κολλώμενοι τῷ ἀγαθῷ
1 Co 6₁₆ ὁ κολλώμενος τῇ πόρνῃ ἓν σῶμά ἐστιν 17 ὁ δὲ κ. τῷ κυρίῳ ἓν πνεῦμα
Ap 18 ₅ „ἐκολλήθησανᵉ αὐτῆς" αἱ ἁμαρτίαι „ἄχρι τοῦ οὐρανοῦ"

κολλ[ο]ύριον collyrium Ap 3 ₁₈ ἐγχρῖσαι – ὀφθ.

κολλυβιστής Sᵒ – numularius (vl numm.)
Mat 21₁₂ τραπέζας τῶν κ. ‖ Mar 11₁₅ Joh 2₁₅

κολοβοῦν breviare Mat 24₂₂ ‖ Mar 13₂₀

Κολοσσαί Col 1 ₂ τοῖς ἐν Κολοσσαῖς ἁγίοις

κόλπος sinus
Luc 6₃₈ μέτρον καλὸν – εἰς τὸν κόλπον ὑμῶν
   16₂₂ εἰς τὸν κ. Ἀβρ. 23 ἐν τοῖς κ. αὐτοῦ
Joh 1₁₈ ὁ ὢν εἰς τὸν κόλπον τοῦ πατρός
   13₂₃ ἀνακείμενος – ἐν τῷ κόλ. τοῦ Ἰησοῦ
Act 27₃₉ κόλπον – κατενόουν ἔχοντα αἰγιαλόν

κολυμβᾶν Sᵒ – natare Act 27₄₃ δυναμ. κ.

κολυμβήθρα piscina ᵇnatatoria
Joh 5 ₂ Βηθζαθά (4 vl) 7 9₇ᵇ Σιλωάμ

κολωνία Sᵒ – colonia Act 16₁₂ Philippi

κομᾶν Sᵒ – comam nutrire 1 Co 11₁₄.₁₅

κόμη capilli 1 Co 11₁₅ ἀντὶ περιβολαίου

κομίζειν, ..εσθαι accipere ᵇpercipere
   ᶜrecipere ᵈafferre ᵉreferre ᶠreportare
Mat 25₂₇ ἐκομισάμηνᶜ ἂν τὸ ἐμὸν σὺν τόκῳ
Luc 7₃₇ κομίσασαᵈ ἀλάβαστρον μύρου
2 Co 5₁₀ ἵνα κομίσηταιᵉ ἕκαστος τὰ διὰ (vl
   ἴδια vg) τοῦ σώματος πρὸς ἃ ἔπραξεν
Eph 6 ₈ ἕκαστος ἐάν τι ποιήσῃ ἀγαθόν, τοῦτο κομίσεταιᶜ (vlᵇ) παρὰ κυρίου
Col 3₂₅ ὁ – ἀδικῶν κομίσεταιᶜ ὃ ἠδίκησεν
Hb 10₃₆ ἵνα – κομίσησθεᶠ τὴν ἐπαγγελίαν
   11(₁₃ vl ἀπέθανον –, μὴ κομισάμενοι τὰς ἐπαγγελίας) 39 οὐκ ἐκομίσαντο
   – 19 ὅθεν αὐτὸν (sc τὸν Ἰσαάκ) καὶ ἐν παραβολῇ ἐκομίσατο
1 Pe 1 ₉ κομιζόμενοιᶠ τὸ τέλος τῆς πίστεως [ὑμῶν] σωτηρίαν ψυχῶν
   5 ₄ κομιεῖσθεᵇ τὸν – τῆς δόξης στέφανον
2 Pe 2₁₃ φθαρήσονται, ἀδικούμενοι (vl κομι-
   ούμενοιᵇ) μισθὸν ἀδικίας

κομψότερον Sᵒ – melius Joh 4₅₂ κ. ἔσχεν

κονιᾶν dealbare Mat 23₂₇ Act 23₃

κονιορτός pulvis Mat 10₁₄ ἐκτινάξατε τὸν κ. ‖ Luc 9₅ 10₁₁ – Act 13₅₁ ἐ..άμενοι – 22₂₃

κοπάζειν cessare Mat 14₃₂ ‖ Mar 6₅₁ – 4₃₉

κοπετός planctus Act 8₂ ἐποίησαν κ..ὸν μέγ.

κοπή caedes Hb 7₁ ἀπὸ τῆς κ. τῶν βασιλ.

κοπιᾶν laborare ᵇfatigari ᶜdeficere
Mat 6₂₈ οὐ κοπιῶσιν οὐδὲ νήθουσιν Luc 12₂₇ οὐ κοπιᾷ οὐδὲ νήθει
   11₂₈ πάντες οἱ κοπιῶντες καὶ πεφορτισμ.
Luc 5 ₅ δι' ὅλης νυκτὸς κοπιάσαντες οὐδέν
Joh 4 ₆ κεκοπιακὼςᵇ ἐκ τῆς ὁδοιπορίας
   – 38 θερίζειν ὃ οὐχ ὑμεῖς κεκοπιάκατε·
   ἄλλοι κεκοπιάκασιν, καὶ ὑμεῖς εἰς
Act 20₃₅ οὕτως κ..ῶντας δεῖ ἀντιλαμβάνεσθαι
Rm 16 ₆ Μαρίαν, ἥτις πολλὰ ἐκοπίασεν εἰς ὑμᾶς 12 τὰς κοπιώσας ἐν κυρίῳ. – ἥτις πολλὰ ἐκοπίασεν ἐν κυρίῳ
1 Co 4₁₂ κ..ῶμεν ἐργαζόμενοι ταῖς – χερσίν
   15₁₀ περισσότερον – πάντων ἐκοπίασα
   16₁₆ ἵνα καὶ ὑμεῖς ὑποτάσσησθε – παντὶ τῷ συνεργοῦντι καὶ κοπιῶντι
Gal 4₁₁ μή πως εἰκῇ κεκοπίακα εἰς ὑμᾶς
Eph 4₂₈ μᾶλλον δὲ κοπιάτω ἐργαζόμενος
Phl 2₁₆ ὅτι οὐκ – „εἰς κενὸν ἐκοπίασα"
Col 1₂₉ εἰς ὃ καὶ κοπιῶ ἀγωνιζόμενος

1 Th 5 12 εἰδέναι τοὺς κοπιῶντας ἐν ὑμῖν

1 Ti 4 10 εἰς τοῦτο – κ..ῶμεν καὶ ἀγωνιζόμεθα

    517 οἱ – πρεσβύτεροι –, μάλιστα οἱ κοπι-
ῶντες ἐν λόγῳ καὶ διδασκαλίᾳ

2 Ti 2 6 τὸν κοπιῶντα γεωργὸν δεῖ πρῶτον
τῶν καρπῶν μεταλαμβάνειν

Ap 2 3 ἐβάστασας –, καὶ οὐ κεκοπίακες[c]

κόπος labor [b](κόπ. παρέχ.) molestum esse

Mat 26 10 τί κόπους παρέχετε[b] τῇ γυναικί; ‖ Mr
    146[b] – Luc 117 μὴ μοι κόπους πάρ-
εχε[b] 185 διὰ – τὸ παρέχειν μοι κ..ον[b]

Joh 4 38 εἰς τὸν κόπον αὐτῶν εἰσεληλύθατε

1 Co 3 8 μισθὸν λήμψεται κατὰ τὸν ἴδιον κ.

    15 58 ὁ κόπος ὑμῶν οὐκ ἔστιν κενός

2 Co 6 5 ἐν κόποις, ἐν ἀγρυπνίαις 11 23 ἐν κ.
περισσοτέρως 27 κόπῳ καὶ μόχθῳ

    10 15 οὐκ εἰς τὰ ἄμετρα καυχώμενοι ἐν
ἀλλοτρίοις κόποις

Gal 6 17 κόπους μοι μηδεὶς παρεχέτω[b]

1 Th 1 3 μνημονεύοντες ὑμῶν τοῦ ἔργου τῆς
πίστεως καὶ τοῦ κόπου τῆς ἀγάπης

    2 9 μνημονεύετε – τὸν κ. ἡμῶν καὶ τὸν
μόχθον 2 Th 3 8 ἐν κ. καὶ μόχθῳ

    3 5 μή πως – εἰς κενὸν γένηται ὁ κ. ἡμῶν

Ap 2 2 οἶδα τὰ ἔργα σου καὶ τὸν κόπον

    14 13 ἀναπαήσονται ἐκ τῶν κόπων αὐτῶν

κοπρία sterquilinium – **κόπρια** stercora

Luc 14 35 οὔτε εἰς κ..ίαν εὔθετον 13 8 βάλω κ.

κόπτειν caedere – **κόπτεσθαι** (se) plangere

Mat 11 17 ἐθρηνήσαμεν καὶ οὐκ ἐκόψασθε

    21 8 ἔκοπτον κλάδους ‖ Mar 11 8 κόψαντες

    24 30 „κόψονται – αἱ φυλαὶ τῆς γῆς" Ap 1 7

Luc 8 52 ἐκόπτοντο αὐτήν 23 27 αἳ ἐκ..κοντο

Ap 18 9 „κόψονται" ἐπ' αὐτὴν „οἱ βασιλεῖς"

κόραξ corvus Luc 12 24 κατανοήσατε τοὺς

κοράσιον puella Mat 9 24 οὐ γὰρ ἀπέθανεν
τὸ κορ. 25 ἠγέρθη τὸ κορ. ‖ Mar 5 41 τὸ
κοράσιον, –, ἔγειρε 42 – Mat 14 11 ἐδόθη
τῷ κορασίῳ ‖ Mar 6 22. 28 ·

κορβανᾶς S[o] – corbona decl. (vl corbanan
indecl.) – **κορβᾶν** S[o] – corban

Mat 27 6 βαλεῖν – εἰς τὸν κ..νᾶν Mar 7 11 κορ-
βᾶν, ὅ ἐστιν δῶρον, ὃ ἐὰν ἐξ ἐμοῦ

Κόρε Jud 11 τῇ ἀντιλογίᾳ τοῦ Κ. ἀπώλοντο

κορέννυσθαι S[o] – [a]satiari [b]saturari

Act 27 38 κορεσθέντες[a] – 1 Co 4 8 ἤδη κεκο-

ρεσμένοι[b] ἐστέ· ἤδη ἐπλουτήσατε·

Κορίνθιοι Act 18 8 2 Co 6 11 – **Κόρινθος**
Act 18 1 19 1 1 Co 1 2 2 Co 11. 23 2 Ti 4 20

Κορνήλιος Act 10 1. 3. 17. 22. 24. 25. 30. 31

κόρος corus Luc 16 7 ἑκατὸν κόρους σίτου

κοσμεῖν ornare

Mat 12 44 εὑρίσκει – κεκοσμημένον ‖ Luc 11 25

    23 29 κοσμεῖτε τὰ μνημεῖα τῶν δικαίων

    25 7 ἐκόσμησαν τὰς λαμπάδας ἑαυτῶν

Luc 21 5 ὅτι λίθοις καλοῖς – κεκόσμηται

1 Ti 2 9 μετὰ αἰδοῦς καὶ σωφροσύ. κ. ἑαυτάς

Tit 2 10 ἵνα τὴν διδασκαλίαν τὴν τοῦ σωτῆρος
ἡμῶν θεοῦ κοσμῶσιν ἐν πᾶσιν

1 Pe 3 5 αἱ ἅγιαι γυναῖκες – ἐκ..ουν ἑαυτάς

Ap 21 2 „ὡς νύμφην κεκ..ημένην" τῷ ἀνδρί

    – 19 „θεμέλιοι – λίθῳ τιμίῳ" κεκοσμημένοι

κοσμικός S[o] – saecularis Tit 2 12 ἵνα ἀρνη-
σάμενοι – τὰς κοσμικὰς ἐπιθυμίας

Hb 9 1 εἶχε – [καὶ] ἡ πρώτη – τό τε ἅγιον κ..όν

κόσμιος S[o] – ornatus

1 Ti 2 9 [καὶ] γυναῖκας ἐν καταστολῇ κ..ῳ

    3 2 ἐπίσκοπον – κόσμιον, φιλόξενον

κοσμοκράτορες S[o] – mundi rectores

Eph 6 12 πρὸς τοὺς κ..ας τοῦ σκότους τούτου

κόσμος mundus [b]saeculum [c]universitas
[d]cultus – ἀπὸ et πρὸ καταβολῆς
κόσμου → καταβολή – τὰ στοιχεῖα
τοῦ κόσμου → στοιχεῖα

Mat 4 8 πάσας τὰς βασιλείας τοῦ κόσμου

    5 14 ὑμεῖς ἐστε τὸ φῶς τοῦ κ. → Joh 8 12

    13 38 ὁ δὲ ἀγρός ἐστιν ὁ κόσμος

    16 26 ἐὰν τὸν κόσμον ὅλον κερδήσῃ ‖ Mar
    8 36 κερδῆσαι Luc 9 25 κερδήσας –
Joh 12 25 ὁ μισῶν τὴν ψυχὴν αὐτοῦ
ἐν τῷ κόσμῳ τούτῳ

    18 7 οὐαὶ τῷ κόσμῳ ἀπὸ τῶν σκανδάλων

    24 21 „οἵα οὐ γέγονεν ἀπ' ἀρχῆς κόσμου"

    26 13 ὅπου ἐὰν κηρυχθῇ – ἐν ὅλῳ τῷ κ.
‖ Mar 14 9 εἰς ὅλον τὸν κ. → Rm 1 8

‖Mar 16 15 πορευθέντες εἰς τὸν κόσμ. ἅπαντα‖

Luc 12 30 ταῦτα – τὰ ἔθνη τοῦ κ. ἐπιζητοῦσιν

Joh 1 9 ἦν τὸ φῶς –, ἐρχόμενον εἰς τὸν κό-
σμον 3 19 τὸ φῶς ἐλήλυθεν εἰς τὸν κ.

    – 10 ἐν τῷ κόσμῳ ἦν, καὶ ὁ κ. δι' αὐτοῦ

ἐγένετο, καὶ ὁ κ. αὐτὸν οὐκ ἔγνω 9₅
ὅταν ἐν τῷ κ. ὦ, φῶς εἰμι τοῦ κόσμ.
Joh 1₂₉ ὁ αἴρων τὴν ἁμαρτίαν τοῦ κόσμου
3₁₆ οὕτως – ἠγάπησεν ὁ θεὸς τὸν κόσμον
– 17 οὐ γὰρ ἀπέστειλεν ὁ θεὸς τὸν υἱὸν
εἰς τὸν κόσμον ἵνα κρίνῃ τὸν κ., ἀλλ᾽
ἵνα σωθῇ ὁ κόσμ. δι᾽ αὐτοῦ 12₄₇ οὐ
γὰρ ἦλθον ἵνα κρίνω τὸν κόσμ., ἀλλ᾽
ἵνα σώσω τὸν κόσμον → 1 Jo 4₉
4₄₂ ἀληθῶς ὁ σωτὴρ τοῦ κ. → 1 Jo 4₁₄
6₁₄ ἀληθῶς ὁ προφήτης ὁ ἐρχ. εἰς τὸν κ.
– 33 ὁ – ἄρτος – ὁ – ζωὴν διδοὺς τῷ κόσμῳ
– 51 ὁ ἄρτος – ἡ σάρξ μού ἐστιν ὑπὲρ τῆς
τοῦ κόσμου ζωῆς
7 4 φανέρωσον σεαυτὸν τῷ κόσμῳ
– 7 οὐ δύναται ὁ κόσμος μισεῖν ὑμᾶς
8₁₂ ἐγώ εἰμι τὸ φῶς τοῦ κ. 12₄₆ ἐγὼ φῶς
εἰς τὸν κόσμον ἐλήλυθα
– 23 ὑμεῖς ἐκ τούτου τοῦ κόσμου ἐστέ,
ἐγὼ οὐκ εἰμι ἐκ τοῦ κόσμου τούτου
– 26 ταῦτα λαλῶ εἰς τὸν κόσμον
9₃₉ εἰς κρίμα – εἰς τὸν κ. τοῦτον ἦλθον
10₃₆ ὃν ὁ πατὴρ – ἀπέστειλεν εἰς τὸν κ.
17₁₈ καθὼς ἐμὲ ἀπέστειλας εἰς τὸν
κ., κἀγὼ ἀπέστειλα αὐτοὺς εἰς τ. κ.
11 9 τὸ φῶς τοῦ κόσμου τούτου βλέπει
– 27 ὁ χριστὸς – ὁ εἰς τὸν κόσμον ἐρχόμ.
12₁₉ ἴδε ὁ κόσμος ὀπίσω αὐτοῦ ἀπῆλθεν
– 25 (→ Mat 16₂₆) 31 νῦν κρίσις ἐστὶν τοῦ
κ. τούτου· νῦν ὁ ἄρχων τοῦ κ. τού-
του ἐκβληθήσεται 14₃₀ ἔρχεται – ὁ
τοῦ κόσμου ἄρχων 16₁₁ κέκριται
13 1 ἵνα μεταβῇ ἐκ τοῦ κ. τούτου –, ἀγα-
πήσας τοὺς ἰδίους τοὺς ἐν τῷ κόσμῳ
14₁₇ τὸ πνεῦμα τῆς ἀληθείας, ὃ ὁ κόσμος
οὐ δύναται λαβεῖν → 1 Co 2₁₂
– 19 μικρὸν καὶ ὁ κόσμ. με οὐκέτι θεωρεῖ
– 22 ὅτι – μέλλεις ἐμφανίζειν σεαυτὸν
– οὐχὶ τῷ κόσμῳ; – 27 εἰρήνην – δί-
δωμι ὑμῖν· οὐ καθὼς ὁ κόσ. δίδωσιν
– 31 ἵνα γνῷ ὁ κ. ὅτι ἀγαπῶ τὸν πατέρα
15₁₈ εἰ ὁ κ. ὑμᾶς μισεῖ 19 εἰ ἐκ τοῦ κ. ἦτε,
ὁ κ. ἂν τὸ ἴδιον ἐφίλει· ὅτι δὲ ἐκ τοῦ
κ. οὐκ ἐστέ, ἀλλ᾽ ἐγὼ ἐξελεξάμην ὑ-
μᾶς ἐκ τοῦ κ. – μισεῖ ὑμᾶς ὁ κ. 17₁₄
ὁ κ. ἐμίσησεν αὐτούς, ὅτι οὐκ εἰσὶν
ἐκ τοῦ κ. καθὼς ἐγὼ οὐκ εἰμὶ ἐκ τοῦ
κ. 15 οὐκ ἐρωτῶ ἵνα ἄρῃς αὐτοὺς ἐκ
τοῦ κ. 16 ἐκ τοῦ κ. οὐκ εἰσὶν καθὼς
ἐγὼ οὐκ εἰμὶ ἐκ τοῦ κόσμου → 10₃₆
16 8 ἐλέγξει τὸν κόσ. περὶ ἁμαρτίας καί
– 20 ὁ δὲ κ. χαρήσεται 21 διὰ τὴν χαρὰν

ὅτι ἐγεννήθη ἄνθρωπος εἰς τὸν κόσμ.
Joh 16₂₈ ἐλήλυθα εἰς τὸν κ.· πάλιν ἀφίημι τὸν
κόσμ. 33 ἐν τῷ κ. θλῖψιν ἔχετε· ἀλλὰ
θαρσεῖτε, ἐγὼ νενίκηκα τὸν κόσμον
17 5 τῇ δόξῃ ᾗ εἶχον πρὸ τοῦ τὸν κ. εἶναι
– 6 οὓς ἔδωκάς μοι ἐκ τοῦ κ. 9 οὐ περὶ
τοῦ κ. ἐρωτῶ 11 οὐκέτι εἰμὶ ἐν τῷ κ.,
καὶ αὐτοὶ ἐν τῷ κόσμῳ εἰσίν 13 ταῦτα
λαλῶ ἐν τῷ κόσμῳ → 15₁₈ 10₃₆
– 21 ἵνα ὁ κ. πιστεύῃ, ὅτι σύ με ἀπέστει-
λας 23 ἵνα γινώσκῃ ὁ κόσ. ὅτι σύ με
– 25 καὶ ὁ κόσμος σε οὐκ ἔγνω, ἐγὼ δέ
18₂₀ ἐγὼ παρρησίᾳ λελάληκα τῷ κόσμῳ
– 36 ἡ βασιλεία ἡ ἐμὴ οὐκ ἔστιν ἐκ τοῦ
κόσ. τούτου· εἰ ἐκ τοῦ κ. τούτου ἦν
– 37 ἐλήλυθα εἰς τὸν κ., ἵνα μαρτυρήσω
21₂₅ οὐδ᾽ αὐτὸν οἶμαι τὸν κόσμον χωρή-
σειν τὰ γραφόμενα βιβλία
Act 17₂₄ ὁ θεὸς ὁ ποιήσας τὸν κ. καὶ πάντα
Rm 1 8 εὐχαριστῶ –, ὅτι ἡ πίστις ὑμῶν κατ-
αγγέλλεται ἐν ὅλῳ τῷ κόσμῳ
– 20 ἀπὸ κτίσεως κόσμου – καθορᾶται
3 6 πῶς κρινεῖ ὁ θεὸς τὸν κόσμον;
– 19 ἵνα – ὑπόδικος γέν. πᾶς ὁ κ. τῷ θεῷ
4₁₃ τὸ κληρονόμον αὐτὸν εἶναι κόσμου
5₁₂ δι᾽ ἑνὸς – ἡ ἁμαρτία εἰς τὸν κ. εἰσῆλ-
θεν 13 ἄχρι – νόμου ἁμ. ἦν ἐν κόσμῳ
11₁₂ εἰ δὲ τὸ παράπτωμα αὐτῶν πλοῦτος
κόσμου 15 εἰ γὰρ ἡ ἀποβολὴ αὐτῶν
καταλλαγὴ κόσμου
1 Co 1₂₀ οὐχὶ ἐμώρανεν ὁ θεὸς τὴν σοφίαν
τοῦ κόσμου; 21 ἐπειδὴ – οὐκ ἔγνω ὁ
κόσμος διὰ τῆς σοφίας τὸν θεόν
– 27 τὰ μωρὰ τοῦ κ. ἐξελέξατο –, καὶ τὰ
ἀσθενῆ τοῦ κ. 28 καὶ τὰ ἀγενῆ τοῦ
κόσ. καὶ τὰ ἐξουθενημένα ἐξελέξατο
2₁₂ οὐ τὸ πνεῦμα τοῦ κόσμου ἐλάβομεν
3₁₉ ἡ γὰρ σοφία τοῦ κόσμου τούτου μω-
ρία παρὰ τῷ θεῷ ἐστιν
– 22 εἴτε κόσμος εἴτε ζωή –, πάντα ὑμῶν
4 9 θέατρον ἐγενήθημεν τῷ κόσμῳ καὶ
ἀγγέλοις καὶ ἀνθρώποις 13 ὡς περι-
καθάρματα τοῦ κόσμου ἐγενήθημεν
5₁₀ οὐ πάντως τοῖς πόρνοις τοῦ κόσμου
τούτου –, ἐπεὶ ὠφείλετε ἄρα ἐκ τοῦ
κόσμου ἐξελθεῖν
6 2 ὅτι οἱ ἅγιοι τὸν κ. κρινοῦσιν; – εἰ ἐν
ὑμῖν κρίνεται ὁ κόσμος, ἀνάξιοι –;
7₃₁ οἱ χρώμενοι τὸν κ. ὡς μὴ κατα-
χρώμενοι· παράγει γὰρ τὸ σχῆμα
τοῦ κ. τούτου 33 ὁ – γαμήσας μερι-
μνᾷ τὰ τοῦ κόσ. 34 ἡ – γαμήσασα –

1 Co 8 4 οἴδαμεν ὅτι οὐδὲν εἴδωλον ἐν κόσμῳ
11 32 ἵνα μὴ σὺν τῷ κόσμῳ κατακριθῶμεν
14 10 τοσαῦτα – γένη φωνῶν – ἐν κόσμῳ
2 Co 1 12 ἐν χάριτι θεοῦ, ἀνεστράφημεν ἐν τῷ κόσμῳ, περισσοτέρως δὲ πρὸς ὑμᾶς
5 19 ἐν Χῷ κόσμον καταλλάσσων ἑαυτῷ
7 10 ἡ – τοῦ κ.ᵇ λύπη θάνατον κατεργάζ.
Gal 6 14 ἐν τῷ σταυρῷ – Χοῦ, δι' οὗ ἐμοὶ κόσμος ἐσταύρωται κἀγὼ κόσμῳ
Eph 2 2 περιεπατήσατε κατὰ τὸν αἰῶνα τοῦ κ. τούτου 12 ἦτε – ἄθεοι ἐν τῷ κόσμῳ
Phl 2 15 φαίνεσθε ὡς φωστῆρες ἐν κόσμῳ
Col 1 6 ἐν παντὶ τῷ κ. ἐστὶν καρποφορούμ.
2 20 τί ὡς ζῶντες ἐν κ..ῳ δογματίζεσθε;
1 Ti 1 15 πιστὸς ὁ λόγος –, ὅτι Χὸς Ἰ. ἦλθεν εἰς τὸν κόσμον ἁμαρτωλοὺς σῶσαι
3 16 ἐπιστεύθη ἐν κόσμῳ, ἀνελήμφθη
6 7 οὐδὲν – εἰσηνέγκαμεν εἰς τὸν κόσμον
Hb 10 5 εἰσερχόμενος εἰς τὸν κόσμον λέγει·
11 7 δι' ἧς (sc πίστεως) κατέκρινεν τὸν κ.
– 38 ὧν οὐκ ἦν ἄξιος ὁ κόσμος
Jac 1 27 ἄσπιλον ἑαυτὸν τηρεῖν ἀπὸ τοῦ κ.ᵇ
2 5 ἐξελέξατο τοὺς πτωχοὺς τῷ κόσμῳ
3 6 ἡ γλῶσσα πῦρ, ὁ κόσμ.ᶜ τῆς ἀδικίας
4 4 οὐκ οἴδατε ὅτι ἡ φιλία τοῦ κόσμου ἔχθρα τοῦ θεοῦ ἐστιν; ὃς ἐὰν – βουληθῇ φίλος εἶναι τοῦ κόσμουᵇ
1 Pe 3 3 οὐχ ὁ ἔξωθεν – κόσμοςᵈ, ἀλλ' ὁ
5 9 τῇ ἐν [τῷ] κ. ὑμῶν ἀδελφότητι
2 Pe 1 4 ἀποφυγόντες τῆς ἐν τῷ κ. – φθορᾶς
2 5 ἀρχαίου κόσμου οὐκ ἐφείσατο – κατακλυσμὸν κόσμῳ ἀσεβῶν ἐπάξας
– 20 ἀποφυγόντες τὰ μιάσματα τοῦ κόσ.
3 6 ὁ τότε κόσμος ὕδατι – ἀπώλετο
1 Jo 2 2 περὶ ὅλου τοῦ κόσμου (sc ἁμαρτιῶν)
– 15 μὴ ἀγαπᾶτε τὸν κόσ. μηδὲ τὰ ἐν τῷ κόσμῳ. ἐάν τις ἀγαπᾷ τὸν κόσμον 16 πᾶν τὸ ἐν τῷ κ., ἡ ἐπιθ. τῆς σαρκὸς –,– ἀλλ' ἐκ τοῦ κ. ἐστίν. 17 καὶ ὁ κ. παράγεται καὶ ἡ ἐπιθυμία αὐτοῦ
3 1 ὁ κόσμος οὐ γινώσκει ἡμᾶς, ὅτι οὐκ ἔγνω αὐτόν 13 [καὶ] μὴ θαυμάζετε, –, εἰ μισεῖ ὑμᾶς ὁ κόσμος
– 17 ὃς δ' ἂν ἔχῃ τὸν βίον τοῦ κόσμου
4 1 ψευδοπροφῆται ἐξεληλύθασιν εἰς τὸν κόσμον 3 νῦν ἐν τῷ κ. ἐστὶν ἤδη (sc τὸ πνεῦμα τοῦ ἀντιχρίστου) 4 μείζων ἐστὶν ὁ ἐν ὑμῖν ἢ ὁ ἐν τῷ κόσμῳ
– 5 αὐτοὶ ἐκ τοῦ κόσμου εἰσίν· διὰ τοῦτο ἐκ τοῦ κόσμου λαλοῦσιν καὶ ὁ κόσμος αὐτῶν ἀκούει
– 9 τὸν υἱὸν – ἀπέσταλκεν – εἰς τὸν κ. ἵνα

ζήσωμεν δι' αὐτοῦ 14 σωτῆρα τοῦ κ.
1 Jo 4 17 ὅτι καθὼς ἐκεῖνός ἐστιν καὶ ἡμεῖς ἐσμεν ἐν τῷ κόσμῳ τούτῳ
5 4 τὸ γεγεννημένον ἐκ τοῦ θεοῦ νικᾷ τὸν κόσμ.· – ἡ νίκη ἡ νικήσασα τὸν κόσμον, ἡ πίστις ἡμῶν 5 τίς [δέ] ἐστιν ὁ νικῶν τὸν κ. εἰ μὴ ὁ πιστεύων ὅτι
– 19 ὁ κόσμος ὅλος ἐν τῷ πονηρῷ κεῖται
2 Jo 7 πολλοὶ πλάνοι ἐξῆλθον εἰς τὸν κόσ.
Ap 11 15 ἐγένετο ἡ βασιλεία τοῦ κόσ. τοῦ κυρίου ἡμῶν καὶ τοῦ χριστοῦ αὐτοῦ

Κούαρτος Rm 16 23 ἀσπάζεται – Κ. ὁ ἀδελφ.

κοῦμ Sᵒ – surge Mar 5 41 ταλιθὰ κοῦμ

κουστωδία Sᵒ – custodia ᵇcustodes
Mat 27 65 ἔχετε κ..αν 66ᵇ 28 11 τινὲς τῆς κ..αςᵇ

κουφίζειν alleviare Act 27 38 πλοῖον

κόφινος cophinus Mat 14 20 16 9 ‖ Mar 6 43 8 19 Luc 9 17 Joh 6 13

κράβαττος Sᵒ – grabatus Mar 2 4.9 ἆρον τὸν κράβαττόν σου 11.12 Joh 5 8-11 – Mar 6 55 ἐπὶ τοῖς χρ. – περιφέρειν Act 5 15 9 33

κράζειν clamare ᵇexclamare
Mat 8 29 ἔκραξαν (sc δαιμονιζόμ.) λέγοντες· ‖
Mar 5 5 ἦν κράζων 7 κράξας φωνῇ μεγάλῃ λέγει· – Mar 3 11 τὰ πνεύματα – ἔκραζον λέγοντες ὅτι σὺ εἶ ὁ υἱὸς τοῦ θεοῦ 9 26 κράξαςᵇ (vlᵃ) – ἐξῆλθεν ‖ Luc 9 39 ἐξαίφνης κράζει καὶ σπαράσσει αὐτόν – Act 16 17 αὕτη – ἔκραξεν λέγουσα· οὗτοι
9 27 δύο τυφλοὶ κράζοντες 20 30.31 ‖ Mar 10 47 τυφλός 48 Luc 18 39 ἔκραξεν
14 26 ἀπὸ τοῦ φόβου ἔκραξαν 30 ἔκραξεν λέγων· κύριε, σῶσόν με
15 22 γυνὴ Χαναναία – ἔκραζεν λέγουσα· 23 κράζει ὄπισθεν ἡμῶν
21 9 ἔκραζον λέγ.· ὡσαννά ‖ Mar 11 9
– 15 τοὺς παῖδας τ. κ..οντας ἐν τῷ ἱερῷ
27 23 περισσῶς ἔκραζον λέγοντες· σταυρωθήτω ‖ Mar 15 13.14
– 50 Ἰησοῦς πάλιν κράξας φωνῇ μεγάλῃ
Mar 9 24 κράξαςᵇ – ἔλεγεν· πιστεύω
Luc 19 40 οὗτοι σιωπ., οἱ λίθοι κράξουσιν
Joh 1 15 Ἰωάννης – κέκραγεν λέγων· 7 28 ἔκραξεν – ἐν τῷ ἱερῷ διδάσκων ὁ Ἰησοῦς 37 12 44 Ἰησ. – ἔκρ. καὶ εἶπεν·

Act 757 κράξαντες^b – φωνῇ μεγάλη – 60
1414 1928^b 2128.36 236^b ἐν – συνεδρίῳ
1932 ἄλλοι μὲν οὖν ἄλλο τι ἔκραζον 34
2421 μιᾶς – φωνῆς ἧς ἐκέκραξα ἐν αὐτοῖς
Rm 815 πνεῦμα υἱοθεσίας, ἐν ᾧ κράζομεν·
'Αββᾶ ὁ πατήρ Gal 46 τὸ πνεῦμα
τοῦ υἱοῦ αὐτοῦ –, κρᾶζον· 'Α. ὁ π.
927 'Ησαΐας – κράζει ὑπὲρ τοῦ 'Ισραήλ
Jac 5 4 „ὁ μισθὸς" τῶν ἐργατῶν – ὁ ἀπεστε-
ρημένος „ἀφ' ὑμῶν κράζει"
Ap 610 ἔκραξαν φωνῇ μεγάλη λέγοντες· 710
182 ἔκραξεν^b ἐν ἰσχυρᾷ φωνῇ 18.19
1917 [ἐν] φωνῇ μεγάλη – 72 ἔκραξεν
φ. μεγ. τοῖς τέσσαρσιν ἀγγέλοις 14
15 τῷ καθημένῳ ἐπὶ τῆς νεφέλης
10 3 ἔκραξεν φ. μεγ. ὥσπερ λέων μυκᾶ-
ται. καὶ ὅτε ἔκραξεν, ἐλάλησαν
12 2 „κράζει ὠδίνουσα καὶ" βασανιζομένη

κραιπάλη S° – crapula Luc 2134 ἐν κ..η

κρανίον, Κρανίον Calvaria Mat 2733 κ..ου
τόπος ‖ Mar 1522 Luc 2333 ἐπὶ τὸν τό-
πον τὸν καλούμ. Κ..ον Joh 1917 Κ..ου τό.

κράσπεδον fimbria
Mat 920 ‖ Luc 844 – Mat 1436 ‖ Mar 656
23 5 μεγαλύνουσιν τὰ κράσπεδα

κραταιός potens 1 Pe 56 (χεὶρ τοῦ θεοῦ)

κραταιοῦσθαι confortari ^bcorroborari
Luc 1 80 ἐκ..οῦτο πνεύματι 240 ἐκραταιοῦτο
πληρούμενον σοφίᾳ (vl σοφίας)
1 Co 1613 „ἀνδρίζεσθε, κραταιοῦσθε"
Eph 316 ἵνα δῷ ὑμῖν – δυνάμει κραταιωθῆναι^b
– εἰς τὸν ἔσω ἄνθρωπον

κρατεῖν tenēre ^bcontinēre ^cretinēre
^dapprehendere
Mat 925 ἐκράτησεν τῆς χειρὸς αὐτῆς ‖ Mar
541 Luc 854 – Mar 131^d 927 αὐτοῦ
1211 οὐχὶ κρατήσει αὐτὸ καὶ ἐγερεῖ;
14 3 κρατήσας τὸν 'Ιωάννην ‖ Mar 617
1828 κρατήσας αὐτὸν ἔπνιγεν 226 κρατή-
σαντες τοὺς δούλους – Mar 1451
2146 ζητοῦντες αὐτὸν (sc 'Ιησ.) κρατῆσαι
‖ Mar 1212 – Mat 264 δόλῳ 48 κρα-
τήσατε αὐτόν 50.55 οὐκ ἐκρατήσατέ
με 57 ‖ Mar 141.44.46.49 – 321 οἱ παρ'
αὐτοῦ ἐξῆλθον κρατῆσαι αὐτόν
28 9 αἱ δὲ – ἐκράτησαν αὐτοῦ τοὺς πόδας

Mar 7 3 κρατοῦντες τὴν παράδοσιν τῶν πρε-
σβυτέρων 4 ἃ παρέλαβον κρατεῖν 8
κρατεῖτε τὴν παράδοσιν τῶν ἀν-
θρώπων → 2 Th 215
910 τὸν λόγον ἐκράτησαν^b πρὸς ἑαυτούς
Luc 2416 οἱ – ὀφθαλμοὶ αὐτῶν ἐκρατοῦντο
Joh 2023 ἄν τινων κρατῆτε^c, κεκράτηνται^c
Act 224 οὐκ ἦν δυνατὸν κρατεῖσθαι αὐτὸν
ὑπ' αὐτοῦ (sc τοῦ θανάτου)
311 κρατοῦντος δὲ αὐτοῦ τὸν Πέτρον
24 6 ὃν (sc Παῦλον) καὶ ἐκρατήσαμεν^d
2713 δόξαντες τῆς προθέσεως κεκ..ηκέναι
Col 219 οὐ κρατῶν τὴν κεφαλήν, ἐξ οὗ πᾶν
2 Th 215 κ..εῖτε τὰς παραδόσεις ἃς ἐδιδάχθητε
Hb 414 κρατῶμεν τῆς ὁμολογίας
618 ἵνα – παράκλησιν ἔχωμεν οἱ καταφυ-
γόντες κρατῆσαι τῆς προκειμένης
ἐλπίδος
Ap 2 1 ὁ κρατῶν τοὺς ἑπτὰ ἀστέρας ἐν
– 13 κρατεῖς τὸ ὄνομά μου 14 ἀλλ' – ἔχεις
ἐκεῖ κρατοῦντας τὴν διδαχὴν Βαλα-
άμ 15 τὴν διδαχὴν [τῶν] Νικολαϊτῶν
– 25 πλὴν ὃ ἔχετε κρατήσατε 311 κράτει
ὃ ἔχεις, ἵνα μηδεὶς λάβῃ τὸν στέφ.
7 1 κ..οῦντας „τοὺς τέσσαρας ἀνέμους"
20 2 καὶ ἐκράτησεν^d τὸν δράκοντα

κράτιστος optimus Luc 1 3 Act 2326 243 2625

κράτος imperium ^bpotentia ^cpotestas
^d(κατὰ κράτος) fortiter
Luc 151 ἐποίησεν κράτος^b ἐν βραχίονι αὐτοῦ
Act 1920 κατὰ κράτος^d τοῦ κυρίου ὁ λόγος
ηὔξανεν καὶ ἴσχυεν
Eph 119 κατὰ τὴν ἐνέργειαν τοῦ κρ.^b τῆς ἰ-
σχύος αὐτοῦ 610 ἐν τῷ κράτει^b τῆς
ἰσχύος αὐτοῦ Col 111 δυναμούμενοι
κατὰ τὸ κράτος^b τῆς δόξης αὐτοῦ
1 Ti 616 ᾧ τιμὴ καὶ κράτος αἰώνιον 1 Pe 411 ἡ
δόξα καὶ τὸ κράτος 511 αὐτῷ τὸ κρ.
Jud 25 δόξα μεγαλωσύνη κράτος καὶ
ἐξουσία Ap 16 αὐτῷ ἡ δόξα καὶ τὸ
κράτος 513 ἡ δόξα καὶ τὸ κράτος^c
Hb 214 τὸν τὸ κράτος ἔχοντα τοῦ θανάτου

κραυγάζειν clamare ^bvociferari
Mat 1219 „οὐκ ἐρίσει οὐδὲ κραυγάσει"
Luc 441 ἐξήρχετο – δαιμόνια –, κρ[αυγ]άζοντα
Joh 1143 ἐκραύγασεν· Λάζαρε, δεῦρο ἔξω 12
13 ἐκραύγαζον· „ὡσαννά" 1840 196
σταύρωσον 12 ἐὰν τοῦτον ἀπολύσῃς 15
Act 2223 κρ..όντων^b τε αὐτῶν καὶ ῥιπτούντων

κραυγή clamor [b]vox
Mat 25 6 κραυγή γέγονεν· ἰδοὺ ὁ νυμφίος
Luc 1 42 κραυγῇ[b] μεγάλη Act 23 9
Eph 4 31 κρ. καὶ βλασφημία ἀρθήτω ἀφ' ὑμῶν
Hb 5 7 δεήσεις – μετὰ κραυγῆς ἰσχυρᾶς
Ap 21 4 οὔτε πένθος οὔτε κρ. – οὐκ ἔσται ἔτι

κρέας, pl. κρέα caro
Rm 14 21 καλὸν τὸ μὴ φαγεῖν κρέα – μηδὲ ἐν
  ᾧ ὁ ἀδελφός σου προσκόπτει
1 Co 8 13 εἰ – σκανδαλίζει –, οὐ μὴ φάγω κ..α

κρείσσων (ττ) melior – **κρεῖσσον** (ττ) melius
1 Co 7 9 κρεῖττόν – ἐστιν γαμῆσαι ἢ πυροῦσθαι
  – 38 ὁ μὴ γαμίζων κρεῖσσον ποιήσει
  11 17 ὅτι οὐκ εἰς τὸ κρεῖσσον – συνέρχεσθε
Phl 1 23 σὺν Χῷ εἶναι, πολλῷ [γὰρ] μᾶλλον χρ.
Hb 1 4 τοσούτῳ κρείττων γενόμ. τ. ἀγγέλων
  6 9 πεπείσμεθα – περὶ ὑμῶν – τὰ κρείσσ.
  7 7 χωρὶς – ἀντιλογίας τὸ ἔλαττον ὑπὸ
    τοῦ κρείττονος εὐλογεῖται
  – 19 ἐπεισαγωγὴ – κ..ος ἐλπίδος 22 κρείτ-
    τονος διαθήκης – ἔγγυος 8 6 μεσίτης
  8 6 ἐπὶ κ..σιν ἐπαγγελίαις 9 23 κρείττοσιν
    θυσίαις παρὰ ταύτας 10 34 ἔχειν ἑ-
    αυτοὺς κρείττονα ὕπαρξιν
  11 16 κ..νος ὀρέγονται (sc πατρίδος) 35
    ἵνα κρείττονος ἀναστάσεως τύχωσιν
  – 40 τοῦ θεοῦ περὶ ἡμῶν κρεῖττόν τι προ-
    βλεψαμένου
  12 24 αἵματι – κ..ον λαλοῦντι παρὰ – Ἄβελ
1 Pe 3 17 κρ..ον – ἀγαθοποιοῦντας – πάσχειν
2 Pe 2 21 κρεῖττον – ἦν αὐτοῖς μὴ ἐπεγνωκέναι
    τὴν ὁδὸν τῆς δικαιοσύνης, ἤ

κρεμᾶν, **κρέμασθαι** suspendere [b]pendēre
Mat 18 6 ἵνα κρεμασθῇ μύλος – περὶ τὸν τρά-
    χηλον αὐτοῦ καὶ καταποντισθῇ
  22 40 ἐν ταύταις ταῖς δυσὶν ἐντολαῖς ὅλος
    ὁ νόμος κρέμαται[b] καὶ οἱ προφῆται
Luc 23 39 εἷς – τῶν κρεμασθέντων[b] κακούργων
Act 5 30 „κρεμάσαντες ἐπὶ ξύλου" 10 39
  28 4 κ..μενον[b] τὸ θηρίον ἐκ τῆς χειρός
Gal 3 13 „πᾶς ὁ κρεμάμενος[b] ἐπὶ ξύλου"

κατὰ τοῦ κρημνοῦ per praeceps [b](ὁρμᾶν κ.
  τοῦ κρημνοῦ) magno impetu praecipitari
Mat 8 32 ἡ ἀγέλη ‖ Mar 5 13[b] Luc 8 33

Κρής Act 2 11 καὶ Ἄρ. Tit 1 12 ἀεὶ ψεῦσται

Κρήσκης Crescens 2 Ti 4 10 εἰς Γαλατίαν

Κρήτη Act 27 7. 12. 13. 21 Tit 1 5 ἐν Κρήτῃ

κριθή hordeum Ap 6 6 τρεῖς χοίνικες κριθῶν

κρίθινος ordeaceus (vl hordiaceus)
Joh 6 9 πέντε ἄρτους κριθίνους 13

κρίμα iudicium [b]damnatio
Mat 7 2 ἐν ᾧ – κρίματι κρίνετε κριθήσεσθε
Mar 12 40 οὗτοι λήμψονται περισσότερον κρίμα
    ‖ Luc 20 47[b] (Mat 23 14 vl)
Luc 23 40 ὅτι ἐν τῷ αὐτῷ κρίματι[b] εἶ;
  24 20 παρέδωκαν αὐτόν – εἰς κρ.[b] θανάτου
Joh 9 39 εἰς κρ. – εἰς τὸν κόσμον τοῦτ. ἦλθον
Act 24 25 περὶ – τοῦ κρίματος τοῦ μέλλοντος
Rm 2 2 τὸ κρίμα τοῦ θεοῦ ἐστιν κατὰ ἀλή-
    θειαν ἐπὶ τούς 3 λογίζῃ δὲ τοῦτο,
    – ὅτι σὺ ἐκφεύξῃ τὸ κρίμα τοῦ θεοῦ;
  3 8 ὧν τὸ κρίμα[b] ἔνδικόν ἐστιν
  5 16 τὸ – κρίμα ἐξ ἑνὸς εἰς κατάκριμα
  11 33 ὡς ἀνεξεραύνητα τὰ κρίματα αὐτοῦ
  13 2 οἱ δὲ ἀνθεστηκότες ἑαυτοῖς κρίμα[b]
    λήμψονται cfr Mar 12 40
1 Co 6 7 ὅτι κρίματα ἔχετε μεθ' ἑαυτῶν
  11 29 κρίμα ἑαυτῷ ἐσθίει καὶ πίνει
  – 34 ἵνα μὴ εἰς κρίμα συνέρχησθε
Gal 5 10 βαστάσει τὸ κρίμα, ὅστις ἐὰν ᾖ
1 Ti 3 6 ἵνα μὴ – εἰς κρ. ἐμπέσῃ τ. διαβόλου
  5 12 ἔχουσαι κρίμα[b] ὅτι τὴν πρώτην πί-
    στιν ἠθέτησαν
Hb 6 2 μὴ πάλιν θεμέλιον καταβαλλόμενοι
    – ἀναστάσεως – καὶ κρίματος αἰωνίου
Jac 3 1 εἰδότες ὅτι μεῖζον κρίμα λημψόμεθα
1 Pe 4 17 [ὁ] καιρὸς τοῦ „ἄρξασθαι" τὸ κρίμα
    „ἀπὸ" τοῦ οἴκου τοῦ θεοῦ
2 Pe 2 3 οἷς τὸ κρίμα ἔκπαλαι οὐκ ἀργεῖ
Jud 4 οἱ – προγεγραμμένοι εἰς τοῦτο τὸ κρ.
Ap 17 1 δείξω σοι τὸ κρίμα[b] τῆς πόρνης
  18 20 ἔκρινεν ὁ θ. τὸ κρίμα ὑμῶν ἐξ αὐτῆς
  20 4 „καὶ κρίμα ἐδόθη" αὐτοῖς

κρίνειν iudicare [b](κ..εσθαι) iudicio conten-
    dere [c](κ..όμενος) iudicio subiectus [d]aes-
    timare [e]decernere [f]proponere [g]statuere
Mat 5 40 τῷ θέλοντί σοι κριθῆναι[b]
  7 1 μὴ κρίνετε, ἵνα μὴ κριθῆτε 2 ἐν ᾧ –
    κρίματι κρίνετε κριθήσεσθε ‖ Luc 6 37
    μὴ κρίνετε, καὶ οὐ μὴ κριθῆτε
  19 28 κρίνοντες τὰς δώδ. φυλάς ‖ Luc 22 30
Luc 7 43 ὀρθῶς ἔκρινας 12 57 τί – καὶ ἀφ' ἑαυ-
    τῶν οὐ κρίνετε τὸ δίκαιον;
  19 22 ἐκ τοῦ στόματός σου κρινῶ σε

Joh 3 17 οὐ γὰρ ἀπέστειλεν – τὸν υἱὸν – ἵνα
κρίνῃ τὸν κόσμον 18 ὁ πιστεύων εἰς
αὐτὸν οὐ χρίνεται· ὁ – μὴ π..ων ἤδη
κέκριται 12 47 ἐγὼ οὐ κρίνω αὐτόν·
οὐ γὰρ ἦλθον ἵνα κρίνω τὸν κόσμον
5 22 οὐδὲ γὰρ ὁ πατὴρ κρίνει οὐδένα
– 30 καθὼς ἀκούω κρίνω, καὶ ἡ κρίσις
7 24 μὴ κρίνετε κατ' ὄψιν, ἀλλὰ τὴν δικαί-
αν χρίσιν κρίνετε
– 51 μὴ ὁ νόμος – κρίνει τὸν ἄνθρωπον
ἐὰν μὴ – πρῶτον – γνῷ τί ποιεῖ·
8 15 ὑμεῖς κατὰ τὴν σάρκα κρίνετε, ἐγὼ
οὐ κρίνω οὐδένα 16 καὶ ἐὰν κρίνω –
ἐγώ, ἡ κρίσις ἡ ἐμὴ ἀληθινή ἐστιν
– 26 πολλὰ ἔχω περὶ ὑμῶν – κρίνειν
– 50 ἔστιν ὁ ζητῶν καὶ κρίνει
12 48 ὁ ἀθετῶν ἐμὲ – ἔχει τὸν κρίνοντα αὐ-
τόν· ὁ λόγος ὃν ἐλάλησα, – κρινεῖ
αὐτὸν ἐν τῇ ἐσχάτῃ ἡμέρᾳ
16 11 ὁ ἄρχων τοῦ κόσμου τούτου κέκριται
18 31 κατὰ τὸν νόμον ὑμῶν κρίνατε αὐτόν
Act 3 13 Πιλάτου, κρίναντος ἐκείνου ἀπολύειν
4 19 εἰ δίκαιόν ἐστιν ἐνώπιον τοῦ θεοῦ,
ὑμῶν ἀκούειν μᾶλλον –, κρίνατε
7 7 „τὸ ἔθνος ᾧ ἐὰν δουλεύσουσιν κρινῶ
ἐγώ", ὁ θεὸς εἶπεν
13 27 τὰς φωνὰς τῶν προφητῶν – κρίναν-
τες ἐπλήρωσαν
– 46 ἐπειδὴ – οὐκ ἀξίους κρίνετε (vg vl
iudicastis) ἑαυτοὺς τῆς αἰων. ζωῆς
15 19 ἐγὼ κρίνω μὴ παρενοχλεῖν τοῖς ἀπὸ
16 4 τὰ δόγματα τὰ κεκριμένα[e] ὑπὸ τῶν
– 15 εἰ κεκρίκατέ με πιστὴν τ. κυρίῳ εἶναι
17 31 μέλλει „κρίνειν τὴν οἰκουμένην ἐν
δικαιοσύνῃ", ἐν ἀνδρὶ ᾧ ὥρισεν
20 16 κεκρίκει[f] – παραπλεῦσαι τὴν Ἔφεσ.
21 25 κρίναντες φυλάσσεσθαι αὐτοὺς τό
23 3 σὺ κάθῃ κρίνων με κατὰ τὸν νόμον
– 6 περὶ ἐλπίδος καὶ ἀναστάσεως νεκρῶν
[ἐγὼ] χρίνομαι 24 (6 vl) 21 ἐφ' ὑμῶν
26 6 ἐπ' ἐλπίδι τῆς – ἐπαγγελίας –
ἕστηκα χρινόμενος[c]
25 9 θέλεις – ἐκεῖ περὶ τούτων κριθῆναι
ἐπ' ἐμοῦ; 20.10 ἐπὶ τοῦ βήματος Καί-
σαρος ἑστώς εἰμι, οὗ με δεῖ χρίνε-
σθαι 25 ἔχρινα πέμπειν
26 8 τί ἄπιστον κρίνεται παρ' ὑμῖν εἰ ὁ
θεὸς νεχροὺς ἐγείρει;
27 1 ὡς δὲ ἐκρίθη τοῦ ἀποπλεῖν ἡμᾶς
Rm 2 1 ὦ ἄνθρωπε πᾶς ὁ κρίνων· ἐν ᾧ γὰρ
κρίνεις τὸν ἕτερον, σεαυτὸν κατακρί-
νεις· τὰ γὰρ αὐτὰ πράσσεις ὁ κρίνων

3 ὦ ἄνθ. ὁ κρίνων τοὺς – πράσσοντας
Rm 2 12 διὰ νόμου κριθήσονται
– 16 ἐν ἡμέρᾳ ὅτε κρίνει ὁ θεὸς τὰ
χρυπτὰ τῶν ἀνθρώπων κατὰ τὸ εὐ-
αγγέλιόν μου διὰ Χοῦ Ἰησοῦ
– 27 κρινεῖ ἡ ἐκ φύσεως ἀκροβυστία
3 4 „ὅπως – νικήσεις ἐν τῷ κ..εσθαί σε"
– 6 ἐπεὶ πῶς κρινεῖ ὁ θεὸς τὸν κόσμον;
– 7 τί ἔτι – ὡς ἁμαρτωλὸς κρίνομαι;
14 3 ὁ – μὴ ἐσθίων τὸν ἐσθίοντα μὴ κρινέ-
τω 4 σὺ τίς εἶ ὁ κρίνων ἀλλότριον
οἰκέτην; 5 ὃς μὲν [γὰρ] κρίνει ἡμέραν
παρ' ἡμέραν, ὃς δὲ κρίνει πᾶσαν ἡμέ-
ραν 10 τί κρίνεις τὸν ἀδελφόν σου;
– 13 μηκέτι οὖν ἀλλήλους κρίνωμεν· ἀλλὰ
τοῦτο κρίνατε μᾶλλον, τὸ μὴ τιθέναι
πρόσκομμα τῷ ἀδελφῷ
– 22 μακάριος ὁ μὴ κρίνων ἑαυτὸν ἐν ᾧ
δοκιμάζει· ὁ δὲ διακρινόμενος
1 Co 2 2 οὐ γὰρ ἔκρινά τι εἰδέναι – εἰ μὴ – Χόν
4 5 ὥστε μὴ πρὸ καιροῦ τι κρίνετε
5 3 ἤδη κέκρικα ὡς παρὼν τὸν οὕτως
τοῦτο κατεργασάμενον
– 12 τί – μοι τοὺς ἔξω κρίνειν; οὐχὶ τοὺς
ἔσω ὑμεῖς κρίνετε; 13 τοὺς δὲ ἔξω ὁ
θεὸς κρινεῖ. „ἐξάρατε τὸν πονηρόν"
6 1 τολμᾷ τις ὑμῶν πρᾶγμα ἔχων πρὸς
τὸν ἕτερον κρίνεσθαι ἐπὶ τῶν ἀδί-
κων –; 2 οὐκ οἴδατε ὅτι οἱ ἅγιοι τὸν
κόσμον κρινοῦσιν; – εἰ ἐν ὑμῖν κρί-
νεται ὁ κόσμος, –; 3 οὐκ οἴδατε ὅτι
ἀγγέλους κρινοῦμεν, –; 6 ἀδελφὸς
μετὰ ἀδελφοῦ κρίνεται[b], καὶ τοῦτο
ἐπὶ ἀπίστων;
7 37 τοῦτο κέκρικεν ἐν τῇ ἰδίᾳ καρδίᾳ
10 15 κρίνατε ὑμεῖς (vg vos ipsi) ὅ φημι
– 29 ἱνατί – ἡ ἐλευθερία μου κρίνεται ὑπὸ
ἄλλης συνειδήσεως;
11 13 ἐν ὑμῖν αὐτοῖς κρίνατε· πρέπον –;
– 31 οὐκ ἂν ἐκρινόμεθα 32 κρινόμενοι δὲ
ὑπὸ [τοῦ] κυρίου παιδευόμεθα
2 Co 2 1 ἔκρινα[g] γὰρ ἐμαυτῷ τοῦτο, τὸ μὴ
5 14 συνέχει ἡμᾶς, κρίναντας[d] τοῦτο, ὅτι
εἷς ὑπὲρ πάντων ἀπέθανεν
Col 2 16 μή – τις ὑμᾶς κρινέτω ἐν βρώσει
2 Th 2 12 ἵνα κριθῶσιν πάντες οἱ μὴ πιστεύ-
σαντες τῇ ἀληθείᾳ ἀλλὰ εὐδοκήσαν-
τες τῇ ἀδικίᾳ
2 Ti 4 1 τοῦ μέλλοντος κρίνειν ζῶντας καὶ
νεκρούς → 1 Pe 4 5
Tit 3 12 ἐκεῖ γὰρ κέκρικα[g] παραχειμάσαι
Hb 10 30 „κρινεῖ κύριος τὸν λαὸν αὐτοῦ"

Hb 13 4 πόρνους – καὶ μοιχοὺς κρινεῖ ὁ θεός
Jac 2 12 οὕτως ποιεῖτε ὡς διὰ νόμου ἐλευθερίας μέλλοντες κρίνεσθαι
4 11 ὁ – κρίνων τὸν ἀδελφὸν – κρίνει νόμον· εἰ δὲ νόμον κρίνεις 12 σὺ δὲ τίς εἶ, ὁ κρίνων τὸν πλησίον;
5 9 μὴ στενάζετε – κατ' ἀλλήλων ἵνα μὴ κριθῆτε
1 Pe 1 17 τὸν ἀπροσωπολήμπτως κρίνοντα κατὰ τὸ ἑκάστου ἔργον
2 23 παρεδίδου δὲ τῷ κρίνοντι δικαίως
4 5 ἀποδώσουσιν λόγον τῷ ἑτοίμως ἔχοντι κρῖναι ζῶντας καὶ νεκρούς 6 καὶ νεκροῖς εὐηγγελίσθη, ἵνα κριθῶσι – σαρκί, ζῶσι δὲ – πνεύματι
Ap 6 10 „ἕως πότε" – οὐ „κρίνεις καὶ ἐκδικεῖς τὸ αἷμα" ἡμῶν –;
11 18 ἦλθεν – ὁ καιρὸς τῶν νεκρ. κριθῆναι
16 5 δίκαιος εἶ, –, ὅτι ταῦτα ἔκρινας
18 8 „ἰσχυρὸς κύριος – ὁ κρίνας" αὐτήν
– 20 ἔκρινεν ὁ θ. τὸ κρίμα ὑμῶν ἐξ αὐτῆς 19 2 ἔκρινεν τὴν πόρνην τὴν μεγ.
19 11 „ἐν δικαιοσύνη κρίνει" καὶ πολεμεῖ
20 12 ἐκρίθησαν οἱ νεκροὶ ἐκ τῶν γεγραμμένων ἐν τοῖς βιβλίοις 13 ἐκρίθησαν ἕκαστος „κατὰ τὰ ἔργα αὐτῶν"

κρίνον lilium Mat 6 28 τοῦ ἀγροῦ || Luc 12 27

κρίσις iudicium
Mat 5 21 ἔνοχος ἔσται τῇ κρίσει 22 idem
10 15 ἀνεκτότερον ἔσται – ἐν ἡμέρᾳ κρίσεως 11 22.24 || Luc 10 14 ἐν τῇ κρίσει
12 18 „κρίσιν τοῖς ἔθνεσιν ἀπαγγελεῖ"
– 20 „ἕως ἂν ἐκβάλῃ εἰς νῖκος τὴν κρ."
– 36 ἀποδώσουσιν – λόγον ἐν ἡμέρᾳ κρίσεως 41 ἀναστήσονται ἐν τῇ κρ. 42 ἐγερθήσεται ἐν τῇ κρ. || Luc 11 31.32
23 23 ἀφήκατε –, τὴν κρίσιν καὶ τὸ ἔλεος || Luc 11 42 παρέρχεσθε τὴν κρίσιν
– 33 πῶς φύγητε ἀπὸ τῆς κρ. τῆς γεένν.;
Joh 3 19 αὕτη δέ ἐστιν ἡ κρίσις, ὅτι τὸ φῶς
5 22 τὴν κρ. πᾶσαν δέδωκεν τῷ υἱῷ 27 ἐξουσίαν ἔδωκεν αὐτῷ κρίσιν ποιεῖν
– 24 εἰς κρίσιν οὐκ ἔρχεται ἀλλὰ μεταβέβηκεν – εἰς τὴν ζωήν
– 29 ἐκπορεύσονται –, οἱ δὲ τὰ φαῦλα πράξαντες εἰς ἀνάστασιν κρίσεως
– 30 καὶ ἡ κρίσις ἡ ἐμὴ δικαία ἐστίν
7 24 ἀλλὰ τὴν δικαίαν κρίσιν κρίνετε
8 16 ἡ κρίσις ἡ ἐμὴ ἀληθινή ἐστι
12 31 νῦν κρίσις ἐστὶν τοῦ κόσμου τούτου

Joh 16 8 ἐλέγξει τὸν κόσμον – περὶ κρίσεως·
11 περὶ δὲ κρίσεως, ὅτι ὁ ἄρχων τοῦ κόσμου τούτου κέκριται
Act 8 33 „ἐν τῇ ταπεινώσει [αὐτοῦ] ἡ κρ. αὐτοῦ ἤρθη"
2 Th 1 5 ἔνδειγμα τῆς δικαίας κρίσ. τοῦ θεοῦ
1 Ti 5 24 αἱ ἁμαρτίαι – προάγουσαι εἰς κ..ιν
Hb 9 27 ἀπόκειται τοῖς ἀνθρώποις ἅπαξ ἀποθανεῖν, μετὰ δὲ τοῦτο κρίσις
10 27 φοβερὰ δέ τις ἐκδοχὴ κρίσεως
Jac 2 13 ἡ – κρίσις ἀνέλεος τῷ μὴ ποιήσαντι ἔλεος· κατακαυχᾶται ἔλεος κρίσεως
5 12 ἵνα μὴ ὑπὸ κρίσιν πέσητε
2 Pe 2 4 παρέδωκεν εἰς κρίσιν τηρουμένους 9 οἶδεν – ἀδίκους – εἰς ἡμέραν κρίσεως
– τηρεῖν 3 7 οἱ – νῦν οὐρανοὶ καὶ ἡ γῆ – τηρούμενοι εἰς ἡμέραν κρίσεως
– 11 οὐ φέρουσιν κατ' αὐτῶν παρὰ κυρίου (vg om π. κ.) βλάσφημον κρίσιν
1 Jo 4 17 ἵνα παρρησίαν ἔχωμεν ἐν τῇ ἡμέρᾳ τῆς κρίσεως
Jud 6 ἀγγέλους – εἰς κρίσιν μεγάλης ἡμέρας – τετήρηκεν 9 Μιχαὴλ – οὐκ ἐτόλμησεν κρίσιν ἐπενεγκεῖν βλασφημίας 15 ἐλθεῖν κύριος – ποιῆσαι κρίσιν
Ap 14 7 ἦλθεν ἡ ὥρα τῆς κρίσεως αὐτοῦ
16 7 „ἀληθιναὶ" καὶ „δίκαιαι αἱ κρίσεις σου" 19 2 „αἱ κρίσεις αὐτοῦ"
18 10 μιᾷ ὥρᾳ ἦλθεν ἡ κρ. σου (sc Bab.)

Κρίσπος Act 18 8 ὁ ἀρχισυνάγωγος 1 Co 1 14

κριτήριον iudicium
1 Co 4 3 ἀνάξιοί ἐστε κριτηρίων ἐλαχίστων;
– 4 βιωτικὰ μὲν οὖν κριτήρια ἐὰν ἔχητε
Jac 2 6 οὐχ οἱ πλούσιοι –, καὶ αὐτοὶ ἕλκουσιν ὑμᾶς εἰς κριτήρια;

κριτής iudex
Mat 5 25 μήποτέ σε παραδῷ ὁ ἀντίδικος τῷ κρ. καὶ ὁ κρ. τῷ ὑπηρέτῃ || Luc 12 58
12 27 κριταὶ ἔσονται ὑμῶν || Luc 11 19
Luc 12 14 τίς με κατέστησεν κριτὴν – ἐφ' ὑμᾶς;
18 2 κριτής τις ἦν ἔν τινι πόλει 6 ἀκούσατε τί ὁ κριτὴς τῆς ἀδικίας λέγει·
Act 10 42 οὗτός ἐστιν ὁ ὡρισμένος ὑπὸ τοῦ θεοῦ κ. ζώντων καὶ νεκρῶν
13 20 ἔδωκεν κ..ὰς ἕως Σαμουὴλ [τοῦ] προφ.
18 15 κριτὴς ἐγὼ τούτων οὐ βούλομαι εἶναι
24 10 ἐκ πολλῶν ἐτῶν ὄντα σε κριτὴν τῷ
2 Ti 4 8 ἀποδώσει μοι ὁ κύρ. –, ὁ δίκαιος κρ.
Hb 12 23 προσεληλύθατε – κριτῇ θεῷ πάντων

Jac 2 4 ἐγένεσθε κ..αὶ διαλογισμῶν πονηρῶν
    411 οὐκ εἶ ποιητὴς νόμου ἀλλὰ κριτής
    – 12 εἷς ἐστιν [ὁ] νομοθέτης καὶ κριτής
    5 9 ἰδοὺ ὁ κρ. πρὸ τῶν θυρῶν ἕστηκεν

κριτικός Sᵒ – *discretor* Hb 412 ὁ λόγος τοῦ
    θ.– κρ. ἐνθυμήσεων καὶ ἐννοιῶν καρδίας

κρούειν *pulsare* Mat 7 7 κρούετε, καὶ ἀνοιγή-
    σεται ὑμῖν 8 τῷ κρούοντι ἀνοιγήσεται ||
    Luc 119.10 – 1236 1325 θύραν Act 1213
    θύραν 16 – Ap 320 ἰδοὺ ἕστηκα ἐπὶ τὴν
    θύραν καὶ κρούω

κρύπτειν *abscondere* ᵇ*abscondere se* ᶜ*occul-
    tare* ᵈ(κεκρυμμένος) *occultus*
Mat 514 οὐ δύναται πόλις κρυβῆναι ἐπάνω
    1125 ὅτι ἔκρυψας ταῦτα ἀπὸ σοφῶν καὶ
    1335 „κεχρυμμένα ἀπὸ καταβ." [κόσμου]
    – 44 θησαυρῷ κεκρυμμένῳ ἐν τῷ ἀγρῷ,
    ὃν εὑρὼν ἄνθρωπος ἔκρυψεν
    2518 ἔκρυψεν τὸ ἀργύριον τοῦ κυρίου
    – 25 ἔκρυψα τὸ τάλαντόν σου ἐν τῇ γῇ
Luc (1321 νl ζύμῃ, ἣν – γυνὴ ἔκρυψεν)
    1834 ἦν τὸ ῥῆμα – κεκρυμμένον ἀπ' αὐτῶν
    1942 νῦν δὲ ἐκρύβη ἀπὸ ὀφθαλμῶν σου
Joh 859 Ἰησοῦς δὲ ἐκρύβη ᵇ 1236ᵇ ἀπ' αὐτῶν
    1938 μαθητὴς – Ἰησοῦ κεκρυμμένος ᵈ
Col 3 3 ἀπεθάνετε γάρ, καὶ ἡ ζωὴ ὑμῶν κέ-
    κρυπται σὺν τῷ Χῷ ἐν τῷ θεῷ
1 Ti 525 τὰ ἄλλως ἔχοντα κρυβῆναι οὐ δύ-
    νανται (νl δύναται)
Hb 1123 Μωϋσῆς – „ἐκρύβηᶜ τρίμηνον"
Ap 217 δώσω αὐτῷ „τοῦ μάννα" τοῦ κεκρ.
    615 „ἔκρυψαν ἑαυτοὺς ᵇ εἰς τὰ σπήλαια"
    – 16 „πέσετε ἐφ' ἡμᾶς καὶ κρύψατε ἡμᾶς"

κρύπτη Sᵒ – *absconditum* Luc 1133 εἰς κρ..ην

κρυπτός *absconditus* ᵇ*occultus* → κρυφαῖος
Mat 6 4 ὅπως ᾖ σου ἡ ἐλεημοσύνη ἐν τῷ κρ.·
    καὶ – ὁ βλέπων ἐν τῷ κρ. 6 πρόσευ-
    ξαι τῷ πατρί σου τῷ ἐν τῷ κρ.'– ὁ
    βλέπων ἐν τῷ κρυπτῷ ἀποδώσει σοι
    1026 οὐδὲν–κρυπτὸν ᵇ ὃ οὐ γνωσθήσεται
    || Luc122 || Mar422 οὐ γάρ ἐστιν κρ.,
    ἐὰν μὴ ἵνα φανερωθῇ || Luc8 17ᵇ
Joh 7 4 οὐδείς –τι ἐν κρ.ᵇ ποιεῖ καὶ ζητεῖ αὐ-
    τὸς ἐν παρρησίᾳ εἶναι 10 τότε καὶ
    αὐτὸς ἀνέβη, – ἀλλὰ [ὡς] ἐν κρ.ᵇ
    1820 ἐν κρυπτῷ ᵇ ἐλάλησα οὐδέν
Rm 216 κρίνει ὁ θεὸς τὰ κρ.ᵇ τῶν ἀνθρώπων

Rm 229 ἀλλ' ὁ ἐν τῷ κρυπτῷ Ἰουδαῖος
1 Co 4 5 ὃς καὶ φωτίσει τὰ κρ. τοῦ σκότους
    1425 τὰ κρ.ᵇ τῆς καρδίας –φανερὰ γίνεται
2 Co 4 2 ἀπειπάμεθα τὰ κρ.ᵇ τῆς αἰσχύνης
1 Pe 3 4 ἀλλ' ὁ κρ. τῆς καρδίας ἄνθρωπος

κρυσταλλίζων Sᵒ – *sicut crystallam* Ap 2111

κρύσταλλος *crystallus*, ..*um* Ap 46 221

κρυφαῖον, τό *absconditum* Mat 618 τῷ πατρί
    σου τῷ ἐν τῷ κρυφαίῳ· καὶ ὁ πατήρ σου
    ὁ βλέπων ἐν τῷ κρυφαίῳ ἀποδώσει σοι

κρυφῇ *in occulto* Eph 512 τὰ – κρ. γινόμενα

κτᾶσθαι *possidēre* ᵇ*consequi*
Mat 10 9 μὴ κτήσησθε χρυσὸν – εἰς τὰς ζώνας
Luc 1812 ἀποδεκατῶ πάντα ὅσα κτῶμαι
    2119 ἐν τῇ ὑπομονῇ ὑμῶν κτήσασθε (νl
    κτήσεσθε) τὰς ψυχὰς ὑμῶν
Act 118 ἐκτήσατο χωρίον ἐκ μισθοῦ τῆς ἀδι-
    κίας 820 τὴν δωρεὰν τ. θεοῦ ἐνόμι-
    σας διὰ χρημάτων κτᾶσθαι (*p..dēri*)
    2228 πολλοῦ –τὴν πολιτείαν– ἐκτησάμην ᵇ
1 Th 4 4 εἰδέναι ἕκαστον ὑμῶν τὸ ἑαυτοῦ σκεῦ-
    ος κτᾶσθαι ἐν ἁγιασμῷ καὶ τιμῇ

κτῆμα *possessio* ᵇ*ager*
Mat 1922 ἦν γὰρ ἔχων κ..τα πολλά || Mar 1022
Act 245 τὰ κτ. – ἐπίπρασκον 51 ἐπώλ. κτῆμα ᵇ

κτῆνος *iumentum* ᵇ*pecus*
Luc 1034 ἐπιβιβάσας – ἐπὶ τὸ ἴδιον κτ. Act 2324
1 Co 1539 ἄλλη δὲ σάρξ κτηνῶν ᵇ – Ap 1813

κτήτωρ Sᵒ – *possessor* Act 434 χωρίων ἢ οἰκ.

κτίζειν *creare* ᵇ*condere*
Mat 19 4 ὁ κτίσας (νl ποιήσας vg) ἀπ' ἀρχῆς
    „ἄρσεν καὶ θῆλυ ἐποίησεν αὐτούς"
Mar 1319 κτίσεως ἣν ἔκτισεν ᵇ ὁ θεός
Rm 125 → κτίσις (ὁ κτίσας *creator*)
1 Co 11 9 οὐκ ἐκτίσθη ἀνὴρ διὰ τὴν γυναῖκα
Eph 210 κτισθέντες ἐν Χῷ Ἰησοῦ ἐπὶ ἔργοις
    ἀγαθοῖς, οἷς προητοίμασεν ὁ θεός
    – 15 ἵνα τοὺς δύο κτίσῃ ᵇ ἐν αὐτῷ εἰς ἕνα
    καινὸν ἄνθρωπον ποιῶν εἰρήνην
    3 9 ἐν τῷ θεῷ τῷ τὰ πάντα κτίσαντι
    424 τὸν καινὸν ἄνθρωπον τὸν κατὰ θεὸν
    κτισθέντα ἐν δικαιοσύνῃ καὶ ὁσιότητι
Col 116 ὅτι ἐν αὐτῷ ἐκτίσθη ᵇ τὰ πάντα – ' τὰ

πάντα δι' αὐτοῦ καὶ εἰς αὐτ. ἔκτισται
Col 3 10 „κατ' εἰκόνα" τοῦ κτίσαντος αὐτόν
1 Ti 4 3 ἀπέχεσθαι βρωμάτων, ἃ ὁ θεὸς ἔκτι-
σεν εἰς μετάλημψιν – τοῖς πιστοῖς
Ap 4 11 ὅτι σὺ ἔκτισας τὰ πάντα, καὶ διὰ τὸ
θέλημά σου ἦσαν καὶ ἐκτίσθησαν
10 6 „ὃς ἔκτισεν τὸν οὐρ. καὶ τὰ ἐν αὐτ."

κτίσις creatura [b]creatio
Mar 10 6 ἀπὸ δὲ ἀρχῆς κ..εως „ἄρσεν καὶ θῆ."
13 19 „οἵα οὐ γέγονεν – ἀπ' ἀρχῆς κ..εως"
[[16 15 κηρύξατε τὸ εὐαγγ. πάσῃ τῇ κτίσει]]
Rm 1 20 ἀπὸ κτίσεως κόσμου – καθορᾶται
– 25 ἐλάτρευσαν τῇ κτίσει παρὰ τὸν κτί-
σαντα (vg potius quam creatori)
8 19 ἡ γὰρ ἀποκαραδοκία τῆς κτίσεως
– 20 τῇ – ματαιότητι ἡ κτίσις ὑπετάγη
– 21 καὶ αὐτὴ ἡ κτίσις ἐλευθερωθήσεται
– 22 οἴδαμεν – ὅτι πᾶσα ἡ κτίσις συστε-
νάζει καὶ συνωδίνει ἄχρι τοῦ νῦν
– 39 οὔτε τις κτίσις ἑτέρα δυνήσεται ἡμᾶς
χωρίσαι ἀπὸ τῆς ἀγάπης τοῦ θεοῦ
2 Co 5 17 ὥστε εἴ τις ἐν Χῷ, καινὴ κτίσις
Gal 6 15 οὔτε – περιτομή τί ἐστιν οὔτε ἀκρο-
βυστία, ἀλλὰ καινὴ κτίσις
Col 1 15 ὅς ἐστιν – πρωτότοκος πάσης κ..εως
– 23 τοῦ κηρυχθέντος ἐν πάσῃ κτίσει
Hb 4 13 οὐκ ἔστιν κτίσις ἀφανὴς ἐνώπ. αὐτοῦ
9 11 σκηνῆς οὐ χειροποιήτου, τοῦτ' ἔστιν
οὐ ταύτης τῆς κτίσεως[b]
1 Pe 2 13 ὑποτάγητε πάσῃ ἀνθρωπίνῃ κτίσει
2 Pe 3 4 πάντα – διαμένει ἀπ' ἀρχῆς κτίσεως
Ap 3 14 „ἡ ἀρχὴ τῆς κτίσεως" τοῦ θεοῦ

κτίσμα creatura
1 Ti 4 4 ὅτι πᾶν κτίσμα θεοῦ καλόν
Jac 1 18 εἰς τὸ εἶναι ἡμᾶς ἀπαρχήν τινα τῶν
αὐτοῦ κτισμάτων (vg creaturae)
Ap 5 13 πᾶν κτ. – ἤκουσα λεγόντας· – 89

κτίστης creator 1 Pe 4 19 πιστῷ κτίστῃ πα-
ρατιθέσθωσαν τὰς ψυχὰς αὐτῶν ἐν

κυβεία S[o] – nequitia Eph 4 14 τῶν ἀνθρώπων

κυβέρνησις gubernatio 1 Co 12 28 κ..εις

κυβερνήτης gubernator Act 27 11 Ap 18 17

κυκλεύειν circuire Ap 20 9 τὴν παρεμβολήν

κυκλόθεν in circuitu Ap 4 3.4 τοῦ θρόνου 8

κυκλοῦν circumdare [b]circuitu (vl ..iti)
Luc 21 20 Joh 10 24 Act 14 20 Hb 11 30 [b]

κύκλῳ in circuitu [b]per circuitum [c]circa
[d]proximus Mar 3 34 τοὺς – κ. καθημένους
6 6 τὰς κώμας κ. 36 [d] Luc 9 12 [c] – Rm 15 19
ἀπὸ Ἱερουσαλ. καὶ κ.[b] μέχρι τοῦ Ἰλλυρι-
κοῦ – Ap 4 6 κύκλῳ τοῦ θρόνου 5 11 7 11

κυλίεσθαι volutari
Mar 9 20 ἐκυλίετο ἀφρίζων

κυλισμός (vl ..σμα) S[o] – volutabrum 2 Pe 2 22

κυλλός S[o] – debilis Mat 15 30.31 (vl[o] vg[o])
Mat 18 8 εἰσελθεῖν εἰς τὴν ζωὴν κ..όν ‖ Mar 9 43

κῦμα fluctus Mat 8 24 14 24 Mar 4 37 [Act 27 41]
Jud 13 οὗτοί εἰσιν –, κ..τα ἄγρια θαλάσσης

κύμβαλον cymbalum 1 Co 13 1 ἀλαλάζον

κύμινον cyminum Mat 23 23 ἀποδεκατοῦτε

κυνάριον canis [b]catellus
Mat 15 26.27 [b] ‖ Mar 7 27.28 [b]

Κύπριος Act 4 36 Βαρναβᾶς 11 20 21 16 Μνάσων

Κύπρος Act 11 19 13 4 15 39 21 3 27 4

κύπτειν procumbere [b]se inclinare
Mar 1 7 [[Joh 8 6 Ἰησοῦς κάτω κύψας[b] 8 vl[b]]]

Κυρηναῖος Mat 27 32 ‖ Mar 15 21 Luc 23 26
Act 6 9 11 20 13 1 Λούκιος ὁ Κυρηναῖος

Κυρήνη Act 2 10 τῆς Λιβύης τῆς κατὰ Κ..ην

Κυρήνιος (vl ..ίνιος) Cyrinus (vl Quir.) Lc 2 2

κυρία domina 2 Jo 1 ἐκλεκτῇ κ.ᾳ 5

κυριακός S[o] – dominicus
1 Co 11 20 οὐκ ἔστιν κυριακὸν δεῖπνον φαγεῖν
Ap 1 10 ἐγενόμην ἐν πνεύματι ἐν τῇ κυριακῇ
ἡμέρᾳ

κυριεύειν dominari
Luc 22 25 οἱ βασιλ. τῶν ἐθνῶν κ..ουσιν αὐτῶν
Rm 6 9 θάνατος αὐτοῦ οὐκέτι κυριεύει
– 14 ἁμαρτία γὰρ ὑμῶν οὐ κυριεύσει

Rm 7 1 ἢ ἀγνοεῖτε –, ὅτι ὁ νόμος κυριεύει
τοῦ ἀνθρώπου ἐφ' ὅσον χρόνον ζῇ;
14 9 ἵνα καὶ νεκρῶν καὶ ζώντων κυριεύσῃ
2 Co 1 24 οὐχ ὅτι κ..ομεν ὑμῶν τῆς πίστεως
1 Ti 6 15 ὁ – κύριος τῶν κυριευόντων

κύριος *dominus*

ἄγγελος κυρίου → ἄγγελος
ἐν κυρίῳ (Ἰησοῦ, Χριστῷ) → ἐν
ἡμέρα κυρίου → ἡμέρα
λόγος (τοῦ) κυρίου → λόγος
ὁδός, ὁδοὶ κυρίου → ὁδός
ὄνομα κυρίου → ὄνομα
ἡ χάρις τοῦ κ., χ. ἀπὸ κ..ου → χάρις

1) loci ex Evv et Act

Mat 1 22 ἵνα πληρωθῇ τὸ ῥηθὲν ὑπὸ κ..ου 2 15
4 7 „οὐκ ἐκπειράσεις κύριον τὸν θεόν
σου" 10 „κ..ον τ. θ. σ. προσκυνήσεις"
‖ Luc 4 12.8 – Mat 22 37 „ἀγαπήσεις
κ..ον τ. θ. σ." ‖ Mar 12 29 „κύριος ὁ
θ. ἡμῶν κύριος εἷς ἐστιν 30 καὶ ἀγα-
πήσεις κύριον τὸν θ. σου" Luc 10 27
5 33 „ἀποδώσεις – τῷ κ. τοὺς ὅρκους σου"
6 24 οὐδεὶς δύναται δυσὶ κυρίοις δουλεύ-
ειν ‖ Luc 16 13 οὐδεὶς οἰκέτης δύναται
7 21 οὐ πᾶς ὁ λέγων μοι κύριε κύριε 22
πολλοὶ ἐροῦσίν μοι –· κύριε κύ., οὐ
„τῷ σῷ ὀνόματι ἐπροφητεύσαμεν" –;
‖ Luc 6 46 τί δέ με καλεῖτε· κύριε
κύριε, καὶ οὐ ποιεῖτε ἃ λέγω;
8 2 κύριε, ἐὰν θέλῃς, δύνασαι ‖ Luc 5 12
– 6 κύριε, ὁ παῖς μου 8 κύριε, οὐκ εἰμὶ
ἱκανός ‖ Luc 7 6 κύριε, μὴ σκύλλου
– 21 κύριε, ἐπίτρεψόν μοι cfr Luc 9 61
– 25 κύριε, σῶσον, ἀπολλύμεθα cfr 14 28
κύ., εἰ σὺ εἶ, κέλευ. 30 κύ., σῶσόν με
9 28 λέγουσιν αὐτῷ· ναὶ κύριε – 15 27 ναὶ
κύριε Mar 7 28 → Joh 11 21 21 17
– 38 δεήθητε – τοῦ κυρίου τοῦ θερισμοῦ
ὅπως ἐκβάλῃ ἐργάτας ‖ Luc 10 2
10 24 οὐδὲ δοῦλος ὑπὲρ τὸν κ. αὐτοῦ 25
ἀρκετὸν – ἵνα γένηται – ὡς ὁ κύριος
αὐτοῦ – Joh 13 16 15 20.15 → Joh 13 13
11 25 ἐξομολογοῦμαί σοι, πάτερ, κύριε τοῦ
οὐρανοῦ καὶ τῆς γῆς ‖ Luc 10 21
12 8 κύριος γάρ ἐστιν τοῦ σαββάτου ‖
Mar 2 28 καὶ τοῦ σαββάτου Luc 6 5
13 27 κ..ε, οὐχὶ καλὸν σπέρμα ἔσπειρας,
15 22 ἐλέησόν με, κύριε υἱὸς Δαυίδ 25 κύ.,
βοήθει μοι 27 ναί, χύ. – 20 30 ἐλέησον
ἡμᾶς, [κύριε,] υἱὸς Δαυίδ 31.33 χύ.,

ἵνα ἀνοίγωσιν οἱ ὀφθαλμοὶ ἡμῶν ‖
Luc 18 41 κύριε, ἵνα ἀναβλέψω
Mat 15 27 ναί, κύριε· καὶ γὰρ τὰ κυνάρια ἐσθίει
– ἀπὸ τῆς τραπέζης τῶν κυρ. αὐτῶν
16 22 Ἵλεώς σοι, κύριε· οὐ μὴ ἔσται σοι
17 4 κύριε, καλόν ἐστιν ἡμᾶς ὧδε εἶναι
– 15 κύριε, ἐλέησόν μου τὸν υἱόν
18 21 κύριε, ποσάκις ἁμαρτήσει εἰς ἐμέ –;
– 25 ἐκέλευσεν αὐτὸν ὁ κύριος πραθῆναι
27 σπλαγχνισθεὶς δὲ ὁ κύριος 31 διε-
σάφησαν τῷ κυρίῳ ἑαυτῶν 32.34 ὀρ-
γισθεὶς ὁ κύριος αὐτοῦ παρέδωκεν
20 8 ὁ κ. τοῦ ἀμπελῶνος 21 40 ‖ Mar 12 9 τί
[οὖν] ποιήσει ὁ κ. τ. ἀ; Luc 20 13.15
21 3 ἐρεῖτε ὅτι ὁ κύριος αὐτῶν χρείαν ἔ-
χει ‖ Mar 11 3 αὐτοῦ Luc 19 31.34
– 30 εἶπεν· ἐγώ, κύριε, καὶ οὐκ ἀπῆλθεν
– 42 „παρὰ κ..ου ἐγέν. αὕτη" ‖ Mar 12 11
22 43 πῶς – Δαυὶδ – καλεῖ αὐτὸν κύριον –·
44 „εἶπεν κύριος τῷ κυρίῳ μου" 45 ‖
Mar 12 36.37 Luc 20 42.44 – Act 2 34
24 42 ποίᾳ ἡμέρᾳ ὁ κύριος ὑμῶν ἔρχεται
45 δοῦλος – φρόνιμος ὃν κατέστησεν
ὁ κύριος ἐπὶ τῆς οἰκετείας 46 ὃν ἐλ-
θὼν ὁ κύριος αὐτοῦ 48 χρονίζει μου
ὁ κύριος 50 ἥξει ὁ κύ. τοῦ δούλου ἐ-
κείνου ‖ Luc 12 36 προσδεχομένοις
τὸν κύριον ἑαυτῶν 37.42.43.45.46.47 ὁ
γνοὺς τὸ θέλημα τοῦ κυρίου αὐτοῦ
– 12 41 κύριε, πρὸς ἡμᾶς τὴν παρα-
βολὴν – λέγεις –; 42 εἶπεν ὁ κύριος
25 11 κύριε κύριε, ἄνοιξον ἡμῖν ‖ Luc 13 25
– 18 ἔκρυψεν τὸ ἀργύριον τοῦ κυ. αὐτοῦ
19 ἔρχεται ὁ κύ. τῶν δούλων 20 κύριε,
πέντε τάλαντα 21 ἔφη αὐτῷ ὁ κύριος
αὐτοῦ· – εἴσελθε εἰς τὴν χαρὰν τοῦ
κυρίου σου 22 κύριε, δύο τάλαντα 23.
24 κύριε, ἔγνων σε ὅτι σκληρὸς εἶ 26
‖ Luc 19 16.18.20.25
– 37 κύριε, πότε σε εἴδομεν πεινῶντα 44
26 22 μήτι ἐγώ εἰμι, κύριε; Joh 13 25 κύριε,
τίς ἐστιν; 21 20 ὁ παραδιδούς σε;
27 10 „καθὰ συνέταξέν" μοι „κύριος"
– 63 κύριε, ἐμνήσθημεν ὅτι – ὁ πλάνος
Mar 5 19 ἀπάγγειλον αὐτοῖς ὅσα ὁ κύριός σοι
πεποίηκεν
13 20 εἰ μὴ ἐκολόβωσεν κύριος τὰς ἡμέρας
– 35 οὐκ οἴδατε – πότε ὁ κ. τῆς οἰκ. ἔρχ.
[16 19 ὁ – κύριος Ἰησοῦς – ἀνελήμφθη 20
ἐξήργαξαν –, τοῦ κυρ. συνεργοῦντος]
Luc 1 6 ἐν – δικαιώμασιν τοῦ κ. 9 εἰς τὸν να-
ὸν τοῦ κυρ. 15 μέγας ἐνώπιον [τοῦ]

χυρίου 16 ἐπιστρέψει ἐπὶ κύριον τὸν
θεὸν αὐτῶν 17 ἑτοιμάσαι κυρίῳ λαόν
25 οὕτως μοι πεποίηκεν (vl + ὁ) κύ.
Luc 128 ὁ κ. μετὰ σοῦ 32 δώσει αὐτῷ κύρ. ὁ
θεὸς „τὸν θρόνον Δαυίδ" 38 ἰδοὺ ἡ
δούλη κυρίου – 43 πόθεν μοι – ἵνα
ἔλθῃ ἡ μήτηρ τοῦ κ. μου 45 τοῖς λε-
λαλημένοις – παρὰ κυρίου 46 μεγα-
λύνει „ἡ ψυχή μου τὸν κύριον" 58
ἐμεγάλυνεν κύριος τὸ ἔλεος αὐτοῦ
– 66 χεὶρ κυρίου ἦν μετ' αὐτοῦ – Act
1121 μετ' αὐτῶν 1311 χεὶρ κυρίου ἐπὶ
σέ, καὶ ἔσῃ τυφλὸς – ἄχρι καιροῦ
– 68 „εὐλογητὸς κύ. ὁ θεὸς τοῦ „Ἰσραήλ"
– 76 προπορεύσῃ – „ἐνώπιον κ..ου ἑτοιμ."
2 9 δόξα κυρίου περιέλαμψεν αὐτούς
– 11 ὅς ἐστιν χριστὸς κύριος, ἐν πόλει
– 15 ὃ ὁ κύ. ἐγνώρισεν ἡμῖν 22 παραστῆ-
σαι τῷ κυ. 23 ἐν νόμῳ κ..ου ὅτι – „ἅ-
γιον τῷ κ. κληθήσεται" 24 ἐν τῷ νό-
μῳ κ..ου 239 κατὰ τὸν νόμον κ..ου
– 26 πρὶν [ἢ] ἂν ἴδῃ τὸν χριστὸν κυρίου
418 „πνεῦμα κυρίου ἐπ' ἐμέ" Act 5 9
πειράσαι τὸ πνεῦμα κυρίου 839 πνεῦ-
μα κυρίου ἥρπασεν τὸν Φίλιππον
– 19 „κηρῦξαι ἐνιαυτὸν κυρίου δεκτόν"
5 8 ὅτι ἀνὴρ ἁμαρτωλός εἰμι, κύριε
– 17 δύναμις κ..ου ἦν εἰς τὸ ἰᾶσθαι αὐτόν
713 ἰδὼν αὐτὴν ὁ κύριος ἐσπλαγχνίσθη
954 κύριε, θέλεις εἴπωμεν –; 59 [κύριε,]
ἐπίτρεψόν μοι 61 ἀκολουθήσω σοι,
κύριε 1017 κύριε, καὶ τὰ δαιμόνια 40
κύριε, οὐ μέλει σοι –; 111 κύριε, δί-
δαξον ἡμᾶς προσεύχεσθαι   [[δύο]
10 1 ἀνέδειξεν ὁ κ. ἑτέρους ἑβδομήκοντα
1139 εἶπεν – ὁ κύ. πρὸς αὐτὸν 1315 ἀπε-
κρίθη – αὐτῷ ὁ κύ. 175 εἶπαν οἱ ἀπό-
στολοι τῷ κυρ. 6 εἶπεν δὲ ὁ κύρ. 186
13 8 κύριε, ἄφες αὐτὴν καὶ τοῦτο τὸ ἔτος
– 23 κύριε, εἰ ὀλίγοι οἱ σωζόμενοι;
1421 ἀπήγγειλεν τῷ κ. αὐτοῦ 22 κύριε, γέ-
γονεν ὃ ἐπέταξας 23 εἶπεν ὁ κύριος
16 3 ὁ κύ. μου ἀφαιρεῖται τὴν οἰκονομίαν
ἀπ' ἐμοῦ 5 τῶν χρεοφειλετῶν τοῦ κ.
ἑαυτοῦ – ' πόσον ὀφείλεις τῷ κ. μου;
8 ἐπήνεσεν ὁ κύριος τὸν οἰκονόμον
1737 λέγουσιν αὐτῷ· ποῦ, κύριε;
19 8 εἶπεν πρὸς τὸν κύριον· ἰδοὺ τὰ ἡμί-
σια –, κύριε, τοῖς πτωχοῖς δίδωμι
– 33 εἶπαν οἱ κύρ. αὐτοῦ (sc τοῦ πώλου)
2037 Μωϋσῆς ἐμήνυσεν –, ὡς λέγει „κύρι-
ον τὸν θεὸν Ἀβρ. καὶ θεὸν Ἰσαάκ"

Luc 2233 κύριε, μετὰ σοῦ ἑτοιμός εἰμι 38 ἰδοὺ
μάχαιραι 49 εἰ πατάξομεν ἐν μαχαί-
ρῃ; 61 στραφεὶς ὁ κύριος –, καὶ ὑπε-
μνήσθη – τοῦ ῥήματος τοῦ κυρίου
24 3 οὐχ εὗρον τὸ σῶμα τοῦ κυρίου Ἰη-
σοῦ 34 ὄντως ἠγέρθη ὁ κύριος
Joh 4(1 vl ὡς οὖν ἔγνω ὁ κύριος)
– 11 κύριε, οὔτε ἄντλημα ἔχεις 15 δός
μοι τοῦτο τὸ ὕδωρ 19 θεωρῶ ὅτι προ-
φήτης εἶ σύ – 49 κατάβηθι πρὶν ἀπο-
θανεῖν τὸ παιδίον μου 57 ἄνθρωπον
οὐκ ἔχω, ἵνα – βάλῃ με εἰς τὴν κολυμβ.
623 εὐχαριστήσαντος τοῦ κυρίου
– 34 κύριε, πάντοτε δὸς ἡμῖν τὸν ἄρτον
τοῦτον 68 πρὸς τίνα ἀπελευσόμεθα;
[[811 οὐδείς, κύριε]] 936 τίς ἐστιν, κύ-
ριε, ἵνα πιστεύσω 38 πιστεύω, κύριε·
καὶ προσεκύνησεν αὐτῷ
11 2 Μαριὰμ ἡ ἀλείψασα τὸν κύριον
– 3 κύριε, ἴδε ὃν φιλεῖς ἀσθενεῖ 12 εἰ
κεκοίμηται 21 εἰ ἦς ὧδε 32 – 27 ναί,
κύριε· ἐγὼ πεπίστευκα 34 κύριε, ἔρ-
χου καὶ ἴδε 39 κύριε, ἤδη ὄζει
1221 κύριε, θέλομεν τὸν Ἰησοῦν ἰδεῖν
– 38 „κύριε, τίς ἐπίστευσεν τῇ ἀκοῇ ἡ-
μῶν; καὶ ὁ βραχίων κυρίου τίνι ἀπ-
εκαλύφθη;"
13 6 κύριε, σύ μου νίπτεις τοὺς πόδας; 9
κύριε, μὴ τοὺς πόδας μου μόνον
– 13 ὑμεῖς φωνεῖτέ με· – ὁ κύριος 14 εἰ –
ἐγὼ ἔνιψα – ὁ κύ. –, καὶ ὑμεῖς ὀφεί-
λετε 16 οὐκ ἔστιν δοῦλος μείζων τοῦ
κυρίου αὐτοῦ 1520.15 ὁ δοῦλος οὐκ
οἶδεν τί ποιεῖ αὐτοῦ ὁ κύριος
– 25 2120 → Mat 2622 – Joh 1336 κύριε.
ποῦ ὑπάγεις; 37 διὰ τί οὐ δύναμαι
σοι ἀκολουθῆσαι ἄρτι; 145 οὐκ οἴ-
δαμεν ποῦ ὑπάγεις 8 δεῖξον ἡμῖν τὸν
πατέρα 22 [καὶ] τί γέγονεν ὅτι ἡμῖν
μέλλεις ἐμφανίζειν σεαυτοῦ
20 2 ἦραν τὸν κύ. ἐκ τοῦ μνημείου 13 τὸν
κύριόν μου 15 κύριε, εἰ σὺ ἐβάστα-
σας αὐτὸν 18 ἑώρακα τὸν κύριον 20
ἐχάρησαν – ἰδόντες τὸν κύριον 25 ἑω-
ράκαμεν τὸν κύριον 28 ὁ κύριός μου
καὶ ὁ θεός μου
21 7 ὁ κύριός ἐστιν. – ἀκούσας ὅτι ὁ κύ-
ριός ἐστιν 12 εἰδότες ὅτι ὁ κύρ. ἐστιν
– 15 ναί, κύριε, σὺ οἶδας 16.17 κύριε, πάν-
τα σὺ οἶδας 20.21 κύριε, οὗτος δὲ τί;
Act 1 6 κύριε, εἰ ἐν τῷ χρόνῳ τούτῳ –;
– 21 εἰσῆλθεν καὶ ἐξῆλθεν – ὁ κύριος

(Act) Ἰησοῦς 4 33 τὸ μαρτύριον – τῆς ἀνα-
στάσεως τοῦ χυ. Ἰ. 7 59 χύριε Ἰησοῦ
11 17 πιστεύσασιν ἐπὶ τὸν χύ. Ἰ. Χόν
20 εὐαγγελιζόμενοι τὸν κύρ. Ἰ. 16 31
πίστευσον ἐπὶ τὸν κύ. Ἰ. 20 21 μετά-
νοιαν καὶ πίστιν εἰς τὸν κύ. ἡμῶν Ἰ.
(vl + Χόν) 21 τὴν διακονίαν ἣν ἔλα-
βον παρὰ τοῦ κυρίου Ἰησοῦ 35 μνη-
μονεύειν τε τῶν λόγων τοῦ κυρίου
Ἰησοῦ 28 31 διδάσκων τὰ περὶ τοῦ
κυρίου Ἰησοῦ Χοῦ (vl om Χοῦ)

Act 1 24 σὺ κύριε καρδιογνῶστα πάντων
2 25 „προορώμην τὸν κύρ. ἐνώπιόν μου"
– 34 → Mat 22 43. 44
– 36 κύριον αὐτὸν καὶ χριστὸν ἐποίησεν
– 39 „ὅσους ἂν προσκαλέσηται κύριος" ὁ
θεὸς ἡμῶν
– 47 ὁ – κύ. προσετίθει τοὺς σῳζομένους
3 20 ὅπως ἂν ἔλθωσιν καιροὶ ἀναψύξεως
ἀπὸ προσώπου τοῦ κυρίου
– 22 „προφήτην – ἀναστήσει κύρ. ὁ θεός"
4 26 „κατὰ τοῦ κ. καὶ – τοῦ χριστοῦ αὐτ."
– 29 κύριε, ἔπιδε ἐπὶ τὰς ἀπειλὰς αὐτῶν
5 9 839 → Luc 4 18
– 14 προσετίθεντο πιστεύοντες τῷ κυρίῳ
9 42 ἐπίστευσαν – ἐπὶ τὸν κύριον 18 8
7 31 ἐγένετο φωνὴ κυρίου 33. 49 λέγει κύρ.
– 60 κ..ε, μὴ στήσῃς αὐτοῖς – τὴν ἁμαρτίαν
8 22 δεήθητι τοῦ κυ. (vg Deum) 24 πρὸς
9 1 εἰς τοὺς μαθητὰς τοῦ κυρίου [τ. κύ.
– 5 τίς εἶ, κύριε; (6 vg) 22 8. 10 26 15
– 10 εἶπεν – ἐν ὁράματι ὁ κύ.· – ὁ δὲ εἶ-
πεν· ἰδοὺ ἐγώ, κύριε 11. 13. 15. 17 ὁ κύ-
ριος ἀπέσταλκέν με, Ἰησοῦς 27 πῶς
ἐν τῇ ὁδῷ εἶδεν τὸν κύριον
– 31 πορευομένη τῷ φόβῳ τοῦ κυρίου
– 35 ἐπέστρεψαν ἐπὶ τὸν κύριον – 11 21
10 4 τί ἐστιν, κύριε; 14 μηδαμῶς, κύριε
11 8 – 10 33 πάρεσμεν ἀκοῦσαι – τὰ
προστεταγμένα σοι ὑπὸ τοῦ κυρίου
– 36 Χοῦ· οὗτός ἐστιν πάντων κύριος
11 16 ἐμνήσθην – τοῦ ῥήματος τοῦ κυρίου
– 23 προσμένειν (vl + ἐν vg) τῷ κυρίῳ
– 24 προσετέθη ὄχλος ἱκανὸς τῷ κυρίῳ
12 11 ἐξαπέστειλεν [ὁ] κύ. τὸν ἄγγελον αὐ-
τοῦ 17 πῶς ὁ κύ. αὐτὸν ἐξήγαγεν ἐκ
13 2 λειτουργούντων – αὐτῶν τῷ κυρίῳ
– 12 ἐκπλησσόμενος ἐπὶ τῇ διδαχῇ τοῦ κ.
– 47 οὕτως – ἐντέταλται ἡμῖν ὁ κύριος
14 3 παρρησιαζόμενοι ἐπὶ τῷ κυρίῳ
– 23 παρέθεντο αὐτοὺς τῷ κυρίῳ εἰς ὃν
πεπιστεύχεισαν (20 32 vl παρατίθεμαι

ὑμᾶς τῷ χυρίῳ καὶ τῷ λόγῳ τῆς χά-
ριτος αὐτοῦ)

Act 15 17 „ὅπως ἂν ἐκζητήσωσιν – τὸν κύριον,
– λέγει κύριος ποιῶν ταῦτα"
16 14 ἧς ὁ κύριος διήνοιξεν τὴν καρδίαν
– 15 εἰ κεκρίκατέ με πιστὴν τῷ κυ. εἶναι
– 16 ἐργασίαν – παρεῖχεν τοῖς κυρίοις 19
– 30 κύριοι, τί με δεῖ ποιεῖν ἵνα σωθῶ;
17 24 οὐρανοῦ καὶ γῆς ὑπάρχων κύριος
18 9 εἶπεν – ὁ κύ. – δι᾽ ὁράματος τῷ Παύ.
20 19 δουλεύων τῷ κυ. μετὰ – ταπεινοφρ.
21 14 τοῦ κυρίου τὸ θέλημα γινέσθω
22 19 κύριε, αὐτοὶ ἐπίστανται ὅτι ἐγὼ ἤμην
23 11 νυκτὶ ἐπιστὰς αὐτῷ ὁ κύριος
25 26 γράψαι τῷ κυρίῳ (sc Σεβαστῷ)

2) loci ex Epist. et Apocalypsi

a) ὁ κύριος Ἰησοῦς, Ἰησ. Χός, Χός, Ἰ.
Χὸς ὁ κύριος

ἐν κυρίῳ → sub ἐν

Rm 1 4 εὐαγγέλιον θεοῦ – περὶ τοῦ υἱοῦ αὐ-
τοῦ –, Ἰ. Χριστοῦ τοῦ κυρίου ἡμῶν
4 24 πιστεύουσιν ἐπὶ τὸν ἐγείραντα Ἰη-
σοῦν τὸν κύριον ἡμῶν ἐκ νεκρῶν
5 1 εἰρήνην – διὰ τοῦ κυρίου ἡμῶν Ἰ.
Χοῦ 11 καυχώμενοι – διὰ – 21 ἵνα-
καὶ ἡ χάρις βασιλεύσῃ – διὰ – 7 25
χάρις – τ. θεῷ διὰ – 15 30 παρακαλῶ
– διὰ – 1 Co 15 57 τῷ διδόντι ἡμῖν τὸ
νῖκος διὰ – 1 Th 4 2 τίνας παραγγε-
λίας ἐδώκαμεν ὑμῖν διὰ – 5 9 ἔθετο
ἡμᾶς – εἰς περιποίησιν σωτηρίας διὰ
– Jud 25 θεῷ σωτῆρι ἡμῶν διὰ – δόξα
10 9 ἐὰν ὁμολογήσῃς – κύριον Ἰησοῦν
13 14 ἐνδύσασθε τὸν κύριον Ἰησοῦν Χόν
15 6 τὸν θεὸν καὶ πατέρα τοῦ κυρίου ἡ-
μῶν Ἰησοῦ Χοῦ 2 Co 13 11 31 (Ἰη-
σοῦ) Eph 13 Col 13 1 Pe 13
16 18 τῷ κυρίῳ ἡμῶν Χῷ οὐ δουλεύουσιν
1 Co 1 7 τὴν ἀποκάλυψιν τοῦ κυ. ἡμῶν Ἰησ.
Χοῦ 2 Th 17 ἐν τῇ ἀπ. τοῦ κυ. Ἰησ.
– 8 ἀνεγκλήτους ἐν τῇ ἡμέρᾳ τοῦ κυ. ἡ-
μῶν Ἰησοῦ [Χοῦ] 2 Co 1 14 καύχημα
– ἐν τῇ ἡμέρᾳ τοῦ χυ. [ἡμῶν] Ἰησοῦ
– 9 εἰς κοινωνίαν τοῦ υἱοῦ αὐτοῦ Ἰησοῦ
Χοῦ τοῦ κυρίου ἡμῶν
5 4 συναχθέντων – σὺν τῇ δυνάμει τοῦ
κυρίου ἡμῶν Ἰησοῦ
8 6 καὶ εἷς κύ. Ἰ. Χός, δι᾽ οὗ τὰ πάντα
9 1 οὐχὶ Ἰησοῦν τὸν κύ. ἡμῶν ἑόρακα;
11 23 ὅτι ὁ κύριος Ἰησοῦς ἐν τῇ νυκτὶ ᾗ
12 3 οὐδεὶς δύναται εἰπεῖν· κύριος Ἰησοῦς,

εἰ μὴ ἐν πνεύ. ἁγ. – 15₅₇ → Rm 51
2Co 4 5 κηρύσσομεν – Ἰησοῦν Χὸν κύριον
– 14 ὁ ἐγείρας τὸν κύριον Ἰησοῦν
Gal 6₁₄ μὴ γένοιτο καυχᾶσθαι εἰ μὴ ἐν τῷ
σταυρῷ τοῦ κυρίου ἡμῶν Ἰησοῦ Χοῦ
Eph 1₁₅ τὴν καθ' ὑμᾶς πίστιν ἐν τῷ κυρίῳ Ἰ.
– 17 ὁ θεὸς τοῦ κυρίου ἡμῶν Ἰησοῦ Χοῦ
6₂₃ εἰρήνη – ἀπὸ θεοῦ πατρὸς καὶ κυρίου Ἰ. Χοῦ 24 μετὰ - τῶν ἀγαπώντων τὸν κύ. ἡμῶν Ἰης. Χόν Phl 12
Phl 2₁₁ ἵνα – „πᾶσα γλῶσσα ἐξομολογήσηται" ὅτι κύριος Ἰησοῦς Χριστός
3 8 διὰ τὸ ὑπερέχον τῆς γνώσεως Χοῦ Ἰησοῦ τοῦ κυρίου μου
– 20 σωτῆρα ἀπεκδεχόμεθα κύ. Ἰησ. Χόν
Col 2 6 παρελάβετε τὸν Χὸν Ἰης. τὸν κύριον
3₂₄ τῷ κυρίῳ Χριστῷ δουλεύετε
1 Th 1 3 τῆς ἐλπίδος τοῦ κυ. ἡμῶν Ἰης. Χοῦ
2₁₅ τῶν – τὸν κύ. ἀποκτεινάντων Ἰησοῦν
– 19 ἔμπροσθεν τοῦ κυρ. ἡμῶν Ἰησοῦ ἐν τῇ αὐτοῦ παρουσίᾳ 3₁₃ ἀμέμπτους
– ἐν τῇ παρ. τοῦ κυ. ἡμῶν Ἰησοῦ 5₂₃
Ἰης. Χοῦ 2 Th 2₁ ὑπὲρ τῆς παρ. τοῦ κυ. ἡμῶν Ἰης. Χοῦ 8 ὁ ἄνομος, ὃν ὁ κύ. [Ἰης.]– καταργήσει τῇ ἐπιφανείᾳ τῆς παρουσίας αὐτοῦ → 1 Ti 6₁₄
3₁₁ ὁ κύ. ἡμῶν Ἰης. κατευθύναι τὴν ὁδὸν ἡμῶν πρὸς ὑμᾶς – 42 59 → Rm 51
2 Th 1 8 τῷ εὐαγγελίῳ τοῦ κυ. ἡμῶν Ἰησοῦ
2₁₄ δόξης τοῦ κυρίου ἡμῶν Ἰησοῦ Χοῦ
– 16 αὐτὸς – ὁ κύριος ἡμῶν Ἰης. Χὸς καὶ [ὁ] θεὸς ὁ πατὴρ ἡμῶν, ὁ ἀγαπήσας
1 Ti 1₁₂ χάριν ἔχω τῷ ἐνδυναμώσαντί με Χῷ Ἰησοῦ τῷ κυρίῳ ἡμῶν
6₁₄ μέχρι τῆς ἐπιφανείας τοῦ κυρίου ἡμῶν Ἰησοῦ Χοῦ
Phm 5 πίστιν ἣν ἔχεις πρὸς τὸν κύ. Ἰησοῦν
Hb 13₂₀ ὁ ἀναγαγὼν ἐκ νεκρῶν τὸν ποιμένα –, τὸν κύριον ἡμῶν Ἰησοῦν
Jac 1 1 θεοῦ καὶ κυρίου Ἰησοῦ Χοῦ δοῦλος
2 1 τὴν πίστιν τοῦ κυρίου ἡμῶν Ἰησοῦ Χοῦ τῆς δόξης
1 Pe 3₁₅ „κύριον" δὲ τὸν Χριστὸν (vl θεὸν) „ἁγιάσατε" ἐν ταῖς καρδίαις ὑμῶν
2 Pe 1 8 εἰς τὴν τοῦ κυ. ἡμῶν Ἰ. Χ. ἐπίγνωσιν
– 11 εἰς τ. – βασιλείαν τοῦ κυ. ἡμῶν κ. σωτήρος Ἰ. Χοῦ 2 20 ἐν ἐπιγνώσει τοῦ κυ. [ἡμῶν] κ. σωτ. Ἰ. Χοῦ 3 18 γνώσει
– 14 καθὼς – ὁ κύ. ἡμ. Ἰ. Χ. ἐδήλωσέν μοι
– 16 ἐγνωρίσαμεν ὑμῖν τὴν τοῦ κυ. ἡμῶν Ἰησοῦ Χοῦ δύναμιν καὶ παρουσίαν
Jud 4 τὸν μόνον δεσπότην καὶ κύριον ἡμῶν

Ἰ. Χὸν ἀρνούμενοι 17 ὑπὸ τῶν ἀποστόλων τοῦ κυ. ἡμῶν Ἰησοῦ Χριστοῦ
Jud 21 τὸ ἔλεος τοῦ κυρίου ἡμῶν Ἰησ. Χοῦ
Ap 22₂₀ ἀμήν, ἔρχου κύριε Ἰησοῦ

b) κύριος appellatur Deus (sive additur ὁ θεός sive omittitur), Christus, κύριοι appellantur alii caelestes
Rm 4 8 „οὗ οὐ μὴ λογίσηται κύ. ἁμαρτίαν"
9₂₈ „ποιήσει κύριος ἐπὶ τῆς γῆς"
– 29 „εἰ μὴ κύριος σαβαώθ" Jac 5 4
10₁₂ ὁ γὰρ αὐτὸς κύ. πάντων, πλουτῶν
– 16 „κύριε, τίς ἐπίστευσεν τῇ ἀκοῇ ἡμ.;"
11 3 „κύριε, τοὺς προφ. σου ἀπέκτειναν"
– 34 „τίς – ἔγνω νοῦν κυρίου;" 1 Co 2₁₆
12₁₁ τῷ κυρίῳ (vl καιρῷ) δουλεύοντες
– 19 „ἐγὼ ἀνταποδώσω", λέγει κύριος
14₁₁ „ζῶ ἐγώ, λ. κύ." cfr 1 Co 14₂₁
2 Co 6₁₇.₁₈ „λ. κύ. παντοκράτωρ" Hb 8₈ss 10₁₆ Ap 1 8 λέγει „κύ. ὁ θεός"
14 4 τῷ ἰδίῳ κυ. στήκει ἢ πίπτει· δυνατεῖ – ὁ κύ. (vl θεὸς vg) στῆσαι αὐτόν
– 6 κυρίῳ φρονεῖ. – κυρίῳ ἐσθίει, – κυρίῳ οὐκ ἐσθίει 8 τῷ κυρίῳ ζῶμεν, – ἀποθνήσκομεν. – τοῦ κυρίου ἐσμέν
15₁₁ „αἰνεῖτε, πάντα τὰ ἔθνη, τὸν κύριον"
1 Co 1₃₁ „ὁ καυχώμενος ἐν κυρίῳ καυχάσθω" 2 Co 10₁₇ idem
2 8 οὐκ ἂν τὸν κύ. τῆς δόξης ἐσταύρω.
3 5 καὶ ἑκάστῳ ὡς ὁ κύριος ἔδωκεν
– 20 „κύριος γινώσκει τοὺς διαλογισμοὺς τῶν" σοφῶν
4 4 ὁ δὲ ἀνακρίνων με κύριός ἐστι
– 5 ἕως ἂν ἔλθῃ ὁ κύριος, ὃς – φωτίσει
– 19 ἐὰν ὁ κύριος θελήσῃ → Jac 4₁₅
6₁₃ τὸ – σῶμα οὐ τῇ πορνείᾳ ἀλλὰ τῷ κυρίῳ, καὶ ὁ κύριος τῷ σώματι
– 14 ὁ – θεὸς καὶ τὸν κύριον ἤγειρεν καὶ
– 17 ὁ – κολλώμενος τῷ κυρίῳ ἓν πνεῦμα
7₁₀ τοῖς – γεγαμηκόσιν παραγγέλλω, οὐκ ἐγὼ ἀλλὰ ὁ κύ. 12 τοῖς – λοιποῖς λέγω ἐγώ, οὐχ ὁ κύ. 25 ἐπιταγὴν κυρίου οὐκ ἔχω, γνώμην δὲ δίδωμι ὡς ἠλεημένος ὑπὸ κυρίου πιστὸς εἶναι
– 17 ἑκάστῳ ὡς ἐμέρισεν ὁ κύριος
– 22 ὁ – ἐν κυρίῳ κληθεὶς δοῦλος ἀπελεύθερος κυρίου ἐστίν
– 32 ὁ ἄγαμος μεριμνᾷ τὰ τοῦ κυρίου, πῶς ἀρέσῃ τῷ κυ. (vl θεῷ vg) 34 ἡ γυνὴ ἡ ἄγαμος καὶ ἡ παρθένος μεριμνᾷ τὰ τοῦ κυρίου, ἵνα ᾖ ἁγία

1 Co 7 35 πρὸς τὸ – εὐπάρεδρον τῷ κυρίῳ
8 5 ὥσπερ εἰσὶν θεοὶ – καὶ κύριοι πολλοί
6 ἀλλ' ἡμῖν – εἷς κύριος Ἰησοῦς Χός
9 5 ὡς – οἱ ἀδελφοὶ τοῦ κυ. καὶ Κηφᾶς
– 14 ὁ κύ. διέταξεν τοῖς τὸ εὐαγγ. καταγ-
γέλλουσιν ἐκ τοῦ εὐαγγελίου ζῆν
(10 9 vl μηδὲ ἐκπειράζωμεν τὸν κύριον,
καθώς τινες – ἐπείρασαν)
– 21 οὐ δύνασθε ποτήριον κυρίου πίνειν
καὶ – δαιμονίων" – „τραπέζης κυρίου"
μετέχειν καὶ – δαιμονίων
– 22 ἢ „παραζηλοῦμεν τὸν κύριον;"
– 26 „τοῦ κυρίου – ἡ γῆ καὶ τὸ πλήρωμα"
11 23 ἐγὼ – παρέλαβον ἀπὸ τοῦ κυρίου
– 26 τὸν θάνατον τοῦ κυ. καταγγέλλετε
– 27 ὃς ἂν – πίνῃ τὸ ποτήριον τοῦ κυ. ἀ-
ναξίως, ἔνοχος – τοῦ αἵματος τοῦ κυ.
– 32 κρινόμενοι – ὑπὸ [τοῦ] κυ. παιδευόμ.
12 5 διαιρέσεις διακονιῶν εἰσιν, καὶ ὁ αὐ-
τὸς κύριος
14 37 ἐπιγινωσκέτω – ὅτι κ..ου ἐστὶν ἐντολή
15 58 περισσεύοντες ἐν τῷ ἔργῳ τοῦ κυρ.
16 7 ἐὰν ὁ κύριος ἐπιτρέψῃ → 4 19
– 10 τὸ – ἔργον κυρίου ἐργάζεται ὡς κά-
– 22 εἴ τις οὐ φιλεῖ τὸν κύριον |γὼ
2 Co 3 16 „ἐὰν ἐπιστρέψῃ πρὸς κύριον"
– 17 ὁ δὲ κύριος τὸ πνεῦμά ἐστιν· οὗ δὲ
τὸ πνεῦμα κυρίου, ἐλευθερία 18 „τὴν
δόξαν κυρίου" κατοπτριζόμενοι – με-
ταμορφούμεθα –, καθάπερ ἀπὸ κυ-
ρίου (vg domini) πνεύματος
5 6 ἐκδημοῦμεν ἀπὸ τοῦ κυρίου 8 εὐδο-
κοῦμεν – ἐνδημῆσαι πρὸς τὸν κύριον
– 11 εἰδότες οὖν τὸν φόβον τοῦ κυρίου
8 5 ἑαυτοὺς ἔδωκαν πρῶτον τῷ κυρίῳ
– 19 πρὸς τὴν [αὐτοῦ] τοῦ κυρίου δόξαν
καὶ προθυμίαν ἡμῶν
– 21 „προνοοῦμεν – καλὰ – ἐνώ. κυ." (Deo)
10 8 ἐξουσίας ἡμῶν, ἧς ἔδωκεν ὁ κύ. 13 10
ἣν ὁ κύ. ἔδωκέν μοι εἰς οἰκοδομήν
– 17. 18 δόκιμος. – ὃν ὁ κύριος συνίστησιν
11 17 οὐ κατὰ κύριον λαλῶ ἀλλ' ὡς
12 1 ἐλεύσομαι – εἰς – ἀποκαλύψεις κυρίου
8 τρὶς τὸν κύριον παρεκάλεσα
Gal 1 19 Ἰάκωβον τὸν ἀδελφὸν τοῦ κυρίου
Eph 4 5 εἷς κύριος, μία πίστις, ἓν βάπτισμα
5 10 τί ἐστιν εὐάρεστον τῷ κυρίῳ
– 17 συνίετε τί τὸ θέλημα τοῦ κυ. (vl θεοῦ)
– 19 ᾄδοντες – τῇ καρδίᾳ ὑμῶν τῷ κυρίῳ
– 22 τοῖς ἰδίοις ἀνδράσιν ὡς τῷ κυρίῳ
6 4 ἐν „παιδείᾳ καὶ νουθεσίᾳ κυρίου"
– 7 δουλεύοντες ὡς τῷ κυρίῳ καὶ οὐκ

ἀνθρώποις Col 3 23 ἐργάζεσθε ὡς –
Eph 6 8 τοῦτο κομίσεται παρὰ κυρίου Col
3 24 ἀπὸ κυρίου ἀπολήμψεσθε τὴν
ἀνταπόδοσιν τῆς κληρονομίας
– 9 αὐτῶν καὶ ὑμῶν ὁ κύ. ἐστιν ἐν οὐ-
ρανοῖς Col 4 1 καὶ ὑμεῖς ἔχετε κύριον
Phl 4 5 ὁ κύριος ἐγγύς → Jac 5 8
Col 1 10 περιπατῆσαι ἀξίως τοῦ κυρίου
3 22 ἐν ἁπλότητι καρδίας φοβούμενοι τὸν
κύριον (vl θεόν vg, vl dominum)
1 Th 1 6 μιμηταὶ ἡμῶν ἐγενήθητε καὶ τοῦ κυ.
3 12 ὑμᾶς δὲ ὁ κύ. πλεονάσαι – τῇ ἀγάπῃ
4 6 „ἔκδικος κύριος" περὶ – τούτων
– 15 ἡμεῖς – οἱ περιλειπόμενοι εἰς τ. παρ-
ουσίαν τοῦ κυρίου 16 αὐτὸς ὁ κύ.
ἐν κελεύσματι – καταβήσεται 17 ἡμεῖς
– εἰς ἀπάντησιν τοῦ κυρίου εἰς ἀέ-
ρα· – πάντοτε σὺν κυρίῳ ἐσόμεθα
5 27 ἐνορκίζω ὑμᾶς τὸν κύριον
2 Th 1 9 δίκην – „ἀπὸ προσώπου τοῦ κυρίου"
2 13 ἀδελφοὶ „ἠγαπημένοι ὑπὸ κ." (Deo)
3 3 πιστὸς δέ ἐστ. ὁ κ. (vl θεός), ὃς στηρ.
– 5 ὁ δὲ κύ. κατευθύναι ὑμῶν τὰς καρ-
δίας εἰς τὴν ἀγάπην τοῦ θεοῦ
– 16 αὐτὸς – ὁ κύριος τῆς εἰρήνης δῴη ὑ-
μῖν τὴν εἰρήνην –. ὁ κύριος μετὰ
πάντων ὑμῶν
1 Ti 6 15 ὁ – κύριος τῶν κυριευόντων
2 Ti 1 8 μὴ – ἐπαισχυνθῇς τὸ μαρτύριον τοῦ
κυρίου ἡμῶν μηδὲ ἐμὲ τὸν δέσμιον
– 16 δῴη ἔλεος ὁ κύριος τῷ Ὀνησιφόρου
οἴκῳ 18 δῴη αὐτῷ ὁ κύ. εὑρεῖν ἔλεος
παρὰ κυρίου ἐν ἐκείνῃ τῇ ἡμέρᾳ
2 7 δώσει – σοι ὁ κύ. σύνεσιν ἐν πᾶσιν
– 19 „ἔγνω κύριος τοὺς ὄντας αὐτοῦ"
– 22 μετὰ τῶν ἐπικαλουμένων τὸν κύριον
– 24 δοῦλον δὲ κυρίου οὐ δεῖ μάχεσθαι
3 11 ἐκ πάντων με ἐρρύσατο ὁ κύριος
4 8 στέφανος, ὃν ἀποδώσει μοι ὁ κύριος
– 14 „ἀποδώσει – ὁ κύριος κατὰ τὰ ἔργα"
– 17 ὁ δὲ κύ. μοι παρέστη 18 ῥύσεταί με
ὁ κύ. ἀπὸ παντὸς ἔργου πονηροῦ
– 22 ὁ κύριος μετὰ τοῦ πνεύματός σου
Hb 1 10 „σὺ –, κύριε, τὴν γῆν ἐθεμελίωσας"
2 3 λαλεῖσθαι διὰ τοῦ κυρίου
7 14 ἐξ Ἰούδα ἀνατέταλκεν ὁ κύ. ἡμῶν
– 21 „ὤμοσεν κύ., καὶ οὐ μεταμεληθήσ."
8 2 „τῆς σκηνῆς –, ἣν ἔπηξεν ὁ κύριος"
– 11 „λέγων· γνῶθι τὸν κύριον"
10 30 „κρινεῖ κύριος τὸν λαὸν αὐτοῦ"
12 5 „μὴ ὀλιγώρει παιδείας κυρίου"
– 6 „ὃν γὰρ ἀγαπᾷ κύριος παιδεύει"

Hb 12 14 οὗ χωρὶς οὐδ. ὄψεται τ. κ..ον (Deum)
13 6 „χύ. ἐμοὶ βοηθός, [καὶ] οὐ φοβηθήσ."
Jac 1 7 ὅτι λήμψεταί τι παρὰ τοῦ κυρίου
3 9 εὐλογοῦμεν τὸν κύριον καὶ πατέρα
4 10 ταπεινώθητε ἐνώπιον κυρίου 15 ἀν-
τὶ τοῦ λέγειν – · ἐὰν ὁ κύ. θελήσῃ
5 7 ἕως τῆς παρουσίας τοῦ κυρίου 8 ὅ-
τι ἡ παρουσία τοῦ κυρίου ἤγγικεν
– 11 καὶ τὸ τέλος κυρίου εἴδετε, ὅτι „πο-
λύσπλαγχνός ἐστιν ὁ κύριος"
– 15 καὶ ἐγερεῖ αὐτὸν ὁ κύριος
1 Pe 1 25 „τὸ δὲ ῥῆμα" κυρίου „μένει εἰς"
2 3 εἰ „ἐγεύσασθε ὅτι χρηστὸς ὁ κύριος"
– 13 ὑποτάγητε – διὰ τὸν κύριον (Deum)
3 12 „ὀφθαλμοὶ κ..ου ἐπὶ δικαίους –, πρόσ-
ωπον – κυρίου ἐπὶ ποιοῦντας κακά"
2 Pe 2 9 οἶδεν κύριος εὐσεβεῖς – ῥύεσθαι
– 11 ὅπου ἄγγελοι – οὐ φέρουσιν – παρὰ
κ..ου (vl κ..ῳ) βλάσφημον κρίσιν
3 2 τῆς – ἐντολῆς τοῦ κυ. καὶ σωτῆρος
– 8 μία ἡμέρα παρὰ κ..ῳ ὡς χίλια ἔτη
– 9 οὐ βραδύνει κύριος τῆς ἐπαγγελίας
– 15 τὴν τοῦ κυρίου ἡμῶν μακροθυμίαν
Jud 5 ὅτι [ὁ] κύριος ἅπαξ λαὸν ἐκ γῆς
Αἰγύπτου σώσας – ἀπώλεσεν
9 εἶπεν· „ἐπιτιμήσαι σοι κύριος"
14 ἦλθεν κύ. ἐν ἁγίαις μυριάσιν αὐτοῦ
Ap 1 8 λέγει „κύ. ὁ θεός, ὁ ὢν –, ὁ παντο-
κράτωρ" 4 8 „κύ. ὁ θεὸς ὁ παντ." 11
17 κύριε ὁ θεὸς ὁ πάντ. 15 3 16 7 19 6
„ἐβασίλευσεν κύ." ὁ θ. [ἡμῶν] ὁ π. 21
22 ὁ – κύ. ὁ θ. ὁ π. ναὸς αὐτῆς ἐστιν
4 11 ἄξιος εἶ, ὁ κύριος καὶ ὁ θεὸς ἡμῶν
7 14 εἴρηκα αὐτῷ· κύριέ μου, σὺ οἶδας
11 4 „λυχνίαι – ἐνώπιον τοῦ κυ. τῆς γῆς"
– 8 ὅπου καὶ ὁ κύριος αὐτῶν ἐσταυρώθη
– 15 ἐγένετο „ἡ βασιλεία – τοῦ – κυρίου"
ἡμῶν „καὶ τοῦ χριστοῦ αὐτοῦ"
15 4 „τίς οὐ μὴ φοβηθῇ, κύριε, –;"
17 14 ὅτι „κύριος κυρίων ἐστίν" 19 16 (vg
dominus dominantium)
18 8 „ἰσχυρὸς κύ." (vl om, vg) ὁ θ. ὁ κρίν.
22 5 „κύριος ὁ θεὸς φωτίσει" ἐπ' αὐτούς
– 6 ὁ κύρ. ὁ θεὸς τῶν πνευμ. τῶν προφ.

c) homines κύριοι appellati

Gal 4 1 ὁ κληρονόμος, – κύριος πάντων ὤν
Eph 6 5 ὑπακούετε τοῖς κατὰ σάρκα κυρίοις
9 οἱ κύριοι, τὰ αὐτὰ ποιεῖτε πρὸς αὐ-
τούς Col 3 22 4 1 οἱ κύριοι, τὸ δίκαιον καὶ
τὴν ἰσότητα τοῖς δούλοις παρέχεσθε
1 Pe 3 6 „κύριον αὐτὸν καλοῦσα" (sc Σάρρα)

κυριότης S° – dominatio
Eph 1 21 ὑπεράνω πάσης ἀρχῆς – καὶ κ..ητος
Col 1 16 ἐν αὐτῷ ἐκτίσθη –, εἴτε θρόνοι εἴτε
κυριότητες εἴτε ἀρχαὶ εἴτε ἐξουσίαι
2 Pe 2 10 τοὺς – κυριότητος καταφρονοῦντας
Jud 8 κ..ητα – ἀθετοῦσιν, δόξας – βλασφημ.

κυροῦν confirmare 2 Co 2 8 διὸ παρακαλῶ
ὑμᾶς κυρῶσαι εἰς αὐτὸν ἀγάπην
Gal 3 15 ἀνθρώπου κεκυρωμένην διαθήκην

κύων canis → κυνάριον
Mat 7 6 μὴ δῶτε τὸ ἅγιον τοῖς κυσίν, μηδὲ
Luc 16 21 οἱ κύνες – ἐπέλειχον τὰ ἕλκη αὐτοῦ
Phl 3 2 βλέπετε τοὺς κύνας, – τοὺς κακούς
2 Pe 2 22 „κύων ἐπιστρέψας ἐπὶ τὸ ἴδιον ἐξ."
Ap 22 15 ἔξω οἱ κύνες καὶ οἱ φάρμακοι

κῶλον cadaver Hb 3 17 ὧν „τὰ κ. ἔπεσεν"

κωλύειν prohibēre ᵇvetare
Mat 19 14 μὴ κωλύετε αὐτὰ ἐλθεῖν πρός με ‖
Mar 10 14 μὴ κωλ. αὐτά· Luc 18 16ᵇ
Mar 9 38 ἐκωλύομεν αὐτὸν 39 μὴ κωλύετε αὐ-
τόν ‖ Luc 9 49.50 μὴ κωλύετε·
Luc 6 29 ἀπὸ τοῦ αἴροντός σου τὸ ἱμάτιον καὶ
τὸν χιτῶνα μὴ κωλύσῃς
11 52 καὶ τοὺς εἰσερχομένους ἐκωλύσατε
23 2 κωλύοντα φόρους Καίσαρι διδόναι
Act 8 36 τί κωλύει με βαπτισθῆναι;
10 47 μήτι τὸ ὕδωρ δύναται κωλῦσαί τις –;
11 17 ἐγὼ τίς ἤμην δυνατὸς κωλῦσαι
τὸν θεόν;
16 6 κωλυθέντεςᵇ ὑπὸ τοῦ – πνεύματος
λαλῆσαι τὸν λόγον ἐν τῇ Ἀσία
24 23 μηδένα κωλύειν – ὑπηρετεῖν αὐτῷ
27 43 ἐκώλυσεν αὐτοὺς τοῦ βουλήματος
Rm 1 13 καὶ ἐκωλύθην ἄχρι τοῦ δεῦρο
1 Co 14 39 τὸ λαλεῖν μὴ κωλύετε γλώσσαις
1 Th 2 16 κωλυόντων ἡμᾶς τοῖς ἔθνεσιν λαλῆ-
σαι ἵνα σωθῶσιν
1 Ti 4 3 κωλυόντων γαμεῖν
Hb 7 23 διὰ τὸ θανάτῳ κ..εσθαι παραμένειν
2 Pe 2 16 ἐκώλυσεν τὴν τοῦ προφ. παραφρον.
3 Jo 10 τοὺς βουλομένους (vl ἐπιδεχομένους
vg qui suscipiunt vl cupiunt) κωλύει

κώμη castellum ᵇvicus ᶜregio
Mat 9 35 περιῆγεν – τὰς πόλεις πάσας καὶ τὰς
κώμας ‖ Mar 6 6 τὰς κώμας κύκλω
56 ὅπου ἂν εἰσεπορεύετο εἰς κώμαςᵇ
10 11 εἰς ἣν δ' ἂν πόλιν ἢ κώμην εἰσέλθητε

Mat 14 15 ἵνα ἀπελθόντες εἰς τὰς κώ. ἀγορά-
σωσιν – βρώματα ‖ Mar 6 36 b Luc 9 12
21 2 εἰς τὴν κώμην τὴν κατέναντι ὑμῶν ‖
Mar 11 2 Luc 19 30 τὴν κατέναντι κώ.
Mar 8 23 ἐξήνεγκεν αὐτὸν ἔξω τῆς κώμης b 26
μηδὲ εἰς τὴν κώ. b εἰσέλθῃς 27 ἐξῆλ-
θεν – εἰς τὰς κώμας Καισαρείας
Luc 5 17 Φαρισαῖοι – ἐκ πάσης κώμης τῆς Γα-
λιλαίας καὶ Ἰουδαίας
8 1 διώδευεν κατὰ πόλιν καὶ κώμην
9 6 διήρχοντο κατὰ τὰς κώμας 13 22 διε-
πορεύετο κατὰ πόλεις καὶ κώμας
– 52 εἰσῆλθον εἰς κώμην (vl πόλιν vg ci-
vitatem) Σαμαριτῶν 56 ἐπορεύθησαν
εἰς ἑτέραν κώμην
10 38 εἰσῆλθεν εἰς κώμην τινά – 17 12
24 13 εἰς κώμην –, ᾗ ὄνομα Ἐμμαοῦς 28
ἤγγισαν εἰς τ. κώμην οὗ ἐπορεύοντο
Joh 7 42 „ἀπὸ Βηθλέεμ" τῆς κώμης ὅπου ἦν
Δαυίδ
11 1 ἐκ τῆς κώ. Μαρίας καὶ Μάρθας 30
Act 8 25 πολλάς τε κώμας c τῶν Σαμαριτῶν
εὐηγγελίζοντο

κωμόπολις S° – (vl κώμας καὶ – πόλεις vg

vicos et civitates) Mar 1 38 εἰς τὰς – κ..εις

κῶμος comessatio (vl comisatio)
Rm 13 13 μὴ κώμοις καὶ μέθαις – Gal 5 21
1 Pe 4 3 πεπορευμένους ἐν – κώμοις. πότοις

κώνωψ S° – culex Mat 23 24 διϋλίζοντες τὸν κ.

Κώς Act 21 1 ἤλθομεν εἰς τὴν Κῶ

Κωσάμ Luc 3 28

κωφός mutus b surdus
Mat 9 32 κωφὸν δαιμονιζόμενον 33 ἐλάλησεν
ὁ κω. – 12 22 τυφλὸς καὶ κω.· – τὸν
κωφόν (vg om) λαλεῖν καὶ βλέπειν
‖ Luc 11 14 δαιμόνιον [καὶ αὐτὸ ἦν]
κωφόν· – ἐλάλησεν ὁ κωφός
11 5 κωφοὶ b ἀκούουσιν ‖ Luc 7 22 b
15 30 ἔχοντες μεθ' ἑαυτῶν – κωφούς 31 κω-
φοὺς λαλοῦντας ‖ Mar 7 32 κωφὸν
καὶ μογιλάλον 37 τοὺς κω. b ποιεῖ ἀ-
κούειν καὶ [τοὺς] ἀλάλους λαλεῖν
Mar 9 25 τὸ ἄλαλον καὶ κωφὸν b πνεῦμα
Luc 1 22 καὶ διέμενεν κωφός (Zacharias)

Λ

λαγχάνειν sortiri b sorte exire
Luc 1 9 ἔλαχε b τοῦ θυμιᾶσαι Act 1 17 ἔλαχεν
τὸν κλῆρον τῆς διακονίας ταύτης
Joh 19 24 ἀλλὰ λάχωμεν περὶ αὐτοῦ τίνος ἔσται
2 Pe 1 1 τοῖς ἰσότιμον ἡμῖν λαχοῦσιν πίστιν

Λάζαρος Luc 16 20 πτωχός – τις 23. 24. 25
Joh 11 1 Λάζαρος ἀπὸ Βηθανίας 2. 5. 11. 14. 43
12 1 Λάζαρος ὃν ἤγειρεν ἐκ νεκρῶν
2. 9. 10. 17

λάθρα occulte b clam c silentio
Mat 1 19 27 b Joh 11 28 c Act 16 37 ἐκβάλλουσιν

λαῖλαψ procella b turbines (turbo)
Mar 4 37 ‖ Luc 8 23 – 2 Pe 2 17 οὗτοί εἰσιν –
ὀμίχλαι ὑπὸ λαίλαπος b ἐλαυνόμεναι

λακεῖν S° – crepare Act 1 18 ἐλάκησεν μέσος

λακτίζειν S° – calcitrare Act 26 14 πρὸς
κέντρα

λαλεῖν loqui b dicere c narrare d enarrare
e legere
γλώσσαις, γλώσσῃ λαλεῖν → γλῶσσα
(τὸν) λόγον, λόγους λαλεῖν → λόγος
(ἐν, ἐπὶ) ὀνόματι λαλεῖν → ὄνομα
παραβολήν, ἐν π..αῖς λ. → παραβολή

1) Deus, Jesus, angelus, voces caele-
stes, daemones, diabolus, prophetae,
spiritus, lex loquentes inducuntur

Mat 9 18 ταῦτα αὐτοῦ λαλοῦντος αὐτοῖς 12
46 τοῖς ὄχλοις 17 5 26 47 Mar 5 35 14
43 ‖16 19 μετὰ τὸ λαλῆσαι αὐτοῖς‖
Luc 5 4 ὡς δὲ ἐπαύσατο λαλῶν 8 43
11 37 ἐν δὲ τῷ λαλῆσαι 22 47
10 20 οὐ γὰρ ὑμεῖς ἐστε οἱ λαλοῦντες. ἀλ-
λὰ τὸ πνεῦμα – τὸ λαλοῦν ἐν ὑμῖν ‖
Mar 13 11 → sub 2) Mat 10 19
14 27 εὐθὺς – ἐλάλησεν [ὁ Ἰησ.] αὐτοῖς ‖
Mar 6 50 – Mat 23 1 τοῖς ὄχλοις 28 18
Mar 1 34 οὐκ ἤφιεν λαλεῖν τὰ δαιμόνια, ὅτι
ᾔδεισαν αὐτόν ‖ Luc 4 41 οὐκ εἴα

Mar 2 7 τί οὗτος οὕτως λαλεῖ; βλασφημεῖ ‖
   Luc 5 21 τίς – οὗτος ὃς λαλεῖ βλ..ίας;
Luc 1 19 καὶ ἀπεστάλη λαλῆσαι πρὸς σέ
– 45 ἔσται τελείωσις τοῖς λελαλημένοις[b]
  – παρὰ κυρίου 55 καθὼς ἐλάλησεν
  πρὸς τ. πατέρας 70 διὰ – τῶν – προφ.
2 17 τοῦ ῥήματος τοῦ λαληθέντος[b] αὐ-
  τοῖς περὶ τοῦ παιδίου 18[b] 20[b] 33[b] 38
– 50 οὐ συνῆκαν τὸ ῥῆμα ὃ ἐλάλησεν
9 11 ἐλάλει αὐτοῖς περὶ τῆς βασ. τ. θεοῦ
24 6 μνήσθητε ὡς ἐλάλησεν ὑμῖν ἔτι ὤν
– 25 τοῦ πιστεύειν – οἷς ἐλ.ησαν οἱ προφ.
– 32 ὡς ἐλάλει ἡμῖν ἐν τῇ ὁδῷ. ὡς
– 44 οἱ λόγοι μου οὓς ἐλάλησα πρὸς ὑμ.
Joh 1 37 ἤκουσαν – αὐτοῦ (Joh.) λαλοῦντος
3 11 ὃ οἴδαμεν λαλοῦμεν 31 ὁ ὢν ἐκ τῆς
  γῆς – ἐκ τ. γῆς λαλεῖ 34 ὃν – ἀπέστει-
  λεν ὁ θ. τὰ ῥήματα τοῦ θεοῦ λαλεῖ
4 26 ἐγώ εἰμι. ὁ λαλῶν σοι 9 37
– 27 ὅτι μετὰ γυναικὸς ἐλάλει· οὐδεὶς μέν-
  τοι εἰπεν· – τί λαλεῖς μετ᾽ αὐτῆς;
6 63 τὰ ῥήματα ἃ ἐγὼ λελάληκα ὑμῖν
  πνεῦμά ἐστιν καὶ ζωή ἐστιν
7 17 ἡ ἐγὼ ἀπ᾽ ἐμαυτοῦ λαλῶ (18)
– 26 ἴδε παρρησία λαλεῖ 16 29 λαλεῖς
– 46 οὐδέποτε ἐλάλησεν οὕτως ἄνθρ.
  (vl +ὡς οὗτος λαλεῖ ὁ ἄνθρ.)
8 12 πάλιν – αὐτοῖς ἐλάλησεν ὁ Ἰησοῦς 20
  ταῦτα τὰ ῥήματα ἐλάλησεν ἐν τῷ
  γαζοφυλακίῳ διδάσκων 12 36 ταῦτα
  ἐλάλησεν 17 1
– 25 τὴν ἀρχὴν ὅ τι καὶ λαλῶ ὑμῖν; 26
  πολλὰ ἔχω περὶ ὑμῶν λαλεῖν καὶ
  κρίνειν· – ἃ ἤκουσα παρ᾽ αὐτοῦ, –
  λαλῶ εἰς τὸν κόσμον 28 καθὼς ἐδί-
  δαξέν με ὁ πατήρ, ταῦτα λαλῶ
– 30 ταῦτα αὐτοῦ λαλοῦντος πολλοὶ ἐπί-
  στευσαν 38 ἃ – ἑώρακα παρὰ τῷ πα-
  τρὶ λαλῶ 12 49 ἐξ ἐμαυτοῦ οὐκ ἐλά-
  λησα, ἀλλ᾽ – αὐτός μοι ἐντολὴν δέ-
  δωκεν – τί λαλήσω 50 14 10 ἃ ἐγὼ λέ-
  γω ὑμῖν ἀπ᾽ ἐμαυτοῦ οὐ λαλῶ
– 40 ὃς τὴν ἀλήθειαν ὑμῖν λελάληκα
– 44 ὅταν λαλῇ τὸ ψεῦδος, ἐκ τῶν ἰδίων
  λαλεῖ, ὅτι ψεύστης ἐστίν
9 29 οἴδαμεν ὅτι Μωϋσεῖ λελάληκεν ὁ θ.
10 6 οὐκ ἔγνωσαν τίνα ἦν ἃ ἐλάλει αὐτ.
12 29 ἐλάλησεν αὐτῷ λελάληκεν
– 41 Ἡσαΐας – ἐλάλησεν περὶ αὐτοῦ
14 25 ταῦτα λελάληκα ὑμῖν παρ᾽ ὑμῖν μέ-
  νων 30 οὐκέτι πολλὰ λαλήσω μεθ᾽ ὑμ.
15 11 ταῦτα λελάληκα ὑμῖν ἵνα ἡ χαρὰ ἡ

ἐμή 16 1 ἵνα μὴ σκανδαλισθῆτε 4 ἵνα
  – μνημονεύητε αὐτῶν 33 ἵνα ἐν ἐμοὶ
  εἰρήνην ἔχητε – 6 ὅτι ταῦτα λελά-
  ληκα ὑμῖν, ἡ λύπη πεπλήρωκεν ὑμῶν
  τὴν καρδίαν
Joh 15 22 εἰ μὴ – ἐλάλησα αὐτοῖς, ἁμαρτίαν οὐκ
  εἴχοσαν· νῦν δὲ πρόφασιν οὐκ ἔχ.
16 13 οὐ – λαλήσει (sc ὁ παράκλητος) ἀφ᾽
  ἑαυτοῦ, ἀλλ᾽ ὅσα ἀκούσει λαλήσει
– 18 τὸ μικρόν; οὐκ οἴδαμεν τί λαλεῖ 25
17 13 ταῦτα λαλῶ ἐν τῷ κόσμῳ ἵνα ἔχωσιν
  τὴν χαρὰν τὴν ἐμὴν πεπληρωμένην
18 20 παρρησίᾳ λελάληκα τῷ κόσμῳ· – ἐν
  κρυπτῷ ἐλάλησα οὐδέν 21 ἐρώτησον
  τοὺς ἀκηκοότας τί ἐλάλησα
– 23 εἰ κακῶς ἐλάλησα, μαρτύρησον
19 10 λέγει – Πιλᾶτος· ἐμοὶ οὐ λαλεῖς;
Act 2 31 προϊδὼν ἐλάλησεν (sc. Δαυίδ) περὶ τ.
  ἀναστάσεως τοῦ Χοῦ 3 21 ἀποκατα-
  στάσεως πάντων ὧν ἐλ.ησεν ὁ θεός
3 22 „ὅσα ἂν λαλήσῃ" πρὸς ὑμᾶς
– 24 πάντες – οἱ προφῆται – ὅσοι ἐλ.ησαν
7 6 ἐλάλησεν δὲ οὕτως ὁ θεός
– 38 μετὰ τοῦ ἀγγ. τοῦ λαλοῦντος αὐτῷ
  ἐν τῷ ὄρει Σινᾶ 44 „ὁ λ..ῶν τῷ Μω."
8 26 ἀγγ. – κυρίου ἐλ.ησεν πρὸς Φίλιππον
9 6 λαληθήσεταί[b] σοι ὅ τί σε δεῖ ποιεῖν
22 10[b] περὶ – ὧν τέτακταί σοι ποιῆσαι
– 27 ὅτι ἐλάλησεν αὐτῷ (sc ὁ κύριος)
10 7 ὁ ἀγγ. ὁ λαλῶν αὐτῷ (Cornelio)
22 9 τὴν δὲ φωνὴν οὐκ ἤκουσαν τοῦ λα-
  λοῦντός μοι
23 9 εἰ δὲ πνεῦμα ἐλ.ησεν αὐτῷ ἢ ἄγγ.
26 22 οὐδὲν ἐκτὸς λέγων ὧν τε οἱ προφῆ-
  ται ἐλάλησαν – καὶ Μωϋσῆς
27 25 ἔσται καθ᾽ ὃν τρόπον λελάληταί[b] μοι
28 25 καλῶς τὸ πνεῦμα τὸ ἅγιον ἐλάλησεν
  διὰ Ἡσαΐου – πρὸς τοὺς πατέρας
Rm 3 19 ὅσα ὁ νόμος λέγει (loquitur) τοῖς ἐν
  τῷ νόμῳ λαλεῖ
1 Co 12 3 οὐδεὶς ἐν πνεύματι θεοῦ λαλῶν λέ-
  γει (dicit)· ἀνάθεμα Ἰησοῦς
14 21 „ἐν χείλεσιν ἑτέρων λαλήσω τῷ λαῷ"
2 Co 2 17 ὡς ἐκ θεοῦ κατέναντι θεοῦ ἐν Χῷ
  λαλοῦμεν 12 19
13 3 δοκιμὴν – τοῦ ἐν ἐμοὶ λ..οῦντος Χοῦ
Hb 1 1 πάλαι ὁ θεὸς λαλήσας (loquens) –
  ἐν τοῖς προφ. 2 ἐλάλησεν ἡμῖν ἐν υἱῷ
2 3 σωτηρίας; ἥτις ἀρχὴν λαβοῦσα λα-
  λεῖσθαι[d] διὰ τοῦ κυρίου
3 5 ὡς „θεράπων" εἰς μαρτύριον τῶν λα-
  ληθησομένων[b] (quae dicenda erant)

Hb 4 8 οὐκ ἂν περὶ ἄλλης ἐλάλει – ἡμέρας
5 5 ἀλλ' ὁ λαλήσας πρὸς αὐτόν (sc Χόν)
7 14 περὶ ἱερέων οὐδὲν Μωϋσῆς ἐλάλησεν
9 19 λαληθείσης ͤ – πάσης ἐντολῆς – ὑπὸ
   Μωϋσέως παντὶ τῷ λαῷ
11 4 δι' αὐτῆς ἀποθανὼν ἔτι λαλεῖ
– 18 πρὸς ὃν ἐλαλήθω ᵇ ὅτι „ἐν Ἰσαάκ"
12 24 αἵματι – κρεῖττον λαλοῦντι παρά
– 25 μὴ παραιτήσησθε τὸν λαλοῦντα
2 Pe 1 21 ἐλάλησαν ἀπὸ θεοῦ ἄνθρωποι
Ap 1 12 τὴν φωνὴν ἥτις ἐλάλει μετ' ἐμοῦ
4 1 ὡς σάλπιγγ. λαλούσης μετ' ἐμοῦ 10 8
10 3 ἐλάλησαν αἱ ἑπτὰ βρονταί 4
17 1 ἐλάλησεν (sc. ἄγγελ.) μετ' ἐμοῦ 21 9.15

2) reliqui loci

Mat 9 33 ἐλάλησεν ὁ κωφός ‖ Luc 11 14 –
   Mat 12 22 ὥστε τὸν κωφ. λαλεῖν 15 31
   κωφοὺς λαλοῦντας ‖ Mar 7 35 ἐλά-
   λει ὀρθῶς 37 ποιεῖ – ἀλάλους λαλεῖν
10 19 μὴ μεριμνήσητε πῶς ἢ τί λαλήσητε·
   δοθήσεται – ὑμῖν – τί λαλήσητε 20 ‖
   Mar 13 11 → sub 1) Mat 10 20
12 34 πῶς δύνασθε ἀγαθὰ λαλεῖν –; ἐκ-
   τοῦ περισσεύματος τῆς καρδίας τὸ
   στόμα λαλεῖ ‖ Luc 6 45
– 36 πᾶν ῥῆμα ἀργὸν ὃ λαλήσουσιν οἱ
– 46 ζητοῦντες αὐτῷ λαλῆσαι [47 σοί]
26 13 λαληθήσεται ᵇ καὶ ὃ ἐποίησεν αὕτη
   εἰς μνημόσυνον αὐτῆς ‖ Mar 14 9 ͨ
Mar 11 23 ὃς ἂν – πιστεύῃ ὅτι ὃ λαλεῖ ᵇ γίνεται
14 31 ὁ δὲ (sc. Πέτρος) ἐκπερισσῶς ἐλάλει
Luc 1 20 ἔσῃ – μὴ δυνάμενος λαλῆσαι 22.64 ἐ-
   λάλει εὐλογῶν τὸν θεόν 2 15
7 15 ὁ νεκρὸς – ἤρξατο λαλεῖν
12 3 ὃ πρὸς τὸ οὖς ἐλάλησατε ἐν τοῖς
22 60 ἔτι λαλοῦντος αὐτοῦ (sc Πέτρου)
24 36 ταῦτα δὲ αὐτῶν λαλούντων αὐτὸς
Joh 7 13 οὐδεὶς μέντοι παρρησίᾳ ἐλάλει περὶ
– 18 ὁ ἀφ' ἑαυτοῦ λαλῶν τ. δόξαν τ. ἰδίαν
9 21 αὐτὸς περὶ ἑαυτοῦ λ..ήσει (loquatur)
Act 2 6 τῇ ἰδίᾳ διαλέκτῳ λαλούντων 7 εἰσὶν
   οἱ λαλοῦντες Γαλιλαῖοι 11 λαλούν-
   των – τὰ μεγαλεῖα τοῦ θεοῦ
4 1 πρὸς τὸν λαὸν 5 20 – 9 29
– 20 οὐ δυνάμεθα – ἃ εἴδαμεν – μὴ λαλεῖν
6 10 ἀντιστῆναι – τῷ πνεύματι ᾧ ἐλάλει
– 11 λαλοῦντος ᵇ ῥήματα βλάσφημα 13
10 44 11 14.15.20 13 42.45 ᵇ 14 1.9 16 13.14
   προσέχειν τοῖς λαλουμένοις ᵇ ὑπό
17 19 τίς – ἢ ὑπὸ σοῦ λαλουμένη ᵇ διδαχή;
18 9 ἀλλὰ λάλει καὶ μὴ σιωπήσῃς

Act 18 25 ζέων τῷ πνεύματι ἐλάλει καὶ ἐδίδ.
20 30 ἄνδρες λαλοῦντες διεστραμμένα
21 39 23 7 ᵇ 18 26 26.31 28 21 πονηρόν
Rm 7 1 γινώσκουσιν γὰρ νόμον λαλῶ
15 18 οὐ – τολμήσω τι λαλεῖν ὧν οὐ – Χός
1 Co 2 6 σοφίαν – λαλοῦμεν ἐν τοῖς τελείοις 7
   θεοῦ σοφίαν ἐν μυστηρίῳ 13 ἃ καὶ
   λ. οὐκ ἐν – ἀνθρωπίνης σοφίας λό-
   γοις, ἀλλ' ἐν διδακτοῖς πνεύματος
3 1 οὐκ ἠδυνήθην λαλῆσαι ὑμῖν ὡς πνευ-
   ματικοῖς ἀλλ' ὡς σαρκίνοις
9 8 μὴ κατὰ ἄνθρωπον ταῦτα λαλῶ ᵇ, –;
13 11 ὅτε ἤμην νήπιος, ἐλάλουν ὡς νήπιος
14 2 ὁ – λαλῶν γλώσσῃ οὐκ ἀνθρώποις
   λαλεῖ ἀλλὰ θεῷ· – πνεύματι δὲ λα-
   λεῖ μυστήρια 3 ὁ – προφητεύων ἀν-
   θρώποις λαλεῖ οἰκοδομήν → γλῶσσα
– 6 ἐὰν μὴ ὑμῖν λαλήσω ἢ ἐν – διδαχῇ
– 9 πῶς γνωσθήσεται τὸ λαλούμενον ᵇ;
   ἔσεσθε – εἰς ἀέρα λαλοῦντες
– 11 ἔσομαι τῷ λαλοῦντι βάρβαρος καὶ ὁ
   λαλῶν ἐν ἐμοὶ βάρβαρος
– 19 θέλω πέντε λόγους τῷ νοΐ μου λα-
   λῆσαι, ἵνα καὶ ἄλλους κατηχήσω
– 28 ἑαυτῷ δὲ λαλείτω καὶ τῷ θεῷ
– 29 προφῆται – δύο ἢ τρεῖς λ..είτωσαν ᵇ
– 34 οὐ γὰρ ἐπιτρέπεται αὐταῖς λαλεῖν
– 35 αἰσχρὸν – γυναικὶ λαλεῖν ἐν ἐκκλησίᾳ
15 34 πρὸς ἐντροπὴν ὑμῖν λαλῶ
2 Co 4 13 „ἐπίστευσα, διὸ ἐλάλησα", καὶ ἡμεῖς
   πιστεύομεν, διὸ καὶ λαλοῦμεν
7 14 πάντα ἐν ἀληθείᾳ ἐλαλήσαμεν ὑμῖν
11 17 ὃ λαλῶ, οὐ κατὰ κύριον λαλῶ, ἀλλ'
   ὡς ἐν ἀφροσύνῃ 23 παραφρονῶν λ. ᵇ
12 4 ῥήματα, ἃ οὐκ ἐξὸν – λαλῆσαι
Eph 4 25 „λ..εῖτε ἀλήθειαν – μετὰ τοῦ πλησίον"
5 19 λαλοῦντες ἑαυτοῖς [ἐν] ψαλμοῖς
6 20 ὡς δεῖ με λαλῆσαι Col 4 4
Col 4 3 λαλῆσαι τὸ μυστήριον τοῦ Χοῦ
1 Th 1 8 ὥστε μὴ χρείαν ἔχειν ἡμᾶς λ..εῖν τι
2 2 λαλῆσαι πρὸς ὑμᾶς τὸ εὐαγγ. τ. θ.
– 4 λ..οῦμεν, οὐχ ὡς ἀνθρώποις ἀρέσκ.
– 16 κωλυόντων ἡμᾶς τοῖς ἔθνεσιν λαλῆ-
   σαι ἵνα σωθῶσιν
1 Ti 5 13 περίεργοι, λαλοῦσαι τὰ μὴ δέοντα
Tit 2 1 λάλει ἃ πρέπει τῇ ὑγιαιν. διδασκαλίᾳ
– 15 ταῦτα λάλει καὶ παρακάλει
Hb 2 5 – 6 9 εἰ καὶ οὕτως λαλοῦμεν
Jac 1 19 βραδὺς εἰς τὸ λαλῆσαι, – εἰς ὀργὴν
2 12 οὕτως λαλεῖτε – ὡς διὰ νόμου ἐλευ-
   θερίας μέλλοντες κρίνεσθαι
1 Pe 3 10 „χείλη τοῦ μὴ λαλῆσαι δόλον"

1 Pe 411 εἴ τις λαλεῖ, ὡς λόγια θεοῦ
2 Pe 316 ἐν πάσαις ἐπιστολαῖς λαλῶν – περί
1 Jo 4 5 διὰ τοῦτο ἐκ τοῦ κόσμου λαλοῦσιν
2 Jo 12 στόμα πρὸς στόμα λαλῆσαι 3 Jo 14
Jud 15 περὶ – τῶν σκληρῶν ὧν ἐλάλησαν
    κατ' αὐτοῦ 16 τὸ στόμα αὐτῶν λαλεῖ
    ὑπέρογκα
Ap 13 5 στόμα λαλοῦν μεγάλα κ. βλασφημίας
  – 11 ἐλάλει ὡς δράκων
  – 15 ἵνα καὶ λαλήσῃ ἡ εἰκὼν τοῦ θηρίου

λαλιά *loquela* (vl *loquella*)
Mat 2673 καὶ γὰρ ἡ λαλιά σου δῆλόν σε ποιεῖ
Joh 442 οὐκέτι διὰ τὴν σὴν λ..ἀν πιστεύομεν
  843 διὰ τί τὴν λ. τὴν ἐμὴν οὐ γινώσκετε;

λαμά S° – *lamma* (vl *lama*) Mar 1534

λαμβάνειν *accipere* ᵇ*acquirere* ᶜ*appre-*
hendere ᵈ*capere* ᵉ(*alapis*) *caedere*
ᶠ(*verbera*) *experiri* ᵍ(*consilium*) *facere*
ʰ(*cons.*) *inire* ⁱ*recipere* ᵏ*sumere* ˡ*tollere*
Mat 540 τῷ θέλοντι – τὸν χιτῶνά σου λαβεῖνˡ
  7 8 πᾶς – ὁ αἰτῶν λ..ει ǁ Luc 1110 – Joh
    1624 αἰτεῖτε, καὶ λήμψεσθε → 1 Jo 322
  817 "αὐτὸς τὰς ἀσθενείας ἡμῶν ἔλαβεν"
  10 8 δωρεὰν ἐλάβετε, δωρεὰν δότε
  – 38 ὃς οὐ λαμβάνει τὸν σταυρὸν αὐτοῦ
  – 41 μισθὸν προφήτου λήμψεται, – δικαίου
  1214 συμβούλιον ἔλαβονᵍ κατ' αὐτοῦ 22
    15ʰ 271ʰ 7ʰ 2812
  1320 μετὰ χαρᾶς λ..ων αὐτόν (sc τὸν λό-
    γον) ǁ Mar 416 – Joh 1248 ὁ – μὴ λ..
    ων τὰ ῥήματά μου 178 αὐτοῦ ἔλαβον
  1526 λαβεῖνᶜ τὸν ἄρτον τῶν τέκνων καὶ
    βαλεῖν τοῖς κυναρίοις ǁ Mar 727ᵏ
  1724 οἱ τὰ δίδραχμα λαμβάνοντες 25
  1929 ἑκατονταπλασίονα λήμψεταιǁMar 1030
    (Luc 1830 vl ὃς οὐχὶ μὴ λάβῃ → ἀπο-
    λαμβάνειν)
  20 9 ἔλαβον ἀνὰ δηνάριον 10 ὅτι πλεῖον
    λήμψονται· καὶ ἔλαβον [τὸ] ἀνὰ δη-
    νάριον καὶ αὐτοί 11 λ..όντες – ἐγόγγ.
  2122 ὅσα ἂν αἰτήσητε – πιστεύοντες λήμ-
    ψησθε ǁ Mar 1124 πιστεύετε ὅτι ἐ-
    λάβετε, (vl λήμψεσθε vg, vel λαμ-
    βάνετε), καὶ ἔσται ὑμῖν
  2626 λαβὼν – ἄρτον – εἶπεν· λάβετε φάγε-
    τε 27 λαβὼν ποτήριον ǁ Mar 1422ᵃ
    et ᵏ 23 Luc 2217 λάβετε – καὶ διαμερί-
    σατε 19 (cfr 2430) 1 Co 1123 ἔλαβεν
    ἄρτον – Act 2735 λαβὼνᵏ ἄρτον
Mar 1240 λήμψονται περισσότερον κρίμα ǁ Lc

2047 – Jac 31 μεῖζον κρ. λημψόμε-
  θαᵏ Rm 132 οἱ δὲ ἀνθεστηκότες ἑ-
  αυτοῖς κρίμα λήμψονταιᵇ
Mar 1465 ῥαπίσμασιν αὐτὸν ἔλαβονᵉ
Luc 5 5 κοπιάσαντες οὐδὲν ἐλάβομενᵈ
  – 26 ἔκστασις ἔλαβενᶜ ἅπαντας – 716
  6 34 δανίσητε παρ' ὧν ἐλπίζετε λαβεῖνⁱ
  939 ἰδοὺ πνεῦμα λαμβάνειᶜ αὐτόν
  2021 οὐ λαμβάνεις πρόσωπον Gal 26
Joh 112 ὅσοι δὲ ἔλαβονⁱ αὐτόν, ἔδωκεν αὐτοῖς
  – 16 ἐκ τοῦ πληρώματος αὐτοῦ – πάντες
    ἐλάβομεν, καὶ χάριν ἀντὶ χάριτος
  311 τὴν μαρτυρίαν ἡμῶν οὐ λ..ετε 32
    αὐτοῦ οὐδεὶς λ..ει 33 ὁ λαβὼν αὐτοῦ
    τὴν μαρτυρίαν 534 οὐ παρὰ ἀνθρώ-
    που τὴν μαρτ. λ..ω – 1 Jo 59 εἰ τὴν
    μαρτυρίαν τῶν ἀνθρώπων λ..ομεν
  – 27 οὐ δύναται ἄνθρωπος λ..ειν οὐδὲ ἓν
  436 ὁ θερίζων μισθὸν λαμβάνει
  541 δόξαν παρὰ ἀνθρώπων οὐ λαμβά-
    νω 44 δόξαν παρὰ ἀλλήλων λ..οντες
  – 43 οὐ λαμβάνετέ με· ἐὰν ἄλλος ἔλθῃ ἐν
    τῷ ὀνόμ. τῷ ἰδίῳ, ἐκεῖνον λήμψεσθε
  723 εἰ περιτομὴν λαμβάνει – ἐν σαββάτῳ
  1017 τίθημι τὴν ψυχήν μου, ἵνα πάλιν λά-
    βωᵏ αὐτήν 18 ἐξουσίαν ἔχω πάλιν
    λαβεῖνᵏ αὐτήν – 1248 178 → Mat 1320
  1320 ὁ λ..ων ἄν τινα πέμψω λαμβ. λ..ει, ὁ
    δὲ ἐμὲ λ..ων λ..ει τὸν πέμψαντά με
  1417 τὸ πνεῦμα τῆς ἀληθείας, ὃ ὁ κόσμος
    οὐ δύναται λαβεῖν 1614 ἐκ τοῦ ἐμοῦ
    λήμψεται 15 λ..ει καὶ ἀναγγελεῖ ὑμῖν
  1927 ἔλαβεν ὁ μαθητὴς αὐτὴν εἰς τὰ ἴδια
  2022 λάβετε πνεῦμα ἅγιον, ἄν τινων ἀφ.
Act 1514 λαβεῖνᵏ ἐξ ἐθνῶν λαὸν τῷ ὀνόματι
  2035 μακάριον – μᾶλλον διδόναι ἢ λ..ειν
Rm 7 8 ἀφορμὴν δὲ λαβοῦσα ἡ ἁμαρτία 11
1 Co 4 7 τί – ἔχεις ὃ οὐκ ἔλαβες; εἰ δὲ καὶ ἔ-
    λαβες, τί καυχᾶσαι ὡς μὴ λαβών;
  1013 πειρασμὸς ὑμᾶς οὐκ εἴληφενᶜ εἰ μὴ
    ἀνθρώπινος
2 Co 1120 εἴ τις λαμβάνει (sc ὑμᾶς) 1216 δόλῳ
    ὑμᾶς ἔλαβονᵈ
Phl 2 7 μορφὴν δούλου λαβών, ἐν ὁμοιώματι
  312 οὐχ ὅτι ἤδη ἔλαβον – διώκω δέ
2 Ti 1 5 ὑπόμνησιν λαβὼν τῆς ἐν σοὶ – πίστ.
Hb 2 3 ἥτις ἀρχὴν λαβοῦσα λαλεῖσθαι διά
  5 4 οὐχ ἑαυτῷ τις λαμβάνειᵏ τὴν τιμήν
  1026 μετὰ τὸ λαβεῖν τὴν ἐπίγν. τῆς ἀληθ.
  1135 ἔλαβον γυναῖκες – τοὺς νεκροὺς αὐτ.
  – 36 ἕτεροι – μαστίγων πεῖραν ἔλαβονᶠ
Jac 1 7 ὅτι λήμψεταί τι παρὰ τοῦ κυρίου

Jac 4 3 αἰτεῖτε καὶ οὐ λ..ετε, διότι κακῶς
 5 10 ὑπόδειγμα λάβετε – τοὺς προφήτας
2 Pe 1 9 λήθην λαβὼν τοῦ καθαρισμοῦ
1 Jo 3 22 ὃ ἐὰν αἰτῶμεν λ..άνομεν ἀπ᾿ αὐτοῦ
 5 9 εἰ τὴν μαρτ. τῶν ἀνθρώπων λ..ομεν
2 Jo 10 μὴ λαμβάνετεⁱ αὐτὸν εἰς οἰκίαν
Ap 2 17 „ὄνομα καινὸν" –, ὃ οὐδεὶς οἶδεν εἰ
 μὴ ὁ λαμβάνων
 – 28 ὡς κἀγὼ εἴληφα παρὰ τοῦ πατρός
 3 3 μνημόνευε – πῶς εἴληφας καὶ ἤκου.
 – 11 ἵνα μηδεὶς λάβῃ τὸν στέφανόν σου
 4 11 ἄξιος εἶ – λαβεῖν τὴν δόξαν 5 12
 6 4 λαβεῖνᵏ τὴν εἰρήνην ἐκ τῆς γῆς
 14 9 εἴ τις – λ..ει χάραγμα 11 τοῦ ὀνόμα-
 τος αὐτοῦ 19 20 20 4 οὐκ ἔλαβον
 17 12 βασιλείαν οὔπω ἔλαβον, ἀλλὰ ἐξου-
 σίαν – μίαν ὥραν λαμβάνουσιν
 22 17 λαβέτω „ὕδωρ ζωῆς δωρεάν"

Λάμεχ Luc 3 36 τοῦ Μαθουσάλα

λαμπάς *lampas* ᵇ*fax* ᶜ*facula*
Mat 25 1.3.4.7.8 Joh 183ᵇ Act 20 8
Ap 4 5 ἑπτὰ λ..άδες πυρὸς 8 10 ὡς λαμπάςᶜ

λάμπειν *lucēre* ᵇ*fulgēre* ᶜ*refulgēre* ᵈ*illuce-
scere* ᵉ*splendescere* ᶠ*resplendēre*
Mat 5 15 λάμπει πᾶσιν τοῖς ἐν τῇ οἰκίᾳ
 – 16 λαμψάτω τὸ φῶς ὑμῶν ἔμπροσθεν
 17 2 ἔλ..ψενᶠ τὸ πρόσωπον – ὡς ὁ ἥλιος
Luc 17 24ᵇ ἀστραπή Act 12 7 φῶς ἔλαμψενᶜ
2 Co 4 6 ὁ θεὸς ὁ εἰπὼν· ἐκ σκότους φῶς
 λάμψειᶜ (vl .ψαι vg), ὃς ἔλαμψενᵈ ἐν
 ταῖς καρδίαις ἡμῶν

λαμπρός ᵃ*albus* ᵇ*candidus* ᶜ*praeclarus*
ᵈ*splendidus* ᵉ*splendens*
Luc 23 11 ἐσθῆτα λαμπρ.ᵃ Act 10 30ᵇ Jac 2 2ᵇ 3ᶜ
Ap 15 6 λίνονᵇ 18 14 τὰ λαμπράᶜ ἀπώλετο
 19 8 βύσσινονᵉ 22 1 ποταμόςᵈ 16 ὁ
 ἀστὴρ ὁ λαμπρὸςᵈ ὁ πρωϊνός

λαμπρότης *splendor* Act 26 13 τοῦ ἡλίου

λαμπρῶς Sᵒ – *splendide* Luc 16 19 εὐφραινόμ.

λανθάνειν *latēre* Mar 7 24 Luc 8 47 Act 26 26
Hb 13 2 ἔλαθόν τινες ξενίσαντες ἀγγέλους
2 Pe 3 5.8 ἐν δὲ τοῦτο μὴ λ..έτω ὑμᾶς – ὅτι

λαξευτός *excisus* Luc 23 53 ἐν μνήματι λαξ.

Λαοδίκεια et **Λαοδικεῖς** (Col 4 16)
Col 2 1 4 13.15.16 Ap 1 11 3 14

λαός *populus* ᵇ*plebs* ᶜ*turba*

1) (ὁ) λαὸς τοῦ θεοῦ, αὐτοῦ, μου, σου

Mat 1 21 Ἰησοῦν· αὐτὸς γὰρ σώσει τὸν λαὸν
 αὐτοῦ ἀπὸ τῶν ἁμαρτιῶν αὐτῶν
 2 6 „ποιμανεῖ τὸν λαόν μου τὸν Ἰσραήλ"
Luc 1 68 ἐποίησεν „λύτρωσιν τῷ λαῷᵇ αὐτοῦ"
 – 77 δοῦναι γνῶσιν σωτηρίας τῷ λ.ᵇ αὐτ.
 2 32 „δόξαν" λαοῦᵇ σου Ἰσραήλ"
 7 16 ἐπεσκέψατο ὁ θεὸς τὸν λ.ᵇ αὐτοῦ
Act 7 34 „εἶδον τὴν κάκωσιν τοῦ λαοῦ μου"
 18 10 λαός ἐστί μοι πολὺς ἐν τῇ πόλει
Rm 9 25 „καλέσω τὸν οὐ λ.ᵇ μου λαόν μου"
 26 „οὐ λαόςᵇ μου ὑμεῖς" 1 Pe 2 10 οἵ
 ποτε „οὐ λαός", νῦν δὲ λαὸς θεοῦ
 11 1 „μὴ ἀπώσατο ὁ θεὸς τὸν λ. αὐτοῦ;"
 2 „οὐκ ἀπώσατο – τὸν λαόνᵇ αὐτοῦ"
 15 10 „εὐφράνθητε, –, μετὰ τοῦ λ.ᵇ αὐτοῦ"
2 Co 6 16 „ἔσονταί μου (vl μοι vg) λαός Hb
 8 10 „ἔσονταί μοι εἰς λαόν"
Tit 2 14 ἵνα – „καθαρίσῃ ἑαυτῷ λαὸν περιού-
 σιον" 1 Pe 2 9 „λ. εἰς περιποίησιν"
Hb 4 9 σαββατισμὸς τῷ λαῷ τοῦ θεοῦ
 10 30 „κρινεῖ κύριος τὸν λαὸν αὐτοῦ"
 11 25 συγκακουχεῖσθαι τῷ λαῷ τοῦ θεοῦ
Ap 18 4 „ἐξέλθατε ὁ λαός μου ἐξ αὐτῆς"
 21 3 „λαοὶ (vl λαὸς vg) αὐτοῦ ἔσονται"

2) ὁ λαός (Jsrael, Judaei)
 (delecti tantum loci ex Act)

Mat 2 4 τοὺς ἀρχιερεῖς – τοῦ λαοῦ 21 23 καὶ
 οἱ πρεσβύτεροι τοῦ λαοῦ 26 3. 47 27 1
 Luc 19 47 οἱ πρῶτοι τοῦ λαοῦᵇ 22 66
 τὸ πρεσβυτέριον τοῦ λ.ᵇ 23 13 τοὺς
 ἄρχοντας καὶ τὸν λ.ᵇ – Act 4 8 ἄρ-
 χοντες τοῦ λαοῦ καὶ πρεσβύτεροι
 6 12 τὸν λ.ᵇ καὶ τοὺς πρεσβυτέρους
 4 16 „ὁ λαὸς ὁ καθήμενος ἐν σκότει"
 – 23 θεραπεύων πᾶσαν νόσον – ἐν τῷ λ.
 13 15 „ἐπαχύνθη – ἡ καρδία τοῦ λαοῦ τού-
 του" Act 28 27 idem
 15 8 „ὁ λαὸς οὗτος τοῖς χείλεσίν με τι-
 μᾷ" ‖ Mar 7 6
 26 5 ἵνα μὴ θόρυβος γένηται ἐν τῷ λ. ‖
 Mar 14 2 Luc 22 2ᵇ – 20 19 – Act 5 26
 27 25 πᾶς ὁ λ. εἶπεν· τὸ αἷμα αὐτοῦ ἐφ᾿
 – 64 μήποτε – εἴπωσιν τῷ λαῷᵇ· ἠγέρθη
Luc 1 10 τὸ πλῆθος ἦν τοῦ λ. προσευχόμενον
 – 17 ἑτοιμάσαι κυρίῳ λαὸνᵇ κατεσκευασμ.

Luc 121 ἦν ὁ λ.ᵇ προσδοκῶν τὸν Ζαχαρίαν
210 χαρὰν –. ἥτις ἔσται παντὶ τῷ λαῷ
315 προσδοκῶντος – τοῦ λ. καὶ διαλογ.
– 18 πολλὰ – εὐηγγελίζετο τὸν λ. (Joh.)
– 21 ἐν τῷ βαπτισθῆναι ἅπαντα τὸν λαόν
617 πλῆθος πολὺ τοῦ λ.ᵇ ἀπὸ – Ἰουδαί.
7 1 εἰς τὰς ἀκοὰς τοῦ λαοῦᵇ 29 πᾶς ὁ
λ. ἀκούσας – ἐδικαίωσαν τὸν θεόν
847 ἐνώπιον παντὸς τοῦ λαοῦ 2026ᵇ
913 εἰς πάντα τὸν λ.ᶜ τοῦτον βρώματα
1843 ὁ λαός ᵇ ἰδὼν ἔδωκεν αἶνον τῷ θεῷ
1948 ὁ λαὸς – ἅπας ἐξεκρέματο αὐτοῦ
20 1 διδάσκοντος αὐτοῦ τὸν λαὸν 9 πρὸς
τὸν λ.ᵇ λέγειν τὴν παραβολὴν 45 ἀ-
κούοντος – τοῦ λ. 2138 πᾶς ὁ λ. ὥρ-
θριζεν πρὸς αὐτόν – ἀκούειν αὐτοῦ
– 6 ὁ λαός ᵇ ἅπας καταλιθάσει ἡμᾶς
2123 ἔσται γὰρ – ὀργὴ τῷ λαῷ τούτῳ
23 5 ἀνασείει τὸν λ. 14 ἀποστρέφοντα τ. λ.
– 27 πολὺ πλῆθος τοῦ λ. καὶ γυναικῶν
– 35 καὶ εἱστήκει ὁ λαὸς θεωρῶν
2419 ἐναντίον τοῦ θεοῦ καὶ παντὸς τοῦ λ.
Joh [8 2 πᾶς ὁ λαὸς ἤρχετο πρὸς αὐτόν]
1150 ἵνα εἷς – ἀποθάνῃ ὑπὲρ τοῦ λ. 1814
*Act 323 „ἐξολεθρευθήσεται ἐκ τοῦ λαοῦᵇ"
4 1.2 διδάσκειν αὐτοὺς τὸν λ. 10 γνωστὸν
ἔστω – παντὶ τῷ λ.ᵇ Ἰσραήλ 17.21.27
534 νομοδιδάσκαλος τίμιος – τῷ λαῷᵇ
1041 οὐ παντὶ τῷ λαῷ, ἀλλὰ μάρτυσιν –,
ἡμῖν 42 παρήγγειλεν – κηρῦξαι τῷ λ.
1315 εἴ τίς ἐστιν ἐν ὑμῖν λόγος παρακλή-
σεως πρὸς τὸν λ.ᵇ 17 ὁ θεὸς τοῦ λ.ᵇ
τούτου Ἰσρ. –, – τὸν λ.ᵇ ὕψωσεν 21.31ᵇ
19 4 τῷ λαῷ λέγων εἰς τὸν ἐρχόμενον μετ'
αὐτὸν ἵνα πιστεύσωσιν, – τὸν Ἰησοῦν
2128 κατὰ τοῦ λ. καὶ τοῦ νόμου – διδάσκ.
23 5 „ἄρχοντα τοῦ λ. σου οὐκ ἐρεῖς κακῶς"
2817 οὐδὲν ἐναντίον ποιήσας τῷ λαῷᵇ
– 26 „πορεύθητι πρὸς τὸν λαὸν τοῦτον"
Rm 1021 „πρὸς λαὸν ἀπειθοῦντα καὶ ἀντιλ."
1 Co 10 7 „ἐκάθισεν ὁ λαὸς φαγεῖν καὶ πεῖν"
1421 „ἐν χείλεσιν ἑτέρων λαλήσω τῷ λαῷ
τούτῳ"
Hb 217 ἱλάσκεσθαι τὰς ἁμαρτίας τοῦ λαοῦ
5 3 περὶ τοῦ λαοῦ – προσφέρειν 727 97
7 5 ἀποδεκατοῦν τὸν λαόν – 11 919
1312 Ἰησοῦς, ἵνα ἁγιάσῃ – τὸν λαόν
2 Pe 2 1 ἐγέν. – καὶ ψευδοπροφῆται ἐν τῷ λ.
Jud 5 κύριος – λαὸν ἐκ γῆς Αἰγύπτου σώσας

3) λαός, λαοί – ἔθνη, γλῶσσαι κτλ.

Luc 231 „κατὰ πρόσωπον πάντων τῶν λαῶν,

φῶς εἰς ἀποκάλυψιν ἐθνῶν" καὶ „δό-
ξαν" λαοῦ ᵇ σου „Ἰσραήλ"
Act 425 „ἱνατί ἐφρύαξαν ἔθνη καὶ λαοὶ ἐμε-
λέτησαν κενά;" 27 Ἡρῴδης τε καὶ –
Πιλ. σὺν „ἔθνεσιν καὶ λαοῖς" Ἰσραήλ
1514 λαβεῖν ἐξ ἐθνῶν λαὸν τῷ ὀνόματι
2617 „ἐξαιρούμενός σε" ἐκ τοῦ λ. καὶ „ἐκ
τῶν ἐθνῶν" 23 φῶς μέλλει καταγγέλ-
λειν τῷ τε λαῷ καὶ τοῖς ἔθνεσιν
Rm 1510 „εὐφράνθητε, ἔθνη, μετὰ τοῦ λαοῦ ᵇ
αὐτοῦ 11 αἰνεῖτε, – τὰ ἔθνη, τὸν κύ-
ριον, καὶ ἐπαινεσάτωσαν – οἱ λαοί"
1 Pe 2 9 „ἔθνος ἅγιον, λαὸς εἰς περιποίησιν"
Ap 5 9 ἐκ πάσης φυλῆς καὶ γλώσσης καὶ
λαοῦ καὶ ἔθνους cfr 79 119 – 1011
„προφητεῦσαι ἐπὶ λαοῖς καὶ ἔθν. καὶ
γλ." 137 146 εὐαγγελίσαι – ἐπὶ πᾶν
ἔθνος καὶ φυλὴν καὶ γλῶσσαν καὶ λ.
1715 „τὰ ὕδατα" ἃ εἶδες, –, λαοὶ καὶ ὄ-
χλοι εἰσὶν καὶ ἔθνη καὶ γλῶσσαι

λάρυγξ guttur Rm 313 „τάφος ἀνεῳγμένος"

Λασαία (vg Thalassa) Act 278

λατομεῖν excidere Mat 2760 ‖ Mar 1546

λατρεία obsequium ᵇcultura ᶜsacrificiorum
officium
Joh 16 2 ἵνα – ὁ ἀποκτείνας ὑμᾶς δόξῃ λα-
τρείαν προσφέρειν τῷ θεῷ
Rm 9 4 Ἰσραηλῖται, ὧν – ἡ λα. καὶ αἱ ἐπαγγ.
12 1 παραστῆσαι –, τὴν λογικὴν λ. ὑμῶν
Hb 9 1 εἶχε – [καὶ] ἡ πρώτη (sc σκηνή) δικαι-
ώματα λατρείας ᵇ 6 εἰσίασιν οἱ ἱερεῖς
τὰς λατρείας ᶜ ἐπιτελοῦντες

λατρεύειν servire ᵇdeservire ᶜ(ὁ λατρεύ-
ων) cultor
Mat 410 „αὐτῷ μόνῳ λατρεύσεις" ‖ Luc 48
Luc 174 ἀφόβως – λατρεύειν αὐτῷ 237 νηστεί-
αις καὶ δεήσεσιν λατρεύουσα
Act 7 7 „λ..σουσίν μοι ἐν τῷ" τόπῳ „τούτῳ"
– 42 λατρεύειν „τῇ στρατιᾷ τοῦ οὐραν."
2414 οὕτως λατρεύω ᵇ τῷ πατρῴῳ θεῷ
26 7 τὸ δωδεκάφυλον – ἐν ἐκτενείᾳ – λα-
τρεῦον ᵇ 2723 τοῦ θ. –, ᾧ καὶ λ..ωᵇ
Rm 1 9 ᾧ λατρεύω ἐν τῷ πνεύματί μου ἐν τῷ
εὐαγγελίῳ 25 ἐλάτρευσαν τῇ κτίσει
παρὰ τὸν κτίσαντα
Phl 3 3 οἱ πνεύματι θεοῦ (vl θεῷ vg) λ..οντες
2 Ti 1 3 ᾧ λ..ω ἀπὸ προγόνων ἐν καθαρᾷ συν.

Hb 8 5 σκιᾷ λατρεύουσιν[b] τῶν ἐπουρανίων
9 9 μὴ δύναμεναι – τελειῶσαι τὸν λ..οντα
– 14 εἰς τὸ λατρεύειν θεῷ ζῶντι
10 2 διὰ τὸ μηδεμίαν ἔχειν ἔτι συνείδησιν
ἁμαρτιῶν τοὺς λατρεύοντας[c]
12 28 λατρεύωμεν εὐαρέστως τῷ θεῷ
13 10 οἱ τῇ σκηνῇ λατρεύοντες[b]
Ap 7 15 λ..ουσιν αὐτῷ ἡμέρας καὶ νυκτὸς ἐν
τῷ ναῷ αὐτοῦ cfr 22 3

λάχανον olus (vl hol.) Mat 13 32 ‖ Mar 4 32
Luc 11 42 Rm 14 2 ὁ δὲ ἀσθενῶν λ..α ἐσθίει

(Λεββαῖος vl Mat 10 3 Mar 3 18)

*λέγειν dicere [b]loqui – λέγεσθαι: dici [c]appellari [d]vocari [e](λ..όμενος) nomine

1) Jesus loquitur: λέγω ὑμῖν κτλ.

ἀμὴν (γὰρ) λέγω ὑμῖν

(in locis parallelis etiam sine ἀμήν,
in Luc cum ἀληθῶς et ναί)

Mat 5 18 ἕως ἂν παρέλθῃ 6 2 ἀπέχουσιν τὸν
μισθὸν αὐτῶν 5.16 8 10 παρ' οὐδενὶ τοσαύτην
πίστιν ‖ Luc 7 9 λέγω ὑ. – Mat 10 15 ἀνεκτότερον ἔσται ‖ Luc 10 12 λ. ὑ. – Mat 10 23 οὐ
μὴ τελέσητε τὰς πόλεις τοῦ Ἰσρ. 42 οὐ μὴ
ἀπολέσῃ τὸν μισθὸν αὐτοῦ ‖ Mar 9 41 – Mat
11 11 οὐκ ἐγήγερται ἐν γεννητοῖς γυναικῶν ‖
Luc 7 28 λ. ὑ. – Mat 13 17 πολλοὶ – δίκαιοι ἐπεθύμησαν ‖ Luc 10 24 λ. γὰρ ὑ. – Mat 16 28 εἰσίν τινες τῶν ὧδε ἑστώτων ‖ Mar 9 1 Luc 9 27
λ. δὲ ὑμῖν ἀληθῶς – Mat 17 20 ἐὰν ἔχητε πίστιν ὡς 18 3 ἐὰν μὴ στραφῆτε καὶ γένησθε ὡς
‖ Mat 10 15 ὃς ἂν μὴ δέξηται τὴν βασ. τ. θ. ὡς
Luc 18 17 – Mat 18 13 χαίρει ἐπ' αὐτῷ μᾶλλον
‖ Luc 15 7 λ. ὑ. ὅτι οὕτως χαρὰ – ἔσται – Mat
18 18 ὅσα ἐὰν δήσητε ἐπὶ τῆς γῆς 19 πάλιν [ἀμήν] λ. ὑ. ὅτι ἐὰν δύο συμφωνήσωσιν 19 23 πλούσιος δυσκόλως εἰσελεύσεται 28 ὑμεῖς – καθήσεσθε – ἐπὶ δώδεκα θρόνους 21 21 ἐὰν ἔχητε πίστιν ‖ Mar 11 23 ὃς ἂν εἴπῃ τῷ ὄρει – Mat 21
31 οἱ τελῶναι – προάγουσιν ὑμᾶς 23 36 ἥξει –
ἐπὶ τὴν γενεὰν ταύτην ‖ Luc 11 51 ναὶ (ita) λ.
ὑ., ἐκζητηθήσεται ἀπὸ τῆς γεν. τ. – Mat 24 2
οὐ μὴ ἀφεθῇ ὧδε λίθος 34 οὐ μὴ παρέλθῃ ἡ
γενεά ‖ Mar 13 30 Luc 21 32 – Mat 24 47 ἐπὶ
πᾶσιν – καταστήσει αὐτόν ‖ Luc 12 44 ἀληθῶς
λ. ὑ. – Mat 25 12 οὐκ οἶδα ὑμᾶς 40 ἐφ' ὅσον
ἐποιήσατε ἑνὶ τούτων 45 οὐκ ἐποιήσατε 26 13
ὅπου ἐὰν κηρυχθῇ τὸ εὐαγγ. ‖ Mar 14 9 –
Mat 26 21 εἷς ἐξ ὑμῶν παραδώσει με ‖ Mar 14 18

– Mar 3 28 πάντα ἀφεθήσεται ‖ Mat 12 31 διὰ
τοῦτο λ. ὑ., πᾶσα ἁμαρτία – Mar 8 12 εἰ δοθήσεται – σημεῖον 10 29 οὐδείς ἐστιν ὃς ἀφῆκεν ‖
Luc 18 29 – Mar 12 43 ἡ χήρα αὕτη ἡ πτωχή
‖ Luc 21 3 ἀληθῶς λ. ὑ. – Mar 14 25 οὐκέτι οὐ
μὴ πίω ‖ Mat 26 29 λ. δὲ ὑ. – Luc 4 24 οὐδεὶς
προφήτης δεκτός 12 37 περιζώσεται καὶ ἀνακλινεῖ αὐτοὺς

ἀμὴν λέγω σοι

Mat 5 26 οὐ μὴ ἐξέλθῃς ἐκεῖθεν ‖ Luc 12 59 λ.
σ. – Mat 26 34 ἐν ταύτῃ τῇ νυκτί ‖ Mar 14 30
Luc 22 34 λ. σ., Πέτρε – 23 43 σήμερον μετ' ἐμοῦ ἔσῃ ἐν τῷ παραδείσῳ

ἐπ' ἀληθείας λέγω ὑμῖν

Luc 4 25 πολλαὶ χῆραι ἦσαν ἐν – ἡμέρ. Ἠλίου

ἀμὴν ἀμὴν λέγω ὑμῖν (σοι)

Joh 1 51 ὄψεσθε τὸν οὐρανὸν ἀνεωγότα 3 3 λ.
σ., ἐὰν μή τις γεννηθῇ ἄνωθεν 5 ἐξ ὕδατος
καὶ πνεύματος 11 ὃ οἴδαμεν λαλοῦμεν 5 19 οὐ
δύναται ὁ υἱὸς ποιεῖν ἀφ' ἑαυτοῦ οὐδὲν 24 ὁ
τὸν λόγον μου ἀκούων 25 ἔρχεται ὥρα 6 26 ζητεῖτέ με – ὅτι ἐφάγετε 32 οὐ Μωϋσῆς δέδωκεν
47 ὁ πιστεύων ἔχει ζωήν 53 ἐὰν μὴ φάγητε 8 34
πᾶς ὁ ποιῶν τὴν ἁμαρτίαν 51 ἐάν τις τὸν ἐμὸν
λόγον τηρήσῃ 58 πρὶν Ἀβρ. γενέσθαι 10 1 ὁ μὴ
εἰσερχόμενος διὰ τῆς θύρας 7 ἐγώ εἰμι ἡ θύρα
12 24 ἐὰν μὴ ὁ κόκκος – ἀποθάνῃ 13 16 οὐκ ἔστιν δοῦλος μείζων 20 ὁ λαμβάνων ἄν τινα πέμψω 21 εἷς ἐξ ὑμῶν παραδώσει με 38 οὐ μὴ ἀλέκτωρ 14 12 ὁ πιστεύων εἰς ἐμέ 16 20 κλαύσετε
καὶ θρηνήσετε 23 ἄν τι αἰτήσητε τὸν πατέρα
21 18 λέγω σοι, ὅτε ἦς νεώτερος

λέγω γὰρ ὑμῖν

Mat 3 9 δύναται ὁ θεὸς – ἐγεῖραι τέκνα ‖ Luc
3 8 – Mat 5 20 ἐὰν μὴ – ὑμῶν ἡ δικαιοσ. 18 10 οἱ
ἄγγελοι αὐτῶν 23 39 οὐ μή με ἴδητε ἀπ' ἄρτι
‖ Luc 13 35 – 14 24 οὐδεὶς – γεύσεται 22 16 ὅτι
οὐ μὴ φάγω 18 οὐ μὴ πίω 37 τοῦτο τὸ γεγραμμένον δεῖ τελεσθῆναι ἐν ἐμοί

ἐγὼ δὲ λέγω ὑμῖν

Mat 5 22 πᾶς ὁ ὀργιζόμενος 28 πᾶς ὁ βλέπων
γυναῖκα 32 πᾶς ὁ ἀπολύων τὴν γυν. 34 μὴ ὀμόσαι ὅλως 39 μὴ ἀντιστῆναι τῷ πονηρῷ 44 ἀγαπᾶτε τοὺς ἐχθρούς ‖ Luc 6 27 ἀλλὰ ὑμῖν
λέγω τοῖς ἀκούουσιν· ἀγαπᾶτε τοὺς ἐχθροὺς

διὰ τοῦτο λέγω ὑμῖν

Mat 6 25 μὴ μεριμνᾶτε ‖ Luc 12 22 – Mat 12
31 πᾶσα ἁμαρτία – ἀφεθήσεται 21 43 ἀρθήσεται
ἀφ' ὑμῶν ἡ βασιλεία Mar 11 24 πάντα ὅσα
προσεύχεσθε καὶ αἰτεῖσθε

λέγω δὲ ὑμῖν

Mat 6 29 οὐδὲ Σολομὼν ‖ Luc 12 27 – Mat 8 11

πολλοὶ – ἥξουσιν 12₆ τοῦ ἱεροῦ μεῖζον – ὧδε 36
πᾶν ῥῆμα ἀργόν 17₁₂ Ἡλίας ἤδη ἦλθεν ‖ Mar
9₁₃ ἀλλὰ λ. ὑ. – Mat 19₉ ὃς ἂν ἀπολύσῃ τὴν
γυναῖκα αὐτοῦ Luc 12₄ λέγω δὲ ὑμῖν τοῖς φί-
λοις μου, μὴ φοβηθῆτε ἀπὸ τῶν ἀποκτεινόν-
των τὸ σῶμα 8 πᾶς ὃς ἂν ὁμολογήσῃ ἐν ἐμοὶ
ἔμπροσθεν τῶν ἀνθρώπων
    ναί (etiam, utique, ita) λέγω ὑμῖν
Mat 11 9 καὶ περισσότερον προφήτου ‖ Luc
7₂₆ – Luc 11₅₁ ἐκζητηθήσεται ἀπὸ τῆς γενεᾶς
ταύτης 12₅ τούτου φοβήθητε
    πλήν (verumtamen) λέγω ὑμῖν
Mat 11₂₂ Τύρῳ καὶ Σιδῶνι 24 γῇ Σοδ. ἀνεκτό-
τερον ἔσται 26₆₄ ἀπ᾿ ἄρτι ὄψεσθε τὸν υἱόν
    πάλιν δὲ λέγω ὑμῖν
Mat 18₁₉ 19₂₄ εὐκοπώτερόν ἐστιν κάμηλον
    λέγω ὑμῖν
Luc 11 8 13₂₄ πολλοί, λ. ὑ., ζητήσουσιν εἰσελ-
θεῖν 15₁₀ 17₃₄ ἔσονται δύο ἐπὶ κλίνης μιᾶς 18
8.₁₄ κατέβη οὗτος δεδικαιωμένος – παρ᾿ ἐκεῖνον
19₂₆ παντὶ τῷ ἔχοντι δοθήσεται 40 ἐὰν οὗτοι
σιωπήσουσιν, οἱ λίθοι κράξουσιν
    κἀγὼ ὑμῖν (σοί) λέγω
Mat 16₁₈ δέ σοι λ. ὅτι σὺ εἶ Πέτρος Luc 11₉ ὑ-
μῖν λ., αἰτεῖτε 16₉ ἑαυτοῖς ποιήσατε φίλους ἐκ
    οὐχί, λέγω ὑμῖν, ἀλλά (non –, sed)
Luc 12₅₁ ἀλλ᾿ ἢ διαμερισμόν 13₃ ἐὰν μὴ μετα-
νοῆτε, – ὁμοίως ἀπολεῖσθε 5
    σοὶ λέγω
Mar 2₁₁ ἔγειρε ἆρον ‖ Luc 5₂₄ – Mar 5₄₁
ἔγειρε Luc 7₁₄ ἐγέρθητι
    λέγω σοι
Mat 18₂₂ οὐ λ. σ. ἕως ἑπτάκις Luc 7₄₇ οὗ χά-
ριν λέγω σοι, ἀφέωνται αἱ ἁμαρτίαι αὐτῆς

Mat 10₂₇ ὃ λέγω ὑμῖν ἐν τῇ σκοτίᾳ, εἴπατε
    21₂₇ οὐδὲ ἐγὼ λέγω ὑμῖν ἐν ποίᾳ ἐξουσίᾳ
    ταῦτα ποιῶ ‖ Mar 11₃₃ Luc 20₈
Mar 13₃₇ ὃ δὲ ὑμῖν λέγω, πᾶσιν λέγω, γρηγο-
Luc 6₄₆ καὶ οὐ ποιεῖτε ἃ λέγω; |ρεῖτε
Joh 4₃₅ ἰδοὺ λέγω ὑμῖν, ἐπάρατε τοὺς ὀφθ.
    5₃₄ ἀλλὰ ταῦτα λέγω ἵνα ὑμεῖς σωθῆτε
    8₄₅ ἐγὼ – ὅτι τὴν ἀλήθειαν λέγω, οὐ πι-
    στεύετέ μοι 46 εἰ ἀλήθ. λέγω – 16₇
    τὴν ἀληθ. λέγω ὑμῖν, συμφέρει ὑμῖν
    13₁₈ οὐ περὶ πάντων ὑμῶν λέγω 19 ἀπ᾿
    ἄρτι λέγω ὑμῖν πρὸ τοῦ γενέσθαι 22
    ἀπορούμενοι περὶ τίνος λέγει 24 τίς
    ἂν εἴη περὶ οὗ λέγει 33 καὶ ὑμῖν (sc
    τοῖς μαθηταῖς) λέγω ἄρτι
    15₁₅ οὐκέτι λέγω ὑμᾶς δούλους, ὅτι
    16₁₂ ἔτι πολλὰ ἔχω ὑμῖν λέγειν, ἀλλ᾿ οὐ

Joh 16₂₆ οὐ λέγω ὑμῖν ὅτι – ἐρωτήσω τὸν πατ.
Ap 2₂₄ ὑμῖν δὲ λέγω τοῖς λοιποῖς – ἐν Θυ.

*2) λέγει, ἔλεγεν, λέγεις κτλ., de Jesu
    dictum

Mat 21₄₅ ἔγνωσαν ὅτι περὶ αὐτῶν λέγει
    26₁₈ ὁ διδάσκαλος λέγει· ὁ καιρός μου
    ἐγγύς ἐστιν ‖ Mar 14₁₄ Luc 22₁₁
Mar 3₂₃ ἐν παραβολαῖς ἔλεγεν → παραβολή
Luc 11₄₅ ταῦτα λέγων καὶ ἡμᾶς ὑβρίζεις
    20₂₁ ὀρθῶς λέγεις καὶ διδάσκεις
    23 2 λέγοντα ἑαυτὸν χριστὸν – εἶναι
Joh 2 5 „ὅ τι ἂν λέγῃ ὑμῖν, ποιήσατε"
    – 21 ἔλεγεν περὶ τοῦ ναοῦ τοῦ σώματος
    – 22 ἐμνήσθησαν – ὅτι τοῦτο ἔλεγεν
    4₁₀ τίς ἐστιν ὁ λέγων σοι· δός μοι πεῖν
    5₁₈ πατέρα ἴδιον ἔλεγεν τὸν θεόν
    6 6 τοῦτο δὲ ἔλεγεν πειράζων αὐτόν
    – 42 πῶς νῦν λέγει (vl + οὗτος vg) ὅτι
    ἐκ τοῦ οὐρανοῦ καταβέβηκα;
    – 71 ἔλεγεν δὲ τὸν Ἰούδαν – Ἰσκαριώτου
    ⟦8 5 σὺ οὖν τί λέγεις;⟧
    – 27 ὅτι τὸν πατέρα αὐτοῖς ἔλεγεν
    – 33 πῶς σὺ λέγεις ὅτι ἐλευθ. γενήσεσθε;
    – 52 καὶ σὺ λέγεις· ἐάν τις τὸν λόγ. μου
    12₃₄ πῶς λέγεις σὺ ὅτι δεῖ ὑψωθῆναι –;
    16₁₇ τί ἐστιν – ὃ λέγει ἡμῖν· μικρόν –; 18
    – 29 καὶ παροιμίαν οὐδεμίαν λέγεις
Act 1 3 λέγων[b] τὰ περὶ τῆς βασιλείας
    9 4 ἤκουσεν φωνὴν λέγουσαν → φωνή
    11₁₆ ἐμνήσθην –, ὡς ἔλεγεν· Ἰωάννης
    22₁₈ ἰδεῖν αὐτὸν λέγοντά μοι· σπεῦσον
Ap 1 17 21 λέγει ὁ κρατῶν τοὺς ἑπτὰ ἀστέ-
    ρας 8 „ὁ πρῶτος καὶ ὁ ἔσχατος" 12 ὁ ἔ-
    χων τὴν ῥομφαίαν 18 ὁ υἱὸς τοῦ θεοῦ
    31 ὁ ἔχων τὰ ἑπτὰ πνεύματα 7 ὁ ἅγιος,
    ὁ ἀληθινός 14 ἡ ἀμήν, „ὁ μάρτυς ὁ πι-
    στός" 22₁₀.₂₀ ὁ μαρτυρῶν ταῦτα

*3) λέγει, λέγων, λέγουσα κτλ., ubi
    laudantur effata scripturae, Dei,
    spiritus → προφήτης (προφητεία,
    προφητεύειν), Δαυίδ, Ἑνώχ, Ἡσαΐας,
    Μωϋσῆς, θεός, κύριος, γραφή, νόμος,
    πνεῦμα, φωνή. – Hic alii eiusdem
    generis loci:

Act 3₂₅ ὁ θεός –, λέγων πρὸς Ἀβρ. 13₂₅ Ἰω-
άννης –, ἔλεγεν Rm 9₁₅ Μωϋσεῖ – λέγει 25 ὡς
– ἐν τῷ Ὡσηὲ λέγει 10₆ ἡ ἐκ πίστεως δι-
καιοσύνη οὕτως λέγει· 8 ἀλλὰ τί λέγει; 21 πρὸς
δὲ τὸν Ἰσρ. λέγει 11₄ τί λέγει – ὁ χρηματισμός;
15₁₀ πάλιν λέγει 1 Co 9₁₀ ἢ δι᾿ ἡμᾶς πάντως

λέγει; 2 Co 62 λέγει (vg ait) Gal 316 οὐ λέγει·
Eph 48 διὸ λέγει· 514 – Hb 16 λέγει· 7 πρὸς
–τοὺς ἀγγέλους λέγει· 26 πού τις λέγων· 12
315 ἐν τῷ λέγεσθαι· 47 ἐν Δαυὶδ λέγων 56 ἐν
ἑτέρῳ λέγει· 614 713 ἐφ' ὃν γὰρ λέγεται ταῦτα
21 διὰ τοῦ λέγοντος 88 μεμφόμενος – λέγει· 11.
13 ἐν τ. λ..ειν „καινήν" 920 105 εἰσερχόμενος εἰς
τὸν κόσμον λέγει· 8 ἀνώτερον λέγων 1226 136 ὥ-
στε θαρροῦντας ἡμᾶς λ..ειν· Jac 46 διὸ λέγει·

*4) delectus aliorum locorum

Mat 116 Ἰησοῦς ὁ λεγόμενος[d] χριστός 2717.
22 Joh 425 Μεσσίας ἔρχεται, ὁ λεγ. χριστός 911
ὁ ἄνθρωπος ὁ λεγ. Ἰησοῦς – Mat 223 πόλιν
λεγ.[d] Ναζαρέτ 418 Σίμωνα τὸν λεγ.[d] Πέτρον
102 – 99 Μαθθαῖον λεγόμενον[e] – 1355 ἡ μή-
τηρ αὐτοῦ λέγεται Μαριάμ – 263 τοῦ λεγ.
Καϊαφᾶ 14 ὁ λεγ. Ἰούδας Ἰσκ. (Luc 2247[d]) 36
εἰς χωρίον λεγ. Γεθσημανί – 2716 δέσμιον –
λεγ. [Ἰ.] Βαραββᾶν (Mar 157) 33 τόπον λεγ. Γολγ.
(Joh 1917 εἰς τὸν λεγ. Κρανίου Τόπον, ὃ λέγε-
ται – Γολγοθᾶ) – Luc 2221 ἡ ἑορτὴ – ἡ λεγ.
πάσχα – Joh 138 ῥαββί, ὃ λέγεται – διδάσκα-
λε (2016) – 45 πόλιν – λεγ. Σύχαρ – 1116
Θωμᾶς ὁ λεγ. Δίδυμος (2024 212) 54 εἰς Ἐ-
φραὶμ λεγ. πόλιν – 1913 εἰς τόπον λεγ. Λιθό-
στρωτον – Act 32 θύραν – τὴν λεγ. ὡραίαν
69 συναγωγῆς τῆς λεγ.[e] Λιβερτίνων 936 ἥ –
λέγεται Δορκάς – Col 411 Ἰησοῦς ὁ λεγόμ.
Ἰοῦστος – 2 Th 24 „ἐπὶ πάντα" λεγόμενον
„θεόν" – Hb 92 ἥτις λέγεται Ἅγια 3 ἣ λε-
γομένη Ἅγια Ἁγίων — Ap 811 τὸ ὄνομα τοῦ
ἀστέρος λέγεται ὁ Ἄψινθος

Mat 3 9 μὴ δόξητε λέγειν ἐν ἑαυτοῖς ‖ Luc 38
    ἄρξησθε – Mat 921 Luc 749 Ap 187
    721 οὐ πᾶς ὁ λέγων μοι κύριε κύριε ‖
    Luc 646 καὶ οὐ ποιεῖτε ἃ λέγω
    8 9 λέγω τούτῳ· πορεύθητι ‖ Luc 78
    15 5 ὑμεῖς – λέγετε· ὃς ἂν εἴπῃ τῷ πατρὶ
    ἢ τῇ μητρί· δῶρον ‖ Mar 711 κορβᾶν
    16 2 [ὀψίας γενομένης λέγετε· εὐδία] ‖
    Luc 1254 ὅτι ὄμβρος 55 καύσων
    – 13 τίνα λέγουσιν οἱ ἄνθρ. εἶναι τὸν υἱὸν
    τοῦ ἀνθρ.; 15 ὑμεῖς δὲ τίνα με λέγετε
    εἶναι; ‖ Mar 827.29 Luc 918.20
    1710 τί οὖν οἱ γραμματεῖς λέγουσιν ὅτι
    Ἠλίαν δεῖ ἐλθεῖν πρῶτον; ‖ Mar 911
    2223 λέγοντες μὴ εἶναι ἀνάστασιν ‖ Mar
    1218 – Act 238 → 1 Co 1512 2 Ti 218
    23 3 λέγουσιν γὰρ καὶ οὐ ποιοῦσιν
    2711 σὺ λέγεις. ‖ Mar 152 Luc 233 Joh 1837

ὅτι βασιλεύς εἰμι cfr Luc 2270 πρὸς
    αὐτοὺς ἔφη· ὑμεῖς λέγετε ὅτι ἐγώ εἰμι
Mar 830 ἵνα μηδενὶ λέγωσιν περὶ αὐτοῦ ‖ Luc
    921 παρήγγειλεν μηδενὶ λέγειν τοῦτο
    1018 τί με λέγεις ἀγαθόν; ‖ Luc 1819
    1235 πῶς λέγουσιν οἱ γραμματεῖς ὅτι ὁ
    χριστὸς υἱὸς Δαυίδ ἐστιν; 37 αὐτὸς
    Δ. λέγει αὐτὸν κύριον ‖ Luc 2041
    1471 οὐκ οἶδα τὸν ἄνθρωπον – ὃν λέγετε
Luc 642 πῶς δύνασαι λέγειν τῷ ἀδελφῷ – ;
    9 7 διὰ τὸ λέγεσθαι ὑπό τινων ὅτι Ἰωάν.
    – 31 οἳ – ἔλεγον τὴν ἔξοδον αὐτοῦ
    – 33 μὴ εἰδὼς ὃ λέγει (sc Πέτρος)
    17 6 ἐλέγετε ἂν τῇ συκαμίνῳ [ταύτῃ]
    -- 10 λέγετε ὅτι δοῦλοι ἀχρεῖοί ἐσμεν
    18 6 τί ὁ κριτὴς τῆς ἀδικίας λέγει
    – 34 οὐκ ἐγίνωσκον τὰ λεγόμενα cf Act
    86 προσεῖχον – τοῖς λ. 2711 2824
    2037 ὡς λέγει „κύριον τὸν θεὸν Ἀβραὰμ
    καὶ θεὸν Ἰσαὰκ καὶ θεὸν Ἰακώβ"
    2330 „λέγειν τοῖς ὄρεσιν· πέσετε" Ap 616
    2423 λέγουσαι καὶ ὀπτασίαν ἀγγέλων ἑ-
    ωρακέναι, οἳ λέγουσιν αὐτὸν ζῆν
    – 34 λέγοντας ὅτι ὄντως ἠγέρθη ὁ κύριος
Joh 1 22 τίς εἶ; –τί λέγεις περὶ σεαυτοῦ;
    420 ὑμεῖς λέγετε ὅτι ἐν Ἱεροσολ. ἐστὶν ὁ
    – 35 οὐχ ὑμεῖς λέγετε ὅτι – ὁ θερισμὸς –;
    614 ἔλεγον ὅτι οὗτός ἐστιν – ὁ προφήτης
    726 λαλεῖ, καὶ οὐδὲν αὐτῷ λέγουσιν
    848 οὐ καλῶς λέγομεν – ὅτι Σαμ. εἶ –;
    – 54 ὁ πατήρ μου –, ὃν ὑμεῖς λέγετε ὅτι
    θεὸς ἡμῶν ἐστιν
    917 τί σὺ λέγεις περὶ αὐτοῦ, ὅτι ἠνέῳξεν
    1036 ὃν ὁ πατὴρ ἡγίασεν – ὑμεῖς λέγετε
    ὅτι βλασφημεῖς;
    1313 καὶ καλῶς (bene) λέγετε, εἰμὶ γάρ
    1834 ἀπὸ σεαυτοῦ σὺ τοῦτο λέγεις, ἢ –;
    1935 ἐκεῖνος οἶδεν ὅτι ἀληθῆ (vera) λέγει
Act 432 οὐδὲ εἷς τι – ἔλεγεν ἴδιον εἶναι
    536 λέγων εἶναί τινα ἑαυτὸν 89 μέγαν
    1028 μηδένα κοινόν – λέγειν ἄνθρωπον
    1718 τί ἂν θέλοι ὁ σπερμολόγος – λέγ.;
    – 21 λέγειν τι ἢ ἀκούειν τι καινότερον
    19 4 τῷ λαῷ λέγων εἰς τὸν ἐρχόμενον μετ'
    αὐτὸν ἵνα πιστεύσωσιν
    2121 λέγων μὴ περιτέμνειν (214)
    2414 κατὰ τὴν ὁδὸν ἣν λέγουσιν αἵρεσιν
    2622 οὐδὲν ἐκτὸς λέγων ὧν τε οἱ προφῆ-
    ται ἐλάλησαν μελλόντων γίνεσθαι
    28 6 ἔλεγον αὐτὸν (Paulum) εἶναι θεὸν
Rm 222 ὁ λέγων μὴ μοιχεύειν 123 λέγω –,
    μὴ ὑπερφρονεῖν παρ' ὃ δεῖ φρονεῖν

Rm 3 5 κατὰ ἄνθρωπον λέγω Gal 3 15 – Rm
6 19 ἀνθρώπινον λέγω διὰ τὴν ἀσθέν.
– 8 καθώς φασίν τινες ἡμᾶς λέγειν ὅτι
ποιήσωμεν τὰ κακὰ ἵνα ἔλθῃ
9 1 ἀλήθειαν λέγω ἐν Χῷ 1 Ti 2 7 ἀ. λ.
10 18 ἀλλὰ λέγω 19 11 1 λέγω οὖν 11
11 13 ὑμῖν δὲ λέγω τοῖς ἔθνεσιν
15 8 λέγω – Χὸν διάκονον γεγ. περιτομῆς
1 Co 1 10 ἵνα τὸ αὐτὸ (idipsum) λέγητε πάν-
τες 12 λέγω δὲ τοῦτο, ὅτι ἕκαστος ὑ-
μῶν λέγει· ἐγὼ μέν εἰμι Παύλου 3 4
6 5 πρὸς ἐντροπὴν ὑμῖν λέγω 7 35 πρὸς
τὸ ὑμῶν – σύμφορον 2 Co 6 13 ὡς τέ-
κνοις λέγω 7 3 πρὸς κατάκρισιν οὐ λ.
7 6 τοῦτο δὲ λέγω κατὰ συγγνώμην, οὐ
κατ᾽ ἐπιταγήν cfr 2 Co 8 8
– 8 λέγω δὲ τοῖς ἀγάμοις 12 τοῖς δὲ λοι-
ποῖς λέγω ἐγώ, οὐχ ὁ κύριος
8 5 εἴπερ εἰσὶν λεγόμενοι θεοί cfr 2 Th
2 4 ἐπὶ πάντα λεγόμενον θεόν
10 15 ὡς φρονίμοις λέγω b· κρίνατε ὑμεῖς
– 29 συνείδησιν – λέγω – τὴν τοῦ ἑτέρου
12 3 οὐδεὶς ἐν πνεύματι θεοῦ λαλῶν (lo-
quens) λέγει· ἀνάθεμα Ἰησοῦς
14 16 ἐπειδὴ τί λέγεις οὐκ οἶδεν
15 12 πῶς λέγουσιν ἐν ὑμῖν τινες ὅτι ἀνά-
στασις νεκρῶν οὐκ ἔστιν;
– 51 μυστήριον ὑμῖν λέγω· πάντες οὐ
2 Co 11 21 κατὰ ἀτιμίαν λέγω, – · – ἐν ἀφροσύ-
νῃ λέγω, τολμῶ κἀγώ
Gal 1 9 ὡς προειρήκαμεν, καὶ ἄρτι πάλιν λέ-
γω 3 17 τοῦτο δὲ λέγω· 4 1 λέγω δέ 5 16
4 21 λ..ετέ μοι, – τὸν νόμον οὐκ ἀκούετε;
5 2 ἐγὼ Παῦλος λέγω ὑμῖν ὅτι ἐάν
Eph 2 11 οἱ λεγόμενοι ἀκροβυστία ὑπὸ τῆς λε-
γομένης περιτομῆς ἐν σαρκί
4 17 τοῦτο – λέγω καὶ μαρτύρομαι ἐν κυ.
5 12 αἰσχρόν ἐστιν καὶ λέγειν
– 32 ἐγὼ δὲ λέγω εἰς Χὸν καὶ εἰς τὴν
ἐκκλησίαν cfr Act 2 25 Hb 7 13
Phl 3 18 οὓς πολλάκις ἔλεγον ὑμῖν, νῦν δὲ
καὶ κλαίων λέγω, τοὺς ἐχθρούς
4 11 οὐχ ὅτι καθ᾽ ὑστέρησιν λέγω
1 Th 4 15 τοῦτο – ὑμῖν λέγομεν ἐν λόγῳ κυρίου
1 Ti 1 7 μὴ νοοῦντες μήτε ἃ λέγουσιν b
2 Ti 2 7 νόει δ (vl ἃ vg) λέγω·
– 18 λέγοντες [τὴν] ἀνάστασιν – γεγονέναι
Tit 2 8 μηδὲν ἔχων λέγειν περὶ ἡμ. φαῦλον
Phm 19 ἵνα μὴ λέγω σοι ὅτι καὶ σεαυτόν μοι
21 ὅτι καὶ ὑπὲρ ἃ λέγω ποιήσεις
Hb 5 11 περὶ οὗ πολὺς ἡμῖν ὁ λόγος καὶ δυσ-
ερμήνευτος λέγειν (ad dicendum)

Hb 8 1 κεφάλαιον δὲ ἐπὶ τοῖς λεγομένοις
11 24 ἠρνήσατο λέγεσθαι (negavit se esse)
υἱὸς θυγατρὸς Φαραώ
13 6 ὥστε θαρροῦντας ἡμᾶς λέγειν·
Jac 1 13 μηδεὶς πειραζόμενος λεγέτω ὅτι
2 14 ἐὰν πίστιν λέγῃ τις ἔχειν ἔργα δέ
4 13 ἄγε νῦν οἱ λέγοντες· σήμερον ἢ αὔ-
ριον 15 ἀντὶ τοῦ λέγειν ὑμᾶς· ἐάν
1 Jo 2 4 ὁ λέγων ὅτι ἔγνωκα αὐτὸν 6 ὁ λ. ἐν
αὐτῷ μένειν 9 ὁ λ. ἐν τῷ φωτὶ εἶναι
5 16 οὐ περὶ ἐκείνης λέγω ἵνα ἐρωτήσῃ
2 Jo 10 χαίρειν αὐτῷ μὴ λέγετε· 11 ὁ λέγων
Ap 2 2 τοὺς λέγοντας ἑαυτοὺς ἀποστόλους
9 Ἰουδαίους εἶναι ἑαυτούς 3 9 – 2 20
ἡ λέγουσα ἑαυτὴν προφῆτιν
– 24 οἵτινες οὐκ ἔγνωσαν τὰ βαθέα τοῦ
σατανᾶ, ὡς λέγουσιν
3 17 ὅτι λέγεις ὅτι πλούσιός εἰμι

λεγιών, ἡ et (Mar 5 15) ὁ S° – legio
Mat 26 53 – Mar 5 9. 15 ‖ Luc 8 30

λεῖμμα reliquiae Rm 11 5 κατ᾽ ἐκλογήν

λεῖος planus Luc 3 5 „εἰς ὁδοὺς λείας"

λείπειν, ..εσθαι deesse b deficere c indigēre
Luc 18 22 ἔτι ἕν σοι λείπει· – πώλησον
Tit 1 5 ἵνα τὰ λείποντα ἐπιδιορθώσῃ 3 13
Jac 1 4 ὁλόκληροι, ἐν μηδενὶ λειπόμενοι b
– 5 εἰ δέ τις ὑμῶν λείπεται c σοφίας
2 15 λειπόμενοι c τῆς ἐφημέρου τροφῆς

λειτουργεῖν ministrare
Act 13 2 λ..ούντων – τῷ κυρίῳ καὶ νηστευόντ.
Rm 15 27 ἐν τοῖς σαρκικοῖς λ..ῆσαι αὐτοῖς
Hb 10 11 ἱερεὺς – καθ᾽ ἡμέραν λειτουργῶν

λειτουργία ministerium b obsequium c officium
Luc 1 23 ἐπλήσθησαν αἱ ἡμέραι τῆς λειτουργy. c
2 Co 9 12 ἡ διακονία τῆς λ..ίας c ταύτης οὐ
Phl 2 17 ἐπὶ τῇ – λ..ίᾳ b τῆς πίστεως ὑμῶν
– 30 τὸ ὑμῶν ὑστέρημα τῆς πρός με λ. b
Hb 8 6 νυν[ὶ] – διαφορωτέρας τέτυχεν λ..ίας
9 21 τὰ σκεύη τῆς λ. τῷ αἵμ. – ἐρράντισεν

λειτουργικός administratorius
Hb 1 14 οὐχὶ πάντες εἰσὶν λ..ικὰ πνεύματα – ;

λειτουργός minister
Rm 13 6 λ..οὶ – θεοῦ εἰσιν εἰς αὐτὸ τοῦτο

Rm 15ₗ₆ εἰς τὸ εἶναί με λ..ὸν Χοῦ – εἰς τὰ ἔ-
θνη, ἱερουργοῦντα τὸ εὐαγγέλιον
Phl 2₂₅ Ἐπαφρ..ον –, – λ..ὸν τῆς χρείας μου
Hb 1₇ „ὁ ποιῶν – τοὺς λειτουργοὺς αὐτοῦ
πυρὸς φλόγα"
8₂ τῶν ἁγίων λ..ὸς καὶ τῆς σκηνῆς

λεμά S⁰ – *lamma* (vl *lema*) Mat 27₄₆

λέντιον S⁰ – *linteum* Joh 13₄.₅

λεπίς *squama* Act 9₁₈ ὡς λεπίδες

λέπρα *lepra* Mat 8₃ ‖ Mar 1₄₂ Luc 5₁₂.₁₃

λεπρός *leprosus* Mat 8₂ ‖ Mar 1₄₀
Mat 10 8 λεπροὺς καθαρίζετε, δαιμόνια ἐκβ.
11₅ λεπροὶ καθαρίζονται ‖ Luc 7₂₂
26₆ Σίμωνος τοῦ λεπροῦ ‖ Mar 14₃
Luc 4₂₇ πολλοὶ λεπροὶ ἦσαν ἐν τῷ Ἰσραὴλ
17₁₂ ἀπήντησαν [αὐτῷ] δέκα λεπροὶ ἄνδρες

λεπτόν S⁰ – *minutum* ᵇ*aes minutum*
Mar 12₄₂ χήρα – ἔβαλεν λεπτὰ δύο ‖ Luc 21₂ᵇ
Luc 12₅₉ ἕως καὶ τὸ ἔσχατον λεπτὸν ἀποδῷς

Λευίς Jacobi filius Hb 7₅.₉ Ap 7₇ φυλῆς
Λευί – duo maiores Jesu Luc 3₂₄.
29 – publicanus Mar 2₁₄ ‖ Luc 5₂₇.₂₉

Λευίτης Luc 10₃₂ Joh 1₁₉ Act 4₃₆

Λευιτικός Hb 7₁₁ διὰ τῆς Λ. ἱερωσύνης

λευκαίνειν ᵃ*dealbare* ᵇ*candidum facere*
Mar 9 3ᵇ Ap 7₁₄ᵃ τὰς στολάς

λευκός *albus* ᵇ*candidus*
Mat 5₃₆ μίαν τρίχα λευκὴν ποιῆσαι ἢ μέλαιν.
17₂ τὰ δὲ ἱμάτια αὐτοῦ – λευκὰ ὡς τὸ
φῶς ‖ Mar 9₃ στίλβοντα λ.ᵇ λίαν Luc
9₂₉ – Mat 28₃ (vg⁰) ‖ Mar 16₅ᵇ
Joh 20₁₂ ἐν λευκοῖς – Act 1₁₀
Joh 4₃₅ ὅτι λευκαί εἰσιν πρὸς θερισμόν
Ap 1₁₄ „αἱ τρίχες λευκαὶᵇ ὡς ἔριον" λ..όν
2₁₇ τῷ νικῶντι δώσω – ψῆφον λευκήνᵇ
3₄ περιπατήσουσιν μετ' ἐμοῦ ἐν λευκοῖς
5 ὁ νικῶν – περιβαλεῖται ἐν ἱματίοις
λευκοῖς 18 ἱμάτια λευκὰ ἵνα περιβάλῃ
4₄ 6₁₁ ἐδόθη – ἑκάστῳ στολὴ λευκή
7₉.₁₃ 19₁₄ ἐνδεδυμένοι βύσσινον λευ-
κὸν καθαρόν
6₂ ἰδοὺ ἵππος λ. 19₁₁.₁₄ ἐφ' ἵπποις λ.

Ap 14₁₄ εἶδον, καὶ ἰδοὺ νεφέλη λευκήᵇ
20₁₁ „εἶδον θρόνον" μέγαν λευκόνᵇ

λέων *leo*
2 Ti 4₁₇ ἐρρύσθην „ἐκ στόματος λέοντος"
Hb 11₃₃ ἔφραξαν στόματα λεόντων
1 Pe 5 8 διάβολος „ὡς λέων ὠρυόμενος"
Ap 4₇ τὸ ζῷον τὸ πρῶτον ὅμοιον λέοντι
5 5 ἐνίκησεν ὁ „λέων – Ἰούδα"
9 8 „οἱ ὀδόντες αὐτῶν ὡς λεόντων" 17
ὡς κεφαλαὶ λ. 13₂ ὡς στόμα λ..ος
10 3 ἔκραξεν – ὥσπερ λέων μυκᾶται

λήθη *oblivio* 2 Pe 1₉ λήθην λαβὼν τοῦ
καθαρισμοῦ τῶν πάλαι – ἁμαρτιῶν

λῆμψις *acceptum* Phl 4₁₅ ἐκοινώνησεν (sc
μοὶ) εἰς λόγον δόσεως καὶ λήμψεως

ληνός *lacus* ᵇ*torcular*
Mat 21₃₃ „ὤρυξεν ἐν αὐτῷ ληνόνᵇ"
Ap 14₁₉ ἔβαλεν εἰς τὴν ληνὸν τοῦ θυμοῦ τοῦ
θεοῦ τὸν μέγαν (vl τὴν μεγάλην) 20 „ἐ-
πατήθη ἡ ληνός" ἔξωθεν τῆς πόλεως, καὶ
ἐξῆλθεν αἷμα ἐκ τῆς ληνοῦ 19₁₅ „πατεῖ
τὴν ληνόνᵇ" τοῦ οἴνου τοῦ θυμοῦ

λῆρος *deliramentum* Luc 24₁₁ ὡσεὶ λῆρος

ληστής *latro*
Mat 21₁₃ „σπήλαιον λ..ῶν" ‖ Mar 11₁₇ Luc 19₄₆
26₅₅ ὡς ἐπὶ λῃστὴν ‖ Mar 14₄₈ Luc 22₅₂
27₃₈ σὺν αὐτῷ δύο λ..αί 44 οἱ λ. – ὠνείδι-
ζον αὐτόν ‖ Mar 15₂₇ δύο λῃστάς
Luc 10₃₀ λῃσταῖς περιέπεσεν 36 εἰς τοὺς λ..άς
Joh 10 1 κλέπτης ἐστὶν καὶ λ. 8 ὅσοι ἦλθον
[πρὸ ἐμοῦ] κλέπται εἰσὶν καὶ λῃσταί
18₄₀ ἦν δὲ ὁ Βαραββᾶς λῃστής
2 Co 11₂₆ κινδύνοις λῃστῶν

λίαν *valde* ᵇ*nimis* ᶜ*plus* ᵈ*vehementer*
Mat 2₁₆ ἐθυμώθη λίαν 27 14 θαυμάζειν – λ.ᵈ
Mar 6₅₁ᶜ ἐξίσταντο Luc 23₈ ἐχάρη 2 Ti
4₁₅ λίαν – ἀντέστη τοῖς ἡμετέροις λόγοις
2 Jo 4 ἐχάρην 3 Jo 3 – Mat 4₈ ὄρος ὑψη-
λὸν λ. 8₂₈ χαλεποὶ λ.ᵇ Mar 9₃ λευκὰ λ.ᵇ
135 πρωῒ ἔννυχα λίαν 16₂ λίαν πρωΐ

λίβανος *thus* Mat 2₁₁ Ap 18₁₃

λιβανωτός *thuribulum* Ap 8₃.₅

Λιβερτῖνοι Act 6₉ συναγωγῆς – Λιβερτίνων

Λιβύη ἡ κατὰ Κυρήνην Act 2 10

λιθάζειν *lapidare*
Joh [[8 5 ἐνετείλατο τὰς τοιαύτας λιθάζειν]]
10 31 ἵνα λιθάσωσιν αὐτόν 32.33 11 8
Act 5 26 − 14 19 λιθάσαντες τὸν Παῦλον
2 Co 11 25 ἅπαξ ἐλιθάσθην, τρὶς ἐναυάγησα
Hb 11 37 ἐλιθάσθησαν, ἐπρίσθησαν

λίθινος *lapideus* Joh 2 6 λίθιναι ὑδρίαι
2 Co 3 3 οὐκ ἐν „πλαξὶν λ." Ap 9 20 εἴδωλα

λιθοβολεῖν *lapidare* Mat 21 35 ὃν δὲ ἐλ. η-
σαν 23 37 Ἰερουσαλ., ἡ − λ. οὖσα τοὺς
ἀπεσταλμένους πρὸς αὐτήν ‖ Luc 13 34
Act 7 58.59 (Stephanum) 14 5 − Hb 12 20

λίθος *lapis* [b] *saxum*
Mat 3 9 δύναται − ἐκ τῶν λίθων τούτων ἐγεῖ-
ραι τέκνα τῷ Ἀβραάμ ‖ Luc 3 8
4 3 ἵνα οἱ λ. οὗτοι ἄρτοι γέν. ‖ Luc 4 3
− 6 „μήποτε προσκόψῃς πρὸς λίθον τὸν
πόδα σου" ‖ Luc 4 11
7 9 μὴ λίθον ἐπιδώσει −; (Luc 11 11 vl)
21 42 „λίθον ὃν ἀπεδοκίμασαν −, − ἐγενήθ-
θη εἰς κεφαλὴν γωνίας" [44 ὁ πεσὼν
ἐπὶ τὸν λ. τοῦτον −· ἐφ᾽ ὃν δ᾽ ἂν πέ-
σῃ −] ‖ Mar 12 10 Luc 20 17.18 − Act
4 11 οὗτός ἐστιν „ὁ λ. ὁ ἐξουθενη-
θείς" ὑφ᾽ ὑμῶν „τῶν οἰκοδόμων, ὁ
γενόμενος εἰς κεφαλὴν γωνίας"
24 2 οὐ μὴ ἀφεθῇ − λίθος ἐπὶ λίθον ‖ Mar
13 1 ἴδε ποταποὶ λίθοι 2 Luc 19 44
21 5 λίθοις καλοῖς − κεκόσμηται 6
27 60 προσκυλίσας λίθον [b] μέγαν 66 σφρα-
γίσαντες τὸν λίθον ‖ Mar 15 46
28 2 ἄγγελος − ἀπεκύλισεν τὸν λ. Mar 16 3
τίς ἀποκυλίσει ἡμῖν τὸν λ. −; 4 ὅτι
ἀποκεκύλισται ὁ λ. ‖ Luc 24 2 Joh
20 1 βλέπει τὸν λίθον ἠρμένον
Mar 5 5 ἦν − κατακόπτων ἑαυτὸν λίθοις
Luc 17 2 εἰ λ. μυλικὸς περίκειται περὶ τὸν τρά-
χηλον − Ap 18 21 λίθον ὡς μύλινον
19 40 οἱ λίθοι κράξουσιν [βολὴν
22 41 ἀπεσπάσθη ἀπ᾽ αὐτῶν ὡσεὶ λίθου
Joh 8 [[7 πρῶτος ἐπ᾽ αὐτὴν βαλέτω λίθον]]
− 59 ἦραν − λίθους ἵνα βάλωσιν ἐπ᾽ αὐ-
τόν 10 31 ἐβάστασαν πάλιν λίθους
11 38 λίθος ἐπέκειτο 39.41 ἦραν − τὸν λίθον
Act 17 29 ἢ λίθῳ − τὸ θεῖον εἶναι ὅμοιον
Rm 9 32 προσέκοψαν „τῷ λ. τοῦ προσκόμμα-
τος" 33 τίθημι − „λίθον πρ..ος"

1 Co 3 12 εἰ δέ τις ἐποικοδομεῖ − λίθους τιμίους
2 Co 3 7 ἐν γράμμασιν ἐντετυπωμένη λίθοις
1 Pe 2 4 πρὸς ὃν προσερχόμενοι, λίθον ζῶν-
τα, − 5 αὐτοὶ ὡς λίθοι ζῶντες οἰκο-
δομεῖσθε 6 „τίθημι − λίθον ἀκρογω-
νιαῖον ἐκλεκτὸν ἔντιμον" 7 ἀπιστοῦσιν
δὲ „λίθος ὃν ἀπεδοκίμασαν −, − ἐγε-
νήθη − 8 λίθος προσκόμματος"
Ap 4 3 ὅμοιος ὁράσει λίθῳ ἰάσπιδι 17 4 κεχρυ-
σωμένη χρυσίῳ καὶ λίθῳ τιμίῳ 18 12.16
21 11 ὁ φωστὴρ αὐτῆς ὅμοιος λίθῳ
τιμιωτάτῳ ὡς λίθῳ ἰάσπιδι 19

λιθόστρωτος *lithostrotos* (..*us*) Joh 19 13

λικμᾶν S[o] − [a] *conterere* [b] *comminuere*
[Mat 21 44 ἐφ᾽ ὃν δ᾽ ἂν πέσῃ, λικμήσει[a] αὐτόν]
‖ Luc 20 18 [b]

λιμήν *portus* Act 27 8 Καλοὶ λιμένες 12

λίμνη *stagnum* Luc 5 1 Γεννησ. 2 8 22.23.33
Ap 19 20 εἰς τὴν λ. τοῦ πυρός 20 10.14.15 21 8

λιμός, ὁ et ἡ *fames*
Mat 24 7 ἔσονται λιμοὶ καὶ σεισμοί ‖ Mar 13 8
Luc 21 11 λιμοὶ καὶ λοιμοί
Luc 4 25 ὡς ἐγένετο λ. μέγας Act 11 28 ἐσή-
μανεν − λιμὸν μεγάλην − ἔσεσθαι
15 14 λ. ἰσχυρά 17 ἐγὼ − λιμῷ − ἀπόλλυμαι
Act 7 11 „λιμὸς ἐφ᾽ ὅλην τὴν Αἴγ. καὶ Χαν."
Rm 8 35 ἢ διωγμὸς ἢ λιμὸς ἢ γυμνότης −;
2 Co 11 27 ἐν λιμῷ καὶ δίψει, ἐν νηστείαις
Ap 6 8 „ἀποκτεῖναι − ἐν λιμῷ καὶ ἐν θανάτῳ"
18 8 θάνατος καὶ πένθος καὶ λιμός

λίνον *linum* Mat 12 20 „λίνον τυφόμενον"
Ap 15 6 ἐνδεδυμένοι λίνον καθαρόν

Λίνος 2 Ti 4 21 ἀσπάζεταί σε − Λίνος

λιπαρός *pinguis* Ap 18 14 τὰ λ. − ἀπώλετο

λίτρα S[o] − *libra* Joh 12 3 μύρου 19 39

λίψ *Africus* Act 27 12 βλέποντα κατὰ λίβα

λογεία S[o] − *collecta* 1 Co 16 1 εἰς τοὺς ἁγ. 2

λογίζεσθαι *reputare* [b] *accepto ferre* [c] *aes-
timare* [d] *arbitrari* [e] *cogitare* [f] *de-
putare* [g] *existimare* [h] *imputare*
Luc 22 37 „καὶ μετὰ ἀνόμων ἐλογίσθη[f]" (‖ vl
Mar 15 28 vg *reputatus est*)

Joh 11 50 οὐδὲ λογίζεσθε ᵉ ὅτι συμφέρει ὑμῖν
Act 19 27 τὸ – ἱερὸν εἰς οὐθὲν λογισθῆναι
Rm 2 3 λογίζῃ ᵍ – τοῦτο, – ὅτι σὺ ἐκφεύξῃ –;
– 26 οὐχ ἡ ἀκροβυστία αὐτοῦ εἰς περιτο-
μὴν λογισθήσεται;
3 28 λ..όμεθα ᵈ – δικαιοῦσθαι πίστει ἄνθρ.
4 3 „ἐλογίσθη αὐτῷ εἰς δικαιοσύνην" 9
„ἡ πίστις" 22. 23 Gal 3 6 Jac 2 23
– 4 τῷ – ἐργαζομένῳ ὁ μισθὸς οὐ λ..εται ʰ
κατὰ χάριν 5 πιστεύοντι δὲ –, λ..εται
ἡ πίστις αὐτοῦ εἰς δικαιοσύνην
– 6 ᾧ ὁ θεὸς λ..εται ᵇ δικαιοσύνην χωρὶς
ἔργων 8 „ἀνὴρ οὗ (vl ᾧ) οὐ μὴ λο-
γίσηται ʰ κύριος ἁμαρτίαν"
– 10 πῶς οὖν ἐλογίσθη; (sc τῷ ᾿Αβρ.)
– 11 εἰς τὸ λογισθῆναι [καὶ] αὐτοῖς [τὴν]
δικαιοσύνην
– 24 καὶ δι᾿ ἡμᾶς, οἷς μέλλει λογίζεσθαι
6 11 λ..εσθε ᵍ ἑαυτοὺς [εἶναι] νεκροὺς μέν
8 18 λ..ομαι ᵍ – ὅτι οὐκ ἄξια τὰ παθήμα.
– 36 „ἐλογίσθημεν ᶜ ὡς πρόβατα σφαγῆς"
9 8 τὰ τέκνα τῆς ἐπαγγελίας λογίζεται ᶜ
εἰς σπέρμα
14 14 εἰ μὴ τῷ λογιζομένῳ ᵍ τι κοινὸν εἶ-
ναι, ἐκείνῳ κοινόν
1 Co 4 1 οὕτως ἡμᾶς λ..έσθω ᵍ ἄνθρωπος ὡς
ὑπηρέτας Χοῦ καὶ οἰκονόμους
13 5 [ἡ ἀγάπη] – „οὐ λ..εται ᶜ τὸ κακόν"
– 11 ἐλογιζόμην ᵉ ὡς νήπιος
2 Co 3 5 οὐχ ὅτι ἀφ᾿ ἑαυτῶν ἱκανοί ἐσμεν λο-
γίσασθαι ᶜ τι ὡς ἐξ ἑαυτῶν, ἀλλ᾿ ἡ
ἱκανότης ἡμῶν ἐκ τοῦ θεοῦ
5 19 μὴ λ..όμενος αὐτοῖς τὰ παραπτώμα.
10 2 τῇ πεποιθήσει ᾗ λ..ομαι ᵍ (existimor)
τολμῆσαι ἐπί τινας τοὺς λ..ομένους ᵈ
ἡμᾶς ὡς κατὰ σάρκα περιπατοῦντας
– 7 τοῦτο λογιζέσθω ᵉ πάλιν ἐφ᾿ ἑαυτοῦ,
ὅτι – καὶ ἡμεῖς (sc Χοῦ ἐσμεν)
– 11 τοῦτο λογιζέσθω ᵉ ὁ τοιοῦτος, ὅτι
11 5 λογίζομαι ᵍ γὰρ μηδὲν ὑστερηκέναι
12 6 μή τις εἰς ἐμὲ λογίσηται ᵍ ὑπὲρ ὅ
Phl 3 13 ἐγὼ ἐμαυτὸν οὐ (vl οὔπω) λογίζομαι ᵈ
κατειληφέναι
4 8 ὅσα ἐστὶν ἀληθῆ, –, ταῦτα λογίζεσθε ᵉ
2 Ti 4 16 μὴ αὐτοῖς λογισθείη ʰ (vl ᵃ)
Hb 11 19 λογισάμενος ᵈ ὅτι καὶ ἐκ νεκρῶν ἐ-
γείρειν δυνατὸς ὁ θεός
1 Pe 5 12 τοῦ πιστοῦ ἀδελφοῦ, ὡς λογίζομαι ᵈ

λογικός Sᵒ – rationabilis
Rm 12 1 τὴν λογικὴν λατρείαν ὑμῶν
1 Pe 2 2 τὸ λ..ὸν ἄδολον γάλα ἐπιποθήσατε

λόγια, τά sermones ᵇeloquia ᶜverba
Act 7 38 ὃς ἐδέξατο λ.ᶜ ζῶντα δοῦναι ἡμῖν
Rm 3 2 ἐπιστεύθησαν τὰ λ.ᵇ τοῦ θεοῦ
Hb 5 12 τὰ στοιχεῖα τῆς ἀρχῆς τῶν λ. τοῦ θ.
1 Pe 4 11 εἴ τις λαλεῖ, ὡς λόγια θεοῦ· εἴ τις

λόγιος Sᵒ – eloquens Act 18 24 ᾿Απ. – ἀνὴρ λ.

λογισμός ᵃcogitatio ᵇconsilium
Rm 2 15 τῶν λογισμῶν ᵃ κατηγορούντων ἢ καί
2 Co 10 4 λ..οὺς ᵇ καθαιροῦντες καὶ πᾶν ὕψω.

λογομαχεῖν Sᵒ – contendere verbis 2 Ti 2 14

λογομαχία Sᵒ – pugna verborum 1 Ti 6 4

λόγος ad 1) et 2) verbum ᵇsermo

1) verbum Dei substantiale
Joh 1 1 ἐν ἀρχῇ ἦν ὁ λόγ., καὶ ὁ λόγος ἦν
πρὸς τὸν θεόν, καὶ θεὸς ἦν ὁ λόγος
– 14 ὁ λόγος σὰρξ ἐγένετο καὶ ἐσκήνωσεν
1 Jo 1 1 ὃ ἐθεασάμεθα –, περὶ τοῦ λόγου τῆς
ζωῆς, – ἀπαγγέλλομεν καὶ ὑμῖν
Ap 19 13 κέκληται τὸ ὄνομα αὐτοῦ ὁ λόγος
τοῦ θεοῦ

2) verbum Dei et Christi (ὁ λόγος, ὁ λ.
τοῦ θεοῦ, τοῦ κυρίου, Χοῦ, ὁ ἐμός, τῆς
ἀληθείας, σωτηρίας, χάριτος, τοῦ εὐαγ-
γελίου, τῆς βασιλείας, τοῦ σταυροῦ, ὁ
ἐν τῷ νόμῳ κτλ.)

Mat 7 24 ὅστις ἀκούει μου τοὺς λόγους τού-
τους καὶ ποιεῖ 26 ὁ ἀκούων – καὶ μὴ
ποιῶν || Luc 6 47 ᵇ
– 28 ὅτε ἐτέλεσεν – τοὺς λόγ. 19 1 ᵇ 26 1 ᵇ
13 19 παντὸς ἀκούοντος τὸν λ. τῆς βασι-
λείας καὶ μὴ συνιέντος 20 ὁ τὸν λόγ.
ἀκούων καὶ εὐθὺς – λαμβάνων 21 διωγ-
μοῦ διὰ τὸν λ. 22 ὁ τὸν λ. ἀκούων,
– συμπνίγει τὸν λ. καὶ ἄκαρπος γίνε-
ται 23 ὁ τὸν λ. ἀκ. καὶ συνιείς || Mar
4 14 τὸν λ. σπείρει 15 ὅπου σπείρεται
ὁ λ., καὶ – ὁ σατ. – αἴρει τὸν λ. 16. 17.
18. 19 συμπνίγουσιν τὸν λ. 20 ἀκούου-
σιν τὸν λ. καὶ παραδέχονται Luc 8 11
ὁ σπόρος ἐστὶν ὁ λ. τοῦ θεοῦ 12 αἴ-
ρει τὸν λόγον 13 δέχονται τὸν λόγον
15 ἐν καρδίᾳ – ἀγαθῇ ἀκούσαντες τὸν
λόγον κατέχουσιν
15 6 ἠκυρώσατε τὸν λ. (vl νόμον et ἐντο-
λὴν vg mandatum) τ. θεοῦ || Mar 7 13

Mat 15 12 ἀκούσαντες τὸν λ. ἐσκανδαλίσθησαν
19 11 οὐ πάντες χωροῦσιν τὸν λ. [τοῦτον]
— 22 ἀκούσας - ὁ νεανίσκος τὸν λ. ‖ Mar
10 22 στυγνάσας ἐπὶ τῷ λ. ἀπῆλθεν
24 35 οἱ δὲ λόγ. μου οὐ μὴ παρέλθωσιν ‖
Mar 13 31 οὐ - παρελεύσονται Luc 21 33
26 44 τὸν αὐτὸν λόγ.ᵇ εἰπών ‖ Mar 14 39ᵇ
Mar 2 2 ἐλάλει αὐτοῖς τὸν λόγον 8 32 παρρη-
σίᾳ 4 33 παραβολαῖς πολλαῖς
8 38 ὃς - ἐὰν ἐπαισχυνθῇ με καὶ τοὺς ἐ-
μοὺς λόγους ‖ Luc 9 26ᵇ
9 10 τὸν λόγον ἐκράτησαν πρὸς ἑαυτούς
10 24 ἐθαμβοῦντο ἐπὶ τοῖς λόγοις αὐτοῦ
[[16 20 τοῦ χυρίου - τὸν λόγ.ᵇ βεβαιοῦντος]]
Luc 1 2 οἱ - ὑπηρέται γενόμενοι τοῦ λόγουᵇ
4 22 ἐθαύμαζον ἐπὶ τοῖς λ. τῆς χάριτος
— 32 ἐν ἐξουσίᾳ ἦν ὁ λόγοςᵇ αὐτοῦ 36
5 1 ἐν τῷ - ἀκούειν τὸν λόγον τοῦ θεοῦ
8 21 οἱ τὸν λόγον τοῦ θεοῦ ἀκούοντες
καὶ ποιοῦντες 11 28 καὶ φυλάσσοντες
9 44 θέσθε - εἰς τὰ ὦτα - τοὺς λ.ᵇ τούτους
10 39 Μαριάμ, [ἣ] - ἤκουεν τὸν λόγ. αὐτοῦ
(22 61 νὶ ὑπεμνήσθη ὁ Πέτρ. τοῦ λ. τ. χυρίου)
24 19 προφήτης δυνατὸς ἐν ἔργῳ καὶ λ.ᵇ
— 44 οἱ λόγ. μου οὓς ἐλάλησα πρὸς ὑμᾶς
Joh 2 22 ἐπίστευσαν - τῷ λόγῳᵇ ὃν εἶπεν ὁ
Ἰησοῦς 4 41 πλείους ἐπίστευσαν διὰ
τὸν λόγονᵇ αὐτοῦ 50 ἐπίστευσεν -
τῷ λόγῳᵇ - 15 20 μνημονεύετε τοῦ
λόγουᵇ οὗ ἐγὼ εἶπον ὑμῖν 18 9 ἵνα
πληρωθῇ ὁ λόγοςᵇ ὃν εἶπεν 32 ἵνα
ὁ λόγοςᵇ τοῦ Ἰησοῦ πληρωθῇ
5 24 ὁ τὸν λόγον μου ἀκούων cfr 8 43ᵇ
— 38 τὸν λ. αὐτοῦ οὐκ ἔχετε ἐν ὑμῖν μέ-
6 60 σκληρός ἐστιν ὁ λ.ᵇ οὗτος |νοντα
7 36 τίς ἐστιν ὁ λόγ.ᵇ οὗτος ὃν εἶπεν· -
— 40 ἀκούσαντες τῶν λ.ᵇ τούτων ἔλεγον
8 31 ἐὰν - μείνητε ἐν τῷ λόγῳᵇ τῷ ἐμῷ
— 37 ὁ λόγοςᵇ ὁ ἐμὸς οὐ χωρεῖ ἐν ὑμῖν
— 43 διὰ τί τὴν λαλιάν (loquelam) τὴν ἐ-
μὴν οὐ γινώσκετε; ὅτι οὐ δύνασθε
ἀκούειν τὸν λόγονᵇ τὸν ἐμόν
— 51 ἐάν τις τὸν ἐμὸν λ.ᵇ τηρήσῃ 52ᵇ 55
τὸν λ.ᵇ αὐτοῦ τηρῶ 14 23 τὸν λ.ᵇ μου
τηρήσει 24 τοὺς λόγ.ᵇ μου οὐ τηρεῖ
15 20 εἰ τὸν λ.ᵇ μου ἐτήρησαν 17 6 τὸν
λόγονᵇ σου τετήρηκαν → 1 Jo 2 5
10 19 σχίσμα - ἐγέν. - διὰ τοὺς λ.ᵇ τούτους
— 35 πρὸς οὓς ὁ λόγ.ᵇ τοῦ θεοῦ ἐγένετο
12 48 ὁ λόγος ὃν ἐλάλησα, - κρινεῖ αὐτόν
14 24 ὁ λόγ.ᵇ ὃν ἀκούετε οὐκ ἔστιν ἐμός
15 3 καθαροὶ - διὰ τὸν λ.ᵇ ὃν λελάληκα

Joh 15 25 ἵνα πληρωθῇ ὁ λόγοςᵇ ὁ ἐν τῷ νό-
μῳ αὐτῶν γεγραμμένος
17 14 ἐγὼ δέδωκα αὐτοῖς τὸν λόγονᵇ σου
— 17 ὁ λόγοςᵇ ὁ σὸς ἀλήθειά ἐστιν
Act 4 4 πολλοὶ - τῶν ἀκουσάντων τὸν λόγον
ἐπίστευσαν 10 44 ἐπέπεσεν τὸ πνεῦ-
μα - ἐπὶ πάντας τ. ἀκούοντας τὸν λ.
— 29 δὸς - μετὰ παρρησίας - λαλεῖν τὸν
λ. σου 31 ἐλάλουν τὸν λ. τοῦ θεοῦ
μετὰ παρρησ. 8 25 τὸν λ. τοῦ κυρίου
11 19 μηδενὶ λαλοῦντες τὸν λ. εἰ μὴ -
Ἰουδαίοις 13 46 λαληθῆναι τὸν λ. τοῦ
θ. 14 25 λαλήσαντες ἐν Πέργῃ τὸν λ.
16 6 κωλυθέντες - λαλῆσαι τὸν λόγον
ἐν τῇ Ἀσίᾳ 32 ἐλάλησαν αὐτῷ τὸν
λόγον τοῦ κυρίου (νὶ θεοῦ)
6 2 καταλείψαντας τὸν λόγον τοῦ θεοῦ
— 4 τῇ διακονίᾳ τοῦ λ. προσκαρτερήσομ.
— 7 ὁ λ. τοῦ θεοῦ ηὔξανεν 12 24 θεοῦ
ηὔξανεν καὶ ἐπληθύνετο 19 20 κατὰ
κράτος - ηὔξανεν καὶ ἴσχυεν
8 4 εὐαγγελιζόμενοι τὸν λ. 15 35 τοῦ κυ.
— 14 δέδεκται ἡ Σαμάρεια τὸν λ. τοῦ θεοῦ
11 1 τὰ ἔθνη ἐδέξαντο 17 11 τὸν λόγ.
10 36 „τὸν λ. - ἀπέστειλεν" τ. υἱοῖς „Ἰσρ."
13 5 κατήγγειλον τὸν λόγ. τοῦ θεοῦ 15 36
τοῦ κυρίου 17 13 τοῦ θεοῦ
— 7 ἐπεζήτησεν ἀκοῦσαι τὸν λ. τοῦ θεοῦ
44 ἡ πόλις συνήχθη ἀκοῦσαι 15 7 ἀ-
κοῦσαι τὰ ἔθνη τὸν λ. τοῦ εὐαγγελ.
19 10 τοῦ κυρίου, Ἰουδ. τε καὶ Ἕλλ.
— 26 ἡμῖν (νὶ ὑμῖν νg) „ὁ λόγος" τῆς σω-
τηρίας ταύτης „ἐξαπεστάλη"
— 48 ἐδόξαζον τὸν λ. τοῦ κυρ. (νὶ θεοῦ)
— 49 διεφέρετο - ὁ λ. τοῦ κυρίου δι' ὅλης
14 3 ἐπὶ τ. κυρίῳ τ. μαρτυροῦντι [ἐπὶ] τῷ
λόγῳ τῆς χάριτος αὐτοῦ 20 32 παρα-
τίθεμαι ὑμᾶς τῷ θεῷ (νὶ κυρίῳ) καὶ
τῷ λόγῳ τῆς χάριτος αὐτοῦ
18 5 συνείχετο τῷ λόγῳ ὁ Παῦλος
— 11 διδάσκων ἐν αὐτοῖς τὸν λ. τοῦ θεοῦ
20 35 μνημονεύειν - τῶν λ. τοῦ κυρ. Ἰησοῦ
Rm 3 4 „ὅπως ἂν δικαιωθῇς ἐν τοῖς λ.ᵇ σου"
9 6 οὐχ οἷον - ὅτι ἐκπέπτωκεν ὁ λ. τοῦ
— 9 ἐπαγγελίας γὰρ ὁ λ. οὗτος   [θεοῦ
— 28 „λόγον γὰρ συντελῶν καὶ συντέμνων
ποιήσει κύριος ἐπὶ τῆς γῆς"
13 9 ἐν τῷ λόγῳ τούτῳ ἀνακεφαλαιοῦται
Gal 5 14 ἐν ἑνὶ λόγῳᵇ πεπλήρωται
1 Co 1 5 λόγῳ - τοῦ σταυροῦ - μωρία ἐστίν
14 36 ἀφ' ὑμῶν ὁ λ. τοῦ θεοῦ ἐξῆλθεν -;
15 54 τότε γενήσεται ὁ λ.ᵇ ὁ γεγραμμένος

2 Co 2 17 καπηλεύοντες τὸν λόγον τοῦ ϑεοῦ
4 2 μηδὲ δολοῦντες τὸν λόγον τοῦ ϑεοῦ
5 19 ϑέμενος ἐν ἡμῖν τὸν λόγον τῆς κατ-
αλλαγῆς
6 7 ἐν λόγῳ ἀληϑείας, ἐν δυνάμει ϑεοῦ
Gal 6 6 ὁ κατηχούμενος τὸν λόγον
Eph 1 13 ἀκούσαντες τὸν λόγον τῆς ἀληϑείας
Phl 1 14 περισσοτέρως τολμᾶν ἀφόβως τὸν
λόγον (vl + τοῦ ϑεοῦ) λαλεῖν
2 16 λόγον ζωῆς ἐπέχοντες (continentes)
Col 1 5 ἐν τῷ λ. τῆς ἀληϑείας τοῦ εὐαγγελ.
– 25 πληρῶσαι τὸν λόγον τοῦ ϑεοῦ
3 16 ὁ λόγος τοῦ Χοῦ ἐνοικείτω ἐν ὑμῖν
4 3 ἵνα – ἀνοίξῃ ἡμῖν ϑύραν τοῦ λόγου ᵇ
1 Th 1 6 δεξάμενοι τὸν λόγ. ἐν ϑλίψει πολλῇ
– 8 ἀφ᾽ ὑμῶν – ἐξήχηται ὁ λ.ᵇ τοῦ κυρ.
2 13 παραλαβόντες λόγον ἀκοῆς παρ᾽ ἡ-
μῶν τοῦ ϑεοῦ ἐδέξασϑε οὐ λόγον
ἀνϑρώπων ἀλλὰ – λόγον ϑεοῦ
4 15 τοῦτο – ὑμῖν λέγομεν ἐν λόγῳ κυρίου
2 Th 3 1 ἵνα ὁ λόγος ᵇ τοῦ κυρίου τρέχῃ καὶ
δοξάζηται καϑὼς καὶ πρὸς ὑμᾶς
1 Ti 1 15 πιστὸς ὁ λ.ᵇ καὶ – ἀποδοχῆς ἄξιος
3 1 πιστ. ὁ λ.ᵇ 4 9 ᵇ 2 Ti 2 11 ᵇ Tit 3 8 ᵇ
4 5 ἁγιάζεται γὰρ διὰ λόγου ϑεοῦ
– 6 ἐντρεφόμενος τοῖς λόγ. τῆς πίστεως
6 3 εἴ τις – μὴ προσέρχεται ὑγιαίνουσιν
λόγοις ᵇ τοῖς τοῦ κυρίου ἡμῶν Ἰ. Χ.
2 Ti 2 9 ἀλλὰ ὁ λόγος τοῦ ϑεοῦ οὐ δέδεται
– 15 ὀρϑοτομοῦντα τὸν λ. τῆς ἀληϑείας
4 2 κήρυξον τὸν λόγ., ἐπίστηϑι εὐκαίρως
Tit 1 3 ἐφανέρωσεν – τὸν λ. αὐτοῦ ἐν κηρύγ-
ματι ὃ ἐπιστεύϑην ἐγώ
– 9 ἀντεχόμενον (sc τὸν ἐπίσκοπον) τοῦ
κατὰ τὴν διδαχὴν πιστοῦ λόγου ᵇ
2 5 ἵνα μὴ ὁ λ. τοῦ ϑεοῦ βλασφημῆται
Hb 2 2 ὁ δι᾽ ἀγγέλων λαληϑεὶς λ.ᵇ ἐγέν. βέβ.
4 2 οὐκ ὠφέλησεν ὁ λόγος ᵇ τῆς ἀκοῆς
– 12 ζῶν – ὁ λόγ.ᵇ τοῦ ϑεοῦ καὶ ἐνεργὴς
6 1 ἀφέντες τὸν τῆς ἀρχῆς τοῦ Χοῦ λ.ᵇ
7 28 ὁ λόγος ᵇ – τῆς ὁρκωμοσίας τῆς μετὰ
τὸν νόμον „υἱὸν – "τετελειωμένον (sc
καϑίστησιν ἀρχιερέα)
12 19 μὴ προστεϑῆναι (fieret) αὐτοῖς λόγον
13 7 οἵτινες ἐλάλησαν ὑμῖν τὸν λ. τ. ϑεοῦ
Jac 1 18 ἀπεκύησεν ἡμᾶς λόγῳ ἀληϑείας
– 21 δέξασϑε τὸν ἔμφυτον λόγον τὸν δυ-
νάμενον σῶσαι τὰς ψυχὰς ὑμῶν
– 22 γίνεσϑε δὲ ποιηταὶ λόγου, καὶ μὴ
– 23 εἴ τις ἀκροατὴς λόγου ἐστὶν καὶ οὐ
1 Pe 1 23 διὰ λόγου ζῶντος ϑεοῦ καὶ μένοντος
2 8 προσκόπτουσιν τῷ λόγ. ἀπειϑοῦντες

1 Pe 3 1 ἵνα καὶ εἴ τινες ἀπειϑοῦσιν τῷ λόγῳ
2 Pe 1 19 ἔχομεν βεβαιότερον τὸν προφητ. λ.ᵇ
3 5 γῇ ἐξ ὕδατος – συνεστῶσα τῷ τοῦ
ϑεοῦ λόγῳ 7 οἱ δὲ νῦν οὐρ. καὶ ἡ γῆ
τῷ αὐτῷ λόγῳ τεϑησαυρισμένοι
1 Jo 1 10 καὶ ὁ λόγ. αὐτοῦ οὐκ ἔστιν ἐν ἡμῖν
2 5 ὃς δ᾽ ἂν τηρῇ αὐτοῦ τὸν λόγον
– 7 ἡ ἐντολὴ ἡ παλαιά ἐστιν ὁ λ. ὃν ἠ-
κούσατε 14 ὁ λ. τοῦ ϑ. ἐν ὑμ. μένει
Ap 1 2 ὃς ἐμαρτύρησεν τὸν λόγον τοῦ ϑεοῦ
– 3 οἱ ἀκούοντες τοὺς λ. τῆς προφητείας
– 9 ἐν – Πάτμῳ διὰ τὸν λόγον τοῦ ϑεοῦ
3 8 ἐτήρησάς μου τὸν λ. 10 ὅτι ἐτήρησας
τὸν λόγον τῆς ὑπομονῆς μου, κἀγώ
6 9 τῶν ἐσφαγμένων διὰ τὸν λ. τοῦ ϑε-
οῦ 20 4 πεπελεκισμένων – διὰ κτλ.
17 17 ἄχρι τελεσϑήσονται οἱ λόγοι τ. ϑεοῦ
19 9 οὗτοι οἱ λ. ἀληϑινοὶ τοῦ ϑεοῦ εἰσιν
21 5 πιστοὶ καὶ ἀληϑινοί εἰσιν 22 6
22 7 ὁ τηρῶν τοὺς λ. τῆς προφητείας 9.10
μὴ σφραγίσῃς τοὺς λ. τ. προφ. 18 τῷ
ἀκούοντι τοὺς λ. τ. προφ. 19 ἐάν τις
ἀφέλῃ ἀπὸ τῶν λ. τοῦ βιβλ. τ. προφ.

3) reliqui loci. vg: verbum ᵇ sermo
ᶜ causa ᵈ ratio ᵉ (κατὰ λόγον) recte

Mat 5 32 παρεκτὸς λόγου ᶜ πορνείας (19 9 vl)
– 37 ἔστω δὲ ὁ λ.ᵇ ὑμῶν ναὶ ναί, οὒ οὔ
8 8 ἀλλὰ μόνον εἰπὲ λόγῳ ‖ Luc 7 7
– 16 ἐξέβαλεν τὰ πνεύματα λόγῳ
10 14 ὃς ἂν μὴ – ἀκούσῃ τοὺς λόγ.ᵇ ὑμῶν
12 32 ὃς ἐὰν εἴπῃ λόγον κατὰ τ. υἱοῦ τοῦ
ἀνϑρ. ‖ Luc 12 10 πᾶς ὃς ἐρεῖ λ. εἰς –
– 36 πᾶν ῥῆμα ἀργόν –, ἀποδώσουσιν
(vg reddent) περὶ αὐτοῦ λόγον ᵈ
Luc 16 2 ἀπόδος τὸν λ.ᵈ τῆς οἰκονο-
μίας σου Act 19 40 [οὗ] δυνησόμεϑα
ἀποδοῦναι λ.ᵈ Rm 14 12 ἕκαστος –
περὶ ἑαυτοῦ λ.ᵈ δώσει [τῷ ϑεῷ] Hb
13 17 ὡς λ.ᵈ ἀποδώσοντες 1 Pe 3 15
τῷ αἰτοῦντι ᵛ (vg poscenti) ὑμᾶς λ.ᵈ
περὶ τῆς ἐν ὑμῖν ἐλπίδος 4 5 ἀποδώ-
σουσιν λόγον ᵈ τῷ ἑτοίμως ἔχοντι
κρῖναι → Mat 18 23
– 37 ἐκ – τῶν λόγων σου δικαιωϑήσῃ, καὶ
ἐκ τῶν λόγων σου καταδικασϑήσῃ
15 23 οὐκ ἀπεκρίϑη αὐτῇ λόγον – 22 46
18 23 συνᾶραι (ponere) λόγον ᵈ μετὰ τ. δού-
λων 25 19 συναίρει λόγ.ᵈ μετ᾽ αὐτῶν
21 24 ἐρωτήσω ὑμᾶς κἀγὼ λόγον ᵇ ἕνα ‖
Mar 11 29 Luc 20 3 λόγον
22 15 ὅπως αὐτὸν παγιδεύσωσιν ἐν λόγῳ ᵇ

‖ Mar 12ıз ἀγρεύσωσιν λόγῳ Luc
20₂₀ ἐπιλάβωνται αὐτοῦ λόγου ᵇ
Mat 28ıₛ διεφημίσθη ὁ λόγος οὗτος Mar 1 45 ᵇ
Luc 5 ıₛ διήρχετο - μᾶλλον ὁ λ.ᵇ περὶ
αὐτοῦ 7 ı₇ ἐξῆλθεν ὁ λ.ᵇ Joh 21 ₂₃ ᵇ
Mar 5 зₑ ὁ δὲ Ἰησοῦς παρακούσας τὸν λόγον
7 ₂₉ διὰ τοῦτον τὸν λ.ᵇ ὕπαγε, ἐξελήλυθ.
Luc 1 ₄ περὶ ὧν κατηχήθης λόγων τὴν ἀσφ.
– 20 ἀνθ᾿ ὧν οὐκ ἐπίστευσας τοῖς λ. μου
– 29 ἡ δὲ ἐπὶ τῷ λόγῳᵇ διεταράχθη
3 ₄ γέγραπται ἐν βίβλῳ λόγων ᵇ Ἠσαΐου
9 ₂₈ ἐγένετο δὲ μετὰ τοὺς λόγ. τούτους
23 9 ἐπηρώτα – αὐτὸν ἐν λόγοις ᵇ ἱκανοῖς
24 ı₇ τίνες οἱ λ.ᵇ οὗτοι οὓς ἀντιβάλλετε –;
Joh 4 з₇ ἐν – τούτῳ ὁ λόγος ἐστὶν ἀληθινός
– 39 ἐπίστευσαν – διὰ τὸν λ. τῆς γυναικ.
12 з₈ ἵνα ὁ λόγος ᵇ Ἠσαΐου – πληρωθῇ
17 ₂₀ περὶ τῶν πιστευόντων διὰ τοῦ λόγου
αὐτῶν εἰς ἐμέ (sc ἐρωτῶ)
19 8 ὅτε – ἤκουσε – τὸν λόγ.ᵇ 13 τῶν λ.ᵇ
Act 1 1 τὸν μὲν πρῶτον λόγον ᵇ ἐποιησάμην
2 ₂₂.₄₀.₄₁ ᵇ 5 5.₂₄ ᵇ 6 5 ᵇ
7 ₂₂ δυνατὸς ἐν λόγοις καὶ ἔργοις αὐτοῦ
– 29 "ἔφυγεν – Μωϋσῆς ἐν τῷ λ. τούτῳ"
8 ₂₁ οὐκ ἔστιν σοι – κλῆρος ἐν τῷ λόγῳ ᵇ
10 ₂₉ τίνι λόγῳᵉ μετεπέμψασθέ με;
11 ₂₂ ἠκούσθη (pervenit) – ὁ λ.ᵇ εἰς τὰ
ὦτα τῆς ἐκκλησίας – περὶ αὐτῶν
13 ıₛ εἴ τίς ἐστιν ἐν ὑμῖν λόγος ᵇ παρα-
κλήσεως πρὸς τὸν λαόν, λέγετε
14 ı₂ αὐτὸς ἦν ὁ ἡγούμενος τοῦ λόγου
15 6 ἰδεῖν περὶ τοῦ λόγου τούτου
– 15 συμφωνοῦσιν οἱ λόγοι τῶν προφητῶν
– 24.27 διὰ λόγου 32 πολλοῦ – 16 зₑ
18 ı₄ κατὰ λόγονᵉ ἂν ἀνεσχόμην ὑμῶν
– 15 ζητήματα – περὶ λόγου καὶ ὀνομάτων
19 з₈ εἰ – ἔχουσι πρός τινα λόγονᶜ
20 2 παρακαλέσας αὐτοὺς λόγῳ ᵇ πολλῷ
– 7 παρέτεινεν – τὸν λόγον ᵇ μέχρι μεσο-
νυκτίου
– 24 οὐδενὸς λόγου ποιοῦμαι τὴν ψυχὴν
τιμίαν ἐμαυτῷ
– 38 ὀδυνώμενοι – ἐπὶ τῷ λόγῳ ᾧ εἴρηκει
22 ₂₂ ἤκουον – αὐτοῦ ἄχρι τούτου τοῦ λ.
Rm 15 ıₑ ὧν οὐ κατειργάσατο Χὸς δι᾿ ἐμοῦ –,
λόγῳ καὶ ἔργῳ – 2 Co 10 ıı οἷοί ἐ-
σμεν τῷ λ. –, τοιοῦτοι καὶ – τῷ ἔργῳ
1 Co 1 5 ἐπλουτίσθητε –, ἐν παντὶ λόγῳ καὶ
πάσῃ γνώσει 2 Co 8 7 ἐν παντὶ περισ-
σεύετε, πίστει καὶ λόγῳ ᵇ καὶ γνώσει
– 17 οὐκ ἐν σοφίᾳ λόγου 2 ı ἦλθον οὐ
καθ᾿ ὑπεροχὴν λόγου ᵇ ἢ σοφίας 4

ὁ λ.ᵇ μου – οὐκ ἐν πειθοῖ[ς] σοφίας
[λόγοις] 13 λαλοῦμεν οὐκ ἐν διδακτοῖς
ἀνθρωπίνης σοφίας λόγοις
1 Co 4 ı₉ γνώσομαι οὐ τὸν λ.ᵇ τῶν πεφυσιωμέ-
νων ἀλλὰ τὴν δύναμιν 20 οὐ γὰρ ἐν
λόγῳ ᵇ ἡ βασ. τοῦ θεοῦ, ἀλλ᾿ ἐν δυ.
12 8 ᾧ μὲν – δίδοται λόγος ᵇ σοφίας, ἄλλῳ
δὲ λόγος ᵇ γνώσεως
14 9 ἐὰν μὴ εὔσημον λόγον ᵇ δῶτε
– 19 θέλω πέντε λόγους τῷ νοΐ μου λα-
λῆσαι – ἢ μυρίους λόγους ἐν γλώσσῃ
15 2 τίνι λόγῳᵈ εὐηγγελισάμην ὑμῖν
2 Co 1 ı₈ ὁ λόγ.ᵇ ἡμῶν – οὐκ ἔστιν ναὶ καὶ οὔ
10 ıₒ καὶ ὁ λόγος ᵇ ἐξουθενημένος
11 6 εἰ – καὶ ἰδιώτης (imperitus) τῷ λόγῳ ᵇ,
ἀλλ᾿ οὐ τῇ γνώσει
Eph 4 ₂₉ πᾶς λόγ.ᵇ σαπρὸς ἐκ τοῦ στόματος
5 6 μηδεὶς ὑμᾶς ἀπατάτω κενοῖς λόγοις
6 ı₉ ἵνα μοι δοθῇ λ.ᵇ ἐν ἀνοίξει τ. στόμ.
Phl 4 ıₛ εἰς λόγονᵈ δόσεως καὶ λήμψεως
– 17 ἐπιζητῶ τὸν καρπὸν – εἰς λ.ᵈ ὑμῶν
Col 2 ₂₃ λόγονᵈ μὲν ἔχοντα σοφίας ἐν
3 ı₇ ὅ τι ἐὰν ποιῆτε ἐν λόγῳ ἢ ἐν ἔργῳ
4 6 ὁ λόγος ᵇ ὑμῶν πάντοτε ἐν χάριτι
1 Th 1 5 τὸ εὐαγγ. ἡμῶν οὐκ ἐγενήθη – ἐν λό-
γῳ ᵇ μόνον, ἀλλὰ καὶ ἐν δυνάμει
2 5 οὔτε – ἐν λόγῳ ᵇ κολακείας ἐγενήθη.
4 ı₈ ὥστε παρακαλεῖτε ἀλλήλους ἐν τοῖς
λόγοις τούτοις
2 Th 2 ₂ μήτε διὰ λόγουᵇ μήτε δι᾿ ἐπιστολῆς
– 15 ἐδιδάχθητε εἴτε διὰ λόγου ᵇ εἴτε δι᾿
ἐπιστολῆς ἡμῶν 3 ı₄ εἰ δέ τις οὐχ
ὑπακούει τῷ λ. ἡμῶν διὰ τῆς ἐπιστ.
– 17 ἐν παντὶ ἔργῳ καὶ λόγῳ ᵇ ἀγαθῷ
1 Ti 4 ı₂ τύπος γίνου τῶν πιστῶν ἐν λόγῳ
5 ı₇ οἱ κοπιῶντες ἐν λόγῳ καὶ διδασκαλίᾳ
2 Ti 1 ıₐ ὑποτύπωσιν ἔχε ὑγιαινόντων λόγων
2 ı₇ ὁ λ.ᵇ αὐτῶν ὡς γάγγραινα νομήν
4 ıₛ λίαν – ἀντέστη τοῖς ἡμετέροις λόγοις
Tit 2 8 λόγον ὑγιῆ ἀκατάγνωστον
Hb 4 ıₐ αὐτοῦ, πρὸς ὃν ἡμῖν ὁ λόγος ᵇ
5 ıı πολὺς ἡμῖν ὁ λ.ᵇ καὶ δυσερμήνευτος
– 13 ἄπειρος λόγου ᵇ δικαιοσύνης
13 ı₇ → Mat 12 зₑ – Hb 13 ₂₂ ἀνέχεσθε
(sufferatis) τοῦ λ. τῆς παρακλήσεως
Jac 3 2 εἴ τις ἐν λόγῳ οὐ πταίει, – τέλειος
1 Pe 3 1 ἵνα – ἄνευ λόγου κερδηθήσονται
– 15 45 → Mat 12 зₑ
2 Pe 2 з πλαστοῖς λόγοις ὑμᾶς ἐμπορεύσονται
1 Jo 3 ıₐ μὴ ἀγαπῶμεν λόγῳ μηδὲ τῇ γλώσσῃ,
ἀλλὰ ἐν ἔργῳ καὶ ἀληθείᾳ
3 Jo 10 λόγοις πονηροῖς φλυαρῶν ἡμᾶς

Ap 12 11 ἐνίκησαν αὐτόν – διὰ τὸν λόγον τῆς μαρτυρίας αὐτῶν alia → 2) Ap

λόγχη *lancea* Joh 19 34 – (Mat 27 49 vl)

λοιδορεῖν *maledicere* Joh 9 28 Act 23 4
1 Co 4 12 λοιδορούμενοι εὐλογοῦμεν
1 Pe 2 23 ὃς λοιδορούμενος οὐκ ἀντελοιδόρει

λοιδορία *maledictum* 1 Ti 5 14 1 Pe 3 9

λοίδορος *maledicus* 1 Co 5 11 6 10 οὐ λ..οι

λοιμός *pestilentia* b (adject.) *pestifer*
Luc 21 11 κατὰ τόπους λιμοὶ καὶ λοιμοὶ ἔσονται
Act 24 5 εὑρόντες γὰρ τὸν ἄνδρα – λοιμόν b

λοιποί, ..á *ceteri, a* b *reliqui, a* – (τὸ) λοι-πόν: c *ceterum* d *iam* e *in reliquo* – τοῦ λοιποῦ: f *de cetero*
Mat 26 45 καθεύδετε [τὸ] λ d ‖ Mar 14 41 τό d
Mar 4 19 αἱ περὶ τὰ λοιπά b ἐπιθυμίαι
Luc 8 10 τοῖς δὲ λ. ἐν παραβολαῖς – 18 9.11 24 9.10 Act 5 13 17 9 27 44 – (Luc 112 vl)
12 26 τί περὶ τῶν λοιπῶν μεριμνᾶτε;
1 Co 1 16 λοιπὸν c οὐκ οἶδα 4 2 ὧδε λοιπόν d
7 29 τὸ λοιπὸν (*reliquum est*) ἵνα – οἱ ἔ-χοντες γυναῖκας ὡς μὴ ἔχοντες ὦσιν
Gal 6 17 τοῦ λ. f κόπους μοι μηδεὶς παρεχέτω
Eph 2 3 τέκνα – ὀργῆς ὡς καὶ οἱ λοιποί
6 10 τοῦ λοιποῦ f, ἐνδυναμοῦσθε ἐν κυρίῳ
Phl 1 13 τοὺς δεσμούς μου φανεροὺς ἐν Χῷ γενέσθαι – καὶ τοῖς λοιποῖς πᾶσιν
1 Th 4 13 ἵνα μὴ λυπῆσθε καθὼς καὶ οἱ λοιποί
5 6 μὴ καθεύδωμεν ὡς (vl + καὶ) οἱ λ.
2 Ti 4 8 λοιπὸν a ἀπόκειται μοι ὁ – στέφανος
Hb 10 13 τὸ λ. f ἐκδεχόμενος „ἕως τεθῶσιν"
Ap 3 2 στήρισον τὰ λ. ἃ ἔμελλον ἀποθαν.
8 13 οὐαί – ἐκ τῶν λ. φωνῶν τῆς σάλπιγγ.
9 20 οἱ λ. τῶν ἀνθρ. 11 13 οἱ λ. b ἔμφοβοι

λούειν *lavare* b *abluere*
Joh 13 10 ὁ λελουμένος οὐκ ἔχει χρείαν εἰ μὴ τοὺς πόδας νίψασθαι
Act 9 37 16 33 ἀπὸ – πληγῶν – 2 Pe 2 22
Hb 10 22 λελουσμένοι b τὸ σῶμα ὕδατι καθα.

Λουκᾶς Col 4 14 ὁ ἰατρός 2 Ti 4 11 Phm 24

Λούκιος Act 13 1 ὁ Κυρηναῖος – Rm 16 21

λουτρόν *lavacrum* Eph 5 26 καθαρίσας τῷ

λουτρῷ τοῦ ὕδατος ἐν ῥήματι
Tit 3 5 ἔσωσεν ἡμᾶς διὰ λ..οῦ παλιγγενεσίας

Λύδδα Act 9 32.35 Λύδδα καὶ τὸν Σαρῶνα 38

Λυδία Act 16 14 πορφυρόπωλις 40

λύειν *solvere* b *dimittere* c *dissolvere*
Mat 5 19 ὃς ἐὰν – λύσῃ μίαν τῶν ἐντολῶν
16 19 ὃ ἐὰν λύσῃς ἐπὶ τῆς γῆς ἔσται λε-λυμένον ἐν τοῖς οὐρ. 18 18 ὅσα ἐὰν λύσητε ἐπὶ τ. γῆς ἔσται λ..να ἐν οὐρ.
21 2 λύσαντες ἀγάγετέ μοι ‖ Mar 11 2.4.5 Luc 19 30.31 διὰ τί λύετε; 33
Mar 1 7 λῦσαι τὸν ἱμάντα τῶν ὑποδημάτων ‖ Luc 3 16 Joh 1 27 Act 13 25 ὑπόδημα
7 35 ἐλύθη ὁ δεσμὸς τῆς γλώσσης
Luc 13 15 οὐ λύει – τὸν ὄνον ἀπὸ τῆς φάτνης – ; 16 ταύτην δὲ –, οὐκ ἔδει λυθῆναι ἀπὸ τοῦ δεσμοῦ – τῇ ἡμ. τοῦ σαββ.;
Joh 2 19 λύσατε τὸν ναὸν τοῦτον
5 18 ὅτι οὐ μόνον ἔλυεν τὸ σάββατον
7 23 ἵνα μὴ λυθῇ ὁ νόμος Μωϋσέως
10 35 καὶ οὐ δύναται λυθῆναι ἡ γραφή
11 44 λύσατε αὐτὸν καὶ ἄφετε – ὑπάγειν
Act 2 24 λύσας τὰς ὠδῖνας τοῦ θανάτου
7 33 „Λῦσον τὸ ὑπόδημα τῶν ποδῶν σου"
13 43 λυθείσης b δὲ τῆς συναγωγῆς
22 30 ἔλυσεν αὐτόν – 27 41 ἡ δὲ πρύμνα ἐλύετο ὑπὸ τῆς βίας
1 Co 7 27 λέλυσαι ἀπὸ γυναικός; μὴ ζήτει
Eph 2 14 τὸ μεσότοιχον τοῦ φραγμοῦ λύσας
2 Pe 3 10 στοιχεῖα – καυσούμενα λυθήσεται 11 τούτων οὕτως – λυομένων c 12 οὐρα-νοὶ πυρούμενοι λυθήσονται
1 Jo 3 8 ἵνα λύσῃ c τὰ ἔργα τοῦ διαβόλου
Ap 1 5 τῷ ἀγαπῶντι ἡμᾶς καὶ λύσαντι ἡμᾶς ἐκ τῶν ἁμαρτιῶν ἡμῶν ἐν τῷ αἵματι αὐτοῦ
5 2 τίς ἄξιος – λῦσαι τὰς σφραγῖδας –;
9 14 λῦσον τοὺς – ἀγγέλους τ. δεδεμέν. 15
20 3 δεῖ λυθῆναι 7 λυθήσεται ὁ σατανᾶς

Λυκαονία, Λυκαονιστί Act 14 6.11

Λυκία Act 27 5 εἰς Μύρα τῆς Λυκίας

λύκος *lupus*
Mat 7 15 ἔσωθεν – λύκοι ἅρπαγες – 10 16 ὡς πρόβατα ἐν μέσῳ λύκων ‖ Luc 10 3
Joh 10 12 θεωρεῖ τὸν λ. ἐρχόμενον καὶ – φεύ-γει, – καὶ ὁ λ. ἁρπάζει – Act 20 29 λύ·

κοι βαρεῖς – μὴ φειδόμ. τοῦ ποιμνίου

λυμαίνεσθαι *devastare* Act 8 3 ἐκκλησίαν

λυπεῖν, ..εῖσθαι *contristare,* ..*ari* – ᵇ(λυ-
πούμενος) *tristis* ᶜ(idem) *moerens*
Mat 14 9 λυπηθεὶς (vl ἐλυπήθη) ὁ βασιλεύς
17 23 ἐλυπήθησαν σφόδρα 18 31 – 26 22 λυ-
πούμενοι σφόδρα ‖ Mar 14 19
19 22 ἀπῆλθεν λυπούμενος ᵇ ‖ Mar 10 22 ᶜ
26 37 ἤρξατο λυπεῖσθαι καὶ ἀδημονεῖν
Joh 16 20 ὑμεῖς λυπηθήσεσθε, ἀλλ᾽ ἡ λύπη
21 17 ἐλυπήθη ὁ Πέτρ. ὅτι εἶπεν – τὸ τρί.
Rm 14 15 εἰ – διὰ βρῶμα ὁ ἀδελφός σου λυ-
πεῖται, οὐκέτι κατὰ ἀγάπην περιπατ.
2 Co 2 2 εἰ – ἐγὼ λυπῶ ὑμᾶς, – τίς ὁ εὐφραί-
νων με εἰ μὴ ὁ λυπούμενος ἐξ ἐμοῦ;
4 οὐχ ἵνα λυπηθῆτε 5 εἰ δέ τις λε-
λύπηκεν, οὐκ ἐμὲ λελύπηκεν, ἀλλὰ
ἀπὸ μέρους – πάντας ὑμᾶς
6 10 ὡς λυπούμενοι ᵇ ἀεὶ δὲ χαίροντες
7 8 εἰ καὶ ἐλύπησα ὑμᾶς ἐν τῇ ἐπιστο-
λῇ, – ᛫ – ἡ ἐπιστολὴ – εἰ καὶ πρὸς ὥ-
ραν ἐλύπησεν ὑμᾶς 9 χαίρω, οὐχ ὅτι
ἐλυπήθητε, ἀλλ᾽ ὅτι ἐλυπήθητε εἰς
μετάνοιαν᛫ ἐλ. γὰρ κατὰ θεὸν 11 αὐ-
τὸ τοῦτο τὸ κατὰ θεὸν λυπηθῆναι
πόσην κατειργάσατο ὑμῖν σπουδὴν
Eph 4 30 μὴ λυπεῖτε τὸ πνεῦμα τὸ ἅγ. τοῦ θ.
1 Th 4 13 ἵνα μὴ λυπῆσθε καθὼς καὶ οἱ λοιποί
1 Pe 1 6 ὀλίγον ἄρτι εἰ δέον [ἐστὶν] λυπη-
θέντες ἐν ποικίλοις πειρασμοῖς

λύπη *tristitia* ᵇ*moeror*
Luc 22 45 εὗρεν κοιμωμένους – ἀπὸ τῆς λύπης
Joh 16 6 ἡ λ. πεπλήρωκεν ὑμῶν τὴν καρδίαν
– 20 ἡ λύπη ὑμῶν εἰς χαρὰν γενήσεται
– 21 ἡ γυνὴ ὅταν τίκτῃ λύπην ἔχει
– 22 ὑμεῖς οὖν νῦν μὲν λύπην ἔχετε
Rm 9 2 ὅτι λύπη μοί ἐστιν μεγάλη
2 Co 2 1 μὴ πάλιν ἐν λύπῃ πρὸς ὑμᾶς ἐλθεῖν
3 ἵνα μὴ ἐλθὼν λύπην σχῶ ἀφ᾽ ὧν
ἔδει με χαίρειν 7 μή πως τῇ περισ-
σοτέρᾳ λύπῃ καταποθῇ ὁ τοιοῦτος
7 10 ἡ – κατὰ θεὸν λ. μετάνοιαν – ἐργάζε-
ται᛫ ἡ δὲ τοῦ κόσμου λύπη θάνατον
9 7 μὴ ἐκ λύπης ἢ ἐξ ἀνάγκης
Phl 2 27 ἵνα μὴ λύπην ἐπὶ λύπην σχῶ
Hb 12 11 πᾶσα – παιδεία πρὸς μὲν τὸ παρὸν
οὐ δοκεῖ χαρᾶς εἶναι ἀλλὰ λύπης ᵇ
1 Pe 2 19 χάρις εἰ διὰ συνείδησιν θεοῦ ὑποφέ-
ρει τις λύπας πάσχων ἀδίκως

Λυσανίας Luc 3 1   **Λυσίας** Act 23 26 24 [7] 22

λύσις *solutio* 1 Co 7 27 μὴ ζήτει λύσιν

λυσιτελεῖ *utilius est* Luc 17 2 εἰ λίθος μυλ.

Λύστρα Act 14 6.8.21 16 1.2 2 Ti 3 11

λύτρον *redemptio*
Mat 20 28 καὶ δοῦναι τὴν ψυχὴν αὐτοῦ λύτρον
ἀντὶ πολλῶν ‖ Mar 10 45

λυτροῦσθαι (med. et pass.) *redimere, redimi*
Luc 24 21 ὁ μέλλων λυτροῦσθαι τὸν Ἰσραήλ
Tit 2 14 ἵνα „λυτρώσηται" ἡμᾶς „ἀπὸ πάσης
ἀνομίας" 1 Pe 1 18 ὅτι οὐ φθαρτοῖς,
„ἀργυρίῳ" ἢ χρυσίῳ, „ἐλυτρώθητε"
ἐκ τῆς ματαίας ὑμῶν ἀναστροφῆς

λύτρωσις *redemptio* → ἀπολύτρωσις
Luc 1 68 ἐποίησεν „λύτρωσιν τῷ λαῷ αὐτοῦ"
2 38 τοῖς προσδεχομένοις λ..ιν Ἰερουσ.
Hb 9 12 αἰωνίαν λύτρωσιν εὑράμενος

λυτρωτής *redemptor* Act 7 35 τοῦτον ὁ θεὸς
[καὶ] ἄρχοντα καὶ λ..ὴν ἀπέσταλκεν

λυχνία *candelabrum*
Mat 5 15 καίουσιν λύχνον καὶ τιθέασιν – ἐπὶ
τὴν λυχνίαν ‖ Mar 4 21 Luc 8 16 11 33
Hb 9 2 σκηνή – ἡ πρώτη, ἐν ᾗ ἥ τε λυχνία
Ap 1 12 ἑπτὰ λυχνίας χρυσᾶς 13.20 21
2 5 κινήσω τὴν λ. σου ἐκ τ. τόπου αὐτῆς
11 4 αἱ δύο „λ." αἱ „ἐνώπιον τοῦ κυρίου"

λύχνος *lucerna*
Mat 5 15 οὐδὲ καίουσιν λύχνον ‖ Mar 4 21 μήτι
ἔρχεται ὁ λ. ἵνα – ; Luc 8 16 οὐδεὶς –
λύχνον ἅψας καλύπτει αὐτόν 11 33
6 22 ὁ λ. τοῦ σώματός ἐστιν ὁ ὀφθαλμός
‖ Luc 11 34.36 ὡς ὅταν ὁ λύχνος τῇ
ἀστραπῇ φωτίζῃ σε
Luc 12 35 ἔστωσαν ὑμῶν – οἱ λύχνοι καιόμενοι
15 8 οὐχὶ ἅπτει λ..ον καὶ σαροῖ τ. οἰκ. –;
Joh 5 35 ἦν ὁ λύχνος ὁ καιόμενος καὶ φαίνων
2 Pe 1 19 ὡς λ..ῳ φαίνοντι ἐν αὐχμηρῷ τόπῳ
Ap 18 23 „φῶς λ..ου" οὐ μὴ φάνῃ ἐν σοὶ ἔτι
21 23 ὁ λύχνος αὐτῆς τὸ ἀρνίον
22 5 οὐκ ἔχουσιν χρείαν φωτὸς λύχνου

Λωΐς   2 Ti 1 5 ἐν τῇ μάμμῃ σου Λωΐδι

Λώτ Luc 17 28.29.32 τῆς γυναικὸς Λ. 2 Pe 2 7

M

Μάαϑ Luc 3 26

Μαγαδάν (vl Μαγδαλά) Mat 15 39

Μαγδαληνή Mat 27 56. 61 28 1 Mar 15 40. 47 16 1.
[9] Luc 8 2 24 10 Joh 19 25 20 1. 18

μαγεία S° – *magia* (vl *magica*) Act 8 11

μαγεύειν S° – (part.) *magus* Act 8 9 Σίμων

μάγος *magus* Mat 21. 7. 16 Act 13 6. 8

Μαγώγ Ap 20 8   **Μαδιάμ** Act 7 29

μαθητεύειν S° – *docēre* ᵇ*discipulum esse*
Mat 13 52 γραμματεὺς μ. ϑεὶς τῇ βασ. τῶν οὐρ.
27 57 Ἰωσήφ, ὃς καὶ αὐτὸς ἐμαθητεύϑη (vl
ἐμαθήτευσεν) ᵇ τῷ Ἰησοῦ
28 19 μαθητεύσατε πάντα τὰ ἔθνη, βαπτ.
Act 14 21 μαθητεύσαντες ἱκανοὺς ὑπέστρεψαν

μαθητής S° – *discipulus*

1) Jesu discipuli

Mat 5 1 προσῆλϑαν αὐτῷ οἱ μαθ. αὐτοῦ ∥
Luc 6 20 ἐπάρας τοὺς ὀφϑ. – εἰς τοὺς
μαθ. αὐτοῦ – Mat 13 10. 36 14 15 ∥ Mar
6 35 – Mat 15 12. 23 17 19 18 1 24 1 ∥ Mar
13 1 λέγει αὐτῷ εἷς τῶν μαθ. αὐτοῦ
– Mat 24 3 οἱ μαθηταὶ κατ᾽ ἰδίαν 26 17
8 21 ἕτερος – τ. μαθητῶν [αὐτοῦ] εἶπεν
– 23 ἠκολούθησαν αὐτῷ οἱ μαθ. αὐτοῦ ∥
Luc 8 22 ἐνέβη εἰς πλοῖον καὶ οἱ μ. αὐ-
τοῦ – Mar 6 1 ἀκολουθοῦσιν Luc 22 39
9 10 συνανέκειντο τῷ Ἰησοῦ καὶ τοῖς μαθ.
αὐτοῦ 11 οἱ Φαρ. ἔλεγον τοῖς μαθ. 14
οἱ δὲ μαθητ. σου οὐ νηστεύουσιν; ∥
Mar 2 15. 16. 18 Luc 5 30 ἐγόγγυζον οἱ
Φαρ. – πρὸς τοὺς μαθητ. αὐτοῦ
– 19 Ἰησοῦς ἠκολούθησεν αὐτῷ κ. οἱ μαθ.
αὐτοῦ – 37 λέγει τοῖς μαθητ. αὐτοῦ
16 24 ∥ Mar 8 34 – Mat 19 23 23 1 ἐλά-
λησεν τοῖς ὄχλοις καὶ τοῖς μαθ. αὐ-
τοῦ 26 1. 36 καθίσατε αὐτοῦ ἕως [οὗ] ∥
Mar 14 32 – 39 10 23 – Luc 9 14. 43
12 1. 22 16 1 17 1. 22 20 45 Joh 11 7
10 1 προσκαλεσάμενος τοὺς δώδεκα μαθ.
11 1 ὅτε ἐτέλεσεν – διατάσσων τοῖς
δώδεκα μαθηταῖς αὐτοῦ [20 17]

Mat 10 24 οὐκ ἔστιν μαθ. ὑπὲρ τὸν διδάσκαλον
25 ἀρκετὸν τῷ μαθητῇ ἵνα γένηται
ὡς ὁ διδάσκαλος ∥ Luc 6 40
– 42 ὃς ἂν ποτίσῃ – εἰς ὄνομα μαθητοῦ
12 1 οἱ δὲ μαθ. – ἐπείνασαν 2 οἱ μαθ. σου
ποιοῦσιν δ οὐκ ἔξεστιν – ἐν σαββάτῳ
∥ Mar 2 23 Luc 6 1 ἔτιλλον οἱ μαθητ.
– 49 ἐκτείνας τὴν χεῖρα – ἐπὶ τοὺς μαθητ.
αὐτοῦ – ἰδοὺ ἡ μήτηρ καὶ οἱ ἀδελφοί
14 19 ἔδωκεν τοῖς μαθητ. τοὺς ἄρτους, οἱ
δὲ μαθ. τοῖς ὄχλοις 15 36 ∥ Mar 6 41
86 Luc 9 16 – Joh 6 12 λέγει τοῖς μαθ.
αὐτοῦ· συναγάγετε τὰ – κλάσματα
– 22 ἠνάγκασεν τοὺς μαθ. ἐμβῆναι 26 οἱ
δὲ μαθηταὶ ἰδόντες αὐτόν ∥ Mar 6 45
15 2 διὰ τί οἱ μαθητ. σου παραβαίνουσιν
τὴν παράδοσιν τῶν πρεσβ. ∥ Mar 7 2. 5
– 32 προσκαλεσάμενος τοὺς μαθ. 33. 36 ∥
Mar 8 1. 4. 6. 10 12 43 – Mat 16 5
16 13 ἠρώτα τοὺς μαθ. – τίνα λέγουσιν –
εἶναι τὸν υἱὸν τοῦ ἀνθρώπου 20 διε-
στείλατο τοῖς μαθ. ἵνα μηδενὶ εἴπωσιν
21 ἤρξατο – δεικνύειν τοῖς μαθ. αὐτοῦ
ὅτι δεῖ αὐτὸν – πολλὰ παθεῖν ∥ Mar
8 27 Luc 9 18 συνῆσαν αὐτῷ οἱ μαθ.,
καὶ ἐπηρώτησεν αὐτούς – τίνα με
17 6 ἀκούσαντες οἱ μαθ. – ἐφοβήθησαν
– 10 ἐπηρώτησαν αὐτὸν οἱ μαθ. – τί οὖν –
ὅτι Ἠλίαν δεῖ ἐλθεῖν πρῶτον; 13 συν-
ῆκαν οἱ μαθ. ὅτι περὶ Ἰωάννου – εἶπεν
– 16 προσήνεγκα αὐτὸν τοῖς μαθ. σου ∥
Mar 9 14. 18 Luc 9 40 ἐδεήθην τῶν μαθ.
19 10 λέγουσιν – οἱ μαθ. [αὐτοῦ] εἰ οὕτως
ἐστὶν ἡ αἰτία τοῦ ἀνθρώπ. μετὰ τῆς
– 13 οἱ δὲ μαθ. ἐπετίμησαν αὐτοῖς ∥ Mar
10 13 Luc 18 15 ἰδόντες – οἱ μαθ. ἐπετίμαι
– 25 ἀκούσαντες – οἱ μαθ. ἐξεπλήσσοντο
∥ Mar 10 24 ἐθαμβοῦντο ἐπὶ τ. λόγοις
21 1 τότε Ἰησοῦς ἀπέστειλεν δύο μαθη-
τάς 6 ∥ Mar 11 1 Luc 19 29 δύο τῶν μ.
– 20 ἰδόντες οἱ μαθ. ἐθαύμασαν
26 8 ἰδόντες δὲ οἱ μαθηταὶ ἠγανάκτησαν
– 18 πρὸς σὲ ποιῶ τὸ πάσχα μετὰ τῶν
μαθ. μου 19 καὶ ἐποίησαν οἱ μαθηταὶ
(20 vl) 26 δοὺς τοῖς μαθ. ∥ Mar 14 12 λέ-
γουσιν αὐτῷ οἱ μαθηταὶ αὐτοῦ 13. 14. 16
Luc 22 11
– 35 ὁμοίως καὶ πάντες οἱ μαθηταὶ εἶπαν

Mat 26₄₀ ἔρχεται πρὸς τοὺς μαθ. καὶ εὑρίσκει
  αὐτοὺς καθεύδοντας 45 ‖ Luc 22₄₅
 – 56 τότε οἱ μαθ. πάντες ἀφέντες αὐτόν
 27₆₄ μήποτε – οἱ μαθηταὶ – κλέψωσιν αὐτόν
 28 7 εἴπατε τοῖς μαθ. αὐτοῦ 8 ‖ Mar 16₇
 – 13 ὅτι οἱ μαθητ. αὐτοῦ – ἔκλεψαν αὐτόν
 – 16 οἱ δὲ ἕνδεκα μαθ. ἐπορεύθησαν εἰς
Mar 3 7 μετὰ τῶν μαθ. – ἀνεχώρ. πρὸς τ. θάλ.
 4₃₄ τοῖς ἰδίοις μαθηταῖς ἐπέλυεν πάντα
 5₃₁ 7₁₇ ἐπηρώτων αὐτὸν οἱ μαθ. αὐτοῦ
  τὴν παραβολήν 9₂₈ ἐπηρ. – ὅτι ἡ-
  μεῖς οὐκ ἠδυνήθημεν ἐκβαλεῖν αὐτό;
 8₃₃ ἐπιστραφεὶς καὶ ἰδὼν τοὺς μ. αὐτοῦ
 9₃₁ ἐδίδασκεν γὰρ τοὺς μαθ. αὐτοῦ, –
  ὅτι – παραδίδοται
 10₁₀ πάλιν οἱ μαθ. περὶ τούτου ἐπηρώτων
 – 46 ἐκπορευομένου αὐτοῦ – καὶ τῶν μαθ.
 11₁₄ καὶ ἤκουον οἱ μαθηταὶ αὐτοῦ
Luc 6₁₃ προσεφώνησεν τοὺς μαθητὰς αὐτοῦ
 – 17 ὄχλος πολὺς μαθητῶν αὐτοῦ 7₁₁
 8 9 ἐπηρώτων – αὐτὸν οἱ μαθ. αὐτοῦ τίς
  αὕτη εἴη ἡ παραβολή (Mat 13₁₀)
 9₅₄ οἱ μαθηταὶ Ἰάκωβος καὶ Ἰωάννης
 10₂₃ στραφεὶς πρὸς τοὺς μαθ. κατ' ἰδίαν
 11 1 εἶπέν τις τῶν μαθ. – κύριε, δίδαξον
 14₂₆ οὐ δύναται εἶναί μου μαθητής 27.33
 19₃₇ ἅπαν τὸ πλῆθος τῶν μαθ. – αἰνεῖν
 – 39 διδάσκαλε, ἐπιτίμησον τοῖς μαθ. σου
Joh 2 2 ἐκλήθη – καὶ ὁ Ἰησοῦς καὶ οἱ μαθ.
 – 11 ἐπίστευσαν εἰς αὐτὸν οἱ μαθ. αὐτοῦ
 – 12 ἡ μήτηρ – καὶ οἱ ἀδελφ. – καὶ οἱ μαθ.
 – 17 ἐμνήσθησαν οἱ μ. αὐτοῦ ὅτι γεγραμ-
  μένον ἐστίν· 22 ὅτι τοῦτο ἔλεγεν
 3₂₂ ἦλθεν ὁ Ἰησοῦς καὶ οἱ μ. αὐτοῦ εἰς
 4 1 ὅτι Ἰησοῦς πλείονας μαθητὰς ποιεῖ
 – 2 Ἰης. – οὐκ ἐβάπτιζεν, ἀλλ' οἱ μαθητ.
 – 8.27 ἦλθαν οἱ μ. 31.33 ἔλεγον – πρὸς ἀλλ.
 6 3 ἐκεῖ ἐκάθητο μετὰ τῶν μαθ. 8 λέγει
  – εἷς ἐκ τῶν μ. αὐτοῦ 16 κατέβη-
  σαν οἱ μ. – ἐπὶ τὴν θάλασσαν 22 οὐ
  συνεισῆλθεν τοῖς μαθ. – ἀλλὰ μόνοι
  οἱ μαθ. – ἀπῆλθον 24 οὐκ ἔστιν ἐκεῖ
  οὐδὲ οἱ μαθ. αὐτοῦ
 – 60 πολλοὶ – ἀκούσαντες ἐκ τῶν μ. αὐτοῦ
 – 61 ὅτι γογγύζουσιν περὶ τούτου οἱ μαθ.
 – 66 πολλοὶ [ἐκ] τῶν μ. – ἀπῆλθον εἰς τ. ὀπίσω
 7 3 ἵνα καὶ οἱ μαθ. σου θεωρήσουσιν
  σοῦ τὰ ἔργα ἃ ποιεῖς
 8₃₁ ἐὰν – μείνητε –, ἀληθῶς μ..αί μού ἐ-
  στε 15₈ ἵνα – γενήσεσθε ἐμοὶ μ..αί
 9 2.27 μὴ καὶ ὑμεῖς θέλετε αὐτοῦ μ..αὶ
  γενέσθαι; 28 σὺ μαθητὴς εἶ ἐκείνου

Joh 11 8.12.54 κἀκεῖ ἔμεινεν μετὰ τῶν μαθητ.
 12 4.16 οὐκ ἔγνωσαν αὐτοῦ οἱ μ. τὸ πρῶ.
 13 5 νίπτειν τοὺς πόδας τῶν μ. 22 ἔβλε-
  πον εἰς ἀλλήλους οἱ μ. 23.35 ἐν τού-
  τῳ γνώσονται πάντες ὅτι ἐμοὶ μ..αί
  ἐστε – 16₁₇.29 18₁.2 πολλάκις συν-
  ήχθη – ἐκεῖ μετὰ τῶν μαθ. αὐτοῦ
 18₁₅ Πέτρος καὶ ἄλλος μαθητής. ὁ δὲ μαθ.
  ἐκεῖνος ἦν γνωστὸς τῷ ἀρχιερεῖ 16
  ὁ μαθ. ὁ ἄλλος 20₃ ὁ ἄλλος μαθ.
 – 17 μὴ καὶ σὺ ἐκ τῶν μαθ. εἶ τοῦ ἀνθρώ-
  που τούτου; 25
 – 19 ἠρώτησεν τὸν Ἰησ. περὶ τῶν μ. αὐτοῦ
 19₂₆ τὸν μαθητ. παρεστῶτα ὃν ἠγάπα 27
 – 38 ὢν μ..ὴς τοῦ Ἰησοῦ κεκρυμμένος
 20 2 πρὸς τὸν ἄλλον μαθ. ὃν ἐφίλει ὁ Ἰη-
  σοῦς 4 ὁ ἄλλος μαθ. προέδραμεν 8.
  10.18 ἀγγέλλουσα τοῖς μ. 19 ὅπου ἦ-
  σαν οἱ μ. 20 ἐχάρησαν – οἱ μ. 25.26.30
 21 1 ἐφανέρωσεν ἑαυτὸν πάλιν – τοῖς μαθ.
  14 τρίτον ἐφανερώθη – 2.4.7 μαθ.–
  ὃν ἠγάπα 20 – 8.12 οὐδεὶς – ἐτόλμα
  τῶν μαθ. (vg discumbentium vl dis-
  centium) ἐξετάσαι αὐτόν· σὺ τίς εἶ;
 – 23 ὅτι ὁ μαθ. ἐκεῖνος οὐκ ἀποθνήσκει
 – 24 οὗτός ἐστιν ὁ μαθητὴς ὁ μαρτυρῶν
Act 6 1 πληθυνόντων τῶν μαθ. 2 τὸ πλῆθος
  τῶν μαθητ. 7 ἐπληθύνετο ὁ ἀριθμὸς
 9 1 φόνου εἰς τοὺς μαθητὰς τοῦ κυρίου
 – 10 ἦν δέ τις μαθ. ἐν Δαμασκῷ 19 ἐγέ-
  νετο – μετὰ τῶν ἐν Δαμασκῷ μαθ.
 – 26 ἐπείραζεν κολλᾶσθαι τοῖς μαθητ.· –
  μὴ πιστεύοντες ὅτι ἐστὶν μαθητής
 – 38 οἱ μαθ. ἀκούσαντες ὅτι Πέτρος ἐστὶν
 11₂₆ χρηματίσαι τε πρώτως ἐν Ἀντιοχεία
  τοὺς μαθητὰς Χριστιανούς 29 τῶν δὲ
  μαθητ. καθὼς εὐπορεῖτό τις, ὥρισαν
 13₅₂ οἵ τε μαθητ. ἐπληροῦντο χαρᾶς καὶ
 14₂₀ κυκλωσάντων δὲ τῶν μαθητῶν αὐτὸν
  – 22 ἐπιστηρίζοντες τὰς ψυχὰς τῶν μ. 28
 15₁₀ ζυγὸν ἐπὶ τὸν τράχηλον τῶν μαθητ.
 16 1 ἰδοὺ μαθητής τις ἦν ἐκεῖ – Τιμόθεος
 18₂₃ ἐπιστηρίζων πάντας τ. μαθητάς – 27
 19 1 Παῦλον – εὑρεῖν τινας μ..τάς 9 ἀφ-
  ώρισεν τοὺς μ. 30 οὐκ εἴων αὐτὸν οἱ μ.
 – 1.30 τοῦ ἀποσπᾶν τοὺς μ. ὀπίσω αὐτῶν
 21 4 ἀνευρόντες – τοὺς μ. 16 τῶν μ. ἀπὸ
  Καισαρ. – , – Μνάσωνι –, ἀρχαίῳ μ.

2) Johannis Baptistae, Pharisaeorum,
  Mosis discipuli
Mat 9₁₄ προσέρχονται – οἱ μαθ. Ἰωάννου ‖

Mar 2 18 οἱ μ. Ἰω. – · διὰ τί οἱ μ. Ἰω. καὶ
οἱ μ. τῶν Φαρ. νηστεύουσιν –; Luc 5 33 –
Mat 11 2 Ἰω. – πέμψας διὰ τῶν μ. – εἶπεν
‖ Luc 7 18 ἀπήγγειλαν Ἰω..ῃ οἱ μ. αὐτοῦ
κτλ. – Mat 14 12 οἱ μαθ. αὐτοῦ ἦραν τὸ
πτῶμα ‖ Mar 6 29 – Mat 22 16 οἱ Φαρ. –
ἀποστέλλουσιν αὐτῷ τοὺς μαθητ. αὐτῶν
Luc 11 1 καθὼς καὶ Ἰω. ἐδίδαξεν τοὺς μαθητ.
Joh 1 35.37 οἱ δύο μαθ. (se Ἰωάννου) – ἠκο-
λούθησαν τῷ Ἰησοῦ – 3 25 ζήτησις ἐκ
τῶν μαθητῶν Ἰωάννου μετὰ Ἰουδαίου
9 28 ἡμεῖς – τοῦ Μωϋσέως ἐσμὲν μαθηταί

μαθήτρια S° – *discipula* Act 9 36 Ταβιθά

Μαθθαῖος Mt 9 9 10 3 Mr 3 18 Lc 6 15 Act 1 13

Μαθθάτ Luc 3 24.29

Μαθθίας Act 1 23.26 **Μαθουσάλα** Luc 3 37

μαίνεσθαι *insanire*
Joh 10 20 δαιμόνιον ἔχει καὶ μαίνεται (Jesus)
Act 12 15 26 24 μαίνῃ, Παῦλε 25 οὐ μαίνομαι
1 Co 14 23 οὐκ ἐροῦσιν ὅτι μαίνεσθε;

μακαρίζειν [a] *beatam dicere* [b] *beatificare*
Luc 1 48 μακαριοῦσίν [a] με πᾶσαι αἱ γενεαί
Jac 5 11 „μακαρίζομεν [b] τοὺς ὑπομείναντας"

μακάριος *beatus*
Mat 5 3 μακάριοι οἱ πτωχοὶ τῷ πνεύματι 4-11
(novies) ‖ Luc 6 20.21.22 (quater)
11 6 μακάριός ἐστιν ὃς ἐὰν μὴ σκανδα-
λισθῇ ἐν ἐμοί ‖ Luc 7 23
13 16 ὑμῶν – μ..οι οἱ ὀφθαλμοὶ ὅτι βλέπου-
σιν ‖ Luc 10 23 οἱ βλέποντες ἃ β..ετε
16 17 μακάριος εἶ, Σίμων Βαριωνᾶ, ὅτι
24 46 μ. ὁ δοῦλος ‖ Luc 12 43 – 37 οἱ δ. 38
Luc 1 45 μακαρία ἡ πιστεύσασα ὅτι ἔσται
11 27 μακαρία ἡ κοιλία ἡ βαστάσασά σε
28 μ..οι οἱ ἀκούοντες τὸν λόγον τοῦ
θεοῦ καὶ φυλάσσοντες
14 14 μακάριος ἔσῃ, ὅτι οὐκ ἔχουσιν ἀντα-
ποδοῦναί σοι
– 15 μ. ὅστις φάγεται ἄρτον ἐν τῇ βασ.
23 29 μακάριαι αἱ στεῖραι, καὶ αἱ κοιλίαι
Joh 13 17 εἰ ταῦτα οἴδατε, μ..οί ἐστε ἐὰν ποιῆτε
20 29 μ..οι οἱ μὴ ἰδόντες καὶ πιστεύσαντες
Act 20 35 μ.όν ἐστιν μᾶλλον διδόναι ἢ λαμβ.
26 2 ἥγημαι ἐμαυτὸν μακάριον Rm 4 7
Rm 4 7 „μ..οι ὧν ἀφέθησαν αἱ ἀνομίαι 8 μ.
ἀνὴρ οὗ οὐ μὴ λογίσηται κύριος"

Rm 14 22 μ. ὁ μὴ κρίνων ἑαυτὸν ἐν ᾧ δοκιμ.
1 Co 7 40 μ..ωτέρα δέ ἐστιν ἐὰν οὕτως μείνῃ
1 Ti 1 11 κατὰ τὸ εὐαγγ. τῆς δόξης τοῦ μ..ου
θεοῦ 6 15 ὁ μ. καὶ μόνος δυνάστης
Tit 2 13 προσδεχόμενοι τὴν μακαρίαν ἐλπίδα
Jac 1 12 „μ." ἀνὴρ „ὃς ὑπομένει" πειρασμόν
– 25 οὗτος μ. ἐν τῇ ποιήσει αὐτοῦ ἔσται
1 Pe 3 14 εἰ καὶ πάσχοιτε διὰ δικαιοσύνην, μα-
κάριοι 4 14 εἰ ὀνειδίζεσθε ἐν ὀνόματι
Χοῦ, μακάριοι
Ap 1 3 μ. ὁ ἀναγινώσκων καὶ οἱ ἀκούοντες
τοὺς λόγους τῆς προφ. 22 7 ὁ τηρῶν
14 13 μ..οι οἱ νεκροὶ οἱ ἐν κυρίῳ ἀποθνήσκ.
16 15 μ. ὁ γρηγορῶν καὶ τηρῶν τὰ ἱμάτια
19 9 μ..οι οἱ εἰς τὸ δεῖπνον – κεκλημένοι
20 6 μακάριος καὶ ἅγιος ὁ ἔχων μέρος ἐν
τῇ ἀναστάσει 22 14 μ..οι οἱ
„πλύνοντες τὰς στολὰς" αὐτῶν

μακαρισμός S° – *beatitudo* Rm 4 6.9
Gal 4 15 ποῦ οὖν ὁ μ. ὑμῶν; μαρτυρῶ – ὑμῖν

Μακεδονία Act 16 9.10.12 18 5 19 21.22 20 1.3 –
Rm 15 26 εὐδόκησαν – Μ. καὶ Ἀχαΐα κοι-
νωνίαν – ποιήσασθαι 1 Co 16 5 ὅταν Μ..αν
διέλθω κτλ. 2 Co 1 16 2 13 7 5 8 1 ἐν ταῖς
ἐκκλ. τῆς Μ. 11 9 Phl 4 15 1 Th 1 7.8 4 10
1 Ti 1 3 πορευόμενος εἰς Μακεδονίαν

Μακεδών Act 16 9 19 29 27 2 2 Co 9 2.4

μάκελλον S° – *macellum* 1 Co 10 25 ἐν μ..ῳ

μακράν *longe*
Mat 8 30 μακρὰν ἀπ' αὐτῶν ἀγέλη
Mar 12 34 οὐ μ. εἶ ἀπὸ τῆς βασιλείας τοῦ θεοῦ
Luc 7 6 15 20 ἔτι – αὐτοῦ μ. ἀπέχοντος εἶδεν
Joh 21 8 οὐ γὰρ ἦσαν μ. ἀπὸ τῆς γῆς ἀλλά
Act 2 39 ὑμῖν – καὶ πᾶσιν „τοῖς εἰς μακράν,
ὅσους ἂν προσκαλέσηται κύριος"
17 27 σὺ ἀπὸ – ἑκάστου ἡμ. ὑπάρχοντα
22 21 ἐγὼ εἰς ἔθνη μακρὰν ἐξαποστελῶ σε
Eph 2 13 ὑμεῖς οἵ ποτε ὄντες „μακρὰν" ἐγε-
νήθητε „ἐγγύς" 17 „εἰρήνην" ὑμῖν
„τοῖς μακρ. καὶ εἰρήνην τοῖς ἐγγύς"

μακρόθεν, ἀπὸ μα. *a longe* [b] *longe* [c] *de longe*
Mat 26 58 ἠκολούθει ‖ Mar 14 54 Luc 22 54
27 55 θεωροῦσαι ‖ Mar 15 40 [c] Luc 23 49
Mar 5 6 8 3 τινὲς – ἀπὸ μ. [c] ἥκασιν 11 13 συκῆν
Luc 16 23 ὁρᾷ Ἀβραὰμ μ. καὶ Λάζαρον
18 13 ὁ δὲ τελώνης μ. ἑστὼς οὐκ ἤθελεν
Ap 18 10 ἀπὸ μ. [b] ἑστηκότες διὰ τ. φόβον 15 [b] 17 [b]

μακροθυμεῖν *patientem esse* ᵇ*patientiam habēre* ᶜ*patienter agere* ᵈ*patienter ferre* ᵉ*longanimiter ferre*
Mat 18₂₆ μ..ησονᵇ ἐπ' ἐμοί, καὶ πάντα 29ᵇ
Luc 18 7 ὁ δὲ θεὸς οὐ μὴ – μ..εῖᵇ ἐπ' αὐτοῖς;
1 Co 13 4 ἡ ἀγάπη μακροθυμεῖ. χρηστεύεται
1 Th 5₁₄ μακροθυμεῖτε πρὸς πάντας
Hb 6₁₅ μ..ήσαςᵉ ἐπέτυχεν τῆς ἐπαγγελίας
Jac 5 7 μ..ήσατε – ἕως τῆς παρουσίας τοῦ κυρίου. ἰδοὺ ὁ γεωργὸς ἐκδέχεται τὸν – καρπὸν τῆς γῆς, μ..ῶνᵈ ἐπ' αὐτῷ 8 μακροθυμήσατε καὶ ὑμεῖς
2 Pe 3 9 κύριος – μ..εῖᶜ εἰς (vl δι' vg) ὑμᾶς

μακροθυμία *patientia* ᵇ*longanimitas*
Rm 2 4 ἢ – αὐτοῦ – τῆς μ.ᵇ καταφρονεῖς – ;
9₂₂ ἤνεγκεν ἐν πολλῇ μ. „σκεύη ὀργῆς"
2 Co 6 6 ἐν γνώσει, ἐν μ.ᵇ, ἐν χρηστότητι
Gal 5₂₂ καρπὸς τοῦ πνεύμ. – εἰρήνη, μακρ.
Eph 4 2 μετὰ μ..ας, ἀνεχόμενοι ἀλλήλων
Col 1₁₁ εἰς πᾶσαν ὑπομονὴν καὶ μ..ανᵇ
3₁₂ ἐνδύσασθε – πραΰτητα, μακροθυμίαν
1 Ti 1 16 ἵνα ἐν ἐμοὶ πρώτῳ ἐνδείξηται Χὸς Ἰησοῦς τὴν ἅπασαν μακροθυμίαν
2 Ti 3₁₀ παρηκολούθησάς μου – τῇ μ..αᵇ
4 2 παρακάλεσον ἐν πάσῃ μ. καὶ διδαχῇ
Hb 6₁₂ τῶν διὰ πίστεως καὶ μ. κληρονομούν.
Jac 5₁₀ ὑπόδειγμα λάβετε – τῆς κακοπαθίας καὶ τῆς μ..ας τοὺς προφήτας
1 Pe 3₂₀ ὅτε ἀπεξεδέχετο ἡ τοῦ θεοῦ μ. ἐν
2 Pe 3₁₅ τὴν τοῦ κυρίου ἡμῶν μακροθυμίανᵇ σωτηρίαν ἡγεῖσθε

μακροθύμως Sᵒ – *patienter*
Act 26 3 διὸ δέομαι μ..ως ἀκοῦσαί μου

μακρός *longus* ᵇ*prolixus* ᶜ*longinquus*
Mar 12₄₀ προφάσει μακρὰᵇ προσευχόμενοι ‖ Luc 20₄₇ (vl Mat 23₁₄)
Luc 15₁₃ ἀπεδήμησεν εἰς χώραν μ..άνᶜ 19₁₂ᶜ

μακροχρόνιος *longaevus* Eph 6₃ „ἐπὶ τ. γῆς"

μαλακία *infirmitas* Mat 4₂₃ 9₃₅ 10₁

μαλακός *mollis* Mat 11₈ Luc 7₂₅ (ἱμάτια)
1 Co 6 9 οὔτε μοιχοὶ οὔτε μ..οὶ – βασ. θεοῦ

Μαλελεήλ Luc 3₃₇

*μάλιστα *maxime* Act 20₃₈ 25₂₆ 26₃
Gal 6₁₀ μ. δὲ πρὸς τοὺς οἰκείους τῆς πίστ.
Phl 4₂₂ μάλ. δὲ οἱ ἐκ τῆς Καίσαρος οἰκίας

1 Ti 4₁₀ ὅς ἐστιν σωτὴρ πάντων – , μ. πιστῶν
5 8 τῶν ἰδίων καὶ μ. οἰκείων οὐ προνο.
– 17 μάλιστα οἱ κοπιῶντες ἐν λόγῳ
Tit 1₁₀ μάλιστα οἱ ἐκ τῆς περιτομῆς
Phm 16 μάλιστα ἐμοί, πόσῳ δὲ μᾶλλον σοί

*μᾶλλον *magis* ᵇ*potius* ᶜ*immo*
Mat 6₂₆ οὐχ ὑμεῖς μ. διαφέρετε – ; ‖ Luc 12₂₄
– 30 οὐ πολλῷ μ. ὑμᾶς, – ; ‖ Luc 12₂₈
7₁₁ πόσῳ μ. ὁ πατὴρ ὑμῶν – δώσει ἀγαθά ‖ Luc 11₁₃ δώσει πνεῦμα ἅγιον
10 6 πορεύεσθε δὲ μ.ᵇ πρὸς τὰ πρόβατα
– 25 πόσῳ μᾶλλον τοὺς οἰκιακοὺς αὐτοῦ
– 28 φοβεῖσθε – μ.ᵇ τὸν δυνάμ. – ἀπολέσαι
18₁₃ χαίρει ἐπ' αὐτῷ μ. ἢ ἐπὶ τοῖς ἐνενή.
Mar 5₂₆ ἀλλὰ μᾶλλ. εἰς τὸ χεῖρον ἐλθοῦσα
7₃₆ αὐτοὶ μᾶλλ. περισσότερον ἐκήρυσσον
9₄₂ καλὸν – αὐτῷ μ. εἰ περίκειται μύλος
15₁₁ ἵνα μᾶλλον τὸν Βαραββᾶν ἀπολύσῃ
Luc 5₁₅ διήρχετο – μᾶλλ. ὁ λόγος περὶ αὐτοῦ
Joh 3₁₉ ἠγάπησαν – μ. τὸ σκότος 12₄₃ τὴν δόξαν τῶν ἀνθρώπων – . – 5₁₈ 19 8
Act 4₁₉ εἰ δίκαιον – , ὑμῶν ἀκούειν μ.ᵇ ἢ τοῦ θεοῦ 5₂₉ πειθαρχεῖν δεῖ θεῷ μᾶλλον
5₁₄ μᾶλλον δὲ προσετίθεντο πιστεύοντες
20₃₅ μακάριόν ἐστιν μᾶλλον διδόναι ἢ
Rm 5 9 πολλῷ – μᾶλλον – σωθησόμεθα 10 καταλλαγέντες σωθ. 15 ἡ χάρις – ἐπερίσσευσεν 17 ἐν ζωῇ βασιλεύσουσιν
8₃₄ ὁ ἀποθανών, μᾶλλον δὲ ἐγερθείς
11₁₂ πόσῳ μᾶλλ. τὸ πλήρωμα αὐτῶν 24 οἱ κατὰ φύσιν ἐγκεντρισθήσονται τῇ
14₁₃ τοῦτο κρίνατε μ., τὸ μὴ τιθ. – σκάνδ.
1 Co 5 2 οὐχὶ μ. ἐπενθήσατε – ; 6₇ διὰ τί οὐχὶ μ. ἀδικεῖσθε – ; οὐχὶ μ. ἀποστερεῖσθε;
7₂₁ ἀλλ' εἰ καὶ δύνασαι ἐλεύθερος γενέσθαι, μᾶλλον χρῆσαι
9₁₂ εἰ ἄλλοι τῆς ὑμῶν ἐξουσίας μετέχουσιν, οὐ μᾶλλονᵇ ἡμεῖς;
– 15 καλὸν γάρ μοι μᾶλλ. ἀποθανεῖν ἢ
14 1 μ. δὲ ἵνα προφητεύητε 5 – 18 πάντων ὑμῶν μᾶλλον γλώσσαις λαλῶ
2 Co 5 8 εὐδοκοῦμεν μᾶλλον ἐκδημῆσαι
12 9 μ. καυχήσομαι ἐν ταῖς ἀσθενείαις
Gal 4 9 μᾶλλονᶜ δὲ γνωσθέντες ὑπὸ θεοῦ
Eph 5 4 ἀλλὰ μᾶλλον εὐχαριστία 11 ἐλέγχετε
Phl 1 9 ἵνα ἡ ἀγάπη ὑμῶν – μ. καὶ μ. περισσεύῃ 12 μ. εἰς προκοπὴν τοῦ εὐαγγ.
– 23 σὺν Χῷ εἶναι, πολλῷ – μ. κρεῖσσον
2₁₂ νῦν πολλῷ μᾶλλ. ἐν τῇ ἀπουσίᾳ μου
3 4 εἴ τις δοκεῖ ἄλλος πεποιθέναι ἐν σαρκί, ἐγὼ μᾶλλον

1 Th 4 1 ἵνα περισσεύητε μ. 10 περισσεύειν μ.
1 Ti 6 2 μᾶλλ. δουλευέτωσαν, ὅτι πιστοί εἰσιν
2 Ti 3 4 φιλήδονοι μᾶλλον ἢ φιλόθεοι
Phm 9 διὰ τὴν ἀγάπην μᾶλλον παρακαλῶ
     16 μάλιστα ἐμοί, πόσῳ δὲ μᾶλλον σοί
Hb 9 14 πόσῳ μ. τὸ αἷμα τοῦ Χοῦ – καθαριεῖ
     10 25 τοσούτῳ μ. ὅσῳ βλέπετε ἐγγίζουσαν
      τὴν ἡμέραν – 11 25 μ. ἐλόμενος συγ-
      κακουχεῖσθαι τῷ λαῷ τοῦ θεοῦ
     12 9 οὐ πολὺ [δὲ] μ. ὑποταγησόμεθα –;
      25 πολὺ μ. ἡμεῖς οἱ τὸν ἀπ' οὐρ.
2 Pe 1 10 διὸ μ. – σπουδάσατε βεβαίαν ὑμῶν
     τὴν κλῆσιν καὶ ἐκλογὴν ποιεῖσθαι

Μάλχος Joh 18 10 ἦν δὲ ὄνομα τῷ δούλῳ Μ.

μάμμη avia 2 Ti 1 5 ἐν τῇ μ. σου Λωΐδι

μαμωνᾶς S° – mammona (vl mamona)
Mat 6 24 θεῷ δουλεύειν καὶ μ..ᾷ || Luc 16 13
Luc 16 9 φίλους ἐκ τοῦ μ..ᾶ τῆς ἀδικίας 11 εἰ
  – ἐν τῷ ἀδίκῳ μ. πιστοὶ οὐκ ἐγένεσθε

Μαναήν Act 13 1 **Μανασσῆς** Mat 1 10 Ap 7 6

μανθάνειν discere ᵇcognoscere
Mat 9 13 μάθετε τί ἐστιν· „ἔλεος θέλω καὶ οὐ"
     11 29 καὶ μάθετε ἀπ' ἐμοῦ, ὅτι πραΰς εἰμι
     24 32 ἀπὸ δὲ τῆς συκῆς μάθετε τὴν παρα-
      βολήν || Mar 13 28
Joh 6 45 πᾶς ὁ ἀκούσας παρὰ τοῦ πατρὸς
      καὶ μαθὼν ἔρχεται πρὸς ἐμέ
     7 15 πῶς – γράμματα οἶδεν μὴ μεμαθηκώς;
Act 23 27 μαθὼνᵇ (cognito) ὅτι Ῥωμαῖός ἐστιν
Rm 16 17 παρὰ τὴν διδαχὴν ἣν ὑμεῖς ἐμάθετε
1 Co 4 6 ἵνα ἐν ἡμῖν μάθητε τὸ μὴ ὑπὲρ ἃ
     14 31 ἵνα πάντες μανθάνωσιν |γέγραπται
  – 35 εἰ δέ τι μαθεῖν θέλουσιν, ἐν οἴκῳ
Gal 3 2 τοῦτο μόνον θέλω μαθεῖν ἀφ' ὑμῶν
Eph 4 20 ὑμεῖς – οὐχ οὕτως ἐμάθετε τὸν Χόν
Phl 4 9 ἃ καὶ ἐμάθετε – καὶ εἴδετε ἐν ἐμοί
  – 11 ἔμαθον ἐν οἷς εἰμι αὐτάρκης εἶναι
Col 1 7 καθὼς ἐμάθετε ἀπὸ Ἐπαφρᾶ
1 Ti 2 11 γυνὴ ἐν ἡσυχίᾳ μ..ανέτω ἐν – ὑποταγῇ
     5 4 μανθανέτωσαν πρῶτον τὸν ἴδιον
      οἶκον εὐσεβεῖν
  – 13 ἀργαὶ μανθάνουσιν περιερχόμεναι τὰς
      οἰκίας
2 Ti 3 7 πάντοτε μ..οντα καὶ μηδέποτε εἰς ἐπί-
      γνωσιν ἀληθείας ἐλθεῖν δυνάμενα
     14 σὺ δὲ μένε ἐν οἷς ἔμαθες –, εἰδὼς
      παρὰ τίνων (vl τίνος vg) ἔμαθες

Tit 3 14 μανθανέτωσαν δὲ καὶ οἱ ἡμέτεροι κα-
     λῶν ἔργων προΐστασθαι
Hb 5 8 ἔμαθεν ἀφ' ὧν ἔπαθεν τὴν ὑπακοήν
Ap 14 3 οὐδεὶς ἐδύνατο μαθεῖν τὴν ᾠδὴν εἰ
     μή – οἱ ἠγορασμένοι ἀπὸ τῆς γῆς

μανία insania Act 26 24 εἰς μ. περιτρέπει

μάννα manna Joh 6 31.49 Hb 9 4 Ap 2 17

μαντεύεσθαι divinare Act 16 16 μαντευομένη

μαραίνεσθαι marcescere Jac 1 11 ὁ πλούσιος

μαράνα θά S° – marana tha 1 Co 16 22

μαργαρίτης S° – margarita
Mat 7 6 τοὺς μ. ὑμῶν ἔμπροσθεν τῶν χοίρων
     13 45 ἐμπόρῳ ζητοῦντι καλοὺς μαργ. 46
      εὑρὼν – ἕνα πολύτιμον μαργαρίτην
1 Ti 2 9 γυναῖκας –, μὴ ἐν – χρυσίῳ ἢ μ..αις
Ap 17 4 18 12.16 21 21 οἱ – πυλῶνες δώδ. μ..αι

Μάρθα Luc 10 38.40.41 Joh 11 1.5.19-39 12 2

Μαρία, Μαριάμᵇ
   Jesu mater: Mat 1 16.18.20 2 11 13 55ᵇ –
   Mar 6 3 – Luc 1 27ᵇ 30ᵇ 34ᵇ 38ᵇ 39ᵇ 41.46ᵇ (vl
   Elisabet) 56ᵇ 2 5ᵇ 16ᵇ 19ᵇ 34ᵇ – Act 1 14ᵇ
   Maria Magdalena: Mat 27 56.61ᵇ 281ᵇ –
   Mar 15 40.47 16 1. [[9]] – Luc 8 2 24 10 – Joh 19 25
   20 1.11.16ᵇ 18ᵇ
   Jacobi mater: Mat 27 56.61 (ἡ ἄλλη Μαρία
   28 1) – Mar 15 40.47 16 1 – Luc 24 10
   Μαρία ἡ τοῦ Κλωπᾶ: Joh 19 25
   soror Marthae: Luc 10 39ᵇ 42ᵇ – Joh 11 1.
   2ᵇ 19ᵇ 20ᵇ 28ᵇ 31ᵇ 32ᵇ 45ᵇ 123ᵇ
   Joannis Marci mater: Act 12 12
   mulier quaedam christiana: Rm 16 6

Μᾶρκος Act 12 12.25 15 37.39 – Col 4 10 ὁ ἀνε-
   ψιὸς Βαρναβᾶ – 2 Ti 4 11 Phm 24 1 Pe 5 13

μάρμαρος marmor Ap 18 12

μαρτυρεῖν testimonium perhibēre ᵇtest. dare
   ᶜtest. dicere ᵈtest. reddere ᵉt..io esse
   ᶠtestari ᵍcontestari ʰprotestari ⁱtesti-
   ficari – μαρτυρεῖσθαι (pass): ᵏtesti-
   monium consequi ˡtest. habēre ᵐboni
   test..ii (esse) ⁿtest..io probari
Mat 23 31 ὥστε μ..εῖτεᵉ ἑαυτοῖς ὅτι υἱοί ἐστε

Luc 422 πάντες ἐμαρτύρουν[b] αὐτῷ (sc Jesu)
Joh 1 7 ἵνα μαρτυρήσῃ περὶ τοῦ φωτός 8
– 15 Ἰωάννης μ..εῖ περὶ αὐτοῦ 32.34 με-
μ..ηκα ὅτι οὗτός ἐστιν ὁ υἱὸς τοῦ
θεοῦ 326 ᾧ σὺ μεμ..ηκας 28 αὐτοὶ ὑ-
μεῖς μοι μ..εῖτε ὅτι εἶπον· 533 με-
μαρτύρηκεν (sc Ἰω.) τῇ ἀληθείᾳ
225 οὐ χρείαν εἶχεν ἵνα τις μ..ήσῃ περὶ
τοῦ ἀνθρώπου· αὐτὸς γὰρ ἐγίνωσκεν
311 ὃ ἑωράκαμεν μαρτυροῦμεν[i] – 32[i]
439 τῆς γυναικὸς μ..ούσης ὅτι εἶπέν μοι
– 44 αὐτὸς – Ἰησ. ἐμ..ησεν ὅτι προφήτης
531 ἐὰν ἐγὼ μ..ῶ περὶ ἐμαυτοῦ 32 ἄλλος
ἐστιν ὁ μ..ῶν περὶ ἐμοῦ, – ἀληθής ἐ-
στιν ἡ μαρτυρία ἣν μ..εῖ περὶ ἐμοῦ
37 ὁ πέμψας με – μεμ..ηκεν περὶ ἐμοῦ
813 σὺ περὶ σεαυτοῦ μ..εῖς 14 κἂν ἐ-
γὼ μ..ῶ περὶ ἐμαυτοῦ 18 ἐγώ εἰμι ὁ
μ..ῶν περὶ ἐμ, καὶ μ..εῖ περὶ ἐμοῦ ὁ
πέμψας με πατήρ
– 36 τὰ ἔργα ἃ ποιῶ μ..εῖ περὶ ἐμοῦ 1025
– 39 ἐκεῖναί (sc αἱ γραφαί) εἰσιν αἱ μαρ-
τυροῦσαι περὶ ἐμοῦ
7 7 ἐγὼ μ..ῶ περὶ αὐτοῦ (sc τ. κόσμου)
1217 ἐμαρτύρει – ὁ ὄχλος ὁ ὢν μετ᾽ αὐτοῦ
1321 Ἰησοῦς ἐταράχθη – καὶ ἐμ..ησεν[h]
1526 ὁ παράκλητος – μ..ήσει περὶ ἐμοῦ
– 27 καὶ ὑμεῖς δὲ μαρτυρεῖτε
1823 εἰ κακῶς ἐλάλησα, μαρτύρησον πε-
ρὶ τοῦ κακοῦ· εἰ δὲ καλῶς, τί με –
– 37 ἐλήλυθα –, ἵνα μ..ήσω τῇ ἀληθείᾳ
1935 καὶ ὁ ἑωρακὼς μεμαρτύρηκεν
2124 ὁ μαθητὴς ὁ μ..ῶν περὶ τούτων
Act 6 3 ἐπισκέψασθε – μ..ουμένους[m] ἑπτὰ
1022 μ..ούμενος[l] – ὑπὸ – τῶν Ἰουδ. 2212[l]
– 43 τούτῳ πάντες οἱ προφῆται μ..οῦσιν
1322 ᾧ (David) καὶ εἶπεν μαρτυρήσας·
14 3 κυρίῳ τῷ μ..οῦντι ἐπὶ τῷ λόγῳ
15 8 θεὸς ἐμ..ησεν αὐτοῖς δοὺς τὸ πνεῦ.
16 2 ὃς ἐμ..εῖτο ὑπὸ τῶν – ἀδελφῶν
22 5 ὡς καὶ ὁ ἀρχιερεὺς μαρτυρεῖ[d] μοι
2311 οὕτω σε δεῖ καὶ εἰς Ῥώμην μαρτυ-
26 5 ἐὰν θέλωσι μαρτυρεῖν [ρῆσαι[i]
Rm 321 δικαιοσύνη θεοῦ –, μαρτυρουμένη[i]
ὑπὸ τοῦ νόμου καὶ τῶν προφητῶν
10 2 μ..ῶ – αὐτοῖς ὅτι ζῆλον θεοῦ ἔχουσιν
1 Co 1515 ὅτι ἐμ..ήσαμεν[c] κατὰ τοῦ θεοῦ
2 Co 8 3 ὅτι κατὰ δύναμιν, μ..ῶ[d], καὶ παρὰ
Gal 415 μ..ῶ – ὑμῖν ὅτι εἰ δυνατὸν τοὺς ὀφθ.
Col 413 μ..ῶ – αὐτῷ ὅτι ἔχει πολὺν πόνον
1 Ti 510 ἐν ἔργοις καλοῖς μαρτυρουμένη[l]
6 13 Ἰησοῦ τοῦ μαρτυρήσαντος[d] ἐπὶ –

Πιλάτου τὴν καλὴν ὁμολογίαν
Hb 7 8 ἐκεῖ δὲ μαρτυρούμενος[g] ὅτι ζῆ
– 17 μ..εῖται[g] γὰρ ὅτι „σὺ ἱερεὺς εἰς – "
1015 μ..εῖ[g] – ἡμῖν καὶ τὸ πνεῦ. τὸ ἅγιον
11 2 ἐν ταύτῃ – ἐμ..ήθησαν[k] οἱ πρεσβύ.
– 4 ἐμ..ήθη[k] εἶναι δίκαιος, μ..οῦντος „ἐπὶ
τοῖς δώροις αὐτοῦ τοῦ θεοῦ"
– 5 μεμ..ηται[l] „εὐαρεστηκέναι τῷ θεῷ"
– 39 πάντες μ..ηθέντες[n] διὰ τῆς πίστεως
1 Jo 1 2 καὶ ἑωράκαμεν καὶ μαρτυροῦμεν[f]
414 τεθεάμεθα καὶ μ..οῦμεν[i] ὅτι ὁ πα.
5 6 τὸ πνεῦμά ἐστιν τὸ μαρτυροῦν[i]
– 7 τρεῖς εἰσιν οἱ μ..οῦντες[b], τὸ πνεῦ.
– 9 μεμ..ηκεν[i] περὶ τοῦ υἱοῦ αὐτοῦ 10[i]
3 Jo 3 ἀδελφῶν – μ..ούντων σου τῇ ἀληθ.
6 οἳ ἐμαρτύρησάν[d] σου τῇ ἀγάπῃ
12 Δημητρίῳ μεμαρτύρηται[d] ὑπὸ πάν-
των καὶ ὑπὸ αὐτῆς τῆς ἀληθείας·
καὶ ἡμεῖς δὲ μαρτυροῦμεν
Ap 1 2 Ἰωάννη, ὃς ἐμ..ησεν τὸν λόγ. τοῦ θ.
2216 ἔπεμψα τὸν ἄγγελόν μου μ..ῆσαι[i]
– 18 μ..ῶ[g] – τῷ ἀκούοντι τοὺς λόγους
– 20 λέγει ὁ μ..ῶν ταῦτα· ναί, ἔρχομαι

μαρτύρεσθαι testificari [b]contestari
Act 2026 μ..ομαι[b] ὑμῖν – ὅτι καθαρός εἰμι
2622 μ..όμενος μικρῷ τε καὶ μεγάλῳ
Gal 5 3 μ..ομαι – παντὶ – περιτεμνομένῳ ὅτι
Eph 417 μ..ομαι ἐν κυρίῳ, μηκέτι ὑμᾶς περι.
1 Th 212 μ..όμενοι εἰς τὸ περιπατεῖν ὑμᾶς ἀξ.

μαρτυρία testimonium
Mar 1455 ἐζήτουν κατὰ τοῦ Ἰησοῦ μαρτυρίαν
– 56 ἴσαι αἱ μαρτυρίαι οὐκ ἦσαν 59
Luc 2271 τί ἔτι ἔχομεν μαρτυρίας χρείαν;
Joh 1 7 οὗτος ἦλθεν εἰς μαρτυρίαν 19 αὕτη
ἐστὶν ἡ μαρτυρία τοῦ Ἰωάννου
311 τὴν μ. ἡμῶν οὐ λαμβάνετε 32 τὴν μ.
αὐτοῦ οὐδεὶς λαμβάνει 33 ὁ λαβὼν
αὐτοῦ τὴν μ. ἐσφράγισεν ὅτι ὁ θεὸς
ἀληθής ἐστιν
531 ἡ μ. μου οὐκ ἔστιν ἀληθής 32 οἶδα
ὅτι ἀληθής ἐστιν ἡ μ. – περὶ ἐμοῦ
– 34 οὐ παρὰ ἀνθρώπου τὴν μ. λαμβάνω
36 ἔχω τὴν μ. μείζω τοῦ Ἰωάννου
813 ἡ μαρτυρία σου οὐκ ἔστιν ἀληθής 14
ἀληθής ἐστιν ἡ μαρτ. μου 17 δύο ἀν-
θρώπων ἡ μαρτ. ἀληθής ἐστιν
1935 ἀληθινὴ αὐτοῦ ἐστιν ἡ μ. 2124 οἴδα-
μεν ὅτι ἀληθὴς αὐτοῦ ἡ μαρτ. ἐστὶν
Act 2218 οὐ παραδέξονταί σου μ..αν περὶ ἐμοῦ
1 Ti 3 7 δεῖ – μ..αν καλὴν ἔχειν ἀπὸ τῶν ἔξ.

Tit 1 13 ἡ μ. αὕτη (de Cret.) ἐστὶν ἀληθής
1 Jo 5 9 εἰ τὴν μ. τῶν ἀνθρ. λαμβάνομεν, ἡ μ.
  τοῦ θεοῦ μείζων ἐστίν, ὅτι – ἐστὶν ἡ
  μ. τοῦ θ. 10 ἔχει τὴν μ. (vl + τοῦ θε-
  οῦ vg) ἐν ἑαυτῷ (vl αὐτῷ) –, ὅτι
  οὐ πεπίστευκεν εἰς τὴν μαρτ. 11
  αὕτη ἐστὶν ἡ μ., ὅτι ζωὴν – ἔδωκεν
3 Jo 12 οἶδας ὅτι ἡ μαρτ. ἡμῶν ἀληθής ἐστιν
Ap 1 2 ὃς ἐμαρτύρησεν – τὴν μ. Ἰησ. Χοῦ 9
  ἐν Πάτμῳ διὰ – τὴν μαρτυρ. Ἰησοῦ
6 9 ἐσφαγμένων – διὰ τὴν μαρτ. ἣν εἶχον
  12 17 τῶν – ἐχόντων τὴν μ. Ἰησοῦ 19 10
  20 4 πεπελεκισμένων διὰ τὴν μ. Ἰησ.
  11 7 ὅταν τελέσωσιν τὴν μαρτυρ. αὐτῶν
  12 11 ἐνίκησαν αὐτὸν – διὰ τὸν λόγον τῆς
  μαρτ. αὐτῶν 19 10 ἡ γὰρ μαρτ. Ἰησοῦ
  ἐστιν τὸ πνεῦμα τῆς προφητείας

μαρτύριον testimonium
Mat 8 4 προσένεγκον τὸ δῶρον –, εἰς μαρ-
  τύριον αὐτοῖς ‖ Mar 1 44 Luc 5 14
  10 18 εἰς μαρτ. αὐτοῖς καὶ τοῖς ἔθνεσιν ‖
  Mar 13 9 Luc 21 13 ἀποβήσεται ὑμῖν
  εἰς μαρτ. – Mat 24 14 κηρυχθήσεται
  – τὸ εὐαγγ. – εἰς μαρτ. – τοῖς ἔθνεσιν
Mar 6 11 ἐκτινάξατε τὸν χοῦν – εἰς μαρτ. αὐ-
  τοῖς ‖ Luc 9 5 εἰς μαρτ. ἐπ᾽ αὐτούς
Act 4 33 ἀπεδίδουν τὸ μαρτύρ. οἱ ἀπόστολοι
  τῆς ἀναστάσεως τοῦ κυρίου Ἰησοῦ
  7 44 „ἡ σκηνὴ τοῦ μαρτυρίου” Ap 15 5
1 Co 1 6 τὸ μαρτ. τοῦ Χοῦ ἐβεβαιώθη ἐν ὑμῖν
  (2 1 vl καταγγέλλων ὑμῖν τὸ μαρτύριον
  τοῦ θεοῦ)
2 Co 1 12 ἡ – καύχησις ἡμῶν αὕτη ἐστίν, τὸ
  μαρτύριον τῆς συνειδήσεως ἡμῶν
2 Th 1 10 ἐπιστεύθη τὸ μαρτ. ἡμῶν ἐφ᾽ ὑμᾶς
1 Ti 2 6 τὸ μαρτύριον καιροῖς ἰδίοις
2 Ti 1 8 μὴ – ἐπαισχυνθῇς τὸ μ. τοῦ κυρίου
Hb 3 5 εἰς μαρτύριον τῶν λαληθησομένων
Jac 5 3 ὁ ἰὸς αὐτῶν εἰς μαρτύρ. ὑμῖν ἔσται

μάρτυς testis ᵇmartyr ᶜ(μάρτυρα εἶναι)
  testificari
Mat 18 16 „ἐπὶ στόματος δύο μαρτύρων ἢ τρι-
  ῶν” 2 Co 13 1 1 Ti 5 19 Hb 10 28
  26 65 τί ἔτι χρείαν ἔχομεν μ..ων; ‖ Mar 14 63
Luc 11 48 ἄρα μάρτυρές ἐστε ᶜ καὶ συνευδοκεῖτε
  τοῖς ἔργοις τῶν πατέρων ὑμῶν
  24 48 ὑμεῖς (vl + ἐστε) μάρτυρες τούτων
Act 1 8 ἔσεσθέ μου μάρτυρες 2 32 οὗ – ἡμεῖς
  ἐσμεν μ..ες 3 15 5 32 τῶν ῥημάτων τού-
  των 10 39 πάντων ὧν ἐποίησεν 13 31

οἵτινες [νῦν] εἰσιν μάρτυρες αὐτοῦ
  πρὸς τὸν λαόν – 1 22 μ..α τῆς ἀνα-
  στάσεως αὐτοῦ σὺν ἡμῖν γενέσθαι
Act 6 13 ἔστησάν τε μ..ας ψευδεῖς λέγοντας·
  7 58 οἱ μ..ες ἀπέθεντο τὰ ἱμάτια αὐτῶν
  10 41 μάρτυσιν τοῖς προκεχειροτονημένοις
  22 15 ἔσῃ μάρτ. αὐτῷ πρὸς πάντας ἀνθρ.
  ὧν ἑώρακας καὶ ἤκουσας 26 16
  – 20 τὸ αἷμα Στεφάνου τοῦ μάρτυρός σου
Rm 1 9 μάρτυς γάρ μού ἐστιν ὁ θεός Phl
  18 1 Th 2 5 θεὸς μ. 10 ὑμεῖς μ..ες καὶ
  ὁ θεός 2 Co 1 23 μάρτυρα τὸν θεὸν
  ἐπικαλοῦμαι ἐπὶ τὴν ἐμὴν ψυχήν
1 Ti 6 12 ὡμολόγησας τὴν καλὴν ὁμολογίαν
  ἐνώπιον πολλῶν μ..ων 2 Ti 2 2 ἃ ἤ-
  κουσας παρ᾽ ἐμοῦ διὰ πολλῶν μ..ων
Hb 12 1 τοσοῦτον ἔχοντες – νέφος μαρτύρων
1 Pe 5 1 μάρτυς τῶν τοῦ Χοῦ παθημάτων
Ap 1 5 ἀπὸ – Χοῦ, „ὁ μάρτυς ὁ πιστός” 3 14
  2 13 Ἀντιπᾶς ὁ μάρτυς μου ὁ πιστός μου
  11 3 δώσω τοῖς δυσὶν μάρτυσίν μου
  17 6 ἐκ τοῦ αἵματος τῶν μ..ων ᵇ Ἰησοῦ

μασᾶσθαι Sᵒ – commanducare Ap 16 10

μαστιγοῦν flagellare
Mat 10 17 ἐν τ. συναγωγαῖς – μ..ώσουσιν ὑμᾶς
  20 19 εἰς τὸ – μ..ῶσαι ‖ Mar 10 34 Luc 18 33
  23 34 ἐξ αὐτῶν μ..ώσετε ἐν ταῖς συναγωγ.
Joh 19 1 Πιλᾶτος τὸν Ἰησοῦν – ἐμαστίγωσεν
Hb 12 6 „μ..οῖ δὲ πάντα υἱὸν ὃν παραδέχ.”

μαστίζειν flagellare Act 22 25 Ῥωμαῖον – ;

μάστιξ. ..ιγες plaga ᵇflagella ᶜverbera
Mar 3 10 ὅσοι εἶχον μάστιγας 5 29.34 Luc 7 21
Act 22 24 ᵇ Hb 11 36 μαστίγων ᶜ πεῖραν ἔλαβον

μαστοί ubera ᵇmamillae
Luc 11 27 23 29 μ..οὶ οἳ οὐκ ἔθρεψαν Ap 1 13 ᵇ

ματαιολογία Sᵒ – vaniloquium 1 Ti 1 6

ματαιολόγος Sᵒ – vaniloquus Tit 1 10 μ..οι

μάταιος vanus
Act 14 15 ἀπὸ τούτων τῶν μ. – ἐπὶ θεὸν ζῶντα
1 Co 3 20 „γινώσκει τοὺς διαλογισμοὺς τῶν”
  σοφῶν, „ὅτι εἰσὶν μάταιοι”
  15 17 ματαία ἡ πίστις ὑμῶν
Tit 3 9 μάχας νομικὰς περιΐστασο· εἰσὶν γὰρ
  ἀνωφελεῖς καὶ μάταιοι

Jac 126 τούτου μάταιος ἡ θρησκεία
1 Pe 118 ἐκ τῆς ματαίας ὑμῶν ἀναστροφῆς

ματαιότης *vanitas*
Rm 820 τῇ γὰρ μ..τητι ἡ κτίσις ὑπετάγη
Eph 417 τὰ ἔθνη – ἐν μ..τητι τοῦ νοὸς αὐτῶν
2 Pe 218 ὑπέρογκα γὰρ μ..τητος φθεγγόμενοι

ματαιοῦσθαι *evanescere* Rm 121 ἐματαιώθη-
σαν ἐν τοῖς διαλογισμοῖς αὐτῶν

μάτην [a]*sine causa* [b]*in vanum*
Mat 159 „μάτην[a] – σέβονταί με" ‖ Mar 77[b]

Ματθάν Mat 115   **Ματταθά** Luc 331

Ματταθίας Luc 325.26

μάχαιρα *gladius*
Mat 1034 οὐκ ἦλθον βαλεῖν εἰρήνην ἀλλὰ μ.
2647 μετὰ μ..ῶν καὶ ξύλων 55.51 ἀπέσπα-
σεν τὴν μ. ‖ Mar 1443.48.47 Luc 2252
Joh 1810 – Mat 2652 ἀπόστρεψον
τὴν μ. σου (Joh 1811) – οἱ λαβόντες
μ..αν ἐν μ.η ἀπολοῦνται Ap 1310 εἴ
τις ἐν μαχαίρῃ ἀποκτανθῆναι αὐτὸν
ἐν μαχαίρῃ ἀποκτανθῆναι
Luc 2124 πεσοῦνται στόματι (*in ore*) μαχαίρης
2236 καὶ ἀγορασάτω μ..αν 38 ἰδοὺ μ..αι
ὧδε δύο 49 εἰ πατάξομεν ἐν μαχαίρῃ;
Act 12 2 ἀνεῖλεν – Ἰάκωβον – 1627
Rm 835 τίς ἡμᾶς χωρίσει –; – ἢ κίνδ. ἢ μ..α;
13 4 οὐ γὰρ εἰκῇ τὴν μάχαιραν φορεῖ
Eph 617 καὶ τὴν μάχαιραν τοῦ πνεύματος
Hb 412 ὑπὲρ πᾶσαν μάχαιραν δίστομον
1134 ἔφυγον στόματα (*aciem*) μαχαίρης
– 37 ἐν φόνῳ μαχαίρης ἀπέθανον
Ap 6 4 ἐδόθη αὐτῷ μάχαιρα μεγάλη
1314 ἔχει τὴν πληγὴν τῆς μ..ης καὶ ἔζησεν

μάχεσθαι *litigare* Joh 652 Act 726
2 Ti 224 δοῦλον – κυρίου οὐ δεῖ μ. – Jac 42

μάχη [a]*pugna* [b]*lis, litis*
2 Co 7 5 ἔξωθεν μάχαι[a], ἔσωθεν φόβοι
2 Ti 223[b] Tit 39[a] Jac 41 πόθεν μάχαι[b] –;

μεγαλεῖα *magnalia* Act 211 τὰ μ. τοῦ θεοῦ

μεγαλειότης *magnitudo* [b]*maiestas*
Luc 943 ἐπὶ τῇ μ. τοῦ θεοῦ Act 1927[b] Ἀρτέμ.
2 Pe 116 ἀλλ' ἐπόπται γενηθέντες τῆς ἐκείνου
(sc Χριστοῦ) μεγαλειότητος

μεγαλοπρεπής *magnificus* 2 Pe 117 δόξα

μεγαλύνειν *magnificare* Mat 235 κράσπεδα
Luc 146 μεγαλύνει „ἡ ψυχή μου τὸν κύριον"
– 58 ἐμεγάλυνεν κύριος τὸ ἔλεος αὐτοῦ
Act 513 ἀλλ' ἐμεγάλυνεν αὐτοὺς ὁ λαός
1046 ἤκουον – αὐτῶν – μ..όντων τὸν θεόν
1917 ἐμεγαλύνετο τὸ ὄνομα τοῦ κυρ. Ἰησ.
2 Co 1015 ἐλπίδα – ἔχοντες – ἐν ὑμῖν μ..θῆναι
Phl 120 μ..θήσεται Χὸς ἐν τῷ σώματί μου

μεγάλως *vehementer* Phl 410 ἐχάρην – ἐν κυ.

μεγαλωσύνη [a]*magnitudo* [b]*magnificentia*
[c]*maiestas*
Hb 1 3 „ἐκάθισεν ἐν δεξιᾷ" τῆς μ.[c] ἐν ὑψη-
λοῖς 81 τοῦ θρόνου τῆς μ.[a] ἐν τοῖς οὐρ.
Jud 25 θεῷ σωτῆρι ἡμῶν – μεγαλ.[b] κράτος

*μέγας, μείζων (..ότερος), **μέγιστος**
magnus, maior, maximus [b]*grandis*
[c]*princeps* [d](comp) *amplior*
Mat 519 μέγ. κληθήσεται ἐν τῇ βασ. τῶν οὐρ.
– 35 „πόλις" ἐστὶν „τοῦ μεγ. βασιλέως"
1111 οὐκ ἐγήγερται – μείζων Ἰωάννου – ·
ὁ δὲ μικρότερος ἐν τῇ βασ. τῶν οὐρ.
μείζων αὐτοῦ ἐστιν ‖ Luc 728
12 6 τοῦ ἱεροῦ μεῖζόν (*maior*) ἐστιν ὧδε
1528 ὦ γύναι, μεγάλη σου ἡ πίστις
18 1 τίς ἄρα μείζων ἐστὶν ἐν τῇ βασ. τῶν
οὐρ.; 4 οὗτός ἐστιν ὁ μείζων ‖ Mar
934 διελέχθησαν – τίς μείζων Luc 946
τίς ἂν εἴη μείζων αὐτῶν 48 ὁ – μικρό-
τερος ἐν – ὑμῖν –, οὗτός ἐστιν μέγας
(*maior*) – 2224 φιλονεικία –, τὸ τίς
αὐτῶν δοκεῖ εἶναι μείζων
2025 οἱ μεγάλοι (*maiores*) κατεξουσιάζου-
σιν αὐτῶν 26 ὃς ἐὰν θέλῃ ἐν ὑμῖν μέ-
γας (*maior*) γενέσθαι ‖ Mar 1042 οἱ
μεγ.[c] αὐτῶν 43 μέγ. (*maior*) γενέσθαι
Luc 2226 ὁ μείζων ἐν ὑμῖν γινέσθω
ὡς ὁ νεώτερος 27 τίς γὰρ μείζων, ὁ
ἀνακείμενος ἢ ὁ διακονῶν; Mat 2311
ὁ δὲ μείζων ὑμῶν ἔσται ὑμῶν διάκονος
2236 ποία ἐντολὴ μεγάλη –; 38 αὕτη ἐ-
στὶν ἡ μεγ. (*max.*) καὶ πρώτη ἐντολὴ
‖ Mar 1231 μείζων – οὐκ ἐστιν
Luc 1 15 ἔσται – μέγας ἐνώπιον [τοῦ] κυρίου 32
– 49 ἐποίησέν μοι μεγάλα ὁ δυνατός
7 16 προφήτης μέγας ἠγέρθη ἐν ἡμῖν
Joh 150 μείζω (*maius*) τούτων ὄψῃ 520 μεί-
ζονα – δείξει αὐτῷ ἔργα 1412 μείζονα
τούτων ποιήσει (sc ἔργα)

Joh 4 12 μὴ σὺ μείζων εἶ τοῦ πατρὸς ἡμῶν Ἰα-
κώβ –; 8 53 Ἀβραάμ, –;
5 36 ἔχω τὴν μαρτυρίαν μείζω τοῦ Ἰωά.
10 29 ὁ πατήρ μου ὃ δέδωκέν μοι πάντων
μεῖζόν ἐστιν (vl ὃς et μείζων)
13 16 οὐκ ἔστιν δοῦλος μείζων τοῦ κυρίου
αὐτοῦ, οὐδὲ ἀπόστολος μείζων τοῦ
πέμψαντος αὐτόν 15 20
14 28 ὅτι ὁ πατὴρ μείζων μού ἐστιν
15 13 μείζονα ταύτης ἀγάπην οὐδεὶς ἔχει
19 11 ὁ παραδούς – μείζονα ἁμαρτίαν ἔχει
– 31 ἦν – μεγάλη ἡ ἡμέρα ἐκείνου τοῦ σαββ.
Act 8 9 λέγων εἶναί τινα ἑαυτὸν μέγαν 10 ἡ
δύναμις τοῦ θεοῦ ἡ καλου. μεγάλη
– 10 πάντες ἀπὸ μικροῦ ἕως μεγάλου
(max.) cfr Hb 8 11 – Act 26 22 μαρ-
τυρόμενος μικρῷ τε καὶ μεγ. (mai.)
Ap 11 18 „τοὺς μι. καὶ τοὺς μεγ." 13 16
19 5.18 20 12 τοὺς νεκρούς, τ. μεγ. καί
19 27 τῆς μεγάλης θεᾶς Ἀρτέμ. 28.34.35
Rm 9 12 „ὁ μείζων δουλεύσει τῷ ἐλάσσονι"
1 Co 9 11 μέγα εἰ ἡμεῖς ὑμῶν τὰ σαρκικὰ θερί-
σομεν; cfr 2 Co 11 15 οὐ μέγα – εἰ
12 31 ζηλοῦτε – τὰ χαρίσματα τὰ μείζονα
(vl κρείττονα vg meliora vl maiora)
13 13 μείζων δὲ τούτων ἡ ἀγάπη
14 5 μείζ. – ὁ προφητεύων ἢ ὁ λαλῶν γλ.
Eph 5 32 τὸ μυστήριον τοῦτο μέγα ἐστίν
1 Ti 3 16 ὁμολογουμένως μέγα ἐστὶν τὸ τῆς
εὐσεβείας μυστήριον
6 6 ἔστιν δὲ πορισμὸς μέγας ἡ εὐσέβεια
μετὰ αὐταρκείας
Tit 2 13 ἐπιφάνειαν τῆς δόξης τοῦ μεγ. θεοῦ
Hb 4 14 ἔχοντες – ἀρχιερέα μέγαν 10 21 ἱερέα
6 13 ἐπεὶ κατ' οὐδενὸς εἶχεν μείζονος ὀ-
μόσαι 16 κατὰ τοῦ μείζ. ὀμνύουσιν
9 11 διὰ τῆς μείζονος d – σκηνῆς
10 35 ἥτις ἔχει μεγάλην μισθαποδοσίαν
11 24 πίστει „Μωϋσῆς μέγας b γενόμενος"
– 26 μείζονα πλοῦτον ἡγησάμενος
13 20 „τὸν ποιμένα τ. προβάτων" τὸν μέγ.
Jac 3 1 εἰδότες ὅτι μεῖζον κρίμα λημψόμεθα
– 5 ἡ γλῶσσα μικρὸν μέλος ἐστὶν καὶ
μεγάλα αὐχεῖ (vl μεγαλαυχεῖ)
4 6 μείζονα δὲ „δίδωσιν χάριν"
2 Pe 1 4 δι' ὧν τὰ τίμια καὶ μέγιστα ἡμῖν ἐπ-
αγγέλματα δεδώρηται
2 11 ἄγγελοι – δυνάμει μείζονες ὄντες
1 Jo 3 20 μείζων – ὁ θεὸς τῆς καρδίας ἡμῶν
4 4 μείζ. – ὁ ἐν ὑμῖν ἢ ὁ ἐν τῷ κόσμῳ
5 9 ἡ μαρτυρία τοῦ θεοῦ μείζων ἐστίν
3 Jo 4 μειζοτέραν τούτων οὐκ ἔχω χαράν

Jud 6 εἰς κρίσιν μεγάλης ἡμέρας
Ap 6 17 ἦλθεν „ἡ ἡμέρα ἡ μεγ. τῆς ὀργῆς"
13 5 „στόμα λαλοῦν μεγάλα" καὶ βλασ.
16 14 εἰς τὸν πόλεμον τῆς ἡμέρας τῆς με-
γάλης τοῦ θεοῦ
19 17 εἰς τὸ δεῖπνον τὸ μέγα τοῦ θεοῦ

μέγεθος magnitudo Eph 1 19 τῆς δυνάμεως

μεγιστᾶνες principes Mar 6 21 Ap 6 15 18 23

μεθερμηνεύειν interpretari Mat 1 23 Mar 5 41
15 22.34 Joh 1 38.41 Act 4 36 13 8

μέθη ebrietas Luc 21 34 Rm 13 13 Gal 5 21

μεθιστάναι amovere b avertere c transferre
Luc 16 4 ὅταν μετασταθῶ ἐκ τῆς οἰκονομίας
Act 13 22 μεταστήσας αὐτόν 19 26 b ὄχλον
1 Co 13 2 τὴν πίστιν ὥστε ὄρη μεθιστάναι c
Col 1 13 μετέστησεν c εἰς τὴν βασ. τοῦ υἱοῦ

μεθοδεία S o – circumventio b insidiae
Eph 4 14 πρὸς τὴν μεθοδείαν τῆς πλάνης
6 11 στῆναι πρὸς τὰς μ. b τοῦ διαβόλου

(μεθόρια, τά vl fines Mar 7 24 Τύρου)

μεθύειν ebrium esse μεθύων: b ebrius
c ebriosus (vl ebrius)
Mat 24 49 κατὰ τῶν μ..όντων c Act 2 15 Ap 17 6 b
1 Co 11 21 ὃς μὲν πεινᾷ, ὃς δὲ μεθύει
1 Th 5 7 οἱ μεθυσκόμενοι νυκτὸς μ..ουσιν

μεθύσκεσθαι inebriari b ebrium esse
Luc 12 45 Joh 2 10 – 1 Th 5 7 b Ap 17 2
Eph 5 18 „μὴ μ..εσθε οἴνῳ", ἐν ᾧ ἐστιν ἀσωτία

μέθυσος ebriosus 1 Co 5 11 6 10 οὐ μέθυσοι

μέλαν, τό S o – atramentum
2 Co 3 3 οὐ μέλανι 2 Jo 12 διὰ – μ..ος 3 Jo 13

μέλας niger Mat 5 36 τρίχα – Ap 6 5.12

Μελεά Luc 3 31

μέλει μοί τινος, περί τινος, ὅτι cura mihi est
de b curae mihi est c curo aliquem
d pertinet ad me, me quia
Mat 22 16 οὐ μ. σοι περὶ οὐδενός, || Mar 12 14 c
Mar 4 38 οὐ μέλει σοι ὅτι d ἀπολλύμεθα;
Luc 10 40 οὐ μέλει σοι b ὅτι ἡ ἀδελφή μου –;

Joh 10₁₃ οὐ μέλει^d αὐτῷ περὶ τῶν προβάτων
12 6 οὐχ ὅτι περὶ τ. πτωχῶν ἔμελεν^d αὐ.
Act 18₁₇ οὐδὲν τούτων – Γαλλίωνι ἔμελεν^b
1 Co 7₂₁ δοῦλος ἐκλήθης: μή σοι μελέτω^b
9 9 μὴ τῶν βοῶν μέλει τῷ θεῷ; ἤ
1 Pe 5 7 ὅτι αὐτῷ μέλει περὶ ὑμῶν

μελετᾶν meditari Act 4₂₅ „κενά" 1 Ti 4₁₅

μέλι mel Mat 3₄ ἄγριον ‖ Mar 1₆ – Ap 10₉.₁₀

Μελίτη Act 28₁ ὅτι Μελ. ἡ νῆσος καλεῖται

(μελίσσιος S° – Luc 24₄₂ vl ἀπὸ μελισσίου κηρίου vel κηρίον vg favum mellis)

*μέλλειν latine plerumque redditur tempore futuro (coniug. periphr.) vel ^b gerundivo. ^c futurum est, ut ^d incipiet ^e oportet μέλλων: ^f futurus ^g venturus – ^h morari

Mat 3 7 τίς ὑπέδειξεν ὑμῖν φυγεῖν ἀπὸ τῆς μελλούσης^g ὀργῆς; ‖ Luc 3 7^8
11₁₄ ἐστὶν Ἠλίας ὁ μέλλων ἔρχεσθαι^g
12₃₂ οὔτε ἐν τῷ μέλλοντι^f (sc αἰῶνι) –
Eph 1₂₁ καὶ ἐν τῷ μ.^f Hb 6₅ δυνάμεις τε μέλλοντος^g αἰῶνος
16₂₇ μέλλει – ἔρχεσθαι^g ἐν τῇ δόξῃ τοῦ πατρός 17₁₂ μέλλει πάσχειν (fut) 22
μέλλει – παραδίδοσθαι^b (gerund) ‖ Luc 9₄₄^c – Mat 20₂₂ ὃ ἐγὼ μέλλω πίνειν; Mar 10₃₂ τὰ μέλλοντα αὐτῷ συμβαίνειν Luc 9₃₁ τὴν ἔξοδον –, ἣν ἤμελλεν πληροῦν ἐν Ἱερουσαλὴμ
24 6 μελλήσετε – ἀκούειν πολέμους Mar 13₄ ὅταν μέλλῃ^d ταῦτα συντελεῖσθαι –; ‖ Luc 21₇^d γίνεσθαι 36^f
Luc 7 2 ἤμελλεν τελευτᾶν (erat moriturus) Joh 4₄₇^d (incipiebat – mori)
13 9 κἂν – ποιήσῃ καρπὸν εἰς τὸ μέλλ.^f
19₁₁ ὅτι – μέλλει ἡ βασιλεία τοῦ θεοῦ ἀναφαίνεσθαι (manifestaretur)
24₂₁ αὐτός ἐστιν ὁ μέλλων λυτροῦσθαι
Joh 6₇₁ ἔμελλεν παραδιδόναι αὐτόν 12₄
11₅₁ ἐπροφήτευσεν ὅτι ἔμελλεν Ἰησοῦς ἀποθνήσκειν ὑπὲρ τοῦ ἔθνους
12₃₃ ποίῳ θανάτῳ ἤμελλεν ἀποθνῄ. 18₃₂
Act 17₃₁ ἔστησεν ἡμέραν ἐν ᾗ μέλλει κρίνειν
22₁₆ καὶ νῦν τί μέλλεις^h; – βάπτισαι
24₁₅ ἀνάστασιν μέλλειν ἔσεσθαι 25 διαλεγομένου – περὶ – τοῦ κρίμ. τοῦ μέλλ.^f
Rm 5₁₄ Ἀδάμ, – τύπος τοῦ μέλλοντος^f

Rm 8₁₈ πρὸς τὴν μέλλουσαν^f δόξαν ἀποκαλυφθῆναι Gal 3₂₃ πίστιν^b
– 38 οὔτε ἐνεστῶτα (instantia) οὔτε μέλλοντα^f 1 Co 3₂₂ εἴτε ἐνεστῶτα (praesentia) εἴτε μέλλοντα^f, πάντα ὑμῶν
Col 2₁₇ ἅ ἐστιν σκιὰ τῶν μελλόντων^f
1 Th 3 4 προελέγομεν – ὅτι μ..ομεν θλίβεσθαι
1 Ti 1₁₆ ὑποτύπωσιν τῶν μ..όντων πιστεύειν
4 ₈ ζωῆς τῆς νῦν καὶ τῆς μελλούσης^f
6₁₉ θεμέλιον καλὸν εἰς τὸ μέλλον^f
2 Ti 4 ₁ τοῦ μέλλοντος κρίνειν ζῶντας καί
Hb 1₁₄ διὰ τοὺς μέλλ. κληρονομεῖν σωτηρίαν
2 5 τὴν οἰκουμένην τὴν μέλλουσαν^f
10 ₁ σκιὰν – ἔχων ὁ νόμος τῶν μελλ.^f ἀγαθῶν (9₁₁ vl ἀρχιερεὺς τ. μ.^f ἀγ.)
– 27 „πυρὸς – ἐσθίειν" μέλλοντος „τούς"
11₂₀ καὶ περὶ μελλόντων^f εὐλόγησεν |λιν
13₁₄ τὴν μέλλουσαν^f ἐπιζητοῦμεν (sc πό-
1 Pe 5 ₁ τῆς μελλούσης ἀποκαλύπτεσθαι (in futuro revelanda) δόξῃς
2 Pe 2 6 ὑπόδειγμα μελλόντων ἀσεβέσ[ι]ν
Ap 1 ₁9 „ἃ μέλλει^e γενέσθαι μετὰ ταῦτα"
3 2 στήρισον – ἃ ἔμελλον ἀποθανεῖν
– 10 ἐκ τῆς ὥρας τοῦ πειρασμοῦ τῆς μελλούσης ἔρχεσθαι ἐπὶ τῆς οἰκουμένης

μέλος membrum

Mat 5₂₉ ἵνα ἀπόληται ἓν τῶν μελῶν σου 30
Rm 6₁₃ μηδὲ παριστάνετε τὰ μ. ὑμῶν ὅπλα ἀδικίας, – ἀλλὰ παραστήσατε – τὰ μ. ὑμῶν ὅπλα δικαιοσύνης τῷ θεῷ
– 19 ὥσπερ – παρεστήσατε τὰ μ. ὑμῶν δοῦλα τῇ ἀκαθαρσίᾳ –, οὕτως νῦν παραστήσατε τὰ μ. δοῦλα τῇ δικαιο.
7 5 ἐνηργεῖτο ἐν τοῖς μέλεσιν ἡμῶν
– 23 βλέπω – ἕτερον νόμον ἐν τοῖς μ. μου – αἰχμαλωτίζοντά με ἐν τῷ νόμῳ τῆς ἁμαρτίας τῷ ὄντι ἐν τοῖς μέλεσίν μου
12 4 ἐν ἑνὶ σώματι πολλὰ μέλη ἔχομεν, τὰ δὲ μ. πάντα οὐ τὴν αὐτὴν ἔχει πρᾶξιν 5 οἱ πολλοὶ ἓν σῶμά ἐσμεν –, τὸ δὲ καθ' εἷς ἀλλήλων μέλη
1 Co 6₁₅ οὐκ οἴδατε ὅτι τὰ σώματα ὑμῶν μέλη Χοῦ ἐστιν; ἄρας οὖν τὰ μέλη τοῦ Χοῦ ποιήσω πόρνης μέλη;
12₁₂ τὸ σῶμα ἓν ἐστιν καὶ μέλη πολλὰ ἔχει, πάντα δὲ τὰ μ. – ἓν σῶμα 14 οὐκ ἔστιν ἓν μέλος ἀλλὰ πολλά 18 ὁ θεὸς ἔθετο τὰ μ. 19 εἰ δὲ ἦν τὰ πάντα ἓν μ. 20 νῦν δὲ πολλὰ μὲν μ., ἓν δὲ σῶμα 22 τὰ δοκοῦντα μ. – ἀσθενέστερα 25 ἵνα – τὸ αὐτὸ ὑπὲρ

(1Co12) ἀλλήλων μεριμνῶσιν τὰ μ. 26 εἴτε πά-
σχει ἓν μ., συμπάσχει πάντα τὰ μ.· -
εἴτε δοξάζεται [ἓν] μ., συγχαίρει πάν-
τα τὰ μ. 27 ὑμεῖς δέ ἐστε σῶμα Χοῦ
καὶ μέλη ἐκ μέρους (vl μέλους vg)
– (Eph 4 16 vl μέλους vg)
Eph 4 25 ὅτι ἐσμὲν ἀλλήλων μέλη
5 30 ὅτι μέλη ἐσμὲν τοῦ σώματος αὐτοῦ
Col 3 5 νεκρώσατε – τὰ μέλη τὰ ἐπὶ τῆς γῆς
Jac 3 5 ἡ γλῶσσα μικρὸν μέλος 6 ὁ κόσμος
τῆς ἀδικίας ἡ γλῶσσα καθίσταται ἐν
τοῖς μέλεσιν ἡμῶν
4 1 τῶν στρατευομένων ἐν τοῖς μ. ὑμῶν

Μελχί Luc 3 24.28

Μελχισέδεκ Hb 5 6.10 6 20 7 1.10.11.15.17

μεμβράνα S° – membrana 2 Ti 4 13 τὰς μ.

μέμφεσθαι a queri (vl quae.) b vituperare
(Mar 7 2 vl^b) Rm 9 19 τί [οὖν] ἔτι μέμφεται^a;
Hb 8 8 μεμφόμενος^b γὰρ αὐτοὺς λέγει·

μεμψίμοιρος S° – querulosus (vl querello.)
Jud 16 οὗτοί εἰσιν γογγυσταὶ μεμψίμοιροι

μένειν manēre b permanēre c remanēre
d morari e sustinēre f habitare
Mat 10 11 κἀκεῖ μείνατε ‖ Mar 6 10 Luc 9 4 10 7
11 23 ἔμεινεν ἂν μέχρι τῆς σήμερον
26 38 μείνατε^c ὧδε καὶ γρηγ. ‖ Mar 14 34^e
Luc 1 56 8 27 19 5 ἐν τῷ οἴκῳ σου δεῖ με μεῖν.
24 29 μεῖνον μεθ' ἡμῶν –. – εἰσῆλθεν τοῦ
μεῖναι σὺν αὐτοῖς
Joh 1 32 ἔμεινεν (sc τὸ πνεῦμα) ἐπ' αὐτὸν 33
– 38 ῥαββί –, ποῦ μένεις^f; 39 εἶδαν ποῦ
μένει, καὶ παρ' αὐτῷ ἔμειναν 2 12
3 36 ἡ ὀργὴ τοῦ θεοῦ μένει ἐπ' αὐτόν
4 40 ἠρώτων αὐτὸν μεῖναι –· καὶ ἔμεινεν
5 38 τὸν λόγον αὐτοῦ οὐκ ἔχετε ἐν ὑμῖν
μένοντα → 1 Jo 2 14.24
6 27 ἐργάζεσθε – τὴν βρῶσιν τὴν μένου-
σαν^b εἰς ζωὴν αἰώνιον
– 56 ὁ τρώγων μου τὴν σάρκα – ἐν ἐμοὶ
μένει κἀγὼ ἐν αὐτῷ 15 4 μείνατε ἐν
ἐμοί, κἀγὼ ἐν ὑμῖν. καθὼς τὸ κλῆμα
– ἐὰν μὴ μένη ἐν τῇ ἀμπέλῳ, οὕτως
οὐδὲ ὑμεῖς ἐὰν μὴ ἐν ἐμοὶ μένητε 5
ὁ μένων ἐν ἐμοὶ κἀγὼ ἐν αὐτῷ 6 ἐὰν
μή τις μένη ἐν ἐμοί 7 ἐὰν μείνητε ἐν
ἐμοὶ καὶ τὰ ῥήματά μου ἐν ὑμῖν μεί-
νῃ → 1 Jo 3 6.24
7 9 ἔμεινεν ἐν τῇ Γαλιλαίᾳ 10 40 11 6.54

(vl διέτριβεν^d) μετὰ τῶν μαθητῶν
Joh 8 31 ἐὰν – μείνητε ἐν τῷ λόγῳ τῷ ἐμῷ
– 35 δοῦλος οὐ μένει ἐν τῇ οἰκίᾳ εἰς τὸν
αἰῶνα· ὁ υἱὸς μένει εἰς τὸν αἰῶνα
9 41 ἡ ἁμαρτία ὑμῶν μένει
12 24 αὐτὸς (sc κόκκος σίτου) μόνος μένει
– 34 ὅτι ὁ χριστὸς μένει „εἰς τὸν αἰῶνα"
– 46 φῶς – ἐλήλυθα, ἵνα πᾶς ὁ πιστεύων
εἰς ἐμὲ ἐν τῇ σκοτίᾳ μὴ μείνη
14 10 ὁ δὲ πατὴρ ἐν ἐμοὶ μένων ποιεῖ τὰ
ἔργα αὐτοῦ (vl αὐτός, vg ipse)
– 17 γινώσκετε αὐτό (sc τὸ πνεῦμα), ὅτι
παρ' ὑμῖν μένει
– 25 ταῦτα λελάληκα ὑμῖν παρ' ὑμῖν μένων
15 (7 → 6 56.) 9 μείνατε ἐν τῇ ἀγάπῃ τῇ ἐ-
μῇ 10 ἐὰν τὰς ἐντολάς μου τηρήση-
τε, μενεῖτε ἐν τῇ ἀγ. μου, καθὼς ἐγὼ
– μένω αὐτοῦ (sc τοῦ πατρός) ἐν τῇ
– 16 ἵνα – ὁ καρπὸς ὑμῶν μένη ⌊ἀγάπη
19 31 ἵνα μὴ μείνη^c ἐπὶ τοῦ σταυροῦ
21 22 ἐὰν αὐτὸν θέλω μένειν ἕως ἔρχ. 23
Act 5 4 οὐχὶ μένον σοὶ ἔμενεν –;
9 43 μεῖναι^d ἐν 'Ιόππη 16 15 18 3.20
20 5 ἔμενον^e ἡμᾶς ἐν Τρῳάδι
– 23 ὅτι δεσμά καὶ θλίψεις με μένουσιν
21 7.8 27 31.41 28 16 μένειν καθ' ἑαυτόν
Rm 9 11 ἵνα ἡ – πρόθεσις τοῦ θεοῦ μένη
1 Co 3 14 εἴ τινος τὸ ἔργον μενεῖ ὃ ἐποικοδ.
7 8 καλὸν αὐτοῖς ἐὰν μείνωσιν^b (vl^a) ὡς
κἀγώ 11 μενέτω ἄγαμος (sc ἡ γυνή)
9 9 – 20 ἕκαστος ἐν τῇ κλήσει ᾗ ἐκλήθη, –
μενέτω^b 24 ἐν ᾧ ἐκλήθη, –, ἐν τούτῳ
μενέτω^b (vl^a) 40 μακαριωτέρα δέ ἐ-
στιν ἐὰν οὕτως μείνη^b
13 13 μένει πίστις, ἐλπίς, ἀγάπη, τὰ τρία
15 6 ἐξ ὧν οἱ πλείονες μένουσιν ἕως ἄρτι
2 Co 3 11 πολλῷ μᾶλλον τὸ μένον ἐν δόξῃ
– 14 τὸ αὐτὸ κάλυμμα – μένει
Phl 1 25 ὅτι μενῶ καὶ παραμενῶ^b – ὑμῖν
1 Ti 2 15 ἐὰν μείνωσιν^b ἐν πίστει καὶ ἀγάπῃ
2 Ti 2 13 εἰ ἀπιστοῦμεν, ἐκεῖνος πιστὸς μ..ει^b
3 14 σὺ δὲ μένε^b ἐν οἷς ἔμαθες ⌊(vl^a)
4 20 Ἔραστος ἔμεινεν^c ἐν Κορίνθῳ
Hb 7 3 μένει „ἱερεὺς" εἰς τὸ διηνεκές
– 24 διὰ τὸ μένειν αὐτὸν „εἰς τὸν αἰῶνα"
10 34 κρείττονα ὕπαρξιν καὶ μένουσαν
12 27 ἵνα μένῃ τὰ μὴ σαλευόμενα
13 1 ἡ φιλαδελφία μενέτω
– 14 οὐ γὰρ ἔχομεν ὧδε μένουσαν πόλιν
1 Pe 1 23 διὰ λόγου ζῶντος θεοῦ καὶ μένον-
τος^b

1 Pe 125 „ῥῆμα" κυρίου „μένει εἰς τὸν αἰῶνα"
1 Jo 2 6 ὁ λέγων ἐν αὐτῷ μένειν 27 μένετε ἐν
αὐτῷ 28 μένετε ἐν αὐτῷ, ἵνα ἐὰν φα-
νερωθῇ σχῶμεν παρρησίαν
— 10 ὁ ἀγαπῶν τὸν ἀδ.- ἐν τῷ φωτὶ μένει
— 14 ὁ λόγος τοῦ θεοῦ ἐν ὑμῖν μένει
— 17 ὁ - ποιῶν τὸ θέλημα τοῦ θεοῦ μένει
εἰς τὸν αἰῶνα
— 19 μεμενήκεισαν ᵇ ἂν μεθ' ἡμῶν
— 24 ὃ ἠκούσατε -, ἐν ὑμῖν μενέτω ᵇ. ἐὰν
ἐν ὑμῖν μείνῃ ᵇ-, καὶ ὑμεῖς ἐν τῷ
υἱῷ καὶ ἐν τῷ πατρὶ μενεῖτε
— 27 τὸ χρῖσμα - μένει (vl .έτω) ἐν ὑμῖν
3 6 πᾶς ὁ ἐν αὐτῷ μένων οὐχ ἁμαρτά-
νει 9 ὅτι σπέρμα αὐτοῦ ἐν αὐτῷ μέ-
νει 24 ὁ τηρῶν τὰς ἐντολὰς αὐτοῦ
ἐν αὐτῷ μένει καὶ αὐτὸς ἐν αὐτῷ·
- γινώσκομεν ὅτι μένει ἐν ἡμῖν
— 14 ὁ μὴ ἀγαπῶν μένει ἐν τῷ θανάτῳ
— 15 ἀνθρωποκτόνος οὐκ ἔχει ζωὴν αἰώ. ἐν
αὐτῷ (vg semetipso vl se) μένουσαν
— 17 πῶς ἡ ἀγάπη τοῦ θ. μένει ἐν αὐτῷ;
4 12 ἐὰν ἀγαπῶμεν ἀλλήλους, ὁ θεὸς ἐν
ἡμῖν μένει 13 ἐν τούτῳ γινώσκομεν
ὅτι ἐν αὐτῷ μένομεν καὶ αὐτὸς ἐν
ἡμῖν 15 ὁ θεὸς ἐν αὐτῷ μένει καὶ
αὐτὸς ἐν τῷ θεῷ
— 16 ὁ μένων ἐν τῇ ἀγάπῃ ἐν τῷ θεῷ μέ-
νει καὶ ὁ θεὸς ἐν αὐτῷ μένει
2 Jo 2 διὰ τ. ἀλήθειαν τὴν μ..ουσαν ᵇ ἐν ἡμῖν
9 ὁ - μὴ μένων ᵇ (vl ᵃ) ἐν τῇ διδαχῇ τ.
Χοῦ θεὸν οὐκ ἔχει· ὁ μένων ᵇ -, - ἔχει
Ap (11 17 τὶ εἴληφας τὴν δύναμίν σου τὴν μέ-
νουσαν)
17 10 ὅταν ἔλθῃ ὀλίγον αὐτὸν δεῖ μεῖναι

Μεννά Luc 331

μερίζειν...εσθαι dividere ᵇdispertire ᶜmetiri
Mat 1225 πᾶσα βασιλεία μερισθεῖσα καθ' ἑαυτ-
ῆς -, - πόλις ἢ οἰκία μερ. καθ' ἑαυτ-
ῆς 26 εἰ ὁ σατανᾶς -, ἐφ' ἑαυτὸν ἐ-
μερίσθη ⁞ Μr 3 24.25 ᵇ 26 ᵇ (Lc 11 17 vl)
Mar 6 41 τοὺς δύο ἰχθύας ἐμέρισεν πᾶσιν
Luc 1213 μερίσασθαι μετ' ἐμοῦ τὴν κληρονομ.
Rm 12 3 ἑκάστῳ ὡς ὁ θεὸς ἐμέρισεν μέτρον
πίστεως 1 Co 7 17 ὡς ἐμέρισεν ὁ χύ.
1 Co 1 13 (vl μὴ) μεμέρισται ὁ Χός;
7 34 ἡ δὲ γαμήσασα - μεμέρισται
2 Co 10 13 κατὰ τὸ μέτρον τοῦ κανόνος οὗ ἐμέ-
ρισεν ᶜ ἡμῖν ὁ θεὸς μέτρου
Hb 7 2 „δεκάτην ἀπὸ πάντων" ἐμέρισεν 'Αβ.

μέριμνα solicitudo (vl soll.) ᵇaerumna ᶜcura
Mat 13 22 ἡ μέρ. τοῦ αἰῶνος - συμπνίγει τὸν
λόγον ‖ Mar 4 19 αἱ μέρ. ᵇ Luc 8 14
Luc 21 34 μήποτε βαρηθῶσιν ὑμῶν αἱ καρδίαι
ἐν - μερίμναις ᶜ βιωτικαῖς
2 Co 11 28 ἡ μέριμνα πασῶν τῶν ἐκκλησιῶν
1 Pe 5 7 πᾶσαν „τὴν μέρ. ὑμῶν ἐπιρίψαντες"
ἐπ' αὐτόν, ὅτι αὐτῷ μέλει περὶ ὑμῶν

μεριμνᾶν solicitam (vl soll.) esse ᵇcogitare
Mat 6 25 μὴ μ..ᾶτε τῇ ψυχῇ ὑμῶν τί φάγητε
27 τίς - μ..ῶν ᵇ δύναται προσθεῖναι -
πῆχυν ἕνα; 28 περὶ ἐνδύματος τί μ..
ᾶτε; 31 μὴ οὖν μ..ήσητε λέγοντες· ‖
Luc 12 22.25 ᵇ 26 τί περὶ τῶν λοιπῶν
μεριμνᾶτε;
— 34 μὴ - μεριμνήσητε εἰς τὴν αὔριον, ἡ
γὰρ αὔριον μεριμνήσει ἑαυτῆς
10 19 μὴ μ..ήσητε ᵇ πῶς ἢ τί λαλήσητε ‖
Luc 12 11 μεριμνήσητε ἢ τί εἴπητε
Luc 10 41 μεριμνᾷς καὶ θορυβάζῃ περὶ πολλὰ
1 Co 7 32 ὁ ἄγαμος μεριμνᾷ τὰ τοῦ κυρίου 33
ὁ δὲ γαμήσας μ..ᾷ τὰ τοῦ κόσμου
34 ἡ ἄγαμος καὶ ἡ παρθένος μ..ᾷ ᵇ
τὰ τοῦ κυρ. - ἡ δὲ γαμήσασα μ..ᾷ ᵇ
τὰ τοῦ κόσμου
12 25 ἵνα - τὸ αὐτὸ ὑπὲρ ἀλλήλων μεριμνῶ-
σιν τὰ μέλη
Phl 2 20 ὅστις γνησίως τὰ περὶ ὑμῶν μ..ήσει
4 6 μηδὲν μ..ᾶτε, ἀλλ' ἐν παντὶ - τὰ αἰτή-
ματα ὑμῶν γνωριζέσθω πρὸς τ. θεόν

μερίς pars
Luc 10 42 Μαρ. - τὴν ἀγαθὴν μ..δα ἐξελέξατο
Act 8 21 οὐκ ἔστιν σοι μερὶς οὐδὲ κλῆρος ἐν
τῷ λόγῳ τούτῳ
16 12 πρώτη[ς] μερίδος τῆς Μακεδονίας πόλις
2 Co 6 15 τίς μερὶς πιστῷ μετὰ ἀπίστου;
Col 1 12 εἰς τὴν μερίδα τοῦ κλήρου τῶν ἁγίων

μερισμός ᵃdistributio ᵇdivisio
Hb 2 4 πνεύματος ἁγίου μερισμοῖς ᵃ
4 12 ἄχρι μερισμοῦ ᵇ ψυχῆς καὶ πνεύματος

μεριστής Sᵒ - divisor Luc 12 14 κριτὴν ἢ μ.

μέρος pars ᵇportio ᶜ(ἀνὰ μ.) per partes
ᵈ(ἀπὸ μέρους, ἐκ μ.) ex parte ᵉ(κα-
τὰ μ.) per singula ᶠ(εἰς τὰ δεξιὰ
μέρη) in dexteram
Mat 2 22 εἰς τὰ μέρη τῆς Γαλιλαίας 15 21 Τύ-
ρου καὶ Σιδῶνος 16 13 Καισαρείας

Mar 8 10 Δαλμανουθά Act 2 10 τῆς
Λιβύης 19 1 διελθόντα τὰ ἀνωτερικὰ
μέρη 20 2 διελθὼν δὲ τὰ μέρη ἐκεῖνα
Mat 24 51 τὸ μέρος αὐτοῦ μετὰ τῶν ὑποκριτῶν
θήσει ‖ Luc 12 46 μετὰ τῶν ἀπίστων
Luc 11 36 μὴ ἔχον μέρος (vl μέλος) τι σκοτεινόν
15 12 δός μοι τὸ ἐπιβάλλον μ.ᵇ τῆς οὐσίας
24 42 ἐπέδωκαν – ἰχθύος ὀπτοῦ μέρος
Joh 13 8 ἐὰν μὴ –, οὐκ ἔχεις μέρος μετ' ἐμοῦ
19 23 ἐποίησαν τέσσαρα μέρη, ἑκάστῳ στρα-
τιώτῃ μέρος, καὶ τὸν χιτῶνα
21 6 βάλετε εἰς τὰ δεξιὰ μ.ᶠ τοῦ πλοίου
Act 5 2 Ἀναν. – ἐνέγκας μέρος τι – 19 27
τοῦτο – τὸ μέρος (sc ἡ εὐπορία)
23 6 τὸ ἓν μέρος ἐστὶν Σαδδουκαίων 9 τι-
νὲς – τοῦ μέρους (vgᵒ) τῶν Φαρισαί.
Rm 11 25 πώρωσις ἀπὸ μέρουςᵈ τῷ Ἰσραὴλ
15 15 τολμηρότερον – ἔγραψα – ἀπὸ μ.ᵈ
– 24 ἐὰν ὑμῶν – ἀπὸ μέρουςᵈ ἐμπλησθῶ
1 Co 11 18 καὶ μέρος τι (ex parte) πιστεύω
12 27 ὑμεῖς – ἐστε σῶμα Χοῦ καὶ μέλη ἐκ
μέρους (vl μέλους vg)
13 9 ἐκ μέρουςᵈ (ex parte) – γινώσκομεν
καὶ ἐκ μ.ᵈ προφητεύομεν 10 τὸ ἐκ μ.ᵈ
καταργηθήσεται 12 ἄρτι γινώσκω ἐκ
μέρουςᵈ, τότε δὲ ἐπιγνώσομαι καθὼς
14 27 δύο ἢ – τρεῖς, καὶ ἀνὰ μέροςᵉ
2 Co 1 14 καθὼς – ἐπέγνωτε ἡμᾶς ἀπὸ μέρουςᵈ
2 5 ἀπὸ μ.ᵈ – πάντας ὑμᾶς (sc λελύπηκ.)
3 10 οὐ δεδόξασται – ἐν τούτῳ τῷ μέρει
9 3 ἵνα μὴ – κενωθῇ ἐν τῷ μ. τούτῳ
Eph 4 9 εἰς τὰ κατώτερα [μέρη] τῆς γῆς
– 16 ἐν μέτρῳ – ἑκάστου μ. (vl μέλ. vg)
Col 2 16 ἢ ἐν μέρει ἑορτῆς ἢ νεομηνίας
Hb 9 5 οὐκ ἔστιν νῦν λέγειν κατὰ μέροςᵉ
Ap 16 19 ἐγένετο ἡ πόλις – εἰς τρία μέρη
20 6 ὁ ἔχων μέρος ἐν τῇ ἀναστάσει τῇ
21 8 τὸ μ. αὐτῶν ἐν τῇ λίμνῃ |πρώτῃ
22 19 ἀφελεῖ ὁ θεὸς τὸ μέρος αὐτοῦ ἀπὸ
„τοῦ ξύλου τῆς ζωῆς"

μεσημβρία ᵃmeridianus ᵇmedia dies
Act 8 26 πορεύου κατὰ μ..anᵃ 22 6 περὶ μ..anᵇ

μεσιτεύειν Sᵒ – interponere (iusiurandum)
Hb 6 17 ἐμεσίτευσεν ὅρκῳ (sc ὁ θεός)

μεσίτης mediator
Gal 3 19 ἐν χειρὶ μεσίτου 20 ὁ δὲ μεσίτης ἑνὸς
οὐκ ἔστιν, ὁ δὲ θεὸς εἷς ἐστιν
1 Ti 2 5 εἷς καὶ μεσίτης θεοῦ καὶ ἀνθρώπων
Hb 8 6 κρείττονός ἐστιν διαθήκης μεσίτης

Hb 9 15 διαθήκης καινῆς μεσίτης 12 24 νέας
μεσονύκτιον media nox
Mar 13 35 Luc 11 5 Act 16 25 20 7 μέχρι μ..ου
Μεσοποταμία Act 2 9 (Judaei) 7 2 (Abr.)

μέσος medius, ..um ᵇ(ἀνὰ μέσον, ἐν μέσῳ)
inter ᶜ(ἐκ μέσου) de medio ᵈ(διὰ μέ-
σου) per medium ᵉ(μέσον) in medio
Mat 10 16 ἐν μέσῳ λύκων ‖ Luc 10 3 ἐν μέσῳᵇ
13 25 ζιζάνια ἀνὰ μέσον (in m.) τοῦ σίτου
– 49 τοὺς πονηροὺς ἐκ μ..ouᶜ τῶν δικαίων
14 6 ὠρχήσατο – ἐν τῷ μέσῳ [Joh 8 3 στή-
σαντες αὐτὴν ἐν μέσῳ 9 ἐν μ. οὖσα]
Act 4 7 στήσαντες αὐτοὺς ἐν τῷ μ. –
Mar 33 ἔγειρε εἰς τὸ μ. Luc 4 35 5 19
68 Joh 20 19 ἔστη εἰς τὸ μ. 26 – Mar
14 60 ἀναστὰς – εἰς μέσον
18 2 προσκαλεσάμενος παιδίον ἔστησεν
αὐτὸ ἐν μέσῳ αὐτῶν ‖ Mar 9 36
– 20 οὗ – εἰσιν –. ἐκεῖ εἰμι ἐν μ. αὐτῶν
25 6 μέσης δὲ νυκτὸς κραυγὴ γέγονεν –
Act 26 13 ἡμέρας μέσης 27 27 κατὰ
μέσον τῆς νυκτὸς (circa m..am n.)
Mar 6 47 ἐν μέσῳ τῆς θαλάσσης (‖ Mat 14 24
vl) Luc 8 7ᵇ τῶν ἀκανθῶν 21 21 οἱ ἐν
μ. αὐτῆς (sc Ἱερουσαλήμ) 22 55 τῆς
αὐλῆς Act 17 22 τοῦ Ἀρείου πάγου
7 31 ἀνὰ μέσον τῶν ὁρίων (inter m. fines)
Luc 2 46 ἐν μέσῳ τῶν διδασκάλων 24 36 αὐτὸς
Act 1 15 τῶν ἀδελφῶν 2 22 ὑμῶν 27 21
4 30 διελθὼν διὰ μέσουᵈ αὐτῶν (Jh 8 59 vl)
17 11 διὰ μέσον (per m..am) Σαμαρείας
22 27 ἐν μέσῳ ὑμῶν εἰμι ὡς ὁ διακονῶν
– 55 ἐκάθητο ὁ Πέτ. μέσος (in m.) αὐτῶν
23 45 ἐσχίσθη – τὸ καταπέτασμα – μέσον
Act 1 18 ἐλάκησεν μέσος (Judas)
Joh 1 26 μέσος ὑμῶν ἕστηκεν ὃν ὑμεῖς οὐκ οἴ-
δατε 19 18 μέσον δὲ τὸν Ἰησοῦν
Act 17 33 ἐξῆλθεν ἐκ μέσουᶜ αὐτῶν – 23 10ᶜ
1 Co 5 2 ἵνα ἀρθῇ ἐκ μ.ᶜ ὑμῶν ὁ – τοῦτο πράξ.
6 5 ὃς δυνήσεται διακρῖναι ἀνὰ μ.ᵇ τοῦ
ἀδελφοῦ αὐτοῦ;
2 Co 6 17 διὸ „ἐξέλθατε ἐκ μέσουᶜ αὐτῶν"
Phl 2 15 μέσονᵉ „γενεᾶς σκολιᾶς καὶ διεστρ."
Col 2 14 αὐτὸ ἦρκεν ἐκ τοῦ μέσουᶜ
1 Th 2 7 ἐγενήθημεν νήπιοι ἐν μέσῳ ὑμῶν
2 Th 2 7 μόνον ὁ κατέχων ἄρτι ἕως ἐκ μέσουᶜ
γένηται
Hb 2 12 „ἐν μέσῳ ἐκκλησίας ὑμνήσω σε"
Ap 1 13 ἐν μέσῳ τῶν λυχνιῶν 21 4 6 τοῦ θρό-

(Ap) νου 56 τοῦ ϑρ.—καὶ ἐν μ. τῶν πρεσβυ-
τέρων 66 τῶν τεσσάρων ζώων 22 2 ἐν μ.
τῆς πλατείας αὐτῆς – 7 17 τὸ ἀρνίον τὸ
ἀνὰ μέσον (in m.) τοῦ ϑρόνου

μεσότοιχον S° – medius paries Eph 2 14

μεσοῦν mediare Joh 7 14 τ. ἑορτῆς μ..ούσης

μεσουράνημα S° – medium caeli (vl ..um)
Ap 8 13 ἀετοῦ πετομένου ἐν μ. 14 6 ἄγγελον
πετόμενον ἐν μ. 19 17 „τοῖς ὀρνέοις τοῖς πετ."

Μεσσίας S° – Joh 1 41 4 25 ὅτι Μ. ἔρχεται

μεστός plenus
Mat 23 28 μεστοὶ ὑποκρίσεως καὶ ἀνομίας
Joh 19 29 ὄξους μεστὸν 21 11 ἰχϑύων μεγάλων
Rm 1 29 μεστοὺς φϑόνου φόνου ἔριδος
15 14 καὶ αὐτοὶ μεστοί ἐστε ἀγαϑωσύνης
Jac 3 8 μεστὴ ἰοῦ ϑανατηφόρου (sc γλῶσσα)
– 17 ἡ δὲ ἄνωϑεν σοφία – μεστὴ ἐλέους
καὶ καρπῶν ἀγαϑῶν
2 Pe 2 14 ὀφϑαλμοὺς ἔχοντες μεστοὺς μοιχα-
λίδος (vl ..λίας vg adulterii vl ..o)

μεστοῦσϑαι plenum esse Act 2 13 γλεύκους

*μετά cum genitivo cum
Mat 1 23 „μεϑ' ἡμῶν ὁ ϑεός" Luc 1 28 ὁ χύ-
ριος μετὰ σοῦ 66 χεὶρ κυρίου ἦν μετ' αὐτοῦ
– Joh 3 2 ἐὰν μὴ ἦ ὁ ϑεὸς μετ' αὐτοῦ 8 29
καὶ ὁ πέμψας με μετ' ἐμοῦ ἐστιν 16 32 ὅτι ὁ
πατήρ μετ' ἐμοῦ ἐστιν – Act (2 28) 7 9 „ἦν ὁ
ϑεὸς μετ' αὐτοῦ" (Joseph) 10 38 (Jesus) 11 21
ἦν χεὶρ κυρίου μετ' αὐτῶν 14 27 ὅσα ἐποίησεν
ὁ ϑ. μετ' αὐτῶν 15 4 18 10 „ἐγώ εἰμι μετὰ σοῦ"
(Paul.) – Rm 15 33 ὁ δὲ ϑεὸς τῆς εἰρήνης με-
τὰ πάντων ὑμῶν 2 Co 13 11 ὁ ϑεὸς τῆς ἀγάπης
καὶ εἰρήνης ἔσται μεϑ' ὑμῶν Phl 4 9 ὁ ϑεὸς τῆς
εἰρήνης ἔσται μεϑ' ὑμῶν 2 Th 3 16 ὁ κύριος με-
τὰ πάντων ὑμῶν 2 Ti 4 22 ὁ κύριος μετὰ τοῦ
πνεύματός σου – Ap 21 3 „σκηνώσει μετ' αὐ-
τῶν,–καὶ–μετ' αὐτῶν ἔσται" (→ χάρις 2b)
sub Rm 17 et 16 20)
Mat 9 15 ἐφ' ὅσον μετ' αὐτῶν ἐστιν ὁ νυμφίος;
‖ Mar 2 19 Luc 5 34
12 30 ὁ μὴ ὢν μετ' ἐμοῦ κατ' ἐμοῦ ἐστιν,
καὶ ὁ μὴ συνάγων μετ' ἐμοῦ σκορπί-
ζει ‖ Luc 11 23 → κατά Mar 9 40
17 17 ἕως πότε μεϑ' ὑμῶν ἔσομαι; (‖ →
πρός 3) sub Mar 9 19) – Mat 28 20
μεϑ' ὑμῶν εἰμι πάσας τὰς ἡμέρας

Luc (22 53) 23 43 σήμερον μετ' ἐμοῦ
ἔση 24 29 μεῖνον μεϑ' ἡμῶν – Joh
7 33 ἔτι χρόνον μικρὸν μεϑ' ὑμῶν εἰ-
μι 13 33 14 9 τοσούτῳ χρόνῳ μεϑ' ὑ-
μῶν εἰμι 16 ἄλλον παράκλητον –, ἵνα
μεϑ' ὑμῶν εἰς τὸν αἰῶνα ᾖ 15 27 ὅτι
ἀπ' ἀρχῆς μετ' ἐμοῦ ἐστε 16 4 ὅτι μεϑ'
ὑμῶν ἤμην 17 12 ὅτε ἤμην μετ' αὐτῶν
24 ἵνα–κἀκεῖνοι ὦσιν μετ' ἐμοῦ
Mat 26 51 εἷς τῶν μετὰ Ἰησοῦ 69 καὶ σὺ ἦ-
σϑα μετὰ Ἰησ. 71 ‖ Mar 14 67 Luc
22 59 – Mar 3 14 δώδεκα – ἵνα ὦσιν μετ'
αὐτοῦ 5 18 παρεκάλει αὐτὸν–ἵνα μετ'
αὐτοῦ ᾖ 40 τοὺς μετ' αὐτοῦ ‖[16 10
τοῖς μετ' αὐτοῦ γενομένοις]]
Mar 9 8 εἶδον–τὸν Ἰησ. μόνον μεϑ' ἑαυτῶν
10 30 καὶ ἀγροὺς μετὰ διωγμῶν
Joh 9 40 ἐκ τῶν Φαρισ.–οἱ μετ' αὐτοῦ ὄντες
12 17 ὁ ὄχλος ὁ ὢν μετ' αὐτοῦ ὅτε τὸν Λ.
Eph 6 23 εἰρήνη–καὶ ἀγάπη μετὰ πίστεως
1 Ti 1 14 ἡ χάρις–μετὰ πίστεως καὶ ἀγάπης
2 15 ἐὰν μείνωσιν ἐν–ἁγιασμῷ μετὰ σω-
φροσύνης 66 ἔστιν–πορισμὸς μέγας
ἡ εὐσέβεια μετὰ αὐταρκείας
1 Jo 2 19 μεμενήκεισαν ἂν μεϑ' ἡμῶν

μεταβαίνειν transire [b]transferri [c]migrare
Mat 8 34 11 1 12 9 15 29 17 20 ἐρεῖτε–' μετάβα
ἔνϑεν ἐκεῖ, καὶ μεταβήσεται
Luc 10 7 μὴ μ..βαίνετε ἐξ οἰκίας εἰς οἰκίαν
Joh 5 24 μεταβέβηκεν ἐκ τοῦ ϑανάτου εἰς τὴν
ζωήν 1 Jo 3 14 μεταβεβήκαμεν [b]
7 3 μετάβηϑι ἐντεῦϑεν – Act 18 7[c]
13 1 ἡ ὥρα ἵνα μεταβῇ ἐκ τοῦ κόσμου

μεταβάλλεσϑαι se convertere Act 28 6

μετάγειν circumferre Jac 3 3.4 πλοῖα – μ..ται

μεταδιδόναι [a]dare [b]impertiri [c]tradere
[d]tribuere
Luc 3 11 ὁ ἔχων–μεταδότω[a] τῷ μὴ ἔχοντι
Rm 1 11 ἵνα τι μεταδῶ[b] χάρισμα ὑμῖν πνευμα-
12 8 ὁ μεταδιδοὺς[d] ἐν ἁπλότητι [τικόν
Eph 4 28 ἵνα ἔχῃ μεταδιδ.[d] τῷ χρείαν ἔχοντι
1 Th 2 8 μεταδοῦναί ὑμῖν οὐ μόνον τὸ εὐαγγ.
τοῦ ϑ. ἀλλὰ καὶ τὰς ἑαυτῶν ψυχὰς

μετάϑεσις translatio Hb 7 12 νόμου 11 5 12 27

μεταίρειν [a]transire [b]migrare
Mat 13 53 μετῆρεν[a] ἐκεῖϑεν 19 1[b] ἀπὸ τῆς Γαλ.

μετακαλεῖσθαι *accersere, ..ire* ^b*vocare*
Act 7 14 10 32 20 17^b τοὺς πρεσβυτέρους 24 25

μετακινεῖσθαι Col 1 23 μὴ μ..ούμενοι (*immo-
biles*) ἀπὸ τῆς ἐλπίδος τοῦ εὐαγγελίου

μεταλαμβάνειν et μετάλημψις ^a*accipere*
^b*percipere* ^c*recipere* ^d*sumere*
Act 2 46^d τροφῆς 27 33^d 34^a – 24 25 καιρὸν δὲ
μεταλαβὼν μετακαλέσομαί σε
1 Ti 4 3 ἃ ὁ θεὸς ἔκτισεν εἰς μετάλημψιν^b
2 Ti 2 6 δεῖ πρῶτον τῶν καρπῶν μετ.^b (vl^a)
Hb 6 7 γῆ γὰρ –, μεταλαμβάνει^a εὐλογίας ἀπὸ
τοῦ θεοῦ
12 10 ὁ δὲ (sc παιδεύει ἡμᾶς) – εἰς τὸ με-
ταλαβεῖν^c τῆς ἁγιότητος αὐτοῦ

μεταλλάσσειν ^a*commutare* ^b*immutare*
Rm 1 25 μετήλλαξαν^a τὴν ἀλήθειαν τοῦ θεοῦ
ἐν τῷ ψεύδει 26 μετήλλαξαν^b τὴν φυσι-
κὴν χρῆσιν εἰς τὴν παρὰ φύσιν

μεταμέλεσθαι *poenitet* ^b*poenitentia duci*
^c*poenitentiam habēre* ^d*p..a movēri*
Mat 21 29 μ.ηθεὶς^d ἀπῆλθεν 27 3^b ἔστρεψεν
– 32 ὑμεῖς δὲ – οὐδὲ μετεμελήθητε^c ὕστ.
2 Co 7 8 εἰ καὶ ἐλύπησα ὑμᾶς –, οὐ μ..ομαι·
εἰ καὶ μετεμελόμην, –, νῦν χαίρω
Hb 7 21 "οὐ μεταμεληθήσεται" (sc κύριος)

μεταμορφοῦσθαι ^a*transfigurari* ^b*transfor-
mari* ^c*reformari*
Mat 17 2 μετεμορφώθη^a ἔμπροσθεν αὐτῶν ||
Mar 9 2^a
Rm 12 2 μ..οῦσθε^c τῇ ἀνακαινώσει τοῦ νοός
2 Co 3 18 τὴν αὐτὴν εἰκόνα μεταμορφούμεθα^b

μετανοεῖν *poenitentiam agere* ^b*p..am ha-
bēre* ^c*poenitet* ^d*poenitēre* ^e*poenitēri*
Mat 3 2 μ..εῖτε 4 17 || Mar 1 15^e καὶ πιστεύετε
11 20 τὰς πόλεις –, ὅτι οὐ μετενόησαν
– 21 πάλιν ἂν – μετενόησαν || Luc 10 13^d
12 41 ὅτι μετενόησαν εἰς τὸ κήρυγμα Ἰω-
νᾶ || Luc 11 32
Mar 6 12 ἐξελθόντες ἐκήρυξαν ἵνα μετανοῶσιν
Luc 13 3 ἐὰν μὴ μετανοῆτε^b, πάντες ὁμοίως
ἀπολεῖσθε 5 μ..ῆτε, – ὡσαύτως
15 7 ἐπὶ ἑνὶ ἁμαρτωλῷ μ..οῦντι (vl^b) 10
16 30 ἐάν τις ἀπὸ νεκρῶν –, μ..ήσουσιν
17 3 καὶ ἐὰν μετανοήσῃ, ἄφες αὐτῷ
– 4 λέγων· μετανοῶ^c, ἀφήσεις αὐτῷ
Act 2 38 μ.ήσατε – καὶ βαπτισθήτω ἕκαστος

Act 3 19 μ.ήσατε^e – καὶ ἐπιστρέψατε εἰς τὸ
ἐξαλειφθῆναι ὑμῶν τὰς ἁμαρτίας
8 22 μ..όησον – ἀπὸ τῆς κακίας σου ταύτ.
17 30 ὁ θεὸς τὰ νῦν παραγγέλλει – μετανο.
26 20 τοῖς ἔθνεσιν ἀπήγγελλον μετανοεῖν
καὶ ἐπιστρέφειν ἐπὶ τὸν θεόν
2 Co 12 21 πολλοὺς τῶν – μὴ μετανοησάντων ἐπὶ
τῇ ἀκαθαρσίᾳ – ἣ ἔπραξαν
Ap 2 5 μετανόησον καὶ τὰ πρῶτα ἔργα ποίη-
σον· – ἐὰν μὴ μ..ήσῃς 16 μ..ησον οὖν
– 21 ἔδωκα αὐτῇ χρόνον ἵνα μ..ήσῃ, καὶ
οὐ θέλει μ..ῆσαι^d (vl^e) ἐκ τῆς πορ-
νείας αὐτῆς 22 ἐὰν μὴ μ..ήσωσιν ἐκ
τῶν ἔργων αὐτῆς (vl ..ῶν vg, vl *eius*)
3 3 τήρει (sc πῶς εἴληφας) καὶ μετανό-
ησον 19 ζήλευε οὖν καὶ μετανόησον
9 20 οἳ – οὐδὲ μετενόησαν ἐκ τῶν ἔργων –
αὐτῶν 16 11 – 9 21 ἐκ τῶν φόνων αὐτ.
16 9 οὐ μετενόησαν δοῦναι αὐτῷ δόξαν

μετάνοια *poenitentia*
Mat 3 8 ποιήσατε οὖν καρπὸν ἄξιον τῆς με-
τανοίας || Luc 3 8 καρποὺς ἀξίους
– 11 ὑμᾶς βαπτίζω ἐν ὕδατι εἰς μετάνοιαν
Mar 1 4 κηρύσσων βάπτισμα μ..ας εἰς ἄφεσιν
|| Luc 3 3 – Act 13 24 19 4 ἐβάπτ. β. μ.
Luc 5 32 καλέσαι – ἁμαρτωλοὺς εἰς μετάνοιαν
(|| Mat 9 13 vl)
15 7 οἵτινες οὐ χρείαν ἔχουσιν μετανοίας
24 47 κηρυχθῆναι – μ..αν εἰς ἄφεσιν ἁμαρτ.
Act 5 31 [τοῦ] δοῦναι μετάνοιαν τῷ Ἰσραὴλ καὶ
ἄφεσιν ἁμαρτιῶν 11 18 καὶ τοῖς ἔθνε-
σιν ὁ θεὸς τὴν μ..αν εἰς ζωὴν ἔδωκεν
20 21 τὴν εἰς θεὸν μ..αν καὶ πίστιν εἰς – Ἰησ.
26 20 ἄξια τῆς μετανοίας ἔργα πράσσοντα
Rm 2 4 ἢ – καταφρονεῖς, ἀγνοῶν ὅτι τὸ χρη-
στὸν τοῦ θεοῦ εἰς μετάνοιάν σε ἄγει·
2 Co 7 9 ὅτι ἐλυπήθητε εἰς μ..αν 10 ἡ – κατὰ
θεὸν λύπη μ..αν εἰς σωτηρίαν – ἐργ.
2 Ti 2 25 μήποτε δώῃ αὐτοῖς ὁ θ. μετάνοιαν
εἰς ἐπίγνωσιν ἀληθείας
Hb 6 1 θεμέλιον – μ..ας ἀπὸ νεκρῶν ἔργων
– 6 ἀδύνατον – ἀνακαινίζειν εἰς μ..αν
12 17 μετανοίας γὰρ τόπον οὐχ εὗρεν, καί-
περ μετὰ δακρύων ἐκζητήσας αὐτήν
2 Pe 3 9 ἀλλὰ πάντας εἰς μετάνοιαν χωρῆσαι

*μεταξύ *inter* Mat 18 15 ἔλεγξον αὐτὸν μετα-
ξὺ σοῦ καὶ αὐτοῦ μόνου Act 15 9 θεὸς –
οὐθὲν διέκρινεν μ. ἡμῶν τε καὶ αὐτῶν (sc
τῶν ἐθνῶν) Rm 2 15 μ. ἀλλήλων τῶν λο-
γισμῶν κατηγορούντων ἢ καὶ ἀπολογουμ.

μεταπέμπεσθαι accersire, ..ere ᵇvocare ᶜiu-
bēre perduci Act 10₅ Σίμωνα 22.29 11 13
201ᵇ τοὺς μαθητάς 24₂₄ᵇ Παῦλον 26 253ᶜ

μεταστρέφειν convertere Act 2₂₀ „ὁ ἥλιος
μεταστραφήσεται εἰς σκότος" – (vl Jac 49)
Gal 1 7 θέλοντες μ..έψαι τὸ εὐαγγέλ. τ. Χοῦ

μετασχηματίζειν. ..εσθαι transfigurare, ..ari
ᵇse transfigurare ᶜreformare
1 Co 4 6 ταῦτα – μετεσχημάτισα εἰς ἐμαυτὸν
καὶ Ἀπολλῶν δι' ὑμᾶς
2 Co 11 13 μ..όμενοιᵇ εἰς ἀποστόλους Χοῦ
– 14 ὁ σατανᾶς μ..εταιᵇ εἰς ἄγγελ. φωτός
– 15 οὐ μέγα – εἰ καὶ οἱ διάκονοι αὐτοῦ
μ..ονται ὡς διάκονοι δικαιοσύνης
Phl 3 21 μ..τίσειᶜ τὸ σῶμα τῆς ταπεινώσεως
ἡμῶν σύμμορφον τῷ σώμ. τῆς δόξ.

μετατιθέναι, ..εσθαι transferre ᵇtr..rri
Act 7 16 „μετετέθησανᵇ εἰς Συχέμ"
Gal 1 6 ὅτι οὕτως ταχέως μ..εσθεᵇ ἀπὸ τοῦ
καλέσαντος ὑμᾶς – εἰς ἕτερ. εὐαγγ.
Hb 7 12ᵇ – 11 5 πίστει Ἐνὼχ μετετέθηᵇ –, –
„διότι μετέθηκεν αὐτὸν ὁ θεός"
Jud 4 θεοῦ – χάριτα μ..θέντες εἰς ἀσέλγειαν

μετατρέπεσθαι converti Jac 49 ὁ γέλως ὑ-
μῶν εἰς πένθος μετατραπήτω (vl ..στραφ.)

μετέχειν participem esse ᵇparticipare ᶜper-
cipere (fructus) ᵈesse de (alia tribu)
1 Co 9 10 ὁ ἀλοῶν ἐπ' ἐλπίδι τοῦ μετέχεινᶜ
– 12 εἰ ἄλλοι τῆς ὑμῶν ἐξουσίας μ..ουσιν
10 17 οἱ γὰρ πάντες ἐκ τοῦ ἑνὸς ἄρτου
μετέχομενᵇ (vl participamur)
– 21 οὐ δύνασθε „τραπέζης κυρίου" μετ-
έχειν καὶ τραπέζης δαιμονίων
– 30 εἰ ἐγὼ χάριτι (cum gratia) μετέχωᵇ
Hb 2 14 παραπλησίως μετέσχενᵇ τῶν αὐτῶν
5 13 πᾶς γὰρ ὁ μετέχων γάλακτος ἄπει-
ρος λόγου δικαιοσύνης
7 13 φυλῆς ἑτέρας μετέσχηκενᵈ, ἀφ' ἧς

μετεωρίζεσθαι in sublime tolli Luc 12 29

μετοικεσία transmigratio Mat 1 11.12.17

μετοικίζειν transferre Act 7 4.43

μετοχή participatio 2 Co 6 14 τίς γὰρ μετ-
οχὴ δικαιοσύνη καὶ ἀνομία;

μέτοχος particeps ᵇsocius Luc 57ᵇ
Hb 1 9 „ἔλαιον ἀγαλλιάσεως παρὰ τοὺς μ.
3 1 κλήσεως ἐπουρανίου μ..οι |σου"
– 14 μ..οι – τοῦ Χοῦ γεγόναμεν, ἐάνπερ
6 4 μ..ους γενηθέντας πνεύματος ἁγίου
12 8 εἰ δὲ χωρίς ἐστε „παιδείας", ἧς μέτ-
οχοι γεγόνασιν πάντες

μετρεῖν metiri Mat 72 et || → μέτρον
2 Co 10 12 αὐτοὶ ἐν ἑαυτοῖς ἑαυτοὺς μ..οῦντες
Ap 11 1 τὸν ναόν 2 – 21 15 τὴν πόλιν 16.17

μετρητής metreta Joh 2 6 ἀνὰ μ..ὰς δύο

μετριοπαθεῖν Sᵒ – condolēre Hb 5 2 μετριο-
παθεῖν δυνάμενος τοῖς – πλανωμένοις

οὐ μετρίως non minime Act 20 12 παρεκλήθ.

μέτρον mensura ᵇ(ἐκ μ.) ad mensuram
Mat 7 2 ἐν ᾧ μέτρῳ μετρεῖτε μετρηθήσεται
(remetietur vl met.) ὑμῖν || Mar 4 24
(remetietur) Luc 6 38 μέτρον καλὸν
πεπιεσμένον σεσαλευμένον – δώσου-
σιν – ᾧ γὰρ μέτρῳ μετρεῖτε ἀντιμε-
τρηθήσεται (remet.) ὑμῖν
23 32 πληρώσατε τὸ μ. τῶν πατέρων ὑμῶν
Joh 3 34 οὐ γὰρ ἐκ μ..ουᵇ δίδωσιν τὸ πνεῦμα
Rm 12 3 ὡς ὁ θεὸς ἐμέρισεν μέτρον πίστεως
2 Co 10 13 κατὰ τὸ μέτρον τοῦ κανόνος (regu-
lae) οὗ ἐμέρισεν ἡμῖν ὁ θεὸς μέτρου
Eph 4 7 ἑκάστῳ ἡμῶν ἐδόθη ἡ χάρις κατὰ τὸ
μέτρον τῆς δωρεᾶς τοῦ Χοῦ
– 13 εἰς μέτρον ἡλικίας τοῦ πληρώματος
τοῦ Χοῦ 16 κατ' ἐνέργειαν ἐν μέτρῳ
ἑνὸς ἑκάστου μέρους
Ap 21 15.17 μέτρον ἀνθρώπου, ὅ ἐστιν ἀγγέλου

μέτωπον frons Ap 7 3 ἄχρι „σφραγίσωμεν"
τοὺς δούλους τοῦ θεοῦ ἡμῶν „ἐπὶ τῶν
μετώπων" 9 4 14 1 22 4 – 13 16 χάραγμα –
ἐπὶ τὸ μέτ. 14 9 20 4 – 17 5 ἐπὶ τὸ μέτ.
αὐτῆς ὄνομα γεγραμμένον, μυστήριον

*μέχρι, ..ις usque ad, in ᵇ(μ..ις οὖ) donec
Mat 11 23 ἔμεινεν ἂν μ. τῆς σήμερον – 28 15
Mar 13 30 μέχρις οὖᵇ ταῦτα πάντα γένηται
Luc 16 16 ὁ νόμος καὶ οἱ προφ. μέχρι Ἰωάννου
Rm 5 14 ἐβασίλευσεν ὁ θάν. – μ. Μωϋσέως
Gal 4 19 μέχρις οὖᵇ μορφωθῇ Χὸς ἐν ὑμῖν
Eph 4 13 μέχριᵇ καταντήσωμεν οἱ πάντες εἰς
τὴν ἑνότητα τῆς πίστεως

Phl 2 8 γενόμενος ὑπήκοος μέχρι θανάτου
– 30 διὰ τὸ ἔργον Χοῦ μ. θανάτ. ἤγγισεν
1 Ti 6 14 μέχρι τῆς ἐπιφανείας τοῦ κυρίου
2 Ti 2 9 ἐν ᾧ κακοπαθῶ μέχρι δεσμῶν
Hb 3 (6 vl τὴν παρρησίαν – μ. τέλους βεβαίαν)
14 τὴν ἀρχὴν τῆς ὑποστάσεως
9 10 μέχρι καιροῦ διορθώσεως
12 4 οὔπω μέχρις αἵματος ἀντικατέστητε
πρὸς τὴν ἁμαρτ. ἀνταγωνιζόμενοι

μηδέπω adhuc non Hb 11 7 πίστει χρηματι-
σθεὶς Νῶε περὶ τῶν μηδ. βλεπομένων

Μῆδοι Act 2 9 Πάρθοι καὶ Μ. καὶ Ἐλαμῖται

*μηκέτι iam non ᵇiam noli ᶜamplius noli
ᵈnon amplius ᵉnoli adhuc ᶠultra
non ᵍnunquam
Mat 21 19 μηκέτιᵍ ἐκ σοῦ καρπὸς γένηται εἰς
τὸν αἰῶνα
Joh 5 14 μηκέτιᵇ ἁμάρτανε [[8 11ᶜ]] Eph 4 28 μ.
κλεπτέτω – 1 Ti 5 23 μ.ᵉ ὑδροπότει
Rm 6 6 τοῦ μ.ᶠ δουλεύειν ἡμᾶς τῇ ἁμαρτίᾳ
14 13 μηκέτιᵈ οὖν ἀλλήλους κρίνωμεν
2 Co 5 15 ἵνα οἱ ζῶντες μηκέτι ἑαυτοῖς ζῶσιν
Eph 4 14 ἵνα μηκέτι ὦμεν νήπιοι 17 μηκέτι ὑ-
μᾶς περιπατεῖν καθὼς καὶ τὰ ἔθνη
1 Th 3 1 μηκέτιᵈ στέγοντες 5 μηκέτιᵈ στέγων
1 Pe 4 2 εἰς τὸ μηκέτι ἀνθρώπων ἐπιθυμίαις

μῆκος longitudo Eph 3 18 Ap 21 16

μηκύνεσθαι increscere Mar 4 27 σπόρος

μηλωτή melota Hb 11 37 ἐν μηλωταῖς

μήν mensis Luc 1 24.26.36.56 4 25 Jac 5 17
Act 7 20 18 11 19 8 20 3 28 11
Gal 4 10 ἡμέρας παρατηρεῖσθε καὶ μῆνας
Ap 9 5.10.15 11 2 13 5 22 2 „κατὰ μῆνα"

μηνύειν indicare ᵇostendere ᶜperferre
Luc 20 37 Μωϋσῆς ἐμήνυσενᵇ ἐπὶ τῆς βάτου
Joh 11 57 Act 23 30ᶜ 1 Co 10 28 μὴ ἐσθίετε δι'
ἐκεῖνον τὸν μ..σαντα καὶ τὴν συνείδησιν

μήπω nondum Rm 9 11 μ. γὰρ γεννηθέντων
Hb 9 8 μ. πεφανερῶσθαι τὴν τῶν ἁγ. ὁδόν

μηρός foemur Ap 19 16 ἐπὶ τὸν μ. – γεγρ.

μήτηρ mater
Mat 1 18 μνηστευθείσης τῆς μητρὸς αὐτοῦ Μα-

ρίας 2 11.13.14.20.21 – Luc 1 43 ἵνα ἔλ-
θη ἡ μ. τοῦ κυρίου μου 2 33 ὁ πατὴρ
αὐτοῦ καὶ ἡ μήτηρ 34.48.51 ἡ μήτηρ
αὐτοῦ διετήρει – τὰ ῥήματα
Mat 10 35 διχάσαι – „θυγατέρα κατὰ τῆς μητρὸς
αὐτῆς" ‖ Luc 12 53 μ. ἐπὶ – θυγ. καὶ
– 37 ὁ φιλῶν – μητέρα ὑπὲρ ἐμέ ‖ Luc 14
26 εἴ τις – οὐ μισεῖ – τὴν μητέρα
12 46 ἡ μ. καὶ οἱ ἀδελφοὶ αὐτοῦ εἱστήκει-
σαν ἔξω [47] 48 τίς ἐστιν ἡ μ. μου 49
ἰδοὺ ἡ μ. μου 50 αὐτός μου – μ. ἐστίν
‖ Mar 3 31-35 Luc 8 19-21
13 55 οὐχ ἡ μ. αὐτοῦ λέγεται Μαριάμ – ;
14 8 προβιβασθεῖσα ὑπὸ τῆς μητρὸς αὐ-
τῆς 11 ἤνεγκεν τῇ μητρί ‖ Mar 6 24.28
15 4 „τίμα τὸν πατ. καὶ τὴν μητέρα", καί·
„ὁ κακολογῶν π. ἢ μητέρα" 5 ὃς ἂν
εἴπη – ἢ τῇ μητρὶ· δῶρον (6 vl οὐ μὴ τι-
μήσει – ἢ τὴν μητέρα αὐτοῦ) (19 19
„τίμα – καὶ τὴν μ.") ‖ Mar 7 10-12 οὐκ-
έτι ἀφίετε αὐτὸν οὐδὲν ποιῆσαι τῷ
π. ἢ τῇ μητρί (Mar 10 19 Luc 18 20)
19 5 „καταλείψει ἄνθρωπ. τὸν πατέρα καὶ
τὴν μητέρα" ‖ Mar 10 7 – Eph 5 31
– 12 εὐνούχοι – ἐκ κοιλίας μητρός
– 29 ὅστις ἀφῆκεν – πατέρα ἢ μητέρα ‖
Mar 10 29.30 ἐὰν μὴ λάβη – μητέρας
20 20 ἡ μήτηρ τῶν υἱῶν Ζεβεδαίου 27 56
27 56 Μαρία ἡ τοῦ Ἰακώβου καὶ Ἰωσὴφ
μήτηρ ‖ Mar 15 40 καὶ Ἰωσῆτος μήτ.
Mar 5 40 παραλαμβάνει τὸν πατέρα τοῦ παι-
δίου καὶ τὴν μητέρα ‖ Luc 8 51
Luc 1 15 ἐκ κοιλίας μητρὸς 60 (Elisabeth)
7 12 μονογενὴς υἱὸς τῇ μητρὶ αὐτοῦ 15
Joh 2 1 ἦν ἡ μήτηρ τοῦ Ἰησοῦ ἐκεῖ 3.5
– 12 εἰς Καφαρν. αὐτὸς καὶ ἡ μήτ. αὐτοῦ
3 4 εἰς τὴν κοιλίαν τῆς μ. – δεύτ. εἰσελθεῖν
6 42 οὗ ἡμεῖς οἴδαμεν – καὶ τὴν μητέρα
19 25 παρὰ τῷ σταυρῷ – ἡ μήτ. αὐτοῦ καὶ
ἡ ἀδελφὴ τῆς μητ. αὐτοῦ 26 ἰδὼν τὴν
μητέρα καὶ τὸν μαθητὴν – ὃν ἠγάπα,
λέγει τῇ μητρί· 27 ἴδε ἡ μήτηρ σου
Act 1 14 σὺν – Μαριὰμ τῇ μητρὶ τοῦ Ἰησοῦ
3 2 χωλὸς ἐκ κοιλίας μητρὸς 14 8
12 12 Μαρίας τῆς μητ. Ἰωάννου (Marci)
Rm 16 13 καὶ τὴν μητ. αὐτοῦ (Rufi) καὶ ἐμοῦ
Gal 1 15 ὁ ἀφορίσας με ἐκ κοιλίας μητρός
4 26 ἡ δὲ ἄνω Ἰερουσαλὴμ ἐλευθέρα ἐ-
στίν, ἥτις ἐστὶν μήτηρ ἡμῶν
Eph 5 31 „καταλείψει ἄνθρ. – πατέρα καὶ – μη-
τέρα" 6 2 „τίμα – καὶ τὴν μητέρα"
1 Ti 5 2 παρακάλει – πρεσβυτέρας ὡς μ..ας

2 Ti 1 5 ἐνῴκησεν – ἐν – τῇ μητρί σου Εὐνίκη
Ap 17 5 ἡ μήτηρ τῶν πορνῶν

μήτρα *vulva* Luc 2 23 Rm 4 19

μητρολῴας S° – *matricida* 1 Ti 1 9

μιαίνειν *inquinare* [b]*coinquinare* [c]*contaminare* [d]*maculare*
Joh 18 28 ἵνα μὴ μιανθῶσιν[c] ἀλλὰ φάγωσιν
Tit 1 15 τοῖς δὲ μεμιαμμένοις[b] καὶ ἀπίστοις
οὐδὲν καθαρόν, ἀλλὰ μεμίανται αὐ-
τῶν καὶ ὁ νοῦς καὶ ἡ συνείδησις
Hb 12 15 "μή τις ῥίζα πικρίας – ἐνοχλῇ" καὶ
δι' αὐτῆς μιανθῶσιν πολλοί
Jud 8 σάρκα μὲν μ..ουσιν[d], κυριότητα δέ

μίασμα *coinquinatio* 2 Pe 2 20 ἀποφυγόντες
τὰ μ. τοῦ κόσμου ἐν ἐπιγνώσει τοῦ κυ.

μιασμός *immunditia* 2 Pe 2 10 τοὺς ὀπίσω
σαρκὸς ἐν ἐπιθυμίᾳ μ..οῦ πορευομένους

μίγμα *mixtura* Joh 19 39 σμύρνης καὶ ἀλ.

μιγνύναι, μίσγειν *miscēre* Mat 27 34
Luc 13 1 ὦν τὸ αἷμα Πιλ. ἔμιξεν μετὰ τ. θυσι.
Ap 8 7 15 2 θάλασσαν ὑαλ. μεμιγμένην πυρί

μικρός, μικρόν *modicus, um* [b]*pusillus, um*
[c]*minor, us* [d]*minimus* [e]*paululum* –
conjunctae voces μικρός et μέγας → μέ-
γας sub Act 8 10
Mat 10 42 ὃς ἂν ποτίσῃ ἕνα τῶν μικρῶν (vl
ἐλαχίστων[d]) τούτων ποτήρ. ψυχροῦ
11 11 ὁ δὲ μικρότερος[c] ἐν τῇ βασ. τῶν οὐ-
ρανῶν μείζων αὐτοῦ ‖ Luc 7 28[c]
13 32 ὃ μικρότερον[d] μέν ἐστιν πάντων τῶν
σπερμάτων ‖ Mar 4 31[c]
18 6 ὃς δ' ἂν σκανδαλίσῃ ἕνα τῶν μικρῶν[b]
τούτων τῶν πιστευόντων εἰς ἐμέ ‖
Mar 9 42[b] Luc 17 2[b] – Mat 18 10 μὴ
καταφρονήσητε ἑνὸς τῶν μικρῶν[b]
τούτων 14 οὐκ ἔστιν θέλημα – ἵνα ἀπό-
ληται ἓν τῶν μικρῶν[b] τούτων
26 39 προελθὼν μικρόν[b] ‖ Mar 14 35[e]
– 73 μετὰ μικρόν[b] δέ ‖ Mar 14 70[b]
Mar 15 40 ἡ Ἰακώβου τοῦ μικροῦ[c] – μήτηρ
Luc 9 48 ὁ γὰρ μικρότερος[c] ἐν πᾶσιν ὑμῖν
ὑπάρχων, οὗτός ἐστιν μέγας
12 32 μὴ φοβοῦ, τὸ μικρὸν[b] ποίμνιον
19 3 ὅτι τῇ ἡλικίᾳ μικρὸς[b] ἦν

Joh 7 33 ἔτι χρόνον μικρὸν μεθ' ὑμῶν εἰμι
(13 33 ἔτι μικρόν) 12 35 τὸ φῶς ἐν ὑ-
μῖν ἐστιν 14 19 καὶ ὁ κόσμος με οὐκ-
έτι θεωρεῖ 16 16 καὶ οὐκέτι θεωρεῖτέ
με, καὶ πάλιν μικρὸν καὶ ὄψεσθέ με
17.18 τί ἐστιν – τὸ μικρόν; 19
1 Co 5 6 οὐκ οἴδατε ὅτι μικρὰ ζύμη ὅλον τὸ
φύραμα ζυμοῖ; Gal 5 9
2 Co 11 1 ἀνείχεσθέ μου μικρόν τι ἀφροσύνης
– 16 ἵνα κἀγὼ μικρόν τι καυχήσωμαι
Hb 10 37 "μικρὸν ὅσον ὅσον, ὁ ἐρχόμ. ἥξει"
Jac 3 5 ἡ γλῶσσα μικρὸν μέλος ἐστίν
Ap 3 8 ὅτι μικρὰν ἔχεις δύναμιν
6 11 ἵνα ἀναπαύσονται ἔτι χρόνον μικρόν
20 3 δεῖ λυθῆναι αὐτὸν μικρὸν χρόνον

Μίλητος Act 20 15.17 2 Ti 4 20 ἀπέλιπον ἐν Μ.

μίλιον S° – *mille passus* Mat 5 41 μίλιον ἕν

μιμεῖσθαι *imitari* 2 Th 3 7 οἴδατε πῶς δεῖ μιμ.
ἡμᾶς 9 τύπον – εἰς τὸ μιμ. ἡμᾶς
Hb 13 7 ὧν – μιμεῖσθε τὴν πίστιν
3 Jo 11 μὴ μιμοῦ τὸ κακὸν ἀλλὰ τὸ ἀγαθόν

μιμητής S° – *imitator*
1 Co 4 16 μιμηταί μου γίνεσθε 11 1 μιμηταί μου
γίνεσθε, καθὼς κἀγὼ Χοῦ
Eph 5 1 γίνεσθε οὖν μιμηταὶ τοῦ θεοῦ
1 Th 1 6 μιμηταὶ ἡμῶν ἐγενήθητε καὶ τοῦ κυ-
ρίου 2 14 τῶν ἐκκλησιῶν τοῦ θεοῦ
Hb 6 12 μιμηταί – τῶν διὰ πίστεως – κληρονο-
μούντων τὰς ἐπαγγελίας

μιμνήσκεσθαι, μνησθῆναι *recordari* [b]*memorem esse*, (part.) *memor* [c]*memorari*
[d]*meminisse* [e](pass.) *commemorari*
[f](pass.) *in memoriam venire*
Mat 5 23 ἐὰν οὖν – κἀκεῖ μνησθῇς ὅτι ὁ ἀδελ.
26 75 ἐμνήσθη ὁ Πέτρ. τοῦ ῥήματος Ἰησοῦ
27 63 ἐμνήσθημεν ὅτι ἐκεῖνος ὁ πλάνος
Luc 1 54 "μνησθῆναι (vl[c]) ἐλέους" 72 "μνη-
σθῆναι[c] διαθήκης" ἁγίας "αὐτοῦ"
16 25 μνήσθητι ὅτι ἀπέλαβες τὰ ἀγαθά σου
23 42 μνήσθητί[d] μου ὅταν ἔλθῃς εἰς τήν
24 6 μνήσθητε ὡς ἐλάλησεν ὑμῖν ἔτι ὤν
– 8 ἐμνήσθησαν τῶν ῥημάτων αὐτοῦ
Joh 2 17 ἐμνήσθησαν οἱ μαθηταί – ὅτι γεγραμ-
μένον ἐστίν 12 16 – 2 22 ὅτι – ἔλεγεν
Act 10 31 αἱ ἐλεημοσύναι σου ἐμνήσθησαν[e] ἐν-
ώπιον τοῦ θεοῦ Ap 16 19 Βαβυλὼν
– ἐμνήσθη[f] – δοῦναι αὐτῇ τὸ ποτήρ.
Act 11 16 ἐμνήσθην – τοῦ ῥήματος τοῦ κυρίου

1 Co 11 2 ἐπαινῶ – ὅτι πάντα μου μέμνησϑε[b]
2 Ti 1 4 μεμνημένος[b] σου τῶν δακρύων
Hb 2 6 „ἄνϑρωπος ὅτι μιμνήσκη[b] αὐτοῦ;"
    812 „τῶν ἁμαρτιῶν αὐτῶν οὐ μὴ μνη-
    σϑῶ[c] ἔτι" 1017 „μνησϑήσομαι ἔτι"
    13 3 μιμνήσκεσϑε[d] τῶν δεσμίων ὡς
2 Pe 3 2 μνησϑῆναι[b] τῶν προειρημένων ῥημά-
    των ὑπὸ τῶν – προφητῶν καὶ τῆς –
    ἐντολῆς τοῦ κυρίου – Jud 17[b]

μισεῖν odisse (odiet, odientes) [b]odio habēre
    [c](pass.) odio esse [d](μεμισημ.) odibilis
Mat 543 καὶ μισήσεις[b] τὸν ἐχϑρόν σου
    624 ἢ γὰρ τὸν ἕνα μισήσει[b] ‖ Luc 1613
    1022 ἔσεσϑε μισούμενοι[c] ὑπὸ πάντων διὰ
    τὸ ὄνομά μου ‖ Mar 1313[c] Luc 2117[c]
    24 9 τότε–ἔσεσϑε μισούμενοι[c] ὑπὸ πάντων
    τῶν ἐϑνῶν 10 μισήσουσιν[b] ἀλλήλους
Luc 171 σωτηρίαν – „ἐκ χειρός" πάντων „τῶν
    μισούντων" ἡμᾶς
    622 μακάριοί ἐστε ὅταν μισήσωσιν ὑμᾶς
    – 27 καλῶς ποιεῖτε τοῖς μισοῦσιν ὑμᾶς
    1426 εἴ τις – οὐ μισεῖ τὸν πατέρα ἑαυτοῦ –
    ἔτι τε καὶ τὴν ψυχὴν ἑαυτοῦ
    1914 οἱ δὲ πολῖται αὐτοῦ ἐμίσουν αὐτὸν
Joh 320 ὁ φαῦλα πράσσων μισεῖ τὸ φῶς
    7 7 οὐ δύναται ὁ κόσμος μισεῖν ὑμᾶς,
    ἐμὲ δὲ μισεῖ 1518 εἰ ὁ κόσμος ὑμᾶς
    μισεῖ, – ἐμὲ πρῶτον ὑμῶν μεμίσηκεν[b]
    19 διὰ τοῦτο μισεῖ ὑμᾶς ὁ κόσμος
    1225 ὁ μισῶν τὴν ψυχὴν αὐτοῦ ἐν τῷ κό-
    σμῳ τούτῳ → Luc 1426
    1523 ὁ ἐμὲ μισῶν καὶ τὸν πατέρα μου μι-
    σεῖ 24 μεμισήκασιν καὶ ἐμὲ καὶ τὸν
    πατ. μου 25 „ἐμίσησάν[b] με δωρεάν"
    1714 καὶ ὁ κόσμος ἐμίσησεν[b] αὐτούς
Rm 715 ἀλλ᾽ ὃ μισῶ τοῦτο ποιῶ
    913 „τὸν δὲ Ἠσαῦ ἐμίσησα[b]"
Eph 529 οὐδεὶς γάρ ποτε τὴν ἑαυτοῦ σάρκα
    ἐμίσησεν[b], ἀλλὰ – ϑάλπει αὐτήν
Tit 3 3 στυγητοί, μισοῦντες ἀλλήλους
Hb 1 9 „ἐμίσησας ἀνομίαν· διὰ τοῦτο"
1 Jo 2 9 ὁ λέγων ἐν τῷ φωτὶ εἶναι καὶ τὸν ἀ-
    δελφὸν αὐτοῦ μισῶν 11 315 ὁ μισῶν
    τὸν ἀδελφὸν αὐτοῦ ἀνϑρωποκτόνος
    ἐστίν 420 ἐάν τις εἴπῃ ὅτι ἀγαπῶ τὸν
    ϑεόν, καὶ τὸν ἀδελφὸν αὐτοῦ μισῇ,
    ψεύστης ἐστίν
    313 μὴ ϑαυμάζετε, – εἰ μισεῖ ὑμᾶς ὁ κόσ.
Jud 23 μισοῦντες καὶ τὸν–ἐσπιλωμ. χιτῶνα
Ap 2 6 τοῦτο ἔχεις, ὅτι μισεῖς τὰ ἔργα τῶν
    Νικολαϊτῶν, ἃ κἀγὼ μισῶ

Ap 1716 οὗτοι μισήσουσιν τὴν πόρνην
    18 2 φυλακὴ παντὸς ὀρνέου ἀκαϑάρτου
    – καὶ μεμισημένου[d]

μισϑαποδοσία S⁰ – remuneratio [b]mercedis
    retributio
Hb 2 2 παρακοὴ ἔλαβεν ἔνδικον μ..αν[b]
    1035 μὴ ἀποβάλητε – τὴν παρρησίαν ὑμῶν,
    ἥτις ἔχει μεγάλην μ..αν
    1126 ἀπέβλεπεν γὰρ εἰς τὴν μισϑαποδοσ.

μισϑαποδότης S⁰ – remunerator Hb 116
    τοῖς ἐκζητοῦσιν αὐτὸν μισϑαποδ. γίνεται

μίσϑιος mercenarius (vl ..nn) Luc 1517.19

μισϑός merces
Mat 512 ὁ μισϑὸς ὑμῶν πολὺς ἐν τοῖς οὐρα-
    νοῖς ‖ Luc 623.35 ἔσται–πολύς
    – 46 τίνα μισϑὸν ἔχετε; 61 μισϑὸν οὐκ ἔ-
    χετε παρὰ τῷ πατρὶ ὑμ. τῷ ἐν τοῖς
    6 2 ἀπέχουσιν τὸν μισϑὸν αὐτῶν 5.16
    1041 μισϑὸν προφήτου λήμψεται, – μισϑὸν
    δικαίου λήμψεται 42 οὐ μὴ ἀπολέσῃ
    τὸν μισϑὸν αὐτοῦ ‖ Mar 941
    20 8 καὶ ἀπόδος αὐτοῖς τὸν μισϑὸν
Luc 10 7 ἄξιος γὰρ ὁ ἐργάτης τοῦ μισϑοῦ αὐ-
    τοῦ 1 Ti 518 (vl τῆς τροφῆς)
Joh 436 ἤδη ὁ ϑερίζων μισϑὸν λαμβάνει
Act 118 ἐκτήσατο χωρίον ἐκ μισϑοῦ τῆς ἀ-
    δικίας 2 Pe 215 Βαλαὰμ–, ὃς μι-
    σϑὸν ἀδ. ἠγάπησεν 13 ἀδικούμενοι
    (vl κομιούμενοι vg) μισϑὸν ἀδικίας
Rm 4 4 τῷ – ἐργαζομένῳ ὁ μισϑὸς οὐ λογί-
    ζεται κατὰ χάριν ἀλλὰ κατὰ ὀφείλ.
1 Co 3 8 ἕκαστος δὲ τὸν ἴδιον μισϑὸν λήμψε-
    ται ὁ ἔργον μενεῖ–, μισϑὸν λήμψεται
    917 εἰ – ἑκὼν τοῦτο πράσσω, μ..ὸν ἔχω
    – 18 τίς οὖν μού ἐστιν ὁ μισϑός;
Jac 5 4 ὁ μισϑὸς τῶν ἐργατῶν – „κράζει"
2 Jo 8 ἵνα – μισϑὸν πλήρη ἀπολάβητε
Jud 11 τῇ πλάνῃ τοῦ Βαλαὰμ μισϑοῦ
Ap 1118 δοῦναι τὸν μισϑὸν „τοῖς δούλοις σου
    τοῖς προφήταις" καὶ τοῖς ἁγίοις
    2212 „ἔρχομαι–, καὶ ὁ μ." μου μετ᾽ ἐμοῦ

μισϑοῦσϑαι conducere Mat 201 ἐργάτας 7

μίσϑωμα conductum Act 2830 ἐν ἰδίῳ μ.

μισϑωτός mercenarius (vl ..nn) Mar 120
Joh 1012 ὁ μισϑωτὸς καὶ οὐκ ὢν ποιμὴν 13

Μιτυλήνη Act 20 14 ἤλθομεν εἰς Μιτυλήνην

Μιχαήλ Jud 9 „ὁ ἀρχάγγελος" Ap 12 7

μνᾶ *mna* Luc 19 13. 16. 18. 20. 24. 25

Μνάσων Act 21 16 παρὰ – Μ..ί τινι Κυπρίῳ

μνεία *memoria* (*m..am facere, habēre*)
Rm 1 9 ἀδιαλείπτως μνείαν ὑμῶν ποιοῦμαι
– ἐπὶ τῶν προσευχῶν μου Eph 1 16 1 Th
12 Phm 4 – Phl 13 εὐχαριστῶ τῷ θεῷ
μου ἐπὶ πάσῃ τῇ μνείᾳ ὑμῶν [τοτε
1 Th 3 6 ὅτι ἔχετε μνείαν ἡμῶν ἀγαθὴν πάν-
2 Ti 1 3 ἀδιάλειπτον ἔχω τὴν περὶ σοῦ (*tui*)
μνείαν ἐν ταῖς δεήσεσίν μου

μνῆμα *monumentum* [b]*sepulchrum*
Mar 5 3 ἐν τοῖς μνήμασιν 5 ‖ Luc 8 27
(15 46 vl ἔθηκεν αὐτὸν ἐν μνήματι) ‖ Luc
23 53 ἐν μνήματι λαξευτῷ – (Mar 16 2
vl ἔρχονται ἐπὶ τὸ μνῆμα) ‖ Luc 24 1
Act 2 29[b] (Davidis) 7 16[b] „ᾧ ὠνήσατο Ἀβρ."
Ap 11 9 τὰ πτώματα αὐτῶν οὐκ ἀφίουσιν τε-
θῆναι εἰς μνῆμα

μνημεῖον *monumentum*
Mat 8 28 δαιμονιζόμενοι ἐκ τῶν μνημείων ἐξ-
ερχόμενοι ‖ Mar 5 2 ἐκ τῶν μνημείων
23 29 κοσμεῖτε τὰ μνημεῖα τῶν δικαίων ‖
Luc 11 47 οἰκοδομεῖτε–τῶν προφητῶν
27 52 τὰ μνημεῖα ἀνεῴχθησαν 53 ἐκ τῶν μν.
– 60 ἐν τῷ καινῷ αὐτοῦ μν.–,–προσκυ-
λίσας λίθον–τῇ θύρᾳ τοῦ μν. ‖ Mar
15 46 Joh 19 41. 42 ἐγγὺς ἦν τὸ μν.
28 8 ἀπελθοῦσαι ταχὺ ἀπὸ τοῦ μν. ‖ Mar
16 8 ἐξελθοῦσαι ἔφυγον ἀπὸ τοῦ μν.
Mar 6 29 15 46 ἔθηκαν αὐτὸν ἐν μνημείῳ
16 2.3 τὸν λίθον ἐκ τῆς θύρας τοῦ μν.;
– 5 εἰσελθοῦσαι εἰς τὸ μν. εἶδον νεαν.
Luc 11 44 ἐστὲ ὡς τὰ μνημεῖα τὰ ἄδηλα
23 55 ἐθεάσαντο τὸ μν. καὶ ὡς ἐτέθη τὸ σῶ.
24 2 ἀποκεκυλισμένον ἀπὸ τοῦ μνημείου
– 9 ὑποστρέψασαι ἀπὸ τοῦ μν. ἀπήγγ.
– 12 Πέτρος – ἔδραμεν ἐπὶ τὸ μν. 22 γε-
νόμεναι ὀρθριναὶ ἐπὶ τὸ μν. 24 ἀπῆλ-
θόν τινες τῶν σὺν ἡμῖν ἐπὶ τὸ μνημ.
Joh 5 28 οἱ ἐν τοῖς μν. ἀκούσουσιν τῆς φωνῆς
11 17 τέσσαρας ἤδη ἡμέρας–ἐν τῷ μνημ.
– 31 ὑπάγει εἰς τὸ μνημ. ἵνα κλαύσῃ ἐκεῖ
– 38 Ἰησοῦς–ἔρχεται εἰς τὸ μνημεῖον
12 17 ὅτε τὸν Λάζ. ἐφώνησεν ἐι. τοῦ μνημ.

Joh 20 1 ἡ Μαγδαλ. ἔρχεται – εἰς τὸ μν., καὶ
βλέπει τὸν λίθον ἠρμένον ἐκ τοῦ μν.
– 2 ἦραν τὸν κύριον ἐκ τοῦ μν. 3 Πέτρος
καὶ ὁ ἄλλος μαθητής,–ἤρχοντο εἰς
τὸ μν. 4 ὁ ἄλλος μαθ.–ἦλθεν πρῶ-
τος εἰς τὸ μν. 8.6 Πέτρ.–εἰσῆλθεν εἰς
τὸ μν. – 11 Μαρία δὲ εἱστήκει πρὸς
τῷ μνημ. –. – παρέκυψεν εἰς τὸ μνημ.
Act 13 29 ἔθηκαν εἰς μνημεῖον (sc Ἰησοῦν)

μνήμη *memoria* 2 Pe 1 15 ἑκάστοτε ἔχειν
ὑμᾶς–τὴν τούτων μνήμην ποιεῖσθαι

μνημονεύειν *memorem esse* [b]*meminisse*
[c]*recordari* [d]*reminisci* [e]*memoria*
retinēre [f]*retinēre* [g]*memorari* [h]*in*
mente habēre
Mat 16 9 οὐδὲ μν..ετε[c] τοὺς πέντε ἄρτους –; ‖
Mar 8 18 οὐ μν..ετε[c], ὅτε–ἔκλασα–;
Luc 17 32 μνημονεύετε τῆς γυναικὸς Λώτ
Joh 15 20 μν..ετε[b] τοῦ λόγου οὗ ἐγὼ εἶπον ὑ-
μῖν 16 4 ταῦτα λελάληκα ὑμῖν ἵνα–
μν..ητε[d] αὐτῶν, ὅτι ἐγὼ εἶπον ὑμῖν
16 21 οὐκέτι μν..ει[b] τῆς θλίψεως διά
Act 20 31 μν..οντες[e] ὅτι–οὐκ ἐπαυσάμην–νου-
θετῶν 35 ὅτι–δεῖ–μνημονεύειν[b] τε
τῶν λόγων τοῦ κυρίου Ἰησοῦ, ὅτι
Gal 2 10 μόνον τῶν πτωχῶν ἵνα μν..ωμεν
Eph 2 11 μν..ετε ὅτι ποτὲ ὑμεῖς τὰ ἔθνη ἐν
σαρκί, –, ὅτι ἦτε–χωρὶς Χοῦ
Col 4 18 μνημονεύετέ μου τῶν δεσμῶν
1 Th 1 3 μν..οντες ὑμῶν τοῦ ἔργου τῆς πίστ.
2 9 μν..ετε γὰρ–τὸν κόπον ἡμῶν
2 Th 2 5 μν..ετε[f] ὅτι–ταῦτα ἔλεγον ὑμῖν;
2 Ti 2 8 μν..ε Ἰ. Χὸν ἐγηγερμένον ἐκ νεκρῶν
Hb 11 15 εἰ–ἐκείνης (sc πατρίδος) ἐμν..ον[b]
– 22 Ἰωσὴφ–περὶ τῆς ἐξόδου–ἐμν..σεν[g]
13 7 μν..ετε[b] τῶν ἡγουμένων ὑμῶν
Ap 2 5 μνημόνευε οὖν πόθεν πέπτωκας
3 3 μν..ε[h]–πῶς εἴληφας καὶ ἤκουσας
18 5 ἐμν..σεν[c] ὁ θεὸς τὰ ἀδικήμ. αὐτῆς

μνημόσυνον *memoria* Mat 26 13 εἰς μν. αὐ-
τῆς ‖ Mar 14 9 – Act 10 4 αἱ προσευχαί
σου–ἀνέβησαν εἰς μν. ἔμπροσθεν τ. θεοῦ

μνηστεύεσθαι *desponsari* Mat 1 (16 vl) 18 μ..
θείσης–Μαρίας τῷ Ἰωσήφ ‖ Luc 1 27 – 2 5

μογιλάλος *mutus* Mar 7 32 κωφὸν καὶ μογ.

μόγις *vix* Luc 9 39 καὶ μόγις ἀποχωρεῖ

μόδιος S° – modius Mt 515 || Mr 421 Lc 1133

μοιχαλίς adultera
Mat 1239 γενεά πονηρά καὶ μ. σημεῖον ἐπιζη-
τεῖ 164 – Mar 838 ἐν τῇ γενεᾷ ταύ-
τῃ τῇ μοιχαλίδι καὶ ἁμαρτωλῷ
Rm 7 3 ζῶντος τοῦ ἀνδρὸς μοιχαλὶς χρημα-
τίσει ἐὰν γένηται ἀνδρὶ ἑτέρῳ· ἐὰν
δὲ ἀποθάνῃ ὁ ἀνήρ, ἐλευθέρα –, τοῦ
μὴ εἶναι αὐτὴν μοιχαλίδα γενομένην
ἀνδρὶ ἑτέρῳ
Jac 4 4 μ..ίδες (adulteri), οὐκ οἴδατε ὅτι ἡ
φιλία τοῦ κόσμου ἔχθρα τοῦ θεοῦ
2 Pe 214 ὀφθαλμοὺς – μεστοὺς μοιχαλίδος (vl
..λίας vg adulterii vl ..rio)

μοιχᾶσθαι ᵃadulterare ᵇadulterium com-
mittere (super) ᶜmoechari
Mat 532 ὃς ἐὰν ἀπολελυμένην γαμήσῃ, μοιχᾶ-
ται ᵃ 199 ὃς ἂν ἀπολύσῃ τὴν γυναῖκα – μὴ
ἐπὶ πορνείᾳ–, μοιχᾶται ᶜ (vl + καὶ ὁ ἀπο-
λελυμένην γαμήσας μοιχᾶται ᶜ) || Mar 1011
ὃς ἂν ἀπολύσῃ –, μοιχᾶται ᵇ ἐπ' αὐτήν
Mar 1012 ἐὰν αὐτὴ ἀπολύσασα τὸν ἄνδρα αὐ-
τῆς γαμήσῃ ἄλλον, μοιχᾶται ᶜ

μοιχεία adulterium
Mat 1519 ἐκ γὰρ τῆς καρδίας ἐξέρχονται – μοι-
χεῖαι, πορνεῖαι || Mar 722
[[Joh 8 3 γυναῖκα ἐπὶ μοιχείᾳ κατειλημμένην]]

μοιχεύειν moechari ᵇadulterare
Mat 527 „οὐ μοιχεύσεις" 1918 ᵇ || Mar 1019
„μὴ μ..σῃς ᵇ" Luc 1820 – Jac 211 Rm
139 τὸ γὰρ „οὐ μοιχεύσεις ᵇ"
– 28 ὁ βλέπων γυναῖκα πρὸς τὸ ἐπιθυμῆ-
σαι – ἤδη ἐμοίχευσεν αὐτὴν ἐν τῇ καρ-
δίᾳ αὐτοῦ 32 ὁ ἀπολύων τὴν γυν. –
ποιεῖ αὐτὴν μοιχευθῆναι || Luc 1618
ὁ ἀπολύων τὴν γυναῖκα αὐτοῦ καὶ γα-
μῶν ἑτέραν μοιχεύει, καὶ ὁ ἀπολελυ-
μένην ἀπὸ ἀνδρὸς γαμῶν μοιχεύει
[[Joh 8 4 αὕτη – κατείληπται ἐπ' αὐτοφώρῳ
μοιχευομένη (in adulterio)]]
Rm 222 ὁ λέγων μὴ μοιχεύειν μοιχεύεις;
Jac 211 εἰ δὲ οὐ μοιχεύεις, φονεύεις δέ
Ap 222 τοὺς μ..οντας μετ' αὐτῆς εἰς θλῖψιν

μοιχός adulter
Luc 1811 ἅρπαγες, ἄδικοι, μοιχοί, ἢ καὶ ὡς
1 Co 6 9 οὔτε μοιχοὶ οὔτε μαλακοὶ οὔτε
Hb 13 4 πόρνους – καὶ μοιχοὺς κρινεῖ ὁ θεός

μόλις vix (Luc 939 vl) Act 1418 277.8.16
Rm 5 7 μ. γὰρ ὑπὲρ δικαίου τις ἀποθανεῖται
1 Pe 418 „εἰ ὁ δίκαιος μόλις σῴζεται"

Μόλοχ Act 743 „ἀνελάβετε τ. σκηνὴν τοῦ Μ."

μολύνειν polluere ᵇinquinare ᶜcoinquinare
1 Co 8 7 ἡ συνείδησις αὐτῶν – μολύνεται
Ap 3 4 ἃ οὐκ ἐμόλυναν ᵇ τὰ ἱμάτια αὐτῶν
14 4 μετὰ γυναικῶν οὐκ ἐμολύνθησαν ᶜ

μολυσμός inquinamentum 2 Co 71 ἀπὸ παν-
τὸς μολυσμοῦ σαρκὸς καὶ πνεύματος

μομφή S° – querela Col 313 χαριζόμενοι
ἑαυτοῖς, ἐάν τις πρός τινα ἔχῃ μομφήν

μονή mansio
Joh 14 2 ἐν τῇ οἰκίᾳ τοῦ πατρός μου μοναὶ
πολλαί εἰσιν· εἰ δὲ μή, εἶπον ἂν ὑ.
– 23 μονὴν παρ' αὐτῷ ποιησόμεθα

μονογενής unigenitus ᵇunicus
Luc 712 μονογενὴς ᵇ υἱὸς τῇ μητρὶ αὐτοῦ
842 θυγάτηρ μονογενής ᵇ ἦν αὐτῷ ὡς ἐτῶν
938 ἐπιβλέψαι ἐπὶ τὸν υἱόν μου, ὅτι μο-
νογενής ᵇ μοί ἐστιν, καὶ ἰδοὺ πνεῦμα
Joh 1 14 δόξαν ὡς μονογενοῦς παρὰ πατρός
– 18 μονογενὴς θεός (vl ὁ μον. υἱός vg)
316 ὥστε τὸν υἱόν (vl + αὐτοῦ vg) τὸν
μον. ἔδωκεν 1 Jo 49 ὅτι τὸν υἱ. αὐτοῦ
τὸν μον. ἀπέσταλκεν – εἰς τὸν κόσμον
– 18 ὅτι μὴ πεπίστευκεν εἰς τὸ ὄνομα τοῦ
μονογενοῦς υἱοῦ τοῦ θεοῦ
Hb 1117 „τὸν μονογενῆ" προσέφερεν (Abr.)

*μόνον tantum ᵇtantummodo ᶜsolum ᵈvel
Mat 8 8 ἀλλὰ μόνον εἰπὲ λόγῳ, καὶ ἰαθήσεται
921 ἐὰν μόνον ἅψωμαι τοῦ ἱματίου 1436 ᵈ
1042 ὃς ἂν ποτίσῃ – ποτήριον ψυχροῦ μ.
2121 οὐ μόνον ᶜ τὸ τῆς συκῆς ποιήσετε
Mar 536 μὴ φοβοῦ, μόνον ᵇ πίστευε || Luc 850
Joh 1720 οὐ περὶ τούτων δὲ ἐρωτῶ μόνον
Act 816 μόνον – βεβαπτισμένοι ὑπῆρχον εἰς
τὸ ὄνομα – Ἰησοῦ 1825 ἐπιστάμενος
μόνον τὸ βάπτισμα Ἰωάννου
Rm 329 ἢ Ἰουδαίων ὁ θεὸς μόνον; οὐχὶ καί
924 οὓς καὶ ἐκάλεσεν ἡμᾶς οὐ μόνον ᶜ ἐξ
Ἰουδαίων ἀλλὰ καὶ ἐξ ἐθνῶν
13 5 ἀνάγκη ὑποτάσσ., οὐ μ.ᶜ διὰ τ. ὀργήν
1 Co 739 ἐλευθέρα – γαμηθῆναι, μόν. ἐν κυρίῳ

1 Co 15 19 εἰ ἐν τῇ ζωῇ ταύτῃ ἐν Χῷ ἠλπικότες
   ἐσμὲν μόνον
Gal 1 23 μόνον δὲ ἀκούοντες ἦσαν ὅτι ὁ
   2 10 μόν. τῶν πτωχῶν ἵνα μνημονεύωμεν
   3 2 τοῦτο μόνον ᶜ θέλω μαθεῖν ἀφ' ὑμῶν
   5 13 μόνον μὴ τὴν ἐλευθερίαν εἰς ἀφορ-
   μὴν τῇ σαρκί
Phl 1 27 μόν. ἀξίως τοῦ εὐαγγ. – πολιτεύεσθε
2 Th 2 7 μ.ὁ κατέχων ἄρτι ἕως ἐκ μέσου γένηται
Jac 1 22 μὴ μόνον ἀκροαταὶ παραλογιζόμενοι
   2 24 δικαιοῦται ἄνθρ. – οὐκ ἐκ πίστεως μ.

μόνος, κατὰ μόνας (Mar 4 10 Luc 9 18) so-
   lus ᵇtantum ᶜsingularis
Mat 4 4 „οὐκ ἐπ' ἄρτῳ μόνῳ ζῇς." ‖ Luc 4 4
   – 10 „αὐτῷ" μόνῳ „λατρεύσεις" ‖ Luc 4 8
   12 4 εἰ μὴ τοῖς ἱερεῦσιν μόνοις; ‖ Luc 6 4ᵇ
   14 23 μόνος ἦν ἐκεῖ ‖ Mar 6 47 Joh 6 15
   17 8 οὐδένα εἶδον εἰ μὴ – Ἰησοῦν μόνον
      ‖ Mar 9 2.8ᵇ Luc 9 36 εὑρέθη Ἰ. μόν.
   18 15 μεταξὺ σοῦ καὶ αὐτοῦ μόνου
   24 36 οὐδεὶς οἶδεν, –, εἰ μὴ ὁ πατὴρ μόνος
Mar 4 10 ὅτε ἐγένετο κατὰ μόνας ᶜ Luc 9 18 ἐν
      τῷ εἶναι αὐτὸν προσευχόμ. κατὰ μό.
Luc 5 21 τίς δύναται ἁμαρτίας ἀφεῖναι εἰ μὴ
      μόνος ὁ θεός;
   10 40 μόνην με κατέλιπεν διακονεῖν;
   24 12 – 18 σὺ μόν. – οὐκ ἔγνως τὰ γεν. –;
Joh 5 44 τὴν δόξαν τὴν παρὰ τοῦ μόνου θεοῦ
      οὐ ζητεῖτε;
   6 22 μόνοι οἱ μαθηταὶ αὐτοῦ ἀπῆλθον
   8 ⟦9 κατελείφθη μόνος καὶ ἡ γυνή⟧
   – 16 μόνος οὐκ εἰμί, ἀλλ' ἐγὼ καὶ ὁ πέμ-
      ψας με 29 οὐκ ἀφῆκέν με μόνον
   12 24 ὁ κόκκος –, αὐτὸς μόνος μένει
   16 32 ἵνα σκορπισθῆτε – κἀμὲ μόνον ἀφῆ-
      τε· καὶ οὐκ εἰμὶ μόνος, ὅτι ὁ πατὴρ
   17 3 σὲ τὸν μόνον ἀληθινὸν θεόν
Rm 11 3 „κἀγὼ ὑπελείφθην μόνος"
   16 4 οἷς οὐκ ἐγὼ μόνος εὐχαριστῶ
   – ⟦27 μόνῳ σοφῷ θεῷ–, ᾧ ἡ δόξα⟧
1 Co 9 6 ἢ μόνος ἐγὼ καὶ Βαρναβᾶς οὐκ ἔ-
      χομεν ἐξουσίαν μὴ ἐργάζεσθαι;
   14 36 εἰς ὑμᾶς μ..ους κατήντησεν; (ὁ λόγ.)
Gal 6 4 εἰς ἑαυτὸν μόνον ᵇ τὸ καύχημα ἕξει
Phl 4 15 οὐδεμία μοι ἐκκλησία ἐκοινώνησεν –
      εἰ μὴ ὑμεῖς μόνοι
Col 4 11 οὗτοι μόνοι συνεργοὶ εἰς τὴν βασιλ.
1 Th 1 1 καταλειφθῆναι ἐν Ἀθήναις μόνοι
1 Ti 1 17 ἀφθάρτῳ ἀοράτῳ μόνῳ θεῷ, τιμή
   6 15 ὁ μακάριος καὶ μόνος δυνάστης 16 ὁ
      μόνος ἔχων ἀθανασίαν

2 Ti 4 11 Λουκᾶς ἐστιν μόνος μετ' ἐμοῦ
Hb 9 7 ἅπαξ τοῦ ἐνιαυτοῦ μόν. ὁ ἀρχιερεύς
2 Jo 1 οὓς ἐγὼ ἀγαπῶ –, καὶ οὐκ ἐγὼ μόν.
Jud 4 τὸν μόνον δεσπότην καὶ κύριον ἡμῶν
      Ἰησοῦν Χὸν ἀρνούμενοι
   25 μόνῳ θεῷ σωτῆρι ἡμῶν – δόξα
Ap 15 4 ὅτι μόνος ὅσιος (vg pius es γl pius)

μονοῦσθαι (pass) Sº – desolari
1 Ti 5 5 ἡ δὲ ὄντως χήρα καὶ μεμονωμένη

μονόφθαλμος Sº – ᵃcum uno oculo ᵇluscus
Mat 18 9 καλόν σοι – μ..ονᵃ εἰς τὴν ζωὴν
      εἰσελθεῖν ‖ Mar 9 47ᵇ

μορφή forma ᵇeffigies
⟦Mar 16 12 δυσὶν – ἐφανερώθη ἐν ἑτέρᾳ μορφῇᵇ⟧
Phl 2 6 ὃς ἐν μορφῇ θεοῦ ὑπάρχων 7 ἑαυτὸν
      ἐκένωσεν μορφὴν δούλου λαβών

μορφοῦσθαι Sº – formari
Gal 4 19 μέχρις οὗ μορφωθῇ Χὸς ἐν ὑμῖν

μόρφωσις Sº – ᵃforma ᵇspecies
Rm 2 20 ἔχοντα τὴν μόρφωσινᵃ τῆς γνώσεως
      καὶ τῆς ἀληθείας ἐν τῷ νόμῳ
2 Ti 3 5 ἔχοντες μόρφωσινᵇ εὐσεβείας τὴν δὲ
      δύναμιν αὐτῆς ἠρνημένοι

μοσχοποιεῖν Sº – vitulum facere Act 7 41

μόσχος vitulus Luc 15 23.27.30 Hb 9 12. 19
Ap 4 7 „τὸ δεύτερον" ζῷον ὅμοιον „μ..ῳ"

μουσικός musicus Ap 18 22 φωνή – μ..ῶν

μόχθος ᵃaerumna ᵇfatigatio
2 Co 11 27 κόπῳ καὶ μόχθῳᵃ, ἐν ἀγρυπνίαις
1 Th 2 9 μνημονεύετε – τὸν κόπον ἡμῶν καὶ
      τὸν μόχθον ᵇ 2 Th 3 8 ἐν κόπῳ καὶ μό-
      χθῳᵇ νυκτὸς καὶ ἡμέρας ἐργαζόμενοι

μυεῖσθαι (pass) institui Phl 4 12 ἐν παντὶ καὶ ἐν
      πᾶσιν μεμύημαι, – χορτάζεσθαι κ. πεινᾶν

μυελός medulla Hb 4 12 διϊκνούμενος ἄχρι
      μερισμοῦ –, ἁρμῶν τε καὶ μυελῶν

μῦθος fabula
1 Ti 1 4 μηδὲ προσέχειν μύθοις καὶ γενεαλο-
      γίαις Tit 1 14 Ἰουδαϊκοῖς μύθοις
   4 7 τοὺς δὲ βεβήλους – μύθους παραιτοῦ

2 Ti 4 4 ἐπὶ δὲ τοὺς μύθους ἐκτραπήσονται
2 Pe 1 16 οὐ – σεσοφισμένοις μύθοις ἐξακολου-
θήσαντες ἐγνωρίσαμεν ὑμῖν

μυκᾶσθαι S° – rugire Ap 10 3 ὥσπερ λέων

μυκτηρίζειν irridēre
Gal 6 7 μὴ πλανᾶσθε, θεὸς οὐ μυκτηρίζεται

μυλικός S° – et μύλινος S° – molaris
Luc 17 2 εἰ λίθος μ..κὸς περίκειται περί – τρ.
Ap 18 21 ἦρεν – ἄγγελος – λίθον ὡς μύλινον

μύλος mola
Mat 18 6 ἵνα κρεμασθῇ μύλ. ὀνικός ‖ Mar 9 42
24 41 δύο ἀλήθουσαι ἐν τῷ μύλῳ
Ap 18 22 „φωνὴ μύλου" οὐ μὴ ἀκουσθῇ ἐν

Μύρα Act 27 5 τῆς Λυκίας

μυριάδες millia (vl milia) ᵇdena m. ᶜmul-
ta m. ᵈ(vl πολλοί) multi
Luc 12 1 ᵈ τοῦ ὄχλ. Act 19 19 ἄργυρ. μ. πέν-
τε (quinquaginta millium) 21 20 τῶν πε-
πιστευκότων Hb 12 22ᶜ ἀγγέλων Jud 14 κύ-
ριος ἐν ἁγίαις μυριάσιν αὐτοῦ Ap 5 11 „μυ-
ριάδες μυριάδων" 9 16 δισμυριάδες μ..ων ᵇ

μυρίζειν S° – ungere Mar 14 8 τὸ σῶμά μου

μύριοι, μυρίοι decem millia (vl milia)
Mat 18 24 ὀφειλέτης μυρίων ταλάντων
1 Co 4 15 ἐὰν γὰρ μυρίους παιδαγωγοὺς ἔχητε
14 19 ἢ μυρίους λόγους ἐν γλώσσῃ

μύρον unguentum (vl ungentum) Mat 26 7
ἔχουσα ἀλάβαστρον μύρου 12 ‖ Mar 14 3.
4.5 Luc 7 37.38.46 Joh 11 2 12 3.5 – Luc 23
56 ἀρώματα καὶ μύρα – Ap 18 13

Μυσία Act 16 7.8 παρελθόντες – τὴν Μυσίαν

μυστήριον mysterium ᵇsacramentum
Mat 13 11 ὑμῖν δέδοται γνῶναι τὰ μ. τῆς βασ.
τῶν οὐρ. ‖ Mar 4 11 ὑμῖν τὸ μ. δέδο-
ται Luc 8 10 δέδοται γνῶναι τὰ μυστ.
Rm 11 25 οὐ – θέλω ὑμᾶς ἀγνοεῖν – τὸ μ. τοῦτο
[16 25 κατὰ ἀποκάλυψιν μυστηρίου χρόνοις
αἰωνίοις σεσιγημένου]
1 Co 2 1 καταγγέλλων ὑμῖν τὸ μυστήριον (vl
μαρτύριον vg) τοῦ θεοῦ
– 7 λαλοῦμεν θεοῦ σοφίαν ἐν μυστηρίῳ
4 1 ὡς – οἰκονόμους μυστηρίων θεοῦ

1 Co 13 2 ἐὰν – εἰδῶ τὰ μυστήρια πάντα
14 2 πνεύματι δὲ λαλεῖ μυστήρια
15 51 ἰδοὺ μ..ον ὑμῖν λέγω· πάντες οὐ
Eph 1 9 γνωρίσας ἡμῖν τὸ μ.ᵇ τοῦ θελήμα-
τος αὐτοῦ 3 9 φωτίσαι [πάντας] τίς ἡ
οἰκονομία τοῦ μ.ᵇ τοῦ ἀποκεχρυμ-
μένου ἀπὸ τῶν αἰώνων ἐν τῷ θεῷ
3 3 ἐγνωρίσθη μοι τὸ μυστήριονᵇ 4 δύ-
νασθε – νοῆσαι τὴν σύνεσίν μου ἐν
τῷ μυστηρίῳ τοῦ Χοῦ
5 32 τὸ μυστήριονᵇ τοῦτο μέγα ἐστίν
6 19 γνωρίσαι τὸ μυστήριον τοῦ εὐαγγ.
Col 1 26 πληρῶσαι – τὸ μυστήριον τὸ ἀποκε-
κρυμμένον 27 τί τὸ πλοῦτος τῆς δό-
ξης τοῦ μ.ᵇ τούτου ἐν τοῖς ἔθνεσιν,
ὅ (vl ὅς) ἐστιν Χὸς ἐν ὑμῖν 2 2 εἰς
ἐπίγνωσιν τοῦ μυστ. τοῦ θεοῦ, Χοῦ
4 3 λαλῆσαι τὸ μυστήριον τοῦ Χοῦ
2 Th 2 7 τὸ γὰρ μυστήριον ἤδη ἐνεργεῖται τῆς
ἀνομίας
1 Ti 3 9 ἔχοντας τὸ μ. τῆς πίστεως ἐν καθα-
ρᾷ συνειδήσει 16 ὁμολογουμένως μέ-
γα ἐστὶν τὸ τῆς εὐσεβείας μυστήρ.ᵇ
Ap 1 20 τὸ „μυστήριονᵇ" τῶν ἑπτὰ ἀστέρων
10 7 καὶ ἐτελέσθη „τὸ μυστήρ. τοῦ θεοῦ"
17 5 ὄνομα - γεγραμμένον, μυστήριον, Βα-
βυλὼν ἡ μεγάλη 7 ἐγὼ ἐρῶ σοι τὸ
μυστ.ᵇ τῆς γυναικὸς καὶ τοῦ θηρίου

μυωπάζειν S° – manu tentare 2 Pe 1 9

μώλωψ livor 1 Pe 2 24 οὗ „τῷ μ..πι ἰάθητε"

μωμᾶσθαι (med et pass) vituperare, ..ri
2 Co 6 3 ἵνα μὴ μωμηθῇ ἡ διακονία
8 20 μή τις ἡμᾶς μωμήσηται ἐν τῇ ἁδρό-
τητι – τῇ διακονουμένῃ ὑφ' ἡμῶν

μῶμος macula 2 Pe 2 13 σπίλοι καὶ μῶμοι

μωραίνειν, ..εσθαι ᵃstultum facere, fieri –
μ..εσθαι ᵇevanescere
Mat 5 13 ἐὰν δὲ τὸ ἅλας μωρανθῇᵇ ‖ Luc 14
34 καὶ τὸ ἅλας μωρανθῇᵇ
Rm 1 22 φάσκοντες εἶναι σοφοὶ ἐμωράνθη-
σανᵃ 1 Co 1 20 οὐχὶ „ἐμώρανενᵃ" ὁ
θεὸς „τὴν σοφίαν" τοῦ κόσμου;

μωρία stultitia
1 Co 1 18 τοῖς μὲν ἀπολλυμένοις μωρία ἐστίν
– 21 διὰ τῆς μω. τοῦ κηρύγματος σῶσαι
– 23 Χὸν ἐσταυρωμένον, – ἔθνεσιν – μ..αν

1 Co 2₁₄ ψυχικὸς – οὐ δέχεται τὰ τοῦ πνεύ-
ματος τ. θεοῦ· μωρία γὰρ αὐτῷ ἐστιν
3₁₉ ἡ γὰρ σοφία τοῦ κόσμου τούτου μω-
ρία παρὰ τῷ θεῷ ἐστιν

μωρολογία Sᵒ – stultiloquium Eph 5₄

μωρός stultus ᵇfatuus
Mat 5₂₂ ὃς δ' ἂν εἴπῃ μωρέᵇ, ἔνοχος ἔσται
7₂₆ ὁμοιωθήσεται ἀνδρὶ μωρῷ 25₂ πέντε
– ἦσαν μωραίᵇ 3ᵇ 8 αἱ δὲ μωραίᵇ
23₁₇ μωροὶ καὶ τυφλοί, τίς – μείζων –;
1 Co 1₂₅ τὸ μωρὸν τοῦ θεοῦ σοφώτερον τῶν
– 27 τὰ μωρὰ τοῦ κόσμου ἐξελέξατο
3₁₈ μωρὸς γενέσθω, ἵνα γένηται σοφός
4₁₀ ἡμεῖς μωροὶ διὰ Χόν, ὑμεῖς δὲ φρό-
νιμοι (prudentes) ἐν Χῷ
2 Ti 2₂₃ τὰς δὲ μωρὰς – ζητήσεις Tit 3₉

Μωϋσῆς → νόμος Joh 1₁₇.₄₅ etc.
Mat 8₄ δῶρον ὃ προσέταξεν Μ. ‖ Mar 1₄₄
Luc 5₁₄ – Mat 19₇ τί – Μ. ἐνετείλατο –; 8
ἐπέτρεψεν – ἀπολῦσαι ‖ Mar 103.4 – Mat
22₂₄ Μ. εἶπεν· ‖ Mar 12₁₉ ἔγραψεν ἡμῖν
Luc 20₂₈ – Mar 7₁₀ Μ. γὰρ εἶπεν· „τίμα –"
Mat 17 3 ὤφθη αὐτοῖς Μωϋσῆς καὶ Ἡλίας 4
Μωϋσεῖ μίαν ‖ Mar 9₄.₅ Luc 9₃₀.₃₃
23 2 ἐπὶ τῆς Μ.έως καθέδρας ἐκάθισαν
Mar 12₂₆ ἐν τῇ βίβλῳ Μ.έως ἐπὶ τοῦ βάτου –‖
Luc 20₃₇ Μ. ἐμήνυσεν ἐπὶ τῆς βάτ.
Luc 16₂₉ ἔχουσι Μωϋσέα καὶ τοὺς προφ. 31
24₂₇ ἀρξάμενος ἀπὸ Μωϋσέως καὶ ἀπὸ
πάντων τῶν προφητῶν διερμήνευσεν
Joh 3₁₄ καθὼς Μ. ὕψωσεν τὸν ὄφιν ἐν τῇ ἐρ.
5₄₅ ἔστιν ὁ κατηγορῶν ὑμῶν Μ., εἰς ὃν
ὑμεῖς ἠλπίκατε 46 εἰ γὰρ ἐπιστεύετε
Μωϋσεῖ, ἐπιστεύετε ἂν ἐμοί
6₃₂ οὐ Μ. δέδωκεν ὑμῖν τὸν ἄρτον ἐκ
7₂₂ Μ. δέδωκεν ὑμῖν τὴν περιτομήν, – οὐχ
ὅτι ἐκ τοῦ Μωϋσέως ἐστὶν ἀλλ' ἐκ
τῶν πατέρων – 23 ⟦8 5⟧ → νόμος

Joh 9₂₈ ἡμεῖς – τοῦ Μωϋσέως ἐσμὲν μαθηταί
– 29 οἴδαμεν ὅτι Μ..εῖ λελάληκεν ὁ θεός
Act 3₂₂ Μ. – εἶπεν ὅτι „προφήτην – ὡς ἐμέ"
6₁₁ βλάσφημα εἰς Μωϋσῆν καὶ τὸν θεόν
– 14 τὰ ἔθη ἃ παρέδωκεν ἡμῖν Μωϋσῆς
7₂₀ ἐγεννήθη Μ. 22 ἐπαιδεύθη Μ. – πάσῃ
σοφίᾳ Αἰγ. 29 „ἔφυγεν δὲ Μ. 31.32.35.
37 οὗτός ἐστιν ὁ Μ. ὁ εἴπας – „προ-
φήτην – ὡς ἐμέ" 40.44
15 1 ἐὰν μὴ περιτμηθῆτε τῷ ἔθει τῷ Μωϋ-
σέως (5 → νόμος) 21 Μ. – ἐκ γενε-
ῶν – τοὺς κηρύσσοντας αὐτὸν ἔχει
21₂₁ ἀποστασίαν διδάσκεις ἀπὸ Μωϋσέως
26₂₂ οὐδὲν ἐκτὸς λέγων ὧν τε οἱ προφῆ-
ται ἐλάλησαν μελλόντων γίνεσθαι καὶ
Μωϋσῆς, εἰ παθητός
Rm 5₁₄ ἀλλὰ ἐβασίλευσεν ὁ θάνατος ἀπὸ
Ἀδὰμ μέχρι Μωϋσέως
9₁₅ τῷ Μ. – λέγει· „ἐλεήσω ὃν ἂν ἐλεῶ"
10 5 Μ. – γράφει τὴν δικαιοσύνην τὴν ἐκ
[τοῦ] νόμου ὅτι „ὁ ποιήσας – ζήσεται"
– 19 πρῶτος Μ. λέγει· „ἐγὼ παραζηλώ-
σω" ὑμᾶς „ἐπ' οὐκ ἔθνει"
1 Co 10 2 πάντες εἰς τὸν Μωϋσ. ἐβαπτίσθησαν
2 Co 3 7 ὥστε μὴ δύνασθαι ἀτενίσαι – εἰς τὸ
πρόσωπον Μ.έως 13 „Μ. ἐτίθει κά-
λυμμα" 15 ἡνίκα ἂν ἀναγινώσκηται Μ.
2 Ti 3 8 Ἰάννης καὶ Ἰαμ. ἀντέστησαν Μ..εῖ
Hb 3 2 „πιστὸν" ὄντα –, ὡς καὶ „Μ. ἐν [ὅ-
λῳ] τῷ οἴκῳ αὐτοῦ" 3 πλείονος ἀ-
τος δόξης παρὰ Μωϋσῆν ἠξίωται 5
– 16 οἱ ἐξελθόντες ἐξ Αἰγ. διὰ Μωϋσέως
7₁₄ Ἰούδα –, εἰς ἣν φυλὴν περὶ ἱερέων
οὐδὲν Μωϋσῆς ἐλάλησεν
8 5 καθὼς κεχρημάτισται Μωϋσῆς –"
11₂₃ πίστει Μ.—„ἐκρύβη τρίμηνον" 24 πίστει
„Μ. μέγας γενόμενος" ἠρνήσατο λέ-
γεσθαι υἱὸς θυγατρὸς Φαραώ – 12₂₁
Jud 9 διελέγετο περὶ τοῦ Μ.έως σώματος
Ap 15 3 „ᾄδουσιν τὴν ᾠδὴν Μωϋσέως τοῦ
δούλου τοῦ θεοῦ"

N

Νααασσών Mat 1 4 Luc 3₃₂ Ναγγαί Luc 3₂₅

Ναζαρά Mat 4₁₃ Luc 4₁₆

Ναζαρέθ, Ναζαρέτ Mat 2₂₃ 21₁₁ Mar 1 9 Luc
1 26 2₄.₃₉.₅₁ Joh 1₄₅.₄₆ Act 10₃₈

Ναζαρηνός Mar 1₂₄ Ν..έ 10₄₇ ὁ Ν. 14₆₇ καὶ
σὺ μετὰ τοῦ Ν. ἦσθα 16₆ Ἰησοῦν ζη-
τεῖτε τὸν Ν. Luc 4₃₄ Ναζαρηνέ 24₁₉

Ναζωραῖος Mat 2₂₃ Ν. κληθήσεται 26(69 vl) 71
οὗτος ἦν μετὰ Ἰ. τοῦ Ν. Luc 18₃₇ Ἰ. ὁ

N. παρέρχεται Joh 185.7 1919 'I. ὁ N. ὁ
βασιλεὺς τῶν 'Ιουδ. – Act 222 36 410 614
228 245 τῆς τῶν N..ων αἱρέσεως 269 πρὸς
τὸ ὄνομα 'Ιησοῦ τοῦ Ναζωραίου

Ναδάμ Luc 331   **Ναδαναήλ** Joh 145-49 212

ναί etiam ᵇest ᶜiam ᵈimmo ᵉita ᶠutique
Mat 537 ἔστω δὲ ὁ λόγος ὑμῶν ναὶ ναὶᵇᵇ
928 ναίᶠ, κύριε 1351 λέγουσιν αὐτῷ· ναί
1527 ἡ δὲ εἶπεν· ναί, κύριε 1725 ναί
2116 'Ιησοῦς λέγει αὐτοῖς ναίᶠ – (Mar
728 νl ναίᶠ, χύριε) – Joh 1127 πιστεύεις
τοῦτο;–· ναίᶠ, κύριε 2115 ναί, κύριε
16 – Act 58 ναί, τοσούτου 2227 ναί
11 9 ἰδεῖν προφήτην; ναὶ λέγω ὑμῖν ‖ Luc
726ᶠ – 1151ᶠ 125ᵉ
– 26 ναίᵉ, ὁ πατήρ, ὅτι οὕτως ‖ Luc 1021
Rm 329 οὐχὶ καὶ ἐθνῶν; ναίᵈ καὶ ἐθνῶν
2 Co 117 ἵνα ᾖ παρ' ἐμοὶ τὸ ναὶ ναίᵇ (semel)
καὶ τὸ οὔ οὔ (non semel); 18 ὁ λό-
γος ἡμῶν – οὐκ ἔστιν ναίᵇ καὶ οὔ 19
'I. Χὸς ὁ – δι' ἡμῶν κηρυχθείς – οὐκ
ἐγένετο ναίᵇ καὶ οὔ, ἀλλὰ ναίᵇ ἐν
αὐτῷ γέγονεν 2) ὅσαι γὰρ ἐπαγγε-
λίαι θεοῦ, ἐν αὐτῷ τὸ ναίᵇ
Phl 4 3 ναὶ ἐρωτῶ καὶ σέ, γνήσιε σύζυγε
Phm 20 ναίᵉ, ἀδελφέ, ἐγώ σου ὀναίμην
Jac 512 ἤτω – ὑμῶν τὸ ναὶ ναίᵇᵇ καὶ τὸ οὔ
Ap 1 7 ναί, ἀμὴν 2220 ναί, ἔρχομαι ταχύ
1413 ναίᶜ, λέγει τὸ πνεῦμα, ἵνα ἀναπαή-
σονται ἐκ τῶν κόπων αὐτῶν
16 7 ναί, κύριε ὁ θεὸς ὁ παντοκράτωρ

Ναιμάν Luc 427 ὁ Σύρος   **Ναΐν** Luc 711

ναός templum ᵇaedes
Mat 2316 ὃς ἂν ὀμόσῃ ἐν τῷ ναῷ κτλ. 17.21
– 35 μεταξὺ τοῦ ν. καὶ τοῦ θυσιαστηρίου
2661 καταλῦσαι τὸν ναὸν τοῦ θεοῦ 2740
ὁ καταλύων τὸν ναόν ‖ Mar 1458 15
29 – Joh 219 λύσατε τὸν ν. τοῦτον 20.
21 περὶ τοῦ ν. τοῦ σώματος αὐτοῦ
27 5 ῥίψας τὰ ἀργύρια εἰς τὸν ναὸν
– 51 τὸ καταπέτασμα τοῦ ναοῦ ἐσχίσθη
‖ Mar 1538 Luc 2345 μέσον
Luc 1 9 εἰς τὸν ναὸν τοῦ κυρίου 21 ἐν τῷ ν. 22
Act 1724 οὐκ ἐν χειροποιήτοις ναοῖς κατοικεῖ
1924 ποιῶν ναοὺςᵇ ἀργυροῦς 'Αρτέμιδος
1 Co 316 ὅτι ναὸς θεοῦ ἐστε 17 εἴ τις τὸν ναὸν
τοῦ θεοῦ φθείρει –· ὁ γὰρ ναὸς τοῦ
θεοῦ ἅγιός ἐστιν, οἵτινές ἐστε ὑμεῖς

1 Co 619 οὐκ οἴδατε ὅτι τὸ σῶμα ὑμῶν ναὸς
τοῦ ἐν ὑμῖν ἁγίου πνεύματός ἐστιν –;
2 Co 616 τίς – συγκατάθεσις ναῷ θεοῦ μετὰ εἰ-
δώλων; ἡμεῖς – ναὸς θ. ἐσμεν ζῶντος
Eph 2̶91 αὔξει εἰς ναὸν ἅγιον ἐν κυρίῳ
2 Th 2 4 ὥστε αὐτὸν εἰς τὸν ν. τοῦ θ. καθίσαι
Ap 312 στῦλον ἐν τῷ ναῷ τοῦ θεοῦ μου
715 λατρεύουσιν αὐτῷ – ἐν τῷ ναῷ αὐτοῦ
11 1 μέτρησον τὸν ναὸν τοῦ θεοῦ 2
– 19 ἠνοίγη ὁ ναὸς τοῦ θ. ὁ ἐν τῷ οὐρα-
νῷ, καὶ ὤφθη ἡ κιβωτὸς – ἐν τῷ ν.
αὐτοῦ 1415 ἄγγελος ἐξῆλθεν ἐκ τοῦ
ναοῦ 17 ἐκ τοῦ ν. τοῦ ἐν τῷ οὐρανῷ
15 5 ἠνοίγη ὁ ναὸς τῆς σκηνῆς τοῦ μαρ-
τυρίου ἐν τῷ οὐρανῷ 6 ἐκ τοῦ ναοῦ
8 „ἐγεμίσθη ὁ ναὸς καπνοῦ –, καὶ
οὐδεὶς ἐδύνατο εἰσελθεῖν" εἰς τὸν ν.
16 1 ἤκουσα – „φωνῆς ἐκ τοῦ ναοῦ" 17
2122 ναὸν οὐκ εἶδον ἐν αὐτῇ· ὁ – κύριος
– ναὸς αὐτῆς ἐστιν, καὶ τὸ ἀρνίον

Ναούμ Luc 325

νάρδος nardus Mar 143 μύρου ν..ου Joh 123

Ναρκίσσος Rm 1611 τοὺς ἐκ τῶν N..ου

ναυαγεῖν Sᵒ – ᵃnaufragium facere ᵇnau-
fragare 2 Co 1125 τρὶς ἐναυάγησαᵃ
1 Ti 119 περὶ τὴν πίστιν ἐναυάγησανᵇ

ναύκληρος Sᵒ – nauclerus (νl ..ius) Act 2711

ναῦς navis Act 2741 ἐπέκειλαν τὴν ναῦν

ναύτης Sᵒ – nauta Act 2727.30 Ap 1817

Ναχώρ Luc 334

νεανίας adolescens (νl ..ul.) Act 758 209 2317

νεανίσκος adolescens (νl ..ul.) ᵇiuvenis
Mat 1920.22 ὁ ν. – ἀπῆλθεν λυπούμενος
Mar 1451 165 εἶδον νεανίσκονᵇ καθήμενον
Luc 714 νεανίσκε, σοὶ λέγω, ἐγέρθητι
Act 217ᵇ 510ᵇ 2318.22 – 1 Jo 213 γράφω ὑ-
μῖν, ν..οι 14 ἔγραψα ὑμῖν, ν..οιᵇ (νlᵃ)

Νέα πόλις Act 1611 εἰς N..ν π..ν, κἀκεῖθεν

νεκρός mortuus
qui sunt de resurrectione mortuo-
rum loci → ἀνάστασις, ἐξανάστα-

σις, άνιστάναι, έγείρειν – (άνάγειν
έκ νεκρῶν hic)
Mat 8 22 ἄφες τοὺς νεκροὺς θάψαι τοὺς ἑαυ-
τῶν νεκρ. ‖ Luc 9 60 σὺ δὲ – διάγγελλε
22 32 οὐκ ἔστιν [ὁ] θεὸς νεκρῶν ἀλλὰ ζών-
των ‖ Mar 12 27 Luc 20 38 πάντες γὰρ
αὐτῷ ζῶσιν
23 27 ἔσωθεν δὲ γέμουσιν ὀστέων νεκρῶν
28 4 ἐγεν. ὡς ν..οί Mar 9 26 ἐγέν. ὡσεὶ ν..ός
Luc 7 15 ἀνεκάθισεν ὁ ν. καὶ ἤρξατο λαλεῖν
15 24 ὁ υἱός μου νεκρὸς ἦν 32 καὶ ἔζησεν
16 30 ἐάν τις ἀπὸ ν..ῶν πορευθῇ πρός 31
24 5 τί ζητεῖτε τὸν ζῶντα μετὰ τῶν νεκρ.;
Joh 5 25 ὅτε οἱ νεκροὶ ἀκούσουσιν τῆς φωνῆς
τοῦ υἱοῦ τοῦ θεοῦ
Act 5 10 εὗρον αὐτὴν (Saphiram) νεκράν
10 42 ὁ ὡρισμένος – κριτὴς ζώντων καὶ ν.
20 9 ἤρθη νεκρός 28 6 αὐτὸν μέλλειν – κα-
ταπίπτειν ἄφνω νεκρόν (et mori)
Rm 4 17 θεοῦ τοῦ ζωοποιοῦντος τοὺς νεκρ.
6 11 λογίζεσθε ἑαυτοὺς [εἶναι] νεκροὺς
μὲν τῇ ἁμαρτίᾳ 13 παραστήσατε ἑαυ-
τοὺς τῷ θεῷ ὡσεὶ ἐκ νεκρῶν ζῶντας
7 8 χωρὶς γὰρ νόμου ἁμαρτία νεκρά
8 10 τὸ μὲν σῶμα νεκρὸν διὰ ἁμαρτίαν
10 7 τοῦτ' ἔστιν Χὸν ἐκ ν..ῶν ἀναγαγεῖν
11 15 τίς ἡ πρόσλημψις εἰ μὴ ζωὴ ἐκ ν..ῶν;
14 9 ἵνα καὶ ν..ῶν καὶ ζώντων κυριεύσῃ
1 Co 15 29 τί ποιήσουσιν οἱ βαπτιζόμενοι ὑπὲρ
τῶν νεκρῶν; εἰ ὅλως νεκροὶ οὐκ ἐ-
γείρονται, τί καὶ β..ονται ὑπ. αὐτῶν;
Eph 2 1 ὑμᾶς ὄντας νεκροὺς τοῖς παραπτώ-
μασιν καὶ ταῖς ἁμαρτίαις ὑμῶν 5 ὄν-
τας ἡμᾶς νεκροὺς τοῖς παραπτώμα-
σιν συνεζωοποίησεν τῷ Χῷ Col 2 13
νεκροὺς ὄντας [ἐν] τοῖς παραπτώμα-
σιν καὶ τῇ ἀκροβυστίᾳ τῆς σαρκός
Col 1 18 πρωτότοκος ἐκ τῶν νεκρῶν → Ap 15
2 Ti 4 1 τοῦ μέλλοντος κρίνειν ζώντας καὶ νε-
κρούς 1 Pe 4 5 τῷ ἑτοίμως ἔχοντι
Hb 6 1 μετανοίας ἀπὸ ν..ῶν ἔργων 9 14 κα-
θαριεῖ τὴν συνείδησιν ἡμῶν ἀπὸ –
9 17 διαθήκη γὰρ ἐπὶ νεκροῖς βεβαία
11 35 ἔλαβον – ἐξ ἀναστάσεως τοὺς νεκρ.
13 20 „ὁ ἀναγαγὼν" ἐκ νεκρῶν „τὸν ποι-
μένα τῶν προβάτων" τὸν μέγαν
Jac 2 17 ἡ πίστις, ἐὰν μὴ ἔχῃ ἔργα, νεκρά ἐ-
στιν καθ' ἑαυτήν (20 vl)
– 26 ὥσπερ – τὸ σῶμα χωρὶς πνεύματος
νεκρόν ἐστιν, οὕτως καὶ ἡ πίστις χω-
ρὶς ἔργων νεκρά ἐστιν
1 Pe 4 6 εἰς τοῦτο – καὶ νεκροῖς εὐηγγελίσθη

Ap 1 5 ὁ „πρωτότοκος" τῶν νεκρῶν
– 17 ὅτε εἶδον αὐτόν, ἔπεσα – ὡς νεκρός
– 18 ἐγενόμην νεκρὸς καὶ ἰδοὺ ζῶν εἰμι
2 8 ὃς ἐγένετο νεκρὸς καὶ ἔζησεν
3 1 ὄνομα ἔχεις ὅτι ζῇς, καὶ νεκρὸς εἶ
11 18 ἦλθεν – ὁ καιρὸς τῶν νεκρ. κριθῆναι
14 13 μακάριοι οἱ νεκροὶ οἱ ἐν κυρίῳ ἀπο-
θνήσκοντες ἀπ' ἄρτι
16 3 „καὶ ἐγένετο αἷμα" ὡς νεκροῦ
20 5 οἱ λοιποὶ τῶν νεκ. οὐκ ἔζησαν ἄχρι
– 12 εἶδον τοὺς νεκροὺς – ἑστῶτας –· καὶ
ἐκρίθησαν οἱ νεκροὶ – κατὰ τὰ ἔργα
– 13 ἔδωκεν ἡ θάλασσα τοὺς νεκροὺς –,
καὶ ὁ θάνατος καὶ ὁ ᾅδης ἔδωκαν
τοὺς νεκροὺς τοὺς ἐν αὐτοῖς

νεκρόω, ..σθαι S° – [a]mortificare [b]emori
Rm 4 19 τὸ ἑαυτοῦ σῶμα [ἤδη] νενεκρωμέ-
νον[b], –, καὶ τὴν νέκρωσιν (emor-
tuam) τῆς μήτρας Σάρρας
Col 3 5 ν..ώσατε[a] – τὰ μέλη τὰ ἐπὶ τῆς γῆς
Hb 11 12 ἀφ' ἑνὸς ἐγεννήθησαν, – νεν..ωμένου[b]

νέκρωσις S° – mortificatio Rm 4 19 → νεκροῦν
2 Co 4 10 πάντοτε τὴν νέκρωσιν τοῦ Ἰησοῦ ἐν
τῷ σώματι περιφέροντες

νεομηνία neomenia Col 2 16 ἐν μέρει – ν..ας

νέος, νεώτερος novus [b](vl novellus) [c]ado-
lescens [d]adolescentior [e]adolescentula
[f]iuvenis [g]iunior [h]iuvencula [i]minor
Mat 9 17 οἶδε βάλλουσιν οἶνον νέον bis ‖ Mar
2 22 (priore loco vl[b]) Luc 5 37. 38. 39
οὐδεὶς πιὼν παλαιὸν θέλει νέον
Luc 15 12 εἶπεν ὁ νεώτερος[d] – τῷ πατρί 13[d]
22 26 ὁ μείζων – γινέσθω ὡς ὁ νεώτ.[i] (vl[g])
Joh 21 18 ὅτε ἦς νεώτερος[g], ἐζώννυες σεαυτόν
Act 5 6 ἀναστάντες δὲ οἱ νεώτεροι[f]
1 Co 5 7 ἵνα ἦτε νέον φύραμα
Col 3 10 ἐνδυσάμενοι τὸν νέον (sc ἄνθρωπον)
1 Ti 5 1 νεωτέρους[g] ὡς ἀδελφούς 2 νεωτέ-
ρας[h] ὡς ἀδελφάς 11 νεωτέρας[d] δὲ
χήρας παραιτοῦ 14 βούλομαι – νεω-
τέρας[g] (vl iuveniores) γαμεῖν
Tit 2 4 ἵνα σωφρονίζωσιν τὰς νέας[e]
– 6 τοὺς νεωτ.[f] – παρακάλει σωφρονεῖν
Hb 12 24 διαθήκης νέας μεσίτη Ἰησοῦ
1 Pe 5 5 νεώτεροι[c], ὑποτάγητε πρεσβυτέροις

νεότης iuventus [b]adolescentia
Mar 10 20 πάντα ἐφυλαξάμην ἐκ νεότητός μου

‖ Luc 18 21 ἐφύλαξα ἐκ νεότητος
Act 26 4 τὴν μὲν - βίωσίν μου [τὴν] ἐκ νεότητος
1 Ti 4 12 μηδείς σου τῆς νεότ.[b] καταφρονείτω

νεόφυτος *neophytus* 1 Ti 3 6 δεῖ - τὸν ἐπίσκο-
πον - εἶναι - μὴ ν..ον, ἵνα μὴ τυφωθείς

νεύειν *innuere* Joh 13 24, *annuere* Act 24 10

νεφέλη *nubes* (Mat 17 5 vl *nubis*)
Mat 17 5 νεφέλη φωτεινὴ ἐπεσκίασεν αὐτούς,
καὶ - φωνὴ ἐκ τῆς νεφ. (*de nube*) ‖
Mar 9 7 Luc 9 34 ἐγένετο νεφ. -· ἐφο-
βήθησαν δὲ ἐν τῷ εἰσελθεῖν - εἰς τὴν
νεφ. 35 φωνὴ ἐγένετο ἐκ τῆς νεφέλ.
24 30 „ἐρχόμενον ἐπὶ τῶν νεφ. τοῦ οὐρα-
νοῦ" 26 64 ‖ Mar 13 26 ἐν ν..αις 14 62
μετὰ τῶν νεφ. Luc 21 27 ἐν νεφέλῃ
Luc 12 54 ὅταν ἴδητε [τὴν] ν..ην ἀνατέλλουσαν
Act 1 9 ἐπήρθη, καὶ νεφέλη ὑπέλαβεν αὐτὸν
1 Co 10 1 οἱ πατέρες - ὑπὸ τὴν νεφ. ἦσαν 2 καὶ
- ἐβαπτίσθησαν ἐν τῇ νεφ. καὶ - θαλ.
1 Th 4 17 οἱ ζῶντες - ἁρπαγησόμεθα ἐν ν..αις
Jud 12 οὗτοί εἰσιν - νεφέλαι ἄνυδροι
Ap 1 7 „ἰδοὺ ἔρχεται μετὰ τῶν νεφελῶν"
10 1 ἄγγελον -, περιβεβλημένον νεφέλην
11 12 ἀνέβησαν εἰς τὸν οὐρανὸν ἐν τῇ νεφ.
14 14 ἰδοὺ νεφέλη λευκή, καὶ „ἐπὶ τὴν νεφ."
καθήμενον „ὅμοιον υἱὸν ἀνθρώπου"
15.16 ὁ καθήμενος ἐπὶ τῆς νεφέλης

Νεφθαλίμ Mat 4 13.15 γῇ Ap 7 6 φυλῆς Νεφθ.

νέφος *nubes* Hb 12 1 τοσοῦτον - ν. μαρτύρων

νεφρός *ren* Ap 2 23 γνώσονται - ὅτι ἐγώ εἰμι
ὁ „ἐραυνῶν νεφροὺς καὶ καρδίας"

νεωκόρος S° - *cultrix* Act 19 35 Ἀρτέμιδος

νεωτερικός *iuvenilis*
2 Ti 2 22 τὰς δὲ νεωτερικὰς ἐπιθυμίας φεῦγε

νή *per* 1 Co 15 31 νὴ τὴν ὑμ. καύχησιν

νήθειν *nēre* Mat 6 28 ‖ Luc 12 27 οὐδὲ ν..ει

νηπιάζειν S° - *parvulum esse*
1 Co 14 20 ἀλλὰ τῇ κακίᾳ νηπιάζετε

νήπιος *parvulus* [b] *infans*
Mat 11 25 ἀπεκάλυψας αὐτὰ ν..οις ‖ Luc 10 21

Mat 21 16 „ἐκ στόματος ν..ων[b] - κατηρτίσω"
Rm 2 20 σεαυτὸν - εἶναι - διδάσκαλον νηπίων[b]
1 Co 3 1 λαλῆσαι ὑμῖν -, ὡς νηπίοις ἐν Χῷ
13 11 ὅτε ἤμην νήπιος, ἐλάλουν ὡς νήπιος,
ἐφρόνουν ὡς νήπιος, ἐλογιζόμην ὡς
νήπιος· ὅτε γέγονα ἀνήρ, κατήργη-
κα τὰ τοῦ νηπίου 1 Th 2 7
Gal 4 1 ἐφ' ὅσον χρόνον ὁ κληρονόμος νήπι-
ός ἐστιν, - 3 ὅτε ἦμεν νήπιοι, ὑπὸ
Eph 4 14 ἵνα μηκέτι ὦμεν νήπιοι
Hb 5 13 ὁ μετέχων γάλακτος ἄπειρος λόγου
δικαιοσύνης, νήπιος γάρ ἐστιν

Νηρεύς Rm 16 15 Νηρί Luc 3 27

νησίον (Act 27 16) S° - et νῆσος *insula*
Act 13 6 (Κύπρον) 27 16 νησίον - καλούμενον
Καῦδα 26 28 1 Μελίτη 7.9.11
Ap 1 9 (Πάτμος) - 6 14 16 20 πᾶσα ν. ἔφυγεν

νηστεία *ieiunium* [b] *ieiunatio*
(Mat 17 21 vl οὐκ ἐκπορεύεται εἰ μὴ ἐν προσευ-
χῇ καὶ νηστείᾳ vg Mar 9 29 vl vg)
Luc 2 37 νηστείαις καὶ δεήσεσιν λατρεύουσα
Act 14 23 προσευξάμενοι μετὰ νηστειῶν[b]
27 9 διὰ τὸ - τὴν ν..αν ἤδη παρεληλυθέναι
2 Co 6 5 ἐν ἀγρυπνίαις, ἐν νηστείαις
11 27 ἐν νηστείαις πολλάκις, ἐν ψύχει

νηστεύειν *ieiunare*
Mat 4 2 νηστεύσας ἡμέρας τεσσεράκοντα
6 16 ὅταν δὲ νηστεύητε, μὴ γίνεσθε - σκυ-
θρωποί·-ὅπως φανῶσιν τοῖς ἀνθρ.
νηστεύοντες 17 σὺ δὲ νηστεύων ἄλει-
ψαι 18 ὅπως μὴ φανῇς - νηστεύων
9 14 διὰ τί ἡμεῖς καὶ οἱ Φαρισαῖοι νη-
στεύομεν [πολλά], οἱ δὲ μαθηταί σου
οὐ νηστεύουσιν; 15 καὶ τότε ν..σου-
σιν ‖ Mar 2 18.19 μὴ δύνανται οἱ υἱοὶ
τοῦ νυμφῶνος - νηστεύειν; 20 Luc 5 33
νηστεύουσιν πυκνά 34.35
Luc 18 12 νηστεύω δὶς τοῦ σαββάτου
Act 13 2 λειτουργούντων - αὐτῶν τῷ κυρίῳ καὶ
ν..όντων εἶπεν τὸ πνεῦμα 3 ν..σαν-
τες καὶ προσευξάμενοι - ἀπέλυσαν

νῆστις *ieiunus* Mat 15 32 νήστεις ‖ Mar 8 3

νηφάλιος S° - *sobrius* 1 Ti 3 2 δεῖ - τὸν ἐπί-
σκοπον - εἶναι - νηφάλιον 11 γυναῖκας -
ν..ους Tit 2 2 πρεσβύτας νηφαλίους εἶναι

νήφειν S⁰ – *sobrium esse* ᵇ*vigilare*
1 Th 5 6 ἀλλὰ γρηγορῶμεν καὶ νήφωμεν
– 8 ἡμεῖς δὲ ἡμέρας ὄντες νήφωμεν
2 Ti 4 5 σὺ δὲ νῆφε ᵇ ἐν πᾶσιν, κακοπάθησον
1 Pe 1 13 νήφοντες τελείως ἐλπίσατε ἐπὶ τὴν
φερομένην ὑμῖν χάριν
4 7 νήψατε ᵇ εἰς προσευχάς (*in oration.*)
5 8 νήψατε, γρηγορήσατε. ὁ ἀντίδικος

Νίγερ Act 13 1 Συμεὼν ὁ καλούμενος Ν.

νικᾶν *vincere* et **νίκη** *victoria* (1 Jo 5 4)
Luc 11 22 ἐπὰν δὲ ἰσχυρότερος – νικήσῃ αὐτὸν
Joh 16 33 θαρσεῖτε, ἐγὼ νενίκηκα τὸν κόσμον
Rm 3 4 „ὅπως ἂν δικαιωθῇς – καὶ νικήσεις
(vl ..σῃς) ἐν τῷ κρίνεσθαί σε"
12 21 μὴ νικῶ ὑπὸ τοῦ κακοῦ, ἀλλὰ νίκα
ἐν τῷ ἀγαθῷ τὸ κακόν
1 Jo 2 13 ὅτι νενικήκατε τὸν πονηρόν 14
4 4 ἐκ τοῦ θεοῦ ἐστε, –, καὶ νενικήκατε
αὐτούς –. αὐτοὶ ἐκ τοῦ κόσμου εἰσίν
5 4 πᾶν τὸ γεγεννημένον ἐκ τοῦ θεοῦ
νικᾷ τὸν κόσμον· καὶ αὕτη ἐστὶν ἡ
νίκη ἡ νικήσασα τὸν κόσμον, ἡ πί-
στις ἡμῶν 5 τίς – ἐστιν ὁ νικῶν τὸν
κόσμον εἰ μὴ ὁ πιστεύων –;
Ap 2 7 τῷ νικῶντι δώσω – „φαγεῖν ἐκ τοῦ
ξύλου τῆς ζωῆς" 11 ὁ νικῶν οὐ μὴ ἀ-
δικηθῇ ἐκ τοῦ θαν. τοῦ δευτ. 17 τῷ
νικ. „δώσω – τοῦ μάννα" 26 ὁ νικῶν
–, „δώσω αὐτῷ" ἐξουσίαν ἐπὶ „τῶν
ἐθνῶν" 3 5 ὁ νικῶν – περιβαλεῖται ἐν
ἱματίοις λευκοῖς 12 ὁ νικῶν, ποιήσω
αὐτὸν στῦλον ἐν τῷ ναῷ 21 ὁ νικῶν,
δώσω αὐτῷ καθίσαι μετ᾽ ἐμοῦ –, ὡς
κἀγὼ ἐνίκησα καὶ ἐκάθισα μετὰ τοῦ
πατρός μου 21 7 ὁ νικῶν κληρονο-
μήσει ταῦτα
5 5 ἐνίκησεν ὁ „λέων" –, ἀνοῖξαι τὸ βιβ.
6 2 ἐξῆλθεν νικῶν καὶ ἵνα νικήσῃ
11 7 τὸ „θηρίον – νικήσει αὐτούς" (testes)
12 11 αὐτοὶ ἐνίκησαν αὐτὸν διὰ τὸ αἷμα
13 7 ἐδόθη αὐτῷ – νικῆσαι αὐτούς (τ. ἁγ.)
15 2 τοὺς νικῶντας ἐκ τοῦ θηρίου
17 14 τὸ ἀρνίον νικήσει αὐτούς (sc reges)

Νικάνωρ Act 6 5   νίκη → νικᾶν 1 Jo 5 4

Νικόδημος Joh 3 1.4.9 7 50 19 39

Νικολαῖται Ap 2 6.15 τὴν διδαχὴν [τῶν] Ν.

Νικόλαος Act 6 5 προσήλυτος Ἀντιοχεύς

Νικόπολις Tit 3 12 ἐλθεῖν πρός με εἰς Ν..ιν

νῖκος *victoria*
Mat 12 20 „ἕως ἂν ἐκβάλῃ εἰς νῖ. τὴν κρίσιν"
1 Co 15 54 „κατεπόθη ὁ θάνατ. εἰς νῖκος. 55 ποῦ
σου, θάνατε, τὸ νῖκος;" 57 χάρις τῷ
διδόντι ἡμῖν τὸ νῖ. διὰ ᾽Ιησοῦ Χοῦ

Νινευῖται Mat 12 41 ‖ Luc 11 30.32

νίπτειν *lavare* **νιπτήρ** S⁰ – *pelvis* (Joh 13 5)
Mat 6 17 καὶ τὸ πρόσωπόν σου νίψαι, ὅπως
15 2 οὐ γὰρ νίπτονται τὰς χεῖρας ‖ Mar 7 3
ἐὰν μὴ πυγμῇ (vl πυκνά vg crebro)
νίψωνται τὰς χεῖρας οὐκ ἐσθίουσιν
Joh 9 7 νίψαι εἰς τὴν κολυμβήθραν τοῦ Σι-
λωάμ –. – καὶ ἐνίψατο 11.15
13 5 βάλλει ὕδωρ εἰς τὸν νιπτῆρα, καὶ ἤρ-
ξατο νίπτειν τοὺς πόδας τῶν μαθη-
τῶν 6 σύ μου νίπτεις τ. πό.; 8 οὐ μὴ
νίψῃς μου τ. πόδας εἰς τὸν αἰῶνα. –
ἐὰν μὴ νίψω σε 10 οὐκ ἔχει χρείαν
εἰ μὴ τοὺς πόδας νίψασθαι 12.14 εἰ
οὖν ἐγὼ ἔνιψα ὑμῶν τ. πόδας –, καὶ
ὑμεῖς ὀφείλετε ἀλλήλων νίπτειν τ. πό.
1 Ti 5 10 εἰ ἁγίων πόδας ἔνιψεν (sc χήρα)

νοεῖν *intelligere* ᵇ*cognoscere*
Mat 15 17 οὐ νοεῖτε ὅτι – τὸ εἰσπορευόμενον εἰς
τὸ στόμα –; ‖ Mar 7 18 εἰς τὸν ἄνθρ.
16 9 οὔπω νοεῖτε; 11 πῶς οὐ νοεῖτε ὅτι
οὐ περὶ ἄρτων εἶπον ὑμῖν; ‖ Mar 8 17 ᵇ
24 15 ὁ ἀναγινώσκων νοείτω ‖ Mar 13 14
Joh 12 40 „ἵνα μὴ – νοήσωσιν τῇ καρδίᾳ"
Rm 1 20 τὰ – ἀόρατα αὐτοῦ – τοῖς ποιήμασιν
νοούμενα καθορᾶται
Eph 3 4 δύνασθε – νοῆσαι τὴν σύνεσίν μου
– 20 ὑπερεκπερισσοῦ ὧν – νοοῦμεν
1 Ti 1 7 μὴ νοοῦντες μήτε ἃ λέγουσιν μήτε
περὶ τίνων διαβεβαιοῦνται
2 Ti 2 7 νόει ὃ (vl ἃ vg) λέγω· δώσει – σοι
Hb 11 3 πίστει νοοῦμεν κατηρτίσθαι τοὺς αἰ-
ῶνας ῥήματι θεοῦ

νόημα ᵃ*cogitatio* ᵇ*intellectus* ᶜ*intelligentia*
ᵈ*mens* (*mentes*) ᵉ*sensus*
2 Co 2 11 οὐ γὰρ αὐτοῦ τὰ νοήμ.ᵃ ἀγνοοῦμεν
3 14 ἀλλὰ ἐπωρώθη τὰ νοήματαᵉ αὐτῶν
4 4 ἐτύφλωσεν τὰ νοήματαᵈ τῶν ἀπίστων
10 5 αἰχμαλωτίζοντες πᾶν νόημαᵇ εἰς τὴν
ὑπακοὴν τοῦ Χοῦ
11 3 μή πως – φθαρῇ τὰ νο.ᵉ ὑμῶν ἀπὸ

τ. άπλότητος – τῆς εἰς τὸν Χὸν
Phl 4 7 φρουρήσει – τὰ νοήμ.ᶜ ὑμῶν ἐν Χῷ

νόθος *adulter* Hb 12 8 ν..οι καὶ οὐχ υἱοί ἐστε

νομή ᵃ*pascua* (neutr.) ᵇ(ν..ὴν ἔχειν) *serpere*
Joh 10 9 καὶ ἐξελεύσεται καὶ νομὴν ᵃ εὑρήσει
2 Ti 2 17 ὁ λόγος αὐτῶν ὡς γάγγραινα ν. ἕξει ᵇ

νομίζειν *existimare* ᵇ*aestimare* ᶜ*arbitrari* ᵈ*putare* ᵉ(ν..εσθαι) *vidēri*
Mat 5 17 μὴ νομίσητε ᵈ ὅτι ἦλθον καταλῦσαι
10 34ᶜ ὅτι ἦλθον βαλεῖν εἰρήνην
20 10 ἐνόμισαν ᶜ ὅτι πλεῖον λήμψονται
Luc 2 44 ν..σαντες – αὐτὸν εἶναι ἐν τῇ συνοδίᾳ
3 23 ὢν υἱός, ὡς ἐνομίζετο ᵈ, Ἰωσήφ
Act 7 25 8 20 14 19 (vl ᵇ) 16 13 οὗ ἐν..ομεν προσ-
ευχὴν (vl ἐν..ετο ᵉ πρ..ὴ) εἶναι 27 ᵇ
17 29 οὐκ ὀφείλομεν νομίζειν ᵇ, χρυσῷ ἢ
ἀργύρῳ – τὸ θεῖον εἶναι ὅμοιον
21 29 ὃν ἐνόμιζον ᵇ ὅτι εἰς τὸ ἱερὸν εἰσή-
γαγεν ὁ Παῦλος
1 Co 7 26 νομίζω οὖν τοῦτο καλὸν ὑπάρχειν
– 36 εἰ δέ τις ἀσχημονεῖν – νομίζει
1 Ti 6 5 ν..όντων πορισμὸν εἶναι τὴν εὐσέβει.

νομικός *legisperitus* ᵇ*legis doctor* ᶜ*legis*
Mat 22 35 εἰς ἐξ αὐτῶν [νομικός] ᵇ ‖ Luc 10 25
Luc 7 30 11 45.46 ὑμῖν τοῖς ν..οῖς οὐαί 52 14 3
Tit 3 9 ἔρεις καὶ μάχας νομικάς ᶜ περιΐστασο
– 13 Ζηνᾶν τὸν νομικὸν καὶ Ἀπολλῶν

νομίμως *legitime* 1 Ti 1 8 καλὸς ὁ νόμος, ἐὰν
τις αὐτῷ νομ. χρῆται 2 Ti 2 5 ἐὰν – ἀθλῇ
τις, οὐ στεφανοῦται ἐὰν μὴ νομ. ἀθλήσῃ

νόμισμα *numisma* Mat 22 19 τὸ ν. τοῦ κήνσου

νομοδιδάσκαλος Sᵒ – *legis doctor*
Luc 5 17 Φαρισ. καὶ ν..οι Act 5 34 νομ. τίμιος
1 Ti 1 7 θέλοντες εἶναι ν..οι, μὴ νοοῦντες

νομοθεσία *legislatio* Rm 9 4 ὧν – ἡ νομοθ.

νομοθετεῖσθαι ᵃ*legem accipere* ᵇ*sanciri*
Hb 7 11 ὁ λαὸς – νεν..ηται ᵃ 8 6 ᵇ (διαθήκη)

νομοθέτης *legislator* Jac 4 12 εἷς ἐστιν [ὁ] ν.

νόμος *lex*
Mat 5 17 καταλῦσαι τὸν νόμον ἢ τοὺς προφ.
5 18 ἰῶτα ἓν – οὐ μὴ παρέλθῃ ἀπὸ τοῦ ν. ‖
Luc 16 17 ἢ τοῦ ν. μίαν κεραίαν πεσεῖν

Mat 7 12 οὗτος γάρ ἐστιν ὁ νόμ. καὶ οἱ προφ.
22 40 ὁ νόμ. κρέμαται καὶ οἱ προφ.
11 13 οἱ προφῆται καὶ ὁ νόμ. ἕως Ἰωάννου
ἐπροφήτευσαν ‖ Luc 16 16 ὁ νόμος
καὶ οἱ προφῆται μέχρι Ἰωάννου
12 5 οὐκ ἀνέγνωτε ἐν τῷ νό. ὅτι – οἱ ἱερεῖς
ἐν τῷ ἱερῷ τὸ σάββ. βεβηλοῦσιν – ;
(15 6 vl ἠκυρώσατε τὸν νόμον τοῦ θεοῦ
διὰ τὴν παράδοσιν ὑμῶν)
22 36 ποία ἐντολὴ μεγάλη ἐν τῷ νόμῳ; 40
23 23 καὶ ἀφήκατε τὰ βαρύτερα τοῦ νόμου
Luc 2 22 καθαρισμοῦ – κατὰ τὸν νό. 23 καθὼς
γέγραπται ἐν νόμῳ κυρίου 24 ἐν τῷ
νό. κυρίου 27 κατὰ τὸ εἰθισμένον τοῦ
νό. 39 πάντα τὰ κατὰ τὸν νό. κυρίου
10 26 ἐν τῷ νό. τί γέγραπται; πῶς ἀναγιν.;
24 44 τὰ γεγραμμ. ἐν τῷ νόμῳ Μωϋσέως καὶ
τοῖς προφήταις καὶ ψαλμοῖς περὶ ἐμοῦ
Joh 1 17 ὁ νόμος διὰ Μωϋσέως ἐδόθη
– 45 ὃν ἔγραψεν Μω. ἐν τῷ νό. καὶ οἱ πρ.
7 19 οὐ Μω. δέδωκεν ὑμῖν τὸν νόμον; καὶ
οὐδεὶς ἐξ ὑμῶν ποιεῖ τὸν νόμον
– 23 περιτομὴν λαμβάνει – ἄνθρ. ἐν σαβ-
βάτῳ ἵνα μὴ λυθῇ ὁ νό. Μωϋσέως
– 49 ὁ ὄχλος οὗτος ὁ μὴ γινώσκων τὸν ν.
– 51 μὴ ὁ νόμος ἡμῶν κρίνει τὸν ἄνθρ.;
ἐὰν μὴ ἀκούσῃ πρῶτον παρ᾽ αὐτοῦ – ;
8 ‖[5 ἐν – τῷ νόμῳ – Μωϋσῆς ἐνετείλατο]]
– 17 ἐν τῷ νόμῳ – τῷ ὑμετέρῳ γέγραπται
10 34 15 25 ὁ λόγος ὁ ἐν τῷ νό. αὐτῶν
12 34 ἠκούσαμεν ἐκ τοῦ νό. ὅτι ὁ χριστός
18 31 κατὰ τὸν νόμον ὑμῶν κρίνατε αὐτόν
19 7 ἡμεῖς νόμον ἔχομεν, καὶ κατὰ τὸν
νόμον ὀφείλει ἀποθανεῖν
Act 6 13 λαλῶν ῥήματα κατὰ – τοῦ νό. 21 28
7 53 ἐλάβετε τὸν νόμον εἰς διαταγὰς ἀγ-
γέλων, καὶ οὐκ ἐφυλάξατε
13 15 μετὰ – τὴν ἀνάγνωσιν τοῦ νό. καὶ τῶν
προφητῶν 24 14 πιστεύων – τοῖς κατὰ
τὸν νό. καὶ τοῖς ἐν τοῖς προφήταις
γεγραμμένοις 28 23 πείθων – ἀπό τε
τοῦ νό. Μωϋσέως καὶ τῶν προφητῶν
– 38 ἀπὸ πάντων ὧν οὐκ ἠδυνήθητε ἐν
νόμῳ Μωϋσέως δικαιωθῆναι
15 5 παραγγέλλειν τε τηρεῖν τὸν νό. Μωϋ.
18 13 παρὰ τὸν ν. ἀναπείθει – σέβεσθαι τ. θ.
– 15 ζητήματα – περὶ – νόμου τοῦ καθ᾽ ὑ-
μᾶς 23 29 περὶ ζητ..ων τοῦ νό. αὐτῶν
21 20 πάντες ζηλωταὶ τοῦ νό. ὑπάρχουσιν
– 24 ὅτι – στοιχεῖς – φυλάσσων τὸν νόμον
22 3 πεπαιδευμένος κατὰ ἀκρίβειαν τοῦ
πατρῴου νόμου

Act 2212 ἀνὴρ εὐλαβὴς κατὰ τὸν νό. (Anan.)
23 3 σὺ κάθῃ κρίνων με κατὰ τὸν νό. –;
(24 6 vl κατὰ τὸν ἡμέτερον νόμον ἠθελή-
σαμεν κρίναι)
25 8 οὔτε εἰς τὸν νόμον τῶν Ἰουδαίων οὔ-
τε εἰς τὸ ἱερόν – τι ἥμαρτον

Rm 212 ὅσοι ἐν νόμῳ ἥμαρτον, διὰ νόμου
κριθήσονται 13 οὐ γὰρ οἱ ἀκροαταὶ
νόμου δίκαιοι –, ἀλλ᾽ οἱ ποιηταὶ ν..ου
– 14 ὅταν γὰρ ἔθνη τὰ μὴ νόμον ἔχοντα
φύσει τὰ τοῦ νό. ποιῶσιν, οὗτοι νό-
μον μὴ ἔχοντες ἑαυτοῖς εἰσιν νόμος
– 15 ἐνδείκνυνται τὸ ἔργον τοῦ νόμου γρα-
πτὸν ἐν ταῖς καρδίαις αὐτῶν
– 17 εἰ δὲ σὺ – ἐπαναπαύῃ νόμῳ 18 κατ-
ηχούμενος ἐκ τοῦ νό. 20 ἔχοντα τὴν
μόρφωσιν τῆς γνώσεως – ἐν τῷ νόμῳ
23 ὃς ἐν νόμῳ καυχᾶσαι, διὰ τῆς πα-
ραβάσεως τοῦ νό. τὸν θεὸν ἀτιμά-
ζεις; 25 περιτομὴ – ὠφελεῖ ἐὰν νόμον
πράσσῃς· ἐὰν δὲ παραβάτης νόμου
ᾖς 26 ἐὰν – ἡ ἀκροβ. τὰ δικαιώματα
τοῦ νόμου φυλάσσῃ 27 κρινεῖ ἡ – ἀ-
κροβυστία τὸν νόμον τελοῦσα σὲ τὸν
– παραβάτην νόμου
319 ὅσα ὁ νό. λέγει τοῖς ἐν τῷ νόμῳ λα-
λεῖ 20 ἐξ ἔργων νόμου „οὐ δικαιωθή-
σεται πᾶσα σάρξ" – ᾽ διὰ γὰρ νόμου
ἐπίγνωσις ἁμαρτίας → Gal 216
– 21 νυνὶ δὲ χωρὶς νόμου „δικαιοσύνη θε-
οῦ" πεφανέρωται, μαρτυρουμένη ὑπὸ
τοῦ νόμου καὶ τῶν προφητῶν
– 27 ποῦ οὖν ἡ καύχησις; ἐξεκλείσθη. διὰ
ποίου νόμου; – διὰ νόμου πίστεως
– 28 δικαιοῦσθαι – χωρὶς ἔργων νόμου
– 31 νόμον οὖν καταργοῦμεν –; μὴ γένοι-
το, ἀλλὰ νόμον ἱστάνομεν
413 οὐ – διὰ νόμου ἡ ἐπαγγελία τῷ Ἀβρ.
– 14 εἰ – οἱ ἐκ νόμου κληρονόμοι, κεκένω-
ται ἡ πίστις 15 ὁ γὰρ νό. ὀργὴν κατ-
εργάζεται· οὗ δὲ οὐκ ἔστιν νόμος,
οὐδὲ παράβασις → 520
– 16 εἰς τὸ εἶναι βεβαίαν τὴν ἐπαγγελία-
αν –, οὐ τῷ ἐκ τοῦ νόμου μόνον
513 ἄχρι – νόμου ἁμαρτία ἦν ἐν κόσμῳ,
ἁμαρτία δὲ οὐκ ἐλλογεῖται μὴ ὄντος
νόμου 20 νόμος δὲ παρεισῆλθεν ἵνα
πλεονάσῃ τὸ παράπτωμα
614 ἁμαρτία – ὑμῶν οὐ κυριεύσει· οὐ γὰρ
ἐστε ὑπὸ ν..ον ἀλλὰ ὑπὸ χάρ. 15 ἁμαρ-
τήσωμεν, ὅτι οὐκ ἐσμὲν ὑπὸ νόμον –;
7 1 γινώσκουσιν γὰρ νόμον λαλῶ

Rm 7 1 ὁ νό. κυριεύει τοῦ ἀνθρ. ἐφ᾽ ὅσον –
ζῇ 2 ἡ – γυνὴ τῷ ζῶντι ἀνδρὶ δέδεται
νόμῳ· – κατήργηται ἀπὸ τοῦ νό. τοῦ
ἀνδρός 3 ἐλευθέρα ἐστὶν ἀπὸ τοῦ νό.
(vl 1 Co 7 39 γυνὴ δέδεται νόμῳ)
– 4 ὑμεῖς ἐθανατώθητε τῷ νό. 5 τὰ πα-
θήματα τῶν ἁμαρτιῶν τὰ διὰ τοῦ νό-
μου ἐνηργεῖτο 6 νυνὶ δὲ κατηργήθη-
μεν ἀπὸ τοῦ νόμου
– 7 ὁ νόμος ἁμαρτία; – ἀλλὰ τὴν ἁμαρτ.
οὐκ ἔγνων εἰ μὴ διὰ νόμου· – εἰ μὴ
ὁ νόμος ἔλεγεν· „οὐκ ἐπιθυμήσεις"
8 χωρὶς γὰρ νόμου ἁμαρτία νεκρά
– 9 ἐγὼ δὲ ἔζων χωρὶς νόμου ποτέ
– 12 ὁ μὲν νόμος ἅγιος 14 ὁ νό. πνευμα-
τικός ἐστιν· ἐγὼ δὲ σάρκινός εἰμι
– 16 σύμφημι τῷ νόμῳ ὅτι καλός
– 21 εὑρίσκω ἄρα τὸν νόμον –, ὅτι ἐμοὶ
τὸ κακὸν παράκειται 22 συνήδομαι
γὰρ τῷ νόμῳ τοῦ θεοῦ 23 βλέπω δὲ
ἕτερον νόμ. – ἀντιστρατευόμενον τῷ
νόμῳ τοῦ νοός μου καὶ αἰχμαλωτί-
ζοντά με ἐν τῷ νόμῳ τῆς ἁμαρτίας
– 25 τῷ μὲν νοΐ δουλεύω νόμῳ θεοῦ, τῇ
δὲ σαρκὶ νόμῳ ἁμαρτίας
8 2 ὁ – νό. τοῦ πνεύματος τῆς ζωῆς ἐν
Χῷ – ἠλευθέρωσέν σε ἀπὸ τοῦ νό.
τῆς ἁμαρτίας καὶ τοῦ θανάτου
– 3 τὸ – ἀδύνατον τοῦ νό., ἐν ᾧ ἠσθένει
– 4 ἵνα τὸ δικαίωμα τοῦ νόμου πληρωθῇ
– 7 τῷ γὰρ νό. τοῦ θ. οὐχ ὑποτάσσεται
931 Ἰσραὴλ – διώκων νό. δικαιοσύνης εἰς
νό. (vl + δικ..ης vg) οὐκ ἔφθασεν
10 4 τέλος γὰρ νόμου Χός 5 τὴν δικαιοσ.
τὴν ἐκ [τοῦ] νόμου ὅτι „ὁ ποιήσας
αὐτὰ ἄνθρωπος ζήσεται"
13 8 ὁ – ἀγαπῶν τὸν ἕτερον νόμον πεπλή-
ρωκεν 10 πλήρωμα – νόμου ἡ ἀγάπη
1 Co 9 8 ἢ καὶ ὁ νό. ταῦτα οὐ λέγει; 9 ἐν – τῷ
Μω. νό. γέγραπται· „οὐ κημώσεις"
– 20 ἐγενόμην – τοῖς ὑπὸ νόμον ὡς ὑπὸ
νόμον, μὴ ὢν αὐτὸς ὑπὸ νόμον, ἵνα
τοὺς ὑπὸ νόμον κερδήσω
1421 ἐν τῷ νό. γέγραπται ὅτι „ἐν ἑτερο-
γλώσσοις" 34 καθὼς καὶ ὁ νό. λέγει
1556 ἡ δὲ δύναμις τῆς ἁμαρτίας ὁ νόμος
Gal 216 εἰδότες – ὅτι οὐ δικαιοῦται ἀνθρ. ἐξ
ἔργων νόμου, καὶ ἡμεῖς – ἐπιστεύσα-
μεν, ἵνα δικαιωθῶμεν – οὐκ ἐξ ἔργων
νόμου, ὅτι ἐξ ἔργ. νό. „οὐ δικαιωθ."
– 19 ἐγὼ – διὰ νόμου νόμῳ ἀπέθανον
– 21 εἰ – διὰ νόμου δικαιοσύνη, ἄρα Χός

Gal 3 2 ἐξ ἔργων νόμου τὸ πνεῦμα ἐλάβετε
– ; 5 ὁ – ἐνεργῶν δυνάμεις ἐν ὑμῖν,
ἐξ ἔργων νόμου ἢ ἐξ ἀκοῆς πίστεως;
– 10 ὅσοι – ἐξ ἔργ. νό. εἰσίν, ὑπὸ κατάραν
εἰσίν· – „ἐπικατάρατος – ὃς οὐκ ἐμ-
μένει – τοῖς γεγρ. ἐν τῷ βιβλ. τοῦ ν."
– 11 ὅτι – ἐν νό. οὐδεὶς δικαιοῦται – δῆλον
– 12 ὁ δὲ νόμος οὐκ ἔστιν ἐκ πίστεως
– 13 ἐξηγόρασεν ἐκ τῆς κατάρας τοῦ νό.
– 17 ὁ μετὰ – ἔτη γεγονὼς νό. οὐκ ἀκυροῖ
– 18 εἰ γὰρ ἐκ νόμου ἡ κληρονομία
– 19 τί οὖν ὁ νό.; τῶν παραβάσεων χάριν
προσετέθη, – διαταγεὶς δι' ἀγγέλων
– 21 ὁ – νό. κατὰ τῶν ἐπαγγελιῶν – ; μὴ
γένοιτο. εἰ γὰρ ἐδόθη νόμος ὁ δυνά-
μενος ζωοποιῆσαι, ὄντως ἐκ νόμου
ἂν ἦν ἡ δικαιοσύνη
– 23 ὑπὸ νόμον ἐφρουρούμεθα 24 ὁ νόμος
παιδαγωγὸς ἡμῶν γέγονεν εἰς Χόν
4 4 τὸν υἱὸν αὐτοῦ, – , γενόμενον ὑπὸ
νόμον 5 ἵνα τοὺς ὑπὸ νό. ἐξαγοράσῃ
– 21 λέγετέ μοι, οἱ ὑπὸ νόμον θέλοντες
εἶναι, τὸν νόμον οὐκ ἀκούετε;
5 3 ὅτι ὀφειλέτης – ὅλον τὸν νό. ποιῆσαι
– 4 οἵτινες ἐν νόμῳ δικαιοῦσθε, τῆς χά-
ριτος ἐξεπέσατε
– 14 ὁ – πᾶς νό. ἐν ἑνὶ λόγῳ πεπλήρωται
– 18 εἰ δὲ πνεύματι ἄγεσθε, οὐκ ἐστὲ ὑπὸ
νόμον 23 κατὰ τῶν τοιούτων οὐκ ἔ-
στιν νόμος 6 2 ἀλλήλων τὰ βάρη βα-
στάζετε, καὶ οὕτως ἀναπληρώσετε
(vl ..σατε vg fut) τὸν νό. τοῦ Χοῦ
6 13 οὐδὲ γὰρ οἱ περιτεμνόμενοι αὐτοὶ
νόμον φυλάσσουσιν
Eph 2 15 ἐν τῇ σαρκὶ αὐτοῦ τὸν νόμον τῶν
ἐντολῶν ἐν δόγμασιν καταργήσας
Phl 3 5 κατὰ νόμον Φαρισαῖος 6 κατὰ δικαι-
οσύνην τὴν ἐν νόμῳ – ἄμεμπτος
– 9 μὴ ἔχων ἐμὴν δικαιοσ. τὴν ἐκ νόμου
1 Ti 1 8 οἴδαμεν – ὅτι καλὸς ὁ νόμος, ἐάν τις
αὐτῷ νομίμως χρῆται 9 εἰδὼς τοῦτο,
ὅτι δικαίῳ νόμος οὐ κεῖται
Hb 7 5 ἀποδεκατοῦν τὸν λαὸν κατὰ τὸν νό.
– 12 καὶ νόμου μετάθεσις γίνεται
– 16 ἱερεὺς ἕτερος, ὃς οὐ κατὰ νόμον ἐν-
τολῆς σαρκίνης γέγονεν
– 19 οὐδὲν γὰρ ἐτελείωσεν ὁ νόμος
– 28 ὁ νόμος – ἀνθρώπους καθίστησιν ἀρχ-
ιερεῖς ἔχοντας ἀσθένειαν, ὁ λόγος
δὲ τῆς ὁρκωμοσίας τῆς μετὰ τὸν νό-
μον „υἱὸν –" τετελειωμένον
8 4 ὄντων τῶν προσφερόντων κατὰ ν..ον

Hb 8 10 „διδοὺς νόμους μου εἰς τὴν διάνοιαν
αὐτῶν" 10 16 „ἐπὶ καρδίας αὐτῶν"
9 19 λαληθείσης – πάσης ἐντολῆς κατὰ
τὸν νόμον (legis) ὑπὸ Μωϋσέως – τῷ
λαῷ – 22 σχεδὸν ἐν αἵματι πάντα
καθαρίζεται κατὰ τὸν νόμον
10 1 σκιὰν – ἔχων ὁ νό. τῶν μελλόντ. ἀγ.
– 8 αἵτινες κατὰ νόμον προσφέρονται
– 28 ἀθετήσας τις νόμον Μωϋσέως
Jac 1 25 ὁ – παρακύψας εἰς νόμον τέλειον τὸν
τῆς ἐλευθερίας 2 12 ὡς διὰ νόμου ἐ-
λευθερίας μέλλοντες κρίνεσθαι
2 8 εἰ μέντοι νόμον τελεῖτε βασιλικὸν
– 9 ἐλεγχόμενοι ὑπὸ τοῦ νό. ὡς παραβά-
ται 10 ὅστις – ὅλον τὸν νόμον τηρήσῃ
11 γέγονας παραβάτης νόμου
4 11 καταλαλεῖ νόμου καὶ κρίνει νόμον·
εἰ δὲ νόμον κρίνεις, οὐκ εἶ ποιητὴς
νόμου ἀλλὰ κριτής

νοσεῖν languēre 1 Ti 6 4 περὶ – λογομαχίας

(νόσημα S° – infirmitas vl Joh 5 4 vg, vl°)

νόσος languor ᵇ aegrotatio
Mat 4 23 θεραπεύων πᾶσαν νόσον 9 35 10 1 ἐξ-
ουσίαν – θεραπεύειν ‖ Luc 9 1 νόσους
– 24 τοὺς κακῶς ἔχοντας ποικίλαις νό-
σοις ‖ Mar 1 34 Luc 4 40 ἀσθενοῦντας
8 17 „καὶ τὰς νόσους ᵇ ἐβάστασεν"
Luc 6 18 ἦλθον – ἰαθῆναι ἀπὸ τῶν νόσ. αὐτῶν
7 21 ἐθεράπευσεν πολλοὺς ἀπὸ νόσων
Act 19 12 ἀπαλλάσσεσθαι ἀπ' αὐτῶν τὰς νόσ.

νοσσιά nidus   νοσσίον pullus
Luc 13 34 ὄρνις τὴν ἑαυτῆς νοσσιάν ‖ Mat 23 37
ὄρνις ἐπισυνάγει τὰ νοσσία αὐτῆς

νοσσός pullus Luc 2 24 „δύο ν..οὺς περιστερ."

νοσφίζεσθαι fraudare Act 5 2.3
Tit 2 10 δούλους – , μὴ νοσφιζομένους

νότος auster Mat 12 42 ‖ Luc 11 31 – 12 55
Luc 13 29 ἥξουσιν – ἀπὸ βορρᾶ καὶ νότου
Act 27 13 28 13 – Ap 21 13 „ἀπὸ ν. πυλῶνες τρ."

νουθεσία correptio
1 Co 10 11 ἐγράφη δὲ πρὸς νουθεσίαν ἡμῶν
Eph 6 4 ἐκτρέφετε αὐτὰ ἐν – „ν..ίᾳ κυρίου"
Tit 3 10 μετὰ μίαν καὶ δευτέραν νουθεσίαν

νουθετεῖν *corripere* ᵇ*commonēre* ᶜ*monēre*
Act 20ɜ₁ μετὰ δακρύων ν..ῶνᶜ ἕνα ἕκαστον
Rm 15₁₄ δυνάμενοι καὶ ἀλλήλους νουθετεῖνᶜ
1 Co 4₁₄ ὡς τέκνα μου ἀγαπητὰ νουθετῶ[ν]ᶜ
Col 1₂₈ ν..οῦντες πάντα ἄνθρωπον καὶ διδ.
    3₁₆ διδάσκοντες καὶ ν..οῦντεςᵇ ἑαυτούς
1 Th 5₁₂ εἰδέναι τοὺς – νουθετοῦνταςᶜ ὑμᾶς
    – 14 ν..εῖτε τοὺς ἀτάκτους, παραμυθεῖσθε
2 Th 3₁₅ ἀλλὰ νουθετεῖτε ὡς ἀδελφόν

νουνεχῶς Sᵒ – *sapienter* Mr 12ɜ₄ ν. ἀπεκρίθη

νοῦς *sensus* ᵇ*mens* ᶜ*intellectus*
Luc 24₄₅ διήνοιξεν αὐτῶν τὸν νοῦν τοῦ συνιέ-
    ναι τὰς γραφάς
Rm 1₂₈ παρέδωκεν αὐτοὺς – εἰς ἀδόκιμον ν.
    7₂₃ ἀντιστρατευόμενον τῷ νόμῳ τοῦ νο-
        όςᵇ μου 25 τῷ μὲν νοῒᵇ δουλεύω νό-
        μῳ θεοῦ, τῇ δὲ σαρκὶ νό. ἁμαρτίας
    11ɜ₄ "τίς – ἔγνω νοῦν κυρίου;" 1 Co 2₁₆ –
        κυρίου, –;" ἡμεῖς δὲ νοῦν Χοῦ ἔχομεν
    12 2 ἀλλὰ μεταμορφοῦσθε τῇ ἀνακαινώσει
        τοῦ νοός (vl + ὑμῶν vg)
    14 5 ἕκαστος ἐν τ. ἰδίῳ νοῒ πληροφορείσθω
1 Co 1₁₀ ἵνα –, ἦτε δὲ κατηρτισμένοι ἐν τῷ αὐ-
        τῷ νοῒ καὶ ἐν τῇ αὐτῇ γνώμῃ
    14₁₄ ὁ δὲ νοῦςᵇ μου ἄκαρπός ἐστιν
    – 15 προσεύξομαι τῷ πνεύματι, προσεύξο-
        μαι δὲ καὶ τῷ νοῒ· ψαλῶ τῷ πνεύ-
        ματι, ψαλῶ δὲ καὶ τῷ νοῒᵇ 19 θέλω
        πέντε λόγους τῷ νοΐ μου λαλῆσαι
Eph 4₁₇ ἐν ματαιότητι τοῦ νοὸς αὐτῶν
    – 23 ἐδιδάχθητε – ἀνανεοῦσθαι – τῷ πνεύ-
        ματι τοῦ νοὸςᵇ ὑμῶν
Phl 4 7 ἡ εἰρήνη τ. θεοῦ ἡ ὑπερέχουσα πάν-
    τα νοῦν φρουρήσει τὰς καρδίας
Col 2₁₈ εἰκῇ φυσιούμενος ὑπὸ τοῦ νοὸς τῆς
    σαρκὸς αὐτοῦ
2 Th 2 2 μὴ – σαλευθῆναι ὑμᾶς ἀπὸ τοῦ νοός
1 Ti 6 5 διεφθαρμένων ἀνθρώπων τὸν νοῦνᵇ
2 Ti 3 8 ἄνθρωποι κατεφθαρμένοι τὸν νοῦνᵇ
Tit 1₁₅ μεμίανται αὐτῶν καὶ ὁ νοῦςᵇ καὶ ἡ
    συνείδησις
Ap 13₁₈ ὁ ἔχων νοῦνᶜ ψηφισάτω τὸν ἀριθμόν
    17₉ ὧδε ὁ νοῦς ὁ ἔχων σοφίαν

Νύμφα Col 4₁₅ Ν..αν καὶ τὴν κατ' οἶκον αὐτῆς
    ἐκκλ. (vl Ν..ᾶν – οἶκ. αὐτοῦ vel αὐτῶν)

νύμφη *sponsa* ᵇ*nurus* Mat 10ɜ₅ "νύμφηνᵇ
    κατὰ τῆς πενθερᾶς" ‖ Luc 12₅₃ᵇ
Joh 3₂₉ Ap 18₂₃ → νυμφίος

Ap 21 2 "ὡς ν..ην κεκοσμημένην" τῷ ἀνδρί
    – 9 τὴν νύμφην τὴν γυναῖκα τοῦ ἀρνίου
    22₁₇ τὸ πνεῦμα καὶ ἡ ν. λέγουσιν· ἔρχου

νυμφίος *sponsus* νυμφῶν *nuptiae*
Mat 9₁₅ μὴ δύνανται οἱ υἱοὶ τοῦ νυμφῶνος
    (vl ν..ίου vg) πενθεῖν ἐφ' ὅσον μετ'
    αὐτῶν ἐστιν ὁ ν..ίος; – ὅταν ἀπαρθῇ
    ἀπ' αὐτῶν ὁ ν..ίος ‖ Mar 2₁₉ οἱ υἱοὶ
    τοῦ ν..ῶνος ἐν ᾧ ὁ ν..ίος 20 Luc 5ɜ₄
    τ. υἱοὺς τοῦ νυμφῶνος (*sponsi*) κτλ. 35
    (22₁₀ vl ἐπλήσθη ὁ νυμφών)
    25 1 εἰς ὑπάντησιν τοῦ νυμφίου 5 χρονί-
        ζοντος δὲ τοῦ νυμφίου 6 ἰδοὺ ὁ νυμ-
        φίος ₁₀ ἦλθεν ὁ νυμφίος
Joh 2 9 φωνεῖ τὸν νυμφίον ὁ ἀρχιτρίκλινος
    3₂₉ ὁ ἔχων τὴν νύμφην (*sponsam*) ν..ίος
        ἐστίν· ὁ δὲ φίλος τοῦ νυμφίου – χαί-
        ρει διὰ τὴν φωνὴν τοῦ νυμφίου
Ap 18₂₃ "καὶ φωνὴ νυμφίου καὶ νύμφης"

*νῦν. νυνί *nunc* ᵇ*iam* ᶜ*modo* – (ὁ, ἡ
    νῦν:) ᵈ*hic, haec* ᵉ*qui nunc est* ᶠ*prae-
    sens* – (ἀπὸ τοῦ νῦν:) ᵍ*ex hoc, ex hoc
    iam* – (ἄχρι τοῦ νῦν:) ʰ*usque adhuc,
    usque nunc* – (ἕως τοῦ νῦν:) ⁱ*usque mo-
    do, usque nunc* – (τὸ νῦν ἔχον:) ᵏ*quod
    nunc attinet* → ἄρτι
Mat 24₂₁ "θλίψις –, οἵα οὐ γέγονεν ἀπ' ἀρχῆς
    κόσμου ἕως τοῦ νῦνⁱ" ‖ Mar 13₁₉ⁱ
    26₆₅ νῦν ἠκούσατε τὴν βλασφημίαν
    27₄₂ καταβάτω νῦν ‖ Mar 15ɜ₂ – Mat 27
        43 "ῥυσάσθω" νῦν "εἰ θέλει αὐτόν"
Mar 10ɜ₀ ἐὰν μὴ λάβῃ ἑκατονταπλασίονα νῦν
    ἐν τῷ καιρῷ τούτῳ
Luc 1₄₈ ἀπὸ τοῦ νῦνᵍ "μακαριοῦσίν με"
    2₂₉ νῦν ἀπολύεις τὸν δοῦλόν σου
    5₁₀ ἀπὸ τοῦ νῦνᵍ ἀνθρώπους ἔσῃ ζωγρ.
    6₂₁ μακάριοι οἱ πεινῶντες νῦν, –. – οἱ
        κλαίοντες νῦν 25 οὐαὶ ὑμῖν, οἱ ἐμπε-
        πλησμένοι νῦν (vl° vgᵒ) –. οὐαί, οἱ
        γελῶντες νῦν
    12₅₂ ἔσονται – ἀπὸ τοῦ νῦνᵍ πέντε ἐν ἑνὶ
        οἴκῳ διαμεμερισμένοι
    16₂₅ νῦν δὲ ὧδε παρακαλεῖται, σὺ δέ
    19₄₂ νῦν δὲ ἐκρύβη ἀπὸ ὀφθαλμῶν σου
    22₁₈ [ὅτι] οὐ μὴ πίω ἀπὸ τοῦ νῦν ἀπὸ
    – 36 ἀλλὰ νῦν ὁ ἔχων βαλλάντιον
    – 69 ἀπὸ τοῦ νῦνᵍ – ἔσται "ὁ υἱὸς τοῦ
        ἀνθρώπου καθήμενος ἐκ δεξιῶν"
Joh 2 8 ἀντλήσατε νῦν 4₁₈ νῦν ὃν ἔχεις
    4₂₃ ἔρχεται ὥρα καὶ νῦν· ἐστιν 5₂₅

Joh 8 40 νῦν δὲ ζητεῖτέ με ἀποκτεῖναι
- 52 νῦν ἐγνώκαμεν ὅτι δαιμόνιον ἔχεις
9 21 πῶς δὲ νῦν βλέπει οὐκ οἴδαμεν
- 41 νῦν δὲ λέγετε ὅτι βλέπομεν
11 8 νῦν ἐζήτουν σε λιθάσαι οἱ Ἰουδαῖοι
- 22 [ἀλλὰ] καὶ ν. οἶδα ὅτι ὅσα ἂν αἰτήσῃ
12 27 νῦν ἡ ψυχή μου τετάρακται
- 31 νῦν κρίσις ἐστὶν τοῦ κόσμου τούτου·
  νῦν ὁ ἄρχων τοῦ κόσμου τούτου ἐκ-
  βληθήσεται ἔξω
13 31 νῦν ἐδοξάσθη ὁ υἱὸς τοῦ ἀνθρώπου
- 36 οὐ δύνασαί μοι νῦνᶜ ἀκολουθῆσαι
14 29 νῦν εἴρηκα ὑμῖν πρὶν γενέσθαι
15 22 νῦν δὲ πρόφασιν οὐκ ἔχουσιν περὶ
  τῆς ἁμαρτίας αὐτῶν
- 24 νῦν δὲ καὶ ἑωράκασιν (sc ἔργα)
16 5 νῦν - ὑπάγω πρὸς τὸν πέμψαντά με
- 22 ὑμεῖς - νῦν μὲν λύπην ἔχετε
- 29 ἴδε νῦν ἐν παρρησίᾳ λαλεῖς
17 5 νῦν δόξασόν με σύ, πάτερ 7 νῦν ἔ-
  γνωκαν ὅτι πάντα - παρὰ σοῦ
- 13 νῦν δὲ πρὸς σὲ ἔρχομαι
18 36 νῦν δὲ ἡ βασιλεία ἡ ἐμὴ οὐκ ἔστιν
  ἐντεῦθεν
21 10 τῶν ὀψαρίων ὧν ἐπιάσατε νῦν
Act 4 29 τὰ νῦν, κύριε, ἔπιδε 5 38 τὰ νῦν λέγω
  ὑμῖν 17 30 τὰ νῦν παραγγέλλει - μετα-
  νοεῖν 20 32 τὰ νῦν παρατίθεμαι ὑμᾶς
  τῷ θεῷ 27 22 τὰ νῦν παραινῶ ὑμᾶς
  εὐθυμεῖν
7 4 γῆν - εἰς ἣν - νῦν κατοικεῖτε 52 οὗ
  νῦν ὑμεῖς προδόται - ἐγένεσθε
10 5 νῦν πέμψον ἄνδρας 12 11 νῦν οἶδα
  ἀληθῶς 15 10 νῦν - τί πειράζετε τὸν
  θεόν, - ; 16 36 νῦν - „πορεύεσθε ἐν
  εἰρήνῃ" 37 νῦν λάθρᾳ ἡμᾶς ἐκβάλ-
  λουσιν; 22 16 νῦν τί μέλλεις; 23 15 νῦν
  - ἐμφανίσατε 21 νῦν εἰσιν ἕτοιμοι 26 6
13 31 οἵτινες [νῦνʰ] εἰσιν μάρτυρες αὐτοῦ
18 6 καθαρὸς ἐγώ ἀπὸ τοῦ νῦνᵍ εἰς τὰ
  ἔθνη πορεύσομαι
22 1 τῆς πρὸς ὑμᾶς νυνὶ ἀπολογίας
24 13 περὶ ὧν νυνὶ κατηγοροῦσίν μου
- 25 τὸ νῦν ἔχονᵏ πορεύου, καιρὸν δέ
Rm 3 21 νυνὶ δὲ χωρὶς νόμου „δικαιοσ. θεοῦ"
- 26 πρὸς τὴν ἔνδειξιν τῆς δικαιοσύνης
  αὐτοῦ ἐν τῷ νῦνᵈ καιρῷ 8 18 τὰ πα-
  θήματα τοῦ νῦνᵈ καιροῦ 11 5 ἐν τῷ
  νῦνᵈ καιρῷ λεῖμμα - γέγονεν
5 9 δικαιωθέντες νῦν ἐν τῷ αἵματι αὐτ.
- 11 δι' οὗ νῦν τ. καταλλαγὴν ἐλάβομεν
6 21 ἐφ' οἷς νῦν ἐπαισχύνεσθε

Rm 7 6 νυνὶ δὲ κατηργήθημεν ἀπὸ τοῦ νόμου
- 17 νυνὶ - οὐκέτι ἐγὼ κατεργάζομαι
8 1 οὐδὲν ἄρα νῦν κατάκριμα τοῖς
- 22 ἡ κτίσις συστενάζει - ἄχρι τοῦ νῦνʰ
11 30 νῦν δὲ ἠλεήθητε 31 καὶ οὗτοι νῦν ἠ-
  πείθησαν - ἵνα καὶ αὐτοὶ [νῦν] ἐλεη-
  θῶσιν
13 11 νῦν γὰρ ἐγγύτερον - ἡ σωτηρία
15 23 νυνὶ - μηκέτι τόπον ἔχων 25 νυνὶ δὲ
  πορεύομαι εἰς Ἱερουσαλήμ
  [16 26 μυστηρίου -, φανερωθέντος - νῦν]
1 Co 3 2 ἀλλ' οὐδὲ ἔτι νῦν δύνασθε
5 11 νῦν δὲ ἔγραψα ὑμῖν 7 14 νῦν δὲ ἅγιά
  ἐστιν 12 18 νυνὶ δὲ - ἔθετο τὰ μέλη 20
  νῦν δὲ πολλὰ μὲν μέλη
13 13 νυνὶ δὲ μένει πίστις, ἐλπίς, ἀγάπη
14 6 νῦν δέ, - ἐὰν ἔλθω πρὸς ὑμᾶς
15 20 νυνὶ δὲ Χριστὸς ἐγήγερται ἐκ νεκρ.
16 12 οὐκ ἦν θέλημα ἵνα νῦν ἔλθῃ
2 Co 5 16 ἀπὸ τοῦ νῦνᵍ οὐδένα οἴδαμεν κατὰ
  σάρκα - νῦν οὐκέτι γινώσκομεν
6 2 ἰδοὺ νῦν „καιρὸς εὐπρόσδεκτος", ἰδοὺ
  νῦν „ἡμέρα σωτηρίας"
8 11 νυνὶ - καὶ τὸ ποιῆσαι ἐπιτελέσατε
- 14 ἐν τῷ νῦνᶠ καιρῷ τὸ ὑμῶν περίσσευ-
  μα εἰς τὸ ἐκείνων ὑστέρημα
- 22 νυνὶ δὲ πολὺ σπουδαιότερον
13 2 ὡς - ἀπὼν νῦν (sc λέγω)
Gal 1 23 νῦν εὐαγγελίζεται τὴν πίστιν ἥν
2 20 ὃ δὲ νῦν ζῶ ἐν σαρκί, ἐν πίστει
3 3 νῦν σαρκὶ ἐπιτελεῖσθε;
4 9 νῦν δὲ γνόντες θεόν, μᾶλλον δέ
- 25 συστοιχεῖ δὲ τῇ νῦνᵉ Ἱερουσαλήμ
- 29 ὥσπερ τότε -, οὕτως καὶ νῦν
Eph 2 13 νυνὶ - ἐν Χῷ - ἐγενήθητε ἐγγύς
3 5 ὡς νῦν ἀπεκαλύφθη τοῖς - ἀποστό-
  λοις 10 ἵνα γνωρισθῇ νῦν (vl⁹ vg⁰)
  ταῖς ἀρχαῖς Col 1 26 νῦν δὲ ἐφανερώ-
  θη τοῖς ἁγίοις αὐτοῦ
5 8 ἦτε γάρ ποτε σκότος, νῦν δὲ φῶς
Phl 1 5 ἀπὸ τῆς πρώτης ἡμέρας ἄχρι τοῦ
  νῦνʰ 20 ὡς πάντοτε καὶ νῦν μεγαλυν-
  θήσεται Χριστός 30 ἀγῶνα - οἷον -
  νῦν ἀκούετε ἐν ἐμοί
2 12 νῦν πολλῷ μᾶλλον ἐν τῇ ἀπουσίᾳ μου
3 18 ἔλεγον -, νῦν δὲ καὶ κλαίων λέγω
Col 1 22 νυνὶ δὲ ἀποκατήλλαξεν - διά
3 8 νυνὶ δὲ ἀπόθεσθε -, ὀργήν, θυμόν
1 Th 3 8 νῦν ζῶμεν ἐὰν ὑμεῖς στήκετε ἐν κυρ.
2 6 καὶ νῦν τὸ κατέχον οἴδατε
1 Ti 4 8 ἐπαγγελίαν ἔχουσα ζωῆς τῆς νῦνᵉ
6 17 τοῖς πλουσίοις ἐν τῷ νῦνᵈ αἰῶνι

2 Ti 1 10 χάριν –, φανερωθεῖσαν δὲ νῦν
    4 10 Δημᾶς – ἀγαπήσας τὸν νῦν ᵈ αἰῶνα
Tit 2 12 εὐσεβῶς ζήσωμεν ἐν τῷ νῦν ᵈ αἰῶνι
Phm 9 νυνὶ δὲ καὶ δέσμιος Χοῦ Ἰησοῦ
    11 νυνὶ – [καὶ] σοὶ καὶ ἐμοὶ εὔχρηστον
Hb 2 8 νῦν δὲ οὔπω ὁρῶμεν αὐτῷ τὰ „πάντα
    ὑποτεταγμένα" 8 6 νῦν[ὶ] δὲ διαφο-
    ρωτέρας τέτυχεν λειτουργίας 9 26 νυνὶ
    δὲ ἅπαξ – πεφανέρωται 11 16 νῦν –
    κρείττονος (sc πατρίδος) ὀρέγονται
    12 26 νῦν (vg vl ᶜ) δὲ ἐπήγγελται λέγων·
Jac 4 16 νῦν – καυχᾶσθε ἐν ταῖς ἀλαζονείαις
1 Pe 1 12 ἃ νῦν ἀνηγγέλη ὑμῖν
    2 10 νῦν δὲ λαὸς θεοῦ –, νῦν δὲ ἐλεη-
    θέντες 2 25 ἐπεστράφητε νῦν ἐπὶ τὸν
    ποιμένα καὶ ἐπίσκοπον τῶν ψυχῶν
    3 21 ὃ – ὑμᾶς ἀντίτυπον νῦν σῴζει βάπτ.
2 Pe 3 7 οἱ δὲ νῦν ᵉ οὐρανοὶ καὶ ἡ γῆ
    – 18 αὐτῷ ἡ δόξα καὶ νῦν καὶ εἰς ἡμέραν
    αἰῶνος Jud 25 εἰς πάντ. τοὺς αἰῶνας
1 Jo 2 18 νῦν ἀντίχριστοι πολλοὶ γεγόνασιν
    – 28 νῦν, τεκνία, μένετε ἐν αὐτῷ
    3 2 νῦν τέκνα θεοῦ ἐσμεν, καὶ οὔπω
    4 3 νῦν ἐν τῷ κόσμῳ ἐστὶν ἤδη (sc ὁ ἀν-
    τίχριστος) – 2 Jo 5 νῦν ἐρωτῶ σε

νύξ nox νύκτα καὶ ἡμέραν, νυκτὸς καὶ ἡμέ-
    ρας → ἡμέρα 4) | → μεσονύκτιον
Mat 2 14 παρέλαβεν τὸ παιδίον – νυκτός 28 13
    νυκτὸς ἐλθόντες ἔκλεψαν αὐτόν
    4 2 νηστεύσας – νύκτας τεσσεράκοντα
    12 40 „τρεῖς ἡμέρας καὶ τρ. νύκτας" bis
    14 25 τετάρτῃ – φυλακῇ τῆς ν. ‖ Mar 6 48
    25 6 μέσης δὲ νυκτὸς κραυγὴ γέγονεν·
    26 31 σκανδαλισθήσεσθε ἐν ἐμοὶ ἐν τῇ ν.
    ταύτῃ 34 τρὶς ἀπαρνήσῃ με ‖ Mar 14 30
Luc 2 8 φυλάσσοντες φυλακὰς τῆς νυκτὸς
    5 5 δι' ὅλης νυκτὸς κοπιάσαντες οὐδὲν
    ἐλάβομεν Joh 21 3 ἐν ἐκείνῃ τῇ νυκτὶ
    ἐπίασαν οὐδέν
    12 20 ταύτῃ τῇ ν. τὴν ψυχήν σου ἀπαιτοῦ-
    σιν ἀπὸ σοῦ 17 34 ταύτῃ τῇ ν. ἔσονται
    δύο ἐπὶ κλίνης μιᾶς, ὁ εἷς – ὁ ἕτερος

Luc 21 37 τὰς δὲ ν. – ηὐλίζετο εἰς τὸ ὄρος – ἐλ·
Joh 3 2 ἦλθεν πρὸς αὐτὸν νυκτός 19 39
    9 4 ἔρχεται νὺξ ὅτε οὐδεὶς δύν. ἐργάζ.
    11 10 ἐὰν δέ τις περιπατῇ ἐν τῇ ν., προσ-
    κόπτει, ὅτι τὸ φῶς οὐκ ἔστιν ἐν αὐτῷ
    13 30 ἐξῆλθεν εὐθύς· ἦν δὲ νύξ
Act 5 19 ἄγγελος – διὰ νυκτὸς ἀνοίξας 16 9 ὅ-
    ραμα διὰ [τῆς] ν. τῷ Π. ὤφθη 27 23
    παρέστη – μοι ταύτῃ τῇ ν. – ἄγγελος
    9 25 12 6 τῇ ν. ἐκείνῃ ἦν ὁ Πέτρος κοιμώ-
    μενος 16 33 17 10 εὐθέως διὰ νυκτὸς
    ἐξέπεμψαν – Παῦλον 23 23. 31
    18 9 εἶπεν δὲ ὁ κύριος ἐν νυκτὶ δι' ὁρά-
    ματος 23 11 τῇ δὲ ἐπιούσῃ νυκτὶ ἐπι-
    στὰς αὐτῷ ὁ κύριος – 27 27 bis
Rm 13 12 ἡ νὺξ προέκοψεν, ἡ δὲ ἡμέρα ἤγγιχεν
1 Co 11 23 Ἰησοῦς ἐν τῇ νυκτὶ ᾗ παρεδίδετο
1 Th 5 2 ὡς κλέπτης ἐν νυκτὶ – ἔρχεται
    – 5 οὐκ ἐσμὲν νυκτὸς οὐδὲ σκότους
    – 7 οἱ – καθεύδοντες νυκτὸς καθεύδουσιν,
    καὶ οἱ μεθυσκόμ. νυκτὸς μεθύουσιν
Ap 8 12 ἵνα – ἡ ἡμέρα μὴ φάνῃ τὸ τρίτον αὐ-
    τῆς, καὶ ἡ νὺξ ὁμοίως
    21 25 νὺξ γὰρ οὐκ ἔσται ἐκεῖ 22 5 ἔσται ἔτι

νύσσειν aperire Joh 19 34 τὴν πλευράν

νυστάζειν dormitare Mat 25 5 ἐνύσταξαν
2 Pe 2 3 ἡ ἀπώλεια αὐτῶν οὐ νυστάζει

νυχθήμερον Sᵒ – nocte et die
2 Co 11 25 νυχθήμερον ἐν τῷ βυθῷ πεποίηκα

Νῶε Mat 24 37 ὥσπερ – αἱ ἡμέραι τοῦ Ν. 38 ‖
    Luc 17 26. 27 1 Pe 3 20 ὅτε ἀπεξεδέχετο ἡ
    τοῦ θεοῦ μακροθυμία ἐν ἡμέραις Ν. –
    Luc 3 36 Hb 11 7 πίστει χρηματισθεὶς Ν.
    περὶ τῶν μηδέπω βλεπομένων 2 Pe 2 5
    ὄγδοον Ν. δικαιοσύνης κήρυκα ἐφύλαξεν

νωθρός ᵃ imbecillis (ad audiendum) ᵇ segnis
Hb 5 11 ἐπεὶ νωθροὶ ᵃ γεγόνατε ταῖς ἀκοαῖς
    6 12 ἵνα μὴ νωθροὶ ᵇ γένησθε, μιμηταὶ δέ

νῶτος dorsum Rm 11 10 „τὸν ν. – σύγκαμψον"

Ξ

ξενία hospitium Act 28 23 εἰς τὴν ξενίαν
Phm 22 ἅμα δὲ καὶ ἑτοίμαζέ μοι ξενίαν

ξενίζειν ᵃ hospitio recipere ᵇ exhibēre ᶜ (ξ..ον-

τα) nova – **ξενίζεσθαι** ᵈ hospitari ᵉ ho-
    spitium habēre ᶠ admirari ᵍ peregrinari
Act 10 6 ξενίζεται ᵈ παρά τινι Σίμωνι 18 ᵉ 32 ᵈ
    – 23 αὐτοὺς ἐξένισεν ᵃ 21 16 παρ' ᾧ

(Act) ξενισθῶμεν[d] Μνάσωνι 287 φιλοφρό-
νως (sc ήμᾶς) ἐξένισεν[b] (1 Co 1619
vl παρ' οἷς καὶ ξενίζομαι[d]) – Hb 132
ἔλαθόν τινες ξενίσαντες[a] ἀγγέλους
Act 1720 ξενίζοντα[c] γάρ τινα εἰσφέρεις εἰς
1 Pe 4 4 ἐν ᾧ ξ..ονται[f] μὴ συντρεχόντων ὑμῶν
εἰς τὴν – τῆς ἀσωτίας ἀνάχυσιν
– 12 μὴ ξενίζεσθε[g] τῇ ἐν ὑμῖν πυρώσει

ξενοδοχεῖν S[o] – hospitio recipere
1 Ti 510 εἰ ἐξενοδόχησεν (sc χήρα)

ξένος hospes [b]peregrinus [c]novus
Mat 2535 ξένος ἤμην καὶ συνηγάγετέ με 38 πό-
τε δέ σε εἴδομεν ξένον –; 43.44
27 7 τὸν ἀγρὸν – εἰς ταφὴν τοῖς ξένοις[b]
Act 1718 ξένων[c] δαιμονίων – καταγγελεύς
– 21 καὶ οἱ ἐπιδημοῦντες ξένοι
Rm 1623 Γάιος ὁ ξ. μου καὶ ὅλης τῆς ἐκκλησ.
Eph 212 ξένοι τῶν διαθηκῶν τῆς ἐπαγγελίας
– 19 οὐκέτι ἐστὲ ξένοι καὶ πάροικοι
Hb 1113 ὅτι „ξένοι[b] καὶ παρεπίδημοί" εἰσιν
13 9 διδαχαῖς – ξέναις[b] μὴ παραφέρεσθε
1 Pe 412 ὡς ξένου[c] ὑμῖν συμβαίνοντος
3 Jo 5 εἰς τοὺς ἀδελφοὺς καὶ τοῦτο ξένους[b]

ξέστης S[o] – urceus Mar 74 (vl 8)

ξηραίνειν, ..εσθαι arescere [b]exarescere [c]are-
facere (Jac 111), ..ieri [d]aridum fieri,
aridus (Mar 31) [e]siccare, ..ari
Mat 13 6 διὰ τὸ μὴ ἔχειν ρίζαν ἐξηράνθη || Mar
46[b] Luc 86 – Mat 2119 ἐξηράνθη[c] πα-
ραχρῆμα ἡ συκῆ 20 || Mar 1120[d] 21
Mar 3 1 ἐξηραμμένην[d] ἔχων τὴν χεῖρα
529 ἐξηράνθη[e] ἡ πηγὴ τοῦ αἵματος
918 τρίζει τοὺς ὀδόντας καὶ ξηραίνεται

Joh 15 6 ἐβλήθη ἔξω ὡς τὸ κλῆμα καὶ ἐξηράν-
θη (vg arescet, vl aruit)
Jac 111 ὁ ἥλιος – ἐξήρανεν[c] τὸν χόρτον"
1 Pe 124 „ἐξηράνθη[b] ὁ χόρτος, καὶ τὸ ἄνθος"
Ap 1415 ἐξηράνθη ὁ θερισμὸς τῆς γῆς
1612 „ἐξηράνθη[e] τὸ ὕδωρ" (sc τοῦ Εὐφρ.)

ξηρός aridus [b](ἡ ξηρά) arida (sc terra)
Mat 1210 χεῖρα ἔχων ξηράν || Mar 33 Luc 66.8
2315 περιάγετε τὴν θάλασσαν καὶ τὴν ξ.[b]
Luc 2331 ἐν τῷ ξηρῷ (sc ξύλῳ) τί γένηται;
Joh 5 3 κατέκειτο πλῆθος τῶν – χωλῶν, ξ..ῶν
Hb 1129 διέβησαν τὴν – θάλ. ὡς διὰ ξηρᾶς γῆς

ξύλινος ligneus 2 Ti 220 Ap 920 εἴδωλα

ξύλον lignum [b]fustis
ξύλον τῆς ζωῆς → ζωή Ap 27
Mat 2647 ὄχλος πολὺς μετὰ μαχαιρῶν καὶ ξύ-
λων[b] 55[b] || Mar 1443.48 Luc 2252[b]
Luc 2331 εἰ ἐν τῷ ὑγρῷ ξύλῳ ταῦτα ποιοῦσιν
Act 530 „κρεμάσαντες ἐπὶ ξύλου" 1039
1329 καθελόντες ἀπὸ τοῦ ξύλ. ἔθηκαν εἰς
1624 τοὺς πόδας ἠσφαλίσατο – εἰς τὸ ξύλ.
1 Co 312 λίθους τιμίους, ξύλα, χόρτον
Gal 313 „πᾶς ὁ κρεμάμενος ἐπὶ ξύλου"
1 Pe 224 ὃς „τὰς ἁμαρτίας" ἡμῶν „αὐτὸς ἀν-
ήνεγκεν" – ἐπὶ τὸ ξύλον
Ap 1812 πᾶν ξύλον θύϊνον – καὶ πᾶν σκεῦος
ἐκ ξύλου (vl λίθου vg) τιμιωτάτου
22 2 „τὰ φύλλα" τοῦ ξύλου „εἰς θεραπεί-
αν" τῶν ἐθνῶν

ξυρᾶσθαι decalvari [b]radere Act 2124 δα-
πάνησον ἐπ' αὐτοῖς ἵνα ξυρήσονται[b] τὴν
κεφαλήν – 1 Co 115 ἓν γάρ ἐστιν καὶ τὸ
αὐτὸ τῇ ἐξυρημένῃ 6 εἰ – αἰσχρὸν γυναικὶ
τὸ κείρασθαι ἢ ξυρᾶσθαι

O

ὀγδοήκοντα octoginta Luc 237 167

ὄγδοος octavus
Luc 159 τῇ ἡμέρᾳ τῇ ὀγ. – περιτεμεῖν Act 78
2 Pe 2 5 ὄγδοον Νῶε – ἐφύλαξεν – Ap 2120
Ap 1711 αὐτὸς ὄ. ἐστιν, καὶ ἐκ τῶν ἑπτά ἐστ.

ὄγκος S[o] – pondus Hb 121 ὄ..ον ἀποθέμενοι

ὁδεύειν iter facere Luc 1033 Σαμαρ. – ὁ..ων

ὁδηγεῖν [a]ducere [b]ducatum praestare [c]de-
ducere [d]ostendere (alicui)
Mat 1514 τυφλὸς δὲ τυφλὸν ἐὰν ὁδηγῇ[b]
Luc 639 μήτι δύναται τυφλὸς τυφλὸν ὁδηγεῖν[a];
Joh 1613 τὸ πνεῦμα τῆς ἀληθείας, ὁδηγήσει
ὑμᾶς ἐν τῇ ἀληθείᾳ πάσῃ (vl εἰς τὴν
ἀλήθειαν πᾶσαν)
Act 831 ἐὰν μή τις ὁδηγήσει (vl ..σῃ)[d] με;
Ap 717 καὶ ὁδηγήσει[c] αὐτοὺς ἐπὶ ζωῆς πη-
γὰς ὑδάτων

όδηγός *dux*
Mat 15 14 τυφλοί εἰσιν ὁ..οί [τυφλῶν] 23 16 οὐαὶ
  ὑμῖν, ὁ..οί τ..οί 24 ὁδ. τυ.. οἱ διϋλίζοντες
Act 1 16 περὶ Ἰούδα τοῦ γενομένου ὁδηγοῦ
  τοῖς συλλαβοῦσιν Ἰησοῦν
Rm 2 19 πέποιθας – σεαυτὸν ὁ..ὸν εἶναι τ..ῶν

όδοιπορεῖν S° – *iter facere* Act 10 9

όδοιπορία *iter* Joh 4 6 κεκοπιακὼς ἐκ τῆς ὁδ.
  ἐκαθέζετο 2 Co 11 26 ὁ..αις πολλάκις

όδός *via* b*iter* c*secta*

*1) vox proprie dicta

Mat 2 12 δι' ἄλλης ὁδοῦ ἀνεχώρησαν εἰς
  4 15 „ὁ..ν (*via*) θαλάσσης, πέραν τοῦ Ἰορ."
  5 25 ἕως ὅτου εἶ μετ' αὐτοῦ ἐν τῇ ὁδῷ ‖
  Luc 12 58 ἐν τῇ ὁδῷ δὸς ἐργασίαν
  ἀπηλλάχθαι ἀπ' αὐτοῦ
  10 5 εἰς ὁδὸν ἐθνῶν μὴ ἀπέλθητε 10 μὴ
  πήραν εἰς ὁδόν ‖ Mar 6 8 Luc 9 3 10 4
  καὶ μηδένα κατὰ τὴν ὁδὸν ἀσπάσησθε
  13 4 ἐν τῷ σπείρειν – ἃ μὲν ἔπεσεν παρὰ
  τὴν ὁδόν 19 ‖ Mar 4 4. 15 Luc 8 5. 12
  22 9 ἐπὶ τὰς διεξόδους τῶν ὁδῶν 10 ‖ Luc
  14 23 εἰς τὰς ὁδοὺς καὶ φραγμοὺς
Mar 2 23 οἱ μαθηταὶ αὐτοῦ ἤρξαντο ὁδὸν ποι-
  εῖν (vl ὁδοποιεῖν vg *progredi* vl
  praegredi) τίλλοντες τοὺς στάχυας
  8 27 ἐν τῇ ὁδῷ ἐπηρώτα τοὺς μαθητάς
  9 33 τί ἐν τῇ ὁδῷ διελογίζεσθε; 34
  10 52 ἠκολούθει αὐτῷ ἐν τῇ ὁδῷ
Luc 2 44 ἦλθον ἡμέρας ὁδόν b – Act 1 12 ἐγ-
  γὺς Ἰερουσ. σαββάτου ἔχον ὁδόν b
  11 6 φίλος μου παρεγένετο ἐξ ὁδοῦ
  24 32 ὡς ἐλάλει ἡμῖν ἐν τῇ ὁδῷ 35 τὰ ἐν –
1 Th 3 11 κατευθύναι τὴν ὁ. ἡμῶν πρὸς ὑμᾶς
Ap 16 12 ἵνα ἑτοιμασθῇ ἡ ὁδὸς τῶν βασιλέων
  τῶν „ἀπὸ ἀνατολῆς ἡλίου"

2) vox όδός translato usu

Mat 3 3 „ἑτοιμάσατε τὴν ὁδὸν κυρίου" ‖ Mar
  1 3 Luc 3 4. 5 „αἱ τραχεῖαι εἰς ὁδοὺς
  λείας" Joh 1 23 „εὐθύνατε τὴν ὁ. κυ."
  7 13 πλατεῖα ἡ πύλη καὶ εὐρύχωρος ἡ
  ὁδός 14 καὶ τεθλιμμένη ἡ ὁδός
  11 10 „ὃς κατασκευάσει τὴν ὁδόν σου ἔμ-
  προσθέν σου" ‖ Luc 7 27 – Mar 1 2
  21 32 ἦλθεν – Ἰωάνν. – ἐν ὁδῷ δικαιοσύνης
  22 16 τὴν ὁδὸν τοῦ θεοῦ ἐν ἀληθείᾳ διδά-
  σκεις ‖ Mar 12 14 ἐπ' ἀ..ας Luc 20 21
Luc 1 76 „ἐνώπ. κυρ. ἑτοιμάσαι ὁδοὺς αὐτοῦ"

Luc 1 79 τοῦ κατευθῦναι τοὺς πόδας ἡμῶν
  „εἰς ὁδὸν εἰρήνης" → Rm 3 17
Joh 14 4 ὅπου [ἐγὼ] ὑπάγω οἴδατε τὴν ὁδόν (vl
  καὶ τὴν ὁ. οἴδατε) 5 πῶς δυνάμεθα
  τὴν ὁδὸν εἰδέναι; 6 ἐγὼ εἰμι ἡ ὁδός
Act 2 28 „ἐγνώρισάς μοι ὁδοὺς ζωῆς"
  9 2 ἐάν τινας εὕρῃ τῆς ὁδοῦ ὄντας 19 9
  κακολογοῦντες τὴν ὁδὸν (vg + *do-*
  mini, vl°) 23 τάραχος οὐκ ὀλίγος
  περὶ τῆς ὁδοῦ (vg item) 24 4 ὃς ταύ-
  την τὴν ὁδὸν ἐδίωξα 24 14 κατὰ τὴν
  ὁδόν c ἣν λέγουσιν αἵρεσιν 22 ἀκρι-
  βέστερον εἰδὼς τὰ περὶ τῆς ὁδοῦ
  13 10 οὐ παύσῃ διαστρέφων τὰς ὁδοὺς [τοῦ]
  κυρίου τὰς εὐθείας;
  14 16 ὃς – εἴασεν πάντα τὰ ἔθνη πορεύε-
  σθαι ταῖς ὁδοῖς αὐτῶν
  16 17 καταγγέλλουσιν ὑμῖν ὁδὸν σωτηρίας
  18 25 ἦν κατηχημένος τὴν ὁδὸν τοῦ κυρίου
  – 26 αὐτῷ ἐξέθεντο τὴν ὁδὸν [τοῦ θεοῦ]
Rm 3 16 „σύντριμμα – ἐν ταῖς ὁδοῖς αὐτῶν"
  17 „καὶ ὁδὸν εἰρήνης οὐκ ἔγνωσαν"
  11 33 ὡς – ἀνεξιχνίαστοι αἱ ὁδοὶ αὐτοῦ
1 Co 4 17 ὑμᾶς ἀναμνήσει τὰς ὁ. μου τὰς ἐν Χῷ
  [Ἰ.], καθὼς πανταχοῦ – διδάσκω
  12 31 καθ' ὑπερβολὴν ὁδὸν ὑμῖν δείκνυμι
Hb 3 10 „οὐκ ἔγνωσαν τὰς ὁδούς μου"
  9 8 μήπω πεφανερῶσθαι τὴν τῶν ἁγίων
  (neutr.) ὁδόν 10 20 ἣν ἐνεκαίνισεν
  ἡμῖν ὁδὸν πρόσφατον καὶ ζῶσαν
Jac 1 8 ἀκατάστατος ἐν πάσ. ταῖς ὁδ. αὐτοῦ
  5 20 ὁ ἐπιστρέψας ἁμαρτωλὸν ἐκ πλάνης
  ὁδοῦ αὐτοῦ – καλύψει πλῆθος ἁμαρ.
2 Pe 2 2 ἡ ὁδ. τῆς ἀληθείας βλασφημηθήσεται
  – 15 καταλείποντες εὐθεῖαν ὁδὸν –, ἐξ-
  ακολουθήσαντες τῇ ὁδ. τοῦ Βαλαάμ
  – 21 κρεῖττον – ἦν αὐτοῖς μὴ ἐπεγνωκέναι
  τὴν ὁδὸν τῆς δικαιοσύνης, ἤ
Jud 11 ὅτι τῇ ὁδῷ τοῦ Κάϊν ἐπορεύθησαν
Ap 15 3 „δίκαιαι καὶ ἀληθιναὶ αἱ ὁδοί σου"

όδούς *dens* βρυγμὸς τῶν ὁδ. → βρυγμός
Mat 5 38 καὶ „ὀδόντα ἀντὶ ὀδόντος"
Mar 9 18 Act 7 54 ἔβρυχον τοὺς ὁδ. – Ap 9 8

όδυνᾶσθαι a*dolēre* b*cruciari*
Luc 2 48 ὀδυνώμενοι a ἐζητοῦμέν σε
  16 24 ὀδυνῶμαι b ἐν τῇ φλογὶ ταύτῃ 25 b
Act 20 38 ὀδυνώμενοι a μάλιστα ἐπὶ τῷ λόγῳ

όδύνη *dolor*
Rm 9 2 ὅτι – ἀδιάλειπτος ὀδ. τῇ καρδίᾳ μου
1 Ti 6 10 ἑαυτοὺς περιέπειραν ὀ..αις πολλαῖς

ὀδυρμός *ululatus* Mat 2 18 *fletus* 2 Co 7 7

Ὀζίας Mat 1 8.9 ὄζειν *foetēre* Joh 11 39

ὀθόνη Sᵒ et ὀθόνιον ᵃ*linteum* ᵇ*linteamen*
Act 10 11 ὡς ὀ.ηνᵃ μεγάλην 11 5ᵃ – Luc 24 12
τὰ ὀ.αᵇ μόνα Joh 19 40ᵃ 20 5-7ᵇ

οἴεσθαι ᵃ*aestimare* ᵇ*arbitrari* ᶜ*existimare*
Joh 21 25ᵇ Phl 1 17ᶜ Jac 1 7ᵃ

οἰκεῖν *habitare* ᵇ*inhabitare* → ἐνοικεῖν
Rm 7 17.18 οἶδα – ὅτι οὐκ οἰκεῖ ἐν ἐμοὶ – ἀγα-
θόν 20 ἡ οἰκοῦσα ἐν ἐμοὶ ἁμαρτία
8 9 εἴπερ πνεῦμα θεοῦ οἰκεῖ ἐν ὑμῖν 11
1 Co 3 16 οὐκ οἴδατε ὅτι ναὸς θεοῦ ἐστε καὶ
τὸ πνεῦμα τοῦ θεοῦ οἰκεῖ ἐν ὑμῖν;
7 12 εἰ – αὕτη συνευδοκεῖ οἰκεῖν μετ' αὐ-
τοῦ (sc τοῦ ἀδελφοῦ) 13 οὗτος (sc
ὁ ἄπιστος) συνευδοκεῖ οἰ. μετ' αὐτῆς
1 Ti 6 16 φῶς οἰκῶνᵇ (vl ᵃ) ἀπρόσιτον

οἰκεῖος *domesticus*
Gal 6 10 μάλιστα – πρὸς τοὺς οἰ. τῆς πίστεως
Eph 2 19 ἀλλὰ ἐστὲ – οἰκεῖοι τοῦ θεοῦ
1 Ti 5 8 εἰ δέ τις τῶν – οἰκείων οὐ προνοεῖ

οἰκετεία Sᵒ – *familia* Mat 24 45 ἐπὶ τῆς οἰκ.

οἰκέτης *servus* ᵇ*domesticus*
Luc 16 13 οὐδεὶς οἰκ. δύναται δυσὶ κυρίοις δου-
Act 10 7 φωνήσας δύο τῶν οἰκ.ᵇ |λεύειν
Rm 14 4 τίς εἶ ὁ κρίνων ἀλλότριον οἰκέτην;
1 Pe 2 18 οἱ οἰκέται, ὑποτασσόμενοι ἐν – φόβῳ

οἴκημα *habitaculum* Act 12 7 φῶς – ἐν τῷ οἰ.

οἰκητήριον ᵃ*habitatio* ᵇ*domicilium*
2 Co 5 2 τὸ οἰκ.ᵃ ἡμῶν τὸ ἐξ οὐρανοῦ ἐπενδύ.
Jud 6 ἀγγέλ. – ἀπολιπόντας τὸ ἴδιον οἰκ.ᵇ

οἰκία *domus*
*1) vox οἰκία proprio usu
Mat 5 15 λάμπει πᾶσιν τοῖς ἐν τῇ οἰκίᾳ
7 24 τὴν οἰκίαν ἐπὶ τὴν πέτραν 25. 26 ἐπὶ
τὴν ἄμμον 27 || Luc 6 48. 49 ἐπὶ τὴν γῆν
10 12 εἰσερχόμενοι – εἰς τὴν οἰκ. ἀσπάσα-
σθε αὐτήν || Mar 6 10 ἐκεῖ μένετε Luc
9 4 10 5 εἰς ἣν δ' ἂν εἰσέλθητε οἰκίαν
7 ἐν αὐτῇ δὲ τῇ οἰκίᾳ μένετε –. μὴ
μεταβαίνετε ἐξ οἰκίας εἰς οἰκίαν
19 29 πᾶς ὅστις ἀφῆκεν οἰκίας || Mar 10 29

οἰκίαν 30 ἐὰν μὴ λάβῃ – οἰκίας Luc
18 29 οὐδείς ἐστιν ὃς ἀφῆκεν οἰ..αν
Mat 24 17 μὴ καταβάτω ἆραι τὰ ἐκ τῆς οἰκίας
αὐτοῦ || Mar 13 15 Luc 17 31
Mar 12 40 οἱ κατεσθίοντες τὰς οἰκίας τῶν χη-
ρῶν || Luc 20 47 (vl Mat 23 14 vg, vl ᵒ)
13 35 πότε ὁ κύριος τῆς οἰκίας ἔρχεται
Luc 15 8 σαροῖ τὴν οἰκίαν καὶ ζητεῖ ἐπιμελῶς
22 10 ἀκολουθήσατε αὐτῷ εἰς τὴν οἰκ. 11
καὶ ἐρεῖτε τῷ οἰκοδεσπότῃ τῆς οἰκίας
Joh 8 35 δοῦλος οὐ μένει ἐν τῇ οἰκίᾳ εἰς – αἰῶ.
1 Co 11 22 μὴ γὰρ οἰκίας οὐκ ἔχετε εἰς τὸ ἐσθί-
ειν καὶ πίνειν;
1 Ti 5 13 μανθάνουσιν περιερχόμεναι τὰς οἰκ.
2 Ti 3 6 οἱ ἐνδύνοντες εἰς τ. οἰκίας καὶ αἰχμ.
2 Jo 10 μὴ λαμβάνετε αὐτὸν εἰς οἰκίαν

2) vox οἰκία translato usu
Mat 10 12 ἀπάσασθε αὐτὴν (sc τὴν οἰ.) 13 ἐὰν
– ἦ ἡ οἰκία ἀξία, ἐλθάτω ἡ εἰρήνη
ὑμῶν ἐπ' αὐτήν· ἐὰν – μὴ ἡ ἀξία
12 25 πᾶσα – οἰκία μερισθεῖσα || Mar 3 25
13 57 οὐκ ἔστιν προφήτης ἄτιμος εἰ μὴ ἐν
τῇ πατρίδι καὶ ἐν τῇ οἰκίᾳ αὐτοῦ ||
Mar 6 4 καὶ ἐν τοῖς συγγενεῦσιν αὐ-
τοῦ καὶ ἐν τῇ οἰκίᾳ αὐτοῦ
Joh 4 53 ἐπίστευσεν αὐτὸς καὶ ἡ οἰ. αὐτοῦ ὅλη
14 2 ἐν τῇ οἰ. τ. πατρός μου μοναὶ πολλαί
1 Co 16 15 οἴδατε τὴν οἰκίαν Στεφανᾶ
2 Co 5 1 ἐὰν ἡ ἐπίγειος ἡμῶν οἰκία – καταλυ-
θῇ, –, οἰκίαν ἀχειροποίητον αἰώνιον
Phl 4 22 μάλιστα – οἱ ἐκ τῆς Καίσαρος οἰκίας

οἰκιακός Sᵒ – *domesticus*
Mat 10 25 πόσῳ μᾶλλον τοὺς οἰκιακοὺς αὐτοῦ
– 36 „ἐχθροὶ τοῦ ἀνδρ. οἱ οἰκιακοὶ αὐτοῦ"

οἰκοδεσποτεῖν Sᵒ – *matresfamilias esse*
1 Ti 5 14 βούλομαι οὖν νεωτέρας – οἰ..εῖν

οἰκοδεσπότης Sᵒ – *paterfamilias (p. f.)*
ᵇ*dominus domus* Mat 10 25 εἰ τὸν οἰκοδ.
Βεελζεβοὺλ ἐπεκάλεσαν, πόσῳ μᾶλλον
Mat 13 27. 52 ὅμοιός ἐστιν ἀνθρώπῳ οἰ..ῃ 20 1. 11
ἐγόγγυζον κατὰ τοῦ οἰ. 21 33 ἦν οἰκ.
24 43 εἰ ἤδει ὁ οἰ. ποίᾳ φυλακῇ || Luc 12 39
Mar 14 14 εἴπατε τῷ οἰ.ᵇ || Luc 22 11 τῆς οἰκίας
Luc 13 25 ἀφ' οὗ ἂν ἐγερθῇ ὁ οἰ. καὶ ἀποκλεί-
σῃ τὴν θύραν – 14 21 ὀργισθεὶς ὁ οἰ.

οἰκοδομεῖν *aedificare* ᵇ*reaedificare*
Mat 7 24 ᾠκοδόμησεν – ἐπὶ τὴν πέτραν 26 τὴν

ἄμμον ‖ Luc 648 οἰ..οῦντι οἰκίαν, –
διὰ τὸ καλῶς οἰκοδομῆσθαι αὐτήν 49
Mat 1618 ἐπὶ ταύτῃ τῇ πέτρᾳ οἰκοδομήσω μου
τὴν ἐκκλησίαν
2133 „καὶ ᾠκοδόμησεν πύργον" ‖ Mar 121
– 42 „λίθον ὃν ἀπεδοκίμασαν οἱ οἰκοδο-
μοῦντες" ‖ Mar 1210 Luc 2017 1 Pe 27
2329 οἰ..εῖτε τοὺς τάφους τῶν προφητῶν ‖
Luc 1147 τὰ μνημεῖα 48 ὑμεῖς δὲ οἰκ.
2661 καταλῦσαι τὸν ναὸν – καὶ διὰ τριῶν
ἡμερῶν οἰκοδομῆσαι [b] (vl [a]) ‖ Mar
1458 ἄλλον ἀχειροποίητον οἰ..ήσω
2740 ὁ – ἐν τρισὶν ἡμέραις οἰ..ῶν [b] ‖ Mar
1529 [b] (vl [a]) cfr Joh 220 τεσσεράκ.
καὶ ἓξ ἔτεσιν οἰ..ήθη ὁ ναὸς οὗτος
Luc 429 ὄρους ἐφ' οὗ ἡ πόλις ᾠκοδόμητο
7 5 τὴν συναγωγὴν αὐτὸς ᾠκ..ησεν ἡμῖν
1218 μείζονας (sc ἀποθήκας) οἰκοδομήσω
(vl ποιήσω αὐτὰς μείζονας vg mai-
ora faciam)
1428 τίς – θέλων πύργον οἰ..ῆσαι οὐχί –;
– 30 ἤρξατο οἰκοδομεῖν καὶ οὐκ ἴσχυσεν
1728 ἐπώλουν, ἐφύτευον, ᾠκοδόμουν
Act 747.49 „ποῖον οἶκον οἰκοδομήσετέ μοι –;"
931 ἡ – ἐκκλησία – εἶχεν εἰρήνην οἰκοδο-
μουμένη καὶ πορευομένη τῷ φόβῳ
2032 τῷ δυναμένῳ οἰ..ῆσαι καὶ δοῦναι
Rm 1520 ἵνα μὴ ἐπ' ἀλλότριον θεμέλιον οἰ..ῶ
1 Co 8 1 ἡ δὲ ἀγάπη οἰκοδομεῖ
– 10 οὐχὶ ἡ συνείδησις αὐτοῦ – οἰκοδομη-
θήσεται εἰς τὸ τὰ εἰδωλόθ. ἐσθίειν;
1023 πάντα ἔξεστιν, ἀλλ' οὐ πάντα οἰ..εῖ
14 4 ὁ λαλῶν γλώσσῃ ἑαυτὸν οἰ..εῖ· ὁ δὲ
προφητεύων ἐκκλησίαν οἰκοδομεῖ
– 17 ἀλλ' ὁ ἕτερος οὐκ οἰκοδομεῖται
Gal 218 εἰ – ἃ κατέλυσα ταῦτα πάλιν οἰ..ῶ
1 Th 511 διὸ – οἰκοδομεῖτε εἷς τὸν ἕνα
1 Pe 2 5 ὡς λίθοι ζῶντες οἰ..εῖσθε (vl ἐποικο-
δομεῖσθε vg superaedificamini) οἶ-
κος πνευματικὸς 7 → Mat 2142

οἰκοδομή aedificatio [b]structura
Mat 24 1 τὰς οἰκ. τοῦ ἱεροῦ ‖ Mar 131 ποταπαὶ
οἰ..αἱ [b] 2 βλέπεις – τὰς μεγάλας οἰ..άς;
Rm 1419 διώκωμεν (vl ..ομεν) – τὰ τῆς οἰκ. τῆς
εἰς ἀλλήλους 152 ἕκαστος ἡμῶν τῷ
πλησίον ἀρεσκέτω εἰς τὸ ἀγαθὸν
πρὸς οἰκοδομήν
1 Co 3 9 θεοῦ γεώργιον, θεοῦ οἰκοδομή ἐστε
14 3 ὁ δὲ προφητεύων ἀνθρώποις λαλεῖ
οἰκοδομήν καὶ παράκλησιν
– 5 ἐκτὸς εἰ μὴ διερμηνεύῃ, ἵνα ἡ ἐκκλ.

οἰ..ην λάβῃ 12 πρὸς τὴν οἰκοδομὴν
τῆς ἐκκλησ. ζητεῖτε ἵνα περισσεύητε
1 Co 1426 πάντα πρὸς οἰκοδομὴν γινέσθω
2 Co 5 1 ὅτι –, οἰ..ὴν ἐκ θεοῦ ἔχομεν, οἰκίαν
10 8 ἐξουσίας ἡμῶν, ἧς ἔδωκεν ὁ κύριος
εἰς οἰκοδομὴν – ὑμῶν 1310
1219 τὰ δὲ πάντα – ὑπὲρ τῆς ὑμῶν οἰ..ῆς
Eph 221 Χοῦ –, ἐν ᾧ πᾶσα (vl + ἡ) οἰκ. συν-
αρμολογουμένη αὔξει εἰς ναὸν ἅγιον
412 εἰς οἰκοδομὴν τοῦ σώματος τοῦ Χοῦ
– 16 εἰς οἰκοδομὴν ἑαυτοῦ ἐν ἀγάπῃ
– 29 εἴ τις (sc λόγος) ἀγαθὸς πρὸς οἰ..ὴν
τῆς χρείας (vl πίστεως vg fidei)
(1 Ti 1 4 vl → οἰκονομία)

οἰκοδόμος aedificans Act 411 ὑφ' ὑμῶν τ. οἰ.

οἰκονομεῖν villicare Luc 162 οὐ – δύνῃ – οἰ.

οἰκονομία dispensatio [b]villicatio
Luc 16 2 ἀπόδος τὸν λόγον τῆς οἰκ.[b] σου 3[b] 4[b]
1 Co 917 εἰ δὲ ἄκων, οἰκονομίαν πεπίστευμαι
Eph 110 εἰς οἰκ. τοῦ πληρώματος τῶν καιρῶν
3 2 τὴν οἰκ. τῆς χάριτος – τῆς δοθείσης
μοι εἰς ὑμᾶς Col 125 κατὰ τὴν οἰκ.
τοῦ θεοῦ τὴν δοθεῖσάν μοι εἰς ὑμᾶς
– 9 [πάντας] τίς ἡ οἰκονομία τ. μυστηρίου
1 Ti 1 4 ἐκζητήσεις παρέχουσιν μᾶλλον ἢ οἰ-
κονομίαν (vl οἰκοδομὴν vg aedifica-
tionem) θεοῦ τὴν ἐν πίστει

οἰκονόμος dispensator [b]actor [c]arcarius
[d]villicus
Luc 1242 τίς – ὁ πιστὸς οἰκ. ὁ φρόνιμος –;
16 1 εἶχεν οἰ..ον[d], καὶ οὗτος διεβλήθη 3[d]
– 8 ἐπήνεσεν – τὸν οἰκονόμ.[d] τῆς ἀδικίας
Rm 1623 Ἔραστος ὁ οἰκονόμος[c] τῆς πόλεως
1 Co 4 1 ὡς – οἰκονόμους μυστηρίων θεοῦ
– 2 ζητεῖται ἐν τοῖς οἰκ. ἵνα πιστός τις
Gal 4 2 ὑπὸ ἐπιτρόπους ἐστὶν καὶ οἰ..ους[b]
Tit 1 7 ἀνέγκλητον εἶναι ὡς θεοῦ οἰ..ον
1 Pe 410 αὐτὸ διακονοῦντες ὡς καλοὶ οἰκονό-
μοι ποικίλης χάριτος θεοῦ

οἶκος domus [b]aedes [c](κατ' οἶκον) domesticus
1) vox proprie dicta
a) domus Dei
Mat 12 4 πῶς εἰσῆλθεν (sc Δαυίδ) εἰς τὸν οἶ-
κον τοῦ θεοῦ ‖ Mar 226 Luc 64
2113 „ὁ οἶκός μου οἶκος προσευχῆς" ‖
Mar 1117 Luc 1946 → Joh 216 μὴ ποι-

εἴτε τὸν οἶ. τοῦ πατρός μου οἶκον
ἐμπορίου 17 „ὁ ζῆλος τοῦ οἴκ. σου"
Luc 1151 μεταξὺ τοῦ θυσιαστηρίου καὶ τοῦ οἴ.ᵇ
Act 747 „Σολ. – οἰκοδόμησεν αὐτῷ οἶκον" 49

*b) hominum (vel ipse homo daemo-
nis) domicilium

Mat 9 6 ὕπαγε εἰς τὸν οἶκόν σου 7 ‖ Mar 211
Luc 524.25 – Mar 519 826
1244 εἰς τὸν οἶκόν μου ἐπιστρέψω ὅθεν
ἐξῆλθον ‖ Luc 1124
2338 ἰδοὺ ἀφίεται ὑμῖν ὁ οἶκος ὑμῶν ἔρη-
μος ‖ Luc 1335
Mar 2 1 ὅτι ἐν οἴκῳ ἐστίν (Jesus) 320 717 928
Luc 961 ἀποτάξασθαι τοῖς εἰς τὸν οἶκόν μου
1117 καὶ οἶκος ἐπὶ οἶκον πίπτει
1252 πέντε ἐν ἑνὶ οἴκῳ διαμεμερισμένοι
14 1.23 ἵνα γεμισθῇ μου ὁ οἶκος
16 4 ἵνα – δέξωνταί με εἰς τοὺς οἴκους
19 5 ἐν τῷ οἴκῳ σου δεῖ με μεῖναι
Act 246 κλῶντές τε κατ᾿ οἶκον ἄρτον
542 κατ᾿ οἶκον – διδάσκοντες 2020
8 3 κατὰ τοὺς οἴκους εἰσπορευόμενος
Rm 16 5 τὴν κατ᾿ οἶκονᶜ αὐτῶν ἐκκλησίαν 1 Co
1619 σὺν τῇ κατ᾿ οἶκονᶜ αὐτῶν ἐκκλ.
Col 415 Phm 2 κατ᾿ οἶκόν σου
1 Co 1134 ἐν οἴκῳ ἐσθιέτω 1435 ἐν οἴκῳ τοὺς
ἰδίους ἄνδρας ἐπερωτάτωσαν
Hb 3 3 καθ᾿ ὅσον πλείονα τιμὴν ἔχει τοῦ οἴ-
κου ὁ κατασκευάσας αὐτὸν 4

2) οἶκος = domestici, familia, stirps

Mat 10 6 πρὸς τὰ πρόβατα τὰ ἀπολωλότα οἴ-
κου ᾿Ισραήλ 1524 εἰς τὰ πρόβ. κτλ.
Luc 127 ἐξ οἴκου Δαυίδ 69 ἐν οἴκῳ Δαυίδ 24
ἐξ οἴκου καὶ πατριᾶς Δαυίδ
– 33 βασιλεύσει ἐπὶ τὸν οἶκον ᾿Ιακώβ
10 5 πρῶτον λέγετε· εἰρήνη τῷ οἶ. τούτῳ
1627 ἐρωτῶ σε –, ἵνα πέμψῃς αὐτὸν εἰς
τὸν οἶκον τοῦ πατρός μου
19 9 σωτηρία τῷ οἴκῳ τούτῳ ἐγένετο
Act 236 γινωσκέτω πᾶς οἶκ. ᾿Ισρ. 742 Hb 88
καὶ – ᾿Ιούδα 10 – Act 746 „εὑρεῖν σκή-
νωμα τῷ οἴκῳ (vl θεῷ vg) ᾿Ιακώβ"
710 „ἡγούμενον ἐπ᾿ Αἴγυπτον καὶ [ἐφ᾿]
ὅλον τὸν οἶκον" (sc Pharaonis)
10 2 φοβούμενος τ. θεὸν σὺν – τῷ οἴ. αὐτ.
1114 σωθήσῃ σὺ καὶ πᾶς ὁ οἶκός σου 1631
1615 ἐβαπτίσθη καὶ ὁ οἶκος αὐτῆς
18 8 ἐπίστευσεν – σὺν ὅλῳ τῷ οἴ. αὐτοῦ
1 Co 116 ἐβάπτισα δὲ καὶ τὸν Στεφανᾶ οἶκον
1 Ti 3 4 τοῦ ἰδίου οἴκου καλῶς προϊστάμενον
5.12 τῶν ἰδίων οἴκων

1 Ti 315 πῶς δεῖ ἐν οἴκῳ θεοῦ ἀναστρέφεσθαι,
ἥτις ἐστὶν ἐκκλησία θεοῦ
5 4 μανθανέτωσαν πρῶτον τὸν ἴδιον οἶ-
κον εὐσεβεῖν
2 Ti 116 ἔλεος – τῷ ᾿Ονησιφόρου οἴκῳ 419
Tit 111 ὅλους οἴκους ἀνατρέπουσιν διδάσκ.
Hb 3 2 „πιστὸν" –, ὡς καὶ „Μωϋσῆς ἐν [ὅ-
λῳ] τῷ οἴκῳ αὐτοῦ" 5.6 Χὸς δὲ ὡς
υἱὸς ἐπὶ „τὸν οἶκον αὐτοῦ"· οὗ οἶ-
κός ἐσμεν ἡμεῖς, ἐάν[περ] τ. παρρησίαν
1021 „ἱερέα μέγαν ἐπὶ τὸν οἶκ. τοῦ θεοῦ"
11 7 κιβωτὸν εἰς σωτηρίαν τοῦ οἴ. αὐτοῦ
1 Pe 2 5 οἰκοδομεῖσθε οἶκος πνευματικός
417 ὅτι [ὁ] καιρὸς τοῦ ἄρξασθαι τὸ κρίμα
ἀπὸ τοῦ οἴκου τοῦ θεοῦ

οἰκουμένη orbis ᵇuniversus orbis ᶜorbis
terrae, ..arum ᵈterra

Mat 2414 κηρυχθήσεται – ἐν ὅλῃ τῇ οἰκουμένῃ
Luc 2 1 ἀπογράφεσθαι πᾶσαν τὴν οἰκουμένην
4 5 πάσας τὰς βασιλείας τῆς οἰκουμέν.
2126 ἀπὸ – προσδοκίας τῶν ἐπερχομένων
τῇ οἰκ.ᵇ Act 1128 λιμὸν – μέλλειν ἔ-
σεσθαι ἐφ᾿ ὅλην τὴν οἰκ.ᶜ Ap 310 ὥ-
ρας τοῦ πειρασμοῦ – ἐπὶ τῆς οἰκ. ὅλ.
Act 17 6 οἱ τὴν οἰκ. (urbem vl orbem) ἀνα-
στατώσαντες οὗτοι – πάρεισιν
– 31 „κρίνειν τὴν οἰκουμ. ἐν δικαιοσύνῃ"
1927 ἣν – ἡ ᾿Ασία καὶ ἡ οἰκουμένη σέβεται
24 5 ᾿Ιουδαίοις τοῖς κατὰ τὴν οἰκουμέν.ᵇ
Rm 1018 „εἰς τὰ πέρατα τῆς οἰκουμένηςᶜ"
Hb 1 6 ὅταν – εἰσαγάγῃ τὸν πρωτότοκον εἰς
τὴν οἰκ.ᶜ 25 οὐ γὰρ ἀγγέλοις ὑπέ-
ταξεν τὴν οἰκουμέν.ᶜ τὴν μέλλουσαν
Ap 12 9 ὁ πλανῶν τὴν οἰκουμένην ὅλην
1614 ἐπὶ τοὺς βασιλεῖς τῆς οἰκουμ.ᵈ ὅλης

οἰκουργός (vl ..ρός) Sᵒ – domus curam
habens Tit 25 τὰς νέας – οἰκουργούς

οἰκτίρειν misericordiam praestare et mise-
rēri Rm 915 „οἰκτιρήσω ὃν ἂν οἰ..ω"

οἰκτιρμός, ..οί misericordia ᵇmiseratio
Rm 12 1 παρακαλῶ – διὰ τῶν οἰκτ. τοῦ θεοῦ
2 Co 1 3 ὁ πατὴρ τῶν οἰκτ. καὶ θεὸς πάσης
Phl 2 1 εἴ τις σπλάγχνα καὶ οἰ..οίᵇ (vg vi-
scera m..ionis vl et m..iones)
Col 312 ἐνδύσασθε – σπλάγχνα οἰκτιρμοῦ
Hb 1028 χωρὶς οἰκτιρμῶνᵇ – „ἀποθνήσκει"

οἰκτίρμων misericors ᵇmiserator
Luc 636 γίνεσθε οἰκτίρμονες, καθὼς [καὶ]

ὁ πατὴρ ὑμῶν οἰκτίρμων ἐστίν
Jac 5 11 „πολύσπλαγχνος – ὁ κύρ. καὶ οἰ."b

οἰνοπότης a *potator vini* b *bibens vinum*
Mat 11 19 φάγος καὶ οἰνοπότης a ‖ Luc 7 34 b

οἶνος *vinum*
Mat 9 17 οὐδὲ βάλλουσιν οἶνον νέον –· – ὁ οἶ-
νος ἐκχεῖται –· ἀλλὰ βάλλουσιν οἶ-
νον νέον ‖ Mar 2 22 Luc 5 37. 38
27 34 οἶνον (vl ὄξος) μετὰ χολῆς μεμιγμέ-
νον ‖ Mar 15 23 ἐσμυρνισμένον οἶνον
Luc 1 15 „οἶνον καὶ σίκερα οὐ μὴ πίῃ"
7 33 Ἰωάννης – μήτε πίνων οἶνον
10 34 ἐπιχέων ἔλαιον καὶ οἶνον
Joh 2 3 ὑστερήσαντος οἴνου –· οἶνον οὐκ ἔ-
χουσιν 9 τὸ ὕδωρ οἶνον γεγενημένον
10 4 46 ὅπου ἐποίησεν τὸ ὕδωρ οἶνον
Rm 14 21 καλὸν τὸ – μηδὲ πιεῖν οἶνον
Eph 5 18 καὶ „μὴ μεθύσκεσθε οἴνῳ", ἐν ᾧ
1 Ti 3 8 διακόνους – μὴ οἴνῳ πολλῷ προσέ-
χοντας Tit 2 3 πρεσβύτιδας – μὴ οἴνῳ
πολλῷ δεδουλωμένας
5 23 οἴνῳ ὀλίγῳ χρῶ διὰ τὸν στόμαχον
Ap 6 6 τὸν οἶνον μὴ ἀδικήσῃς (*laeseris*)
14 8 „ἐκ τοῦ οἴνου" τοῦ θυμοῦ τῆς πορ-
νείας – „πεπότικεν – τὰ ἔθνη" 18 3 17 2
„ἐμεθύσθησαν – ἐκ τοῦ οἴ." τῆς πορ.
– 10 „πίεται ἐκ τοῦ οἴ." τοῦ θυμοῦ τοῦ
θεοῦ τοῦ „κεκερασμένου ἀκράτου"
16 19 δοῦναι αὐτῇ „τὸ ποτήριον τοῦ οἴνου
τοῦ θυμοῦ – αὐτοῦ" 19 15 „πατεῖ τὴν
ληνὸν" τοῦ οἴνου τοῦ θυ. – τοῦ θεοῦ
18 13 λίβανον καὶ οἶνον καὶ ἔλαιον

οἰνοφλυγία S° – *vinolentia* 1 Pe 4 3

ὀκνεῖν *pigritari* Act 9 38 μὴ ὀκνήσῃς

ὀκνηρός *piger* Mat 25 26 Rm 12 11 Phl 3 1

ὀκταήμερος S° – *octavo* (vl ..a) *die* Phl 3 5

ὀκτώ *octo* Luc 2 21 ἡμέραι ὀ. τοῦ περιτεμεῖν
αὐτόν 9 28 Joh 5 5 20 26 μεθ' ἡμέρας ὀκτώ
Act 9 33 25 6 1 Pe 3 20 ὀλίγοι, τοῦτ' ἔστιν
ὀκτὼ ψυχαί, διεσώθησαν δι' ὕδατος

ὄλεθρος *interitus*
1 Co 5 5 τῷ σατανᾷ εἰς ὄλεθρον τῆς σαρκός
1 Th 5 3 τότε αἰφνίδιος αὐτοῖς ἐφίσταται ὄ..ος

2 Th 1 9 οἵτινες δίκην τίσουσιν ὄ..ον αἰώνιον
1 Ti 6 9 βυθίζουσιν τοὺς ἀνθρ. εἰς ὄλεθρον

ὀλιγοπιστία S° – Mat 17 20 διὰ τὴν ὀ..ίαν
(vl ἀπιστίαν vg *incredulitatem*) ὑμῶν

ὀλιγόπιστος S° – *modicae fidei* b *pusillae*
fidei Mat 6 30 ὀ..οι (vl *minimae fidei*) ‖
Luc 12 28 b – Mat 8 26 14 31 ὀ..ε 16 8 ὀ..οι

ὀλίγος, ὀλίγον, πρὸς ὀλίγον, ἐν ὀλίγῳ
paucus b *pusillus* c *modicus* (*m..um, ad*
m., in m..o) d *parvus* e (ὀ..ον) *minus*
f *minimus* g *exiguus* h *breviter, in brevi,*
breve tempus
Mat 7 11 ὀλίγοι εἰσὶν οἱ εὑρίσκοντες αὐτήν
9 37 οἱ δὲ ἐργάται ὀλίγοι ‖ Luc 10 2
15 34 καὶ ὀλίγα ἰχθύδια ‖ Mar 8 7 εἶχον
22 14 ὀλίγοι δὲ ἐκλεκτοί (vl 20 16 vg)
25 21 δοῦλε – πιστέ, ἐπὶ ὀλίγα ἦς πιστὸς 23
Mar 1 19 προβὰς ὀλίγον b 6 31 ἀναπαύσασθε
ὀλίγον b Luc 5 3 ἠρώτησεν αὐτὸν ἀπὸ
τῆς γῆς ἐπαναγαγεῖν ὀλίγον b
6 5 ὀλίγοις ἀρρώστοις ἐπιθεὶς τὰς χεῖρας
Luc 7 47 ᾧ δὲ ὀλίγον e ἀφίεται, ὀλ.e ἀγαπᾷ
(10 42 vl ὀλίγων δέ ἐστιν χρεία ἢ ἑνός)
12 48 ὁ δὲ μὴ γνούς, ποιήσας δὲ ἄξια
πληγῶν δαρήσεται ὀλίγας
13 23 κύριε, εἰ ὀλίγοι οἱ σῳζόμενοι;
Act 12 18 ἦν τάραχος οὐκ ὀλίγος d 19 23 d
14 28 διέτριβον δὲ χρόνον οὐκ ὀλίγον c
15 2 στάσεως καὶ ζητήσεως οὐκ ὀλίγης f
17 4 γυναικῶν τε τῶν πρώτων οὐκ ὀλίγαι
– 12 γυναικῶν – καὶ ἀνδρῶν οὐκ ὀλίγοι
19 24 τοῖς τεχνίταις οὐκ ὀ..ην c ἐργασίαν
26 28 ἐν ὀ..ῳ c με πείθεις 29 c καὶ ἐν μεγάλῳ
27 20 χειμῶνός τε οὐκ ὀλίγου g ἐπικειμένου
2 Co 8 15 „ὁ τὸ ὀλίγον c οὐκ ἠλαττόνησεν"
Eph 3 3 προέγραψα ἐν ὀλίγῳ h 1 Pe 5 12 h
1 Ti 4 8 πρὸς ὀλίγον c ἐστὶν ὠφέλιμος
5 23 οἴνῳ ὀλίγῳ c χρῶ διὰ τὸν στόμαχον
Hb 12 10 πρὸς ὀλίγας ἡμέρας – ἐπαίδευον
Jac (3 5 vl ὀλίγον (vg°) πῦρ ἡλίκην ὕλην
ἀνάπτει)
4 14 ἀτμὶς – ἡ πρὸς ὀλίγον c φαινομένη
1 Pe 1 6 ὀ..ον c ἄρτι εἰ δέον [ἐστὶν] λυπηθέντες
3 20 ὀλίγοι – διεσώθησαν δι' ὕδατος
5 10 ὀλίγον c παθόντας αὐτὸς καταρτίσει
Ap 2 14 ἀλλ' ἔχω κατὰ σοῦ ὀλίγα, ὅτι ἔχεις
3 4 ἔχεις ὀλίγα ὀνόματα ἐν Σάρδεσιν
12 12 εἰδὼς ὅτι ὀλίγον c καιρὸν ἔχει
17 10 ὀλίγον h αὐτὸν δεῖ μεῖναι

ὀλιγόψυχος *pusillanimis*
1 Th 5 14 παραμυθεῖσθε τοὺς ὀλιγοψύχους

ὀλιγωρεῖν *negligere* Hb 12 5 „παιδείας κυρ."

ὀλίγως S° – *paululum* 2 Pe 2 18 ὀλ. ἀποφεύ-
γοντας τοὺς ἐν πλάνῃ ἀναστρεφομένους

ὀλοθρεύειν *vastare* Hb 11 28 „ὁ ὀλοθρεύων"

ὀλοθρευτής S° – *exterminator* 1 Co 10 10

ὀλοκαύτωμα *holocautoma* (vl ..caust.)
Mar 12 33 περισσότερόν ἐστιν πάντων „τῶν ὀλ."
Hb 10 6 „ὁ..τα – οὐκ εὐδόκησας" 8 „οὐκ ἠθέλ."

ὀλοκληρία *integra sanitas* Act 3 16 ἡ πίστις –
ἔδωκεν αὐτῷ τὴν ὀλοκληρίαν ταύτην

ὀλόκληρος *integer*
1 Th 5 23 ὁ..ον ὑμῶν τὸ πνεῦμα – τηρηθείη
Jac 1 4 ἵνα ἦτε τέλειοι καὶ ὀλόκληροι, ἐν μη-
δενὶ λειπόμενοι

ὀλολύζειν *ululare* Jac 5 1 κλαύσατε ὀ..οντες

*ὅλος *totus* [b] *omnis* [c] *universus*
Mat 1 22 τοῦτο δὲ ὅλον γέγονεν ἵνα 26 56
5 29 ἵνα – μὴ ὅλον τὸ σῶμά σου βληθῇ
εἰς γέενναν 30 εἰς γέενναν ἀπέλθῃ
6 22 ὅλον τὸ σῶμά σου φωτεινὸν ἔσται 23
σκοτεινόν ‖ Luc 11 34. 36 φωτ. ὅλον
13 33 ἕως οὗ ἐζυμώθη ὅλον ‖ Luc 13 21
16 26 ἐὰν τὸν κόσμον ὅλον[c] κερδήσῃ ‖ Mar
8 36 Luc 9 25 κερδήσας τὸν κό. ὅλον[c]
22 37 „ἐν ὅλῃ τῇ καρδίᾳ σου καὶ ἐν ὅλῃ
τῇ ψυχῇ σου καὶ ἐν ὅλῃ τῇ διανοίᾳ
σου" ‖ Mar 12 30 „καὶ ἐξ ὅλ. τῆς ἰσχ.
σου" 33 „συνέσεως" Luc 10 27 [a a b b]
– 40 ὅλος[c] ὁ νόμος κρέμαται καὶ οἱ πρ.
Joh 7 23 ὅτι ὅλον ἄνθρωπον ὑγιῆ ἐποίησα
11 50 ἵνα – μὴ ὅλον τὸ ἔθνος ἀπόληται
13 10 ἀλλ' ἔστιν καθαρὸς ὅλος
19 23 ὑφαντὸς δι' ὅλου (*per totum*)
Rm 1 8 καταγγέλλεται ἐν ὅλῳ[c] τῷ κόσμῳ
16 23 ὁ ξένος μου καὶ ὅλης[c] τῆς ἐκκλησ.
1 Co 5 6 ὅλον τὸ φύραμα ζυμοῖ Gal 5 9
12 17 εἰ ὅλον τὸ σῶμα ὀφθαλμός κτλ.
Gal 5 3 ὀφειλέτης – ὅλον[c] τὸν νόμ. ποιῆσαι
Tit 1 11 ὅλους[c] οἴκους ἀνατρέπουσιν διδά-
σκοντες
Hb 3 2 „πιστὸν" ὄντα –, ὡς καὶ „Μωϋσῆς
ἐν [ὅλῳ][b] τῷ οἴκῳ αὐτοῦ" 5

Jac 2 10 ὅστις γὰρ ὅλον τὸν νόμον τηρήσῃ
3 2 δυνατὸς χαλιναγωγῆσαι καὶ ὅλον τὸ
σῶμα 3 ὅλον[b] τὸ σῶμα – μετάγομεν
– 6 ἡ σπιλοῦσα ὅλον τὸ σῶμα
1 Jo 2 2 περὶ ὅλου τοῦ κόσμου (sc ἁμαρτιῶν)
5 19 ὁ κόσμος ὅλος ἐν τῷ πονηρῷ κεῖται
Ap 3 10 ἐπὶ τῆς οἰκουμένης ὅλης[c] 16 14
12 9 ὁ πλανῶν τὴν οἰκουμένην ὅλην[e]

ὀλοτελής S° – *per omnia*
1 Th 5 23 ὁ θεὸς – ἁγιάσαι ὑμᾶς ὀλοτελεῖς

Ὀλυμπᾶς Rm 16 15 (vg *Olympiadem*)

ὀλυνθος *grossus* Ap 6 13 ὡς συκῆ – τοὺς ὀλ.

ὅλως *omnino* Mat 5 34 μὴ ὀμόσαι ὅλως
1 Co 5 1 ὅλως ἀκούεται ἐν ὑμῖν πορνεία
6 7 ὅλως ἥττημα ὑμῖν ἐστιν ὅτι κρίματα
15 29 εἰ ὅλως νεκροὶ οὐκ ἐγείρονται

ὄμβρος *nimbus* Luc 12 54 ὄμβρος ἔρχεται

ὀμείρεσθαι *desiderare* 1 Th 2 8 ὑμῶν

ὀμιλεῖν *loqui* [b] *alloqui* [c] *fabulari*
Luc 24 14 ὡμίλουν πρὸς ἀλλήλους περὶ 15 [c]
Act 20 11 ὁμιλήσας[b] ἄχρι αὐγῆς (sc Παῦλος)
24 26 διὸ καὶ πυκνότερον – ὡμίλει αὐτῷ

ὀμιλία *colloquium* 1 Co 15 33 ὁμιλίαι κακαί

ὀμίχλη *nebula* 2 Pe 2 17 ὁ..αι – ἐλαυνόμεναι

ὄμμα *oculus* Mat 20 34 Mar 8 23

ὀμνύειν, ὀμνύναι *iurare*
Mat 5 34 μὴ ὀμόσαι ὅλως· μήτε ἐν τῷ οὐρα-
νῷ 35 μήτε ἐν τῇ γῇ – μήτε εἰς Ἱε-
ροσόλυμα 36 μήτε ἐν τῇ κεφαλῇ σου
ὀμόσῃς → Jac 5 12
23 16 ὃς ἂν ὀμόσῃ ἐν τῷ ναῷ, – ὃς δ' ἂν
ὀμόσῃ ἐν τῷ χρυσῷ τοῦ ναοῦ 18. 20.
21. 22 ὁ ὀμόσας ἐν τῷ οὐρανῷ ὀμνύει
ἐν τῷ θρόνῳ τοῦ θεοῦ καὶ ἐν τῷ καθ-
ημένῳ ἐπάνω αὐτοῦ
26 74 ἤρξατο – ὀμνύειν ὅτι οὐκ οἶδα τὸν
ἄνθρωπον ‖ Mar 14 71 ὀμνύναι
Mar 6 23 ὤμ. αὐτῇ [πολλά] ὅ τι ἐὰν με αἰτήσῃς
Luc 1 73 ὅρκον ὃν „ὤμοσεν πρὸς Ἀβραάμ"
Act 2 30 ὅρκῳ „ὤμοσεν αὐτῷ" ὁ θεός
Hb 3 11 „ὡς ὤμοσα ἐν τῇ ὀργῇ μου" 4 3

Hb 318 τίσιν δὲ „ὤμοσεν μὴ εἰσελεύσεσθαι εἰς τὴν κατάπαυσιν αὐτοῦ –;
613 ἐπεὶ κατ' οὐδενὸς εἶχεν μείζονος ὀμόσαι, „ὤμοσεν καθ' ἑαυτοῦ" 16 ἄνθρωποι γὰρ κατὰ τοῦ μείζ. ὀ..ουσιν
721 „ὤμοσεν κύριος, καὶ οὐ μεταμέλη."

Jac 512 μὴ ὀμνύετε, μήτε τὸν οὐρανὸν μήτε

Ap 10 6 „ὤμοσεν ἐν τῷ ζῶντι εἰς τοὺς αἰῶν."

ὁμοθυμαδόν *unanimiter* ᵇ*unanimes* ᶜ*uno animo* ᵈ*collecti in unum*

Act 114 προσκαρτεροῦντες ὁμ. τῇ προσευχῇ
246 ἐν τῷ ἱερῷ – 424 512 ἦσαν ὁμ. πάντες ἐν τῇ στοᾷ Σολομῶντος 86 προσεῖχον – τοῖς λεγομένοις – ὁμοθ.
1525 ἔδοξεν ἡμῖν γενομένοις ὁμοθ.ᵈ
757 1220ᵇ 1812ᶜ 1929ᶜ εἰς τὸ θέατρον

Rm 15 6 ἵνα ὁμοθ.ᵇ ἐν ἑνὶ στόματι δοξάζητε

(ὁμοιάζειν Sᵒ – vl Mat 2673 ἡ λαλιά σου ὁμοιάζει Mar 1470 vgᵒ)

ὁμοιοπαθής Act 1415 ὀ..εῖς – ὑμῖν ἄνθρωποι *(mortales - similes vobis)* Jac 517 Ἠλίας ἄνθρωπος ἦν ὁμ. ἡμῖν *(homo – similis nobis passibilis)*

ὅμοιος *similis*

Mat 1116 ὁμοία ἐστὶν παιδίοις ‖ Luc 731 τίνι εἰσὶν ὅμοιοι; 32 ὅμοιοί εἰσιν παιδίοις
1331 ὁμοία ἐστὶν ἡ βασ. τῶν οὐρ. κόκκῳ σινάπεως 33 ζύμῃ 44 θησαυρῷ 45 ἐμπόρῳ 47 σαγήνῃ ‖ Luc 1318 τίνι ὁμοία ἐστὶν ἡ βασ. τοῦ θεοῦ –; 19 ὁμ. ἐστὶν κόκκῳ σιν. 21 ζύμῃ – Mat 201 ὁμ. – ἡ βασ. τ. οὐρ. ἀνθρώπῳ οἰκοδεσπότῃ (semel: οὕτως ἐστὶν ἡ βασιλεία τοῦ θεοῦ, ὡς Mar 426 *sic est)* – 52 γραμματεὺς μαθητευθεὶς τῇ βασιλείᾳ τῶν οὐρανῶν ὅμ. ἐστιν – οἰκοδεσπότῃ
2239 δευτέρα (sc ἐντολή) δὲ ὁμοία αὐτῇ (vl Mar 1231 ὁμοία ταύτῃ vg)

Luc 647 ὑποδείξω ὑμῖν τίνι ἐστὶν ὅμοιος 48 ὅμοιός ἐστιν – οἰκοδομοῦντι οἰκίαν 49
1236 ὑμεῖς ὅμοιοι ἀνθρώποις προσδεχομένοις τὸν κύριον ἑαυτῶν

Joh 855 ἔσομαι ὅμοιος ὑμῖν (vl ..ῶν) ψεύστης
9 9 οὐχί, ἀλλὰ ὅμοιος αὐτῷ ἐστιν

Act 1729 χρυσῷ – τὸ θεῖον εἶναι ὅμοιον

Gal 521 μέθαι, κῶμοι, καὶ τὰ ὅμοια τούτοις

1 Jo 3 2 ὅτι – ὅμοιοι αὐτῷ ἐσόμεθα

Jud 7 τὸν ὅμοιον τρόπον – ἐκπορνεύσασαι

Ap 113 εἶδον – ἐν μέσῳ τῶν λυχνιῶν „ὅμοιον υἱὸν (vl υἱῷ vg) ἀνθρώπου" 1414
– 15 218 43.6.7 97.10.19 111 132.4 τίς ὅμοιός τῷ θηρίῳ –; 11 1818 2111.18

ὁμοιότης *similitudo* Hb 415 πεπειρασμένον – καθ' ὁμοιότητα 715 εἰ „κατὰ τὴν" ὁμ. „Μελχισέδεκ" ἀνίσταται „ἱερεὺς" ἕτερος

ὁμοιοῦν act.: *similem aestimare* ᵇ*similem dicere* ᶜ*assimilare* – pass.: ᵈ*assimilari* ᵉ*s..em fieri* ᶠ*s..em esse* ᵍ*similari*

Mat 6 8 μὴ οὖν ὁμοιωθῆτεᵈ αὐτοῖς· οἶδεν γάρ
724 ὁμοιωθήσεταιᵈ ἀνδρὶ φρονίμῳ 26ᶠ
1116 τίνι δὲ ὁμοιώσω τὴν γενεὰν ταύτην; ‖ Luc 731ᵇ τοὺς ἀνθρ. τῆς γενεᾶς
1324 ὡμοιώθηᵉ ἡ βασ. τῶν οὐρ. ἀνθρώπῳ σπείραντι 1823ᵈ βασιλεῖ 222ᵉ βασιλεῖ
251 ὁμοιωθήσεταιᶠ – δέκα παρθένοις

Mar 430 πῶς ὁμοιώσωμενᶜ τὴν βασ. τ. θεοῦ –; ‖ Luc 1318 τίνι ὁμοιώσω (vl *similem esse existimabo)* –; 20 τίνι ὁμ. –;

Act 1411 οἱ θεοὶ ὁμοιωθέντεςᵉ ἀνθρώποις

Rm 929 „ὡς Γόμορρα ἂν ὡμοιώθημενᶠ"

Hb 217 ὤφειλεν κατὰ πάντα τοῖς ἀδελφοῖς ὁμοιωθῆναιᵍ (vl [se] *similare)*

ὁμοίωμα *similitudo* (ἐν, ἐπὶ τῷ ὁμ. *in s..nem)*

Rm 123 „ἤλλαξαν – ἐν ὁμοιώματι" εἰκόνος φθαρτοῦ ἀνθρώπου καὶ πετεινῶν
514 ἐπὶ τοὺς μὴ ἁμαρτήσαντας ἐπὶ τῷ ὁμοιώματι τῆς παραβάσεως Ἀδάμ
6 5 σύμφυτοι – τῷ ὁμ. τοῦ θανάτου αὐτοῦ
8 3 πέμψας ἐν ὁ..τι σαρκὸς ἁμαρτίας

Phl 2 7 ἐν ὁμοιώματι ἀνθρώπων γενόμενος

Ap 9 7 „τὰ ὁμοιώματα" τῶν ἀκρίδων „ὅμοια ἵπποις" ἡτοιμασμένοις „εἰς πόλεμον"

*ὁμοίως *similiter*

Mat 2635 ὁμοίως καὶ πάντες οἱ μαθηταὶ εἶπαν (Mar 4 16 vl οὗτοί εἰσιν ὁμ. οἱ ἐπὶ τὰ πετρώδη

Luc 631 ποιεῖτε αὐτοῖς ὁμ. [σπειρόμενοι)
1037 πορεύου καὶ σὺ ποίει ὁμοίως

Joh 519 ταῦτα καὶ ὁ υἱὸς ὁμοίως ποιεῖ

ὁμοίωσις *similitudo* (ad *si..nem)*

Jac 3 9 τοὺς „καθ' ὁμοίωσιν θεοῦ" γεγονότας

ὁμολογεῖν *confitēri* ᵇ(pass.) *confessio fit* ᶜ*polliceri*

Mat 723 ὀ..ήσω αὐτοῖς ὅτι οὐδέποτε ἔγνων
1032 ὅστις ὀ..ήσει ἐν ἐμοὶ ἔμπροσθεν τῶν

ἀνθρώπων, ὁμολόγήσω κἀγὼ ἐν αὐ-
τῷ ἔμπρ. τοῦ πατρός μου ‖ Luc 12 8
Mat 14 7 μεθ' ὅρκου ὡμολόγησεν ͨ αὐτῇ δοῦναι
Joh 1 20 ὡμολόγησεν καὶ οὐκ ἠρνήσατο, καὶ
ὡμολόγησεν ὅτι - οὐκ εἰμὶ ὁ χριστός
9 22 ἐάν τις αὐτὸν ὁμολογήσῃ χριστὸν
12 42 διὰ τοὺς Φαρισαίους οὐχ ὡμολόγουν
Act 7 17 τῆς ἐπαγγ. ἧς ὠ.ησεν ὁ θ. τῷ Ἀβ.
23 8 Φαρισαῖοι δὲ ὁ..οῦσιν τὰ ἀμφότερα
24 14 ὁμολογῶ δὲ τοῦτό σοι, ὅτι κατὰ
Rm 10 9 ἐὰν ὁμολογήσῃς (vl + τὸ ῥῆμα) „ἐν
τῷ στόματί σου" κύριον Ἰησοῦν (vl
ὅτι κύριος Ἰησοῦς) 10 στόματι δὲ ὁ-
μολογεῖται ͮ εἰς σωτηρίαν
1 Ti 6 12 ὡμολόγησας τὴν καλὴν ὁμολογίαν
Tit 1 16 θεὸν ὁμολογοῦσιν εἰδέναι, τοῖς δὲ
ἔργοις ἀρνοῦνται
Hb 11 13 ὁ..ήσαντες ὅτι „ξένοι καὶ παρεπίδη."
13 15 χειλέων ὁ..οὐντων τῷ ὀνόματι αὐτοῦ
1 Jo 1 9 ἐὰν ὁμολογῶμεν τὰς ἁμαρτίας ἡμῶν
2 23 ὁ ὁ..ῶν τὸν υἱὸν καὶ τὸν πατέρα ἔχει
4 2 πᾶν πνεῦμα ὃ ὁ..εῖ Ἰησοῦν Χὸν ἐν
σαρκὶ ἐληλυθότα 3 ὃ μὴ ὁμολογεῖ
τὸν Ἰησοῦν 15 ὃς ἐὰν ὁμολογήσῃ ὅτι
Ἰησοῦς ἐστιν ὁ υἱός τ.θ.
2 Jo 7 οἱ μὴ ὁμολογοῦντες Ἰησοῦν Χὸν ἐρ-
χόμενον (venisse) ἐν σαρκί
Ap 3 5 ὁμολογήσω τὸ ὄνομα αὐτοῦ ἐνώπιον
τοῦ πατρός μου καὶ - τῶν ἀγγέλων

ὁμολογία confessio
2 Co 9 13 ἐπὶ τῇ ὑποταγῇ τῆς ὁμολογίας ὑμῶν
εἰς τὸ εὐαγγέλιον τοῦ Χοῦ
1 Ti 6 12 → ὁμολογεῖν - 13 Χοῦ Ἰησοῦ τοῦ
μαρτυρήσαντος - τ. καλὴν ὁμολογίαν
Hb 3 1 τὸν ἀπόστολον καὶ ἀρχιερέα τῆς ὁ-
μολογίας ἡμῶν Ἰησοῦν
4 14 κρατῶμεν τῆς ὁμ. 10 23 κατέχωμεν
τὴν ὁμολογίαν τῆς ἐλπίδος ἀκλινῆ

ὁμολογουμένως manifeste 1 Ti 3 16 μέγα

(ὁμόσε vl Act 20 18 ὁμόσε ὄντων vg simul)

ὁμότεχνος S⁰ - eiusdem artis Act 18 3

ὁμοῦ simul ͮ pariter Joh 4 36 20 4 21 2
Act 2 1 ἦσαν πάντες ὁμοῦ ͮ ἐπὶ τὸ αὐτό

ὁμόφρων S⁰ - unanimis 1 Pe 3 8 πάντες ὁμ.

ὅμως tamen ͮ (ὅμ. μέντοι) verumtamen
Joh 12 42 ὅμως μέντοι ͮ καὶ ἐκ τῶν ἀρχόντων
πολλοὶ ἐπίστευσαν

1 Co 14 7 ὅμως - πῶς γνωσθήσεται τὸ αὐλού-
μενον ἢ τὸ κιθαριζόμενον;
Gal 3 15 ὅμως ἀνθρώπου κεκυρωμένην δια-
θήκην οὐδεὶς ἀθετεῖ

κατ' ὄναρ S⁰ - in somnis ͮ per visum
Mat 1 20 ἐφάνη 2 12. 13. 19. 22 27 19 ͮ ἔπαθον

ὀνάριον S⁰ - asellus Joh 12 14 εὑρὼν - ὀν.

ὀνειδίζειν exprobrare ͮ improperare
ᶜ maledicere ͩ convitiari
Mat 5 11 μακάριοι - ὅταν ὀνειδίσωσιν ͨ ὑμᾶς
Luc 6 22 - 1 Pe 4 14 εἰ ὀνειδίζεσθε ἐν
ὀνόματι Χοῦ, μακάριοι, ὅτι
11 20 ἤρξατο ὀνειδίζειν τὰς πόλεις ἐν αἷς
27 44 τὸ δ' αὐτὸ καὶ οἱ λησταὶ - ὠνείδιζον ͮ
αὐτὸν ‖ Mar 15 32 ͩ

Mar‖16 14 ὠνείδισεν τὴν ἀπιστίαν αὐτῶν‖

Rm 15 3 „οἱ ὀνειδισμοὶ (improperia) τῶν ὀ-
νειδιζόντων ͮ σε ἐπέπεσαν ἐπ' ἐμέ"
(1 Ti 4 10 vl κοπιῶμεν καὶ ὀνειδιζόμεθα ͨ)
Jac 1 5 αἰτείτω παρὰ τοῦ διδόντος θεοῦ πᾶ-
σιν ἀπλῶς καὶ μὴ ὀνειδίζοντος ͮ

ὀνειδισμός opprobrium ͮ improperium
Rm 15 3 → ὀνειδίζειν - 1 Ti 3 7 ἵνα μὴ εἰς ὀ-
νειδισμὸν ἐμπέσῃ (sc ὁ ἐπίσκοπος)
Hb 10 33 ὀ..οῖς τε καὶ θλίψεσιν θεατριζόμενοι
11 26 μείζονα πλούτου ἡγησάμενος - „τὸν
ὀνειδισμὸν ͮ τοῦ Χοῦ"
13 13 τὸν ὀν. ͮ αὐτοῦ (sc Ἰησοῦ) φέροντες

ὄνειδος opprobrium Luc 1 25 ἀφελεῖ

Ὀνήσιμος Col 4 9 ὅς ἐστιν ἐξ ὑμῶν Phm 10

Ὀνησίφορος 2 Ti 1 16 4 19 τὸν Ὀ..ου οἶκον

μύλος ὀνικός S⁰ - mola asinaria
Mat 18 6 ἵνα κρεμασθῇ μύλος ὀν. ‖ Mar 9 42

ὀνίνασθαι frui Phm 20 ἐγώ σου ὀναίμην

*ὄνομα nomen ͮ (χατ' ὀν.) nominatim
ᶜ (ὀνόματα) homines

ὄνομα cum βαπτίζειν, ἐπικαλεῖν,
..εῖσθαι → βαπτίζειν et ἐπικαλεῖν

1) Dei, Domini nomen
Mat 6 9 ἁγιασθήτω τὸ ὄνομά σου ‖ Luc 11 2
21 9 „ὁ ἐρχόμενος ἐν ὀνόματι κυρίου" ‖

Mar 11 9 Luc 19 38 „ὁ ἐρχ.", ὁ βασι-
λεὺς „ἐν–" Joh 12 13 – Mat 23 39 ‖
Luc 13 35
Luc 1 49 καὶ „ἅγιον τὸ ὄνομα αὐτοῦ"
Joh 5 43 ἐλήλυθα ἐν τῷ ὀν. τοῦ πατρός μου
10 25 ἃ ἐγὼ ποιῶ ἐν τῷ ὀν. τοῦ πατ. μου
12 28 δόξασόν σου τὸ ὄνομα (v1 τὸν υἱόν)
17 6 ἐφανέρωσά σου τὸ ὄν. τοῖς ἀνθρώπ.
– 11 τήρησον αὐτοὺς ἐν τῷ ὀν. σου ᾧ δέ-
δωκάς μοι 12 ἐγὼ ἐτήρουν αὐτοὺς
ἐν τῷ ὀνόματί σου ᾧ δέδωκάς μοι
– 26 ἐγνώρισα αὐτοῖς τὸ ὄνομά σου καὶ
γνωρίσω Hb 2 12 „ἀπαγγελῶ τὸ ὄνο-
μά σου τοῖς ἀδελφοῖς μου"
Act 15 14 λαβεῖν ἐξ ἐθνῶν λαὸν τῷ ὀν. αὐτοῦ
Rm 2 24 „τὸ – ὄν. τοῦ θεοῦ δι' ὑμᾶς βλασφη-
μεῖται" 1 Ti 6 1 ἵνα μὴ – βλασφημῆται
9 17 „ὅπως διαγγελῇ τὸ ὄν. μου ἐν – τ. γῇ"
15 9 „τῷ ὀνόματί σου ψαλῶ"
Phl 2 9 → infra sub f)
2 Ti 2 19 πᾶς ὁ „ὀνομάζων" τὸ ὄνομα κυρίου
Hb 2 12 → Joh 17 26 ‖ Hb 6 10 τῆς ἀγάπης
ἧς ἐνεδείξασθε εἰς τὸ ὄνομα αὐτοῦ
13 15 χειλέων ὁμολογούντων τῷ ὀν. αὐτοῦ
Jac 5 10 οἳ ἐλάλησαν ἐν τῷ ὀνόματι κυρίου
– 14 ἀλείψαντες – ἐλαίῳ ἐν τῷ ὀν. τοῦ χυ.
Ap 3 12 γράψω ἐπ' αὐτὸν τὸ ὄν. τ. θεοῦ μου
11 18 „τοῖς φοβουμένοις" τὸ ὄνομά σου
13 6 βλασφημῆσαι τὸ ὄνομα αὐτοῦ 16 9 ἐ-
βλασφήμησαν τὸ ὄνομα τοῦ θεοῦ
14 1 τὸ ὄνομα τοῦ πατρὸς αὐτοῦ γεγραμ-
μένον „ἐπὶ τῶν μετώπων" 22 4
15 4 „τίς οὐ μὴ – δοξάσει τὸ ὄνομά σου;"
2) Jesu Christi nomen
a) διὰ τὸ ὄνομα, διὰ et ἕνεκεν τοῦ
ὀνόματος
Mat 10 22 ἔσεσθε μισούμενοι – διὰ τὸ ὄν. μου
24 9 ‖ Mar 13 13 Luc 21 17.12 ἀπαγομέ-
νους ἐπὶ – ἡγεμόνας ἕν. τοῦ ὀνόμα-
τός μου Joh 15 21 ταῦτα πάντα ποιή-
σουσιν εἰς ὑμᾶς διὰ τὸ ὄνομά μου
19 29 ἀφῆκεν οἰκίας – ἕν. τοῦ ὀν. ός μου
Act 4 30 τέρατα γίνεσθαι διὰ τοῦ ὀν. τοῦ ἁ-
γίου παιδός σου Ἰησοῦ 10 43 ἄφεσιν
ἁμαρτιῶν λαβεῖν διὰ τοῦ ὀν. αὐτοῦ
1 Co 1 10 παρακαλῶ – διὰ τοῦ ὀν. τοῦ κυρ. ἡμ.
1 Jo 2 12 ἀφέωνται ὑμῖν αἱ ἁμαρτίαι διὰ τὸ ὄ-
νομα αὐτοῦ
Ap 2 3 ἐβάστασας διὰ τὸ ὄνομά μου
b) εἰς τὸ ὄνομα
Mat 18 20 ἢ τρεῖς συνηγμένοι εἰς τὸ ἐμὸν ὄν.

Joh 1 12 τοῖς πιστεύουσιν εἰς τὸ ὄνομα αὐτοῦ
2 23 πολλοὶ ἐπίστευσαν εἰς τὸ ὄν. αὐτοῦ
3 18 ὅτι μὴ πεπίστευκεν εἰς τὸ ὄνομα τοῦ
μονογενοῦς υἱοῦ τοῦ θεοῦ
1 Jo 5 13 τοῖς πιστεύουσιν εἰς τὸ ὄνομα τοῦ
υἱοῦ τοῦ θεοῦ → d) 1 Jo 3 23

c) ἐν et ἐπὶ τῷ ὀνόματι
Mat 18 5 ὃς ἐὰν δέξηται ἓν παιδίον – ἐπὶ τῷ ὀν.
μου ‖ Mar 9 37 Luc 9 48 τοῦτο τὸ παι.
24 5 πολλοὶ – ἐλεύσονται ἐπὶ τῷ ὀνόματί
μου ‖ Mar 13 6 Luc 21 8
Mar 9 38 ἐν τῷ ὀν. σου ἐκβάλλοντα δαιμόνια
39 οὐδεὶς – ποιήσει δύναμιν ἐπὶ τῷ ὀν.
– 41 ὃς – ἂν ποτίσῃ ὑμᾶς – ἐν ὀνόματι (v1
+ μου vg), ὅτι Χοῦ ἐστε
[[16 17 ἐν τῷ ὀν. μου δαιμόνια ἐκβαλοῦσιν
κτλ.]] Luc 10 17 καὶ τὰ δαιμόνια ὑπο-
τάσσεται ἡμῖν ἐν τῷ ὀνόματί σου
Luc 24 47 κηρυχθῆναι ἐπὶ τῷ ὀν. αὐτοῦ μετά-
νοιαν – Act 4 17 μηκέτι λαλεῖν ἐπὶ τῷ
ὀν. τούτῳ 18 μηδὲ διδάσκειν ἐπὶ τῷ
ὀνόματι τοῦ Ἰησοῦ 5 28 διδ. 40 λαλεῖν
Joh 14 13 ὅ τι ἂν αἰτήσητε ἐν τῷ ὀν. μου 14
ἐάν τι αἰτήσητέ με ἐν τῷ ὀνόματί μου
– 15 16 τὸν πατέρα ἐν τῷ ὀν. μου
16 23 ἐν τῷ ὀν. μου δώσει ὑμῖν 24 ἕως
ἄρτι οὐκ ᾐτήσατε – ἐν τῷ ὀνόματί μου
26 ἐν τῷ ὀνόματί μου αἰτήσεσθε
– 26 τὸ πνεῦμα τὸ ἅγιον ὃ πέμψει ὁ πα-
τὴρ ἐν τῷ ὀνόματί μου
20 31 ἵνα – ζωὴν ἔχητε ἐν τῷ ὀνόμ. αὐτοῦ
Act 3 6 ἐν τῷ ὀνόμ. Ἰησοῦ Χοῦ – περιπάτει
4 7 ἐν ποίῳ ὀν. ἐποιήσατε τοῦτο –; 10 ἐν
τῷ ὀν. Ἰ. Χοῦ – παρέστηκεν – ὑγιής
– 12 οὐδὲ γὰρ ὄνομά ἐστιν ἕτερον – ἐν ᾧ
– 17.18 5 28.40 – Luc 24 47
9 27 πῶς – ἐπαρρησιάσατο ἐν τῷ ὀν. τ. Ἰη-
σοῦ 28 π.ζόμενος ἐν τῷ ὀν. τοῦ κυ.
16 18 παραγγέλλω σοι ἐν ὀνόματι Ἰησοῦ
Χοῦ ἐξελθεῖν ἀπ' αὐτῆς – 19 13 → f)
1 Co 5 4 ἐν τῷ ὀν. τοῦ χυ. – Ἰησ. συναχθέντων
6 11 ἐδικαιώθητε ἐν τῷ ὀνόμ. τοῦ κυρίου
Ἰ. Χοῦ καὶ ἐν τῷ πνεύματι τοῦ θεοῦ
Eph 5 20 εὐχαριστοῦντες – ἐν ὀν. τοῦ κυ. ἡμ.
Phl 2 10 ἵνα ἐν τῷ ὀν. Ἰησ. „πᾶν γόνυ κάμψῃ"
Col 3 17 πᾶν ὅ τι ἐὰν ποιῆτε ἐν λόγῳ ἢ ἐν ἔρ-
γῳ, πάντα ἐν ὀνόματι κυρίου Ἰησοῦ
2 Th 3 6 παραγγέλλομεν – ὑμῖν – ἐν ὀνόματι
τοῦ κυρίου [ἡμῶν] Ἰησοῦ Χοῦ

övoμα   364   övoμα

1 Pe 4 14 εἰ ὀνειδίζεσθε ἐν ὀνόματι Χοῦ
    – 16 εἰ δὲ ὡς Χριστιανός (sc πάσχει), –
    δοξαζέτω – τὸν θεὸν ἐν τῷ ὀν. τούτῳ

d) τῷ ὀνόματι

Mat 7 22 οὐ „τῷ σῷ ὀνόμ. ἐπροφητεύσαμεν,"
    καὶ τῷ σῷ ὀν. δαιμόνια ἐξεβάλομεν,
    καὶ τῷ σῷ ὀν. δυνάμεις – ἐποιήσαμεν;
1 Jo 3 23 ἵνα πιστεύσωμεν τῷ ὀν. – Ἰησοῦ Χοῦ

e) πρὸς τὸ ὄν., περὶ et ὑπὲρ τοῦ ὀν.

Act 5 41 ὑπὲρ τοῦ ὀνόματος ἀτιμασθῆναι
    8 12 εὐαγγελιζομένῳ περὶ τῆς βασιλείας
    τοῦ θεοῦ καὶ τοῦ ὀνόμ. Ἰησοῦ Χοῦ
    9 16 ὅσα δεῖ – ὑπὲρ τοῦ ὀν. μου παθεῖν
    15 26 παραδεδωκόσι τὰς ψυχὰς – ὑπὲρ τοῦ
    ὀνόμ. τοῦ κυρίου ἡμῶν Ἰησοῦ Χοῦ
    21 13 ἀποθανεῖν – ἑτοίμως ἔχω ὑπὲρ τοῦ
    ὀνόματος τοῦ κυρίου Ἰησοῦ
    26 9 ἔδοξα ἐμαυτῷ πρὸς τὸ ὄνομα Ἰησοῦ
    – δεῖν πολλὰ ἐναντία πρᾶξαι
Rm 1 5 εἰς ὑπακοὴν πίστεως ἐν πᾶσιν τοῖς
    ἔθνεσιν ὑπὲρ τοῦ ὀνόματος αὐτοῦ
3 Jo 7 ὑπὲρ γὰρ τοῦ ὀνόματος ἐξῆλθον

f) reliqui loci nomen Jesu, Domini,
    Agni continentes

Mat 1 21 καλέσεις τὸ ὄν. αὐτοῦ Ἰησοῦν 25 ‖
    Luc 1 31   2 21 – Mat 1 23 „καλέσουσιν
    τὸ ὄνομα αὐτοῦ Ἐμμανουήλ"
    12 21 „τῷ ὀνόματι αὐτοῦ ἔθνη ἐλπιοῦσιν"
Mar 6 14 φανερὸν γὰρ ἐγένετο τὸ ὄν. αὐτοῦ
Act 3 16 ἐπὶ τῇ πίστει τοῦ ὀν. αὐτοῦ τοῦτον
    – ἐστερέωσεν τὸ ὄνομα αὐτοῦ
    9 15 βαστάσαι τὸ ὄν. μου ἐνώπιον ἐθνῶν
    19 13 ὀνομάζειν (invocare) ἐπὶ τοὺς ἔχον-
    τας τὰ πνεύμ. – τὸ ὄν. τοῦ κυρ. Ἰησ.
    – 17 ἐμεγαλύνετο τὸ ὄν. τοῦ κυρ. Ἰησοῦ
Phl 2 9 ἐχαρίσατο αὐτῷ τὸ ὄνομα τὸ ὑπὲρ
    πᾶν ὄνομα cfr 3) Eph 1 21
2 Th 1 12 „ὅπως ἐνδοξασθῇ τὸ ὄνομα" τοῦ κυ-
    ρίου ἡμῶν Ἰησοῦ „ἐν ὑμῖν"
2 Ti 2 19 ὁ „ὀνομάζων τὸ ὄν. κυρίου" → 1)
Hb 1 4 ὅσῳ διαφορώτερον παρ' αὐτοὺς κε-
    κληρονόμηκεν ὄνομα
Jac 2 7 οὐκ αὐτοὶ βλασφημοῦσιν τὸ καλὸν
    ὄνομα τὸ ἐπικληθὲν ἐφ' ὑμᾶς;
Ap 2 13 κρατεῖς τὸ ὄνομά μου 3 8 καὶ οὐκ ἠρ-
    νήσω τὸ ὄνομά μου
    3 12 γράψω ἐπ' αὐτὸν – τὸ ὄν. μου τὸ και-
    νόν – 19 12 ἔχων ὄν. γεγραμμένον ὃ
    οὐδεὶς οἶδεν 13 κέκληται τὸ ὄν. αὐ-

τοῦ ὁ λόγος τοῦ θεοῦ (cfr 2 17) 19 16
    ὄνομα γεγραμμένον· βασιλεὺς β..έων
Ap 14 1 τὸ ὄν. αὐτοῦ (sc τοῦ ἀρνίου) – γε-
    γραμμ. „ἐπὶ τῶν μετώπων" αὐτῶν 22 4

3) ὄνομα non ad Deum vel Christum
    relatum

Mat 10 2 τῶν – ἀποστόλων τὰ ὀν. ‖ Mar 3 16 ἐπ-
    έθηκεν ὄνομα τῷ Σίμωνι Πέτρον 17
    ὀνόμα[τα] Βοανηργές Luc 6 13 → ὀνο-
    μάζειν – cfr Ap 21 14
    – 41 ὁ δεχόμενος προφήτην εἰς ὄν. προ-
    φήτου – , – δίκαιον εἰς ὄνομα δικαίου
    42 ὃς ἂν ποτίσῃ ἕνα τῶν μικρῶν τού-
    των – εἰς ὄνομα μαθητοῦ ‖ Mar 9 41
    ὑμᾶς – ἐν ὀνόματι (vl + μου vg),
    ὅτι Χοῦ ἐστε
Mar 5 9 τί ὄν. σοι; – λεγιὼν ὄν. μοι ‖ Luc 8 30
Luc 6 22 ὅταν – ἐκβάλωσιν τὸ ὄνομα ὑμῶν ὡς
    πονηρὸν ἕνεκα τοῦ υἱοῦ τοῦ ἀνθρ.
    10 20 χαίρετε – ὅτι τὰ ὀνόματα ὑμῶν ἐγ-
    γέγραπται ἐν τοῖς οὐρανοῖς
Joh 5 43 ἐὰν ἄλλος ἔλθῃ ἐν τῷ ὀνόμ. τῷ ἰδίῳ
    10 3 τὰ ἴδια πρόβατα φωνεῖ κατ' ὄνομα[b]
Act 1 15 ἦν – ὄχλος ὀνομάτων[c] ἐπὶ τὸ αὐτό
    Ap 3 4 ἔχεις ὀλίγα ὀν. ἐν Σάρδεσιν
    11 13 ὀν..τα ἀνθρώπων χιλιάδες ἑπτά
    18 15 ζητήματα – περὶ – ὀν..των καὶ νόμου
Eph 1 21 ὑπεράνω – παντὸς ὀνόματος ὀνομα-
    ζομένου – Phl 2 9 → 2) f)
Phl 4 3 ὧν τὰ ὀν. „ἐν βίβλῳ ζωῆς" → Ap 3 5
3 Jo 15 ἀσπάζου τοὺς φίλους κατ' ὄνομα[b]
Ap 2 17 ἐπὶ τὴν ψῆφον „ὄν. καινὸν" γεγραμμ.
    3 1 ὄνομα ἔχεις ὅτι ζῇς, καὶ νεκρὸς εἶ
    – 5 οὐ μὴ „ἐξαλείψω" τὸ ὄν. αὐτοῦ „ἐκ
    τῆς βίβλου τῆς ζωῆς", καὶ ὁμολογή-
    σω τὸ ὄνομα αὐτοῦ 13 8 οὗ οὐ „γέ-
    γραπται" τὸ ὄν. αὐτοῦ „ἐν τῷ βιβλίῳ
    τῆς ζωῆς" τοῦ ἀρνίου 17 8 ὧν οὐ –
    – 12 γράψω ἐπ' αὐτὸν – „τὸ ὄνομα τῆς
    πόλεως τοῦ θεοῦ μου → 1) et 2) f)
    6 8 ὄν. αὐτῷ „[ὁ] θάνατος" καὶ „ὁ ᾅδ."
    8 11 τὸ ὄνομα τοῦ ἀστέρος – ὁ „Ἄψινθος"
    9 11 ὄνομα αὐτῷ – Ἀβαδδών, καὶ ἐν τῇ
    Ἑλληνικῇ ὄνομα ἔχει Ἀπολλύων
    13 1 ὀνόμα[τα] βλασφημίας 17 3
    – 17 εἰ μὴ ὁ ἔχων τὸ χάραγμα τὸ ὄνομα
    τοῦ θηρίου ἢ τὸν ἀριθμὸν τοῦ ὀν.
    αὐτοῦ 14 11 εἴ τις λαμβάνει τὸ χά-
    ραγμα τοῦ ὀν. αὐτοῦ 15 2 τοὺς νικῶν-
    τας – ἐκ τοῦ ἀριθμοῦ τοῦ ὀν. αὐτοῦ
    17 5 ὄν. γεγραμμ., μυστήριον, Βαβυλὼν

Ap 21 12 ὀνόματα ἐπιγεγραμμένα, – [τὰ ὀνό-
ματα] τῶν δώδεκα φυλῶν 14 ὀνόματα
τῶν δώδεκα ἀποστόλων τοῦ ἀρνίου

ὀνομάζειν nominare ᵇcogn- ᶜinvocare
Luc 6 13 οὓς κ. ἀποστόλους ὠνόμασεν [Mar 3 14]
– 14 Σίμωνα ὃν καὶ ὠνόμασενᵇ Πέτρον
Act 19 13ᶜ → ὄνομα 2) f)
Rm 15 20 εὐαγγελ. οὐχ ὅπου ὠνομάσθη Χός
1 Co 5 11 ἐάν τις ἀδελφὸς ὀ..όμενος ἢ πόρνος
ἢ πλεονέκτης – Eph 1 21 → ὄνομα 3)
Eph 3 15 τὸν πατέρα, ἐξ οὗ πᾶσα πατριὰ ἐν
οὐρανοῖς καὶ ἐπὶ γῆς ὀνομάζεται
5 3 πορνεία – μηδὲ ὀνομαζέσθω ἐν ὑμῖν
2 Ti 2 19 „ὁ ὀνομάζων τὸ ὄνομα κυρίου"

ὄνος, ὁ et ἡ asinus ᵇasina Mat 21 2ᵇ 5ᵇ 7ᵇ
Luc 13 15 λύει – τὸν ὄν. (vl 14 5) Joh 12 15ᵇ

ὄντως vere ᵇ(adiectivi vice) verus
Mar 11 32 εἶχον τὸν Ἰωάν. ὅ. ὅτι προφήτης ἦν
Luc 23 47 ὄντως ὁ ἄνθρωπος οὗτος δίκαιος ἦν
24 34 ὅτι ὄντως ἠγέρθη ὁ κύριος
Joh 8 36 ὄντως ἐλεύθεροι ἔσεσθε
1 Co 14 25 ὅτι „ὄντως ὁ θεὸς ἐν ὑμῖν ἐστιν"
Gal 3 21 ὄντως ἐκ νόμου ἂν ἦν ἡ δικαιοσύνη
1 Ti 5 3 χήρας τίμα τὰς ὄντως χήρας 5 ἡ δὲ
ὄντως χήρα καὶ μεμονωμένη 16 ἵνα
ταῖς ὄντως χήραις ἐπαρκέσῃ
6 19 ἵνα ἐπιλάβωνται τῆς ὄντωςᵇ ζωῆς

ὄξος acetum Mat 27 (vl 34) 48 ‖ Mar 15 36 –
Luc 23 36 Joh 19 29.30 ὅτε – ἔλαβεν τὸ ὄξος

ὀξύς acutus ᵇvelox
Rm 3 15 „ὀξεῖςᵇ οἱ πόδες αὐτῶν ἐκχέαι αἷμα"
Ap 1 16 ἐκ τ. στόματος – ῥομφαία – ὀξεῖα 2 12
19 15 – 14 14 δρέπανον ὀξὺ 17.18

ὀπή ᵃcaverna ᵇforamen Hb 11 38ᵃ
Jac 3 11 ἡ πηγὴ ἐκ τῆς αὐτῆς ὀπῆςᵇ βρύει

ὄπισθεν retro ᵇpost
Mat 9 20 προσελθοῦσα ὄπ. ‖ Mar 5 27 Luc 8 44
15 23ᵇ – Luc 23 26 σταυρὸν φέρειν ὄπι-
σθενᵇ τοῦ Ἰησοῦ
Ap 4 6 – 51 „βιβλίον γεγραμμένον ἔσωθεν
καὶ ὄπισθεν" (vl ἔξωθεν vg foris)

ὀπίσω post ᵇretro ᶜretrorsum ᵈ(cum ἀ-
κολουθεῖν, ἔρχεσθαι) sequi aliquem
Mat 3 11 ὁ δὲ ὀπίσω μου ἐρχόμενος ‖ Mar 1 7

Joh 1 15 ἔμπροσθέν μου γέγονεν 27.30
Mat 4 19 δεῦτε ὀπίσω μου ‖ Mar 1 17.20 καὶ –
ἀπῆλθον ὀπίσω αὐτοῦᵈ
10 38 ὃς οὐ λαμβάνει τὸν σταυρὸν – καὶ ἀ-
κολουθεῖ ὀπ. μουᵈ ‖ Luc 14 27 ἔρχεται
16 23 ὕπαγε ὀπ. μου, σατανᾶ ‖ Mar 8 33ᵇ
– 24 εἴ τις θέλει ὀπίσω μου ἐλθεῖν ‖ Mar
8 34ᵈ (vl post me sequi) Luc 9 23 ἔρχ.
24 18 μὴ ἐπιστρεψάτω ὀπ. (vgᵒ) ‖ Mar 13 16
εἰς τὰ ὀπίσωᵇ Luc 17 31 εἰς τὰ ὀπ.ᵇ
Luc 7 38 στᾶσα ὀπ.ᵇ 9 62 βλέπων εἰς τὰ ὀπ.ᵇ
19 14 ἀπέστειλαν πρεσβείαν ὀπίσω αὐτοῦ
21 8 μὴ πορευθῆτε ὀπίσω αὐτῶν
Joh 6 66 πολλοί – ἀπῆλθον εἰς τὰ ὀπίσωᵇ
12 19 ὁ κόσμος ὀπίσω αὐτοῦ ἀπῆλθεν
18 6 ἀπῆλθον εἰς τὰ ὀπίσωᶜ καὶ ἔπεσαν
20 14 ἐστράφη εἰς τὰ ὀπίσωᶜ, καὶ θεωρεῖ
Act 5 37 ἀπέστησεν λαὸν ὀπίσω αὐτοῦ
20 30 τοῦ ἀποσπᾶν τοὺς μαθητὰς ὀπίσω
αὐτῶν (vl ἑαυτῶν)
Phl 3 13 τὰ μὲν ὀπ.ᵇ (quae r. sunt) ἐπιλανθα-
νόμενος τοῖς δὲ ἔμπρ. ἐπεκτεινόμενος
1 Ti 5 15 ἐξετράπησαν ὀπ.ᵇ (vlᵃ) τοῦ σατανᾶ
2 Pe 2 10 τοὺς ὀπίσω σαρκὸς – πορευομένους
Jud 7 ἀπελθοῦσαι ὀπίσω σαρκὸς ἑτέρας
Ap 1 10 ἤκουσα ὀπ. μου φωνὴ 12 15 ἔβαλεν
– ὀπ. τῆς γυναικὸς ὕδωρ ὡς ποταμόν –
13 3 ἐθαυμάσθη ὅλη ἡ γῆ ὀπ. τοῦ θηρίου

ὅπλα arma ὁπλίζεσθαι Sᵒ – armari
Joh 18 3 μετὰ φανῶν καὶ – ὅπλων
Rm 6 13 μηδὲ – τὰ μέλη ὑμῶν ὅπλα ἀδικίας –,
ἀλλὰ – ὅπλα δικαιοσύνης τῷ θεῷ
13 12 ἐνδυσώμεθα (δὲ) τὰ ὅπλα τοῦ φωτός
2 Co 6 7 διὰ τῶν ὅπλων τῆς δικαιοσύνης τῶν
δεξιῶν (a dextris) καὶ ἀριστερῶν
10 4 τὰ γὰρ ὅπλα τῆς στρατείας ἡμῶν οὐ
σαρκικὰ ἀλλὰ δυνατὰ τῷ θεῷ
1 Pe 4 1 ὑμεῖς τὴν αὐτὴν ἔννοιαν ὁπλίσασθε

ὁποῖος qualis Act 26 29 1 Co 3 13
Gal 2 6 ὁποῖοί ποτε ἦσαν οὐδέν μοι διαφέρει
1 Th 1 9 ὁποίαν εἴσοδον ἔσχομεν πρὸς ὑμᾶς
Jac 1 24 καὶ εὐθέως ἐπελάθετο ὁποῖος ἦν

ὀπτάνεσθαι apparēre
Act 1 3 δι' ἡμερῶν τεσσεράκοντα ὀπτανόμε-
νος αὐτοῖς

ὀπτασία visio
Luc 1 22 ὅτι ὀπτασίαν ἑώρακεν ἐν τῷ ναῷ
24 23 λέγουσιν – ὀ..αν ἀγγέλων ἑωρακέναι

Act 26 19 οὐκ ἐγεν. ἀπειθὴς τῇ οὐρανίῳ ὀπτ.
2 Co 12 1 ἐλεύσομαι δὲ εἰς ὀπτασίας – κυρίου

ὀπτός *assus* Luc 24 42 ἰχθύος ὀπτοῦ μέρος

ὀπώρα *poma* (pl) Ap 18 14 τῆς ἐπιθυμίας

ὅραμα *visio* ᵇ*visus* → ὅρασις
Mat 17 9 μηδενὶ εἴπητε τὸ ὅρ. ἕως οὗ ὁ υίός
Act 7 31 Μωϋσῆς – ἐθαύμαζεν τὸ ὅραμα ᵇ
    9 10 εἶπεν – ἐν ὁ..ατι ᵇ [12] 10 3 εἶδεν ἐν ὁρ.ᵇ
    10 17 τί ἂν εἴη τὸ ὅρ. ὃ εἶδεν (Petrus) 19
    11 5 εἶδον ἐν ἐκστάσει ὅραμα (Petrus)
    12 9 ἐδόκει δὲ ὅραμα ᵇ βλέπειν (Petrus)
    16 9 ὅρ. διὰ [τῆς] νυκτὸς τῷ Π. ὤφθη 10ᵇ
    18 9 εἶπεν – ὁ κύριος ἐν νυκτὶ δι' ὁ..τος

ὁρᾶν εἶδον κτλ. → ἰδεῖν
1) formae vis transitivae: ὁρᾶν, ἑωρα-
    κέναι (ἑορ.), ὄψεσθαι *videre*
    a) personae videntur
        α) Deus, pater, dominus
Mat 5 8 ὅτι αὐτοὶ τὸν θεὸν ὄψονται
Joh 1 18 θεὸν οὐδεὶς ἑώρακεν πώποτε
    5 37 οὔτε εἶδος αὐτοῦ ἑωράκατε
    6 46 οὐχ ὅτι τὸν πατέρα ἑώρακέν τις, εἰ
        μή –, οὗτος ἑώρακεν τὸν πατέρα
    11 40 οὐκ εἶπόν σοι ὅτι ἐὰν πιστεύσῃς ὄψῃ
        τὴν δόξαν τοῦ θεοῦ;
    14 7 ἀπ' ἄρτι – αὐτὸν – ἑωράκατε 9 ὁ ἑω-
        ρακὼς ἐμὲ ἑώρακεν τὸν πατέρα
Hb 11 27 τὸν – ἀόρατον ὡς ὁρῶν ἐκαρτέρησεν
    12 14 οὗ χωρὶς οὐδεὶς ὄψεται τὸν κύριον
1 Jo 3 2 ὀψόμεθα αὐτὸν καθὼς ἐστιν
    – 6 ὁ ἁμαρτάνων οὐχ ἑώρακεν αὐτόν
    4 20 τὸν θεὸν ὃν οὐχ ἑώρακεν → γ)
3 Jo 11 ὁ κακοποιῶν οὐχ ἑώρακεν τὸν θεόν
Ap 22 4 „ὄψονται τὸ πρόσωπον αὐτοῦ"

        β) videtur Christus, filius etc.

Mat 24 30 ὄψονται ..τ. υίὸν τοῦ ἀνθρ. ἐρχόμενον
        ἐπὶ τῶν νεφ." ‖ Mar 13 26 Luc 21 27
    26 64 ὄψεσθε „τὸν υίὸν τοῦ ἀνθρ. καθήμε-
        νον ἐκ δεξιῶν τῆς δυν." ‖ Mar 14 62
    28 7 ἐκεῖ αὐτὸν ὄψεσθε ‖ Mar 16 7
    – 10 εἰς τὴν Γαλιλαίαν, κἀκεῖ με ὄψονται
Joh 6 36 ἑωράκατέ [με] καὶ οὐ πιστεύετε
    9 37 ἑώρακας αὐτὸν καὶ ὁ λαλῶν μετὰ σοῦ
    14 9 ὁ ἑωρακὼς ἐμὲ ἑώρακεν τὸν πατέρα
    16 16 πάλιν μικρὸν καὶ ὄψεσθέ με 17. 19
    19 37 „ὄψονται εἰς ὃν ἐξεκέντησαν" Ap 1 7

„ὄψεται" αὐτὸν πᾶς ὀφθαλμὸς καὶ
    οἵτινες αὐτὸν „ἐξεκέντησαν"
Joh 20 18 ὅτι ἑώρακα (vl ..κεν) τὸν κύριον 25
        ἑωράκαμεν τὸν κύριον 29 ὅτι ἑώρα-
        κάς με πεπίστευκας;
Rm 15 21 „οἷς οὐκ ἀνηγγέλη περὶ αὐτ. ὄψονται"
1 Co 9 1 οὐχὶ Ἰησοῦν τὸν κύρ. ἡμῶν ἑόρακα;
1 Pe 1 8 εἰς ὃν ἄρτι μὴ ὁρῶντες πιστεύοντες
        δὲ ἀγαλλιᾶσθε

        γ) videntur homines

Mar 8 24 ὡς δένδρα ὁρῶ περιπατοῦντας
Luc 13 28 ὅταν ὄψησθε Ἀβρ. – ἐν τῇ βασ. τ. ϑ.
    16 23 ὁρᾷ Ἀβρ. ἀπὸ μακρόθεν καὶ Λάζ.
Joh 8 57 καὶ Ἀβραὰμ ἑώρακας (vl ..κέν σε);
    16 22 πάλιν δὲ ὄψομαι ὑμᾶς, καὶ χαρήσεται
Act 8 23 „σύνδεσμον ἀδικίας" ὁρῶ σε ὄντα
    20 25 ὅτι οὐκέτι ὄψεσθε τὸ πρόσωπόν μου
Col 2 1 ὅσοι οὐχ ἑόρακαν τὸ πρόσωπόν μου
Hb 13 23 μεθ' οὗ (sc Τιμοθέου) – ὄψομαι ὑμᾶς
1 Jo 4 20 ὁ – μὴ ἀγαπῶν τὸν ἀδελφὸν αὐτοῦ
        ὃν ἑώρακεν, τὸν θεὸν ὃν οὐχ ἑώρα-
        κεν οὐ δύναται ἀγαπᾶν

    b) videntur res vel facta

Luc 1 22 ὅτι ὀπτασίαν ἑώρακεν ἐν τῷ ναῷ
    3 6 „ὄψεται πᾶσα σὰρξ τὸ σωτήριον τοῦ
    9 36 οὐδὲν ὧν ἑώρακαν [θεοῦ]
    17 22 ἐπιθυμήσετε μίαν τῶν ἡμερῶν τοῦ
        υίοῦ τ. ἀνθρ. ἰδεῖν καὶ οὐκ ὄψεσθε
    23 49 καὶ γυναῖκες –, ὁρῶσαι ταῦτα
    24 23 καὶ ὀπτασίαν ἀγγέλων ἑωρακέναι
Joh 1 34 κἀγὼ ἑώρακα, καὶ μεμαρτύρηκα
    – 39 λέγει αὐτοῖς· ἔρχεσθε καὶ ὄψεσθε
    – 50 μείζω τούτων ὄψῃ 51 ὄψεσθε τὸν οὐ-
        ρανὸν ἀνεῳγότα καὶ τοὺς ἀγγέλους
        – ἀναβαίνοντας καὶ καταβαίνοντας
    3 11 ὃ ἑωράκαμεν μαρτυροῦμεν 32 ὃ ἑώ-
        ρακεν –, τοῦτο μαρτυρεῖ – 19 35 ὁ
        ἑωρακὼς μεμαρτύρηκεν
    – 36 ὁ – ἀπειθῶν – οὐκ ὄψεται ζωήν
    4 45 πάντα ἑωρακότες ὅσα ἐποίησεν
    (6 2 vl ὅτι ἑώρων τὰ σημεῖα)
    8 38 ἃ ἐγὼ ἑώρακα παρὰ τῷ πατρὶ λαλῶ
    15 24 καὶ ἑωράκασιν (sc τὰ ἔργα) καὶ με-
        μισήκασιν καὶ ἐμὲ καὶ τ. πατέρα μου
Act 2 17 „οἱ νεανίσκοι – ὁράσεις ὄψονται"
    7 44 „κατὰ τὸν τύπον ὃν ἑωράκει"
Col 2 18 ἃ (vl + μὴ vg) ἑόρακεν ἐμβατεύων
Hb 2 8 οὔπω ὁρῶμεν – „πάντα ὑποτεταγμ."
Jac 2 24 ὁρᾶτε ὅτι ἐξ ἔργων δικαιοῦται ἄν-
        θρωπος καὶ οὐκ ἐκ πίστεως μόνον

1 Jo 1 1 ὃ ἑωράκαμεν τοῖς ὀφθαλμοῖς ἡμῶν
– , περὶ τοῦ λόγου τῆς ζωῆς 2 καὶ ἑω-
ράκαμεν καὶ μαρτυροῦμεν 3 ὃ ἑωρ. καὶ
ἀκηκόαμεν, ἀπαγγέλλομεν καὶ ὑμῖν

  c) ὅρα, ὁρᾶτε μὴ –, σὺ ὄψῃ, ὑμεῖς
  ὄψεσθε *vide, vidēte ne* ᵇ*intuemini*
  ᶜ*tu vidēris, vos videritis*

Mat 8 4 ὅρα μηδενὶ εἴπῃς ‖ Mar 1 44
  9 30 ὁρᾶτε μηδεὶς γινωσκέτω
  16 6 ὁρᾶτεᵇ καὶ προσέχετε ἀπὸ τῆς ζύ-
  μης τῶν Φαρ. ‖ Mar 8 15 – Luc 12 15
  18 10 ὁρᾶτε μὴ καταφρονήσητε ἑνὸς τῶν
  24 6 ὁρᾶτε μὴ θροεῖσθε· |μικρῶν
  27 4 τί πρὸς ἡμᾶς; σὺ ὄψῃ· 24 ὑμεῖς ὄ-
  ψεσθεᶜ – Act 18 15 ὄψεσθεᶜ αὐτοί
1 Th 5 15 ὁρᾶτε μή τις κακόν – τινι ἀποδῷ
Hb 8 5 „ὅρα – , ποιήσ. πάντα κατὰ τ. τύπον"
Ap 19 10 ὅρα μή· σύνδουλός σού εἰμι 22 9

  2) formae vis passivae: ὀφθῆναι, ὀφθή-
  σεσθαι – *apparēre* ᵇ*vidēri* ᶜ*ostendi*

Mat 17 3 ὤφθη αὐτοῖς Μωϋσῆς καὶ Ἠλίας ‖
  Mar 9 4 Luc 9 31 οἳ ὀφθέντεςᵇ ἐν δόξῃ
Luc 1 11 ὤφθη – αὐτῷ ἄγγελος κυρίου [[22 43]]
  24 34 ὤφθη Σίμωνι → 1 Co 15 5
Act 2 3 ὤφθησαν αὐτοῖς – γλῶσσαι ὡσεί
  7 2 ὁ θεὸς – ὤφθη – Ἀβρ. 30 „ὤφθη αὐτῷ
  (sc Μωϋσεῖ) – ἄγγελος ἐν φλογί" 35
  – 26 (Μωϋσ.) ὤφθη αὐτοῖς μαχομένοις
  9 17 Ἰησοῦς ὁ ὀφθείς σοι → 26 16
  13 31 ὃς ὤφθηᵇ – τοῖς συναναβᾶσιν αὐτῷ
  ἀπὸ τῆς Γαλιλαίας εἰς Ἱερουσαλήμ
  16 9 ὅραμα διὰ [τῆς] νυκτὸς τῷ Π. ὤφθηᶜ
  26 16 ὤφθην σοι, – μάρτυρα ὧν τε εἶδές
  [με] ὧν τε ὀφθήσομαί σοι
1 Co 15 5 ὅτι ὤφθηᵇ Κηφᾷ 6 ὤφθηᵇ ἐπάνω
  πεντακοσίοις – ἐφάπαξ 7 ὤφθηᵇ Ἰα-
  κώβῳ 8 ὤφθηᵇ κἀμοί
1 Ti 3 16 ὤφθη ἀγγέλοις, ἐκηρύχθη ἐν ἔθνεσιν
Hb 9 28 ὁ Χός, – , ἐκ δευτέρου χωρὶς ἁμαρ-
  τίας ὀφθήσεται τοῖς αὐτὸν ἀπεκδε-
  χομένοις
Ap 11 19 ὤφθηᵇ „ἡ κιβωτὸς τῆς διαθήκης"
  12 1 σημεῖον μέγα ὤφθη 3ᵇ ἄλλο σημεῖον

ὅρασις *visio* ᵇ*aspectus*
Act 2 17 „ὁράσεις ὄψονται" – Ap 9 17 ἐν τῇ ὁ.
Ap 4 3 ὅμοιος ὁ..ειᵇ – ἰάσπιδι, καὶ Ἶρις κυ-
  κλόθεν – ὅμοιος ὁράσει σμαραγδίνῳ

ὁρατός *visibilis* Col 1 16 ἐν αὐτῷ ἐκτίσθη τὰ

πάντα – , τὰ ὁρατὰ καὶ τὰ ἀόρατα

ὀργή *ira* ᵇ*indignatio*
Mat 3 7 φυγεῖν ἀπὸ τῆς μελλούσης ὀ. ‖ Luc
  3 7 – 21 23 ἔσται – ὀρ. τῷ λαῷ τούτῳ
Mar 3 5 περιβλεψάμενος αὐτοὺς μετ' ὀργῆς
Joh 3 36 ἡ ὀργὴ τοῦ θεοῦ μένει ἐπ' αὐτόν
Rm 1 18 ἀποκαλύπτεται – ὀργὴ θεοῦ – ἐπὶ
  πᾶσαν ἀσέβειαν καὶ ἀδικίαν
  2 5 θησαυρίζεις σεαυτῷ ὀργὴν ἐν ἡμέρᾳ
  ὀργῆς → Ap 6 17
  – 8 τοῖς δὲ ἐξ ἐριθείας –, ὀργὴ κ. θυμός
  3 5 μὴ ἄδικος ὁ θ. ὁ ἐπιφέρων τὴν ὀρ.;
  4 15 ὁ γὰρ νόμος ὀργὴν κατεργάζεται
  5 9 σωθησόμεθα δι' αὐτοῦ ἀπὸ τῆς ὀρ.
  9 22 εἰ – θέλων ὁ θεὸς ἐνδείξασθαι τὴν
  ὀργὴν – „ἤνεγκεν – σκεύη ὀργῆς"
  12 19 ἀλλὰ δότε τόπον τῇ ὀργῇ
  13 4 ἔκδικος εἰς ὀργὴν (sc ἡ ἐξουσία)
  – 5 διὸ ἀνάγκη ὑποτάσσεσθαι, οὐ μόνον
  διὰ τὴν ὀργὴν
Eph 2 3 ἤμεθα τέκνα φύσει ὀργῆς ὡς καί
  4 31 ὀργὴᵇ – ἀρθήτω ἀφ' ὑμῶν Col 3 8 ἀ-
  πόθεσθε καὶ ὑμεῖς – , ὀργήν, θυμόν
1 Th 1 10 Ἰησοῦν τὸν ῥυόμενον ἡμᾶς ἐκ (vl
  ἀπὸ vg ab) τῆς ὀργῆς τ. ἐρχομένης
  2 16 ἔφθασεν – ἐπ' αὐτοὺς ἡ ὀ. εἰς τέλος
  5 9 οὐκ ἔθετο ἡμᾶς ὁ θεὸς εἰς ὀργήν
1 Ti 2 8 χωρὶς ὀργῆς καὶ διαλογισμοῦ
Hb 3 11 „ὡς ὤμοσα ἐν τῇ ὀργῇ μου" 4 3
Jac 1 19 βραδὺς εἰς ὀργήν· 20 ὀργὴ – ἀνδρὸς
  δικαιοσύνην θεοῦ οὐκ ἐργάζεται
Ap 6 16 ἀπὸ τῆς ὀργῆς τοῦ ἀρνίου 17 ἦλθεν
  „ἡ ἡμέρα ἡ μεγάλη τῆς ὀργῆς" αὐ-
  τῶν (sc Dei et Agni)
  11 18 ἦλθεν „ἡ ὀργή" σου καὶ ὁ καιρός
  14 10 „ἐν τῷ ποτηρίῳ τῆς ὀργῆς αὐτοῦ"
  16 19 „τὸ ποτήριον" – τῆς ὀργῆς „αὐτοῦ"
  19 15 „πατεῖ τὴν ληνὸν" – τῆς ὀρ. τοῦ θεοῦ

ὀργίζεσθαι *irasci* ᵇ*indignari*
Mat 5 22 πᾶς ὁ ὀργιζόμενος τῷ ἀδελφῷ
  18 34 ὀργισθεὶς ὁ κύριος – παρέδωκεν
  22 7 ὁ δὲ βασιλεὺς ὠργίσθη ‖ Luc 14 21
Luc 15 28 ὠργίσθηᵇ – καὶ οὐκ ἤθελεν εἰσελθεῖν
Eph 4 26 „ὀργίζεσθε καὶ μὴ ἁμαρτάνετε"
Ap 11 18 „τὰ ἔθνη ὠργίσθησαν" – 12 17

ὀργίλος *iracundus* Tit 1 7 ἐπίσκ. – μὴ ὀ..ον

ὀργυιά Sᵒ – *passus* Act 27 28 (bis)

ὀρέγεσθαι S° – appetere ᵇdesiderare
1 Ti 3 1 εἴ τις ἐπισκοπῆς ὀρέγεταιᵇ, καλοῦ
6 10 ἡ φιλαργυρία, ἧς τινες ὀρεγόμενοι
Hb 11 16 κρείττονος ὀρέγονται (sc πατρίδος)

ὀρεινή, ἡ montana (neutr pl) Luc 1 39.65

ὄρεξις desideria (pl) Rm 1 27 ἐν τῇ ὀρέξει

ὀρθοποδεῖν S° – recte ambulare Gal 2 14
οὐκ ὀ..οῦσιν πρὸς τ. ἀλήθειαν τοῦ εὐαγγ.

ὀρθός rectus Act 14 10 Hb 12 13 „τροχιὰς ὀρ."

ὀρθοτομεῖν recte tractare 2 Ti 2 15 ὀρθοτο-
μοῦντα τὸν λόγον τῆς ἀληθείας

ὀρθρίζειν manicare Luc 21 38 πρὸς αὐτόν

ὀρθρινός ante lucem Luc 24 22 ὀρθριναί

ὄρθρος diluculum Luc 24 1 [Joh 8 2]] Act 5 21

ὀρθῶς recte Mar 7 35 ἐλάλει ὀ. Luc 7 43 ὀ.
ἔκρινας 10 28 20 21 λέγεις καὶ διδάσκεις

ὅρια, τά fines Mat 2 16 Βηθλέεμ 4 13 Ζαβου-
λὼν καὶ Νεφθ. 8 34 (τῶν Γαδαρ. ‖ Mar 5 17)
15 22 (Τύρου καὶ Σιδ. ‖ Mar 7 24.31 Δεκα-
πόλεως) 15 39 Μαγαδάν 19 1 (τῆς Ἰουδαί-
ας ‖ Mar 10 1) – Act 13 50 (Ant. Pis.)

ὁρίζειν definire ᵇstatuere ᶜconstituere
ᵈpraedestinare ᵉproponere ᶠterminare
Luc 22 22 ὁ υἱὸς μὲν τοῦ ἀνθρώπου κατὰ τὸ
ὡρισμένον (quod def. est) πορεύεται
Act 2 23 τοῦτον τῇ ὡρισμένῃ βουλῇ καὶ προ-
γνώσει τοῦ θεοῦ ἔκδοτον – ἀνείλατε
10 42 ὁ ὡρ.ᶜ ὑπὸ τοῦ θεοῦ κριτὴς 17 31ᵇ
11 29 ὥρισανᵉ – πέμψαι – 17 26 ὁρίσας –
καιροὺς καὶ τ. ὁροθεσίας τῆς κατοικ.
Rm 1 4 τοῦ ὁρισθέντοςᵈ υἱοῦ θεοῦ ἐν δυνά.
Hb 4 7 πάλιν τινὰ ὁρίζειᶠ ἡμέραν, „σήμερον"

ὁρκίζειν adiurare per → ἐν- et ἐξορκίζειν
Mar 5 7 ὁρκίζω σε τὸν θεόν, μή με βασανίσῃς
Act 19 13 ὁρκίζω ὑμᾶς τὸν Ἰησοῦν ὃν Παῦλος

ὅρκος iuramentum ᵇiusiurandum
Mat 5 33 „ἀποδώσεις – τοὺς ὅρκους σου"
14 7 μεθ᾽ ὅρκου (9 ‖ Mar 6 26ᵇ) – 26 72
Luc 1 73 ὅρκονᵇ ὃν „ὤμοσεν πρὸς Ἀβραάμ"

Act 2 30 ὅτι ὅρκῳᵇ „ὤμοσεν αὐτῷ" (Davidi)
Hb 6 16 πάσης – ἀντιλογίας πέρας – ὁ ὅρκος
– 17 ὁ θεὸς – ἐμεσίτευσεν ὅρκῳᵇ
Jac 5 12 μὴ ὀμνύετε, – μήτε ἄλλον τινὰ ὅρκον

ὁρκωμοσία iusiurandum Hb 7 20 οὐ χωρὶς
ὁ..ας, – οἱ μὲν γὰρ χωρὶς ὁ..ας εἰσὶν ἱε-
ρεῖς γεγονότες 21 ὁ δὲ μετὰ ὁ..ας 28

ὁρμᾶν impetu abire ᵇimpetum facere ᶜma-
gno i..u praecipitari Mat 8 32 ‖ Mar 5 13ᶜ
Luc 8 33 – Act 7 57ᵇ 19 29ᵇ εἰς τὸ θέατρον

ὁρμή impetus Act 14 5 Jac 3 4 τοῦ εὐθύνοντ.

ὅρμημα impetus Ap 18 21 ὁ..τι βληθήσεται

ὄρνεον avis ᵇvolucris Ap 18 2ᵇ 19 17.21

ὄρνις gallina ᵇavis Mat 23 37 ‖ Luc 13 34ᵇ

ὁροθεσία S° – terminus Act 17 26 κατοικίας

ὄρος mons ὄρος τῶν ἐλαιῶν et τὸ καλού-
μενον ἐλαιῶν → ἐλαία et ἐλαιῶν
Mat 4 8 ὁ διάβολος εἰς ὄρος ὑψηλὸν λίαν
5 1 ἀνέβη εἰς τὸ ὄρος 8 1 καταβάντος
δὲ αὐτοῦ ἀπὸ τοῦ ὄρους – Mat 15 29
ἀναβὰς εἰς τὸ ὄρος ἐκάθητο Joh 6 3
– 14 πόλις – ἐπάνω ὄρους κειμένη
14 23 ἀνέβη εἰς τὸ ὄρος κατ᾽ ἰδίαν προσ-
εύξασθαι ‖ Mar 6 46 cfr Joh 6 15 μόνος
17 1 ἀναφέρει αὐτοὺς εἰς ὄρ. ὑψηλὸν κατ᾽
ἰδίαν 9 ‖ Mar 9 2 μόνους 9 Luc 9 28
προσεύξασθαι 37 → 2 Pe 1 18
– 20 ἐρεῖτε τῷ ὄρει τούτῳ· μετάβα – ἐκεῖ
21 21 ἄρθητι καὶ βλήθητι εἰς τὴν θά-
λασσαν ‖ Mar 11 23 → 1 Co 13 2
18 12 οὐχὶ ἀφήσει τὰ ἐνενήκ. ἐννέα ἐπὶ τὰ
ὄρη – ; – 24 16 οἱ ἐν τῇ Ἰουδαίᾳ φευ-
γέτωσαν εἰς τ. ὄρη ‖ Mr 13 14 Lc 21 21
28 16 εἰς τὸ ὄρ. οὗ ἐτάξατο αὐτοῖς ὁ Ἰησ.
Mar 3 13 ἀναβαίνει εἰς τὸ ὄρος, καὶ προσκα-
λεῖται οὓς ἤθελεν ‖ Luc 6 12 προσεύ-
ξασθαι
5 5 ἐν τοῖς ὄρεσιν ἦν κράζων 11 ‖ Luc 8 32
Luc 3 5 „πᾶν ὄρος – ταπεινωθήσεται"
4 29 ἤγαγον αὐτὸν ἕως ὀφρύος τοῦ ὄρ.
23 30 λέγειν „τοῖς ὄρ.· πέσετε ἐφ᾽ ἡμᾶς"
Joh 4 20 ἐν τῷ ὄρει τούτῳ προσεκύνησαν 21
οὔτε ἐν τῷ ὄρ. τούτῳ – προσκυνήσετε
Act 7 30 „ἐν τῇ ἐρήμῳ τοῦ ὄρους" Σινά 38

1 Co 13 2 πᾶσαν τ. πίστιν ὥστε ὄρη μεθιστάναι
Gal 4 24 μία (sc διαθήκη) μὲν ἀπὸ ὄρους Σι-
νά 25 τὸ δὲ Ἀγὰρ Σινᾶ ὄρος ἐστίν
Hb 8 5 „κατὰ τὸν τύπον τὸν δειχθέντα σοι
ἐν τῷ ὄρει" – 12 20 – 22 Σιὼν ὄρει
11 38 ἐπὶ ἐρημίαις πλανώμενοι καὶ ὄρεσιν
2 Pe 1 18 σὺν αὐτῷ ὄντες ἐν τῷ ἁγίῳ ὄρει
Ap 6 14 πᾶν ὄρος καὶ νῆσος – ἐκινήθησαν 15
„ἔκρυψαν ἑαυτοὺς – εἰς τὰς πέτρας"
τῶν ὀρέων 16 „λέγουσιν τοῖς ὄρεσιν
–᾽ πέσετε ἐφ᾽ ἡμᾶς 8 8 „ὡς ὄρος"
μέγα – ἐβλήθη εἰς τὴν θάλασσαν
14 1 τὸ ἀρνίον ἑστὸς ἐπὶ τὸ ὄρος Σιὼν
16 20 ὄρη οὐχ εὑρέθησαν – 17 9 αἱ ἑπτὰ
κεφαλαὶ ἑπτὰ ὄρη εἰσίν 21 10 „ἀπή-
νεγκέν με – ἐπὶ ὄρος – ὑψηλόν"

ὀρύσσειν fodere Mat 21 33 „ὤρυξεν – ληνόν"
‖ Mar 12 1 „ὑπολήνιον" – Mat 25 18 γῆν

ὀρφανός orphanus (vl orf.) ᵇpupillus
Joh 14 18 οὐκ ἀφήσω ὑμᾶς ὀρφανούς
Jac 1 27 ἐπισκέπτεσθαι ὀρφανοὺςᵇ καὶ χήρας

ὀρχεῖσθαι saltare Mat 11 17 καὶ οὐκ ὠρχή-
σασθε ‖ Luc 7 32 – Mat 14 6 ‖ Mar 6 22

ὅσιος sanctus ᵇpius ᶜpurus
Act 2 27 „οὐδὲ δώσεις τὸν ὅσιόν σου ἰδεῖν δια-
φθοράν" 13 35. 34 δώσω „ὑμῖν τὰ ὅσια
Δαυὶδ τὰ πιστά"
1 Ti 2 8 ἄνδρας – ἐπαίροντας ὁσίουςᶜ χεῖρας
Tit 1 8 τὸν ἐπίσκοπον –, ὅσιον, ἐγκρατῆ
Hb 7 26 ἀρχιερεύς, ὅσιος, ἄκακος, ἀμίαντος
Ap 15 4 ὅτι μόνος „ὅσιοςᵇ" 16 5 ὁ „ὅσιος"

ὁσιότης sanctitas
Luc 1 75 λατρεύειν αὐτῷ ἐν ὁσ. καὶ δικαιοσύνη
Eph 4 24 τὸν καινὸν ἄνθρωπον τὸν – κτισθέντα
ἐν δικαιοσύνῃ καὶ ὁ..τητι τ. ἀληθείας

ὁσίως sancte 1 Th 2 10 ὡς ὁσίως καὶ δικαί-
ως – ὑμῖν τοῖς πιστεύουσιν ἐγενήθημεν

ὀσμή odor
Joh 12 3 ἐπληρώθη ἐκ τῆς ὀσμῆς τοῦ μύρου
2 Co 2 14 τὴν ὀσμὴν τῆς γνώσεως αὐτοῦ φα-
νεροῦντι δι᾽ ἡμῶν 16 οἷς μὲν ὀσμὴ ἐκ
(vlº vgº) θανάτου εἰς θάνατον, οἷς
δὲ ὀσμὴ ἐκ (vlº vgº) ζωῆς εἰς ζωὴν
Eph 5 2 „θυσίαν" τῷ θεῷ „εἰς ὀσ. εὐωδίας"
Phl 4 18 δεξάμενος – τὰ παρ᾽ ὑμῶν, „ὀσμὴν
εὐωδίας", θυσίαν δεκτὴν

ὀστοῦν (ὀστέα) os (ossa) Mat 23 27 Luc 24
39 Joh 19 36 (vl Eph 5 30 vg) Hb 11 22

ὀστράκινος fictilis 2 Co 4 7 ἔχομεν – τὸν θη-
σαυρὸν τοῦτον ἐν ὀ..οις σκεύεσιν 2 Ti 2 20

ὄσφρησις Sº – odoratus 1 Co 12 17 ποῦ ἡ ὄσ.;

ὀσφῦς, ὀσφύες lumbus, lumbi
Mat 3 4 ζώνην δερμ. περὶ τὴν ὀσφ. ‖ Mar 1 6
Luc 12 35 ἔστωσαν ὑμῶν αἱ ὀσφ. περιεζωσμέναι
Act 2 30 „ἐκ καρποῦ τῆς ὀσφ." Hb 7 5. 10 Ἀβρ.
Eph 6 14 „περιζωσάμενοι τὴν ὀ. – ἐν ἀληθείᾳ"
1 Pe 1 13 ἀναζωσάμενοι τὰς ὀσφ. τῆς διανοίας

*οὗ non Mat 5 37 ἔστω δὲ ὁ λόγος ὑμῶν ναὶ
ναί, οὗ οὔ Jac 5 12 ἤτω δὲ ὑμῶν τὸ ναὶ
ναί, καὶ τὸ οὗ οὔ – 2 Co 1 17 ἵνα ᾖ παρ᾽
ἐμοὶ τὸ ναὶ ναὶ καὶ τὸ οὗ οὔ; 18 ὁ λόγος
ἡμῶν – οὐκ ἔστιν ναὶ καὶ οὔ 19 Ἰησοῦς
Χὸς – οὐκ ἐγένετο ναὶ καὶ οὔ

οὐά Sº – vah (vl ua) Mar 15 29 οὐὰ ὁ καταλύ.

οὐαί, ἡ Οὐαί vae
Mat 11 21 οὐαί σοι, Χοραζίν κτλ. ‖ Luc 10 13
18 7 οὐαὶ τῷ κόσμῳ ἀπὸ τῶν σκανδάλων
–, πλὴν οὐαὶ τῷ ἀνθρώπῳ δι᾽ οὗ τὸ
σκάνδαλον ἔρχεται ‖ Luc 17 1
23 13 οὐαὶ δὲ ὑμῖν, γραμματεῖς καὶ Φαρ.
(14 vl, vg, vlº) 15. 16 οὐαὶ ὑμῖν, ὁδη-
γοὶ τυφλοί 23. 25. 27. 29 ‖ Luc 11 42. 43.
44. 46 ὑμῖν τοῖς νομικοῖς οὐαί 47. 52 οὐ-
αὶ ὑμῖν τοῖς νομικοῖς
24 19 οὐαὶ δὲ ταῖς ἐν γαστρὶ ἐχούσαις –
ἐν ἐκ. τ. ἡμέραις ‖ Mar 13 17 Luc 21 23
26 24 οὐαὶ δὲ τῷ ἀνθρ. – δι᾽ οὗ – παραδίδο-
ται ‖ Mar 14 21 Luc 22 22
Luc 6 24 οὐαὶ ὑμῖν τοῖς πλουσίοις 25 οὐαὶ ὑ-
μῖν, οἱ ἐμπεπλησμένοι νῦν, –. οὐαὶ
οἱ γελῶντες νῦν 26 οὐαὶ ὅταν ὑμᾶς
καλῶς εἴπωσιν πάντες οἱ ἄνθρωποι
1 Co 9 16 οὐαί – μοί ἐστιν ἐὰν μὴ εὐαγγελίσωμ.
Jud 11 οὐαὶ αὐτοῖς, ὅτι τῇ ὁδῷ τοῦ Κάϊν
Ap 8 13 οὐαὶ οὐαὶ οὐαὶ τοὺς κατοικοῦντας
ἐπὶ τῆς γῆς 9 12 ἡ Οὐαὶ ἡ μία ἀπῆλ-
θεν· – ἔρχεται ἔτι δύο Οὐαί 11 14 12 12
18 10 οὐαὶ οὐαί, ἡ πόλις ἡ μεγάλη 16. 19

οὐδαμῶς nequaquam Mat 2 6 οὐ. ἐλαχίστη

οὐδέποτε numquam
Mat 7 23 οὐδέποτε ἔγνων ὑμᾶς· „ἀποχωρεῖτε"

Mat 9 33 οὐδ. ἐφάνη οὕτως ἐν τῷ Ἰσραήλ ‖
 Mar 2 12 οὕτως οὐδ. εἴδαμεν – Joh
 7 46 οὐδ. ἐλάλησεν οὕτως ἄνθρωπος
 21 16 οὐδέποτε ἀνέγνωτε –; 42 ‖ Mar 2 25
 26 33 ἐγὼ οὐδέποτε σκανδαλισθήσομαι
Luc 15 29 οὐδέποτε ἐντολήν σου παρῆλθον κτλ.
Act 10 14 οὐδ. ἔφαγον – κοινόν 11 8 – 14 8
1 Co 13 8 ἡ ἀγάπη οὐδέποτε πίπτει
Hb 10 1 οὐδέποτε δύναται – τελειῶσαι 11 οὐδ.
 δύνανται περιελεῖν ἁμαρτίας

οὐδέπω *nondum* → οὔπω
Joh 7 39 οὔπω γὰρ ἦν πνεῦμα, ὅτι Ἰησοῦς
 οὐδέπω ἐδοξάσθη – 19 41
 20 9 οὐδέπω γὰρ ᾔδεισαν τὴν γραφήν
Act 8 16 οὐδέπω γὰρ ἦν – ἐπιπεπτωκός

*οὐκέτι *iam non* **b** *ultra non* **c** *non amplius*
 d *amplius iam non* **e** *ex hoc non*
Mar 14 25 οὐκέτι οὐ μὴ πίω ‖ (Luc 22 16ᵉ vl)
Luc 15 19 οὐκέτι εἰμὶ ἄξιος κληθῆναι υἱός 21
Joh 4 42 οὐκ. διὰ τὴν σὴν λαλιὰν πιστεύομεν
 6 66 οὐκέτι μετ᾽ αὐτοῦ περιεπάτουν
 11 54 οὐκ. παρρησίᾳ περιεπάτει ἐν τοῖς Ἰ.
 14 19 ὁ κόσμος με οὐκ. θεωρεῖ, ὑμεῖς δέ
 – 30 οὐκέτι πολλὰ λαλήσω μεθ᾽ ὑμῶν
 15 15 οὐκέτι λέγω ὑμᾶς δούλους
 16 10 οὐκ. θεωρεῖτέ με 16 μικρὸν καὶ οὐκ.
 – 21 οὐκέτι μνημονεύει τῆς θλίψεως
 – 25 ὅτε οὐκ. ἐν παροιμίαις λαλήσω ὑμῖν
 17 11 οὐκέτι εἰμὶ ἐν τῷ κόσμῳ
Rm 6 9 Χὸς ἐγερθεὶς – οὐκέτι ἀποθνήσκει,
 θάνατος αὐτοῦ οὐκ.ᵇ κυριεύει *[iam]*
 7 17 οὐκ. ἐγὼ κατεργ. αὐτό 20 (vg vl om
 11 6 εἰ δὲ χάριτι, οὐκ. (vg vl om *iam*) ἐξ
 ἔργων, ἐπεὶ ἡ χάρις οὐκ. γίνεται χάρ.
 14 15 οὐκέτι κατὰ ἀγάπην περιπατεῖς
2 Co 5 16 ἀλλὰ νῦν οὐκ. γινώσκομεν (sc Χόν)
Gal 2 20 ζῶ δὲ οὐκέτι ἐγώ, ζῇ δὲ ἐν ἐμοὶ
 3 18 οὐκ. ἐξ ἐπαγγελίας (sc ἡ κληρονο.)
 – 25 οὐκέτι ὑπὸ παιδαγωγόν ἐσμεν
 4 7 ὥστε οὐκέτι εἶ δοῦλος, ἀλλὰ υἱός
Eph 2 19 οὐκέτι ἐστὲ ξένοι καὶ πάροικοι
Phm 16 οὐκέτι ὡς δοῦλον ἀλλὰ ὑπὲρ δοῦλον
Ap 10 6 ὅτι χρόνος οὐκ.ᶜ ἔσται – 18 11ᶜ 14ᵈ

οὐκοῦν *ergo* Joh 18 37 οὔ. βασιλεὺς εἶ σύ;

οὔπω *nondum* **b** *necdum* **c** *non* **d** (*nemo*)
 adhuc → οὐδέπω
Mat 16 9 οὔπω νοεῖτε, –; ‖ Mar 8 17. 21 συνίετε;
 24 6 οὔπω ἐστὶν τὸ τέλος ‖ Mar 13 7

Mar 4 40 οὔπωᵇ ἔχετε πίστιν;
 11 2 ἐφ᾽ ὃν οὐδεὶς οὔπωᵈ – ἐκάθισεν
Luc 23 53 οὗ οὐκ ἦν οὐδεὶς οὔπω κείμενος
Joh 2 4 οὔπω ἥκει ἡ ὥρα μου 7 6 ὁ καιρὸς
 ὁ ἐμὸς οὔπω πάρεστιν 8 ὁ ἐμὸς και-
 ρὸς οὔπω πεπλήρωται 30 οὔπω ἐλη-
 λύθει ἡ ὥρα αὐτοῦ 8 20ᵇ
 3 24 6 17ᶜ (7 8 vl ἐγὼ οὔπω ἀναβαίνω εἰς
 τὴν ἑορτὴν ταύτην) 11 30
 7 39 οὔ. (vg vlᶜ) – ἦν πνεῦμα → οὐδέπω
 8 57 πεντήκοντα ἔτη οὔπω ἔχεις –;
 20 17 οὔπω – ἀναβέβηκα πρὸς τὸν πατέρα
1 Co 3 2 οὔπω γὰρ ἐδύνασθε. ἀλλ᾽ οὐδὲ – νῦν
 8 2 οὔπω ἔγνω καθὼς δεῖ γνῶναι
(Phl 3 13 vl ἐγὼ ἐμαυτὸν οὔπω λογίζομαι κατ-
 ειληφέναι)
Hb 2 8 οὔπωᵇ ὁρῶμεν – „πάντα ὑποτεταγ."
 12 4 οὔπω μέχρις αἵματος ἀντικατέστητε
1 Jo 3 2 οὔπω ἐφανερώθη τί ἐσόμεθα
Ap 17 10 ὁ ἄλλος (sc βασιλεὺς) οὔπω ἦλθεν
 12 βασιλείαν οὔπω ἔλαβον

οὐρά *cauda* Ap 9 10. 19 12 4

οὐράνιος *caelestis* → ἐπουράνιος
 ὁ πατήρ ὑμῶν, πατήρ μου ὁ οὐράνιος
 → πατήρ 1 a) Mat 5 48 1 b) sub 7 21
Luc 2 13 πλῆθος στρατιᾶς οὐρανίου (vl ..νοῦ)
Act 26 19 οὐκ ἐγεν. ἀπειθὴς τῇ οὐρ. ὀπτασίᾳ

οὐρανόθεν *de caelo* Act 14 17 26 13 φῶς

οὐρανός, ..οί *caelum, caeli*
 βασιλεία τῶν οὐρανῶν → βασιλεία
 ὁ πατήρ ὁ ἐν οὐρανῷ → πατήρ
 οὐρανός ἐπὶ γῆ – coniuncta et adver-
 sa – → γῆ sub 1)
Mat 3 16 ἠνεῴχθησαν [αὐτῷ] οἱ οὐρανοί 17
 φωνὴ ἐκ τῶν οὐρ. ‖ Mar 1 10 σχιζο-
 μένους τοὺς οὐρ. 11 Luc 3 21 ἐγέ-
 νετο – ἀνεῳχθῆναι τὸν οὐρ. 22 καὶ
 φωνὴν ἐξ οὐρανοῦ γενέσθαι Joh 1 32
 τεθέαμαι τὸ πνεῦμα καταβαῖνον – ἐξ
 οὐρανοῦ
 5 12 ὁ μισθὸς ὑμῶν πολὺς ἐν τοῖς οὐρ.
 ‖ Luc 6 23 ἐν τῷ οὐρανῷ
 6 26 τὰ πετεινὰ τοῦ οὐρ. 8 20 τὰ πετ. τοῦ
 οὐρ. κατασκηνώσεις (sc ἔχουσιν) ‖
 Luc 9 58 – Mat 13 32 „τὰ πετ. τοῦ οὐρ.
 – κατασκηνοῦν ἐν τοῖς κλάδοις" ‖
 Mr 4 32 Lc 13 19 – 8 5 κατέφαγεν αὐτό
 11 23 μὴ „ἕως οὐρανοῦ ὑψωθήσῃ;" ‖ Luc
 10 15 (vl ἡ – ὑψωθεῖσα vg)

Mat 14:19 ἀναβλέψας εἰς τὸν οὐρ. εὐλόγησεν || Mar 6:41 Luc 9:16 – Mar 7:34 ἐστέναξεν Luc 18:13 οὐκ ἤθελεν – τοὺς ὀφθ. ἐπᾶραι εἰς τὸν οὐρ. Joh 17:1 ἐπάρας τοὺς ὀφθ. – εἰς τὸν οὐρ. – Act 1:11 τί ἑστήκατε [ἐμ]βλέποντες εἰς τὸν οὐρ.; 7:55 ἀτενίσας εἰς τὸν οὐρ. (Steph.)

16:1 σημεῖον ἐκ τοῦ οὐρ. ἐπιδεῖξαι [2 πυρράζει – ὁ οὐρ. 3 πυρρ. – στυγνάζων ὁ οὐρ.. – τὸ μὲν πρόσωπον τοῦ οὐρ. γινώσκετε διακρίνειν] || Mar 8:11 σημεῖον ἀπὸ τοῦ οὐρ. Luc 11:16 ἐξ οὐρανοῦ

18:10 οἱ ἄγγελοι – ἐν οὐρανοῖς (vl τῷ οὐρ. vg pl) – βλέπουσι – 22:30 ὡς ἄγγ. ἐν τῷ οὐρ. εἰσιν || Mar 12:25 ἐν τοῖς οὐρ. – Mat 24:36 οὐδὲ οἱ ἄγγ. τῶν οὐρ. || Mar 13:32 ἐν οὐρανῷ – Mat 28:2 ἄγγελος – κυρίου καταβὰς ἐξ οὐρανοῦ – Luc 2:15 ὡς ἀπῆλθον – εἰς τὸν οὐρανόν [[22:43 ὤφθη – αὐτῷ ἄγγελος ἀπ' οὐρανοῦ]]

19:21 ἕξεις θησαυρὸν ἐν οὐρανοῖς (vl ..ῷ vg) || Mar 10:21 οὐρανῷ Luc 18:22 ἐν [τοῖς] οὐρ. – 12:33 θησαυρὸν ἀνέκλειπτον ἐν τοῖς οὐρανοῖς

21:25 ἐξ οὐρανοῦ ἢ ἐξ ἀνθρώπων; κτλ. || Mar 11:30.31 Luc 20:4.5

23:22 ὁ ὀμόσας ἐν τῷ οὐρανῷ ὀμνύει ἐν

24:29 „οἱ ἀστέρες πεσοῦνται" ἀπὸ τοῦ οὐρ., „καὶ αἱ δυνάμεις τῶν οὐρ." σαλευθήσονται 30 φανήσεται τὸ σημεῖον τοῦ υἱοῦ τοῦ ἀνθρ. ἐν οὐρανῷ, – ὄψονται – „ἐρχόμενον ἐπὶ τῶν νεφελῶν τοῦ οὐρ." 26:64 || Mar 13:25 14:62 Luc 21:11 ἀπ' οὐρανοῦ σημεῖα 28

– 31 τοὺς ἐκλεκτοὺς – „ἀπ' ἄκρων οὐρανῶν ἕως [τῶν] ἄκρων αὐτῶν" || Mar 13:27 cf Luc 17:24 ἐκ τῆς ὑπὸ τὸν οὐρανὸν εἰς τὴν ὑπ' οὐρανὸν λάμπει

Mar [16:19 „ἀνελήμφθη εἰς τὸν οὐρ."] Luc 24:51 ἀνεφέρετο Act 1:10 εἰς τὸν οὐρανὸν πορευομένου αὐτοῦ 11

Luc 4:25 ὅτε ἐκλείσθη ὁ οὐρανός → Ap 11:6

9:54 „πῦρ καταβῆναι ἀπὸ τοῦ οὐρανοῦ"

10:18 τὸν σατανᾶν – ἐκ τοῦ οὐρ. πεσόντα

– 20 ὅτι τὰ ὀνόματα ὑμῶν ἐγγέγραπται ἐν τοῖς οὐρ. Hb 12:23 ἐκκλησία πρωτοτόκων ἀπογεγραμμένων ἐν οὐρ.

15:7 χαρὰ ἐν τῷ οὐρ. ἔσται ἐπὶ ἑνὶ ἁμαρτ.

– 18 ἥμαρτον εἰς τὸν οὐρανόν 21

17:29 „ἔβρεξεν πῦρ καὶ θεῖον ἀπ' οὐ..οῦ"

Luc 19:38 ἐν οὐρανῷ εἰρήνη καὶ δόξα ἐν ὑψ.

Joh 1:51 ὄψεσθε τὸν οὐρανὸν ἀνεῳγότα καὶ τοὺς ἀγγέλους – ἀναβαίνοντας καί 3:13 οὐδεὶς ἀναβέβηκεν εἰς τὸν οὐρανὸν εἰ μὴ ὁ ἐκ τοῦ οὐρανοῦ καταβάς, – (vl + ὁ ὢν ἐν τῷ οὐρανῷ vg) – 27 οὐ δύναται ἄνθρ. λαμβάνειν οὐδὲ ἓν ἐὰν μὴ ᾖ δεδομένον αὐτῷ ἐκ τοῦ οὐραν.

6:31 „ἄρτον ἐκ τοῦ οὐρ. ἔδωκεν αὐτοῖς" – 32 οὐ Μωϋσῆς δέδωκεν ὑμῖν τὸν ἄρτον ἐκ τοῦ οὐρανοῦ, ἀλλ' ὁ πατήρ μου δίδωσιν ὑμῖν τὸν ἄρτον ἐκ τοῦ οὐρανοῦ τὸν ἀληθινόν 33 ὁ – ἄρτος τοῦ θεοῦ ἐστιν ὁ καταβαίνων ἐκ τοῦ οὐρανοῦ 38 καταβέβηκα ἀπὸ τοῦ οὐρανοῦ 41 ἐγώ εἰμι ὁ ἄρτος ὁ καταβὰς ἐκ τοῦ οὐρανοῦ 42.50.51.58

12:28 ἦλθεν οὖν φωνὴ ἐκ τοῦ οὐρανοῦ

Act 2:2 ἐγένετο ἄφνω ἐκ τοῦ οὐρανοῦ ἦχος – 5 ἀπὸ παντὸς ἔθνους τῶν ὑπὸ τὸν οὐρανόν 4:12 οὐδὲ – ὄνομά ἐστιν ἕτερον ὑπὸ τὸν οὐρανόν – Col 1:23 ἐν πάσῃ κτίσει τῇ ὑπὸ τὸν οὐρανόν – 34 οὐ γὰρ Δαυὶδ ἀνέβη εἰς τοὺς οὐρ.

3:21 Χὸν –, ὃν δεῖ οὐρανὸν μὲν δέξασθαι 7:42 λατρεύειν „τῇ στρατιᾷ τοῦ οὐρανοῦ" – 56 θεωρῶ τοὺς οὐρανοὺς διηνοιγμένους 9:3 περιήστραψεν φῶς ἐκ. τοῦ οὐρ. 22:6 10:11 θεωρεῖ τὸν οὐρ. ἀνεῳγμένον 16 ἀνελήμφθη τὸ σκεῦος εἰς τὸν οὐρ. 11:5. 6 πετεινὰ τ. οὐ. 9 φωνὴ – ἐκ τ. οὐ. 10

Rm 1:18 ἀποκαλύπτεται – ὀργὴ θεοῦ ἀπ' οὐρ. 10:6 „τίς ἀναβήσεται εἰς τὸν οὐρανόν;"

2Co 5:1 οἰκίαν – αἰώνιον ἐν τοῖς οὐρανοῖς – 2 τὸ οἰκητήριον ἡμῶν τὸ ἐξ οὐρανοῦ 12:2 ἁρπαγέντα – ἕως τρίτου οὐρανοῦ

Gal 1:8 καὶ ἐὰν – ἄγγελος ἐξ οὐρ. εὐαγγελ.

Eph 4:10 ὁ ἀναβὰς ὑπεράνω πάντων τῶν οὐρ. 6:9 καὶ αὐτῶν καὶ ὑμῶν ὁ κύριός ἐστιν ἐν οὐρανοῖς Col 4:1 καὶ ὑμεῖς ἔχετε κύριον ἐν οὐρανῷ

Phl 3:20 ἡμῶν γὰρ τὸ πολίτευμα ἐν οὐρανοῖς

Col 1:5 τὴν ἐλπίδα τὴν ἀποκειμένην ὑμῖν ἐν τοῖς οὐρανοῖς 1Pe 1:4 κληρονομίαν –, τετηρημένην ἐν οὐρανοῖς εἰς ὑμᾶς

1Th 1:10 ἀναμένειν τὸν υἱὸν αὐτοῦ ἐκ τῶν οὐρ. 4:16 αὐτὸς – καταβήσεται ἀπ' οὐραν.

2Th 1:7 ἐν τῇ ἀποκαλύψει – Ἰησοῦ ἀπ' οὐρ.

Hb 4:14 διεληλυθότα τοὺς οὐρ. 7:26 ὑψηλότερος τῶν οὐρ. γενόμενος 8:1 „ἐκάθισεν ἐν δεξιᾷ" – τῆς μεγαλωσύνης ἐν τοῖς οὐρανοῖς 9:24 εἰσῆλθεν – εἰς

αὐτὸν τὸν οὐρ. – 1223 → Luc 1020
Hb 923 τὰ – ὑποδείγματα τῶν ἐν τοῖς οὐρα-
νοῖς (caelestium) – καθαρίζεσθαι
1112 „καθὼς τὰ ἄστρα τοῦ οὐρ. τῷ πλ."
1225 τὸν ἀπ᾽ οὐρανῶν ἀποστρεφόμενοι
1 Pe 112 [ἐν] πνεύματι – ἀποσταλέντι ἀπ᾽ οὐρ.
322 ἐν δεξιᾷ [τοῦ] θεοῦ, πορευθεὶς εἰς οὐρ.
2 Pe 118 φωνὴν – ἐξ οὐρανοῦ ἐνεχθεῖσαν
312 οὐρανοὶ πυρούμενοι λυθήσονται
Ap 312 Ἱερουσαλὴμ ἡ καταβαίνουσα ἐκ τοῦ
οὐρανοῦ ἀπὸ τοῦ θεοῦ 212.10
4 1 ἰδοὺ θύρα ἠνεῳγμένη ἐν τῷ οὐρανῷ
– 2 ἰδοὺ θρόνος ἔκειτο ἐν τῷ οὐρανῷ
614 „ὁ οὐρανός" ἀπεχωρίσθη „ὡς βιβλί-
ον ἑλισσόμενον" 2011 – Hb 110
8 1 ἐγένετο σιγὴ ἐν τῷ οὐρ. ὡς ἡμιώριον
– 10 „ἔπεσεν ἐκ τοῦ οὐρανοῦ ἀστήρ" 91
10 1 ἄγγελον – καταβαίνοντα ἐκ τοῦ οὐρ.
4 ἤκουσα φωνὴν ἐκ τοῦ οὐρ. 5 „ἤ-
ρεν τὴν – δεξιὰν εἰς τὸν οὐρ." 8 181.
4 201 – 1112 ἤκουσαν φωνῆς – ἐκ
τοῦ οὐρ. 1210 ἐν τῷ οὐρ. 142.13 191
ὡς φωνὴν – ὄχλου πολλοῦ ἐν τῷ οὐρ.
1115 φωναὶ μεγάλαι ἐν τῷ οὐρανῷ
11 6 τὴν ἐξουσίαν κλεῖσαι τὸν οὐρανόν
– 12 ἀνέβησαν εἰς τὸν οὐρ. ἐν τῇ νεφέλῃ
– 13 ἔδωκαν δόξαν „τῷ θεῷ τοῦ οὐρ." 16
11 ἐβλασφήμησαν „τ. θεὸν τοῦ οὐρ."
– 19 ἠνοίγη ὁ ναὸς τοῦ θεοῦ ὁ ἐν τῷ οὐ-
ρανῷ 1417 155
12 1 σημεῖον – ὤφθη ἐν τῷ οὐρανῷ 3 151
– 4 τὸ τρίτον „τῶν ἀστέρων τοῦ οὐραν."
– 7 ἐγένετο πόλεμος ἐν τῷ οὐρανῷ 8
– 12 „εὐφραίνεσθε, [οἱ] οὐρανοί" 1820
13 6 βλασφημῆσαι – τοὺς ἐν τῷ οὐρανῷ
σκηνοῦντας
1621 χάλαζα – καταβαίνει ἐκ τοῦ οὐρανοῦ
209 „κατέβη πῦρ ἐκ τοῦ οὐρανοῦ"
18 5 „ἐκολλήθησαν αὐτῆς" αἱ ἁμαρτίαι
„ἄχρι τοῦ οὐρανοῦ"
1911 „εἶδον τὸν οὐρανὸν ἠνεῳγμένον"
– 14 τὰ στρατεύματα [τὰ] ἐν τῷ οὐρανῷ
ἠκολούθει αὐτῷ

Οὐρβανός Rm 169 Οὐ..ὸν τὸν συνεργὸν ἡμ.

Οὐρίας Mat 16 Σολομ. ἐκ τῆς τοῦ Οὐρίου

οὖς auris ᵇauricula ᶜ(ὦτα) corda
Mat 1027 ὃ εἰς τὸ οὖς ἀκούετε ‖ Luc 123 ὃ
πρὸς τὸ οὖς ἐλαλήσατε ἐν τοῖς ταμ.
1115 ὁ ἔχων ὦτα (vl + ἀκούειν vg) ἀ-

κουέτω 139 ‖ Mar 49.23 (vl 716 vg)
Luc 88 – Mat 1343 Luc 1435 – Ap 27
ὁ ἔχων οὖς ἀκουσάτω τί τὸ πνεῦμα
λέγει ταῖς ἐκκλησίαις 11.17.29 36.13.22
139 εἴ τις ἔχει οὖς, ἀκουσάτω
Mat 1315 „τοῖς ὠσὶν βαρέως ἤκουσαν, – μήπο-
τε – τοῖς ὠσὶν ἀκούσωσιν" Act 2827
– Mar 818 „ὦτα ἔχοντες οὐκ ἀκού-
ετε;" Rm 118 „ὦτα τοῦ μὴ ἀκούειν"
– 16 μαχάρ. – τὰ ὦτα ὑμῶν ὅτι ἀκούουσιν
Mar 733 τοὺς δακτύλους – εἰς τὰ ὦταᵇ αὐτοῦ
Luc 144 ἐγέν. ἡ φωνή – σου εἰς τὰ ὦτά μου
421 πεπλήρωται – ἐν τοῖς ὠσὶν ὑμῶν
944 θέσθε – εἰς τὰ ὦ.ᶜ ὑμῶν τοὺς λόγους
2250 ἀφεῖλεν τὸ οὖςᵇ αὐτοῦ τὸ δεξιόν
Act 751 „ἀπερίτμητοι καρδίαις καὶ τοῖς ὠσὶν"
– 57 κράξαντες – συνέσχον τὰ ὦτα αὐτῶν
1122 ἠκούσθη – εἰς τὰ ὦτα τῆς ἐκκλησίας
1 Co 2 9 ἃ – „οὖς οὐκ ἤκουσεν καὶ ἐπὶ καρδ."
1216 ἐὰν εἴπῃ τὸ οὖς· ὅτι οὐκ εἰμὶ ὀφθ.
Jac 5 4 αἱ βοαὶ τῶν θερισάντων „εἰς τὰ ὦτα
χυρίου σαβαὼθ" εἰσεληλύθασιν
1 Pe 312 „ὦτα αὐτοῦ εἰς δέησιν αὐτῶν"

οὐσία substantia Luc 1512.13 διεσκόρπισεν

ὀφείλειν debēre ᵇ(ὀφείλει) oportet ᶜ(τὸ ὀ-
φειλόμενον) debitum

1) cum infinitivo
Luc 1710 ὃ ὀφείλομεν ποιῆσαι πεποιήκαμεν
Joh 1314 ὀφείλετε ἀλλήλων νίπτειν τοὺς πόδας
19 7 κατὰ τὸν νόμον ὀφείλει ἀποθανεῖν
Act 1729 οὐκ ὀφείλομεν νομίζειν, χρυσῷ ἤ
Rm 15 1 ὀ..ομεν – τὰ ἀσθενήματα τῶν ἀδυνά-
των βαστάζειν 27 ὀ.ουσιν καὶ ἐν τοῖς
σαρκικοῖς λειτουργῆσαι αὐτοῖς
1 Co 510 ἐπεὶ ὠφείλετε ἄρα ἐκ τοῦ κόσμου ἐξ-
ελθεῖν 736 ἐὰν – , – οὕτως ὀφείλειᵇ
γίνεσθαι 910 ὀ..ει ἐπ᾽ ἐλπίδι ὁ ἀροτρι-
ῶν ἀροτριᾶν 117 ἀνὴρ – οὐκ ὀφείλει
κατακαλύπτεσθαι 10 ὀφείλει ἡ γυνὴ
ἐξουσίαν ἔχειν ἐπὶ τῆς κεφαλῆς
2 Co 1211 ἐγὼ – ὠφείλον ὑφ᾽ ὑμῶν συνίστασθαι
14 οὐ – ὀ..ει τὰ τέκνα τοῖς γονεῦσιν
θησαυρίζειν, ἀλλὰ οἱ γονεῖς τοῖς τ.
Eph 528 ὀ..ουσιν – οἱ ἄνδρες ἀγαπᾶν τὰς – γ.
2 Th 1 3 εὐχαριστεῖν ὀ..ομεν – περὶ ὑμῶν 213
Hb 217 ὤφειλεν – τοῖς ἀδελφοῖς ὁμοιωθῆναι
5 3 ὀ..ει – καὶ περὶ ἑαυτοῦ προσφέρειν
– 12 ὀ..οντες εἶναι διδάσκαλοι διὰ τ. χρό.
1 Jo 2 6 ὀ..ει καθὼς ἐκεῖνος – χ. αὐτὸς [οὕτως]

(1 Jo) περιπατεῖν 3 16 ἡμεῖς ὀ..ομεν ὑπὲρ τ.
ἀδελφῶν τ. ψυχὰς θεῖναι 4 11 καὶ
ἡμεῖς ὀφείλομεν ἀλλήλους ἀγαπᾶν
3 Jo 8 ὀ..ομεν ὑπολαμβάνειν τοὺς τοιούτ.

2) cum accusativo et absolute

Mat 18 28 ὃς ὤφειλεν αὐτῷ ἑκατὸν δηνάρια, - ·
ἀπόδος εἴ τι ὀφείλεις 30 ἕως ἀποδῷ
τὸ ὀφειλόμενον[c] 34 πᾶν τὸ ὀφ.[c]
23 16 ὃς δ' ἂν ὀμόσῃ ἐν –, ὀφείλει 18
Luc 7 41 ὁ εἷς ὤφειλεν δηνάρια πεντακόσια
11 4 αὐτοὶ ἀφίομεν παντὶ ὀφείλοντι ἡμῖν
16 5 πόσον ὀφείλεις τῷ κυρίῳ μου; 7
Rm 13 8 μηδενὶ μηδὲν ὀφείλετε (vl ..λητε, vg
debeatis), εἰ μὴ τὸ ἀλλήλους ἀγαπᾶν
Phm 18 εἰ δέ τι ἠδίκησέν σε ἢ ὀφείλει

ὀφειλέτης S° – debitor ᵇqui debebat
Mat 6 12 ὡς καὶ ἡμεῖς ἀφήκαμεν τοῖς ὀφ. ἡμ.
18 24 προσηνέχθη αὐτῷ – ὀφ.ᵇ μυρίων ταλ.
Luc 13 4 δοκεῖτε ὅτι – ὀ..αι ἐγένοντο παρὰ πάν-
τας τοὺς – κατοικοῦντας Ἰερουσαλ.;
Rm 1 14 Ἕλλησίν τε καὶ βαρβάροις – ὀφ. εἰμὶ
8 12 ἄρα οὖν, –, ὀφειλέται ἐσμέν, οὐ τῇ
σαρκὶ τοῦ κατὰ σάρκα ζῆν
15 27 ὀ..αι εἰσὶν αὐτῶν (sc τῶν ἐν Ἰερουσ.)
Gal 5 3 ὀφ. ἐστιν ὅλον τὸν νόμον ποιῆσαι

ὀφειλή S° – debitum
Mat 18 32 πᾶσαν τὴν ὀφειλ. ἐκείνην ἀφῆκά σοι
Rm 13 7 ἀπόδοτε πᾶσιν τὰς ὀφειλάς, – φόρον
1 Co 7 3 τῇ γυναικὶ ὁ ἀνὴρ τὴν ὀφ. ἀποδιδό-
τω, ὁμοίως – καὶ ἡ γυνὴ τῷ ἀνδρί

ὀφείλημα S° – debitum
Mat 6 12 ἄφες ἡμῖν τὰ ὀφειλήματα ἡμῶν
Rm 4 4 ὁ μισθὸς – λογίζεται – κατὰ ὀφείλημα

ὄφελον utinam 1 Co 4 8 ὄφελόν γε ἐβασιλεύ-
σατε 2 Co 11 1 ὄφ. ἀνείχεσθέ μου μικρόν
τι ἀφροσύνης Gal 5 12 ὄφελον καὶ ἀπο-
κόψονται Ap 3 15 ὄφ. ψυχρὸς ἦς ἢ ζεστός

τί τὸ ὄφελος? ᵃquid prodest? ᵇquid proderit?
1 Co 15 32 εἰ κατὰ ἄνθρωπον ἐθηριομά-
χησα –, τί μοι τὸ ὄφελος ᵃ; Jac 2 14 τί τὸ
ὄφελοςᵇ –, ἐὰν πίστιν λέγῃ τις ἔχειν –; 16ᵇ

κατ' ὀφθαλμοδουλίαν, ἐν ὀ..ᾳ S° – ad o-
culum servientes Eph 6 6 Col 3 22

ὀφθαλμός oculus → ὄμμα
ὀφθ. cum ἀνοίγειν, διανοίγειν → ibi

ἐπαίρειν, αἴρειν ὀφθαλμούς → ibi
Mat 5 29 εἰ δὲ ὁ ὀφθ. σου ὁ δεξιὸς σκανδαλί-
ζει σε 18 9 (sine δεξιός) – · – ἢ δύο
ὀ..οὺς ἔχοντα βληθῆναι || Mar 9 47
– 38 ἐρρέθη· „ὀφθαλμὸν ἀντὶ ὀφθαλμοῦ"
6 22 ὁ λύχνος τοῦ σώματός ἐστιν ὁ ὀφθ.
– ἐὰν οὖν ᾖ ὁ ὀφθ. σου ἁπλοῦς 23
ἐὰν δὲ ὁ ὀ. σου πονηρὸς ᾖ || Luc 11 34
7 3 τὸ κάρφος τὸ ἐν τῷ ὀφθ. τοῦ ἀδελ-
φοῦ σου, τὴν δὲ ἐν τῷ σῷ ὀφθαλ-
μῷ δοκόν 4. 5 || Luc 6 41. 42
9 29 ἥψατο τῶν ὀφθαλ. αὐτῶν 30 Mar 8 25
ἐπέθηκεν τὰς χεῖρας ἐπὶ τοὺς ὀφθ.
αὐτοῦ Joh 9 6 τὸν πηλὸν ἐπὶ τοὺς
ὀφθ. 11 ἐπέχρισέν μου τοὺς ὀφθ. 15
13 15 „τοὺς ὀφθ. αὐτῶν ἐκάμμυσαν· μή-
ποτε ἴδωσιν τοῖς ὀφθ." Joh 12 40 „τε-
τύφλωκεν αὐτῶν τοὺς ὀφθαλ. –, ἵνα
μὴ ἴδωσιν τοῖς ὀφθαλμοῖς" Act 28 27
– 16 ὑμῶν δὲ μακάριοι οἱ ὀφθ. || Luc 10 23
20 15 ὁ ὀφθ. σου πονηρός ἐστιν ὅτι ἐγὼ
ἀγαθός εἰμι; – Mar 7 22 ἔσωθεν – ἐκ
τῆς καρδίας – ἐκπορ. – ὀφθ. πονηρός
21 42 „θαυμαστὴ ἐν ὀ..οῖς ἡμῶν" || Mar 12 11
26 43 οἱ ὀφθαλμοὶ βεβαρημένοι || Mar 14 40
Mar 8 18 „ὀφθαλμοὺς ἔχοντες οὐ βλέπετε"
Luc 2 30 εἶδον οἱ ὀφθ. μου τὸ σωτήριόν σου
4 20 οἱ ὀφθαλ. – ἦσαν ἀτενίζοντες αὐτῷ
19 42 νῦν δὲ ἐκρύβη ἀπὸ ὀφθαλμῶν σου
24 16 οἱ δὲ ὀφθ. αὐτῶν ἐκρατοῦντο τοῦ μὴ
ἐπιγνῶναι αὐτόν 31 διηνοίχθησαν
Act 1 9 νεφέλη ὑπέλαβεν αὐτὸν ἀπὸ τῶν ὀ.
9 18 ἀπέπεσαν αὐτοῦ ἀπὸ τῶν ὀφθαλμῶν
ὡς λεπίδας
Rm 3 18 „οὐκ ἔστιν φόβος θεοῦ ἀπέναντι τῶν
ὀφθαλμῶν αὐτῶν"
11 8 „ἔδωκεν αὐτοῖς – ὀ..οὺς τοῦ μὴ βλέ-
πειν" 10 „σκοτισθήτωσαν οἱ ὀφθαλ."
1 Co 2 9 ἃ „ὀφθαλμὸς οὐκ εἶδεν καὶ οὖς"
12 16 ὅτι οὐκ εἰμὶ ὀφθαλμός 17 εἰ ὅλον τὸ
σῶμα ὀφθαλμός 21 οὐ δύναται δὲ ὁ
ὀφθαλ. εἰπεῖν τῇ χειρί· χρείαν σου
15 52 ἐν ἀτόμῳ, ἐν ῥιπῇ ὀφθαλμοῦ
Gal 3 1 οἷς κατ' ὀ..οὺς Ἰησοῦς Χὸς προε-
γράφη (vl + ἐν ὑμῖν vg, vl°) ἐσταυ-
ρωμένος·
4 15 τοὺς ὀφθαλμοὺς ὑμῶν ἐξορύξαντες
Eph 1 18 πεφωτισμένους τοὺς ὀ. τῆς καρδίας
Hb 4 13 πάντα – γυμνὰ καὶ τετραχηλισμένα
τοῖς ὀφθ. αὐτοῦ, πρὸς ὃν – ὁ λόγος
1 Pe 3 12 „ὀφθαλμοὶ κυρίου ἐπὶ δικαίους"
2 Pe 2 14 ὀ..οὺς ἔχοντες μεστοὺς μοιχαλίδος

1 Jo 1 1 ὃ ἑωράκαμεν τοῖς ὀφθαλμοῖς ἡμῶν
2 11 ἡ σκοτία ἐτύφλωσεν τοὺς ὀ. αὐτοῦ
– 16 καὶ ἡ ἐπιθυμία τῶν ὀφθαλμῶν
Ap 1 7 „ὄψεται" αὐτὸν πᾶς ὀφθαλμός
– 14 „οἱ ὀφθαλμοὶ αὐτοῦ ὡς" φλὸξ „πυ-
ρός" 218 1912
3 18 κολλ[ο]ύριον ἐγχρῖσαι τοὺς ὀφθ. σου
4 6 „γέμοντα ὀ..ῶν" 8 „γέμουσιν ὀ..ῶν"
5 6 „ἀρνίον –, ἔχων – ὀφθαλμοὺς ἑπτά"
7 17 „ἐξαλείψει ὁ θεὸς πᾶν δάκρυον ἐκ"
τῶν ὀφθαλμῶν αὐτῶν 214

ὄφις serpens
Mat 7 10 μὴ ὄφιν ἐπιδώσει αὐτῷ; | Luc 11 11
10 16 φρόνιμοι ὡς οἱ ὄφεις (vl ὁ ὄφις)
23 33 ὄφεις, γεννήματα ἐχιδνῶν, πῶς –;
Mar[16 18 ὄφεις ἀροῦσιν] Luc 10 19 „πατεῖν ἐπ-
άνω ὄφεων" καὶ σκορπίων
Joh 3 14 καθὼς Μωϋσῆς ὕψωσεν τὸν ὄφιν ἐν
1 Co 10 9 καὶ ὑπὸ τῶν ὄφεων ἀπώλλυντο
2 Co 11 3 ὡς „ὁ ὄφις ἐξηπάτησεν" Εὔαν
Ap 9 19 αἱ – οὐραὶ αὐτῶν ὅμοιαι ὄφεσιν
12 9 ὁ „ὄφις" ὁ ἀρχαῖος 20 2 – 12 14 ὅπου
τρέφεται – ἀπὸ προσώπου τοῦ ὄφεως
15 ἔβαλεν ὁ ὄφ. – ὕδωρ ὡς ποταμόν

ὀφρῦς supercilium Luc 4 29 τοῦ ὄρους

ὀχλεῖσθαι vexari Act 5 16 ὑπὸ πνευμάτων

ὀχλοποιεῖν S° – turbam facere Act 17 5

ὄχλος. ὄχλοι turba, turbae ᵇmultitudo ᶜpo-
pulus, ..i ᵈplebs – (plurali Graeco se-
mel utuntur Mar (10 1) et Joh (7 12))
Mat 4 25 ἠκολούθησαν αὐτῷ ὄχλοι πολλοὶ ἀ-
πὸ τῆς Γαλιλαίας | Luc 6 17 ὄχλος
πολὺς μαθητῶν αὐτοῦ – Mat 8 1
[12 15] 14 13 ἠκολούθησαν αὐτῷ πεζῇ
ἀπὸ τῶν πόλεων 19 2 | Mar 10 1 συμπο-
ρεύονται – ὄχλοι πρὸς αὐτόν
5 1 ἰδὼν – τοὺς ὄ. ἀνέβη εἰς τὸ ὄρος 9 36
ἐσπλαγχνίσθη περὶ αὐτῶν 8 18 ἰδὼν –
ὄχλον (vl πολλοὺς ὄ.) περὶ αὐτὸν
7 28 ἐξεπλήσσοντο οἱ ὄ. ἐπὶ τῇ διδαχῇ
αὐτοῦ 22 33 | Mar 11 18 ὁ ὄχλος
9 8 οἱ ὄ. ἐφοβήθησαν 33 ἐθαύμασαν οἱ
ὄ. | Mat 12 23 ἐξίσταντο πάντες οἱ
ὄ. | Luc 11 14 ἐθαύμασαν οἱ ὄχλοι
– 23 ἰδὼν – τὸν ὄχλον θορυβούμενον 25
11 7 λέγειν τοῖς ὄ. περὶ Ἰωάννου | Luc 7 24
12 46 ἔτι αὐτοῦ λαλοῦντος τοῖς ὄχλοις

Mat 13 2 συνήχθησαν πρὸς αὐτὸν ὄ. πολλοί
–, καὶ πᾶς ὁ ὄχ. ἐπὶ τὸν αἰγιαλὸν
εἱστήκει | Mar 4 1 ὄχλος πλεῖστος, –
καὶ πᾶς ὁ ὄ. – ἐπὶ τῆς γῆς Luc 8 4
συνιόντος – ὄχλου πολλοῦ
– 34 ἐλάλησεν – ἐν παραβολαῖς τοῖς ὄχ.
– 36 ἀφεὶς τοὺς ὄ. ἦλθεν εἰς τὴν οἰκίαν
– Mar 4 36 ἀφέντες τὸν ὄχλον
14 5 ἐφοβήθη (sc Herodes) τὸν ὄ.ᶜ 21 26
φοβούμεθα τὸν ὄχ. 46 ἐφοβήθησαν
τοὺς ὄ. | Mar 11 32 τὸν ὄ.ᶜ 12 12 τὸν ὄ.
– 13 ἀκούσαντες οἱ ὄ. 14 εἶδεν πολὺν ὄ.,
καὶ ἐσπλαγχνίσθη ἐπ' αὐτοῖς 15 ἀπό-
λυσον τοὺς ὄ. 19 κελεύσας τοὺς ὄ.
ἀνακλιθῆναι –, οἱ δὲ μαθηταὶ τοῖς
ὄ. | Mar 6 34 Luc 9 11. 12. 16 Joh 6 2
ἠκολούθει – αὐτῷ ὄχλος ᵇ πολύς ᵇ
– 22 ἕως οὗ ἀπολύσῃ τοὺς ὄ. 23 ἀπολύ-
σας τοὺς ὄχλους | Mar 6 45 ᶜ
15 10 προσκαλεσάμενος τὸν ὄ. | Mar 7 14.
17 ὅτε εἰσῆλθεν εἰς οἶκον ἀπὸ τοῦ ὄ.
– 83 4 προσκ. τὸν ὄχ. σὺν τοῖς μαθ.
– 30 προσῆλθον αὐτῷ ὄ. πολλοὶ 31 ὥστε
τὸν ὄχλον θαυμάσαι | Mar 7 33 ἀπο-
λαβόμενος αὐτὸν ἀπὸ τοῦ ὄχλου
– 32 σπλαγχνίζομαι ἐπὶ τὸν ὄχλον 33 χορ-
τάσαι ὄχλον τοσοῦτον; 35. 36ᶜ. 39 ἀπο-
λύσας τοὺς ὄχλους | Mar 8 1 πάλιν
πολλοῦ ὄχλου ὄντος 2. 6
17 14 ἐλθόντων πρὸς τὸν ὄ. | Mar 9 14 ὄ-
χλον πολὺν περὶ αὐτούς (sc τοὺς μα-
θητάς) 15 πᾶς ὁ ὄ.ᶜ – ἐξεθαμβήθη-
σαν 17 εἷς ἐκ τοῦ ὄχλου 25 ὅτι ἐπι-
συντρέχει ὄχλος | Luc 9 37. 38
20 29 ἠκολούθησεν – ὄ. πολύς 31 ὁ δὲ ὄ.
ἐπετίμησεν αὐτοῖς | Mar 10 46 ὄ-
χλου ᵇ ἱκανοῦ Luc 18 36 ἀκούσας δὲ
ὄχλου διαπορευομένου
21 8 ὁ δὲ πλεῖστος ὄ. ἔστρωσαν – ἱμάτια
9 οἱ δὲ ὄ. οἱ προάγοντες 11 οἱ δὲ ὄ.ᶜ
ἔλεγον· – ὁ προφήτης Ἰησοῦς
23 1 ἐλάλησεν τοῖς ὄ. καὶ τοῖς μαθηταῖς
26 47 μετ' αὐτοῦ ὄ. πολὺς μετὰ μαχαιρῶν
55 εἶπεν ὁ Ἰησοῦς τοῖς ὄχλοις | Mar
14 43 ὄχλος Luc 22 47 ἰδοὺ ὄχλος
27 15 ἀπολύειν ἕνα τῷ ὄχλῳᶜ 20 ἔπεισαν
τοὺς ὄχ.ᶜ 24 ἀπενίψατο τὰς χεῖρας
ἀπέναντι τοῦ ὄ.ᶜ | Mar 15 8. 11. 15 βου-
λόμενος τῷ ὄχλῳᶜ τὸ ἱκανὸν ποιῆ-
σαι Luc 23 4 εἶπεν πρὸς – τοὺς ὄχ.
Mar 2 4 μὴ δυνάμενοι προσενέγκαι – διὰ τὸν
ὄχ. | Luc 5 19 – Mar 3 9 Luc 8 19 οὐκ

(Luc) ἠδύναντο συντυχεῖν αὐτῷ διὰ τὸν ὄ.
19₃ ἀπὸ τοῦ ὄχλου, ὅτι – μικρὸς ἦν
Mar 21₃ πᾶς ὁ ὄ. ἤρχετο πρὸς αὐτόν 3 20 συν-
έρχεται πάλιν 32 ἐκάθητο περὶ αὐτὸν
ὄ. 5 21 συνήχθη ὄ. πολὺς ἐπ᾽ αὐτόν
24 ἠκολούθει αὐτῷ 27 ἐλθοῦσα ἐν τῷ
ὄχλῳ ὄπισθεν 30 ἐπιστραφεὶς ἐν τῷ
ὄ. 31 βλέπεις τὸν ὄ. συνθλίβοντά σε
‖ Luc 8 40 ἀπεδέξατο αὐτὸν ὁ ὄ. 42
οἱ ὄ. συνέπνιγον αὐτόν 45 οἱ ὄχλοι
12 37 [ὁ] πολὺς ὄχλος ἤκουεν αὐτοῦ ἡδέως
– 41 πῶς ὁ ὄ. βάλλει χαλκὸν εἰς τὸ γαζ.
Luc 3 7 ἔλεγεν – τοῖς ἐκπορευομένοις ὄ. βα-
πτισθῆναι 10 ἐπηρώτων αὐτὸν οἱ ὄ.
4 42 οἱ ὄ. ἐπεζήτουν αὐτόν 51 ἐν τῷ τὸν
ὄχλον ἐπικεῖσθαι αὐτῷ 3 ἐδίδασκεν
τοὺς ὄ. 15 συνήρχοντο ὄ. πολλοί 11
29 τῶν δὲ ὄχ. ἐπαθροιζομένων 14 25
συνεπορεύοντο – αὐτῷ ὄχλοι πολλοί
5 29 ἦν ὄχλος πολὺς τελωνῶν καὶ ἄλλων
6 19 πᾶς ὁ ὄχ. ἐζήτουν ἅπτεσθαι αὐτοῦ
7 9 στραφεὶς τῷ ἀκολουθοῦντι – ὄχλῳ
– 11 συνεπορεύοντο – οἱ μαθηταὶ – καὶ ὄ.
πολύς 12 ὄχλος τῆς πόλεως ἱκανός
9 18 τίνα με λέγουσιν οἱ ὄχλοι εἶναι;
11 27 γυνὴ ἐκ τοῦ ὄχλου εἶπεν – μακαρία
12 1 ἐπισυναχθεισῶν τῶν μυριάδων τοῦ ὄ.
13 εἶπεν δέ τις ἐκ τοῦ ὄ. 19 39 τινὲς
τῶν Φαρισαίων ἀπὸ τοῦ ὄχ. εἶπαν
– 54 ἔλεγεν – τοῖς ὄ.· ὅταν ἴδητε νεφέλην
13 14 ἔλεγεν τῷ ὄχλῳ ὅτι ἓξ ἡμέραι εἰσὶν
17 πᾶς ὁ ὄχλος ᶜ ἔχαιρεν ἐπὶ πᾶσιν
22 6 τοῦ παραδοῦναι αὐτὸν ἄτερ ὄχλου
23 48 οἱ συμπαραγενόμενοι ὄχλοι ἐπὶ τὴν
θεωρίαν ταύτην – ὑπέστρεφον
Joh 5 13 ἐξένευσεν ὄχλου ὄντος ἐν τῷ τόπῳ
6 2.5 → supra Mat 14 13 – Joh 6 22 ὁ ὄ.
ὁ ἑστηκὼς πέραν τῆς θαλάσσης 24
7 12 γογγυσμὸς – πολὺς ἐν τοῖς ὄ.· – πλα-
νᾷ τὸν ὄχ. 20 ἀπεκρίθη ὁ ὄ.· δαιμό-
νιον ἔχεις 31 ἐκ τοῦ ὄ. δὲ πολλοὶ ἐ-
πίστευσαν 32.40.43 σχίσμα οὖν ἐγέ-
νετο ἐν τῷ ὄχλῳ 49 ἀλλὰ ὁ ὄχλος
οὗτος ὁ μὴ γινώσκων τὸν νόμον
11 42 διὰ τὸν ὄχ.ᶜ τὸν περιεστῶτα εἶπον
12 9 ἔγνω οὖν [ὁ] ὄ. πολὺς ἐκ τῶν Ἰουδ.
12 ὁ ἐλθὼν εἰς τὴν ἑορτὴν 17 ὁ ὄ. ὁ
ὢν μετ᾽ αὐτοῦ ὅτε τὸν Λάζαρον 18
ὑπήντησεν αὐτῷ ὁ ὄ. 29 ὁ – ὄχλος ὁ
ἑστὼς καὶ ἀκούσας ἔλεγεν βροντὴν
– 34 ἀπεκρίθη οὖν αὐτῷ ὁ ὄχλος· ἡμεῖς
ἠκούσαμεν – ὅτι ὁ χριστὸς μένει εἰς

Act 1 15 ἦν τε ὄχλος ὀνομάτων ἐπὶ τὸ αὐτό
6 7 πολύς τε ὄχ. τῶν ἱερέων ὑπήκουον
τῇ πίστει 8 6 προσεῖχον – οἱ ὄχλοι
τοῖς λεγομένοις 11 24 προσετέθη ὄ-
χλος ἱκανὸς τῷ κυρίῳ 26 διδάξαι ὄ-
χλον ἱκανόν 19 26 ὁ Παῦλος οὗτος
πείσας μετέστησεν ἱκανὸν ὄχλον
13 45 ἰδόντες – οἱ Ἰουδαῖοι τοὺς ὄχλους
14 11 οἵ τε ὄχλοι ἰδόντες ὃ ἐποίησεν Παῦ-
λος 13 σὺν τοῖς ὄ.ᶜ ἤθελεν θύειν 14
ἐξεπήδησαν εἰς τὸν ὄ. 18 μόλις κατ-
έπαυσαν τοὺς ὄ. 19 πείσαντες τοὺς
ὄ. 16 22 συνεπέστη ὁ ὄ.ᵈ κατ᾽ αὐτῶν
17 8 ἐτάραξαν – τὸν ὄ.ᵈ 13 τοὺς ὄ.ᵇ
19 33 ἐκ – τοῦ ὄχλου συνεβίβασαν Ἀλέξαν-
δρον 35 καταστείλας – τὸν ὄχλον
21 27 συνέχεον πάντα τὸν ὄχλονᶜ 34 ἄλλο
τι ἐπεφώνουν ἐν τῷ ὄχλῳ 35 βαστά-
ζεσθαι αὐτὸν – διὰ τὴν βίαν τοῦ ὄ.ᶜ
24 12 οὔτε – εὗρόν με – ἐπίστασιν ποιοῦν-
τα ὄχλον 18 οὐ μετὰ ὄχλου οὐδέ
Ap 7 9 ἰδοὺ ὄχλος πολὺς – ἐνώπιον τοῦ θρό-
νου 19 1 ἤκουσα ὡς φωνὴν μεγάλην
ὄχλου πολλοῦ ἐν τῷ οὐρανῷ 6
17 15 τὰ ὕδατα ἃ εἶδες, –, λαοὶ (populi)
καὶ ὄ. (vg°) εἰσὶν καὶ ἔθνη (gentes)

ὀχύρωμα munitio 2 Co 10 4 ὅπλα – δυνατὰ
τῷ θεῷ πρὸς καθαίρεσιν ὀχυρωμάτων

ὀψάριον piscis Joh 6 9.11 21 9.10.13

ὀψέ et ὄψιος vespere ᵇvespera (hora) ᶜsero
Mat 28 1 ὀψὲ – σαββάτων Mar 11 11ᵇ 19ᵇ 13 35ᶜ

ὀψία (sc ὥρα) vesper ᵇsero Mat 8 16 14 15.
23 [16₂] 20 8ᵇ 26 20 27 57ᵇ Mar 1 32 4 35ᵇ
6 47ᵇ 14 17 15 42ᵇ Joh 6 16 ὡς δὲ ὀψία ᵇ ἐ-
γένετο 20 19 οὔσης οὖν ὀψίας ᵇ

ὄψιμος serotinus Jac 5 7 „πρόϊμον καὶ ὄ.”

ὄψις facies – (κατ᾽ ὄψιν) secundum faciem
Joh 7 24 μὴ κρίνετε κατ᾽ ὄψιν – 11 44
Ap 1 16 ἡ ὄψις αὐτοῦ ὡς ὁ ἥλιος φαίνει

ὀψώνιον stipendium
Luc 3 14 ἀρκεῖσθε τοῖς ὀψωνίοις ὑμῶν
Rm 6 23 τὰ – ὀψώνια τῆς ἁμαρτίας θάνατος
1 Co 9 7 τίς στρατεύεται ἰδίοις ὀψωνίοις ποτέ;
2 Co 11 8 ἄλλας ἐκκλησίας ἐσύλησα λαβὼν ὀ-
ψώνιον πρὸς τὴν ὑμῶν διακονίαν

13

Π

παγιδεύειν *capere* Mat 22 15 αὐτὸν – ἐν λόγῳ

παγίς *laqueus* Luc 21 35 μήποτε – ἐπιστῇ – ἡ ἡμέρα ἐκείνη ὡς „παγίς" Rm 11 9 „ἡ τράπεζα αὐτῶν εἰς παγίδα" 1 Ti 3 7 τοῦ διαβόλου 2 Ti 2 26 – 1 Ti 6 9 ἐμπίπτουσιν εἰς πειρασμὸν καὶ παγίδα

πάθημα S° – *passio* [b]*vitium* Rm 7 5 τὰ παθήμ. τῶν ἁμαρτιῶν - ἐνηργεῖτο 8 18 οὐκ ἄξια τὰ παθήμ. τοῦ νῦν καιροῦ 2 Co 1 5 περισσεύει τὰ π. τοῦ Χοῦ εἰς ἡμᾶς – 6 ἐν ὑπομονῇ τῶν αὐτῶν π. ὧν καὶ ἡμεῖς πάσχομεν 7 ὡς κοινωνοί ἐστε τῶν π., οὕτως καὶ τῆς παρακλήσεως Gal 5 24 τὴν σάρκα ἐσταύρωσαν σὺν τοῖς π.[b] Phl 3 10 γνῶναι - κοινωνίαν - π.άτων αὐτοῦ Col 1 24 νῦν χαίρω ἐν τοῖς παθ. ὑπὲρ ὑμῶν 2 Ti 3 11 παρηκολούθησάς μου – τοῖς παθήμ. Hb 2 9 Ἰησοῦν διὰ τὸ π. τοῦ θανάτου „δόξῃ - ἐστεφανωμένον" 10 ἔπρεπεν – αὐτῷ – τὸν ἀρχηγὸν τῆς σωτηρίας – διὰ π.άτων (vg sing, vl plur) τελειῶσαι 10 32 πολλὴν ἄθλησιν ὑπεμείνατε π.άτων 1 Pe 1 11 προμαρτυρόμενον τὰ εἰς Χὸν παθ. 4 13 καθὸ κοινωνεῖτε τοῖς τοῦ Χοῦ π..σιν 5 1 μάρτυς τῶν τοῦ Χοῦ παθημάτων – 9 εἰδότες τὰ αὐτὰ τῶν π. τῇ ἐν [τῷ] κόσμῳ ὑμῶν ἀδελφότητι ἐπιτελεῖσθαι

παθητός S° – *passibilis* Act 26 23 εἰ π. ὁ χρ.

πάθος *passio* [b]*libido* Rm 1 26 παρέδωκεν αὐτοὺς – εἰς π..η ἀτιμίας Col 3 5 νεκρώσατε – πάθος[b], ἐπιθυμ. κακήν 1 Th 4 5 ἐν – τιμῇ, μὴ ἐν πάθει ἐπιθυμίας

παιδαγωγός S° – *paedagogus* 1 Co 4 15 ἐὰν – μυρίους π..οὺς ἔχητε ἐν Χῷ Gal 3 24 ὥστε ὁ νόμος παιδ. ἡμῶν γέγονεν εἰς Χόν 25 οὐκέτι ὑπὸ π..όν ἐσμεν

παιδάριον *puer* Joh 6 9 ἔστιν π. ὧδε ὅς

παιδεία *disciplina* [b](πρὸς π..αν) *ad erudiendum* Eph 6 4 ἐν „παιδείᾳ – κυρίου" 2 Ti 3 16 πρὸς παιδείαν[b] τὴν ἐν δικαιοσύνῃ Hb 12 5 „μὴ ὀλιγώρει παιδείας κυρίου" 7 εἰς

(vl εἰ) „παιδείαν" ὑπομένετε 8 εἰ δὲ χωρίς ἐστε „παιδείας" 11 πᾶσα δὲ παιδεία πρὸς μὲν τὸ παρὸν οὐ δοκεῖ χαρᾶς εἶναι

παιδεύειν *castigare* [b]*corripere* [c](pass) *discere* [d]*emendare* [e]*erudire* Luc 23 16 παιδεύσας[d] – αὐτὸν ἀπολύσω 22[b] Act 7 22 ἐπ.θη[c] Μω. [ἐν] πάσῃ σοφίᾳ Αἰγυπτ. 22 3 πεπαιδ.[e] κατὰ ἀκρίβειαν τοῦ – νόμου 1 Co 11 32 ὑπὸ [τοῦ] κυρίου παιδενόμεθα[b] 2 Co 6 9 ὡς „π..όμενοι καὶ μὴ θανατούμενοι" 1 Ti 1 20 ἵνα παιδευθῶσιν[c] μὴ βλασφημεῖν 2 Ti 2 25 δούλου – κυρίου – ἐν πραΰτητι παιδεύοντα[b] τοὺς ἀντιδιατιθεμένους Tit 2 12 ἡ χάρις τοῦ θ. -, παιδεύουσα[e] ἡμᾶς Hb 12 6 „ὃν γὰρ ἀγαπᾷ κύριος παιδεύει" – 7 τίς – „υἱὸς" ὃν οὐ „π..ει"[b] πατήρ; – 10 κατὰ τὸ δοκοῦν αὐτοῖς ἐπαίδευον[e] Ap 3 19 „ὅσους ἐὰν φιλῶ ἐλέγχω καὶ π..ω"

παιδευτής *eruditor* Rm 2 20 Hb 12 9

ἐκ παιδιόθεν *ab infantia* Mar 9 21

παιδίον *puer* [b]*puella* [c]*parvulus* [d]*infans* [e]*filius* [f]*filiolus* Mat 2 8.9.11.13.14.20.21 Luc 2 17.27.40 11 16 ὁμοία ἐστὶν παιδίοις καθημένοις ἐν ταῖς ἀγοραῖς ‖ Luc 7 32 14 21 χωρὶς γυναικῶν καὶ παιδίων[c] 15 38[c] 18 2 προσκαλεσάμενος παιδίον[c] 3 ἐὰν μὴ – γένησθε ὡς τὰ π.[c] 4 ὅστις – ταπεινώσει ἑαυτὸν ὡς τὸ π.[c] τοῦτο 5 ὃς ἐὰν δέξηται ἓν π.[c] τοιοῦτο ‖ Mar 9 36 λαβὼν παιδίον 37 Luc 9 47 ἐπιλαβόμενος 48 19 13 προσηνέχθησαν αὐτῷ παιδία[c] 14 ἄφετε τὰ παιδία[c] ‖ Mar 10 13[c] 14[c] ἔρχεσθαι πρός με 15 ὃς ἂν μὴ δέξηται τὴν βασιλείαν τοῦ θεοῦ ὡς π.[c] Luc 18 16.17 τὴν βασιλείαν τ. θεοῦ ὡς π. Mar 5 39 τὸ παιδίον[b] οὐκ ἀπέθανεν 40[b] 41[b] 7 28 ἐσθίουσιν ἀπὸ τῶν ψιχίων τῶν παιδίων 30 εὗρεν τὸ π.[b] βεβλημένον ἐπὶ 9 24 κράξας ὁ πατὴρ τοῦ παιδίου ἔλεγεν[c] Luc 1 59 (Joh.) 66.76.80 τὸ δὲ παιδίον ηὔξανεν 11 7 τὰ π. μου μετ᾽ ἐμοῦ εἰς τὴν κοίτην Joh 4 49 πρὶν ἀποθανεῖν τὸ παιδίον[e] μου

Joh 16 21 ὅταν δὲ γεννήσῃ τὸ παιδίον, οὐκέτι
21 5 παιδία – 1 Jo 2 14 ὑμῖν, παιδία^d 18^f
1 Co 14 20 μὴ παιδία γίνεσθε ταῖς φρεσίν
Hb 2 13 „ἐγὼ καὶ τὰ π." 14 ἐπεὶ – τὰ π. κε-
κοινώνηκεν αἵματος καὶ σαρκός
11 23 διότι „εἶδον ἀστεῖον" τὸ π.^d (Mos.)

παιδίσκη ancilla ^b puella
Mat 26 69 ‖ Mar 14 66. 69 Luc 22 56 Joh 18 17
Luc 12 45 τύπτειν – τὰς π. – Act 12 13^b 16 16^b
Gal 4 22 ἕνα (sc υἱὸν) ἐκ τῆς π. 23. 30 „ἔκβα-
λε τὴν π." 30. 31 οὐκ ἐσμὲν παιδίσκης τέκνα

παίειν percutere
Mat 26 68 τίς ἐστιν ὁ παίσας σε; ‖ Luc 22 64
Mar 14 47 ‖ Joh 18 10 τὸν – δοῦλον – Ap 9 5

παίζειν ludere 1 Co 10 7 „ἀνέστησαν παί."

παῖς, ὁ et ἡ puer ^b puella ^c filius ^d servus
Mat 2 16 ἀνεῖλεν – τοὺς π. Luc 2 43 Ἰησοῦς ὁ π.
8 6 ὁ π. μου βέβληται – παραλυτικός 8.
13 ἰάθη ὁ π. ‖ Luc 7 7 ἰαθήτω ὁ π.
12 18 „ὁ π. μου ὃν ᾑρέτισα" Act 3 13 „ἐδό-
ξασεν τὸν π.^c αὐτοῦ" Ἰησοῦν 26 ἀ-
ναστήσας ὁ θεὸς τὸν π.^c αὐτοῦ –
4 27 „συνήχθησαν" – ἐπὶ τὸν ἅγιον π.
σου Ἰησοῦν 30 τέρατα γίνεσθαι διὰ
τοῦ ὀνόματ. τοῦ ἁγίου παιδός^c σου
14 2 Ἡρῴδης – εἶπεν τοῖς παισὶν αὐτοῦ
17 18 ἐθεραπεύθη ὁ π. ‖ Luc 9 42 ἰάσατο
21 15 τοὺς π. τοὺς κράζοντας |τὸν π.
Luc 1 54 „ἀντελάβετο Ἰσραὴλ παιδὸς αὐτοῦ"
– 69 Δαυὶδ παιδὸς αὐτοῦ Act 4 25 σου
8 51 τὸν πατέρα τῆς π.^b 54 ἡ π.^b, ἔγειρε
12 45 τύπτ. τοὺς π.^d (vl^a) 15 26 ἕνα τῶν π.^d
Joh 4 51 ὅτι ὁ π.^c – ζῇ – Act 20 12 τὸν π. ζῶντα

πάλαι olim ^b (ἡ π. ἁμαρτία) vetus
Mat 11 21 πάλαι ἂν – μετενόησαν ‖ Luc 10 13
Mar 15 44 εἰ πάλαι (vl ἤδη vg iam) ἀπέθανεν
2 Co 12 19 Hb 1 1 πάλαι ὁ θεὸς λαλήσας Jud 4
2 Pe 1 9 καθαρισμοῦ τῶν πάλαι^b – ἁμαρτιῶν

παλαιός vetus **παλαιότης** S° – vetustas
Mat 9 16 ἐπὶ ἱματίῳ π..ῷ 17 εἰς ἀσκοὺς π..οὺς
‖ Mar 2 21 bis 22 Luc 5 36. 37 – 39 πι-
ὼν παλαιὸν · λέγει γάρ· ὁ παλαιὸς
χρηστός ἐστιν
13 52 ὅστις ἐκβάλλει – καινὰ καὶ παλαιά
Rm 6 6 ὁ παλαιὸς ἡμῶν ἄνθρ. συνεσταυρώθη
7 6 δουλεύειν ἡμᾶς ἐν καινότητι πνεύ-

ματος καὶ οὐ παλαιότητι γράμματος
1 Co 5 7 ἐκκαθάρατε τὴν παλαιὰν ζύμην 8
2 Co 3 14 ἐπὶ τῇ ἀναγνώσει τῆς παλ. διαθήκης
Eph 4 22 ἀποθέσθαι – τὸν παλ. ἄνθρωπον Col
3 9 ἀπεκδυσάμενοι τὸν παλ. ἄνθρωπ.
1 Jo 2 7 ἐντολὴν π..αν –· ἡ ἐντ. ἡ παλ. ἐστιν

παλαιοῦν veterare π..οῦσθαι: ^b veterascere
(vl ..escere) ^c antiquari
Luc 12 33 βαλλάντια μὴ παλαιούμενα^b
Hb 1 11 „ὡς ἱμάτιον παλαιωθήσονται^b"
8 13 πεπαλαίωκεν τὴν πρώτην· τὸ δὲ πα-
λαιούμενον^c – ἐγγὺς ἀφανισμοῦ

πάλη S° – colluctatio Eph 6 12 οὐκ ἔστιν ἡ-
μῖν ἡ π. πρὸς αἷμα καὶ σάρκα, ἀλλά

παλιγγενεσία S° – regeneratio
Mat 19 28 ἐν τῇ παλ., ὅταν καθίσῃ ὁ υἱὸς τοῦ
Tit 3 5 διὰ λουτροῦ π..ας καὶ ἀνακαινώσεως

***πάλιν** iterum ^b rursus, rursum ^c vg°
– πάλιν – λέγω ὑμῖν → λέγειν
Joh 10 17 τίθημι τὴν ψυχήν μου, ἵνα π. λάβω
αὐτὴν 18 ἐξουσίαν ἔχω πάλιν λαβεῖν
11 7. 8 καὶ πάλιν ὑπάγεις ἐκεῖ·
12 28 καὶ ἐδόξασα καὶ πάλιν δοξάσω
14 3 π. ἔρχομαι καὶ παραλήμψομαι ὑμᾶς
16 16 πάλιν μικρὸν καὶ ὄψεσθέ με 17. 19. 22
πάλιν δὲ ὄψομαι ὑμᾶς 28 πάλιν ἀφί-
ημι τὸν κόσμον
Act 17 32 ἀκουσόμεθά σου περὶ τούτου καὶ π.
Rm 8 15 πνεῦμα δουλείας πάλιν εἰς φόβον
1 Co 7 5 ἵνα – καὶ πάλιν ἐπὶ τὸ αὐτὸ ἦτε
2 Co 2 1 τὸ μὴ π. ἐν λύπῃ πρὸς ὑμᾶς ἐλθεῖν
12 21 13 2 ἐὰν ἔλθω εἰς τὸ π. οὐ φείσ.
10 7 τοῦτο λογιζέσθω πάλιν ἐφ᾽ ἑαυτοῦ
Gal 4 9 πῶς ἐπιστρέφετε π. ἐπὶ τὰ – στοιχεῖα,
οἷς πάλ.^c ἄνωθεν δουλεύειν θέλετε;
– 19 τέκνα μου, οὓς πάλιν ὠδίνω
5 1 μὴ πάλιν ζυγῷ δουλείας ἐνέχεσθε
– 3 μαρτύρομαι – π.^b παντὶ – περιτεμνο-
Phl 4 4 χαίρετε ·· πάλιν ἐρῶ, χαίρετε |μένῳ
Hb 5 12 π.^b χρείαν ἔχετε τοῦ διδάσκειν ὑμᾶς
6 1 μὴ πάλ.^b θεμέλιον καταβαλλόμενοι
– 6 ἀδύνατον – τοὺς – παραπεσόντας, π.^b
ἀνακαινίζειν εἰς μετάνοιαν 2 Pe 2 20
πάλ.^b ἐμπλακέντες (sc τοῖς μιάσμα.)
1 Jo 2 8 πάλιν ἐντολὴν καινὴν γράφω ὑμῖν

παμπληθεί S° – simul universa turba Lc 23 18
Παμφυλία Act 2 10 13 13 14 24 15 38 27 5

πανδοχεῖον S° – *stabulum* Luc 10 34

πανδοχεύς S° – *stabularius* Luc 10 35 τῷ π.

πανήγυρις *frequentia* Hb 12 22 ἀγγέλων π.. ει καὶ ἐκκλησίᾳ πρωτοτόκων (vg *ad – angelorum fr..am*)

πανοικεί *cum omni domo sua* Act 16 34

πανοπλία *armatura* [b]*universa arma* Luc 11 22[b] Eph 6 11 τὴν παν. τοῦ θεοῦ 13 idem

πανουργία *astutia* [b]*dolus* Luc 20 23 κατανοήσας δὲ αὐτῶν τὴν παν.[b] 1 Co 3 19 2 Co 4 2 μὴ περιπατοῦντες ἐν π..ίᾳ 2 Co 11 3 Eph 4 14 ἐν τῇ κυβείᾳ τῶν ἀνθ., ἐν π.

πανοῦργος *astutus* 2 Co 12 16 ὑπάρχων παν.

πανταχῇ *ubique* Act 21 28 πανταχῇ διδάσκων

πανταχοῦ *ubique* Mar 1 28 (vg°) [[16 20]] Luc 9 6 Act 17 30 πάντας π. μετανοεῖν 24 3 28 22 γνωστὸν ἡμῖν – ὅτι π. ἀντιλέγεται 1 Co 4 17 καθὼς π. ἐν πάσῃ ἐκκλησίᾳ διδάσκω

εἰς τὸ παντελές S° – [a]*omnino* [b]*in perpetuum* (vl ..o) Luc 13 11[a] Hb 7 25 σῴζειν εἰς τὸ π.[b] δύναται τοὺς προσερχομένους δι'

πάντῃ *semper* Act 24 3 π. τε καὶ πανταχοῦ

πάντοθεν *undique* [b]*ex omni parte* Mar 1 45 Luc 19 43 συνέξουσίν σε π. Hb 9 4[b]

παντοκράτωρ *omnipotens* 2 Co 6 18 „λέγει κύριος π." Ap 1 8 ὁ ὢν καὶ ὁ ἦν καὶ ὁ ἐρχόμ., ὁ π. 4 8 11 17 κύριε ὁ θ. ὁ π. 15 3 16 7 19 6 ἐβασίλευσεν κύριος ὁ θ. [ἡμῶν] ὁ π. 21 22 ὁ – κύρ. ὁ θ. ὁ π. ναὸς αὐτῆς ἐστιν – 16 14 εἰς τὸν πόλεμον τῆς ἡμέρας τῆς μεγ. τοῦ θ. τοῦ π. 19 15 τὴν ληνὸν – τῆς ὀργῆς τοῦ θεοῦ τοῦ π.

πάντοτε *semper* Mat 26 11 πάντοτε – τοὺς πτωχοὺς ἔχετε –, ἐμὲ δὲ οὐ π. ἔχετε ‖ Mar 14 7 Joh 12 8 Luc 15 31 τέχνον, σὺ πάντοτε μετ' ἐμοῦ εἶ – 18 1 Joh 6 34 πάντοτε δὸς ἡμῖν τὸν ἄρτον τοῦτον 7 6 8 29 11 42 πάντοτέ μου ἀκούεις 18 20 Rm 1 10 π. ἐπὶ τῶν προσευχῶν μου 1 Co 1 4 εὐχαριστῶ τῷ θεῷ μου π. Eph 5 20 Phl

14 π. ἐν πάσῃ δεήσει μου Col 1 3 εὐχαριστοῦμεν – π. περὶ ὑμῶν 1 Th 1 2 2 Th 1 3. 11 προσευχόμεθα πάντ. περὶ ὑμῶν 2 13 Phm 4 εὐχαριστῶ – πάντ. 1 Co 15 58 2 Co 2 14 4 10 5 6 9 8 Gal 4 18 Phl 1 20 ὡς π. καὶ νῦν μεγαλυνθήσεται Χός 2 12 καθὼς π. ὑπηκούσατε 4 4 χαίρετε ἐν κυρίῳ π. 1 Th 5 16 πάντοτε χαίρετε Col 4 6 ὁ λόγος ὑμῶν πάντ. ἐν χάριτι – 12 1 Th 2 16 3 6 4 17 πάντοτε σὺν κυρίῳ ἐσόμεθα 5 15 π. τὸ ἀγαθὸν διώκετε – εἰς πάντας 2 Ti 3 7 π. μανθάνοντα (sc τὰ γυναικάρια) Hb 7 25 π. ζῶν εἰς τὸ ἐντυγχάνειν ὑπὲρ αὐτ.

πάντως *utique* [b](οὐ π.) *nequaquam* Luc 4 23 Act (vl 18 21 vg°) 21 22 28 4 Rm 3 9 προεχόμεθα; οὐ π.[b] – 1 Co 5 10 9 10 1 Co 9 22 ἵνα πάντως τινὰς σώσω – 16 12

*παρά

1) cum genitivo
παρά cum ἀκριβοῦν, μανθάνειν, παραλαμβάνειν – ἐλπίζειν, ζητεῖν – ἀγοράζειν → sub his verbis; παρὰ θεοῦ → θεός; παρὰ τ. πατρός → πατήρ vg *a, ab, abs* [b]*apud* [c]*de* [d](οἱ παρ' αὐτοῦ) *sui* – (τὰ παρά τινος): [e]*sua* [f]*quae misistis*

Mat 21 42 „παρὰ κυρίου ἐγένετο" ‖ Mar 12 11 Mar 3 21 ἀκούσαντες οἱ παρ' αὐτοῦ[d] 5 26 δαπανήσασα τὰ παρ' αὐτῆς[e] πάντα [16 9 παρ'[c] ἧς ἐκβεβλήκει ἑπτὰ δαιμόνια] Luc 1 45 τελείωσις τοῖς λελαλημέν. – π. κυρίου 10 7 καὶ πίνοντες τὰ παρ'[b] αὐτῶν Phl 4 18 δεξάμενος – τὰ παρ'[f] ὑμῶν Joh 5 34 οὐ παρὰ ἀνθρώπου τὴν μαρτυρίαν λαμβάνω 41 δόξαν παρὰ ἀνθρώπων 44 δόξαν παρὰ ἀλλήλων λαμβάνοντες, καὶ τὴν δόξαν τὴν παρὰ τοῦ μόνου θεοῦ οὐ ζητεῖτε; 6 46 ὁ ὢν παρὰ τοῦ θεοῦ, – ἑώρακεν 7 29 οἶδα αὐτόν, ὅτι παρ' αὐτοῦ εἰμι 8 26 ἃ ἤκουσα παρ' αὐτοῦ 17 7 ὅσα δέδωκάς μοι παρὰ σοῦ εἰσιν 8 ἔγνωσαν – ὅτι παρὰ σοῦ ἐξῆλθον – 51 ἐὰν μὴ ἀκούσῃ πρῶτον παρ' αὐτοῦ Rm 11 27 αὕτη αὐτοῖς ἡ παρ' ἐμοῦ (vl παρ' ἐμοῦ ἡ) διαθήκη (*a me t..um*)

2) cum dativo
ἀδύνατον, δυνατόν, μένειν, μονήν

ποιεῖν παρά τινι → sub his verbis;
παρὰ (τῷ) θεῷ (in epistolis) → θεός
vg *apud*
Mat 6 1 μισθὸν οὐκ ἔχετε παρὰ τῷ πατρὶ ὑμ.
Luc 1 30 εὗρες – χάριν παρὰ τῷ θεῷ 2 52 προ-
έκοπτεν [ἐν τῇ] – χάριτι παρὰ θεῷ
Joh 8 38 ἃ ἐγὼ ἑώρακα παρὰ τῷ πατρί
17 5 καὶ νῦν δόξασόν με – παρὰ σεαυτῷ
τῇ δόξῃ ᾗ εἶχον – παρὰ σοί
Rm 12 16 „μὴ γίνεσθε φρόνιμοι παρ᾽ ἑαυτοῖς"
11 25 [παρ᾽] ἑαυτοῖς
1 Co 16 2 παρ᾽ ἑαυτῷ τιθέτω θησαυρίζων
2 Co 1 17 ἵνα ᾖ παρ᾽ ἐμοὶ τὸ ναὶ ναὶ καὶ τό
Eph 6 9 προσωπολημψία οὐκ ἔστιν παρ᾽ αὐτῷ
Jac 1 17 παρ᾽ ᾧ οὐκ ἔνι παραλλαγή
2 Pe 2 11 οὐ φέρουσιν – παρὰ κυρίῳ βλάσφη-
μον κρίσιν
3 8 μία ἡμέρα παρὰ κυρίῳ ὡς χίλια ἔτη

3) cum accusativo

vg ᵃ*prae* ᵇ*praeter* ᶜ*praeterquam* ᵈ*plus
quam* ᵉ*potius quam* ᶠ*quam* ᵍ*contra*
ʰ*supra* ⁱ*inter* ᵏ(π. τοῦτο) *ideo* ¹(π. μίαν)
una minus

Act 18 13 παρ᾽ τὸν νόμον Rm 1 26 παρὰᵍ φύ-
σιν 4 18ᵍ ἐλπίδα 16 17 παρὰᵇ τὴν δι-
δαχήν 2 Co 8 3 παρὰʰ δύναμιν
Rm 1 25 τῇ κτίσει παρὰᵉ τὸν κτίσαντα
12 3 μὴ ὑπερφρονεῖν παρ᾽ ὃᵈ δεῖ φρονεῖν
14 5 ὃς μὲν – κρίνει ἡμέραν παρ᾽ⁱ ἡμέραν
1 Co 3 11 θεμέλιον – παρὰᵇ τὸν κείμενον
12 15 οὐ παρὰ τοῦτοᵏ οὐκ ἔστιν ἐκ τοῦ
σώματος 16ᵏ
2 Co 11 24 τεσσεράκοντα παρὰ μίαν¹ ἔλαβον
Gal 1 8 παρ᾽ ὃᶜ εὐηγγελισάμεθα ὑμῖν 9ᵇ
Hb 1 4 διαφορώτερον παρ᾽ᵃ αὐτούς – ὄνομα
3 3 πλείονος – δόξης παρὰᵃ Μωϋσῆν
11 4 παρὰᶠ Κάϊν 12 24ᶠ Ἄβελ
11 11 Σάρρα – παρὰᵇ καιρὸν ἡλικίας

παραβαίνειν *transgredi* ᵇ*praevaricari*
Mat 15 2 τὴν παράδοσιν τῶν πρεσβυτέρων; 3
ὑμεῖς π..ετε τὴν ἐντολὴν τοῦ θεοῦ
Act 1 25 ἀποστολῆς, ἀφ᾽ ἧς παρέβηᵇ Ἰούδας

παραβάλλειν *applicare* Act 20 15 εἰς Σάμ.

παράβασις *praevaricatio* ᵇ*transgressio*
Rm 2 23 ὃς ἐν νόμῳ καυχᾶσαι, διὰ τῆς παρ.
τοῦ νόμου τὸν θεὸν ἀτιμάζεις;
4 15 οὗ – οὐκ ἔστιν νόμος, οὐδὲ παράβασ.
5 14 ἐπὶ τῷ ὁμοιώματι τῆς παραβ. Ἀδάμ

Gal 3 19 τῶν παραβάσεωνᵇ χάριν προσετέθη
1 Ti 2 14 ἡ δὲ γυνὴ – ἐν παραβάσει γέγονεν
Hb 2 2 πᾶσα παράβασις καὶ παρακοὴ ἔλα-
βεν ἔνδικον μισθαποδοσίαν
9 15 τῶν ἐπὶ τῇ πρώτῃ διαθήκῃ π..εων

παραβάτης Sᵒ – *praevaricator* ᵇ*transgres-
sor* (Luc 6 4 D π. εἶ τοῦ νόμου)
Rm 2 25 ἐὰν δὲ παραβ. νόμου ᾖς 27 Jac 2 11ᵇ
Gal 2 18 παραβάτην ἐμαυτὸν συνιστάνω
Jac 2 9 ἐλεγχόμενοι ὑπὸ τ. νόμου ὡς π..αιᵇ

παραβιάζεσθαι *cogere* Luc 24 29 Act 16 15

παραβολεύεσθαι Sᵒ – *tradere* Phl 2 30 ψυχῇ

παραβολή *parabola* ᵇ*similitudo*
Mat 13 3 ἐλάλησεν αὐτοῖς πολλὰ ἐν π..αῖς
10 διὰ τί ἐν π. λαλεῖς αὐτοῖς; 13 διὰ
τοῦτο ἐν π. αὐτοῖς λαλῶ 33 ἄλλην π.
ἐλ. αὐτοῖς 34 ταῦτα πάντα ἐλ. – ἐν π.
τοῖς ὄχλοις, καὶ χωρὶς παραβολῆς
οὐδὲν ἐλάλει αὐτοῖς ‖ Mar 4 33 τοι-
αύταις π..αῖς πολλαῖς ἐλάλει αὐτοῖς
τὸν λόγον 34 12 1 ἤρξατο αὐτοῖς ἐν
παραλ. λαλεῖν cfr παροιμία Joh 16 25
– 18 ἀκούσατε τὴν παρ. τοῦ σπείραντος
– 24 ἄλλην π..ην παρέθηκεν αὐτοῖς 31
– 35 „ἀνοίξω ἐν π..αῖς τὸ στόμα μου"
– 36 διασάφησον ἡμῖν τὴν π. τῶν ζιζανίων
– 53 ὅτε ἐτέλεσεν ὁ Ἰησ. τὰς π. ταύτας
15 15 φράσον ἡμῖν τὴν π. ‖ Mar 7 17 ἐπη-
ρώτων αὐτόν – τὴν π. – 4 10 τὰς π.
‖ Luc 8 9 τίς αὕτη εἴη ἡ παραβολή
21 33 ἄλλην π..ην ἀκούσατε ‖ Luc 20 9
– 45 ἀκούσαντες – οἱ Φαρισαῖοι τὰς πα-
ραβολάς ‖ Mar 12 12 ὅτι πρὸς αὐ-
τοὺς τὴν παραβολὴν εἶπεν Luc 20 19ᵇ
22 1 πάλιν εἶπεν ἐν παραβολαῖς αὐτοῖς
24 32 ἀπὸ – τῆς συκῆς μάθετε τὴν παρ. ‖
Mar 13 28 – Luc 21 29 εἶπεν π..ηνᵇ
Mar 3 23 ἐν παραβολαῖς ἔλεγεν αὐτοῖς
4 2 ἐδίδασκεν – ἐν παραβολαῖς πολλά ‖
Luc 8 4 εἶπεν διὰ παραβολῆςᵇ
– 11 τοῖς ἔξω ἐν π..αῖς τὰ πάντα γίνεται
‖ Luc 8 10 τοῖς δὲ λοιποῖς ἐν π..αῖς
– 13 οὐκ οἴδατε τὴν παρ. ταύτην, καὶ πῶς
πάσας τὰς παραβολὰς γνώσεσθε;
– 30 ἢ ἐν τίνι αὐτὴν παραβολῇ θῶμεν;
Luc 4 23 ἐρεῖτέ μοι τὴν παρ.ᵇ ταύτην· ἰατρέ
5 36 ἔλεγεν – π..ηνᵇ 6 39ᵇ 12 16ᵇ 13 6ᵇ 14 7
πρὸς τοὺς κεκλημένους παραβολήν

(Luc) 153 181.9 πρός τινας τούς πεποιθό-
τας ἐφ' ἑαυτοῖς ὅτι εἰσίν δίκαιοι 1911
προσθεὶς εἶπεν παραβολήν 209 2129ᵇ
Luc 811 ἔστιν δὲ αὕτη ἡ παραβολή
1241 πρὸς ἡμᾶς τὴν παραβολὴν ταύτην
λέγεις ἢ καὶ πρὸς πάντας;
Hb 9 9 ἥτις παραβολὴ εἰς τὸν καιρὸν τὸν
ἐνεστηκότα
1119 ὅθεν αὐτὸν (sc τὸν Ἰσαὰκ) καὶ ἐν
παραβολῇ ἐκομίσατο (sc Ἀβραάμ)

παραγγελία Sᵒ – praeceptum ᵇ(π..ίᾳ) prae-
cipiendo Act 528ᵇ 1624 π..αν – λαβών
1 Th 4 2 τίνας παραγγελίας ἐδώκαμεν ὑμῖν
1 Ti 1 5 τὸ – τέλος τῆς παρ. ἐστὶν ἀγάπη ἐκ
– 18 ταύτην τὴν παρ. παρατίθεμαί σοι

παραγγέλλειν praecipere ᵇdenunciare
Mat 10 5 (sc τοῖς δώδεκα) ‖ Mar 68 ἵνα μηδὲν
1535 τῷ ὄχλῳ ἀναπεσεῖν ‖ Mar 86
‖Mar brev. claus. πάντα δὲ τὰ παρηγγελμένα
τοῖς περὶ τὸν Πέτρον – ἐξήγγειλαν vgᵒ‖
Luc 514 παρήγγειλεν αὐτῷ μηδενὶ εἰπεῖν 856
αὐτοῖς 921 – 829 τῷ πνεύ. – ἐξελθεῖν
Act 1 4 παρήγγειλεν – ἀπὸ Ἱεροσ. μὴ χωρίζ.
418 παρήγγειλανᵇ – μὴ – διδάσκειν ἐπὶ τῷ
ὀνόματι – Ἰησοῦ 528.40ᵇ μὴ λαλεῖν
1042 παρήγγειλεν ἡμῖν κηρῦξαι τῷ λαῷ
15 5 π..ειν τε τηρεῖν τὸν νόμον Μωϋσέως
1618 παραγγέλλω σοι – ἐξελθεῖν ἀπ' αὐτῆς
– 23 1730 2322 μηδενὶ ἐκλαλήσαι 30ᵇ
1 Co 710 παραγγέλλω, οὐκ ἐγὼ ἀλλὰ ὁ κύριος
1117 τοῦτο δὲ π..ων οὐκ ἐπαινῶ ὅτι
1 Th 411 καθὼς ὑμῖν παρηγγείλαμεν
2 Th 3 4 πεποίθαμεν –, ὅτι ἃ π..ομενᵇ [καὶ] ποι-
εῖτε καὶ ποιήσετε 6 π..ομενᵇ δὲ ὑμῖν
– στέλλεσθαι ὑμᾶς ἀπὸ – ἀδελφοῦ
ἀτάκτως περιπατοῦντος 10 παρηγ-
γέλλομενᵇ ὑμῖν, ὅτι εἴ τις οὐ θέλει
ἐργάζεσθαι 12 τοῖς – τοιούτοις παρ-
αγγέλλομενᵇ καὶ παρακαλοῦμεν–ἵνα
1 Ti 1 3 ἵνα παραγγείλῃςᵇ τισὶν μὴ ἑτεροδι-
δασκαλεῖν 411 παράγγελλε ταῦτα 57
617 τοῖς πλουσίοις – παράγγελλε
613 π..ω [σοι] –, τηρῆσαί σε τὴν ἐντολήν

παράγειν, ..εσθαι praeterire ᵇtransire
Mat 9 9ᵇ 27ᵇ 2030ᵇ Mar 116 214 1521 Joh (vl
859 παρῆγεν οὕτως vgᵒ) 91
1 Co 731 παράγει γὰρ τὸ σχῆμα τοῦ κόσμου
1 Jo 2 8 ἡ σκοτία παράγεταιᵇ 17 ὁ κόσμος
παράγεταιᵇ καὶ ἡ ἐπιθυμία αὐτοῦ

*παραγίνεσθαι venire ᵇadesse ᶜassistere
ᵈpraesentem esse
Luc 11 6 φίλος μοι παρεγένετο ἐξ ὁδοῦ πρός
1251 ὅτι εἰρήνην παρεγενόμην δοῦναι–;
1 Co 16 3 ὅταν δὲ παραγένωμαιᵈ, – πέμψω
2 Ti 416 ἐν τῇ πρώτῃ μου ἀπολογίᾳ οὐδείς
μοι παρεγένετοᵇ
Hb 911 Χὸς – π..όμενοςᶜ ἀρχιερεὺς τῶν γε-
νομένων (vl μελλόντων vg) ἀγαθῶν

παραδειγματίζειν ªostentui habēre ᵇtra-
ducere (Mat 119 vl μὴ θέλων αὐτὴν π..
ίσαιᵇ) Hb 66 ἀνασταυροῦντας ἑαυτοῖς
τὸν υἱὸν τοῦ θεοῦ καὶ π..ονταςª

παράδεισος paradisus
Luc 2343 σήμερον μετ' ἐμοῦ ἔσῃ ἐν τῷ παρ.
2 Co 12 4 ἡρπάγη εἰς τὸν παράδ. καὶ ἤκουσεν
Ap 2 7 „ἐκ τοῦ ξύλου τ. ζωῆς", ὅ ἐστιν „ἐν
τῷ παρ. τοῦ θεοῦ" (vl + μου vg)

παραδέχεσθαι recipere ᵇsuscipere
Mar 420ᵇ τὸν λόγον Act 2218 μαρτυρίαν περί
Act 15 4 παρεδέχθησανᵇ ἀπὸ τῆς ἐκκλησίας
1621 ἔθη ἃ οὐκ ἔξεστιν ἡμῖν π..σθαιᵇ
1 Ti 519 κατὰ πρεσβυτέρου κατηγορίαν μὴ
παραδέχου, ἐκτὸς εἰ μὴ „ἐπὶ δύο"
Hb 12 6 „μαστιγοῖ δὲ πάντα υἱὸν ὃν π..εται"

παραδιδόναι tradere ᵇ(part.) traditor
ᶜprodere ᵈproducere

1) traduntur res, praecepta, rationes,
potestas, fides, animae

Mat 1127 πάντα μοι παρεδόθη ὑπὸ τοῦ πα-
τρός μου ‖ Luc 1022 – 46 σοὶ δώσω
τὴν ἐξουσίαν ταύτην –, ὅτι ἐμοὶ πα-
ραδέδοται cfr ὁ διδόναι Mat 2818
2514 τὰ ὑπάρχοντα αὐτοῦ 20.22
Mar 7 13 τῇ παραδόσει ὑμῶν ᾗ παρεδώκατε
Luc 1 2 καθὼς παρέδοσαν ἡμῖν οἱ ἀπ' ἀρχῆς
Joh 1930 παρέδωκεν τὸ πνεῦμα
Act 614 τὰ ἔθη ἃ παρέδωκεν ἡμῖν Μωϋσῆς
1526 τὰς ψυχὰς – ὑπὲρ τοῦ ὀνόμ. τοῦ κυρ.
16 4 παρεδίδοσαν αὐτοῖς φυλάσσειν τὰ
δόγματα τὰ κεκριμ. ὑπὸ τῶν ἀποστ.
Rm 617 ὑπηκούσατε – ἐκ καρδίας εἰς ὃν παρ-
εδόθητε τύπον διδαχῆς
1 Co 11 2 καθὼς παρέδωκα ὑμῖν τὰς παραδό-
σεις 23 παρέλαβον –, ὃ καὶ παρέδω-
κα ὑμῖν 153 παρέδωκα – ὑμῖν ἐν πρώ-
τοις, ὃ καὶ παρέλαβον, ὅτι Χός

1 Co 13 3 καὶ ἐὰν παραδῶ τὸ σῶμά μου ἵνα
15 24 ὅταν παραδιδῷ τὴν βασιλ. τῷ θεῷ
1 Pe 2 23 παρεδίδου δὲ τῷ κρίνοντι δικαίως
2 Pe 2 21 ἦ – ὑποστρέψαι ἐκ τῆς παραδοθείσης
αὐτοῖς ἁγίας ἐντολῆς
Jud 3 ἐπαγωνίζεσθαι τῇ ἅπαξ παραδοθείσῃ
τοῖς ἁγίοις πίστει

2) traduntur homines
a) Jesus, filius hominis

Mat 10 4 Ἰούδας – ὁ καὶ παραδοὺς αὐτὸν 26
15 κἀγὼ ὑμῖν παραδώσω αὐτόν 16.21 εἰς
ἓξ ὑμῶν παραδώσει με 23.24.25.46.48 27 3.4
παραδοὺς αἷμα ἀθῷον – Mar 3 19 14 10
ἵνα αὐτὸν παραδοῖ[c] αὐτοῖς 11.18.21.42.44[b]
– Luc 22 4 τὸ πῶς αὐτοῖς παραδῷ αὐτὸν
6 ἄτερ ὄχλου 21.22.48 φιλήματι – παραδί-
δως; – Joh 6 64 τίς ἐστιν ὁ παραδώσων
αὐτόν 71 12 4 13 2.11.21 18 2.5.36 οἱ ὑπηρέ-
ται οἱ ἐμοὶ ἠγωνίζοντο [ἂν] ἵνα μὴ παρα-
δοθῶ τοῖς Ἰουδαίοις 19 11 ὁ παραδούς μέ
σοι μείζονα ἁμαρτίαν ἔχει 21 20
Mat 17 22 μέλλει ὁ υἱὸς τοῦ ἀνθρ. παραδίδο-
σθαι εἰς χεῖρας ἀνθρ. ‖ Mar 9 31 Luc
9 44 – Mat 20 18.19 παραδώσουσιν αὐ-
τὸν τοῖς ἔθνεσιν Mar 10 33 Luc 18 32
26 2 παραδίδοται εἰς τὸ σταυρωθῆναι 45
‖ Mar 14 41 – Luc 24 7 δεῖ παραδοθ.
27 2 παρέδωκαν Πιλάτῳ ‖ Mar 15 1 – Joh
18 30.35 οἱ ἀρχιερεῖς π..άν σε ἐμοί
– 18 διὰ φθόνον παρέδωκαν ‖ Mar 15 10
– 26 παρέδωκεν ἵνα σταυρωθῇ ‖ Mar 15 15
Luc 23 25 τῷ θελήματι αὐτῶν Joh 19
16 – Luc 24 20 εἰς κρίμα θανάτου
Luc 20 20 ὥστε παραδοῦναι αὐτὸν τῇ ἀρχῇ καὶ
τῇ ἐξουσίᾳ τοῦ ἡγεμόνος
Act 3 13 ὃν ὑμεῖς – παρεδώκατε καὶ ἠρνήσ.
Rm 4 25 „παρεδόθη διὰ τὰ παραπτώ.“ ἡμῶν
8 32 ὑπὲρ ἡμῶν πάντων παρέδωκεν αὐτόν
1 Co 11 23 ἐν τῇ νυκτὶ ᾗ παρεδίδετο ἔλαβεν
Gal 2 20 τοῦ – παραδόντος ἑαυτὸν ὑπὲρ ἐμοῦ
Eph 5 2 καθὼς καὶ ὁ Χὸς – παρέδωκεν ἑαυ-
τὸν ὑπὲρ ἡμῶν 25 ὑπὲρ αὐτῆς (sc τῆς
ἐκκλησίας)

b) traduntur alii homines

Mat 4 12 ὅτι Ἰωάννης παρεδόθη ‖ Mar 1 14
5 25 μήποτέ σε παραδῷ ὁ ἀντίδικος τῷ
κριτῇ ‖ Luc 12 58 ὁ κριτής σε παρα-
δώσει τῷ πράκτορι
10 17 παραδώσουσιν – ὑμᾶς εἰς συνέδρια 19
ὅταν δὲ παραδῶσιν ὑμᾶς 24 9 παρα-

δώσουσιν ὑμ. εἰς θλῖψιν ‖ Mar 13 9.
11 Luc 21 12 εἰς τὰς συναγωγάς
Mat 10 21 παραδώσει – ἀδελφὸς ἀδελφὸν εἰς
θάνατον (24 10) Mar 13 12 Luc 21 16
18 34 παρέδωκεν αὐτὸν τοῖς βασανισταῖς
Act 7 42 παρέδωκεν αὐτοὺς λατρεύειν „τῇ
στρατιᾷ τοῦ οὐρανοῦ“
8 3 παρεδίδου εἰς φυλακήν 22 4 cfr 12 4
21 11 εἰς χεῖρας ἐθνῶν 27 1 28 17
14 26 ὅθεν ἦσαν παραδεδομένοι τῇ χάριτι
τοῦ θεοῦ εἰς τὸ ἔργον 15 40
Rm 1 24 διὸ παρέδωκεν αὐτοὺς ὁ θεὸς – εἰς
ἀκαθαρσίαν 26 εἰς πάθη ἀτιμίας 28
εἰς ἀδόκιμον νοῦν, ποιεῖν τὰ μὴ
6 17 → supra sub 1)
1 Co 5 5 παραδοῦναι – τῷ σατανᾷ 1 Ti 1 20
2 Co 4 11 οἱ ζῶντες εἰς θάνατον π..όμεθα
Eph 4 19 ἑαυτοὺς παρέδωκαν τῇ ἀσελγείᾳ
2 Pe 2 4 ὁ θεὸς – παρέδωκεν (sc ἀγγέλους)
εἰς κρίσιν τηρουμένους

3) licet (per maturitatem frugum)

Mar 4 29 ὅταν δὲ παραδοῖ[d] ὁ καρπός (vg
cum produxerit fructus)

παράδοξος *mirabilis* Luc 5 26 εἴδομεν π..α

παράδοσις *traditio* [b]*praeceptum*
Mat 15 2 τῶν πρεσβυτέρων ‖ Mar 7 3.5
– 3 διὰ τί – ὑμεῖς παραβαίνετε τὴν ἐντο-
λὴν τοῦ θεοῦ διὰ τὴν παράδ. ὑμῶν;
6 ἠκυρώσατε τὸν λόγον τ. θ. διά –
‖ Mar 7 13 τῇ παρ. ὑμῶν 9 ἵνα τὴν
παράδοσιν ὑμῶν στήσητε 8 κρατεῖτε
τὴν παράδοσιν τῶν ἀνθρώπων
1 Co 11 2 ὅτι – καθὼς παρέδωκα (*tradidi*) ὑ-
μῖν τὰς παραδόσεις[b] κατέχετε
Gal 1 14 ζηλωτὴς – τῶν πατρικῶν μου παραδ.
Col 2 8 ἀπάτης κατὰ τὴν παρ. τῶν ἀνθρώ.
2 Th 2 15 κρατεῖτε τὰς παραδ. ἃς ἐδιδάχθητε
3 6 μὴ κατὰ τὴν παράδ. ἣν παρελάβοσαν

παραζηλοῦν *aemulari* [b]*ad aemulationem
adducere* [c]*ad aem. provocare*
Rm 10 19 „π..ώσω[b]“ ὑμᾶς „ἐπ᾽ οὐκ ἔθνει“ 11 11
11 14 εἴ πως παραζηλώσω[c] μου τὴν σάρκα
1 Co 10 22 ἢ „παραζηλοῦμεν τὸν κύριον“;

παραθαλάσσιος *maritimus* Mat 4 13 Καφαρ.

παραθεωρεῖσθαι S° – *despici* Act 6 1 χῆρ.

παραθήκη *depositum* 1 Ti 6 20 τὴν παρ. φύ-

λαξον 2 Ti 114 τὴν καλὴν παρ. – 12 ὅτι
δυνατός ἐστιν τὴν παραθ. μου φυλάξαι

παραινεῖν [a]consolari [b]suadēre Act 279
παρήνει[a] ὁ Παῦλος 22 π..ῶ[b] – εὐθυμεῖν

παραιτεῖσθαι devitare [b]excusare (excusa-
tum habēre), exc. se [c]recusare
Mar 15 6 ἕνα δέσμιον ὃν παρῃτοῦντο (vl ὅν-
περ vel ὃν ἂν ᾐτοῦντο vg quem-
cumque petissent) [μένον[b]
Luc 1418 (med et pass)[bb] 19 ἔχε με παρῃτη-
Act 2511 οὐ παραιτοῦμαι[c] τὸ ἀποθανεῖν
1 Ti 4 7 μύθους παραιτοῦ 2 Ti 223 ζητήσεις
511 νεωτέρας δὲ χήρας παραιτοῦ
Tit 310 αἱρετικὸν ἄνθρωπον – παραιτοῦ
Hb 1219 παρῃτήσαντο[b] μὴ προστεθῆναι αὐ-
τοῖς λόγον 25 μὴ παραιτήσησθε[c] τὸν
λαλοῦντα· εἰ – οὐκ ἐξέφυγον ἐπὶ γῆς
παραιτησάμενοι[c] τὸν χρηματίζοντα

παρακαθέζεσθαι S[o] – sedēre secus Lc 1039

παρακαλεῖν rogare [b]orare [c]consolari et
consolare [d]deprecari [e]obsecrare [f]hor-
tari [g]adhortari [h]exhortari (aliquoties
vi passiva)

1) = arcessere, advocare Act 2820

2) = rogare, animum confirmari, hortari
Mat 8 5 ἑκατόνταρχος παρακαλῶν αὐτὸν –
κύριε ‖ Luc 74 παρεκάλουν αὐτὸν
σπουδαίως
– 31 οἱ – δαίμονες παρεκάλουν αὐτόν 34
παρεκάλεσαν ὅπως μεταβῇ ‖ Mar 5
10[d] 12[d] 17.18 παρεκάλει[d] αὐτ. ὁ δαι-
μονισθεὶς ἵνα μετ' αὐτοῦ ᾖ Luc 831.32
1436 παρεκάλουν αὐτὸν ἵνα μόνον ἅψων-
ται τοῦ κρασπέδου ‖ Mar 656[d]
1829 παρεκάλει αὐτὸν – · παρεκάλησον
32 ἀφῆκά σοι, ἐπεὶ παρεκάλεσάς με
2653 ὅτι οὐ δύναμαι π.έσαι τὸν πατέρα
Mar 140 λεπρὸς π..ῶν[d] αὐτόν 523 Ἰάϊρος, –
παρακαλεῖ[d] αὐτὸν πολλά ‖ Luc 841
732 π..οῦσιν[d] αὐτὸν ἵνα ἐπιθῇ αὐτῷ τὴν
χεῖρα 822 ἵνα αὐτοῦ ἅψηται
Luc 318 πολλὰ – π..ῶν[h] εὐηγγελίζετο τ. λαόν
1528 ὁ δὲ πατὴρ αὐτοῦ – παρεκάλει αὐτόν
Act 240 ἑτέροις τε – π..ῶν[h] αὐτούς· σώθητε 1123[f]
προσμένειν τῷ κυρίῳ 1422 π..οῦντες[h]
ἐμμένειν τῇ πίστει
831 938 1342 169[d] 15[d] 39[d] 1931
1532 διὰ λόγου πολλοῦ παρεκάλεσαν[c] τ.

ἀδελφούς 1640[c] 201 τ. μαθητάς[h] 2[b]
Act 2112 244[b] 252 2733.34 2814.20
Rm 12 1 παρακαλῶ[e] – ὑμᾶς – διὰ τῶν οἰκτιρ-
μῶν τοῦ θεοῦ, παραστῆσαι 1530[e] συν-
αγωνίσασθαί μοι 1617 σκοπεῖν τοὺς
τὰς διχοστασίας – ποιοῦντας
– 8 εἴτε ὁ π..ῶν[h], ἐν τῇ παρακλήσει[h]
1 Co 110 π..ῶ[e] – ὑμᾶς – διὰ τοῦ ὀνόματος –
Ἰ. Χοῦ, ἵνα τὸ αὐτὸ λέγητε 416 μι-
μηταί μου γίνεσθε 1615[e] ἵνα – ὑπο-
τάσσησθε τοῖς τοιούτοις
413 δυσφημούμενοι παρακαλοῦμεν[e]
1431 ἵνα πάντες μανθάνωσιν καὶ – παρα-
καλῶνται[h] 2 Co 1311 παρακαλεῖσθε[h]
1612 πολλὰ παρεκάλεσα αὐτὸν ἵνα ἔλθῃ
2 Co 2 8 διὸ π..ῶ[e] ὑμᾶς κυρῶσαι εἰς αὐτὸν
ἀγάπην 101 π..ῶ ὑμ. διὰ τῆς πρα-
ΰτητος καὶ ἐπιεικείας τοῦ Χοῦ
520 ὡς τοῦ θεοῦ π..οῦντος[h] δι' ἡμῶν
6 1 παρακαλοῦμεν[h] μὴ εἰς κενὸν τὴν
χάριν τοῦ θεοῦ δέξασθαι ὑμᾶς
8 6 εἰς τὸ π..έσαι ἡμᾶς Τίτον, ἵνα 1218
9 5 π..έσαι τοὺς ἀδελφ. ἵνα προέλθωσιν
12 8 τρὶς τὸν κύριον παρεκάλεσα, ἵνα
Eph 4 1 π..ῶ[e] – ὑμᾶς – ἀξίως περιπατῆσαι
Phl 4 2 Εὐοδίαν π..ῶ καὶ Συντύχην παρακα-
λῶ[d] τὸ αὐτὸ φρονεῖν ἐν κυρίῳ
1 Th 212 π..οῦντες[d] ὑμᾶς καὶ παραμυθούμ.
3 2 ὑμᾶς – π..έσαι[h] ὑπὲρ τ. πίστεως ὑμ.
4 1 ὑμᾶς – π..οῦμεν[e] ἐν κυρίῳ –, ἵνα
– 10 π..οῦμεν – ὑμᾶς –, περισσεύειν μᾶλ-
λον 514 νουθετεῖτε τοὺς ἀτάκτους
511 π..εῖτε[e] ἀλλήλους καὶ οἰκοδομεῖτε
2 Th 312 π..οῦμεν[e] ἐν κυρίῳ – ἵνα – ἐργαζόμενοι
1 Ti 1 3 π..εσά σε προσμεῖναι ἐν Ἐφέσῳ
2 1 π..ῶ[e] – πρῶτον – ποιεῖσθαι δεήσεις
5 1 ἀλλὰ παρακάλει[e] ὡς πατέρα
6 2 ταῦτα δίδασκε καὶ παρακάλει[h]
2 Ti 4 2 ἔλεγξον, ἐπιτίμησον, παρακάλεσον[e]
Tit 1 9 δυνατὸς – καὶ π..[h] ἐν τῇ διδασκαλίᾳ
2 6 τοὺς νεωτέρους – π..εῖ[f] σωφρονεῖν
– 15 ταῦτα λάλει καὶ παρακάλει[h]
Phm 9 διὰ τὴν ἀγάπην μᾶλλον παρακαλῶ[e]
10 π..ῶ[e] σε περὶ τοῦ ἐμοῦ τέκνου
Hb 313 π..εῖτε[e] ἑαυτοὺς καθ' ἑκάστ. ἡμέραν
1025 μὴ ἐγκαταλείποντες τὴν ἐπισυναγω-
γὴν ἑαυτῶν, –, ἀλλὰ π..οῦντες[c]
1319 περισσοτέρως – π..ῶ[d] τοῦτο ποιῆσαι
– 22 π..ῶ – ὑμᾶς, –, ἀνέχεσθε τοῦ λόγου
τῆς παρακλήσεως 1 Pe 211 π..ῶ[e] ὡς
παροίκους – ἀπέχεσθαι τῶν – ἐπιθυ.
1 Pe 5 1 πρεσβυτέρους – π..ῶ[e] – · ποιμάνατε

1 Pe 5 12 **παρακαλῶν**ᵉ καὶ ἐπιμαρτυρῶν ταύτην εἶναι ἀληθῆ χάριν τοῦ θεοῦ
Jud 3 π..ῶνᵈ ἐπαγωνίζεσθαι τῇ–πίστει

3) consolari, erigere, animum addere

Mat 2 18 „οὐκ ἤθελεν **παρακληθῆναι**ᶜ"
5 4 ὅτι αὐτοὶ „**παρακληθήσονται**ᶜ"
Luc 16 25 νῦν δὲ ὧδε π..εῖταιᶜ (Lazarus)
Act 20 12 **παρεκλήθησαν**ᶜ οὐ μετρίως
2 Co 1 4 ὁ π..ῶνᶜ ἡμᾶς ἐπὶ–τῇ θλίψει ἡμῶν, εἰς τὸ δύνασθαι ἡμᾶς **παρακαλεῖν** – διὰ τῆς παρακλήσεως ἧς π..ούμεθαʰ αὐτοί 6 εἴτε παρακ.ᶜ·ʰ (vlʰ)
2 7 ὥστε – μᾶλλον ὑμᾶς – **παρακαλέσαι**ᶜ
7 6 ὁ π..ῶνᶜ τοὺς ταπεινοὺς παρεκάλεσενᶜ ἡμᾶς ὁ θεὸς 7 καὶ ἐν τῇ παρακλήσει ᾗ παρεκλήθηᶜ (sc Τίτος) ἐφ' ὑμῖν 13 διὰ τοῦτο παρακεκλήμεθαᶜ
Eph 6 22 ἵνα – π..έσῃᶜ τὰς καρδίας ὑμῶν Col 4 8ᶜ 22 π..κληθῶσινᶜ αἱ καρδ. αὐτῶν
1 Th 3 7 **παρεκλήθημεν**ᶜ – ἐφ' ὑμῖν ἐπί
4 18 π..εῖτεᶜ ἀλλήλους ἐν τ. λόγοις τούτ.
2 Th 2 17 [ὁ] θεὸς –, **παρακαλέσαι**ʰ (vlᶜ) ὑμῶν τὰς καρδίας καὶ στηρίξαι

παρακαλύπτεσθαι velari Luc 9 45 τὸ ῥῆμα

παρακεῖσθαι adiacēre Rm 7 18 τὸ – θέλειν παράκειταί μοι 21 ἐμοὶ τὸ κακὸν π..ται

παράκλησις consolatio ᵇsolatium ᶜexhortatio ᵈ(ἐν τῇ π.) in exhortando
Luc 2 25 προσδεχόμενος π..ιν τοῦ Ἰσραήλ
6 24 ὅτι ἀπέχετε τὴν **παράκλησιν** ὑμῶν
Act 4 36 Βαρναβᾶς –, – υἱὸς παρακλήσεως
9 31 τῇ παρ. τοῦ – πνεύματος ἐπληθύνετο
13 15 εἰ τίς ἐστιν ἐν ὑμῖν λόγος π..εωςᶜ
15 31 ἐχάρησαν ἐπὶ τῇ **παρακλήσει**
Rm 12 8 ὁ **παρακαλῶν**, ἐν τῇ **παρακλήσει**ᵈ
15 4 ἵνα διὰ τῆς ὑπομονῆς καὶ διὰ τῆς παρ. τῶν γραφῶν τὴν ἐλπίδα ἔχωμεν 5 ὁ δὲ θεὸς τῆς ὑπομονῆς καὶ τῆς παρακλ.ᵇ δῴη ὑμῖν τὸ αὐτὸ φρονεῖν
1 Co 14 3 ὁ – προφητεύων – λαλεῖ – π..κλησινᶜ
2 Co 1 3 ὁ – θεὸς πάσης παρ. 4 διὰ τῆς παρ.ᶜ ἧς **παρακαλούμεθα** αὐτοὶ ὑπὸ τ. θ. – 5 περισσεύει καὶ ἡ **παράκλησις** ἡμῶν – 6 εἴτε – θλιβόμεθα, ὑπὲρ τῆς ὑμῶν παρ.ᶜ καὶ σωτηρίας· εἴτε **παρακαλούμεθα**, ὑπὲρ τῆς ὑμῶν παρ.ᵃ·ᶜ (vlᶜ) 7 οὕτως καὶ τῆς παρακλ. (sc κοινωνοί ἐστε)
7 4 πεπλήρωμαι τῇ παρακλ. 7 (vlᵇ) 13

2 Co 8 4 μετὰ πολλῆς παρ.ᶜ δεόμενοι ἡμῶν – 17 τὴν μὲν παράκλ.ᶜ ἐδέξατο (sc Τίτος)
Phl 2 1 εἴ τις οὖν **παράκλησις** ἐν Χῷ, εἴ τι
1 Th 2 3 ἡ – παρ.ᶜ ἡμῶν οὐκ ἐκ πλάνης οὐδέ
2 Th 2 16 ὁ – δοὺς π..ιν αἰωνίαν καὶ ἐλπίδα
1 Ti 4 13 πρόσεχε – τῇ παρ.ᶜ, τῇ διδασκαλίᾳ
Phm 7 χαρὰν – ἔσχον καὶ π..ιν ἐπὶ τῇ ἀγάπῃ
Hb 6 18 ἵνα – ἰσχυρὰν **παράκλησιν**ᵇ ἔχωμεν
12 5 ἐκλέλησθε τῆς παρ., ἥτις ὑμῖν
13 22 ἀνέχεσθε τοῦ λόγου τῆς παρ.ᵇ

παράκλητος Sº – paraclitus (vl ..et.) ᵇadvocatus Joh 14 16 ἄλλον π..ον δώσει ὑμῖν 26 ὁ δὲ παρ. – ὑμᾶς διδάξει πάντα 15 26 ὅταν ἔλθῃ ὁ παρ. – μαρτυρήσει περὶ ἐμοῦ 16 7 ὁ παρ. οὐκ ἐλεύσεται πρὸς ὑμᾶς
1 Jo 2 1 π..ονᵇ ἔχομεν πρὸς τὸν πατέρα

παρακοή Sº – inobedientia
Rm 5 19 διὰ τῆς παρ. τοῦ ἑνὸς ἀνθρώπου
2 Co 10 6 ἐν ἑτοίμῳ ἔχοντες ἐκδικῆσαι πᾶσαν π.
Hb 2 2 πᾶσα – π. ἔλαβεν ἔνδικον μισθαποδ.

παρακολουθεῖν assequi ᵇsequi [Mar 16 17 σημεῖα – π.ήσειᵇ] Luc 1 3 πᾶσιν ἀκριβῶς
1 Ti 4 6 (sc καλῇ διδασκαλίᾳ) 2 Ti 3 10

παρακούειν non audire Mat 18 17 ἐὰν δὲ π.. σῃ αὐτῶν (sc τῶν μαρτύρων) – ᵇ ἐὰν δὲ καὶ τῆς ἐκκλησίας π..σῃ, ἔστω σοι
Mar 5 36 ὁ δὲ Ἰησοῦς π..σας (vl ἀκούσας vg) τὸν λόγον λαλούμενον

παρακύπτειν se inclinare ᵇperspicere ᶜprocumbere ᵈprospicere
Luc 24 12ᶜ || Joh 20 5.11 εἰς τὸ μνημεῖον
Jac 1 25ᵇ εἰς νόμον τέλειον τὸν τῆς ἐλευθερ.
1 Pe 1 12 εἰς ἃ ἐπιθυμοῦσιν ἄγγελοι π..κύψαιᵈ

παραλαμβάνειν accipere ᵇadhibēre ᶜassumere ᵈrecipere ᵉsuscipere ᶠtollere ᵍ(παρέλαβον) mihi traditum est

1) assumuntur etc. homines
Mat 1 20 Μαρίαν 24 τὴν γυναῖκα αὐτοῦ
2 13 τὸ παιδίον 14. 20. 21 καὶ τὴν μητέρα
4 5 π..ειᶜ αὐτὸν ὁ διάβολος εἰς 8ᶜ
12 45ᶜ ἑπτὰ ἕτερα πνεύματα || Luc 11 26ᶜ
17 1ᶜ Πέτρον καὶ Ἰάκ. καὶ Ἰω. || Mar 9 2ᶜ
Luc 9 28ᶜ – Mat 26 37ᶜ || Mar 14 33ᶜ
– Mat 20 17ᶜ τοὺς δώδεκα – κατ' ἰδίαν
|| Mar 10 32ᶜ Luc 18 31ᶜ – Luc 9 10ᶜ

Mat 18 16 παράλαβε^b μετὰ σοῦ ἔτι ἕνα ἢ δύο
24 40 εἷς^c 41 μία π..εται^c ‖ Luc 17 34^c 35^c [36]
27 27 π..βόντες^e τὸν Ἰησ. εἰς τὸ πραιτώρ.
Mar 4 36^c 5 40^c – Joh 19 16^e τὸν Ἰησοῦν
Joh 1 11 οἱ ἴδιοι αὐτὸν οὐ παρέλαβον^d
14 3 παραλήμψομαι ὑμᾶς πρὸς ἐμαυτόν
Act 15 39^c 16 33^f 21 24^c 26^c 32^c 23 18^c
Col 2 6 ὡς – παρελάβετε τὸν Χρ. – τὸν κύρ.

2) accipiuntur etc. res, verba

Mar 7 4 πολλά ἐστιν ἃ π..έλαβον^g κρατεῖν
1 Co 11 23 ἐγὼ – παρέλαβον ἀπὸ τοῦ κυρίου, ὃ
15 1 τὸ εὐαγγέλιον –, ὃ καὶ παρελάβετε
– 3 ὃ καὶ παρέλαβον, ὅτι Χὸς ἀπέθα-
νεν ὑπὲρ τῶν ἁμαρτιῶν ἡμῶν
Gal 1 9 εὐαγγελίζεται παρ' ὃ παρελάβετε
– 12 οὐδὲ – ἐγὼ παρὰ ἀνθρ. παρέλαβον
Phl 4 9 ἃ καὶ ἐμάθετε καὶ παρελάβετε
Col 4 17 διακονίαν 1 Th 2 13 λόγον ἀκοῆς παρ'
ἡμῶν 4 1 τὸ πῶς δεῖ ὑμᾶς περιπατεῖν
2 Th 3 6 παράδοσιν – παρ' ἡμῶν
Hb 12 28 βασιλείαν ἀσάλευτον π..άνοντες^e

παραλέγεσθαι S^o – iuxta navigare ^blegere
Act 27 8.13 παρελέγοντο^b τὴν Κρήτην

παράλιος, ἡ sc χώρα maritima Luc 6 17

παραλλαγή transmutatio Jac 1 17 οὐκ ἔνι

παραλογίζεσθαι decipere ^bfallere
Col 2 4 ἵνα μηδεὶς ὑμᾶς π..ηται ἐν πιθανο.
Jac 1 22 μὴ μόνον ἀκροαταὶ π..όμενοι^b ἑαυτ.

παραλυτικός (Mt Mr) S^o – et **παραλελυ-
μένος** (Lc Act Hb) paralyticus ^bsolutus
Mat 4 24 8 6 9 2.6 ‖ Mar 2 3.4.5.9.10 Luc 5 18.
24 – Act 8 7 9 33 – Hb 12 12 „π..να^b γόνατα"

παραμένειν permanēre ^bmanēre
1 Co 16 6 πρὸς ὑμᾶς – τυχὸν παραμενῶ^b
Phl 1 25 ὅτι μενῶ καὶ παραμενῶ – ὑμῖν
Hb 7 23 διὰ τὸ θανάτῳ κωλύεσθαι π..ειν
Jac 1 25 ὁ – παρακύψας εἰς νόμον τέλειον τὸν
τῆς ἐλευθερίας καὶ παραμείνας

παραμυθεῖσθαι consolari Joh 11 19.31
1 Th 2 12 5 14 παραμυθεῖσθε τοὺς ὀλιγοψύχους

παραμυθία consolatio 1 Co 14 3 ὁ – προφη-
τεύων ἀνθρώποις λαλεῖ – παραμυθίαν

παραμύθιον solatium
Phl 2 1 εἴ τι παραμύθιον ἀγάπης, εἴ τις

παρανομεῖν (π..ῶν) contra legem Act 23 3

παρανομία vesania (iniquitas)
2 Pe 2 16 ἔλεγξιν – ἔσχεν ἰδίας παρανομίας

παραπικραίνειν exacerbare
Hb 3 16 τίνες γὰρ ἀκούσαντες παρεπίκραναν;

παραπικρασμός exacerbatio Hb 3 8.15

παραπίπτειν prolabi Hb 6 6 π..πεσόντας

παραπλεῖν S^o – transnavigare Act 20 16 Ἔφ.

παραπλήσιον S^o – usque ad Phl 2 27 θανάτῳ

παραπλησίως S^o – similiter Hb 2 14 μετέσχ.

παραπορεύεσθαι praeterire ^bpraetergredi
^ctransire ^dambulare
Mat 27 39 οἱ δὲ π..όμενοι ἐβλασφ. ‖ Mar 15 29
Mar 2 23^d (vl διαπορ.) 9 30^b διὰ τῆς Γαλιλ. 11 20^c

παράπτωμα delictum ^bpeccatum
Mat 6 14 ἐὰν – ἀφῆτε τοῖς ἀνθρ. τὰ παρ.^b αὐ-
τῶν 15 οὐδὲ ὁ πατὴρ – ἀφήσει τὰ παρ.^b
ὑμῶν ‖ Mar 11 25 ἵνα καὶ ὁ πατὴρ –
ἀφῇ ὑμῖν τὰ παρ.^b ὑμῶν (vl 26^b)
Rm 4 25 ὃς „παρεδόθη διὰ τὰ παρ." ἡμῶν
5 15 οὐχ ὡς τὸ παρ., οὕτως – τὸ χάρισμα·
εἰ – τῷ τοῦ ἑνὸς παρ. οἱ πολλοὶ ἀπέ-
θανον 16 τὸ – χάρισμα ἐκ πολλῶν παρ.
εἰς δικαίωμα 17 τῷ τοῦ ἑνὸς παρ. ὁ
θάνατος ἐβασίλευσεν 18 δι' ἑνὸς παρ.
– 20 νόμος δὲ παρεισῆλθεν ἵνα πλεονάσῃ
τὸ παράπτωμα
11 11 τῷ αὐτῶν παρ. ἡ σωτηρία τοῖς ἔθνε-
σιν 12 τὸ παρ. αὐτῶν πλοῦτος κόσμου
2 Co 5 19 μὴ λογιζόμενος αὐτοῖς τὰ π. αὐτῶν
Gal 6 1 ἐὰν – προλημφθῇ ἄνθρ. ἔν τινι παρ.
Eph 1 7 ἐν ᾧ ἔχομεν – τὴν ἄφεσιν τῶν παρ.^b
2 1 ὄντας νεκροὺς τοῖς παρ. 5^b Col 2 13
Col 2 13 χαρισάμενος ἡμῖν πάντα τὰ παραπτ.

παραρρεῖν pereffluere (vl effluere)
Hb 2 1 προσέχειν –, μήποτε παραρυῶμεν

παράσημος S^o – cui est insigne Act 28 11

παρασκευάζειν ^aparare ^b(med) se parare
^c(prf pass) paratum esse Act 10 10^a – 1 Co
14 8 τίς π..άσεται^b εἰς πόλεμον; 2 Co 9 2 Ἀ-
χαΐα παρεσκεύασται^c 3 ἵνα – π..εσκ. ἦτε^c

παρασκευή parasceve Mat 27₆₂ Mar 15₄₂ ὅ
ἐστιν προσάββατον Luc 23₅₄ Joh 19₁₄
παρασκ. τοῦ πάσχα 31.42 τῶν Ἰουδαίων

παρατείνειν protrahere Act 20₇ τὸν λόγον

παρατηρεῖν, ..σθαι observare ᵇcustodire
Mar 3 2 παρετήρουν αὐτὸν εἰ ‖ Luc 6₇ π..ντο
Luc 14 1 ἦσαν π..ούμενοι αὐτὸν 20₂₀
Act 9₂₄ παρετηροῦντο ᵇ – καὶ τὰς πύλας
Gal 4₁₀ ἡμέρας παρατηρεῖσθε καὶ μῆνας

παρατήρησις Sᵒ – observatio Luc 17₂₀ οὐκ
ἔρχεται ἡ βασιλ. τοῦ θεοῦ μετὰ π..εως

παρατιθέναι, ..εσθαι apponere ᵇponere ante
ᶜproponere ᵈinsinuare ᵉcommendare
Mat 13₂₄ παραβολὴν παρέθηκεν ᶜ αὐτοῖς 31ᶜ
Mar 6₄₁ᵇ (ἄρτους) 8₆.7 ‖ Luc 9₁₆ᵇ – 10₈ 11₆ᵇ
Luc 12₄₈ ᾧ παρέθεντο ᶜ πολύ, περισσότερον
23₄₆ "εἰς χεῖράς σου π..εμαι ᵉ τὸ πνεῦμ."
Act 14₂₃ παρέθεντο ᵉ αὐτοὺς τῷ κυρίῳ 20₃₂ᵉ
16₃₄ παρέθηκεν τράπεζαν
17 3 π..έμενος ᵈ ὅτι τὸν χρ. ἔδει παθεῖν
1 Co 10₂₇ πᾶν τὸ παρατιθέμενον ὑμῖν ἐσθίετε
1 Ti 1₁₈ τὴν παραγγελίαν παρατίθεμαι ᵉ σοι
2 Ti 2 2 ταῦτα παράθου ᵉ πιστοῖς ἀνθρώποις
1 Pe 4₁₉ πιστῷ κτίστῃ παρατιθέσθωσαν ᵉ τὰς
ψυχὰς αὐτῶν ἐν ἀγαθοποιΐᾳ

παρατυγχάνειν Sᵒ – adesse Act 17₁₇

παραυτίκα in praesenti 2 Co 4₁₇ π. ἐλαφρ.

παραφέρειν, ..εσθαι transferre ᵇabduci
ᶜcircumferri
Mar 14₃₆ παρένεγκε τὸ ποτήριον ‖ Luc 22₄₂
Hb 13 9 διδαχαῖς ποικίλαις – μὴ π..εσθε ᵇ
Jud 12 νεφέλαι – ὑπὸ ἀνέμων π..όμεναι ᶜ

παραφρονεῖν (π..ῶν) ut minus sapiens
2 Co 11₂₃ παραφρονῶν λαλῶ· ὑπὲρ ἐγώ

παραφρονία Sᵒ – insipientia 2 Pe 2₁₆

παραχειμάζειν Sᵒ et **π..ασία** Sᵒ – hiemare
Act 27₁₂ πρὸς π..ίαν (ad h..andum) 12 28₁₁
1 Co 16 6 π..άσω Tit 3₁₂ κέκρικα π..άσαι

παραχρῆμα confestim ᵇcontinuo ᶜillico (vl
ilico) ᵈprotinus ᵉstatim
Mat 21₁₉ ἐξηράνθη παρ.ᵇ ἡ συκῆ 20 πῶς – ᵇ;

Luc 1₆₄ᶜ 4₃₉ᵇ 5₂₅ 8₄₄.47 ἰάθη 55ᵇ 13₁₃ ἀνωρ-
θώθη 18₄₃ ἀνέβλεψεν 22₆₀ᵇ
19₁₁ διὰ τὸ – δοκεῖν αὐτοὺς ὅτι παρ. μέλ-
λει ἡ βασ. τοῦ θεοῦ ἀναφαίνεσθαι
Act 3 7ᵈ 5₁₀ 12₂₃ 13₁₁ 16₂₆ᵉ.33 ἐβαπτίσθη ᵇ

πάρδαλις, ἡ pardus Ap 13₂ "ὅμοιον π..ει"

παρεδρεύειν deservire 1 Co 9₁₃ τῷ θυσιαστ.

παρεῖναι, πάρειμι adesse ᵇadvenisse ᶜes-
se apud ᵈpervenisse ᵉpraesentem esse
ᶠ(παρών) praesens ᵍ(πρὸς τὸ παρόν) in
praesenti ʰpraesto esse ⁱvenisse
Mat 26₅₀ ἑταῖρε, ἐφ' ὅ πάρει ᵈ – Luc 13₁
Joh 7 6 ὁ καιρὸς ὁ ἐμὸς οὔπω πάρεστιν ᵇ
11₂₈ ὁ διδάσκαλος πάρεστιν – Act 10₂₁ⁱ
33 πάρεσμεν ἀκοῦσαι 12₂₀ⁱ 17₆ⁱ 24₁₉
οὓς ἔδει ἐπὶ σοῦ παρεῖναι ʰ
1 Co 5 3 ἐγώ –, παρὼν ᶠ δὲ τῷ πνεύματι, ἤδη
κέκρικα ὡς παρών ᶠ 2 Co 10₂ δέομαι
– τὸ μὴ παρὼν ᶠ θαρρῆσαι 11ᶠ
2 Co 11 9 παρὼν πρὸς ὑμᾶς ᶜ 13₂ ὡς παρών ᶠ
10 ἵνα παρὼν ᶠ μὴ ἀποτόμως χρήσ.
Gal 4₁₈ μὴ μόνον ἐν τῷ παρεῖναί με ᵉ 20ᵉ
Col 1 6 τοῦ εὐαγγ. τοῦ παρόντος ᵈ εἰς ὑμᾶς
Hb 12₁₁ πρὸς – τὸ παρὸν ᵍ οὐ δοκεῖ χαρᾶς
13 5 ἀρκούμενοι τοῖς παροῦσιν ʰ
2 Pe 1 9 ᾧ γὰρ μὴ πάρεστιν ʰ ταῦτα, τυφλός
– 12 ἐστήριγμ. ἐν τῇ παρούσῃ ᶠ ἀληθείᾳ
Ap 17 8 βλεπόντων τὸ θηρίον ὅτι ἦν καὶ οὐκ
ἔστιν καὶ παρέσται (vgᵒ)

παρεισάγειν Sᵒ – introducere 2 Pe 2₁ αἱρέσεις

παρείσακτος Sᵒ – subintroductus
Gal 2 4 διὰ – τοὺς παρ..ους ψευδαδέλφους

παρεισδύειν Sᵒ – subintroire Jud₄

παρεισέρχεσθαι Sᵒ – subintrare ᵇs..troire
Rm 5₂₀ νόμος – παρεισῆλθεν ἵνα πλεονάσῃ
Gal 2 4 οἵτινες π..ῆλθον ᵇ κατασκοπῆσαι

παρεισφέρειν Sᵒ – subinferre 2 Pe 1₅

παρεκτός Sᵒ – ᵃ(παρ. cum gen) exceptus (abl
abs) ᵇ(τὰ παρ.) quae extrinsecus sunt
Mat 5₃₂ παρεκτ.ᵃ λόγου πορνείας Act 26₂₉ᵃ
2 Co 11₂₈ χωρὶς τῶν παρεκτ.ᵇ ἡ ἐπίστασίς μοι

παρεμβάλλειν circumdare Luc 19₄₃

παρεμβολή *castra* Act 21 34. 37 22 24 23 10. 16.
32 – Hb 11 34 13 11. 13 – Ap 20 9 ἁγίων

παρενοχλεῖν *inquietare* Act 15 19 μὴ παρ-
ενοχλεῖν τοῖς ἀπὸ τῶν ἐθνῶν ἐπι-
στρέφουσιν ἐπὶ τὸν θεόν

παρεπίδημος [a]*advena* [b]*hospes* [c]*peregrinus*
Hb 11 13 ὁμολογήσαντες ὅτι „ξένοι καὶ παρ-
επίδημοί[b]" εἰσιν „ἐπὶ τῆς γῆς"
1 Pe 1 1 ἐκλεκτοῖς π..οις[a] 2 11 παρακαλῶ ὡς
„παροίκους καὶ π..ους[c]" ἀπέχεσθαι

παρέρχεσθαι *praeterire* [b]*transire*
[c]*pertransire* [d]*supervenire*
Mat 5 18 ἕως ἂν παρέλθῃ[b] ὁ οὐρ. καὶ ἡ γῆ,
ἰῶτα ἕν – οὐ μὴ παρέλθῃ ἀπὸ τ. νό-
μου Luc 16 17 τὸν οὐρ. καὶ τὴν γῆν
παρελθεῖν ἢ – κεραίαν πεσεῖν
8 28[b] Mar 6 48 Luc 18 37 ὅτι Ἰησοῦς ὁ Να-
ζωραῖος παρέρχεται[b] Act 16 8[c]
14 15 ἡ ὥρα Act 27 9 τὴν νηστείαν ἤδη
24 34 οὐ μὴ παρέλθῃ ἡ γενεὰ αὕτη ἕως ἂν
– ταῦτα γένῃ. ‖ Mar 13 30[b] Luc 21 32
– 35 ὁ οὐρ. καὶ ἡ γῆ παρελεύσεται[b], οἱ δὲ
λόγοι μου οὐ μὴ παρέλθωσιν ‖ Mar
13 31[b b] Luc 21 33[b b]
26 39 παρελθάτω[b] ἀπ᾽ ἐμοῦ τὸ ποτήριον
42 εἰ οὐ δύναται τοῦτο παρελθεῖν[b] ‖
Mar 14 35 ἵνα – παρέλθῃ[b] – ἡ ὥρα
Luc 11 42 π..σθε τὴν κρίσιν καὶ τὴν ἀγάπην
12 37 παρελθὼν[b] διακονήσει αὐτοῖς 17 7
παρελθὼν[b] ἀνάπεσε (vl Act 24 7[d])
15 29 οὐδέποτε ἐντολήν σου παρῆλθον
2 Co 5 17 τὰ ἀρχαῖα παρῆλθεν[b], ἰδοὺ γέγονεν
Jac 1 10 „ὡς ἄνθος χόρτου" παρελεύσεται[b]
1 Pe 4 3 ἀρκετὸς – ὁ παρεληλυθὼς χρόνος τὸ
βούλημα τῶν ἐθνῶν κατειργάσθαι
2 Pe 3 10 ἐν ᾗ οἱ οὐρανοὶ – παρελεύσονται[b]

πάρεσις S° – *remissio* Rm 3 25 διὰ τὴν πάρ-
εσιν τῶν προγεγονότων ἁμαρτημάτων

παρέχειν, ..εσθαι *praebēre* [b]*praestare* [c](κό-
πους παρέχειν) *molestum esse*
Mat 26 10 τί κόπους π..ετε[c] τῇ γυναικί; ‖ Mar
14 6[c] – Luc 11 7[c] 18 5[c] διὰ – τὸ π. μοι
Luc 6 29 πάρεχε καὶ τὴν ἄλλην (sc σιαγόνα)
7 4 ἄξιός ἐστιν ᾧ παρέξῃ[b] τοῦτο
Act 16 16 ἐργασίαν πολλὴν παρεῖχεν[b] 19 24[b]
17 31 πίστιν παρασχὼν πᾶσιν ἀναστήσας
22 2 π..έσχον[b] ἡσυχίαν 28 2[b] φιλάνθρωπ.

Gal 6 17 κόπους μοι μηδεὶς παρεχέτω[c]
Col 4 1 ἰσότητα τοῖς δούλοις παρέχεσθε[b]
1 Ti 1 4 αἵτινες ἐκζητήσεις π..ουσιν[b] μᾶλλον
6 17 θεῷ τῷ π..οντι[b] ἡμῖν πάντα πλου.
Tit 2 7 σεαυτὸν παρεχόμενος τύπον καλῶν

παρηγορία *solatium* Col 4 11 ἐγενήθ. μοι π.

παρθενία *virginitas* Luc 2 36 ἀπὸ τῆς παρθ.

παρθένος *virgo* Mat 1 23 Luc 1 27
Mat 25 1 ὁμοιωθήσεται – δέκα παρθένοις 7. 11
Act 21 9 θυγατέρες τέσσ. π..οι προφητεύουσαι
1 Co 7 25 περὶ – τῶν παρ. ἐπιταγὴν κυρίου οὐκ
ἔχω 28 ἐὰν γήμῃ ἡ παρθ. 34. 36. 37. 38
2 Co 11 2 → παριστάνειν 1) – Ap 14 4 μετὰ
γυναικῶν οὐκ ἐμολύνθησαν· π..οι – εἰσίν

Πάρθοι Act 2 9 Π. καὶ Μῆδοι καὶ Ἐλαμῖται

παριέναι *omittere* [b](παρειμένος) *remissus*
Luc 11 42 ταῦτα – ποιῆσαι κἀκεῖνα μὴ π..εῖναι
Hb 12 12 „τὰς παρειμ.[b] χεῖρας – ἀνορθώσατε"

παριστάνειν, παριστάναι

1) formae transitivae. *exhibēre* [b]*as-
signare* [c]*commendare* [d]*constituere*
[e]*praebēre* [f]*praeparare* [g]*probare* [h]*si-
stere* [i]*statuere* (*ante*)
Mat 26 53 παραστήσει μοι – λεγιῶνας ἀγγέλων;
Luc 2 22 αὐτὸν – παραστῆσαι[h] τῷ κυρίῳ
Act 1 3 οἷς καὶ παρέστησεν[e] ἑαυτὸν ζῶντα
9 41 παρέστησεν[b] αὐτὴν ζῶσαν (Ταβ.)
23 24 κτήνη[f] 33[i] τὸν Παῦλον αὐτῷ
24 13 οὐδὲ π..στῆσαι[g] δύνανταί σοι περὶ
Rm 6 13 μηδὲ παριστάνετε τὰ μέλη ὑμῶν ὅ-
πλα ἀδικίας τῇ ἁμαρτίᾳ, ἀλλὰ πα-
ραστήσατε ἑαυτοὺς τῷ θεῷ ὡσεὶ –
ζῶντας καὶ τὰ μέλη – ὅπλα δικαιο-
σύνης τῷ θεῷ 16 ᾧ παριστάνετε ἑ-
αυτοὺς δούλους 19 ὥσπερ – παρεστή-
σατε τὰ μέλη – δοῦλα τῇ ἀκαθαρσίᾳ
–, οὕτως νῦν παραστήσατε – δοῦλα
τῇ δικαιοσύνῃ 12 1 παρακαλῶ – πα-
ραστῆσαι τὰ σώματα ὑμῶν θυσίαν
ζῶσαν ἁγίαν εὐάρεστον τῷ θεῷ
1 Co 8 8 βρῶμα – ἡμᾶς οὐ π..στήσει[c] τῷ θεῷ
2 Co 4 14 ἡμᾶς – ἐγερεῖ καὶ π..στήσει[d] σὺν ὑμ.
11 2 ἡρμοσάμην – ὑμᾶς ἑνὶ ἀνδρὶ παρθέ-
νον ἁγνὴν παραστῆσαι τῷ Χῷ
Eph 5 27 ἵνα παραστήσῃ αὐτὸς ἑαυτῷ ἔνδο-
ξον τὴν ἐκκλησίαν

Col 122 παραστῆσαι ὑμᾶς ἁγίους καὶ ἀμώμ.
– 28 ἵνα παραστήσωμεν πάντα ἄνθρωπον τέλειον ἐν Χῷ

2 Ti 215 σεαυτὸν δόκιμον π..στῆσαι τῷ θεῷ

2) formae intransitivae. astare (vl adstare) ᵇadesse ᶜassistere ᵈcircum-stare ᵉstare (ante)

Mar 429 „ὅτι παρέστηκεν° ὁ θερισμός"
1447 εἰς – [τις] τῶν παρεστηχότωνᵈ 69 τοῖς παρεστῶσινᵈ 70 1535ᵈ 39ᵉ Luc 1924 Joh 1822ᶜ 1926ᵉ Act 232.4

Luc 119 Γαβριὴλ ὁ παρεστηκὼς ἐνώπ. τ. ϑ.

Act 110 ἄνδρες δύο παρειστήκεισαν αὐτοῖς
410 παρέστηκεν ἐνώπιον ὑμῶν ὑγιής
– 26 „παρέστησαν οἱ βασιλεῖς τῆς γῆς"
939 παρέστησανᵈ αὐτῷ – αἱ χῆραι
2723 παρέστη – μοι – τοῦ θεοῦ – ἄγγελος
– 24 Καίσαρί σε δεῖ παραστῆναιᵉ

Rm 1410 παραστησόμεθαᵉ τῷ βήματι τ. θεοῦ
16 2 ἵνα – παραστῆτεᵉ αὐτὴ ἐν ᾧ ἄν

2 Ti 417 ὁ δὲ κύριός μοι παρέστη

Παρμενᾶς Act 65 Παρμενᾶν καὶ Νικόλαον

πάροδος transitus 1 Co 167 ἐν π..ῳ ἰδεῖν

παροικεῖν ᵃdemorari (vl mor.) ᵇperegrinum esse Luc 2418ᵇ Hb 119ᵃ

παροικία ᵃ(ἐν τῇ παρ.) cum essent incolae ᵇincolatus Act 1317ᵃ 1 Pe 117ᵇ

πάροικος advena ᵇaccola Act 76ᵇ 29
Eph 219 οὐκέτι ἐστὲ ξένοι καὶ πάροικοι
1 Pe 211 παρακαλῶ ὡς „π..ους καὶ παρεπ."

παροιμία proverbium
Joh 10 6 ταύτην τὴν παροι. εἶπεν – ὁ Ἰησοῦς
1625 ταῦτα ἐν π..αις λελάληκα ὑμῖν· – ὅτε οὐκέτι ἐν παροιμίαις λαλήσω ὑμῖν
– 29 παροιμίαν οὐδεμίαν λέγεις

2 Pe 222 τὸ τῆς ἀληθοῦς παροιμ. „κύων –"

πάροινος Sᵒ – vinolentus 1 Ti 33 Tit 17

παροίχεσθαι Sᵒ – praeterire Act 1416

παρομοιάζειν Sᵒ – similem esse Mat 2327

παρόμοιος Sᵒ – similis Mr 713 π..α–ποιεῖτε

παροξύνεσθαι ᵃincitari ᵇirritari
Act 1716ᵃ 1 Co 135 ἡ ἀγάπη – οὐ π..ύνεταιᵇ

παροξυσμός ᵃdissensio ᵇprovocatio
Act 1539ᵃ Hb 1024 κατανοῶμεν ἀλλήλους εἰς π..ονᵇ ἀγάπης καὶ καλῶν ἔργων

παροργίζειν ᵃin iram mittere ᵇad iracun-diam provocare Rm 1019ᵃ
Eph 6 4 οἱ πατέρες, μὴ π..ετεᵇ τὰ τέκνα ὑμ.

παροργισμός iracundia Eph 426 ὁ ἥλιος μὴ ἐπιδυέτω ἐπὶ [τῷ] παροργισμῷ ὑμῶν

παροτρύνειν Sᵒ – concitare Act 1350

παρουσία adventus ᵇpraesentia

1) Christi et Antichristi adventus

Mat 24 3 τί τὸ σημεῖον τῆς σῆς παρουσίας –;
– 27 οὕτως ἔσται ἡ παρουσία τοῦ υἱοῦ τοῦ ἀνθρώπου 37.39 ἔσται [καὶ] ἡ παρ.

1 Co 1523 ἀπαρχὴ Χός, ἔπειτα οἱ τοῦ Χοῦ ἐν τῇ παρουσίᾳ αὐτοῦ

1 Th 219 τίς – ἡμῶν ἐλπὶς – ἔμπροσθεν τοῦ κυρίου ἡμῶν Ἰησοῦ ἐν τῇ αὐτοῦ παρ.;
313 τὰς καρδίας ἀμέμπτους – ἐν τῇ παρ. τοῦ κυρ. ἡμ. Ἰησ. μετὰ – τῶν ἁγίων
415 ἡμεῖς – οἱ περιλειπόμεν. εἰς τὴν παρ.
523 ἀμέμπτως ἐν τῇ παρουσ. τοῦ κυρίου

2 Th 2 1 ἐρωτῶμεν –, ὑπὲρ τῆς παρ. τοῦ κυρ.
– καὶ ἡμῶν ἐπισυναγωγῆς ἐπ' αὐτόν
– 8 ὃν ὁ κύριος [Ἰησοῦς] – καταργήσει τῇ ἐπιφανείᾳ τῆς παρ. αὐτοῦ
– 9 οὗ ἔστιν ἡ παρ. κατ' ἐνέργ. τοῦ σατ.

Jac 5 7 μακροθυμήσατε – ἕως τῆς παρ. τοῦ κυρ. 8 ὅτι ἡ παρ. τοῦ κυρ. ἤγγικεν

2 Pe 116 ἐγνωρίσαμεν ὑμῖν τὴν τοῦ κυρίου ἡ-μῶν Ἰ. Χοῦ δύναμιν καὶ παρουσίανᵇ
3 4 ποῦ ἔστιν ἡ ἐπαγγελία τῆς π. αὐτοῦ;
– 12 σπεύδοντας τὴν παρουσίαν τῆς τοῦ θεοῦ ἡμέρας

1 Jo 228 μὴ αἰσχυνθῶμεν – ἐν τῇ παρ. αὐτοῦ

2) hominum praesentia vel adventus

1 Co 1617 χαίρω – ἐπὶ τῇ π.ᵇ Στεφανᾶ 2 Co 76 παρεκάλεσεν ἡμᾶς ὁ θεὸς ἐν τῇ π.
Τίτου 7 οὐ μόνον δὲ ἐν τῇ π. αὐτοῦ

2 Co 1010 ἡ δὲ παρ.ᵇ τοῦ σώματος ἀσθενής
Phl 126 διὰ τῆς ἐμῆς παρ. πάλιν πρὸς ὑμᾶς
212 μὴ ὡς ἐν τῇ παρουσίᾳᵇ μου μόνον

παροψίς Sᵒ – paropsis (vl ..aps.) Mat 2325

παρρησία fiducia (cum fid.) ᵇ confidentia
ᶜ(ἐν π..ᾳ) confidenter ᵈ constantia ᵉ(μετὰ π..ας) audenter ᶠ(π..ᾳ) manifeste
ᵍ(π..ᾳ, ἐν π..ᾳ) palam, in palam

Mar 8 32 παρρησίαᵍ τὸν λόγον ἐλάλει
Joh 7 4 καὶ ζητεῖ αὐτὸς ἐν π..ᾳᵍ εἶναι 1154
    οὐκέτι π..ᾳᵍ περιεπάτει ἐν τοῖς Ἰου.
   – 13 οὐδεὶς – π..ᾳᵍ ἐλάλει περὶ αὐτοῦ 26
    ἴδε π..ᾳᵍ λαλεῖ 1024 εἶπε ἡμῖν π..ᾳᵍ
    11 14 εἶπεν αὐτοῖς ὁ Ἰησους παρρησίᾳᶠ
   1625 π..ᾳᵍ περὶ τοῦ πατρὸς ἀπαγγελῶ ὑ-
    μῖν 29 νῦν ἐν π..ᾳ λαλεῖς 1820 παρρη-
    σίᾳᵍ λελάληκα τῷ κόσμῳ
Act 2 29 ἐξὸν εἰπεῖν μετὰ π..αςᵉ πρὸς ὑμᾶς
    413 θεωροῦντες – τὴν τοῦ Πέτρου παρρ.ᵈ
   – 29 δὸς – μετὰ π..ας πάσης λαλεῖν τὸν
    λόγον σου 31 2831 διδάσκων τὰ περὶ
    τοῦ κυρ. Ἰ. Χοῦ μετὰ πάσης παρρ.
2 Co 312 πολλῇ παρρησίᾳ χρώμεθα
    7 4 πολλή μοι παρρησία πρὸς ὑμᾶς
Eph 312 ἐν ᾧ ἔχομεν τὴν παρρησίαν
    619 ἐν π..ᾳ γνωρίσαι τὸ μυστ. τοῦ εὐ.
Phl 120 ἐν πάσῃ παρρ. ὡς πάντοτε καὶ νῦν
    μεγαλυνθήσεται Χὸς ἐν τῷ σώματι
Col 215 τὰς ἀρχὰς – ἐδειγμάτισεν ἐν παρρ.ᶜ
1 Ti 313 περιποιοῦνται – πολλὴν π. ἐν πίστει
Plm 8 πολλὴν ἐν Χῷ π. ἔχων ἐπιτάσσειν
Hb 3 6 ἐάν[περ] τὴν παρρησίαν – κατάσχωμεν
    416 προσερχώμεθα – μετὰ π..ας τῷ θρό-
    νῳ 1019 ἔχοντες – π..αν εἰς τὴν εἴσ-
    οδον τῶν ἁγίων ἐν τῷ αἷμ. Ἰησοῦ
    1035 μὴ ἀποβάλητε – τὴν παρρησ.ᵇ ὑμῶν
1 Jo 228 ἵνα ἐὰν φανερωθῇ σχῶμεν π..αν
    321 παρρησίαν ἔχομεν πρὸς τὸν θεόν
    417 ἵνα π..αν ἔχωμεν ἐν τῇ ἡμ. τ. κρίσεως
    514 αὕτη ἐστὶν ἡ παρρησία ἣν ἔχομεν
    πρὸς αὐτόν, ὅτι – ἀκούει ἡμῶν

παρρησιάζεσθαι fiducialiter agere ᵇ fidu-
ciam habēre ᶜ cum fide loqui ᵈ au-
dēre ᵉ(part.) constanter

Act 927 πῶς – ἐπ..άσατο ἐν τῷ ὀνόμ. - Ἰησ. 28
    1346 παρρησιασάμενοίᵉ – εἶπαν 2626ᵉ
    14 3 π..άμενοι ἐπὶ τῷ κυρίῳ 1826 ἐν τῇ
    συναγωγῇ 198ᶜ διαλεγόμενοι
Eph 620 ἵνα ἐν αὐτῷ (sc τῷ εὐ.) π..σωμαιᵈ
1 Th 2 2 ἐπαρρησιασάμεθαᵇ ἐν τῷ θεῷ ἡμῶν
    λαλῆσαι – τὸ εὐαγγέλιον

*πᾶς, πᾶν, (οἱ) πάντες, (τὰ) πάντα
    omnis etc.   ᵇ quicumque ᶜ universa
Mat 1127 πάντα μοι παρεδόθη ǁ Luc 1022 cfr

Mat 2818 ἐδόθη μοι πᾶσα ἐξουσία
Mat 1356 πόθεν οὖν τούτῳ ταῦτα πάντα;
    19 3 ἔξεστιν ἀνθρώπῳ ἀπολῦσαι τὴν γυναῖ-
    κα αὐτοῦ κατὰ πᾶσανᵇ αἰτίαν; 11 οὐ
    πάντες χωροῦσιν τὸν λόγον [τοῦτον]
   2529 τῷ – ἔχοντι παντὶ δοθήσεται ǁ Luc 19
    26 – 1248 παντὶ – ᾧ ἐδόθη πολύ
Mar 411 τοῖς ἔξω ἐν παραβολαῖς τὰ πάντα
    γίνεται – 34 τοῖς – μαθητ. ἐπέλυεν πάν.
    533 εἶπεν αὐτῷ πᾶσαν τὴν ἀλήθειαν
    714 ἀκούσατέ μου πάντες καὶ σύνετε
    1228 ποία πάντων ἐντολὴ πρώτη πάντων;
    1337 ὃ δὲ ὑμῖν λέγω, πᾶσιν λέγω cfr Luc
    1241 ἢ καὶ πρὸς πάντας; – 923
Luc 320 προσέθηκεν καὶ τοῦτο ἐπὶ πᾶσιν
    4 7 ἔσται σοῦ πᾶσα (sc ἡ ἐξουσία)
    640 κατηρτισμένος δὲ πᾶς ἔσται ὡς ὁ δι-
    δάσκαλος αὐτοῦ
    1531 πάντα τὰ ἐμὰ σά ἐστιν cfr Joh 1710
    τὰ ἐμὰ πάντα σά ἐστιν 1615 πάντα
    ὅσα ἔχει ὁ πατὴρ ἐμά ἐστιν
Joh 1 3 πάντα δι᾽ αὐτοῦ ἐγένετο → Col 116
    331 ὁ ἄνωθεν ἐρχόμενος ἐπάνω πάντων
    ἐστίν᾽ – ὁ ἐκ τοῦ οὐρανοῦ ἐρχ. [ἐπά-
    νω πάντων ἐστίν] 35 πάντα δέδωκεν
    ἐν τῇ χειρὶ αὐτοῦ (sc τοῦ υἱοῦ)
    637 πᾶν ὃ δίδωσίν μοι ὁ πατὴρ πρὸς ἐ-
    μὲ ἥξει 39 ἵνα πᾶν ὃ δέδωκέν μοι μὴ
    ἀπολέσω 1029 ὁ πατήρ μου ὃ (vl
    ὃς) δέδωκέ μοι πάντων μεῖζόν (vl μεί-
    ζων π. vg maius o..ibus) ἐστιν
    13 3 εἰδὼς ὅτι πάντα ἔδωκεν αὐτῷ ὁ πα-
    τὴρ εἰς τὰς χεῖρας 10 καθαροί ἐστε,
    ἀλλ᾽ οὐχὶ πάντες 11
    1630 νῦν οἴδαμεν ὅτι οἶδας πάντα 2117
    17 2 ἔδωκας αὐτῷ ἐξουσίαν πάσης σαρ-
    κός, ἵνα πᾶν ὃ δέδωκας αὐτῷ δώσῃ
    αὐτοῖς ζωὴν αἰώνιον 7 πάντα ὅσα
    δέδωκάς μοι παρὰ σοῦ εἰσιν – 21 ἵνα
    πάντες ἓν ὦσιν
Rm 832 ὑπὲρ ἡμῶν πάντων παρέδωκεν αὐ-
    τόν, πῶς οὐχὶ καὶ σὺν αὐτῷ τὰ πάν-
    τα ἡμῖν χαρίσεται;
    9 5 ὁ ὢν ἐπὶ πάντων θεὸς εὐλογητός
    1012 ὁ γὰρ αὐτὸς κύριος πάντων
   – 16 οὐ πάντες ὑπήκουσαν τῷ εὐαγγελίῳ
    1132 συνέκλεισεν – ὁ θεὸς τοὺς πάντας
    (vl τὰ πάντα vg) εἰς ἀπείθειαν ἵνα
    τοὺς πάντας ἐλεήσῃ Gal 322 τὰ π.
    1410 πάντες – παραστησόμεθα τῷ βήματι
    τοῦ θεοῦ 2 Co 510 τοὺς – πάντας ἡ-
    μᾶς φανερωθῆναι δεῖ ἔμπροσθεν

1 Co 3 21 πάντα γὰρ ὑμῶν ἐστιν 22 πάντα ὑμ.
6 12 πάντα μοι ἔξεστιν, ἀλλ' οὐ πάντα
συμφέρει 10 23 – οὐ πάντα οἰκοδομεῖ
8 6 θεὸς –, ἐξ οὗ τὰ πάντα –, – Χός, δι'
οὗ τὰ πάντα 11 12 τὰ δὲ πάντα ἐκ
τοῦ θεοῦ 12 6 θεὸς ὁ ἐνεργῶν τὰ
πάντα ἐν πᾶσιν 15 27 „πάντα – ὑπέ-
ταξεν ὑπὸ τοὺς πόδας αὐτοῦ" κτλ.
28 ὅταν – ὑποταγῇ αὐτῷ τὰ πάντα, –
τῷ ὑποτάξαντι αὐτῷ τὰ πάντα, ἵνα
ᾖ ὁ θεὸς [τὰ] πάντα ἐν πᾶσιν 2 Co
5 18 τὰ δὲ πάντα ἐκ τοῦ θεοῦ
9 19 ἐλεύθερος – ὢν ἐκ πάντων πᾶσιν ἐμ-
αυτὸν ἐδούλωσα 22 τοῖς πᾶσιν γέ-
γονα πάντα 10 33 καθὼς κἀγὼ πάντα
πᾶσιν ἀρέσκω
10 17 οἱ – πάντες ἐκ τοῦ ἑνὸς ἄρτου μετ-
έχομεν 12 13 πάντες εἰς ἓν σῶμα ἐ-
βαπτίσθημεν –, καὶ πάντες ἓν πνεῦ-
μα ἐποτίσθημεν 19 εἰ δὲ ἦν τὰ πάν-
τα ἓν μέλος 26.29 μὴ πάντες ἀπό-
στολοι; κτλ. 30 μὴ πάντες χαρίσμα-
τα ἔχουσιν ἰαμάτων; κτλ.
15 51 πάντες οὐ κοιμηθησόμεθα (vl πά.
ἀναστησόμεθα vg), πάντες δὲ ἀλ-
λαγησόμεθα (vl οὐ πά. δὲ vg)
16 14 πάντα ὑμῶν ἐν ἀγάπῃ γινέσθω
2 Co 4 15 τὰ – πάντα δι' ὑμᾶς, ἵνα ἡ χάρις
5 14 εἷς ὑπὲρ πάντων ἀπέθανεν· ἄρα οἱ
πάντες ἀπέθανον 15 cfr 1 Ti 2 6 ὁ
δοὺς ἑαυτὸν ἀντίλυτρον ὑπὲρ πάντ.
6 10 ὡς μηδὲν ἔχοντες καὶ πάντα κατέχ.
9 13 ἁπλότητι τῆς κοινωνίας εἰς αὐτοὺς
καὶ εἰς πάντας cfr Gal 6 10 ἐργαζώ-
μεθα τὸ ἀγαθὸν πρὸς πάντας
Gal 3 28 πάντες γὰρ ὑμεῖς εἷς ἐστε ἐν Χῷ Ἰ.
Eph 1 10 ἀνακεφαλαιώσασθαι τὰ πάντα ἐν τῷ
Χῷ 11 κατὰ πρόθεσιν τοῦ τὰ πάντα
ἐνεργοῦντος κατὰ τὴν βουλήν
– 23 τοῦ τὰ πάντα ἐν πᾶσιν πληρουμέ-
νου 4 10 ἵνα πληρώσῃ τὰ πάντα
3 9 ἐν τῷ θεῷ τῷ τὰ πάντα κτίσαντι
4 6 εἷς θεὸς καὶ πατὴρ πάντων, ὁ ἐπὶ
πάντων καὶ διὰ π..ων καὶ ἐν πᾶσιν
– 13 μέχρι καταντήσωμεν οἱ πάντες εἰς
τὴν ἑνότητα τῆς πίστεως 15 αὐξή-
σωμεν εἰς αὐτὸν τὰ πάντα (per om.)
Phl 3 21 δύνασθαι – ὑποτάξαι αὐτῷ τὰ πάντα
Col 1 16 ἐν αὐτῷ ἐκτίσθη τὰ πάν.ᶜ –· τὰ πάν.
δι' αὐτοῦ καὶ εἰς αὐτὸν ἔκτισται
– 17 αὐτός ἐστιν πρὸ πάντων καὶ τὰ πάν-
τα ἐν αὐτῷ συνέστηκεν 18 ἐν πᾶσιν

αὐτὸς πρωτεύων 19 ἐν αὐτῷ εὐδό-
κησεν πᾶν τὸ πλήρωμα κατοικῆσαι
Col 1 20 ἀποκαταλλάξαι τὰ πάντα εἰς αὐτόν
3 11 ἀλλὰ [τὰ] πάντα καὶ ἐν πᾶσιν Χός
1 Th 3 12 τῇ ἀγάπῃ εἰς ἀλλήλους καὶ εἰς πάν-
τας 5 14 μακροθυμεῖτε πρὸς πάντας
15 τὸ ἀγαθὸν διώκετε [καὶ] εἰς ἀλλή-
λους καὶ εἰς πάντας
2 Th 3 2 οὐ γὰρ πάντων ἡ πίστις
1 Ti 6 13 θεοῦ τοῦ ζωογονοῦντος τὰ πάντα
Hb 1 2 ὃν ἔθηκεν κληρονόμον πάντωνᶜ
– 3 φέρων τε τὰ π. τῷ ῥήματι τῆς δυν.
2 8 „πάντα ὑπέταξας" –. ἐν τῷ – ὑπο-
τάξαι – τὰ πάντα –. νῦν δὲ οὔπω ὁ-
ρῶμεν αὐτῷ τὰ πάντα ὑποτεταγμένα
– 9 ὅπως – ὑπὲρ παντὸς γεύσηται θαν.
– 10 δι' ὃν τὰ πάντα καὶ δι' οὗ τὰ πάντα
1 Pe 4 7 πάντων δὲ τὸ τέλος ἤγγικεν
2 Pe 1 3 ὡς πάντα ἡμῖν – τὰ πρὸς ζωὴν καί
3 4 πάντα οὕτως διαμένει ἀπ' ἀρχῆς
– 11 τούτων οὕτως πάντων λυομένων
1 Jo 2 16 πᾶν τὸ ἐν τῷ κόσμῳ, ἡ ἐπιθυμία
– 19 οὐκ εἰσὶν πάντες ἐξ ἡμῶν
– 20 ὑμεῖς – οἴδατε πάντες (vl ..τα vg)
– 27 χρῖσμα διδάσκει ὑμᾶς περὶ πάντων
3 20 μείζων ἐστὶν ὁ θεὸς τῆς καρδίας ἡ-
μῶν καὶ γινώσκει πάντα
Jud 15 ἦλθεν – ποιῆσαι κρίσιν κατὰ πάντων
Ap 4 11 ὅτι σὺ ἔκτισας τὰ πάντα 5 13
21 5 „ἰδοὺ καινὰ ποιῶ" πάντα

πάσχα *pascha*
Mat 26 2 μετὰ δύο ἡμέρας τὸ πάσχα γίνεται
17 φαγεῖν τὸ π. 18 πρὸς σὲ ποιῶ τὸ
π. 19 ἡτοίμασαν τὸ π. ‖ Mar 14 1 ἦν
– τὸ π. καὶ τὰ ἄζυμα 12.14 ὅπου τὸ
π.–φάγω; 16 Luc 22 1.7.8.11.13.15 ἐπε-
θύμησα τοῦτο τὸ πάσχα φαγεῖν
Luc 2 41 ἐπορεύοντο – τῇ ἑορτῇ τοῦ πάσχα
Joh 2 13 ἐγγὺς ἦν τὸ π. τῶν Ἰουδαίων 23 ἐν
τῷ π. ἐν τῇ ἑορτῇ 6 4 11 55 12 1 πρὸ
ἓξ ἡμερῶν τοῦ π. 13 1 18 28 ἵνα μὴ
μιανθῶσιν ἀλλὰ φάγωσιν τὸ πάσχα
39 ἵνα ἕνα ἀπολύσω ὑμῖν ἐν τῷ π.
19 14 ἦν δὲ παρασκευὴ τοῦ πάσχα
Act 12 4 μετὰ τὸ π. ἀναγαγεῖν – τῷ λαῷ
1 Co 5 7 καὶ γὰρ „τὸ π." ἡμῶν „ἐτύθη" Χός
Hb 11 28 πίστει πεποίηκεν „τὸ πάσχα"

πάσχειν *pati* ᵇ(τὸ π.) *passio* ᶜ*perpeti*
1) Jesu Christi passio
Mat 16 21 ὅτι δεῖ αὐτὸν – πολλὰ παθεῖν ‖ Mar

831 Luc 922 – 1725 πρῶτον δὲ δεῖ
Mat 1712 μέλλει πάσχειν ὑπ' αὐτῶν ‖ Mar 912
Luc 2215 φαγεῖν μεθ' ὑμ. πρὸ τοῦ με παθεῖν
2426 οὐχὶ ταῦτα ἔδει παθεῖν τὸν χριστὸν
–; 46 οὕτως γέγραπται παθεῖν τὸν
χριστόν – Act 318 χρ. αὐτοῦ 173
Act 1 3 ζῶντα μετὰ τὸ παθεῖν[b] αὐτόν
Hb 218 ἐν ᾧ – πέπονθεν αὐτὸς πειρασθείς
5 8 ἔμαθεν ἀφ' ὧν ἔπαθεν τὴν ὑπακοήν
926 ἔδει αὐτὸν πολλάκις παθεῖν ἀπό
1312 καὶ Ἰησοῦς – ἔξω τῆς πύλης ἔπαθεν
1 Pe 221 ὅτι καὶ Χὸς ἔπαθεν ὑπὲρ ὑμῶν
– 23 πάσχων οὐκ ἠπείλει, παρεδίδου δέ
318 ἅπαξ περὶ ἁμαρτιῶν ἔπαθεν
4 1 Χοῦ οὖν παθόντος σαρκὶ καὶ ὑμεῖς

2) quod aliis hominibus accidit

Mat 1715 σεληνιάζεται καὶ κακῶς πάσχει
2719 πολλὰ – ἔπαθον – κατ' ὄναρ δι' αὐτόν
Mar 526 πολλὰ παθοῦσα[c] ὑπὸ πολλ. ἰατρῶν
Luc 13 2 ἁμαρτωλοὶ παρὰ πάντας τοὺς Γαλιλ.
ἐγένοντο, ὅτι ταῦτα πεπόνθασιν;
Act 916 ὅσα δεῖ αὐτὸν ὑπὲρ τοῦ ὀνόματός
μου παθεῖν Phl 129 ὑμῖν ἐχαρίσθη
τὸ ὑπὲρ Χοῦ – καὶ – πάσχειν
28 5 ὁ μὲν οὖν – ἔπαθεν οὐδὲν κακόν
1 Co 1226 εἴτε πάσχει ἓν μέλος, συμπάσχει
2 Co 1 6 παθημάτων ὧν καὶ ἡμεῖς π..ομεν
Gal 3 4 τοσαῦτα ἐπάθετε εἰκῇ; εἴ γε καὶ εἰ.
Phl 129 → Act 916 – 1 Th 214 τ. αὐτὰ ἐπάθετε
καὶ ὑμεῖς ὑπὸ τῶν ἰδίων συμφυλετῶν
2 Th 1 5 βασ. τοῦ θεοῦ, ὑπὲρ ἧς καὶ πάσχετε
2 Ti 112 δι' ἣν αἰτίαν καὶ ταῦτα πάσχω
1 Pe 219 διὰ συνείδησιν θεοῦ – π..ων ἀδίκως
– 20 εἰ ἀγαθοποιοῦντες καὶ πάσχοντες
317 κρεῖττον – ἀγαθοπ. – πάσχειν ἤ
314 εἰ καὶ πάσχοιτε διὰ δικαιοσύνην
4 1 ὁ παθὼν σαρκὶ πέπαυται ἁμαρτίας
– 15 μή – τις ὑμῶν πασχέτω ὡς φονεὺς
– 19 οἱ π..οντες κατὰ τὸ θέλημα τ. θεοῦ
510 ὀλίγον παθόντας αὐτὸς καταρτίσει
Ap 2 10 μηδὲν φοβοῦ ἃ μέλλεις πάσχειν

Πάταρα Act 211 Ῥόδον κἀκεῖθεν εἰς Πάταρα

πατάσσειν percutere Mat 2631 „πατάξω τὸν
ποιμένα" ‖ Mar 1427 – Mat 2651 τὸν δοῦ-
λον τοῦ ἀρχιερέως ‖ Luc 2249.50 – Act
724 127.23 Ap 116 τὴν γῆν 1915 τὰ ἔθνη

πατεῖν calcare Luc 1019 „π. ἐπάνω ὄφεων"
Luc 2124 „Ἱερουσαλὴμ – πατουμένη" Ap 112
Ap 1420 „ἐπατήθη ἡ ληνός" 1915 „πατεῖ"

πατήρ pater

1) Deus pater hominum ipso verbo
dictus: ὁ πατὴρ ὑμῶν, σου, αὐτῶν, πάν-
των – ὁ πατὴρ ὑμῶν (πάτερ ἡμῶν) ὁ
ἐν (τοῖς) οὐρανοῖς, ὁ οὐράνιος – θεὸς
πατὴρ ἡμῶν, ὁ θεὸς καὶ πατὴρ ἡμῶν
– ὁ πατὴρ τῶν πνευμάτων

Mat 516 ὅπως – δοξάσωσιν τὸν πατέρα ὑμῶν
τὸν ἐν τοῖς οὐρανοῖς 45 γένησθε
υἱοὶ τοῦ πατρός – 61 μισθὸν οὐκ ἔ-
χετε παρὰ τῷ πατρί – 9 πάτερ ἡμῶν
ὁ – (Luc 112 → sub 3)) 711 πόσῳ
μᾶλλον ὁ πατὴρ ὑμῶν ὁ – δώσει (‖
Luc 1113 ὁ π. [ὁ] ἐξ οὐρανοῦ) – Mat
1814 οὐκ ἔστιν θέλημα ἔμπροσθεν
τοῦ πατρός – Mar 1125 ἵνα καὶ ὁ
πατὴρ – ἀφῇ ὑμῖν (vl 26)
– 48 ὡς ὁ πατὴρ ὑμῶν ὁ οὐράνιος τέ-
λειός ἐστιν 614 ἀφήσει καὶ ὑμῖν ὁ π.
– 26 καὶ ὁ π. – τρέφει αὐτά 32 οἶδεν
– ὁ π. – ὅτι χρήζετε τούτων 239 πα-
τέρα μὴ καλέσητε ὑμῶν – · εἷς γάρ
ἐστιν ὑμῶν ὁ πατὴρ ὁ οὐράνιος
6 4 ὁ πατήρ σου ὁ βλέπων ἐν τῷ κρυ-
πτῷ 6 πρόσευξαι τῷ π. σου τῷ ἐν τῷ
κρυπτῷ· καὶ ὁ π. σου ὁ βλέπων 18
μὴ φανῇς τοῖς ἀνθρ. νηστεύων ἀλ-
λὰ τῷ π. σ. τῷ ἐν τῷ κρυφαίῳ· καὶ
ὁ π. σου ὁ βλέπων ἐν τῷ κρυφαίῳ
– 8 οἶδεν γὰρ ὁ πατὴρ ὑμῶν ὧν χρεί-
αν ἔχετε ‖ Luc 1230 ὑμῶν δὲ ὁ π.
– 15 οὐδὲ ὁ πατὴρ ὑμῶν ἀφήσει τὰ παρ.
1020 ἀλλὰ τὸ πνεῦμα τοῦ πατρὸς ὑμῶν
– 29 οὐ πεσεῖται – ἄνευ τοῦ πατρὸς ὑμῶν
1343 „οἱ δίκαιοι ἐκλάμψουσιν" ὡς ὁ ἥλι-
ος ἐν τῇ βασιλείᾳ τοῦ πατρ. αὐτῶν
Luc 636 καθὼς [καὶ] ὁ π. ὑμῶν οἰκτίρμων ἐστίν
1232 ὅτι εὐδόκησεν ὁ π. ὑμῶν δοῦναι ὑμῖν
τὴν βασιλείαν cfr 2229 sub 2)
Joh 841 ἕνα πατέρα ἔχομεν τὸν θεόν 42 εἰ ὁ
θ. πατὴρ ὑμῶν ἦν, ἠγαπᾶτε ἂν ἐμέ
2017 ἀναβαίνω πρὸς τὸν πατέρα μου καὶ
πατέρα ὑμῶν καὶ θεόν μου κ. θ. ὑ.
Rm 1 7 εἰρήνη ἀπὸ θεοῦ πατρὸς ἡμῶν 1 Co
13 2 Co 12 Gal 13 Eph 12 Phl 12 Col
12 Phm 3 – 2 Th 11 τῇ ἐκκλησίᾳ – ἐν
θεῷ πατρὶ ἡμ. 2 εἰρήνη ἀπὸ θεοῦ πα-
τρὸς [ἡμῶν] 1 Ti 12
1 Co 8 6 ἀλλ' ἡμῖν εἷς θεὸς ὁ πατήρ, ἐξ οὗ
2 Co 618 „ἔσομαι" ὑμῖν „εἰς πατέρα"
Gal 1 4 κατὰ τὸ θέλημα τοῦ θεοῦ καὶ πα-

τρὸς ἡμῶν Phl 420 τῷ δὲ θεῷ καὶ
πατρὶ ἡμῶν ἡ δόξα 1 Th 13 ἔμπρο-
σθεν τοῦ θεοῦ καὶ πατρὸς ἡμῶν 313
311 ὁ θεὸς καὶ πατ. ἡμῶν καὶ ὁ κύ-
ριος ἡμ. Ἰησοῦς 2 Th 216 καὶ [ὁ]
θεὸς (vl + καὶ vg) ὁ πατὴρ ἡμῶν
Eph 4 6 εἷς θεὸς καὶ πατὴρ πάντων
Hb 12 9 οὐ πολὺ [δὲ] μᾶλλον ὑποταγησόμεθα
τῷ πατρὶ τῶν πνευμάτων –;
1 Pe 117 εἰ „πατέρα ἐπικαλεῖσθε" τὸν – κρίν.

2) Deus Jesu Christi pater ipsis
verbis dictus: ὁ πατήρ μου, αὐτοῦ –
ὁ πατήρ μου ὁ ἐν οὐρανοῖς, ὁ οὐρά-
νιος – πάτερ, ὁ πατὴρ (in sermone
Jesu) – ὁ θεὸς καὶ πατὴρ τοῦ κυρίου

Mat 721 ὁ ποιῶν τὸ θέλημα τοῦ π. μου τοῦ
ἐν τοῖς οὐρανοῖς 1032 ὁμολογή-
σω – ἔμπροσθεν τοῦ π. – 33 ἀρνήσο-
μαι 1250 τὸ θέλ. τοῦ π. – 1617 ἀπε-
κάλυψέν σοι – ὁ π. – 1810 βλέπουσι
τὸ πρόσωπον τοῦ π. – 19 γενήσεται
αὐτοῖς παρὰ τοῦ π. μου τοῦ ἐν οὐρ.
1125 πάτερ, κύριε τοῦ οὐρανοῦ καὶ τῆς
γῆς 26 ναί, ὁ πατήρ 27 πάντα μοι
παρεδόθη ὑπὸ τοῦ π. μου || Luc 10
21.22 – Mat 1513 ἣν οὐκ ἐφύτευσεν
ὁ π. μου ὁ οὐράνιος 1835 οὕτως
καὶ ὁ πατήρ μου ὁ οὐράνιος ποιή-
σει ὑμῖν, ἐὰν μὴ ἀφῆτε
1627 ἔρχεσθαι ἐν τῇ δόξῃ τοῦ π. αὐτοῦ ||
Mar 838 Luc 926 ὅταν ἔλθῃ ἐν τῇ
δόξῃ αὐτοῦ καὶ τοῦ πατρὸς
2023 οἷς ἡτοίμασται ὑπὸ τοῦ πατρός μου
2534 δεῦτε οἱ εὐλογημένοι τοῦ πατ. μου
2629 καινὸν ἐν τῇ βασιλείᾳ τοῦ πατ. μου
– 39 πάτερ μου, εἰ δυνατόν ἐστιν 42 εἰ οὐ
δύναται – παρελθεῖν || Mar 1436 ἀβ-
βᾶ ὁ πατήρ, πάντα δυνατά σοι Luc
2242 πάτερ, εἰ βούλει παρένεγκε
– 53 παρακαλέσαι τὸν πατέρα μου, –;
Luc 249 ὅτι ἐν τοῖς τοῦ π. μου δεῖ εἶναί με;
2229 καθὼς διέθετό μοι ὁ π. μου βασιλ.
2334 [πάτερ, ἄφες αὐτοῖς· οὐ γὰρ οἴδασιν]
– 46 πάτ., „εἰς χεῖράς σου παρατίθεμαι"
2449 ἀποστέλλω τὴν ἐπαγγ. τοῦ π. μου
Joh 216 μὴ ποιεῖτε τὸν οἶκον τοῦ π. μου οἶκ.
517 ὁ πατήρ μου ἕως ἄρτι ἐργάζεται
– 18 καὶ πατέρα ἴδιον ἔλεγεν τὸν θεὸν
– 43 ἐγὼ ἐλήλυθα ἐν τῷ ὀνόματι τοῦ πα-
τρός μου 1025 ἃ ἐγὼ ποιῶ ἐν τῷ –
632 ὁ πατήρ μου δίδωσιν ὑμῖν τὸν ἄρτον

Joh 640 τοῦτο – ἐστὶν τὸ θέλημα τοῦ π. μου
819 ποῦ ἐστιν ὁ πατ. σου; – οὔτε ἐμὲ οἴ-
δατε οὔτε τὸν πατ. μου· εἰ ἐμὲ ᾔ-
δειτε, καὶ τὸν π. μου ἂν ᾔδειτε 147
εἰ ἐγνώκατέ με, καὶ τὸν πατ. μου –
– 49 ἀλλὰ τιμῶ τὸν πατέρα μου
– 54 ἔστιν ὁ πατήρ μου ὁ δοξάζων με
1018 τὴν ἐντολὴν ἔλαβον παρὰ τοῦ π. μ.
– 29 ὁ πατήρ μου ὃ δέδωκέν μοι
– 37 εἰ οὐ ποιῶ τὰ ἔργα τοῦ πατρός μου
1141 πάτερ, εὐχαριστῶ σοι ὅτι ἤκουσας
1227 πάτερ, σῶσόν με ἐκ τῆς ὥρας ταύτης
– 28 πάτερ, δόξασόν σου τὸ ὄνομα
14 2 ἐν τῇ οἰκίᾳ τοῦ πατ. μου μοναὶ πολ.
– 20 γνώσεσθε – ὅτι ἐγὼ ἐν τῷ πατρί μου
– 21 ἀγαπηθήσεται ὑπὸ τοῦ πατ. μου 23
– 10 ὁ πατήρ μου ὁ γεωργός ἐστιν
15 1 ὁ πατήρ μου ὁ γεωργός ἐστιν
– 8 ἐν τούτῳ ἐδοξάσθη ὁ πατήρ μου
– 10 καθὼς ἐγὼ τὰς ἐντολὰς τοῦ πατρός
μου τετήρηκα καὶ μένω αὐτοῦ ἐν τῇ
ἀγάπῃ
– 15 ἃ ἤκουσα παρὰ τοῦ π. μου ἐγνώρ.
– 23 καὶ τὸν πατέρα μου μισεῖ 24
17 1 πάτερ, ἐλήλυθεν ἡ ὥρα 5 δόξασόν
με σύ, πάτερ 11 πάτερ ἅγιε, τήρησον
αὐτούς 21 καθὼς σύ, πάτερ, ἐν ἐμοὶ
κἀγὼ ἐν σοί 24 πάτερ, ὃ δέδωκάς
μοι, θέλω 25 πάτερ δίκαιε, καὶ ὁ
κόσμος σε οὐκ ἔγνω
2017 ἀναβαίνω πρὸς τὸν πατέρα μου καὶ
πατέρα ὑμῶν → 3)
Rm 15 6 τὸν θεὸν καὶ πατέρα τοῦ κυρίου ἡ-
μῶν Ἰ. Χοῦ 2 Co 13 1131 Eph 13 Col
13 τῷ θεῷ πατρὶ τοῦ κυρίου ἡμῶν
Hb 1 5 „ἐγὼ ἔσομαι αὐτῷ εἰς πατέρα"
1 Pe 1 3 ὁ θεὸς καὶ πατὴρ τοῦ κυρίου ἡμῶν
Ἰησ. Χοῦ – 1 Jo 13 2 Jo 3.9 → 3)
Ap 1 6 ἐποίησεν ἡμᾶς – „ἱερεῖς τῷ θεῷ" καὶ
πατρὶ αὐτοῦ – 228 ὡς κἀγὼ εἴληφα
(sc ἐξουσίαν) παρὰ τοῦ πατρός μου
3 5 ὁμολογήσω τὸ ὄνομα αὐτοῦ ἐνώπιον
τοῦ πατρός μου 21 ὡς κἀγὼ – ἐκά-
θισα μετὰ τοῦ π. μου ἐν τῷ θρόνῳ
14 1 ἔχουσαι τὸ ὄνομα αὐτοῦ (sc τοῦ ἀρνί-
ου) καὶ τὸ ὄν. τοῦ π. αὐτοῦ γεγραμμ.

3) ὁ πατήρ, πατὴρ (nomen absolutum) et
ὁ πατὴρ τῆς δόξης, τῶν οἰκτιρμῶν, ὁ ἐξ
οὐρανοῦ, ὁ πατὴρ πάντων, τῶν φώτων

Mat 1127 (→ 2) Mat 1125ss) οὐδεὶς ἐπιγινώ-
σκει τὸν υἱὸν εἰ μὴ ὁ πατήρ, οὐδὲ τὸν
πατέρα τις ἐπιγ. εἰ μὴ ὁ υἱός || Luc

10₂₂ cfr Joh 10₁₅ καθὼς γινώσκει με
ὁ πατήρ κἀγὼ γινώσκω τὸν πατέρα
Mat 24₃₆ οὐδεὶς οἶδεν –, εἰ μὴ ὁ πατὴρ μόνος
‖ Mar 13₃₂ εἰ μὴ ὁ πατήρ
28₁₉ βαπτίζοντες – εἰς τὸ ὄνομα τοῦ πατ.
Luc 9₂₆ ἐν τῇ δόξῃ αὐτοῦ καὶ τοῦ πατρός
11₂ πάτερ, ἁγιασθήτω τὸ ὄνομά σου
– 13 πόσῳ μᾶλλον ὁ πατὴρ [ὁ] ἐξ οὐρανοῦ
δώσει πνεῦμα ἅγιον → 1) Mat 5₁₆
Joh 1₁₄ δόξαν ὡς μονογενοῦς παρὰ πατρός
– 18 ὁ ὢν εἰς τὸν κόλπον τοῦ πατρός
3₃₅ ὁ πατ. ἀγαπᾷ τὸν υἱόν, καὶ πάντα δέ-
δωκεν 5₂₀ φιλεῖ τὸν υἱὸν καὶ πάντα
δείκνυσιν αὐτῷ 10₁₇ διὰ τοῦτό με ὁ
πατὴρ ἀγαπᾷ 15₉ καθὼς ἠγάπησέν
με ὁ πατήρ, κἀγὼ ὑμᾶς ἠγάπησα
4₂₁ οὔτε ἐν Ἱεροσ. προσκυνήσετε τῷ πα-
τρί 23 προσκυνήσουσιν τῷ πατρὶ ἐν
πνεύματι καὶ ἀληθείᾳ· – ὁ π. τοιού-
τους ζητεῖ τοὺς προσκυνοῦντας
5₁₉ ἐὰν μή τι βλέπῃ τὸν πατ. ποιοῦντα
– 21 ὥσπερ – ὁ πατ. ἐγείρει τοὺς νεκρούς
– 22 οὐδὲ – ὁ πατὴρ κρίνει οὐδένα, ἀλλὰ
– 23 καθὼς τιμῶσι τὸν πατέρα. ὁ μὴ τι-
μῶν τὸν υἱὸν οὐ τιμᾷ τὸν πατέρα
– 26 ὥσπερ – ὁ πατὴρ ἔχει ζωὴν ἐν ἑαυτῷ
– 36 τὰ – ἔργα ἃ δέδωκέ μοι ὁ πατήρ –,
μαρτυρεῖ – ὅτι ὁ π. με ἀπέσταλκεν
– 37 ὁ πέμψας με πατ. 6₄₄ 8₁₆.₁₈ 12₄₉ 14₂₄
– 45 ὅτι – κατηγορήσω ὑμῶν πρὸς τὸν π.
6₂₇ τοῦτον – ὁ πατ. ἐσφράγισεν ὁ θεός
– 37 ὃ δίδωσίν μοι ὁ πατ. πρὸς ἐμὲ ἥξει
– 45 ὁ ἀκούσας παρὰ τοῦ πατ. – ἔρχεται
– 46 οὐχ ὅτι τὸν πατ. ἑώρακέν τις, εἰ μὴ
ὁ ὢν –, οὗτος ἑώρακεν τὸν πατέρα
– 57 ἀπέστειλέν με ὁ ζῶν πατὴρ κἀγὼ ζῶ
διὰ τὸν πατέρα → 5₂₆
– 65 ἐὰν μὴ ᾖ δεδομένον αὐτῷ ἐκ τοῦ π.
8₂₇ οὐκ ἔγνωσαν ὅτι τὸν πατ. – ἔλεγεν
– 28 καθὼς ἐδίδαξέν με ὁ πατὴρ 12₅₀
– 38 ἃ ἐγὼ ἑώρακα παρὰ τῷ πατρὶ λαλῶ
10₂₉ ὁ πατ. μου ὃ δέδωκέν μοι – οὐδεὶς
δύναται ἁρπάζειν ἐκ τῆς χειρὸς τοῦ
πατρός 30 ἐγὼ καὶ ὁ πατ. ἕν ἐσμεν
– 32 ἔργα καλὰ ἔδειξα ὑμῖν ἐκ τοῦ πατ.
– 36 ὃν ὁ πατὴρ ἡγίασεν καὶ ἀπέστειλεν
– 38 ὅτι ἐν ἐμοὶ ὁ πατ. κἀγὼ ἐν τῷ πατ.
14₁₀.₁₁ cfr 20 17₂₁ σύ, πατ., ἐν ἐμοί
12₂₆ τιμήσει αὐτὸν ὁ πατήρ
13₁ ἵνα μεταβῇ – πρὸς τὸν πατ. 14₁₂ πο-
ρεύομαι 28 16₂₈.₁₀ ὑπάγω 17
– 3 πάντα ἔδωκεν αὐτῷ ὁ π. εἰς τὰς χ.

Joh 14₆ οὐδεὶς ἔρχεται πρὸς τὸν πατ. εἰ μή
– 8 δεῖξον ἡμῖν τὸν π. 9 ὁ ἑωρακὼς ἐμὲ
ἑώρακεν τὸν πατ. κτλ. 10 ὁ δὲ πατ.
ἐν ἐμοὶ μένων ποιεῖ τὰ ἔργα αὐτοῦ
– 13 ἵνα δοξασθῇ ὁ πατὴρ ἐν τῷ υἱῷ
– 16 ἐρωτήσω τὸν πατ. 16₂₆ οὐ λέγω – ὅ-
τι ἐγὼ ἐρωτήσω τὸν πατ. περὶ ὑμῶν
– 26 τὸ πνεῦμα – ὃ πέμψει ὁ π. ἐν τῷ ὀν.
– 28 ὅτι ὁ πατὴρ μείζων μού ἐστιν
– 31 ὅτι ἀγαπῶ τὸν πατέρα, καὶ καθὼς
ἐνετείλατό μοι ὁ πατ., οὕτως ποιῶ
15₁₆ ὅ τι ἂν αἰτήσητε τὸν πατέρα 16₂₃
– 26 ὁ παράκλητος – παρὰ τοῦ πατ., τὸ
πνεῦμα – ὃ παρὰ τοῦ π. ἐκπορεύεται
16₃ ὅτι οὐκ ἔγνωσαν τὸν πατ. οὐδὲ ἐμέ
– 15 πάντα ὅσα ἔχει ὁ πατὴρ ἐμά ἐστιν
– 25 παρρησίᾳ περὶ τοῦ π. ἀπαγγελῶ ὑμ.
– 27 αὐτὸς γὰρ ὁ πατὴρ φιλεῖ ὑμᾶς
– 28 ἐξῆλθον παρὰ τοῦ πατρὸς – · – καὶ πο-
ρεύομαι πρὸς τὸν πατέρα 32 οὐκ εἰ-
μὶ μόνος, ὅτι ὁ πατ. μετ' ἐμοῦ ἐστιν
18₁₁ τὸ ποτήριον ὃ δέδωκέν μοι ὁ πατήρ
20₁₇ οὔπω – ἀναβέβηκα πρὸς τὸν πατέρα
– 21 καθὼς ἀπέσταλκέν με ὁ πατ., κἀγὼ
Act 1₄ περιμένειν τὴν ἐπαγγελίαν τοῦ πατ.
– 7 καιροὺς οὓς ὁ π. ἔθετο ἐν τῇ ἰδίᾳ
2₃₃ τήν – ἐπαγγελίαν τοῦ πνεύματος –
λαβὼν παρὰ τοῦ πατ. ἐξέχεεν τοῦτο
Rm 6₄ ἠγέρθη Χὸς – διὰ τῆς δόξης τοῦ πατ.
8₁₅ κράζομεν· Ἀββὰ ὁ πατήρ Gal 4₆
1 Co 8₆ ἀλλ' ἡμῖν εἷς θεὸς ὁ πατήρ, ἐξ οὗ
τὰ πάντα καὶ ἡμεῖς εἰς αὐτόν
15₂₄ ὅταν παραδιδῷ τὴν βασιλείαν τῷ
θεῷ καὶ πατρί
2 Co 1₃ ὁ πατὴρ τῶν οἰκτιρμῶν καὶ θεός
Gal 1₁ διὰ – θεοῦ πατρὸς τοῦ ἐγείραντος
αὐτόν Eph 6₂₃ ἀγάπη μετὰ πίστεως
ἀπὸ θεοῦ π. Phl 2₁₁ εἰς δόξαν θεοῦ
π. Col 3₁₇ εὐχαριστοῦντες τῷ θεῷ π.
1 Th 1₁ τῇ ἐκκλησίᾳ Θεσσ. ἐν θεῷ π.
1 Ti 1₂ εἰρήνη ἀπὸ θεοῦ π. 2 Ti 1₂
Tit 1₄ → Jac 1₂₇
Eph 1₁₇ ἵνα ὁ θεός –, ὁ πατ. τῆς δόξης, δώῃ
2₁₈ ἔχομεν – προσαγωγὴν – πρὸς τὸν π.
3₁₄ πρὸς τὸν πατ., ἐξ οὗ πᾶσα πατριά
4₆ εἷς θεὸς καὶ πατ. πάντων 5₂₀ εὐ-
χαριστοῦντες – τῷ θεῷ καὶ π. Col 1₁₂
τῷ (vl + θεῷ vg deo vl°) πατρί
Hb 12₉ τῷ πατρὶ τῶν πνευμάτων → Hb 12₉
Jac 1₁₇ καταβαῖνον ἀπὸ τοῦ π. τῶν φώτων
– 27 θρησκεία – ἀμίαντος παρὰ τῷ θεῷ
καὶ πατρί 3₉ εὐλογοῦμεν τὸν κύ-

ριον καὶ πατέρα 1 Pe 12 κατὰ πρό-
γνωσιν θεοῦ πατρός 2 Pe 117 πα-
ρὰ θεοῦ πατρὸς τιμὴν καὶ δόξαν 2 Jo
3 εἰρήνη παρὰ θεοῦ πατρὸς καὶ πα-
'Ι. Χοῦ τοῦ υἱοῦ τοῦ πατ. Jud 1
τοῖς ἐν θεῷ πατρὶ ἠγαπημένοις
1 Pe 117 εἰ „πατέρα ἐπικαλεῖσθε" τὸν – κρίν.
1 Jo 1 2 τὴν ζωήν –, ἥτις ἦν πρὸς τὸν πατ.
– 3 ἡ κοινωνία – μετὰ τοῦ πατρὸς καὶ
μετὰ τοῦ υἱοῦ αὐτοῦ Ἰησοῦ Χοῦ
2 1 παράκλητον ἔχομεν πρὸς τὸν πατ.
– 14 ὅτι ἐγνώκατε τὸν πατ. 15 ἐάν τις ἀ-
γαπᾷ τὸν κόσμον, οὐκ ἔστιν ἡ ἀγά-
πη τοῦ πατ. ἐν αὐτῷ 16 πᾶν τὸ ἐν
τῷ κόσμῳ, –, οὐκ ἔστιν ἐκ τοῦ πατ.
– 22 ὁ ἀρνούμενος τὸν πατ. καὶ τὸν υἱόν
23 ὁ ἀρν. τὸν υἱὸν οὐδὲ τὸν πατ. ἔ-
χει· ὁ ὁμολογῶν τὸν υἱὸν καὶ τὸν
πατ. ἔχει 24 ἐν τῷ υἱῷ καὶ ἐν τῷ
πατρὶ μενεῖτε 2 Jo 9 ὁ μένων ἐν τῇ
διδαχῇ – καὶ τὸν π. καὶ τὸν υἱὸν ἔχει
3 1 ποταπὴν ἀγάπην δέδωκεν ἡμῖν ὁ π.
4 14 ὁ πατ. ἀπέσταλκεν τὸν υἱὸν σωτῆρα
2 Jo   4 καθὼς ἐντολὴν ἐλάβομ. παρὰ τοῦ π.

4) diabolus auctor mendacii et odii
Joh 8 38 ὑμεῖς – ἃ ἠκούσατε παρὰ τοῦ πατρὸς
(vl + ὑμῶν vg) ποιεῖτε 41 ποιεῖτε τὰ ἔρ-
γα τοῦ πατ. ὑμῶν 44 ὑμεῖς ἐκ τοῦ πατ.
τοῦ διαβόλου ἐστὲ καὶ τὰς ἐπιθυμίας τοῦ
πατ. ὑμῶν θέλετε ποιεῖν. – ὅτι ψεύστης
ἐστὶν καὶ ὁ πατὴρ αὐτοῦ

5) patres, maiores (parentes)
a) singulariter: πατήρ, ὁ πατήρ
Mat 2 22 ἀντὶ τοῦ πατρὸς αὐτοῦ Ἡρῴδου
3 9 πατέρα ἔχομεν τὸν Ἀβραάμ ‖ Luc
3 8 – 1 73 ὅρκον – πρὸς Ἀ. τὸν πατ.
ἡμῶν 16 24 πάτερ Ἀ., ἐλέησόν με 27
ἐρωτῶ σε –, πάτερ, ἵνα πέμψῃς 30
οὐχί, πάτερ Ἀ. – Joh 8 39 ὁ πατ.
ἡμῶν Ἀ. ἐστιν 53 μὴ σὺ μείζων εἶ τοῦ
πατ. ἡμῶν Ἀ., ὅστις ἀπέθανεν; 56
Ἀβρ. ὁ πατὴρ ὑμῶν ἠγαλλιάσατο
4 21 μετὰ Ζεβεδαίου τοῦ πατ. αὐτῶν 22
ἀφέντες – τὸν πατ. αὐτῶν ‖ Mar 1 20
8 21 θάψαι τὸν πατέρα μου ‖ Luc 9 59
10 21 παραδώσει – πατ. τέκνον ‖ Mar 13 12
– 35 διχάσαι ἄνθρωπον „κατὰ τοῦ πατρὸς
αὐτοῦ" ‖ Luc 12 53 διαμερισθήσονται,
πατὴρ ἐπὶ υἱῷ καὶ „υἱὸς ἐπὶ πατρί"
– 37 ὁ φιλῶν πατέρα – ὑπὲρ ἐμέ ‖ Luc 14
26 εἴ τις – οὐ μισεῖ τὸν πατέρα ἑαυτοῦ

Mat 15 4 „τίμα τὸν πατ. καὶ τὴν μητέρα" καί·
„ὁ κακολογῶν πατέρα ἢ μητ." 5 ὃς
ἂν εἴπῃ τῷ πατ. –· δῶρον 6 οὐ μὴ
τιμήσει τὸν πατέρα ‖ Mar 7 10. 11. 12
19 5 „καταλείψει ἄνθρ. τὸν πατ. καὶ τὴν
μητέρα" ‖ Mar 107 – Eph 5 31
– 19 „τίμα τὸν πατ. καὶ τὴν μητέρα" ‖
Mar 10 19 Luc 18 20 – Eph 6 2
– 29 ὅστις ἀφῆκεν – ἢ πατέρα ‖ Mar 10 29
21 31 τίς – ἐποίησεν τὸ θέλημα τοῦ πατ.;
23 9 πατέρα μὴ καλέσητε ὑμῶν ἐπὶ τῆς
γῆς· εἷς – ἐστιν ὑμῶν ὁ π. ὁ οὐράνι.
Mar 5 40 ‖ Luc 8 51 – Mar 9 21. 24 ‖ Luc 9 42
11 10 βασιλεία τοῦ πατ. ἡμῶν Δαυὶδ Luc
1 32 „τὸν θρόνον Δ." τοῦ πατ. αὐτοῦ
Act 4 25 τοῦ πατ. ἡμῶν – Δ. παιδός σου
15 21 τὸν πατ. Ἀλεξάνδρου καὶ Ῥούφου
Luc 1 59. 62. 67 Ζαχαρίας ὁ πατὴρ αὐτοῦ
2 33 ὁ πατ. αὐτοῦ (Jesu) καὶ ἡ μήτηρ 48
ὁ πατ. σου κἀγὼ – ἐζητοῦμέν σε Joh
6 42 οὗ ἡμεῖς οἴδαμεν τὸν πατ. καὶ
11 11 τίνα – τὸν πατ. αἰτήσει ὁ υἱὸς ἰχθύν
15 12 εἶπεν ὁ νεώτερος – τῷ πατρί· πάτερ,
δός μοι 17. 18. 20. 21. 22. 27. 28. 29
16 27 πέμψῃς – εἰς τὸν οἶκον τοῦ πατ. μου
Joh 4 12 μείζων εἶ τοῦ πατ. ἡμῶν Ἰακώβ –;
– 53 ἔγνω – ὁ πατὴρ ὅτι [ἐν] ἐκείνῃ τῇ ὥρᾳ
Act 7 2 ὤφθη τῷ πατ. ἡμῶν Ἀβραάμ 4 με-
τὰ τὸ ἀποθανεῖν τὸν πατ. αὐτοῦ 14
(Josephi pater) 20 (Mosis pater)
16 1 υἱὸς – πατρὸς – Ἕλληνος 3 – 28 8
Rm 4 11 εἰς τὸ εἶναι αὐτὸν (Abr.) πατέρα –
τῶν πιστευόντων δι' ἀκροβυστίας 12
καὶ πατέρα περιτομῆς – τοῖς στοιχοῦ-
σιν τοῖς ἴχνεσιν τῆς ἐν ἀκρ. πίστεως
τοῦ πατ. ἡμῶν Ἀβρ. 16 ὅς ἐστιν πατ.
πάντων ἡμῶν 17 „πατέρα πολλῶν
ἐθνῶν" 18 – Hb 7 10 (Abr. p. Levi)
9 10 ἐξ ἑνός –, Ἰσαὰκ τοῦ πατρὸς ἡμῶν
1 Co 5 1 ὥστε γυναῖκά τινα τοῦ πατρὸς ἔχειν
Gal 4 2 ἄχρι τῆς προθεσμίας τοῦ πατρὸς
Eph 5 31 → Mat 19 5 – Eph 6 2 → Mat 19 19
Phl 2 22 ὡς πατρὶ τέκνον σὺν ἐμοὶ ἐδούλευε.
1 Th 2 11 ὡς πατὴρ τέκνα – παρακαλοῦντες
1 Ti 5 1 (πρεσβ.) παρακάλει ὡς πατέρα
Hb 12 7 τίς – υἱὸς ὃν οὐ παιδεύει πατήρ;
Jac 2 21 Ἀβρ. ὁ πατ. ἡμῶν οὐκ ἐξ ἔργων ἐ-
δικαιώθη, ἀνενέγκας Ἰσαάκ –;

b) pluraliter: πατέρες, οἱ πατέρες
vg patres b parentes
Mat 23 30 εἰ ἤμεθα ἐν ταῖς ἡμέραις τῶν πατ.

ἡμῶν 32 πληρώσατε τὸ μέτρον τῶν
πατέρων ὑμῶν ‖ Luc 1147.48 συνευ-
δοκεῖτε τοῖς ἔργοις τῶν πατ. ὑμῶν
Luc 117 „ἐπιστρέψαι καρδίας π..ων ἐπὶ τέκ.“
– 55 καθὼς ἐλάλησεν „πρὸς τοὺς π. ἡμῶν“
– 72 ποιῆσαι „ἔλεος μετὰ τῶν πατ. ἡμῶν“
623 κατὰ τὰ αὐτὰ – ἐποίουν τοῖς προφ. οἱ
πατ. αὐτῶν 26 τοῖς ψευδοπροφήταις
Joh 420 οἱ πατ. ἡμῶν ἐν τῷ ὄρει – προσεκύν.
631 οἱ πατ. ἡμῶν τὸ μάννα ἔφαγον 49.58
οὐ καθὼς ἔφαγ. οἱ π. καὶ ἀπέθανον
722 οὐχ ὅτι ἐκ τοῦ Μωϋσέως ἐστὶν ἀλλ᾽
ἐκ τῶν πατέρων (sc ἡ περιτομή)
Act 313 „ὁ θεὸς τῶν πατ. ἡμῶν“ 530 ἤγειρεν
Ἰησοῦν 2214 732 „τῶν πατέρων σου“
– 25 τῆς διαθήκης ἧς διέθετο ὁ θεὸς πρὸς
τοὺς πατέρας ὑμῶν 1317 ἐξελέξατο
τοὺς πατέρας ἡμῶν 32 τὴν πρὸς τοὺς
πατέρας ἐπαγγελίαν γενομένην 266
7 2 ἄνδρες ἀδελφοὶ καὶ πατέρες 221
– 11.12.15.19.38.39.44.45.51 „τῷ πνεύματι –
ἀντιπίπτετε“, ὡς οἱ πατέρες ὑμῶν καὶ
ὑμεῖς 52 τίνα τῶν προφητῶν οὐκ ἐδί-
ωξαν οἱ πατέρες ὑμῶν;
1336 προσετέθη „πρὸς τοὺς πατ. αὐτοῦ“
1510 ζυγὸν –, ὃν οὔτε οἱ πατ. ἡμῶν οὔτε
ἡμεῖς ἰσχύσαμεν βαστάσαι;
2825 καλῶς – ἐλάλησεν – πρὸς τοὺς π. ὑμ.
Rm 9 5 ὧν οἱ πατέρες, καὶ ἐξ ὧν ὁ Χός
1128 ἀγαπητοὶ (sc Ἰσραὴλ) διὰ τοὺς πατ.
15 8 εἰς τὸ βεβαιῶσαι τὰς ἐπαγγ. τῶν π.
1 Co 415 ἐὰν – μυρίους παιδαγωγοὺς ἔχητε ἐν
Χῷ, ἀλλ᾽ οὐ πολλοὺς πατέρας
10 1 οἱ πατ. ἡμ. πάντες ὑπὸ τὴν νεφέλην
Eph 6 4 οἱ πατ., μὴ παροργίζετε τὰ τέκνα ὑ-
μῶν Col 321 οἱ πατέρες, μὴ ἐρεθίζετε
Hb 1 1 λαλήσας τοῖς πατ. ἐν τοῖς προφήτ.
3 9 „οὗ ἐπείρασαν οἱ πατέρες ὑμῶν“
8 9 „διαθήκην ἣν ἐποίησα τοῖς πατράσ.“
1123 Μωϋσ. – ἐκρύβη – ὑπὸ τῶν π.ᵇ αὐτοῦ
12 9 τοὺς – τ. σαρκὸς – πατ. εἴχ. παιδευτάς
2 Pe 3 4 ἀφ᾽ ἧς – οἱ πατ. ἐκοιμήθησαν, πάντα
1 Jo 213 γράφω ὑμῖν, πατέρες 14 ἔγραψα

Πάτμος Ap 19 ἐν τῇ νήσῳ τῇ καλουμ. Π..ῳ

πατριά familia ᵇpaternitas Luc 24 Δαυίδ
Act 325 „πᾶσαι αἱ πα. τῆς γῆς“ Eph 315
πατέρα, ἐξ οὗ πᾶσα πα.ᵇ – ὀνομάζεται

πατριάρχης patriarcha
Act 229 Δαυίδ 78 τοὺς δώδεκα πατριάρχας 9
Hb 7 4 „δεκάτην Ἀβρ. ἔδωκεν“ – ὁ πατριάρ.

πατρικός paternus Gal 114 (παραδόσεις)

πατρίς patria
Mat 1354 ἐλθὼν εἰς τ. πατρίδα αὐτοῦ ‖ Mar 61
– 57 οὐκ ἔστιν προφήτης ἄτιμος εἰ μὴ ἐν
τῇ πα. – αὐτ. ‖ Mr 64 Luc 424 Joh 444
Luc 423 ποίησον καὶ ὧδε ἐν τῇ πατρίδι σου
Hb 1114 ἐμφανίζουσιν ὅτι πατρίδα ἐπιζητοῦσιν

Πατροβᾶς Rm 1614 ἀσπάσασθε – Πατροβᾶν

πατρολῴας Sᵒ – parricida (vl patric.)
1 Ti 1 9 π..αις καὶ μητρολ. (sc κεῖται νόμος)

πατροπαράδοτος Sᵒ – paternae traditionis
1 Pe 118 ἐκ τῆς ματαίας ὑμ. ἀναστροφῆς πα.

πατρῷος paternus ᵇpatrius
Act 22 3 (νόμος) 2414 λατρεύω τῷ πα. θεῷ
(vg patri, et deo meo vlᵇ p..io deo) 2817
οὐδὲν ἐναντίον – τοῖς ἔθεσι τοῖς πατρῴοις

παύειν, παύεσθαι cessare ᵇcoërcēre ᶜde-
sinere Luc 54 ὡς – ἐπ..σατο λαλῶν – 111
Luc 824 καὶ ἐπαύσαντο, καὶ ἐγένετο γαλήνη
Act 542 613 1310ᶜ 201.31 2132 τύπτοντες
1 Co 13 8 εἴτε γλῶσσαι, παύσονται
Eph 116 οὐ παύομαι εὐχαριστῶν ὑπὲρ ὑμῶν
Col 1 9 οὐ παυόμεθα ὑπὲρ ὑμῶν προσευχό-
μενοι
Hb 10 2 οὐκ ἂν ἐπαύσαντο προσφερόμεναι –;
1 Pe 310 „παυσάτωᵇ τ. γλῶσσαν ἀπὸ κακοῦ“
4 1 ὁ παθὼν σαρκὶ πέπαυταιᶜ ἁμαρτίας
(vl ἁμαρτίαις)

Παῦλος Sergius Paulus proconsul Act 137
Paulus apostolus:
Act 13 9 Σαῦλος δέ, ὁ καὶ Π. 13 οἱ περὶ Παῦ-
λον – Antiochiae Pis. 1316.43.45.46.50 –
Lystris 149.11.12.14.19 – in Jerus. 152.
12.22.25 – Ant. 35.36.38.40 – Lystris 163
– Troade 9 – Philippis 14.17.18.19.25.28.
29.36.37 – Thessal. 172.4 – Beroeae 10.
13.14.15 – Athenis 16.22.33 – Corinthi
185.9.12.14.18 – Ephesi 191.4.6.11.13.15.21.
26.29.30 201 – Troade 7.9.10.13.16 – Mi-
leti 37 – Tyri 214 – Caesareae 11.13 –
in Jerus. 18.26.29.30.32.37.39.40 2225.28.30
231.3.5.6.10.12.14.16 SS.20.24 – Caes. 31.33
241.10.24.26.27 252.4.6.8.9.10.14.19.21.23 261.
24.25.28.29 – in itinere 271.3.9.11.21.24.31.
33.43 283.8.15 – Romae 16.25

Rm 1 1 Π. δοῦλος Χοῦ Ἰησοῦ, κλητὸς ἀπό-
στολος Phl 1 1 Π. καὶ Τιμόθεος δοῦ-
λοι Χοῦ Ἰησοῦ Tit 1 1 Π. δοῦλος θε-
οῦ, ἀπόστολος δὲ Ἰησοῦ Χοῦ
1 Co 1 1 Π. κλητὸς ἀπόστ. Χοῦ Ἰ. διὰ θελήμα-
τος θεοῦ – sine κλητός 2 Co Eph
Col 1 Ti (κατ' ἐπιταγὴν θεοῦ σωτῆ-
ρος) 2 Ti 1 1 – Gal 1 1 Π. ἀπ., οὐκ
ἀπ' ἀνθρώπων οὐδὲ δι' ἀνθρώπου ἀλ-
λὰ διὰ Ἰησοῦ Χοῦ καὶ θεοῦ πατρός
– 12 ἐγὼ μέν εἰμι Παύλου 34.5 τί δέ ἐστιν
Παῦλ.; διάκονοι δι' ὧν ἐπιστεύσατε
– 13 μὴ Παῦλ. ἐσταυρώθη ὑπὲρ ὑμῶν, ἢ
εἰς τὸ ὄνομα Παύλου ἐβαπτίσθητε;
3 22 εἴτε Π. εἴτε Ἀπολλῶς –, πάντα ὑμῶν
16 21 ὁ ἀσπασμὸς τῇ ἐμῇ χειρὶ Παύλου Col
4 18 2 Th 3 17 – Phm 19 ἐγὼ Π. ἔγραψα
2 Co 10 1 ἐγὼ Π. παρακαλῶ Gal 5 2 λέγω ὑμῖν
Eph 3 1 ἐγὼ Π. ὁ δέσμιος τοῦ Χοῦ [Ἰ.] ὑπὲρ ὑ-
μῶν τῶν ἐθνῶν Phm 1 Π. δέσμ. Χ. Ἰ.
Col 1 23 εὐαγγ. –, οὗ ἔγεν. ἐγὼ Π. διάκονος
1 Th 1 1 2 Th 1 1 Π. καὶ Σιλουανὸς καὶ Τιμό-
θεος τῇ ἐκκλησίᾳ Θεσσαλονικέων
2 18 ἠθελήσαμεν ἐλθεῖν –, ἐγὼ μὲν Παῦλ.
Phm 9 τοιοῦτος ὢν ὡς Παῦλος πρεσβύτης
2 Pe 3 15 ὁ ἀγαπητὸς ἡμῶν ἀδελφὸς Παῦλος

Πάφος Act 13 6.13 ἀναχθέντες – ἀπὸ τῆς Π.

παχύνεσθαι incrassari Mat 13 15 Act 28 27

πέδη compes Mar 5 4 ‖ Luc 8 29

πεδινός campester Luc 6 17 ἐπὶ τόπου π..οῦ

πεζεύειν Sº – per terram iter facere Act 20 13

πεζῇ pedester Mat 14 13 (vl π..οί) ‖ Mar 6 33

πειθαρχεῖν obedire ᵇdicto obedire ᶜaudire
Act 5 29 πειθ. δεῖ θεῷ μᾶλλον ἢ ἀνθρώποις
– 32 τὸ πνεῦμα τὸ ἅγιον ὃ ἔδωκεν ὁ θεὸς
τοῖς πειθαρχοῦσιν αὐτῷ – 27 21 ᶜ
Tit 3 1 ἀρχαῖς (vl + καὶ vg) ἐξουσίαις – π.ᵇ

πείθειν, πείθεσθαι

1) formae transitivae: praes, impf, aor I
vg suadēre ᵇpersuadēre

Mat 27 20 ἔπεισαν ᵇ τοὺς ὄχλους Act 14 19 ᵇ
28 14 ἡμεῖς πείσομεν [αὐτόν] (sc ἡγε-
μόνα) Act 12 20 πείσαντες ᵇ Βλάστον

Act 13 43 ἔπειθον αὐτοὺς προσμένειν τῇ χάριτι
18 4 ἔπειθέν τε Ἰουδαίους καὶ Ἕλληνας
19 8 πείθων [τὰ] περὶ τ. βασιλείας τ. θεοῦ
– 26 πείσας μετέστησεν ἱκανὸν ὄχλον
26 28 ἐν ὀλίγῳ με πείθεις Χριστιανὸν ποι-
ῆσαι (vl γενέσθαι vg fieri)
28 23 πείθων τε αὐτοὺς περὶ τοῦ Ἰησοῦ
2 Co 5 11 ἀνθρώπους πείθομεν, θεῷ δὲ πεφα-
νερώμεθα – Gal 1 10 ἄρτι γὰρ ἀνθρώ-
πους πείθω ἢ τὸν θεόν; ἢ ζητῶ –;
1 Jo 3 19 ἔμπροσθεν αὐτοῦ πείσομεν τὴν καρ-
δίαν (vl τὰς καρδίας vg) ἡμῶν

2) perf II et plsqpf: πέποιθα κτλ. ἐπί, εἰς,
ἐν, cum dativo – vg confidere ᵇfi-
dere ᶜfiduciam habēre
Mat 27 43 „πέποιθεν ἐπὶ τὸν θεόν, ῥυσάσθω"
(Mar 10 24 vl τοὺς πεποιθότας ἐπὶ χρήμασιν vg)
Luc 11 22 τὴν πανοπλίαν –, ἐφ' ᾗ ἐπεποίθει
18 9 πρὸς – τοὺς π..ότας ἐφ' ἑαυτοῖς ὅτι
Rm 2 19 πέποιθάς τε σεαυτὸν ὁδηγὸν εἶναι
2 Co 1 9 ἵνα μὴ πεποιθότες ᵇ ὦμεν ἐφ' ἑαυ-
τοῖς ἀλλ' ἐπὶ τῷ θεῷ τῷ ἐγείροντι
2 3 π..ὼς ἐπὶ πάντας ὑμᾶς ὅτι ἡ – χαρά
10 7 εἴ τις πέποιθεν ἑαυτῷ Χοῦ εἶναι
Gal 5 10 ἐγὼ πέποιθα εἰς ὑμᾶς ἐν κυρίῳ ὅτι
Phl 1 6 πεποιθὼς αὐτὸ τοῦτο, ὅτι ὁ ἐναρξά-
μενος 25 πεποιθὼς οἶδα, ὅτι μενῶ
– 14 ἐν κυρίῳ πε..ότας τοῖς δεσμοῖς μου
2 24 πέποιθα – ἐν κυρίῳ ὅτι – ἐλεύσομαι
3 3 οὐκ ἐν σαρκὶ πεποιθότες ᶜ 4 εἴ τις
δοκεῖ ἄλλος πεποιθέναι ἐν σαρκί
2 Th 3 4 π..αμεν δὲ ἐν κυρίῳ ἐφ' ὑμᾶς, ὅτι
Phm 21 πεποιθὼς τῇ ὑπακοῇ σου ἔγραψα
Hb 2 13 „ἐγὼ ἔσομαι πεποιθὼς ᵇ ἐπ' αὐτῷ"

3) medium et passivum
certum esse ᵇconfidere ᶜconsentire
ᵈcredere ᵉarbitrari ᶠobedire ᵍposse
suadēre alicui
Luc 16 31 οὐδ' ἐάν τις ἐκ νεκρῶν ἀναστῇ πει-
σθήσονται ᵈ Act 17 4 τινὲς – ἐπείσθη-
σαν ᵈ 21 14 μὴ πειθομένου ᵍ – αὐτοῦ
20 6 πεπεισμένος γάρ ἐστιν (sc ὁ λαὸς)
Ἰωάννην προφήτην εἶναι
Act 5 36 ὅσοι ἐπείθοντο ᵈ αὐτῷ 37 ᶜ – 39 ᶜ
23 21 σὺ οὖν μὴ πεισθῇς ᵈ αὐτοῖς
26 26 λανθάνειν – αὐτὸν [τι] τούτων οὐ
πείθομαι ᶜ
27 11 τῷ ναυκλήρῳ μᾶλλον ἐπείθετο ᵈ
28 24 οἱ μὲν ἐπείθοντο ᵈ τοῖς λεγομένοις
Rm 2 8 πειθομένοις ᵈ δὲ τῇ ἀδικίᾳ

Rm 8 38 πέπεισμαι – ὅτι 2 Ti 1 5.12 ὅτι δυνατ.

14 14 οἶδα καὶ πέπεισμαι^b ἐν κυρίῳ Ἰησ.

15 14 πέπεισμαι – καὶ – ἐγὼ περὶ ὑμῶν

Gal 5 7 τίς ὑμᾶς ἐνέκοψεν [τῇ] ἀληθείᾳ μὴ πείθεσθαι^f; (vl 3 1)

Hb 6 9 πεπείσμεθα^b – περὶ ὑμῶν – τὰ κρείσσονα καὶ ἐχόμενα σωτηρίας

13 17 πείθεσθε^f τοῖς ἡγουμένοις ὑμῶν

– 18 π..ὁμεθα^b – ὅτι καλὴν συνείδησιν ἔχομεν

Jac 3 3 εἰς τὸ πείθεσθαι^c αὐτοὺς ἡμῖν

πειθός S^o – persuasibilis (vl persuasio)

1 Co 2 4 οὐκ ἐν πειθοῖ[ς] σοφίας [λόγοις]

πεινᾶν esurire

Mat 4 2 ὕστερον ἐπείνασεν ‖ Luc 4 2

5 6 μακάριοι οἱ πεινῶντες – τὴν δικαιοσύνην ‖ Luc 6 21 οἱ πειν. νῦν 25 οὐαὶ –, οἱ ἐμπεπλησμ. νῦν, ὅτι πεινάσετε

12 1 οἱ δὲ μαθηταὶ – ἐπείνασαν 3 Δαυὶδ ὅτε ἐπείνασεν ‖ Mar 2 25 Luc 6 3

21 18 ἐπανάγων εἰς τὴν πόλιν ἐπείνασεν. καὶ ἰδὼν συκῆν ‖ Mar 11 12

25 35 ἐπείνασα – καὶ ἐδώκατέ μοι φαγεῖν 37 πότε σε εἴδομεν πεινῶντα – ; 42 ἐπείν. – καὶ οὐκ ἐδώκ. 44 πότε σε – ;

Luc 1 53 „πεινῶντας ἐνέπλησεν ἀγαθῶν"

Joh 6 35 ὁ ἐρχόμενος πρὸς ἐμὲ οὐ μὴ πεινάσῃ

Rm 12 20 ἀλλὰ „ἐὰν πεινᾷ ὁ ἐχθρός σου, ψώμιζε αὐτόν"

1 Co 4 11 ἄχρι τῆς ἄρτι ὥρας καὶ πεινῶμεν

11 21 καὶ ὃς μὲν πεινᾷ. ὃς δὲ μεθύει

– 34 εἴ τις πεινᾷ, ἐν οἴκῳ ἐσθιέτω

Phl 4 12 ἐν πᾶσιν μεμύημαι, καὶ χορτάζεσθαι καὶ πεινᾶν. καὶ περισσεύειν

Ap 7 16 „οὐ πεινάσουσιν" ἔτι „οὐδὲ διψήσ."

πεῖραν λαμβάνειν experiri Hb 11 29.36

πειράζειν et **πειρᾶσθαι** tentare (vl temt.) ^b(ὁ πειράζων) tentator ^cconari

Mat 4 1 πειρασθῆναι ὑπὸ τ. διαβόλου ‖ Mar 1 13 π..ζόμενος ὑπὸ τ. σατανᾶ Luc 4 2

– 3 προσελθὼν ὁ πειράζων^b → 1 Th 3 5

16 1 πειράζοντες ἐπηρώτησαν αὐτὸν σημεῖον – ἐπιδεῖξαι ‖ Mar 8 11 Luc 11 16

19 3 Φαρισ. π..ζοντες αὐτὸν –· εἰ ἔξεστιν – ἀπολῦσαι – γυναῖκα ‖ Mar 10 2

22 18 τί με πειράζετε, ὑποκριταί; ‖ Mar 12 15 τί με πειράζετε; (Luc 20 23 vg)

– 35 ἐπηρώτησεν – [νομικὸς] πειράζων αὐ-

τόν· – ποία ἐντολή – ; → ἐκπειράζειν

Joh 6 6 ἔλεγεν π.ζων αὐτόν [[8 6 π.ζοντες]]

Act 5 (3 vl διὰ τί ἐπείρασεν ὁ σατανᾶς τὴν καρδίαν σου – ; vg) 9 τί ὅτι συνεφωνήθη ὑμῖν πειράσαι τὸ πνεῦμα κυρ.;

9 26 ἐπείραζεν κολλᾶσθαι τοῖς μαθηταῖς

– 16 7 ἐπείραζον – πορευθῆναι 24 6 τὸ ἱερὸν ἐπείρασεν^c βεβηλῶσαι

15 10 τί π..ζετε τὸν θεόν, ἐπιθεῖναι ζυγ. – ;

26 21 ἐπειρῶντο διαχειρίσασθαι (Paul.)

1 Co 7 5 ἵνα μὴ πειράζῃ ὑμᾶς ὁ σατανᾶς

10 9 καθὼς τινες – ἐπείρασαν (vl ἐξεπείρασαν) (sc τ. κύριον) → ἐκπειράζειν

– 13 ὃς οὐκ ἐάσει ὑμᾶς πειρασθῆναι ὑπὲρ ὃ δύνασθε

2 Co 13 5 ἑαυτοὺς π..ζετε εἰ ἐστὲ ἐν τῇ πίστει

Gal 6 1 σκοπῶν –, μὴ καὶ σὺ πειρασθῇς

1 Th 3 5 μή πως ἐπείρασεν ὑμᾶς ὁ πειράζων

Hb 2 18 ἐν ᾧ – πέπονθεν αὐτὸς πειρασθείς, δύναται τοῖς π..ζομένοις βοηθῆσαι

3 9 „οὗ ἐπ..σαν (vl + με vg) οἱ πατέρες"

4 15 ἀρχιερέα – , πεπειρασμένον – κατὰ πάντα καθ᾿ ὁμοιότητα χωρὶς ἁμαρτ.

11 17 „προσενήνοχεν Ἀβρ. – π..ζόμενος"

– (37 vl ἐπειράσθησαν, ἐπρίσθησαν)

Jac 1 13 μηδεὶς π..ζόμενος λεγέτω ὅτι ἀπὸ θεοῦ π..ζομαι· ὁ γὰρ θεὸς ἀπείραστός (intentator) ἐστιν κακῶν, π..ζει δὲ αὐτὸς οὐδένα 14 ἕκαστος δὲ π..ζεται ὑπὸ τῆς ἰδίας ἐπιθυμίας ἐξελκόμενος

Ap 2 2 ἐπείρασας τοὺς λέγοντας ἑαυτοὺς ἀποστόλους καὶ οὐκ εἰσίν

– 10 βάλλειν – εἰς φυλακὴν ἵνα π..σθῆτε

3 10 πειράσαι τοὺς κατοικ. ἐπὶ τῆς γῆς

πειρασμός tentatio

Mat 6 13 μὴ εἰσενέγκῃς ἡμ. εἰς π..όν ‖ Luc 11 4

26 41 ἵνα μὴ εἰσέλθητε εἰς π..όν ‖ Mar 14 38 ἔλθητε Luc 22 40 προσεύχεσθε μὴ εἰσελθεῖν 46 ἵνα μὴ εἰσέλθητε

Luc 4 13 συντελέσας πάντα π..ὸν ὁ διάβολος

8 13 ἐν καιρῷ πειρασμοῦ ἀφίστανται

22 28 ὑμεῖς δέ ἐστε οἱ διαμεμενηκότες μετ᾿ ἐμοῦ ἐν τοῖς πειρασμοῖς μου

Act 20 19 μετὰ – π..ῶν τῶν συμβάντων μοι

1 Co 10 13 πειρασμὸς ὑμᾶς οὐκ εἴληφεν εἰ μὴ ἀνθρώπινος· πιστὸς – ὁ θεός, ὃς – ποιήσει σὺν τῷ πειρασμῷ καὶ τὴν ἔκβασιν τοῦ δύνασθαι ὑπενεγκεῖν

Gal 4 14 τὸν π. ὑμῶν ἐν τῇ σαρκί μου οὐκ ἐξουθενήσατε οὐδὲ ἐξεπτύσατε

1 Ti 6 9 ἐμπίπτουσιν εἰς π..ὸν καὶ παγίδα

Hb 3 8 „κατὰ τ. ἡμέραν τοῦ π. ἐν τ. ἐρήμῳ"
Jac 1 2 ὅταν π..οῖς περιπέσητε ποικίλοις
  – 12 „μακάριος ἀνὴρ ὃς ὑπομένει" π..όν
1 Pe 1 6 ὀλίγον – λυπηθέντες ἐν ποικ. π..οῖς
  4 12 μὴ ξενίζεσθε τῇ ἐν ὑμῖν πυρώσει πρὸς
    πειρασμὸν ὑμῖν γινομένῃ
2 Pe 2 9 οἶδεν – εὐσεβεῖς ἐκ π..οῦ ῥύεσθαι
Ap 3 10 σὲ τηρήσω ἐκ τῆς ὥρας τοῦ π..οῦ

πεισμονή S° – persuasio Gal 5 8 τίς ὑμᾶς
ἐνέκοψεν –; ἡ π. οὐκ ἐκ τοῦ καλοῦντος

πέλαγος profundum Mat 18 6 pelag. Act 27 5

πελεκίζεσθαι S° – decollari Ap 20 4 τὰς
ψυχὰς τῶν πεπελεκισμένων διὰ τὴν
μαρτυρίαν Ἰησοῦ

*πέμπειν mittere
Mat 11 2 πέμψας (Joh.) διὰ τῶν μαθητῶν αὐτοῦ
Luc 4 26 πρὸς οὐδεμίαν – ἐπέμφθη Ἡλίας
  20 11.12.13 πέμψω τὸν υἱόν μου τὸν ἀγαπ.
Joh 1 33 ὁ πέμψας με βαπτίζειν ἐν ὕδατι
  4 34 ἵνα ποιήσω (vl ..ῶ) τὸ θέλημα τοῦ
    πέμψαντός με 5 30 ζητῶ – τὸ θέλημα
  6 38 ἵνα ποιῶ 39 τοῦτο δέ ἐστιν τὸ
    θέλ. 9 4 ἐργάζεσθαι τὰ ἔργα τοῦ π.
  5 23 οὐ τιμᾷ τὸν πατέρα τὸν πέμψ. αὐτόν
  – 24 ὁ – πιστεύων τῷ πέμψ. με 12 44 εἰς
  – 37 ὁ πέμψας με πατὴρ – μεμαρτύρηκεν
    περὶ ἐμοῦ 8 18 μαρτυρεῖ
  6 44 ἐὰν μὴ ὁ πατ. ὁ πέμψας με ἑλκύσῃ
  7 16 ἡ – διδαχὴ – ἔστιν – τοῦ πέμψ. με 12
  49 ὁ πέμψ. με πατὴρ – ἐντολὴν δέδω-
    κεν τί εἴπω 14 24 ὁ λόγος – οὐκ ἔστιν
    ἐμὸς ἀλλὰ τοῦ πέμψαντός με πατρός
  – 18 ὁ – ζητῶν τὴν δόξαν τοῦ πέμψ. αὐτ.
  – 28 ἔστιν ἀληθινὸς ὁ πέμψας με 8 26 ὁ
    πέμψας με ἀληθής ἐστιν
  – 33 ὑπάγω πρὸς τὸν πέμψαντά με 16 5
  8 16 μόνος οὐκ εἰμί, ἀλλ' ἐγὼ καὶ ὁ πέμψ.
    με 29 ὁ πέμψας με μετ' ἐμοῦ ἐστιν
  12 45 ὁ θεωρῶν ἐμὲ θεωρεῖ τὸν πέμψ. με
  13 16 οὐδὲ ἀπόστολος μείζων τοῦ πέμψ.
    αὐτόν 20 ὁ λαμβάνων ἄν τινα πέμ-
    ψω –, λαμβάνει τὸν πέμψαντά με
  14 26 τὸ πνεῦμα – ὃ πέμψει ὁ πατὴρ 15 26
    ὁ παράκλητος ὃν ἐγὼ πέμψω 16 7
  15 21 ὅτι οὐκ οἴδασιν τὸν πέμψαντά με
  20 21 καθὼς –, κἀγὼ πέμπω ὑμᾶς
Rm 8 3 ὁ θεὸς τὸν ἑαυτοῦ υἱὸν πέμψας
Phl 4 16 ἅπαξ καὶ δὶς εἰς τὴν χρείαν μοι ἐ-

πέμψατε cfr Act 11 29 εἰς διακονίαν π.
1 Th 3 5 ἔπεμψα εἰς τὸ γνῶναι τὴν πίστιν ὑμ.
2 Th 2 11 πέμπει – ὁ θεὸς ἐνέργειαν πλάνης
1 Pe 2 14 ἡγεμόσιν ὡς δι' αὐτοῦ πεμπομένοις
Ap 1 11 πέμψον (sc τὸ βιβλ.) ταῖς – ἐκκλησ.
  14 15 „πέμψον τὸ δρέπανόν" σου 18
  22 16 ἔπεμψα τὸν ἄγγελ. μου μαρτυρῆσαι

πέμπτος quintus Ap 6 9 9 1 16 10 21 20

πένης pauper 2 Co 9 9 „ἔδωκεν τοῖς π..ησιν"

πενθεῖν lugēre ᵇluctum habēre
Mat 5 4 μακάριοι οἱ „πενθοῦντες", ὅτι
  9 15 μὴ δύνανται οἱ υἱοὶ τοῦ νυμφῶνος
    πενθεῖν ἐφ' ὅσον μετ' αὐτῶν – ὁ νυμ.;
Mar 16 ‖ 10 τοῖς μετ' αὐτοῦ γενομένοις π..οῦσι ‖
Luc 6 25 οἱ γελῶντες νῦν, ὅτι πενθήσετε
1 Co 5 2 οὐχὶ μᾶλλον ἐπενθήσατε ᵇ, ἵνα –;
2 Co 12 21 μὴ – πενθήσω πολλοὺς τῶν προημαρ-
  τηκότων καὶ μὴ μετανοησάντων
Jac 4 9 καὶ πενθήσατε καὶ κλαύσατε
Ap 18 11 „κλαίουσιν καὶ πενθοῦσιν" 15.19

πενθερά socrus et πενθερός ᵇsocer
Mat 8 14 Πέτρου ‖ Mar 1 30 Luc 4 38
  10 35 „νύμφην κατὰ τῆς π." ‖ Luc 12 53
Joh 18 13 ἦν γὰρ πενθερὸς ᵇ τοῦ Καϊάφα

πένθος luctus Jac 4 9 γέλως – εἰς π. Ap 18 7.8
Ap 21 4 θάνατος οὐκ ἔσται ἔτι, οὔτε πένθος

πενιχρός pauperculus Luc 21 2 χήραν π..άν

πεντάκις quinquies 2 Co 11 24 ὑπὸ Ἰουδαίων
  π. τεσσεράκοντα παρὰ μίαν ἔλαβον

πεντακισχίλιοι quinque millia (vl milia)
Mat 14 21 16 9 Mar 6 44 8 19 Luc 9 14 Joh 6 10

πεντακόσιοι quingenti Luc 7 41 1 Co 15 6 ἔπ-
  ειτα ὤφθη ἐπάνω π..οις ἀδελφοῖς

*πέντε quinque
Mat 14 17 ἄρτους 19 16 9 ‖ Mar 6 38.41 8 19 Luc
  9 13.16 Joh 6 9 ἄρτους κριθίνους 13
  25 2 π. – ἦσαν μωραὶ καὶ πέντε φρόνιμοι
  – 15 ᾧ μὲν – π. τάλαντα 16.20 ‖ Luc 19 18
    π. μνᾶς 19 ἐπάνω γίνου π. πόλεων
Luc 12 6 π. στρουθία – 52 π. ἐν ἑνὶ οἴκῳ δια-
  μεμερισμένοι 14 19 ζεύγη βοῶν – π.
1 Co 14 19 θέλω π. λόγους τῷ νοΐ μου λαλῆσαι
Ap 17 10 οἱ πέντε ἔπεσαν, ὁ εἷς ἔστιν

πεντεκαιδέκατος *quintusdecimus* Luc 31

πεντήκοντα *quinquaginta* [b]*quinquageni*
Mar 640 κατὰ π.[b] ‖ Luc 914[b] – 741 166
Joh 857 πεντήκοντα ἔτη οὔπω ἔχεις καὶ Ἀ-
βραὰμ ἑώρακας; 2111 – Act 1320

πεντηκοστή *pentecoste* Act 21 2016 1 Co 168

πεποίθησις *confidentia* [b]*fiducia*
2 Co 115 ταύτῃ τῇ π. 822 π..ει πολλῇ τῇ εἰς
3 4 π..ιν[b] δὲ τοιαύτην ἔχομεν διὰ τ. Χοῦ
πρὸς τὸν θεόν 102 δέομαι – τὸ μὴ
παρὼν θαρρῆσαι τῇ π. ᾗ λογίζομαι
Eph 312 ἔχομεν – προσαγωγὴν ἐν πεπ..ει
Phl 3 4 καίπερ ἐγὼ ἔχων π..ιν καὶ ἐν σαρκί

περαιτέρω (adv) S° – Act 1939 εἰ δέ τι περ.
(vl περὶ ἑτέρων vg *alterius rei*) ἐπιζητεῖτε

πέραν *trans* [b]*trans fretum* [c]*contra* [d]*ultra*
Mat 415 „π. τοῦ Ἰορδάνου" 25 ἀπὸ – π. τοῦ
(*de trans Iordanem*) ‖ Mar 38 –
Mat 191 π. τοῦ Ἰορδάν. ‖ Mar 101[d]
818 ἀπελθεῖν εἰς τὸ π.[b] 28[b] ‖ Mar 51 εἰς
τὸ π.[b] τῆς θαλάσσης – Mat 1422[b] ‖
Mar 645[b] – Mat 165[b]
Mar 435 διέλθωμεν εἰς τὸ π.[c] ‖ Luc 822 εἰς τὸ
π. τῆς λίμνης – Mar 521[b] 813 ἀπ-
ῆλθεν εἰς τὸ πέραν[b]
Joh 128 ἐγένετο π. τοῦ Ἰορ. 326 ὃς ἦν μετὰ
σοῦ π. τοῦ Ἰορ. 1040 ἀπῆλθεν πάλιν
π. τοῦ Ἰορ. – 61 π. τῆς θαλάσσης 17.
22.25 181 ἐξῆλθεν – π. – τοῦ Κεδρών

πέρας *finis* Mat 1242 Luc 1131 Rm 1018
Hb 616 πάσης – ἀντιλογίας πέρας – ὁ ὅρκος

Πέργαμος (ον) Ap 1 11 2 12 τῆς ἐν Π.ῳ ἐκκλησίας

Πέργη τῆς Παμφυλίας Act 1313.14.1425

*περί 1) cum genitivo
(→ imprimis δέησις, δεῖσθαι, ἐρω-
τᾶν, εὐχαριστεῖν, εὐχαριστία, μνεί-
α, προσεύχεσθαι, προσευχή – μέ-
λει, μεριμνᾶν, σπλαγχνίζεσθαι)
pro [b]*circa* [c]*de* [d]genit. sine praep.
Mat 2628 τὸ περὶ πολλῶν ἐκχυννόμενον
Mar 144 προσένεγκε περὶ τοῦ καθαρισμοῦ
σου ‖ Luc 514 → Hb 53 et 1311
527 περὶ τοῦ Ἰησοῦ Luc 24 19[c] τοῦ
Ναζαρηνοῦ 27 τὰ περὶ ἑαυτοῦ – 22

37 τὸ περὶ[c] ἐμοῦ τέλος ἔχει 2444 τὰ
γεγραμμένα – περὶ[c] ἐμοῦ – Act 1825
ἐδίδασκεν – τὰ περὶ[d] τοῦ Ἰησ. 2831[c]
Joh 918 οὐκ ἐπίστευσαν – περὶ[c] αὐτοῦ ὅτι
1033 περὶ[c] καλοῦ ἔργου οὐ λιθάζομέν σε
ἀλλὰ περὶ[c] βλασφημίας
1626 ὅτι ἐγὼ ἐρωτήσω – περὶ[c] ὑμῶν 179
περὶ αὐτῶν ἐρωτῶ· οὐ περὶ τοῦ κό-
σμου ἐρωτῶ, ἀλλὰ περὶ ὧν δέδωκάς
μοι 20 οὐ περὶ τούτων – μόνον, – καὶ
περὶ τῶν πιστευόντων
Act 1 3 λέγων τὰ περὶ[c] τῆς βασιλ. 812[c] 198[c]
23 6 περὶ[c] ἐλπίδος καὶ ἀναστάσεως νε-
κρῶν [ἐγὼ] κρίνομαι 2421[c] 259[c] 20[c]
2422 ἀκριβέστερον εἰδὼς τὰ π.[c] τῆς ὁδοῦ
Rm 8 3 τὸν – υἱὸν πέμψας – περὶ[c] (vl *prop-
ter*) ἁμαρτίας κατέκρινεν τὴν ἁμαρτ.
1 Co 7 1 περὶ – ὧν ἐγράψατε 81 περὶ[c] – τῶν
εἰδωλοθύτων 4[c] 161 περὶ[c] – τῆς λο-
γείας 12 π.[c] – Ἀπολλῶ – 12 1 π.[c] – τῶν
πνευματικῶν – οὐ θέλω ὑμᾶς ἀγνοεῖν
– 37 ἐξουσίαν – περὶ[d] τοῦ ἰδίου θελήματ.
Eph 622 ἵνα γνῶτε τὰ περὶ[b] ἡμῶν Col 48[b]
Phl 127 ἀκούω τὰ περὶ[c] ὑμῶν 219[b] 20 γνη-
σίως τὰ περὶ ὑμῶν μεριμνήσει
1 Th 4 6 „ἔκδικος κύριος" περὶ[c] πάντων
1 Ti 1 7 μὴ νοοῦντες – περὶ[c] τίνων διαβεβαι-
οῦνται Tit 38 περὶ[c] τούτων
Phm 10 παρακαλῶ σε περὶ τοῦ ἐμοῦ τέκνου
Hb 5 3 περὶ τοῦ λαοῦ, – καὶ περὶ αὐτοῦ
προσφέρειν περὶ ἁμαρτιῶν 106 „πε-
ρὶ ἁμαρτίας οὐκ εὐδόκησας" 8 cfr
18 οὐκέτι προσφορὰ περὶ ἁμαρτίας
26 οὐκέτι περὶ ἁμαρτιῶν – θυσία
1140 τοῦ θεοῦ περὶ ἡμῶν κρεῖττόν τι προ-
βλεψαμένου
1311 „εἰσφέρεται – τὸ αἷμα περὶ ἁμαρτίας"
1 Pe 318 Χὸς ἅπαξ περὶ ἁμαρτιῶν ἔπαθεν
1 Jo 2 2 αὐτὸς ἱλασμός ἐστιν περὶ τῶν ἁμαρ-
τιῶν ἡμῶν, οὐ περὶ τῶν ἡμετέρων δὲ μό-
νον ἀλλὰ καὶ περὶ ὅλου τοῦ κόσμου cfr
410 ἀπέστειλεν τὸν υἱὸν αὐτοῦ ἱλασμὸν
περὶ τῶν ἁμαρτιῶν ἡμῶν
3 Jo 2 περὶ[c] πάντων εὔχομαί σε εὐοδοῦ-
σθαι καὶ ὑγιαίνειν

2) cum accusativo *circa* [b]*cum* [c]*erga*
[d]*a* [e]*in* [f](π. τὰ τοιαῦτα) *huiusmodi*
Mar 410 οἱ περὶ[b] αὐτόν Luc 2249 Act 1313[b]
– 19 αἱ περὶ τὰ λοιπὰ ἐπιθυμίαι
Luc 1040 περιεσπᾶτο περὶ πολλὴν διακονίαν
41 θορυβάζῃ περὶ[c] (vl[a]) πολλά

(Joh 11 19 vl πρὸς τὰς περὶ τὴν Μάρθαν)
Act 19 25 τοὺς περὶ τὰ τοιαῦτα[f] ἐργάτας
Phl 2 23 ὡς ἂν ἀφίδω τὰ περὶ ἐμέ
1 Ti 1 19 περὶ τὴν πίστιν ἐναυάγησαν 6 21 ἠστόχησαν 2 Ti 2 18 περὶ[d] τὴν ἀλήθειαν 3 8 ἀδόκιμοι περὶ τὴν πίστιν 6 4 νοσῶν περὶ ζητήσεις καὶ λογομαχ.
Tit 2 7 παρακάλει σωφρονεῖν περὶ[e] πάντα

περιάγειν *circuire* (vl *..am.*) [b]*circumducere*
Mat 4 23 9 35 Mar 6 6 – Act 13 11
23 15 περιάγετε τὴν θάλασσαν καὶ – ξηράν
1 Co 9 5 ἀδελφὴν γυναῖκα περιάγειν[b], ὡς

περιαιρεῖν *auferre* [b]*tollere* (vl *auferre*)
Act 27 20 περιῃρεῖτο ἐλπὶς πᾶσα – 40[b] ἀγκύρ.
2 Co 3 16 „περιαιρεῖται (*..feretur*) τὸ κάλυμμα"
Hb 10 11 οὐδέποτε δύνανται περιελεῖν ἁμαρ.

περιάπτειν *accendere* Luc 22 55 πῦρ

περιαστράπτειν *circumfulgēre* Act 9 3 22 6

περιβάλλειν, ..εσθαι [a]*amiciri* [b]*circumamiciri* [c]*circumdare aliquem, sibi, se* [d]*cooperire, se coop., c..ri* [e]*indui* [f]*operire, ..ri* [g]*vestiri*
Mat 6 29 οὐδὲ Σολομὼν – περιεβάλετο[d] ὡς ἓν τούτων ‖ Luc 12 27[g]
– 31 τί πίωμεν; ἤ· τί περιβαλώμεθα[f];
25 36 γυμνὸς καὶ περιεβάλετέ[d] (vl[f]) με 38[d]
43 οὐ περιεβάλετέ[d] (vl[f]) με
Mar 14 51 περιβεβλημένος[a] σινδόνα 16 5 περιβεβλημένον[d] στολὴν λευκήν
Luc 23 11 περιβαλὼν[e] ἐσθῆτα λαμπράν
Joh 19 2 πορφυροῦν περιέβαλον[c] αὐτόν
Act 12 8 περιβαλοῦ[c] τὸ ἱμάτιόν σου
Ap 3 5 ὁ νικῶν – π..εῖται[g] ἐν ἱματ. λευκοῖς
– 18 ἱμάτια λευκὰ ἵνα περιβάλῃ[e]
4 4 περιβεβλημένους[b] ἐν ἱματίοις λευκοῖς 7 9[a] στολὰς λευκάς 13[a] 10 1 π..ον[a] νεφέλην 11 3 π..οι[a] σάκκους – 12 1 π..η[a] τὸν ἥλιον 17 4[c] πορφυροῦν καὶ κόκκινον 18 16[a] βύσσινον καὶ πορφ. καὶ κόκκ. – 19 13 π..ος[g] ἱμάτιον βεβαμμένον αἵματι
19 8 ἐδόθη αὐτῇ ἵνα περιβάληται[d] βύσσινον λαμπρὸν καθαρόν

περιβλέπεσθαι *circumspicere*
Mar 3 5.34 5 32 9 8 10 23 11 11 πάντα Luc 6 10

περιβόλαιον [a]*velamen* [b]*amictus*
1 Co 11 15 ἡ κόμη ἀντὶ π..ου[a] δέδοται [αὐτῇ]
Hb 1 12 „ὡσεὶ π..ον[b] ἑλίξεις αὐτούς"

περιδεῖσθαι (pass) *ligari* Joh 11 44 σουδαρίῳ

περιεργάζεσθαι *curiose agere* 2 Th 3 11 μηδὲν ἐργαζομένους, ἀλλὰ π..ομένους

περίεργος S° – *curiosus* Act 19 19 τῶν τὰ π. πραξάντων 1 Ti 5 13 φλύαροι καὶ π..οι

περιέρχεσθαι *circu(m)ire* [b]*circumlegere*
Act 19 13 28 13[b] 1 Ti 5 13 τὰς οἰκίας – Hb 11 37

περιέχειν [a]*circumdare* [b]*continēre*
Luc 5 9 θάμβος – περιέσχεν[a] αὐτὸν καὶ πάντ.
1 Pe 2 6 περιέχει[b] ἐν γραφῇ· → περιοχή

περιζώννυσθαι (med et pass) *praecingi* [b]*se praecingere* [c]*succingi* Luc 12 35 37[b] 17 8[b]
Eph 6 14 „περιζωσάμενοι[c] – ἐν ἀληθείᾳ"
Ap 1 13 περιεζωσμένον – ζώνην χρυσᾶν 15 6

περίθεσις S° – *circumdatio* 1 Pe 3 3 χρυσίων

περιϊστάναι *circumstare* Joh 11 42 Act 25 7 – **π..ασθαι** S° – *devitare* 2 Ti 2 16 βεβήλους κενοφωνίας π..ασο Tit 3 9 μάχας νομικάς

περικαθάρματα *purgamenta* 1 Co 4 13 κόσμου

περικαλύπτειν *velare* [b]*circumtegere*
Mar 14 65 ‖ Luc 22 64 – Hb 9 4[b] χρυσίῳ

περικεῖσθαι *circumdari* [b]*imponi*
Mar 9 42 ‖ Luc 17 2[b] – Act 28 20 ἅλυσιν – π..μαι
Hb 5 2 περίκειται ἀσθένειαν 12 1[b] νέφος

περικεφαλαία *galea*
Eph 6 17 „τὴν περ. τοῦ σωτηρίου" δέξασθε
1 Th 5 8 „ἐνδυσ. – π..αν" ἐλπίδα „σωτηρίας"

περικρατὴ γίνεσθαι *obtinēre* Act 27 16 σκάφης

περικρύβειν S° – *occultare* Luc 1 24 ἑαυτήν

περικυκλοῦν *circumdare* Luc 19 43 (πόλιν)

περιλάμπειν S° – *c..fulgēre* Luc 2 9 Act 26 13

περιλειπόμενοι [a]*qui residui sumus* [b]*qui relinquimur* 1 Th 4 15 οἱ ζῶντες οἱ π.[a] 17[b]

περίλυπος ᵃ(π..ον γίνεσθαι) contristari ᵇtri-
stis Mar 626ᵃ ὁ βασιλεύς Luc 1823ᵃ ἦν
γὰρ πλούσιος σφόδρα [24]
Mat 2638 „περίλυπός ᵇ ἐστιν ἡ ψυχή μου" ἕως
θανάτου ‖ Mar 1434ᵇ

περιμένειν expectare Act 14 τὴν ἐπαγγελίαν

αἱ πέριξ πόλεις Sᵒ – vicinae Act 516

περίοικοι Luc 158, π..οικοῦντες 65 vicini

περιούσιος acceptabilis Tit 214 „λαὸν π..ον"

περιοχή locus Act 832 τῆς γραφῆς ἦν – ˙

περιπατεῖν ambulare ᵇcircuire ᶜingredi
*1) vox proprie dicta
Mat 9 5 ἔγειρε καὶ περιπάτει ‖ Mar 29 Luc 5
23 Joh 58.9.11.12 – Mat 115 χωλοὶ π..οῦ-
σιν ‖ Luc 722 – Mat 1531 βλέποντας –
χωλοὺς π..οῦντας – Act 36 ἐν τῷ ὀνόμα-
τι Ἰ. Χοῦ – περιπάτει 8.9.12 148.10
Mar 542 ἀνέστη τὸ κοράσιον καὶ περιεπάτει
824 ὡς δένδρα ὁρῶ περιπατοῦντας
1238 θελόντων ἐν στολαῖς π. ‖ Luc 2046
16 [12 δυσὶν – π..οῦσιν ἐφανερ.] ‖ Luc 2417
Joh 666 οὐκέτι μετʼ αὐτοῦ περιεπάτουν
11 9 ἐάν τις π..ῇ ἐν τῇ ἡμέρᾳ 10 νυκτὶ
– 54 ὁ οὖν Ἰησοῦς οὐκέτι παρρησίᾳ περι-
επάτει ἐν τοῖς Ἰουδαίοις
2118 καὶ περιεπάτεις ὅπου ἤθελες
1 Pe 5 8 διάβολος „ὡς λέων –" π..εῖᵇ ζητῶν
Ap 2 1 ὁ π..ῶν ἐν μέσῳ τῶν ἑπτὰ λυχνιῶν
3 4 π..ήσουσιν μετʼ ἐμοῦ ἐν λευκοῖς
920 „ἃ οὔτε βλέπειν" δύνανται–„οὔτε π."
1615 ἵνα μὴ γυμνὸς περιπατῇ
2124 „π..ήσουσιν τὰ ἔθνη διὰ τοῦ φωτὸς"
αὐτῆς (sc τῆς πόλεως τῆς ἁγίας)

2) vox translata = vitam agere
Mar 7 5 διὰ τί οὐ π..οῦσιν – κατὰ τὴν παρά-
δοσιν τῶν πρεσβυτέρων Act 2121 λέ-
γων μὴ – τοῖς ἔθεσιν περιπατεῖνᶜ
Joh 812 οὐ μὴ περιπατήσῃ ἐν τῇ σκοτίᾳ
1235 π..εῖτε ὡς τὸ φῶς ἔχετε – ˙ καὶ ὁ π..
ῶν ἐν τῇ σκοτίᾳ οὐκ οἶδεν ποῦ
Rm 6 4 ἵνα –, οὕτως καὶ ἡμεῖς ἐν καινότητι
ζωῆς περιπατήσωμεν
8 4 τοῖς μὴ κατὰ σάρκα π..οῦσιν (vl 1 vg)
ἀλλὰ κατὰ πνεῦμα → 2 Co 102

Rm 1313 ὡς ἐν ἡμέρᾳ εὐσχημόνως π..ήσωμεν,
μὴ κώμοις καὶ μέθαις, κτλ.
1 Co 3 3 οὐχὶ – κατὰ ἄνθρωπον περιπατεῖτε;
7 17 ἕκαστον ὡς κέκληκεν ὁ θεός, οὕτως
περιπατείτω
2 Co 4 2 μὴ περιπατοῦντες ἐν πανουργίᾳ
5 7 διὰ πίστεως – π..οῦμεν, οὐ διὰ εἴδους
10 2 λογιζομένους ἡμᾶς ὡς κατὰ σάρκα
π..οῦντας 3 ἐν σαρκὶ γὰρ π..οῦντες
οὐ κατὰ σάρκα στρατευόμεθα
1218 οὐ τῷ αὐτῷ πνεύματι περιεπατήσα-
μεν; οὐ τοῖς αὐτοῖς ἴχνεσιν;
Gal 516 πνεύματι π..εῖτε καὶ ἐπιθυμίαν σαρ.
Eph 2 2 νεκροὺς – ταῖς ἁμαρτίαις –, ἐν αἷς πο-
τε π..επατήσατε Col 37 ἐν οἷς καὶ ὑ.
– 10 ἵνα ἐν αὐτοῖς (sc ἔργοις ἀγαθοῖς)
περιπατήσωμεν
4 1 ἀξίως π..ῆσαι τῆς κλήσεως Col 110
τοῦ κυρίου 1 Th 212 τ. θεοῦ τοῦ καλ.
- 17 μηκέτι ὑμᾶς π..εῖν καθὼς καὶ τὰ ἔ-
θνη π..εῖ ἐν ματαιότητι τοῦ νοός
5 2 π..εῖτε ἐν ἀγάπῃ, καθὼς καὶ ὁ Χός
- 8 ὡς τέκνα φωτὸς π..εῖτε 15 βλέπετε
οὖν ἀκριβῶς πῶς π..εῖτε, μὴ ὡς ἄσο-
φοι ἀλλʼ ὡς σοφοί
Phl 317 σκοπεῖτε τοὺς οὕτω π..οῦντας καθ-
ὼς ἔχετε τύπον ἡμᾶς 18 πολλοὶ –
π..οῦσιν οὓς – κλαίων λέγω, – ἐχθρ.
Col 2 6 ἐν αὐτῷ (sc Ἰησοῦ Χῷ) π..εῖτε
4 5 ἐν σοφίᾳ π..εῖτε πρὸς τοὺς ἔξω
1 Th 4 1 καθὼς παρελάβετε – τὸ πῶς δεῖ ὑ-
μᾶς π..εῖν –, καθὼς καὶ περιπατεῖτε
- 12 ἵνα π..ῆτε εὐσχημόνως πρὸς τοὺς ἔξω
2 Th 3 6 στέλλεσθαι – ἀπὸ – ἀδελφοῦ ἀτάκτως
π..οῦντος καὶ μὴ κατὰ τὴν παράδο-
σιν 11 ἀκούομεν γάρ τινας π..οῦντας
ἐν ὑμῖν ἀτάκτως
Hb 13 9 οὐ βρώμασιν, ἐν οἷς οὐκ ὠφελήθη-
σαν οἱ π..οῦντες (vl ..ήσαντες)
1 Jo 1 6 ἐὰν – ἐν τῷ σκότει π..ῶμεν 7 ἐὰν – ἐν
τῷ φωτὶ π..ῶμεν 211 ὁ – μισῶν τὸν
ἀδελφὸν – ἐν τῇ σκοτίᾳ περιπατεῖ
2 6 ὀφείλει καθὼς ἐκεῖνος περιεπάτησεν
καὶ αὐτὸς [οὕτως] περιπατεῖν
2 Jo 4 εὕρηκα ἐκ τῶν τέκνων σου π..οῦντας
ἐν ἀληθείᾳ 3 Jo 3 περιπατεῖς 4
6 αὕτη ἐστὶν ἡ ἀγάπη, ἵνα π..ῶμεν κα-
τὰ τὰς ἐντολὰς αὐτοῦ· αὕτη ἡ ἐντο-
λή ἐστιν, –, ἵνα ἐν αὐτῇ περιπατῆτε

περιπείρειν Sᵒ – inserere (se alicui rei)
1 Ti 610 ἑαυτοὺς περιέπειραν ὀδύναις πολλ.

περιπίπτειν incidere Luc 10 30 λησταῖς
Act 27 41 − Jac 12 πειρασμοῖς − ποικίλοις

περιποιεῖσϑαι acquirere
Luc 17 33 ὃς ἐὰν ζητήσῃ τὴν ψυχὴν αὐτοῦ π.. ἤσασϑαι (vl σῶσαι salvam facere)
Act 20 28 „τὴν ἐκκλησίαν τοῦ ϑεοῦ", ἣν „περι- εποιήσατο" διὰ τοῦ αἵματος τοῦ ἰδ.
1 Ti 3 13 βαϑμὸν ἑαυτοῖς καλὸν π..οῦνται

περιποίησις acquisitio
Eph 1 14 εἰς ἀπολύτρωσιν τῆς περιποιήσεως
1 Th 5 9 ἔϑετο ἡμᾶς ὁ ϑεὸς − εἰς π..ιν σωτη- ρίας 2 Th 2 14 δόξης τοῦ κυρίου
Hb 10 39 ἐσμὲν −, − πίστεως εἰς π..ιν ψυχῆς
1 Pe 2 9 ὑμεῖς δὲ − „λαὸς εἰς περιποίησιν"

περιρηγνύναι scindere Act 16 22 ἱμάτια

περισπᾶσϑαι satagere Luc 10 40 περὶ − διακον.

περισσεία abundantia
Rm 5 17 οἱ τὴν περ. τ. χάριτος − λαμβάνοντες
2 Co 8 2 ἡ περ. τ. χαρᾶς αὐτῶν − 10 15 εἰς π..ν
Jac 1 21 ἀποϑέμενοι πᾶσαν − π..αν κακίας

περισσεύειν abundare ᵇsuperabundare ᶜ(τὸ π..ειν) abundantia ᵈabundare facere ᵉsuperare ᶠs..esse ᵍ(τὸ π..ον) reliquiae
Mat 5 20 ἐὰν μὴ περισσεύσῃ ὑμῶν ἡ δικαιο- σύνη πλεῖον τῶν γραμματέων
13 12 ὅστις − ἔχει, δοϑήσεται αὐτῷ καὶ πε- ρισσευϑήσεται 25 29 τῷ − ἔχοντι
14 20 ἦραν τὸ περισσεῦονᵍ τῶν κλασμάτων 15 37ᶠ ‖ Luc 9 17ᶠ Joh 6 12ᵉ 13ᶠ
Mar 12 44 πάντες − ἐκ τοῦ περισσεύοντος αὐ- τοῖς ἔβαλον Luc 21 4 εἰς τὰ δῶρα
Luc 12 15 οὐκ ἐν τῷ π.ᶜ τινὶ ἡ ζωὴ αὐτοῦ
15 17 πόσοι μίσϑιοι − περισσεύονται ἄρτων
Act 16 5 αἱ − ἐκκλησίαι − ἐπ..ον τῷ ἀριϑμῷ
Rm 3 7 εἰ − ἡ ἀλήϑεια τοῦ ϑεοῦ ἐν τῷ ἐμῷ ψεύσματι ἐπ..ευσεν εἰς τὴν δόξαν
5 15 ἡ χάρις − εἰς τοὺς πολλοὺς ἐπ..ευσεν
15 13 εἰς τὸ π..εύειν ὑμᾶς ἐν τῇ ἐλπίδι
1 Co 8 8 οὔτε ἐὰν φάγωμεν περισσεύομεν
14 12 ἐπεὶ ζηλωταί ἐστε πνευμάτων, − ζη- τεῖτε ἵνα περισσεύητε
15 58 π..οντες ἐν τῷ ἔργῳ τοῦ κυρίου
2 Co 1 5 καϑὼς π..ει τὰ παϑήματα τοῦ Χοῦ εἰς ἡμᾶς, οὕτως διὰ τοῦ Χοῦ π..ει καὶ ἡ παράκλησις ἡμῶν
3 9 πολλῷ μᾶλλον περισσεύει ἡ διακονία

τῆς δικαιοσύνης (vl + ἐν vg) δόξῃ
2 Co 4 15 ἵνα ἡ χάρις − π..σῃ εἰς τὴν δόξαν
8 2 ἡ − πτωχεία αὐτῶν ἐπερίσσευσεν εἰς
− 7 ὥσπερ ἐν παντὶ π..ετε, − ἵνα καὶ ἐν ταύτῃ τῇ χάριτι περισσεύητε
9 8 δυνατεῖ − ὁ ϑεὸς πᾶσαν χάριν περισ- σεῦσαιᵈ εἰς ὑμᾶς, ἵνα ἐν παντὶ − πε- ρισσεύητε εἰς πᾶν ἔργον ἀγαϑόν
− 12 ἡ διακονία − ἐστιν − καὶ περισσεύου- σα διὰ − εὐχαριστιῶν τῷ ϑεῷ
Eph 1 8 τῆς χάριτος αὐτοῦ, ἧς ἐπερίσσευ- σενᵇ εἰς ἡμᾶς ἐν πάσῃ σοφίᾳ
Phl 1 9 ἵνα ἡ ἀγάπη ὑμῶν − περισσεύῃ ἐν ἐπιγνώσει καὶ πάσῃ αἰσϑήσει
− 26 ἵνα τὸ καύχημα ὑμῶν περισσεύῃ
4 12 οἶδα καὶ π..ειν − ἐν πᾶσιν μεμύημαι, − καὶ περισσεύειν καὶ ὑστερεῖσϑαι
− 18 ἀπέχω δὲ πάντα καὶ περισσεύω
Col 2 7 περισσεύοντες ἐν εὐχαριστίᾳ
1 Th 3 12 ὑμᾶς − ὁ κύριος πλεονάσαι καὶ περισ- σεύσαιᵈ τῇ ἀγάπῃ εἰς ἀλλήλους
4 1 ἵνα περισσεύητε μᾶλλον 10

περίσσευμα abundantia ᵇquod superaverat
Mat 12 34 ἐκ − τοῦ π. τῆς καρδίας ‖ Luc 6 45
Mar 8 8 ἦραν περισσεύματαᵇ κλασμάτων
2 Co 8 14 τὸ ὑμῶν περ. εἰς τὸ ἐκείνων ὑστέρη- μα, ἵνα καὶ τὸ ἐκείνων περίσσευμα γένηται εἰς τὸ ὑμῶν ὑστέρημα

περισσόν, (τὸ) (quod) abundantius (est) ᵇex abundanti ᶜamplius ᵈmagis
Mat 5 37 τὸ δὲ π. τούτων ἐκ τοῦ πονηροῦ ἐστιν − 47 τί π.ᶜ ποιεῖτε; − Mar 6 51 [ἐκ π..οῦᵈ]
Joh 10 10 ἵνα ζωὴν ἔχωσιν καὶ περισσὸν ἔχωσιν
Rm 3 1 τί οὖν τὸ περισσὸνᶜ τοῦ Ἰουδαίου −;
2 Co 9 1 περισσόνᵇ μοί ἐστιν τὸ γράφειν ὑμῖν

περισσότερος, περισσότερον abundantior, ..ius ᵇamplius ᶜmaior, ..us ᵈproli- xior, ..us ᵉplus (quam)
Mat 11 9 καὶ π..ονᵉ προφήτου ‖ Luc 7 26ᵉ
Mar 7 36 αὐτοὶ μᾶλλον π..ονᵉ ἐκήρυσσον
12 33 π..ónᶜ ἐστιν πάντων „τῶν ὁλοκαυτ."
− 40 λήμψονται π..ονᵈ κρίμα ‖ Luc 20 47ᶜ
(Mat 23 14 vl, vgᵇ, vl om)
Luc 12 4 μὴ ἐχόντων π..ερόνᵇ τι ποιῆσαι
− 48 ᾧ παρέϑεντο πολύ, περισσότερονᵉ αἰτήσουσιν αὐτόν
1 Co 12 23 τιμὴν π..αν 24.23 εὐσχημοσύνην
15 10 π..ον αὐτῶν πάντων ἐκοπίασα
2 Co 2 7 μή πως τῇ π..ᾳ λύπῃ καταποϑῇ

2 Co 10 8 ἐάν [τε] – π.ερόν[b] τι καυχήσωμαι
Hb 6 17 π..ον βουλόμενος ὁ θεὸς ἐπιδεῖξαι
7 15 π..ον[b] ἔτι κατάδηλόν ἐστιν, εἰ

περισσῶς, περισσοτέρως *abundantius*
[b]*amplius* [c]*magis* [d]*plus* [e]*plurimi*

Mat 27 23 π..ῶς[c] ἔκραζον ‖ Mar 15 14[c] – 10 26[c]
ἐξεπλήσσοντο – Act 26 11[b] ἐμμαινόμενος
2 Co 1 12 ἐν ἁπλότητι – ἀνεστράφημεν ἐν τῷ
κόσμῳ, π..τέρως δὲ πρὸς ὑμᾶς 24 ἦν (sc
ἀγάπην) ἔχω π..τέρως εἰς ὑμᾶς 7 13 π..
τέρως μᾶλλον ἐχάρημεν 15 τὰ σπλάγχνα
αὐτοῦ π..τέρως εἰς ὑμᾶς ἐστιν 11 23 ἐν
κόποις π..τέρως[e], ἐν φυλακαῖς περισσο-
τέρως 12 15 εἰ π.τέρως[d] ὑμᾶς ἀγαπῶ[ν]
Gal 1 14 π..τέρως ζηλωτὴς ὑπάρχων τῶν
Phl 1 14 π..τέρως τολμᾶν – τὸν λόγον λαλεῖν
1 Th 2 17 π..τέρως ἐσπουδάσαμεν – ἰδεῖν
Hb 2 1 δεῖ π..τέρως προσέχειν ἡμᾶς τοῖς ἀ-
κουσθεῖσιν – 13 19 π..τέρως[b] – παρακαλῶ

περιστερά *columba*

Mat 3 16 πνεῦμα [τοῦ] θεοῦ καταβαῖνον ὡσεὶ
π.άν ‖ Mar 1 10 Luc 3 22 Joh 1 32
10 16 γίνεσθε οὖν – ἀκέραιοι ὡς αἱ π..αί
21 12 τῶν πωλούντων τὰς περ. ‖ Mar 11 15
Joh 2 14.16 – Luc 2 24 „νοσσοὺς π..ῶν"

περιτέμνειν *circumcidere*

Luc 1 59 τὸ παιδ. (sc Ἰω.) – 2 21 αὐτόν (sc Ἰησ.)
Joh 7 22 ἐν σαββάτῳ περιτέμνετε ἄνθρωπον
Act 7 8 „περιέτεμεν αὐτόν" (sc τὸν Ἰσαάκ)
15 1 ἐὰν μὴ περιτμηθῆτε 5 ὅτι δεῖ περ.
16 3 περιέτεμεν αὐτόν (sc Τιμόθεον)
21 21 λέγων μὴ π..ειν αὐτοὺς τὰ τέκνα
1 Co 7 18 περιτετμημένος τις ἐκλήθη; μὴ ἐπι-
σπάσθω· ἐν ἀκροβυστίᾳ κέκληταί
τις; μὴ περιτεμνέσθω
Gal 2 3 οὐδὲ Τίτος –, Ἕλλην ὤν, ἠναγκάσθη
περιτμηθῆναι
5 2 ἐὰν π..ησθε Χὸς ὑμᾶς οὐδὲν ὠφελή-
σει 3 μαρτύρομαι – παντὶ ἀνθρώπῳ
περιτεμνομένῳ ὅτι ὀφειλέτης
6 12 ἀναγκάζουσιν ὑμᾶς περιτέμνεσθαι
– 13 οὐδὲ – οἱ π..όμενοι αὐτοὶ νόμον φυ-
λάσσουσιν, ἀλλὰ θέλουσιν ὑμᾶς π..
εσθαι ἵνα ἐν τῇ ὑμετέρᾳ σαρκὶ καυ-
χήσωνται
Col 2 11 ἐν ᾧ (sc Χῷ) καὶ περιετμήθητε περι-
τομῇ ἀχειροποιήτῳ –, ἐν τῇ περι-
τομῇ τοῦ Χριστοῦ

περιτιθέναι *circumdare* [b]*circumponere*
[c]*imponere*

Mat 21 33 „φραγμὸν – περιέθηκεν" ‖ Mar 12 1
27 28 χλαμύδα κοκκίνην ‖ Mar 15 17 περιτι-
θέασιν – ἀκάνθινον στέφανον
– 48 σπόγγον – περιθεὶς[e] καλάμῳ ‖ Mar
15 36[b] Joh 19 29[b]
1 Co 12 23 τούτοις τιμὴν περισσοτέραν π..εμεν

περιτομή *circumcisio*

Joh 7 22 Μωϋσῆς δέδωκεν ὑμῖν τὴν περιτομ.
– 23 εἰ π..ὴν λαμβάνει – ἄνθρ. ἐν σαββ.
Act 7 8 ἔδωκεν αὐτῷ „διαθήκην περιτομῆς"
10 45 οἱ ἐκ π..ῆς πιστοί 11 2 διεκρίνοντο
πρὸς αὐτὸν οἱ ἐκ π..ῆς Gal 2 12 φο-
βούμενος τοὺς ἐκ περιτομῆς
Rm 2 25 π.. – ὠφελεῖ ἐὰν νόμον πράσσῃς· ἐὰν
δὲ –, ἡ π. σου ἀκροβυστία γέγονεν
– 26 οὐχ ἡ ἀκροβυστία αὐτοῦ εἰς π..ὴν
λογισθήσεται; 27 σὲ τὸν διὰ – π..ῆς
παραβάτην νόμου 28 οὐδὲ ἡ – ἐν σαρ-
κὶ περιτομή (sc ἐστιν)· 29 ἀλλὰ – πε-
ριτομὴ καρδίας ἐν πνεύματι
3 1 ἢ τίς ἡ ὠφέλεια τῆς περιτομῆς;
– 30 ὃς δικαιώσει περιτομὴν ἐκ πίστεως
4 9 ὁ μακαρισμὸς – ἐπὶ τὴν περιτομήν –;
– 10 πῶς – ἐλογίσθη; ἐν π..ῇ ὄντι –; οὐκ
ἐν π..ῇ ἀλλ' ἐν ἀκροβυστίᾳ 11 καὶ
„σημεῖον" ἔλαβεν „π..ῆς" σφραγῖδα
τῆς δικαιοσύνης τῆς πίστεως τῆς ἐν
τῇ ἀκροβυστίᾳ
– 12 εἰς τὸ εἶναι αὐτὸν – πατέρα περιτο-
μῆς τοῖς οὐκ ἐκ π..ῆς μόνον ἀλλὰ
15 8 Χὸν διάκονον γεγενῆσθαι περιτομῆς
1 Co 7 19 ἡ περ. οὐδέν ἐστιν, καὶ ἡ ἀκροβυστία
Gal 2 7 καθὼς Πέτρος τῆς περιτομῆς 8 ὁ –
ἐνεργήσας Πέτρῳ εἰς ἀποστολὴν τῆς
περ. 9 ἵνα ἡμεῖς εἰς τὰ ἔθνη, αὐτοὶ
δὲ εἰς τὴν περιτομήν
5 6 ἐν – Χῷ – οὔτε περ. τι ἰσχύει οὔτε
– 11 εἰ π..ὴν ἔτι κηρύσσω, τί ἔτι διώκομαι
6 15 οὔτε – περ. τί ἐστιν οὔτε ἀκροβυστ.
Eph 2 11 οἱ λεγόμενοι ἀκροβυστία ὑπὸ τῆς
λεγομένης περιτομῆς ἐν σαρκὶ χειρο-
ποιήτου, – ἦτε – χωρὶς Χοῦ
Phl 3 3 ἡμεῖς γάρ ἐσμεν ἡ περιτομή
– 5 περιτομῇ (*circumcisus*) ὀκταήμερος
Col 2 11 → περιτέμνειν sub finem
3 11 ὅπου οὐκ ἔνι – περ. καὶ ἀκροβυστία
4 11 Μᾶρκος – καὶ Ἰησοῦς ὁ λεγόμενος
Ἰοῦστος, οἱ ὄντες ἐκ περιτομῆς
Tit 1 10 φρεναπάται, μάλιστα οἱ ἐκ τῆς περ.

περιτρέπειν *convertere* Act 26 24 εἰς μανίαν

περιτρέχειν *percurrere* Mar 6 55 χώραν

περιφέρειν *circumferre* Mar 6 55
2 Co 4 10 πάντοτε τὴν νέκρωσιν τοῦ Ἰησοῦ ἐν
τῷ σώματι περιφέροντες
Eph 4 14 π..όμενοι παντὶ ἀνέμῳ τῆς διδασκ.

περιφρονεῖν *contemnere* Tit 2 15 σοῦ

περίχωρος, ἡ *regio* ᵇ*regio circa* (vl *circum*)
ᶜ*circa regio* ᵈ*in circuitu regio* Mat 3 5 ᵇ
(τοῦ Ἰορδ. Luc 3 3) 14 35 Mar 1 28 τῆς Γαλ.
‖ Luc 4 37 – Luc 4 14 7 17 ᶜ 8 37 τῶν Γερασ.
– Act 14 6 Δέρβην καὶ τὴν περίχωρον ᵈ

περίψημα *peripsema* (vl ..*psi.*) 1 Co 4 13

περπερεύεσθαι Sᵒ – *agere perperam*
1 Co 13 4 [ἡ ἀγάπη] οὐ περπερεύεται

Περσίς Rm 16 12 Περσίδα τὴν ἀγαπητήν

ἀπὸ πέρυσι Sᵒ – ᵃ*ab anno priore* ᵇ*ab anno praeterito* 2 Co 8 10 ᵃ 9 2 ᵇ

τὰ πετεινά *volucres* ᵇ*volatilia* ᶜ*aves*
Mat 6 26 ἐμβλέψατε εἰς τὰ πετ.ᵇ τοῦ οὐρανοῦ
‖ Luc 12 24 διαφέρετε τῶν πετ. (*illis*)
8 20 τὰ πετ. τοῦ οὐρανοῦ κατασκηνώσεις
(sc ἔχουσιν) ‖ Luc 9 58
13 4 τὰ πετ. κατέφαγεν αὐτά 32 „τὰ πετ.
τοῦ οὐρ. – κατασκηνοῦν ἐν τοῖς κλά-
δοις" ‖ Mar 4 4.32 ᶜ Luc 8 5 13 19
Act 10 12 ᵇ 11 6 ᵇ – Rm 1 23 – Jac 3 7 φύσις–π..ῶν

πέτεσθαι *volare* Ap 4 7 8 13 12 14 14 6 19 17

πέτρα *petra*
Mat 7 24 ᾠκοδόμησεν–ἐπὶ τὴν π. 25 ‖ Luc 6 48
16 18 ἐπὶ ταύτη τῆ πέτρα οἰκοδομήσω μου
27 51 – 60 Mar 15 46 – Luc 8 6.13
Rm 9 33 „πέτραν σκανδάλου" 1 Pe 2 8
1 Co 10 4 ἔπινον–ἐκ πνευματικῆς ἀκολουθού-
σης πέτρας, ἡ πέτρα δὲ ἦν ὁ Χός
Ap 6 15.16 „λέγουσιν–ταῖς πέτραις· πέσετε"

Πέτρος → Σίμων, Συμεών, Κηφᾶς
Mat 4 18 εἶδεν–Σίμωνα τὸν λεγ. ‖ Mat 10 2
ντι Πέτρον Luc 6 14 Σίμωνα, ὃν καὶ
ὠνόμασεν Πέτρον cfr Act 1 13

Mat 8 14 οἰκίαν Π..ου 14 28.29 Πέτρος περιεπά-
τησεν ἐπὶ τὰ ὕδατα 15 15
16 16 Σ. Π. εἶπεν· σὺ εἶ ὁ χριστός 18 σὺ εἶ
Π., καὶ ἐπὶ ταύτη τῆ πέτρα ‖ Mar 8 29
Luc 9 20 Joh 1 42 σὺ κληθήση Κηφᾶς,
ὃ ἑρμηνεύεται Πέτρος
– 22 ὁ Π. ἤρξατο ἐπιτιμᾶν αὐτῷ 23 ‖ Mar
8 32.33 ἐπετίμησεν Πέτρῳ
17 1 παραλαμβάνει – τὸν Π. καὶ Ἰάκ. καὶ
Ἰω. 4 ὁ Π. ‖ Mar 9 2.5 Luc 9 28.32.33
– Mat 26 37 τὸν Π. καὶ τοὺς δύο υἱ-
οὺς Ζεβ. ‖ Mar 14 33 – Mar 5 37 οὐδέ-
να – εἰ μὴ τὸν Π. καὶ Ἰάκ. καὶ Ἰω. ‖
Luc 8 51 – Mar 13 3 καὶ Ἀνδρέας –
Luc 22 8 ἀπέστειλεν Π..ον καὶ Ἰωάννην
– 24 προσῆλθον – τῷ Π. 18 21 Π. εἶπεν αὐ-
τῷ· κύριε, ποσάκις ἁμαρτήσει – ; 19 27
ἰδοὺ ἡμεῖς ἀφήκαμεν ‖ Mar 10 28 Luc
18 28 – Mat 26 33 εἰ πάντες σκανδα-
λισθήσονται ἐν σοί 35 κἂν δέη με σὺν
σοὶ ἀποθανεῖν ‖ Mar 14 29 Luc 22 34
Πέτρε, οὐ φωνήσει
26 40 τῷ Π.· οὕτως οὐκ ἰσχύσατε – γρηγο-
ρῆσαι – ; ‖ Mar 14 37 καθεύδεις;
– 58 ὁ – Π. ἠκολούθει – μακρόθεν 69 ἑκά-
θητο ἔξω 73.75 ἐμνήσθη ὁ Π. ‖ Mar
14 54. 66. 67. 70. 72   Luc 22 54. 55. 58. 60. 61
Joh 18 15. 16 εἰσήγαγεν τὸν Π. 17 s. 25 ss
Mar 11 21 ἀναμνησθεὶς ὁ Πέτρος λέγει αὐτῷ·
16 7 εἴπατε τοῖς μαθηταῖς – καὶ τῷ Πέτρῳ
(*brevior clausula* τοῖς περὶ τὸν Πέτρον)
Luc 5 8 8 45 12 41 – 24 12 Joh 20 2 ἔρχεται πρὸς
Σίμωνα Πέτρον καὶ πρὸς τὸν ἄλλον
μαθητήν 3.4 τάχιον τοῦ Π. 6
Joh 1 40 Ἀνδρέας ὁ ἀδελφὸς Σ. Πέτρου 6 8
– 44 ἐκ τῆς πόλεως Ἀνδρέου καὶ Πέτρου
6 68 13 6.8.9.24 νεύει – τούτῳ Σίμων Πέ-
τρος 36.37 18 10 Σίμων οὖν Πέτρος ἔ-
χων μάχαιραν 11 21 2.3.7.11.15.17.20.21
Act 1 13.15 ἀναστὰς Πέτρος ἐν μέσῳ 2 14.37.38
3 1 Πέτρ. – καὶ Ἰωάννης 3.4.11 4 13.19 8 14
– 6.12 48 53.8.9.15.29 (Π. καὶ οἱ ἀπόστο-
λοι) 8 20 9 32.34.38.39.40
10 5 μετάπεμψαι Σίμωνά τινα ὃς ἐπικαλεῖ-
ται Π. 18.32 11 13 – 10 9.13 s. 17.19.21.25 s.
34.44 ss 11 2.4.7 12 3.5 ss. 11.14.16.18 15 7
Gal 2 7 καθὼς Πέτρος τῆς περιτομῆς 8
1 Pe 1 1 Πέτρος ἀπόστολος Ἰησοῦ Χοῦ
2 Pe 1 1 Συμεὼν Π. δοῦλος καὶ ἀπόστολος

πετρώδης Sᵒ – *petrosus*
Mat 13 5 ἔπεσεν ἐπὶ τὰ π..η 20 ‖ Mar 4 5.16

πήγανον S° – ruta Lc 1142 άποδεκατοῦτε–π.

πηγή fons
Mar 529 τοῦ αἵματος Joh 46 τοῦ Ἰακώβ
Joh 414 ὕδατος άλλομένου εἰς ζωὴν αἰώνιον
Jac 311 μήτι ἡ π. ἐκ τῆς αὐτῆς ὀπῆς βρύει
2 Pe 217 οὗτοί εἰσιν πηγαὶ ἄνυδροι
Ap 717 „ὀδηγήσει αὐτοὺς ἐπὶ ζωῆς (vl ζώ-
    σας) πηγὰς ὑδάτων"
    810 ἔπεσεν – ἐπὶ τὰς π. τῶν ὑδάτων 164
    14 7 τῷ ποιήσαντι – θάλασσαν καὶ πηγάς
    21 6 „τῷ διψῶντι" δώσω ἐκ τῆς πηγῆς „τοῦ
    ὕδατος τῆς ζωῆς δωρεάν"

πηγνύειν figere Hb 82 „ἣν ἔπηξεν ὁ κύριος"

πηδάλιον S° – gubernaculum Act 2740
Jac 3 4 μετάγεται ὑπὸ ἐλαχίστου πηδαλίου

πηλίκος ª qualis ᵇ quantus Hb 74ᵇ
Gal 611 πηλίκοις³ ὑμῖν γράμμασιν ἔγραψα

πηλός lutum Joh 96.11.14.15 Rm 921

πήρα pera Mat 1010 μὴ πήραν εἰς ὁδόν ‖
    Mar 68 Luc 93 104 2235 ἄτερ – πήρας – 36

(πηροῦν vl → πωροῦν)

πῆχυς cubitus
Mat 627 προσθεῖναι – πῆχυν ἕνα; ‖ Luc 1225
Joh 21 8 Ap 2117 ἑκατὸν – π..ῶν, μέτρον ἀνθρ.

πιάζειν apprehendere ᵇ compr. ᶜ prendere
Joh 730 ἐζήτουν – αὐτὸν πιάσαι 32.44 820 οὐδ-
    εὶς ἐπίασεν αὐτόν 1039 1157 – 213
    ἐν – τῇ νυκτὶ ἐπίασαν° οὐδέν 10ᶜ
Act 3 7 124 – 2 Co 1132ᵇ – Ap 1920 τ. θηρίον

πιέζειν confercire Luc 638 μέτρον – πεπιεσμ.

πιθανολογία S° – sublimitas (vl subtilitas)
    sermonum Col 24 παραλογίζ. ἐν πιθ..ᾳ

πικραίνειν facere amaricari (vl ..re) — πι-
    κραίνεσθαι ᵇ amarum esse ᶜ amarum
    fieri ᵈ amaricari Ap 811ᶜ 109.10ᵈ
Col 319 μὴ πικραίνεσθε ᵇ πρὸς αὐτάς

πικρία amaritudo
Act 823 „χολὴν π..ας" Hb 1215 „ῥίζα π..ας"
Rm 314 – Eph 431 πᾶσα πικρία καὶ θυμός

πικρός amarus Jac 311.14 ζῆλον πικρόν

πικρῶς amare Mat 2675 ‖ Luc 2262

Πιλᾶτος
Mat 27 2.13.17.22.24.58.62.65
Mar 15 1.2.4.5.9.12.14.15.43.44
Luc 3 1 ἡγεμονεύοντος Ποντίου Πιλάτου τῆς
    Ἰουδαίας 131 ὢν τὸ αἷμα Π. ἔμιξεν
    231.3.4.6.11.12.13.20.24.52
Joh 1829.31.33.35.37.38 191.4.6.8.10.12.13.15.19.21.
    22.31.38
Act 313 ὃν – ἠρνήσασθε κατὰ πρόσωπον Πι-
    λάτου 427 συνήχθησαν – Ἡρώδης τε
    καὶ Πόντιος Πιλᾶτος – 1328 ἠτήσαν-
    το Πιλᾶτον ἀναιρεθῆναι αὐτόν
1 Ti 613 Ἰησοῦ τοῦ μαρτυρήσαντος ἐπὶ Πον-
    τίου Πιλάτου τὴν καλὴν ὁμολογίαν

πιμπλάναι, (πλήθειν) implēre ᵇ replēre
Mat 2210 ἐπλήσθη ὁ γάμος ἀνακειμένων
    2748 λαβὼν σπόγγον πλήσας τε ὄξους
Luc 115 πνεύματος ἁγ. πλησθήσεται ᵇ 41 ἐ-
    πλήσθη ᵇ 67ᵇ (vl³) Act 24 ἐπλήσθη-
    σαν ᵇ 48ᵇ 31ᵇ 917 ὅπως – πλησθῇς 139ᵇ
    – 23 ὡς ἐπλήσθησαν αἱ ἡμέραι 26.21 (vl
    συνετελέσθησαν consummati sunt)
    22 157 ἐπλήσθη ὁ χρόνος τοῦ τεκεῖν
    428 ἐπλήσθησαν ᵇ – θυμοῦ 526ᵇ φόβου
    611ᵇ ἀνοίας Act 310 θάμβους 517ᵇ
    ζήλου 1345ᵇ ζήλου – 1929 ἐπλήσθη
    ἡ πόλις τῆς συγχύσεως
    5 7 ἔπλησαν – τὰ πλοῖα ὥστε βυθίζεσθαι
    2122 τοῦ πλησθῆναι – τὰ γεγραμμένα

πίμπρασθαι S° – in tumorem converti
Act 28 6 προσεδόκων αὐτὸν μέλλειν πίμπρ.

πινακίδιον S° – pugillaris Luc 163 αἰτήσας

πίναξ discus ᵇ catinus
Mat 14 8 ἐπὶ π..κι 11 ‖ Mar 625.28 – Luc 1139ᵇ

πίνειν bibere
Mat 625 τί φάγητε [ἢ τί πίητε vg°] 31 τί φά-
    γωμεν; ἢ· τί πίωμεν; ‖ Luc 1229
    1118 Ἰωάννης μήτε ἐσθίων μήτε πίνων 19
    ὁ υἱὸς τοῦ ἀνθρ. ἐσθίων καὶ πίνων ‖
    Luc 733 πίνων οἶνον 34
    2022 δύνασθε πιεῖν τὸ ποτήριον ὃ ἐγὼ
    μέλλω πίνειν; 23 τὸ μὲν ποτήρ. μου
    πίεσθε ‖ Mar 1038.39 τὸ ποτ. ὃ ἐγὼ

πίνω πίεσθε – Mat 2642 εἰ οὐ δύναται τοῦτο παρελθεῖν ἐὰν μὴ αὐτὸ πίω Joh 1811 οὐ μὴ πίω αὐτό;
Mat 2438 πρὸ τοῦ κατακλυσμοῦ τρώγοντες καὶ πίνοντες ‖ Luc 1727 ἔπινον 28
– 49 ἐὰν – ἐσθίῃ δὲ καὶ πίνῃ μετὰ τῶν μεθυόντων ‖ Luc 1245
2627 πίετε ἐξ αὐτοῦ πάντες ‖ Mar 1423 καὶ ἔπιον ἐξ αὐτοῦ πάντες
– 29 οὐ μὴ πίω ἀπ᾽ ἄρτι – ἕως – ὅταν αὐτὸ πίνω μεθ᾽ ὑμῶν καινόν ‖ Mar 1425 Luc 2218 οὐ μὴ πίω ἀπὸ τοῦ νῦν – ἕως οὗ ἡ βασιλεία τοῦ θεοῦ ἔλθῃ
2734 ἔδωκαν αὐτῷ πιεῖν οἶνον μετὰ χολῆς μεμιγμένον· καὶ – οὐκ ἠθέλησεν πιεῖν (‖ Mar 1523 vl, vg)
Mar16[[18 κἂν θανάσιμόν τι πίωσιν οὐ μή]]
Luc 115 "οἶνον καὶ σίκερα οὐ μὴ πίῃ"
530 διὰ τί μετὰ τῶν – ἁμαρτωλῶν ἐσθίετε καὶ πίνετε; (‖ Mar 216 vl πίνει, vg)
– 33 οἱ δὲ σοὶ ἐσθίουσιν καὶ πίνουσιν
– 39 οὐδεὶς πιὼν παλαιὸν θέλει νέον
10 7 ἐσθίοντες καὶ πίνοντες τὰ παρ᾽ αὐτῶν
1219 ἀναπαύου, φάγε, πίε, εὐφραίνου
1326 ἐφάγομεν ἐνώπιόν σου καὶ ἐπίομεν
17 8 διακόνει μοι ἕως φάγω καὶ πίω, – μετὰ ταῦτα φάγεσαι καὶ πίεσαι σύ
2230 ἵνα ἔσθητε καὶ πίνητε ἐπὶ τῆς τραπέζης μου ἐν τῇ βασιλείᾳ μου
Joh 4 7 δός μοι πεῖν 9 πῶς – παρ᾽ ἐμοῦ πεῖν αἰτεῖς –; 10.12 αὐτὸς ἐξ αὐτοῦ ἔπιεν 13 πᾶς ὁ πίνων ἐκ τοῦ ὕδατος τούτου 14 ὃς δ᾽ ἂν πίῃ ἐκ τοῦ ὕδατος οὗ ἐγὼ δώσω αὐτῷ
653 ἐὰν μὴ – πίητε αὐτοῦ τὸ αἷμα 54 ὁ – πίνων μου τὸ αἷμα ἔχει ζωὴν 56
737 ἐρχέσθω πρός με καὶ πινέτω
Act 9 9 οὐκ ἔφαγεν οὐδὲ ἔπιεν (sc Σαῦλ.)
2312 μήτε φαγεῖν μήτε πιεῖν ἕως οὗ 21
Rm 1421 καλὸν τὸ – μηδὲ πιεῖν οἶνον μηδὲ
1 Co 9 4 μὴ οὐκ ἔχομεν ἐξουσίαν – καὶ πεῖν;
10 4 πνευματικὸν ἔπιον πόμα· ἔπινον γὰρ ἐκ πνευματικῆς – πέτρας
– 7 "ἐκάθισεν ὁ λαὸς φαγεῖν καὶ πεῖν"
– 21 οὐ δύνασθε ποτήριον κυρίου πίνειν καὶ ποτ. δαιμονίων 31 εἴτε οὖν ἐσθίετε εἴτε πίνετε –, πάντα εἰς δόξαν
1122 μὴ – οἰκίας οὐκ ἔχετε εἰς τὸ ἐσθίειν καὶ πίνειν; 25 τοῦτο ποιεῖτε, ὁσάκις ἐὰν πίνητε, – 26 ὁσάκις – ἐὰν πίνητε 27 ὃς ἂν – πίνῃ τὸ ποτήριον τοῦ κυρίου ἀναξίως 28 οὕ-

τως – ἐκ τοῦ ποτηρίου πινέτω
1 Co 1129 ὁ – πίνων (vl + ἀναξίως vg) κρίμα ἑαυτῷ – πίνει μὴ διακρίνων τὸ σῶμα
1532 "φάγωμεν καὶ πίωμεν, αὔριον γάρ"
Hb 6 7 γῆ γὰρ ἡ πιοῦσα τὸν – ὑετόν
Ap 1410 "πίεται ἐκ τοῦ οἴνου" τοῦ θυμοῦ
16 6 αἷμα αὐτοῖς [δ]έδωκας πιεῖν
18 3 "ἐκ τοῦ οἴνου" τοῦ θυμοῦ τῆς πορνείας "αὐτῆς πέπωκαν – τὰ ἔθνη"

πιότης pinguedo (vl ..ido) Rm 1117 ἐλαίας

πιπράσκειν, ..εσθαι vendere [b]venundari, vaenundari [c]vaenire
Mat 1346 πέπρακεν – ὅσα εἶχεν 1825 ἐκέλευσεν αὐτὸν πραθῆναι[b] καὶ τὴν γυναῖ.
26 9 ἐδύνατο – πραθῆναι[b] πολλοῦ ‖ Mar 145[b] Joh 125[c] – Act 245 τὰς ὑπάρξεις ἐπίπρασκον 434 54[b]
Rm 714 πεπραμένος[b] ὑπὸ τὴν ἁμαρτίαν

*πίπτειν cadere [b]corruere (vl ruere) [c]decidere [d]elidi [e]incidere [f]procidere [g]prosterni
Mat 211 πεσόντες[f] προσεκύνησαν αὐτῷ 49 ἐὰν πεσὼν προσκυνήσῃς μοι 1826 πεσὼν[f] – ὁ δοῦλος προσεκύνει αὐτῷ 29[f]
7 25 καὶ οὐκ ἔπεσεν (sc ἡ οἰκία) 27
1029 ἓν ἐξ αὐτῶν οὐ πεσεῖται ἐπὶ τ. γῆν
13 4 ἔπεσεν παρὰ τὴν ὁδὸν 5 ἐπὶ τὰ πετρώδη 7.8 ‖ Mar 44.5.7.8 Luc 85.7.8.14 τὸ δὲ εἰς τὰς ἀκάνθας πεσόν
1514 ἀμφότεροι εἰς βόθυνον πεσοῦνται
17 6 ἔπεσαν ἐπὶ πρόσωπον – καὶ ἐφοβήθησαν σφόδρα 2639 ἔπεσεν[f] ἐπὶ πρ. αὐτοῦ προσευχόμενος ‖ Mar 1435[f]
– 15 πίπτει εἰς τὸ πῦρ καὶ – εἰς τὸ ὕδωρ
[2144 ὁ πεσὼν ἐπὶ τὸν λίθον τοῦτον – ἐφ᾽ ὃν δ᾽ ἂν πέσῃ]] ‖ Luc 2018
Mar 522 πίπτει[f] πρὸς τοὺς πόδας αὐτοῦ ‖ Luc 841 – 512 πεσὼν[f] ἐπὶ πρόσ. ἐδεήθη 1716 εὐχαριστῶν – Joh 1132 – Act 1025[f] προσεκύνησεν
920 πεσὼν[d] ἐπὶ τῆς γῆς ἐκυλίετο
Luc 1018 τὸν σατανᾶν – ἐκ τοῦ οὐρ. πεσόντα 1617 ἢ τοῦ νόμου μίαν κεραίαν πεσεῖν
2330 "πέσετε ἐφ᾽ ἡμᾶς" Ap 616
Joh 1224 ὁ κόκκος – πεσὼν εἰς τὴν γῆν
Act 1516 "σκηνὴν Δαυὶδ τὴν πεπτωκυῖαν[c]"
Rm 1111 μὴ ἔπταισαν ἵνα πέσωσιν;
– 22 ἐπὶ μὲν τοὺς πεσόντας ἀποτομία
14 4 τῷ ἰδίῳ κυρίῳ στήκει ἢ πίπτει

1 Co 10 12 ὁ δοκῶν ἑστάναι βλεπέτω μὴ πέσῃ
      13 8 ἡ ἀγάπη οὐδέποτε πίπτει (vl ἐκπί-
        πτει vg *excidit*)
      14 25 πεσὼν ἐπὶ πρόσ. προσκυνήσει – θεῷ
Hb   3 17 ὧν „τὰ κῶλα ἔπεσεν⁸ ἐν τῇ ἐρήμῳ"
      4 11 ἵνα μὴ ἐν τῷ αὐτῷ τις ὑποδείγματι
        πέσῃᵉ τῆς ἀπειθείας
      11 30 πίστει τὰ τείχη Ἰεριχὼ ἔπεσανᵇ
Jac   5 12 ἵνα μὴ ὑπὸ κρίσιν πέσητεᶜ
Ap   1 17 ἔπεσα – ὡς νεκρός 4 10 πεσοῦνταιᶠ –
        καὶ προσκυνήσουσιν 5 8 ἔπεσαν ἐνώπ.
        τοῦ ἀρνίου 14 7 :1 τοῦ θρόνου 11 16
      19 4.10 22 8 ἔπεσα προσκυνῆσαι
      2 5 μνημόνευε οὖν πόθεν πέπτωκας (vl
        ἐκπέπτωκας vg *excideris*)
      7 16 „οὐδὲ μὴ πέσῃ ἐπ' αὐτοὺς ὁ ἥλιος"
      11 13 τὸ δέκατον τῆς πόλεως „ἔπεσεν"
      14 8 „ἔπεσεν ἔπεσεν Βαβυλών" 18 2 16 19
      17 10 οἱ πέντε ἔπεσαν, ὁ εἷς ἔστιν

Πισιδία Act 14 24 — **Πισίδιος** Act 13 14

πιστεύειν *credere* ᵇ(part.) *fidelis* ᶜ(pass)
      creditur, creditum est mihi

1) confidere, fidem habere
   a) absolute, – cum accusativo, –
   περί τινος, – πιστεύω ὅτι, – cum infini-
   tivo, – cum passivo

Mat   8 13 ὡς ἐπίστευσας γενηθήτω σοι
      9 28 π..ετε ὅτι δύναμαι τοῦτο ποιῆσαι;
      21 22 ὅσα ἂν αἰτήσητε – π..οντες λήμψεσθε
      ‖ Mar 11 24 πιστεύετε ὅτι ἐλάβετε
      24 23 ἐάν τις ὑμῖν εἴπῃ· – ὧδε ὁ χριστός· –
        μὴ π..σητε 26 ‖ Mar 13 21 ἴδε ὧδε ὁ
        χριστός, ἴδε ἐκεῖ, μὴ πιστεύετε
Mai   5 36 μὴ φοβοῦ, μόνον πίστευε ‖ Luc 8 50
        μόνον πίστευσον, καὶ σωθήσεται
      9 23 πάντα δυνατὰ τῷ πιστεύοντι
     – 24 πιστεύω· βοήθει μου τῇ ἀπιστίᾳ
     – 42 ὃς ἂν σκανδαλίσῃ ἕνα τῶν μικρῶν –
        τῶν πιστευόντων [εἰς ἐμέ]
      11 23 ὃς ἂν – πιστεύῃ ὅτι ὃ λαλεῖ γίνεται,
        ἔσται αὐτῷ → Mat 21 22
      15 32 ἵνα ἴδωμεν καὶ πιστεύσωμεν
      16 ⟦16 ὁ π..σας καὶ βαπτισθεὶς σωθήσεται⟧
     – ⟦17 σημεῖα – τοῖς π..σασιν – παρακολ.⟧
Luc   1 45 μακαρία ἡ π..σασα ὅτι ἔσται τελεί-
        ωσις τοῖς λελαλημένοις αὐτῇ
      8 12 ἵνα μὴ πιστεύσαντες σωθῶσιν
     – 13 οἳ πρὸς καιρὸν πιστεύουσιν
      22 67 ἐὰν ὑμῖν εἴπω, οὐ μὴ πιστεύσητε

Joh   1 7 ἵνα πάντες πιστεύσωσιν δι' αὐτοῦ
     – 50 ὅτι εἶπόν σοι ὅτι –, πιστεύεις;
      3 12 εἰ τὰ ἐπίγεια εἶπον ὑμῖν καὶ οὐ π..ε-
        τε, πῶς ἐὰν εἴπω – τὰ ἐπουρ. π..σετε;
     – 15 ἵνα πᾶς ὁ π..ων ἐν αὐτῷ ἔχῃ ζωήν
     – 18 ὁ πιστεύων εἰς αὐτὸν οὐ κρίνεται· ὁ
        δὲ μὴ πιστεύων ἤδη κέκριται
      4 41 πλείους ἐπίστευσαν διὰ τὸν λόγον
        αὐτοῦ 42 οὐκέτι διὰ τὴν σὴν λαλιὰν
        πιστεύομεν· αὐτοὶ γὰρ ἀκηκόαμεν
     – 48 ἐὰν μὴ σημεῖα καὶ τέρατα ἴδητε, οὐ
        μὴ πιστεύσητε 53 ἐπίστευσεν αὐτὸς
        καὶ ἡ οἰκία αὐτοῦ
      5 44 πῶς δύνασθε ὑμεῖς πιστεῦσαι –;
      6 36 ἑωράκατέ [με] καὶ οὐ πιστεύετε
     – 47 ὁ π..ων (vl + εἰς ἐμὲ vg) ἔχει ζωὴν αἰ.
     – 64 εἰσὶν ἐξ ὑμῶν τινες οἳ οὐ π..ουσιν.
        ᾔδει γὰρ – τίνες εἰσὶν οἱ μὴ π..οντες
     – 69 πεπ..καμεν καὶ ἐγνώκαμεν ὅτι σύ
      8 24 ἐὰν – μὴ π..σητε ὅτι ἐγώ εἰμι, ἀποθ.
      9 18 οὐκ ἐπ..σαν – περὶ αὐτοῦ ὅτι – τυφ.
     – 38 πιστεύω, κύριε· καὶ προσεκύνησεν
      10 25 εἶπον ὑμῖν, καὶ οὐ πιστεύετε 26
      11 15 χαίρω δι' ὑμᾶς, ἵνα πιστεύσητε
     – 26 π..εις τοῦτο; 27 ἐγὼ πεπ..κα ὅτι σὺ
        εἶ ὁ χριστός 40 οὐκ εἶπόν σοι ὅτι ἐὰν
        π..σῃς ὄψῃ τὴν δόξαν τοῦ θεοῦ;
     – 42 ἵνα π..σωσιν ὅτι σύ με ἀπέστειλας
      12 39 οὐκ ἠδύναντο π..ειν ὅτι – εἶπεν Ἠσ.
      13 19 ἵνα π..σητε (vl π..ητε) – ὅτι ἐγώ εἰμι
      14 10 οὐ π..εις ὅτι ἐγὼ ἐν τῷ πατρί –;
     – 11 διὰ τὰ ἔργα αὐτὰ π..ετε (vl + μοι)
     – 29 ἵνα ὅταν γένηται πιστεύσητε
      16 27 ὅτι – πεπ..κατε ὅτι ἐγὼ παρὰ – θεοῦ
     – 30 ἐν τούτῳ π..ομεν ὅτι ἀπὸ θεοῦ ἐξῆλ-
        θες 31 ἄρτι πιστεύετε –
      17 8 ἐπ..σαν ὅτι σύ με ἀπέστειλας 21 ἵνα
        ὁ κόσμος π..ῃ ὅτι σύ με ἀπέστειλας
      19 35 ἵνα καὶ ὑμεῖς π..[σ]ητε (vl π..ητε)
      20 8 ὁ ἄλλος μαθητής – εἶδεν καὶ ἐπ..σεν
     – 25 ἐὰν μὴ ἴδω –, οὐ μὴ πιστεύσω
     – 29 ὅτι ἑώρακάς με, πεπ..κας; μακάριοι
        οἱ μὴ ἰδόντες καὶ πιστεύσαντες
     – 31 γέγραπται ἵνα π..[σ]ητε (vl π..ητε) ὅτι
        Ἰησοῦς ἐστιν ὁ χριστὸς –, καὶ ἵνα
        π..οντες ζωὴν ἔχητε
Act   2 44 πάντες δὲ οἱ π..οντες (vl ..σαντες)
        – εἶχον ἅπαντα κοινά 4 32 πλήθους
        τῶν π..σάντων 11 21 ἀριθμὸς ὁ π..σας
      4 4 πολλοὶ – ἐπ..σαν 13 48 ἐπ. ὅσοι ἦσαν
        τεταγμένοι εἰς ζωὴν 14 1 ὥστε π..εῦ-
        σαι – πολὺ πλῆθος 17 12 πολλοὶ – ἐπί-

στευσαν 34 τινὲς δὲ ἄνδρες – ἐπ..σαν
Act 8 13 Σίμων – ἐπ..σεν, καὶ βαπτισθεὶς
(– 37 vl εἰ π..εις ἐξ ὅλης τῆς καρδίας σου
ἔξεστιν. – πιστεύω τὸν υἱὸν τοῦ
θεοῦ εἶναι τὸν Ἰησοῦν Χόν)
9 26 μὴ πιστεύοντες ὅτι ἐστὶν μαθητής
13 12 ἰδὼν – τὸ γεγονὸς ἐπίστευσεν
– 39 ἐν τούτῳ πᾶς ὁ π..ων δικαιοῦται
– 41 ἔργον „ὃ οὐ μὴ π..σητε ἐάν τις"
15 5 τινὲς – τῶν Φαρισαίων πεπιστευκότες
– 7 ἀκοῦσαι – τὸν λόγον – καὶ πιστεῦσαι
– 11 πιστεύομεν σωθῆναι καθ' ὃν τρόπον
18 8 πολλοὶ – ἀκούοντες ἐπίστευον
– 27 συνεβάλετο πολὺ τοῖς πεπ..κόσιν
19 2 εἰ πνεῦμα – ἐλάβετε πιστεύσαντες;
– 18 πολλοί τε τῶν πεπ..κότων ἤρχοντο
ἐξομολογούμενοι 21 20 πόσαι μυριά-
δες εἰσὶν ἐν τοῖς Ἰουδ. τῶν πεπιστευ-
κότων 25 περὶ – τῶν πεπ. ἐθνῶν
26 27 π..εις – τοῖς προφήταις; οἶδα ὅτι π..εις
Rm 1 16 εἰς σωτηρίαν παντὶ τῷ πιστεύοντι
3 22 δικαιοσύνη – θεοῦ – εἰς πάντας τοὺς
πιστεύοντας 10 4 εἰς δικαιοσύνην παντὶ
τῷ πιστεύοντι
4 11 πάντων τῶν π..όντων δι' ἀκροβυστ.
– 18 ὃς παρ' ἐλπίδα ἐπ' ἐλπίδι ἐπ..σεν
6 8 π..ομεν ὅτι καὶ συζήσομεν αὐτῷ
10 9 ἐὰν – πιστεύσῃς „ἐν τῇ καρδίᾳ σου"
ὅτι ὁ θεὸς αὐτὸν ἤγειρεν 10 καρδίᾳ
γὰρ πιστεύεται εἰς δικαιοσύνην
– 14 πῶς – πιστεύσωσιν εἰς ὃν οὐκ ἐπί-
στευσαν; πῶς – πιστεύσωσιν οὗ οὐκ
ἤκουσαν;
13 11 ἐγγύτερον ἡμῶν – ἢ ὅτε ἐπ..σαμεν
14 2 ὃς μὲν πιστεύει φαγεῖν πάντα
15 13 ὁ δὲ θεὸς πληρώσαι ὑμᾶς πάσης χα-
ρᾶς καὶ εἰρήνης ἐν τῷ πιστεύειν
1 Co 1 21 εὐδόκησεν – σῶσαι τοὺς π..οντας
3 5 διάκονοι δι' ὧν (vg eius, cui) ἐπι-
11 18 καὶ μέρος τι πιστεύω | στεύσατε
13 7 ἡ ἀγάπη – πάντα πιστεύει
14 22 αἱ γλῶσσαι εἰς σημεῖόν εἰσιν οὐ τοῖς
πιστεύουσιν b – ἡ δὲ προφητεία –
τοῖς πιστεύουσιν b
15 2 ἐκτὸς εἰ μὴ εἰκῇ ἐπιστεύσατε
– 11 οὕτως κηρύσσομεν καὶ οὕτως ἐπι-
στεύσατε
(15 23 οἱ τοῦ Χοῦ ἐν τῇ παρουσίᾳ αὐτοῦ
vg qui in adventu eius crediderunt,
vl om qui et crediderunt)
2 Co 4 13 „ἐπίστευσα, διὸ ἐλάλησα", καὶ ἡμεῖς
πιστεύομεν, διὸ καὶ λαλοῦμεν

Gal 3 22 ἵνα ἡ ἐπαγγ. – δοθῇ τοῖς π..ουσιν
Eph 1 13 ἐν ᾧ (sc Χῷ) καὶ π..σαντες ἐσφραγ.
– 19 τί τὸ – μέγεθος τῆς δυνάμεως αὐτοῦ
εἰς ἡμᾶς τοὺς πιστεύοντας
1 Th 1 7 τύπον – τοῖς π..ουσιν ἐν τῇ Μακεδ.
2 10 ὡς ὁσίως – ὑμῖν τοῖς π..ουσιν ἐγενή-
θημεν 13 ὃς (sc θεός) καὶ ἐνεργεῖ-
ται ἐν ὑμῖν τοῖς πιστεύουσιν
4 14 εἰ – πιστεύομεν ὅτι Ἰησοῦς – ἀνέστη
2 Th 1 10 „ὅταν ἔλθῃ – θαυμασθῆναι" ἐν πᾶσιν
τοῖς π..σασιν, ὅτι ἐπιστεύθη τὸ μαρ-
τύριον ἡμῶν ἐφ' ὑμᾶς
1 Ti 3 16 ὃς (vl ὃ vg) – ἐπιστεύθη ἐν κόσμῳ
Hb 4 3 εἰσερχόμεθα – οἱ πιστεύσαντες
11 6 πιστεῦσαι – δεῖ –, ὅτι ἔστιν καὶ τοῖς
Jac 2 19 σὺ π..εις ὅτι εἷς ἐστιν ὁ θεός; – καὶ
τὰ δαιμόνια π..ουσιν καὶ φρίσσουσιν
1 Pe 2 7 ὑμῖν οὖν ἡ τιμὴ τοῖς πιστεύουσιν
1 Jo 4 16 ἐγνώκαμεν καὶ πεπιστεύκαμεν τὴν
ἀγάπην ἣν ἔχει ὁ θεὸς ἐν ἡμῖν
5 1 ὁ – ων ὅτι Ἰησοῦς ἐστιν ὁ χριστός
– 5 εἰ μὴ ὁ π..ων ὅτι Ἰησ. ἐστιν ὁ υἱός
Jud 5 τοὺς μὴ πιστεύσαντας ἀπώλεσεν

b) cum dativo personae vel rei

Mat 21 25 διὰ τί – οὐκ ἐπιστεύσατε αὐτῷ; 32
οὐκ ἐπ..σατε αὐτῷ· οἱ δὲ τελῶναι –
ἐπ..σαν αὐτῷ· ὑμεῖς δὲ ἰδόντες οὐδὲ
μετεμελήθητε ὕστερον τοῦ πιστεῦσαι
αὐτῷ || Mar 11 31 Luc 20 5
Mar 16 [[13 οὐδὲ ἐκείνοις ἐπίστευσαν 14 ὅτι τοῖς
θεασαμένοις αὐτὸν – οὐκ ἐπ..σαν]]
Luc 1 20 ἀνθ' ὧν οὐκ ἐπ..σας τ. λόγοις μου
Joh 2 22 ἐπ..σαν τῇ γραφῇ καὶ τῷ λόγῳ ὅν
4 21 πίστευέ μοι, γύναι, ὅτι ἔρχεται ὥρα
– 50 ἐπ..σεν – τῷ λόγῳ ὃν εἶπεν – ὁ Ἰησ.
5 24 ὁ – π..ων τῷ πέμψαντί με ἔχει ζωὴν
– 38 ὅτι ὃν ἀπέστειλεν ἐκεῖνος, τούτῳ ὑ-
μεῖς οὐ πιστεύετε 46 εἰ – ἐπιστεύετε
Μωϋσεῖ, ἐπ..ετε ἂν ἐμοί 47 εἰ – τοῖς
ἐκείνου γράμμασιν οὐ π..ετε, πῶς
τοῖς ἐμοῖς ῥήμασιν πιστεύσετε;
6 30 ἵνα ἴδωμεν καὶ πιστεύσωμέν σοι;
8 31 πρὸς τοὺς πεπ..κότας αὐτῷ Ἰουδ.
– 45 ὅτι τὴν ἀλήθειαν λέγω, οὐ π..ετέ μοι
46 εἰ –, διὰ τί – οὐ πιστεύετέ μοι;
10 37 εἰ οὐ ποιῶ τὰ ἔργα τοῦ πατρός μου,
μὴ πιστεύετέ μοι· 38 εἰ δὲ ποιῶ, κἂν
ἐμοὶ μὴ π..ητε (vl ..ετε), τοῖς ἔργοις
π..ετε 14 11 π..ετέ μοι ὅτι ἐγὼ ἐν τῷ
πατρὶ – εἰ δὲ μή, διὰ τὰ ἔργα αὐτὰ
πιστεύετε (vl + μοι)

14

Joh 12 38 „τίς ἐπ..σεν τῇ ἀκοῇ ἡμῶν;" Rm 10 16
Act 5 14 μᾶλλον δὲ προσετίθεντο πιστεύοντες
  τῷ κυρίῳ (vg in domino) 18 8 Κρῖ-
  σπος – ἐπίστευσεν τῷ κυρίῳ
  8 12 ἐπ..σαν τῷ Φιλίππῳ εὐαγγελιζομένῳ
  16 34 πανοικεὶ πεπιστευκὼς τῷ θεῷ
  24 14 πιστεύων πᾶσι τοῖς – γεγραμμένοις
  26 27 → sub a) – 27 25 π..ω – τῷ θεῷ ὅτι
Rm 4 3 „ἐπ..σεν – Ἀβρ. τῷ θεῷ" Gal 3 6 Jac
  2 23 – Rm 4 17 γέγραπται ὅτι „πα-
  τέρα – ἐθνῶν τέθεικά σε", κατέναν-
  τι οὗ ἐπ..σεν θεοῦ – 10 14 → a)
2 Th 2 11 εἰς τὸ πιστεῦσαι αὐτοὺς τῷ ψεύδει
  – 12 οἱ μὴ πιστεύσαντες τῇ ἀληθείᾳ
2 Ti 1 12 οἶδα γὰρ ᾧ πεπίστευκα
Tit 3 8 ἵνα φροντίζωσιν καλῶν ἔργων προΐ-
  στασθαι οἱ πεπιστευκότες θεῷ
1 Jo 3 23 ἵνα π..σωμεν (vl ..ωμεν) τῷ ὀνόματι
  (vg in nomine) τοῦ υἱοῦ αὐτοῦ
  4 1 μὴ παντὶ πνεύματι πιστεύετε
  5 10 ὁ μὴ π..ων τῷ θεῷ (vl υἱῷ vg)

c) πιστεύειν εἴς τινα, εἴς τι

Mat 18 6 τῶν μικρῶν – τῶν π..όντων εἰς ἐμέ
Joh 1 12 τοῖς π..ουσιν εἰς τὸ ὄνομα (vg in
  nomine) αὐτοῦ 2 23 (in no..e) 3 18 ὅτι
  μὴ πεπ..κεν εἰς τὸ ὄνομα (in no..e)
  τοῦ μονογενοῦς υἱοῦ τοῦ θεοῦ
  2 11 ἐπίστευσαν εἰς αὐτὸν οἱ μαθηταί
  3 16 ἵνα πᾶς ὁ π..ων εἰς αὐτὸν μὴ ἀπό-
  ληται 18 → sub a) – 36 ὁ π..ων εἰς
  τὸν υἱόν 4 39 πολλοὶ ἐπ..σαν εἰς αὐ-
  τόν 6 29 ἵνα π..ητε εἰς ὃν ἀπέστειλεν
  ἐκεῖνος 35 ὁ π..ων εἰς ἐμὲ οὐ μὴ δι-
  ψήσει 40 7 5 οὐδὲ – οἱ ἀδελφοὶ αὐτοῦ
  ἐπ..ον εἰς αὐτόν 31 πολλοὶ ἐπ..σαν
  εἰς αὐτόν 38 ὁ π..ων εἰς ἐμέ, –, πο-
  ταμοὶ 39 ὃ ἔμελλον λαμβάνειν οἱ
  π..σαντες εἰς αὐτόν 48 μή τις ἐκ τῶν
  ἀρχόντων ἐπίστευσεν εἰς αὐτόν – ;
  8 30 πολλοὶ ἐπ..σαν εἰς αὐτόν 9 35 σὺ π..
  εἰς εἰς τὸν υἱὸν τοῦ ἀνθρ.; 36 τίς ἐ-
  στιν, – ἵνα π..σω εἰς αὐτόν; 10 42 πολ-
  λοὶ ἐπ..σαν εἰς αὐτὸν ἐκεῖ 11 25 ὁ π..
  ων εἰς ἐμὲ κἂν ἀποθάνῃ ζήσεται 26
  καὶ πᾶς ὁ ζῶν καὶ π..ων εἰς ἐμὲ οὐ
  μὴ ἀποθάνῃ 45. 48 πάντες π..σουσιν
  εἰς αὐτόν 12 11 πολλοὶ – ἐπ..ον εἰς τὸν
  Ἰησοῦν 37 οὐκ ἐπ..ον εἰς αὐτόν 42 ἐκ
  τῶν ἀρχόντων πολλοὶ ἐπ..σαν εἰς αὐ-
  τόν 44 ὁ π..ων εἰς ἐμὲ οὐ π..ει εἰς
  ἐμὲ ἀλλὰ εἰς τὸν πέμψαντά με 46 ἵνα

(Joh) πᾶς ὁ π..ων εἰς ἐμέ 14 1 π..ετε εἰς
  τὸν θεόν, καὶ εἰς ἐμὲ π..ετε 12 ὁ π..
  ων εἰς ἐμὲ τὰ ἔργα – κἀκεῖνος ποιή-
  σει 16 9 ὅτι οὐ π..ουσιν εἰς ἐμέ 17 20
  ἐρωτῶ –, – καὶ περὶ τῶν π..όντων (vl
  ..σόντων vg) διὰ τοῦ λόγου αὐτῶν
  εἰς ἐμέ
Joh 12 36 πιστεύετε εἰς τὸ φῶς, ἵνα υἱοί
Act 10 43 πάντα τὸν πιστεύοντα εἰς αὐτόν
  14 23 τῷ κυρίῳ εἰς ὃν πεπιστεύκεισαν
  19 4 εἰς τὸν ἐρχόμενον μετ' αὐτὸν ἵνα π..
  σωσιν, τοῦτ' ἔστιν εἰς τὸν Ἰησοῦν
Rm 10 14 εἰς ὃν οὐκ ἐπ..σαν → sub a)
Gal 2 16 ἡμεῖς εἰς Χὸν Ἰ. (vg in Christo Iesu)
  ἐπιστεύσαμεν (vg credimus)
Phl 1 29 οὐ μόνον τὸ εἰς αὐτὸν πιστεύειν
1 Pe 1 8 εἰς ὃν – μὴ ὁρῶντες πιστεύοντες δέ
1 Jo 5 10 ὁ π..ων εἰς τὸν υἱὸν (vg in filium
  vl in filio) τοῦ θεοῦ – . – ὅτι οὐ πεπ..
  κεν εἰς τὴν μαρτυρίαν (vg in testi-
  monium vl in t..io)
  – 13 τοῖς π..ουσιν (vl ἵνα π..ητε) εἰς τὸ
  ὄνομα (vg in n..ne) τοῦ υἱοῦ

d) πιστεύειν ἐπί τινα, ἐπί τινι, ἔν
τινι

Mat 27 42 καταβάτω νῦν ἀπὸ τοῦ σταυροῦ καὶ
  π..σομεν ἐπ' αὐτόν (vl αὐτῷ vg ei)
Mar 1 15 π..ετε ἐν τῷ εὐαγγελίῳ (vg dat.)
Luc 24 25 βραδεῖς – τοῦ πιστεύειν ἐπὶ πᾶσιν
  (vg in omnibus) οἷς ἐλάλησαν
Joh 3 15 ἵνα πᾶς ὁ π..ων ἐν αὐτῷ (vg in ip-
  sum vl in ipso) ἔχῃ ζωὴν αἰώνιον
Act 9 42 ἐπ..σαν πολλοὶ ἐπὶ τὸν κύριον (vg
  in d..no) 11 17 ἡμῖν, π..σασιν ἐπὶ τὸν
  κύριον (vg in d..um) 16 31 πίστευσον
  ἐπὶ τὸν κύριον (vg in d..um vl in d..
  no) – 22 19 δέρων – τοὺς πιστεύον-
  τας ἐπὶ σέ (vg in te)
Rm 4 5 τῷ –, π..οντι δὲ ἐπὶ τὸν δικαιοῦντα
  (vg in eum, qui) 24 τοῖς π..ουσιν ἐπὶ
  τὸν ἐγείραντα (vg it.)
  9 33 „λίθον –, καὶ ὁ π..ων ἐπ' αὐτῷ (vg
  in eum) οὐ καταισχυνθήσεται" 10 11
  (vg in illum) 1 Pe 2 6 (vg in eum)
1 Ti 1 16 μελλόντων π..ειν ἐπ' αὐτῷ (vg illi)

2) committere alicui aliquid
c(pass) creditur, creditum est mihi

Luc 16 11 τὸ ἀληθινὸν τίς ὑμῖν πιστεύσει;
Joh 2 24 οὐκ ἐπίστευεν αὐτὸν αὐτοῖς
Rm 3 2 ὅτι ἐπιστεύθησαν c τὰ λόγια τ. θεοῦ

1 Co 9 17 εἰ δὲ ἄκων, οἰκονομίαν πεπίστευμαι[c]
Gal 2 7 πεπ..μαι[c] τὸ εὐαγγ. τῆς ἀκροβυστ.
1 Th 2 4 καθὼς δεδοκιμάσμεθα – π..θῆναι[c] (ut crederebur nobis) τὸ εὐαγγέλιον
1 Ti 1 11 κατὰ τὸ εὐαγγ.–, ὃ ἐπ..θην[c] ἐγώ
Tit 1 3 ἐν κηρύγματι ὃ ἐπιστεύθην[c] ἐγώ

πιστός S[o] – spicatus Mr 14 3 pisticus Jh 12 3

πίστις fides
  1) sine coniunctione casus et cum genitivo subiectivo (sine obiecto)
Mat 8 10 παρ' οὐδενὶ τοσαύτην πίστιν ἐν τῷ Ἰσραὴλ εὗρον ‖ Luc 7 9 οὐδὲ ἐν τ. Ἰ.
  9 2 ἰδὼν – τὴν π. αὐτῶν ‖ Mar 2 5 Luc 5 20
  – 22 ἡ π. σου σέσωκέν σε ‖ Mar 5 34 Luc 8 48 – Mar 10 52 ‖ Luc 18 42 – 7 50 17 19
  – Mat 9 29 κατὰ τὴν π. ὑμῶν γενηθήτω ὑμῖν 15 28 μεγάλη σου ἡ πίστις· γενηθήτω σοι ὡς θέλεις
  17 20 ἐὰν ἔχητε πίστιν ὡς κόκκον σινάπεως ‖ Luc 17 6 εἰ ἔχετε πίστιν –
  21 21 ἐὰν ἔχητε π..ιν καὶ μὴ διακριθῆτε
  23 23 ἀφήκατε – τὸ ἔλεος καὶ τὴν πίστιν
Mar 4 40 οὕτω ἔχετε πίστιν; ‖ Luc 8 25 ποῦ ἡ πίστις ὑμῶν;
Luc 17 5 πρόσθες (adauge) ἡμῖν πίστιν
  18 8 ἆρα εὑρήσει τὴν πίστιν ἐπὶ τῆς γῆς;
  22 32 ἐδεήθην – ἵνα μὴ ἐκλίπῃ ἡ πίστις σου
Act 3 16 ἡ π. ἡ δι' αὐτοῦ ἔδωκεν αὐτῷ → 2)
  6 5 πλήρης πίστεως καὶ πνεύματος 11 24
  – 7 ὄχλος – ἱερέων ὑπήκουον τῇ πίστει
  13 8 διαστρέψαι – ἀπὸ τῆς πίστεως
  14 9 ἰδὼν ὅτι ἔχει πίστιν τοῦ σωθῆναι
  – 22 παρακαλοῦντες ἐμμένειν τῇ πίστει
  – 27 ἤνοιξεν τοῖς ἔθνεσιν θύραν πίστεως
  15 9 τῇ πίστει καθαρίσας τὰς καρδίας
  16 5 αἱ – ἐκκλησίαι ἐστερεοῦντο τῇ πίστει
  17 31 πίστιν παρασχὼν πᾶσιν ἀναστήσας
Rm 1 5 ἐλάβομεν – ἀποστολὴν εἰς ὑπακοὴν πίστεως ἐν – τοῖς ἔθνεσιν 16 [26 μυστηρίου – εἰς ὑπακοὴν πίστεως εἰς – τὰ ἔθνη γνωρισθέντος]
  – 8 ὅτι ἡ πίστις ὑμῶν καταγγέλλεται ἐν
  – 12 συμπαρακληθῆναι – διὰ τῆς ἐν ἀλλήλοις πίστεως ὑμῶν τε καὶ ἐμοῦ
  – 17 δικαιοσύνη – ἐκ πίστεως εἰς πίστιν
  – – „ὁ – δίκαιος ἐκ πίστεως ζήσεται" Gal 3 11 cfr Hb 10 38 „δίκαιός μου"
  3 3 μὴ – τὴν πίστ. τοῦ θεοῦ καταργήσει;
  – 25 ἱλαστήριον διὰ [τῆς] πίστεως
  – 27 ἐξεκλείσθη. – διὰ νόμου πίστεως

Rm 3 28 δικαιοῦσθαι πίστει ἄνθρωπον
  – 30 ὃς δικαιώσει περιτομὴν ἐκ πίστεως καὶ ἀκροβυστίαν διὰ τῆς πίστεως
  – 31 νόμον – καταργοῦμεν διὰ τῆς πίστ.;
  4 5 λογίζεται ἡ π. αὐτοῦ εἰς δικαιοσύνην
  – 9 „ἐλογίσθη τῷ Ἀβρ. ἡ π. εἰς δικαιοσ."
  – 11 σφραγῖδα τῆς δικ. τῆς π. τῆς ἐν τῇ ἀκροβυστίᾳ 12 τῆς ἐν ἀκρ. πίστεως
  – 13 ἡ ἐπαγγ. – διὰ δικαιοσύνης πίστεως
  – 14 εἰ – οἱ ἐκ νόμου κληρονόμοι, κεκένωται ἡ πίστις
  – 16 ἐκ πίστεως, ἵνα κατὰ χάριν, εἰς τὸ εἶναι βεβαίαν τὴν ἐπαγγελίαν – καὶ τῷ ἐκ πίστεως Ἀβραάμ
  – 19 μὴ ἀσθενήσας τῇ πίστει κατενόησεν τὸ ἑαυτοῦ σῶμα [ἤδη] νενεκρωμένον
  – 20 ἀλλ' ἐνεδυναμώθη τῇ πίστει
  5 1 δικαιωθέντες – ἐκ π. εἰρήνην ἔχομεν
  – 2 τὴν προσαγωγὴν ἐσχήκαμεν [τῇ π.]
  9 30 ἔθνη – κατέλαβεν δικαιοσύνην, δικαιοσύνην δὲ τὴν ἐκ πίστεως
  – 32 Ἰσραὴλ – εἰς νόμον οὐκ ἔφθασεν. διὰ τί; ὅτι οὐκ ἐκ πίστεως ἀλλ' – ἐξ ἔργ.
  10 6 ἡ δὲ ἐκ π..εως δικαιοσ. οὕτως λέγει·
  – 8 τὸ ῥῆμα τῆς πίστεως ὃ κηρύσσομεν
  – 17 ἄρα ἡ πίστις ἐξ ἀκοῆς, ἡ δὲ ἀκοὴ
  11 20 σὺ δὲ τῇ πίστει ἕστηκας
  12 3 ὡς ὁ θεὸς ἐμέρισεν μέτρον π..εως
  – 6 κατὰ τὴν ἀναλογίαν τῆς πίστεως
  14 1 τὸν – ἀσθενοῦντα τῇ π. προσλαμβάνεσθε, μὴ εἰς διακρίσεις
  – 22 σὺ πίστιν [ἣν] ἔχεις κατὰ σεαυτὸν ἔχε ἐνώπιον τοῦ θεοῦ 23 ὁ δὲ διακρινόμενος ἐὰν φάγῃ κατακέκριται, ὅτι οὐκ ἐκ πίστεως· πᾶν δὲ ὃ οὐκ ἐκ πίστεως ἁμαρτία ἐστίν
1 Co 2 5 ἵνα ἡ π. ὑμῶν μὴ ᾖ ἐν σοφίᾳ ἀνθρ.
  12 9 ἑτέρῳ πίστις ἐν τῷ αὐτῷ πνεύματι
  13 2 καὶ ἐὰν ἔχω πᾶσαν τὴν πίστιν
  – 13 νυνὶ δὲ μένει πίστις, ἐλπίς, ἀγάπη
  15 14 κενὴ καὶ ἡ πίστις ὑμῶν 17 ματαία
  16 13 στήκετε ἐν τῇ πίστει, ἀνδρίζεσθε
2 Co 1 24 οὐχ ὅτι κυριεύομεν ὑμῶν τῆς πίστεως, – ᾽ τῇ γὰρ πίστει ἑστήκατε
  4 13 ἔχοντες – τὸ αὐτὸ πνεῦμα τῆς πίστ.
  5 7 διὰ πίστεως γὰρ περιπατοῦμεν, οὐ διὰ εἴδους
  8 7 ἐν παντὶ περισσεύετε, π..ει καὶ λόγῳ
  10 15 αὐξανομένης τῆς πίστεως ὑμῶν
  13 5 ἑαυτοὺς πειράζετε εἰ ἐστὲ ἐν τῇ πίστει, ἑαυτοὺς δοκιμάζετε
Gal 1 23 νῦν εὐαγγελίζεται τὴν πίστ. ἥν ποτε

Gal 3 2 ἢ ἐξ ἀκοῆς πίστεως; 5
– 7 ὅτι οἱ ἐκ π..εως, οὗτοι υἱοὶ – Ἀβραάμ
– 8 ὅτι ἐκ πίστ. δικαιοῖ τὰ ἔθνη ὁ θεός
– 9 οἱ ἐκ π. εὐλογοῦνται σὺν τῷ – Ἀβρ.
– 12 ὁ δὲ νόμος οὐκ ἔστιν ἐκ πίστεως
– 14 ἵνα τὴν ἐπαγγ. – λάβωμεν διὰ τῆς π.
– 23 πρὸ τοῦ δὲ ἐλθεῖν τὴν πίστιν
– εἰς τὴν μέλλουσαν π. ἀποκαλυφθῆν.
– 24 ἵνα ἐκ πίστεως δικαιωθῶμεν
– 25 ἐλθούσης δὲ τῆς πίστεως οὐκέτι ὑπό
5 5 πνεύματι ἐκ πίστεως ἐλπίδα δικαιο-
σύνης ἀπεκδεχόμεθα
– 6 ἀλλὰ πίστις δι' ἀγάπης ἐνεργουμένη
– 22 χρηστότης, ἀγαθωσύνη, πίστις
6 10 πρὸς τοὺς οἰκείους τῆς πίστεως
Eph 2 8 χάριτί ἐστε σεσωσμένοι διὰ πίστεως
3 17 κατοικῆσαι τὸν Χὸν διὰ τῆς πίστεως
ἐν ταῖς καρδίαις ὑμῶν
4 5 εἷς κύριος, μία πίστις, ἓν βάπτισμα
– 13 οἱ πάντες εἰς τὴν ἑνότητα τῆς πίστ.
(– 29 vl πρὸς οἰκοδομὴν τῆς πίστεως vg)
6 16 ἀναλαβόντες τὸν θυρεὸν τῆς πίστ.
– 23 εἰρήνη – καὶ ἀγάπη μετὰ πίστεως
Phl 1 25 παραμενῶ – ὑμῖν εἰς – χαρὰν τῆς π.
2 17 ἐπὶ τῇ – λειτουργίᾳ τῆς πίστ. ὑμῶν
3 9 τὴν ἐκ θεοῦ δικαιοσύν. ἐπὶ τῇ πίστει
Col 1 4 ἀκούσαντες τὴν π. ὑμῶν ἐν Χῷ Ἰησ.
– 23 εἴ γε ἐπιμένετε τῇ π. τεθεμελιωμένοι
2 7 βεβαιούμενοι (vl + ἐν) τῇ πίστει
1 Th 3 2 μνημονεύω – ὑμῶν τοῦ ἔργου τῆς π.
– 8 ἐν παντὶ τόπῳ ἡ π. ὑμῶν – ἐξελήλυθεν
3 2 παρακαλέσαι ὑπὲρ τῆς πίστεως ὑμῶν
– 5 εἰς τὸ γνῶναι τὴν πίστιν ὑμῶν
– 6 εὐαγγελισαμένου ἡμῖν τὴν πίστιν καὶ
τὴν ἀγάπην ὑμῶν
– 7 παρεκλήθημεν – διὰ τῆς ὑμῶν πίστ.
– 10 εἰς τὸ – καταρτίσαι τὰ ὑστερήματα
τῆς πίστεως ὑμῶν
5 8 "ἐνδυσάμενοι θώρακα" πίστεως καὶ
ἀγάπης
2 Th 1 3 ὅτι ὑπεραυξάνει ἡ π. ὑμῶν καὶ πλεο-
νάζει ἡ ἀγάπη 4 ἐγκαυχᾶσθαι – ὑ-
πὲρ τῆς ὑπομονῆς ὑμ. καὶ πίστεως
– 11 ἵνα – πληρώσῃ – ἔργον πίστεως ἐν δυν.
3 2 οὐ γὰρ πάντων ἡ πίστις
1 Ti 1 2 γνησίῳ τέκνῳ ἐν πίστει Tit 1 4 γνη-
σίῳ τέκνῳ κατὰ κοινὴν πίστιν
– 4 ἢ οἰκονομίαν (vl ..δομὴν vg) θεοῦ
τὴν ἐν πίστει 5 ἀγάπη ἐκ – πίστεως
ἀνυποκρίτου 2 Ti 1 5 ὑπόμνησιν – τῆς
ἐν σοὶ ἀνυποκρίτου πίστεως
– 14 μετὰ π..εως καὶ ἀγάπης τῆς ἐν Χῷ

Ἰ. 2 Ti 1 13 ἐν πίστει – τῇ ἐν Χῷ Ἰησ.
1 Ti 1 19 ἔχων πίστιν καὶ ἀγαθὴν συνείδησιν
– – περὶ τὴν πίστιν ἐναυάγησαν
2 7 διδάσκαλος ἐθνῶν ἐν πίστει καί
– 15 ἐὰν μείνωσιν ἐν πίστει καὶ ἀγάπῃ
3 9 ἔχοντας τὸ μυστήριον τῆς πίστεως
ἐν καθαρᾷ συνειδήσει → 1 19
4 1 ἀποστήσονταί τινες τῆς πίστεως
– 6 ἐντρεφόμενος τοῖς λόγοις τῆς πίστ.
– 12 τύπος γίνου – ἐν ἀγάπῃ, ἐν πίστει
5 8 εἰ δέ τις –, τὴν πίστιν ἤρνηται
– 12 ὅτι τὴν πρώτην πίστιν ἠθέτησαν
6 10 ἀπεπλανήθησαν ἀπὸ τῆς πίστεως
– 11 δίωκε δὲ – εὐσέβειαν, πίστιν, ἀγάπην
2 Ti 2 22 δικαιοσύνην, πίστιν, ἀγάπην
– 12 ἀγωνίζου τὸν καλὸν ἀγῶνα τῆς π.
– 21 περὶ τὴν πίστιν ἠστόχησαν
2 Ti 2 18 ἀνατρέπουσιν τήν τινων πίστιν
3 8 ἀδόκιμοι περὶ τὴν πίστιν
– 10 παρηκολούθησάς μου – τῇ πίστει
4 7 τὴν πίστιν τετήρηκα· λοιπόν
Tit 1 1 ἀπόστολος – κατὰ πίστιν ἐκλεκτῶν
– 13 ἵνα ὑγιαίνωσιν ἐν τῇ π. 2 2 τῇ πίστει
2 10 πᾶσαν πίστ. ἐνδεικνυμένους ἀγαθήν
3 15 τοὺς φιλοῦντας ἡμᾶς ἐν πίστει
Phm 6 ἡ κοινωνία τῆς πίστεώς σου ἐνεργὴς
Hb 4 2 ὁ λόγος – μὴ συγκεκερασμένος τῇ
πίστει τοῖς ἀκούσασιν
6 12 τῶν διὰ πίστεως καὶ μακροθυμίας
κληρονομοῦντων τὰς ἐπαγγελίας
10 22 προσερχώμεθα – ἐν πληροφορίᾳ π.
– 39 οὐκ ἐσμὲν "ὑποστολῆς" –, ἀλλὰ „π..
εως" εἰς περιποίησιν ψυχῆς → 1 Pe 1 9
11 1 ἔστιν δὲ π. ἐλπιζομένων ὑπόστασις,
πραγμάτων ἔλεγχος οὐ βλεπομένων
– 3 πίστει νοοῦμεν κατηρτίσθαι τοὺς αἰ-
ῶνας cfr 4. 5. 7. 8. 9. 11. 17. 20. 21. 22. 23. 24.
27. 28. 29. 30. 31
– 6 χωρὶς δὲ π..εως ἀδύνατον εὐαρεστ.
– 7 πίστει κατὰ πίστιν δικαιοσύνης – κληρ.
– 13 κατὰ πίστιν ἀπέθανον οὗτοι πάντες
– 33 διὰ π..εως κατηγωνίσαντο βασιλείας
– 39 μαρτυρηθέντες διὰ τῆς πίστεως
12 2 ἀφορῶντες εἰς τὸν τῆς πίστεως ἀρχ-
ηγὸν καὶ τελειωτὴν Ἰησοῦν
13 7 ὧν (sc τῶν ἡγουμ.) – μιμεῖσθε τὴν π.
Jac 1 3 τὸ δοκίμιον ὑμῶν τῆς π. κατεργάζε-
ται ὑπομονήν 1 Pe 1 7 ἵνα τὸ δ. ὑ. τῆς
π. πολυτιμότερον χρυσίου – εὑρεθῇ
εἰς ἔπαινον καὶ δόξαν
– 6 αἰτείτω δὲ ἐν π..ει, μηδὲν διακρινόμ.
2 5 τοὺς πτωχοὺς – πλουσίους ἐν πίστει

Jac 2 14 ἐὰν πίστιν λέγῃ τις ἔχειν ἔργα δὲ μὴ
ἔχῃ; μὴ δύναται ἡ πίστις σῶσαι αὐ-
τόν; 17 ἡ πίστις, ἐὰν μὴ ἔχῃ ἔργα,
νεκρά ἐστιν καθ᾽ ἑαυτήν 20 ἡ πίστις
χωρὶς τῶν ἔργων ἀργή 26 νεκρά
– 18 σὺ πίστιν ἔχεις, κἀγὼ ἔργα ἔχω· δεῖ-
ξόν μοι τὴν π. σου χωρὶς τ. ἔργων, κἀ-
γώ σοι δείξω ἐκ τ. ἔργων μου τὴν π.
– 22 ἡ πίστις συνήργει τοῖς ἔργοις αὐτοῦ,
καὶ ἐκ τῶν ἔργων ἡ πίστις ἐτελειώθη
24 ὁρᾶτε ὅτι – δικαιοῦται ἄνθρωπος
– οὐκ ἐκ πίστεως μόνον
5 15 ἡ εὐχὴ τῆς π. σώσει τὸν κάμνοντα
1 Pe 1 5 ὑμᾶς τοὺς – φρουρουμένους διὰ πί-
στεως εἰς σωτηρίαν 9 κομιζόμενοι τὸ
τέλος τῆς πίστεως [ὑμῶν] σωτηρίαν
ψυχῶν
5 9 ᾧ ἀντίστητε στερεοὶ τῇ πίστει
2 Pe 1 1 τοῖς ἰσότιμον ἡμῖν λαχοῦσιν πίστιν
– 5 ἐν τῇ πίστει ὑμῶν τὴν ἀρετήν
1 Jo 5 4 αὕτη ἐστὶν ἡ νίκη ἡ νικήσασα τὸν
κόσμον, ἡ πίστις ἡμῶν
Jud 3 ἐπαγωνίζεσθαι τῇ ἅπαξ παραδοθεί-
σῃ τοῖς ἁγίοις πίστει
20 ἐποικοδομοῦντες ἑαυτοὺς τῇ ἁγιω-
τάτῃ ὑμῶν πίστει → Col 27
Ap 2 19 οἶδά σου – τὴν π. καὶ τὴν διακονίαν
13 10 ὧδέ ἐστιν ἡ ὑπομονὴ καὶ ἡ πίστις
τῶν ἁγίων

2) cum obiecto fidei, sive in geniti-
vo, sive cum εἰς, ἐν, ἐπὶ, πρός

Mar 11 22 ἔχετε (vl εἰ ἔχετε) πίστιν θεοῦ
Act 3 16 ἐπὶ τῇ π. τοῦ ὀνόματος αὐτοῦ τοῦ-
τον – ἐστερέωσεν τὸ ὄν. αὐτοῦ → 1)
20 21 πίστιν εἰς τὸν κύριον ἡμῶν Ἰησοῦ
24 24 περὶ τῆς εἰς Χὸν Ἰησοῦν πίστεως
26 18 τοῖς ἡγιασμένοις πίστει τῇ εἰς ἐμέ
Rm 3 22 δικαιοσύνη – πίστεως Ἰησ. Χοῦ
– 26 δικαιοῦντα τὸν ἐκ πίστεως Ἰησοῦ
Gal 2 16 οὐ δικαιοῦται ἄνθρ. – ἐὰν μὴ διὰ πί-
στεως Ἰ. Χοῦ –, ἵνα δικαιωθῶμεν
ἐκ πίστεως Χοῦ 20 ἐν πίστει ζῶ τῇ
τοῦ υἱοῦ τοῦ θεοῦ τοῦ ἀγαπήσαντ.
3 22 ἵνα ἡ ἐπαγγελία ἐκ πίστεως Ἰησοῦ
Χοῦ δοθῇ τοῖς πιστεύουσιν 26 υἱοὶ
θεοῦ ἐστε διὰ τῆς π. ἐν Χῷ Ἰησοῦ
Eph 1 15 τὴν καθ᾽ ὑμᾶς π. ἐν τῷ κυρίῳ Ἰησοῦ
3 12 ἔχομεν τὴν – προσαγωγὴν ἐν πεποι-
θήσει διὰ τῆς πίστεως αὐτοῦ
Phl 1 27 συναθλοῦντες τῇ π. τοῦ εὐαγγελίου
3 9 ἀλλὰ τὴν διὰ πίστεως Χοῦ, τὴν ἐκ

θεοῦ δικαιοσύνην ἐπὶ τῇ πίστει
Col 1 4 → 1) – 25 βλέπων – τὸ στερέωμα
τῆς εἰς Χὸν πίστεως ὑμῶν
2 12 διὰ τῆς π. τῆς ἐνεργείας τοῦ θεοῦ
1 Th 1 8 ἡ π. ὑμῶν ἡ πρὸς τὸν θεὸν ἐξελήλ.
2 Th 2 13 εἵλατο ὑμᾶς – ἐν – πίστει ἀληθείας
1 Ti 3 13 περιποιοῦνται – πολλὴν παρρησίαν
ἐν πίστει τῇ ἐν Χῷ Ἰησοῦ
2 Ti 3 15 δυνάμενά σε σοφίσαι εἰς σωτηρίαν
διὰ πίστεως τῆς ἐν Χῷ Ἰησοῦ
Phm 5 τὴν ἀγάπην καὶ τὴν πίστιν ἣν ἔχεις
πρὸς τὸν κύριον Ἰ. καὶ εἰς – τοὺς ἅγ.
Hb 6 1 θεμέλιον –, – πίστεως ἐπὶ θεόν
Jac 2 1 μὴ ἐν προσωπολημψίαις ἔχετε τὴν
πίστιν τοῦ κυρίου ἡμῶν Ἰησοῦ Χοῦ
1 Pe 1 21 ὥστε τὴν πίστ. ὑμῶν – εἶναι εἰς θεόν
Ap 2 13 καὶ οὐκ ἠρνήσω τὴν πίστιν μου
14 12 οἱ τηροῦντες – τὴν πίστιν Ἰησοῦ

πιστός *fidelis*

1) de Deo, de Christo dictum

1 Co 1 9 πιστὸς ὁ θεός, δι᾽ οὗ ἐκλήθητε 10 13
ὃς οὐκ ἐάσει ὑμᾶς πειρασθῆναι ὑπὲρ
ὃ δύνασθε 2 Co 1 18 ὅτι ὁ λόγος ἡ-
μῶν – οὐκ ἔστιν ναὶ καὶ οὔ
1 Th 5 24 πιστ. ὁ καλῶν ὑμᾶς, ὃς καὶ ποιήσει
2 Th 3 3 πιστ. δέ ἐστιν ὁ κύριος, ὃς στηρίξει
2 Ti 2 13 ἐκεῖνος πιστ. μένει, ἀρνήσασθαι γὰρ
Hb 2 17 πιστὸς ἀρχιερεὺς τὰ πρὸς τὸν θεὸν
3 2 Ἰησοῦν, „πιστὸν“ ὄντα τῷ ποιήσαντι
αὐτόν, ὡς καὶ „Μωϋσῆς ἐν – τ. οἴκῳ“
10 23 πιστὸς – ὁ ἐπαγγειλάμενος 11 11
1 Pe 4 19 οἱ πάσχοντες – πιστῷ κτίστῃ παρατι-
θέσθωσαν τὰς ψυχὰς αὐτῶν
1 Jo 1 9 πιστ. ἐστιν καὶ δίκαιος, ἵνα ἀφῇ ἡμῖν
Ap 1 5 „ὁ μάρτυς ὁ π.“ 3 14 καὶ ἀληθινός
19 11 [καλούμενος] πιστὸς καὶ ἀληθινός

2) de hominibus dictum

Mat 24 45 τίς – ὁ π. δοῦλος καὶ φρόνιμος – ; ‖
Luc 12 42 ὁ π. οἰκονόμος ὁ φρόνιμ.
25 21 εὖ, δοῦλε ἀγαθὲ καὶ πιστέ, ἐπὶ ὀλίγα
ἦς πιστὸς 23 ‖ Luc 19 17 ὅτι ἐν ἐλα-
χίστῳ πιστὸς ἐγένου
Luc 16 10 ὁ π. ἐν ἐλαχίστῳ καὶ ἐν πολλῷ πιστ.
ἐστιν 11 εἰ οὖν ἐν τῷ – μαμωνᾷ πι-
στοὶ οὐκ ἐγένεσθε 12 ἐν τῷ ἀλλοτρ.
Joh 20 27 μὴ γίνου ἄπιστος ἀλλὰ πιστός
Act 10 45 οἱ ἐκ περιτομῆς πιστοί 16 1 Τιμόθεος,
υἱὸς γυναικὸς Ἰουδαίας πιστῆς
16 15 εἰ κεκρίκατέ με πιστὴν τῷ κυρίῳ

1 Co 4 2 ζητεῖται – ἵνα πιστός τις εὑρεθῇ
  – 17 ἐστίν μου τέκνον – πιστὸν ἐν κυρίῳ
  7 25 ἠλεημένος ὑπὸ κυρίου πιστὸς εἶναι
2 Co 6 15 ἢ τίς μερὶς πιστῷ μετὰ ἀπίστου;
Gal 3 9 εὐλογοῦνται σὺν τῷ πιστῷ Ἀβραάμ
Eph 1 1 τοῖς ἁγίοις – καὶ πιστοῖς ἐν Χῷ Col
  1 2 τοῖς – ἁγ. καὶ π. ἀδελφοῖς ἐν Χῷ
  6 21 ὁ – πιστὸς διάκονος ἐν κυρίῳ Col 1 7
  ὅς ἐστιν π. ὑπὲρ ὑμῶν διάκονος τοῦ
  Χοῦ 4 7 πιστὸς διάκονος καὶ σύνδου-
  λος ἐν κυρίῳ 9 τῷ π. καὶ ἀγαπητῷ
  ἀδελφῷ 1 Pe 5 12 διὰ – τοῦ π. ἀδελφοῦ
1 Ti 1 12 ὅτι πιστόν με ἡγήσατο θέμενος
  3 11 γυναῖκας –, πιστὰς ἐν πᾶσιν
  4 3 τοῖς π. καὶ ἐπεγνωκόσι τὴν ἀλήθει.
  – 10 σωτὴρ πάντων ἀνθρ., μάλιστα π..ῶν
  – 12 τύπος γίνου τῶν π. ἐν λόγῳ, ἐν ἀν.
  5 16 εἴ τις πιστὴ (vl πιστὸς ἢ πιστή) ἔχει
  χήρας
  6 2 οἱ δὲ πιστοὺς ἔχοντες δεσπότας
  – ὅτι πιστοί εἰσιν καὶ ἀγαπητοί
2 Ti 2 2 ταῦτα παράθου πιστοῖς ἀνθρώποις
Tit 1 6 εἴ τις ἐστιν –, τέκνα ἔχων πιστά
Hb 3 5 „πιστὸς ἐν ὅλῳ τῷ οἴκῳ αὐτοῦ"
1 Pe 1 21 ὑμᾶς τοὺς δι' αὐτοῦ π..οὺς εἰς θεόν
Ap 2 10 γίνου πιστὸς ἄχρι θανάτου
  – 13 Ἀντιπᾶς ὁ μάρτυς μου ὁ πιστός μου
  17 14 οἱ μετ' αὐτοῦ – ἐκλεκτοὶ καὶ πιστοί

3) de rebus, imprimis de verbis

Act 13 34 δώσω „ὑμῖν τὰ ὅσια Δαυὶδ τὰ πιστά"
1 Ti 1 15 πιστὸς ὁ λόγος καὶ – ἀποδοχῆς ἄξι-
  ος 4 9 – 3 1 π. ὁ λόγος· εἴ τις ἐπισκο-
  πῆς ὀρέγεται 2 Ti 2 11 · εἰ – συναπε-
  θάνομεν, καὶ συζήσομεν Tit 3 8
Tit 1 9 τὸν ἐπίσκοπον –, ἀντεχόμενον τοῦ
  κατὰ τὴν διδαχὴν πιστοῦ λόγου
3 Jo 5 πιστὸν ποιεῖς (fideliter facis) ὃ ἐὰν
  ἐργάσῃ εἰς τοὺς ἀδελφούς
Ap 21 5 οὗτοι οἱ λόγοι πιστοὶ (fidelissima)
  καὶ ἀληθινοί εἰσιν 22 6 (fid..ma)

πιστοῦν (ἐπιστώθην) mihi creditum est
2 Ti 3 14 μένε ἐν οἷς ἔμαθες καὶ ἐπιστώθης

πλανᾶν, πλανᾶσθαι

1) πλανᾶν τινα seducere ᵇin errorem
  mittere ᶜin errorem inducere, ..ci
Mat 24 4 μή τις ὑμᾶς πλανήσῃ 5 πολλοὶ – πολ-
  λοὺς π.ήσουσιν 11.24 ὥστε π..ῆσαι (vl π..
  ᾶσθαι et π..ηθῆναι)ᶜ, εἰ δυνατόν, καὶ τοὺς

ἐκλεκτούς ‖ Mar 13 5.6 Luc 21 8 μὴ π..ηθῆτε
Joh 7 12 οὔ, ἀλλὰ πλανᾷ τὸν ὄχλον
2 Ti 3 13 π..ῶντες ᵇ καὶ πλανώμενοι (errantes
  et in errorem mittentes)
1 Jo 1 8 ἑαυτοὺς πλανῶμεν (ipsi nos sed.)
  2 26 περὶ τῶν πλανώντων ὑμᾶς
  3 7 τεκνία, μηδεὶς πλανάτω ὑμᾶς
Ap 2 20 πλανᾷ τοὺς ἐμοὺς δούλους πορνεῦ.
  12 9 Σατανᾶς, ὁ πλανῶν τὴν οἰκουμένην
  13 14 πλανᾷ τοὺς κατοικοῦντας ἐπὶ τῆς
  19 20 τὰ σημεῖα –, ἐν οἷς ἐπλάνησεν τοὺς
  20 3 ἵνα μὴ πλανήσῃ ἔτι τὰ ἔθνη 8
  – 10 ὁ διάβολος ὁ πλανῶν αὐτούς

2) πλανᾶσθαι errare ᵇseduci

Mat 18 12 ἐὰν – πλανηθῇ ἓν ἐξ αὐτῶν, οὐχὶ –
  ζητεῖ τὸ πλανώμενον; 13 χαίρει – μᾶλ-
  λον ἢ ἐπὶ τοῖς – μὴ πεπλανημένοις
  22 29 πλανᾶσθε μὴ εἰδότες τὰς γραφάς ‖
  Mar 12 24.27 πολὺ πλανᾶσθε
Luc 21 8 → 1) πλανᾶν sub Mat 24 4
Joh 7 47 μὴ καὶ ὑμεῖς πεπλάνησθεᵇ;
1 Co 6 9 μὴ πλανᾶσθε· 15 33 ᵇ Gal 67 Jac 1 16
  – 2 Ti 3 13 → 1)
Tit 3 3 ἦμεν – καὶ ἡμεῖς – πλανώμενοι
Hb 3 10 „ἀεὶ πλανῶνται τῇ καρδίᾳ"
  5 2 μετριοπαθεῖν – τοῖς – πλανωμένοις
  11 38 ἐπὶ ἐρημίαις πλανώμενοι καὶ ὄρεσιν
Jac 5 19 ἐάν τις – πλανηθῇ ἀπὸ τῆς ἀληθείας
1 Pe 2 25 ἦτε – „ὡς πρόβατα πλανώμενοι"
2 Pe 2 15 καταλείποντες εὐθεῖαν ὁδὸν ἐπλανή-
  θησαν – Ap 18 23 „ἐν τῇ φαρμακείᾳ
  σου" ἐπλανήθησαν πάντα τὰ ἔθνη

πλάνη error

Mat 27 64 ἡ ἐσχάτη πλάνη χείρων τῆς πρώτης
Rm 1 27 τὴν ἀντιμισθίαν – τῆς πλάνης αὐτῶν
Eph 4 14 πρὸς τὴν μεθοδείαν τῆς πλάνης
1 Th 2 3 ἡ – παράκλησις ἡμῶν οὐκ ἐκ πλάνης
2 Th 2 11 πέμπει – ὁ θεὸς ἐνέργειαν πλάνης
Jac 5 20 ἁμαρτωλὸν ἐκ πλάνης ὁδοῦ αὐτοῦ
2 Pe 2 18 τοὺς ἐν πλάνῃ ἀναστρεφομένους
  3 17 ἵνα μὴ τῇ τῶν ἀθέσμων πλάνῃ συν-
  απαχθέντες ἐκπέσητε
1 Jo 4 6 γινώσκομεν – τὸ πνεῦμα τῆς πλάνης
Jud 11 τῇ πλάνῃ τοῦ Βαλαὰμ μισθοῦ

πλανήτης (vl πλάνης) Jud 13 ἀστέρες πλα-
  νῆται (vl πλάνητες) sidera errantia

πλάνος seductor

Mat 27 63 ἐκεῖνος ὁ πλάνος εἶπεν ἔτι ζῶν

2 Co 6 8 ὡς πλάνοι καὶ ἀληθεῖς (veraces)
1 Ti 4 1 προσέχοντες πνεύμασιν πλάνοις (vl
πλάνης vg erroris)
2 Jo 7 πολλοὶ πλάνοι ἐξῆλθον – · οὗτός ἐ-
στιν ὁ πλάνος καὶ ὁ ἀντίχριστος

πλάξ tabula 2 Co 33 Hb 94

πλάσμα figmentum Rm 920 „ἐρεῖ τὸ πλάσμα"

πλάσσειν fingere ᵇformare
Rm 920 „μὴ ἐρεῖ τὸ πλάσμα τῷ πλάσαντι;"
1 Ti 213 Ἀδὰμ γὰρ πρῶτος ἐπλάσθηᵇ, εἶτα

πλαστός Sᵒ – fictus 2 Pe 23 π..οῖς λόγοις

πλατεῖα platea
Mat 6 5 1219 – Luc 1010
Luc 1326 ἐν ταῖς πλ. ἡμῶν ἐδίδαξας – 1421
Act 515 Ap 118 2121 ἡ πλατ..χρυσίον 222

πλάτος latitudo Eph 318 Ap 209 2116

πλατύνειν, ..εσθαι dilatare, ..ari
Mat 23 5 π..ουσιν – τὰ φυλακτήρια αὐτῶν
2 Co 611 „ἡ καρδία" ἡμῶν „πεπλάτυνται"
– 13 ὡς τέκνοις λέγω, π..θητε καὶ ὑμεῖς

πλατύς latus Mat 713 πλατεῖα ἡ πύλη

πλέγματα Sᵒ – torti crines 1 Ti 29 μὴ ἐν πλ.

πλεῖν navigare Luc 823 Act 213 272.6.24
Ap 1817 καὶ πᾶς ὁ ἐπὶ τόπον πλέων

*πλείων (πλεῖον, πλέον), πλεῖστος
plus ᵇplures, ..a ᶜamplius ᵈpluri-
mus, ..mi ᵉ(οἱ πλείονες) multi
Mat 520 ἐὰν μὴ περισσεύσῃ ὑμῶν ἡ δικαιο-
σύνη πλεῖον τῶν γραμματέων
625 οὐχὶ ἡ ψυχὴ πλεῖόν ἐστιν τῆς τρο-
φῆς –; ‖ Luc 1223 ἡ γὰρ ψ. πλ. ἐστιν
1120 ἐγένοντο αἱ πλεῖσταιᵈ δυνάμεις
1241 καὶ ἰδοὺ πλεῖον Ἰωνᾶ ὧδε 42 Σολο-
μῶνος ‖ Luc 1132.31
Mar 1243 πλεῖον πάντων ἔβαλεν ‖ Luc 213
Luc 313 μηδὲν πλέονᶜ παρὰ τὸ διατεταγμέ-
νον ὑμῖν πράσσετε
742 τίς – πλεῖον ἀγαπήσει αὐτόν; 43 ὑπο-
λαμβάνω ὅτι ᾧ τὸ πλεῖον ἐχαρίσατο
Joh 2115 ἀγαπᾷς με πλέον τούτων;
1 Co 919 ἵνα τοὺς πλείοναςᵇ κερδήσω

1 Co 15 6 ἐξ ὧν οἱ πλείονεςᵉ μένουσιν ἕως ἄρτι
2 Co 2 6 ἡ ἐπιτιμία – ἡ ὑπὸ τῶν πλειόνωνᵇ
415 ἡ χάρις πλεονάσασα διὰ τ. πλειόνωνᵉ
9 2 τὸ ὑμῶν ζῆλος ἠρέθισεν τοὺς πλεί.ᵈ
Hb 11 4 πλείοναᵈ θυσίαν Ἄβελ παρὰ Κάϊν
Ap 219 οἶδα – τὰ ἔργα σου τὰ ἔσχατα πλεί-
οναᵇ τῶν πρώτων (prioribus)

πλέκειν plectere Mat 2729 Mar 1517 Joh 192

πλεονάζειν abundare ᵇsuperare ᶜmultiplicare
Rm 520 ἵνα πλεονάσῃ τὸ παράπτωμα· οὗ δὲ
ἐπλεόνασεν ἡ ἁμαρτία
6 1 ἵνα ἡ χάρις πλεονάσῃ; μὴ γένοιτο
2 Co 415 ἵνα ἡ χάρις π..σασα διὰ – πλειόνων
815 „ὁ τὸ πολὺ οὐκ ἐπλεόνασεν"
Phl 417 ἀλλὰ ἐπιζητῶ τὸν καρπὸν τὸν πλεο-
νάζοντα εἰς λόγον ὑμῶν
1 Th 312 ὑμᾶς–ὁ κύριος π..άσαιᶜ–τῇ ἀγάπῃ
2 Th 1 3 ὅτι – π..ζει ἡ ἀγάπη – εἰς ἀλλήλους
2 Pe 1 8 ταῦτα γὰρ ὑμῖν–πλεονάζονταᵇ οὐκ
ἀργοὺς οὐδὲ ἀκάρπους καθίστησιν

πλεονεκτεῖν, ..εῖσθαι circumvenire, ..ri
2 Co 211 ἵνα μὴ πλ.ηθῶμεν ὑπὸ τοῦ σατανᾶ
7 2 οὐδένα ἐπλ.ήσαμεν cfr 1217.18
1 Th 4 6 μὴ ὑπερβαίνειν καὶ πλεονεκτεῖν ἐν
τῷ πράγματι τὸν ἀδελφόν

πλεονέκτης avarus
1 Co 510 οὐ πάντως–τοῖς πλ. 11 ἐάν τις ἀδελ-
φὸς–ἤ–πλ. 610 οὔτε πλ..αι–βασι-
λείαν θεοῦ κληρονομήσουσιν
Eph 5 5 πᾶς–πλ., ὅ ἐστιν εἰδωλολάτρης, οὐκ
ἔχει κληρονομίαν ἐν τῇ βασ. τ. Χοῦ

πλεονεξία avaritia
Mar 722 μοιχεῖαι, πλ..αι, πονηρίαι, δόλος
Luc 1215 φυλάσσεσθε ἀπὸ πάσης πλεονεξίας
Rm 129 πεπληρωμένους–πονηρίᾳ πλεονεξίᾳ
2 Co 9 5 ὡς εὐλογίαν καὶ μὴ ὡς πλεονεξίαν
Eph 419 εἰς ἐργασίαν ἀκαθαρσίας–ἐν πλ..ᾳ
5 3 πλεονεξία μηδὲ ὀνομαζέσθω ἐν ὑμῖν
Col 3 5 τὴν πλ. ἥτις ἐστὶν εἰδωλολατρία
1 Th 2 5 οὔτε ἐν προφάσει πλ..ας (sc ἐγενή.)
2 Pe 2 3 ἐν πλεονεξίᾳ – ὑμᾶς ἐμπορεύσονται
– 14 καρδίαν γεγυμνασμένην πλεονεξίας

πλευρά latus Joh 1934 2020.25.27 Act 127

πληγή plaga
Luc 1030 1248 ἄξια πληγῶν – Act 1623.33

2 Co 6 5 ἐν πληγαῖς 1123 ὑπερβαλλόντως
Ap 918.20 116 „πατάξαι" τὴν γῆν „ἐν πάση
        πληγῇ" 133 ἡ πλ. τοῦ θανάτου αὐτοῦ
        ἐθεραπεύθη 12.14 ὃς ἔχει τὴν πλ. τῆς μα-
        χαίρης 151 πληγὰς ἑπτά 6.8 169.21 184.
      8 219 γεμόντων τῶν „ἑπτὰ πληγῶν" τῶν
        ἐσχάτων 2218 ἐπιθήσει ὁ θεὸς ἐπ' αὐτὸν
        τὰς πλ. „τὰς γεγραμμέν. ἐν τῷ βιβλίῳ"

πλήθειν → πιμπλάναι

πλῆθος multitudo ᵇturba ᶜturbae
Mar 3 7 πολὺ πλ.ᵇ ἀπὸ τῆς Γαλ. 8 ⅋ Luc 617
        – 837 τὸ πλ. τῆς περιχώρου τῶν Γερ.
Luc 1 10 πᾶν τὸ πλ. ἦν τοῦ λαοῦ προσευχόμε-
      213 πλῆθος στρατιᾶς οὐρανίου |νον
      5 6 πλ. ἰχθύων πολύ Joh 216 – Act 283
      1937 ἅπαν τὸ πλ.ᶜ τῶν μαθητῶν χαίροντες
      23 1 ἅπαν τὸ πλ. αὐτῶν ἤγαγον αὐτόν
        – 27 ἠκολούθει – αὐτῷ πολὺ πλ.ᵇ τ. λαοῦ
Joh 5 3 κατέκειτο πλῆθος τῶν ἀσθενούντων
Act 2 6 συνῆλθεν τὸ πλῆθος καὶ συνεχύθη
      432 τοῦ – πλήθους τῶν πιστευσάντων ἦν
        καρδία καὶ ψυχὴ μία 514 προσετίθεν-
        το –, πλήθη ἀνδρῶν τε καὶ γυναι-
        κῶν 16 συνήρχετο – καὶ τὸ πλῆθος
        τῶν πέριξ πόλεων Ἱερουσαλήμ
      6 2 προσκαλεσάμενοι – τὸ πλ. τῶν μαθη-
        τῶν 5 ἤρεσεν ὁ λόγος ἐνώπιον παν-
        τὸς τοῦ πλήθους
      14 1 ὥστε πιστεῦσαι Ἰουδαίων τε καὶ Ἑλ-
        λήνων πολὺ πλ. 4 ἐσχίσθη – τὸ πλ.
      1512 ἐσίγησεν δὲ πᾶν τὸ πλ. 30 συναγα-
        γόντες τὸ πλ. ἐπέδωκαν τὴν ἐπιστ.
      17 4 τῶν τε σεβομένων Ἑλλ. πλῆθος πολύ
      19 9 κακολογοῦντες τὴν ὁδὸν ἐνώπιον τοῦ
        πλ. – 2524 ἅπαν τὸ πλ. τῶν Ἰουδ.
      (2122 vl δεῖ συνελθεῖν πλῆθος vg)
        – 36 ἠκολούθει – τὸ πλῆθος τοῦ λαοῦ
      23 7 ἐγένετο στάσις – καὶ ἐσχίσθη τὸ πλ.
Hb 1112 „καθὼς τὰ ἄστρα τοῦ οὐρ. τῷ πλ."
Jac 520 „καλύψει" πλῆθος „ἁμαρτιῶν"
1 Pe 4 8 „ἀγάπη καλύπτει" πλ. „ἁμαρτιῶν"

πληθύνειν, ..εσθαι multiplicare, ..ri ᵇabun-
        dare ᶜadimplēri ᵈcrescit numerus
        ᶜreplēri
Mat 2412 διὰ τὸ πληθυνθῆναιᵇ τὴν ἀνομίαν
Act 6 1 πληθυνόντωνᵈ τῶν μαθητῶν 7
      717 ὁ λαὸς – ἐπληθύνθη ἐν Αἰγύπτῳ
      931 ἡ – ἐκκλησία – τῇ παρακλήσει τοῦ ἁ-
        γίου πνεύματος ἐπληθύνετοᵉ

Act 1224 ὁ – λόγος τοῦ θεοῦ – ἐπληθύνετο
2 Co 910 πληθυνεῖ τὸν σπόρον ὑμῶν
Hb 614 „εἰ μὴν – πληθύνων πληθυνῶ σε"
1 Pe 1 2 χάρις ὑμῖν καὶ εἰρήνη πληθυνθείη
2 Pe 1 2ᶜ Jud 2ᶜ ἔλεος – καὶ εἰρήνη

πλήκτης Sᵒ – percussor 1 Ti 33 Tit 17

πλήμμυρα inundatio Luc 648 π.ης – γενομέν.

πλήρης plenus ᵇ(γίνεσθαι π..η) replēri
Mat 1420 κοφίνους πλήρεις 1537 Mar 819
Mar 428 εἶτα πλήρη[ς] σῖτον ἐν τῷ στάχυϊ
Luc 4 1 Ἰησοῦς – πλήρης πνεύματος ἁγίου
      512 ἰδοὺ ἀνὴρ πλήρης λέπρας
Joh 114 πλήρης χάριτος καὶ ἀληθείας
Act 6 3 πλήρεις πνεύματος καὶ σοφίας 755
        πλήρης πν. ἁγίου 1124 καὶ πίστεως
        – 5 πλήρη πίστεως καὶ πν. ἁγ. 8 πλ. χά-
        ριτος καὶ δυνάμεως 936 αὕτη ἦν πλή-
        ρης ἔργων ἀγαθῶν καὶ ἐλεημοσυνῶν
      1310 πλ. – δόλου 1928 γενόμ. π..ειςᵇ θυμοῦ
2 Jo 8 ἵνα – μισθὸν πλήρη ἀπολάβητε

πληροῦν, ..οῦσθαι implēre ᵇadimplēre ᶜre-
        plēre ᵈcomplēre ᵉexplēre ᶠsupplēre
        ᵍ(part. pass.) plenus

  1) vas, spatium, mensuram
Mat 1348 Luc 35 „φάραγξ" Joh 123 Act 22ᶜ
      2332 πληρώσατε τὸ μέτρον τῶν πατέρων
Act 528 πεπληρώκατεᶜ τὴν Ἱερουσαλὴμ τῆς
        διδαχῆς ὑμῶν

  2) homines, animos
Luc 240 ἐκραταιοῦτο πληρούμενονᵍ σοφία
Joh 16 6 λύπη πεπλήρωκεν ὑμῶν τὴν καρδίαν
Act 228 „πληρώσειςᶜ με εὐφροσύνης"
      5 3 διὰ τί ἐπλήρωσεν (vl ἐπείρασεν vg
        tentavit) ὁ σατανᾶς τὴν καρδίαν σου
      1352 ἐπλ..οῦντοᶜ χαρᾶς καὶ πνεύμ. ἁγίου
Rm 129 πεπληρωμένουςᶜ πάση ἀδικία
      1513 ὁ δὲ θεὸς – πληρώσαιᶜ ὑμᾶς πάσης
        χαρᾶς καὶ εἰρήνης ἐν τῷ πιστεύειν
        – 14 πεπληρωμένοιᶜ πάσης [τῆς] γνώσεως
2 Co 7 4 πεπλήρωμαιᶜ τῇ παρακλήσει
Eph 319 ἵνα πληρωθῆτε εἰς πᾶν τὸ πλήρωμα
        (plenitudinem) τοῦ θεοῦ
Phl 111 πεπληρωμένοιᶜ καρπὸν δικαιοσύνης
      418 πεπλήρωμαιᶜ δεξάμενος – τὰ παρ' ὑ-
        μῶν 19 ὁ δὲ θεός μου πληρώσει πᾶ-
        σαν χρείαν ὑμῶν

Col 1 9 ἵνα πληρωθῆτε τὴν ἐπίγνωσιν τοῦ
θελήματος αὐτοῦ
2 10 καὶ ἐστὲ ἐν αὐτῷ πεπληρωμένοι[c]
2 Ti 1 4 ἵνα χαρᾶς πληρωθῶ

3) universum, mundum

Eph 1 23 τοῦ τὰ πάντα ἐν πᾶσιν πληρουμέ-
νου[b] 4 10 ἵνα πληρώσῃ τὰ πάντα

4) praedestinata vel praedicta

Mat 1 22 ἵνα πληρωθῇ[b] τὸ ῥηθὲν ὑπὸ κυρίου
2 15[b] 17 τότε ἐπλ.[b] 23 ὅπως πλ.[b]
4 14[b] (vl[a]) 8 17[b] 12 17[b] 13 35 (vl[b]) 21
4[b] (vl[a]) 26 54 πῶς – πληρωθῶσιν αἱ
γραφαί –; 56 ἵνα πλ.[b] (vl[a]) αἱ γρα-
φαὶ τῶν προφ. ‖ Mar 14 49 (vl[b]) –
Mat 27 9 τότε ἐπληρώθη τὸ ῥηθέν (35
vl 1 Κα πλ. τὸ ῥηθέν vg, vl 9 Mar 15
28 vl καὶ ἐπλη. ἡ γραφὴ vg[a] vl[b])
Luc 1 20 τοῖς λόγοις μου, οἵτινες πληρωθή-
σονται εἰς τὸν καιρὸν αὐτῶν
4 21 σήμερον πεπλήρωται ἡ γραφὴ αὕτη
9 31 ἔλεγον τ. ἔξοδον –, ἣν ἤμελλεν πλ.[d]
24 44 δεῖ πληρωθῆναι – τὰ γεγραμμένα
Joh 12 38 ἵνα ὁ λόγος Ἡσαΐου – πληρωθῇ 15
25[b] (vl[a]) ὁ ἐν τῷ νόμῳ 18 9 ὃν εἶπεν
32 ὁ λόγος τοῦ Ἰησοῦ – 13 18[b] (vl[a])
ἡ γραφὴ 17 12 19 24.36
Act 1 16 ἔδει πληρωθῆναι τὴν γραφὴν
3 18 ἃ προκατήγγειλεν – ἐπ..ωσεν οὕτως
13 27 τὰς φωνὰς τῶν προφητῶν – κρίναν-
τες ἐπλήρωσαν
Jac 2 23 καὶ ἐπληρώθη[f] ἡ γραφὴ ἡ λέγουσα·

5) praecepta, legem Dei

Mat 3 15 πληρῶσαι πᾶσαν δικαιοσύνην
Rm 8 4 ἵνα τὸ δικαίωμα τοῦ νόμου πληρωθῇ
ἐν ἡμῖν – Mat 5 17 → 7)
13 8 τὸν ἕτερον νόμον πεπλήρωκεν
Gal 5 14 ὁ – πᾶς νόμος ἐν ἑνὶ λόγῳ πεπ..ωται
(vl πλ..οῦται vg), ἐν τῷ· „ἀγαπήσ."

6) temporis numerique modum
(praefinitum)

Mar 1 15 πεπλήρωται ὁ καιρὸς καὶ ἤγγικεν
Luc 21 24 ἄχρι οὗ πληρωθῶσιν καιροὶ ἐθνῶν
Joh 7 8 ὁ ἐμὸς καιρὸς οὔπω πεπλήρωται
Act 7 23 ὡς δὲ ἐπληροῦτο αὐτῷ – χρόνος 30[e]
9 23 ὡς – ἐπληροῦντο ἡμέραι ἱκαναὶ 24 27
διετίας δὲ πληρωθείσης[e] – 13 25 → 7)
Ap 6 11 ἕως πληρωθῶσιν[d] (vl[a], vl πληρώ-
σωσιν) καὶ οἱ σύνδουλοι αὐτῶν – οἱ
μέλλοντες ἀποκτέννεσθαι ὡς

7) πληροῦν = perficere, ad finem
perducere, absolvere

Mat 5 17 οὐκ ἦλθον καταλῦσαι (solvere), ἀλ-
λὰ πληρῶσαι[b] (sc τὸν νόμον)
Luc 7 1 ἐπειδὴ ἐπλήρωσεν – τὰ ῥήματα αὐτοῦ
22 16 ἕως ὅτου πληρωθῇ ἐν τῇ βασιλείᾳ
Joh 3 29 αὕτη – ἡ χαρὰ ἡ ἐμὴ πεπλήρωται
15 11 ἵνα – ἡ χαρὰ ὑμῶν πληρωθῇ 16 24 ἡ
πεπληρωμένη[e] 1 Jo 1 4 ἡ χαρὰ ἡμῶν
(vl ὑμῶν vg) ἦ πεπληρωμένη[g] 2 Jo
12 ἡ χ. ἡμῶν (vl ὑμ. vg) πεπλ.[g] ἦ
17 13 ἵνα ἔχωσιν τὴν χαρὰν τὴν ἐμὴν πε-
πληρωμένην ἐν ἑαυτοῖς
Act 12 25 πληρώσαντες[e] τὴν διακονίαν
13 25 ὡς – ἐπλήρου Ἰωάννης τὸν δρόμον
14 26 εἰς τὸ ἔργον ὃ ἐπλήρωσαν[d]
19 21 ὡς δὲ ἐπληρώθη[e] ταῦτα, ἔθετο ὁ
Rm 15 19 ὥστε με – μέχρι τοῦ Ἰλλυρικοῦ πε-
πληρωκέναι[c] τὸ εὐαγγέλιον τοῦ Χοῦ
2 Co 10 6 ὅταν πληρωθῇ ὑμῶν ἡ ὑπακοή
Phl 2 2 πληρώσατέ μου τὴν χαρὰν ἵνα τό
Col 1 25 εἰς ὑμᾶς πληρῶσαι τὸν λόγον τοῦ θ.
4 17 βλέπε τὴν διακονίαν ἣν παρέλαβες
ἐν κυρίῳ, ἵνα αὐτὴν πληροῖς
2 Th 1 11 ἵνα – ὁ θεὸς – πληρώσῃ πᾶσαν εὐδο-
κίαν ἀγαθωσύνης καὶ ἔργ. πίστεως
1 Jo 1 4 2 Jo 12 → Joh 15 11 – Ap 6 11 → 6)
Ap 3 2 οὐ γὰρ εὕρηκά σου τὰ ἔργα πεπλη-
ρωμένα[g] ἐνώπιον τοῦ θεοῦ μου

πληροφορεῖν. ..εῖσθαι ᵃimplēre, ..ri ᵇcom-
plēri ᶜabundare ᵈplenissime scire
ᵉ(part. pass.) plenus

Luc 1 1 τῶν πεπλ..ημένων[b] ἐν ἡμῖν πραγμ.
Rm 4 21 πλ..ηθεὶς[d] ὅτι – δυνατός ἐστιν
14 5 ἕκαστος ἐν τ. ἰδίῳ νοΐ πλ..εἰσθω[c]
Col 4 12 πεπλ..ημένοι[e] ἐν – θελήματι τ. θεοῦ
2 Ti 4 5 τὴν διακονίαν σου πληροφόρησον[a]
– 17 ἵνα δι' ἐμοῦ τὸ κήρυγμα πλ..ηθῇ[a]

πληροφορία Sᵒ – plenitudo ᵇexpletio
Col 2 2 συμβιβασθέντες – εἰς πᾶν πλοῦτος
τῆς πληροφορίας τῆς συνέσεως
1 Th 1 5 τὸ εὐαγγ. – ἐγενήθη εἰς ὑμᾶς – ἐν
πνεύματι ἁγίῳ καὶ [ἐν] πλ..ίᾳ πολλῇ
Hb 6 11 σπουδὴν πρὸς τὴν πλ.[b] τῆς ἐλπίδος
10 22 προσερχώμεθα – ἐν πλ..ᾳ πίστεως

πλήρωμα plenitudo ᵇabundantia ᶜsupple-
mentum ᵈ(cophinus) plenus
Mat 9 16 αἴρει – τὸ π. αὐτοῦ ‖ Mar 21[c] ἀπ' αὐ.
Mar 6 43 δώδεκα κοφίνων πληρώματα[d] 8 20[d]

Joh 116 ἐκ τοῦ πλ. αὐτοῦ ἡμεῖς – ἐλάβομεν
Rm 1112 πόσῳ μᾶλλον τὸ πλ. αὐτῶν (sc τοῦ
  Ἰσραήλ – sc σωτηρία τοῖς ἔθνεσιν)
  – 25 ἄχρι οὗ τὸ πλ. τῶν ἐθνῶν εἰσέλθῃ
  1310 πλήρωμα οὖν νόμου ἡ ἀγάπη
  1529 ἐν π..τι^b εὐλογίας Χοῦ ἐλεύσομαι
1 Co 1026 „τοῦ κυρίου – ἡ γῆ καὶ τὸ πλ. αὐτῆς"
Gal 4 4 ὅτε δὲ ἦλθεν τὸ πλήρ. τοῦ χρόνου
Eph 110 εἰς οἰκονομίαν τοῦ πλ. τῶν καιρῶν
  – 23 τῇ ἐκκλησίᾳ, ἥτις ἐστίν –, τὸ πλήρ.
  τοῦ τὰ πάντα ἐν πᾶσιν πληρουμένου
  319 → πληροῦν 2) – 413 εἰς μέτρον ἡ-
  λικίας τοῦ πληρώματος τοῦ Χοῦ
Col 119 ἐν αὐτῷ εὐδόκησεν πᾶν τὸ πλ. κατ-
  οικῆσαι 29 ἐν αὐτῷ κατοικεῖ πᾶν τὸ
  πλήρωμα τῆς θεότητος σωματικῶς

πλησίον (ὁ πλ.) proximus ^biuxta
  ἀγαπᾶν τὸν πλησίον → ἀγαπᾶν 2)
Luc 1029 τίς ἐστίν μου πλ.; 36 τίς – πλ. δοκεῖ
  σοι γεγονέναι τοῦ ἐμπεσόντος
Joh 4 5 πλησ.^b τοῦ χωρίου ὃ ἔδωκεν Ἰακώβ
Act 7 27 „ὁ – ἀδικῶν τὸν πλ." ἀπώσατο αὐτόν
Rm 13 9.10 ἡ ἀγάπη τῷ πλ. κακὸν οὐκ ἐργάζ.
  15 2 ἕκαστος ἡμῶν τῷ πλησίον ἀρεσκέτω
Eph 425 „λαλεῖτε ἀλήθειαν ἕκαστος μετὰ τοῦ
  πλησίον αὐτοῦ", ὅτι ἐσμὲν – μέλη
(Hb 811 vl „οὐ μὴ διδάξωσιν ἕκαστος τὸν π.")
Jac 412 σὺ δὲ τίς εἶ, ὁ κρίνων τὸν πλησίον;

πλησμονή saturitas Col 223 οὐκ ἐν τιμῇ τινι
  πρὸς πλησμονὴν τῆς σαρκός

πλήσσειν percutere Ap 812 ἐπλήγη τὸ τρίτον

πλοιάριον S° – navis ^bnavicula ^cnavigium
Mar 3 9 ἵνα πλοιάριον^b προσκαρτερῇ αὐτῷ
Joh 622 ὅτι πλοι.^b ἄλλο οὐκ ἦν ἐκεῖ [23].24^b
  21 8 οἱ – ἄλλοι μαθηταὶ τῷ πλοι.^c ἦλθον

πλοῖον navis ^bnavicula ^cnavigium
Mat 421.22 ἀφέντες τὸ πλ. (vg relictis reti-
  bus) || Mar 1 19.20 – Luc 5 2.3.7.11
  823^b 24 ὥστε τὸ πλ.^b καλύπτεσθαι || Mar
  436.37 Luc 822^b – Mat 91^b 132 εἰς
  πλοῖον^b ἐμβάντα καθῆσθαι || Mar 41
  1413 ἀνεχώρησεν – ἐν πλοίῳ^b || Mar 632
  – 22^b 24^b 29 καταβὰς ἀπὸ τοῦ πλοίου^b
  [ὁ] Πέτρος 32^b 33^b || Mar 6 45.47.51.54
  Joh 617.19.21 ἤθελον – λαβεῖν αὐτὸν
  εἰς τὸ πλοῖον καὶ εὐθέως ἐγένετο
  τὸ πλοῖον ἐπὶ τῆς γῆς

Mat 1539^b || Mar 810 – Mar 52.18.21 || Luc 837
  – Mar 814 ἕνα ἄρτον – ἐν τῷ πλοίῳ
Joh 622 213.6 βάλετε εἰς τὰ δεξ. – τοῦ πλ.^c
Act 2013.38 προέπεμπον – αὐτὸν εἰς τὸ πλοῖον
  21 2.3.6 272 ἐπιβάντες – πλοίῳ Ἀδραμυτ-
  τηνῷ 6 πλοῖον Ἀλεξ. 10.15.17 ὑποζωννύν-
  τες τὸ πλ. 19 τὴν σκευὴν τοῦ πλ. ἔρριψαν
  22.30.31.37.38.39.44 2811 ἐν πλοίῳ – Ἀλε-
  ξανδρίνῳ, παρασήμῳ Διοσκούροις
Jac 3 4 τὰ πλοῖα, τηλικαῦτα ὄντα –, μετάγε-
  ται ὑπὸ ἐλαχίστου πηδαλίου
Ap 8 9 1819 ἐπλούτησαν – οἱ ἔχοντες τὰ πλ.

πλοῦς navigatio Act 217 279.10

πλούσιος dives
Mat 1923 πλούσιος δυσκόλως εἰσελεύσεται
  – 24 ἡ πλούσιον – εἰς τὴν βασιλείαν τοῦ
  θεοῦ || Mar 1025 Luc 1825
  2757 ἦλθεν ἄνθρωπος πλ. ἀπὸ Ἀριμαθ.
Mar 1241 πολλοὶ πλούσιοι ἔβαλλον πολλά ||
  Luc 211 τοὺς βάλλοντας – πλουσίους
Luc 624 πλὴν οὐαὶ ὑμῖν τοῖς πλ., ὅτι ἀπέχετε
  1216 τινὸς πλουσίου εὐφόρησεν ἡ χώρα
  1412 μὴ φώνει – μηδὲ γείτονας πλουσίους
  16 1 ἦν πλούσιος ὃς εἶχεν οἰκονόμον
  – 19 ἦν πλ., καὶ ἐνεδιδύσκετο πορφύραν
  21 ἀπὸ τῆς τραπέζης τοῦ πλ. 22 ἀπ-
  έθανεν δὲ καὶ ὁ πλούσ. καὶ ἐτάφη
  1823 περίλυπος –, ἦν γὰρ πλούσ. σφόδρα
  19 2 ἀρχιτελώνης, καὶ αὐτὸς πλούσιος
2 Co 8 9 δι' ὑμᾶς ἐπτώχευσεν πλούσιος ὢν
Eph 2 4 ὁ δὲ θεὸς πλούσιος ὢν ἐν ἐλέει
1 Ti 617 τοῖς πλ. ἐν τῷ νῦν αἰῶνι παράγγελλε
Jac 110 καυχάσθω –, ὁ δὲ πλ. ἐν τῇ ταπει-
  νώσει αὐτοῦ 11 οὕτως καὶ ὁ πλ. ἐν
  ταῖς πορείαις αὐτοῦ μαρανθήσεται
  2 5 τοὺς πτωχοὺς – πλουσίους ἐν πίστει
  – 6 οὐχ οἱ πλ. καταδυναστεύουσιν ὑμ. –;
  5 1 ἄγε νῦν οἱ πλ., κλαύσατε ὀλολύζον.
Ap 2 9 οἶδά σου τὴν θλῖψιν καὶ τὴν πτωχεί-
  αν, ἀλλὰ πλ. εἶ – 317 → πλουτεῖν
  615 καὶ οἱ πλούσιοι – „ἔκρυψαν ἑαυτούς"
  1316 ποιεῖ πάντας, – τοὺς πλ. καὶ τοὺς
  πτωχ., –, ἵνα δῶσιν αὐτοῖς χάραγμα

πλουσίως S° – abundanter ^babunde
Col 316 ὁ λόγος τοῦ Χ. ἐνοικείτω ἐν ὑμ. πλ.
1 Ti 617 τῷ παρέχοντι ἡμῖν πάντα πλουσίως^b
Tit 3 6 πνεύματος ἁγ., οὗ ἐξέχεεν – πλουσ.^b
2 Pe 111 πλουσ. ἐπιχορηγηθήσεται ὑμῖν ἡ εἴσ-
  οδος εἰς τὴν αἰώνιον βασιλείαν

πλουτεῖν *divitem fieri* ᵇ*divitem esse* ᶜ(πλ..
ῶν) *dives* ᵈ*locupletari* ᵉ*locupletem fieri*
Luc 153 "πλουτοῦντας ᶜ ἐξαπέστειλεν κενούς"
12₂₁ ὁ – μὴ εἰς θεὸν πλουτῶν ᵇ
Rm 10₁₂ κύριος –, πλουτῶν ᶜ εἰς πάντας
1 Co 4 8 ἤδη ἐπλουτήσατε · χωρὶς ἡμῶν
2 Co 8 9 ἵνα – τῇ ἐκείνου πτωχείᾳ π..ήσητε ᵇ
1 Ti 6 9 οἱ δὲ βουλόμενοι π..εῖν ἐμπίπτουσιν
– 18 παράγγελλε – πλ. ἐν ἔργοις καλοῖς
Ap 3₁₇ πλούσιός εἰμι καὶ „πεπλούτηκα ᵈ"
– 18 ἀγοράσαι – χρυσίον – ἵνα π..ήσης ᵉ
18 3 οἱ ἔμποροι τῆς γῆς ἐκ – τοῦ στρή-
νους αὐτῆς ἐπλούτησαν 15.19

πλουτίζειν ..εσθαι ᵃ*locupletare* ᵇ*locupletari*
ᶜ*divitem fieri*
1 Co 1 5 ἐν παντὶ ἐπλουτίσθητε ᶜ ἐν αὐτῷ
2 Co 610 ὡς πτωχοὶ πολλοὺς δὲ π..οντες ᵃ
911 π..όμενοι ᵇ εἰς πᾶσαν ἁπλότητα

πλοῦτος, ὁ et τό *divitiae* ᵇ*divinitas*
Mat 13₂₂ ἡ ἀπάτη τοῦ πλ. συμπνίγει ‖ Mar 4₁₉
Luc 8₁₄ ὑπὸ μεριμνῶν καὶ πλούτου
Rm 2 4 ἢ τοῦ πλ. τῆς χρηστότητος αὐτοῦ καὶ
τῆς ἀνοχῆς – καταφρονεῖς, –;
9₂₃ ἵνα γνωρίσῃ τὸν πλ. τῆς δόξης αὐτοῦ
11₁₂ εἰ – τὸ παράπτωμα αὐτῶν πλ. κόσμου
καὶ τὸ ἥττημα – πλοῦτος ἐθνῶν
– 33 ὦ βάθος πλούτου καὶ σοφίας – θεοῦ
2 Co 8 2 εἰς τὸ πλοῦτ. τῆς ἁπλότητος αὐτῶν
Eph 1 7 κατὰ τὸ πλοῦτος τῆς χάριτος αὐτοῦ
– 18 τίς ὁ πλ. τῆς δόξης τῆς κληρον. αὐτ.
2 7 τὸ ὑπερβάλλον πλ. τῆς χάριτος αὐ.
3 8 τὸ ἀνεξιχνίαστον πλοῦτος τοῦ Χοῦ
– 16 ἵνα δῷ ὑμῖν κατὰ τὸ πλ. τῆς δόξης
Phl 4₁₉ ὁ – θεός μου πληρώσει πᾶσαν χρεί-
αν ὑμῶν κατὰ τὸ πλ. αὐτοῦ ἐν δόξῃ
Col 1₂₇ τί τὸ πλ. τῆς δόξης τοῦ μυστηρίου
2 2 εἰς πᾶν πλ. τῆς πληροφ. → πληροφ.
1 Ti 6₁₇ μηδὲ ἠλπικέναι ἐπὶ π..ου ἀδηλότητι
Hb 11₂₆ μείζονα πλοῦτον ἡγησάμενος – „τὸν
ὀνειδισμὸν τοῦ Χοῦ"
Jac 5 2 ὁ πλοῦτος ὑμῶν σέσηπεν
Ap 5₁₂ λαβεῖν τὴν δύναμιν καὶ πλοῦτον ᵇ
18₁₇ μιᾷ ὥρᾳ ἠρημώθη ὁ τοσοῦτος πλοῦ.

πλύνειν *lavare* Luc 52 – Ap 7₁₄ 22₁₄

πνεῖν *flare* ᵇ*spirare* ᶜ(ἡ πνέουσα) *aurae*
flatus Mat 7₂₅.₂₇ ἄνεμοι Luc 12₅₅ νότος
Act 27 ₄₀ τῇ πνεούσῃ ᶜ
Joh 3 8 τὸ πνεῦμα ὅπου θέλει πνεῖ ᵇ – 6₁₈
Ap 7 1 ἵνα μὴ πνέῃ ἄνεμος ἐπὶ τῆς γῆς

πνεῦμα *spiritus*

1) Dei spiritus, spiritus caelestes

Mat 1₁₈ ἐν γαστρὶ ἔχουσα ἐκ πνεύματος ἁ-
γίου 20 Luc 1₃₅ πν. ἅγ. ἐπελεύσεται
3₁₁ ὑμᾶς βαπτίσει ἐν πν. ἁγ. καὶ πυρί
‖ Mar 1 8 πν. ἁγίῳ Luc 3₁₆ ἐν πν.
ἁγ. καὶ πυρί Joh 1₃₃ οὗτός ἐστιν ὁ
βαπτίζων ἐν πν. ἁγίῳ – Act 15 ἐν
πνεύματι βαπτισθήσεσθε ἁγίῳ 11₁₆
– 16 εἶδεν [τὸ] πν. [τ.] θεοῦ καταβαῖνον [‖
Mar 1 10 τὸ πν. Luc 3 22 τὸ ἅγ. Joh 1 32
τὸ πν. 33 ἐφ' ὃν ἂν ἴδῃς τὸ πν. κα-
ταβαῖνον καὶ μένον ἐπ' αὐτόν
4 1 ἀνήχθη εἰς τὴν ἔρημον ὑπὸ τοῦ πν.
‖ Mar 1 12 τὸ πν. αὐτὸν ἐκβάλλει Luc
4₁ πλήρης π..τος ἁγ. –, – ἤγετο ἐν
τῷ πν. ἐν τῇ ἐρήμῳ 14 ὑπέστρεψεν
– ἐν τῇ δυνάμει τοῦ πν. εἰς τὴν Γαλ.
10₂₀ ἀλλὰ τὸ πν. τοῦ πατρὸς ὑμῶν τὸ λα-
λοῦν ἐν ὑμῖν ‖ Luc 12₁₂ τὸ – ἅγ. πν.
διδάξει ὑμᾶς cfr Mar 13₁₁ ἀλλὰ τὸ
πνεῦμα τὸ ἅγιον → Joh 14₁₇.₂₆
12₁₈ „θήσω τὸ πνεῦμά μου ἐπ' αὐτόν"
– 28 εἰ – ἐν πν. θεοῦ ἐγὼ ἐκβάλλω τὰ δ.
– 31 ἡ δὲ τοῦ πν. βλασφημία 32 ὃς δ'
ἂν εἴπῃ κατὰ τοῦ πν. τοῦ ἁγ. ‖ Mar
3₂₉ ὃς δ' ἂν βλασφημήσῃ εἰς τὸ πν.
τὸ ἅγ. Luc 12₁₀ τῷ – εἰς τὸ ἅγ. πν. βλ.
22₄₃ πῶς – Δαυὶδ ἐν πν. καλεῖ αὐτὸν κύ-
ριον –; ‖ Mar 12₃₆ ἐν τῷ πν. τῷ ἁγ.
28₁₉ εἰς τὸ ὄνομα – τοῦ ἁγίου πνεύματος
Luc 1₁₅ πνεύματος ἁγ. πλησθήσεται ἔτι ἐκ
κοιλίας μητρός 17 προελεύσεται – ἐν
πνεύματι καὶ δυνάμει Ἡλίου
– 41 ἐπλήσθη π..τος ἁγίου ἡ Ἐλισάβετ
67 Ζαχ. – ἐπλ. π. ἁ. καὶ ἐπροφήτευσεν
2₂₅ πν. ἦν ἅγ. ἐπ' αὐτόν 26 ἦν αὐτῷ κε-
χρηματισμένον ὑπὸ τοῦ πν. τοῦ ἁγ.
27 ἦλθεν ἐν τῷ πνεύματι εἰς τὸ ἱερόν
4₁₈ „πνεῦμα κυρίου ἐπ' ἐμέ"
(9₅₅ vl οὐκ οἴδατε ποίου π..τός ἐστε; vg)
10₂₁ ἠγαλλιάσατο [ἐν] τῷ πνεύματι τ. ἁγίῳ
11₁₃ πόσῳ μᾶλλον ὁ πατὴρ – δώσει πν.
ἅγιον (vl ἀγαθὸν vg) τοῖς αἰτοῦσιν
Joh 3 5 ἐὰν μή τις γεννηθῇ ἐξ ὕδατ. καὶ πν.
– 6 τὸ γεγεννημένον ἐκ τοῦ πν. πνεῦμά
ἐστιν 8 τὸ πν. ὅπου θέλει πνεῖ – · οὕ-
τως ἐστὶν πᾶς ὁ γεγενν. ἐκ τοῦ πν.
– 34 οὐ γὰρ ἐκ μέτρου δίδωσιν τὸ πνεῦμα
4₂₃ προσκυνήσουσιν τῷ πατρὶ ἐν πνεύ-
ματι καὶ ἀληθείᾳ 24 πνεῦμα ὁ θεός,

καὶ – ἐν πν. καὶ ἀληθ. δεῖ προσκυνεῖν
Joh 6 63 τὸ πν. ἐστιν τὸ ζωοποιοῦν, – τὰ ῥή-
ματα – πνεῦμά ἐστιν καὶ ζωή ἐστιν
7 39 εἶπεν περὶ τοῦ πν. ὃ ἔμελλον λαμ-
βάνειν οἱ πιστεύσαντες – ˙ οὔπω γὰρ
ἦν πνεῦμα (vl + δεδομένον)
14 17 ἄλλον παράκλητον δώσει ὑμῖν, –, τὸ
πν. τῆς ἀληθείας 26 τὸ πν. τὸ ἅγιον
–, ἐκεῖνος ὑμᾶς διδάξει πάντα 15 26
τὸ πν. τῆς ἀλ. 16 13 ὁδηγήσει ὑμᾶς
ἐν τῇ ἀληθείᾳ πάσῃ → 1 Jo 4 6
20 22 λέγει αὐτοῖς˙ λάβετε πνεῦμα ἅγιον
Act 1 2 ἐντειλάμενος – διὰ πνεύματος ἁγίου
– 5 ἐν π..ατι βαπτισθήσεσθε ἁγίῳ 8 λήμ-
ψεσθε δύναμιν – τοῦ ἁγίου πνεύματ.
– 16 τὴν γραφὴν ἣν προεῖπεν τὸ πν. τὸ
ἅγ. 4 25 ὁ – διὰ π..τος ἁγίου στόμα-
τος Δαυὶδ – εἰπών 28 25 καλῶς τὸ πν.
τὸ ἅγιον ἐλάλησεν διὰ Ἡσαΐου τοῦ
προφήτου
2 4 ἐπλήσθησαν – π..τος ἁγ., καὶ ἤρξαντο
λαλεῖν – καθὼς τὸ πν. ἐδίδου 17 „ἐκ-
χεῶ ἀπὸ τοῦ πν. μου" 18. 33 τὴν „ἐπ-
αγγ. τοῦ πν. τοῦ ἁγ. λαβὼν – ἐξέ-
χεεν 38 λήμψεσθε τὴν δωρεὰν τοῦ
ἁγίου πνεύματος – 10 45
4 8 Πέτρος πλησθεὶς π..τος ἁγ. – 13 9
– 31 ἐπλήσθησαν ἅπαντες τοῦ ἁγίου πν.
5 3 ψεύσασθαί σε τὸ πνεῦμα τὸ ἅγιον 9
πειράσαι τὸ πνεῦμα κυρίου;
– 32 ἡμεῖς ἐσμεν μάρτυρες – καὶ τὸ πν. τὸ
ἅγ. ὃ ἔδωκεν ὁ θεὸς τοῖς πειθαρ-
χοῦσιν αὐτῷ 15 28 ἔδοξεν – τῷ πνεύ-
ματι τῷ ἁγίῳ καὶ ἡμῖν
6 3 πλήρεις π..τος καὶ σοφίας 5 πλήρη
πίστεως καὶ πν. ἁγίου 7 55 πν. ἁγίου
11 24 πλήρης πνεύμ. ἁγ. καὶ πίστεως
– 10 οὐκ ἴσχυον ἀντιστῆναι τῇ σοφίᾳ καὶ
τῷ πνεύματι ᾧ ἐλάλει 21 4 ἔλεγον διὰ
τοῦ πν. 21 11 τάδε λέγει τὸ πν. τὸ ἅγ.
7 51 ἀεὶ „τῷ πνεύμ. τῷ ἁγ. ἀντιπίπτετε"
8 15 ὅπως λάβωσιν πν. ἅγ. 17. 18 ὅτι διὰ
τῆς ἐπιθέσεως τῶν χειρῶν – δίδοται
τὸ πν. 19 10 47 τὸ πν. τὸ ἅγ. ἔλαβον
– 29 εἶπεν – τὸ πν. τῷ Φιλίππῳ 10 19 11 12
13 2 τὸ πν. τὸ ἅγ. – 11 28 Ἄγαβος
ἐσήμανεν διὰ τοῦ πν. 20 23 τὸ πν.
τὸ ἅγιον – διαμαρτύρεταί μοι λέγον
– 39 πν. κυρίου ἥρπασεν τὸν Φίλιππον
9 17 ὅπως – πλησθῇς πνεύματος ἁγίου
– 31 ἡ – ἐκκλησία – τῇ παρακλήσει τοῦ ἁ-
γίου πνεύματος ἐπληθύνετο

Act 10 38 Ἰησοῦν –, ὡς „ἔχρισεν" αὐτὸν „ὁ
θεὸς πνεύματι" ἁγίῳ καὶ δυνάμει
– 44 ἐπέπεσεν τὸ πν. τὸ ἅγ. ἐπὶ πάντας
45 καὶ ἐπὶ τὰ ἔθνη ἡ δωρεὰ τοῦ ἁγίου
πν. ἐκκέχυται 47 – 11 15 ἐπέπεσεν
13 4 ἐκπεμφθέντες ὑπὸ τοῦ ἁγίου πν. 16
6 κωλυθέντες 7 οὐκ εἴασεν αὐτοὺς
τὸ πν. Ἰησοῦ (19 1 vl εἶπεν αὐτῷ τὸ
πν. ὑποστρέφειν) 20 22 → sub 3)
– 9 Σαῦλος –, πλησθεὶς π..τος ἁγίου
– 52 ἐπληροῦντο χαρᾶς καὶ πνεύμ. ἁγίου
15 8 ἐμαρτύρησεν αὐτοῖς δοὺς τὸ πνεῦμα
τὸ ἅγιον καθὼς καὶ ἡμῖν
19 2 εἰ πν. ἅγ. ἐλάβετε πιστεύσαντες; –
ἀλλ' οὐδ' εἰ πν. ἅγ. ἔστιν ἠκούσαμεν
6 ἦλθε τὸ πν. τὸ ἅγ. ἐπ' αὐτούς
20 28 ὑμᾶς τὸ πν. τὸ ἅγ. ἔθετο ἐπισκόπους
23 8 μὴ εἶναι – μήτε ἄγγελον μήτε πνεῦμα
– 9 εἰ δὲ πν. ἐλάλησεν αὐτῷ ἢ ἄγγελος
Rm 1 4 ὁρισθέντος υἱοῦ θεοῦ ἐν δυνάμει κα-
τὰ πνεῦμα ἁγιωσύνης
2 29 περιτομὴ καρδίας ἐν π..τι οὐ γράμ-
ματι 7 6 ὥστε δουλεύειν – ἐν καινότη-
τι π..τος καὶ οὐ παλαιότητι γρ..τος
5 5 ἡ ἀγάπη τοῦ θεοῦ ἐκκέχυται – διὰ
πνεύματος ἁγίου τοῦ δοθέντος ἡμῖν
8 2 ὁ – νόμος τοῦ πν. τῆς ζωῆς ἐν Χῷ –
ἠλευθέρωσέν σε ἀπὸ τοῦ νόμου τῆς
– 4 ἐν ἡμῖν τοῖς μὴ κατὰ σάρκα περιπα-
τοῦσιν ἀλλὰ κατὰ πν. 5 οἱ – κατὰ πν.
(sc ὄντες) τὰ τοῦ πν. (sc φρονοῦ-
σιν) 6 τὸ δὲ φρόνημα τοῦ πν. ζωὴ
καὶ εἰρήνη 9 ὑμεῖς – οὐκ ἐστὲ ἐν σαρ-
κὶ ἀλλὰ ἐν πν., εἴπερ πνεῦμα θεοῦ
οἰκεῖ ἐν ὑμῖν. εἰ δέ τις πν. Χοῦ οὐκ
ἔχει, οὗτος οὐκ ἔστιν αὐτοῦ 10 εἰ –
Χὸς ἐν ὑμῖν, –, τὸ – πνεῦμα ζωὴ
– 11 εἰ – τὸ πν. τοῦ ἐγείραντος τὸν Ἰησοῦν
– οἰκεῖ ἐν ὑμῖν, ὁ ἐγείρας Χὸν –
ζωοποιήσει καὶ τὰ – σώμ. ὑμ. διὰ τοῦ
ἐνοικοῦντος αὐτοῦ π..τος ἐν ὑμῖν
– 13 εἰ δὲ π..τι τὰς πράξεις τοῦ σώματος
θανατοῦτε, ζήσεσθε 14 ὅσοι – πνεύμα-
τι θεοῦ ἄγονται, – υἱοὶ θεοῦ εἰσιν
– 15 οὐ γὰρ ἐλάβετε πν. δουλείας, – ἀλ-
λὰ – πν. υἱοθεσίας 16 αὐτὸ τὸ πν. συμ-
μαρτυρεῖ τῷ πνεύματι ἡμῶν ὅτι ἐσμέν
– 23 τὴν ἀπαρχὴν τοῦ πνεύματος ἔχοντες
– 26 τὸ πν. συναντιλαμβάνεται τῇ ἀσθε-
νείᾳ ἡμῶν˙ – αὐτὸ τὸ πνεῦμα ὑπερεν-
τυγχάνει στεναγμοῖς ἀλαλήτοις
– 27 οἶδεν τί τὸ φρόνημα τοῦ πνεύματος

Rm 9 1 οὐ ψεύδομαι, συμμαρτυρούσης μοι
τῆς συνειδήσεώς μου ἐν π..τι ἁγίῳ
12 11 τῷ πνεύματι ζέοντες → 3) Act 18 25
14 17 εἰρήνη καὶ χαρὰ ἐν πνεύματι ἁγίῳ
15 13 εἰς τὸ περισσεύειν ὑμᾶς ἐν τῇ ἐλπί-
δι ἐν δυνάμει π..τος ἁγ. → Gal 5 5
– 16 ἡ προσφορὰ τῶν ἐθνῶν εὐπρόσδε-
κτος, ἡγιασμένη ἐν πνεύματι ἁγίῳ
– 19 ἐν δυνάμει σημείων καὶ τεράτων, ἐν
δυνάμει πνεύματος [θεοῦ]
– 30 παρακαλῶ – διὰ τῆς ἀγάπης τοῦ πν.
1 Co 2 4 ἐν ἀποδείξει π..τος καὶ δυνάμεως
– 10 ἡμῖν – ἀπεκάλυψεν ὁ θεὸς διὰ τοῦ
πν.· τὸ γὰρ πνεῦμα πάντα ἐραυνᾷ
– 11 → 3) – καὶ τὰ τοῦ θεοῦ οὐδεὶς ἔ-
γνωκεν εἰ μὴ τὸ πν. τοῦ θεοῦ 12 ἡ-
μεῖς δὲ οὐ τὸ πν. τοῦ κόσμου ἐλά-
βομεν ἀλλὰ τὸ πν. τὸ ἐκ τοῦ θεοῦ
– 13 ἃ καὶ λαλοῦμεν – ἐν διδακτοῖς πνεύ-
ματος (sc λόγοις) 14 ψυχικὸς δὲ ἄνθρ.
– οὐ δέχεται τὰ τοῦ πνεύμ. τοῦ θεοῦ
3 16 ὅτι ναὸς θεοῦ ἐστε καὶ τὸ πν. τοῦ
θεοῦ οἰκεῖ ἐν ὑμῖν; 6 19 τὸ σῶμα ὑ-
μῶν ναὸς τοῦ ἐν ὑμῖν ἁγίου π..τος
4 21 ἢ ἐν ἀγάπῃ π..τί τε πραΰτητος;
6 11 ἐδικαιώθητε – ἐν τῷ. τοῦ θ. ἡμῶν
– 17 ὁ – κολλώμενος τῷ κυρίῳ ἓν πν. ἐστ.
7 40 δοκῶ δὲ κἀγὼ πνεῦμα θεοῦ ἔχειν
12 3 οὐδεὶς ἐν π..τι θεοῦ λαλῶν λέγει· –
εἰ μὴ ἐν π..τι ἁγίῳ 4 διαιρέσεις – χα-
ρισμάτων εἰσίν, τὸ δὲ αὐτὸ πνεῦμα
– 7 ἑκάστῳ – δίδοται ἡ φανέρωσις τοῦ
πν. πρὸς τὸ συμφέρον 8 διὰ τοῦ πν.
– λόγος σοφίας, – λόγος γνώσεως
κατὰ τὸ αὐτὸ πνεῦμα 9 πίστις ἐν τῷ
αὐτῷ πνεύματι, – χαρίσματα ἰαμάτων
ἐν τῷ ἑνὶ πν. 10 διακρίσεις πνευμάτων
– 11 πάντα – ἐνεργεῖ τὸ ἓν καὶ τὸ αὐτὸ
πν., διαιροῦν – ἑκάστῳ καθὼς βούλ.
– 13 ἐν ἑνὶ πν. – εἰς ἓν σῶμα ἐβαπτίσθη-
μεν, – καὶ – ἓν πνεῦμα ἐποτίσθημεν
14 2 πνεύματι δὲ λαλεῖ μυστήρια
– 12 ἐπεὶ ζηλωταί ἐστε πνευμάτων
– 14 τὸ πν. μου προσεύχεται, ὁ δὲ νοῦς
– 15 προσεύξομαι τῷ πνεύματι, προσεύ-
ξομαι δὲ καὶ τῷ νοΐ· ψαλῶ τῷ πνεύ-
ματι, ψαλῶ δὲ καὶ τῷ νοΐ 16 ἐὰν εὐ-
λογῇς [ἐν] πνεύματι
– 32 πνεύματα προφητῶν προφήταις ὑπο-
τάσσεται· οὐ γάρ ἐστιν ἀκαταστασίας
15 45 ὁ ἔσχατος Ἀδὰμ εἰς πν. ζωοποιοῦν
2 Co 1 22 δοὺς τὸν ἀρραβῶνα τοῦ πνεύμ. 5 5

2 Co 3 3 ἐστὲ ἐπιστολὴ Χοῦ –, ἐγγεγραμμένη
– πνεύματι θεοῦ ζῶντος
– 6 ἡμᾶς διακόνους καινῆς διαθήκης, οὐ
γράμματος ἀλλὰ πνεύματος· τὸ γὰρ
γρ. ἀποκτέννει, τὸ δὲ πν. ζωοποιεῖ
– 8 πῶς οὐχὶ μᾶλλον ἡ διακονία τοῦ
πνεύματος ἔσται ἐν δόξῃ;
– 17 ὁ δὲ κύριος τὸ πν. ἐστιν· οὗ δὲ τὸ
πνεῦμα κυρίου, ἐλευθερία
– 18 καθάπερ ἀπὸ κυρίου πνεύματος
4 13 ἔχοντες – τὸ αὐτὸ πν. τῆς πίστεως
6 4.6 συνιστάντες ἑαυτοὺς ὡς θεοῦ διά-
κονοι –, ἐν πνεύματι ἁγίῳ
11 4 εἰ – πνεῦμα ἕτερον λαμβάνετε ὃ οὐκ
12 18 οὐ τῷ αὐτῷ πνεύμ. περιεπατήσαμεν;
13 13 ἡ κοινωνία τοῦ ἁγ. πν. μετὰ πάντων
Gal 3 2 ἐξ ἔργων νόμου τὸ πν. ἐλάβετε –;
– 3 ἐναρξάμενοι π..τι νῦν σαρκὶ ἐπιτε-
λεῖσθε; 5 ὁ – ἐπιχορηγῶν ὑμῖν τὸ πν.
– ἐξ ἔργων νόμου ἢ ἐξ ἀκοῆς πίστε-
ως; 14 ἵνα τὴν ἐπαγγελίαν τοῦ πνεύ-
ματος λάβωμεν διὰ τῆς πίστεως
4 6 ἐξαπέστειλεν ὁ θεὸς τὸ πν. τοῦ υἱοῦ
– 29 ὁ κατὰ σάρκα γεννηθεὶς ἐδίωκεν τὸν
κατὰ πνεῦμα, οὕτως καὶ νῦν
5 5 ἡμεῖς γὰρ πνεύματι ἐκ πίστεως ἐλ-
πίδα δικαιοσύνης ἀπεκδεχόμεθα
– 16 πνεύματι περιπατεῖτε καὶ ἐπιθυμίαν
σαρκὸς οὐ μὴ τελέσητε 17 ἡ – σὰρξ
ἐπιθυμεῖ κατὰ τοῦ πν., τὸ δὲ πνεῦμα
κατὰ τῆς σαρκός 18 εἰ δὲ πνεύματι
ἄγεσθε, οὐκ ἐστὲ ὑπὸ νόμον 22 ὁ δὲ
καρπὸς τοῦ πν. ἐστιν ἀγάπη, χαρά
– 25 εἰ ζῶμεν π..τι, π..τι καὶ στοιχῶμεν
6 1 καταρτίζετε – ἐν τοιούτῳ πραΰτητος
– 8 ὁ δὲ σπείρων εἰς τὸ πνεῦμα ἐκ τοῦ
πνεύματος θερίσει ζωὴν αἰώνιον
Eph 1 13 ἐσφραγίσθητε τῷ πν. τῆς ἐπαγγελίας
τῷ ἁγ., ὃ (vl ὅς) ἐστιν ἀρραβὼν
τῆς κληρονομίας ἡμῶν 4 30 μὴ λυπεῖτε
τὸ πν. τὸ ἅγ. τοῦ θεοῦ, ἐν ᾧ ἐσφρα-
γίσθητε εἰς ἡμέραν ἀπολυτρώσεως
– 17 δῴη ὑμῖν πν. σοφίας καὶ ἀποκαλύψ.
2 18 προσαγωγὴν – ἐν ἑνὶ πν. πρὸς τ. πατ.
– 22 εἰς κατοικητήριον τοῦ θεοῦ ἐν π..τι
3 5 ἀπεκαλύφθη τοῖς – προφήταις ἐν πν.
– 16 κραταιωθῆναι διὰ τοῦ πνεύματος αὐ-
τοῦ εἰς τὸν ἔσω ἄνθρωπον
4 3 τηρεῖν τὴν ἑνότητα τοῦ πνεύματος
– 4 ἓν σῶμα καὶ ἓν πνεῦμα
– 23 ἀνανεοῦσθαι – τῷ πν. τοῦ νοὸς ὑμῶν
5 18 ἀλλὰ πληροῦσθε ἐν πνεύματι

Eph 6 17 „τὴν μάχαιραν τοῦ πν., – ῥῆμα θεοῦ"
– 18 προσευχόμενοι – ἐν πνεύματι
Phl 1 19 διὰ τῆς –ἐπιχορηγίας τοῦ πν. Ἰ. Χοῦ
– 27 ὅτι στήκετε ἐν ἑνὶ πνεύματι
2 1 εἴ τις κοινωνία πνεύματος
3 3 οἱ π..τι θεοῦ (vl θεῷ vg) λατρεύοντες
Col 1 8 τὴν ὑμῶν ἀγάπην ἐν πνεύματι
1 Th 1 5 τὸ εὐαγγέλιον ἡμῶν – ἐγενήθη – καὶ
ἐν δυνάμει καὶ ἐν πνεύματι ἁγίῳ
– 6 ἐν θλίψει – μετὰ χαρᾶς π..τος ἁγίου
4 8 θεὸν τὸν [καὶ] „διδόντα τὸ πνεῦμα
αὐτοῦ" τὸ ἅγιον „εἰς ὑμᾶς"
5 19 τὸ πνεῦμα μὴ σβέννυτε
2 Th 2 2 εἰς τὸ μὴ – σαλευθῆναι ὑμᾶς – μήτε
διὰ πνεύματος μήτε διὰ λόγου μήτε
– 13 εἵλατο ὑμᾶς ὁ θεὸς – εἰς σωτηρίαν
ἐν ἁγιασμῷ π..τος καὶ πίστει ἀληθ.
1 Ti 3 16 ὃς (vl ὃ vg) –, ἐδικαιώθη ἐν πν..τι
4 1 τὸ δὲ πν. ῥητῶς λέγει ὅτι ἐν ὑστέροις
2 Ti 1 7 οὐ – πν. δειλίας, ἀλλὰ δυνάμεως καὶ
ἀγάπης καὶ σωφρονισμοῦ
– 14 τὴν – παραθήκην φύλαξον διὰ π..τος
ἁγίου τοῦ ἐνοικοῦντος ἐν ἡμῖν
Tit 3 5 διὰ λουτροῦ παλινγενεσίας καὶ ἀνα-
καινώσεως π..τος ἁγίου, οὗ ἐξέχεεν
Hb 1 14 εἰσὶν λειτουργικὰ π..τα (cfr sub 4)
Hb 1 7) εἰς διακονίαν ἀποστελλόμενα
2 4 συνεπιμαρτυροῦντος τοῦ θεοῦ–πνεύ-
ματος ἁγίου μερισμοῖς
3 7 καθὼς λέγει τὸ πν. τὸ ἅγ.· „σήμερ."
6 4 μετόχους γενηθέντας π..τος ἁγίου
9 8 τοῦτο δηλοῦντος τοῦ πν. τοῦ ἁγίου
– 14 Χοῦ, ὃς διὰ π..τος αἰωνίου (vl ἁγ.
vg) ἑαυτὸν προσήνεγκεν – τῷ θεῷ
10 15 μαρτυρεῖ – ἡμῖν καὶ τὸ πν. τὸ ἅγιον
– 29 ὁ – τὸ πνεῦμα τῆς χάριτος ἐνυβρίσας
Jac 4 5 πρὸς φθόνον ἐπιποθεῖ τὸ πνεῦμα ὃ
κατῴκισεν ἐν ἡμῖν
1 Pe 1 2 ἐν ἁγιασμῷ πνεύματος → 2 Th 2 13
– 11 εἰς τίνα – καιρὸν ἐδήλου τὸ ἐν αὐ-
τοῖς πνεῦμα Χοῦ προμαρτυρόμενον
– 12 διὰ τῶν εὐαγγελισαμένων ὑμᾶς [ἐν]
πνεύματι ἁγίῳ ἀποσταλέντι ἀπ' οὐρ.
3 18 Χὸς –, ζωοποιηθεὶς – π..τι 19 ἐν ᾧ καὶ
τοῖς ἐν φυλακῇ – ἐκήρυξεν → 3)
4 6 ἵνα –, ζῶσι δὲ κατὰ θεὸν πνεύματι
– 14 ὅτι τὸ δόξης καὶ „τὸ τοῦ θεοῦ
πνεῦμα" ἐφ' ὑμᾶς „ἀναπαύεται"
2 Pe 1 21 ὑπὸ π..τος ἁγ. φερόμενοι ἐλάλησαν
1 Jo 3 24 γινώσκομεν ὅτι μένει (sc Χὸς) ἐν ἡ-
μῖν, ἐκ τοῦ πν. οὗ ἡμῖν ἔδωκεν 4 13
ὅτι ἐκ τοῦ πν. αὐτοῦ δέδωκεν ἡμῖν

1 Jo 4 1 μὴ παντὶ πν. πιστεύετε, ἀλλὰ δοκι-
μάζετε τὰ πνεύματα εἰ ἐκ τοῦ θεοῦ
– 2 ἐν τούτῳ γινώσκετε τὸ πν. τοῦ θεοῦ·
πᾶν πνεῦμα ὃ ὁμολογεῖ Ἰ. Χόν 3 ὃ
μὴ ὁμολογεῖ (vl ὃ λύει vg) τὸν Ἰη-
σοῦν ἐκ τοῦ θεοῦ οὐκ ἔστιν
– 6 γινώσκομεν τὸ πνεῦμα τῆς ἀληθείας
καὶ τὸ πν. τῆς πλάνης → Joh 14 17
5 6 τὸ πν. ἐστιν τὸ μαρτυροῦν, ὅτι τὸ πν.
ἐστιν ἡ ἀλήθεια 7.8 τρεῖς εἰσιν οἱ
μαρτυροῦντες, τὸ πν. καὶ τὸ ὕδωρ
Jud 19 ψυχικοί, πνεῦμα μὴ ἔχοντες
20 ὑμεῖς δέ, – ἐν πν. ἁγ. προσευχόμενοι
Ap 1 4 ἀπὸ τῶν ἑπτὰ πν. – ἐνώπ. τ. θρόνου
– 10 ἐγενόμην ἐν π..τι 4 2 – 17 3 ἀπήνεγ-
κέν με εἰς ἔρημον ἐν πνεύματι 21 10
2 7 ἀκουσάτω τί τὸ πνεῦμα λέγει ταῖς
ἐκκλησίαις 11. 17. 29 3 6. 13. 22
3 1 ὁ ἔχων τὰ ἑπτὰ πν. τοῦ θεοῦ 4 5 5 6
14 13 ναί, λέγει τὸ πν., ἵνα ἀναπαήσονται
19 10 ἡ – μαρτυρία Ἰησοῦ ἐστιν τὸ πνεῦμα
τῆς προφητείας
22 6 ὁ κύρ. ὁ θεὸς τῶν πν. τῶν προφητῶν
– 17 τὸ πνεῦμα καὶ ἡ νύμφη λέγουσιν

2) spiritus mali et malorum auctores
(vg spiritus immundi [b]mali [c]maligni
[d]nequam (nequiores) [e]pessimi

Mat 8 16 ἐξέβαλεν τὰ πν. λόγῳ 10 1 ἔδωκεν
– ἐξουσίαν πνευμάτων ἀκαθάρτων
ὥστε ἐκβάλλειν αὐτά ‖ Mar 6 7
12 43 ὅταν – τὸ ἀκάθαρτον πνεῦμα ἐξέλθῃ
45 ἑπτὰ ἕτερα πνεύματα πονηρότε-
ρα[d] ἑαυτοῦ ‖ Luc 11 24. 26[d]
Mar 1 23 ἄνθρωπος ἐν πνεύματι ἀκαθάρτῳ 26
‖ Luc 4 33 ἔχων πν. δαιμονίου ἀκαθ.
– 27 καὶ τοῖς πν. τοῖς ἀκαθάρτοις ἐπιτάσ-
σει ‖ Luc 4 36 ἐν ἐξουσίᾳ καὶ δυνάμει
3 11 τὰ πν. τὰ ἀκάθ. – προσεπίπτον αὐ-
τῷ καὶ ἔκραζον – ὅτι σὺ εἶ ὁ υἱός
– 30 ἔλεγον· πνεῦμα ἀκάθαρτον ἔχει
5 2 ἄνθρωπος ἐν π..τι ἀκαθ. 8 ἐξέλθε τὸ
πν. τὸ ἀκάθ. 13 ἐξελθόντα τὰ πν. τὰ
ἀκάθαρτα ‖ Luc 8 29 παρήγγειλεν –
τῷ πνεύματι τῷ ἀκαθάρτῳ ἐξελθεῖν
7 25 εἶχεν τὸ θυγάτριον – πν. ἀκάθαρτον
9 17 υἱόν –, ἔχοντα πν. ἄλαλον 20 ἰδὼν
αὐτὸν τὸ πν. – συνεσπάραξεν αὐτὸν
25 ἐπετίμησεν τῷ πν. τῷ ἀκαθ. · – τὸ
ἄλαλον καὶ κωφὸν πν., –, ἔξελθε ‖
Luc 9 39 πνεῦμα λαμβάνει αὐτόν 42
Luc 6 18 οἱ ἐνοχλούμενοι ἀπὸ πνευμάτων ἀ-

(Luc) καθάρτων ἐθεραπεύοντο 7 21 ἀπό –
π..των πονηρῶνᵇ 8 2 αἴ ἦσαν τεθερα-
πευμέναι ἀπὸ πνευμάτων πονηρῶνᶜ
Luc 10 20 πλὴν ἐν τούτῳ μὴ χαίρετε ὅτι τὰ
πνεύματα ὑμῖν ὑποτάσσεται
13 11 γυνὴ πν. ἔχουσα ἀσθενείας ἔτη δε.
Act 5 16 ὀχλουμένους ὑπὸ π..των ἀκαθάρτ.
8 7 πολλοὶ–τῶν ἐχόντων π..τα ἀκάθαρτα
16 16 ἔχουσαν πν. πύθωνα 18 τῷ πν. εἶπεν
19 12 τὰ – πν. τὰ πονηρὰᵈ ἐκπορεύεσθαι
– 13 ὀνομάζειν ἐπὶ τοὺς ἔχοντας τὰ πν.
τὰ πονηρὰᵇ τὸ ὄνομα τοῦ κυρ. Ἰης.
– 15 τὸ πν. τὸ πονηρὸνᵈ εἶπεν αὐτοῖς
– 16 τὸ πν. τὸ πον.ᵉ (daemonium pessim.)
Rm 11 8 „ἔδωκεν – ὁ θεὸς πν. κατανύξεως"
1 Co 2 12 οὐ τὸ πνεῦμα τοῦ κόσμου ἐλάβομεν
Eph 2 2 τοῦ πνεύματος τοῦ νῦν ἐνεργοῦντος
ἐν τοῖς υἱοῖς τῆς ἀπειθείας
1 Ti 4 1 προσέχοντες πνεύμασιν πλάνοις
2 Ti 1 7 οὐ γὰρ ἔδωκεν ἡμῖν ὁ θεὸς πνεῦμα
δειλίας – 1 Pe 3 19 → sub 3)
1 Jo 4 1 μὴ παντὶ πν. πιστεύετε, ἀλλὰ δοκι-
μάζετε τὰ πν. 3 πᾶν πν. ὃ μὴ ὁμο-
λογεῖ (vl δ λύει vg) τὸν Ἰησοῦν –·
καὶ τοῦτό ἐστιν τὸ τοῦ ἀντιχρίστου
6 γινώσκομεν– τὸ πνεῦμα τῆς πλάνης
Ap 16 13 π..τα τρία ἀκάθαρτα ὡς βάτραχοι
14 εἰσὶν γὰρ πνεύματα δαιμονίων
18 2 φυλακὴ παντὸς π..τος ἀκαθάρτου

3) hominis animus, – animae defunc-
torum

Mat 5 3 μακάριοι „οἱ πτωχοὶ" τῷ πνεύματι
26 41 τὸ μὲν πν. πρόθυμον (promptus), ἡ
δὲ σὰρξ ἀσθενής ‖ Mar 14 38
27 50 ἀφῆκεν τὸ πν. Joh 19 30 παρέδωκεν
Mar 2 8 ἐπιγνοὺς ὁ Ἰησοῦς τῷ πν. αὐτοῦ ὅτι
8 12 ἀναστενάξας τῷ πν..τι αὐτοῦ λέγει
Luc 1 47 „ἠγαλλίασεν" τὸ πν. μου „ἐπὶ τ. θεῷ"
– 80 τὸ – παιδίον – ἐκραταιοῦτο πνεύματι
8 55 ἐπέστρεψεν τὸ πνεῦμα αὐτῆς
23 46 „εἰς χεῖράς σου παρατίθεμαι τὸ πν.
μου" Act 7 59 δέξαι τὸ πνεῦμά μου
24 37 ἐδόκουν πν. θεωρεῖν 39 ὅτι πν. σάρ-
κα καὶ ὀστέα οὐκ ἔχει καθὼς
Joh 11 33 Ἰησοῦς –ἐνεβριμήσατο τῷ πνεύματι
13 21 Ἰησοῦς ἐταράχθη τῷ πνεύματι
Act 17 16 παρωξύνετο τὸ πν. αὐτοῦ ἐν αὐτῷ
18 25 ζέων τῷ πν..τι ἐλάλει 19 21 ἔθετο ὁ
Παῦλος ἐν τῷ πν.–πορεύεσθαι εἰς
20 22 δεδεμένος ἐγὼ τῷ πν..τι πορεύομαι
Rm 1 9 ὁ θεός, ᾧ λατρεύω ἐν τῷ πν..τί μου

Rm 8 10 τὸ δὲ πνεῦμα ζωὴ διὰ δικαιοσύνην
– 16 αὐτὸ τὸ πνεῦμα συμμαρτυρεῖ τῷ πνεύ-
ματι ἡμῶν ὅτι ἐσμὲν τέκνα
1 Co 2 11 τίς –οἶδεν –τὰ τοῦ ἀνθρώπου εἰ μὴ
τὸ πν. τοῦ ἀνθρώπου τὸ ἐν αὐτῷ;
5 3 ἀπὼν τῷ σώματι, παρὼν δὲ τῷ πν..τι
– 4 συναχθέντων ὑμῶν καὶ τοῦ ἐμοῦ π..
τος σὺν τῇ δυνάμει τοῦ κυρίου
– 5 ἵνα τὸ πνεῦμα σωθῇ ἐν τῇ ἡμέρᾳ
7 34 ἵνα ἡ ἁγία καὶ τῷ σώμ. καὶ τῷ πν.
14 14 τὸ πν. μου προσεύχεται, ὁ δὲ νοῦς
16 18 ἀνέπαυσαν–τὸ ἐμὸν πν. καὶ τὸ ὑ-
μῶν – 2 Co 7 13 ἀναπέπαυται τὸ πν.
2 Co 2 13 οὐκ ἔσχηκα ἄνεσιν τῷ πνεύματί μου
7 1 ἀπὸ –μολυσμοῦ σαρκὸς καὶ πν..τος
Gal 6 18 ἡ χάρις–μετὰ τοῦ πν. ὑμῶν Phl 4 23
Phm 25 – 2 Ti 4 22 ὁ κύριος μετὰ τοῦ
πνεύματός σου. ἡ χάρις μεθ' ὑμῶν
Eph 4 23 ἀνανεοῦσθαι –τῷ πν. τοῦ νοὸς ὑμῶν
Col 2 5 ἀλλὰ τῷ πνεύματι σὺν ὑμῖν εἰμι
1 Th 5 23 ὁλόκληρον ὑμῶν τὸ πν. καὶ ἡ ψυχὴ
καὶ τὸ σῶμα – τηρηθείη
Hb 4 12 ἄχρι μερισμοῦ ψυχῆς καὶ πνεύματος
12 9 οὐ –μᾶλλον ὑποταγησόμεθα τῷ πα-
τρὶ τῶν πνευμάτων καὶ ζήσομεν;
– 23 πνεύμασι δικαίων τετελειωμένων
Jac 2 26 ὥσπερ –σῶμα χωρὶς π..τος νεκρόν
4 5 ἐπιποθεῖ τὸ πνεῦμα –ἐν ἡμῖν
1 Pe 3 4 τοῦ πραέως καὶ ἡσυχίου πνεύματος
– 19 τοῖς ἐν φυλακῇ πνεύμασιν–ἐκήρυξεν

4) spiritus vitalis, halitus, ventus

Joh 3 8 τὸ πνεῦμα ὅπου θέλει πνεῖ καὶ τὴν
φωνὴν αὐτοῦ ἀκούεις
2 Th 2 8 ὃν ὁ κύριος–„ἀνελεῖ τῷ πνεύματι
τοῦ στόματος αὐτοῦ"
Hb 1 7 „ὁ ποιῶν τοὺς ἀγγέλους–π..τα"
Ap 11 11 „πνεῦμα ζωῆς" ἐκ τοῦ θεοῦ „εἰσῆλ-
θεν ἐν αὐτοῖς, καὶ ἔστησαν"
13 15 δοῦναι πνεῦμα τῇ εἰκόνι τοῦ θηρίου

πνευματικός, ..κῶς Sº – spiritualis (vl
..talis), spiritualiter (vl ..taliter)
Rm 1 11 ἵνα τι μεταδῶ χάρισμα ὑμῖν πν..όν
7 14 ὁ νόμος πν. ἐστιν· ἐγὼ –σάρκ.
15 27 εἰ – τοῖς π..οῖς αὐτῶν ἐκοινώνησαν
τὰ ἔθνη 1 Co 9 11 εἰ ἡμεῖς ὑμῖν τὰ
πν..α ἐσπείραμεν, μέγα εἰ ἡμεῖς –;
1 Co 2 13 π..οῖς (vl π..κῶς) π..ὰ συγκρίνοντες
14 ὅτι π..ῶς ἀνακρίνεται 15 ὁ –π..ὸς
ἀνακρίνει [τὰ] πάντα, αὐτὸς δὲ ὑπ'
οὐδενὸς ἀνακρίνεται

1 Co 3 1 οὐκ ἠδυνήθην λαλῆσαι ὑμῖν ὡς π..οῖς
Gal 6 1 ὑμεῖς οἱ πν..οὶ καταρτίζετε
10 3 τὸ αὐτὸ π..ὸν βρῶμα ἔφαγον 4 τὸ
αὐτὸ π..ὸν ἔπιον πόμα· ἔπινον–ἐκ
πνευματικῆς ἀκολουθούσης πέτρας
12 1 περὶ–τῶν π..ῶν–οὐ θέλω ὑμᾶς ἀ-
γνοεῖν 14 1 ζηλοῦτε δὲ τὰ π..ά
14 37 εἴ τις δοκεῖ προφήτης εἶναι ἢ π..ός
15 44 ἐγείρεται σῶμα π..όν. εἰ ἔστιν σῶμα
ψυχικόν, ἔστιν καὶ π..όν 46 ἀλλ᾽ οὐ
πρῶτον τὸ πν..ὸν ἀλλὰ τὸ ψυχικόν
Eph 1 3 ἐν πάσῃ εὐλογίᾳ π..ῇ ἐν τοῖς ἐπου.
5 19 λαλοῦντες ἑαυτοῖς–ᾠδαῖς πν..αῖς
Col 3 16 ᾠδαῖς πν..αῖς–ᾄδοντες
6 12 ἡμῖν ἡ πάλη–πρὸς τὰ π..ὰ τῆς πο-
νηρίας (nequitiae) ἐν τοῖς ἐπουραν.
Col 1 9 ἐν πάσῃ σοφίᾳ καὶ συνέσει π..ῇ
1 Pe 2 5 οἰκοδομεῖσθε οἶκος π..ὸς–, ἀνενέγ-
και πνευματικὰς θυσίας–θεῷ
Ap 11 8 ἥτις καλεῖται π..ῶς Σόδ. καὶ Αἴγυπτ.

πνίγειν *suffocare* Mat 13 7 18 28 Mar 5 13

πνικτόν Sᵒ – *suffocatum* Act 15 20.29 21 25

πνοή ᵃ*spiritus* ᵇ*inspiratio* Act 2 2ᵃ
Act 17 25 „διδοὺς" πᾶσι ζωὴν καὶ „πνοήνᵇ"

ποδήρης *podēres* Ap 1 13 „ἐνδεδυμένον π..η"

*ποιεῖν *facere*
Mat 5 19 ὃς δ᾽ ἂν ποιήσῃ καὶ διδάξῃ
– 46 οὐχὶ καὶ οἱ τελῶναι τὸ αὐτὸ ποιοῦ-
σιν; 47 οἱ ἐθνικοί ǁ Luc 6 33 οἱ ἁμαρτ.
7 12 ὅσα ἐὰν θέλητε ἵνα ποιῶσιν ὑμῖν οἱ
ἄνθρ.,–καὶ ὑμεῖς ποιεῖτε αὐτοῖς ǁ
Luc 6 31 καθὼς–,–ὁμοίως
– 24 ὅστις ἀκούει μου τοὺς λόγους τού-
τους καὶ ποιεῖ αὐτούς 26 ὁ ἀκούων
–καὶ μὴ ποιῶν ǁ Luc 6 47.49 – 46 τί
– με καλεῖτε· κύριε κύριε, καὶ οὐ
ποιεῖτε ἃ λέγω;
8 9 ποίησον τοῦτο, καὶ ποιεῖ ǁ Luc 7 8
9 28 ὅτι δύναμαι τοῦτο ποιῆσαι;
12 33 ἢ ποιήσατε τὸ δένδρον καλόν–, ἢ
ποιήσατε τὸ δένδρον σαπρὸν κτλ.
17 12 ἐποίησαν ἐν αὐτῷ (sc Ἠλίᾳ) ὅσα ἠ-
θέλησαν ǁ Mar 9 13 ἐποίησαν αὐτῷ
18 35 οὕτως–ὁ πατήρ μου–ποιήσει ὑμῖν
19 4 οὐκ ἀνέγνωτε ὅτι ὁ κτίσας (vl ποιή-
σας vg) ἀπ᾽ ἀρχῆς „ἄρσεν καὶ θῆλυ
ἐποίησεν αὐτούς"; ǁ Mar 10 6
– 16 τί ἀγαθὸν ποιήσω ἵνα σχῶ ζωὴν αἰ-

ώνιον; ǁ Mar 10 17 τί ποιήσω–; Luc
18 18 τί ποιήσας–κληρονομήσω; 10
25.28 „τοῦτο ποίει καὶ ζήσῃ"
Mat 20 5.12 μίαν ὥραν ἐποίησαν κτλ. 15
21 21 οὐ μόνον τὸ τῆς συκῆς ποιήσετε
23 3 ὅσα ἐὰν εἴπωσιν ὑμῖν ποιήσατε–,
κατὰ δὲ τὰ ἔργα–μὴ ποιεῖτε· λέγου-
σιν γὰρ καὶ οὐ ποιοῦσιν 5.15 ποιῆ-
σαι ἕνα προσήλυτον κτλ. 23 ταῦτα
–ἔδει ποιῆσαι ǁ Luc 11 42
25 40 ἐφ᾽ ὅσον ἐποιήσατε ἑνὶ–τῶν ἐλαχί-
στων, ἐμοὶ ἐποιήσατε 45 οὐκ ἐποιήσ.
Mar 3 14 ἐποίησεν δώδεκα–ἵνα ὦσιν μετ᾽ αὐτοῦ
14 7 δύνασθε αὐτοῖς εὖ ποιῆσαι 8 ὃ ἔ-
σχεν ἐποίησεν 9 ὃ ἐποίησεν αὕτη
Luc 10 37 ὁ ποιήσας τὸ ἔλεος μετ᾽ αὐτοῦ·–
πορεύου καὶ σὺ ποίει ὁμοίως
11 40 οὐχ ὁ ποιήσας τὸ ἔξωθεν καὶ τὸ ἔ-
σωθεν ἐποίησεν;
17 10 ὃ ὠφείλομεν ποιῆσαι πεποιήκαμεν
23 34 [[οὐ γὰρ οἴδασιν τί ποιοῦσιν]]
Joh 5 19 οὐ δύναται ὁ υἱὸς ποιεῖν ἀφ᾽ ἑαυτοῦ
οὐδέν κτλ. 20.27.30 8 28.29 17 4 ὃ δέ-
δωκάς μοι ἵνα ποιήσω
13 7 ὃ ἐγὼ ποιῶ σὺ οὐκ οἶδας ἄρτι
– 12 γινώσκετε τί πεποίηκα ὑμῖν;
– 15 ἵνα καθὼς ἐγὼ ἐποίησα ὑμῖν καὶ ὑ-
μεῖς ποιῆτε 17
– 27 ὃ ποιεῖς ποίησον τάχιον
15 5 χωρὶς ἐμοῦ οὐ δύνασθε ποι. οὐδέν
Act 2 37 τί ποιήσωμεν,–; 16 30 τί με δεῖ ποι-
εῖν ἵνα σωθῶ; 22 10 τί π..ήσω, κύριε;
4 24 ὁ „ποιήσας τὸν οὐρ. καὶ τὴν γῆν"
14 15 17 24 τὸν κόσμον 26 Ap 14 7
26 28 ἐν ὀλίγῳ με πείθεις Χριστιανὸν ποι-
ῆσαι (vl γενέσθαι vg fieri)
Rm 1 28 ποιεῖν τὰ μὴ καθήκοντα 32 οὐ μόνον
αὐτὰ ποιοῦσιν, ἀλλὰ καὶ συνευδο-
κοῦσιν τοῖς πράσσουσιν 2 3 ὁ κρίνων
τοὺς–πράσσοντας καὶ ποιῶν αὐτὰ
4 21 πληροφορηθεὶς ὅτι ὃ ἐπήγγελται δυ-
νατός ἐστιν καὶ ποιῆσαι
7 15 ὃ μισῶ τοῦτο ποιῶ 16 εἰ δὲ ὃ οὐ θέ-
λω τοῦτο ποιῶ 19 οὐ γὰρ ὃ θέλω
ποιῶ ἀγαθόν 20.21 ποιεῖν τὸ καλόν
9 20 τί με ἐποίησας οὕτως; 21
1 Co 7 36 ὃ θέλει ποιείτω· οὐχ ἁμαρτάνει 37
καλῶς ποιήσει 38 – κρεῖσσον ποιήσει
9 23 πάντα–ποιῶ διὰ τὸ εὐαγγέλιον
10 13 ποιήσει σὺν τῷ πειρασμῷ καὶ τὴν ἔκ-
βασιν τοῦ δύνασθαι ὑπενεγκεῖν
– 31 πάντα εἰς δόξαν θεοῦ ποιεῖτε

2 Co 8 10 οὐ μόνον τὸ ποιῆσαι ἀλλὰ καὶ τὸ
θέλειν προενήρξασθε 11 νυνὶ δὲ καὶ
τὸ ποιῆσαι ἐπιτελέσατε
11 12 ὃ δὲ ποιῶ, καὶ ποιήσω 7
13 7 ἵνα ὑμεῖς τὸ καλὸν ποιῆτε, ἡμεῖς δέ
Gal 5 17 ἵνα μὴ ἃ ἐὰν θέλητε ταῦτα ποιῆτε
6 9 τὸ – καλὸν ποιοῦντες μὴ ἐγκακῶμεν
Eph 2 14 ὁ ποιήσας τὰ ἀμφότερα ἕν
3 20 τῷ – δυναμένῳ ὑπὲρ πάντα ποιῆσαι
ὑπερεκπερισσοῦ ὧν αἰτούμεθα
Phl 2 14 πάντα ποιεῖτε χωρὶς γογγυσμῶν
Col 3 17 πᾶν ὅ τι ἐὰν ποιῆτε 23 – 4 16
1 Th 5 24 πιστὸς ὁ καλῶν ὑμᾶς, ὃς καὶ ποιήσει
2 Th 3 4 πεποίθαμεν – ὅτι ἃ παραγγέλλομεν
[καὶ] ποιεῖτε καὶ ποιήσετε
1 Ti 4 16 τοῦτο – ποιῶν καὶ σεαυτὸν σώσεις
5 21 μηδὲν ποιῶν κατὰ πρόσκλισιν
Hb 1 2 δι' οὗ καὶ ἐποίησεν τοὺς αἰῶνας
3 2 "πιστὸν" ὄντα τῷ ποιήσαντι αὐτόν
13 21 ποιῶν ἐν ἡμῖν (νl ὑμῖν νg) τὸ εὐά-
ρεστον ἐνώπιον αὐτοῦ
Jac 3 18 καρπὸς δὲ δικαιοσύνης ἐν εἰρήνῃ
σπείρεται τοῖς ποιοῦσιν εἰρήνην
4 17 εἰδότι – καλὸν ποιεῖν καὶ μὴ ποιοῦν-
τι, ἁμαρτία αὐτῷ ἐστιν

ποίημα [a](pl) *quae facta sunt* [b]*factura*
Rm 1 20 τοῖς π..σιν [a] νοούμενα καθορᾶται
Eph 2 10 αὐτοῦ γάρ ἐσμεν π.[b], κτισθέντες

ποίησις *factum*
Jac 1 25 μακάριος ἐν τῇ ποιήσει αὐτοῦ ἔσται

ποιητής *factor* [b]*poëta*
Act 17 28 τινὲς τῶν καθ' ὑμᾶς π..ῶν[b] εἰρήκασιν
Rm 2 13 ἀλλ' οἱ π. νόμου δικαιωθήσονται
Jac 1 22 γίνεσθε – π..αὶ λόγου 23. 25 ἔργου
4 11 εἰ – νόμον κρίνεις, οὐκ εἶ π. νόμου

ποικίλος *varius* [b]*multiformis*
Mat 4 24 ποικίλαις νόσοις Mar 1 34 Luc 4 40
2 Ti 3 6 (ἐπιθυμίαι) Tit 3 3 (καὶ ἡδοναί)
Hb 2 4 (δυνάμεις) 13 9 διδαχαῖς π..αις καὶ
Jac 1 2 (πειρασμοί) 1 Pe 1 6 [ξέναις
1 Pe 4 10 οἰκονόμοι π..ης[b] χάριτος θεοῦ

ποιμαίνειν *pascere* [b]*regere* (→ βόσκειν)
Mat 2 6 "ὅστις ποιμανεῖ[b] τὸν λαόν μου"
Luc 17 7 δοῦλον – ἀροτριῶντα ἢ π..οντα
Joh 21 16 ποίμαινε τὰ πρόβατά μου
Act 20 28 ἐπισκόπους, π.[b] τὴν ἐκκλησίαν
1 Co 9 7 τίς π..ει ποίμνην καὶ ἐκ τοῦ γάλ. –;

1 Pe 5 2 ποιμάνατε τὸ ἐν ὑμῖν ποίμνιον τοῦ
Jud 12 ἑαυτοὺς ποιμαίνοντες [θεοῦ
Ap 2 27 "ποιμανεῖ[b] αὐτοὺς ἐν ῥάβδῳ σιδη-
ρᾷ" 12 5[b] "τὰ ἔθνη" 19 15[b]
7 17 "ποιμανεῖ[b] αὐτοὺς καὶ ὁδηγήσει"

ποιμήν *pastor*
Mat 9 36 "πρόβατα μὴ ἔχ. ποιμένα" Mar 6 34
25 32 ὥσπερ ὁ π. ἀφορίζει τὰ πρόβατα
26 31 "πατάξω τὸν ποιμένα" ‖ Mar 14 27
Luc 2 8 ποιμένες ἦσαν ἐν τῇ χώρᾳ 15. 18. 20
Joh 10 2 ὁ – εἰσερχ. διὰ τῆς θύρας π. ἐστιν
– 11 ἐγὼ εἰμι ὁ π. ὁ καλός. ὁ π. ὁ καλὸς
τὴν ψυχὴν αὐτοῦ τίθησιν 14
– 12 ὁ μισθωτὸς καὶ οὐκ ὢν ποιμήν
– 16 γενήσονται μία ποίμνη, εἷς ποιμήν
Eph 4 11 ἔδωκεν – τοὺς δὲ ποιμένας καὶ διδ.
Hb 13 20 τὸν ποιμ. τῶν προβάτων τὸν μέγαν
1 Pe 2 25 ἐπεστράφητε – ἐπὶ τὸν ποιμένα καὶ
ἐπίσκοπον τῶν ψυχῶν ὑμῶν

ποίμνη *grex* [b]*ovile* Mat 26 31 Luc 2 8
Joh 10 16[b] → ποιμήν 1 Co 9 7 → ποιμαίνειν

ποίμνιον *grex*
Luc 12 32 μὴ φοβοῦ, τὸ μικρὸν ποίμνιον
Act 20 28 προσέχετε ἑαυτοῖς καὶ παντὶ τῷ π.
– 29 λύκοι – μὴ φειδόμενοι τοῦ ποιμνίου
1 Pe 5 2 → ποιμαίνειν 3 τύποι γινόμ. τοῦ π.

πολεμεῖν *pugnare* [b]*praeliari* [c]*belligerare*
Jac 4 2 μάχεσθε καὶ πολεμεῖτε[c]
Ap 2 16 π..ήσω μετ' αὐτῶν 12 7[b] μετὰ τοῦ
δράκοντος. καὶ ὁ δρ. ἐπ..ησεν 13 4 17 14
μετὰ τοῦ ἀρνίου πολεμήσουσιν – 19 11
"ἐν δικαιοσύνῃ κρίνει" καὶ πολεμεῖ

πόλεμος *bellum* [b]*praelium* (νl *proe.*)
Mat 24 6 μελλήσετε – ἀκούειν π..ους[b] καὶ ἀ-
κοὰς π..ων[b] ‖ Mar 13 7 Luc 21 9[b]
Luc 14 31 1 Co 14 8 Hb 11 34 ἰσχυροὶ ἐν π..ῳ
Jac 4 1 πόθεν π..οι καὶ πόθεν μάχαι –;
Ap 9 7[b] 9 11 7 12 17[b] 13 7 19 19[b] 20 8[b]
12 7 ἐγένετο πόλεμος[b] ἐν τῷ οὐρανῷ
16 14 εἰς τὸν π.[b] τῆς ἡμέρας – τοῦ θεοῦ

πόλις *civitas* [b]*urbs*
Mat 2 23 κατῴκησεν εἰς πόλιν λεγομ. Ναζαρέτ
4 5 παραλαμβάνει αὐτὸν – εἰς τὴν ἁγίαν
πόλιν 27 53 εἰσῆλθον εἰς τ. ἁγ. πόλιν
5 14 οὐ δύναται πόλις κρυβῆναι ἐπάνω
– 35 μήτε εἰς Ἱεροσόλυμα, ὅτι „πόλις" ἐ-
στὶν „τοῦ μεγάλου βασιλέως"

Mat 833 ἀπελθόντες εἰς τὴν πόλιν ἀπήγγει-
λαν πάντα 34 πᾶσα ἡ πόλ. ἐξῆλθεν ‖
 Mar 514 Luc 834.39 καθ' ὅλην τὴν
πόλιν κηρύσσων
 9 1 ἦλθεν εἰς τὴν ἰδίαν πόλ. (‖ Kaphar.)
 – 35 περιῆγεν ὁ Ἰησοῦς τὰς πόλεις πάσας
 10 5 εἰς πόλιν (vg civitates) Σαμαριτῶν
μὴ εἰσέλθητε 11 εἰς ἣν δ' ἂν πόλιν –
εἰσέλθητε 14 ἐξερχόμενοι ἔξω – τῆς
πόλ. ἐκείνης 15 ἀνεκτότερον – ἢ τῇ
πόλ. ἐκείνῃ 23 ὅταν – διώκωσιν ὑμᾶς
ἐν τῇ πόλ. ταύτῃ, – ' οὐ μὴ τελέσητε
τὰς πόλ. τοῦ Ἰσραήλ ‖ Luc 10 1 εἰς
πᾶσαν πόλ. – οὗ ἤμελλεν αὐτὸς ἔρ-
χεσθαι 8 εἰς ἣν ἂν πόλιν εἰσέρχησθε
10.11 τ. κονιορτὸν – ἐκ τῆς πόλ. ὑμῶν
12 ἀνεκτότερον – ἢ τῇ πόλ. ἐκείνῃ 9 5
 11 1 μετέβη – τοῦ διδάσκειν – ἐν ταῖς πόλ.
 – 20 ἤρξατο ὀνειδίζειν τὰς πόλεις ἐν αἷς
 12 25 πᾶσα πόλις – μερισθεῖσα καθ' ἑαυτῆς
 1413 ἠκολούθησαν αὐτῷ – ἀπὸ τῶν πόλ. ‖
 Mar 633 ἀπὸ πασῶν τ. π. συνέδραμον
 2110 ἐσείσθη πᾶσα ἡ πόλις – ' τίς ἐστιν –;
 – 17 ἐξῆλθεν ἔξω τῆς πόλ. εἰς Βηθανίαν
 18 ἐπανάγων εἰς τὴν π. ἐπείνασεν
 22 7 τὴν πόλιν αὐτῶν ἐνέπρησεν
 2334 ἐξ αὐτῶν – διώξετε ἀπὸ πόλ. εἰς πόλ.
 2618 ὑπάγετε εἰς τὴν πόλιν πρὸς τὸν δεῖ-
να ‖ Mar 1413.16 Luc 2210
 2811 ἐλθόντες εἰς τὴν πόλιν ἀπήγγειλαν
Mar 133 ἦν ὅλη ἡ πόλ. ἐπισυνηγμένη πρὸς
τὴν θύραν 45 ὥστε μηκέτι αὐτὸν δύ-
νασθαι φανερῶς εἰς πόλιν εἰσελθεῖν
 656 ὅπου ἂν εἰσεπορεύετο – εἰς πόλεις ἢ
 1119 ὅταν ὀψὲ ἐγέν., ἐξεπορ. ἔξω τῆς πό.
Luc 126 εἰς πόλιν τῆς Γαλιλ. ᾗ ὄνομα Ναζ.
 – 39 ἐπορεύθη – εἰς πόλιν Ἰούδα
 2 3 ἕκαστος εἰς τὴν ἑαυτοῦ πόλιν 4 ἐκ
πόλεως Ναζ. – εἰς πόλιν Δαυὶδ 11
ἐτέχθη – σωτήρ, –, ἐν πόλει Δαυ.
 39 ἐπέστρεψαν – εἰς πόλ. ἑαυτῶν Ναζ.
 429 ἐξέβαλον αὐτὸν ἔξω τῆς πόλεως
 – – τοῦ ὄρους ἐφ' οὗ ἡ πόλ. ᾠκοδόμητο
 – 31 εἰς Καφαρ. πόλιν τῆς Γαλιλαίας
 – 43 καὶ ταῖς ἑτέραις πόλεσιν εὐαγγελί-
σασθαί με δεῖ 81 διώδευεν κατὰ πό-
λιν 4 τῶν κατὰ πόλιν ἐπιπορευομέ-
νων πρὸς αὐτὸν 1322 διεπορεύετο
κατὰ πόλεις καὶ κώμας διδάσκων
 512 ἐν τῷ εἶναι αὐτὸν ἐν μιᾷ τῶν πόλεων
 711 εἰς πόλιν καλουμένην Ναΐν 12 bis
 – 37 γυνὴ ἥτις ἦν ἐν τῇ πόλ. ἁμαρτωλὸς

Luc 827 ἀνήρ τις ἐκ τῆς πόλ. (vgᵒ) ἔχων δαι.
 910 εἰς πόλιν (vl τόπον ἔρημον vg) κα-
λουμένην Βηθ..δά (vg qui est B..dae)
 – (52 vl εἰς πόλιν Σαμαριτῶν)
 1421 ἔξελθε – εἰς τὰς – ῥύμας τῆς πόλεως
 18 2 κριτής τις ἦν ἔν τινι πόλει 3 χήρα
 1917 ἐπάνω δέκα πόλεων 19 πέντε πόλεων
 – 41 ἰδὼν τὴν πόλιν ἔκλαυσεν ἐπ' αὐτήν
 2319 διὰ στάσιν – γενομένην ἐν τῇ πόλει
 – 51 ἀπὸ Ἀριμαθαίας πόλεως τῶν Ἰουδ.
 2449 ὑμεῖς δὲ καθίσατε ἐν τῇ πόλει
Joh 144 Βηθσ., ἐκ τῆς πόλ. Ἀνδρέου καὶ Π.
 4 5 εἰς πόλιν τῆς Σαμαρ. λεγομ. Σύχαρ
 8.28.30 ἐξῆλθον ἐκ τῆς πόλεως 39 ἐκ
 – τῆς πόλεως – πολλοὶ ἐπίστευσαν
 1154 ἀπῆλθεν – εἰς Ἐφράιμ λεγομ. πόλιν
 1920 ἐγγὺς ἦν ὁ τόπος τῆς πόλεως ὅπου
Act 427 συνήχθησαν – ἐν τῇ πόλει ταύτῃ ἐπὶ
τὸν – παῖδά σου Ἰησοῦν – 223 ἀνα-
τεθραμμένος – ἐν τῇ πόλει ταύτῃ
 516 τὸ πλῆθος τῶν πέριξ πόλεων Ἱερου.
 758 ἐκβαλόντες ἔξω τῆς πόλ. ἐλιθοβόλ.
 8 5 κατελθὼν εἰς [τὴν] πόλ. τῆς Σαμαρεί-
ας 8 πολλή χαρὰ ἐν τῇ πόλ. ἐκείνῃ 9
προϋπῆρχεν ἐν τῇ πόλει μαγεύων 40
εὐηγγελίζετο τὰς πόλεις πάσας
 9 6 εἴσελθε εἰς τὴν πόλ. 109 τῇ πόλ. ἐγ-
γιζόντων 115 ἐν πόλει Ἰόππῃ – 1210
 1344 σχεδὸν πᾶσα ἡ πόλ. συνήχθη ἀκοῦ-
σαι τὸν λόγον 50 τ. πρώτους τῆς π.
 14 4 ἐσχίσθη – τὸ πλῆθος τῆς πόλ. 6 εἰς
τὰς πόλ. τῆς Λυκαονίας 13.19.20.21
εὐαγγελισάμενοί τε τὴν πόλ. ἐκείνην
 1521 Μωϋ. – κατὰ πόλεις τοὺς κηρύσσοντας
αὐτὸν ἔχει 36 ἐπισκεψώμεθα τοὺς ἀ-
δελφοὺς κατὰ πόλιν πᾶσαν ἐν αἷς
 16 4 διεπορεύοντο τὰς πόλ. 12 πρώτη[ς] με-
ρίδος τῆς Μακεδονίας πόλις –. Ἦμεν –
ἐν ταύτῃ τῇ πόλ.ᵇ 14 πορφυρόπωλις
πόλεως Θυατείρων 20 ἐκταράσσουσιν
ἡμῶν τὴν πόλιν 39 ἠρώτων ἀπελθεῖν
ἀπὸ τῆς πόλεωςᵇ – (1611) 175
 1716 κατείδωλον οὖσαν τὴν πόλιν
 1810 λαὸς ἐστί μοι πολὺς ἐν τῇ π. ταύτῃ
 1929 ἐπλήσθη ἡ πόλις τῆς συγχύσεως 35
 2023 τὸ πνεῦ. – κατὰ πόλιν διαμαρτύρεται
 21 5 προπεμπόντων ἡμᾶς – ἕως ἔξω τῆς
πόλεως (Tyr.) 29 προεωρακότες Τρό-
φιμον – ἐν τῇ πόλει σὺν αὐτῷ 30 ἐκι-
νήθη τε ἡ πόλ. ὅλη 39 τῆς Κιλικίας
οὐκ ἀσήμου πόλεως πολίτης 223
 2412 οὔτε ἐν ταῖς συναγωγαῖς οὔτε κατὰ

(Act) τὴν πόλ. 2523 σὺν – τοῖς κατ' ἐξοχὴν
τῆς πόλ. 2611 ἕως – εἰς τὰς ἔξω πό-
λεις 278 ᾧ ἐγγὺς πόλις ἦν Λασαία
Rm 1623 Ἔραστος ὁ οἰκονόμος τῆς πόλεως
2 Co 1126 κινδύνοις ἐν πόλει, κινδ. ἐν ἐρημίᾳ
– 32 ἐφρούρει τὴν πόλιν Δαμασκηνῶν
Tit 1 5 καταστήσῃς κατὰ π. πρεσβυτέρους
Hb 1110 ἐξεδέχετο – τὴν τοὺς θεμελίους ἔχου-
σαν πόλ. 16 ἡτοίμασεν – αὐτοῖς πόλιν
1222 προσεληλύθατε – πόλει θεοῦ ζῶντος
1314 οὐ γὰρ ἔχομεν ὧδε μένουσαν πόλιν,
ἀλλὰ τὴν μέλλουσαν ἐπιζητοῦμεν
Jac 413 πορευσόμεθα εἰς τήνδε τὴν πόλιν
2 Pe 2 6 πόλεις Σοδ. καὶ Γομ. τεφρώσας Jud 7
Ap 312 „τὸ ὄνομα τῆς πόλεως" τ. θεοῦ μου
11 2 τὴν πόλιν τὴν ἁγίαν „πατήσουσιν"
– 8 ἐπὶ τῆς πλατείας τ. πόλεως –, ὅπου
καὶ ὁ κύριος αὐτῶν ἐσταυρώθη 13
1420 ἐπατήθη ἡ ληνὸς ἔξωθεν τῆς πόλεως
1619 ἐγένετο ἡ πόλις ἡ μεγάλη εἰς τρία
μέρη, καὶ αἱ πόλεις τῶν ἐθνῶν ἔπε-
σαν 1718 ἡ γυνὴ – ἔστιν ἡ πόλ. ἡ μεγ.
1816 οὐαί, ἡ πόλ. ἡ μεγ. 18 „τίς ὁμοία
τῇ πόλ. τῇ μεγ. 19.21 οὕτως – βληθή-
σεται „Βαβυλὼν ἡ μεγάλη" πόλις –
1810 οὐαί, ἡ πόλις „ἡ μεγάλη, Βα-
βυλὼν ἡ πόλις ἡ ἰσχυρά"
20 9 ἐκύκλευσαν – τὴν πόλιν „τὴν ἠγαπη-
μένην" 212 „τὴν πόλ. τὴν ἁγίαν Ἱε-
ρουσ." καινὴν 10.14 τὸ τεῖχος τῆς πόλ.
15 ἵνα μετρήσῃ τὴν πόλιν 16.18.19.21.
23 ἡ πόλις οὐ χρείαν ἔχει τοῦ ἡλίου
2214 τοῖς πυλῶσιν εἰσέλθωσιν εἰς τὴν πό-
λιν 19 ἀφελεῖ ὁ θεὸς τὸ μέρος αὐ-
τοῦ – ἐκ τῆς πόλεως τῆς ἁγίας

πολιτάρχαι S° – principes civitatis
Act 17 6 ἔσυρον Ἰάσονα – ἐπὶ τοὺς πολιτ. 8

πολιτεία ᵃcivilitas (vl ..vitas) ᵇconversatio
Act 2228 πολλοῦ – τὴν π.ᵃ ταύτην ἐκτησάμην
Eph 212 ἀπηλλοτριωμένοι τῆς π.ᵇ τοῦ Ἰσραήλ

πολιτεύεσθαι conversari
Act 23 1 πάσῃ συνειδήσει ἀγαθῇ πεπολίτευ-
μαι τῷ θεῷ ἄχρι ταύτης τῆς ἡμέρας
Phl 127 μόνον ἀξίως τοῦ εὐαγγελ. – π..εσθε

πολίτευμα conversatio
Phl 320 ἡμῶν – τὸ πολ. ἐν οὐρανοῖς ὑπάρχει

πολίτης civis ᵇmuniceps Luc 1515 1914
Act 2139 Κιλικίας οὐκ ἀσήμου πόλεως πολ.ᵇ

Hb 811 „οὐ μὴ διδάξωσιν ἕκαστος τὸν πολ.
(vl πλησίον vg proximum) αὐτοῦ"

πολλαπλασίονα S° – multo plura
Luc 1830 ὃς οὐχὶ μὴ [ἀπο]λάβῃ πολλαπλασίονα
ἐν τῷ καιρῷ τούτῳ (Mat 1929 vl)

πολυλογία multiloquium Mat 67 ἐν τῇ π.

πολυμερῶς multifariam Hb 11 λαλήσας

πολυποίκιλος S° – multiformis Eph 310
ἵνα γνωρισθῇ – ἡ πολ. σοφία τοῦ θεοῦ

*πολύς κτλ. multus – multi – multa ᵇma-
gnus ᶜmaior, maius ᵈcopiosus ᵉgran-
dis ᶠplures, plura ᵍnimius
Mat 512 ὁ μισθὸς ὑμῶν π.ᵈ ‖ Luc 623.35
713 καὶ πολλοί εἰσιν οἱ εἰσερχόμενοι ‖
Luc 1324 ζητήσουσιν εἰσελθεῖν
– 22 πολλοὶ ἐροῦσίν μοι ἐν ἐκ. τῇ ἡμέρᾳ·
– δυνάμεις πολλὰς ἐποιήσαμεν
811 πολλοὶ ἀπὸ ἀνατολῶν – ἥξουσιν
937 ὁ μὲν θερισμὸς πολύς ‖ Luc 102
1621 ὅτι δεῖ αὐτὸν – πολλὰ παθεῖν ‖ Mar
831 Luc 922 – Mar 912 Luc 1725
1930 πολλοὶ – ἔσονται πρῶτοι ἔσχατοι καὶ
ἔσχατοι πρῶτοι ‖ Mar 1031
2028 λύτρον ἀντὶ πολλῶν ‖ Mar 1045
2214 πολλοί – εἰσιν κλητοί (vl 2016 vg)
24 5 πολλοὶ – ἐλεύσονται – ‘ – καὶ πολλοὺς
πλανήσουσιν 10 „σκανδαλισθήσονται
πολλοί" 11 πολλοὶ ψευδοπροφῆται –
πλανήσουσιν πολλούς 12 ψυγήσεται ἡ
ἀγάπη τῶν πολλῶν ‖ Mar 136 Luc 21
8 πολλοὶ – ἐλεύσονται ἐπὶ τῷ ὀνόματι
2521 ἐπὶ πολλῶν σε καταστήσω 23
2628 τὸ περὶ πολλῶν ἐκχυννόμενον ‖ Mar
1424 ὑπὲρ πολλῶν
Mar 5 9 λεγιών – ‘ ὅτι πολλοί ἐσμεν ‖ Luc 830
ὅτι εἰσῆλθεν δαιμόνια πολλὰ εἰς αὐτ.
Luc 747 ἀφέωνται αἱ ἁμαρτίαι αὐτῆς αἱ πολ-
λαί, ὅτι ἠγάπησεν πολύ
1248 ᾧ ἐδόθη πολύ, πολὺ ζητηθήσεται
1610 καὶ ἐν πολλῷᶜ πιστός ἐστιν κτλ.
Joh 826 πολλὰ ἔχω περὶ ὑμῶν λαλεῖν καὶ
1612 ἔτι πολλὰ ἔχω ὑμῖν λέγειν, ἀλλ᾽ οὐ
2125 ἔστιν δὲ καὶ ἄλλα πολλὰ ἃ ἐποίησεν
Rm 515 οἱ πολλοὶ ἀπέθανον, ἡ χάρις – εἰς
τοὺς πολλοὺςᶠ ἐπερίσσευσεν 16
– 19 ἁμαρτωλοὶ κατεστάθησαν οἱ πολλοί,
– δίκαιοι κατασταθήσονται οἱ πολλοί

Rm 8 29 πρωτότοκον ἐν πολλοῖς ἀδελφοῖς
12 5 οἱ πολλοὶ ἓν σῶμά ἐσμεν 1 Co 1017
1 Co 1 26 οὐ πολλοὶ σοφοί -, – δυνατοί, – εὐγ.
1033 μὴ ζητῶν τὸ ἐμαυτοῦ σύμφορον ἀλ-
λὰ τὸ τῶν πολλῶν, ἵνα σωθῶσιν
2 Co 6 10 ὡς πτωχοὶ π..οὺς δὲ πλουτίζοντες
Eph 2 4 ὁ δὲ θεὸς -, διὰ τὴν πολ.ᵍ ἀγάπην
Hb 5 11 περὶ οὗ πολὺςᵉ ἡμῖν ὁ λόγος
Jac 3 1 μὴ πολλοὶᶠ διδάσκαλοι γίνεσθε
- 2 πολλὰ γὰρ πταίομεν ἅπαντες
5 16 πολὺ ἰσχύει δέησις δικαίου ἐνεργου.
1 Pe 1 3 κατὰ τὸ πολὺᵇ αὐτοῦ ἔλεος

πολύσπλαγχνος Sᵒ – *misericors* Jac 511

πολυτελής *pretiosus* ᵇ*locuples*
Mar 14 3 (νάρδος) – 1 Ti 29 (ἱματισμός)
1 Pe 3 4 ἐν τῷ ἀφθάρτῳ τοῦ πραέως καὶ ἡ-
συχίου πνεύματος, ὅ ἐστιν ἐνώπιον τοῦ
θεοῦ πολυτελέςᵇ (*spir., qui – est loc.*)

πολύτιμος Sᵒ – *pretiosus* (vl Mat 267)
Mat 1346 εὑρὼν – ἕνα π..ον μαργαρίτην
Joh 12 3 λίτραν μύρου νάρδου – πολυτίμου
1 Pe 1 7 τὸ δοκίμιον ὑμῶν τῆς πίστεως πολυ-
τιμότερον (*multo pret.*) χρυσίου

πολυτρόπως *multis modis* Hb 11 λαλήσας

πόμα *potus* Hb 910 ἐπὶ – πόμασιν
1 Co 10 4 τὸ αὐτὸ πνευματικὸν ἔπιον πόμα

πονηρία *nequitia* ᵇ*iniquitas* ᶜ*malitia*
Mat 2218 γνοὺς δὲ ὁ Ἰησοῦς τὴν πον. αὐτῶν
Mar 7 22 πονηρίαι, δόλος cfr Rm 129ᶜ
Luc 1139 γέμει ἁρπαγῆς καὶ πονηρίαςᵇ
Act 3 26 ἀποστρέφειν – ἀπὸ τῶν πονηρ. ὑμῶν
1 Co 5 8 μηδὲ ἐν ζύμῃ κακίας καὶ πονηρίας
Eph 612 πρὸς τὰ πνευματικὰ τῆς π..ας ἐν
τοῖς ἐπουρανίοις (sc ἡμῖν ἡ πάλη)

πονηρός *malus* ᵇ*malignus* ᶜ*nequam* ᵈ*ne-
quissimus* ᵉ*iniquus* ᶠ*pessimus*
πνεύματα πονηρά → πνεῦμα 2)
Mat 5 11 ὅταν – εἴπωσιν πᾶν π..ὸν καθ᾽ ὑμῶν
- 37 τὸ δὲ περισσὸν – ἐκ τοῦ π..οῦ ἐστιν
- 39 λέγω ὑμῖν μὴ ἀντιστῆναι τῷ πονηρῷ
- 45 ἐπὶ πονηροὺς καὶ ἀγαθούς – 2210
613 ἀλλὰ ῥῦσαι ἡμᾶς ἀπὸ τοῦ π..οῦ
- 23 ἐὰν δὲ ὁ ὀφθαλμός σου πον.ᶜ ἦ ‖
Luc 1134ᶜ – Mat 2015 ἢ ὁ ὀφθ. σου
πονηρόςᶜ ἐστιν ὅτι ἐγὼ ἀγαθός εἰμι,
Mar 7 22 ὀφθαλμὸς πον., βλασφημία

Mat 7 11 εἰ οὖν ὑμεῖς π..οὶ ὄντες ‖ Luc 1113
- 17 καρποὺς πονηροὺς ποιεῖ 18
9 4 ἱνατί ἐνθυμεῖσθε π..ὰ ἐν ταῖς καρ.
1234 πῶς δύνασθε ἀγαθὰ λαλεῖν π..οὶ ὄν-
τες; 35 ὁ π. ἄνθρ. ἐκ τοῦ π. θησαυ-
ροῦ ἐκβάλλει π..ά ‖ Luc 645 τὸ π.
- 39 γενεὰ π..ὰ καὶ μοιχαλὶς σημεῖον ἐ-
πιζητεῖ 164 ‖ Luc 1129 γενεὰ π..ᵃᶜ
ἐστιν – Mat 1245 οὕτως ἔσται καὶ τῇ
γενεᾷ ταύτῃ τῇ πονηρᾷᶠ
1319 ἔρχεται ὁ π. καὶ ἁρπάζει τὸ ἐσπαρ.
- 38 τὰ – ζιζάνιά εἰσιν οἱ υἱοὶ τοῦ πον.ᶜ
- 49 ἀφοριοῦσιν τοὺς πον. ἐκ μέσου τῶν
1519 ἐξέρχονται διαλογισμοὶ πονηροί
1832 δοῦλε πονηρέᶜ 2526 ‖ Luc 1922ᶜ
Mar 7 23 πάντα ταῦτα τὰ π. ἔσωθεν ἐκπορ.
Luc 3 19 περὶ πάντων ὧν ἐποίησεν πονηρῶν
6 22 ἐκβάλωσιν τὸ ὄνομα ὑμῶν ὡς π..όν
- 35 αὐτὸς (sc ὁ ὕψιστος) χρηστός ἐστιν
ἐπὶ τοὺς ἀχαρίστους καὶ πονηροὺς
Joh 3 19 ἦν γὰρ αὐτῶν πονηρὰ τὰ ἔργα 77
1715 ἵνα τηρήσῃς αὐτοὺς ἐκ τοῦ πονηροῦ
Act 17 5 προσλαβόμενοι – ἄνδρας τινὰς π..οὺς
1814 ἀδίκημα τι ἢ ῥαδιούργημα π.ᶠ
2515 αἰτίαν – ὧν ἐγὼ ὑπενόουν πονηρῶν
2821 οὔτε – ἐλάλησέν τι περὶ σοῦ πονηρόν
Rm 12 9 ἀποστυγοῦντες τὸ πονηρόν
1 Co 513 "ἐξάρατε τὸν πον. ἐξ ὑμῶν αὐτῶν"
Gal 1 4 ἐκ τοῦ αἰῶνος τοῦ ἐνεστῶτος π..οῦᶜ
Eph 516 ὅτι αἱ ἡμέραι πονηραί εἰσιν
613 ἀντιστῆναι ἐν τῇ ἡμέρᾳ τῇ πονηρᾷ
- 16 τὰ βέλη τοῦ πον.ᵈ [τὰ] πεπυρωμένα
Col 121 ἐχθροὺς – ἐν τοῖς ἔργοις τοῖς πον.
1 Th 522 „ἀπὸ παντός" εἴδους „π..οῦ ἀπέ-
χεσθε" 2 Th 32 ἵνα ῥυσθῶμεν ἀπὸ
τῶν – πον. ἀνθρώπων 3 ὃς – ὑμᾶς –
φυλάξει ἀπὸ τοῦ πονηροῦ
1 Ti 6 4 ἐξ ὧν γίνεται –, ὑπόνοιαι πονηραί
2 Ti 313 πονηροὶ δὲ ἄνθρωποι καὶ γόητες
418 ῥύσεταί με – ἀπὸ παντὸς ἔργου π.
Hb 312 μήποτε ἔσται – καρδία π..ὰ ἀπιστίας
1022 ῥεραντισμένοι – ἀπὸ συνειδήσ. π..ᾶς
Jac 2 4 ἐγένεσθε κριταὶ διαλογισμῶν π..ῶνᶜ
416 πᾶσα καύχησις τοιαύτη π..ὰᵇ ἐστιν
1 Jo 213 ὅτι νενικήκατε τὸν πονηρόνᵇ 14ᵇ
312 καθὼς Κάϊν ἐκ τοῦ π.ᵇ ἦν –᾽ – ὅτι
τὰ ἔργα αὐτοῦ πονηρὰᵇ ἦν
518 ὁ πονηρὸςᵇ οὐχ ἅπτεται αὐτοῦ
- 19 ὁ κόσμος ὅλος ἐν τῷ πον.ᵇ κεῖται
2 Jo 11 κοινωνεῖ τοῖς ἔργοις αὐτοῦ τοῖς π.ᵇ
3 Jo 10 λόγοις πονηροῖςᵇ φλυαρῶν ἡμᾶς
Ap 16 2 „ἐγένετο ἕλκος – π..ὸνᶠ ἐπὶ τούς"

πόνος   dolor ᵇlabor
Col 413 ὅτι ἔχει πολὺν πόνονᵇ ὑπὲρ ὑμῶν
Ap 1610.11 214 οὔτε πόνος οὐκ ἔσται ἔτι

Ποντικός τῷ γένει   Act 182 Ἀκύλας

Πόντιος → Πιλᾶτος – **Πόπλιος** Act 287.8

Πόντος Act 29   1 Pe 11 διασπορᾶς Πόντου

πορεία   iter Luc 1322 πορείαν – εἰς Ἱεροσ.
Jac 111 οὕτως καὶ ὁ πλούσιος ἐν ταῖς πορεί-
    αις αὐτοῦ μαρανθήσεται

*****πορεύεσθαι** vadere ᵇabire ᶜambulare ᵈin-
    cedere ᵉingredi ᶠire ᵍproficisci ʰvenire
Mat 8 9 πορεύθητι καὶ πορεύεται ‖ Luc 78
    10 7 π..όμενοιᶠ – κηρύσσετε 2819 π..θέν-
    τεςᶠ – μαθητεύσατε [Mar 1615ᶠ]
Luc 1 6 π..όμενοιᵈ ἐν πάσαις ταῖς ἐντολαῖς
    750 "πορεύου εἰς εἰρήνην" 848 Act 1636
    "πορεύεσθε" ἐν εἰρήνῃ"
    814 πορευόμενοιᶠ συμπνίγονται καὶ οὐ
    21 8 μὴ πορευθῆτεᶠ ὀπίσω αὐτῶν
    2222 ὁ υἱὸς – τοῦ ἀνθρώπου – πορεύεται
    – 33 μετὰ σοῦ – καὶ εἰς θάνατον πορ.ᶠ
Joh 10 4 ἔμπροσθεν αὐτῶν πορεύεται
    14 2 π..ομαι ἑτοιμάσαι τόπον 3ᵇ 167ᵇ
    – 12 πρὸς τὸν πατέρα π..ομαι 28 1628
Act 110 εἰς τὸν οὐρανὸν π..ομένουᶠ αὐτοῦ 11ᶠ
    931 ἐχχλ. – π..ομένηᶜ τῷ φόβῳ τοῦ κυρ.
    1416 τὰ ἔθνη π..εσθαιᵉ ταῖς ὁδοῖς αὐτῶν
Jac 413 π..σόμεθαᶠ εἰς τήνδε τὴν πόλιν
1 Pe 319 τοῖς – πνεύμασιν π..θεὶςʰ ἐκήρυξεν
    – 22 πορευθεὶςᵍ εἰς οὐρανὸν
    4 3 πεπορευμένουςᶜ ἐν ἀσελγείαις
2 Pe 210 τοὺς ὀπίσω σαρκὸς – π..ομένουςᵉ
    3 3 κατὰ τὰς ἰδίας ἐπιθυμίας – πορευό-
    μενοιᶜ Jud 16ᶜ 18ᶜ
Jud 11 ὅτι τῇ ὁδῷ τοῦ Κάϊν ἐπορεύθησανᵇ

πορθεῖν expugnare
Act 921 ὁ πορθήσας εἰς Ἰερουσαλὴμ τοὺς
    ἐπικαλουμένους τὸ ὄνομα τοῦτο
Gal 113 ἐδίωκον τὴν ἐκκλ. – καὶ ἐπόρθουν αὐ-
    τήν 23 τὴν πίστιν ἥν ποτε ἐπόρθει

πορισμός quaestus 1 Ti 65 νομιζόντων π..ὸν
    εἶναι τὴν εὐσέβειαν 6 ἔστιν δὲ πορ.
    μέγας ἡ εὐσέβεια μετὰ αὐταρκείας

Πόρκιος Φῆστος Act 2427

πορνεία fornicatio ᵇprostitutio
Mat 532 ὁ ἀπολύων – παρεκτὸς λόγου π..ας
    199 ὃς ἄν ἀπολύσῃ – μὴ ἐπὶ πορνείᾳ
    1519 ἐξέρχονται –, πορνεῖαι ‖ Mar 721
Joh 841 ἡμεῖς ἐκ πορνείας οὐ γεγεννήμεθα
Act 1520 ἀπέχεσθαι – τῆς πορνείας 29 2125 –
    (Rm 129 vl)
1 Co 5 1 ἀκούεται ἐν ὑμῖν πορ., καὶ τοιαύτη
    πορνεία ἥτις οὐδὲ ἐν τοῖς ἔθνεσιν
    613 τὸ δὲ σῶμα οὐ τῇ π. ἀλλὰ τῷ κυρ.
    – 18 φεύγετε τὴν π. 72 διὰ – τὰς π. ἕκα-
    στος τὴν ἑαυτοῦ γυναῖκα ἐχέτω
2 Co 1221 πολλοὺς τῶν – μὴ μετανοησάντων ἐπὶ
    τῇ – πορνείᾳ – ᾗ ἔπραξαν
Gal 519 τὰ ἔργα τῆς σαρκός, ἅτινά ἐστιν π.
Eph 5 3 π. – καὶ ἀκαθαρσία πᾶσα – μηδὲ ὀνο-
    μαζέσθω Col 35 νεκρώσατε – π..αν
1 Th 4 3 ἀπέχεσθαι ὑμᾶς ἀπὸ τῆς πορνείας
Ap 221 οὐ θέλει μετανοῆσαι ἐκ τῆς π. αὐτ.
    921 οὐ μετενόησαν – ἐκ τ. π. αὐτῶν
    14 8 ἐκ τοῦ οἴνου τοῦ θυμοῦ τῆς π. αὐ-
    τῆς 183 172ᵇ 4 τὰ ἀκάθαρτα τῆς π.
    αὐτῆς
    19 2 ἔφθειρεν τὴν γῆν ἐν τῇ πορ.ᵘ αὐτῆς

πορνεύειν fornicari
1 Co 618 ὁ – π..ων εἰς τὸ ἴδιον σῶμα ἁμαρτ.
    10 8 μηδὲ π..ωμεν, καθώς τινες ἐπ..σαν
Ap 214 "φαγεῖν εἰδωλόθυτα καὶ π..σαι" 20
    17 2 "μεθ' ἧς ἐπ..σαν οἱ βασιλεῖς" 183.9

πόρνη meretrix ᵇfornicaria
Mat 2131 οἱ τελῶναι καὶ αἱ πόρναι προάγου-
    σιν ὑμᾶς 32 ἐπίστευσαν αὐτῷ
Luc 1530 ὁ υἱός σου οὗτος ὁ καταφαγών σου
    τὸν βίον μετὰ (vl + τῶν) πορνῶν
1 Co 615 τὰ μέλη τοῦ Χοῦ ποιήσω πόρνης μέ-
    λη; 16 ὁ κολλώμενος τῇ π. ἕν σῶμα
Hb 1131 Ῥαὰβ ἡ πόρνη Jac 225 ἐδικαιώθη
Ap 17 1 τὸ κρίμα τῆς π. τῆς μεγάλης 192
    – 5 Βαβυλὼν ἡ μεγάλη, ἡ μήτηρ τῶν
    πορνῶν
    – 15 τὰ ὕδατα –, οὗ ἡ πόρνη κάθηται
    – 16 μισήσουσιν τὴν π.ᵇ, καὶ ἠρημωμένη

πόρνος fornicarius ᵇfornicator ᶜimpudicus
    (vl impudicitia)
1 Co 5 9 μὴ συναναμίγνυσθαι πόρνοις 10 οὐ
    πάντως τοῖς π. τοῦ κόσμου 11 ἐάν τις
    ἀδελφὸς ὀνομαζόμενος ἢ π.ᵇ ἢ πλ.
    6 9 οὔτε πόρνοι οὔτε εἰδωλολάτραι
Eph 5 5 πᾶς π.ᵇ –, οὐκ ἔχει κληρονομίαν

1 Ti 1 10 π..οις, ἀρσενοκοίταις, ἀνδραποδιστ.
IIb 12 16 μή τις πόρνος ᵇ ἢ βέβηλος ὡς Ἡσαῦ
13 4 π..ους ᵇ – καὶ μοιχοὺς κρινεῖ ὁ θεός
Ap 21 8 τοῖς – π..οις ᵇ – τὸ μέρος – ἐν τῇ λίμνῃ
22 15 ἔξω – οἱ πόρνοι ᶜ καὶ οἱ φονεῖς

πόρρω, ..ώτερον longe, longius ᵇ (πόρρω
εἶναι) longe agere Luc 14 32 ᵇ
Mat 15 8 „ἡ δὲ καρδία αὐτῶν πόρρω ἀπέχει
(vl ἐστίν vg) ἀπ᾽ ἐμοῦ" ‖ Mar 7 6
Luc 24 28 προσεποιήσατο π..ώτερον πορεύεσθ.

πόρρωθεν a longe Luc 17 12 ἔστησαν
Hb 11 13 π. αὐτὰς (se τὰς ἐπαγγελ.) ἰδόντες

πορφύρα purpura
Mar 15 17 ἐνδιδύσκουσιν αὐτὸν π..αν 20 ἐξέδυσ.
Luc 16 19 ἐνεδιδύσκετο πορφύραν καὶ βύσσον
Ap 18 12 γόμον – βυσσίνου καὶ πορφύρας

πορφυρόπωλις Sᵒ – purpuraria Act 16 14

πορφυροῦς purpureus ᵇ (π..οῦν) purpura
Joh 19 2 (ἱμάτιον) 5 – Ap 17 4 ᵇ 18 16 ᵇ

ποσάκις quoties (vl quotiens)
Mat 18 21 π. ἁμαρτήσει εἰς ἐμὲ ὁ ἀδελφός μου
23 37 ποσάκις ἠθέλησα ἐπισυναγαγεῖν τὰ
τέκνα σου, ὃν τρόπον ‖ Luc 13 34

πόσις potus
Joh 6 55 τὸ αἷμά μου ἀληθής ἐστιν πόσις
Rm 14 17 οὐ γάρ ἐστιν ἡ βασιλεία τοῦ θεοῦ
βρῶσις καὶ πόσις Col 2 16 μὴ οὖν τις ὑ-
μᾶς κρινέτω ἐν βρώσει καὶ ἐν πόσει

*πόσος quantus ᵇ quot
πόσῳ (quanto) μᾶλλον → μᾶλλον
Mat 6 23 τὸ σκότος πόσον
15 34 πόσους ἐκ ἄρτους –; 16 9 ᵇ κοφίνους
10 ᵇ Mar 6 38 ᵇ 85 ᵇ 19 ᵇ 20 ᵇ – Act 21 20 ᵇ
12 12 πόσῳ – διαφέρει ἄνθρωπος προβά-
του (quanto magis melior est)
2 Co 7 11 πόσην κατειργάσατο ὑμῖν σπουδήν

ποταμός flumen ᵇ fluvius
Mat 3 6 ἐν τῷ Ἰορδάνῃ π..ῷ (vgᵒ) ‖ Mar 1 5
7 25 ἦλθον οἱ ποταμοί 27 ‖ Luc 6 48.49 ᵇ
Joh 7 38 ποταμοὶ ἐκ τῆς κοιλίας αὐτοῦ ῥεύ-
σουσιν ὕδατος ζῶντος
Act 16 13 παρὰ ποταμόν – προσευχὴν εἶναι
2 Co 11 26 κινδύνοις ποταμῶν, κινδύνοις λῃστῶν

Ap 8 10 ἐπὶ τὸ τρίτον τῶν ποταμῶν 16 4
9 14 ἐπὶ „τῷ π. τῷ μεγ. Εὐφράτῃ" 16 12
12 15 ἔβαλεν ὁ ὄφις – ὕδωρ ὡς ποταμόν
– 16 ἡ γῆ – κατέπιεν τὸν ποταμόν
22 1 „π..ὸν ᵇ ὕδατος ζωῆς" λαμπρόν 2

ποταμοφόρητος Sᵒ – Ap 12 15 ἵνα αὐτὴν
π..ον (trahi a flumine) ποιήσῃ

ποταπός qualis
Mat 8 27 ποτ. ἐστιν οὗτος, ὅτι καὶ οἱ ἄνεμοι
Mar 13 1 ἴδε π..οὶ λίθοι καὶ π..αὶ οἰκοδομαί
Luc 1 29 π. εἴη ὁ ἀσπασμός 7 39 π..ὴ ἡ γυνή
2 Pe 3 11 ποταποὺς δεῖ ὑπάρχειν [ὑμᾶς]
1 Jo 3 1 π..ὴν ἀγάπην δέδωκεν ἡμῖν ὁ πατήρ

πότε; quando ᵇ (ἕως π.) quamdiu ᶜ (ἕως
π.) quousque, usquequo
Mat 17 17 ἕως πότε ᶜ μεθ᾽ ὑμῶν ἔσομαι; ἕ. π.ᶜ
ἀνέξομαι ὑμῶν; ‖ Mar 9 19 ᵇᵇ Luc 9 41 ᶜ
24 3 πότε ταῦτα ἔσται, καὶ τί τὸ σημεῖον
–; ‖ Mar 13 4 Luc 21 7
25 37 πότε σε εἴδομεν πεινῶντα –; 38 S..44
Mar 13 33 οὐκ οἴδατε – πότε ὁ καιρός ἐστιν 35
πότε ὁ κύριος τῆς οἰκίας ἔρχεται
Luc 12 36 πότε ἀναλύσῃ ἐκ τῶν γάμων
17 20 πότε ἔρχεται ἡ βασιλεία τοῦ θεοῦ
Joh 6 25 ῥαββί, πότε ὧδε γέγονας;
10 24 ἕ. π.ᶜ τὴν ψυχὴν ἡμῶν αἴρεις; εἰ σύ
Ap 6 10 „ἕως πότε" ᶜ, – οὐ „κρίνεις" καὶ „ἐκ-
δικεῖς" –;

ποτήριον calix ᵇ poculum
Mat 10 42 π. ψυχροῦ μόνον ‖ Mar 9 41 ὕδατος
20 22 δύνασθε πιεῖν τὸ ποτ. ὃ ἐγὼ μέλλω
πίνειν; 23 τὸ μὲν ποτ. μου πίεσθε ‖
Mar 10 38.39
23 25 καθαρίζετε τὸ ἔξωθεν τοῦ π. 26 κα-
θάρισον – τὸ ἐντὸς τοῦ π. ‖ Luc 11 39
26 27 λαβὼν ποτήριον – ἔδωκεν ‖ Mar 14 23
Luc 22 17.20 τὸ ποτήριον – μετὰ τὸ
δειπνῆσαι, λέγων· τοῦτο τὸ ποτήριον
ἡ καινὴ διαθήκη 1 Co 11 25
26 39 παρελθάτω ἀπ᾽ ἐμοῦ τὸ π. τοῦτο ‖
Mar 14 36 παρένεγκε Luc 22 42 cfr Joh
18 11 τὸ ποτήριον ὃ δέδωκέν μοι ὁ
πατὴρ οὐ μὴ πίω αὐτό;
Mar 7 4 βαπτισμοὺς ποτηρίων (vl 8 vg)
1 Co 10 16 τὸ ποτ. τῆς εὐλογίας ὃ εὐλογοῦμεν
– 21 ποτήριον κυρίου – καὶ ποτ. δαιμονίων
11 26 ὁσάκις γὰρ ἐὰν – τὸ ποτήριον πίνητε
– 27 ὃς ἂν – πίνῃ τὸ π. τοῦ κυρίου ἀνα-

ξίως 28 ὅΰτως – ἐκ τοῦ ποτ. πινέτω
Ap 14 10 „ἐν τῷ ποτ. τῆς ὀργῆς αὐτοῦ" 16 19
    δοῦναι αὐτῇ „τὸ ποτ. τοῦ οἴνου τοῦ
    θυμοῦ" 18 6 ἐν τῷ ποτ.ᵇ ᾧ ἐκέρασεν
    κεράσατε αὐτῇ διπλοῦν
17 4 „π.ᵇ χρυσοῦν" – γέμον βδελυγμάτων

ποτίζειν *potum dare* ᵇ*potare* (vl *potionare*
    Ap) ᶜ*rigare* ᵈ*dare bibere* ᵉ*adaquare*
Mat 10 42 ὃς ἂν ποτίσῃ ἕνα τῶν μικρῶν τούτων
    ποτήριον ψυχροῦ ‖ Mar 9 41 ὑμᾶς
25 35 ἐδίψησα καὶ ἐποτίσατέ ᵈ με 37.42
27 48 ἐπότιζενᵈ αὐτόν (Jes.) ‖ Mar 15 36
Luc 13 15 τῷ σαββάτῳ οὐ – βοῦν – ποτίζειᵉ;
Rm 12 20 „ἐὰν διψᾷ, πότιζε αὐτόν"
1 Co 3 2 γάλα ὑμᾶς ἐπότισα, οὐ βρῶμα
    – 6 ἐγὼ ἐφύτευσα, Ἀπολλῶς ἐπότισενᶜ
    – 7 οὔτε ὁ φυ. ἐστίν τι οὔτε ὁ ποτίζωνᶜ
    8 ὁ φυτ. δὲ καὶ ὁ ποτίζωνᶜ ἕν εἰσιν
12 13 πάντες ἓν πνεῦμα ἐποτίσθημενᵇ
Ap 14 8 ἥ – „πεπότικενᵇ πάντα τὰ ἔθνη"

Ποτίολοι Act 28 13 ἤλθομεν εἰς Ποτιόλους

πότος *potatio* 1 Pe 4 3 ἐν – κώμοις, π..οις

****ποῦ** ᵤ*bi* ᵇ*quo* (omnes loci ex epist.)
Luc 8 25 εἶπεν – αὐτοῖς· ποῦ ἡ πίστις ὑμῶν;
    9 58 οὐκ ἔχει ποῦ τὴν κεφαλὴν κλίνῃ
    17 17 οἱ δὲ ἐννέα ποῦ; – 37 ποῦ, κύριε;
Joh 1 38 ῥαββί, –, ποῦ μένεις; 39 ποῦ μένει
    8 19 ποῦ ἐστιν ὁ πατήρ σου;
    12 35 οὐκ οἶδεν ποῦᵇ ὑπάγει 1 Jo 2 11 ᵈ
Rm 3 27 ποῦ οὖν ἡ καύχησις; ἐξεκλείσθη
1 Co 1 20 ποῦ σοφός; ποῦ γραμματεύς; ποῦ"
    συζητητὴς τοῦ αἰῶνος τούτου;
    12 17 π. ἡ ἀκοή; – ἡ ὄσφρησις; 19 – τὸ σῶ.;
    15 55 „ποῦ σου, θάνατε. τὸ νῖκος; ποῦ
    σου, θάνατε, τὸ κέντρον;"
Gal 4 15 ποῦ οὖν ὁ μακαρισμὸς ὑμῶν;
Hb 11 8 μὴ ἐπιστάμενος ποῦᵇ ἔρχεται
1 Pe 4 18 „ὁ – ἁμαρτωλὸς ποῦ φανεῖται;"
2 Pe 3 4 π. ἐστιν ἡ ἐπαγγελία τῆς παρους. –;

Πούδης *Pudens* 2 Ti 4 21 ἀσπάζεται – Πούδ.

****πούς** *pes*
Mat 4 6 „μήποτε προσκόψῃς πρὸς λίθον τὸν
    πόδα σου" ‖ Luc 4 11
    5 35 μήτε ἐν „τῇ γῇ", ὅτι „ὑποπόδιόν ἐ-
    στιν τῶν ποδῶν αὐτοῦ" Act 7 49
    10 14 ἐκτινάξατε τὸν κονιορτὸν τῶν πο-
    δῶν ὑμῶν ‖ Mar 6 11 Luc 9 5 – 10 11

Act 13 51 ἐκτιναξάμενοι – ἐπ᾽ αὐτούς
Mat 18 8 εἰ – ὁ πούς σου σκανδαλίζει σε, – · –
    ἢ δύο πόδας ἔχοντα ‖ Mar 9 45
    22 44 „τοὺς ἐχθρούς σου ὑποκάτω τῶν
    ποδῶν σου" ‖ Mar 12 36 Luc 20 43 –
    Act 2 35 Hb 1 13 10 13 cfr 1 Co 15 25
    28 9 αἱ δὲ – ἐκράτησαν αὐτοῦ τοὺς πόδας
Mar 5 22 πίπτει πρὸς τοὺς π. αὐτοῦ ‖ Luc
    8 41 (παρά) – Mar 7 25 Luc 17 16 εὐ-
    χαριστῶν – Joh 11 32 Act 5 10 καὶ
    ἐξέψυξεν 10 25 (ἐπί) – Ap 1 17 ἔπεσα
    – ὡς νεκρός 19 10 ἔμπροσθεν τῶν π.
    αὐτοῦ 3 9 22 8
Luc 7 38 στᾶσα ὀπίσω παρὰ τοὺς π. αὐτοῦ –
    ἤρξατο βρέχειν τοὺς π. – καὶ κατ-
    εφίλει τοὺς π. 44 ὕδωρ μοι ἐπὶ πό-
    δας οὐκ ἔδωκας· – ἔβρεξέν μου τοὺς
    πόδας 45.46 cfr Joh 12 3 ἤλειψεν
    8 35 καθήμενον – σωφρονοῦντα παρὰ τοὺς
    πόδας τοῦ Ἰησοῦ 10 39 παρακαθ-
    εσθεῖσα πρὸς τοὺς πόδ. τοῦ κυρίου
    24 39 ἴδετε – καὶ τοὺς πόδας μου 40
Joh 11 2 ἡ – ἐκμάξασα τοὺς πόδας αὐτοῦ 12 3
    13 5 νίπτειν τοὺς π. τῶν μαθητῶν 6.8.9.
    10.12.14 → 1 Ti 5 10
Act 5 9 οἱ π. τῶν θαψάντων τὸν ἄνδρα σου
    7 5 „οὐκ ἔδωκεν" αὐτῷ κληρονομίαν ἐν
    αὐτῇ „οὐδὲ βῆμα ποδός"
    – 33 „λῦσον τὸ ὑπόδημα τῶν π. σου" cfr
    13 25 οὐκ – ἄξιος τὸ ὑπόδ. τ. π. λῦσαι
    14 8.10 ἀνάστηθι ἐπὶ τοὺς πόδ. σου 26 16
    21 11 δήσας ἑαυτοῦ τοὺς π. καὶ τ. χεῖρας
    22 3 παρὰ τοὺς π. Γαμαλ. πεπαιδευμένος
Rm 3 15 „ὀξεῖς οἱ πόδες αὐτῶν ἐκχέαι αἷμα"
    10 15 „ὡς ὡραῖοι οἱ π. τῶν εὐαγγελιζομ."
    16 20 ὁ δὲ θεὸς τῆς εἰρήνης συντρίψει τὸν
    σατανᾶν ὑπὸ τοὺς πόδας ὑμῶν
1 Co 12 15 ἐὰν εἴπῃ ὁ π. – 21 ἡ κεφαλὴ τοῖς π.
    15 27 „πάντα – ὑπέταξεν ὑπὸ τοὺς π. αὐ-
    τοῦ" Eph 1 22 Hb 2 8 „ὑπέταξας"
Eph 6 15 ὑποδησάμενοι „τοὺς πόδας ἐν ἑτοι-
    μασίᾳ τοῦ εὐαγγελίου τῆς εἰρήνης"
1 Ti 5 10 εἰ ἁγίων πόδας ἔνιψεν (sc χήρα)
Hb 12 13 „τροχιὰς ὀρθὰς ποιεῖτε τοῖς π." ὑμ.
Ap 1 15 „οἱ π. αὐτοῦ ὅμοιοι χαλκολιβάνῳ"
    2 18 10 1 ὡς στῦλοι πυρός – 2 τὸν π.
    – τὸν δεξιὸν ἐπὶ τῆς θαλάσσης – 11 11
    12 1 ἡ σελήνη ὑποκάτω τῶν ποδ. αὐτῆς
    13 2 οἱ π. αὐτοῦ (sc θηρίου) „ὡς ἄρκου"

πρᾶγμα *res* ᵇ*negotium* ᶜ*opus*
Mat 18 19 περὶ παντὸς πρ. οὗ ἐὰν αἰτήσωνται

Luc 1 1 διήγησιν περὶ τῶν πεπληροφορημέ-
νων ἐν ἡμῖν πραγμάτων
Act 5 4 τί ὅτι ἔθου ἐν τῇ καρδίᾳ – τὸ πρ. –;
Rm 16 2 ἐν ᾧ ἂν ὑμῶν χρήζῃ πράγματι[b]
1 Co 6 1 πρᾶγμα[b] ἔχων πρὸς τὸν ἕτερον
2 Co 7 11 ἑαυτοὺς ἁγνοὺς εἶναι τῷ πράγματι[b]
1 Th 4 6 μὴ – πλεονεκτεῖν ἐν τῷ πρ.[b] τὸν ἀδ.
Hb 6 18 διὰ δύο πραγμάτων ἀμεταθέτων
10 1 οὐκ αὐτὴν τὴν εἰκόνα τῶν πραγμάτ.
11 1 πραγμάτων ἔλεγχος οὐ βλεπομένων
Jac 3 16 ἀκαταστασία καὶ πᾶν φαῦλον πρ.[c]

πραγματεία negotium 2 Ti 24 οὐδεὶς στρα-
τευόμενος ἐμπλέκεται ταῖς τοῦ βίου πρ.

πραγματεύεσθαι negotiari
Luc 19 13 εἶπεν –· πρ..εύσασθε ἐν ᾧ ἔρχομαι

πραιτώριον S° – praetorium
Mat 27 27 ‖ Mar 15 16 Joh 18 28.33 19 9
Act 23 35 τοῦ Ἡρῴδου Phl 1 13 ἐν ὅλῳ τῷ πρ.

πράκτωρ exactor Luc 12 58 τῷ π., καὶ ὁ π.

πρᾶξις actus [b]factum [c]opus (txt pl, vl vg)
Mat 16 27 „ἑκάστῳ κατὰ τὴν πρᾶξιν[c] αὐτοῦ"
Luc 23 51 τῇ βουλῇ καὶ τῇ πρ. (actibus) αὐτῶν
Act 19 18 ἀναγγέλλοντες τὰς πράξεις αὐτῶν
Rm 8 13 εἰ – τὰς πρ.[b] τοῦ σώματος θανατοῦτε
12 4 τὰ – μέλη – οὐ τὴν αὐτὴν ἔχει πρᾶξιν
Col 3 9 ἀπεκδυσάμενοι τὸν παλαιὸν ἄνθρω-
πον σὺν ταῖς πράξεσιν αὐτοῦ

πρασιαί prasiaí in partes Mar 6 40

πράσσειν agere [b]facere [c]gerere [d]admittere
[e]exigere [f]sectari
Luc 3 13 μηδὲν πλέον – πρ..ετε[b] 19 23 κἀγὼ
ἐλθὼν σὺν τόκῳ ἂν – ἔπραξα[e]
22 23 τίς ἄρα εἴη – ὁ τοῦτο μέλλων πρ.[b]
23 15 ἄξιον θανάτου Act 25 11[b] 25[d] 26 31[b]
– 41 ἄξια – ὧν ἐπράξαμεν (factis) ἀπο-
λαμβάνομεν· οὗτος δὲ οὐδὲν ἄτο-
πον (vl πονηρὸν vg) ἔπραξεν[c]
Joh 3 20 πᾶς – ὁ φαῦλα πράσσων 5 29
Act 3 17 οἶδα ὅτι κατὰ ἄγνοιαν ἐπράξατε[b]
5 35 προσέχετε ἑαυτοῖς – τί μέλλετε πρ. 19
36 δέον ἐστὶν – μηδὲν προπετὲς πρ.
15 29 διατηροῦντες ἑαυτοὺς εὖ πράξετε
16 28 μηδὲν πράξῃς[b] σεαυτῷ κακόν
17 7 ἀπέναντι τῶν δογμάτων Καίσαρος
πράσσουσιν[b]
19 19 ἱκανοὶ – τῶν τὰ περίεργα πραξάν-

των[f] – 26 9 πολλὰ ἐναντία πρᾶξαι
Act 26 20 ἄξια τῆς μετανοίας ἔργα π..οντας[b]
– 26 οὐ γάρ ἐστιν ἐν γωνίᾳ πεπραγμέν.[c]
Rm 1 32 ὅτι οἱ τὰ τοιαῦτα π..οντες ἄξιοι
θανάτου εἰσὶν 22 τὸ κρίμα – ἐπὶ τοὺς
τὰ τοιαῦτα π..οντας 3 ὦ ἄνθρωπε ὁ
κρίνων τοὺς τὰ τοι. π..οντας Gal 5 21
οἱ τὰ τοιαῦτα πρ. βασιλείαν θεοῦ οὐ
κληρονομήσουσιν – Rm 1 32 καὶ συν-
ευδοκοῦσιν τοῖς πράσσουσιν[b] 2 1 τὰ
– αὐτὰ πράσσεις ὁ κρίνων
2 25 περιτομὴ – ὠφελεῖ ἐὰν νόμον πράσ-
σῃς (vl φυλάσσῃς vg observes)
7 15 οὐ γὰρ ὃ θέλω τοῦτο πράσσω
– 19 ὃ οὐ θέλω κακὸν τοῦτο πράσσω
9 11 μηδὲ πραξάντων τι ἀγαθὸν ἢ φαῦ-
λον 2 Co 5 10 πρὸς ἃ ἔπραξεν[c], εἴτε
13 4 εἰς ὀργὴν τῷ τὸ κακὸν πράσσοντι
1 Co 5 2 ἵνα ἀρθῇ – ὁ τὸ ἔργον – πράξας[b]
9 17 εἰ γὰρ ἑκὼν τοῦτο πράσσω
2 Co 12 21 ἐπὶ τῇ ἀκαθαρσίᾳ – ᾗ ἔπραξαν[c]
Eph 6 21 τὰ κατ᾽ ἐμέ, τί πράσσω, – γνωρίσει
Phl 4 9 ἃ καὶ ἐμάθετε –, ταῦτα πράσσετε
(Col 4 9 vl τὰ ὧδε πραττόμενα vg quae hic
aguntur)
1 Th 4 11 ἡσυχάζειν καὶ πράσσειν τὰ ἴδια

πραϋπάθια (vl πραϋτης) S° – mansuetudo
1 Ti 6 11 δίωκε δὲ – ὑπομονήν, πραϋπάθιαν

πραῢς mitis [b]mansuetus [c]modestus
Mat 5 5 μακάριοι „οἱ πραεῖς"
11 29 πραῢς εἰμι καὶ ταπεινὸς τῇ καρδίᾳ
21 5 „ὁ βασιλεύς σου ἔρχεταί σοι πρ.[b]"
1 Pe 3 4 τοῦ πραέως[c] καὶ ἡσυχίου πνεύματος

πραϋτης mansuetudo [b]modestia [c]lenitas
1 Co 4 21 ἐν ἀγάπῃ πνεύματί τε πραϋτητος;
2 Co 10 1 διὰ τῆς πρ. καὶ ἐπιεικείας τοῦ Χοῦ
Gal 5 23 ἀγαθωσύνη, πίστις, πρ.[b], ἐγκράτεια
6 1 καταρτίζετε τὸν τοιοῦτον ἐν πνεύ-
ματι πραϋτητος[c], σκοπῶν σεαυτόν
Eph 4 2 μετὰ πάσης ταπεινοφρ. καὶ π..τος
Col 3 12 ἐνδύσασθε – ταπεινοφρ., πραϋτητα[b]
2 Ti 2 25 ἐν πρ..τι[b] παιδεύοντα τοὺς ἀντιδια-
Tit 3 2 πᾶσαν ἐνδεικνυμένους πραϋτητα
Jac 1 21 ἐν πραϋτητι δέξασθε τὸν – λόγον
3 13 τὰ ἔργα αὐτοῦ ἐν πραϋτητι σοφίας
1 Pe 3 16 ἀλλὰ μετὰ πραϋτητος[b] καὶ φόβου

πρέπει, πρέπον ἐστὶν decet
Mat 3 15 π..ον ἐστὶν ἡμῖν πληρῶσαι – δικαιοσ.

1 Co 11 13 πρέπον ἐστὶν γυναῖκα ἀκατακάλυπτον τῷ θεῷ προσεύχεσθαι;
Eph 5 3 καθὼς πρέπει ἁγίοις
1 Ti 2 10 ἀλλ' ὃ πρέπει γυναιξὶν ἐπαγγελλομέναις θεοσέβειαν
Tit 2 1 λάλει ἃ πρέπ. τῇ ὑγιαιν. διδασκαλίᾳ
Hb 2 10 ἔπρεπεν γὰρ αὐτῷ – τὸν ἀρχηγὸν τῆς σωτηρίας αὐτῶν διὰ παθημάτων τελειῶσαι
7 26 τοιοῦτος – ἡμῖν – ἔπρεπεν ἀρχιερεύς

πρεσβεία legatio Luc 14 32 19 14

πρεσβεύειν S° – legatione fungi
2 Co 5 20 ὑπὲρ Χοῦ οὖν πρεσβεύομεν
Eph 6 20 τοῦ εὐαγγελίου, ὑπὲρ οὗ πρεσβεύω

πρεσβυτέριον ᵃmaiores natu ᵇseniores ᶜpresbyterium
Luc 22 66 συνήχθη τὸ πρεσβυτέριον ᵇ τοῦ λαοῦ
Act 22 5 μαρτυρεῖ μοι – πᾶν τὸ πρεσβυτέριον ᵃ
1 Ti 4 14 μετὰ ἐπιθέσεως τῶν χειρῶν τοῦ πρ.ᶜ

πρεσβύτερος, ..τέρα senior, seniores ᵇ(senex) senes ᶜpresbyter, ..i ᵈanus
1) natu maiores
Luc 15 25 ὁ υἱὸς αὐτοῦ ὁ πρεσβύτερος
Act 2 17 „οἱ νεανίσκοι – καὶ οἱ πρεσβ. ὑμῶν"
1 Ti 5 1 π..ῳ μὴ ἐπιπλήξῃς, ἀλλὰ παρακάλει
– 2 πρεσβυτέρας ᵈ ὡς μητέρας, νεωτέρας
1 Pe 5 5 νεώτεροι, ὑποτάγητε πρεσβυτέροις

2) veteres, proavi
Mat 15 2 τὴν παράδοσιν τῶν πρ. ‖ Mar 7 3.5
Hb 11 2 ἐν ταύτῃ – ἐμαρτυρήθησαν οἱ πρ.ᵇ

3) primores, antistites ecclesiae
a) Judaeorum (vg seniores)
Mat 16 21 παθεῖν ἀπὸ τῶν πρ. καὶ ἀρχιερέων καὶ γραμματέων ‖ Mar 8 31 Luc 9 22
21 23 προσῆλθον – οἱ ἀρχ. καὶ οἱ πρ. τοῦ λαοῦ ‖ Mar 11 27 οἱ ἀρχ. καὶ οἱ γρ. καὶ οἱ πρ. Luc 20 1 σὺν τοῖς πρεσβ.
26 3 συνήχθησαν οἱ ἀρχ. καὶ οἱ πρ. τοῦ λαοῦ 47 ὄχλος πολὺς – ἀπὸ τῶν ἀρχ. καὶ πρ. τοῦ λαοῦ ‖ Mar 14 43 τῶν πρ.
– 57 ὅπου οἱ γρ. καὶ οἱ πρ. συνήχθησαν ‖ Mar 14 53 ἀρχ. – πρ. – γραμματεῖς
27 1 συμβούλιον ἔλαβον – οἱ ἀρχ. καὶ οἱ πρ. τοῦ λαοῦ ‖ Mar 15 1 οἱ ἀρχιερεῖς

μετὰ τῶν πρ. καὶ γρ. καὶ ὅλον τὸ συνέδριον – Mat 27 3 τὰ τριάκοντα ἀργύρια τοῖς ἀρχ. καὶ πρεσβυτέροις
Mat 27 12 ἐν τῷ κατηγορεῖσθαι – ὑπὸ τῶν ἀρχ. καὶ πρ. 20 οἱ – ἀρχ. καὶ οἱ πρ. ἔπεισαν τοὺς ὄχλους 41 οἱ ἀρχ. ἐμπαίζοντες μετὰ τῶν γραμμ. καὶ πρεσβ.
28 12 συναχθέντες μετὰ τῶν πρεσβυτέρων
Luc 7 3 ἀπέστειλεν – π..ους τῶν Ἰουδαίων
22 52 πρὸς τοὺς – ἀρχ. καὶ στρατηγοὺς τοῦ ἱεροῦ καὶ πρεσβυτέρους
Joh [8 9 ἐξήρχοντο εἷς καθ' εἷς ἀρξάμενοι ἀπὸ τῶν πρεσβυτέρων]
Act 4 5 συναχθῆναι αὐτῶν τοὺς ἄρχοντας καὶ τοὺς πρ. καὶ τοὺς γρ. 8 ἄρχοντες τοῦ λαοῦ καὶ πρ. 23 οἱ ἀρχιερ. καὶ οἱ πρ. 23 14 προσελθόντες τοῖς ἀρχιερ. καὶ τοῖς πρ. 25 15 οἱ ἀρχιερ. καὶ οἱ πρεσβύτεροι τῶν Ἰουδαίων
6 12 τὸν λαὸν καὶ τοὺς πρ. καὶ τοὺς γρ.
24 1 ὁ ἀρχ. Ἀνανίας μετὰ πρεσβ. τινῶν

b) Christianorum (vg seniores ᶜpresbyter, ..i ᵉmaiores natu)
Act 11 30 ἀποστείλαντες πρὸς τοὺς πρεσβυτ.
14 23 χειροτονήσαντες – αὐτοῖς κατ' ἐκκλησίαν πρεσβυτέρους ᶜ 20 17 μετεκαλέσατο τοὺς πρεσβυτ.ᵉ τῆς ἐκκλησίας
15 2 πρὸς τοὺς ἀποστόλους καὶ πρ.ᶜ εἰς Ἱερουσ. 4 παρεδέχθησαν ἀπὸ τῆς ἐκκλ. καὶ τῶν ἀποστ. καὶ τῶν πρεσβ. 6 οἱ ἀπ. καὶ οἱ πρ. 22 ἔδοξε τοῖς ἀπ. καὶ τοῖς πρ. 23 οἱ ἀπ. καὶ οἱ πρ. ἀδελφοί 16 4 τὰ δόγματα τὰ κεκριμένα ὑπὸ τῶν ἀπ. καὶ πρ. τῶν ἐν Ἱερουσ. (vl 15 41 τὰς ἐντολὰς τῶν πρ. vg, om vl) 21 18 πάντες τε παρεγένοντο οἱ πρεσβύτεροι (cum Jacobo)
1 Ti 5 17 οἱ καλῶς προεστῶτες πρ.ᶜ διπλῆς τιμῆς ἀξιούσθωσαν 19 κατὰ πρεσβυτέρου ᶜ κατηγορίαν μὴ παραδέχου
Tit 1 5 καταστήσῃς κατὰ πόλιν πρ..ους ᶜ
Jac 5 14 προσκαλεσάσθω τοὺς πρ.ᶜ τῆς ἐκκλ.
1 Pe 5 1 π..ους – ἐν ὑμῖν παρακαλῶ ὁ συμπρεσβύτερος (consenior)
– 5 νεώτεροι, ὑποτάγητε πρεσβυτέροις
2 Jo 1 ὁ πρεσβύτερος ἐκλεκτῇ κυρίᾳ
3 Jo 1 ὁ πρεσβύτερος Γαΐῳ τῷ ἀγαπητῷ

4) vigintiquattuor seniores in caelo
Ap 4 4.10 5 5 (εἷς ἐκ τῶν πρεσβυτ.) 6.8.11.14 7 11.13 (εἷς ἐκ τῶν πρεσβ.) 11 16 14 3 19 4

πρεσβύτης *senex* πρεσβῦτις *anus*
Luc 1 18 Zacharias: ἐγὼ γάρ εἰμι πρεσβύτης
Tit 2 2 π..ας νηφαλίους εἶναι 3 π..ιδας ὡσ-
αὔτως ἐν καταστήματι ἱεροπρεπεῖς
Phm 9 τοιοῦτος ὢν ὡς Παῦλος πρεσβύτης

πρηνής *suspensus* Act 1 18 πρην. γενόμενος

πρίζειν *secare* Hb 11 37 ἐπρίσθησαν

Πρῖσκα, Πρίσκιλλα (sic in Act)
Act 18 2.18.26 Rm 16 3 1 Co 16 19 2 Ti 4 19

προάγειν *praecedere* ᵇ*antecedere* ᶜ*praeire*
ᵈ*producere* ᵉ*recedere*
Mat 2 9 ὁ ἀστὴρ – προῆγενᵇ αὐτούς
14 22 π..ειν αὐτὸν εἰς τὸ πέραν ‖ Mar 6 45
21 9 οἱ – ὄχλοι οἱ π..οντες αὐτόν ‖ Mar 11
9ᶜ καὶ οἱ ἀκολουθοῦντες – Luc 18 39ᶜ
– 31 αἱ πόρναι π..ουσιν ὑμᾶς εἰς τὴν βασ.
26 32 προάξω ὑμᾶς εἰς τὴν Γαλιλ. 28 7 ἰ-
δοὺ προάγει ὑμᾶς ‖ Mar 14 28 16 7
Mar 10 32 ἦν προάγων αὐτοὺς ὁ Ἰησοῦς
Act 12 6ᵈ 16 30ᵈ 17 5ᵈ εἰς τὸν δῆμον 25 26ᵈ
1 Ti 1 18 κατὰ τὰς π..ούσας ἐπὶ σὲ προφητείας
5 24 τινῶν ἀνθρώπων αἱ ἁμαρτίαι πρό-
δηλοί εἰσιν π..ουσαι εἰς κρίσιν
Hb 7 18 ἀθέτησις – γίνεται π..ούσης ἐντολῆς
2 Jo 9 πᾶς ὁ προάγωνᶜ (vlᵃ) καὶ μὴ μέ-
νων ἐν τῇ διδαχῇ τοῦ Χοῦ

προαιρεῖσθαι *destinare* 2 Co 9 7 ἕκαστος
καθὼς προήρηται τῇ καρδίᾳ, μὴ ἐκ

προαιτιᾶσθαι Sᵒ – *causari* Rm 3 9

προακούειν Sᵒ – *audire* Col 1 5 ἐλπίδα

προαμαρτάνειν Sᵒ – *ante peccare*
2 Co 12 21 μὴ – πενθήσω πολλοὺς τῶν προη-
μαρτηκότων 13 2 προλέγω – τοῖς προημ.

προαύλιον Sᵒ – *atrium* Mar 14 68 εἰς τὸ π.

προβαίνειν *procedere* ᵇ*progredi*
Mat 4 21 ‖ Mar 1 19ᵇ ὀλίγον – Luc 1 7 προβε-
βηκότες ἐν ταῖς ἡμέραις αὐτῶν 18 2 36

προβάλλειν ᵃ*producere ex se fructum* ᵇ*pro-
pellere* Luc 21 30ᵃ Act 19 33ᵇ αὐτόν

προβατική (sc πύλη) *probatica* Joh 5 2

(προβάτιον vl Joh 21 16.17)

πρόβατον *ovis*
Mat 7 15 ἔρχονται – ἐν ἐνδύμασι προβάτων
9 36 ἐσκυλμένοι καὶ ἐρριμμένοι „ὡσεὶ πρό-
βατα μὴ ἔχοντα ποιμένα" ‖ Mar 6 34
10 6 πορεύεσθε δὲ μᾶλλον πρὸς τὰ πρ.
τὰ ἀπολωλότα οἴκου Ἰσραήλ 15 24
οὐκ ἀπεστάλην εἰ μὴ εἰς κτλ.
– 16 ὡς πρόβατα ἐν μέσῳ λύκων
12 11 ὃς ἕξει πρόβατον ἕν, καὶ ἐὰν ἐμπέσῃ
– 12 πόσῳ – διαφέρει ἄνθρωπος π..του
18 12 ἑκατὸν π..τα καὶ πλανηθῇ ἕν ‖ Luc
15 4.6 εὗρον τὸ πρ. μου τὸ ἀπολωλός
25 32 ἀφορίζει τὰ πρ. ἀπὸ τῶν ἐρίφων 33
στήσει τὰ μὲν πρ. ἐκ δεξιῶν αὐτοῦ
26 31 „διασκορπισθήσονται τὰ πρ. τῆς ποί-
μνης" ‖ Mar 14 27 (cfr Joh 16 32)
Joh 2 14 πωλοῦντας βόας καὶ πρόβατα 15
10 1 διὰ τῆς θύρας εἰς τὴν αὐλὴν τῶν πρ.
7 ἐγώ εἰμι ἡ θύρα τῶν προβάτων
– 2 ποιμήν ἐστιν τῶν πρ. 3 τὰ πρ. τῆς
φωνῆς αὐτοῦ ἀκούει, καὶ τὰ ἴδια πρ.
φωνεῖ κατ' ὄνομα 4 τὰ πρ. αὐτῷ ἀ-
κολουθεῖ – 8 ὅσοι ἦλθον [πρὸ ἐμοῦ]
– ἀλλ' οὐκ ἤκουσαν αὐτῶν τὰ πρ.
– 11 τὴν ψυχὴν αὐτοῦ τίθησιν ὑπὲρ τῶν
πρ. 15 τὴν ψυχήν μου τίθημι
– 12 ὁ μισθωτὸς –, οὗ οὐκ ἔστιν τὰ πρ.
ἴδια, –ἀφίησιν τὰ πρ. καὶ φεύγει 13
ὅτι – οὐ μέλει αὐτῷ περὶ τῶν προβ.
– 16 ἄλλα π..τα ἔχω ἃ οὐκ ἔστιν ἐκ τῆς
– 26 ὅτι οὐκ ἐστὲ ἐκ τῶν πρ. τῶν ἐμῶν
– 27 τὰ πρ. τὰ ἐμὰ τῆς φωνῆς μου ἀκού-
ουσιν, κἀγὼ γινώσκω αὐτά
21 16 ποίμαινε τὰ πρόβατά (vl π..τιά) μου 17
Act 8 32 „ὡς πρόβατον ἐπὶ σφαγὴν ἤχθη"
Rm 8 36 „ἐλογίσθημεν ὡς π..τα σφαγῆς"
Hb 13 20 „ὁ ἀναγαγὼν" ἐκ νεκρῶν „τὸν ποι-
μένα τῶν προβάτων" τὸν μέγαν
1 Pe 2 25 ἦτε – „ὡς πρόβατα πλανώμενοι"
Ap 18 13 καὶ σῖτον καὶ κτήνη καὶ πρόβατα

προβιβάζειν *praemonēre* (vl Act 19 33)
Mat 14 8 ἡ δὲ π..βασθεῖσα ὑπὸ τῆς μητρός

προβλέπεσθαι *providēre* Hb 11 40 τοῦ θεοῦ
περὶ ἡμῶν κρεῖττόν τι π..ψαμένου

προγίνεσθαι *praecedere* Rm 3 25 διὰ τὴν πάρ-
εσιν τῶν προγεγονότων ἁμαρτημάτων

προγινώσκειν *praescire* [b]*praecognoscere*
Act 26 5 πάντες [οἱ] Ἰουδ. π..οντές με ἄνωθεν
Rm 8 29 οὓς προέγνω, καὶ προώρισεν
  11 2 „τὸν λαὸν αὐτοῦ" ὃν προέγνω
1 Pe 1 20 Χοῦ, προεγνωσμένου[b] μὲν πρὸ κα-
  ταβολῆς κόσμου, φανερωθέντος δέ
2 Pe 3 17 π..οντες φυλάσσεσϑε ἵνα μὴ – ἐκπ.

πρόγνωσις *praescientia*
Act 2 23 τῇ – προγνώσει τοῦ θεοῦ ἔκδοτον
1 Pe 1 2 ἐκλεκτοῖς –, κατὰ π..ιν θεοῦ πατρός

πρόγονοι [a]*parentes* [b]*progenitores*
1 Ti 5 4 ἀμοιβὰς ἀποδιδόναι τοῖς προγόνοις[a]
2 Ti 1 3 θεῷ, ᾧ λατρεύω ἀπὸ προγόνων[b]

προγράφειν *praescribere* [b]*supra scribere*
Rm 15 4 ὅσα – προεγράφη (vl ἐγρ. vg), εἰς
  τὴν ἡμετέραν διδασκαλίαν ἐγράφη
Gal 3 1 οἷς κατ' ὀφθαλμοὺς Ἰησοῦς Χὸς προ-
  εγράφη ἐσταυρωμένος;
Eph 3 3 καθὼς προέγραψα[b] ἐν ὀλίγῳ
Jud 4 τινὲς ἄνθρωποι, οἱ πάλαι προγε-
  γραμμένοι εἰς τοῦτο τὸ κρίμα

πρόδηλος *manifestus*
1 Ti 5 24 τινῶν ἀνθρ. αἱ ἁμαρτίαι πρόδηλοί
  εἰσιν 25 καὶ τὰ ἔργα τὰ καλὰ π..α
Hb 7 14 π..ον – ὅτι ἐξ Ἰούδα ἀνατέταλκεν

προδιδόναι *priorem dare* Rm 11 35

προδότης *proditor* Luc 6 16 Jud. Iscar.
Act 7 52 οὗ – ὑμεῖς π..αι καὶ φονεῖς ἐγένεσθε
2 Ti 3 4 ἔσονται – οἱ ἀνθρ. – π..αι, προπετεῖς

πρόδρομος *praecursor* Hb 6 20 ὅπου πρό-
  δρομος ὑπὲρ ἡμῶν εἰσῆλθεν Ἰησοῦς

προειπεῖν, προείρηκα, ..ημαι → προλέγειν

προελπίζειν S⁰ – *ante sperare*
Eph 1 12 εἰς τὸ εἶναι ἡμᾶς – τοὺς προηλπικό-
  τας ἐν τῷ Χριστῷ

προενάρχεσθαι S⁰ – (aor.) *coepisse*
2 Co 8 6.10 καὶ τὸ θέλειν προενήρξασθε

προεπαγγέλλειν, ..εσθαι S⁰ – [a]*ante pro-
  mittere* [b]*repromittere* Rm 1 2 εὐαγγέλ.
  θεοῦ, ὃ π..ηγγείλατο[a] διὰ τῶν προφητῶν
2 Co 9 5 τὴν π..ηγγελμένην[b] εὐλογίαν ὑμῶν

προέρχεσθαι *antecedere* [b]*praecedere*
  [c]*praevenire* [d]*procedere* [e]*progredi*
Mat 26 39[e] μικρόν ‖ Mar 14 35[d] – 6 33[c] Luc 22 47
Luc 1 17 προελεύσεται[b] ἐνώπ. αὐτοῦ ἐν πνεύ.
Act 12 10[d] ῥύμην μίαν (13 vl[d]) 20 5[b] 13 προελ-
  θόντες (vl προσελθ. vg *ascendentes*)
  ἐπὶ τὸ πλοῖον – 2 Co 9 5[c]

προετοιμάζειν *praeparare*
Rm 9 23 τὸν πλοῦτον τῆς δόξης – ἐπὶ σκεύη
  ἐλέους, ἃ προητοίμασεν εἰς δόξαν
Eph 2 10 κτισθέντες – ἐπὶ ἔργοις ἀγαθοῖς, οἷς
  προητοίμασεν ὁ θεὸς ἵνα ἐν αὐτοῖς

προευαγγελίζεσθαι S⁰ – *praenunciare*
Gal 3 8 π..ηγγελίσατο τῷ Ἀβρ. ὅτι „ἐνευλογ."

προέχεσθαι S⁰ – *praecellere* Rm 3 9

προηγεῖσθαι *praevenire* (*invicem*)
Rm 12 10 τῇ τιμῇ ἀλλήλους προηγούμενοι

πρόθεσις *propositum* [b]*propositio*
  [c]*praefinitio*
Mat 12 4 τοὺς ἄρτους τῆς πρ.[b] ‖ Mar 2 26[b] Luc
  6 4[b] – Hb 9 2 καὶ ἡ πρ.[b] τῶν ἄρτων
Act 11 23 παρεκάλει πάντας τῇ προθέσει τῆς
  καρδίας προσμένειν τῷ κυρίῳ
  27 13 δόξαντες τῆς προθέσ. κεκρατηκέναι
Rm 8 28 τοῖς κατὰ πρόθεσιν κλητοῖς οὖσιν
  9 11 ἵνα ἡ κατ' ἐκλογὴν πρ. τ. θεοῦ μένῃ
Eph 1 11 κατὰ πρ. τοῦ τὰ πάντα ἐνεργοῦντος
  3 11 κατὰ πρόθεσιν[c] τῶν αἰώνων ἣν ἐποί-
  ησεν ἐν τῷ Χῷ Ἰησοῦ
2 Ti 1 9 θεοῦ, τοῦ σώσαντος ἡμᾶς –, – κατὰ
  ἰδίαν πρόθεσιν καὶ χάριν
  3 10 παρηκολούθησάς μου – τῇ προθέσει

προθεσμία S⁰ – *praefinitum tempus*
Gal 4 2 ἄχρι τῆς προθεσμίας τοῦ πατρός

προθυμία [a]*aviditas* [b]*promptus animus*
  [c]*voluntas* [d]*destinata voluntas*
Act 17 11 οἵτινες ἐδέξαντο τὸν λόγον μετὰ πά-
  σης προθυμίας[a]
2 Co 8 11 καθάπερ ἡ πρ.[b] τοῦ θέλειν 12 εἰ – ἡ
  πρ.[c] πρόκειται 19 πρὸς τὴν – πρ.[d] ἡ-
  μῶν 9 2 οἶδα γὰρ τὴν προθ.[b] ὑμῶν

πρόθυμος *promptus* π..ως *voluntarie*
Mat 26 41 τὸ μὲν πνεῦμα π..ον ‖ Mar 14 38
Rm 1 15 οὕτως τὸ κατ' ἐμὲ πρόθυμον καὶ ὑ-

μῖν τοῖς ἐν Ῥώμῃ εὐαγγελίσασθαι
1 Pe 5 2 μηδὲ αἰσχροκερδῶς ἀλλὰ προθύμως

προϊδεῖν providere → προορᾶν

πρόϊμος (sc ὑετός) temporaneus Jac 5 7

προϊστάναι, ..σθαι praeesse ᵇpraeponi
Rm 12 8 ὁ π..άμενος (qui praeest) ἐν σπουδῇ
1 Th 5 12 εἰδέναι τοὺς – προϊσταμένους ὑμῶν
1 Ti 3 4 τοῦ ἰδίου οἴκου καλῶς π..άμενον
– 5 εἰ δέ τις τοῦ ἰδίου οἴκου προστῆναι
οὐκ οἶδεν 12 τέκνων καλῶς προϊστά-
μενοι καὶ τῶν ἰδίων οἴκων
5 17 οἱ καλῶς προεστῶτες πρεσβύτεροι
Tit 3 8 ἵνα φροντίζωσιν καλῶν ἔργων προΐ-
στασθαι 14 μανθανέτωσαν – πρ..αι

προκαλεῖσθαι provocare Gal 5 26 ἀλλήλους

προκαταγγέλλειν Sᵒ – praenunciare
Act 3 18 7 52 περὶ τῆς ἐλεύσεως τοῦ δικαίου

προκαταρτίζειν Sᵒ – praeparare 2 Co 9 5

προκεῖσθαι (part.) propositus ᵇpromptum
esse ᶜfactum esse
2 Co 8 12 εἰ γὰρ ἡ προθυμία πρόκειται ᵇ
Hb 6 18 κρατῆσαι τῆς προκειμένης ἐλπίδος
12 1 τὸν προκείμενον ἡμῖν ἀγῶνα
– 2 ἀντὶ τῆς προκειμένης αὐτῷ χαρᾶς
Jud 7 Σόδ. καὶ Γόμ. – πρόκεινται ᶜ δεῖγμα

προκηρύσσειν Sᵒ – praedicare Act 13 24

προκοπή profectus Phl 1 12 τὰ κατ' ἐμὲ – εἰς
π..ὴν τοῦ εὐαγγ. ἐλήλυθεν 25 εἰς τὴν ὑ-
μῶν προκοπὴν καὶ χαρὰν τῆς πίστεως
1 Ti 4 15 ἵνα σου ἡ προκοπὴ φανερὰ ᾖ πᾶσιν

προκόπτειν Sᵒ – proficere ᵇpraecedere
Luc 2 52 προέκοπτεν [ἐν τῇ] σοφίᾳ καὶ ἡλικίᾳ
Rm 13 12 ἡ νὺξ προέκοψεν ᵇ, ἡ δὲ ἡμέρα
Gal 1 14 προέκοπτον ἐν τῷ Ἰουδαϊσμῷ ὑπέρ
2 Ti 2 16 ἐπὶ πλεῖον γὰρ προκόψουσιν ἀσεβεί-
ας 3 9 οὐ προκόψουσιν ἐπὶ πλεῖον
3 13 πονηροὶ – προκόψουσιν ἐπὶ τὸ χεῖρον

πρόκριμα Sᵒ – praeiudicium
1 Ti 5 21 ἵνα ταῦτα φυλάξῃς χωρὶς π..ατος

προκυροῦν Sᵒ – confirmare Gal 3 17 διαθήκ.

προλαμβάνειν ᵃpraesumere ᵇpraevenire
ᶜpraeoccupare Mar 14 8 ᵇ μυρίσαι
1 Co 11 21 τὸ ἴδιον δεῖπνον προλαμβάνει ᵃ
Gal 6 1 ἐὰν καὶ προλημφθῇ ᶜ ἄνθρωπος ἔν
τινι παραπτώματι, ὑμεῖς οἱ

προλέγειν, πρόειπεῖν, προειρηκέναι κτλ.
praedicere ᵇsupra dictum est
Mat 24 25 ἰδοὺ προείρηκα ὑμῖν ‖ Mar 13 23
Act 1 16 γραφὴν ἣν προεῖπεν τὸ πνεῦμα τὸ
ἅγιον Rm 9 29 Hb 4 7 καθὼς προείρηται ᵇ
2 Pe 3 2 μνησθῆναι τῶν προειρημένων
(quae praedixi) ῥημάτων ὑπὸ τῶν – προ-
φητῶν Jud 17 (quae praedicta sunt)
2 Co 7 3 προείρηκα – ὅτι 13 2 προείρηκα καὶ
προλέγω Gal 1 9 5 21 ἃ προλέγω ὑμῖν
καθὼς προεῖπον 1 Th 3 4 προελέγο-
μεν ὑμῖν 4 6 προείπαμεν ὑμῖν

προμαρτύρεσθαι Sᵒ – praenunciare
1 Pe 1 11 τὸ ἐν αὐτοῖς πνεῦμα Χοῦ π..όμενον
τὰ εἰς Χὸν παθήματα καὶ τὰς – δόξας

προμελετᾶν Sᵒ – praemeditari Luc 21 14

προμεριμνᾶν Sᵒ – praecogitare Mar 13 11

προνοεῖν, ..εῖσθαι providēre ᵇcuram hab.
Rm 12 17 „καλὰ ἐνώπιον" πάντων 2 Co 8 21
1 Ti 5 8 εἰ δέ τις τῶν ἰδίων καὶ μάλιστα οἰκεί-
ων οὐ προνοεῖ (vl ..εῖται) ᵇ

πρόνοια ᵃprovidentia ᵇcura Act 24 2 ᵃ
Rm 13 14 τῆς σαρκὸς πρόνοιαν ᵇ μὴ ποιεῖσθε
εἰς ἐπιθυμίας

προορᾶν, προϊδεῖν providēre ᵇvidēre
Act 2 25 „προορώμην τὸν κύριον ἐνώπ. μου"
– 31 π..ὼν ἐλάλησεν περὶ τ. ἀναστάσεως
21 29 ἦσαν – προεωρακότες ᵇ Τρόφιμον
Gal 3 8 προϊδοῦσα – ἡ γραφὴ ὅτι ἐκ πίστεως

προορίζειν Sᵒ – praedestinare ᵇdecernere
Act 4 28 ὅσα ἡ χείρ σου – προώρισεν ᵇ γενέσθ.
Rm 8 29 οὓς προέγνω, καὶ προώρισεν
– 30 οὓς δὲ προώρισεν, – καὶ ἐκάλεσεν
1 Co 2 7 θεοῦ σοφίαν –, ἣν προώρισεν ὁ θεὸς
Eph 1 5 προορίσας ἡμᾶς εἰς υἱοθεσίαν
– 11 ἐν ᾧ – ἐκληρώθημεν προορισθέντες

προπάσχειν Sᵒ – ante pati 1 Th 2 2 ἐν Φιλ.

προπάτωρ (vl πατήρ) pater Rm 4 1 Ἀβρ.

προπέμπειν *deducere* [b]*praemittere*
Act 15 3 προπεμφθέντες ὑπὸ τῆς ἐκκλησίας
20 38 21 5 Rm 15 24 1 Co 16 6. 11 προπέμψα-
τε – αὐτὸν ἐν εἰρήνη 2 Co 1 16 Tit 3 13 [b]
3 Jo 6 οὓς καλῶς ποιήσεις προπέμψας ἀ-
ξίως τοῦ θεοῦ

προπετής [a](..ές) *temerē* [b](..εῖς) *protervi*
Act 19 36 μηδὲν π..ὲς [a] πράσσειν 2 Ti 3 4 [b]

προπορεύεσθαι [a]*praeire* [b]*praecedere*
Luc 1 76 [a] „ἐνώπιον κυρίου" Act 7 40 [b] „ἡμῶν"

πρός *ad* [b]*adversus* [c]*apud* [d]*circa* [e]*cum*
[f]*inter* [g]*intra* [h]*secundum*

1) cum genitivo

Act 27 34 μεταλαβεῖν τροφῆς· τοῦτο γὰρ πρὸς [f]
τῆς ὑμετέρας σωτηρίας ὑπάρχει

2) cum dativo

Mar 5 11 πρὸς [d] τῷ ὄρει Luc 19 37 πρ. τῇ κα-
ταβάσει τοῦ ὄρους Joh 18 16 τῇ θύρα 20
11 τῷ μνημείῳ 12 τῇ κεφαλῇ Ap 1 13

*3) cum accusativo

Mat 13 56 οὐχὶ πᾶσαι πρὸς [e] ἡμᾶς –; ‖ Mar 6 3 [e]
– 9 19 πρ. [c] ὑμᾶς ἔσομαι; 14 49 [c] Luc
9 41 [c] 1 Th 3 4 ὅτε πρ. [c] ὑμᾶς ἦμεν 2 Th
2 5 ἔτι ὢν πρ. [c] ὑμᾶς 3 10 πρ. [c] ὑμᾶς
26 18 πρὸς [c] σὲ ποιῶ τὸ πάσχα 27 4 τί πρ.
ἡμᾶς; Joh 21 22 τί πρὸς σέ; [23]

Mar 8 16 διελογίζοντο πρὸς ἀλλήλους 9 34 [f] 11
31 πρ. [e] ἑαυτούς ‖ Luc 20 5 πρ. [g] (vl [f])
ἑαυτούς – 20 14 πρ. [g] (vl [f]) ἀλλήλους
– 18 11 πρὸς [c] ἑαυτὸν – προσηύχετο
12 12 ὅτι πρὸς αὐτοὺς τὴν παραβολὴν
εἶπεν ‖ Luc 20 19 – 12 11 πρὸς ἡμᾶς
– λέγεις ἢ καὶ πρὸς πάντας;

Luc 12 47 μὴ – ποιήσας πρὸς [h] τὸ θέλημα
14 32 ἐρωτᾷ τὰ πρὸς εἰρήνην (*quae pacis
sunt*) 19 42 (*ad pacem*)

Joh 1 1 ἦν πρὸς [c] τὸν θεόν 2 [c] 1 Jo 1 2 [c]

Act 8 24 δεήθητε – πρὸς τὸν κύριον 12 5 τὸν
θεόν Rm 15 30 ἐν ταῖς προσευχαῖς
– πρ. τὸν θεόν – 10 1 δέησις πρ. τὸν
θεόν – 2 Co 13 7 εὐχόμεθα – πρ. τὸν
θεόν (*oramus – Deum*)

Rm 4 2 ἔχει καύχημα· ἀλλ᾽ οὐ πρὸς [c] θεόν
15 17 ἔχω – καύχησιν – τὰ πρὸς τὸν θεόν

1 Co 6 1 πρᾶγμα ἔχων πρὸς [b] τὸν ἕτερον

2 Co 3 4 πεποίθησιν – ἔχομεν – πρὸς τὸν θεόν

2 Co 11 9 παρὼν πρὸς [c] ὑμᾶς Gal 4 18 [c] 20 [c] Phl
1 26 παρουσίας πάλιν πρὸς ὑμᾶς
Eph 3 4 πρὸς ὃ (*prout*) δύνασθε – νοῆσαι
1 Th 1 8 ἡ πίστις ὑμῶν ἡ πρὸς τὸν θεόν
Phm 5 τὴν πίστιν ἣν ἔχεις πρὸς (vl εἰς vg
in cum abl.) τὸν κύριον Ἰησοῦν
Hb 2 17 πιστὸς ἀρχιερεὺς τὰ πρ. τὸν θεόν
5 1 καθίσταται τὰ πρὸς τὸν θεόν
4 13 πρὸς ὃν ἡμῖν ὁ λόγος

προσάββατον *ante sabbatum* Mar 15 42

προσάγειν *offerre* [b]*adducere* [c]*apparēre*
(Mat 18 24 vl προσήχθη αὐτῷ εἷς)
Luc 9 41 [b] Act 16 20 27 27 ὑπενόουν – προσά-
γειν [c] τινὰ αὐτοῖς χώραν
1 Pe 3 18 Χὸς – ἔπαθεν, –, ἵνα ὑμᾶς (vl ἡμᾶς
vg) προσαγάγῃ τῷ θεῷ

προσαγορεύειν *appellare* Hb 5 10 ἀρχιερ.

προσαγωγή S⁰ -- *accessus*
Rm 5 2 δι᾽ οὗ καὶ τὴν πρ. ἐσχήκαμεν [τῇ πί-
στει] εἰς τὴν χάριν ταύτην
Eph 2 18 δι᾽ αὐτοῦ ἔχομεν τὴν πρ. – πρὸς τὸν
πατέρα 3 12 ἐν ᾧ ἔχομεν τὴν – πρ.

προσαιτεῖν *mendicare* Joh 9 8 ὁ – πρ..ῶν

προσαίτης S⁰ – [a]*mendicans* [b]*mendicus*
Mar 10 46 τυφλὸς πρ. [a] Joh 9 8 ὅτι προσ. [b] ἦν

προσαναβαίνειν *ascendere* Luc 14 10 ἀνώτ.

προσαναλίσκειν S⁰ – *erogare* [Luc 8 43]

προσαναπληροῦν *supplēre* 2 Co 9 12 11 9

προσανατίθεσθαι S⁰ – [a]*acquiescere* [b]*con-
ferre* Gal 1 16 οὐ προσανεθέμην [a] σαρκὶ
καὶ αἵματι 2 6 οὐδὲν προσανέθεντο [b]

προσαπειλεῖσθαι S⁰ – *comminari* Act 4 21

προσδαπανᾶν S⁰ – *supererogare* Luc 10 35

προσδεῖσθαι *indigēre* Act 17 25 τινός

προσδέχεσθαι *expectare* [b]*excipere* [c]*reci-
pere* [d]*suscipere*
Mar 15 43 π..όμενος τὴν βασιλείαν τοῦ θεοῦ ‖
Luc 23 51 – Luc 2 25 παράκλησιν τοῦ

Ἰσραήλ 38 λύτρωσιν Ἰερουσαλήμ
Luc 1236 ὅμοιοι – π..ομένοις τὸν κύριον ἑαυ.
15 2 οὗτος ἁμαρτωλοὺς προσδέχεται[c]
Act 2321 π..όμενοι τὴν ἀπὸ σοῦ ἐπαγγελίαν
2415 ἐλπίδα –, ἣν καὶ – οὗτοι π..δέχονται
Rm 16 2 ἵνα αὐτὴν προσδέξησθε[d] – ἀξίως τῶν
ἁγίων Phl 229 π..εσθε[b] – αὐτόν
Tit 213 π..δεχόμενοι τὴν μακαρίαν ἐλπίδα
Hb 1034 τὴν ἁρπαγὴν τῶν ὑπαρχόντων ὑμῶν
μετὰ χαρᾶς προσεδέξασθε[d]
1135 οὐ προσδεξάμενοι[d] τὴν ἀπολύτρωσιν
Jud 21 π..όμενοι τὸ ἔλεος τοῦ κυρίου ἡμῶν

προσδοκᾶν expectare [b]existimare [c]sperare
Mat 11 3 ἢ ἕτερον π..ῶμεν; ‖ Luc 719.20
2450 ἐν ἡμέρᾳ ᾗ οὐ π..ᾷ[c] ‖ Luc 1246[c]
Luc 121 315[b] 840 Act 35[c] 1024 2733 286[b] 6[a] (vl[c])
2 Pe 312 π..ῶντας – τὴν παρουσίαν τῆς τοῦ
θεοῦ ἡμέρας 13 „καινοὺς – οὐρανοὺς καὶ
γῆν καινὴν" – π..ῶμεν 14 ταῦτα π..ῶντες
σπουδάσατε ἄσπιλοι – εὑρεθῆναι

προσδοκία expectatio Luc 2126 Act 1211

προσεᾶν S° - (μὴ πρ.) prohibēre Act 277

(**προσεγγίζειν** vl Mar 24 -→ προσφέρειν)

προσεργάζεσθαι S° - acquirere Luc 1916

*προσέρχεσθαι** accedere [b]adire
1 Ti 6 3 εἴ τις – μὴ προσέρχεται (vl ..έχεται
vg acquiescit) ὑγιαίνουσιν λόγοις
Hb 416 π..ώμεθα[b] – μετὰ παρρησίας τῷ θρό-
νῳ τῆς χάριτος 1022 μετὰ ἀληθινῆς
καρδίας ἐν πληροφορίᾳ πίστεως
725 σῴζειν – δύναται (sc Ἰησ.) τοὺς π..
ομένους δι᾿ αὐτοῦ τῷ θεῷ cfr 116
10 1 οὐδέποτε δύναται (sc ὁ νόμος) τοὺς
προσερχομένους τελειῶσαι
1218 οὐ – προσεληλύθατε ψηλαφωμένῳ (sc
ὄρει) 22 ἀλλὰ προσεληλ. Σιὼν ὄρει
1 Pe 2 4 πρὸς ὃν π..όμενοι λίθον ζῶντα

προσεύχεσθαι orare (περί, ὑπέρ pro)
Mat 544 π..σθε ὑπὲρ τῶν διωκόντων ὑμᾶς ‖
Luc 628 περὶ τῶν ἐπηρεαζόντων ὑμ.
6 5 ὅταν π..ησθε, οὐκ ἔσεσθε ὡς οἱ ὑπο-
κριταί· – φιλοῦσιν – π..σθαι, ὅπως φα-
νῶσιν 6 σὺ δὲ ὅταν προσεύχῃ, –
πρόσευξαι τῷ πατρί σου τῷ ἐν τῷ
κρυπτῷ

Mat 6 7 π..όμενοι δὲ μὴ βατταλογήσητε
– 9 οὕτως – π..σθε ὑμεῖς ‖ Luc 112
1423 εἰς τὸ ὄρος κατ᾿ ἰδίαν προσεύξασθαι
‖ Mar 646 εἰς τὸ ὄρ. προσεύξασθαι
1913 ἵνα τὰς χεῖρας ἐπιθῇ αὐτοῖς (sc τοῖς
παιδίοις) καὶ προσεύξηται
2420 π..σθε δὲ ἵνα μὴ γένηται ἡ φυγὴ ὑ-
μῶν χειμῶνος μηδὲ σαββ. ‖ Mar 1318
2636 ἕως [οὗ] – προσεύξωμαι 39 ἐπὶ πρόσ-
ωπον – π..όμενος ‖ Mar 1432.35 προσ-
ηύχετο ἵνα εἰ δυνατόν Luc 2241 θεὶς
τὰ γόνατα προσηύχετο λέγων·
– 41 γρηγορεῖτε καὶ π..σθε, ἵνα μὴ εἰσέλ-
θητε εἰς πειρ. ‖ Mar 1438 Luc 2240
π..σθε μὴ εἰσελθεῖν 46 ἵνα μὴ εἰσέλ.
– 42 πάλιν – προσηύξατο 44 ἐκ τρίτου ‖
Mar 1439 τὸν αὐτὸν λόγον εἰπών –
Luc 22 [44 ἐκτενέστερον προσηύχετο]
Mar 135 εἰς ἔρημον τόπον, κἀκεῖ π..ηύχετο
1124 ὅσα π..σθε –, πιστεύετε ὅτι ἐλάβετε
– 25 ὅταν στήκετε π..όμενοι, ἀφίετε
1240 προφάσει μακρὰ π..όμενοι (sub ob-
tentu prolixae orationis) ‖ Luc 2047
(simulantes longam orationem) (Mat
2314 vl orationes longas orantes)
(1333 vl ἀγρυπνεῖτε καὶ π..σθε vg)
Luc 110 τὸ πλῆθος ἦν – προσευχόμενον ἔξω
321 Ἰησοῦ βαπτισθέντος καὶ π..ομένου
516 ἐν ταῖς ἐρήμοις καὶ προσευχόμενος
612 εἰς τὸ ὄρος προσεύξασθαι 928.29
918 εἶναι – π..όμενον κατὰ μόνας 111
11 1 κύριε, δίδαξον ἡμᾶς προσεύχεσθαι
18 1 δεῖν πάντοτε πρ. – καὶ μὴ ἐγκακεῖν
– 10 δύο ἀνέβησαν – προσεύξασθαι 11 ὁ
Φαρ. – πρὸς ἑαυτὸν ταῦτα π..ηύχετο·
Act 124 προσευξάμενοι εἶπαν· σὺ κύριε 66
πρ. ἐπέθηκαν – τὰς χεῖρας 133 νη-
στεύσαντες καὶ πρ. καὶ ἐπιθέντες 14
23 προσευξάμενοι μετὰ νηστειῶν
815 προσηύξαντο περὶ αὐτῶν ὅπως λά-
βωσιν πνεῦμα ἅγιον
911 ἰδοὺ γὰρ προσεύχεται, καὶ εἶδεν
– 40 θεὶς τὰ γόνατα προσηύξ. 2036 215
10 9 ἀνέβη Πέτρος – προσεύξασθαι
– 30 ἤμην – π..όμενος 115 – 1212 ἦσαν
1625 προσευχόμενοι ὕμνουν τὸν θεόν
2217 προσευχομένου μου ἐν τῷ ἱερῷ
28 8 προσευξάμενος, ἐπιθεὶς τὰς χεῖρας
Rm 826 τὸ – τί προσευξώμεθα καθὸ δεῖ
1 Co 11 4 πᾶς ἀνὴρ π..όμενος – κατὰ κεφαλῆς
ἔχων 5 γυνὴ π..ομένη – ἀκατακαλ.
– 13 ἀκατακάλυπτον τῷ θεῷ προσεύχεσθ.

1 Co 14₁₃ προσευχέσθω ἵνα διερμηνεύῃ
- 14 ἐὰν-προσεύχωμαι γλώσσῃ, τὸ πνεῦ-
μά μου π..εται 15 π..ξομαι τῷ πνεύ-
ματι, π..ξομαι δὲ καὶ τῷ νοΐ
Eph 6₁₈ π..όμενοι ἐν παντὶ καιρῷ ἐν πνεύ-
ματι Jud 20 ἐν πνεύμ. ἁγίῳ π..όμενοι
Phl 1 9 τοῦτο π..ομαι, ἵνα ἡ ἀγάπη ὑμῶν
Col 1 3 πάντοτε περὶ ὑμῶν π..όμενοι 9 οὐ
παυόμεθα ὑπὲρ ὑμῶν π..όμενοι
4 3 προσευχόμενοι ἅμα καὶ περὶ ἡμῶν
1 Th 5 25 προσεύχεσθε [καὶ] περὶ ἡ-
μῶν 2 Th 31 Hb 1318
1 Th 5 17 ἀδιαλείπτως προσεύχεσθε
2 Th 1 11 εἰς ὃ καὶ π..όμεθα πάντοτε περὶ ὑ.
1 Ti 2 8 π..εσθαι τοὺς ἄνδρας ἐν παντὶ τόπῳ
ἐπαίροντας ὁσίους χεῖρας
Jac 5 13 κακοπαθεῖ τις -; προσευχέσθω
- 14 προσευξάσθωσαν ἐπ' αὐτόν (super)
-(16 vl προσεύχεσθε ὑπὲρ ἀλλήλων ὅπως
ἰαθῆτε) 17 Ἠλίας - προσευχῇ (oratio-
ne) προσηύξατο τοῦ μὴ βρέξαι 18 καὶ
πάλιν προσηύξατο, καὶ ὁ οὐρανός

προσευχή oratio Jc 5₁₇ → πρ..χεσθαι
Mat 21 13 „οἶκος προσευχῆς κληθήσεται" ||
Mar 11 17 Luc 19 46 „ἔσται"
-- 22 ὅσα ἂν αἰτήσητε ἐν τῇ προσευχῇ πι-
στεύοντες λήμψεσθε
Mar 9 29 ἐν οὐδενὶ δύναται ἐξελθεῖν εἰ μὴ ἐν
προσευχῇ (vl + καὶ νηστείᾳ vg ||
Mat 17 21 vl vg)
Luc 6 12 ἦν διανυκτερεύων ἐν τῇ π. τοῦ θεοῦ
22 45 ἀναστὰς ἀπὸ τῆς προσευχῆς
Act 1 14 ἦσαν προσκαρτεροῦντες - τῇ πρ.
2 42 ταῖς πρ. 6 4 ἡμεῖς δὲ τῇ πρ.-
προσκαρτερήσομεν Rm 12 12 τῇ πρ.
πρ..οῦντες Col 4 2 τῇ πρ. πρ..εῖτε
3 1 ἐπὶ τὴν ὥραν τῆς πρ. τὴν ἐνάτην
10 4 αἱ πρ. σου καὶ αἱ ἐλεημοσύναι σου
ἀνέβησαν 31 εἰσηκούσθη σου ἡ πρ.
12 5 προσευχῇ - ἦν ἐκτενῶς γινομένη ὑπὸ
τῆς ἐκκλησίας πρὸς τὸν θεὸν περὶ
16 13 οὗ ἐνομίζομεν προσευχὴν εἶναι 16
Rm 1 10 μνείαν ὑμῶν ποιοῦμαι - ἐπὶ τῶν πρ.
μου Eph 1 16 1 Th 1 2 Phm 4
15 30 συναγωνίσασθαί μοι ἐν ταῖς πρ. ὑ-
πὲρ ἐμοῦ πρὸς τὸν θεόν Col 4 12
1 Co 7 5 πρὸς καιρὸν ἵνα σχολάσητε τῇ
Eph 6 18 διὰ πάσης προσευχῆς καὶ δεήσεως
Phl 4 6 τῇ πρ. καὶ τῇ δεήσει - τὰ αἰτήματα
ὑμῶν γνωριζέσθω πρὸς τὸν θεόν
1 Ti 2 1 ποιεῖσθαι δεήσεις, προσευχάς, ἐν-

τεύξεις - ὑπὲρ πάντων ἀνθρώπων
1 Ti 5 5 ἡ - ὄντως χήρα - προσμένει ταῖς δε-
ήσεσιν καὶ ταῖς πρ. νυκτὸς καί
Phm 22 ὅτι διὰ τῶν πρ. ὑμῶν χαρισθήσομαι
1 Pe 3 7 εἰς τὸ μὴ ἐγκόπτεσθαι τὰς πρ. ὑμῶν
4 7 σωφρονήσατε - καὶ νήψατε εἰς π..άς
Ap 5 8 φιάλας - γεμούσας θυμιαμάτων, αἵ
εἰσιν αἱ πρ. τῶν ἁγίων cfr 83.4

προσέχειν attendere [b]cavēre [c]intendere
[d]observare [e]auscultare [f]praesto
esse [g](προσέχων) deditus
Mat 6 1 προσέχετε - τὴν δικαιοσύνην ὑμῶν
μὴ ποιεῖν - πρὸς τὸ θεαθῆναι
7 15 π..ετε ἀπὸ τῶν ψευδοπροφητῶν 10
17[b] τῶν ἀνθρ. Luc 20 46 γραμματέων
16 6 π..ετε[b] ἀπὸ τῆς ζύμης τῶν Φαρισ.
καὶ Σαδδ. 11[b] 12[b] || Luc 12 1 ἑαυτοῖς
Luc 17 3 π..ετε ἑαυτοῖς. ἐὰν ἁμάρτῃ ὁ ἀδελφ.
21 34 π..ετε - ἑαυτοῖς, μήποτε βαρηθῶσιν
ὑμῶν αἱ καρδίαι ἐν κραιπάλῃ
Act 5 35 π..ετε ἑαυτοῖς ἐπὶ τοῖς ἀνθρ. τούτ.
8 6 προσεῖχον[c] - τοῖς λεγομένοις 16 14[c]
- 10 ᾧ (sc Simoni) προσεῖχον[c] πάντες 11
20 28 προσέχετε ἑαυτοῖς καὶ - τῷ ποιμνίῳ
1 Ti 1 4 μηδὲ πρ.[c] μύθοις Tit 1 14[c] Ἰουδαϊκ.
3 8 μὴ οἴνῳ πολλῷ προσέχοντας[g]
4 1 προσέχοντες πνεύμασιν πλάνοις
- 13 προσέχετε τῇ ἀναγνώσει, τῇ παρακλ.
(6 3 vl π..εται vg acquiescit → π..έρχ.)
Hb 2 1 δεῖ - πρ.[d] ἡμᾶς τοῖς ἀκουσθεῖσιν
7 13 οὐδεὶς προσέσχηκεν[f] τῷ θυσιαστηρ.
2 Pe 1 19 τὸν προφητικὸν λόγον, ᾧ καλῶς ποι-
εῖτε προσέχοντες ὡς λύχνῳ

προσηλοῦν affigere Col 2 14 τῷ σταυρῷ

προσήλυτος advena [b]proselytus
Mat 23 15 ποιῆσαι ἕνα π..ον[b] - Act 2 11[b] 65
Act 13 43 πολλοὶ - τῶν σεβομένων προσηλύτων

πρόσκαιρος temporalis
Mat 13 21 ἀλλὰ πρ. ἐστιν || Mar 4 17 π..οί εἰσιν
2 Co 4 18 τὰ γὰρ βλεπόμενα πρόσκαιρα
Hb 11 25 ἢ π..ον ἔχειν ἁμαρτίας ἀπόλαυσιν

προσκαλεῖσθαι convocare [b]advocare [c]vo-
care [d]accersere [e]assumere [f]inducere
Mat 10 1 τοὺς δώδεκα μαθητὰς 15 32 20 25[c]
Mar 3 13[c] οὓς ἤθελεν αὐτός 6 7[c] (vl [a])
81 10 42[c] 12 43 Luc 7 18 δύο τινὰς
τῶν μαθητῶν αὐτοῦ ὁ Ἰωάννης

Mat 15 10 τὸν ὄχλον Mar 7 14 b 834 σὺν τ. μαθ.
18 2 παιδίον b Luc 18 16 (τὰ βρέφη)
– 32 c (δοῦλον) – Mar 3 23 αὐτούς 15 44 d
τὸν κεντυρίωνα – Luc 15 26 c ἕνα τῶν
παίδων 16 5 ἕκαστον τῶν χρεοφειλ.
– Act 5 40 τοὺς ἀποστόλους 6 2 τὸ
πλῆθος τῶν μαθ. – 13 7 d 23 17 c 18
(vg° vl c) 23 c
Act 2 39 ὅσους ἂν προσκαλέσηται b κύριος
13 2 εἰς τὸ ἔργ. ὃ προσκέκλημαι c αὐτούς
16 10 προσκέκληται c ἡμᾶς ὁ θεὸς εὐαγ-
γελίσασθαι αὐτούς
Jac 5 14 προσκαλεσάσθω f τοὺς πρεσβυτέρους

προσκαρτερεῖν a perseverare b perdurare
c instare d instantem esse e adhae-
rēre f deservire g parēre h servire
Mar 3 9 ἵνα πλοιάριον προσκαρτερῇ f αὐτῷ
Act 8 13 ἦν π..ῶν c τῷ Φιλίππῳ 10 7 g
Act 1 14 π..οῦντες a – τῇ προσευχῇ Rm 12 12 c
Col 4 2 τῇ πρ. π..εῖτε c Act 6 4 ἡμεῖς
– τῇ πρ. καὶ τῇ διακονίᾳ τοῦ λόγου
π.ήσομεν d – 2 42 ἦσαν – π..οῦντες a τῇ
διδαχῇ τῶν ἀποστόλων κτλ. 46 b ὁ-
μοθυμαδὸν ἐν τῷ ἱερῷ
Rm 13 6 λειτουργοὶ – θεοῦ εἰσιν εἰς αὐτὸ τοῦ-
το προσκαρτεροῦντες h

προσκαρτέρησις S° – instantia Eph 6 18 ἀ-
γρυπνοῦντες ἐν πάσῃ πρ. καὶ δεήσει

προσκεφάλαιον cervical Mar 4 38

προσκληροῦσθαι S° – adiungi Act 17 4

προσκλίνεσθαι consentire Act 5 36

πρόσκλισις S° – in alteram (vl aliam) par-
tem declinare 1 Ti 5 21 χωρὶς προκρίμα-
τος, μηδὲν ποιῶν κατὰ πρόσκλισιν

προσκολλᾶσθαι adhaerēre [Mar 10 7] Eph 5 31

πρόσκομμα offensio b offendiculum
Rm 9 32 προσέκοψαν "τῷ λίθῳ τοῦ πρ."
– 33 τίθημι – "λίθον π..τος" 1 Pe 2 8
14 13 τὸ μὴ τιθέναι πρ. b τῷ ἀδελφῷ
– 20 κακὸν – τῷ διὰ π..τος b ἐσθίοντι
1 Co 8 9 μή πως ἡ ἐξουσία ὑμῶν – πρόσκομ-
μα b γένηται τοῖς ἀσθενέσιν

προσκοπή S° – offensio 2 Co 6 3 μηδεμίαν
ἐν μηδενὶ διδόντες προσκοπήν

προσκόπτειν offendere b offendi (vl ..ere)
c irruere
Mat 4 6 "μήποτε προσκόψῃς πρὸς λίθον τὸν
πόδα σου" ‖ Luc 4 11
7 27 καὶ προσέκοψαν c τῇ οἰκίᾳ ἐκείνῃ
Joh 11 9 ἐν τῇ ἡμέρᾳ, οὐ π..ει 10 ἐν τῇ νυ., π.
Rm 9 32 προσέκοψαν "τῷ λίθῳ τοῦ προσκ."
14 21 μηδὲ ἐν ᾧ ὁ ἀδελφός σου π..τει b
1 Pe 2 8 π..ουσιν τῷ λόγῳ ἀπειθοῦντες

προσκυλίειν S° – advolvere
Mat 27 60 λίθον μέγαν τῇ θύρᾳ ‖ Mar 15 46

προσκυνεῖν adorare b orare
Mat 2 2 ἤλθομεν π..ῆσαι αὐτῷ 8 π..ήσω 11
4 9 ἐὰν πεσὼν π..ήσῃς μοι 10 "τὸν θεόν
σου π..ήσεις" ‖ Luc 4 7 ἐνώπ. ἐμοῦ 8
8 2 λεπρὸς – προσεκύνει αὐτῷ 9 18 ἄρχων
15 25 (γυνὴ Χαναναία) 20 20 ἡ μήτηρ
τῶν υἱῶν Ζεβεδαίου – π..οῦσα
14 33 οἱ – ἐν τῷ πλοίῳ προσεκύνησαν αὐ-
τῷ 28 9.17 ἰδόντες αὐτὸν π..ησαν
18 26 πεσὼν – ὁ δοῦλος προσεκύνει b αὐ.
Mar 5 6 καὶ προσεκύνησεν αὐτῷ (vl αὐτόν)
15 19 τιθέντες τὰ γόν. προσεκύνουν αὐτῷ
Luc 24 52 προσκυνήσαντες αὐτὸν ὑπέστρεψαν
εἰς Ἰερουσαλήμ
Joh 4 20 ἐν τῷ ὄρει τούτῳ προσεκύνησαν· –
ἐστὶν ὁ τόπος ὅπου π..εῖν δεῖ 21
– 22 ὑμεῖς π..εῖτε ὃ οὐκ οἴδατε, ἡμεῖς π..
οῦμεν ὃ οἴδαμεν 23 π..ήσουσιν τῷ
πατρὶ ἐν πνεύματι καὶ ἀληθείᾳ· – τοι-
ούτους ζητεῖ τοὺς π..οῦντας αὐτόν·
24 τοὺς π..οῦντας – ἐν πνεύματι καὶ
ἀληθείᾳ δεῖ προσκυνεῖν
9 38 πιστεύω, –· καὶ προσεκύνησεν αὐτῷ
12 20 "Ἕλληνές τινες – ἵνα π..ήσωσιν ἐν
Act 7 43 "οὓς ἐποιήσατε" προσκυνεῖν αὐτοῖς
8 27 ἐληλύθει π..ήσων εἰς Ἰερουσαλ. 24 11
10 25 Κορνήλ. πεσὼν ἐπὶ τ. πόδας π..ησεν
1 Co 14 25 πεσὼν ἐπὶ πρόσωπον π..ήσει τῷ θεῷ,
ἀπαγγέλλων ὅτι ὄντως ὁ θεὸς
Hb 1 6 "π..ησάτωσαν αὐτῷ – ἄγγελοι θεοῦ"
11 21 "π..ησεν ἐπὶ τὸ ἄκρον τῆς ῥάβδου"
Ap 3 9 "π..ήσουσιν ἐνώπ. – σου" cfr 15 4
4 10 π..ήσουσιν "τῷ ζῶντι εἰς τοὺς αἰῶ."
5 14 οἱ πρεσβ. ἔπεσαν καὶ π..ησαν 11 16
τῷ θεῷ 19 4 – 7 11 πάντες οἱ ἄγγελ.
9 20 οὐδὲ μετενόησαν –, ἵνα μὴ π..ήσου-
σιν "τὰ δαιμόνια" καὶ "τὰ εἴδωλα"
11 1 τοὺς π..οῦντας ἐν αὐτῷ (sc τ. ναῷ)
13 4 π..ησαν τῷ δράκοντι, –, καὶ π..ησαν

(Ap) τῷ θηρίῳ 8.12 20.4 οἵτινες οὐ π..ησαν
τὸ θηρίον 1315 τῇ εἰκόνι τοῦ θηρίου
149 εἴ τις π..εῖ τὸ θηρίον 11 162
1920 20.4

Ap 14 7 π..ήσατε „τῷ ποιήσαντι τὸν οὐραν."
1910 ἔπεσα – π..ῆσαι αὐτῷ. – τῷ θεῷ προσ-
κύνησον 228.9 τῷ θεῷ προσκύνησον

προσκυνηταί adoratores Joh 423

προσλαλεῖν loqui Act 1343 alloqui 2820

προσλαμβάνεσθαι assumere ᵇsumere ᶜap-
prchᵈndere ᵈaccipere ᵉsuscipere
ᶠreficere
Mat 1622 προσλαβόμενος αὐτόν ‖ Mar 832ᶜ
Act 17 5 1826 προσελάβοντο αὐτόν (Apoll.)
2733ᵈ 36ᵇ (vlᵃ) τροφῆς – 282ᶠ ἡμᾶς
Rm 14 1 τὸν – ἀσθενοῦντα τῇ πίστει π..εσθε
– 3 ὁ θεὸς γὰρ αὐτὸν προσελάβετο
15 7 π..εσθε ᵉ ἀλλήλους, καθὼς καὶ ὁ Χὸς
προσελάβετο ᵉ ὑμᾶς (vl ἡμ.)
Phm 17 προσλαβοῦ ᵉ αὐτὸν ὡς ἐμέ (vl 12 vgᵉ)

πρόσλημψις Sᵒ – assumptio
Rm 1115 τίς ἡ πρ. εἰ μὴ ζωὴ ἐκ νεκρῶν;

προσμένειν permanēre in ᵇinstare (alicui)
ᶜperseverare cum ᵈremanēre ᵉsu-
stinēre (aliquem)
Mat 1532 προσμένουσίν ᶜ μοι ‖ Mar 82ᵉ
Act 1123 τῷ κυρίῳ 1343 τῇ χάριτι τοῦ θεοῦ
1818ᵉ – 1 Ti 13ᵈ ἐν Ἐφέσῳ
1 Ti 5 5 ἡ – ὄντως χήρα – π..ειᵇ ταῖς δεήσεσιν

προσορμίζεσθαι Sᵒ – applicare Mar 653

προσοφείλειν Sᵒ – debēre Phm 19 σεαυτόν

προσοχθίζειν infensum esse Hb 310.17

πρόσπεινος γίνεσθαι Sᵒ – esurire Act 1010

προσπηγνύναι Sᵒ – affigere Act 223

προσπίπτειν procidere ᵇirruere
Mat 725 προσέπεσανᵇ τῇ οἰκίᾳ ἐκείνῃ
Mar 311 προσέπιπτον αὐτῷ (sc daemonia)
533 ἡ δὲ γυνὴ φοβηθεῖσα – προσέπεσεν
αὐτῷ ‖ Luc 847 (cfr 28) Mar 725
Luc 5 8 Πέτρ. προσέπεσεν τοῖς γόνασιν Ἰησ.
Act 1629 προσέπεσεν τῷ Παύλῳ καὶ [τῷ] Σιλᾷ

προσποιεῖσθαι se (vlᵒ) fingere Luc 2428

προσπορεύεσθαι accedere Mar 1035

προσρήσσειν Sᵒ – illidi Luc 648 τῇ οἰκίᾳ 49

προστάσσειν praecipere ᵇiubēre ᶜstatuere
Mat 1 24 84 ὃ προσέταξεν Μωϋσῆς ‖ Mar 144
Luc 514 – Act 1033 τὰ προστεταγμένα
– ὑπὸ τοῦ κυρίου 48ᵇ 1726 ὁρίσας προσ-
τεταγμένους ᶜ καιρούς

προστάτις ἐγενήθη Sᵒ – astitit
Rm 16 2 πρ. πολλῶν ἐγεν. καὶ ἐμοῦ αὐτοῦ

προστιθέναι adicere ᵇaddere ᶜapponere
ᵈaugēre ᵉadaugēre ᶠfieri
Mat 627 προσθεῖναι – πῆχυν ἕνα; 33 πάντα
προστεθήσεται ὑμῖν ‖ Luc 1225.31
Mar 424 μετρηθήσεται –, καὶ προστεθήσεται
ὑμῖν – (1425 vl οὐ μὴ προσθῶ πεῖν)
Luc 320 1911 2011ᵇ 12ᵇ Act 123ᶜ
17 5 πρόσθες ᵉ ἡμῖν πίστιν
Act 241 προσετέθησαν ᶜ – ψυχαί 47 κύριος
προσετίθει ᵈ τοὺς σῳζομένους 514
προσετίθεντο ᵈ πιστεύοντες 1124ᶜ
1336 προσετέθη ᶜ „πρὸς τοὺς πατέρας"
Gal 319 τί οὖν ὁ νόμος; τῶν παραβάσεων
χάριν προσετέθη (vl ἐτέθη vg po-
sita est), ἄχρις οὗ ἔλθῃ τὸ σπέρμα
Hb 1219 μὴ προστεθῆναιᶠ αὐτοῖς λόγον

προστρέχειν accurrere ᵇprocurrere
Mar 915 1017ᵇ Act 830 προσδραμὼν – ὁ Φιλ.

προσφάγιον Sᵒ – pulmentarium Joh 215

πρόσφατος novus Hb 1020 ὁδὸν πρόσφατον

προσφάτως nuper Act 182 πρ. ἐληλυθότα

προσφέρειν offerre ᵇafferre ᶜpraestare
ᵈ(προσφέρεσθαι) se offerre
Mat 2 11 προσήνεγκαν αὐτῷ δῶρα
424 τοὺς κακῶς ἔχοντας 816 δαιμονι-
ζομένους 92 παραλυτικόν ‖ Mar 24
(vl προσεγγίσαι) – Mat 932 κωφὸν
δαιμονιζόμενον 1222 1435 1716 προσ-
ήνεγκα αὐτὸν τοῖς μαθηταῖς σου
523 ἐὰν – π..ῃς τὸ δῶρόν σου 24 π..φερε
8 4 προσένεγκον τὸ δῶρον ᵇ ‖ Mar 144
περὶ τοῦ καθαρισμοῦ σου Luc 514

Mat 1824 προσηνέχθη αὐτῷ – ὀφειλέτης
19 13 προσηνέχθησαν αὐτῷ παιδία ‖ Mar
10 13 προσέφερον Luc 18 15 ᵇ τὰ βρέφη
22 19 δηνάριον 25 20 ἄλλα πέντε τάλαντα
Luc 23 14 προσηνέγκατέ μοι τὸν ἄνθρ. τοῦτον
– 36 ὄξος προσφέροντες αὐτῷ Joh 19 29
Joh 16 2 ἵνα – δόξῃ λατρείαν πρ.ᶜ τῷ θεῷ
Act 7 42 „μὴ σφάγια – προσηνέγκατέ μοι –;"
8 18 προσήνεγκεν αὐτοῖς χρήματα
21 26 ἕως οὗ προσηνέχθη – ἡ προσφορά
Hb 5 1 ἵνα π..ῃ δῶρα – ὑπὲρ ἁμαρτιῶν 3 καὶ
περὶ ἑαυτοῦ πρ..ειν περὶ ἁμαρτιῶν
– 7 δεήσεις τε καὶ ἱκετηρίας πρὸς τὸν
δυνάμενον σώζειν – προσενέγκας
8 3 ἀρχιερεὺς εἰς τὸ π..ειν δῶρά τε καὶ
θυσίας καθίσταται· ὅθεν ἀναγκαῖον
ἔχειν τι – ὃ προσενέγκῃ 4 ὄντων τῶν
προσφερόντων – τὰ δῶρα
9 7 οὐ χωρὶς αἵματος ὃ προσφέρει 9
– 14 Χοῦ, ὃς – ἑαυτὸν προσήνεγκεν ἄμω-
μον τῷ θεῷ 25 οὐδ' ἵνα πολλάκις
προσφέρῃ ἑαυτόν 28 ὁ Χός, ἅπαξ
προσενεχθείς – 10 1.2 οὐκ ἂν ἐπαύ-
σαντο προσφερόμεναι 8.11.12 οὗτος
11 4 πλείονα θυσίαν Ἄβελ – προσήνεγκεν
– 17 πίστει προσενήνοχεν Ἀβρ. τὸν Ἰσα-
ὰκ – καὶ τὸν μονογενῆ προσέφερεν
12 7 ὡς „υἱοῖς" ὑμῖν προσφέρεταιᵈ ὁ θ.

προσφιλής amabilis Phl 4 8 ὅσα προσφιλῆ

προσφορά oblatio Act 21 26 → προσφέρειν
Act 24 17 ἐλεημοσύνας ποιήσων – καὶ π..άς
Rm 15 16 ἵνα γένηται ἡ προσφορὰ τῶν ἐθνῶν
εὐπρόσδεκτος, ἡγιασμένη
Eph 5 2 ὁ Χὸς – παρέδωκεν ἑαυτὸν ὑπὲρ ἡ-
μῶν „π..ἀν καὶ θυσίαν" τῷ θεῷ
Hb 10 5 „θυσίαν καὶ πρ. οὐκ ἠθέλησας" 8
– 10 διὰ τῆς „πρ. τοῦ σώματος" Ἰησ. Χοῦ
– 14 μιᾷ – πρ. τετελείωκεν – τοὺς ἁγιαζομ.
– 18 οὐκέτι προσφορὰ περὶ ἁμαρτίας

προσφωνεῖν loqui ad ᵇalloqui ᶜclamare
ᵈvocare
Mat 11 16ᶜ ‖ Luc 7 32 – 6 13ᵈ 13 12ᵈ 23 20
Act 21 40ᵇ τῇ Ἑβραΐδι διαλέκτῳ 22 2

πρόσχυσις Sᵒ – effusio Hb 11 28 αἵματος

προσψαύειν Sᵒ – tangere Luc 11 46 φορτίοις

προσωπολημπτεῖν Sᵒ – personas accipere
Jac 2 9 εἰ δὲ π..εῖτε, ἁμαρτίαν ἐργάζεσθε

προσωπολήμπτης Sᵒ – personarum accep-
tor Act 10 34 „οὐκ ἔστιν πρ. ὁ θεός"

προσωπολημψία Sᵒ – acceptio persona-
rum Rm 2 11 οὐ γάρ ἐστιν πρ. παρὰ τῷ
θεῷ Eph 6 9 παρ' αὐτῷ Col 3 25
Jac 2 1 μὴ ἐν π..αις ἔχετε τὴν πίστιν τοῦ κυ.

πρόσωπον facies ᵇaspectus ᶜconspectus
ᵈpersona ᵉvultus ᶠpraesentes
Mat 6 16 ἀφανίζουσιν γὰρ τὰ πρ. αὐτῶν
– 17 νηστεύων – τὸ πρ. σου νίψαι, ὅπως
11 10 „πρὸ προσώπου σου" Mar 1 2 Luc
(1 76 vl) 7 27 9 52ᶜ αὐτοῦ 10 1 – Act
13 24 τῆς εἰσόδου αὐτοῦ
16 [3 τὸ – πρ. τοῦ οὐρανοῦ] ‖ Luc 12 56
17 2 ἔλαμψεν τὸ πρ. αὐτοῦ ‖ Luc 9 29ᵉ
– 6 ἔπεσαν ἐπὶ πρ. αὐτῶν 26 39 ἔπεσεν
– αὐτοῦ Luc 5 12 17 16 1 Co 14 25 πε-
σὼν – προσκυνήσει Ap 7 11 11 16
18 10 βλέπουσι τὸ πρ. τοῦ πατρός μου
22 16 οὐ – βλέπεις εἰς πρ.ᵈ ἀνθρώπων ‖
Mar 12 14 Luc 20 21 λαμβάνεις πρ.ᵈ
– Gal 2 6 „πρ.ᵈ – θεὸς ἀνθρώπου οὐ
λαμβάνει" Jud 16 θαυμάζοντες π..αᵈ
26 67 ἐνέπτυσαν εἰς τὸ πρόσωπον αὐτοῦ
Mar 14 65 περικαλύπτειν αὐτοῦ τὸ πρόσωπον
Luc 2 31 „κατὰ πρ. – τῶν λαῶν" – Act 3 13
ἠρνήσασθε κατὰ πρ. Πιλάτου 25 16
πρὶν ἢ – κατὰ πρ.ᶠ ἔχοι τοὺς κατηγό-
ρους – 2 Co 10 1 κατὰ πρ. μὲν ταπει-
νὸς ἐν ὑμῖν 7 τὰ κατὰ πρ. βλέπετε
Gal 2 11 κατὰ πρ. αὐτῷ ἀντέστην
9 51 τὸ πρ. ἐστήριξεν τοῦ πορεύεσθαι εἰς
Ἱερ. 53 τὸ πρ. αὐτοῦ ἦν πορευόμε-
νον (vl .ομένου vg euntis) εἰς Ἱερ.
21 35 ἐπὶ πρ. πάσης τῆς γῆς Act 17 26
24 5 κλινουσῶν τὰ πρ.ᵉ εἰς τὴν γῆν
Act 2 28 „εὐφροσύνης μετὰ τοῦ πρ. σου"
3 20 καιροὶ ἀναψύξεως ἀπὸ πρ.ᶜ τοῦ κυ-
ρίου 5 41 ἐπορεύοντο χαίροντες ἀπὸ
πρ.ᶜ τοῦ συνεδρίου 7 45 ἔξωσεν ὁ θε-
ὸς ἀπὸ πρ. τῶν πατέρων ἡμῶν –
2 Th 1 9 δίκην τίσουσιν – „ἀπὸ πρ. τοῦ
κυρίου" – Ap 6 16 „κρύψατε ἡμᾶς ἀ-
πὸ πρ. τοῦ καθημ." 12 14 ἀπὸ πρ. τοῦ
ὄφεως 20 11 οὗ „ἀπὸ τοῦ πρ.ᶜ ἔφυ-
γεν ἡ γῆ" καὶ ὁ οὐρανός
6 15 τὸ πρ. αὐτοῦ ὡσεὶ πρός. ἀγγέλου

Act 2025 οὐκέτι ὄψεσθε τὸ πρ. μου 38 αὐτοῦ
1 Co 1312 τότε δὲ πρόσωπον πρὸς πρόσωπον
2 Co 111 ἵνα ἐκ πολλῶν πρ.ᵈ – εὐχαριστηθῇ
  210 εἴ τι κεχάρισμαι, – ἐν π..ῳᵈ Χοῦ
  3 7 μὴ δύνασθαι ἀτενίσαι – εἰς τὸ πρ.
  Μωϋσέως διὰ τὴν δόξαν τοῦ προσ.ᵉ
  – 13 ἐτίθει κάλυμμα ἐπὶ τὸ πρ. αὐτοῦ"
  – 18 ἡμεῖς – ἀνακεκαλυμμένῳ προσώπῳ
  4 6 πρὸς φωτισμὸν τῆς γνώσεως τῆς δό-
  ξης τοῦ θεοῦ ἐν προσώπῳ ['Ιησ.] Χοῦ
  512 πρὸς τοὺς ἐν προσώπῳ καυχωμένους
  καὶ μὴ ἐν καρδίᾳ
  824 εἰς πρόσωπον τῶν ἐκκλησιῶν
  1120 εἴ τις εἰς πρόσωπον ὑμᾶς δέρει
Gal 122 ἀγνοούμενος τῷ πρ. ταῖς ἐκκλησίαις
Col 2 1 ὅσοι οὐχ ἑόρακαν τὸ πρόσ. μου ἐν
1 Th 217 ἀπορφανισθέντες ἀφ' ὑμῶν – π..ῳᵇ
  οὐ καρδίᾳ, – ἐσπουδάσαμεν τὸ ὑ-
  μῶν ἰδεῖν 310 δεόμενοι – ἰδεῖν ὑμ. τ. πρ.
Hb 924 ἐμφανισθῆναι τῷ προσ.ᵉ τοῦ θεοῦ
Jac 111 ἡ εὐπρέπεια τοῦ πρ.ᵉ αὐτοῦ ἀπώλ.
  – 23 κατανοοῦντι τὸ πρ.ᵉ τῆς γενέσεως
1 Pe 312 πρ.ᵉ – κυρίου ἐπὶ ποιοῦντας κακά"
Ap 4 7 ἔχων "τὸ πρ." ὡς "ἀνθρώπου" 97
  10 1 τὸ πρ. αὐτοῦ (sc ἄγγ.) ὡς ὁ ἥλιος
  22 4 "ὄψονται τὸ πρ. αὐτοῦ" (sc θεοῦ)

προτείνειν astringere Act 2225 ἱμᾶσιν

πρότερος, ὁ et τὸ πρότερον ᵃprior ᵇpri-
  stinus ᶜprius ᵈiampridem
Joh 662 ἀναβαίνοντα ὅπου ἦν τὸ πρ.ᶜ 750 ὁ
  ἐλθὼν πρὸς αὐτὸν [τὸ] π..ον 98ᶜ
2 Co 115ᶜ ἐλθεῖν Gal 413ᵈ εὐηγγελισάμην
Eph 422 κατὰ τὴν προτέρανᵇ ἀναστροφήν
1 Ti 113 τὸ πρότερονᵇ ὄντα βλάσφημον
Hb 4 6 οἱ π..ονᵃ εὐαγγελισθέντες 727ᶜ 1032ᵇ
1 Pe 114 ταῖς πρότερονᵃ – ἐπιθυμίαις

προτίθεσθαι proponere Rm 113 ἐλθεῖν
Rm 325 ὃν προέθετο ὁ θεὸς ἱλαστήριον
Eph 1 9 κατὰ τὴν εὐδοκίαν αὐτοῦ, ἣν προ-
  έθετο ἐν αὐτῷ

προτρέπεσθαι exhortari Act 1827

προτρέχειν praecurrere Luc 194 Joh 204

προϋπάρχειν antea, ante esse Lc 2312 Act 89

πρόφασις ᵃexcusatio προφάσει: ᵇsub ob-
  tentu ᶜin occasione ᵈper occasi-
  onem ᵉsimulantes

Mar 1240 π..ειᵇ μακρὰ προσευχόμενοι ‖ Luc
  2047 π..ειᵉ μ. π..ονται (vl Mat 2314)
Joh 1522 π..ιvᵃ οὐκ ἔχουσιν περὶ τῆς ἁμαρτίας
Act 2730 προφάσειᵇ ὡς – ἀγκύρας – ἐκτείνειν
Phl 118 εἴτε π..ειᵈ εἴτε ἀληθείᾳ, Χὸς καταγγ.
1 Th 2 5 οὔτε ἐν προφάσειᶜ πλεονεξίας

προφέρειν proferre Luc 645 ἀγαθόν, – πον.

προφητεία prophetia
Mat 1314 ἀναπληροῦται αὐτοῖς ἡ πρ. 'Ησαΐου
Rm 12 6 εἴτε π..αν, κατὰ τὴν ἀναλογ. – πίστ.
1 Co 1210 ἄλλῳ – πρ., ἄλλῳ – διακρίσεις πνευμ.
  13 2 ἐὰν ἔχω π..αν καὶ εἰδῶ τὰ μυστήρια
  – 8 εἴτε δὲ π..αι, καταργηθήσονται
  14 6 ἐὰν μὴ – λαλήσω – ἢ ἐν π..ᾳ ἢ – διδ.
  – 22 ἡ δὲ προφητ. οὐ τοῖς ἀπίστοις ἀλλὰ
  τοῖς πιστεύουσιν (sc εἰς σημεῖόν ἐστ.)
1 Th 520 προφητείας μὴ ἐξουθενεῖτε
1 Ti 118 κατὰ τὰς προαγούσας ἐπὶ σὲ π..ας
  414 χαρίσματος, ὃ ἐδόθη σοι διὰ π..ας
2 Pe 120 πᾶσα πρ. γραφῆς ἰδίας ἐπιλύσεως οὐ
  γίνεται· 21 οὐ γὰρ θελήματι ἀνθρώ-
  που ἠνέχθη προφητεία ποτέ
Ap 1 3 οἱ ἀκούοντες τοὺς λόγους τῆς πρ.
  11 6 τὰς ἡμέρας τῆς προφητείας αὐτῶν
  1910 ἡ – μαρτυρία 'Ιησοῦ ἐστιν τὸ πνεῦμα
  τῆς προφητείας
  22 7 ὁ τηρῶν τοὺς λόγους τῆς προφητείας
  10 μὴ σφραγίσῃς 18.19 ἐάν τις ἀφέλῃ
  ἀπὸ τῶν λόγων – τῆς πρ.

προφητεύειν prophetare ᵇprophetizare
Mat 7 22 οὐ "τῷ σῷ ὀνόματι ἐπ..εύσαμεν" – ;
  1113 ἕως 'Ιωάννου ἐπροφήτευσαν
  15 7 καλῶς ἐπ..σεν περὶ ὑμῶν 'Ησαΐας ‖
  Mar 7 6 – Jud 14 προεφ..σεν – Ἐνὼχ
  2668 προφήτευσονᵇ ἡμῖν, χριστέ, τίς ἐστιν
  ὁ παίσας σε; ‖ Mar 1465ᵇ Luc 2264ᵇ
Luc 167 Ζαχ. – ἐπ..σεν – Joh 1151 ἀρχιερ. ὤν
Act 217 "π..σουσιν οἱ υἱοὶ ὑμῶν καὶ αἱ θυγ." 18
  19 6 ἐλάλουν τε γλώσσαις καὶ ἐπ..ευον
  21 9 θυγατέρες τέσσ. παρθένοι π..ουσαι
1 Co 11 4 ἀνὴρ – π..ων κατὰ κεφαλῆς ἔχων 5
  13 9 καὶ ἐκ μέρους προφητεύομεν
  14 1 ζηλοῦτε –, μᾶλλον – ἵνα π..ητε 5.39
  – 3 ὁ – π..ων ἀνθρώποις λαλεῖ οἰκοδο-
  μήν 4 ἐκκλησίαν οἰκοδομεῖ 5 μείζων
  – ὁ π..ων ἢ ὁ λαλῶν γλώσσαις
  – 24 ἐὰν δὲ πάντες προφητεύωσιν
  – 31 δύνασθε – καθ' ἕνα πάντες π..τεύειν
1 Pe 110 οἱ περὶ τῆς εἰς ὑμᾶς χάριτος προ-

φητεύσαντες – Jud 14 → Mat 15 7
Ap 10 11 „δεῖ σε – π..σαι ἐπὶ λαοῖς" – 113

προφήτης *propheta*
νόμος καὶ προφῆται, Μωϋσῆς καὶ προφῆται → νόμος et Μωϋσῆς
Praemittuntur loci referentes dicta prophetarum (nomine interdum appellatorum)
Mat 1 22 2 5. 15. 17 (Jer.) 23 ῥηθὲν διὰ τῶν πρ.
3 3 (Jes.) ‖ Mar 1 2 Luc 3 4 – Mat 4 14 (Jes., ut 8 17 12 17 13 35) 21 4 24 15 („τὸ βδέλυγμα τῆς ἐρημώσεως" τὸ ῥηθὲν διὰ Δανιὴλ τοῦ πρ.) 27 9 (Jer.) – Luc 1 70 καθὼς ἐλάλησεν διὰ στόματος τῶν ἁγίων ἀπ' αἰῶνος πρ. αὐτοῦ 4 17 βιβλίον τοῦ πρ. Ἡσ. — Joh 1 23 (Jes.) 6 45 ἔστιν γεγρ. ἐν τοῖς πρ. 12 38 (Jes.) — Act 2 16 (Joel) 3 0 (Dav., πρ. οὖν ὑπάρχων) 3 18. 21 τῶν ἁγίων ἀπ' αἰ. αὐτοῦ πρ. 22 (Moses) 24 οἱ πρ. ἀπὸ Σαμουὴλ 7 42 ἐν βίβλῳ τῶν προφητῶν 48 8 28 (Jes. 30. 34 περὶ τίνος ὁ πρ. λέγει τοῦτο;) 13 40 15 15 28 25 (Jes.) → Tit 1 12
Mat 5 12 οὕτως – ἐδίωξαν τοὺς πρ. τοὺς πρὸ ὑμῶν ‖ Luc 6 23 → Act 7 52
10 41 ὁ δεχόμενος προφήτην εἰς ὄνομα προφήτου μισθὸν π..ου λήψεται
11 9 τί ἐξήλθατε ἰδεῖν; προφήτην; – καὶ περισσότερον π..ου ‖ Luc 7 26
12 39 εἰ μὴ τὸ σημεῖον Ἰωνᾶ τοῦ προφ.
13 17 πολλοὶ πρ. καὶ δίκαιοι ‖ Luc 10 24
– 57 οὐκ ἔστιν πρ. ἄτιμος εἰ μὴ ἐν τῇ πατρίδι ‖ Mar 6 4 Luc 4 24 οὐδεὶς πρ δεκτὸς Joh 4 44 πρ. – τιμὴν οὐκ ἔχει
14 5 ὡς προφήτην αὐτὸν (Joh.) εἶχον 21 26 ‖ Mar 11 32 Luc 20 6 – Mat 21 46 εἰς π..ην αὐτὸν (Jesum) εἶχον
16 14 ἕτεροι δὲ Ἰερεμίαν ἢ ἕνα τῶν πρ. ‖ Mar 8 28 Luc 9 19 πρ. τις τῶν ἀρχαίων ἀνέστη – Mar 6 15 πρ. ὡς εἷς τῶν πρ. ‖ Luc 9 8 πρ. τις τῶν ἀρχαίων
21 11 ὁ προφήτης Ἰησοῦς ὁ ἀπὸ Ναζαρέθ
23 29 τοὺς τάφους τῶν πρ. καὶ – τῶν δικαίων 30 οὐκ ἂν ἤμεθα – κοινωνοὶ ἐν τῷ αἵματι τῶν πρ. 31 υἱοί ἐστε τῶν φονευσάντων τοὺς πρ. 34 ἐγὼ ἀποστέλλω – π..ας καὶ σοφοὺς 37 Ἰερους., ἡ ἀποκτείνουσα τοὺς πρ. ‖ Luc 11 47. 49 π..ας καὶ ἀποστόλους 50 ἵνα ἐκζητηθῇ τὸ αἷμα – τῶν πρ. 13 34 cfr 33 οὐκ ἐνδέχεται προφήτην ἀπολέσθαι ἔξω Ἰερουσαλήμ
26 56 ἵνα πληρωθῶσιν αἱ γραφαὶ τῶν πρ.

(27 35 vl πλ..ῇ τὸ ῥηθὲν ὑπὸ τοῦ πρ.)
Luc 1 76 προφήτης ὑψίστου κληθήσῃ
4 27 πολλοὶ λεπροὶ – ἐπὶ Ἐλισ. τοῦ πρ.
7 16 προφήτης μέγας ἠγέρθη ἐν ἡμῖν
– 39 οὗτος εἰ ἦν πρ., ἐγίνωσκεν ἂν
13 28 Ἀβρ. καὶ Ἰσ. – καὶ πάντας τοὺς πρ.
18 31 τελεσθήσεται – τὰ γεγραμμένα διὰ τῶν προφητῶν τῷ υἱῷ τοῦ ἀνθρώπου
24 19 Ἰησοῦ –, ὃς ἐγένετο ἀνὴρ προφήτης
– 25 βραδεῖς τῇ καρδίᾳ τοῦ πιστεύειν ἐπὶ πᾶσιν οἷς ἐλάλησαν οἱ προφῆται
Joh 1 21 ὁ πρ. εἶ σύ; 25 εἰ σὺ οὐκ εἶ – οὐδὲ ὁ πρ.; – 4 19 θεωρῶ ὅτι πρ. εἶ σύ 6 14 οὗτός ἐστιν ἀληθῶς ὁ πρ. ὁ ἐρχόμενος 7 40 ὁ πρ. 9 17 ὅτι πρ. ἐστίν
7 52 ἐκ τῆς Γαλιλ. προφήτ. οὐκ ἐγείρεται
8 52 Ἀβρ. ἀπέθανεν καὶ οἱ προφῆται 53
Act 3 22 „π..ην ὑμῖν ἀναστήσει κύριος" 7 37
– 23 „ἐὰν μὴ ἀκούσῃ τοῦ προφ. ἐκείνου"
– 25 ὑμεῖς ἐστε οἱ υἱοὶ τῶν προφητῶν
7 52 τίνα τῶν προφ. οὐκ ἐδίωξαν οἱ πατέρες ὑμῶν;
10 43 τούτῳ πάντες οἱ πρ. μαρτυροῦσιν
11 27 κατῆλθον ἀπὸ Ἱεροσολ. προφῆται
13 1 ἐν Ἀντιοχ. – π..αι καὶ διδάσκαλοι
– 20 κριτὰς ἕως Σαμουὴλ [τοῦ] προφήτου
– 27 τὰς φωνὰς τῶν προφ. – ἐπλήρωσαν
15 32 Ἰούδας τε καὶ Σιλᾶς, καὶ αὐτοὶ προφῆται ὄντες, – παρεκάλεσαν
21 10 κατῆλθέν τις – πρ. ὀνόματι Ἄγαβος
26 27 πιστεύεις, βασιλεῦ Ἀγρ., τοῖς πρ.;
Rm 1 2 ὃ προεπηγγείλατο διὰ τῶν πρ. αὐτοῦ
11 3 „τοὺς πρ. σου ἀπέκτειναν"
1 Co 12 28 οὓς μὲν ἔθετο – ἐν τῇ ἐκκλησίᾳ – προφήτας 29 μὴ πάντες προφῆται;
14 29 π..αι δὲ δύο ἢ τρεῖς λαλείτωσαν
– 32 πνεύματα π..ῶν π..αις ὑποτάσσεται
37 εἴ τις δοκεῖ πρ. εἶναι ἢ πνευματικός, ἐπιγινωσκέτω ἃ γράφω ὑμῖν
Eph 2 20 ἐπὶ τῷ θεμελίῳ τῶν ἀποστ. καὶ πρ.
3 5 ὡς νῦν ἀπεκαλύφθη τοῖς ἁγίοις ἀποστόλοις αὐτοῦ καὶ πρ. ἐν πνεύμ.
4 11 ἔδωκεν τοὺς μὲν ἀποστ., τοὺς δὲ πρ.
1 Th 2 15 τῶν καὶ τὸν κύριον ἀποκτεινάντων Ἰησοῦν καὶ τοὺς προφήτας
Tit 1 12 εἶπέν τις ἐξ αὐτῶν ἴδιος αὐτῶν πρ.
Hb 1 1 λαλήσας τοῖς πατράσιν ἐν τοῖς πρ.
11 32 τῶν πρ., οἳ διὰ πίστεως κατηγωνίσ.
Jac 5 10 ὑπόδειγμα – μακροθυμίας τοὺς πρ.
1 Pe 1 10 περὶ ἧς σωτηρίας – ἐξηραύνησαν π.. αι οἱ περὶ τῆς εἰς ὑμᾶς χάριτος
2 Pe 2 16 ἐκώλυσεν τὴν τοῦ πρ. παραφρονίαν

2 Pe 3 2 μνησθῆναι τῶν προειρημένων ῥη-
μάτων ὑπὸ τῶν ἁγίων προφητῶν
Ap 10 7 ὡς εὐηγγέλισεν „τοὺς – προφήτας"
11 10 οἱ δύο πρ. ἐβασάνισαν τοὺς κατοικ.
– 18 μισθὸν „τοῖς δούλοις σου τοῖς πρ."
16 6 αἷμα ἁγίων καὶ πρ. ἐξέχεαν 1824
1820 οἱ ἅγιοι καὶ οἱ ἀπόστολοι καὶ οἱ πρ.
22 6 ὁ θεὸς τῶν πνευμάτων τῶν προφητ.
– 9 σύνδουλός σού εἰμι καὶ τῶν ἀδελφῶν
σου τῶν προφητῶν

προφητικός S° – ªprophetarum ᵇpr..icus
[Rm 1626ª] 2 Pe 1 19 τὸν προφητικὸνᵇ λόγον

προφῆτις ªprophetissa ᵇpr..tes Luc 236
Ἅνναª Ap 220 Ἰεζ. ἡ λέγουσα ἑαυτὴν πρ.ᵇ

προφθάνειν praevenire Mat 1725 αὐτόν

προχειρίζειν ªconstituere ᵇpraedicare ᶜprae-
ordinare Act 320 τὸν προκεχειρισμέ-
νονᵇ ὑμῖν χριστὸν Ἰησ. 2214ᶜ 2616ª

προχειροτονεῖν S° – praeordinare Act 1041

Πρόχορος Act 65 Φίλιππον καὶ Πρόχορον

πρύμνα S° – puppis Mat 438 Act 2729.41

πρωΐ mane Mat [163] 201 2118 Mar 135 πρ.
(vg°) ἔννυχα λίαν 1120 1335 ἢ ἀλεκτο-
ροφωνίας ἢ πρ. 151 (Joh 1828) 162 λίαν
πρωῒ (Joh 201) [169] Act 2823

πρωΐα mane Mat 271 Joh 214

πρωϊνός (sc ἀστήρ) matutina (sc stella)
Ap 228 2216 ὁ ἀστὴρ ὁ λαμπρὸς ὁ πρωϊνός

πρώρα S° – prora Act 2730.41

πρωτεύειν primatum tenēre Col 118

πρωτοκαθεδρία S° – prima cathedra
Mat 23 6 φιλοῦσιν–τὰς πρ. ἐν ταῖς συναγω-
γαῖς ‖ Mr 1239 Lc 1143 τὴν πρ. 2046 π..ας

πρωτοκλισία S° – primus discubitus ᵇpr.
accubitus ᶜpr. recubitus ᵈpr. locus
Mat 23 6ᶜ ‖ Mar 1239 Luc 2046 – 147ᵇ 8ᵈ

*πρῶτον primum ᵇprimo ᶜprius
Mat 524 πρῶτονᶜ διαλλάγηθι τῷ ἀδελφῷ σου
633 πρ. τὴν βασιλ. – καὶ τὴν δικαι. αὐτοῦ

Mat 1710 Ἠλίαν δεῖ ἐλθεῖν πρ.; ‖ Mar 911.12
Mar 1310 εἰς–τὰ ἔθνη πρῶτον δεῖ κηρυχθῆναι
Luc 1725 πρῶτον δὲ δεῖ αὐτὸν πολλὰ παθεῖν
21 9 δεῖ γὰρ ταῦτα γενέσθαι πρῶτον
Rm 1 16 Ἰουδαίῳ τε πρῶτ. καὶ Ἕλληνι 29.10
1 Th 416 οἱ νεκροὶ ἐν Χῷ ἀναστήσονται πρ.
(vl πρῶτοι vg primi), ἔπειτα ἡμεῖς
2 Th 2 3 ἐὰν μὴ ἔλθῃ ἡ ἀποστασία πρῶτον
Jac 317 πρ. μὲν ἁγνή ἐστιν, ἔπειτα εἰρηνική

*πρῶτος primus ᵇprior, prius ᶜprinceps
ᵈnobilis
Mat 1245 γίνεται τὰ ἔσχατα τοῦ ἀνθρ. – χεί-
ρονα τῶν πρ.ᵇ ‖ Lc 1126ᵇ – 2 Pe 220ᵇ
1930 ἔσονται πρῶτοι ἔσχατοι καὶ ἔσχατοι
πρῶτοι 2016 ‖ Mar 1031 Luc 1330
20 8 ἀπὸ τῶν ἐσχάτων ἕως τῶν πρώτων
– 27 ὃς ἂν θέλῃ ἐν ὑμῖν εἶναι πρῶτος,
ἔσται ὑμῶν δοῦλος ‖ Mar 1044 935
2238 αὕτη ἐστὶν ἡ μεγάλη καὶ πρώτη ἐν-
τολή ‖ Mar 1228.29
2764 ἡ ἐσχάτη πλάνη χείρων τῆς πρώτηςᵇ
Mar 621 τοῖς πρώτοις τῆς Γαλιλ. Luc 1947 οἱ
πρ.ᶜ τοῦ λαοῦ Act 1350 τῆς πόλεως
252 τῶν Ἰουδ. 2817.7 τῷ πρ.ᶜ τῆς
νήσου – 174 γυναικῶν – πρώτωνᵈ
[16 9 ἀναστὰς – πρωὶ πρώτῃ σαββάτου]
Joh 1 15 ὅτι πρῶτόςᵇ μου ἦν 30ᵇ
[8 7 πρῶτος ἐπ' αὐτὴν βαλέτω λίθον]
Act 2623 εἰ πρῶτος ἐξ ἀναστάσεως νεκρῶν
1 Co 1545 ἐγένετο ὁ πρ. ἄνθρωπος Ἀδὰμ 47
Eph 6 2 ἥτις – ἐντολὴ πρώτη ἐν ἐπαγγελίᾳ
1 Ti 1 15 ἁμαρτωλοὺς σῶσαι· ὧν πρ. εἰμι ἐγώ
16 ἵνα ἐν ἐμοὶ πρώτῳ ἐνδείξηται Χὸς
Ἰησοῦς τὴν ἅπασαν μακροθυμίαν
213 Ἀδὰμ γὰρ πρ. ἐπλάσθη, εἶτα Εὕα
512 ὅτι τὴν πρώτην πίστιν ἠθέτησαν
2 Ti 416 ἐν τῇ πρώτῃ μου ἀπολογίᾳ οὐδείς
Hb 8 7 εἰ – ἡ πρώτηᵇ (sc διαθήκη) 13 πεπα-
λαίωκεν τὴν πρ.ᵇ 91ᵇ 15 ἐπὶ τῇ πρ.ᵇ
διαθήκῃ 18 92 σκηνῆ – ἡ πρ. 6ᵇ 8ᵇ
10 9 ἀναιρεῖ τὸ πρ., ἵνα τὸ δεύτ. στήσῃ
1 Jo 419 ὅτι αὐτὸς πρῶτοςᵇ ἠγάπησεν ἡμᾶς
Ap 117 „ὁ πρῶτος καὶ ὁ ἔσχατος" 28 2213
2 4 τὴν ἀγάπην σου τὴν πρώτ. ἀφῆκες
– 5 τὰ πρ. ἔργα ποίησον cfr 19 τὰ ἔργα
σου τὰ ἔσχατα πλείονα τῶν πρώτ.ᵇ
20 5 ἡ ἀνάστασις ἡ πρ. 6 μέρος ἐν τῇ ἀν.
21 1 ὁ – πρ. οὐρανὸς καὶ ἡ πρ. γῆ ἀπῆλ-
θαν 4 [ὅτι] „τὰ πρῶτα" ἀπῆλθαν·

πρωτοστάτης auctor seditionis Act 245

πρωτοτόκια *primitiva* Hb12 16 „ἀπέδετο"

πρωτότοκος *primogenitus* ᵇ*primitivus*
Luc 2 7 ἔτεκεν τὸν υἱὸν αὐτῆς τὸν πρωτότ.
Rm 8 29 εἶναι – π..ον ἐν πολλοῖς ἀδελφοῖς
Col 1 15 ὅς ἐστιν –, πρ. πάσης κτίσεως
  – 18 ὅς ἐστιν –, πρ. ἐκ τῶν νεκρῶν Ap 1 5
Hb 1 6 ὅταν – εἰσαγάγῃ τὸν πρ. εἰς τ. οἴκου.
  11 28 ἵνα μὴ ὁ ὀλεθρεύων τὰ πρ.ᵇ θίγῃ
  12 23 προσεληλύθατε – ἐκκλησίᾳ πρωτοτό-
    κωνᵇ ἀπογεγραμμένων ἐν οὐρανοῖς

πρώτως Sᵒ – *primum* Act 11 26 Χριστιανούς

πταίειν *offendere* ᵇ*peccare*
Rm 11 11 μὴ ἔπταισαν ἵνα πέσωσιν; μὴ γέν.
Jac 2 10 πταίσῃ δὲ ἐν ἑνί 3 2 πολλὰ – π..ομεν
    ἅπαντες· εἴ τις ἐν λόγῳ οὐ πταίει
2 Pe 1 10 ταῦτα – ποιοῦντες οὐ μὴ π..σητέᵇ ποτε

πτέρνα *calcaneus* Joh 13 18 „ἐπῆρεν – τήν"

πτερύγιον ᵃ*pinnaculum* ᵇ*pinna*
Mat 4 5 ἐπὶ τὸ πτερύγιονᵃ τοῦ ἱεροῦ ‖ Lc 4 9ᵇ

πτέρυξ *ala* ᵇ*penna* (vl *pinna*) Mat 23 37
    ὑπὸ τὰς πτ. ‖ Luc 13 34ᵇ – Ap 4 8 9 9 12 14

πτηνόν Sᵒ – *volucris* 1 Co 15 39 σὰρξ π..ῶν

πτοεῖσθαι ᵃ*terrēri* ᵇ*conturbari*
Luc 21 9 μὴ πτοηθῆτεᵃ 24 37 πτοηθέντεςᵇ

πτόησις *perturbatio* 1 Pe 3 6 „μὴ φοβούμε-
    ναι" μηδεμίαν „πτόησιν"

Πτολεμαΐς Act 21 7 ἀπὸ Τύρου – εἰς Πτολ.

πτύειν *expuere* Mar 7 33 8 23 Joh 9 6

πτύον Sᵒ – *ventilabrum* Mat 3 12 ‖ Luc 3 17

πτύρεσθαι (pass) Sᵒ – *terrēri* Phl 1 28 μὴ
    π..όμενοι ἐν μηδενὶ ὑπὸ τῶν ἀντικειμένων

πτύσμα Sᵒ – *sputum* Joh 9 6 ἐκ τοῦ πτύσ.

πτύσσειν Sᵒ – *plicare* Luc 4 20 τὸ βιβλίον

πτῶμα *corpus* Mat 14 12 ‖ Mar 6 29
Mat 24 28 Mar 15 45 Ap 11 8.9

πτῶσις *ruina* Mat 7 27 Luc 2 34 εἰς πτῶσιν

πτωχεία *paupertas* ᵇ*inopia*
2 Co 8 2 ἡ κατὰ βάθους πτ. αὐτῶν ἐπερίσσ.
  – 9 ἐπτώχευσεν πλούσιος ὤν, ἵνα ὑμεῖς
    τῇ ἐκείνου πτωχείᾳᵇ πλουτήσητε
Ap 2 9 οἶδά σου – τὴν πτ., ἀλλὰ πλούσ. εἶ

πτωχεύειν *egenum fieri* → πτωχεία 2 Co 8 9

πτωχός *pauper* ᵇ*egenus* ᶜ*egens* ᵈ*mendicus*
Mat 5 3 μακάριοι „οἱ πτ." τῷ πνεύματι ‖ Luc
    6 20 οἱ πτωχοί, ὅτι ὑμετέρα
  11 5 „πτωχοὶ εὐαγγελίζονται" ‖ Luc 7 22
    – 4 18 „εὐαγγελίσασθαι πτωχοῖς"
  19 21 καὶ δὸς – πτωχοῖς ‖ Mar 10 21 Luc 18 22
    διάδος cfr 19 8 τὰ ἡμίσιά μου τῶν ὑπ-
    αρχόντων – τοῖς πτωχοῖς δίδωμι
  26 9 ἐδύνατο – δοθῆναι πτωχοῖς 11 πάν-
    τοτε – τοὺς πτ. ἔχετε μεθ' ἑαυτῶν ‖
    Mar 14 5.7 Joh 12 5ᵇ 6 οὐχ ὅτι περὶ
    τῶν πτ.ᵇ ἔμελεν αὐτῷ 8 – 13 29 ἢ
    τοῖς πτωχοῖςᵇ ἵνα τι δῷ
Mar 12 42 μία χήρα πτωχὴ 43 ‖ Luc 21 3
Luc 14 13 κάλει π..ούς 21 τοὺς πτ. – εἰσάγαγε
    16 20 πτ.ᵈ δέ τις ὀνόματι Λάζαρος 22ᵈ
Rm 15 26 κοινωνίαν τινὰ ποιήσασθαι εἰς τοὺς
    πτ. τῶν ἁγίων τῶν ἐν Ἱερουσαλὴμ
2 Co 6 10 ὡς π..οὶᶜ πολλοὺς δὲ πλουτίζοντες
Gal 2 10 μόνον τῶν πτωχ. ἵνα μνημονεύωμεν
    4 9 ἐπὶ τὰ ἀσθενῆ καὶ π..ὰᵇ στοιχεῖα
Jac 2 2 εἰσέλθῃ δὲ καὶ πτ. 3 τῷ πτ. εἴπητε·
    5 οὐχ ὁ θεὸς ἐξελέξατο τοὺς πτ. τῷ
    κόσμῳ πλουσίους ἐν πίστει –; 6 ὑ-
    μεῖς δὲ ἠτιμάσατε τὸν πτωχόν
Ap 3 17 οὐκ οἶδας ὅτι σὺ εἶ – πτωχός
    13 16 ποιεῖ – καὶ τοὺς πτωχ. –, ἵνα δῶσιν

πυγμή Mar 7 3 ἐὰν μὴ πυγμῇ (vl πυκνά vg
    crebro) νίψωνται τὰς χεῖρας

πύθων Sᵒ – *python* Act 16 16 πνεῦμα π..α

πυκνός *frequens* ᵇ(π..ά, π..ότερον) *frequen-
ter* Luc 5 33 νηστεύουσιν π..άᵇ Act 24 26ᵇ⁾
    1 Ti 5 23 διὰ – τὰς πυκνάς σου ἀσθενείας

πυκτεύειν Sᵒ – *pugnare*
1 Co 9 26 οὕτως πυκτεύω ὡς οὐκ ἀέρα δέρων

πύλη *porta*
Mat 7 13 εἰσέλθατε διὰ τῆς στενῆς πύλης· ὅτι
    πλατεῖα ἡ πύλη 14 τί στενὴ ἡ πύλη
    16 18 πύλαι ᾅδου οὐ κατισχύσουσιν αὐτῆς

Luc 7 12 τῆς πόλεως – Act 3 10 ἐπὶ τῇ ὡραίᾳ
πύλῃ τοῦ ἱεροῦ – 9 24 12 10 16 13
Hb 13 12 διὸ καὶ Ἰησ. – ἔξω τῆς πύλης ἔπαθεν

πυλών *ianua* (Evv et Act) *porta* (Ap)
Mat 26 71 Luc 16 20 Act 10 17 12 13. 14 14 13
Ap 21 12 πυλῶνας δώδεκα 13.15.21.25 22 14

πυνθάνεσθαι *interrogare* [b]*inquirere* [c]*sci-scitari* [d]*cognoscere*
Mat 2 4 ἐπ..ετο[c] παρ' αὐτῶν ποῦ ὁ χριστὸς
γεννᾶται – Luc 15 26 τί ἂν εἴη ταῦτα 18 36
Joh 4 52 ἐπύθετο – τ. ὥραν παρ' αὐτῶν 13 24
Act 4 7 ἐπυνθάνοντο· ἐν ποίᾳ δυνάμει –;
10 18. 29 21 33 23 19. 20[b] 34[d] ὅτι ἀπὸ Κιλικίας

πῦρ *ignis*
Mat 3 10 ἐκκόπτεται καὶ εἰς πῦρ βάλλεται ‖
Luc 3 9 – Mat 7 19
– 11 ὑμᾶς βαπτίσει ἐν – πυρί ‖ Luc 3 16
– 12 τὸ δὲ ἄχυρον κατακαύσει πυρὶ ἀ-
σβέστῳ ‖ Luc 3 17 – Mar 9 43 ἢ – ἀπ-
ελθεῖν – εἰς τὸ πῦρ τὸ ἄσβεστον (44–47
vl) 48 ὅπου – „τὸ πῦρ οὐ σβέννυται"
5 22 ἔνοχος – εἰς τὴν γέενναν τοῦ πυρός
18 9 ἢ – βληθῆναι εἰς τὴν γ. τοῦ πυ.
13 40 τὰ ζιζάνια – πυρὶ [κατα]καίεται
– 42 εἰς τὴν κάμινον τοῦ πυρός 50
17 15 πολλάκις – πίπτει εἰς τὸ π. ‖ Mar 9 22
18 8 ἢ – βληθῆναι εἰς τὸ πῦρ τὸ αἰώνιον
25 41 πορεύεσθε – εἰς τὸ πῦρ τὸ αἰώνιον
Mar 9 49 πᾶς γὰρ πυρὶ ἁλισθήσεται
Luc 9 54 „πῦρ καταβῆναι ἀπὸ τοῦ οὐρανοῦ"
12 49 πῦρ ἦλθον βαλεῖν ἐπὶ τὴν γῆν καὶ
τί θέλω εἰ ἤδη ἀνήφθη
17 29 „ἔβρεξεν πῦρ καὶ θεῖον" – 22 55
Joh 15 6 εἰς τὸ πῦρ βάλλουσιν (sc τὸ κλῆμα)
Act 2 3 ὤφθησαν – γλῶσσαι ὡσεὶ πυρός
– 19 7 30 „ἐν φλογὶ πυρὸς βάτου" – 28 5
Rm 12 20 „ἄνθρακας πυρὸς σωρεύσεις ἐπὶ –"
1 Co 3 13 ἐν πυρὶ ἀποκαλύπτεται, – ἑκάστου
τὸ ἔργον – τὸ π. [αὐτὸ] δοκιμάσει 15
αὐτὸς δὲ σωθήσεται, – ὡς διὰ πυρός
2 Th 1 8 ἐν τῇ ἀποκαλύψει – Ἰησοῦ – ἐν πυ-
ρὶ φλογός, διδόντος ἐκδίκησιν"
Hb 1 7 „τοὺς λειτουργοὺς – πυρὸς φλόγα"
10 27 „πυρὸς ζῆλος" – 11 34 12 18
12 29 „ὁ θεὸς" ἡμῶν „πῦρ καταναλίσκον"
Jac 3 5 ἡλίκον πῦρ ἡλίκην ὕλην ἀνάπτει
– 6 ἡ γλῶσσα πῦρ, ὁ κόσμος τῆς ἀδικ.
5 3 φάγεται τὰς σάρκας ὑμῶν ὡς πῦρ
1 Pe 1 7 χρυσίου –, διὰ πυρὸς – δοκιμαζομέν.

2 Pe 3 7 πυρὶ τηρούμενοι εἰς ἡμέραν κρίσεως
Jud 7 πυρὸς αἰωνίου δίκην ὑπέχουσαι
23 σώζετε „ἐκ πυρὸς ἁρπάζοντες"
Ap 1 14 „οἱ ὀφθαλμοὶ αὐτοῦ ὡς φλὸξ πυ-
ρός" 2 18 19 12 – 10 1 ὡς στῦλοι πυρός
3 18 χρυσίον πεπυρωμένον ἐκ πυρός
4 5 8 5. 7. 8 9 17. 18 11 5 13 13 14 10. 18 15 2
16 8 17 16 18 8 19 20 εἰς τὴν λίμνην τοῦ πυ-
ρός 20 10. 14. 15 21 8 – 20 9

πυρά [a]*pyra* [b]*ignis* Act 28 2[a] 3[b]

πύργος *turris* Mat 21 33 „ᾠκοδόμησεν πύρ-
γον" ‖ Mar 12 1 – Luc 13 4 ὁ π. ἐν τῷ
Σιλωὰμ 14 28 θέλων π..ον οἰκοδομῆσαι

πυρέσσειν S[o] – *febricitare* Mat 8 14 ‖ Mar 1 30

πυρετός *febris* Mat 8 15 ‖ Mar 1 31 Luc 4 38. 39
ἐπετίμησεν τῷ πυρ. – Joh 4 52 Act 28 8

πύρινος *igneus* Ap 9 17 θώρακας πυρίνους

πυροῦσθαι (pass.) *uri* [b](π..ούμενος) *ardens*
[c](πεπυρωμένος) *igneus* [d]*ignitus probatus*
1 Co 7 9 κρεῖττον – ἐστιν γαμῆσαι ἢ π..οῦσθαι
2 Co 11 29 καὶ οὐκ ἐγὼ πυροῦμαι;
Eph 6 16 τὰ βέλη τοῦ πονηροῦ [τὰ] πεπυρ.[c]
2 Pe 3 12 οὐρανοὶ πυρούμενοι[b] λυθήσονται
Ap 1 15[b] 3 18 ἀγοράσαι – χρυσίον πεπυρ.[d]

πυρράζειν S[o] – [a]*rubicundum esse* [b]*ruti-lare* Mat 16 2 [π..ει[a] – ὁ οὐρανός 3[b]]

πυρρός *rufus* Ap 6 4 ἵππος 12 3 δράκων

Πύρρος Act 20 4 Σώπατρος Πύρρου

πύρωσις *incendium* [b]*fervor*
1 Pe 4 12 μὴ ξενίζεσθε τῇ ἐν ὑμῖν πυρώσει[b]
Ap 18 9 τὸν καπνὸν τῆς πυρώσεως αὐτῆς 18

πωλεῖν *vendere* [b](pass) *vaenire* (vl *ve.*)
Mat 10 29 οὐχὶ δύο στρουθία ἀσσαρίου πωλεῖ-
ται;[b] ‖ Luc 12 6 πέντε – ἀσσ. δύο;[b]
13 44 πωλεῖ – ὅσα ἔχει 19 21 πώλησόν σου
τὰ ὑπάρχοντα ‖ Mar 10 21 Luc 18 22
– 12 33 πωλήσατε τὰ ὑπάρχ. ὑμῶν
21 12 ἐξέβαλεν – τοὺς πωλοῦντας κτλ. ‖
Mar 11 15 Luc 19 45 Joh 2 14. 16
25 9 πορεύεσθε – πρὸς τοὺς πωλοῦντας
Luc 17 28 ἠγόραζον, ἐπώλουν, ἐφύτευον

Luc 22₃₆ πωλησάτω τὸ ἱμάτιον αὐτοῦ
Act 4₃₄ πωλοῦντες ἔφερον τὰς τιμὰς τῶν
πιπρασκομένων 37 5₁ ἐπώλησεν
1 Co 10₂₅ πᾶν τὸ ἐν μακέλλῳ πωλούμενον[b]
Ap 13₁₇ ἵνα μή τις δύνηται – πωλῆσαι εἰ μή

πῶλος (sc ὄνου) *pullus* Mat 21₂.₅.₇ ‖ Mar
11₂.₄.₅.₇ Luc 19₃₀.₃₃.₃₅ Joh 12₁₅

πώποτε *umquam*
Luc 19₃₀ ἐφ' ὃν οὐδεὶς πώποτε – ἐκάθισεν
Joh 1₁₈ θεὸν οὐδεὶς ἑώρακεν πώποτε 1 Jo
4₁₂ θεὸν οὐδεὶς πώποτε τεθέαται
5₃₇ οὔτε φωνὴν αὐτοῦ πώπ. ἀκηκόατε
6₃₅ ὁ πιστεύων εἰς ἐμὲ οὐ μὴ διψήσει
πώποτε 8₃₃ οὐδενὶ δεδουλεύκαμεν

πώποτε· πῶς σὺ λέγεις ὅτι ἐλεύθεροι

πωροῦν [a]*indurare* **πωροῦσθαι** [b]*caecari*
[c]*excaecari* [d]*obcaecari* (b c d ex vl
πηροῦσθαι) [e]*obtundi*
Mar 6₅₂ ἦν αὐτῶν ἡ καρδία πεπωρωμένη[d]
8₁₇ πεπ..ην[b] ἔχετε τὴν καρδίαν – ;
Joh 12₄₀ „ἐπώρωσεν[a] αὐτῶν τὴν καρδίαν"
Rm 11 7 οἱ δὲ λοιποὶ ἐπωρώθησαν[c]
2 Co 3₁₄ ἐπωρώθη[e] τὰ νοήματα αὐτῶν

πώρωσις *caecitas* (ex vl πήρωσις)
Mar 3 5 συλλυπούμενος ἐπὶ τῇ π. τῆς καρ-
δίας αὐτῶν – Eph 4₁₈ διὰ τὴν π.
Rm 11₂₅ ὅτι πώρ. ἀπὸ μέρους τῷ Ἰσραὴλ γέ-
γονεν ἄχρι οὗ τὸ πλήρωμα

Ρ

Ῥαάβ Hb 11₃₁ Jac 2₂₅ → Ῥαχάβ

ῥαββί S° – *rabbi*
Mat 23 7 φιλοῦσιν – καλεῖσθαι – ῥαββί
– 8 ὑμεῖς δὲ μὴ κληθῆτε ῥαββί
26₂₅.₄₉ Mar 9₅ 11₂₁ 14₄₅ Joh 1₃₈ ὃ λέ-
γεται μεθερμηνευόμενον διδάσκαλε 49
3₂.₂₆ (Johannes) 4₃₁ 6₂₅ 9₂ 11₈

ῥαββουνί S° – *rabboni* Mar 10₅₁ Joh 20₁₆
λέγει – Ἑβραϊστί· ῥ. (ὃ λέγεται διδ.)

ῥαβδίζειν *virgis caedere* Act 16₂₂ ἐκέλευον
ῥαβδίζ. 2 Co 11₂₅ τρὶς ἐρραβδίσθην

ῥάβδος *virga*
Mat 10₁₀ μηδὲ ῥάβδον ‖ Mar 6₈ μηδὲν – εἰ μὴ
ῥάβδον μόνον Luc 9₃ μήτε ῥάβδον
1 Co 4₂₁ ἐν ῥάβδῳ ἔλθω – , ἢ ἐν ἀγάπῃ – ;
Hb 1 8 „ῥ. τῆς εὐθύτητος ῥ. τῆς βασιλείας
σου" 9₄ ἐν ᾗ – ἡ ῥάβδος Ἀαρών
11₂₁ „ἐπὶ τὸ ἄκρον τῆς ῥάβδου αὐτοῦ"
Ap 2₂₇ „ἐν ῥάβδῳ σιδηρᾷ" 12₅ 19₁₅ – 11₁

ῥαβδοῦχοι S° – *lictores* Act 16₃₅.₃₈

Ῥαγαύ Luc 3₃₅ τοῦ Ναχὼρ – τοῦ Ῥαγαύ

ῥᾳδιούργημα S° – *facinus* Act 18₁₄ πονη.

ῥᾳδιουργία S° – *fallacia* Act 13₁₀

Ῥαιφάν Act 7₄₃ τ. ἄστρον τ. θεοῦ [ὑμῶν] Ῥ.

ῥακά S° – *raca* (vl *racha*) Mat 5₂₂

ῥάκος *pannus* Mat 9₁₆ ‖ Mar 2₂₁

Ῥαμά Mat 2₁₈ „φωνὴ ἐν Ῥαμὰ ἠκούσθη"

ῥαντίζειν *aspergere* [b]*aspergi* [c]*baptizari*
(Mar 7 4 vl ἀπ' ἀγορᾶς ἐὰν μὴ ῥαντίσωνται
οὐκ ἐσθίουσιν)
Hb 9₁₃[b] 19.21 10₂₂ ῥεραντισμένοι[b] τὰς καρ-
δίας ἀπὸ συνειδήσεως πονηρᾶς

ῥαντισμός *aspersio* (Hb vl *sparsio*)
Hb 12₂₄ αἷματι ῥ..οῦ κρεῖττον λαλοῦντι
1 Pe 1 2 εἰς – ῥ..ὸν αἵματος Ἰησοῦ Χοῦ

ῥαπίζειν [a]*percutere* [b]*palmas in faciem dare*
Mat 5₃₉ ὅστις σε ῥαπίζει[a] – 26₆₇[b]

ῥάπισμα *alapa* Mar 14₆₅ Joh 18₂₂ 19₃

ῥαφίς S° – *acus* Mat 19₂₄ ‖ Mar 10₂₅

Ῥαχάβ Mat 1₅ → Ῥαάβ

Ῥαχήλ Mat 2₁₈ **Ῥεβέκκα** Rm 9₁₀

ῥέδη S° – *rheda* Ap 18₁₃ ἵππων καὶ ῥ..ῶν

ῥεῖν *fluere* Joh 7₃₈ ποταμοὶ – ὕδατος ζῶντος

Ῥήγιον Act 28 13 κατηντήσαμεν εἰς Ῥήγιον

ῥῆγμα *ruina* Luc 6 49 τῆς οἰκίας – μέγα

ῥηγνύναι, ῥήσσειν *dirumpere (disr.)* [b] *erumpere* [c] *rumpere* [d] *allidere* [e] *elidere*

Mat 7 6 μήποτε – στραφέντες ῥήξωσιν ὑμᾶς
   9 17 ῥήγνυνται[c] οἱ ἀσκοί ‖ Mar 2 22 ῥήξει
   ὁ οἶνος τοὺς ἀσκούς Luc 5 37[c]

Mar 9 18 ῥήσσει[d] (sc τὸ πνεῦμα) αὐτόν ‖ Luc
   9 42 ἔρρηξεν[e]

Gal 4 27 „ῥῆξον[b] καὶ βόησον, ἡ οὐκ ὠδίνουσα

ῥῆμα *verbum*

Mat 4 4 „ἐπὶ παντὶ ῥήματι ἐκπορευομένῳ διὰ
   στόματος θεοῦ"
   12 36 πᾶν ῥῆμα ἀργὸν ὃ λαλήσουσιν οἱ
   18 16 ἵνα „ἐπὶ στόματος δύο μαρτύρων ἢ
   τριῶν σταθῇ πᾶν ῥῆμα" 2 Co 13 1
   26 75 ἐμνήσθη – τοῦ ῥήμ. Ἰησοῦ ‖ Mar 14
   72 – Luc 22 61 24 8 Act 11 16 τοῦ κυρίου
   27 14 οὐκ ἀπεκρίθη – πρὸς οὐδὲ ἓν ῥῆμα

Mar 9 32 ἠγνόουν τὸ ῥ. ‖ Luc 9 45.45 καὶ ἐφο-
   βοῦντο ἐρωτῆσαι – περὶ τοῦ ῥ. cfr
   2 50 οὐ συνῆκαν τὸ ῥ. 18 34 ἦν τὸ ῥ.
   – κεκρυμμένον ἀπ’ αὐτῶν 24 11 ἐφά-
   νησαν ἐνώπιον αὐτῶν ὡσεὶ λῆρος τὰ
   ῥήματα ταῦτα

Luc 1 37 „οὐκ ἀδυνατήσει – πᾶν ῥῆμα"
   – 38 γένοιτό μοι κατὰ τὸ ῥῆμά σου 2 29
   ἀπολύεις τὸν δοῦλόν σου – κατὰ τὸ ῥ.
   – 65 διελαλεῖτο – τὰ ῥ. ταῦτα 2 15 ἴδωμεν
   τὸ ῥῆμα τοῦτο 17 ἐγνώρισαν περὶ
   τοῦ ῥ. 19 συνετήρει τὰ ῥ. 51 διετήρει
   3 2 ἐγένετο ῥῆμα θεοῦ ἐπὶ Ἰωάννην
   5 5 ἐπὶ δὲ τῷ ῥ. σου χαλάσω τὰ δίκτυα
   7 1 ἐπλήρωσεν – τὰ ῥ. αὐτοῦ 20 26 οὐκ
   ἴσχυσαν ἐπιλαβέσθαι αὐτοῦ ῥήματος

Joh 3 34 ὃν – ἀπέστειλεν ὁ θεὸς τὰ ῥήματα τοῦ
   θεοῦ λαλεῖ 8 47 τὰ ῥ. τ. θεοῦ ἀκούει
   5 47 πῶς τοῖς ἐμοῖς ῥήμασιν πιστεύσετε;
   6 63 τὰ ῥ. ἃ ἐγὼ λελάληκα – πνεῦμά ἐστιν
   – 68 ῥήματα ζωῆς αἰωνίου ἔχεις
   8 20 ταῦτα τὰ ῥ. ἐλάλ. ἐν τῷ γαζοφυλακ.
   10 21 ταῦτα τὰ ῥ. οὐκ ἔστιν δαιμονιζομένου
   12 47 ἐάν τίς μου ἀκούσῃ τῶν ῥημάτων
   – 48 ὁ – μὴ λαμβάνων τὰ ῥήματά μου
   14 10 τὰ ῥήματα – ἀπ’ ἐμαυτοῦ οὐ λαλῶ
   15 7 ἐὰν – τὰ ῥήματά" μου ἐν ὑμῖν μείνῃ
   17 8 τὰ ῥ. ἃ ἔδωκάς μοι δέδωκα αὐτοῖς

Act 2 14 καὶ ἐνωτίσασθε τὰ ῥήματά μου
   5 20 λαλεῖτε – τὰ ῥήματα τῆς ζωῆς ταύτης
   – 32 ἡμεῖς ἐσμεν μάρτυρες τῶν ῥ. τούτων

Act 6 11 ῥ..τα βλάσφημα εἰς Μωϋσῆν 13 κατὰ
   τοῦ τόπου τοῦ ἁγ. – καὶ τοῦ νόμου
   10 22 ἀκοῦσαι ῥήματα παρὰ σοῦ 44 11 14
   – 37 οἴδατε τὸ γενόμ. ῥ. καθ’ – Ἰουδαίας
   13 42 λαληθῆναι αὐτοῖς τὰ ῥήματα ταῦτα
   16 38 26 25 σωφροσύνης ῥ..τα ἀποφθέγγ.
   28 25 εἰπόντος τοῦ Παύλου ῥῆμα ἕν

Rm 10 8 „ἐγγύς σου τὸ ῥ. ἐστιν" – ‘ τοῦτ’ ἔ-
   στιν τὸ ῥ. τῆς πίστεως 17 ἡ δὲ ἀκοὴ
   διὰ ῥ.τος Χοῦ 18 „εἰς τὰ πέρατα τῆς
   οἰκουμένης τὰ ῥήματα αὐτῶν"

2 Co 12 4 ἤκουσεν ἄρρητα ῥήματα, ἃ οὐκ ἐξὸν
   ἀνθρώπῳ λαλῆσαι

Eph 5 26 τῷ λουτρῷ τοῦ ὕδατος ἐν ῥήματι
   6 17 καὶ „τὴν μάχαιραν τοῦ πνεύματος",
   ὅ ἐστιν „ῥῆμα θεοῦ"

Hb 1 3 φέρων τε τὰ πάντα τῷ ῥήματι τῆς
   δυνάμεως αὐτοῦ
   6 5 καλὸν γευσαμένους θεοῦ ῥῆμα
   11 3 κατηρτίσθαι τοὺς αἰῶνας ῥ..τι θεοῦ
   12 19 „σάλπιγγος ἤχῳ καὶ φωνῇ ῥ..των"

1 Pe 1 25 „τὸ δὲ ῥ. κυρίου μένει –". τοῦτο – τ. ῥ.

2 Pe 3 2 μνησθῆναι τῶν προειρημένων ῥημά-
   των ὑπὸ τῶν – προφ. Jud 17 ὑπὸ
   τῶν ἀποστόλων τοῦ κυρίου ἡμῶν

Ῥησά Luc 3 27 τοῦ Ζοροβαβέλ

ῥήσσειν → ῥηγνύναι

ῥήτωρ S[o] – *orator* Act 24 1 Τέρτυλλος

ῥητῶς S[o] – *manifeste* 1 Ti 4 1 πνεῦμα ῥ. λέγει

ῥίζα *radix*

Mat 3 10 πρὸς τὴν ῥίζαν – κεῖται ‖ Luc 3 9
   13 6 διὰ τὸ μὴ ἔχειν ῥίζαν 21 ἐν ἑαυτῷ ‖
   Mar 4 6.17 ἐν ἑαυτοῖς Luc 8 13

Mar 11 20 τὴν συκῆν ἐξηραμμένην ἐκ ῥιζῶν

Rm 11 16 εἰ ἡ ῥ. ἁγία 17 συγκοινωνὸς τῆς ῥί-
   ζης τῆς πιότητος – ἐγένου 18 οὐ σὺ
   τὴν ῥίζαν βαστάζεις ἀλλὰ ἡ ῥίζα σέ
   15 12 „ἔσται ἡ ῥίζα τοῦ Ἰεσσαί"

1 Ti 6 10 ῥ. – πάντων τ. κακῶν – ἡ φιλαργυρία

Hb 12 15 „μή τις ῥίζα πικρίας – ἐνοχλῇ"

Ap 5 5 ἐνίκησεν ὁ λέων –, ἡ ῥίζα Δαυίδ
   22 16 ἐγώ εἰμι „ἡ ῥ." καὶ τὸ γένος Δαυ.

ῥιζοῦσθαι *radicari* Eph 3 17 ἐν ἀγάπῃ ἐρρι-
ζωμένοι καὶ τεθεμελιωμένοι Col 2 7
ἐρριζωμένοι καὶ ἐποικοδομ. ἐν αὐτῷ

ῥιπή S[o] – *ictus* 1 Co 15 52 ἐν ῥιπῇ ὀφθαλ.

ῥιπίζεσθαι circumferri Jac 1 6

ῥίπτειν, ῥιπτεῖν (Act 22 23) proicere [b] mittere [c] (prf pass) iacēre
Mat 9 36 ἐρριμμένοι [c] ὡσεὶ πρόβατα μὴ ἔχοντα
15 30 ἔρριψαν αὐτοὺς 27 5 ῥίψας τὰ ἀργ.
Luc 4 35 ῥῖψαν αὐτὸν τὸ δαιμόνιον 17 2 εἰ–
ἔρριπται εἰς τὴν θάλασσαν
Act 22 23 ῥιπτούντων τὰ ἱμάτια 27 19. 29 [b]

Ῥοβοάμ Mat 1 7   Ῥόδη Act 12 13 παιδίσκη

Ῥόδος Act 21 1   (Ῥομφά Act 7 43 vl)

ῥοιζηδόν S [o] – magno impetu 2 Pe 3 10

ῥομφαία gladius [b] rhomphaea (..ea)
Luc 2 35 σοῦ – τὴν ψυχὴν διελεύσεται ῥομφ.
Ap 1 16 ἐκ τοῦ στόματος αὐτοῦ ῥομφαία δί-
στομος ὀξεῖα 19 15 cfr 2 12 [b] 16
6 8 „ἀποκτεῖναι ἐν ῥομφαίᾳ" 19 21

Ῥουβήν Ap 7 5 ἐκ φυλῆς Ῥ. δώδεκα χιλιάδες

Ῥούθ Mat 1 5   Ῥοῦφος Mar 15 21 Rm 16 13

ῥύεσθαι eripere [b] eruere [c] liberare, ..ri
Mat 6 13 ῥῦσαι [c] ἡμᾶς ἀπὸ τοῦ πονηροῦ
27 43 „ῥυσάσθω [c] νῦν εἰ θέλει αὐτόν"
Luc 1 74 ἐκ χειρὸς ἐχθρῶν ῥυσθέντας [c]
Rm 7 24 ταλαίπωρος ἐγώ –˙ τίς με ῥύσεται [c]
ἐκ τοῦ σώματος τοῦ θανάτου τούτου;
11 26 „ἥξει ἐκ Σιὼν ὁ ῥυόμενος"
15 31 ἵνα ῥυσθῶ [c] ἀπὸ τῶν ἀπειθούντων
2 Co 1 10 ὃς ἐκ τηλικούτου θανάτου ἐρρύσατο
ἡμᾶς καὶ ῥύσεται [b] (vl ῥύεται vg
eruit vl eruet), εἰς ὃν ἠλπίκαμεν [ὅτι]
καὶ ἔτι ῥύσεται
Col 1 13 ὃς ἐρρύσατο ἡμᾶς ἐκ τῆς ἐξουσίας
τοῦ σκότους καὶ μετέστησεν εἰς
1 Th 1 10 Ἰησοῦν τὸν ῥυόμενον ἡμᾶς ἐκ (vl
ἀπὸ) τῆς ὀργῆς τῆς ἐρχομένης
2 Th 3 2 ἵνα ῥυσθῶμεν [c] ἀπὸ τῶν ἀτόπων καὶ
πονηρῶν ἀνθρώπων

2 Ti 3 11 ἐκ πάντων με ἐρρύσατο ὁ κύριος
4 17 ἐρρύσθην [c] „ἐκ στόματος λέοντος"
– 18 ῥύσεταί [c] με ὁ κύριος ἀπὸ παντὸς
ἔργου πονηροῦ καὶ σώσει εἰς
2 Pe 2 7 δίκαιον Λὼτ – ἐρρύσατο 9 οἶδεν κύρ.
εὐσεβεῖς ἐκ πειρασμοῦ ῥύεσθαι

ῥύμη vicus Mat 6 2 Luc 14 21 Act 9 11 12 10

ῥυπαίνεσθαι (vl ῥυπαρεύεσθαι) S [o] – sordescere Ap 22 11

ῥυπαρία S [o] – immunditia Jac 1 21 ἀποθέ-
μενοι πᾶσαν ῥ. καὶ περισσείαν κακίας

ῥυπαρός [a] sordidus [b] in sordibus
Jac 2 2 ἐν ῥ..ᾷ [a] ἐσθῆτι Ap 22 11 ὁ ῥυπαρός [b]

ῥύπος sordes 1 Pe 3 21 ἀπόθεσις ῥύπου

ῥύσις (αἵματος) [a] profluvium [b] fluxus
Mar 5 25 [a] ‖ Luc 8 43 [b] 44 παραχρῆμα ἔστη [b]

ῥυτίς S [o] – ruga Eph 5 27 μὴ ἔχουσαν – ῥ.

Ῥωμαῖος Romanus [b] civis Romanus
Joh 11 48 ἐλεύσονται οἱ Ῥ. καὶ ἀροῦσιν ἡμῶν
Act 2 10 οἱ ἐπιδημοῦντες Ῥ. 16 21 οὐκ ἔξεστιν
ἡμῖν – Ῥ..οις οὖσιν 37 ἡμᾶς – ἀνθρώπους
Ῥ..ους ὑπάρχοντας 38 ὅτι Ῥ..οί εἰσιν
22 25. 26 [b] 27. 29 [b] 23 27 25 16 οὐκ ἔστιν ἔθος
Ῥωμαίοις 28 17 παρεδόθην εἰς τὰς χεῖ-
ρας τῶν Ῥωμαίων

Ῥωμαϊστί S [o] – Latine Joh 19 20

Ῥώμη Act 18 2 19 21 δεῖ με καὶ Ῥώμην ἰδεῖν
23 11 οὕτω σε δεῖ καὶ εἰς Ῥώμην μαρτυ-
ρῆσαι 28 14. 16 – Rm 1 7. 15 καὶ ὑμῖν τοῖς
ἐν Ῥ. εὐαγγελίσασθαι – 2 Ti 1 17 γενό-
μενος ἐν Ῥώμῃ σπουδαίως ἐζήτησέν με
καὶ εὗρεν

ῥώννυσθαι Act 15 29 ἔρρωσθε valete (vl 23 30
ἔρρωσο vale vl [o])

Σ

σαβαχθανι S [o] – sabacthani
Mat 27 46 λεμα σαβαχθανι ‖ Mar 15 34 λεμα˙
σαβαχθανι

Σαβαώθ sabaoth (sabb.) Rm 9 29 Jac 5 4

σαββατισμός S [o] – sabbatismus
Hb 4 9 ἄρα ἀπολείπεται σ. τῷ λαῷ τοῦ θεοῦ

σάββατον, ..α *sabbatum* [b]*sabbata*

1) dies septimus, ad quietem datus

Mat 12 1 ἐπορεύθη – τοῖς σ. διὰ τῶν σπορί-
μων ‖ Mar 2 23[b] Luc 61 ἐν σ..ῳ (vl +
δευτεροπρώτῳ vg *secundo primo*)
– 2 ὃ οὐκ ἔξεστιν ποιεῖν ἐν σαββάτῳ[b] ‖
Mar 2 24 τοῖς σαββ.[b] Luc 62 τοῖς σ.[b]
– 5 τοῖς σ.[b] οἱ ἱερεῖς – τὸ σ. βεβηλοῦσιν
– 8 κύριός – ἐστιν τοῦ σ. ὁ υἱὸς τ. ἀνθρ.
‖ Mar 2 28 καὶ τοῦ σ. Luc 65 τοῦ σ.
– 10 εἰ ἔξεστιν τοῖς σ.[b] θεραπεῦσαι; ‖
Mar 32 εἰ τοῖς σ.[b] θεραπεύσει Luc
67 εἰ ἐν τῷ σαββάτῳ θεραπεύει
– 11 ἐὰν ἐμπέσῃ – τοῖς σ.[b] εἰς βόθυνον
– 12 ὥστε ἔξεστιν τοῖς σ.[b] καλῶς ποιεῖν ‖
Mar 3 4 ἔξεστιν τοῖς σ.[b] ἀγαθὸν ποι-
ῆσαι ἢ κακοποιῆσαι –; Luc 69 τῷ σαβ-
βάτῳ[b] ἀγαθοποιῆσαι ἢ κακοποιῆσαι
24 20 ἵνα μὴ γένηται ἡ φυγὴ ὑμῶν χειμῶ-
νος μηδὲ σαββάτῳ
28 1 ὀψὲ δὲ σαββάτων ‖ Mar 16 1 διαγενο-
μένου τοῦ σ. Luc 23 54 καὶ σάββατον
ἐπέφωσκεν

Mar 1 21 τοῖς σ.[b] εἰσελθὼν εἰς τὴν συναγω-
γὴν ἐδίδασκεν ‖ Luc 4 31 ἐν τοῖς σ.[b]
– Mar 62 γενομένου σ..ου Luc 4 16
ἐν τῇ ἡμέρᾳ τῶν σ. 66 ἐν ἑτέρῳ σ.
13 10 διδάσκων – ἐν τοῖς σάββασιν[b]
2 27 τὸ σ. διὰ τὸν ἄνθρωπον ἐγένετο, καὶ
οὐχ ὁ ἄνθρωπος διὰ τὸ σάββατον

Luc (6 4 D θεασάμενός τινα ἐργαζόμενον τῷ
σαββάτῳ εἶπεν αὐτῷ – εἰ – οἶδας)
13 14 ἀγανακτῶν ὅτι τῷ σ. ἐθεράπευσεν,
– μὴ τῇ ἡμέρᾳ τοῦ σ. (sc ϑ..εσϑε)
– 15 τῷ σ. οὐ λύει τὸν βοῦν –; 16 οὐκ ἔδει
λυθῆναι – τῇ ἡμέρᾳ τοῦ σαββάτου;
14 1 σαββάτῳ φαγεῖν ἄρτον 3 ἔξεστιν τῷ
σ. θεραπεῦσαι ἢ οὔ; 5 τίνος – υἱὸς –
εἰς φρέαρ πεσεῖται, καὶ οὐκ – ἀνα-
σπάσει αὐτὸν ἐν ἡμέρᾳ τοῦ σαββ.;
23 56 τὸ μὲν σάββατον ἡσύχασαν

Joh 5 9 ἦν δὲ σάββ. ἐν ἐκείνῃ τῇ ἡμέρᾳ 9 14
– 10 σάββατόν ἐστιν, καὶ οὐκ ἔξεστίν σοι
ἆραι τὸν κράβαττον 16 ὅτι ταῦτα ἐ-
ποίει ἐν σαββάτῳ 18 οὐ μόνον ἔλυεν
τὸ σάββατον 9 16 τὸ σάββ. οὐ τηρεῖ
7 22 ἐν σ..ῳ περιτέμνετε ἄνθρωπον 23
– 23 ὅτι ὅλον ἄνθρ. ὑγιῆ ἐποίησα ἐν σ.;
19 31 ἵνα μὴ μείνῃ ἐπὶ τοῦ σταυροῦ τὰ σώ-
ματα ἐν τῷ σ., ἦν γὰρ μεγάλη ἡ ἡ-
μέρα ἐκείνου τοῦ σαββάτου

Act 1 12 ἐγγὺς Ἱερουσ. σαββάτου ἔχον ὁδόν
13 14 εἰς τὴν συναγωγὴν τῇ ἡμέρᾳ τῶν
σ.[b] 16 13[b] 17 2 ἐπὶ σάββατα[b] τρία
18 4 διελέγετο – κατὰ πᾶν σάββατον
– 27 τὰς φωνὰς τῶν προφητῶν τὰς κατὰ
πᾶν σάββατον ἀναγινωσκομένας 15 21
Μωϋσῆς – ἀναγινωσκόμενος
– 42 εἰς τὸ μεταξὺ σ. λαληθῆναι αὐτοῖς
– 44 τῷ δὲ ἐρχομένῳ σαββάτῳ – συνήχθη

Col 2 16 ἐν μέρει – νεομηνίας ἢ σαββάτων[b]

2) spatium septem dierum, hebdomas

Mat 28 1 τῇ ἐπιφωσκούσῃ εἰς μίαν σαββάτων
‖ Mar 16 2 πρωΐ τῇ μιᾷ τῶν σαββ.[b]
Luc 24 1 τῇ δὲ μιᾷ τῶν σαββ. ὄρθρου
βαθέως Joh 20 1 τῇ δὲ μιᾷ τῶν σ. 19
ὀψίας – τῇ μιᾷ σαββάτων[b]
[[Mar 16 9 ἀναστὰς – πρωΐ πρώτῃ σαββάτου]]
Luc 18 12 νηστεύω δὶς τοῦ σαββ., ἀποδεκατῶ
Act 20 7 ἐν δὲ τῇ μιᾷ τῶν σαββ. συνηγμένων
1 Co 16 2 κατὰ μίαν σαββάτου ἕκαστος ὑμῶν
παρ' ἑαυτῷ τιθέτω θησαυρίζων

σαγήνη *sagena* Mat 13 47 ὁμοία – σαγήνη

Σαδδουκαῖοι Mat 37 16 1.6.11.12 22 23.34 Mar
12 18 Luc 20 27 Act 41 5 17 23 6.7.8

Σαδώκ Mat 1 14

σαίνεσθαι S[o] – *movēri* 1 Th 33 ἐν – θλίψεσιν

σάκκος [a]*cilicium* [b]*saccus*
Mat 11 21[a] Luc 10 13[a] Ap 6 12[b] 11 3[b]

Σάλα Luc 3 32.35　　**Σαλαθιήλ** Mat 1 12 Luc 3 27

Σαλαμίς Act 13 5　　　　　**Σαλείμ** Joh 3 23

σαλεύειν, ..εσθαι [a]*agitare* [b]*coagitare* [c]*com-
movēre* [d]*movēre* [e](τὰ σ..όμενα, μὴ
σ.) *mobilia, immobilia*
Mat 11 7 κάλαμον ὑπὸ ἀνέμου σαλευόμενον[a];
‖ Luc 7 24[a] (vl[d])
24 29 „αἱ δυνάμεις τῶν οὐρανῶν" σαλευ-
θήσονται[c] ‖ Mar 13 25[d] Luc 21 26[d]
Luc 6 38 μέτρον καλὸν – σεσαλευμένον[b]
– 48 οὐκ ἴσχυσεν σαλεῦσαι[d] αὐτήν
Act 2 25 „ἵνα μὴ σαλευθῶ"[c] 4 31 ἐσαλεύθη[d]
ὁ τόπος 16 26[d] τὰ θεμέλια 17 13[c]
2 Th 2 2 εἰς τὸ μὴ ταχέως σαλευθῆναι[d] ὑμᾶς
ἀπὸ τοῦ νοὸς μηδὲ θροεῖσθαι

Hb 12 26 οὗ ἡ φωνὴ τὴν γῆν ἐσάλευσεν ᵈ
 — 27 δηλοῖ [τὴν] τῶν σ.ομένων ᵉ μετάθεσιν
 —, ἵνα μείνῃ τὰ μὴ σαλευόμενα ᵉ

Σαλήμ Hb 7 1.2

Σαλμών Mat 14.5   Σαλμώνη Act 27 7

σάλος fluctus Luc 21 25 θαλάσσης καὶ σάλου

σάλπιγξ tuba
Mat 24 31 τοὺς ἀγγέλους – „μετὰ σάλπιγγος
 μεγάλης" 1 Co 15 52 ἐν τῇ ἐσχάτῃ σ.
 1 Th 4 16 ἐν σάλπιγγι θεοῦ
1 Co 14 8 ἐὰν ἄδηλον σάλπιγξ φωνὴν δῷ
Hb 12 19 „σάλπιγγος ἤχῳ καὶ φωνῇ ῥημάτων"
Ap 1 10 ἤκουσα – φωνὴν μεγάλην ὡς σάλπιγ-
 γος 4 1 λαλούσης μετ' ἐμοῦ
 8 2 ἑπτὰ σάλπιγγες 6 – 13 οὐαὶ – ἐκ τῶν
 λοιπῶν φωνῶν τῆς σάλπιγγος 9 14

σαλπίζειν (tuba) canere
Mat 6 2 μὴ σαλπίσῃς ἔμπροσθέν σου
1 Co 15 52 σαλπίσει –, καὶ οἱ νεκροὶ ἐγερθήσον.
Ap 8 6 ἵνα σαλπίσωσιν 7 ὁ πρῶτος ἐσάλπι-
 σεν 8. 10. 12. 13 τῶν τριῶν ἀγγέλων τῶν
 μελλόντων σαλπίζειν 9 1. 13 10 7 11 15

σαλπισταί Sᵒ – tuba (sc canentes) Ap 18 22

Σαλώμη Mar 15 40 16 1

Σαμάρεια Luc 17 11 διὰ μέσον Σ..ας Joh 4 4.
 5.7 Act 18 8 1. 5. 9. 14 9 31 15 3

Σαμαρίτης, ..ῖτις Samaritanus, ..ana
Mat 10 5 εἰς πόλιν Σ..ῶν μὴ εἰσέλθητε
Luc 9 52 εἰς κώμην Σ..ῶν, ὡς ἑτοιμάσαι
 10 33 Σ. δέ τις ὁδεύων ἦλθεν κατ' αὐτόν
 17 16 εὐχαριστῶν – · καὶ αὐτὸς ἦν Σαμαρ.
Joh 4 9 λέγει – ἡ γυνὴ ἡ Σ..ις – παρ' ἐμοῦ –
 γυναικὸς Σ..ιδος οὔσης; οὐ γὰρ συγ-
 χρῶνται Ἰουδαῖοι Σ..αις 39 πολλοὶ ἐ-
 πίστευσαν – τῶν Σαμαριτῶν 40
 8 48 οὐ καλῶς λέγομεν – ὅτι Σαμ. εἶ σύ;
Act 8 25 πολλάς τε κώμας τῶν Σ. εὐήγγελ.

Σαμοθράκη Act 16 11   Σάμος Act 20 15

Σαμουήλ Act 3 24 13 20 Hb 11 32

Σαμψών Hb 11 32 περὶ – Βαράκ, Σαμψών

σανδάλιον sandalium ᵇ caliga (vl gallicula)
Mar 6 9 ὑποδεδεμένους σ..α Act 12 8 ᵇ

σανίς tabula Act 27 44 οὓς μὲν ἐπὶ σανίσιν

Σαούλ → Σαῦλος Act 13 21 υἱὸν Κίς – 9 4
 (Σ. Σ., τί με διώκεις; 22 7 26 14) – 9 17 22 13

σαπρός Sᵒ – malus
Mat 7 17 τὸ δὲ σαπρὸν δένδρον 18 12 33 καὶ
 τὸν καρπὸν αὐτοῦ σαπρόν ‖ Luc 6 43
 – Mat 13 48 τὰ δὲ σαπρὰ ἔξω ἔβαλον
Eph 4 29 πᾶς λόγος σ. ἐκ τοῦ στόματος ὑμῶν
 μὴ ἐκπορευέσθω, ἀλλὰ – ἀγαθός

Σάπφιρα Act 5 1

σάπφιρος sapphirus Ap 21 19 ὁ δεύτ. σάπφ.

σαργάνη Sᵒ – sporta 2 Co 11 33 ἐν σαργάνῃ

Σάρδεις Ap 1 11 3 1 τῆς ἐν Σ..εσιν ἐκκλησίας 4

σάρδιον ᵃ sardo (vl ..dinus) ᵇ sardius (vl ..nus)
Ap 4 3 ὅμοιος ὁράσει – σαρδίῳ ᵃ 21 20 ᵇ

σαρδόνυξ Sᵒ – sardonyx Ap 21 20

Σάρεπτα Luc 4 26 „Σάρεπτα τῆς Σιδωνίας"

σαρκικός Sᵒ – carnalis
Rm 15 27 ὀφείλουσιν (sc τὰ ἔθνη) καὶ ἐν τοῖς
 σαρκικοῖς λειτουργῆσαι αὐτοῖς
1 Co 3 3 ἔτι γὰρ σαρκικοί ἐστε. ὅπου γὰρ ἐν
 ὑμῖν – ἔρις, οὐχὶ σαρκικοί ἐστε –;
 9 11 μέγα εἰ ἡμεῖς ὑμῶν τὰ σαρκικὰ θε-
 ρίσομεν;
2 Co 1 12 οὐκ ἐν σοφίᾳ σ..ῇ ἀλλ' ἐν χάριτι
 10 4 τὰ – ὅπλα τῆς στρατείας ἡμῶν οὐ
 σαρκικὰ ἀλλὰ δυνατὰ τῷ θεῷ
1 Pe 2 11 ἀπέχεσθαι τῶν σαρκικῶν ἐπιθυμιῶν

σάρκινος carnalis
Rm 7 14 ἐγὼ δὲ σάρκινός εἰμι, πεπραμένος
1 Co 3 1 ἀλλ' ὡς σ..οις, ὡς νηπίοις ἐν Χῷ
2 Co 3 3 ἀλλ' ἐν „πλαξὶν καρδίαις σαρκίναις"
Hb 7 16 οὐ κατὰ νόμον ἐντολῆς σαρκίνης

σάρξ caro ᵇ (οἱ κατὰ σάρκα) carnales
 ᶜ (τῇ σαρκί) corpore
 σὰρξ καὶ αἷμα, αἷ. καὶ σ. → αἷμα
Mat 19 5 „ἔσονται οἱ δύο εἰς σάρκα μίαν" 6

οὐκέτι εἰσὶν δύο ἀλλὰ σὰρξ μία ‖
Mar 10 8 1 Co 6 16 Eph 5 31
Mat 24 22 οὐκ ἂν ἐσώθη πᾶσα σ. ‖ Mar 13 20
26 41 ἡ δὲ σὰρξ ἀσθενής ‖ Mar 14 38
Luc 3 6 „ὄψεται πᾶσα σὰρξ τὸ σωτήριον"
24 39 πνεῦμα σάρκα καὶ ὀστέα οὐκ ἔχει
Joh 1 14 ὁ λόγος σὰρξ ἐγένετο καὶ ἐσκήνω.
3 6 τὸ γεγεννημένον ἐκ τῆς σαρκὸς σάρξ
ἐστιν, καὶ τὸ γεγεννημέν. ἐκ τ. πνεύ.
6 51 ὁ ἄρτος δὲ – ἡ σάρξ μού ἐστιν ὑπὲρ
τῆς τοῦ κόσμου ζωῆς 52 ἡμῖν δοῦ-
ναι τὴν σ. [αὐτοῦ] φαγεῖν; 53 ἐὰν μὴ
φάγητε τὴν σ. τοῦ υἱοῦ τοῦ ἀνθρώ-
που 54 ὁ τρώγων μου τὴν σ. 56.55
ἡ – σ. μου ἀληθής ἐστιν βρῶσις
– 63 ἡ σὰρξ οὐκ ὠφελεῖ οὐδέν
8 15 ὑμεῖς κατὰ τὴν σάρκα κρίνετε
17 2 ἔδωκας αὐτῷ ἐξουσίαν πάσης σ..ός
Act 2 17 „ἐκχεῶ ἀπὸ τοῦ πνεύματός μου ἐπὶ
πᾶσαν σάρκα" 26 „καὶ ἡ σάρξ μου
κατασκηνώσει ἐπ' ἐλπίδι"
– 31 οὔτε ἡ σ. αὐτοῦ „εἶδεν διαφθοράν"
Rm 1 3 ἐκ σπέρματος Δαυὶδ κατὰ σάρκα
2 28 οὐδὲ ἡ – ἐν σαρκὶ περιτομή Eph 2 11
3 20 „οὐ δικαιωθήσεται πᾶσα σάρξ"
4 1 τὸν προπάτορα ἡμῶν κατὰ σάρκα
6 19 διὰ τὴν ἀσθένειαν τῆς σαρκὸς ὑμῶν
7 5 ὅτε γὰρ ἦμεν ἐν τῇ σαρκί
– 18 ἐν ἐμοί, τοῦτ' ἔστιν ἐν τῇ σαρκί μου
– 25 τῇ δὲ σ. νόμῳ ἁμαρτίας (sc δουλεύω)
8 3 ἐν ᾧ ἠσθένει (sc ὁ νόμος) διὰ τῆς
σ., – τὸν – υἱὸν πέμψας ἐν ὁμοιώματι
σαρκὸς ἁμαρτίας – κατέκρινεν τὴν
ἁμαρτίαν ἐν τῇ σ. 4 ἐν ἡμῖν τοῖς μὴ
κατὰ σάρκα περιπατοῦσιν (idem 8 1
vl et vg) ἀλλὰ κατὰ πνεῦμα
– 5 οἱ – κατὰ σάρκα ὄντες τὰ τῆς σαρ-
κὸς φρονοῦσιν 6 τὸ – φρόνημα τῆς
σ. θάνατος 7 διότι τὸ φρόν. τῆς σ.
ἔχθρα εἰς θεόν 8 οἱ – ἐν σαρκὶ ὄντες
θεῷ ἀρέσαι οὐ δύνανται 9 ὑμεῖς δὲ
οὐκ ἐστὲ ἐν σαρκί
– 12 ὀφειλέται ἐσμέν, οὐ τῇ σαρκὶ τοῦ
κατὰ σάρκα ζῆν 13 εἰ – κατὰ σάρκα
ζῆτε, μέλλετε ἀποθνήσκειν
9 3 ὑπὲρ – τῶν συγγενῶν μου κατὰ σ..κα
– 5 ἐξ ὧν ὁ Χριστὸς τὸ κατὰ σάρκα
– 8 οὐ τὰ τέκνα τῆς σ. – τέκνα τοῦ θεοῦ,
ἀλλὰ τὰ τέκνα τῆς ἐπαγγελίας
11 14 εἴ πως παραζηλώσω μου τὴν σάρκα
13 14 τῆς σαρκὸς πρόνοιαν μὴ ποιεῖσθε εἰς
1 Co 1 26 οὐ πολλοὶ σοφοὶ κατὰ σάρκα

1 Co 1 29 ὅπως μὴ καυχήσηται πᾶσα σάρξ
5 5 τῷ σατανᾷ εἰς ὄλεθρον τῆς σαρκός
7 28 θλῖψιν δὲ τῇ σ. ἕξουσιν οἱ τοιοῦτοι
10 18 βλέπετε τὸν Ἰσραὴλ κατὰ σάρκα
15 39 οὐ πᾶσα σὰρξ ἡ αὐτὴ σάρξ, – ἄλλη
δὲ σὰρξ κτηνῶν, ἄλλη δὲ σ. πτηνῶν
2 Co 1 17 ἢ – κατὰ σάρκα βουλεύομαι, –;
4 11 ἵνα καὶ ἡ ζωὴ τοῦ Ἰησοῦ φανερωθῇ
ἐν τῇ θνητῇ σαρκὶ ἡμῶν
5 16 οὐδένα οἴδαμεν κατὰ σάρκα· εἰ καὶ
ἐγνώκαμεν κατὰ σάρκα Χόν
7 1 καθαρίσωμεν ἑαυτοὺς ἀπὸ παντὸς
μολυσμοῦ σαρκὸς καὶ πνεύματος
– 5 οὐδεμίαν ἔσχηκεν ἄνεσιν ἡ σ. ἡμῶν
10 2 λογιζομένους ἡμᾶς ὡς κατὰ σάρκα
περιπατοῦντας 3 ἐν σαρκὶ – περιπα-
τοῦντες οὐ κατὰ σ. στρατευόμεθα
11 18 ἐπεὶ πολλοὶ καυχῶνται κατὰ σάρκα,
κἀγὼ καυχήσομαι
12 7 ἐδόθη μοι σκόλοψ τῇ σαρκί
Gal 2 16 „οὐ δικαιωθήσεται πᾶσα σάρξ"
– 20 ὃ δὲ νῦν ζῶ ἐν σαρκί, ἐν πίστει ζῶ
3 3 οὕτως ἀνόητοί ἐστε; ἐναρξάμενοι
πνεύματι νῦν σαρκὶ ἐπιτελεῖσθε;
4 13 δι' ἀσθένειαν τῆς σ. εὐηγγελισάμην
ὑμῖν 14 τὸν πειρασμὸν ὑμῶν ἐν τῇ
σαρκί μου οὐκ ἐξουθενήσατε –, ἀλλὰ
– 23 ὁ – ἐκ τῆς παιδίσκης κατὰ σάρκα γε-
γέννηται 29 ὁ κατὰ σάρκα γεννηθείς
5 13 μὴ τὴν ἐλευθερίαν εἰς ἀφορμὴν τῇ
σαρκί 16 καὶ ἐπιθυμίαν σαρκὸς οὐ μὴ
τελέσητε 17 ἡ – σὰρξ ἐπιθυμεῖ κατὰ
τοῦ πνεύματος, τὸ δὲ πνεῦμα κατὰ
τῆς σαρκός
– 19 φανερὰ δέ ἐστιν τὰ ἔργα τῆς σαρκός
– 24 οἱ – τοῦ Χοῦ [Ἰησ.] τὴν σ. ἐσταύρωσαν
σὺν τοῖς παθήμασιν κ. τ. ἐπιθυμίαις
6 8 ὁ σπείρων εἰς τὴν σάρκα ἑαυτοῦ ἐκ
τῆς σαρκὸς θερίσει φθοράν
– 12 θέλουσιν εὐπροσωπῆσαι ἐν σαρκί
– 13 ἵνα ἐν τῇ ὑμετέρᾳ σ. καυχήσωνται
Eph 2 3 ἀνεστράφημέν ποτε ἐν ταῖς ἐπιθυ-
μίαις τῆς σ. ἡμῶν, ποιοῦντες τὰ θε-
λήματα τῆς σαρκὸς καὶ τῶν διανοιῶν
– 11 ὑμεῖς τὰ ἔθνη ἐν σαρκί, οἱ λεγόμε-
νοι ἀκροβυστία ὑπὸ τῆς λεγ. περι-
τομῆς ἐν σαρκὶ χειροποιήτου
– 14 ἐν τῇ σαρκὶ αὐτοῦ – καταργήσας
5 29 οὐδείς –ποτε τὴν ἑαυτοῦ σ. ἐμίσησεν
(– 30 vl μέλη ἐσμὲν – ἐκ τῆς σ. αὐτοῦ vg)
6 5 οἱ δοῦλοι, ὑπακούετε τοῖς κατὰ σάρ-
κα[b] κυρίοις Col 3 22 [b]

Phl 1 22 εἰ δὲ τὸ ζῆν ἐν σαρκί, τοῦτό μοι
– 24 τὸ δὲ ἐπιμένειν [ἐν] τῇ σ. ἀναγκαιότ.
3 3 οἱ – οὐκ ἐν σαρκὶ πεποιθότες 4 καί-
περ ἐγὼ ἔχων πεποίθησιν καὶ ἐν σ.

Col 1 22 νυνὶ δὲ (sc ὑμᾶς) ἀποκατήλλαξεν ἐν
τῷ σώματι τῆς σαρκὸς αὐτοῦ
– 24 ἀνταναπληρῶ τὰ ὑστερήματα τῶν
θλίψεων τοῦ Χοῦ ἐν τῇ σαρκί μου
2 1 ὅσοι οὐχ ἑόρακαν τὸ πρόσωπόν μου
ἐν σαρκί 5 εἰ – καὶ τῇ σαρκί ᶜ ἄπειμι
– 11 ἐν τῇ ἀπεκδύσει τοῦ σώμ. τῆς σαρ.
– 13 νεκροὺς ὄντας [ἐν] – τῇ ἀκροβυστίᾳ
τῆς σαρκός
– 18 εἰκῇ φυσιούμενος ὑπὸ τοῦ νοὸς τῆς
σαρκὸς αὐτοῦ 23 οὐκ ἐν τιμῇ τινι
πρὸς πλησμονὴν τῆς σαρκός

1 Ti 3 16 ὃς (vl ὃ vg) ἐφανερώθη ἐν σαρκί,
ἐδικαιώθη ἐν πνεύματι

Phm 16 ἀδελφὸν – ἐν σαρκὶ καὶ ἐν κυρίῳ

Hb 5 7 ὃς ἐν ταῖς ἡμέραις τῆς σαρ. αὐτοῦ
9 10 δικαιώματα σαρκὸς – ἐπικείμενα
– 13 πρὸς τὴν τῆς σαρκὸς καθαρότητα
10 20 ὁδὸν – διὰ τοῦ καταπετάσματος, τοῦτ'
ἔστιν τῆς σαρκὸς αὐτοῦ
12 9 τοὺς μὲν τῆς σαρκὸς ἡμῶν πατέρας

Jac 5 3 φάγεται τὰς σάρκας ὑμῶν ὡς πῦρ

1 Pe 1 24 „πᾶσα σὰρξ" ὡς „χόρτος, καὶ πᾶσα
δόξα" αὐτῆς „ὡς ἄνθος χόρτου"
3 18 θανατωθεὶς μὲν σαρκὶ ζωοποιηθεὶς
δὲ πνεύματι
– 21 οὐ σαρκὸς ἀπόθεσις ῥύπου ἀλλά
4 1 Χοῦ – παθόντος σαρκί –, ὅτι ὁ πα-
θὼν σαρκὶ πέπαυται ἁμαρτίας
– 2 τὸν – ἐν σαρκὶ βιῶσαι χρόνον
– 6 ἵνα κριθῶσι μὲν κατὰ ἀνθρώπους
σαρκί, ζῶσι δὲ κατὰ θεὸν πνεύματι

2 Pe 2 10 τοὺς ὀπίσω σαρκὸς – πορευομένους
– 18 ἐν ἐπιθυμίαις σαρκὸς ἀσελγείαις

1 Jo 2 16 ἡ ἐπιθυμία τῆς σ. καὶ – τῶν ὀφθαλ.
4 2 Χὸν ἐν σαρκὶ ἐληλυθότα 2 Jo 7

Jud 7 ἀπελθοῦσαι ὀπίσω σαρκὸς ἑτέρας
8 σάρκα μὲν μιαίνουσιν, κυριότητα
23 μισοῦντες καὶ τὸν ἀπὸ τῆς σαρκὸς
ἐσπιλωμένον χιτῶνα

Ap 17 16 τὰς σάρκας αὐτῆς φάγονται 19 18
ἵνα φάγητε σάρκας βασιλέων κτλ.
19 21 „πάντα τὰ ὄρνεα ἐχορτάσθησαν ἐκ
τῶν σαρκῶν" αὐτῶν

σαροῦν Sᵒ – scopis mundare ᵇeverrere
Mat 12 44 ‖ Luc 11 25 – 15 8 σαροῖ ᵇ τὴν οἰκίαν

Σάρρα Rm 4 19 9 9 Hb 11 11 1 Pe 3 6

Σαρών Act 9 35 οἱ κατοικοῦντες – τ. Σαρῶνα

σατανᾶς satanas
Mat 4 10 ὕπαγε, σατανᾶ – 16 23 ὕπαγε ὀπί-
σω μου, σατανᾶ ‖ Mar 8 33
12 26 εἰ ὁ σ..ᾶς τὸν σ..ᾶν ἐκβάλλει ‖ Mar
3 23 πῶς δύναται σ..ᾶς σ..ᾶν ἐκβάλ-
λειν; 26 εἰ ὁ σ..ᾶς ἀνέστη ἐφ' ἑαυτόν
Luc 11 18 ἐφ' ἑαυτὸν διεμερίσθη
Mar 1 13 πειραζόμενος ὑπὸ τοῦ σατανᾶ
4 15 ἔρχεται ὁ σατ. καὶ αἴρει τὸν λόγον
Luc 10 18 ἐθεώρουν τὸν σατανᾶν ὡς ἀστραπὴν
ἐκ τοῦ οὐρανοῦ πεσόντα
13 16 ἣν ἔδησεν ὁ σατανᾶς ἰδοὺ δέκα – ἔτη
22 3 εἰσῆλθεν δὲ σατανᾶς εἰς Ἰούδαν
Joh 13 27 εἰς ἐκεῖνον ὁ σατανᾶς
– 31 ἰδοὺ ὁ σατανᾶς ἐξητήσατο ὑμᾶς τοῦ
Act 5 3 διὰ τί ἐπλήρωσεν ὁ σ. τὴν καρδίαν
26 18 τοῦ ἐπιστρέψαι ἀπὸ – τῆς ἐξουσίας
τοῦ σατανᾶ ἐπὶ τὸν θεόν
Rm 16 20 θεὸς – συντρίψει τὸν σατ. ὑπὸ τούς
1 Co 5 5 παραδοῦναι τὸν τοιοῦτον τῷ σατανᾷ
εἰς ὄλεθρον τῆς σαρκός
7 5 ἵνα μὴ πειράζῃ ὑμᾶς ὁ σατανᾶς διὰ
τὴν ἀκρασίαν ὑμῶν
2 Co 2 11 ἵνα μὴ πλεονεκτηθῶμεν ὑπὸ τοῦ σ.
11 14 αὐτὸς γὰρ ὁ σατανᾶς μετασχηματί-
ζεται εἰς ἄγγελον φωτός
12 7 ἄγγελος σατανᾶ, ἵνα με κολαφίζῃ
1 Th 2 18 καὶ ἐνέκοψεν ἡμᾶς ὁ σατανᾶς
2 Th 2 9 οὗ ἐστιν ἡ παρουσία κατ' ἐνέργειαν
τοῦ σατανᾶ ἐν πάσῃ δυνάμει
1 Ti 1 20 οὓς παρέδωκα τῷ σ., ἵνα παιδευθ.
5 15 τινὲς ἐξετράπησαν ὀπίσω τοῦ σατ.
Ap 2 9 συναγωγὴ τοῦ σατ. 3 9 ἐκ τῆς συν.
– 13 ὅπου ὁ θρόνος τοῦ σατανᾶ – ἀπ-
εκτάνθη –, ὅπου ὁ σατανᾶς κατοικεῖ
– 24 οὐκ ἔγνωσαν τὰ βαθέα τοῦ σατανᾶ
12 9 ἐβλήθη – „ὁ Σατανᾶς", ὁ πλανῶν
τὴν οἰκουμένην – εἰς τὴν γῆν 20 2
20 7 λυθήσεται ὁ σατανᾶς ἐκ τῆς φυλακῆς

σάτον satum Mat 13 33 ἀλεύρου ‖ Luc 13 21

Σαῦλος Act 7 58 8 1.3 9 1.8.11 (Σ..ον ὀνόματι
Ταρσέα) 22.24 11 25 (ἀναζητῆσαι Σ..
ον) 30 (Βαρν. καὶ Σ. 12 25 13 1.2.7)
13 9 Σαῦλος δέ, ὁ καὶ Παῦλος

σβεννύναι ..υσθαι extinguere, ..i
Mat 12 20 „λίνον τυφόμενον οὐ σβέσει"
25 8 αἱ λαμπάδες ἡμῶν σβέννυνται

Mar 9 48 „τὸ πῦρ οὐ σβέννυται (vl 44.46 vg)

Eph 6 16 τὰ βέλη τοῦ πονηροῦ – σβέσαι

1 Th 5 19 τὸ πνεῦμα μὴ σβέννυτε

Hb 11 34 ἔσβεσαν δύναμιν πυρός

σεβάζεσθαι Sᵒ – colere Rm 1 25 ἐσεβάσθη-
σαν καὶ ἐλάτρευσαν τῇ κτίσει παρά

σέβασμα ᵃsimulachrum ᵇquod colitur
Act 17 23 ἀναθεωρῶν τὰ σεβάσματαᵃ ὑμῶν
2 Th 2 4 ἐπὶ πάντα λεγόμενον θεὸν ἢ σέβ.ᵇ

Σεβαστός, ..ή Sᵒ – Augustus, ..a
Act 25 21 εἰς τὴν τοῦ Σ. διάγνωσιν 25 τὸν Σ.
27 1 ἑκατοντάρχῃ – σπείρης Σ..ῆς

σέβεσθαι colere — σεβόμενος colens
ᵇreligiosus
Mat 15 9 „μάτην – σέβονταί με" ‖ Mar 7 7
Act 13 43 τῶν σεβομ. προσηλύτων 17 17 διελέ-
γετο – καὶ τοῖς σεβ. – 13 50 τὰς σεβ.ᵇ
γυναῖκας 16 14 Λυδία –, σεβομένη τὸν
θεόν 17 4 τῶν τε σεβ. Ἑλλήνων πλῆθος
18 7 Ἰούστου σεβομένου τὸν θεόν
18 13 παρὰ τὸν νόμον – σέβεσθαι τὸν θ.
19 27 ἦν ὅλη ἡ Ἀσία – σέβεται (sc Ἄρτ.)

σείειν movēre ᵇcommovēre ᶜexterrēre
Mat 21 10ᵇ 27 51 28 4ᶜ Hb 12 26 Ap 6 13

σειραί (vl σιροί) rudentes 2 Pe 2 4 σειραῖς
ζόφου ταρταρώσας (sc ἀγγέλους)

σεισμός terraemotus (vl ..ae m.) ᵇmotus
Mat 8 24 σ.ᵇ μέγας ἐγένετο ἐν τῇ θαλάσσῃ
24 7 ἔσονται λιμοὶ καὶ σεισμοί ‖ Mar 13 8
Luc 21 11 σεισμοί τε μεγάλοι
27 54 ἰδόντες τὸν σεισμόν 28 2 σ. ἐγένετο
μέγας cfr Act 16 26 Ap 6 12 16 18
Ap 8 5 ἐγένοντο βρονταί – καὶ σεισμός 11 19
11 13 ἐγένετο σ. μέγας, – καὶ ἀπεκτάνθη-
σαν ἐν τῷ σ. ὀνόματα ἀνθρώπων

Σέκουνδος Act 20 4   Σελεύκεια Act 13 4

σελήνη luna
Mat 24 29 „ἡ σ. οὐ δώσει τὸ φέγγος αὐτῆς" ‖
Mar 13 24 Luc 21 25 σημεῖα ἐν – σελ.
Act 2 20 „ἡ σελήνη εἰς αἷμα" Ap 6 12 ὡς αἷμα
1 Co 15 41 καὶ ἄλλη δόξα σελήνης
Ap 8 12 ἐπλήγη – τὸ τρίτον τῆς σελήνης
12 1 ἡ σελήνη ὑποκάτω τῶν ποδῶν αὐτῆς
21 23 οὐ χρείαν ἔχει – „οὐδὲ τῆς σελήνης"

σεληνιάζεσθαι lunaticum esse

Mat 4 24 σεληνιαζομένους 17 15 σεληνιάζεται

Σεμεΐν Luc 3 26

σεμίδαλις simila Ap 18 13 σ..ιν καὶ σῖτον

σεμνός pudicus
Phl 4 8 ὅσα ἐστὶν ἀληθῆ, ὅσα σεμνά
1 Ti 3 8 διακόνους ὡσαύτως σεμνούς 11 γυ-
ναῖκας ὡσαύτως σεμνάς
Tit 2 2 πρεσβύτας νηφαλίους –, σεμνούς

σεμνότης castitas ᵇgravitas
1 Ti 2 2 ἵνα – ἡσύχιον βίον διάγωμεν ἐν πάσῃ
εὐσεβείᾳ καὶ σεμνότητι
3 4 τέκνα ἔχοντα (sc τὸν ἐπίσκοπον) ἐν
ὑποταγῇ μετὰ πάσης σεμνότητος
Tit 2 7 ἐν τῇ διδασκαλίᾳ –, σεμνότηταᵇ

Σέργιος Act 13 7 ὃς ἦν σὺν – Σεργίῳ Παύλῳ

Σερούχ Luc 3 35   Σήθ 3 38   Σήμ 3 36

σημαίνειν significare
Joh 12 33 σ..ων ποίῳ θανάτῳ ἤμελλεν ἀπο-
θνῄσκειν 18 32 21 19 δοξάσει τὸν θεόν
Act 11 28 ἐσήμανεν διὰ τοῦ πνεύματος λιμὸν
– ἔσεσθαι – 25 27 τὰς – αἰτίας Ap 1 1

σημεῖον signum
σημεῖα καὶ τέρατα → τέρας
Mat 12 38 θέλομεν ἀπὸ σοῦ σημεῖον ἰδεῖν 39
γενεὰ πονηρὰ – σ. ἐπιζητεῖ, καὶ σ. οὐ
δοθήσεται αὐτῇ εἰ μὴ τὸ σ. Ἰωνᾶ ‖
Luc 11 29.30 καθὼς – ἐγένετο Ἰωνᾶς –
σημεῖον, οὕτως ἔσται – ὁ υἱός
16 1 ἐπηρώτησαν αὐτὸν σ. ἐκ τοῦ οὐρα-
νοῦ [3 τὰ δὲ σ. τῶν καιρῶν οὐ δύ-
νασθε;] 4 = Mat 12 39 supra ‖ Mar
8 11.12 τί ἡ γενεὰ αὕτη ζητεῖ σ.; –,
εἰ δοθήσεται – σημεῖον Luc 11 16
24 3 τί τὸ σ. τῆς σῆς παρουσίας καὶ συν-
τελείας τοῦ αἰῶνος; ‖ Mar 13 4 Luc
21 7 – Mat 24 30 τότε φανήσεται τὸ
σ. τοῦ υἱοῦ τοῦ ἀνθρώπ. ἐν οὐρανῷ
26 48 ὁ δὲ παραδιδοὺς – ἔδωκεν – σημεῖον
‖Mar 16 17 σημεῖα δὲ τοῖς πιστεύσασιν ταῦτα
παρακολουθήσει 20 τοῦ κυρίου – τὸν
λόγον βεβαιοῦντος διὰ τῶν ἐπακο-
λουθούντων σημείων‖
Luc 2 12 καὶ τοῦτο ὑμῖν τὸ σημεῖον
– 34 κεῖται – εἰς σημεῖον ἀντιλεγόμενον

2111 ἀπ' οὐρανοῦ σημεῖα μεγάλα ἔσται
– 25 ἔσονται σ..α ἐν ἡλίῳ καὶ σελήνῃ
Luc 23 8 ἤλπιζέν τι σ. ἰδεῖν ὑπ' αὐτοῦ γινόμεν.
Joh 211 ταύτην ἐποίησεν ἀρχὴν τῶν σημείων
– 18 τί σημεῖον δεικνύεις ἡμῖν–; cfr 630
– 23 θεωροῦντες αὐτοῦ τὰ σημεῖα
3 2 οὐδεὶς γὰρ δύναται–τὰ σημ. ποιεῖν
454 τοῦτο–δεύτερον σ. ἐποίησεν ὁ Ἰης.
6 2 ὅτι ἐθεώρουν τὰ σ. 14 ἰδόντες ὁ ἐποί-
ησεν σημ. 26 οὐχ ὅτι εἴδετε σημεῖα
731 ὁ χριστὸς ὅταν ἔλθῃ, μὴ πλείονα
σημεῖα ποιήσει ὧν οὗτος ἐποίησεν;
916 πῶς δύναται ἄνθρωπος ἁμαρτωλὸς
τοιαῦτα σημεῖα ποιεῖν;
1041 Ἰωάννης μὲν σημεῖον ἐποίησεν οὐδέν
1147 ὁ ἄνθρωπος πολλὰ ποιεῖ σημεῖα
1218 ἤκουσαν–αὐτὸν πεποιηκέναι τὸ σ.
– 37 τοσαῦτα–αὐτοῦ σ..α πεποιηκότος
2030 πολλὰ–καὶ ἄλλα σημεῖα ἐποίησεν
Act 416 γνωστὸν σημεῖον γέγονεν δι' αὐτῶν
– 22 γεγόνει τὸ σημ. τοῦτο τῆς ἰάσεως
8 6 ἐν τῷ–βλέπειν τὰ σημεῖα ἃ ἐποίει
– 13 θεωρῶν τε σημεῖα καὶ δυνάμεις
Rm 411 „σημεῖον” ἔλαβεν „περιτομῆς”
1 Co 122 Ἰουδαῖοι σημεῖα αἰτοῦσιν καὶ Ἕλλ.
1422 αἱ γλῶσσαι εἰς σημεῖόν εἰσιν οὐ τοῖς
πιστεύουσιν ἀλλὰ τοῖς ἀπίστοις
2 Co 1212 τὰ – σ. τοῦ ἀποστόλου κατειργάσθη
ἐν ὑμῖν ἐν πάσῃ ὑπομονῇ, σημείοις
2 Th 317 ὅ ἐστιν σημεῖον ἐν πάσῃ ἐπιστολῇ
Ap 12 1 σ. μέγα ὤφθη ἐν τῷ οὐρανῷ 3 151
1313 ποιεῖ σημεῖα μεγάλα 14 πλανᾷ–διὰ
τὰ σημεῖα ἃ ἐδόθη αὐτῷ ποιῆσαι
1614 πνεύματα δαιμονίων ποιοῦντα σ..α
1920 ὁ ψευδοπροφ. ὁ ποιήσας τὰ σ.

σημειοῦσθαι notare 2 Th 314 τοῦτον σ..σθε

*σήμερον hodie ᵇ(ἡ σ.) hodiernus (dies)
Mat 611 τὸν ἄρτον ἡμῶν–δὸς ἡμῖν σήμερον
– 30 τὸν χόρτον–σήμ. ὄντα ‖ Luc 1228
Mar 1430 σήμερον ταύτῃ τῇ νυκτὶ–τρίς με ‖
Luc 2234 οὐ φωνήσει σήμ. ἀλέκτωρ 61
Luc 211 ὅτι ἐτέχθη ὑμῖν σήμερον σωτήρ
1332 ἰάσεις ἀποτελῶ σήμερον καὶ αὔριον
καὶ τῇ τρίτῃ τελειοῦμαι 33
19 5 σήμ.–ἐν τῷ οἴκῳ σου δεῖ με μεῖναι
– 9 σ. σωτηρία τῷ οἴκῳ τούτῳ ἐγένετο
2343 σ. μετ' ἐμοῦ ἔσῃ ἐν τῷ παραδείσῳ
Act 1333 „σήμερον γεγέννηκά σε” Hb 15 55
2 Co 314 ἄχρι–τῆς σ.ᵇ ἡμέρας τὸ–κάλυμμα
ἐπὶ τῇ ἀναγνώσει 15 ἕως σήμερονᵇ

Hb 3 7 „σήμ. ἐὰν τῆς φωνῆς αὐτοῦ” 15 47
– 13 ἄχρις οὗ τὸ „σήμερον” καλεῖται
Hb 13 8 ἐχθὲς καὶ σήμ. ὁ αὐτὸς καὶ εἰς τούς
Jac 413 σήμερον ἢ αὔριον πορευσόμεθα εἰς

σήπειν (pf II) putrefieri Jac 52 πλοῦτος

σής tinea Mat 619.20 ‖ Luc 1233

σητόβρωτος a tineis comestus Jac 52

σθενοῦν Sᵒ – solidare 1 Pe 510 σθενώσει

σιαγών maxilla Mat 539 ‖ Luc 629

σιγᾶν tacēre Luc 936 1839 2026 Act 1217
Act 1512 ἐσίγησεν – πᾶν τὸ πλῆθος 13
Rm 16[25 μυστηρίου χρόνοις αἰωνίοις σεσιγη-
μένου, φανερωθέντος δὲ νῦν]
1 Co 1428 σιγάτω ἐν ἐκκλησίᾳ, ἑαυτῷ δὲ λα-
λείτω 30 ὁ πρῶτος σιγάτω
– 34 αἱ γυναῖκες ἐν ταῖς ἐκκλησίαις σιγά-
τωσαν

σιγή silentium Act 2140 Ap 81 ἐν – οὐρανῷ

σίδηρος ferrum Ap 1812 ἐκ – σιδήρου

σιδηροῦς ferreus Act 1210 Ap 227 „ἐν ῥά-
βδῳ σιδηρᾷ” 125 1915 – 99 θώρακας σ.

Σιδών Mat 1121.22 ‖ Luc 1013.14 – Mat 1521
Mar 38 ‖ Luc 617 – Mar 731 Act 273

Σιδωνία Luc 426 Σιδώνιοι Act 1220

σικάριοι Sᵒ – sicarii Act 2138

σίκερα sicera Luc 115 „οἶνον καὶ σίκερα”

Σίλας (Act), Σιλουανός (Paul. Petr.) Act
1522.27.32 (vl 34) 40 1619.25.29 174.10.14.15
185 – 2 Co 119 1 Th 11 2 Th 11 1 Pe 512

Σιλωάμ Luc 134 Joh 97.11

σιμικίνθιον Sᵒ – semicinctium Act 1912

Σίμων → Συμεών

1) primus Jesu discipulus
Σ. Πέτρος, ὁ λεγόμενος Π. → Πέτρος
Mat 1617 μακάριος εἶ, Σίμων Βαριωνᾶ

Mat 17₂₅ τί σοι δοκεῖ, Σίμων; οἱ βασιλεῖς –;
Mar 1₁₆ εἶδεν Σίμωνα καὶ Ἀνδρέαν τὸν ἀ-
δελφὸν Σ..ος cfr 29 εἰς τὴν οἰκίαν Σ..ος
καὶ Ἀνδρέου 30 ἡ δὲ πενθερὰ Σ..ος (Luc
438) 36 κατεδίωξεν αὐτὸν Σ. 14₃₇ λέγει
τῷ Πέτρῳ· Σίμων, καθεύδεις;
Luc 5₃ ἐν τῶν πλοίων, ὃ ἦν Σ..ος 4.5.10
22₃₁ Σ. Σ., ἰδοὺ ὁ σατανᾶς ἐξητήσατο
24₃₄ ἠγέρθη ὁ κύριος καὶ ὤφθη Σίμωνι
Joh 1₄₁.₄₂ σὺ εἶ Σίμων ὁ υἱὸς Ἰωάννου
21₁₅ Σίμων Ἰωάννου, ἀγαπᾷς με –; 16.17

2) Σίμων ὁ Καναναῖος, ὁ ζηλωτής
Mat 10₄ ‖ Mar 3₁₈ Luc 6₁₅ ζηλ. Act 1₁₃ ζηλ.

3) Σ., Jesu frater Mat 13₅₅ ‖ Mar 6₃

4) Σίμων ὁ λεπρός Mat 26₆ ‖ Mar 14₃

5) Σίμων (Pharisaeus) Luc 7₄₀.₄₃.₄₄

6) Σίμων τις Κυρηναῖος
Mat 27₃₂ ‖ Mar 15₂₁ Luc 23₂₆

7) proditoris pater Joh 6₇₁ 13₂.₂₆

8) Σίμων (magus) Act 8₉.₁₃.₁₈.₂₄

9) Σίμων τις βυρσεύς Act 9₄₃ 10₆.₁₇.₃₂

Σινά Act 7₃₀.₃₈ Gal 4₂₄.₂₅ Ἀγὰρ Σινὰ ὄρος

σίναπι Sᵒ – sinapis Mat 13₃₁ ‖ Mar 4₃₁
Luc 13₁₉ – Mat 17₂₀ ‖ Luc 17₆

σινδών sindon
Mat 27₅₉ ‖ Mar 15₄₆ Luc 23₅₃ – Mar 14₅₁.₅₂

σινιάζειν Sᵒ – cribrare Luc 22₃₁ ὡς – σῖτον

σιρικόν Sᵒ – sericum Ap 18₁₂

σιροί → σειραί

σιτευτός saginatus Luc 15₂₃ μόσχος 27.30

σιτίον frumentum Act 7₁₂ „σ..α εἰς Αἴγ.”

σιτιστά Sᵒ – altilia Mat 22₄ τὰ σ. τεθυμένα

σιτομέτριον Sᵒ – tritici mensura Luc 12₄₂

σῖτος triticum ᵇfrumentum
Mat 3₁₂ συνάξει τὸν σῖτον αὐτοῦ ‖ Luc 3₁₇
13₂₅ ζιζάνια ἀνὰ μέσον τοῦ σ. 29.30 τὸν
δὲ σ. συναγάγετε εἰς τὴν ἀποθήκην
Mar 4₂₈ εἶτα πλήρη[ς] σῖτονᵇ ἐν τῷ στάχυϊ
Luc 12₁₈ συνάξω ἐκεῖ πάντα τὸν σ. (vl τὰ γε-

νήματά μου vg quae nata sunt mihi)
Luc 16₇ ὁ δὲ εἶπεν· ἑκατὸν κόρους σίτου
22₃₁ τοῦ σινιάσαι ὡς τὸν σῖτον
Joh 12₂₄ ἐὰν μὴ ὁ κόκκος τοῦ σίτουᵇ πεσὼν
εἰς τὴν γῆν ἀποθάνῃ, αὐτὸς μόνος
Act 27₃₈ ἐκβαλλόμενοι τὸν σ. εἰς τὴν θάλασ.
1 Co 15₃₇ γυμνὸν κόκκον εἰ τύχοι σίτου
Ap 6₆ χοῖνιξ σίτου δηναρίου – 18₁₃

Σιών
Mat 21₅ „εἴπατε τῇ θυγατρὶ Σ.· ἰδοὺ ὁ βασ.”
Joh 12₁₅ „μὴ φοβοῦ, θυγάτηρ Σ.· ἰδοὺ ὁ β.”
Rm 9₃₃ τίθημι „ἐν Σιὼν λίθον” 1 Pe 2₆
11₂₆ „ἥξει ἐκ Σιὼν ὁ ῥυόμενος”
Hb 12₂₂ ἀλλὰ προσεληλύθατε Σιὼν ὄρει
Ap 14₁ τὸ ἀρνίον ἑστὸς ἐπὶ τὸ ὄρος Σιών

σιωπᾶν tacēre cfr σιγᾶν
Mat 20₃₁ ἵνα σιωπήσωσιν ‖ Mar 10₄₈ σιωπήσῃ
26₆₃ ὁ δὲ Ἰησοῦς ἐσιώπα ‖ Mar 14₆₁
Mar 3₄ οἱ δὲ ἐσιώπων 9₃₄
4₃₉ τῇ θαλάσσῃ· σιώπα, πεφίμωσο
Luc 1₂₀ ἔσῃ σ..ῶν καὶ μὴ δυνάμενος λαλῆσαι
19₄₀ ἐὰν οὗτοι σιωπήσουσιν, οἱ λίθοι
Act 18₉ ἀλλὰ λάλει καὶ μὴ σιωπήσῃς

σκανδαλίζειν, ..εσθαι scandalizare, ..ari
ᵇscandalum pati
Mat 5₂₉ εἰ – ὁ ὀφθαλμός σου – σκανδαλίζει σε
30 ἢ – χείρ 18₈ ἡ χείρ σου ἢ ὁ πούς
σου 9 ὁ ὀφθαλμός ‖ Mar 9₄₃.₄₅.₄₇
11₆ μακάριός ἐστιν ὃς ἐὰν μὴ σκανδα-
λισθῇ ἐν ἐμοί ‖ Luc 7₂₃
13₂₁ γενομένης δὲ θλίψεως – εὐθὺς σκαν-
δαλίζεται ‖ Mar 4₁₇ σκανδαλίζονται
–57 ἐσκανδαλίζοντο ἐν αὐτῷ ‖ Mar 6₃
15₁₂ οἱ Φαρ. ἀκούσαντες – ἐσκ.ίσθησαν
17₂₇ ἵνα δὲ μὴ σκανδαλίσωμεν αὐτούς
18₆ ὃς δ’ ἂν σκανδαλίσῃ ἕνα τῶν μικρῶν
τούτων ‖ Mar 9₄₂ Luc 17₂
24₁₀ τότε „σκανδαλισθήσονται πολλοί”
26₃₁ πάντες ὑμεῖς σκανδαλισθήσεσθεᵇ ἐν
ἐμοί 33 εἰ πάντες σκανδαλισθήσονται
ἐν σοί, ἐγὼ οὐδέποτε σκ..ισθήσομαι
‖ Mar 14₂₇.₂₉ ἀλλ᾽ οὐκ ἐγώ
Joh 6₆₁ τοῦτο ὑμᾶς σκανδαλίζει; ἐὰν οὖν
16₁ λελάληκα –, ἵνα μὴ σκανδαλισθῆτε
(Rm 14₂₁ vl ἢ ὁ ἀδελφός – σκ.εται vg)
1 Co 8₁₃ εἰ βρῶμα σκ..ίζει τὸν ἀδελφόν μου,
–, ἵνα μὴ τὸν ἀδελφόν μου σκ..ίσω
2 Co 11₂₉ τίς σκανδαλίζεται, καὶ οὐκ ἐγὼ πυ-
ροῦμαι;

σκάνδαλον *scandalum* [b]*offendiculum*

Mat 1341 συλλέξουσιν – πάντα „τὰ σκάνδαλα"
1623 σατανᾶ· σκάνδαλον εἶ ἐμοῦ, ὅτι
18 7 οὐαὶ τῷ κόσμῳ ἀπὸ τῶν σκ.· ἀνάγ-
κη – ἐλθεῖν τὰ σκ., πλὴν οὐαὶ – δι' οὗ
τὸ σκ. ἔρχεται ‖ Luc 171

Rm 933 τίθημι – „πέτραν σκ..ου" 1 Pe 28
11 9 „εἰς θήραν καὶ εἰς σκάνδαλον"
1413 μὴ τιθέναι πρόσκομμα – ἢ σκάνδαλ.
1617 τοὺς τὰς διχοστασίας καὶ τὰ σκάνδ.[b]
παρὰ τὴν διδαχὴν – ποιοῦντας

1 Co 123 Ἰουδαίοις μὲν σκ., ἔθνεσιν δὲ μωρίαν
Gal 511 ἄρα κατήργηται τὸ σκ. τοῦ σταυροῦ
1 Jo 210 σκάνδαλον ἐν αὐτῷ οὐκ ἔστιν

Ap 214 βαλεῖν σκάνδαλον ἐνώπιον – Ἰσραήλ

σκάπτειν *fodere* Luc 648 138 163 οὐκ ἰσχύω

σκάφη *scapha* Act 2716.30.32

σκέλη, τὰ *crura* Joh 1931.32.33

σκεπάσματα S° – *quibus tegamur*
1 Ti 6 8 ἔχοντες δὲ διατροφὰς καὶ σκ..τα

Σκευᾶς (Ἰουδαῖος ἀρχιερεύς) Act 1914

σκευή S° – *armamenta* Act 2719 τ. πλοίου

σκεῦος *vas* [b]*vasculum* (vl *vasum*)
Mat 1229 Mar 327 1116 Luc 816 1731
Joh 1929 – Act 1011.16 115 2717 χαλάσαντες
Act 915 σκεῦος ἐκλογῆς ἐστίν μοι οὗτος
Rm 921 ποιῆσαι ὃ μὲν εἰς τιμὴν σκεῦος
– 22 „σκεύη ὀργῆς" 23 ἐπὶ σκεύη ἐλέους
2 Co 4 7 ἔχομεν δὲ τὸν θησαυρὸν τοῦτον ἐν
ὀστρακίνοις σκεύεσιν
1 Th 4 4 τὸ ἑαυτοῦ σκ. κτᾶσθαι ἐν ἁγιασμῷ
2 Ti 220 σκεύη χρυσᾶ –, – ξύλινα καὶ ὀστρ.
– 21 ἔσται σκεῦος εἰς τιμήν, ἡγιασμένον
Hb 921 πάντα τὰ σκεύη τῆς λειτουργίας
1 Pe 3 7 συνοικοῦντες κατὰ γνῶσιν ὡς ἀ-
σθενεστέρῳ σκεύει[b] τῷ γυναικείῳ
Ap 227 „ὡς τὰ σκεύη τὰ κεραμικά" – 1812

σκηνή *tabernaculum* [b]*casula*
Mat 17 4 ποιήσω ὧδε τρεῖς σκηνάς ‖ Mar 95
ποιήσωμεν τρεῖς σκηνάς Luc 933
Luc 16 9 ὑμᾶς εἰς τὰς αἰωνίους σκηνάς
Act 743 „ἀνελάβετε τὴν σκ. τοῦ Μόλοχ" 44
„ἡ σκ. τοῦ μαρτυρίου" 1516 Δαυίδ
Hb 8 2 τῆς σκ. τῆς ἀληθινῆς (sc λειτουργός)

– 5 92 σκηνή – ἡ πρώτη 3.6.8.21
Hb 911 διὰ τῆς – τελειοτέρας σκηνῆς
11 9 (Ἀβρ.) ἐν σκηναῖς[b] κατοικήσας
1310 οἱ τῇ σκηνῇ λατρεύοντες
Ap 13 6 βλασφημῆσαι – τὴν σκηνὴν αὐτοῦ
15 5 ὁ ναὸς „τῆς σκηνῆς τοῦ μαρτυρίου"
21 3 ἡ σκ. τοῦ θεοῦ μετὰ τῶν ἀνθρώπων

σκηνοπηγία *scenopegia* Joh 72 ἡ ἑορτή

σκηνοποιός τῇ τέχνῃ S° – *scenofactoriae
artis* Act 183 ἦσαν γὰρ σ..οὶ τῇ τέχνῃ

σκῆνος [a]*habitatio* [b]*tabernaculum*
2 Co 5 1 ἡ ἐπίγειος ἡμῶν οἰκία τοῦ σκήνους[a]
– 4 οἱ ὄντες ἐν τῷ σκήνει[b] στενάζομεν

σκηνοῦν *habitare*
Joh 114 ὁ λόγος – ἐσκήνωσεν ἐν ἡμῖν
Ap 715 ὁ „καθήμενος ἐπὶ τ. θρόνου" σκηνώ-
σει ἐπ' αὐτούς 213 „σκ. μετ' αὐτῶν"
1212 [οἱ] οὐρανοὶ κ. οἱ ἐν αὐτοῖς σκηνοῦν-
τες 136 βλασφημῆσαι – τὴν σκηνὴν
αὐτοῦ, τοὺς ἐν τῷ οὐρ. σκηνοῦντας

σκήνωμα *tabernaculum*
Act 746 „εὑρεῖν σκήνωμα τῷ οἴκῳ Ἰακώβ"
2 Pe 1 13 ἐφ' ὅσον εἰμὶ ἐν τούτῳ τῷ σκ..τι
– 14 εἰδὼς ὅτι ταχινή ἐστιν ἡ ἀπόθεσις
τοῦ σκηνώματός μου

σκιά *umbra*
Mat 416 „ἐν – σκιᾷ θανάτου" Luc 179
Mar 432 „ὑπὸ τὴν σκιὰν αὐτοῦ τὰ πετεινά"
Act 515 ἵνα – κἂν ἡ σκιὰ ἐπισκιάσῃ
Col 217 ἅ ἐστιν σκιὰ τῶν μελλόντων
Hb 8 5 σκιᾷ λατρεύουσιν τῶν ἐπουρανίων
10 1 σκιὰν – ἔχων ὁ νόμος τῶν μελλόντων
ἀγαθῶν, οὐκ αὐτὴν τὴν εἰκόνα τῶν
πραγμάτων

σκιρτᾶν *exultare* Luc 141.44 623 σκιρτήσατε

σκληροκαρδία *duritia cordis*
Mat 19 8 Μωϋσῆς πρὸς τὴν σκλ. ὑμῶν ἐπέτρε-
ψεν ὑμῖν ἀπολῦσαι ‖ Mar 105
⟦Mar16 14 ὠνείδισεν τὴν ἀπιστίαν αὐτῶν καὶ
σκληροκαρδίαν⟧

σκληρός *durus* [b]*validus*
Mat 2524 ἔγνων σε ὅτι σκληρὸς εἶ ἄνθρωπος
Joh 660 εἶπαν· σκληρός ἐστιν ὁ λόγος οὗτος

Act 26₁₄ σκληρόν σοι πρὸς κέντρα λακτίζειν
Jac 3 4 ὑπὸ ἀνέμων σκληρῶνᵇ ἐλαυνόμενα
Jud 15 περὶ – τῶν σκληρ. ὧν ἐλάλησαν κατ'

σκληρότης *duritia* Rm 2₅ κατὰ – τὴν σκλ.
σου καὶ ἀμετανόητον καρδίαν

σκληροτράχηλοι *dura* (vl *duri*) *cervice*
Act 7₅₁ „σκ. καὶ ἀπερίτμητοι καρδίαις"

σκληρύνειν *obdurare* ᵇ*indurare*
Act 19 9 ὡς δέ τινες ἐσ..οντοᵇ καὶ ἠπείθουν
Rm 9₁₈ ἐλεεῖ, ὃν δὲ θέλει „σκληρύνειᵇ"
Hb 3 8 „μὴ σκληρύνητε τὰς καρδίας ὑμῶν"
15 47 – 3₁₃ ἵνα μὴ σκληρυνθῇ τις
ἐξ ὑμῶν ἀπάτῃ τῆς ἁμαρτίας

σκολιός *pravus* ᵇ*dyscolus* (vl *disc.*)
Luc 3 5 „ἔσται τὰ σκολιὰ εἰς εὐθείαν"
Act 2₄₀ σώθητε ἀπὸ τῆς γενεᾶς τῆς σκολιᾶς
ταύτης Phl 2₁₅ μέσον „γενεᾶς σκο-
λιᾶς καὶ διεστραμμένης"
1 Pe 2₁₈ οὐ μόνον τοῖς ἀγαθοῖς καὶ ἐπιεικέ-
σιν ἀλλὰ καὶ τοῖς σκολιοῖςᵇ

σκόλοψ *stimulus* 2 Co 12₇ σκόλοψ τῇ σαρκί

σκοπεῖν *considerare* ᵇ*contemplari*
ᶜ*observare* ᵈ*vidēre*
Luc 11₃₅ σκόπειᵈ – μὴ τὸ φῶς τὸ ἐν σοί
Rm 16₁₇ σκ.ᶜ τοὺς τὰς διχοστασίας – ποιοῦν-
τας Phl 3₁₇ᶜ τοὺς οὕτω περιπατοῦντ.
2 Co 4₁₈ μὴ σκοπούντων ἡμῶν τὰ βλεπόμενα
ἀλλὰ τὰ μὴ βλεπόμενα
Gal 6 1 σκοπῶν σεαυτόν, μὴ – πειρασθῇς
Phl 2 4 μὴ τὰ ἑαυτῶν ἕκαστος σκοποῦντες
ἀλλὰ [καὶ] τὰ ἑτέρων ἕκαστοι

σκοπός *destinatum* Phl 3₁₄ κατὰ σκοπὸν
διώκω εἰς τὸ βραβεῖον τῆς ἄνω κλήσεως

σκορπίζειν *dispergere* ᵇ*spargere*
Mat 12₃₀ ὁ μὴ συνάγων μετ' ἐμοῦ σκορπίζειᵇ
|| Luc 11₂₃
Joh 10₁₂ ὁ λύκος ἁρπάζει αὐτὰ καὶ σκ..ζει
16₃₂ ἵνα σκορπισθῆτε ἕκαστος εἰς τὰ ἴδια
2 Co 9 9 „ἐσκόρπισεν, ἔδωκεν τοῖς πένησιν"

σκορπίος *scorpio* ᵇ*scorpius*
Luc 10₁₉ ἐξουσίαν τοῦ πατεῖν ἐπάνω – σ..ων
11₁₂ αἰτήσει ᾠόν, ἐπιδώσει αὐτῷ σ..ον;
Ap 9 3.5ᵇ 10 οὐρὰς ὁμοίας σκορπίοις

σκοτεινός *tenebrosus* Mat 6₂₃ ὅλον τὸ σῶ-
μά σου σ..ὸν ἔσται || Luc 11₃₄.₃₆ μὴ ἔ-
χον μέρος (vl μέλος) τι σ..όν (vg *ali-
quam partem tenebrarum*)

σκοτία *tenebrae*
Mat (4 16 vl „ὁ λαὸς ὁ καθήμενος ἐν σκοτίᾳ")
10₂₇ ὃ λέγω ὑμῖν ἐν τῇ σκοτίᾳ || Luc 12₃
ὅσα ἐν τῇ σκοτίᾳ εἴπατε
Joh 1 5 τὸ φῶς ἐν τῇ σκοτίᾳ φαίνει, καὶ ἡ
σκοτία αὐτὸ οὐ κατέλαβεν
6₁₇ σκοτία ἤδη ἐγεγόνει 20 1 ἔρχεται πρωῒ
σκοτίας ἔτι οὔσης εἰς τὸ μνημεῖον
8₁₂ οὐ μὴ περιπατήσῃ ἐν τῇ σκοτίᾳ
12₃₅ ἵνα μὴ σκοτία ὑμᾶς καταλάβῃ· καὶ
ὁ περιπατῶν ἐν τῇ σκοτίᾳ οὐκ οἶδεν
– 46 ἐγὼ φῶς – ἐλήλυθα, ἵνα πᾶς ὁ πι-
στεύων εἰς ἐμὲ ἐν τῇ σκοτίᾳ μὴ μείνῃ
1 Jo 1 5 σκοτία ἐν αὐτῷ οὐκ ἔστιν οὐδεμία
2 8 ἡ σκ. παράγεται καὶ τὸ φῶς τὸ ἀλ.
– 9 ὁ – τὸν ἀδελφὸν – μισῶν ἐν τῇ σκοτίᾳ
ἐστὶν ἕως ἄρτι 11 ἐν τῇ σκοτίᾳ ἐστὶν καὶ
ἐν τῇ σκοτίᾳ περιπατεῖ, –, ὅτι ἡ σκοτία
ἐτύφλωσεν τοὺς ὀφθαλμοὺς αὐτοῦ

σκοτίζεσθαι *obscurari* ᵇ*contenebrari*
Mat 24₂₉ „ὁ ἥλιος σκοτισθήσεται" || Mar 13₂₄ᵇ
(Luc 23₄₅ vl καὶ ἐσκοτίσθη ὁ ἥλιος vg)
Rm 1₂₁ ἐσκοτίσθη ἡ ἀσύνετος – καρδία
11₁₀ „σκοτισθήτωσαν οἱ ὀφθαλμοὶ αὐτῶν"
Ap 8₁₂ ἵνα σκοτισθῇ τὸ τρίτον αὐτῶν

σκότος *tenebrae*
Mat 6₂₃ εἰ – τὸ φῶς τὸ ἐν σοὶ σκότος ἐστίν,
τὸ σκότος πόσον || Luc 11₃₅ σκόπει
– μὴ τὸ φῶς τὸ ἐν σοὶ σκότ. ἐστίν
8₁₂ ἐκβληθήσονται εἰς τὸ σκότος τὸ ἐξώ-
τερον 22₁₃ ἐκβάλετε αὐτὸν 25₃₀
27₄₅ σκότος ἐγένετο || Mar 15₃₃ Luc 23₄₄
Luc 1 79 τοῖς ἐν σκότει – καθημένοις Mat 4 16
22₅₃ ἀλλ' αὕτη ἐστὶν ὑμῶν ἡ ὥρα καὶ ἡ
ἐξουσία τοῦ σκότους → Col 1₁₃
Joh 3₁₉ ἠγάπησαν οἱ ἄνθρ. μᾶλλον τὸ σκότ.
Act 2₂₀ „ὁ ἥλιος μεταστραφήσεται εἰς σκότ."
13₁₁ ἔπεσεν ἐπ' αὐτὸν ἀχλὺς καὶ σκότος
26₁₈ ἐπιστρέψαι „ἀπὸ σκότους εἰς φῶς"
Rm 2₁₉ πέποιθάς τε σεαυτὸν ὁδηγὸν εἶναι
τυφλῶν, φῶς τῶν ἐν σκότει
13₁₂ ἀποθώμεθα – τὰ ἔργα τοῦ σκότους
1 Co 4 5 ὃς – φωτίσει τὰ κρυπτὰ τοῦ σκότους
2 Co 4 6 ὁ εἰπών· ἐκ σκότους φῶς λάμψει
6₁₄ τίς κοινωνία φωτὶ πρὸς σκότος;

Eph 5 8 ἧτε γάρ ποτε σκότος, νῦν δὲ φῶς
 – 11 μὴ συγκοινωνεῖτε τοῖς ἔργοις τοῖς
 ἀκάρποις τοῦ σκότους
 6 12 τοὺς κοσμοκράτορας τοῦ σκ. τούτου
Col 1 13 ὃς ἐρρύσατο ἡμᾶς ἐκ τῆς ἐξουσίας
 τοῦ σκότους → Luc 2253
1 Th 5 4 ὑμεῖς δὲ – οὐκ ἐστὲ ἐν σκότει 5 οὐκ
 ἐσμέν νυκτὸς οὐδὲ σκότους
1 Pe 2 9 τοῦ ἐκ σκότους ὑμᾶς καλέσαντος
2 Pe 2 17 οἷς ὁ ζόφος τοῦ σκότους τετήρηται
 Jud 13 εἰς αἰῶνα τετήρηται
1 Jo 1 6 ἐὰν – ἐν τῷ σκότει περιπατῶμεν

σκοτοῦσθαι ᵃobscurari ᵇtenebris obscurari
 ᶜ(prt pf pass) tenebrosus
Eph 4 18 ἐσκοτωμένοι ᵇ τῇ διανοίᾳ ὄντες
Ap 9 2 „ἐσκοτώθη ᵃ ὁ ἥλιος" καὶ ὁ ἀήρ
 16 10 „ἐγένετο" ἡ βασιλεία αὐτοῦ (sc τοῦ
 θηρίου) „ἐσκοτωμένη"ᶜ

σκύβαλον stercus Phl 3 8 ἡγοῦμαι σκύβαλα

Σκύθης Col 3 11 βάρβαρος, Σκύθης

σκυθρωπός tristis
Mat 6 16 μὴ γίνεσθε ὡς οἱ ὑποκριταὶ σκ..οί
Luc 24 17 ἐστάθησαν (vl ἐστὲ vg) σκυθρωποί

σκύλλειν, ..εσθαι Sᵒ – vexare ᵇvexari
Mat 9 36 ἦσαν ἐσκυλμένοι – Mar 5 35 τί ἔτι
 σκύλλεις τὸν διδάσκαλον; ‖ Luc 8 49 μη-
 κέτι σκύλλε – 7 6 κύριε, μὴ σκύλλουᵇ

σκῦλα spolia Luc 11 22 τὰ σκ. – διαδίδωσιν

σκωληκόβρωτος Sᵒ – consumptus a ver-
 mibus Act 12 23 γενόμενος σκωληκόβρ.

σκώληξ vermis Mar 9 48 ὅπου „ὁ σκώληξ
 αὐτῶν οὐ τελευτᾷ" (vl 44.46 vg)

σμαράγδινος Sᵒ – smaragdinus Ap 4 3

σμάραγδος smaragdus Ap 21 19

σμύρνα myrrha (vl murra) Mat 2 11 Joh 19 39
 — **ἐσμυρνισμένος** Sᵒ – myrrhatus
 (vl murratus) Mar 15 23 ἐσ.ένον οἶνον

Σμύρνα Ap 1 11 εἰς Σμύρναν 2 8 ἐν Σμύρνῃ

Σόδομα Mat 10 15 (καὶ Γόμ. Rm 9 29 2 Pe 2 6
 Jud 7) 11 23.24 Luc 10 12 17 29 Ap 11 8

Σολομών Mat 1 6.7 6 29 12 42 Luc 11 31 12 27
 Joh 10 23 Act 3 11 5 12 7 47

σορός loculus Luc 7 14 ἥψατο τῆς σοροῦ

***σός, τὸ σόν** tuus, quod tuum est
Mat 20 14 ἆρον τὸ σὸν καὶ ὕπαγε 25 25 ἴδε ἔ-
 χεις τὸ σόν Luc 6 30 ἀπὸ τοῦ αἴρον-
 τος τὰ σὰ μὴ ἀπαίτει
Luc 15 31 πάντα τὰ ἐμὰ σά ἐστιν cfr Joh 17 10
 τὰ ἐμὰ πάντα σά ἐστιν καὶ τὰ σὰ ἐμά
 22 42 ἀλλὰ τὸ σὸν (sc θέλημα) γινέσθω
Joh 17 6 σοὶ ἦσαν κἀμοὶ αὐτοὺς ἔδωκας 9 πε-
 ρὶ ὧν δέδωκάς μοι, ὅτι σοί εἰσιν

σουδάριον Sᵒ – sudarium
Luc 19 20 ἡ μνᾶ σου, ἣν εἶχον ἀποκειμένην ἐν
 σουδαρίῳ – Act 19 12 (Pauli)
Joh 11 44 ἡ ὄψις αὐτοῦ σ..ῳ περιεδέδετο 20 7

Σουσάννα Luc 8 3

σοφία sapientia
Mat 11 19 ἐδικαιώθη ἡ σ. ἀπὸ τῶν ἔργων (vl
 τέκνων vg filiis) αὐτῆς ‖ Luc 7 35
 ἀπὸ πάντων τῶν τέκνων αὐτῆς
 12 42 ἀκοῦσαι τὴν σ. Σολομῶνος ‖ Luc
 11 31 – Act 7 22 Αἰγυπτίων 10
 13 54 πόθεν τούτῳ ἡ σοφία αὕτη –; ‖ Mar
 6 2 τίς ἡ σοφία ἡ δοθεῖσα τούτῳ
Luc 2 40 ἐκραταιοῦτο πληρούμενον σοφίᾳ
 – 52 προέκοπτεν [ἐν τῇ] σοφίᾳ καὶ ἡλικίᾳ
 11 49 καὶ ἡ σοφία τοῦ θεοῦ εἶπεν·
 21 15 δώσω ὑμῖν στόμα καὶ σοφίαν
Act 6 3 πλήρεις πνεύματος καὶ σοφίας
 – 10 τῇ σοφίᾳ καὶ τῷ πνεύματι ᾧ ἐλάλει
Rm 11 33 ὦ βάθος πλούτου καὶ σοφίας καὶ
 γνώσεως θεοῦ
1 Co 1 17 εὐαγγελίζεσθαι, οὐκ ἐν σοφίᾳ λό-
 γου 2 4 οὐκ ἐν πειθοῖ[ς] σοφίας [λό-
 γοις] 13 οὐκ ἐν διδακτοῖς ἀνθρωπί-
 νης σοφίας λόγοις
 – 19 „ἀπολῶ τὴν σοφίαν τῶν σοφῶν"
 – 20 οὐχὶ „ἐμώρανεν – τὴν σ." τοῦ κό-
 σμου; 3 19 ἡ γὰρ σ. τοῦ κόσμου τού-
 του μωρία παρὰ τῷ θεῷ ἐστιν
 – 21 ἐν τῇ σ. τοῦ θεοῦ οὐκ ἔγνω ὁ κό-
 σμος διὰ τῆς σ. τὸν θεόν 22 Ἕλλη-
 νες σοφίαν ζητοῦσιν 24 τοῖς κλητοῖς,
 –, Χὸν θεοῦ δύναμιν καὶ θεοῦ σο-
 φίαν 30 ὃς ἐγενήθη σοφία ἡμῖν ἀπὸ
 θεοῦ, δικαιοσύνη τε καὶ ἁγιασμός
 2 1 ἦλθον οὐ καθ᾽ ὑπεροχὴν λόγου ἢ

σοφίας καταγγέλλων – τὸ μυστήριον
1 Co 2 5 ἵνα ἡ πίστις ὑμῶν μὴ ᾖ ἐν σοφία
ἀνθρώπων 6 σοφίαν δὲ λαλοῦμεν ἐν
τοῖς τελείοις, σοφίαν δὲ οὐ τοῦ αἰ-
ῶνος τούτου οὐδὲ τῶν ἀρχόντων τοῦ
αἰῶνος τούτου 7 ἀλλὰ λαλοῦμεν θε-
οῦ σοφίαν ἐν μυστηρίῳ
12 8 ᾧ μὲν γὰρ – δίδοται λόγος σοφίας
2 Co 1 12 οὐκ ἐν σοφία σαρκικῇ – ἀνεστράφημι.
Eph 1 8 χάριτος –, ἧς ἐπερίσσευσεν εἰς ἡμᾶς
ἐν πάσῃ σοφία καὶ φρονήσει
– 17 δώῃ ὑμῖν πνεῦμα σοφίας
3 10 ἡ πολυποίκιλος σοφία τοῦ θεοῦ
Col 1 9 ἵνα πληρωθῆτε τὴν ἐπίγνωσιν τοῦ
θελήματος αὐτοῦ ἐν πάσῃ σοφία καὶ
συνέσει πνευματικῇ → Eph 1 8
– 28 διδάσκοντες – ἐν πάσῃ σοφία 3 16
2 3 Χοῦ, ἐν ᾧ εἰσιν – „οἱ θησαυροὶ τῆς
σοφίας" καὶ γνώσεως „ἀπόκρυφοι"
– 23 ἐστὶ λόγον μὲν ἔχοντα σοφίας
4 5 ἐν σοφία περιπατεῖτε πρὸς τοὺς ἔξω
Jac 1 5 εἰ δέ τις ὑμῶν λείπεται σοφίας
3 13 τὰ ἔργα αὐτοῦ ἐν πραΰτητι σοφίας
– 15 οὐκ ἔστιν αὕτη ἡ σοφία ἄνωθεν κατ-
ερχομένη 17 ἡ δὲ ἄνωθεν σ. πρῶτον
μὲν ἁγνή ἐστιν, ἔπειτα εἰρηνική
2 Pe 3 15 Παῦλος κατὰ τὴν δοθεῖσαν αὐτῷ σ.
Ap 5 12 ἄξιόν ἐστιν – λαβεῖν – καὶ σοφίαν
7 12 ἡ δόξα καὶ ἡ σοφία – τῷ θεῷ ἡμῶν
13 18 ὧδε ἡ σοφία ἐστὶν 17 9 ὧδε ὁ νοῦς ὁ
ἔχων σοφίαν

σοφίζειν ᵃinstruere ᵇ(prt pf pass) doctus
2 Ti 3 15 ὅτι – [τὰ] ἱερὰ γράμματα οἶδας, τὰ
δυνάμενά σε σοφίσαι ᵃ εἰς σωτηρίαν
2 Pe 1 16 οὐ γὰρ σεσοφισμένοις ᵇ μύθοις ἐξα-
κολουθήσαντες ἐγνωρίσαμεν ὑμῖν

σοφός sapiens
Mat 11 25 ὅτι ἔκρυψας ταῦτα ἀπὸ σοφῶν καὶ
συνετῶν ‖ Luc 10 21 ἀπέκρυψας
23 34 ἀποστέλλω πρὸς ὑμᾶς προφήτας καὶ
σοφοὺς καὶ γραμματεῖς
Rm 1 14 σοφοῖς τε καὶ ἀνοήτοις ὀφειλέτης
– 22 φάσκοντες εἶναι σοφοὶ ἐμωράνθησαν
16 19 θέλω – ὑμᾶς σοφοὺς εἶναι εἰς τὸ ἀ-
γαθόν, ἀκεραίους δὲ εἰς τὸ κακόν
– [27 μόνῳ σοφῷ θεῷ – ᾧ ἡ δόξα]
1 Co 1 19 „ἀπολῶ τὴν σοφίαν τῶν σοφῶν"
– 20 „ποῦ σοφός; ποῦ γραμματεύς;"
– 25 τὸ μωρὸν τοῦ θεοῦ σοφώτερον τῶν
ἀνθρώπων ἐστίν

1 Co 1 26 οὐ πολλοὶ σοφοὶ κατὰ σάρκα, οὐ
– 27 ἵνα καταισχύνῃ τοὺς σοφούς
3 10 ὡς σοφ. ἀρχιτέκτων θεμέλιον ἔθηκα
– 18 εἴ τις δοκεῖ σοφὸς εἶναι – ἐν τῷ αἰῶ-
νι τούτῳ, μωρὸς γενέσθω, ἵνα γένη-
ται σοφός 19 „ὁ δρασσόμενος τοὺς σ.
ἐν τῇ πανουργία αὐτῶν" 20 „κύριος
γινώσκει τοὺς διαλογισμοὺς τῶν" σο-
φῶν, „ὅτι εἰσὶν μάταιοι"
6 5 οὕτως οὐκ ἔνι ἐν ὑμῖν οὐδεὶς σ., –;
Eph 5 15 μὴ ὡς ἄσοφοι ἀλλ᾽ ὡς σοφοί
Jac 3 13 τίς σοφὸς καὶ ἐπιστήμων ἐν ὑμῖν;

Σπανία Rm 15 24. 28 δι᾽ ὑμῶν εἰς Σπανίαν

σπαράσσειν discerpere ᵇdissipare
Mar 1 26 9 26 πολλὰ σπαράξας ‖ Luc 9 39 ᵇ

σπαργανοῦν pannis involvere Luc 2 7. 12

σπᾶσθαι ᵃeducere ᵇevaginare Mar 14 47
σπασάμενος ᵃ τὴν μάχαιραν Act 16 27 ᵇ

σπαταλᾶν in deliciis esse ᵇin luxuriis
1 Ti 5 6 ἡ δὲ σπαταλῶσα ζῶσα τέθνηκεν
Jac 5 5 ἐσ..ήσατε ᵇ, ἐθρέψατε τὰς καρδίας

σπεῖρα cohors Mat 27 27 Mar 15 16 Joh 18 3.
12 Act 10 1 (Ἰταλική) 21 31 27 1 (Σεβαστή)

σπείρειν seminare ᵇserere
Mat 6 26 οὐ σπείρουσιν ᵇ οὐδὲ θερ. ‖ Luc 12 24
13 3 ἐξῆλθεν ὁ σπείρων τοῦ σπείρειν 4. 18
ἀκούσατε τὴν παραβολὴν τοῦ σπεί-
ραντος 19. 20. 22. 23 ‖ Mar 4 3. 4. 14 ὁ
σπείρων τὸν λόγον σπείρει 15. 16. 18. 20
‖ Luc 8 5 ἐξῆλθεν ὁ σπείρων τοῦ
σπεῖραι τὸν σπόρον αὐτοῦ. καὶ ἐν
τῷ σπείρειν αὐτόν
– 24 ἀνθρώπῳ σπείραντι καλὸν σπέρμα ἐν
τῷ ἀγρῷ αὐτοῦ 27. 37. 39
– 31 κόκκῳ σινάπεως, ὃν λαβὼν ἄνθρω-
πος ἔσπειρεν ‖ Mar 4 31. 32
25 24 θερίζων ὅπου οὐκ ἔσπειρας 26 ‖ Luc
19 21 ὃ οὐκ ἔσπειρας 22
Joh 4 36 ἵνα ὁ σπείρων ὁμοῦ χαίρῃ καὶ ὁ θε-
ρίζων 37 ἄλλος ἐστὶν ὁ σπείρων καὶ
ἄλλος ὁ θερίζων
1 Co 9 11 εἰ ἡμεῖς ὑμῖν τὰ πνευματικὰ ἐσπεί-
ραμεν, μέγα εἰ – ὑμῶν –;
15 36 σὺ ὃ σπείρεις, οὐ ζῳοποιεῖται ἐὰν
– 37 ὃ σπείρεις, οὐ τὸ σῶμα τὸ γενησό-
μενον σπείρεις, ἀλλὰ γυμνὸν κόκκον

1 Co 1542 σπείρεται ἐν φθορᾷ 43 σπείρεται ἐν ἀτιμίᾳ, – σπείρεται ἐν ἀσθενείᾳ 44 σπείρεται σῶμα ψυχικόν

2 Co 9 6 ὁ σπείρων φειδομένως –, καὶ ὁ σπείρων ἐπ᾽ εὐλογίαις 10 ὁ δὲ ἐπιχορηγῶν „σπόρον τῷ σπείροντι"

Gal 6 7 ὃ γὰρ ἐὰν σπείρῃ ἄνθρωπος 8 ὁ σπείρων εἰς τὴν σάρκα ἑαυτοῦ –, ὁ δὲ σπείρων εἰς τὸ πνεῦμα

Jac 318 καρπὸς δὲ δικαιοσύνης ἐν εἰρήνῃ σπείρεται τοῖς ποιοῦσιν εἰρήνην

σπεκουλάτωρ S⁰ – spiculator (vl spec.)
Mar 627 ἀποστείλας ὁ βασιλεὺς σ..λάτορα

σπένδεσθαι ᵃimmolari ᵇdelibari
Phl 217 εἰ καὶ σπένδομαιᵃ ἐπὶ τῇ θυσίᾳ
2 Ti 4 6 ἐγὼ – ἤδη σ..ομαιᵇ, καὶ ὁ καιρός

σπέρμα semen
Mat 1324 σπείραντι καλὸν σπέρμα 27 οὐχὶ καλὸν σπ. ἔσπειρας –; 37.38.32 μικρότερον – πάντων τῶν σπ. || Mar 431
2224 „ἀναστήσει σπ. τῷ ἀδελφῷ" 25 μὴ ἔχων σπ. || Mar 1219-22 Luc 2028
Luc 155 „τῷ Ἀβρ. καὶ τῷ σπ. αὐτοῦ" Joh 833 σπ. Ἀβρ. ἐσμεν 37 οἶδα ὅτι σπέρμα Ἀβρ. ἐστε – Act 325 „ἐν τῷ σπέρματί σου [ἐν]ευλογηθήσονται 7 5.6
Joh 742 ἐκ τοῦ σπ. Δαυὶδ – ἔρχεται ὁ χριστός Act 1323 Rm 13 2 Ti 28
Rm 413 οὐ – διὰ νόμου ἡ ἐπαγγελία τῷ Ἀβρ. ἢ τῷ σπ. αὐτοῦ 16 παντὶ τῷ σπ. 18 „οὕτως ἔσται τὸ σπέρμα σου"
9 7 οὐδ᾽ ὅτι εἰσὶν σπέρμα Ἀβρ., πάντες τέκνα, ἀλλ᾽· „ἐν Ἰσαὰκ κληθήσεταί σοι σπέρμα" 8 τὰ τέκνα τῆς ἐπαγγελίας λογίζεται εἰς σπέρμα
– 29 „εἰ μὴ – ἐγκατέλιπεν ἡμῖν σπέρμα"
11 1 Ἰσραηλίτης εἰμί, ἐκ σπ. Ἀβραάμ
1 Co 1538 ἑκάστῳ τῶν σπερμάτων ἴδιον σῶμα
2 Co(910 vl ὁ – ἐπιχορηγῶν „σπ. τῷ σπείροντι" – πληθυνεῖ τὸν σπόρον ὑμῶν)
1122 σπέρμα Ἀβραάμ εἰσιν· κἀγώ
Gal 316 τῷ δὲ Ἀβρ. ἐρρέθησαν αἱ ἐπαγγελίαι „καὶ τῷ σπ." αὐτοῦ. οὐ λέγει· καὶ τοῖς σπέρμασιν, –, ἀλλ᾽· „καὶ τῷ σπ. σου", ὅς ἐστιν Χός 19 ἄχρις οὗ ἔλθῃ τὸ σπέρμα ᾧ ἐπήγγελται
– 29 ἄρα τοῦ Ἀβραὰμ σπέρμα ἐστέ
Hb 216 „σπέρματος Ἀβρ. ἐπιλαμβάνεται"
1111 δύναμιν εἰς καταβολὴν σπ..τος ἔλα-

βεν 18 „ἐν Ἰσαὰκ κληθήσεταί σοι σπ."
1 Jo 3 9 σπ. αὐτοῦ (sc θεοῦ) ἐν αὐτῷ μένει
Ap 1217 μετὰ τῶν λοιπῶν τοῦ σπέρμ. αὐτῆς

σπερμολόγος S⁰ – seminiverbius Act 1718

σπεύδειν festinare ᵇproperare in
Luc 216 195.6 Act 2016 2218 2 Pe 312 σ..οντας ᵇ τὴν παρουσίαν τῆς τ. θεοῦ ἡμέρας

σπήλαιον spelunca Mat 2113 ὑμεῖς δὲ αὐτὸν ποιεῖτε „σπήλ. λῃστῶν" || Mat 1117
Luc 1946 – Joh 1138 Hb 1138 Ap 615

σπιλάς S⁰ – macula Jud 12 εἰσὶν – σ..άδες

σπίλος S⁰ – ᵃmacula ᵇcoinquinatio
Eph 527 τὴν ἐκκλησίαν, μὴ ἔχουσαν σπίλονᵃ
2 Pe 213 σπίλοιᵇ καὶ μῶμοι ἐντρυφῶντες

σπιλοῦν maculare Jac 36 Jud 23

σπλάγχνα, τά viscera
Luc 178 διὰ σπλάγχνα ἐλέους θεοῦ ἡμῶν
Act 118 ἐξεχύθη πάντα τὰ σπλάγχνα αὐτοῦ
2 Co 612 στενοχωρεῖσθε – ἐν τοῖς σπ. ὑμῶν
715 τὰ σπ. αὐτοῦ (sc Τίτου) περισσοτέρως εἰς ὑμᾶς ἐστιν
Phl 1 8 ἐπιποθῶ – ὑμᾶς ἐν σ..οις Χοῦ Ἰησ.
2 1 εἴ τις σπλάγχνα καὶ οἰκτιρμοί
Col 312 ἐνδύσασθε – σπλάγχνα οἰκτιρμοῦ
Phm 7 τὰ σπ. τῶν ἁγίων ἀναπέπαυται διὰ σοῦ 20 ἀνάπαυσόν μου τὰ σπλάγχνα 12 αὐτόν, τοῦτ᾽ ἔστιν τὰ ἐμὰ σπλάγχνα
1 Jo 317 ὃς δ᾽ ἂν – θεωρῇ τὸν ἀδελφὸν – χρείαν ἔχοντα καὶ κλείσῃ τὰ σπλάγχνα αὐτοῦ ἀπ᾽ αὐτοῦ, πῶς ἡ ἀγάπη –;

σπλαγχνίζεσθαι miserēri ᵇmisericordia movēri cf ἐλεεῖν
Mat 936 ἐσπλαγχνίσθη περὶ αὐτῶν 1414 ἐπ᾽ αὐτοῖς || Mar 634 ἐπ᾽ αὐτούς – Mat 1532 σ..ομαι ἐπὶ τὸν ὄχλον || Mar 82
1827 σ..ισθεὶς δὲ ὁ κύριος τοῦ δούλου
2034 σ..ισθεὶς δὲ ὁ Ἰησοῦς ἥψατο τῶν ὀμμάτων αὐτῶν Mar 141 σ..ισθεὶς (vl ὀργισθεὶς) – αὐτοῦ ἥψατο
Mar 922 βοήθησον ἡμῖν σ..ισθεὶς ἐφ᾽ ἡμᾶς
Luc 713 ὁ κύριος ἐσπλαγχνίσθηᵇ ἐπ᾽ αὐτῇ
1033 Σαμ. δέ τις – ἰδὼν ἐσπλαγχνίσθηᵇ
1520 εἶδεν αὐτὸν ὁ πατὴρ – καὶ ἐσπλ.ᵇ

σπόγγος S° – spongia Mat 27 48 λαβὼν σ.. ον πλήσας τε ὄξους ‖ Mar 15 36 Joh 19 29

σποδός cinis Mat 11 21 ‖ Luc 10 13 – Hb 9 13

σπορά semen 1 Pe 1 23 οὐκ ἐκ σ. φθαρτῆς

σπόριμα, τά sata Mat 12 1 ‖ Mar 2 23 Luc 6 1

σπόρος semen ᵇsementis Mar 4 26 ᵇ 27 ‖ Luc 8 5.11 – 2 Co 9 10 bis

σπουδάζειν festinare ᵇsolicitum esse ᶜ(part) solicitus ᵈsolicite curare ᵉsatagere (vl satis ag.) ᶠdare operam
Gal 2 10 ἐσπούδασα ᵇ αὐτὸ τοῦτο ποιῆσαι
Eph 4 3 σ..οντες ᶜ τηρεῖν τὴν ἑνότητα τοῦ πνεύματος 1 Th 2 17 τὸ πρόσωπον ὑμῶν ἰδεῖν 2 Ti 2 15 σπούδασον ᵈ σεαυτὸν δόκιμον παραστῆσαι τῷ θεῷ
2 Ti 4 9 σ..σον ἐλθεῖν πρός με 21 Tit 3 12
Hb 4 11 σπουδάσωμεν – „εἰσελθεῖν εἰς – τὴν κατάπαυσιν"
2 Pe 1 10 σπουδάσατε ᵉ βεβαίαν ὑμῶν τὴν κλῆσιν – ποιεῖσθαι 3 14 σπουδάσατε ᵉ ἄσπιλοι – αὐτῷ εὑρεθῆναι
– 15 σπουδάσω ᶠ – ἑκάστοτε ἔχειν ὑμᾶς – τὴν τούτων μνήμην ποιεῖσθαι

σπουδαῖος solicitus 2 Co 8 17 σ..ότερος 22

σπουδαίως, ..οτέρως solicite ᵇfestinantius Luc 7 4 Phl 2 28 ᵇ 2 Ti 1 17 Tit 3 13

σπουδή solicitudo ᵇfestinatio ᶜcura Mar 6 25 μετὰ σπουδῆς ᵇ Luc 1 39 ᵇ
Rm 12 8 ὁ προϊστάμενος ἐν σπουδῇ
– 11 τῇ σπουδῇ μὴ ὀκνηροί, τῷ πνεύματι
2 Co 7 11 πόσην κατειργάσατο – σπουδήν 12
8 7 ὥσπερ – περισσεύετε – πάσῃ σπουδῇ
– 8 διὰ τῆς ἑτέρων σπουδῆς
– 16 τῷ δόντι τὴν αὐτὴν σπουδὴν ὑπὲρ ὑμῶν ἐν τῇ καρδίᾳ Τίτου
Hb 6 11 τὴν αὐτὴν ἐνδείκνυσθαι σπουδὴν
2 Pe 1 5 σπουδὴν ᶜ πᾶσαν παρεισενέγκαντες
Jud 3 πᾶσαν σπ. ποιούμενος γράφειν ὑμ.

σπυρίς S° – sporta Mat 15 37 16 10 πόσας σπυρίδας ‖ Mar 8 8.20 – Act 9 25 χαλάσαντες ἐν σπυρίδι

στάδιον, στάδιοι stadium Mat 14 24 (vg°)

Luc 24 13 Joh 6 19 11 18 Ap 14 20 21 16
1 Co 9 24 οἱ ἐν σταδίῳ τρέχοντες πάντες

στάμνος urna Hb 9 4 στάμνος χρυσῆ

στασιαστής S° – seditiosus Mar 15 7

στάσις seditio ᵇdissensio ᶜstatus
Mar 15 7 ‖ Luc 23 19.25 – Act 19 40 ἐγκαλεῖσθαι στάσεως – 15 2 στάσεως καὶ ζητήσεως 23 7 στ.ᵇ τῶν Φαρ. καὶ Σαδδ. 10 ᵇ – 24 5
Hb 9 8 ἔτι τ. πρώτης σκηνῆς ἐχούσης στάσιν ᶜ

στατήρ S° – stater Mat 17 27 εὑρήσεις στ..α (Mat 26 15 vl ἔστησαν – τριάκοντα στατῆρας)

σταυρός S° – crux
Mat 10 38 ὃς οὐ λαμβάνει τὸν σταυρὸν αὐτοῦ ‖ Luc 14 27 οὐ βαστάζει – ἑαυτοῦ 16 24 ἀράτω τὸν σταυρὸν αὐτοῦ ‖ Mar 8 34 Luc 9 23 καθ᾽ ἡμέραν
27 32 ἠγγάρευσαν ἵνα ἄρῃ τὸν στ. αὐτοῦ ‖ Mar 15 21 Luc 23 26 ἐπέθηκαν
– 40 [καὶ] κατάβηθι ἀπὸ τοῦ στ. 42 καταβάτω νῦν ‖ Mar 15 30 καταβάς 32
Joh 19 17 βαστάζων ἑαυτῷ τὸν σταυρόν
– 19 ἔθηκεν ἐπὶ τοῦ στ.· ἦν – γεγραμμέν.
– 25 εἱστήκεισαν δὲ παρὰ τῷ σταυρῷ
– 31 ἵνα μὴ μείνῃ ἐπὶ τοῦ στ. τὰ σώματα
1 Co 1 17 ἵνα μὴ κενωθῇ ὁ σταυρὸς τοῦ Χοῦ
– 18 ὁ λόγος – ὁ τοῦ στ. – μωρία ἐστὶν
Gal 5 11 κατήργηται τὸ σκάνδαλον τοῦ στ.
6 12 μόνον ἵνα τῷ στ. τοῦ Χοῦ μὴ διώκωνται 14 ἐμοὶ δὲ μὴ γένοιτο καυχᾶσθαι εἰ μὴ ἐν τῷ σταυρῷ τοῦ κυρίου ἡμῶν Ἰησοῦ Χοῦ
Eph 2 16 ἵνα – ἀποκαταλλάξῃ τοὺς ἀμφοτέρους – τῷ θεῷ διὰ τοῦ σταυροῦ
Phl 2 8 μέχρι θανάτου, θανάτου δὲ σταυροῦ 3 18 τοὺς ἐχθροὺς τοῦ σταυροῦ τοῦ Χοῦ
Col 1 20 διὰ τοῦ αἵματος τοῦ σταυροῦ αὐτοῦ 2 14 προσηλώσας αὐτὸ (sc τὸ καθ᾽ ἡμῶν χειρόγραφον) τῷ σταυρῷ
Hb 12 2 Ἰησοῦν, ὃς – ὑπέμεινεν σταυρόν

σταυροῦν (S Esth. bis) – crucifigere
Mat 20 19 παραδώσουσιν αὐτὸν τοῖς ἔθνεσιν εἰς τὸ – σταυρῶσαι 26 2 παραδίδοται εἰς τὸ σταυρωθῆναι – 23 34 ἐξ αὐτῶν ἀποκτενεῖτε καὶ σταυρώσετε
27 22 σταυρωθήτω 23 ‖ Mar 15 13 σ..ωσον αὐτόν 14 Luc 23 21 σταύρου στ. αὐτόν

23 αἰτούμενοι αὐτὸν σ..ωθῆναι Joh
19₆ σ..ωσον σ..ωσον. – λάβετε αὐ-
τὸν ὑμεῖς καὶ σ..ώσατε 10 ὅτι – ἐξου-
σίαν ἔχω σ..ῶσαί σε; 15 ἄρον ἄρον,
σταύρωσον αὐτόν. λέγει αὐτοῖς ὁ Πι-
λᾶτος· τὸν βασιλέα ὑμῶν σταυρώσω;
Mat 27₂₆ παρέδωκεν ἵνα σ..ωθῇ ‖ Mar 15₁₅ Joh
19₁₆ – Mat 27₃₁ ἀπήγαγον αὐτὸν
εἰς τὸ σταυρῶσαι ‖ Mar 15₂₀
– 35.38 σ..οῦνται σὺν αὐτῷ δύο λῃσταί ‖
Mar 15₂₄.₂₅ ἦν δὲ ὥρα τρίτη καὶ ἐσ..
ωσαν αὐτὸν 27 σὺν αὐτῷ σ..οῦσιν
δύο Luc 23₃₃ ἐκεῖ ἐσ..ωσαν αὐτὸν
Joh 19₁₈ ὅπου αὐτὸν ἐσ..ωσαν 20.23.41
28 5 Ἰησοῦν τὸν ἐσ..ωμένον ζητεῖτε ‖ Mar
16₆ – Luc 24₇ ὅτι δεῖ – σ..ωθῆναι
καὶ τῇ τρίτῃ ἡμέρᾳ ἀναστῆναι
Luc 24₂₀ ὅπως τε παρέδωκαν αὐτὸν οἱ ἀρχιε-
ρεῖς – καὶ ἐσ..ωσαν αὐτόν – Act 2₃₆
ὃν ὑμεῖς ἐσταυρώσατε 4₁₀
1 Co 1₁₃ μὴ Παῦλος ἐσταυρώθη ὑπὲρ ὑμῶν –;
– 23 κηρύσσομεν Χὸν ἐσταυρωμένον
2 2 Ἰησ. Χὸν καὶ τοῦτον ἐσταυρωμένον
– 8 εἰ γὰρ ἔγνωσαν, οὐκ ἂν τὸν κύριον
τῆς δόξης ἐσταύρωσαν
2 Co 13 4 ἐσταυρώθη ἐξ ἀσθενείας, ἀλλὰ ζῇ
Gal 3 1 οἷς – Χὸς προεγράφη ἐσ..ωμένος
5₂₄ οἱ – τοῦ Χοῦ [Ἰησ.] τ. σάρκα ἐσ..ωσαν
6₁₄ ἐν τῷ σταυρῷ – Χοῦ, δι᾽ οὗ ἐμοὶ κό-
σμος ἐσταύρωται κἀγὼ κόσμῳ
Ap 11 8 ὅπου καὶ ὁ κύριος – ἐσταυρώθη

σταφυλή uva Mat 7₁₆ ἀπὸ ἀκανθῶν σ..άς –;
‖ Luc 6₄₄ οὐδὲ ἐκ βάτου σταφυλὴν
Ap 14₁₈ ὅτι ἤκμασαν αἱ σταφυλαὶ αὐτῆς

στάχυς spica
Mat 12 1 τίλλειν στάχυας ‖ Mar 2₂₃ Luc 6₁
Mar 4₂₈ εἶτα στάχυν εἶτα πλήρη[ς] σῖτον ἐν
τῷ στάχυϊ

Στάχυς Rm 16₉ Σ..υν τὸν ἀγαπητόν μου

στέγειν sustinēre ᵇsufferre 1 Co 9₁₂ πάντα
στέγομεν 13₇ ἡ ἀγάπη – πάντα στέγειᵇ
1 Th 3 1.5 κἀγὼ μηκέτι στέγων ἔπεμψα

στέγη tectum Mat 8₈ ‖ Luc 7₆ – Mar 2₄

στεῖρα sterilis Luc 1₇.₃₆ 23₂₉ Gal 4₂₇ Hb 11 11

στέλλεσθαι devitare ᵇse subtrahere a
2 Co 8₂₀ στελλόμενοι τοῦτο, μή τις ἡμᾶς μω-

μήσηται ἐν τῇ ἁδρότητι ταύτῃ
2 Th 3 6 σ..εσθαιᵇ ὑμᾶς ἀπὸ παντὸς ἀδελ-
φοῦ ἀτάκτως περιπατοῦντος

στέμματα Sᵒ – coronae Act 14₁₃

στεναγμός gemitus Act 7₃₄ τοῦ λαοῦ
Rm 8₂₆ ὑπερεντυγχάνει σ..οῖς ἀλαλήτοις

στενάζειν ingemiscere ᵇgemere
Mar 7 34 ἐστέναξεν, καὶ λέγει – ᵉεφφαθα
Rm 8₂₃ καὶ αὐτοὶ ἐν ἑαυτοῖς στενάζομενᵇ
2 Co 5 2.4 οἱ ὄντες ἐν τῷ σκήνει στενάζομεν
βαρούμενοι, ἐφ᾽ ᾧ οὐ θέλομεν
Hb 13₁₇ μετὰ χαρᾶς – καὶ μὴ στενάζοντεςᵇ
Jac 5 9 μὴ στενάζετε – κατ᾽ ἀλλήλων

στενός angustus Mat 7₁₃.₁₄ ‖ Luc 13₂₄

στενοχωρεῖσθαι angustiari
2 Co 4 8 θλιβόμενοι ἀλλ᾽ οὐ στ..ούμενοι
6₁₂ οὐ στενοχωρεῖσθε ἐν ἡμῖν, στ..εῖσθε
δὲ ἐν τοῖς σπλάγχνοις ὑμῶν

στενοχωρία angustia
Rm 2 9 θλῖψις καὶ στ. 8₃₅ θλ. ἢ στ. –;
2 Co 6 4 ἐν ἀνάγκαις, ἐν στενοχωρίαις
12₁₀ ἐν διωγμοῖς καὶ στ..αις, ὑπὲρ Χοῦ

στερεός solidus ᵇfirmus ᶜfortis
2 Ti 2₁₉ᵇ θεμέλιος Hb 5₁₂ οὐ στ..ᾶς τροφῆς
14 τελείων δέ ἐστιν ἡ στερεὰ τροφή
1 Pe 5 9 ᾧ ἀντίστητε στερεοὶᶜ τῇ πίστει

στερεοῦν confirmare ᵇconsolidare
Act 3 7 ἐστερεώθησανᵇ αἱ βάσεις αὐτοῦ
– 16 τοῦτον – ἐστερέωσεν τὸ ὄνομα αὐτοῦ
16 5 αἱ – ἐκκλησ. ἐστερεοῦντο τῇ πίστει

στερέωμα firmamentum Col 2₅ βλέπων –
τὸ στερ. τῆς εἰς Χὸν πίστεως ὑμῶν

Στεφανᾶς 1 Co 1₁₆ τὸν Σ..ᾶ οἶκον 16₁₅.₁₇

Στέφανος Act 6₅.₈.₉ 7₅₉ 8₂ 11₁₉ 22₂₀

στέφανος corona
Mat 27₂₉ πλέξαντες στέφανον ἐξ ἀκανθῶν ‖
Mar 15₁₇ ἀκάνθινον Joh 19₂.₅
1 Co 9₂₅ ἵνα φθαρτὸν στέφανον λάβωσιν
Phl 4 1 ἀδελφοί μου –, χαρὰ καὶ στέφ. μου
1 Th 2₁₉ τίς – ἡμῶν – στέφανος καυχήσεως –;

2 Ti 4 8 ἀπόκειταί μοι ὁ τῆς δικαιοσύνης στέ-
φανος, ὃν ἀποδώσει μοι ὁ κύριος
Jac 1 12 λήμψεται τὸν στέφανον τῆς ζωῆς
1 Pe 5 4 τὸν ἀμαράντινον τῆς δόξης στ..ον
Ap 2 10 δώσω σοι τὸν στέφανον τῆς ζωῆς
3 11 ἵνα μηδεὶς λάβῃ τὸν στέφανόν σου
4 4 ἐπὶ τὰς κεφαλὰς αὐτῶν στεφάνους
χρυσοῦς cfr 9 7 14 14 σ..ον χρυσοῦν
– 10 βαλοῦσιν τοὺς στ.–ἐνώπ. τ. θρόνου
6 2 ἐδόθη αὐτῷ στέφανος, καὶ ἐξῆλθεν
νικῶν καὶ ἵνα νικήσῃ
12 1 ἐπὶ τῆς κεφαλῆς αὐτῆς στέφανος ἀ-
στέρων δώδεκα

στεφανοῦν coronare
2 Ti 2 5 οὐ στ..ται ἐὰν μὴ νομίμως ἀθλήσῃ
Hb 2 7 „δόξῃ καὶ τιμῇ ἐσ..ωσας αὐτόν"
– 9 Ἰησοῦν διὰ τὸ πάθημα τοῦ θανάτου
„δόξῃ καὶ τιμῇ ἐστεφανωμένον"

στῆθος pectus
Luc 18 13 ἔτυπτεν τὸ στ. αὐτοῦ – 23 48 στήθη
Joh 13 25 ἀναπεσών – ἐπὶ τὸ στ. τοῦ Ἰησ. 21 20
Ap 15 6 περιεζωσμένοι περὶ τὰ στήθη

στήκειν Sᵒ – stare
Mar 3 31 ἔξω στήκοντες 11 25 ὅταν στήκετε
προσευχόμενοι (Joh 1 26 vl μέσος ὑμῶν
στήκει ὃν ὑμεῖς οὐκ οἴδατε)
Joh 8 44 ἐν τῇ ἀληθείᾳ οὐκ ἔστηκεν
Rm 14 4 τῷ ἰδίῳ κυρίῳ στήκει ἢ πίπτει
1 Co 16 13 γρηγορεῖτε, στήκετε ἐν τῇ πίστει
Gal 5 1 στήκετε οὖν καὶ μὴ πάλιν ζυγῷ δου-
λείας ἐνέχεσθε
Phl 1 27 ὅτι στήκετε ἐν ἑνὶ πνεύματι
4 1 οὕτως στήκετε ἐν κυρίῳ, ἀγαπητοί
1 Th 3 8 ἐὰν ὑμεῖς στήκετε ἐν κυρίῳ
2 Th 2 15 στήκετε, καὶ κρατεῖτε τὰς παραδό-
σεις ἃς ἐδιδάχθητε

στηριγμός Sᵒ – firmitas
2 Pe 3 17 φυλάσσεσθε, ἵνα μὴ – ἐκπέσητε τοῦ
ἰδίου στηριγμοῦ

στηρίζειν confirmare ᵇfirmare
Luc 9 51 τὸ πρόσωπον ἐστήρισενᵇ – 16 26 χά-
σμα μέγα ἐστήρικταιᵇ
22 32 στήρισον τοὺς ἀδελφούς σου
(Act 18 23 vl στηρίζων πάντας τοὺς μαθητάς)
Rm 1 11 εἰς τὸ στηριχθῆναι ..ς, 12 τοῦτο δέ
ἐστιν συμπαρακληθῆναι ἐν ὑμῖν
16 [25 τῷ δὲ δυναμένῳ ὑμᾶς στηρίξαι]

1 Th 3 2 εἰς τὸ σ..ίξαι ὑμᾶς καὶ παρακαλέσαι
13 εἰς τὸ στ..ίξαι ὑμῶν τὰς καρδίας
2 Th 2 17 στηρίξαι ἐν παντὶ ἔργῳ καὶ λόγῳ
3 3 ὃς στηρίξει ἡμᾶς καὶ φυλάξει
Jac 5 8 στηρίξατε τὰς καρδίας ὑμῶν
1 Pe 5 10 καταρτίσει, στηρίξει, σθενώσει
2 Pe 1 12 ἐστηριγμένους ἐν τῇ – ἀληθείᾳ
Ap 3 2 στήρισον – ἃ ἔμελλον ἀποθανεῖν

στιβάδες Sᵒ – frondes Mar 11 8 ἄλλοι – σ..ας

στίγμα stigma Gal 6 17 τὰ στ. τοῦ Ἰησοῦ

στιγμή momentum Luc 4 5 ἐν σ..ῇ χρόνου

στίλβειν splendēre Mar 9 3 ἱμάτια

στοά porticus Joh 5 2 10 23 Act 3 11 5 12

στοιχεῖα, τά elementa
Gal 4 3 ὑπὸ τὰ στ. τοῦ κόσμου ἤμεθα δε-
δουλωμένοι 9 πῶς ἐπιστρέφετε πά-
λιν ἐπὶ τὰ ἀσθενῆ καὶ πτωχὰ στ.–;
Col 2 8 κατὰ τὰ στ. τοῦ κόσμου 20 ἀπεθά-
νετε σὺν Χῷ ἀπὸ τῶν στ. τοῦ κόσ.
Hb 5 12 διδάσκειν ὑμᾶς τινα (vl τίνα vg)
στ. τῆς ἀρχῆς τῶν λογίων τοῦ θεοῦ
2 Pe 3 10 στοιχ. δὲ καυσούμενα λυθήσεται 12

στοιχεῖν ambulare ᵇsectari (vestigia) ᶜse-
qui (regulam) ᵈpermanēre (in reg.)
Act 21 24 ἀλλὰ στοιχεῖς – φυλάσσων τὸν νόμον
Rm 4 12 τοῖς στοιχοῦσινᵇ τοῖς ἴχνεσιν τῆς ἐν
ἀκροβυστίᾳ πίστεως τοῦ – Ἀβραάμ
Gal 5 25 πνεύματι καὶ στοιχῶμεν
6 16 ὅσοι τῷ κανόνι τούτῳ σ..ήσουσινᶜ
Phl 3 16 εἰς ὃ ἐφθάσαμεν, τῷ αὐτῷ (vl + κα-
νόνι vg) στοιχεῖν (vl συστοιχεῖν)ᵈ

στολή stola
Mar 12 38 ἐν στολαῖς περιπατεῖν ‖ Luc 20 46
16 5 περιβεβλημένον στολὴν λευκήν
Luc 15 22 ταχὺ ἐξενέγκατε στολὴν τὴν πρώτην
Ap 6 11 ἐδόθη αὐτοῖς ἑκάστῳ στολὴ λευκή
7 9 περιβεβλημένους στολὰς λευκάς 13
– 14 „ἔπλυναν τὰς στ. αὐτῶν – ἐν τῷ αἵ-
ματι" τοῦ ἀρνίου 22 14 μακάριοι οἱ
„πλύνοντες τὰς στ." αὐτῶν, ἵνα

στόμα os ᵇacies
ἀνοίγειν τὸ στόμα, ἄνοιξις τοῦ στό-
ματος → ἀνοίγειν, ἄνοιξις
Mat 4 4 „διὰ στόματος θεοῦ" cfr Luc 1 70

τῶν ἁγίων ἀπ' αἰῶνος προφητῶν
Mat 12 34 ἐκ – τοῦ περισσεύματος τῆς καρδίας
τὸ στόμα λαλεῖ ‖ Luc 6 45 αὐτοῦ
15 11 οὐ τὸ εἰσερχόμενον εἰς τὸ στ. κοι-
νοῖ –, ἀλλὰ τὸ ἐκπορευόμενον ἐκ
τοῦ στόματος, τοῦτο κοινοῖ 17.18
18 16 „ἐπὶ στόματος δύο μαρτύρων ἢ τρι-
ῶν" 2 Co 13 1 „καὶ τριῶν"
21 16 „ἐκ στόματος νηπίων – κατηρτίσω"
Luc 4 22 ἐπὶ τοῖς λόγοις τῆς χάριτος τοῖς ἐκ-
πορευομένοις ἐκ τοῦ στόματ. αὐτοῦ
11 54 θηρεῦσαί τι ἐκ τοῦ στόματος αὐτοῦ
19 22 ἐκ τοῦ στόματός σου κρινῶ σε
21 15 δώσω ὑμῖν στόμα καὶ σοφίαν
– 24 στόματι μαχαίρης Hb 11 34 στ..τα[b]
22 71 ἠκούσαμεν ἀπὸ τοῦ στόματ. αὐτοῦ
Joh 19 29 προσήνεγκαν αὐτοῦ τῷ στόματι
Act (1 4 vl διὰ τοῦ στ. μου vg) 1 16 διὰ στ.
Δαυίδ 3 18 πάντων τῶν προφητῶν 21
τῶν ἁγ. – προφ. 4 25 διὰ πνεύματος ἁ-
γίου στόματος Δαυίδ 15 7 (Petrus:)
διὰ τοῦ στόματός μου ἀκοῦσαι τὰ
ἔθνη τὸν λόγον
11 8 κοινὸν ἢ ἀκάθαρτον οὐδέποτε εἰσ-
ῆλθεν εἰς τὸ στόμα μου
22 14 ἀκοῦσαι φωνὴν ἐκ τοῦ στόμ. αὐτοῦ
23 2 ἐπέταξεν – τύπτειν αὐτοῦ τὸ στόμα
Rm 3 14 „ὧν τὸ στ. ἀρᾶς καὶ πικρίας γέμει"
– 19 ἵνα πᾶν στόμα φραγῇ (obstruatur)
10 8 „ἐγγύς σου τὸ ῥῆμά ἐστιν, ἐν τῷ στ.
σου" 9 ἐὰν ὁμολογήσῃς „ἐν τῷ στ.
σου" κύριον Ἰησοῦν 10 στόματι – ὁ-
μολογεῖται εἰς σωτηρίαν
15 6 ἵνα – ἐν ἑνὶ στ. δοξάζητε τὸν θεόν
Eph 4 29 λόγος σαπρὸς ἐκ τοῦ στόματος ὑ-
μῶν μὴ ἐκπορευέσθω cfr Col 3 8
2 Th 2 8 „ἀνελεῖ τῷ πνεύμ. τοῦ στόμ. αὐτοῦ"
2 Ti 4 17 ἐρρύσθην „ἐκ στόματος λέοντος"
Hb 11 33 ἔφραξαν στόματα λεόντων 34[b]
Jac 3 3 τοὺς χαλινοὺς εἰς τὰ στ. βάλλομεν
– 10 ἐκ τοῦ αὐτοῦ στόματος ἐξέρχεται
1 Pe 2 22 „οὐδὲ εὑρέθη δόλος ἐν τῷ στόματι"
2 Jo 12 στόμα πρὸς στόμα λαλῆσαι 3 Jo 14
Jud 16 τὸ στόμα αὐτῶν λαλεῖ ὑπέρογκα
Ap 1 16 ἐκ τοῦ στόματος αὐτοῦ ῥομφαία –
ἐκπορευομένη 19 15.21 2 16 πολεμήσω
– ἐν τῇ ῥομφαίᾳ τοῦ στόματός μου
3 16 μέλλω σε ἐμέσαι ἐκ τοῦ στόματ. μου
9 17 τῶν στομάτων – πῦρ 18 11 5 cfr 16 13
πνεύματα τρία ἀκάθαρτα 12 15 ὕδωρ
ὡς ποταμόν 16 ποταμόν
– 19 ἡ – ἐξουσία τῶν ἵππων ἐν τῷ στόμ.

Ap 10 9 ἐν „τῷ στόματί σου" ἔσται γλυκύ 10
13 2 τὸ στόμα αὐτοῦ ὡς στόμα λέοντος
– 5 „στ. λαλοῦν μεγάλα" καὶ βλασφ..ίας
14 5 „ἐν τῷ στ." αὐτῶν „οὐχ εὑρ. ψεῦδος"

στόμαχος S° – stomachus 1 Ti 5 23

στρατεία militia
2 Co 10 4 τὰ – ὅπλα τῆς στρατείας ἡμῶν οὐ
σαρκικὰ ἀλλὰ δυνατὰ τῷ θεῷ
1 Ti 1 18 ἵνα στρατεύῃ – τὴν καλὴν στρατείαν

στρατεύεσθαι militare [b](part) milites
Luc 3 14 ἐπηρώτων – αὐτὸν καὶ στ..όμενοι[b]
1 Co 9 7 τίς στ..εται ἰδίοις ὀψωνίοις ποτέ;
2 Co 10 3 οὐ κατὰ σάρκα στρατευόμεθα
1 Ti 1 18 → στρατεία 2 Ti 2 4 οὐδεὶς σ..όμε-
νος ἐμπλέκεται ταῖς – πραγματείαις
Jac 4 1 οὐκ –, ἐκ τῶν ἡδονῶν ὑμῶν τῶν σ..
ομένων ἐν τοῖς μέλεσιν ὑμῶν;
1 Pe 2 11 αἵτινες σ..ονται κατὰ τῆς ψυχῆς

στράτευμα exercitus [b]milites
Mat 22 7 Luc 23 11 σὺν τοῖς στρ. (cum ex..tu)
Act 23 10[b] 27 Ap 9 16 19 14 τὰ στρα. [τὰ] ἐν τῷ οὐ-
ρανῷ 19 (sc τῶν βασιλέων τ. γῆς et
τοῦ καθημένου ἐπὶ τοῦ ἵππου)

στρατηγός magistratus
Luc 22 4 συνελάλησεν τοῖς ἀρχιερεῦσιν καὶ
στρ. 52 στρατηγοὺς τοῦ ἱεροῦ Act 4 1 ὁ
στρ. τοῦ ἱεροῦ 5 24 καὶ οἱ ἀρχ. 26 ὁ στρ.
Act 16 20 (Philippis) 22.35.36.38

στρατιά militia
Luc 2 13 πλῆθος στρατιᾶς οὐρανίου
Act 7 42 λατρεύειν τῇ στρατιᾷ τοῦ οὐρανοῦ

στρατιώτης miles Mat 8 9 ‖ Luc 7 8 – Mat
27 27 ‖ Mar 15 16 – Mat 28 12 Luc 23 36
Joh 19 2.23.24.32.34 – Act 10 7 12 4.6.18 21
32.35 23 23.31 27 31.32.42 28 16
2 Ti 2 3 συγκακοπάθησον ὡς καλὸς στρατι-
ώτης Χοῦ Ἰησοῦ

στρατολογεῖν S° – (part) cui se probavit
2 Ti 2 4 ἵνα τῷ στρατολογήσαντι ἀρέσῃ

(**στρατοπέδαρχος**, ..ης S° – vl Act 28 16 vg°)

στρατόπεδον exercitus Luc 21 20

στρεβλοῦν depravare 2 Pe 3 16

στρέφειν, στραφῆναι *convertere, ..verti*
ᵇ*praebēre* ᶜ*referre*
Mat 5 39 στρέψον ᵇ αὐτῷ καὶ τὴν ἄλλην
7 6 μήποτε – στραφέντες ῥήξωσιν ὑμᾶς
– 9 22 στραφείς – εἶπεν 16 23 Luc 7 9.
44 9 55 10 23 14 25 22 61 23 28 Joh 1 38
20 16 – 14 ἐστράφη εἰς τὰ ὀπίσω, καὶ
θεωρεῖ τὸν Ἰησοῦν
18 3 ἐὰν μὴ στραφῆτε καὶ γένησθε ὡς
27 3 ἔστρεψεν ᶜ τὰ τριάκοντα ἀργύρια
Joh 12 40 „ἵνα μὴ – στραφῶσιν, καὶ ἰάσομαι
αὐτούς"
Act 7 39 „ἐστράφησαν" (vl ἀπεστρ. vg *aversi
sunt*) ἐν τ. καρδίαις – „εἰς Αἴγυπτον"
– 42 ἔστρεψεν δὲ ὁ θεὸς καὶ παρέδωκεν
13 46 ἰδοὺ στρεφόμεθα εἰς τὰ ἔθνη
Ap 11 6 „στρέφειν (sc τὰ ὕδατα) – εἰς αἷμα"

στρηνιᾶν Sᵒ – *in deliciis esse* ᵇ*i. d. vivere*
Ap 18 7 ὅσα – ἐστρηνίασεν, τοσοῦτον δότε 9 ᵇ

στρῆνος *deliciae* Ap 18 3 δυνάμεως τοῦ στρ.

στρουθίον *passer* Mat 10 29 οὐχὶ δύο στρ.
ἀσσαρίου πωλεῖται; 31 ‖ Luc 12 6 πέντε
στρουθία πωλοῦνται ἀσσαρίων δύο; 7

στρωννύειν, στρωννύναι *sternere*
Mat 21 8 ‖ Mar 11 8 – 14 15 ἀνάγαιον – ἐστρωμέ-
νον ‖ Luc 22 12 – Act 9 34 στρῶσον σεαυτῷ

στυγητός Sᵒ – *odibilis* Tit 3 3 ἦμεν – στ..οί

στυγνάζειν *tristem (esse)* ᵇ*contristari*
[Mat 16 3 πυρράζει – στυγνάζων ὁ οὐρανός]
Mar 10 22 ὁ δὲ στυγνάσας ᵇ ἐπὶ τῷ λόγῳ

στῦλος *columna*
Gal 2 9 οἱ δοκοῦντες στῦλοι εἶναι
1 Ti 3 15 στῦλος καὶ ἑδραίωμα τῆς ἀληθείας
Ap 3 12 ποιήσω αὐτὸν στῦλον ἐν τῷ ναῷ
10 1 οἱ πόδες αὐτοῦ ὡς στῦλοι πυρός

Στωϊκοὶ φιλόσοφοι Act 17 18

συγγένεια *cognatio* Luc 1 61 Act 7 3. 14

συγγενής *cognatus* ᵇ(οἱ σ..εῖς) *cognatio*
Mar 6 4 οὐκ ἔστιν προφήτης ἄτιμος εἰ μὴ –
ἐν τοῖς συγγενεῦσιν ᵇ αὐτοῦ
Luc 1 58 2 44 14 12 21 16 Joh 18 26 Act 10 24
Rm 9 3 ὑπὲρ τῶν ἀδελφῶν μου τῶν συγγε-

νῶν μου κατὰ σάρκα 16 7 Ἀνδρόνικον
καὶ Ἰουνιᾶν τοὺς σ. μου 11 τὸν σ. μου
21 Ἰάσων καὶ Σωσίπατρος οἱ σ. μου

συγγενίς Sᵒ – *cognata* Luc 1 36 Ἐλισ. ἡ σ.

συγγνώμη *indulgentia* 1 Co 7 6 τοῦτο δὲ λέ-
γω κατὰ συγγνώμην, οὐ κατ' ἐπιταγήν

συγκαθῆσθαι Sᵒ – *sedēre (cum)* ᵇ*assidēre*
alicui Mar 14 54 Act 26 30 ᵇ

συγκαθίζειν *circumsedēre* ᵇ*consedēre* (vl
conresedēre) facere Luc 22 55
Eph 2 6 ἡμᾶς – συνήγειρεν καὶ συνεκάθισεν ᵇ
ἐν τοῖς ἐπουρανίοις ἐν Χῷ Ἰησοῦ

συγκακοπαθεῖν Sᵒ – *collaborare alicui*
2 Ti 1 8 συγκακοπάθησον τῷ εὐαγγελίῳ 2 3
σ..ησον (vl κακοπ. vg *labora*) ὡς
καλὸς στρατιώτης Χοῦ Ἰησοῦ

συγκακουχεῖσθαι Sᵒ – *affligi cum* Hb 11 25
μᾶλλον ἑλόμενος σ. τῷ λαῷ τοῦ θεοῦ

συγκαλεῖν, ..εῖσθαι *convocare*
Mar 15 16 τὴν σπεῖραν Luc 9 1 τοὺς δώδεκα 15
6 τοὺς φίλους καὶ τοὺς γείτονας 9 τὰς φί-
λας 23 13 τοὺς ἀρχιερεῖς καὶ τοὺς ἄρχοντ.
Act 5 21 τὸ συνέδριον 10 24 τ. συγγενεῖς 28 17

συγκαλύπτειν *operire* Luc 12 2

συγκάμπτειν *incurvare* Rm 11 10 „νῶτον"

συγκαταβαίνειν *descendere simul* Act 25 5

συγκατάθεσις Sᵒ – *consensus*
2 Co 6 16 τίς δὲ σ. ναῷ θεοῦ μετὰ εἰδώλων;

συγκατατίθεσθαι *consentire* Luc 23 51 βουλῇ

συγκαταψηφίζεσθαι Sᵒ – *annumerari* Act 1 26

συγκεραννύναι *temperare* ᵇ*admiscēre*
1 Co 12 24 ἀλλὰ ὁ θεὸς συνεκέρασεν τὸ σῶμα
Hb 4 2 οὐκ ὠφέλησεν ὁ λόγος τῆς ἀκοῆς
ἐκείνους μὴ συνκεκερασμένους ᵇ (vg *ad-
mistus*, vl ..μένους vg vl *admixtis*) τῇ
πίστει τοῖς ἀκούσασιν

συγκινεῖν Sᵒ – *commovēre* Act 6 12 τ. λαόν

συγκλείειν *concludere* Luc 5 6 πλῆθος ἰχθ.
Rm 11 32 συνέκλεισεν – πάντας εἰς ἀπείθειαν
Gal 3 22 συνέκλεισεν ἡ γραφὴ τὰ πάντα ὑπὸ
ἁμαρτίαν 23 ὑπὸ νόμον ἐφρουρούμεθα
συγκλειόμενοι εἰς τὴν μέλλουσαν πίστιν
ἀποκαλυφθῆναι

συγκληρονόμοι, ..α S° – *coheredes*
Rm 8 17 συγκληρονόμοι δὲ Χοῦ, εἴπερ
Eph 3 6 εἶναι τὰ ἔθνη σ..α – τῆς ἐπαγγελίας
Hb 11 9 μετὰ Ἰσαὰκ καὶ Ἰακὼβ τῶν συγκλη-
ρονόμων τῆς ἐπαγγελίας τῆς αὐτῆς
1 Pe 3 7 ὡς καὶ σ..οις χάριτος ζωῆς

συγκοινωνεῖν S° – *communicare* ᵇ*parti-
cipem esse* Eph 5 11 μὴ σ..εῖτε τοῖς ἔρ-
γοις τοῖς ἀκάρποις τοῦ σκότους Ap 18 4
ἵνα μὴ σ..ήσητε ᵇ ταῖς ἁμαρτίαις αὐτῆς
Phl 4 14 καλῶς ἐποιήσατε συγκοινωνήσαντές
μου τῇ θλίψει

συγκοινωνός S° – ᵃ*particeps* ᵇ*socius*
Rm 11 17 σ..ὸς ᵇ τῆς ῥίζης τῆς πιότητος
1 Co 9 23 ἵνα σ..ὸς ᵃ αὐτοῦ (sc τοῦ εὐαγγ.) γέ-
νωμαι Phl 17 σ..ούς ᵇ μου τῆς χάρι-
τος (vg *gaudii*) πάντας ὑμᾶς ὄντας
Ap 1 9 σ..ὸς ᵃ ἐν τῇ θλίψει καὶ βασιλείᾳ

συγκομίζειν *curare* Act 8 2 τὸν Στέφανον

συγκρίνειν *comparare*
1 Co 2 13 πνευματικοῖς πνευματικὰ σ..οντες
2 Co 10 12 οὐ – τολμῶμεν ἐγκρῖναι ἢ συγκρῖναι
ἑαυτούς τισιν – · ἀλλὰ αὐτοὶ – σ..ον-
τες ἑαυτοὺς ἑαυτοῖς οὐ συνιᾶσιν

συγκύπτειν *inclinari* Luc 13 11 ἦν σ..ουσα

κατὰ συγκυρίαν S° – *accidit ut* Luc 10 31
κ. σ. δὲ ἱερεύς τις κατέβαινεν ἐν τ. ὁδῷ

συγχαίρειν *congratulari* ᵇ*congaudēre*
Luc 1 58 συνέχαιρον αὐτῇ 15 6 συγχάρητέ μοι 9
1 Co 12 26 συγχαίρει ᵇ πάντα τὰ μέλη
13 6 συγχαίρει ᵇ δὲ τῇ ἀληθείᾳ
Phl 2 17 χαίρω καὶ σ..ω πᾶσιν ὑμῖν 18 καὶ ὑ-
μεῖς χαίρετε καὶ συγχαίρετέ μοι

συγχέειν, συγχύννειν, ..εσθαι *confundere*
ᵇ*confundi* ᶜ*mente confundi* ᵈ*concitare*
Act 2 6 τὸ πλῆθος – συνεχύθη ᶜ 9 22 συνέχυν-
νεν [τοὺς] Ἰουδ. 19 32 ἦν – ἡ ἐκκλησία συγ-

κεχυμένη ᵇ 21 27 συνέχεον ᵈ – τὸν ὄχλον
31 ὅλη συγχύννεται ᵇ Ἰερουσαλήμ

συγχρῆσθαι S° – *couti* Joh 4 9 Σαμ..ίταις

σύγχυσις *confusio* Act 19 29 ἐπλήσθη σ..εως

συζευγνύειν *coniungere* (Mar vl *iungere*)
Mat 19 6 ὃ – ὁ θεὸς συνέζευξεν ‖ Mar 10 9

συζῆν S° – *convivere* ᵇ*simul vivere cum*
Rm 6 8 πιστεύομεν ὅτι καὶ σ..σομεν ᵇ αὐτῷ
2 Co 7 3 ἐν ταῖς καρδίαις ἡμῶν ἐστε εἰς τὸ
συναποθανεῖν καὶ συζῆν
2 Ti 2 11 εἰ – συναπεθάνομεν, καὶ συζήσομεν

συζητεῖν *conquirere* ᵇ*quaerere* (*secum*) ᶜ*dis-
putare cum* Mar 1 27 8 11 αὐτῷ 9 10 πρὸς
ἑαυτούς 14 πρὸς αὐτούς 16 12 28 Luc
22 23 ᵇ πρὸς ἑαυτούς 24 15 ᵇ Act 6 9 ᶜ τῷ
Στεφάνῳ 9 29 ᶜ πρὸς τοὺς Ἑλληνιστάς

(συζήτησις vl S° – *quaestio* Act 28 29)

συζητητής S° – *conquisitor* (vl *inquisitor*)
1 Co 1 20 ποῦ συζητητὴς τοῦ αἰῶνος τούτου;

σύζυγος S° – *compar* Phl 4 3

συζωοποιεῖν S° – *convivificare*
Eph 2 5 ἡμᾶς – συνεζωοποίησεν τῷ Χῷ
Col 2 13 συνεζωοποίησεν ὑμᾶς σὺν αὐτῷ

συκάμινος *arbor morus* Luc 17 6 τῇ σ. [ταύτῃ]

συκῆ *ficus* ᵇ*arbor fici* ᶜ*ficulnea*
Mat 21 19 ἰδὼν συκῆν ᵇ –, καὶ οὐδὲν εὗρεν ἐν
αὐτῇ – ἐξηράνθη – ἡ συκῆ ᶜ 20 (vgᵒ)
21 οὐ μόνον τὸ τῆς σ.ᶜ ποιήσετε ‖
Mar 11 13. 20 τὴν σ. ἐξηραμμένην 21
24 32 ἀπὸ – τῆς σ.ᵇ μάθετε τὴν παραβο-
λήν ‖ Mar 13 28 Luc 21 29 ᶜ
Luc 13 6 συκῆν ᵇ εἶχέν τις – ἐν τῷ ἀμπελ. 7 ᶜ
Joh 1 48 ὄντα ὑπὸ τὴν συκῆν εἶδόν σε 50
Jac 3 12 μὴ δύναται – συκῆ ἐλαίας ποιῆσαι –;
Ap 6 13 „ὡς συκῆ" βάλλει τοὺς ὀλύνθους

συκομορέα S° – *arbor sycomorus* Luc 19 4

σῦκον *ficus* Mat 7 16 ‖ Luc 6 44 – Jac 3 12
Mar 11 13 ὁ γὰρ καιρὸς οὐκ ἦν σύκων

συκοφαντεῖν *calumniam facere* [b]*defraudare*
Luc 3 14 19 8 εἴ τινός τι ἐσυκοφάντησα[b]

συλαγωγεῖν S[o] – *decipere* Col 2 8 μή τις
ὑμᾶς ἔσται ὁ σ..ῶν διὰ τῆς φιλοσοφίας

συλᾶν *expoliare* 2 Co 11 8 ἄλλας ἐκκλησίας

συλλαλεῖν *loqui (cum)* [b]*colloqui*
Mat 17 3 σ..οῦντες μετ' αὐτοῦ ‖ Mar 9 4 Luc 9 30
Luc 4 36[b] 22 4 τοῖς ἀρχιερεῦσιν – Act 25 12

συλλαμβάνειν, ..εσθαι *comprehendere* [b]*apprehendere* [c]*adiuvare* [d]*capere* [e]*concipere*
Mat 26 55 ἐξήλθατε – συλλαβεῖν με ‖ Mar 14 48
cfr Luc 22 54 Joh 18 12 Act 1 16 – 123[b]
Πέτρον 23 27 26 21 μὲ Ἰουδαῖοι σ..όμενοι
Luc 1 24 συνέλαβεν[e] Ἐλισάβετ 31[e] 36[e] 2 21[e]
5 7 σ..εσθαι[c] αὐτοῖς 9 θάμβος – ἐπὶ τῇ
ἄγρᾳ τῶν ἰχθύων ὧν συνέλαβον[d]
Phl 4 3 ἐρωτῶ – σε –, συλλαμβάνου[c] αὐταῖς
Jac 1 15 ἡ ἐπιθυμία συλλαβοῦσα[e] τίκτει ἁ-
μαρτίαν, ἡ δὲ ἁμ. – ἀποκύει θάνατον

συλλέγειν *colligere* [b]*eligere*
Mat 7 16 ἀπὸ ἀκανθῶν σταφυλὰς ἢ ἀπὸ τρι-
βόλων σῦκα; ‖ Luc 6 44 σῦκα
13 28 (sc τὰ ζιζάνια) 29.30.40.41 συλλέξου-
σιν – πάντα „τὰ σκάνδαλα"
– 48 συνέλεξαν[b] τὰ καλὰ εἰς ἄγγη

συλλογίζεσθαι *cogitare* Luc 20 5 πρὸς ἑαυτ.

συλλυπεῖσθαι *contristari* Mar 3 5 σ..ούμενος
ἐπὶ τῇ πωρώσει τῆς καρδίας αὐτῶν

συμβαίνειν *contingere* [b]*accidere* [c]*evenire*
Mar 10 32 τὰ μέλλοντα αὐτῷ συμβαίνειν[c]
Luc 24 14[b] Act 3 10 20 19[b] 21 35 συνέβη
1 Co 10 11 ταῦτα – τυπικῶς συνέβαινεν ἐκείνοις
1 Pe 4 12 ὡς ξένου ὑμῖν συμβαίνοντος
2 Pe 2 22 συμβέβηκεν αὐτοῖς τὸ τῆς – παροιμίας

συμβάλλειν, ..εσθαι *conferre* [b]*committere*
(*bellum*) [c]*convenire* [d]*disserere*
Luc 2 19 σ..ουσα ἐν τ. καρδίᾳ αὐτῆς – Act 4 15
(11 53 vl σ..ειν (vg[o]) αὐτῷ περὶ πλειόνων)
14 31 ἑτέρῳ βασιλεῖ σ..λεῖν[b] εἰς πόλεμον
Act 17 18 τινὲς δὲ – συνέβαλλον[d] αὐτῷ
18 27 συνεβάλετο πολὺ τοῖς πεπιστευκόσιν
20 14 ὡς δὲ συνέβαλλεν[c] ἡμῖν εἰς – Ἄσσον

συμβασιλεύειν [a]*regnare cum* [b]*conregnare*
1 Co 4 8 ἵνα καὶ ἡμεῖς ὑμῖν συμβασιλεύσωμεν[a]
2 Ti 2 12 εἰ ὑπομένομεν, καὶ σ..εύσομεν[b]

συμβιβάζειν [a]*affirmare* [b]*certum fieri* [c]*instruere*, ..*ui* [d]*connecti* [e]*construi*
Act 9 22 σ..ων[a] ὅτι οὗτός ἐστιν ὁ χριστός
16 10 σ..οντες[b] ὅτι προσκέκληται ἡμᾶς ὁ
θεὸς εὐαγγελίσασθαι αὐτούς
19 33 ἐκ δὲ τοῦ ὄχλου συνεβίβασαν Ἀλέξαν-
δρον
1 Co 2 16 „ὃς σ..σει[c] αὐτόν;" (sc τὸν κύριον)
Eph 4 16 τὸ σῶμα – σ..όμενον[d] Col 2 19[e]
Col 2 2 σ..σθέντες[c] ἐν ἀγάπῃ καὶ εἰς πᾶν

συμβουλεύειν, ..εσθαι [a]*consilium dare*
[b]*consilium facere* [c]*suadēre*
Mat 26 4[b] Joh 18 14[a] Act 9 23[b] ἀνελεῖν αὐτόν
Ap 3 18 σ..ω[c] σοι ἀγοράσαι παρ' ἐμοῦ χρυσίον

συμβούλιον *consilium* [b]*concilium* (vl[a])
Mat 12 14 ‖ Mar 3 6 – Mat 22 15 27 1 ‖ Mar 15 1 –
Mat 27 7 28 12 Act 25 12 συλλαλήσας μετὰ τοῦ
συμβουλίου[b]

σύμβουλος *consiliarius*
Rm 11 34 „τίς σύμβουλος αὐτοῦ ἐγένετο;"

Συμεών φυλὴ Σ. Ap 7 7 – Σ. τοῦ Ἰούδα
Luc 3 30 – Σ. – ἐν Ἰερους. Luc 2 25.31
– Petrus Act 15 14 2 Pe 1 1 (vl Σίμων)
– Σ. ὁ καλούμενος Νίγερ Act 13 1

συμμαθητής S[o] – *condiscipulus* Joh 11 16

συμμαρτυρεῖν S[o] – *testimonium reddere*
[b]*testimonium perhibēre*
Rm 2 15 σ..ούσης αὐτῶν τῆς συνειδήσεως
8 16 τὸ πνεῦμα σ..εῖ τῷ πνεύματι ἡμῶν
9 1 σ..ούσης[b] μοι τῆς συνειδήσεώς μου

συμμερίζεσθαι *participare* (vl ..*ri*) *cum*
1 Co 9 13 τῷ θυσιαστηρίῳ συμμερίζονται

συμμέτοχος S[o] – *comparticeps* [b]*particeps*
Eph 3 6 εἶναι τὰ ἔθνη – σ..α τῆς ἐπαγγελίας
5 7 μὴ οὖν γίνεσθε συμμέτοχοι[b] αὐτῶν

συμμιμηταί S[o] – *imitatores* Phl 3 17 μου γίν.

συμμορφίζεσθαι S[o] – *configurari*
Phl 3 10 σ..ιζόμενος τῷ θανάτῳ αὐτοῦ

σύμμορφος S° – *conformis* ᵇ*configuratus*
Rm 829 σ..ους τῆς εἰκόνος τοῦ υἱοῦ αὐτοῦ
Phl 321 τὸ σῶμα τῆς ταπεινώσεως ἡμῶν σ..
ονᵇ τῷ σώματι τῆς δόξης αὐτοῦ

συμπαθεῖν *compati* Hb 415 μὴ δυνάμενον
συμπαθῆσαι ταῖς ἀσθενείαις ἡμῶν 1034
καὶ γὰρ τοῖς δεσμίοις συνεπαθήσατε

συμπαθής *compatiens* 1 Pe 38 σ..εῖς, φιλάδ.

συμπαραγίνεσθαι *simul adesse* Luc 2348

συμπαρακαλεῖσθαι S° – *simul consolari*
Rm 1 12 σ..κληθῆναι ἐν ὑμῖν διὰ τῆς ἐν ἀλλή-
λοις πίστεως ὑμῶν τε καὶ ἐμοῦ

συμπαραλαμβάνειν *assumere (secum)* ᵇ*re-
cipere* Act 1225 Ἰωάννην 1537.38 Παῦλος
– ἠξίου – μὴ συμπ.ᵇ τοῦτον Gal 21 Τίτον

συμπαρεῖναι *simul adesse* Act 2524

συμπάσχειν S° – *compati*
Rm 817 εἴπερ σ..ομεν ἵνα – συνδοξασθῶμεν
1 Co 1226 συμπάσχει πάντα τὰ μέλη

συμπέμπειν S° – *mittere (cum)* 2 Co 818.22

συμπεριλαμβάνειν *complecti* Act 2010

συμπίνειν *bibere cum* Act 1041 αὐτῷ

συμπίπτειν *cadere* Luc 649 (οἰκία)

συμπληροῦν *complēre* Luc 823 951 Act 21

συμπνίγειν S° – *suffocare* ᵇ*comprimere*
Mat 1322 τὸν λόγον ‖ Mar 47.19 Luc 814 – 42ᵇ

συμπολῖται S° – *cives* Eph 219 τῶν ἁγίων

συμπορεύεσθαι *ire cum*
Mar 10 1 συμπορεύονται – ὄχλοι πρὸς αὐτὸν
Luc 711 οἱ μαθηταὶ 1425 ὄχλοι 2415 Ἰησοῦς

συμπόσιον *contubernium* Mar 639 ἀναχλῖ-
ναι – σ..α σ..α (*secundum c..ia*)

συμπρεσβύτερος S° – *consenior* 1 Pe 51

συμφάναι, σύμφημι S° – *consentire*
Rm 716 σύμφημι τῷ νόμῳ ὅτι καλός

συμφέρειν

1) *conferre* Act 1919 τὰς βίβλους

2) συμφέρει, ..ον *expedit* ᵇ*utile est*
Mat 529 συμφέρει – σοὶ ἵνα ἀπόληται ἕν 30
18 6 συμφέρει αὐτῷ ἵνα κρεμασθῇ μύλος
1910 εἰ οὕτως –, οὐ συμφέρει γαμῆσαι
Joh 1150 σ..ει ὑμῖν ἵνα εἷς – ἀποθάνῃ 1814
16 7 συμφέρει ὑμῖν ἵνα ἐγὼ ἀπέλθω
1 Co 612 ἀλλ᾽ οὐ πάντα συμφέρει 1023
2 Co 810 γνώμην ἐν τούτῳ δίδωμι· τοῦτο γὰρ
ὑμῖν συμφέρειᵇ
12 1 καυχᾶσθαι δεῖ, οὐ συμφέρον μέν

3) τὸ συμφέρον *utile* ᵇ*utilitas*
Act 2020 οὐδὲν ὑπεστειλάμην τῶν σ..όντων
1 Co 12 7 ἑκάστῳ – δίδοται ἡ φανέρωσις τοῦ
πνεύματος πρὸς τὸ συμφέρονᵇ
Hb 1210 ὁ δὲ ἐπὶ τὸ σ..ον (sc παιδεύει)

σύμφορον, τό *utilitas* ᵇ*quod utile est*
1 Co 735 πρὸς τὸ ὑμῶν αὐτῶν σύμφορον λέγω
1033 μὴ ζητῶν τὸ ἐμαυτοῦ σύμφορονᵇ

συμφυλέται S° – *contribules* 1 Th 214

σύμφυτος *complantatus* Rm 65 εἰ γὰρ σ..οι
γεγόναμεν τῷ ὁμοιώματι τοῦ θαν.

συμφύεσθαι S° – *simul exoriri* Luc 87

συμφωνεῖν *convenire* ᵇ*convenit alicui* ᶜ*con-
ventionem facere* ᵈ*concordare* ᵉ*con-
sentire*
Mat 1819 ἐὰν δύο σ..ήσωσινᵉ ἐξ ὑμῶν – περὶ
20 2ᶜ ἐκ δηναρίου τὴν ἡμέραν 13 δηναρίου
Luc 536 τῷ παλαιῷ οὐ σ..ήσει τὸ ἐπίβλημα
Act 5 9 τί ὅτι συνεφωνήθη ὑμῖνᵇ πειράσαι
1515 τούτῳ σ..οῦσινᵈ οἱ λόγοι τῶν προφ.

συμφώνησις S° – *conventio*
2 Co 615 τίς δὲ συμφ. Χοῦ πρὸς Βελιάρ – ;

συμφωνία *symphonia* Luc 1525

ἐκ συμφώνου *ex consensu* 1 Co 75

συμψηφίζειν S° – *computare* Act 1919

σύμψυχος S° – *unanimis* Phl 22 σ..οι

*σύν *cum*
Rm 6 8 εἰ δὲ ἀπεθάνομεν σὺν Χριστῷ

Rm 8 32 πῶς οὐχὶ καὶ σὺν αὐτῷ τὰ πάντα
ἡμῖν χαρίσεται;
1 Co 10 13 ποιήσει σὺν τῷ πειρασμῷ καὶ τὴν
ἔκβασιν τοῦ δύνασθαι ὑπενεγκεῖν
15 10 ἀλλὰ ἡ χάρις τοῦ θεοῦ [ἡ] σὺν ἐμοί
2 Co 4 14 καὶ ἡμᾶς σὺν Ἰησοῦ ἐγερεῖ
13 4 ζήσομεν σὺν αὐτῷ ἐκ δυνάμ. θεοῦ
Gal 3 9 εὐλογοῦνται σὺν τῷ πιστῷ Ἀβραάμ
Phl 1 23 ἀναλῦσαι καὶ σὺν Χριστῷ εἶναι
Col 2 13 συνεζωοποίησεν ὑμᾶς σὺν αὐτῷ
– 20 εἰ ἀπεθάνετε σὺν Χῷ ἀπὸ τῶν στοιχ.
3 3 ἡ ζωὴ ὑμῶν κέκρυπται σὺν τῷ Χρι-
στῷ ἐν τῷ θεῷ 4 καὶ ὑμεῖς σὺν αὐτῷ
φανερωθήσεσθε ἐν δόξῃ
1 Th 4 14 ὁ θεὸς τοὺς κοιμηθέντας διὰ τοῦ
Ἰησοῦ ἄξει σὺν αὐτῷ
– 17 οὕτως πάντοτε σὺν κυρίῳ ἐσόμεθα
5 10 ἵνα – ἅμα σὺν αὐτῷ ζήσωμεν

συνάγειν, ..εσθαι congregare, ..ri [b]convenire
[c]colligere [d]conversari
Mat 2 4 τοὺς ἀρχιερεῖς καὶ γραμματεῖς cfr
22 34 συνήχθησαν[b] 41 26 3.57[b] 27 62[b]
28 12 – Mar 7 1[b] Luc 22 66 συνήχθη[b]
τὸ πρεσβυτέριον Joh 11 47 συνήγα-
γον[c] – συνέδριον Act 4 5.26 „οἱ ἄρ-
χοντες συνήχθησαν[b] ἐπὶ τὸ αὐτό"
27[b] ἐπὶ – Ἰησοῦν
3 12 συνάξει τὸν σῖτον – εἰς τὴν ἀποθή-
κην ‖ Luc 3 17 – Mat 13 30 6 26
12 30 ὁ μὴ σ..ων μετ' ἐμοῦ ‖ Luc 11 23[c]
13 2 συνήχθησαν πρὸς αὐτὸν ὄχλοι πολ-
λοί ‖ Mar 4 1 cfr 22[b] 5 21[b]
– 47 σαγήνῃ – ἐκ παντὸς γένους συναγα-
γούσῃ 22 10 συνήγαγον – οὓς εὗρον
18 20 οὗ – εἰσιν δύο ἢ τρεῖς συνηγμένοι
24 28 ἐκεῖ συναχθήσονται οἱ ἀετοί
25 24 συνάγων ὅθεν οὐ διεσκόρπισας 26
– 32 συναχθήσονται – πάντα τὰ ἔθνη
– 35 ξένος ἤμην καὶ συνηγάγετέ[c] με 38[c]
43 καὶ οὐ συνηγάγετέ[c] με
27 17.27 συνήγαγον ἐπ' αὐτὸν – τ. σπεῖραν
Mar 6 30 σ..ονται[b] οἱ ἀπόστολοι πρὸς τὸν Ἰη-
σοῦν cfr Joh 18 2 πολλάκις συνήχθη[b]
Ἰησοῦς ἐκεῖ μετὰ τῶν μαθητῶν
Luc 12 17 τοῦ συνάξω τοὺς καρπούς μου; 18
15 13 συναγαγὼν πάντα ὁ νεώτερος υἱός
Joh 4 36 συνάγει καρπὸν εἰς ζωὴν αἰώνιον
6 12 συναγάγετε[c] τὰ – κλάσματα 13[c]
11 52 ἵνα καὶ τὰ τέκνα τοῦ θεοῦ τὰ διε-
σκορπισμένα συναγάγῃ εἰς ἕν
15 6 σ..ουσιν[c] – καὶ εἰς τ. πῦρ βάλλουσιν

Act 4 31 ὁ τόπος ἐν ᾧ ἦσαν συνηγμένοι
11 26 ἐνιαυτὸν ὅλον συναχθῆναι[d] ἐν τῇ
ἐκκλησίᾳ 14 27 συναγαγόντες τὴν ἐκ-
κλ. 15 30 τὸ πλῆθος – 15 6 συνήχθη-
σάν[b] τε οἱ ἀπόστολοι καὶ οἱ πρεσβ.
13 44 ἡ πόλις συνήχθη[b] ἀκοῦσαι τ. λόγον
20 7 συνηγμένων[b] ἡμῶν κλάσαι ἄρτον
– 8 ἐν τῷ ὑπερῴῳ οὗ ἦμεν συνηγμένοι
1 Co 5 4 ἐν τῷ ὀνόματι τ. κυρίου [ἡμῶν] Ἰη-
σοῦ συναχθέντων ὑμῶν κ. τοῦ ἐμοῦ
πνεύματος σὺν τ. δυνάμει τοῦ κυρ.
Ap 16 14 εἰς τὸν πόλεμον 20 8 – 16 16 εἰς – Ἁρ-
μαγεδών – 19 19 ποιῆσαι τὸν πόλεμ.
19 17 „συνάχθητε εἰς τὸ" δεῖπνον – τ. θεοῦ

συναγωγή synagoga [b]conventus
Mat 4 23 διδάσκων ἐν ταῖς σ. αὐτῶν ‖ Mar 1 39
κηρύσσων εἰς τὰς σ. Luc 4 44 τῆς Ἰου-
δαίας (vl Γαλ.) – Mat 9 35 Luc 4 15
6 2 ἐν ταῖς συναγ. καὶ ἐν ταῖς ῥύμαις 5
10 17 ἐν ταῖς σ. αὐτῶν μαστιγώσουσιν ὑ-
μᾶς Mar 13 9 εἰς σ..ὰς δαρήσεσθε ‖
Luc 21 12 – 12 11 ὅταν δὲ εἰσφέρω-
σιν ὑμᾶς ἐπὶ τὰς σ. – Mat 23 34 ἐξ
αὐτῶν μαστιγώσετε ἐν ταῖς σ. ὑμῶν
12 9 ἦλθεν εἰς τὴν σ. αὐτῶν ‖ Mar 31 Luc
6 6 εἰσελθεῖν αὐτὸν – καὶ διδάσκειν
13 54 ἐδίδασκεν – ἐν τῇ σ. (Naz.) ‖ Mar 6 2
Luc 4 16.20.28 – Mar 1 21 (Caph.) – 23
ἦν ἐν τῇ σ. αὐτῶν ἄνθρ. ἐν πνεύματι
ἀκαθάρτῳ 29 ‖ Luc 4 33.38 cfr Joh
6 59 ἐν σ..ῇ διδάσκων ἐν Καφαρν. –
Luc 13 10 ἐν μιᾷ τῶν συναγ.
23 6 φιλοῦσιν – τὰς πρωτοκαθεδρίας ἐν
ταῖς σ. ‖ Mar 12 39 Luc 11 43 20 46
Luc 7 5 τὴν σ. αὐτὸς ᾠκοδόμησεν ἡμῖν
8 41 ἄρχων τῆς συναγωγῆς ὑπῆρχεν
Joh 18 20 ἐγὼ πάντοτε ἐδίδαξα ἐν συναγωγῇ
Act 6 9 ἐκ τῆς σ. τῆς λεγομένης Λιβερτίνων
9 2 ἐπιστολὰς εἰς Δαμ. πρὸς τὰς συν.
– 20 εὐθέως ἐν ταῖς σ. ἐκήρυσσεν τὸν Ἰη.
13 5 κατήγγελλον τὸν λόγον τοῦ θεοῦ ἐν
ταῖς σ. τῶν Ἰουδ. 14.43 λυθείσης – τῆς
σ. 14 1 (Iconii) 17 1 (Thess.) 10 (Ber.)
17 18 4 (Cor.) 7.19 (Eph.) 26 19 8 –
24 12 (Jerus.)
15 21 Μωϋσῆς – τοὺς κηρύσσοντας αὐτὸν
ἔχει ἐν ταῖς σ. κατὰ πᾶν σάββατον
22 19 δέρων κατὰ τὰς σ. τοὺς πιστεύοντας
ἐπὶ σέ 26 11 κατὰ πάσας τὰς συναγ.
Jac 2 2 ἐὰν – εἰσέλθῃ εἰς συναγωγήν[b] ὑμῶν
Ap 2 9 σ. τοῦ σατανᾶ 3 9 ἐκ τῆς σ. τοῦ σατ.

συναγωνίζεσθαι S° – adiuvare
Rm 15 30 σ..σασθαί μοι ἐν ταῖς προσευχαῖς
  ὑπὲρ ἐμοῦ πρὸς τὸν θεόν

συναθλεῖν S° – ᵃcollaborare ᵇlaborare cum
Phl 1 27 μιᾷ ψυχῇ σ..οῦντες ᵃ τῇ πίστει
  4 3 ἐν τῷ εὐαγγελίῳ συνήθλησάν ᵇ μοι

συναθροίζειν ᵃcongregare ᵇconvocare
Act 12 12ᵃ 19 25 οὓς συναθροίσας ᵇ – εἶπεν

συναίρειν S° – rationem ponere
Mat 18 23 συνᾶραι λόγον μετὰ τ. δούλων 24 25 19

συναιχμάλωτος S° – concaptivus
Rm 16 7 τοὺς – σ. μου Col 4 10 ὁ σ. μου Phm 23

συνακολουθεῖν sequi Mar 5 37 14 51 Luc 23 49

συναλίζεσθαι S° – convesci Act 14 (vl ..αυλ.)

συναλλάσσειν S° – reconciliare Act 7 26 συν-
  ήλλασσεν (vl συνήλασεν) – εἰς εἰρήνην

συναναβαίνειν simul ascendere
Mar 15 41 αἱ συναναβᾶσαι αὐτῷ εἰς Ἱεροσόλ.
Act 13 31 ὃς ὤφθη – τοῖς συναναβᾶσιν αὐτῷ

συνανακεῖσθαι discumbere cum ᵇsimul dis-
  cumbere ᶜsimul accumbere ᵈsimul
  recumbere ᵉpariter recumbere
Mat 9 10 τελῶναι καὶ ἁμαρτωλοὶ – συνανέκειν-
  το τῷ Ἰησοῦ ‖ Mar 2 15 – Mat 14 9 διὰ –
  τοὺς σ..μένους ᶜ ‖ Mar 6 22ᵈ – Luc 7 49ᶜ
  14 10 ἔσται σοι δόξα ἐνώπιον – τῶν σ..μέ-
  νων ᵇ σοι 15 ἀκούσας – τις τῶν σ..μένων ᵇ

συναναμίγνυσθαι commisceri
1 Co 5 9 μὴ σ. πόρνοις 11 μὴ σ. ἐάν τις ἀδελ-
  φὸς – ἢ πόρνος – 2 Th 3 14 μὴ σ. αὐτῷ

συναναπαύεσθαι refrigerari cum
Rm 15 32 ἵνα ἐν χαρᾷ ἐλθὼν – σ..σωμαι ὑμῖν

συναντᾶν ᵃobviam venire ᵇobviare ᶜoccur-
  rere ᵈventurum esse
Luc 9 (18 vl) 37ᶜ 22 10ᶜ Act 10 25ᵃ 20 22 τὰ ἐν
  αὐτῇ (sc Ἱερουσ.) συναντήσοντά ᵈ μοι
  μὴ εἰδώς – Hb 7 1 ὁ „σ..ήσας ᵇ Ἀβρ." 10
  ὅτε συνήντησεν ᵇ αὐτῷ Μελχισέδεκ

(εἰς συνάντησιν obviam vl Mt 8 34)

συναντιλαμβάνεσθαι adiuvare
Luc 10 40 ἵνα μοι σ..λάβηται (sc Μάρθα)
Rm 8 26 τὸ πνεῦμα σ..εται τῇ ἀσθενείᾳ ἡμῶν

συναπάγεσθαι (pass) ᵃconsentire ᵇduci ab
  aliquo in aliquid ᶜtraduci (vl transd.)
Rm 12 16 ἀλλὰ τοῖς ταπεινοῖς σ..όμενοι ᵃ
Gal 2 13 Βαρν. σ..ήχθη ᵇ αὐτῶν τῇ ὑποκρίσει
2 Pe 3 17 τῇ τῶν ἀθέσμων πλάνῃ σ..χθέντες ᶜ

συναποθνήσκειν commori
Mar 14 31 ἐὰν δέῃ με συναποθανεῖν σοι
2 Co 7 3 εἰς τὸ συναποθανεῖν καὶ συζῆν
2 Ti 2 11 εἰ γὰρ σ..εθάνομεν, καὶ συζήσομεν

συναπόλλυσθαι perire cum Hb 11 31

συναποστέλλειν mittere cum 2 Co 12 18

συναρμολογεῖσθαι (pass) S° – ᵃconstrui
  ᵇcompingi Eph 2 21 πᾶσα οἰκοδομὴ σ..ου-
  μένη ᵃ 4 16 ἐξ οὗ πᾶν τὸ σῶμα σ..ούμενον ᵇ

συναρπάζειν arripere ᵇrapere
Luc 8 29 συνηρπάκει αὐτόν (sc τὸ πνεῦμα)
Act 6 12 ᵇ 19 29 ᵇ 27 15 σ..σθέντος – τοῦ πλοίου

συναυξάνεσθαι crescere Mat 13 30 ἀμφότερα

συνδεδεμένοι simul vincti Hb 13 3 → δέσμιος

σύνδεσμος vinculum ᵇconiunctio ᶜobligatio
Act 8 23ᶜ „ἀδικίας" Eph 4 3 εἰρήνης
Col 2 19 διὰ τῶν ἁφῶν καὶ συνδέσμων ᵇ
  3 14 ἀγάπην, ὅ ἐστιν σ. τῆς τελειότητος

συνδοξάζεσθαι (pass) S° – conglorificari
Rm 8 17 συμπάσχομεν ἵνα καὶ σ..σθῶμεν

σύνδουλος conservus
Mat 18 28 εὗρεν ἕνα τῶν σ. αὐτοῦ 29 πεσὼν –
  ὁ σ. – παρεκάλει αὐτόν 31 ἰδόντες –
  οἱ σ. 33 καὶ σὲ ἐλεῆσαι τὸν σ. σου –;
  24 49 ἐὰν – ἄρξηται τύπτειν τοὺς σ. αὐτοῦ
Col 1 7 τοῦ ἀγαπητοῦ σ. ἡμῶν 4 7 ὁ – πιστὸς
  διάκονος καὶ σύνδουλος ἐν κυρίῳ
Ap 6 11 ἕως πληρωθῶσιν καὶ οἱ σύνδ. αὐτῶν
  19 10 ὅρα μή· σύνδουλός σού εἰμι 22 9

συνδρομή concursio Act 21 30 τοῦ λαοῦ

συνεγείρειν, ..εσθαι ᵃconresuscitare ᵇcon-
  surgere ᶜresurgere
Eph 2 6 ἡμᾶς – τῷ Χῷ – συνήγειρεν ᵃ

Col 2 12 ἐν ᾧ καὶ συνηγέρθητε[c] διὰ τῆς πί-
στεως 3 1 εἰ οὖν συνηγέρθητε[b] τῷ Χῷ

συνέδριον concilium

Mat 5 22 ῥακά, ἔνοχος ἔσται τῷ συνεδρίῳ
    10 17 παραδώσουσιν γὰρ ὑμᾶς εἰς συνέ-
       δρια Mar 13 9
    26 59 οἱ δὲ ἀρχιερεῖς καὶ τὸ συν. ὅλον ‖
       Mar 14 55 15 1 cfr Luc 22 66
Joh 11 47 συνήγαγον – οἱ ἀρχιερεῖς – συνέδριον
Act 4 15 5 21 συνεκάλεσαν τὸ σ. 27 ἔστησαν ἐν
      τῷ συν. 34 ἀναστὰς – ἐν τῷ συν. 41 ἀπὸ
      προσώπου τοῦ σ. 6 12.15 22 30 συνελθεῖν
      τοὺς ἀρχιερ. καὶ πᾶν τὸ σ. 23 1.6 ἔκρα-
      ζεν ἐν τῷ συνεδρίῳ 15.20.28 24 20

συνειδέναι (σύνοιδα) conscium esse

Act 5 2 συνειδυίης καὶ τῆς γυναικός
1 Co 4 4 οὐδὲν γὰρ ἐμαυτῷ σύνοιδα

συνείδησις conscientia

[[Joh 8 9 vl ὑπὸ τῆς συν. ἐλεγχόμενοι vgº]]
Act 23 1 ἐγὼ πάσῃ σ..ει ἀγαθῇ πεπολίτευμαι
    24 16 ἀσκῶ ἀπρόσκοπον σ..ιν ἔχειν πρός
Rm 2 15 συμμαρτυρούσης αὐτῶν τῆς σ. 9 1
      μοι τῆς συν. μου ἐν πνεύματι ἁγίῳ
    13 5 ἀνάγκη ὑποτάσσεσθαι, οὐ μόνον διὰ
      τὴν ὀργὴν ἀλλὰ καὶ διὰ τὴν συνείδ.
1 Co 8 7 (vl τῇ σ. – τοῦ εἰδώλου – συνήθεια)
      ἡ σ. αὐτῶν ἀσθενὴς οὖσα μολύνεται
      10 ἡ σ. αὐτοῦ ἀσθενοῦς ὄντος 12 τύ-
      πτοντες αὐτῶν τὴν σ. ἀσθενοῦσαν
      εἰς Χὸν ἁμαρτάνετε
    10 25 ἐσθίετε μηδὲν ἀνακρίνοντες διὰ τὴν
      σ. 27.28 μὴ ἐσθίετε δι' ἐκεῖνον τὸν
      μηνύσαντα καὶ τὴν σ. 29 σ..ιν δὲ λέ-
      γω – τὴν τοῦ ἑτέρου. ἱνατί γὰρ ἡ ἐ-
      λευθερία μου κρίνεται ὑπὸ ἄλλης
      συνειδήσεως
2 Co 1 12 τὸ μαρτύριον τῆς συν. ἡμῶν, ὅτι ἐν
    4 2 συνιστάνοντες ἑαυτοὺς πρὸς πᾶσαν
      συνείδησιν ἀνθρώπων ἐνώπιον τ. θεοῦ
    5 11 ἐλπίζω δὲ καὶ ἐν ταῖς συνειδήσεσιν
      ὑμῶν πεφανερῶσθαι
1 Ti 1 5 ἀγάπη ἐκ – συνειδήσεως ἀγαθῆς
    – 19 ἔχων πίστιν καὶ ἀγαθὴν συνείδησιν,
      ἥν τινες ἀπωσάμενοι – ἐναυάγησαν
    3 9 ἔχοντας τὸ μυστήριον τῆς πίστεως
      ἐν καθαρᾷ συνειδήσει 2 Ti 1 3 ᾧ λα-
      τρεύω – ἐν καθαρᾷ συνειδήσει
    4 2 κεκαυστηριασμένων τὴν ἰδίαν συν.
Tit 1 15 μεμίανται αὐτῶν καὶ ὁ νοῦς καὶ ἡ σ.

Hb 9 9 θυσίαι – μὴ δυνάμεναι κατὰ σ..ιν τε-
      λειῶσαι 14 τὸ αἷμα τοῦ Χοῦ – καθα-
      ριεῖ τὴν σ. ἡμῶν ἀπὸ νεκρῶν ἔργων
    10 2 μηδεμίαν ἔχειν ἔτι σ..ιν ἁμαρτιῶν
      – 22 ῥεραντισμένοι – ἀπὸ σ..εως πονηρᾶς
    13 18 ὅτι καλὴν συνείδησιν ἔχομεν
1 Pe 2 19 εἰ διὰ συνείδησιν θεοῦ ὑποφέρει τις
      λύπας πάσχων ἀδίκως
    3 16 συνείδησιν ἔχοντες ἀγαθήν, ἵνα
    – 21 σ..εως ἀγαθῆς ἐπερώτημα εἰς θεόν

συνεῖναι esse cum [b](ὁ συνών) comes

Luc 9 18 συνῆσαν αὐτῷ – Act 22 11[b]

συνεισέρχεσθαι introire cum   Joh 6 22 18 15

συνέκδημος S[o] – comes [b]comes peregrina-
       tionis   Act 19 29 σ..ους Παύλου   2 Co 8 19[b]

ἡ συνεκλεκτή S[o] – coëlecta   1 Pe 5 13 ἐν Βαβυ.

συνέπεσθαι comitari   Act 20 4

συνεπιμαρτυρεῖν S[o] – contestari   Hb 2 4

συνεπιτίθεσθαι adicere   Act 24 9 σ..έθεντο

συνεργεῖν cooperari [b]adiuvare

[[Mar 16 20 τοῦ κυρίου σ..οῦντος – διὰ – σημείων]]
Rm 8 28 τοῖς ἀγαπῶσιν τὸν θεὸν πάντα συν-
      εργεῖ (vl ὁ θεὸς) εἰς ἀγαθόν
1 Co 16 16 ἵνα καὶ ὑμεῖς ὑποτάσσησθε – παντὶ
      τῷ συνεργοῦντι καὶ κοπιῶντι
2 Co 6 1 σ..οῦντες[b] δὲ καὶ παρακαλοῦμεν
Jac 2 22 ἡ πίστις συνήργει τοῖς ἔργοις αὐτοῦ

συνεργός adiutor [b]cooperator

Rm 16 3 Πρίσκαν καὶ Ἀκύλαν τοὺς σ. μου 9
      Οὐρβανὸν τὸν σ. ἡμῶν 21 Τιμόθεος
1 Co 3 9 θεοῦ γάρ ἐσμεν συνεργοί 1 Th 3 2 Τι-
      μόθεον, τὸν – συνεργὸν τοῦ θεοῦ
2 Co 1 24 συνεργοί ἐσμεν τῆς χαρᾶς ὑμῶν
    8 23 κοινωνὸς ἐμὸς καὶ εἰς ὑμᾶς σ..ός
Phl 2 25 τὸν – σ..ὸν[b] καὶ συστρατιώτην μου
    4 3 Κλήμεντος καὶ τῶν λοιπῶν συν. μου
Col 4 11 συνεργοί εἰς τὴν βασιλείαν τοῦ θεοῦ
Phm 1 Φιλήμονι τῷ ἀγαπητῷ καὶ σ. ἡμῶν
      24 Μᾶρκος, –, Λουκᾶς, οἱ συνεργοί μου
3 Jo 8 ἵνα σ..οὶ[b] γινώμεθα τῇ ἀληθείᾳ

συνέρχεσθαι convenire [b]venire cum [c]comi-
       tari [d]concurrere [e]congregari [f]ire cum
Mat 1 18 πρὶν ἢ συνελθεῖν αὐτούς

Mar 3 20 σ..εται – [ὁ] ὄχλος Luc 515 – Mar 14
53 σ..ονται (vl + αὐτῷ) – οἱ ἀρχιερεῖς
Luc 2355 αἵτινες ἦσαν συνεληλυθυῖαι[b] ἐκ τῆς
Γαλιλαίας αὐτῷ
Joh 1133 τοὺς συνελθόντας[b] αὐτῇ Ἰουδαίους
1820 ὅπου πάντες οἱ Ἰουδαῖοι σ..ονται
Act 1 6 οἱ – συνελθόντες 26 συνῆλθεν τὸ πλῆ-
θος 516[d] 1027 1613 ταῖς συνελθού-
σαις γυναιξίν 1932 (2122 vl δεῖ συν-
ελθεῖν πλῆθος) 2230 2817 – 2517
– 21 τῶν συνελθόντων[e] ἡμῖν ἀνδρῶν
939 Πέτρος συνῆλθεν[b] αὐτοῖς 1023[c] 45[b]
1112[f] – 2116 συνῆλθον[b] – τῶν μαθητῶν
1538 τὸν ἀποστάντα ἀπ᾽ αὐτῶν – καὶ μὴ
συνελθόντα[f] αὐτοῖς εἰς τὸ ἔργον
1 Co (7 5 vl ἵνα – πάλιν ἐπὶ τὸ αὐτὸ συνέρ-
χησθε vg revertimini)
1117 ὅτι – εἰς τὸ ἧσσον συνέρχεσθε 18 σ..
ομένων ὑμῶν ἐν ἐκκλησίᾳ 20 ἐπὶ τὸ
αὐτὸ 33 σ..όμενοι εἰς τὸ φαγεῖν 34
ἵνα μὴ εἰς κρίμα συνέρχησθε
1423 ἐὰν οὖν συνέλθῃ ἡ ἐκκλησία ὅλη ἐπὶ
τὸ αὐτό 26 ὅταν συνέρχησθε

συνεσθίειν manducare cum [b]cibum sumere
cum [c]edere (cm) Luc 152 καὶ σ..ει αὐτοῖς
Act 1041 οἵτινες συνεφάγομεν – αὐτῷ μετὰ τό
11 3 καὶ συνέφαγες αὐτοῖς (sc ἔθνεσιν)
1 Co 511 τῷ τοιούτῳ μηδὲ συνεσθίειν[b]
Gal 212 μετὰ τῶν ἐθνῶν συνήσθιεν[c]

σύνεσις intellectus [b]prudentia
Mar 1233 „ἀγαπᾶν αὐτὸν – ἐξ ὅλης τῆς σ..εως"
Luc 247 ἐπὶ τῇ σ.[b] καὶ ταῖς ἀποκρίσεσιν
1 Co 119 „τὴν σ..ιν[b] τῶν συνετῶν ἀθετήσω"
Eph 3 4 νοῆσαι τὴν σ.[b] μου ἐν τῷ μυστηρίῳ
Col 1 9 ἐν πάσῃ σοφίᾳ καὶ σ..ει πνευματικῇ
2 2 πλοῦτος τῆς πληροφορίας τῆς συν.
2 Ti 2 7 δώσει – σοι ὁ κύριος σ..ιν ἐν πᾶσιν

συνετός prudens
Mat 1125 ὅτι ἔκρυψας ταῦτα ἀπὸ σοφῶν καὶ
συνετῶν ‖ Luc 1021 – 1 Co 119 → σύνεσις
Act 13 7 σὺν – Σεργίῳ Παύλῳ, ἀνδρὶ συνετῷ

συνευδοκεῖν consentire
Luc 1148 σ..εῖτε τοῖς ἔργοις τῶν πατέρων ὑμῶν
Act 8 1 ἦν σ..ῶν τῇ ἀναιρέσει αὐτοῦ 2220
Rm 132 ἀλλὰ καὶ σ..οῦσιν τοῖς πράσσουσιν
1 Co 712 εἰ – αὕτη σ..εῖ οἰκεῖν μετ᾽ αὐτοῦ 13
οὗτος σ..εῖ οἰκεῖν μετ᾽ αὐτῆς

συνευωχεῖσθαι S⁰ – luxuriari [b]convivari
2 Pe 213 σ..ούμενοι ὑμῖν Jud 12[b] ἀφόβως

συνεφιστάναι S⁰ – currere (vl conc.) Act 1622

συνέχειν, συνέχεσθαι tenēre, ..ri [b]coangu-
stare [c]coarctari (vl coart.) [d]compre-
hendi [e]comprimere [f]continēre [g]instare
(verbo) [h]vexari [i]urgēre
Mat 424 τοὺς – βασάνοις σ..ομένους[d] cfr Luc
438 πυρετῷ μεγάλῳ 837 φόβῳ Act
288[h] πυρετοῖς καὶ δυσεντερίῳ
Luc 845 οἱ ὄχλοι σ..ουσίν[e] σε 1943 συνέξου-
σίν[b] σε πάντοθεν 2263 οἱ ἄνδρες οἱ
σ..οντες αὐτόν – Act 757[f] τὰ ὦτα
1250 πῶς σ..ομαι[c] ἕως ὅτου τελεσθῇ
Act 18 5 συνείχετο[g] τ. λόγῳ (vl πνεύ.) ὁ Παῦ.
2 Co 514 ἡ – ἀγάπη τοῦ Χοῦ συνέχει[i] ἡμᾶς
Phl 123 συνέχομαι[c] δὲ ἐκ τῶν δύο

συνήδεσθαι S⁰ – condelectari Rm 722 συν-
ήδομαι – τῷ νόμῳ – κατὰ τὸν ἔσω ἄνθρωπ.

συνήθεια consuetudo Joh 1839 ἔστιν – σ. ὑμῖν
1 Co 8 7 τῇ συνηθείᾳ (vl συνειδήσει vg con-
scientia) ἕως ἄρτι τοῦ εἰδώλου
1116 ἡμεῖς τοιαύτην σ..αν οὐκ ἔχομεν

συνηλικιώτης S⁰ – coaetaneus Gal 114

συνθάπτεσθαι S⁰ – consepeliri Rm 64 συν-
ετάφημεν – αὐτῷ διὰ τοῦ βαπτίσματος
Col 212 συνταφέντες αὐτῷ ἐν τῷ βαπτ.

συνθλᾶσθαι confringi [b]conquassari
[Mat 2144 συνθλασθήσεται] ‖ Luc 2018[b]

συνθλίβειν comprimere Mar 524.31

συνθρύπτειν S⁰ – affligere Act 2113 καρδίαν

συνιέναι (εἶμι) S⁰ – convenire Luc 84 (ὄχλος)

συνιέναι (συνίημι et συνίω) intelligere
Mat 1313.14 „οὐ μὴ συνῆτε" 15 „μήποτε – τῇ
καρδίᾳ συνῶσιν" 19 ἀκούοντος – καὶ
μὴ συνιέντος 23 ἀκούων καὶ συνιείς
‖ Mar 412 Luc 810 – Act 2826s –
(vl Mar 49 ὁ συνίων συνιέτω vg⁰)
– 51 συνήκατε ταῦτα πάντα; – ᾽ ναί
1510 ἀκούετε καὶ συνίετε ‖ Mar 714
1612 τότε συνῆκαν ὅτι οὐκ εἶπεν 1713

Mar 652 οὐ – συνῆκαν ἐπὶ τοῖς ἄρτοις 817 οὔ-
   πω νοεῖτε οὐδὲ συνίετε; 21 οὔπω σ.;
Luc 250 οὐ συνῆκαν τὸ ῥῆμα 1834 οὐδὲν – σ.
   2445 τὸν νοῦν τοῦ συνιέναι τὰς γραφάς
Act 725 ἐνόμιζεν – συνιέναι τοὺς ἀδελφοὺς
   [αὐτοῦ] ὅτι – οἱ δὲ οὐ συνῆκαν
Rm 311 „οὐκ ἔστιν ὁ συνίων"
   1521 „οἳ οὐκ ἀκηκόασιν συνήσουσιν"
2 Co 1012 οὐ συνιᾶσιν (vgᵒ). ἡμεῖς δέ
Eph 517 συνίετε τί τὸ θέλημα τοῦ κυρίου

συνιστάνειν, ..ιστάναι commendare, ..i ᵇex-
   hibēre ᶜconsistere ᵈconstare ᵉcon-
   stituere ᶠstare cum
Luc 932 τοὺς – ἄνδρας τοὺς συνεστῶταςᶠ αὐτῷ
Rm 3 5 εἰ – ἡ ἀδικία ἡμῶν θεοῦ δικαιοσύνην
   συνίστησιν 58 συνίστησιν – τὴν ἑαυ-
   τοῦ ἀγάπην εἰς ἡμᾶς ὁ θεός
   16 1 συνίστημι δὲ ὑμῖν Φοίβην τὴν ἀδελφ.
2 Co 3 1 ἀρχόμεθα πάλιν ἑαυτοὺς σ..άνειν;
   4 2 τῇ φανερώσει τῆς ἀληθείας σ..άνον-
   τες ἑαυτοὺς πρὸς πᾶσαν συνείδησιν
   512 οὐ πάλιν ἑαυτοὺς σ..άνομεν ὑ-
   μῖν 64 σ..αντεςᵇ ἑαυτοὺς ὡς θεοῦ
   διάκονοι, ἐν ὑπομονῇ πολλῇ, ἐν
   711 ἐν παντὶ συνεστήσατεᵇ ἑαυτοὺς ἀ-
   γνοὺς εἶναι τῷ πράγματι
   1012 τισὶν τῶν ἑαυτοὺς συνιστανόντων
   – 18 οὐ γὰρ ὁ ἑαυτὸν συνιστάνων, ἐκεῖ-
   νός ἐστιν δόκιμος, ἀλλὰ ὃν ὁ κύριος
   συνίστησιν
   1211 ἐγὼ – ὤφειλον ὑφ' ὑμῶν συνίστασθαι
Gal 218 παραβάτην ἐμαυτὸν συνιστάνωᵉ
Col 117 τὰ πάντα ἐν αὐτῷ συνέστηκενᵈ
2 Pe 3 5 γῆ ἐξ ὕδατος καὶ δι' ὕδατος συνε-
   στῶσαᵉ τῷ τοῦ θεοῦ λόγῳ

συνοδεύειν comitari cum Act 97 οἱ σ..οντες

συνοδία comitatus Luc 244 εἶναι ἐν τῇ συν.

συνοικεῖν cohabitare 1 Pe 37 (sc γυναιξίν)

συνοικοδομεῖσθαι coaedificari Eph 222 ἐν ᾧ
   καὶ ὑμεῖς σ..σθε εἰς κατοικητήριον τ. θεοῦ

συνομιλεῖν Sᵒ – loqui cum Act 1027 αὐτῷ

συνομορεῖν coniungi Act 187 τῇ συναγωγῇ

συνορᾶν, συνιδεῖν considerare ᵇintelligere
   Act 1212 συνιδών τε ἦλθεν 146 συνιδόντεςᵇ

συνοχή pressura ᵇangustia Luc 2125 σ. ἐ-
   θνῶν 2 Co 24 ἐκ – σ..ῆςᵇ καρδίας ἔγραψα

συντάσσειν constituere ᵇpraecipere
   Mat 216ᵇ 2619 2710 „καθὰ συνέταξεν – κύριος"

συντέλεια τοῦ αἰῶνος consummatio saeculi
   Mat 1339 ὁ – θερισμὸς σ. αἰ. ἐστιν 40.49 οὕτως
   ἔσται ἐν τῇ σ. τοῦ αἰ. 243 τί τὸ σημεῖον
   τῆς – σ. τοῦ αἰ.; 2820 ἕως τῆς σ. τοῦ αἰ.
Hb 926 ἅπαξ ἐπὶ σ..ᾳ τῶν αἰ. – πεφανέρωται

συντελεῖν consummare
Mar 13 4 ὅταν μέλλῃ ταῦτα σ..εῖσθαι πάντα;
Luc 4 2.13 συντελέσας πάντα πειρασμόν
Act 2127 Rm 928 „λόγον – σ..ῶν καὶ συντέ-
   μνων" Hb 88 „σ..έσω – διαθήκην καινήν"

συντέμνειν abbreviare (vl brev.) Rm 928

συντηρεῖν conservare ᵇcustodire
Mat 917 Mar 620ᵇ Luc 219 τὰ ῥήματα ταῦτα

συντίθεσθαι ᵃconspirare ᵇconvenit alicui
   ᶜpacisci Luc 225ᶜ Joh 922ᵃ Act 2320ᵇ

συντόμως breviter ‖Mar brev. claus. vgᵒ‖
   Act 244 ἀκοῦσαί σε ἡμῶν συντόμως

συντρέχειν concurrere ᵇcurrere (vl conc.)
   Mar 633 Act 311ᵇ 1 Pe 44 μὴ σ..όντων ὑμῶν

συντρίβειν comminuere ᵇconfringere ᶜcon-
   terere ᵈdilaniare ᵉfrangere ᶠquassare
Mat 1220 „κάλαμον συντετριμμένονᶠ"
Mar 5 4 143ᵉ τὴν ἀλάβαστρον Luc 939ᵈ
Joh 1936 „ὀστοῦν οὐ συντριβήσεται αὐτοῦ"
Rm 1620 θεὸς – συντρίψειᶜ τὸν σατανᾶν ὑπὸ
Ap 227 „ὡς τὰ σκεύη τὰ κεραμικὰ συντρί-
   βεται" (vl σ..ήσεται vg)ᵇ (sc τὰ ἔθνη)

σύντριμμα contritio Rm 316 „σ. καὶ ταλαιπ."

σύντροφος collactaneus (vl conl.) Act 131

συντυγχάνειν adire ad Luc 819 (sc τῷ Ἰησ.)

Συντύχη Phl 42 καὶ Συντύχην παρακαλῶ

συνυποκρίνεσθαι Sᵒ – simulationi (vl ..ne)
   consentire Gal 213 σ..εκρίθησαν αὐτῷ

συνυπουργεῖν S° – adiuvare 2 Co 1 11 σ..
ούντων καὶ ὑμῶν ὑπὲρ ἡμῶν τῇ δεήσει

συνωδίνειν S° – parturire Rm 8 22 κτίσις

συνωμοσία S° – coniuratio Act 23 13

Συράκουσαι Act 28 12 καταχθέντες εἰς Σ..ας

σύρειν trahere Joh 21 8 δίκτυον Act 83 14 19
17 6 Ap 12 4 τὸ τρίτον τῶν ἀστέρων

Συρία Mat 4 24 Luc 2 2 Act 15 23. 41 18 18 20 3
21 3 Gal 1 21 εἰς τὰ κλίματα τῆς Σ.

Σύρος Luc 4 27 εἰ μὴ Ναιμὰν ὁ Σύρος

Συροφοινίκισσα Syrophoenissa Mar 7 26

Σύρτις Act 27 17 μὴ εἰς τὴν Σύρ. ἐκπέσωσιν

συσπαράσσειν S° – conturbare ᵇdissipare
Mar 9 20 συνεσπάραξεν αὐτόν ‖ Luc 9 42 ᵇ

σύσσημον signum Mar 14 44 δεδώκει – σύσσ.

σύσσωμος S° – concorporalis Eph 3 6 εἶναι
τὰ ἔθνη συγκληρονόμα καὶ σ..α – ἐν Χῷ

συστατικός S° – commendatitius 2 Co 31 ἤ
μὴ χρήζομεν – σ..ῶν ἐπιστολῶν πρός –;

συσταυροῦσθαι S° – crucifigi cum, simul
ᵇcruci configi alicui
Mat 27 44 ‖ Mar 15 32 cfr Joh 19 32
Rm 6 6 ὁ παλαιὸς ἡμῶν ἄνθρωπ. συνε..ώθη
Gal 2 19 Χῷ συνεσταύρωμαι ᵇ· ζῶ – οὐκέτι ἐγὼ

συστέλλειν ᵃamovēre ᵇ(part pass) brevis
Act 5 6 ᵃ 1 Co 7 29 ὁ καιρὸς συνεσταλμένος ᵇ

συστενάζειν S° – ingemiscere (vl congem.)
Rm 8 22 πᾶσα ἡ κτίσις σ..ει καὶ συνωδίνει

συστοιχεῖν S° – coniunctum esse alicui
Gal 4 25 συστοιχεῖ δὲ τῇ νῦν Ἰερουσαλήμ

συστρατιώτης S° – commilito Phl 2 25 Phm 2

συστρέφειν congregare Act 28 3 φρυγάνων
τι πλῆθος – σ..εσθαι Mat 17 22 σ..ομέ-
νων – αὐτῶν ἐν τῇ Γαλιλαίᾳ (conversari
ex vl ἀναστρεφομένων)

συστροφή ᵃconcursus ᵇ(σ..ἣν ποιεῖν) se col-
ligere Act 19 40 ᵃ 23 12 ᵇ οἱ Ἰουδαῖοι

συσχηματίζεσθαι S° – ᵃconformari ᵇcon-
figurari Rm 12 2 μὴ σ..εσθε ᵃ τῷ αἰῶνι
τούτῳ 1 Pe 1 14 μὴ σ..όμενοι ᵇ ταῖς πρό-
τερον ἐν τῇ ἀγνοίᾳ ὑμῶν ἐπιθυμίαις

Σύχαρ Joh 4 5 Συχέμ Act 7 16

σφαγή occisio Act 8 32 Rm 8 36 Jac 5 5

σφάγιον victima Act 7 42 „σ..α καὶ θυσίας"

σφάζειν occidere ᵇinterficere
1 Jo 3 12 ἔσφαξεν τὸν ἀδελφὸν αὐτοῦ· καὶ χά-
ριν τίνος ἔσφαξεν αὐτόν;
Ap 5 6 „ἀρνίον" ἑστηκὸς ὡς „ἐσφαγμένον"
9 ὅτι ἐσφάγης 12 13 8
6 4 ἵνα ἀλλήλους σφάξουσιν ᵇ 9 τῶν ἐ-
σφαγμένων ᵇ διὰ τὸν λόγον τ. θεοῦ
13 3 μίαν ἐκ τῶν κεφαλῶν αὐτοῦ ὡς ἐ-
σφαγμένην εἰς θάνατον
18 24 αἷμα – εὑρέθη – „πάντων τῶν ἐσφαγ-
μένων ᵇ" ἐπὶ „τῆς γῆς"

σφόδρα valde ᵇvehementer
Mat 2 10 χαρὰν μεγάλην σφ. 17 6 ἐφοβήθη-
σαν σφ. 27 54 – 17 23 ἐλυπήθησαν σφ. ᵇ
18 31 26 22 – 19 25 ἐξεπλήσσοντο σφόδρα
Mar 16 4 ἦν – μέγας σφ. Luc 18 23 πλούσιος σφ.
Act 6 7 ἐπληθύνετο ὁ ἀριθμὸς – σφόδρα
Ap 16 21 „μεγάλη" – ἡ πληγὴ αὐτῆς „σφ. ᵇ"

σφοδρῶς Act 27 18 σφ. – χειμαζομένων (va.i-
da (vl valide) – tempestate iactatis)

σφραγίζειν, ..εσθαι signare ᵇassignare
Mat 27 66 σφραγίσαντες τὸν λίθον
Joh 3 33 ἐσφράγισεν ὅτι ὁ θεὸς ἀληθής ἐστιν
6 27 τοῦτον – ὁ πατὴρ ἐσ..ισεν ὁ θεός
Rm 15 28 σ..ισάμενος ᵇ αὐτοῖς τὸν καρπόν
2 Co 1 22 ὁ καὶ σ..ισάμενος ἡμᾶς καὶ δούς
Eph 1 13 ἐν ᾧ καὶ πιστεύσαντες ἐσφραγίσθη-
τε τῷ πνεύματι τῆς ἐπαγγελίας
4 30 τὸ πνεῦμα – ἐν ᾧ ἐσφραγίσθητε εἰς
ἡμέραν ἀπολυτρώσεως
Ap 7 3 ἄχρι „σφραγίσωμεν" τοὺς δούλους
τοῦ θεοῦ – „ἐπὶ τῶν μετώπων" αὐτῶν
– 4 τὸν ἀριθμὸν τῶν ἐσ..ισμένων 5. 8
10 4 „σφράγισον" ἃ ἐλάλησαν –, καὶ μὴ

αὐτὰ γράψῃς 22ιο μὴ σφραγίσῃς
τοὺς λόγους τῆς προφητείας
Ap 20 3 ἔκλεισεν καὶ ἐσ..ισεν ἐπάνω αὐτοῦ

σφραγίς signaculum [b]signum [c]sigillum
Rm 411 σφραγῖδα τῆς δικαιοσύνης τῆς πί-
στεως τῆς ἐν τῇ ἀκροβυστίᾳ
1 Co 9 2 ἡ – σφ. μου τῆς ἀποστολῆς ὑμεῖς ἐστε
2 Ti 219 θεμέλιος τοῦ θεοῦ –, ἔχων τὴν σφ.
ταύτην· „ἔγνω κύρ. τ. ὄντας αὐτοῦ"
Ap 5 1 „κατεσφραγισμένον" σφ..ῖσιν[c] ἑπτὰ 2
λῦσαι τὰς σφ. 5 ἀνοῖξαι – τὰς ἑπτὰ
σφ. 9 61 ἤνοιξεν τὸ ἀρνίον μίαν ἐκ
τῶν – σφ.[c] (vl[a]) 3[c] 5[c] 7[c] 9[c] 12[c] 81[c]
7 2 ἔχοντα σφραγῖδα[b] θεοῦ ζῶντος
9 4 οἵτινες οὐκ ἔχουσι τὴν σφραγῖδα[b] τοῦ
θεοῦ ἐπὶ τῶν μετώπων

σφυδρά (vl σφυρά), τά S[o] – plantae Act 37

σφυρίς → σπυρίς

σχεδόν pene Act 1344 1926 Hb 922

σχῆμα [a]figura [b]habitus
1 Co 731 παράγει γὰρ τὸ σχῆμα[a] τοῦ κόσμου
Phl 2 7 σχήματι[b] εὑρεθεὶς ὡς ἄνθρωπος

σχίζειν, ..εσθαι scindere, ..i [b]aperiri [c]dividi
[d]rumpere [e]solvi
Mat 2751 ἐσχίσθη – εἰς δύο ‖ Mr 1538 Lc 2345
– 51 καὶ αἱ πέτραι ἐσχίσθησαν
Mar 1 10 εἶδεν σχιζομένους[b] τοὺς οὐρανούς
Luc 536 οὐδεὶς ἐπίβλημα ἀπὸ ἱματίου καινοῦ
σχίσας (vg[o]) – · – καὶ τὸ καινὸν σχί-
σει[d] – Joh 1924 μὴ σχίσωμεν αὐτόν
2111 οὐκ ἐσχίσθη τὸ δίκτυον
Act 14 4 ἐσχίσθη[c] – τὸ πλῆθος 237[e]

σχίσμα S[o] – schisma, sci. [b]dissensio [c]scis-
sura Mat 916 χεῖρον σχ.[c] γίν. ‖ Mar 221[c]
Joh 743[b] ἐν τῷ ὄχλῳ cfr 916 1019[b]
1 Co 110 ἵνα – μὴ ᾖ ἐν ὑμῖν σχίσματα
1118 ἀκούω σχίσματα[c] ἐν ὑμῖν ὑπάρχειν
1225 ἵνα μὴ ᾖ σχίσμα ἐν τῷ σώματι

σχοινίον Joh 215 funiculus Act 2732 funis

σχολάζειν vacare
Mat 1244 ἐλθὸν εὑρίσκει σ..οντα (sc τὸν οἶκον)
1 Co 7 5 ἵνα σχολάσητε τῇ προσευχῇ

σχολή schola Act 199 Τυράννου

σώζειν, ..εσθαι salvum facere, fieri [b]sal-
vare, ..i [c]salvum esse [d]salvificare [e]sa-
num fieri [f](τὸ σ..εσθαι) salus [g]liberare
Mat 121 Ἰησοῦν· αὐτὸς γὰρ σώσει τὸν λαὸν
αὐτοῦ ἀπὸ τῶν ἁμαρτιῶν αὐτῶν
825 κύριε, σῶσον[b] (vl + ἡμᾶς vg) 1430
κύριε, σῶσόν με
921 ἐὰν μόνον ἅψωμαι τοῦ ἱματίου –,
σωθήσομαι[c] ‖ Mar 528[c] 656 ὅσοι ἂν
ἥψαντο αὐτοῦ ἐσῴζοντο
– 22 ἡ πίστις σου σέσωκέν σε. καὶ ἐσώ-
θη ἡ γυνή ‖ Mar 534 Luc 848 – Mar
1052 ‖ Luc 1842 – 750 1719
1022 ὁ – ὑπομείνας εἰς τέλος, οὗτος σω-
θήσεται[c] 2413[c] ‖ Mar 1313[c]
1625 ὃς – ἐὰν θέλῃ τὴν ψυχὴν αὐτοῦ σῶ-
σαι ‖ Mar 835 – · ὃς δ᾽ ἂν ἀπολέσει
τὴν ψ. αὐτοῦ ἕνεκεν ἐμοῦ –, σώσει
αὐτὴν Luc 924 –, οὗτος σώσει αὐτήν
1925 τίς ἄρα δύναται σωθῆναι; ‖ Mar 10
26 καὶ τίς δύναται σωθ.; Luc 1826
2422 εἰ μὴ ἐκολοβώθησαν –, οὐκ ἂν ἐσώ-
θη πᾶσα σάρξ ‖ Mar 1320[c]
2740 σῶσον[b] σεαυτόν 42 ἄλλους ἔσωσεν,
ἑαυτὸν οὐ δύναται σῶσαι ‖ Mar 15
30.31 Luc 2335 ἄλλους ἔσωσεν, σω-
σάτω ἑαυτὸν 37 σῶσον σεαυτόν 39
σῶσον σεαυτὸν καὶ ἡμᾶς
– 49 εἰ ἔρχεται Ἠλίας σώσων[g] αὐτόν
Mar 3 4 ἔξεστιν τοῖς σάββασιν – ψυχὴν
σῶσαι ἢ ἀποκτεῖναι; ‖ Luc 69 ἢ
ἀπολέσαι;
523 ἵνα σωθῇ[c] καὶ ζήσῃ (sc τὸ θυγάτριον)..
‖[16 16 ὁ πιστεύσας καὶ βαπτ. σωθήσεται[c]]
Luc 812 ἵνα μὴ πιστεύσαντες σωθῶσιν
– 36 πῶς ἐσώθη[e] ὁ δαιμονισθείς
– 50 μόνον πίστευσον, καὶ σωθήσεται[c]
(956 vl οὐκ ἦλθεν ψυχὰς ἀνθρώπων (vg[o])
ἀπολέσαι, ἀλλὰ σῶσαι[b])
1323 κύριε, εἰ ὀλίγοι οἱ σῳζόμενοι[b];
1910 ζητῆσαι καὶ σῶσαι τὸ ἀπολωλός (‖
Mat 1811 vl σῶσαι[b] τὸ ἀπολ. vg)
Joh 317 ἵνα σωθῇ[b] ὁ κόσμος δι᾽ αὐτοῦ
534 ταῦτα λέγω ἵνα ὑμεῖς σωθῆτε[c]
10 9 ἐγώ εἰμι ἡ θύρα· δι᾽ ἐμοῦ ἐάν τις
εἰσέλθῃ, σωθήσεται[b]
1112 κύριε, εἰ κεκοίμηται, σωθήσεται[c]
1227 σῶσόν με ἐκ τῆς ὥρας ταύτης
– 47 ἀλλ᾽ ἵνα σώσω[d] τὸν κόσμον
Act 221 „ὃς ἂν ἐπικαλέσηται τὸ ὄνομα κυ-
ρίου σωθήσεται"[c] Rm 1013[c]
– 40 σώθητε[b] ἀπὸ τῆς γενεᾶς τ. σκολιᾶς

Act 2 47 προσετίθει τοὺς σῳζομένους
4 9 ἐν τίνι οὗτος σέσωται
– 12 ὄνομα – ἐν ᾧ δεῖ σωθῆναι ἡμᾶς
1114 ῥήματα – ἐν οἷς σωθήσῃᶜ σὺ καί
14 9 ἰδὼν ὅτι ἔχει πίστιν τοῦ σωθῆναι
15 1 ἐὰν μὴ περιτμηθῆτε –, οὐ δύνασθε
σωθῆναιᵇ 11 ἀλλὰ διὰ τῆς χάριτος
τοῦ κυρίου Ἰησ. πιστεύομεν σωθῆναιᵇ
16 30 τί με δεῖ ποιεῖν ἵνα σωθῶ; 31 πίστευ-
σον ἐπὶ – Ἰησοῦν, καὶ σωθήσῃᶜ σὺ
καὶ ὁ οἶκός σου
27 20 ἐλπὶς πᾶσα τοῦ σῴζεσθαιᶠ ἡμᾶς
– 31 ἐὰν μὴ –, – σωθῆναι οὐ δύνασθε

Rm 5 9 σωθησόμεθαᶜ δι' αὐτοῦ ἀπὸ τῆς ὀρ-
γῆς 10 πολλῷ μᾶλλον καταλλαγέν-
τες σωθησόμεθα ἐν τῇ ζωῇ αὐτοῦ
8 24 τῇ γὰρ ἐλπίδι ἐσώθημεν
9 27 „τὸ ὑπόλειμμα σωθήσεται"
10 9 ἐὰν ὁμολογήσῃς –, σωθήσῃᶜ 13ᶜ
1114 εἴ πως – σώσω τινὰς ἐξ αὐτῶν
– 26 οὕτως πᾶς Ἰσραὴλ σωθήσεται

1 Co 118 τοῖς δὲ σῳζομένοις ἡμῖν δύναμις θε-
οῦ ἐστιν 2 Co 2 15 Χοῦ εὐωδία ἐσμὲν
τῷ θεῷ ἐν τοῖς σῳζομένοις
– 21 εὐδόκησεν ὁ θεὸς διὰ τῆς μωρίας
τοῦ κηρύγματος σῶσαι τοὺς πιστεύ.
3 15 αὐτὸς δὲ σωθήσεταιᶜ, οὕτως δέ
5 5 ἵνα τὸ πνεῦμα σωθῇᶜ ἐν τῇ ἡμέρᾳ
7 16 τί – οἶδας, γύναι, εἰ τὸν ἄνδρα σώ-
σεις; ἤ –, εἰ τὴν γυναῖκα σώσεις;
9 22 ἵνα πάντως σώσω 10 33 ζητῶν
– τὸ τῶν πολλῶν, ἵνα σωθῶσιν
15 2 (εὐαγγέλιον) δι' οὗ καὶ σῴζεσθεᵇ
Eph 2 5 χάριτί ἐστε σεσῳσμένοιᵇ 8 τῇ γὰρ
χάρ. ἐστε σεσῳσμένοιᵇ διὰ πίστεως
1 Th 2 16 τοῖς ἔθνεσιν λαλῆσαι ἵνα σωθῶσιν
2 Th 2 10 τὴν ἀγάπην τῆς ἀληθείας οὐκ ἐδέ-
ξαντο εἰς τὸ σωθῆναι αὐτούς
1 Ti 115 Χὸς Ἰησ. ἦλθεν – ἁμαρτωλοὺς σῶσαι
2 4 πάντας ἀνθρώπους θέλει σωθῆναι
– 15 σωθήσεταιᵇ – διὰ τῆς τεκνογονίας
4 16 σεαυτὸν σώσεις καὶ τοὺς ἀκούοντας
2 Ti 1 9 θεοῦ, τοῦ σώσαντοςᵍ ἡμᾶς καί
4 18 καὶ σώσει εἰς τὴν βασιλείαν αὐτοῦ
Tit 3 5 κατὰ τὸ αὐτοῦ ἔλεος ἔσωσεν ἡμᾶς
διὰ λουτροῦ παλιγγενεσίας
Hb 5 7 πρὸς τὸν δυνάμενον σῴζειν αὐτόν
7 25 ὅθεν καὶ σῴζεινᵇ – δύναται τούς
Jac 1 21 δέξασθε τὸν ἔμφυτον λόγον τὸν δυ-
νάμενον σῶσαιᵇ τὰς ψυχὰς ὑμῶν
214 μὴ δύναται ἡ πίστις σῶσαιᵇ αὐτόν;
4 12 ὁ δυνάμενος σῶσαιᵍ καὶ ἀπολέσαι

Jac 515 ἡ εὐχὴ – σώσειᵇ τὸν κάμνοντα
– 20 ὁ ἐπιστρέψας ἁμαρτωλὸν – σώσειᵇ
ψυχὴν αὐτοῦ ἐκ θανάτου
1 Pe 3 21 ὃ καὶ ὑμᾶς – νῦν σῴζει βάπτισμα
4 18 εἰ „ὁ δίκαιος μόλις σῴζεται"ᵇᵘ
Jud 5 λαὸν ἐκ γῆς Αἰγύπτου σώσαςᵇ
23 σῴζετεᵇ „ἐκ πυρὸς ἁρπάζοντες"

σῶμα corpus ᵇmembra ᶜmancipium
Mat 5 29 καὶ μὴ ὅλον τὸ σῶμά σου βληθῇ 30
6 22 ὁ λύχνος τοῦ σώματός ἐστιν ὁ ὀ-
φθαλμός. –, ὅλον τὸ σ. σου φωτεινὸν
ἔσται 23 σκοτεινὸν ἔσται ‖ Luc 11 34.
36 εἰ οὖν τὸ σ. σου ὅλον φωτεινὸν
– 25 μηδὲ (sc μεριμνᾶτε) τῷ σ. ὑμῶν τί
ἐνδύσησθε· οὐχὶ – πλεῖόν ἐστιν – τὸ
σ. τοῦ ἐνδύματος; ‖ Luc 12 22. 23
10 28 μὴ φοβεῖσθε ἀπὸ τῶν ἀποκτεννόν-
των τὸ σ. – · φοβεῖσθε δὲ μᾶλλον τὸν
δυνάμενον καὶ ψυχὴν καὶ σῶμα ἀπο-
λέσαι ἐν γεέννῃ ‖ Luc 12 4
26 12 βαλοῦσα – τὸ μύρον – ἐπὶ τοῦ σώμα-
τός μου ‖ Mar 14 8 μυρίσαι τὸ σ. μου
– 26 τοῦτό ἐστιν τὸ σῶμά μου ‖ Mar 14
22 Luc 22 19 τὸ ὑπὲρ ὑμῶν διδόμε-
νον 1 Co 1124 τοῦτό μού ἐστιν τὸ
σῶμα τὸ ὑπὲρ ὑμῶν
27 52 πολλὰ σ..τα τῶν κεκοιμημέν. ἁγίων
– 58 ἠτήσατο τὸ σῶμα τοῦ Ἰησοῦ 59 ‖
Mar 15 43 Luc 23 52. 55 Joh 19 38. 40
Mar 5 29 ἔγνω τῷ σώματι ὅτι ἴαται
Luc 17 37 ὅπου τὸ σῶμα, ἐκεῖ καὶ οἱ ἀετοί
24 3 οὐχ εὗρον τὸ σῶμα τοῦ κυρίου 23
Joh 2 21 ἔλεγεν περὶ τοῦ ναοῦ τοῦ σ. αὐτοῦ
19 31 μὴ μείνῃ ἐπὶ τοῦ σταυροῦ τὰ σώμ.
20 12 ὅπου ἔκειτο τὸ σῶμα τοῦ Ἰησοῦ
Act 9 40 ἐπιστρέψας πρὸς τὸ σῶμα εἶπεν·
Rm 1 24 τοῦ ἀτιμάζεσθαι τὰ σώματα αὐτῶν
4 19 τὸ ἑαυτοῦ σῶμα [ἤδη] νενεκρωμένον
6 6 ἵνα καταργηθῇ τὸ σ. τῆς ἁμαρτίας
– 12 μὴ οὖν βασιλευέτω ἡ ἁμαρτία ἐν τῷ
θνητῷ ὑμῶν σώματι
7 4 καὶ ὑμεῖς ἐθανατώθητε τῷ νόμῳ διὰ
τοῦ σώματος τοῦ Χοῦ
– 24 ἐκ τοῦ σώματος τοῦ θανάτου τούτου;
810 τὸ μὲν σῶμα νεκρὸν διὰ ἁμαρτίαν
– 11 ζωοποιήσει καὶ τὰ θνητὰ σ..τα ὑμῶν
– 13 εἰ – πνεύματι τὰς πράξεις τοῦ σ. (vl
τῆς σαρκὸς vg carnis) θανατοῦτε
– 23 τὴν ἀπολύτρωσιν τοῦ σώματος ἡμῶν
12 1 παραστῆσαι τὰ σώματα ὑμῶν θυσίαν
– 4 ἐν ἑνὶ σώματι πολλὰ μέλη ἔχομεν

5 οἱ πολλοὶ ἓν σῶμά ἐσμεν ἐν Χῷ
1Co 5 3 ἀπὼν τῷ σ. παρὼν δὲ τῷ πνεύματι
6 13 τὸ δὲ σῶμα οὐ τῇ πορνείᾳ ἀλλὰ τῷ
κυρίῳ, καὶ ὁ κύριος τῷ σώματι
– 15 τὰ σ. ὑμῶν μέλη Χοῦ ἐστιν; 16 ὁ κολ-
λώμενος τῇ πόρνῃ ἓν σῶμά ἐστιν;
– 18 πᾶν ἁμάρτημα – ἐκτὸς τοῦ σ. ἐστιν·
ὁ δὲ πορνεύων εἰς τὸ ἴδιον σ. ἁμαρ-
τάνει 19 τὸ σῶμα[b] ὑμῶν ναὸς τοῦ ἐν
ὑμῖν ἁγίου πνεύματός ἐστιν
– 20 δοξάσατε δὴ τὸν θεὸν ἐν τῷ σ. ὑμῶν
7 4 ἡ γυνὴ τοῦ ἰδίου σ..τος οὐκ ἐξουσιά-
ζει –· ὁμοίως δὲ καὶ ὁ ἀνὴρ κτλ.
– 34 ἵνα ᾖ ἁγία καὶ τῷ σ. καὶ τῷ πνεύμ.
9 27 ἀλλὰ ὑπωπιάζω μου τὸ σῶμα
10 16 οὐχὶ κοινωνία τοῦ σώμ. τοῦ Χοῦ –;
– 17 ἓν σῶμα οἱ πολλοί ἐσμεν
(11 24 → Mat 26 26) 11 27 ἔνοχος ἔσται τοῦ
σ. – τοῦ κυρίου 29 κρίμα ἑαυτῷ ἐσθί-
ει – μὴ διακρίνων τὸ σῶμα
12 12 καθάπερ – τὸ σ. ἕν ἐστιν –, πάντα δὲ
τὰ μέλη τοῦ σ. – ἕν ἐστιν σῶμα 13 ἡ-
μεῖς πάντες εἰς ἓν σ. ἐβαπτίσθημεν
– 14 τὸ σ. οὐκ ἔστιν ἓν μέλος ἀλλὰ πολλά
15 οὐκ εἰμὶ ἐκ τοῦ σ., οὐ παρὰ τοῦτο
οὐκ ἔστιν ἐκ τοῦ σ. 16. 17. 18. 19. 20. 22
τὰ δοκοῦντα μέλη τοῦ σ. ἀσθενέστε-
ρα ὑπάρχειν 23. 24 ὁ θεὸς συνεκέρα-
σεν τὸ σῶμα 25 ἵνα μὴ ᾖ σχίσμα ἐν
τῷ σώματι 27 ὑμεῖς δέ ἐστε σ. Χοῦ
13 3 ἐὰν παραδῶ τὸ σῶμά μου ἵνα καυχή-
σωμαι (vl καυθήσομαι)
15 35 ποίῳ δὲ σώματι ἔρχονται;
– 37 οὐ τὸ σ. τὸ γενησόμενον σπείρεις
– 38 θεὸς δίδωσιν αὐτῷ σῶμα καθὼς ἠ-
θέλησεν, καὶ ἑκάστῳ – ἴδιον σῶμα
– 40 σ..τα ἐπουράνια, καὶ σώματα ἐπίγεια
– 44 σπείρεται σ. ψυχικόν, ἐγείρεται σῶμα
πνευματικόν. εἰ ἔστιν σῶμα ψυχικόν,
ἔστιν καὶ πνευματικόν
2Co 4 10 τὴν νέκρωσιν τοῦ Ἰησοῦ ἐν τῷ σώμ.
περιφέροντες, ἵνα καὶ ἡ ζωὴ τοῦ Ἰη-
σοῦ ἐν τῷ σώματι ἡμῶν φανερωθῇ
5 6 ἐνδημοῦντες ἐν τῷ σώμ. 8 εὐδοκοῦ-
μεν μᾶλλον ἐκδημῆσαι ἐκ τοῦ σώμ.
– 10 ἵνα κομίσηται ἕκαστος τὰ διὰ (vl ἴδια
vg propria) τοῦ σ. πρὸς ἃ ἔπραξεν
10 10 ἡ δὲ παρουσία τοῦ σώματ. ἀσθενής
12 2 εἴτε ἐν σ..τι οὐκ οἶδα, εἴτε ἐκτὸς τοῦ
σ..τος οὐκ οἶδα 3 – χωρὶς τοῦ σώμ.
Gal 6 17 ἐγὼ γὰρ τὰ στίγματα τοῦ Ἰησοῦ ἐν
τῷ σώματί μου βαστάζω

Eph 1 23 τῇ ἐκκλησίᾳ, ἥτις ἐστὶν τὸ σῶμα αὐ-
τοῦ Col 1 18 αὐτός ἐστιν ἡ κεφαλὴ
τοῦ σ., τῆς ἐκκλησίας 24 ὑπὲρ τοῦ
σώματος αὐτοῦ, ὅ ἐστιν ἡ ἐκκλησία
2 16 ἵνα – ἀποκαταλλάξῃ τοὺς ἀμφοτέ-
ρους ἐν ἑνὶ σώματι τῷ θεῷ Col 1 22
ἐν τῷ σώματι τῆς σαρκὸς αὐτοῦ
4 4 ἓν σ. καὶ ἓν πνεῦμα Col 3 15 εἰς ἣν
(sc εἰρήνην) καὶ ἐκλήθητε ἐν ἑνὶ σ..ατι
– 12 εἰς οἰκοδομὴν τοῦ σώματος τοῦ Χοῦ
– 16 ἐξ οὗ πᾶν τὸ σῶμα συναρμολογούμε-
νον – τὴν αὔξησιν τοῦ σώματος ποι-
εῖται Col 2 19 ἐπιχορηγούμενον
5 23 ὁ Χὸς κεφαλὴ τῆς ἐκκλησίας, αὐτὸς
σωτὴρ τοῦ σώματος
– 28 ἀγαπᾶν τὰς ἑαυτῶν γυναῖκας ὡς τὰ
ἑαυτῶν σώματα 30 ὅτι μέλη ἐσμὲν
τοῦ σώματος αὐτοῦ
Phl 1 20 μεγαλυνθήσεται Χὸς ἐν τῷ σ. μου
3 21 τὸ σ. τῆς ταπεινώσεως ἡμῶν σύμμορ-
φον τῷ σώματι τῆς δόξης αὐτοῦ
Col 2 11 ἐν τῇ ἀπεκδύσει τοῦ σ. τῆς σαρκός
– 17 ἡ σαββάτων, ἅ ἐστιν σκιὰ τῶν μελ-
λόντων, τὸ δὲ σῶμα τοῦ Χοῦ
– 23 λόγον μὲν ἔχοντα σοφίας ἐν – τα-
πεινοφροσύνῃ [καὶ] ἀφειδίᾳ σώματος
1 Th 5 23 καὶ τὸ σῶμα ἀμέμπτως – τηρηθείη
Hb 10 5 „σῶμα δὲ κατηρτίσω μοι"
– 10 διὰ τῆς „προσφορᾶς" τοῦ „σ.". – Χοῦ
– 22 λελουσμένοι τὸ σῶμα ὕδατι καθαρῷ
13 3 ὡς καὶ αὐτοὶ ὄντες ἐν σώματι
– 11 τούτων τὰ σώματα κατακαίεται ἔξω
Jac 2 16 μὴ δῶτε δὲ – τὰ ἐπιτήδεια τοῦ σώμ.
– 26 τὸ σῶμα χωρὶς πνεύματος νεκρόν
3 2 χαλιναγωγῆσαι καὶ ὅλον τὸ σῶμα
– 3 ὅλον τὸ σῶμα αὐτῶν μετάγομεν
– 6 ἡ γλῶσσα –, ἡ σπιλοῦσα ὅλον τὸ σῶμα
1 Pe 2 24 ὃς τὰς ἁμαρτίας ἡμῶν αὐτὸς ἀνή-
νεγκεν ἐν τῷ σ. αὐτοῦ ἐπὶ τὸ ξύλον
Jud 9 διελέγετο περὶ τοῦ Μωϋσέως σ..τος
Ap 18 13 καὶ ἵππων καὶ ῥεδῶν καὶ σωμάτων[c]

σωματικός, ..κῶς corporalis [b]corporaliter
Luc 3 22 τὸ πνεῦμα τὸ ἅγιον σ..κῷ εἴδει ὡς
Col 2 9 ἐν αὐτῷ κατοικεῖ πᾶν τὸ πλήρωμα
τῆς θεότητος σωματικῶς[b]
1 Ti 4 8 ἡ γὰρ σ..κὴ γυμνασία πρὸς ὀλίγον

Σώπατρος (vl Σωσίπ.) Act 20 4 Βεροιαῖος

σωρεύειν [a]congerere [b]onerare
Rm 12 20 „ἄνθρακας πυρὸς σωρεύσεις[a]"
2 Ti 3 6 γυναικάρια σεσ..μένα[b] ἁμαρτίαις

Σωσθένης Act 18₁₇ 1 Co 1₁ Σ. ὁ ἀδελφός

Σωσίπατρος Rm 16₂₁ (Act 20₄ vl)

σωτήρ salvator ᵇsalutaris

Luc 1₄₇ „ἐπὶ τῷ θεῷ τῷ σωτῆρίᵇ μου"
   2₁₁ ὅτι ἐτέχθη ὑμῖν σήμερον σωτήρ
Joh 4₄₂ οὗτός ἐστιν ἀληθῶς ὁ σ. τοῦ κόσμου
Act 5₃₁ ἀρχηγὸν καὶ σωτῆρα ὕψωσεν τῇ
   13₂₃ ἤγαγεν τῷ 'Ισραὴλ σωτῆρα 'Ιησοῦν
Eph 5₂₃ ὁ Χρ.—, αὐτὸς σωτὴρ τοῦ σώματος
Phl 3₂₀ ἐξ οὗ καὶ σωτῆρα ἀπεκδεχόμεθα κύ-
   ριον 'Ιησοῦν Χόν
1 Ti 1₁ θεοῦ σωτῆρος ἡμῶν 2₃ τοῦ σωτῆρος
   ἡμῶν θεοῦ Tit 1₃ 2₁₀ 3₄
   4₁₀ θεῷ ζῶντι, ὅς ἐστιν σωτὴρ πάντων
   ἀνθρώπων, μάλιστα πιστῶν
2 Ti 1₁₀ τοῦ σωτῆρος ἡμῶν Χοῦ 'Ιησοῦ Tit
   1₄ 2₁₃ τοῦ μεγάλου θεοῦ καὶ σωτῆ-
   ρος ἡμῶν 'Ιησοῦ Χοῦ 3₆ διὰ 'Ιησοῦ
   Χοῦ τοῦ σωτῆρος ἡμῶν
2 Pe 1₁ τοῦ θεοῦ ἡμῶν καὶ σωτῆρος 'Ι. Χοῦ
   – 11 τοῦ κυρίου ἡμῶν καὶ σωτῆρος 'Ι. Χοῦ
   2₂₀ 3₁8.₂ ἐντολῆς τοῦ κυρ. καὶ σ..ος
1 Jo 4₁₄ μαρτυροῦμεν ὅτι ὁ πατὴρ ἀπέσταλ-
   κεν τὸν υἱὸν σωτῆρα τοῦ κόσμου
Jud 25 μόνῳ θεῷ σωτῆρι ἡμῶν διὰ 'Ιησοῦ
   Χοῦ τοῦ κυρίου ἡμῶν δόξα

σωτηρία salus
[[Mar brev. claus. κήρυγμα τῆς αἰων. σ. vg⁰]]
Luc 1₆₉ „ἤγειρεν κέρας" σωτηρίας ἡμῖν
   – 71 σωτηρίαν „ἐξ ἐχθρῶν" ἡμῶν
   – 77 δοῦναι γνῶσιν σ..ας τῷ λαῷ αὐτοῦ
   19 9 σήμερον σ. τῷ οἴκῳ τούτῳ ἐγένετο
Joh 4₂₂ ὅτι ἡ σωτηρία ἐκ τῶν 'Ιουδαίων ἐστίν
Act 4₁₂ οὐκ ἔστιν ἐν ἄλλῳ οὐδενὶ ἡ σωτηρία
   7₂₅ διὰ χειρὸς αὐτοῦ δίδωσιν σωτηρίαν
   13₂₆ ὁ λόγος τῆς σ. ταύτης ἐξαπεστάλη
   – 47 „ἵνα εἶναί σε εἰς σ..αν ἕως ἐσχάτου"
   16₁₇ καταγγέλλουσιν ὑμῖν ὁδὸν σωτηρίας
   27₃₄ πρὸς τῆς ὑμετέρας σωτηρ. ὑπάρχει
Rm 1₁₆ δύναμις γὰρ θεοῦ ἐστιν εἰς σωτηρίαν
   10 1 ἡ δέησις – ὑπὲρ αὐτῶν εἰς σωτηρίαν
   – 10 στόματι δὲ ὁμολογεῖται εἰς σωτηρίαν
   11₁₁ τῷ αὐτῶν παραπτώματι ἡ σωτ. τοῖς
   ἔθν., εἰς τὸ „παραζηλῶσαι" αὐτούς
   13₁₁ ἐγγύτερον ἡμῶν ἡ σ. ἢ ὅτε ἐπιστεύ.
2 Co 1 6 εἴτε – θλιβόμεθα, ὑπὲρ τῆς ὑμῶν πα-
   ρακλήσεως καὶ σωτηρίας
   6 2 „ἐν ἡμέρᾳ σωτηρίας ἐβοήθησά σοι"·
   ἰδοὺ νῦν – „ἡμέρα σωτηρίας"

2 Co 7₁₀ μετάνοιαν εἰς σωτηρίαν – ἐργάζεται
Eph 1₁₃ τὸ εὐαγγέλιον τῆς σωτηρίας ὑμῶν
Phl 1₁₉ „τοῦτό μοι ἀποβήσεται εἰς σ..αν"
   – 28 ὑμῶν δὲ σωτηρίας (sc ἔνδειξις)
   2₁₂ τὴν ἑαυτῶν σωτηρίαν κατεργάζεσθε
1 Th 5 8 „περικεφαλαίαν" ἐλπίδα „σωτηρίας"
   – 9 ἔθετο ἡμᾶς – εἰς περιποίησιν σ..ας
2 Th 2₁₃ εἵλατο ὑμᾶς ὁ θεὸς – εἰς σωτηρίαν
2 Ti 2₁₀ ἵνα – σ..ας τύχωσιν τῆς ἐν Χῷ 'Ιησοῦ
   3₁₅ σοφίσαι εἰς σωτηρίαν διὰ πίστεως
Hb 1₁₄ διὰ τ. μέλλοντας κληρονομεῖν σ..αν
   2 3 τηλικαύτης ἀμελήσαντες σωτηρίας
   – 10 τ. ἀρχηγὸν τῆς σ. αὐτῶν – τελειῶσαι
   5 9 ἐγένετο – αἴτιος „σωτηρίας αἰωνίου"
   6 9 πεπείσμεθα – περὶ ὑμῶν – τὰ κρείσ-
   σονα καὶ ἐχόμενα σωτηρίας
   9₂₈ τοῖς αὐτὸν ἀπεκδεχομένοις εἰς σ..αν
   11 7 κιβωτὸν εἰς σωτ. τοῦ οἴκου αὐτοῦ
1 Pe 1 5 εἰς σ..αν ἑτοίμην ἀποκαλυφθῆναι
   – 9 τέλος τῆς πίστεως [ὑμῶν] σ..αν ψυχῶν
   – 10 περὶ ἧς σ..ας ἐξεζήτησαν – προφῆται
   2 2 ἵνα ἐν αὐτῷ αὐξηθῆτε εἰς σωτηρίαν
2 Pe 3₁₅ τὴν τοῦ κυρίου ἡμῶν μακροθυμίαν
   σωτηρίαν ἡγεῖσθε
Jud 3 περὶ τῆς κοινῆς ἡμῶν σωτηρίας
Ap 7₁₀ ἡ σ. τῷ θεῷ ἡμῶν 19₁ τοῦ θεοῦ ἡ-
   μῶν 12₁₀ ἄρτι ἐγένετο ἡ σωτ. καὶ ἡ δύ-
   ναμις καὶ ἡ βασιλεία τοῦ θεοῦ ἡμῶν

σωτήριος, τὸ σωτήριον salutare ᵇsalus
Luc 2₃₀ „εἶδον – τὸ σ. σου" 3₆ „ὄψεται πᾶσα
   σὰρξ τὸ σωτ. τοῦ θεοῦ" Act 28₂₈ „τοῖς
   ἔθν." ἀπεστάλη τοῦτο „τὸ σ. τοῦ θεοῦ"
Eph 6₁₇ τὴν περικεφαλαίαν τοῦ σωτηρίουᵇ δέ-
   ξασθε
Tit 2₁₁ ἐπεφάνη γὰρ ἡ χάρις τοῦ θεοῦ σωτή-
   ριος (vl σωτῆρος) πᾶσιν ἀνθρώποις

σωφρονεῖν Sᵒ – sobrium esse ᵇprudentem
   esse ᶜ(τὸ σ.) sobrietas ᵈ(σ..ῶν) sa-
   nae mentis ᵉsana mente
Mar 5₁₅ θεωροῦσιν τὸν δαιμονιζόμενον καθή-
   μενον – σωφρονοῦνταᵈ ǁ Luc 8₃₅ᵉ
Rm 12 3 ἀλλὰ φρονεῖν εἰς τὸ σωφρονεῖνᶜ
2 Co 5₁₃ εἴτε γὰρ ἐξέστημεν, θεῷ· εἴτε σωφρο-
   νοῦμεν, ὑμῖν
Tit 2 6 τοὺς νεωτέρους – παρακάλει σ..εῖν
1 Pe 4 7 σωφρονήσατεᵇ οὖν καὶ νήψατε εἰς
   προσευχάς

σωφρονίζειν Sᵒ – prudentiam docēre
Tit 2 4 ἵνα σ..ωσιν τὰς νέας φιλάνδρους εἶναι

σωφρονισμός S° – *sobrietas*
2 Ti 1 7 ἔδωκεν ἡμῖν ὁ θεὸς πνεῦμα – σ..οῦ

σωφρόνως *sobrie* Tit 2 12 ἵνα – σωφρόνως
καὶ δικαίως καὶ εὐσεβῶς ζήσωμεν

σωφροσύνη *sobrietas*
Act 26 25 ἀλλὰ ἀληθείας καὶ σ..ης ῥήματα

1 Ti 2 9 μετὰ αἰδοῦς καὶ σ..ης κοσμεῖν ἑαυ-
τάς 15 μείνωσιν ἐν – ἁγιασμῷ μετὰ σ.ης

σώφρων *prudens* ᵇ*sobrius*
1 Ti 3 2 δεῖ – τὸν ἐπίσκοπον – εἶναι – σώφρονα
Tit 1 8 φιλάγαθον, σώφρονα ᵇ, δίκαιον
Tit 2 2 πρεσβύτας – εἶναι, σεμνούς, σ..ονας
– 5 πρεσβύτιδας – σώφρονας, ἁγνάς

Τ

Ταβιθά Act 9 36.40 Ταβιθά, ἀνάστηθι

τάγμα *ordo* 1 Co 15 23 ἐν τῷ ἰδίῳ τάγματι

τακτός *statutus* Act 12 21 τακτῇ – ἡμέρᾳ

ταλαιπωρεῖν *miserum esse* Jac 4 9 τ..ήσατε

ταλαιπωρία *infelicitas* ᵇ*miseria*
Rm 3 16 „ταλαιπωρία ἐν ταῖς ὁδοῖς αὐτῶν"
Jac 5 1 ἐπὶ ταῖς τ.ᵇ ὑμῶν ταῖς ἐπερχομέναις

ταλαίπωρος *infelix* ᵇ*miser*
Rm 7 24 ταλ. ἐγὼ ἄνθρ.ᵇ τίς με ῥύσεται – ;
Ap 3 17 ὅτι σὺ εἶ ὁ ταλ.ᵇ καὶ ἐλεεινός

ταλαντιαῖος S° – (*sicut*) *talentum* Ap 16 21

τάλαντον *talentum* Mat 18 24 25 15S.20.22.24S.28

ταλιθά S° – *puella* Mar 5 41 ταλιθὰ κοῦμ

ταμεῖον *cubiculum* ᵇ*cellarium* ᶜ*penetrale*
Mat 6 6 εἴσελθε εἰς τὸ ταμεῖόν σου
24 26 ἰδοὺ ἐν τοῖς ταμ.ᶜ, μὴ πιστεύσητε
Luc 12 3 ὃ πρὸς τὸ οὖς ἐλαλήσατε ἐν τοῖς τ.
– 24 οἷς οὐκ ἔστιν ταμ.ᵇ οὐδὲ ἀποθήκη

τάξις *ordo* Luc 1 8 τῆς ἐφημερίας
1 Co 14 40 πάντα – εὐσχημόνως καὶ κατὰ τάξιν
Col 2 5 χαίρων καὶ βλέπων ὑμῶν τὴν τάξιν
Hb 5 6 „ἱερεὺς – κατὰ τὴν τ. Μελχισέδεκ" 10
ἀρχιερεύς 6 20 7 11.17 (21 vl) – 11 τίς ἔτι
χρεία – οὐ „κατὰ τὴν τ." Ἀαρὼν λέγεσθαι;

ταπεινός *humilis*
Mat 11 29 ὅτι πραΰς εἰμι καὶ ταπ. τῇ καρδίᾳ
Luc 1 52 καὶ „ὕψωσεν ταπεινούς"
Rm 12 16 ἀλλὰ τοῖς ταπεινοῖς συναπαγόμενοι

2 Co 7 6 ἀλλ' ὁ παρακαλῶν τοὺς ταπ. – ὁ θ.
10 1 κατὰ πρόσωπον μὲν ταπειν. ἐν ὑμῖν
Jac 1 9 καυχάσθω – ὁ ἀδελφὸς ὁ ταπεινὸς
ἐν τῷ ὕψει αὐτοῦ
4 6 „τ..οῖς δὲ δίδωσιν χάριν" 1 Pe 5 5

ταπεινοῦν, ..οῦσθαι *humiliare*, ..*ri*
Mat 18 4 ὅστις – τ..ώσει ἑαυτὸν ὡς τὸ παιδίον
23 12 ὅστις – ὑψώσει ἑαυτὸν ταπεινωθήσε-
ται, καὶ ὅστις ταπεινώσει ἑαυτὸν ὑ-
ψωθήσεται Luc 14 11 18 14
Luc 3 5 „πᾶν ὄρος καὶ βουνὸς τ..ωθήσεται"
2 Co 11 7 ἢ ἁμαρτίαν ἐποίησα ἐμαυτὸν ταπει-
νῶν ἵνα ὑμεῖς ὑψωθῆτε – ;
12 21 μὴ – τ..ώσῃ με ὁ θεὸς – πρὸς ὑμᾶς
Phl 2 8 ἐτ..ωσεν ἑαυτὸν γενόμενος ὑπήκοος
4 12 οἶδα καὶ τ..οῦσθαι, – περισσεύειν
Jac 4 10 τ..ώθητε ἐνώπιον κυρίου, καὶ ὑψώσει
ὑμᾶς 1 Pe 5 6 τ..ώθητε – ὑπὸ τὴν κραται-
ὰν χεῖρα τοῦ θεοῦ, ἵνα ὑμᾶς ὑψώσῃ

ταπεινοφροσύνη S° – *humilitas*
Act 20 19 δουλεύων τῷ κυρίῳ μετὰ πάσης τ..ης
Eph 4 2 περιπατῆσαι – μετὰ πάσ. τ.
Phl 2 3 τῇ ταπεινοφροσύνῃ ἀλλήλους ἡγού-
μενοι ὑπερέχοντας ἑαυτῶν
Col 2 18 θέλων ἐν τ..ῃ 23 λόγον – ἔχοντα σο-
φίας ἐν ἐθελοθρησκίᾳ καὶ τ..ῃ
3 12 ἐνδύσασθε – τ..σύνην, πραΰτητα
1 Pe 5 5 ἀλλήλοις τὴν ταπ. ἐγκομβώσασθε

ταπεινόφρων *humilis* 1 Pe 3 8 (vl φιλόφρ.)

ταπείνωσις *humilitas*
Luc 1 48 „ἐπέβλεψεν ἐπὶ τὴν ταπ. τῆς δούλης"
Act 8 33 „ἐν τῇ ταπ. – ἡ κρίσις αὐτοῦ ἤρθη"
Phl 3 21 τὸ σῶμα τῆς ταπ. ἡμῶν σύμμορφον
Jac 1 10 καυχάσθω – ὁ – πλούσιος ἐν τῇ τα-
πεινώσει αὐτοῦ

ταράσσειν *turbare* ᵇ*conturbare* ᶜ*concitare* ᵈ*movēre*
Mat 2 3 Ἡρῴδης ἐταράχθη Luc 1 12 Ζαχαρ.
14 26 οἱ – μαθ. – ἐταράχθησαν ‖ Mar 6 50ᵇ
Luc 24 38 τί τεταραγμένοι ἐστέ –;
Joh 5 (vl 4ᵈ) 7 ὅταν ταραχθῇ τὸ ὕδωρ
11 33 Ἰησοῦς – ἐτάραξεν ἑαυτόν 13 21 [ὁ]
    Ἰησοῦς ἐταράχθη τῷ πνεύματι
12 27 νῦν ἡ ψυχή μου τετάρακται
14 1 μὴ ταρασσέσθω ὑμῶν ἡ καρδία 27
Act 15 24 ὑμᾶς λόγοις 17 8ᶜ ὄχλον 13 ὄχλους
Gal 1 7 τινές εἰσιν οἱ τ..οντες ᵇ ὑμᾶς 5 10 ὁ δὲ
    τ..ωνᵇ ὑμᾶς βαστάσει τὸ κρίμα
1 Pe 3 14 „μὴ φοβηθῆτε μηδὲ ταραχθῆτεᵇ"

(ταραχή *motio* Joh 54 vl τοῦ ὕδατος)

τάραχος *turbatio* Act 12 18 19 23 περὶ τ. ὁδοῦ

Ταρσεύς Act 9 11 21 39

Ταρσός Act 9 30 11 25 22 3

ταρταροῦν Sᵒ – *detrahere in tartarum*
2 Pe 2 4 σειραῖς ζόφου τ..ώσας παρέδωκεν

τάσσειν *constituere* ᵇ*ordinare* ᶜ*praeordinare* ᵈ*statuere* ᵉ(τέτακται) *oportet*
Mat 28 16 Luc 7 8 ἄνθρωπός εἰμι ὑπὸ ἐξουσίαν
    τασσόμενος (vl Mat 8 9 vg, vlᵒ)
Act 13 48 τεταγμένοιᶜ εἰς ζωὴν αἰώνιον
    15 2ᵈ 22 10 τέτακταίᵉ σοι ποιῆσαι 28 23
Rm 13 1 αἱ δὲ οὖσαι (sc ἐξουσίαι) ὑπὸ θεοῦ
    τεταγμέναιᵇ εἰσίν
1 Co 16 15 εἰς διακονίαν – ἔταξανᵇ ἑαυτούς

ταῦρος *taurus* Mat 22 4 Act 14 13 Hb 9 13 10 4

ταφή *sepultura* Mat 27 7 εἰς τ. τοῖς ξένοις

τάφος *sepulchrum*
Mat 23 27 παρομοιάζετε τάφοις κεκονιαμένοις
    – 29 οἰκοδομεῖτε τοὺς τ. τῶν προφητῶν
    27 61.64 ἀσφαλισθῆναι τὸν τάφον 66 28 1
Rm 3 13 „τάφ. ἀνεῳγμένος ὁ λάρυγξ αὐτῶν"

τάχα *forsitan* Rm 5 7 ὑπὲρ – τοῦ ἀγαθοῦ τάχα τις καὶ τολμᾷ ἀποθανεῖν Phm 15

ταχέως *cito* Luc 14 21 16 6 Joh 11 31 1 Co 4 19
Gal 1 6 ὅτι οὕτως ταχέως μετατίθεσθε
Phl 2 19.24 2 Th 2 2 εἰς τὸ μὴ ταχέως σα-

λευθῆναι ὑμᾶς 1 Ti 5 22 χεῖρας ταχέως
    μηδενὶ ἐπιτίθει – 2 Ti 4 9

ταχινός *velox* ᵇ*celer* 2 Pe 1 14 21ᵇ ἀπώλεια

τάχιον *citius* ᵇ*cito* ᶜ*celerius* Joh 13 27 ὃ ποι-
    εῖς ποίησον τάχιον 20 4 προεδράμεν
    τάχιον – (1 Ti 3 14ᵇ vl) Hb 13 19ᶜ 23ᶜ

ὡς τάχιστα *quam celeriter* Act 17 15

τάχος, ἐν τάχει *cito* ᵇ*maturius* ᶜ*velociter*
Luc 18 8 ποιήσει τὴν ἐκδίκησιν αὐτῶν ἐν τάχ.
Act 12 7 ἀνάστα ἐν τάχει 22 18ᶜ 25 4ᵇ Rm 16 20
    συντρίψει τὸν σατανᾶν – ἐν τάχειᶜ – 1 Ti
    3 14 – Ap 1 1 ἃ δεῖ γενέσθαι ἐν τάχει 22 6

ταχύ adv. *cito* ᵇ*velociter* Mat 5 25 ἴσθι εὐνο-
    ῶν τῷ ἀντιδίκῳ σου ταχύ – 28 7.8
Mar 9 39 οὐδείς – ἐστιν ὃς – δυνήσεται ταχὺ
    κακολογῆσαί με – Luc 15 22 Joh 11 29
Ap 2 16 ἔρχομαί σοι ταχύ 3 11 22 7ᵇ 12.20
    11 14 ἡ Οὐαὶ ἡ τρίτη ἔρχεται ταχύ

ταχύς *velox* Jac 1 19 ταχὺς εἰς τὸ ἀκοῦσαι

τεῖχος *murus* Act 9 25 2 Co 11 33 – Hb 11 30
    τὰ τείχη Ἰεριχώ – Ap 21 12. 14. 15. 17. 18. 19

τεκμήριον *argumentum* Act 13 ἐν – τ..οις

τεκνίον Sᵒ – *filiolus* Joh 13 33 τεκνία, ἔτι
    μικρόν 1 Jo 2 1. 12. 28 3 7. 18 4 4 5 21

τεκνογονεῖν Sᵒ – *filios procreare* 1 Ti 5 14

τεκνογονία Sᵒ – *filiorum generatio* 1 Ti 2 15

τέκνον *filius* ᵇ*filiolus* ᶜ*filia* ᵈ*natus* ᵉ*semen*

1) proprie dictum: progenies, stirps
Mat 2 18 „Ῥαχὴλ κλαίουσα τὰ τέκνα αὐτῆς"
    3 9 ἐγεῖραι τέκνα τῷ Ἀβραάμ ‖ Luc 3 8
    7 11 εἰ – ὑμεῖς – οἴδατε δόματα ἀγαθὰ δι-
    δόναι τοῖς τέκνοις ὑμῶν – Luc 11 13
    10 21 παραδώσει – εἰς θάνατον – πατὴρ τέ-
    κνον, καὶ „ἐπαναστήσονται τέκνα ἐπὶ
    γονεῖς" ‖ Mar 13 12
    15 26 λαβεῖν τὸν ἄρτον τῶν τέκνων ‖ Mar
    7 27 ἄφες πρῶτον χορτασθῆναι τὰ τ.,
    οὐ – ἐστιν καλὸν λαβεῖν – τ. τέκνων
    18 25 πραθῆναι – τὴν γυναῖκα καὶ τὰ τέκ.

Mat 19₂₉ ὅστις ἀφῆκεν – ἢ μητέρα ἢ τέκνα ‖
 Mar 10₂₉.₃₀ ἐὰν μὴ λάβῃ Luc 18₂₉
21₂₈ ἄνθρωπος εἶχεν τέκνα δύο· – τέκνον,
 ὕπαγε σήμερον ἐργάζου ἐν τῷ
22₂₄ „ἐάν τις ἀποθάνῃ μὴ ἔχων τέκνα" ‖
 Mar 12₁₉ „μὴ ἀφῇ τέκνον" Luc 20₃₁ᵉ
23₃₇ ποσάκις ἠθέλησα ἐπισυναγαγεῖν τὰ
 τέκνα σου ‖ Luc 13₃₄
27₂₅ τὸ αἷμα αὐτοῦ – καὶ ἐπὶ τὰ τ. ἡμῶν
Luc 1 7 καὶ οὐκ ἦν αὐτοῖς τέκνον
 – 17 „καρδίας πατέρων ἐπὶ τέκνα"
 2₄₈ τέκνον, τί ἐποίησας ἡμῖν οὕτως;
14₂₆ εἴ τις – οὐ μισεῖ – καὶ τὰ τέκνα
15₃₁ τέκνον, σὺ πάντοτε μετ' ἐμοῦ εἶ
19₄₄ „ἐδαφιοῦσίν σε καὶ τὰ τέκνα σου"
23₂₈ κλαίετε καὶ ἐπὶ τὰ τέκνα ὑμῶν
Joh 8₃₉ εἰ τέκνα τοῦ Ἀβραάμ ἐστε, τὰ ἔργα
Act 2₃₉ ὑμῖν – ἐστιν ἡ ἐπαγγ. καὶ τοῖς τ. ὑμῶν
 7 5 οὐκ ὄντος αὐτῷ τέκνου [ἡμῖν
13₃₃ ὁ θεὸς ἐκπεπλήρωκεν τοῖς τ. [αὐτῶν]
21 5 – 21 μὴ περιτέμνειν αὐτοὺς τὰ τέκνα
Rm 9 8 οὐ τὰ τ. τῆς σαρκὸς – τέκνα τ. θεοῦ
1 Co 7₁₄ ἐπεὶ ἄρα τὰ τ. ὑμῶν ἀκάθαρτά ἐστιν
2 Co 12₁₄ οὐ γὰρ ὀφείλει τὰ τέκνα τοῖς γονεῦ-
 σιν θησαυρίζειν, ἀλλὰ οἱ γονεῖς τοῖς
 τέκνοις
Gal 4₂₅ δουλεύει γὰρ (sc ἡ νῦν Ἱερουσ.) με-
 τὰ τῶν τέκνων αὐτῆς 27 „πολλὰ τὰ
 τέκνα τῆς ἐρήμου" 31 οὐκ ἐσμὲν παι-
 δίσκης τέκνα ἀλλὰ τῆς ἐλευθέρας
Eph 6 1 τὰ τέκνα, ὑπακούετε τοῖς γονεῦσιν
 4 οἱ πατέρες, μὴ παροργίζετε τὰ τέ-
 κνα ὑμῶν Col 3₂₀.₂₁ μὴ ἐρεθίζετε
Phl 2₂₂ ὡς πατρὶ τέκνον – ἐδούλευσεν
1 Th 2 7 ὡς ἐὰν τροφὸς θάλπῃ τὰ ἑαυτῆς τ.
 – 11 ὡς πατὴρ τέκνα – παρακαλοῦντες
1 Ti 3 4 ἐπίσκοπον –, τέκνα ἔχοντα ἐν ὑπο-
 ταγῇ 12 διάκονοι –, τέκνων καλῶς
 προϊστάμενοι Tit 1 6 εἴ τίς ἐστιν (sc
 πρεσβύτερος) –, τέκνα ἔχων πιστά
 5 4 εἰ δέ τις χήρα τέκνα ἢ ἔκγονα ἔχει
Ap 12 4 ἵνα – τὸ τέκνον αὐτῆς καταφάγῃ
 – 5 ἡρπάσθη τὸ τέκνον – πρὸς τὸν θεόν

2) τέκνον significatione translata

Mat 9 2 θάρσει, τέκνον, ἀφίενται ‖ Mar 2 5
 21₂₈ 23₃₇ Luc 2₄₈ 15₃₁ 19₄₄ → 1)
Mar 10₂₄ τέκνα ᵇ, πῶς δύσκολόν ἐστιν
Luc 7₃₅ ἐδικαιώθη ἡ σοφία ἀπὸ πάντων τῶν
 τέκνων αὐτῆς (‖ Mat 11₁₉ vl, vg)
16₂₅ τέκνον, μνήσθητι ὅτι ἀπέλαβες
Joh 1₁₂ ἐξουσίαν τέκνα θεοῦ γενέσθαι

Joh 11₅₂ τὰ τέκνα τοῦ θεοῦ τὰ διεσκορπισμ.
Rm 8₁₆ ὅτι ἐσμὲν τέκνα θεοῦ 17 εἰ δὲ τέκνα,
 καὶ κληρονόμοι 21 εἰς τὴν ἐλευθερίαν
 τῆς δόξης τῶν τέκνων τοῦ θεοῦ
 9 7 οὐδ' ὅτι εἰσὶν σπέρμα Ἀβρ., πάντες
 τέκνα 8 οὐ τὰ τ. τῆς σαρκὸς ταῦτα
 τέκνα τοῦ θεοῦ, ἀλλὰ τὰ τέκνα τῆς
 ἐπαγγελίας λογίζεται εἰς σπέρμα
1 Co 4₁₄ ὡς τέκνα μου ἀγαπητὰ νουθετῶ[ν]
 – 17 Τιμόθεον, ὅς ἐστίν μου τέκνον ἀγα-
 πητὸν καὶ πιστὸν ἐν κυρίῳ
2 Co 6₁₃ ὡς τέκνοις λέγω Gal 4₁₉ τέκνα ᵇ μου,
 οὓς πάλιν ὠδίνω μέχρις οὗ μορφ.
Gal 4₂₅.₂₇.₃₁ → 1) – Gal 4₂₈ ὑμεῖς – κατὰ
 Ἰσαὰκ ἐπαγγελίας τέκνα ἐστέ
Eph 2 3 ἤμεθα τέκνα φύσει ὀργῆς
 5 1 μιμηταὶ τοῦ θεοῦ, ὡς τέκνα ἀγαπη-
 τά 8 ὡς τέκνα φωτὸς περιπατεῖτε
Phl 2₁₅ „τέκνα θεοῦ ἄμωμα" μέσον γενεᾶς
1 Ti 1 2 γνησίῳ τέκνῳ ἐν πίστει 18 τέκνον Τι-
 μόθεε 2 Ti 1 2 Τιμ. ἀγαπητῷ τέκνῳ
 21 σὺ οὖν, τέκνον μου, ἐνδυναμοῦ
Tit 1 4 Τίτῳ γνησίῳ τέκνῳ κατὰ – πίστιν
Phm 10 περὶ τοῦ ἐμοῦ τέκ., ὃν ἐγέννησα ἐν
1 Pe 1₁₄ ὡς τέκνα ὑπακοῆς 3 6 ἧς (sc Σάρ-
 ρας) ἐγενήθητε τ..αᶜ ἀγαθοποιοῦσαι
2 Pe 2₁₄ κατάρας τέκνα
1 Jo 3 1 ἵνα τέκνα θεοῦ κληθῶμεν, καὶ ἐσμέν
 2 νῦν τέκνα θεοῦ ἐσμεν 10 φανερά
 ἐστιν τὰ τέκνα τοῦ θεοῦ καὶ τὰ τέ-
 κνα τοῦ διαβόλου 5₂ ὅτι ἀγαπῶμεν
 τὰ τέκνα ᵈ τοῦ θεοῦ
2 Jo 1 ἐκλεκτῇ κυρίᾳ καὶ τοῖς τέκ. ᵈ αὐτῆς
 4 ἐκ τῶν τέκνων σου περιπατοῦντας ἐν
 13 τὰ τ. τῆς ἀδελφῆς σου τῆς ἐκλεκτ.
3 Jo 4 τὰ ἐμὰ τ. ἐν τῇ ἀληθείᾳ περιπατοῦν.
Ap 2₂₃ τὰ τέκνα αὐτῆς ἀποκτενῶ

τεκνοτροφεῖν Sᵒ – filios educare 1 Ti 5₁₀

τέκτων faber Mat 13₅₅ ‖ Mar 6 3

τελεῖν consummare ᵇfinire ᶜimplēre ᵈper-
 ficere ᵉpraestare ᶠsolvere
Mat 7₂₈ λόγους 11 1 ἐτέλεσεν – διατάσσων 13
 53 παραβολὰς 19 1 λόγους 26 1
 10₂₃ οὐ μὴ τελέσητε τὰς πόλεις – Ἰσραήλ
 17₂₄ ὁ διδάσκαλος – οὐ τελεῖ ᶠ [τὰ] δίδραχμα;
Luc 2₃₉ ὡς ἐτέλεσαν ᵈ – τὰ κατὰ τὸν νόμον
 12₅₀ ἕως ὅτου τελεσθῇ ᵈ (sc τὸ βάπτισμα)
 18₃₁ τελεσθήσεται – τὰ γεγραμμένα – τῷ
 υἱῷ τοῦ ἀνθρώπου 22₃₇ δεῖ τελεσθῆ-
 ναι ᶜ ἐν ἐμοί – Act 13₂₉

Joh 19 28 εἰδὼς – ὅτι ἤδη πάντα τετέλεσται, –
    λέγει· „διψῶ" 30 εἶπεν· τετέλεσται
Rm 2 27 ἡ – ἀκροβυστία τὸν νόμον τελοῦσα
    13 6 διὰ τοῦτο – καὶ φόρους τελεῖτε [e]
2 Co 12 9 ἡ – δύναμις ἐν ἀσθενείᾳ τελεῖται [d]
Gal 5 16 ἐπιθυμίαν σαρκὸς οὐ μὴ τελέσητε [d]
2 Ti 4 7 τὸν δρόμον τετέλεκα
Jac 2 8 εἰ μέντοι νόμον τελεῖτε [d] βασιλικόν
Ap 10 7 ἐτελέσθη „τὸ μυστήριον τοῦ θεοῦ"
    11 7 ὅταν τελέσωσιν [b] τὴν μαρτυρίαν
    15 1 ἐτελέσθη ὁ θυμὸς τοῦ θεοῦ 8 ἄχρι
    τελεσθῶσιν αἱ „ἑπτὰ πληγαί"
    17 17 ἄχρι τελεσθήσονται οἱ λόγοι τ. θεοῦ
    20 3 ἄχρι τελεσθῇ τὰ χίλια ἔτη 5.7

τέλειος *perfectus*

Mat 5 48 „ἔσεσθε" – ὑμεῖς „τέλειοι" ὡς ὁ πα-
    τὴρ ὑμῶν ὁ οὐράνιος τέλειός ἐστιν
    19 21 εἰ θέλεις τέλειος εἶναι, – πώλησον
Rm 12 2 τί τὸ θέλημα τοῦ θεοῦ, τὸ – τέλειον
1 Co 2 6 σοφίαν – λαλοῦμεν ἐν τοῖς τελείοις
    13 10 ὅταν δὲ ἔλθῃ τὸ τέλ., τὸ ἐκ μέρους
    14 20 ταῖς δὲ φρεσὶν τέλειοι γίνεσθε
Eph 4 13 μέχρι καταντήσωμεν – εἰς ἄνδρα τέλ.
Phl 3 15 ὅσοι οὖν τέλειοι, τοῦτο φρονῶμεν
Col 1 28 ἵνα παραστήσωμεν πάντα ἄνθρωπον
    τέλειον ἐν Χῷ 4 12 ἵνα σταθῆτε τέ-
    λειοι – ἐν παντὶ θελήματι τοῦ θεοῦ
Hb 5 14 τελείων δέ ἐστιν ἡ στερεὰ τροφή
    9 11 διὰ τῆς – τελειοτέρας σκηνῆς
Jac 1 4 ἡ δὲ ὑπομονὴ ἔργον τέλειον ἐχέτω,
    ἵνα ἦτε τέλειοι καὶ ὁλόκληροι
    – 17 πᾶν δώρημα τ..ον ἄνωθέν ἐστιν
    – 25 εἰς νόμον τ..ον τὸν τῆς ἐλευθερίας
    3 2 οὗτος τέλειος ἀνήρ, δυνατός
1 Jo 4 18 ἡ τ..α ἀγάπη ἔξω βάλλει τὸν φόβον

τελειότης [a] *perfectio* [b] *perfectiora*

Col 3 14 ἐπὶ πᾶσιν – τούτοις τὴν ἀγάπην, ὅ
    ἐστιν σύνδεσμος τῆς τελειότητος
Hb 6 1 ἐπὶ τὴν τελειότητα [b] (vl [a]) φερώμεθα

τελειοῦν *consummare* [b] *perficere* [c] *perfectum facere* [d] *ad perfectum adducere*

Luc 2 43 τ..ωσάντων τὰς ἡμέρας, – ὑπέμεινεν
    13 32 καὶ τῇ τρίτῃ τελειοῦμαι
Joh 4 34 ἵνα – τελειώσω [b] αὐτοῦ τὸ ἔργον
    5 36 τὰ – ἔργα ἃ δέδωκέν μοι ὁ πατὴρ
    ἵνα τελειώσω [b] αὐτά 17 4 ἐγώ σε ἐ-
    δόξασα –, τὸ ἔργον τελειώσας
    17 23 ἵνα ὦσιν τετελειωμένοι εἰς ἕν
    19 28 ἵνα τελειωθῇ ἡ γραφή, λέγει· διψῶ

Act 20 24 ὡς τ..ῶσαι (vl ..ώσω) τὸν δρόμον
Phl 3 12 οὐχ ὅτι – ἤδη τετελείωμαι [b]
Hb 2 10 διὰ παθημάτων τελειῶσαι 5 9 τελει-
    ωθεὶς ἐγένετο – αἴτιος σωτηρίας
    7 19 οὐδὲν γὰρ ἐτελείωσεν [d] ὁ νόμος
    – 28 „υἱὸν εἰς τὸν αἰῶνα τετ..ωμένον" [b,u]
    9 9 θυσίαι – μὴ δυνάμεναι κατὰ συνεί-
    δησιν τ..ῶσαι [c] τὸν λατρεύοντα
    10 1 ὁ νόμος – εἰς τὸ διηνεκὲς οὐδέποτε
    δύναται τοὺς προσερχομένους τε-
    λειῶσαι [c] 14 μιᾷ – προσφορᾷ τετε-
    λείωκεν εἰς τὸ διηνεκές
    11 40 ἵνα μὴ χωρὶς ἡμῶν τελειωθῶσιν
    12 23 πνεύμασι δικαίων τετελειωμένων [b]
Jac 2 22 ἐκ τῶν ἔργων ἡ πίστις ἐτελειώθη
1 Jo 2 5 ἐν τούτῳ ἡ ἀγάπη τοῦ θεοῦ τετε-
    λείωται [b] 4 12 ἡ ἀγάπη αὐτοῦ ἐν ἡμῖν
    τετελειωμένη [b] ἐστίν
    4 17 ἐν τούτῳ τετελείωται [b] ἡ ἀγάπη μεθ'
    ἡμῶν 18 ὁ δὲ φοβούμενος οὐ τετε-
    λείωται [b] ἐν τῇ ἀγάπῃ

τελείως *perfecte*

1 Pe 1 13 νήφοντες τελείως ἐλπίσατε

τελείωσις [a] *consummatio* [b] (ἔσται τελ.) *perficientur* Luc 1 45 [b] τοῖς λελαλημένοις
Hb 7 11 εἰ – τελ. [a] διὰ τῆς – ἱερωσύνης ἦν

τελειωτής S [o] – *consummator* Hb 12 2 εἰς
    τὸν τῆς πίστεως ἀρχηγὸν καὶ τ..ωτήν

τελεσφορεῖν *referre fructum* Luc 8 14

τελευτᾶν *defungi* [b] *mori* Mat 2 19 9 18
Mat 15 4 „θανάτῳ τ..άτω" [b] || Mar 7 10 [b] – Mat
    22 25 ὁ πρῶτος γήμας ἐτελεύτησεν
Mar 9 48 ὅπου „ὁ σκώληξ – οὐ τ..τᾷ" [b] (vl 44.46)
Luc 7 2 [b] Joh 11 39 [b] Act 2 29 7 15 Hb 11 22 [b]

τελευτή *obitus* Mat 2 15 ἕως τῆς τ. Ἡρῴδου

τέλος *finis* [b] *consummatio* [c] (εἰς τ.) *in novissimo* [d] (τέλη) *tributum* [e] *vectigal*

Mat 10 22 ὁ δὲ ὑπομείνας εἰς τέλος, οὗτος σω-
    θήσεται 24 13 || Mar 13 13
    17 25 ἀπὸ τίνων λαμβάνουσιν τέλη [d] –;
    24 6 ἀλλ' οὔπω ἐστὶν τὸ τέλος || Mar 13 7
    Luc 21 9 οὐκ εὐθέως τὸ τέλος – Mat
    24 14 καὶ τότε ἥξει τὸ τέλος [b]
    26 58 ἐκάθητο (sc Πέτρος) – ἰδεῖν τὸ τέλος
Mar 3 26 οὐ δύναται στῆναι ἀλλὰ τέλος ἔχει

Luc 133 τῆς βασιλείας αὐτοῦ οὐκ ἔσται τέλ.
18 5 ἵνα μὴ εἰς τέλος ᶜ – ὑπωπιάζῃ με
2237 καὶ γὰρ τὸ περὶ ἐμοῦ τέλος ἔχει
Joh 13 1 εἰς τέλος ἠγάπησεν αὐτούς
Rm 621 τὸ γὰρ τέλος ἐκείνων θάνατος
– 22 τὸ δὲ τέλος ζωὴν αἰώνιον
10 4 τέλος γὰρ νόμου Χὸς εἰς δικαιοσ.
13 7 ἀπόδοτε πᾶσιν τὰς ὀφειλάς, – τῷ τὸ
τέλος ᵉ τὸ τέλος ᵉ, τῷ τὸν φόβον
1 Co 1 8 ὑμᾶς ἕως τέλους ἀνεγκλήτους
1011 εἰς οὓς τὰ τ. τῶν αἰώνων κατήντηκεν
1524 εἶτα τὸ τέλος, ὅταν παραδιδῷ
2 Co 113 ὅτι ἕως τέλους ἐπιγνώσεσθε
313 μὴ ἀτενίσαι – εἰς τὸ τέλος (vl πρόσ-
ωπον vg faciem) τοῦ καταργουμένου
1115 ὧν τὸ τ. ἔσται κατὰ τὰ ἔργα αὐτῶν
Phl 319 ὧν τὸ τέλος ἀπώλεια, ὧν ὁ θεός
1 Th 216 ἔφθασεν – ἐπ' αὐτοὺς ἡ ὀργὴ εἰς τ.
1 Ti 1 5 τὸ δὲ τέλος τῆς παραγγελίας ἐστὶν
ἀγάπη ἐκ καθαρᾶς καρδίας
Hb 3(6 vl ἐάν[περ] τ. παρρησίαν – μέχρι τέλους
βεβαίαν κατάσχωμεν) 14 τὴν ἀρχὴν
τῆς ὑποστάσεως μέχρι τέλους βεβ.
6 8 ἧς (sc κατάρας) τὸ τέλ.ᵇ εἰς καῦσιν
– 11 ἐνδείκνυσθαι σπουδὴν πρὸς τὴν πλη-
ροφορίαν τῆς ἐλπίδος ἄχρι τέλους
7 3 μήτε ζωῆς τέλος ἔχων (Melch.)
Jac 511 καὶ τὸ τέλος (vl ἔλεος) κυρίου εἴδετε
1 Pe 1 9 κομιζόμενοι τὸ τέλος τῆς πίστεως
3 8 τὸ δὲ τέλος πάντες ὁμόφρονες
4 7 πάντων δὲ τὸ τέλος ἤγγικεν
– 17 τί τὸ τέλος τῶν ἀπειθούντων –;
Ap 226 ὁ τηρῶν ἄχρι τέλους τὰ ἔργα μου
21 6 ἐγώ –, ἡ ἀρχὴ καὶ τὸ τ. 2213 (vl 18)

τελώνης Sᵒ – publicanus
Mat 546 οὐχὶ καὶ οἱ τελ. τὸ αὐτὸ ποιοῦσιν;
910 πολλοὶ τελ. καὶ ἁμαρτωλοὶ – συναν-
έκειντο 11 ‖ Mar 215.16 Luc 529.30
10 3 Μαθθαῖος ὁ τελ. Luc 527 Λευίν
1119 τελωνῶν φίλος καὶ ἁμαρτωλῶν ‖ Luc
734 – 151 πάντες οἱ τ. καὶ οἱ ἁμαρτ.
1817 ἔστω σοι ὥσπερ ὁ ἐθνικὸς καὶ ὁ τ.
2131 οἱ τ. καὶ αἱ πόρναι προάγουσιν 32
Luc 312 ἦλθον δὲ καὶ τ..αι βαπτισθῆναι
729 καὶ οἱ τελῶναι ἐδικαίωσαν τὸν θεόν
1810 ὁ εἷς Φαρισ. καὶ ὁ ἕτερος τελ. 11 ἢ
ὡς ὁ οὗτος ὁ τελώνης 13 ὁ δὲ τελ.
μακρόθεν ἑστὼς οὐκ ἤθελεν οὐδὲ

τελώνιον Sᵒ – telonium (vl ..eum)
Mat 9 9 Μαθθαῖον ‖ Mar 214 Λευίν Luc 527

τέρας prodigium ᵇportentum
(σημεῖον ubique signum)
Mat 2424 „δώσουσιν σημεῖα – καὶ τέρατα" ‖
Mar 1322 δώσουσιν σ. καὶ τέρατα ᵇ
Joh 448 ἐὰν μὴ σημεῖα καὶ τέρατα ἴδητε
Act 219 „δώσω τέρατα ἐν τῷ οὐρανῷ" ἄνω
„καὶ" σημεῖα „ἐπὶ τῆς γῆς" κάτω
– 22 ἀποδεδειγμένον – τέρασι καὶ σημείοις
– 43 τέρατα καὶ σημεῖα – ἐγίνετο 512 143
430 σημ. καὶ τ..τα – διὰ τοῦ ὀνόμ. – Ἰησ.
6 8 Στέφ. – ἐποίει τ..τα καὶ σημ. μεγά.
736 „τέρατα καὶ σημεῖα ἐν γῇ Αἰγύπτῳ"
1512 σημεῖα καὶ τ..τα ἐν τοῖς ἔθνεσιν
Rm 1519 ἐν δυνάμει σημείων καὶ τεράτων
2 Co 1212 σημείοις τε καὶ τέρασιν καὶ δυνάμ.
2 Th 2 9 ἐν – σημείοις καὶ τέρασιν ψεύδους
Hb 2 4 συνεπιμαρτυροῦντος τοῦ θεοῦ ση-
μείοις τε καὶ τέρασιν ᵇ

Τέρτιος Rm 1622   Τέρτυλλος Act 241.2

*τέσσαρες, τέσσερα quattuor
Mat 2431 „ἐκ τῶν τεσσάρων ἀνέμων" ‖ Mar
1327 – Ap 71 „τοὺς τεσσ. ἀνέμους"
Mar 2 3 Luc 237 Joh 1117 1923 τέσσαρα μέρη
Act 1011 115 124 219 θυγατέρες τέσσ. 23 2729
Ap 4 6 ζῷα 8 5 6.8.14 6 1.6 7 11 143 157 194
7 1 τέσσαρας ἀγγέλους – „ἐπὶ τὰς τ. γω-
νίας" τῆς γῆς 2 914.15 – 208
9 13 ἐκ τῶν [τεσσάρων] κεράτων τοῦ θυ-
σιαστηρίου

τεσσαρεσκαιδέκατος quartusdecimus
Act 2727 τ..η νὺξ ἐγένετο 33 τ..ην – ἡμέραν

τεσσεράκοντα quadraginta ᵇquadragenae
Mat 4 2 νηστεύσας ἡμέρας τεσσ. καὶ νύκτας
τεσσ. – ἐπείνασεν ‖ Mar 1 13 Luc 4 2
Joh 220 τεσσεράκ. καὶ ἓξ ἔτεσιν οἰκοδομήθη
Act 1 3 δι' ἡμερῶν τεσσεράκ. ὀπτανόμενος
4 22 – 730.36 „ἐν τῇ ἐρήμῳ" 42 Hb 3 10.17
1321 2313.21 ἄνδρες πλείους τεσσεράκοντα
2 Co 1124 πεντάκις τεσσ.ᵇ παρὰ μίαν ἔλαβον
Ap 7 4 ἑκατὸν τεσσεράκ. τέσσαρες χιλιάδες
ἐσφραγισμένοι 141 ἔχουσαι τὸ ὄνο-
μα αὐτοῦ 3 οἱ ἠγορασμένοι ἀπὸ
11 2 μῆνας τ. [καὶ] δύο 13 5 – 21 17 πηχῶν

τεσσερακονταετὴς χρόνος Sᵒ – quadra-
ginta annorum tempus Act 723 1318

τεταρταῖος quatriduanus (vl ..dri..) Joh 1139

τέταρτος *quartus* Mat 14 25 φυλακή ‖ Mar
6 48 – Act 10 30 – Ap 47 ζῷον 67 – 67
σφραγίς 8 τὸ τέταρτον (*quattuor partes*)
τῆς γῆς 8 12 ὁ τέταρτος ἄγγελος 16 8 –
21 19 θεμέλιος – ὁ τέταρτος σμάραγδος

τετρααρχεῖν S⁰ – (part.) *tetrarcha* Luc 31

τετραάρχης S⁰ – *tetrarcha* (Herodes Anti-
pas) Mat 141 ‖ Luc 97 – 3 19 Act 13 1

τετράγωνος *in quadro* Ap 21 16 τ. κεῖται

τετράδιον S⁰ – *quaternio* Act 12 4

τετρακισχίλιοι *quattuor milia*
Mat 15 38 16 10 ‖ Mar 89.20 – Act 21 38

τετρακόσιοι *quadringenti* Act 5 36 76 13 20
Gal 3 17 μετὰ τ..α καὶ τριάκοντα ἔτη

τετράμηνος S⁰ – *quattuor menses* Joh 4 35

τετραπλοῦν S⁰ – *quadruplum* Luc 19 8

τετράποδα *quadrupedia* Act 10 12 11 6
Rm 1 23 „ἐν ὁμοιώματι" εἰκόνος – τ..πόδων

τεφροῦν S⁰ – *in cinerem redigere*
2 Pe 2 6 πόλεις Σοδόμων καὶ Γομ. τεφρώσας

τέχνη *ars* Act 17 29 18 3 Ap 18 22

τεχνίτης *artifex* Act 19 24.38 Ap 18 22
Hb 11 10 πόλιν, ἧς τ. καὶ δημιουργὸς ὁ θεός

τήκεσθαι *tabescere* 2 Pe 3 12 στοιχεῖα

τηλαυγῶς S⁰ – *clare* Mar 8 25 ἐνέβλεπεν τ.

τηλικοῦτος *tantus* ᵇ*magnus* ᶜ*talis*
2 Co 1 10 ἐκ τ..ου θανάτου ἐρρύσατο ἡμᾶς
Hb 2 3 τηλικαύτη ἀμελήσαντες σωτηρίας
Jac 3 4 πλοῖα, τ..αῦτα ᵇ ὄντα Ap 16 18 ᶜ

τηρεῖν *servare* ᵇ*custodire* ᶜ*conservare*
ᵈ*observare* ᵉ*reservare* ᶠ(part.) *custos*

1) = integrum servare, tueri, asserva-
re, manere in, in custodia tenere

Mat 27 36.54 ᵇ τὸν Ἰησοῦν 28 4 οἱ τ..οῦντες ᶠ
Joh 2 10 τὸν καλὸν οἶνον 12 7 τὸ μύρον
17 11 τήρησον αὐτοὺς ἐν τῷ ὀνόματί σου

12 ἐγὼ ἐτήρουν αὐτοὺς ἐν τῷ ὀ. σου
Joh 17 15 ἵνα τηρήσῃς αὐτοὺς ἐκ τοῦ πονηροῦ
Act 12 5 Πέτρος ἐτηρεῖτο ἐν τῇ φυλακῇ 6 ᵇ
16 23 ἀσφαλῶς τηρεῖν ᵇ 24 23 ᵇ 25 4.21
1 Co 7 37 τηρεῖν τὴν ἑαυτοῦ παρθένον
2 Co 11 9 ἀβαρῆ ἐμαυτὸν ὑμῖν ἐτήρησα καὶ τη-
ρήσω 1 Ti 5 22 σεαυτὸν ἁγνὸν τήρει ᵇ
Eph 4 3 τηρεῖν τὴν ἑνότητα τοῦ πνεύματος
1 Th 5 23 καὶ τὸ σῶμα ἀμέμπτως – τηρηθείη
2 Ti 4 7 τὴν πίστιν τετήρηκα
Jac 1 27 ἄσπιλον ἑαυτὸν τ. ᵇ ἀπὸ τοῦ κόσμου
1 Pe 1 4 εἰς κληρονομίαν ἄφθαρτον –, τετη-
ρημένην ᶜ ἐν οὐρανοῖς εἰς ὑμᾶς
2 Pe 2 4 εἰς κρίσιν τηρουμένους ᵉ 9 εἰς ἡμέ-
ραν κρίσεως κολαζομένους τηρεῖν ᵉ
– 17 οἷς ὁ ζόφος – τετήρηται ᵉ Jud 13
3 7 εἰσὶν πυρὶ τηρούμενοι ᵉ (vl ᵃ)
1 Jo 5 18 ὁ γεννηθεὶς (vl ἡ γέννησις vg) ἐκ
τοῦ θεοῦ τηρεῖ ᶜ αὐτόν (vl ἑαυτόν)
Jud 1 Ἰησοῦ Χῷ τετηρημένοις ᶜ κλητοῖς
6 ἀγγέλους τε τοὺς μὴ τηρήσαντας
τὴν ἑαυτῶν ἀρχήν – εἰς κρίσιν – ὑπὸ
ζόφον τετήρηκεν ᵉ
21 ἑαυτοὺς ἐν ἀγάπῃ θεοῦ τηρήσατε
Ap 1 3 οἱ – τηροῦντες τὰ ἐν αὐτῇ (sc τῇ προ-
φητείᾳ) γεγραμμένα 22 7 μακάριος ὁ
τηρῶν ᵇ τ. λόγους τῆς προφητείας 9
3 10 ἐτήρησας τὸν λόγον τῆς ὑπομονῆς
μου, κἀγώ σε τηρήσω ἐκ τῆς ὥρας
τοῦ πειρασμοῦ τῆς μελλούσης
16 15 μακάριος ὁ – τηρῶν ᵇ τὰ ἱμάτια αὐτ.

2) praeceptum tenere, dicto parere

Mat 19 17 τήρησον (vl τήρει) τὰς ἐντολάς
23 3 ὅσα ἐὰν εἴπωσιν ὑμῖν – τηρεῖτε
28 20 διδάσκοντες αὐτοὺς τηρεῖν πάντα
(Mar 7 9 vl ἵνα τὴν παράδοσιν ὑμῶν τηρή-
σητε)
Joh 8 51 ἐάν τις τὸν ἐμὸν λόγον τηρήσῃ 52.55
καὶ τὸν λόγον αὐτοῦ τηρῶ
9 16 ὅτι τὸ σάββατον οὐ τηρεῖ ᵇ
14 15 τὰς ἐντολὰς τὰς ἐμὰς τηρήσετε
– 21 ὁ ἔχων τὰς ἐντολάς μου καὶ τηρῶν
αὐτάς 23 ἐάν τις ἀγαπᾷ με, τὸν λό-
γον μου τηρήσει 24 οὐ τηρεῖ
15 10 ἐὰν τὰς ἐντολάς μου τηρήσητε, –
καθὼς ἐγὼ τὰς ἐντολὰς τοῦ πατρός
μου τετήρηκα 20 εἰ τὸν λόγον μου
ἐτήρησαν, καὶ τ. ὑμέτερον τηρήσουσιν
17 6 καὶ τὸν λόγον σου τετήρηκαν
Act 15 5 παραγγέλλειν – τ. τὸν νόμον Μωϋσ.
1 Ti 6 14 τηρῆσαί σε τὴν ἐντολὴν ἄσπιλον

Jac 2 10 ὅστις – ὅλον τὸν νόμον τηρήσῃ
1 Jo 2 3 ἐὰν τὰς ἐντολὰς αὐτοῦ τηρῶμεν[d] 4
    ὁ – τὰς ἐντολὰς αὐτοῦ μὴ τηρῶν[b]
    – 5 ὃς δ' ἂν τηρῇ αὐτοῦ τὸν λόγον
    3 22 ὅτι τὰς ἐντολὰς αὐτοῦ τηροῦμεν[b]
    2 4 ὁ τηρῶν 5 3 ἵνα – τηρῶμεν[b]
Ap 1 3 3 10 22 7.9 → 1)
    2 26 ὁ τηρῶν[b] ἄχρι τέλους τὰ ἔργα μου
    3 3 μνημόνευε – πῶς εἴληφας καὶ ἤκουσας, καὶ τήρει καὶ μετανόησον
    – 8 ἐτήρησάς μου τὸν λόγον
    12 17 πόλεμον μετὰ –, τῶν τηρούντων[b] τὰς ἐντολὰς τοῦ θεοῦ 14 12 οἱ τηροῦντες[b] τὰς ἐντολὰς τοῦ θεοῦ καὶ τὴν πίστιν Ἰησοῦ

τήρησις custodia [b] observatio Act 4 3 5 18
1 Co 7 19 ἀλλὰ τήρησις[b] ἐντολῶν θεοῦ

Τιβεριάς Joh 6 1.23 21 1   Τιβέριος Luc 3 1

τιθέναι, τίθεσθαι ponere [b] comparare [c] constituere [d] imponere [e] mittere [f] proponere [g] seponere [h] statuere
    "ἐχθροὺς ὑπὸ τοὺς πόδας" κτλ. (pon.)
ψυχὴν ὑπέρ τινος (ponere, dare)
γόνατα τιθέναι (ponere)
τιθέναι ἐν τῇ καρδίᾳ (ponere)
→ ἐχθρός, ψυχή, γόνυ, καρδία
Mat 5 15 οὐδὲ – τιθέασιν αὐτὸν ὑπὸ τὸν μόδιον, ἀλλ' ἐπί ‖ Mar 4 21 Luc 8 16 11 33
    12 18 "θήσω τὸ πνεῦμά μου ἐπ' αὐτόν"
    24 51 τὸ μέρος αὐτοῦ μετὰ τῶν ὑποκριτῶν θήσει ‖ Luc 12 46 τῶν ἀπίστων
    27 60 ἔθηκεν – ἐν – μνημείῳ Mar 6 29 15 46.47
    ἐθεώρουν ποῦ τέθειται 16 6 Luc 23 53
    (Act 13 29) 55 ὡς ἐτέθη τὸ σῶμα Joh 19 41 οὐδέπω οὐδεὶς ἦν τεθειμένος 42
    20 2 ποῦ ἔθηκαν αὐτόν 13.15 ποῦ ἔθηκας αὐτόν – 11 34 ποῦ τεθείκατε αὐτόν;
Mar 4 30 ἐν τίνι αὐτὴν παραβολῇ θῶμεν[b];
    6 56 ἐτίθεσαν τοὺς ἀσθενοῦντας Luc 5 18
    10 16 τιθεὶς[d] τὰς χεῖρας ἐπ' αὐτά Ap 1 17
    ἔθηκεν τὴν δεξιὰν αὐτοῦ ἐπ' ἐμέ
Luc 6 48 θεμέλιον ἐπὶ τὴν πέτραν cfr 14 29
    9 44 θέσθε – εἰς τὰ ὦτα – τοὺς λόγους
    19 21 αἴρεις ὃ οὐκ ἔθηκας 22 ἔθηκα
Joh 2 10 πρῶτον τὸν καλὸν οἶνον τίθησιν
    13 4 καὶ τίθησιν τὰ ἱμάτια (Jesus)
    15 16 ἔθηκα ὑμᾶς ἵνα – καρπὸν φέρητε
    19 19 τίτλον – ἔθηκεν ἐπὶ τοῦ σταυροῦ

Act 1 7 χρόνους ἢ καιροὺς οὓς ὁ πατὴρ ἔθετο ἐν τῇ ἰδίᾳ ἐξουσίᾳ
    3 2 ὃν ἐτίθουν – πρὸς τὴν θύραν 4 3 ἔθεντο εἰς τήρησιν 35 παρὰ τοὺς πόδας τῶν ἀποστόλων 37 52 – 5 15 τιθέναι ἐπὶ – κραβάττων 18 ἐν τηρήσει δημοσίᾳ 25 7 16 ἐν – μνήματι 9 37 ἐν ὑπερῴῳ 12 4 ἔθετο[e] εἰς φυλακήν
    13 47 "τέθεικά σε εἰς φῶς ἐθνῶν"
    19 21 ἔθετο[f] – ἐν τῷ πνεύματι – πορεύεσθαι 27 12 ἔθεντο[h] βουλήν
    20 28 ποιμνίῳ, ἐν ᾧ ὑμᾶς τὸ πνεῦμα – ἔθετο ἐπισκόπους, ποιμαίνειν
Rm 4 17 "πατέρα πολλῶν ἐθνῶν τέθεικά σε"
    9 33 τίθημι "ἐν Σιὼν λίθον" 1 Pe 2 6
    14 13 μὴ τιθέναι πρόσκομμα τῷ ἀδελφῷ
1 Co 3 10 θεμέλιον ἔθηκα 11 θεμέλιον – ἄλλον οὐδεὶς δύναται θεῖναι παρὰ τὸν κείμ.
    9 18 ἵνα – ἀδάπανον θήσω τὸ εὐαγγέλιον
    12 18 ὁ θεὸς ἔθετο τὰ μέλη 28 οὓς μὲν ἔθετο ὁ θεός – πρῶτον ἀποστόλους
    16 2 ἕκαστος – παρ' ἑαυτῷ τιθέτω[g] (vl[a]) θησαυρίζων ὅ τι ἐὰν εὐοδῶται
2 Co 3 13 "ἐτίθει κάλυμμα ἐπὶ τὸ πρόσωπον"
    5 19 θέμενος ἐν ἡμῖν τὸν λόγον τῆς καταλλαγῆς
1 Th 5 9 οὐκ ἔθετο ἡμᾶς ὁ θεὸς εἰς ὀργὴν ἀλλὰ εἰς περιποίησιν σωτηρίας
1 Ti 1 12 θέμενος (sc μέ) εἰς διακονίαν
    2 7 εἰς ὃ ἐτέθην ἐγὼ κῆρυξ καὶ ἀπόστολος 2 Ti 1 11 καὶ διδάσκαλος
Hb 1 2 ἐν υἱῷ, ὃν ἔθηκεν[c] κληρονόμον πάν-
1 Pe 2 8 εἰς ὃ καὶ ἐτέθησαν
2 Pe 2 6 ὑπόδειγμα μελλόντ. ἀσεβέ[σ]ιν τεθεικώς
Ap 10 2 – 11 9 τὰ πτώματα αὐτῶν οὐκ ἀφίουσιν τεθῆναι εἰς μνῆμα

τίκτειν parere [b] generare [c] (pass) nasci
Mat 1 21 τέξεται δὲ υἱόν 23.25 22 ὁ τεχθεὶς[c] βασ.
Luc 1 31.57 2 6.7.11 ἐτέχθη[c] ὑμῖν – σωτήρ
Joh 16 21 ἡ γυνὴ ὅταν τίκτῃ λύπην ἔχει, ὅτι
Gal 4 27 "εὐφράνθητι, στεῖρα ἡ οὐ τίκτουσα"
Hb 6 7 γῆ – ἡ – τίκτουσα[b] βοτάνην εὔθετον
Jac 1 15 ἡ ἐπιθυμία – τίκτει ἁμαρτίαν
Ap 12 2.4.5 "ἔτεκεν" υἱὸν "ἄρσεν" 13

τίλλειν vellere Mat 12 1 ‖ Mar 2 23 Luc 6 1

Τιμαῖος Mar 10 46 ὁ υἱὸς Τ..ου Βαρτιμαῖος

τιμᾶν, τιμᾶσθαι honorare [b] honorificare [c] (med et pass) appretiare (vl adpr.)
Mat 15 4 "τίμα τὸν πατέρα κτλ." 6 ‖ Mar 7 10 –

Mat 19₁₉ ‖ Mar 10₁₉ Luc 18₂₀ — Eph 6₂
Mat 15 8 „χείλεσίν με τιμᾷ“ ‖ Mar 7₆
  27 9 „τὴν τιμὴν τοῦ τετιμημένουᶜ ὃν ἐτι-
    μήσαντοᶜ ἀπὸ υἱῶν Ἰσραήλ“
Joh 5₂₃ ἵνα – τιμῶσιᵇ τὸν υἱὸν καθὼς τιμῶ-
    σιᵇ τὸν πατέρα. ὁ μὴ τιμῶνᵇ τὸν
    υἱὸν οὐ τιμᾷᵇ τὸν πατέρα
  8₄₉ ἐγὼ – τιμῶᵇ τὸν πατέρα μου
  12₂₆ τιμήσειᵇ αὐτὸν ὁ πατήρ
Act 28₁₀ πολλαῖς τιμαῖς ἐτίμησαν ἡμᾶς
1 Ti 5 3 χήρας τίμα τὰς ὄντως χήρας
1 Pe 2₁₇ πάντας τιμήσατε, –, „τὸν θεὸν φο-
    βεῖσθε“, τὸν „βασιλέα“ τιμᾶτεᵇ

τιμή 1) pretium ᵇhonor (Ap 21₂₆)

Mat 27 6 ἐπεὶ τιμὴ αἵματός ἐστιν 9 → τιμᾶν
Act 4₃₄ πωλοῦντες ἔφερον τὰς τιμὰς 5₂ ἐ-
    νοσφίσατο ἀπὸ τῆς τιμῆς 3
  7₁₆ „ᾧ ὠνήσατο Ἀβρ.“ τιμῆς ἀργυρίου
  19₁₉ συνεψήφισαν τὰς τιμὰς αὐτῶν
1 Co 6₂₀ ἠγοράσθητε γὰρ τιμῆς (pretio mag-
    no) 7₂₃ τιμῆς ἠγ.· μὴ γίνεσθε δοῦ.
Ap 21₂₆ οἴσουσιν – τὴν τιμὴνᵇ τῶν ἐθνῶν

  2) honor

Joh 4₄₄ ἐν τῇ ἰδίᾳ πατρίδι τιμὴν οὐκ ἔχει
Act 28₁₀ πολλαῖς τιμαῖς ἐτίμησαν ἡμᾶς
Rm 2 7 τοῖς – τιμὴν καὶ ἀφθαρσίαν ζητοῦ-
    σιν 10 δόξα δὲ καὶ τιμὴ καὶ εἰρήνη
  9₂₁ ὃ μὲν εἰς τιμὴν σκεῦος 2 Ti 2₂₀ ἃ μὲν
    εἰς τιμὴν 21 ἔσται σκεῦος εἰς τιμὴν
  12₁₀ τῇ τιμῇ ἀλλήλους προηγούμενοι
  13 7 ἀπόδοτε –, τῷ τὴν τιμὴν τὴν τιμήν
1 Co 12₂₃ τούτοις τιμὴν περισσοτέραν περιτί-
    θεμεν 24 τῷ ὑστερουμένῳ περισσοτέ-
    ραν δοὺς τιμήν
Col 2₂₃ οὐκ ἐν τιμῇ τινι πρὸς πλησμονὴν
    τῆς σαρκός
1 Th 4 4 ἐν ἁγιασμῷ καὶ τιμῇ, μὴ ἐν πάθει
1 Ti 1 17 θεῷ, τιμὴ καὶ δόξα εἰς τοὺς αἰῶνας
  6₁₆ ᾧ τιμὴ καὶ κράτος αἰώνιον
  5₁₇ διπλῆς τιμῆς ἀξιούσθωσαν
  6 1 πάσης τιμῆς ἀξίους ἡγείσθωσαν
Hb 2 7 „δόξῃ καὶ τιμῇ ἐστεφάνωσας“ 9
  3 3 πλείονα τιμὴν ἔχει τοῦ οἴκου
  5 4 οὐχ ἑαυτῷ τις λαμβάνει τὴν τιμήν
1 Pe 1 7 εἰς – τιμὴν ἐν ἀποκαλύψει Ἰησ. Χοῦ
  2 7 ὑμῖν – ἡ τιμὴ τοῖς πιστεύουσιν
  3 7 ἀπονέμοντες τιμὴν ὡς – συγκληρον.
2 Pe 1 17 λαβὼν – παρὰ θεοῦ – τιμὴν καὶ δόξ.
Ap 4 9 δώσουσιν – τιμὴν – τῷ „καθημένῳ ἐπὶ

τῷ θρόνῳ“ 11 ἄξιος εἶ – λαβεῖν – τὴν
  τιμὴν 5₁₂ τὸ ἀρνίον – λαβεῖν
Ap 5₁₃ 7₁₂ ἡ τιμὴ – τῷ θεῷ ἡμῶν εἰς τοὺς αἰ.

τίμιος pretiosus ᵇhonorabilis
Act 5₃₄ νομοδιδάσκαλος τίμιοςᵇ – τῷ λαῷ
  20₂₄ οὐδενὸς λόγου ποιοῦμαι τὴν ψυχὴν
    τιμίαν (pretiosiorem) ἐμαυτῷ
1 Co 3₁₂ εἴ – τις ἐποικοδομεῖ – λίθους τιμίους
Hb 13 4 τίμιοςᵇ ὁ γάμος ἐν πᾶσιν
Jac 5 7 τὸν τίμιον καρπὸν τῆς γῆς
1 Pe 1 19 ἀλλὰ τιμίῳ αἵματι – Χριστοῦ
2 Pe 1 4 τὰ τίμια – ἐπαγγέλματα δεδώρηται
Ap 17 4 λίθῳ τιμίῳ 18₁₂ γόμον – λίθου τ. –
    καὶ πᾶν σκεῦος ἐκ ξύλου (vl λίθου vg)
    τιμιωτάτου 16 21₁₁ ὁ φωστὴρ αὐτῆς ὅμοι-
    ος λίθῳ τιμιωτάτῳ 19 οἱ θεμέλιοι – παντὶ
    „λίθῳ τιμίῳ“ κεκοσμημένοι

τιμιότης Sᵒ – pretia Ap 18₁₉ αὐτῆς (Bab.)

Τιμόθεος Act 16₁ 17₁₄.₁₅ 18₅ 19₂₂ 20₄
Rm 16₂₁ 1 Co 4₁₇ 16₁₀ 2 Co 1₁.₁₉ Phl 1₁ 2₁₉
  Col 1₁ 1 Th 1₁ 3₂.₆ 2 Th 1₁ 1 Ti 1₂.
  18 6₂₀ 2 Ti 1₂ Phm 1
Hb 13₂₃ γινώσκετε – Τ..ον ἀπολελυμένον

Τίμων Act 6₅   Τίτιος Ἰοῦστος Act 18₇

τιμωρεῖν punire Act 22₅ 26₁₁

τιμωρία supplicium Hb 10₂₉ χείρονος – τιμ.

δίκην τίνειν poenas dare 2 Th 1 9

*(τίς,) τί; quid? Mat 8₂₉ „τί ἡμῖν καὶ σοί“,
  υἱέ τοῦ θεοῦ; ‖ Mar 5₇ „τί ἐμοὶ καὶ σοί“,
  Ἰησοῦ υἱὲ τοῦ θεοῦ – ; Luc 8₂₈
Mat 27 4 τί πρὸς (ad) ἡμᾶς; σὺ ὄψῃ
Mar 1₂₄ „τί ἡμῖν καὶ σοί“, Ἰησοῦ Ναζαρηνέ;
    ἦλθες ἀπολέσαι ἡμᾶς; ‖ Luc 4 34
Joh 2 4 „τί ἐμοὶ καὶ σοί“, γύναι; οὕτω
  21₂₂ ἐὰν αὐτὸν θέλω μένειν ἕως ἔρχομαι,
    τί πρὸς (ad) σέ;
Phl 1 18 τί γάρ; πλὴν ὅτι παντὶ τρόπῳ – Χὸς
    καταγγέλλεται

τίτλος Sᵒ – titulus Joh 19₁₉.₂₀

Τίτος 2 Co 2₁₃ 7₆.₁₃.₁₄ 8₆.₁₆.₂₃ 12₁₈ Gal 2₁.₃
  2 Ti 4₁₀ Tit 1 4 Τίτῳ γνησίῳ τέκνῳ

τοῖχος paries Act 23₃ τοῖχε κεκονιαμένε

τόκος *usura* Mat 25₂₇ σὺν τ..ῳ ‖ Luc 19₂₃

τολμᾶν *audēre* ᵇ(τολμήσας) *audacter*

Mat 22₄₆ οὐδὲ ἐτόλμησέν τις – ἐπερωτῆσαι αὐτόν ‖ Mar 12₃₄ Luc 20₄₀ cfr Joh 21
   12 οὐδεὶς – ἐτόλμα – ἐξετάσαι αὐτόν

Mar 15₄₃ τολμήσας ᵇ – ᾐτήσατο τὸ σῶμα

Act 5₁₃ οὐδεὶς ἐτόλμα κολλᾶσθαι αὐτοῖς
   7₃₂ Μωϋσῆς οὐκ ἐτόλμα κατανοῆσαι

Rm 5 7 ὑπὲρ – τοῦ ἀγαθοῦ τάχα τις καὶ τολμᾷ ἀποθανεῖν 15₁₈ οὐ – τολμήσω τι λαλεῖν ὧν οὐ κατειργάσατο Χριστός

1 Co 6 1 τ..ᾷ τις ὑμῶν – κρίνεσθαι ἐπὶ τῶν ἀδίκων, καὶ οὐχὶ ἐπὶ τῶν ἁγίων;

2 Co 10 2 θαρρῆσαι τῇ πεποιθήσει ᾗ λογίζομαι τολμῆσαι ἐπί τινας 12 οὐ – τολμῶμεν ἐγκρῖναι ἢ συγκρῖναι ἑαυτούς
   11₂₁ ἐν ᾧ δ᾽ ἄν τις τ..ᾷ – τολμῶ κἀγώ

Phl 1₁₄ περισσοτέρως τολμᾶν ἀφόβως τὸν λόγον λαλεῖν – Jud 9

τολμηροτέρως *audacius* Rm 15₁₅ ἔγραψα

τολμηταί S° – *audaces* 2 Pe 2₁₀ αὐθάδεις

τομώτερος S° – *penetrabilior* Hb 4₁₂ ζῶν – ὁ λόγος τ. θεοῦ – καὶ τ. ὑπὲρ – μάχαιραν

τόξον *arcus* Ap 6₂ ἔχων τόξον

τοπάζιον *topazius* Ap 21₂₀ ὁ ἔνατος τ.

*τόπος *locus* (plur. *loca*)

Mat 12₄₃ δι᾽ ἀνύδρων τόπων ‖ Luc 11₂₄
   14₁₃ ἀνεχώρησεν – εἰς ἔρημον τόπον κατ᾽ ἰδίαν 15 ‖ Mar 6₃₁.₃₂.₃₅ Luc 9₁₂ – Mar 1₃₅.₄₅ ‖ Luc 4₄₂
   24₁₅ „ἐν τόπῳ ἁγίῳ" Act 6₁₃.₁₄ 21₂₈ – Joh 4₂₀ ὁ τόπ. ὅπου προσκυνεῖν δεῖ

Luc 4 17 τὸν τόπον οὗ ἦν γεγραμμένον
   14 9.₁₀ ἀνάπεσε εἰς τὸν ἔσχατον τόπον 22 ἔτι τόπος ἐστίν
   16₂₈ εἰς τὸν τόπον τοῦτον τῆς βασάνου

Joh 14 2 πορεύομαι ἑτοιμάσαι τόπον ὑμῖν 3

Act 1₂₅ λαβεῖν τὸν τόπον τῆς διακονίας –, ἀφ᾽ ἧς παρέβη Ἰούδας πορευθῆναι εἰς τὸν τόπον τὸν ἴδιον
   25₁₆ ἤπερ ἢ – τόπον – ἀπολογίας λάβοι

Rm 12₁₉ ἀλλὰ δότε τόπον τῇ ὀργῇ
   15₂₃ μηκέτι τόπον ἔχων ἐν τοῖς κλίμασι

1 Co 14₁₆ ὁ ἀναπληρῶν τὸν τόπον τοῦ ἰδιώτου

Eph 4₂₇ μηδὲ δίδοτε τόπον τῷ διαβόλῳ

Hb 12₁₇ μετανοίας γὰρ τόπον οὐχ εὗρεν

2 Pe 1₁₉ λύχνῳ φαίνοντι ἐν αὐχμηρῷ τόπῳ

τράγος *hircus* Hb 9₁₂ αἷμα τ..ων 13.[19] 10₄

τράπεζα *mensa*

Mat 15₂₇ ἀπὸ τῆς τρ. τῶν κυρίων ‖ Mar 7₂₈
   21₁₂ τὰς τρ. τῶν κολλυβιστῶν κατέστρεψεν ‖ Mar 11₁₅ Joh 2₁₅

Luc 16₂₁ ἀπὸ τῆς τραπέζης τοῦ πλουσίου
   19₂₃ διὰ τί οὐκ ἔδωκάς μου τὸ ἀργύριον ἐπὶ τράπεζαν (*ad mensam*);
   22₂₁ μετ᾽ ἐμοῦ ἐπὶ τῆς τρ. 30 ἐπὶ τῆς τρ. μου ἐν τῇ βασιλείᾳ μου

Act 6 2 διακονεῖν τραπέζαις – 16₃₄

Rm 11 9 „γενηθήτω ἡ τρ. αὐτῶν εἰς παγίδα"

1 Co 10₂₁ οὐ δύνασθε „τραπέζης κυρίου" μετέχειν καὶ τραπέζης δαιμονίων

Hb 9 2 ἡ τράπ. καὶ ἡ πρόθεσις τῶν ἄρτων

τραπεζίτης S° – *numularius* (vl *numm.*)
Mat 25₂₇ βαλεῖν τὰ ἀργύριά μου τοῖς τραπ.

τραῦμα *vulnus* Luc 10₃₄ κατέδησεν τὰ τρ.

τραυματίζειν *vulnerare* Luc 20₁₂ Act 19₁₆

τραχηλίζειν S° – *aperire* Hb 4₁₃ πάντα δὲ γυμνὰ καὶ τετ..ισμένα τοῖς ὀφθαλ. αὐτοῦ

τράχηλος *collum* ᵇ*cervices* (vl *.vix*)

Mat 18 6 μύλος ὀνικὸς περὶ τὸν τρ. αὐτοῦ ‖ Mar 9₄₂ Luc 17₂ λίθος μυλικός

Luc 15₂₀ ἐπέπεσεν ἐπὶ τὸν τράχ. – Act 20₃₇

Act 15₁₀ ζυγὸν ἐπὶ τὸν τράχ.ᵇ τῶν μαθητῶν

Rm 16 4 οἵτινες ὑπὲρ τῆς ψυχῆς μου τὸν ἑαυτῶν τράχηλον ᵇ ὑπέθηκαν

τραχύς *asper* Luc 3₅ ὁδός Act 27₂₉ τόποι

Τραχωνῖτις Luc 3₁ τῆς – Τρ..ίτιδος χώρας

τρεῖς, τρία *tres, tria* ᵇ*terni, ..ae* ᶜ*triduum* ᵈ(μετὰ ἡμέρας τρεῖς) *post tertium diem*
   – μετὰ τρ. ἡμέρας → ἐγείρειν et ἀνιστάναι (Mat 12₄₀ 26₆₁ 27₄₀ Mar 14₅₈ 15₂₉)

Mat 13₃₃ εἰς ἄλευρον σάτα τρία ‖ Luc 13₂₁
   15₃₂ ἤδη ἡμέραι τρεῖς ᶜ ‖ Mar 8₂ᶜ
   17 4 τρεῖς σκηνάς ‖ Mar 9₅ Luc 9₃₃
   18₁₆ „ἐπὶ στόματος δύο μαρτύρων ἢ τριῶν" 2 Co 13₁ 1 Ti 5₁₉ – Hb 10₂₈

Mat 18 20 οὐ – εἰσιν δύο ἢ τρεῖς συνηγμένοι

Luc 1 56 μῆνας τρεῖς 2 46 μετὰ ἡμέρας τρεῖς[c]
εὗρον αὐτόν 4 25 ἐπὶ ἔτη τρία 10 36 τίς –
τῶν τριῶν πλησίον δοκεῖ σοι γεγονέναι
11 5 χρῆσόν μοι τρεῖς ἄρτους 12 52 τρεῖς
ἐπὶ δυσὶν καὶ δύο ἐπὶ τρισὶν διαμερισθή-
σονται 13 7 τρία ἔτη ἀφ' οὗ ἔρχομαι

Joh 2 6 μετρητὰς δύο ἢ τρεῖς[b]

Act 5 7 7 20 9 9 ἡμέρας τρεῖς μὴ βλέπων 10 19
11 11 17 2 19 8 20 3 25 1[c] 28 7[c] 11.12[c] 17
μετὰ ἡμέρας τρεῖς[d]

1 Co 13 13 νυνὶ δὲ μένει –, τὰ τρία ταῦτα
14 27.29 προφῆται – δύο ἢ τρ. λαλείτωσαν

Gal 1 18 μετὰ ἔτη τρία – Jac 5 17 ἐνιαυτοὺς τρ.

1 Jo 5 7 ὅτι τρεῖς εἰσιν οἱ μαρτυροῦντες 8 καὶ
οἱ τρεῖς εἰς τὸ ἕν εἰσιν

Ap 6 6 8 13 τῶν τριῶν ἀγγέλων 9 18 ἀπὸ τῶν
τριῶν πληγῶν 11 9. 11 16 13. 19 21 13

Τρεῖς ταβέρναι Act 28 15 ἄχρι – Τριῶν ταβ.

τρέμειν tremere [b]metuere
Mar 5 33 ‖ Luc 8 47 – 2 Pe 2 10 οὐ τρέμουσιν[b]

τρέφειν pascere [b]alere [c]enutrire [d]nutrire
Mat 6 26 ὁ πατὴρ ὑμῶν ὁ οὐράνιος τρέφει αὐ-
τά ‖ Luc 12 24 ὁ θεὸς τρέφ. αὐτούς
25 37 πότε σε – πεινῶντα – ἐθρέψαμεν –;
Luc 4 16 Ναζαρά, οὗ ἦν τεθραμμένος[d]
23 29 μαστοὶ οἳ οὐκ ἔθρεψαν (vl ἐθήλασαν
vg lactaverunt)

Act 12 20[b] Jac 5 5 ἐθρέψατε[c] τὰς καρδίας ὑμ.

Ap 12 6 ἵνα ἐκεῖ τρέφωσιν αὐτήν 14

τρέχειν currere [b]accurrere
Mat 27 48 ‖ Mar 15 36 – Mat 28 8 ἀπαγγεῖλαι
Mar 5 6 Luc 15 20[b] 24 12 Joh 20 2.4
Rm 9 16 οὐ τοῦ θέλοντος οὐδὲ τοῦ τρέχον-
τος, ἀλλὰ τοῦ ἐλεῶντος θεοῦ

1 Co 9 24 ὅτι οἱ ἐν σταδίῳ τρέχοντες πάντες
μὲν τρέχουσιν, –; οὕτως τρέχετε ἵνα
καταλάβητε 26 ἐγὼ τοίνυν οὕτως τρέ-
χω ὡς οὐκ ἀδήλως

Gal 2 2 μή πως εἰς κενὸν τρέχω ἢ ἔδραμον
Phl 2 16 ὅτι οὐκ εἰς κενὸν ἔδραμον
5 7 ἐτρέχετε καλῶς· τίς ὑμᾶς ἐνέκοψεν

2 Th 3 1 ἵνα ὁ λόγος τοῦ κυρίου τρέχῃ

Hb 12 1 δι' ὑπομονῆς τρέχωμεν τὸν προκεί-
μενον ἡμῖν ἀγῶνα

Ap 9 9 „ἁρμάτων – τ..όντων εἰς πόλεμον"

τρῆμα S[o] – foramen (vl Mat 19 24) ‖ Luc 18 25

τριάκοντα triginta [b]trigesimus (vl tric.)
Mat 13 8 ἐδίδου καρπόν –, ὃ δὲ τριάκοντα[b]
23[b] (vl[a]) ‖ Mar 4 8 (vl[b]) 20 (vl[b])
26 15 τριάκοντα ἀργύρια 27 3.9

Luc 3 23 ἦν Ἰησοῦς ἀρχόμενος ὡσεὶ ἐτῶν τριά-
κοντα – Joh 6 19

τριακόσιοι trecenti Mar 14 5 ‖ Joh 12 5

τρίβολος tribulus Mat 7 16 ἀπὸ τ..ων Hb 6 8

τρίβος semita Mat 3 3 ‖ Mar 1 3 Luc 3 4

τριετία S[o] – triennium Act 20 31 τ..ίαν

τρίζειν S[o] – stridēre Mar 9 18 τ. ὀδόντας

τρίμηνον mensibus tribus Hb 11 23 ἐκρύβη

τρίς ter Mat 26 34 τρὶς ἀπαρνήσῃ με 75 ‖ Mar
14 30. 72 Luc 22 34. 61 Joh 13 38
Act 10 16 τοῦτο – ἐγένετο ἐπὶ τρίς 11 10
2 Co 11 25 τρὶς ἐρραβδίσθην, –, τρ. ἐναυάγησα
12 8 τρὶς τὸν κύριον παρεκάλεσα

τρίστεγον tertium coenaculum Act 20 9

τρισχίλιοι tria millia Act 2 41 ψυχαί

*τρίτος tertius τῇ τρίτῃ ἡμέρᾳ → sub ἀνι-
στάναι et ἐγείρειν
Mat 20 3 – 22 26 ‖ Mar 12 21 Luc 20 31
27 64 ἀσφαλισθῆναι – ἕως τῆς τρ. ἡμέρας
Mar 15 25 ἦν δὲ ὥρα τρίτη καὶ ἐσταύρωσαν
Luc 12 38 κἂν ἐν τῇ τρίτῃ φυλακῇ ἔλθῃ
13 32 καὶ τῇ τρίτῃ τελειοῦμαι
20 12 καὶ προσέθετο τρίτον πέμψαι
24 21 τρίτην ταύτην ἡμέραν ἄγει ἀφ' οὗ
Joh 2 1 τῇ ἡμέρᾳ τῇ τρίτῃ γάμος ἐγένετο
Act 2 15 ὥρα τρίτη τῆς ἡμέρας 23 23 – 27 19
2 Co 12 2 ἁρπαγέντα – ἕως τρίτου οὐρανοῦ
Ap 4 7 ζῷον 6 5 – 6 5 σφραγὶς 8 10 ἄγγελος
14 9 16 4 – 11 14 ἡ Οὐαὶ ἡ τρ. 21 19 θεμέλ.

τὸ τρίτον tertia pars Ap 8 7-12 9 15. 18 12 4

τρίτον adv., τρ. τοῦτο, ἐκ τ..ου tertio [b]tertio
hoc Mat 26 44 προσηύξατο ἐκ τρ.
Mar 14 41 ἔρχεται τὸ τρίτον Luc 23 22 Joh 21 14
τοῦτο – τρ.[b] ἐφανερώθη – ἐγερθεὶς 17
1 Co 12 28 τρ. διδασκάλους 2 Co 12 14 τρ. τοῦτο[b]
ἑτοίμως ἔχω ἐλθεῖν 13 1[b] ἔρχομαι

τρίχινος *cilicinus* Ap 612 ὡς σάκκος τρίχ.

τρόμος *tremor* φόβος καὶ τρ. → φόβος
Mar 16 8 εἶχεν – αὐτὰς τρόμος καὶ ἔκστασις

τροπή *vicissitudo*
Jac 1 17 παρ' ᾧ οὐκ ἔνι – τροπῆς ἀποσκίασμα

τρόπος *modus* [superscript b](δν τ..ον) *quemadmodum*
[superscript c]*mores* Mt 23 37 ὃν τρ.[superscript b] ὄρνις ‖ Lc 13 34[superscript b]
Act 1 11[superscript b] 728[superscript b] 1511[superscript b] 2725 καθ' ὃν τρόπον[superscript b]
Rm 3 2 πολὺ κατὰ πάντα τρ. Phl 1 18 πλὴν
ὅτι παντὶ τ..ῳ – Χὸς καταγγέλλεται
2 Th 2 3 316 ἐν παντὶ τρόπῳ (vl τόπῳ vg)
2 Ti 3 8[superscript b] – Hb 135 ἀφιλάργυρος ὁ τρόπος[superscript c]
Jud 7 τὸν ὅμοιον τρόπον – ἐκπορνεύσασαι

τροποφορεῖν *mores sustinēre* (*alicuius*)
Act 1318 „ἐτ..ησεν (vl ἐτροφοφ.) αὐτοὺς ἐν"

τροφή *cibus* [superscript b]*esca* [superscript c]*victus*
Mat 3 4 ἡ δὲ τροφή[superscript b] ἦν αὐτοῦ ἀκρίδες καί
625 οὐχὶ ἡ ψυχὴ πλεῖόν ἐστιν τῆς τρο-
φῆς[superscript b] –; ‖ Luc 1223[superscript b]
1010 ἄξιος – ὁ ἐργάτης τῆς τροφῆς αὐτοῦ
2445 – Joh 48 ἵνα τροφὰς ἀγοράσωσιν
Act 246 μετελάμβανον τροφῆς ἐν ἀγαλλιάσει
9 19 14 17 27 33.34.36.38
Hb 5 12 χρείαν ἔχοντες – [χαὶ] οὐ στερεᾶς τ..ῆς
– 14 τελείων δέ ἐστιν ἡ στερεὰ τροφή
Jac 2 15 λειπόμενοι τῆς ἐφημέρου τροφῆς[superscript c]

Τρόφιμος Act 204 21 29 2 Ti 420

τροφός *nutrix* 1 Th 2 7 ὡς ἐὰν τροφ. θάλπῃ

τροχιά *gressus* Hb 1213 „τροχιὰς ὀρθάς"

τροχός *rota* Jac 36 τὸν τροχ. τῆς γενέσεως

τρύβλιον [superscript a]*paropsis* [superscript b]*catinus* Mat 26 23 ὁ
ἐμβάψας – ἐν τῷ τρ.[superscript a] ‖ Mar 1420[superscript b]

τρυγᾶν *vindemiare* Luc 644 Ap 14 18.19

τρυγών *turtur* Luc 224 „ζεῦγος τρυγόνων"

τρυμαλιά *foramen* Mar 1025 [τῆς] ῥαφίδος

τρύπημα S[superscript o] – Mat 19 24 ῥαφίδος

Τρύφαινα et **Τρυφῶσα** Rm 1612

τρυφᾶν *epulari* Jac 5 5 ἐπὶ τῆς γῆς

τρυφή *deliciae* Luc 7 25 2 Pe 2 13 ἐν ἡμέρᾳ

Τρῳάς Act 16 8.11 205.6 2 Co 212 2 Ti 413

τρώγειν S[superscript o] – *manducare* [superscript b]*comedere*
Mat 24 38 ἦσαν – τρώγοντες[superscript b] καὶ πίνοντες
Joh 6 54 ὁ τ..ων μου τὴν σάρκα 56.57 ὁ τ..ων
με 58 ὁ τρώγων τοῦτον τὸν ἄρτον
1318 „ὁ τρώγων μου τὸν ἄρτον ἐπῆρεν"

(Τρωγύλιον vl Act 2015 μείναντες ἐν Τ..ῳ)

τυγχάνειν [superscript a]*adiuvari* [superscript b]*agere, agere in* [superscript c]*con-
sequi* [superscript d]*invenire* [superscript e]*sortiri* [superscript f](οὐχ ὁ τυχών)
non quilibet [superscript g](id.) *non modicus* [superscript h](εἰ
τύχοι) *ut puta* [superscript i](τυχόν) *forsitan*
Luc 2035 τοῦ αἰῶνος ἐκείνου τυχεῖν (vg[superscript o])
Act 1911[superscript f] 242[superscript b] 2622[superscript a] 273[superscript b] 282[superscript g]
1 Co 1410 τοσαῦτα εἰ τύχοι[superscript h] γένη φωνῶν
1537 γυμνὸν κόκκον εἰ τύχοι[superscript h] σίτου
16 6 πρὸς ὑμᾶς δὲ τυχὸν[superscript i] παραμενῶ
2 Ti 2 10 ἵνα καὶ αὐτοὶ σωτηρίας τύχωσιν[superscript c]
Hb 8 6 διαφορωτέρας τέτυχεν[superscript e] λειτουργίας
11 35 ἵνα κρείττονος ἀναστάσεως τύχωσιν[superscript d]

τυμπανίζεσθαι *distendi* Hb 1135

τυπικῶς S[superscript o] – *in figura*
1 Co 1011 τυπικῶς συνέβαινεν ἐκείνοις, ἐγράφη
δὲ πρὸς νουθεσίαν ἡμῶν

τύπος *forma* [superscript b]*exemplum* [superscript c]*exemplar* [superscript d]*fi-
gura* [superscript e]*fixura* [superscript f](ἔχειν τύπον) *continēre*
Joh 2025 ἐὰν μὴ ἴδω – τὸν τύπον[superscript e] τῶν ἥλων
Act 7 43 „τοὺς τύπους[superscript d] οὓς ἐποιήσατε" προσ-
κυνεῖν αὐτοῖς 44 „ποιῆσαι" αὐτὴν
„κατὰ τὸν τύπον ὃν ἑωράκει"
23 25 ἐπιστολὴν ἔχουσαν τὸν τ.[superscript f] τοῦτον
Rm 514 Ἀδάμ, ὅς ἐστιν τύπ. τοῦ μέλλοντος
617 ὑπηκούσατε – εἰς ὃν παρεδόθητε τύ-
πον διδαχῆς
1 Co 10 6 ταῦτα – τύποι ἡμῶν[superscript d] (*in fig. nostri*)
ἐγενήθησαν, εἰς τὸ μὴ εἶναι ἡμᾶς
Phl 3 17 σκοπεῖτε τοὺς οὕτω περιπατοῦντας
καθὼς ἔχετε τύπον ἡμᾶς
1 Th 1 7 ὥστε γενέσθαι ὑμᾶς τύπον πᾶσιν
2 Th 3 9 ἵνα ἑαυτοὺς τύπον δῶμεν ὑμῖν
1 Ti 412 τύπος[superscript b] γίνου τῶν πιστῶν ἐν λόγῳ,
ἐν ἀναστροφῇ Tit 2 7 σεαυτὸν παρ-
εχόμενος τύπον[superscript b] καλῶν ἔργων
Hb 8 5 „κατὰ τὸν τύπ.[superscript c] τὸν δειχθέντα σοι"
1 Pe 5 3 τύποι (*f..ae*) γινόμενοι τοῦ ποιμνίου

τύπτειν *percutere*
Mat 24 49 τοὺς συνδούλους αὐτοῦ ‖ Luc 12 45
2730 ἔτυπτον εἰς τὴν κεφαλὴν αὐτοῦ ‖
Mar 15 19 τὴν κεφαλὴν καλάμῳ
Luc 6 29 τῷ τύπτοντί σε ἐπὶ τὴν σιαγόνα
18 13 ἔτυπτεν τὸ στῆθος 23 48 τύπτοντες
Act 18 17 21 32 ἐπαύσαντο τύπτοντες 23 2.3
1 Co 8 12 τύπτοντες αὐτῶν τὴν συνείδησιν

Τύραννος Act 19 9   Τύριοι Act 12 20

Τύρος Mat 11 21.22 15 21 Mar 3 8 7 24.31 Luc
6 17 10 13.14 − Act 21 3.7

τύφεσθαι S° − *fumigare* Mat 12 20 „λίνον"

τυφλός *caecus*
Mat 9 27 δύο τυφλοί 28 20 30 δύο τυφλοὶ − πα-
ρὰ τὴν ὁδόν ‖ Mar 10 46 τυφλὸς προσ-
αίτης 49.51 Luc 18 35 τυφλός τις
11 5 „τυφλοὶ ἀναβλέπουσιν" ‖ Luc 7 21 τυ-
φλοῖς πολλοῖς ἐχαρίσατο βλέπειν 22
12 22 δαιμονιζόμενος τυφλὸς καὶ κωφὸς
15 14 τυφλοί εἰσιν ὁδηγοὶ [τυφλῶν]˙ τυφλὸς
δὲ τυφλὸν ἐὰν ὁδηγῇ ‖ Luc 6 39 μήτι
δύναται τυφλὸς τυφλὸν ὁδηγεῖν;
− 30 τυφλούς, χωλούς 31 ὥστε − θαυμά-
σαι βλέποντας − τυφλοὺς βλέποντας
21 14 προσῆλθον − τυφλοὶ − ἐν τῷ ἱερῷ
23 16 οὐαὶ ὑμῖν, ὁδηγοὶ τυφλοί 24
− 17 μωροὶ καὶ τυφλοί 19 τυφλοί, τί − μεῖζ.
− 26 Φαρισαῖε τυφλέ, καθάρισον πρῶτον
Mar 8 22 φέρουσιν αὐτῷ τυφλόν 23 ‖
Luc 4 18 „κηρῦξαι − τυφλοῖς ἀνάβλεψιν"

Luc 14 13 κάλει − τ..ούς 21 τοὺς − τ. − εἰσάγαγε
Joh 5 3 κατέκειτο πλῆθος −, τ..ῶν, χωλῶν
9 1 εἶδεν − τυφλὸν ἐκ γενετῆς 2 τίς ἥ-
μαρτεν −, ἵνα τυφλὸς γεννηθῇ; 13
τόν ποτε τυφλόν 17-20.24.25.32
− 39 εἰς κρίμα ἐγὼ − ἦλθον, ἵνα − οἱ βλέ-
ποντες τυφλοὶ γένωνται 40 μὴ καὶ ἡ-
μεῖς τυφλοί ἐσμεν; 41 εἰ τυφλοὶ ἦτε,
οὐκ ἂν εἴχετε ἁμαρτίαν
10 21 μὴ δαιμόνιον δύναται τυφλῶν ὀφθαλ-
μοὺς ἀνοῖξαι;
11 37 ὁ ἀνοίξας τοὺς ὀφθαλμοὺς τοῦ τ.
Act 13 11 καὶ ἔσῃ τυφλὸς − ἄχρι καιροῦ
Rm 2 19 σεαυτὸν ὁδηγὸν εἶναι τυφλῶν
2 Pe 1 9 ᾦ − μὴ πάρεστιν ταῦτα, τυφλός ἐστιν
Ap 3 17 οὐκ οἶδας ὅτι σὺ εἶ − πτωχὸς καὶ τ.

τυφλοῦν *excaecare* [b]*obcaecare*
Joh 12 40 „τετύφλωκεν αὐτῶν τοὺς ὀφθαλμ."
2 Co 4 4 ὁ θεὸς τοῦ αἰῶνος τούτου ἐτύφλω-
σεν τὰ νοήματα τῶν ἀπίστων
1 Jo 2 11 ἡ σκοτία ἐτ..ωσεν[b] τοὺς ὀφθ. αὐτοῦ

τυφοῦσθαι S° − [a]*efferri in superbiam* (vl
..ia) [b]*superbum esse* [c](part prf) *tu-
midus* 1 Ti 3 6 ἵνα μὴ τυφωθείς[a]
1 Ti 6 4 τετύφωται[b], μηδὲν ἐπιστάμενος
2 Ti 3 4 ἔσονται − προπετεῖς, τετυφωμένοι[c]

τυφωνικός S° − *Typhonicus* Act 27 14

Τύχικος Act 20 4 (Ἀσιανός) Eph 6 21 Col 4 7
2 Ti 4 12 Tit 3 12

Υ

ὑακίνθινος *hyacinthinus* Ap 9 17

ὑάκινθος *hyacinthus* Ap 21 20 ὁ ἐνδέκατος

ὑάλινος S° − *vitreus* Ap 4 6 θάλασσα 15 2

ὕαλος *vitrum* Ap 21 18.21 ὡς ὕ. διαυγής

ὑβρίζειν *contumeliis afficere* [b]*contumeliam
alicui facere*
Mat 22 6 τοὺς δούλους Luc 11 45 ἡμᾶς ὑ..εις[b]
Luc 18 32 ὑβρισθήσεται (vg *flagellabitur*, sc ὁ
υἱὸς τοῦ ἀνθρώπου)
Act 14 5 1 Th 2 2 ὑβρισθέντες − ἐν Φιλίπποις

ὕβρις *iniuria* [b]*contumelia* Act 27 10.21
2 Co 12 10 εὐδοκῶ ἐν ἀσθενείαις, ἐν ὕβρεσιν[b]

ὑβριστής *contumeliosus* Rm 1 30 1 Ti 1 13

ὑγιαίνειν (ὑ..ων) *sanus* [b](ὑ..ων) *salvus* [c](ὑ.
ειν) *sanum esse* [d](ὑ.ειν) *valere*
Luc 5 31 οὐ χρείαν ἔχουσιν οἱ ὑ..οντες[c] ἰα-
τροῦ − 7 10 εὖρον τὸν δοῦλον ὑ..οντα
15 27 ὅτι ὑ..οντα[b] αὐτὸν ἀπέλαβεν
1 Ti 1 10 εἴ τι − τῇ ὑγιαινούσῃ διδασκαλίᾳ ἀν-
τίκειται 2 Ti 4 3 τῆς ὑγ. διδ. οὐκ ἀνέ-
ξονται Tit 1 9 παρακαλεῖν ἐν τῇ διδ.
τῇ ὑγ. 2 1 ἃ πρέπει τῇ ὑγ. διδασκ.

1 Ti 6 3 εἴ τις – μὴ προσέρχεται ὑ..ουσιν λό-
γοις τοῖς τοῦ κυρίου – Ἰ. Χοῦ 2 Ti
1 13 ὑποτύπωσιν ἔχε ὑ..όντων λόγων
Tit 1 13 ἵνα ὑγιαίνωσιν ͨ ἐν τῇ πίστει 22
3 Jo 2 εὔχομαί σε εὐοδοῦσθαι καὶ ὑ..ειν ͩ

ὑγιής sanus ᵇsanitati
Mat 12 13 ἀπεκατεστάθη (sc ἡ χείρ) ὑγιής ᵇ
15 31 βλέποντας – κυλλοὺς ὑγιεῖς (vg°)
Mar 5 34 ἴσθι ὑγιὴς ἀπὸ τῆς μάστιγός σου
Joh 5 (vl 4) 6 θέλεις ὑγιὴς γενέσθαι; 9 ἐγέ-
νετο ὑγιής 11 ὁ ποιήσας με ὑγιῆ 14
ἴδε ὑγιὴς γέγονας 15 – 7 23 ἐμοὶ χο-
λᾶτε ὅτι ὅλον ἄνθρ. ὑγιῆ ἐποίησα
ἐν σαββάτω; – Act 4 10
Tit 2 8 λόγον ὑγιῆ ἀκατάγνωστον

ὑγρός viridis Luc 23 31 εἰ ἐν τῷ ὑγρῷ ξύλῳ

ὑδρία hydria Joh 2 6 ὑδρίαι ἓξ 7 4 28

ὑδροποτεῖν aquam bibere 1 Ti 5 23

ὑδρωπικός S° – hydropicus Luc 14 2 ἄνθρ.

ὕδωρ aqua
Mat 3 11 ἐγὼ – βαπτίζω ἐν ὕδατι ‖ Mar 1 8 ὕ-
δατι Luc 3 16 Joh 1 26 ἐν ὕδ. 31. 33 3 23
ὅτι ὕδατα πολλὰ ἦν ἐκεῖ → Act 1 5
– 16 ἀνέβη ἀπὸ τοῦ ὕδατος ‖ Mar 1 10 ἐκ
8 32 ἀπέθανον ἐν τ. ὕδασιν (sc οἱ χοῖροι)
14 28. 29 [ὁ] Πέτρος περιεπάτησεν ἐπὶ τὰ ὕδ.
17 15 πίπτει – πολλάκις εἰς τὸ ὕδ. ‖ Mar 9 22
27 24 Πιλᾶτος – λαβὼν ὕδωρ ἀπενίψατο
Mar 9 41 ὃς – ἂν ποτίσῃ ὑμᾶς ποτήριον ὕδα-
τος ἐν ὀνόματι, ὅτι Χοῦ ἐστε
14 13 κεράμιον ὕ..ος βαστάζων ‖ Luc 22 10
Luc 7 44 ὕδωρ μοι ἐπὶ πόδας οὐκ ἔδωκας
8 24 ἐπετίμησεν – τῷ κλύδωνι τοῦ ὕδ. 25
16 24 ἵνα βάψῃ τὸ ἄκρον – ὕδατος
Joh 2 7. 9 τὸ ὕδωρ οἶνον γεγενημένον 4 46
3 5 γεννηθῇ ἐξ ὕδατος καὶ πνεύματος
4 7 ἀντλῆσαι ὕδωρ 10 ἔδωκεν ἄν σοι ὕ-
δωρ ζῶν 11. 13 ὁ πίνων ἐκ τοῦ ὕδα-
τος τούτου 14 ὃς δ' ἂν πίῃ ἐκ τοῦ
ὕδ. οὗ ἐγὼ δώσω αὐτῷ, –, ἀλλὰ τὸ
ὕδ. – γενήσεται ἐν αὐτῷ πηγὴ ὕδα-
τος ἁλλομένου εἰς ζωὴν αἰώνιον 15
5 (vl 3. 4) 7 ὅταν ταραχθῇ τὸ ὕδωρ
7 38 ποταμοὶ – ῥεύσουσιν ὕδατος ζῶντος
13 5 βάλλει ὕδωρ εἰς τὸν νιπτῆρα
19 34 ἐξῆλθεν εὐθὺς αἷμα καὶ ὕδωρ
Act 1 5 Ἰωάννης μὲν ἐβάπτισεν ὕδατι 11 16

Act 8 36 ἦλθον ἐπί τι ὕδωρ, – ˙ ἰδοὺ ὕδωρ˙ τί
κωλύει με βαπτισθῆναι; 38. 39
10 47 τὸ ὕδωρ δύναται κωλῦσαί τις –;
Eph 5 26 τῷ λουτρῷ τοῦ ὕδατος ἐν ῥήματι
Hb 9 19 – 10 22 λελουσμένοι – ὕ..τι καθαρῷ
Jac 3 12 οὔτε ἁλυκὸν γλυκὺ ποιῆσαι ὕδωρ
1 Pe 3 20 ὀλίγοι –, διεσώθησαν δι' ὕδατος
2 Pe 3 5 οὐρανοὶ ἦσαν – καὶ γῆ ἐξ ὕδατος καὶ
δι' ὕδατος συνεστῶσα 6 ὁ τότε κό-
σμος ὕδατι κατακλυσθεὶς ἀπώλετο
1 Jo 5 6 ὁ ἐλθὼν δι' ὕδατος καὶ αἵματος – ˙
οὐκ ἐν τῷ ὕδατι μόνον, ἀλλ' ἐν τῷ
ὕδ. καὶ ἐν τῷ αἵματι 8 οἱ μαρτυροῦν-
τες, τὸ πνεῦμα καὶ τὸ ὕδωρ
Ap 1 15 „ὡς φωνὴ ὑδάτων πολλῶν 14 2 19 6
7 17 ἐπὶ „ζωῆς πηγὰς ὑδάτων"
8 10 16 4 – 811 11 6 12 15 14 7 πηγὰς ὑ..ων
16 5 ἤκουσα τοῦ ἀγγέλου τῶν ὑδάτων
– 12 17 1. 15 τὰ ὕδατα – ὄχλοι εἰσίν
21 6 „τῷ διψῶντι" δώσω ἐκ τῆς πηγῆς
„τοῦ ὕδατος τῆς ζωῆς δωρεάν"
22 1 „ποταμὸν ὕδατος ζωῆς" 17 ὁ θέλων
λαβέτω „ὕδωρ ζωῆς δωρεάν"

ὑετός ᵃimber ᵇpluvia ͨ(ὑ. βρέχει) pluit
Act 14 17 ᵇ 28 2 ᵃ Hb 6 7 ᵃ Jac 5 18 ᵇ Ap 11 6 ͨ

υἱοθεσία adoptio filiorum
Rm 8 15 ἀλλὰ ἐλάβετε πνεῦμα υἱοθεσίας
– 23 στενάζομεν υἱ..αν ἀπεκδεχόμενοι
9 4 Ἰσραηλῖται, ὧν ἡ υἱ. καὶ ἡ δόξα καὶ
Gal 4 5 ἵνα τὴν υἱοθεσίαν ἀπολάβωμεν
Eph 1 5 προορίσας ἡμᾶς εἰς υἱοθεσίαν διὰ

υἱός filius → τέκνον et παῖς
1) Jesus Christus
a) filius Mariae, filius Joseph
Mat 1 21 τέξεται – υἱόν 23. 25 ἕως οὗ ἔτεκεν
υἱόν Luc 1 31 τέξῃ υἱόν 2 7 ἔτεκεν τὸν
υἱὸν αὐτῆς τὸν πρωτότοκον
13 55 οὐχ οὗτός ἐστιν ὁ τοῦ τέκτονος υἱός;
‖ Mar 6 3 ὁ τέκτων, ὁ υἱὸς τῆς Μα-
ρίας –; Luc 4 22 υἱός – Ἰωσήφ –;
Luc 3 23 ὢν υἱός, ὡς ἐνομίζετο, Ἰωσήφ
Joh 1 45 Ἰησοῦν υἱὸν τοῦ Ἰωσήφ 6 42 οὐχ οὗ-
τός ἐστιν Ἰησοῦς ὁ υἱὸς Ἰωσήφ –;
b) ὁ υἱὸς Δαυίδ
Mat 22 45 πῶς υἱὸς αὐτοῦ ἐστιν; → Δαυίδ
c) ὁ υἱὸς τοῦ ἀνθρώπου (υἱᾶ.)
Mat 8 20 ὁ δὲ υἱᾶ. οὐκ ἔχει ποῦ τὴν κεφαλὴν
κλίνῃ ‖ Luc 9 58

Mat 9 6 ἐξουσίαν ἔχει ὁ ὑτά. ἐπὶ τῆς γῆς ἀφ-
ιέναι ἁμαρτίας ‖ Mar 2 10 Luc 5 24
10 23 οὐ μὴ τελέσητε –, ἕως ἂν ἔλθῃ ὁ ὑτά.
11 19 ἦλθεν ὁ ὑτά. ἐσθίων καὶ πίνων ‖ Luc
7 34 ἐλήλυθεν
12 8 κύριος – ἐστιν τοῦ σαββάτου ὁ ὑτά. ‖
Mar 2 28 καὶ τοῦ σαββάτου Luc 6 5
– 32 ὃς ἐὰν εἴπῃ λόγον κατὰ τοῦ ὑτά. ‖
Luc 12 10 ὃς ἐρεῖ λόγον εἰς τὸν ὑτά.
– 40 ἔσται ὁ ὑτά. ἐν τῇ καρδίᾳ τῆς γῆς ‖
Luc 11 30 ἔσται – τῇ γενεᾷ ταύτῃ
13 37 ὁ σπείρων τὸ καλὸν σπέρμα ἐστὶν ὁ
ὑτά. 41 ἀποστελεῖ ὁ ὑτά. τοὺς ἀγγέ-
λους αὐτοῦ, καὶ συλλέξουσιν
16 13 τίνα λέγουσιν – εἶναι τὸν ὑτά.;
– 27 μέλλει – ὁ ὑτά. ἔρχεσθαι ἐν τῇ δόξῃ
τοῦ πατρὸς αὐτοῦ ‖ Mar 8 38 καὶ ὁ
ὑτά. ἐπαισχυνθήσεται αὐτόν, ὅταν
ἔλθῃ Luc 9 26 – Mat 25 31
– 28 ἕως ἂν ἴδωσιν τὸν ὑτά. ἐρχόμενον
17 9 ἕως οὗ ὁ ὑτά. – ἐγερθῇ ‖ Mar 9 9
– 12 ὁ ὑτά. μέλλει πάσχειν ‖ Mar 9 12
– 22 μέλλει ὁ ὑτά. παραδίδοσθαι ‖ Mar
9 31 Luc 9 44 – Mat 20 18 παραδοθή-
σεται ‖ Mar 10 33 Luc 18 31 τελεσθή-
σεται – τὰ γεγραμμένα – τῷ ὑτά.· πα-
ραδοθήσεται γάρ – Mat 26 2 παρα-
δίδοται 24 ὑπάγει –, οὐαὶ δὲ τῷ ἀν-
θρώπῳ – δι' οὗ ὁ ὑτά. παραδίδοται
45 ‖ Mar 14 21.41 Luc 22 22 κατὰ τὸ
ὡρισμένον πορεύεται – 24 7 λέγων
τὸν ὑτά. ὅτι δεῖ παραδοθῆναι
19 28 ὅταν καθίσῃ ὁ ὑτά. ἐπὶ θρόνου
20 28 ὥσπερ ὁ ὑτά. οὐκ ἦλθεν διακονηθῆ-
ναι, ἀλλὰ διακονῆσαι ‖ Mar 10 45
24 27 οὕτως ἔσται ἡ παρουσία τοῦ ὑτά.
37.39 ‖ Luc 17 24 ἔσται ὁ ὑτά. [ἐν τῇ
ἡμέρᾳ αὐτοῦ] 26 ἔσται καὶ ἐν ταῖς ἡ-
μέραις τοῦ ὑτά. 30 ᾗ ἡμέρᾳ ὁ ὑτά.
ἀποκαλύπτεται
30 φανήσεται τὸ σημεῖον τοῦ ὑτά. –
καὶ ὄψονται „τὸν ὑτά. ἐρχόμενον ἐπὶ
τῶν νεφελῶν“ ‖ Mar 13 26 Luc 21 27
– 44 ᾗ οὐ δοκεῖτε ὥρᾳ ὁ ὑτά. ἔρχεται ‖
Luc 12 40
26 64 ὄψεσθε „τὸν ὑτά. καθήμενον ἐκ δε-
ξιῶν τῆς δυνάμεως καὶ ἐρχόμενον“
‖ Mar 14 62 Luc 22 69 → Act 7 56
Mar 8 31 διδάσκειν – ὅτι δεῖ τὸν ὑτά. πολλὰ
παθεῖν, καὶ – ἀναστῆναι ‖ Luc 9 22
Luc 6 22 ὅταν – ἐκβάλωσιν τὸ ὄνομα ὑμῶν ὡς
πονηρὸν ἕνεκα τοῦ ὑτά.

Luc 12 8 καὶ ὁ ὑτά. ὁμολογήσει ἐν αὐτῷ
17 22 μίαν τῶν ἡμερῶν τοῦ ὑτά. ἰδεῖν
18 8 ὁ ὑτά. – ἆρα εὑρήσει τὴν πίστιν –;
19 10 ἦλθεν – ὁ ὑτά. „ζητῆσαι“ καὶ σῶσαι
„τὸ ἀπολωλός“ (vl Mat 18 11 Luc 9
56 οὐκ ἦλθεν ψυχὰς – ἀπολέσαι)
21 36 ἀγρυπνεῖτε – δεόμενοι ἵνα κατισχύ-
σητε – σταθῆναι ἔμπροσθεν τοῦ ὑτά.
22 48 φιλήματι τὸν ὑτά. παραδίδως;
Joh 1 51 τοὺς ἀγγέλους τοῦ θεοῦ ἀναβαίνον-
τας καὶ καταβαίνοντας ἐπὶ τὸν ὑτά.
3 13 ὁ ἐκ τοῦ οὐρανοῦ καταβάς, ὁ ὑτά.
6 62 ἐὰν – θεωρῆτε τὸν ὑτά. ἀναβαί-
νοντα ὅπου ἦν τὸ πρότερον;
– 14 ὑψωθῆναι δεῖ τὸν ὑτά. 12 34 cfr 8 28
ὅταν ὑψώσητε τὸν ὑτά., τότε
5 27 ἐξουσίαν ἔδωκεν αὐτῷ κρίσιν ποιεῖν,
ὅτι υἱὸς ἀνθρώπου ἐστίν
6 27 τὴν βρῶσιν τὴν μένουσαν εἰς ζωὴν
αἰώνιον, ἣν ὁ ὑτά. ὑμῖν δώσει
– 53 ἐὰν μὴ φάγητε τὴν σάρκα τοῦ ὑτά.
9 35 σὺ πιστεύεις εἰς τὸν υἱὸν τοῦ ἀν-
θρώπου (vl τοῦ θεοῦ vg);
12 23 ἐλήλυθεν ἡ ὥρα ἵνα δοξασθῇ ὁ ὑτά.
34 τίς ἐστιν οὗτος ὁ ὑτά.;
13 31 νῦν ἐδοξάσθη ὁ ὑτά., καὶ ὁ θεός
Act 7 56 θεωρῶ – τὸν ὑτά. ἐκ δεξιῶν ἑστῶτα
τοῦ θεοῦ

d) (ὁ) υἱὸς (τοῦ) θεοῦ, τοῦ πα-
τρός, ὁ υἱός μου, αὐτοῦ κτλ.

Mat 2 15 „ἐξ Αἰγύπτ. ἐκάλεσα τὸν υἱόν μου“
3 17 „ὁ υἱός μου ὁ ἀγαπητός“ 17 5 ‖ Mar
1 11 97 Luc 3 22 9 35 ὁ ἐκλελεγμένος
→ 2 Pe 1 17
4 3 εἰ υἱὸς εἶ τοῦ θεοῦ 6 ‖ Luc 4 3.9 –
Mat 27 40 σῶσον σεαυτόν, εἰ υἱ. εἶ τ. θ.
8 29 „τί ἡμῖν καὶ σοί“, υἱὲ τοῦ θεοῦ; ‖
Mar 5 7 τοῦ θ. τοῦ ὑψίστου; Luc 8 28
– Mar 3 11 σὺ εἶ ὁ υἱὸς τοῦ θεοῦ
Luc 4 41 σὺ εἶ ὁ υἱὸς τοῦ θεοῦ
14 33 λέγοντες· ἀληθῶς θεοῦ υἱὸς εἶ
16 16 ὁ χριστὸς ὁ υἱὸς τοῦ θ. τοῦ ζῶντος
26 63 ἵνα ἡμῖν εἴπῃς εἰ σὺ εἶ ὁ χριστὸς ὁ
υἱὸς τοῦ θεοῦ ‖ Mar 14 61 σὺ εἶ ὁ
χρ. ὁ υἱὸς τοῦ εὐλογητοῦ; Luc 22 70
σὺ οὖν εἶ ὁ υἱ. τοῦ θ.;
27 43 ἔιπεν γὰρ ὅτι θεοῦ εἰμι υἱός
– 54 ἀληθῶς θεοῦ υἱὸς ἦν οὗτ. ‖ Mar 15 39
Mar 1 1 ἀρχὴ τοῦ εὐαγγελίου Ἰησοῦ Χοῦ
[υἱοῦ θεοῦ]
Luc 1 32 υἱὸς ὑψίστου κληθήσεται 35 τὸ γεν-

νώμενον "ἄγιον κληθήσ." υἱὸς θεοῦ
Joh 1 34 ὅτι οὗτός ἐστιν ὁ υἱὸς τοῦ θεοῦ
– 49 σὺ εἶ ὁ υἱὸς τοῦ θ., σὺ βασιλεὺς εἶ
3 18 εἰς τὸ ὄνομα τοῦ μονογενοῦς υἱοῦ
5 25 τῆς φωνῆς τοῦ υἱοῦ τ. θ.   [τ. θεοῦ
10 36 ὅτι εἶπον· υἱὸς τοῦ θεοῦ εἰμι
11 4 ἵνα δοξασθῇ ὁ υἱὸς τοῦ θεοῦ
– 27 πεπίστευκα ὅτι σὺ εἶ ὁ χριστὸς ὁ
υἱὸς τοῦ θεοῦ cfr 20 31
17 1 δόξασόν σου τὸν υἱόν, ἵνα ὁ υἱὸς
(vl + σου vg) δοξάσῃ σέ
19 7 ὅτι υἱὸν θεοῦ ἑαυτὸν ἐποίησεν
Act (8 37 vl πιστεύω τὸν υἱὸν τοῦ θεοῦ εἶναι
τὸν Ἰησοῦν Χόν vg, vl°)
9 20 ὅτι οὗτός ἐστιν ὁ υἱὸς τοῦ θεοῦ
13 33 „υἱός μου εἶ σύ, ἐγὼ σήμερον γε-
γέννηκά σε" (Luc 3 22 vl) Hb 1 5   5 5
Rm 1 3 περὶ τοῦ υἱοῦ αὐτοῦ τοῦ γενομένου
ἐκ σπέρματος Δαυὶδ κατὰ σάρκα 4
τοῦ ὁρισθέντος υἱοῦ θεοῦ ἐν δυνά-
μει κατὰ πνεῦμα ἁγιωσύνης
– 9 ἐν τῷ εὐαγγελίῳ τοῦ υἱοῦ αὐτοῦ
5 10 διὰ τοῦ θανάτου τοῦ υἱοῦ αὐτοῦ
8 3 ὁ θεὸς τὸν ἑαυτοῦ υἱὸν πέμψας
– 29 συμμόρφους τῆς εἰκόνος τοῦ υἱοῦ
– 32 τ. ἰδίου υἱοῦ οὐκ ἐφείσατο   [αὐτοῦ
1 Co 1 9 εἰς κοινωνίαν τοῦ υἱοῦ αὐτοῦ
2 Co 1 19 ὁ τοῦ θεοῦ – υἱὸς Ἰ. Χὸς – οὐκ ἐγέν.
Gal 1 16 ἀποκαλύψαι τὸν υἱὸν αὐτοῦ ἐν ἐμοί
2 20 ἐν πίστει ζῶ τῇ τοῦ υἱοῦ τοῦ θεοῦ
4 4 ἐξαπέστειλεν ὁ θεὸς τὸν υἱὸν αὐτοῦ
6 τὸ πνεῦμα τοῦ υἱοῦ αὐτοῦ εἰς
Eph 4 13 τῆς ἐπιγνώσεως τοῦ υἱοῦ τοῦ θεοῦ
Col 1 13 μετέστησεν (sc ἡμᾶς) εἰς τὴν βασι-
λείαν τοῦ υἱοῦ τῆς ἀγάπης αὐτοῦ
1 Th 1 10 ἀναμένειν τὸν υἱ. αὐτοῦ ἐκ τῶν οὐ-
ρανῶν – Hb 1 5   5 5 → Act 13 33
Hb 4 14 Ἰησοῦν τὸν υἱὸν τοῦ θεοῦ
6 6 ἀνασταυροῦντας ἑαυτοῖς τὸν υἱ. τ. θ.
7 3 ἀφωμοιωμένος δὲ τῷ υἱῷ τοῦ θεοῦ
10 29 ὁ τὸν υἱὸν τοῦ θεοῦ καταπατήσας
2 Pe 1 17 ὁ υἱός μου ὁ ἀγαπητός" μου οὗτός
ἐστιν, „εἰς ὃν ἐγὼ εὐδόκησα"
1 Jo 1 3 ἡ κοινωνία – ἡ ἡμετέρα μετὰ τοῦ πα-
τρὸς καὶ μετὰ τοῦ υἱοῦ αὐτοῦ
– 7 τὸ αἷμα – τοῦ υἱοῦ αὐτοῦ καθαρίζει
3 8 ἐφανερώθη ὁ υἱ. τ. θ., ἵνα λύσῃ τὰ
– 23 ἵνα πιστεύσωμεν τῷ ὀνόματι τοῦ υἱ.
αὐτοῦ 5 13 τοῖς πιστεύουσ. εἰς τὸ ὄν. –
4 9 τὸν υἱὸν αὐτοῦ τὸν μονογενῆ ἀπέ-
σταλκεν ὁ θεός 10 τὸν υἱὸν αὐτοῦ
– 15 ὅτι Ἰησοῦς ἐστιν ὁ υἱὸς τοῦ θ. 5 5

1 Jo 5 9 ὅτι μεμαρτύρηκεν περὶ τοῦ υἱοῦ αὐ-
τοῦ 10 ἦν μεμαρτύρ. ὁ θεὸς περί –
– 10 ὁ πιστεύων εἰς τὸν υἱὸν τοῦ θεοῦ
– 11 αὕτη ἡ ζωὴ ἐν τῷ υἱῷ αὐτοῦ ἐστιν
– 12 ὁ ἔχων τὸν υἱὸν ἔχει τὴν ζωήν· ὁ
μὴ ἔχων τὸν υἱὸν τοῦ θεοῦ κτλ.
– 20 ὁ υἱ. τοῦ θεοῦ ἥκει –· καὶ ἐσμὲν ἐν
τῷ ἀληθινῷ, ἐν τῷ υἱῷ αὐτοῦ
2 Jo 3 παρὰ Ἰ. Χοῦ τοῦ υἱοῦ τοῦ πατρός
Ap 2 18 τάδε λέγει ὁ υἱὸς τοῦ θεοῦ

e) ὁ υἱός (κατ' ἐξοχήν)

Mat 11 27 οὐδεὶς ἐπιγινώσκει τὸν υἱὸν εἰ μὴ ὁ
πατήρ, οὐδὲ τὸν πατέρα τις ἐπιγι-
νώσκει εἰ μὴ ὁ υἱὸς καὶ ᾧ ἐὰν βού-
ληται ὁ υἱὸς ἀποκαλύψαι ‖ Luc 10 22
24 36 οὐδεὶς οἶδεν, – οὐδὲ ὁ υἱός (vl om
οὐδὲ ὁ υἱός, vg°) ‖ Mar 13 32
28 19 εἰς τὸ ὄνομα τοῦ πατρὸς καὶ τοῦ υἱ.
Joh (1 18 vl ὁ μονογενὴς υἱ. vg) 3 16 ὥστε τὸν
υἱ. (vl + αὐτοῦ vg) τὸν μον. ἔδωκεν
3 17 οὐ γὰρ ἀπέστειλεν ὁ θεὸς τὸν υἱὸν
– 35 ὁ πατὴρ ἀγαπᾷ τὸν υἱόν 5 20 φιλεῖ
– 36 ὁ πιστεύων εἰς τὸν υἱὸν ἔχει ζωὴν
αἰώνιον· ὁ δὲ ἀπειθῶν τῷ υἱῷ
5 19 οὐ δύναται ὁ υἱὸς ποιεῖν ἀφ' ἑαυτ-
τοῦ οὐδέν –· – ταῦτα καὶ ὁ υἱ. – ποιεῖ
– 21 καὶ ὁ υἱὸς οὓς θέλει ζῳοποιεῖ
– 22 τὴν κρίσιν πᾶσαν δέδωκεν τῷ υἱῷ
– 23 ἵνα πάντες τιμῶσι τὸν υἱόν –· ὁ μὴ
τιμῶν τὸν υἱὸν οὐ τιμᾷ τὸν πατέρα
– 26 τῷ υἱῷ ἔδωκεν ζωὴν ἔχειν ἐν ἑαυτῷ
6 40 ὁ θεωρῶν τὸν υἱὸν καὶ πιστεύων
8 35 ὁ υἱὸς μένει εἰς τὸν αἰῶνα 36 ἐὰν –
ὁ υἱὸς ὑμᾶς ἐλευθερώσῃ
14 13 ἵνα δοξασθῇ ὁ πατὴρ ἐν τῷ υἱῷ
17 1 ἵνα ὁ υἱὸς (vl + σου vg) δοξάσῃ σέ
1 Co 15 28 [καὶ] αὐτὸς ὁ υἱὸς ὑποταγήσεται
Hb 1 2 ἐλάλησεν ἡμῖν ἐν υἱῷ, ὃν ἔθηκεν
κληρονόμον 5 „υἱός μου εἶ σύ"
– 8 πρὸς δὲ τὸν υἱόν (sc λέγει)·
3 6 Χὸς δὲ ὡς υἱὸς ἐπὶ τὸν οἶκον αὐ.
5 8 καίπερ ὢν υἱός, ἔμαθεν ἀφ' ὧν
7 28 „υἱὸν εἰς τὸν αἰῶνα" τετελειωμένον
1 Jo 2 22 ὁ ἀρνούμενος τὸν πατέρα καὶ τὸν
υἱόν 23 ὁ ἀρν. τὸν υἱὸν οὐδὲ τὸν πα-
τέρα ἔχει· ὁ ὁμολογῶν τὸν υἱὸν καὶ
τὸν πατέρα ἔχει 24 ἐν τῷ υἱῷ καὶ
ἐν τῷ πατρὶ μενεῖτε
4 14 ἀπέσταλκεν τὸν υἱὸν σωτῆρα τοῦ
5 12 ὁ ἔχων τὸν υἱὸν ἔχει τὴν ζωήν
2 Jo 9 καὶ τὸν πατέρα καὶ τὸν υἱὸν ἔχει

2) υἱός, υἱοί universe (non de Jesu)

a) filii sanguinis nexu

υἱοὶ Ἰσραήλ → Ἰσραήλ

Mat 1 20 Ἰωσὴφ υἱὸς Δαυίδ, μὴ φοβηθῇς
7 9 τίς ἐστιν –, ὃν αἰτήσει ὁ υἱὸς αὐτοῦ
ἄρτον –; ‖ Luc 11 11 υἱὸς ἰχθύν
10 37 ὁ φιλῶν υἱὸν ἢ θυγατέρα ὑπὲρ ἐμέ
12 27 οἱ υἱοὶ ὑμῶν ἐν τίνι ἐκβάλλουσιν; ‖
Luc 11 19 – Act 19 14 Σκευᾶ – υἱοί
17 15 ἐλέησόν μου τὸν υἱόν ‖ Mar 9 17 Luc
9 38 ὅτι μονογενής μοί ἐστιν 41
20 20 ἡ μήτηρ τῶν υἱῶν Ζεβεδαίου μετὰ
τῶν υἱῶν αὐτῆς 21 ‖ Mar 10 35 – Mat
26 37 27 56 Luc 5 10
21 37 ἀπέστειλεν – τὸν υἱὸν αὐτοῦ –· ἐν-
τραπήσονται τὸν υἱόν μου 38 ‖ Mar
12 6 ἔτι ἕνα εἶχεν, υἱὸν ἀγαπητόν·
κτλ. Luc 20 13 πέμψω τὸν υἱ. μου τ. ἀγ.
22 2 ἐποίησεν γάμους τῷ υἱῷ αὐτοῦ
23 31 υἱοί ἐστε τῶν φονευσάντων τοὺς προ-
φήτας 35 ἕως τοῦ αἵματος Ζαχαρίου
υἱοῦ Βαραχίου, ὃν ἐφονεύσατε
Mar 3 28 πάντα ἀφεθήσεται τοῖς υἱ. τῶν ἀνθ.
10 46 ὁ υἱὸς Τιμαίου Βαρτιμαῖος
Luc 1 13 Ἐλισάβετ γεννήσει υἱόν σοι 36.57 32
ἐπὶ Ἰωάννην τὸν Ζαχαρίου υἱόν
7 12 μονογενὴς υἱὸς τῇ μητρὶ αὐτοῦ
12 53 πατὴρ ἐπὶ υἱῷ καὶ „υἱὸς ἐπὶ πατρί“
14 5 τίνος ὑμῶν υἱὸς (vl ὄνος vg) ἢ βοῦς
εἰς φρέαρ πεσεῖται –;
15 11 δύο υἱούς 13 ὁ νεώτερος υἱὸς ἀπεδή-
μησεν 19 κληθῆναι υἱός σου 21. 24 ὁ
υἱός μου νεκρὸς ἦν 25 ὁ υἱὸς αὐτοῦ
ὁ πρεσβύτερος 30 ὁ υἱός σου οὗτος
19 9 καθότι καὶ αὐτὸς υἱὸς Ἀβραάμ
Joh 1 42 Σίμων ὁ υἱὸς Ἰωάννου – 4 5. 12
4 46 ἦν τις βασιλικὸς οὗ ὁ υἱὸς ἠσθένει
47. 50 ὁ υἱός σου ζῇ 53
9 19 οὗτός ἐστιν ὁ υἱὸς ὑμῶν –; 20
Act 2 17 „προφητεύσουσιν οἱ υἱοὶ ὑμῶν“
7 16. 21 „ἑαυτῇ εἰς υἱόν“ 29 13 21 υἱὸν Κίς
26 υἱοὶ γένους Ἀβραάμ – 16 1 23 16
Rm 9 9 „ἔσται τῇ Σάρρᾳ υἱός“
Gal 4 22 „Ἀβρ. δύο υἱοὺς ἔσχεν 30 „ἔκβαλε
τὴν παιδίσκην καὶ τὸν υἱ. αὐτῆς“ κτλ.
Eph 3 5 τῷ μυστηρίῳ τοῦ Χοῦ, ὃ – οὐκ ἐγνω-
ρίσθη τοῖς υἱοῖς τῶν ἀνθρώπων
Hb 2 6 „τί ἐστιν – υἱὸς ἀνθρώπου ὅτι ἐπι-
σκέπτῃ αὐτόν;“ – 7 5 11 21.24
Jac 2 21 „ἀνενέγκας Ἰσαὰκ τὸν υἱὸν αὐτοῦ“
Ap 1 13 εἶδον – „ὅμοιον υἱὸν (vl υἱῷ vg)

ἀνθρώπου“ 14 14 „ἐπὶ – νεφέλην“
Ap 12 5 „ἔτεκεν“ υἱὸν „ἄρσεν“, ὃς μέλλει

b) „filii“ animi quadam vel morum
communione
Mat 5 9 υἱοὶ θεοῦ κληθήσονται 45 ὅπως γέ-
νησθε υἱοὶ τοῦ πατρὸς ὑμῶν τοῦ ἐν
οὐρανοῖς ‖ Luc 6 35 ἔσεσθε υἱοὶ ὑψί-
στου – 20 36 υἱοί εἰσιν θεοῦ τῆς ἀ-
ναστάσεως υἱοὶ ὄντες
8 12 οἱ δὲ υἱοὶ τῆς βασιλείας ἐκβληθή-
σονται 13 38 οὗτοί εἰσιν οἱ υἱ. τῆς β.
9 15 μὴ δύνανται οἱ υἱοὶ τοῦ νυμφῶνος
πενθεῖν –; ‖ Mar 2 19 Luc 5 34
13 38 τὰ – ζιζάνιά εἰσιν οἱ υἱ. τοῦ πονηροῦ
17 25 ἀπὸ τίνων λαμβάνουσιν – κῆνσον; ἀ-
πὸ τ. υἱῶν αὐτῶν ἢ ἀπὸ τ. ἀλλοτρί-
ων; 26 ἄρα γε ἐλεύθεροί εἰσιν οἱ υἱ.
23 15 ποιεῖτε αὐτὸν υἱὸν γεέννης διπλότε.
Mar 3 17 Βοανηργές, ὅ ἐστιν υἱοὶ βροντῆς
Luc 10 6 ἐὰν ἐκεῖ ᾖ υἱὸς εἰρήνης
16 8 οἱ υἱοὶ τοῦ αἰῶνος τούτου 20 34
– – φρονιμώτεροι ὑπὲρ τοὺς υἱοὺς τοῦ
φωτός cfr Joh 12 36 ἵνα υἱοὶ φωτὸς
γένησθε 1 Th 5 5 πάντες – ὑμεῖς υἱοὶ
φωτός ἐστε καὶ υἱοὶ ἡμέρας
Joh 17 12 εἰ μὴ ὁ υἱὸς τῆς ἀπωλείας 2 Th 2 3
19 26 γύναι, ἴδε ὁ υἱός σου
Act 3 25 ὑμεῖς ἐστε οἱ υἱοὶ τῶν προφητῶν καὶ
τῆς διαθήκης
4 36 Βαρναβᾶς –, – υἱὸς παρακλήσεως
13 10 υἱὲ διαβόλου, ἐχθρὲ πάσης δικαιοσ.
23 6 ἐγὼ Φαρισαῖός εἰμι, υἱὸς Φαρισαίων
Rm 8 14 οὗτοι υἱοὶ θεοῦ εἰσιν 19 τὴν ἀποκά-
λυψιν τῶν υἱῶν τοῦ θεοῦ ἀπεκδέχε-
ται 9 26 „κληθήσονται υἱ. θεοῦ ζῶντος“
2 Co 6 18 ἔσεσθέ „μοι εἰς υἱοὺς“ καὶ θυγατέρ.
Gal 3 7 οἱ ἐκ πίστεως, οὗτοι υἱοί – Ἀβραάμ
– 26 υἱοὶ θεοῦ ἐστε διὰ τῆς πίστεως
4 6 ὅτι δέ ἐστε υἱοί, ἐξαπέστειλεν
7 οὐκέτι εἶ δοῦλος ἀλλὰ υἱός· εἰ δὲ
υἱός, καὶ κληρονόμος διὰ θεοῦ
Eph 2 2 ἐν τ. υἱοῖς τῆς ἀπειθείας 5 6 Col 3 6
[ἐπὶ] – 1 Th 5 5 2 Th 2 3 → Luc et Joh
Hb 1 5 „αὐτὸς ἔσται μοι εἰς υἱόν“ Ap 21 7
2 10 πολλοὺς υἱοὺς εἰς δόξαν ἀγαγόντα
12 5 ὑμῖν ὡς υἱοῖς διαλέγεται „υἱέ μου,
μὴ ὀλιγώρει παιδείας κυρίου“ 6. 7 ὡς
υἱοῖς ὑμῖν προσφέρεται ὁ θεός 8 ἄρα
νόθοι καὶ οὐχ „υἱοί“ ἐστε
1 Pe 5 13 ἀσπάζεται – Μᾶρκος ὁ υἱός μου

3) υἱὸς dicitur pullus iumenti Mat 21 5

ὕλη silva Jac 3 5 ἡλίκην ὕλην ἀνάπτει

Ὑμέναιος 1 Ti 1 20 καὶ Ἀλέξ. 2 Ti 2 17

ὑμέτερος vester
Luc 6 20 ὑμετέρα ἐστὶν ἡ βασιλεία τοῦ θεοῦ
        16 12 τὸ ὑμέτερον (vg quod vestrum est)
        τίς ὑμῖν δώσει;
Joh 7 6 ὁ δὲ καιρὸς ὁ ὑμέτερος πάντοτέ ἐ-
        στιν ἕτοιμος
        8 17 ἐν τῷ νόμῳ – τῷ ὑμετέρῳ γέγραπται
        15 20 καὶ τὸν ὑμ. (sc λόγον) τηρήσουσιν
Act 27 34 – Rm 11 31 τῷ ὑμ. ἐλέει ἵνα – ἐλεη-
1 Co 15 31 νὴ τὴν ὑμ. καύχησιν |θῶσιν
        16 17 τὸ ὑμ. (vl ὑμῶν) ὑστέρημα (vg quod
        vobis deerat) – ἀνεπλήρωσαν
2 Co 8 8 τὸ τῆς ὑμετέρας ἀγάπης γνήσιον
Gal 6 13 ἵνα ἐν τῇ ὑμ. σαρκὶ καυχήσωνται

ὑμνεῖν hymnum dicere ᵇlaudare
Mat 26 30 ‖ Mar 14 26 – Act 16 25ᵇ Hb 2 12ᵇ

ὕμνος hymnus Eph 5 19 ὕμνοις Col 3 16

*ὑπάγειν vadere ᵇire ᶜabire
Mat 4 10 ὕπαγε, σατανᾶ 16 23 ‖ Mar 8 33
        5 41 ὕπαγε μετ' αὐτοῦ δύο (sc μίλια)
        26 24 ὁ – υἱὸς τοῦ ἀνθρ. ὑ..ει ‖ Mar 14 21
Mar 5 34 ὕ..ε „εἰς εἰρήνην" καὶ ἴσθι ὑγιής
        10 52 ὕπαγε, ἡ πίστις σου σέσωκέν σε
Luc 10 3 ὑ..τεᵇ· ἰδοὺ ἀποστέλλω ὑμᾶς ὡς
Joh 3 8 πόθεν ἔρχεται καὶ ποῦ ὑπάγει
        6 67 μὴ καὶ ὑμεῖς θέλετε ὑπάγειν·
        7 33 ὑπάγω πρὸς τὸν πέμψαντά με 16 5.
        10 ὅτι πρὸς τὸν πατέρα ὑπάγω 17
        8 14 οἶδα πόθεν ἦλθον καὶ ποῦ ὑπάγω·
        – οὐκ οἴδατε – ποῦ ὑπάγω 21 ὑπάγω
        καὶ ζητήσετέ με –· ὅπου ἐγὼ ὑπάγω
        ὑμεῖς οὐ δύνασθε ἐλθεῖν 22
        12 35 ὁ περιπατῶν ἐν τῇ σκοτίᾳ οὐκ οἶδεν
        ποῦ ὑπάγει 1 Jo 2 11ᵇ
        13 3 εἰδὼς ὅτι – πρὸς τὸν θεὸν ὑπάγει 33.
        36 κύριε, ποῦ ὑπάγεις; –· ὅπου ὑπ-
        άγω οὐ δύνασαί μοι νῦν ἀκολουθῆσαι
        14 4 ὅπου [ἐγὼ] ὑπάγω οἴδατε τὴν ὁδόν 5
        οὐκ οἴδαμεν ποῦ ὑπάγεις 28 ὑπάγω
        καὶ ἔρχομαι πρὸς ὑμᾶς
        15 16 ἔθηκα ὑμᾶς ἵνα ὑμεῖς ὑπάγητεᵇ καὶ
        καρπὸν φέρητε
Jac 2 16 ὑπάγετεᵇ „ἐν εἰρήνῃ", θερμαίνεσθε
Ap 14 4 οὗτοι οἱ ἀκολουθοῦντες τῷ ἀρνίῳ
        ὅπου ἂν ὑπάγῃᵇ (vg vlᶜ)
        17 8 εἰς ἀπώλειαν ὑπάγειᵇ 11

ὑπακοή obedientia ᵇobeditio ᶜ(εἰς ὑπα-
        κοήν) ad obediendum ᵈobsequium
Rm 1 5 εἰς ὑπακοὴνᶜ πίστεως [16 26ᵇ]
        5 19 διὰ τῆς ὑπακοῆςᵇ τοῦ ἑνὸς δίκαιοι
        6 16 ᾧ παριστάνετε ἑαυτοὺς – εἰς ὑ..ήνᶜ,
        δοῦλοί ἐστε – ὑ..ῆςᵇ εἰς δικαιοσύνην
        15 18 δι' ἐμοῦ εἰς ὑπακοὴν ἐθνῶν
        16 19 ἡ – ὑμῶν ὑπ. εἰς πάντας ἀφίκετο
2 Co 7 15 τὴν πάντων ὑμῶν ὑπακοήν
        10 5 πᾶν νόημα εἰς τὴν ὑπ.ᵈ τοῦ Χοῦ
        – 6 ὅταν πληρωθῇ ὑμῶν ἡ ὑπακοή
Phm 21 πεποιθὼς τῇ ὑπακοῇ σου ἔγραψα
Hb 5 8 ἔμαθεν ἀφ' ὧν ἔπαθεν τὴν ὑπακοήν
1 Pe 1 2 εἰς ὑ..ὴν καὶ ῥαντισμὸν αἵματος Ἰ.
        – 14 ὡς τέκνα ὑπακοῆς |Χοῦ
        – 22 ἐν τῇ ὑπ. τῆς ἀληθείας (vg charit.)

ὑπακούειν obedire ᵇobtemperare ᶜaudire
Mat 8 27 ὅτι καὶ οἱ ἄνεμοι καὶ ἡ θάλασσα αὐ-
        τῷ ὑπακούουσιν; ‖ Mar 4 41 Luc 8 25
Mar 1 27 καὶ ὑ..ουσιν αὐτῷ (sc τὰ πνεύματα)
Luc 17 6 καὶ ὑπήκουσεν ἂν ὑμῖν (sc ἡ συκά-
Act 6 7 ὑπήκουον τῇ πίστει |μινος)
        12 13 προσῆλθεν παιδίσκη ὑπακοῦσαιᶜ
Rm 6 12 εἰς τὸ ὑπακούειν ταῖς ἐπιθυμίαις
        – 16 δοῦλοί ἐστε ᾧ ὑ..ετε, ἤτοι ἁμαρτίας
        – 17 ὑπηκούσατε – ἐκ καρδίας εἰς ὃν παρ-
        εδόθητε τύπον διδαχῆς
        10 16 οὐ πάντες ὑπήκουσαν τῷ εὐαγγελ.
Eph 6 1 τὰ τέκνα, ὑ..ετε τοῖς γονεῦσιν ὑμῶν
        5 οἱ δοῦλοι, ὑ..ετε τοῖς κατὰ σάρκα
        κυρίοις Col 3 20 κατὰ πάντα 22
Phl 2 12 καθὼς πάντοτε ὑπηκούσατε
2 Th 1 8 „τοῖς μὴ ὑ..ουσιν" τῷ εὐαγγελίῳ
        3 14 εἰ δέ τις οὐχ ὑπακούει τῷ λόγῳ ἡ-
        μῶν διὰ τῆς ἐπιστολῆς
Hb 5 9 ἐγένετο πᾶσιν τοῖς ὑπακούουσινᵇ
        αὐτῷ αἴτιος „σωτηρίας αἰωνίου"
        11 8 Ἀβρ. ὑπήκουσεν ἐξελθεῖν εἰς τόπον
1 Pe 3 6 ὡς Σάρρα ὑπήκουσεν τῷ Ἀβραάμ

ὕπανδρος quae sub viro est Rm 7 2 γυνή

ὑπαντᾶν occurrere ᵇobviam venire ᶜobvi-
        are Mat 8 28 ‖ Mar 5 2 Luc 8 27 – Mat
        28 9 (vl ἀπ.) Luc 14 31 Joh 4 51 11 20. 30
        12 18ᵇ – Act 16 16 (vl ἀπαντῆσαι)ᶜ

εἰς ὑπάντησιν obviam Mat 8 34 (vl συν.)
Mat 25 1 εἰς ὑπ. τοῦ νυμφίου Joh 12 13

ὕπαρξις substantia
Act 2 45 τὰ κτήματα καὶ τὰς ὑπ. ἐπίπρασκον

Hb 10 34 κρείττονα ὕπαρξιν καὶ μένουσαν

*ὑπάρχειν *esse* ᵇ*adesse*
1 Co 7 26 νομίζω οὖν τοῦτο καλὸν ὑπάρχειν
11 7 „εἰκὼν" καὶ δόξα „θεοῦ" ὑπάρχων
– 18 ἀκούω σχίσματα ἐν ὑμῖν ὑπάρχειν
2 Co 12 16 ὑ..ων πανοῦργος δόλῳ ὑμᾶς ἔλαβον
Gal 2 14 εἰ σὺ Ἰουδαῖος ὑπάρχων ἐθνικῶς
Phl 2 6 ὃς ἐν μορφῇ θεοῦ ὑπάρχων
3 20 τὸ πολίτευμα ἐν οὐρανοῖς ὑπάρχει
2 Pe 1 8 ταῦτα – ὑμῖν ὑ..οντα ᵇ καὶ πλεονάζ.
3 11 ποταποὺς δεῖ ὑ..ειν [ὑμᾶς] ἐν ἁγίαις
ἀναστροφαῖς καὶ εὐσεβείαις

τὰ ὑπάρχοντα *bona* ᵇ*facultates* ᶜ*quae quis*
possidet ᵈ*quae habes*
Mat 19 21 πώλησόν σου τὰ ὑπ.ᵈ Luc 12 33ᶜ
24 47 ‖ Luc 12 44ᶜ – Mat 25 14 Luc 83ᵇ 11 21ᶜ
Luc 12 15 οὐκ ἐν τῷ περισσεύειν τινὶ ἡ ζωὴ
αὐτοῦ ἐστιν ἐκ τῶν ὑπ.ᶜ αὐτῷ
14 33 πᾶς – ὃς οὐκ ἀποτάσσεται πᾶσιν τοῖς
ἑαυτοῦ ὑπάρχουσινᶜ
16 1 ὡς διασκορπίζων τὰ ὑπ. αὐτοῦ
19 8 τὰ ἡμίσιά μου τῶν ὑπ. – τοῖς πτωχοῖς
Act 4 32 οὐδὲ εἷς τι τῶν ὑπαρχόντωνᶜ αὐτῷ
ἔλεγεν ἴδιον εἶναι
1 Co 13 3 κἂν ψωμίσω πάντα τὰ ὑπ.ᵇ μου
Hb 10 34 τὴν ἁρπαγὴν τῶν ὑπαρχόντων ὑμῶν
μετὰ χαρᾶς προσεδέξασθε

ὑπείκειν *subiacēre* Hb 13 17 τοῖς ἡγουμένοις

ὑπεναντίος ᵃ*adversarius* ᵇ*contrarius*
Col 2 14 τὸ – χειρόγραφον –, ὃ ἦν ὑ..ονᵇ ἡμῖν
Hb 10 27 „ἐσθίειν" μέλλοντος „τοὺς ὑ..ουςᵃ"

ὑπέρ
1) cum genitivo *pro* ᵇ*de* ᶜ*per* ᵈ*prop-*
ter ᵉ*super* cum abl. (vl acc.)
→ ἀποθνῄσκειν ὑπέρ (*pro*, Act 21
13 *propter*) – δέησις, δεῖσθαι (*pro*)
– ἐντυγχάνειν (*pro*) – εὐχαρι-
στεῖν, εὐχαριστία (*pro*) – καυ-
χᾶσθαι, καύχημα, καύχησις (*pro*
et *de*) – ὑπὲρ τοῦ ὀνόματος (*pro*)
– παραδιδόναι (*pro*) – προσεύ-
χεσθαι, προσευχή (*pro*) – ψυχὴν
τιθέναι ὑπέρ (*pro*)

Mar 9 40 ὃς – οὐκ ἔστιν καθ᾽ ἡμῶν, ὑπὲρ ἡμῶν
ἐστιν ‖ Luc 9 50 → Rm 8 31
14 24 „τὸ αἷμά μου" – τὸ ἐκχυννόμενον ὑ-
πὲρ πολλῶν ‖ Luc 22 20 ὑπὲρ ὑμῶν

Luc 22 19 τὸ ὑπὲρ ὑμῶν διδόμενον 1 Co 11 24
τοῦτό μού ἐστιν τὸ σῶμα τὸ ὑπ. ὑμ.
Joh 1 30 ὑπὲρ (vl περὶ) ᵇ οὗ ἐγὼ εἶπον· ὀπίσω
6 51 ἡ σάρξ μού ἐστιν ὑπὲρ τῆς τοῦ κό-
σμου ζωῆς
11 4 αὕτη ἡ ἀσθένεια – ἐστὶν – ὑπὲρ τῆς
δόξης τοῦ θεοῦ, ἵνα δοξασθῇ – 52
17 19 ὑπὲρ αὐτῶν ἐγὼ ἁγιάζω ἐμαυτὸν
Act 21 26 ὑπὲρ ἑνὸς ἑκάστου – ἡ προσφορὰ
(26 1 vl ἐπιτρέπεταί σοι ὑπ. σεαυτοῦ λέγειν)
Rm 8 31 εἰ ὁ θεὸς ὑπὲρ ἡμῶν, τίς καθ᾽ ἡμ.;
9 3 ηὐχόμην – ἀνάθεμα εἶναι – ὑπὲρ τῶν
ἀδελφῶν μου τῶν συγγενῶν μου
– 27 Ἠσαΐας – κράζει ὑπὲρ τοῦ Ἰσραήλ
15 8 διάκονον γεγενῆσθαι περιτομῆς ὑ-
πὲρ ᵈ ἀληθείας θεοῦ 9 τὰ δὲ ἔθνη
ὑπὲρ ᵉ ἐλέους δοξάσαι τὸν θεὸν
16 4 ὑπὲρ τῆς ψυχῆς μου τὸν ἑαυτῶν
τράχηλον ὑπέθηκαν
1 Co 1 13 μὴ Παῦλος ἐσταυρώθη ὑπὲρ ὑμῶν –;
4 6 ἵνα μὴ εἷς ὑπὲρ τοῦ ἑνὸς φυσιοῦσθε
κατὰ τοῦ ἑτέρου (vg inverso ordine:
adversus alterum – pro alio)
12 25 ἵνα – τὸ αὐτὸ ὑπὲρ ἀλλήλων μερι-
μνῶσιν τὰ μέλη
15 29 οἱ βαπτιζόμενοι ὑπὲρ τῶν νεκρῶν; –
τί καὶ βαπτίζονται ὑπὲρ αὐτῶν;
2 Co 1 6 εἴτε – θλιβόμεθα, ὑπὲρ τῆς ὑμῶν πα-
ρακλήσεως 7 ἡ ἐλπὶς ἡμῶν βεβαία
ὑπὲρ ὑμῶν 8 οὐ – θέλομεν ὑμᾶς ἀ-
γνοεῖν ὑπὲρ (vl περὶ) ᵇ τῆς θλίψεως
5 20 ὑπὲρ Χοῦ – πρεσβεύομεν· δεόμεθα
ὑπὲρ Χοῦ Eph 6 20 ὑπὲρ οὗ (sc τοῦ
εὐαγγελίου) πρεσβεύω ἐν ἁλύσει
– 21 ὑπὲρ ἡμῶν ἁμαρτίαν ἐποίησεν Gal
3 13 γενόμενος ὑπὲρ ἡμῶν κατάρα
7 7 τὸν ὑμῶν ζῆλον ὑπὲρ ἐμοῦ 12 8 16
8 23 εἴτε ὑπὲρ Τίτου 12 8 ὑπὲρ ᵈ τούτου
12 10 διὸ εὐδοκῶ ἐν – στενοχωρίαις ὑπὲρ
Χοῦ cfr Phl 1 29 ὑμῖν ἐχαρίσθη τὸ
ὑπὲρ Χοῦ – καὶ – πάσχειν
– 15 ἐγὼ – ἥδιστα δαπανήσω καὶ ἐκδαπα-
νηθήσομαι ὑπὲρ τῶν ψυχῶν ὑμῶν
– 19 πάντα – ὑπὲρ ᵈ τῆς ὑμῶν οἰκοδομῆς
13 8 οὐ – δυνάμεθά τι κατὰ τῆς ἀληθείας,
ἀλλὰ ὑπὲρ τῆς ἀληθείας
Gal 1 4 τοῦ δόντος ἑαυτὸν ὑπὲρ τῶν ἁμαρ-
τιῶν ἡμῶν → 1 Ti 2 6 Tit 2 14
Eph 3 1 ὁ δέσμιος τ. Χοῦ [Ἰησ.] ὑπὲρ ὑμῶν τ.
ἐθνῶν 13 ἐν ταῖς θλίψεσίν μου ὑπὲρ
ὑμῶν – 6 19 Col 1 24 χαίρω ἐν τ. παθή-
μασιν ὑπὲρ ὑμῶν κ. ἀνταναπληρῶ τὰ

ὑστερήματα τῶν θλίψεων τοῦ Χοῦ
– ὑπὲρ τοῦ σώματος αὐτοῦ
Phl 1 7 τοῦτο φρονεῖν ὑπὲρ πάντων ὑμῶν
2 13 ἐνεργῶν ἐν ὑμῖν – ὑπ. τῆς εὐδοκίας
4 10 ἀνεθάλετε τὸ ὑπὲρ ἐμοῦ φρονεῖν
Col 1 7 πιστὸς ὑπὲρ ὑμῶν διάκονος τοῦ Χοῦ
2 1 ἡλίκον ἀγῶνα ἔχω ὑπὲρ ὑμῶν
4 12 ἀγωνιζόμενος ὑπὲρ ὑμῶν ἐν τ. προσ-
ευχαῖς 13 πολὺν πόνον ὑπὲρ ὑμῶν
1 Th 3 2 παρακαλέσαι ὑπὲρ τῆς πίστεως ὑμ.
2 Th 1 4 ὥστε – ἡμᾶς – ἐγκαυχᾶσθαι – ὑπὲρ
τῆς ὑπομονῆς ὑμῶν καὶ πίστεως
– 5 καταξιωθῆναι ὑμᾶς τῆς βασιλείας τ.
θεοῦ, ὑπὲρ ἧς καὶ πάσχετε
2 1 ἐρωτῶμεν – ὑπέρᶜ τῆς παρουσίας τοῦ
κυρίου – καὶ ἡμῶν ἐπισυναγωγῆς
1 Ti 2 2.6 ὁ δοὺς ἑαυτὸν ἀντίλυτρον ὑπὲρ
πάντων Tit 2 14 ὃς ἔδωκεν ἑαυτὸν ὑ-
πὲρ ἡμῶν ἵνα „λυτρώσηται" ἡμᾶς
Phm 13 ἵνα ὑπὲρ σοῦ μοι διακονῇ
Hb 2 9 ὅπ. – ὑπὲρ παντὸς γεύσηται θανάτου
5 1 ἀρχιερεὺς–ὑπὲρ ἀνθρώπων καθίστα-
ται –, ἵνα προσφέρῃ – θυσίας ὑπὲρ
ἁμαρτιῶν 7 27 9 7 ἀγνοημάτων 10 12
μίαν ὑπὲρ ἁμαρτιῶν – θυσίαν
6 20 πρόδρομος ὑπ. ἡμῶν εἰσῆλθεν Ἰησ.
9 24 νῦν ἐμφανισθῆναι τῷ προσώπῳ τοῦ
θεοῦ ὑπὲρ ἡμῶν
13 17 ἀγρυπνοῦσιν ὑπὲρ τῶν ψυχῶν ὑμῶν
1 Pe 2 21 ὅτι καὶ Χὸς ἔπαθεν ὑπὲρ ὑμῶν – 3 18

2) ὑπὲρ cum accusativo
supra ᵇsupra quam ᶜsuper ᵈCompa-
rativus cum ablativo ᵉplus quam
ᶠprae ᵍpro (vl plus)

Mat 10 24 οὐκ ἔστιν μαθητὴς ὑπὲρᶜ τὸν διδά-
σκαλον οὐδὲ δοῦλος ὑπὲρᶜ τὸν κύ-
ριον αὐτοῦ ‖ Luc 6 40 ὑ.ᶜ τὸν διδάσκ.
– 37 ὁ φιλῶν πατέρα–ὑπὲρᵉ ἐμέ–ˑ καὶ
ὁ φιλῶν υἱὸν–ὑπὲρᵉ ἐμὲ οὐκ ἔστιν
Luc 16 8 φρονιμώτεροι ὑ.ᵈ τοὺς υἱ. τ. φωτός
Act 26 13 ὑπὲρ τὴν λαμπρότητα τοῦ ἡλίου
1 Co 4 6 τὸ μὴ ὑπὲρᵇ ἃ γέγραπται 2 Co 12 6
10 13 πειρασθῆναι ὑπὲρ (vlᶜ) ὃ δύνασθε
2 Co 1 8 ὑπὲρ δύναμιν ἐβαρήθημεν
2 Co 12 13 τί – ἔστιν ὃ ἡσσώθητε ὑπέρᶠ τὰς λοι-
πὰς ἐκκλησίας, εἰ μὴ ὅτι –;
Gal 1 14 ὑπὲρ πολλοὺς συνηλικιώτας
Eph 1 22 κεφαλὴν ὑπὲρ πάντα τῇ ἐκκλησίᾳ
3 20 τῷ – δυναμένῳ ὑπὲρ (vlᵒ vgᵒ) πάν-
τα ποιῆσαι ὑπερεκπερισσοῦ ὧν
Phl 2 9 τὸ ὄνομα τὸ ὑπὲρᶜ πᾶν ὄνομα

Phm 16 ὑπὲρᵍ δοῦλον, ἀδελφὸν ἀγαπητόν
21 ὅτι καὶ ὑπὲρᶜ ἃ λέγω ποιήσεις
Hb 4 12 τομώτερος ὑπὲρᵈ πᾶσαν μάχαιραν

3) ὑπὲρ pro adverbio dictum plus

2 Co 11 23 διάκονοι Χοῦ εἰσιν; – ὑπὲρ ἐγώ

ὑπεραίρεσθαι ᵃextolli ᵇextollit me
2 Co 12 7 ἵνα μὴ ὑ..ωμαιᵇ (bis), ἐδόθη μοι
2 Th 2 4 ὁ – „ὑ..όμενοςᵃ ἐπὶ πάντα – θεόν"

ὑπέρακμος Sᵒ – superadulta 1 Co 7 36

ὑπεράνω super ᵇsupra Hb 9 5
Eph 1 21 ὑπερά.ᵇ πάσης ἀρχῆς καὶ ἐξουσίας
4 10 ὁ ἀναβὰς ὑπ. πάντων τῶν οὐρανῶν

ὑπεραυξάνειν Sᵒ – supercrescere
2 Th 1 3 ὅτι ὑπεραυξάνει ἡ πίστις ὑμῶν

ὑπερβαίνειν supergredi 1 Th 4 6 τὸ μὴ ὑπ.

ὑπερβάλλων, -όντως ᵃabundans ᵇeminens
ᶜexcellens ᵈsupereminens ᵉsupra modum
2 Co 3 10 εἵνεκεν τῆς ὑπερβαλλούσηςᶜ δόξης
9 14 διὰ τὴν ὑ..ουσανᵇ χάριν τοῦ θεοῦ
11 23 ἐν πληγαῖς ὑπερβαλλόντωςᵉ
Eph 1 19 τί τὸ ὑπερβ.ᵈ μέγεθος τῆς δυνάμεως
2 7 τὸ ὑπ.ᵃ πλοῦτος τῆς χάριτος αὐτοῦ
3 19 γνῶναί τε τὴν ὑ..ουσανᵈ τῆς γνώσε-
ως ἀγάπην τοῦ Χριστοῦ

ὑπερβολή ᵃsublimitas ᵇmagnitudo – καθ' ὑ-
περβολήν ᶜsupra modum ᵈexcellentior
Rm 7 13 ἵνα γένηται καθ' ὑπερβ.ᶜ ἁμαρτωλός
1 Co 12 31 ἔτι καθ' ὑπερβ.ᵈ ὁδὸν ὑμῖν δείκνυμι
2 Co 1 8 καθ' ὑπ.ᶜ ὑπὲρ δύναμιν ἐβαρήθημεν
Gal 1 13 καθ' ὑ.ᶜ ἐδίωκον τὴν ἐκκλ.
4 7 ἵνα ἡ ὑ.ᵃ τῆς δυνάμεως ᾖ τοῦ θεοῦ
– 17 καθ' ὑ.ᶜ εἰς ὑ..ὴνᵃ αἰώνιον βάρος δό-
ξης κατεργάζεται ἡμῖν
12 7 τῇ ὑ..ῇᵇ τῶν ἀποκαλύψεων. διὸ (vl
om punctum et διό) ἵνα μὴ ὑπερ-
αίρωμαι (vg ne magnitudo revela-
tionum extollat me)

ὑπερέκεινα Sᵒ – ultra 2 Co 10 16 ὑπ. ὑμῶν

ὑπερεκπερισσοῦ, ..ῶς Sᵒ – abundantius
ᵇsuperabundanter Eph 3 20 ὑ. – δυναμέ-
νῳ – ποιῆσαι ὑπ.ᵇ ὧν αἰτούμεθα ἢ νοοῦ.
1 Th 3 10 νυκτὸς καὶ ἡμέρας ὑπ. δεόμενοι
5 13 ἡγεῖσθαι αὐτοὺς ὑπ. ἐν ἀγάπῃ

ὑπερεκτείνειν S° – superextendere 2 Co 1014

ὑπερεκχυννόμενον supereffluens Luc 638

ὑπερεντυγχάνειν S° – postulare pro
Rm 826 αὐτὸ τὸ πνεῦμα ὑ..ει (vl + ὑπὲρ ἡ-
μῶν vg) στεναγμοῖς ἀλαλήτοις

ὑπερέχειν exuperare (exs.) ὑπερέχων bemi-
nens cpraecellens dsublimior esuperior
Rm 13 1 ἐξουσίαις ὑπερεχούσαιςd ὑποτασσ.
Phl 2 3 ἀλλήλους ἡγούμενοι ὑ..ονταςe ἑαυ.
3 8 διὰ τὸ ὑ..ονb τῆς γνώσεως Χοῦ 'I.
4 7 ἡ εἰρήνη τοῦ θεοῦ ἡ ὑπερέχουσα
(quae exuperat) πάντα νοῦν
1 Pe 213 εἴτε βασιλεῖ ὡς ὑπερέχοντιc

ὑπερηφανία superbia Mar 722 ὑπ., ἄφροσ.

ὑπερήφανος superbus Luc 151 „ὑ..ους"
Rm 130 ὑ..ους, ἀλαζόνας 2 Ti 32 ὑ..οι
Jac 4 6 „ὑ..οις ἀντιτάσσεται" 1 Pe 55

οἱ ὑπερλίαν S° – amagni bsupra modum
2 Co 11 5 μηδὲν ὑστερηκέναι τῶν ὑπ.a ἀπο-
στόλων 1211 οὐδὲν – ὑστέρησα τῶν – b

ὑπερνικᾶν S° – superare Rm 837 ἐν τούτοις

ὑπέρογκα superba 2 Pe 218 Jud 16 λαλεῖ

ὑπερορᾶν despicere Act 1730 τοὺς μὲν οὖν
χρόνους τῆς ἀγνοίας ὑπεριδὼν ὁ θεός

ὑπεροχή sublimitas 1 Co 21 ἦλθον οὐ καθ'
ὑ..ὴν (in s..te vl per s..tem) λόγου
1 Ti 2 2 ὑπὲρ – πάντων τῶν ἐν ὑ..ῇ ὄντων

ὑπερπερισσεύειν S° – superabundare
Rm 520 ὑπερεπερίσσευσεν ἡ χάρις
2 Co 7 4 ὑ..ομαι τῇ χαρᾷ ἐπὶ – τῇ θλίψει

ὑπερπερισσῶς S° – eo amplius Mar 737

ὑπερπλεονάζειν S° – superabundare
1 Ti 114 ὑπερεπλεόνασεν δὲ ἡ χάρις τ. κυρίου

ὑπερυψοῦν exaltare
Phl 2 9 διὸ καὶ ὁ θεὸς αὐτὸν ὑπερύψωσεν

ὑπερφρονεῖν plus sapere Rm 123 παρ' ὃ

ὑπερῷον coenaculum Act 113 937.39 208

ὑπέχειν sustinēre Jud 7 πυρὸς αἰω. δίκην

ὑπήκοον γενέσθαι, εἶναι aobedire bobedi-
entem esse cob. fieri Act 739a
2 Co 2 9 ἵνα γνῶ –, εἰ εἰς πάντα ὑ..οί ἐστεb
Phl 2 8 γενόμενος ὑπ.c μέχρι θανάτου, θαν.

ὑπηρετεῖν ministrare badministrare
Act 1336b τῇ τοῦ θεοῦ βουλῇ 2034 2423

ὑπηρέτης minister
Mat 525 μήποτέ σε παραδῷ – ὁ κριτὴς τῷ ὑπ-
ηρέτῃ – 2658 ‖ Mar 1454.65
Luc 1 2 οἱ – ὑπηρέται γενόμενοι τοῦ λόγου
420 Act 5 22.26 13 5
Joh 732.45.46 183.12.18.22 196
1836 οἱ ὑπ. οἱ ἐμοὶ ἠγωνίζοντο [ἄν] ἵνα
Act 2616 προχειρίσασθαί σε ὑπηρέτην καὶ μάρ-
τυρα ὧν τε εἶδές [με]
1 Co 4 1 ὡς ὑ..ας Χοῦ καὶ οἰκονόμους μυστ.

ὕπνος somnus Mat 124 Luc 932 Joh 1113
Act 20 9 Rm 1311 ὥρα – ἐξ ὕπνου ἐγερθῆναι

*ὑπό cum accusativo sub
Mat 8 9 ἄνθρωπός εἰμι ὑπὸ ἐξουσίαν κτλ. ‖
Luc 78 ὑπὸ ἐξουσ. τασσόμενος κτλ.
Luc 1724 ἐκ τῆς ὑπὸ τὸν οὐρανὸν εἰς τὴν ὑπ'
οὐρανὸν λάμπει
Act 2 5 ἀπὸ παντὸς ἔθνους τῶν ὑπὸ τὸν οὐ-
ρανόν Col 123 ἐν πάσῃ κτίσει τῇ ὑ.
412 οὐδὲ – ὄνομά ἐστιν ἕτερον ὑ. τ. οὐρ.
Rm 3 9 πάντας ὑφ' ἁμαρτίαν εἶναι 714 πε-
πραμένος ὑπὸ τὴν ἁμαρτίαν Gal 322
συνέκλεισεν – πάντα ὑπὸ ἁμαρτίαν
614 οὐ γάρ ἐστε ὑπὸ νόμον ἀλλὰ ὑπὸ
χάριν 15 1 Co 920 τοῖς ὑπὸ νόμον ὡς
ὑπὸ νόμον, μὴ ὢν αὐτὸς ὑπὸ νόμον,
ἵνα τοὺς ὑπὸ νόμον κερδήσω
Gal 310 ὅσοι – ἐξ ἔργων νόμου εἰσίν, ὑπὸ
κατάραν εἰσίν
– 23 ὑπὸ νόμον ἐφρουρούμεθα 43 ὑπὸ
τὰ στοιχεῖα τοῦ κόσμου ἤμεθα δε-
δουλωμένοι 4 γενόμενον ὑπὸ νόμον
5 ἵνα τοὺς ὑπὸ νόμον ἐξαγοράσῃ 21
οἱ ὑπὸ νόμ. θέλοντες εἶναι 518 εἰ –
πνεύματι ἄγεσθε, οὐκ ἐστὲ ὑπὸ νόμ.
– 25 οὐκέτι ὑπὸ παιδαγωγόν ἐσμεν
4 2 ὑπὸ ἐπιτρόπους ἐστὶν καὶ οἰκονόμ.
1 Ti 6 1 ὅσοι εἰσὶν ὑπὸ ζυγὸν δοῦλοι
1 Pe 5 6 ταπεινώθητε – ὑπὸ τὴν – χεῖρα τ. θεοῦ

ὑποβάλλειν *summittere* Act 6 11 ἄνδρας

ὑπογραμμός *exemplum* 1 Pe 2 21

ὑπόδειγμα *exemplum* ᵇ*exemplar*
Joh 13 15 ὑπ. – ἔδωκα ὑμῖν ἵνα καθὼς ἐγώ
Hb 4 11 μὴ ἐν τῷ αὐτῷ – ὑπ. – τῆς ἀπειθείας
  8 5 ὑ..ατιᵇ καὶ σκιᾷ – τῶν ἐπουρανίων
  9 23 τὰ μὲν ὑπ.ᵇ τῶν ἐν τοῖς οὐρανοῖς
Jac 5 10 ὑπ. – τῆς κακοπαθίας – τοὺς προφήτ.
2 Pe 2 6 ὑπόδ. μελλόντων ἀσεβέ[σ]ιν τεθεικώς

ὑποδεικνύναι *ostendere* ᵇ*demonstrare*
Mat 3 7ᵇ ‖ Luc 3 7 – 6 47 12 5 Act 9 16 20 35

ὑποδεῖσθαι ᵃ*se calceare* (vl ..*iare*) ᵇ(*part
prf et aor*) *calceatus* (..*ia.*) Mar 6 9ᵇ σαν-
δάλια Act 12 8 ὑπόδησαιᵃ Eph 6 15ᵇ

ὑποδέχεσθαι ᵃ*excipere* ᵇ*suscipere*
Luc 10 38ᵃ Μάρθα 19 6ᵃ Act 17 7ᵇ Jac 2 25ᵇ

ὑπόδημα *calceamentum* (vl ..*cia.*)
Mat 3 11 ‖ Mar 1 7 Luc 3 16 1 27 Act 13 25
  10 10 μηδὲ ὑ..τα μηδὲ ῥάβδον ‖ Luc 10 4 –
  22 35 ἀπέστειλα ὑμᾶς ἄτερ – ὑ..των
Luc 15 22 ὑ..τα εἰς τοὺς πόδας – Act 7 33

ὑπόδικος Sᵒ – *subditus* Rm 3 19 τῷ θεῷ

ὑποζύγιον *subiugale* Mat 21 5 2 Pe 2 16

ὑποζωννύναι *accingere* Act 27 17 τὸ πλοῖον

ὑποκάτω *sub* ᵇ*subtus* ᶜ*scabellum ex vl*
Mat 22 44 (vl ὑποπόδιονᶜ) ‖ Mar 12 36 (itemᶜ)
  Hb 2 8 „πάντα – ὑπ. τῶν ποδῶν αὐτοῦ"
Mar 6 11 (vgᵒ) 7 28 Luc 8 16ᵇ Joh 1 50 τ. συκῆς
Ap 5 3ᵇ τῆς γῆς 13 (vg vlᵒ) 6 9ᵇ τοῦ θυ-
  σιαστηρίου
  12 1 ἡ σελήνη ὑπ. τῶν ποδῶν αὐτῆς

ὑποκρίνεσθαι *simulare* Luc 20 20

ὑπόκρισις *hypocrisis* ᵇ*simulatio* ᶜ*versutia*
Mat 23 28 ἔσωθεν δέ ἐστε μεστοὶ ὑποκρίσεως
Mar 12 15ᶜ – Luc 12 1 ζύμης, ἥτις ἐστὶν ὑ..ις
Gal 2 13 συναπήχθη αὐτῶν τῇ ὑποκρίσειᵇ
1 Ti 4 2 ἐν ὑποκρίσει ψευδολόγων
1 Pe 2 1 ἀποθέμενοι – ὑ..ειςᵇ καὶ φθόνους

ὑποκριτής *hypocrita*
Mat 6 2 ὥσπερ οἱ ὑπ. ποιοῦσιν 5 οὐκ ἔσεσθε

ὡς οἱ ὑπ. 16 ὡς οἱ ὑπ. σκυθρωποί
Mat 7 5 ὑ..ά, ἔκβαλε πρῶτον ‖ Luc 6 42
  15 7 ὑ..αί, καλῶς ἐπροφήτευσεν περὶ ὑ-
  μῶν Ἡσαΐας ‖ Mar 7 6 ὑμ. τῶν ὑ..ῶν
  22 18 τί με πειράζετε, ὑποκριταί;
  23 13 γραμματεῖς καὶ Φαρισαῖοι ὑποκρι-
  ταί (vl 14) 15.23.25.27.29
  24 51 τὸ μέρος αὐτοῦ μετὰ τῶν ὑπ. θήσει
Luc 12 56 ὑ..αί, τὸ πρόσωπον τῆς γῆς – οἴδατε
  13 15 ὑ..αί, – τῷ σαββάτῳ οὐ λύει –;

ὑπολαμβάνειν *suscipere* ᵇ*aestimare*
Luc 7 43ᵇ Act 2 15ᵇ – Luc 10 30 (vl *suspiciens*)
Act 1 9 νεφέλη ὑπέλαβεν αὐτόν
3 Jo 8 ὀφείλομεν ὑ..ειν τοὺς τοιούτους

ὑπόλειμμα *reliquiae* Rm 9 27 „σωθήσεται"

ὑπολείπεσθαι *relinqui* Rm 11 3 „ὑπελείφθην"

ὑπολήνιον *lacus* Mar 12 1 „ὤρυξεν ὑπ."

ὑπολιμπάνειν Sᵒ – *relinquere* 1 Pe 2 21 ὑπογρ.

ὑπομένειν *sustinēre* ᵇ*pati* ᶜ*perseverare*
ᵈ*remanēre* ᵉ*sufferre*
Mat 10 22 ὁ δὲ ὑπομείναςᶜ εἰς τέλος, οὗτος
  σωθήσεται 24 13ᶜ ‖ Mar 13 13
Luc 2 43ᵈ ἐν Ἱερουσαλὴμ Act 17 14ᵈ ἐκεῖ
Rm 12 12 τῇ θλίψει ὑ..οντεςᵇ, τῇ προσευχῇ
1 Co 13 7 ἡ ἀγάπη – πάντα ὑπομένει
2 Ti 2 10 πάντα ὑ..ω διὰ τοὺς ἐκλεκτούς 12
  εἰ ὑπομένομεν, καὶ συμβασιλεύσομεν
Hb 10 32 ἄθλησιν ὑπεμείνατε παθημάτων
  12 2 ὃς – ὑπέμεινεν σταυρὸν 3 τὸν τοιαύ-
  την ὑπομεμενηκότα – ἀντιλογίαν
  – 7 εἰς (vl εἰ) „παιδείαν" ὑπομένετεᶜ
Jac 1 12 „μακάριος – ὃς ὑ..ειᵉ" πειρασμόν
  5 11 „μακαρίζομεν τοὺς ὑπομείναντας"
1 Pe 2 20 ποῖον – κλέος εἰ ἁμαρτάνοντες – ὑ..
  εἶτεᵉ (vl ..ετε vg); ἀλλ᾽ εἰ ἀγαθο-
  ποιοῦντες καὶ πάσχοντες ὑ..εῖτε (vl
  ..ετε vg), τοῦτο χάρις παρὰ θεῷ

ὑπομιμνήσκειν, ..εσθαι *commonēre* ᵇ*admo-
nēre* ᶜ*suggerere* ᵈ*recordari*
Luc 22 61 ὑπεμνήσθηᵈ – τοῦ ῥήματος τοῦ κυρίου
Joh 14 26 ὑπομνήσειᶜ ὑμᾶς πάντα ἃ εἶπον
2 Ti 2 14 ταῦτα ὑ..κε Tit 3 1 ὑ..κεᵇ αὐτοὺς ἀρ-
  χαῖς – ὑποτάσσεσθαι – 2 Pe 1 12
3 Jo 10 ὑπομνήσω αὐτοῦ τὰ ἔργα
Jud 5 ὑπομνῆσαι δὲ ὑμᾶς βούλομαι

ὑπόμνησις commonitio ᵇrecordatio
2 Ti 1 5 ὑπόμνησιν ᵇ λαβὼν (vl λαμβάνων vg)
τῆς ἐν σοὶ ἀνυποκρίτου πίστεως
2 Pe 1 13 διεγείρειν ὑμᾶς ἐν ὑπομνήσει 31

ὑπομονή patientia ᵇsufferentia ᶜsustinentia
ᵈtolerantia
Luc 8 15 καὶ καρποφοροῦσιν ἐν ὑπομονῇ
21 19 ἐν τῇ ὑπ. ὑμῶν κτήσασθε τὰς ψυχάς
Rm 2 7 τοῖς μὲν καθ' ὑπομονὴν ἔργου ἀγα-
θοῦ δόξαν καὶ τιμὴν – ζητοῦσιν
5 3 ἡ θλῖψις ὑπομονὴν κατεργάζεται, 4 ἡ
δὲ ὑπομονὴ δοκιμήν
8 25 δι' ὑπομονῆς ἀπεκδεχόμεθα (sc δ οὐ
βλέπομεν) 15 4 ἐγράφη, ἵνα διὰ τῆς
ὑπομονῆς – τὴν ἐλπίδα ἔχωμεν
15 5 ὁ δὲ θεὸς τῆς ὑπ. καὶ τῆς παρακλ.
2 Co 1 6 ἐν ὑπομονῇ ᵈ τῶν αὐτῶν παθημάτων
6 4 θεοῦ διάκονοι, ἐν ὑπομονῇ πολλῇ
12 12 τὰ – σημεῖα τοῦ ἀποστόλου κατειρ-
γάσθη ἐν ὑμῖν ἐν πάσῃ ὑπομονῇ
Col 1 11 εἰς πᾶσαν ὑ. ἡν καὶ μακροθυμίαν
1 Th 1 3 τῆς ὑ. ῆς ᶜ τῆς ἐλπίδος τοῦ κυρίου
2 Th 1 4 ἡμᾶς – ἐγκαυχᾶσθαι – ὑπὲρ τῆς ὑπ.
ὑμῶν καὶ πίστεως ἐν – τοῖς διωγμοῖς
3 5 καὶ εἰς τὴν ὑπομονὴν τοῦ Χοῦ
1 Ti 6 11 δίωκε – ὑπομονήν, πραϋπαθίαν
2 Ti 3 10 παρηκολούθησάς μου – τῇ ὑπομονῇ
Tit 2 2 ὑγιαίνοντας – τῇ ἀγάπῃ, τῇ ὑπομονῇ
Hb 10 36 ὑ. ῆς – ἔχετε χρείαν ἵνα – κομίσησθε
τὴν ἐπαγγελίαν 12 1 δι' ὑ. ῆς τρέχω-
μεν τὸν προκείμενον – ἀγῶνα
Jac 1 3 τὸ δοκίμιον – τῆς πίστεως κατεργά-
ζεται ὑ. ήν 4 ἡ δὲ ὑπ. ἔργον τέλειον
ἐχέτω 5 11 τὴν ὑπ.ᵇ Ἰὼβ ἠκούσατε
2 Pe 1 6 ἐπιχορηγήσατε –, ἐν δὲ τῇ ἐγκρατείᾳ
τὴν ὑπ., ἐν δὲ τῇ ὑπ. τὴν εὐσέβειαν
Ap 1 9 συγκοινωνὸς ἐν τῇ – ὑπομ. ἐν Ἰησοῦ
2 2 οἶδα – τὸν κόπον καὶ τὴν ὑπ. σου 3.
19 τὴν διακονίαν καὶ τὴν ὑπ. σου
3 10 ἐτήρησας τὸν λόγον τῆς ὑπ. μου
13 10 ὧδέ ἐστιν ἡ ὑπ. καὶ ἡ πίστις τῶν ἁ-
γίων 14 12 ὧδε ἡ ὑπ. τῶν ἁγ. ἐστίν

ὑπονοεῖν suspicari ᵇarbitrari
Act 13 25 ᵇ 25 18 ὧν – ὑπενόουν πονηρῶν 27 27

ὑπόνοια suspicio 1 Ti 6 4 ὑ. αι πονηραί

ὑποπλεῖν Sº – ᵃsubnavigare ᵇadnavigare
Act 27 4 ᵃ τὴν Κύπρον 7 ᵇ τὴν Κρήτην

ὑποπνεῖν Sº – aspirare Act 27 13

ὑποπόδιον scabellum (vl ..bill.)
Mat 5 35 μήτε ἐν „τῇ γῇ“, ὅτι „ὑπ. ἐστιν τῶν
ποδῶν αὐτοῦ“ cfr Act 7 49 „μου“
Luc 20 43 „ἕως ἂν θῶ τοὺς ἐχθρούς σου ὑπ.
τῶν ποδῶν σου“ Act 2 35 Hb 1 13 10 13
Jac 2 3 στῆθι ἐκεῖ ἢ κάθου ὑπὸ τὸ ὑπ. μου

ὑπόστασις substantia
2 Co 9 4 μή πως – καταισχυνθῶμεν – ἐν τῇ ὑπ.
ταύτῃ 11 17 τῆς καυχήσεως
Hb 1 3 ὃς ὢν – χαρακτὴρ τῆς ὑπ. αὐτοῦ
3 14 ἐάνπερ τὴν ἀρχὴν τῆς ὑπ. (vl + αὐ-
τοῦ vg) μέχρι τέλους – κατάσχωμεν
11 1 ἔστιν – πίστις ἐλπιζομένων ὑπόστασις

ὑποστέλλειν, ..εσθαι ᵃsubtrahere ᵇsubtra-
here se ᶜsubterfugere
Act 20 20 οὐδὲν ὑπεστειλάμην ᵃ τῶν συμφερόν-
των τοῦ μὴ ἀναγγεῖλαι ὑμῖν 27 ᶜ
Gal 2 12 ὑπέστελλεν ᵃ καὶ ἀφώριζεν ἑαυτόν
Hb 10 38 „ἐὰν ὑποστείληται ᵇ, οὐκ εὐδοκεῖ ἡ
ψυχή μου ἐν αὐτῷ“

ὑποστολή Sº – subtractio Hb 10 39 ἡμεῖς δὲ
οὐκ ἐσμὲν „ὑποστολῆς“ εἰς ἀπώλειαν

*ὑποστρέφειν Sº – ᵃconverti ᵇregredi
ᶜreverti Gal 1 17 ᶜ Hb 7 1 ᵇ 2 Pe 2 21 ἤ –
ὑποστρέψαι ᵃ ἐκ τῆς – ἁγίας ἐντολῆς

ὑποστρωννύειν substernere Luc 19 36 ἱμάτ.

ὑποταγή subiectio ᵇobedientia ᶜ(ἐν ὑ. ῇ) sub-
ditus
2 Co 9 13 δοξάζοντες τὸν θεὸν ἐπὶ τῇ ὑ. ῇ ᵇ
τῆς ὁμολογίας ὑμῶν εἰς τὸ εὐαγγ.
Gal 2 5 οὐδὲ πρὸς ὥραν εἴξαμεν τῇ ὑ. ῇ
1 Ti 2 11 γυνὴ – μανθανέτω ἐν πάσῃ ὑ. ῇ
3 4 ἐπίσκοπον –, τέκνα ἔχοντα ἐν ὑ. ῇ ᶜ

ὑποτάσσειν, ..εσθαι subiicere ᵇsubiici ᶜsub-
iectum esse ᵈsubiectus ᵉsubditum
esse ᶠsubditus ᵍobtemperare
Luc 2 51 ἦν ὑποτασσόμενος ᶠ αὐτοῖς
10 17 καὶ τὰ δαιμόνια ὑ. εται ᵇ ἡμῖν 20 μὴ
χαίρετε ὅτι τὰ πνεύματα – ὑ. εται ᵇ
Rm 8 7 τῷ – νόμῳ τοῦ θεοῦ οὐχ ὑ. εται ᶜ
(vl ᵇ), οὐδὲ γὰρ δύναται (sc ἡ σάρξ)
– 20 τῇ – ματαιότητι ἡ κτίσις ὑπετάγη ᶜ, –
διὰ τὸν ὑποτάξαντα, ἐφ' ἐλπίδι
10 3 τῇ δικαιοσ. τοῦ θ. οὐχ ὑπετάγησαν ᶜ
13 1 πᾶσα ψυχὴ ἐξουσίαις ὑπερεχούσαις

ὑποτασσέσθω ^e 5 ἀνάγκη ὑ..εσθαι ^e, –
διὰ τὴν συνείδησιν → Tit 31 1 Pe 213
1 Co 1432 πνεύματα προφητῶν προφήταις ὑ-
ποτάσσεται ^c
– 34 ἀλλὰ ὑ..εσθωσαν ^e (sc αἱ γυναῖκες)
1527 „πάντα – ὑπέταξεν ὑπὸ τοὺς πόδας
αὐτοῦ" (Eph 122) – πάντα ὑποτέτακ-
ται ^c, δῆλον ὅτι ἐκτὸς τοῦ ὑποτάξαν-
τος 28 ὅταν δὲ ὑποταγῇ ^c αὐτῷ τὰ
πάντα, – [καὶ] αὐτὸς ὁ υἱὸς ὑποταγή-
σεται ^c τῷ ὑποτάξαντι αὐτῷ τὰ πάν-
τα → Hb 28
1616 ἵνα – ὑ..ησθε ^e τοῖς τοιούτοις καὶ παν-
τὶ τῷ συνεργοῦντι καὶ κοπιῶντι
Eph 521 ὑ..όμενοι ^d ἀλλήλοις ἐν φόβῳ Χοῦ
(vl 22 ^e) 24 ὡς ἡ ἐκκλησία ὑποτάσ-
σεται ^c τῷ Χῷ, – καὶ αἱ γυναῖκες τοῖς
Phl 321 τοῦ δύνασθαι αὐτὸν καὶ ὑποτάξαι
αὐτῷ (vl ἑαυτῷ vg) τὰ πάντα
Col 318 αἱ γυναῖκες, ὑ..εσθε ^e τοῖς ἀνδράσιν
Tit 25 ^f ἰδίοις ἀνδράσιν 1 Pe 31 ^f 5 ^d
Tit 2 9 δούλους ἰδίοις δεσπόταις ὑ..εσθαι ^e
ἐν πᾶσιν 1 Pe 218 ^e ἐν παντὶ φόβῳ
3 1 ὑπομίμνησκε αὐτοὺς ἀρχαῖς (vl +
καὶ vg) ἐξουσίαις ὑ..εσθαι ^e 1 Pe 213
ὑποτάγητε ^c πάσῃ ἀνθρωπίνῃ κτίσει
Hb 2 5 οὐ γὰρ ἀγγέλοις ὑπέταξεν τὴν οἰ-
κουμένην τὴν μέλλουσαν 8 „πάντα
ὑπέταξας ὑποκάτω τῶν ποδῶν αὐ-
τοῦ". ἐν τῷ – „ὑποτάξαι" – τὰ „πάν-
τα" οὐδὲν ἀφῆκεν – ἀνυπότακτον.
νῦν δὲ οὔπω ὁρῶμεν αὐτῷ τὰ „πάν-
τα ὑποτεταγμένα ^d"
12 9 οὐ πολὺ – μᾶλλον ὑποταγησόμεθα ^g
τῷ πατρὶ τῶν πνευμάτων – ;
Jac 4 7 ὑποτάγητε ^e οὖν τῷ θεῷ· ἀντίστητε
1 Pe 213.18 31.5 → Col Tit – 322 ὑποταγέν-
των ^d αὐτῷ ἀγγέλων καὶ ἐξουσιῶν
5 5 νεώτεροι, ὑποτάγητε ^e πρεσβυτέροις

ὑποτιθέναι, ..εσθαι ^asupponere ^bproponere
Rm 16 4 τὸν ἑαυτῶν τράχηλον ὑπέθηκαν ^a
1 Ti 4 6 ταῦτα ὑποτιθέμενος ^b τοῖς ἀδελφοῖς

ὑποτρέχειν S ^o – decurrere Act 2716 νησίον

ὑποτύπωσις S ^o – ^ainformatio ^bforma
1 Ti 116 πρὸς ὑ..ιν ^a τῶν μελλόντ. πιστεύειν
2 Ti 113 ὑ..ιν ^b ἔχε ὑγιαινόντων λόγων

ὑποφέρειν sustinēre 1 Co 1013 ποιήσει – καὶ
τὴν ἔκβασιν τοῦ δύνασθαι ὑπενεγκεῖν

2 Ti 311 οἵους διωγμοὺς ὑπήνεγκα
1 Pe 219 εἰ – ὑ..ει τις λύπας πάσχων ἀδίκως

ὑποχωρεῖν secedere Luc 516 910 κατ' ἰδίαν

ὑπωπιάζειν S ^o – ^asugillare ^bcastigare
Luc 18 5 μὴ εἰς τέλος ἐρχομένη ὑ..ῃ ^a με
1 Co 927 ἀλλὰ ὑπωπιάζω μου τὸ σῶμα καὶ
δουλαγωγῶ

ὗς sus 2 Pe 222 λουσαμένη εἰς κυλισμόν

ὕσσωπος hyssopus (vl hyso.) Jh 1929 Hb 919

ὑστερεῖν, ..εῖσθαι deesse (deest, deerat ali-
cui) ^bdeficere ^cegēre ^dminus esse a
^eminus facere a ^fpenuriam pati
Mat 1920 τί ἔτι ὑστερῶ; ‖ Mar 1021 ἕν σε ὑ-
στερεῖ · – ὅσα ἔχεις πώλησον
Luc 1514 ἤρξατο ὑ..εῖσθαι ^c – 2235 μή τινος ὑ..
ἤσατε; – Joh 23 ὑ..ήσαντος ^b οἴνου
Rm 323 ὑστεροῦνται ^c τῆς δόξης τοῦ θεοῦ
1 Co 1 7 μὴ ὑστερεῖσθαι ἐν μηδενὶ χαρίσματι
8 8 οὔτε ἐὰν μὴ φάγωμεν ὑ..ούμεθα ^b
1224 τῷ ὑ..ουμένῳ (cui deerat, – sc μέ-
λει) περισσοτέραν δοὺς τιμήν
2 Co 11 5 μηδὲν ὑστερηκέναι ^e τῶν ὑπερλίαν
ἀποστόλων 1211 οὐδὲν – ὑ..ησα ^d
– 9 ὑστερηθεὶς ^c οὐ κατενάρκησα οὐθε-
νός· τὸ γὰρ ὑστέρημά μου (quod
mihi deerat) προσανεπλήρωσαν οἱ
– ἀπὸ Μακεδονίας
Phl 412 καὶ περισσεύειν καὶ ὑστερεῖσθαι ^f
Hb 1 μήποτε – δοκῇ τις – ὑστερηκέναι
1137 ὑστερούμενοι ^c, θλιβόμενοι
1215 ἐπισκοποῦντες μή τις ὑ..ῶν ἀπὸ τῆς
χάριτος (desit gratiae) τοῦ θεοῦ

ὑστέρημα quod alicui deest ^binopia
Luc 21 4 ἐκ τοῦ ὑστ. αὐτῆς – τὸν βίον – ἔβαλεν
1 Co 1617 τὸ ὑμέτερον ὑστ. – ἀνεπλήρωσαν
2 Co 814 τὸ ὑμῶν περίσσευμα εἰς τὸ ἐκείνων
ὑστ. ^b (illorum inopiam suppleat),
ἵνα καὶ τὸ ἐκείνων περ. γένηται εἰς
τὸ ὑμῶν ὑστ. ^b (vestrae inopiae sit
supplementum) 912 ἡ διακονία –
προσαναπληροῦσα τὰ ὑστερήματα
τῶν ἁγίων 119 → ὑστερεῖν
Phl 230 ἵνα ἀναπληρώσῃ τὸ ὑμῶν (ex vobis)
ὑστέρημα τῆς πρός με λειτουργίας
Col 124 ἀνταναπληρῶ τὰ ὑστερήματα τῶν
θλίψεων τοῦ Χοῦ ἐν τῇ σαρκί μου

1 Th 3 10 εἰς τὸ – καταρτίσαι τὰ ὑστερήματα
τῆς πίστεως ὑμῶν

ὑστέρησις S° – penuria Mar 12 44 Phl 4 11

ὕστερον adv. novissime ᵇpostea
Mat 4 2ᵇ 21 37 22 27 (Luc 20 32) 26 60
21 29 ὕστ.ᵇ – μεταμεληθεὶς ἀπῆλθεν 32ᵇ
25 11 ὕστ. δὲ ἔρχονται καὶ αἱ λοιπαὶ παρθ.
‖[Mar16 14]‖ – Joh 13 36 ἀκολουθήσεις δὲ ὕστ.ᵇ
Hb 12 11 ὕστερονᵇ δὲ καρπὸν εἰρηνικὸν – ἀπο-
δίδωσιν δικαιοσύνης

ὕστερος novissimus Mat 21 31 (vgº)
1 Ti 4 1 ἐν ὑστέροις καιροῖς ἀποστήσονται

(ὑφαίνειν Luc 12 27 vl τὰ κρίνα – οὔτε νήθει
οὔτε ὑφαίνει)

ὑφαντός contextus Joh 19 23 δι᾽ ὅλου

ὑψηλός excelsus ᵇaltus
Mat 4 8 εἰς ὄρος ὑ..ὸν λίαν 17 1 κατ᾽ ἰδίαν ‖
Mar 9 2 – Ap 21 10ᵇ ὄρος 12ᵇ τεῖχος
Luc 16 15 τὸ ἐν ἀνθρώποις ὑ..ὸνᵇ βδέλυγμα
Act 13 17 „μετὰ βραχίονος ὑψηλοῦ“
Rm 11 20 μὴ ὑψηλὰᵇ φρόνει 12 16 μὴ τὰ ὑψ.ᵇ
Hb 1 3 ἐν δεξιᾷ τῆς μεγαλωσύνης ἐν ὑ..οῖς
7 26 ὑ..ότερος τῶν οὐρανῶν γενόμενος

ὑψηλοφρονεῖν S° – sublime sapere
1 Ti 6 17 τοῖς πλουσίοις – παράγγελλε μὴ ὑψ.

ὕψιστος altissimus ᵇexcelsus ᶜsummus
Mat 21 9 ὡσαννὰ ἐν τοῖς ὑψ. ‖ Mar 11 10ᵇ Luc
19 38 δόξα ἐν ὑψίστοιςᵇ 2 14 θεῷ
Mar 5 7 υἱὲ τοῦ θεοῦ τοῦ ὑψ. (vlᶜ) ‖ Luc 8 28

Luc 1 32 υἱὸς ὑ..ου κληθήσεται 35 δύναμις ὑ..
ου ἐπισκιάσει σοι 76 προφήτης ὑ..ου
κληθήσῃ 6 35 ἔσεσθε υἱοὶ ὑψίστου
Act 7 48 οὐχ ὁ ὕψ.ᵇ ἐν χειροποιήτοις κατοι.
16 17 δοῦλοι τοῦ θεοῦ τοῦ ὑψίστουᵇ εἰσίν
Hb 7 1 „ἱερεὺς τοῦ θεοῦ τοῦ ὑψίστουᶜ“

ὕψος altum ᵇaltitudo ᶜexaltatio ᵈsublimitas
Luc 1 78 ἐπισκέψεται ἡμᾶς ἀνατολὴ ἐξ ὕψους
24 49 ἕως οὗ ἐνδύσησθε ἐξ ὕψους δύναμιν
Eph 3 18 τί τὸ – ὕψοςᵈ καὶ βάθος
4 8 „ἀναβὰς εἰς ὕψος ἠχμαλώτευσεν“
Jac 1 9 καυχάσθω – ὁ ἀδελφὸς ὁ ταπεινὸς
ἐν τῷ ὕψειᶜ αὐτοῦ, ὁ δὲ πλούσιος
Ap 21 16 καὶ τὸ ὕψοςᵇ αὐτῆς (sc τῆς πόλεως)

ὑψοῦν exaltare Mat 23 12 Luc 14 11 18 14
2 Co 11 7 Jac 4 10 1 Pe 5 6 → ταπεινοῦν
Mat 11 23 μὴ „ἕως οὐρανοῦ ὑψωθήσῃ;“ (vl ἢ
– ὑψώθης, et ἡ – ὑ..εῖσα) ‖ Luc 10 15
Luc 1 52 καὶ „ὕψωσεν ταπεινούς“
Joh 3 14 καθὼς Μωϋσῆς ὕψωσεν τὸν ὄφιν –,
οὕτως ὑψωθῆναι δεῖ τὸν υἱὸν τοῦ ἀν-
θρώπου – 12 34 πῶς λέγεις – ὅτι –;
8 28 ὅταν ὑψώσητε τὸν υἱὸν τοῦ ἀνθρ.
12 32 κἀγὼ ἐὰν ὑψωθῶ ἐκ τῆς γῆς
Act 2 33 τῇ δεξιᾷ οὖν τοῦ θεοῦ ὑψωθείς
5 31 τοῦτον ὁ θ. ἀρχηγὸν καὶ σωτῆρα ὕ-
ψωσεν τῇ δεξιᾷ αὐτοῦ
13 17 τὸν λαὸν ὕψωσεν – ἐν γῇ Αἰγύπτου

ὕψωμα altitudo
Rm 8 39 οὔτε ὕψωμα οὔτε βάθος – δυνήσεται
ἡμᾶς χωρίσαι ἀπὸ τῆς ἀγάπης τοῦ θ.
2 Co 10 5 καθαιροῦντες – πᾶν ὕψωμα ἐπαιρό-
μενον κατὰ τῆς γνώσεως τοῦ θεοῦ

Φ

φαγεῖν manducare ᵇedere ᶜcomedere ᵈde-
vorare → ἐσθίειν, τρώγειν
Mat 6 25 μὴ μεριμνᾶτε – τί φάγητε 31 τί φά-
γωμεν; ‖ Luc 12 22 τί φάγητε 29
12 4 „τοὺς ἄρτους τ. προθέσεως“ ἔφαγον
(vl ἔφαγεν vg)ᶜ, ὃ οὐκ ἐξὸν ἦν αὐτῷ
φαγεῖνᵇ ‖ Mar 2 26 ἔφαγεν Luc 6 4
14 16 δότε αὐτοῖς ὑμεῖς φαγεῖν 20 ἔφαγον
πάντες ‖ Mar 6 31 οὐδὲ φ. εὐκαίρουν
36 ἵνα – ἀγοράσωσιν – τί φάγωσιν 37
δότε κτλ. – ἀγοράσωμεν –, καὶ δώ-

σομεν αὐτοῖς φ. 42 ἔφαγον πάντες
44 ἦσαν οἱ φαγόντες Luc 9 13.17 Joh
6 5.23.26 ζητεῖτέ με – ὅτι ἐφάγετε ἐκ
τῶν ἄρτων καὶ ἐχορτάσθητε
Mat 15 20 τὸ δὲ ἀνίπτοις χερσὶν φ. οὐ κοινοῖ
– 32 οὐκ ἔχουσιν τί φάγωσιν 37 ἔφαγον
πάντες ‖ Mar 8 1.2.8
25 35 καὶ ἐδώκατέ μοι φ. 42 οὐκ ἐδώκατε
26 17 φαγεῖν τὸ πάσχα ‖ Mar 14 12.14 Luc
22 8.11.15 τοῦτο τὸ πάσχα φ. μεθ᾽ ὑ-
μῶν 16 ὅτι οὐ μὴ φάγω αὐτό

Mat 26 26 λάβετε φάγετε· τοῦτό ἐστιν τὸ σῶ.
Mar 3 20 ὥστε μὴ δύνασθαι – ἄρτον φαγεῖν
5 43 εἶπεν δοθῆναι αὐτῇ φαγ. || Luc 8 55
11 14 μηκέτι – ἐκ σοῦ μηδεὶς καρπὸν φάγοι
Luc 4 2 οὐκ ἔφαγεν οὐδὲν ἐν ταῖς ἡμέραις
7 36 ἠρώτα – τις αὐτὸν – ἵνα φάγῃ μετ'
αὐτοῦ 14 1 σαββάτῳ φαγεῖν ἄρτον
15 μακάριος ὅστις φάγεται ἄρτον ἐν
τῇ βασιλείᾳ τοῦ θεοῦ
12 19 ἀναπαύου, φάγε^c, πίε, εὐφραίνου
13 26 ἐφάγομεν ἐνώπιόν σου καὶ ἐπίομεν
15 23 καὶ φαγόντες εὐφρανθῶμεν
17 8 διακόνει μοι ἕως φάγω καὶ πίω, –
μετὰ ταῦτα φάγεσαι καὶ πίεσαι σύ
24 43 λαβὼν ἐνώπιον αὐτῶν ἔφαγεν
Joh 4 31 ῥαββί, φάγε 32 ἐγὼ βρῶσιν ἔχω φα-
γεῖν ἣν ὑμεῖς οὐκ οἴδατε 33 μή τις
ἤνεγκεν αὐτῷ φαγεῖν;
6 31 οἱ πατέρες – τὸ μάννα ἔφαγον κτλ.
49 ἔφαγον – τὸ μ. καὶ ἀπέθανον 50
ἵνα τις ἐξ αὐτοῦ φάγῃ καὶ μὴ ἀπο-
θάνῃ 51 ἐάν τις φάγῃ –, ζήσει εἰς
τὸν αἰῶνα· – ἡ σάρξ μού ἐστιν 58
– 52 πῶς δύναται – δοῦναι τὴν σάρκα – φα-
γεῖν; 53 ἐὰν μὴ φάγητε τὴν σάρκα
τοῦ υἱοῦ τοῦ ἀνθρώπου
18 28 ἵνα μὴ – ἀλλὰ φάγωσιν τὸ πάσχα
Act 9 9 καὶ οὐκ ἔφαγεν οὐδὲ ἔπιεν
10 13 Πέτρε, θῦσον καὶ φάγε 14 οὐδέποτε
ἔφαγον πᾶν κοινόν 11 7
23 12 μήτε φ. μήτε πιεῖν ἕως οὗ ἀποκτεί-
νωσιν τὸν Παῦλον 21 ἀνέλωσιν αὐτόν
Rm 14 2 ὃς μὲν πιστεύει φαγεῖν πάντα
– 21 καλὸν τὸ μὴ φ. κρέα 23 ὁ δὲ διακρι-
νόμενος ἐὰν φάγῃ κατακέκριται
1 Co 8 8 οὔτε ἐὰν μὴ φάγωμεν ὑστερούμεθα,
οὔτε ἐὰν φάγωμεν περισσεύομεν
– 13 εἰ βρῶμα σκανδαλίζει τὸν ἀδελφόν
μου, οὐ μὴ φάγω κρέα εἰς τὸν αἰῶ.
9 4 μὴ οὐκ ἔχομεν ἐξουσίαν φαγεῖν –;
10 3 πνευματικὸν βρῶμα ἔφαγον
– 7 „ἐκάθισεν ὁ λαὸς φαγεῖν καὶ πεῖν“
11 20 οὐκ ἔστιν κυριακὸν δεῖπνον φαγεῖν
– 21 τὸ ἴδιον – προλαμβάνει ἐν τῷ φαγ.
– 33 συνερχόμενοι εἰς τὸ φαγεῖν
15 32 „φάγωμεν καὶ πίωμεν, αὔριον“
2 Th 3 8 οὐδὲ δωρεὰν ἄρτον ἐφάγομεν
Hb 13 10 ἔχομεν θυσιαστήριον ἐξ οὗ φαγεῖν^b
οὐκ ἔχουσιν ἐξουσίαν
Jac 5 3 ὁ ἰὸς – φάγεται τὰς σάρκας ὑμῶν
Ap 2 7 „φαγεῖν^b ἐκ τοῦ ξύλου τῆς ζωῆς“
– 14 „φαγεῖν^b εἰδωλόθυτα“ (vg^o) 20

Ap 10 10 ὅτε ἔφαγον^d αὐτό, ἐπικράνθη
17 16 καὶ τὰς σάρκας αὐτῆς φάγονται
19 18 ἵνα „φάγητε“ σάρκας „βασιλέων“

φάγος S° – ^a vorax ^b devorator Mat 11 19 ἄν-
θρωπος φάγ.^a καὶ οἰνοπότης || Luc 7 34^b

φαιλόνης S° – penula (vl pae.) 2 Ti 4 13

I φαίνειν, semel φαίνεσθαι, lucēre
Joh 1 5 τὸ φῶς ἐν τῇ σκοτίᾳ φαίνει
5 35 ἦν ὁ λύχνος ὁ καιόμενος καὶ φαίνων
Phl 2 15 ἐν οἷς φαίνεσθε ὡς φωστῆρες ἐν
2 Pe 1 19 ὡς λύχνῳ φαίνοντι ἐν αὐχμηρῷ
1 Jo 2 8 τὸ φῶς τὸ ἀληθινὸν ἤδη φαίνει
Ap 1 16 ὡς ὁ ἥλιος φαίνει ἐν τῇ δυνάμει
8 12 ἵνα – ἡ ἡμέρα μὴ φάνῃ τὸ τρίτον
18 23 φῶς λύχνου οὐ μὴ φάνῃ ἐν σοὶ ἔτι
21 23 ἵνα „φαίνωσιν“ (vl + ἐν vg) αὐτῇ

II φαίνεσθαι, φανῆναι apparēre ^b parēre
^c vidēri ^d (τὰ μὴ φαινόμενα) invisibilia
Mat 1 20 κατ' ὄναρ ἐφάνη 2 13 φαίνεται 19
2 7 χρόνον τοῦ φαινομένου ἀστέρος
6 5 ὅπως (vl + ἂν) φανῶσιν^c τοῖς ἀν-
θρώποις 16^a (vl^b) 18 ὅπως μὴ φανῇς^c
9 33 οὐδέποτε ἐφάνη οὕτως ἐν τῷ Ἰσρ.
13 26 τότε ἐφάνη καὶ τὰ ζιζάνια
23 27 ἔξωθεν μὲν φαίνονται^b ὡραῖοι 28 ἔξ.
– φαίνεσθε^b τοῖς ἀνθρώποις δίκαιοι
24 27 ἀστραπὴ – φαίνεται^b ἕως δυσμῶν
– 30 φανήσεται^b τὸ σημεῖον τοῦ υἱ. τ. ἀν.
Mar 14 64 τί ὑμῖν φαίνεται^c; οἱ δὲ πάντες
[[16 9 ἐφάνη πρῶτον Μαρίᾳ τῇ Μαγδα.]]
Luc 9 8 διὰ τὸ λέγεσθαι – ὅτι Ἠλίας φανῆναι
24 11 ἐφάνησαν^c – ὡσεὶ λῆρος τὰ ῥήματα
Rm 7 13 ἡ ἁμαρτία, ἵνα φανῇ ἁμαρτία
2 Co 13 7 οὐχ ἵνα ἡμεῖς δόκιμοι φανῶμεν^a (vl^b)
Hb 11 3 εἰς τὸ μὴ ἐκ φαινομένων^d τὸ βλε-
πόμενον γεγονέναι
Jac 4 14 ἀτμὶς – πρὸς ὀλίγον φαινομένη^b
1 Pe 4 18 „ὁ ἀσεβὴς – ποῦ φανεῖται^b;“

Φάλεκ (vl Φάλεγ vg) Luc 3 35

*φάναι, praes φημί dicere ^b (φασίν) aiunt
^c (φησίν) inquit ^d (φασίν) inquiunt
Rm 3 8 μὴ – καθὼς φασίν^b τινες ἡμᾶς λέ-
γειν 2 Co 10 10 αἱ ἐπιστολαὶ μέν, φη-
σίν (vl φασίν^d), βαρεῖαι καὶ ἰσχυραί
1 Co 7 29 τοῦτο δέ φημι, –, ὁ καιρὸς συνεσταλ-
μένος ἐστίν 15 50 ὅτι σὰρξ καὶ αἷμα

17

βασιλείαν θεοῦ κληρον. οὐ δύανται
1 Co 1015 κρίνατε ὑμεῖς ὅ φημι 19 τί οὖν φημι;
ὅτι εἰδωλόθυτόν τί ἐστιν;
Hb 8 5 „ὅρα" γάρ φησιν°, „ποιήσεις πάντα"

φανερός *manifestus* ᵇ*manifestare, ..ri* °(ἔρ-
χεσϑαι εἰς φ..όν) *in palam venire*
Mat 1216 ἵνα μὴ φανερὸν αὐτὸν ποιήσωσιν ‖
Mar 312ᵇ – 614 φανερὸν γὰρ ἐγέ-
νετο τὸ ὄνομα αὐτοῦ (sc Ἰησοῦ)
Mar 422 οὐδὲ ἐγένετο ἀπόκρυφον, ἀλλ' ἵνα
ἔλθῃ εἰς φανερόν° ‖ Luc 817 οὐ γάρ
ἐστιν κρυπτὸν ὃ οὐ φ..ὸν γενήσεταιᵇ,
οὐδὲ ἀπόκρυφον ὃ οὐ μὴ γνωσθῇ
καὶ εἰς φανερὸν ἔλθῃ
Act 416 πᾶσιν – φανερόν 713 φ..ὸν ἐγένετοᵇ
Rm 119 τὸ γνωστὸν τοῦ θεοῦ φ..όν ἐστιν ἐν
αὐτοῖς· ὁ θεὸς – αὐτοῖς ἐφανέρωσεν
228 οὐ – ὁ ἐν τῷ φ. Ἰουδαῖός ἐστιν, οὐδὲ
ἡ ἐν τῷ φανερῷ ἐν σαρκὶ περιτομή
1 Co 311 ἑκάστου τὸ ἔργον φ..ὸν γενήσεται
1119 ἵνα – οἱ δόκιμοι φανεροὶ γένωνται
1425 ἀνακρίνεται ὑπὸ πάντων, τὰ κρυπτὰ
τῆς καρδίας αὐτοῦ φανερὰ γίνεται
Gal 519 φανερά – ἐστιν τὰ ἔργα τῆς σαρκός
Phl 113 ὥστε τοὺς δεσμούς μου φ..οὺς ἐν Χῷ
γενέσθαι ἐν ὅλῳ τῷ πραιτωρίῳ
1 Ti 415 ἵνα σου ἡ προκοπὴ φ..ὰ ᾖ πᾶσιν
1 Jo 310 ἐν τούτῳ φανερά ἐστιν τὰ τέκνα τοῦ
θεοῦ καὶ τὰ τέκνα τοῦ διαβόλου

φανεροῦν, ..οῦσθαι *manifestare, ..ari, se ma-
nifestare* ᵇ*manifestum esse* °*apparēre*
ᵈ*ostendi* °*patefieri* ᶠ*propalari*
Mar 422 οὐ γάρ ἐστιν κρυπτὸν ἐὰν μὴ ἵνα φα-
νερωθῇ → φανερός Mar 422
‖[1612 ἐφανερώθηᵈ ἐν ἑτέρᾳ μορφῇ πορευ-
ομένοις 14 τοῖς ἕνδεκα ἐφανερώθη°‖
Joh 131 ἀλλ' ἵνα φανερωθῇ τῷ Ἰσραήλ
211 ἐφανέρωσεν τὴν δόξαν αὐτοῦ
321 ἵνα φανερωθῇ αὐτοῦ τὰ ἔργα ὅτι ἐν
θεῷ ἐστιν εἰργασμένα
7 4 φανέρωσον σεαυτὸν τῷ κόσμῳ
9 3 ἵνα φ..ωθῇ τὰ ἔργα τ. θεοῦ ἐν αὐτῷ
17 6 ἐφ..ωσά σου τὸ ὄνομα τοῖς ἀνθρώπ.
21 1 ἐφανέρωσεν ἑαυτὸν – τοῖς μαθηταῖς
–· ἐφανέρωσεν δὲ οὕτως 14 τοῦτο –
τρίτον ἐφανερώθη Ἰησοῦς
Rm 119 → φανερός
321 δικαιοσύνη θεοῦ πεφανέρωται
[1626 μυστηρίου –, φανερωθέντος° – νῦν]
1 Co 4 5 φ..ώσει τὰς βουλὰς τῶν καρδιῶν

2 Co 214 τῷ – τὴν ὀσμὴν τῆς γνώσεως αὐτοῦ
φανεροῦντι δι' ἡμῶν ἐν παντὶ τόπῳ
3 3 φ..ούμενοι ὅτι ἐστὲ ἐπιστολὴ Χοῦ
410 ἵνα καὶ ἡ ζωὴ τοῦ Ἰησοῦ ἐν τῷ σώ-
ματι ἡμῶν φ..ωθῇ 11 ἐν τῇ – σαρκί
510 πάντας ἡμᾶς φ..ωθῆναι δεῖ ἔμπρος.
– 11 θεῷ δὲ πεφανερώμεθαᵇ· ἐλπίζω δὲ
καὶ ἐν ταῖς συνειδήσεσιν ὑμῶν πεφα-
νερῶσθαιᵇ
712 ἔγραψα – ἕνεκεν τοῦ φανερωθῆναι
τὴν σπουδὴν ὑμῶν τὴν ὑπὲρ ἡμῶν
11 6 ἐν παντὶ φανερώσαντες (vl φ..ωθέν-
τες vg) ἐν πᾶσιν εἰς ὑμᾶς
Eph 513 πάντα – φανεροῦται, 14 πᾶν γὰρ τὸ
φανερούμενον φῶς ἐστιν
Col 126 τὸ μυστήριον – νῦν δὲ ἐφανερώθη
τοῖς ἁγίοις 44 ἵνα φανερώσω αὐτό
3 4 ὅταν ὁ Χὸς φανερωθῇ°, –, καὶ ὑ-
μεῖς – φανερωθήσεσθε° ἐν δόξῃ
1 Ti 316 ὃς (vl ὃ vg) ἐφανερώθη ἐν σαρκί
2 Ti 110 χάριν –, φανερωθεῖσαν δὲ νῦν
Tit 1 3 ἐφανέρωσεν δὲ – τὸν λόγον αὐτοῦ
Hb 9 8 μήπω πεφανερῶσθαιᶠ τὴν τῶν ἁγίων
(neutr) ὁδόν
– 26 ἐπὶ συντελείᾳ τῶν αἰώνων εἰς ἀθέ-
τησιν [τῆς] ἁμαρτίας – πεφανέρωται°
1 Pe 120 Χοῦ, –φανερωθέντος δὲ ἐπ' ἐσχάτου
τῶν χρόνων δι' ὑμᾶς
5 4 φανερωθέντος τοῦ ἀρχιποίμενος
1 Jo 1 2 ἡ ζωὴ ἐφανερώθη –, – ἐφ.° ἡμῖν
219 ἵνα φ..ωθῶσινᵇ ὅτι οὐκ εἰσὶν – ἐξ ἡμ.
– 28 ἵνα ἐὰν φ..ωθῇ° σχῶμεν παρρησίαν
3 2 οὔπω ἐφ..ώθη° τί ἐσόμεθα. – ἐὰν φ..
ωθῇ ὅμοιοι αὐτῷ ἐσόμεθα
4 9 ἐν τούτῳ ἐφ..ώθη° ἡ ἀγάπη τ. θεοῦ
ἐν ἡμῖν, ὅτι τὸν υἱὸν–ἀπέσταλκεν
Ap 318 ἵνα – μὴ φ..ωθῇ° ἡ αἰσχύνη – σου
15 4 ὅτι τὰ δικαιώματά σου ἐφανερώθη-
σανᵇ (vlᵃ)

φανερῶς *manifeste* Mar 145 Joh 710 Act 103

φανέρωσις Sᵒ – *manifestatio*
1 Co 12 7 ἑκάστῳ – δίδοται ἡ φανέρωσις τοῦ
πνεύματος πρὸς τὸ συμφέρον
2 Co 4 2 τῇ φ. τῆς ἀληθείας συνιστάνοντες

φανός Sᵒ – *laterna* Joh 183 μετὰ φανῶν

Φανουήλ Luc 236 Ἄννα προφῆτις, θυγ. Φ.

φαντάζεσθαι *vidēri* Hb 12 21 τὸ φ..όμενον

φαντασία *ambitio* Act 25 23 μετὰ – φ..ας

φάντασμα *phantasma* Mat 14 26 ‖ Mar 6 49

φάραγξ *vallis* Luc 3 5 „πᾶσα φ. πληρωθῇ."

Φαραώ Act 7 10.13.21 Rm 9 17 Hb 11 24

Φάρες Mat 13 Luc 3 33 τοῦ Ἰούδα

Φαρισαῖος, -οι *Pharisaeus*, ..aei
→ ἀρχιερεύς 1) et γραμματεύς
Mat   3 7 πολλοὺς τῶν Φ. καὶ Σαδδουκαίων
     16 1.6 προσέχετε ἀπὸ τῆς ζύμης τῶν
     11.12 τῆς διδαχῆς τῶν – 22 34 Act
     23 6 τὸ ἓν μέρος – Σ..ων τὸ δὲ ἕτερον
     Φαρισαίων 7 στάσις τῶν Φ. καὶ Σ. 8
     9 11 οἱ Φ. ἔλεγον τοῖς μαθηταῖς 14 ἡμεῖς
     καὶ οἱ Φαρ. νηστεύομεν ‖ Mar 2 18
     Luc 5 33 καὶ οἱ (sc μαθ.) τῶν Φαρ.
     – 34 12 2 ‖ Mar 2 24 Luc 6 2
     12 14 οἱ Φ. συμβούλιον ἔλαβον 22 15 ‖ Mar
     3 6 μετὰ τῶν Ἡρῳδιανῶν 12 13
     – 24 15 12 οἱ Φαρισ. – ἐσκανδαλίσθησαν
     19 3 Φ..οι πειράζοντες αὐτόν ‖ Mar 10 2
     22 41 23 26 Φ..ε τυφλέ, καθάρισον πρῶτον
     ‖ Luc 11 39 ὑμεῖς οἱ Φ. τὸ ἔξωθεν
     τοῦ ποτηρίου – καθαρίζετε
Mar   7 3 οἱ – Φ. καὶ πάντες οἱ Ἰουδ. ἐὰν μὴ
     8 11.15 βλέπετε ἀπὸ τῆς ζύμης τῶν Φ.
     καὶ – Ἡρῴδου ‖ Luc 12 1 ζύμης, ἥτις
     ἐστὶν ὑπόκρισις, τῶν Φαρισαίων
Luc   5 17 Φ..οι καὶ νομοδιδάσκαλοι 7 30 14 3
     7 36.37 ἐν τῇ οἰκίᾳ τοῦ Φαρ. 39 – 14 1
     11 37.38 ὁ – Φ. – ἐθαύμασεν ὅτι οὐ πρῶτον
     ἐβαπτίσθη 42 οὐαὶ ὑμῖν τοῖς Φ. 43
     13 31 16 14 οἱ Φ. φιλάργυροι ὑπάρχοντες
     17 20 ἐπερωτηθεὶς – ὑπὸ τῶν Φαρ. πότε
     18 10 ὁ εἷς Φαρ. καὶ ὁ ἕτερος τελώνης 11
     19 39 τινὲς τῶν Φ. ἀπὸ τοῦ ὄχλου εἶπαν
Joh   1 24 ἀπεσταλμένοι ἦσαν ἐκ τῶν Φαρισ.
     3 1 ἄνθρωπος ἐκ τῶν Φαρ., Νικόδημος
     4 1 ἤκουσαν οἱ Φ. ὅτι Ἰησοῦς πλείονας
     μαθητὰς ποιεῖ – 7 32 bis
     7 47.48 μή τις – ἐπίστευσεν εἰς αὐτὸν – ἐκ
     τῶν Φ.; 12 42 πολλοὶ ἐπίστευσαν –,
     ἀλλὰ διὰ τοὺς Φ. οὐχ ὡμολόγουν
     8 13 9 13 ἄγουσιν αὐτὸν πρὸς τοὺς Φ. 15 s
     40 11 46 12 19 οἱ – Φ. εἶπαν πρὸς ἑαυ.
Act   5 34 Φαρισαῖος ὀνόματι Γαμαλιήλ

---

15 5 τινές τῶν ἀπὸ τῆς αἱρέσεως τῶν Φ.
     23 6 Φαρισαῖός εἰμι, υἱὸς Φαρισαίων
     – 8 Φ..οι δὲ ὁμολογοῦσιν τὰ ἀμφότερα
     – 9 τινὲς τῶν γραμματέων τοῦ μέρους
     τῶν Φαρισαίων διεμάχοντο
     26 5 κατὰ τὴν ἀκριβεστάτην αἵρεσιν τῆς
     ἡμετέρας θρησκείας ἔζησα Φ..ος
Phl   3 5 κατὰ νόμον Φ..ος, κατὰ ζῆλος

φαρμακεία *veneficia* Gal 5 20 Ap (9 21 vl) 18 23

φάρμακον *veneficium* Ap 9 21

φάρμακος *veneficus* Ap 21 8 22 15

φάσις ἀνέβη *nunciatum est* Act 21 31

φάσκειν *dicere* [b]*affirmare*
Act 24 9 25 19 ὃν ἔφασκεν[b] ὁ Παῦλος ζῆν
Rm   1 22 φ..οντες εἶναι σοφοὶ ἐμωράνθησαν

φάτνη *praesepium* Luc 27.12.16 – 13 15

φαῦλον *malum* [b]*male* (vl ..um) [c]*pravum*
Joh   3 20 ὁ φαῦλα[b] πράσσων 5 29
Rm   9 11 μήπω – πραξάντων τι ἀγαθὸν ἢ φ..
     ον 2 Co 5 10 ἵνα κομίσηται ἕκαστος –
     πρὸς ἃ ἔπραξεν, εἴτε ἀγ. εἴτε φ..ον
Tit   2 8 μηδὲν ἔχων λέγειν περὶ ἡμῶν φ..ον
Jac   3 16 ἀκαταστασία καὶ πᾶν φ..ον[c] πρᾶγμα

φέγγος *lumen* [b]*splendor* Mat 24 29 ‖ Mar
     13 24[b] – (Luc 11 33 vl)

φείδεσθαι *parcere* φ..ομένως S[o] – *parce*
Act   20 29 λύκοι – μὴ φ..όμενοι τοῦ ποιμνίου
Rm   8 32 ὅς γε τοῦ ἰδίου υἱοῦ οὐκ ἐφείσατο
     11 21 εἰ – τῶν κατὰ φύσιν κλάδων οὐκ ἐ-
     φείσατο, [μή πως] οὐδὲ σοῦ φείσεται
1 Co   7 28 ἐγὼ δὲ ὑμῶν φείδομαι
2 Co   1 23 φ..όμενος ὑμῶν οὐκέτι (vl οὐκ vg)
     ἦλθον εἰς Κόρινθον 13 2 ἐὰν ἔλθω
     εἰς τὸ πάλιν οὐ φείσομαι
     9 6 ὁ σπείρων φ..ως φ..ως καὶ θερίσει
     12 6 φ..ομαι δέ, μή τις εἰς ἐμὲ λογίσηται
2 Pe   2 4 ἀγγέλων ἁμαρτησάντων οὐκ ἐφεί-
     σατο 5 ἀρχαίου κόσμου οὐκ ἐφείσ.

φέρειν *afferre* [b]*adducere* [c]*ferre, ferri* [d]*por-*
tare [e]*educere* [f]*deferre* [g]*inferre* [h]*offerre*
[i]*sustinēre* – (φέρεσθαι:) [k]*advenire* [l]*de-*
labi [m]*inspirari* [n]*intercedere*
Mat (7 18 vl) χαρποὺς πονηροὺς ἐνεγκεῖν

οὐδὲ – καρπ. καλοὺς ἐνεγκεῖν) Mar 4 8
ἔφερεν ἐν τριάκοντα Joh 12 24 πολὺν
καρπὸν φέρει 15 2 κλῆμα – μὴ φέ-
ρονᶜ καρπόν, αἴρει αὐτό, – τὸ κ..ὸν
φέρονᶜ, καθαίρει – ἵνα κ..ὸν πλείονα
φέρῃ 4 οὐ δύναται καρπὸν φέρεινᶜ
ἀφ' ἑαυτοῦ 5 οὗτος φέρειᶜ καρπὸν
πολύν 8 ἵνα – φέρητε 16 καρ. φέρητε

Mat 14 11 ἠνέχθη ἡ κεφαλή –, καὶ ἤνεγκεν (vg
vlᶜ) τῇ μητρὶ αὐτῆς ‖ Mar 6 27.28
– 18 17 17 ‖ Mar 9 17.19.20 – 1 32 ἔφερον –
τοὺς κακῶς ἔχοντας 23ᶜ παραλυτι-
κόν ‖ Luc 5 18ᵈ – Mar 7 32ᵇ κωφόν
8 22ᵇ τυφλόν – Act 5 16 ἀσθενεῖς

Mar 11 2 λύσατε – καὶ φέρετέ 7ᵉ 12 15 φέρετέ
μοι δηνάριον 16 – 15 22 φέρουσιν αὐ-
τὸν ἐπὶ τὸν Γολγοθᾶν τόπον

Luc 15 23 φέρετε ᵇ τὸν μόσχον 23 26 τὸν σταυ-
ρὸν φέρεινᵈ 24 1 ἦλθον φέρουσαιᵈ ἃ
ἡτοίμασαν ἀρώματα

Joh 2 8 φέρετεᶜ τῷ ἀρχιτρικλίνῳ 4 33 μή τις
ἤνεγκεν – φαγεῖν; 18 29 τίνα κατηγο-
ρίαν φέρετε –; 19 39ᶜ 20 27 φέρε τὴν
δάκτυλόν σου ὧδε –, καὶ φέρε τὴν
χεῖρά σου 21 10.18 ἄλλος σε ζώσει
καὶ οἴσειᵉ ὅπου οὐ θέλεις

Act 2 2 ἦχος ὥσπερ φερομένηςᵏ πνοῆς
4 34 ἔφερον τὰς τιμὰς 37 τὸ χρῆμα 52 μέ-
ρος τι – 12 10 τὴν πύλην – τὴν φέ-
ρουσανᵉ εἰς τὴν πόλιν 14 13 25 18 οὐ-
δεμίαν αἰτίαν ἔφερονᶠ – 27 15 ἐφε-
ρόμεθα 17 οὕτως ἐφέροντοᶜ

Rm 9 22 ὁ θεὸς – „ἤνεγκενⁱᵘ ἐν πολλῇ μα-
κροθυμίᾳ „σκεύη ὀργῆς"

2 Ti 4 13 τὸν φαιλόνην –, ἐρχόμενος φέρε

Hb 1 3 φέρωνᵈ τε τὰ πάντα τῷ ῥήματι
6 1 ἐπὶ τὴν τελειότητα φερώμεθα
9 16 ὅπου γὰρ διαθήκη, θάνατον ἀνάγκη
φέρεσθαιⁿ τοῦ διαθεμένου
12 20 οὐκ ἔφερονᵈ – τὸ διαστελλόμενον
13 13 τὸν ὀνειδισμὸν αὐτοῦ φέροντεςᵈ

1 Pe 1 13 ἐπὶ τὴν φερομένηνʰ ὑμῖν χάριν
2 Pe 1 17 φωνῆς ἐνεχθείσηςˡ αὐτῷ 18
– 21 οὐ – θελήματι ἀνθρώπου ἠνέχθη προ-
φητεία ποτέ, ἀλλὰ ὑπὸ πνεύματος
ἁγίου φερόμενοιᵐ ἐλάλησαν
2 11 οὐ φέρουσινᵈ – βλάσφημον κρίσιν

2 Jo 10 εἴ τις – ταύτην τὴν διδαχὴν οὐ φέρει
Ap 21 24 „φέρουσιν τὴν δόξαν" αὐτῶν 26

φεύγειν *fugere* ᵇ*effugere* ᶜ*profugere*
Mat 2 13 φεῦγε εἰς Αἴγυπ., καὶ ἴσθι ἐκεῖ ἕως

Mat 3 7 φυγεῖν ἀπὸ τῆς μελλούσης ὀργῆς;
‖ Luc 3 7 – Mat 23 33 πῶς φύγητε
ἀπὸ τῆς κρίσεως τῆς γεέννης;
8 33 ἔφυγον ‖ Mar 5 14 Luc 8 34
10 23 φεύγετε εἰς τὴν ἑτέραν (sc πόλιν)
24 16 οἱ ἐν τῇ Ἰουδαίᾳ φευγέτωσαν εἰς τὰ
ὄρη ‖ Mar 13 14 Luc 21 21
26 56 ἀφέντες αὐτὸν ἔφυγον ‖ Mar 14 50.52
γυμνὸς ἔφυγενᶜ – 16 8 ἔφυγον

Joh (6 15 vl Ἰησοῦς – φεύγει – εἰς τὸ ὄρος)
10 5 φεύξονται ἀπ' αὐτοῦ 12 ἀφίησιν τὰ
πρόβατα καὶ φεύγει (13 vl)

Act 7 29 „ἔφυγεν – Μωϋσῆς" – 27 30 ἐκ –
1 Co 6 18 φεύγετε τὴν πορνείαν |πλοίου
10 14 φεύγετε ἀπὸ τῆς εἰδωλολατρίας
1 Ti 6 11 ὦ ἄνθρωπε θεοῦ, ταῦτα φεῦγε
2 Ti 2 22 τὰς – νεωτερικὰς ἐπιθυμίας φεῦγε
Hb 11 34 φυγὸνᵇ στόματα μαχαίρης
Jac 4 7 φεύξεται (sc ὁ διάβολος) ἀφ' ὑμῶν
Ap 9 6 φεύγει ὁ θάνατος ἀπ' αὐτῶν
12 6 ἡ γυνὴ ἔφυγεν εἰς τὴν ἔρημον
16 20 πᾶσα νῆσος ἔφυγεν 20 11 „ἔφυγεν ἡ
γῆ" καὶ ὁ οὐρανός

Φῆλιξ Act 23 24.26 24 3.22.24.25.27 25 14

φήμη *fama* Mat 9 26 Luc 4 14 περὶ αὐτοῦ

Φῆστος Act 24 27 25 1.4.9.12 ss.22 ss 26 24 s.32

φθάνειν *pervenire* ᵇ*praevenire*
Mat 12 28 ἄρα ἔφθασεν ἐφ' ὑμᾶς ἡ βασιλεία
τοῦ θεοῦ ‖ Luc 11 20 (vg vlᵇ)
Rm 9 31 Ἰσραὴλ – διώκων νόμον δικαιοσύνης
εἰς νόμον οὐκ ἔφθασεν
2 Co 10 14 ἄχρι – ὑμῶν ἐφθάσαμεν ἐν τῷ εὐαγγ.
Phl 3 16 εἰς ὃ ἐφθάσαμεν, τῷ αὐτῷ στοιχεῖν
1 Th 2 16 ἔφθασεν (vg vlᵇ) δὲ ἐπ' αὐτοὺς ἡ
ὀργὴ εἰς τέλος
4 15 ἡμεῖς οἱ ζῶντες – οὐ μὴ φθάσωμενᵇ
τοὺς κοιμηθέντας

φθαρτός *corruptibilis*
Rm 1 23 εἰκόνος φθαρτοῦ ἀνθρώπου
1 Co 9 25 ἵνα φθαρτὸν στέφανον λάβωσιν
15 53 δεῖ – τὸ φθ. τοῦτο ἐνδύσασθαι ἀ-
φθαρσίαν 54 ὅταν δὲ τὸ φθ. τοῦτο
ἐνδύσηται ἀφθαρσίαν (vlᵒ et vgᵒ)
1 Pe 1 18 ὅτι οὐ φθαρτοῖς – „ἐλυτρώθητε" ἐκ
– 23 ἀναγεγεννημένοι οὐκ ἐκ σπορᾶς
φθαρτῆς ἀλλὰ ἀφθάρτου

φθέγγεσθαι *loqui* Act 4 18 2 Pe 2 16.18

φθείρειν *corrumpere, ..pi* [b]*disperdere* [c]*violare* [d](φθείρεσθαι) *perire*
1 Co 3 17 εἴ τις τὸν ναὸν τοῦ θεοῦ φθείρει[c],
  φθερεῖ[b] τοῦτον ὁ θεός
  15 33 φ..ουσιν ἤδη χρηστὰ ὁμιλίαι κακαί
2 Co 7 2 οὐδένα ἐφθείραμεν
  11 3 μή πως – φθαρῇ τὰ νοήματα ὑμῶν
  ἀπὸ τῆς ἁπλότητος [καὶ τῆς ἁγνότητος] τῆς εἰς τὸν Χόν
Eph 4 22 τὸν παλαιὸν ἄνθρωπον τὸν φθειρόμενον κατὰ τὰς ἐπιθυμίας
2 Pe 2 12 ἐν τῇ φθορᾷ (*corruptione*) αὐτῶν –
  φθαρήσονται[d] cfr Jud 10 φ..ονται
Ap 19 2 ἔφθειρεν τ. γῆν ἐν τ. πορνείᾳ αὐτῆς

φθινοπωρινός S° – *autumnalis* Jud 12

φθόγγος [a]*sonus* [b]*sonitus* Rm 10 18 [a]
1 Co 14 7 ἐὰν διαστολὴν τοῖς φθ.[b] μὴ δῷ

φθονεῖν *invidēre* Gal 5 26 ἀλλήλοις

φθόνος *invidia*
Mat 27 18 διὰ φθόνον παρέδωκαν ‖ Mar 15 10
Rm 1 29 μεστοὺς φθόνου φόνου ἔριδος
Gal 5 21 φθόνοι, μέθαι, κῶμοι
Phl 1 15 τινὲς – καὶ διὰ φθόνον καὶ ἔριν
1 Ti 6 4 λογομαχίας, ἐξ ὧν γίνεται φθόνος
Tit 3 3 ἡμεν – ἐν – φθόνῳ διάγοντες
Jac 4 5 πρὸς φθόνον ἐπιποθεῖ τὸ πνεῦμα
1 Pe 2 1 ἀποθέμενοι – φθόνους

φθορά *corruptio* [b]*interitus* [c]*pernicies*
Rm 8 21 ἀπὸ τῆς δουλείας τῆς φθορᾶς
1 Co 15 42 σπείρεται ἐν φθορᾷ 50 οὐδὲ ἡ φθορὰ τὴν ἀφθαρσίαν κληρονομεῖ
Gal 6 8 ἐκ τῆς σαρκὸς θερίσει φθοράν
Col 2 22 ἅ ἐστιν πάντα εἰς φθορὰν[b] τῇ ἀποχρήσει 2 Pe 2 12 ζῷα γεγεννημένα – εἰς ἅλωσιν καὶ φθοράν[c]
2 Pe 1 4 ἀποφυγόντες τῆς – ἐν ἐπιθυμίᾳ φθ.
  2 12 → φθείρειν – 19 αὐτοὶ δοῦλοι ὑπάρχοντες τῆς φθορᾶς

φιάλη *phiala* (vl *fiala*)
Ap 5 8 φ..ας χρυσᾶς γεμούσας θυμιαμάτων
  15 7 ἑπτὰ φιάλας – γεμούσας τοῦ θυμοῦ τοῦ θεοῦ 16 1-4. 8. 10. 12. 17 17 1
  21 9 ἑπτὰ φιάλας, – τῶν „ἑπτὰ πληγῶν"

φιλάγαθος *benignus* Tit 1 8 ἐπίσκοπον –, φ.

Φιλαδέλφεια Ap 1 11 πέμψον – εἰς Φιλ. 3 7

φιλαδελφία [a]*fraternitatis amor* [b]*charitas* (vl *caritas*) *fraternitatis*
Rm 12 10 τῇ φιλ.[b] εἰς ἀλλήλους φιλόστοργοι
1 Th 4 9 περὶ – τῆς φ.[b] οὐ χρείαν ἔχετε γράφ.
Hb 13 1 ἡ φ.[b] μενέτω 1 Pe 1 22 τὰς ψυχὰς – ἡγνικότες – εἰς φ..αν[a] ἀνυπόκριτον
2 Pe 1 7 ἐπιχορηγήσατε – ἐν – τῇ εὐσεβείᾳ τὴν φιλ.[a], ἐν δὲ τῇ φιλ.[a] τὴν ἀγάπην

φιλάδελφος *fraternitatis amator* 1 Pe 3 8

φιλάνδρους εἶναι S° – *viros suos amare*
Tit 2 4 ἵνα σωφρονίζωσιν τὰς νέας φ. εἶναι

φιλανθρωπία *humanitas* Act 28 2
Tit 3 4 ὅτε δὲ ἡ χρηστότης καὶ ἡ φιλ. ἐπεφάνη τοῦ σωτῆρος ἡμῶν θεοῦ

φιλανθρώπως *humane* Act 27 3 χρῆσθαι

φιλαργυρία *cupiditas*
1 Ti 6 10 ῥίζα – πάντων τῶν κακῶν – ἡ φιλαρ.

φιλάργυρος [a]*avarus* [b]*cupidus*
Luc 16 14 οἱ Φαρισαῖοι φ..οι[a] ὑπάρχοντες
2 Ti 3 2 ἔσονται – οἱ ἄνθρ. φίλαυτοι, φ..οι[b]

φίλαυτος S° – *seipsum amans* 2 Ti 3 2

φιλεῖν *amare* [b]*diligere* [c]*osculari*
Mat 6 5 φιλοῦσιν – ἐν ταῖς γωνίαις τῶν πλατειῶν ἑστῶτες προσεύχεσθαι
  10 37 ὁ φιλῶν πατέρα ἢ μητέρα ὑπὲρ ἐμὲ – ' – υἱὸν ἢ θυγατέρα ὑπὲρ ἐμέ
  23 6 φιλοῦσιν – τὴν πρωτοκλισίαν κτλ. ‖ Luc 20 46 ἀσπασμοὺς ἐν τ. ἀγοραῖς
  26 48 ὃν ἂν φιλήσω· αὐτός ἐστιν ‖ Mar 14 44[c] Luc 22 47 ἤγγισεν τῷ Ἰησοῦ φιλῆσαι[c] αὐτόν
Joh 5 20 ὁ γὰρ πατὴρ φιλεῖ[b] τὸν υἱόν
  11 3 ὃν φιλεῖς ἀσθενεῖ 36 πῶς ἐφίλει αὐτόν
  12 25 ὁ φιλῶν τὴν ψυχὴν αὐτοῦ |τόν
  15 19 ὁ κόσμος ἂν τὸ ἴδιον ἐφίλει[b]
  16 27 αὐτὸς – ὁ πατὴρ φιλεῖ ὑμᾶς, ὅτι ὑμεῖς ἐμὲ πεφιλήκατε
  20 2 τὸν – μαθητὴν ὃν ἐφίλει ὁ Ἰησοῦς
  21 15 κύριε, σὺ οἶδας ὅτι φιλῶ σε 16. 17 Σίμων –, φιλεῖς με; ἐλυπήθη – ὅτι εἶπεν – τὸ τρίτον· φιλεῖς με; – σὺ γινώσκεις ὅτι φιλῶ σε
1 Co 16 22 εἴ τις οὐ φιλεῖ τὸν κύριον, ἤτω
Tit 3 15 τοὺς φιλοῦντας ἡμᾶς ἐν πίστει

Ap 3 19 „ὅσους ἐὰν φιλῶ ἐλέγχω καὶ παιδ."
22 15 πᾶς φιλῶν καὶ ποιῶν ψεῦδος

φιλήδονος S° – voluptatum amator
2 Ti 3 4 φιλήδονοι μᾶλλον ἢ φιλόθεοι

φίλημα osculum
Luc 7 45 φίλημά μοι οὐκ ἔδωκας· αὕτη δέ
22 48 φ..τι τὸν υἱὸν τ. ἀνθρώπ. παραδίδως;
Rm 16 16 ἀσπάσασθε ἀλλήλους ἐν φ..τι ἁγίῳ
1 Co 16 20 2 Co 13 12 1 Th 5 26 τοὺς
ἀδελφοὺς πάντας 1 Pe 5 14 ἐν φ..τι
ἀγάπης (vg in osculo sancto)

Φιλήμων Phm 1 **Φίλητος** 2 Ti 2 17

φιλία amicitia Jac 4 4 ἡ φιλία τοῦ κόσμου

Φιλιππήσιοι Phl 4 15 οἴδατε – ὑμεῖς, Φιλιππ.

Φίλιπποι Act 16 12 20 6 Phl 1 1 1 Th 2 2

Φίλιππος 1) apostolus
Mat 10 3 ‖ Mar 3 18 Luc 6 14 – Act 1 13
Joh 1 43-46.48 6 5.7 12 21.22 14 8.9

2) unus e septem viris, evangelista
Act 6 5 8 5.6.12.13.26-40 21 8

3) Herodis et Cleopatrae filius
Mat 16 13 ‖ Mar 8 27 – Luc 3 1

4) primus Herodiadis coniux Philippus
dicitur Mat 14 3 ‖ Mar 6 17

φιλόθεος S° – Dei amator 2 Ti 3 4

Φιλόλογος Rm 16 15 ἀσπάσασθε Φ..ον

φιλονεικία contentio Luc 22 24 ἐγένετο

φιλόνεικος contentiosus
1 Co 11 16 εἰ δέ τις δοκεῖ φ. εἶναι, ἡμεῖς τοι-
αύτην συνήθειαν οὐκ ἔχομεν

φιλοξενία S° – hospitalitas
Rm 12 13 τὴν φιλοξενίαν διώκοντες
Hb 13 2 τῆς φιλοξενίας μὴ ἐπιλανθάνεσθε

φιλόξενος S° – hospitalis
1 Ti 3 2 δεῖ – τὸν ἐπίσκοπον – εἶναι – φ..ον

Tit 1 8 μὴ αἰσχροκερδῆ, ἀλλὰ φ..ον
1 Pe 4 9 φ..οι εἰς ἀλλήλους ἄνευ γογγυσμοῦ

φιλοπρωτεύων S° – qui amat primatum
gerere 3 Jo 9 ὁ φ. αὐτῶν Διοτρεφής

φίλος, φίλη amicus [b]amica
Mat 11 19 τελωνῶν φ. καὶ ἁμαρτωλ. ‖ Luc 7 34
Luc 7 6 ἔπεμψεν φίλους ὁ ἑκατοντάρχης
11 5 τίς – ἕξει φίλον, –, καὶ εἴπῃ αὐτῷ·
φίλε, χρῆσόν μοι τρεῖς ἄρτους, 6 ἐπει-
δὴ φίλος μου παρεγένετο ἐξ ὁδοῦ
πρός με 8 εἰ καὶ οὐ δώσει – διὰ τὸ
εἶναι φίλον αὐτοῦ, διά γε τὴν ἀναίδ.
12 4 λέγω δὲ ὑμῖν τοῖς φίλοις μου, μή
14 10 φίλε, προσανάβηθι ἀνώτερον
– 12 μὴ φώνει τοὺς φίλους σου μηδέ
15 6 συγκαλεῖ τοὺς φίλους 9 τὰς φίλας[b]
– 29 ἵνα μετὰ τῶν φίλων μου εὐφρανθῶ
16 9 ἑαυτοῖς ποιήσατε φίλους ἐκ τοῦ
21 16 παραδοθήσεσθε – ὑπὸ – φίλων
23 12 ἐγένοντο – φίλοι ὅ τε Ἡρ. καὶ ὁ Πιλ.
Joh 3 29 ὁ δὲ φίλος τοῦ νυμφίου, –, – χαίρει
11 11 Λάζαρος ὁ φίλος ἡμῶν κεκοίμηται
15 13 τὴν ψυχὴν – θῇ ὑπὲρ τῶν φ. αὐτοῦ
– 14 ὑμεῖς φίλοι μού ἐστε, ἐὰν ποιῆτε 15
ὑμᾶς δὲ εἴρηκα φίλους, ὅτι
19 12 οὐκ εἶ φίλος τοῦ Καίσαρος
Act 10 24 τοὺς ἀναγκαίους φίλους (Cornelii)
19 31 ὄντες αὐτῷ (sc Paulo) φίλοι 27 3 ἐπ-
έτρεψεν (sc Julius Paulo) πρὸς
τοὺς φ. πορευθέντι ἐπιμελείας τυχεῖν
Jac 2 23 'Αβραὰμ – „φίλος θεοῦ" ἐκλήθη
4 4 βουληθῇ φίλος εἶναι τοῦ κόσμου
3 Jo 15 ἀσπάζονταί σε οἱ φίλοι. ἀσπάζου
τοὺς φίλους κατ' ὄνομα

φιλοσοφία philosophia Col 2 8 διὰ τῆς φ.

φιλόσοφοι philosophi Act 17 18 Ἐπ. καὶ Στ.

φιλόστοργος diligens Rm 12 10 εἰς ἀλλήλ.

φιλότεκνον εἶναι filios diligere Tit 2 4

φιλοτιμεῖσθαι [a]contendere [b]operam dare
Rm 15 20 φιλοτιμούμενον (vg°) εὐαγγελίζε-
σθαι οὐχ ὅπου ὠνομάσθη Χός
2 Co 5 9 φ..ούμεθα[a] – εὐάρεστοι αὐτῷ εἶναι
1 Th 4 11 φ.[b] ἡσυχάζειν καὶ πράσσειν τὰ ἴδια

φιλοφρόνως benigne Act 28 7 φιλ. ἐξένισεν

φιμοῦν ᵃsilentium imponere ᵇalligare os
ᶜobmutescere facere – φιμοῦσθαι:
ᵈobmutescere

Mat 2212 ὁ δὲ ἐφιμώθηᵈ 34ᵃ τοὺς Σαδδουκ.
Mar 125 φιμώθητιᵈ καὶ ἔξελθε ‖ Luc 435ᵈ
439 τῇ θαλάσσῃˑ σιῶπα, πεφίμωσοᵈ
1 Ti 518 „βοῦν ἁλοῶντα οὐ φιμώσειςᵇ“ (vl
χημώσεις) cfr 1 Co 99 vl
1 Pe 215 ἀγαθοποιοῦντας φιμοῦνᶜ τὴν τῶν
ἀφρόνων ἀνθρώπων ἀγνωσίαν

Φλέγων Rm 1614 ἀσπάσασθε – Φλέγοντα

φλογίζειν inflammare Jac 36 ἡ – φ..ουσα
τὸν τροχὸν τῆς γενέσεως (vl + ἡμῶν
vg) καὶ φλογιζομένη ὑπὸ τῆς γεέννης

φλόξ flamma Luc 1624 ὀδυνῶμαι ἐν τῇ φλο-
γὶ ταύτῃ Act 730 2 Th 18 Hb 17
Ap 114 ὀφθαλμοὶ – ὡς φ. πυρός 218 1912

φλυαρεῖν Sᵒ – garrire in 3 Jo 10 φ..ῶν ἡμᾶς

φλύαρος verbosus 1 Ti 513 ἀργαὶ – καὶ φ..οι

φοβεῖσθαι timēre ᵇpertimēre (vl tim.) ᶜme-
tuere ᵈ(ἀπό) terrēri a ᵉverēri

1) Deum, dominum, nomen Dei

Mat 1028 φ..εῖσθε – μᾶλλον τὸν δυνάμενον καὶ
ψυχὴν καὶ σῶμα ἀπολέσαι ‖ Luc
125 ὑποδείξω – ὑμῖν τίνα φοβηθῆτεˑ
φοβήθητε τὸν – ἔχοντα ἐξουσίαν –.
–, τοῦτον φοβήθητε
Luc 150 „τὸ ἔλεος αὐτοῦ – τοῖς φοβουμένοις
αὐτόν“ 182 κριτὴς – τὸν θεὸν μὴ φο-
βούμενος 4 εἰ καὶ τ. θ. οὐ φοβοῦμαι
– 2340 οὐδὲ φοβῇ σὺ τὸν θεόν –;
Act 10 2 εὐσεβὴς καὶ φοβούμενος τὸν θεόν
22.35 ἐν παντὶ ἔθνει ὁ φοβούμ. αὐτόν
1316 καὶ οἱ φοβούμενοι τὸν θεόν 26
Col 322 τὸν κύριον 1 Pe 217 „τ. θ. φοβεῖσθε“
Ap 1118 τὸν μισθὸν – „τοῖς φοβουμένοις“ τὸ
ὄνομά σου 154 – 147 φοβηθῆτε τὸν
θεόν 195 „οἱ φοβούμενοι αὐτόν“

2) timere homines, pericula, minas

Mat 1026 μὴ οὖν φοβηθῆτε αὐτούς 28 μὴ φο-
βεῖσθε (vl φοβηθῆτε) ἀπὸ τῶν ἀπο-
κτεννόντων τὸ σῶμα → 1) 31 μὴ οὖν
φοβεῖσθε ‖ Luc 124 μὴ φοβηθῆτε (vl
πτοηθῆτε)ᵈ 5.7 μὴ φοβεῖσθε

Mat 14 5 ἐφοβήθη (sc Ἡρῴδ.) τὸν ὄχλον ‖
Mar 620 ἐφοβεῖτοᶜ τὸν Ἰωάννην
2126 φοβούμεθα τὸν ὄχλον ‖ Mar 1132
ἐφοβοῦντο – Mat 2146 τοὺς ὄχλους ‖
Mar 1212 Luc 2019 τὸν λαόν – 222
Joh 922 τοὺς Ἰουδ. Act 526 τ. λαόν
Mar 1118 ἐφοβοῦντο γὰρ αὐτόν (sc τ. Ἰησοῦν)
Luc 1921 ἐφοβούμην γάρ σε, ὅτι – αὐστηρός
Act 926 πάντες ἐφοβοῦντο αὐτόν (Saulum)
Rm 13 3 θέλεις δὲ μὴ φοβεῖσθ. τὴν ἐξουσίαν;
Gal 212 φοβούμενος τοὺς ἐκ περιτομῆς
Eph 533 ἡ – γυνὴ ἵνα φοβῆται τὸν ἄνδρα
Hb 1123 οὐκ ἐφοβήθησαν τὸ διάταγμα 27 μὴ
φοβηθείςᵉ τὸν θυμὸν τοῦ βασιλέως
1 Pe 3 6 „μὴ φοβούμεναιᵇ“ μηδεμίαν „πτόη-
σιν“ 14 „τὸν δὲ φόβον (timorem) αὐ-
τῶν μὴ φοβηθῆτε μηδὲ ταραχθῆτε“
Ap 210 μηδὲν (vl μή) φοβοῦ ἃ μέλλεις πά-
σχειν

3) φοβ. cum infinitivo, μή πως, μή ποτε

Mat 120 μὴ φοβηθῇς παραλαβεῖν Μαρίαν
222 ἐφοβήθη (sc Ἰωσήφ) ἐκεῖ ἀπελθεῖν
Mar 932 ἐφοβοῦντο αὐτὸν ἐπερωτῆσαι ‖ Luc
945 ἐρωτῆσαι – περὶ τοῦ ῥήματος
Act 2310 2717 μὴ εἰς τὴν Σύρτιν ἐκπέσωσιν 29
2 Co 11 3 φοβοῦμαι – μή πως – φθαρῇ τὰ νοή-
ματα ὑμῶν 1220 μή πως ἐλθὼν οὐχ
οἵους θέλω εὕρω ὑμᾶς
Gal 411 φοβοῦμαι ὑμᾶς μή πως εἰκῆ κεκο-
πίακα εἰς ὑμᾶς
Hb 4 1 φοβηθῶμεν – μήποτε – δοκῇ τις ἐξ
ὑμῶν ὑστερηκέναι (deesse)

4) φοβεῖσθαι absolute positum

Mat 9 8 οἱ ὄχλοι ἐφοβήθησαν Mar 441 φόβον
μέγαν ‖ Luc 825 φοβηθέντες δὲ ἐ-
θαύμασαν – Mar 515 ‖ Luc 835 –
Mar 533 ἡ δὲ γυνὴ φοβηθεῖσα καὶ
τρέμουσα – Luc 29 ἐφοβήθησαν φό-
βον μέγαν 10 ὁ ἄγγελοςˑ μὴ φοβεῖσθε
1031 μὴ οὖν φοβεῖσθε ‖ Luc 127 → 2)
1427 ἐγώ εἰμιˑ μὴ φοβεῖσθε 30 βλέπων δὲ
τὸν ἄνεμον – ἐφοβήθη ‖ Mar 650 Joh
619 ἐφοβήθησαν 20 μὴ φοβεῖσθε
17 6 ἐφοβήθησαν σφόδρα 7 ἐγέρθητε καὶ
μὴ φοβεῖσθε ‖ Luc 934 ἐφοβήθησαν
– ἐν τῷ εἰσελθεῖν – εἰς τὴν νεφέλην
2525 φοβηθείς – ἔκρυψα τὸ τάλαντον
2754 ἰδόντες – τὰ γινόμενα ἐφοβήθησαν
28 5 μὴ φοβεῖσθε ὑμεῖς 10 μὴ φοβεῖσθε
Mar 536 μὴ φοβοῦ, μόνον πίστευε ‖ Luc 850

Mar 1032 ἐθαμβοῦντο, οἱ δὲ ἀκολουθοῦντες
  ἐφοβοῦντο – 168 ἐφοβοῦντο γάρ
Luc 113 „μὴ φοβοῦ“, Ζαχαρία 30 Μαριάμ
  510 μὴ φοβοῦ· – ἀνθρώπους ἔσῃ ζωγρῶν
  1232 μὴ φοβοῦ, τὸ μικρὸν ποίμνιον,
  ὅτι εὐδόκησεν ὁ πατὴρ ὑμῶν
Joh 1215 „μὴ φοβοῦ, θυγάτηρ Σιών“
  19 8 ὁ Πιλᾶτος –, μᾶλλον ἐφοβήθη
Act 1638 ἐφοβήθησαν – ὅτι Ῥωμαῖοί 2229
  18 9 μὴ φοβοῦ, ἀλλὰ λάλει 2724 Παῦλε
Rm 1120 μὴ ὑψηλὰ φρόνει, ἀλλὰ φοβοῦ
  13 4 ἐὰν δὲ τὸ κακὸν ποιῇς, φοβοῦ
Hb 13 6 „κύριος ἐμοὶ βοηθός, – οὐ φοβηθήσ.“
1 Jo 418 ὁ – φοβούμενος οὐ τετελείωται ἐν
  τῇ ἀγάπῃ
Ap 117 „μὴ φοβοῦ· ἐγώ εἰμι ὁ πρῶτος –“

φοβερός terribilis ᵇhorrendus Hb 1027 φ..ά
  – τις ἐκδοχὴ κρίσεως 31 φ..ὸνᵇ τὸ ἐμ-
  πεσεῖν εἰς χεῖρας θεοῦ ζῶντος – 1221

φόβητρον terror Luc 21 11 φ..α – καὶ – σημεῖα

φόβος timor ᵇmetus

  1) φόβος θεοῦ, τοῦ κυρίου, Χριστοῦ

Act 931 πορευομένη τῷ φόβῳ τοῦ κυρίου
Rm 318 2 Co 511 εἰδότες – τὸν φ. τοῦ κυρίου
2 Co 7 1 ἐπιτελοῦντες ἁγιωσύνην ἐν φ. θεοῦ
Eph 521 ὑποτασσόμενοι ἀλλήλοις ἐν φ. Χοῦ
1 Pe 117 ἐν φόβῳ τὸν τῆς παροικίας ὑμῶν
  χρόνον ἀναστράφητε

  2) reliqui loci

Mat 1426 ἀπὸ τοῦ φ. ἔκραξαν 284 φόβ. αὐτοῦ
  28 8 μετὰ φόβου καὶ χαρᾶς μεγάλης
Mar 441 ἐφοβήθησαν φόβον μέγαν ‖ Luc 29
Luc 112 φόβος ἐπέπεσεν ἐπ' αὐτόν 65 ἐγένετο
  ἐπὶ πάντας φ. 526 ἐπλήσθησαν φό-
  βου 716 ἔλαβεν – φ. πάντας 837 φό-
  βῳ μεγάλῳ συνείχοντο
  2126 ἀπὸ φόβου καὶ προσδοκίας τῶν ἐπ-
  ερχομένων τῇ οἰκουμένῃ
Joh 713 διὰ τὸν φ.ᵇ τῶν Ἰουδ. 1938ᵇ 2019ᵇ
Act 243 ἐγίνετο – πάσῃ ψυχῇ φ. 5 5 μέγας 11
  1917 ἐπέπεσεν φόβος ἐπὶ πάντας Ap 1111
Rm 815 οὐ γὰρ ἐλάβετε πνεῦμα δουλείας πά-
  λιν εἰς φόβον (in timore) cfr 1 Jo 418
  13 3 οὐκ εἰσὶν φόβος τῷ ἀγαθῷ ἔργῳ
  – 7 ἀπόδοτε – τῷ τὸν φόβον τὸν φόβον
1 Co 2 3 ἐν φόβῳ καὶ ἐν τρόμῳ (tremore)
  πολλῷ ἐγενόμην πρὸς ὑμᾶς – 2 Co

715 ὡς μετὰ φόβου καὶ τρόμου ἐδέ-
  ξασθε αὐτόν Eph 65 ὑπακούετε – με-
  τὰ φόβου καὶ τρόμου Phl 212 μετὰ
  φόβουᵇ καὶ τρόμου τὴν ἑαυτῶν σω-
  τηρίαν κατεργάζεσθε
2 Co 7 5 ἔξωθεν μάχαι, ἔσωθεν φόβοι
  – 11 πόσην κατειργάσατο ὑμῖν σπουδήν,
  – ἀλλὰ φόβον, ἀλλὰ ἐπιπόθησιν
1 Ti 520 ἵνα καὶ οἱ λοιποὶ φόβον ἔχωσιν
Hb 215 ὅσοι φόβῳ θανάτου διὰ παντὸς τοῦ
  ζῆν ἔνοχοι ἦσαν δουλείας
1 Pe 117 ἐν φόβῳ – ἀναστράφητε
  218 ὑποτασσόμενοι ἐν παντὶ φόβῳ τοῖς
  3 2 τὴν ἐν φόβῳ ἁγνὴν ἀναστροφὴν ὑμ.
  – 14 „τὸν – φόβον αὐτῶν μὴ φοβηθῆτε“
  – 16 μετὰ πραΰτητος καὶ φόβου
1 Jo 418 φόβος οὐκ ἔστιν ἐν τῇ ἀγάπῃ, ἀλλ'
  ἡ τελεία ἀγάπη ἔξω βάλλει τὸν φό-
  βον, ὅτι ὁ φόβος κόλασιν ἔχει
Jud 23 οὓς δὲ ἐλεᾶτε ἐν φόβῳ
Ap 1810 διὰ τὸν φ. τοῦ βασανισμοῦ αὐτῆς 15

Φοίβη Rm 16 1 συνίστημι – ὑμῖν Φοίβην

Φοινίκη Act 11 19 153 212 **Φοῖνιξ** Act 2712

φοῖνιξ palma Joh 1213 Ap 79

φονεύειν occidere ᵇhomicidium facere
Mat 521 „οὐ φονεύσεις“· ὃς δ' ἂν φονεύσῃ
  1918 τὸ „οὐ φον.“ᵇᵈ ‖ Mar 1019 „μὴ
  φ.“σης“ Luc 1820 „μὴ φ.“ – Rm 139
  „οὐ φ.“ Jac 211 εἶπεν καί· „μὴ φον.“
  2331 υἱοί ἐστε τῶν φ..σάντων τοὺς προφ.
  – 35 Ζαχαρίου –, ὃν ἐφ..σατε μεταξύ
Jac 211 εἰ δὲ οὐ μοιχεύεις, φονεύεις δέ
  4 2 φονεύετε καὶ ζηλοῦτε
  5 6 ἐφονεύσατε τὸν δίκαιον

φονεύς homicida Mat 227 Act 314 284
Act 752 οὗ νῦν ὑμεῖς – φονεῖς ἐγένεσθε
1 Pe 415 μή – τις ὑμῶν πασχέτω ὡς φονεύς
Ap 21 8 2215 ἔξω – οἱ φ. καὶ οἱ εἰδωλολάτραι

φόνος homicidium ᵇcaedes ᶜoccisio
Mat 1519 ἐξέρχονται – φόνοι ‖ Mar 721 φόνοι
Mar 15 7 ‖ Luc 2319.25 διὰ στάσιν καὶ φόνον
Act 9 1 ἐμπνέων ἀπειλῆς καὶ φόνουᵇ εἰς
Rm 129 μεστοὺς φθόνου φόνου ἔριδος
Gal (521 vl φθόνοι, φόνοι, μέθαι, κῶμοι)
Hb 1137 ἐν φόνῳᶜ μαχαίρης ἀπέθανον
Ap 921 οὐ μετενόησαν ἐκ τῶν φόνων αὐτῶν

φορεῖν *portare* ᵇ*indui* ᶜ*vestiri*
Mat 11 8ᶜ τὰ μαλακά Joh 19₅ Jac 23ᵇ
Rm 13 4 οὐ γὰρ εἰκῆ τὴν μάχαιραν φορεῖ
1 Co 15₄₉ καθὼς ἐφορέσαμεν τὴν εἰκόνα τοῦ
χοϊκοῦ, φορέσομεν (vl ..σωμεν) καὶ
τὴν εἰκόνα τοῦ ἐπουρανίου

φόρος *tributum* Luc 20₂₂ 23₂ Rm 13₆.₇

φορτίζειν *onerare* Mat 11₂₈ πάντες οἱ κοπι-
ῶντες καὶ πεφορτισμένοι – Luc 11₄₆ φ..
ετε τοὺς ἀνθρώπους φορτία (*oneribus*)

φορτίον *onus* ᵇ*sarcinae* Mat 11₃₀ ὁ – ζυγός
μου χρηστὸς καὶ τὸ φ. μου ἐλαφρόν
Mat 23 4 δεσμεύουσιν δὲ φορτία βαρέα [καὶ
δυσβάστακτα] ‖ Luc 11₄₆ φορτίζετε τοὺς
ἀνθρ. φορτία δυσβ., καὶ αὐτοὶ – οὐ προσ-
ψαύετε τοῖς φ.ᵇ – Act 27 10
Gal 6 5 ἕκαστος – τὸ ἴδιον φορτίον βαστάσει

Φορτουνᾶτος 1 Co 16₁₇ ἐπὶ τῇ παρουσίᾳ – Φ.

φραγέλλιον Sᵒ – *flagellum* Joh 2 15 ἐκ σχοιν.

φραγελλοῦν Sᵒ – *flagellare* ᵇ*flagellis*
caedere Mat 27₂₆ ‖ Mar 15₁₅ᵇ

φραγμός *sepes* (vl *saepe*) ᵇ*maceria*
Mat 21₃₃ „φραγμὸν – περιέθηκεν" ‖ Mar 12₁
Luc 14₂₃ ἔξελθε εἰς τὰς ὁδοὺς καὶ φραγμούς
Eph 2 14 τὸ μεσότοιχον τοῦ φραγμοῦᵇ λύσας

φράζειν *edisserere* Mat 15₁₅ παραβολήν

φράσσειν ᵃ*obturare* – pass: ᵇ*obstrui* ᶜ*in-
fringi* Rm 3₁₉ ἵνα πᾶν στόμα φραγῇᵇ
2 Co 11 10 ἡ καύχησις – οὐ φραγήσεταιᶜ εἰς ἐμέ
Hb 11₃₃ ἔφραξανᵃ στόματα λεόντων

φρέαρ *puteus* Luc 14₅ Joh 4₁₁.₁₂
Ap 9 1 κλεῖς τοῦ φρέατος τῆς ἀβύσσου 2

φρεναπατᾶν Sᵒ – *seducere* Gal 6₃ ἑαυτόν

φρεναπάτης Sᵒ – *seductor* Tit 1 10 φ..αι

φρένες *sensus* 1 Co 14₂₀ μὴ παιδία γίνεσθε
ταῖς φρεσίν, – ταῖς δὲ φρ. τέλειοι γίνεσθε

φρίσσειν *contremiscere* (..*esc*.) Jac 2 19

φρονεῖν *sapere* ᵇ*sentire*
Mat 16₂₃ οὐ φρονεῖς τὰ τοῦ θεοῦ ἀλλὰ τὰ
τῶν ἀνθρώπων ‖ Mar 8₃₃
Act 28₂₂ παρὰ σοῦ ἀκοῦσαι ἃ φρονεῖςᵇ
Rm 8 5 τὰ τῆς σαρκὸς φρονοῦσιν
11₂₀ μὴ ὑψηλὰ φρόνει 12₁₆ τὰ ὑψηλά
12 3 μὴ ὑπερφρονεῖν παρ᾽ ὃ δεῖ φρονεῖν,
ἀλλὰ φρονεῖν εἰς τὸ σωφρονεῖν
– 16 τὸ αὐτὸ εἰς ἀλλήλους φρονοῦντεςᵇ
15₅ τὸ αὐτὸ φρ. ἐν ἀλλήλοις κατὰ
Χὸν Ἰησ. 2 Co 13₁₁ τὸ αὐτὸ φ..εῖτε
Phl 2 2 ἵνα τὸ αὐτὸ φ..ῆτε, –, τὸ ἓν
φ..οῦντεςᵇ 4₂ τὸ αὐ. φρονεῖν ἐν κυρίῳ
14 6 ὁ φρονῶν τὴν ἡμέραν κυρίῳ φρονεῖ
1 Co 13₁₁ ἐφρόνουν ὡς νήπιος, ἐλογιζόμην
Gal 5 10 πέποιθα – ὅτι οὐδὲν ἄλλο φρονήσετε
Phl 1 7 καθὼς ἐστιν δίκαιον ἐμοὶ τοῦτο φρο-
νεῖνᵇ ὑπὲρ πάντων ὑμῶν
2 5 τοῦτο φ..εῖτεᵇ ἐν ὑμῖν ὃ καὶ ἐν Χ.
3 15 ὅσοι – τέλειοι, τοῦτο φρονῶμενᵇ· καὶ
εἴ τι ἑτέρως φρονεῖτε, – τοῦτο
– 19 οἱ τὰ ἐπίγεια φρονοῦντες
4 10 ἤδη ποτὲ ἀνεθάλετε τὸ ὑπὲρ ἐμοῦ
φρονεῖνᵇ· ἐφ᾽ ᾧ καὶ ἐφρονεῖτεᵇ
Col 3 2 τὰ ἄνω φ..εῖτε, μὴ τὰ ἐπὶ τῆς γῆς

φρόνημα *prudentia* ᵇ*sapientia* ᶜ(τί τὸ φρό-
νημα) *quid desideret*
Rm 8 6 τὸ – φρ. τῆς σαρκὸς θάνατος, τὸ δὲ
φρ. τοῦ πνεύματος ζωὴ καὶ εἰρήνη 7 τὸ
φρ.ᵇ τῆς σαρκὸς ἔχθρα εἰς θεόν 27 οἶ-
δεν τί τὸ φρόνημαᶜ τοῦ πνεύματος

φρόνησις *prudentia* Luc 1 17 „ἐπιστρέψαι" –
ἀπειθεῖς ἐν φρονήσει δικαίων
Eph 1 8 χάριτος –, ἧς ἐπερίσσευσεν εἰς ἡμᾶς
ἐν πάσῃ σοφίᾳ καὶ φρονήσει

φρόνιμος, φρονίμως *prudens* ᵇ*prudenter*
ᶜ*sapiens* Mat 7₂₄ ἀνδρὶ φρονίμῳᶜ
Mat 10₁₆ γίνεσθε οὖν φρόνιμοι ὡς οἱ ὄφεις
24₄₅ τίς ἄρα ἐστὶν ὁ πιστὸς δοῦλος καὶ
φρ. –; ‖ Luc 12₄₂ οἰκονόμος ὁ φρ.
25 2 καὶ πέντε φρόνιμοι 4.8ᶜ 9
Luc 16 8 ὅτι φρονίμωςᵇ ἐποίησεν᾽ – φ..ώτεροι
ὑπὲρ τοὺς υἱοὺς τοῦ φωτός
Rm 11₂₅ ἵνα μὴ ἦτε [παρ'] ἑαυτοῖς φρόνι-
μοιᶜ 12 16 „μὴ γίνεσθε φρόνιμοι παρ'
ἑαυτοῖς"
1 Co 4 10 ὑμεῖς δὲ φρόνιμοι ἐν Χριστῷ
10₁₅ ὡς φρονίμοις λέγω· κρίνατε ὑμεῖς
2 Co 11 19 ἀνέχεσθε τῶν ἀφρόνων φ..οιᶜ ὄντες

φροντίζειν *curare* Tit 3s ἵνα φ..ωσιν καλῶν
ἔργων προΐστασθαι οἱ πεπιστευκότες

φρουρεῖν *custodire* 2 Co 1132 τὴν πόλιν
Gal 323 ὑπὸ νόμον ἐφ..ούμεθα συγκλειόμ.
Phl 4 7 φ..ήσει τὰς καρδίας ὑμῶν – ἐν Χῷ
1 Pe 1 5 τοὺς – φ..ουμένους – εἰς σωτηρίαν

φρυάσσειν *fremere* Act 425 „ἐφρύαξαν"

φρύγανον *sarmentum* Act 283

Φρυγία Act 210 166 1823   Φύγελος 2 Ti 115

φυγή *fuga* Mat 2420 μὴ – χειμῶνος

φύειν ᵃ*germinare* – φυῆναι ᵇ*nasci* ᶜ*oriri*
Luc 8 6 φυὲνᵇ ἐξηράνθη 8 φυὲνᶜ ἐποίησεν
καρπόν – Hb 1215 „μή τις ῥίζα πι-
κρίας ἄνω φύουσαᵃ ἐνοχλῇ"

φυλακή *carcer* ᵇ*custodia* ᶜ*vigilia* ᵈ*hora*
Mat 525 μήποτε – εἰς φυλακὴν βληθήσῃ ‖ Luc
1258 – Mat 143 Ἰωάννην – ἐν φ..ῇ ἀπ-
έθετο 10 ἀπεκεφάλισεν – ἐν τῇ φ. ‖ Mar
617 ἔδησεν – ἐν φ. 27 Luc 320 κατέκλεισεν
Joh 324 οὔπω – ἦν βεβλημένος εἰς τὴν φ.
ὁ Ἰωάννης – Mat 1830 ἔβαλεν αὐτὸν εἰς
φ. ἕως ἀποδῷ – Luc 2112 παραδιδόντες
εἰς τὰς συναγωγὰς καὶ φυλακάςᵇ 2319
ἦν – βληθεὶς ἐν τῇ φυλακῇ 25
1425 τετάρτῃ δὲ φυλακῇᶜ τῆς νυκτός ‖
Mar 648 περὶ τετάρτην φυλακὴνᶜ
2443 ποίᾳ φυλακῇᵈ ὁ κλέπτης ἔρχεται
2536 ἐν φυλακῇ ἤμην καὶ ἤλθατε 39.43.44
Luc 2 8 ποιμένες – φυλάσσοντες φυλακάςᶜ
1238 κἂν ἐν τῇ τρίτῃ φυλακῇᶜ ἔλθῃ
2233 μετὰ σοῦ – εἰς φυλ. καὶ εἰς θάνατον
Act 519.22.25 οὓς ἔθεσθε ἐν τῇ φυλακῇ
8 3 ἄνδρας καὶ γυναῖκας παρεδίδου εἰς
φ..ήνᵇ 224ᵇ 2610 πολλοὺς – τῶν ἁ-
γίων – ἐν φυλακαῖς κατέκλεισα
12 4 ὃν (sc Πέτρον) – ἔθετο εἰς φ. 5.6.10 δι-
ελθόντες δὲ πρώτην φυλακὴνᵇ 17
1623 ἔβαλον εἰς φ. 24 εἰς τὴν ἐσωτέραν φ.
27.37.40 ἐξελθόντες – ἀπὸ τῆς φυλ.
2 Co 6 5 συνιστάντες ἑαυτοὺς ὡς θεοῦ διάκο-
νοι, – ἐν πληγαῖς, ἐν φυλακαῖς
1123 ἐν φ..αῖς περισσοτέρως, ἐν πληγαῖς
Hb 1136 πεῖραν ἔλαβον – δεσμῶν καὶ φ..ῆς
1 Pe 319 τοῖς ἐν φ..ῇ πνεύμασιν – ἐκήρυξεν
Ap 210 μέλλει βάλλειν ὁ διάβολος ἐξ ὑμῶν

εἰς φυλακὴν ἵνα „πειρασθῆτε"
Ap 18 2 φ.ᵇ παντὸς πνεύματος ἀκαθάρτου
καὶ φ.ᵇ παντὸς ὀρνέου ἀκαθάρτου
[καὶ φ.ᵇ παντὸς θηρίου ἀκαθάρτου]
20 7 λυθήσεται ὁ σαταν. ἐκ τῆς φ. αὐτοῦ

φυλακίζειν *concludere in carcerem*
Act 2219 ἤμην φ..ων – τοὺς πιστεύοντας

φυλακτήριον Sᵒ – *phylacterium* Mat 235

φύλαξ *custos* Act 523 126.19

φυλάσσειν, ..εσθαι *custodire* ᵇ*conservare*
ᶜ*observare* ᵈ*servare* ᵉ*se abstinēre*
ᶠ*cavēre* ᵍ*se custodire* ʰ*devitare*

1) praecepta, legem, decreta
Mat 1920 πάντα ταῦτα ἐφύλαξα ‖ Mar 1020
ἐφυλαξάμηνᶜ Luc 1821 ἐφ..ξα
Luc 1128 μακάριοι οἱ ἀκούοντες τὸν λόγον τοῦ
θεοῦ καὶ φυλάσσοντες
Joh 1247 ἐάν τίς μου ἀκούσῃ τῶν ῥημάτων
καὶ μὴ φυλάξῃ, ἐγὼ οὐ κρίνω αὐτόν
Act 753 ἐλάβετε τὸν νόμον –, καὶ οὐκ ἐφυ-
λάξατε – 2124 στοιχεῖς – φ..ων τ. νό.
16 4 φ..ειν τὰ δόγματα – (τῶν ἀποστόλ.)
Rm 226 ἐὰν οὖν ἡ ἀκροβυστία τὰ δικαιώμα-
τα τοῦ νόμου φυλάσσῃ
Gal 613 οὐδὲ γὰρ οἱ περιτεμνόμενοι αὐτοὶ
νόμον φυλάσσουσιν
1 Ti 521 ἵνα ταῦτα φυλάξῃς χωρὶς προκρίμ.

2) reliqui loci
Luc 2 8 ποιμένες – φ..οντες – 829 1121 αὐλήν
1215 φ..εσθεᶠ ἀπὸ πάσης πλεονεξίας
Joh 1225 εἰς ζωὴν αἰώνιον φυλάξει αὐτήν
1712 ἐφύλαξα, καὶ οὐδεὶς – ἀπώλετο εἰ μή
Act 12 4 2220 ἱμάτια 2335 2816
2125 φ..εσθαιᵉ αὐτοὺς τό τε εἰδωλόθυτον
καὶ αἷμα καὶ πνικτόν
2 Th 3 3 ὑμᾶς – φυλάξει ἀπὸ τοῦ πονηροῦ
1 Ti 620 τὴν παραθήκην φύλαξον 2 Ti 114 τὴν
καλὴν παραθήκην φύλαξον
2 Ti 112 δυνατός ἐστιν τὴν παραθήκην μου
φυλάξαιᵈ εἰς ἐκείνην τὴν ἡμέραν
415 Ἀλέξ. –ᵉ ὃν καὶ σὺ φυλάσσουʰ
2 Pe 2 5 Νῶε δικαιοσύνης κήρυκα ἐφύλαξεν
317 φυλάσσεσθεᵍ ἵνα μὴ – ἐκπέσητε τοῦ
ἰδίου στηριγμοῦ
1 Jo 521 φ..ξατεᵍ ἑαυτὰ ἀπὸ τῶν εἰδώλων
Jud 24 φυλάξαιᵇ ὑμᾶς ἀπταίστους

φυλή *tribus*

1) duodecim tribus Israel

Mat 19₂₈ κρίνοντες τὰς δώδεκα φυλὰς τοῦ Ἰσρ.
‖ Luc 22₃₀ – 2₃₆ ἐκ φυλῆς Ἀσήρ Act 13₂₁
Βενιαμίν Rm 11₁ Phl 3₅ – Jac 1₁ ταῖς δώ-
δεκα φ. ταῖς ἐν τῇ διασπορᾷ – Ap 7₄₋₈ ἐσφρα-
γισμένοι ἐκ πάσης φυλῆς υἱῶν Ἰσραήλ 21₁₂
Hb 7₁₃ φυλῆς ἑτέρας μετέσχηκεν 14 ἐξ Ἰού-
δα–, εἰς ἣν φυλὴν περὶ ἱερέων οὐ-
δὲν Μωϋσῆς ἐλάλησεν
Ap 5₅ ἐνίκησεν ὁ „λέων" ὁ ἐκ τῆς φυλῆς
Ἰούδα

2) aliae gentes

Mat 24₃₀ „πᾶσαι αἱ φυλαὶ τῆς γῆς" Ap 1₇
Ap 5₉ ἠγόρασας τῷ θεῷ – ἐκ πάσης φυλῆς
7₉ 11₉ 13₇ ἐξουσία ἐπὶ πᾶσαν φυλήν
14₆ εὐαγγελίσαι – ἐπὶ πᾶν ἔθν. καὶ φ..ήν

φύλλον *folium* Mat 21₁₉ οὐδὲν – εἰ μὴ φύλλα
‖ Mar 11₁₃ – Mat 24₃₂ ‖ Mar 13₂₈
Ap 22₂ „τὰ φ. – εἰς θεραπείαν" τῶν ἐθνῶν

φύραμα *massa* ᵇ*conspersio* Rm 9₂₁ 11₁₆
1 Co 5₆ μιχρὰ ζύμη ὅλον τὸ φύραμα ζυμοῖ
(Gal 5₉) 7 ἵνα ἦτε νέον φύραμαᵇ

φυσικός Sᵒ – *naturalis* φ..ῶς Sᵒ – ᵇ*n..liter*
Rm 1₂₆ μετήλλαξαν τὴν φ..ὴν χρῆσιν εἰς τὴν
παρὰ φύσιν 27 ἀφέντες τὴν φ. χρῆσιν
2 Pe 2₁₂ ὡς – ζῷα γεγεννημένα φυσικὰ εἰς
ἅλωσιν Jud 10 ὅσα δὲ φυσικῶςᵇ ὡς
τὰ ἄλογα ζῷα ἐπίστανται

φυσιοῦν, ..οῦσθαι *inflare, inflari*
1 Co 4₆ ἵνα μὴ εἷς ὑπὲρ τοῦ ἑνὸς φ..οῦσθε
κατὰ τοῦ ἑτέρου 18.19 οὐ τὸν λόγον
τῶν πεφυσιωμένων ἀλλὰ τὴν δύναμιν
5₂ πεφυσιωμένοι ἐστέ –;
8₁ ἡ γνῶσις φυσιοῖ, ἡ δὲ ἀγάπη
13₄ [ἡ ἀγάπη] – οὐ φυσιοῦται
Col 2₁₈ εἰκῇ φυσιούμενος ὑπὸ τοῦ νοὸς τῆς
σαρκὸς αὐτοῦ

φύσις *natura* ᵇ(κατὰ φύσιν) *naturalis*
ᶜ(φύσει semel) *naturaliter*
Rm 1₂₆ εἰς τὴν παρὰ φύσιν (sc χρῆσιν)
2₁₄ ὅταν – φύσειᶜ τὰ τοῦ νόμου ποιῶσιν
– 27 κρινεῖ ἡ ἐκ φύσεως ἀκροβυστία
11₂₁ τῶν κατὰ φύσινᵇ κλάδων οὐκ ἐφεί-
σατο 24 ἐκ τῆς κατὰ φ.ᵇ – ἀγριελαίου

καὶ παρὰ φ. ἐνεκεντρίσθης –, πόσῳ
μᾶλλον – οἱ κατὰ φ. ἐγκεντρισθήσον-
ται τῇ ἰδίᾳ ἐλαίᾳ
1 Co 11₁₄ οὐδὲ ἡ φύσις αὐτὴ διδάσκει ὑμᾶς –;
Gal 2₁₅ ἡμεῖς φύσει Ἰουδαῖοι καὶ οὐκ ἐξ ἐ-
4₈ τοῖς φύσει μὴ οὖσιν θεοῖς]θνῶν
Eph 2₃ ἤμεθα τέκνα φύσει ὀργῆς
Jac 3₇ πᾶσα γὰρ φύσις θηρίων – δεδάμα-
σται τῇ φύσει τῇ ἀνθρωπίνῃ
2 Pe 1₄ ἵνα – γένησθε θείας κοινωνοὶ φύσεως

φυσίωσις Sᵒ – *inflatio* 2 Co 12₂₀ μή πως – φ.

φυτεία *plantatio*   **φυτεύειν** *plantare*
ᵇ*pastinare* ᶜ(pass) *transplantari*
Mat 15₁₃ πᾶσα φυτεία ἣν οὐκ ἐφύτευσεν ὁ
πατήρ μου ὁ οὐράνιος
21₃₃ „ἐφύτ. ἀμπελῶνα" ‖ Mar 12₁ᵇ Luc 20₉
Luc 13₆ συκῆν – πεφυτευμένην ἐν τῷ ἀμπελ.
17₆ φυτεύθητι ἐν τῇ θαλάσσῃ (vl μετα-
φυτεύθητι εἰς τὴν θάλ.)
– 28 ἐπώλουν, ἐφύτευον, ᾠκοδόμουν
1 Co 3₆ ἐγὼ ἐφύτευσα, Ἀπολλῶς ἐπότισεν
– 7 οὔτε ὁ φ..ων ἐστίν τι οὔτε ὁ ποτίζων
8 ὁ φ..ων δὲ καὶ ὁ ποτίζων ἕν εἰσιν
9₇ τίς φυτεύει ἀμπελῶνα καὶ τὸν καρ-
πὸν αὐτοῦ οὐκ ἐσθίει;

φωλεός Sᵒ – *fovea* Mat 8₂₀ ‖ Luc 9₅₈

***φωνεῖν** non est nisi in Evv Act Ap
cantare ᵇ*clamare* ᶜ*exclamare*
ᵈ*vocare* ᵉ*vocem dare*
Mat 26₃₄ πρὶν ἀλέκτορα φωνῆσαι 74 ἐφώνη-
σεν 75 ‖ Mar 14₃₀ δὶς ἀλ. φω.ᵉ [68]
72 ἐκ δευτέρου ἀλ. ἐφώ. κτλ. Luc
22₃₄ οὐ φωνήσει σήμερον ἀλ. ἕως
τρίς με 60.61 Joh 13₃₈ 18₂₇
27₄₇ Ἠλίαν φωνεῖᵈ οὗτος ‖ Mar 15₃₅ᵈ
Mar 1₂₆ φωνῆσανᶜ φωνῇ μεγάλῃ ἐξῆλθεν
Luc 14₁₂ μὴ φώνειᵈ τοὺς φίλους σου
23₄₆ φωνήσαςᵇ φωνῇ μεγάλῃ ὁ Ἰησοῦς
Joh 10₃ τὰ – πρόβατα φωνεῖᵈ κατ᾿ ὄνομα
12₁₇ ὅτε τὸν Λάζ. ἐφώνησεν ἐκ τοῦ μν.
13₁₃ ὑμεῖς φωνεῖτέᵈ με· ὁ διδάσκαλος

***φωνή** *vox*
Mat 3₃ „φωνὴ βοῶντος ἐν τῇ ἐρήμῳ" ‖ Mar
1₃ Luc 3₄ Joh 1₂₃ ἐγὼ „φωνή"
– 17 φωνὴ ἐκ τῶν οὐρανῶν λέγουσα· ‖
Mar 1₁₁ Luc 3₂₂ – Joh 12₂₈.₃₀
17₅ φωνὴ ἐκ τῆς νεφέλης λέγουσα· ‖
Mar 9₇ Luc 9₃₅.₃₆ cfr 2 Pe 1₁₇.₁₈

Mat(24 31 νl τοὺς ἀγγέλους – μετὰ σάλπιγγος
καὶ φωνῆς μεγάλης)
27 46 ἀνεβόησεν ὁ Ἰησοῦς φωνῇ μεγάλῃ
50 ‖ Mar 15 34. 37 Luc 23 46
Mar 1 26 πνεῦμα – φωνῆσαν φωνῇ μεγάλῃ ἐξ-
ῆλθεν – 5 7 Luc 4 33 8 28 → Act 8 7
Luc 17 15 μετὰ φωνῆς μεγάλης δοξάζων τὸν
θεόν 19 37 αἰνεῖν τὸν θεόν
23 23 φ..αῖς μεγ. αἰτούμενοι αὐτὸν σταυ-
ρωθῆναι, καὶ κατίσχυον αἱ φωναί
Joh 3 8 τὴν φ. αὐτοῦ (sc τοῦ πνεῦ.) ἀκούεις
– 29 χαίρει διὰ τὴν φωνὴν τοῦ νυμφίου
5 25 οἱ νεκροὶ ἀκούσουσιν τῆς φωνῆς τοῦ
υἱοῦ τοῦ θεοῦ 28
– 37 οὔτε φωνὴν αὐτοῦ πώποτε ἀκηκόατε
10 3 τὰ πρόβατα τῆς φ. αὐτοῦ ἀκούει 4
οἴδασιν τὴν φ. αὐτοῦ 5 οὐκ οἴδασιν
τῶν ἀλλοτρίων τὴν φ. 16 τῆς φ. μου
ἀκούσουσιν 27 idem
18 37 πᾶς ὁ ὢν ἐκ τῆς ἀληθείας ἀκούει
μου τῆς φωνῆς
Act 7 31 ἐγένετο φωνὴ κυρίου· „ἐγὼ ὁ θεός“
8 7 βοῶντα φωνῇ μεγάλῃ ἐξήρχοντο
9 4 ἤκουσεν φωνὴν 7 22.9 26 14
10 13 ἐγένετο φωνὴ πρὸς αὐτόν 15 11 7.9
12 22 θεοῦ φ. (νl φωναὶ νg) καὶ οὐκ ἀνθρ.
13 27 τὰς φ. τῶν προφητῶν – ἐπλήρωσαν
1 Co 14 7 τὰ ἄψυχα φ..ὴν διδόντα, εἴτε αὐλός
– 8 ἐὰν ἄδηλον σάλπιγξ φωνὴν δῷ 10 το-
σαῦτα – γένη φωνῶν εἰσιν ἐν κόσμῳ
11 ἐὰν οὖν μὴ εἰδῶ τὴν δύν. τῆς φ.
Gal 4 20 ἤθελον – ἀλλάξαι τὴν φωνήν μου
1 Th 4 16 ἐν φωνῇ ἀρχαγγέλου –, καταβήσεται
Hb 3 7 „σήμερον ἐὰν τῆς φ. αὐτοῦ ἀκούση-
τε“ 15 4 7 – 12 19. 26 – 2 Pe 2 16
Ap 1 10 φωνὴν μεγ. ὡς σάλπιγγος (4 1) 12. 15
„ἡ φ. αὐτοῦ ὡς φ. ὑδάτων“ 14 2 19 6
3 20 ἐάν τις ἀκούσῃ τῆς φωνῆς μου
4 5 „φωναὶ καὶ βρονταί“ 6 1 ὡς φωνῇ (νl
..νὴν νg) βροντῆς 8 5 10 3 ἐλάλησαν
αἱ ἑπτὰ βρονταὶ τὰς ἑαυτῶν φωνάς
11 19 14 2 16 18 19 6 „ὡς φ..ὴν ὄχλου“
5 2 κηρύσσοντα ἐν φωνῇ μεγάλῃ 12 λέ-
γοντες φωνῇ μεγάλῃ 6 10 7 2.10 8 13 10 3
14 7.9.15 19 17 18 2 ἔκραξεν ἐν ἰσχυρᾷ
φωνῇ
– 11 φωνὴν ἀγγέλων πολλῶν 6 6 φωνὴν
ἐν μέσῳ τῶν – ζῴων 7 – 8 13
9 9 ἡ φ. τ. πτερύγων –, ὡς φ. ἁρμάτων“
– 13 φωνὴν μίαν ἐκ τῶν – κεράτων τοῦ θυ-
σιαστηρίου 10 4 ἐκ τοῦ οὐρανοῦ 8
11 12. 15 ἐν τῷ οὐρ. 12 10 14 2. 13 ἐκ τοῦ

οὐρ. 16 1 „ἐκ τοῦ ναοῦ“ 17 18 4 19 5
ἀπὸ τοῦ θρόνου 21 3 ἐκ τοῦ θρόνου
Ap 10 7 ἐν ταῖς ἡμέραις τῆς φωνῆς τοῦ ἑ-
βδόμου ἀγγέλου
14 2 ἡ φ. – ὡς κιθαρῳδῶν 19 1 ὄχλου 6
18 22 φ. κιθαρῳδῶν – „καὶ φ. μύλου“ οὐ μὴ
ἀκουσθῇ – ἔτι 23 „φωνὴ νυμφίου καὶ
νύμφης“ οὐ μὴ ἀκουσθῇ ἐν σοί

φῶς lux ᵇlumen ᶜignis
Mat 4 16 „φ. εἶδον μέγα, – φ. ἀνέτειλεν αὐτ.“
5 14 ὑμεῖς ἐστε τὸ φῶς τοῦ κόσμου
– 16 λαμψάτω τὸ φῶς ὑμῶν Luc 11 33
6 23 εἰ – τὸ φ.ᵇ τὸ ἐν σοὶ σκότος ἐστὶν ‖
Luc 11 35 σκόπει – μὴ τὸ φ.ᵇ – ἐστίν
10 27 εἴπατε ἐν τῷ φωτί ᵇ ‖ Luc 12 3 ἐν τῷ
φωτί ᵇ ἀκουσθήσεται
17 2 τὰ δὲ ἱμάτια αὐτοῦ ἐγένετο λευκὰ
ὡς τὸ φῶς (νl χιὼν νg nix)
Mar 14 54 θερμαινόμενος πρὸς τὸ φ.ᶜ ‖ Luc 22
56 καθήμενος πρὸς τὸ φῶς ᵇ
Luc 2 32 „φῶς ᵇ εἰς ἀποκάλυψιν ἐθνῶν“
8 16 ἵνα οἱ εἰσπορευόμ. βλέπωσιν τὸ φ.ᵇ
16 8 ὑπὲρ τοὺς υἱοὺς τοῦ φωτός – εἰσιν
Joh 1 4 ἡ ζωὴ ἦν τὸ φῶς τῶν ἀνθρώπων
– 5 καὶ τὸ φῶς ἐν τῇ σκοτίᾳ φαίνει
– 7 ἦλθ. –, ἵνα μαρτυρήσῃ περὶ τοῦ φ.ᵇ 8
οὐκ ἦν – τὸ φ., ἀλλ᾽ ἵνα μ. περὶ τοῦ φ.ᵇ
– 9 ἦν τὸ φῶς τὸ ἀληθινόν → 1 Jo 2 8
3 19 τὸ φῶς ἐλήλυθεν εἰς τὸν κόσμον καὶ
ἠγάπησαν οἱ ἄνθρ. μᾶλλον τὸ σκό-
τος ἢ τὸ φῶς 20 ὁ φαῦλα πράσσων
μισεῖ τὸ φῶς καὶ οὐκ ἔρχεται πρὸς
τὸ φῶς 21 ὁ δὲ ποιῶν τὴν ἀλήθειαν
ἔρχεται πρὸς τὸ φῶς
5 35 ὑμεῖς δὲ ἠθελήσατε ἀγαλλιαθῆναι
πρὸς ὥραν ἐν τῷ φωτὶ αὐτοῦ
8 12 ἐγώ εἰμι τὸ φ. τοῦ κόσμου· ὁ ἀκο-
λουθῶν ἐμοὶ – ἕξει τὸ φ.ᵇ (νlᵃ) τῆς
ζωῆς 9 5 ὅταν ἐν τῷ κόσμῳ ὦ, φῶς
εἰμι τοῦ κόσμου 12 46 ἐγὼ φῶς εἰς
τὸν κόσμον ἐλήλυθα
11 9 ὅτι τὸ φ. τοῦ κόσμου τούτου βλέπει
– 10 ὅτι τὸ φῶς οὐκ ἔστιν ἐν αὐτῷ
12 35 ἔτι μικρὸν χρόνον τὸ φ.ᵇ ἐν ὑμῖν ἐ-
στιν. περιπατεῖτε ὡς τὸ φῶς ἔχετε
– 36 ὡς τὸ φ. ἔχετε, πιστεύετε εἰς τὸ φ.,
ἵνα υἱοὶ φωτὸς γένησθε (sitis)
Act 9 3 αὐτὸν περιήστραψεν φῶς ἐκ τοῦ οὐ-
ρανοῦ 22 6 φῶς ἱκανὸν περὶ ἐμέ 9 τὸ
μὲν φῶς ᵇ ἐθεάσαντο 11 ᵇ 26 13 ᵇ
12 7 ἰδοὺ ἄγγελος –, καὶ φῶς ᵇ ἔλαμψεν

Act 13 47 „τέθεικά σε εἰς φῶς (vl b) ἐθνῶν"
16 29 αἰτήσας δὲ φῶτα b εἰσεπήδησεν
26 18 ἐπιστρέψαι „ἀπὸ σκότους εἰς φῶς"
– 23 φ. b μέλλει καταγγέλλειν τῷ τε λαῷ
Rm 2 19 σεαυτὸν – εἶναι – φῶς b τῶν ἐν σκότει
13 12 ἐνδυσώμεθα – τὰ ὅπλα τοῦ φωτός
2 Co 4 6 ὁ εἰπών· ἐκ σκότους φῶς λάμψει
6 14 τίς κοινωνία φωτὶ πρὸς σκότος;
11 14 μετασχηματίζεται εἰς ἄγγελον φωτός
Eph 5 8 νῦν δὲ φῶς (sc ἐστε) ἐν κυρίῳ· ὡς
τέκνα φωτὸς περιπατεῖτε, – 9 ὁ γὰρ
καρπὸς τοῦ φωτὸς ἐν πάσῃ ἀγαθω-
σύνῃ καὶ δικαιοσύνῃ καὶ ἀληθείᾳ
– 13 ἐλεγχόμενα ὑπὸ τοῦ φ. b φανεροῦται,
14 πᾶν – τὸ φανερούμενον φ. b ἐστιν
Col 1 12 τῷ ἱκανώσαντι ὑμᾶς εἰς τὴν μερίδα
τοῦ κλήρου τῶν ἁγίων ἐν τῷ φωτί b
1 Th 5 5 υἱοὶ φωτός ἐστε καὶ υἱοὶ ἡμέρας
1 Ti 6 16 φῶς οἰκῶν ἀπρόσιτον, ὃν εἶδεν
Jac 1 17 καταβαῖνον ἀπὸ τοῦ πατρὸς τῶν φ. b
1 Pe 2 9 τοῦ ἐκ σκότους ὑμᾶς καλέσαντος εἰς
τὸ θαυμαστὸν αὐτοῦ φῶς b
1 Jo 1 5 ὅτι ὁ θεὸς φῶς ἐστιν
– 7 ἐὰν δὲ ἐν τῷ φωτὶ περιπατῶμεν ὡς
αὐτός ἐστιν ἐν τῷ φωτί
2 8 τὸ φῶς b τὸ ἀληθινὸν ἤδη φαίνει
– 9 ὁ λέγων ἐν τῷ φ. εἶναι καὶ τὸν ἀ-
δελφὸν αὐτοῦ μισῶν 10 ὁ ἀγαπῶν
τὸν ἀδελφὸν – ἐν τῷ φωτί b μένει
Ap 18 23 „φ. λύχνου" οὐ μὴ φάνῃ ἐν σοὶ ἔτι
21 24 „περιπατήσουσιν τὰ ἔθνη διὰ τ. φω-
τὸς b" αὐτῆς (sc τῆς ἁγίας πόλεως)
22 5 οὐκ ἔχουσιν χρείαν φωτὸς b λύχνου
καὶ „φωτὸς b ἡλίου", ὅτι – ὁ θεός

φωστήρ a luminar b lumen Phl 2 15 φαίνεσθε
ὡς φωστῆρες a ἐν κόσμῳ – Ap 21 11 b

φωσφόρος S o – lucifer 2 Pe 1 19 ἕως οὗ –
φ. ἀνατείλῃ ἐν ταῖς καρδίαις ὑμῶν

φωτεινός lucidus Mat 6 22 ὅλον τὸ σῶμα ‖
Luc 11 34. 36 – Mat 17 5 νεφέλη φωτεινή

φωτίζειν illuminare
Luc 11 36 ὡς ὅταν ὁ λύχνος τῇ ἀστραπῇ φω-
τίζῃ σε
Joh 1 9 τὸ φῶς –, ὃ φ..ει πάντα ἄνθρωπον
1 Co 4 5 ὁ κύριος, ὃς καὶ φωτίσει τὰ κρυπτὰ
τ. σκότους καὶ φανερώσει τ. βουλάς
Eph 1 18 πεφωτισμένους τοὺς ὀφθαλμοὺς τῆς
καρδίας [ὑμῶν]
3 9 ἐμοὶ – ἐδόθη ἡ χάρις –, – φωτίσαι
[πάντας] τίς ἡ οἰκονομία τοῦ μυστη-
ρίου –, ἵνα γνωρισθῇ νῦν
2 Ti 1 10 Χοῦ –, – φωτίσαντος – ζωὴν καὶ ἀ-
φθαρσίαν διὰ τοῦ εὐαγγελίου
Hb 6 4 τοὺς ἅπαξ φωτισθέντας
10 32 τὰς – ἡμέρας, ἐν αἷς φωτισθέντες
Ap 18 1 ἡ γῆ ἐφωτίσθη ἐκ τῆς δόξης αὐτοῦ
21 23 „ἡ – δόξα τοῦ θεοῦ ἐφώτισεν" αὐτήν
22 5 ὅτι – „ὁ θεὸς φωτίσει" ἐπ᾽ αὐτούς

φωτισμός illuminatio
2 Co 4 4 εἰς τὸ μὴ αὐγάσαι τὸν φωτισμὸν τοῦ
εὐαγγελίου τῆς δόξης τοῦ Χοῦ
– 6 πρὸς φ..ὸν τῆς γνώσεως τῆς δόξης
τοῦ θεοῦ ἐν προσώπῳ [Ἰησ] Χριστοῦ

X

χαίρειν
1) χαῖρε, χαίρετε, χαίρειν λέγειν
ave, avete (vl ha.) b ave dicere c salutem
Mat 26 49 χαῖρε, ῥαββί 27 29 χαῖρε, βασιλεῦ τῶν
Ἰουδαίων ‖ Mar 15 18 Joh 19 3
28 9 Ἰησοῦς ὑπήντησεν – λέγων· χαίρετε
Luc 1 28 χαῖρε, κεχαριτωμένη
Act 15 23 ἀδελφοῖς τοῖς ἐξ ἐθνῶν χαίρειν c
23 26 Φήλικι χαίρειν c Jac 1 1 ταῖς
δώδεκα φυλαῖς ταῖς ἐν τῇ διασπο-
ρᾷ χαίρειν c
2 Jo 10 χαίρειν αὐτῷ μὴ λέγετε b 11 b

2) laetari, gaudere vg gaudēre
Mat 2 10 ἐχάρησαν χαρὰν μεγάλην σφόδρα
5 12 χαίρετε καὶ ἀγαλλιᾶσθε ‖ Luc 6 23
18 13 χαίρει ἐπ᾽ αὐτῷ μᾶλλον ἤ ‖ Luc 15 5
Mar 14 11 οἱ δὲ – ἐχάρησαν καὶ ἐπηγγ. ‖ Luc 22 5
Luc 1 14 ἐπὶ τῇ γενέσει αὐτοῦ χαρήσονται
10 20 ἐν τούτῳ μὴ χαίρετε, ὅτι τὰ πνεύμ.
–, χαίρετε δὲ ὅτι τὰ ὀνόματα ὑμῶν
ἐγγέγραπται – 13 17 15 32 19 6.37 23 8
Joh 3 29 χαρᾷ χαίρει διὰ τὴν φωνὴν τοῦ
νυμφίου
4 36 ἵνα ὁ σπείρων ὁμοῦ χαίρῃ καί

Joh 8 56 11 15 χαίρω δι' ὑμᾶς, ἵνα πιστεύσητε,
ὅτι οὐκ ἤμην ἐκεῖ
14 28 ἐχάρητε ἂν ὅτι πορεύομαι πρός
16 20 κλαύσετε – ὑμεῖς, ὁ δὲ κόσμος χαρή-
σεται 22 χαρήσεται ὑμῶν ἡ καρδία
20 20 ἐχάρησαν οὖν – ἰδόντες τὸν κύριον
Act 5 41 8 39 11 23 13 48 15 31 ἐπὶ τ. παρακλήσει
Rm 12 12 τῇ ἐλπίδι χ..οντες 15 χ. μετὰ χ..όντων
16 19 ἐφ' ὑμῖν οὖν χαίρω, θέλω δὲ ὑμᾶς
1 Co 7 30 οἱ χαίροντες ὡς μὴ χαίροντες
13 6 [ἡ ἀγάπη] – οὐ χαίρει ἐπὶ τῇ ἀδικίᾳ,
συγχαίρει δὲ τῇ ἀληθείᾳ
16 17 χαίρω – ἐπὶ τῇ παρουσίᾳ Στεφανᾶ
2 Co 2 3 ἵνα μὴ ἐλθὼν λύπην σχῶ ἀφ' ὧν (de
quibus) ἔδει με χαίρειν
6 10 ὡς λυπούμενοι ἀεὶ δὲ χαίροντες
7 7 ὥστε με μᾶλλον χαρῆναι 13. 16
– 9 χαίρω – ὅτι ἐλυπήθητε εἰς μετάνοιαν
13 9 χαίρομεν – ὅταν ἡμεῖς ἀσθενῶμεν
– 11 λοιπόν, ἀδελφοί, χαίρετε → Phl 3 1
Phl 1 18 ἐν τούτῳ χαίρω· ἀλλὰ καὶ χαρήσο-
μαι 2 17 εἰ καὶ σπένδομαι –, χαίρω
καὶ συγχαίρω – ὑμῖν 18 καὶ ὑμεῖς χαί-
ρετε καὶ συγχαίρετέ μοι
2 28 ἵνα ἰδόντες αὐτὸν πάλιν χαρῆτε
3 1 χαίρετε ἐν κυρίῳ 4 4 χαίρετε ἐν κυ-
ρίῳ πάντοτε· πάλιν ἐρῶ, χ..ετε 10 ἐ-
χάρην – ἐν κυρίῳ μεγάλως ὅτι
Col 1 24 νῦν χαίρω ἐν τοῖς παθήμασιν
2 5 χαίρων καὶ βλέπων ὑμῶν τὴν τάξιν
1 Th 3 9 ἐπὶ – τῇ χαρᾷ ᾗ χαίρομεν δι' ὑμᾶς
5 16 πάντοτε χ..ετε, ἀδιαλείπτως προσεύχ.
1 Pe 4 13 καθὸ κοινωνεῖτε τοῖς τοῦ Χοῦ πα-
θήμασιν χαίρετε, ἵνα καὶ ἐν τῇ ἀπο-
καλύψει τῆς δόξης αὐτοῦ χαρῆτε
2 Jo 4 ἐχάρην λίαν ὅτι 3 Jo 3 ἐχάρην – λίαν
Ap 11 10 19 7 „χαίρωμεν" καὶ „ἀγαλλιῶμεν"

χάλαζα grando Ap 8 7 11 19 16 21

χαλᾶν submittere (vl summ.) [b] dimittere
[c]laxare [d]mittere Mar 2 4 κράβαττον Luc
5 4 [c] δίκτυα 5 [c] Act 9 25 χαλάσαντες ἐν
σπυρίδι 27 17 τὸ σκεῦος 30 [d] 2 Co 11 33 [b]

Χαλδαῖοι Act 7 4 ἐξελθὼν ἐκ γῆς Χαλδαίων

χαλεπός [a] periculosus [b] saevus Mat 8 28 [b]
2 Ti 3 1 ὅτι – ἐνστήσονται καιροὶ χαλεποί [a]

χαλιναγωγεῖν S[o] – [a] refrenare [b] freno cir-
cumducere Jac 12 6 [a] γλῶσσαν 32 [b] τὸ σῶμα

χαλινοί frena Jac 3 3 freni Ap 14 20

χαλκεύς aerarius 2 Ti 4 14 Ἀλέξ. ὁ χαλκεύς

χαλκηδών S[o] – calcedonius Ap 21 19

χαλκίον aeramentum Mar 7 4

χαλκολίβανον S[o] – aurichalcum (vl ori..)
Ap 1 15 οἱ πόδες αὐτοῦ ὅμοιοι χ..ῳ 2 18

χαλκός aes [b] aeramentum [c] pecunia
Mat 10 9 μηδὲ χαλκὸν [c] εἰς τὰς ζώνας ὑμῶν ‖
Mar 6 8 – 12 41 χ..ὸν εἰς τὸ γαζοφυλάκιον
1 Co 13 1 γέγονα χαλκὸς ἠχῶν – Ap 18 12 [b]

χαλκοῦς aereus Ap 9 20 „εἴδωλα – χ..ᾶ"

χαμαί in terram Joh 9 6 18 6 ἔπεσαν χαμαί

Χανάαν Act 7 11 13 19 Χαναναία Mat 15 22

χαρά gaudium [b] laetitia
Mat 2 10 ἐχάρησαν χαρὰν μεγάλην σφόδρα
13 20 εὐθὺς μετὰ χαρᾶς λαμβάνων αὐτόν
(sc τὸν λόγον) ‖ Mar 4 16 Luc 8 13
– 44 ἀπὸ τῆς χ. αὐτοῦ ὑπάγει καὶ πωλεῖ
25 21 εἰς τὴν χαρὰν τοῦ κυρίου σου 23
28 8 μετὰ φόβου καὶ χαρᾶς μεγάλης Luc
24 52 – 10 17 ὑπέστρεψαν – μετὰ χ.
Luc 1 14 ἔσται χαρά σοι καὶ ἀγαλλίασις
2 10 εὐαγγελίζομαι ὑμῖν χαρὰν μεγάλην
15 7 χ. ἐν τῷ οὐρανῷ ἔσται ἐπὶ ἑνὶ ἁμαρ-
τωλῷ 10 χαρὰ ἐνώπιον τῶν ἀγγέλων
24 41 ἀπιστούντων αὐτῶν ἀπὸ τῆς χαρᾶς
Joh 3 29 χαρᾷ χαίρει διὰ τὴν φωνὴν τοῦ νυμ-
φίου. αὕτη οὖν ἡ χαρὰ ἡ ἐμὴ πε-
πλήρωται
15 11 ἵνα ἡ χαρὰ ἡ ἐμὴ ἐν ὑμῖν ᾖ καὶ ἡ
χαρὰ ὑμῶν πληρωθῇ 16 24 ἡ πεπλη-
ρωμένη 17 13 ἵνα ἔχωσιν τὴν χαρὰν
τὴν ἐμὴν πεπληρωμένην ἐν ἑαυτοῖς
16 20 ἡ λύπη ὑμῶν εἰς χαρὰν γενήσεται
– 21 διὰ τὴν χ. ὅτι ἐγεννήθη ἄνθρωπος
– 22 τὴν χ. ὑμῶν οὐδεὶς αἴρει ἀφ' ὑμῶν
Act 8 8 πολλὴ χ. ἐν τῇ πόλει (sc Sam.) 12 14
ἀπὸ τῆς χ. οὐκ ἤνοιξεν 13 52 ἐπληρ-
οῦντο χαρᾶς καὶ πνεύ. ἁγ. 15 3 ἐ-
ποίουν χαρὰν μεγ. – τοῖς ἀδελφοῖς
(20 24 νl ὡς τελειῶσαι τὸν δρόμον μου μετὰ
χαρᾶς vg[o])
Rm 14 17 εἰρήνη καὶ χαρὰ ἐν πνεύματι ἁγίῳ
15 13 πληρῶσαι ὑμᾶς πάσης χ. καὶ εἰρήνης

Rm 15 32 ἵνα ἐν χαρᾷ ἐλθὼν πρὸς ὑμᾶς
2 Co 1(15 vl ἵνα δευτέραν χαρὰν σχῆτε)
    – 24 ἀλλὰ συνεργοί ἐσμεν τῆς χαρ. ὑμῶν
    2 3 ὅτι ἡ ἐμὴ χαρὰ πάντων ὑμῶν ἐστιν
    7 4 ὑπερπερισσεύομαι τῇ χαρᾷ ἐπὶ πά-
      σῃ τῇ θλίψει ἡμῶν
    – 13 μᾶλλον ἐχάρημεν ἐπὶ τῇ χαρᾷ Τίτου
    8 2 ἡ περισσεία τῆς χαρᾶς αὐτῶν
Gal 5 22 ἀγάπη, χαρά, εἰρήνη, μακροθυμία
Phl 1 4 μετὰ χαρᾶς τὴν δέησιν ποιούμενος
    – 25 εἰς τὴν ὑμῶν – χαρὰν τῆς πίστεως
    2 2 πληρώσατέ μου τὴν χ. ἵνα τὸ αὐτὸ
    – 29 προσδέχεσθε – αὐτὸν – μετὰ πάσης χ.
    4 1 ἀδελφοί –, χαρὰ καὶ στέφανός μου
Col 1 11 μετὰ χαρᾶς εὐχαριστοῦντες
1 Th 1 6 μετὰ χαρᾶς πνεύματος ἁγίου
    2 19 τίς – ἡμῶν – χαρὰ ἢ στέφανος καυ-
      χήσεως –; 20 ὑμεῖς γάρ ἐστε ἡ δόξα
      (gloria) ἡμῶν καὶ ἡ χαρά
    3 9 ἐπὶ πάσῃ τῇ χ. ᾗ χαίρομεν δι᾽ ὑμᾶς
2 Ti 1 4 σὲ ἰδεῖν, –, ἵνα χαρᾶς πληρωθῶ
Phm 7 χ. .ἂν – πολλὴν ἔσχον – ἐπὶ τῇ ἀγάπῃ
Hb 10 34 τὴν ἁρπαγὴν τῶν ὑπαρχόντων ὑμῶν
      μετὰ χαρᾶς προσεδέξασθε
    12 2 ἀντὶ τῆς προκειμένης αὐτῷ χαρᾶς
    – 11 πᾶσα – παιδεία – οὐ δοκεῖ χ..ᾶς εἶναι
    13 17 ἵνα μετὰ χαρᾶς τοῦτο ποιῶσιν
Jac 1 2 πᾶσαν χαρὰν ἡγήσασθε, –, ὅταν
      πειρασμοῖς περιπέσητε ποικίλοις
    4 9 καὶ ἡ χαρὰ εἰς κατήφειαν
1 Pe 1 8 χαρᾷ [b] ἀνεκλαλήτῳ καὶ δεδοξασμένῃ
1 Jo 1 4 ἵνα ἡ χ. ἡμῶν ᾖ πεπληρωμένη 2 Jo 12
3 Jo 4 μειζοτέραν – οὐκ ἔχω χαρὰν (vl χά-
    ριν), ἵνα ἀκούω τὰ ἐμὰ τέκνα

χάραγμα S° – *character* (vl ca.) [b]*sculptura*
Act 17 29 χ..ατι [b] τέχνης – τὸ θεῖον εἶναι ὅμοιον
Ap 13 16 χάρ. ἐπὶ τῆς χειρός – τῆς δεξιᾶς ἢ
    ἐπὶ τὸ μέτωπον 17 τὸ χ. (vl + ἢ vg) τὸ
    ὄνομα τοῦ θηρίου 14 9.11 16 2 19 20 20 4

χαρακτήρ *figura* Hb 1 3 τῆς ὑποστάσεως

χάραξ *vallum*
Luc 19 43 παρεμβαλοῦσιν – χάρακα

χαρίζεσθαι *donare* [b]*damnare* (vl *donare*)
Luc 7 21 τυφλοῖς πολλοῖς ἐχαρίσατο βλέπειν
    – 42 ἀμφοτέροις ἐχαρίσατο 43 ᾧ τὸ πλεῖον
Act 3 14 ἄνδρα φονέα χαρισθῆναι ὑμῖν
    25 11 οὐδείς με δύναται αὐτοῖς (sc accu-
      satoribus) χαρίσασθαι 16 χ..εσθαί [b]

τινα ἄνθρωπ. πρὶν – κατὰ πρόσωπον
Act 27 24 κεχάρισταί σοι ὁ θεὸς πάντας τούς
Rm 8 32 πῶς οὐχὶ καὶ σὺν αὐτῷ τὰ πάντα
    ἡμῖν χαρίσεται; (vg prf, vl fut)
1 Co 2 12 ἵνα εἰδῶμεν τὰ ὑπὸ τοῦ θεοῦ χαρι-
    σθέντα ἡμῖν· ἃ καὶ λαλοῦμεν οὐκ
2 Co 2 7 ὥστε – μᾶλλον ὑμᾶς χαρίσασθαι 10 ᾧ
    δέ τι χ..εσθε (vg prf, vl praes), κἀ-
    γώ· καὶ γὰρ ἐγὼ ὃ κεχάρισμαι, εἴ τι
    κεχάρισμαι, δι᾽ ὑμᾶς ἐν προσώπῳ Χοῦ
    12 13 χαρίσασθέ μοι τὴν ἀδικίαν ταύτην
Gal 3 18 τῷ δὲ Ἀβραὰμ δι᾽ ἐπαγγελίας κεχά-
    ρισται ὁ θεός
Eph 4 32 χ..όμενοι ἑαυτοῖς καθὼς καὶ ὁ θεὸς ἐν
    Χῷ ἐχαρίσατο ὑμῖν Col 3 13 χ..όμενοι
    ἑαυτοῖς – καθὼς – ὁ κύριος ἐχαρ.
Phl 1 29 ὑμῖν ἐχαρίσθη τὸ ὑπὲρ Χοῦ – καὶ –
    πάσχειν, τὸν αὐτὸν ἀγῶνα ἔχοντες
    2 9 ἐχαρίσατο αὐτῷ τὸ ὄνομα τὸ ὑπὲρ
Col 2 13 χαρισάμενος ἡμῖν (vl ὑμῖν vg) πάν-
    τα τὰ παραπτώματα
Phm 22 ἐλπίζω – ὅτι – χαρισθήσομαι ὑμῖν

χάριν *gratia* [b]*causa* [c]*propter*
Luc 7 47 οὗ χάριν [c] λέγω σοι, ἀφέωνται
Gal 3 19 τῶν παραβάσεων χάριν [c] προσετέθη
Eph 3 1 τούτου χ. ἐγὼ Παῦλος 14 τούτου χ.
    κάμπτω τὰ γόνατά μου – Tit 15
1 Ti 5 14 λοιδορίας χάριν Tit 1 11 αἰσχροῦ κέρ-
    δους χάριν Jud 16 ὠφελείας χάριν [b]
1 Jo 3 12 καὶ χάριν [c] τίνος ἔσφαξεν αὐτόν;

χάρις *gratia* [b]*gratias*
Luc 1 30 εὗρες – χάριν παρὰ τῷ θεῷ Act 7 46
    Δαυίδ· ὃς εὗρεν χ. ἐνώπ. τοῦ θεοῦ
    2 40 χάρις θεοῦ ἦν ἐπ᾽ αὐτό (sc τὸ παιδ.)
    – 52 προέκοπτεν [ἐν τῇ] σοφίᾳ – καὶ χά-
    ριτι παρὰ θεῷ καὶ ἀνθρώποις Act
    7 10 „ἔδωκεν αὐτῷ (sc τῷ Ἰωσήφ)
    χάριν" καὶ σοφίαν „ἐναντίον Φαραώ"
    4 22 ἐθαύμαζον ἐπὶ τοῖς λόγοις τῆς χάρ.
    6 32 ποία ὑμῖν χάρις ἐστίν; 33.34 – 17 9
    μὴ ἔχει χάριν τῷ δούλῳ ὅτι –;
Joh 1 14 πλήρης χάριτος καὶ ἀληθείας
    – 16 ἐλάβομεν, καὶ χάριν ἀντὶ χάριτος
    – 17 ἡ χ. καὶ ἡ ἀλήθεια διὰ Ἰ. Χοῦ ἐγέν.
Act 2 47 ἔχοντες χάριν πρὸς ὅλον τὸν λαόν
    4 33 χάρις τε μεγάλη ἦν ἐπὶ – αὐτούς
    6 8 Στέφ. – πλήρης χ..ος καὶ δυνάμεως
    11 23 ἰδὼν τὴν χάριν [τὴν] τοῦ θεοῦ, ἐχάρη
    13 43 ἔπειθον – προσμένειν τῇ χ. τοῦ θεοῦ
    14 3 κυρίῳ τῷ μαρτυροῦντι ἐπὶ τῷ λόγῳ

τῆς χάριτος αὐτοῦ, διδόντι σημεῖα
Act 14 26 ὅθεν ἦσαν παραδεδομένοι τῇ χ. τοῦ
θεοῦ 15:40 παραδοθεὶς τῇ χ. τ. κυρ.
15 11 διὰ τῆς χ. τοῦ κυρίου Ἰησοῦ πιστεύ-
ομεν σωθῆναι 18 27 συνεβάλετο – τοῖς
πεπιστευκόσιν διὰ τῆς χάριτος (vg°)
20 24 διαμαρτύρασθαι τὸ εὐαγγέλιον τῆς
χ. τοῦ θεοῦ 32 παρατίθεμαι ὑμᾶς τῷ
θεῷ καὶ τῷ λόγῳ τῆς χάρ. αὐτοῦ
24 27 θέλων τε χάριτα καταθέσθαι τοῖς
Ἰουδαίοις 25 3 αἰτούμενοι χάριν 9 θέ-
λων τοῖς Ἰουδαί. χάριν καταθέσθαι
Rm 1 5 δι᾽ οὗ ἐλάβομεν χάριν καὶ ἀποστο-
λὴν 12 3 λέγω – διὰ τῆς χ. τῆς δοθεί-
σης μοι 15 15 ἐπαναμιμνήσκων ὑμᾶς
διὰ τὴν χάριν τὴν δοθεῖσάν μοι
– 7 χάρις ὑμῖν καὶ εἰρήνη ἀπὸ θεοῦ πα-
τρὸς ἡμῶν καὶ κυρίου Ἰ. Χοῦ 1 Co
13 2 Co 12 Gal 13 Eph 12 Phl 12 Col
12 (ἡμῶν.) 1 Th 11 (εἰρήνη.) 2 Th 12
[ἡμῶν] Phm 3 – 1 Ti 12 χάρις, ἔλεος,
εἰρήνη ἀπὸ θεοῦ πατρὸς καὶ Χοῦ Ἰ.
τοῦ κυρίου ἡμῶν 2 Ti 12 – Tit 14 χά-
ρις καὶ εἰρήνη ἀπὸ θεοῦ πατρὸς
καὶ Χοῦ Ἰ. τοῦ σωτῆρος ἡμῶν
3 24 δικαιούμενοι δωρεὰν τῇ αὐτοῦ χάρ.
4 4 ὁ μισθὸς οὐ λογίζεται κατὰ χάριν
– 16 ἐκ πίστεως, ἵνα κατὰ χάριν
5 2 προσαγωγὴν ἐσχήκαμεν [τῇ πίστει] εἰς
τὴν χάριν ταύτην
– 15 ἡ χ. τοῦ θεοῦ καὶ ἡ δωρεὰ ἐν χάρι-
τι – εἰς τοὺς πολλοὺς ἐπερίσσευσεν
– 17 οἱ τ. περισσείαν τῆς χ. – λαμβάνοντες
– 20 ὑπερεπερίσσευσεν ἡ χάρις 21 ἵνα –
καὶ ἡ χ. βασιλεύσῃ διὰ δικαιοσύνης
6 1 ἐπιμένωμεν τῇ ἁμαρτίᾳ, ἵνα ἡ χάρις
πλεονάσῃ; μὴ γένοιτο
– 14 οὐ γάρ ἐστε ὑπὸ νόμον ἀλλὰ ὑπὸ
χάριν 15 ἁμαρτήσωμεν, ὅτι οὐκ ἐσμὲν
ὑπὸ νόμον ἀλλὰ ὑπὸ χάριν;
– 17 χάρις ᵇ δὲ τῷ θεῷ ὅτι ἦτε δοῦλοι
7 25 χάρις – τῷ θεῷ (vl εὐχαριστῶ et χάρις
τοῦ θεοῦ vg) διὰ Ἰ. Χοῦ τοῦ κυρ.
11 5 λεῖμμα κατ᾽ ἐκλογὴν χ..τος γέγονεν
– 6 εἰ δὲ χάριτι, οὐκέτι ἐξ ἔργων, ἐπεὶ ἡ
χάρις οὐκέτι γίνεται χάρις
12 6 κατὰ τὴν χάριν τὴν δοθεῖσαν ἡμῖν
16 20 ἡ χάρις τοῦ κυρίου ἡμῶν Ἰησοῦ μεθ᾽
ὑμῶν (vl 21 vg) 1 Th 5 28 1 Co 16 23
(sine ἡμῶν) 2 Th 3 18 Ἰησ. Χοῦ μετὰ
πάντων ὑμῶν Gal 6 18 μετὰ τοῦ πνεύ-
ματος ὑμῶν, ἀδελφοί· ἀμήν Phl 4 23

(sine ἡμῶν Phm 25) 2 Co 13 13 ἡ χ.
τοῦ κυρ. Ἰ. Χοῦ καὶ ἡ ἀγάπη τοῦ θε-
οῦ καὶ ἡ κοινωνία τοῦ ἁγίου πνεύ-
ματος μετὰ πάντων ὑμῶν Eph 6 24 ἡ
χάρις μετὰ πάντων τῶν ἀγαπώντων
τὸν κύρ. ἡμῶν Ἰ. Χὸν ἐν ἀφθαρσίᾳ
Col 4 18 ἡ χάρις μεθ᾽ ὑμῶν 1 Ti 6 21
2 Ti 4 22 Tit 3 15 μετὰ πάντων ὑμῶν
1 Co 1 4 εὐχαριστῶ τῷ θεῷ – ἐπὶ τῇ χάρ. τοῦ
θεοῦ τῇ δοθείσῃ ὑμῖν ἐν Χῷ Ἰησοῦ
3 10 κατὰ τὴν χ. τοῦ θεοῦ τὴν δοθεῖσάν
μοι – θεμέλιον ἔθηκα 15 10 χάριτι –
θεοῦ εἰμι ὅ εἰμι, καὶ ἡ χάρις αὐτοῦ
ἡ εἰς ἐμὲ οὐ κενὴ ἐγενήθη, – περισ-
σότερον – ἐκοπίασα, οὐκ ἐγὼ δὲ ἀλ-
λὰ ἡ χάρις τοῦ θεοῦ [ἡ] σὺν ἐμοί
10 30 εἰ ἐγὼ χάριτι (cum gratia) μετέχω
15 57 τῷ δὲ θεῷ χάρις ᵇ τῷ διδόντι ἡμῖν τὸ
νῖκος → 2 Co 214
16 3 ἀπενεγκεῖν τὴν χ. ὑμῶν εἰς Ἱερουσ.
2 Co 1 12 οὐκ ἐν σοφίᾳ σαρκικῇ ἀλλ᾽ ἐν χάρι-
τι θεοῦ ἀνεστράφημεν ἐν τῷ κόσμῳ
– 15 ἵνα δευτέραν χάριν (vl χ..ἀν) σχῆτε
2 14 θεῷ χάρις ᵇ τῷ πάντοτε θριαμβεύ-
οντι ἡμᾶς 8 16 χ. ᵇ – τῷ θεῷ τῷ δόν-
τι – σπουδὴν 9 15 ᵇ ἐπὶ τῇ ἀνεκδιηγή-
τῳ αὐτοῦ δωρεᾷ
4 15 ἵνα ἡ χάρις πλεονάσασα – περισ-
σεύσῃ εἰς τὴν δόξαν τοῦ θεοῦ
6 1 μὴ εἰς κενὸν τὴν χ. τ. θ. δέξασθαι
8 1 τὴν χάρ. τοῦ θεοῦ τὴν δεδομένην ἐν
ταῖς ἐκκλησίαις τῆς Μακεδ. 4 δεόμε-
νοι ἡμῶν τὴν χάρ. καὶ τὴν κοινωνίαν
τῆς διακονίας 6 ἵνα – ἐπιτελέσῃ εἰς
ὑμᾶς καὶ τὴν χάριν ταύτην 7 ἵνα –
ἐν ταύτῃ τῇ χάριτι περισσεύητε
– 9 γινώσκετε γὰρ τὴν χάριν τοῦ κυρί-
ου –, ὅτι δι᾽ ὑμᾶς ἐπτώχευσεν
– 19 συνέκδημος ἡμῶν σὺν τῇ χάρ. ταύτῃ
9 8 πᾶσαν χάριν περισσεῦσαι εἰς ὑμᾶς
– 14 διὰ τὴν ὑπερβάλλουσαν χ. τοῦ θεοῦ
12 9 ἀρκεῖ σοι ἡ χάρις μου· ἡ – δύναμις
Gal 1 6 τοῦ καλέσαντος ὑμᾶς ἐν χ..τι [Χοῦ]
– 15 ὁ – καλέσας (sc με) διὰ τῆς χ. αὐτοῦ
2 9 γνόντες τὴν χάριν τὴν δοθεῖσάν μοι
– 21 οὐκ ἀθετῶ τὴν χάριν τοῦ θεοῦ
5 4 τῆς χάριτος ἐξεπέσατε
Eph 1 6 εἰς ἔπαινον δόξης τῆς χ..τος αὐτοῦ
– 7 κατὰ τὸ πλοῦτος τῆς χ. αὐτοῦ 27
τὸ ὑπερβάλλον πλού. τῆς χ. αὐτοῦ
2 5 χάριτι ἐστε σεσωσμένοι 8 τῇ γὰρ χ.
ἐστε σεσωσμ. διὰ πίστεως· – οὐκ ἐξ

Eph 3 2 τὴν οἰκονομίαν τῆς χάρ. τοῦ θεοῦ
τῆς δοθείσης μοι εἰς ὑμᾶς 7 κατὰ τὴν
δωρεὰν τῆς χ. τοῦ θ. τῆς δοθείσης
μοι 8 ἐμοὶ – ἐδόθη ἡ χάρις αὔτη, –
εὐαγγελίσασθαι τὸ – πλοῦτος
  4 7 ἐκάστῳ ἡμῶν ἐδόθη ἡ χάρις κατά
– 29 ἵνα δῷ (sc ὁ λόγος) χάριν τοῖς ἀκού-
ουσιν Col 4 6 ὁ λόγος ὑμῶν πάντοτε
ἐν χάριτι, ἄλατι ἠρτυμένος

Phl 1 7 συγκοινωνούς μου τῆς χάριτος (vg
gaudii) πάντας ὑμᾶς ὄντας

Col 1 6 ἐπέγνωτε τὴν χ. τοῦ θ. ἐν ἀληθείᾳ
  3 16 ἐν [τῇ] χάρ. ᾄδοντες ἐν ταῖς καρδίαις

2 Th 1 12 κατὰ τὴν χάριν τοῦ θεοῦ ἡμῶν καὶ
κυρίου Ἰησοῦ Χοῦ
  2 16 ὁ – δοὺς – ἐλπίδα ἀγαθὴν ἐν χάριτι

1 Ti 1 12 χάριν[b] ἔχω (ago) τῷ ἐνδυναμώσαντί
με Χῷ 2 Ti 1 3[b] τῷ θεῷ, ᾧ λατρεύω
– 14 ὑπερεπλεόνασεν – ἡ χάρις τοῦ κυρίου

2 Ti 1 9 κατὰ ἰδίαν πρόθεσιν καὶ χάριν, τὴν
δοθεῖσαν ἡμῖν ἐν Χῷ Ἰησοῦ
  2 1 ἐνδυναμοῦ ἐν τῇ χάριτι τῇ ἐν Χῷ Ἰ.

Tit 2 11 ἐπεφάνη – ἡ χάρ. τοῦ θεοῦ σωτήριος
  3 7 δικαιωθέντες τῇ ἐκείνου χάριτι

Hb 2 9 ὅπως χάριτι (vl χωρὶς) θεοῦ ὑπὲρ
παντὸς γεύσηται θανάτου
  4 16 προσερχώμεθα – τῷ θρόνῳ τῆς χά-
ριτος, ἵνα – χάριν εὔρωμεν
  10 29 τὸ πνεῦμα τῆς χάριτος ἐνυβρίσας
  12 15 μή τις ὑστερῶν ἀπὸ τῆς χ. τοῦ θεοῦ
– 28 ἔχωμεν (vl ..ομεν vg) χάριν, δι' ἧς
λατρεύωμεν εὐαρέστως τῷ θεῷ
  13 9 καλὸν – χάριτι βεβαιοῦσθαι τὴν καρ-
δίαν, οὐ βρώμασιν
– 25 ἡ χάρις μετὰ πάντων ὑμῶν

Jac 4 6 μείζονα δὲ „δίδωσιν χάριν· – ταπει-
νοῖς δὲ δίδωσιν χάριν" 1 Pe 5 5

1 Pe 1 2 χάρις ὑμῖν καὶ εἰρήνη πληθυνθείη
  2 Pe 1 2 πληθ. ἐν ἐπιγνώσει τοῦ θεοῦ
καὶ Ἰησοῦ τοῦ κυρίου ἡμῶν
– 10 οἱ περὶ τῆς εἰς ὑμᾶς χάριτος προ-
φητεύσαντες 13 τελείως ἐλπίσατε ἐπὶ
τὴν φερομένην ὑμῖν χάριν
  2 19 τοῦτο γὰρ χ. εἰ 20 τοῦτο χ. παρὰ θεῷ
  3 7 συγκληρονόμοις χάριτος ζωῆς
  4 10 οἰκονόμοι ποικίλης χάριτος θεοῦ
  5 10 ὁ δὲ θεὸς πάσης χάριτος
– 12 ἐπιμαρτυρῶν ταύτην εἶναι ἀληθῆ χά-
ριν τοῦ θεοῦ, εἰς ἣν στῆτε

2 Pe 3 18 αὐξάνετε – ἐν χάριτι καὶ γνώσει τ. κυ.

2 Jo 3 ἔσται μεθ' ἡμῶν (vl ὑμῶν vg) χάρις
ἔλεος εἰρήνη παρὰ θεοῦ πατρός, καὶ

παρὰ Ἰησοῦ Χοῦ κτλ.
(3 Jo 4 vl μειζοτέραν – οὐκ ἔχω χάριν vg)
Jud 4 τὴν τοῦ θεοῦ ἡμῶν χάριτα μετατι-
θέντες εἰς ἀσέλγειαν
Ap 1 4 χάρις ὑμῖν καὶ εἰρήνη ἀπὸ „ὁ ὢν"
καὶ ὁ ἦν καὶ ὁ ἐρχόμενος κτλ.
  22 21 ἡ χάρις τοῦ κυρίου Ἰ. μετὰ πάντων

χάρισμα gratia [b]donum [c]donatio [d]charisma
Rm 1 11 ἐπιποθῶ – ἰδεῖν ὑμᾶς, ἵνα τι μεταδῶ
χάρισμα ὑμῖν πνευματικόν
  5 15 οὐχ ὡς τὸ παράπτωμα, οὔτως – τὸ
χάρισμα[b] 16 τὸ δὲ χάρισμα ἐκ πολ-
λῶν παραπτωμάτων εἰς δικαίωμα
  6 23 τὸ δὲ χάρισμα τοῦ θεοῦ ζωὴ αἰώνιος
  11 29 ἀμεταμέλητα – τὰ χ..τα[b] – τοῦ θεοῦ
  12 6 ἔχοντες δὲ χ..τα[c] – διάφορα, εἴτε
1 Co 1 7 ὑμᾶς μὴ ὑστερεῖσθαι ἐν μηδενὶ χ..τι
  7 7 ἔκαστος ἴδιον ἔχει χάρισμα[b] ἐκ θεοῦ
  12 4 διαιρέσεις δὲ χ..άτων εἰσίν, τὸ δὲ αὐ-
τὸ πνεῦμα 9 χ..τα ἰαμάτων 28.30
– 31 ζηλοῦτε δὲ τὰ χ..τα[d] τὰ μείζονα (vl
κρείττονα vg meliora vl maiora)
2 Co 1 11 ἵνα – τὸ εἰς ἡμᾶς χάρισμα[c] διὰ πολ-
λῶν εὐχαριστηθῇ ὑπὲρ ἡμῶν
1 Ti 4 14 μὴ ἀμέλει τοῦ ἐν σοὶ χαρίσματος
2 Ti 1 6 ἀναζωπυρεῖν τὸ χάρ. τοῦ θεοῦ, ὃ
ἐστιν ἐν σοὶ διὰ τῆς ἐπιθέσεως
1 Pe 4 10 ἔκαστος καθὼς ἔλαβεν χάρισμα

χαριτοῦν [a]gratificare [b](part prf pass) gra-
tia plena Luc 1 28 χαῖρε, κεχαριτωμένη[b]
Eph 1 6 τῆς χάριτος αὐτοῦ, ἧς (vl ἐν ᾗ vg)
ἐχαρίτωσεν[a] ἡμᾶς ἐν τῷ ἠγαπημένῳ

Χαρράν Act 7 2.4 κατῴκησεν ἐν Χαρράν

χάρτης charta 2 Jo 12 διὰ χ..ου καὶ μέλανος

χάσμα chaos Luc 16 26 χ. μέγα ἐστήρικται

χεῖλος labium [b]ora
Mat 15 8 „τοῖς χείλεσίν με τιμᾷ" ‖ Mar 7 6
Rm 3 13 1 Co 14 21 „ἐν χείλεσιν ἑτέρων"
Hb 11 12 „ὡς ἡ ἄμμος ἡ παρὰ τὸ χ.[b] τῆς θαλ."
  13 15 „καρπὸν χ..έων" ὁμολογούντων
1 Pe 3 10 „παυσάτω – χείλη τοῦ μὴ λαλῆσαι

χειμάζεσθαι S[o] – tempestate iactari
Act 27 18 σφοδρῶς – χειμαζομένων ἡμῶν

χειμάρρους torrens Joh 18 1 τοῦ Κεδρών

χειμών *hiems* [b]*tempestas* Mat 163[b]
Mat 24 20 ἵνα μὴ γένηται ἡ φυγὴ ὑμῶν χειμῶ-
νος μηδὲ σαββάτῳ ‖ Mar 13 18
Joh 10 22 χ. ἦν Act 27 20[b] 2 Ti 4 21 πρὸ χ..ος

χείρ *manus* ἐκτείνειν χεῖρα (χεῖρας), ἐπι-
τιθέναι (τιθέναι) χεῖρας, ἐπίθεσις
τῶν χειρῶν → ἐκτείνειν κτλ.

1) χείρ (χεῖρες) θεοῦ, κυρίου

Luc 1 66 χεὶρ κυρίου ἦν μετ' αὐτοῦ (Joh.)
  23 46 „εἰς χεῖράς σου παρατίθεμαι τὸ πν."
Joh 10 29 χεῖρας ἐκ τῆς χειρὸς τοῦ πατρός
Act 4 28.30 7 50 11 21 ἦν χ. κυρίου μετ' αὐτῶν
  13 11 χεὶρ κυρίου ἐπὶ σέ, καὶ ἔσῃ τυφλός
Rm 10 21 „ἐξεπέτασα τὰς χ. μου πρὸς λαόν"
Hb 1 10 10 31 ἐμπεσεῖν εἰς χ..ας θεοῦ ζῶντος
1 Pe 5 6 ὑπὸ τὴν κραταιὰν χεῖρα τοῦ θεοῦ

2) reliqui loci

Mat 3 12 τὸ πτύον ἐν τῇ χ. αὐτοῦ ‖ Luc 3 17
  4 6 „ἐπὶ χειρῶν ἀροῦσίν σε" ‖ Luc 4 11
  5 30 εἰ ἡ δεξιά σου χεὶρ σκανδαλίζει σε
    18 8 εἰ – ἡ χ. σου – σκ. σε, – – ἡ δύο
    χεῖρας – ἔχοντα βληθῆναι ‖ Mar 9 43
  8 15 ἥψατο τῆς χ. αὐτῆς ‖ Mar 1 31 κρα-
    τήσας – Mat 9 25 ‖ Mar 5 41 Luc 8 54
  – Mar 9 27 8 23 ἐπιλαβόμενος τῆς χ.
  12 10 ἰδοὺ ἄνθρωπος χεῖρα ἔχων ξηρὰν 13
    ‖ Mar 3 1.3.5 Luc 6 6.8.10
  15 2 οὐ – νίπτονται τὰς χ. 20 τὸ – ἀνί-
    πτοις χερσὶν φαγεῖν ‖ Mar 7 2.3.5
  17 22 παραδίδοσθαι εἰς χεῖρας ἀνθρώ-
    πων ‖ Mar 9 31 Luc 9 44 – Mat 26 45
    ἁμαρτωλῶν ‖ Mar 14 41 Luc 24 7 Act
    2 23 ἔκδοτον διὰ χειρὸς ἀνόμων –
    21 11 28 17 τῶν 'Ρωμαίων
  22 13 δήσαντες αὐτοῦ πόδας καὶ χεῖρας
  26 23 ὁ ἐμβάψας μετ' ἐμοῦ τὴν χεῖρα Luc
    22 21 ἡ χεὶρ τοῦ παραδιδόντος με
  – 50 ἐπέβαλον τὰς χ. ἐπὶ τὸν 'Ιησοῦν ‖
    Mar 14 46 – Luc 20 19 Joh 7 30 οὐδεὶς
    ἐπέβαλεν 44 – Luc 21 12 ἐπιβαλοῦ-
    σιν ἐφ' ὑμᾶς τὰς χ. Act 4 3 5 18 ἐπὶ
    τ. ἀποστόλους 12 1 21 27 [Mar 16 [18]]
  27 24 ἀπενίψατο τὰς χ. ἀπέναντι τ. ὄχλου
Mar 6 2 αἱ δυνάμεις τοιαῦται διὰ τῶν χειρῶν
  αὐτοῦ γινόμεναι; Act 5 12 τῶν ἀπο-
  στόλων 14 3 19 11 Παύλου
Luc 1 71 σωτηρίαν – „ἐκ χειρὸς – τῶν μισούν-
    των" ἡμ. 74 ἐκ χ. ἐχθρῶν ῥυσθέντας
  6 1 τοὺς στάχυας ψώχοντες ταῖς χερσίν

Luc 9 62 οὐδεὶς ἐπιβαλὼν τὴν χ. ἐπ' ἄροτρον
  15 22 δακτύλιον εἰς τὴν χεῖρα αὐτοῦ
  24 39 ἴδετε τὰς χεῖράς μου 40 Joh 20 20.25.27
    φέρε τὴν χ. σου καὶ βάλε
  – 50 ἐπάρας τὰς χ. – εὐλόγησεν αὐτούς
Joh 3 35 πάντα δέδωκεν ἐν τῇ χ. αὐτοῦ 13 3
  10 28 οὐχ ἁρπάσει τις αὐτὰ ἐκ τῆς χειρός
    μου 29 ἐκ τῆς χειρὸς τοῦ πατρός
  – 39 καὶ ἐξῆλθεν ἐκ τῆς χειρὸς αὐτῶν
  11 44 δεδεμένος τοὺς πόδας καὶ τὰς χεῖρ.
  13 9 καὶ τὰς χεῖρας καὶ τὴν κεφαλήν
Act 3 7 πιάσας αὐτὸν τῆς δεξιᾶς χειρός
  7 25 ὅτι ὁ θεὸς διὰ χειρὸς αὐτοῦ δίδωσιν
    σωτηρίαν 35 τοῦτον – λυτρωτὴν ἀπέ-
    σταλκεν σὺν χειρὶ ἀγγέλου
  – 41.50 9 41 δοὺς – αὐτῇ χεῖρα ἀνέστησεν
  11 30 διὰ χειρὸς Βαρναβᾶ cfr 15 23
  12 7.17 13 16 19 33 21 40 – 12 11 ἐκ χ..ός
  17 25 οὐδὲ ὑπὸ χειρῶν ἀνθρωπίνων θερα-
    πεύεται 19 26 ὅτι οὐκ εἰσὶν θεοὶ οἱ διὰ
    χειρῶν γινόμενοι
  20 34 ταῖς χρείαις μου – ὑπηρέτησαν αἱ
    χεῖρες αὗται 1 Co 4 12 κοπιῶμεν ἐρ-
    γαζόμενοι ταῖς ἰδίαις χερσίν
  21 11 23 19 (vl 24 7 vg) 28 3.4
1 Co 12 15 ὁ πούς· ὅτι οὐκ εἰμὶ χεὶρ 21 τῇ χ.
  16 21 ὁ ἀσπασμὸς τῇ ἐμῇ χειρὶ Παύλου
    Gal 6 11 Col 4 18 2 Th 3 17 Phm 19 ἔ-
    γραψα τῇ ἐμῇ χειρί, ἐγὼ ἀποτίσω
2 Co 11 33 ἐξέφυγον τὰς χεῖρας αὐτοῦ
Gal 3 19 τί οὖν ὁ νόμος; – διαταγεὶς δι' ἀγ-
    γέλων, ἐν χειρὶ μεσίτου
Eph 4 28 κοπιάτω ἐργαζόμενος ταῖς [ἰδίαις]
    χερσὶν τὸ ἀγαθόν 1 Th 4 11
1 Ti 2 8 ἐπαίροντας ὁσίους χεῖρας
Hb (2 7 vl „ἐπὶ τὰ ἔργα τῶν χειρῶν σου" vg)
    8 9 12 12 „τὰς παρειμένας χεῖρας"
Jac 4 8 καθαρίσατε χεῖρας, ἁμαρτωλοί
1 Jo 1 1 ὃ – αἱ χεῖρες ἡμῶν ἐψηλάφησαν
Ap 1 16 (in *dextera*) 6 5 7 9 φοίνικες ἐν ταῖς
    χερσὶν αὐτῶν 8 4 9 20 οἳ – οὐδὲ μετενόη-
    σαν ἐκ „τῶν ἔργων τῶν χειρῶν αὐτῶν"
    10 2.5 „ἦρεν τὴν χεῖρα αὐτοῦ τὴν δεξιὰν
    (vl° vg°) εἰς τὸν οὐρανόν" 8.10 13 16
    χάραγμα ἐπὶ τῆς χειρὸς 14 9 20 4 – 14 14
    17 4 19 2 20 1

χειραγωγεῖν S vl – [a]*ad manus trahere*
    [b]*ad manum deducere* Act 9 8[a] 22 11[b]

χειραγωγός S° – *qui alicui manum dat*
Act 13 11 περιάγων ἐζήτει χειραγωγούς

χειρόγραφον *chirographum*
Col 2 14 ἐξαλείψας τὸ καθ' ἡμῶν χειρόγραφ.

χειροποίητος *manufactus* ᵇ*manu factus*
Mar 14 58 καταλύσω τὸν ναὸν τοῦτον τὸν χ.ᵇ
Act 7 48 οὐχ – ἐν χ..οις κατοικεῖ 17 24 ναοῖς
Eph 2 11 ὑπὸ τῆς – περιτομῆς ἐν σαρκὶ χ..ουᵇ
Hb 9 11 διὰ τῆς – σκηνῆς οὐ χ..ου 24 οὐ γὰρ
εἰς χειροποίητα εἰσῆλθεν ἅγια Χός

χειροτονεῖν Sᵒ – ᵃ*constituere* ᵇ*ordinare*
Act 14 23 ᵃ πρεσβυτέρους 2 Co 8 19 χ..ηθεὶςᵇ
ὑπὸ τῶν ἐκκλησιῶν συνέκδημος

χείρων, χεῖρον ᵃ*deterior, us* ᵇ*maior* ᶜ*peior, us* Mat 9 16 χ..ονᶜ σχίσμα ‖ Mar 2 21 ᵇ
Mat 12 45 τὰ ἔσχατα τοῦ ἀνθρώπου – χείροναᶜ
τῶν πρώτων ‖ Luc 11 26 ᶜ – Mat 27 64 ἔσται
ἡ ἐσχάτη πλάνη χ.ᶜ τ. πρώτης – 2 Pe 2 20
γέγονεν αὐτοῖς τὰ ἔσχ. χ..οναᵃ τῶν πρώ.
Mar 5 26 ἀλλὰ μᾶλλον εἰς τὸ χεῖρονᵃ ἐλθοῦσα
Joh 5 14 ἵνα μὴ χεῖρόνᵃ σοί τι γένηται
1 Ti 5 8 καὶ ἔστιν ἀπίστου χείρων²
2 Ti 3 13 πονηροὶ – προκόψουσιν ἐπὶ τὸ χεῖρ.ᶜ
Hb 10 29 πόσῳ – χ..οςᵃ ἀξιωθήσεται τιμωρίας

Χερουβίν Hb 9 5 Χερ. δόξης κατασκιάζοντα

χήρα *vidua*
(Mat 23 14 vl, vg, vlᵒ) Mar 12 40 οἱ κατεσθίον-
τες τὰς οἰκίας τῶν χηρῶν ‖ Luc 20 47
Mar 12 42 ἐλθοῦσα μία χήρα πτωχὴ ἔβαλεν
λεπτὰ δύο 43 ‖ Luc 21 2.3
Luc 2 37 "Ἄννα 4 25 πολλαὶ χῆραι – ἐν ταῖς ἡ-
μέραις Ἡλίου 26 „πρὸς γυν. χήραν"
7 12 τῇ μητρὶ αὐτοῦ, καὶ αὐτὴ ἦν χήρα
18 3 χήρα δὲ ἦν ἐν τῇ πόλει ἐκείνῃ 5
Act 6 1 ὅτι παρεθεωροῦντο – αἱ χῆραι αὐτῶν
9 39 πᾶσαι αἱ χῆραι κλαίουσαι 41
1 Co 3 8 λέγω – τοῖς ἀγάμοις καὶ ταῖς χήραις
1 Ti 5 3 χήρας τίμα τὰς ὄντως χήρας
– 4 εἰ δέ τις χήρα τέκνα ἢ ἔκγονα ἔχει
5 ἡ δὲ ὄντως χήρα καὶ μεμονωμένη
16 εἴ τις πιστὴ ἔχει χήρας –, ἵνα ταῖς
ὄντως χήραις ἐπαρκέσῃ
– 9 χήρα καταλεγέσθω μὴ ἔλαττον ἐτῶν
ἑξήκοντα γεγονυῖα, ἑνὸς – γυνή
– 11 νεωτέρας δὲ χήρας παραιτοῦ
Jac 1 27 ἐπισκέπτεσθαι ὀρφανοὺς καὶ χήρας
Ap 18 7 „χήρα οὐκ εἰμὶ καὶ πένθος οὐ μή"

χιλίαρχος *tribunus* Mar 6 21 Ap 6 15 19 18 –

Joh 18 12 – Act 21 31-33. 37 22 24. 26-29
23 10.15.17-19.22 24(7 vl)22 25 23

χιλιάς *mille* Luc 14 31 Act 4 4 1 Co 10 8
Ap 5 11 „χιλιάδες χ..ων" 7 4-8 ἐκ. τεσσ. τέσσ.
χ..ες ἐσφραγισμένοι κτλ. 11 13 14 1.3 21 16

χίλιοι *mille* 2 Pe 3 8 μία ἡμέρα παρὰ κυ-
ρίῳ ὡς χ..α ἔτη καὶ „χίλια ἔτη ὡς"
Ap 11 3 12 6 14 20 20 2 ἔδησεν αὐτὸν χίλια ἔ-
τη 3.4 ἐβασίλευσαν μετὰ τοῦ Χριστοῦ χί-
λια ἔτη 5.6.7 ὅταν τελεσθῇ τὰ χίλια ἔτη

Χίος Act 20 15 κατηντήσαμεν ἄντικρυς Χίου

χιτών *tunica* ᵇ*vestimentum*
Mat 5 40 τῷ θέλοντι – τὸν χιτῶνά σου λαβεῖν
‖ Luc 6 29 τὸν χιτῶνα μὴ κωλύσῃς
10 10 μηδὲ δύο χιτῶνας ‖ Mar 6 9 Luc 9 3
Mar 14 63 ὁ δὲ ἀρχιερεὺς διαρρήξας τοὺς χιτ.ᵇ
Luc 3 11 ὁ ἔχων δύο χ. μεταδότω τῷ μὴ ἔχ.
Joh 19 23 καὶ τὸν χ..α. ἦν δὲ ὁ χιτὼν ἄραφος
Act 9 39 – Jud 23 τὸν – ἐσπιλωμένον χιτῶνα

χιών *nix* Mat 28 3 ὡς χιὼν Ap 1 14

χλαμύς *chlamys* Mat 27 28.31

χλευάζειν *irridēre* Act 17 32 οἱ μὲν ἐχ..ον

χλιαρός Sᵒ – *tepidus* Ap 3 16 ὅτι χλιαρὸς εἶ

Χλόη 1 Co 1 11 ἐδηλώθη – ὑπὸ τῶν Χλόης

χλωρός *viridis* ᵇ*pallidus* Mar 6 39 Ap 8 7 9 4
– 6 8 ἰδοὺ ἵππος χλωρόςᵇ

χοϊκός Sᵒ – *terrenus* 1 Co 15 47 „ὁ" πρῶ-
τος „ἄνθρωπος ἐκ γῆς χ." 48 οἷος ὁ χ.,
τοιοῦτοι καὶ οἱ χοϊκοὶ 49 καθὼς ἐφορέσα-
μεν τὴν εἰκόνα τοῦ χοϊκοῦ

χοῖνιξ *bilibris* Ap 6 6 σίτου –, – κριθῶν

χοῖρος *porcus* Mat 7 6 μηδὲ βάλητε τοὺς μαρ-
γαρίτας ὑμῶν ἔμπροσθεν τῶν χοίρων
Mat 8 30 ἀγέλη χ..ων 31.32 ‖ Mar 5 11-13. 16 Luc
8 32.33 – 15 15 βόσκειν χοίρους 16

χολᾶν *indignari* Joh 7 23 ἐμοὶ χ..ᾶτε ὅτι –;

χολή *fel* Mat 27 34 οἶνον μετὰ χ..ῆς Act 8 23

Χοραζίν Mat 11 21 οὐαί σοι, Χ. ‖ Luc 10 13

χορηγεῖν ᵃpraestare ᵇadministrare
2 Co 9 10 χορηγήσει ᵃ – τὸν σπόρον ὑμῶν
1 Pe 4 11 ὡς ἐξ ἰσχύος ἧς χορηγεῖ ᵇ ὁ θεός

χορός chorus Luc 15 25 συμφωνίας καὶ χ..ῶν

χορτάζειν, ..εσθαι saturare, ..ri ᵇsatiari
Mat 5 6 ὅτι αὐτοὶ χ..σθήσονται ‖ Luc 6 21
    14 20 ἐχ..σθησαν 15 33 ὥστε χ..σαι ὄχλον
    τοσοῦτον; 37 ‖ Mar 6 42 8 4.8 Luc 9 17
    Joh 6 26 ὅτι ἐφάγετε – καὶ ἐχ..σθητε
Mar 7 27 ἄφες πρῶτον χ..σθῆναι τὰ τέκνα
Luc 16 21 ἐπιθυμῶν χ..σθῆναι ἀπὸ 15 16
Phl 4 12 καὶ χορτάζεσθαι ᵇ καὶ πεινᾶν
Jac 2 16 θερμαίνεσθε καὶ χορτάζεσθε
Ap 19 21 „πάντα τὰ ὄρνεα ἐχορτάσθησαν ἐκ
    τῶν σαρκῶν“ αὐτῶν

χόρτασμα cibus Act 7 11 οὐχ ηὕρισκον χ..τα

χόρτος foenum (vl fae.) ᵇherba
Mat 6 30 τὸν χ. τοῦ ἀγροῦ ‖ Luc 12 28 – Mat
    13 26 ὅτε – ἐβλάστησεν ὁ χόρτος ᵇ
    14 19 ἐπὶ τοῦ χόρτου ‖ Mar 6 39 Joh 6 10
Mar 4 28 πρῶτον χόρτον ᵇ, εἶτα στάχυν
1 Co 3 12 λίθους τιμίους, ξύλα, χόρτον
Jac 1 10 „ὡς ἄνθος χόρτου“ παρελεύσεται 11
    ὁ ἥλιος – „ἐξήρανεν τὸν χόρτον“
1 Pe 1 24 „πᾶσα σὰρξ“ ὡς „χόρτος κτλ.“
Ap 8 7 πᾶς χόρτος χλωρὸς κατεκάη – 9 4

Χουζᾶς Luc 8 3 Ἰωάννα γυνὴ Χουζᾶ

χοῦς pulvis Mar 6 11 ἐκτινάξατε τὸν χοῦν
Ap 18 19 „ἔβαλον χοῦν ἐπὶ τὰς κεφαλὰς αὐτ.“

χρεία (χρεία ἐστίν, χρείαν ἔχειν)
    opus est (alicui) ᵇopus ᶜopus habēre
    ᵈnecessitas ᵉnecessitatem habēre ᶠne-
    cessitatem pati ᵍnecesse est ʰnecesse
    habēre ⁱnecessarium esse ᵏdebēre ˡde-
    siderare ᵐegēre ⁿindigēre ᵒdesiderium
    ᴾusus
Mat 3 14 ἐγὼ χρείαν ἔχω ᵏ ὑπὸ σοῦ βαπτι-
    σθῆναι 14 16 οὐ χρ. ἔχουσιν ⁿ ἀπελ-
    θεῖν Joh 13 10 οὐκ ἔχει χρ. ⁿ – νίψα-
    σθαι 1 Th 1 8 ὥστε μὴ χρ. ἔχειν ⁱ ἡ-
    μᾶς λαλεῖν τι 4 9 οὐ χρ. ἔχετε (vl
    ..ομεν vg) ʰ γράφειν ὑμῖν 5 1 οὐ χρ.
    ἔχετε ⁿ ὑμῖν γράφεσθαι
    6 8 οἶδεν – ὁ πατὴρ – ὧν χρείαν ἔχετε

Mat 9 12 οὐ χρ. ἔχουσιν οἱ ἰσχύοντες ἰατροῦ
    ‖ Mar 2 17 ʰ Luc 5 31 ᵐ οἱ ὑγιαίνοντες
    21 3 ὁ κύριος αὐτῶν χρ. ἔχει ᶜ ‖ Mar 11 3
    αὐτοῦ χρ. ἔχει ᶜ Luc 19 31 ˡ (operam ei-
    us desiderat) 34 (necessarium habet)
    26 65 τί ἔτι χρ. ἔχομεν ᵐ μαρτύρων; ‖ Mar
    14 63 ˡ Luc 22 71 ˡ μαρτυρίας –;
Mar 2 25 ὅτε χρ. ἔσχεν ᵉ καὶ ἐπείνασεν (Dav.)
Luc 9 11 τοὺς χρ. ἔχοντας ⁿ θεραπείας ἰᾶτο
    10 42 ἑνὸς δέ ἐστιν χρεία ⁱ (vl ὀλίγων δέ
    ἐστιν χρεία ἢ ἑνός)
    15 7 οἵτινες οὐ χρ. ἔχουσιν ⁿ μετανοίας
Joh 2 25 οὐ χρ. εἶχεν ἵνα τις μαρτυρήσῃ 16 30
    οὐ χρείαν ἔχεις ἵνα τίς σε ἐρωτᾷ
    13 29 ἀγόρασον ὧν χρείαν ἔχομεν εἰς
Act 2 45 καθότι ἄν τις χρείαν εἶχεν 4 35
    6 3 οὓς καταστήσομεν ἐπὶ τῆς χρ. ᵇ ταύ.
    20 34 ταῖς χρ. μου – ὑπηρέτησαν αἱ χεῖρές
    28 10 ἐπέθεντο τὰ πρὸς τὰς χρείας ⁱ
Rm 12 13 ταῖς χρ. ᵈ τῶν ἁγίων κοινωνοῦντες
1 Co 12 21 τῇ χειρί· χρείαν σου οὐκ ἔχω ⁿ (ope-
    ra tua non indigeo) – τοῖς ποσίν·
    χρ. ὑμῶν οὐκ ἔχω ⁱ 24 τὰ δὲ εὐσχή-
    μονα ἡμῶν οὐ χρείαν ἔχει ᵐ
Eph 4 28 ἵνα ἔχῃ μεταδιδόναι τῷ χρείαν ἔ-
    χοντι ᶠ 1 Jo 3 17 ὃς δ᾽ ἂν – θεωρῇ τὸν
    ἀδελφὸν αὐτοῦ χρείαν ἔχοντα ᵉ (vl ʰ)
    – 29 εἴ τις (sc λόγος) ἀγαθὸς πρὸς οἰ-
    κοδομὴν τῆς χρείας (vl πίστεως vg)
Phl 2 25 λειτουργὸν τῆς χρείας ᵈ μου 4 18 εἰς
    τὴν χρ. ᴾ μοι ἐπέμψατε 19 ὁ δὲ θεός
    μου πληρώσει πᾶσαν χρείαν ᵒ ὑμῶν
1 Th 4 12 ἵνα – μηδενὸς χρείαν ἔχητε ⁱ
Tit 3 14 εἰς τὰς ἀναγκαίας χρείας ⁿ
Hb 5 12 πάλιν χρείαν ἔχετε ⁿ τοῦ διδάσκειν
    ὑμᾶς τινὰ τὰ στοιχεῖα –, καὶ γεγόνατε
    χρείαν ἔχοντες γάλακτος [καὶ] οὐ στε-
    ρεᾶς τροφῆς
    7 11 τίς ἔτι χρεία ⁱ – ἕτερον ἀνίστασθαι –
    10 36 ὑπομονῆς γὰρ ἔχετε χρείαν ⁱ ἵνα
1 Jo 2 27 οὐ χρ. ἔχετε ʰ ἵνα τις διδάσκῃ ὑμᾶς
Ap 3 17 λέγεις ὅτι – οὐδὲν χρείαν ἔχω ᵐ
    21 23 ἡ πόλις οὐ χρ. ἔχει ⁿ τ. ἡλίου 22 5 ᵐ

χρεοφειλέτης debitor Luc 7 41 16 5

χρή oportet Jac 3 10 οὐ χρὴ – οὕτως γίνεσθαι

χρῄζειν indigēre ᵇegēre ᶜnecessarium ha-
    bēre Mat 6 32 ὅτι χ..ετε τούτων ‖ Luc 12 30
Luc 11 8 δώσει αὐτῷ ὅσων χ..ει ᶜ – Rm 16 2
2 Co 3 1 χ..ομεν ᵇ – συστατικῶν ἐπιστολῶν –;

χρῆμα, χρήματα *pecunia,* ..*ae* [b]*pretium*
Mar 10 23 οἱ τὰ χρ. ἔχοντες (vl 24 τοὺς πεποι-
θότας ἐπὶ χρήμασιν) ‖ Luc 18 24 ἔχοντες
Act 4 37 ἤνεγκεν τὸ χρ.[b] – 8 18.20 ὅτι τὴν δω-
ρεὰν τ. θεοῦ ἐνόμισας διὰ χ..ων κτᾶσθαι
24 26 ἐλπίζων ὅτι χ..τα δοθήσεται αὐτῷ

χρηματίζειν act: [a]*loqui* [b]*cognominari* [c]*vo-
cari* pass: [d]*responsum accipere*
[e]*responsum est alicui* [f]*admonēri*
Mat 2 12 χ..σθέντες[d] κατ' ὄναρ 22[f] Luc 2 26
ἦν αὐτῷ κεχ..σμένον[b] ὑπὸ τοῦ πνεύμα-
τος τοῦ ἁγίου Act 10 22[d] ὑπὸ ἀγγέλου
Act 11 26 χρηματίσαι[b] τε πρώτως ἐν Ἀντιο-
χείᾳ τοὺς μαθητὰς Χριστιανούς
Rm 7 3 ζῶντος τοῦ ἀνδρὸς μοιχαλὶς χ..ίσει[e]
ἐὰν γένηται ἀνδρὶ ἑτέρῳ
Hb 8 5 καθὼς κεχρημάτισται[e] Μωϋσῆς
11 7 πίστει χ..ισθεὶς[d] Νῶε περὶ τῶν
12 25 εἰ – ἐκεῖνοι οὐκ ἐξέφυγον ἐπὶ γῆς
παραιτησάμενοι τὸν χρηματίζοντα[a]

χρηματισμός *divinum responsum*
Rm 11 4 τί λέγει αὐτῷ (sc Ἠλίᾳ) ὁ χρημ.;

χρῆσθαι *uti* [b]*agere* [c]*tractare*
Act 27 3 φιλανθρώπως – τῷ Παύλῳ χρησάμε-
νος[c] – 17 βοηθείαις ἐχρῶντο
1 Co 7 21 ἀλλ' εἰ καὶ δύνασαι ἐλεύθερος γενέ-
σθαι, μᾶλλον χρῆσαι
– 31 οἱ χρώμενοι τὸν κόσμον ὡς μὴ κα-
ταχρώμενοι (*tamquam non utantur*)
9 12 οὐκ ἐχρησάμεθα τῇ ἐξουσίᾳ ταύτῃ
15 ἐγὼ – οὐ κέχρημαι οὐδενὶ τούτων
2 Co 1 17 μήτι ἄρα τῇ ἐλαφρίᾳ ἐχρησάμην;
3 12 πολλῇ παρρησίᾳ χρώμεθα
13 10 ἵνα παρὼν μὴ ἀποτόμως χρήσωμαι[b]
1 Ti 1 8 ἐάν τις αὐτῷ νομίμως χρῆται
5 23 οἴνῳ ὀλίγῳ χρῶ διὰ τὸν στόμαχον

χρήσιμος *utilis* (Mat 20 28 vl)
2 Ti 2 14 μὴ λογομαχεῖν, ἐπ' οὐδὲν χρήσιμον

χρῆσις *usus* Rm 1 26 φυσικὴν χρῆσιν 27

χρηστεύεσθαι S⁰ – *benignum esse* 1 Co 13 4

χρηστολογία S⁰ → εὐλογία Rm 16 18

χρηστός *benignus* [b](τὸ χρ.) *benignitas* [c]*bo-
nus, melior* (ex vl) [d]*dulcis* [e]*suavis*
Mat 11 30 ὁ – ζυγός μου χρ.[e] καὶ τὸ φορτίον

Luc 5 39 ὁ παλαιὸς χρ. (vl ..ότερος[c]) ἐστιν
6 35 χρηστός ἐστιν ἐπὶ τοὺς ἀχαρίστους
Rm 2 4 τὸ χρ.[b] τοῦ θεοῦ εἰς μετάνοιάν σε
1 Co 15 33 φθείρουσιν ἤθη χ..ὰ[c] ὁμιλίαι κακαί
Eph 4 32 γίνεσθε [δὲ] εἰς ἀλλήλους χρηστοί
1 Pe 2 3 εἰ „ἐγεύσασθε ὅτι χρ.[d] ὁ κύριος"

χρηστότης *bonitas* [b]*benignitas* [c]*bonum*
[d]*suavitas* Rm 24 ἢ τοῦ πλούτου τῆς
χρηστότητος αὐτοῦ – καταφρονεῖς, –;
Rm 3 12 „οὐκ ἔστιν ὁ ποιῶν χρηστότητα"[c]
11 22 ἴδε οὖν χρ..τα καὶ ἀποτομίαν θεοῦ·
–, ἐπὶ δὲ σὲ χρηστότης θεοῦ, ἐὰν
ἐπιμένῃς τῇ χρηστότητι
2 Co 6 6 ὡς θεοῦ διάκονοι, – ἐν χρηστότητι[d]
Gal 5 22 καρπὸς τοῦ πνεύματός ἐστιν – χρ.[b]
Eph 2 7 ἐν χρ..τι ἐφ' ἡμᾶς ἐν Χῷ Ἰησοῦ
Col 3 12 ἐνδύσασθε – χρ..τα[b], ταπεινοφροσύ.
Tit 3 4 ὅτε δὲ ἡ χρ.[b] – ἐπεφάνη τοῦ σωτῆ.

χρίειν *ungere* **χρῖσμα** *unctio*
Luc 4 18 „ἔχρισέν με εὐαγγελίσασθαι πτωχοῖς"
Act 4 27 παιδά σου Ἰησοῦν, „ὃν ἔχρισας"
10 38 ὡς „ἔχρισεν" αὐτὸν „ὁ θ. πνεύματι"
2 Co 1 21 ὁ δὲ – χρίσας ἡμᾶς θεός
Hb 1 9 „ἔχρισέν σε – ἔλαιον ἀγαλλιάσεως"
1 Jo 2 20 ὑμεῖς χρῖσμα ἔχετε ἀπὸ τοῦ ἁγίου
– 27 τὸ χρῖσμα ὃ ἐλάβετε ἀπ' αὐτοῦ μέ-
νει ἐν ὑμῖν· – ' – τὸ αὐτοῦ χρῖσμα δι-
δάσκει ὑμᾶς περὶ πάντων

Χριστιανός – .οἱ *Christianus,* ..*i*
Act 11 26 χρηματίσαι – τοὺς μαθητὰς Χ..ούς
26 28 ἐν ὀλίγῳ με πείθεις Χ..ὸν ποιῆσαι
1 Pe 4 16 εἰ δὲ ὡς Χ..ός (sc πάσχει), μὴ αἰ-
σχυνέσθω, δοξαζέτω δὲ τὸν θεὸν ἐν
τῷ ὀνόματι τούτῳ

χριστός, Χριστός, Χὸς Ἰησοῦς, Ἰησ. Χός
S χριστός *adiectivum*
ὁ κύριος (ἡμῶν) Ἰ. Χός κτλ. – ἐν Χῷ
κτλ. – ἀπόστολος, ἀπ..οι Χοῦ κτλ. –
δοῦλος, δ..οι Χοῦ κτλ. – ὄνομα, ἐν,
ἐπὶ τῷ ὀνόματι, ὑπὲρ τοῦ ὀν. Χοῦ κτλ.
– χάρις ἀπὸ Χοῦ Ἰ., ἡ χάρις τοῦ κυ-
ρίου ἡμῶν Ἰ. Χοῦ κτλ. → κύριος, ἐν,
ἀπόστολος, δοῦλος etc.
Mat 1 1 βίβλος γενέσεως Ἰησοῦ Χοῦ 16 ἐξ
ἧς ἐγεννήθη Ἰ. ὁ λεγόμενος χός 17
ἕως τοῦ Χοῦ γενεαὶ δεκατέσσαρες
– 18 τοῦ δὲ Ἰ. Χοῦ ἡ γένεσις (vl γέννη-
σις) οὕτως ἦν 24 τοῦ ὁ χρ. γεννᾶται

Mat 11 2 Ἰωάν. ἀκούσας – τὰ ἔργα τοῦ Χοῦ
16 16 σὺ εἶ ὁ χρ. ὁ υἱὸς τοῦ θεοῦ τοῦ ζῶν-
τος ‖ Mar 8 29 σὺ εἶ ὁ χρ. Luc 9 20
τίνα με λέγετε εἶναι; – ˙ τὸν χριστὸν
τοῦ θεοῦ → Joh 11 27
– 20 ἵνα μηδενὶ εἴπωσιν ὅτι αὐτός ἐστιν ὁ
χριστός (21 vl ἤρξατο Ἰ. Χὸς δεικνύ-
ειν τοῖς μαθηταῖς – ὅτι δεῖ αὐτὸν)
22 42 τί ὑμῖν δοκεῖ περὶ τοῦ χοῦ; τίνος
υἱός ἐστιν; ‖ Mar 12 35 πῶς λέγουσιν
οἱ γραμματεῖς ὅτι ὁ χριστὸς υἱὸς
Δαυίδ ἐστιν; Luc 20 41 τὸν χριστὸν
23 10 καθηγητὴς ὑμῶν ἐστιν εἷς ὁ Χριστός
24 5 ἐλεύσονται – λέγοντες˙ ἐγώ εἰμι ὁ
χρ. 23 ἐάν τις ὑμῖν εἴπῃ˙ ἰδοὺ ὧδε ὁ
χριστός –, μὴ πιστεύσητε ‖ Mar 13 21
26 63 ἵνα ἡμῖν εἴπῃς εἰ σὺ εἶ ὁ χρ. ὁ υἱὸς
τοῦ θεοῦ ‖ Mar 14 61 σὺ εἶ ὁ χρ. ὁ
υἱὸς τοῦ εὐλογητοῦ; Luc 22 67 εἰ σὺ
εἶ ὁ χρ., εἰπὸν ἡμῖν – Joh 10 24 εἰ
σὺ εἶ ὁ χριστός, εἰπὲ ἡμῖν παρρησίᾳ
– 68 προφήτευσον ἡμῖν, χριστέ, τίς ἐστιν
27 17 ἢ Ἰησοῦν τὸν λεγόμενον χριστόν; 22
τί οὖν ποιήσω Ἰησοῦν τὸν λεγόμε-
νον χριστόν;
Mar 1 1 ἀρχὴ τοῦ εὐαγγελίου Ἰησοῦ Χοῦ
9 41 ἐν ὀνόμ. (vl + μου vg), ὅτι Χοῦ ἐστε
15 32 ὁ χρ. ὁ βασιλεὺς Ἰσραὴλ καταβάτω
νῦν ‖ Luc 23 35 σωσάτω ἑαυτόν, εἰ
οὗτός ἐστιν ὁ χρ. τοῦ θεοῦ ὁ ἐκλε-
κτός 39 οὐχὶ σὺ εἶ ὁ χρ.; σῶσον σε-
αυτὸν καὶ ἡμᾶς
Luc 2 11 σωτήρ, ὅς ἐστιν χὸς κύριος ἐν πόλει
– 26 πρὶν [ἢ] ἂν ἴδῃ τὸν χριστὸν κυρίου
3 15 μήποτε αὐτὸς (sc Ἰω.) εἴη ὁ χρ. cfr
Joh 1 20 ὡμολόγησεν ὅτι ἐγὼ οὐκ εἰ-
μὶ ὁ χρ. 25 εἰ σὺ οὐκ εἶ ὁ χριστός
3 28 ὅτι εἶπον – οὐκ εἰμὶ ἐγὼ ὁ χρ.
4 41 οὐκ εἴα αὐτὰ (sc τὰ δαιμόνια) λα-
λεῖν, ὅτι ᾔδεισαν τὸν χρ. αὐτὸν εἶναι
(vl Mar 1 34 ᾔδεισαν αὐτὸν χὸν εἶν.)
23 2 λέγοντα ἑαυτὸν χὸν βασιλέα εἶναι
24 26 οὐχὶ – ἔδει παθεῖν τὸν χρ. –; – 46 ὅτι
οὕτως γέγραπται παθεῖν τὸν χρ.
Joh 1 17 ἡ χάρις καὶ ἡ ἀλήθεια διὰ Ἰ. Χοῦ
ἐγένετο – Joh 1 20.25 3 28 → Luc 3 15
– 41 τὸν Μεσσίαν, ὅ ἐστιν μεθερμηνευ-
όμενον χριστός 4 25 ὁ λεγόμ. χρ.
4 29 μήτι οὗτός ἐστιν ὁ χριστός; (vl 42)
7 26 ἔγνωσαν – ὅτι οὗτός ἐστιν ὁ χρ.;
– 27 ὁ δὲ χρ. ὅταν ἔρχηται, οὐδεὶς γινώ-
σκει πόθεν ἐστίν 31 ὁ χριστὸς ὅταν

ἔλθῃ, μὴ πλείονα σημεῖα ποιήσει –;
Joh 7 41 ἄλλοι ἔλεγον˙ οὗτός ἐστιν ὁ χρ. ˙ –
μὴ – ἐκ τῆς Γαλιλαίας ὁ χρ. ἔρχεται;
42 ἀπὸ Βηθλέεμ – ἔρχεται ὁ χρ.;
9 22 ἐάν τις αὐτὸν ὁμολογήσῃ χριστόν
11 27 πεπίστευκα ὅτι σὺ εἶ ὁ χρ. ὁ υἱὸς
τοῦ θεοῦ ὁ εἰς τ. κόσμ. ἐρχόμενος
12 34 ὅτι ὁ χριστὸς μένει εἰς τὸν αἰῶνα
17 3 καὶ ὃν ἀπέστειλας Ἰησοῦν Χόν
20 31 ἵνα πιστεύ[σ]ητε ὅτι Ἰησοῦς ἐστιν ὁ
χριστὸς ὁ υἱὸς τοῦ θεοῦ
Act 2 31 ἐλάλησεν περὶ τῆς ἀναστάσεως τοῦ
Χοῦ 36 ὅτι καὶ κύριον αὐτὸν κ. χριστὸν
ἐποίησεν ὁ θεός – 38 ὀνόματι Ἰησ. Χοῦ
3 18 ὁ – θεὸς ἃ προκατήγγειλεν –, παθεῖν
τὸν χρ. αὐτοῦ, ἐπλήρωσεν οὕτως
– 20 ὅπως ἂν – ἀποστείλῃ τὸν προκεχει-
ρισμένον ὑμῖν χριστὸν Ἰησοῦν
4 26 „καὶ κατὰ τοῦ χριστοῦ αὐτοῦ“
5 42 εὐαγγελιζόμενοι τὸν χριστὸν Ἰησοῦν
8 5 ἐκήρυσσεν αὐτοῖς τὸν Χριστόν 12
– (37 vl πιστεύω τὸν υἱὸν τοῦ θεοῦ εἶναι τὸν
Ἰησοῦν Χόν) 11 17
9 22 συμβιβάζων ὅτι οὗτός ἐστιν ὁ χρ.
– 34 Αἰνέα, ἰᾶταί σε Ἰησοῦς Χός
10 36 εὐαγγελιζόμ. εἰρήνην διὰ Ἰ. Χοῦ 48
17 3 παρατιθέμενος ὅτι τὸν χρ. ἔδει πα-
θεῖν – καὶ ὅτι οὗτός ἐστιν ὁ χρ. [ὁ]
Ἰησοῦς 18 5 διαμαρτυρόμενος τοῖς
Ἰουδαίοις εἶναι τὸν χρ. Ἰησοῦν 28
24 24 περὶ τῆς εἰς Χὸν Ἰησοῦν πίστεως
26 23 εἰ παθητὸς ὁ χριστός – 28 31
Rm 1 6 καὶ ὑμεῖς κλητοὶ Ἰησοῦ Χοῦ
– 8 εὐχαριστῶ τῷ θεῷ μου διὰ Ἰησοῦ
Χοῦ 2 16 κρίνει ὁ θεός – διὰ Χοῦ Ἰ.
5 17 βασιλεύσουσιν διὰ τοῦ ἑνὸς Ἰ.
Χοῦ 7 4 ἐθανατώθητε – διὰ τοῦ σώ-
ματος τοῦ Χοῦ [16 27 μόνῳ σοφῷ
θεῷ, διὰ Ἰ. Χοῦ, ᾧ ἡ δόξα]
3 22 διὰ πίστεως Ἰησοῦ Χοῦ
– 24 6 11.23 8 1.2.39 9 1 12 5 15 17 16 3.7.9.10
→ ἐν pag 165
5 6 Χὸς – ὑπὲρ ἀσεβῶν ἀπέθανεν 8 ἔτι
ἁμαρτωλῶν ὄντων ἡμῶν Χὸς ὑπὲρ
ἡμῶν ἀπέθανεν
– 15 ἡ δωρεὰ ἐν χάριτι τῇ τοῦ ἑνὸς ἀν-
θρώπου Ἰησοῦ Χοῦ – ἐπερίσσευσεν
6 3 ὅσοι ἐβαπτίσθημεν εἰς Χὸν Ἰησοῦν
– 4 ὥσπερ ἠγέρθη Χὸς ἐν νεκρῶν
– 8 εἰ δὲ ἀπεθάνομεν σὺν Χῷ
– 9 Χὸς ἐγερθεὶς – οὐκέτι ἀποθνήσκει
8 9 εἰ δέ τις πνεῦμα Χοῦ οὐκ ἔχει, οὔ-

τος οὐκ ἔστιν αὐτοῦ 10 εἰ δὲ Χὸς ἐν
ὑμῖν, –, τὸ – πνεῦμα ζωή
Rm 8 11 ὁ ἐγείρας Χὸν ἐκ νεχρῶν ζωοποιήσει
– 17 συγκληρονόμοι – Χοῦ, εἴπερ συμπά-
σχομεν 34 τίς ὁ καταχρινῶν; Χὸς ['I.]
ὁ ἀποθανών, μᾶλλον δὲ ἐγερθείς
– 35 τίς ἡμᾶς χωρίσει ἀπὸ τῆς ἀγάπης
τοῦ Χοῦ; 39 τῆς ἐν Χῷ Ἰησοῦ
9 3 ἀνάθεμα εἶναι – ἀπὸ τοῦ Χοῦ ὑπὲρ
– 5 ἐξ ὧν ὁ Χὸς τὸ κατὰ σάρκα
10 4 τέλος γὰρ νόμου Χὸς εἰς δικαιοσ.
– 6 τοῦτ' ἔστιν Χὸν καταγαγεῖν 7 τοῦτ'
ἔστιν Χὸν ἐκ νεκρῶν ἀναγαγεῖν
– 17 ἡ δὲ ἀκοὴ διὰ ῥήματος Χοῦ
14 9 εἰς τοῦτο – Χ. ἀπέθανεν καὶ ἔζησεν
– 15 μὴ – ἀπόλλυε, ὑπὲρ οὗ Χ. ἀπέθανεν
– 18 ὁ γὰρ ἐν τούτῳ δουλεύων τῷ Χῷ
15 3 καὶ – ὁ Χὸς οὐχ ἑαυτῷ ἤρεσεν 5 τὸ
αὐτὸ φρονεῖν ἐν ἀλλήλοις κατὰ Χὸν
Ἰ. 7 καθὼς καὶ ὁ Χὸς προσελάβετο
ὑμᾶς 8 λέγω γὰρ Χὸν διάκονον γε-
γενῆσθαι περιτομῆς
– 16 εἰς τὸ εἶναί με λειτουργὸν Χοῦ Ἰ.
εἰς τὰ ἔθνη 18 οὐ – τολμήσω τι λα-
λεῖν ὧν οὐ κατειργάσατο Χὸς δι' ἐ-
μοῦ 19 ὥστε με – πεπληρωκέναι τὸ
εὐαγγέλιον τοῦ Χοῦ 20 εὐαγγελί-
ζεσθαι οὐχ ὅπου ὠνομάσθη Χός 29
ἐν πληρώματι εὐλογίας Χ. ἐλεύσομαι
16 5 ὅς ἐστιν ἀπαρχὴ τῆς Ἀσίας εἰς Χόν
– 16 αἱ ἐκκλησίαι πᾶσαι τοῦ Χοῦ
– [25 κατὰ – τὸ κήρυγμα Ἰησοῦ Χοῦ]
1 Co 1 2.4.30 31 4 15.17 15 18.22 16 24 → ἐν
pag 165
– 6 τὸ μαρτύριον τοῦ Χοῦ ἐβεβαιώθη
– 9 εἰς κοινωνίαν τοῦ υἱοῦ αὐτοῦ Ἰησοῦ
Χοῦ τοῦ κυρίου ἡμῶν
– 12 ἐγὼ δὲ Χοῦ 13 μεμέρισται ὁ Χός;
– 17 οὐ γὰρ ἀπέστειλέν με Χὸς βαπτί-
ζειν ἀλλὰ εὐαγγελίζεσθαι, οὐκ ἐν
σοφίᾳ λόγου, ἵνα μὴ κενωθῇ ὁ σταυ-
ρὸς τοῦ Χοῦ 23 ἡμεῖς δὲ κηρύσσο-
μεν Χὸν ἐσταυρωμένον 24 τοῖς κλη-
τοῖς, –, Χὸν θεοῦ δύναμιν καὶ – σοφ.
2 2 οὐ γὰρ ἔκρινά τι εἰδέναι ἐν ὑμῖν εἰ
μὴ Ἰ. Χὸν καὶ τοῦτον ἐσταυρωμένον
– 16 ἡμεῖς δὲ νοῦν Χοῦ ἔχομεν
3 11 θεμέλιον –, ὅς ἐστιν Ἰησοῦς Χός
– 23 ὑμεῖς δὲ Χοῦ, Χὸς δὲ θεοῦ
4 1 ἡμᾶς – ὡς ὑπηρέτας Χριστοῦ
– 10 ἡμεῖς μωροὶ διὰ Χόν, ὑμεῖς δὲ φρό-
νιμοι ἐν Χῷ· ἡμεῖς ἀσθενεῖς

1 Co 5 7 „τὸ πάσχα" ἡμῶν „ἐτύθη" Χός
6 15 οὐκ οἴδατε ὅτι τὰ σώματα ὑμῶν μέ-
λη Χοῦ ἐστιν; ἄρας οὖν τὰ μέλη
τοῦ Χοῦ ποιήσω πόρνης μέλη;
8 11 ἀπόλλυται –, ὁ ἀδελφὸς δι' ὃν Χὸς
ἀπέθανεν 12 εἰς Χὸν ἁμαρτάνετε
9 12 ἵνα μή τινα ἐγκοπὴν δῶμεν τῷ εὐαγ-
γελίῳ τοῦ Χοῦ 21 μὴ ὢν ἄνομος θε-
οῦ ἀλλ' ἔννομος Χοῦ
10 4 ἡ πέτρα δὲ ἦν ὁ Χριστός 9
– 16 οὐχὶ κοινωνία ἐστὶν τοῦ αἵματος τοῦ
Χοῦ; – τοῦ σώματος τοῦ Χοῦ –;
11 1 μιμηταί μου –, καθὼς κἀγὼ Χοῦ
– 3 παντὸς ἀνδρὸς ἡ κεφαλὴ ὁ Χ. ἐστιν,
–, κεφαλὴ δὲ τοῦ Χοῦ ὁ θεός
12 12 οὕτως καὶ ὁ Χ. 27 ὑμεῖς δέ ἐστε σῶ-
μα Χοῦ καὶ μέλη ἐκ μέρους
15 3 Χὸς ἀπέθανεν ὑπὲρ τῶν ἁμαρτιῶν
ἡμῶν 12 εἰ δὲ Χ. κηρύσσεται ὅτι –
ἐγήγερται 13 οὐδὲ Χ. ἐγήγερται 14 εἰ
δὲ Χ. οὐκ ἐγήγερται 15 ὅτι ἤγειρεν
τὸν Χ. 16.17.18 οἱ κοιμηθέντες ἐν Χῷ
ἀπώλοντο 19 εἰ ἐν τῇ ζωῇ ταύτῃ ἐν
Χῷ ἠλπικότες ἐσμὲν μόνον 20 νυνὶ
δὲ Χὸς ἐγήγερται 22 ἐν τῷ Χῷ πάν-
τες ζωοποιηθήσονται 23 ἀπαρχὴ Χ.,
ἔπειτα οἱ τοῦ Χοῦ
2 Co 1 5 καθὼς περισσεύει τὰ παθήματα τοῦ
Χ. εἰς ἡμᾶς, οὕτως διὰ τοῦ Χ. πε-
ρισσεύει καὶ ἡ παράκλησις ἡμῶν
– 19 ὁ τοῦ θεοῦ – υἱὸς Ἰησοῦς Χός
– 21 ὁ δὲ βεβαιῶν ἡμᾶς σὺν ὑμῖν εἰς Χ.
2 10 κεχάρισμαι – ἐν προσώπῳ Χοῦ
– 12 ἐλθὼν – εἰς τὸ εὐαγγέλιον τοῦ Χοῦ
– 14.17 3 14 5 17.19 12 2 → ἐν pag 166
– 15 Χοῦ εὐωδία ἐσμὲν τῷ θεῷ
3 3 φανερούμενοι ὅτι ἐστὲ ἐπιστολὴ Χοῦ
– 4 πεποίθησιν – διὰ τοῦ Χ. πρὸς – θεόν
4 4 τοῦ εὐαγγελίου τῆς δόξης τοῦ Χοῦ
– 6 δόξης τ. θεοῦ ἐν προσώπῳ ['I.] Χοῦ
5 10 ἔμπροσθεν τοῦ βήματος τοῦ Χοῦ
– 14 ἡ – ἀγάπη τοῦ Χοῦ συνέχει ἡμᾶς
– 16 εἰ καὶ ἐγνώκαμεν κατὰ σάρκα Χόν
– 18 καταλλάξαντος ἡμᾶς ἑαυτῷ διὰ Χοῦ
19 θεὸς ἦν ἐν Χῷ κόσμον καταλλάσ-
σων ἑαυτῷ 20 ὑπὲρ Χοῦ οὖν πρε-
σβεύομεν–' δεόμεθα ὑπὲρ Χοῦ
6 15 τίς δὲ συμφώνησις Χοῦ πρὸς Βελιάρ
8 23 ἀπόστολοι ἐκκλησιῶν, δόξα Χοῦ
9 13 εἰς τὸ εὐαγγέλιον τοῦ Χοῦ
10 1 διὰ τῆς – ἐπιεικείας τοῦ Χ. 5 εἰς τὴν
ὑπακοὴν τοῦ Χοῦ 7 εἴ τις πέποιθεν

ἑαυτῷ Χοῦ εἶναι, τοῦτο λογιζέσθω
πάλιν –, ὅτι καθὼς αὐτὸς Χοῦ, οὕ-
τως καὶ ἡμεῖς
2 Co 10 14 ἄχρι – καὶ ὑμῶν ἐφθάσαμεν ἐν τῷ
εὐαγγελίῳ τοῦ Χοῦ
11 2 ὑμᾶς – παρθένον ἁγνὴν παραστῆσαι
τῷ Χ. 3 μή πως – φθαρῇ τὰ νοήματα
ὑμῶν ἀπὸ τῆς ἁπλότητος – τῆς εἰς
τὸν Χόν 10 ἔστιν ἀλήθεια Χοῦ ἐν ἐμοί
– 23 διάκονοι Χοῦ εἰσιν; –, ὑπὲρ ἐγώ
12 9 ἵνα ἐπισκηνώσῃ ἐπ' ἐμὲ ἡ δύναμις
τοῦ Χοῦ 10 εὐδοκῶ ἐν ἀσθενείαις –,
ὑπὲρ Χοῦ· ὅταν – ἀσθενῶ, τότε
13 3 τοῦ ἐν ἐμοὶ λαλοῦντος Χοῦ
– 5 ἢ οὐκ ἐπιγινώσκετε ἑαυτοὺς ὅτι Ἰη-
σοῦς Χριστὸς ἐν ὑμῖν;
Gal 1 6 τοῦ καλέσαντος ὑμᾶς ἐν χάριτι [Χοῦ]
– 7 μεταστρέψαι τὸ εὐαγγέλιον τοῦ Χοῦ
– 12 ἀλλὰ δι' ἀποκαλύψεως Ἰησοῦ Χοῦ
– 22 24 3 14 → ἐν pag 166
2 16 ἐὰν μὴ διὰ πίστεως Ἰησοῦ Χοῦ, καὶ
ἡμεῖς εἰς Χὸν Ἰησοῦν ἐπιστεύσαμεν,
ἵνα δικαιωθῶμεν ἐκ πίστεως Χοῦ
– 17 εἰ – ζητοῦντες δικαιωθῆναι ἐν Χῷ
εὑρέθημεν καὶ αὐτοὶ ἁμαρτωλοί, ἆρα
Χὸς ἁμαρτίας διάκονος;
– 19 Χῷ συνεσταύρωμαι 20 ζῶ δὲ οὐκέτι
ἐγώ, ζῇ δὲ ἐν ἐμοὶ Χός
– 21 εἰ –, ἄρα Χὸς δωρεὰν ἀπέθανεν
3 1 οἷς – Ἰ. Χ. προεγράφη ἐσταυρωμένος
– 13 Χὸς ἡμᾶς ἐξηγόρασεν ἐκ τῆς κατάρ.
– 16 "τῷ σπέρματί σου", ὅς ἐστιν Χός
– 22 ἵνα ἡ ἐπαγγελία ἐκ πίστεως Ἰησοῦ
Χοῦ δοθῇ τοῖς πιστεύουσιν
– 24 ὥστε ὁ νόμος παιδαγωγὸς ἡμῶν γέ-
γονεν εἰς Χόν
– 26 υἱοὶ θεοῦ ἐστε διὰ τῆς πίστεως ἐν
Χῷ Ἰησοῦ 27 ὅσοι γὰρ εἰς Χὸν ἐβα-
πτίσθητε, Χὸν ἐνεδύσασθε
– 28 εἰς ἐστε ἐν Χῷ Ἰησ. 29 εἰ δὲ ὑμεῖς
Χοῦ, ἄρα – κατ' ἐπαγγ. κληρονόμοι
4 14 ἐδέξασθέ με, ὡς Χὸν Ἰησοῦν
– 19 μέχρις οὗ μορφωθῇ Χριστὸς ἐν ὑμῖν
5 1 τῇ ἐλευθερίᾳ ἡμᾶς Χὸς ἠλευθέρωσεν
2 ἐὰν περιτέμνησθε Χὸς ὑμᾶς οὐδὲν
ὠφελήσει 4 κατηργήθητε ἀπὸ Χοῦ
οἵτινες ἐν νόμῳ δικαιοῦσθε 6 ἐν –
Χῷ Ἰησοῦ οὔτε περιτομή → ἐν
– 24 οἱ δὲ τοῦ Χοῦ [Ἰ.] τὴν σάρκα ἐσταύ-
ρωσαν σὺν τοῖς παθήμασιν καὶ ταῖς
ἐπιθυμίαις
6 2 ἀναπληρώσετε τὸν νόμον τοῦ Χοῦ

Gal 6 12 μόνον ἵνα τῷ σταυρῷ τοῦ Χοῦ μὴ
διώκωνται 14 → χύριος 2) a)
Eph 1 5 εἰς υἱοθεσίαν διὰ Ἰ. Χοῦ εἰς αὐτόν
– 10. 12. 20 2 6. 7. 10. 13 3 6. 11. 21 4 32 → ἐν
pag 166
2 5 ἡμᾶς – συνεζωοποίησεν τῷ Χῷ
– 12 ἦτε τῷ καιρῷ ἐκείνῳ χωρὶς Χοῦ
– 13 νυνὶ – ἐν Χῷ Ἰησοῦ – ἐγενήθητε ἐγ-
γὺς ἐν τῷ αἵματι τοῦ Χοῦ
– 20 ὄντος ἀκρογωνιαίου αὐτοῦ Χοῦ Ἰησ.
3 1 ἐγὼ Παῦλος ὁ δέσμιος τοῦ Χοῦ [Ἰ.]
– 4 δύνασθε – νοῆσαι τὴν σύνεσίν μου ἐν
τῷ μυστηρίῳ τοῦ Χοῦ
– 8 εὐαγγελίσασθαι τὸ ἀνεξιχνίαστον
πλοῦτος τοῦ Χοῦ 17 κατοικῆσαι τὸν
Χὸν διὰ τῆς πίστ. ἐν ταῖς καρδίαις
– 19 γνῶναί τε τὴν ὑπερβάλλουσαν τῆς
γνώσεως ἀγάπην τοῦ Χοῦ
4 7 κατὰ τὸ μέτρον τῆς δωρεᾶς τοῦ Χοῦ
– 12 εἰς οἰκοδομὴν τοῦ σώματος τοῦ Χοῦ
– 13 εἰς μέτρον ἡλικίας τοῦ πληρώματος
τοῦ Χοῦ 15 αὐξήσωμεν εἰς αὐτὸν –,
ὅς ἐστιν ἡ κεφαλή, Χός
– 20 ὑμεῖς – οὐχ οὕτως ἐμάθετε τὸν Χόν
5 2 καθὼς καὶ ὁ Χ. ἠγάπησεν ἡμᾶς 25
τὴν ἐκκλησίαν 29 ἐκτρέφει
– 5 οὐκ ἔχει κληρονομίαν ἐν τῇ βασιλείᾳ
τοῦ Χοῦ καὶ θεοῦ
– 14 καὶ ἐπιφαύσει σοι ὁ Χριστός
– 21 ὑποτασσόμενοι ἀλλήλοις ἐν φόβῳ
Χοῦ 23 ὡς καὶ ὁ Χ. κεφαλὴ τῆς ἐκ-
κλησίας 24 ὡς ἡ ἐκκλησία ὑποτάσσε-
ται τῷ Χῷ 32 μυστήριον –, ἐγὼ δὲ
λέγω εἰς Χὸν καὶ – τὴν ἐκκλησίαν
6 5 ὑπακούετε τοῖς – κυρίοις – ὡς τῷ Χῷ
Phl 1 1. 13. 26 2 1. 5 3 3. 14 4 7. 19. 21 → ἐν pag
167. 166
– 6 ἐπιτελέσει ἄχρι ἡμέρας Χοῦ Ἰησ. 10
ἀπρόσκοποι εἰς ἡμέραν Χοῦ 2 16 εἰς
καύχημα ἐμοὶ εἰς ἡμέραν Χοῦ
– 8 ἐπιποθῶ – ὑμ. ἐν σπλάγχνοις Χοῦ Ἰ.
– 11 καρπὸν δικαιοσύνης τὸν διὰ Ἰ. Χοῦ
– 15 δι' εὐδοκίαν τὸν Χὸν κηρύσσουσιν
– 17 ἐξ ἐριθείας τὸν Χ. καταγγέλλουσιν
18 ὅτι παντὶ τρόπῳ, – Χὸς καταγ-
γέλλεται, καὶ ἐν τούτῳ χαίρω
– 19 διὰ – ἐπιχορηγίας τοῦ πνεύματος Ἰη-
σοῦ Χριστοῦ
– 20 ὅτι – μεγαλυνθήσεται Χ. ἐν τῷ σώ-
ματί μου 21 ἐμοὶ γὰρ τὸ ζῆν Χός
– 23 ἀναλῦσαι καὶ σὺν Χριστῷ εἶναι
– 27 μόνον ἀξίως τοῦ εὐαγγελίου τοῦ Χ.

πολιτεύεσθε 29 ὑμῖν ἐχαρίσθη τὸ ὑ-
πὲρ Χοῦ, – καὶ – πάσχειν
Phl 2 21 τὰ ἑαυτῶν ζητοῦσιν, οὐ τὰ Ἰη. Χοῦ
– 30 διὰ τὸ ἔργον Χοῦ μέχρι θανάτου ἤγγ.
3 3 οἱ – καυχώμενοι ἐν Χῷ Ἰησοῦ
– 7 ταῦτα ἥγημαι διὰ τὸν Χ. ζημίαν 8 διὰ
τὸ ὑπερέχον τῆς γνώσεως Χοῦ Ἰ. –,
–, ἵνα Χὸν κερδήσω 9 ἔχων –, – τὴν
(sc δικαιοσύνην) διὰ πίστεως Χοῦ
– 12 ἐφ᾽ ᾧ καὶ κατελήμφθην ὑπὸ Χοῦ [Ἰ.]
– 18 τοὺς ἐχθροὺς τοῦ σταυροῦ τοῦ Χοῦ
Col 1 2.4.28 → ἐν pag 167. 166
– 7 πιστὸς ὑπὲρ ὑμῶν διάκονος τοῦ Χοῦ
– 24 τὰ ὑστερήματα τῶν θλίψεων τοῦ Χ.
– 27 τοῦ μυστηρίου τούτου ἐν τοῖς ἔθνε-
σιν, ὅ ἐστιν Χὸς ἐν ὑμῖν
2 2 εἰς ἐπίγνωσιν τοῦ μυστ. τοῦ θεοῦ,
Χοῦ, ἐν ᾧ εἰσιν – "οἱ θησαυροί"
– 5 στερέωμα τῆς εἰς Χὸν πίστεως ὑμ.
– 8 κατὰ τὰ στοιχεῖα τοῦ κόσμου καὶ οὐ
κατὰ Χόν 11 ἐν ᾧ – περιετμήθητε –
ἐν τῇ περιτομῇ τοῦ Χοῦ
– 17 νεομηνίας ἢ σαββάτων, ἅ ἐστιν σκιὰ
τῶν μελλόντων, τὸ δὲ σῶμα τοῦ Χοῦ
– 20 εἰ ἀπεθάνετε σὺν Χῷ ἀπὸ τῶν στοι-
χείων τοῦ κόσμου, τί ὡς ζῶντες – ;
3 1 εἰ – συνηγέρθητε τῷ Χ., τὰ ἄνω ζη-
τεῖτε, οὗ ὁ Χ. ἐστιν 3 ἡ ζωὴ ὑμῶν
κέκρυπται σὺν τῷ Χ. ἐν τῷ θεῷ 4 ὅ-
ταν ὁ Χ. φανερωθῇ, ἡ ζωὴ ὑμῶν
– 11 ἀλλὰ [τὰ] πάντα καὶ ἐν πᾶσιν Χός
(– 13 νl καθὼς καὶ ὁ Χ. ἐχαρίσατο ὑμῖν)
– 15 ἡ εἰρήνη τοῦ Χ. βραβευέτω ἐν ταῖς
καρδίαις ὑμῶν 16 ὁ λόγος τοῦ Χ. ἐν-
οικείτω ἐν ὑμῖν πλουσίως
4 3 λαλῆσαι τὸ μυστήριον τοῦ Χοῦ
1 Th 2 14 4 16 1 Ti 1 14 2 Ti 1 1.9 21.10 3 12 Phm
8. 20. 23 → ἐν pag 167
3 2 συνεργὸν – ἐν τῷ εὐαγγελίῳ τοῦ Χοῦ
2 Th 2 14 δόξης τοῦ κυρίου ἡμῶν Ἰησοῦ Χρι-
στοῦ – 3 5 εἰς τὴν ὑπομονὴν τοῦ Χοῦ
1 Ti 1 1 κατ᾽ ἐπιταγὴν – Χοῦ Ἰ. τῆς ἐλπίδος
ἡμῶν cfr 2 Ti 1 1 ζωῆς τῆς ἐν Χῷ Ἰ.
– 15 Χὸς Ἰ. ἦλθεν – ἁμαρτωλοὺς σῶσαι
– 16 ἵνα ἐν ἐμοὶ πρώτῳ ἐνδείξηται Χὸς Ἰ.
τὴν ἅπασαν μακροθυμίαν
2 5 εἷς καὶ μεσίτης –, ἄνθρωπος Χὸς Ἰ.
3 13 ἐν πίστει τῇ ἐν Χῷ Ἰησοῦ 2 Ti 3 15
4 6 καλὸς ἔσῃ διάκονος Χοῦ Ἰησοῦ
5 11 ὅταν – καταστρηνιάσωσιν τοῦ Χοῦ
– 21 ἐνώπιον τ. θεοῦ κ. Χοῦ Ἰ. 6 3 λόγοις – τ.
κυρίου ἡμῶν Ἰ. Χοῦ 13 καὶ Χοῦ Ἰ.

τοῦ μαρτυρήσαντος – τὴν καλὴν ὁ-
μολογίαν 2 Ti 4 1 τοῦ μέλλ. κρίνειν
2 Ti 1 10 διὰ τῆς ἐπιφανείας τοῦ σωτῆρος
ἡμῶν Χοῦ Ἰ. Tit 1 4 2 13 τοῦ μεγάλου
θεοῦ καὶ σωτῆρος ἡμῶν Ἰ. Χοῦ 3 6
διὰ Ἰησοῦ Χοῦ τοῦ σωτῆρος ἡμῶν
2 3 ὡς καλὸς στρατιώτης Χοῦ Ἰησοῦ
– 8 μνημόνευε Ἰησοῦν Χὸν ἐγηγερμένον
Phm 1 δέσμιος Χοῦ Ἰ. 9 νυνὶ δὲ καὶ δέσμ.
6 ἐν ἐπιγνώσει παντὸς ἀγαθοῦ τοῦ ἐν
ἡμῖν εἰς Χριστόν (vg in Ch..o J.)
Hb 3 6 Χὸς δὲ ὡς υἱὸς ἐπὶ τὸν οἶκον αὐτοῦ
– 14 μέτοχοι γὰρ τοῦ Χοῦ γεγόναμεν
5 5 καὶ ὁ Χὸς οὐχ ἑαυτὸν ἐδόξασεν
6 1 ἀφέντες τὸν τῆς ἀρχῆς τοῦ Χ. λόγον
9 11 Χὸς δὲ παραγενόμενος ἀρχιερεὺς
– 14 πόσῳ μᾶλλον τὸ αἷμα τοῦ Χοῦ – κα-
θαριεῖ τὴν συνείδησιν ἡμῶν
– 24 οὐ γὰρ εἰς χειροποίητα εἰσῆλθεν ἅ-
για Χός 28 ὁ Χ., ἅπαξ προσενεχθείς
10 10 προσφορᾶς τοῦ σώματος Ἰησ. Χοῦ
11 26 „τὸν ὀνειδισμὸν τοῦ Χριστοῦ"
13 8 Ἰ. Χὸς ἐχθὲς καὶ σήμερον ὁ αὐτός
– 21 διὰ Ἰ. Χοῦ, ᾧ ἡ δόξα εἰς τοὺς αἰῶν.
Jac 1 1 21 → κύριος 2) a) pag 299
1 Pe 1 2 – ῥαντισμὸν αἵματος Ἰησοῦ Χοῦ
– 3 δι᾽ ἀναστάσεως Ἰ. Χοῦ ἐκ νεκρῶν 3 21
– 7 εἰς – τιμὴν ἐν ἀποκαλύψει Ἰ. Χοῦ 13
– 11 τὸ ἐν αὐτοῖς πνεῦμα Χοῦ προμαρ-
τυρόμενον τὰ εἰς Χὸν παθήματα
– 19 αἵματι ὡς ἀμνοῦ ἀμώμου – Χριστοῦ
2 5 θυσίας – [τῷ] θεῷ διὰ Ἰησοῦ Χοῦ
– 21 ὅτι καὶ Χριστὸς ἔπαθεν ὑπὲρ ὑμῶν
3 16 5 10.14 Jud 1 → ἐν pag 167
– 18 Χὸς ἅπαξ περὶ ἁμαρτιῶν ἔπαθεν
4 1 Χοῦ οὖν παθόντος σαρκὶ καὶ ὑμεῖς
– 11 ἵνα – δοξάζηται ὁ θεὸς διὰ Ἰησ. Χοῦ
– 13 καθὸ κοινωνεῖτε τοῖς τοῦ Χοῦ παθή-
μασιν 5 1 μάρτυς τῶν τοῦ Χ. παθημ.
2 Pe 1 1 ἐν δικαιοσύνῃ τοῦ θεοῦ ἡμῶν καὶ
σωτῆρος Ἰησοῦ Χοῦ 11 βασιλείαν
τοῦ κυρίου ἡμῶν καὶ σωτῆρος Ἰ. Χοῦ
2 20 ἐπιγνώσει τοῦ κυ. – καὶ σωτ. 3 18
1 Jo 1 3 ἡ κοινωνία – ἡ ἡμετέρα μετὰ τοῦ πα-
τρὸς καὶ μετὰ τοῦ υἱοῦ αὐτοῦ Ἰησοῦ
Χοῦ 2 Jo 3 παρὰ Ἰησοῦ Χοῦ τοῦ υἱ.
2 1 παράκλητον ἔχομεν πρὸς τ. πατέρα,
Ἰ. Χὸν δίκαιον· καὶ αὐτὸς ἱλασμός
– 22 ὁ ἀρνούμενος ὅτι Ἰησοῦς οὐκ ἔστιν
ὁ χριστός 5 1 ὁ πιστεύων ὅτι Ἰησοῦς
ἐστιν ὁ χριστός
4 2 πᾶν πνεῦμα ὃ ὁμολογεῖ Ἰ. Χὸν ἐν

σαρκὶ ἐληλυθότα 2 Jo 7 οἱ μὴ ὁμο-
λογοῦντες Ἰ. Χ. ἐρχόμενον ἐν σαρκί
1 Jo 5 6 ὁ ἐλθὼν δι' ὕδατος καὶ αἵματος, Ἰη-
σοῦς Χ..ός· οὐκ ἐν τῷ ὕδατι μόνον
– 20 ἐσμὲν ἐν τῷ ἀληθινῷ, ἐν τῷ υἱῷ (vg
simus in vero Filio) αὐτοῦ Ἰησοῦ
Χριστῷ
2 Jo 9 ὁ – μὴ μένων ἐν τῇ διδαχῇ τοῦ Χ.
Ap 1 1 ἀποκάλυψις Ἰησοῦ Χριστοῦ
– 2 τὴν μαρτυρίαν Ἰησ. Χοῦ, ὅσα εἶδεν
– 5 ἀπὸ Ἰησ. Χοῦ, „ὁ μάρτυς ὁ πιστός"
11 15 „τοῦ κυρίου" ἡμῶν „καὶ τοῦ χριστοῦ
αὐτοῦ" 12 10 ἐγένετο – ἡ ἐξουσία τοῦ
χριστοῦ αὐτοῦ, ὅτι ἐβλήθη
20 4 ἐβασίλευσαν μετὰ τοῦ Χ. χίλια ἔτη
– 6 „ἱερεῖς τοῦ θεοῦ" καὶ τοῦ Χριστοῦ

χρονίζειν moram facere (venire) [b]tardare
Mat 24 48 χρονίζει μου ὁ κύριος ‖ Luc 12 45
25 5 χ..οντος – τοῦ νυμφίου – Luc 1 21[b]
Hb 10 37 „ὁ ἐρχόμενος ἥξει καὶ οὐ χρονίσει[b]"

χρόνος tempus [b](μικρὸν χ..ον) modicum
Mat 2 7 τὸν χρ. τοῦ φαινομένου ἀστέρος 16
25 19 μετὰ–πολὺν χρ. ἔρχεται ὁ κύριος τῶν
δούλων Luc 20 9 ἀπεδήμησεν χρόνους
ἱκανούς. 10 καὶ καιρῷ ἀπέστειλεν
Mar 2 19 ὅσον χ..ον ἔχουσιν τὸν νυμφίον μετ'
9 21 πόσος χρ. ἐστὶν ὡς – γέγονεν αὐτῷ
Luc 1 57 ἐπλήσθη ὁ χρόνος τοῦ τεκεῖν αὐτήν
4 5 ἐν στιγμῇ (momento) χρόνου
8 27. 29 23 8 18 4 οὐκ ἤθελεν ἐπὶ χρόνον
Joh 5 6 γνοὺς ὅτι πολὺν ἤδη χρόνον ἔχει
7 33 ἔτι χ..ον μικρὸν μεθ' ὑμῶν εἰμι 12 35[b]
τὸ φῶς ἐν ὑμῖν ἐστιν
14 9 τοσούτῳ χρόνῳ μεθ' ὑμῶν εἰμι
Act 1 6 εἰ ἐν τῷ χρ. τούτῳ ἀποκαθιστάνεις
τὴν βασιλείαν τῷ Ἰσραήλ; 7 οὐχ ὑ-
μῶν ἐστιν γνῶναι χ..ους ἢ καιροὺς
– 21 ἐν παντὶ χρ. ᾧ εἰσῆλθεν καὶ ἐξῆλθεν
3 21 ἄχρι χ..ων ἀποκαταστάσεως πάντων
7 17 ἤγγιζεν ὁ χρόνος τῆς ἐπαγγελίας
– 23 8 11 13 18 14 3. 28 χ..ον οὐκ ὀλίγ. 15 33
17 30 τοὺς – χρ. τῆς ἀγνοίας ὑπεριδὼν
18 20 ἐπὶ πλείονα χρ. μεῖναι 23 ποιήσας
χ..ον τινὰ 19 22 ἐπέσχεν χ..ον 20 18 27 9
Rm 7 1 ἐφ' ὅσον χρ. ζῇ (sc ὁ ἄνθρωπος)
1 Co 7 39 ὁ ἀνὴρ αὐτῆς Gal 4 1 ἐφ' ὅ-
σον χρ. ὁ κληρονόμος νήπιός ἐστιν
[16 25 κατὰ ἀποκάλυψιν μυστηρίου χρόνοις
αἰωνίοις σεσιγημένου] 2 Ti 1 9 χάριν,
τὴν δοθεῖσαν ἡμῖν – πρὸ χρόνων αἰω.

Tit 1 2 ζωῆς αἰωνίου, ἣν ἐπηγγείλα-
το ὁ – θεὸς πρὸ χρόνων αἰωνίων
1 Co 16 7 ἐλπίζω – χρόνον τινὰ ἐπιμεῖναι πρός
Gal 4 4 ὅτε – ἦλθεν τὸ πλήρωμα τοῦ χρόνου
1 Th 5 1 περὶ δὲ τῶν χρόνων καὶ τῶν καιρῶν
Hb 4 7 5 12 11 32 ἐπιλείψει με – ὁ χρόνος
1 Pe 1 17 τὸν τῆς παροικίας ὑμῶν χρόνον
– 20 φανερωθέντος – ἐπ' ἐσχάτου τῶν χρ.
(novissimis t.) – 4 2 τὸν ἐπίλοιπον
ἐν σαρκὶ – χρ. 3 ὁ παρεληλυθὼς χρ.
Jud 18 [ὅτι] ἐπ' ἐσχάτου [τοῦ] χρόνου (in no-
vissimo tempore) ἔσονται (vl ἐλεύ-
σονται vg) ἐμπαῖκται
Ap 2 21 ἔδωκα αὐτῇ χρόνον ἵνα μετανοήσῃ
6 11 ἵνα ἀναπαύσονται – χρόνον μικρόν
10 6 ὅτι χρόνος οὐκέτι ἔσται
20 3 δεῖ λυθῆναι αὐτὸν μικρὸν χρόνον

χρονοτριβεῖν S° – Act 20 16 μὴ γένηται αὐ-
τῷ χ..ῆσαι (nequa mora illi fieret) ἐν

χρυσίον aurum cfr χρυσός
Act 3 6 ἀργύριον καὶ χρ. οὐχ ὑπάρχει μοι
20 33 χρυσίου – οὐδενὸς ἐπεθύμησα
1 Ti 2 9 ἢ ἐν πλέγμασιν καὶ χρυσίῳ
Hb 9 4 περικεκαλυμμένην πάντοθεν χρυσίῳ
1 Pe 1 7 τὸ δοκίμιον ὑμῶν τῆς πίστεως πολυ-
τιμότερον χ..ου τοῦ ἀπολλυμένου,
διὰ πυρὸς δὲ δοκιμαζομένου
– 18 ὅτι οὐ φθαρτοῖς, „ἀργυρίῳ" ἢ χρυ-
σίῳ, „ἐλυτρώθητε"
3 3 οὐχ ὁ ἔξωθεν – περιθέσεως χρυσίων
ἢ ἐνδύσεως ἱματίων κόσμος
Ap 3 18 ἀγοράσαι παρ' ἐμοῦ χρ. πεπυρωμ.
17 4 κεχρυσωμένη (inaurata) χρυσίῳ 18 16
κεχρυσωμένη [ἐν] χρυσίῳ
21 18 ἡ πόλις χρυσ. καθαρὸν 21 ἡ πλατεῖα

χρυσοδακτύλιος S° – aureum annulum (vl
anu.) habens Jac 2 2 ἀνὴρ χρ..ιος

χρυσόλιθος chrysolithus Ap 21 20

χρυσόπρασος S° – chrysoprasus Ap 21 20

χρυσός aurum
Mat 2 11 „χρυσὸν καὶ λίβανον" καὶ σμύρναν
10 9 μὴ κτήσησθε χρυσὸν μηδὲ ἄργυρον
23 16 ὃς δ' ἂν ὀμόσῃ ἐν τῷ χρ. τοῦ ναοῦ
17 ὁ χρ. ἢ ὁ ναὸς ὁ ἁγιάσας τὸν χ.;
Act 17 29 χρυσῷ – τὸ θεῖον εἶναι ὅμοιον
1 Co 3 12 εἰ δέ τις ἐποικοδομεῖ – χρυσόν

Jac 5 3 ὁ χρ. ὑμῶν καὶ ὁ ἄργυρος κατίωται
Ap 9 7 ὡς στέφανοι ὅμοιοι χρυσῷ 18 12

χρυσοῦν → χρυσίον Ap 17 4 18 16

χρυσοῦς aureus
2 Ti 2 20 οὐκ ἔστιν μόνον σκεύη χ..ᾶ Hb 9 4
Ap 1 12 ἑπτὰ λυχνίας χ..ᾶς 20 21 – 1 13 ζώνην
χ..ᾶν 15 6 – 4 4 στεφάνους χ..οῦς 14 14 –
5 8 φιάλας χ..ᾶς 15 7 – 8 3 λιβανωτὸν χ..
οῦν κτλ. 9 13 – 9 20 „τὰ εἴδωλα τὰ χ..ᾶ"
– 17 4 „ποτήριον χ..οῦν" – 21 15 „μέτρον
κάλαμον" χρυσοῦν

χρώς corpus Act 19 12 ἀπὸ τ. χρωτὸς αὐτοῦ

χωλός claudus bclaudicans
Mat 11 5 χωλοὶ περιπατοῦσιν ‖ Luc 7 22
15 30.31 βλέποντας – χ..οὺς περιπατοῦντας
18 8 εἰσελθεῖν εἰς τ. ζωὴν – χ..όν ‖ Mar 9 45
21 14 προσῆλθον – χωλοὶ ἐν τῷ ἱερῷ
Luc 14 13 κάλει – χωλούς, τυφλούς 21 εἰσάγαγε
Joh 5 3 κατέκειτο πλῆθος τῶν – χωλῶν
Act 3 2 χωλὸς ἐκ κοιλίας μητρὸς 14 8 – 8 7
Hb 12 13 ἵνα μὴ τὸ χωλὸν b ἐκτραπῇ, ἰαθῇ δέ

χώρα regio bager
Mat 2 12 4 16 „ἐν χώρᾳ καὶ σκιᾷ θανάτου"
8 28 Γαδαρηνῶν ‖ Mar 5 1.10 Luc 8 26
Mar 1 5 ἐξεπορεύετο – πᾶσα ἡ Ἰουδαία χώρα
6 55 περιέδραμον ὅλην τὴν χώραν ἐκείνην
Luc 2 8 3 1 12 16 πλουσίου εὐφόρησεν ἡ χ.b
15 13 εἰς χώραν μακρὰν 14.15 – 19 12
21 21 οἱ ἐν ταῖς χ. μὴ εἰσερχέσθωσαν εἰς
Joh 4 35 θεάσασθε τὰς χ., ὅτι λευκαί εἰσιν
11 54 εἰς τὴν χώραν ἐγγὺς τῆς ἐρήμου
– 55 πολλοὶ εἰς τὴν Ἱεροσόλ. ἐκ τῆς χώρας
Act 8 1 διεσπάρησαν κατὰ τὰς χ. τῆς Ἰουδ.
καὶ Σαμαρ. 10 39 26 20 – 12 20 13 49
16 6 τὴν – Γαλατικὴν χώραν 18 23
27 27 ὑπενόουν – προσάγειν τινὰ – χώραν
Jac 5 4 τῶν ἀμησάντων τὰς χώρας ὑμῶν

χωρεῖν capere breverti cvadere
Mat 15 17 εἰς τὴν κοιλίαν χωρεῖ c
19 11 οὐ πάντες χωροῦσιν τὸν λόγον [τοῦ-
τον] 12 ὁ δυνάμενος χωρεῖν χωρείτω
Mar 2 2 συνήχθησαν πολλοί, ὥστε μηκέτι χω-
ρεῖν μηδὲ τὰ πρὸς τὴν θύραν
Joh 2 6 ὑδρίαι –, χ..οῦσαι ἀνὰ μετρητὰς δύο
8 37 ὁ λόγος ὁ ἐμὸς οὐ χωρεῖ ἐν ὑμῖν
21 25 οὐδ' αὐτὸν οἶμαι τὸν κόσμον χωρή-
σειν τὰ γραφόμενα βιβλία

2 Co 7 2 χωρήσατε ἡμᾶς· οὐδένα ἠδικήσαμεν
2 Pe 3 9 ἀλλὰ πάντας εἰς μετάνοιαν χ..ῆσαι b

χωρίζειν, ..εσθαι separare bsegregare –
(pass) cdiscedere degredi
Mat 19 6 ὃ οὖν ὁ θεὸς συνέζευξεν, ἄνθρωπος
μὴ χωριζέτω ‖ Mar 10 9
Act 1 4 ἀπὸ Ἱεροσολύμων μὴ χ..εσθαι c 18 1
χ..σθεὶς d ἐκ τῶν Ἀθηνῶν 2 χ..εσθαι c
– τοὺς Ἰουδαίους ἀπὸ τῆς Ῥώμης
Rm 8 35 τίς ἡμᾶς χωρίσει ἀπὸ τῆς ἀγάπης
τοῦ Χοῦ; 39 οὔτε τις κτίσις ἑτέρα
δυνήσεται ἡμᾶς χωρίσαι ἀπὸ τῆς ἀ-
γάπης τοῦ θεοῦ
1 Co 7 10 γυναῖκα ἀπὸ ἀνδρὸς μὴ χωρισθῆ-
ναι c 11 ἐὰν δὲ καὶ χωρισθῇ c 15 εἰ δὲ
ὁ ἄπιστος χ..εται c, χ..έσθω c
Phm 15 τάχα – ἐχωρίσθη c πρὸς ὥραν, ἵνα
Hb 7 26 κεχωρισμένος b ἀπὸ τῶν ἁμαρτωλῶν

χωρίον ager bpraedium cvilla
Mat 26 36 εἰς χ. c λεγόμ. Γεθσημανί ‖ Mar 14 32 b
Joh 4 5 b Act 1 18.19 Ἀκελδαμάχ – 28 7 b
Act 4 34 ὅσοι – κτήτορες χωρίων – ὑπῆρχον
5 3 νοσφίσασθαι ἀπὸ τῆς τιμῆς τοῦ χω-
ρίου; 8 εἰ τοσούτου τὸ χ. ἀπέδοσθε;

χωρίς sine babsque cextra dexceptis...
epraeter f(adv.) separatim
Mat 13 34 χ. παραβολῆς οὐδὲν ἐλάλ. ‖ Mar 4 34
14 21 χωρὶς d γυναικῶν καὶ παιδίων 15 38 c
Luc 6 49 οἰκίαν ἐπὶ τὴν γῆν χωρὶς θεμελίου
Joh 1 3 χ. αὐτοῦ ἐγένετο οὐδὲ ἓν ὃ γέγονεν
15 5 χωρ. ἐμοῦ οὐ δύνασθε ποιεῖν οὐδέν
20 7 χωρὶς f ἐντετυλιγμένον εἰς ἕνα τόπον
Rm 3 21 χωρὶς νόμου „δικαιοσύνη θεοῦ" 28
χωρὶς ἔργων νόμου 4 6 ᾧ ὁ θεὸς λο-
γίζεται δικαιοσύνην χωρὶς ἔργων
7 8 χωρὶς γὰρ νόμου ἁμαρτία νεκρά 9
ἐγὼ δὲ ἔζων χωρὶς νόμου ποτέ
10 14 πῶς – ἀκούσωσιν χωρ. κηρύσσοντος;
1 Co 4 8 χωρὶς ἡμῶν ἐβασιλεύσατε
11 11 οὔτε γυνὴ χωρὶς ἀνδρὸς οὔτε ἀνὴρ
χωρὶς γυναικὸς ἐν κυρίῳ
2 Co 11 28 χωρὶς τῶν παρεκτὸς ἡ ἐπίστασις
12 3 εἴτε ἐν σώματι εἴτε χ. c τοῦ σώματος
Eph 2 12 ὅτι ἦτε τῷ καιρῷ ἐκείνῳ χωρὶς Χοῦ
Phl 2 14 πάντα ποιεῖτε χωρὶς γογγυσμῶν
1 Ti 2 8 χωρὶς ὀργῆς καὶ διαλογισμῶν
5 21 ἵνα ταῦτα φυλάξῃς χ. προκρίματος
Phm 14 χωρὶς – τῆς σῆς γνώμης οὐδὲν ἠθέ-
λησα ποιῆσαι

Hb (2 9 vl ὅπως χ. θεοῦ – γεύσηται θανάτου) | Hb 12 8 εἰ δὲ χωρίςᶜ ἐστε „παιδείας"
4 15 πεπειρασμένον – χωρίς ᵇ ἁμαρτίας | – 14 ἁγιασμόν, οὗ χ. οὐδεὶς ὄψεται τ. κύρ.
7 7 χ. – πάσης ἀντιλογίας 20 ὁρκωμοσίας | Jac 2 18 δεῖξόν μοι τὴν πίστιν σου χωρὶς τῶν
9 7 ὁ ἀρχιερεύς, οὐ χωρὶς αἵματος 18. 22 | ἔργων 20 θέλεις δὲ γνῶναι, –, ὅτι ἡ πί-
χ. αἱματεκχυσίας οὐ γίνεται ἄφεσις | στις χ. τῶν ἔργων ἀργή ἐστιν; 26 ὥσπερ
– 28 ὁ Χὸς – χωρὶς ἁμαρτίας ὀφθήσεται | – τὸ σῶμα χ. πνεύματος νεκρόν ἐστιν, οὕ-
10 28 χωρὶς οἰκτιρμῶν – „ἀποθνήσκει" | τως καὶ ἡ πίστις χ. ἔργων νεκρά ἐστιν
11 6 χ. – πίστεως ἀδύνατον „εὐαρεστῆσαι"
– 40 ἵνα μὴ χωρὶς ἡμῶν τελειωθῶσιν | χῶρος Sᵒ – corus (vl ch.) Act 27 12 κατὰ χ..ν

ψ

ψάλλειν psallere ᵇcantare
Rm 15 9 „καὶ τῷ ὀνόματί σου ψαλῶᵇ"
1 Co 14 15 ψαλῶ τῷ πνεύματι, ψαλῶ δὲ καὶ τῷ
νοΐ (et mente)
Eph 5 19 ψ..οντες τῇ καρδίᾳ ὑμῶν τῷ κυρίῳ
Jac 5 13 εὐθυμεῖ τις; ψαλλέτω

ψαλμός psalmus Luc 20 42 ἐν βίβλῳ ψαλμῶν
Act 1 20 – Luc 24 44 ἐν – τοῖς – ψ..οῖς Act
13 33 ἐν τῷ ψ. – τῷ δευτέρῳ (vl ἐν τ. ψ..οῖς)
1 Co 14 26 ἕκαστος ψαλμὸν ἔχει, διδαχήν ἔχει
Eph 5 19 λαλοῦντες ἑαυτοῖς [ἐν] ψ..οῖς Col 3 16

ψευδάδελφοι Sᵒ – falsi fratres 2 Co 11 26
κινδύνοις ἐν ψ..οις Gal 2 4 διὰ δὲ τοὺς
παρεισάκτους ψ..ους, οἵτινες παρεισῆλθον

ψευδαπόστολοι Sᵒ – pseudoapostoli 2 Co 11 13

ψεύδεσθαι mentiri ᵇmendacem esse
Mat 5 11 ὅταν – εἴπωσιν πᾶν πονηρὸν καθ᾽ ὑ-
μῶν [ψευδόμενοι] ἕνεκεν ἐμοῦ
Act 5 3 ψεύσασθαί σε τὸ πνεῦμα τὸ ἅγιον
– 4 οὐκ ἐψεύσω ἀνθρώποις ἀλλὰ τ. θεῷ
Rm 9 1 ἀλήθειαν λέγω ἐν Χῷ, οὐ ψ..ομαι
2 Co 11 31 ὁ θεὸς – οἶδεν, –, ὅτι οὐ ψ..ομαι Gal
1 20 ἰδοὺ ἐνώπιον τοῦ θεοῦ ὅτι οὐ
ψ..ομαι 1 Ti 2 7 ἀλήθειαν λέγω, οὐ ψ.
Col 3 9 μὴ ψεύδεσθε εἰς ἀλλήλους
Hb 6 18 διὰ δύο πραγμάτων ἀμεταθέτων, ἐν
οἷς ἀδύνατον ψεύσασθαι [τὸν] θεόν
Jac 3 14 μὴ – ψεύδεσθεᵇ κατὰ τῆς ἀληθείας
1 Jo 1 6 ψ..ό μεθα καὶ οὐ ποιοῦμεν τὴν ἀλήθ.
Ap 3 9 οὐκ εἰσὶν (sc Ἰουδαῖοι) ἀλλὰ ψ..ονται

ψευδής mendax ᵇfalsus
Act 6 13 ἔστησάν τε μάρτυρας ψευδεῖςᵇ
Ap 2 2 καὶ εὗρες αὐτοὺς ψευδεῖς
21 8 πᾶσιν τοῖς ψευδέσιν τὸ μέρος αὐτῶν

ψευδοδιδάσκαλοι Sᵒ – magistri mendaces
2 Pe 2 1 ὡς καὶ ἐν ὑμῖν ἔσονται ψ..οι

ψευδολόγοι Sᵒ – loquentes mendacium
1 Ti 4 2 ἐν ὑποκρίσει ψευδολόγων

ψευδομαρτυρεῖν falsum testimonium dicere
ᵇf. t. ferre Mat 19 18 „οὐ ψ..ήσεις" ‖ Mar 10
19 Luc 18 20 – Mar 14 56 πολλοὶ – ἐψ..ουν 57ᵇ

ψευδομάρτυρες Sᵒ – falsi testes Mat 26 60
1 Co 15 15 εὑρισκόμεθα δὲ καὶ ψ. τοῦ θεοῦ

ψευδομαρτυρία Sᵒ – falsum testimonium
Mat 15 19 ἐξέρχονται – ψ..αι 26 59 ἐζήτουν ψ..αν

ψευδοπροφήτης pseudopropheta ᵇfalsus pr.
Mat 7 15 προσέχετε ἀπὸ τῶν ψ..ῶνᵇ
24 11 πολλοὶ ψ..αι ἐγερθήσονται 24 ψευδό-
χριστοι καὶ „ψ..αι" ‖ Mar 13 22
Luc 6 26 οὐαὶ ὅταν ὑμᾶς καλῶς εἴπωσιν –
κατὰ τὰ αὐτὰ – ἐποίουν τοῖς ψ..αις
(vg vl prophetis) οἱ πατέρες αὐτῶν
Act 13 6 ἄνδρα τινὰ μάγον ψ..ην Ἰουδαῖον
2 Pe 2 1 ἐγένοντο δὲ καὶ ψ..αι ἐν τῷ λαῷ
1 Jo 4 1 πολλοὶ ψ. ἐξεληλύθασιν εἰς τ. κόσμ.
Ap 16 13 19 20 20 10 τὸ θηρίον καὶ ὁ ψ.

ψεῦδος mendacium ᵇ(ψεύδους) mendax
Joh 8 44 ὅταν λαλῇ τὸ ψ., ἐκ τῶν ἰδίων λαλεῖ
Rm 1 25 μετήλλαξαν τὴν ἀλήθειαν τοῦ θεοῦ
ἐν τῷ ψεύδει (in mendacio vl ..um)
Eph 4 25 ἀποθέμενοι τὸ ψ. „λαλεῖτε ἀλήθειαν"
2 Th 2 9 οὗ ἐστιν ἡ παρουσία – ἐν – τέρασιν
ψεύδουςᵇ 11 εἰς τὸ πιστεῦσαι – τῷ ψ.
1 Jo 2 21 ὅτι ψ. ἐκ τῆς ἀληθείας οὐκ ἔστιν
– 27 τὸ αὐτὸ χρῖσμα διδάσκει ὑμᾶς –,
καὶ ἀληθές ἐστιν καὶ οὐκ ἔστιν ψ.

Ap 14 5 „ἐν τῷ στόματι" αὐτῶν „οὐχ εὑρέθη
ψεῦδος"· ἄμωμοί εἰσιν
21 27 οὐ μὴ εἰσέλθῃ εἰς αὐτὴν – [ὁ] ποιῶν
βδέλυγμα καὶ ψεῦδος 22 15 ἔξω – πᾶς
φιλῶν καὶ ποιῶν ψεῦδος

ψευδόχριστοι Sᵒ – pseudochristi
→ ψευδοπροφήτης Mat 24 24 ‖ Mar 13 22

ψευδώνυμος Sᵒ – falsi nominis
1 Ti 6 20 τὰς – ἀντιθέσεις τῆς ψ..ου γνώσεως

ψεῦσμα Sᵒ – mendacium Rm 3 7 εἰ – ἡ ἀλή-
θεια τ. θεοῦ ἐν τῷ ἐμῷ ψ. ἐπερίσσευσεν

ψεύστης mendax
Joh 8 44 ὅτι ψεύστης ἐστὶν καὶ ὁ πατὴρ αὐτοῦ
– 55 ἔσομαι ὅμοιος ὑμῖν ψεύστης
Rm 3 4 „πᾶς" δὲ „ἄνθρωπος ψεύστης"
1 Ti 1 10 ἀνδραποδισταῖς, ψεύσταις, ἐπιόρκοις
Tit 1 12 Κρῆτες ἀεὶ ψ..αι, κακὰ θηρία
1 Jo 1 10 ψεύστην ποιοῦμεν αὐτόν (sc θεόν)
5 10 ὁ μὴ πιστεύων τῷ θεῷ (vl υἱῷ
vg) ψεύστην πεποίηκεν αὐτόν
2 4 ὁ λέγων ὅτι ἔγνωκα αὐτόν, καὶ τὰς
ἐντολὰς αὐτοῦ μὴ τηρῶν, ψ. ἐστίν
– 22 τίς ἐστιν ὁ ψ. εἰ μὴ ὁ ἀρνούμενος
4 20 ἐάν τις εἴπῃ ὅτι ἀγαπῶ τὸν θεόν,
καὶ τὸν ἀδελφὸν αὐτοῦ μισῇ, ψ. ἐστίν

ψηλαφᾶν ᵃattrectare (vl adtract.) ᵇcontrec-
tare ᶜpalpare ᵈ(part pass) tractabilis
Luc 24 39 ψ..ήσατέ ᶜ με καὶ ἴδετε, ὅτι πνεῦμα
Act 17 27 εἰ ἄρα γε ψηλαφήσειανᵃ αὐτόν
Hb 12 18 οὐ γὰρ προσεληλύθατε ψηλαφωμέ-
νῳᵈ (vl + ὄρει vg, vlᵒ) καὶ κεκαυμ.
1 Jo 1 1 ὃ – αἱ χεῖρες ἡμῶν ἐψηλάφησανᵇ

ψηφίζειν computare Luc 14 28 Ap 13 18

ψῆφος ᵃcalculus ᵇsententia Act 26 10 κατ-
ήνεγκα ψ..ονᵇ Ap 2 17 ψ..ονᵃ λευκήν

ψιθυρισμός susurratio 2 Co 12 20 ψ..οί

ψιθυριστής Sᵒ – susurro Rm 1 29 ψ..άς

ψιχίον Sᵒ – mica Mat 15 27 ‖ Mar 7 28

ψύχεσθαι refrigescere
Mat 24 12 ψυγήσεται ἡ ἀγάπη τῶν πολλῶν

ψυχή anima ᵇanimus ᶜ(μιᾷ ψυχῇ) una-
nimes
Mat 2 20 τεθνήκασιν – οἱ ζητοῦντες τὴν ψ. τοῦ
παιδίου Rm 11 3 „ζητοῦσιν τὴν ψ. μου"

Mat 6 25 μὴ μεριμνᾶτε τῇ ψυχῇ ὑμῶν τί φάγη-
τε –· οὐχὶ ἡ ψυχὴ πλεῖόν ἐστιν τῆς
τροφῆς –; ‖ Luc 12 22. 23
10 28 τὴν δὲ ψ. μὴ δυναμένων ἀποκτεῖναι·
– τὸν δυνάμενον καὶ ψυχὴν καὶ σῶμα
ἀπολέσαι ἐν γεέννῃ
– 39 ὁ εὑρὼν τὴν ψ. αὐτοῦ ἀπολέσει αὐ-
τήν, καὶ ὁ ἀπολέσας τὴν ψ. – εὑρή-
σει αὐτήν 16 25 ὃς – ἐὰν θέλῃ τὴν ψ.
αὐτοῦ σῶσαι, ἀπολέσει αὐτήν· ὃς δ'
ἂν ἀπολέσῃ τὴν ψυχὴν αὐτοῦ ἕνεκεν
ἐμοῦ, εὑρήσει αὐτήν 26 τί – ὠφελη
θήσεται ἄνθρ., ἐὰν τὸν κόσμον – κερ-
δήσῃ, τὴν δὲ ψ. αὐτοῦ ζημιωθῇ; ἢ τί
δώσει ἄνθρ. ἀντάλλαγμα τῆς ψ. αὐ-
τοῦ; ‖ Mar 8 35. 36. 37 Luc 9 24 17 33 ὃς
ἐὰν ζητήσῃ τὴν ψ. αὐτοῦ περιποιή-
σασθαι, ἀπολέσει αὐτήν, – ζωογο-
νήσει αὐτήν
11 29 „εὑρήσετε ἀνάπαυσιν ταῖς ψ. ὑμῶν"
12 18 „ὃν εὐδόκησεν ἡ ψυχή μου"
20 28 διακονῆσαι καὶ δοῦναι τὴν ψυχὴν
αὐτοῦ λύτρον ἀντὶ πολλῶν ‖ Mar 10 45
22 37 „ἀγαπήσεις – τὸν θεόν σου – ἐν ὅλῃ
τῇ ψ. σου" ‖ Mar 12 30 „ἐξ ὅλης" Luc
10 27 ἐν cfr Eph 6 6 Col 3 23
26 38 „περίλυπός ἐστιν ἡ ψυχή μου" ‖ Mar
14 34 Joh 12 27 τετάρακται
Mar 3 4 ἔξεστιν τοῖς σάββασιν –, ψυχὴν σῶ-
σαι ἢ ἀποκτεῖναι (vg perdere); ‖
Luc 6 9 ἢ ἀπολέσαι (perdere)
Luc 1 46 μεγαλύνει „ἡ ψυχή μου τ. κύριον"
2 35 σοῦ [δὲ] – τὴν ψ. διελεύσεται ῥομφαία
(9 56 vl ὁ υἱὸς τοῦ ἀνθρώπου οὐκ ἦλθεν
ψυχὰς ἀνθρώπων ἀπολέσαι ἀλλὰ
σῶσαι vg)
12 19 ἐρῶ τῇ ψ. μου· ψυχή, ἔχεις πολλὰ
– 20 τὴν ψυχήν σου ἀπαιτοῦσιν ἀπὸ σοῦ
14 26 εἴ τις ἔρχεται πρός με καὶ οὐ μισεῖ
–, ἔτι τε καὶ τὴν ψυχὴν ἑαυτοῦ
21 19 ἐν τῇ ὑπομονῇ ὑμῶν κτήσασθε τὰς
ψυχὰς ὑμῶν cfr Hb 10 39
Joh 10 11 τὴν ψ. αὐτοῦ τίθησιν (dat) ὑπὲρ τῶν
προβάτων 15 τὴν ψ. μου τίθημι (po-
no) 17 ὅτι ἐγὼ τίθημι τὴν ψ. μου, ἵνα
πάλιν λάβω αὐτήν 18 οὐδεὶς αἴρει (vl
ἦρεν) αὐτὴν ἀπ' ἐμοῦ, ἀλλ' ἐγὼ τίθημι
αὐτὴν ἀπ' ἐμαυτοῦ
– 24 ἕως πότε τὴν ψυχὴν ἡμῶν αἴρεις;
12 25 ὁ φιλῶν τὴν ψ. αὐτοῦ ἀπολλύει αὐτήν,
καὶ ὁ μισῶν τὴν ψ. αὐτοῦ ἐν τῷ κόσμῳ
τούτῳ εἰς ζωὴν αἰώνιον φυλάξει αὐτὴν

Joh 13 37 τὴν ψ. μου ὑπὲρ σοῦ θήσω (ponam)
— 38 τὴν ψ. σου ὑπὲρ ἐμοῦ θήσεις;
15 13 ἵνα τις τὴν ψ. αὐτοῦ θῇ (ponat) ὑ-
πὲρ τῶν φίλων αὐτοῦ cfr 1 Jo 3 16
Act 2 27 „ὅτι οὐκ ἐγκαταλείψεις τὴν ψυχήν
μου εἰς ᾅδην"
— 41 ψυχαὶ ὡσεὶ τρισχίλιαι 7 14 „ἐν ψυχαῖς
ἑβδομήκοντα πέντε" 27 37 ἥμεθα – αἱ
πᾶσαι ψυχαὶ κτλ. 1 Pe 3 20 ὀκτὼ ψ..αί
— 43 πάσῃ ψυχῇ φόβος – 3 23 πᾶσα ψ.
4 32 τοῦ – πλήθους – ἦν καρδία καὶ ψ. μία
14 2 ἐκάκωσαν τὰς ψ. τῶν ἐθνῶν κατὰ
— 22 ἐπιστηρίζοντες τὰς ψ. τῶν μαθητῶν
15 24 ἀνασκευάζοντες τὰς ψυχὰς ὑμῶν
— 26 παραδεδωκόσι τὰς ψυχὰς αὐτῶν ὑ-
πὲρ τοῦ ὀνόματος τοῦ κυρίου ἡμῶν
20 10 ἡ γὰρ ψυχὴ αὐτοῦ ἐν αὐτῷ ἐστιν
— 24 οὐδενὸς λόγου ποιοῦμαι τὴν ψυχὴν
τιμίαν ἐμαυτῷ
27 10 μετὰ – ζημίας – καὶ τῶν ψυχῶν ἡμῶν
— 22 ἀποβολὴ – ψυχῆς οὐδεμία ἔσται (44
πάντας διασωθῆναι omnes animae)
Rm 2 9 θλῖψις – ἐπὶ πᾶσαν ψυχὴν ἀνθρώπου
τοῦ κατεργαζομένου τὸ κακόν
13 1 πᾶσα ψυχὴ ἐξουσίαις – ὑποτασσέσθω
16 4 ὑπὲρ τῆς ψυχῆς μου τὸν ἑαυτῶν τρά-
χηλον ὑπέθηκαν – 113 → Mat 2 20
1 Co 15 45 „ἐγένετο – Ἀδὰμ εἰς ψυχὴν ζῶσαν"
2 Co 1 23 μάρτυρα τὸν θεὸν ἐπικαλοῦμαι ἐπὶ
τὴν ἐμὴν ψυχήν, ὅτι φειδόμενος
12 15 ἐγὼ – ἥδιστα δαπανήσω καὶ ἐκδαπα-
νηθήσομαι ὑπὲρ τῶν ψυχῶν ὑμῶν
Eph 6 6 ποιοῦντες τὸ θέλημα τοῦ θεοῦ ἐκ
ψυχῆς [b] Col 3 23 ὃ ἐὰν ποιῆτε, ἐκ ψυ-
χῆς [b] ἐργάζεσθε ὡς τῷ κυρίῳ
Phl 1 27 μιᾷ ψυχῇ [c] συναθλοῦντες τῇ πίστει
2 30 παραβολευσάμενος τῇ ψυχῇ, ἵνα
1 Th 2 8 μεταδοῦναι ὑμῖν – καὶ τὰς – ψυχάς
5 23 ἡ ψυχὴ καὶ τὸ σῶμα ἀμέμπτως ἐν τῇ
παρουσίᾳ τοῦ κυρίου – τηρηθείη
Hb 4 12 ἄχρι μερισμοῦ ψυχῆς καὶ πνεύματος
6 19 ὡς ἄγκυραν ἔχομεν τῆς ψ. ἀσφαλῆ
10 38 „οὐκ εὐδοκεῖ ἡ ψυχή μου ἐν αὐτῷ"
— 39 ἡμεῖς δὲ οὐκ ἐσμὲν „ὑποστολῆς" –,
ἀλλὰ „πίστεως" εἰς περιποίησιν ψ..ῆς
12 3 ἵνα μὴ κάμητε ταῖς ψυχαῖς ὑμῶν ἐκ-
λυόμενοι
13 17 ἀγρυπνοῦσιν ὑπὲρ τῶν ψυχῶν ὑμῶν
Jac 1 21 δέξασθε τὸν ἔμφυτον λόγον τὸν δυ-
νάμενον σῶσαι τὰς ψυχὰς ὑμῶν
5 20 ὁ ἐπιστρέψας ἁμαρτωλὸν ἐκ πλάνης
— σώσει ψυχὴν αὐτοῦ ἐκ θανάτου

1 Pe 1 9 τέλος τῆς πίστεως – σωτηρίαν ψ..ῶν
— 22 τὰς ψυχὰς ὑμῶν ἡγνικότες ἐν τῇ ὑπ-
ακοῇ τῆς ἀληθείας
2 11 αἵτινες στρατεύονται κατὰ τῆς ψυχῆς
— 25 ποιμένα καὶ ἐπίσκοπον τῶν ψ. ὑμῶν
4 19 πιστῷ κτίστῃ παρατιθέσθωσαν τὰς
ψυχὰς αὐτῶν ἐν ἀγαθοποιΐᾳ
2 Pe 2 8 ὁ δίκαιος – ψ..ὴν δικαίαν – ἐβασάνιζεν
— 14 δελεάζοντες ψυχὰς ἀστηρίκτους
1 Jo 3 16 ὑπὲρ ἡμῶν τὴν ψ. αὐτοῦ ἔθηκεν (po-
suit)· καὶ ἡμεῖς ὀφείλομεν ὑπὲρ τῶν
ἀδελφῶν τὰς ψυχὰς θεῖναι (ponere)
3 Jo 2 καθὼς εὐοδοῦταί σου ἡ ψυχή – Jud 15
Ap 6 9 εἶδον – τὰς ψ. τῶν ἐσφαγμένων – διὰ
τὴν μαρτυρίαν 20 4 πεπελεκισμένων
8 9 ἀπέθανεν –, τὰ ἔχοντα ψυχάς
12 11 καὶ οὐκ ἠγάπησαν τὴν ψυχὴν αὐτῶν
(animas suas) ἄχρι θανάτου
16 3 πᾶσα ψυχὴ ζωῆς (vivens) ἀπέθανεν
18 13 σωμάτων, καὶ „ψυχὰς ἀνθρώπων"
— 14 ἡ ὀπώρα σου τῆς ἐπιθυμίας τῆς ψυ-
χῆς (a..ae tuae) ἀπῆλθεν ἀπὸ σοῦ

ψυχικός animalis
1 Co 2 14 ψυχικὸς δὲ ἄνθρωπος οὐ δέχεται τὰ
τοῦ πνεύματος τοῦ θεοῦ
15 44 σπείρεται σῶμα ψ..όν, ἐγείρεται σ.
πνευματικόν. εἰ ἔστιν σ. ψ..όν, ἔστιν
καὶ πν..όν 46 ἀλλ' οὐ πρῶτον τὸ πν..
ὸν ἀλλὰ τὸ ψυχικόν, ἔπειτα τὸ πν..όν
Jac 3 15 οὐκ ἔστιν αὕτη ἡ σοφία ἄνωθεν κατ-
ερχομένη, ἀλλὰ ἐπίγειος, ψυχικὴ
Jud 19 ψυχικοί, πνεῦμα μὴ ἔχοντες

ψῦχος frigus Joh 18 18 ὅτι ψῦχος ἦν
Act 28 2 – 2 Co 11 27 ἐν ψ..ει καὶ γυμνότητι

ψυχρός frigidus – ψυχρόν aqua frigida
Mat 10 42 ποτήριον ψυχροῦ μόνον
Ap 3 15 οὔτε ψυχρὸς εἶ οὔτε ζεστός κτλ. 16

ψωμίζειν [a] cibare [b] distribuere in cibos pau-
perum Rm 12 20 „ἐὰν πεινᾷ ὁ ἐχθρός
σου, ψώμιζε [a] αὐτόν" 1 Co 13 3 κἂν ψω-
μίσω [b] πάντα τὰ ὑπάρχοντά μου

ψωμίον S° – panis [b] buccella
Joh 13 26 ᾧ ἐγὼ βάψω τὸ ψ. καὶ δώσω αὐτῷ.
βάψας οὖν τὸ ψ. 27 μετὰ τὸ ψ.[b] τότε
εἰσῆλθεν εἰς ἐκεῖνον ὁ σατανᾶς 30 λα-
βὼν – τὸ ψωμίον [b] – ἐξῆλθεν

ψώχειν S° – confricare Luc 6 1 στάχυας

Ω

ὤ, τό S⁰ – vg ω Ap 1 8 „ἐγώ εἰμι" τὸ ἄλ-
φα καὶ τὸ ὦ 21 6 ἐγώ [εἰμι] τὸ ἄλφα καὶ τὸ
ὦ, ἡ ἀρχὴ καὶ τὸ τέλος 22 13 ὁ πρῶτος
καὶ ὁ ἔσχατος, ἡ ἀρχὴ καὶ τὸ τέλος

ὧδε hic ᵇ(τὰ ὧδε) quae hic aguntur ᶜhuc
ᵈillic

Mat 8 29 ἦλθες ὧδεᶜ πρὸ καιροῦ βασανίσαι –;
12 6 τοῦ ἱεροῦ μεῖζόν ἐστιν ὧδε 41 ἰδοὺ
πλεῖον Ἰωνᾶ ὧδε 42 ἰδοὺ πλεῖον Σο-
λομῶνος ὧδε ‖ Luc 11 32.31
24 23 ἰδοὺ ὧδε ὁ χριστός, ἤ· ὧδεᵈ ‖ Mar 13
21 –, ἴδε ἐκεῖ – Luc 17 21 οὐδὲ ἐροῦ-
σιν· ἰδοὺ ὧδε (sc ἡ βασιλεία) ἤ· ἐκεῖ
Joh 11 21 εἰ ἦς ὧδε, οὐκ ἂν ἀπέθανεν 32
Col 4 9 πάντα ὑμῖν γνωρίσουσιν τὰ ὧδεᵇ
Hb 13 14 οὐ γὰρ ἔχομεν ὧδε μένουσαν πόλιν
Ap 13 10 ὧδέ ἐστιν ἡ ὑπομονὴ καὶ ἡ πίστις
τῶν ἁγίων 14 12 13 18 ὧδε ἡ σοφία ἐ-
στίν 17 9 ὧδε ὁ νοῦς ὁ ἔχων σοφίαν

ᾠδή canticum   **ᾄδειν** cantare

Eph 5 19 λαλοῦντες ἑαυτοῖς – ᾠδαῖς πνευμα-
τικαῖς, ᾄδοντες – τῇ καρδίᾳ ὑμῶν τῷ κυ-
ρίῳ Col 3 16 ᾠδαῖς πν..αῖς ἐν [τῇ] χάριτι
ᾄδοντες ἐν ταῖς καρδίαις ὑμῶν τῷ θεῷ
Ap 5 9 „ᾄδουσιν ᾠδὴν καινήν" 14 3 ᾄδουσιν
[ὡς] ᾠδ. καιν. – καὶ οὐδεὶς ἐδύνατο μα-
θεῖν τὴν ᾠδὴν εἰ μή – 15 3 „ᾄδουσιν τὴν
ᾠδ. Μωϋσέως" – καὶ τὴν ᾠδὴν τοῦ ἀρνίου

ὠδίν dolor Mat 24 8 ἀρχὴ ὠ..ων ‖ Mar 13 8
Act 2 24 λύσας τὰς ὠδῖνας τοῦ θανάτου
1 Th 5 3 ὥσπερ ἡ ὠδὶν τῇ ἐν γαστρὶ ἐχούσῃ

ὠδίνειν parturire

Gal 4 19 τέκνα μου, οὓς πάλιν ὠδίνω μέχρις
οὗ μορφωθῇ Χὸς ἐν ὑμῖν – 27
Ap 12 2 „κράζει ὠ..ουσα" καὶ βασανιζομένη

ὦμος humerus (vl um.)   Mat 23 4 Luc 15 5

ὁ ὤν qui est Ap 14.8 48   qui es 11 17 16 5

ὠνεῖσθαι S⁰ – emere Act 7 16 „ὠνήσατο Ἀβρ."

ᾠόν ovum Luc 11 12 ἤ καὶ αἰτήσει ᾠόν, –;

ὥρα hora

Mat 8 13 ἰάθη ὁ παῖς – ἐν τῇ ὥρᾳ ἐκείνῃ 9 22

(Mat)   ἐσώθη ἡ γυνὴ ἀπὸ τῆς ὥ. ἐκ. 15 28
17 18 ἐθεραπεύθη ὁ παῖς ἀπὸ τῆς ὥ.
Mat 10 19 δοθήσεται – ὑμῖν ἐν ἐκείνῃ τῇ ὥρᾳ τί
λαλήσετε ‖ Mar 13 11 Luc 12 12
14 15 ἡ ὥρα ἤδη παρῆλθεν ‖ Mar 6 35 ὥρας
πολλῆς γενομένης – ἤδη ὥρα πολ-
λή – 11 11 ὀψίας ἤδη οὔσης τῆς ὥρας
18 1 ἐκ ἐκείνῃ τῇ ὥρᾳ προσῆλθον 26 55 εἶ-
πεν ὁ Ἰησοῦς Luc 7 21 ἐθεράπευσεν
πολλούς 10 21 ἐν αὐτῇ τῇ ὥ. ἠγαλ-
λιάσατο 13 31 προσῆλθάν τινες 20 19
ἐζήτησαν – ἐπιβαλεῖν ἐπ᾽ αὐτὸν τὰς χ.
20 3 ἐξελθὼν περὶ τρίτην ὥραν 5 περὶ ἕ-
κτην καὶ ἐνάτην ὥ. 9 ἐλθόντες οἱ
περὶ τὴν ἑνδεκάτην ὥ. 12 οὗτοι οἱ ἔ-
σχατοι μίαν ὥραν ἐποίησαν
24 36 περὶ δὲ τῆς ἡμέρας ἐκείνης καὶ ὥρας
οὐδεὶς οἶδεν 44 ᾗ οὐ δοκεῖτε ὥρᾳ –
ἔρχεται 50 ἥξει – ἐν ὥρᾳ ᾗ οὐ γινώ-
σκει 25 13 οὐκ οἴδατε – οὐδὲ τὴν ὥ-
ραν ‖ Mar 13 32 Luc 12 39 εἰ ᾔδει –
ποίᾳ ὥρᾳ ὁ κλέπτης 40.46 → Ap 3 3
26 40 οὐκ ἰσχύσατε μίαν ὥραν γρηγορῆσαι
μετ᾽ ἐμοῦ; 45 ἤγγικεν ἡ ὥρα ‖ Mar
14 35 ἵνα – παρέλθῃ ἀπ᾽ αὐτοῦ ἡ ὥ.
37 μίαν ὥραν γρηγ.; 41 ἦλθεν ἡ ὥρα
27 45 ἀπὸ δὲ ἕκτης ὥρας σκότος – ἕως
ὥρας ἐνάτης 46 περὶ δὲ τὴν ἐνάτην
ὥ. ἀνεβόησεν ‖ Mar 15 25 ἦν δὲ ὥρα
τρίτη καὶ ἐσταύρωσαν 33.34 Luc 23 44
ἦν ἤδη ὡσεὶ ὥρα ἕκτη καὶ σκότος –
ἕως ὥρας ἐνάτης
Luc 1 10 τῇ ὥ. τοῦ θυμιάματος 14 17 δείπνου
2 38 αὐτῇ τῇ ὥρᾳ 24 33 – 22 14.59
22 53 ἀλλ᾽ αὕτη ἐστὶν ὑμῶν ἡ ὥρα
Joh 1 39 ὥρα ἦν ὡς δεκάτη 4 6 ἕκτη 19 14
2 4 οὔπω ἥκει ἡ ὥρα μου 7 30 οὔπω ἐλη-
λύθει ἡ ὥ. αὐτοῦ 8 20 – 13 1 εἰδὼς –
ὅτι ἦλθεν αὐτοῦ ἡ ὥρα ἵνα μεταβῇ
– πρὸς τὸν πατέρα
4 21 ἔρχεται ὥ. ὅτε οὔτε ἐν τῷ ὄρει τούτῳ
23 ἔρχ. ὥ. καὶ νῦν ἐστιν, ὅτε οἱ ἀλη-
θινοὶ προσκυνηταὶ – 5 25 ὅτε οἱ νεκροὶ
ἀκούσουσιν 28 ἔρχ. ὥ. ἐν ᾗ πάντες οἱ
ἐν τοῖς μνημείοις 16 2 ἔρχ. ὥ. ἵνα πᾶς
ὁ ἀποκτείνας ὑμᾶς 32 ἔρχ. ὥ. καὶ ἐλήλυθεν
ἵνα σκορπισθῆτε – κἀμὲ μόνον ἀφῆτε

Joh 452 ἐπύϑετο – τὴν ὥ. - ἐν ἡ κομψότερον
ἔσχεν· - ἐχϑὲς ὥραν ἐβδόμην 53
535 ἠϑελήσατε ἀγαλλιαϑῆναι πρὸς ὥραν
(ad horam) ἐν τῷ φωτὶ αὐτοῦ
11 9 οὐχὶ δώδεκα ὥραί εἰσιν τῆς ἡμέρας;
1223 ἐλήλυϑεν ἡ ὥ. ἵνα δοξασϑῇ ὁ υἱός
171 ἐλήλυϑ. ἡ ὥ.· δόξασόν σου τ. ὐ.
- 27 σῶσόν με ἐκ τῆς ὥ. ταύτης. ἀλλὰ διὰ
τοῦτο ἦλϑον εἰς τὴν ὥραν ταύτην
16 4 ταῦτα λελάληκα ὑμῖν ἵνα ὅταν ἔλϑῃ
ἡ ὥρα αὐτῶν 21 γυνὴ – λύπην ἔχει,
ὅτι ἦλϑεν ἡ ὥρα αὐτῆς
1927 ἀπ’ ἐκείνης τῆς ὥρας ἔλαβεν – αὐτήν
Act 215 ἔστιν γὰρ ὥρα τρίτη τῆς ἡμέρας
3 1 ἐπὶ τὴν ὥ. τῆς προσευχῆς τὴν ἐνά-
την 103.9 ἕκτην 30 τὴν ἐνάτην (sc ὥ.)
5 7 ὡς ὡρῶν τριῶν διάστημα 1030 ἀπὸ
τετάρτης ἡμέρας μέχρι ταύτης τῆς
ὥρας 1618 αὐτῇ τῇ ὥρᾳ 33 1934 ἐπὶ
ὥρας δύο 2213 αὐτῇ τῇ ὥρᾳ 2323
Rm 1311 ὅτι ὥρα ἤδη ὑμᾶς – ἐγερϑῆναι
1 Co 411 ἄχρι τῆς ἄρτι ὥρας καὶ πεινῶμεν
1530 τί – κινδυνεύομεν πᾶσαν ὥραν;
2 Co 7 8 εἰ καὶ πρὸς ὥραν ἐλύπησεν ὑμᾶς
Gal 2 5 οἷς οὐδὲ πρὸς ὥραν εἴξαμεν
1 Th 217 ἀπορφανισϑέντες ἀφ’ ὑμῶν πρὸς και-
ρὸν ὥρας προσώπῳ οὐ καρδίᾳ
Phm 15 ἐχωρίσϑη πρὸς ὥραν, ἵνα αἰώνιον
1 Jo 218 ἐσχάτη ὥρα ἐστίν, –, καὶ νῦν ἀντί-
χριστοι πολλοὶ γεγόνασιν· ὅϑεν γι-
νώσκομεν ὅτι ἐσχάτη ὥρα ἐστίν
Ap 3 3 ἥξω ὡς κλέπτης, καὶ οὐ μὴ γνῷς ποί-
αν ὥραν ἥξω ἐπὶ σέ
- 10 κἀγώ σε τηρήσω ἐκ τῆς ὥρας τοῦ
πειρασμοῦ τῆς μελλούσης ἔρχεσϑαι
915 ὥρας οἱ ἡτοιμασμένοι εἰς τὴν ὥ.
1113 ἐν ἐκείνῃ τῇ ὥρᾳ ἐγένετο σεισμός
14 7 ὅτι ἦλϑεν ἡ ὥρα τῆς κρίσεως αὐτοῦ
15 „ὅτι ἦλϑεν ἡ ὥρα ϑερίσαι“
1712 ἐξουσίαν – μίαν ὥραν λαμβάνουσιν
1810 μιᾷ ὥρᾳ ἦλϑεν ἡ κρίσις σου 17.19 ὅτι
μιᾷ ὥρᾳ „ἠρημώϑη“ (sc Βαβυλών)

ὡραῖος speciosus Mat 2327 ἔξωϑεν μὲν φαί-
νονται ὥ..οι – Act 32 ϑύραν ··τὴν λεγο-
μένην ὡραίαν 10 – Rm 1015 „ὡς ὡραῖοι“

ὠρύεσϑαι rugire 1 Pe 58 ὡς λέων ὠρυόμενος

„ὡσαννά“ Sᵒ – hosanna (vl os.) Mat 219 ὡσ.
τῷ υἱῷ Δαυίδ· – ὡσ. ἐν τοῖς ὑψίστοις 15
ὡσ. τῷ υἱῷ Δ. ∥ Mar 119 ὡσ.· 10 ὡσ. ἐν
τοῖς ὑψίστοις Joh 1213 ὡσαννά

Ὡσηέ Rm 925 ὡς καὶ ἐν τῷ Ὡσηὲ λέγει·

ὠτάριον Sᵒ – auricula Mar 1447 Joh 1810

ὠτίον auricula Mat 2651 Luc 2251 Joh 1826

ὠφέλεια ᵃutilitas ᵇquaestus Rm 31 τίς ἡ
ὠφ.ᵃ τῆς περιτομῆς; – Jud 16 ϑαυμά-
ζοντες πρόσωπα ὠφελείαςᵇ χάριν

ὠφελεῖν, ..εἶσϑαι prodesse ᵇproficere
Mat 15 5 δῶρον ὃ ἐὰν ἐξ ἐμοῦ ὠφεληϑῇς
∥ Mar 7 11 κορβᾶν
1626 τί – ὠφεληϑήσεται ἄνϑρωπος ἐάν ∥
Mar 836 τί – ὠφελεῖ (vl ..ήσει vg) ἄν-
ϑρωπον κερδῆσαι Luc 925 τί – ὠφε-
λεῖταιᵇ ἄνϑρωπον κερδῆσας
2724 ἰδὼν – ὅτι οὐδὲν ὠφελεῖᵇ – Joh 1219
ϑεωρεῖτε ὅτι οὐκ ὠφελεῖτεᵇ οὐδέν
Mar 526 γυνὴ -μηδὲν ὠφεληϑεῖσαᵇ ἀλλὰ μᾶλ-
λον εἰς τὸ χεῖρον ἐλϑοῦσα
Joh 663 ἡ σὰρξ οὐκ ὠφελεῖ οὐδέν
Rm 225 περιτομὴ – ὠ..εῖ ἐὰν νόμον πράσσῃς
1 Co 13 3 ἐὰν –, ἀγάπην δὲ μὴ ἔχω, οὐδὲν ὠ-
φελοῦμαι (nihil mihi prodest)
14 6 ἐὰν ἔλϑω – γλώσσαις λαλῶν, τί ὑμᾶς
ὠφελήσω, ἐὰν μὴ ὑμῖν λαλήσω ἢ ἐν
ἀποκαλύψει ἢ ἐν γνώσει ἢ ἐν προφη-
τείᾳ ἢ [ἐν] διδαχῇ;
Gal 5 2 Χριστὸς ὑμᾶς οὐδὲν ὠφελήσει
Hb 4 2 οὐκ ὠφέλησεν ὁ λόγος τῆς ἀκοῆς
ἐκείνους μὴ συγκεκερασμένους
13 9 ἐν οἷς (sc βρώμασιν) οὐκ ὠφελήϑη-
σαν οἱ περιπατοῦντες (vl ..ήσαντες)

ὠφέλιμος Sᵒ – utilis
1 Ti 4 8 ἡ – σωματικὴ γυμνασία πρὸς ὀλίγον
ἐστὶν ὠφέλιμος· ἡ δὲ εὐσέβεια πρὸς
πάντα ὠφέλιμός ἐστιν
2 Ti 316 πᾶσα γραφὴ ϑεόπνευστος καὶ ὠφέλι-
μος πρὸς διδασκαλίαν, πρὸς ἐλεγμόν
Tit 3 8 ταῦτά ἐστιν καλὰ καὶ ὠφέλιμα τοῖς
ἀνϑρώποις